Völker/Clausius

Das familienrechtliche Mandat – Sorge- und Umgangsrecht

Rechtsanwälte
DR. FURMANEK · GOLLAN · KRANE
Karl-Liebknecht-Str. 30 / 30a
16816 Neuruppin
Tel. (03391) 51 90 0, Fax 51 90 29

Das Mandat

Das familienrechtliche Mandat
Sorge- und Umgangsrecht

7. Auflage 2016

von

Richter am Oberlandesgericht
Mallory Völker, Saarbrücken
und
Rechtsanwältin und Fachanwältin für Familienrecht
Monika Clausius, Saarbrücken

Herausgeber der Reihe:
Norbert Kleffmann/Michael Klein/Gerd Weinreich

Zitiervorschlag:
Völker/Clausius, FamRMandat – Sorge- und Umgangsrecht, § 1 Rdn 1

Hinweis
Die Ausführungen in diesem Werk wurden mit Sorgfalt und nach bestem Wissen erstellt. Sie stellen jedoch lediglich Arbeitshilfen und Anregungen für die Lösung typischer Fallgestaltungen dar. Die Eigenverantwortung für die Formulierung von Verträgen, Verfügungen und Schriftsätzen trägt der Benutzer. Herausgeber, Autoren und Verlag übernehmen keinerlei Haftung für die Richtigkeit und Vollständigkeit der in diesem Buch enthaltenen Ausführungen.

Anregungen und Kritik zu diesem Werk senden Sie bitte an
kontakt@anwaltverlag.de
Autoren und Verlag freuen sich auf Ihre Rückmeldung.

Copyright 2017 by Deutscher Anwaltverlag, Bonn
Satz: Reemers publishing services GmbH, Krefeld
Druck: Medienhaus Plump GmbH, Rheinbreitbach
Umschlaggestaltung: gentura, Holger Neumann, Bochum
ISBN 978-3-8240-1477-4

Bibliografische Information der Deutschen Nationalbibliothek
Die Deutsche Nationalbibliothek verzeichnet diese Publikation in der Deutschen Nationalbibliografie; detaillierte bibliografische Daten sind im Internet über http://dnb.d-nb.de abrufbar.

Vorwort zur 7. Auflage

Seit der letzten Auflage hat die Rechtsprechung neue Gesetze, insbesondere zur Reform der elterlichen Sorge nicht miteinander verheirateter Eltern (BGBl 2013 I, 795) sowie zur Stärkung der Rechte des leiblichen, nicht rechtlichen Vaters (BGBl 2013 I, 2176) mit Leben erfüllt.

Eine Flut neuer Entscheidungen – so etwa die zahlreichen des BVerfG zu §§ 1666 f. BGB sowie die Grundsatzentscheidung des BGH vom 15. Juni 2016 zu § 1626a Abs. 2 BGB – waren einzuordnen und zu bewerten.

Die mit Gesetz zur Änderung des Sachverständigenrechts und zur weiteren Änderung des Gesetzes über das Verfahren in Familiensachen und in den Angelegenheiten der freiwilligen Gerichtsbarkeit (BT-Drucks 18/9092) demnächst eintretenden Änderungen, insbesondere die neu geschaffene Beschleunigungsrüge/-beschwerde waren zu kommentieren.

Vertieft überarbeitet haben wir insbesondere folgende Ausführungen:

In § 1 zu § 1626a Abs. 2 BGB, zu § 1631d BGB (Beschneidung des männlichen Kindes) zum Wechselmodell, zur Kindesanhörung, zu den Anforderungen an psychologische Sachverständigengutachten und zur Verfahrensbeteiligung von Pflegeeltern, in § 2 zum begleiteten Umgang, in § 4 zur Umgangsbestimmungspflegschaft, zum Vorrang der Verbleibensanordnung vor dem Sorgerechtsentzug sowie zum Beschwerderecht von Pflegeeltern, in § 5 zur Verfahrensbeistandsvergütung, in § 6 (Vollstreckung) zum Verschulden an der Zuwiderhandlung, in § 7 zur Sachverhaltsermittlung im Eilverfahren, in § 9 zur Beschwerdebefugnis und zur Beschleunigungsrüge/-beschwerde sowie in § 11 (Internationales Kindschaftsrecht) zur Widerrechtlichkeitsbescheinigung im HKÜ-Verfahren und zum Entwurf der EU-Kommission vom 30. Juni 2016 zur Änderung der Brüssel IIa-Verordnung.

Auf die aktuelle Problematik unbegleiteter minderjähriger Flüchtlinge wurde in § 12 besonderes Augenmerk gerichtet; dort haben wir auch die Diskussion um die Frage der Steuerungshoheit des Jugendamts – und deren praktische Bedeutung – vertieft.

Rechtsprechung und Literatur sind bis Juli 2016 eingearbeitet. Für erhaltene und künftige Verbesserungsvorschläge sind wir sehr dankbar.

Saarbrücken, September 2016 *Mallory Völker* *Monika Clausius*

Vorwort

Harald Oelkers ist im Jahr 2008 nach schwerer Krankheit viel zu früh von uns gegangen. Die Fortführung seines vorliegenden Buchs hat er vor seinem Tod in unsere Hände gelegt. Wir sind uns der Herausforderung, den „Oelkers" – wie das Buch häufig von geneigten Lesern beinahe liebevoll genannt wird – qualitativ auf dem bisherigen hohen Stand zu halten, nur allzu bewusst. Harald Oelkers – leider posthum – und seiner Frau gebührt unsere tiefe Dankbarkeit für das vermachte Werk und das damit in uns gesetzte Vertrauen. Wir hoffen, diesem gerecht zu werden, und haben versucht, an die „Handschrift" und das Ziel Harald Oelkers anzuknüpfen, der gerichtlichen und anwaltlichen Praxis ein Handbuch bereit zu stellen, das einen schnellen Zugriff zu den einschlägigen Problembereichen ermöglicht und zugleich möglichst umfassend ist.

Grund für das Erscheinen dieser dritten Auflage ist – neben der sehr freundlichen Aufnahme der Vorauflage durch die Praxis – vor allem das Inkrafttreten des FamFG. Dies bedingte eine gründliche Überarbeitung, teilweise (insbesondere §§ 6 bis 11) grundlegende Neubearbeitung des Buchs.

Da überdies die Einzelfallrechtsprechung seit der zweiten Auflage inflationär angestiegen ist und wir uns weder der Illusion noch der Versuchung hingeben wollen, diese auch nur annähernd vollständig wiederzugeben, haben wir unser besonderes Augenmerk auf die Systematisierung der Probleme gelegt. Außerdem haben wir die einschlägige Rechtsprechung des Bundesverfassungsgerichts im Bemühen um größtmögliche Vollständigkeit eingearbeitet. Dieses hat – gerade in den letzten Jahren – zahlreiche und teilweise weitreichende Entscheidungen zum Kindschaftsrecht gefällt, deren Kenntnis für den Praktiker sehr wichtig ist, weil der Bundesgerichtshof im – verfassungsrechtlich tief durchdrungenen – Kindschaftsrecht eher selten Gelegenheit zur Vereinheitlichung der Rechtsprechung hat. Angesichts der zunehmenden Bedeutung des internationalen Kindschaftsrechts, das inzwischen auch den Gerichtshof der Europäischen Gemeinschaften beschäftigt, wurde dieses Kapitel noch praxisbezogener gestaltet. Zu einigen Fragen, die uns noch nicht hinreichend geklärt oder auch verkürzt diskutiert erscheinen, haben wir teilweise dezidierte Stellungnahmen gewagt. Dies betrifft – wen mag es verwundern? – insbesondere solche Bereiche, in denen man in die Grenzbereiche des rechtlich Regelbaren vordringt – genannt seien etwa die Frage des Abbruchs lebenserhaltender Maßnahmen und die Vollstreckung kindschaftsrechtlicher Entscheidungen. Es würde uns sehr freuen, wenn die Benutzer dieses Buchs diese und andere unserer Gedanken diskursiv aufgreifen und uns diesbezüglich und auch im Übrigen weiterführende Anregungen geben könnten.

Die Autorentätigkeit neben einem Vollzeitberuf bedeutet immer auch erheblichen Verzicht auf private Zeit. Unsere Familien haben durch Liebe und Verständnis, ihre Begleitung in Gedanken und Entlastung im Alltag nicht wesentlichen, sondern entscheidenden Anteil daran, dass diese dritte Auflage erscheinen kann. Ihnen gilt unser abschließender und großer Dank.

Saarbrücken, im Mai 2010 *Mallory Völker* *Monika Clausius*

Inhaltsübersicht

Vorwort zur 7. Auflage		5
Vorwort		6
Inhaltsverzeichnis		9
Musterverzeichnis		29
Literaturverzeichnis		33
§ 1	Die elterliche Sorge	35
§ 2	Das Umgangsrecht	213
§ 3	Abänderungsverfahren nach § 166 FamFG, § 1696 BGB	299
§ 4	Herausgabe des Kindes nach § 1632 BGB	313
§ 5	Der Verfahrensbeistand	335
§ 6	Vollstreckungsrecht	353
§ 7	Einstweiliger Rechtsschutz	379
§ 8	Verfahrenskostenhilfe	397
§ 9	Rechtsmittel	417
§ 10	Kostenrecht	449
§ 11	Grenzüberschreitende Sorge-, Umgangs- und Kindesentführungsfälle	469
§ 12	Jugendhilferechtliche Schnittstellen zwischen Familiengericht und Jugendamt unter besonderer Berücksichtigung der anwaltlichen Perspektive	533
§ 13	Formularteil	593
§ 14	Gesetzestexte	677
Stichwortverzeichnis		801
Benutzerhinweise zur CD-ROM		815

Inhaltsverzeichnis

Vorwort zur 7. Auflage	5
Vorwort	6
Inhaltsübersicht	7
Musterverzeichnis	29
Literaturverzeichnis	33

§ 1 Die elterliche Sorge 35
    A. Grundsätze der elterlichen Sorge 35
        I. Die elterliche Sorge im gesellschaftlichen Wandel 35
        II. Die Rechtsnatur der elterlichen Sorge 37
        III. Träger der elterlichen Sorge 38
            1. Die Eltern als Sorgerechtsträger 38
            2. Sonstige Personen als Sorgerechtsträger 39
        IV. Die Ausübung der elterlichen Sorge 40
            1. Überblick 40
            2. Sorgerechtsausübung durch Vollmacht; Ermächtigung .. 40
        V. Inhalt der elterlichen Sorge 43
    B. Formen der elterlichen Sorge 45
        I. Gemeinsame elterliche Sorge 46
            1. Miteinander verheiratete Eltern 46
                a) Grundsatz 46
                b) Gemeinsame Sorge als Regelfall? 46
            2. Nicht miteinander verheiratete Eltern 48
                a) Grundsatz und Ausnahmen 48
                b) Gemeinsame elterliche Sorge durch Heirat 57
                c) Gemeinsame elterliche Sorge durch Sorgeerklärung ... 58
                    aa) Rechtsnatur der Sorgeerklärung 59
                    bb) Inhalt der Sorgeerklärung 59
                    cc) Zeitpunkt der Sorgeerklärung 60
                    dd) Modalitäten der Sorgeerklärung 60
                    ee) Übergangsregelungen für Altfälle 60
        II. Alleinsorge eines Elternteils 61
            1. Miteinander verheiratete Eltern 61
            2. Nicht miteinander verheiratete Eltern 61
            3. Sonstige Fallgestaltungen 61
        III. Die elterliche Sorge in einer eingetragenen Lebenspartnerschaft ... 62
            1. Voraussetzungen und Rechtsfolgen des kleinen Sorgerechts ... 63
                a) Bestehen einer eingetragenen Lebenspartnerschaft 63
                b) Sorgerechtsregelungen 63
                    aa) Angelegenheiten des täglichen Lebens sowie von erheblicher Bedeutung 63
                    bb) Gesetzliche Vertretung 64
                    cc) Einschränkungen oder Ausschluss der Befugnisse ... 65
                    dd) Ende des „Kleinen Sorgerechts" 65
            2. Wirkungen des kleinen Sorgerechts gegenüber dem anderen Elternteil 65

C. Personensorge 66
   I. Begriff, Inhalt und Grenzen 66
   II. Erziehung des Kindes 67
      1. Der Begriff der Erziehung 67
      2. Grundsätze der Erziehung (§ 1626 Abs. 2 BGB) 68
      3. Einschränkung von Erziehungsmaßnahmen 68
         a) Unzulässigkeit entwürdigender Erziehungsmaßnahmen
           (§ 1631 Abs. 2 BGB) 68
         b) Umgangsrecht 70
         c) Ausbildungs- und Berufsangelegenheiten 70
         d) Freiheitsentziehende Maßnahmen 70
         e) Schwangerschaftsabbruch durch das Kind; Sterilisation;
           Kastration; Lebendorganspende; Beschneidung 74
         f) Abbruch lebenserhaltender Maßnahmen 80
   III. Gesetzliche Vertretung des Kindes (§ 1629 Abs. 1 BGB) 82
      1. Gemeinschaftliche Vertretung 82
      2. Alleinvertretung eines Elternteils 83
         a) Alleinvertretung kraft Gesetzes 83
         b) Passive Stellvertretung 83
         c) Notvertretungsrecht 83
         d) Übertragung von Entscheidungsbefugnissen durch das
           Familiengericht 84
      3. Beschränkungen der Vertretungsbefugnis 86
         a) Vorgezogene Teilmündigkeit 86
         b) Einschränkung bei Pflegerbestellung (§ 1630 Abs. 1 BGB) .. 87
         c) Erwerbsgeschäft (§ 112 BGB) und Dienstverhältnis
           (§ 113 BGB) 87
         d) Genehmigungsbedürftige Geschäfte 87
      4. Die Aufhebung der elterlichen Vertretungsmacht
         (§ 1629 Abs. 2 BGB) 90
         a) Ausschluss des Vertretungsrechts kraft Gesetzes 90
         b) Ausschluss der Vertretungsmacht durch gerichtliche Ent-
           scheidung 90
      5. Vertretungsmacht nach § 1629 Abs. 2 S. 2 BGB 91
         a) Obhut (§ 1629 BGB) 92
         b) Dauer der Vertretungsmacht 92
      6. Verfahrensstandschaft des § 1629 Abs. 3 BGB 93
D. Vermögenssorge (§§ 1638–1649, 1683, 1698–1698b BGB) 94
   I. Allgemeines 94
   II. Einschränkungen der Vermögenssorge 95
   III. Regelungen zur Verwendung von Kindesvermögen (§ 1649 BGB) .. 96
   IV. Schadensersatz 96
   V. Ruhen und Ende der Vermögenssorge 97
E. Ruhen und Beendigung der elterlichen Sorge 97
   I. Ruhen der elterlichen Sorge 97
   II. Beendigung der elterlichen Sorge 100
      1. Tod eines Elternteils 100
         a) Gemeinsame elterliche Sorge 100

			b) Alleinsorge eines Elternteils	100
		2.	Staatlicher Eingriff	101
F.	Schutzmaßnahmen zugunsten des Kindes			101
	I.	Allgemeines		101
	II.	Schutzmaßnahmen nach § 1666 BGB		103
		1.	Eingriff in die Personensorge (§ 1666 Abs. 1 BGB)	106
			a) Voraussetzungen	106
			aa) Missbräuchliche Ausübung der elterlichen Sorge	109
			bb) Vernachlässigung des Kindes	112
			cc) Unverschuldetes Versagen der Eltern	113
			b) Maßnahmen zum Schutz des Kindes	114
			aa) Maßnahmen gegenüber dem sorgeberechtigten Elternteil	114
			bb) Schutzmaßnahmen gegenüber Dritten	118
		2.	Eingriff in die Vermögenssorge	119
			a) Voraussetzungen	119
			b) Verstöße der Eltern gegen vermögensrelevante Schutzpflichten	120
			aa) Nichterfüllung der gesetzlichen Unterhaltsverpflichtung	120
			bb) Verstöße gegen die mit der Vermögenssorge verbundenen Pflichten	120
			cc) Verstöße gegen Anordnungen des Familiengerichts	121
			c) Gerichtliche Maßnahmen	121
		3.	Rechtsfolgen des – auch teilweisen – Entzugs der elterlichen Sorge	121
		4.	Überprüfung und Änderung gerichtlicher Maßnahmen nach § 1666 BGB gemäß § 1696 Abs. 2 BGB	125
G.	Elterliche Sorge bei Trennung und Scheidung			126
	I.	Regelung der elterlichen Sorge bei Trennung, § 1671 BGB		126
		1.	Antragsbefugnis	127
		2.	Sorgerecht	127
		3.	Dauerhafte Trennung	127
		4.	Ausnahmen zu § 1671 Abs. 1 und Abs. 2 BGB	128
	II.	Regelungen nach § 1671 Abs. 1 und Abs. 2 BGB		128
		1.	§ 1671 Abs. 1 S. 1 und S. 2 Nr. 1 BGB	129
			a) Zustimmung eines Elternteils	129
			b) Widerspruch des Kindes	130
		2.	§ 1671 Abs. 1 S. 2 Nr. 2 BGB	130
			a) Aufhebung der gemeinsamen Sorge	131
			aa) Fehlende elterliche Kooperationsbereitschaft	131
			bb) Sonstige Gründe für die Aufhebung der gemeinsamen Sorge	136
			cc) Verhältnismäßigkeit	138
			b) Übertragung der elterlichen Sorge auf den antragstellenden Elternteil	138
			aa) Kontinuitätsgrundsatz	140
			(1) Begriff	140
			(2) Bedeutung in der Kindeswohlprüfung	141
			(3) Ausprägungen des Kontinuitätsgrundsatzes	142
			bb) Förderungsprinzip	143
			(1) Begriff	143

			(2) Betreuung durch einen Elternteil	143
			(3) Erziehungseignung	145
			(a) Religiöse Kindererziehung	146
			(b) Auswanderung des betreuenden Elternteils	146
			(c) Elternfeindbild-Syndrom (PAS)	149
			(d) Straffälligkeit	150
			(e) Schädliche Erziehungseinflüsse	150
			(f) Neue Partnerschaft des antragstellenden Elternteils	150
			(g) Homosexualität und Geschlechtsumwandlung	150
			(h) Anderweitige Staatsangehörigkeit und Kulturkreis	150
			(i) Sexueller Missbrauch	151
			(j) Schwere Erkrankungen oder Behinderungen	151
			(4) Dominanter Einfluss der Großeltern	152
			(5) Bindungstoleranz	152
		cc)	Bindungen des Kindes an seine Eltern und Geschwister	153
		dd)	Der Kindeswille	154
	3.	§ 1671 Abs. 2 BGB		156
		a)	Zustimmung eines Elternteils	157
		b)	Widerspruch des Kindes	158
	4.	§ 1671 Abs. 2 S. 2 Nr. 2 BGB		158
		a)	Unmöglichkeit der gemeinsamen Sorge	158
		b)	Übertragung der Alleinsorge auf den Vater	158
III.	Übertragung eines Teils der elterlichen Sorge			159
IV.	Die Ausübung der gemeinsamen elterlichen Sorge bei Trennung			159
	1.	Kinderbetreuungsmodelle		159
		a)	Eingliederungsmodell	160
		b)	Nestmodell	160
		c)	Wechselmodell	160
	2.	Ausübungsregelungen		164
		a)	Angelegenheiten von erheblicher Bedeutung	164
		b)	Angelegenheiten des täglichen Lebens	164
		c)	Angelegenheiten der tatsächlichen Betreuung	165
		d)	Gefahr im Verzug	166
		e)	Entscheidung des Familiengerichts	166
		f)	Alleinzuständigkeit des nicht Sorgeberechtigten nach § 1687a BGB	166
	3.	Aufwendungen bei der Ausübung der elterlichen Sorge		166
H.	Vereinbarungen der Eltern zur Regelung der elterlichen Sorge			166
I.	Das Verfahren zur Regelung der elterlichen Sorge bei Trennung oder Scheidung gem. § 1671 Abs. 1 und Abs. 2 BGB			167
	I.	Scheidungsfolgesache oder isoliertes Verfahren		167
		1.	Antragserfordernis	167
		2.	Sorgerechtsantrag im Scheidungsverbund	167
		3.	Isolierter Sorgerechtsantrag	168
		4.	Abtrennung des Sorgerechtsverfahrens vom Scheidungsverbund	168
	II.	Antrag auf Übertragung des Sorgerechts		169
		1.	Rechtsnatur und Antragsberechtigung	169
		2.	Antragsinhalt	170

- III. Wirksame Sorgerechtsentscheidung ... 171
  - 1. Bekanntgabe ... 171
  - 2. Begründungspflicht ... 171
- IV. Grundlagen der Verfahrensführung ... 172
- V. Zuständigkeit des Gerichts ... 174
  - 1. Rechtsweg und sachliche Zuständigkeit ... 174
  - 2. Örtliche Zuständigkeit ... 174
  - 3. Instanzielle Zuständigkeit ... 177
- VI. Amtsermittlungsgrundsatz (§ 26 FamFG) ... 178
  - 1. Begriff und Umfang ... 178
  - 2. Einigung gemäß § 156 FamFG ... 181
  - 3. Vorrang- und Beschleunigungsgebot ... 182
  - 4. Sachverständigengutachten ... 183
- VII. Anhörungspflichten; Beteiligtenstellung ... 193
  - 1. Zweck der Anhörung ... 193
  - 2. Anhörung in jeder Tatsacheninstanz ... 195
  - 3. Anzuhörende Personen; Beteiligtenstellung ... 196
    - a) Beteiligtenstellung und Anhörung der Eltern (§§ 7, 160 FamFG) ... 196
    - b) Beteiligtenstellung und Anhörung des Kindes (§§ 7, 159 FamFG) ... 197
    - c) Anhörung und Beteiligtenstellung des Jugendamts (§ 162 FamFG) ... 203
    - d) Beteiligtenstellung und Anhörung der Pflegeperson (§ 161 FamFG) ... 206
  - 4. Verstöße gegen die Anhörungspflicht ... 208
- VIII. Gerichtlicher Beistand ... 209
  - 1. Anwaltszwang ... 209
    - a) Folgesachen ... 209
    - b) Selbstständige Familiensachen ... 209
    - c) Umfang des Anwaltszwangs ... 209
    - d) Rechtsfolgen bei Verstößen gegen den Anwaltszwang ... 209
  - 2. Der Verfahrensbeistand ... 209
- IX. Einstweilige Anordnung ... 209
- J. Die Erörterung der Kindeswohlgefährdung nach § 157 FamFG ... 210
- K. Generalklausel: Kindeswohl, § 1697a BGB ... 211
- L. Beratungsangebot der Jugendämter ... 212

§ 2 Das Umgangsrecht ... 213
- A. Grundlagen ... 213
  - I. Zweck des Umgangsrechts ... 214
  - II. Das Umgangsrecht als Recht des Kindes ... 214
  - III. Das Umgangsrecht als Pflicht und Recht der Eltern ... 216
  - IV. Anforderungen an den sorgeberechtigten Elternteil ... 217
  - V. Rechtsnatur des Umgangsrechts ... 219
- B. Umgangsrecht und -pflicht der rechtlichen Eltern (§ 1684 Abs. 1 Hs. 2 BGB) ... 220
  - I. Kreis der Umgangsberechtigten ... 220
  - II. Umgangsvereinbarungen der Eltern ... 221
  - III. Wohlverhaltensklausel (§ 1684 Abs. 2 BGB) ... 222
    - 1. Allgemeines ... 223

2. Vereitelung des Umgangsrechts ... 224
   a) Umgangspflegschaft ... 224
   b) Zwangsweiser Vollzug gerichtlicher Anordnungen ... 230
   c) Abänderung einer Sorgerechtsregelung ... 230
IV. Kollision zwischen Sorge- und Umgangsrecht ... 232
V. Anspruch auf Beratung und Unterstützung der Eltern durch das Jugendamt. ... 232
C. Regelungsbefugnis des Familiengerichts ... 232
  I. Vorbemerkungen ... 232
  II. Regelungsgrundsätze ... 233
    1. Grundrechtsachtung ... 233
    2. Konkretheitsgebot ... 234
  III. Regelungsinhalt ... 235
    1. Zeit, Dauer und Häufigkeit der Zusammentreffen ... 236
    2. Übernachtungen ... 239
    3. Ferienregelungen ... 241
    4. Feier- und Festtage ... 242
    5. Ort und Ausübung des Umgangsrechts ... 243
    6. Modalitäten des Abholens/Zurückbringens ... 243
    7. Gestaltung des Umgangsablaufs ... 244
    8. Ausgefallene Besuche ... 245
    9. Telefon- und Briefkontakte ... 246
    10. Geschenke ... 247
  IV. Kindeswille ... 247
    1. Vorbemerkungen ... 247
    2. Ermittlung des Kindeswillens ... 248
D. Das Umgangsrecht Dritter (§ 1685 BGB) ... 250
  I. Allgemeines ... 250
  II. Personenkreis ... 251
    1. Großeltern und Geschwister ... 252
    2. Enge Bezugspersonen ... 253
E. Umgangsrecht des leiblichen, nicht rechtlichen Vaters (§ 1686a BGB) ... 254
  I. Die Entwicklung in Gesetz und Rechtsprechung ... 254
  II. Das Gesetz zur Stärkung der Rechte des leiblichen, nicht rechtlichen Vaters ... 255
F. Aufwendungen für die Ausübung des Umgangsrechts ... 260
  I. Eigene Kosten des Umgangsberechtigten – Kostentragungspflicht ... 260
  II. Kosten für das Kind ... 263
    1. Kostentragungspflicht ... 263
    2. Wechselwirkungen Umgangsrecht und Unterhaltspflicht ... 263
  III. Entscheidung über die Aufwendungen für das Umgangsrecht ... 264
G. Beschränkungen oder Ausschluss des Umgangsrechts (§ 1684 Abs. 4 BGB) ... 264
  I. Allgemeine Grundsätze ... 264
  II. Eingriffsschwellen des § 1684 Abs. 4 BGB ... 266
    1. Erforderlichkeit von Einschränkung oder Ausschluss des Umgangsrechts ... 266
    2. Einschränkung oder Ausschluss auf längere Zeit oder auf Dauer ... 267

        a) Gefährdung des Kindeswohls 267
        b) Längere Zeit 268
    III. Einschränkungs- und Ausschlussgründe 268
        1. Ausschlussgründe auf Seiten der Eltern 269
            a) Entführungsgefahr/Entführung 269
            b) Sexueller Missbrauch und pädophile Neigungen 270
            c) HIV-Infektion 272
            d) Verfeindung der Eltern/Großeltern 272
            e) Religiöse Beeinflussung des Kindes 273
            f) Sonstige Gründe 273
        2. Ausschlussgründe auf Seiten des Kindes 274
            a) Alter des Kindes 274
            b) Widerstand des Kindes (PAS) 274
            c) Erkrankungen des Kindes 275
    IV. Begleiteter/Beschützter Umgang, § 1684 Abs. 4 BGB 276
        1. Zweck des begleiteten Umgangs 276
        2. Einsatzmöglichkeiten 276
        3. Anforderungen an die Begleitperson 278
    V. Einstweiliger Rechtsschutz 280
H. Auskunftsrecht (§§ 1686, 1686a Abs. 1 Nr. 2 BGB) 280
    I. Voraussetzungen des Auskunftsrechts 280
        1. Auskunftsberechtigter und Auskunftspflichtiger 280
        2. Berechtigtes Interesse 281
        3. Anspruchsinhalt 282
        4. Einschränkung des Auskunftsrechts 284
    II. Entscheidung von Streitigkeiten über den Auskunftsanspruch 284
I. Das Verfahren nach § 1684 BGB 285
    I. Kein Antragserfordernis 285
    II. Umgangsrechtsantrag im Scheidungsverbund 286
    III. Isolierter Umgangsrechtsantrag 286
    IV. Abtrennung des Umgangsrechtsverfahrens vom Scheidungsverbund . 286
J. Das Verfahren nach § 1684 BGB 286
    I. Zuständigkeit 286
        1. Sachliche und geschäftsverteilungsmäßige Zuständigkeit 286
        2. Örtliche und instanzielle Zuständigkeit 286
    II. Anhörung der Beteiligten 287
    III. Besorgnis der Befangenheit bei Verfahrensverzögerungen (Vorrang-
         und Beschleunigungsgebot) 287
    IV. Beteiligung des Jugendamts 288
    V. Keine Anordnung von Therapien 289
    VI. Rücknahme oder übereinstimmende Beendigungserklärung eines
         Antrages auf Regelung des Umgangsrechts 289
    VII. Objektive Beendigung der Hauptsache 289
    VIII. Umgangsrechtsvereinbarungen der Eltern 289
    IX. Vollstreckungsfragen 294
K. Das Vermittlungsverfahren nach § 165 FamFG 294
    I. Vorbemerkungen 294
    II. Verfahrensvoraussetzungen 294

III. Verfahrensablauf 295
    1. Ablehnung der Verfahrenseröffnung 295
    2. Anberaumung eines Gütetermins 295
    3. Anhörung der Beteiligten 295
    4. Entscheidung des Gerichts. 296
       a) Mangelnde Einigung der Eltern 296
       b) Einigung der Eltern. 296
IV. Wert/Kosten/Gebühren 296

§ 3 Abänderungsverfahren nach § 166 FamFG, § 1696 BGB 299
A. Grundlagen 299
B. Zuständigkeit 303
   I. Örtliche Zuständigkeit 303
   II. Sachliche Zuständigkeit 304
C. Änderungsvoraussetzungen 304
   I. Zweck des Abänderungsverfahrens. 304
   II. Abänderungsgründe 305
      1. Gesetzesänderung oder Änderung der höchstrichterlichen Rechtsprechung 305
      2. Übereinstimmender Elternwille; Kindeswille 306
      3. Umstände im Verhalten des betreuenden Elternteils . 306
         a) PAS. 306
         b) Verhalten bei der Sorgerechtsausübung 307
         c) Wiederheirat; neue sexuelle Orientierung 307
      4. Veränderte Lebensumstände eines oder beider Elternteile 308
      5. Beispiele für einen fehlenden Abänderungsgrund 308
D. Aufhebung kindesschutzrechtlicher Maßnahmen (§ 1696 Abs. 2 BGB) .. 309
E. Regelungsgrundsätze 310
F. Unterbrechung und Erledigung des Verfahrens 310
G. Einstweiliger Rechtsschutz 311

§ 4 Herausgabe des Kindes nach § 1632 BGB 313
A. Der Anspruch auf Herausgabe eines Kindes nach § 1632 Abs. 1 BGB sowie die Umgangsbestimmung nach § 1632 Abs. 2 BGB 313
   I. Allgemeines 313
   II. Materiell-rechtliche Voraussetzungen des § 1632 Abs. 1 BGB 313
      1. Anspruchsberechtigung 313
      2. Herausgabepflichtiger 315
      3. Kindeswohl 315
   III. Die Umgangsbestimmung gemäß § 1632 Abs. 2 BGB 316
B. Verbleibensanordnung nach § 1632 Abs. 4 BGB oder § 1682 BGB 319
   I. Wegnahme eines Kindes aus der Pflegefamilie (§ 1632 Abs. 4 BGB). 319
   II. Verbleibensanordnung nach § 1682 BGB. 332
C. Verfahrensrecht 333
   I. Zuständigkeiten 333
      1. Sachliche Zuständigkeit 333
      2. Örtliche Zuständigkeit 333
      3. Funktionelle Zuständigkeit 334

	II. Antrag	334
	III. Anhörungspflichten	334
	IV. Einstweilige Anordnung und Außervollzugsetzung	334
	V. Vollstreckung der gerichtlichen Anordnung auf Kindesherausgabe	334

§ 5 Der Verfahrensbeistand ... 335

- A. Allgemeines ... 335
- B. Voraussetzungen der Bestellung eines Verfahrensbeistandes ... 336
  - I. Verfahrensart ... 336
  - II. Alter des Kindes ... 336
  - III. Interessengegensatz ... 336
  - IV. Regelbestellung ... 337
    1. § 158 Abs. 2 Nr. 1 FamFG ... 337
    2. § 158 Abs. 2 Nr. 2 FamFG ... 338
    3. § 158 Abs. 2 Nr. 3 FamFG ... 338
    4. § 158 Abs. 2 Nr. 4 FamFG ... 339
    5. § 158 Abs. 2 Nr. 5 FamFG ... 339
  - V. Ausnahmen ... 340
- C. Die Auswahl des Verfahrensbeistandes ... 341
- D. Aufgaben des Verfahrensbeistandes im Verfahren ... 342
- E. Verfahrensrechtliche Vorgaben ... 345
  - I. Bestellung von Amts wegen ... 345
  - II. Zeitpunkt für die Bestellung ... 345
  - III. Begründungspflicht ... 346
  - IV. Rechtsmittel ... 346
  - V. Die Vergütung des Verfahrensbeistandes ... 347

§ 6 Vollstreckungsrecht ... 353

- A. Vollstreckbare Entscheidungen ... 353
  - I. Einleitung ... 353
  - II. Vollstreckungstitel ... 354
    1. Gerichtliche Beschlüsse ... 354
    2. Gerichtlich gebilligte Vergleiche ... 355
    3. Sonstige Vollstreckungstitel ... 356
  - III. Vollstreckbarkeit des Titels ... 356
- B. Schuldhafter Verstoß ... 360
- C. Adressat der Zwangsmaßnahme ... 363
- D. Ordnungsmittel ... 364
  - I. Verhältnismäßigkeit ... 364
  - II. Ordnungsgeld ... 364
    1. Zielrichtung ... 364
    2. Höhe des Ordnungsgeldes ... 365
    3. Verfahrensablauf ... 365
  - III. Ordnungshaft ... 367
    1. Voraussetzungen ... 367
    2. Haftanordnung und Vollzug ... 369
  - IV. Anwendung unmittelbaren Zwangs ... 369
    1. Voraussetzungen ... 369
    2. Durchführung des unmittelbaren Zwangs ... 369

V. Wohnungsöffnung (§ 91 FamFG) 370
    1. Voraussetzungen der Wohnungsdurchsuchung 370
    2. Der Verfahrensablauf 371
E. Verfahrensrechtliche Vorgaben 372
  I. Gerichtliche Zuständigkeit 372
  II. Einleitung des Verfahrens 372
  III. Anhörungspflicht 373
  IV. Anwaltszwang 373
  V. Kosten 373
  VI. Rechtsmittel 374
  VII. Abschließende Vertiefung: Plädoyer für den aktiven Richter 375
    1. Situation der an der Vollstreckung Beteiligten 375
      a) Das betroffene Kind 375
      b) Die Obhutsperson des Kindes (Elternteil, Pflegeeltern, Freunde, etc.) 376
      c) Der Verfahrensbeistand des Kindes 376
      d) Der Umgangspfleger 376
      e) Der Gerichtsvollzieher 376
      f) Das Jugendamt 377
      g) Die Polizei 377
      h) Die aus dem Titel berechtigte Person (anderer Elternteil, Jugendamt als Pfleger oder Vormund) 377
      i) Im Extremfall: Die Presse oder andere, sich mit dem Verpflichteten solidarisierende Dritte 377
      j) Der Rechtsanwalt 378
    2. Plädoyer für den aktiven Richter 378

§ 7 Einstweiliger Rechtsschutz 379

A. Allgemeines 379
B. Die verfahrensrechtlichen Grundsätze der einstweiligen Anordnung 382
  I. Eigenständigkeit des Eilverfahrens 382
  II. Sachliche und örtliche Zuständigkeit 382
  III. Der Verfahrensablauf 383
    1. Allgemeine Verfahrensgrundsätze 383
    2. Anordnungsanspruch/Anordnungsgrund 386
    3. Entscheidung und Kosten 387
  IV. Aufhebung und Änderung der einstweiligen Anordnung/Aussetzung der Vollstreckung 388
    1. Antrag auf Einleitung des Hauptsacheverfahrens (§ 52 FamFG) . 389
    2. Abänderungsantrag (§ 54 Abs. 1 FamFG) 390
  V. Rechtsmittel 391
    1. Statthaftigkeit 391
    2. Formalien 392
    3. Sonderproblem: Abänderungsmaßstab des Beschwerdegerichts bei vollzogenen erstinstanzlichen einstweiligen Anordnungen 393
    4. Außervollzugsetzung der erstinstanzlichen Entscheidung durch das Beschwerdegericht 395

§ 8 Verfahrenskostenhilfe ... 397

- A. Allgemeines ... 397
  - I. Verfahrenskostenhilfe – Prozesskostenhilfe ... 397
  - II. Zweck der Verfahrenskostenhilfe ... 397
- B. Die Verfahrenskostenhilfe in Sorge- und Umgangsrechtsverfahren ... 398
  - I. Sachliche und persönliche Betroffenheit ... 398
  - II. Der Verfahrensgang ... 399
    1. Antragstellung und Bedürftigkeit ... 399
    2. Erfolgsaussichten der beabsichtigten Rechtsverfolgung ... 399
    3. Mutwilligkeit ... 401
    4. Anhörung der Beteiligten ... 406
  - III. Beiordnung eines Rechtsanwalts, § 78 FamFG ... 406
  - IV. Rechtsmittel ... 412
- C. Verfahrenskostenhilfe für ein beabsichtigtes Rechtsmittel ... 414

§ 9 Rechtsmittel ... 417

- A. Allgemeines ... 417
- B. Die Beschwerde nach § 58 FamFG ... 419
  - I. Statthaftigkeit der Beschwerde ... 419
  - II. Beschwerdeberechtigung ... 423
  - III. Beschwerdefrist ... 426
    1. Grundsatz § 63 Abs. 1 FamFG ... 426
    2. Ausnahmen ... 427
    3. Fristbeginn ... 427
  - IV. Beschwerdeeinlegung und Begründung ... 427
    1. Beschwerdeeinlegung (§ 64 FamFG) ... 427
    2. Beschwerdebegründung ... 428
  - V. Verfahrensablauf und Entscheidung ... 429
    1. Gang des Beschwerdeverfahrens (§ 68 FamFG) ... 429
    2. Beschwerdeentscheidung ... 430
    3. Anschlussbeschwerde ... 432
    4. Erledigung der Hauptsache in der Beschwerdeinstanz (§ 62 FamFG) ... 433
- C. Die Rechtsbeschwerde ... 435
  - I. Statthaftigkeit ... 435
  - II. Frist und Form der Rechtsbeschwerde ... 436
  - III. Entscheidung des Rechtsbeschwerdegerichts ... 437
  - IV. Anschlussrechtsbeschwerde und Sprungrechtsbeschwerde ... 438
- D. Rechtsmittel im einstweiligen Anordnungsverfahren ... 438
- E. Rechtsmittel wegen Untätigkeit ... 438
- F. Anwaltszwang ... 446
- G. Rechtsmittelkosten ... 447

§ 10 Kostenrecht ... 449

- A. Kostenverteilung ... 449
- B. Außergerichtliche Tätigkeit ... 455
  - I. Beratung ... 455
  - II. Nach außen gerichtete Tätigkeit ... 456

C. Gerichtliche Tätigkeit 457
   I. Verbundverfahren. 457
      1. Verfahrenswert 457
      2. Gerichtskosten 458
      3. Rechtsanwaltsgebühren 459
         a) Die Verfahrensgebühr 459
         b) Die Terminsgebühr 459
         c) Die Einigungsgebühr. 460
   II. Isolierte Verfahren 462
      1. Verfahrenswert 462
      2. Gerichtskosten 464
      3. Rechtsanwaltsgebühren 464
   III. Einstweilige Anordnung. 465
      1. Verfahrenswerte 465
      2. Gerichtskosten 465
      3. Rechtsanwaltsgebühren 466
   IV. Verfahrenswertbeschwerde. 466

§ 11 Grenzüberschreitende Sorge-, Umgangs- und Kindesentführungsfälle 469

A. Einführung, Rechtsquellen, Prüfungsschema, nützliche Internetlinks 469
B. Internationale Zuständigkeit 473
   I. Internationale Zuständigkeit nach der Brüssel IIa-VO. 473
      1. Prüfungsschema internationale Zuständigkeit; Leitfaden zur Verordnung 474
      2. Grundregel: Gewöhnlicher Aufenthalt des Kindes, Art. 8 Abs. 1 Brüssel IIa-VO 474
      3. Zuständigkeitsfortdauer in Umgangsrechtssachen bei Verlegung des gewöhnlichen Aufenthalts, Art. 9 Brüssel IIa-VO 475
      4. Zuständigkeit bei widerrechtlichem Verbringen, Art. 10 Brüssel IIa-VO 475
      5. Gerichtsstandsvereinbarung, Art. 12 Brüssel IIa-VO 476
      6. Tatsächlicher Aufenthalt, Art. 13 Brüssel IIa-VO 476
      7. Rückgriff auf nationales Recht, Art. 14 Brüssel IIa-VO 477
      8. Grenzüberschreitende Verweisung des Falles, Art. 15 Brüssel IIa-VO 477
      9. Litispendenz (doppelte Rechtshängigkeit), Art. 16, 19 Brüssel IIa-VO 477
      10. Perpetuatio fori, Art. 8 Abs. 1 Brüssel IIa-VO 477
      11. Eilzuständigkeit für dringende Schutzmaßnahmen, Art. 20 Brüssel IIa-VO 478
      12. Drittstaaten 479
   II. Internationale Zuständigkeit nach dem KSÜ. 479
      1. Prüfungsschema internationale Zuständigkeit 479
      2. Grundregel: Gewöhnlicher Aufenthalt des Kindes, Art. 5 KSÜ .. 480
      3. Zuständigkeit bei widerrechtlichem Verbringen, Art. 7 KSÜ ... 480
      4. Tatsächlicher Aufenthalt, Art. 6 KSÜ 480
      5. Gerichtsstandsvereinbarung, Art. 10 KSÜ. 480
      6. Grenzüberschreitende Abgabe des Falles, Art. 8 und 9 KSÜ ... 481

		7. Litispendenz (doppelte Rechtshängigkeit), Art. 13 KSÜ	481
		8. Keine perpetuatio fori, Art. 5 Abs. 2 KSÜ	481
		9. Eilzuständigkeit für dringende und vorläufige Schutzmaßnahmen, Art. 11 und 12 KSÜ.	481
		10. Drittstaaten	481
	III.	Internationale Zuständigkeit nach dem MSA	482
		1. Prüfungsschema internationale Zuständigkeit	483
		2. Grundregel: Gewöhnlicher Aufenthalt des Kindes, Art. 1 MSA. .	483
		3. Vorbehalte der Art. 3, 4, 5 Abs. 3 und 9 MSA	485
		a) Nach Heimatrecht bestehendes Gewaltverhältnis, Art. 3 MSA	485
		b) Eingreifen der Heimatbehörden zum Schutz des Kindes, Art. 4 MSA.	485
		c) Fortgeltung im bisherigen Heimatstaat getroffener Maßnahmen bei Aufenthaltswechsel, Art. 5 Abs. 3 MSA	486
		d) Eilzuständigkeit, Art. 9 MSA	486
	IV.	Internationale Zuständigkeit deutscher Gerichte bei gewöhnlichem Aufenthalt in einem Drittstaat	487
C.	Kollisionsrecht – Bestimmung des anwendbaren materiellen Rechts		487
	I.	Kollisionsnormen des KSÜ.	488
		1. Internationale Zuständigkeit aufgrund des KSÜ, Art. 15 KSÜ . .	488
		2. Internationale Zuständigkeit aufgrund Normen außerhalb des KSÜ, Art. 16–22 KSÜ	488
	II.	Kollisionsnormen des MSA	489
		1. Grundsatz: Anwendbarkeit der lex fori, Art. 2 MSA	489
		2. Ausnahme: Heimatrecht bei gesetzlichem Gewaltverhältnis, Art. 3 MSA.	489
	III.	Sonderfall: Das Deutsch-Iranische Niederlassungsabkommen	490
	IV.	Kollisionsrecht bei Drittstaatenbezug	490
D.	Anerkennung, Vollstreckbarerklärung und Abänderung ausländischer Entscheidungen über die elterliche Verantwortung.		491
	I.	Anerkennung und Vollstreckbarerklärung	491
		1. Brüssel IIa-VO.	491
		2. ESÜ.	495
		3. KSÜ.	496
		4. MSA	496
		5. Autonomes Recht, §§ 108–110 FamFG	496
	II.	Abänderung einer ausländischen Sorgerechtsentscheidung	497
E.	Widerrechtliches Verbringen oder Zurückhalten eines Kindes – Kindesrückführungsverfahren nach dem HKÜ und der Brüssel IIa-VO. . .		498
	I.	Ziele des HKÜ.	498
	II.	Anwendungsbereich	499
		1. Räumlicher Anwendungsbereich	499
		2. Zeitlicher Anwendungsbereich.	499
		3. Persönlicher Anwendungsbereich.	499
		4. Gewöhnlicher Aufenthalt	500
		5. Umfang.	500
	III.	Materiell-rechtliche Rückführungsvoraussetzungen	501
		1. Widerrechtlichkeit des Verbringens/Zurückhaltens.	501

        2. Tatsächliche Ausübung des Sorgerechts 503
        3. Antragstellung innerhalb der Jahresfrist 504
    IV. Ausnahmen von der Verpflichtung zur sofortigen Rückgabe 505
        1. Keine Sorgerechtsausübung oder Billigung 506
        2. Kindeswohlgefährdung 507
        3. Ablehnung des Kindes 510
        4. Verstoß gegen Menschenrechte und Grundfreiheiten 512
    V. Verfahrensrechtliches 512
        1. Antrag 512
        2. Zuständigkeitsregelungen 514
            a) Sachliche Zuständigkeit 514
            b) Örtliche Zuständigkeit 514
        3. Zentrale Behörden 514
        4. Anwaltszwang 515
        5. Besondere Eilbedürftigkeit 515
        6. Nachweis der Widerrechtlichkeit 516
        7. Kindesanhörung 518
        8. Verbot einer Sorgerechtsentscheidung 519
        9. Verfahrensbeistand 520
        10. Jugendamt 520
        11. Rechtsmittel 521
        12. Vollstreckung 522
        13. Abänderung nach § 1696 BGB 524
        14. Kosten des Verfahrens 524
    VI. Die Änderungen des HKÜ durch die Brüssel IIa-VO 526
    VII. Das KSÜ, das MSA und das ESÜ bei Kindesentführungen 531
  F. Das Recht zum persönlichen grenzüberschreitenden Umgang 531

§ 12 Jugendhilferechtliche Schnittstellen zwischen Familiengericht und Jugendamt unter besonderer Berücksichtigung der anwaltlichen Perspektive 533

  A. Grundlagen 533
  B. Verletzung fachlicher Standards und ihre Folgen 537
    I. Zivilrechtliche Folgen 538
        1. Amtshaftung 538
        2. Aufsichtspflichtverletzung 539
    II. Sozialrechtliche Folgen 539
    III. Strafrechtliche Folgen 539
  C. Ausgewählte Problembereiche 540
    I. Förderung der Erziehung in der Familie (§§ 16–21 SGB VIII) 540
        1. Unterstützung der Erziehungs- und Beziehungskompetenzen ... 540
            a) Allgemeine Förderung der Erziehung in der Familie
               (§ 16 SGB VIII) 540
            b) Beratung in Fragen der Partnerschaft, Trennung und Scheidung
               (§ 17 SGB VIII) 541
            c) Beratung und Unterstützung bei der Ausübung der Personen-
               sorge und des Umgangsrechts (§ 18 SGB VIII) 543

		aa)	Beratung und Unterstützung bei der Personensorge sowie Geltendmachung von Unterhaltsansprüchen (§ 18 Abs. 1, Abs. 2, Abs. 4 SGB VIII)	543
		bb)	Beratung und Unterstützung bei der Ausübung des Umgangsrechts (§ 18 Abs. 3 SGB VIII)	543
			(1) Beratungs- und Unterstützungsanspruch von Kindern und Jugendlichen	543
			(2) Beratungs- und Unterstützungsansprüche sonstiger Personen	545
			(3) Kosten	547
	2.	Unterstützung in besonderen Lebenslagen (§§ 19–21 SGB VIII)		548
		a)	Gemeinsame Wohnformen für Eltern und Kinder (§ 19 SGB VIII)	548
		b)	Betreuung und Versorgung des Kindes in Notsituationen (§ 20 SGB VIII)	549
		c)	Unterstützung bei der Erfüllung der Schulpflicht (§ 21 SGB VIII)	549
II.	Das Hilfeplanverfahren			550
	1.	Beratung und Mitwirkung der Leistungsberechtigten		550
	2.	Der Hilfeplan		552
III.	Hilfe zur Erziehung			554
	1.	Grundsätze der Hilfe zur Erziehung (§ 27 SGB VIII)		554
		a)	Leistungsberechtigte	554
		b)	Voraussetzungen der Hilfe zur Erziehung	555
		c)	Rechtliche Folgen	556
	2.	Die jeweiligen Hilfearten		557
		a)	Erziehungsberatung (§ 28 SGB VIII)	557
		b)	Soziale Gruppenarbeit (§ 29 SGB VIII)	558
		c)	Der Erziehungsbeistand (§ 30 SGB VIII)	559
		d)	Sozialpädagogische Familienhilfe (§ 31 SGB VIII)	559
		e)	Erziehung in einer Tagesgruppe (§ 32 SGB VIII)	560
		f)	Vollzeitpflege (§ 33 SGB VIII)	561
		g)	Heimerziehung/Sonstige betreute Wohnformen (§ 34 SGB VIII)	562
		h)	Intensive sozialpädagogische Einzelbetreuung (§ 35 SGB VIII)	563
	3.	Eingliederungshilfe für seelisch behinderte Kinder und Jugendliche (§ 35a SGB VIII)		564
		a)	Die Leistungsvoraussetzungen	564
		b)	Ziele und Leistungen der Eingliederungshilfe	565
IV.	Die Inobhutnahme (§ 42 SGB VIII)			567
	1.	Grundlagen		567
	2.	Anlass der Inobhutnahme		568
	3.	Befugnisse und Pflichten des Jugendamtes während der Inobhutnahme		577
		a)	Kindeswohl und Wille des Sorgeberechtigten	577
		b)	Einleitung eines Hilfeplanverfahrens	578

   c) Einholung einer familiengerichtlichen Entscheidung – Rechtswegfragen 579
   d) Freiheitsentziehende Maßnahmen 580
  4. Ende der Inobhutnahme 581
  5. Kosten 582
 VI. Kostenbeteiligung im Rahmen der Kinder- und Jugendhilfe 583
  1. Die pauschalierte Kostenbeteiligung nach § 90 SGB VIII. 584
  2. Konkrete Kostenbeteiligungen nach §§ 91 ff. SGB VIII. 584
 VII. Die rechtliche Vertretung Minderjähriger durch das Jugendamt 586
  1. Die Beistandschaft. 586
  2. Vormundschaft und Pflegschaft 588
  3. Rechtsfolgen einer Pflichtverletzung 592

§ 13 Formularteil 593

 A. Sorgerecht... 593
  I. Sorgeerklärungen nicht miteinander verheirateter Eltern 593
   1. Erklärungen vor dem Jugendamt. 593
   2. Erklärungen vor dem Notar 594
   3. Vorgeburtliche Sorgeerklärungen 596
  II. Anträge im gerichtlichen Verfahren 597
   1. Einverständliche Sorgerechtsregelung 598
    a) Antrag auf Übertragung des Alleinsorgerechts gemäß § 1671 Abs. 1 Nr. 1 BGB, § 1671 Abs. 2 Nr. 1 BGB 598
    b) Zustimmung zur Alleinsorge eines Elternteils 599
   2. Streitige Sorgerechtsregelung......................... 600
    a) Antrag auf Übertragung des Alleinsorgerechts gemäß § 1671 Abs. 1 Nr. 2 BGB 600
    b) Abweisungsantrag des anderen Elternteils 603
    c) Eigener Sorgerechtsantrag des anderen Elternteils 604
    d) Antrag auf Übertragung der Alleinsorge gemäß § 1672 BGB (bis zur gesetzl. Neuregelung des § 1672 BGB). 606
    e) Abweisungsantrag des anderen Elternteils 608
    f) Antrag auf Anordnung der gemeinsamen elterlichen Sorge gemäß § 1626a Abs. 1 Nr. 3 BGB 609
    g) Abweisungsantrag des anderen Elternteils 611
   3. Antrag auf Abtrennung einer Folgesache nach §§ 140 Abs. 2 Nr. 3, 137 Abs. 3, 151 FamFG 612
  III. Anträge nach § 1628 BGB 614
   1. Antrag auf Übertragung des Entscheidungsrechts auf einen Elternteil nach § 1628 BGB........................... 614
   2. Abweisungsantrag des anderen Elternteils 615
   3. Eigener Antrag auf Übertragung des Entscheidungsrechts nach § 1628 BGB.. 616
 B. Umgangsrecht 617
  I. Anträge auf Regelung des Umgangsrechts 617
   1. Antrag auf Regelung des Umgangsrechts gemäß § 1684 BGB... 617
   2. Antrag auf Regelung des Umgangsrechts gemäß § 1685 BGB... 619
   3. Antrag auf Regelung des Umgangsrechts gemäß § 1686a BGB.. 620
   4. Zustimmung zum Antrag auf Regelung des Umgangsrechts 622

5.	Abweisungsantrag zum Antrag gemäß § 1684 BGB	623
6.	Abweisungsantrag zum Antrag gemäß § 1685 BGB	624
7.	Abweisungsantrag zum Antrag gemäß § 1686a BGB	625

II. Anträge auf Ausschluss des Umgangsrechts 625
    1. Antrag auf Ausschluss des Umgangsrechts 625
    2. Abweisungsantrag zum Antrag auf Ausschluss des Umgangsrechts   629
III. Antrag auf Abtrennung einer Folgesache nach den §§ 140 Abs. 2 Nr. 3, 137 Abs. 3, 151 FamFG. 630
IV. Anträge auf Erteilung einer Auskunft nach § 1686 BGB 630
    1. Antrag auf Auskunftserteilung. 630
    2. Abweisungsantrag zum Antrag auf Auskunftserteilung 632
V. Anträge nach § 89 FamFG 633
    1. Antrag auf Ordnungsmittel nach § 89 FamFG 633
    2. Erwiderung zum Antrag auf Festsetzung von Ordnungsmittel gemäß § 89 FamFG. 634
VI. Antrag auf Einleitung eines Vermittlungsverfahrens gemäß § 165 FamFG 635
VII. Anträge auf Regelung des Umgangsrechts Dritter 636
    1. Antrag auf Regelung des Umgangsrechts Dritter 636
    2. Abweisungsantrag des berechtigten Elternteils 637

C. Abänderungsanträge 638
  I. Anträge betreffend die Abänderung einer Sorgerechtsentscheidung. . 638
    1. Antrag auf Abänderung einer bestehenden Sorgerechtsentscheidung 638
    2. Erwiderung auf Sorgerechtsabänderungsantrag 640
  II. Anträge auf Abänderung einer Umgangsrechtsregelung 641
    1. Antrag auf Abänderung einer Umgangsrechtsregelung 641
    2. Erwiderung zum Abänderungsantrag (§ 1696 BGB) auf Regelung des Umgangsrechts 643

D. Anträge zur Herausgabe des Kindes 644
  I. Antrag auf Herausgabe des Kindes. 644
  II. Erwiderung zum Antrag auf Kindesherausgabe. 645

E. Internationales Recht. 646
  I. Anerkennung ausländischer Sorgerechtsentscheidungen 646
    1. Feststellungsbeschluss außerhalb des ESÜ und der Brüssel IIa-Verordnung. 646
    2. Feststellungsbeschluss nach der Brüssel IIa-Verordnung 648
  II. Anträge auf Kindesrückführung nach dem HKÜ 649
    1. Antrag auf Kindesrückführung nach Art. 8, 12 HKÜ (Kind wurde widerrechtlich nach Deutschland verbracht) 649
    2. Antrag auf Erlass einer einstweiligen Anordnung eingangs des Rückführungsverfahrens. 651
    3. Erwiderung zum Antrag auf Kindesrückführung 652
  III. Anträge an das Bundesamt für Justiz 653

F. Einstweiliger Rechtsschutz – Anträge auf Erlass einer einstweiligen Anordnung nach §§ 49 ff. FamFG 654
  I. Regelung des Sorgerechts/Aufenthaltsbestimmungsrechts. 654
    1. Antrag auf Erlass einer einstweiligen Anordnung nach § 49 FamFG 654

2. Antrag auf mündliche Verhandlung und Zurückweisung des Antrages auf Erlass einer einstweiligen Anordnung 656
3. Antrag auf mündliche Verhandlung und Zurückweisung sowie eigener Antrag auf Erlass einer einstweiligen Anordnung. 656
4. Antrag auf mündliche Verhandlung und Aufhebungsantrag 657
5. Antrag auf mündliche Verhandlung und Abänderungsantrag. . . . 658
II. Regelung einzelner Teilbereiche der elterlichen Sorge 659
III. Regelung des Umgangsrechts 660
IV. Erwiderung zum Antrag auf Erlass einer einstweiligen Anordnung zur Regelung des Umgangsrechts 662
V. Herausgabe des Kindes 663
VI. Erwiderung zum Antrag auf Erlass einer einstweiligen Anordnung zur Herausgabe des Kindes 664
VII. Herausgabe und Benutzung der zum persönlichen Gebrauch bestimmten Gegenstände 665
VIII. Erwiderung zum Antrag auf Erlass einer einstweiligen Anordnung betreffend der zum persönlichen Gebrauch bestimmten Gegenstände . 666
G. Verfahrenskostenhilfe 667
I. Verfahrenskostenhilfeanträge 667
1. Vorgeschalteter Antrag. 667
2. Gleichzeitiger Antrag. 668
II. Erwiderung des Antragsgegners mit eigenem Verfahrenskostenhilfeantrag 669
H. Rechtsmittel 670
I. Sofortige Beschwerde bei Zurückweisung des Verfahrenskostenhilfeantrages. 670
II. Beschwerde gegen die Ablehnung eines Antrags auf Erlass einer einstweiligen Anordnung 671
III. Beschwerdeschrift Hauptsache 672
IV. Antrag auf Verfahrenskostenhilfe für ein beabsichtigtes Beschwerdeverfahren 673
I. Kinder- und Jugendhilfe 674
I. Mitwirkung des Jugendamts als Umgangsbegleiter 674

§ 14 Gesetzestexte 677
A. Verordnung (EG) Nr. 2201/2003 des Rates vom 27.11.2003 über die Zuständigkeit und die Anerkennung und Vollstreckung von Entscheidungen in Ehesachen und in Verfahren betreffend die elterliche Verantwortung und zur Aufhebung der Verordnung (EG) Nr. 1347/2000 (Brüssel IIa-VO) . . . 677
B. Haager Übereinkommen vom 25.10.1980 über die zivilrechtlichen Aspekte internationaler Kindesentführung (Haager Kindesentführungsübereinkommen – HKÜ) 705
C. Haager Übereinkommen vom 19.10.1996 über die Zuständigkeit, das anzuwendende Recht, die Anerkennung, Vollstreckung und Zusammenarbeit bezüglich der elterlichen Verantwortung und Maßnahmen zum Schutz von Kindern (Haager Kinderschutzübereinkommen – KSÜ). . 714
D. Haager Übereinkommen vom 5.10.1961 über die Zuständigkeit der Behörden und das anzuwendende Recht auf dem Gebiet des Schutzes von Minderjährigen (Haager Minderjährigenschutzabkommen – MSA) 727

E. Europäisches Übereinkommen vom 20.5.1980 über die Anerkennung und Vollstreckung von Entscheidungen über das Sorgerecht für Kinder und die Wiederherstellung des Sorgeverhältnisses (SEV Nr. 105) (Europäisches Sorgerechtsübereinkommen – ESÜ) 732
F. Europäisches Übereinkommen über den Umgang von und mit Kindern vom 15.5.2003 (SEV Nr. 192) (Europäisches Umgangsübereinkommen – EUÜ) 740
G. Niederlassungsabkommen vom 17.2.1929 zwischen dem Deutschen Reich und dem Kaiserreich Persien (Deutsch-iranisches Niederlassungsabkommen) 748
H. Übereinkommen über die Rechte des Kindes vom 20.11.1989 (UN-Kinderrechtskonvention) 751
I. Konvention zum Schutze der Menschenrechte und Grundfreiheiten vom 4.11.1950 (SEV Nr. 5) (Europäische Menschenrechtskonvention – EMRK) 766
J. Gesetz zur Aus- und Durchführung bestimmter Rechtsinstrumente auf dem Gebiet des internationalen Familienrechts (Internationales Familienrechtsverfahrensgesetz – IntFamRVG)................... 777
K. Gesetz über das Verfahren in Familiensachen und in den Angelegenheiten der freiwilligen Gerichtsbarkeit (Familienrechtsverfahrensgesetz – FamFG) 790
L. Einführungsgesetz zum Bürgerlichen Gesetzbuche (EGBGB) 794
M. Gesetz über die Vergütung von Vormündern und Betreuern (Vormünder- und Betreuervergütungsgesetz – VBVG) 796

Stichwortverzeichnis 801
Benutzerhinweise zur CD-ROM 815

Musterverzeichnis

Muster 13.1: Erklärung zur gemeinsamen elterlichen Sorge gem. § 1626a Abs. 1 Nr. 1 BGB 593

Muster 13.2: Erklärung zur gemeinsamen elterlichen Sorge gem. § 1626a Abs. 1 Nr. 1 BGB 594

Muster 13.3: Vorgeburtliche Urkunde über die Erklärung zur gemeinsamen elterlichen Sorge gem. § 1626a Abs. 1 Nr. 1 BGB 596

Muster 13.4: Antrag auf Übertragung des Alleinsorgerechts gem. § 1671 Abs. 1 Nr. 1 BGB, § 1671 Abs. 2 Nr. 1 BGB 598

Muster 13.5: Zustimmung zur Alleinsorge eines Elternteils 599

Muster 13.6: Antrag auf Übertragung des Alleinsorgerechts gem. § 1671 Abs. 2 Nr. 2 BGB 600

Muster 13.7: Abweisungsantrag des anderen Elternteils (auf Antrag auf Alleinsorgerecht) 603

Muster 13.8: Eigener Sorgerechtsantrag des anderen Elternteils 604

Muster 13.9: Antrag auf Übertragung der Alleinsorge gem. § 1671 Abs. 2 Nr. 2 BGB 606

Muster 13.10: Abweisungsantrag des anderen Elternteils 608

Muster 13.11: Antrag auf Anordnung der gemeinsamen elterlichen Sorge gem. § 1626a Abs. 1 Nr. 3 BGB 609

Muster 13.12: Abweisungsantrag des anderen Elternteils 611

Muster 13.13: Antrag auf Abtrennung einer Folgesache nach §§ 140 Abs. 2 Nr. 3, 137 Abs. 3, 151 FamFG 612

Muster 13.14: Antrag auf Übertragung des Entscheidungsrechts auf einen Elternteil nach § 1628 BGB 614

Muster 13.15: Abweisungsantrag des anderen Elternteils 615

Muster 13.16: Eigener Antrag auf Übertragung des Entscheidungsrechts nach § 1628 BGB 616

Muster 13.17: Antrag auf Regelung des Umgangsrechts 617

Muster 13.18: Antrag auf Regelung des Umgangsrechts 619

Muster 13.19: Antrag auf Regelung des Umgangsrechts 620

Muster 13.20: Zustimmung zum Antrag auf Regelung des Umgangsrechts 622

Muster 13.21: Abweisungsantrag 623

Muster 13.22: Abweisungsantrag zum Antrag gemäß § 1685 BGB 624

Muster 13.23: Abweisungsantrag zum Antrag gemäß § 1686a BGB 625

Muster 13.24: Antrag auf Ausschluss des Umgangsrechts gemäß § 1684 Abs. 4 BGB 625

Muster 13.25: Antrag auf Ausschluss des Umgangsrechts gem. § 1685 Abs. 3 S. 1 i.V.m. § 1684 Abs. 4 BGB 627

Muster 13.26: Antrag auf Ausschluss des Umgangsrechts gem. § 1686a Abs. 2 S. 1 i.V.m. § 1684 Abs. 4 BGB 628

Muster 13.27: Abweisungsantrag zum Antrag auf Ausschluss des Umgangsrechts 629

Muster 13.28: Antrag auf Auskunftserteilung § 1686 BGB, § 1686a Abs. 1 Nr. 2 BGB 630

Muster 13.29: Abweisungsantrag zum Antrag auf Auskunftserteilung 632

Muster 13.30: Antrag auf Ordnungsmittel nach § 89 FamFG 633
Muster 13.31: Erwiderung zum Antrag auf Festsetzung von Ordnungsmittel gemäß § 89 FamFG 634
Muster 13.32: Antrag auf Einleitung eines Vermittlungsverfahrens gemäß § 165 FamFG 635
Muster 13.33: Antrag auf Regelung des Umgangsrechts Dritter 636
Muster 13.34: Abweisungsantrag des berechtigten Elternteils 637
Muster 13.35: Antrag auf Abänderung einer bestehenden Sorgerechtsentscheidung 638
Muster 13.36: Erwiderung auf Sorgerechtsabänderungsantrag 640
Muster 13.37: Antrag auf Abänderung einer Umgangsrechtsregelung 641
Muster 13.38: Erwiderung zum Abänderungsantrag (§ 1696 BGB) auf Regelung des Umgangsrechts 643
Muster 13.39: Antrag auf Herausgabe des Kindes 644
Muster 13.40: Erwiderung zum Antrag auf Kindesherausgabe 645
Muster 13.41: Feststellungsbeschluss außerhalb des ESÜ und der Brüssel IIa-Verordnung 646
Muster 13.42: Feststellungsbeschluss nach der Brüssel IIa-Verordnung 648
Muster 13.43: Antrag auf Kindesrückführung nach Art. 8, 12 HKÜ (Kind wurde widerrechtlich nach Deutschland verbracht) 649
Muster 13.44: Antrag auf Erlass einer einstweiligen Anordnung eingangs des Rückführungsverfahrens 651
Muster 13.45: Erwiderung zum Antrag auf Kindesrückführung 652
Muster 13.46: Antrag auf Erlass einer einstweiligen Anordnung nach § 49 FamFG 654
Muster 13.47: Antrag auf mündliche Verhandlung und Zurückweisung des Antrages auf Erlass einer einstweiligen Anordnung 656
Muster 13.48: Antrag auf mündliche Verhandlung und Zurückweisung sowie eigener Antrag auf Erlass einer einstweiligen Anordnung 656
Muster 13.49: Antrag auf mündliche Verhandlung und Aufhebungsantrag 657
Muster 13.50: Antrag auf mündliche Verhandlung und Abänderungsantrag 658
Muster 13.51: Antrag auf Erlass einer einstweiligen Anordnung nach § 49 FamFG 659
Muster 13.52: Antrag auf Erlass einer einstweiligen Anordnung zur Regelung des Umgangsrechts 660
Muster 13.53: Erwiderung zum Antrag auf Erlass einer einstweiligen Anordnung zur Regelung des Umgangsrechts 662
Muster 13.54: Antrag auf Erlass einer einstweiligen Anordnung zur Herausgabe des Kindes 663
Muster 13.55: Erwiderung zum Antrag auf Erlass einer einstweiligen Anordnung zur Herausgabe des Kindes 664
Muster 13.56: Antrag auf Erlass einer einstweiligen Anordnung zur Herausgabe und Benutzung der zum persönlichen Gebrauch bestimmten Gegenstände 665
Muster 13.57: Erwiderung zum Antrag auf Erlass einer einstweiligen Anordnung betreffend der zum persönlichen Gebrauch bestimmten Gegenstände 666
Muster 13.58: Vorgeschalteter Antrag auf Verfahrenskostenhilfe................. 667

Muster 13.59: Antrag auf Regelung des Sorgerechts und Antrag auf Bewilligung von Verfahrenskostenhilfe... 668

Muster 13.60: Erwiderung des Antragsgegners mit eigenem Verfahrenskostenhilfeantrag   669

Muster 13.61: Sofortige Beschwerde bei Zurückweisung des Verfahrenskostenhilfeantrages.. 670

Muster 13.62: Beschwerde gegen die Ablehnung eines Antrags auf Erlass einer einstweiligen Anordnung.. 671

Muster 13.63: Beschwerdeschrift Hauptsache 672

Muster 13.64: Antrag auf Verfahrenskostenhilfe für ein beabsichtigtes Beschwerdeverfahren.. 673

Muster 13.65: Antrag auf einstweilige Anordnung der Umgangsbegleitung durch das Jugendamt... 674

Literaturverzeichnis

Andrae, Internationales Familienrecht, 2. Auflage 2006

Bach/Gildenast, Internationale Kindesentführung, 1999

Bamberger/Roth, Kommentar zum BGB Band 3, 3. Auflage 2012

Baumbach/Lauterbach/Albers/Hartmann, Zivilprozessordnung, 74. Auflage 2016

Börger/Bosch/Heuschmid, Anwalt Formulare Familienrecht, 5. Auflage 2012

Bork/Jakoby/Schwab, FamFG Kommentar, 2. Auflage 2013

Bumiller/Winkler, Freiwillige Gerichtsbarkeit, Kommentar, 8. Auflage 2006

Dauner-Lieb/Heidel/Ring, Nomoskommentar BGB, Band 4 Familienrecht, 3. Auflage 2014

Erman, BGB Kommentar, 14. Auflage 2014

Gerhardt/v. Heintschel-Heinegg/Klein, Handbuch des Fachanwalts Familienrecht, 10. Auflage 2015

Heilmann, Praxiskommentar Kindschaftsrecht, 1. Auflage 2015

Herberger/Martinek/Rüßmann/Weth, Juris-Praxiskommentar BGB Familienrecht, 7. Auflage 2014

Hoffmann, Personensorge, 2. Auflage 2013

Holzer, FamFG, Kommentar, 1. Auflage 2011

Horndasch/Viefhues, FamFG – Kommentar zum Familienverfahrensrecht, 3. Auflage 2014

Jansen/Sonnenfeld, Gesetz über die Angelegenheiten der freiwilligen Gerichtsbarkeit, Kommentar, 3. Auflage 2006

Johansen/Henrich, Familienrecht, Kommentar, 6. Auflage 2015

Kaiser/Schnitzler/Friederici/Schilling, BGB Band 4 Familienrecht, 3. Auflage 2014

Keidel, FamFG, Kommentar, 18. Auflage 2014

Kemper/Schreiber, Familienverfahrensrecht, Handkommentar, 3. Auflage 2015

Kunkel/Kepert/Pattar, Sozialgesetzbuch VIII, Kinder- und Jugendhilfe, Lehr- und Praxiskommentar, 6. Auflage 2016

Maunz/Dürig, Grundgesetz, Kommentar, 76. Auflage 2016

Meyer/Kroiß, RVG Kommentar, 6. Auflage 2013

Musielak/Borth, Familiengerichtliches Verfahren, Kommentar, 5. Auflage 2015

Münchener Kommentar zum Bürgerlichen Gesetzbuch, Band 9, 7. Auflage

Münder/Meysen/Trenczek, Frankfurter Kommentar SGB VIII, 7. Auflage 2013

Münder/Wiesner/Meysen, Kinder- und Jugendhilferecht, Handbuch, 2. Auflage 2011

Palandt, Bürgerliches Gesetzbuch, Kommentar, 75. Auflage 2016

Prütting/Gehrlein, Zivilprozessordnung, Kommentar, 8. Auflage 2016

Prütting/Helms, FamFG, Kommentar, 3. Auflage 2013

Prütting/Wegen/Weinreich, BGB Kommentar, 11. Auflage 2016

Rauscher, Europäisches Zivilprozessrecht, 2. Auflage, 2006

Röchling, Handbuch Anwalt des Kindes, 2. Auflage 2009

Literaturverzeichnis

Salzgeber Joseph, Familienpsychologische Gutachten, 6. Auflage 2015

Säcker/Rixecker, Münchener Kommentar zum Bürgerlichen Gesetzbuch, Bd. 8 Familienrecht, 6. Auflage 2012

Schneider/Volpert/Fölsch, Gesamtes Kostenrecht, 1. Auflage 2014

Schönke/Schröder/Eser, Strafgesetzbuch, Kommentar, 29. Auflage 2014

Schulte-Bunert/Weinreich, FamFG, Kommentar, 5. Auflage 2016

Schulz/Hauß, Familienrecht, Handkommentar, 2. Auflage 2012

Schwab/Motzer, Handbuch des Scheidungsrechts, 7. Auflage 2013

Staudinger, Bürgerliches Gesetzbuch, Kommentar, 2014

Thomas/Putzo, Zivilprozessordnung, Kommentar, 37. Auflage 2016

Weinreich/Klein, Fachanwaltskommentar Familienrecht, 5. Auflage 2013

Wendt/Rixecker, Verfassung des Saarlandes, Kommentar, 2009

Wiesner, SGB VIII, Kinder- und Jugendhilfe, Kommentar, 5. Auflage 2015

Zöller, Zivilprozessordnung, Kommentar, 31. Auflage 2016

§ 1 Die elterliche Sorge

A. Grundsätze der elterlichen Sorge

I. Die elterliche Sorge im gesellschaftlichen Wandel

Das BVerfG hat in seinen Entscheidungen durchgängig die „lebenswichtige Funktion der auf natürlichen und rechtlichen **Bindungen** beruhenden **Familie**[1] für die **menschliche Gemeinschaft**" hervorgehoben.[2] Dass die Familie ihren Kern in einer bestehenden **Ehe** hat, ist dabei nicht essentielle Voraussetzung. Diese Wertvorgabe korrespondiert mit dem internationalen Recht. In der **Allgemeinen Erklärung der Menschenrechte** der Vereinten Nationen wird die Familie ebenso als „natürliche und grundlegende Einheit der Gesellschaft" bewertet, wie es auch der **UNO-Pakt über bürgerliche und politische Rechte** im Jahr 1966 formuliert hat. Danach ist die Familie die „natürliche **Kernzelle der Gesellschaft**"[3] und untersteht deren besonderen Schutz.[4]

Auch auf der Ebene des europäischen Rechts wird der Schutz des Familienlebens garantiert. **Art. 8 EMRK** schützt das Privat- und Familienleben.[5] Als Familie in diesem Sinn wird auch die Beziehung zwischen dem **nichtehelichen Kind** und seinen Eltern gesehen. Der **Europäische Gerichtshof für Menschenrechte** spricht in diesem Zusammenhang von der „*famille naturelle*".[6] Ebenso gewährleistet Art. 7 der Charta der Grundrechte der Europäischen Union (GRCh)[7] jeder Person das Recht auf Achtung des Familienlebens.[8]

In diesen Kontext supranationaler Vorgaben fügt sich **Art. 6 GG** ein. Weder der Entwurf des **Herrenchiemseer Konvents** noch der des zuständigen Ausschusses des Parlamentarischen Rates sahen bei der Erarbeitung des Grundgesetzes eine dem in heutiger Fassung des Art. 6 GG inhaltlich entsprechende Regelung vor. Die damaligen Wertvorgaben gründeten auf gänzlich anderen gesellschaftlichen Prinzipien, als sie heutigem Verständnis entsprechen. Bei näherer Betrachtung dieser gesellschaftlichen Vorgaben und der mit ihnen einhergehenden Anpassungen in der rechtlichen Entwicklung muss im Rahmen des Art. 6 GG zwischen der **Ehe als Rechtsinstitut des bürgerlichen Rechts** und der Familie als solcher, die sich durch die tatsächliche **Eltern-Kind-Beziehung** auszeichnet, differenziert werden.

Dem besonderen Schutz der staatlichen Ordnung im Sinn des Art. 6 Abs. 1 GG unterliegt nach wie vor allein die **Ehe im klassischen Sinn**. Hierbei hat die verfassungsgerichtliche Rechtsprechung wiederholt betont, dass aus dem besonderen Schutz einer bestimmten Form des Zusammenlebens nicht per se die **Diskriminierung** einer anderen Lebens- oder Gemeinschaftsform abgeleitet werden kann[9] – ein „**Abstandsgebot**" gibt es also nicht.[10] Losgelöst von diesem unverändert geltenden besonderen Schutz des **Rechtsinstituts Ehe**, stand der Gesetzgeber in der Vergangenheit immer wieder in der Verpflichtung, den in andere Lebensformen als der Ehe hineingeborenen und

---

1 Dazu *Otte*, Gilt noch der enge Familienbegriff?, FamRZ 2013, 585; *Koschmieder*, Zu aktuellen verfassungsrechtlichen Problemen zum Schutz von Ehe und Familie, JA 2014, 566; siehe aus soziologischer Sicht mit statistischen Daten auch *Konietzka/Kreyenfeld*, Wandel der Familienformen, NZFam 1015, 1100.
2 BVerfG FamRZ 2002, 1169; FamRZ 1968, 578.
3 Maunz-Dürig/*Badura*, Art. 6 GG Rn 18 m.w.N.
4 Zur Zukunft von Familie und Kindheit aus pädagogischer Sicht siehe *Textor*, ZKJ 2014, 134.
5 Dazu etwa *Kunkel*, Aktuelle Rechtsprechung des EGMR zum Kindschaftsrecht unter besonderer Berücksichtigung der Interessenvertretung für Kinder, FPR 2012, 358.
6 EuGHMR EuGRZ 1993, 547.
7 ABl vom 30.3.2010, C 83/389 ff.
8 Dazu *Jarass*, FamRZ 2012, 1181.
9 BVerfG FamRZ 2007, 1869.
10 BVerfG FamRZ 2002, 1169.

5 darin erzogenen Kindern den Schutz zukommen zu lassen, der ihnen als Träger eigener Grundrechte zukommt, was insbesondere Art. 6 Abs. 5 GG gewährleistet.[11]

5 Unabhängig davon, dass bereits in **Art. 121 WRV** die Forderung statuiert wurde, den **nichtehelich geborenen Kindern** per Gesetz die gleichen Bedingungen für ihre Entwicklung zu schaffen, wie sie für eheliche Kinder galten, und Art. 6 Abs. 5 GG dieses Postulat adaptiert hatte, bedurfte es gleichwohl erst einer verfassungsgerichtlichen Entscheidung[12] bevor zum 1.7.1970 das **NichtehelG** in Kraft treten konnte, so dass erstmals die hierdurch erfassten Kinder als mit ihren Vätern verwandt angesehen wurden. Erst durch das zum 1.7.1998 dann in Kraft getretene **KindRG** wurde auch für die **Unterhaltsansprüche nichtehelicher Kinder** die sachliche Zuständigkeit der Familiengerichte begründet. Einer weiteren veränderten Form des Zusammenlebens hat der Gesetzgeber durch das **LPartG** Rechnung tragen müssen, wie es zum 1.8.2001 erstmals Geltung erlangt hat. In § 9 LPartG sind Regelungen mit Blick auf die Kinder eines Lebenspartners enthalten, die im gemeinsamen Haushalt der beiden Lebenspartner aufwachsen. Entscheidende Impulse bei dieser rechtlichen Fortentwicklung haben sich immer wieder auch aus dem überstaatlichen Recht ergeben.[13] So musste der Gesetzgeber aufgrund der Entscheidung des EuGHMR in Sachen Zaunegger/Deutschland vom 3.12.2009 gesetzliche Maßnahmen zur Beseitigung der **Diskriminierung von Vätern nichtehelicher Kinder** (Art. 14 i.V.m. Art. 8 EMRK) bei der Sorgerechtsregelung ergreifen.[14] Zur Umsetzung dieser Entscheidung traf zunächst das BVerfG durch Urt. v. 21.7.2010[15] eine Übergangsregelung, bis der Gesetzgeber durch das am 19.5.2013 in Kraft getretene Gesetz zur Reform der elterlichen Sorge nicht miteinander verheirateter Eltern vom 16.4.2013[16] die Situation nicht durch eine Ehe verbundener Eltern neu regelte (siehe im Einzelnen Rdn 35 ff.).

6 Den veränderten gesellschaftlichen Vorgaben hat der Gesetzgeber jeweils – wenn auch teilweise mit deutlicher Verspätung und nicht selten erst mit Blick auf entsprechende Vorgaben aus der verfassungsgerichtlichen Rechtsprechung[17] – Rechnung getragen. Primäre Zielrichtung war durchgängig der Schutz der minderjährigen Kinder, wobei die zu treffenden Regelungen sich nicht darauf beschränken konnten, die elterliche Sorge allein in einer intakten Familie rechtlich auszugestalten. Gerade nach der Trennung der Eltern und einer hierdurch in der Regel unkoordinierten Lebenssituation des Kindes kommt dem **staatlichen Schutzauftrag** besondere Bedeutung zu. Denn jedes Kind hat ab seiner Geburt ein unveräußerliches – verfassungsunmittelbares[18] – Recht auf die gelebte Beziehung zu beiden Elternteilen,[19] das durch Art. 6 Abs. 2 GG geschützt wird.

7 Von zentraler Bedeutung für das Sorgerecht ist dabei Art. 6 Abs. 2 S. 1 GG, der das sogenannte **Elternrecht** enthält: „Pflege und Erziehung der Kinder sind das **natürliche Recht der Eltern** und die zuvörderst ihnen obliegende Pflicht." Träger des Elternrechts sind die **rechtlichen Eltern** – also nicht der ausschließlich **leibliche Vater**. Trägt der **leibliche Vater**, der nicht zugleich **rechtlicher Vater** ist, allerdings tatsächlich Verantwortung für sein Kind und entsteht daraus eine soziale Beziehung zwischen beiden, so bilden sie – ungeachtet des fehlenden Rechtsstatus des leiblichen als rechtlicher Vater oder anderer familiärer Bezüge des Kindes – eine Familie, die vom Schutz des Art. 6 Abs. 1 GG erfasst ist. Denn Art. 6 Abs. 1 GG schützt das Interesse des bisher

---

11 Siehe dazu auch BVerfG FamRZ 2007, 965.
12 BVerfG FamRZ 1969, 465.
13 EuGHMR FamRZ 2001, 341.
14 EuGHMR FamRZ 2010, 103; Anm. *Völker*, FamRB 2010, 37; Anm. *Henrich*, FamRZ 2010, 107; Anm. *Rakete-Dombek*, FF 2010, 7; Bespr. *Löhnig*, FamRZ 2010, 338.
15 BVerfG FamRZ 2010, 1403.
16 BGBl 2013 I, S. 795.
17 Vgl. hierzu die Rechtsprechungsübersicht in *Schwab*, AnwBl. 2009, 557.
18 BVerfG FamRZ 2008, 845.
19 OLG Dresden FamRZ 2002, 973.

familiär mit dem Kind verbundenen leiblichen Vaters ebenso wie das Interesse seines Kindes am Erhalt dieser Beziehung zueinander in Nachwirkung des Schutzes, den zuvor ihre familiäre **Verantwortungsgemeinschaft** erfahren hat.[20]

Mit dem **Erziehungsrecht** aus Art. 6 Abs. 2 S. 1 GG korrespondiert eine – verfassungsunmittelbare[21] – **Erziehungspflicht**, weshalb treffender von **Elternverantwortung** gesprochen werden sollte.[22] Denn das Elternrecht ist die umfassende Verantwortung für die **Lebens- und Entwicklungsbedingungen** des Kindes.[23] Dieses klassische **Abwehrrecht der Eltern** gegen den Staat[24] gewährleistet Eltern grundsätzlich das Recht, ihre Kinder nach ihren eigenen Vorstellungen zu erziehen. Kinder haben demnach kein Recht auf bestmögliche Eltern, diese, ihre **sozioökonomischen Verhältnisse** und Unzulänglichkeiten, sind vielmehr Teil des Lebensschicksals und -risiko des betroffenen Kindes.[25] Die Grenze zieht nur das in Art. 6 Abs. 2 S. 2 GG niedergelegte sogenannte **Wächteramt des Staates**. Dieses ermächtigt den Staat allerdings gerade nicht, den Eltern bestmögliche Förderung ihres Kindes aufzunötigen, sondern nur, Kinder vor einer Gefährdung ihres Wohls durch ihre Eltern zu schützen.[26] Ob **Kinderrechte** gesondert in der Verfassung verankert werden sollen, ist weiterhin umstritten, aber zu bejahen.[27]

8

II. Die Rechtsnatur der elterlichen Sorge

Die elterliche Sorge ist ein dem Interesse des Kindes dienendes **gesetzliches Schutzverhältnis**, das als pflichtgebundenes, **absolutes Recht** im Sinn des § 823 Abs. 1 BGB,[28] ausgestaltet ist. Sie ist kein Machtanspruch der Eltern gegenüber ihren Kindern,[29] sondern den Eltern um des Kindes willen verbürgt.[30] Das Sorgerecht verpflichtet die Eltern – in Ausgestaltung des Elternrechts des Art. 6 Abs. 2 GG – dazu, ihr Kind zu pflegen und zu erziehen, weshalb treffender von **Elternver-**

9

---

20 BVerfGE 108, 82.
21 BVerfG FamRZ 2008, 845; Anm. *Völker*, FamRB 2008, 174; *Clausius*, jurisPR-FamR 14/2008, Anm. 1; *Zempel*, AnwZert FamR 9/2008 Anm. 3; grundrechtsdogmatisch etwas andere Herleitung in BVerfG FamRZ 2013, 521; dazu *Britz*, Das Grundrecht des Kindes auf staatliche Gewährleistung elterlicher Pflege und Erziehung – jüngere Rechtsprechung des Bundesverfassungsgerichts, JZ 2014, 1069; allerdings jeweils ohne ausdrückliche Auseinandersetzung mit der erstgenannten BVerfG-Entscheidung; kritisch zu beiden grundrechtlichen Herleitungen *Jestaedt*, Kindesrecht zwischen Elternverantwortung und Staatsverantwortung – Herausforderungen des Eltern-Kind-Verhältnisses aus verfassungsrechtlicher Perspektive, Brühler Schriften zum Familienrecht, 21. Deutscher Familiengerichtstag, S. 65 ff.
22 BVerfGE 24, 119.
23 Vgl. auch Wendt/Rixecker/*Völker*, Verfassung des Saarlandes, Art. 24 Rn 5.
24 BVerfGE 7, 320; BVerfG FamRZ 1999, 1417.
25 BVerfG FamRZ 2015, 112; 2010, 713.
26 BVerfG FamRZ 2015, 112; BVerfG FF 2014, 295; Anm. *Kunkel*, FamRZ 2015, 901; Bespr. *Riegner*, NZFam 2014, 625; BVerfG FamRZ 2008, 492; zur Kammerrechtsprechung des BVerfG in den Jahren 2008–2010 *Zuck*, FamRZ 2010, 1946.
27 Siehe etwa BT-Drucks 17/6920 und 17/7800; *Hohmann-Dennhardt*, Kinderrechte ins Grundgesetz – warum?, FPR 2012, 185; *Lütkes/Sedlmayr*, Auswirkungen einer Grundrechtsänderung auf den Schutz, die Teilhabe und die Förderung von Kindern und Jugendlichen, FPR 2012, 187; *Wendt/Rixecker/Völker*, Verfassung des Saarlandes, Art. 24a Rn 1 f.; vgl. *Fegert*, Kindheit, Kinderrechte und Kinderschutz in sich wandelnden Familienwelten, ZKJ 2012, 418; vgl. zum europäischen Kontext auch *Dethloff*, Kinderrechte in Europa – wo stehen wir?, FPR 2012, 190, und zum Konflikt zwischen Eltern- und Kinderrechten unter besonderer Berücksichtigung der UN-Kinderrechtskonvention *Koritz*, FPR 2012, 212; *Lorenz*, Kinderrechte und Kinderautonomie, ZKJ 2016, 44 (Teil 1) und 84 (Teil 2); *Moritz*, Rechte des Kindes, insbesondere im Verhältnis zu seinen Eltern und anderen Sorgeberechtigten – Eine Untersuchung unter Berücksichtigung der UN-Kinderrechtekonvention, ZKJ 2016, 88; These 1 des Arbeitskreises 11 des 21. Deutschen Familiengerichtstages; a.A etwa *Jestaedt*, Kindesrecht zwischen Elternverantwortung und Staatsverantwortung – Herausforderungen des Eltern-Kind-Verhältnisses aus verfassungsrechtlicher Perspektive, Brühler Schriften zum Familienrecht, 21. Deutscher Familiengerichtstag, S. 65 ff.
28 BGH FamRZ 1990, 966; OLG Koblenz FamRZ 1995, 36.
29 BVerfG FamRZ 1993, 1420.
30 BVerfG FamRZ 2008, 845.

antwortung zu sprechen ist. Ziel der den Eltern in Form des Sorgerechts zugewiesenen Rechte und Pflichten ist es, das Kind zu einer Persönlichkeit zu entwickeln, die zu einem eigenverantwortlichen, gemeinschaftsfähigen Leben in der Gesellschaft befähigt ist (siehe auch §§ 1626 Abs. 2, 1627 BGB, § 1 SGB VIII), sich um seiner selbst geachtet weiß und sich selbst wie andere zu achten lernt.[31] Eine Verletzung dieses absoluten Rechts löst zivilrechtliche und gegebenenfalls auch strafrechtliche Konsequenzen aus.[32] Zur Geltendmachung zivilrechtlicher Ersatzverpflichtungen bedarf es des Nachweises, dass etwaig getätigte Aufwendungen durch die Rechtsgutsverletzung adäquat kausal verursacht wurden.[33] Unerheblich ist hierbei, ob die Aufwendungen primär den sorgeberechtigten Elternteil treffen oder es um die Verletzung **höchstpersönlicher Rechte des Kindes** selbst geht.

10 Das Sorgerecht **entsteht** mit Geburt des Kindes[34] und **endet** mit der Vollendung dessen 18. Lebensjahres oder dem vorherigen Tod des Kindes. Bestehen in einer Kindschaftssache **Zweifel**, ob eine Person noch Kind ist, also hinsichtlich des Alters der Person, so muss das Gericht nach § 26 FamFG von Amts wegen alle Möglichkeiten ausschöpfen, um dieses Alter festzustellen.[35] **Rückwirkende** Sorgerechtsänderungen sind ausgeschlossen.[36]

11 Der Qualifizierung der elterlichen Sorge als absolutes Recht steht es nicht entgegen, gegebenenfalls die elterliche Sorge zur Ausübung dritten Personen zu überlassen, etwa **Pflegeeltern** oder **Verwandten**, soweit die Eltern zu ihrer Wahrnehmung außer Stande sind. Dies kann auch durch Vollmachten geschehen (siehe dazu Rdn 20). Gegen den Willen der Eltern sind Sorgerechtseingriffe nur in den Grenzen des Art. 6 Abs. 2 S. 2, Abs. 3 GG zulässig, wobei die einfachrechtliche Ermächtigungsgrundlage in §§ 1666 bis 1667 BGB ausgestaltet wurde. Bei staatlichen Eingriffen in die elterliche Sorge stehen den Eltern **Abwehrrechte** zur Verfügung, da der Staat bei jedem Eingriff auch die bestehenden familiären Bindungen und den **Verhältnismäßigkeitsgrundsatz** zu beachten hat.[37]

III. Träger der elterlichen Sorge

1. Die Eltern als Sorgerechtsträger

12 Wer Träger der elterlichen Sorge ist, kann sich unmittelbar kraft Gesetzes, kraft Erklärung oder durch gerichtliche Entscheidung ergeben. Die Pflege und Erziehung des Kindes obliegt nach Art. 6 Abs. 2 S. 1 GG vorrangig seinen Eltern. Es handelt sich insoweit um das „**natürliche Recht" der Eltern**,[38] einhergehend mit den hieraus für sie folgenden Verpflichtungen. Eltern in diesem Sinn sind primär Vater und Mutter des Kindes entsprechend den Vorgaben des Abstammungsrechts (§§ 1591 ff. BGB). Vorausgesetzt wird dabei derzeit noch der Idealzustand, dass die Eltern des Kindes zum Zeitpunkt seiner Geburt miteinander verheiratet sind (so von § 1626 BGB stillschweigend vorausgesetzt) oder bereits vor der Geburt des Kindes eine **Sorgeerklärung** abgegeben wurde (§ 1626a Abs. 1 Nr. 1, § 1626b Abs. 2 BGB). Liegen diese Voraussetzungen nicht vor, so hat die Mutter die alleinige elterliche Sorge allein kraft ihrer Mutterschaft inne (§ 1626a Abs. 3 BGB; zu den Möglichkeiten des Vaters, dann in eine sorgerechtliche Stellung zu gelangen, siehe Rdn 35 ff.).

---

31 BVerfG FamRZ 2008, 845; 2002, 1021; OLG Brandenburg FamRZ 2000, 1033.
32 BGH FamRZ 1999, 651; BayObLG FamRZ 2002, 426; siehe dazu auch *Schroeder*, Familienrecht und Strafrecht, FamRZ 2014, 1745.
33 BGH FamRZ 1990, 966; OLG Koblenz FPR 2003, 147; *Schwab*, FamRZ 2002, 1297.
34 BGH FamRZ 2004, 802.
35 OLG München FamRZ 2012, 1958; VG Göttingen, Beschl. v. 17.7.2014 – 2 B 195/14, juris, jeweils mit Einzelheiten zur Altersdiagnostik.
36 OLG Zweibrücken ZKJ 2011, 136.
37 BVerfG FamRZ 2010, 713; vgl. auch (zu aufenthaltsrechtlichen Schutzwirkungen) BVerfG NVwZ 2009, 387.
38 *Hoffmann*, § 1 Rn 1 ff.

13 Kommt es zur dauerhaften Trennung der Eltern, so sieht das Gesetz als Regelfall die Beibehaltung der **gemeinsamen elterlichen Sorge** vor, soweit nicht einer der Elternteile unter Darlegung der Voraussetzungen des § 1671 Abs. 1 BGB die Übertragung der alleinigen elterlichen Sorge begehrt. Auch wenn die Eltern eine Übertragung der Sorge allein auf einen Elternteil nicht im Wege einer Vereinbarung herbeiführen können, da die elterliche Sorge unverzichtbar ist, können sie gleichwohl in Ausübung ihrer **Erziehungsverantwortung** entscheiden, ob das Kind überwiegend allein durch einen Elternteil betreut wird oder diese Betreuung in wechselseitiger Ergänzung durch beide Elternteile oder sogar durch einen Dritten erfolgt.[39] Es obliegt allein der elterlichen Entscheidung zu bestimmen, inwieweit zur Erfüllung des Erziehungsauftrages gegebenenfalls öffentliche Einrichtungen, wie z.B. **Kindergarten**, **Hort** oder **Tagesmutter** in die Erziehung mit eingebunden werden.[40]

14 Wichtigster Anwendungsfall zur gerichtlichen Regelung der elterlichen Sorge ist die dauerhafte Trennung der Eltern einhergehend mit einer Antragstellung nach § 1671 Abs. 1 BGB. Einer gerichtlichen Entscheidung zur elterlichen Sorge bedarf es allerdings auch, wenn ein Elternteil tatsächlich an der Ausübung der elterlichen Sorge gehindert ist oder diese ruht (§ 1678 BGB) oder sogar ein Elternteil verstirbt (§ 1680 BGB); schließlich ist noch die Übertragung des Alleinentscheidungsrechts nach § 1628 BGB zu nennen (siehe hierzu Rdn 116 ff.).

2. Sonstige Personen als Sorgerechtsträger

15 Sorgerechtliche Befugnisse können nach § 1687b BGB dem Ehegatten eines allein sorgeberechtigten Elternteils, d.h. dem **Stiefelternteil** eingeräumt werden. Dieser Regelung entspricht § 9 LPartG bei einer gleichgeschlechtlichen eingetragenen Lebenspartnerschaft.[41] Sie eröffnet die Möglichkeit zur Mitentscheidung in **Angelegenheiten des täglichen Lebens**, soweit nicht ohnehin wegen **Gefahr im Verzug** weitergehende Maßnahmen zulässig sind.

16 In den Fällen der längerfristigen Unterbringung eines Kindes in **Familienpflege** wird zwar keine mit den Eltern vergleichbare natürliche Beziehung hergestellt,[42] gleichwohl geht das Gesetz in eingeschränktem Maß von einer **sozialen Elternschaft** aus (§ 1630 Abs. 3 BGB).[43] Die Pflegeperson ist daher kraft Gesetzes befugt, **Angelegenheiten des täglichen Lebens** zu entscheiden und neben Unterhaltsansprüchen auch sozialstaatliche Leistungen für das Kind geltend zu machen.[44] Mit Zustimmung der Eltern können dieser Pflegeperson gegebenenfalls Angelegenheiten der elterlichen Sorge durch gerichtliche Entscheidung zur Ausübung übertragen werden (§ 1630 Abs. 3 BGB). Zutreffender Auffassung zufolge kann auf dem Boden dieser Vorschrift ob ihres eindeutigen Wortlauts nicht die gesamte elterliche Sorge übertragen werden, weil die Pflegeperson dann nicht mehr die Stellung eines Pflegers, sondern eines Vormundes erhielte, was das Gesetz nicht vorsieht.[45] In diesen Fällen der Familienpflege fallen die tatsächlich ausgeübte Sorge der **Pflegeeltern** und das unverändert den **rechtlichen Eltern** zustehende Sorgerecht auseinander. Mit zunehmender Dauer des Aufenthalts im Haushalt der Pflegefamilie ergibt sich das Risiko einer **Entfremdung** des Kindes von seinen Eltern.[46] Trotz dieser vom Gesetz nicht gewollten

---

39 *Becker-Stoll*, FamRZ 2010, 77.
40 BVerfG FamRZ 1999, 285.
41 Siehe aus soziologischer Sicht *Buschner*, Rechtliche und soziale Elternschaft in Regenbogenfamilien, NZFam 2015, 1103.
42 *Windel*, FamRZ 1997, 713.
43 Siehe dazu *Wesche*, Die Krux des § 1630 Absatz 3 BGB, Rpfleger 2014, 349.
44 *Hoffmann*, § 1 Rn 78.
45 OLG Jena FamRZ 2009, 992; a.A. OVG Sachsen NJW-RR 2010, 584; KG FamRZ 2006, 1291; VG Sigmaringen FamRZ 2004, 1103; AG Erfurt FamRZ 2015, 59; *Wesche*, Rpfleger 2014, 349, 351; wohl auch *Wanitzek*, FamRZ 2008, 933, 949; DIJuF-Rechtsgutachten JAmt 2013, 196 m.z.w.N. zum Meinungsstand.
46 BayObLG NJW 1988, 2381; OLG Frankfurt FamRZ 2009, 1499.

möglichen Folge werden gleichwohl – um den Interessen des Kindes bestmöglich Rechnung tragen zu können – den Pflegepersonen zumindest in teilweisem Umfang sorgerechtliche Befugnisse übertragen. Allerdings ist eine auf Antrag der Pflegeperson mit Zustimmung der Eltern bzw. des alleinsorgeberechtigten Elternteils gemäß § 1630 Abs. 3 BGB erfolgte Übertragung von Angelegenheiten der Personensorge bei Wegfall der Zustimmung ohne Weiteres zu beenden; eine Aufrechterhaltung der Übertragung kann dann nur auf § 1666 BGB gegründet werden.[47]

17 Letztlich kann neben den Eltern des Kindes auch ein **Vormund (§ 1773 BGB)** oder **Pfleger (§ 1909 BGB)** die Berechtigung und Verpflichtung haben, für die Person und/oder das Vermögen seines Mündels Sorge zu tragen. Der Anordnung der Vormundschaft bedarf es dann, wenn die Eltern des Kindes dauerhaft oder vorübergehend als **gesetzliche Vertreter** in sämtlichen Sorgerechtsteilbereichen ausfallen. Demgegenüber ist Pflegschaft anzuordnen, wenn auch nur ein solcher Teilbereich bei den Eltern verbleibt.[48]

IV. Die Ausübung der elterlichen Sorge

1. Überblick

18 Durch die Trennung oder Ehescheidung der Eltern wird eine kraft Gesetzes, Sorgeerklärung oder gerichtlicher Entscheidung gemäß § 1626a Abs. 1 Nr. 3 BGB bestehende gemeinsame Sorge nicht aufgehoben. Für die Fortführung der gemeinsamen elterlichen Sorge ist aber Grundvoraussetzung, dass mit Blick auf die **Kindeswohlbelange** eine **objektive Kooperationsfähigkeit** und **subjektive Kooperationswilligkeit** der Eltern besteht.[49] Gerade in der hochemotionalen Phase nach der Trennung stoßen viele Elternteile hier an ihre Grenzen. Im Interesse des Kindes kann es dann durchaus angezeigt sein, die bisherige gemeinsame Sorge aufzuheben. Zielrichtung ist in jedem Fall, die von den Streitigkeiten der Eltern ausgehenden negativen Wirkungen von dem Kind fernzuhalten.[50] Einer gerichtlichen Entscheidung zur elterlichen Sorge bedarf es allerdings auch dann, wenn im Rahmen einer beibehaltenen gemeinsamen elterlichen Sorge die Eltern zu einer für das Kind **wesentlichen Entscheidung** keinen Konsens erzielen können.[51] Hier sieht § 1628 BGB vor, dass in diesem Fall die **Entscheidungskompetenz** einem Elternteil zu übertragen ist (siehe im Einzelnen Rdn 116 ff.).

19 Durch diese gerichtliche Entscheidung wird lediglich klargestellt, welchem Elternteil zu einer bestimmten Angelegenheit oder bestimmten Art von Angelegenheiten die Entscheidungskompetenz zusteht. Diese wird ausdrücklich nicht vom Gericht getroffen;[52] denn dies ist () nicht erforderlich, weil die Übertragung der Entscheidungsbefugnis ein im Vergleich zur gerichtlichen Entscheidung der Frage milderes und zugleich ebenso geeignetes Mittel ist (Grundsatz der Verhältnismäßigkeit).

2. Sorgerechtsausübung durch Vollmacht; Ermächtigung

20 Angesichts der Verrechtlichung aller Lebensbereiche besteht ein hohes praktisches Bedürfnis für die Rechtsinstitute der Vollmacht und der Ermächtigung als Mittel zur Ausübung sorgerechtlicher Befugnisse. Dabei wird eine **Vollmacht** von einem Sorgerechtsinhaber an eine Person erteilt, die nicht sorgeberechtigt ist, während die **Ermächtigung** von einem sorgeberechtigten Elternteil dem anderen, ebenfalls sorgeberechtigten Elternteil erteilt wird. In beiden Fällen führt dies zu

---

47 Vgl. OLG Celle FamRZ 2011, 1664.
48 Vgl. etwa OLG Zweibrücken FamRZ 2014, 670.
49 BGH FamRZ 2008, 592; 1999, 1646; OLG Karlsruhe FamRZ 2000, 111.
50 BGH FamRZ 1999, 1646.
51 OLG Zweibrücken FamRZ 2001, 186.
52 BVerfG FamRZ 2003, 511.

der Befugnis des Vollmachtnehmers bzw. Ermächtigten, im Außenverhältnis zu Dritten rechtsgeschäftliche, geschäftsähnliche und tatsächliche Handlungen vorzunehmen, die dem Sorgerecht zuzurechnen sind. Das Innenverhältnis stellt sich bei einer Erteilung an den anderen Elternteil als Elternvereinbarung[53] dar; bei Bevollmächtigung eines Dritten wird dem regelmäßig ein Auftrags- oder Geschäftsbesorgungsverhältnis zugrunde liegen.[54]

Sind die Eltern gemeinsam sorgeberechtigt, so kommt die Erteilung einer Vollmacht durch einen Elternteil zugunsten eines Dritten ohne Zustimmung des anderen Elternteils in Angelegenheiten von erheblicher Bedeutung wegen §§ 1627, 1687 Abs. 1 S. 1 BGB nicht in Betracht. Nur in Angelegenheiten des täglichen Lebens kann ein mitsorgeberechtigter Elternteil die Vollmacht allein erteilen.[55]

Die Elternvereinbarung ermöglicht es vor allem, die **Organisation des Familienalltags** nach der Trennung oder Scheidung zu erleichtern. Sorgevollmacht und -ermächtigung sind bestmöglicher Ausdruck der in Art. 6 Abs. 2 GG grundrechtlich verbrieften Elternverantwortung, die den Eltern gewährleistet und sie zugleich dazu einlädt, eigenverantwortlich die sorgerechtliche „Innenwelt" der Familie auch nach dem Zerbrechen der Paarbeziehung der Eltern zu gestalten.[56] Freilich müssen sowohl die Vollmacht als auch die Ermächtigung jederzeit – jedenfalls bei wesentlicher Änderung ihrer Geschäftsgrundlage (siehe auch Rdn 343 – widerruflich bleiben, weil sie sich sonst als „verdeckte" Sorgerechtsübertragungen darstellen, die das Recht – unter Ausnahme der Sorgeerklärungen – richterlichem Gestaltungsakt vorbehält.[57]   21

Die Vollmacht kann sich, wenn sie dem Jugendamt oder sozialen Eltern erteilt wird, als mildere Maßnahme darstellen, um einen teilweisen **Sorgerechtsentzug** nach den §§ 1666 ff. BGB, eine Verbleibensanordnung nach § 1632 Abs. 4 BGB oder die Anordnung des Ruhens der elterlichen Sorge nach § 1674 BGB (etwa bei langfristigem Auslandsaufenthalt eines dort kaum erreichbaren sorgeberechtigten Elternteils) zu verhindern.[58] Deshalb wird sich im Rahmen eines Verfahrens nach §§ 1666 ff. BGB das Jugendamt im Einzelfall auf das Angebot der Erteilung einer vorbehaltlosen Sorgevollmacht durch den das Kind gefährdenden Elternteil in den Teilbereichen einlassen,[59] deren Entziehung mit der Folge der Anordnung von **Pflegschaft** in Rede steht. Dies gilt, obwohl die Vollmacht widerruflich bleibt und auch die Vollmachterteilung nichts daran ändert, dass dieser Elternteil Sorgerechtsinhaber bleibt. Denn sollte er die Vollmacht widerrufen, stehen dem Jugendamt genügend Mittel – notfalls bis hin zur **Inobhutnahme** (siehe dazu § 12 Rdn 107 ff.) – zur Verfügung, die Kindeswohlgefährdung bis zu einer Entscheidung des dann anzurufenden Familiengerichts abzuwenden. Das Jugendamt ist allerdings hierzu rechtlich nur dann verpflichtet, wenn es mit den Eltern eine entsprechende Vereinbarung abschließt (Grundverhältnis); die Verpflichtung hierzu richtet sich wiederum allein nach jugendhilferechtlichen Maßstäben (§ 18 Abs. 1 SGB VIII).[60] Keine Verpflichtung besteht, wenn aufgrund der Persönlichkeit des Elternteils akut und gegenwärtig die Gefahr des jederzeitigen Widerrufs besteht.[61] Gleiches gilt, wenn die Eltern am Leben ihres Kindes nicht mehr aktiv Anteil nehmen und nicht mehr ver-   22

---

53 Muster etwa unter www.elternvereinbarung.de und bei *Kloster-Harz*, FPR 2008, 129.
54 Vgl. *Hoffmann*, § 3 Rn 1 f.
55 Zutreffend DIJuF-Rechtsgutachten JAmt 2013, 517.
56 So auch *Geiger/Kirsch*, FamRZ 2009, 1879.
57 Vgl. *PWW/Ziegler*, § 1629 Rn 4; Formulierungsvorschlag hierzu bei *Geiger/Kirsch*, FamRZ 2009, 1879.
58 OLG Saarbrücken FamRZ 2010, 2084; ähnlich OLG Koblenz FamRZ 2011, 1517; vgl. hierzu und zum Weiteren anschaulich mit vielen Einzelheiten *Hoffmann*, § 3 Rn 3 ff. und *Hoffmann*, FamRZ 2011, 1544.
59 Vgl. dazu auch OLG Frankfurt, Beschl. v. 1.2.2013 – 5 UF 315/12, juris; OLG Saarbrücken FamRZ 2010, 2084; OLG Brandenburg FamRZ 2009, 237; a.A. freilich für den Fall, dass ein mitsorgeberechtigter Elternteil die Sorgevollmacht nicht mittragen will, OLG Hamm ZKJ 2011, 303.
60 Zutreffend *Hoffmann*, JAmt 2015, 6, 9; DIJuF-Rechtsgutachten JAmt 2016, 82.
61 Vgl. OLG Hamm FamRZ 2012, 1954; OLG Frankfurt, Beschl. v. 1.2.2013 – 5 UF 315/12, juris.

suchen, Entscheidungen zu begleiten.[62] Eine die gesamte elterlichen Sorge erfassende Generalvollmacht für das Jugendamt ist – als Alternative zu einer **Vormundschaft** – ohnehin nicht statthaft, da sich dies als faktische Sorgerechtsübertragung darstellt, die rechtlich nicht zulässig ist, zumal bezüglich höchstpersönlicher Angelegenheiten eine Bevollmächtigung ausscheidet.[63] Das Jugendamt kann zudem ein die Vollmacht bezügliches, zuvor abschlossenes Auftragsverhältnis – ebenfalls unter Beachtung der Maßstäbe des § 18 SGB VIII – kündigen.[64]

23 Dies leitet zu der Frage über, ob ein Elternteil dem anderen Elternteil, der nach § 1671 BGB auf Übertragung der **Alleinsorge** anträgt, die Erteilung einer vorbehaltlosen Sorgeermächtigung anbieten und so den Alleinsorgeantrag zu Fall bringen kann. Dies ist wegen der freien Widerruflichkeit – die zudem auch als Druckmittel eingesetzt werden könnte[65] – und auch deswegen zu verneinen, weil es entscheidend auf die Kooperationsfähigkeit und -willigkeit beider(!) Elternteile ankommt.[66] Fehlt diese, kommt auch die so gestaltete Aufrechterhaltung der gemeinsamen elterlichen Sorge nicht in Betracht. Die gemeinsame Sorge würde dann nicht gelebt, sondern bliebe – bei faktischer Alleinsorge eines Elternteils – bloß als „leere Hülse" bestehen,[67] zumal sich unübersehbare Folgeprobleme stellen (etwa: Besteht die Verpflichtung fort, Einvernehmen mit dem anderen Elternteil zu suchen, §§ 1687 Abs. 1 S. 1, 1626 Abs. 2 S. 2 BGB?). Mit Blick darauf muss die Vollmacht auf der Grundlage einer Vereinbarung der Eltern erteilt worden sein, zumal es ansonsten an dem für die lediglich im Außenverhältnis wirkende Vollmacht erforderlichen Grundverhältnis im Innenverhältnis der Eltern fehlt.[68] Auch der in diesen Fällen zu beachtende Verhältnismäßigkeitsgrundsatz (hierzu und zum Ganzen siehe auch Rdn 257) steht diesem Ergebnis nicht entgegen, da die Sorgeermächtigung zwar ein milderes, aber kein gleich gut geeignetes Mittel wie die Sorgerechtsübertragung ist. Die von *Geiger* und *Kirsch*[69] vorgeschlagene Lösung, die Widerrufserklärung der Schriftform zu unterstellen und ihr Wirksamwerden vom Zugang beim Familiengericht abhängig zu machen (hierzu fehlt insbesondere die Rechtsgrundlage), löst dieses Problem nicht, da das Familiengericht dann nur bei Vorliegen hinreichend verdichteter Anzeichen für eine Kindeswohlgefährdung von Amts wegen tätig werden kann. Hatte hingegen der nicht betreuende Elternteil dem betreuenden Elternteil schon vor Verfahrenseinleitung eine umfassende Ermächtigung erteilt und kam es nicht zu erheblichen Streitigkeiten über die Ausübung der gemeinsamen Sorge, so ist deren Auflösung nicht angezeigt.[70]

24 Ermächtigungen und Vollmachten sind – vorbehaltlich spezieller gesetzlicher Bestimmungen – nicht formbedürftig, wenngleich sie von Dritten häufig nur bei schriftlicher Vorlage akzeptiert werden.[71] Auch konkludent erteilte, hilfsweise sogar Duldungs- und Anscheinsvollmachten/-ermächtigungen sind möglich. Grenzen sind der Bevollmächtigung und Ermächtigung nur insoweit gesetzt, als diese allgemeinen Rechtsgrundsätzen entspringen,[72] so etwa, wenn die Ausübung von Teilen der elterlichen Sorge bereits gesetzlich (z.B. §§ 112, 113, 1629 Abs. 2 S. 2 und Abs. 3 BGB) oder richterlich (etwa §§ 1666 ff., 1629 Abs. 2 S. 3 BGB) beschränkt ist. Steht die Ausübung der

---

62 OLG Hamm FamRZ 2015, 1906; vgl. auch OLG Stuttgart, Beschl. v. 16.9.2014 – 15 UF 191/14 (n.v.).
63 Vgl. BGH FamRZ 2005, 29; OLG Koblenz FamRZ 2011, 1517; OLG Hamm ZKJ 2011, 303; OLG Karlsruhe RPfl 2010, 369; *Hoffmann*, FamRZ 2011, 1544, 1545; a.A. OLG Frankfurt, Beschl. v. 1.2.2013 – 5 UF 315/12, juris.
64 OLG Stuttgart, Beschl. v. 16.9.2014 – 15 UF 191/14, juris; *Hoffmann*, JAmt 2015, 6, 9; DIJuF-Rechtsgutachten JAmt 2016, 82, 83.
65 OLG Karlsruhe FamRZ 2015, 2178.
66 Ebenso OLG Nürnberg MDR 2011, 1237; OLG Karlsruhe FamRZ 2015, 2178; a.A. OLG Stuttgart, Beschl. v. 7.1.2014 – 15 UF 285/13, juris.
67 OLG Karlsruhe FamRZ 2015, 2178; OLG Nürnberg MDR 2011, 1237.
68 OLG Karlsruhe FamRZ 2015, 2178.
69 FamRZ 2009, 1879, 1881.
70 OLG Schleswig MDR 2012, 351; AG Schwäbisch-Hall, Beschl. v. 16.9.2013 – 2 F 286/13.
71 Ebenso *Hoffmann*, FamRZ 2011, 1544, 1547.
72 Dazu und zum Weiteren *Geiger/Kirsch*, FamRZ 2009, 1879.

sorgerechtlichen Befugnisse unter dem Vorbehalt gerichtlicher Genehmigung (z.B. §§ 1643, 1821 ff., 1631b und 1631c BGB),[73] so steht dies einer Ermächtigung nicht entgegen, weil die Kontrollfunktion der Genehmigung hierdurch nicht beeinträchtigt wird. Bezüglich **höchstpersönlicher Rechtsgeschäfte** (etwa § 1629 Abs. 2 S. 3 Hs. 2 BGB) kommt eine Bevollmächtigung nicht in Betracht, hier kann nur gerichtlich über § 1666 BGB verfahren werden. Ferner kann der Vollmacht § 181 BGB (ggf. i.V.m. §§ 1629 Abs. 2, 1795 BGB) entgegenstehen. Schließlich sind der Bevollmächtigung und Ermächtigung die Grenzen der §§ 1666 ff. BGB gesetzt, wenn gerade die „Abtretung" sorgerechtlicher Befugnisse kindeswohlgefährdend ist.

Nach § 1627 BGB obliegt es den Eltern, die elterliche Sorge in eigener Verantwortung und in **gegenseitigem Einvernehmen** auszuüben. Leitlinie ihres Handelns muss das **Kindeswohl** sein. Wegen § 1626 Abs. 2 BGB müssen Eltern die wachsende Fähigkeit und das wachsende Bedürfnis des Kindes zu selbstständigem verantwortungsbewusstem Handeln berücksichtigen; ferner müssen sie mit dem Kind Fragen der elterlichen Sorge besprechen, soweit dies nach dessen Entwicklungsstand angezeigt ist, und Einvernehmen anstreben.[74] Damit steht § 1626 Abs. 1 BGB in Einklang, demzufolge die Wahrnehmung der elterlichen Sorge nicht nur ein Recht der Eltern ist, sondern auch eine Pflicht. Hieraus folgt zugleich, dass ein Elternteil nicht auf die Wahrnehmung der elterlichen Sorge verzichten kann, solange er diese innehat; freilich mag er durch Nichtwahrnehmung seiner Elternverantwortung indirekt den Staat zur Ausübung seines **Wächteramts** zwingen oder – bei gemeinsamer elterlicher Sorge – einen Sorgerechtsantrag des anderen Elternteils provozieren. Die grundsätzlich bestehende Verpflichtung wird auch nicht dadurch aufgehoben, dass die Eltern zu Teilbereichen eine bestimmte Aufgabenverteilung vereinbart haben. Ohne ausdrückliche gerichtliche Zuweisung obliegt einem Elternteil die Ausübung der elterlichen Sorge gemäß § 1678 BGB jedoch dann allein, wenn der andere Elternteil an deren Wahrnehmung aus tatsächlichen Gründen gehindert ist (z.B. wegen **Strafhaft**, **auswärtiger Arbeitsstelle** oder längerfristiger **Heilbehandlung**) oder seine Sorge ruht, §§ 1673–1676 BGB (siehe dazu auch Rdn 165 ff.).

25

V. Inhalt der elterlichen Sorge

Aus Art. 6 Abs. 2 S. 1 GG folgt die allumfassende Elternverantwortlichkeit für die **Entwicklung des Kindes**. Aufgabe der Eltern ist es, das Kind zu einem eigenverantwortlichen Leben in der Gesellschaft zu befähigen[75] (siehe auch §§ 1626 Abs. 2, 1627 BGB, § 1 SGB VIII). Der staatlichen Gemeinschaft obliegt es aufgrund ihres aus Art. 6 Abs. 2 S. 2 GG folgenden **Wächteramts**, über die Einhaltung dieser Pflicht zu wachen. Pflege und Erziehung der Kinder sind nach Art. 6 Abs. 2 S. 1 GG das natürliche Recht der Eltern, so dass ihnen vorrangig – und verfassungsunmittelbar – die Pflicht[76] zur Umsetzung dieser Erziehungsziele innerhalb der Familie zukommt. Dies erfolgt durch Pflege-, Betreuungs- und Erziehungsleistungen, die den kindlichen Bedürfnissen nach Liebe, Unterstützung sowie Vermittlung praktischer und kultureller Erfahrung genügen müssen. Durch Sachleistungen ist ferner der wirtschaftliche Bedarf der Kinder zu decken.

26

---

73 Zur Reichweite familiengerichtlicher Genehmigungstatbestände im Unternehmensrecht siehe *Flume*, FamRZ 2016, 277.
74 Zum Briefgeheimnis bei Kindern, wenn die Inhalte der Briefe möglicherweise das Wohl des Kindes beeinträchtigen können, siehe DIJuF-Rechtsgutachten JAmt 2014, 261.
75 BVerfG FamRZ 2008, 845; 2002, 1021; OLG Brandenburg FamRZ 2000, 1033.
76 BVerfG FamRZ 2008, 845; grundrechtsdogmatisch etwas andere Herleitung in BVerfG FamRZ 2013, 521; dazu *Britz*, Das Grundrecht des Kindes auf staatliche Gewährleistung elterlicher Pflege und Erziehung – jüngere Rechtsprechung des Bundesverfassungsgerichts, JZ 2014, 1069; allerdings jeweils ohne ausdrückliche Auseinandersetzung mit der erstgenannten BVerfG-Entscheidung; kritisch zu beiden grundrechtlichen Herleitungen *Jestaedt*, Kindesrecht zwischen Elternverantwortung und Staatsverantwortung – Herausforderungen des Eltern-Kind-Verhältnisses aus verfassungsrechtlicher Perspektive, Brühler Schriften zum Familienrecht, 21. Deutscher Familiengerichtstag, S. 65 ff.

27 Zwischen der elterlichen Sorge und dem aus Art. 6 Abs. 2 S. 1 GG folgenden Elternrecht besteht keine Kongruenz. Die Verfassung garantiert die von den Eltern wahrzunehmende Pflege und Erziehung nur in einem einfachrechtlich auszugestaltenden Rahmen.[77] Demgegenüber wird aber der Verantwortungsbereich der Eltern, gerichtet auf den Schutz der Rechte des Kindes gegenüber dem Staat oder Dritten, durch Art. 6 Abs. 2 S. 1 GG geschützt. Hieraus folgt etwa das Recht der Eltern, an einem gegen ihr Kind geführten **Jugendstrafverfahren** teilzunehmen.[78]

28 Nach § 1626 Abs. 1 S. 2 BGB umfasst die elterliche Sorge die **Personensorge**, näher geregelt in den §§ 1631–1633 BGB, und die **Vermögenssorge**, näher ausgestaltet in den §§ 1638–1649, 1698–1698b BGB. Sowohl die Personen- als auch die Vermögenssorge untergliedern sich ihrerseits in zwei Unterbereiche, deren Unterscheidung etwa für die §§ 1633, 1673 Abs. 2 S. 2 BGB sowie § 77 Abs. 3, Abs. 4 StGB Bedeutung hat: die **tatsächliche Sorge** und die **rechtliche Sorge**. Eine klare Abgrenzung beider Bereiche ist nicht durchgängig möglich. Die Systematik lässt sich anhand eines Schaubildes wie folgt darstellen:

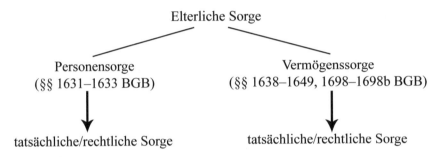

29 Die tatsächliche Sorge erstreckt sich auf die eigentlichen **Fürsorgehandlungen** im Interesse des Kindes. Hiervon erfasst werden etwa:
- das Recht der **Namensgebung**,[79]
- die **Geburtsanzeige** beim Standesamt,
- **Pflege**, Erziehung[80] und Beaufsichtigung des Kindes,
- die **Aufenthaltsbestimmung**,[81]
- die **ärztliche Betreuung**,[82] einschließlich der Entscheidung über **Schwangerschaftsabbruch** (siehe dazu Rdn 96), **Sterilisation** (siehe Rdn 98), **Lebendorganspende** (siehe Rdn 99), **Knabenbeschneidung** (siehe dazu Rdn 101 ff.) und über den **Abbruch lebenserhaltender Maßnahmen** für das Kind (siehe dazu Rdn 108),
- Angelegenheiten der **schulischen Ausbildung**,[83]
- Bestimmung der **religiösen Erziehung**,[84]
- **Umgang** mit dem Kind (zum Umgangsbestimmungsrecht siehe § 4 Rdn 16 ff.; zur Umgangspflegschaft siehe § 2 Rdn 39),[85]

---

77 *Windel*, FamRZ 1997, 713.
78 BVerfG FamRZ 2003, 296.
79 OLG Brandenburg FamRZ 2005, 1119.
80 Einschließlich der Entscheidung über die Inanspruchnahme von Hilfe zur Erziehung nach § 27 Abs. 1 SGB VIII, BVerwG FamRZ 2002, 668.
81 OLG Karlsruhe FamRZ 2010, 391; OLG München FamRZ 2008, 1103.
82 BGH FamRZ 2007, 130; OLG Naumburg FamRZ 2004, 1806.
83 OVG Münster FamRZ 2002, 232.
84 AG München FamRZ 2002, 690.
85 BGH, Beschl. v. 6.7.2016 – XII ZB 47/15, juris; AG Bad Säckingen FamRZ 2002, 689.

- Entscheidung über Ort und Art der **Kindesbestattung**,[86]
- **Vaterschaftsanfechtung**,
- Geltendmachung von **Unterhaltsansprüchen**.

Abzugrenzen hiervon ist die rechtliche Sorge. Diese umfasst die **gesetzliche Vertretung** des Kindes in Angelegenheiten der elterlichen Sorge, also das Handeln im Namen und mit Rechtswirkung für das Kind. Dazu zählen etwa

- die **Vertretung** in Unterhalts-, Abstammungs- oder Strafverfahren,
- die **Stellung eines Strafantrages** (§§ 77 Abs. 3, 77d Abs. 2 StGB),[87]
- der **Abschluss eines Ausbildungsvertrages**,
- die Einwilligung zur **Eheschließung**,[88]
- Mitwirkung bei der **Einbenennung**,[89]
- Vertretung in Verwaltungsangelegenheiten,[90] z.B. die **Beantragung eines Reisepasses**,
- die Vertretung bei der **Zeugnisverweigerung**, wenn dem Kind noch die Verstandesreife zu deren Bewertung fehlt,[91]
- die **Todeserklärung** (§ 16 Abs. 2 VerschG).

B. Formen der elterlichen Sorge

Die rechtlich möglichen Sorgerechtskonstellationen lassen sich anhand eines Fallbaums wie folgt darstellen:

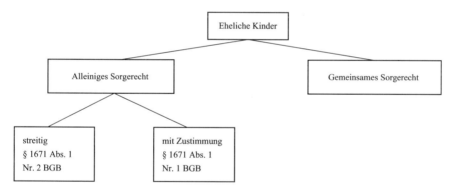

---

86 AG Biedenkopf FamRZ 1999, 736.
87 BGH FamRZ 1960, 197.
88 Siehe zur Zwangsverheiratung bei Kindern und Jugendlichen *Balikci*, JAmt 2012, 629.
89 *Oelkers/Kreuzfeld*, FamRZ 2000, 645; dazu näher BGH FamRZ 2005, 889; 2002, 1330; OLG Saarbrücken ZKJ 2013, 28; FamRZ 2014, 488; Beschl. v. 9.4.2013 – 6 WF 50/13 (n.v.); OLG Schleswig FamRZ 2013, 227, jeweils m.w.N.
90 OLG Köln FamRZ 2002, 404; OLG Brandenburg FamRZ 2003, 111.
91 Vgl. dazu OLG Saarbrücken NJW 2011, 2306 m.w.N.; OLG Koblenz NZFam 2014, 716; OLG Hamburg FamFR 2013, 309; OLG Schleswig FamRZ 2013, 571; OLG Nürnberg FamRZ 2010, 1996; OLG Brandenburg FamRZ 2010, 843; NZFam 2016, 191; OLG Bremen NJW-RR 2011, 154; OLG Karlsruhe MDR 2012, 653.

| § 1 | **Die elterliche Sorge** |

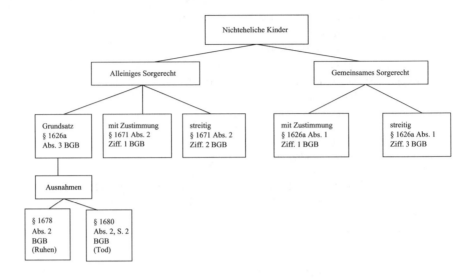

I. Gemeinsame elterliche Sorge

1. Miteinander verheiratete Eltern

a) Grundsatz

32 Aus dem Wortlaut des § 1626 BGB lässt sich ableiten, dass der Gesetzgeber bei miteinander verheirateten Eltern von einer gemeinsamen Inhaberschaft und Ausübung der elterlichen Sorge ausgeht. Hieran soll sich im Prinzip auch bei dauerhafter Trennung der Eltern nichts ändern. § 1671 Abs. 1 BGB statuiert lediglich die Voraussetzungen, unter denen ein Elternteil einen von diesem Grundsatz abweichenden Antrag stellen kann und das Gericht diesem Antrag stattzugeben hat.

b) Gemeinsame Sorge als Regelfall?

33 Der vor Inkrafttreten des **KindRG** zum 1.7.1998 geltende Wortlaut des § 1671 Abs. 4 BGB a.F. sah zwingend vor, dass im Zuge der dauerhaften Trennung der Eltern einem von ihnen die elterliche Sorge für ein gemeinsames Kind allein zu übertragen war. Durch Entscheidung vom 3.11.1982 stellte das BVerfG klar, dass diese Regelung mit Art. 6 Abs. 2 S. 1 GG nicht vereinbar ist.[92] Hierdurch wurde erstmals den Eltern die Möglichkeit eröffnet, auch nach der Trennung und Scheidung die elterliche Sorge gemeinsam auszuüben.[93]

34 Im Gesetzentwurf der Bundesregierung zum KindRG vom 13.8.1996 wurde darauf verwiesen, dass der durch den bis dahin geltenden **Zwangsverbund** ausgelöste Druck, im Rahmen der Ehescheidung in jedem Fall auch ein Verfahren über das Sorgerecht für die Kinder führen zu müssen, die ohnehin emotional angespannte Lage der Eltern zusätzlich verschärfen könnte, so dass sich möglicherweise auch die Chancen verringerten, eine **gemeinsame elterliche Sorge** beizubehalten.[94] Gleichwohl hat der Gesetzgeber davon Abstand genommen, eine verbindliche Position zu der Frage zu beziehen, ob der gemeinsamen Sorge der Vorzug zu geben ist bzw. davon ausgegangen werden kann, dass diese Form der elterlichen Sorge dem **Kindeswohl** am besten dient. In der Tendenz, die **Elternverantwortung** – zu Lasten staatlicher Regelungsbefugnisse – zu stärken,

---

[92] BVerfG FamRZ 1982, 1179.
[93] *Oelkers/Kasten*, FamRZ 1993, 18.
[94] BT-Drucks 13/4899, S. 62.

wurde durch die Neufassung des § 1671 BGB a.F. hervorgehoben, dass diese Problematik vorrangig von den Eltern im jeweiligen Einzelfall zu bewerten sein soll.[95] Den Eltern wurde die Entscheidungsbefugnis übertragen, ob und gegebenenfalls zu welchem Zeitpunkt sie von der in § 1671 Abs. 1 BGB vorgesehenen Antragsmöglichkeit Gebrauch machen wollen (= **Antragsprinzip**). Mit Ausnahme der unverändert fortgeltenden Eingriffsbefugnisse nach §§ 1666–1667 BGB hatte sich der Staat aus seinem Wächteramt nach Art. 6 Abs. 2 S. 2 GG zurückgezogen. Im Zuge der Umsetzung des KindRG war dann die Frage, ob der gemeinsamen Sorge der Vorrang zu geben und an welche Voraussetzungen der Antrag eines Elternteils nach § 1671 BGB zu knüpfen sei, äußerst umstritten. In seiner Grundsatzentscheidung vom 29.9.1999 stellte der BGH klar, dass aus dem durch das KindRG eingeführten **Antragsprinzip** kein **Vorrang der gemeinsamen Sorge** abgeleitet werden könne.[96] Es bestehe keine gesetzliche Vermutung dafür, dass die gemeinsame elterliche Sorge die für das Kind beste Form der Wahrnehmung elterlicher Verantwortung sei.[97] Dem stehe insbesondere entgegen, dass sich eine elterliche Gemeinsamkeit in der Realität nicht verordnen lasse. In Fällen, in denen die gemeinsame elterliche Sorge praktisch nicht „funktioniere", d.h. die Eltern nicht zu einer Entscheidung im Interesse des Kindes gelangten, sei der Alleinsorge der Vorzug zu geben.[98] Entsprechend verwies auch das BVerfG in einer späteren Entscheidung darauf, dass die gemeinsame Ausübung der Elternverantwortung ein Mindestmaß an Übereinstimmung zwischen den Eltern erfordere, die sich am Kindeswohl auszurichten habe.[99] Es lasse sich zudem eine gesetzliche Priorität zugunsten der gemeinsamen elterlichen Sorge weder dem Wortlaut des § 1671 BGB noch den Gesetzesmaterialien entnehmen.[100]

Auch in der Rechtsprechung des BGH gilt unverändert, dass der gemeinsamen elterlichen Sorge kein Vorrang einzuräumen ist.[101] Es wird niemand in Abrede stellen können, dass die Beibehaltung der gemeinsamen elterlichen Sorge und eine zwischen den Eltern abgestimmte Erziehung die für ein Kind nach der Trennung seiner Eltern bestmögliche Folgesituation darstellt, weil sie mit den geringstmöglichen Eingriffen in seine bisherige Lebenssituation einhergeht. Die positive Beziehung zu beiden Elternteilen wirkt sich günstig auf das Selbstwertgefühl, die Beziehungsfähigkeit und die Lebensqualität des Kindes aus.[102] Ebenso entspricht es aber auch allgemeinen Erfahrungen, dass in der Realität nicht alle Eltern in der Lage sind, zwischen der **Paarebene** und der **Elternebene** – im Interesse des Kindes – zu differenzieren, also eigene Befindlichkeiten zurückzustellen in dem Bewusstsein, dass hierdurch primär das Kind belastet wird.[103] Erreichen unter diesem Blickwinkel die elterlichen Auseinandersetzungen ein Maß, das mit einer nicht mehr vertretbaren Belastung des Kindes einhergeht, so können diese Auseinandersetzungen die **Kindeswohldienlichkeit** einer alleinigen elterlichen Sorge indizieren. Auch wenn die dann zu treffende gerichtliche Entscheidung sich vorrangig an § 1671 Abs. 1 BGB orientiert, muss das Gericht im Einzelfall im Rahmen seiner **Amtsermittlungspflicht** (§ 1671 Abs. 4 BGB i.V.m. § 1666 BGB; § 26 FamFG)[104] auch die **Erziehungseignung** eines Elternteils überprüfen, wenn er möglicherweise vorrangig durch sein Verhalten Anlass für gravierende elterliche Auseinandersetzungen gegeben hat.[105]

---

95 BT-Drucks 13/4899, S. 63.
96 Siehe zur gemeinsamen Sorge aus Sicht der Bindungs- und Scheidungsforschung *Kindler/Fichtner*, FPR 2008, 139; zur seelischen Entwicklung des Kindes nach Elterntrennung und Scheidung *Strobach*, FPR 2008, 148.
97 BGH FamRZ 1999, 1646; 2008, 592 m. Anm. *Luthin*.
98 BGH FamRZ 1999, 1646.
99 BVerfG FamRZ 2004, 354.
100 BVerfG FamRZ 2007, 1876.
101 BGH FamRZ 2011, 796 m. Anm. *Völker*; BGH FamRZ 2008, 592 m. Anm. *Motzer*, FamRB 2008, 140; krit. zum entschiedenen Einzelfall *Clausius*, AnwZert-FamR 10/2008, Aufsatz 1.
102 OLG München FamRZ 1999, 1006.
103 BT-Drucks 13/4899, S. 36; *Oelkers/Kasten/Oelkers*, FamRZ 1994, 1080.
104 Dazu OLG Brandenburg FamRZ 2014, 1649; OLG Nürnberg FamRZ 2013, 1993.
105 *Clausius*, AnwZert-FamR 10/2008, Aufsatz 1.

2. Nicht miteinander verheiratete Eltern

a) Grundsatz und Ausnahmen

35 Sind die Eltern eines Kindes bei dessen Geburt nicht miteinander verheiratet,[106] so steht nach § 1626a Abs. 3 BGB grundsätzlich die alleinige elterliche Sorge der Mutter zu. Diese kann sich zum Nachweis ihrer Alleinsorgeberechtigung vom – nach § 87c Abs. 6 S. 1 SGB VIII zuständigen – Jugendamt nach § 58a Abs. 2 SGB VIII ein **Negativattest** ausstellen lassen,[107] das ausweist, dass keine **Sorgeerklärungen** (Antragsmuster im Formularteil, siehe dazu § 13 Rdn 1 ff.) für das betroffene Kind abgegeben wurden. Es obliegt daher auch dem die Sorgeerklärung beurkundenden **Notar** oder **Jugendamt**, dies dem am Geburtsort des Kindes zuständigen Jugendamt mitzuteilen (§ 1626d Abs. 2 BGB).

36 § 1626a Abs. 1 BGB regelt die **Ausnahmen** von der originären Alleinsorge der Mutter. Diese Vorschrift gilt seit dem 19.5.2013 in neuer Fassung,[108] nachdem die bisher maßgebliche Regelung zuletzt durch Beschluss des BVerfG vom 21.7.2010 für mit Art. 6 Abs. 2 GG unvereinbar erklärt worden war.[109] Wie bereits in seiner Entscheidung aus dem Jahr 2003[110] ist das BVerfG davon ausgegangen, dass es verfassungsrechtlich nicht zu beanstanden ist, wenn der Gesetzgeber die elterliche Sorge für ein nichtehelich geborenes Kind zunächst der Mutter allein zuweist. Maßgeblich ist dabei u.a. die Erwägung, dass ein nichteheliches Kind in unterschiedliche familiäre Konstellationen hineingeboren wird. Neben dem Idealzustand, dass der Vater zusammen mit der Mutter für das Kind die Sorge tragen möchte, sind gleichermaßen Fallkonstellationen denkbar, in denen der Vater nicht feststellbar ist, nicht feststeht, grundsätzlich keine Sorge tragen will oder sogar den Umgang mit dem Kind völlig ablehnt. Auch aus der Anerkennung der Vaterschaft kann nicht per se darauf geschlossen werden, dass der Vater auch zur Ausübung der Sorge gewillt ist, zumal diese Anerkennung auch unter dem Druck eines ansonsten von ihm zu gewärtigenden Vaterschaftsfeststellungsverfahrens erfolgen kann. Ferner besteht die Gefahr, dass bei einer Koppelung der elterlichen Sorge mit der Vaterschaftsanerkennung die Bereitschaft zur freiwilligen Anerkennung der Vaterschaft abnimmt. Es wurde daher aus Kindeswohlgründen als legitimes Ziel des Gesetzgebers bewertet, dass dem Kind ab seiner Geburt eine bestimmte Person zugeordnet ist, die rechtsverbindlich für es handeln kann.[111] Dies ist die Mutter als einzig sichere Bezugsperson des Kindes (mater semper certa est). Maßgeblich für die Entscheidung des BVerfG war zunächst die aus einem bereits 2003 dem Gesetzgeber erteilten **Beobachtungsauftrag** gezogene Erkenntnis, dass in zahlreichen Fällen die Ablehnung der Mütter, einer gemeinsamen elterlichen Sorge mit dem Vater zuzustimmen, nicht von Kindeswohlgründen getragen wurde. Zudem wurde durch das Urteil des EuGHMR vom 3.12.2009 in Sachen Zaunegger/Deutschland festgestellt, dass aufgrund der Regelung in § 1626a Abs. 2 BGB a.F. – wonach der nichteheliche Vater keine Möglichkeit hatte, gegen den Willen der Mutter gerichtlich die Herstellung der gemeinsamen elterlichen Sorge zu begehren – der Vater diskriminiert wird, weshalb diese Regelung gegen Art. 14 i.V.m. Art. 8 EMRK verstieß.[112]

---

106 Überblick bei *Huber/Möll*, FamRZ 2011, 765; *Finger*, FuR 2012, 342.
107 Siehe zu den Auskünften aus einem Sorgeregister durch das registerführende Jugendamt *Hoffmann/Knittel*, JAmt 2014, 117.
108 BGBl 2013 I, 795 ff.
109 BVerfG FamRZ 2010, 1403; zum Hintergrund lesenswert *Hohmann-Dennhardt*, FF 2011, 181.
110 BVerfG FamRZ 2003, 285; BGH FamRZ 2001, 907.
111 *Heiderhoff*, JZ 2013, 82.
112 EuGHMR FamRZ 2010, 103, Anm. *Völker*, FamRB 2010, 37; Anm. *Henrich*, FamRZ 2010, 107; Anm. *Rakete-Dombek*, FF 2010, 7.

B. Formen der elterlichen Sorge § 1

Die erwartete Umsetzung der verfassungsgerichtlichen Vorgaben durch den Gesetzgeber wurde im Vorfeld in der Literatur und von der Praxis umfassend diskutiert.[113] Zum 19.5.2013 ist nunmehr das Gesetz zur Reform der elterlichen Sorge nicht miteinander verheirateter Eltern vom 16.4.2013[114] in Kraft getreten.[115] Die zu diesem Zeitpunkt noch nicht abgeschlossenen Verfahren auf Herstellung der gemeinsamen bzw. Übertragung der alleinigen elterlichen Sorge nach § 1626a Abs. 2 bzw. § 1672 BGB a.F. (nach der Übergangsregelung des BVerfG) sind seitdem nach neuer Gesetzeslage zu beurteilen. Daher gilt ein gestellter **Antrag auf Ersetzung der Sorgeerklärung** gem. Art. 229, § 30 EGBGB als Antrag auf Übertragung der elterlichen Sorge gem. § 1626a Abs. 2 BGB. Darüber hinaus kann auch uneingeschränkt für Kinder, die vor Inkrafttreten der Neuregelung geboren wurden, ein auf § 1626a BGB gestützter Sorgerechtsantrag gestellt werden.[116]

37

Die gemeinsame Sorge kann nun – wie bisher – durch **Sorgeerklärungen** beider Elternteile (siehe hierzu näher Rdn 35) oder **Heirat der Eltern** entstehen (§ 1626a Abs. 1 Nr. 1 bzw. Nr. 2 BGB). Erstmals können die Sorgeerklärungen gemäß § 155a Abs. 5 FamFG auch beim Familiengericht im laufenden Verfahren in einem Erörterungstermin zur Niederschrift des Gerichts abgegeben werden. § 1626a Abs. 1 Nr. 3 eröffnet ferner dem Familiengericht nunmehr die Möglichkeit, auf Antrag eines Elternteils ganz oder teilweise[117] (§ 1626a Abs. 1 Nr. 3: „soweit") die gemeinsame Sorge zu übertragen. Der Gesetzgeber hat hier ausdrücklich ein neues **gesetzliches Leitbild der gemeinsamen elterlichen Sorge** nicht miteinander verheirateter Eltern geschaffen.[118]

38

Der Ablauf des Verfahrens nach § 1626a Abs. 2 BGB[119] zur Begründung der gemeinsamen Sorge lässt sich wie folgt darstellen:

39

---

113 Dazu etwa *Hohmann-Dennhardt*, FF 2011, 181; *Coester*, FamRZ 2012, 1337; *Rimkus*, ZFE 2010, 204; *Willutzki*, ZKJ 2010, 86; *Schumann*, FF 2010, 222; *Löhnig*, FamRZ 2010, 338; *von Renesse*, ZKJ 2011, 353; *Holldorf*, ZKJ 2012, 475; Stellungnahme der Kinderrechtekommission des Deutschen Familiengerichtstags vom 22.2.2011, ZKJ 2011, 130.
114 BGBl 2013 I, 795.
115 Vgl. hierzu die synoptische Darstellung der bisherigen und aktuellen Gesetzeslage in FamRB 2013, 196 ff.; Kurzüberblick etwa bei *Finger*, FuR 2013, 558; erste Bestandsaufnahme *Finger*, FuR 2015, 139.
116 BT-Drucks 17/11048, S. 16.
117 Siehe dazu OLG Brandenburg NZFam 2015, 1171.
118 BT-Drucks 17/11048, S. 12, 17; OLG Brandenburg, Beschl. v. 9.2.2016 – 13 UF 185/15, juris; Beschl. v. 10.3.2015 – 10 UF 19/14, juris; NZFam 2015, 935; FamRZ 2015, 1207; OLG Stuttgart [16. Zivilsenat] FamRZ 2014, 1715; OLG Celle FamRZ 2014, 857; FamRZ 2016, 240; OLG Brandenburg MDR 2016, 32; OLG Saarbrücken, Beschl. v. 27.4.2016 – 6 UF 22/16, juris; Beschl. v. 23.10.2014 – 6 UF 116/14, n.v.; a.A. OLG Hamm, Beschl. v. 25.9.2014 – 2 UF 61/14, juris; OLG Stuttgart [11. Zivilsenat] FamRZ 2015, 674, die – allerdings ohne auf das Problem näher einzugehen – an der vor der Reform ergangenen BGH-Rechtsprechung festhalten; ebenso *Gottschalk*, ZKJ 2015, 75; Jokisch FuR 2016, 33, 34; offen lassend Ergebnis 2 des Arbeitskreises 21 des 21. Deutschen Familiengerichtstages.
119 Siehe dazu auch *Kasenbacher*, Reformiertes Sorgerecht nicht miteinander verheirateter Eltern – Antragstellung, Verfahrensgrundsätze und Abrechnung, NZFam 2014, 1017; *Vogel*, Verfahrensrechtliche Umsetzung des Antrags auf Übertragung der gemeinsamen elterlichen Sorge nach § 1626a Abs. 2 BGB, FamRB 2016, 110.

§ 1 Die elterliche Sorge

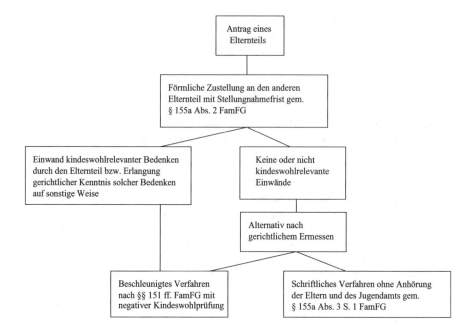

40 Ausgangspunkt für die Herstellung der gemeinsamen elterlichen Sorge durch familiengerichtliche Entscheidung ist der Antrag eines Elternteils i.S.d. § 23 Abs. 1 FamFG (Antragsmuster im Formularteil, siehe dazu § 13 Rdn 12). Auch die bislang alleinsorgeberechtigte Mutter ist antragsberechtigt.[120] Ziel des Gesetzgebers war insoweit, eine etwaig bereits bestehende Verantwortungsbereitschaft des Vaters zu stärken.[121] Geht der Antrag vom rechtlichen[122] Vater aus, so bedarf es seinerseits grundsätzlich keiner vorangehenden **Sorgeerklärung**. Abweichendes kann jedoch gelten, um den Einwand der **Mutwilligkeit** gem. § 76 Abs. 1 FamFG i.V.m. § 115 ZPO zu entkräften, wenn im gerichtlichen Verfahren um Verfahrenskostenhilfe nachgesucht wird.[123] Gemäß § 155a Abs. 1 S. 2 FamFG sind im Antrag Geburtsort und -datum des Kindes zu benennen.[124] Hierdurch soll u.a. die Information des Jugendamts am Geburtsort des Kindes, dem die Führung des Sorgeregisters obliegt, gewährleistet werden.[125]

Anwaltszwang besteht nicht.[126] Da das Verfahren nach § 155a FamFG ein **echtes Antragsverfahren** ist, ist der Antrag zugleich Sachantrag, so dass das Gericht dem Antragsteller weder mehr noch etwas anderes zusprechen kann, als er beantragt.[127] Die Antragsrücknahme führt gemäß 22 Abs. 1 S. 1 FamFG zur Verfahrensbeendigung.[128]

---

120 *Keuter*, ZRP 2012, 171.
121 BT-Drucks 17/11048, S. 21.
122 Der leibliche Vater kann einen Antrag erst stellen, wenn seine Vaterschaft gerichtlich festgestellt wurde, sofern die Mutter die Zustimmung zur Vaterschaftsanerkennung verweigert.
123 *Schneider*, MDR 2013, 309.
124 Zu Argumenten, auf die ein Antrag gestützt werden kann bzw. die nicht verwendet werden sollten, vgl. die Übersicht bei *Zempel*, Sorge- und Umgangsrecht nichtehelicher Kinder, 1. Aufl., S. 102 f.
125 BT-Drucks 17/11048, S. 14; zu den Auskünften aus einem Sorgeregister durch das registerführende Jugendamt siehe *Hoffmann/Knittel*, JAmt 2014, 117.
126 *Vogel*, FamRB 2016, 110, 111 m.w.N.
127 *Vogel*, FamRB 2016, 110, 111 m.w.N.
128 *Vogel*, FamRB 2016, 110, 111 m.w.N.

Das Familiengericht stellt den Antrag dem anderen Elternteil förmlich zu (§§ 166–195 ZPO) wobei die **Stellungnahmefrist** wegen § 155a Abs. 2 FamFG für die Mutter frühestens 6 Wochen nach der Geburt enden darf.[129] Auch dies erklärt die Notwendigkeit der Angabe des Geburtsdatums des Kindes im Antrag. Die Frist ist kritisch zu sehen, weil der Vater so bei typischerweise innerhalb der ersten sechs Wochen zu treffenden Entscheidungen – Namensgebung, Religionszugehörigkeit, gesundheitliche Maßnahmen – von einer Mitentscheidung ausgeschlossen bleibt. In diesem vereinfachten Verfahren kann über die gemeinsame elterliche Sorge nur in Ausnahmefällen im Wege einer **einstweiligen Anordnung** entschieden werden,[130] und keinesfalls innerhalb der Karenzzeit des § 155a Abs. 2 S. 2 FamFG.[131] Stehen in diesem Zeitraum sehr dringende, bedeutsame Fragen in Rede – etwa die Frage der religiös motivierten Beschneidung, riskante medizinische Eingriffe oder der Abbruch lebenserhaltender Maßnahmen –, so kommt eine Sorgebeteiligung des Vaters allenfalls über § 1666 BGB in Betracht, wenn die von der Mutter beabsichtigte Entscheidung das Wohl des Säuglings gefährdet.[132]

Werden innerhalb der Frist keine oder keine **kindeswohlrelevanten Einwände** vorgetragen, so kann nach § 155a Abs. 3 FamFG ein **beschleunigtes und vereinfachtes schriftliches Verfahren** durchgeführt werden, da in diesem Fall gesetzlich vermutet wird (§ 1626a Abs. 2 S. 2 BGB), dass die gemeinsame Sorge dem Kindeswohl nicht widerspricht.[133] Von der Kindeswohlrelevanz eines Einwandes ist auszugehen, wenn – jedenfalls im Ansatz – konkrete tatsächliche Umstände vorgetragen werden oder erkennbar sind, die im Bezug zum gemeinsamen Kind, zum Eltern-Kind-Verhältnis und/oder konkret zum Verhältnis der beteiligten Eltern und somit im Zusammenhang mit der Einrichtung des Sorgerechts stehen und ein Indiz gegen die gemeinsame elterliche Sorge sein können.[134] Solche Gründe können sich auch aus der Antragsbegründung des Vaters ergeben.[135] Daher sind hinreichende Anhaltspunkte nicht erst dann gegeben, wenn der Tatsachenvortrag genügt, um in einer den Maßgaben der Rechtsprechung folgenden Abwägung festzustellen, dass die gemeinsame elterliche Sorge dem Kindeswohl widerspricht.[136] Unbeachtlich sind vielmehr allein Umstände, die keinen Bezug zum konkreten Fall oder dem Wohl des Kindes aufweisen.[137] Als nicht kindeswohlrelevant sieht der Gesetzgeber hingegen etwa die Erklärung an, dass die Mutter in Zukunft lieber alleine entscheiden wolle oder dass in einer anderen Beziehung mit der gemeinsamen elterlichen Sorge negative Erfahrungen gemacht worden seien oder der Vater ohnehin bereits mit Vollmachten ausgestattet sei und zudem auch in naher Zukunft keine gemeinsam zu treffenden Entscheidungen anstünden.[138] Das Familiengericht kann in einem solchen Fall ohne persönliche Anhörung der Eltern[139] und ohne Anhörung des Jugendamts entscheiden. Davon unberührt bleibt die Pflicht zur **Kindesanhörung**, sofern die Voraussetzungen von § 159 FamFG vorliegen (siehe hierzu Rdn 430 ff.).[140] Auch die Bestellung eines Verfahrensbeistandes ist im vereinfachten schriftlichen Verfahren nicht von vornherein ausgeschlossen.[141]

---

129 Vgl. hierzu die berechtigten Einwände aus Sicht des Kindesvaters in *Heilmann*, NJW 2013, 1473.
130 OLG München FamRZ 2016, 245; *Dürbeck*, ZKJ 2013, 330.
131 *Vogel*, FamRB 2016, 110, 113 m.w.N.
132 *Vogel*, FamRB 2016, 110, 113 m.w.N.
133 OLG Brandenburg FamRZ 2015, 760; FamRZ 2016, 240; zu Recht kritisch hierzu etwa *Coester*, FamRZ 2012, 1337; Stellungnahme der Kinderrechtekommision des DFGT/Wissenschaftliche Vereinigung für Familienrecht, ZKJ 2012, 263.
134 BGH, Beschl. v. 15.6.2016 – XII ZB 419/15, juris; OLG Karlsruhe FamRZ 2014, 1797.
135 OLG Bremen FamRZ 2015, 2170 m. Anm. *Keuter*, FamRZ 2016, 473.
136 BGH, Beschl. v. 15.6.2016 – XII ZB 419/15, juris; a.A. OLG Brandenburg FamRZ 2016, 240.
137 BGH, Beschl. v. 15.6.2016 – XII ZB 419/15, juris; OLG Karlsruhe FamRZ 2014, 1797.
138 BT-Drucks 17/11048, S. 18; OLG Karlsruhe FamRZ 2014, 1797.
139 Vgl. hierzu den zutreffenden Verweis auf die Verletzung rechtlichen Gehörs gem. Art. 103 GG bei *Heilmann*, NJW 2013, 1473.
140 BGH, Beschl. v. 15.6.2016 – XII ZB 419/15, juris; OLG Bremen FamRZ 2015, 2170 m. Anm. *Keuter*, FamRZ 2016, 473; BT-Drucks 17/11048, S. 23.
141 Dazu und eingehend zu § 155a FamFG *Schumann*, FF 2013, 339; a.A. *Vogel*, FamRB 2016, 110, 114 m.w.N.

Liegen hingegen Anhaltspunkte vor, die gegen die gemeinsame Sorge sprechen, löst dies die Amtsermittlungspflicht aus und führt zur im normalen Sorgerechtsverfahren durchzuführenden umfassenden Prüfung.[142] Mit Blick darauf darf bezweifelt werden, ob die vom Gesetzgeber beabsichtigte Vereinfachung und Beschleunigung des Verfahrens erreicht werden wird. Dies gilt umso mehr, als gegen die Neuregelung auch ansonsten berechtigte Bedenken erhoben werden.[143] Abgesehen davon, dass die Einführung eines schriftlichen Verfahrens in Angelegenheiten der Personensorge systemfremd ist, ist dieses vereinfachte Verfahren auch rechtsmittelträchtig. Man nehme den – wohl häufigen – Fall, dass sich eine Mutter gegen ein gemeinsames Sorgerecht pauschal mit dem Argument gewehrt hat, sie könne nicht mit dem Vater reden und sie hätten beide unterschiedliche Wertvorstellungen. Das Familiengericht bescheinigt ihr „bloß floskelhaften Vortrag". Dies provoziert geradezu eine Beschwerdeeinlegung. Ist das Beschwerdegericht der Auffassung, der Vortrag der Mutter habe gereicht, um das vereinfachte Verfahren auszuschalten, müsste die Entscheidung des Familiengerichts auf Antrag kassiert und die Sache zurückverwiesen werden (§ 69 Abs. 1 S. 3 FamFG). Hat das Familiengericht nach Auffassung des Beschwerdegerichts zu Recht im vereinfachten Verfahren entschieden und bringt die Mutter erstmals zweitinstanzlich kindeswohlrelevante Einwendungen vor, muss das Beschwerdegericht praktisch wie ein erstinstanzliches Gericht ein normales Sorgerechtsverfahren mit dem „kompletten Programm" durchführen – ein unerfreuliches Ergebnis.

Die gerichtliche Entscheidung wird dem nicht beteiligten Jugendamt formlos mitgeteilt (§ 155a Abs. 3 S. 2 FamFG). Ein **Beschwerderecht** des Jugendamts besteht nicht (arg. § 155a Abs. 3 S. 2 i.V.m. § 162 Abs. 3 S. 2 FamFG).

Da § 155a Abs. 3 S. 1 FamFG als „Soll-Vorschrift" gefasst ist, eröffnet sich für das Gericht jedoch ein Ermessensspielraum, gleichwohl nicht das **beschleunigte Sorgerechtsverfahren** durchzuführen (§ 155a Abs. 4 FamFG). Dies ist insbesondere dann angezeigt, wenn sich für das Gericht aus einer elterlichen Stellungnahme ersehen lässt, dass etwa ein anwaltlich nicht vertretener Elternteil in der Darlegung seiner Motive eingeschränkt ist, sei es aus sprachlichen oder sonstigen Gründen, so dass nach dem Grundsatz der Amtsermittlung eine weitere Aufklärung der tatsächlichen Motivlage erforderlich ist. Gleiches gilt, wenn dem Gericht aus anderen Verfahren Bedenken gegen eine gemeinsame Sorge der Eltern bekannt sind. Die Familiengerichte haben das vereinfachte Verfahren daher **behutsam anzuwenden** und eine hierauf beruhende Entscheidung auch aus verfassungsrechtlichen Gründen mit Bedacht zu erlassen. Denn nach der Rechtsprechung des Bundesverfassungsgerichts bedarf es für jede sorgerechtliche Entscheidung des Familiengerichts einer hinreichenden Grundlage für eine am Kindeswohl orientierte Entscheidung. Werden daher Aspekte sichtbar, die für eine Kindeswohlprüfung bedeutsam sind, so ist vom vereinfachten Verfahren Abstand zu nehmen. Solche Umstände können sich insbesondere aus vorangegangenen, zwischen den Eltern geführten kindschaftsrechtlichen Streitigkeiten ergeben. So eignet sich das Verfahren nach § 155a FamFG nicht, wenn bereits in einem vorangegangenen Verfahren ein Antrag des Vaters auf Herstellung der gemeinsamen elterlichen Sorge zurückgewiesen worden war.[144] Geht das Amtsgericht verfahrensfehlerhaft von der Anwendbarkeit des § 155a Abs. 3 FamFG aus und entscheidet gleichwohl lediglich auf der Grundlage des vereinfachten Verfahrens, führt dies regelmäßig zur Zurückverweisung, wenn ein Beteiligter dies beantragt.[145] Dies

---

142 BGH, Beschl. v. 15.6.2016 – XII ZB 419/15, juris; OLG Karlsruhe FamRZ 2014, 1797.
143 *Coester*, FamRZ 2012, 1337; *Fahl*, NZFam 2014, 155; *Heilmann*, NJW 2013, 1473; *Büte*, FuR 2013, 311; *Dürbeck*, ZKJ 2013, 330; *Finger/Daschenko*, FuR 2013, 558; *Heiderhoff*, JZ 2013, 82; *Willutzki*, FPR 2013, 236; *Salgo*, FPR 2012, 409, *Huber/Antomo*, FamRZ 2013, 665 und 2012, 1257; Stellungnahme der Kinderrechtekommission des Deutschen Familiengerichtstages, ZKJ 2012, 263.
144 OLG Brandenburg, Beschl. v. 13.8.2014 – 13 UF 117/14, juris.
145 OLG Jena NZFam 2015, 521; OLG Brandenburg, Beschl. v. 13.8.2014 – 13 UF 117/14, juris; OLG Frankfurt FamRZ 2014, 852; OLG Karlsruhe FamRZ 2014, 1797.

gilt freilich erst recht, wenn das Familiengericht schon vor Ablauf der der Mutter gewährten Stellungnahmefrist entscheidet.[146]

Häufig wird der andere Elternteil kindeswohlrelevante Gründe gegen die Herstellung der gemeinsamen Sorge vorbringen (notfalls vorschieben), um das vereinfachte Verfahren zu vermeiden. Ist dies der Fall oder erlangt das Gericht auf sonstige WeiseErkenntnisse– auch durch vorangegangene Verfahren – die Rückschlüsse auf die Tragfähigkeit der elterlichen Beziehung zulassen und Bedenken gegen eine gemeinsame Sorge begründen, so hat das Gericht eine **negative Kindeswohlprüfung** vorzunehmen: Die elterliche Sorge ist beiden Elternteilen zur gemeinsamen Ausübung – ganz oder teilweise[147] (§ 1626a Abs. 1 Nr. 3: „soweit") – zu übertragen, wenn dies dem Kindeswohl nicht widerspricht.[148] Die gesetzliche Neuregelung ist damit von der positiven Feststellung des Kindeswohls abgerückt, wie sie nach der Übergangsregelung des BVerfG in dessen Beschl. v. 21.7.2010 galt.[149] Die **Feststellungslast** trifft nunmehr die Mutter. Der Gesetzgeber hat damit seine Überzeugung zum Ausdruck gebracht, dass die gemeinsame elterliche Sorge grundsätzlich den Bedürfnissen des Kindes nach Beziehungen zu beiden Elternteilen entspricht und ihm verdeutlicht, dass beide Eltern gleichermaßen zur Verantwortungsübernahme bereit sind. Denn es entspricht grundsätzlich dem Kindeswohl, wenn ein Kind seine Eltern in wichtigen Entscheidungen für sein Leben als gleichberechtigt erlebt. Diese Erfahrung ist aufgrund der Vorbildfunktion der Eltern wichtig und für das Kind und seine Entwicklung zu einer eigenverantwortlichen und gemeinschaftsfähigen Persönlichkeit prägend. Zudem werden in Diskussionen regelmäßig sogar mehr Argumente erwogen als bei Alleinentscheidungen.[150] Insbesondere sieht das Gesetz für einzelne kontrovers diskutierte und von den Eltern nicht lösbare Fragen mit § 1628 BGB ein geeignetes Instrumentarium vor.[151] Darauf, ob die Anordnung der gemeinsamen Sorge im konkreten Fall einen Gewinn für das Kind darstellt, kommt es nicht an.[152]

Allerdings darf sich das Gericht nicht vorschnell auf die Feststellungslast zurückziehen. Erst wenn sich nach **erschöpfender und ergebnisoffener Sachaufklärung** nicht feststellen lässt, dass die gemeinsame Sorge dem Kindeswohl widerspricht, ergibt sich aus der negativen Formulierung der Kindeswohlprüfung die (objektive) Feststellungslast dahin, dass im Zweifelsfall die Übertragung der elterlichen Sorge auf die Eltern gemeinsam auszusprechen ist; dies entspricht dem gesetzlichen Leitbild, dass grundsätzlich beide Eltern die gemeinsame elterliche Sorge für ein Kind tragen sollen, wenn keine Gründe vorliegen, die hiergegen sprechen.[153]

Der Gesetzgeber hat hier ausdrücklich zwar kein Regel-Ausnahmeverhältnis, jedoch ein neues **gesetzliches Leitbild der gemeinsamen elterlichen Sorge** nicht miteinander verheirateter Eltern geschaffen.[154]

Der **Prüfungsmaßstab** des § 1671 Abs. 1 S. 2 Nr. 2 BGB a.F. und die hierzu ergangene höchst- und obergerichtliche Rechtsprechung (siehe dazu Rdn 239 ff.) ist bei der **negativen Kindeswohl-**

---

146 OLG Jena NZFam 2015, 521.
147 Siehe dazu OLG Brandenburg NZFam 2015, 1171.
148 BT-Drucks 17/11048 S. 15.
149 BVerfG FamRZ 2010, 1403.
150 BGH, Beschl. v. 15.6.2016 – XII ZB 419/15, juris; KG FamRZ 2011, 1659; OLG Saarbrücken, Beschl. v. 23.10.2014 – 6 UF 116/14 (n.v.).
151 BGH, Beschl. v. 15.6.2016 – XII ZB 419/15, juris.
152 OLG Karlsruhe, Beschl. v. 2.4.2015 – 18 UF 253/14, juris.
153 BGH, Beschl. v. 15.6.2016 – XII ZB 419/15, juris.
154 BT-Drucks 17/11048, S. 12, 17; BGH, Beschl. v. 15.6.2016 – XII ZB 419/15, juris; OLG Stuttgart [16. Zivilsenat] FamRZ 2014, 1715; OLG Celle FamRZ 2014, 857; OLG Brandenburg FamRZ 2015, 1207; NZFam 2015, 935; FamRZ 2016, 240; MDR 16, 32; OLG Saarbrücken, Beschl. v. 27.4.2016 – 6 UF 22/16, juris; Beschl. v. 23.10.2014 – 6 UF 116/14, n.v.; OLG Brandenburg, Beschl. v. 9.2.2016 – 13 UF 185/15, NZFam 2015, 935: FamRZ 2015, 674, die – allerdings ohne auf das Problem näher einzugehen – an der vor der Reform ergangenen BGH-Rechtsprechung festhalten; ebenso *Gottschalk*, ZKJ 2015, 75; offen lassend Ergebnis 2 des Arbeitskreises 21 des 21. Deutschen Familiengerichtstages.

prüfung spiegelbildlich heranzuziehen; die Übertragung der gemeinsamen elterlichen Sorge ist somit unter den gleichen Voraussetzungen abzulehnen, unter denen im Fall des § 1671 Abs. 1 S. 2 Nr. 2 BGB die gemeinsame elterliche Sorge aufzuheben ware.[155] Denn wären an die Übertragung der Sorge auf die Eltern gemeinsam nach § 1626a Abs. 2 BGB geringere Anforderungen zu stellen als an die Aufrechterhaltung der gemeinsamen elterlichen Sorge im Fall des § 1671 Abs. 1 S. 2 Nr. 2 BGB, so könnte es zu dem widersprüchlichen Ergebnis kommen, dass nach Übertragung der Sorge auf die Eltern gemeinsam auf entsprechenden Antrag der Mutter dieser die alleinige Sorge nach § 1696 Abs. 1 S. 2 i.V.m. § 1671 Abs. 1 S. 2 Nr. 2 BGB ohne Bindung an die vorherige Sorgerechtsübertragung sogleich wieder zurückübertragen werden müsste.[156] Die Herstellung der gemeinsamen elterlichen Sorge setzt mithin eine tragfähige soziale Beziehung zwischen den Eltern, ein Mindestmaß an Übereinstimmung, Kooperationsfähigkeit und -bereitschaft voraus.[157] Die gemeinsame elterliche Sorge ist nicht anzuordnen, wenn eine schwerwiegende und nachhaltige Störung auf der **Kommunikationsebene der Eltern** vorliegt, die befürchten lässt, dass den Eltern eine gemeinsame Entscheidungsfindung nicht möglich sein wird und das Kind folglich erheblich belastet würde, würde man die Eltern zwingen, die Sorge gemeinsam zu tragen.[158] Maßgeblich ist, welche Auswirkungen die mangelnde Einigungsfähigkeit der Eltern bei einer Gesamtbeurteilung der Verhältnisse auf die Entwicklung und das Wohl des Kindes haben wird.[159] Die Gefahr einer erheblichen Belastung des Kindes kann sich im Einzelfall auch aus der Nachhaltigkeit und der Schwere des Elternkonflikts ergeben.[160]

Eine vollständige Kommunikationsverweigerung der Eltern muss allerdings nicht gegeben sein.[161] Die Kommunikation der Eltern ist bereits dann schwer und nachhaltig gestört, wenn sie zwar miteinander in Kontakt treten, hierbei aber regelmäßig nicht in der Lage sind, sich in der gebotenen Weise sachlich über die Belange des Kindes auszutauschen und auf diesem Wege zu einer gemeinsamen Entscheidung zu gelangen. Dann ist zu prüfen, ob hierdurch eine erhebliche Belastung des Kindes zu befürchten ist.[162]

Die Belastung des Kindes muss auch nicht bereits tatsächlich bestehen. Es genügt die begründete Befürchtung, dass es zu einer solchen Belastung kommt. Dafür genügt die begründete Besorgnis, dass die Eltern auch in Zukunft nicht in der Lage sein werden, ihre Streitigkeiten in wesentlichen Bereichen der elterlichen Sorge konstruktiv und ohne gerichtliche Auseinandersetzungen beizulegen. Denn ein fortgesetzter destruktiver Elternstreit führt für ein Kind zwangsläufig zu erheblichen Belastungen. Notwendig ist hierfür die Einschätzung im Einzelfall, ob der Elternkonflikt so nachhaltig und so tiefgreifend ist, dass gemeinsame, dem Kindeswohl dienliche Entscheidungen der Eltern in den wesentlichen Belangen der elterlichen Sorge auch für die Zukunft nicht gewährleistet sind.[163]

---

155 BGH, Beschl. v. 15.6.2016 – XII ZB 419/15, juris.
156 BGH, Beschl. v. 15.6.2016 – XII ZB 419/15, juris.
157 BGH, Beschl. v. 15.6.2016 – XII ZB 419/15, juris; OLG Karlsruhe FamRZ 2014, 490; OLG Karlsruhe, Beschl. v. 28.10.2013 – 18 UF 373/12 (n.v.); vgl. auch OLG Karlsruhe FamFR 2012, 213; OLG Brandenburg JAmt 2013, 541; OLG Rostock MDR 2011, 860; OLG Braunschweig NJW-Spezial 2012, 261: keine gemeinsame Sorge bei zwar funktionierendem Umgangsrecht, aber sehr dominantem Auftreten des Vaters, dem Einfühlungsvermögen fehlt; AG Melsungen FamRZ 2014, 953.
158 BGH, Beschl. v. 15.6.2016 – XII ZB 419/15, juris; OLG Schleswig FamRZ 2014, 1374; KG FamRZ 2014, 1375; OLG Koblenz FamRZ 2014, 319; BT-Drucks 17/11048, S. 17.
159 BGH, Beschl. v. 15.6.2016 – XII ZB 419/15, juris; vgl. auch – zu § 1671 BGB – BGH FamRZ 1999, 1646.
160 BGH, Beschl. v. 15.6.2016 – XII ZB 419/15, juris.
161 BGH, Beschl. v. 15.6.2016 – XII ZB 419/15, juris; a.A. OLG Brandenburg FamRZ 2016, 240.
162 BGH, Beschl. v. 15.6.2016 – XII ZB 419/15, juris.
163 BGH, Beschl. v. 15.6.2016 – XII ZB 419/15, juris; vgl. auch – zu § 1671 BGB – BGH FamRZ 2008, 251 und 592; OLG Celle FamRZ 2016, 385; a.A. OLG Brandenburg FamRZ 2016, 240; OLG Celle FamRZ 2014, 857; OLG Stuttgart FamRZ 2014, 1715.

Ebenfalls nicht erforderlich ist die Feststellung einer günstigen Prognose der Alleinsorge eines Elternteils dahingehend, dass die Eltern aufgrund der gerichtlichen Entscheidung für die Alleinsorge ihren Streit nicht fortsetzen werden.[164] In die Abwägung ist vielmehr einzubeziehen, ob durch die Alleinsorge die Konfliktfelder zwischen den Eltern eingegrenzt werden, was für sich genommen bereits dem Kindeswohl dienlich sein kann, während bereits das Risiko, dass das Kind durch die Begründung der gemeinsamen Sorge verstärkt dem fortdauernden Konflikt der Eltern ausgesetzt wird, dem Kindeswohl entgegenstehen kann.[165]

Zu den wesentlichen Bereichen der elterlichen Sorge, für die ein Mindestmaß an Verständigungsmöglichkeiten gefordert werden muss, gehören alle nach § 1687 Abs. 1 S. 1 BGB gemeinsam zu treffenden Entscheidungen, zu denen auch die Grundentscheidungen über den persönlichen Umgang des Kindes mit dem nicht betreuenden Elternteil zählen. Die Art und Weise, wie die Eltern insoweit in der Lage zu gemeinsamen Entscheidungen sind, kann bei der Gesamtabwägung nicht unberücksichtigt bleiben.[166]

In der Gesetzesbegründung wurde allerdings ausdrücklich darauf verwiesen, dass allein die Ablehnung der gemeinsamen Sorge durch die Mutter nicht ausreichend ist, um dem Vater den Zugang zur gemeinsamen Sorge zu versagen.[167] Nach dem Willen des Gesetzgebers muss – damit die Herstellung der gemeinsamen elterlichen Sorge abgelehnt werden kann – auf der Kommunikationsebene eine schwerwiegende und nachhaltige Störung vorliegen, die befürchten lässt, dass den Eltern eine gemeinsame Entscheidungsfindung nicht möglich sein wird und das Kind folglich erheblich belastet würde, würde man seine Eltern zwingen, die Sorge gemeinsam zu tragen.[168] Es wird daher erwartet, dass bei bestehenden Differenzen im elterlichen Verhältnis vorrangig **Hilfeleistungen des Jugendamts** gem. § 18 Abs. 2 SGB VIII in Anspruch genommen werden (vgl. hierzu auch § 12 Rdn 23 ff.). Also muss der eine gemeinsame Sorge ablehnende Elternteil zuvor den Versuch unternommen haben, sich um des Kindes willen, notfalls unter Inanspruchnahme fachkundiger Hilfe von außen, um eine angemessene Kommunikation mit dem anderen Elternteil zu bemühen.[169] Scheitern diese Versuche, so kann dies allerdings gegen die Herstellung gemeinsamer Sorge sprechen.[170] Zu verlangen ist daher, dass der die gemeinsame Sorge ablehnende Elternteil ganz konkret dartut, inwiefern sich eine gemeinsame Sorge nachteilig auf das Kind auswirken würde; der Vortrag formelhafter Wendungen reicht keinesfalls.[171]

Im Besonderen[172] ist mit Blick auf die **unterschiedliche Lebenswirklichkeit** der Eltern und des Kindes, das in einer Ehe geboren wird, bei der Entscheidung nach § 1626a Abs. 2 BGB das Augenmerk auf das Bestehen gewachsener Bindungen zwischen Vater und Kind zu legen,[173] in Form früheren Zusammenlebens[174] oder guter Umgangskontakte.[175] Für die Mitsorge des Vaters spricht

42

---

164 BGH, Beschl. v. 15.6.2016 – XII ZB 419/15, juris; a.A. OLG Brandenburg FamRZ 2016, 240; 2015, 760.
165 BGH, Beschl. v. 15.6.2016 – XII ZB 419/15, juris.; vgl. auch – zu § 1671 BGB – BGH FamRZ 2008, 251.
166 BGH, Beschl. v. 15.6.2016 – XII ZB 419/15, juris; vgl. auch – zu § 1671 BGB – BGH FamRZ 2008, 592; *Schilling*, NJW 2007, 3233.
167 BT-Drucks 17/11048, S. 23; siehe auch OLG Celle FamRZ 2014, 857; OLG Koblenz FamRZ 2014, 319.
168 OLG Saarbrücken, Beschl. v. 16.7.2013 – 6 UF 80/13 (n.v.); OLG Brandenburg FamRZ 2015, 760; OLG Celle FamRZ 2014, 857; BT-Drucks 17/11048, S. 17 f.
169 BT-Drucks 17/11048, S. 17; OLG Saarbrücken, Beschl. v. 23.10.2014 – 6 UF 116/14 (n.v.); OLG Hamm NZFam 2016, 513.
170 OLG Brandenburg, Beschl. v. 10.3.2015 – 10 UF 19/14, juris.
171 Vgl. OLG Hamm MDR 2012, 413; OLG Saarbrücken, Beschl. v. 23.10.2014 – 6 UF 116/14 (n.v.); OLG Brandenburg NZFam 2015, 935; vgl. auch AG Halberstadt, Beschl. v. 16.1.2014 – 8 F 262/13, juris.
172 Siehe dazu auch *Vogel*, Übertragung der gemeinsamen elterlichen Sorge bzw. der Alleinsorge auf den nicht sorgeberechtigten nichtehelichen Vater – Erste Erfahrungen in materiell-rechtlicher Hinsicht (Teil 1), FamRB 2015, 434.
173 Vgl. OLG Hamm FamRZ 2012, 560.
174 OLG Saarbrücken, Beschl. v. 27.4.2016 – 6 UF 22/16, juris; Beschl. v. 23.10.2014 – 6 UF 116/14 (n.v.).
175 OLG Saarbrücken, Beschl. v. 27.4.2016 – 6 UF 22/16, juris; ebenso Ergebnis 5 des Arbeitskreises 21 des 21. Deutschen Familiengerichtstages.

auch, dass dieser schon vorher in wichtige Fragen eingebunden wurde und die Mutter gegen die Mitsorge keine sachlichen Gründe vorbringen kann.[176] Gegen die Herstellung gemeinsamer Sorge kann sprechen, wenn der Vater auf dem Umweg über die gemeinsame Sorge versuchen will, wieder Zugang zum Leben der Mutter zu erhalten, wobei auch die Fähigkeit der Mutter zu wägen ist, sich solchen Versuchen ggf. zu widersetzen,[177] der Vater seit Jahren keinen Unterhalt zahlt und keinen Kontakt zum[178] oder keine Bindungen an das Kind hat,[179] Umgangstermine mit ihm ablehnt bzw. nicht einhält[180] oder es an Wertschätzung der Erziehungsleistung der Mutter fehlen lässt und diese als persönlichkeitsgestört bezeichnet,[181] derb beleidigt[182] oder die umgangsrechtliche Wohlverhaltenspflicht missachtet.[183] Gleiches gilt bei erkennbar nur vorgeschobenem Interesse am Kind;[184] anders bei bloßer – auf mangelnder Lebenserfahrung beruhender – passiver Haltung des Vaters.[185] Erstrecken sich die Schwierigkeiten im Wesentlichen nur auf das Umgangsrecht, kann allerdings die gemeinsame Sorge hergestellt werden.[186] Auch ansonsten spricht bestehender Elternstreit nicht von vornherein gegen die Begründung gemeinsamer Sorge; denn es gehört zur Normalität in Eltern-Kind-Beziehungen, dass Eltern über Einzelfragen der Erziehung unterschiedliche Auffassungen haben und sich mitunter erst aus Kontroversen die für das Kind beste Lösung herausschält.[187] Hat das Kind ein Alter erreicht, das ihm zunehmende Einsicht in die Verhältnisse verschafft, kann es zudem in dem Bemühen beider Eltern, seine Belange durch eigene, wenn auch schwer zustande gebrachte Entscheidungen zu wahren, ein höheres Maß an Zuwendung erkennen als in der Inanspruchnahme staatlicher Hilfe zum Erzwingen alleiniger Entscheidungsbefugnis.[188] Dies gilt auch bei unterschiedlichen Religionszugehörigkeiten, solange keine ernsthaften Probleme daraus entspringen;[189] anders, wenn der Vater gegen den Willen der alleinsorgeberechtigten Mutter das Kind heimlich taufen lässt.[190] Gegen die Herstellung der gemeinsamen Sorge bestehen hingegen keine Bedenken, wenn der Elternstreit ersichtlich keine Angelegenheiten von erheblicher Bedeutung erfasst[191] bzw. nicht ersichtlich ist, dass solche Angelegenheiten kurz- oder mittelfristig zu regeln sein werden,[192] oder aber der Elternstreit alleine von der Mutter vorgeschoben wird; anders, wenn er objektiv so verhärtet ist, dass das Kind im Zwist der Eltern gefangen würde.[193] Hierfür kann etwa sprechen, dass das Kind selbst ohne Anhaltspunkte für seine Beeinflussung erklärt, die Eltern würden sich bei jeder Gelegenheit streiten.[194] Umgekehrt kann der Wunsch des Kindes, dass der Vater für es in wichtigen Dingen

---

176 Vgl. OLG Nürnberg FamRZ 2014, 571 m. krit. Anm. *Clausius*, FF 2014, 206; AG Saarbrücken, Beschl. v. 30.3.2011 – 40 F 69/11, juris.
177 Vgl. KG FamRZ 2011, 1659.
178 Vgl. OLG Köln ZKJ 2012, 155; OLG Karlsruhe, Beschl. v. 2.4.2015 – 18 UF 253/14, juris; zum seit Jahren fehlenden Umgang auch OLG Naumburg FamRZ 2010, 1918; ähnlich AG Gießen NZFam 2014, 285.
179 OLG Saarbrücken, Beschl. v. 27.4.2016 – 6 UF 22/16, juris; OLG Koblenz FamRZ 2014, 1855.
180 AG Gießen NZFam 2015, 572.
181 OLG Brandenburg FamRZ 2014, 1856.
182 OLG Brandenburg FamFR 2015, 287; zu weitgehend daher OLG Brandenburg, Beschl. v. 28.9.2015 – 13 UF 96/15, juris (aufbrausendes, beleidigendes und grob unhöfliches Verhalten des Vaters gegenüber der Mutter stehe gemeinsamer Sorge nicht entgegen).
183 Vgl. KG FamRB 2012, 144.
184 AG Gießen NZFam 2014, 285.
185 OLG Brandenburg MDR 2016, 32.
186 OLG Naumburg FamRZ 2015, 763.
187 BGH, Beschl. v. 15.6.2016 – XII ZB 419/15, juris; OLG Karlsruhe FamRZ 2014, 490; 2015, 2168; Beschl. v. 2.4.2015 – 18 UF 253/14, juris; OLG Saarbrücken, Beschl. v. 23.10.2014 – 6 UF 116/14 (n.v.).
188 OLG Brandenburg FamRZ 2015, 1207.
189 AG Bergen FuR 2015, 180.
190 AG Halle FamRZ 2014, 2008.
191 OLG Karlsruhe FamRZ 2014, 490.
192 OLG Koblenz FamRZ 2014, 319.
193 Vgl. KG FamRZ 2013, 1409; KG FamRZ 2014, 1375.
194 Vgl. AG Freiburg FamRZ 2011, 1658.

mitentscheiden soll, ein Indiz für die Vertretbarkeit der gemeinsamen Sorge sein,[195] sofern der Wunsch nicht völlig unrealistisch ist. Auch eine Vielzahl in der Vergangenheit zwischen den Eltern geführter Verfahren spricht gegen die Begründung der Mitsorge.[196] Gleiches gilt vor allem im Falle gegenseitig erhobener schwerer Vorwürfe, wie etwa desjenigen sexuellen Missbrauchs[197] der Mutter – im Jugendalter – durch den Vater[198] oder einseitiger[199] oder wechselseitiger Partnerschaftsgewalt[200] bzw. der Drohung mit solcher.[201]

Verbleiben dem Familiengericht nach Erschöpfung der übrigen zur Sachaufklärung zu Gebote stehenden Mittel (siehe dazu Rdn 383 ff.) noch Zweifel, wird es ein Sachverständigengutachten einzuholen haben,[202] sofern sich die Zweifel auf psychologische Fragen beziehen. In diesem Fall sind im Beweisbeschluss die Fragen nach Tatsachen möglichst konkret zu formulieren. Insbesondere die Frage, „ob die gemeinsame elterliche Sorge dem Kindeswohl widerspricht", ist fehlerhaft, da dies gerade die Rechtsfrage ist, welche der Richter zu entscheiden hat.[203] Solange das Kind nicht 14 Jahre alt ist, muss es nicht in jedem Fall in die Begutachtung einbezogen werden;[204] dies hängt vielmehr von den für das Gutachten handlungsleitenden Fragen ab. Insoweit stehen die Erziehungsfähigkeit (als grundlegende Voraussetzung), die Kooperationsbereitschaft, die Bindungstoleranz und die Problemlösefähigkeit der Eltern im Vordergrund. Die Bindungen und Beziehungen des Kindes zu den Eltern, deren Förderkompetenz, besondere Bedürfnisse des Kindes und die Kontinuität sind demgegenüber nicht in jedem Einzelfall handlungsleitend.[205] Allerdings können – siehe oben – gute Bindungen und Beziehungen des Kindes zum Vater ein Argument für die Mitsorge insbesondere dann sein, wenn das Kind sich dessen sorgerechtliche Einbindung mit nachvollziehbaren Argumenten wünscht.

b) Gemeinsame elterliche Sorge durch Heirat

Die von der grundsätzlich bestehenden alleinigen elterlichen Sorge der Mutter abweichende gemeinsame elterliche Sorge durch **Heirat** mit dem Vater tritt kraft Gesetzes (§ 1626a Abs. 1 Nr. 2 BGB) ein. Zwingende Voraussetzung hierfür ist allerdings, dass ihre Elternschaft nach den **Abstammungsregeln** der §§ 1591 ff. BGB feststeht. Der Vater muss also entweder die Vaterschaft anerkannt haben (§ 1592 Nr. 2 BGB) oder diese muss gerichtlich festgestellt worden sein (§ 1592 Nr. 3 BGB).

43

Hat die Mutter das Kind vor Eheschließung geboren und erkennt ihr Ehemann die Vaterschaft zu dem Kind mit ihrer Zustimmung erst nach der Heirat an, so erlangt der Ehemann durch die Vaterschaftsanerkennung ex lege die Mitsorge für das Kind.[206] Dies gilt auch, sofern die Vaterschaftsanerkennung erst nach der Scheidung einer zwischenzeitlich eingegangenen Ehe der Eltern für wirksam erklärt wird.[207]

---

195 OLG Saarbrücken, Beschl. v. 27.4.2016 – 6 UF 22/16, juris; KG FamRZ 2014, 2009.
196 KG FamRZ 2014, 1375.
197 Zur familiengerichtlichen Kooperation in Fällen von Kindesmisshandlung und sexuellem Missbrauch siehe *Schmid*, FamRB 2014, 267.
198 Vgl. KG FamRZ 2011, 1663.
199 OLG Celle FamRZ 2014, 1856.
200 Vgl. OLG Rostock FamRZ 2011, 1660.
201 OLG Karlsruhe, Beschl. v. 2.4.2015 – 18 UF 253/14, juris.
202 Dazu – spezifisch zu § 1626a BGB – *Salzgeber/Fichtner*, FamRZ 2011, 945; siehe auch *Balloff*, Väter und Kinder, ZKJ 2011, 349.
203 Vgl. auch Ergebnis 6 des Arbeitskreises 21 des 21. Deutschen Familiengerichtstages.
204 Ebenso Ergebnis 8 des Arbeitskreises 21 des 21. Deutschen Familiengerichtstages.
205 Ergebnis 9 des Arbeitskreises 21 des 21. Deutschen Familiengerichtstages.
206 OLG Saarbrücken, Beschl. v. 20.8.2014 – 6 UF 49/14 (n.v.); OLG Celle MDR 2014, 1105 m.w.N.; inzident ebenso BGH FamRZ 2011, 796 m. Anm. *Völker*.
207 DIJuF-Rechtsgutachten JAmt 2015, 617.

Erfolgt die Eheschließung, nachdem zuvor das Sorgerecht gerichtlich abweichend geregelt worden war,[208] so kann die elterliche Sorge den Eltern nur in dem Umfang gemeinsam zustehen, wie sie nach Maßgabe dieser gerichtlichen Regelung der Mutter allein zustand.[209] Wurde dieser daher bereits vor der Eheschließung – etwa nach § 1666 BGB – die elterliche Sorge teilweise entzogen, so kann auch der Vater durch Heirat nur in diesem teilweisen Umfang die elterliche Sorge erlangen. Die in § 1626b Abs. 3 BGB vorgesehenen Beschränkungen gelten allerdings nicht für § 1626a Abs. 1 Nr. 2 BGB.[210]

44 § 1626a Abs. 1 Nr. 2 BGB ist analog anzuwenden, wenn die Eltern nach vorangegangener Ehescheidung und Übertragung der alleinigen elterlichen Sorge auf einen Elternteil einander erneut heiraten. § 1626b Abs. 3 BGB greift hier nicht, weil er sich lediglich auf die Wirksamkeit der **Sorgeerklärung** bezieht.

c) Gemeinsame elterliche Sorge durch Sorgeerklärung

45 Nach § 1626a Abs. 1 Nr. 1 BGB kann die gemeinsame elterliche Sorge durch übereinstimmende **Sorgeerklärungen** begründet werden. Hierfür ist Voraussetzung, dass die Elternschaft nach den §§ 1591 ff. BGB feststeht. Die Motive für eine solche Sorgeerklärung sind gesetzlich nicht geregelt und ergeben sich in der Regel aus persönlichen Gründen der Eltern. Dies kann etwa die **gemeinschaftliche Verantwortungsübernahme** für das nicht in der Ehe geborene Kind – auch bei Unterhaltung getrennter Lebenskreise – sein. Denn die Sorgeerklärung kann insbesondere bereits zu einem Zeitpunkt erfolgen, zu dem ein Elternteil (noch) mit einem Dritten verheiratet ist.

46 Im Fall der anderweitigen Ehe des Vaters ist die Abgabe der Sorgeerklärung nach **Vaterschaftsanerkennung** und erteilter Zustimmung der Mutter unproblematisch möglich. Soweit hingegen die Mutter noch verheiratet ist, gilt nach § 1592 Nr. 1 BGB die gesetzliche Vaterschaft ihres Ehemannes.[211] Es bedarf daher zur Abgabe der **Sorgeerklärung** und Begründung der gemeinsamen elterlichen Sorge nicht nur der Vaterschaftsanerkennung des leiblichen Vaters, sondern auch der **Vaterschaftsanfechtung** hinsichtlich des rechtlichen Vaters.[212]

47 Die Anfechtungsberechtigten ergeben sich aus § 1600 BGB. Hinzuweisen ist insoweit vor allem auf die Einschränkung der Anfechtungsmöglichkeit des lediglich leiblichen Vaters. Dieser kann wegen § 1600 Abs. 2 BGB die Vaterschaft des rechtlichen Vaters nur anfechten, wenn zwischen diesem und dem Kind keine **sozial-familiäre Beziehung** besteht oder im Zeitpunkt seines Todes bestanden hat. Diese Regelung geht auf eine Grundsatzentscheidung des BVerfG zurück, das die vorherige Fassung dieser Norm für verfassungswidrig erklärt hatte;[213] auch der **leibliche Vater** könne Träger des Elternrechts nach Art. 6 Abs. 2 S. 1 GG sein, weshalb ihm (allerdings nur) für den vorgenannten Fall eine eigenständige Anfechtungsbefugnis einzuräumen sei. Der EuGHMR hat mit Urteilen vom 22.3.2012 den Anfechtungsausschluss des leiblichen Vaters für den Fall des Bestehens einer sozial-familiären Beziehung zwischen rechtlichem Vater und Kind für mit der EMRK vereinbar erklärt,[214] ebenso in der Nachfolge – wie bereits zuvor – das BVerfG.[215]

---

208 OLG Düsseldorf FamRZ 2010, 385.
209 OLG Nürnberg FamRZ 2000, 1035.
210 Schulz/Hauß/*Schmid*, § 1626a Rn 3.
211 *Rauscher*, FPR 2002, 352.
212 *Warnitzek*, FPR 2002, 390.
213 BVerfG FamRZ 2003, 816.
214 EuGHMR, Urteile vom 22.3.2012 – Individualbeschwerden Nr. 45071/09 [Ahrens/Deutschland] und Nr. 23338/09 [Kautzor/Deutschland], juris; Anm. *Wellenhofer*, FamRZ 2012, 828; vgl. auch EuGHMR, Urt. v. 11.12.2012 – Individualbeschwerde Nr. 11858/10 [Koppikar/Deutschland]; ebenso OLG Nürnberg FamRZ 2013, 327.
215 BVerfG FamRZ 2014,191.

aa) Rechtsnatur der Sorgeerklärung

Bei der **Sorgeerklärung** handelt es sich um eine höchstpersönliche, formbedürftige, bedingungsfeindliche und nicht empfangsbedürftige Willenserklärung. Sie bedarf zu ihrer Wirksamkeit keiner Entscheidung des Familiengerichts, sondern lediglich der Einhaltung des Formerfordernisses des § 1626d BGB, d.h. der **öffentlichen Beurkundung**. Beurkundende Stelle ist regelmäßig das Jugendamt. In diesem Fall ist die Beurkundung kostenfrei, anders, wenn der **Notar** die Beurkundung vornimmt. Nicht berechtigt zur Beurkundung ist der **Standesbeamte**.[216] Ist ein Elternteil der deutschen Sprache nicht hinreichend mächtig, so bedarf es zur Beurkundung der Sorgeerklärung eines **Dolmetschers**; dabei sind die Vorschriften des Beurkundungsgesetzes über die Ausschließung eines Dolmetschers wegen Verwandtschaft mit einem der Elternteils zu beachten (§ 7 Nr. 3 BeurkG).[217] Eine Sorgeerklärung kann gemäß § 155a Abs. 5 FamFG nunmehr erstmals auch beim Familiengericht im laufenden Verfahren in einem Erörterungstermin zur Niederschrift des Gerichts abgegeben werden oder formwirksam in einem **gerichtlichen Vergleich** erfolgen,[218] da dieser der Protokollierung zur Niederschrift des Gerichts gleichgestellt werden kann. Hingegen kommt eine Sorgeerklärung durch schriftlichen Vergleich i.S.v. § 36 Abs. 3 FamFG i.V.m. § 278 Abs. 6 ZPO nicht in Betracht.[219] Dieser kann allerdings nicht gerichtlich gebilligt werden, da ein gerichtlich gebilligter Vergleich nur über das Umgangsrecht mit einem Kind und über die Herausgabe eines Kindes geschlossen werden kann (§ 156 Abs. 2 FamFG, siehe dazu § 2 Rdn 237).[220] Ergeht trotzdem ein Genehmigungsbeschluss, so richtet sich dieser ins Leere, da ihm die formale Grundlage eines wirksam geschlossenen gerichtlich gebilligten Vergleichs fehlt.[221]

48

Da es nach § 1626a Abs. 1 Nr. 1 BGB zweier übereinstimmender Sorgeerklärungen bedarf, war eine gemeinsame elterliche Sorge gegen den Willen der Mutter nach früherer Gesetzeslage nur sehr eingeschränkt über § 1680 Abs. 3 BGB i.V.m. § 1666 BGB erreichbar.[222] Dies hat indessen bereits die Entscheidung des BVerfG vom 21.7.2010[223] und schließlich das zum 19.5.2013 in Kraft getretene Gesetz zur Reform der elterlichen Sorge nicht miteinander verheirateter Eltern[224] grundlegend geändert (siehe hierzu Rdn 35 ff.).

49

bb) Inhalt der Sorgeerklärung

Die **Sorgeerklärung** muss zum Ausdruck bringen, dass die Eltern für ihr Kind die elterliche Sorge gemeinschaftlich übernehmen möchten. Dies ist nur umfassend möglich; ein partielles, auf einzelne Teilbereiche beschränktes gemeinsames Sorgerecht kann durch die Sorgeerklärung nicht begründet werden.[225] Streben die Eltern dieses Ziel an, bleibt ihnen nur der Weg über den Antrag eines Elternteils nach § 1626a Abs. 2 BGB, dem der andere nicht entgegentritt (siehe Rdn 40). Bei mehreren Kindern müssen sich die Erklärungen jeweils auf ein bestimmtes Kind beziehen, wobei allerdings eine einheitliche Urkunde zulässig ist. Gleichwohl besteht für die Eltern auch die Möglichkeit, bei mehreren gemeinsamen Kindern unterschiedlich zu entscheiden. In diesem Fall be-

50

---

216 BT-Drucks 13/4899, S. 95.
217 OVG Münster JAmt 2016, 214.
218 DGH FamRZ 2011, 796 m. Anm. *Völker*; OLG Nürnberg FamRZ 2014, 854; a.A. DIJuF-Rechtsgutachten, JAmt 2012, 200 m.w.N.; zweifelnd auch *Hammer*, FamRZ 2015, 1977.
219 Zutreffend *Hammer*, FamRZ 2015, 1977; a.A. AG Ludwigslust FamRZ 2015, 1976.
220 BGH FamRZ 2011, 796 m. Anm. *Völker*; OLG Köln FamRZ 2013, 1592; OLG Saarbrücken, Beschl. v. 20.6.2013 – 6 UF 81/13 (n.v.); OLG Stuttgart FamRZ 2014, 1653; vgl. auch KG NJW-Spezial 2012, 389; a.A. OLG Nürnberg FamRZ 2014, 854.
221 Inzident OLG Stuttgart FamRZ 2014, 1653; a.A. OLG Nürnberg FamRZ 2014, 854.
222 BGH FamRZ 2001, 907; OLG Düsseldorf FamRZ 1999, 673.
223 BVerfG FamRZ 2010, 1403.
224 BGBl 2013 I, 795.
225 BGH FamRZ 2008, 251; OLG Nürnberg FamRZ 2014, 854; DIJuF-Rechtsgutachten JAmt 2014, 27.

darf es jeweils gesonderter Sorgeerklärungen. Generalisierte Erklärungen oder bloße Absichtserklärungen sind nicht ausreichend. Erforderlich ist vielmehr eine hinreichende Bestimmtheit.

cc) Zeitpunkt der Sorgeerklärung

51 Die **Sorgeerklärung** kann jederzeit bis zur Vollendung des 18. Lebensjahres des Kindes abgegeben werden. Sie ist nach § 1626b Abs. 2 BGB auch bereits vor der Geburt des Kindes zulässig. Voraussetzung ist dann aber, dass zu diesem Zeitpunkt bereits die Abstammung geklärt ist, d.h. der Vater seine Vaterschaft gemäß § 1594 Abs. 4 BGB anerkannt und die Mutter gemäß § 1595 Abs. 3 BGB zugestimmt hat.

Da § 1626b Abs. 2 BGB jedoch nur Anwendung findet, soweit nicht eine Vaterschaft nach § 1592 Nr. 1 BGB besteht, wird die **Vaterschaftsanerkennung** durch den leiblichen Vater erst wirksam (§ 1594 Abs. 2 BGB), wenn die gesetzliche Vaterschaft durch **Anfechtung** beseitigt worden ist. Bis dahin ist eine **Sorgeerklärung schwebend unwirksam**.[226] Die Sorgeerklärungen müssen nicht gemeinsam und zeitgleich abgegeben werden. Dies ist allerdings empfehlenswert, da sich durch die notwendige Vaterschaftsanerkennung eine ansonsten erforderliche nachträgliche **Beischreibung** des Vaters **in der Geburtsurkunde** erübrigt. Zudem entsteht die gemeinschaftliche elterliche Sorge mit der Geburt des Kindes dann ohne eine übergangsweise Alleinsorge der Mutter.

dd) Modalitäten der Sorgeerklärung

52 Die Sorgeerklärung ist gemäß § 1626b Abs. 1 BGB **bedingungsfeindlich**, da im Fall einer erklärten Bedingung der hierdurch eintretende Schwebezustand mit dem Kindeswohl unvereinbar wäre. Auch **Zeitbestimmungen**, etwa ab wann und bis wann die Erklärung gelten soll, sind unzulässig, da sie dem Kindeswohl zuwider liefen.

Überlagert werden die Sorgeerklärungen durch gerichtliche Entscheidungen. Wurde eine gerichtliche Entscheidung nach § 1626 Abs. 1 Nr. 3, nach § 1671 oder nach § 1696 Abs. 1 S. 1 BGB erlassen, so schließt dies eine Sorgeerklärung der Eltern aus.

Die Unwirksamkeit einer Sorgeerklärung orientiert sich ausschließlich an diesen im Gesetz genannten Fällen. § 1666 BGB wird hiervon nicht erfasst. Der **Entzug** der **elterlichen Sorge** nach dieser Vorschrift steht daher der Wirksamkeit einer Sorgeerklärung nur für die Dauer des Entzuges entgegen.

53 Die Sorgeerklärung ist **höchstpersönlich** abzugeben (§ 1626c Abs. 1 BGB).[227] Eine Ersetzung durch gerichtliche Entscheidung findet nicht statt. Ist der erklärende Elternteil geschäftsunfähig, so kann er keine Sorgeerklärung abgeben.[228] Ist der Elternteil in seiner Geschäftsfähigkeit beschränkt, so bedarf er der Zustimmung seines gesetzlichen Vertreters (§ 1626c Abs. 2 S. 1 BGB). Auch dessen Erklärung ist bedingungs- und befristungsfeindlich. Eine verweigerte **Zustimmung des gesetzlichen Vertreters** kann durch familiengerichtliche Entscheidung ersetzt werden. Antragsberechtigt ist insoweit allein der beschränkt geschäftsfähige Elternteil, nicht hingegen der andere Elternteil. Zu beachten ist, dass die **Ersetzung** nicht dem Wohl des minderjährigen Elternteils widersprechen darf. Dem Familiengericht obliegt daher die Prüfung, ob gegen die Abgabe der Sorgeerklärung triftige Gründe sprechen. Zu prüfen ist dabei auch, ob die Eltern in ausreichendem Maß persönlich befähigt sind, elterliche Verantwortung zu übernehmen.

ee) Übergangsregelungen für Altfälle

54 Für die Eltern, die sich bereits vor dem 1.7.1998 voneinander trennten, enthielt Art. 224 § 2 EGBGB eine – vom BVerfG dem Gesetzgeber auferlegte – Übergangsregelung, da sie vor In-

---

226 DIJuF-Rechtsgutachten DAVorm 2000, 114.
227 Zum Problem der Freiwilligkeit siehe DIJuF-Rechtsgutachten JAmt 2013, 510 m.w.N.
228 Zu den Lösungsmöglichkeiten, um die gemeinsame elterliche Sorge dennoch herzustellen, siehe DIJuF-Rechtsgutachten, JAmt 2013, 29.

krafttreten des § 1626a BGB keine Möglichkeit der gemeinsamen **Sorgeerklärung** hatten.[229] Dieser praktisch sehr selten virulent gewordene[230] Rechtszustand wurde mit der Reform der elterlichen Sorge nicht miteinander verheirateter Eltern (siehe Rdn 35) gegenstandslos.

II. Alleinsorge eines Elternteils

1. Miteinander verheiratete Eltern

Im Zuge des Scheiterns einer formgültigen Ehe, d.h. bei dauerhafter Trennung der Eltern, kann die Übertragung der elterlichen Sorge unter den Voraussetzungen des § 1671 Abs. 1 BGB durch gerichtliche Entscheidung auf Antrag eines Elternteils vollzogen werden. 55

Die Übertragung eines Teilbereiches der elterlichen Sorge auf einen Elternteil zur alleinigen Ausübung kommt in Betracht, wenn in einem für das Kind wesentlichen Bereich zwischen den Eltern tiefgreifende **Meinungsverschiedenheiten** bestehen,[231] sofern nicht nach § 1628 BGB verfahren wird (siehe dazu Rdn 116 ff.).

Von der Antragstellung eines Elternteils losgelöst ist in den §§ 1666, 1666a BGB der **Entzug der elterlichen Sorge** oder Teilbereiche von ihr von Amts wegen vorgesehen, soweit eine Gefährdung des Kindeswohls in Rede steht. Unter Wahrung des **Verhältnismäßigkeitsgrundsatzes**, der durch Art. 6 Abs. 3 GG besondere Verstärkung erfährt,[232] kommt dabei die Trennung des Kindes von der elterlichen Familie aber nur dann in Betracht, wenn der **Gefahr für das Kind** nicht in anderer Weise begegnet werden kann, etwa durch **Hilfsmaßnahmen** nach dem SGB VIII.[233] 56

2. Nicht miteinander verheiratete Eltern

Die nicht verheiratete Mutter erlangt mit der Geburt des Kindes die alleinige elterliche Sorge für das Kind (§ 1626a Abs. 3 BGB). Dieser Rechtszustand gilt 57

- bis zur **Eheschließung** mit dem Vater,
- der Abgabe einer **Sorgeerklärung**,[234] oder
- der familiengerichtlichen Herstellung der gemeinsamen elterlichen Sorge nach § 1626a Abs. 1 Nr. 3 BGB bzw. der Übertragung der Alleinsorge gemäß § 1671 Abs. 2 BGB. (Zum Nachweis der Alleinsorge der Mutter durch das sog. **Negativattest** siehe Rdn 35).

3. Sonstige Fallgestaltungen

Nach zunächst bestehender gemeinsamer elterlicher Sorge tritt alleinige Sorge eines Elternteils ein, wenn der andere Elternteil in der Wahrnehmung seiner Sorgerechtsbefugnisse ausfällt durch 58

- **Tod** (§ 1680 Abs. 1 BGB),
- **Todeserklärung** (§ 1681 Abs. 1 BGB) oder
- **Ruhen der elterlichen Sorge** (§§ 1673 ff. BGB).

Im Fall der bestehenden Alleinsorge eines Elternteils sieht § 1680 Abs. 2 BGB Regelungen vor, falls der Elternteil verstirbt, dem nach § 1626a Abs. 3 oder § 1671 BGB die alleinige elterliche 59

---

229 BVerfG FamRZ 2003, 285.
230 Siehe aus der Rechtsprechung etwa BGH FamRZ 2008, 251; OLG Koblenz FamRZ 2006, 56; OLG Karlsruhe FamRZ 2005, 831.
231 OLG Nürnberg FamRZ 2002, 188.
232 BVerfGE 60, 79; BVerfG FamRZ 2009, 1472; Siehe dazu BGH, Beschl. v. 6.7.2016 – XII ZB 47/15, juris; BGH FamRZ 2014, 543.
233 BVerfG FF 2014, 295; Anm. *Kunkel*, FamRZ 2015, 901; Bespr. *Riegner*, NZFam 2014, 625.
234 OLG Zweibrücken FamRZ 2001, 181.

Sorge zustand. In diesem Fall ist die elterliche Sorge dem überlebenden Elternteil zu übertragen, soweit dies nicht dem Wohl des Kindes widerspricht. Einem Vater, dem jegliches Gespür für die Traumatisierung des Kindes fehlt, das an dem gewaltsamen Tod der Mutter leidet, für den der Vater mit hoher Wahrscheinlichkeit verantwortlich ist, kann die Sorge nicht übertragen werden.[235]

60 Dieselben Grundsätze gelten auch in den Fällen des § 1680 Abs. 3 BGB, wenn also dem alleinsorgeberechtigten Elternteil nach § 1666 BGB die elterliche Sorge ganz oder teilweise entzogen wird.[236] Fehlte es allerdings in diesem Fall bislang an einer Übernahme väterlicher Verantwortung, hat also der Vater mit der Mutter nie zusammengelebt und auch durch Umgangskontakte über mehrere Monate keine echte Beziehung hergestellt, weil er in seiner Erziehungsfähigkeit eingeschränkt ist, so wird ihm die Sorge kaum übertragen werden können. Auch der ablehnende Wille eines älteren Kindes, das lieber bei einem Verwandten wohnen bleiben will, den die Mutter in letztwilliger Verfügung als Vormund benannt hat, dürfte zu berücksichtigen sein.[237]

III. Die elterliche Sorge in einer eingetragenen Lebenspartnerschaft

61 Zum 1.8.2001 ist das sog. LPartG[238] in Kraft getreten. Gegen dieses Gesetz gerichtete Normenkontrollanträge der Länder Bayern, Thüringen und Sachsen hat das BVerfG zurückgewiesen.[239] In der Entscheidung vom 17.7.2002[240] zur Verfassungskonformität dieses Gesetzes wurde ausgeführt, dass dem Rechtsinstitut Ehe durch die Einrichtung eines ihm nahe kommenden Instituts kein Nachteil drohe. Von einer Verletzung des Gleichheitsgebotes könne nicht deshalb ausgegangen werden, weil nichtehelichen heterosexuellen Lebensgemeinschaften der Zugang zu der Rechtsform der eingetragenen Lebenspartnerschaft verwehrt werde. Zu beachten ist auch, dass es kein verfassungsrechtliches Abstandsgebot gibt, das eine Schlechterbehandlung der eingetragenen Lebenspartnerschaft gegenüber der Ehe zwingend voraussetzen würde. Der Gesetzgeber könnte also die eingetragene Lebenspartnerschaften mit annähernd denselben Rechten und Pflichten ausstatten wie eine Ehe.[241]

62 Eine Modifizierung hat das LPartG durch das zum 1.1.2005 in Kraft getretene Gesetz zur Überarbeitung des LPartG erfahren. Hierdurch wurde eine weitere Annäherung an das Rechtsinstitut der Ehe vorgenommen.[242] Gleichwohl gilt für die gleichgeschlechtlichen Lebenspartnerschaften kein gemeinsames Sorgerecht der Lebenspartner.[243] Allerdings wurde mit Wirkung vom 1.1.2005 durch das Gesetz zur Überarbeitung des Lebenspartnerschaftsrechts vom 15.12.2004[244] die Möglichkeit eingeführt, das leibliche Kind des anderen Lebenspartners zu adoptieren (§§ 9 Abs. 6, 7 LPartG, sogenannte **Stiefkindadoption**). Einen hiergegen gerichteten Normenkontrollantrag des Freistaats Bayern hat dieser im Jahr 2009 zurückgenommen. In einem nachfolgenden, zu einer Richtervorlage gefassten Beschluss[245] hat das BVerfG zu erkennen gegeben, dass diese Frage differenzierter Betrachtung bedarf.

63 Nicht durch das LPartG ermöglicht wurde die **sukzessive Adoption** eines vor Begründung der Lebenspartnerschaft vom anderen Lebenspartner adoptierten Kindes. Durch Urt. v. 19.2.2013

---

235 BVerfG FamRZ 2008, 381; Anm. *Völker*, FamRB 2008, 72.
236 Siehe dazu BVerfG FamRZ 2008, 2185; BGH FamRZ 2010, 1242; OLG Nürnberg FamRZ 2010, 994.
237 OLG Köln FamRZ 2012, 138 zu einem 12-jährigen Kind.
238 BGBl I, S. 266.
239 BVerfG FamRZ 2001, 1057.
240 BVerfG FamRZ 2002, 1169.
241 BVerfG FamRZ 2002, 1169.
242 *Finger*, FuR 2005, 5.
243 Siehe aus soziologischer Sicht *Buschner*, Rechtliche und soziale Elternschaft in Regenbogenfamilien, NZFam 2015, 1103.
244 BGBl I, S. 3396.
245 BVerfG FamRZ 2009, 1653.

hat das BVerfG entschieden,[246] dass der Ausschluss dieser Sukzessivadoption innerhalb einer eingetragenen Lebenspartnerschaft sowohl das Kind als auch die betroffenen Lebenspartner in ihrem Recht auf Gleichbehandlung (Art. 3 Abs. 1 GG) verletzt. Dem Gesetzgeber wurde aufgegeben, bis 30.6.2014 eine verfassungsgemäße Neuregelung zu treffen, bis dahin ist § 9 Abs. 7 LPartG mit der Maßgabe anzuwenden, dass die Adoption des angenommenen Kindes des eingetragenen Lebenspartners möglich ist. In dieser Entscheidung hat das BVerfG auch festgestellt, dass zwei gleichgeschlechtliche rechtliche Eltern eines Kindes beide Träger des Elternrechts aus Art. 6 Abs. 2 S. 1 GG sind.

Geregelt werden in § 9 LPartG die Befugnisse eines Lebenspartners, wenn der Elternteil des Kindes allein sorgeberechtigt ist. Man spricht daher auch von dem sog. **kleinen Sorgerecht**. Hierdurch wird der Tatsache Rechnung getragen, dass regelmäßig in einer gleichgeschlechtlichen Lebenspartnerschaft auch Kinder aufwachsen werden und der Lebenspartner, der nicht Elternteil des Kindes ist, für dieses gleichwohl Aufgaben der Pflege und Erziehung übernimmt.[247]

64

1. Voraussetzungen und Rechtsfolgen des kleinen Sorgerechts

a) Bestehen einer eingetragenen Lebenspartnerschaft

Essentielle Voraussetzung für die Anwendung des LPartG ist die Existenz einer eingetragenen Lebenspartnerschaft. Dies setzt voraus (§ 1 LPartG), dass zwei volljährige Personen gleichen Geschlechts, die in ihrer Geschäftsfähigkeit nicht eingeschränkt sind, nicht durch eine anderweitige Ehe oder Lebenspartnerschaft gebunden und auch nicht in gerader Linie miteinander verwandt oder verschwägert sind, vor der nach jeweiligem Landesrecht zuständigen Behörde eine Willenserklärung dahingehend abgegeben haben, eine Partnerschaft auf Lebenszeit führen zu wollen, verbunden mit der Bereitschaft zur wechselseitigen Fürsorge und Unterstützung sowie zur gemeinsamen Lebensgestaltung.[248]

65

b) Sorgerechtsregelungen
aa) Angelegenheiten des täglichen Lebens sowie von erheblicher Bedeutung

Nach § 9 Abs. 1 LPartG hat der Lebenspartner des allein sorgeberechtigten Elternteils in Abstimmung mit diesem die Möglichkeit, in Angelegenheiten des täglichen Lebens des im jeweiligen Haushalt lebenden Kindes mit zu entscheiden.[249] Konkret bedeutet dies, dass die Entscheidungsbefugnis in Angelegenheiten von erheblicher Bedeutung (siehe dazu eingehend Rdn 116) allein dem sorgeberechtigten Lebenspartner obliegt. Erfasst wird hiervon etwa die Entscheidung zur konkreten Schul- bzw. Kindergartenwahl,[250] der angestrebten Ausbildung, der religiösen Erziehung, über die Anfechtung der Vaterschaft[251] sowie zum Aufenthalt des Kindes.[252] Ein etwaig entgegenstehender Wille des Lebenspartners ist von Gesetzes wegen unbeachtlich.

66

Abzugrenzen sind davon die Angelegenheiten des täglichen Lebens. Es handelt sich hierbei um Entscheidungen, die häufig wiederkehren und auf die Entwicklung des Kindes keine schwer abzuändernden Auswirkungen haben.[253] Um dies zu ermitteln, hat man sich die Frage vorzulegen, ob es mit dem Kindeswohl vereinbar wäre, wenn eine Entscheidung unterbliebe. Es gelten insoweit die Erwägungen, wie sie auch § 1687 Abs. 1 S. 2, 3 BGB zugrunde liegen. In diesen Ange-

67

---

246 BVerfG FamRZ 2013, 521.
247 *Kemper*, FF 2001, 156; zum Ganzen eingehender Überblick in DNotI-Report 2011, 178; siehe auch aus soziologischer Sicht *Buschner*, Rechtliche und soziale Elternschaft in Regenbogenfamilien, NZFam 2015, 1103.
248 *Finger*, MDR 2005, 121; *Weber*, ZFE 2005, 187; *Stüber*, FamRZ 2005, 574.
249 *Löhning*, FPR 2008, 157, *Dötsch*, NJW Spezial 2006, 199.
250 OLG Frankfurt FamRZ 2009, 894.
251 OLG Dresden FamRZ 2009, 1330; BGH FamRZ 2009, 861.
252 OLG Karlsruhe FamRZ 2010, 391.
253 JurisPK-BGB/*Poncelet*, § 1687 Rn 17.

legenheiten des täglichen Lebens wird dem Lebenspartner die Befugnis zur Mitentscheidung eingeräumt, soweit er mit dem sorgeberechtigten Elternteil hierüber Einvernehmen erzielt hat. Nicht erforderlich ist eine bindende Vereinbarung,[254] die nur durch familiengerichtliche Entscheidung wieder aufgehoben werden kann. Im Umkehrschluss zu den §§ 1627, 1687 BGB genügt es, dass die Lebenspartner ihre Auffassungen und Entscheidungen aufeinander abstimmen.[255] Der tatsächliche oder mutmaßliche Wille des anderen Partners ist zu berücksichtigen, so dass ein gegenseitiges Einvernehmen hergestellt wird.

68 Der Gesetzgeber hat insoweit erkennbar eine Kompetenzeinschränkung gegenüber Eltern vorgenommen, die die elterliche Sorge gemeinsam ausüben. In Angelegenheiten des täglichen Lebens wird diesen eine Alleinentscheidungskompetenz eingeräumt. Lediglich in Angelegenheiten von erheblicher Bedeutung müssen sie mit dem anderen Elternteil Einvernehmen erzielen, §§ 1627, 1687 BGB (vgl. Rdn 332 ff.). Dies soll die Praktikabilität der elterlichen Sorge gewährleisten und der natürlichen Aufgabenteilung sowie der Gleichrangigkeit der Eltern als Sorgerechtsinhaber Rechnung tragen. Von einer solchen Gleichrangigkeit ist – abgesehen von der Lage nach einer Sukzessivadoption (siehe dazu Rdn 63) – bei gleichgeschlechtlichen Lebenspartnern, in deren Haushalt ein Kind aufwächst, nicht auszugehen.[256] Hier ist – im günstigsten Fall – lediglich einer der Partner allein sorgeberechtigt. Besteht demgegenüber zudem auch noch aus einer früheren Lebensgemeinschaft ein gemeinsames Sorgerecht mit dem Vater oder der Mutter des Kindes, so kann der gleichgeschlechtliche Lebenspartner nur durch Vollmachten dieses Elternteils an der Alltagssorge beteiligt werden.

69 Lediglich bei Gefahr im Verzug sieht § 9 Abs. 2 LPartG eine Berechtigung des Lebenspartners vor, die Rechtshandlungen vorzunehmen, die zum Wohl des Kindes notwendig sind, verbunden mit einer unverzüglichen Unterrichtungsverpflichtung gegenüber dem sorgeberechtigten Elternteil. Erfasst werden hiervon Notsituationen, ausgelöst durch Unfälle, plötzlich auftretende Erkrankungen oder Verletzungen.[257]

bb) Gesetzliche Vertretung

70 Durch die nach § 9 Abs. 1 S. 1 LPartG dem Lebenspartner eingeräumte Befugnis zur Mitentscheidung in Angelegenheiten des täglichen Lebens wird ihm ein Entscheidungsrecht zuerkannt, das dem einer Pflegeperson im Sinn des § 1688 Abs. 1 S. 1 BGB entspricht. Der Lebenspartner tritt in diesen Angelegenheiten daher auch als gesetzlicher Vertreter des Kindes auf, was aus Sinn und Zweck der Verweisung in § 9 Abs. 1 S. 2 LPartG auf § 1629 Abs. 2 S. 1 BGB folgt.[258]

71 Nach letzterer Vorschrift ist eine Vertretung durch die Eltern ausgeschlossen, soweit nach § 1795 BGB auch ein Vormund von der Vertretung des Kindes ausgeschlossen ist, also insbesondere sog. In-Sich-Geschäfte oder Fälle vergleichbarer Interessenkollisionen vorliegen. Diese in § 1795 BGB geregelten Fallkonstellationen betreffen insgesamt Angelegenheiten von erheblicher Bedeutung. Eine Vertretung des Kindes durch den Lebenspartner ist in diesem Bereich jedoch bereits durch § 9 Abs. 1 S. 1 LPartG de facto ausgeschlossen.

72 Die gesetzliche Vertretung des Kindes hinsichtlich der Alltagssorge ist auch im Außenverhältnis wirksam. Entsprechend § 1629 Abs. 1 S. 2 BGB vertreten die Lebenspartner das Kind gemeinschaftlich, soweit es sich nicht ohnehin um eine Angelegenheit der Alltagssorge handelt. In der praktischen Ausgestaltung bedeutet dies, dass sich der Arzt bei einer routinemäßigen Heilbehandlung[259] nicht erst der Zustimmung des sorgeberechtigten Lebenspartners versichern muss, son-

---

254 *Schwab*, FamRZ 2001, 285; a.A. *Weinreich*, Kap. 11, Rn 259.
255 *Schomburg*, Kind-Prax 2001, 103.
256 Siehe aus soziologischer Sicht *Buschner*, Rechtliche und soziale Elternschaft in Regenbogenfamilien, NZFam 2015, 1103.
257 BT-Drucks 14/3751, S. 39.
258 DNotI-Report 2001, 178, 179.
259 BT-Drucks 14/3751, S. 39.

dern in der Regel annehmen darf, dass diese Behandlung im Einvernehmen der Lebenspartner erfolgt.[260] Denn es kann davon ausgegangen werden, dass eine solche Behandlung dem Kindeswohl dient. In Grenzfällen erscheint es gleichwohl angezeigt, dass sich der Lebenspartner von dem sorgeberechtigten Elternteil eine Bevollmächtigung erteilen – und der Arzt sich diese nachweisen – lässt.

cc) Einschränkungen oder Ausschluss der Befugnisse

Während sich in einer intakten Lebenspartnerschaft keine Besonderheiten bei der gegenseitigen Abstimmung über die Wahrnehmung von Angelegenheiten des Kindes ergeben dürften, sieht § 9 Abs. 3 LPartG allerdings auch Regelungen für den Fall vor, dass zwischen den Lebenspartnern fortdauernde Unstimmigkeiten in Angelegenheiten des Kindes bestehen und hierdurch das Wohl des Kindes beeinträchtigt wird. In diesem Fall kann durch familiengerichtliche Entscheidung das dem Lebenspartner zustehende kleine Sorgerecht eingeschränkt oder gänzlich ausgeschlossen werden. Eine Erweiterung des kleinen Sorgerechts ist schon nach dem Wortlaut der Norm nicht statthaft.

73

§ 9 Abs. 3 LPartG erstreckt sich nach seinem Wortlaut nur auf die Befugnisse des Lebenspartners nach Abs. 1, d.h. die Angelegenheiten des täglichen Lebens. Die Notfallkompetenz des Lebenspartners soll hingegen erkennbar von der etwaigen familiengerichtlichen Entscheidung nicht eingeschränkt oder ausgeschlossen werden.

dd) Ende des „Kleinen Sorgerechts"

Zweck des kleinen Sorgerechts ist es, die tatsächliche Übernahme von Aufgaben der Pflege und Erziehung des Kindes rechtlich zu schützen und abzusichern.[261] Die Vorgaben des § 9 Abs. 1 S. 1 LPartG können daher keine Anwendung finden, wenn die Lebenspartner nicht nur vorübergehend **getrennt** leben. Hier sieht § 9 Abs. 4 LPartG ausdrücklich vor, dass in diesem Fall die Befugnisse nach § 9 Abs. 1 LPartG nicht bestehen. Wann von einem Getrenntleben ausgegangen werden kann, beurteilt sich in analoger Anwendung des § 1567 BGB.[262] Ferner endet das kleine Sorgerecht bei Aufhebung der Lebenspartnerschaft nach § 15 LPartG, bei Tod eines der Lebenspartner oder soweit dem alleinsorgeberechtigten Lebenspartner das Sorgerecht entzogen wird; denn das „kleine Sorgerecht" ist ein rein akzessorisches Recht.[263]

74

Das **Umgangsrecht** des Lebenspartners des sorgeberechtigten Elternteils nach Trennung beider voneinander folgt – außer im Fall erfolgter Sukzessivadoption (siehe dazu Rdn 63) – nicht aus § 1684 Abs. 1 BGB, sondern aus § 1685 Abs. 2 BGB (siehe dazu § 2 Rdn 123 ff.).[264]

2. Wirkungen des kleinen Sorgerechts gegenüber dem anderen Elternteil

Die Mitwirkungsbefugnisse des eingetragenen Lebenspartners entfalten auch gegenüber dem außerhalb der Lebenspartnerschaft stehenden Elternteil Wirkungen.

75

Besteht gemeinsame elterliche Sorge, so hat der Lebenspartner keine Mitentscheidungsbefugnisse, die die des nicht betreuenden Elternteils überlagern.[265] Der Lebenspartner kann dann nur über Vollmachten an der Alltagssorge beteiligt werden.

Soweit der nicht betreuende Elternteil jedoch nicht mitsorgeberechtigt ist, stehen dem Lebenspartner die Mitentscheidungsbefugnisse in Angelegenheiten der tatsächlichen Betreuung im Ein-

---

260 Vgl. hierzu – auf Lebenspartner entsprechend anwendbar – BGH NJW 2010, 2430; OLG München FamRZ 2009, 2099; OLG Hamm ZKJ 2016, 107.
261 BT-Drucks 14/3751, S. 39.
262 *Bergerfurth*, FF 2001, 113.
263 DNotI-Report 2001, 178, 179.
264 OLG Karlsruhe FamRZ 2011, 1155.
265 BT-Drucks 14/3751, S. 39.

vernehmen mit dem alleinsorgeberechtigten Elternteil zu, § 9 Abs. 1 LPartG. Der nichtsorgeberechtigte Elternteil hat dann lediglich in Ausübung des Umgangsrechts die Entscheidungsbefugnis in Angelegenheiten der tatsächlichen Betreuung (§§ 1687a, 1687 Abs. 1 S. 4 BGB). Im Interesse des Kindes sollte der nicht sorgeberechtigte Elternteil trotzdem möglichst in die Angelegenheiten des täglichen Lebens eingebunden werden.

Im Einzelfall können durch familiengerichtliche Entscheidung die Mitentscheidungsbefugnisse des Lebenspartners nach § 9 Abs. 3 LPartG eingeschränkt oder ausgeschlossen werden, wenn dies aus Kindeswohlgründen erforderlich ist. Soweit wegen der früheren Lebensgemeinschaft ein gemeinsames Sorgerecht mit dem Vater bzw. der Mutter des Kindes besteht, kann der Lebenspartner ohnehin nur über eine Vollmacht an der Alltagssorge beteiligt werden.

C. Personensorge

I. Begriff, Inhalt und Grenzen

76 Nach der Legaldefinition des § 1631 Abs. 1 BGB umfasst die **Personensorge** primär die Pflicht und das Recht der Eltern, das Kind zu pflegen, zu erziehen, zu beaufsichtigen und seinen Aufenthalt zu bestimmen.

Diese **tatsächlichen Betreuungsaufgaben** korrespondieren mit dem in § 1632 Abs. 2 BGB verankerten Recht der Eltern, über den **Umgang des Kindes** mit Dritten zu bestimmen (siehe dazu eingehend § 4 Rdn 16 ff.; zur Umgangspflegschaft siehe § 2 Rdn 39)[266] und auch von einem Dritten die **Herausgabe des Kindes** zu verlangen, wenn dieser es ihnen widerrechtlich vorenthält (§ 1632 Abs. 1 BGB).[267] Dieses **elterliche Bestimmungsrecht** wird lediglich begrenzt, soweit ansonsten fundamentale **Kindesinteressen** oder **Kindesrechte** beeinträchtigt würden. Besondere Bedeutung hat dies etwa bei **freiheitsentziehenden Maßnahmen**. Nach den Vorgaben des § 1631b BGB sind diese nur mit ausdrücklicher familiengerichtlicher Genehmigung zulässig (siehe dazu Rdn 92 f.).

77 Eine Einschränkung der Personensorge kann in Teilbereichen auch durch das öffentliche Recht erfolgen. Zu denken ist hierbei vorrangig an die **Schulpflicht**,[268] der sich gegebenenfalls auch religiös-weltanschauliche Vorgaben unterordnen müssen, oder Fälle der **Strafhaft** Minderjähriger, ohne dass dies das Erziehungsrecht der Eltern außer Kraft setzt.

78 Die **Elternrechte** finden ihre Grenzen ferner dort, wo dies zum Schutz des Kindes angezeigt ist. Erfasst werden hiervon **höchstpersönliche Lebensbereiche** des Minderjährigen, wie etwa die **Empfängnisverhütung**. Hierbei sind die Vorgaben des § 1626 Abs. 2 S. 1 BGB zu beachten; der wachsenden Fähigkeit und dem wachsenden Bedürfnis des Kindes zu einem selbstständigen verantwortungsbewussten Handeln ist Rechnung zu tragen (zum Schwangerschaftsabbruch siehe Rdn 96, zum Abbruch lebenserhaltender Maßnahmen siehe Rdn 108):

Die Personensorge entfällt im Zusammenhang mit einer **Eheschließung** des Minderjährigen (zu den diesbezüglichen Anerkennungsproblemen bei **unbegleiteten minderjährigen Flüchtlingen** siehe eingehend § 12 Rdn 119 ff.),[269] wobei das Erziehungsrecht selbst dann nicht wieder auflebt, wenn es noch vor der Volljährigkeit zu einer Eheauflösung kommt.[270] Die elterliche Sorge be-

---

266 AG Bad Säckingen FamRZ 2002, 689.
267 OLG Köln FamRZ 2007, 658; OLG Brandenburg FamRZ 2007, 1350.
268 BVerfG 2015, 27; BVerfG NJW 2009, 3151; BGH FamRZ 2008, 45; BayVGH DÖV 2009, 542; OLG Dresden FamRZ 2015, 676; OLG Hamm FamRZ 2014, 398; OLG Köln FamRZ 2015, 675; *Avenarius*, Schulpflicht vs. Homeschooling – Die neuere Rechtsprechung des BVerfG zur Integrationsaufgabe der öffentlichen Schule, NZFam 2015, 342; *Heinz*, Familiengrundrecht und staatliches Wächteramt – „homeschooling" vor dem BVerfG, FuR 2016, 328..
269 Siehe zur Zwangsverheiratung bei Kindern und Jugendlichen *Balikci*, JAmt 2012, 629.
270 Palandt/*Götz*, § 1633 BGB Rn 1.

schränkt sich dann auf die Vertretung in persönlichen Angelegenheiten sowie auf die Vermögenssorge,[271] die durch die Heirat ohnehin nicht berührt wird und damit bis zur Volljährigkeit gilt.

II. Erziehung des Kindes

Aus Art. 6 Abs. 2 GG folgt – verfassungsunmittelbar[272] – der gegen die Eltern (S. 1) und die Gesellschaft (S. 2) insgesamt gerichtete Anspruch des Kindes auf eine bestmögliche, seiner Persönlichkeit gerecht werdende Erziehung. Ziel ist es, das Kind zu einer eigenverantwortlichen und gemeinschaftsfähigen Persönlichkeit zu machen.[273] Essenzieller Bestandteil ist dabei die **angstfreie Erziehung**. Kinder sind außerdem nicht Rechtsobjekte ihrer Eltern, sondern selbst Grundrechtsträger mit eigener **Menschenwürde** und dem **Recht auf freie Entfaltung ihrer Persönlichkeit**.[274] Denn in einem **Rechtsstaat** können bei der Ordnung zwischenmenschlicher Beziehungen – also auch der Beziehung der Eltern zu ihrem Kind – grundsätzlich niemandem Rechte an der Person eines anderen eingeräumt werden, die nicht zugleich pflichtgebunden sind und die Menschenwürde des anderen respektieren.[275]

79

Obwohl die **Erziehungspflicht** eine höchstpersönliche Verantwortung der Eltern ist, muss sie nicht ausschließlich in eigener Person wahrgenommen werden. Aus Art. 6 Abs. 1 GG leitet sich das Freiheits- und damit **Abwehrrecht** her, über die Art und Weise der Ausgestaltung des ehelichen und familiären Zusammenlebens selbst zu entscheiden. Den Eltern obliegt im Grundsatz die Entscheidung, wie sie ihr familiäres Leben planen und verwirklichen möchten. Dazu gehört im Rahmen der **Erziehungsverantwortung** auch die Entscheidungsfreiheit darüber, ob und in welchem Entwicklungsstadium das Kind von einem Elternteil allein, von beiden Eltern in wechselseitiger Ergänzung oder von einem Dritten, etwa in einer staatlichen Einrichtung, betreut wird. Hierbei unterfällt es allein der Kompetenz der Eltern, ob und in welchem Umfang sie andere Personen zur Erfüllung ihres Erziehungsauftrages einbinden möchten.[276]

80

1. Der Begriff der Erziehung

Unter dem Begriff der **Erziehung** erfasst man die Sorge für die sittliche, geistige und seelische Entwicklung zunächst des Kindes und dann des Jugendlichen, d.h. der Inbegriff aller pädagogischen Maßnahmen, durch die ein Kind erwachsen werden soll, so dass es in der Lage ist, seine Motive unter Kontrolle zu halten, seine Persönlichkeit im gedeihlichen Zusammenleben mit anderen Menschen fortzuentwickeln sowie sein Leben durch selbstständig getroffene Entscheidungen innerhalb der Rechts- und Lebensordnung der Gesellschaft zu halten.[277] Zusammenfassend ist die Erziehung das Herzstück der elterlichen Sorge.[278]

81

---

271 Schulz/Hauß/*Schmid* § 1633 BGB Rn 2.
272 BVerfG FamRZ 2008, 845; grundrechtsdogmatisch etwas andere Herleitung in BVerfG FamRZ 2013, 521; dazu *Britz*, Das Grundrecht des Kindes auf staatliche Gewährleistung elterlicher Pflege und Erziehung – jüngere Rechtsprechung des Bundesverfassungsgerichts, JZ 2014, 1069; allerdings jeweils ohne ausdrückliche Auseinandersetzung mit der erstgenannten BVerfG-Entscheidung; kritisch zu beiden grundrechtlichen Herleitungen *Jestaedt*, Kindesrecht zwischen Elternverantwortung und Staatsverantwortung – Herausforderungen des Eltern-Kind-Verhältnisses aus verfassungsrechtlicher Perspektive, Brühler Schriften zum Familienrecht, 21. Deutscher Familiengerichtstag, S. 65 ff.
273 BVerfG FamRZ 1999, 285; OLG Bamberg FamRZ 1991, 1341.
274 BVerfG FamRZ 2009, 676; 2008, 2257.
275 BVerfGE 24, 119; 79, 51; BVerfG FamRZ 2008, 845.
276 BVerfG FamRZ 2003, 1370;1999, 285.
277 *Hoffmann*, § 2 Rn 5; Schulz/Hauß/*Hüßtege*, § 1631 Rn 2.
278 Dauner-Lieb/Heidel/Ring/*Rakete-Dombek*, § 1631 BGB Rn 7.

2. Grundsätze der Erziehung (§ 1626 Abs. 2 BGB)

82 Für die Erziehung des Kindes enthält das Gesetz in § 1626 Abs. 2 S. 1, 2 BGB zwei Grundsätze:
- die **Mitwirkung des Kindes** an der Entwicklung seiner Persönlichkeit im Sinne einer Partnerschaft im Eltern-Kind-Verhältnis sowie
- das **Gebot zum Dialog**.

§ 1626 Abs. 2 BGB hebt die Verpflichtung der Eltern hervor, das Kind zu selbstständigem Handeln zu erziehen. Dabei ist es Bestandteil der partnerschaftlichen Erziehung, das Kind nach seinem Entwicklungsstand an den Fragen der elterlichen Sorge zu beteiligen.[279] Hierzu gehört auch, dass dem Kind in religiösen Angelegenheiten eine Mitentscheidungskompetenz eingeräumt wird, das Kind also nicht zwingend der **Glaubensausrichtung** seiner Eltern folgen muss.[280] Nur auf diesem Weg kann erreicht werden, dass das Kind bereits frühzeitig lernt, eigenverantwortlich an seinem Entwicklungsprozess mitzuwirken.

83 Die Eltern haben die Verpflichtung, der Tatsache Rechnung zu tragen, dass das Kind eine wachsende Fähigkeit und ein steigendes Bedürfnis hat, selbstständig und verantwortungsbewusst zu handeln. In diesem Kontext obliegt es den Eltern, Fragen der elterlichen Sorge mit dem Kind zu besprechen, soweit dies nach dem Entwicklungsstand des Kindes angezeigt ist. Nach dem aus § 1626 Abs. 2 S. 2 BGB folgenden Dialoggebot ist Einvernehmen anzustreben, auch wenn letztendlich die Entscheidung dem Sorgeberechtigten obliegt.[281] Dieser hat grundsätzlich bis zur Volljährigkeit des Kindes die Verantwortung und damit auch den Vorrang in allen Erziehungsfragen.[282]

84 Diese Kompetenz der Sorgeberechtigten wird im Ausgangspunkt durch das **Wächteramt des Staates** nicht eingegrenzt. Der Staat darf Eltern nicht zu einer bestimmten Art und Weise der Erziehung ihrer Kinder drängen. Die Entscheidung darüber, welches Leitbild sie ihrer Erziehung zugrunde legen möchten, überlässt der Verfassungsgeber den Eltern selbst.[283] Soweit sich dadurch möglicherweise auch Nachteile für das Kind ergeben, sind diese – sofern hierdurch das **Kindeswohl** nicht gefährdet wird (siehe dazu Rdn 178 ff.) – hinzunehmen.[284]

3. Einschränkung von Erziehungsmaßnahmen

a) Unzulässigkeit entwürdigender Erziehungsmaßnahmen (§ 1631 Abs. 2 BGB)

85 Das Recht des Kindes auf eine **gewaltfreie Erziehung** ist durch das zum 1.1.2001 in Kraft getretene **Gesetz zur Ächtung der Gewalt in der Erziehung**[285] gesetzlich verankert worden.[286] Ein gegenteiliges elterliches Verhalten kann Schadensersatzansprüche des Kindes auslösen,[287] strafrechtliche Verfolgung[288] und/oder Maßnahmen nach §§ 1666, 1666a BGB[289] nach sich ziehen.

---

279 OLG Karlsruhe FamRZ 1989, 1322.
280 AG Tempelhof-Kreuzberg FamRZ 2009, 987.
281 Zum Briefgeheimnis bei Kindern, wenn die Inhalte der Briefe möglicherweise das Wohl des Kindes beeinträchtigen können, siehe DIJuF-Rechtsgutachten JAmt 2014, 261.
282 BayObLG FamRZ 1997, 954.
283 BVerfG FamRZ 1999, 285.
284 BayObLG FamRZ 1997, 954.
285 BGBl I, S. 1479.
286 *Peschel-Gutzeit*, FPR 2012, 195; 2002, 285; *Bussmann*, FPR 2002, 289; zur Bedeutung des Rechts des Kindes auf gewaltfreie Erziehung für die Zulässigkeit körperlichen Zwangs in Einrichtungen der Kinder- und Jugendhilfe siehe *Häbel*, ZKJ 2016, 168 und 204.
287 *Huber/Scherer*, FamRZ 2001, 797.
288 BGH FamRZ 2003, 450; *Riemer*, FPR 2006, 387; siehe dazu auch *Schroeder*, Familienrecht und Strafrecht, FamRZ 2014, 1745.
289 OLG Celle, FamRZ 2003, 549; OLG Nürnberg FamRZ 2015, 1908, juris (zur Glaubensgemeinschaft „Zwölf Stämme", nach deren Glaubensvorstellungen die Züchtigung der Kinder mit der Rute unabdingbar zur Kindererziehung gehört).

Der Gesetzgeber hielt die bloße Vorgabe eines Erziehungsstils, von dem die Eltern gegebenenfalls auch abweichen können, nicht für ausreichend;[290] deshalb sollte mit § 1631 Abs. 2 BGB ein Appell an die Eltern gerichtet und so[291] eine Bewusstseinsänderung erreicht werden.[292] In dem Spannungsgefüge der Ächtung von Gewalt in der Erziehung einerseits und der Autonomie der Familie in der Erziehung andererseits kommt §§ 8 Abs. 3, 17 Abs. 1, 2 SGB VIII erhebliche Bedeutung zu. Die Jugendämter können danach die Familien unterstützen und Hilfestellung dabei geben, wie Konfliktsituationen auch ohne Gewaltanwendung gelöst werden können.[293] In Eilsituationen kann auch eine **Inobhutnahme** nach § 42 SGB VIII erfolgen (siehe dazu § 12 Rdn 107 ff.). Auch das Familiengericht – dort der Rechtspfleger (§ 3 Nr. 2a RPflG) – hat die Eltern gemäß § 1631 Abs. 3 BGB auf Antrag bei der Ausübung der Personensorge in geeigneten Fällen zu unterstützen.[294]

Der Gesetzgeber hat bewusst davon Abstand genommen, ein generelles **Bestrafungsverbot** zu schaffen, da eine Bestrafung selbstverständlich auch eine pädagogisch sinnvolle Reaktion auf ein **kindliches Fehlverhalten** sein kann.[295] Innerhalb der gesetzlichen Grenzen, wie sie sich im Wesentlichen aus § 1666 und § 1626 Abs. 2 BGB ableiten, kommt den Eltern danach, soweit das **Persönlichkeitsrecht des Kindes** gewahrt bleibt, die freie Entscheidung über die zu wählenden erzieherischen Maßnahmen zu. Zu denken ist hierbei etwa an eine **Taschengeldkürzung, Ermahnungen, Ausgehverbot** oder ein **Verbot der Nutzung von Kommunikationsmitteln**, wie insbesondere Handy oder Internet. 86

Nach dem Wortlaut des § 1631 Abs. 2 BGB sind **körperliche Bestrafungen, seelische Verletzungen** und **entwürdigende Erziehungsmaßnahmen** unzulässig. Bei der gerichtlichen Prüfung, ob ein **Sorgerechtsmissbrauch** vorliegt, der eine **Kindeswohlgefährdung** im Sinn des § 1666 BGB begründet, sind durch die Familiengerichte die in § 1631 Abs. 2 BGB vorgegebenen Wertungen zu berücksichtigen. Problematisch ist hierbei die Frage, ob vereinzelt gebliebene körperliche Bestrafungen familiengerichtliche Maßnahmen auslösen können,[296] weil für Maßnahmen nach § 1666 BGB eine Kindeswohlgefährdung vorliegen muss. Es ist freilich in diesem Zusammenhang nicht ausreichend, das Kind auf seinen allgemeinen zivilrechtlichen Unterlassungsanspruch gegenüber seinen Eltern zu verweisen.[297] Denn es dürfte sich von selbst verstehen, dass diese Möglichkeit in der Praxis kaum umgesetzt werden würde. Bei den jeweils zur Diskussion stehenden erzieherischen Maßnahmen wird daher im Einzelfall zu prüfen sein, inwieweit sie das vertretbare Maß überschreiten. So rechtfertigt eine einmalige Ohrfeige, die ein Elternteil dem Kind versetzt, noch keine Trennung des Kindes von jenem; vielmehr sind mildere Maßnahmen in Betracht zu ziehen, etwa die Auflage an diesen Elternteil, hinsichtlich der Gewaltproblematik Beratungsgespräche beim Jugendamt wahrzunehmen (§ 18 SGB VIII).[298] 87

Körperliche Bestrafungen erfordern regelmäßig Köperkontakte zum Kind, wie etwa Schläge,[299] aber auch festes Zupacken oder ein Angst auslösendes Bedrängen.[300] Unerheblich ist hierbei, ob das Kind diesen Zugriff als entwürdigend empfindet oder aus welchen Motiven die Bestrafung 88

---

290 BT-Drucks 14/1247, S. 5.
291 Wie etwa beim Gewaltschutzgesetz hat der Gesetzgeber auch hier auf die „faktische Kraft des Normativen" gesetzt.
292 *Heger/Schomburg*, Kind-Prax 2000, 172; siehe auch die unter dem Motto „Dein Kind ist unschlagbar" seit 2001 gestarteten bundesweiten Aufklärungskampagnen der Bundesregierung, dazu *Peschel-Gutzeit*, FPR 2012, 195.
293 BT-Drucks 12/6343, S. 17; BT-Drucks 14/1247, S. 8.
294 Siehe dazu eingehend *Gojowczyk*, Der Rechtspfleger als Erzieher – ungeahnte berufliche Facetten in § 1631 Abs. 3 BGB?, Rpfleger 2015, 609.
295 Palandt/*Götz*, § 1631 BGB Rn 7.
296 *Heger/Schomburg*, Kind-Prax 2000, 171.
297 Gerhardt/v. Heintschel-Heinegg/*Klein/Maier*, 4. Kapitel Rn 59.
298 Vgl. OLG Hamm, Beschl. v. 6.6.2016 – 4 UF 186/15, juris.
299 *Knödler*, ZKJ 2007, 58; *Peschel-Gutzeit*, FPR 2012, 195.
300 Palandt/*Götz*, § 1631 BGB Rn 7.

erfolgt.³⁰¹ Die Unzulässigkeit der körperlichen Bestrafung gilt unabhängig davon, ob sie vom Elternteil selbst vorgenommen, einem Dritten zur Vornahme übertragen oder dessen Handeln durch die Eltern geduldet wird.³⁰² Letztlich ist jede Form der körperlichen Bestrafung untersagt. Unabhängig davon, ob sie das Ausmaß einer Misshandlung erreicht, stellt sie für das Kind selbst eine **Demütigung** dar. Zu denken ist hier etwa an die Ohrfeige, die einem Kind oder insbesondere einem Jugendlichen in Anwesenheit Dritter gegeben wird.

89   Wenn und weil sich die Erziehung am **Persönlichkeitsrecht des Kindes** zu orientieren hat, versteht sich von selbst, dass **seelische Misshandlungen**, wie etwa das Bloßstellen des Kindes vor Fremden oder der Schulklasse unzulässig sind. Unerheblich ist dabei, ob die jeweilige Maßnahme das Kind tatsächlich seelisch verletzt hat³⁰³ oder sie überhaupt zu Erziehungszwecken eingesetzt wurde.³⁰⁴

Von entwürdigenden Maßnahmen, soweit sie nicht bereits durch die vorab dargestellten Bestrafungsmöglichkeiten erfasst sind, ist insbesondere dann auszugehen, wenn das **Ehrgefühl des Kindes** in unzulässiger Weise beeinträchtigt wird, etwa durch übermäßige **freiheitsentziehende Maßnahmen** oder **Eingriffe in den Intimbereich** (zur Knabenbeschneidung siehe aber Rdn 101 ff.).

b)   Umgangsrecht

90   Auch wenn nach §§ 1626 Abs. 3, 1684 Abs. 1 BGB der nicht betreuende Elternteil grundsätzlich ein Umgangsrecht mit seinem Kind hat, ist die Beschränkung seiner Erziehungsfreiheit im Einzelfall hinzunehmen, soweit durch gerichtliche Entscheidung sein Umgangsrecht ausgeschlossen oder eingeschränkt wird.

c)   Ausbildungs- und Berufsangelegenheiten

91   § 1631a BGB enthält eine **Beschränkung der Erziehungsfreiheit**, weil in Angelegenheiten der Ausbildung und des Berufes in besonderem Maße auf die Eignung des Kindes sowie dessen **persönliche Neigungen** Rücksicht zu nehmen ist.³⁰⁵ Hierzu gehört, dass im Zweifelsfall der Rat eines Lehrers oder einer anderen geeigneten Person eingeholt wird (§ 1631a S. 2 BGB). Ziel ist es, zu verhindern, dass Kinder möglicherweise vor dem Hintergrund eigenen Prestigedenkens der Eltern in eine Ausbildung gedrängt werden, für die sie ungeeignet sind.

d)   Freiheitsentziehende Maßnahmen

92   Aus § 1631b BGB folgt, dass eine mit einer Freiheitsentziehung verbundene **Unterbringung des Kindes** nur auf der Grundlage einer entsprechenden familiengerichtlichen Genehmigung zulässig ist (zur jugendhilferechtlichen, mit Freiheitsentziehung verbundenen Inobhutnahme siehe § 12 Rdn 107 ff.).³⁰⁶ Erfasst wird hiervon primär die Unterbringung in einem Heim, einem Krankenhaus oder generell einer **geschlossenen Abteilung** einer entsprechenden Einrichtung.³⁰⁷ Abzugrenzen ist dies von bloßen **Freiheitsbeschränkungen**, wie sie gegebenenfalls von allgemeinen Erziehungsmaßnahmen erfasst sein können, etwa einem Stubenarrest. Ob von einer freiheitsentziehenden Maßnahme in diesem Sinn auch auszugehen ist, wenn es sich um eine **halboffene Un-**

---

301 LG Berlin ZKJ 2006, 103.
302 Palandt/*Götz*, § 1631 BGB Rn 5.
303 BT-Drucks 14/1247, S. 8.
304 *Huber/Scherer*, FamRZ 2001, 799.
305 BT-Drucks 14/1247, S. 7.
306 Zur geschlossenen Unterbringung Minderjähriger vgl. *Vogel*, FamRZ 2015, 1; *Vogel*, FPR 2012, 462; *Hoffmann*, FamRZ 2013, 1346; JAmt 2009, 473; *Hoffmann/Trenczek*, JAmt 2011, 177; aus kinder- und jugendpsychiatrischer Sicht *Rüth*, ZKJ 2011, 48 und FPR 2011, 554 sowie *Brünger/Naumann/Schepker*, JAmt 2010, 345; aus Sicht des Jugendamts (insbesondere zur Hilfeplanung) DIJuF-Rechtsgutachten, JAmt 2011, 196; aus pädagogischer Sicht *Hoops*, FPR 2011, 538; zu weiteren zivil- und öffentlichrechtlichen Unterbringungsvorschriften *Beermann*, FPR 2011, 535.
307 BVerfG FamRZ 2007, 1627; Anm. *Völker*, FamRB 2007, 296; Anm. *Stockmann*, jurisPR-FamR 8/2008, Anm. 1.

terbringung handelt, ist in der Rechtsprechung umstritten, aber wohl zu bejahen, da letztlich dem Betroffenen die eigene Entscheidungskompetenz genommen wird, einen bestimmten Ort dauerhaft aufzusuchen oder zu verlassen.[308] Hierin liegt das entscheidende Abgrenzungskriterium; abzustellen ist darauf, ob das Kind die tatsächliche Möglichkeit hat, sich frei zu bewegen und selbst zu entscheiden, wohin es möchte.[309] Eine unterbringungsähnliche Maßnahme liegt vor, wenn die Tür zur Einrichtung zur Nachtzeit abgesperrt wird, ohne dass Heimpersonal in einer einem Pförtner vergleichbaren Funktion zur jederzeitigen Öffnung bereitsteht oder die Bewohner Schlüssel erhalten, sondern erst Pflegepersonal zum Öffnen der Tür geholt werden müssen, auch wenn dies ca. 30 Minuten in Anspruch nimmt.[310] Solche lediglich **unterbringungsähnlichen Maßnahmen**, wie auch etwa die **Körperfixierung**, sind von der Genehmigungspflicht nicht erfasst.[311]

Das **Einverständnis des Kindes** ändert an dem Genehmigungserfordernis nach § 1631b BGB nichts.[312]

Materieller Prüfungsmaßstab ist § 1631b BGB. Nach dieser Norm ist die **geschlossene Unterbringung** nur zulässig, wenn sie zum Wohl des Kindes, insbesondere zur Abwendung einer erheblichen Selbst- oder Fremdgefährdung erforderlich ist und der Gefahr nicht auf andere Weise, auch nicht durch andere öffentliche Hilfen, begegnet werden kann.[313] Die gerichtliche Genehmigung einer mit Freiheitsentziehung verbundenen Unterbringung ist daher nur zu erteilen, wenn das wohl verstandene Interesse des Kindes eine solche Maßnahme erfordert. Im Mittelpunkt des Genehmigungsverfahrens steht die Frage, ob das Kind wegen seines körperlichen, geistigen oder seelischen Zustandes gerade der Pflege, Erziehung oder Verwahrung in einer mit Freiheitsentziehung verbundenen Form bedarf. Indikatoren hierfür können insbesondere Selbst- und unter Umständen auch Fremdgefährdung sein;[314] in letzterem Fall steht der Gedanke im Vordergrund, dass sich das Kind dem Risiko von Notwehrmaßnahmen und Ersatzansprüchen Dritter sowie Zivil- und Strafprozessen aussetzt.[315] Typische Fälle von **Selbstgefährdung** sind etwa Alkohol- oder Drogenmissbrauch, akute psychiatrische Erkrankungen mit eigenverletzenden Tendenzen, etwa eine schizophrene Psychose,[316] depressiv-suizidale Zustände, vorsätzlich hochgefährliches Verhalten, z.B. das sog. „S-Bahn-Surfen", ferner Prostitution des Kindes. **Fremdgefährdung** kann bei Kindern angenommen werden, die permanent andere Menschen körperlich massiv angreifen oder sexuell heftig übergriffig sind.[317]

93

---

308 Vgl. BVerfGE 10, 302; AG Kamen FamRZ 1983, 299; ebenso *Salgo*, FPR 2011, 546, 547.
309 Zur Abgrenzung eingehend m.z.w.N. OLG Celle MDR 2013, 1283; siehe auch *Gottschalk*, ZKJ 2013, 503 m.w.N.
310 Vgl. - zu § 1906 Abs. 1 BGB - BGH FamRZ 2015, 567.
311 BGH FamRZ 2013, 1646; OLG Frankfurt FamRZ 2013, 1225; OLG Oldenburg FamRZ 2012, 39, jeweils m.w.N. auch zur Gegenmeinung; ebenso DIJuF-Rechtsgutachten, JAmt 2010, 236; kritisch *Moll-Vogel*, FamRB 2013, 356; eingehend dazu Leeb/Weber, Unterbringungsähnliche Maßnahmen bei Kindern und Jugendlichen, ZKJ 2014, 143; zur Zwangsbehandlung Minderjähriger vor dem Hintergrund der Rechtsprechung des BVerfG und des BGH siehe eingehend Hoffmann, NZFam 2015, 985 und DIJuF-Rechtsgutachten JAmt 2015, 565; vgl. auch BGH FamRZ 2015, 1886 m. Anm. *Hoffmann*.
312 Zutreffend *Vogel*, FamRZ 2015, 1, 4; *Hoffmann*, FamRZ 2013, 1346, 1347 m.w.N. zur Gegenmeinung; *Salgo*, FPR 2011, 546, 548 f.; kritisch aus kinder- und jugendpsychiatrischer Sicht auch *Schepker*, FPR 2011, 570.
313 Zur - sehr fragwürdigen (siehe nur BVerfG ZKJ 2012, 186 m. Anm. *Coester*, ZKJ 2012, 182; BGH FF 2012, 67 m. Anm. *Völker*) - geschlossenen Fremdunterbringung eines Kindes wegen anhaltender Umgangsverweigerung *Schmid*, FPR 2011, 566.
314 OLG Saarbrücken, Beschl. v. 13.9.2007 – 2 UF 8/07 (n.v.); siehe auch § 42 Abs. 5 SGB VIII; zu Schadensersatzansprüchen des Betroffenen, wenn im Rahmen der Erstellung ärztlicher Zeugnisse grundlegende fachliche Standards missachtet wurden und die geschlossene Unterbringung daher rechtwidrig war, OLG Karlsruhe, Beschl. v. 12.11.2015 – 9 U 78/11, juris.
315 BGH FamRZ 2012, 1556; OLG Saarbrücken FamRZ 2010, 1920 m.w.N.
316 OLG Köln, Beschl. v. 8.11.2012 – 26 UF 158/12, juris.
317 Dazu BGH FamRZ 2013, 115; OLG Hamm, Beschl. v. 21.12.2011 – 8 UF 271/11, juris und Beschl. v. 21.5.2012 – 8 UF 46/12, juris.

94 Bei der Beantwortung der Frage, ob die geschlossene Unterbringung des Kindes aus Kindeswohlgründen erforderlich ist, ist allerdings das in Art. 2 Abs. 2 S. 2 GG verfassungsrechtlich verbriefte Freiheitsgrundrecht des Kindes besonders zu berücksichtigen. Diese verfassungsrechtlichen Maßstäbe strahlen intensiv auf die Auslegung von § 1631b BGB aus.[318] Die Freiheit der Person ist ein so hohes Rechtsgut, dass sie nur aus besonders gewichtigem Grund angetastet werden darf.[319] Die Einschränkung dieser Freiheit ist daher stets der strengen Prüfung am Grundsatz der **Verhältnismäßigkeit** zu unterziehen. Dies schließt allerdings nicht von vornherein einen staatlichen Eingriff aus, der ausschließlich den Zweck verfolgt, jemanden vor sich selbst in Schutz zu nehmen und ihn zu seinem eigenen Wohl in einer geschlossenen Einrichtung unterzubringen.[320] Dies gilt zur Vermeidung einer lebensbedrohenden Selbstgefährdung auch dann, wenn eine gezielte Therapiemöglichkeit nicht besteht.[321] Dies gilt jedoch nicht ausnahmslos, weil schon im Hinblick auf den Verhältnismäßigkeitsgrundsatz die geschlossene Unterbringung unterbleiben muss, wenn die Gefahr durch andere Mittel als die freiheitsentziehende Unterbringung abgewendet werden kann.[322] Eine geschlossene Unterbringung kommt nur als letztes Mittel und nur für die kürzeste angemessene Zeit in Betracht (vgl. auch Art. 37b UNKRK).[323] Die Genehmigung der geschlossenen Unterbringung ist daher insbesondere unzulässig, solange eine Heimerziehung in einer offenen Einrichtung nicht aussichtslos erscheint.[324] In weniger gewichtigen Fällen muss eine derart einschneidende Maßnahme sogar generell unterlassen werden.[325] Je länger die Unterbringung andauert, umso strenger werden zudem die Anforderungen an die Verhältnismäßigkeit des Freiheitsentzugs; das Freiheitsgrundrecht gewinnt wegen des sich verschärfenden Eingriffs immer stärkeres Gewicht für die Wertungsentscheidung des Gerichts.[326] Nicht ohne Einfluss auf die Verhältnismäßigkeitsprüfung kann daher der Umstand bleiben, dass ein Kind schon lange geschlossen untergebracht ist, aber nur geringe Fortschritte gemacht hat.[327] Gerade bei Jugendlichen wirkt ein Freiheitsentzug in eine Lebensphase ein, die noch der Entwicklung zu einer Persönlichkeit dient, die in der Lage ist, ein rechtschaffenes Leben in voller Selbstständigkeit zu führen. Indem der Staat in diese Lebensphase durch Entzug der Freiheit eingreift, übernimmt er für die weitere Entwicklung des Betroffenen eine besondere Verantwortung. Hinzu kommt, dass sich der Freiheitsentzug für Jugendliche in besonders einschneidender Weise auswirkt. Das Zeitempfinden Jugendlicher ist anders als das Erwachsener. Typischerweise leiden sie stärker unter der Trennung von ihrem gewohnten sozialen Umfeld. In ihrer Persönlichkeit sind Jugendliche weniger verfestigt als Erwachsene, ihre Entwicklungsmöglichkeiten sind offener. Aus alledem ergeben sich spezielle Bedürfnisse, besondere Chancen und Gefahren durch den Freiheitsentzug und eine diesbezüglich besondere Empfindlichkeit Jugendlicher.[328]

95 Die Gestaltung des **Unterbringungsverfahrens** unterliegt – wegen seines untrennbaren Bezugs zum Freiheitsgrundrecht des Art. 2 Abs. 2 S. 2 GG und aufgrund von Art. 104 Abs. 1 GG – strengen verfassungsrechtlichen Anforderungen insbesondere an die Sachverhaltsermittlung, die Anhörung des Kindes und der Sorgeberechtigten sowie der Beschleunigung.[329]

---

318 OLG Saarbrücken FamRZ 2010, 1920 m.w.N.
319 Vgl. BVerfGE 45, 187.
320 Vgl. BVerfGE 58, 208; BGH FamRZ 2011, 1725.
321 BGH FamRZ 2011, 1725.
322 Vgl. dazu auch – zu § 1906 Abs. 1 Nr. 1 BGB – BGH FamRZ 2010, 365.
323 BGH FamRZ 2013, 115; 2012, 1556.
324 BGH FamRZ 2012, 1556; OLG Brandenburg FamRZ 2014, 856.
325 Vgl. BVerfGE 58, 208; BVerfG FamRZ 2007, 1627.
326 Vgl. BVerfGE 70, 297.
327 OLG Saarbrücken FamRZ 2010, 1920.
328 Vgl. BVerfGE 116, 69; zum Ganzen – diese Maßstäbe zusammenfassend – OLG Saarbrücken FamRZ 2010,1920 m.w.N.
329 Siehe dazu eingehend BVerfG FamRZ 2007, 1627.

Voraussetzung sowohl für die Erteilung als auch für die Verlängerung der familiengerichtlichen Genehmigung nach § 1631b BGB ist nach h.M. jeweils ein entsprechender **Antrag** des bzw. der Sorgeberechtigten.[330] Steht das Sorgerecht beiden Eltern gemeinsam zu, können sie auch die Genehmigung gemäß § 1631b BGB nur gemeinsam beantragen.[331] Sind sich die Eltern nicht einig, ist nach § 1628 BGB zu verfahren (siehe dazu Rdn 116 ff.). Die Gegenmeinung[332] – die im Ausgangspunkt zutreffend auf die besondere Beschleunigungsbedürftigkeit von Unterbringungssachen hinweist – verkennt, dass bei Widerspruch eines Elternteils der andere Elternteil den Antrag nach § 1628 BGB auch im einstweiligen Anordnungsverfahren stellen und bei einer Kindeswohlgefährdung das Familiengericht auch nach § 1666 f. BGB eingreifen kann.[333]

Das Verfahren richtet sich gemäß §§ 167 Abs. 1 S. 1, 151 Nr. 6 FamFG nach den für eine Unterbringung nach § 312 Nr. 1 FamFG geltenden Vorschriften.[334] Daher gelten – mit Ausnahme der im Wege der Rückverweisung in § 167 Abs. 1 S. 2 FamFG in Bezug genommenen Vorschrift des § 158 FamFG über den Verfahrensbeistand – die Vorschriften über das kindschaftsrechtliche Verfahren nicht, und zwar auch nicht ergänzend.[335] Allerdings bleibt das Verfahren auch weiterhin eine Kindschaftssache im Sinne des § 151 FamFG. Daher können im Hinblick auf die besondere Bedeutung des Kindeswohls in diesen Verfahren[336] bei der Auslegung der Unterbringungsvorschriften die Wertungen, die in den §§ 155 ff. FamFG zum Ausdruck kommen, berücksichtigt werden.[337] Da sich mithin die Erforderlichkeit der **Anhörung der Eltern** nach § 167 Abs. 4 FamFG und nicht nach § 160 FamFG richtet,[338] muss ein nicht sorgeberechtigter Elternteil nur angehört werden, wenn § 26 FamFG dies erfordert. Die Gegenauffassung des OLG Naumburg[339] überzeugt nicht. Bereits der einschränkungslose Wortlaut von § 167 Abs. 1 S. 1 FamFG zeigt, dass der Gesetzgeber eine Verweisung allein auf die Vorschriften im Unterbringungsverfahren beabsichtigt hat. Dies wird – systematisch betrachtet – durch § 167 Abs. 1 S. 2 FamFG gestützt, der ausdrücklich eine Rückverweisung (nur) auf § 158 FamFG enthält. Hätte der Gesetzgeber daher eine – über diese Ausnahme hinausgehende – ergänzende Geltung der Vorschriften über das Verfahren in Kindschaftssachen hinausgehend beabsichtigt, so hätte er diese – die Gesetzesbegründung schweigt –[340] angeordnet. Für diese Lesart streitet schließlich eine historische Betrachtung. § 167 Abs. 4 FamFG entspricht – auch nach dem Willen des Gesetzgebers – dem bisherigen § 70d Abs. 2 FGG a.F.[341] Zu dieser Vorschrift und dem Unterbringungsverfahren entsprach es – soweit ersichtlich – einhelliger Meinung, dass sich die Notwendigkeit der Anhörung der Eltern nach dieser Vorschrift und nicht nach § 50a FGG a.F. bestimmt.[342]

---

330 OLG Bremen FamRZ 2013, 1227; OLG Frankfurt FamRZ 2015, 2070 (zum einstweiligen Anordnungsverfahren); OLG Frankfurt FamRZ 2013, 1227 (zur Verlängerung der Unterbringung).
331 OLG Bremen FamRZ 2013, 1227.
332 *Vogel*, FamRZ 2015, 1, 2 f. m.w.N.; *ders.*, FamRB 2015, 292 m.w.N..
333 Das sieht auch *Vogel* a.a.O., der dennoch an seiner Auffassung zu § 1628 BGB festhält.
334 Vgl. auch *Hoffmann*, JAmt 2009, 473.
335 BGH FamRZ 2013, 115.
336 BVerfG FamRZ 2007, 1078.
337 BGH FamRZ 2013, 115.
338 OLG Saarbrücken FamRZ 2010, 1920; ebenso OLG Hamm, Beschl. v. 21.12.2011 – 8 UF 271/11, juris; *Vogel*, FPR 2012, 462, 463.
339 OLG Naumburg FamRZ 2010, 1351; Beschl. v. 19.7.2012 – 3 UF 149/12, juris.
340 Vgl. BT-Drucks 16/6308, S. 243.
341 Siehe BT-Drucks 16/6308, S. 243 und 274.
342 Vgl. etwa *Bumiller/Winkler*, FGG, 8. Aufl., § 70d Rn 2; *Jansen/Sonnenfeld*, FGG, 3. Aufl., § 70d Rn 17; *Keidel/Kuntze/Winkler/Kayser*, FGG, 15. Aufl., § 70d Rn 10, und die Kommentierungen zu § 50a FGG in diesen Werken, aus denen nichts Gegenteiliges hervorgeht.

Dem Kind ist regelmäßig nach §§ 167 Abs. 1 S. 2, 158 Abs. 2 Nr. 3 FamFG ein **Verfahrensbeistand** zu bestellen.[343] Aus den genannten Gründen richtet sich die **Anhörung des Kindes** zwar nicht nach § 159 FamFG, sondern nach § 319 FamFG.[344] Allerdings sieht § 159 Abs. 4 S. 3 FamFG vor, dass die Kindesanhörung im Beisein des dem Kind bestellten Verfahrensbeistandes stattfinden soll; dieser Rechtsgedanke ist auch im Rahmen der Kindesanhörung nach § 319 FamFG zu berücksichtigen.[345]

Kommt im Einzelfall eine geschlossene Unterbringung allein (!) aus erzieherischen Gründen in Betracht, so kann das **Gutachten** von einem in Fragen der Heimerziehung ausgewiesenen Psychotherapeuten, Psychologen, Pädagogen oder Sozialpädagogen erstattet werden (§ 167 Abs. 6 S. 2 FamFG).[346] Dessen Erfahrung muss aber festgestellt und im Beschluss belastbar begründet werden.[347] Das Kind kann nach § 167 Abs. 1 i.V.m. §§ 322, 284 FamFG nach Anhörung eines Sachverständigen auf bestimmte Dauer freiheitsentziehend untergebracht und beobachtet werden, soweit dies zur Vorbereitung des Gutachtens erforderlich ist.[348]

Im **Beschluss** ist die Art der Unterbringung eindeutig klarzustellen, also ob die Unterbringung in einer psychiatrischen Klinik oder aber in einem geschlossenen Heim der Jugendhilfe genehmigt wird.[349] Wegen § 323 Nr. 2 FamFG ist auch der Zeitpunkt, zu dem die Unterbringung endet, im Tenor anzugeben. Hingegen bedarf es keiner Bezeichnung des Ortes der Unterbringung; denn der Sorgeberechtigte wählt diesen im Rahmen seines Aufenthaltsbestimmungsrechts selbst aus.[350]

Zur **Anfechtung** einer **einstweiligen Anordnung** der geschlossenen Unterbringung eines Kindes siehe § 7 Rdn 43, zur **Beschwerdebefugnis** siehe § 9 Rdn 19 f. und § 4 Rdn 27 a.E.

e) Schwangerschaftsabbruch durch das Kind; Sterilisation; Kastration; Lebendorganspende; Beschneidung

96 Die sorgerechtliche Beurteilung des Problems des **Schwangerschaftsabbruchs**[351] durch das minderjährige Kind ist diffizil.[352] Ausgangspunkt ist die Feststellung, dass sich auch die Entscheidung für oder gegen einen Schwangerschaftsabbruch zunächst als Ausübung elterlicher Sorge darstellt, so dass die Entscheidungsmacht – nur durch § 1666 BGB begrenzt – den Eltern zufällt. Ein minderjähriges Mädchen bedarf zum Schwangerschaftsabbruch daher grundsätzlich der Zustimmung ihres gesetzlichen Vertreters, und zwar auch dann, wenn sie nach ihrer geistigen und sittlichen Reife die Tragweite des Abbruchs erkennen kann. Die Befugnis der Minderjährigen zur Allein-

---

343 Zur Rolle des Verfahrensbeistandes im Unterbringungsverfahren *Stötzel*, FPR 2011, 558.
344 A.A. *Grabow*, FPR 2011, 550, der § 159 und § 319 FamFG „kombiniert" anwenden will; dort auch zur Gestaltung der Kindesanhörung im Unterbringungsverfahren.
345 BGH FamRZ 2012, 1556.
346 Dazu näher OLG Saarbrücken FamRZ 2010, 1920 m.w.N.; vgl. auch *Müther*, FamRZ 2010, 857; *Hoffmann/ Trenczek*, JAmt 2011, 177, 179; *Rüth*, ZKJ 2011,48, 50.
347 OLG Saarbrücken FamRZ 2010,1920; vgl. zu diesem Erfordernis auch zum Betreuungsrecht – mutatis mutandis – BGH FamRZ 2012, 1726; BGH FamRZ 2012, 1207.
348 Siehe dazu DIJuF-Rechtsgutachten JAmt 2014, 386.
349 BVerfG FamRZ 2007, 1626; *Vogel*, FPR 2012, 462, 465.
350 OLG Koblenz FamRZ 2015, 2069;.
351 Zum Problem und der Rechtslage bei anonymer Geburt („Babyklappe") siehe DIJuF JAmt 2013, 564; DV JAmt 2013, 569, jeweils m.w.N.
352 Eingehend Staudinger/*Coester*, § 1666 Rn 107 ff. und MüKo-BGB/*Olzen*, § 1666 Rn 65 ff.; *Amend-Traut/Bongartz*, Der Schwangerschaftsabbruch bei Minderjährigen – rechtliche Perspektiven zwischen Selbstbestimmung und elterlicher Verantwortung, FamRZ 2016, 5; vgl. auch DIJuF-Rechtsgutachten in JAmt 2010, 72 und JAmt 2016, 79. Zur vertraulichen Geburt siehe etwa DIJuF-Rechtsgutachten, JAmt 2013, 516; *Helms*, FamRZ 2014, 609; *Reinhardt/Willmann/Kochems*, JAmt 2015, 70; Überblick bei *Schwedler*, NZFam 2014, 193.

entscheidung konkurriert mit dem elterlichen Personensorgerecht, dem der Vorrang gebührt.[353] Aufgrund des Grundrechtsdreiecks – Eltern, schwangeres Kind und Ungeborenes – müssen aber bei der Prüfung, ob die Entscheidung der Eltern das Wohl des schwangeren Kindes gefährdet – neben dem eigenständigen Schutzanspruch des nasciturus[354] – insbesondere das allgemeine Persönlichkeitsrecht des schwangeren Kindes sowie – je nach Einzelfall mit stärkerer oder schwächerer Ausstrahlungswirkung – sein Recht auf Leben und körperliche Unversehrtheit berücksichtigt werden. Die gilt umso mehr, als dem schwangeren Kind bei einem nur relativ indizierten Eingriff, mit der Möglichkeit erheblicher Folgen für seine künftige Lebensgestaltung, ein Vetorecht gegen die Fremdbestimmung durch seine gesetzlichen Vertreter zuzubilligen sein kann, wenn das schwangere Kind über eine ausreichende Urteilsfähigkeit verfügt.[355] Dies wird umso eher anzunehmen sein, je näher das schwangere Kind der Volljährigkeit kommt.[356] Ferner ist – oft ausschlaggebend – in den Blick zu nehmen, ob der Abbruch nach § 218a StGB indiziert ist. Soweit Letzteres der Fall ist, tritt der Schutz des ungeborenen Lebens zurück; denn § 218a StGB ist – auch unter Berücksichtigung der vom BVerfG an diese Vorschrift gestellten Anforderungen[357] – verfassungskonform[358] und man kann nicht über die Anwendung zivilrechtlicher Vorschriften Zustände verändern, die das Strafrecht nach langer Diskussion und Überprüfung durch das BVerfG eingehend geregelt hat.[359]

Eine Betrachtung entlang von **Fallgruppen** bietet sich an:[360]   97

- Eltern und schwangeres Kind sind sich einig
- Beide wollen eine Abtreibung
  Ist die Abtreibung i.S.d. § 218a StGB indiziert, so stellt sie sich als kindeswohlkonforme Ausübung des Sorgerechts der Eltern dar, da der Gesetzgeber in diesen Fällen verfassungskonform den Schutz des nasciturus hintan gestellt hat.
  Ist sie nicht indiziert, so erlangt dieser Schutz und der des schwangeren Kindes vor strafrechtlicher Verfolgung Übergewicht und die Zustimmung der Eltern stellt sich regelmäßig als Sorgerechtsmissbrauch dar. Bei nicht indiziertem Abbruch, aber keiner Strafbarkeit desselben wird man aufgrund der Notlage des schwangeren Kindes, vor der die Augen zu verschließen den Eltern kaum zugemutet werden kann, im Regelfall von kindeswohlkonformer Sorgerechtsausübung auszugehen haben.[361]
- Beide lehnen Abtreibung ab
  Hier kann ein Fall des § 1666 BGB höchstens vorliegen, wenn das Austragen eine Gefahr für das Leben oder die Gefahr einer schwerwiegenden Beeinträchtigung des körperlichen oder seelischen Gesundheitszustandes des schwangeren Kindes birgt und die Gefahr nicht auf eine andere für sie zumutbare Weise abgewendet werden kann (§ 218a Abs. 2 StGB). Aber auch dies bedarf sorgfältiger Abwägung im Einzelfall, weil Eltern und schwangeres

---

353 OLG Hamburg FamRZ 2014, 1213; OLG Hamm NJW 1998, 3424; OLG Naumburg FamRZ 2004, 1806; LG Köln FamRZ 1987, 207; AG Celle FamRZ 1987, 738; vgl. auch BGH FamRZ 1972, 89; a.A. (eigenes Entscheidungsrecht des verstandesreifen Kindes) AG Schlüchtern NJW 1998, 832; *Amend-Traut/Bongartz*, Der Schwangerschaftsabbruch bei Minderjährigen – rechtliche Perspektiven zwischen Selbstbestimmung und elterlicher Verantwortung, FamRZ 2016, 5.
354 Grundlegend BVerfGE 39, 1.
355 BGH FamRZ 2007, 130 zu einem knapp 16 Jahre alten Kind und einer Skoliosoperation; siehe dazu auch die Grundsätze der Bundesärztekammer zur ärztlichen Sterbebegleitung vom 21.1.2011, http://www.bundesaerztekammer.de/downloads/Sterbebegleitung_17022011.pdf, dort V. vorletzter Absatz.
356 Wenn es nicht um einen Schwangerschaftsabbruch geht, der naturgemäß unaufschiebbar ist, ist auch zu prüfen, ob mit dem Eingriff nicht bis zur Volljährigkeit zugewartet werden kann.
357 BVerfGE 88, 203.
358 Schönke/Schröder/*Eser*, StGB, 27. Aufl., § 218a Rn 16.
359 So zutreffend MüKo-BGB/*Olzen*, § 1666 Rn 64.
360 Angelehnt an Staudinger/*Coester*, § 1666 Rn 107 ff.
361 Ähnlich Staudinger/*Coester*, § 1666 Rn 113 f.; MüKo-BGB/*Olzen*, § 1666 Rn 67.

Kind hier zusammenstehen, also die Belastung gemeinsam in Kauf nehmen. Die Grenze ist dort zu sehen, wo das Austragen des Ungeborenen eine Lebensgefahr für das schwangere Kind birgt; hier wird eine Kindeswohlgefährdung umso eher vorliegen, je dringender die Lebensgefahr ist.[362]

- Eltern und schwangeres Kind sind uneinig
- Eltern wollen Abtreibung, das schwangere Kind nicht
Im Falle eines nicht indizierten Abbruchs liegt selbstredend eine Kindeswohlgefährdung vor. Ist der Abbruch dagegen indiziert, so greift § 1666 BGB nicht automatisch ein, weil die elterliche Sorge nicht vor dem 18. Lebensjahr des Kindes endet (§ 1626 Abs. 1 i.V.m. § 2 BGB). Allerdings müssen die Eltern die wachsende Fähigkeit und das wachsende Bedürfnis des schwangeren Kindes zu selbstständigem verantwortungsbewusstem Handeln berücksichtigen (§ 1626 Abs. 2 BGB). Zutreffender Auffassung zufolge muss daher im jeweiligen Einzelfall geprüft werden, ob sich die Nichtbefolgung des kindlichen Willens durch die Eltern als Sorgerechtsmissbrauch darstellt oder nicht. Ersteres wird umso näher liegen, je älter und reifer das schwangere Kind ist. Hier verbietet sich jede Schematisierung.[363] Die Streitfrage entschärft sich freilich insoweit, als eine zwangsweise Durchsetzung der Abtreibung durch die Eltern verfassungswidrig wäre, weil der Kern des allgemeinen Persönlichkeitsrechts des schwangeren Kindes verletzt würde.[364]
- Schwangeres Kind will abtreiben, die Eltern sind dagegen
Ist der Abbruch nach § 218a Abs. 2 oder Abs. 3 StGB indiziert (medizinische bzw. kriminologische Indikation), so liegt ein Sorgerechtsmissbrauch sehr nahe.[365] Beim Abbruch nach dem Beratungsmodell wird es neben den anderen Einzelfallumständen darauf ankommen, ob und in welchem Umfang die Eltern zugleich bereit sind, ihre Tochter bei der Pflege und Erziehung des zu gebärenden Kindes zu unterstützen.[366] In die Abwägung ist auch einzubeziehen, inwieweit die Eltern bereit und in der Lage sind, sich in das Dilemma der Tochter einzufühlen. Ferner sind die Folgen zu wägen, die ein erzwungenes Austragen haben kann. So kann es für den Abbruch sprechen, dass das ungeborene Kind bei der Geburt der Tochter weggenommen werden müsste, wenn diese selbst von ihren Eltern getrennt aufwachsen musste.[367] Im Falle eines nicht indizierten Abbruchs kann die Ablehnung der Eltern nur in seltenen Einzelfällen sorgerechtsmissbräuchlich sein.[368]

98 Die Frage, ob der Arzt einer Minderjährigen die Pille ohne Kenntnis und/oder Einwilligung der Eltern verschreiben darf, ist unter Anwendung der Rechtsfigur des einwilligungsfähigen Minderjährigen zu lösen. Die Grundsätze der ärztlichen Standesorganisationen tragen dem bedenkenfrei Rechnung.[369] Nach diesen Leitlinien kann grundsätzlich bei Mädchen über 16 Jahren von der Einwilligungsfähigkeit ausgegangen werden. Bei Mädchen in der Altersgruppe von 14 bis 16 Jahren wird diese nur nach besonders sorgfältiger Prüfung angenommen werden können und sollte verstärkt dokumentiert werden. Bei Mädchen unter 14 Jahren ist die Einwilligungsfähigkeit nur selten gegeben.

99 Ausdruck der Begrenzung der elterlichen Sorge ist schließlich das in § 1631c BGB enthaltene Verbot der Einwilligung in die – zielgerichtet zu diesem Zweck veranlasste – **Sterilisation** eines Minderjährigen. Die **Kastration** ist sogar ohnehin erst ab Vollendung des 25. Lebensjahres des

---

362 Im Ergebnis ebenso MüKo-BGB/*Olzen*, § 1666 Rn 66; etwas enger Staudinger/*Coester*, § 1666 Rn 115.
363 Zutreffend MüKo-BGB/*Olzen*, § 1666 Rn 69 ff. m.w.N. zu den anderen Meinungen.
364 So zu Recht Staudinger/*Coester*, § 1666 Rn 109.
365 LG Berlin FamRZ 1980, 285.
366 OLG Naumburg FamRZ 2004, 1806; OLG Hamm NJW 1998, 3424.
367 OLG Hamburg FamRZ 2014, 1213.
368 OLG Naumburg FamRZ 2004, 1806; OLG HamburgFamRZ 2014, 1213; Staudinger/*Coester*, § 1666 Rn 112.
369 Siehe zum Ganzen *Halstrick*, Juristische Aspekte der Mädchensprechstunde: Verordnung von Kontrazeptiva, Frauenarzt 2005, 660.

Mannes zulässig (§ 2 Abs. 1 Nr. 3 KastrG). § 1631c BGB enthält ein absolutes Verbot, das sowohl die Eltern als auch das Kind selbst betrifft. Eine Umgehung des Verbots ist auch nicht durch Bestellung eines **Ergänzungspflegers** möglich.

Gleiches gilt hinsichtlich der **Lebendorganspende**;[370] denn in diese kann das minderjährige Kind wegen § 8 Abs. 1 Nr. 1a TPG nicht einwilligen, so dass dies auch der gesetzliche Vertreter des Kindes nicht kann; wird eingewilligt, so hat das Familiengericht nach § 1666 BGB einzugreifen.[371]

100

Ob das LG Köln geahnt hat, welche Folgen sein Urt. v. 7.5.2012[372] zur Frage der **Knabenbeschneidung** aus religiösen Gründen haben würde, darf bezweifelt werden. Es hat zu einer Flut von Meinungsäußerungen der Wissenschaft geführt, die auch nach Inkrafttreten von § 1631d BGB n.F. nicht so recht abebben will. Ein Grund hierfür mag sein, dass der Gesetzgeber diese Vorschrift in einer selten gekannten Eile durch das Gesetzgebungsverfahren gebracht hat. So sehr die Gründe hierfür verständlich erscheinen, wäre es doch wünschenswert gewesen, die Frage in Ruhe zu betrachten und der (verfassungs-)rechtlichen Debatte[373] mehr Raum zu geben.

101

Nach § 1631d Abs. 1 BGB umfasst die Personensorge auch das Recht, in eine medizinisch nicht erforderliche Beschneidung des nicht einsichts- und urteilsfähigen männlichen Kindes einzuwilligen, wenn diese nach Regeln der ärztlichen Kunst durchgeführt werden soll. Dies gilt nicht, wenn durch die Beschneidung auch unter Berücksichtigung ihres Zwecks das Kindeswohl gefährdet wird. Gemäß § 1631d Abs. 2 BGB dürfen in den ersten sechs Monaten nach der Geburt des Kindes auch von einer Religionsgesellschaft dazu vorgesehene Personen Beschneidungen i.S.d. Abs. 1 durchführen, wenn sie dafür besonders ausgebildet und, ohne Arzt zu sein, für die Durchführung der Beschneidung vergleichbar befähigt sind.

Das Bundesverfassungsgericht hat in zwei Entscheidungen Verfassungsrechtsbehelfen gegen § 1631d BGB aus formalen Gründen einen Erfolg versagt;[374] zur Verfassungsgemäßheit der neuen Vorschrift hat es sich also bislang nicht geäußert.

§ 1631d erfasst nur **medizinisch nicht erforderliche** Beschneidungen der Penisvorhaut; liegt eine medizinische Indikation vor – wie etwa bei einer Phimose (Vorhautverengung) –, so greift die Norm nicht ein, sondern gelten die allgemeinen Grundsätze zu ärztlichen Heileingriffen.[375] Die Vorschrift umfasst ferner lediglich **nicht einsichts- und urteilfähige** Knaben. Von hinrei-

102

---

370 Zur Knochenmarkspende siehe eingehend *Weilert*, RW 2012, 292; DIJuF-Rechtsgutachten JAmt 2013, 583.
371 *Walter*, FamRZ 1998, 201; Staudinger/*Coester*, § 1666 Rn 102; MüKo-BGB/*Olzen*, § 1666 Rn 77.
372 LG Köln FamRZ 2012, 1421.
373 Dazu etwa *Czerner*, Staatlich legalisierte Kindeswohlgefährdung durch Zulassung ritueller Beschneidung zugunsten elterlicher Glaubensfreiheit?, ZKJ 2012, 374 (Teil 1) und 433 (Teil 2); *Großmann*, § 1631d Abs. 2 BGB – Gelungener Ausgleich zwischen Grundrechten und Staatsräson?, HRRS 2013, 515; *Herzberg*, Ist die Beschneidungserlaubnis (§ 1631d BGB) mit dem Grundgesetz vereinbar?, JZ 2016, 350; *Hörnle/Huster*, Wie weit reicht das Erziehungsrecht der Eltern? JZ 2013, 328; *Isensee*, Grundrechtliche Konsequenz wider geheiligte Tradition, JZ 2013, 317; *Jestaedt*, Kindesrecht zwischen Elternverantwortung und Staatsverantwortung – Herausforderungen des Eltern-Kind-Verhältnisses aus verfassungsrechtlicher Perspektive, Brühler Schriften zum Familienrecht, 21. Deutscher Familiengerichtstag, S. 65, 92 ff.; *Klinkhammer*, Beschneidung männlicher Kleinkinder und gesetzliche Vertretung der Eltern, FamRZ 2012, 913; *Mandla*, Gesetz über den Umgang mit der Personensorge bei einer Beschneidung des männlichen Kindes – Von abzuschneidenden Vorhäuten und einem Gesetz, das zu spät und doch zu früh kommt, FPR 2013, 244; *Neumann*, Zirkumzision – Die Beschneidung beim Knaben, DRiZ 2012, 221; *Rixen*, Das Gesetz über den Umfang der Personensorge bei einer Beschneidung des männlichen Kindes, NJW 2013, 257; *Schroeder*, Familienrecht und Strafrecht, FamRZ 2014, 1745; *Spickhoff*, Grund, Voraussetzungen und Grenzen des Sorgerechts bei Beschneidung männlicher Kinder, FamRZ 2013, 337; *Steinfeld*, HRRS 2013, 268; *Vogel*, Die nicht medizinisch indizierte (physische) Beschneidung männlicher, nicht einsichtsfähiger Kinder aus familiengerichtlicher Sicht, FF 2015, 438; *Walter*, Der Gesetzentwurf zur Beschneidung – Kritik und strafrechtliche Alternative, JZ 2012, 1110.
374 BVerfG FamRZ 2013, 530 und 685.
375 *Rixen*, NJW 2013, 257.

chender Einsichts- und Urteilsfähigkeit wird – je nach Einzelfall und Reifestand – in Anlehnung an die Altersgrenzen des § 5 RKEG – bei einer Entscheidung des Kindes gegen eine Beschneidung bei etwa 12 Jahren, bei einer solchen für eine Beschneidung bei etwa 14 Jahren ausgegangen werden können.[376] Wehrt sich ein jüngeres Kind massiv gegen die Beschneidung, so wird diese jedenfalls kaum durchsetzbar sein.[377] Im Fall einer Entscheidung des Kindes für eine Zirkumzision ist zusätzlich aufgrund des nicht reversiblen erheblichen Eingriffs in die körperliche Integrität des Kindes die Zustimmung der Eltern zu fordern.[378] Auch ein Vormund bzw. – in seinem Aufgabenkreis – ein Pfleger kann grundsätzlich nach Maßgabe von § 1631d BGB für das Kind in dessen medizinisch nicht indizierte Beschneidung einwilligen.[379] Die Einwilligung(en) müssen allesamt vor dem Eingriff vorliegen (vgl. § 630d Abs. 1 S. 1 BGB).[380]

103 Die Zikumzision muss nach den **Regeln der ärztlichen Kunst** vorgenommen werden. Dies bedeutet, dass sowohl die Eltern als auch ggf. das verständige Kind, auch wenn es noch nicht einsichtsfähig ist (vgl. § 630e Abs. 5 BGB), umfassend über die für die Einwilligung wesentlichen Umstände **aufgeklärt** werden müssen.[381] Die Beschneidung muss sodann grundsätzlich von einem Arzt – und zwar nach dem sog. **Facharztstandard**, also dem eines (Kinder-)Urologen – durchgeführt werden, wobei zugleich der anästhesiologische sowie schmerztherapeutische Standard eingehalten werden muss.[382]

104 § 1631d Abs. 1 S. 2 BGB stellt die Beschneidung unter den Vorbehalt **fehlender Kindeswohlgefährdung**. Dies zielt auf besondere Gesundheitsgefährdungen im Einzelfall[383] und auf psychische Gefahren für das Kind ab. Neben dessen Willen rückt das Gesetz hier den **Zweck** der Beschneidung in den Mittelpunkt: Religiöse Motive – welche durch Art. 4 GG besonderen Schutz erfahren – sind im Ausgangspunkt ebenso als kindeswohlkonform anerkannt wie soziale, kulturelle und medizinisch-prophylaktische; rein ästhetische oder das Ziel, die Masturbation zu erschweren, nicht.[384] Insoweit ist eine Abwägung mit dem Grundrecht des Kindes auf körperliche Unversehrtheit (Art. 2 Abs. 2 S. 1 GG) anzustellen.

Das OLG Hamm hat es in einer Eilentscheidung[385] als kindeswohlgefährdend i.S.d. § 1631 Abs. 1 S. 2 BGB eingestuft, wenn eine alleinsorgeberechtigte Mutter ihren 6-jährigen Sohn gegen den Willen des Vaters beschneiden lassen will, ohne die Beschneidung mit dem Kind in einer seinem Alter und Entwicklungsstand entsprechenden Art und Weise zu besprechen und seine Wünsche bei der Entscheidung zu berücksichtigen. Auch ein deutlich unter 14 Jahre altes Kind sei bezüglich seiner möglichen eigenen Einwilligungs- und Urteilsfähigkeit durch das Familiengericht gemäß § 159 Abs. 2 FamFG persönlich anzuhören, denn selbst im Falle dabei nicht feststellbarer eigener Einwilligungsfähigkeit seien die geäußerten Wünsche und Neigungen des Kindes im Rahmen des § 1631d Abs. 1 BGB unter Berücksichtigung der §§ 1626 Abs. 2 S. 2, 1631 Abs. 2 BGB maßgeblich zu beachten. Die Entscheidung nach § 1631d Abs. 1 BGB sei nur dann nicht wirksam von den oder dem sorgeberechtigten Elternteil(en) zu treffen, sondern im Streitfall zwischen Eltern zumindest im einstweiligen Anordnungsverfahren auf einen neutralen Ergänzungspfleger zu übertragen, wenn zwischen den Eltern in Streit stehe, ob die Beschneidung zu einer Gefährdung des Kindeswohls führen würde und sich im Rahmen einer Folgenabwägung kein

---

376 *Heilmann/Fink*, § 1631d BGB Rn 6 m.w.N. zum Streitstand.
377 Vgl. Staudinger/*Salgo*, § 1631d Rn 33.
378 *Heilmann/Fink*, § 1631d BGB Rn 6 m.w.N. zur Gegenmeinung.
379 Siehe dazu DIJuF-Rechtsgutachten JAmt 2014, 516.
380 *Heilmann/Fink*, § 1631d BGB Rn 13.
381 *Heilmann/Fink*, § 1631d BGB Rn 8.
382 BT-Drucks 17/11295, S. 17.
383 *Rixen*, NJW 2013, 257.
384 BT-Drucks 17/11295, S. 6 ff. und 18.
385 OLG Hamm FamRZ 2013, 1818; zust. Anm. mit pointiert kritischer Auseinandersetzung mit der Neuregelung *Peschel-Gutzeit*, NJW 2013, 3617; Bespr. *Rogalla*, FamFR 2013, 483; *Hoffmann*, JAmt 2013, 600.

gänzlich eindeutiges Ergebnis zugunsten der Beschneidung und gegen eine Kindeswohlgefährdung ergebe. Die Frage der Kindeswohlgefährdung sei grundsätzlich auch im Rahmen des § 1631d Abs. 1 BGB am Maßstab des § 1666 BGB zu beantworten. Rein medizinisch-gesundheitliche Bedenken könnten insoweit nicht maßgeblich sein, da § 1631d Abs. 1 BGB (in Kenntnis des Gesetzgebers von den geringen medizinischen Restrisiken einer ordnungsgemäß durchgeführten Beschneidung) gerade eine medizinisch nicht indizierte Beschneidung unter bestimmten Voraussetzungen erlaube. Je nach der hohen oder weniger hohen Schutzwürdigkeit des im Vordergrund stehenden Motivs des sorgeberechtigten Elternteils zugunsten der beabsichtigten Beschneidung könne die Schwelle der entgegenstehenden Kindeswohlgefährdung niedriger als nach dem allgemeinen Maßstab des § 1666 BGB anzusetzen sein. Unabhängig von der Frage einer etwa entgegenstehenden Kindeswohlgefährdung setze § 1631d Abs. 1 BGB die Erfüllung einer ungeschriebenen Tatbestandsvoraussetzung voraus: Die Wirksamkeit der Einwilligung der oder des Personensorgeberechtigten in die Beschneidung hänge von einer von ihnen bzw. ihm darzulegenden und nachzuweisenden ordnungsgemäßen und umfassenden Aufklärung über die Chancen und Risiken des Eingriffs durch die mit der Durchführung der Beschneidung beauftragten Person, regelmäßig einen Arzt, ab.

Diese unanfechtbare (§ 70 Abs. 4 FamFG) Eilentscheidung legt den Fokus zu stark auf eine – nicht unangreifbare – materiell-rechtliche Argumentation. Weshalb bei einer weniger hohen Schutzwürdigkeit des Motivs des Sorgeberechtigten die Annahme einer Kindeswohlgefährdung auch unterhalb der Schwelle des § 1666 BGB möglich sein soll, belegt der Beschluss nicht überzeugend. Gleiches gilt für das postulierte „ungeschriebene Tatbestandsmerkmal". Stattdessen wäre eine Argumentation in verfahrensrechtlichen Kategorien treffender gewesen. Vorliegend war ein einstweiliges Anordnungsverfahren gegenständlich. In diesem aber muss die Verfahrensausgestaltung dem **Gebot effektiven Grundrechtsschutzes** entsprechen. Das gilt insbesondere für einstweilige Maßnahmen, die bereits dadurch, dass sie später – wie hier – nicht rückgängig zu machende Tatsachen schaffen, mit einem erheblichen Eingriff in ein Grundrecht – hier des Kindes – verbunden sind.[386] Schon die Frage, ob mit einer in die Grundrechte des Kindes eingreifenden Maßnahme nicht bis zu einer besseren Aufklärung des Sachverhalts abgewartet werden kann, ist am **Maßstab der Verhältnismäßigkeit** zu messen. Die Folgenabwägung rechtfertigt hier, nachdem durch eine Beschneidung vollendete Tatsachen geschaffen worden wären, sie auf der Grundlage eines noch nicht zuverlässig aufgeklärten Sachverhalts erfolgt wäre[387] und eine besondere Eilbedürftigkeit der Entscheidung, insbesondere zwingende Gründe für eine kurzfristig notwendige Beschneidung, im entschiedenen Einzelfall nicht zu erkennen waren, jedenfalls im Ergebnis die einstweilige Anordnung des OLG Hamm (mutatis mutandis, vgl. auch Rdn 257 und § 7 Rdn 6).

Hat die Hauptbetreuungsperson das Kind bislang entsprechend einer früheren Vereinbarung der Eltern im christlichen Glauben erzogen und beabsichtigt sie, dies fortzusetzen, so ist die Entscheidung über eine Beschneidung des Kindes nach § 1628 BGB ihr zu übertragen.[388]

§ 1631d Abs. 2 lässt eine **Ausnahme vom Arztvorbehalt** in einem Zeitraum von sechs Monaten ab Vollendung der Geburt des Kindes (§ 1 BGB) zu. Die Beschneidung darf in dieser Zeitspanne von einer Person durchgeführt werden, die von einer Religionsgesellschaft dazu vorgesehen ist, wenn sie dafür besonders ausgebildet und einem Arzt vergleichbar befähigt ist. **Religionsgesellschaften** sind die unter dem Schutz von Art. 4 Abs. 1 und Abs. 2 GG sowie Art. 140 GG i.V.m. Art. 137 WRV stehenden Religionsgemeinschaften.[389] Der **Beschneider** muss – wie ein Arzt –

105

---

386 Wendt/Rixecker/*Völker*, Verfassung des Saarlandes, Art. 24 Rn 11 m.w.N.
387 Vgl. BVerfG ZKJ 2011, 133; BVerfGE 67, 43; 69, 315, 363 f.; vgl. auch OLG Brandenburg FamFR 2013, 301 zu §§ 1666, 1666 a BGB.
388 AG Düsseldorf FamRZ 2014, 1209.
389 BT-Drucks 17/11295, S. 18 f.

den **Facharztstandard** umfassend einhalten können (siehe dazu Rdn 103). Soweit er Anästetika u.Ä. mangels Arzteigenschaft nicht verwenden darf, muss er den anästhetischen und schmerztherapeutischen Standard durch Hinzuziehung eines Arztes sicherstellen.[390]

106 Lässt ein Elternteil das Kind beschneiden, ohne hierzu sorgerechtlich befugt zu sein, löst dies **Schadensersatz- und Schmerzensgeldansprüche** des Kindes aus (§§ 823 Abs. 1 BGB, 823 Abs. 2 BGB i.V.m. 1631d Abs. 1 S. 2 BGB und ggf. § 223 Abs. 1 StGB, jeweils i.V.m. 253 Abs. 2, 1664 BGB) in Betracht, über die nach § 266 Abs. 1 Nr. 4 FamFG das Familiengericht zu entscheiden hat.[391]

107 Die **Genitalverstümmelung** bei weiblichen Personen ist in jedweder Form – etwa in Form der Klitorisbeschneidung, Excision oder Infibulation – gemäß § 226a StGB strafbar und kindeswohlgefährdend.[392] Auch eine Einwilligung des Kindes selbst ist in diesen Fällen angesichts der schwerwiegenden Folgen nicht möglich.[393] Notfalls können hier Schutzmaßnahmen ohne vorherige Anhörung der Beteiligten zu treffen sein.[394]

f) Abbruch lebenserhaltender Maßnahmen

108 Dieses Thema ist immer noch weitgehend tabuisiert; Gerichtsentscheidungen finden sich hierzu selten. Allerdings hat sich das BVerfG im Jahr 2007 mit einem Fall befasst, in dem sich ein vierjähriges Kind in einem **Wachkoma** – einem **apallischen Zustand** – befand. Die Eltern wollten ihr Kind nach fünfmonatiger Behandlung nach Hause holen, wo es unter ärztlicher Aufsicht durch Unterbleiben weiterer Ernährungs- und Flüssigkeitszufuhr sterben sollte. Aufgrund des Einschreitens behandelnder Ärzte beim Jugendamt bestellte das zuständige Familiengericht dem Kind eine Verfahrenspflegerin und entzog den Eltern im März 2007 die Gesundheitsfürsorge und das Aufenthaltsbestimmungsrecht. Denn nach Abwägung des Elternrechts mit dem **Recht des Kindes auf Leben** und mit seiner Würde sei bei Abbruch der Behandlung eine Kindeswohlgefährdung anzunehmen.[395] Das Oberlandesgericht entschied am 24.5.2007 entgegengesetzt[396] und stellte das Verfahren auf Entziehung der elterlichen Sorge ein. Weder eine missbräuchliche Wahrnehmung der Elternverantwortung noch ein schuldloses oder gar schuldhaftes Versagen der Eltern im Sinne des § 1666 BGB sei erkennbar. Ein Sorgerechtsmissbrauch ergebe sich auch nicht daraus, dass die Entscheidung der Eltern wahrscheinlich den Tod des Kindes zur Folge haben werde. Die Eltern holten das Kind am 4.6.2007 zu sich nach Hause. Auf den mit der Verfassungsbeschwerde der Verfahrenspflegerin vom 6.6.2007 verbundenen Antrag hin stellte das BVerfG mit Beschl. v. selben Tage die Wirksamkeit der amtsgerichtlichen Entscheidung vorläufig wieder her.[397] Die Verfassungsbeschwerde sei nicht offensichtlich unbegründet. Die somit anzustellende Folgenabwägung führe dazu, die amtsgerichtliche Entscheidung einstweilen wiederherzustellen, da ansonsten der Tod des Kindes zu erwarten sei. Als die Entscheidung den Eltern zuging, war das Kind bereits verstorben.

109 Zu beachten ist hier, dass der grundsätzliche Vorrang des Sorgerechts der Eltern für diese einen gewissen Spielraum bei ihrer Entscheidung für und gegen den Abbruch einer **lebenserhaltenden Behandlung** begründet.[398] Der Staat ist als Folge seiner bloßen Überwachungsfunktion auf die

---

390 Zutreffend Staudinger/*Salgo*, § 1631d Rn 49; *Heilmann/Fink*, § 1631d BGB Rn 16 m.w.N.
391 Vgl. OLG Karlsruhe FamRZ 2015, 860; siehe auch *Heilmann/Fink*, § 1631d BGB Rn 17.
392 Siehe dazu BGH FamRZ 2005, 344; Anm. *Völker*, jurisPR-FamR 5/2005, Anm. 1; *Zöller/Thörnich*, JA 2014, 167; *Wüstenberg*, FPR 2012, 452.
393 *Heilmann/Fink*, § 1631d BGB Rn 5 m.w.N.
394 AG Delmenhorst ZKJ 2014, 79.
395 AG Minden, Beschl. v. 13.3.2007 – 32 F 53/07, juris; vgl. auch DIJuF-Rechtsgutachten, JAmt 2010, 240.
396 OLG Hamm FamRZ 2007, 2098; Anm. *Giers*, FamRB 2007, 329.
397 BVerfG FamRZ 2007, 2046; siehe auch DER SPIEGEL, Heft 42/2007, S. 44 ff.
398 OLG Brandenburg FamRZ 2000, 1033; Staudinger/*Coester*, § 1666 Rn 106; DIJuF-Rechtsgutachten, JAmt 2010, 240.

Nachvollziehbarkeit der Begründung und die ausreichende Berücksichtigung des **Lebensgrundrechts** des Kindes beschränkt. Ärzte haben die Entscheidung der Eltern bis zur Grenze des Sorgerechtsmissbrauchs (§ 1666 BGB) zu akzeptieren.[399] Nach geltender Gesetzeslage trifft Eltern auch keine Pflicht, den von ihnen erwünschten **Behandlungsabbruch** gerichtlich genehmigen zu lassen,[400] obwohl Eltern etwa für die **geschlossene Unterbringung** ihres Kindes eine gerichtliche Genehmigung (§ 1631b BGB) benötigen. Problematisch ist in diesem Zusammenhang, dass man bei all den Fragen zur **Sterbehilfe** für Kinder die für erwachsene Menschen bestehenden Grundsätze zum Behandlungsabbruch (Stichworte: **Patientenverfügung** und **mutmaßlicher Patientenwille**)[401] höchstens eingeschränkt übernehmen kann. Bei jüngeren Kindern entscheiden die Eltern für ihr Kind. Bei Kleinstkindern kann ein „mutmaßlicher Kindeswille" kaum herangezogen werden, weil das Kleinstkind mangels vorhandener Wertvorstellungen noch keinen solchen Willen bilden könnte. Dies führt dazu, dass man in gewissen Grenzen auf den Elternwillen oder auf „allgemeine Wertvorstellungen" abstellen muss. Man sollte in diesem Zusammenhang freilich nicht übersehen, dass es Selbsttäuschung wäre zu meinen, dass man nur dem Kind selbst und nicht auch der Familie und Gesellschaft ein schweres Los ersparen will.

110 Im vorgestellten Fall, den das BVerfG in der Hauptsache aufgrund des Todes des Kindes nicht entschieden hat, sollte man sich klar machen, dass Apalliker mit Hilfe der heutigen medizinischen Apparate oft noch Jahre leben können. Sie sind folglich jedenfalls keine Sterbenden. Wenn der Arzt also hier die künstliche Ernährung einstellt, so leistet er nicht Hilfe beim Sterben, sondern Hilfe zum Sterben. Die Rechtsordnung gestattet allerdings letztere dem Arzt nicht,[402] sondern nur erstere: Das Grundleiden des Kranken muss nach ärztlicher Überzeugung unumkehrbar (irreversibel)[403] sein und einen tödlichen Verlauf angenommen haben.[404] Diese Wertung ist aufgrund des Grundsatzes der Einheit der Rechtsordnung auch für das Zivilrecht verbindlich; die Zivilrechtsordnung kann nicht erlauben, was das Strafrecht verbietet.[405] Aufgrund des Sorgerechts der Eltern als Ausfluss ihres Elternrechts (Art. 6 Abs. 2 S. 1 GG) wird man hier aber im Einzelfall weitere Grenzen zu ziehen haben, weil es nicht um die Entscheidung des Arztes, sondern um die der das nicht äußerungs- und entscheidungsfähige Kind in gewissem Maße im Willen vertretenden Eltern geht; daher kann sich im Einzelfall auch bei noch nicht eingetretenem tödlichen Verlauf die Anordnung des Behandlungsabbruchs durch die Eltern als nicht sorgerechtsmissbräuchlich erweisen.[406] Problematisch im dargestellten Fall des Wachkomas ist allerdings, dass – soweit ersichtlich – bislang medizinisch die fehlende Wahrnehmungsfähigkeit von Apallikern nicht mit Sicherheit beweisbar ist, jüngere Forschungen deuten auf das Gegenteil hin. Man muss sich also darüber im Klaren sein, dass man im Rahmen der Prognose immer nur mit Wahrscheinlichkeiten argumentieren kann, zumal neue Studien darauf hinweisen, dass jede dritte Wachkomadiagnose falsch sein könnte.[407] Zusammenfassend kann daher ein Behandlungsabbruch beim Apalliker frühestens statthaft sein, wenn aus der Sicht eines medizinischen Sachverständigen mit an Sicherheit grenzender Wahrscheinlichkeit die Rückkehr in ein bewusstes Leben nicht mehr möglich sein wird. Es darf also praktisch keine Aussicht auf Besserung bestehen, wie der BGH es einmal for-

---

399 OLG Hamm FamRZ 2007, 2098; Staudinger/*Coester*, § 1666 Rn 106; *Coester*, FPR 2009, 549, 550.
400 So – obiter dictum – auch BGH FamRZ 2013, 1646.
401 Grundlegend BGH FamRZ 2010, 1551 und NJW 1995, 204.
402 Siehe deshalb auch die Grundsätze der Bundesärztekammer zur ärztlichen Sterbebegleitung vom 21.1.2011, http://www.bundesaerztekammer.de/downloads/Sterbebegleitung_17022011.pdf.
403 So zutreffend auch *Coester*, FPR 2009, 549, 550.
404 Vgl. zu dieser notwendigen Differenzierung BGH NJW 1995, 204.
405 So ausdrücklich BGH FamRZ 2003, 748 zum Abbruch lebenserhaltender Maßnahmen im Betreuungsrecht; siehe dazu auch *Schroeder*, Familienrecht und Strafrecht, FamRZ 2014, 1745.
406 Vgl. – mutatis mutandis – BGH FamRZ 2005, 1474; *Hoffmann*, § 10 Rn 16; BT-Drucks 16/8442, S. 16; enger für den Fall, dass die Gesundheitsfürsorge einem Pfleger zusteht, DIJuF-Rechtsgutachten JAmt 2015, 36.
407 Siehe dazu ausführlich DER SPIEGEL, Heft 48/2009.

muliert hat.[408] Nur dann mag die Weiterbehandlung nicht dem Kindeswohl und seinen Interessen entsprechen. Wir halten es – sicherlich aus unseren eigenen ethischen Grundüberzeugungen heraus – insoweit mit dem Spruch: „*While there is hope, there is life*".[409] Die gestellte Frage wird sich kaum jemals ohne ein ärztliches **Sachverständigengutachten** über die Irreversibilität des Wachkomas im Einzelfall beantworten lassen.[410]

Mit diesen – allerdings strikt zu beachtenden! – verfahrensrechtlichen Maßgaben ist es aber grundsätzlich Aufgabe der Eltern, über die Beendigung lebenserhaltender Maßnahmen zugunsten ihres Kindes zu entscheiden.[411] Freilich handeln die Ärzte nicht rechtswidrig, wenn sie den von den Eltern beabsichtigten Behandlungsabbruch dem Familiengericht zur Kenntnis bringen und Maßnahmen nach § 1666 BGB anregen.[412] Denn die Entscheidung, ob kindesschützende Maßnahmen zu treffen sind, trifft das Familiengericht.

III. Gesetzliche Vertretung des Kindes (§ 1629 Abs. 1 BGB)

111 Soweit die elterliche Sorge für ein Kind den Eltern gemeinsam zusteht, gilt nach § 1629 Abs. 1 S. 2 BGB das **Gesamtvertretungsprinzip**, d.h. sie müssen das Kind gemeinsam vertreten.[413] Abweichendes gilt lediglich, wenn entweder einem Elternteil die Sorge in ihrer Gesamtheit oder im betroffenen Teilbereich zur alleinigen Ausübung übertragen wurde oder ihm – bei verbleibender gemeinsamer Sorge – die alleinige Entscheidungskompetenz für eine einzelne Angelegenheit nach § 1628 S. 1 BGB übertragen wurde (siehe dazu Rdn 116 ff.). Rechtliche Folge der Vertretungsbefugnis der Eltern als Bestandteil der elterlichen Sorge ist, dass von den Eltern vorgenommene Rechtshandlungen für und gegen das Kind wirken.[414] Für ein etwaiges **Verschulden seines gesetzlichen Vertreters** haftet das Kind wie für ein eigenes Verschulden (§ 278 BGB, § 51 ZPO). Das Rechtsgeschäft muss nicht zwingend von den Eltern im Namen des Kindes abgeschlossen sein; denkbar ist auch, dass das beschränkt geschäftsfähige Kind mit Zustimmung seiner Eltern handelt (§§ 107 ff. BGB) – gegebenenfalls auch mit gerichtlicher Genehmigung nach § 1643 BGB[415] – bzw. die Eltern ein Rechtsgeschäft im eigenen Namen abschließen. Soweit die Eltern jedoch über das **Kindesvermögen** verfügen, ist ein Handeln ausdrücklich im Namen des Kindes erforderlich, um eine **Verfügung als Nichtberechtigter** gemäß § 185 BGB zu vermeiden. Gleiches gilt bei der gerichtlichen Geltendmachung von Ansprüchen des Kindes. Eine Ausnahme sieht lediglich § 1629 Abs. 3 BGB bei der Geltendmachung von Unterhaltsansprüchen vor.

1. Gemeinschaftliche Vertretung

112 Trotz des im Rahmen bestehender gemeinsamer elterlicher Sorge für die Eltern grundsätzlich geltenden Gesamtvertretungsprinzips kann – im Einzelfall bzw. für einen bestimmten Kreis von Geschäften – ein Elternteil den anderen Elternteil bevollmächtigen, Erklärungen zugleich als sein Untervertreter abzugeben. Die Erteilung einer solchen **Unterbevollmächtigung** ist auch konklu-

---

408 BGHSt 32, 367.
409 So – zum Betreuungsrecht – auch LG Kleve BtPrax 2009, 199.
410 Darauf, dass die Billigung einer solchen elterlichen Entscheidung, um nicht als Kindeswohlgefährdung angesehen zu werden, jedenfalls die Ausschöpfung aller Möglichkeiten der Sachaufklärung voraussetzt, deutet auch BVerfG FamRZ 2007, 2046 hin.
411 So wohl auch OLG Schleswig FamRZ 2003, 554; OLG Frankfurt FamRZ 2002, 575; OLG Brandenburg FamRZ 2000, 1033; siehe zum Ganzen auch *Hoffmann*, § 10 Rn 1 ff.
412 OLG Naumburg NZFam 2014, 94.
413 Siehe etwa OVG Sachsen, Beschl. v. 29.4.2014 – 2 B 413/13, juris.
414 OLG Koblenz FamRZ 1992, 464.
415 Zur Reichweite familiengerichtlicher Genehmigungstatbestände im Unternehmensrecht siehe *Flume*, FamRZ 2016, 277.

dent oder nach den Grundsätzen der **Anscheinsvollmacht** möglich.[416] Als **Vertreter ohne Vertretungsmacht** i.S.d. **§§ 177 ff. BGB** handeln die Eltern, wenn sie entgegen einem **Vertretungsverbot** ein Rechtsgeschäft abschließen. Ein ohne die notwendige Mitwirkung des anderen Elternteils vorgenommenes Rechtsgeschäft ist bis zu dessen Genehmigung schwebend unwirksam. Fordert der Vertragspartner die Genehmigung nach § 177 Abs. 2 BGB ein und wird diese verweigert, so haftet der handelnde Elternteil nach **§ 179 BGB** als Vertreter ohne Vertretungsmacht. Gegenüber dem Kind veranlasste Erklärungen (§ 131 BGB) sind unabhängig davon wirksam, ob sie möglicherweise nur einem vertretungsbefugten Elternteil gegenüber abgegeben wurden (§ 1629 Abs. 1 S. 2 BGB, § 171 Abs. 3 ZPO).

2. Alleinvertretung eines Elternteils

a) Alleinvertretung kraft Gesetzes

Soweit die elterliche Sorge von einem Elternteil allein ausgeübt wird, ist dieser auch zur alleinigen Vertretung des Kindes berechtigt. Das gilt sowohl in den Fällen der Sorgerechtsübertragung nach § 1671 BGB als auch bei Entzug der elterlichen Sorge zu Lasten eines Elternteils nach den §§ 1666, 1666a BGB. Kann allerdings ein Widerstreit zwischen dem wohlverstandenen Interesse des Kindes und dem des Elternteils nicht ausgeschlossen werden, etwa in einem Verfassungsbeschwerdeverfahren vor dem Hintergrund eines nach § 1666 BGB geführten Verfahrens, so ist der Elternteil nicht vertretungsbefugt.[417] Es muss dann beim Familiengericht die Bestellung eines **Ergänzungspflegers** für das Verfassungsbeschwerdeverfahren beantragt werden.[418]

113

Kraft Gesetzes besteht – trotz gemeinsamer Sorge im Übrigen – das **Alleinentscheidungsrecht eines Elternteils**

- in den **Angelegenheiten des täglichen Lebens** (§ 1687 Abs. 1 S. 2 BGB)
- bei **Ruhen der elterlichen Sorge** (§ 1675 BGB) oder
- bei rechtlichem oder tatsächlichem Unvermögen (§§ 1673 ff. BGB)

b) Passive Stellvertretung

Steht nur die Entgegennahme von Willenserklärungen in Rede, genügt nach § 1629 Abs. 1 S. 2, 2. HS BGB die Vertretung allein durch einen vertretungsberechtigten Elternteil.

114

c) Notvertretungsrecht

Bei **Gefahr im Verzug** sieht § 1629 Abs. 1 S. 4 BGB die Berechtigung jedes Elternteils vor, die zum Wohl des Kindes erforderlichen Rechtshandlungen vorzunehmen. Praktisch relevantester Anwendungsfall ist die Zustimmung zu einem **medizinisch indizierten Eingriff**, wenn der andere Elternteil trotz zumutbarer Bemühungen nicht erreichbar und eine weitere Verzögerung nicht vertretbar ist. Zwingend sieht das Gesetz in diesen Fällen allerdings eine unverzügliche nachträgliche Unterrichtung des anderen Elternteils vor. Inwieweit das **Notvertretungsrecht** voraussetzt, dass der handelnde Elternteil Mitinhaber der elterlichen Sorge sein muss, lässt sich dem Gesetzestext nicht eindeutig entnehmen. Die Wortwahl „jeder Elternteil" könnte zwar darauf schließen lassen, dass eine gemeinsame Sorge nicht bestehen muss. Aber aus § 1687 Abs. 1 S. 5 BGB ist zu folgern, dass das Notvertretungsrecht eine gemeinsame Sorge voraussetzt. Das Problem wird indessen in den praktisch häufigsten Konstellationen – der Nichterreichbarkeit des sorgeberechtigten Elternteils, während das Kind mit dem nichtsorgeberechtigten Elternteil Umgang pflegt – durch § 1687a BGB i.V.m. § 1687 Abs. 1 S. 4 und S. 5 BGB i.V.m. § 1629 Abs. 1 S. 4 BGB entschärft.[419]

115

---

416 BGH FamRZ 1988, 1142.
417 BVerfG FamRZ 2009, 944.
418 Vgl. – grundlegend – BVerfGE 72, 122, 133 ff.
419 Vgl. auch OLG München FamRZ 2009, 2099.

d) Übertragung von Entscheidungsbefugnissen durch das Familiengericht

116 Nach § 1628 BGB kann einem Elternteil zu einer einzelnen Angelegenheit das **Alleinvertretungsrecht** übertragen werden. Voraussetzung ist neben dem diesbezüglichen Antrag eines Elternteils, dass zwischen den Eltern über eine einzelne Angelegenheit kein Einvernehmen erreicht werden kann und es sich hierbei um eine **Angelegenheit von erheblicher Bedeutung** für das Kind handelt. Um zu ermitteln, ob eine solche vorliegt, hat man sich im Einzelfall die Frage vorzulegen, ob es mit dem – auch bei Einscheidungen nach § 1628 BGB stets im Zentrum stehenden[420] – Kindeswohl vereinbar wäre, wenn eine Entscheidung der Streitfrage unterbliebe (vgl. auch Rdn 67).

Denkbar sind etwa (zur Abgrenzung siehe auch Rdn 332 f.)[421]

- das **Recht zur Aufenthaltsbestimmung**,[422]
- **Schul- und Berufsausbildung**[423] des Kindes einschließlich der Wahl der **Schulart**,[424] der konkreten Schule,[425] **Schulwechsel**,[426] **Zurückstellung** um ein Schuljahr,[427] Wahl der Fächer und insbesondere Leistungskurse, Angelegenheiten der **schulischen Mitbestimmung**,[428] längerfristiger **Schüleraustausch**,
- die Grundentscheidung für oder gegen den **Kindergartenbesuch**[429] bzw. den Besuch einer **Kindertagesstätte**,[430]
- Wahl der **Erziehungsgrundsätze**,
- Wechsel des Kindes in ein **Heim/Internat**,[431]
- die Anmeldung des Kindes zum **begleiteten Fahren** ab 17 Jahren,[432]
- **medizinische Eingriffe**,[433] sofern es sich nicht um einen **Notfall** handelt (dann: § 1687 Abs. 1 S. 5 BGB), und ggf. auch wichtige stationäre Untersuchungen.[434] Ebenso die Frage, ob kieferorthopädische Maßnahmen vorgenommen werden.[435] Bei **Schutzimpfungen** wird man diffe-

---

420 BVerfG FamRZ 2003, 511; OLG Saarbrücken, Beschl. v. 16.10.2015 – 9 UF 66/15 (n.v.).
421 Siehe – vertiefend – die Einzelfallübersicht mit Nachweisen von *Schilling*, NJW 2007, 3233,
422 OLG Karlsruhe FamRZ 2010, 391; OLG München FamRZ 2008, 1103; OLG Naumburg FamRZ 2009, 792; OLG Hamm FamRZ 1999, 1597; OLG Köln FamRZ 1999, 249.
423 OLG München FamRZ 1999,111; OLG Nürnberg FamRZ 1999, 1160; OLG Brandenburg OLGR 2008, 388; OLG Hamburg FamRZ 2001, 1088.
424 BVerfG FamRZ 2003, 511.
425 OLG Schleswig FamRZ 2011, 1304; zur nur gemeinsamen Antragsbefugnis der Eltern im verwaltungsgerichtlichen Verfahren auf Aufnahme eines Kindes an einer bestimmten Schule OVG Berlin-Brandenburg NVwZ-RR 2011, 983; zur elterlichen Erziehung und Schulbildung und der Wechselwirkung beider siehe eingehend *Diederichsen*, FPR 2012, 202.
426 OLG Dresden NJW-RR 2003, 148; OLG Sachsen-Anhalt FamRZ 2011, 308.
427 OVG Sachsen, Beschl. v. 29.4.2014 – 2 B 413/13, juris.
428 Vgl. OVG Saarlouis ZKJ 2014, 167.
429 OLG Saarbrücken, Beschl. v. 27.6.2013 – 6 UF 83/13 (n.v.).
430 OLG Brandenburg OLGR 2004, 440; VG Köln FamRZ 2014, 55; a.A. OLG Bremen FamRZ 2009, 355.
431 OLG Hamburg FamRZ 2001, 1088.
432 AG Hannover FamRZ 2014, 856,
433 OLG Hamburg OLGR 1999, 130; zur Beschneidung siehe AG Düsseldorf FamRZ 2014, 1209; in der praktischen Ausgestaltung bedeutet dies, dass sich der Arzt bei einer routinemäßigen Heilbehandlung (BT-Drucks 14/3751, S. 39) nicht erst der Zustimmung des mitsorgeberechtigten Elternteils versichern muss, sondern in der Regel annehmen darf, dass diese Behandlung im Einvernehmen der Eltern erfolgt (siehe dazu eingehend BGH NJW 2010, 2430; OLG München FamRZ 2009, 2099; OLG Hamm ZKJ 2016, 107.
434 OLG Naumburg FamRZ 2013, 66 zur stationären Klärung eines ADS-/ADHS-Verdachts; OLG Bamberg FamRZ 2003, 1403.
435 AG Lemgo FuR 2015, 365.

renzieren müssen: Will der Obhutselternteil schon seit längerer Zeit von der Ständigen Impfkommission empfohlenen Impfungen beim Kind durchführen lassen, so handelt es sich hierbei um eine Alltagsentscheidung,[436] nicht aber die Impfung mit noch nicht mehrjährig in ihren (Neben-)Wirkungen erforschten Impfstoffen.[437] Angesichts der erheblichen Diskussionen auch unter Medizinern müssen die Eltern hier Einvernehmen herstellen oder nach § 1628 BGB verfahren. Lehnt der Obhutselternteil eine empfohlene Schutzimpfung ab, so verleiht dies der Angelegenheit erhebliche Bedeutung i.S.v. § 1628 BGB.[438]

- die **psychotherapeutische Behandlung** des Kindes,[439]
- **Umgang** mit Dritten (zum Umgangsbestimmungsrecht siehe § 4 Rdn 16 ff.; zur Umgangspflegschaft siehe § 2 Rdn 39),[440]
- Fragen zum **Unterhalt** des Kindes,[441] dies umfasst auch die Geltendmachung des Barunterhalts des Kindes beim echten **Wechselmodell**,[442]
- die Geltendmachung von Ansprüchen des Kindes aus der **temporären Bedarfsgemeinschaft** mit dem umgangsberechtigten Elternteil,[443]
- Entscheidungen zur **Anlage und Verwendung des Kindesvermögens**,
- **Genehmigungspflichtige Geschäfte** nach § 1643 BGB,[444]
- die **Ausschlagung einer Erbschaft** oder eines Vermächtnisses,[445]
- die **Anfechtung der Vaterschaft**,[446]
- je nach Einzelfall **Auslandsaufenthalte** des Kindes,[447] insbesondere eine **Urlaubsreise** der Mutter mit den Kindern in ihr weit entferntes, in einem anderen Kulturkreis liegendes und dem Kind fremdes Heimatland,[448] einer Reise in ein Krisengebiet,[449] jedenfalls bei Vorliegen von Reisewarnungen des Auswärtigen Amtes in die Urlaubsregion,[450] bei konkreter Entführungsgefahr,[451]
- **Auswanderung** des Kindes,[452]

---

436 OLG Koblenz FamRZ 2014, 1156; OLG Frankfurt FamRZ 2011, 47; OLG Dresden FamRZ 2011, 48; AG Darmstadt NZFam 2015, 778; a.A. – stets Angelegenheit von erheblicher Bedeutung – OLG Karlsruhe, Beschl. v. 2.6.2015 – 18 UF 117/15, juris; OLG Frankfurt FamRZ 2016, 834; KG FamRZ 2006, 142; KG, Beschl. v. 25.3.2011 – 3 UF 203/10 (n.v.); OLG Jena MDR 2016, 655; die hiergegen eingelegte Rechtsbeschwerde ist beim BGH unter XII ZB 157/16 anhängig; siehe auch *Waruschewski*, Der Streit um das Impfen, FuR 2016, 220.
437 Zur Impfung gegen die „Schweinegrippe" OLG Frankfurt FamRZ 2011, 47: gehört zur Alltagssorge.
438 So zutreffend differenzierend AG Darmstadt NZFam 2015, 778; im Ergebnis ebenso OLG Karlsruhe, Beschl. v. 2.6.2015 – 18 UF 117/15, juris.
439 OLG Bamberg FamRZ 2003, 1403.
440 BGH, Beschl. v. 6.7.2016 – XII ZB 47/15, juris.
441 BGH NJWE-FER 2000, 278.
442 OLG Celle FamRZ 2015, 590; OLG Hamburg FamRZ 2015, 591.
443 OLG Jena FamRZ 2015, 148.
444 Zur Reichweite familiengerichtlicher Genehmigungstatbestände im Unternehmensrecht siehe *Flume*, FamRZ 2016, 277.
445 OLG Hamm FamRZ 2003, 172; siehe dazu auch BGH, Beschl. v. 29.6.2016 – XII ZB 300/15, juris.
446 OLG Dresden FamRZ 2009, 1330; OLG Düsseldorf, Beschl. v. 31.3.2014 – 7 UF 35/13, juris.
447 OLG Hamburg FamRZ 2012, 562; OLG Köln FamRZ 2012, 563; OLG Frankfurt OLGR 2009, 739; AG Rosenheim FamRZ 2004, 49; OLG Köln ZKJ 2012, 29: nicht mehr § 1628 BGB, sondern § 1671 BGB bei streitigem Aufenthalt für künftigen Zeitraum von 5 ½ Monaten. OLG Köln FamRZ 1999, 249; OLG Naumburg FuR 2000, 235.
448 KG, Beschl. v. 1.8.2016 – 13 UF 106/16, juris; OLG Saarbrücken, Beschl. v. 21.7.2016 – 9 UF 30/16 (n.v.) und Beschl. v. 25.4.2012 – 9 UF 189/11 (n.v.); OLG Köln FamRZ 2005, 644.
449 OLG Frankfurt, Beschl. v. 21.7.2016 – 5 UF 206/16 (Türkeireise – Region Antalya – im Sommer 2016); OLG Karlsruhe FamRZ 2015, 150 (Reise in den Osten der Ukraine).
450 KG, Beschl. v. 1.8.2016 – 13 UF 106/16, juris.
451 KG, Beschl. v. 1.8.2016 – 13 UF 106/16, juris.
452 OLG Nürnberg FamRZ 2000, 1603.

- die Entscheidung über die Ausübung eines **Zeugnisverweigerungsrechts** für das Kind,[453]
- die Wahl des **Vornamens des Kindes**,[454] die Beantragung einer **Änderung des Familiennamens** des Kindes,[455]
- die Zustimmung zur anteiligen Auszahlung von **Sozialleistungen** (bezogen auf den Zeitraum der Ausübung von Umgangskontakten),[456]
- die durch Taufe begründete **Religionszugehörigkeit**[457] und die Frage der **Teilnahme am Religionsunterricht** für Kinder aus konfessionslosen Familien,[458]

nicht jedoch der bloße Zeitpunkt der Taufe[459] oder Angelegenheiten, bei denen nur finanzielle Interessen der Eltern im Vordergrund stehen.[460]

117 Das Gericht überträgt die Entscheidungskompetenz – gegebenenfalls auch unter Beschränkungen oder Auflagen (§ 1628 Abs. 1 S. 2 BGB) – einem Elternteil. Aufgabe des Gerichts ist es allein, die Entscheidungskompetenz zuzuweisen. Es darf keine Entscheidung anstelle des hierzu berufenen Elternteils treffen; denn dies stellte (weil nicht erforderlich) einen unverhältnismäßigen und daher verfassungswidrigen Eingriff in das Elternrecht dar.[461] Entscheidungsmaßstab ist das **Kindeswohl**,[462] so dass sich die gerichtliche Entscheidung daran auszurichten hat, welcher Elternteil am ehesten geeignet ist, eine am Kindeswohl orientierte Sachentscheidung zu treffen. Bei einer Schulwahl misst das Gericht an diesem Maßstab die Vorstellungen der Eltern. Es trifft aber keine Entscheidung darüber, welche Schule nach seiner Auffassung am ehesten für das Kind geeignet ist.[463]

118 Die Übertragung der Entscheidungskompetenz entfaltet auch im Außenverhältnis Wirksamkeit, weil dem begünstigten Elternteil nunmehr für den übertragenen Bereich die alleinige Vertretungsbefugnis zukommt.

3. Beschränkungen der Vertretungsbefugnis

119 Die grundsätzlich vollumfängliche Vertretungsmacht der Eltern wird in mehreren Fällen durch das Gesetz eingeschränkt, um in **höchstpersönlichen Angelegenheiten** des heranreifenden Kindes dessen Willen berücksichtigen zu können oder die **Verletzung von Kindesinteressen** zu verhindern.

a) Vorgezogene Teilmündigkeit

120 Der **Entwicklungsreife des Kindes** entsprechend, kann dieses bereits vor Vollendung des 18. Lebensjahres bestimmte Rechtshandlungen alleine vornehmen. Dazu gehören etwa

---

453 Vgl. dazu OLG Saarbrücken NJW 2011, 2306 m.w.N.; OLG Koblenz NZFam 2014, 716; OLG Hamburg FamFR 2013, 309; OLG Schleswig, FamRZ 2013, 571; OLG Nürnberg FamRZ 2010, 1996; OLG Brandenburg FamRZ 2010, 843; NZFam 2016, 191; OLG Bremen NJW-RR 2011, 154; OLG Karlsruhe MDR 2012, 653.
454 OLG Karlsruhe, Beschl. v. 30.6.2016 – 5 UF 74/16, juris (aber nicht im Wege einstweiliger Anordnung); OLG Dresden OLGR 2004, 380.
455 OLG Oldenburg FamRZ 2015, 333; OLG Brandenburg StAZ 2016, 111; OLG Karlsruhe FamRZ 2015, 1723.
456 OLG Thüringen FamRZ 2015, 148; OLG Hamm FamRZ 2011, 821.
457 BGH FamRZ 2005, 1167; OLG Karlsruhe MDR 2016, 828; OLG Karlsruhe NZFam 2016, 523; OLG Hamm FamRZ 2014, 1712; AG Monschau FamFR 2012, 405; *Schwab*, FamRZ 2014, 1, 5.
458 OLG Köln FamFR 2013, 257; vgl. auch OLG Hamm FamFR 2012, 94; AG Bonn FamRZ 2011, 122; AG Weilburg FamRZ 2003, 1308; OLG Hamburg FamRZ 1999, 130; *Oelkers/Kraeft*, FuR 1997, 167; vgl. auch allgemein *Schwab*, Elterliche Sorge und Religion, FamRZ 2014, 1.
459 AG Lübeck FamRZ 2003, 549.
460 OLG München FamRZ 2008, 1103.
461 BVerfG FamRZ 2003, 511.
462 BT-Drucks 13/4899, S. 95.
463 BVerfG FamRZ 2003, 511.

- die eigenverantwortliche **Wahl eines Glaubensbekenntnisses** (§ 5 S. 1 RKEG) mit vollendetem 14. Lebensjahr,[464]
- die **Zustimmung zur Adoption** mit vollendetem 14. Lebensjahr (§ 1746 Abs. 1 S. 2 BGB),
- der **Widerspruch gegen die Übertragung der alleinigen Sorge** auf einen Elternteil mit vollendetem 14. Lebensjahr (§ 1671 Abs. 1 S. 2 Nr. 1 BGB),
- die **Testierfähigkeit** mit vollendetem 16. Lebensjahr (§ 2229 BGB),
- das Vetorecht des über eine ausreichende Urteilsfähigkeit verfügenden Kindes bei einem nur relativ indizierten **medizinischen Eingriff** mit der Möglichkeit erheblicher Folgen für seine künftige Lebensgestaltung (siehe auch Rdn 101 ff.).[465]

b) Einschränkung bei Pflegerbestellung (§ 1630 Abs. 1 BGB)

Die Eltern sind von der Vertretung des Kindes ausgeschlossen, soweit für eine bestimmte Angelegenheit oder einen Kreis von Angelegenheiten ein **Pfleger** bestellt wurde. In diesem Umfang ist der Pfleger allein vertretungsberechtigt. Haben die Eltern trotz der bestehenden Einschränkungen Handlungen für das Kind vorgenommen, so kann dieser Mangel rückwirkend durch Genehmigung des Pflegers geheilt werden.

121

c) Erwerbsgeschäft (§ 112 BGB) und Dienstverhältnis (§ 113 BGB)

Die gesetzliche Vertretung für einen Minderjährigen ist in dem Umfang ausgeschlossen, in dem er zum **selbstständigen Betrieb eines Erwerbsgeschäfts** (§ 112 BGB) oder zur **Eingehung eines Dienstverhältnisses** (§ 113 BGB) berechtigt ist und damit in diesem Geschäftskreis als unbeschränkt geschäftsfähig behandelt wird. In diesem Rahmen ruht die Vertretungsmacht des gesetzlichen Vertreters.[466] Parallel dazu erweitert sich die **Geschäftsfähigkeit des Minderjährigen**, dieser wird für eine bestimmte Art von Geschäften als unbeschränkt geschäfts- und prozessfähig angesehen (§ 52 ZPO). Ausgenommen hiervon sind aber Geschäfte zu denen der gesetzliche Vertreter selbst der gerichtlichen Genehmigung bedürfte; das sind die in §§ 1643, 1821 ff. BGB genannten.[467] Besonderes Augenmerk ist darauf zu richten, dass die sich aus § 1629a BGB dem Grunde nach ergebende **Beschränkung der Minderjährigenhaftung** nicht für Verbindlichkeiten aus dem selbstständigen Betrieb eines Erwerbsgeschäfts gilt, wenn der Minderjährige hierzu nach § 112 BGB ermächtigt war (§ 1629a Abs. 2 BGB).

122

d) Genehmigungsbedürftige Geschäfte

Im Zusammenhang mit besonders wichtigen oder riskanten Geschäften bedarf es zur Legitimation des gesetzlichen Vertreters einer gesonderten **gerichtlichen Genehmigung**. § 1643 BGB ist zwingendes Recht, wobei ein Elternteil den dort genannten Beschränkungen aber nur unterliegt, wenn er als gesetzlicher Vertreter des Minderjährigen auftritt. Davon ist etwa dann nicht auszugehen, wenn sich eine Gesellschaft bürgerlichen Rechts aus den Eltern und dem minderjährigen Kind zusammensetzt. In diesem Fall erfolgt die Vertretung des Minderjährigen durch den Elternteil als Bevollmächtigter der Gesellschaft.[468]

123

Entscheidungsmaßstab für die gerichtliche Genehmigungsentscheidung ist allein das Kindeswohl.[469] Neben dessen finanziellen Interessen muss das Gericht im Rahmen der zu treffenden Er-

124

---

[464] Zur Reichweite des Bestimmungsrechts des Vormundes über die religiöse Erziehung des Kindes und das diesbezügliche familiengerichtliche Verfahren siehe §§ 3, 7 RKEG und dazu OLG Hamm NZFam 2016, 671; OLG Koblenz ZKJ 2014, 291, juris OLG Düsseldorf FamRZ 2013, 140; OLG Saarbrücken, Beschl. v. 1.7.2010 – 6 UF 62/10 m.w.N. (n.v.); DIJuF-Rechtsgutachten JAmt 2014, 521.
[465] BGH FamRZ 2007, 130.
[466] Palandt/*Heinrichs*, § 112 BGB Rn 1.
[467] Zur Reichweite familiengerichtlicher Genehmigungstatbestände im Unternehmensrecht siehe *Flume*, FamRZ 2016, 277.
[468] OLG Schleswig FamRZ 2003, 55; zur Reichweite familiengerichtlicher Genehmigungstatbestände im Unternehmensrecht allgemein siehe *Flume*, FamRZ 2016, 277.
[469] BGH FamRZ 1986, 970; BayObLG FamRZ 1990, 208.

messensentscheidung die Frage beantworten, ob unter Abwägung aller Umstände das Geschäft im Interesse des Kindes liegt.[470]

125 Zentrale Zielrichtung des § 1643 BGB ist der Schutz der **Vermögensinteressen** des Minderjährigen. Es soll sichergestellt werden, dass er in die Volljährigkeit nicht mit einer Schuldenbelastung startet, die die Eltern in Ausübung ihrer Vertretungsmacht begründet haben. Nach der verfassungsgerichtlichen Rechtsprechung soll dem volljährig gewordenen Kind Raum bleiben, um sein weiteres Leben ohne unzumutbare Belastungen, für die es nicht selbst verantwortlich ist, gestalten zu können.[471] Eingedenk dieser besonderen Schutzwürdigkeit wurde durch das zum 1.1.1999 in Kraft getretene **Minderjährigenhaftungsbeschränkungsgesetz**[472] § 1629a BGB eingeführt, um volljährig gewordene Kinder vor einer als Folge der gesetzlichen Vertretung während ihrer Minderjährigkeit eingetretenen Überschuldung zu schützen.[473]

126 Die wichtigsten **genehmigungsbedürftigen Geschäfte** ergeben sich aus der Verweisung in § 1643 Abs. 1 BGB[474] auf die auch für Vormünder geltenden Beschränkungen (§§ 1821, 1822 Nr. 1, 3, 5, 8–11 BGB) sowie aus § 1643 Abs. 2 und § 112 BGB. **Genehmigungspflichtig** sind danach im Wesentlichen:

- **Geschäfte über Grundstücke**, Schiffe oder Schiffsbauwerke nach § 1821 BGB,[475]
- **Geschäfte über Vermögensangelegenheiten** (§ 1822 Nr. 1 BGB),[476]
- **Gesellschaftsverträge** und Erwerbsgeschäfte (§ 1822 Nr. 3 BGB),[477]
- **Verträge mit langer Bindung** (§ 1822 Nr. 5 BGB),[478]
- **riskante Geschäfte** (§ 1822 Nr. 8–11 BGB),[479]
- die **Ausschlagung einer Erbschaft** nach §§ 1942 ff. BGB,[480]
- die **Ausschlagung eines Vermächtnisses** nach §§ 2176 ff. BGB,
- der **Verzicht auf einen Pflichtteil** nach §§ 2346 ff. BGB.

127 Der mit einem Minderjährigen geschlossene **Lebensversicherungsvertrag**, der länger als ein Jahr nach Eintritt der Volljährigkeit fortdauern soll, bedarf nach §§ 1643 Abs. 1, 1822 Nr. 5 BGB der gerichtlichen Genehmigung.[481] Die konkludente Genehmigung des schwebend unwirksamen Lebensversicherungsvertrages nach Eintritt der Volljährigkeit setzt voraus, dass dem Versicherten die **schwebende Unwirksamkeit** bekannt war oder er zumindest mit einer solchen Möglichkeit rechnete. Fehlt die Kenntnis des Genehmigungserfordernisses, so liegt weder in der fortlaufenden Prämienzahlung noch in dem wiederholten Verzicht auf Widerspruch gegen Prämienanpassungen eine konkludente Vertragsgenehmigung.

128 Der Genehmigungsbedürftigkeit unterliegt auch der **Erwerb von Wohneigentum** für das Kind, das zwar die Eltern finanzieren, sich insoweit aber die Mieterträge abtreten lassen.[482] Gleiches gilt für die Abtretung von Ansprüchen aus dem Vertrag an eine Sparkasse[483] oder die **dingliche Be-**

---

470 OLG Frankfurt FamRZ 2009, 620; OLG Brandenburg MittBayNot 2009, 155.
471 BVerfG FamRZ 1986, 769; *Habersack/Schneider*, FamRZ 1997, 649.
472 BGBl I, 2487.
473 *Bittner*, FamRZ 2000, 325; *Christmann*, ZEV 2000, 45.
474 OLG Köln NJW-RR 1999, 877.
475 OLG Brandenburg MittBayNot 2009, 155; OLG Koblenz OLGR 2006, 439.
476 OLG Düsseldorf, Urt. v. 10.1.1991 – 6 U 97/90 (n.v.).
477 OLG München FamRZ 2009,623; OLG Bremen FamRZ 2009, 621; Zur Reichweite familiengerichtlicher Genehmigungstatbestände im Unternehmensrecht siehe *Flume*, FamRZ 2016, 277.
478 LG Wuppertal FamRZ 2007, 1269; OLG Stuttgart FamRZ 1997, 101.
479 OLG Naumburg FamRZ 2003, 57.
480 OLG Naumburg FamRZ 2007, 1047; siehe dazu auch BGH, Beschl. v. 29.6.2016 – XII ZB 300/15, juris.
481 OLG Stuttgart FamRZ 1997, 101.
482 OLG Zweibrücken FamRZ 2001, 1236.
483 OLG Naumburg FamRZ 2003, 57.

lastung eines Miteigentumsanteiles[484] sowie die **Beteiligung eines Minderjährigen an einer Gesellschaft**,[485] einschließlich einer BGB-Gesellschaft mit Blick auf ihre Teilrechtsfähigkeit.[486] Wird die Gesellschaft als Erwerbsgesellschaft betrieben, so bestehen keine weiteren Genehmigungserfordernisse für die Geschäfte der Gesellschaft. In diesem Fall erfasst die familiengerichtliche Genehmigung der Beteiligung des Minderjährigen an der Gesellschaft auch die einzelnen Erwerbsgeschäfte. Für die **Bestellung einer Grundschuld** bedarf es daher keiner zusätzlichen Genehmigung.[487] Erstreckt sich demgegenüber der Zweck der Gesellschaft auf eine rein verwaltende Tätigkeit und nicht auf Erwerbsgeschäfte, so sind Geschäfte, die abweichend vom Gesellschaftsvertrag eine weitere **persönliche Haftung des Minderjährigen** begründen, nicht mehr von der familiengerichtlichen Genehmigung gedeckt. Um ein Unterlaufen des Schutzzwecks der §§ 1821, 1822 BGB zu verhindern, bedürfen Grundstücksveräußerungen einer solchen Gesellschaft der Genehmigung.[488] Den gesellschaftsvertraglichen Bestimmungen kommt im Einzelfall entscheidende Bedeutung zu.

129 Für die nach § 1643 Abs. 2 BGB grundsätzlich genehmigungspflichtigen Rechtsgeschäfte sieht § 1643 Abs. 2 S. 2 BGB eine Ausnahme vor. Die Ausschlagung einer **Erbschaft** oder eines Vermächtnisses bedarf dann keiner familiengerichtlichen Genehmigung, wenn der Anfall an das Kind die vorangehende Ausschlagung durch einen Elternteil voraussetzt, dem die alleinige oder die mit dem anderen Elternteil bestehende gemeinsame Sorge zusteht. In diesem Fall besteht zwischen Eltern und Kind keine **Interessenkollision**, wovon aber nicht ausgegangen werden kann, wenn der ausschlagende Elternteil neben dem Kind als Erbe berufen ist. Ist die Erbausschlagung genehmigungsbedürftig,[489] so bedarf es regelmäßig der Bestellung eines Ergänzungspflegers für das Kind.[490] Der durch Verfügung von Todes wegen angeordnete Ausschluss der elterlichen Vermögensverwaltung für vom Kind ererbtes Vermögen umfasst auch die Befugnis zur Ausschlagung der Erbschaft. Die in einem solchen Fall von einem ausgeschlossenen Elternteil im Namen des Kindes erklärte Ausschlagung ist mangels Vertretungsmacht unwirksam.[491]

130 Die familiengerichtliche Genehmigung kann vor oder nach der Vornahme des zu genehmigenden Geschäfts erteilt werden. Bei Vertragsschluss vor Genehmigung nach § 1643 Abs. 1 BGB tritt ein Schwebezustand ein,[492] der nach § 1643 Abs. 3 BGB bzw. §§ 1828–1831 BGB beendet werden kann. Ohne Genehmigung vorgenommene einseitige Rechtsgeschäfte sind von Anfang an unwirksam (§ 1831 BGB) und einer **Heilung durch nachträgliche Genehmigung** nicht zugänglich.

131 Die notwendige gerichtliche Genehmigung eines Rechtsgeschäfts ist gegenüber den vertretungsbefugten Eltern und nicht gegenüber dem Geschäftspartner zu erklären (§§ 1828, 1643 Abs. 3 BGB). Es obliegt damit letztlich der Entscheidungskompetenz der Eltern, ob sie überhaupt von der Genehmigungsmöglichkeit Gebrauch machen möchten. Soweit es sich um Geschäfte nach § 1822 Nr. 8–10 BGB handelt, kann den Eltern eine allgemeine Ermächtigung erteilt werden (§§ 1825, 1643 Abs. 3 BGB). Diese deckt das Geschäft in dem Umfang ab, in dem es der gerichtlichen Beurteilung vorlag. § 139 BGB gilt entsprechend, wenn die Eltern darüber hinausgehen.

---

484 OLG Schleswig FamRZ 2002, 1582.
485 OLG München FamRZ 2003, 392; *Düming*, FamRZ 2003, 1; zur Reichweite familiengerichtlicher Genehmigungstatbestände im Unternehmensrecht siehe *Flume*, FamRZ 2016, 277.
486 BVerfG NJW 2002, 3533; OLG Koblenz FamRZ 2003, 249.
487 OLG Schleswig FamRZ 2003, 55; OLG Naumburg FamRZ 2003, 57.
488 OLG Koblenz FamRZ 2003, 249.
489 Siehe zur Reichweite des Amtsermittlungsgrundsatzes in diesen Fällen etwa OLG Saarbrücken FamRZ 2016, 260; OLG Zweibrücken, Beschl. v. 21.7.2016 – 2 WF 81/16, juris.
490 Dazu OLG Zweibrücken FamRZ 2012, 1961; zur Reichweite des Amtsermittlungsgrundsatzes in solchen Fällen OLG Schleswig ZKJ 2013, 261.
491 BGH, Beschl. v. 29.6.2016 – XII ZB 300/15, juris.
492 OLG Naumburg FamRZ 2003, 57.

132 Die nach § 1643 BGB zu erteilende familiengerichtliche Genehmigung unterliegt verfahrensrechtlich dem FamFG, da es sich um einen Akt der freiwilligen Gerichtsbarkeit handelt. Sachlich zuständig ist das Familiengericht. Die örtliche Zuständigkeit beurteilt sich **nach § 267 FamFG**. Die funktionelle Zuständigkeit obliegt dem **Rechtspfleger** (§ 3 Nr. 2a RPflG). Für die **Entgegennahme** des Genehmigungsbeschlusses ist dem noch nicht 14 Jahre alten Kind[493] wegen § 41 Abs. 3 FamFG nur dann ein Ergänzungspfleger zu bestellen, wenn die Voraussetzungen für eine Entziehung der Vertretungsmacht nach § 1796 BGB festgestellt sind (zur Beschwerdeberechtigung des Jugendamts in diesen Fällen siehe § 9 Rdn 24).[494] Wird die Genehmigung versagt, so ist das Rechtsmittel der **Beschwerde** gem. §§ 58 ff. FamFG zulässig. Ein Rechtsmittel gegen die Erteilung der Genehmigung ist hingegen grundsätzlich mangels Beschwer unzulässig.[495]

4. Die Aufhebung der elterlichen Vertretungsmacht (§ 1629 Abs. 2 BGB)

133 Die elterliche Vertretungsmacht kann kraft Gesetzes oder durch familiengerichtliche Entscheidung aufgehoben werden. Rechtsfolge ist jedoch nicht das Alleinvertretungsrecht des anderen Elternteils – vielmehr sind beide Elternteile von der Vertretung ausgeschlossen. Für das vorzunehmende Geschäft ist nach § 1909 Abs. 1 BGB ein **Ergänzungspfleger** zu bestellen.[496] Für die Wirksamkeit der Anordnung der Ergänzungspflegschaft bedarf es nach § 40 Abs. 1 FamFG der **Bekanntmachung** an den oder die Sorgeberechtigten.[497] Dieser kann – ebenso wie ein zwischenzeitlich volljährig gewordenes Kind – den Vertrag genehmigen, anders als das Familiengericht, das die Eltern auch nicht von vornherein von dem Verbot des Selbstkontrahierens entbinden kann.

a) Ausschluss des Vertretungsrechts kraft Gesetzes

134 Soweit die Gefahr von **Interessenkollisionen**[498] besteht, sind die Eltern von der Vertretung ausgeschlossen (§§ 1629 Abs. 2 S. 1, 1795, 1796 BGB). Für dieses **Vertretungsverbot** ist keine konkrete **Gefährdung des Kindesvermögens** notwendig.[499] Es genügt die bloße Möglichkeit der Benachteiligung. Soweit jedoch das Geschäft nach seiner konkreten Ausgestaltung für das Kind **lediglich rechtliche Vorteile** hat, entfällt der Ausschluss der Vertretungsmacht.[500] Die rechtliche Vorteilhaftigkeit ist im Rahmen einer Gesamtbetrachtung des dinglichen und des schuldrechtlichen Geschäfts zu bewerten.[501]

b) Ausschluss der Vertretungsmacht durch gerichtliche Entscheidung

135 In Abgrenzung zur Aufhebung der elterlichen Vertretungsmacht kraft Gesetzes, die eine abstrakte Gefahr für die Kindesinteressen voraussetzt, erfordert der Ausschluss der Vertretungsmacht **durch gerichtliche Entscheidung** eine konkrete Gefahr eines **Interessenwiderstreits** gemäß § 1796 BGB, aufgrund dessen die Eltern gehindert sind, eine auch den Belangen des Kindes gerecht werdende Entscheidung zu treffen. Bei Vorliegen der Voraussetzungen des § 1796 BGB ist den Eltern die Vertretungsmacht zu entziehen.

---

493 Dem älteren, nicht geschäftsunfähigen Kind ist der Beschluss nach § 164 FamFG regelmäßig selbst bekannt zu machen.
494 BGH FamRZ 2014, 640; OLG Brandenburg MittBayNot 2011, 240; a.A. (stets Bestellung erforderlich) KG FamRZ 2010, 1171; OLG Köln FamRZ 2012, 42; ZEV 2011, 595; OLG Celle RPfl 2011, 436; OLG Celle FamRZ 2013, 651.
495 OLG Koblenz FamRZ 2014, 1037.
496 OLG Köln FamRZ 2011, 1305; OLG Koblenz FamRZ 2007, 412; OLG Frankfurt FamRZ 1980, 927.
497 OVG Lüneburg JAmt 2012, 46.
498 OLG Karlsruhe FamRZ 1991, 1337.
499 BGH FamRZ 1968, 245.
500 OLG Karlsruhe FamRZ 2001, 181.
501 LG Münster FamRZ 1999, 739.

Von einem **konkreten Interessenwiderstreit** ist dann auszugehen, wenn das Kindesinteresse nur auf Kosten des anderen Interesses durchgesetzt werden kann[502] und nicht zu erwarten ist, dass die Eltern trotz dieses Interessengegensatzes im Sinn des Kindes handeln werden.[503] Im Umkehrschluss ist ein Ausschluss der Vertretungsmacht nicht gerechtfertigt, solange ein Handeln der Eltern im Interesse des Kindes erwartet werden kann. Der Interessengegensatz muss zu dem Zeitpunkt vorliegen, in dem die Angelegenheit des Kindes wahrgenommen wurde oder wahrzunehmen ist. Der erhebliche Interessengegensatz muss an konkreten Umständen des Einzelfalles festgemacht werden können. 136

Von einem solchen Interessengegensatz ist etwa dann auszugehen, wenn **Regressansprüche des Kindes** gegen seine Eltern wegen nicht ordnungsgemäßer **Verwendung von Kindeseinkommen** oder -vermögen in Rede stehen bzw. im Falle der Vaterschaftsanfechtung wenn der rechtliche Vater und die Mutter für das Kind gemeinsam sorgeberechtigt sind.[504] Von praktischer Bedeutung ist auch die Notwendigkeit der Bestellung eines **Ergänzungspflegers** zur Entscheidung über die Ausübung des **Zeugnisverweigerungsrechts**.[505] 137

5. Vertretungsmacht nach § 1629 Abs. 2 S. 2 BGB

Praktisch besonders relevant ist die Frage der Vertretungsmacht, wenn sich gemeinsam sorgeberechtigte Eltern trennen und die **Geltendmachung von Unterhaltsansprüchen** des Kindes in Rede steht. In diesem Zusammenhang hat der Elternteil, in dessen **Obhut** sich das Kind befindet, die Forderungsberechtigung.[506] Dies gilt auch im Verhältnis zwischen nicht miteinander verheirateten Eltern, die eine gemeinsame elterliche Sorge begründet haben. Die sich aus § 1629 Abs. 2 S. 2 BGB ableitende Alleinvertretungsmacht des betreuenden Elternteils bildet eine Ausnahme von dem **Grundsatz der Gesamtvertretung**[507] im Sinn des § 1629 Abs. 1 BGB sowie dem in § 1629 Abs. 2 S. 1 BGB vorgesehenen Vertretungsverbot.[508] Diese Ausnahme rechtfertigt sich aus verfahrensökonomischen Erwägungen; denn so wird auch im Interesse des Kindes eine unkomplizierte Geltendmachung von Unterhaltsansprüchen gewährleistet.[509] Dies gilt unabhängig davon, um welches unterhaltsrechtliche Verfahren es sich handelt und in welcher Beteiligtenrolle das Kind oder der es vertretende Elternteil sich befindet.[510] 138

Andere Rechtshandlungen werden von der Alleinvertretungsbefugnis nicht erfasst. Ein Elternteil ist daher bei Bestehen gemeinsamer Sorge nicht allein berechtigt, eine **Abtretungsvereinbarung** mit einem Sozialleistungsträger zu schließen.[511] 139

Wurde einem Elternteil die Alleinentscheidungsbefugnis nach § 1628 Abs. 1 BGB übertragen (siehe dazu Rdn 116 ff.), so ist § 1629 Abs. 2 S. 2 BGB nicht anwendbar. Gleiches gilt, wenn eine die Vertretungsmacht betreffende einstweilige Anordnung oder eine diesen Gegenstand be- 140

---

502 BayObLG FamRZ 1999, 737; OLG Hamm NJW 1986, 389.
503 OLG Saarbrücken NJW 2011, 2306 m.w.N. zum – recht tückischen – § 52 Abs. 2 StPO; OLG Karlsruhe FamRZ 2004, 51; OLG Stuttgart FamRZ 1983, 831; OLG Koblenz NZFam 2014, 716. Zur fehlenden Beschwerdeberechtigung der Staatsanwaltschaft siehe BGH FamRZ 2015, 42; OLG Frankfurt FamRZ 2014, 678; OLG Naumburg MDR 2015, 161.
504 BGH FamRZ 2012, 859; 2009, 861; OLG Oldenburg FamRZ 2013, 1671.
505 Vgl. dazu OLG Saarbrücken NJW 2011, 2306 m.w.N.; OLG Koblenz NZFam 2014, 716; OLG Hamburg FamFR 2013, 309; OLG Schleswig FamRZ 2013, 571; OLG Nürnberg FamRZ 2010, 1996; OLG Brandenburg FamRZ 2010, 843; NZFam 2016, 191; OLG Bremen NJW-RR 2011, 154; OLG Karlsruhe MDR 2012, 653.
506 OLG Hamm FamRZ 1998, 313; *Hochgräber*, FamRZ 1996, 272.
507 *Hochgräber*, FamRZ 1996, 272 f.
508 KG Berlin FamRZ 1998, 378.
509 OLG Karlsruhe FamRZ 1998, 563.
510 OLG Naumburg FamRZ 2003, 1115; OLG Brandenburg FamRZ 2000, 1377.
511 AG Lüdenscheid FamRZ 2002, 1207; Palandt/*Götz*, § 1629 Rn 31.

treffende Maßnahme nach § 1666 BGB getroffen wurde. § 1629 Abs. 2 S. 2 BGB kommt daher lediglich Hilfsfunktion zu; anderweitig getroffene Vertretungsregelungen sollen dadurch nicht ersetzt werden.

a) Obhut (§ 1629 BGB)

141 Die **Alleinvertretung** nach § 1629 Abs. 2 S. 2 BGB richtet sich danach, welcher Elternteil das Kind in seiner **Obhut** hat. Soweit sich beide Elternteile erst um diese Obhut bemühen, findet § 1629 Abs. 2 S. 2 BGB keine Anwendung.[512] Befindet sich das Kind bei gemeinsamer elterlicher Sorge in der Obhut eines Dritten, so ist ein **Ergänzungspfleger** zu bestellen.[513]

142 Der Begriff der **Obhut** entspricht dem der §§ 1684 Abs. 2 S. 2, 1748 Abs. 1 S. 2, 1751 Abs. 4 BGB. Er stellt auf die tatsächlichen Betreuungsverhältnisse ab. Ein Kind befindet sich in der Obhut desjenigen Elternteils, bei dem der Schwerpunkt der tatsächlichen Fürsorge und Betreuung liegt, der sich also vorrangig um die Befriedigung der elementaren Bedürfnisse des Kindes kümmert. Leben die Eltern in verschiedenen Wohnungen und regeln sie den gewöhnlichen Aufenthalt des Kindes in der Weise, dass es vorwiegend in der Wohnung eines Elternteils – unterbrochen durch regelmäßige Besuche in der Wohnung des anderen Elternteils – lebt, so ist die Obhut deshalb dem erstgenannten Elternteil zuzuordnen.[514] Zu den elementaren kindlichen Bedürfnissen gehören neben Obdach, Nahrung und Kleidung auch die Gestaltung des Tagesablaufs und die Erreichbarkeit bei Problemen.[515] Von der Obhut eines Elternteils ist auch dann auszugehen, wenn das Kind zeitweise anderweitig betreut wird, etwa im **Kindergarten** oder durch eine **Tagesmutter**. Gleiches gilt, wenn etwaige Betreuungs- oder Versorgungslücken durch den anderen Elternteil geschlossen werden.[516]

143 Abgrenzungsprobleme ergeben sich in den Fällen des strikten **Wechselmodells** ebenso wie bei einer innerhalb der ehelichen Wohnung vollzogenen Trennung der Eltern.[517] Besteht zwischen den Eltern ein Wechselmodell (siehe dazu auch Rdn 326),[518] so ist entscheidend, durch welchen Elternteil das Schwergewicht der tatsächlichen Fürsorge und Erziehung wahrgenommen wird. Bei einem **Betreuungsvorsprung eines Elternteils** von etwa $1/3$ verbleibt es nach Auffassung des BGH bei der gesetzlichen Alleinvertretungsbefugnis.[519] Keine Anwendung findet § 1629 Abs. 2 S. 2 BGB jedoch, wenn zwischen den Eltern tatsächlich ein paritätisches Wechselmodell praktiziert wird. In diesem Fall kann eine Lösung nur über die Bestellung eines Ergänzungspflegers nach § 1909 BGB, die Übertragung der Entscheidungskompetenz auf einen Elternteil nach § 1628 BGB (siehe dazu Rdn 116 ff.) oder die Beistandschaft des Jugendamts nach § 1712 Abs. 1 Nr. 2 BGB (siehe dazu § 12 Rdn 150 ff.) gefunden werden.[520] Die **Beweislast** für die eigene überwiegende Fürsorge trägt der Elternteil, der den Unterhalt für das Kind geltend macht.[521]

b) Dauer der Vertretungsmacht

144 Die Vertretungsmacht nach § 1629 Abs. 2 S. 2 BGB dauert solange an, wie die Voraussetzungen dieser Norm vorliegen. Die Vertretungsmacht endet daher mit **Obhutsbeendigung**. Auch mit Erlass einer anderweitigen Sorgerechtsentscheidung – auch wenn sie im Wege der einstweiligen Anordnung ergeht – endet die Vertretungsmacht des Obhutsinhabers. Ist zu diesem Zeit-

---

512 OLG Zweibrücken FamRZ 2001, 290.
513 OLG Stuttgart NJW-RR 2005, 1382.
514 BGH FamRZ 2006, 1015; OLG Düsseldorf FamRZ 1988, 1092.
515 OLG Stuttgart NJW-RR 1996, 67; OLG Frankfurt FamRZ 1982, 528.
516 OLG Frankfurt FamRZ 1992, 575; OLG Bamberg FamRZ 1985, 632.
517 KG FamRZ 2003, 53; OLG München FamRZ 2003, 248.
518 *Hennemann*, FPR 2006, 295.
519 BGH FamRZ 2006, 1015.
520 AG Tempelhof-Kreuzberg FPR 2002, 417.
521 OLG Hamburg FamRZ 2001, 1235.

punkt ein von ihm eingeleiteter Unterhaltsantrag anhängig, so wird er unzulässig, und zwar auch hinsichtlich des Unterhalts für vergangene Zeiträume.[522] Schon aus dem Wortlaut der Norm („befindet"), aber auch aus der verfolgten Intention (Regelung der gesetzlichen Vertretung) folgt, dass für die Vertretungsbefugnis auf den Zeitpunkt der Geltendmachung des Unterhaltsanspruches abzuheben ist.[523] Nach zutreffender ganz h.M. ist der bisher gesetzlich Vertretungsberechtigte allerdings als berechtigt anzusehen, in einem anhängigen Unterhaltsverfahren als „Abwicklungsmaßnahme" des zulässigerweise begonnenen Verfahrens dieses für erledigt zu erklären.[524]

Gleiches gilt mit Eintritt der **Volljährigkeit des Kindes**. Zu diesem Zeitpunkt endet die gesetzliche Vertretung für das Kind; dieses kann im Wege des gewillkürten Beteiligtenwechsels[525] in das Verfahren eintreten und dieses weiterführen, auch hinsichtlich seiner Unterhaltsansprüche für die Vergangenheit.

145

6. Verfahrensstandschaft des § 1629 Abs. 3 BGB

Soweit die noch miteinander verheirateten Eltern dauerhaft voneinander getrennt leben, ist der **Kindesunterhalt gemäß § 1629 Abs. 3 BGB** von einem Elternteil im eigenen Namen geltend zu machen, unabhängig davon, ob die Alleinvertretungsbefugnis auf § 1629 Abs. 1 S. 3 BGB (Gefahr im Verzug) oder – bei gemeinsamer Sorge – auf § 1629 Abs. 2 S. 2 BGB (Obhut) beruht. Es handelt sich hierbei um eine zwingend vorgeschriebene gesetzliche **Verfahrensstandschaft**.[526] Eine eigene Antragsbefugnis des Kindes ist nicht vorgesehen. Insoweit greift § 1629 Abs. 3 BGB über den Anwendungsbereich des § 1629 Abs. 2 S. 2 BGB hinaus. Ziel ist es, die Kinder aus streitigen Auseinandersetzungen im Rahmen der Ehescheidung und hiermit einhergehenden gerichtlichen Verfahren herauszuhalten.[527] Die Verfahrensstandschaft nach § 1629 Abs. 3 S. 1 BGB dauert über die **Rechtskraft der Ehescheidung** hinaus fort und gilt unter der Voraussetzung, dass bis zum Abschluss des Unterhaltsverfahrens die Elternschaft des Verfahrensstandschafters fortbesteht[528] und keine anderweitige Sorgerechtsregelung getroffen wurde.[529] Mit **Volljährigkeit** kann das Kind im Wege des **gewillkürten Beteiligtenwechsels** in das Verfahren eintreten, ohne dass dies der Zustimmung des Verfahrensgegners bedürfte.[530]

146

Für unverheiratete Eltern, die keine **Sorgeerklärung** abgegeben haben, bedarf es keiner Regelung der gesetzlichen Verfahrensstandschaft. Kinder, deren Eltern nicht miteinander verheiratet sind, müssen daher ihre Unterhaltsansprüche stets im eigenen Namen – gesetzlich vertreten durch ihren sorgeberechtigten Elternteil – geltend machen.

147

---

522 OLG Hamm FamRZ 1990, 890.
523 OLG Hamm FamRZ 1990, 890.
524 Vgl. zum Ganzen etwa OLG Hamm FamRZ 1990, 890; OLG Köln FamRZ 2009, 619; 2005, 1999; OLG München FamRZ 2003, 248; a.A. hinsichtlich einer zweitinstanzlichen Erledigungserklärung allerdings OLG Rostock NJW 2012, 942.
525 BGH FamRZ 2013, 1378.
526 OLG Koblenz FamRZ 2002, 562; OLG Hamm FamRZ 1998, 379.
527 BT-Drucks 7/650, S. 176; BT-Drucks 10/4514, S. 23.
528 Dazu OLG Düsseldorf FamRZ 1987, 1162.
529 BGH FamRZ 1990, 283.
530 BGH FamRZ 2013, 1378.

D. Vermögenssorge (§§ 1638–1649, 1683, 1698–1698b BGB)

I. Allgemeines

148 Neben der Personensorge umfasst die elterliche Sorge auch das Recht und die Pflicht, für das Vermögen des Kindes Sorge zu tragen,[531] insbesondere durch Verwaltung der Vermögensgegenstände des Kindes und der hieraus fließenden Erträge. Ebenso wie im Rahmen der Personensorge ist auch bei der Vermögenssorge zwischen der tatsächlichen Fürsorge und der gesetzlichen Vertretungsmacht zu unterscheiden. Auch hier sind beide Bereiche nicht immer einfach voneinander abzugrenzen. Während der gesetzlichen Vertretung etwa die Geltendmachung von Schadensersatzansprüchen zugeordnet werden kann,[532] erfasst die tatsächliche Vermögenssorge die zum Zweck der Übereignung notwendige Inbesitznahme einer Sache oder die Vereinbarung eines **Besitzmittlungsverhältnisses** nach § 930 BGB.[533]

149 Dem Vermögen des Kindes sind nicht nur Wertgegenstände und Immobilien als solche zuzuordnen, sondern auch die hieraus fließenden **Erträge** sowie – trotz §§ 112, 113 Abs. 1 BGB – die Einnahmen des Kindes aus einer Erwerbstätigkeit oder einem **selbstständigen Gewerbebetrieb**. Lediglich die dem Kind nach § 110 BGB zugewendeten Beträge sind verwaltungsfrei. Woher das Vermögen stammt, ist unerheblich.[534]

150 Die Vermögenssorge umfasst alle rechtlichen und tatsächlichen Maßnahmen, die geeignet und erforderlich sind, um das Vermögen des Kindes zu erhalten, zu verwerten und zu vermehren.[535] Hierzu kann etwa die Unterhaltung einer **Haftpflichtversicherung** zugunsten des Kindes gehören,[536] in jedem Fall allerdings das Bemühen, **Schulden des Kindes** zu vermeiden.[537] Auch die Ausschlagung einer dem Kind angefallenen Erbschaft unterfällt der Vermögenssorge.[538] Unerheblich ist bei der Vermögenssorge, ob die Eltern im eigenen Namen oder dem des Kindes handeln. Es obliegt den Eltern, das Vermögen des Kindes in dessen Interesse zu verwalten,[539] wobei es nicht nur um die **Vermögenserhaltung** im Sinn der Surrogation nach § 1646 BGB geht, sondern auch um die Mehrung nach § 1626 Abs. 1 S. 2 BGB. Bezüglich der **Vermögenserträge** ist als Besonderheit zu beachten, dass sie im Rahmen der familiären Solidarität gemäß § 1618a BGB für Unterhaltszwecke innerhalb der Familie verwendet werden dürfen (§ 1649 Abs. 2 BGB). Hier gilt die unterhaltsrechtliche Vorgabe des § 1602 Abs. 2 BGB, demzufolge das minderjährige Kind zur Deckung seines Bedarfs auch die Erträge aus seinem **Vermögensstamm** einzusetzen hat.

151 Wie die Personensorge muss sich auch die Vermögenssorge am **Kindeswohl** ausrichten, wobei das Gesetz hierzu genaue Vorgaben enthält (§§ 1639 ff. BGB). Die Kapitalanlage des kindlichen Vermögens hat sich an den Grundsätzen einer **wirtschaftlichen Vermögensverwaltung** zu orientieren. Rentabilität, Sicherheit und Liquidität gelten als Anlageziele. Dabei sind allerdings auch bestimmte Kapitalbeträge zur Finanzierung notwendiger Ausgaben bereitzuhalten (§ 1641 BGB). Unzulässig sind **Spekulationsgeschäfte**. Eine Orientierung kann im Wesentlichen daran erfolgen, was ein wirtschaftlich denkender Privater als günstige und sichere Anlage wählen würde. In der Rechtsprechung wird allerdings auch die Auffassung vertreten, dass die Eltern sich mit der Verzinsung von **Spareinlagen** bei gesetzlicher Kündigungsfrist nicht begnügen dürfen.[540]

---

531 Überblick bei *Jordans*, MDR 2014, 379 und 1056.
532 *Motzer*, FamRZ 1996, 844.
533 BGH FamRZ 1989, 945.
534 OLG Hamm FamRZ 1997, 51.
535 AG Nordhorn FamRZ 2002, 341.
536 *Peters*, FamRZ 1997, 595.
537 PWW/*Ziegler*, § 1626 BGB Rn 10.
538 BGH, Beschl. v. 29.6.2016 – XII ZB 300/15, juris.
539 LG Kassel FamRZ 2003, 626.
540 LG Kassel FamRZ 2003, 626.

Diese Erwägungen dürften allerdings spätestens seit der Finanzkrise ab 2008 zu überdenken sein; diese hat gezeigt, dass auch vermeintlich sichere Anlagen nicht kalkulierbare Risiken bergen können. Demgegenüber haben sich die Einlagen etwa bei öffentlichen Banken und Sparkassen, wenn auch zu niedriger Verzinsung, als sicher erwiesen.

152 Ordnungsgemäße Vermögensverwaltung heißt für die Eltern, kein Kindesvermögen für persönliche Zwecke zu verwenden. Denn es handelt sich um eine **fremdnützige Verwaltung**, die auf die Bewahrung des Vermögens zum Nutzen des Kindes gerichtet ist.[541] Werden dem Kind durch **letztwillige Verfügung** oder Schenkung Vermögenswerte zugewendet, so sind die bestehenden Bindungen an getroffene Anordnungen zu beachten (§ 1639 BGB). Soweit nachteilige, riskante oder besonders wichtige Rechtsgeschäfte in Rede stehen (§ 1643 BGB),[542] bedürfen diese einer gerichtlichen Genehmigung, ebenso wie die Überlassung von Vermögen (§ 1644 BGB). Steht die Aufnahme eines neuen Erwerbsgeschäfts im Namen des Kindes in Rede, so bedarf es ebenfalls einer gerichtlichen Erlaubnis hierfür (§ 1645 BGB).

153 Wenn die Voraussetzungen des § 1640 BGB vorliegen, ist über das Kindesvermögen ein **Verzeichnis** zu erstellen und mit der Versicherung der Richtigkeit und Vollständigkeit bei Gericht einzureichen. Diese Verpflichtung entsteht mit dem Vermögenserwerb, ohne dass es hierzu einer gesonderten gerichtlichen Aufforderung bedarf.

II. Einschränkungen der Vermögenssorge

154 Von der Vermögenssorge ausgenommen sind Vermögenswerte, die dem Kind nach Maßgabe von § 1638 BGB zufließen, d.h. vorrangig im Wege der Erbfolge, aber auch durch Schenkung unter Lebenden, wenn der Erblasser durch letztwillige Verfügung bzw. der Zuwendende bei der Zuwendung bestimmt hat, dass die Eltern das Vermögen nicht verwalten sollen.[543] Im Rahmen der letztwilligen Zuwendung ist eine Beschränkung der elterlichen Sorge auch hinsichtlich des Pflichtteils möglich.[544] Von der Beschränkung der Vermögenssorge wird auch die Ausschlagung der Erbschaft erfasst.[545]

Ebenso ist eine Beschränkung **der Vermögenssorge** in den §§ 181, 1629 Abs. 2, 1641 BGB vorgesehen. Geschäfte, die entgegen dem **Schenkungsverbot** des § 1641 BGB getätigt werden, sind nach § 134 BGB nichtig. Nimmt das beschränkt geschäftsfähige Kind Schenkungen vor, so erlangen diese grundsätzlich weder mit Zustimmung der Sorgeberechtigten noch – ggf. – über § 110 BGB Wirksamkeit.[546]

155 Die **elterliche Vermögensverwaltung** kann gerichtlich beschränkt werden. Dies kommt etwa in Betracht, wenn durch Pflichtverletzungen eines oder beider Elternteile das Kindesvermögen gefährdet wird.[547] Auch aus dem eigenen wirtschaftlichen Verhalten eines Elternteils können Rückschlüsse auf dessen Fähigkeit zur ordnungsgemäßen Ausübung der Vermögenssorge gezogen werden, etwa wenn über das elterliche Vermögen **Privatinsolvenz** eröffnet wurde.[548] Gleiches gilt, wenn der vermögenssorgeberechtigte Elternteil selbst unter **Betreuung** mit dem Wirkungskreis Vermögenssorge steht.[549]

---

541 OLG Köln FamRZ 1997, 1351; AG Nordhorn FamRZ 2002, 341.
542 Siehe dazu etwa OLG Hamm FamRZ 2015, 337.
543 Siehe dazu BGH, Beschl. v. 29.6.2016 – XII ZB 300/15, juris; BGH FamRZ 1989, 269.
544 BGH, Beschl. v. 29.6.2016 – XII ZB 300/15, juris; OLG Hamm FamRZ 1969, 662.
545 BGH, Beschl. v. 29.6.2016 – XII ZB 300/15, juris; a.A. OLG Karlsruhe FamRZ 1965, 573; OLG Düsseldorf FamRZ 2007, 2091; KG KGJ 48, 22.
546 OLG Stuttgart FamRZ 1969, 39.
547 Siehe dazu etwa OLG Bremen FamRZ 2015, 861; siehe zur pflichtwidrigen Abhebung vom Sparbuch des Kindes auch *Becker*, FamRZ 2016, 869.
548 KG FamRZ 2009, 2102; vgl. auch OLG Karlsruhe FamRZ 2010, 391.
549 OLG Saarbrücken JAmt 2011, 49.

156 Das Familiengericht hat dann die zur Abwendung der Gefahr erforderlichen Maßnahmen zu treffen, §§ 1666, 1667 BGB (vgl. Rdn 209 ff.). Diese können etwa darin bestehen, dass Verfügungen über das Guthaben des Kindes von einer familiengerichtlichen Genehmigung abhängig gemacht werden, wobei dieser Vermerk im Sparbuch einzutragen ist.[550] Bei den gerichtlich zu treffenden Maßnahmen, die im Gesetz nicht näher präzisiert sind, ist stets zu beachten, dass sie zwar im Interesse des Kindes erfolgen, jedoch zugleich einen erheblichen Eingriff in das Elternrecht des Art. 6 Abs. 2 S. 1 GG darstellen. Für sie gilt daher der **Verhältnismäßigkeitsgrundsatz**.

157 Verletzt ein Elternteil seine Unterhaltspflicht und muss auch künftig von einer **Unterhaltsgefährdung** ausgegangen werden, so hat das Familiengericht die Möglichkeit auch die Vermögenssorge zu entziehen (siehe dazu Rdn 209 ff.).[551]

III. Regelungen zur Verwendung von Kindesvermögen (§ 1649 BGB)

158 Soweit ein Kind Einkünfte aus Vermögen oder Arbeit[552] erzielt, gibt § 1649 BGB nicht nur die jeweiligen Verwendungszwecke, sondern auch deren Reihenfolge vor:

- primär Ausgleich der **Kosten der ordnungsgemäßen Vermögensverwaltung** in deren tatsächlich anfallenden Umfang (§ 1649 Abs. 1 S. 1, Abs. 2 S. 1 BGB).
- sodann **Sicherstellung des Barunterhaltes des Kindes** aus dem verbleibenden Überschuss (§ 1649 Abs. 1 S. 1 BGB), soweit das minderjährige unverheiratete Kind in dem Umfang, in dem seine Vermögens- und Arbeitseinkünfte zur Bedarfsdeckung ausreichend sind, keinen Unterhaltsanspruch hat (§ 1602 Abs. 2 BGB). Bevor allerdings auf die laufenden Einkünfte aus Erwerb zurückgegriffen wird, sind vorrangig die **Vermögenserträge** für die Unterhaltssicherung einzusetzen. Der **Vermögensstamm** selbst darf nur angegriffen werden, wenn ansonsten – auch unter Berücksichtigung der Unterhaltsansprüche gegenüber Eltern und nachrangig haftenden Verwandten – der Kindesunterhalt gefährdet wäre.
- schließlich **Anlage der verbleibenden Einkünfte**.

Existieren überschüssige Vermögenseinkünfte – nicht sonstiges Einkommen – so ist es den Eltern gestattet, diese für ihren eigenen Unterhalt und den unverheirateter minderjähriger Geschwister des Kindes zu verwenden, soweit dies der Billigkeit entspricht.[553]

IV. Schadensersatz

159 Bei der Ausübung der elterlichen Sorge haben die Eltern gegenüber dem Kind für die Sorgfalt einzustehen, die sie in eigenen Angelegenheiten anzuwenden pflegen (**diligentia quam in suis**). § 1664 Abs. 1 BGB stellt eine eigenständige Anspruchsgrundlage dar, aus der Schadensersatzansprüche des Kindes gegen seine Eltern abgeleitet werden können.[554] Wegen seiner familienrechtlichen Prägung kann § 1664 BGB auf andere Personen als die Eltern nicht analog angewendet werden.[555]

Von einer **Pflichtverletzung** im Rahmen der Vermögenssorge ist etwa dann auszugehen, wenn die Eltern das Kindesvermögen für Aufwendungen genutzt haben, für die sie gegenüber dem Kind keinen Ersatzanspruch hätten. Wegen § 1610 Abs. 2 BGB zählen hierzu auch die Schaffung

---

550 OLG Köln FamRZ 2002, 673.
551 Zu weiteren zulässigen Maßnahmen vgl. §§ 1667, 1640 Abs. 3 BGB.
552 *Oelkers*, FuR 1997, 184 zur unterhaltsrechtlichen Bedeutung von Einkünften aus Schülerarbeit.
553 AG Nordhorn FamRZ 2002, 341; OLG Celle FamRZ 1987, 1038.
554 OLG Bremen FamRZ 2015, 861; OLG Frankfurt FamRZ 2016, 147; OLG Brandenburg Urt. v. 29.3.2007 – 12 U 185/06 (n.v.); OLG Köln FamRZ 1997, 1351; LG Kassel FamRZ 2003, 626; offen lassend AG Büdingen FamRZ 2014, 1648 (Hintergrund: illegales Downloaden von Musik).
555 BGH FamRZ 1996, 155; 1988, 810.

von Wohnraum für das Kind[556] bzw. Aus- und Weiterbildungskosten des Kindes[557] sowie der Erwerb von Einrichtungs-, Haushalts- und Bekleidungsgegenständen,[558] Urlaubsreisen und Geschenken für das Kind.[559]

Ein von §§ 1664, 277 BGB abweichender **Verschuldensmaßstab** gilt im Zusammenhang mit der **Verletzung des Kindes bei Führung eines Kfz** durch einen Elternteil.[560]

160

Die Ansprüche des Kindes aus § 1664 BGB unterliegen seit dem zum 1.1.2010 in Kraft getretenen **Gesetzes zur Änderung des Erb- und Verjährungsrechts**[561] der aus § 195 BGB folgenden dreijährigen **Verjährungsfrist**. Die Frist beginnt mit dem Ende des Jahres, in dem der Anspruch entstanden ist und der Gläubiger von den anspruchsbegründenden Umständen und der Person des Schuldners Kenntnis erlangt hat oder ohne grobe Fahrlässigkeit hätte erlangen müssen (§ 199 Abs. 1 BGB). Allerdings ist die Übergangsvorschrift des Art. 229 § 23 EGBGB zu diesem Gesetz zu beachten.

161

V. Ruhen und Ende der Vermögenssorge

Ruht die Vermögenssorge nach den §§ 1673, 1674 Abs. 1 BGB, ist sie nach §§ 1666, 1667 BGB entzogen worden oder endet sie durch Eintritt der Volljährigkeit des Kindes, so sind die Eltern verpflichtet, das Vermögen herauszugeben und auf Anforderung über die Verwaltung **Rechenschaft** abzulegen (§ 1698 Abs. 1 BGB).[562]

162

Soweit es um die **Nutzungen des Vermögens** geht, gilt die Rechenschaftspflicht nur bei einem Verdacht des Verstoßes gegen § 1649 BGB. Kommt es zur Beendigung der Vermögenssorge vor Eintritt der Volljährigkeit des Kindes, so steht der Anspruch auf Rechnungslegung nicht dem noch minderjährigen Kind zu, sondern dem neuen Sorgerechtsinhaber.[563]

163

Die mit der Vermögenssorge verbundenen Geschäfte dürfen von den Eltern fortgeführt werden, bis sie von der Beendigung der elterlichen Sorge Kenntnis erlangen oder sie kennen müssen (§ 1698a Abs. 1 BGB). Wird die elterliche Sorge durch den **Tod des Kindes** beendet, so haben die Eltern eine einstweilige Fürsorge für das Kindesvermögen, die sich auf die Geschäfte erstreckt, die nicht ohne Gefahr aufgeschoben werden können (§ 1698b BGB).

164

E. Ruhen und Beendigung der elterlichen Sorge

I. Ruhen der elterlichen Sorge

Die elterliche Sorge ruht in ihrer Gesamtheit oder in Teilbereichen, wenn ein Elternteil

165

- **tatsächlich** an der Ausübung der elterlichen Sorge gehindert ist (§ 1674 Abs. 1 BGB),[564]
- aus **rechtlichen** Gründen an der Sorgerechtsausübung gehindert ist, weil er in der Geschäftsfähigkeit beschränkt (§§ 1673 Abs. 2, 106 BGB) oder geschäftsunfähig ist (§§ 1673 Abs. 1, 104 BGB)[565] oder

---

556 AG Nordhorn FamRZ 2002, 341; AG Bad Schwartau FamRZ 1999, 315.
557 BGH FamRZ 2004, 1471; OLG Saarbrücken NZV 2002, 511.
558 OLG Frankfurt FamRZ 2016, 147.
559 OLG Bremen FamRZ 2015, 861.
560 BGH FamRZ 1996, 155; 1988, 810; anders, wenn das Kind selbst schädigt, dazu OLG Karlsruhe NJW 2012, 3043.
561 BGBl 2009 I, S. 3142; *Löhnig*, FamRZ 2009, 2053.
562 Zur – verneinten – Verwirkung des Rechenschaftsanspruchs OLG Koblenz FamRB 2014, 252.
563 PWW/*Ziegler*, § 1698 BGB Rn 3.
564 OLG Brandenburg FamRZ 2009, 1683; OLG Dresden FamRZ 2003, 1038; OLG Naumburg FamRZ 2002, 258.
565 Dazu KG FamRZ 2014, 1038; FamRZ 2015, 2079.

- in die **Adoption** seines Kindes eingewilligt hat[566] (§ 1751 Abs. 1 S. 1 BGB), wobei die **Einwilligung in die Adoptionspflege** noch nicht genügt.[567]

166 Grundlegende Voraussetzung für das Ruhen der elterlichen Sorge aus **tatsächlichen** Gründen (§ 1674 BGB) ist danach, dass die Sorge über einen längeren Zeitraum faktisch nicht ausgeübt werden kann. Ein solches tatsächliches Ausübungshindernis ist anzunehmen, wenn der wesentliche Teil der Sorgerechtsverantwortung nicht mehr von dem Elternteil selbst ausgeübt werden kann. Eine bloße physische Abwesenheit ist nicht ausreichend, wenn der Elternteil seine Kinder gut versorgt weiß und auf der Grundlage moderner Kommunikationsmittel oder Reisemöglichkeiten auch aus der Ferne Einfluß auf die Ausübung der elterlichen Sorge nehmen kann. Bei langfristiger Abwesenheit von der Familie ist deswegen entscheidend darauf abzustellen, ob dem Elternteil die Möglichkeit verblieben ist, entweder im Wege der Aufsicht oder durch jederzeitige Übernahme der Personen- und Vermögenssorge zur eigenverantwortlichen Ausübung zurückzukehren.[568] Eine lediglich theoretische Möglichkeit der Kontaktaufnahme über Dritte (Bruder des Jugendlichen) reicht nicht aus, den ständig gebotenen Einfluss auszuüben.[569] Entsprechend liegt ein tatsächliches Hindernis etwa bei einer längeren **Inhaftierung eines Elternteils** im Inland[570] oder Ausland vor.[571] Aktuell sind vor allem sehr zahlreiche Fälle unbegleitet einreisender minderjähriger Flüchtlinge typische Anwendungsfälle (zu den Problemen und dem Verfahren bei unbegleiteten minderjährigen Flüchtlingen siehe eingehend § 12 Rdn 119 ff.).[572] Aufgrund einer entsprechenden Prognose ergeht ein familiengerichtlicher Feststellungsbeschluss. Ist anzunehmen, dass sich die tatsächliche Verhinderung der Eltern oder eines Elternteils nur über einen kurzen Zeitraum erstrecken wird, so kann dieser Umstand möglicherweise die Rechtsfolge des § 1678 BGB auslösen, allerdings keine Grundlage für die Feststellung des Ruhens der elterlichen Sorge im Sinn des § 1674 BGB bilden.[573] Ist eine Ruhensanordnung unumgänglich, so ist diese aufgrund des Verhältnismäßigkeitsgrundsatzes möglichst auf Teilbereiche der elterlichen Sorge zu beschränken.[574] Kommt es zu einem Ruhen der elterlichen Sorge, so hat der betroffene Elternteil das Sorgerecht zwar noch inne, ist aber nach § 1675 BGB zu dessen Ausübung – auch bezüglich der Benennung eines **Vormundes**[575] – nicht berechtigt.[576] Dies hindert es nicht, auf der Grundlage von §§ 1666 ff. BGB in sein – nur ruhendes, aber fortbestehendes – Sorgerecht einzugreifen.[577] Von einem Ruhen der elterlichen Sorge ist allerdings nicht auszugehen, wenn sich ein Kind – in der Regel aus einem ausländischen Staat – lediglich aus medizinischen Gründen in der Bundesrepublik aufhält und die Eltern die Verantwortung für die Ausübung der elterlichen Sorge behalten und lediglich zur Ausübung auf Dritte übertragen haben (vgl. auch § 4 Rdn 29).[578]

167 Ist der Elternteil in der **Geschäftsfähigkeit** beschränkt, so steht ihm nach § 1673 Abs. 2 BGB trotz Ruhens der elterlichen Sorge aus **rechtlichen** Gründen neben dem gesetzlichen Vertreter des Kin-

---

566 *Kirsch*, Rpfleger 1988, 234.
567 BayObLG FamRZ 1988, 867 m.w.N.
568 BGH FamRZ 2005, 29; OLG Hamm, Beschl. v. 10.8.2015 – 4 UF 117/15, juris.
569 OLG Hamm, Beschl. v. 10.8.2015 – 4 UF 117/15, juris; OLG Köln FamRZ 1992, 1093; LG Frankenthal DAVorm 1993, 1237.
570 OLG Brandenburg FamRZ 2009, 1683; OLG Koblenz FamRZ 2012, 726.
571 OLG Brandenburg FamRZ 2009, 237; zur Ergänzungspflegschaft für unbegleitete Minderjährige siehe BGH FamRZ 2014, 472; 2013, 1206; OLG Karlsruhe FamRZ 2012, 1955; 2011, 740 m.w.N.; OLG Hamm, Beschl. v. 10.8.2015 – 4 UF 117/15, juris.
572 Siehe etwa OLG Hamm, Beschl. v. 10.8.2015 – 4 UF 117/15, juris.
573 PWW/*Ziegler*, § 1674 BGB Rn 2.
574 BGH FamRZ 2005, 29; vgl. auch OLG Saarbrücken FamRZ 2010, 2084 unter Hinweis auf die Möglichkeit der Vollmachterteilung durch den verhinderten Elternteil zugunsten des Vormunds (siehe dazu auch Rdn 17).
575 BayObLG FamRZ 1992, 1346.
576 BVerwG NJW 1994, 2633.
577 BGH FamRZ 2014, 543; OLG Karlsruhe FamRZ 2011, 1514; a.A. KG FamRZ 2014, 1038.
578 OLG Koblenz FamRZ 2011, 1517.

E. Ruhen und Beendigung der elterlichen Sorge § 1

des die Personensorge zu. Allerdings ist er in den Angelegenheiten der Personensorge von der Vertretung ausgeschlossen. Bestehen mit dem gesetzlichen Vertreter Meinungsverschiedenheiten, so gilt § 1673 Abs. 2 BGB. Der andere Elternteil übt die elterliche Sorge allein aus, soweit sie ihm nicht nach §§ 1666 ff. BGB entzogen ist oder entzogen werden müsste. Für das Familiengericht gilt der **Amtsermittlungsgrundsatz** (§ 1693 BGB, § 26 FamFG),[579] gerichtet auf die Anordnung von Maßnahmen zur **Unterbringung des Kindes, Bestellung eines Pflegers** oder auch die Abgabe von Erklärungen im Namen des Kindes in eilbedürftigen Fällen. Im Fall der **Verhinderung eines Elternteils** greift § 1693 BGB nur ein, wenn die elterliche Sorge nicht dem anderen Elternteil obliegt und von ihm ausgeübt werden kann. Es soll hierdurch sichergestellt werden, dass die strengen Eingriffsvoraussetzungen des § 1666 BGB nicht unter Anwendung des § 1693 BGB umgangen werden.[580]

Ist der Elternteil **geschäftsunfähig**, so ruht seine Sorge zwar schon von Gesetzes wegen; dennoch bestehen keine Bedenken, dass das Familiengericht das Ruhen – deklaratorisch – feststellt, weil hierfür ein praktisches Bedürfnis besteht.[581]

Steht die elterliche Sorge den Eltern **gemeinsam** zu und ist ein Elternteil an ihrer Ausübung tatsächlich verhindert oder ruht sie, so übt der andere Elternteil die Sorge allein aus. Sind beide gemeinsam sorgeberechtigten Elternteile aus tatsächlichen Gründen nicht nur vorübergehend zur Ausübung der elterlichen Sorge außer Stande, hat das Familiengericht analog § 1674 BGB das Ruhen der elterlichen Sorge durch Beschluss **festzustellen**. Wegen der besonderen Schutzbedürftigkeit eines Minderjährigen gilt das selbst dann, wenn Zweifel an der Minderjährigkeit des Kindes bestehen.[582] Solchen Zweifeln ist im Wege der Amtsermittlung (§ 26 FamFG) nachzugehen.[583] Kommt es zu einer späteren Änderung der Verhältnisse, so muss das Familiengericht in einem neuen Verfahren in entsprechender Anwendung des § 1674 Abs. 2 BGB den Fortfall des Hinderungsgrundes feststellen. Hierzu gehört auch die – amtswegige[584] – Prüfung, ob den Eltern bzw. einem Elternteil die Möglichkeit verblieben ist, zur eigenverantwortlichen Ausübung der Sorge zurückzukehren.[585] Allerdings darf das Familiengericht im Rahmen dieses Verfahrens nicht etwa nach § 1671 Abs. 1 BGB die elterliche Sorge auf einen Elternteil übertragen, da den Eltern nach Fortfall des Hinderungsgrundes die elterliche Sorge weiter gemeinsam zusteht. Dies bedarf der Einleitung eines ordnungsgemäßen Verfahrens nach § 1671 Abs. 1 BGB, welche nur auf Antrag erfolgt. Diesen Antrag kann der Elternteil auch während des Ruhens der elterlichen Sorge stellen bzw. aufrechterhalten; insbesondere steht ihm hierfür ein Rechtsschutzbedürfnis zur Seite. Denn im Falle des Ruhens der elterlichen Sorge bleibt der verhinderte Elternteil grundsätzlich der (Mit-)Inhaber; das Recht geht in seiner Substanz nicht verloren und lebt bei Wegfall des Verhinderungsgrundes gemäß § 1674 Abs. 2 BGB wieder auf. Von daher kann auch bei Vorliegen der Voraussetzungen des § 1674 Abs. 1 BGB ein rechtlich schützenswertes Interesse für einen Sorgerechtsantrag nach § 1671 Abs. 1 BGB bestehen mit dem Ziel, auch die Sorgerechtssubstanz auf den derzeit nach § 1674 Abs. 1 BGB allein ausübungsberechtigten zu konzentrieren, um schon jetzt die Sorgerechtsverhältnisse – nicht zuletzt im wohlverstandenen Kindesinteresse – dauerhaft zu ordnen. Dies gilt insbesondere dann, wenn aus derzeitiger Sicht keine Aussicht besteht, dass die elterliche Sorge nach dem Wegfall des tatsächlichen Hindernisses wieder ausgeübt werden kann.[586]

168

---

579 Vgl. – zu § 1674 – KG FamRZ 2012, 1959.
580 OLG Hamm FamRZ 1996, 1029, BayObLG FamRZ 1993, 84.
581 KG FamRZ 2015, 2079.
582 AG Freising FamRZ 2002, 1317.
583 KG FamRZ 2012, 1959.
584 KG FamRZ 2012, 1959.
585 BGH FamRZ 2005, 29.
586 OLG Karlsruhe, Beschl. v. 28.4.2016 – 18 UF 265/15, juris (Vater hatte sich dem JS angeschlossen); vgl. auch OLG Karlsruhe, Beschl. v. 13.4.2015 – 18 UF 181/14, juris (zur Sorgeermächtigung); OLG Hamm FamRZ 1996, 1029 (Vorrang von § 1666 BGB vor § 1674 Abs. 1 BGB).

169 Stand die elterliche Sorge einem Elternteil **allein** zu – sei es aus § 1626a Abs. 3 oder aus § 1671 BGB – und kommt es zum Ruhen der elterlichen Sorge, so geht diese nicht von selbst auf den anderen Elternteil über. Vielmehr bedarf es einer familiengerichtlichen Abänderungsentscheidung mit negativer Kindeswohlprüfung: Die Übertragung der Alleinsorge auf den anderen Elternteil darf dem Wohl des Kindes nicht widersprechen. Voraussetzung der Abänderungsentscheidung ist zudem, dass keine Aussicht darauf besteht, dass der Grund des Ruhens wegfallen wird (§ 1678 Abs. 2 BGB).

170 Ist das Ruhen der mütterlichen, aufgrund von § 1626a Abs. 3 BGB bestehenden, elterlichen Sorge eingetreten, weil diese der **Adoption** des Kindes zugestimmt hat (§ 1751 Abs. 1 BGB), so bedarf ein Antrag des Vaters auf Übertragung der elterlichen Sorge keiner Zustimmung der Mutter. Ihm ist die Sorge gem. § 1671 Abs. 3, S. 2 BGB zu übertragen, wenn dies dem Kindeswohl nicht widerspricht.[587] Ein etwaiger Antrag des Vaters auf Herstellung der gemeinsamen Sorge i.S.d. § 1626a Abs. 2 BGB ist dann als Antrag auf Übertragung der Alleinsorge zu bewerten.

II. Beendigung der elterlichen Sorge

171 Die elterliche Sorge endet zwingend mit der **Volljährigkeit** des Kindes (§§ 2, 1626 BGB). Zeitlich vorangehend kommt die Beendigung des Sorgerechts nur in Betracht durch **Tod** bzw. **Todeserklärung** (des Kindes oder) **des sorgeberechtigten Elternteils** oder durch staatlichen Eingriff, wobei jeweils danach zu differenzieren ist, ob alleinige oder gemeinsame Sorge bestand.

1. Tod eines Elternteils

a) Gemeinsame elterliche Sorge

172 Stand die elterliche Sorge beiden Elternteilen **gemeinsam** zu und verstirbt ein Elternteil, so erhält der überlebende Elternteil kraft Gesetzes nach § 1680 Abs. 1 BGB die alleinige Sorge zugewiesen. Versterben beide Elternteile, so ist gemäß **§ 1773 BGB** für das Kind ein **Vormund** zu bestellen. Wird ein Elternteil für tot erklärt oder seine Todeszeit nach dem **VerschG** festgestellt, endet die Sorge mit dem Zeitpunkt, der als Todeszeitpunkt gilt (§ 1677 BGB). Nach § 1681 Abs. 1 BGB sind die Regeln des § 1680 Abs. 1 und Abs. 2 BGB anwendbar (zur Frage des Richtervorbehalts siehe Rdn 169 f.).

b) Alleinsorge eines Elternteils

173 Stand die elterliche Sorge dem verstorbenen Elternteil **allein** zu – gleichgültig ob nach § 1626a Abs. 3 BGB oder aufgrund von § 1671 BGB, so ist dem anderen Elternteil nach § 1680 Abs. 2 BGB die Sorge zu übertragen, wenn dies dem Kindeswohl nicht widerspricht.[588] Bei der durchzuführenden Kindeswohlprüfung gelten die zu § 1671 Abs. 1 Nr. 2 BGB entwickelten Kriterien.[589] Ansonsten ist ein Vormund zu bestellen,[590] welcher dann z.B. auch der Lebensgefährte der Mutter oder der Stiefvater des Kindes sein kann.[591]

174 War **§ 1626a Abs. 3 BGB** Grundlage der Alleinsorge, so wird im Rahmen der Kindeswohlprüfung zu berücksichtigen sein, ob der Vater tatsächlich Verantwortung für das Kind trägt oder getragen hat. Solche tatsächliche Sorgerechtsausübung ist auch die regelmäßige Wahrnehmung von Umgangskontakten.[592] Dann ist davon auszugehen, dass die Sorgeübertragung auf ihn dem Kindes-

---

[587] BGH FamRZ 2007, 1969; Anm. *Motzer*, FamRB 2008, 38.
[588] BayObLG FamRZ 1999, 103; OLG Braunschweig FamRZ 1999, 185.
[589] PWW/*Ziegler*, § 1680 BGB Rn 3.
[590] BayObLG FamRZ 2000, 972.
[591] BayObLG FamRZ 1999, 103; OLG Schleswig FamRZ 1993, 832.
[592] BVerfG FamRZ 2008, 2185.

wohl nicht widerspricht. Hiervon kann aber etwa dann nicht ausgegangen werden, wenn dem Vater jegliches Gespür für die **Traumatisierung des Kindes** fehlt, das an dem gewaltsamen Tod der Mutter leidet, für den **der Vater** mit hoher Wahrscheinlichkeit verantwortlich ist (zur Frage des Richtervorbehalts siehe Rdn 169 a.E.; zur Frage des auszuwählenden Vormundes/Pflegers siehe Rdn 219 ff.).[593]

2. Staatlicher Eingriff

Die Beendigung der elterlichen Sorge in ihrer Gesamtheit oder einem Teilbereich durch staatlichen Eingriff vollzieht sich im Wesentlichen auf der Grundlage der §§ 1666, 1666a BGB. Stand zum maßgeblichen Zeitpunkt die Sorge beiden Eltern **gemeinsam** zu, so wächst sie dem überlebenden Elternteil zur alleinigen Ausübung zu (§ 1680 Abs. 3 i.V.m. Abs. 1 BGB). Die elterliche Sorge eines Elternteils endet zudem mit der Übertragung der Alleinsorge auf den anderen Elternteil nach § 1671 BGB.

175

Wurde die gemeinsame Sorge durch Sorgeerklärung begründet, so gilt sie über die Trennung hinaus. Zur Aufhebung ist, wie bei verheirateten Eltern, ein familiengerichtlicher Antrag nach § 1671 Abs. 1 BGB erforderlich.[594] Die Beendigung der gemeinsamen Sorge ist also nur durch familiengerichtliche Entscheidung möglich. Insoweit gelten für eheliche und nichteheliche Kinder die gleichen Bestimmungen.[595]

176

Wird dem **alleinsorgeberechtigten** Elternteil nach § 1666 BGB die elterliche Sorge ganz oder teilweise entzogen, so gelten gemäß § 1680 Abs. 3 BGB die soeben (siehe Rdn 172 ff.) zu § 1680 Abs. 2 BGB dargestellten Grundsätze. Weil § 1680 Abs. 3 i.V.m. Abs. 2 BGB ein subjektives Recht des Vaters enthält, ist dieser in diesen Fällen nach § 7 Abs. 2 Nr. 1 FamFG von Amts wegen als Beteiligter schon zum gegen die alleinsorgeberechtigte Mutter gerichteten Verfahren nach § 1666 BGB hinzuzuziehen (zur Frage des Richtervorbehalts siehe Rdn 169 a.E.; zur Frage des auszuwählenden Vormundes/Pflegers siehe Rdn 219 ff.).[596]

177

F. Schutzmaßnahmen zugunsten des Kindes

I. Allgemeines

§ 1666 BGB ist die einfachrechtliche Ausgestaltung des dem Staat nach Art. 6 Abs. 2 S. 2 GG dem Kind gegenüber obliegenden Wächteramts.[597] Zugleich konkretisiert diese Norm die durch Art. 8 EMRK geforderte **staatliche Achtung des Familienlebens**.[598] Der Staat darf allerdings in das nach Art. 6 Abs. 2 S. 1 GG gewährleistete Elternrecht auf Pflege und Erziehung der Kinder nur eingreifen, wenn und soweit Gründe des Kindeswohls dies dringend gebieten. In diesem Fall

178

---

593 BVerfG FamRZ 2008, 381; Anm. *Völker*, FamRB 2008, 72.
594 *Schwab/Wagenitz*, FamRZ 1997, 1377.
595 *Knittel*, DAVorm 1997, 649.
596 OLG Schleswig ZKJ 2011, 395; FamRZ 2012, 725 m.w.N.
597 BVerfG FamRZ 2010, 713; 2002,1021; *Britz*, Kindesgrundrechte und Elterngrundrecht: Fremdunterbringung von Kindern in der verfassungsgerichtlichen Kontrolle, FamRZ 2015, 793; siehe zu Statistischem zu den Fremdunterbringungsentscheidungen des BVerfG *Britz*, FF 2015, 4; eine Kurzzusammenfassung der verfassungsrechtlichen Maßstäben in Verfahren nach §§ 1666 ff. BGB findet sich etwa bei *Lack/Heilmann*, ZKJ 2014, 308; siehe zu Verbesserungsmöglichkeiten im Kinderschutz etwa *Sommer*, ZKJ 2014, 372 zu den Auswirkungen der aktuellen Rechtsprechung des BVerfG auf die Praxis des Kinderschutzes siehe *Heilmann*, FamRZ 2015, 92; *Gärditz*, FF 2015, 341; *Pheiler-Cox*, FuR 2015, 508 und 644; demgegenüber die Kammerrechtsprechung des BVerfG zu Recht verteidigend *Jestaedt*, Kindesrecht zwischen Elternverantwortung und Staatsverantwortung – Herausforderungen des Eltern-Kind-Verhältnisses aus verfassungsrechtlicher Perspektive, Brühler Schriften zum Familienrecht, 21. Deutscher Familiengerichtstag, S. 65 ff.
598 EuGHMR FamRZ 2002, 1393; EuGHMR FamRZ 2005, 585; OLG Hamm FamRZ 2006, 1476.

ist jedoch stets der **Verhältnismäßigkeitsgrundsatz** zu beachten.[599] Der staatliche Eingriff muss notwendig und zugleich „so gering, zurückhaltend und behutsam wie im Einzelfall nur möglich" sein.[600] Es sind also nur solche Maßnahmen zulässig, die zur Abwendung der Kindeswohlgefährdung effektiv geeignet, erforderlich und auch im engeren Sinne verhältnismäßig sind. Die Erforderlichkeit beinhaltet dabei das Gebot, aus den zur Erreichung des Zweckes gleich gut geeigneten Mitteln das mildeste, die geschützte Rechtsposition am wenigsten beeinträchtigende Mittel zu wählen (zur besonderen Bedeutung des Verhältnismäßigkeitsgrundsatzes bei auf der Grundlage von §§ 1666, 1666a BGB erlassenen einstweiligen Anordnungen siehe § 7 Rdn 6).[601]

179 Ein Eingriff in den elementaren Kern der Personensorge in Form der Trennung des Kindes von seiner Familie ist nur dann verfassungskonform, wenn die **Gefährdung des Kindeswohls** nicht durch weniger einschneidende Maßnahmen abgewendet werden kann, wie etwa durch **familiengerichtliche Auflagen** oder ambulante oder stationäre **Hilfsmaßnahmen nach dem SGB VIII**.[602] Praktisch sind insoweit vor allem die Einrichtung einer **sozial-pädagogischen Familienhilfe** und die Unterbringung eines Elternteils gemeinsam mit seinem Kind in einer **Eltern-Kind-Einrichtung**, seltener auch in einer Eltern-Kind-Pflegestelle von Bedeutung. Mit Blick auf den zentralen Handlungsmaßstab – der Wahrung des Kindeswohls – ist bei staatlichem Handeln zu prüfen, ob eine gegenwärtige oder unmittelbar bevorstehende **Gefahr für das Kind** existiert,[603] die eine erhebliche Schädigung des Kindes für sein körperliches, geistiges oder seelisches Wohl mit ziemlicher Sicherheit vorhersehen lässt.[604] Eine mittel- bzw. langfristige Gefährdung des Kindeswohls begründet keine nachhaltige, akute Kindeswohlgefahr im verfassungsrechtlichen Sinne.[605] Je gewichtiger der zu erwartende Schaden ist, umso geringer sind die Eingriffsvoraussetzungen.[606] Allerdings genügt für die Anwendbarkeit des § 1666 BGB nicht jedes Versagen oder jede Nachlässigkeit der Eltern.[607] Denn das Kind hat keinen Anspruch auf die bestmöglichen Eltern oder eine optimale Erziehung und Förderung.[608] Die sozialen Verhältnisse, in die ein Kind hineingeboren wird, müssen als schicksalhaft ebenso angenommen werden[609] wie die Tatsache, dass das Kind durch eine elterliche Entscheidung möglicherweise Nachteile erleiden wird.[610] Der Staat ist daher durch Art. 6 Abs. 2 Satz 2 GG auch grundsätzlich weder ermächtigt noch verpflichtet, zu erzwingen, dass Eltern ihrem Kind die optimale Therapie zukommen lassen; dies gilt jedenfalls dann, wenn die aus Gerichtssicht optimale Therapie nur mittels einer unfreiwilligen Trennung von Eltern und Kind durchgeführt werden könnte.[611]

---

599 BVerfG FamRZ 2009, 1472; 2003, 296.
600 OLG Hamm FamRZ 1997, 1550; OLG Köln FamRZ 1996, 1027.
601 Zum Ganzen BVerfG ZKJ 2012, 186 m. Anm. *Coester*, ZKJ 2012, 182; BGH FF 2012, 67 m. Anm. *Völker*; BGH, Beschl. v. 6.7.2016 – XII ZB 47/15, juris; BGH FamRZ 2014, 543; OLG Saarbrücken FamRZ 2012, 463.
602 BVerfG FF 2014, 295; Anm. *Kunkel*, FamRZ 2015, 901; Bespr. *Riegner*, NZFam 2014, 625; BVerfG FamRZ 2008, 492; 1982, 220; OLG Saarbrücken FamRZ 2010, 1746.
603 OLG Hamm FamRZ 2010, 1745.
604 St. Rspr., siehe etwa BVerfG FamRZ 2015, 112; ZKJ 2012, 186 m. Anm. *Coester*, ZKJ 2012, 182; BVerfG FamRZ 2008, 492 mit einer Zusammenfassung der verfassungsgerichtlichen Anforderungen an einen Sorgerechtsentzug nach den §§ 1666, 1666a BGB; BGH, Beschl. v. 6.7.2016 – XII ZB 47/15, juris; siehe zum Erfordernis einer kurzfristig bevorstehenden Gefährdung auch BVerfG FamRZ 2010, 528; ebenso BGH FamRZ 2010, 720; OLG Köln FamRZ 2011, 1307.
605 BVerfG FF 2014, 295; Anm. *Kunkel* in FamRZ 2015, 901; Bespr. *Riegner*, NZFam 2014, 625; BVerfG FamRZ 2014, 907; vgl. auch BVerfG FamRZ 2016, 439; OLG Saarbrücken FamRB 2016, 227; etwas großzügiger OLG Brandenburg, Beschl. v. 4.12.2015 – 13 UF 95/15, juris.
606 OLG Karlsruhe FamRZ 2009, 1599.
607 BVerfG FamRZ 2010, 713.
608 BVerfG FamRZ 2010, 713; 2015, 112.
609 EuGHMR FamRZ 2002, 1393; BVerfG FamRZ 2010, 713; OLG Hamm FamFR 2013, 455; OLG Hamm FamRZ 2004, 1664.
610 BVerfG FamRZ 1982, 567; OLG Köln FamRZ 1996, 1027.
611 BVerfG FamRZ 2014, 1270.

Vorgeburtliche Maßnahmen nach § 1666 BGB sind ausgeschlossen[612] und können auch nicht unter der aufschiebenden Bedingung der Geburt des Kindes getroffen werden. Auch ein Erörterungstermin nach § 157 FamFG kann frühestens ab Geburt des Kindes anberaumt werden,[613] da erst ab dann ein Sorgerecht entsteht.

Bereits vor Inkrafttreten des FamFG war nach gefestigter Rechtsprechung dem Kind in Verfahren nach § 1666 BGB ein Verfahrenspfleger zu bestellen.[614] Der besonderen Schutzbedürftigkeit des Kindes in dieser Verfahrenssituation hat der Gesetzgeber dadurch Rechnung getragen, dass nach § 158 Abs. 2 Nr. 2 FamFG in den Verfahren nach §§ 1666, 1666a BGB die Bestellung eines **Verfahrensbeistandes** als in der Regel erforderlich angesehen wird, wenn die teilweise oder vollständige Entziehung der Personensorge in Betracht kommt (vgl. § 5 Rdn 12).

Mit zunehmender Fähigkeit des Kindes zur Selbstbestimmung reduziert sich seine Pflege- und Erziehungs- und somit seine Schutzbedürftigkeit. Daher werden die im Elternrecht verankerten Befugnisse mit zunehmendem Alter des Kindes zurückgedrängt, bis sie mit Eintritt der Volljährigkeit gänzlich erlöschen.[615] Entsprechend sieht auch der Wortlaut des § 1626 Abs. 2 S. 1 BGB vor, dass die Eltern bei der Pflege und Erziehung des Kindes dessen wachsenden Fähigkeiten und Bedürfnissen zu eigenständigem verantwortungsbewusstem Handeln Rechnung zu tragen haben.

Das Verfahren nach § 1666 BGB wird vom Familiengericht **von Amts wegen** eingeleitet, sobald es Kenntnis von Tatsachen erlangt, die die tatbestandlichen Voraussetzungen des § 1666 BGB erfüllen können. In der Regel erfolgt die Verfahrenseinleitung auf Anregung oder durch Gefährdungsmitteilung des Jugendamts nach § 8a Abs. 3 SGB VIII, aber auch andere Personen zeigen häufig Kindesgefährdungen an, wie etwa Ärzte, Erzieher, Lehrer oder Personen aus dem familiären Umfeld.[616] Ein eigenes Antragsrecht kommt diesen Personen jedoch nicht zu. Das Verfahren des Familiengerichts nach § 1666 BGB unterliegt dem Amtsermittlungsgrundsatz des § 26 FamFG. In den Fällen, in denen es nicht darum geht, eine getroffene Sorgerechtsregelung wegen veränderter Umstände abzuändern, sondern wegen Gefährdung des Kindeswohls ein Einschreiten geboten ist, hat § 1666 BGB vor § 1696 BGB Vorrang.[617] Dies gilt nicht, wenn eine Kindeswohlgefährdung gerade durch (Teil-)Übertragung des Sorgerechts von einem Elternteil auf den anderen abgewendet werden soll; dann greift § 1696 Abs. 1 BGB.[618]

Droht die **Gefährdung des Kindeswohls** aufgrund bloßer **Meinungsverschiedenheiten der Eltern**, so sind diese vorrangig in der Pflicht, eine Einigung i.S.d. § 1627 BGB herbeizuführen. Soweit diese Möglichkeit scheitert, kann eine gerichtliche Entscheidung nach § 1628 BGB herbeigeführt werden (siehe dazu Rdn 116 ff.). Erst soweit auch durch die alleinige Entscheidungskompetenz eines Elternteils die Gefährdung des Kindeswohls nicht abgewendet werden kann, kommen als ultima ratio gerichtliche Maßnahmen nach § 1666 BGB in Betracht.

II. Schutzmaßnahmen nach § 1666 BGB

§ 1666 Abs. 1 BGB normiert als Generalklausel die Eingriffstatbestände, bei deren Vorliegen Sorgerechtsmaßnahmen zu Lasten des Sorgeberechtigten getroffen werden können. Diese Generalklausel schützt sowohl die persönlichen Belange des Kindes als auch seine Vermögensinteressen.[619] Sie dient als einheitliche Ermächtigungsgrundlage für gerichtliche Eingriffe. Daher

---

612 DIJuF-Rechtsgutachten JAmt 2014, 389; 2002, 512.
613 A.A. DIJuF-Rechtsgutachten JAmt 2014, 389, dort auch zu alternativen vorgeburtlichen Möglichkeiten, einer befürchteten Kindeswohlgefährdung entgegenzuwirken.
614 OLG Köln FamRZ 2001, 845; OLG Hamm FamRZ 2001, 850.
615 OLG Hamm FamRZ 1997, 1550; OLG Köln FamRZ 1996, 1027.
616 *Rotax*, FPR 2001, 251.
617 BVerfG FamRZ 2009, 1472.
618 Zutreffend *Coester*, ZKJ 2012, 182 m.w.N.
619 BayObLG FamRZ 1999, 316.

muss § 1666 BGB auch unter anderem von § 1696 BGB abgegrenzt werden. In den Fällen, in denen es nicht darum geht, eine getroffene Sorgerechtsregelung wegen veränderter Umstände abzuändern, sondern zumindest auch ein Eingreifen wegen **Gefährdung des Kindeswohles** erfolgen muss, ist § 1666 BGB vorrangig vor § 1696 BGB anzuwenden.[620] Soll allerdings eine Kindeswohlgefährdung gerade durch (Teil-)Übertragung des Sorgerechts von einem Elternteil auf den anderen abgewendet werden, greift § 1696 Abs. 1 BGB.[621]

Ruht die elterliche Sorge nach § 1673 BGB, so kommen Maßnahmen nach §§ 1666 f. BGB grundsätzlich nicht in Betracht.[622]

185 Bei Gefährdung des Kindeswohls hat das Familiengericht die zur Gefahrenabwehr **notwendigen Schutzmaßnahmen** zu treffen. Hierbei hat sich das Gericht am Grundsatz der **Verhältnismäßigkeit** zu orientieren.[623] Bevor es daher das gesamte Sorgerecht entzieht, ist gegebenenfalls – sofern mildere, im Einvernehmen mit dem betroffenen Elternteil veranlasste Maßnahmen (etwa eine **sozial-pädagogische Familienhilfe** oder eine **Eltern-Kind-Unterbringung**) zur Abwendung der Kindeswohlgefährdung nicht ausreichen[624] – zunächst das Aufenthaltsbestimmungsrecht und gegebenenfalls weitere Teilbereiche der Personensorge (in der Praxis insbesondere Gesundheitsfürsorge und Recht zur Antragstellung nach dem SGB VIII) zu entziehen oder die Personensorge – nicht die Vermögenssorge – zu entziehen.[625] Dann ist insoweit **Ergänzungspflegschaft** anzuordnen. Aus Verhältnismäßigkeitsgründen muss auch in Erwägung gezogen werden, dass von mehreren im elterlichen Haushalt lebenden Kindern lediglich bezüglich eines Kindes die elterliche Sorge entzogen wird, wenn aufgrund der Persönlichkeitsstruktur der anderen Kinder ein Verbleib im elterlichen Haushalt – unter Auflagen – mit dem Kindeswohl vereinbar ist.[626] Zieht das Gericht in Erwägung, dem betreuenden Elternteil die elterliche Sorge zu entziehen und diese nach § 1696 Abs. 1 BGB auf den anderen Elternteil zu übertragen, so muss sichergestellt sein, dass dieser Elternteil zur Ausübung der Sorge geeignet ist.[627]

186 Einen – nicht abschließenden – **Katalog möglicher Maßnahmen** bei Gefährdung des Kindeswohls enthält § 1666 Abs. 3 BGB (siehe Rdn 206 f.).

187 In Angelegenheiten der Personensorge kann das Familiengericht auch Maßnahmen mit Wirkung gegen einen **Dritten** treffen (siehe dazu Rdn 208).

188 Hat das Familiengericht länger dauernde Maßnahmen angeordnet, so sieht § 1696 Abs. 2 BGB in der seit dem 1.9.2009 geltenden Fassung vor, dass diese Maßnahme aufzuheben ist, wenn die Gefahr für das Kindeswohl nicht mehr besteht oder die Erforderlichkeit der Maßnahme entfallen ist.[628] Damit korrespondiert § 166 Abs. 2 FamFG, der bestimmt, dass das Familiengericht eine länger dauernde **kindesschutzrechtliche Maßnahme** in angemessenen Zeitabständen zu **über-**

---

620 BVerfG FamRZ 2009, 1472.
621 Zutreffend *Coester*, ZKJ 2012, 182 m.w.N.
622 KG FamRZ 2014, 1038.
623 Siehe auch den Überblick von *Britz*, Kindesgrundrechte und Elterngrundrecht: Fremdunterbringung von Kindern in der verfassungsgerichtlichen Kontrolle, FamRZ 2015, 793; Kurzfassung in JAmt 2015, 286; siehe auch *Hammer*, Anforderungen an familiengerichtliche Entscheidungen im Kinderschutz aus Sicht der Praxis des Familiengerichts, JAmt 2015, 291; *Gläss*, Anforderungen an familiengerichtliche Entscheidungen im Kinderschutz aus Sicht der Praxis im Jugendamt, JAmt 2015, 295; *Kindler*, Anforderungen an familiengerichtliche Entscheidungen im Kinderschutz aus Sicht der Praxis des Sachverständigen, JAmt 2015, 297; *Blum-Maurice*, Anforderungen an familiengerichtliche Entscheidungen im Kinderschutz aus Sicht eines Kinderschutz-Zentrums, JAmt 2015, 299; zu regionalen Unterschieden in Deutschland siehe *Pothmann*, JAmt 2015, 234.
624 Siehe dazu etwa BGH, Beschl. v. 6.7.2016 – XII ZB 47/15, juris.
625 BVerfG FF 2014, 295; Anm. *Kunkel*, FamRZ 2015, 901; Bespr. *Riegner*, NZFam 2014, 625; OLG Frankfurt NJW 2000, 316; AG Tempelhof-Kreuzberg JAmt 2002, 417; OLG Hamm FamRZ 2010, 1742.
626 OLG Frankfurt FamRZ 2011, 489; vgl. auch die Konstellation in BVerfG FF 2014, 295.
627 OLG Koblenz FamRZ 2008, 1973.
628 Siehe dazu BGH, Beschl. v. 6.7.2016 – XII ZB 47/15, juris.

F. Schutzmaßnahmen zugunsten des Kindes §1

prüfen hat.[629] Aufgrund der Rechtsprechung des EuGHMR muss eine solche Überprüfung regelmäßig mindestens jährlich vorgenommen werden.[630] Während nach früherem Recht lediglich die Möglichkeit vorgesehen war, eine getroffene Maßnahme zu überprüfen, hat der Gesetzgeber im neuen Recht eine solche Obliegenheit – in der Regel nach drei Monaten – auch für den Fall statuiert, dass das Familiengericht von einer Maßnahme abgesehen hat (§ 166 Abs. 3 FamFG). Dies berücksichtigt, dass Eltern die Ablehnung des Erlasses entsprechender Maßnahmen durch das Familiengericht zuweilen missverstehen und sich ermutigt fühlen, ihr unzulängliches Erziehungsverhalten fortzusetzen.

Zwischen den Maßnahmen zum **Entzug der Personensorge** und dem **Entzug der Vermögenssorge** ist strikt zu differenzieren.[631] Der Entzug der elterlichen Sorge in seiner Gesamtheit ist nur gerechtfertigt, wenn die Voraussetzungen sowohl zum Entzug der Personensorge nach § 1666 Abs. 1 BGB als auch der Vermögenssorge nach § 1666 Abs. 2 BGB vorliegen und ein milderes Mittel nicht ausreichend ist, um die Gefährdung des Kindeswohls abzuwenden.[632] Erfolgt der Entzug der gesamten elterlichen Sorge, so ist die Erforderlichkeit dessen gesondert in der gerichtlichen Entscheidung zu begründen.[633] Der Eingriff in die Personensorge setzt eine objektive Gefährdung des Kindeswohls voraus, die auch von Dritten ausgehen kann und vom **Verschulden der Eltern** unabhängig ist.[634] Demgegenüber ist tatbestandliche Voraussetzung für den Eingriff in die Vermögenssorge allein die Gefährdung des Kindesvermögens (siehe Rdn 209 ff.).

189

Unbeschadet der Tatsache, dass nach § 162 Abs. 1 FamFG das Jugendamt ohnehin in allen Verfahren, die die Person des Kindes betreffen, anzuhören ist, entsprach es bereits bisheriger Rechtsprechung, dass das Gericht in Zusammenwirken mit dem Jugendamt von Amts wegen (§ 26 FamFG)[635] Ermittlungen anstellt. Hierbei spricht für die Einbindung des Jugendamts die Tatsache, dass dem jeweiligen Sachbearbeiter entweder bereits die betreffende Familie bekannt ist oder doch zumindest deren soziales Umfeld. Durch das Jugendamt kann – in Ausgestaltung des Verhältnismäßigkeitsgrundsatzes – gegebenenfalls bereits in direktem Gespräch mit den Eltern eine Lösung gefunden werden. Erst wenn sich auf dieser Ebene abzeichnet, dass die Eltern nicht gewillt oder nicht in der Lage sind, die dem Kindeswohl drohende Gefahr freiwillig abzuwenden, kann und muss das Gericht die erforderlichen Anordnungen treffen.[636] Auch auf dieser Ebene ist das Familiengericht gehalten, den geringst möglichen Eingriff zu Gefährdungsbeseitigung anzuordnen. So kann etwa bei Weigerung der Eltern, die **Begutachtung des Kindes** zuzulassen, die jedoch zur Vorbereitung einer **Schutzmaßnahme** unerlässlich ist, das Gericht den Eltern zum Zweck der Gutachtenerstellung zeitlich befristet für die Dauer des jeweiligen Termins beim Gutachter das Aufenthaltsbestimmungsrecht entziehen und insoweit Pflegschaft anordnen.[637] Auf diesem Weg können die Entscheidungsgrundlagen dafür ermittelt werden, ob und in welchem Umfang tatsächlich eine Kindeswohlgefährdung vorliegt und welche gerichtlichen Maßnahmen zu deren Beseitigung getroffen werden müssen.[638] Veranlasst das Gericht eine **Unterbringung des Kindes** in einem Heim oder einer **Pflegefamilie**, so ist darauf zu achten, dass den Eltern Kontakte ermöglicht und die Voraussetzungen für die Rückkehr des Kindes in den el-

190

---

629 Kemper/Schreiber/*Völker/Clausius*, HK-FamFG, § 166 Rn 3.
630 Vgl. – mutatis mutandis – EuGHMR FamRZ 2011, 1484 [Heidemann/Deutschland] m. Anm. *Wendenburg*; vgl. auch EuGHMR, Urt. v. 19.6.2003 – Individualbeschwerde Nr. 46165/99 [Nekvedavicius/Deutschland] (n.v), jeweils zum Umgangsausschluss.
631 BayObLG FamRZ 1999, 316.
632 BVerfG FamRZ 2008, 492; BayObLG FamRZ 1996, 1352.
633 BayObLG FamRZ 1996, 1352.
634 BayObLG FamRZ 1998, 1044.
635 OLG Hamm FamRZ 1996, 1029.
636 BVerfG FamRZ 2015, 2120; OLG Karlsruhe OLGR 2000, 427.
637 Vgl. BVerfG FamRZ 2006, 537, 538; BGH FamRZ 2010, 720; OLG Hamm FamFR 2013, 477; siehe aber auch BVerfG 1, 122; BGH FamRZ 2010, 720; OLG Rostock FamRZ 2011, 1873 m.w.N.
638 BayObLG FamRZ 1995, 501; OLG Frankfurt FF 2000, 176.

terlichen Haushalt geschaffen werden.[639] Das Pflegeverhältnis darf nicht so verfestigt werden, dass die Eltern einen dauerhaften Verbleib des Kindes in der Pflegefamilie befürchten müssen.[640] Ein gegenteiliges Vorgehen kann das Recht auf **Achtung des Familienlebens** im Sinne des Art. 8 EMRK verletzen (siehe dazu auch § 4 Rdn 23).[641] Werden **Geschwisterkinder getrennt** voneinander untergebracht, ist auch deren **Kontaktanspruch** zueinander zu berücksichtigen (siehe dazu § 4 Rdn 32).[642]

1. Eingriff in die Personensorge (§ 1666 Abs. 1 BGB)

a) Voraussetzungen

191 Ein Eingriff in die Personensorge ist geboten, wenn das körperliche, geistige oder seelische Wohl des Kindes objektiv nachhaltig[643] gefährdet ist[644] und die Eltern nicht gewillt oder in der Lage sind, die Gefahr abzuwenden.[645]

Oberster Maßstab für eine Maßnahme nach § 1666 BGB ist das **Kindeswohl**. Grundlage hierfür ist die normative Vorgabe in § 1697a BGB. Eine strikte Trennung zwischen der Gefährdung des körperlichen, des geistigen und des seelischen Wohls des Kindes ist in der Praxis oft kaum möglich; denn eine gravierende körperliche **Misshandlung** des Kindes bleibt nicht ohne Auswirkung auf sein seelisches Empfinden. Die Abgrenzung ist allerdings auch nicht erforderlich.

192 Der **Entzug der Personensorge** in seiner Gesamtheit oder Teilbereichen setzt immer voraus, dass andere Maßnahmen entweder bereits erfolglos geblieben sind oder zuverlässig abgeschätzt werden kann, dass sie zur Gefahrenabwendung nicht ausreichen werden.[646] Ebenso wenig darf zu erwarten sein, dass andere Maßnahmen, vor allem in der Form öffentlicher Hilfen, etwa durch **Hilfe zur Erziehung** nach den §§ 27 ff. SGB VIII oder durch begleitende intensive ärztliche Kontrollen,[647] erfolgreich sein werden.[648] Die Prognose, dass öffentliche Hilfen keine Früchte tragen werden, muss auf einer zuverlässigen Grundlage beruhen. Entweder muss die Hilfe bereits erfolglos versucht worden sein oder es muss mit hoher Wahrscheinlichkeit davon ausgegangen werden können, dass eine noch nicht eingeleitete Hilfe keinen Erfolg verspricht.[649] Ob **öffentliche Hilfen** erfolgversprechend sind, muss das Familiengericht in eigener Verantwortung beurteilen. Weil die Ermittlungspflicht grundrechtliche Schutzfunktion entfaltet, können sich die Gerichte ihrer nicht ohne gesetzliche Grundlage entledigen – auch nicht im Wege der Annahme einer Bindung an Feststellungen des Jugendamts. Aus §§ 1666, 1666a BGB oder den Vorschriften des SGB VIII über die Gewährung öffentlicher Hilfen ist für die Annahme einer Bindung des Familiengerichts an die Feststellungen des Jugendamts nichts erkennbar. Eine Bindung ergibt sich auch nicht aus den Grundsätzen über die verfassungsrechtliche Anerkennung administrativer Letztentscheidungsrechte. Die familiengerichtliche Entscheidung nach § 1666 BGB ist nicht als Kontrolle behördlicher Entscheidungen, sondern als eigene und originäre Sachentscheidung des Gerichts aus-

---

639 OLG Brandenburg FamRZ 2010, 1743;
640 OLG Hamm FamRZ 2010, 2083.
641 EuGHMR FamRZ 2005, 585, vgl. aber auch EuGHMR, Entsch. v. 12.2.2008 – Individualbeschwerde Nr. 34499/04, juris.
642 EuGHMR FamRZ 2010, 1046; *Völker/Eisenbeis/Düpre*, ZKJ 2007, 5 ff.; enger für den Fall der Adoption nur eines Geschwisterkindes OLG Dresden JAmt 2012, 37.
643 OLG Frankfurt FamRZ 1988, 98.
644 BVerfG FamRZ 1982, 567; BayObLG FamRZ 1994, 975.
645 OLG Hamm FamRZ 2009, 1752.
646 BVerfG FF 2014, 295; Anm. *Kunkel*, FamRZ 2015, 901; Bespr. *Riegner*, NZFam 2014, 625; BVerfG FamRZ 1989, 145; BayObLG FamRZ 1989, 421.
647 OLG Karlsruhe FamRZ 2007, 576.
648 EuGHMR FamRZ 2006, 1817; BVerfG FF 2014, 295; Anm. *Kunkel*, FamRZ 2015, 901; Bespr. *Riegner*, NZFam 2014, 625; BVerfG FamRZ 2002, 1021; OLG Brandenburg FamRZ 2009, 993.
649 Vgl. zu Letzterem BVerfG FamRZ 2008, 492.

gestaltet. Die gerichtliche Kontrolle der Entscheidungen des Jugendamts über die Gewährung öffentlicher Hilfen obliegt de lege lata nicht den Familiengerichten, sondern den Verwaltungsgerichten. Den Eltern kann – selbst im Falle des Entzugs des Rechts zur Beantragung von Hilfen nach dem SGB VIII – von Verfassungs wegen nicht das Recht genommen werden, eine effektive Möglichkeit der Überprüfung der behördlichen Entscheidung hierüber zu erhalten. Dem Beschluss muss zudem zu entnehmen sein, auf welche konkreten – unbestrittenen oder belegten – Umstände oder Vorkommnisse das Gericht diese Annahme stützt (siehe dazu auch Rdn 207).[650]

Ist abzusehen, dass das **Jugendamt als Ergänzungspfleger** in nächster Zeit keine Fremdunterbringung des Kindes herbeiführen wird, kommt eine teilweise Entziehung und Übertragung des Sorgerechts („auf Vorrat") nicht in Betracht. Denn diese ist zur Beseitigung der Gefahr für ein Kind grundsätzlich nur dann geeignet, wenn der Ergänzungspfleger oder Vormund mithilfe der übertragenen Teilbereiche des Sorgerechts konkrete Maßnahmen zur Verbesserung der Situation des Kindes einleiten, das heißt den als gefährlich definierten Zustand beenden oder wenigstens zu dessen Beendigung beitragen kann.[651]

Denn hält das Familiengericht eine Fremdunterbringung für geeignet, um die Situation des Kindes zu verbessern, und bestellt es das Jugendamt für Teilbereiche des Sorgerechts zum Ergänzungspfleger, kann es zwar üblicherweise darauf vertrauen, das Jugendamt werde zeitnah zu einem entsprechenden Gebrauch des Sorgerechts bereit und in der Lage sein. Eine genauere Eignungsprüfung ist jedoch dann veranlasst, wenn deutlich erkennbar ist, dass das Jugendamt derzeit keine Maßnahmen zur Beseitigung der Kindeswohlgefahr ergreift – sei es, weil keine Handlungsmöglichkeit besteht, sei es, weil das Jugendamt denkbare Maßnahmen nicht für angezeigt hält. Auch die Gerichte können das Jugendamt nicht ohne Weiteres zur Einleitung konkreter Maßnahmen der Fremdunterbringung verpflichten.[652]

Das Familiengericht hat im Rahmen der ihnen nach § 1837 Abs. 2 BGB obliegenden Aufsicht nicht die Möglichkeit, den Ergänzungspfleger (also in der Regel das Jugendamt) zu verpflichten, in Ausübung des ihm übertragenen Rechts zur Beantragung öffentlicher Hilfen eine bestimmte Maßnahme der Jugendhilfe (§§ 27 ff. SGB VIII) – einschließlich der für die Fremdunterbringung des Kindes relevanten Heimerziehung oder sonstigen betreuten Wohnformen (§ 34 SGB VIII) – zu beantragen.[653] Ebensowenig ist das Familiengericht befugt, das Jugendamt unmittelbar in seiner Eigenschaft als für die Jugendhilfe zuständige Behörde zur Unterbringung des Kindes in einer bestimmten Einrichtung nach § 34 SGB VIII zu verpflichten (siehe dazu eingehend § 12 Rdn 32).[654]

Aus alledem ist gleichwohl nicht zu folgern, dass bei Anwendung öffentlicher Hilfe zwingend eine Maßnahme nach § 1666 BGB unterbleiben kann.[655]

Von einer **Gefährdung des Kindeswohls**[656] im Sinn des § 1666 Abs. 1 S. 1 BGB ist auszugehen, wenn eine bereits bestehende[657] oder zumindest nahe bevorstehende Gefahr für die Kindesent-

---

650 Dazu eingehend BVerfG FF 2014, 295; Anm. *Kunkel*, FamRZ 2015, 901; Bespr. *Riegner*, NZFam 2014, 625; BVerfG FamRZ 2010, 713.
651 BVerfG FamRZ 2014, 1772; vgl. auch BVerfG FamRZ 2016, 22.
652 BVerfG FamRZ 2014, 1772; FamRZ 2014, 1177; OLG Schleswig FamRZ 2014, 1383; OLG Köln FamRZ 2015, 1904.
653 OLG Brandenburg FamRZ 2016, 314; siehe auch die Praxishinweise in JAmt 2016, 286; offenlassend BVerfG FamRZ 2014, 1177.
654 Dies ebenfalls offenlassend BVerfG FamRZ 2014, 1177.
655 OLG Köln FamRZ 2001, 1087.
656 Siehe zu den Prädikatoren und den Verfahren zur Erfassung von Hinweisen für Kindeswohlgefährdung in Forschung und Praxis aus psychologischer Sicht *Metzner/Pawils*, Systematisches Hinschauen – ein wirksamer Weg im Kinderschutz?, NZFam 2016, 588; zur Gefährdung des Kindeswohls aus kinder- und jugendpsychiatrischer Sicht siehe *Kircher*, NZFam 2016, 600.
657 OLG Stuttgart FamRZ 2002, 1279.

wicklung so ernst zu nehmen ist, dass sich eine erhebliche Schädigung des körperlichen, seelischen oder geistigen Wohls mit ziemlicher Sicherheit voraussehen lässt.[658] Zwar muss die zu erwartende schädigende Folge nicht unmittelbar bevorstehen,[659] doch muss sich der Schadenseintritt mit einiger Sicherheit abzeichnen. Eine mittel- bzw. langfristige Gefährdung des Kindeswohls begründet keine nachhaltige, akute Kindeswohlgefahr im verfassungsrechtlichen Sinne.[660] Eine bloß mögliche, rein theoretische Gefahr genügt ohnehin nicht.[661] Deswegen kommt auch eine „vorsorgliche" Entziehung von Sorgerechtsteilbereichen (sog. „Vorratsbeschluss") keinesfalls in Betracht; vielmehr bewendet es bei der Möglichkeit des Jugendamt, das Kind notfalls später nach § 42 SGB VIII (siehe dazu § 12 Rdn 107 ff.) in Obhut zu nehmen.[662] Die **Prüfungs- und Darlegungsvoraussetzungen des Gerichts** hinsichtlich einer Kindeswohlgefährdung steigen, je weniger deutlich die (tatsächlichen oder mutmaßlichen) Lebens- und Erziehungsbedingungen eines Kindes an die Schwelle heranreichen, ab welcher der Staat im Rahmen seines Wächteramts zu Eingriffen in das Elternrecht verpflichtet und berechtigt ist. Zwar bedarf es danach etwa bei einer unzureichenden Grundversorgung der Kinder keiner ausführlichen Darlegung, dass Kinder derartige Lebensbedingungen nicht ertragen müssen. Stützen die Gerichte eine Trennung des Kindes von den Eltern jedoch auf Erziehungsdefizite und ungünstige Entwicklungsbedingungen, müssen sie besonders sorgfältig prüfen und begründen, weshalb die daraus resultierenden Risiken für die geistige und seelische Entwicklung des Kindes die **Grenze des Hinnehmbaren überschreiten**.[663] So muss etwa eine **Alkoholsucht** des – diese bestreitenden – betreuenden Elternteils konkret festgestellt werden, wenn die Annahme einer Kindeswohlgefährdung hierauf gestützt wird.[664] Allein die Zugehörigkeit der Eltern zur Glaubensgemeinschaft der **Zeugen Jehovas**[665] begründet noch keine konkrete Gesundheitsgefährdung des Kindes ohne eine gleichzeitig konkrete notwendige medizinische Behandlung des Kindes.[666] Demgegenüber kann bei einer drogenabhängigen Mutter und wiederholtem **Erziehungsversagen** in der Vergangenheit durchaus auch die Besorgnis eines künftigen Versagens angenommen werden.[667] Es ist jeweils im Einzelfall zu prüfen, inwieweit etwa bereits festzustellende schwerwiegende Beeinträchtigungen und Störungen der kindlichen Entwicklung ursächlich auf das Verhalten der Eltern zurückzuführen sind. Anhaltspunkte können dabei wiederholte körperliche oder verbale Auseinandersetzungen der Eltern oder auch deren mangelnde Fähigkeit sein, sich im Falle **ungünstiger Einflüsse Dritter** schützend vor ihre Kinder zu stellen – auch gegenüber dem familiären Umfeld.[668] Selbst wenn einem Elternteil grundsätzlich im Kontakt mit den Kindern positive Ressourcen zuzuerkennen sind, muss geprüft werden, inwieweit er in der Lage ist, seine Vorstellungen zur Erziehung im familiären System auch gegenüber dem anderen dominanteren Elternteil durchzusetzen.[669]

194 Der Entzug des Personensorgerechts kann gegebenenfalls auch dann indiziert sein, wenn zwischen dem **Lebensgefährten** der Mutter und dem Kind ein nachhaltig gestörtes Verhältnis be-

---

658 St. Rspr., siehe etwa BVerfG FamRZ 2015, 112; ZKJ 2012, 186 m. Anm. *Coester*, ZKJ 2012, 182; BGH, Beschl. v. 6.7.2016 – XII ZB 47/15, juris; BGH FF 2012, 67 m. Anm. *Völker*; BGH FamRZ 2010, 720; BayObLG FamRZ 1999, 179; OLG Saarbrücken FamRZ 2010, 310.
659 BayObLG FamRZ 1996, 1032; OLG Zweibrücken FamRZ 1994, 976.
660 BVerfG FF 2014, 295; Anm. *Kunkel*, FamRZ 2015, 901; Bespr. *Riegner*, NZFam 2014, 625; OLG Köln FamRZ 2015, 1904.
661 Siehe zum Erfordernis einer kurzfristig bevorstehenden Gefährdung BVerfG FamRZ 2010, 528; *Rotax*, FPR 2001, 251.
662 OLG Schleswig FamRZ 2014, 1383.
663 BVerfG FamRZ 2015, 112; OLG Köln FamRZ 2015, 1904.
664 BVerfG FamRZ 2007, 1797.
665 OLG Hamm FamRZ 2011, 1306.
666 AG Meschede FamRZ 1997, 958.
667 Palandt/*Götz*, § 1666 BGB Rn 8.
668 OLG Hamm FamRZ 2010, 1091; OLG Köln, Beschl. v. 29.12.2010 – 4 UFH 4/10, juris.
669 OLG Saarbrücken FamRZ 2010, 1092.

steht, so dass auch die Beteuerung der Mutter, es sei eine Eheschließung nicht mehr beabsichtigt, zum nachhaltigen Schutz des Kindeswohles nicht ausreichend ist.[670]

Da das Personensorgerecht und das Umgangsrecht zwei selbstständige Rechte sind, kann die Entziehung der Personensorge nicht gleichzeitig die Entziehung des **Umgangsrechts** zum Gegenstand haben. Insoweit ist vielmehr eine selbstständige Regelung nach § 1684 Abs. 3, 4 BGB notwendig.[671]

Gerade in kindschaftsrechtlichen **Eilverfahren** sind Eingriffe in das elterliche Sorgerecht einzelfallbezogen in besonderem Maße einer Prüfung entlang dem Grundsatz der **Verhältnismäßigkeit** zu unterziehen.[672] Denn schon die Frage, ob mit der Eingriffsmaßnahme nicht bis zu einer besseren Aufklärung des Sachverhalts abgewartet werden kann, ist am Maßstab der Verhältnismäßigkeit zu messen, weil vorläufige Maßnahmen zum einen leicht vollendete Tatsachen schaffen und Eilmaßnahmen auf der Grundlage eines noch nicht zuverlässig aufgeklärten Sachverhalts ergehen (siehe dazu eingehend § 7 Rdn 6).[673] Daher ist auch stets zu prüfen, inwieweit der im Eilverfahren auf Anregung des Jugendamtes erfolgte Entzug des Aufenthaltsbestimmungsrechts dauerhaften Bestand haben kann oder aber von Amts wegen ein Hauptsacheverfahren eingeleitet werden muss.[674]

195

aa) Missbräuchliche Ausübung der elterlichen Sorge

Anders als noch § 1666 Abs. 1 BGB a.F. sieht § 1666 Abs. 1 n.F. die Tatbestandsalternativen missbräuchliche Sorgerechtsausübung, Vernachlässigung des Kindes und unverschuldetes Versagen der Eltern nicht mehr vor. Diese Fallgruppen **elterlichen Erziehungsversagens** wollte der Gesetzgeber[675] nicht mehr im Normtext verschriftet sehen, um Defizite beim Kinderschutz zu beheben. Denn in der Praxis seien ein konkretes Fehlverhalten der Eltern und seine Kausalität für die Kindeswohlgefährdung häufig schwer nachzuweisen,[676] etwa, wenn ein Kind durch erhebliche Verhaltensprobleme auffalle, deren Ursache nicht eindeutig zu klären seien. Ausreichend sei es, dass akut eine Kindeswohlgefährdung vorliege und die Eltern nicht gewillt oder nicht in der Lage seien, diese abzuwenden.

196

Trotzdem bieten die zuvor im Gesetz festgeschriebenen Kategorien des Erziehungsversagens wichtige Anhaltspunkte für das Vorliegen einer Kindeswohlgefährdung, weshalb sie weiterhin samt der hierzu ergangenen Rechtsprechung dargestellt werden.

Von einer **missbräuchlichen Ausübung** der elterlichen Sorge ist auszugehen, wenn die Eltern von dem ihnen eingeräumten Recht zur Sorge durch aktives Tun falsch und zweckwidrig Gebrauch machen, und zwar in einer dem Kindeswohl und dem Erziehungsziel objektiv zuwiderlaufenden Weise, die so auch jedem besonnen denkenden Elternteil erkennbar ist.[677] Bei der Prüfung dieser Kriterien haben die Familiengerichte die in § 1631 Abs. 2 BGB vorgegebenen Wertungen zu beachten. Denn Kinder haben einen Anspruch auf **gewaltfreie Erziehung** (siehe dazu Rdn 85 ff.).[678] **Sexueller Missbrauch** des Kindes wird stets zum Sorgerechtsentzug führen müssen.[679] Gleiches gilt in der Regel für

197

---

670 OLG Köln FamRZ 2001, 1087.
671 BayObLG FamRZ 1999, 316.
672 OLG Saarbrücken OLGR 2007, 492; Anm. *Giers*, FamRB 2008, 42; Anm. *Völker*, jurisPR-FamR 12/2007, Anm. 3.
673 BVerfGE 67, 43; 69, 315, 363f.; vgl. auch BVerfG FamRZ 2014, 907.
674 *Socha*, FamRZ 2010, 947.
675 BT-Drucks 16/6815, S. 9 ff., 14 f.
676 Siehe zu den Anforderungen an den insoweit zu führenden Nachweis zutreffend OLG Hamm, Beschl. v. 17.10.2011 – 8 UF 176/11, juris.
677 PWW/*Ziegler*, § 1666 BGB Rn 5.
678 OLG Hamm, Beschl. v. 11.6.2012 – 8 UF 270/10, juris.
679 OLG Köln, Beschl. v. 29.12.2010 – 4 UFH 4/10, juris; zur familiengerichtlichen Kooperation in Fällen von Kindesmisshandlung und sexuellem Missbrauch siehe *Schmid*, FamRB 2014, 267; siehe auch das Fortbildungspapier des Runden Tisches „Sexueller Kindesmissbrauch" für Verfahren bei Verdacht auf sexuellen Kindesmissbrauch im familienrechtlichen Dezernat; zu den Auswirkungen auf Bindungs- und Beziehungsqualitäten bei Misshandlung, Vernachlässigung und sexuellem Missbrauch siehe *Lengning/Lüpschen*, FPR 2013, 213; zum zivilrechtlichen Schadensersatzanspruch bei sexuellem Missbrauch siehe *Franke/Strnad*, FamRZ 2012, 1535.

sonstige schwere körperliche[680] oder **psychische Gewalt**,[681] auch wenn sie gegenüber Dritten – insbesondere in der Form häuslicher Gewalt – ausgeübt wurde und die Kinder durch dieses Erleben schwer traumatisiert sind.[682] Als missbräuchliche Ausübung der elterlichen Sorge zu sehen sind ferner:[683]

- die **mangelnde Rücksichtnahme** auf Neigungen und Fähigkeiten des Kindes im Rahmen der **Ausbildungswahl**,[684]
- die **Kindesentziehung oder -entführung**,[685]
- der Versuch einer **Zwangsverheiratung** des Kindes,[686]
- die kindeswohlwidrige Missachtung der **Schulpflicht**,[687] z.B. aus Glaubensgründen[688] oder aus unbelehrbarer Begabungseinschätzung durch einen Elternteil,[689]
- die **Verhinderung einer notwendigen medizinischen Behandlung**,[690]
- das **Umgangsverbot** auch **gegenüber** den **Großeltern** oder den **Geschwistern** (zum Umgangsbestimmungsrecht siehe § 4 Rdn 16 ff.; zur Umgangspflegschaft siehe § 2 Rdn 39),[691]
- **die Instrumentalisierung des Kindes** in der ehelichen Auseinandersetzung einhergehend mit Defiziten in der seelisch-geistigen Entwicklung des Kindes[692] bis hin zu **Suizidgedanken** beim Kind,[693]
- die Verleitung zur **Kriminalität**[694] oder **Prostitution**,[695]

---

680 Siehe aber zur Notwendigkeit, diese den Eltern nachzuweisen, zutreffend OLG Hamm, Beschl. v. 17.10.2011 – 8 UF 176/11, juris.
681 OLG Celle FamRZ 2003, 549; *Dettenborn*, Psychische Kindesmisshandlung – erkennen und bewerten, FPR 2012, 447; *Oberloskamp*, FPR 2001, 267; *Raack*, FPR 2001, 258.
682 OLG Köln FamRZ 2011, 571 und 1307; zu den familiengerichtlichen Maßnahmen bei häuslicher Gewalt auch *Ernst*, FPR 2011, 195; zu den psychischen Folgen häuslicher Gewalt für Kinder *Becker/Büchse*, ZKJ 2011, 292.
683 Weitere Beispiele vgl. Palandt/*Götz*, § 1666 BGB Rn 11 f.
684 BayObLG FamRZ 1982, 634.
685 OLG Bamberg FamRZ 1987, 185.
686 Dazu eingehend *Balikci*, Zwangsverheiratung bei Kindern und Jugendlichen, JAmt 2012, 629.
687 Dazu *Avenarius*, Schulpflicht vs. Homeschooling – Die neuere Rechtsprechung des BVerfG zur Integrationsaufgabe der öffentlichen Schule, NZFam 2015, 342; *Heinz*, Familiengrundrecht und staatliches Wächteramt – „homeschooling" vor dem BVerfG, FuR 2016, 328; *Raack*, Schulschwänzer – Keiner darf verloren gehen!, FPR 2012, 467; *Zimmermann*, Staatliche Schulpflicht und elterliches Erziehungsprimat, FamFR 2013, 268; BVerfG FamRZ 2015, 27; OLG Nürnberg FamRZ 2016, 564; OLG Dresden FamRZ 2015, 676; OLG Köln FamRZ 2013, 1230; OLG Köln FamRZ 2015, 675; OLG Hamm FamRZ 2014, 398; FamFR 2013, 165; AG Saarbrücken FamRZ 2003, 1859; AG München FamRZ 2002, 690; siehe aber auch OLG Hamm FamFR 2013, 456; OLG Frankfurt FamRZ 2014, 1857 (im Einzelfall Entziehung des Aufenthaltsbestimmungsrechts bzw. dessen Aufrechterhaltung unverhältnismäßig); OLG Köln FamRZ 2015, 675.
688 BGH FamRZ 2008, 45; Anm. *Götsche*, FamRB 2008, 39.
689 OLG Koblenz FamRZ 2007, 1680 m. Anm. *Bienwald*.
690 BGH NJW 2000, 1784; OLG Celle NJW 1995, 792; zur Weigerung, ein transsexuelles Kind im Hinblick auf seine geschlechtliches Zugehörigkeitsgefühl ärztlich behandeln zu lassen, KG, Beschl. v. 15.3.2012 – 19 U 186/11, juris; Zur Nichtteilnahme an Vorsorgeuntersuchungen siehe OLG Frankfurt ZKJ 2014, 31 und *Mortsiefer*, NJW 2014, 3543.
691 BGH, Beschl. v. 6.7.2016 – XII ZB 47/15, juris; BayObLG FamRZ 1984, 614; OLG Frankfurt JAmt 2002, 478.
692 OLG Köln FamRZ 2012, 726.
693 BVerfG FamRZ 2015, 208.
694 Vgl. auch *Matzke/Fritsch*, Kindeswohlgefährdung bei Kinder- und Jugenddelinquenz, FPR 2012, 459.
695 BayObLG FamRZ 1996, 1031.

F. Schutzmaßnahmen zugunsten des Kindes § 1

- übermäßige **körperliche Züchtigung**[696] bzw. Kindesmisshandlungen,[697]
- unkontrolliertes Verhalten des Elternteils, das zu erheblichen oder sogar lebensbedrohlichen **Verletzungen des Kindes** führt,[698] **psychische Kindesmisshandlung**,[699]
- die massive Nichtbeachtung eines stark ausgeprägten und berechtigten **Kindeswillens**,[700]
- permanent **miterlebte Partnerschaftsgewalt**,[701]
- dauerhafter **Entzug des Kindes** gegenüber dem Umgangsberechtigten (zum **Umgangsboykott** siehe Rdn 288 und § 2 Rdn 38),[702] wobei im Verhältnis zum anderen Elternteil auch eine Kindesentziehung – allerdings nur durch rechtswidriges Verbringen oder Zurückhalten des Kindes ins Ausland – möglich ist, da das Umgangsrecht dem Schutzbereich des § 235 Abs. 2 StGB unterfällt,[703]
- umfassende **Erziehungsunfähigkeit** der Eltern,[704] einhergehend mit umfangreichen physischen und psychischen Defiziten der Kinder,[705]
- bestehendes **Münchhausen-Stellvertreter-Syndrom** auf Seiten des betreuenden Elternteils,[706]
- Gefahr der Zuführung des Kindes zu einer **genitalen Verstümmelung** durch die Eltern (siehe hierzu und zur Knabenbeschneidung auch Rdn 101 ff.).[707]

Anders als noch nach § 1666 BGB a.F. kommt es auf ein Verschulden der Eltern nicht mehr an; es genügt, dass die Eltern nicht gewillt oder nicht in der Lage sind, die bestehende Kindeswohlgefährdung abzuwenden. **198**

Im Zusammenhang mit dem Herausgabeverlangen eines Elternteils gegen **Pflegeeltern** ist entscheidend, ob jener das Kind nicht zu erziehen vermag. Das natürliche Vorrecht des Elternteils muss nur dann zurücktreten, wenn die von ihm beabsichtigte Aufenthaltsänderung bei dem **199**

---

696 OLG Celle, FamRZ 2003, 549; OLG Nürnberg, Beschl. v. 2.12.2013 – 9 UF 1490/13 u.a., juris („Zwölf Stämme").
697 EuGHMR, Urt. v. 20.3.2007 – Individualbeschwerde Nr. 5496/04, juris; OLG Hamm, Beschl. v. 11.6.2012 – 8 UF 270/10, juris; beruht der Vorwurf der Kindesmisshandlung allerdings allein auf den Aussagen der beteiligten Kinder, so ist im Verfahren nach § 1666 BGB die Richtigkeit dieser Aussagen anhand objektiver Kriterien zu überprüfen, EuGHMR FamRZ 2013, 845; *Doukkani-Bördner*, Kindesmisshandlungen im Haushalt der Eltern und elterliche Sorge, FamRZ 2016, 12; *Behnisch/Dilthey*, „Das Elend der Wiederholung" – Zur familiären Psychodynamik in Fällen von Kindesmisshandlung, ZKJ 2016, 4; zu den Auswirkungen auf Bindungs- und Beziehungsqualitäten bei Misshandlung, Vernachlässigung und sexuellem Missbrauch siehe *Lengning/Lüpschen*, FPR 2013, 213; zur familiengerichtlichen Kooperation in Fällen von Kindesmisshandlung und sexuellem Missbrauch siehe *Schmid*, FamRB 2014, 267; zur ärztlichen Schweigepflicht bei Verdacht auf Kindesmisshandlung siehe § 4 KKG und KG FamRB 2014, 253 m. Bespr. *Konstantinos*, JR 2015, 353.
698 BayObLG FamRZ 1999, 178; OLG Köln FamRZ 2000, 1240; AG Westerstede FamRZ 2009, 1755; siehe aber auch zu den Anforderungen an den insoweit zu führenden Nachweis zutreffend OLG Hamm, Beschl. v. 17.10.2011 – 8 UF 176/11, juris.
699 *Dettenborn*, Psychische Kindesmisshandlung – erkennen und bewerten, FPR 2012, 447.
700 OLG Hamm, Beschl. v. 6.6.2016 – 4 UF 186/15, juris.
701 *Kindler*, Kinderschutz im BGB, FPR 2012, 422.
702 *Kindler*, Kinderschutz im BGB, FPR 2012, 422; siehe auch *Kindler*, Trennungen zwischen Kindern und Bindungspersonen, FPR 2013, 194; *Maywald*, Entfremdung durch Kontaktabbruch – Kontakt verweigernde Kinder oder Eltern nach einer Trennung, FPR 2013, 200.
703 BGH FamRZ 1999, 651; OLG Frankfurt NJW 2000, 1600.
704 Der ausländerrechtliche Aufenthaltsstatus ist für sich genommen selbstredend ohne Bedeutung hierfür, siehe dazu anschaulich und eingehend BVerfG FamRZ 2015, 112.
705 EuGHMR, Urt. v. 12.2.2008 – Individualbeschwerde Nr. 34499/04, juris.
706 OLG Celle FamRZ 2006, 1478.
707 BGH FamRZ 2005, 344 m. Anm. *Völker*, jurisPR-FamR 5/2005, Anm. 1; OLG Karlsruhe FamRZ 2009, 1599, AG Delmenhorst ZKJ 2014, 79.

Kind eine erhebliche Gefährdung des körperlichen, geistigen oder seelischen Wohls mit ziemlicher Sicherheit voraussehen lässt (siehe dazu im Einzelnen auch § 4 Rdn 23 ff.).[708]

bb) Vernachlässigung des Kindes

200 Diese Variante der Kindeswohlgefährdung liegt vor, wenn die Eltern oder auch nur ein Elternteil in – nach der Neufassung des § 1666 Abs. 1 BGB nicht mehr notwendiger Weise schuldhaft – untätig bleiben, sie also die Maßnahmen unterlassen, die unter Berücksichtigung der sozialen, kulturellen und ökonomischen Situation der Familie eine ungestörte und beständige Erziehung, Beaufsichtigung und Pflege des Kindes gewährleisten sollen. Besonders schwerwiegend wirkt sich eine chronische, wenngleich nicht lebensbedrohliche **Vernachlässigung** in den ersten Lebensjahren aus.[709]

Typische Ausprägungen einer Vernachlässigung des Kindes sind etwa:

- **mangelhafte Ernährung**,[710]
- mangelhafte Bekleidung und **Hygiene des Kindes**,[711]
- fortdauernde, unter normalen Umständen heilbare **Erkrankungen** des Kindes,[712]
- ein deutlicher **Entwicklungsrückstand** des Kindes,[713]
- erhebliche **Schulfehlzeiten**,
- Nichtwahrnehmung von **Arzt- oder Klinikterminen**[714] sowie von **Therapiemaßnahmen**.[715]

201 Auf ein Verschulden der Eltern kommt es seit der Neufassung von § 1666 BGB nicht mehr an (siehe Rdn 196). Der Umstand einer anderweitigen Betreuung durch eine **Tagesmutter** während der Arbeitszeit der Eltern kann die Annahme einer Vernachlässigung nicht begründen,[716] anders u.U. bei deren unzureichender Beaufsichtigung, wenn Anhaltspunkte dafür bestehen, dass die Tagesmutter sich kindeswohlgefährdend verhält.

Zwar besteht eine Gefahr für das Kindeswohl, wenn der Elternteil nicht in der Lage ist, das Kind eigenständig zu versorgen. Ein Ausschluss des Sorgerechts wegen Vernachlässigung des Kindes kommt gleichwohl nicht in Betracht, wenn diesem Risiko auf andere Art begegnet werden kann, etwa durch Maßnahmen der **Familienhilfe**. Eine Hilfe von außen kann indessen nur greifen, wenn die Eltern diese akzeptieren und an dem Erwerb und der Verbesserung von Erziehungskompetenzen mitarbeiten.[717] Auch in der Fallkonstellation, dass der betreuende Elternteil eine enge emotionale Bindung zu dem Kind aufgebaut hat und ersichtlich bestrebt ist, sich die zur Versorgung und Betreuung erforderlichen Fähigkeiten anzueignen, muss geprüft werden, ob er auch die Bereitschaft hat, teilweise aus der eigenen Erziehung herrührende Defizite abzubauen.[718]

---

708 St. Rspr., siehe etwa BVerfG FamRZ 2015, 112; ZKJ 2012, 186 m. Anm. *Coester*, ZKJ 2012, 182; BGH, Beschl. v. 6.7.2016 – XII ZB 47/15, juris; BGH FF 2012, 67 m. Anm. *Völker*; BGH FamRZ 2010, 720; BayObLG FamRZ 1999, 179; OLG Saarbrücken FamRZ 2010, 310.
709 *Kindler*, Kinderschutz im BGB, FPR 2012, 422; *Doukkani-Bördner*, Kindesmisshandlungen im Haushalt der Eltern und elterliche Sorge, FamRZ 2016, 12; *Behnisch/Dilthey*, „Das Elend der Wiederholung" – Zur familiären Psychodynamik in Fällen von Kindesmisshandlung, ZKJ 2016, 4; siehe zu den Auswirkungen auf Bindungs- und Beziehungsqualitäten bei Misshandlung, Vernachlässigung und sexuellem Missbrauch auch *Lengning/Lüpschen*, FPR 2013, 213.
710 BayObLG FamRZ 1988, 748.
711 OLG Hamm FamRZ 2002, 691; *Rotax*, FPR 2001, 251.
712 Siehe auch *Finke*, Sorgerecht und Umgang bei Erkrankung des Kindes, NZFam 2015, 1114.
713 BayObLG FamRZ 1997, 1533.
714 Palandt/*Götz*, § 1666 Rn 11 m.w.N.; zur Nichtteilnahme an Vorsorgeuntersuchungen siehe OLG Frankfurt ZKJ 2014, 31 und *Mortsiefer*, NJW 2014, 3543.
715 OLG Köln ZKJ 2013, 29; OLG Hamm FamRZ 2010, 1747.
716 BayObLG NJW-RR 1990, 70.
717 BGH, Beschl. v. 6.7.2016 – XII ZB 47/15, juris.
718 OLG Köln FamRZ 1999, 530.

Die Personensorge darf nicht entzogen werden, wenn ein Kind von den **Großeltern** zwar besser betreut werden kann als bei den Eltern, diesen aber weder eine Gefährdung des Kindeswohls noch ein Missbrauch des Sorgerechts angelastet werden kann.[719]

cc) Unverschuldetes Versagen der Eltern

Auch bei einem **unverschuldeten Versagen**[720] der Eltern greift die Schutznorm des § 1666 BGB ein, was durch die Neufassung von § 1666 BGB noch klarer herausgestellt wurde. Typische Beispielsfälle – die Grenzen zur Vernachlässigung können teilweise fließend sein – sind etwa:

- schwere **Traumatisierung** des Elternteils,[721]
- **psychische Erkrankungen** eines Elternteils,[722]
- im Einzelfall – je nach den konkreten Auswirkungen auf die Erziehungsfähigkeit – eine **massive intellektuelle Minderbegabung**,[723]
- chaotische häusliche **Lebens- und Wohnverhältnisse**,[724] im Einzelfall bei weiteren Gefährdungsmomenten auch extrem häufige Trennungen und Wiederversöhnungen der Eltern verbunden mit permanenten **Umzügen**,[725]
- **Suchtabhängigkeiten** eines Elternteils,[726] insbesondere wenn das Kind sogar mit Betäubungsmittel in direkten Kontakt gelangt ist,[727] nicht aber, wenn das Kind im Haushalt der substituierten Mutter gut versorgt wird,[728]
- Duldung des **Fehlverhaltens eines Ehepartners**[729] oder Lebensgefährten,
- **mangelnde Förderung**[730] in Verbindung mit mangelndem **Erziehungsvermögen** des einen Elternteils bei nicht zu erwartendem Ausgleich dieser Mängel durch den anderen Elternteil,[731]
- andererseits auch **überfürsorgliches „Bemuttern"**, etwa, wenn das Kind von Außeneinflüssen ganz abgeschottet und seelisch völlig abhängig von seinem Elternteil ist mit der Folge von Entwicklungsrückständen oder psychosomatischen Erkrankungen,[732]
- **Starrsinnigkeit**[733] bzw. eine nachhaltig ambivalente Haltung gegenüber einer gebotenen Fremdunterbringung eines Kindes,[734] allerdings sind die §§ 1666, 1666a BGB kein Instru-

---

719 BayObLG FamRZ 1996, 1031; OLG Karlsruhe FamRZ 1996, 1233.
720 BayObLG FamRZ 1993, 843; OLG Hamm FamRZ 2009, 1753; AG Korbach JAmt 2002, 526.
721 OLG Karlsruhe NJW-RR 2007, 443.
722 BayObLG FamRZ 1999, 318; OLG Brandenburg, Beschl. v. 3.3.2014 – 10 UF 192/13 (chronisch depressive Erkrankung); OLG Brandenburg, Beschl. v. 17.12.2012 – 3 UF 84/12, juris; OLG Saarbrücken JAmt 2011, 49; OLG Stuttgart FamRZ 2010, 1090; OLG Saarbrücken, Beschl. v. 6.3.2013 – 6 UF 433/12 (n.v), dort endogene paranoide Schizophrenie („Mafiageschmierte Naziwseindiagnosen"); OLG Düsseldorf FamRZ 2010, 308; *Ehinger*, FPR 2005, 253; siehe zum Ganzen auch eingehend *Vogel*, Die Regelung der elterlichen Sorge und des Umgangs bei psychischer Erkrankung der Eltern oder eines Elternteils im Rahmen des Gesetzes zur Reform der elterlichen Sorge nicht miteinander verheirateter Eltern, FF 2014, 150; *Hipp/Kleinz*, Mütter mit einer Borderline-Persönlichkeitsstörung (BPS), ZKJ 2014, 316; *Rauwald*, Elterliches Trauma und Kindeswohl – Psychotraumatologische Überlegungen zu einer transgenerational vermittelten Beeinträchtigung, NZFam 2014, 1116; siehe auch Ergebnis 1 des Arbeitskreises 22 des 21. Deutschen Familiengerichtstages: „Hochrisikogruppe".
723 BGH, Beschl. v. 6.7.2016 – XII ZB 47/15, juris.
724 OLG Hamm FamRZ 2002, 692.
725 OLG Köln FamRZ 2011, 1307.
726 OLG Frankfurt FamRZ 1983, 530; OLG Saarbrücken JAmt 2011, 49; zu Suchterkrankungen aus psychiatrischer Sicht *Berzewski*, FPR 2003, 312.
727 OLG Bremen FamRZ 2011, 1306.
728 OLG Hamm FamRZ 2013, 1989.
729 OLG Frankfurt FamRZ 1981, 308.
730 BayObLG FamRZ 1999, 1154.
731 BayObLG FamRZ 1999, 179.
732 BVerfG FamRZ 2014, 1270; siehe auch *Finke*, Sorgerecht und Umgang bei Erkrankung des Kindes, NZFam 2015, 1114.
733 BGH NJW 1956, 1434.
734 OLG Hamm FamRZ 2010, 309.

ment zur Disziplinierung schwieriger, eher konfrontativer und weniger kooperativer, bloß ungeschickt agierender Eltern,[735]
- **seelischer Ausnahmezustand** des Elternteils, verbunden mit einer **Suizidandrohung**, von der auch das Kind erfasst sein soll,[736]
- Unterlassen heilpädagogischer und psychiatrischer **Behandlungen** der Kinder folgend aus intensiver Befassung der Eltern mit eigenen Schwierigkeiten.[737]

Auch schwer wiegende **Straftaten des Kindes** können Ausdruck seiner drohenden **Verwahrlosung** sein und zum Entzug der elterlichen Sorge führen.[738]

203 Da das Verschulden der Eltern unerheblich ist, kann auch eine endgültig und hoffnungslos zerbrochene Beziehung der Eltern zu einem 17-jährigen Kind eine vollständige Entziehung der elterlichen Sorge wegen unverschuldeten Versagens der Eltern rechtfertigen.[739] Kann den Eltern weder Vorsatz noch Fahrlässigkeit angelastet werden, so ist ein Eingriff allerdings auf krasse Ausnahmefälle zu beschränken. Allein auf den Willen des Kindes kann ein Sorgerechtsentzug – allemal im Wege einstweiliger Anordnung – nicht gestützt werden.[740] Der nichtehelichen Mutter kann ein unverschuldetes Versagen nicht deswegen angelastet werden, weil sie auch noch einige Zeit nach der Geburt an ihrer Entscheidung festgehalten hat, das Kind einem ungeeigneten Adoptionsbewerber zu übergeben, wenn sie letztlich von dieser Einschätzung abgerückt und sich zur eigenen Erziehung des Kindes entschlossen hat.

204 Ein teilweiser Entzug der elterlichen Sorge und die Bestellung eines **Ergänzungspflegers** kommt auch dann in Betracht, wenn im Interesse des Kindes ein **Statusverfahren** zu führen ist und der sorgeberechtigte Elternteil die Durchführung eines solchen Verfahrens ablehnt.

Die Entziehung des Sorgerechts nach §§ 1666, 1666a BGB wegen unverschuldeten Erziehungsversagens der Eltern kann letztlich auch gerechtfertigt sein, wenn festgestellt werden muss, dass die Chancen auf Sicherstellung der sozialen Grundentwicklung nur in einem anderen Pflegeverband zu erhalten sind.[741]

b) Maßnahmen zum Schutz des Kindes
aa) Maßnahmen gegenüber dem sorgeberechtigten Elternteil

205 Bei der Auswahl der zur Gefahrenabwendung notwendigen Maßnahmen hat sich das Familiengericht am Grundsatz der **Verhältnismäßigkeit** zu orientieren, also daran, welche Maßnahmen im Einzelfall zum legitimen Zweck der Abwendung der Gefährdung geeignet, erforderlich und zuletzt auch noch zumutbar sind. Dabei beinhaltet die **Erforderlichkeit** das Gebot, aus den zur Erreichung des Zweckes gleich gut geeigneten Mitteln das mildeste, also die geschützte Rechtsposition am wenigsten beeinträchtigende Mittel zu wählen,[742] wobei an die Geeignetheit des milderen Mittels im Rahmen von Maßnahmen nach §§ 1666, 1666a BGB keine überzogenen Anforderungen zu stellen sind.[743] An der Erforderlichkeit fehlt es nicht nur, wenn die ins Auge gefasste Maßnahme die Gefährdung des Kindeswohls nicht beseitigen kann. Vielmehr ist die Maßnahme auch dann ungeeignet, wenn sie in anderen Belangen des Kindeswohls wiederum eine Gefährdungslage schafft und deswegen in der Gesamtbetrachtung zu keiner Verbesserung der Situation

---

735 OLG Brandenburg FamFR 2013, 301.
736 BayObLG FamRZ 1999, 318.
737 OLG Köln FamRZ 2009, 129.
738 BVerfG FamRZ 2003, 296; siehe dazu auch *Matzke/Fritsch*, Kindeswohlgefährdung bei Kinder- und Jugenddelinquenz, FPR 2012, 459.
739 OLG Karlsruhe FamRZ 1989, 1322; AG Hannover FamRZ 2000, 1241.
740 OLG Hamm FamRZ 2015, 1909.
741 BayObLG FamRZ 1999, 1154; OLG Oldenburg FamRZ 1999, 38.
742 BVerfG ZKJ 2012, 186 m. Anm. *Coester*, ZKJ 2012, 182; BVerfGE 100, 313, 375.
743 BVerfG ZKJ 2012, 186 m. Anm. *Coester*, ZKJ 2012, 182.

des gefährdeten Kindes führt.⁷⁴⁴ § 1666 Abs. 3 BGB enthält konkrete Beispiele, die den Verhältnismäßigkeitsgrundsatz veranschaulichen sollen; denn der teilweise oder vollständige Sorgerechtsentzug steht an letzter Stelle.

Folgende Maßnahmen kommen beispielsweise in Betracht: **206**

Ermahnungen, **Verwarnungen** oder **Verhaltensgebote** bzw. -verbote.⁷⁴⁵ Insoweit nennt § 1666 Abs. 3 Nr. 1 BGB Gebote, öffentliche Hilfen wie zum Beispiel Leistungen der **Kinder- und Jugendhilfe** in Anspruch zu nehmen. In Betracht kommt zum Beispiel eine Erziehungsbeistandschaft nach § 30 SGB VIII.⁷⁴⁶ Die Anordnung, eine **Psychotherapie** aufzunehmen oder fortzusetzen,⁷⁴⁷ ist nur hinsichtlich des Kindes zulässig,⁷⁴⁸ nicht aber bezüglich eines Elternteils; denn § 1666 BGB bietet hierfür keine Rechtsgrundlage, da diese Vorschrift nur das rechtliche Band zwischen Elternteil und Kind anbetrifft.⁷⁴⁹ Aus demselben Grund können einem Elternteil nicht Untersuchungen auf Alkohol- oder Drogenkonsum auferlegt⁷⁵⁰ und kann ein gewalttätiger Elternteil auch nicht auf der Grundlage von § 1666 BGB zu einem Antigewalttraining oder einem sozialen Trainingskurs verpflichtet werden (zur Frage der Anfechtbarkeit, soweit diese Entscheidung lediglich Zwischenentscheidungen in einem laufenden Verfahren sind, siehe § 9 Rdn 12).⁷⁵¹ Die Anordnungen nach § 1666 Abs. 3 Nr. 1 BGB müssen außerdem **inhaltlich so bestimmt** sein, dass die Eltern eindeutig erkennen können, welches konkrete Verhalten von ihnen erwartet wird. Ein Gebot etwa „vertrauensvoller Zusammenarbeit mit dem Jugendamt" wird dem nicht gerecht.⁷⁵² Die Auflage, für das gefährdete Kind „öffentliche Hilfen wie zum Beispiel Leistungen der Kinder- und Jugendhilfe und der Gesundheitsfürsorge in Anspruch zu nehmen", kann nicht erteilt werden, weil sie nur den Gesetzeswortlaut des § 1666 Abs. 3 Nr. 1 BGB wiedergibt und daher zu unbestimmt ist.⁷⁵³ Die pauschale Anordnung, die Eltern hätten „den Weisungen des Jugendamtes Folge zu leisten", ist unzulässig, weil sie faktisch einem vollständigen Sorgerechtsentzug gleichkommt.⁷⁵⁴ Die Aufnahme oder Fortsetzung einer Psychotherapie des Kindes kann

---

744 Siehe dazu BVerfG FF 2014, 295; Anm. *Kunkel*, FamRZ 2015, 901; Bespr. *Riegner*, NZFam 2014, 625; BGH, Beschl. v. 6.7.2016 – XII ZB 47/15, juris; und – jeweils zur Fremdunterbringung bei Umgangsboykott – BGH FF 2012, 67 m. Anm. *Völker*; BVerfG ZKJ 2012, 186 m. Anm. *Coester*, ZKJ 2012, 182; VerfG Brandenburg NZFam 2014, 473.
745 OLG Nürnberg FamRZ 2015, 1211; OLG Karlsruhe FamRZ 2002, 1272; BayObLG FamRZ 1994, 1196; siehe zu den Voraussetzungen und Grenzen familiengerichtlicher Gebote gemäß § 1666 Abs. 3 Nr. 1 BGB *Dahm*, ZKJ 2015, 222 m.w.N. aus der Rechtsprechung.
746 OLG Saarbrücken, Beschl. v. 14.7.2016 – 6 UF 46/16 (n.v.) zu einem in der Schule stark verhaltensauffälligen Kind; OLG Saarbrücken, Beschl. v. 10.8.2015 – 9 UF 15/15 (n.v.) zu einem Kind, das massiv die Schule schwänzt; OLG Brandenburg NZFam 2016, 380.
747 *Rotax*, FPR 2001, 251.
748 Dies inzident bestätigend BVerfG ZKJ 2012, 186 m. Anm. *Coester*. ZKJ 2012, 182; BVerfG ZKJ 2011, 133; ebenso OLG Brandenburg NZFam 2016, 380.
749 BVerfG FamRZ 2011, 179 [siehe aber den zutreffenden Hinweis in der Anm. *Menz*, FamRZ 2011, 452, wonach im zugrunde liegenden Ausgangsverfahren OLG Frankfurt FamRZ 2011, 489 keine Therapie für die Mutter angeordnet worden, sondern dieser aufgegeben worden ist, die Therapie des Kindes fortzusetzen, ebenso *Wanitzek*, FamRZ 2011, 1195, 1198, Fn 42]; OLG Saarbrücken FamRB 2016, 227 OLG Saarbrücken NJW-RR 2010, 146; OLG Bremen FamRZ 2010, 821; OLG Nürnberg FamRZ 2011, 1306; OLG Hamm FamFR 2012, 93; OLG Brandenburg FamRZ 2012, 1312, Anm. *Clausius* in jurisPR-FamR 9/2012; OLG Hamm FamRZ 2013, 48; a.A. für Umgangsregelungen wohl OLG Hamm FamFR 2011, 23.
750 OLG Saarbrücken FamRZ 2012, 463; OLG Nürnberg FamRZ 2014, 677; OLG Frankfurt FamRZ 2015, 1521; hingegen ist die Ersetzung der Zustimmung der Sorgeberechtigten zur Untersuchung des Kindes auf Drogenkonsum nach § 1666 Abs. 3 Nr. 6 BGB zulässig, siehe OLG Bremen FamRZ 2014, 1376.
751 A.A. *Ernst*, FPR 2011, 195, 197.
752 OLG Nürnberg FamRZ 2011, 1306.
753 OLG Saarbrücken, Beschl. v. 9.9.2015 – 6 UF 74/15 (n.v.).
754 OLG Nürnberg FamRZ 2011, 1306.

hingegen angeordnet werden.⁷⁵⁵ Ebenso können die Eltern verpflichtet werden, einen Kindertagesbetreuungsplatz in Anspruch zu nehmen.⁷⁵⁶

- Gebote, für die Einhaltung der **Schulpflicht** zu sorgen (§ 1666 Abs. 3 Nr. 2 BGB),⁷⁵⁷
- Verbote, vorübergehend oder auf unbestimmte Zeit die Familienwohnung oder eine andere Wohnung zu nutzen (beachte dabei aber auch § 1666a Abs. 1 S. 2 bis 4 BGB!),⁷⁵⁸ sich in einem bestimmten Umkreis der Wohnung aufzuhalten oder zu bestimmende andere Orte aufzusuchen, an denen sich das Kind regelmäßig aufhält (§ 1666 Abs. 3 Nr. 3 BGB) und Verbote, Verbindung mit dem Kind aufzunehmen (§ 1666 Abs. 3 Nr. 4 BGB); man erkennt hier die Parallele zu den Anordnungen nach dem GewSchG,⁷⁵⁹
- der Wechsel von der Alleinsorge zur gemeinsamen Sorge,⁷⁶⁰
- die Auflage, das Kind nicht gegen seinen Willen in einem der **Scientology-Sekte** nahestehenden Internat unterzubringen,⁷⁶¹
- die **Ersetzung von Erklärungen** des Inhabers der elterlichen Sorge⁷⁶² (§ 1666 Abs. 3 Nr. 5 BGB),
- der Entzug von Teilen der Personensorge, etwa des Aufenthaltsbestimmungsrechts,⁷⁶³ ggf. auch nur Teilen hiervon (siehe dazu sogleich Rdn 207),⁷⁶⁴ des Rechts zur Bestimmung des Umgangs (zum Umgangsbestimmungsrecht siehe § 4 Rdn 16 ff.; zur Umgangspflegschaft siehe § 2 Rdn 39)⁷⁶⁵ oder des Rechts zur Gesundheitsfürsorge,⁷⁶⁶ oder der Entzug der gesamten elterlichen Sorge (§ 1666 Abs. 3 Nr. 6 BGB).

207 Zur Wahrung des Grundsatzes der **Verhältnismäßigkeit** darf die gesamte Personensorge nur entzogen werden, wenn mildere Maßnahmen erfolglos geblieben sind oder zu erwarten ist, dass sie zur Gefahrenabwehr nicht ausreichen.⁷⁶⁷ So lässt beispielsweise § 1666 Abs. 3 Nr. 6 BGB auch einen bloßen teilweisen, auf die Frage des Wegzugs vom bisherigen Wohnort des Kindes be-

---

755 BVerfG ZKJ 2012, 186 m. Anm. *Coester*, ZKJ 2012, 182; BGH FamRZ 2010, 720; OLG Brandenburg NZFam 2016, 380.
756 Dahm ZKJ 2015, 222, 223.
757 Dazu *Avenarius*, Schulpflicht vs. Homeschooling – Die neuere Rechtsprechung des BVerfG zur Integrationsaufgabe der öffentlichen Schule, NZFam 2015, 342; *Heinz*, Familiengrundrecht und staatliches Wächteramt – „homeschooling" vor dem BVerfG, FuR 2016, 328; *Raack*, Schulschwänzer – Keiner darf verloren gehen!, FPR 2012, 467; *Zimmermann*, Staatliche Schulpflicht und elterliches Erziehungsprimat, FamFR 2013, 268; BVefG FamRZ 2015, 27; OLG Dresden FamRZ 2015, 676; OLG Köln ZKJ 2013, 175; OLG Köln FamRZ 2015, 675; OLG Hamm FamRZ 2014, 398; FamRZ 2013, 165; AG Saarbrücken FamRZ 2003, 1859; AG München FamRZ 2002, 690; siehe aber auch OLG Hamm FamFR 2013, 456 (im Einzelfall Entziehung des Aufenthaltsbestimmungsrechts unverhältnismäßig).
758 OLG Saarbrücken, Beschl. v. 9.9.2015 – 6 UF 74/15 (n.v.): Wohnung verwahrlost und mit zahlreichen Gefahrenquellen für das Kind; vgl. auch AG Sigmaringen NJW-RR 2009, 724: Nutzungsverbot und Ersetzung der Kündigung des Mietverhältnisses für eine gesundheitsgefährdende Wohnung.
759 Denn im Verhältnis zu den Eltern gehen Maßnahmen nach §§ 1666 ff. BGB denen nach dem GewSchG vor, OLG Bamberg FamRZ 2012, 459; OLG Karlsruhe FamRZ 2012, 460; KG FPR 2004, 267; *Ernst*, FPR 2011, 195, 199; anders im Verhältnis zu Dritten, dort läuft der Rechtsschutz parallel, siehe dazu Rdn 208.
760 AG Korbach JAmt 2002, 526.
761 AG Tempelhof-Kreuzberg FamRZ 2009, 987.
762 OLG Zweibrücken FamRZ 1999, 521; zur Ersetzung der Zustimmung der Eltern zur Begutachtung des Kindes samt Teilentzugs des Aufenthaltsbestimmungsrechts zu diesem Zweck BGH FamRZ 2010, 720; OLG Rostock FamRZ 2011, 1873; zur Ersetzung der Zustimmung der Sorgeberechtigten zur Untersuchung des Kindes auf Drogenkonsum siehe OLG Bremen FamRZ 2014, 1376.
763 Siehe auch BGH FamRZ 2010, 720; OLG Rostock FamRZ 2011, 1873 m.w.N., jeweils zum Entzug des Aufenthaltsbestimmungsrechts, um das Kind einer gerichtlich angeordneten psychologischen Begutachtung zuzuführen.
764 BVerfG FamRZ 2016, 22.
765 BGH, Beschl. v. 6.7.2016 – XII ZB 47/15, juris.
766 OLG Koblenz FamRZ 2009, 987 (bei hoher Wahrscheinlichkeit einer Kindesmisshandlung).
767 BayObLG FamRZ 1999, 316.

schränkten Entzug des Aufenthaltsbestimmungsrechts zu.[768] Kann für die **Prognose** nicht an belastbare Vorfälle aus der Vergangenheit angeknüpft werden, bedarf es eingehender Darlegung, warum eine bestimmte Form der (milderen) Hilfe, zu deren Annahme sich die Eltern bereit erklärt haben, nicht gewählt werden kann; diese Vorschau kann auf objektive wie auf subjektive Umstände gestützt werden (siehe dazu auch Rdn 192).[769] Zu den letzteren zählen auch reine Lippenbekenntnisse der Eltern, die aufgrund vorangegangener Erfahrungen nicht glaubhaft sind.[770] Besteht die Gefährdung in der Vereitelung von Umgangskontakten, so kommt eine außerhäusliche Unterbringung des Kindes kaum einmal in Betracht,[771] vielmehr sind vorrangig die Androhung und Verhängung von **Ordnungsmitteln** nach §§ 88 ff. FamFG oder die Einrichtung einer **Umgangspflegschaft** (siehe dazu § 2 Rdn 39) in den Blick zu nehmen.[772] Die außerhäusliche Unterbringung scheitert regelmäßig daran, dass Maßnahmen nach § 1666 BGB, die mit einer Trennung des Kindes von seiner Familie verbunden sind, besonders strikter Verhältnismäßigkeitsprüfung unterliegen. Demnach muss sich der **Umgangsboykott** als kindeswohlgefährdend darstellen, was in jedem Einzelfall zu prüfen ist.[773] Die außerhäusliche Unterbringung muss sodann zur Abwendung dieser Gefährdung geeignet sein. Dies ist (auch) dann nicht der Fall, wenn gerade durch die getroffene Schutzmaßnahme eine neue Gefährdung entsteht, die bei Gesamtbetrachtung für das Kind nicht weniger schlimm ist.[774] Dies liegt bei einer außerhäuslichen Unterbringung besonders nahe, weil durch sie das Kind in eine ihm fremde Umgebung verbracht wird und ihm seine bisherige Bezugsperson genommen wird. Dem ist angesichts der hohen Anforderungen, welche die – Art. 6 Abs. 2 S. 2 und Abs. 3 GG konkretisierenden – §§ 1666, 1666a BGB an die Sachverhaltsaufklärung stellen, gründlich mit sachverständiger Beratung nachzugehen, wobei insbesondere die mittelfristige Perspektive der Fremdunterbringung in den Blick zu nehmen ist. Im Fall des bloßen psychosozialen Zusammenrückens des betreuenden Elternteils und des Kindes mit dem Ziel der Ausgrenzung des umgangsberechtigten Elternteils, bei im Übrigen normaler Betreuung und Erziehung des Kindes, kann der Schaden für das Kind infolge einer zwangsweisen Herausnahme aus dem Haushalt des betreuenden Elternteils deutlich größer sein als bei Unterlassen einer Intervention.[775] Anders kann sich die Sachlage darstellen, wenn das Kind aufgrund des heftigen Elternstreits einem derart massiven Loyalitätskonflikt ausgesetzt ist, dass es sich in einem emotionalen Ausnahmezustand befindet, so dass es Suizidgedanken entwickelt und sein Sozialverhalten gestört ist.[776] Dabei ist allerdings zu beachten, dass ein Eingriff in das Elternrecht regelmäßig durch eine Unterbringung des Kindes bei Verwandten abgemildert werden kann (siehe dazu auch Rdn 218 ff.).[777]

---

768 BVerfG FamRZ 2016, 22.
769 Vgl. dazu etwa OLG Saarbrücken FamRZ 2010, 1746 und 1092 (in letzterer Entscheidung auch zum „Rollentausch" der Eltern).
770 OLG Hamm NZFam 2014, 474.
771 Und – schon mangels ausreichender Dringlichkeit – erst recht nicht im Wege einstweiliger Anordnung, dazu zutreffend KG FamRZ 2010, 1749.
772 Siehe dazu und zum Weiteren – jeweils zur Fremdunterbringung bei Umgangsboykott – BVerfG ZKJ 2012, 186 m. Anm. *Coester*, ZKJ 2012, 182; BVerfG FamRZ 2014, 1772; BGH FF 2012, 67 m. Anm. *Völker*; vgl. auch KG Berlin FamRZ 2010, 1749.
773 Differenziert dargestellt in BVerfG ZKJ 2012, 186 m. Anm. *Coester*, ZKJ 2012, 182; vgl. auch *Kindler*, Kinderschutz im BGB, FPR 2012, 422; *Kindler*, Trennungen zwischen Kindern und Bindungspersonen, FPR 2013, 194; *Maywald*, Entfremdung durch Kontaktabbruch – Kontakt verweigernde Kinder oder Eltern nach einer Trennung, FPR 2013, 200.
774 BVerfG FamRZ 2015, 208; FF 2014, 295; Anm. *Kunkel*, FamRZ 2015, 901; Bespr. *Riegner*, NZFam 2014, 625; BVerfG FamRZ 2014, 1270; BGH, Beschl. v. 6.7.2016 – XII ZB 47/15, juris; VerfG Brandenburg NZFam 2014, 473; AG Darmstadt, Beschl. v. 19.11.2012 – 51 F 1211/11 SO, juris.
775 BVerfG FamRZ 2014, 1270.
776 BVerfG FamRZ 2015, 208; siehe zu den Auswirkungen hoch strittiger Elternschaft für das Kind auch *Weber*, ZKJ 2015, 14.
777 BVerfG FamRZ 2015, 208; BVerfG FamRZ 2012, 938.

Auf der Ebene der Erforderlichkeit fordern das BVerfG und der BGH ferner die Prüfung, ob das Ziel, den Umgang des Kindes mit dem nicht betreuenden Elternteil zu fördern, durch mildere Mittel erreicht werden kann, wobei an die Geeignetheit des milderen Mittels keine überzogenen Anforderungen zu stellen sind.[778] Ist daher nicht völlig fernliegend, dass die Durchsetzung des Umgangsrechts auch durch Vollstreckungsmaßnahmen, durch die Einrichtung einer Umgangspflegschaft oder auch die Anordnung einer Therapie des Kindes befördert werden kann, fehlt es nach Auffassung des BVerfG und des BGH an der Erforderlichkeit der Fremdunterbringung. Dem ist im Ergebnis zuzustimmen, wenngleich letztere Frage im Rahmen der Verhältnismäßigkeit im engeren Sinne – und nicht auf der Ebene der Erforderlichkeit – zu verorten ist. Diese setzt verfassungsrechtlich voraus, dass die alternative, mildere Maßnahme auch gleich wirksam ist[779] oder erst im Rahmen der Verhältnismäßigkeit im engeren Sinne zu verorten ist,[780] wenn die mildere Maßnahme zwar – wie bei Umgangsboykotten wohl meistens – weniger geeignet, aber gleichwohl noch zur Abwendung der Kindeswohlgefährdung ausreichend ist.

Das BVerfG nennt als solch mildere Mittel die **Vollstreckung** der Umgangsregelung (siehe dazu § 6 Rdn 30 ff.), die Einrichtung einer **Umgangspflegschaft** (siehe dazu § 2 Rdn 39)[781] und die Anordnung einer **Therapierung** des Kindes. Ob die Umgangspflegschaft bei verhärteten Umgangsboykotten zum Erfolg führt, darf bezweifelt werden, zumal sie in der Praxis meistens ohnehin recht früh versucht worden sein wird. Problematisch ist nämlich, dass auch dem Umgangspfleger in letzter Konsequenz wie dem umgangsberechtigten Elternteil ebenfalls nur die Vollstreckung des Umgangsrechts bleibt.[782] Mehr verspricht die Vollstreckung, wenn sie früh und konsequent eingesetzt wird (siehe dazu § 6 Rdn 42 f.).

bb) Schutzmaßnahmen gegenüber Dritten

208 Geht von **Dritten** eine Gefährdung für das Kindeswohl aus, so können auch unmittelbar gegenüber diesen Schutzmaßnahmen veranlasst werden (§ 1666 Abs. 4 BGB). In Betracht kommen Fälle, in denen der Dritte das Kind zu es gefährdenden Verhaltensweisen veranlasst, etwa zu Drogen- oder erheblichem Alkoholkonsum, Prostitution, kriminellen Handlungen. Auch Sexualkontakte des Kindes mit dem Dritten können je nach Alter und psychischer Beziehungskonstellation Schutzmaßnahmen nach § 1666 Abs. 4 BGB rechtfertigen; aber nicht stets die Anordnung einen vollständigen Abbruchs anderer Kontakte zu diesem.[783]

Das OLG Frankfurt geht davon aus, dass der nichtsorgeberechtigte Elternteil nicht „Dritter" ist, weshalb die Anordnung eines Kontakt- oder Näherungsverbots zu seinen Lasten nicht auf § 1666 BGB, sondern auf § 1684 Abs. 4 BGB zu gründen sei.[784] Dem ist aufgrund des Wortlauts der Vorschrift zuzustimmen. Soweit der Frage, wer Dritter i.S. dieser Vorschrift ist, keine praktische Bedeutung beigemessen wird, weil die Rechtsfolgen dieselben seien wie bei Eltern,[785] ist dem nicht zu folgen. Denn die Abgrenzung hat schon wegen § 57 S. 2 Nr. 1 versus Nr. 5 FamFG Bedeutung für die Frage der Anfechtbarkeit einer entsprechenden einstweiligen Anordnung.

---

778 BVerfG ZKJ 2012, 186 m. Anm. *Coester*, ZKJ 2012, 182; ähnlich BGH FF 2012, 67; OLG Frankfurt FamRZ 2014, 396.
779 St. Rspr. des BVerfG, vgl. etwa BVerfGE 67, 157, 177; 100, 313, 375; 113, 167, 259.
780 Für Letzteres könnten BVerfGE 60, 79 und BT-Drucks 8/2788, S. 59 sprechen; vgl. auch Staudinger/*Coester*, BGB, Bearb. 2009, § 1666 Rn 213, § 1666a Rn 9.
781 BVerfG FamRZ 2014, 1772.
782 Vgl. BGH NJW-RR 1986, 1264; Staudinger/*Coester*, BGB, Bearb. 2006, § 1696 Rn 71; Weinreich/Klein/*Ziegler*, FAKomm-FamR, § 1684 BGB Rn 39.
783 Siehe etwa OLG Brandenburg, Beschl. v. 24.3.2016 – 9 UF 132/15, juris; vgl. auch OLG Saarbrücken, Beschl. v. 20.1.2016 – 6 UF 2/16 (n.v.).
784 OLG Frankfurt FamFR 2013, 258 m. krit. Anm. *Heiß*; a.A. auch *Ernst*, FPR 2011, 195, 198; wie das OLG Frankfurt Staudinger/*Coester*, § 1666 Rn 236 m.w.N.
785 *Ernst*, FPR 2011, 195, 198 m.w.N.

Der Rechtsschutz für Kinder verläuft in diesen Konstellationen zweispurig. Einerseits können die Eltern selbst beim Familiengericht einen Antrag nach dem GewSchG stellen.[786] Ungeachtet eines solchen Verfahrens und dessen Ergebnis, ist das Familiengericht von Amts wegen gehalten, zum Schutz des Kindes tätig zu werden.[787]

Als mögliche Maßnahmen gegen Dritte kommen in Betracht

- **Ermahnungen**,
- **Verwarnungen**,
- **Verhaltensgebote und -verbote**,
- **Umgangsverbote** (zum Umgangsbestimmungsrecht[788] siehe § 4 Rdn 16 ff.) samt Wegweisungen (sog. *go order*),
- Anordnung eines **Wohnungswechsels**[789] sowohl gegenüber Dritten, die in der Nachbarschaft leben, als auch gegenüber dem Lebensgefährten der Mutter.[790]

2. Eingriff in die Vermögenssorge

a) Voraussetzungen

Unter den Voraussetzungen des § 1666 Abs. 1 BGB ist ein staatlicher Eingriff in die Vermögenssorge legitimiert.[791] Erforderlich ist dazu, dass durch das Verhalten des Sorgerechtsinhabers das Kindesvermögen gefährdet wird. Eine **Gefährdung** des Kindesvermögens ist gegeben, wenn der Eintritt eines Schadens nach den obwaltenden Umständen wahrscheinlich ist, mindestens aber die Möglichkeit eines solchen naheliegt und eine gegenwärtige Gefahr begründet,[792] Eine Gefahr besteht demnach nicht, wenn eine Schädigung zwar zu erwarten ist, aber durch Maßnahmen der Eltern abgewendet und behoben werden kann.[793] Es muss daher für die Annahme einer Gefahr ohne familiengerichtliches Eingreifen zum gegenwärtigen Zeitpunkt zu befürchten sein, dass sich das Kindesvermögen in einer Weise vermindert bzw. durch Ertragnisausfall nicht vergrößert, wie es sich nach den Grundsätzen einer ordnungsgemäßen Vermögensverwaltung verhindern ließe.[794] Maßstab für diese Beurteilung sind die sich aus der allgemeinen Verpflichtung zur Vermögenssorge ergebenden Obliegenheiten, betriebswirtschaftliche Grundsätze für eine vernünftige Vermögensanlage und die in § 1666 Abs. 2 BGB niedergelegten Einzelverpflichtungen. Allerdings enthält § 1666 Abs. 2 BGB lediglich Regelbeispiele. Eine abschließende Regelung, was das Vorliegen einer Vermögensgefährdung betrifft, wird durch die Vorschrift nicht getroffen.[795]

Typische Beispiele für eine Gefährdung des Kindesvermögens sind etwa:

- ordnungswidriger Verbrauch von Geldern des Kindes (Renten, **Sparguthaben**) durch die Eltern,[796]
- schwerwiegende Zerwürfnisse auf Elternebene, die sich auf die **Vermögensverwaltung** niederschlagen,[797]

---

786 OLG Karlsruhe FamRZ 2012, 460; *Ernst*, FPR 2011, 195, 198.
787 OLG Zweibrücken FamRZ 1994, 976.
788 BGH, Beschl. v. 6.7.2016 – XII ZB 47/15, juris.
789 OLG Köln Kind-Prax 1999, 95; OLG Zweibrücken FamRZ 1994, 976; *Knittel*, FF 2003, 4.
790 BT-Drucks 14/8131, S. 9.
791 BayObLG FamRZ 1994, 1191; BayObLG 1991, 1339.
792 BGH VersR 1974, 358 m.w.N.
793 OLG Brandenburg NZFam 2014, 621.
794 Palandt/*Götz*, § 1666 BGB Rn 23.
795 OLG Saarbrücken, Beschl. v. 24.1.2014 – 9 UF 60/13 (n.v.).
796 BayObLG FamRZ 1991, 1339; OLG Bremen FamRZ 2015, 861.
797 OLG Köln NJW-RR 2000, 373.

- im Einzelfall auch ein schwer wiegendes **Zerwürfnis** auf der persönlichen Ebene zwischen dem Elternteil und dem **Kind**, wenn hierdurch Konflikte bei der Ausübung der Vermögenssorge zu erwarten sind.[798]

211 Auch aus dem eigenen wirtschaftlichen Verhalten eines Elternteils können Rückschlüsse auf dessen Fähigkeit zur ordnungsgemäßen Ausübung der Vermögenssorge gezogen werden, etwa wenn über das elterliche Vermögen **Privatinsolvenz** eröffnet wurde.[799] Eine Einschränkung der Vermögenssorge wird ferner dann naheliegen, wenn der vermögenssorgeberechtigte Elternteil selbst unter **Betreuung** mit Wirkungskreis Vermögenssorge steht.[800]

b) Verstöße der Eltern gegen vermögensrelevante Schutzpflichten

212 Eine Eingriffsbefugnis des Familiengerichts besteht erst dann, wenn den Eltern ein in ihren Verantwortungsbereich fallendes Versagen bei Ausübung der Vermögenssorge angelastet werden kann. Vorrangig sind dabei die tatbestandlichen Voraussetzungen des § 1666 Abs. 2 BGB zu prüfen. Insoweit werden die Eingriffsmöglichkeiten in die Vermögenssorge als Regelbeispiele zu § 1666 Abs. 1 BGB ausgestaltet. Von einer **Gefährdung des Kindesvermögens** nach § 1666 Abs. 2 BGB ist danach in der Regel auszugehen, wenn der Inhaber der Vermögenssorge

- seine Unterhaltspflicht gegenüber dem Kind verletzt,
- seine mit der Vermögenssorge verbundenen Pflichten verletzt oder
- eine Anordnung des Gerichts, die sich auf die Vermögenssorge bezieht, nicht befolgt.

aa) Nichterfüllung der gesetzlichen Unterhaltsverpflichtung

213 Zielrichtung dieser Alternative ist, eine Gefährdung der Gesamtvermögenslage zu verhindern.[801] Voraussetzung ist danach grundsätzlich allerdings eine Bedürftigkeit des Kindes, einhergehend mit einer Leistungsfähigkeit der Eltern.

Ist das Kind vermögend i.S.d. § 1602 Abs. 2 BGB, so ist ihm sein Vermögen und sein Arbeitsentgelt in angemessenem Umfang zu belassen.[802] Besteht auf Seiten der Eltern ein Rechtsirrtum hinsichtlich ihrer Unterhaltspflicht, so ist er nur beachtlich, wenn er unvermeidbar ist. Etwaige Versorgungsleistungen Dritter oder öffentliche Hilfe können die Eltern nicht entlasten, es sei denn diese Zuwendung beruht auf einer Vereinbarung zwischen allen Beteiligten.[803]

bb) Verstöße gegen die mit der Vermögenssorge verbundenen Pflichten

214 Als Verstöße gegen die mit der Vermögenssorge verbundenen Pflichten kommen etwa Verletzungen der **Vermögensverwaltungspflicht** oder ein Verstoß gegen die betriebswirtschaftlichen Grundsätze einer effektiven Vermögensverwaltung in Betracht. Anlass für ein familiengerichtliches Eingreifen kann dabei sein:

- Säumnis der Eltern zum Abschluss einer **Betriebshaftpflichtversicherung** für das von ihrem Kind verwaltete Unternehmen,
- mangelnde Geltendmachung von Außenständen,
- nachlässiges Betreiben eines Prozesses wegen oder gänzliche Unterlassung der Geltendmachung eines **Vermächtnisanspruches**,
- kein Kümmern um ein im **Eigentum des Kindes** stehendes Mietobjekt,
- unterlassene **Anlegung eines Vermögensverzeichnisses** nach § 1640 Abs. 1 BGB für das vom Kind geerbte Vermögen,
- **Vermischung** eigenen Vermögens mit dem des Kindes,

---

798 OLG Saarbrücken, Beschl. v. 24.1.2014 – 9 UF 60/13 (n.v.); OLG Köln NJW-RR 2000, 373.
799 KG FamRZ 2009, 2102; vgl. auch OLG Karlsruhe FamRZ 2010, 391.
800 OLG Saarbrücken JAmt 2011, 49.
801 OLG Karlsruhe FamRZ 2010, 391; BayObLG FamRZ 1989, 652.
802 Palandt/*Götz*, § 1666 BGB Rn 25.
803 BayObLG FamRZ 1989, 652.

- Verstöße gegen §§ 1641, 1642,[804] 1645 BGB,
- **Verwendung** des Kindesvermögens **für den eigenen Unterhalt** oder den der Geschwister des Kindes.

cc) Verstöße gegen Anordnungen des Familiengerichts

Aus einer familiengerichtlich getroffenen Anordnung folgt eine unmittelbare Handlungspflicht für die Eltern. Deren Nichtbefolgung beinhaltet eine Gefährdung des Kindesvermögens, weil das Familiengericht die in Rede stehende Maßnahme zum Schutz des Kindesvermögens für erforderlich gehalten hat. Durch die Nichtbeachtung bringen die Eltern zum Ausdruck, dass sie nicht bereit oder nicht in der Lage sind, den Anordnungen zu folgen. Konsequenz ist in der Regel der vollständige Entzug der Vermögenssorge. 215

c) Gerichtliche Maßnahmen

Die Verletzung der Pflicht zur Vermögenssorge löst vorrangig einen **Schadensersatzanspruch** nach § 1664 BGB aus.[805] Parallel ergeben sich aus § 1667 BGB mögliche Anordnungen, um das Kind künftig vor einem elterlichen Fehlverhalten zu schützen. Bevor Maßnahmen nach § 1666 BGB ergriffen werden können, ist regelmäßig zunächst von den – milderen – in § 1667 BGB aufgezeigten Möglichkeiten Gebrauch zu machen.[806] Das Gericht kann praktisch vor allem die Anlegung eines Vermögensverzeichnisses und die Rechnungslegung über die Vermögensverwaltung anordnen.[807] Erst als ultima ratio kommt der vollständige Entzug der Vermögenssorge in Betracht, wobei der gänzliche Entzug der Personensorge nicht ohne weitere Voraussetzungen auch den der Vermögenssorge nach sich zieht,[808] weshalb dieser stets **gesondert begründet** werden muss.[809] 216

3. Rechtsfolgen des – auch teilweisen – Entzugs der elterlichen Sorge

Wird einem Elternteil die Sorge ganz oder teilweise[810] entzogen, so übt sie bei zuvor bestehender **gemeinsamer elterlicher Sorge** der andere Elternteil künftig allein aus (§ 1680 Abs. 3 i.V.m. Abs. 1 BGB). 217

Stand die elterliche Sorge einem Elternteil **allein** zu – sei es aus § 1626a Abs. 3 oder aus § 1671 BGB – und wird ihm die elterliche Sorge entzogen, so geht diese nicht von selbst auf den anderen Elternteil über. Vielmehr bedarf es einer familiengerichtlichen Entscheidung. Die elterliche Sorge wird dem anderen Elternteil übertragen, wenn dies dem Wohl des Kindes nicht widerspricht (§ 1680 Abs. 3 i.V.m. Abs. 2 BGB). Weil § 1680 Abs. 3 i.V.m. Abs. 2 BGB ein subjektives Recht des Vaters enthält, ist dieser in diesen Fällen nach § 7 Abs. 2 Nr. 1 FamFG von Amts wegen als Beteiligter schon zum gegen die alleinsorgeberechtigte Mutter gerichteten Verfahren nach § 1666 BGB hinzuzuziehen.[811] 218

Die unter Auslassung der Prüfung, ob die elterliche Sorge auf den Vater zu übertragen ist, erfolgte Anordnung der Vormundschaft durch den **Rechtspfleger** ist wegen der Missachtung des Richtervorbehalts (§§ 14 Abs. 1 Nr. 3 i.V.m. 8 Abs. 4 S. 1 RPflG) unwirksam.[812] Es ist zudem verfassungsrechtlich gesteigert zweifelhaft, ob im Falle einer Sorgerechtsentziehung nach § 1666 BGB der Familienrichter mit der Sorgerechtsentziehung nicht zugleich selbst nach § 6 RPflG

---

804 LG Kassel FamRZ 2003, 626.
805 BGH, Urt. v. 10.2.1988 – IVb ZR 111/86, juris m.w.N.
806 BT-Drucks 13/4899, S. 97; vgl. OLG Brandenburg NZFam 2014, 621.
807 OLG Hamm FamRZ 2000, 974.
808 BayObLG FamRZ 1999, 179.
809 Vgl. dazu BVerfG, Beschl. v. 10.8.2008 – 1 BvR 2529/05, juris; OLG Saarbrücken JAmt 2011, 49.
810 BGH FamRZ 2010, 1242; OLG Nürnberg FamRZ 2010, 994.
811 OLG Schleswig ZKJ 2011, 395; FamRZ 2012, 725 m.w.N.
812 So auch – zu § 1678 Abs. 2 BGB – OLG Dresden ZKJ 2012, 269.

über die Person des Vormundes zu entscheiden hat. Denn sowohl die Eignung als auch die Erforderlichkeit der Sorgerechtsentziehung sowie der Anordnung von Vormundschaft können von der konkreten Vormundauswahl abhängen. So sind Fallgestaltungen denkbar, in denen eine Sorgerechtsentziehung nur zum Zweck der Übertragung auf einen verwandten Vormund, nicht aber zwecks Übertragung auf einen außenstehenden Vormund eine geeignete Maßnahme darstellt, weil nur die Vormundschaft eines Verwandten die Nachteile der Trennung von den Eltern kompensieren könnte. Auch hängt die Erforderlichkeit der Auswahl eines außenstehenden Vormunds, wie gesehen, insbesondere davon ab, dass die Unterbringung des Kindes bei Verwandten nicht in Betracht kommt. Wenn die Bestimmung des Vormunds aber nicht bereits mit der Sorgerechtsentziehung erfolgt, lassen sich deren Geeignetheit und Erforderlichkeit insoweit nicht beurteilen. Die Vormundauswahl ist unter dem Gesichtspunkt der Verhältnismäßigkeit integraler Bestandteil der Sorgerechtsentscheidung, von der abhängen kann, ob diese überhaupt mit der Verfassung vereinbar ist.[813]

219 Kommt nach diesen Grundsätzen eine Sorgerechtsübertragung auf den anderen Elternteil nicht in Betracht, so ist **Vormundschaft** (§ 1773 Abs. 1 BGB) oder **Pflegschaft** (§ 1909 Abs. 1 S. 1 BGB) anzuordnen.[814] Der Anordnung der Vormundschaft bedarf es dann, wenn die Eltern des Kindes dauerhaft oder vorübergehend als **gesetzliche Vertreter** in sämtlichen Sorgerechtsteilbereichen ausfallen. Demgegenüber ist Pflegschaft anzuordnen, wenn auch nur ein solcher Teilbereich bei den Eltern verbleibt.[815] Dabei ist jeweils zu berücksichtigen, dass **vorrangig Familienangehörige** des Kindes zu ermitteln und auszuwählen sind,[816] die freilich nach § 1779 Abs. 2 BGB zur Führung der Vormundschaft oder Pflegschaft geeignet sein müssen. Dieselben Grundsätze gelten, wenn um die Aufhebung der Vormundschaft des Jugendamts gestritten wird.[817] Bei der Prüfung der Eignung einer Person ist neben den allgemeinen Kriterien – wie Erziehungseignung und positive persönliche und wirtschaftliche Verhältnisse – der Kindeswille zu berücksichtigen.[818] Eine unzureichende Prüfung, welche geeigneten Familienangehörigen vorhanden sind, beeinträchtigt die mit der gesetzlichen Auswahlvorschrift geschützten Grundrechte der Betroffenen. Der Vorrang ist auch im Falle eines notwendig werdenden Wechsels des Amtsvormunds/-pflegers zu beachten.[819]

220 Benennen die Eltern Verwandte, die als Betreuungspersonen in Betracht kommen, so sind diese nicht schon deshalb als Vormund bzw. Pfleger zu bestellen. Denn das in §§ 1776, 1777 BGB geregelte Benennungsrecht der Eltern ist auf die Fälle beschränkt, in denen die elterliche Sorge durch den Tod des Sorgerechtsinhabers endet.[820]

Die Eltern haben allerdings ein Recht auf Prüfung ihres Vorschlags, einen nahen Verwandten als Pfleger auszuwählen.[821] Dieses Recht ist aus der staatlichen Schutzpflicht für die aus Eltern und Kindern bestehende Familiengemeinschaft (Art. 6 Abs. 1 GG), aus dem Vorrang der Eltern bei der Verantwortung für das Kind (Art. 6 Abs. 2 GG) sowie aus dem von Art. 8 EMRK gewährleisteten Familienleben abzuleiten.[822] Dem hat der Gesetzgeber mit dem sog. Verwandtenprivileg aus

---

813 BVerfG FamRZ 2015, 208.
814 OLG München FamRZ 1996, 504.
815 Vgl. etwa OLG Zweibrücken FamRZ 2014, 670.
816 BVerfG FamRZ 2012, 938; 2009, 291; BVerfG FamRZ 2014, 907 und 1841; OLG Saarbrücken FamRZ 2014, 1866; vgl. auch zum Vorrang „innerfamiliärer Lösungen" BVerfG FamRZ 2008, 492; eingehend *Schneider/Faber*, Bestellung von Vormund und Ergänzungspfleger in Kindschaftssachen nach §§ 1666, 1696 BGB, FuR 2012, 580; *Hoffmann*, Die Auswahl eines Vormunds/Pflegers durch das Familiengericht, FamRZ 2014, 1084 (materiell-rechtliche Vorgaben) und FamRZ 2014, 1167 (das Auswahlverfahren).
817 OLG Brandenburg FamRZ 2014, 1863.
818 OLG Brandenburg FamRZ 2004, 1389; OLG Saarbrücken ZKJ 2014, 114.
819 OLG Hamm, Beschl. v. 20.10.2011 – 6 UF 180/11, juris.
820 BGH FamRZ 2013, 1380; OLG Brandenburg ZKJ 2012, 312; OLG Saarbrücken ZKJ 2014, 114.
821 Siehe dazu eingehend *Scherpe*, FamRZ 2014, 1821.
822 BVerfG FamRZ 2009, 291.

§ 1915 Abs. 1 i.V.m. § 1779 Abs. 2 S. 2 BGB Rechnung getragen,[823] wonach bei der Auswahl des Pflegers namentlich die Verwandtschaft mit dem Kind zu berücksichtigen ist. Die fachgerichtliche Anwendung dieser Vorschrift wird ihrerseits vom Verhältnismäßigkeitsgrundsatz beeinflusst. Bevor statt der Auswahl eines engen Familienangehörigen Amtspflegschaft angeordnet wird, muss festgestellt werden, dass dies zur Sicherung des Kindeswohls erforderlich ist. Da die innerfamiliäre Einzelpflegschaft die Rechtsposition der Eltern weniger beeinträchtigt als die Amtspflegschaft, darf jene zum Schutz des Kindeswohls nicht gleich gut geeignet sein wie diese.[824] Durch § 1779 Abs. 2 BGB hat der Gesetzgeber die Grundlage für einen verfassungsgemäßen Ausgleich zwischen den verfassungsrechtlichen Positionen der Betroffenen, insbesondere mit dem durch Art. 6 Abs. 2 GG geschützten Elternrecht, geschaffen. Unter mehreren geeigneten Pflegern hat das Familiengericht die Auswahl nach seinem pflichtgemäßen Ermessen zu treffen. Dieses Ermessen hat der Gesetzgeber aber wiederum in verfassungsgemäßer Konkretisierung der widerstreitenden grundrechtlichen Belange rechtlich durch § 1779 Abs. 2 S. 2 und § 1775 BGB gebunden.[825] Denn es gilt weithin als Selbstverständlichkeit, dass bei intakten Familien- und Verwandtschaftsbeziehungen Kinder dann, wenn ihre Eltern aus welchen Gründen auch immer als Sorgeberechtigte ausscheiden, von Großeltern oder anderen nahen Verwandten aufgenommen und großgezogen werden, sofern deren Verhältnisse dies ermöglichen. Darin dokumentieren sich gewachsene Familienbeziehungen, Verbundenheit und Verantwortungsbewusstsein. Der ohnehin gravierende Eingriff in das Elternrecht der Eltern durch die Entziehung des Sorgerechts und die Trennung des Kindes von ihnen kann durch eine Unterbringung bei Verwandten, zu denen nicht nur das Kind, sondern auch die Eltern regelmäßig eine engere Bindung als zu fremden Personen haben, abgemildert werden. Hinzu kommt, dass das Bestehen tatsächlich von familiärer Verbundenheit geprägter engerer Bindungen zwischen nahen Verwandten und dem Kind vom Schutz des Art. 6 Abs. 1 GG erfasst sind.[826] Sind diese Verwandten zur Führung der Vormundschaft geeignet im Sinne des § 1779 Abs. 2 BGB, so dürfen sie nicht etwa deswegen übergangen werden, weil ein außenstehender Dritter noch besser dazu geeignet wäre, beispielsweise im Hinblick auf eine optimale geistige Förderung des Kindes.[827] Spiegel des Vertrauensvorschusses, den nahe Verwandte bei der Aufnahme von Kindern genießen, ist übrigens § 44 Abs. 1 S. 2 Nr. 3 SGB VIII. Dieser Vorschrift zufolge bedürfen Verwandte oder Verschwägerte bis zum dritten Grad – also auch Großeltern – keiner Erlaubnis, wenn sie das Kind in Vollzeitpflege aufnehmen.[828]

Das Familiengericht hat daher bei seiner Auswahlentscheidung bei mehreren in Betracht kommenden Pflegern unter anderem den erklärten oder mutmaßlichen Willen der Eltern, die persönlichen Bindungen des Kindes, die Verwandtschaft oder Schwägerschaft mit dem Kind und sein religiöses Bekenntnis zu beachten, § 1779 Abs. 2 S. 2 BGB. Dies setzt aber seinerseits voraus, dass die von den Eltern – wie hier – vorgeschlagene Person nach ihren persönlichen Verhältnissen und ihrer Vermögenslage sowie den sonstigen Umständen zur Führung der Pflegschaft geeignet ist (§ 1779 Abs. 2 S. 1 BGB). Dabei sind die Erziehungseignung und persönlichen und wirtschaftlichen Verhältnisse dieser Person sowie ggf. der Kindeswille zu berücksichtigen.[829] An solcher Eignung kann es fehlen, wenn zu befürchten ist, dass die Großeltern die besonderen Bedürfnisse des Kindes nicht wahrnehmen und seine Probleme, etwa ein psychosoziales Entwicklungsdefizit

---

823 BGH FamRZ 2013, 1380.
824 A.A. allerdings OLG Köln FamRZ 2011, 1305; OLG Bremen FamFR 2012, 568.
825 BVerfG FamRZ 2012, 938.
826 BVerfG FamRZ 2014, 1435 m. Anm. *Hoffmann* S. 1439; OLG Brandenburg FamRZ 2015, 1042.
827 BVerfG FamRZ 2012, 938; 2009, 291; vgl. auch BVerfG FamRZ 2014, 907; OLG Saarbrücken FamRZ 2014, 1866, juris.
828 OLG Saarbrücken FamRZ 2014, 1866; siehe dazu auch *Kloster-Harz*, Beteiligung der Großeltern in Kindschaftsverfahren, NZFam 2016, 529, 532 ff.
829 OLG Saarbrücken FamRZ 2014, 1866; OLG Saarbrücken ZKJ 2014, 114.

beschönigen oder gar nicht zur Kenntnis nehmen.[830] Gleiches gilt, wenn es der Großmutter bereits bei der Erziehung des Elternteils des in Rede stehenden Kindes nicht gelungen war, den Elternteil von einem kriminellen Lebenswandel und Drogenmissbrauch abzuhalten und er diesbezügliche Jugendhilfemaßnahmen nicht ausreichend mitgetragen hatte.[831] Auch der Kindeswille ist zu berücksichtigen: Spricht sich ein in Deutschland lebendes zwölfjähriges Kind mit nachvollziehbarer Begründung gegen einen Umzug zu den Großeltern nach Polen aus, so kann es geboten sein, einen anderen Vormund zu bestellen.[832] Hingegen spricht eine fehlende Distanz naher Verwandter zu den Eltern nur dann gegen eine Bestellung, wenn es konkrete Hinweise dafür gibt, dass die emotionale Einbindung der Verwandten in die Familie des Kindes sich – etwa wegen eine außergewöhnlichen Intensität oder eines besonderen Charakters – im Einzelfall abträglich auf das Kindeswohl auswirken könnte; der bloße Verweis auf „typische Probleme, wenn Großeltern oder andere enge Familienmitglieder die Pflege übernehmen", genügt hierfür nicht.[833] Auch das Alter eines Großelternteils von Mitte 50 ist selbstredend unbedenklich.[834]

221 Dementsprechend bedarf es besonders sorgfältiger Erwägungen und Ausführungen zur Auswahl des Vormunds; deren Eignung muss ggf. auch durch eine schon nach § 1779 Abs. 3 BGB mögliche Anhörung des benannten Verwandten geprüft werden (beteiligt oder beschwerdeberechtigt werden sie dadurch allein allerdings nicht, siehe dazu § 4 Rdn 27), zumal, wenn dieser Verwandte das Kind bereits zuvor beanstandungsfrei in Obhut hatte. Eine ohnehin bereits gravierend in das Elternrecht eingreifende außerhäusliche Unterbringung des Kindes kann durch eine Platzierung bei Verwandten, zu denen nicht nur das Kind, sondern auch die Eltern regelmäßig eine engere Bindung als zu fremden Personen haben, abgemildert werden.[835] Auch Umgangskontakte der Eltern mit dem Kind – soweit diese im Einzelfall nicht grundsätzlich als schädlich angesehen werden müssen (§ 1684 Abs. 4 BGB) – können dadurch erleichtert und gefördert werden. Dies alles gilt umso mehr, wenn – wie regelmäßig – die außerhäusliche Unterbringung lediglich vorläufig und eine Rückführung des Kindes in den elterlichen Haushalt nicht von vornherein ausgeschlossen ist. So können möglicherweise traumatische Erfahrungen einer Fremdunterbringung[836] auch für das Kind abgeschwächt werden, zumal wenn dieses zu der verwandten Person bereits eine vertrauensvolle Beziehung hat.[837] Diese Grundsätze gelten verstärkt, wenn die Fremdunterbringung im Wege einstweiliger Anordnung in Rede steht. Denn ist keine bzw. noch keine Dauerlösung absehbar, so kann dem Kind ein weiterer Wechsel bevorstehen. Das Argument einer zwischenzeitlichen – bis zum Erlass der einstweiligen Anordnung eingetretenen – Eingewöhnung kann in den Fällen einer auf vorläufiger Sorgerechtsentziehung beruhenden Fremdunterbringung grundsätzlich nicht durchgreifen, weil damit Entscheidungen, die im Eilverfahren auf wenig gesicherter tatsächlicher Grundlage gefällt werden, faktisch endgültig zu werden drohen, da sie die Voraussetzungen für den Fortbestand der Trennung des Kindes von den Eltern schaffen. Das nicht selten vorgebrachte Argument, es sei damit zu rechnen, dass die Eltern bei einer Verwandtenunterbringung weiterhin starken Einfluss auf die Entwicklung des Kindes hätten, begegnet jedenfalls dann verfassungsrechtlichen Bedenken, wenn nicht gerade diese Einflussnahme kindeswohlgefährdend ist. Denn die Verwandtenunterbringung stellt gerade auch deshalb ein milderes Mittel dar, weil sie es den Eltern ermöglicht, den Kontakt zum Kind leichter zu halten und dessen Entwicklung weiter zu beeinflussen.[838]

---

830 OLG Brandenburg ZKJ 2012, 312; OLG Hamm JAmt 2015, 330.
831 OLG Saarbrücken ZKJ 2014, 114.
832 BVerfG FamRZ 2014, 1843; vgl. auch OLG Frankfurt, Beschl. v. 14.12.2015 – 5 UF 235/15, juris.
833 BVerfG FamRZ 2014, 1841.
834 BVerfG FamRZ 2014, 1841.
835 Vgl. dazu auch BVerfG FamRZ 2008, 492.
836 Bewertungsüberblick zur Wirksamkeit der Fremdunterbringung etwa bei *Permien*, FPR 2011, 542.
837 Vgl. zum Ganzen BVerfG FamRZ 2012, 938.
838 BVerfG FamRZ 2014, 907; vgl. auch OLG Brandenburg FamRZ 2015, 1042.

Sind solche Einzelpersonen nicht vorhanden oder ungeeignet, wird das Familiengericht in aller **222** Regel das Jugendamt als Amtsvormund[839] nach § 1791b BGB auswählen (zu den Problemen und dem Verfahren bei **unbegleiteten minderjährigen Flüchtlingen** siehe eingehend § 12 Rdn 119 ff.). Die Amtsvormundschaft ist auch gegenüber der Berufs-/Vereinsvormundschaft nicht subsidiär.[840] Bei der Entscheidung, welche Vormundschaft vorzugswürdig ist, ist das Kindeswohl ausschlaggebend. Abwägungsbelange können Fremdsprachenkenntnisse des in Betracht kommenden Vormundes sein, Fachkenntnisse, die dem Mündel von Nutzen sind, die Religionszugehörigkeit des Vormundes, Kontaktmöglichkeiten zu den Eltern.[841] Im Rahmen des Auswahlverfahrens sind neben dem Kind und dem Jugendamt auch die Verwandten anzuhören, die sich zur Übernahme der Vormundschaft bereiterklärt haben.[842]

Der Anordnung von Amtsvormundschaft können sich die Eltern wegen § 1791b Abs. 1 S. 2 BGB nicht widersetzen. Der Elternteil, dem die Personensorge ganz oder teilweise entzogen wurde, kann auch der Unterbringung des Kindes in einer **Pflegefamilie** nicht widersprechen.[843] Er ist weder an der Auswahl der Pflegestelle noch bei der Aufstellung eines **Hilfeplans** zu beteiligen.[844] An seine Stelle tritt rechtlich der Vormund bzw. Pfleger, und zwar auch dann, wenn der Sorgerechtsentzug einen Elternteil trifft, dem die Sorge allein zustand. Wird das Jugendamt als Amtsvormund bestimmt, bedarf es wegen § 1791b Abs. 2 BGB keiner förmlichen Bestellung und Bestallung nach §§ 1789, 1791 BGB mehr.[845] (Zur Vormundschaft und Pflegschaft aus **jugendhilferechtlicher** Sicht siehe § 12 Rdn 156 ff.).

4. Überprüfung und Änderung gerichtlicher Maßnahmen nach § 1666 BGB gemäß § 1696 Abs. 2 BGB

Nach § 1666 BGB getroffene Maßnahmen können durch das Familiengericht jederzeit von Amts **223** wegen geändert werden, wenn eine Gefahr für das Wohl des Kindes nicht mehr besteht oder die Erforderlichkeit der Maßnahme entfallen ist, § 1696 Abs. 2 BGB (siehe dazu § 3 Rdn 30 ff.).[846] Denkbar ist eine gänzliche Aufhebung oder eine Modifizierung, wenn oder soweit eine Gefahr für das Kindeswohl nicht mehr besteht.[847] Bei diesem **Abänderungsverfahren** handelt es sich um ein selbstständiges Verfahren, bei dem die sachliche und örtliche Zuständigkeit neu zu bestimmen ist.[848]

Bei vorangegangenem Entzug der Sorge kann die angeordnete **Vormundschaft** oder **Pfleg-** **224** **schaft** nur aufrechterhalten werden, wenn zu befürchten ist, dass die Rückübertragung der Sorge auf die Eltern oder einen Elternteil eine erhebliche Schädigung des körperlichen, geistigen oder seelischen Wohls des Kindes zur Folge hätte. Der Eingriff in das Elternrecht kann nicht deshalb bestehen bleiben, weil dies dem Wohl des Kindes am besten entsprechen würde.[849]

---

839 Zur Amtsvormundschaft für Kinder minderjähriger Mütter nach § 1791c BGB siehe DIJuF-Rechtsgutachten, JAmt 2013, 521; zur gesetzlichen Amtsvormundschaft für das Kind einer minderjährigen, begleitet eingereisten Asylbewerberin siehe DIJuF-Rechtsgutachten JAmt 2016, 380; zu den Besonderheiten bei Auswahl, Bestellung, Amtsführung und Entlassung eines Vereinsvormunds siehe *Hoffmann*, JAmt 2013, 554; *Kunkel*, Das Jugendamt als Amtsvormund, FamRZ 2015, 901.
840 OLG Hamm FamRZ 2010, 1684; OLG Celle ZKJ 2011, 435; FamRZ 2016, 647; OLG Karlsruhe FamRZ 2012, 1955.
841 OLG Celle FamRZ 2016, 647.
842 KG FamRZ 2016, 649.
843 Zu den Voraussetzungen einer Rückübertragung der elterlichen Sorge vgl. etwa OLG Köln FamRZ 2009, 989.
844 OLG Düsseldorf FamRZ 1997, 105.
845 Dazu DIJuF-Rechtsgutachten, JAmt 2010, 564.
846 Siehe dazu BGH, Beschl. v. 6.7.2016 – XII ZB 47/15, juris.
847 BayObLG FamRZ 1997, 956; OLG Celle FamRZ 2003, 549; OLG Brandenburg FamRZ 2011, 1308.
848 BGH FamRZ 1990, 1101; BayObLG FamRZ 1999, 645.
849 OLG Karlsruhe FamRZ 1996, 1233; OLG Karlsruhe FamRZ 1994, 393.

Selbst einer nicht optimalen Elternbetreuung ist stets der Vorrang zu geben,[850] weil ein Kind keinen Anspruch auf bestmögliche Eltern, sondern nur darauf hat, dass diese ihr Kind nicht gefährden.[851] Deswegen muss die **Rückführungsperspektive** grundsätzlich offengehalten und an einer (Wieder-)Befähigung der Eltern gearbeitet werden (siehe dazu auch § 4 Rdn 23).[852] Dies ist eine öffentliche Aufgabe, die das Jugendamt verpflichtet. Bei einer persönlichen Entwicklung auf Seiten der Eltern kann etwa die Anordnung einer Pflegschaft mit dem Wirkungskreis der Überwachung von Betreuungs- und Versorgungsmaßnahmen ausreichend sein.[853] Außerdem ist auf regelmäßige Umgangskontakte der Eltern zu ihrem Kind zu achten, und zwar auch im Falle der **Dauerpflege**.[854]

225 Verfahrensrechtliches Pendant zu § 1696 Abs. 2 BGB ist § 166 Abs. 2 und 3 FamFG. Nach § 166 Abs. 2 FamFG hat das Gericht eine länger dauernde kindschutzrechtliche Maßnahme in angemessenen Zeitabständen zu überprüfen. § 166 Abs. 3 FamFG verpflichtet das Familiengericht, das von einer solchen Maßnahme abgesehen hat, dazu, diese Entscheidung in einem angemessenen Zeitabstand – in der Regel nach drei Monaten – zu überprüfen (siehe dazu § 3 Rdn 32).

G. Elterliche Sorge bei Trennung und Scheidung

I. Regelung der elterlichen Sorge bei Trennung, § 1671 BGB

226 Zentrale Vorschrift für die Regelung der elterlichen Sorge im Zusammenhang mit der Trennung und Scheidung der Eltern ist § 1671 BGB, wobei die Norm unabhängig davon anwendbar ist, ob die Eltern verheiratet sind oder nicht. Wesentlicher Anknüpfungspunkt ist allein die vollzogene dauerhafte Trennung.[855] Diese beurteilt sich nach dem Maßstab des § 1567 Abs. 1 BGB. Bei seiner Entscheidung kann sich daher das Gericht auch nicht auf eine Regelung allein für die Dauer des Getrenntlebens beschränken. Eine solche Entscheidung wäre zudem ein Rückgriff auf die als verfassungswidrig festgestellte Gesetzeslage nach § 1672 BGB a.F., wie sie vor dem Inkrafttreten des KindRG bestand.[856]

227 Nach dem Wortlaut von § 1671 Abs. 1 bzw. 2 BGB kann auf Antrag die Übertragung der Sorge in ihrer Gesamtheit oder auf einen Teilbereich bezogen erfolgen,[857] etwa allein hinsichtlich des Aufenthaltsbestimmungsrechts oder der Vermögenssorge. Soweit für die Anwendbarkeit des § 1666 BGB keine Anhaltspunkte bestehen – sonst ist diese Vorschrift wegen § 1671 Abs. 4 BGB anzuwenden[858] – ist das Familiengericht an die Anträge der Eltern gebunden. Ebenso wenig bedarf es einer gerichtlichen Regelung zu Teilbereichen der elterlichen Sorge, wenn die Eltern hierzu eine einvernehmliche Regelung gefunden haben,[859] außer, ein Elternteil stellt diesbezüglich einen Antrag nach § 1671 Abs. 1 bzw. 2 BGB und der andere Elternteil stimmt diesem zu (§ 1671 Abs. 1 S. 2 Nr. 1 BGB sowie § 1671 Abs. 2 S. 2 Nr. 1 BGB).

---

850 OLG Celle FamRZ 2003, 549; OLG Hamburg FamRZ 2001, 1088.
851 BVerfG FamRZ 2015, 112; 2010, 713.
852 EuGHMR FamRZ 2002, 1393; BVerfGE 68, 176; BVerfG FamRZ 2013, 361; OLG Saarbrücken FamRZ 2012, 463; 2010, 1092.
853 OLG Celle FamRZ 2003, 549.
854 Siehe hierzu – grundlegend – BVerfGE 68, 176; vgl. auch BVerfGE 75, 201 und 79, 51; OLG Saarbrücken FamRZ 2010, 1092.
855 *Schwab*, FamRZ 1998, 457.
856 OLG Brandenburg FamRZ 2003, 387.
857 *Schwab*, FamRZ 1998, 457; *Menne*, ZKJ 2006, 102.
858 Dazu OLG Brandenburg FamRZ 2014, 1649; OLG Nürnberg FamRZ 2013, 1993.
859 OLG Stuttgart FamRZ 1999, 39.

G. Elterliche Sorge bei Trennung und Scheidung § 1

1. Antragsbefugnis

Zur Antragstellung nach § 1671 BGB sind ausschließlich die Eltern als (ggf. potentiell) Sorgeberechtigte befugt, d.h. auch die Adoptiveltern (§§ 1741 ff. BGB). Für das Kind selbst oder das Jugendamt ist keine Antragsbefugnis vorgesehen.[860] Der Gesetzgeber überträgt damit allein den Eltern die Kompetenz zur Entscheidung, ob sie die elterliche Sorge gemeinsam fortführen möchten. Handelt es sich um einen isolierten Antrag, so unterliegt dieser nicht dem Anwaltszwang (§ 114 Abs. 1 i.V.m. §§ 111, 151 FamFG) und kann vom Antragsteller selbst bei Gericht eingereicht oder dort zu Protokoll der Geschäftsstelle erklärt werden. Im **Scheidungsverbund** besteht demgegenüber gemäß § 114 Abs. 1 FamFG **Anwaltszwang** (siehe zum Ganzen auch Rdn 450 ff.).

228

2. Sorgerecht

Grundvoraussetzung für eine Antragstellung nach § 1671 BGB war nach früherer Gesetzeslage das Bestehen der gemeinsamen elterlichen Sorge zum Zeitpunkt der Trennung der Eltern.[861] Durch das zum 19.5.2013 in Kraft getretene Gesetz zur Reform der elterlichen Sorge nicht miteinander verheirateter Eltern[862] hat § 1671 BGB eine grundlegende Reform erfahren. Bei nicht miteinander verheirateten Eltern wird nunmehr danach differenziert, ob bereits eine gemeinsame elterliche Sorge bestand (dann gilt – wie bei verheirateten Eltern – § 1671 Abs. 1 BGB) oder erstmals seitens des Vaters die alleinige elterliche Sorge geltend gemacht wird, wenn auf Seiten der Mutter eine originäre Sorge gem. § 1626a Abs. 3 BGB besteht (diesen Fall erfasst § 1671 Abs. 2 BGB).

229

3. Dauerhafte Trennung

Voraussetzung für die Antragstellung nach § 1671 BGB ist stets die nicht nur vorübergehende Trennung der Eltern.[863] Es gilt hierbei der Maßstab des § 1567 BGB, der bei nicht miteinander verheirateten Eltern analog anzuwenden ist. Beruhen die äußerlichen Gemeinsamkeiten der Eltern allein auf der Wahrnehmung von Umgangskontakten des nicht betreuenden Elternteils, so steht dies einer Trennung nicht entgegen.[864] Die Trennung muss allerdings nach außen dokumentiert sein.[865] Gelegentliche Gespräche oder ein gemeinsames Beisammensein mit den Kindern sind dabei unschädlich. Geht der Trennungswunsch nur von einem Ehegatten aus, so muss er dem anderen Elternteil grundsätzlich mitgeteilt worden sein.

230

Wird die **Trennung innerhalb der ehelichen Wohnung** vollzogen, so kommt einem gemeinsamen sonntäglichen Mittagessen keine gegenteilige Bedeutung zu, wenn dies ausschließlich im Interesse der Kinder erfolgt, um diese etwa mit den Folgen der Trennung, z.B. dem bevorstehenden Auszug eines Elternteils, vertraut zu machen.[866]

§ 1671 BGB findet erst dann Anwendung, wenn die Eltern bereits getrennt leben. Beabsichtigt demgegenüber ein Elternteil die Trennung herbeizuführen und gemeinsam mit dem Kind die ehe-

231

---

860 *Willutzki*, Rpfleger 1997, 336.
861 OLG Hamm FamRZ 1998, 1315.
862 BGBl 2013 I, 795.
863 *Diederichsen*, NJW 1998, 1977.
864 OLG Köln FamRZ 2002, 1341.
865 OLG Koblenz FamRZ 1990, 550; OLG Saarbrücken FamRZ 1989, 530.
866 OLG Köln FamRZ 1986, 388.

liche Wohnung zu verlassen, so bedarf es bei entgegenstehenden Vorstellungen der Eltern zum künftigen Aufenthaltsort des Kindes vorab einer Entscheidung zum Aufenthaltsbestimmungsrecht.[867] Zieht der Elternteil gegen den Willen des anderen Elternteils mit dem Kind aus, ohne diese Entscheidung zu beantragen oder abzuwarten, so handelt er rechtswidrig. Wegen dieser Problematik der **eigenmächtigen Wohnsitzverlagerung** des Kindes durch den ausziehenden Elternteil hat der Gesetzgeber § 154 FamFG geschaffen. Verändert danach ein Elternteil **eigenmächtig**[868] den Aufenthaltsort des Kindes im Zusammenhang mit der Trennung, ohne das alleinige Aufenthaltsbestimmungsrecht für das Kind zu haben, so kann eine Kindschaftssache i.S.d. § 151 FamFG an das Gericht des früheren gewöhnlichen Aufenthaltsortes des Kindes verwiesen werden.[869]

4. Ausnahmen zu § 1671 Abs. 1 und Abs. 2 BGB

232 Nach § 1671 Abs. 4 BGB ist dem Antrag eines Elternteils nach § 1671 Abs. 1 bzw. Abs. 2 BGB nicht stattzugeben, wenn eine Regelung der Sorge aufgrund anderer Vorschriften abweichend von den elterlichen Vorstellungen zu erfolgen hat. Gemeint sind hiermit gerichtliche Entscheidungen nach §§ 1666, 1666a, 1667 BGB. Kann einer Kindeswohlgefährdung nicht auf andere Weise entgegengewirkt werden, so muss das Gericht von Amts wegen eine Sorgerechtsentscheidung treffen, unabhängig von einem etwaig abweichenden Elternwillen. In diesem Fall ist dem Antrag eines Elternteils nur dann stattzugeben, wenn er die gleiche Zielrichtung verfolgt wie die nach § 1666 BGB gebotene Maßnahme. Dies gebietet das aus Art. 6 Abs. 2 S. 1 GG folgende Elternrecht und der in § 1666a BGB ausgestaltete Grundsatz der Verhältnismäßigkeit. Kann notwendigen Maßnahmen jedoch nicht mit den Mitteln des § 1671 Abs. 1, 2 BGB zum Erfolg verholfen werden, so wird das Antragserfordernis durch §§ 1671 Abs. 4, 1666 BGB überlagert.[870]

II. Regelungen nach § 1671 Abs. 1 und Abs. 2 BGB

233 Nach der seit dem 19.5.2013 geltenden Fassung von § 1671 BGB ist bei einem Antrag auf Übertragung der alleinigen elterlichen Sorge danach zu differenzieren, ob

- die Eltern bislang bereits die Sorge gemeinsam ausgeübt haben – unabhängig davon, ob sie verheiratet sind oder waren (§ 1671 Abs. 1 BGB) – oder
- die Sorge gemäß § 1626a Abs. 3 BGB allein der Mutter zustand (§ 1671 Abs. 2 BGB).

Die bisherige Regelung des § 1672 BGB a.F. für nicht miteinander verheiratete Eltern wurde aufgehoben.

---

867 *Schwab*, FamRZ 1998, 457.
868 Das ist nicht der Fall, wenn der umziehende Elternteil das Aufenthaltsbestimmungsrecht für das Kind hat, OLG Hamm FamRZ 2011, 55.
869 Siehe hierzu auch BVerfG FamRZ 2009, 189; Besprechung *Völker/Clausius*, FF 2009, 54; Anm. *Völker*, jurisPR-FamR 27/2008, Anm. 3.
870 OLG Brandenburg FamRZ 2014, 1649; OLG Nürnberg FamRZ 2013, 1993; AG Rheinach FamRZ 2000, 511.

Die **Prüfungsreihenfolge** im Rahmen des § 1671 Abs. 1 BGB lässt sich wie folgt darstellen: **234**

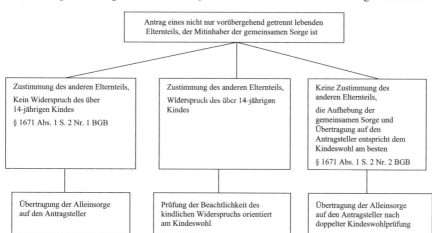

1. § 1671 Abs. 1 S. 1 und S. 2 Nr. 1 BGB

§ 1671 Abs. 1 BGB entspricht in seiner nunmehrigen Fassung inhaltlich der Regelung in § 1671 **235**
Abs. 2 BGB a.F. Das Gericht hat dem Antrag eines Elternteils danach zu folgen, wenn
- der andere Elternteil dem Antrag **zustimmt** und
- das Kind, soweit es das 14. Lebensjahr vollendet hat, nicht widerspricht.

Solange das Kindeswohl nicht gefährdet ist – dann gilt § 1671 Abs. 4 BGB i.V.m. §§ 1666 ff. BGB[871] – kann das Familiengericht von einem gemeinsamen Vorschlag der Eltern nicht abweichen.

a) Zustimmung eines Elternteils

Erforderlich ist nach § 1671 Abs. 1 S. 2 Nr. 1 BGB die Abgabe übereinstimmender Erklärungen **236**
der Eltern (Antragsmuster im Formularteil, siehe § 13 Rdn 5 f.). Diese führen ohne Sachprüfung zur gerichtlichen Entscheidung.[872] Das Gericht ist – wie soeben dargestellt vorbehaltlich einer Kindeswohlgefährdung – ohne weitere Prüfung der Elternmotive oder ein Auswahlermessen an den Vorschlag gebunden. Von einem gemeinsamen Elternwillen in diesem Sinn ist auszugehen, wenn ein Elternteil die Übertragung der Sorge auf sich allein geltend macht und der andere zustimmt. Der antragstellende Elternteil kann allerdings die Übertragung der Sorge nur auf sich selbst beantragen, es ist also ausgeschlossen, etwa bei Erziehungsschwierigkeiten die Übertragung der elterlichen Sorge auf den anderen Elternteil zu beantragen (Wortlaut des § 1671 Abs. 1 S. 1 BGB: „ihm"!).[873]

Für die **Zustimmung** eines Elternteils enthält das Gesetz keine Formvorschriften. Es genügt, **237**
wenn sie schriftlich oder in der nach § 160 FamFG vorgesehenen Elternanhörung erklärt wird. Erforderlich ist lediglich, dass dem Gericht die Zustimmung bekannt gegeben wird. Allerdings muss die Zustimmung eindeutig erklärt werden und das Gericht ist verpflichtet, sich im Rahmen

---

871 Dazu OLG Brandenburg FamRZ 2014, 1649; OLG Nürnberg FamRZ 2013, 1993.
872 BGH NJWE-FER 2000, 278; OLG Dresden FamRZ 2002, 632; OLG Rostock ZfJ 1999, 351.
873 OLG Saarbrücken ZKJ 2010, 452; abzulehnen ist daher OLG Celle FamRZ 2011, 488, das sich zudem auf eine unzutreffende materiell-rechtliche Grundlage (§ 1628 BGB) stützt.

der – stets erforderlichen (§ 160 FamFG) – persönlichen Anhörung des zustimmenden Elternteils von der Wirksamkeit, Reichweite, Ernsthaftigkeit und Freiwilligkeit der Zustimmung zu überzeugen.[874] Ebenso kann die Zustimmung aber auch bis zur letzten mündlichen Erörterung in der Tatsacheninstanz widerrufen werden.[875] Allerdings können die Gründe hierfür in die – durch den Widerruf veranlasste – Kindeswohlprüfung nach § 1671 Abs. 1 Nr. 2 BGB einfließen.[876] Ist ein Elternteil in seiner Geschäftsfähigkeit beschränkt, so bedarf er für seine Zustimmung nicht der Mitwirkung seines gesetzlichen Vertreters; denn es handelt sich um eine höchstpersönliche Erklärung.[877] Die Zustimmung muss außerdem **unbedingt** erfolgen.[878]

b) Widerspruch des Kindes

238 Außer wegen § 1671 Abs. 4 i.V.m. §§ 1666 ff. BGB[879] kann das Gericht lediglich im Falle des **Widerspruchs** des mindestens 14 Jahre alten Kindes eine vom Elternvorschlag abweichende Entscheidung treffen. Ansonsten wird der übereinstimmende Wille der Eltern vom Gesetz als verbindlich angesehen.[880] Selbst soweit das Kind widerspricht, muss dies nicht zwingend zu einer anderen Regelung als der von den Eltern übereinstimmend Gewollten führen. Allerdings ist das Familiengericht nunmehr zu einer umfassenden Kindeswohlprüfung nach § 1671 Abs. 1 S. 2 Nr. 2 BGB verpflichtet, bei der freilich der erklärte Kindeswille zu beachten ist. Ebenso wie die Zustimmungserklärung eines Elternteils unterliegt auch der Widerspruch des Kindes keinen Formvorschriften und kann bis zur letzten mündlichen Erörterung in der letzten Tatsacheninstanz widerrufen werden. Vom Widerspruch des Kindes sind etwaig geäußerte Wünsche oder eine allgemein erklärte Unzufriedenheit zu unterscheiden. Diese Aspekte muss das Gericht im Rahmen der **Kindesanhörung** nach § 159 FamFG näher aufklären (siehe dazu Rdn 430 f.).

2. § 1671 Abs. 1 S. 2 Nr. 2 BGB

239 Dem Antrag eines Elternteils auf Übertragung der elterlichen Sorge ist ferner dann stattzugeben, wenn zu erwarten ist, dass die Übertragung auf den antragstellenden Elternteil die dem **Kindeswohl** am ehesten gerecht werdende Entscheidung ist (dazu Antragsmuster im Formularteil, siehe § 13 Rdn 5 ff.).

240 Freilich bedeutet die Übertragung der Alleinsorge auf einen Elternteil stets auch einen vollständigen **Sorgerechtsentzug** zu Lasten des anderen Elternteils. Trotzdem ist § 1671 Abs. 1 S. 2 Nr. 2 BGB unzweifelhaft verfassungsgemäß. Anders als in Fällen der amtswegigen Regelung des Sorgerechts nach § 1666 BGB (ggf. i.V.m. § 1671 Abs. 4 BGB)[881] stehen sich in den Fällen des § 1671 Abs. 1 und Abs. 2 BGB nicht der Staat einerseits und ein oder beide Elternteile andererseits gegenüber, so dass nicht die Schranken gelten, die Art. 6 Abs. 2 und Abs. 3 GG staatlichen Zwangseingriffen in die elterliche Sorge setzt. Vielmehr stehen sich die Eltern – also auf beiden Seiten Grundrechtsträger – gegenüber, die sich gleichermaßen auf ihr Elternrecht aus Art. 6 Abs. 2 S. 1 GG berufen können. Darüber, wie Elternrechte und -pflichten zwischen den Eltern in diesem Konfliktfall zu verteilen sind, sagt Art. 6 Abs. 2 S. 1 GG nichts aus. Können sich die Eltern hier nicht einigen, muss der Staat aufgrund seines Art. 6 Abs. 2 S. 2 GG entspringenden Wächteramts

---

874 OLG Saarbrücken FamRZ 2010, 1680.
875 BGH NJWE-FER 2000, 278; OLG Saarbrücken, Beschl. v. 31.3.2010 – 9 UF 88/09 (n.v.); OLG Saarbrücken FamRZ 2010, 1680; OLG Zweibrücken FamRZ 2011, 992; PWW/*Ziegler*, § 1671 BGB Rn 8.
876 OLG Saarbrücken FamRZ 2010, 1680.
877 OLG Koblenz FamRZ 2016, 475.
878 OLG Koblenz FamRZ 2016, 475.
879 Dazu OLG Brandenburg FamRZ 2014, 1649; OLG Nürnberg FamRZ 2013, 1993.
880 OLG Rostock ZfJ 1999, 351.
881 Dazu OLG Brandenburg FamRZ 2014, 1649; OLG Nürnberg FamRZ 2013, 1993.

für eine Regelung Sorge tragen, die dem Kindeswohl am besten entspricht;[882] dies hat der Gesetzgeber mit § 1671 Abs. 1 S. 2 Nr. 2 BGB – verfassungsrechtlich, aber auch menschenrechtlich[883] unbedenklich – unternommen.

Die sogenannte „**große Kindeswohlprüfung**" in **§ 1671 Abs. 1 S. 2 Nr. 2 BGB** erfordert zwei Prüfungsschritte: **241**

- Die Aufhebung der gemeinsamen Sorge muss als solche im Interesse des Kindes liegen und
- die Übertragung der alleinigen elterlichen Sorge gerade auf den antragstellenden Elternteil muss sich als die dem Kindeswohl am besten entsprechende Entscheidung darstellen.

Oberster Maßstab der jeweils zu treffenden Entscheidung ist das Kindeswohl (§ 1697a BGB);[884] im Zentrum der Betrachtung steht das Kind. Kollidieren die Kindesinteressen und die Elterninteressen, so kommt denen des Kindes der Vorrang zu.[885] Zum Kindeswohl gehört auch der Schutz des Kindes vor eigenmächtigem Handeln eines Elternteils. Zu beachten ist, dass die Kinder als Wesen mit eigener Menschenwürde und eigenem Recht auf Persönlichkeitsentfaltung selbst Grundrechtsträger nach Art. 1 Abs. 1 und Art. 2 Abs. 2 GG sind.[886] Hinzu kommt der auf Art. 6 Abs. 2 S. 1 GG gegründete grundrechtsunmittelbare Anspruch des Kindes gegen beide Elternteile auf Pflege und Erziehung.[887] Hieraus folgt, dass das Gericht gegebenenfalls eine entsprechende Antragstellung anzuregen hat, was auch mit dem in § 156 FamFG niedergelegten Grundsatz in Einklang steht, dass das Familiengericht in jeder Lage des Verfahrens auf ein Einvernehmen hinzuwirken hat.[888] Die Anordnung eines **Wechselmodells** gegen den Willen eines Elternteils ist jedoch nicht realisierbar (siehe dazu Rdn 326). **242**

a) Aufhebung der gemeinsamen Sorge
aa) Fehlende elterliche Kooperationsbereitschaft

Die höchstrichterliche Rechtsprechung hat bis zum Inkrafttreten des Gesetzes zur Reform der elterlichen Sorge nicht miteinander verheirateter Eltern vom 16.4.2013[889] zum 19.5.2013 (siehe dazu eingehend Rdn 37 ff.) durchgängig hervorgehoben, dass es keinen Vorrang der gemeinsamen Sorge vor der Alleinsorge gebe.[890] Zwischen beiden Sorgerechtsgestaltungen bestehe kein Regel-Ausnahme-Verhältnis.[891] Zur Begründung hatte der BGH bereits in seiner Grundsatz- **243**

---

882 BVerfG ZKJ 2014, 379; FamRZ 1994, 223; BVerfGE 31, 194; 61, 358; OLG Saarbrücken, FamRZ 2010, 385; FamRZ 2015, 2180.
883 EGMR FamRZ 2014, 1977 [Buchs/Schweiz] zum vergleichbaren schweizer Recht.
884 BVerfG FamRZ 2009, 1389; BGH FamRZ 1993, 314; OLG Köln FamRZ 2011, 120.
885 BVerfG FamRZ 1999, 641; KG Berlin FamRZ 2011, 122.
886 BVerfG FamRZ 1986, 769.
887 BVerfG FamRZ 2008, 845; Anm. *Völker*, FamRB 2008, 174; Anm. *Clausius*, jurisPR-FamR 14/2008 Anm. 1; *Zempel*, AnwZert FamRZ 9/2008 Anm. 3; grundrechtsdogmatisch etwas andere Herleitung in BVerfG FamRZ 2013, 521; dazu *Britz*, Das Grundrecht des Kindes auf staatliche Gewährleistung elterlicher Pflege und Erziehung – jüngere Rechtsprechung des Bundesverfassungsgerichts, JZ 2014, 1069; allerdings jeweils ohne ausdrückliche Auseinandersetzung mit der erstgenannten BVerfG-Entscheidung; kritisch zu beiden grundrechtlichen Herleitungen *Jestaedt*, Kindesrecht zwischen Elternverantwortung und Staatsverantwortung – Herausforderungen des Eltern-Kind-Verhältnisses aus verfassungsrechtlicher Perspektive, Brühler Schriften zum Familienrecht, 21. Deutscher Familiengerichtstag, S. 65 ff.
888 Siehe dazu auch *Gartenhof/Schmid/Normann/von Thüngen/Wolf*, Auflagen nach § 156 Abs. 1 FamFG im Spannungsfeld der Eltern zwischen Autonomie und Zwang, NZFam 2014, 972; zu den Grenzen von Einvernehmen in Kindschaftssonderfällen siehe *Schmid*, NZFam 2015, 292; *Dostmann/Bauch*, Hinwirken auf eine Einigung aus anwaltlicher Sicht – Zwang oder Segen?, NZFam 2015, 820; *Wegener*, Pflicht des Richters zur Hinwirken auf eine Einigung aus richterlicher Sicht nach § 156 FamFG, NZFam 2015, 799; *Vogel*, Diffamierung des nicht einigungsbereiten Elternteils im Kindschaftsverfahren (?), NZFam 2015, 802.
889 BGBl 2013 I, 795.
890 BVerfG FamRZ 2004, 354; BGH FamRZ 2008, 592, krit. zum dort entschiedenen Einzelfall *Clausius*, Anw.Zert. FamR 10/2008; vgl. auch OLG Saarbrücken FamRZ 2010, 385.
891 Siehe zur gemeinsamen Sorge aus Sicht der Bindungs- und Scheidungsforschung *Kindler/Fichtner*, FPR 2008, 139; zur seelischen Entwicklung des Kindes nach Elterntrennung und Scheidung *Strobach*, FPR 2008, 148.

entscheidung vom 29.9.1999 darauf hingewiesen, dass es keine gesetzliche Vermutung dafür gebe, dass die gemeinsame Sorge die beste Form der Wahrnehmung elterlicher Verantwortung sei,[892] da sich eine elterliche Gemeinsamkeit in der Realität eben nicht verordnen lasse.[893] Ebenso wenig sei davon auszugehen, dass auf der Paarebene bestehende Streitigkeiten letztlich von dem Kind ferngehalten werden können. Soweit die Elternebene derart gestört sei, dass die Eltern nicht mehr miteinander kooperieren können oder wollen, stelle die Aufhebung der gemeinsamen Sorge die bessere Lösung für das Kind dar, da es dann durch den elterlichen Konflikt in der Regel weniger belastet werde.[894] Hieran hat der BGH in seiner Grundsatzentscheidung zu § 1626a Abs. 2 BGB vom 15.6.2016[895] ausdrücklich – und zu Recht – festgehalten. Die darin in Erinnerung gerufenen Grundsätze sind auch im Rahmen von § 1671 BGB zu berücksichtigen.[896]

244 Bereits aus § 1627 BGB lässt sich ableiten, dass eine Kooperation der Eltern im Sinne einer **objektiven Kooperationsfähigkeit** und **subjektiven Kooperationswilligkeit** essentielle Voraussetzung für die gemeinsame Ausübung der elterlichen Sorge ist.[897] Dies bedingt eine funktionierende Kommunikationsebene.[898] Um sich im Interesse des Kindes kooperativ verhalten zu können, müssen die Eltern in der Lage sein, eigene Interessen und Differenzen zurückzustellen[899] und den anderen Elternteil als gleichwertigen **Bindungspartner des Kindes** zu akzeptieren.[900] Die Aufhebung einer bisherigen gemeinsamen elterlichen Sorge zielt nicht darauf ab, zwischen den Eltern bestehende persönliche Defizite auszugleichen. Deshalb kann eine Alleinsorge eines Elternteils nicht damit begründet werden, dass so ein Gegengewicht zur „Dominanz" des anderen Elternteils geschaffen wird.[901] Zielrichtung ist allein das – letztentscheidende[902] – Kindeswohl.[903] Daher ist auch stets zu prüfen, ob überhaupt in absehbarer Zeit zu grundlegenden Fragen Entscheidungen zu treffen sein werden.[904] Kam es in der Vergangenheit nicht zu erheblichen Streitigkeiten über die Ausübung der gemeinsamen Sorge, ist deren Aufhebung regelmäßig nicht angezeigt.[905] Etwa, wenn ein – zumal weiter entfernt wohnender – Elternteil eher Desinteresse an der Sorgeausübung zeigt oder die faktische Alleinentscheidung durch den betreuenden Elternteil duldet und ggf. erforderliche Mitwirkungshandlungen vornimmt.[906] Dies gilt umso mehr, wenn der nicht betreuende Elternteil dem betreuenden Elternteil außerdem schon vor Verfahrenseinleitung eine umfassende Sorgeermächtigung (siehe dazu Rdn 20) erteilt hatte.[907] Gleiches gilt, wenn die Eltern faktisch ein funktionierendes Wechselmodell praktizieren, über Kindesbelange zwar jeweils ohne Absprache entscheiden, aber wichtige Einzelfragen ohne gerichtliche Hilfe regeln können.[908]

---

892 OLG Saarbrücken OLGR 2003, 204.
893 BGH FamRZ 1999, 1646; BT-Drucks 13/4899, S. 63.
894 BGH FamRZ 2008, 592; siehe zu den Auswirkungen hoch strittiger Elternschaft für das Kind auch *Weber*, ZKJ 2015, 14.
895 BGH, Beschl. v. 15.6.2016 – XII ZB 419/15, juris.
896 So ausdrücklich auch BGH, Beschl. v. 15.6.2016 – XII ZB 419/15, juris.
897 KG Berlin FamRZ 2005, 1768; OLG München FamRZ 2002, 189; OLG Hamm FamRZ 2011, 1739.
898 OLG Brandenburg FamRZ 2009, 1682; OLG Frankfurt FamRZ 1999, 392; OLG Dresden FamRZ 1999, 1156; OLG Brandenburg FamRZ 2010, 1257.
899 OLG München FamRZ 2002, 189; OLG Zweibrücken FamRZ 2001, 185.
900 AG Ratzeburg FamRZ 2000, 505.
901 BVerfG FF 2009, 416.
902 Vgl. BVerfGE 56, 363; BVerfG FuR 2008, 338.
903 BVerfG FF 2009, 416; vgl. auch OLG Hamm FamRZ 2013, 499.
904 OLG Bamberg FamRZ 2003, 1952.
905 OLG Naumburg FamRZ 2012, 1062.
906 Vgl. OLG Köln ZKJ 2011, 472; OLG Frankfurt FamRB 2012, 338; vgl. auch OLG Stuttgart, Beschl. v. 7.1.2014 – 15 UF 285/13, juris (dort Vollmacht erteilt).
907 OLG Schleswig MDR 2012, 351.
908 BVerfG FF 2009, 416.

245 Also schließt nicht jede Spannung oder Streitigkeit zwischen den Eltern die gemeinsame Wahrnehmung des Sorgerechts aus; vielmehr kommt es darauf an, welche Auswirkungen eine fehlende Einigung bei einer Gesamtbeurteilung der Verhältnisse auf die Entwicklung und das Wohl des Kindes haben wird.[909] Besteht zwischen den Eltern in den Grundlinien der Erziehung Einvernehmen und streiten sie nur über Nebenfragen, so besteht ebenso wenig Anlass, die gemeinsame Sorge aufzuheben, wie wenn unbeschadet bestehender Meinungsverschiedenheiten eine Kooperation auf der Elternebene noch möglich ist.[910] Denn aufgrund des „ethischen Vorrangs", der dem Idealbild einer von beiden Elternteilen auch nach ihrer Trennung verantwortungsbewusst im Kindesinteresse ausgeübten gemeinschaftlichen elterlichen Sorge einzuräumen ist, ist eine Verpflichtung der Eltern zum Konsens nicht zu bestreiten.[911] Es entspricht grundsätzlich dem Kindeswohl, wenn ein Kind in dem Bewusstsein lebt, dass beide Eltern für es Verantwortung tragen, und wenn es seine Eltern in wichtigen Entscheidungen für sein Leben als gleichberechtigt erlebt. Diese Erfahrung ist aufgrund der Vorbildfunktion der Eltern wichtig und für das Kind und für seine Entwicklung zu einer eigenverantwortlichen und gemeinschaftsfähigen Persönlichkeit prägend. Zudem werden in Diskussionen regelmäßig mehr Argumente erwogen als bei Alleinentscheidungen.[912] Von einer Kooperationsbereitschaft kann daher ausgegangen werden, wenn sich die Unstimmigkeiten zwischen den Eltern lediglich auf **Alltagsprobleme** erstrecken – etwa aufgrund sprachlicher Missverständnisse in einer binationalen Ehe[913] – oder den Rahmen bloßer Spannungen nicht überschreiten. Bei Meinungsverschiedenheiten, die sich nur auf einzelne Angelegenheiten – dann aber von wesentlicher Bedeutung – beziehen, kann das Familiengericht eine Entscheidung nach § 1628 BGB treffen (siehe dazu Rdn 116 ff.).[914]

246 Gleichwohl wird man jedoch nicht aus dem Blick verlieren dürfen, inwieweit möglicherweise dauerhafte Spannungen – sei es auch nur zu Angelegenheiten untergeordneter Bedeutung – ein Kind genauso belasten können, wie die Auseinandersetzung der Eltern zu wesentlichen Themenbereichen. Denn letztlich kommt es entscheidend darauf an, ob die Aufrechterhaltung der gemeinsamen Sorge voraussichtlich **nachteilige Folgen** für das Kind hat.[915] Aus dessen Sicht ist weniger bedeutsam, ob eine zwischen seinen Eltern streitige Angelegenheit objektiv mehr oder minder wichtig ist. Es sind die permanenten Spannungen und Auseinandersetzungen zwischen den Eltern, die vom Kind als allgegenwärtige Belastung empfunden werden,[916] insbesondere, wenn es in die Streitigkeiten auch selbst einbezogen wird.[917] Auch die **Kindesanhörung** kann Aufschluss über Gründe und Intensität des Elternstreits sowie dessen Auswirkungen auf das Kind geben, zumal auch der **Kindeswille** für die Entscheidung über Aufrechterhaltung oder Aufhebung der gemeinsamen Sorge bei älteren Kindern bedeutsam sein kann.[918] Anwaltlich differenziertem Tatsachenvortrag in der gerichtlichen Auseinandersetzung, durch den zum Ausdruck gebracht wird, wie das Kind im Einzelnen durch die Spannungen belastet wird, kommt ebenfalls wesentliche Bedeutung bei.[919] Relevant sind dabei nicht nur Vorgänge aus der Vergangenheit, sondern

---

909 OLG Karlsruhe FamRZ 2010, 391.
910 BGH FamRZ 2000, 399; 2008, 592; OLGR Saarbrücken 2004, 155; OLG Rostock FamRZ 2015, 338.
911 BGH FamRZ 2008, 592.
912 KG FamRZ 2011, 1659; siehe auch – mutatis mutandis – auch der Referentenentwurf des BMJ zum Entwurf eines Gesetzes zur Reform des Sorgerechts nicht miteinander verheirateter Eltern vom 28.3.2012, S. 18
913 KG FamRZ 2009, 1762.
914 OLG Düsseldorf FamRZ 1999, 1157.
915 Vgl. BVerfG FF 2009, 416; BGH, Beschl. v. 15.6.2016 – XII ZB 419/15, juris; BGH FamRZ 1999, 1646; OLG Saarbrücken FF 2011, 326.
916 OLG Brandenburg, Beschl. v. 2.4.2007 – 10 WF 73/07.
917 Dazu OLG Hamm FamFR 2012, 93.
918 BGH, Beschl. v. 15.6.2016 – XII ZB 419/15, juris; OLG Hamm FamFR 2012, 93 (Kind 16 Jahre alt); OLG Saarbrücken, Beschl. v. 7.2.2012 – 9 UF 157/11 (17 und 14 Jahre, n.v.).
919 BGH FamRZ 2005, 1167; OLG München NJW 2000, 368.

auch Vorfälle im Rahmen der gerichtlichen Auseinandersetzung, die – zuweilen fallentscheidende – Rückschlüsse darauf zulassen, dass es auch künftig zu Auseinandersetzungen der Eltern kommen wird.[920] Wenngleich der Richter in der persönlichen **Anhörung der Eltern** klären muss, inwieweit die Eltern jeweils zu dem schriftsätzlichen Vorbringen ihres Verfahrensbevollmächtigten stehen, scheitert die gemeinsame Ausübung der elterlichen Sorge jedenfalls dann, wenn ein Elternteil unter Einbeziehung des Kindes gegen den anderen intrigiert[921] oder das Verhältnis der Eltern hasserfüllt ist und ein Elternteil sich deswegen sogar zu nachweislich wahrheitswidrigem Sachvortrag in einem Sorgerechtsverfahren,[922] zu wüsten **Beschimpfungen** und Herabsetzungen,[923] strafrechtlich relevanten Bedrohungen[924] oder gar zu gewalttätigen Übergriffen auf den anderen Elternteil hinreißen lässt.[925] Im letzteren Fall ist auch zu erwarten, dass sich ein Zwang zur Kooperation mit dem gewalttätigen Elternteil auf das Kind indirekt in Form zusätzlicher Spannungen nachteilig auswirkt.[926] Dies gilt umso mehr, als in Fällen erheblicher **Gewalt** auch der Achtungsanspruch des verletzten Elternteils aus Art. 2 Abs. 1 i.V.m. Art. 1 Abs. 1 GG in den Blick zu nehmen ist,[927] wenn und weil dessen Berücksichtigung mit dem – letztentscheidenden[928] – Kindeswohl vereinbar ist.[929] Dann ist die gemeinsame Sorge dem betreuenden Elternteil auch im Lichte der sonst vorrangigen Elternverantwortung aus Art. 6 Abs. 2 S. 1 GG nicht mehr zumutbar.

247 Umgekehrt kann sich im Verlauf des gerichtlichen Verfahrens die Möglichkeit der Beibehaltung der gemeinsamen Sorge abzeichnen, etwa wenn ein Elternteil die alleinige Sorge deshalb beansprucht, weil ihm die Alleinentscheidungsbefugnisse nach § 1687 Abs. 1 S. 2 bzw. S. 4 BGB nicht bekannt sind.[930] In einem solchen Fall wird das Gericht in Ausübung seines in § 156 FamFG niedergelegten Schlichteramts[931] einen „freien" Kooperationswillen der Eltern feststellen können. Auch der Umstand, dass die Eltern nur schriftlich miteinander kommunizieren, spricht allein nicht zwingend für die Aufhebung der gemeinsamen Sorge, wenn das Kind durch die nicht optimale Kommunikation zwischen den Eltern nicht belastet wird.[932]

248 Aus § 1671 Abs. 1 Nr. 2 BGB folgt – unbeschadet ihrer Pflicht zum Konsens[933] – keine grenzenlose Pflicht zur Kooperation der Eltern. Insoweit ist dem in der Rechtsprechung des BGH und den Erwägungen des Gesetzgebers entwickelten Grundgedanken zuzustimmen, dass sich Gemeinsamkeit nicht durch die Gerichte verordnen lässt.[934] Eine dem Kindeswohl dienliche Ausübung der gemeinsamen elterlichen Sorge setzt voraus, dass sie – zumindest im Grundsatz noch – auf einem freien Willen der Eltern hierzu beruht. Zwingt das Gericht sich unverändert feindlich gegenüberstehende Eltern zur gemeinsamen Sorgerechtsausübung, so werden diese allein aufgrund der von ihnen nicht verinnerlichten gerichtlichen Entscheidung nicht in der Lage sein, zusammen

---

920 OLG Frankfurt FamRZ 2009, 433.
921 OLG Saarbrücken, Beschl. v. 8.9.2014 – 6 UF 70/14 (n.v.).
922 OLG Hamm FamRZ 2010, 1258.
923 OLG Saarbrücken FF 2011, 326.
924 OLG Saarbrücken, Beschl. v. 8.9.2014 – 6 UF 82/14 (n.v.).
925 OLG Saarbrücken FamRZ 2012, 1064; ZKJ 2010, 452, OLG Celle MDR 2014, 903.
926 OLG Saarbrücken FamRZ 2012, 1064.
927 Siehe zu den Grenzen der Pflicht zur gemeinsamen Sorge im Persönlichkeitsrecht der Sorgenden auch *Flügge*, FPR 2008, 135; aus psychologischer Sicht zur häuslichen Gewalt und zum Stalking *Kinder*, FPR 2011, 207; *Hoffmann*, FPR 2011, 211.
928 Vgl. BVerfGE 56, 363; BVerfG FuR 2008, 338.
929 OLG Saarbrücken FamRZ 2010, 385.
930 OLG Hamm FamRZ 1999, 38; vgl. auch OLG Schleswig FamRB 2014, 251.
931 Vgl. *Scholz*, FPR 1998, 62.
932 OLG Brandenburg, Beschl. v. 16.7.2015 – 10 UF 209/14, juris.
933 BGH FamRZ 2008, 592; OLG Saarbrücken FamRZ 2010, 385.
934 BT-Drucks 13/4899, S. 63.

G. Elterliche Sorge bei Trennung und Scheidung § 1

dem Interesse und Wohl ihres Kindes dienende Entscheidungen zu treffen und so **gemeinsam Elternverantwortung** zu übernehmen. Vielmehr kann es dann sogar zum Schutz des Kindes angezeigt sein, die gemeinsame Sorge aufzuheben,[935] wenn zwischen den Eltern nicht einmal ein Minimalkonsens zu erzielen ist.[936]

Dies alles zeigt auch, dass es letztlich nicht entscheidend darauf ankommt, ob und ggf. welchen Elternteil das alleinige oder überwiegende **Verschulden** an der fehlenden Kooperationsfähigkeit und -willigkeit trifft.[937] Selbst wenn ein Elternteil allein die Kooperation verweigert, kann das dann ggf. pflichtwidrige (siehe auch § 1684 Abs. 2 BGB) Verhalten des nicht kooperierenden Elternteils nicht mit einer aufgezwungenen gemeinsamen elterlichen Sorge sanktioniert werden, um auf diese Weise den Elternrechten des anderen kooperationsfähigen und -willigen Elternteils Geltung zu verschaffen. Dafür ist die am Kindeswohl auszurichtende rechtliche Organisationsform der Elternsorge grundsätzlich kein geeignetes Instrument. Dem steht schon die verfassungsrechtliche Wertung entgegen, dass sich die Elterninteressen in jedem Falle dem Kindeswohl unterzuordnen haben.[938] Freilich kann nicht schon die pauschale Ablehnung einer gemeinsamen Sorge durch einen Elternteil die Vermutung begründen, dass die Alleinsorge für das Kind die bessere Lösung ist. Andernfalls hätte es ein Elternteil in der Hand, ob es beim gemeinsamen Sorgerecht bleibt. Zu verlangen ist, dass der eine Alleinsorge anstrebende Elternteil ganz konkret dartut, inwiefern sich eine gemeinsame Sorge nachteilig auf das Kind auswirken würde (vgl. dazu Rdn 41). Dazu gehört auch, substantiiert vorzutragen, dass und bei welchem Anlass und auf welche Weise sich der die Alleinsorge erstrebende Elternteil bemüht hat, mit dem anderen Elternteil ein vernünftiges, sachbezogenes Gespräch zu führen, hierbei jedoch an dessen Verweigerungshaltung gescheitert ist.[939]

249

Einem oder beiden Elternteilen kann auch nicht zur Verbesserung der Kooperationsfähigkeit aufgegeben werden, sich in **Psychotherapie** zu begeben;[940] noch weniger kann freilich allein wegen der fehlenden Kommunikationsfähigkeit ein Kind über §§ 1666, 1666a BGB fremduntergebracht werden; gerade dann ist vielmehr die Alleinsorge eines Elternteils angezeigt.[941]

250

Es erscheint gesteigert fraglich, ob der in der psychologischen Scheidungsforschung teilweise vertretene Standpunkt,[942] wonach sich trennende Familien in ihrer Mehrheit rational verhalten, zutreffend ist. Sowohl Richter als auch Anwälte berichten häufig das Gegenteil. Jede anwaltliche Betreuung eines Mandanten unmittelbar nach der Trennung ist im Wesentlichen auch dadurch geprägt, mäßigend und vertrauensbildend mit ihm zusammenzuarbeiten, um irrationalen, kindeswohlwidrigen Handlungen vorzubeugen. Wenngleich dies in der Mehrzahl der Fälle – gegebenenfalls auch nach einiger Zeit – auch mit Hilfe des Jugendamts und des Gerichts gelingt, kommt es selbst bei eigentlich besonnenen Elternteilen immer wieder vor, das sie sich durch eine bestimmte Äußerung oder Handlung des anderen Elternteils provoziert fühlen und in nicht

251

---

935 BGH FamRZ 1999, 1646.
936 OLG Köln FamRZ 2005, 1275; OLG Saarbrücken OLGR 2004, 155; OLG Köln FamRZ 2011, 490.
937 OLG Saarbrücken, Beschl. v. 8.9.2014 – 6 UF 70/14 (n.v.).
938 Vgl. BVerfGE 79, 203; BverfG FamRZ 1996, 1267; FF 2009, 416; OLG Saarbrücken FamRZ 2012, 1064.
939 OLG Köln FamRZ 2015, 2180.
940 BVerfG FamRZ 2011, 179 [siehe dazu aber den zutreffenden Hinweis in der Anm. *Menz*, FamRZ 2011, 452, wonach im zugrunde liegenden Ausgangsverfahren OLG Frankfurt FamRZ 2011, 489 keine Therapie für die Mutter angeordnet worden, sondern dieser aufgegeben worden ist, die Therapie des *Kindes* fortzusetzen, ebenso *Wanitzek*, FamRZ 2011, 1195, 1998, Fn 42]; OLG Saarbrücken FamRB 2016, 227 OLG Saarbrücken NJW-RR 2010, 146; OLG Bremen FamRZ 2010, 821; OLG Nürnberg FamRZ 2011, 1306.OLG Hamm FamFR 2012, 93; OLG Brandenburg FamRZ 2012, 1312, Anm. *Clausius*, juris PR-FamR 9/2012.
941 OLG Brandenburg FamRZ 2012, 1312; Anm. *Clausius*, juris PR-FamR 9/2012.
942 *Suess/Scheuerer-Englisch/Grossmann*, FPR 1999, 148.

immer kalkulierbarer Weise reagieren. Die nicht selten bestehende wechselseitige Ablehnung der Eltern bleibt den in der besonderen Trennungssituation ohnehin hochsensiblen Kindern nicht verborgen, ebenso wenig wie eine kategorische Weigerung zur Kontaktunterhaltung zu dem getrennt lebenden Partner[943] bzw. die ausschließlich per SMS oder E-Mail oder gar nur über die Verfahrensbevollmächtigten geführte elterliche Kommunikation,[944] sofern das Kind hierdurch belastet wird.[945] All diese Verhaltensformen deuten auf eine tiefgreifende **Kommunikationsunfähigkeit** hin[946] und sind zugleich Indizien für eine mangelnde Kooperationsbereitschaft.[947] Der alleinigen elterlichen Sorge – ganz oder in Teilbereichen – wird dann der Vorzug zu geben sein, wenn zwischen den Eltern ein derart tiefgreifendes Zerwürfnis besteht, dass sie im Interesse des Kindes dessen Belange nicht mehr gemeinsam wahrnehmen können oder sie in grundlegenden Fragen unterschiedliche Auffassungen vertreten,[948] etwa bei Fragen der Gesundheitsfürsorge des Kindes,[949] seiner Ausbildung[950] oder auch wenn religiös motiviert eine **direkte Kommunikation** verweigert wird.[951] Sind die ein Kind betreffenden Entscheidungen und Vereinbarungen mehrfach nur noch durch Vermittlung des Gerichts oder Dritter zustande gekommen, so wird regelmäßig von der notwendigen Kommunikationsfähigkeit- und Kooperationsbereitschaft nicht ausgegangen werden können.[952] So ist die Alleinsorge etwa vorzuziehen, wenn ein Elternteil mehrfach gerichtliche Hilfe in erheblichen Fragen – im entschiedenen Einzelfall Zustimmung zu einer Operation, Mitwirkung an einer Erbausschlagung, jeweils war der andere Elternteil mehrere Monate lang nicht erreichbar – beanspruchen musste.[953]

252 Gelangt das Gericht zu dem Ergebnis, dass die Beibehaltung der gemeinsamen elterlichen Sorge dem Kindeswohl nicht dienlich ist, so muss es das in seiner Entscheidung auf **konkrete tatrichterliche Feststellungen** gestützt niederlegen. **Formelhafte Wendungen**, nach denen den Eltern die Kontakt- und Kooperationsfähigkeit fehlt, können das Ergebnis solcher Feststellungen zwar zusammenfassen; sie können solche Feststellungen aber nicht ersetzen. Auch die Prüfung des **Verhältnismäßigkeitsgrundsatzes** (siehe dazu Rdn 257) – ob also dem Kindeswohl nicht in gleicher oder vergleichbarer Weise durch Maßnahmen Rechnung getragen werden kann, die weniger in das Elternrecht eingreifen als der mit der Übertragung der Alleinsorge auf den einen Elternteil einhergehende Entzug des Sorgerechts des anderen Elternteils – muss aus der Entscheidung hervorgehen.[954]

bb) Sonstige Gründe für die Aufhebung der gemeinsamen Sorge

253 Die gemeinsame elterliche Sorge kann im Verfahren nach § 1671 Abs. 1, Abs. 2 Nr. 2 BGB auch dann nicht aufrechterhalten bleiben, wenn sich ein Elternteil als zur Pflege und Erziehung des Kindes ungeeignet erwiesen hat. Hiervon erfasst werden:

---

943 OLG Brandenburg, Beschl. v. 14.5.2007 – 9 UF 55/06, juris.
944 OLG Köln, Beschl. v. 21.8.2006 – 4 UF 20/06.
945 OLG Brandenburg, Beschl. v. 16.7.2015 – 10 UF 209/14, juris.
946 OLG Brandenburg FamRZ 2014, 1653; OLG Hamburg OLGR 2008, 516; Anm. *Clausius*, jurisPR-FamR 4/2009, Anm. 6.
947 BVerfG FamRZ 1993, 941; OLG Braunschweig FamRZ 2002, 121.
948 KG Berlin FamRZ 2000, 504.
949 OLG Bamberg FamRZ 2003, 333.
950 OLG Hamm FamRZ 2000, 1039.
951 OLG Celle FamRZ 2004, 1667.
952 KG Berlin FamRZ 2011, 122; OLG Saarbrücken FamRZ 2015, 2180.
953 OLG Saarbrücken, Beschl. v. 21.2.2011 – 6 UF 150/10 (n.v.).
954 BGH FamRZ 2005, 1167.

G. Elterliche Sorge bei Trennung und Scheidung § 1

- Fälle schwerer **Gewaltanwendung**,[955]
- **Sexueller Missbrauch** des Kindes,[956]
- andere **Misshandlungen** des Kindes im Sinne des § 1631 Abs. 2 BGB (siehe dazu Rdn 85 ff.) oder gravierende **Vernachlässigung** des Kindes,[957]
- allgemeines **Erziehungsunvermögen** oder
- **psychische Erkrankungen**, die die Erziehungsfähigkeit ausschließen.[958]

Übermäßiger Alkoholgenuss eines Elternteils[959] oder der gelegentliche **Drogenkonsum**[960] spricht nicht zwingend gegen die Fortführung der gemeinsamen elterlichen Sorge, doch wird es häufig angezeigt sein, zugunsten eines Elternteils zu entscheiden, der sich von einem alkohol- oder drogenabhängigen Partner getrennt hat und auch hinsichtlich der elterlichen Sorge klare Trennungslinien aufzeigen möchte.[961] Gleichzeitig sind hier möglicherweise Maßnahmen nach §§ 1666 ff. BGB angezeigt. Dann wird ohnedies – sofern nicht auch gegen den anderen Elternteil Sorgerechtseingriffe auf dieser Grundlage erforderlich sind – auf Antrag hin die Alleinsorge zu übertragen sein.[962]

254

Grund zur Aufhebung der elterlichen Sorge kann auch die **Gleichgültigkeit eines Elternteils** bezüglich der Erziehung und des Wohls des Kindes sein.[963] Diese kann etwa durch ein Desinteresse an der Ausübung der Umgangskontakte, in mangelnder Mitwirkung in Erziehungsfragen – etwa, wenn der Obhutselternteil stets lange warten muss, bis der andere Elternteil **notwendige Unterschriften** leistet –, durch die **Verletzung der Unterhaltspflicht**,[964] unter Umständen auch in der

255

---

955 OLG Karlsruhe FamRZ 2002, 1209; OLG Saarbrücken FamRZ 2010, 385; OLG Hamm, Beschl. v. 11.6.2012 – 8 UF 270/10, juris; *Niepmann*, MDR 1998, 565; beruht der Vorwurf der Kindesmisshandlung allerdings allein auf den Aussagen der beteiligten Kinder, so ist im Verfahren nach § 1666 BGB die Richtigkeit dieser Aussagen anhand objektiver Kriterien zu überprüfen, EuGHMR FamRZ 2013, 845; zur ärztlichen Schweigepflicht bei Verdacht auf Kindesmisshandlung siehe § 4 KKG und KG JAmt 2013, 653; *Doukkani-Bördner*, Kindesmisshandlungen im Haushalt der Eltern und elterliche Sorge, FamRZ 2016, 12; *Behnisch/Dilthey*, „Das Elend der Wiederholung" – Zur familiären Psychodynamik in Fällen von Kindesmisshandlung, ZKJ 2016, 4; zu den Auswirkungen auf Bindungs- und Beziehungsqualitäten bei Misshandlung, Vernachlässigung und sexuellem Missbrauch siehe *Lengning/Lüpschen*, FPR 2013, 213.
956 Vgl. OLG Köln, Beschl. v. 29.12.2010 – 4 UFH 4/10, juris; zur familiengerichtlichen Kooperation in Fällen von Kindesmisshandlung und sexuellem Missbrauch siehe *Schmid*, FamRB 2014, 267; siehe auch das Fortbildungspapier des Runden Tisches „Sexueller Kindesmissbrauch" für Verfahren bei Verdacht auf sexuellen Kindesmissbrauch im familienrechtlichen Dezernat; zu den Auswirkungen auf Bindungs- und Beziehungsqualitäten bei Misshandlung, Vernachlässigung und sexuellem Missbrauch siehe *Lengning/Lüpschen*, FPR 2013, 213; zum zivilrechtlichen Schadensersatzanspruch bei sexuellem Missbrauch siehe *Franke/Strnad*, FamRZ 2012, 1535; im Einzelfall bei Jahre zurückliegendem, als Jugendlicher begangenem sexuellen Missbrauch an einem anderen Kind aber verneinend OLG Hamm FamRZ 2012, 235; ebenso bei einem Jahrzehnt zurückliegendem mehrmaligen Berühren der eigenen Tochter am Geschlechtsteil in sexueller Absicht und damals sofortigem Einräumen und Bereuen des Fehlverhaltens ohne bleibende Folgen für das Kind OLG Saarbrücken FamRZ 2011, 1740.
957 *Kindler*, Kinderschutz im BGB, FPR 2012, 422; *Doukkani-Bördner*, Kindesmisshandlungen im Haushalt der Eltern und elterliche Sorge, FamRZ 2016, 12; *Behnisch/Dilthey*, „Das Elend der Wiederholung" – Zur familiären Psychodynamik in Fällen von Kindesmisshandlung, ZKJ 2016, 4; siehe zu den Auswirkungen auf Bindungs- und Beziehungsqualitäten bei Misshandlung, Vernachlässigung und sexuellem Missbrauch auch *Lengning/Lüpschen*, FPR 2013, 213.
958 Siehe dazu eingehend *Vogel*, Die Regelung der elterlichen Sorge und des Umgangs bei psychischer Erkrankung der Eltern oder eines Elternteils im Rahmen des Gesetzes zur Reform der elterlichen Sorge nicht miteinander verheirateter Eltern, FF 2014, 130; siehe auch Ergebnis 1 des Arbeitskreises 22 des 21. Deutschen Familiengerichtstages: „Hochrisikogruppe".
959 OLG Brandenburg FamRZ 2002, 120.
960 OLG Nürnberg FamRZ 1999, 1160.
961 *Zenz*, FPR 1998, 17.
962 *Schwab*, FamRZ 1998, 457.
963 *Oelkers*, FPR 1999, 132.
964 OLG Dresden FamRZ 2002, 973; OLG Brandenburg, Beschl. v. 23.12.2009 – 8 UF 200/09, juris; zur Bedeutung unzureichender Unterhaltsleistungen für die Sorgerechtsentscheidung auch *Hennemann*, FamFR 2010, 173.

Nichtwahrnehmung von Jugendamtsterminen zum Ausdruck kommen.[965] Nimmt aber ein – zumal weiter entfernt wohnender – Elternteil trotz eher ersichtlichen Desinteresses an der Sorgeausübung erforderliche Mitwirkungshandlungen vor, besteht zur Aufhebung der gemeinsamen Sorge kein Anlass.[966] Dies gilt umso mehr, wenn der nicht betreuende Elternteil dem betreuenden Elternteil außerdem schon vor Verfahrenseinleitung eine umfassende Sorgeermächtigung (siehe dazu Rdn 20) erteilt hatte.[967]

256 Letztlich können auch die äußeren Lebensumstände der gemeinsamen Sorge entgegenstehen. Zu denken ist hier etwa an eine **Übersiedlung ins Ausland** (zur **Auswanderung** des betreuenden Elternteils siehe Rdn 279 f.). Soll diese allerdings nur dazu dienen, die Umgangskontakte zu vereiteln, so steht sie der Alleinsorge regelmäßig entgegen. Geht der nicht betreuende Elternteil längere Zeit ins Ausland, so ist die Möglichkeit in den Blick zu nehmen, dem betreuenden Elternteil eine Sorgeermächtigung zu erteilen.[968]

cc) Verhältnismäßigkeit

257 Muss nach der vorangegangenen Prüfung die gemeinsame elterliche Sorge aufgehoben werden, so haben sich die Gerichte allerdings nach Maßgabe des **Verhältnismäßigkeitsgrundsatzes** mit einer Teilentscheidung – als milderes Mittel – bezüglich derjenigen Angelegenheiten der elterlichen Sorge zu begnügen, für die ein Mindestmaß an Übereinstimmung nicht festgestellt werden kann, wenn dies dem Kindeswohl Genüge tut.[969] Dies kann bei Streitigkeiten der Eltern nur in einem wesentlichen Teilbereich der Fall sein, etwa bei einer Meinungsverschiedenheit über die religiöse Erziehung samt der Frage der Taufe des Kindes.[970] Typischer Anwendungsfall ist auch das **Aufenthaltsbestimmungsrecht**. Häufig wird eine Entscheidung dieser meist wichtigsten Frage zwar freilich notwendig,[971] aber auch ausreichend sein. Erstrecken sich die Konflikte der Eltern aber auf verschiedene wesentliche Bereiche der elterlichen Sorge und die damit zusammenhängenden Fragen der Erziehung und ist dies in der Vergangenheit durch konkrete Vorfälle zutage getreten, so ist die Alleinsorge vorzugswürdig, wenn andernfalls negative Auswirkungen auf das Kind zu erwarten sind.[972]

258 Verfahrenstaktisch sollte ein Elternteil, der die Aufrechterhaltung der gemeinsamen Sorge oder Teilbereichen hiervon erstrebt, keinen gegenläufigen („**Revanche**") – Sorgerechtsantrag stellen; denn das Gericht wird den Umstand, dass beide Elternteile jedenfalls ausweislich ihrer Anträge übereinstimmend eine Aufhebung der gemeinsamen Sorge erstreben, bei seiner Abwägung zu berücksichtigen haben (siehe aber zum Hilfsantrag Rdn 253).[973]

b) Übertragung der elterlichen Sorge auf den antragstellenden Elternteil

259 Gelangt das Gericht im Rahmen seiner Prüfung zu dem Ergebnis, dass die Aufhebung der gemeinsamen Sorge dem Kindeswohl am besten entspricht, so muss es auf der zweiten Stufe prüfen, ob die Alleinsorge gerade auf den antragstellenden Elternteil zu übertragen ist. In diese Prüfung kann das Gericht – vorbehaltlich § 1671 Abs. 4 i.V.m. §§ 1666 ff. BGB[974] – nur eintreten, **soweit** ein **Antrag** auf Übertragung gestellt ist. Beschränkt sich daher der Elternteil, der eine Aufrechterhal-

---

965 OLG Zweibrücken FamRZ 2000, 627.
966 OLG Köln ZKJ 2011, 472.
967 OLG Schleswig MDR 2012, 351.
968 Vgl. OLG Saarbrücken, Beschl. v. 7.2.2012 – 9 UF 157/11 (n.v.).
969 BVerfG FamRZ 2004, 1015; BGH FamRZ 2008, 592; 2005, 1167; OLG Saarbrücken FamRZ 2010, 385.
970 BGH FamRZ 2005, 1167.
971 OLG Hamm FamRZ 2011, 1306.
972 BGH FamRZ 1999, 1646; OLG Saarbrücken 2015, 2180; siehe zu den Auswirkungen hoch strittiger Elternschaft für das Kind auch *Weber*, ZKJ 2015, 14.
973 Siehe etwa OLG Saarbrücken ZKJ 2013, 303.
974 Dazu OLG Brandenburg FamRZ 2014, 1649; OLG Nürnberg FamRZ 2013, 1993.

tung der gemeinsamen Sorge erstrebt, auf einen Zurückweisungsantrag, kann das Gericht nur dem anderen, antragstellenden Elternteil die (Teil-)Alleinsorge übertragen.[975] Daher sollte jener Elternteil verfahrenstaktisch **Hilfsanträge** für den Fall stellen, dass das Gericht die gemeinsame Sorge ganz oder teilweise aufhebt (zu den diesbezüglichen Problemen im **Rechtsmittelverfahren** siehe § 9 Rdn 47).

Auch auf dieser zweiten Prüfungsebene des § 1671 Abs. 1 Nr. 2 BGB ist das Kindeswohl (§ 1697a BGB) der Maßstab. Zu prüfen ist, ob der antragstellende Elternteil besser in der Lage ist, die kindliche Entwicklung und die Erziehung des Kindes zu einer eigenverantwortlichen und **gemeinschaftsfähigen Persönlichkeit** zu gewährleisten (siehe auch § 1626 Abs. 2 BGB und § 1 SGB VIII). Die aus Sicht des Kindes und häufig von diesem im Rahmen der Kindesanhörung (siehe dazu Rdn 430) formulierte beste Lösung, dass die Eltern wieder zusammenkommen, kann das Gericht ohnehin nicht erreichen.[976] Aufgabe des Familiengerichts ist es aber, aktiv zum Wohl des Kindes tätig zu werden, Streitpotentiale zwischen den Beteiligten abzubauen und unter Inanspruchnahme der hierzu bestehenden Möglichkeiten eine tragfähige Lösung zu finden.[977] Die Interessen der Eltern sind hierbei nachrangig.[978]

Besondere Bedeutung kommt dabei den Verfahrensgrundsätzen des FamFG zu. Durch das **Vorrang- und Beschleunigungsgebot** des § 155 FamFG (siehe dazu auch Rdn 392 f.) hat der Gesetzgeber zum Ausdruck gebracht, dass in **Kindschaftssachen** vorrangig zu terminieren ist, um möglichst kurzfristig die rechtliche Situation der Verfahrensbeteiligten verbindlich zu klären und damit insbesondere auch die Kinder aus der Unsicherheit eines länger dauernden gerichtlichen Verfahrens zu lösen.[979] Dies berücksichtigt die zum Umgangsrecht ergangene Rechtsprechung des BVerfG,[980] der zufolge das kindliche Zeitempfinden nicht demjenigen von Erwachsenen entspricht und solche Verfahren die Beteiligten persönlich intensiv betreffen, was eine besondere Sensibilität für den Aspekt der Verfahrensdauer erforderlich macht. Kleinere Kinder empfinden, bezogen auf objektive Zeitspannen, den Verlust einer Bezugsperson – anders als ältere Kinder oder gar Erwachsene – schneller als endgültig. In diesen Fällen ist die Gefahr der Entfremdung zwischen Eltern und Kind, die für das Verfahren Fakten schaffen kann, besonders groß, so dass eine besondere Sensibilität für die Verfahrensdauer erforderlich ist. Ansonsten kann allein durch Zeitablauf die Sachentscheidung faktisch präjudiziert werden.[981]

260

Zudem obliegt es dem Gericht nach § 156 FamFG in jeder Lage des Verfahrens auf ein Einvernehmen der Beteiligten hinzuwirken, wobei den Eltern auch außergerichtliche Möglichkeiten der **Streitbeilegung** oder **Mediation** aufzuzeigen sind (siehe dazu Rdn 391).[982]

---

975 OLG Saarbrücken FamRZ 2012, 1064; FF 2011, 326; FamRZ 2015, 2180; Beschl. v. 5.8.2015 – 9 UF 102/14 (n.v.).
976 OLG Hamm FamRZ 1996, 1096.
977 OLG Bamberg FamRZ 1988, 752.
978 BVerfG FamRZ 1999, 85; OLG Hamm FamRZ 1996, 361; KG FamRZ 2010, 1169.
979 Zum Beschleunigungsgebot sehr lesenswert *Salgo*, FF 2010, 352.
980 BVerfG FamRZ 2004, 689 m.w.N.
981 BGH FamRZ 2014, 933; vgl. auch Ergebnis 3 des Arbeitskreises 22 des 21. Deutschen Familiengerichtstages.
982 Siehe dazu auch *Bergmann*, ZKJ 2010, 56; Siehe dazu auch *Gartenhof/Schmid/Normann/von Thüngen/Wolf*, Auflagen nach § 156 Abs. 1 FamFG im Spannungsfeld der Eltern zwischen Autonomie und Zwang, NZFam 2014, 972; zu den Grenzen von Einvernehmen in Kindschaftssonderfällen siehe *Schmid*, NZFam 2015, 292; *Dostmann/Bauch*, Hinwirken auf eine Einigung aus anwaltlicher Sicht – Zwang oder Segen?, NZFam 2015, 820; *Wegener*, Pflicht des Richters zur Hinwirken auf eine Einigung aus richterlicher Sicht nach § 156 FamFG, NZFam 2015, 799; *Vogel*, Diffamierung des nicht einigungsbereiten Elternteils im Kindschaftsverfahren (?), NZFam 2015, 802, *Benesch*, Der Güterichter nach § 36 Abs. 5 FamFG – Erfahrungen und Möglichkeiten im familiengerichtlichen Verfahren, NZFam 2015, 807; *von Ballestrem/Schmid/Loebel*, Mediation und grenzüberschreitende Mediation, NZFam 2015, 811; *Perleberg-Kölbel/Burandt*, Mediation im Familien- und Erbrecht, FuR 2015, 276 (Teil 1); 2015, 710 (Teil 2).

261 Die für die Kindeswohlprüfung maßgeblichen **Kriterien**[983] werden in der Rechtsprechung näher konkretisiert.[984] Bei der allein am Kindeswohl auszurichtenden Frage, welchem der Elternteile die elterliche Sorge zu übertragen ist, sind

- die Erziehungseignung der Eltern – einschließlich ihrer Bindungstoleranz –,
- die Bindungen des Kindes – insbesondere an seine Eltern und ggf. an seine Geschwister –,
- das Förderungsprinzip,
- der Kontinuitätsgrundsatz sowie
- der Kindeswille

als gewichtige Kriterien zu berücksichtigen.[985]

Außer diesen Aspekten sind je nach den Begleitumständen des Falles weitere Gesichtspunkte wie

- die Erziehungsbereitschaft der Eltern,
- ihre häuslichen Verhältnisse und
- das soziale Umfeld

einzubeziehen.[986]

262 Diese Kriterien stehen aber letztlich nicht wie Tatbestandsmerkmale kumulativ nebeneinander; jedes von ihnen kann im Einzelfall mehr oder weniger bedeutsam für die Beurteilung sein, was dem Wohl des Kindes am besten entspricht.[987] Denn sie stehen über den allüberstrahlenden und letztentscheidenden[988] Begriff des Kindeswohls in innerer Beziehung zueinander und können sich gegenseitig verstärken oder aufheben,[989] so dass zuweilen auch ein einzelner Gesichtspunkt ausschlaggebende Bedeutung haben kann.

aa) Kontinuitätsgrundsatz
(1) Begriff

263 Entscheidend für den Kontinuitätsgrundsatz ist, welcher Elternteil auch für die Zukunft eine möglichst einheitliche, stetige, stabile und **gleichmäßige Betreuung und Erziehung** gewährleisten kann.[990] Denn Erziehung bedeutet Aufbauen von Lebens- und Verhaltenskonstanten.[991] Dieser Aspekt ist doppelrelevant: Während im Rahmen des Kontinuitätsgrundsatzes hier vor allem die äußeren Erziehungsumstände angesprochen sind, hat die Einheitlichkeit, Stetigkeit und Gleichmäßigkeit der Erziehung auch im **Förderungsprinzip** seinen Platz, dort sind aber eher die „inneren", vom Elternteil selbst herrührenden Erziehungsumstände in den Blick genommen (siehe Rdn 268). Grund der Bedeutung der Kontinuität ist die Feststellung, dass die **Dauerhaftigkeit familiärer Bindungen** für eine stabile und gesunde psychosoziale Entwicklung eines Kindes wichtig ist.[992] Entscheidend für die Kontinuität ist, ob sich die Lebensverhältnisse des Kindes derart

---

983 *Motzer*, FamRZ 1999, 1101; *Schwab*, FamRZ 1998, 456, OLG Thüringen FamRZ 2011, 1070.
984 BVerfG FamRZ 1981, 124; OLG Saarbrücken FamRZ 2011, 1153; *Oelkers*, FuR 1999, 349.
985 BGH FamRZ 2011, 796; 2010, 1060 m. Anm. *Völker*; BGH FamRZ 1990, 392; 1985, 169.
986 BGH FamRZ 1985, 169.
987 BGH FamRZ 2011, 796; 2010, 1060; 1990, 392.
988 Vgl. BVerfGE 56, 363; BVerfG FuR 2008, 338.
989 BGH FamRZ 1985, 169; zum Ganzen auch OLG Saarbrücken FamRZ 2011, 1153; ZKJ 2012, 115.
990 BVerfG FamRZ 2009, 189; 1982, 1179; BGH FamRZ 1990, 392; OLG Hamm FamRZ 2009, 1757; OLG Hamm NZFam 2014, 430.
991 Vgl. OLG Hamm FamRZ 2011, 1151; OLG Hamm, Beschl. v. 14.3.2011 – 8 UF 181/10, juris; OLG Saarbrücken FamRZ 2012, 1064.
992 BGH FamRZ 1990, 392; dazu eingehend *Brisch*, Die vier Bindungsqualitäten und die Bindungsstörungen, FPR 2013, 183; *Walter*, Unterschiede zwischen Beziehungen und Bindungen – was sagen der Gesetzgeber und die psychologische Wissenschaft?, FPR 2013, 177; *Bovenschen/Spangler*, Wer kann Bindungsfigur eines Kindes werden?, FPR 2013, 187; *Lüpschen/Lengning*, Wie lässt sich eine sichere Bindung fördern?, FPR 2013, 191; *Spangler/Bovenschen*, Bindung und Bindungserfahrungen: Konsequenzen für Resilienz und Vulnerabilität im kritischen familiären Kontext, FPR 2013, 203; *Becker/Laucht*, Schutzfaktoren und Resilienz in der kindlichen Entwicklung, ZKJ 2013, 432.

gefestigt haben, dass sie ohne triftige Gründe nicht durch einen Aufenthaltswechsel verändert werden sollten.[993] Nach der verfassungsgerichtlichen Rechtsprechung bedarf es dann für einen **Obhutswechsel** triftiger Gründe, da dieser regelmäßig mit Belastungen für ein Kind verbunden ist.[994] Es entspricht daher auch gefestigter Rechtsprechung, dass bei einer Entscheidung im einstweiligen Anordnungsverfahren der Kontinuitätsgrundsatz besondere Bedeutung besitzt (siehe dazu § 7 Rdn 6 und 53 ff.). Bei dem Bemühen um Herstellung von Konkordanz der Grundrechte der Verfahrensbeteiligten steht nicht die Sanktionierung etwaigen Fehlverhaltens eines Elternteils in der Vergangenheit in Rede, sondern die Sicherung des Kindeswohls.[995] Bei einem länger praktizierten **Wechselmodell** (siehe dazu Rdn 326) wird dem Kontinuitätsgrundsatz hingegen regelmäßig weniger Bedeutung zukommen.[996]

(2) Bedeutung in der Kindeswohlprüfung

Bei der Prüfung dieses Kriteriums ist nicht nur auf die zum Zeitpunkt der Entscheidung bestehende Betreuungssituation abzustellen, auch wenn den in der Vergangenheit durch einen Elternteil wahrgenommenen größeren Erziehungsanteilen erhebliche Bedeutung zukommt,[997] die sich im Falle bisher einvernehmlicher Rollenverteilung verstärkt.[998] Die Anwendung des Kontinuitätsprinzips darf nicht dazu führen, dass eine zwar gleichmäßige, letztlich aber schädliche Erziehung unter Vernachlässigung anderer Aspekte des Kindeswohls fortgeführt wird.[999] Es ist vielmehr eine in die Zukunft gerichtete Prognose vorzunehmen, wobei aber durchaus auch die gegenwärtige Betreuungssituation wesentliche Bedeutung in den Fällen hat, in denen beide Elternteile in gleichem Maße erziehungsgeeignet sind und auch hinsichtlich der kindlichen Belange keine Unterschiede zwischen ihnen bestehen.[1000]

264

Es gibt insbesondere – und zwar auch bei Kleinkindern[1001] – keinen allgemeinen Erfahrungssatz, dass Mütter grundsätzlich besser in der Lage sind das Sorgerecht auszuüben als Väter.[1002] Eine solche Festschreibung der Rollenverteilung ist mit Art. 3 Abs. 2 GG unvereinbar,[1003] was eigentlich selbstverständlich erscheinen mag. Indessen war und ist auch heute durchaus noch das gegenteilige Verständnis im Unterbewusstsein verschiedener Verfahrensbeteiligter beheimatet.

265

Der Rechtsprechung ist zu entnehmen, dass gerade in den Fällen, in denen die elterliche Sorge jüngerer Kinder in Rede steht, dem Kontinuitätsgrundsatz erhebliche Bedeutung beigemessen wird,[1004] da bei jüngeren Kindern der **häufige Wechsel einer Bezugs- und Betreuungsperson** sowie des sozialen Umfelds als schädlich angesehen wird.[1005] Bei Kleinkindern kommt daher dem Kontinuitätsgrundsatz oft ausschlaggebende Bedeutung zu.[1006] Der Verlust des bisherigen räumlichen und sozialen Umfelds wird allerdings auch von Kindern, die das Kleinkindalter abgeschlossen haben, als einschneidend erlebt.[1007] Der Kontinuitätsgrundsatz wird umso gewichtiger, wenn ein Kind in der Vergangenheit nur zeitweise in einem geordneten Familienverbund auf-

266

---

993 OLG Hamm, Beschl. v. 14.3.2011 – 8 UF 181/10, juris; OLG Brandenburg FamRZ 2003, 1949.
994 BVerfG FamRZ 2007, 1797.
995 BVerfG FamRZ 2009, 189.
996 OLG Dresden FamRZ 2011, 1741.
997 OLG Brandenburg FamRZ 2004, 1668.
998 OLG Saarbrücken FamRZ 2011, 1153.
999 OLG München FamRZ 1991, 1343.
1000 OLG Brandenburg FamRZ 2008, 2054, OLG Köln FamRZ 2000, 1041; OLG Köln FamRZ 2011, 1151.
1001 OLG Frankfurt FamRZ 2016, 1093.
1002 OLG Celle FamRZ 1984, 1035.
1003 BVerfG FamRZ 1996, 343; *Oelkers*, FamRZ 1997, 779.
1004 A.A. OLG Celle FamRZ 1984, 1035.
1005 BVerfG FamRZ 1982, 1179; BGH FamRZ 1990, 392; OLG Saarbrücken, Beschl. v. 27.4.2015 – 6 UF 4/15 (n.v.).; OLG Brandenburg FuR 2009, 624.
1006 OLG Frankfurt FamRZ 1990, 550; AG Landstuhl FamRZ 1990, 1025.
1007 OLG Zweibrücken, FamRZ 2001, 184; OLG Köln FamRZ 1999, 181.

gewachsen ist und durch einen Elternteil nun die notwendige Kontinuität gewährleistet werden kann.[1008] Ebenso hat dieser Grundsatz verstärkte Bedeutung, wenn ein Kind erst nach der Trennung der Eltern geboren wurde und seitdem beim selben Elternteil aufwächst.[1009]

(3) Ausprägungen des Kontinuitätsgrundsatzes

267 In Präzisierung des Kontinuitätsgrundsatzes gilt es für das Kind als positiv, wenn ihm nach der Trennung seiner Eltern vertraute Bezugspersonen ebenso erhalten bleiben wie seine gewohnte Umgebung. Hierzu gehören etwa die bisherige Wohnung, der Kindergarten oder die Schule, der Freundeskreis, bisher frequentierte Vereine u.Ä.[1010] Es ist im jeweiligen Einzelfall zu prüfen, welcher dieser Gründe für das Kind stärkere Bedeutung hat. Unter dieser Prämisse kann etwa der Fortsetzung der bisherigen Betreuungssituation durch einen bestimmten Elternteil Vorrang eingeräumt werden,[1011] auch wenn er umzieht.[1012] Denkbar ist aber auch, dass der Erhalt des bisherigen Umfelds für ein Kind starke Bedeutung hat, wenn gleichzeitig das bisherige **soziale Bezugssystem**, etwa zu den Großeltern, erhalten bleibt.[1013] Bei kleineren Kindern steht oft die **personale Kontinuität** im Vordergrund, während bei größeren Kindern und vor allem bei Jugendlichen der **räumlich-sozialen Kontinuität** häufig mehr Bedeutung zukommt.[1014] Eine mehrjährige Kontinuität mit eindeutigem Betreuungsvorteil für die Mutter kann durch eine sich anschließende eineinhalbjährige **Betreuungskontinuität** auf Seiten des Vaters kompensiert werden.[1015] Es existiert kein gesicherter Erfahrungssatz, dass der Wechsel der Hauptbezugsperson regelmäßig mit negativen Langzeitfolgen für die kindliche Entwicklung verbunden sein muss.[1016] Definitiv nicht schutzwürdig ist allerdings die sogenannte **ertrotzte Kontinuität**,[1017] wenn also ein Elternteil durch eigenmächtiges Verhalten den Aufenthalt des Kindes verändert hat und gegebenenfalls auch gleichzeitig die Umgangskontakte blockiert, um eine **Entfremdung** zwischen dem Kind und dem nicht betreuenden Elternteil herbeizuführen und so widerrechtlich eine Kontinuität zu erzwingen, von der er sich Bedeutung im anschließenden Sorgerechtsverfahren erhofft. Hier ist der Familienrichter gefordert,[1018] auf entsprechenden Eilantrag des zurückgelassenen Elternteils unverzüglich und kurzfristig zu terminieren und das **Eilverfahren** größtmöglich zu beschleunigen.[1019] Insbesondere, wenn das Kind plötzlich aus der Obhut seines bislang hauptsächlich betreuenden Elternteils entrissen und aus seinem bisherigen örtlichen und **sozialen Umfeld** entfernt wird, entspricht eine rasche Rückkehr des Kindes an den Ort seines gewöhnlichen Aufenthalts regelmäßig dem Kindeswohl. Aber auch wenn der betreuende Elternteil plötzlich alle Zelte hinter sich abbricht, ist dies dem Kindeswohl nicht dienlich und bedarf auf Antrag des anderen Elternteils schnellstmöglicher Intervention des Gerichts (siehe dazu § 7 Rdn 6 und 53 ff.).

1008 OLG Köln FamRZ 2011, 1153.
1009 OLG Saarbrücken, Beschl. v. 24.3.2011 – 6 UF 24/11 (n.v.).
1010 BVerfG FamRZ 1981, 745; *Oelkers*, DAVorm 1995, 801.
1011 BVerfG FamRZ 2007, 1797; Anm. *Völker*, FamRB 2008, 9.
1012 OLG Brandenburg FamRZ 2001, 1021; OLG Köln FamRZ 1999, 181.
1013 OLG Nürnberg FamRZ 1999, 614.
1014 Vgl. KG FamRZ 2011, 1668; OLG Saarbrücken, Beschl. v. 14.11.2011 – 9 UF 98/11 (n.v.).
1015 OLG Hamm FamRZ 1994, 918.
1016 OLG München FamRZ 1991, 1343.
1017 OLG Saarbrücken FamRZ 2011, 1740; *Viefhues*, juris PR-FamR 17/2011, Anm. 2; OLG Brandenburg FamRZ 2011, 1739.
1018 So in unmissverständlicher Deutlichkeit BVerfG FamRZ 2009, 189; Besprechung *Völker/Clausius*, FF 2009, 54; Anm. *Völker*, FamRB 2008, 366.
1019 OLG Saarbrücken FamRZ 2011, 1740.

bb) Förderungsprinzip

(1) Begriff

Im Rahmen des Förderungsprinzips wird geprüft, welcher Elternteil aufgrund eigener **pädagogischer Kompetenz** dem Kind auf seinem weiteren Lebensweg die notwendige **Sicherheit** und **Orientierung** geben kann.[1020] Kinder brauchen ferner – ohne Anspruch auf Vollständigkeit – Liebe und Akzeptanz, Ernährung, Pflege und Fürsorge, die Vermittlung eines Zugehörigkeits- und Geborgenheitsgefühls,[1021] geistige und körperliche Anregung und Abwechslung, Ermutigung und Unterstützung.[1022] Zu prüfen ist mithin, welcher Elternteil nach seiner eigenen Persönlichkeit, seiner Beziehung zum Kind und nach den äußeren Verhältnissen eher in der Lage scheint, das Kind zu betreuen und gleichzeitig seine seelische und geistige Entfaltung zu begünstigen. Dabei kommt es weniger auf die Vor- und Ausbildung des Elternteils als auf die Bereitschaft an, sich des Kindes anzunehmen und die Verantwortung für seine Erziehung und Versorgung zu tragen.[1023] Entgegenstehen kann hierbei etwa die Tatsache, dass ein Elternteil einen **betreuten Umgang** abgebrochen und damit die Verlässlichkeit der Beziehung zum Kind in Frage gestellt hat.[1024] Die im Rahmen des Förderungsprinzips wesentlichen Kriterien sind dabei

- Gewährleistung einer einheitlichen und **gleichmäßigen Erziehung** durch einen Elternteil[1025] (siehe dazu auch Rdn 263),
- Bereitschaft und Fähigkeit, eigene Vorstellungen den Bedürfnissen des Kindes anzupassen,[1026]
- überlegeneres **Erziehungskonzept** eines Elternteils,[1027]
- **Stabilität** und Verlässlichkeit **einer Betreuungsperson**,[1028]
- **Bindungstoleranz** eines Elternteils.

268

(2) Betreuung durch einen Elternteil

Bei der näheren Prüfung des Förderungsgrundsatzes sind die jeweiligen Betreuungsmöglichkeiten der Eltern zu betrachten, wobei alle Einzelfallumstände sowie die geschützten Rechtspositionen der Eltern zu werten sind. Insoweit wird angenommen, dass ein psychologischer Erfahrungssatz dafür besteht, dass es dem Kindeswohl förderlicher ist, eine **persönliche Betreuung** durch einen Elternteil zu erhalten[1029] statt einer **Fremdbetreuung** durch Großeltern, Tagesmütter oder den Lebenspartner eines Elternteils.[1030] Demnach kann berücksichtigt werden, dass ein Elternteil weitergehende Möglichkeiten zur Betreuung des Kindes hat;[1031] denn je jünger ein Kind ist, umso wichtiger ist es für seine Entwicklung, dass es sich in der Obhut eines Menschen weiß, der Zeit hat, auf seine Fragen, Wünsche und Nöte einzugehen, wenngleich damit ein Primat des beruflich weniger eingespannten Elternteils allerdings nicht verbunden ist.[1032] Dem nicht erwerbstätigen Elternteil, der das Kind tagsüber persönlich betreuen kann, kommt daher in der Pra-

269

1020 BVerfG FamRZ 1981, 124; OLG Köln FamRZ 2009, 1762; OLG Hamm NZFam 2014, 430.
1021 OLG Karlsruhe FamFR 2012, 213.
1022 Wendt/Rixecker/*Völker*, Verfassung des Saarlandes, Art. 24a Rn 10 m.w.N.
1023 Vgl. OLG Hamm, Beschl. v. 14.3.2011 – 8 UF 181/10, juris; OLG Saarbrücken, Beschl. v. 14.5.2012 – 9 UF 25/12 (n.v.).
1024 KG FamRZ 2007, 754
1025 OLG Zweibrücken FamRZ 2001, 186; OLG Hamm FamRZ 2000, 1602.
1026 OLG Frankfurt FamRZ 2016, 1093 (zur Ernährung).
1027 KG Berlin NJW-RR 1992, 138.
1028 OLG Hamm FamRZ 1994, 918.
1029 OLG Köln FamRZ 2014, 575; 2010, 139; für die Eltern von Kleinkindern wohl auch *Becker-Stoll*, FamRZ 2010, 77.
1030 BVerfG FamRZ 1981, 124; OLG Hamburg FamRZ 2001, 1088.
1031 OLG Köln FamRZ 2014, 575; OLG Hamm NZFam 2014, 430.
1032 Vgl. BVerfG FamRZ 1981, 124; BGH FamRZ 1985, 169; OLG Saarbrücken FamRZ 2011, 1153.

270 xis bislang ein klarer Vorteil zu, so dass bei ansonsten gleicher **Erziehungsfähigkeit** der Eltern wegen der persönlichen Betreuung eines Elternteils diesem gegebenenfalls der Vorzug gegeben wird (vgl. aber auch Rdn 271).[1033]

270 Entschließt sich daher ein Elternteil, dem vorläufig das Aufenthaltsbestimmungsrecht übertragen wurde, zur Aufgabe oder Reduzierung seiner Erwerbstätigkeit, um die Kinderbetreuung zu übernehmen, so müssen die hieraus folgenden finanziellen Konsequenzen auch in der unterhaltsrechtlichen Auseinandersetzung Berücksichtigung finden, selbst wenn der betreffende Elternteil sodann im Sorgerechtshauptsacheverfahren unterliegt. Eine fiktive Zurechnung der früheren Einkünfte scheidet in diesem Fall aus,[1034] soweit kind- oder elternbezogene Gründe i.S.d. § 1570 BGB, die auch im Rahmen von § 1361 BGB zu berücksichtigen sind,[1035] einer Erwerbstätigkeit entgegenstehen. Dies bedeutet allerdings nicht, dass der Elternteil, der bislang durch seine Erwerbstätigkeit für den finanziellen Familienunterhalt Sorge getragen hat, bei einer Umstellung seiner beruflichen Tätigkeit keine Rücksichtnahme walten lassen müsste. Sowohl die Unterhaltspflicht gegenüber dem bislang betreuenden Elternteil als auch die Unterhaltspflicht gegenüber den Kindern wird durch die Elternverantwortung geprägt.[1036] Also kann ein erwerbstätiger Elternteil – solange die Kinder beim anderen Elternteil wohnen – nicht einfach, um seine Chancen im Sorgerechtsverfahren zu verbessern, unterhaltsrechtlich risikolos seine Berufstätigkeit einstellen. Unterliegt er dann im Sorgerechtsverfahren, werden ihm **fiktive Einkünfte** zugerechnet werden müssen.

271 Angesichts der jüngeren gesellschaftlichen Entwicklungen wird das Primat der persönlichen elterlichen Betreuung zu überdenken sein.[1037] Der Gesetzgeber selbst hat beispielsweise mit der Neugestaltung des nachehelichen Betreuungsunterhalts in § 1570 BGB für Kinder ab Vollendung des dritten Lebensjahres grundsätzlich den Vorrang der persönlichen Betreuung gegenüber anderen kindgerechten Betreuungsmöglichkeiten aufgegeben und ist dabei ausdrücklich von der Gleichwertigkeit der Selbst- und der Fremdbetreuung ausgegangen.[1038] Zu berücksichtigen ist auch, inwieweit letztlich eine Fremdbetreuung im Interesse des Kindes ist, weil dieses im Umgang mit anderen soziale Kompetenzen erlernt und gefördert werden kann, statt isoliert im Haushalt eines Elternteils aufzuwachsen, vor allem dann, wenn er das Kind nicht angemessen fördert.[1039]

272 Verfehlt wäre es auch, allein auf die **objektive Betreuungsmöglichkeit** abzustellen und die **subjektive Betreuungsbereitschaft** außer Ansatz zu lassen. Manchmal hat ein Elternteil zwar eine geringere Betreuungszeit zur Verfügung und ist auf die Hilfe Dritter – etwa Großeltern oder Tagesmütter – angewiesen; zugleich kann er allerdings in der ihm zur Verfügung stehenden Zeit eine wesentlich intensivere Betreuung des Kindes gewährleisten[1040] – die Psychologen sprechen von **quality time**. Geht dies mit einer stärkeren Bindung des Kindes an diesen Elternteil einher, so ist diese stärkere innere Beziehung zu berücksichtigen.[1041]

1033 OLG Köln FamRZ 2014, 575; OLG Karlsruhe FamRZ 2001, 1636; AG Hamburg FamRZ 2000, 499; a.A. OLG Brandenburg FamRZ 2009, 1759.
1034 BVerfG FamRZ 1996, 343.
1035 Vgl. etwa OLG Brandenburg FamFR 2010, 297 m.w.N.
1036 BVerfG FamRZ 1996, 343.
1037 Kritisch dagegen – insbesondere bei Kindern unter einem Jahr – *Becker-Stoll*, FamRZ 2010, 77.
1038 BGH FamRZ 2012, 1040; 2009, 770; dazu – aus sorgerechtlicher Sicht – OLG Saarbrücken, Beschl. v. 17.2.2011 – 6 UF 112/10 (n.v.).
1039 OLG Brandenburg FamRZ 2008, 70.
1040 Vgl. OLG Hamm, Beschl. v. 14.3.2011 – 8 UF 181/10, juris; PWW/*Ziegler*, § 1671 BGB Rn 33.
1041 BVerfG FamRZ 1981, 745.

(3) Erziehungseignung

Ein schlechterdings **erziehungsungeeigneter** Elternteil kann die elterliche Sorge nicht erhalten.[1042] Etwaige Defizite in der Erziehungseignung können jedoch durch sonstige, dem Kindeswohl dienliche Kriterien, wie etwa starke persönliche Bindungen, kompensiert werden. Es entspricht verfassungsrechtlichen Grundsätzen, dass Kinder und Jugendliche ein Recht auf bestmögliche **Förderung** ihrer Entwicklung zu einer eigenverantwortlichen und gemeinschaftsfähigen Persönlichkeit haben, wie sie dem Menschenbild des Grundgesetzes entspricht.[1043] Als Grundrechtsträger mit eigener Menschenwürde verfügen sie über einen Anspruch auf eine ihrer Persönlichkeit gerecht werdende Erziehung,[1044] wobei dieser Anspruch sich sowohl gegen die Eltern[1045] als auch die Gesellschaft insgesamt richtet.[1046] Der Staat ist gehalten, eine kinderfreundliche Gesellschaft zu schaffen.[1047] Anerkanntes Erziehungsziel ist es daher, dieses Recht des Kindes zu verwirklichen.[1048] Durch § 1626 Abs. 2 S. 1 BGB wird die Verpflichtung der Eltern unterstrichen, die Kinder zu einem selbstständigen Handeln zu erziehen und sie ihrem Entwicklungsstand entsprechend an den Fragen der elterlichen Sorge zu beteiligen (siehe auch § 1 SGB VIII).

273

Im Rahmen der zu treffenden Entscheidung obliegt es daher dem Familiengericht, eine Prognose darüber zu treffen, welchem Elternteil es aufgrund seiner Persönlichkeit und seiner **Erziehungskompetenz** gelingen wird, dem Kind bei der Erreichung dieses Erziehungsziels die notwendige Unterstützung zu geben.[1049] Dazu gehört auch die wichtige Frage nach der **Bindungstoleranz** (siehe dazu Rdn 298 ff.). Voraussetzung ist, dass einerseits das Gericht detailliert die derzeitigen und künftigen Lebensverhältnisse beider Eltern prüft, aber auch die Eltern bereit sind, zur Erreichung des Erziehungszieles eigene Belange zurückzustellen. Dass ein Elternteil Leistungen der Jugendhilfe in Anspruch nimmt, um von ihm erkannte Defizite zu beseitigen, spricht regelmäßig nicht gegen, sondern für seine Erziehungseignung.[1050]

274

Es ist nicht Aufgabe des Familiengerichts, darüber zu entscheiden, welchem der unterschiedlichen **Erziehungsstile** der Elternteile der Vorzug zu geben ist. Die Prüfung erstreckt sich vielmehr darauf, durch welche Erziehung das anzustrebende Erziehungsziel nach den verfassungsrechtlichen Vorgaben erreicht werden kann und inwieweit möglicherweise ein Elternteil unzulässige **entwürdigende Erziehungsmaßnahmen** (§ 1631 Abs. 2 BGB, siehe dazu Rdn 85 ff.) anwendet. In diesem Rahmen obliegt den Eltern das eigenverantwortliche Ermessen zur Erziehungsausübung.[1051] Abweichungen von diesem Rahmen können im Zusammenhang mit verschiedenen Lebensbereichen auftreten und Fragen zur Erziehungseignung eines Elternteils aufwerfen.

275

1042 OLG Hamm, Beschl. v. 14.3.2011 – 8 UF 181/10, juris.
1043 BVerfG FamRZ 1968, 578; *Schütz*, FamRZ 1986, 947.
1044 BVerfG FamRZ 1989, 31; OLG Hamburg FamRZ 1992, 444.
1045 Und zwar verfassungsunmittelbar aus Art. 6 Abs. 2 S. 1 GG, siehe BVerfG FamRZ 2008, 845; Anm. *Völker*, FamRB 2008, 174; Anm. *Clausius*, jurisPR-FamR 14/2008 Anm. 1; *Zempel*, AnwZert FamRZ 9/2008 Anm. 3; grundrechtsdogmatisch etwas andere Herleitung in BVerfG FamRZ 2013, 521; dazu *Britz*, Das Grundrecht des Kindes auf staatliche Gewährleistung elterlicher Pflege und Erziehung – jüngere Rechtsprechung des Bundesverfassungsgerichts, JZ 2014, 1069; allerdings jeweils ohne ausdrückliche Auseinandersetzung mit der erstgenannten BVerfG-Entscheidung, kritisch zu beiden grundrechtlichen Herleitungen *Jestaedt*, Kindesrecht zwischen Elternverantwortung und Staatsverantwortung – Herausforderungen des Eltern-Kind-Verhältnisses aus verfassungsrechtlicher Perspektive, Brühler Schriften zum Familienrecht, 21. Deutscher Familiengerichtstag, S. 65 ff.
1046 BVerfG FamRZ 2013, 521.
1047 BVerfGE 88, 203, 260 = FamRZ 1993, 899; Wendt/Rixecker/*Völker*, Verfassung des Saarlandes, Art. 24a Rn 3.
1048 BVerfG FamRZ 1989, 31.
1049 OLG Hamm FamRZ 2000, 501.
1050 Vgl. OLG Saarbrücken, Beschl. v. 24.3.2011 – 6 UF 24/11 (n.v.).
1051 OLG Hamm FamRZ 1989, 654.

(a) Religiöse Kindererziehung

276 Die **Religionszugehörigkeit** eines Elternteils kann geeignet sein, seine Erziehungseignung zu beeinträchtigen. Hier kommen in erster Linie die Zugehörigkeit zur Glaubensgemeinschaft der **Zeugen Jehovas**[1052] oder der **Scientology-Organisation** in Betracht.[1053] Eine Religions- oder Sektenzugehörigkeit als solche kann allerdings die Erziehungsfähigkeit dem Grunde nach nicht in Frage stellen. Denn durch das staatliche Wächteramt und die hieraus folgenden Eingriffsbefugnisse darf die verfassungsrechtlich geschützte **Glaubensfreiheit** nach Art. 4 GG nicht unterlaufen werden. Andererseits beruht die religiöse Erziehung auf dem verfassungsrechtlich garantierten Erziehungsrecht und muss sich daher an den darin vorgesehenen Schranken messen lassen. Wenn auch bei toleranter, liberaler Sichtweise die Ausübung der Religionsfreiheit der Eltern dem Kindeswohl in seiner dargestellten Ausprägung nachteilig ist, so ist der Elternteil nicht davor geschützt, dass bei der Beurteilung seiner Erziehungseignung seine religionsgetragene Erziehungshaltung zu seinen Lasten berücksichtigt und gewichtet wird. Im Interesse des Kindes kann es angezeigt sein, von einer Übertragung der religiösen Entscheidungsbefugnis auf einen Elternteil vorläufig Abstand zu nehmen, etwa um dem Kind selbst ausreichende Möglichkeiten zu verschaffen, sich glaubensmäßig zu orientieren, bis es mit vollendetem 14. Lebensjahr eigene Entscheidungsfreiheit besitzt,[1054] insbesondere wenn das Kind ohnehin einen Freundeskreis im kirchlichen Umfeld hat.[1055]

277 Das Familiengericht hat im Einzelfall zu prüfen, inwieweit eine repressive Religionslehre negativen Einfluss auf die **Persönlichkeitsentwicklung des Kindes** nimmt[1056] oder eine Integration des Kindes in seine soziale Umwelt durch die alleinige religiöse Entscheidungskompetenz eines Elternteiles erschwert wird.[1057] Entscheidend ist dabei, ob und in welchem Umfang ein Elternteil das Kind in die Religionsausübung einbezieht;[1058] geschieht dies in einer dem Kind nachteiligen Weise, so muss von einem beeinträchtigenden Erziehungsstil ausgegangen werden.

278 Zur Entschärfung der Problematik kann es angezeigt sei, einen oder mehrere Teilbereiche der elterlichen Sorge auf den anderen Elternteil zu übertragen.[1059] So kann diesem die Entscheidungsbefugnis übertragen werden, etwa **medizinische Maßnahmen** in die Wege zu leiten, die der andere Elternteil aus religiösen Gründen bislang abgelehnt hat. In Rede steht hier beispielsweise eine medizinisch indizierte Bluttransfusion, die strenggläubige Zeugen Jehovas auch um den Preis ihres eigenen Lebens strikt ablehnen.[1060] Allerdings wird dies nur angezeigt sein, wenn Anhaltspunkte für demnächst notwendige Transfusionen ersichtlich sind;[1061] denn andernfalls reichte eine dann einzuholende Eilentscheidung, bei Gefahr im Verzug eine solche der Ärzte.

(b) Auswanderung des betreuenden Elternteils

279 Insbesondere bei **gemischtnationalen Ehen** wird im Zusammenhang mit der Trennung der Eltern von einem Elternteil häufig vorgetragen, dass ein plötzlicher Wegzug des anderen Elternteils in

---

1052 Dazu – im Einzelfall im Ergebnis zugunsten des Zeugen Jehovas – OLG Hamm FamRZ 2011, 1306; *Schwab*, FamRZ 2014, 1, 7 f. m.z.w.N.
1053 OLG Karlsruhe FamRZ 2002, 1728; OLG Frankfurt FamRZ 1997, 573; OLG Hamburg FamRZ 1985, 1284; AG Tempelhof-Kreuzberg FamRZ 2009, 987; *Schwab*, FamRZ 2014, 1, 8 m.w.N..
1054 OLG Düsseldorf FamRZ 2010, 1255.
1055 Zur Reichweite des Bestimmungsrechts eines Vormundes über die religiöse Erziehung des Kindes und das diesbezügliche familiengerichtliche Verfahren siehe §§ 3, 7 RKEG und dazu OLG Hamm NZFam 2016, 671; OLG Koblenz ZKJ 2014, 291; OLG Düsseldorf FamRZ 2013, 140; OLG Saarbrücken ZKJ 2011, 328 m.w.N.; DIJuF-Rechtsgutachten JAmt 2014, 521.
1056 *Oelkers/Kraeft*, FuR 1997, 161; anschaulich auch *Schwab*, FamRZ 2014, 1, 8.
1057 OLG Oldenburg FamRZ 2010, 1256.
1058 OLG Karlsruhe FamRZ 2002, 1728.
1059 AG Bad Schwalbach FamRZ 1999, 1158.
1060 Vgl. dazu *Bender*, MedR 2000, 127.
1061 Vgl. OLG Hamm FamRZ 2011, 1306.

dessen Heimatland drohe. Hier muss beachtet werden, dass eine abstrakte Gefahr als solche nicht ausreicht, um gerichtliche Maßnahmen zu veranlassen.[1062] Erforderlich ist vielmehr, dass ein bevorstehender Umzug aufgrund konkreter Anhaltspunkte naheliegt. Dann kann es dem Familiengericht obliegen, Vorsorgemaßnahmen zu treffen, bis über die Sorgerechtsfrage nach hinreichender Aufklärung des Sachverhalts entschieden werden kann. (Zur **einstweiligen Anordnung** in Auswanderungsfällen siehe § 7 Rdn 28).

Der BGH hat für die Praxis die Maßstäbe geklärt, die in Fällen einer geplanten **Auswanderung** eines Elternteils ins Ausland anzulegen sind.[1063] Dieselben Grundsätze gelten für den **Umzug** eines Elternteils in weite Entfernung.[1064] Oberster Maßstab der gerichtlichen Entscheidung ist das Kindeswohl.[1065] Daneben sind die durch Art. 6 Abs. 2 S. 1 GG geschützten Elternrechte beider Eltern zu beachten.[1066] Zur Auflösung dieses Konflikts im Grundrechtsdreieck zwischen beiden Eltern und dem Kind stellt der BGH folgerichtig[1067] nur die Alternativen „Auswanderung mit dem Kind" und „Wechsel des Kindes zum bislang nicht betreuenden Elternteil" gegenüber und fokussiert die Prüfung darauf, wie sich die Auswanderung auf das Kindeswohl auswirkte. Erst innerhalb dieser – rein kindeswohlorientierten – Abwägung können die Motive für die Auswanderungsabsicht eine Rolle spielen.[1068] Die allgemeine Handlungsfreiheit des umzugswilligen Elternteils schließt es aus, dass auch die Möglichkeit des Verbleibs des betreuenden Elternteils mit dem Kind am Ort seines bisherigen gewöhnlichen Aufenthalts als tatsächliche Alternative in Betracht gezogen wird, selbst wenn dies dem Kindeswohl ab besten entspräche.[1069]

280

Für den hiernach abgesteckten Abwägungsrahmen lassen sich der BGH-Entscheidung und der bisherigen obergerichtlichen Rechtsprechung folgende **Einzelfallkriterien** entnehmen, ohne dass diese untereinander in eine Rangfolge gebracht werden können, erschöpfend oder sämtlich von Bedeutung sein müssen:

281

- Örtliche Umstände:
  - Entfernung des Staates, in den ausgewandert werden soll.
  - Infrastruktur in diesem Staat (Sicherheit? Internationale oder Auslandsschule? Reise- und Kommunikationsmöglichkeiten nach Deutschland?).

282

- Persönliche Umstände des Kindes:
  - Wille des Kindes (siehe dazu Rdn 304 ff.) je nach Alter und Reife, sofern er mit dem Kindeswohl vereinbar und nicht maßgeblich durch einen Elternteil beeinflusst ist; je älter das Kind ist, desto mehr wird der Willensbekundung nicht nur als Ausdruck von Bindungen, sondern auch als Ausübung seines zu beachtenden Rechts auf Selbstbestimmung Bedeutung zukommen. Denn nur dadurch, dass der wachsenden Fähigkeit eines Kindes zu eigener Willensbildung und selbstständigem Handeln Rechnung getragen wird, kann das auch mit dem Eltern-

283

1062 OLG Frankfurt FamRZ 1999, 1158; OLG München FamRZ 1999, 1006.
1063 BGH FamRZ 2010, 1060 m. Anm. *Völker*, FamRZ 2010, 1065; Anm. *Coester*, FF 2010, 365; zustimmend OLG Hamm FamRZ 2011, 1151, OLG Köln FamRZ 2011, 490; siehe dazu auch *Coester-Waltjen*, Elternumzug (Relocation) und Kindeswohl, ZKJ 2013, 4, Langfassung in der österreichischen iFamZ 2012, 311; *Eschelbach/Rölke*, Internationale Relocation – Umzug eines Elternteils mit dem Kind ins Ausland, JAmt 2012, 290; *Faber*, Sorge- und Umgangsrecht bei Umzug oder geplanter Auswanderung des betreuenden Elternteils, FuR 2012, 464.
1064 Vgl. etwa OLG Saarbrücken, Beschl. v. 6.7.2016 – 6 UF 50/16 (n.v.).
1065 BGH FamRZ 2011, 796 m. Anm. *Völker*; OLG Frankfurt FamRZ 2014, 323.
1066 BVerfG FF 2009, 416.
1067 Siehe eingehend *Völker*, FamRZ 2010, 1065; vgl. auch *Coester*, FF 2010, 365.
1068 Colorandi causa: Der vom BGH – auf der Grundlage des bis zum 31.8.2010 geltenden Rechts – entschiedene Fall FamRZ 2010, 1060 endete nach Zurückverweisung, Einholung eines kurzfristig erstellten Gutachtens und Anhörung aller Beteiligten samt Kind damit, dass die Eltern vereinbart haben, dass die Mutter mit dem Kind auswandern darf, und das Gericht eine Umgangsvereinbarung der Eltern zum Beschluss erhoben hat.
1069 Vgl. BGH FamRZ 2010, 1060; OLG Saarbrücken, Beschl. v. 6.7.2016 – 6 UF 50/16 (n.v.); Beschl. v. 27.10.2010 – 9 UF 34/10 (n.v.).

recht verfolgte Ziel, dass ein Kind sich durch Erziehung zu einer eigenverantwortlichen und gemeinschaftsfähigen Persönlichkeit entwickeln kann,[1070] erreicht werden.[1071]
- Staatsangehörigkeit des Kindes; Vertrautheit mit Sprache und Kultur des fremden Staates.
- Resilienz des Kindes in Bezug auf Anpassungsprozesse; ggf. zu befürchtende schädliche Folgen für das Kind durch die Auswanderung (dann kann auch die Erziehungseignung des auswanderungswilligen Elternteils in Frage stehen). Bei kleinen Kindern ist dieser Aspekt eher unproblematisch.[1072]
- Wägung des Umstandes, dass im Falle der Auswanderung des bislang betreuenden Elternteils ohne das Kind und dessen Verbleib beim anderen Elternteil in Deutschland das Kind nicht nur seine Hauptbezugsperson verliert, sondern diesen zugleich – zuweilen recht unvermittelt – nicht mehr häufig sehen wird[1073] (hier ist strikt kindesorientiert zu denken; denn die sorgerechtliche Abwägung ist nicht an einer Sanktion des Fehlverhaltens eines Elternteils zu orientieren).[1074]

284
- Belange des auswanderungswilligen Elternteils (aber nur in ihren Auswirkungen auf Kindeswohlaspekte; der Auswanderungswunsch ist als solcher zu respektieren):
- Staatsangehörigkeit (Aus- oder Rückwanderung in den Heimatstaat?).
- Intensität der sozialen Bindungen in diesen Staat, ggf. auch zu einem neuen Partner.
- Dortige berufliche und wirtschaftliche Perspektiven (auch unter Abwägung gegen die in Deutschland bestehenden beider Elternteile).[1075]
- Getroffene Vorbereitungen.[1076] Bei „Abenteuerauswanderung" kann die uneingeschränkte Erziehungseignung des betreuenden Elternteils anzuzweifeln sein.

285
- Interessen und Möglichkeiten des in Deutschland verbleibenden Elternteils:
- Bereitschaft und Möglichkeiten, die Betreuung des Kindes, ggf. auch unter Inanspruchnahme teilweiser Fremdbetreuung,[1077] zu übernehmen.[1078]
- Grad der durch die Auswanderung verursachten Umgangseinschränkung und deren Kompensation durch eine angemessene Regelung des Umgangs und Verteilung des Aufwandes hierfür zwischen den Eltern (eine großzügige organisatorische und wirtschaftliche Beteiligung des auswandernden Elternteils deutet auf dessen gute Bindungstoleranz hin).
- Frühere Haltung zur Auswanderung.[1079]

286
- Im Einzelfall zu erwägen: Ausländerrechtliche Konsequenzen (etwa Abschiebung des in Deutschland verbliebenen Elternteils wegen weggefallener fehlender familiärer Gemeinschaft zum Kind) und deren Folgen für die Umgangskontakte zum Kind.

287
- Eltern-Kind-Beziehung:
- Erziehungseignung jedes Elternteils (die Bereitschaft, notfalls ohne das Kind auszuwandern, kann auf eine eingeschränkte Erziehungsfähigkeit hindeuten).

1070 BVerfG FamRZ 2008, 845.
1071 BVerfG FamRZ 2009, 1389; 2008, 1737; 2007, 105.
1072 Vgl. auch OLG Köln NJW-RR 2011, 149: 2 Jahre altes Kind; KG FamRZ 2011, 1668: 5 Jahre altes Kind.
1073 OLG Köln NJW-RR 2011, 149: Bei Verbleib des Kindes in Deutschland wäre die Beziehung des 2 Jahre alten Kindes, das bislang immer beim auswanderungswilligen Elternteil gelebt hat, weitgehend abgebrochen worden.
1074 BVerfG FamRZ 2009, 1389; 2007, 1626 m.w.N.
1075 Hierzu OLG Köln FamRZ 2006, 1625.
1076 OLG Köln NJW-RR 2011, 149: Einwanderungsgenehmigung und Arbeitsvertrag lagen vor.
1077 Einen Vorrang des nicht oder weniger berufstätigen Elternteils gibt es nicht, vgl. schon BVerfGE 55, 171; ebenso OLG Brandenburg FamFR 2013, 574.
1078 OLG Köln NJW-RR 2011, 149: Für die Auswanderung kann es sprechen, wenn der zurückbleibende Elternteil in jedem Fall den Verbleib des Kindes bei auswanderungswilligem Elternteil wünscht.
1079 OLG Köln NJW-RR 2011, 149: Die Eltern wollten ursprünglich gemeinsam auswandern, aber der Einwanderungsantrag des zurückbleibenden Elternteils wurde abgelehnt.

- Qualität der Eltern-Kind-Beziehung (Bindung zu jedem Elternteil; die stärkere Bindung zu einem Elternteil muss Berücksichtigung finden).[1080]
- Kontinuitätsgrundsatz (Stetigkeit und Einheitlichkeit des Erziehungsverhältnisses und seiner Rahmenbedingungen; hier Abwägung zwischen der Kontinuität der Betreuungsperson im Falle der Auswanderung und der dadurch bedingten Diskontinuität der äußeren Lebensumstände des Kindes, siehe im Einzelnen Rdn 263 ff.).[1081]
- Förderungsprinzip (Eignung, Bereitschaft und Möglichkeiten, zur emotionalen, sozialen, intellektuellen und moralischen Entwicklung des Kindes beizutragen, siehe dazu Rdn 268 ff.).[1082]
- Bindungstoleranz (bestehen Anhaltspunkte dafür, dass durch die Auswanderung das Umgangsrecht des anderen Elternteils unterlaufen werden soll?, siehe im Einzelnen Rdn 298 ff.).[1083]

(c) Elternfeindbild-Syndrom (PAS)

Dieser Aspekt unterfällt der **Bindungstoleranz** (siehe dazu Rdn 298). Bedenken gegen die Erziehungseignung eines Elternteils können sich daraus ergeben, dass dieser im Verhältnis zum anderen Elternteil eine unüberwindbare hasserfüllte Einstellung besitzt[1084] und diese Einstellung offen durch Abfälligkeiten und Entwertungen austrägt.[1085] Über die ohnehin bereits eingetretene Belastung des Kindes aus der Trennung seiner Eltern hinausgehend wird hierdurch zusätzlich sein bisheriges Lebensmodell in Frage gestellt. Einem Elternteil, der diese zusätzliche Belastung des Kindes verursacht und fördert, kann kein pädagogisches Einfühlungsvermögen attestiert werden. Vielmehr werden von ihm bereits bestehende Existenzängste des Kindes verstärkt. Das Verhalten des betreffenden Elternteils ist nicht am Wohl des Kindes ausgerichtet, sondern verfolgt eigene Interessen.[1086] Diese Fälle gehören zu den in der Praxis schwierigsten, weil das Kind – meist unbewusst – die Position dieses Elternteils übernimmt und sich daher sehr stark auf ihn fixiert. Dies macht es schwierig, das Kind von diesem Elternteil zu trennen,[1087] andererseits mag gerade diese Trennung – unbeschadet der mit ihr einhergehenden hohen kurzfristigen Belastung des Kindes – manchmal mittelfristig der richtige Weg sein, um dem Kind ein psychisch gesundes Aufwachsen zu ermöglichen. Es wird hier im Einzelfall darauf ankommen, welche Auswirkungen das PAS konkret auf das Kind hat; Patentrezepte gibt es gerade in diesen Fällen nicht einmal ansatzweise; sachverständige Beratung ist regelmäßig unerlässlich. Jedenfalls im Fall des bloßen psychosozialen Zusammenrückens des betreuenden Elternteils und des Kindes mit dem Ziel der Ausgrenzung des umgangsberechtigten Elternteils bei im Übrigen normaler Betreuung und Erziehung des Kindes kann der Schaden für das Kind infolge einer zwangsweisen Herausnahme aus dem Haushalt des betreuenden Elternteils deutlich größer sein als bei Unterlassen einer Intervention.[1088]

288

1080 Siehe – grundlegend – BVerfGE 55, 171; BVerfG FamRZ 2009, 1389; 2008, 1737.
1081 Vgl. allgemein BVerfG FamRZ 2009, 189; 1982, 1179; BGH FamRZ 1990, 392; 1985, 169.
1082 Vgl. dazu allgemein BVerfG FamRZ 1981, 124; BGH FamRZ 1993, 316; 1990, 392; 1985, 169; im Zusammenhang mit der Auswanderung KG FamRZ 2011, 1668.
1083 Vgl. BVerfG FamRZ 2009, 1389; 2007, 1626; FamRZ 2011, 796 m. Anm. *Völker*; 2010, 1060 m. Anm. *Völker*; vgl. auch OLG München FamRZ 2009, 1600.
1084 BGH NJW 1985, 1702.
1085 OLG Brandenburg FamRZ 2009, 1688; OLG Dresden FamRZ 2003, 397; Bericht des Arbeitskreises 9 des 14. DFGT, FamRZ 2002, 1317; dazu auch *Kindler*, Trennungen zwischen Kindern und Bindungspersonen, FPR 2013, 194; *Maywald*, Entfremdung durch Kontaktabbruch – Kontakt verweigernde Kinder oder Eltern nach einer Trennung, FPR 2013, 200.
1086 OLG Bamberg ZfJ 1996, 194.
1087 Zur Übertragung der Alleinsorge auf den betreuenden Elternteil trotz Umgangsboykott mit Hinweis auf Vollstreckung des Umgangsrechts und mögliche (Teil-)Verwirkung seines Trennungs- und nachehelichen Unterhaltsanspruchs OLG Saarbrücken ZKJ 2012, 115.
1088 BVerfG FamRZ 2014, 1270; vgl. auch KG, Beschl. v. 24.7.2014 – 13 UF 143/14, juris.

(d) Straffälligkeit

289 Die Erziehungseignung eines Elternteils kann in Frage stehen, wenn er wiederholt vorbestraft ist und gegebenenfalls noch unter Bewährungsaufsicht steht. Die Bedenken gründen sich auf die Frage, inwieweit er in der Lage ist, das verfassungsrechtlich verankerte Erziehungsziel zu gewährleisten.[1089] Die in der Rechtsprechung vertretene Auffassung, dass **Vermögensstraftaten** der gemeinsamen Sorge nicht zwingend entgegenstehen sollen,[1090] ist zwar zutreffend, allerdings wird der Aspekt bei der Abwägung erhebliches Gewicht haben.

(e) Schädliche Erziehungseinflüsse

290 Im Rahmen der Ausgestaltung der Umgangskontakte kann sich der schädliche Erziehungseinfluss eines Elternteils auf das Kind dokumentieren, etwa in der **Sexualisierung des Umgangs** und fehlender Grenzwahrung. Auch wenn hierin nicht automatisch in jedem Fall ein sexueller Missbrauch liegen muss, wird es naheliegen, diesem Umstand bei der Sorgerechtsregelung – und ggf. bei der Umgangsausgestaltung (siehe dazu § 2 Rdn 166) – Gewicht beizumessen.[1091] „Sexualisierte" Verhaltensweisen von Kindern können allerdings je nach den konkreten Umständen auch Ausdruck eines Entwicklungs- und Reifeprozesses sein; sie sind nicht zwangsläufig Anzeichen für einen sexuellen Missbrauch.[1092]

(f) Neue Partnerschaft des antragstellenden Elternteils

291 Die Tatsache, dass ein Elternteil mit einem neuen Partner zusammenlebt, hat grundsätzlich auf die Erziehungseignung keinen Einfluss. Abweichendes gilt aber dann, wenn zwischen Paar- und Elternebene nicht differenziert werden kann, so dass das Kind vor den hieraus erwachsenden Problemen nicht geschützt werden kann.[1093] In diesem Fall muss sich das Gericht auch einen unmittelbaren Eindruck von diesem Partner verschaffen.

(g) Homosexualität und Geschlechtsumwandlung

292 Bei der Frage der Erziehungseignung ist nicht an die sexuelle Orientierung eines Elternteils anzuknüpfen. Dies würde einen Verstoß gegen das **Diskriminierungsverbot** darstellen, zumal das **LPartG** zeigt, dass gleichgeschlechtlichen Partnern uneingeschränkt die Ausübung der elterlichen Sorge zukommt.[1094] In § 9 LPartG wurden explizit Entscheidungsbefugnisse bei Angelegenheiten des täglichen Lebens oder bei Gefahr im Verzug aufgenommen, die § 1687b BGB entsprechen (vgl. Rdn 66 ff.). Auch eine Geschlechtsumwandlung steht der Erziehungseignung nicht entgegen.[1095] Entsprechende Anhaltspunkte lassen sich auch dem **Transsexuellengesetz** (TSG) nicht entnehmen.

(h) Anderweitige Staatsangehörigkeit und Kulturkreis

293 Allein die Tatsache, dass ein Elternteil ausländischer Staatsangehöriger ist, rechtfertigt selbstverständlich nicht die Übertragung der alleinigen Sorge auf den anderen Elternteil.[1096] Erforderlich ist für einen solchen Antrag vielmehr, dass die Befürchtung der Verbringung der Kinder in das Heimatland eines Elternteils näher konkretisiert wird,[1097] wobei daran hohe Anforderungen zu

---

[1089] OLG Bamberg FamRZ 1991, 11341.
[1090] OLG Hamm FamRZ 1999, 1597.
[1091] OLG Frankfurt FamRZ 1999, 392.
[1092] OLG Dresden FamFR 2013, 501; zur familiengerichtlichen Kooperation in Fällen von Kindesmisshandlung und sexuellem Missbrauch siehe *Schmid*, FamRB 2014, 267.
[1093] OLG Bamberg ZfJ 1996, 194.
[1094] *Schwab*, FamRZ 2001, 385; siehe auch aus soziologischer Sicht *Buschner*, Rechtliche und soziale Elternschaft in Regenbogenfamilien, NZFam 2015, 1103.
[1095] OLG Schleswig FamRZ 1990, 433.
[1096] BGH NJW-FER 2000, 278.
[1097] OLG Köln NJW-RR 1999, 1019.

stellen sind[1098] und dann regelmäßig die Übertragung des Aufenthaltsbestimmungsrechts ausreichen wird. Ebenso rechtfertigen schlechte deutsche **Sprachkenntnisse** des betreuenden Elternteils keine Infragestellung seiner Erziehungseignung.[1099] Im Einzelfall wird aber zu prüfen sein, inwieweit ein Elternteil unabhängig von seiner **Staatsangehörigkeit** in der Lage ist, die weitere Erziehung eines Kindes nach dem bislang gelebten Kultur- und Sprachkreis zu gewährleisten, um es auf die Anforderungen vorzubereiten, denen es in diesem Kulturkreis künftig begegnen wird.[1100] Insoweit kann es etwa angezeigt sein, zwei Mädchen auch weiterhin in der Obhut der Mutter zu belassen, obgleich der Vater zwar zwischenzeitlich die deutsche Staatsangehörigkeit besitzt, er jedoch eine Erziehung nach islamisch-pakistanischen Traditionen beabsichtigt.[1101]

(i) Sexueller Missbrauch

In dem Fall eines nachgewiesenen Missbrauchs[1102] durch einen Elternteil steht die mangelnde Erziehungseignung dieses Elternteils außer jeder Diskussion.[1103] Problematisch ist jedoch der Umgang mit einem lediglich bestehenden Verdacht unter Berücksichtigung der Tatsache eines relativ hohen prozentualen Anteiles falscher Anschuldigungen, der sich in einem Rahmen zwischen 25 % und 50 % bewegen dürfte,[1104] und des Umstandes, dass der Vorwurf in scheidungs- und familienrechtlichen Streitigkeiten auf jeden Fall wesentlich häufiger als sonst erhoben wird.[1105]

294

Bereits mit Blick auf den **Amtsermittlungsgrundsatz** (§ 26 FamFG) muss das Gericht entsprechenden Anhaltspunkten nachgehen[1106] und – sofern die Verdachtsmomente nicht bei der Anhörung der Beteiligten und des Kindes entkräftet werden – bei Vorliegen einer belastenden kindlichen Aussage ein Sachverständigengutachten über deren Glaubhaftigkeit einholen. Hierbei ist darauf zu achten, einen in diesen Fragen erfahrenen Gutachter zu bestellen,[1107] weil die **Glaubhaftigkeitsbegutachtung**, um ergiebig und verwertbar zu sein, strengen methodischen Anforderungen genügen muss.[1108] Nach § 163 Abs. 1 FamG muss das Gericht dem Sachverständigen eine Frist setzen, innerhalb derer er sein Gutachten zu den Gerichtsakten zu reichen hat. So wird vor allem im Interesse des Kindes die Schwebezeit bis zur Regelung der Situation deutlich verkürzt (**zu** den Problemen der **Umgangsregelung** in solchen Fällen siehe § 2 Rdn 166 ff.).

295

(j) Schwere Erkrankungen oder Behinderungen

Der Ausübung der elterlichen Sorge durch einen Elternteil stehen in der Regel eine schwere **psychische Erkrankung**,[1109] **Suizidgefahr**[1110] oder eine **Suchtabhängigkeit**[1111] entgegen. Im Einzelfall wird aber zu prüfen sein, welche Einsichtsfähigkeit ein Elternteil in seine Erkrankung hat, ob er also **Behandlungsbereitschaft** zeigt und bereit ist, Hilfsangebote für sich und das Kind anzunehmen. Besteht auf Seiten eines Elternteils eine **Aids-Infektion**, so steht die Erkrankung als solche einer Erziehungseignung nicht entgegen.[1112] Gleiches gilt im Fall der körperlichen

296

1098 OLG Saarbrücken, Beschl. v. 15.3.2012 – 6 UF 22/12 (n.v.) zur Umgangsausübung im Ausland.
1099 OLG Nürnberg FamRZ 1999, 1160; AG Leverkusen FamRZ 2002, 1728.
1100 OLG Hamm FamRZ 2000, 501.
1101 OLG Frankfurt FamRZ 1999, 182.
1102 Zur familiengerichtlichen Kooperation in Fällen von Kindesmisshandlung und sexuellem Missbrauch siehe Schmid, FamRB 2014, 267.
1103 OLG Brandenburg FamRZ 2010, 221; KG FamRB 2012, 241; *Blath*, FPR 1995, 71; *Volbert*, FPR 1995, 54.
1104 KG FamRB 2012, 241; *Carl*, FamRZ 1995, 1183; *Rakete-Dombek*, FPR 1997, 218.
1105 Dazu – mit vorbildlicher Risikoabwägung – KG FamRB 2012, 241; *Salzgeber*, Rn 1759; *Schwenzer*, Anh. Psych. Rn 257.
1106 *Rösner/Schade*, FamRZ 1993, 1133; OLG Frankfurt FamRZ 1995, 1432.
1107 Eine Anfrage bei der Jugendschutzabteilung der örtlichen Staatsanwaltschaft kann sich anbieten.
1108 Siehe dazu – grundlegend – BGH FamRZ 1999, 1648.
1109 *Münder*, FuR 1995, 89.
1110 BayObLG FamRZ 1999, 318.
1111 KG NJW-RR 1992, 138.
1112 OLG Stuttgart NJW 1988, 2620; *Tiedemann*, NJW 1988, 729.

oder leichten **geistigen Behinderung eines Elternteils**;[1113] stets kommt es auf deren konkrete Auswirkungen an. Bei einer schwereren geistigen Behinderung wird es allerdings regelmäßig an der Erziehungsfähigkeit fehlen.[1114]

(4) Dominanter Einfluss der Großeltern

297 Im Rahmen des Förderungsgrundsatzes ist bei gleicher Erziehungseignung beider Elternteile auch dem Umstand Rechnung zu tragen, inwieweit ein Elternteil durch die Familie des anderen Elternteils in massiver Form abgelehnt wird. Wird etwa die Mutter von den Eltern des Vaters vehement abgelehnt und haben diese zudem einen erheblichen Einfluss auf das Kind, so besteht im Fall einer Sorgerechtsübertragung auf den Vater die Gefahr, dass die Mutter ausgegrenzt wird und auf Dauer dem Kind als Elternteil nicht erhalten bleibt.[1115]

(5) Bindungstoleranz

298 Erhebliche Bedeutung besitzt bei der Prüfung der Erziehungseignung die **Bindungstoleranz** eines Elternteils, d.h. seine Fähigkeit, einen **spannungsfreien Kontakt** des Kindes zum anderen Elternteil nicht nur – was selbstverständlich sein sollte – zuzulassen,[1116] sondern den persönlichen Umgang mit dem anderen Elternteil aktiv zu fördern.[1117] Seit Inkrafttreten der Kindschaftsrechtsreform hat die Frage der Bindungstoleranz zunehmend an Bedeutung gewonnen.[1118] Ein hohes Maß an Bindungstoleranz kann durchaus etwaige sonstige ungünstige Rahmenbedingungen kompensieren[1119] und wird insbesondere dann streitentscheidende Bedeutung haben, wenn beide Elternteile in annähernd gleichem Maß erziehungsgeeignet sind und das Kind zu beiden ähnlich starke Bindungen besitzt.[1120] Ein Mangel an Bindungstoleranz muss im Verfahren belegt werden.[1121]

299 Der Kontakt auch zu dem Elternteil der das Sorgerecht nicht erhält, ist für die Entwicklung des Kindes von wesentlicher Bedeutung.[1122] Der sorgeberechtigte Elternteil muss daher ohne jeden Vorbehalt bereit sein, den persönlichen Umgang mit dem anderen Elternteil zuzulassen und das Kind entsprechend zu motivieren.[1123] Auf die Umgangskontakte ist aktiv hinzuwirken.[1124] Von einer ausreichenden **Erziehungseignung** eines insoweit intoleranten Elternteils kann nicht ausgegangen werden.[1125] Hierzu gehört etwa die Abwertung eines Elternteils durch gezielte Bemerkungen oder nonverbales Verhalten, die Zensur dessen Post an das Kind[1126] oder letztlich die Mitverantwortlichkeit für ein **PA-Syndrom** des Kindes (vgl. dazu Rdn 288).[1127]

300 Auch die nachhaltige Unterbindung von Umgangskontakten, d.h. die Missachtung gerichtlicher Maßnahmen, indiziert eine mangelnde Bindungstoleranz.[1128] Dagegen spricht es selbstredend nicht gegen die Mutter, wenn sie Besuche bei den Großeltern so ausgestaltet, dass das Kind,

---

1113 OLG Zweibrücken EzFamR aktuell 2000, 378.
1114 OLG Saarbrücken, Beschl. v. 17.12.2009 – 6 UF 92/09 (n.v.).
1115 OLG Hamm FamRZ 1996, 1096; *Steller*, FPR 1995, 60.
1116 BVerfG FamRZ 2009, 189; OLG Hamm FamRZ 2007, 757; *Kodjoe/Koeppel*, DAVorm 1998, 9.
1117 OLG Hamm, Beschl. v. 14.3.2011 – 8 UF 181/10, juris; OLG Köln FamRZ 2009, 1762; OLG Zweibrücken FamRZ 2005, 745; vgl. auch BGH FF 2012, 67 m. Anm. *Völker*; *Temizyürek*, Das Stufenmodell der Bindungsfürsorge, ZKJ 2014, 228 m.w.N.
1118 *Motzer*, FamRZ 1999, 1101.
1119 OLG Celle FamRZ 1994, 924; OLG Frankfurt FamRZ 1994, 920.
1120 OLG Zweibrücken FamRZ 2000, 627.
1121 Vgl. BVerfG FamRZ 2009, 1389; OLG Hamm NZFam 2014, 430.
1122 OLG Frankfurt FamRZ 1997, 573; OLG Bamberg NJW 1995, 1684.
1123 BVerfG FamRZ 1995, 86; OLG Düsseldorf FuR 2005, 563.
1124 BGH FF 2012, 67 m. Anm. *Völker*; OLG Köln FamRZ 1998, 1463.
1125 OLG Dresden FamRZ 2003, 397; OLG Hamm FamRZ 2009, 1763; OLG Köln FamRZ 2010, 1747.
1126 OLG Brandenburg ZfJ 1999, 28.
1127 OLG Dresden FamRZ 2003, 397.
1128 OLG München FamRZ 1997, 45; OLG Frankfurt FamRZ 1997, 573.

das früher vom Großvater sexuell missbraucht wurde, mit diesem nicht allein zusammentrifft.[1129] Ebenso wenig muss es von fehlender Bindungstoleranz zeugen, mit dem Kind – rechtmäßig – aus nachvollziehbaren Gründen weit wegzuziehen, solange nicht die Absicht dahintersteht, den Umgang des anderen Elternteils mit dem Kind zu beeinträchtigen (zur **Umgangspflegschaft** siehe § 2 Rdn 39; zur **Umgangsvollstreckung** siehe § 6 Rdn 30 ff.).[1130]

cc) Bindungen des Kindes an seine Eltern und Geschwister

301 Den **Bindungen des Kindes**, insbesondere an seine **Eltern**, kann bei der Sorgerechtsentscheidung ausschlaggebende Bedeutung zukommen,[1131] insbesondere wenn zu einem Elternteil, der das Kind bereits längere Zeit in Obhut hatte, eine stärkere emotionale Bindung entstanden ist,[1132] während der andere Elternteil aus Gründen, die eigenverantwortlich sind, in die bisherige Entwicklung des Kindes keinen Einblick hatte.[1133] In den ersten sechs Lebensjahren eines Kindes ist es diesem nur eingeschränkt oder gar nicht möglich, sich darüber zu äußern, zu welchem Elternteil es die gefühlsmäßig stärkere Bindung hat. Um ein Sachverständigengutachten zu vermeiden, muss sich das Gericht daher einen persönlichen Eindruck von dem Kind und seinem Umgang mit den Eltern verschaffen. Nach gesicherten kinderpsychologischen Erkenntnissen baut das Kind in den ersten 18 Lebensmonaten die für die spätere gesunde Entwicklung wesentliche Bindung zu den Personen auf, die in dieser Zeit die tatsächliche Betreuung leisten.[1134] Die zunächst elementare Frage nach den Kindesbindungen verliert an Gewicht, wenn die ersten Lebensjahre befriedigend verlaufen sind. Nach Ablauf von vier bis fünf Lebensjahren kann von wesentlichen Gefahren nicht mehr ausgegangen werden, wenn ein Halt gebendes Vertrauensverhältnis zu einer neuen **Bezugsperson** besteht.[1135] Nach Abschluss des Kleinkindalters ist dem Bedürfnis des Kindes nach **Kontinuität** und **Stabilität** ein deutlich höheres Gewicht beizumessen als dem Kriterium der primären Bindung.[1136] Kann weder nach dem Kontinuitäts- noch nach dem Förderungsgrundsatz zugunsten eines Elternteils ein Übergewicht festgestellt werden, so kommt den Bindungen des Kindes zu einem Elternteil meist entscheidende Bedeutung zu.[1137] Bei gleich starker Bindung kann gegebenenfalls letztlich maßgeblich sein, welcher Elternteil emotional umfassender zur Verfügung steht.

302 Auch die Bindungen zwischen den Geschwistern sind regelmäßig zu beachten,[1138] selbst wenn es sich um Halbgeschwister handelt.[1139] Daher gilt der Grundsatz, eine Geschwistertrennung nach

---

1129 OLG Hamm FamRZ 1996, 562; *Carl*, FamRZ 1995, 1183.
1130 OLG Köln FamFR 2011, 498.
1131 OLG Zweibrücken FamRZ 2001, 186; OLG Hamm FamRZ 2000, 1039; dazu eingehend *Brisch*, Die vier Bindungsqualitäten und die Bindungsstörungen, FPR 2013, 183; *Walter*, Unterschiede zwischen Beziehungen und Bindungen – was sagen der Gesetzgeber und die psychologische Wissenschaft?, FPR 2013, 177; *Bovenschen/Spangler*, Wer kann Bindungsfigur eines Kindes werden?, FPR 2013, 187; *Lüpschen/Lengning*, Wie lässt sich eine sichere Bindung fördern?, FPR 2013, 191; *Spangler/Bovenschen*, Bindung und Bindungserfahrungen: Konsequenzen für Resilienz und Vulnerabilität im kritischen familiären Kontext, FPR 2013, 203; *Doukkani-Bördner*, Kindesmisshandlungen im Haushalt der Eltern und elterliche Sorge, FamRZ 2016, 12; *Behnisch/Dilthey*, „Das Elend der Wiederholung" – Zur familiären Psychodynamik in Fällen von Kindesmisshandlung, ZKJ 2016, 4; *Bovenschen/Spangler*, besondere Kenntnisse der am Kindschaftsverfahren Beteiligten über frühkindliche Bindungen, NZFam 2014, 900; *Lengning/Lüpschen*, Auswirkungen auf Bindungs- und Beziehungsqualitäten bei Misshandlung, Vernachlässigung und sexuellem Missbrauch, FPR 2013, 213; *Becker/Laucht*, Schutzfaktoren und Resilienz in der kindlichen Entwicklung, ZKJ 2013, 432.
1132 OLG Düsseldorf ZfJ 1999, 111.
1133 OLG Nürnberg FamRZ 2011, 1741.
1134 OLG Celle FamRZ 1990, 191.
1135 OLG Hamm FamRZ 1994, 918.
1136 OLG Karlsruhe FamRZ 2001, 1634; OLG Hamm FamRZ 1994, 918.
1137 OLG Hamm FamRZ 1996, 562; KG FamRZ 1990, 1383.
1138 OLG Dresden NJW-RR 2003, 148; OLG Hamm FamRZ 1999, 320.
1139 OLG Zweibrücken FamRZ 2001, 184; OLG Brandenburg ZfJ 1999, 28.

Möglichkeit zu vermeiden, wenn dafür nicht belastbare Gründe streiten.[1140] Für die Kindesentwicklung ist es regelmäßig wichtig und förderlich, mit Geschwistern gemeinsam aufzuwachsen und erzogen zu werden,[1141] wobei maßgeblich auch auf das Verhältnis der Eltern zueinander abzuheben ist. Je zerrütteter deren Beziehung ist, umso wichtiger ist der Kindeswille, nicht getrennt zu werden,[1142] so dass gegebenenfalls auch der Kontinuitätsgrundsatz zurücktreten muss.[1143] Da mit der Trennung für die Kinder erhebliche psychische Belastungen verbunden sind, sind die Chancen höher, diese Krise zu überwinden, wenn die Restfamilie vollzählig erhalten bleibt.[1144] In einer solchen Situation steht die Geschwistertrennung dem Kindeswohl definitiv entgegen.[1145] Um die wichtige **Geschwisterbindung** zu erhalten, kann es gegebenenfalls auch angezeigt sein, die elterliche Sorge dem etwas weniger erziehungsgeeigneten Elternteil zu übertragen.[1146] Selbst eine eventuell bestehende Geschwisterrivalität vermag hieran nichts zu ändern, da diese Bestandteil eines wichtigen sozialen Lernprozesses ist.[1147] Die Frage nach einer Geschwistertrennung steht auch in engem Zusammenhang mit dem von den Geschwistern jeweils bekundeten Willen (siehe dazu auch Rdn 308). Denn äußert ein Kind eine klare Präferenz für einen Elternteil, der unter Berücksichtigung der anderen Kriterien für dieses Kind ausschlaggebend ist, wird dies bei offenem Willen des Geschwisterkindes auch bei der Entscheidung über den Aufenthalt dieses Kindes erhebliche Bedeutung erlangen.[1148]

303 Denkbar sind aber auch Fälle, in denen es zwingend angezeigt ist, eine **Geschwistertrennung** vorzunehmen, etwa bei starken Aggressionen, die sich gegebenenfalls durch permanente körperliche Übergriffe zwischen den Geschwistern zeigen,[1149] oder freilich dann, wenn ein Geschwisterkind gegenüber dem anderen sexuell übergriffig ist. Auch eine erkennbar fehlende Bindung der Geschwister zueinander, etwa aufgrund eines großen Altersunterschieds, steht insbesondere bei gegenläufigem Geschwisterwillen einer Geschwistertrennung nicht entgegen (zur getrennten Vermittlung von Geschwistern in Pflegefamilien siehe § 4 Rdn 32).

dd) Der Kindeswille

304 Weil das Kind selbst Grundrechtsträger[1150] mit einem Recht auf freie Entfaltung seiner Persönlichkeit ist,[1151] ist der Kindeswille in der Gesamtwürdigung als wichtiger Faktor zu beachten und zwar unabhängig vom Kindesalter. Mit zunehmendem Alter[1152] basiert der Wille auf der sich verstärkenden Selbstbestimmung bis hin zur Selbstständigkeit.[1153] Die Willensäußerung des Kindes wird als Ausübung seines **Rechts auf Selbstbestimmung** gesehen[1154] und als Möglichkeit, seine Bindungen an einen Elternteil zum Ausdruck zu bringen. Nur dadurch, dass der

---

1140 BGH FamRZ 1985, 169; vgl. auch BGH FamRZ 1990, 392; OLG Brandenburg FamFR 2011, 525.
1141 OLG Köln FamRZ 2010, 139; OLG Brandenburg FuR 2009, 624; OLG Dresden FamRZ 2003,397; OLG Braunschweig FamRZ 2001, 1637.
1142 OLG Dresden FamRZ 2003, 397; vgl. auch OLG Saarbrücken, Beschl. v. 29.10.2014 – 9 UF 31/14 (n.v.).
1143 OLG Brandenburg FamRZ 2008, 2054.
1144 Vgl.OLG Brandenburg FamRZ 2009, 1759; OLG Saarbrücken, Beschl. v. 30.8.2011 – 9 UF 71/11 (n.v.).
1145 OLG Dresden FamRZ 2003, 397; OLG Hamm FamRZ 1999, 320.
1146 OLG Bamberg FamRZ 1998, 498; vgl. auch OLG Saarbrücken, Beschl. v. 29.10.2014 – 9 UF 31/14 (n.v.).
1147 OLG Celle FamRZ 1992, 465.
1148 Dazu OLG Saarbrücken, Beschl. v. 24.3. 2011 – 6 UF 24/11 (n.v.); OLG Hamm FamRZ 1997, 957.
1149 OLG Frankfurt FamRZ 1994, 920.
1150 BVerfG FamRZ 2008, 1737; Anm. *Völker*, FamRB 2008, 334; lesenswert zum Ganzen *Peschel-Gutzeit*, Die Bedeutung des Kindeswillens, NZFam 2014, 433.
1151 BVerfG FamRZ 1989, 769.
1152 Dazu VerfGH Leipzig FamRZ 2011, 1741; Nicht schon bei einem 5 Jahre alten Kind; OLG Brandenburg FamFR 2011, 525: Selbstbestimmung abgelehnt hinsichtlich des Aufenthalts eines 9 Jahre alten Kindes; OLG Brandenburg, Beschl. v. 29.9.2014 – 10 UF 79/14, juris: regelmäßig erst ab einem Alter von etwa 12 Jahren eine einigermaßen zuverlässige Entscheidungsgrundlage.
1153 BGH FamRZ 2011, 796 m. Anm. *Völker*; OLG Zweibrücken NJW-RR 2001, 306.
1154 BVerfG FamRZ 2009, 1389.

wachsenden Fähigkeit eines Kindes zu eigener Willensbildung und selbstständigem Handeln Rechnung getragen wird, kann das auch mit dem Elternrecht aus Art. 6 Abs. 2 GG verfolgte Ziel, dass ein Kind sich durch Erziehung zu einer eigenverantwortlichen und gemeinschaftsfähigen Persönlichkeit entwickeln kann, erreicht werden.[1155]

305 Aus dem erklärten Kindeswillen lassen sich Bindungen und Neigungen erkennen.[1156] Er ist aber auch Ausdruck einer eigenen Entscheidung und damit für die gerichtliche Bewertung von Bedeutung.[1157] Die Feststellung des Kindeswillens erfolgt in der Regel im Rahmen der nach § 159 FamFG vorgesehenen persönlichen Anhörung des Kindes, wobei das BVerfG die unterbliebene Ermittlung des Willens eines knapp drei Jahre alten Kindes in einem Umgangsrechtsverfahren beanstandet hat, weil dieser mindestens durch **Anhörung des Kindes** oder über einen Verfahrensbeistand zu ergründen ist.[1158] Ab Vollendung des dritten Lebensjahres muss das Kind von Verfassungs wegen stets vom Richter persönlich angehört werden.[1159]

306 Freilich kann hieraus nicht geschlossen werden, dass dem Kindeswillen regelmäßig streitentscheidende Bedeutung zukommt. Es besteht einerseits das Risiko, dass ein Kind bewusst von einem Elternteil manipuliert wird – kann dies in der Kindesanhörung (siehe dazu Rdn 424), wie meist, aufgedeckt werden, ist dies allerdings für die Entscheidung hilfreich!. Ferner kann sich das Kind insbesondere aufgrund von Verlustängsten, mit einem Elternteil zu stark identifizieren. Weiter kann der geäußerte Wille Ausdruck eines massiven **Loyalitätskonfliktes** sein und ihm deswegen nur abgeschwächte Bedeutung zukommen.[1160] Schließlich kann der Wille von unrealistischen Vorstellungen der Übertragbarkeit von Sonntagsbedingungen auf den Alltag getragen sein. In all diesen Fällen verliert der Wille erheblich an Bedeutung.[1161] Lediglich wenn der Kindeswille so stark ist, dass er im Ergebnis nicht übergangen werden kann, ohne das Kind in seiner Existenz zu gefährden, ist er allein streitentscheidend.[1162] Der subjektiv geäußerte Kindeswille muss sich immer auch an dem objektiven Kindeswohl messen lassen.[1163] Ist der Wille selbstgefährdend, darf ihm nicht nachgegeben werden.[1164] Dem Gericht obliegt die Prüfung, ob der geäußerte Wille stabil ist und objektiv mit dem Kindeswohl in Einklang steht.[1165] Der erklärte Wille darf nicht lediglich auf einer momentanen Einstellung beruhen, die möglicherweise sogar durch Geschenke eines Elternteils verursacht wurde.[1166] Beachtlich ist der Wille, wenn es sich um einen festen, nachvollziehbar begründeten Entschluss handelt.[1167] Dies gilt umso mehr, wenn er über einen längeren Zeitraum durchgehend von einem verstandesreifen Kind geäußert wird.[1168] In diesem Fall stehen – bei ansonsten ähnlichen Erziehungsverhältnissen beider Elternteile – weder der

---

1155 Siehe dazu – die Aussagen des BVerfG zum Kindeswillen zusammenfassend – BVerfG FamRZ 2008, 1737; Anm. *Völker*, FamRB 2008, 334; vgl. auch VerfG Brandenburg, Beschl. v. 24.1.2014 – VfGBbg 13/13, juris; OLG Brandenburg FamRZ 2008, 1471.
1156 BGH FamRZ 1990, 392; VerfG Brandenburg NZFam 2014, 473; OLG Saarbrücken FamRZ 2011, 1153.
1157 BVerfG FamRZ 1981, 124.
1158 BVerfG FamRB 2007, 73 m. Anm. *Völker*; siehe dazu auch *Völker*, juris PR-FamR 10/2007, Anm. 1 und 11/2007, Anm. 4.
1159 BVerfG FamRZ 2007, 1626.
1160 BVerfG FamRZ 2015, 210; OLG Saarbrücken, Beschl. v. 8.6.2016 – 6 UF 30/16, juris; OLG Köln FamRZ 2009, 434.
1161 OLG Hamm FamRZ 2011, 1151.
1162 OLG Frankfurt FamRZ 1997, 573; OLG Hamm FamRZ 1996, 1093.
1163 KG FamRZ 2005, 1768; OLG Bamberg NJW 1995, 1684.
1164 OLG Saarbrücken, Beschl. v. 8.6.2016 – 6 UF 30/16, juris; OLG Saarbrücken FamRZ 2011, 1153.
1165 BVerfG FamRZ 2015, 210; OLG Bamberg ZfJ 1996, 194; OLG Hamburg FamRZ 1996, 422.
1166 BVerfG FamRZ 2001, 1057.
1167 BVerfG FamRZ 1986, 1079; BGH FamRZ 1985, 169; OLG München FamRZ 2007, 753.
1168 VerfG Brandenburg NZFam 2014, 473; KG FamRZ 2015, 765; OLG Hamm FamRZ 2009, 1763; OLG Hamm, Beschl. v. 18.11.2013 – 8 UF 169/12, juris; OLG Brandenburg – Beschl. v. 16.7.2009 – 9 UF 21/09 – juris; KG FamRZ 2010, 135.

Kontinuitätsgrundsatz noch die höheren Hürden des § 1696 Abs. 1 BGB einem Obhutswechsel des Kindes entgegen.[1169] Verfügt hingegen der Elternteil, bei dem das Kind seit der jahrelang zurückliegenden Trennung kontinuierlich lebt, über die bessere Bindungstoleranz und ist der Wille nicht besonders stark ausgeprägt, so kann der Kontinuität der Vorzug zu geben sein.[1170]

307 Dass dem Willen eines Kindes, das das 14. Lebensjahr vollendet hat, erhebliche Bedeutung zukommt,[1171] ergibt sich aus dem ihm in § 60 FamFG eingeräumten **Beschwerderecht**.[1172] Zudem hat der Gesetzgeber in § 1671 Abs. 1 Nr. 1 und Abs. 2 Nr. 1 BGB zum Ausdruck gebracht, dass die Übertragung **der alleinigen Sorge** auf einen Elternteil davon abhängig ist, dass das mindestens 14 Jahre alte Kind nicht widerspricht. Auch § 159 Abs. 1 FamFG, der ab der Vollendung des 14. Lebensjahres des Kindes stets zu seiner persönlichen Anhörung verpflichtet, belegt jenes.

308 Die Willensäußerung eines 16-jährigen Kindes wird danach nur dann unbeachtlich sein, wenn schwerwiegende Gründe gegen seine Entscheidung sprechen,[1173] wohingegen der Wunsch eines Kindes ab 11 Jahren im Rahmen der maßgeblichen Kriterien als beachtlich angesehen wird, da der Wille schon rational bestimmt wird.[1174] An die Begründung des Kindeswillens durch das Kind dürfen auch keine zu hohen Anforderungen gestellt werden. Denn gefühlsmäßige Bindung kann nicht immer – und wenn, dann nur teilweise – rational erfasst und begründet werden, weil sie ein inneres Faktum ist.[1175] Aber auch schon bei einem unter zehn Jahre alten Kind kann sein geäußerter Wille ein im Rahmen der Gesamtwürdigung wichtiger Faktor sein.[1176] Kann das Kind bei gleicher Eignung der Eltern nicht zu erkennen geben, bei welchem Elternteil es künftig leben will, so kann aufgrund des Aspekts der **Geschwisterbindung** gegebenenfalls dem vom Geschwisterkind geäußerten Wunsch Bedeutung zukommen (siehe auch Rdn 302).[1177]

309 Kann durch die Mutter eher die Erfüllung der emotionalen Bedürfnisse des Kindes gewährleistet werden, während durch den Vater eine bessere schulische und berufliche Förderung zu erwarten ist, kann es angezeigt sein, eine Entscheidung zugunsten der Mutter zu treffen. Eine stabile innere emotionale Entwicklung ist für die künftige Lebenstüchtigkeit gerade bei Zerstrittenheit der Eltern wichtiger als ein erzwungener schulischer Mehrerfolg,[1178] der um den Preis fortwährender Beeinträchtigung des seelischen Wohlbefindens des Kindes erkauft wird.

3. § 1671 Abs. 2 BGB

310 Durch das zum 19.5.2013 in Kraft getretene Gesetz zur Reform der elterlichen Sorge nicht miteinander verheirateter Eltern (vgl. auch Rdn 35 ff.)[1179] wurde § 1671 BGB neu geregelt und § 1672 BGB a.F. aufgehoben. § 1671 Abs. 2 erfasst nunmehr den Fall, dass die Mutter nach § 1626a Abs. 3 BGB allein sorgeberechtigt ist und der bislang nicht mitsorgeberechtigte Vater die Übertragung der alleinigen elterlichen Sorge in ihrer Gesamtheit oder in Teilbereichen beantragt. § 1671 Abs. 2 BGB ist dabei spiegelbildlich zu § 1671 Abs. 1 BGB aufgebaut.

1169 BVerfG FamRZ 2008, 1737; OLG Hamm NZFam 2014, 430.
1170 OLG Brandenburg MDR 2015, 1305.
1171 KG FamRZ 2015, 765.
1172 Sofern es nicht geschäftsunfähig ist.
1173 BayObLG FamRZ 2000, 972.
1174 OLG Brandenburg NZFam 2015, 1172; OLG Hamm, Beschl. v. 18.11.2013 – 8 UF 169/12, juris; OLG Schleswig FamRZ 1990, 433; vgl. auch OLG Brandenburg FamRZ 2014, 856: Der Kindeswille biete regelmäßig erst ab einem Alter des Kindes von etwa 12 Jahren eine einigermaßen zuverlässige Entscheidungsgrundlage.
1175 BVerfG FamRZ 2008, 1737; OLG Hamm, Beschl. v. 18.11.2013 – 8 UF 169/12, juris.
1176 BGH FamRZ 1990, 392.
1177 OLG Saarbrücken, Beschl. v. 24.3. 2011 – 6 UF 24/11 (n.v.); OLG Hamm FamRZ 1997, 957; vgl. auch OLG Saarbrücken, Beschl. v. 29.10.2014 – 9 UF 31/14 (n.v.).
1178 OLG Bamberg FamRZ 1998, 1462.
1179 BGBl 2013 I, 795.

Die **Prüfungsreihenfolge** des § 1671 Abs. 2 BGB lässt sich wie folgt darstellen.

311

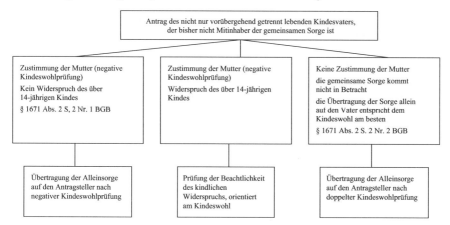

a) Zustimmung eines Elternteils

312

Die Übertragung der alleinigen elterlichen Sorge in ihrer Gesamtheit oder in Teilbereichen auf den Vater kommt nach § 1671 Abs. 2 S. 2 Nr. 1 BGB in Betracht bei Zustimmung der bislang allein sorgeberechtigten Mutter. Es bedarf daher ebenso wie bei § 1671 Abs. 1 S. 2 Nr. 1 BGB zweier übereinstimmender Erklärungen der Eltern (Antragsmuster im Formularteil, siehe § 13 Rdn 7 f.). Während in den Fällen der bisherigen gemeinsamen Sorge das Gericht an den elterlichen Vorschlag gebunden ist, sieht das Gesetz in § 1671 Abs. 2 S. 2 Nr. 1 BGB eine zusätzliche **negative Kindeswohlprüfung** durch das Gericht vor. Das Gericht muss folglich prüfen, ob die Übertragung der Alleinsorge dem Kindeswohl widerspricht. Diese zusätzliche Prüfung ist vor dem Hintergrund zu sehen, dass es – abweichend von § 1671 Abs. 1 S. 2 Nr. 1 BGB – im Fall der positiven Bescheidung eines Antrags nach § 1671 Abs. 2 S. 2 Nr. 1 BGB zu einem vollständigen Austausch des Sorgeberechtigten kommt. Das Sorgerecht wird einem Elternteil übertragen, der bislang in die elterliche Verantwortung nicht eingebunden war.[1180] Im Rahmen der negativen Kindeswohlprüfung wird daher auch die Frage besondere Bedeutung haben, inwieweit der Vater bislang bereit war, für das Kind Verantwortung zu übernehmen, und zwar nicht nur in finanzieller, sondern auch in persönlicher Hinsicht.

313

Die von der Mutter zu erteilende **Zustimmung** ist keinen besonderen Formvorschriften unterworfen. Sie kann entweder schriftlich oder anlässlich der ohnehin im gerichtlichen Verfahren nach § 160 FamFG vorgesehenen Anhörung der Eltern erteilt werden. Gleichwohl ist das Gericht gehalten, sich anlässlich der persönlichen Anhörung der Mutter, von der Wirksamkeit, Ernsthaftigkeit und insbesondere der Freiwilligkeit ihrer Zustimmung zu überzeugen.[1181] Die Zustimmung muss außerdem unbedingt erfolgen.[1182] Ist die Mutter beschränkt geschäftsfähig bedarf es wegen der Höchstpersönlichkeit der Erklärung keiner Mitwirkung des gesetzlichen Vertreters.[1183] Bis zur letzten mündlichen Erörterung in der letzten Tatsacheninstanz kann die Zustimmung widerrufen werden.[1184]

1180 BT-Drucks 17/11048, S. 19.
1181 OLG Saarbrücken FamRZ 2010, 1680.
1182 OLG Koblenz FamRZ 2016, 475.
1183 OLG Koblenz FamRZ 2016, 475.
1184 BGH NJW-FER 2000, 278; OLG Saarbrücken, Beschl. v. 31.3.2010 – 9 UF 88/09 (n.v.).

b) Widerspruch des Kindes

314 Nach der Absicht des Gesetzgebers soll dem Kindeswohl zusätzlich dadurch Rechnung getragen werden, dass ein Kind, das das 14. Lebensjahr vollendet hat, der Übertragung der Alleinsorge widersprechen kann. Im Fall des § 1671 Abs. 1 S. 2 Nr. 1 BGB muss ein erklärter Widerspruch nicht zwingend zu einer anderen Regelung als der von den Eltern übereinstimmend Gewollten führen. Ob dies auch bei § 1671 Abs. 2 S. 2 Nr. 1 BGB so gelten kann, erscheint zweifelhaft. Hier dürfte erneut zu berücksichtigen sein, dass einem Elternteil die Sorge zur alleinigen Ausübung übertragen werden soll, der bislang noch nicht in die elterliche Verantwortung eingebunden war. Zumindest wird es daher in diesen Fällen einer intensiven Sachverhaltsaufklärung durch das Gericht bedürfen. Das Gericht wird sich zudem anlässlich der Anhörung des Kindes nach § 159 FamFG einen Eindruck darüber verschaffen müssen, inwieweit sich möglicherweise der erklärte Widerspruch lediglich als allgemeine Unzufriedenheit darstellt.

315 Ebenso wie für die Zustimmung der Mutter, gelten auch für den **Widerspruch des Kindes** keine besonderen Formvorschriften und kann der Widerspruch bis zur letzten mündlichen Erörterung in der letzten Tatsacheninstanz widerrufen werden.

4. § 1671 Abs. 2 S. 2 Nr. 2 BGB

316 Während § 1671 Abs. 2 S. 2 Nr. 1 BGB von der Zustimmung der bislang allein berechtigten Mutter zu einer veränderten Sorgeregelung ausgeht, erfasst § 1671 Abs. 2 S. 2 Nr. 2 BGB den Fall, in dem die Mutter dem Sorgerechtsantrag des Vaters nicht zustimmt und eine gemeinsame Ausübung der elterlichen Sorge nicht in Betracht kommt.

a) Unmöglichkeit der gemeinsamen Sorge

317 § 1671 Abs. 2 S. 2 Nr. 2 BGB soll die Fälle erfassen, in denen die bislang allein sorgeberechtigte Mutter einer gemeinsamen Sorge nicht zustimmt. Der Vater macht hier mit seinem Antrag von seinem verfassungsrechtlich gebotenen Anspruch Gebrauch, auch gegen den erklärten Willen der Mutter durch gerichtliche Entscheidung die alleinige Sorge zu erhalten.[1185] Um eine Gleichbehandlung des außerhalb einer Ehe geborenen Kindes mit dem ehelich geborenen Kind zu gewährleisten und zudem sicherzustellen, dass der am besten geeignete Elternteil künftig die Sorge allein ausüben kann, hat der Gesetzgeber ein ausgleichendes Element vorgesehen. Dieses besteht in der zusätzlich gebotenen Prüfung, dass eine gemeinsame Ausübung der Sorge nicht in Betracht kommt.[1186] Das Familiengericht steht damit in der Pflicht, die objektive Kooperationsfähigkeit und subjektive Kooperationswilligkeit beider Elternteile (hierzu eingehend – auch zur Notwendigkeit von Sachvortrag der Verfahrensbeteiligten – siehe Rdn 243 ff.) zu prüfen.[1187] Allerdings erfordert die Herstellung der gemeinsamen Sorge dann zumindest einen Hilfsantrag des Vaters, ansonsten ist sein Alleinsorgeantrag zurückzuweisen.[1188]

b) Übertragung der Alleinsorge auf den Vater

318 Spiegelbildlich zu den Voraussetzungen des § 1671 Abs. 1 S. 2 Nr. 2 BGB bedarf es auch bei der beantragten Alleinsorge des Vaters einer zusätzlichen Prüfung, ob unter Abwägung aller Einzelfallumstände gerade diese Sorgerechtsregelung dem **Kindeswohl** am besten entspricht. Es sind

---

1185 BVerfG FamRZ 2010, 1403.
1186 BT-Drucks 17/11048, S. 20.
1187 KG FamRZ 2015, 765; vgl. dazu auch *Vogel*, Übertragung der gemeinsamen elterlichen Sorge bzw. der Alleinsorge auf den nicht sorgeberechtigten nichtehelichen Vater – Erste Erfahrungen in materiell-rechtlicher Hinsicht (Teil 1), FamRB 2015, 434.
1188 OLG Brandenburg FamRZ 2016, 240.

daher die für § 1671 Abs. 1 S. 2 Nr. 2 BGB entwickelten Grundsätze der doppelten Kindeswohlprüfung entsprechend heranzuziehen (vgl. dazu Rdn 241 ff.).[1189]

III. Übertragung eines Teils der elterlichen Sorge

§ 1671 Abs. 1 und Abs. 2 BGB eröffnen die Möglichkeit, die elterliche Sorge in ihrer Gesamtheit oder lediglich in einem Teilbereich zu übertragen (Antragsmuster im Formularteil, siehe § 13 Rdn 56). Eine nur teilweise Übertragung kann etwa angezeigt sein, wenn lediglich zur Kindesausbildung oder dessen Aufenthalt eine Einigung nicht zu erzielen ist.[1190] Besteht im Übrigen Kooperationsbereitschaft, so kann – und muss es vorbehaltlich § 1671 Abs. 4 BGB i.V.m. §§ 1666 ff. BGB[1191] – insoweit wegen des Verhältnismäßigkeitsgrundsatzes bei der gemeinsamen Sorge bleiben.[1192] Ist nur die Übertragung eines Teilbereiches der elterlichen Sorge beantragt, so darf das Gericht ohnehin nur insoweit entscheiden,[1193] außer, hierdurch würde das Kindeswohl gefährdet (siehe auch Rdn 257).

319

Kann in einem Verfahren, das den Aufenthalt des Kindes betrifft, im ersten Termin zur mündlichen Erörterung eine einvernehmliche Regelung zwischen den Beteiligten nicht erreicht werden, so muss das Gericht nach § 156 Abs. 3 FamFG von Amts wegen den Erlass einer **einstweiligen Anordnung** erörtern, um den Beteiligten die Möglichkeit zu geben, den Zeitraum bis zur Entscheidung in der Hauptsache regeln zu lassen, damit die Situation nicht in der Schwebe bleibt (siehe dazu § 7 Rdn 25 ff.).

320

Die Regelung eines Teilbereiches der elterlichen Sorge unterliegt den gleichen Prüfungskriterien wie die Entscheidung in ihrer Gesamtheit,[1194] einschließlich der **Kindeswohlprüfung**. Soweit keine Anhaltspunkte für die Anwendbarkeit der §§ 1671 Abs. 4, 1666 ff. BGB bestehen,[1195] ist das Gericht an die Vorgaben der Eltern gebunden.[1196]

321

Wird einem Elternteil die Sorge in einem Teilbereich übertragen, so entscheidet dieser bis zur Volljährigkeit des Kindes zu diesem Bereich allein. § 1671 Abs. 1 und Abs. 2 BGB sind daher abschließende Regelungen. Im Gegensatz dazu gilt eine Entscheidung nach § 1628 BGB nur für eine konkrete Situation[1197] (siehe dazu Rdn 116 ff.; Antragsmuster im Formularteil, siehe § 13 Rdn 15 ff.).

322

IV. Die Ausübung der gemeinsamen elterlichen Sorge bei Trennung

1. Kinderbetreuungsmodelle

Im Zusammenhang mit der Trennung der Eltern ist die Entscheidung zu treffen, bei welchem Elternteil das Kind künftig seinen Aufenthalt haben wird. Bis zur Grenze der Kindeswohlgefährdung obliegt den Eltern die autonome Entscheidung darüber, wie sie die Aufgabenverteilung gestalten und wie im Einzelnen der Aufenthalt des Kindes geregelt sein soll. Bei der Kindesbetreuung im Rahmen bestehender gemeinsamer Sorge wird dabei unterschieden zwischen

323

1189 KG FamRZ 2015, 765.
1190 BGH NJWE-FER 2000, 278; OLG Zweibrücken FamRZ 2001, 184.
1191 Dazu OLG Brandenburg FamRZ 2014, 1649; OLG Nürnberg FamRZ 2013, 1993.
1192 Vgl. BVerfG FamRZ 2004, 1015; OLG Zweibrücken FamRZ 2000, 1042.
1193 OLG Stuttgart FamRZ 1999, 39; OLG München FamRZ 1999, 111.
1194 OLG Zweibrücken FamRZ 2001, 186.
1195 OLG Brandenburg FamRZ 2014, 1649.
1196 BGH NJW-FER 2000, 278.
1197 AG Holzminden FamRZ 2002, 560.

- dem **Eingliederungsmodell**,
- dem **Nestmodell**,
- dem **Wechselmodell**.

Haben die Eltern eine diesbezügliche Einigung erzielt, so kann diese nur gemeinsam oder aufgrund gerichtlicher Entscheidung über einen Antrag auf Übertragung des Aufenthaltsbestimmungsrechts geändert werden.[1198]

a) Eingliederungsmodell

324 § 1687 Abs. 1 S. 2 BGB beinhaltet das sog. Eingliederungsmodell, das auch als **Residenz- oder Domizilmodell** benannt wird. Es zeichnet sich dadurch aus, dass das Kind gewöhnlich mit einem Elternteil zusammenlebt und sich die Kontakte zum anderen Elternteil auf Besuche, gemeinsame Wochenenden sowie Ferien und Feiertage beschränken. Durch dieses Modell wird dem Kind ein fester Lebensmittelpunkt und ein gleichbleibender Bezug zu einem Elternteil und seinem sozialen Umfeld vorgegeben. Dieses Modell kommt weiterhin am häufigsten vor.

b) Nestmodell

325 Diese Betreuungsvariante zeichnet sich dadurch aus, dass das Kind in derselben Wohnung abwechselnd von beiden Elterteilen betreut wird. Der Vorteil dieses Modells liegt darin, dass das Kind zu keinem Zeitpunkt sein gewohntes Umfeld verlassen muss. Der wesentliche Nachteil besteht allerdings darin, dass eine Umsetzung nur in Betracht kommt, wenn jeder Elternteil zusätzlich noch über einen eigenen Wohnsitz verfügt, so dass diesem Betreuungsmodell in der Regel bereits die finanziellen Möglichkeiten der Eltern entgegenstehen.[1199] Hinzu kommt, dass die Eltern es als belastend empfinden können, mit ihrem ehemaligen Partner weiterhin zumindest symbolisch einen Wohnort zu teilen. Dieses Modell kommt in der Praxis sehr selten vor und kann freilich vor dem Hintergrund von Art. 13 GG ohne Einvernehmen der Eltern auch nicht durch richterliche Entscheidung angeordnet werden.[1200]

c) Wechselmodell

326 Bei diesem Modell[1201] erfolgt die Betreuung des Kindes abwechselnd und für ungefähr gleich lange zeitliche Phasen[1202] im Haushalt jeweils eines Elternteils, der in dieser Zeit für die Betreuung haupt- und eigenverantwortlich ist. Das wesentliche Problem dieses Modells besteht darin, dem Kind ausreichende Zeiträume zu eröffnen, damit es zu jedem Elternteil eine feste Beziehung aufbauen bzw. beibehalten kann.[1203] Zudem darf nicht verkannt werden, dass ein ständiger räumlicher Wechsel und das Einstellen auf den anderen Elternteil – einschließlich des Wechselbades ggf. verschiedener Erziehungsstile[1204] – für das Kind mit erheblichen Belastungen verbunden ist.[1205] Viele Kinder bitten nach einiger Zeit darum, nicht mehr pendeln zu müssen, weil sie das Gefühl haben, ständig aus dem Koffer zu leben, ihnen sei davon ganz „schwindlig".[1206] Auch

---

1198 OLG Zweibrücken DAVorm 2000, 331; OLG Stuttgart FamRZ 1999, 39.
1199 *Rakete-Dombek*, FF 2002, 16.
1200 Siehe zu einer Sonderkonstellation – allerdings das Betreten der Wohnung zu Umgangszwecken anbetreffend – BVerfG FamRZ 2005, 429.
1201 Siehe BVerfG FF 2009, 416; Anm. *Coester*, FF 2010, 10.
1202 Nach BGH FamRZ 2006, 1015 und FuR 2007, 213 bedeutet eine Aufteilung ca. 1/3 – 2/3 – auch unterhaltsrechtlich – kein Wechselmodell mehr.
1203 *Rakete-Dombek*, FF 2002, 16.
1204 OLG Karlsruhe FamRZ 2015, 1736.
1205 AG Hannover FamRZ 2001, 846.
1206 *Kaiser*, FPR 2008, 143, 148.

G. Elterliche Sorge bei Trennung und Scheidung § 1

auf der Elternebene birgt dieses Betreuungsmodell im Zusammenhang mit der **Unterhaltsregelung**[1207] nicht unerhebliches Streitpotential (siehe auch zu den **Umgangskosten** § 2 Rdn 147 ff.); auch im Rahmen der **Verfahrenskostenhilfe** entsteht eine Sondersituation.[1208] Das Modell setzt ferner eine räumliche Nähe der Eltern und eine gute Kommunikation zwischen ihnen voraus. Insgesamt erfordert das Wechselmodell die an den Bedürfnissen des Kindes ausgerichtete hohe Motivation und Fähigkeit der Eltern, miteinander zu kooperieren und zu kommunizieren.[1209] Andernfalls wird der Loyalitätskonflikt des Kindes nicht ent-, sondern verschärft.[1210] Beide Eltern müssen zudem erziehungsfähig, die Bindungen des Kindes zu beiden Eltern nahezu gleichwertig und das Wechselmodell auch mit dem Kindeswillen in Einklang zu bringen sein.[1211] Dann kann in der Tat spannungsfrei eine enge Beziehung des Kindes zu beiden Eltern – jeweils unter Alltagsbedingungen – befördert werden und auch beide Eltern werden jeweils teilentlastet.[1212] Aus psychologischer Sicht wird allerdings von einem Wechselmodell auch bei Vorliegen dieser Voraussetzungen abgeraten, solange das Kind noch nicht drei Jahre alt ist, weil die Bindungsforschung

---

1207 BGH FamRZ 2015, 236 m. Anm. *Born*; 2014, 917; OLG Dresden FamRZ 2016, 470; OLG Frankfurt FamRZ 2014, 46 (bei nicht gleicher Zeitaufteilung ggf. – oberhalb des Mindestunterhalts – Herabstufungen um eine oder mehrere Einkommensgruppen möglich); OLG Dresden FamRZ 2014, 1055; BGH FamRZ 2016, 1053 (zum Kindergeldausgleich zwischen den Eltern beim Wechselmodell); OLG Düsseldorf FamRZ 2016, 142; OLG Köln FamRZ 2015, 859; OLG Celle FamRZ 2015, 590 (jeweils zur Vertretungsberechtigung) eingehend zum Ganzen *Bausch/Gutdeutsch/Seiler*, FamRZ 2012, 528; Stellungnahmen der SFK 3 des DIJuF vom 26.11.2012, FamRZ 2013, 346, und vom 23.10.2014, FamRZ 2015, 379; *Seiler*, Wechselmodell – unterhaltsrechtliche Fragen, FamRZ 2015, 1845; *Bausch/Gutdeutsch/Seiler*, Die unterhaltsrechtliche Abrechnung des Wechselmodells, FamRZ 2012, 258; *Wohlgemuth*, Kindesunterhalt und familienrechtlicher Ausgleich beim Wechselmodell, FuR 2012, 401; *dies.*, Die Berechnung des Kindesunterhalts beim Wechselmodell bei Barunterhaltspflicht beider Eltern, FPR 2013, 157; *dies.*, Spielarten des Wechselmodells – unterhaltsrechtliche Aspekte, FamRZ 2014, 84; *dies.*, Wechselmodell ade?, FuR 2014, 556; *dies.*, Aufteilung des Kindesgeldes beim Wechselmodell, FamRZ 2015, 808; *Ruetten*, Das paritätische Wechselmodell und Streitfragen des Kindergeldes sowie anderer kindbezogener Leistungen, NZFam 2016, 337; *Götz*, Wechselmodell und Vertretung im Unterhaltsverfahren – Kritische Überlegungen zu § 1628 BGB, FF 2015, 146; *Bosch*, Wechselmodell und Unterhalt – Ein Lösungsvorschlag, FF 2015, 92; *Finke*, Rechtliche Grundlagen und Ausgestaltung der Kindesbetreuung durch Eltern und Dritte, NZFam 2014, 865; *Scheiwe*, Kindesunterhalt und Wechselmodell, FF 2013, 280; *Giers*, Die Rechtsprechung zum Wechselmodell, FamRB 2012, 383, 385; *Jokisch*, Das Wechselmodell – Grundlagen und Probleme (Teil 2), FuR 2014, 25, *Spangenberg*, Wechselmodell und Kindesunterhalt, FamRZ 2014, 88; ISUV-Schriftenreihe Band 7, Vom starren Residenzmodell zum individuellen Wechselmodell, 2013; *Maaß*, Keine Barunterhaltspflicht im echten Wechselmodell, FamRn 2016, 603; *Sünderhauf*, Rolle rückwärts im Kindesunterhalt, NZFam 2014, 585; DIJuF-Stellungnahme NZFam 2014, VI; *Spangenberg*, Unterhaltspflicht des mitbetreuenden Elternteils, NZFam 2015, 529.
1208 Siehe dazu *Christl*, Wechselmodell in der Prozess- und Verfahrenskostenhilfe, FamRZ 2016, 959 m.z.w.N.
1209 Vgl. BVerfG FamRZ 2015, 1585, m. Anm. *Clausius*, FF 2015, 409; besonders lesenswert KG ZKJ 2015, 422, mit eingehender Auseinandersetzung auch mit dem psychologischen Forschungsstand im In- und Ausland; OLG Karlsruhe FamRZ 2015, 1736; OLG Schleswig, Beschl. v. 16.6.2016 – 10 UF 197/15, juris; OLG Naumburg FamRZ 2014, 50; OLG Naumburg, Beschl. v. 26.9.2014 – 8 UF 146/13, juris; OLG München FamRZ 2013, 1822; OLG Hamm FamRZ 2012, 1883, Anm. *Clausius*, jurisPR-FamR 15/2012, Anm. 5; OLG Koblenz FamRZ 2010, 738; OLG Nürnberg FamRZ 2011, 1803; juris OLG Köln FamRZ 2012, 1885; OLG Hamm FamFR 2012, 287; OLG Saarbrücken FamRZ 2015, 62; *Jokisch*, FuR 2013, 679, 682; Salzgeber, Das Wechselmodell, NZFam 2014, 921; *ders.*, Die Diskussion um die Einführung des Wechselmodells als Regelfall der Kindesbetreuung getrennt lebender Eltern aus Sicht der Psychologie, FamRZ 2015, 2018; *Walper*, Arrangements elterlicher Fürsorge nach Trennung und Scheidung: Das Wechselmodell im Licht neuer Daten aus Deutschland, Brühler Schriften zum Familienrecht, 21. Deutscher Familiengerichtstag, S. 99 ff.; deutlich zu milde demgegenüber *Sünderhauf*, Vorurteile gegen das Wechselmodell: Was stimmt, was nicht?, FamRB 2013, 290 (Teil I) und 327 (Teil II); dieselbe, FamRB 2014, 418 (Teil 1) und FamRB 2014, 469 (Teil 2); kritisch dazu und zu deren Werk „Wechselmodell: Psychologie – Recht – Praxis" auch *Kostka*, Neue Erkenntnisse zum Wechselmodell?, ZKJ 2014, 54.
1210 KG ZKJ 2015, 422.
1211 *Heilmann*, Kindeswohl und Wechselmodell, NJW 2015, 3346, 3347.
1212 OLG Karlsruhe FamRZ 2015, 1736; OLG Hamm FamFR 2012, 287; *Horndasch*, FuR 2011, 593, 595.

zeigt, dass das Fehlen eines eindeutigen Lebensmittelpunkts für solche kleine Kinder ein Risikofaktor sein kann.[1213]

327 Während ein einvernehmlich gelebtes Wechselmodell bei Vorliegen gemeinsamen Sorgerechts unproblematisch ist und diesseits der Grenze des § 1666 BGB keinen Anlass gibt, familiengerichtlich tätig zu werden,[1214] kann das Wechselmodell richterlich[1215] de lege lata im Streitfall weder angeordnet[1216] noch – wenn bislang praktiziert – durch Richterspruch beibehalten[1217] werden, weil das Aufenthaltsbestimmungsrecht nur einem Elternteil übertragen werden kann.[1218] Außerdem ist das Wechselmodell als Frage der Sorgerechtsausübung, nicht als solche der Sorgerechtsregelung einzustufen.[1219] Dies zu umgehen, indem man das Umgangsrecht des anderen Elternteils so ausgestaltet, dass die Zeiträume, während derer sich das Kind bei jedem seiner Elternteile aufhält, in ihrer Summe etwa gleich lang sind[1220] und zugleich eine Entscheidung über das Aufenthaltsbestimmungsrecht ablehnt[1221] – oder gar „das Aufenthaltsbestimmungsrecht im wöchentlichen Wechsel aufzuteilen"[1222] –, umgeht diese klare gesetzgeberische Entscheidung und ist daher abzulehnen (zur Statthaftigkeit der Beschwerde gegen eine dahingehende einstweilige An-

---

1213 *Heilmann*, Kindeswohl und Wechselmodell, NJW 2015, 3346, 3347 m.w.N; vgl. umfassend hierzu auch *Walper*, Das Wechselmodell im Spiegel der Forschung, www.vamv-bw.de/wp/wp-content/files/DasWechselmodellimSpiegelderForschungVAMV_12102015.pdf; *dies.*, Arrangements elterlicher Fürsorge nach Trennung und Scheidung: Das Wechselmodell im Licht neuer Daten aus Deutschland, Brühler Schriften zum Familienrecht, 21. Deutscher Familiengerichtstag, S. 99 ff.

1214 OLG Schleswig, Beschl. v. 16.6.2016 – 10 UF 197/15, juris; OLG Brandenburg FamRZ 2014, 1714; *Jokisch*, FuR 2013, 679; *Giers*, FamRB 2012, 383.

1215 Siehe dazu eingehend die Stellungnahme der Kinderrechtekommission des Deutschen Familiengerichtstages, Das Wechselmodell im deutschen Familienrecht, FamRZ 2014, 1157; *Bergmann*, Das Wechselmodell im familiengerichtlichen Verfahren, ZKJ 2013, 489, *Jokisch*, Das Wechselmodell – Grundlagen und Probleme, FuR 2013, 679 (Teil 1); 2014, 25 (Teil 2).

1216 KG FamRZ 2014, 50; KG ZKJ 2015, 422; OLG Karlsruhe FamRZ 2015, 1736; OLG München FamRZ 2013, 1822; OLG Naumburg FamRZ 2015, 764; 2014, 50; OLG Hamm FamFR 2012, 287; OLG Brandenburg FamRZ 2015, 1818; Beschl. v. 15.2.2016 – 10 UF 213/14, juris; AG Konstanz FamRZ 2016, 476; OLG Schleswig, Beschl. v. 16.6.2016 – 10 UF 197/15, juris;OLG Brandenburg FamFR 2013, 574; OLG Brandenburg FamRZ 2009, 1759; OLG Nürnberg FamRZ 2011, 1803; OLG Hamm NJW 2012, 398; OLG Düsseldorf FamRZ 2011, 1154; OLG Koblenz FamRZ 2010, 738; OLG Saarbrücken FamRZ 2015, 62; OLG Stuttgart ZKJ 2007, 366; ebenso Hinweise des Vorstandes des Deutschen Familiengerichtstages vom 10.1.2014, FF 2014, 46; offen lassend BVerfG FamRZ 2015, 1585, m. Anm. *Clausius*, FF 2015, 409.

1217 OLG Brandenburg FamRZ 2011, 120; OLG Dresden FamRZ 2011, 1741; *Marchlewski*, FF 2015, 98; a.A. KG FamRZ 2012, 886, das die Rechtsbeschwerde nicht zugelassen hat, weil es sich um eine Einzelfallentscheidung handele und der Senat nicht von der Rechtsprechung anderer Oberlandesgerichte abweiche, sondern dieser „im Grundsatz" folge und „diese lediglich weiter" entwickle (!); OLG Schleswig FamRB 2014, 251 AG Erfurt ZKJ 2013, 31; FamRZ 2015, 339 m. krit. Anm. *Spangenberg*, FamRZ 2015, 863; OLG Naumburg FamRZ 2014, 1860; AG Hannover FamRZ 2014, 1212.

1218 OLG Saarbrücken FamRZ 2015, 62; FuR 2015, 678; OLG Stuttgart FamRZ 2007, 1266; a.A. *Hammer*, Die gerichtliche Anordnung des Wechselmodells, FamRZ 2015, 1433.

1219 OLG Saarbrücken FamRZ 2015, 62; FuR 2015, 678; Stellungnahme der Kinderrechtekommission des Deutschen Familiengerichtstages, Das Wechselmodell im deutschen Familienrecht, FamRZ 2014, 1157, 1161.

1220 OLG SaarbrückenFamRZ 2015, 62OLG Hamburg FamRZ 2016, 912 [Rechtsbeschwerde nicht zugelassen, da „Entscheidung über die individuelle Ausgestaltung des Umgangsrechts"!!]; OLG Dresden KindPrax 2005, 116 m. Anm. *Flemming*, KindPrax 2005, 96; in diese Richtung auch OLG Dresden FamRZ 2011, 1741; OLG Koblenz FamRZ 2010, 738; OLG Düsseldorf, Beschl. v. 7.11.2012 – 6 UF 191/12, juris; AG Erfurt FamRZ 2015, 339 m. krit. Anm. *Spangenberg*, FamRZ 2015, 863; AG Heidelberg FamRZ 2015, 151; krit. Anm. *Clausius*, FF 2015, 31; schon de lege lata auch These 2b des Arbeitskreises 7 des 20. Deutschen Familiengerichtstages (mit einfacher Mehrheit beschlossen).

1221 OLG Hamburg FamRZ 2016, 909.

1222 Auch das KG FamRZ 2012, 886 führt hierzu aus, dass Letzteres rechtlich bedenklich und praktisch völlig unpraktikabel ist; dies wäre mit dem Wortlaut von § 1671 BGB nicht zu vereinbaren; a.A. aber – Festlegung des Aufenthalts im wöchentlichen Wechsel – OLG Schleswig FamRB 2014, 251 AG Erfurt ZKJ 2013, 31.

ordnung siehe § 7 Rdn 45).[1223] Das Umgangsrecht dient nicht dazu, eine gleichberechtigte Teilhabe der Eltern am Leben ihres Kindes sicherzustellen.[1224] Hat sogar ein Elternteil das Aufenthaltsbestimmungsrecht für das Kind, so würde eine Umgangsregelung mit Wechselmodellcharakter die Gestaltungsfreiheit dieses Elternteils, den Lebensmittelpunkt des Kindes zu bestimmen, verletzen.[1225]

Wurde in der Vergangenheit ein Wechselmodell im Wesentlichen beanstandungsfrei **praktiziert** und entspricht dessen Fortsetzung dem Kindeswohl am besten, so muss dem allerdings nach zutreffender Auffassung[1226] – wegen des letztentscheidenden und allüberstrahlenden[1227] Kindeswohls – Rechnung getragen werden.[1228] Wenngleich die Fortsetzung des Wechselmodells nicht durch die bloße Zurückweisung des Antrags auf Regelung des Aufenthaltsbestimmungsrechts des Elternteils, der das Modell beenden will, erzwungen werden darf,[1229] kann die Fortsetzung des Wechselmodells auf anderem Wege zumindest stark befördert werden. **328**

Dabei stellt sich allerdings ein etwa früher geschlossener „gerichtlich gebilligter **Vergleich**" über das Wechselmodell nicht als solcher i.S.d. § 156 Abs. 2 FamFG dar,[1230] weil in diesem Vergleich dann nicht das Umgangsrecht, sondern – abschließend – das (von dieser Vorschrift nicht erfasste,[1231] siehe dazu auch § 2 Rdn 237) Aufenthaltsbestimmungsrecht für das Kind geregelt worden ist. Denn das Umgangsrecht dient nicht dazu, eine gleichberechtigte Teilhabe beider Eltern am Leben des Kindes in Form des Wechselmodells sicherzustellen, sondern der Aufrechterhaltung der persönlichen Beziehungen zum anderen Elternteil und der Befriedigung des gegenseitigen Liebesbedürfnisses dienen.[1232] Nach Maßgabe dessen richtet sich die Änderung des Wechselmodells dann nicht nach § 1696 Abs. 1 BGB, sondern nach § 1671 Abs. 2 Nr. 2 BGB (siehe dazu auch § 3 Rdn 5); jedoch entfaltet die Elternvereinbarung im Rahmen der an diesem Maßstab auszurichtenden Entscheidung gewisse Indizwirkung.[1233] Dies gilt umso mehr, wenn sich das Kind selbst beständig für die Fortdauer des Wechselmodells ausspricht.[1234] Daher ist hier – aber auch in Abwesenheit einer förmlichen Elternvereinbarung – der kindeswohlwidrige Beendigungswille im Rahmen der Abwägung, welchem Elternteil das Aufenthaltsbestimmungsrecht zu übertragen ist, von nicht unerheblichem Gewicht; in Rede stehen Förderungsgrundsatz samt Bindungstoleranz. Sind die anderen Sorgerechtskriterien damit vereinbar, wird das Aufenthaltsbestimmungsrecht auf den Elternteil zu übertragen sein, der das Wechselmodell fortsetzen will.[1235] Führt selbst **329**

1223 Vgl OLG Saarbrücken FamRZ 2015, 62; FuR 2015, 678; Beschl. v. 8.5.2012 – 9 UF 23/12 (n.v.); OLG Naumburg FamRZ 2015, 764; OLG Hamm FamFR 2012, 287; OLG Nürnberg FamRZ 2011, 1803; ebenso *Coester*, FF 2010, 10; anschaulich Staudinger/*Coester*, § 1671 Rn 23 und 60: dies sprenge die Dichotomie Sorgerecht/Umgangsrecht; a.A. KG FamRZ 2012, 886.
1224 OLG Saarbrücken FamRZ 2015, 62; OLG Karlsruhe FamRZ 2015, 1736; OLG Brandenburg FF 2012, 457; *Coester*, FF 2010, 10, 12; *Jokisch*, FuR 2013, 679, 681.
1225 OLG Karlsruhe FamRZ 2015, 1736; OLG Naumburg FamRZ 2015, 764.
1226 Insoweit zutreffend KG FamRZ 2012, 886; *Horndasch*, FuR 2011, 593, 595.
1227 BVerfGE 56, 363; BVerfG FuR 2008, 338; OLG Saarbrücken FamRZ 2011, 1153.
1228 Vgl. auch BVerfG FF 2009, 416 m. Anm. *Coester*, FF 2010, 10.
1229 OLG Düsseldorf FamRZ 2011, 1154; insoweit ebenso KG FamRZ 2012, 886; a.A. OLG Frankfurt FamFR 2013, 500; OLG Brandenburg FamRZ 2014, 1380 und 1714; OLG Naumburg FamRZ 2014, 1860.
1230 So auch Stellungnahme der Kinderrechtekommission des Deutschen Familiengerichtstages, Das Wechselmodell im deutschen Familienrecht, FamRZ 2014, 1157, 1162; a.A. *Horndasch*, FuR 2011, 593, 595.
1231 BGH FamRZ 2011, 796 m. Anm. *Völker*; *Jokisch*, FuR 2013, 679, 683.
1232 Zutreffend OLG Nürnberg FamRZ 2011, 1803; vgl. auch OLG Hamm NJW 2012, 398; Staudinger/*Coester*, § 1671 Rn 23; auch BGH FamRZ 2011, 796 m. Anm. *Völker* deutet darauf hin.
1233 Vgl. BGH FamRZ 2011, 796.
1234 So in KG FamRZ 2012, 886.
1235 So jetzt auch OLG Koblenz FamRZ 2015, 1911; AG Duisburg FamRZ 2015, 1305; vgl. – inzident – OLG Düsseldorf FamRZ 2011, 1154.

das nicht zu besserer Einsicht des anderen Elternteils, ist im Ergebnis das Wechselmodell gescheitert und der regelmäßige Aufenthalt des Kindes beim bindungstoleranteren Elternteil die nächstbeste Lösung.

330 **De lege ferenda** sollte der Gesetzgeber den Gerichten – behutsam – die Möglichkeit eröffnen, das Wechselmodell richterlich anzuordnen. Dafür streiten beachtliche verfassungsrechtliche,[1236] aber auch praktische Gründe insbesondere in den Fällen, in denen ein Elternteil kindeswohlwidrig vom bislang einvernehmlich gepflogenen Wechselmodell abrücken will.[1237] Rechtssystematisch sollte eine entsprechende Anpassung im Rahmen der Vorschriften über die elterliche Sorge und nicht bei den Regelungen über das Umgangsrecht angesiedelt werden.[1238]

2. Ausübungsregelungen

331 § 1687 BGB enthält eine Kompetenzverteilung zur Ausübung der gemeinsamen Sorge bei Trennung der Eltern, wobei diese Aufgabenverteilung unabhängig davon ist, welches Kinderbetreuungsmodell von den Eltern gewählt wurde.

a) Angelegenheiten von erheblicher Bedeutung

332 Im Rahmen bestehender gemeinsamer Sorge sind die wesentlichen Fragen auch von den Eltern gemeinsam zu entscheiden. § 1687 Abs. 1 S. 1 BGB sieht dabei vor, dass die Eltern bei Entscheidungen von erheblicher Bedeutung[1239] ein Einvernehmen herstellen müssen.[1240] Es genügt hierbei eine grundlegende Übereinstimmung,[1241] wobei das Einvernehmen bereits abstrakt im Voraus hergestellt werden kann oder erst aus konkretem Anlass.

333 Zu den **Angelegenheiten von erheblicher Bedeutung** siehe Rdn 116.

b) Angelegenheiten des täglichen Lebens

334 Eine exakte Abgrenzung der Angelegenheiten von erheblicher Bedeutung zu denen des täglichen Lebens ist in verschiedenen Bereichen nicht möglich.[1242] Man kann sich jedoch an der Legaldefinition des § 1687 Abs. 1 S. 3 BGB orientieren. **Alltagsangelegenheiten** sind danach Entscheidungen, die häufig vorkommen und keine schwer abzuändernden Auswirkungen auf die Kindesentwicklung haben.[1243] Im Einzelfall hat man sich daher die Frage vorzulegen, ob es mit dem Kindeswohl vereinbar wäre, wenn eine Entscheidung der Streitfrage unterbliebe. Umfasst sein können davon sowohl die tatsächliche Ausübung der elterlichen Sorge als auch die Vertretungsbefugnis.

335 Betroffen sind insbesondere:

- **Routineerlaubnisse** wie etwa Besuche bei Freunden oder sonstige Freizeitaktivitäten, bei Jugendlichen etwa der Disko-Besuch,
- Normale Fragen des Schulalltags einschließlich der Auswahl der Nachhilfelehrer, Entschuldigung im Krankheitsfall, Teilnahme an **Klassenfahrten**,

---

[1236] Dazu eingehend *Rixe*, Wechselmodell und Verfassung, Schriftenreihe des ISUV, Band 7, S. 71; siehe auch Stellungnahme der Kinderrechtekommission des Deutschen Familiengerichtstages, Das Wechselmodell im deutschen Familienrecht, FamRZ 2014, 1157, 1167; offen lassend BVerfG FamRZ 2015, 1585, m. Anm. *Clausius*, FF 2015, 409.

[1237] Stellungnahme der Kinderrechtekommission des Deutschen Familiengerichtstages, Das Wechselmodell im deutschen Familienrecht, FamRZ 2014, 1157, 1167.

[1238] So auch These 2a des Arbeitskreises 7 des 20. Deutschen Familiengerichtstages.

[1239] *Schwab*, FamRZ 1998, 457.

[1240] OLG Köln FamRZ 1999, 249; OLG München FamRZ 1999, 111.

[1241] *Wend*, FPR 1999, 137.

[1242] *Schwab/Wagenitz*, FamRZ 1997, 1380.

[1243] JurisPK-BGB/*Poncelet*, § 1687 Rn 17 m.w.N.

- Erteilung von Erlaubnissen zur Abholung des Kindes in Schule oder Kindergarten durch Dritte,[1244]
- Teilnahme an einem **Tagesausflug**,
- **Vereinsmitgliedschaften**,
- **laufende medizinische Versorgung**[1245] z.B. Routinebesuche beim Zahnarzt, Vorsorgeuntersuchungen (zu Schutzimpfungen siehe Rdn 116),
- Verwaltung des **Taschengeldes** und kleinerer Geldgeschenke,
- Anträge in **Pass- und Ausweisangelegenheiten**.[1246]

Grundlegende Voraussetzung für die Entscheidungsbefugnis nach § 1687 Abs. 1 S. 2 BGB ist die **Rechtmäßigkeit** des Aufenthaltes des Kindes beim jeweiligen Elternteil, d.h. das Kind muss dort seinen gewöhnlichen Aufenthalt haben. Dieser ist dort anzunehmen, wo eine Person den Schwerpunkt ihrer Bindungen in familiärer und beruflicher Hinsicht hat, d.h. ihr Daseinsmittelpunkt liegt.[1247] Lebt das Kind daher vorwiegend in der Wohnung eines Elternteils – Eingliederungsmodell – so ist der gewöhnliche Aufenthalt unproblematisch dort. Beim Wechsel- oder Nestmodell versagen jedoch diese Erwägungen. Nach der Zielrichtung des § 1687 Abs. 1 S. 2 BGB – der Vermeidung von Streitigkeiten in Alltagsangelegenheiten – muss die Alleinentscheidungsbefugnis in solchen Dingen des täglichen Lebens aber auch beim Wechsel- und Nestmodell gelten, so dass § 1687 Abs. 1 S. 2 BGB analog anzuwenden ist und es auf den jeweils schlichten Aufenthalt ankommt.

336

c) Angelegenheiten der tatsächlichen Betreuung

Soweit sich das Kind mit Einwilligung eines Elternteils oder aufgrund gerichtlicher Entscheidung bei dem anderen Elternteil aufhält, obliegt diesem nach § 1687 Abs. 1 S. 4 BGB das Recht zur alleinigen Entscheidung in Angelegenheiten der tatsächlichen Betreuung. Erfasst wird hiervon aber nur der vorübergehende Aufenthaltswechsel. Klassischer Anwendungsfall ist der **Umgangskontakt**.[1248]

337

Die Angelegenheiten der tatsächlichen Betreuung unterscheiden sich von den Angelegenheiten des täglichen Lebens dadurch, dass sie deutlich enger gefasst sind. Sie umfassen insbesondere nicht das Vertretungsrecht, sondern nur **reine Betreuungsfragen**[1249] im Binnenverhältnis zum Kind, wie etwa Bettgehzeiten, Ernährung, Freizeitaktivitäten, Fernsehprogramm und -dauer.[1250] Praktisch bedeutsam ist die Unterscheidung insbesondere hinsichtlich der Delegation der **Abholbefugnis** des Kindes von Kindergarten und Schule: Diese ist eine Angelegenheit des täglichen Lebens, aber keine der tatsächlichen Betreuung. Also bestimmt bei alleiniger elterlicher Sorge der alleinsorgeberechtigte Elternteil darüber, wer – außer dem umgangsberechtigten anderen Elternteil – das Kind abholen darf.[1251]

1244 OLG Bremen FamRZ 2009, 355.
1245 OLG Zweibrücken DAVorm 2000, 998.
1246 OLG Brandenburg FamRZ 2003, 111; *Koritz*, FPR 2000, 243.
1247 BGH NJW 1993, 2047; zum gewöhnlichen Aufenthalt i.R.d. Haager Übereinkommens vom 25.10.1980 über zivilrechtliche Aspekte internationaler Kindesentführung vgl. OLG Frankfurt FamRZ 2006, 883; Anm. *Völker*, juris PR-FamR 22/2006 Anm. 6; zum gewöhnlichen Aufenthalt im Rahmen der internationalen Zuständigkeit nach der Brüssel IIa-Verordnung siehe EuGH FamRZ 2011, 617; 2009, 843; Anm. *Völker*, FamRBint 2009, 53; Prütting/Gehrlein/*Völker*, Art. 8 Brüssel IIa-VO Rn 2.
1248 Siehe dazu auch *Koch*, Betreuung des Kindes im Rahmen des Umgangs, FuR 2016, 265.
1249 OLG Zweibrücken FamRZ 2001, 639; BT-Drucks 13/4899, S. 108.
1250 Palandt/*Götz*, § 1687 Rn 8; Staudinger/*Salgo*, § 1687 Rn 52.
1251 Staudinger/*Salgo*, § 1687 Rn 52.

d) Gefahr im Verzug

338 Bei Gefahr im Verzug räumt § 1687 Abs. 1 S. 5 BGB i.V.m. § 1629 Abs. 1 S. 4 BGB jedem Elternteil ein **Not- und damit Alleinvertretungsrecht** ein; der andere Elternteil ist dann unverzüglich zu unterrichten.

e) Entscheidung des Familiengerichts

339 Das Familiengericht kann nach § 1687 Abs. 2 BGB die Alleinentscheidungsbefugnis in Angelegenheiten des täglichen Lebens oder der täglichen Betreuung einschränken, wenn dies zum Wohl des Kindes erforderlich ist. Die Eingriffsschwelle des § 1666 BGB muss also nicht erreicht sein. Die Entscheidung kann von Amts wegen oder auf Antrag eines Elternteils ergehen.

f) Alleinzuständigkeit des nicht Sorgeberechtigten nach § 1687a BGB

340 Hält sich das Kind mit Einwilligung des Sorgerechtsinhabers oder aufgrund gerichtlicher Entscheidung bei dem nicht sorgeberechtigten Elternteil auf, so hat dieser die Befugnisse zur alleinigen Entscheidung in Angelegenheiten der tatsächlichen Betreuung sowie bei Gefahr im Verzug. Hierdurch wird die Position desjenigen Elternteils deutlich gestärkt, der berechtigt **Umgangskontakte** ausübt.

3. Aufwendungen bei der Ausübung der elterlichen Sorge

341 Soweit Eltern Aufwendungen bei Ausübung der elterlichen Sorge für erforderlich halten dürfen, können sie nach § 1648 BGB von dem Kind Ersatz verlangen. Die praktische Bedeutung dieser Regelung ist eher gering und findet nur dann Anwendung, wenn die Aufwendungen nicht nach unterhaltsrechtlichen Vorschriften ohnehin von den Eltern zu tragen sind. Das sind typischerweise Aufwendungen für **Arzthonorare, Heilungskosten, Kosten der Urlaubsreisen, Aus- und Fortbildungskosten** des Kindes.

342 § 1648 BGB setzt die sachliche Notwendigkeit der Aufwendungen nicht voraus, so dass nicht nur objektiv notwendige Vermögensopfer zu ersetzen sind, sondern auch Aufwendungen, die die Eltern nach den Einzelfallumständen für erforderlich halten durften. Nach h.M. ist als Maßstab für die hiermit angesprochene elterliche Sorgfalt § 1664 BGB – **eigenübliche Sorgfalt** – anzulegen.[1252] Demgemäß ist seitens des Kindes ein Ersatz nur dann zu leisten, wenn die Eltern bei der Aufopferung ihrer Vermögenswerte die Sorgfalt haben walten lassen, die sie in eigenen Angelegenheiten anzuwenden pflegen. Die Aufwendungen müssen insbesondere auch den Vermögensverhältnissen des Kindes angemessen gewesen sein;[1253] es kommt also nicht auf die wirtschaftlichen Verhältnisse der Eltern an. Bei Ausübung der elterlichen Sorge handeln die Eltern nicht als **Geschäftsführer ohne Auftrag**. Ihre Legitimation zur Geschäftsbesorgung folgt vielmehr aus ihrem familienrechtlichen Status, so dass § 685 Abs. 2 BGB nicht als Einwand geltend gemacht werden kann, jedenfalls solange den Eltern das Sorgerecht zusteht.

H. Vereinbarungen der Eltern zur Regelung der elterlichen Sorge

343 Die Eltern sind berechtigt, zur elterlichen Sorge und zum Umgangsrecht vertragliche Vereinbarungen zu treffen.[1254] Umstritten ist allerdings, inwieweit eine Vereinbarung solche Bindungswirkung entfaltet. Das ist beim gerichtlich gebilligten Vergleich über das Umgangsrecht oder die Herausgabe eines Kindes (§ 156 Abs. 2 BGB, siehe dazu § 2 Rdn 237) unproblematisch; dessen Abänderung unterfällt § 1696 Abs. 1 BGB (siehe dazu § 3 Rdn 1). Hinsichtlich des Sorgerechts hat

---

1252 BGH FamRZ 1998, 367.
1253 BGH FamRZ 1998, 367.
1254 Formulierungsvorschläge bei *Reckmann-Fiedler*, FPR 1999, 142.

der BGH einen Vertragscharakter oder eine vertragsähnliche Struktur bisher zutreffend abgelehnt,[1255] zumal eine Bindungswirkung nach vertragsrechtlichen Grundsätzen den sorgerechtlichen Besonderheiten nicht entspräche,[1256] nachdem eine rechtswirksame Sorgerechtsregelung – außerhalb der von § 1626 Abs. 1 Nr. 1 BGB eröffneten Möglichkeit übereinstimmender Sorgeerklärungen (auch im Rahmen eines gerichtlichen Vergleichs)[1257] – richterlichem Gestaltungsakt unterworfen ist (siehe dazu auch Rdn 21). Der im elterlichen Konsens getroffenen Vereinbarung kommt indes eine gewisse Indizwirkung innerhalb des Prüfungsmaßstabs zu, der von der jeweils zur Entscheidung berufenen materiellen Norm vorgegeben wird (zum **Wechselmodell** siehe Rdn 326).[1258]

I. Das Verfahren zur Regelung der elterlichen Sorge bei Trennung oder Scheidung gem. § 1671 Abs. 1 und Abs. 2 BGB

I. Scheidungsfolgesache oder isoliertes Verfahren

1. Antragserfordernis

Zur Regelung der elterlichen Sorge gemäß § 1671 Abs. 1 oder Abs. 2 BGB[1259] bedarf es des ausdrücklichen **Antrages** eines oder beider Elternteile. Den Eltern obliegt somit gemäß § 1671 Abs. 1 BGB die alleinige Entscheidungskompetenz, ob sie auch weiterhin die Sorge gemeinsam ausüben wollen.[1260] Auch § 1671 Abs. 2 BGB setzt einen Antrag des Vaters voraus. Von Amts wegen kann das Gericht nur in den Verfahren nach § 1666 BGB tätig werden; dann schließt § 1671 Abs. 4 BGB eine Regelung im Sinn des § 1671 Abs. 1 oder Abs. 2 BGB aus.[1261] Trotz des Antragsprinzips herrscht im Verfahren nach § 1671 BGB gemäß § 26 FamFG der **Amtsermittlungsgrundsatz**, der durch das **Kindeswohl** beeinflusst wird.[1262] Zu Ermittlungen ins Blaue hinein ist das Gericht nicht verpflichtet.[1263]

344

2. Sorgerechtsantrag im Scheidungsverbund

Erstrebt ein Elternteil eine Entscheidung zur Sorge im Rahmen der Scheidung, so kann die diesbezügliche Entscheidung im Scheidungsverbundbeschluss getroffen werden. Für die bis zum 31.8.2009 eingeleiteten Verfahren gelten nach Art. 111 Abs. 1 S. 1 FGG-RG – und zwar auch im Rechtsmittelverfahren – auch weiterhin die bis dahin maßgeblichen Verfahrensvorschriften,[1264] also die Verbundvorschriften des § 623 Abs. 2 S. 1 ZPO a.F. Nach § 623 Abs. 1 ZPO a.F. ist, soweit in Familiensachen des § 621 Abs. 1 ZPO a.F. eine Entscheidung für den Fall der Scheidung zu treffen ist und von den Ehegatten rechtzeitig begehrt wird, hierüber gleichzeitig und zusammen mit der Scheidungssache zu verhandeln und – soweit dem Scheidungsantrag stattgegeben wird – zu entscheiden.

345

1255 BGH DAVorm 2000, 704; FamRZ 1993, 314.
1256 Staudinger/*Coester*, § 1671 Rn 59; vgl. auch OLG Köln FamRZ 2013, 1591.
1257 Siehe dazu FamRZ 2011, 796 m. Anm. *Völker*; a.A. DIJuF-Rechtsgutachten, JAmt 2012, 200 m.w.N.
1258 Vgl. BGH FamRZ 2011, 796 m.w.N. m. Anm. *Völker*.
1259 Zum Antrag auf bloße Feststellung der Sorgerechtsverhältnisse siehe OLG Stuttgart FamRZ 2008, 539; AG Bergen, Beschl. v 29.4.2015 – 41 F 107/15, juris.
1260 *Rehberg*, FuR 1998, 65.
1261 Dazu OLG Brandenburg FamRZ 2014, 1649; OLG Nürnberg FamRZ 2013, 1993.
1262 BGH FF 2012, 67 m. Anm. *Völker*; BGH FamRZ 2010, 720; vgl. – zum Umgangsrecht – OLG Saarbrücken NJW-RR 2013, 452.
1263 Dazu BGH FamRZ 2011, 1047; OLG Saarbrücken NJW-RR 2013, 452.
1264 BGH FamRZ 2011, 1575; OLG Saarbrücken ZKJ 2010, 164.

346 Für die ab dem 1.9.2009 eingeleiteten Verfahren findet demgegenüber das FamFG Anwendung. Auch dort gilt nach § 137 Abs. 3 FamFG, dass **Kindschaftssachen** im Sinn des § 151 FamFG, die auf die Übertragung oder Entziehung der elterlichen Sorge gerichtet sind, **Folgesachen** sind. Allerdings wird nach neuem Recht dafür vorausgesetzt, dass ein Elternteil vor Schluss der mündlichen Verhandlung (der strengere § 137 Abs. 2 S. 1 FamFG[1265] findet keine Anwendung) im ersten Rechtszug die **Einbeziehung in den Verbund** beantragt. Ansonsten – oder wenn das Gericht die Einbeziehung in den Verbund aus Kindeswohlgründen nicht für sachgerecht hält – bleibt die Sorgerechtssache selbstständig. Eine Einbeziehung in den Verbund kann keinesfalls von Amts wegen angeordnet werden.[1266] Diese Anhängigkeit liegt bereits dann vor, wenn in der Folgesache ein Verfahrenskostenhilfeantrag gestellt wird.[1267]

347 Im Fall der Scheidung ist gemäß § 142 FamFG über sämtliche im Verbund stehenden Familiensachen durch einheitlichen Beschluss zu entscheiden.

Versäumt es der Antragsteller, erstinstanzlich ein Sorgerechtsverfahren als Scheidungsfolgesache anhängig zu machen, so ist diese Möglichkeit auch in der **Rechtsmittelinstanz** ausgeschlossen (arg. § 137 Abs. 3: „im ersten Rechtszug"). Es bleibt dann nur der Weg eines isolierten Verfahrens.

3. Isolierter Sorgerechtsantrag

348 Die Eltern können einen Antrag auf Regelung des Sorgerechts auch außerhalb eines Scheidungsverfahrens stellen, und zwar sowohl vor Einreichung der Ehescheidung, parallel zum Scheidungsverfahren sowie nach rechtskräftiger Ehescheidung (zur Frage der Mutwilligkeit der Anhängigmachung außerhalb des Verbundverfahrens siehe § 8 Rdn 19).

4. Abtrennung des Sorgerechtsverfahrens vom Scheidungsverbund

349 Für die bis zum 31.8.2009 eingeleiteten Verfahren gelten weiterhin die Vorschriften der ZPO. Nach § 623 Abs. 2 ZPO a.F. kann danach auf Antrag eines Elternteils ein im Scheidungsverbund befindliches Sorgerechtsverfahren abgetrennt werden.[1268] Das insoweit abgetrennte Verfahren wird dann nach § 623 Abs. 2 S. 4 ZPO a.F. als isoliertes Verfahren fortgeführt.[1269] Lediglich wenn die Gefahr des Rechtsmissbrauchs besteht, etwa ausdrücklich ein Antrag auf Sorgerechtsregelung nach der Scheidung gestellt wurde und eine Entscheidung für die Dauer des Getrenntlebens nicht erfolgen kann[1270] oder die Abtrennung allein eine **Beschleunigung des Scheidungsverfahrens** bewirken soll,[1271] soll dies nicht gelten.[1272] Eine Abtrennung ist außerdem nach § 628 Nr. 3 oder Nr. 4 ZPO a.F. möglich, wenn das Verfahren der freiwilligen Gerichtsbarkeit ausgesetzt ist oder die gleichzeitige Entscheidung über die Folgesache den Scheidungsausspruch so außergewöhnlich verzögern wird, dass der Aufschub eine **unzumutbare Härte** darstellen würde.

350 Für die ab dem 1.9.2009 eingeleiteten Verfahren gilt für die Abtrennung § 140 FamFG. Die **Abtrennungsvoraussetzungen** für Kindschaftsfolgesachen wurden – über den allgemeinen Abtrennungsgrund des § 140 Abs. 2 Nr. 5 FamFG (unzumutbare Verzögerung des Scheidungsaus-

---

1265 Dazu BGH FamRZ 2013, 1300; 2012, 863, *Zapf*, FamRZ 2014, 441.
1266 OLG Dresden FamRZ 2015, 74.
1267 OLG Hamm NJW 2012, 240; OLG Oldenburg FamRZ 2012, 656; OLG Bamberg FamFR 2011, 164; OLG Saarbrücken, Beschl. v. 22.2.2012 – 9 UF 102/11 (n.v.).
1268 OLG Köln FamRZ 2002, 1570.
1269 OLG Frankfurt FamRZ 2001, 1227; OLG Zweibrücken FamRZ 2001, 778.
1270 OLG Schleswig NJWE-FER 2000, 299.
1271 OLG Frankfurt FF 2001, 66.
1272 Siehe auch BGH FamRZ 2008, 2268 und 2193.

spruchs) hinausgehend – gegenüber dem bisherigen Rechtszustand völlig neu geregelt. Nach § 140 Abs. 2 Nr. 3 FamFG kann das Gericht eine Kindschaftsfolgesache vom Verbund abtrennen, wenn es dies aus Gründen des Kindeswohls für sachdienlich hält oder das Verfahren ausgesetzt ist (Antragsmuster im Formularteil, siehe § 13 Rdn 14 und Rdn 29). § 140 Abs. 2 Nr. 3 FamFG ersetzt die zuvor voraussetzungslose Abtrennung auf Antrag eines Ehegatten nach § 623 Abs. 2 S. 2 ZPO a.F. ebenso wie § 628 S. 1 Nr. 3 ZPO a.F. Die Beschleunigung der Kindschaftsfolgesachen wird in den Vordergrund gerückt. Besteht daher das Bedürfnis für eine schnelle Entscheidung, an der das Gericht wegen mangelnder Entscheidungsreife eines anderen Verfahrensgegenstandes im Verbund gehindert wäre, kommt die Abtrennung in Betracht. Der aus dem bisherigen Recht bereits bekannte Fall der Aussetzung der Kindschaftsfolgesache ist übernommen worden. Die Abtrennung nach § 140 Abs. 3 Nr. 3 FamFG ist („für sachgerecht hält") eine **Ermessensentscheidung**, die im Beschwerdeverfahren nur eingeschränkter Überprüfung unterliegt (zu den **kostenrechtlichen Folgen** der Abtrennung siehe § 10 Rdn 28).[1273]

Nach dem bisherigen Recht endet der **Anwaltszwang** (siehe dazu Rdn 450 ff.) im Fall der Abtrennung nach § 623 ZPO a.F., nicht aber bei Abtrennung nach § 628 ZPO a.F., weil in diesem Fall die Folgesache ihre Eigenschaft als Folgesache behält. Anders ist es nach dem neuen Recht. Sowohl im Falle der Nichteinbeziehung nach § 137 Abs. 3 FamFG als auch im Falle der Abtrennung nach § 140 FamFG endet der Anwaltszwang des § 114 Abs. 1 FamFG, weil die Kindschaftssache jeweils als selbstständiges Verfahren fortgeführt wird (§ 137 Abs. 5 S. 2 FamFG).[1274] Weil u.a. (im Übrigen siehe Rdn 453) auch für den Antrag auf **Abtrennung** (nach § 140 Abs. 2 Nr. 3 oder Nr. 5 FamFG) der kindschaftsrechtlichen Folgesache aus dem Verbund kein Anwaltszwang besteht (§ 114 Abs. 4 Nr. 4 FamFG), kann ein nicht anwaltlich vertretener Elternteil, wenn sein Abtrennungsantrag Erfolg hat, das Verfahren ohne Rechtsanwalt fortbetreiben.

351

II. Antrag auf Übertragung des Sorgerechts

1. Rechtsnatur und Antragsberechtigung

Bei einem Antrag auf Einleitung eines Sorgerechtsverfahrens nach §§ 1671 BGB handelt es sich um einen Verfahrensantrag, also um ein Gesuch an das Gericht, tätig zu werden.[1275] Wenngleich ihm auch materiell-rechtliche Bedeutung zukommt, ist er kein Sachantrag im Sinn der ZPO, so dass es auch nicht zwingend der **förmlichen Zustellung** bedarf;[1276] die einfache Übersendung ist ausreichend (siehe auch § 23 Abs. 2 FamFG).

352

Antragsberechtigt sind ausschließlich die Eltern, nicht jedoch das Jugendamt oder das betroffene Kind,[1277] auch nicht im Rahmen einer Hauptintervention.[1278] Ein **Rechtsschutzinteresse** an der Herbeiführung einer gerichtlichen Sorgerechtsentscheidung im isolierten Verfahren nach § 1671 BGB kann grundsätzlich nicht verneint werden.[1279]

353

Wird der Antrag isoliert gestellt, so kann er von dem Elternteil entweder schriftlich bei Gericht eingereicht oder zu **Protokoll der Geschäftsstelle** erklärt werden; ist der Antrag demgegenüber Folgesache im Verbundverfahren, so unterliegt er dem **Anwaltszwang** (§ 114 Abs. 1 FamFG, siehe Rdn 450). Ein schriftlicher Antrag soll auch vorliegen, sobald die Geschäftsstelle eine entsprechende E-Mail des Antragstellers ausdrucke, auch wenn er nicht in Form eines mitgesandten

354

1273 OLG Celle FamRZ 2011, 1673.
1274 So auch zur Abtrennung nach § 140 FamFG ausdrücklich BT-Drucks 16/6308, S. 231 l. Sp.o.
1275 OLG Koblenz NJW-RR 2000, 8883; OLG Bamberg FamRZ 1999, 938.
1276 OLG Bamberg FamRZ 1999, 938.
1277 Kritisch *Willutzki*, Rpfleger 1997, 338.
1278 AG Essen FamRZ 2002, 1713.
1279 OLG Saarbrücken FamFR 2013, 403, FamRZ 1989, 530.

pdf-Dokuments mit eingescannter Unterschrift verkörpert sei, solange die Anschrift angegeben und so der Aussteller identifiziert werden könne.[1280]

2. Antragsinhalt

355 Ein Antrag auf Übertragung der Sorge muss nicht den förmlichen Anforderungen des § 253 ZPO genügen.[1281] Es reicht aus, dass erkennbar ist, wer als Antragsteller auftritt und welches Ziel er verfolgt. Nach § 23 Abs. 1 FamFG soll allerdings ein **verfahrenseinleitender Antrag** begründet werden, wobei die zur Begründung dienenden Tatsachen und Beweismittel ebenso anzugeben sind wie die Personen, die als Beteiligte in Betracht kommen.

356 Der Antrag muss auf die Übertragung der alleinigen elterlichen Sorge in ihrer Gesamtheit oder in einem ihrer Teilbereiche gerichtet sein. Wird lediglich ein Teilbereich der Sorge beantragt, z.B. das Aufenthaltsbestimmungsrecht, so verbleibt es im Übrigen bei der gemeinsamen Sorge.[1282] Wideranträge im gleichen oder in anderen Sorgebereichen sind zulässig. Es bedarf keiner Unterscheidung des Antrags danach, ob er nur für den Fall der Scheidung oder schon für die Dauer des Getrenntlebens gestellt sein soll, da § 1671 Abs. 1 BGB allein an die Trennung der Eltern anknüpfen. Soll er allerdings im Verbund gestellt werden, muss dies zum Ausdruck kommen und bedeutet, dass nur eine Regelung für die Zeit ab Rechtskraft der Scheidung erfolgen wird, § 137 Abs. 2 S. 1 FamFG.[1283]

357 Der antragstellende Elternteil kann die Alleinsorge nur für sich selbst geltend machen. Ein auf die Übertragung der Sorge auf den anderen Elternteil gerichteter Antrag ist unzulässig (Wortlaut des § 1671 Abs. 1 und Abs. 2 BGB: „ihm"!).[1284] Wird der Antrag auf Übertragung der Sorge nach § 1671 Abs. 1 BGB nur von einem Elternteil gestellt, so beschränken sich die Möglichkeiten des Gerichts auf Entscheidung – ganz oder teilweise – nach Antragslage oder die Zurückweisung des Antrags. Liegen gegenläufige Anträge der Eltern vor, so ist über diese im selben Verfahren in einer einheitlichen Entscheidung zu erkennen;[1285] dies gilt auch, wenn das Gericht das Verfahren zugleich wegen Anhaltspunkten für eine Kindeswohlgefährdung nach § 1671 Abs. 4 i.V.m. §§ 1666 ff. BGB betreibt[1286] oder auch deswegen – nach Rücknahme der Anträge der Eltern – von Amts wegen fortbetreibt.

358 Wegen § 156 Abs. 1 FamFG besteht allerdings für das Gericht die Obliegenheit, auf ein **Einvernehmen der Eltern hinzuwirken**.[1287] Hierzu gehört gegebenenfalls auch die gerichtliche Anordnung der Teilnahme an einer Beratung durch die Beratungsstellen und -dienste eines Trägers der **Kinder- und Jugendhilfe** (siehe dazu Rdn 391). Dadurch eröffnen sich weitergehende Möglichkeiten, die dem Kindeswohl am besten entsprechende Entscheidung zu finden. Gegebenenfalls wird das Gericht dem Kind auch unter den Voraussetzungen des § 158 FamFG einen **Verfahrensbeistand** zu bestellen haben (siehe dazu § 5).

1280 So – zum Versorgungsausgleich – OLG Karlsruhe FamRZ 2013, 238 m.w.N.
1281 OLG Frankfurt FamRZ 2003, 387.
1282 OLG Brandenburg ZfJ 2004, 348; *Menne*, ZKJ 2006, 102.
1283 Vgl. auch BGH FamRZ 2012, 863.
1284 OLG Saarbrücken, ZKJ 2010, 452; *Schwab*, FamRZ 1998, 457.
1285 OLG Hamburg FamRZ 1996, 676.
1286 Dazu OLG Brandenburg FamRZ 2014, 1649; OLG Nürnberg FamRZ 2013, 1993.
1287 Siehe dazu auch *Gartenhof/Schmid/Normann/von Thüngen/Wolf*, Auflagen nach § 156 Abs. 1 FamFG im Spannungsfeld der Eltern zwischen Autonomie und Zwang, NZFam 2014, 972; zu den Grenzen von Einvernehmen in Kindschaftssonderfällen siehe *Schmid*, NZFam 2015, 292; *Dostmann/Bauch*, Hinwirken auf eine Einigung aus anwaltlicher Sicht – Zwang oder Segen?, NZFam 2015, 820; *Wegener*, Pflicht des Richters zur Hinwirken auf eine Einigung aus richterlicher Sicht nach § 156 FamFG, NZFam 2015, 799; *Vogel*, Diffamierung des nicht einigungsbereiten Elternteils im Kindschaftsverfahren (?), NZFam 2015, 802.

I. Das Verfahren zur Regelung der elterlichen Sorge bei Trennung oder Scheidung § 1

Demgegenüber unterliegt ein **Abänderungsverfahren** nach § 1696 BGB (siehe dazu § 3 Rdn 1 ff.) nicht dem Antragsprinzip des § 1671 BGB. Gegebenenfalls kann in einer solchen Konstellation von Amts wegen das Sorgerecht auch einem Elternteil übertragen werden, der hiermit nicht einverstanden ist[1288] – sicherlich ein recht theoretischer Fall.

359

III. Wirksame Sorgerechtsentscheidung

1. Bekanntgabe

Das Familiengericht entscheidet gemäß § 38 FamFG durch **Beschluss**. Dieser wird nach § 40 Abs. 1 FamFG mit der **Bekanntgabe** (§ 41 FamFG; siehe auch § 164 FamFG zur Bekanntgabe an das mindestens 14 Jahre alte, nicht geschäftsunfähige Kind) an den Beteiligten, für den er seinem wesentlichen Inhalt nach bestimmt ist, wirksam. Das Unterbleiben einer gemäß § 41 Abs. 1 S. 2 FamFG erforderlichen Zustellung führt zur Unwirksamkeit der Bekanntgabe, so dass keine Beschwerdefrist zu laufen beginnt.[1289]

360

Ein Hinausschieben des gesetzlich geregelten Eintritts der Wirksamkeit ist unzulässig.[1290] Ein Sorgerechtsbeschluss, der schriftlich bekannt gegeben werden soll, kann – abweichend von der Rechtslage bis zum 31.8.2009[1291] – nur noch als bloßer Entwurf **abgeändert** werden, solange er nicht der Geschäftsstelle mit dem Ziel der Bekanntgabe übergeben worden ist. Denn dann ist er gemäß § 38 Abs. 3 S. 3 FamFG erlassen.[1292]

Ist der Beschluss anfechtbar, so ist er mit einer **Rechtsbehelfsbelehrung** zu versehen (§ 39 FamFG; zu den Folgen der fehlenden, unvollständigen oder inhaltlich unrichtigen Rechtsbehelfsbelehrung samt Wiedereinsetzungsfragen siehe § 9 Rdn 2) und zuzustellen (§ 41 FamFG).

361

2. Begründungspflicht

Jede Sorgerechtsentscheidung bedarf der **Begründung**, die so ausführlich sein muss, dass sie die Berücksichtigung der wesentlichen Argumente der Beteiligten erkennen lässt.[1293] Die Begründungspflicht folgt schon aus Art. 103 Abs. 1 GG, ist allerdings im neuen Recht in § 38 Abs. 3 S. 1 FamFG auch einfachrechtlich niedergelegt worden. Kann daher etwa die Entscheidung des Familiengerichts, das von Amts wegen eingeleitete Sorgerechtsverfahren gem. §§ 1666, 1666a BGB zu beenden, nach dem Akteninhalt und mangels Begründung des angefochtenen Beschlusses nicht nachvollzogen werden, kommt auf Antrag eines Beteiligten (§ 69 Abs. 1 S. 3 FamFG) eine Aufhebung des Beschlusses und eine Zurückverweisung an das Familiengericht in Betracht.[1294]

362

Formal bedarf die vom Richter unterschriebene **Urschrift** eines **vollen Rubrums**; die Anweisung an die Geschäftsstelle, ein Rubrum in die Ausfertigungen einzufügen, reicht nicht aus.[1295] Auch die Beschlussbegründung muss von der Unterschrift gedeckt sein.[1296]

363

1288 OLG Karlsruhe FamRZ 1999, 801.
1289 BGH FamRZ 2015, 1374; 2013, 1566; 2011, 1049.
1290 OLG Celle FamFR 2013, 299.
1291 Dazu FamRZ 2000, 813.
1292 BGH FamRZ 2015, 1698; OLG Frankfurt, Beschl. v. 13.1.2016 – 4 UF 272/15, juris.
1293 OLG München FamRZ 1999, 520; OLG Thüringen FamRZ 1997, 758.
1294 OLG Hamm ZKJ 2012, 27.
1295 BGH MDR 2008, 97.
1296 OLG Oldenburg FamRZ 2012, 1080; soweit in dieser Entscheidung ausgeführt ist, für die Rechtsbehelfsbelehrung gelte dasselbe, ist dies zwar zutreffend; ein Verstoß führt indes allenfalls zur Wiedereinsetzung nach § 17 Abs. 2 FamFG; siehe dazu § 9 Rdn 2.

364 In § 38 Abs. 4 Nr. 2 und 3 FamFG sind Konstellationen benannt, unter deren Voraussetzung **von einer Begründung** des Sorgerechtsbeschlusses **abgesehen** werden kann. Dies ist der Fall, wenn
- gleichgerichteten Anträgen der Beteiligten stattgegeben wird,
- der Beschluss nicht dem erklärten Willen eines Beteiligten widerspricht oder
- der Beschluss in Gegenwart aller Beteiligten mündlich bekanntgegeben wurde und alle Beteiligten auf Rechtsmittel verzichtet haben.

Eine Begründung ist dann aber dennoch erforderlich, wenn zu erwarten ist, dass der Beschluss im Ausland geltend gemacht werden wird, § 38 Abs. 5 Nr. 4 FamFG; eine trotzdem unterbliebene Begründung muss dann bei Bedarf ergänzt werden (§ 38 Abs. 6 FamFG). Für andere Fälle der **Ergänzung** eines Beschlusses gilt § 43 FamFG, für die **Berichtigung** § 42 FamFG.

IV. Grundlagen der Verfahrensführung

365 Zu den Grundlagen der Verfahrensführung finden sich in der Literatur anschauliche Schaubilder.[1297]

Wegen des Grundsatzes des **rechtlichen Gehörs** (Art. 103 Abs. 1 GG) ist das Gericht verpflichtet, den Vortrag der Beteiligten zur Kenntnis zu nehmen und in die Entscheidung einzubeziehen.[1298] Hiermit geht einher, dass das Gericht seiner Entscheidung auch nur solche Tatsachen und Beweisergebnisse zugrunde legen darf, zu denen den Beteiligten die Möglichkeit der Stellungnahme gegeben wurde (siehe auch §§ 29 Abs. 3, 30 Abs. 4 FamFG). So darf etwa ein Gutachten, das den Beteiligten nicht bekannt ist, bei der Entscheidungsfindung selbstredend nicht verwertet werden.[1299]

Schon aus dem Anspruch der Beteiligten auf eine rechtsstaatliche Gestaltung des Verfahrens ergibt sich im Kindschaftsverfahren nicht nur die Verpflichtung des Gerichts, die Ausführungen der Verfahrensbeteiligten zur Kenntnis zu nehmen,[1300] sondern auch die, sich mit den Besonderheiten des Einzelfalles auseinanderzusetzen, die Interessen der Eltern sowie deren Persönlichkeit zu würdigen und auf die Belange des Kindes einzugehen. Nach § 26 FamFG hat das Gericht von Amts wegen die zur Feststellung der entscheidungserheblichen Tatsachen erforderlichen Ermittlungen durchzuführen. Dazu gehört auch die **Anhörung von Verfahrensbeteiligten**,[1301] die in den §§ 34, 158 ff. FamFG geregelt ist.

366 Wer am Sorgerechtsverfahren **Beteiligter** ist, folgt aus § 7 FamFG. Dadurch, dass man anzuhören ist oder eine Auskunft zu erteilen hat, wird man nicht schon Beteiligter, § 7 Abs. 6 FamFG. In reinen **Antragsverfahren** ist der Antragsteller Beteiligter, § 7 Abs. 1 FamFG. Stets beteiligt ist das **Kind** nach § 7 Abs. 2 Nr. 1 FamFG (sog. **Muss-Beteiligter**, dazu eingehend mit den verfahrensrechtlichen Folgen siehe Rdn 424), weil immer sein Recht unmittelbar betroffen wird; gleiches gilt für die **Sorgeberechtigten**.

Hinsichtlich **nichtsorgeberechtigter** Personen kann auf die Ausführungen zur Beschwerdeberechtigung verwiesen werden (vgl. § 9 Rdn 21 ff.); können sie beschwerdebefugt sein, sind sie auch – ggf. im Wege der Hinzuziehung nach § 7 Abs. 4 und 5 FamFG – zu beteiligen. Dies zielt insbesondere auf den nichtsorgeberechtigten Vater ab: Weil § 1680 Abs. 3 i.V.m. Abs. 2 BGB ein subjektives Recht des Vaters enthält, ist dieser in solchen Fällen nach § 7 Abs. 2 Nr. 1 FamFG von Amts wegen als Beteiligter schon zum gegen die alleinsorgeberechtigte Mutter gerichteten Verfahren nach § 1666 BGB hinzuzuziehen.[1302]

[1297] Heilmann, Das Verfahren in Kindschaftssachen – Übersichten, ZKJ 2011, 426.
[1298] BVerfG FamRZ 1998, 949 und 606.
[1299] BGH FamRZ 2013, 1725; OLG Bamberg FamRZ 1999, 663.
[1300] BVerfG FamRZ 1994, 223.
[1301] OLG Frankfurt FamRZ 1992, 206.
[1302] OLG Schleswig ZKJ 2011, 395; FamRZ 2012, 725 m.w.N.

I. Das Verfahren zur Regelung der elterlichen Sorge bei Trennung oder Scheidung § 1

Das **Jugendamt** ist nur dann förmlich beteiligt, wenn es einen entsprechenden Antrag stellt (§§ 7 Abs. 3, 162 Abs. 2 FamFG). Allerdings muss es gemäß § 7 Abs. 4 FamFG[1303] von der Verfahrenseinleitung benachrichtigt und über sein Antragsrecht auf Hinzuziehung **belehrt** werden. Der Antrag auf Zulassung als Beteiligter zum erstinstanzlichen Verfahren kann nur bis zum Erlass der Endentscheidung durch das erstinstanzliche Gericht gestellt werden; danach kommt nur noch die Zulassung als Beteiligter zum Beschwerdeverfahren in Betracht, über die das Beschwerdegericht zu entscheiden hat.[1304]

Pflegepersonen können ebenfalls als Beteiligte hinzugezogen werden (siehe dazu näher Rdn 447), wenn das Kind längere Zeit bei ihnen gelebt hat (§§ 7 Abs. 3, 161 Abs. 1 FamFG). Gegen den Beschluss, mit dem ein Hinzuziehungsantrag – und zwar auch ein solcher eines nur von Amts wegen ggf. Hinzuzuziehenden,[1305] also etwa von Pflegeeltern – abgelehnt wird, ist nach § 7 Abs. 5 FamFG die **sofortige Beschwerde** statthaft (siehe auch § 4 Rdn 25).[1306]

Wird eine Person erstinstanzlich als Beteiligter hinzugezogen, so besteht die Beteiligtenstellung automatisch auch im **Rechtsmittelzug** fort.[1307] Die Hinzuziehung eines Beteiligten kann auch **konkludent** erfolgen, etwa durch das Übersenden von Schriftstücken oder die Ladung zu Terminen.[1308] Die Nichterwähnung im Rubrum steht einer tatsächlichen Hinzuziehung zum Verfahren im Sinne des § 7 FamFG nicht entgegen. Die Rechtskraft einer die Hinzuziehung ablehnenden Entscheidung nach § 7 Abs. 5 FamFG erstreckt sich allein darauf, dass der Antragsteller nicht zu beteiligen ist. Eine zuvor tatsächlich erfolgte Beteiligung und eine damit einhergehende Beschwerdebefugnis lässt sie nicht entfallen.[1309]

Das Gericht muss sich zwar nicht mit jeglichem Vortrag ausdrücklich auseinandersetzen. Von einer Nichtbeachtung des Vorbringens wird aber ausgegangen,[1310] wenn sich das Gericht mit dem wesentlichen Kern des Tatsachenvortrages oder der Rechtsausführungen der Beteiligten in der Entscheidung nicht auseinandersetzt. Dies kann in der **Beschwerdeinstanz** – unter den Voraussetzungen des § 69 FamFG – zur Aufhebung der Entscheidung und zur Zurückverweisung der Sache führen.

367

Aus einer unsachgemäßen **Verfahrensleitung** oder einer mangelnden Sorgfalt des Gerichts können sich unter Umständen auch **Befangenheitsgründe** nach § 6 FamFG i.V.m. § 42 Abs. 2 ZPO ergeben.[1311] Davon kann etwa ausgegangen werden, wenn das prozessuale Verhalten des Richters derart stark von der üblichen Verfahrensweise abweicht, dass sich für die Beteiligten der Eindruck einer sachwidrigen, auf Voreingenommenheit beruhenden Benachteiligung aufdrängt.[1312]

368

In diesem Zusammenhang dürfte auch der Frage der **Verfahrensdauer** erhebliche Bedeutung beikommen. Insoweit wurde in einem Urteil des **EuGHMR** vom 4.12.2008 sehr deutlich herausgehoben, welchen zeitlichen Vorgaben die Familiengerichte gerade in Sorge- und Umgangsrechtsverfahren unterliegen (zur **Beschleunigungsrüge und -beschwerde** siehe § 9 Rdn 84).[1313] Hinzu kommt das **Vorrang- und Beschleunigungsgebot** des § 155 FamFG (siehe

---

1303 Der Wortlaut ist eindeutig.
1304 OLG Köln, Beschl. v. 15.4.2016 – 4 WF 32/16, juris.
1305 OLG Hamburg FamRZ 2015, 2188; OLG Bremen FamRZ 2014, 414.
1306 OLG Hamburg FamRZ 2015, 2188; OLG Bremen FamRZ 2014, 414; OLG Schleswig FamRZ 2012, 725.
1307 Vgl. BGH FamRZ 2012, 1049.
1308 BGH FamRZ 2015, 572; 2014, 1099.
1309 BGH FamRZ 2014, 1099.
1310 St. Rspr., vgl. nur BVerfG FamRZ 1994, 223.
1311 OLG Hamm FamFR 2013, 450; OLG Hamm FamRZ 2000, 295; OLG Bamberg FamRZ 1998, 172; siehe zur Befangenheit des Richters eingehend *Ghassemi-Tabar/Nober*, Die Richterablehnung im Zivilprozess, NJW 2013, 3686; *Finke*, Die Behandlung der Gründe für die Ablehnung von Richtern und Sachverständigen in der neueren Rechtsprechung, FF 2016, 191.
1312 OLG Dresden FamRZ 2014, 1654 [willkürliche Bejahung der Zuständigkeit]; OLG Karlsruhe FamRZ 1994, 46; OLG Oldenburg FamRZ 1992, 192.
1313 EuGHMR FamRZ 2009, 1037; siehe dazu auch BVerfG FamRZ 2009, 189; 2004, 689.

dazu Rdn 392 f.); wird gegen dieses ohne erkennbaren sachlichen Grund verstoßen, so kann auch dies im Einzelfall die **Ablehnung des Richters** rechtfertigen (siehe Rdn 392 f.).

V. Zuständigkeit des Gerichts

369 (Zur – stets vorrangig und in jeder Lage des Verfahrens zu prüfenden – **internationalen Zuständigkeit** siehe § 11 Rdn 10 ff.).

1. Rechtsweg und sachliche Zuständigkeit

370 Die Rechtswegzuständigkeit richtet sich in Familiensachen nach §§ 17–17b GVG (siehe § 17a Abs. 6 GVG.[1314]

Die sachliche Zuständigkeit des Amtsgerichts in Familiensachen, zu denen gemäß § 151 Nr. 1 FamFG auch Verfahren über die elterliche Sorge gehören, folgt aus § 23a Abs. 1 Nr. 1 GVG; die geschäftsverteilungsmäßige Zuständigkeit des Familiengerichts als Abteilung des Amtsgerichts ergibt sich aus § 23b Abs. 1 GVG. Umfasst sind davon insbesondere alle Regelungen gemäß §§ 1671, 1632 BGB sowie Maßnahmen nach §§ 1666, 1693[1315] oder 1696 BGB.

2. Örtliche Zuständigkeit

371 Die örtliche Zuständigkeit richtet sich gemäß § 152 FamG danach, ob eine Ehesache der Eltern anhängig ist oder nicht.

Während der Anhängigkeit einer Ehesache ist für Kindschaftssachen, die gemeinschaftliche Kinder der Ehegatten betreffen, ausschließlich das Gericht zuständig, bei dem die Ehesache im ersten Rechtszug anhängig ist oder war (§ 152 Abs. 1 FamFG). Weil es sich hierbei um eine ausschließliche Zuständigkeit handelt, ist auch eine Abgabe der Kindschaftssache an eine anderes Familiengericht (§ 4 FamFG) ausgeschlossen.[1316]

372 Ansonsten beurteilt sich die örtliche Zuständigkeit nach dem **gewöhnlichen Aufenthalt** des Kindes (§ 152 Abs. 2 FamFG).

Nach der bis zum 31.8.2009 geltenden Gesetzeslage war der **Wohnsitz** des Kindes entscheidend, solange eine Ehesache noch nicht anhängig war. Seinen Wohnsitz nach § 11 BGB teilte das Kind mit den sorgeberechtigten Eltern. Dies führte dazu, dass im Zusammenhang mit der Trennung der Eltern das Kind zunächst – bis zur Regelung der elterlichen Sorge – über einen **Doppelwohnsitz** verfügte. Dies schuf das Problem einer doppelten örtlichen Zuständigkeit des Gerichts mit entsprechenden Konsequenzen: Wettlauf zwischen den Eltern, Zuständigkeitskonflikte zwischen den Gerichten und damit einhergehende zeitliche Verzögerungen des Verfahrens.

Dies hat der Gesetzgeber durch die Anknüpfung an den gewöhnlichen Aufenthalt in § 152 FamFG nun gelöst. Der **gewöhnliche Aufenthalt des Kindes** bestimmt sich danach, an welchem Ort es den Schwerpunkt seiner Bindungen in familiärer oder gegebenenfalls auch bereits beruflicher Hinsicht hat, d.h. wo sein **Daseinsmittelpunkt** liegt.[1317] Abweichend vom **Wohnsitz** ist es nicht erforderlich, dass eine Person einen tatsächlichen Willen dazu hat, den Aufenthaltsort zum Mittelpunkt oder Schwerpunkt der Lebensverhältnisse zu machen.[1318] Der gewöhnliche Aufenthalt an

---

1314 Siehe zur besonders strengen Bindungswirkung von in diesem Zusammenhang erlassenen Verweisungsbeschlüssen BGH MDR 2013, 1242; 2011, 253; OLG Saarbrücken, Beschl. v. 3.6.2014 – 9 WF 22/14 (n.v.).
1315 BayObLG NJW-RR 2000, 959.
1316 OLG Bremen MDR 2013, 794.
1317 BGH NJW 1993, 2047; OLG Hamm FamRZ 2011, 395; vgl. auch die in EuGH FamRZ 2011, 617; 2009, 843 aufgestellten Kriterien zum gewöhnlichen Aufenthalt des Kindes im Rahmen der internationalen Zuständigkeit.
1318 Kemper/Schreiber/*Völker/Clausius/Wagner*, § 152 Rn 3.

einem Ort wird bereits dann begründet, wenn sich aus den Umständen ergibt, dass der Aufenthalt an diesem Ort auf längere Zeit angelegt ist und er künftig der Daseinsmittelpunkt sein soll.[1319] Ein Kleinkind hat regelmäßig denselben gewöhnlichen Aufenthalt wie die Person, dies es ständig betreut.[1320] Beträgt die Aufenthaltsdauer aber nicht länger als 8 Wochen und lässt sich aus den Umständen im Übrigen nicht schließen, dass der neue Aufenthalt auf längere Zeit angelegt ist und künftig der Daseinsmittelpunkt des Kindes werden soll, weil der zukünftige Lebensmittelpunkt maßgeblich vom Ergebnis des eingeleiteten Sorgerechtsverfahrens abhängen wird, so ist am neuen Aufenthaltsort noch kein gewöhnlicher Aufenthalt begründet.[1321] Anders ist freilich die Lage, wenn sich die Eltern vor Verfahrenseinleitung darauf verständigen, dass das Kind vorläufig seinen gewöhnlichen Aufenthalt bei dem umgezogenen Elternteil haben soll.[1322] Ein Kind, das vorübergehend in einer Bereitschaftspflegefamilie lebt, hat dort regelmäßig keinen gewöhnlichen Aufenthaltsort i.S.v. § 152 Abs. 2 FamFG.[1323]

Ist die Zuständigkeit eines deutschen Gerichts nach § 152 Abs. 1 oder Abs. 2 FamFG nicht gegeben, so ist das Gericht zuständig, in dessen Bezirk das **Bedürfnis der Fürsorge** bekannt wird (§ 152 Abs. 3 FamFG). Wird dieses Bedürfnis an verschiedenen Orten bekannt, ist die Zuständigkeit im Rahmen einer Gesamtschau nach Zweckmäßigkeitsgesichtspunkten zu bestimmen.[1324] Ist der Aufenthalt des Kindes unbekannt, etwa weil es in ein polizeiliches Schutzprogramm einbezogen ist oder weil aus sonstigen Gründen eine **Auskunftssperre**[1325] eingetragen ist, so ist ausnahmsweise der gewöhnliche Aufenthalt des Antragstellers für die örtliche Zuständigkeit maßgeblich.[1326]

373

Soweit es um Maßnahmen nach § 1693 BGB geht, d.h. die Eltern an der Ausübung der Sorge gehindert sind, ist immer auch das Gericht örtlich zuständig, in dessen Bezirk das Bedürfnis der Fürsorge bekannt wird, § 152 Abs. 4 FamFG.[1327]

374

Die Bestimmungen zum **gewöhnlichen Aufenthalt** des Kindes sind hinsichtlich der örtlichen Zuständigkeit Bestandteile der verfahrensrechtlichen Zuständigkeitsvorschriften. Für sie gilt deutsches Recht als **lex fori** (aber zur internationalen Zuständigkeit in den Fällen mit Auslandsbezug siehe § 11).[1328]

375

§ 152 FamFG steht im Zusammenhang mit § 2 FamFG. Durch die dort in Abs. 2 ausdrücklich vorgesehene **perpetuatio fori** wird die örtliche Zuständigkeit eines Gerichts grundsätzlich mit dessen **erstmaliger Befassung** festgelegt.[1329] Von einer Befassung in diesem Sinn ist bei Antragsverfahren auszugehen, sobald dort erstmals ein entsprechender Antrag mit dem Ziel der Entscheidung durch dieses Gericht eingeht. Handelt es sich demgegenüber um ein Amtsverfahren, so ist entscheidend, wann das Gericht amtlich erstmals Kenntnis von den Tatsachen erlangt, die Anlass für gerichtliche Maßnahmen sein können.[1330] Die Zuständigkeit besteht bis zum

376

1319 OLG Dresden FamRZ 2014, 1654; KG FamRZ 2013, 648.
1320 OLG Köln FamRZ 2012, 1406.
1321 OLG Hamm FamRZ 2011, 395.
1322 KG FamRZ 2013, 648.
1323 OLG Hamm MDR 2016, 333.
1324 OLG Hamm FamRZ 2013, 2004; MDR 2016, 333.
1325 Siehe zum richterlichen Umgang mit einer Auskunftssperre im Zusammenhang mit der Feststellung der örtlichen Zuständigkeit auch OVG Münster FamRZ 2015, 1816.
1326 OLG Karlsruhe FamRZ 2011, 1888.
1327 Siehe dazu – im Zusammenhang mit der vom betreuenden Elternteil gewünschen Geheimhaltung des derzeitigen Aufenthalts des Kindes – auch OLG Brandenburg, Beschl. v. 28.1.2016 – 13 WF 24/16, juris.
1328 BGH FamRZ 1993, 48.
1329 OLG Zweibrücken FamRZ 2015, 520; AG Tempelhof-Kreuzberg, Beschl. v. 13.2.2014 – 161 F 1620/14, juris; siehe eingehend *Keuter*, Zuständigkeitsprobleme in Kindschaftssachen bei Wechsel des gewöhnlichen Aufenthalts des Kindes, FuR 2015, 262.
1330 Kemper/Schreiber/*Völker/Clausius*, HK-FamFG, § 152 Rn 1.

rechtskräftigen Abschluss der Sache fort; hiervon abweichend gilt sie auch für die Verlängerung einer befristet angeordneten Umgangspflegschaft (siehe zu dieser § 2 Rdn 39).[1331] Die perpetuatio fori greift auch dann ein, wenn die örtliche Zuständigkeit lediglich auf der Fürsorgezuständigkeit des § 152 Abs. 3 FamFG beruht; eine Weiterverweisung nach § 3 FamFG kommt daher – auch bei unbegleiteten Minderjährigen – selbst dann nicht in Betracht, wenn dieser kurz nach Verfahrenseinleitung in einem anderen Gerichtsbezirk einen gewöhnlichen Aufenthalt begründet.[1332]

377 Solange den Eltern das Aufenthaltsbestimmungsrecht gemeinsam zusteht, ist ein Elternteil ohne das Einverständnis des anderen Elternteils nicht berechtigt, einseitig den gewöhnlichen Aufenthalt des Kindes zu verändern. **Eigenmächtigen Änderungen** des Aufenthaltsortes des Kindes durch einen Elternteil wirkt § 154 FamFG entgegen: Hat danach ein Elternteil den Aufenthalt des Kindes eigenmächtig,[1333] also ohne vorherige Zustimmung des anderen Elternteils verändert, so kann das am nunmehrigen Aufenthaltsort des Kindes mit der Sache befasste Gericht das Verfahren an das Gericht verweisen, in dessen Bezirk der bisherige Aufenthalt des Kindes war.[1334]

378 Das angerufene Gericht hat gemäß § 3 FamFG seine örtliche und sachliche Zuständigkeit zu prüfen. Für den Fall seiner Unzuständigkeit entscheidet es durch Beschluss und verweist die Sache an das zuständige Gericht. Ein Verweisungsantrag ist hierfür nicht erforderlich.[1335] Vor der Verweisung sind aber die Beteiligten zu hören.[1336] Der Beschluss, durch den die Unzuständigkeit festgestellt wird, unterliegt keiner Anfechtungsmöglichkeit und ist für das andere Gericht bindend (§ 3 Abs. 3 FamFG).[1337] Wurde jedoch den Beteiligten vor der Verweisung kein rechtliches Gehör gewährt, so ist der **Verweisungsbeschluss** ohne bindende Wirkung.[1338] Gleiches gilt bei einer objektiv willkürlichen Verweisung, etwa wenn sie ohne vorherige Klärung des gewöhnlichen Aufenthalts des Kindes erfolgt.[1339]

379 Eine **Gerichtsstandvereinbarung** ist in Verfahren der freiwilligen Gerichtsbarkeit unzulässig.[1340] Sie bindet das Gericht nicht.[1341]

380 Besteht zwischen zwei Gerichten Streit über die örtliche Zuständigkeit, so wird die bisherige Problematik des Geschwistergerichtsstandes (§ 36 Abs. 1 S. 2 FGG) nach neuem Recht durch die in § 4 FamFG vorgesehene **Abgabemöglichkeit** sowie der aus § 2 Abs. 2 FamFG folgenden perpetuatio fori vermieden, so dass die örtliche Zuständigkeit mit der erstmaligen Befassung eines Gerichts festgelegt wird.[1342] Notfalls hilft die **Gerichtsstandsbestimmung** nach § 5 FamFG.[1343] Voraussetzung hierfür ist allerdings, dass zumindest eine ernsthafte und als endgül-

---

1331 OLG Zweibrücken FamRZ 2015, 520.
1332 OLG Frankfurt ZKJ 2016, 268.
1333 Das ist nicht der Fall, wenn der umziehende Elternteil das Aufenthaltsbestimmungsrecht für das Kind hat, OLG Hamm FamRZ 2011, 55.
1334 Siehe dazu eingehend *Völker/Clausius*, FF 2009, 54 und die dort besprochene Entscheidung BVerfG FamRZ 2009, 189 sowie die Kommentierung zu § 154 FamFG in Kemper/Schreiber/*Völker/Clausius*, HK-FamFG sowie *Keuter*, Zuständigkeitsprobleme in Kindschaftssachen bei Wechsel des gewöhnlichen Aufenthalts des Kindes, FuR 2015, 262, auch zur Beweislast.
1335 OLG Saarbrücken, Beschl. v. 12.7.2016 – 9 UF 24/16, juris; OLG Frankfurt FamRZ 2014, 1479; KG FGPrax 2011, 260.
1336 OLG Frankfurt, Beschl. v. 13.4.2016 – 1 SV 9/16, juris; vgl. – zum alten Recht – BGH FamRZ 1997, 171.
1337 KG FamRZ 2013, 648; vgl. auch BGH FamRZ 2011, 282.
1338 KG FamRZ 2013, 648.
1339 OLG Schleswig FamRZ 2016, 321.
1340 Anders ggf. in grenzüberschreitenden Fällen, siehe Art. 12 Brüssel IIa-Verordnung (dazu § 11 Rn 18).
1341 Zur anderen Rechtslage in internationalen Kindschaftsverfahren, die der Brüssel IIa-Verordnung unterliegen, siehe § 11 und Prütting/Gehrlein/*Völker*, Art. 12 Brüssel IIa-VO Rn 1 ff.
1342 Kemper/Schreiber/*Völker/Clausius*/Wagner, § 152 Rn 1.
1343 Siehe dazu etwa OLG Zweibrücken FamRZ 2015, 520; OLG Hamm, Beschl. v. 13.1.2016 – 2 SAF 17/15, juris.

tig gemeinte Unzuständigkeitserklärung beider Gerichts vorliegt und diese den Beteiligten bekannt gemacht worden ist.[1344]

Ein wichtiger Grund für eine **Abgabe** nach § 4 FamFG liegt vor, wenn es nach den Umständen des Einzelfalls unter Berücksichtigung des Kindeswohls zweckmäßig erscheint, dass nicht das örtlich zuständige, sondern das um Übernahme ersuchte Gericht mit der Sache befasst wird. Das ist insbesondere dann der Fall, wenn das Kind seinen Aufenthalt dauerhaft[1345] in den Bezirk eines anderen Gerichts verlegt und der Aufenthaltswechsel mit Erschwernissen für das laufende Verfahren verbunden ist, die es notwendig erscheinen lassen, dass das Verfahren am Gericht des neuen Aufenthaltsortes des Kindes weitergeführt wird. Dabei ist in erster Linie auf das Wohl des Kindes abzustellen.[1346] Allerdings kann das in Kindschaftssachen vorherrschende Beschleunigungsgebot einer Abgabe des Verfahrens dann entgegenstehen, wenn – trotz eines dauernden Aufenthaltswechsels des Kindes – eine Abgabe der Sache aus wichtigem Grund unzweckmäßig ist, etwa wenn sich das abgebende Gericht bereits so intensiv mit dem Gegenstand des Verfahrens auseinandergesetzt hat, dass die Abgabe an ein anderes Gericht den Fortgang des Verfahrens nicht unerheblich verzögern würde,[1347] oder wenn das Verfahren bereits so weit fortgeschritten ist, dass eine Endentscheidung unmittelbar bevorsteht.[1348] Im Falle der Zuständigkeit nach § 152 Abs. 1 FamFG (Gericht der Ehesache) ist eine Abgabe der Kindschaftssache aber ausgeschlossen, weil es sich hierbei um eine ausschließliche Zuständigkeit handelt.[1349] Die Abgabe eines Sorgerechtsverfahrens von einem **Beschwerdegericht** an ein anderes Beschwerdegericht wegen eines Aufenthaltswechsels von Elternteil und Kind während des laufenden Verfahrens kommt nicht in Betracht.[1350]

381

Vor einer Abgabeentscheidung ist den Beteiligten rechtliches Gehör zu gewähren, um möglichst zuverlässig festzustellen, ob wirklich ein wichtiger Grund für die Abgabe besteht bzw. diese zweckmäßig ist.[1351]

3. Instanzielle Zuständigkeit

Hinsichtlich der instanziellen Zuständigkeit haben sich durch das FamFG keine Veränderungen ergeben: Aus § 119 Abs. 1 Nr. 1a GVG folgt die zweitinstanzliche Zuständigkeit der **Oberlandesgerichte** in familienrechtlichen Beschwerdeverfahren.

382

Der BGH ist nach wie vor in dritter Instanz zuständig. Die **Rechtsbeschwerde** zum BGH bedarf weiterhin der ausdrücklichen Zulassung durch das Beschwerdegericht (§ 70 Abs. 1 FamFG; Ausnahmen § 70 Abs. 3 und 4 FamFG). Diese hat zu erfolgen, wenn die Rechtssache **grundsätzliche Bedeutung** hat oder die **Fortbildung des Rechts** oder die **Sicherung der Einheitlichkeit der Rechtsprechung** eine Entscheidung des Rechtsbeschwerdegerichts erfordern, § 70 Abs. 2 S. 1 FamFG (siehe dazu im Einzelnen § 9 Rdn 58 ff.).

1344 OLG Frankfurt, Beschl. v. 13.4.2016 – 1 SV 9/16, juris; OLG Hamm MDR 2016, 333; vgl. auch – zum alten Recht – BGH NJW 1986, 2058.
1345 Siehe dazu auch KG FamRZ 2014, 1790.
1346 OLG Hamm FamRZ 2011, 55; 2007, 567; vgl. BT-Drucks 16/6308, S. 176.
1347 Vgl. OLG Hamm FamRZ 2015, 1924.
1348 OLG Hamm FamRZ 2011, 55; OLG Brandenburg FamRZ 2000, 1295.
1349 OLG Bremen MDR 2013, 794.
1350 OLG Bremen, Beschl. v. 20.12.2013 – 4 UF 190/13, juris.
1351 OLG Frankfurt FamRZ 2014, 1394; Beschl. v. 13.4.2016.

VI. Amtsermittlungsgrundsatz (§ 26 FamFG)

383 Der bereits zuvor für das Verfahren der freiwilligen Gerichtsbarkeit geltende Amtsermittlungsgrundsatz, wie er in § 12 FGG verankert war, gilt unverändert, § 26 FamFG. Abweichend von dem für das ZPO-Verfahren geltenden **Beibringungsgrundsatz** hat das Gericht von Amts wegen die zur Feststellung der entscheidungserheblichen Tatsachen erforderlichen Ermittlungen durchzuführen.

1. Begriff und Umfang

384 Ziel des Amtsermittlungsgrundsatzes ist einerseits die Sachaufklärung, andererseits aber auch die bestmögliche Gewährung rechtlichen Gehörs, Art. 103 Abs. 1 GG.[1352] Das Gericht ist von sich aus berechtigt und verpflichtet, alle erforderlichen Tatsachen zu ermitteln, um eine Entscheidung treffen zu können, die dem Kindeswohl gerecht wird.[1353] Bestandteil des Amtsermittlungsgrundsatzes ist die Durchführung der gesetzlich vorgeschriebenen **Anhörung des Kindes** (§ 159 FamFG), **der Eltern** (§ 160 FamFG), **des Jugendamts** (§ 162 FamFG), ggf. **des Verfahrensbeistands** und etwaiger weiterer Dritter,[1354] wie etwa **Pflegepersonen** (§ 161 FamFG), wenn das Kind längere Zeit in einer Pflegefamilie gelebt hat. Anhören (§ 29 FamFG, sog. Freibeweis) oder förmlich vernehmen (§ 30 FamFG, Strengbeweis)[1355] kann das Familiengericht aber auch Lehrer, behandelnde Ärzte, Verwandte oder andere Bezugspersonen des Kindes sowie sonstige Zeugen. So kann es etwa im Verfahren nach §§ 1666, 1666a BGB geboten sein, den Lebensgefährten, der mit der Sorgeberechtigten einen gemeinsamen Haushalt führt, persönlich anzuhören; dies gilt insbesondere, wenn die Frage der Rückführung des derzeit in einer Pflegefamilie lebenden Kindes der Sorgeberechtigten zu dieser in Rede steht[1356] (zur Einholung eines **Sachverständigengutachtens** siehe im Einzelnen Rdn 394 ff.).

385 In welchem Umfang vom Familiengericht zur Beurteilung des Kindeswohls Tatsachen zu ermitteln sind, bestimmt sich aufgrund § 26 FamFG. Das Gericht hat danach von Amts wegen die zur Feststellung der Tatsachen erforderlichen Ermittlungen durchzuführen und die geeignet erscheinenden Beweise zu erheben, was sowohl für Amts- als auch für Antragsverfahren gilt. Dabei wirken das Elternrecht sowie das staatliche Wächteramt auch auf das Verfahrensrecht und seine Handhabung im Sorgerechtsverfahren ein. Das Gericht ist zum Erlass einer alle Umstände des Einzelfalls abwägenden **Entscheidung** verpflichtet. Sein Verfahren muss daher geeignet sein, ihm eine möglichst zuverlässige Grundlage für eine solche, am Kindeswohl orientierte Entscheidung zu verschaffen.[1357] Der genaue Umfang der erforderlichen Ermittlungen richtet sich nach den im konkreten Fall betroffenen Kindeswohlbelangen.[1358] Die Amtsermittlungspflicht verpflichtet das Gericht allerdings nicht, allen nur denkbaren Möglichkeiten nachzugehen; insbesondere besteht keine Pflicht zu einer Amtsermittlung „ins Blaue hinein", weshalb bloße Verdachtsäußerungen, die jeglicher tatsächlichen Grundlage entbehren, keinen Ermittlungsanlass geben.[1359]

[1352] BVerfG NJW 1988, 125; BGH FamRZ 1985, 169.
[1353] OLG Frankfurt FamRZ 1992, 207; OLG München FamRZ 1979, 70.
[1354] BayObLG FamRZ 1987, 619.
[1355] Zur Beweiserhebung im familiengerichtlichen Verfahren siehe *Köhler*, NZFam 2014, 97 und *Meyer-Wehage*, NZFam 2014, 126; zu den Unterschieden zwischen der Beweiserhebung in ZPO- und in FamFG-Verfahren siehe *Gomille*, NZFam 2014, 100; zum Beweis durch Beteiligtenvernehmung siehe *Reinken*, NZFam 2014, 104; zu den Mitwirkungspflichten bei der Beweisaufnahme in Familiensachen siehe *Bohnert*, NZFam 2014, 107; zur Mitwirkungspflicht im Allgemeinen siehe *Fahl*, NZFam 2015, 848; zum Eid und der eidesstattlichen Versicherung siehe *Dölling*, NZFam 2014, 112.
[1356] OLG Saarbrücken FamRB 2014, 131.
[1357] Vgl. BVerfG FamRZ 2009, 1897; BGH FamRZ 2011, 796; 2010, 1060, jew. m. Anm. *Völker*.
[1358] OLG Saarbrücken, Beschl. v. 12.7.2010 – 9 UF 35/10, juris.
[1359] Vgl. BGH FamRZ 2011, 1047; OLG Saarbrücken NJW-RR 2013, 452.

I. Das Verfahren zur Regelung der elterlichen Sorge bei Trennung oder Scheidung § 1

Für Verfahren nach § **1666 BGB** hat der BGH den Umfang der Amtsermittlungspflicht in seiner **386** Entscheidung vom 17.2.2010 ausführlich präzisiert.[1360] Mit Blick auf den Schutz des allgemeinen Persönlichkeitsrechts eines Elternteiles kann dieser nicht gezwungen werden, sich gegen seinen Willen körperlich oder psychiatrisch bzw. psychologisch untersuchen zu lassen.[1361] Eine diesbezügliche Weigerung ist daher auch nicht nach dem allgemeinen Rechtsempfinden als verwerflich und Treu und Glauben zuwiderlaufend zu bewerten, so dass gegebenenfalls zu Lasten dieses Elternteiles nach den – grundsätzlich auch im Amtsverfahren anwendbaren – Grundsätzen der Umkehr der Feststellungslast eine Tatsache als bewiesen behandelt werden könnte.[1362] Gleichwohl ist das Gericht verpflichtet, alle zur Sachverhaltsaufklärung dienlichen Ermittlungen anzustellen, soweit das Vorbringen der Beteiligten und der Sachverhalt hierzu Anlass geben. Um eine – möglicherweise kindeswohlwidrige – Entscheidung nach den Grundsätzen der Feststellungslast zu vermeiden, dürfen die Ermittlungen erst dann abgeschlossen werden, wenn ein die Entscheidung beeinflussendes Ergebnis durch weitere Ermittlungen nicht mehr erwartet werden kann.[1363] Wegen der verfassungsrechtlichen Vorgaben in Art. 6 Abs. 2 GG gelten in Kindschaftsverfahren dabei besondere Anforderungen. Dazu kann etwa gehören, dass das Gericht den die Begutachtung verweigernden Elternteil in Anwesenheit eines Sachverständigen gerichtlich anhört und zu diesem Zweck das persönliche Erscheinen des Elternteils anordnet und nötigenfalls mit Zwangsmitteln durchsetzt. Der zu erwartende Erkenntniszugewinn wird freilich dadurch relativiert, dass der Elternteil nicht gehalten ist, sich im Anhörungstermin zu äußern.[1364] Gleiches gilt für die Anhörung des Kindes in Anwesenheit und unter Mitwirkung des Sachverständigen. Soweit darüber hinausgehend ohne eine psychologische Untersuchung des Kindes keine ausreichende Sachverhaltsaufklärung möglich ist, kann die Einwilligung des Elternteils in die psychologische Begutachtung des Kindes nach § 1666 Abs. 3 BGB – unter den Voraussetzungen des § 1666 Abs. 1 BGB – ersetzt und dessen Zuführung zur Begutachtung durch ergänzende Entziehung des Aufenthaltsbestimmungsrechts durchgesetzt werden.[1365] Die spezifisch hierfür erforderliche Kindeswohlgefährdung ist regelmäßig dann zu bejahen, wenn das Gericht ohne die Begutachtung von Maßnahmen nach § 1666 BGB absehen müsste, obwohl es eine Kindeswohlgefährdung nicht ausschließen kann. Eine Interaktionsbeobachtung von Elternteil und Kind kann in diesem Rahmen indes nicht stattfinden. Ferner ist das Gericht gehalten, neben den Ergebnissen der Beweisaufnahme auch die Erklärungen und Stellungnahmen der Verfahrensbeteiligten zu würdigen und hieraus Schlüsse – etwa auf die Erziehungseignung eines Elternteils – zu ziehen. Auch hierzu kann sich das Gericht der Hilfe eines Sachverständigen bedienen. Letztlich ist neben der persönlichen Anhörung eines Elternteiles auch denkbar, dass ein Sachverständiger aufgefordert wird, unter Auswertung der sich aus der Gerichtsakte ergebenden Anknüpfungstatsachen, wie etwa dem Verhalten eines Elternteiles anlässlich früherer begleiteter Umgangskontakte, ein Gutachten zu erstatten. Schließlich kann die Vernehmung früherer Erzieher des Kindes oder Nachbarn der Familie in Erwägung gezogen werden.[1366]

1360 BGH FamRZ 2010, 720; Anm. *Brückner*, jurisPR-FamR 16/2010, Anm. 4; siehe auch BGH, Beschl. v. 6.7.2016 – XII ZB 47/15, juris.
1361 OLG Nürnberg FamRZ 2014, 677.
1362 In der Tendenz bedenklich daher KG FamRZ 2016, 641 mit zu Recht krit. Anm. *Coester*.
1363 *Jurgeleit*, § 1 Rn 254.
1364 Ebenso *Schmid*, FamRB 2016, 205, 206.
1365 BGH FamRZ 2010, 720; OLG Hamm FamFR 2013, 477; OLG Rostock FamRZ 2011, 1873 m.w.N.; siehe auch – zur Untersuchung des Kindes auf Drogenkonsum – OLG Bremen FamRZ 2014, 1376; siehe – zur Begutachtung bei Unbeschulbarkeit eines hochbegabten Kindes – OLG Hamm FamRZ 2014, 1379; siehe – zur Ersetzung der Zustimmung des Vormundes des Kindes zur vom Sachverständigen für erforderlich erachteten Interaktionsbeobachtung – OLG Hamm NZFam 2014, 810.
1366 Siehe zum Ganzen eingehend BGH FamRZ 2010, 720.

387 In jüngerer Zeit wird der Einsatz des **Lügendetektors** in familiengerichtlichen Verfahren – insbesondere als Möglichkeit der Entlastung eines sexuellen Missbrauchs[1367] beschuldigten Elternteils – (wieder) diskutiert. Nachdem das BVerfG zunächst für den Strafprozess entschieden hatte, dass ein Polygraph auch mit Einwilligung des Beschuldigten nicht angewendet werden darf,[1368] hat es diese Frage in einer weiteren Entscheidung mit Blick auf den zwischenzeitlichen technischen Fortschritt ausdrücklich offen gelassen.[1369] Der BGH hat (auch)[1370] für den Zivilprozess entschieden, dass die freiwillige polygraphische Untersuchung mittels Kontrollfragen und – jedenfalls dann, wenn der Beweisführer zum Zeitpunkt des Tests bereits von den Ermittlungsergebnissen Kenntnis hatte – auch mittels Tatwissenstests ein völlig ungeeignetes Beweismittel ist.[1371]

Demgegenüber wird in der obergerichtlichen Rechtsprechung für Sorge- und Umgangsrechtsverfahren zuweilen angenommen, dass die Untersuchung mit einem Polygraphen ein geeignetes (zusätzliches) Mittel ist, einen Unschuldigen zu entlasten.[1372] Mit der Maßgabe, dass durch den Lügendetektortest nur ein aufgrund anderer Indizien bereits zugunsten des beschuldigten Elternteils sprechendes Ergebnis erhärtet werden soll, mag dies verführerisch erscheinen. Denn auf diese Weise könnte den Fällen kindeswohlgerecht beizukommen sein, in denen der Missbrauchsverdacht nach Erschöpfung der übrigen Beweismittel – einschließlich Glaubhaftigkeitsgutachten – nicht völlig ausgeräumt ist und der Fall auf der Grenze einer Umgangseinschränkung liegt (siehe dazu § 2 Rdn 169 f.). Allerdings stehen dem die höchstrichterliche Rechtsprechung und verfassungsrechtliche Gründe entgegen. Sollte daher ein Obergericht derart verfahren, müsste es die Rechtsbeschwerde zulassen, zumal die Frage grundsätzliche Bedeutung hat.

388 Bei der Art der Tatsachenfeststellung und der Beweiserhebung kommt dem Gericht ein weiter **Ermessensspielraum** zu.[1373] Es steht daher im pflichtgemäßen Ermessen des Gerichts, ob es zur weiteren Sachverhaltsaufklärung Dritte anhört. Eine Bindung an die Anträge oder Anregungen der Beteiligten besteht insoweit nicht.[1374] Grundsätzlich kann das Gericht sog. **Freibeweis** erheben, also Dritte nicht förmlich als Zeugen, sondern nur – schriftlich oder (ggf. fern-) mündlich – anhören, § 29 Abs. 1 FamFG. Bei einer kurzfristig niedergelegten Ladung zur Anhörung darf das Gericht aus dem Nichterscheinen eines Elternteils nicht den Schluss ziehen, dieser sei am Verfahren nicht interessiert. Es obliegt dem Gericht vielmehr, zu prüfen, ob der Elternteil überhaupt Kenntnis erlangt hat und dafür zu sorgen, dass er angehört werden kann. Daher ist vor einer Sachentscheidung der Elternteil unter Androhung der Vorführung zu laden und notfalls sogar seine Vorführung zu versuchen.[1375]

1367 Zur Abklärung eines Missbrauchsvorwurfs bei einem Kind siehe *Griesel/Salzgeber*, NZFam 2015, 606; zur Abklärung des Pädophilieverdachts siehe *Wallner*, NZFam 2015, 610; zur familiengerichtlichen Kooperation in Fällen von Kindesmisshandlung und sexuellem Missbrauch siehe *Schmid*, FamRB 2014, 267.
1368 BVerfG NJW 1982, 375.
1369 BVerfG StraFo 1998, 16.
1370 Zur entsprechenden Rechtsprechung in Strafsachen siehe BGHSt 44, 308; BGH NStZ-RR 2000, 35; 2011, 474.
1371 BGH FamRZ 2003, 1379.
1372 OLG Dresden FamFR 2013, 501; OLG München FamRZ 1999, 674; OLG Oldenburg, Beschl. v. 15.6.1998 – 4 UF 60/96, juris; OLG Bamberg NJW 1995, 1684; AG Bautzen, Beschl. v. 28.1.2013 – 12 F 1032/12, juris; vgl. auch *Dettenborn*, FPR 2003, 559; *Putzke/Scheinfeld/Klein/Undeutsch*, ZStW 121 [2009], 607; *Putzke*, ZJS 2011, 557; *ders.*, NJW 2013, 14; a.A. KG FamRZ 2011, 839.
1373 BVerfG FamRZ 1981, 124; OLG Köln FamRZ 1997, 1549; OLG Hamm FamRZ 1996, 563.
1374 BVerfG FamRZ 1989, 31; BGH FamRZ 1984, 1084.
1375 OLG Saarbrücken FamRZ 2010, 1680; OLGR Frankfurt 2007, 168; Anm. *Völker*, jurisPR-FamR 25/2006, Anm. 4; Kemper/Schreiber/*Völker/Clausius/Wagner*, § 160 Rn 7; vgl. auch BVerfG FamRZ 2004, 354; 1994, 223; Gegenbeispiel, in dem ohne persönliche Anhörung des Elternteils entschieden werden konnte, OLG Hamm FamRZ 2012, 143.

I. Das Verfahren zur Regelung der elterlichen Sorge bei Trennung oder Scheidung § 1

Allerdings verpflichtet § 30 Abs. 3 FamFG das Gericht zur förmlichen Beweisaufnahme – sog. **Strengbeweis** –, wenn das Gericht seine Entscheidung maßgeblich auf die Feststellung einer Tatsache stützen will und deren Richtigkeit von einem Beteiligten ausdrücklich bestritten wird. Die Vernehmung des **Kindes als Zeuge** in Kindschaftssachen ist allerdings verboten. Dies war in § 163 Abs. 3 FamFG a.F. geregelt und wurde – ohne dass damit eine inhaltliche Änderung verbunden war, durch das demnächst in Kraft tretende Gesetz zur Änderung des Sachverständigenrechts und zur weiteren Änderung des Gesetzes über das Verfahren in Familiensachen und in den Angelegenheiten der freiwilligen Gerichtsbarkeit[1376] nunmehr in § 163a FamFG n.F. verlagert. Die Vorschrift, die § 30 Abs. 3 FamFG vorgeht, trägt der besonderen Belastung des Kindes Rechnung, das nicht in Anwesenheit seiner Eltern oder Dritter befragt werden soll.[1377]

Das Gericht hat das Ergebnis der Beweiserhebung – einerlei ob im Wege des Frei- oder Strengbeweises – nach § 29 Abs. 3 FamFG **aktenkundig** zu machen. Soweit dies zur Aufklärung des Sachverhalts oder – wie regelmäßig – zur Gewährung rechtlichen Gehörs erforderlich ist, muss das Gericht den Beteiligten Gelegenheit geben, zum Ergebnis einer förmlichen Beweisaufnahme **Stellung zu nehmen**, § 30 Abs. 4 FamFG. 389

Dem Gericht steht es frei, **rechtliche Hinweise** zum Sachstand bzw. den noch durchzuführenden Ermittlungen zu geben. Unzulässig ist die Unterstellung entscheidungserheblicher Tatsachen oder die Heranziehung bloß vermuteter Motive bei der Entscheidungsbegründung.[1378] 390

2. Einigung gemäß § 156 FamFG

Entsprechend der früheren Regelung in § 52 FGG sieht auch § 156 FamFG vor, dass das Gericht in den Kindschaftssachen der elterlichen Sorge, des Kindesaufenthaltes, des Umganges oder der Kindesherausgabe in jeder Lage des Verfahrens auf ein **Einvernehmen der Beteiligten** hinwirken soll.[1379] Hierzu gehört auch der Hinweis auf Beratungsmöglichkeiten der Einrichtungen der Träger der **Kinder- und Jugendhilfe** sowie auf die Möglichkeiten der **Mediation**[1380] oder sons- 391

1376 Siehe dazu den Bericht des Rechtsausschusses BT-Drucks. 18/9092 und das Plenarprot. 18/183, S. 18130 der Sitzung des Deutschen Bundestages vom 7.7.2016.
1377 Kemper/Schreiber/*Völker/Clausius/Wagner* § 163 Rn 4.
1378 KG FamRZ 1979, 69.
1379 Siehe dazu auch *Gartenhof/Schmid/Normann/von Thüngen/Wolf*, Auflagen nach § 156 Abs. 1 FamFG im Spannungsfeld der Eltern zwischen Autonomie und Zwang, NZFam 2014, 972; zu den Grenzen von Einvernehmen in Kindschaftssonderfällen siehe *Schmid*, NZFam 2015, 292; *Dostmann/Bauch*, Hinwirken auf eine Einigung aus anwaltlicher Sicht – Zwang oder Segen?, NZFam 2015, 820; *Wegener*, Pflicht des Richters zur Hinwirken auf eine Einigung aus richterlicher Sicht nach § 156 Abs. 1 FamFG, NZFam 2015, 799; *Vogel*, Diffamierung des nicht einigungsbereiten Elternteils im Kindschaftsverfahren (?), NZFam 2015, 802; *Reinken*, Hinwirken auf ein Einvernehmen der Beteiligten – Aufgaben und Handlungsmöglichkeiten des Gerichts nach dem FamFG, FPR 2010, 428; *Vogel*, Das Hinwirken auf Einvernehmen in strittigen Kindschaftssachen, FamRZ 2010, 1870; siehe auch *Ivanits*, Elterliches Einvernehmen und Kindesbeteiligung, ZKJ 2012, 98.
1380 Siehe das am 26.7.2012 in Kraft getretene Gesetz zur Förderung der Mediation und anderer Verfahren der außergerichtlichen Konfliktbeilegung (BGBl 2012 I, 1577); dazu näher *Paul/Pape*, ZKJ 2012, 464; *Spangenberg*, Die Rolle des Rechts in der Mediation, ZKJ 2014, 324; siehe auch OLG Koblenz FamRZ 2015, 437 (keine gesetzliche Grundlage für unmittelbare Beauftragung eines Mediators durch das Gericht); *Benesch*, Der Güterrichter nach § 36 Abs. 5 FamFG – Erfahrungen und Möglichkeiten im familiengerichtlichen Verfahren, NZFam 2015, 807; *von Ballestrem/Schmid/Loebel*, Mediation und grenzüberschreitende Mediation, NZFam 2015, 811; *Perleberg-Kölbel/Burandt*, Mediation im Familien- und Erbrecht, FuR 2015, 276 (Teil 1); 2015, 710 (Teil 2).

tiger Formen der **außergerichtlichen Streitbeilegung**.[1381] Nach § 156 Abs. 1 S. 5 FamFG ist die mögliche gerichtliche Anordnung der Teilnahme der Eltern an einer solchen Beratung nicht selbstständig anfechtbar. Sie ist zwar nicht mit **Zwangsmitteln** durchsetzbar – und zwar auch, wenn die Beratungsverpflichtung freiwillig in einem gerichtlich gebilligten Vergleich übernommen worden ist[1382] –, allerdings kann die nicht genügend entschuldigte Nichtteilnahme zu einer Belastung mit **Verfahrenskosten** führen, § 81 Abs. 2 Nr. 5 FamFG. Die Weigerung eines Elternteils, an solchen Maßnahmen der potentiellen Streitbeilegung[1383] teilzunehmen, wird zuweilen auch Rückschlüsse auf einzelne Aspekte seiner Erziehungseignung zulassen.

3. Vorrang- und Beschleunigungsgebot

392 Von Verfassungs wegen haben die Verfahrensbeteiligten einen Anspruch auf Verfahrensförderung durch das Gericht und Klärung strittiger Fragen in angemessener Zeit.[1384] Erfasst hiervon sind nicht nur Eilverfahren,[1385] sondern auch Hauptsacheverfahren.[1386] Dieser Grundsatz ist Teil des in Art. 2 Abs. 1 i.V.m. 20 Abs. 3 GG verbrieften Anspruchs auf effektiven Rechtsschutz, der durch das Kindeswohl weitere Verstärkung erfährt.[1387] Jede Verfahrensverzögerung ist nicht nur dem Kindeswohl abträglich,[1388] sondern kann – je nach den Einzelfallumständen – auch verfahrensrechtlich einen **Befangenheitsgrund** nach § 6 Abs. 1 FamFG i.V.m. § 42 Abs. 2 ZPO darstellen (zur **Beschleunigungsrüge und -beschwerde** siehe § 9 Rdn 84).[1389] In Kindschaftssachen soll die rechtliche Situation der Verfahrensbeteiligten möglichst kurzfristig verbindlich geklärt und damit insbesondere auch das Kind aus der Unsicherheit eines länger dauernden gerichtlichen Verfahrens gelöst werden.[1390] Solche Verfahren betreffen die Beteiligten persönlich intensiv; außerdem entspricht das kindliche Zeitempfinden nicht dem Erwachsener, was eine besondere Sensibilität für den Aspekt der Verfahrensdauer erforderlich macht.[1391] Kleinere Kinder empfinden, bezogen auf objektive Zeitspannen, den Verlust einer Bezugsperson – anders als ältere Kinder oder gar Erwachsene – schneller als endgültig. In diesen Fällen ist die Gefahr der Entfremdung zwischen Eltern und Kind, die für das Verfahren Fak-

---

1381 Dazu *Buchner/Appelt/Alt-Saynisch*, Effektivität von Trennungs- und Scheidungsberatung, Paar- und Familientherapie sowie Mediation, FPR 2008, 160; *Fritz*, Richter als gerichtsinterner Mediatoren, FPR 2011, 328; *Weber*, Außergerichtliche Beratung im Spannungsfeld des Familienverfahrens, FPR 2011, 323; *Perleberg-Kölbel/Burandt*, Mediation im Familien- und Erbrecht, FuR 2015, 276 (Teil 1); 2015, 710 (Teil 2); *Trenczek/Petzold*, Beratung und Vermittlung in hoch eskalierten Sorge- und Umgangskonflikten – Konzeption und Praxis der Waage Hannover, ZKJ 2011, 409; *Krabbe*, Interventionsmöglichkeiten und Grenzen bei hoch eskalierten Familienkonflikten, ZKJ 2016, 48; *Balloff*, Kinderrechte bei Mediation, Beratung des Kindes, Erziehungsberatung und Familientherapie, FPR 2012, 216; siehe auch *Bergmann*, ZKJ 2010, 56; *Proksch*, JAmt 2010, 215; *Spindler*, Die Bedeutung hoch konflikthafter Trennung und Scheidung für Beratung und Therapie, ZKJ 2012, 426; *Wagner*, Gerichtsnahe Beratung für Familien in Trennungs- und Scheidungssituationen am Amtsgericht Würzburg, ZKJ 2012, 257; *Serafin*, Die Trennungs- und Scheidungsberatung bedarf der Weiterentwicklung ihrer Handlungsansätze, ZKJ 2015, 141; zur Prozess- oder Verfahrenskostenhilfe für die gerichtsnahe Mediation siehe *Effer-Uhe*, NJW 2013, 3333; siehe zu den Auswirkungen hoch strittiger Elternschaft für das Kind auch *Weber*, ZKJ 2015, 14.
1382 Vgl. dazu OLG Frankfurt FamRZ 2015, 2001.
1383 Zur – fehlenden – Schiedsfähigkeit von Kindschaftssachen OLG München FamRZ 2012, 1962 m.w.N.; die Verfasser sind beide Mitglied des Schiedsgerichts der coopeRAtion, www.schiedsgericht-fam.de. Zum Süddeutschen Familienschiedsgericht siehe www.familienschiedsgericht.de.
1384 BVerfG FamRZ 2001, 753.
1385 OLG Hamm FamRZ 1999, 936.
1386 BayObLG FamRZ 1998, 1240.
1387 BVerfG FamRZ 2002, 947; 2000, 413.
1388 BVerfG FamRZ 2009, 189; Besprechung *Völker/Clausius*, FF 2009, 54.
1389 BVerfG FamRZ 2001, 753; BayObLG FamRZ 1998, 1240.
1390 Zum Beschleunigungsgebot sehr lesenswert *Salgo*, FF 2010, 352.
1391 BVerfG FamRZ 2004, 689 m.w.N.

ten schaffen kann, besonders groß, so dass eine besondere Sensibilität für die Verfahrensdauer erforderlich ist. Ansonsten kann allein durch Zeitablauf die Sachentscheidung faktisch präjudiziert werden.[1392] Das Vorrang- und Beschleunigungsgebot des § 115 Abs. 1 FamFG wird ab dem demnächst in Kraft tretenden Gesetz zur Änderung des Sachverständigenrechts und zur weiteren Änderung des Gesetzes über das Verfahren in Familiensachen und in den Angelegenheiten der freiwilligen Gerichtsbarkeit[1393] durch die neu geschaffenen Beschleunigungsrechtsbehelfe abgesichert (siehe dazu eingehend § 9 Rdn 84).

Dieser besonderen Problematik hat der Gesetzgeber mit dem in § 155 FamFG ausdrücklich statuierten **Vorrang- und Beschleunigungsgebot**[1394] Rechnung getragen. Kindschaftssachen, die den Aufenthalt, das Umgangsrecht oder die Herausgabe des Kindes betreffen, aber auch Verfahren wegen Gefährdung des Kindeswohls sind vorrangig und beschleunigt zu betreiben. Hierzu gehört, dass ein **Termin zur mündlichen Erörterung** spätestens einen Monat nach Einleitung des Verfahrens stattzufinden hat (§ 155 Abs. 2 S. 1 FamFG) und dessen Verlegung auch nur aus zwingenden Gründen zulässig ist. Ebenso wenig darf ein Sorgerechtsverfahren wegen fehlender Mitwirkung eines Beteiligten[1395] an der Sachverhaltsaufklärung nach § 21 FamFG ausgesetzt werden.[1396]

393

4. Sachverständigengutachten

Das Gericht ist verfassungsrechtlich nicht stets gehalten, ein Sachverständigengutachten einzuholen. In den vom **Amtsermittlungsgrundsatz** des § 26 FamFG beherrschten Verfahren muss dem Gericht auch insoweit überlassen bleiben, welchen Weg es im Rahmen der gesetzlichen Vorschriften für geeignet hält, um zu den für seine Entscheidung notwendigen Erkenntnissen zu gelangen. Sieht es von der Beiziehung eines Sachverständigen ab, muss es allerdings anderweit über eine möglichst zuverlässige Grundlage für eine am Kindeswohl orientierte Entscheidung verfügen.[1397] Soweit zur Entscheidungsfindung erforderlich, ist das Gutachten durch den Sachverständigen mündlich erläutern zu lassen, wobei den Beteiligten Gelegenheit zu geben ist, den Sachverständigen zu befragen.[1398] Der Anspruch auf rechtliches Gehör umfasst auch die Anhörung gerichtlicher Sachverständiger. Deshalb muss das Gericht dem Antrag eines Beteiligten auf mündliche Befragung des gerichtlichen Sachverständigen entsprechen. Der Antrag kann nur abgelehnt werden, wenn er zum Zweck der Verfahrensverschleppung oder rechtsmissbräuchlich gestellt worden ist.[1399] Die Erläuterungen sind zwingend entweder in der Sitzungsniederschrift, einem Berichterstattervermerk oder in der Endentscheidung wiederzugeben, ansonsten liegt ein schwerwiegender Verfahrensmangel vor.[1400]

394

[1392] BGH FamRZ 2014, 933; siehe auch Ergebnis 3 des Arbeitskreises 22 des 21. Deutschen Familiengerichtstages.
[1393] Siehe dazu den Bericht des Rechtsausschusses BT-Drucks. 18/9092 und das Plenarprot. 18/183, S. 18130 der Sitzung des Deutschen Bundestages vom 7.7.2016; siehe auch BT-Drucks 18/6985 (Gesetzentwurf der Bundesregierung); abrufbar ferner https://www.bmjv.de/SharedDocs/Gesetzgebungsverfahren/Dokumente/Formulierungshilfe_Aenderung_Sachverstaendigenrecht.pdf?__blob=publicationFile&v=1 (Formulierungshilfe der Bundesregierung für einen Änderungsantrag der Fraktionen CDU, CSU und SPD).
[1394] Zum Beschleunigungsgebot *Salgo*, FF 2010, 352; siehe auch *Schmid*, FPR 2011, 5.
[1395] Zu den Mitwirkungspflichten bei der Beweisaufnahme in Familiensachen siehe *Bohnert*, NZFam 2014, 107.
[1396] OLG Köln FamRZ 2013, 719.
[1397] St. Rspr., vgl. BVerfG FamRZ 2009,1897; juris; BGH, Beschl. v. 6.7.2016 – XII ZB 47/15, juris; VerfG Brandenburg FamRZ 2011, 1243.
[1398] BVerfG FamRZ 1994, 223; BayObLG FamRZ 1999, 179.
[1399] OLG Saarbrücken, Beschl. v. 6.2.2013 – 6 UF 4/13 (n.v.); OLG Hamm FamRZ 1992, 1087; vgl. auch BVerfG NJW 2012, 1346; BGH MDR 2011, 317.
[1400] BGH NJW-RR 1993, 1034; WuM 2004, 411.

Um dem in § 155 FamFG vorgesehenen **Vorrang- und Beschleunigungsgebot** Rechnung zu tragen (siehe dazu Rdn 392, muss (!) das Gericht dem Sachverständigen zur Erstellung des Gutachtens eine **Frist** setzen (§ 163 Abs. 1 FamFG).[1401] Durch das demnächst in Kraft tretende Gesetz zur Änderung des Sachverständigenrechts und zur weiteren Änderung des Gesetzes über das Verfahren in Familiensachen und in den Angelegenheiten der freiwilligen Gerichtsbarkeit[1402] wurde u.a. § 411 ZPO geändert; nunmehr soll gegen den Sachverständigen, der die Frist zur Gutachtenerstattung überschreitet, ein Ordnungsgeld festgesetzt werden, das bis zu 3.000 EUR betragen kann.

395 Die Einholung eines Sachverständigengutachtens entbindet das Gericht nicht davon, den Sachverhalt selbst zu ermitteln und die vorgesehenen persönlichen Anhörungen der Beteiligten durchzuführen, schon weil es sich von diesen einen persönlichen Eindruck verschaffen muss. Wird daher die Sachverhaltsaufklärung weitgehend dem Sachverständigen überlassen, verletzt das Gericht den Grundsatz rechtlichen Gehörs, wenn es die beantragte Anhörung des Sachverständigen ablehnt.[1403] Der Amtsermittlungsgrundsatz geht umso weiter, je nachhaltiger ein bestimmtes Ermittlungsergebnis sich auf die Sorgerechtsregelung auswirken kann.[1404] Im Rahmen der Amtsermittlungspflicht sind gegebenenfalls auch die strafrechtlichen Ermittlungsakten beizuziehen, etwa wenn der Verdacht sexuellen Missbrauchs besteht.[1405] Unerheblich ist dabei, ob deren Inhalt dem Betroffenen bereits bekannt ist. Es ist ggf. Sache der im Ermittlungsverfahren aktenführenden Staatsanwaltschaft, die Übersendung der Akten zu verweigern, solange der Betroffene aus ermittlungstaktischen Gründen von deren Inhalt keine Kenntnis erlangen soll.

396 In den Verfahren der freiwilligen Gerichtsbarkeit sind die **Regelungen der ZPO** zum Sachverständigenbeweis[1406] über die Verweisung in § 30 Abs. 1 FamFG anwendbar. Sachverständigengutachten[1407] werden durch das Gericht von Amts wegen mit dem Ziel in Auftrag gegeben, die dem Kindeswohl am besten entsprechende Regelung zu finden.[1408] Hierdurch kann jedoch die Anhörung des Kindes selbst nicht ersetzt werden, da sich das Gericht nur durch diese den gebotenen persönlichen Eindruck verschaffen kann.[1409] Die Bedeutsamkeit der **Kindesanhörung** für die gerichtliche Entscheidung hat das BVerfG in seiner Rechtsprechung immer wieder hervorgehoben (siehe dazu Rdn 430).[1410] Ist der wirkliche Kindeswille zuverlässig durch den **Verfahrensbeistand** und eine richterliche Kindesanhörung aufgeklärt worden, so ist die Einholung eines Sachverständigengutachtens hierzu regelmäßig nicht erforderlich.[1411]

397 Es unterliegt der Ermessensentscheidung des Gerichts, ob und zu welchem Zeitpunkt es die Einholung eines **Sachverständigengutachtens** veranlasst.[1412] Wird dieses Ermessen fehlerhaft ausgeübt, so liegt hierin ein erheblicher **Verfahrensfehler**.[1413] In Zweifelsfällen ist daher die Ein-

---

1401 Zur Frage der Festsetzung von Ordnungsgeld gegen den Sachverständigen bei Fristversäumung siehe etwa OLG Koblenz, Beschl. v. 20.1.2014 – 3 W 695/13, juris.
1402 Siehe dazu den Bericht des Rechtsausschusses BT-Drucks 18/9092 und das Plenarprot. 18/183, S. 18130 der Sitzung des Deutschen Bundestages vom 7.7.2016.
1403 BVerfG FamRZ 2001, 127 und 1285.
1404 OLG Brandenburg NJW-RR 2002, 435; OLG München FamRZ 1999, 587.
1405 Zur Abklärung eines Missbrauchsvorwurfs bei einem Kind siehe *Griesel/Salzgeber*, NZFam 2015, 606; zur Abklärung des Pädophilieverdachts siehe *Wallner*, NZFam 2015, 610; zur familiengerichtlichen Kooperation in Fällen von Kindesmisshandlung und sexuellem Missbrauch siehe *Schmid*, FamRB 2014, 267.
1406 Zur Abgrenzung zwischen Sachverständigem und sachverständigem Zeugen siehe OLG Koblenz FamRZ 2015, 786.
1407 *Salzgeber/Vogel/Partale/Schrader*, FamRZ 1995, 1311; AG Mönchengladbach-Rheydt FamRZ 1999, 730.
1408 OLG Düsseldorf DAVorm 1995, 522.
1409 BVerfG FamRZ 2009, 1654; 1981, 124; OLG Köln FamRZ 2002, 111.
1410 BVerfG FamRB 2007, 234 m. Anm. *Völker*; siehe dazu auch *Völker*, juris PR-FamR 11/2007, Anm. 4.
1411 BVerfG FamRZ 2014, 1843; OLG Saarbrücken ZKJ 2013, 303; Beschl. v. 25.8.2014 – 6 UF 64/14 (n.v.).
1412 BayObLG ZfJ 1996, 101; OLG Rostock DAVorm 1995, 1150.
1413 OLG Zweibrücken FamRZ 1999, 1009.

I. Das Verfahren zur Regelung der elterlichen Sorge bei Trennung oder Scheidung § 1

holung des Gutachtens angezeigt.[1414] Dies gilt auch, wenn anders – etwa durch Bestellung eines Verfahrensbeistandes – nicht zuverlässig geklärt werden kann, welches der wahre Wille eines Kindes ist.[1415] Allerdings sind hier die drei **Nachteile**, die ein Sachverständigengutachten mit sich bringt, zu wägen:

Ein Gutachten kostet **Geld**, das entweder die Eltern zahlen – dann mag es dem Kind für andere Zwecke fehlen – oder in den viel häufigeren Verfahrenskostenhilfefällen der Steuerzahler.

Außerdem braucht es **Zeit**, während derer die Familie in der Schwebe bleibt (Hängepartie). Einstweilige Maßnahmen mögen dies mildern, beseitigen können sie den Zustand nicht.

Schließlich greift das Gutachten unvermeidbar in die **Familiendynamik** ein und „entblößt" die darin Begutachteten psychisch. Nachdem der Richter, indem er eine Begutachtung anordnet, staatliche Hoheitsgewalt ausübt, muss er vor seiner diesbezüglichen Entscheidung die Ausstrahlungswirkung des Elternrechts und des allgemeinen Persönlichkeitsrechts der betroffenen Personen berücksichtigen. Wenn und weil der Staat nur in die Familie eingreifen soll, wenn das erforderlich ist, darf jedenfalls solange kein Gutachten eingeholt werden, wie die anderen Erkenntnisquellen nicht erschöpft sind, vorausgesetzt, es ist möglich, dass dann eine Entscheidung ohne Einholung eines Gutachtens ergehen kann.[1416]

Hält das Gericht die Einholung des Gutachtens für erforderlich, so darf dies nicht von der Einzahlung eines **Auslagenvorschusses** abhängig gemacht werden. Dies würde dem Amtsermittlungsgrundsatz widersprechen. Wegen des alles überstrahlenden Kindeswohls muss das Gericht auch ohne Vorschuss tätig werden.[1417] **398**

Eine zwangsweise angeordnete psychologische Begutachtung eines Elternteils ist unzulässig.[1418] Die hiergegen gerichtete Weigerung eines Elternteils kann nicht mit **Ordnungsmitteln** durchgesetzt werden.[1419] Bereits verhängte Maßnahmen sind auf eine **sofortige Beschwerde** hin wieder aufzuheben (zum Ganzen siehe auch Rdn 386).[1420]

Durch das demnächst in Kraft tretende Gesetz zur Änderung des Sachverständigenrechts und zur weiteren Änderung des Gesetzes über das Verfahren in Familiensachen und in den Angelegenheiten der freiwilligen Gerichtsbarkeit[1421] wurde u.a. in § 411 Abs. 3 ZPO geändert. Nach § 411 Abs. 3 S. 2 ZPO n.F. kann das Gericht – wie dies auch bislang gehandhabt wurde – eine schriftliche Erläuterung oder Ergänzung des Gutachtens anordnen. **399**

Ist der Einholung des Sachverständigengutachtens – wie meistens zwingend – mindestens ein Termin zur mündlichen Anhörung vorangegangen, in dem das Gericht sich einen persönlichen Eindruck der Verfahrensbeteiligten verschaffen konnte, so hat das Gericht nach Erstellung des Gutachtens die Möglichkeit, in einem weiteren Termin in Anwesenheit des Sachverständigen[1422] an diesen gezielte Fragen zu richten,[1423] also das Gutachten mündlich erläutern lassen (§ 411 Abs. 3 S. 1 ZPO n.F.), und in diesem Rahmen auch die anderen Beteiligten ergänzend im Lichte

---

1414 OLG Hamm FamRZ 1994, 391.
1415 Zum Umgangsausschluss eingehend – auch allgemein zu den Anforderungen an die Amtsermittlung – OLG Saarbrücken MDR 2012, 1231.
1416 Für diese Sicht spricht insbesondere BVerfGK 1, 122 (zur Duldung einer stationären Unterbringung eines Kindes zwecks psychiatrischer Begutachtung im Rahmen eines Sorgerechtsverfahrens).
1417 OLG Zweibrücken FamRZ 1982, 530.
1418 BVerfG FamRZ 2009, 944; BGH FamRZ 2010, 720, OLG Brandenburg FamRZ 1997, 1019; OLG Hamm FamRZ 1982, 94.
1419 BVerfG FamRZ 2004, 523; OLG Frankfurt FamRZ 2001, 638; OLG Koblenz FamRZ 2000, 1233.
1420 OLG Koblenz FamRZ 2000, 1233; OLG Karlsruhe FamRZ 1993, 479.
1421 Siehe dazu den Bericht des Rechtsausschusses BT-Drucks 18/9092 und das Plenarprot. 18/183, S. 18130 der Sitzung des Deutschen Bundestages vom 7.7.2016.
1422 Zur Kommunikation des Sachverständigen mit den Verfahrensbeteiligten und dem Gericht siehe *Fichtner/Salzgeber*, FPR 2013, 478.
1423 BayObLG FamRZ 1997, 387; OLG München FamRZ 1997, 45.

des schriftlichen Gutachtens zu befragen; hierzu kann wiederum die Meinung des Sachverständigen eingeholt werden.[1424] Auf Antrag eines Beteiligten ist der Sachverständige ohnehin stets **mündlich anzuhören**, denn der Anspruch auf rechtliches Gehör umfasst das Recht der Beteiligten, den Sachverständigen mündlich zu befragen; ohne Bedeutung ist dabei, ob das Gericht das Gutachten selbst für überzeugend hält.[1425] Ergänzend können in einem solchen Termin auch weitere Personen angehört werden, wie etwa Lehrer oder behandelnde Ärzte. Lässt sich ein Elternteil auf eine Mitwirkung nicht ein,[1426] so kann er mangels einer gesetzlichen Grundlage nicht gezwungen werden, sich körperlich oder psychiatrisch/psychologisch untersuchen zu lassen und zu diesem Zweck bei dem Sachverständigen zu erscheinen.[1427] Eine solche Verweigerung kann das Gericht – jedenfalls in reinen Amtsverfahren und in den Antragsverfahren, in denen den sich weigernden Beteiligten nicht die Feststellungslast trifft – auch nicht nach den Grundsätzen der Beweisvereitelung würdigen.[1428] Das Gericht kann also aus der Weigerung der Mitwirkung keine diesem Beteiligten nachteiligen Schlüsse ziehen. Allerdings hat das Gericht im Rahmen seiner **freien Beweiswürdigung** dann auch nicht etwa davon auszugehen, dass ein Gutachten, wäre es eingeholt worden, zu einem dem Beteiligten günstigen Ergebnis geführt hätte. Zuvor jedoch ist das Gericht gesteigert zur Amtsermittlung verpflichtet gem. § 26 FamFG; die Weigerung eines Beteiligten, zur Aufklärung des Sachverhalts beizutragen, kann nicht ohne Konsequenzen für das Verfahren bleiben, vielmehr muss das Gericht hier in besonderer Weise die vorhandenen Ermittlungsmöglichkeiten ausschöpfen, um zu vermeiden, dass sich die Grundsätze der Feststellungslast zu Lasten des Kindes auswirken.[1429] Es kann daher nach eventuellen weiteren Ermittlungen seine Überzeugung allein auf andere bewiesene Indizien (Zeugenaussagen, etwa von Vermietern und Nachbarn, Hausbesuche des Jugendamts, Beobachter von Umgangskontakten usw.) stützen.[1430] Ferner kann das Gericht den die Begutachtung verweigernden Elternteil in Anwesenheit eines Sachverständigen gerichtlich anhören – der Elternteil kann freilich die Aussage verweigern – und zu diesem Zweck das persönliche Erscheinen des Elternteils anordnen und ggf. nach § 33 FamFG durchsetzen (zum Ganzen siehe auch Rdn 386).[1431] Die Beteiligten sollen bei der Ermittlung des Sachverhalts mitwirken, § 27 Abs. 1 FamFG. Diese Mitwirkung ist aber nicht erzwingbar. Im Falle schuldhafter (also muss die unterlassene Mitwirkung unberechtigt sein!) Verletzung soll das Gericht nach § 81 Abs. 2 Nr. 4 FamFG dem nicht ordnungsgemäß Mitwirkenden ganz oder teilweise die **Kosten des Verfahrens** auferlegen, wenn sich durch die unterlassene Mitwirkung das Verfahren erheblich verzögert hat.

400 Diese Grundsätze sind auch für das Kind heranzuziehen. Zwar ist den Eltern die Zustimmung zur psychologischen Begutachtung ihres Kindes grundsätzlich zumutbar,[1432] solange die Anordnung des **Sachverständigengutachtens** nicht in unverhältnismäßiger Weise bezogen auf den aufzuklärenden Sachverhalt in das Elternrecht eingreift.[1433] Erzwungen werden kann diese Begutachtung indessen nur, wenn sich die Weigerung der Eltern als kindeswohlgefährdend darstellt; nur dann kann auch die fehlende Zustimmung der Eltern dazu ersetzt werden – dies ist zugleich zwingende

---

1424 BayObLG FamRZ 1997, 687.
1425 BVerfG FamRZ 2015, 2042.
1426 Zu den Mitwirkungspflichten bei der Beweisaufnahme in Familiensachen siehe *Bohnert*, NZFam 2014, 107.
1427 BVerfG FamRZ 2009, 944; 2004, 523; BGH FamRZ 2010, 720.
1428 BVerfG FamRZ 2009, 944; BGH FamRZ 2010, 720; a.A. OLG Naumburg, FamRZ 2006, 282; OLG Dresden FamRZ 2002, 1588; OLG Koblenz FamRZ 2000, 1233; OLG Karlsruhe, FamRZ 1993, 1479.
1429 BGH FamRZ 2010, 720.
1430 BGH FamRZ 2010, 720; *Völker*, jurisPR-FamR 14/2007, Anm. 5.
1431 BGH FamRZ 2010, 720.
1432 BVerfG FamRZ 2006, 537, 538.
1433 BVerfGK 1, 122 zur Duldung einer stationären Unterbringung eines Kindes zwecks psychiatrischer Begutachtung im Rahmen eines Sorgerechtsverfahrens.

I. Das Verfahren zur Regelung der elterlichen Sorge bei Trennung oder Scheidung § 1

Voraussetzung für eine Verwertbarkeit des Gutachtens[1434] – und zu jenem Zweck das Aufenthaltsbestimmungsrecht für die Zeiten der Begutachtung einem Pfleger übertragen werden.[1435]

Hat das Gericht einen Sachverständigen mit der Erstellung eines Gutachtens beauftragt, so kann es gleichzeitig anordnen, dass der Sachverständige in diesem Zusammenhang seine Möglichkeiten nutzt, um auf die **Herstellung eines Einvernehmens** zwischen den Beteiligten hinzuwirken (§ 163 Abs. 2 FamFG; sog. lösungsorientierte Begutachtung).[1436] Auch in diesem Fall sind im Gutachten die für das Kindeswohl maßgeblichen Kriterien umfassend abzuwägen.[1437]

401

Von besonderer Bedeutung ist die korrekte Formulierung der **Beweisfrage**. Diese muss dem materiell-rechtlichen Maßstab entsprechen, entlang dem die Entscheidung des Gerichts zu fällen ist. Es ist daher grob verfehlt, in einem Verfahren wegen Kindeswohlgefährdung nach §§ 1666 f. BGB[1438] oder in einem Verfahren, in dem eine Umgangseinschränkung nach § 1684 Abs. 4 BGB in Rede steht, dem Sachverständigen die Darlegung aufzugeben, welche Lösung „dem Kindeswohl am besten entspricht". Leider wird dies in der Praxis häufig nicht beachtet. Es ist Aufgabe der Rechtsanwälte der Beteiligten, des Jugendamts, des Verfahrensbeistands, aber auch des Sachverständigen,[1439] dies unverzüglich bei Erhalt des Beweisbeschlusses zu rügen.

Die **Auswahl des Sachverständigen** ist Aufgabe des Gerichts, wobei es – wie im Zivilprozess – die Möglichkeit hat, bestimmte Institutionen um Benennung eines geeigneten Sachverständigen zu bitten. Ein insoweit z.B. durch ein Institut für Gerichtspsychologie vorgeschlagener dortiger Mitarbeiter ist dann als Sachverständiger des Gerichts anzusehen.[1440] Der Gesetzgeber hat nunmehr durch das demnächst in Kraft tretende Gesetz zur Änderung des Sachverständigenrechts und zur weiteren Änderung des Gesetzes über das Verfahren in Familiensachen und in den Angelegenheiten der freiwilligen Gerichtsbarkeit[1441] in § 404 Abs. 2 ZPO n.F. geregelt, dass das Gericht vor der Ernennung des Sachverständigen die Beteiligten zu dessen Person hören soll. § 407a Abs. 2 ZPO n.F. verpflichtet – um Befangenheitsablehnungen (siehe dazu Rdn 403) und unnötigen Verfahrensverzögerungen vorzubeugen – den Sachverständigen dazu, unverzüglich zu prüfen und ggf. dem Gericht mitzuteilen, ob und ggf. welcher Grund vorliegt, der geeignet ist, Misstrauen gegen seine Unparteilichkeit zu rechtfertigen.

402

Ferner wurde § 163 Abs. 1 FamFG um einen neuen Satz 2 ergänzt: Verfügt der Sachverständige über eine pädagogische oder sozialpädagogische Berufsqualifikation, ist der Erwerb ausreichender diagnostischer und analytischer Kenntnisse durch eine anerkannte Zusatzqualifikation nachzuweisen. Denn je nach Einzelfall kann – auch aus verfassungsrechtlichen Gründen – eine päda-

---

1434 BGH FamRZ 2010, 720 m.w.N.; OLG Koblenz FamRZ 2000, 1233; OLG Zweibrücken FamRZ 1999, 521; OLG Karlsruhe FamRZ 1993, 1479; OLG Stuttgart NJW 1980, 1229.
1435 BGH FamRZ 2010, 720; OLG Hamm FamFR 2013, 477; OLG Rostock FamRZ 2011, 1873 m.w.N.
1436 Dazu *Balloff*, Die Beauftragung des Sachverständigen in Kindschaftssachen, FPR 2011, 12; *Bergau/Ulrich*, Empirische Befunde zur lösungsorientierten Begutachtung als Intervention bei hochstrittiger Trennung und Scheidung, NZFam 2015, 785; *Greger*, Die einigungsorientierte Begutachtung aus verfahrensrechtlicher Sicht, FPR 2010, 443; *Gruber/Salzgeber*, Mediation als Intervention im Rahmen der familienpsychologischen Sachverständigentätigkeit, ZKJ 2011, 404; *Rohmann*, Fachliche Standards bei der Erweiterung des Auftrags nach § 163 FamFG, NZFam 2015, 793; *Salzgeber/Fichtner/Bublath*, Verschriftung bei einer lösungsorientierten familienrechtspsychologischen Begutachtung, ZKJ 2011, 338; *Salzgeber*, Beziehungsförderung durch Begutachtung?, NZFam 2015, 788.
1437 OLG Celle ZKJ 2012, 446.
1438 Siehe zu den Anforderungen in diesen Verfahren eingehend *Salzgeber*, Beschlüsse des Verfassungsgerichts seit 2014 zur Kindeswohlgefährdung und deren Bedeutung für die familienrechtspsychologische Begutachtung, JAmt 2016, 233, 234.
1439 Zutreffend *Salzgeber*, JAmt 2016, 233 m.w.N.
1440 OLG Schleswig FamRZ 1990, 433.
1441 Siehe dazu den Bericht des Rechtsausschusses BT-Drucks 18/9092 und das Plenarprot. 18/183, S. 18130 der Sitzung des Deutschen Bundestages vom 7.7.2016.

gogische oder sozialpädagogische Berufsqualifikation allein nicht ausreichend sein.[1442] Diese Vorschrift erfasst die in § 151 Nr. 1 bis 3 FamFG enumerierten Kindschaftssachen; in Verfahren nach § 151 Nr. 6 und 7 FamFG findet sich eine Sondervorschrift in § 167 Abs. 6 FamFG.[1443]

All diese Änderungen beruhten auf in jüngerer Zeit gehäuft aufgetretener Kritik an der Qualität, insbesondere an der lückenlosen **Nachvollziehbarkeit** familienrechtspsychologischer Sachverständigengutachten.[1444]

Unabhängig davon erscheint es besonders sinnvoll, einen Sachverständigen auszuwählen, der eine Zertifizierung zum Fachpsychologen für Rechtspsychologie BDP/DGPs innehat.[1445] Ist ein solcher nicht im Einzugsbereich des Familiengerichts verfügbar, sollte dem Sachverständigen im Beweisbeschluss aufgegeben werden, im Gutachten

- die gerichtliche normative Fragestellung (siehe zu deren Bedeutung Rdn 401) in spezifische **Psychologische Fragen** („Arbeitshypothesen") zu übersetzen und diese explizit darzustellen.[1446] Denn zur wissenschaftlichen Fundierung gehört es, dass die Auswahl der untersuchten Merkmale kurz und allgemein verständlich mit einer Gesetzmäßigkeit oder Regelhaftigkeit im Verhalten begründet wird. Ansonsten bleibt unklar, welche wissenschaftlichen Erkenntnisse – in Abgrenzung zu Alltagsannahmen oder Plausibilitäten – der Formulierung der Untersuchungsfragen zugrunde lagen und/oder mit welcher Begriffsdefinition der Sachverständige operierte.

- die **Auswahl der diagnostischen Verfahren** aus den Psychologischen Fragen herzuleiten sowie die **Objektivität, Reliabilität und Validität** der eingesetzten Datenerhebungsverfahren nachvollziehbar zu begründen. Andernfalls kann der Leser nicht nachvollziehen, in welchem Bezug die Untersuchungsmethode zu den Psychologischen Fragen stand und ob gerade die vom Sachverständigen gewählte Untersuchungsmethode(n) geeignet sind.[1447] Nachdem die wissenschaftliche Fundierung projektiver Verfahren (noch) nicht ausreichend gesichert ist, bedarf es bei deren Einsatz zusätzlich der Angabe der jeweiligen psychometrischen Gütekriterien. Sie können allerdings bei jungen Kindern als Explorationshilfe, z.B. zur Hypothesengenerierung oder Kontaktgewinnung, sinnvoll sein, aber nur im Rahmen eines multimethodalen Herangehens.[1448]

- die gefundenen Ergebnisse nach den wissenschaftlich-psychologischen Regeln zu begründen. Dabei sind insbesondere **methodische Einschränkungen bei der Interpretation** der Untersuchungsergebnisse zu berücksichtigen und zu benennen.

Diese Inhalte sind aus fachlich-psychologischer Sicht **Mindestanforderungen** an die wissenschaftliche Fundierung des gutachterlichen Vorgehens (siehe auch Rdn 407), andernfalls ist

---

1442 BT-Drucks 18/9092, S. 20.
1443 Siehe auch BT-Drucks 18/6985, S. 17.
1444 Siehe dazu DRiZ 2014, 282; http://www.fernuni-hagen.de/psychologie/qpfg/ m.w.N.; *Walterscheidt* NZFam 2015, 385; *Balloff/Walter*, Anforderungen an familienrechtspsychologische Gutachten bei Kindeswohlgefährdungen nach § 1666 BGB, NZFam 2015, 580; *Fichtner*, Das Kindeswohl im Bermudadreieck? – Besonderheiten familienpsychologischer Begutachtung bei Umgangs- und Sorgestreitigkeiten, NZFam 2015, 588; *Kölch/Fegert*, Anforderungen an medizinische Gutachten im Familienrecht – betreffend einer eingeschränkten Erziehungsfähigkeit oder psychischer Erkrankungen der Eltern, NZFam 2015, 593; AG der Familiensenate des OLG Celle, Inhaltliche Anforderungen an Sachverständigengutachten in Kindschaftssachen – Stand 1.8.2015, NZFam 2015, 814; teilweise kritische Anmerkungen hierzu u.a. aus sachverständiger Sicht von *Salzgeber/Kannegießer/Schmidt/Banse*, NZFam 2015, 817.
1445 Ebenso *Kannegießer*, Besondere Qualifikationen der Sachverständigen erforderlich?, NZFam 2015, 620; Der Arbeitskreis 10 des 21. Deutschen Familiengerichtstages hat darüber hinausgehend die Frage diskutiert, ob der öffentlich bestellte Sachverständige auf dem Gebiet des Kindschaftsrechts wieder eingeführt werden sollte.
1446 So ausdrücklich BVerfG FamRZ 2015, 112; Salzgeber JAmt 2016, 233, 234.
1447 Der Family-Relation-Test (FRT) ist ein anerkannter Test, der regelmäßig in familienpsychologischen Gutachten Anwendung findet, siehe dazu KG FamRZ 2015, 1906.
1448 So zutreffend Arbeitskreis 10 des 21. Deutschen Familiengerichtstages.

I. Das Verfahren zur Regelung der elterlichen Sorge bei Trennung oder Scheidung § 1

das Gutachten unverwertbar.[1449] Das Bundesministerium der Justiz und für Verbraucherschutz (BMJV) hatte die Arbeitsgruppe Familienrechtliche Gutachten 2015 eingesetzt. Diese war aus Vertretern juristischer, psychologischer und medizinischer Fachverbände, der Bundesrechtsanwalts- und der Bundespsychotherapeutenkammer zusammengesetzt und wurde fachlich vom BMJV begleitet. Die Arbeitsgruppe hat im Herbst 2015 professionsübergreifende Mindestanforderungen an die Qualität von Sachverständigengutachten im Kindschaftsrecht formuliert[1450] und auch einen Fragenkatalog für Familienrichter vorgeschlagen, anhand dessen der Familienrichter – aber auch andere Beteiligte – prüfen können, ob das Gutachten den zu stellenden Anforderungen genügt.[1451]

Der Sachverständige kann nach § 406 ZPO aus den gleichen Gründen wie ein Richter wegen Besorgnis der **Befangenheit** abgelehnt werden.[1452] Für die Besorgnis der Befangenheit ist es nicht erforderlich, dass der vom Gericht beauftragte Sachverständige parteiisch ist oder das Gericht Zweifel an seiner Unparteilichkeit hat. Vielmehr rechtfertigt bereits der bei dem ablehnenden Beteiligten erweckte Anschein der Parteilichkeit die Ablehnung wegen Besorgnis der Befangenheit. Dieser Anschein muss sich auf Tatsachen oder Umstände gründen, die vom Standpunkt des Ablehnenden aus bei vernünftiger Betrachtung und ruhiger und sachlicher Abwägung die Befürchtung wecken können, der Sachverständige stehe der Sache nicht unvoreingenommen und damit nicht unparteiisch gegenüber.[1453]

403

Der Sachverständige darf nicht ungefragt über die durch die Beweisanordnung vorgegebenen Beweisfragen hinausgehen bzw. vom Auftrag nicht umfasste Fragen beantworten. Missachtet er dieses Verbot, so ist er befangen, wenn der sich aus Sicht des Ablehnenden gewissermaßen an die Stelle des Gerichts setzt und seine Neutralitätspflicht verletzt, indem er dem Gericht oder den Beteiligten den aus seiner Sicht für richtig gehaltenen Weg der Entscheidungsfindung weist. Denn die Beteiligten können und dürfen davon ausgehen und müssen sich darauf verlassen können, dass der Sachverständige in seinem Ergebnis noch nicht festgelegt ist, solange die Begutachtung noch nicht abgeschlossen ist.[1454] Nicht anderes gilt, wenn der Sachverständige außerhalb seines Auftrags die Glaubhaftigkeit streitiger Tatsachen ohne konkrete Erkenntnisse oder objektive Beweismittel einseitig zugunsten eines Beteiligten beurteilt.[1455] Führt der Sachverständige ohne entsprechenden Auftrag des Gerichts (§ 163 Abs. 2 FamFG) die Begutachtung auf der Grundlage eines

---

1449 Siehe zum Ganzen m.z.w.N. *Salewski/Stürmer*, Qualitätsmerkmale in der familienrechtspsychologischen Begutachtung, Untersuchungsbericht I, S. 6 ff., abrufbar unter http://www.fernuni-hagen.de/psychologie/qpfg/pdf/Untersuchungsbericht1_FRPGutachten_1.pdf; Zusammenfassung in ZKJ 2015, 4; vgl. auch BVerfG FamRZ 2015, 112; *Fichtner*, „Seriöser Anzug oder Matschhose?" – Zur Diskussion um die Qualität familienpsychologischer Gutachten, ZKJ 2015, 9 (Teil 1) und ZKJ 2015, 63 (Teil 2); Erwiderung hierzu *Stürmer/Salewski*, ZKJ 2015, 132.
1450 FamRZ 2015, 2025; dies unterstützend Arbeitskreis 10 des 21. Deutschen Familiengerichtstages; ergänzende Anmerkungen hierzu von Kannegießer/Orth/Rotax/Salzgeber in NZFam 2015, 944; Kindler, JAmt 2016, 230; siehe auch die Empfehlungen einer Arbeitsgruppe von Richterinnen und Richtern der Familiensenate des OLG Celle, Stand 1.8.2015, FamRZ 2015, 1675.
1451 NZFam 2015, 937, 943; siehe auch *Dettenborn/Fichtner*, Empfehlungen zum Verfassen und Prüfen von psychologischen Sachverständigengutachten im Familienrecht – eine praktische Anleitung, NZFam 2015, 1035; *Klemmert*, Wie entsteht und woran erkennt man ein qualitativ gutes Sachverständigengutachten? ZKJ 2015, 415 (Teil 1), 453 (Teil 2); Replik hierauf von *Balloff*, ZKJ 2016, 15; darauf Duplik von *Klemmert*, ZKJ 2016, 56.
1452 OLG Frankfurt NZFam 2016, 614; OLG Brandenburg FamRZ 2015, 68; OLG Stuttgart FamRZ 2003, 316; OLG Celle NJW-RR 2003, 135; siehe dazu *Völker*, Die Ablehnung des Sachverständigen im ZPO-/FGG-/FamFG-Verfahren, FPR 2008, 287 mit Katalog möglicher Ablehnungsgründe; *Finke*, Die Behandlung der Gründe für die Ablehnung von Richtern und Sachverständigen in der neueren Rechtsprechung, FF 2016, 191; *Titz*, Die Pflichten und die Ablehnung des Sachverständigen, NZFam 2015, 388; zu den Kosten in Verfahren auf Ablehnung eines Sachverständigen siehe Schneider NZFam 2015, 413.
1453 Vgl. BGH GRUR-RR 2008, 365.
1454 OLG Saarbrücken, Beschl. v. 19.1.2016 – 9 WF 82/15 und 9 WF 86/15 (n.v.); vgl. auch OLG Frankfurt NZFam 2016, 614.
1455 OLG Karlsruhe FamRZ 2016, 651.

lösungsorientierten Ansatzes durch, so begründet dies ebenfalls die Besorgnis der Befangenheit.[1456] Gleiches gilt, wenn der Sachverständige einen kindlichen und verstandesunreifen, aber erklärtermaßen aussageunwilligen Zeugen dazu drängt, dennoch an einer aussagepsychologischen Begutachtung durch Angaben zur Sache mitzuwirken.[1457] Erlangt der Sachverständige im Rahmen der Begutachtung von einer akuten Kindeswohlgefährdung Kenntnis, welche einen Aufschub von Schutzmaßnahmen für das Kind bis zur schriftlichen Gutachtenerstellung nicht gestattet, so ist er nicht als befangen anzusehen, wenn er die entsprechende Gefährdung den zuständigen Behörden mitteilt, er muss dann aber die von den Maßnahmen betroffenen Beteiligten zeitnah davon in Kenntnis setzen.[1458]

Besorgnis der Befangenheit besteht,

- wenn der Gutachter im Umgangsverfahren der Mutter empfiehlt, sich wegen ihrer sexuellen Orientierung therapieren zu lassen.[1459]
- wenn eine Sachverständige, den Vater vor abschließender Gutachtenerstellung tröstet, ihm über den Rücken streichelt und dabei gesagt hat, dass das Kind ganz schnell zu ihm wechseln solle.[1460]
- wenn der Sachverständige empfiehlt, einem Beteiligten künftig Verfahrenskostenhilfe zu verweigern.[1461]

Keine Befangenheit besteht, wenn

- der Sachverständige es ablehnt, dass ein Elternteil zur Exploration eine Begleitperson mitbringt oder diese auf Tonband aufnehmen will – obwohl ein solcher Anspruch des Elternteils besteht (siehe Rdn 405) –, solange das Gericht den Sachverständigen nicht entsprechend anweist.[1462]

Sachliche Fehler entwerten zwar den Beweiswert eines Gutachtens, rechtfertigen indes für sich allein nicht die Annahme einer Befangenheit des Gutachters.[1463] Wird ein Sachverständiger im Rahmen der mündlichen Erörterung seines Gutachtens massiv persönlich angegriffen, so darf er sich auch mit deutlichen Worten dagegen zur Wehr setzen; denn ein Ablehnungsgrund darf nicht provoziert werden.[1464]

404 Nach § 406 Abs. 4 i.V.m. Abs. 2 ZPO, der nach § 30 Abs. 1 FamFG Anwendung findet, entscheidet der Richter über die Ablehnung eines von ihm ernannten Sachverständigen durch **Beschluss**. Wird die Ablehnung für begründet erklärt, so ist dies unanfechtbar, § 406 Abs. 5 Hs. 1 ZPO; dies gilt auch, wenn dennoch hiergegen die Rechtsbeschwerde zugelassen wird.[1465] Wird die Ablehnung für unbegründet erklärt, so findet hiergegen gemäß § 406 Abs. 5 Hs. 2 ZPO die sofortige Beschwerde statt. Die Ablehnung wegen Befangenheit setzt mithin ein eigenes Verfahren in Gang, vor dessen Entscheidung das Gutachten vom Gericht nicht verwertet werden darf. Hat das Gericht, welches das Gutachten des mit substantiierten Gründen und nicht rechtsmissbräuchlich abgelehnten Sachverständigen verwertet, eine solche gesonderte, der Sachentscheidung vorausgehende Beschlussfassung unterlassen, so ist dies rechtsfehlerhaft. Denn durch die voran-

---

1456 OLG Naumburg FamRZ 2012, 657; vgl. auch OLG Karlsruhe NZFam 2015, 432 zur Überschreitung des Gutachtenauftrags.
1457 OLG Rostock NZFam 2015, 214 m. Anm. *Aymans*.
1458 OLG Hamm ZKJ 2012, 229.
1459 KG FamFR 2012, 210.
1460 OLG Düsseldorf FamRZ 2013, 1241.
1461 OLG Karlsruhe FamRZ 2015, 1126.
1462 OLG Hamm FamRZ 2015, 1126; wenn der Sachverständige dies aber trotz entsprechender Anweisung des Gerichts weiterhin ablehnt, so verliert er seinen Vergütungsanspruch nach § 8a Abs. 2 JVEG, siehe dazu OLG Hamm FamRZ 2016, 1093.
1463 KG FamRZ 2016, 483.
1464 OLG Zweibrücken MDR 2013, 1425 m.w.N.
1465 BGH FamRZ 2015, 1875.

I. Das Verfahren zur Regelung der elterlichen Sorge bei Trennung oder Scheidung § 1

gegangene Entscheidung über die Ablehnung des Sachverständigen muss klargestellt werden, dass die Sachentscheidung auf einer verfahrensrechtlich ordnungsgemäß gewonnenen Entscheidungsgrundlage beruht. Der Verfahrensfehler führt grundsätzlich zur Aufhebung und Zurückverweisung, zumal das Beschwerdegericht im Hinblick auf die Zuständigkeitsregelung in § 406 Abs. 4 ZPO nicht selbst über das Ablehnungsgesuch entscheiden kann und mit Blick auf § 568 Abs. 1 S. 1 ZPO der gesetzliche Richter im Rechtsmittelzug gegen eine für unbegründet erklärte Ablehnung auch nicht derselbe wie im vorliegenden Verfahren wäre.[1466] Nur ganz ausnahmsweise, in sehr dringenden Fällen, in denen Gefahr im Verzug ist, kann sich für die Zwischenzeit eine einstweilige Anordnung im Einzelfall als unaufschiebbar darstellen.[1467]

Im Rahmen der **Gutachtenerstellung** hat der Sachverständige die im jeweiligen Einzelfall erforderlichen Feststellungen zu treffen.[1468] Einem medizinisch oder psychologisch zu begutachtenden Beteiligten ist bei einem Untersuchungstermin bzw. Explorationsgespräch des Sachverständigen die Anwesenheit einer Begleitperson ohne Äußerungs- bzw. Beteiligungsrecht zu gestatten.[1469] Sollte dem Gericht zu einer für die Entscheidung relevanten Tatsache die erforderliche Sachkunde fehlen, so kann der Sachverständige gegebenenfalls auch diese Tatsachen erheben.[1470] Auf der Grundlage seiner eigenen Sachkunde wählt er – vorbehaltlich konkreter Vorgaben im Beweisbeschluss – den für die Beantwortung der Beweisfrage maßgeblichen Kreis von Bezugspersonen aus, die in die Begutachtung einzubinden und zu befragen sind.[1471] Es bleibt grundsätzlich ihm überlassen, auf welchem Weg und auf welchen Grundlagen er sein Gutachten erstellt. Daher sind der Umfang der – ggf. auch fremdanamnestischen – Erhebung,[1472] die Auswahl und Interpretation der entscheidungsrelevanten Daten sowie die Darstellungsform der fachlichen Kompetenz des Sachverständigen überlassen, soweit er sich hierbei auf den **Stand der Wissenschaft** bezieht (siehe dazu eingehend Rdn 402). Dabei ist außerdem zu berücksichtigen, dass es in der Psychologie keine generalisierenden Theorien, Methoden und standardisierte Verfahren gibt, die jedem Einzelfall vollends gerecht werden können. Grundsätzlich kann nur davon ausgegangen werden, dass sich das Gutachten auf Akteninhalt, Gespräche mit Beteiligten, Verhaltensbeobachtungen[1473] und – soweit erforderlich – auf testpsychologische Untersuchungen, deren Auswahl ebenfalls in seinem Ermessen steht,[1474] stützen sollte. Letztere können indes für sich genommen niemals unanzweifelbare Ergebnisse hervorbringen, weil sich innerpsychisches Geschehen der direkten Beobachtung entzieht.[1475]

405

Allerdings darf das Gericht freilich das Gutachten nur als **Hilfe** für seine eigene Entscheidungsfindung heranziehen. Die Entscheidung ist durch das Gericht zu treffen und nicht durch den Sachverständigen.[1476] Die Feststellung und die Überprüfung der vom Sachverständigen im schriftlichen Gutachten zugrunde gelegten Anknüpfungstatsachen auf Richtigkeit und Vollständigkeit

406

1466 OLG Saarbrücken FamRZ 2014, 411; zust. Anm. *Rixe*, FamFR 2013, 473.
1467 VerfG Brandenburg FamRZ 2011, 1874.
1468 OLG Frankfurt FamRZ 1981, 485.
1469 OLG Hamm FamRZ 2015, 1126; OLG Zweibrücken FamRZ 2000, 1441; LSG Rheinland-Pfalz NJW 2006, 1547.
1470 OLG Stuttgart FamRZ 2003, 316.
1471 OLG Stuttgart FamRZ 2003, 316; diesbezüglich eine Benennung bereits im Beweisbeschluss fordernd Arbeitskreis 10 des 21. Deutschen Familiengerichtstages.
1472 Siehe dazu auch OLG Celle FamRZ 2015, 438.
1473 Zur videogestützten Interaktionsbeobachtung in der familienrechtspsychologischen Begutachtung siehe *Jacob*, RPsych 2015, 46.
1474 KG FamRZ 2011, 1668.
1475 Vgl. zum Ganzen BGH FamRZ 1999, 1649; OLG Saarbrücken FamRZ 2012, 463, m.w.N.; Beschl. v. 11.5.2015 – 6 UF 18/15, juris; OLG Jena FamRZ 2011, 1070; siehe auch *Balloff*, FPR 2003, 530.
1476 OLG Stuttgart FamRZ 1978, 827; siehe auch *Hartman-Hilter*, Die Ohnmacht der Anwälte vor den allmächtigen Sachverständigen, NZFam 2015, 600; *Linsler*, Erwartungen, Hoffnungen und Kritik betroffener Eltern gegenüber psychologischen Gutachtern und deren Gutachten, NZFam 2015, 612; *Schwab*, Welche Erwartungen haben Mütter an familienpsychologische Gutachten?, NZFam 2015, 616.

obliegt letztverbindlich dem Gericht,[1477] auch wenn sich die Tätigkeiten des Sachverständigen und des Gerichts insoweit überlagern, weil vor Erstattung des Gutachtens nicht immer vorausgesehen werden kann, welche Tatsachen dem Gutachten zugrunde zu legen sind und deren Feststellung aus bestimmten Gründen zunächst dem Sachverständigen überlassen worden sein mag.[1478]

407 Hieraus folgt die Pflicht des Gerichts, im Rahmen seiner Amtsermittlung das Gutachten kritisch nachzuprüfen und zu würdigen.[1479] Das Gutachten muss daher so **abgefasst** sein, dass das Gericht es auf seine wissenschaftliche Begründung (siehe dazu eingehend Rdn 402), seine innere Logik und seine Schlüssigkeit hin überprüfen kann; denn nur dann ist das Gericht in der Lage, sich eine eigene Meinung von der Richtigkeit der vom Sachverständigen gezogenen Schlussfolgerung zu bilden.[1480] Die Herleitungen im Gutachten müssen nachvollziehbar begründet sein und dürfen keine sachfremden Erwägungen erkennen lassen.[1481] An den dargestellten Inhalten ausgerichtet muss das Gutachten daher vor allem zwischen den vorgefundenen und den selbst erhobenen Anknüpfungstatsachen – Wiedergabe der Aktenanalyse/Aktenauszug, Darstellung der Befunde/Selbstangaben – einerseits und den psychologischen Interpretationen des Datenmaterials – Beurteilung und Ergebnis/Beantwortung der Fragestellung – andererseits trennen.[1482] Es muss aus dem Gutachten klar hervorgehen, aus welchen Befunden der Sachverständige seine Schlussfolgerungen gezogen hat. Werden diese Befunde bestritten, muss das Gericht die Richtigkeit der Anknüpfungstatsachen eigenständig überprüfen,[1483] ggf. hierzu auch Beweis – u.U. Strengbeweis (§ 30 Abs. 3 FamFG) erheben. Demgegenüber können unbestrittene tatsächliche Feststellungen als solche selbstredend auch dann verwertet werden, wenn die Qualifikation des Sachverständigen oder seine gezogenen Schlussfolgerungen wissenschaftlichen Anforderungen nicht entsprechen.[1484] Beigezogene Hilfspersonen sind zu benennen (§ 30 Abs. 1 FamFG i.V.m. § 407a Abs. 2 S. 2 ZPO).[1485]

408 Will das Gericht von fachkundigen Feststellungen oder Wertungen des psychologischen Sachverständigen **abweichen**, ohne ein weiteres Gutachten einzuholen, so bedarf dies einer eingehenden Begründung und des Nachweises eigener Sachkunde.[1486] Außerdem muss das Gericht dann anderweitig über eine möglichst zuverlässige Grundlage für die am Kindeswohl orientierte Entscheidung verfügen.[1487] Man wird in solchen Fällen kaum ohne mündliche Anhörung des Sachverständigen entscheiden können.

1477 Instruktiv hierzu BVerfG FamRZ 2015, 112; OLG Saarbrücken, Beschl. v. 22.2.2016 – 6 UF 8/16, juris.
1478 BGH NJW 1962, 1770.
1479 BayObLG FamRZ 1994, 720; OLG Rostock DAVorm 1995, 1150; *Herrler*, Überprüfung und Auswertung von familienpsychologischen Gutachten aus richterlicher Sicht, NZFam 2015, 597; vgl. auch *Prenzlow*, Auswertung von familienpsychologischen Gutachten: Worauf ist aus der Sicht des Verfahrensbeistands zu achten?, NZFam 2015, 602.
1480 BGH FamRZ 2011, 637; OLG Saarbrücken, Beschl. v. 11.5.2015 – 6 UF 18/15, juris.
1481 BVerfG FamRZ 2015, 112.
1482 Vgl. KG FamRZ 2011, 1668; *Salzgeber/Fichtner/Bublath*, ZKJ 2011, 338; siehe auch *Salzgeber*, Der psychologische Sachverständige im Familiengerichtsverfahren – Hat der Sachverständige immer Recht?, FF 2013, 194 und 442; *Korn-Bergmann/Purschke*, Gutachter – „Heimliche Richter" im Kindschaftsverfahren?, FamRB 2013, 302 (Teil 1), 338 (Teil 2) und 2014, 25 (Teil 3) mit lesenswerter Checkliste anwaltlicher Handlungsoptionen; *Wiedemann*, Begutachtung von psychisch gestörten Eltern im Familienrecht, ZKJ 2013, 6; *Wiedemann*, Gutachtenerstellung im Familienrecht – Beschwerdevalidität und Nachvollziehbarkeit, ZKJ 2014, 185 mit Darstellung psychologischer Konzepte in der Begutachtung.
1483 Vgl. OLG Hamm, Beschl. v. 6.6.2016 – 4 UF 186/15, juris.
1484 OLG Frankfurt FamRZ 2016, 1093.
1485 So auch schon OLG Frankfurt FamRZ 1981, 485.
1486 BVerfG FamRZ 2001, 1285; 1999, 1417; BayObLG FamRZ 1994, 720.
1487 BVerfG FamRZ 2007, 335.

I. Das Verfahren zur Regelung der elterlichen Sorge bei Trennung oder Scheidung § 1

Ist ein Gutachten mangelhaft, so kann das Gericht im Einzelfall dennoch auf dessen Grundlage entscheiden, wenn das Gericht die Mängel offenlegt und nur diejenigen Teile des Gutachtens verwertet, die von den Mängeln nicht erfasst werden.[1488]

Wurde erstinstanzlich bereits ein Gutachten eingeholt, so muss das **Beschwerdegericht**, wenn zwischen den Instanzen nur ein kurzer Zeitabschnitt liegt, eine Gutachtenergänzung oder ein neues Gutachten nur dann einholen, wenn besonders schwierige Fragen zu beurteilen sind oder das vorliegende Gutachten grobe Mängel aufweist. Davon kann etwa ausgegangen werden, wenn es in sich widersprüchliche, unzutreffende Voraussetzungen zugrunde gelegt hat, die Sachkunde des Gutachters zweifelhaft erscheint oder ein neuer Sachverständiger über Forschungsmittel verfügt, die dem früheren Gutachter überlegen sind.[1489] Bestehen Zweifel an der **Sachkunde** des Sachverständigen, so darf sich das Gericht auf eine eigene Einschätzung des Sachverständigen nicht verlassen, sondern muss Feststellungen zu seiner Sachkunde treffen.[1490]

409

Die gerichtliche Anordnung der Einholung eines kinderpsychologischen Gutachtens ist eine bloße **Zwischenentscheidung** und daher mit der **Beschwerde** nach dem eindeutigen Wortlaut des § 58 Abs. 1 FamFG nicht anfechtbar,[1491] sondern kann nur im Rahmen der Anfechtung der Endentscheidung überprüft werden, § 58 Abs. 2 FamFG (siehe aber auch § 9 Rdn 8 ff.).[1492]

410

Der Sachverständige **haftet nach § 839a BGB** für die Richtigkeit seines Gutachtens.[1493]

411

Die **Vergütung** des Sachverständigen bestimmt sich nach dem JVEG. Bei **Beschwerden** nach § 4 Abs. 4 S. 2 JVEG ist nach zutreffender Auffassung das Oberlandesgericht – und nicht das Landgericht – Beschwerdegericht, wenn das Amtsgericht als Familiengericht entschieden hat.[1494]

412

VII. Anhörungspflichten; Beteiligtenstellung

Im Rahmen von Sorgerechtsverfahren – einerlei, ob sie auf Antrag oder amtswegig eingeleitet wurden – sehen die §§ 158 ff. FamFG Anhörungspflichten vor.[1495] Es handelt sich hierbei um das Kind selbst, seine Eltern,[1496] das Jugendamt und ggf. Pflegepersonen und den Verfahrensbeistand des Kindes (siehe zu letzterem § 5 Rdn 30 ff.).

413

1. Zweck der Anhörung

Die Anhörung findet ihre verfassungsrechtliche Grundlage in Art. 103 Abs. 1 GG, dem Anspruch auf **rechtliches Gehör**. Darüber hinaus ist sie essentieller Bestandteil des aus dem **Amtsermittlungsgrundsatz** (§ 26 FamFG) folgenden Gebots der Sachaufklärung und richterlichen Überzeugungsbildung.[1497] Der Anspruch des Kindes darauf, seine Wünsche, Neigungen und Bindungen

414

1488 BVerfG FamRZ 2015, 112.
1489 BayObLG ZfJ 1996, 106; OLG Bamberg ZfJ 1996, 194.
1490 BGH FamRZ 2010, 1726; vgl. auch BGH MDR 2013, 1183.
1491 So zum alten Recht OLG Brandenburg FamRZ 2005, 917; hinsichtlich der weiteren Beschwerde ebenso BGH FamRZ 2002, 1556; a.A. OLG Zweibrücken, ZFE 2004, 60; siehe aber auch BGH FamRZ 2008, 774 und 2007, 1002 zum Betreuungsrecht: Die Begutachtungsanordnung ist unanfechtbar, die Vorführungsanordnung nur, wenn sie objektiv willkürlich ist.
1492 Kritisch dazu Schulte-Bunert/Weinreich/*Unger*, § 58 FamFG Rn 35.
1493 *Heumann*, FuR 2002, 483; eingehend *Rixe*, Die Haftung des Sachverständigen in familien- und betreuungsgerichtlichen Verfahren, FPR 2012, 534 m.z.w.N; siehe auch *Wellenhofer*, Haftung im Familienrecht, FPR 2012, 529; siehe als Anschauungsbeispiel LG Saarbrücken, Urt. v. 29.1.2015 – 3 O 295/13, juris.
1494 OLG Koblenz MDR 2014, 476; OLG Celle FamRZ 2013, 1512 m.w.N.
1495 Dazu *Vogel*, Kommunikation im familiengerichtlichen Verfahren, FF 2014, 399.
1496 OLG Hamm FamRB 2011, 335 zur Beteiligtenstellung der Kindesmutter als Inhaberin der elterlichen Sorge im Rahmen eines seitens des Großvaters geltend gemachten Umgangskontakts mit dem in einer Pflegefamilie lebenden Kind.
1497 BVerfG FamRZ 1987, 786; BGH FamRZ 1985, 169.

persönlich darstellen zu können, damit sie in die gerichtliche Entscheidung einfließen, folgt schon aus seinem **allgemeinen Persönlichkeitsrecht**.[1498] Nur indem sich das Gericht einen persönlichen Eindruck von den Verfahrensbeteiligten verschafft, kann es auch seiner „Kontrollfunktion" gegenüber den Beteiligten nachkommen.[1499] Die persönliche Anhörung verpflichtet den Richter zu einem mündlichen Kontakt, in dem er sich intensiv mit dem Anzuhörenden beschäftigen kann.[1500]

415 Es muss ein **Gespräch** zwischen dem Beteiligten und den Gericht zustande kommen;[1501] die bloße Beobachtung der Kommunikation zwischen **Dolmetscher** und Beteiligtem genügt nicht.[1502] Verfahrensfehlerhaft ist die Anhörung, wenn der Beteiligte der deutschen Sprache nicht mächtig ist und entgegen § 185 GVG kein Dolmetscher hinzugezogen wird; denn dies verletzt den verfassungsrechtlichen Anspruch des Beteiligten aus Art. 2 Abs. 1 i.V.m. 20 Abs. 3 GG auf ein faires Verfahren. Der Beteiligte soll die ihn betreffenden Verfahrensvorgänge verstehen und sich in der mündlichen Erörterung verständlich machen können. Der Mitwirkung eines Dolmetschers bedarf es folglich umgekehrt dann nicht, wenn ein Beteiligter die deutsche Sprache zwar nicht beherrscht, sie aber in einem die Verständigung mit ihm in der Anhörung ermöglichenden Maße spricht und versteht.[1503]

416 Allein die **schriftliche Anhörung** vermag der aus § 26 FamFG folgenden Pflicht zur Sachverhaltsaufklärung nicht gerecht werden, ebenso wenig eine nur telefonisch geführte Unterredung.[1504] Die Anhörung hat dabei im Falle eines **Richterwechsels** nicht stets zwingend durch den Richter zu erfolgen, der in dem Verfahren bereits Entscheidungen getroffen hat oder die Endentscheidung treffen wird.[1505] Es kann im Einzelfall ausreichend sein, dass sich hinsichtlich einer bereits durchgeführten Beweisaufnahme dem hieran nicht beteiligten Richter ein entscheidungserheblicher persönlicher Eindruck zuverlässig aus dem **Protokoll** oder dem **Anhörungsvermerk** ergibt.[1506]

417 Hiermit korrespondiert daher auch die Pflicht, den Verlauf und das Ergebnis der Anhörung einschließlich der hierbei ermittelten Tatsachen in geeigneter Weise in den Akten niederzulegen (§§ 28 Abs. 4, 29 Abs. 3 FamFG).[1507] Es obliegt dem richterlichen Ermessen, ob ein **Aktenvermerk** erstellt oder ein Protokoll gefertigt wird.[1508] Die Dokumentationspflicht erfordert kein Wortprotokoll.[1509] Der Gesetzgeber hat bewusst davon abgesehen, den notwendigen Inhalt des Vermerks festzulegen, damit das Gericht diesen flexibel nach den Anforderungen des Einzelfalls ausgestalten kann.[1510] Entscheidend ist allein, dass der wesentliche Inhalt der Anhörung vollständig und zusammenhängend wiedergegeben wird[1511] und frei von Wertungen des Gerichts ist.[1512]

1498 BVerfG FamRZ 1981, 124; OLG Zweibrücken FamRZ 1999, 246.
1499 OLG Karlsruhe FamRZ 1999, 670.
1500 BayObLG FamRZ 1997, 223; OLG Hamm FamRZ 1999, 36.
1501 OLG Saarbrücken, Beschl. v. 21.11.2011 – 9 UF 108/11 (n.v.).
1502 BGH FGPrax 2010, 152.
1503 BVerwG NJW 1990, 3102; OLG Saarbrücken, Beschl. v. 7.1.2011 – 9 UF 116/10 (n.v.).
1504 OLG Köln FamRZ 2001, 430; OLG Karlsruhe FamRZ 1994, 915.
1505 BGH FamRZ 1985, 169; OLG Köln FamRZ 1995, 1509.
1506 OLG Hamm FamRZ 1999, 36; OLG Köln FamRZ 1996, 310.
1507 Siehe – zum Umgangsrecht – ausführlich OLG Saarbrücken FamRZ 2010, 2085.
1508 OLG Celle FamRZ 2014, 413; BayObLG FamRZ 1980, 1150.
1509 OLG Celle FamRZ 2014, 413; OLG Saarbrücken, Beschl. v. 10.8.2011 – 9 WF 66/11 (n.v.); siehe zum heimlichen Tonbandmitschnitt der Kindesanhörung durch ein dem Kind in die Jacke gestecktes Tonaufnahmegerät OLG Hamm FamRZ 2014, 1789; Anm. *Rogalla*, NZFam 2014, 647.
1510 Vgl. BGH FamRZ 2015, 39.
1511 Vgl. BGH FamRZ 2015, 39; OLG Saarbrücken FamRZ 2010, 2085; OLG Celle FamRZ 2014, 413.
1512 BGH FamRZ 2008, 251; 2001, 907; OLG Saarbrücken FamRZ 2013, 389; OLGR 2006, 398; Anm. *Völker*, jurisPR-FamR 6/2006, Anm. 5; OLG Brandenburg FamFR 2011, 328; Kemper/Schreiber/*Völker*/Clausius, HK-FamFG, § 160 Rn 3 mit Verweis auf § 159 Rn 10 f.

Wegen dieser Anforderungen mag die Niederlegung des Anhörungsergebnisses auch im abschließenden Beschluss möglich sein, ist aber sehr gefährlich.[1513] Nur wenn jene Voraussetzungen erfüllt sind, kann das **Beschwerdegericht** prüfen, ob alle entscheidungserheblichen Fragen erörtert wurden und die Feststellungen rechtsfehlerfrei zustande gekommen sind, d.h. insbesondere der Anhörungsinhalt vollständig und widerspruchsfrei gewürdigt wurde.[1514]

Ansonsten muss – abgesehen von den Fällen zulässiger **Amts- oder Rechtshilfe** – die Anhörung vom erkennenden Gericht durchgeführt werden. Beim Oberlandesgericht ist es allerdings regelmäßig erforderlich, dass das Kind vom gesamten Senat – und nicht nur vom Berichterstatter persönlich – angehört wird (siehe im Einzelnen Rdn 420).

418

2. Anhörung in jeder Tatsacheninstanz

Die Anhörungspflichten bestehen in jeder Tatsacheninstanz, d.h. auch im **Beschwerdeverfahren**, so dass die §§ 159 ff. FamFG dort unmittelbar anzuwenden sind.[1515] Soweit allerdings der zu beurteilende Sachverhalt erstinstanzlich verfahrensfehlerfrei[1516] und umfassend aufgeklärt worden ist und das Beschwerdegericht nach Aktenlage davon ausgehen kann, dass von einer erneuten Anhörung der Beteiligten keine weitergehenden Erkenntnisse zu erwarten sind, und die Beteiligten keine neuen entscheidungserheblichen Gesichtspunkte vorgetragen haben, die für die Sachdienlichkeit erneuter Anhörung sprechen, so kann die erneute Anhörung entbehrlich sein (§ 68 Abs. 3 S. 2 FamFG).[1517] Die Entscheidung hierzu ist allerdings gesondert zu begründen.[1518] Hat das erstinstanzliche Gericht das Anhörungsergebnis nicht ausreichend dokumentiert, so dass dem Beschwerdegericht eine Prüfung, ob und in welchem Umfang alle entscheidungsrelevanten Fragen erörtert wurden, nicht möglich ist (siehe dazu Rdn 416 f.),[1519] oder ist die Anhörung selbst verfahrenswidrig nicht oder zwar, aber verfahrensfehlerhaft durchgeführt worden,[1520] muss entweder die Anhörung durch das Beschwerdegericht vorgenommen oder das Verfahren zur erneuten Behandlung und Entscheidung auf – erforderlichen (§ 69 Abs. 1 S. 3 FamFG) – Antrag eines Beteiligten an das Familiengericht zurückverwiesen werden.[1521]

419

Nach dem seit dem 1.9.2009 geltenden Recht kann das Beschwerdegericht die Anhörung bereits von Rechts wegen nicht mehr einem Mitglied des Beschwerdegerichts als **beauftragtem Richter** überlassen. Denn anders als noch nach § 621e Abs. 3 S. 2 ZPO a.F. i.V.m. § 527 ZPO[1522] ist die Übertragung der Angelegenheit auf den vorbereitenden Einzelrichter nicht mehr vorgesehen.[1523] Damit ist der von manchen Obergerichten beschrittene Weg, das Kind nur durch den Berichterstatter anzuhören (zur Kindesanhörung siehe Rdn 430), der dann seinen persönlichen Eindruck dem Senat „vermittelt", jedenfalls nach einfachem Recht[1524] verfahrensrechtlich nicht mehr gang-

420

1513 Dazu eingehend Kemper/Schreiber/*Völker*/*Clausius*/*Wagner*, § 159 Rn 10.
1514 BGH FamRZ 2001, 907; OLG Köln FamRZ 1999, 314.
1515 BayObLG FamRZ 1995, 500.
1516 Siehe dazu etwa BGH FamRZ 2010, 1060 m. Anm. *Völker*; BGH FamRZ 2012, 1556.
1517 Vgl. BVerfG FamRZ 1984, 139; VerfGH Berlin FamRZ 2001, 848; BGH BGHZ 184, 323; OLG Saarbrücken FamRZ 2010, 1092; VerfG Brandenburg, Beschl. v. 19.10.2012 – 72/12, juris (6 Monate bei Umgangsabänderung betreffend ein vierjähriges Kind annähernd Obergrenze); OLG Köln FamRZ 2014, 64; siehe aber auch VerfGH Berlin FamRZ 2006, 1465 (9 Monate, überwiegend höchst konträrer Sachvortrag, ersichtlich veränderte Umstände).
1518 OLG Brandenburg FamRZ 2003, 624.
1519 BVerfG FamRZ 2006, 605.
1520 Dazu BGH FamRZ 2011, 805.
1521 Siehe – statt aller – OLG Frankfurt NZFam 2015, 169; OLG Bremen FamRZ 2015, 1219.
1522 Siehe dazu noch BGH FamRZ 2010, 1060 m.Anm. *Völker* S. 1065; Anm. *Coester*, FF 2010, 365; BGH FamRZ 1985, 169.
1523 Siehe nur Johannsen/Henrich/*Althammer*, § 68 FamFG Rn 9; a.A. wohl *Heilmann*/*Heilmann*, § 159 FamFG Rn 11.
1524 Verfassungsrechtlich im entschiedenen Einzelfall großzügiger BVerfG FamRZ 2015, 1093.

bar. In Betracht käme allein die Übertragung des gesamten Verfahrens auf den – dann aber auch allein entscheidenden – Einzelrichter gemäß § 68 Abs. 4 S. 1 Hs. 1 FamFG. Soweit hiergegen vorgebracht wird, dass nach § 68 Abs. 3 S. 2 FamFG sogar ganz von der Kinderanhörung abgesehen werden könne, so dass die Kindesanhörung erst recht nur durch den Berichterstatter möglich sein müsse,[1525] ist dies nicht stichhaltig. Dies vermengt die – in jedem Fall dem gesamten Senat vorbehaltene – Frage des „Ob" der Kindesanhörung unzulässiger Weise mit der des „Wie".

Die Absage des BGH an die bloße Berichterstatteranhörung ist sehr zu begrüßen, waren doch schon bislang im Falle der bloßen Berichterstatteranhörung anstrengende Klimmzüge am geistigen Hochreck notwendig, um in der Beschwerdeentscheidung belastbar darzulegen, dass diese Anhörung nur in ihrem „objektiven Ertrag" und ausschließlich als persönlicher Eindruck des Berichterstatters verwertet wurde.[1526] Die Erfahrung lehrt zudem, dass Senatsmitglieder aus der Kindesanhörung zuweilen nicht nur unterschiedliche Eindrücke mitnehmen, sondern auch ihr „Ohrenmerk" – und Nachfragen – auf unterschiedliche Aspekte des Falles richten, was in der anschließenden Zwischenberatung von erheblichem Erkenntnisgewinn ist. Wenn und weil dieses der Kindesanhörung auch den Zweck beimisst, dass sich das Gericht einen unmittelbaren Eindruck von dem Kind verschafft,[1527] kann dies nicht nur einem Mitglied des Senats überlassen bleiben.[1528] Zwar sind die hiergegen vorgebrachten Bedenken der Praxis ernst zu nehmen.[1529] In der Tat wurde das Kind bis zur Rechtsmittelinstanz bereits wiederholten Befragungen und Anhörungen unterzogen, die im Einzelfall mit nicht unerheblichen Belastungen verbunden gewesen sein können (zu diesem Argument siehe auch Rdn 434 und 439 f.), wenngleich das Kind in den hier in Rede stehenden Verfahrenslagen häufig einen Verfahrensbeistand haben wird, den es schon kennt und der bei der Anhörung grundsätzlich anwesend ist.[1530] Das Problem einer etwaigen Mehrbelastung des Kindes ist indes in Ansehung der gegenwärtigen Rechtslage nicht dadurch zu lösen, dass die Anhörung einem Mitglied des Senats übertragen wird, sondern dadurch, dass die Anhörung einfühlsam und kindgerecht gestaltet wird. Hier besteht in der Tat erheblicher Fortbildungsbedarf.[1531]

3. Anzuhörende Personen; Beteiligtenstellung

a) Beteiligtenstellung und Anhörung der Eltern (§§ 7, 160 FamFG)

421 Die Eltern sind grundsätzlich nach § 7 Abs. 1 oder Abs. 2 FamFG Beteiligte. Wie zuvor § 50a Abs. 1 S. 1 FGG sieht § 160 Abs. 1 S. 1 FamFG in Verfahren, die die Person des Kindes betreffen, vor, dass das Gericht die Eltern persönlich anhören soll.[1532] Der Begriff „soll" ist nicht dahin auszulegen, dass das Familiengericht nach freiem Ermessen von einer Anhörung absehen darf; dies ist nur unter den Voraussetzungen von § 160 Abs. 3 FamFG zulässig (siehe dazu Rdn 423).[1533] Davon sind auch Verfahren wegen Ruhens der elterlichen Sorge[1534] und solche nach § 1628

1525 *Heilmann/Heilmann*, § 159 FamFG Rn 11.
1526 Vgl. dazu – nach altem Recht – BGH FamRZ 2010, 1060 m. Anm. *Völker* S. 1065; Anm. *Coester*, FF 2010, 365; BGH FamRZ 1985, 169.
1527 Vgl. BVerfG FamRZ 1981, 124 – grundlegend –; FamRZ 2009, 399; 2007, 1078.
1528 BGH FamRZ 2010, 1060; 2011, 796, jeweils m. Anm. *Völker*; Anm. *Coester*, FF 2010, 365.
1529 Vgl. Vorstandsempfehlungen des 19. DFGT (Ergebnisse des 11. Arbeitskreises); *Heilmann*, ZKJ 2011, 225; *Schwepe/Bussian*, ZKJ 2012, 13.
1530 BGH FamRZ 2010, 1060; 2011, 796.
1531 Vgl. auch die These 8 des Arbeitskreises 11 des 21. Deutschen Familiengerichtstages.
1532 Siehe auch *Rohmann*, Anhörung des Kindes und der Eltern sowie Bekanntgabe der Entscheidung an das Kind als kommunikativer Prozess, FPR 2013, 464.
1533 OLG Frankfurt FamRZ 2015, 1521.
1534 OLG Frankfurt NZFam 2015, 169; OLG Saarbrücken, Beschl. v. 25.2.2015 – 6 UF 6/15 (n.v.).

I. Das Verfahren zur Regelung der elterlichen Sorge bei Trennung oder Scheidung § 1

BGB erfasst (siehe dazu Rdn 116 ff.).[1535] In den Verfahren nach §§ 1666, 1666a BGB ist die **persönliche Anhörung** zwingend (§ 160 Abs. 1 S. 2 FamFG; zum **Erörterungsgespräch** nach § 157 FamFG siehe Rdn 457 ff.).[1536] In den sonstigen Kindschaftssachen hat das Gericht die Eltern – nicht persönlich, aber mindestens schriftlich – zu hören (§ 160 Abs. 2 FamFG). Der Spielraum des Gerichts, gegebenenfalls von einer Anhörung abzusehen, ist daher merklich eingeengt worden. Dies gilt insbesondere für den nichtsorgeberechtigten Elternteil,[1537] und zwar auch, wenn dieser lediglich behauptet, Vater des Kindes zu sein und für diesen Fall eine Übertragung sorgerechtlicher Befugnisse auf ihn rechtlich möglich wäre.[1538] § 167 Abs. 4 FamFG sieht allerdings für das Verfahren zur Genehmigung der geschlossenen Unterbringung des Kindes nur die Anhörung des Mitinhabers der elterlichen Sorge vor, so dass von der Anhörung des nicht sorgeberechtigten Elternteils abgesehen werden kann, soweit die Amtsermittlung nicht das Gegenteil gebietet (siehe dazu Rdn 383 ff.).[1539]

Die in den Verfahren nach §§ 1666, 1666a BGB zwingend vorgesehene Elternanhörung verfolgt – neben der Sachverhaltsaufklärung und der Gehörsgewährung – auch einen auf den **Grundsatz der Verhältnismäßigkeit** zugeschnittenen Zweck: Es soll mit den Eltern persönlich geklärt werden, wie die **Gefährdung des Kindeswohls** mit den mildesten möglichen Mitteln abgewendet werden kann.[1540] Denn jede gerichtliche Maßnahme stellt einen Eingriff in das Elternrecht nach Art. 6 Abs. 2 S. 1 GG dar und hat für das Kind weitreichende Konsequenzen. Kann allerdings das Gericht in einem persönlichen Gespräch mit den Eltern die Möglichkeiten abklären, mit denen einer Gefährdung des Kindeswohls begegnet werden kann, so wird hiermit voreiligen oder fehlerhaften Entscheidungen vorgebeugt. Auch steigen die Aussichten, dass die Eltern freiwillig die vereinbarten Maßnahmen umsetzen.

422

Nach § 160 Abs. 3 FamFG darf das Gericht nur aus schwerwiegenden Gründen von der Anhörung absehen. Zu denken ist hier etwa an Fälle, in denen mit der Anhörung erhebliche Beeinträchtigungen des Anzuhörenden oder – indirekt – des Kindes verbunden sind bzw. der Anzuhörende unerreichbar ist.[1541] Dies kann aber nicht schon bei bloßem Nichterscheinen angenommen werden. Dies gilt – weil die Anhörung in erster Linie der von Amts wegen gebotenen Sachaufklärung (§ 26 FamFG) dient – auch dann, wenn in der Ladung auf die Folgen des Ausbleibens im Anhörungstermin hingewiesen worden war (§ 34 Abs. 3 S. 2 FamFG).[1542] Kommt daher – wie häufig – deswegen ein Absehen von der Anhörung nicht in Betracht, muss das Erscheinen des Elternteils notfalls erzwungen werden, bis hin zu seiner Vorführung (§ 33 Abs. 3 S. 3 FamFG).[1543] Bei einer unterbliebenen Anhörung wegen **Gefahr im Verzug** ist diese unverzüglich nachzuholen.[1544]

423

b) Beteiligtenstellung und Anhörung des Kindes (§§ 7, 159 FamFG)

Nach dem bis zum 31.8.2009 geltenden Recht hatte das Kind grundsätzlich keine Beteiligtenstellung. Das neue Recht ordnet in § 7 Abs. 2 Nr. 1 FamFG an, dass als Beteiligte diejenigen hinzuzuziehen sind, deren Recht durch das Verfahren unmittelbar betroffen wird. Dies wird in nahezu allen denkbaren Kindschaftssachen auch das Kind sein; dieses ist daher formell als

424

1535 OLG Naumburg FamRZ 2013, 66.
1536 OLG Celle FamRZ 2013, 1681.
1537 Siehe dazu OLG Naumburg FamRZ 2010, 1351.
1538 Vgl. OLG Saarbrücken, Beschl. v. 29.10.2010 – 6 UF 105/10 (n.v.).
1539 OLG Saarbrücken FamRZ 2010, 1920; a.A. – § 160 FamFG ist anzuwenden – OLG Naumburg FamRZ 2010, 1351.
1540 OLG Oldenburg FamRZ 1999, 35; OLG Düsseldorf FamRZ 1994, 1541.
1541 Kemper/Schreiber/*Völker/Clausius*/Wagner, § 160 Rn 7.
1542 OLG Bremen FamRZ 2015, 1219; vgl. auch OLG Saarbrücken, Beschl. v. 25.2.2015 – 6 UF 6/15 (n.v).
1543 Vgl. auch OLG Celle FamRZ 2013, 1681.
1544 OLG Naumburg FamRZ 2013, 66.

Beteiligter hinzuzuziehen.[1545] Dann besteht die Beteiligtenstellung automatisch auch im **Rechtsmittelzug** fort.[1546]

425 Das Kind **unter 14 Jahren** ist nicht verfahrensfähig (arg. § 9 Abs. 1 Nr. 3 FamFG). Es muss daher durch einen gesetzlichen Vertreter vertreten werden, § 9 Abs. 2 FamFG. Diese Vertretung des Kindes im Verfahren obliegt grundsätzlich den sorgeberechtigten Eltern bzw. dem allein sorgeberechtigten Elternteil, ungeachtet ihrer eigenen Verfahrensbeteiligung.[1547] Auch in den Fällen eines erheblichen **Interessengegensatzes** darf die Vertretungsbefugnis im Kindschaftsverfahren nicht entzogen werden, wenn die wirksame Interessenvertretung des Kindes durch die Bestellung eines Verfahrensbeistands (siehe dazu § 5 Rdn 9 ff.) sichergestellt ist. Dies gilt unabhängig davon, dass der Verfahrensbeistand nach § 158 Abs. 4 S. 6 FamFG nicht gesetzlicher Vertreter des Kindes ist. Der Gesetzgeber hat die dem Verfahrensbeistand verliehenen Befugnisse als ausreichend angesehen, um eine effiziente Wahrung der Kindesinteressen gewährleisten zu können. Aufgrund seiner Bestellung und Tätigkeit muss nicht weitergehend in die elterlichen Rechte eingegriffen werden, so dass auch keine Notwendigkeit für die Bestellung eines Ergänzungspflegers besteht.[1548] Der Gegenansicht[1549] ist zudem entgegenzuhalten, dass im Fall der Bestellung eines Ergänzungspflegers und ggf. gegen dessen Bestellung eingelegter Rechtsmittel – neben zusätzlichen Kosten – ein erheblicher Zeitverlust die Folge wäre, der dem Beschleunigungsgrundsatz des § 155 FamFG diametral zuwiderliefe.[1550] Die Entbehrlichkeit der Anordnung von Ergänzungspflegschaft erfasst nicht nur Personensorge-, sondern auch solche Vermögenssorgeverfahren, in denen es nicht ausschließlich um Vermögensangelegenheiten geht; anders ist es in den Fällen, die sich allein auf Vermögensangelegenheiten beziehen;[1551] hier ist ggf. die Bestellung des Ergänzungspflegers notwendig.[1552]

426 Das Kind, dass das **14. Lebensjahr vollendet** hat, ist in Verfahren, die seine Person betreffen und in denen es ein ihm nach bürgerlichem Recht zustehendes Recht geltend macht, hingegen **verfahrensfähig**. Davon sind die Verfahren nach § 1671 BGB erfasst, sobald der andere Elternteil der Sorgerechtsübertragung zustimmt, denn ab dann steht dem Kind das Widerspruchsrecht nach § 1671 Abs. 2 Nr. 1 BGB zu.[1553] Auch Verfahren nach § 1684 Abs. 1 BGB gehören dazu (eigenes Recht des Kindes auf Umgang),[1554] nicht hingegen solche nach § 1685 oder § 1686a BGB, die nur der engen Bezugsperson bzw. dem leiblichen, nicht rechtlichen Vater, nicht aber dem Kind ein

---

1545 Vgl. BGH FamRZ 2011, 1788 und 1859; 2012, 292; OLG Oldenburg FamRZ 2010, 660; OLG Stuttgart FamRZ 2010, 1166; *Schael*, FamRZ 2009, 265; Schulte-Bunert/Weinreich/*Schöpfling*, § 7 Rn 17; Keidel/*Zimmermann*, § 7 Rn 11, 36; siehe auch *Sommer*, Die Rechtsstellung des Kindes im familiengerichtlichen Verfahren, FPR 2012, 374.
1546 Vgl. BGH FamRZ 2012, 1049.
1547 BGH, Beschl. v. 15.6.2016 – XII ZB 491/15, juris Rn 45; BGH FamRZ 2011, 1788.
1548 BGH FamRZ 2011, 1788 und 1859; 2012, 292; OLG Stuttgart FamRZ 2010, 1166; OLG Koblenz NJW 2011, 236; KG ZKJ 2012, 314; *Schael*, FamRZ 2009, 265; *Keuter*, NJW 2010, 1851; *Rüntz/Viefhues*, FamRZ 2010, 1285, 1289; *Grün*, FamFR 2010, 45; *Salgo*, FPR 2011, 314.
1549 OLG Oldenburg FamRZ 2010, 660; FPR 2011, 342; *Götz*, NJW 2010, 897; Prütting/Helms/*Stößer*, § 158 Rn 25; Bonk/Jacoby/Schwab/*Zorn*, § 158 Rn 21; *Schürmann*, FamFR 2009, 153.
1550 Vgl. auch *Rüntz/Viefhues*, FamRZ 2010, 1285, 1289.
1551 BGH FamRZ 2012, 292.
1552 KG FamRZ 2010, 1171; OLG Zweibrücken FamRZ 2012, 1961; OLG Celle FamRZ 2013, 651; OLG Celle RPfl 2011, 436; OLG Köln FamRZ 2012, 579; 2011, 231; OLG Dresden FamRZ 2010, 1995; zu diesem Problemkreis auch *Müller*, Die Vertretungsproblematik in Genehmigungsverfahren anhand des Beispiels der Erbausschlagung eines verfahrensunfähigen Kindes, RpflStud 2010, 140.
1553 *Horndasch/Viefhues/Reinken*, § 9 Rn 10; Kemper/Schreiber/*Schreiber*, HK-FamFG, § 9 Rn 11; Musielak/*Borth*, § 9 Rn 2.
1554 *Horndasch/Viefhues/Reinken*, § 9 Rn 10; Keidel/*Zimmermann*, § 9 Rn 12; Musielak/*Borth*, § 9 Rn 2; Schulte-Bunert/Weinreich/*Schöpflin*, § 9 Rn 7; a.A. wohl *Schael*, FamRZ 2009, 265, 267.

I. Das Verfahren zur Regelung der elterlichen Sorge bei Trennung oder Scheidung § 1

eigenes Recht auf Umgang einräumen. Gleiches gilt für Verfahren nach § 1632 Abs. 1 und 4, § 1666, § 1674 BGB.[1555] Allerdings sind Verfahren erfasst, in denen Maßnahmen nach § 1684 Abs. 4 BGB in Rede stehen.[1556] Denn auch in diesem Verfahren wird das eigene Umgangsrecht des Kindes aus § 1684 Abs. 1 BGB ggf. beschränkt und mithin geregelt, nicht anders als bei der – ebenfalls erfassten – Anordnung einer Umgangspflegschaft nach § 1684 Abs. 3 S. 3 BGB. Dementsprechend sprechen die Gesetzesmaterialien von der eigenständigen Wahrnehmung „materieller" Rechte des Kindes.[1557]

Eine Beschränkung auf Kindschaftssachen (§ 151 FamFG) enthält § 9 Abs. 1 Nr. 3 FamFG nicht, so dass auch die Antrags- und Widerspruchsrechte des Kindes im Adoptions- oder Vormundschaftsrecht (§§ 1746 Abs. 2 S. 1,[1558] 1762 Abs. 1, 1778 Abs. 1 Nr. 5, 1887 Abs. 2 BGB) umfasst sind.[1559] Die Gegenauffassung kann sich zwar auf BT-Drucks 16/9733, S. 288 („im kindschaftsrechtlichen Verfahren") stützen, dies hat aber im Wortlaut des § 9 FamFG keinerlei Niederschlag gefunden und ist auch von der Zielrichtung der eigenständigen Verfahrensfähigkeit des mindestens 14 Jahre alten Kindes aus gesehen nicht gerechtfertigt.

427

Die Beteiligungsfähigkeit setzt voraus, dass das Kind selbst – was ggf. das Gericht zu klären hat – umfassend am Verfahren beteiligt werden will; nur angehört werden zu wollen, genügt nicht.[1560]

428

Dies vorausgesetzt, ist es nicht notwendig, dass dem Kind das geltend gemachte Recht auch tatsächlich – im Ergebnis – zusteht.[1561] Dies ist eine Frage der Begründetheit seines Anspruchs. Die Gegenauffassung verkennt, dass die Verfahrensfähigkeit einem Beteiligten gerade die eigenständige Geltendmachung des Rechts – u.a. durch umfassende Gewährung rechtlichen Gehörs – erst eröffnen will.

Dies alles hat wichtige, in der Praxis nicht immer strikt beachtete Konsequenzen. Das Kind bedarf in solchen Verfahren für keine Verfahrenshandlung eines gesetzlichen Vertreters (arg. § 9 Abs. 2 FamFG). Es kann also selbst Vergleiche schließen und einem Rechtsanwalt Verfahrensvollmacht erteilen.[1562]

429

Das Kind hat ferner grundsätzlich Anspruch auf umfassende Übersendung der zu den Akten gelangenden Schriftstücke wie Schriftsätze, Gutachten usw.; dieser Anspruch kann nur durch den in § 164 S. 2 FamFG zum Ausdruck kommenden allgemeinen, kinderschützenden Rechtsgedanken beschränkt werden.[1563]

1555 Prütting/Helms/*Prütting*, § 9 Rn 14; a.A. *Schulte-Bunert/Weinreich/Schöpflin*, § 9 Rn 7, aber zu weitgehend, da § 9 Abs. 1 Nr. 3 auf ein dem Kind nach „bürgerlichem Recht" zustehenden Anspruch abstellt, so dass Verfassungsrechte des Kindes nur erfasst sind, wenn sie im BGB ausdrücklich einfachrechtlich ausgestaltet werden.
1556 A.A. aber *Keidel/Zimmermann*, § 9 Rn 12; Prütting/Helms/*Prütting*, § 9 Rn 14; *Heiter*, FamRZ 2009, 85, 87.
1557 BT-Drucks 16/9733, S. 288.
1558 *Haußleiter*, § 9 Rn 16.
1559 Zutreffend *Horndasch/Viefhues/Reinken*, § 9 Rn 10; *Keidel/Zimmermann*, § 9 Rn 14; Kemper/Schreiber/*Schreiber*, HK-FamFG § 9 Rn 10; *Schulte-Bunert/Weinreich/Schöpflin*, § 9 Rn 7; Zöller/*Geimer*, § 9 FamFG Rn 3; *Schael*, FamRZ 2009, 265, 267; a.A. *Heiter*, FamRZ 2009, 85, 87.
1560 *Horndasch/Viefhues*, § 9 Rn 11; Kemper/Schreiber/*Schreiber*, HK-FamFG § 9 Rn 12; *Schulte-Bunert/Weinreich/Schöpflin*, § 9 Rn 7; Zöller/*Geimer*, § 9 Rn 3; *Heiter*, FamRZ 2009, 85, 87.
1561 Zutr. *Schulte-Bunert/Weinreich/Schöpflin*, § 9 Rn 9; a.A. Kemper/Schreiber/*Schreiber*, HK-FamFG § 9 Rn 11; Prütting/Helms/*Prütting*, § 9 Rn 15; *Heiter*, FamRZ 2009, 85, 87.
1562 OLG Dresden FamRZ 2014, 1042; *Horndasch/Viefhues*, § 9 Rn 12; *Keidel/Zimmermann*, § 9 Rn 16; Prütting/Helms/*Prütting* § 9 Rn 15a; *Schulte-Bunert/Weinreich/Schöpflin*, § 9 Rn 9; Thomas/Putzo/*Hüßtege*, § 9 Rn 6.
1563 Zutr. *Heiter*, FamRZ 2009, 85, 88f. ebenso zum parallelen Problem im Betreuungsrecht – §§ 275, 288 Abs. 1 FamFG – BGH FamRZ 2012, 869; 2011, 574; BtPrax 2010, 278.

§ 1 Die elterliche Sorge

430 Von der Stellung des Kindes als Beteiligter ist die Pflicht zu unterscheiden, es **persönlich anzuhören** (§ 159 FamFG).[1564] Nach § 159 Abs. 1 FamFG ist das Kind stets persönlich anzuhören, wenn es das **14. Lebensjahr vollendet** hat. Betrifft in diesem Fall das Verfahren ausschließlich das Kindesvermögen, kann von einer persönlichen Anhörung abgesehen werden, wenn sie auch nach Art der Angelegenheit nicht angezeigt ist. **Kinder unter 14 Jahren** sind gemäß § 159 Abs. 2 FamFG persönlich anzuhören, wenn die Neigungen, die Bindungen oder der Wille des Kindes für die Entscheidung von Bedeutung sind oder wenn eine persönliche Anhörung aus sonstigen Gründen angezeigt ist. Diese Gewährleistung der persönlichen Anhörung des Kindes durch den Richter selbst geht über die Gewährleistung von Art. 12 Abs. 2 UNKRK hinaus, was zu begrüßen ist.

431 In den im Wesentlichen **unstreitigen Verfahren**, in denen ein Elternteil dem Sorgerechtsantrag des anderen zustimmt (§ 1671 Abs. 1 S. 2 Nr. 1 bzw. Abs. 2 S. 2 Nr. 1 BGB), wurde in der Praxis schon immer weitestgehend von der Kindesanhörung Abstand genommen,[1565] und zwar unabhängig vom Alter des Kindes. An dieser Handhabung hat auch § 159 FamFG nichts geändert, wenngleich die Amtsermittlung nicht der Disposition der Beteiligten unterliegt.[1566] Zwingend ist freilich auch im Falle des Einvernehmens der Eltern die persönliche Anhörung eines Kindes, das das 14. Lebensjahr vollendet hat, damit es von seinem **Widerspruchsrecht** nach § 1671 Abs. 1 S. 2 Nr. 1 bzw. Abs. 2 S. 2 Nr. 1 BGB Gebrauch machen kann.[1567] Jedenfalls dann, wenn aus der Akte Anhaltspunkte für eine Kindeswohlgefährdung durch den übereinstimmenden Elternvorschlag hervorgehen, sind im Rahmen der dem Gericht obliegenden Sachaufklärung auch jüngere Kinder anzuhören, damit ggf. nach § 1671 Abs. 4 BGB i.V.m. §§ 1666 ff. BGB[1568] vom Vorschlag der Eltern abgewichen werden kann;[1569] denn zu Amtsermittlungen (§ 26 FamFG) ins Blaue hinein ist das Gericht nicht verpflichtet.[1570]

432 In **streitigen Sorgerechtsverfahren** (§ 1671 Abs. 1 Nr. 2 BGB) – und zwar auch in einstweiligen Anordnungsverfahren[1571] – sind demgegenüber die Kinder grundsätzlich ausnahmslos anzuhören,[1572] auch wenn die Eltern darum bitten, davon abzusehen,[1573] zumal § 159 FamFG – der den Grundsatz der Anhörungspflicht noch deutlicher als zuvor herausstellt – nicht nur der Sachaufklärung dient, sonder auch das eigene (!) Recht des Kindes auf rechtliches Gehör ausgestaltet.[1574] Unerheblich ist zudem, ob in dem Verfahren die gesamte oder nur ein Teilbereich der elterlichen Sorge streitig ist[1575] oder ob es sich um ein Verfahren nach § 1628 BGB handelt (zu letzteren siehe Rdn 116 ff.).[1576] Im Verfahren nach § 1626a Abs. 2 BGB kann das Argument,

---

1564 Dazu *Carl/Clauß/Karle*, Kindesanhörung im Familienrecht, C.H.Beck 2015; *Karle/Carl/Clauß*, Kindesanhörung aus psychologischer Sicht, NZFam 2014, 875; *Carl/Karle*, Kindesanhörung und Fortbildung von Familienrichtern, NZFam 2014, 930; *Hennemann*, Die Anhörung des Kindes in Kindschaftsverfahren § 159 FamFG, NZFam 2014, 871; *Krumm*, Die wichtigsten Praxisprobleme der persönlichen Kindesanhörung nach § 159 FamFG, FamFR 2013, 265; *Obermann*, Kindesanhörung bei Einigung der Eltern?, NZFam 2015, 1129; *Sommer*, Die Rechtsstellung des Kindes im familiengerichtlichen Verfahren, FPR 2012, 374, 376; *Rohmann*, Anhörung des Kindes und der Eltern sowie Bekanntgabe der Entscheidung an das Kind als kommunikativer Prozess, FPR 2013, 464.
1565 *Oelkers*, DAVorm 1995, 801.
1566 BGH FamRZ 2011, 796 m. Anm. *Völker*.
1567 Ebenso nunmehr *Obermann*, Kindesanhörung bei Einigung der Eltern?, NZFam 2015, 1129.
1568 Dazu OLG Brandenburg FamRZ 2014, 1649; OLG Nürnberg FamRZ 2013, 1993.
1569 Zu streng demgegenüber – stets Anhörung – *Ivanitz*, Keine Beteiligung des Kindes bei elterlichem Einvernehmen?, NZFam 2016, 7; ebenso Ergebnis 5 des Arbeitskreises 23 des 21. Deutschen Familiengerichtstages.
1570 Dazu BGH FamRZ 2011, 1047; OLG Saarbrücken NJW-RR 2013, 452.
1571 Siehe – statt vieler – OLG Schleswig FamRZ 2014, 1383.
1572 BGH, Beschl. v. 15.6.2016 – XII ZB 419/15, juris.
1573 So ausdrücklich BGH FamRZ 2011, 796.
1574 BGH, Beschl. v. 15.6.2016 – XII ZB 419/15, juris; *Völker*, FamRZ 2011, 801, 802 m.w.N.
1575 OLG Karlsruhe FamRZ 2000, 511.
1576 BVerfG FamRZ 2003, 511.

dem Kind sei die abstrakte rechtliche Konstruktion der gemeinsamen elterlichen Sorge nicht vermittelbar, ebenfalls nicht gehört werden.[1577] Dies verkennt, dass es Aufgabe des Gerichts ist, das Verfahren, insbesondere die Umstände sowie die Art und Weise der Kindesanhörung, unter Berücksichtigung des Alters, des Entwicklungsstands und der sonstigen Fähigkeiten des Kindes so zu gestalten, dass das Kind seine persönlichen Beziehungen zu den Eltern erkennbar werden lassen kann (vgl. § 159 Abs. 4 FamFG). Gegen die Anhörung des Kindes spricht auch nicht, dass es vielen Kindern gleichgültig ist, ob ein Elternteil allein oder beide gemeinsam die elterlicher Sorge ausüben; denn erst durch eine persönliche Anhörung kann überprüft werden, ob auch das im Einzelfall betroffene Kind so empfindet.[1578] Die Kindesanhörung darf auch im Verfahren auf Erlass einer einstweiligen Anordnung nicht unterbleiben (zumal arg. § 159 Abs. 3 S. 2 FamFG).[1579] Erfolgt dort eine Anhörung, so kann sie – allerdings zeitnah – im Hauptsacheverfahren gleichen Gegenstands verwertet werden (§ 51 Abs. 3 S. 2 FamFG). Laufen mehrere Verfahren mit unterschiedlichen Verfahrensgegenständen (etwa Sorge- und Umgangsrecht), so kann die im einen Verfahren erfolgte Anhörung im anderen Verfahren nicht verwertet werden, soweit dort andere Willensbekundungen oder andere Fragen von Bedeutung sind.[1580]

Eine dem Kindeswohl gerecht werdende Entscheidung setzt zwingend voraus, dass sich das Gericht einen **persönlichen Eindruck** von dem Kind verschafft und einen Eindruck von seinen Äußerungen gewinnt.[1581] Dies gilt auch für Verfahren nach § 1666 BGB.[1582] Um von einer Anhörung ausgehen zu können, genügt nicht die bloße Beobachtung des im Gerichtssaal anwesenden Kindes. Es muss vielmehr eine direkte Kommunikation erfolgen.[1583] Auch die Anhörung nur durch den Sachverständigen im Richterzimmer genügt den Anforderungen nicht.[1584] Gelingt die Kontaktaufnahme zum Kind nicht,[1585] so mag von einem weiteren Versuch Abstand genommen werden können, wenn dem Willen des Kindes im Einzelfall ersichtlich keine streitentscheidende Bedeutung zukommen wird.[1586] Andernfalls ist das Gericht jedenfalls dann gehalten, einen erneuten Anhörungsversuch zu unternehmen, wenn mangels Entscheidungsreife ohnehin ein weiterer Termin anberaumt werden muss.[1587] Von Belang ist in diesen Fällen auch, ob der Wille des Kindes durch einen Verfahrensbeistand in das Verfahren eingebracht worden ist. Fehlt es hieran, kann gerade der Umstand, dass sich das Kind dem Gericht nicht öffnet, für eine Verfahrensbeistandsbestellung streiten.[1588]

433

Bei der Anhörung des Kindes muss gewährleistet sein, dass diese so schonend und belastungsfrei wie möglich durchgeführt wird.[1589] Zum Schutz des Kindes, aber auch um eine möglichst unbe-

434

1577 BGH, Beschl. v. 15.6.2016 – XII ZB 419/15, juris; a.A. OLG Karlsruhe FamRZ 2015, 2168; OLG Brandenburg FamRZ 2016, 240.
1578 BGH, Beschl. v. 15.6.2016 – XII ZB 419/15, juris.
1579 OLG Schleswig FamRZ 2014, 1383.
1580 Vgl. BGH 2011, 796 m. Anm. *Völker*.
1581 BGH FamRZ 2011, 796; OLG Zweibrücken FamRZ 1998, 960; OLG Hamm FamRZ 1997, 1550.
1582 OLG Saarbrücken JAmt 2003, 41; OLG Hamm FamRZ 2001, 850.
1583 OLG Saarbrücken, Beschl. v. 21.11.2011 – 9 UF 108/11 (n.v.); BayObLG FamRZ 1997, 223.
1584 OLG Saarbrücken JAmt 2003, 41.
1585 Sehr lesenswert zur Gestaltung der Kindesanhörung *Rohmann*, Anhörung des Kindes und der Eltern sowie Bekanntgabe der Entscheidung an das Kind als kommunikativer Prozess, FPR 2013, 464.
1586 OLG Saarbrücken, Beschl. v. 1.4.2011 – 6 UF 6/11 (n.v.) zum Vorschulkind allein zur Frage der Aufhebung der gemeinsamen elterlichen Sorge, wenn im Fall deren Aufhebung kein Zweifel besteht, welchem Elternteil die Sorge zu übertragen sein wird.
1587 OLG Saarbrücken, Beschl. v. 21.11.2011 – 9 UF 108/11 (n.v.).
1588 Kemper/Schreiber/*Völker/Clausius*/Wagner § 159 Rn 8.
1589 LG Köln DAVorm 1994, 305; OLG Hamburg FamRZ 1983, 527; zur Gestaltung der Anhörung *Karle/Carl/Clauss*, NZFam 2014, 875; *Carl/Eschweiler*, NJW 2005, 1681; *Schweppe/Bussian*, ZKJ 2012, 13; *Stötzel/Prenzlow*, ZKJ 2011, 200.

fangene Situation zu schaffen, soll die Anhörung in Abwesenheit der Eltern durchgeführt werden.[1590] Über die An- oder Abwesenheit der Eltern und anderer Personen – außer dem Verfahrensbeistand, dazu sogleich – entscheidet aber das Gericht nach pflichtgemäßem Ermessen.[1591] Der **Verfahrensbeistand** hat ein Anwesenheitsrecht und soll an der Kindesanhörung teilnehmen, was § 159 Abs. 4 S. 3 FamFG nach neuem Recht ausdrücklich anordnet. Nur ausnahmsweise kann das Familiengericht von der Hinzuziehung des Verfahrensbeistandes Abstand nehmen, wenn dies im Einzelfall aus Gründen einer besseren Sachaufklärung geboten ist.[1592] Es handelt sich hierbei um eine Ermessensentscheidung des Gerichts, die jeweils berücksichtigen muss, dass dem Verfahrensbeistand die Möglichkeit eröffnet werden muss, seine gesetzliche Aufgabe zu erfüllen, dem Willen und den Interessen des Kindes Geltung zu verschaffen (dazu eingehend siehe § 5 Rdn 30 ff.).[1593] Dies gilt in besonderem Maße, wenn der Wille und das Interesse des Kindes zentrale Entscheidungsaspekte sind.

435 Wenn der Richter das Kind in seiner vertrauten Umgebung hören möchte,[1594] wie etwa bei der Tagesmutter, im Kindergarten oder im häuslichen Umfeld,[1595] ist zu beachten, dass eine **Anhörung im häuslichen Umfeld** des elterlichen Einverständnisses bedarf.

436 Bei unter dreijährigen Kindern kann eine **Beobachtung des Umgangs** eines Elternteils mit dem Kind im Sitzungssaal gegebenenfalls für die gerichtliche Entscheidung aufschlussreich sein. Oft lassen sich dadurch Erkenntnisse über das Verhältnis zwischen Elternteil und Kind gewinnen.

437 Darüber, ab welchem **Alter** grundsätzlich eine Anhörung des Kindes vorzunehmen ist, sagt § 159 Abs. 2 FamFG wenig aus. Die Norm sieht nur vor, dass vor dem vollendeten 14. Lebensjahr die persönliche Anhörung durchzuführen ist, wenn die Neigungen, Bindungen oder der Kindeswille für die Entscheidung von Bedeutung sind. In der Rechtsprechung geht man davon aus, dass darauf abzuheben ist, inwieweit ein Kind nach seinem Alter bereits in der Lage ist, maßgebliche Empfindungen zu bilden und zu artikulieren.[1596] Für die Praxis ist die Frage indessen vom BVerfG geklärt worden. Dieses hat die unterbliebene Ermittlung des Willens eines knapp drei Jahre alten Kindes in einem Umgangsrechtsverfahren beanstandet, weil dieser mindestens durch Anhörung des Kindes oder über einen Verfahrensbeistand zu ergründen ist.[1597] Ab **Vollendung des dritten Lebensjahres** muss das Kind von Verfassungs wegen stets vom Richter persönlich angehört werden.[1598] Von dieser Pflicht auszunehmen sind nur Fälle, in denen das Kind aufgrund besonderer Umstände – etwa einer geistigen Behinderung – erheblich in seiner Fähigkeit eingeschränkt ist, sich zu seinem Willen und seinen Beziehungen zu äußern.[1599] Regelmäßig wird der Richter aber erst im Verlauf der Anhörung feststellen können, ob und in welcher Weise er mit dem Kind über den Verfahrensgegenstand sprechen kann.[1600] Selbst wenn das Kind seine Wünsche nicht unmittelbar zum Ausdruck bringen kann, ergeben sich möglicherweise aus dem Verhalten des Kindes Rückschlüsse auf dessen Wünsche und Bindungen.[1601]

1590 OLG Köln FamRZ 1997, 1549.
1591 OLG Köln FamRZ 1997, 1549; OLG Bamberg FamRZ 1994, 1045.
1592 BGH FamRZ 2010, 1060 m. Anm. *Völker* S. 1065; Anm. *Coester*, FF 2010, 365.
1593 Siehe dazu BGH FamRZ 2011, 796 m. Anm. *Völker*.
1594 OLG Hamm FamRZ 1999, 36.
1595 *Oelkers*, DAVorm 1995, 801.
1596 Kemper/Schreiber/*Völker*/Clausius/Wagner, § 159 Rn 3.
1597 BVerfG FamRB 2007, 73 m. Anm. *Völker*; siehe dazu auch *Völker*, jurisPR-FamR 10/2007, Anm. 1 und 11/2007, Anm. 4.
1598 BVerfG FamRZ 2007, 1626; dazu neigend auch BGH, Beschl. v. 15.6.2016 – XII ZB 419/15, juris.
1599 BGH, Beschl. v. 15.6.2016 – XII ZB 419/15, juris.
1600 BGH, Beschl. v. 15.6.2016 – XII ZB 419/15, juris; *Carl*, FamRZ 2016, 244, 245.
1601 BGH, Beschl. v. 15.6.2016 – XII ZB 419/15, juris; BGH DAVorm 1992, 499.

438 In Fällen der Kindesmisshandlung[1602] muss beachtet werden, dass dem Kind nach § 52 Abs. 1 Nr. 3 StPO ein **Zeugnisverweigerungsrecht** zusteht. Dies bedeutet, dass es bei bestehender – nicht bei fehlender! – Aussagebereitschaft und mangelnder Verstandesreife über die Konsequenzen seiner Aussage nur mit Zustimmung des gesetzlichen Vertreters – ggf. eines zu bestellenden **Ergänzungspflegers** – vernommen werden darf.[1603]

439 Von der persönlichen Anhörung des Kindes darf das Gericht nach § 159 Abs. 3 FamFG nur aus schwerwiegenden Gründen absehen. Zu denken ist hierbei etwa an Fälle einer mit der Anhörung einhergehenden unverhältnismäßigen **psychischen Belastung**[1604] oder sonstigen gesundheitlichen Beeinträchtigungen.[1605] Diese Ausnahme ist aber **sehr eng auszulegen**, zumal eine angemessene Kindesanhörung kaum einmal eine solche Belastung bedeuten wird.[1606] Vielmehr kann die Belastung durch die Gestaltung der Anhörung auf ein zumutbares Maß reduziert werden.[1607] Dies wurde auch durch eine – sehr lesenswerte – rechtstatsächliche Untersuchung zur Praxis der Kindesanhörung in Deutschland bestätigt.[1608] Auch das BVerfG lehnt das Belastungsargument regelmäßig ab.[1609]

Die Entscheidung darüber, ob bestimmte Begleitumstände sich als schwerwiegende Gründe darstellen, obliegt dem richterlichen Ermessen, so dass eine fehlerhafte Bewertung eine Gesetzesverletzung darstellt.[1610] Das Gericht hat daher auch in der Entscheidung die Gründe für den **Anhörungsverzicht** niederzulegen.[1611] Die Kindesanhörung, die Teil der dem Gericht obliegenden Amtsermittlung ist, unterliegt nicht der Dispositionsbefugnis der Eltern; sie hat auch dann stattzufinden, wenn die Eltern sie nicht wünschen.[1612]

c) Anhörung und Beteiligtenstellung des Jugendamts (§ 162 FamFG)

440 Im Gegensatz zu der zuvor in § 49a Abs. 1 FGG vorgenommenen Auflistung der familiengerichtlichen Verfahren, in denen das Jugendamt anzuhören war, fasst § 162 Abs. 1 S. 1 FamFG dies nur kurz und plastisch unter dem Begriff der Verfahren, die die Person des Kindes betreffen, zusammen. Einbezogen werden damit nach neuem Recht auch Verfahren nach §§ 1628, 1629 Abs. 2 S. 3 BGB.

1602 Zur familiengerichtlichen Kooperation in Fällen von Kindesmisshandlung und sexuellem Missbrauch siehe *Schmid*, FamRB 2014, 267; zur ärztlichen Schweigepflicht bei Verdacht auf Kindesmisshandlung siehe § 4 KKG und KG FamRZ 2014, 607.
1603 Zu diesen Fragen OLG Saarbrücken NJW 2011, 2306 m.w.N.; OLG Koblenz NZFam 2014, 716; OLG Hamburg FamFR 2013, 309; OLG Schleswig FamRZ 2013, 571; OLG Nürnberg FamRZ 2010, 1996; OLG Brandenburg FamRZ 2010, 843; NZFam 2016, 191; OLG Bremen NJW-RR 2011, 154; OLG Karlsruhe MDR 2012, 653; zur fehlenden Beschwerdeberechtigung der Staatsanwaltschaft siehe BGH FamRZ 2015, 42; OLG Brandenburg FamRZ 2016, 566; OLG Frankfurt FamRZ 2014, 678, OLG Naumburg MDR 2015, 161.
1604 So etwa KG FamRZ 2013, 46, bei hoch traumatisierten und von beiden Eltern massiv manipulierten Kindern.
1605 BGH NJW-RR 1986, 1130; OLG Saarbrücken DAVorm 2000, 689.
1606 Ausreichend allerdings die Begründung im Fall OLG Hamm FamFR 2012, 93; ebenso aufgrund der besonderen Einzelfallumstände wohl OLG Hamm FamRZ 2012, 143.
1607 BGH, Beschl. v. 15.6.2016 – XII ZB 419/15, juris m.w.N.
1608 *Karle/Guthmann/Klosinski*, Rechtstatsächliche Untersuchung zur Praxis der Kindesanhörung nach § 50b FGG, Bundesanzeiger vom 14.9.2010.
1609 Warnende Beispiele mögen BVerfG FamRZ 2009, 399 und 1472.
1610 OLG Hamm FamRZ 1999, 36.
1611 OLG Brandenburg FamRZ 2003, 624; OLG Brandenburg, Beschl. v. 29.8.2012 – 3 UF 77/12, juris.
1612 BGH FamRZ 2011, 796 m. Anm. *Völker*; OLG Zweibrücken FamRZ 1999, 246.

§ 1 Die elterliche Sorge

In Sorge- und Umgangsrechtsverfahren hat das Jugendamt eine eigene Stellung (siehe zu den jugendhilferechtlichen Aspekten § 12).[1613] Es ist nicht nur **Hilfsorgan des Gerichts**, sondern es leistet eine eigenverantwortliche Unterstützung bei der Ermittlung des entscheidungserheblichen Sachverhaltes.[1614] Dies folgt aus § 162 Abs. 2 S. 2 FamFG, wonach das Jugendamt (nur) auf seinen Antrag am Verfahren zu beteiligen ist. Das Jugendamt kann also einzelfallbezogen prüfen, ob es die formale Position eines Verfahrensbeteiligten anstrebt.[1615] Nur in **Verfahren nach §§ 1666, 1666a BGB** ist das Jugendamt **Muss-Beteiligter** (§ 162 Abs. 2 S. 1 FamFG n.F.). Das Jugendamt ist nach § 7 Abs. 4 FamFG von jeder Verfahrenseinleitung zu benachrichtigen und über sein Antragsrecht zu belehren. Wurde dies erstinstanzlich übersehen, sind die Benachrichtigung und die Belehrung eingangs des Beschwerdeverfahrens nachzuholen. Stellt das Jugendamt einen Antrag auf formelle Beteiligung, so hat das Gericht kein Entscheidungsermessen, sondern muss das Jugendamt förmlich beteiligen (§ 7 Abs. 2 Nr. 2 FamFG). Der Antrag auf Zulassung als Beteiligter zum erstinstanzlichen Verfahren kann nur bis zum Erlass der Endentscheidung durch das erstinstanzliche Gericht gestellt werden; danach kommt nur noch die Zulassung als Beteiligter zum Beschwerdeverfahren in Betracht, über die das Beschwerdegericht zu entscheiden hat.[1616] Wird das Jugendamt erstinstanzlich als Beteiligter hinzugezogen, so besteht die Beteiligtenstellung automatisch auch im **Rechtsmittelzug** fort.[1617] Zweitinstanzlich ist das Jugendamt auch dann formell beteiligt, wenn es selbst Beschwerde einlegt.[1618] Streitig ist, ob dem Jugendamt, wenn es nicht am Verfahren beteiligt ist, die **Schriftsätze** u.a. zuzuleiten sind. Praktische Gründe und die bessere Sachaufklärung sprechen dafür; systematische und datenschutzrechtliche Bedenken greifen demgegenüber im Ergebnis nicht durch.[1619] Anzuhören ist das Jugendamt unabhängig davon in jedem Fall. Unterbleibt die **Anhörung** zunächst wegen **Gefahr im Verzug** – sehr selten, weil meistens eine telefonische Kontaktaufnahme möglich ist[1620] –, so ist sie unverzüglich nachzuholen (§ 162 Abs. 1 S. 2 FamFG). In Verfahren, die die Person des Kindes betreffen, ist das Jugendamt von Terminen zu benachrichtigen und ihm sind alle Entscheidungen des Gerichts bekannt zu machen (§ 162 Abs. 3 S. 1 FamFG). Gegen den Beschluss steht dem Jugendamt die Beschwerde zu (§ 162 Abs. 3 S. 2 FamFG).

1613 Amüsanter geschichtlicher Rückblick auf die Entwicklung der Zusammenarbeit von Vormundschafts-/Familiengericht und Jugendamt – in Märchenform eingeleitet; „Sie spielen […] verstecken, fangen, „Räuber und Gendarm", „Blinde Kuh", „Hänschen, piep mal" und am allerliebsten „Schwarzer Peter"; und da sie nicht gestorben sind, leben sie noch heute" – bei *Oberloskamp*, FamRZ 1992, 1241; *Bergmann*, Das gesetzliche Netzwerk im Familienverfahren – Der Familienrichter im Verhältnis zum Jugendamt und zum verfahrensbevollmächtigten Anwalt, FPR 2011, 297; *Flemming*, Das erweiterte Netzwerk im Familienverfahren – in verschiedenen Rollen zum gemeinsamen Ziel, FPR 2011, 309; *Schnitzler*, Rechtsanwälte im Familienverfahren, Familiengericht und Jugendamt – Grenzen und Möglichkeiten der Kooperation, FPR 2011, 300. Siehe – aus Sicht der Jugendhilfe – auch Deutscher Verein für öffentliche und private Fürsorge e.V., Empfehlungen zur Umsetzung gesetzlicher Änderungen im familiengerichtlichen Verfahren, JAmt 2010, 417; *Dittmann*, Praxis und Kooperation der an familiengerichtlichen Verfahren beteiligten Professionen, ZKJ 2014, 180; *dies.*, Praxis und interdisziplinäres Zusammenwirken in etablierten Kooperationsmodellen, ZKJ 2014, 353.
1614 OLG Köln FamRZ 2002, 337; OLG Oldenburg NJW-RR 1996, 650.
1615 Kemper/Schreiber/*Völker/Clausius*/Wagner, § 162 Rn 2; Überblick über die Aufgaben des Jugendamts im Kontext familiengerichtlicher [nicht nur kindschaftsrechtlicher] Verfahren Hoffmann, FPR 2011,304; zur formellen Beteiligung des Jugendamts in Kindschaftssachen *Heilmann*, FamRZ 2010, 1391 und *Katzenstein*, FPR 2011, 20.
1616 OLG Köln, Beschl. v. 15.4.2016 – 4 WF 32/16, juris.
1617 Vgl. BGH FamRZ 2012, 1049.
1618 *Keidel/Engelhardt*, FamFG, § 162 Rn 10.
1619 So im Ergebnis zutreffend auch DIJuF-Rechtsgutachten JAmt 2010, 25; ebenso *Katzenstein*, FPR 2011, 20; de lege ferenda auch *Heiter*, FamRB 2012, 21, 23; a.A. *Heilmann*, FamRZ 2010, 1392, 1393; *Lack*, ZKJ 2010, 189. Zu den Möglichkeiten und Grenzen der professionellen Kommunikation in der Familiengerichtsbarkeit mit Blick auf Verschwiegenheitspflicht und Datenschutz siehe auch *Kunkel*, FPR 2013, 487.
1620 Siehe dazu zu Recht deutlich OLG Frankfurt JAmt 2010, 567.

I. Das Verfahren zur Regelung der elterlichen Sorge bei Trennung oder Scheidung § 1

Neben der Berichterstellung als solcher ist es Aufgabe des Jugendamts, erzieherische und soziale Gesichtspunkte der Kindesentwicklung in das Verfahren einzubringen. Das Jugendamt darf daher seine Mitwirkung nicht auf die bloße Mitteilung des **Beratungsangebotes** an die Eltern beschränken. Diese Tätigkeitsreduzierung käme einer Verweigerung wesentlicher Teile der dem Jugendamt im Kindesinteresse gesetzlich auferlegten Aufgaben gleich.[1621] Das Jugendamt hat auch, soweit es hierzu in der Lage ist, einen **Entscheidungsvorschlag** zu unterbreiten.[1622] In diesem Bericht hat das Jugendamt aufgrund seiner pädagogischen Fachkunde eine Stellungnahme zum Streitfall abzugeben (§ 50 Abs. 1 SGB VIII). Es unterrichtet gleichzeitig das Familiengericht über angebotene und erbrachte Leistungen, bringt erzieherische und soziale Gesichtspunkte zur Entwicklung des Kindes ein, weist auf weitere Möglichkeiten der Hilfe hin und informiert ggf. über den Stand des Beratungsprozesses (§ 50 Abs. 2 SGB VIII). Dies entbindet das Gericht freilich nicht von einer kritischen Prüfung des **Berichts**, zumal dem Vorschlag des Jugendamts nicht das Gewicht einer sachverständigen Empfehlung zukommt, wobei das Jugendamt bei dem Verdacht eines sexuellen Missbrauchs des Kindes allerdings auch nicht berechtigt ist, Ermittlungen zu veranlassen, wie sie die Staatsanwaltschaft durchführt.[1623] Zur Vorbereitung des Entscheidungsvorschlags sollte der Sachbearbeiter des Jugendamtes in der Regel bei beiden Elternteilen einen **Hausbesuch** machen, um sich einen persönlichen Eindruck der örtlichen Verhältnisse und Lebensumstände des Kindes zu verschaffen.[1624] Allein das Gespräch mit den Eltern im Jugendamt dürfte nicht ausreichend sein. Einer vollständigen Umsetzung dieser Vorgaben in der Praxis steht allerdings oft der Personalbestand der Jugendämter entgegen.

441

Haben die Kindeseltern ihren **Wohnsitz in verschiedenen Zuständigkeitsbezirken**, so hat das für das Verfahren örtlich zuständige[1625] Jugendamt im Wege der **Amtshilfe** einen Bericht des für den anderen Elternteil zuständigen Jugendamtes einzuholen, dem Familiengericht mitzuteilen und ihn in seiner Stellungnahme zu berücksichtigen. Zieht der betreuende Elternteil mit dem Kind im Verlauf des bereits anhängigen Verfahrens um, so bleibt grundsätzlich gemäß § 87b Abs. 2 S. 1 SGB VIII das bisher zuständige Jugendamt im familiengerichtlichen Verfahren weiterhin für die Mitwirkung gemäß § 50 SGB VIII örtlich zuständig.[1626] Dies gilt allerdings nicht für Abänderungsverfahren nach §§ 1696 Abs. 1 oder Abs. 2 BGB i.V.m. 166 Abs. 1 bzw. Abs. 2 BGB.[1627] Wird die Einholung eines Jugendamtsberichts versäumt, so liegt darin neben einer Verletzung von § 162 Abs. 1 FamFG auch eine solche des **Amtsermittlungsgrundsatzes**. Dies kann für das Beschwerdegericht auf – notwendigen (§ 69 Abs. 2. S. 3 FamFG) – Antrag hin Anlass sein, die Entscheidung aufzuheben und die Sache zur erneuten Behandlung und Entscheidung zurückzuverweisen.

442

Die dem Jugendamt eingeräumten Mitwirkungsbefugnisse nach § 50 SGB VIII dürfen nicht vollständig auf Dritte übertragen werden. Ein **Träger der freien Jugendhilfe** kann lediglich an der Erfüllung der dem Jugendamt zukommenden Aufgaben beteiligt werden. Die Verantwortlichkeit für die Aufgabenerfüllung als solche verbleibt jedoch beim Jugendamt.[1628]

443

1621 OLG Oldenburg NJW-RR 1996, 650; OLG Frankfurt FamRZ 1992, 206.
1622 BGH FamRZ 1986, 895 (allerdings noch zum JWG); OLG Stuttgart FamRZ 2006, 1857; OLG Frankfurt OLGR 1999, 278; 593; OLG Schleswig FamRZ 1994, 1129.
1623 AG Düsseldorf FamRZ 1995, 498; zur familiengerichtlichen Kooperation in Fällen von Kindesmisshandlung und sexuellem Missbrauch siehe *Schmid*, FamRB 2014, 267.
1624 OLG Köln FamRZ 2001, 1535; OLG Köln FamRZ 1999, 1517.
1625 Zur sachlichen Zuständigkeit siehe BGH FamRZ 2015, 1699; Beschl. v. 20.11.2013 – XII ZB 576/12, juris; BGH FamRZ 2014, 375.
1626 OLG Saarbrücken, Beschl. v. 5.8.2015 – 9 UF 102/14 (n.v.); siehe dazu auch eingehend DIJuF-Rechtsgutachten JAmt 2015, 306.
1627 Zutreffend DIJuF-Rechtsgutachten JAmt 2015, 605 m.w.N.
1628 OLG Naumburg FamRZ 2003, 468.

444 Wirkt das Jugendamt in einem Verfahren nur unzureichend mit, weil etwa kein Sachbearbeiter im Termin erscheint oder **kein Bericht erstellt** wird, so hat das Gericht keine Möglichkeit, diese Mitwirkung zwangsweise umzusetzen, da nicht der einzelne Jugendamtsmitarbeiter Verfahrensbeteiligter ist.[1629] Eine Ablehnung des Jugendamtsmitarbeiters wegen Befangenheit kommt ohnehin mangels Rechtsgrundlage nie in Betracht.[1630] Allerdings sollte sich der Familienrichter bzw. der Vorsitzende des Familiensenats dann mit dem Dienstvorgesetzten des Jugendamtsmitarbeiters in Verbindung setzen und auf Abhilfe drängen. Die Erfahrung lehrt, dass dies wirkt. Wird durch das Jugendamt ein Bericht erstellt, der ersichtlich nicht als abschließende Stellungnahme gedacht war, sondern lediglich einer **vorläufigen Einschätzung** in einem Eilverfahren diente,[1631] so darf sich das Familiengericht mit dieser Stellungnahme nicht begnügen.

445 Ein Elternteil hat keinen Anspruch auf **Widerruf eines Jugendamtsberichts**, der im Rahmen von § 50 Abs. 1 SGB VIII erstellt worden ist.[1632] Zu beachten ist allerdings, dass bei der Mitwirkung des Jugendamts in familiengerichtlichen Verfahren außerhalb von §§ 1666, 1666a BGB die Erhebung von Sozialdaten bei Dritten grundsätzlich unzulässig ist; ein Verstoß kann zur **Schadensersatzpflicht** führen.[1633]

446 **Verweigert** ein Elternteil die Zusammenarbeit mit dem Jugendamt und hier insbesondere die vorgesehenen Elterngespräche, so kann die Mitarbeit nicht erzwungen werden. Soweit dadurch jedoch die Ermittlungen des Jugendamts vereitelt werden, sind auch die hieraus entstehenden Nachteile durch den blockierenden Elternteil in Kauf zu nehmen. Diese können in einem umfangreicheren Sachverständigengutachten bestehen, einhergehend mit einer weiteren zeitlichen Verzögerung sowie einem nicht unerheblichen Kostenaufwand.[1634] Im Einzelfall lässt ein solches Verhalten auch Schlüssen auf eine eingeschränkte **Erziehungseignung** eines Elternteils zu. § 81 Abs. 2 Nr. 4 FamFG ermöglicht es, diesem Elternteil **Verfahrenskosten** aufzuerlegen, wenn er durch schuldhaftes Verletzen seiner **Mitwirkungspflichten** (§ 27 FamFG)[1635] das Verfahren erheblich verzögert hat. Hiervon sollte in geeigneten Fällen durchaus Gebrauch gemacht werden (zur Frage der verfahrenskostenhilferechtlichen **Mutwilligkeit** in solchen Fällen siehe § 8 Rdn 13 ff.).

d) Beteiligtenstellung und Anhörung der Pflegeperson (§ 161 FamFG)

447 Über den früheren § 50c FGG hinausgehend ermöglicht § 161 Abs. 1 FamFG die amtswegige **Hinzuziehung der Pflegeperson als Beteiligte** (siehe dazu auch Rdn 366) im Interesse des Kindes, wenn das Kind seit längerer Zeit in **Familienpflege** (§ 1632 Abs. 4, siehe dazu § 4 Rdn 23 ff.) lebt. Damit wird sichergestellt, dass die Pflegeperson vollumfänglich vom Verfahrensablauf in Kenntnis gesetzt wird und so Einfluss auf das Verfahren nehmen kann (siehe auch Rdn 366). Kann hiernach eine Hinzuziehung der Pflegeperson dem Kindeswohl dienen, so ist diese regelmäßig geboten, unabhängig davon, ob die Pflegeperson selbst unmittelbar von der zu treffenden Entscheidung betroffen ist.[1636] Nach früherer Rechtsprechung des BGH konnte eine Pflegeperson in gerichtlichen Verfahren, die die elterliche Sorge oder das Umgangsrecht eines Elternteils mit dem Kind betrafen – mit Ausnahme der Verfahren nach §§ 1630 Abs. 3, 1632 Abs. 4 und 1688

1629 OLG Oldenburg NJW-RR 1996, 650; OLG Schleswig FamRZ 1994, 1129.
1630 OLG Celle FamRZ 2011, 1532; VGH München ZKJ 2016, 238.
1631 OLG Köln FamRZ 1995, 1593.
1632 VG München JAmt 2012, 485.
1633 OLG Zweibrücken ZKJ 2013, 253 m. krit. Anm. *Walther*; siehe zur Übermittlung von Daten aus einem ärztlichen Entlassungsbericht an das Familiengericht DIJuF-Rechtsgutachten JAmt 2013, 585.
1634 AG Friedberg FamRZ 1992, 1333.
1635 Zu den Mitwirkungspflichten bei der Beweisaufnahme in Familiensachen siehe *Bohnert*, NZFam 2014, 107.
1636 OLG Bremen FamRZ 2014, 414; OLG Saarbrücken FamRZ 2014, 598; FamRB 2014, 131; OLG Hamburg FamRZ 2015, 2188.

Abs. 3 und Abs. 4 BGB – grundsätzlich weder formell noch materiell verfahrensbeteiligt sein.[1637] Dies ist durch § 161 Abs. 1 FamFG überholt, wenngleich die **Beschwerdeberechtigung** von Pflegepersonen weiterhin – auch im Falle ihrer formellen Beteiligung – nur sehr eingeschränkt bejaht werden kann (siehe dazu – auch zur Beschwerde gegen die unterbliebene amtswegige Hinzuziehung der Pflegeperson – § 4 Rdn 25 ff.).

Diese dem Kindesinteresse und einer längeren Pflegedauer unterworfene Kann-Beteiligung eröffnet dem Gericht die Möglichkeit, sein pflichtgemäßes Ermessen einzelfallgerecht auszuüben, zumal die Pflegeeltern ihre förmliche Beteiligung anregen können und für den Fall, dass das Gericht ihrer Anregung nicht entspricht, entsprechend § 7 Abs. 5 S. 2 FamFG beschwerdeberechtigt sind (siehe dazu auch § 4 Rdn 25).[1638]

Eine Muss-Beteiligung von Pflegeeltern hätte demgegenüber zahlreiche Nachteile. Abgesehen davon, dass sie manchmal zuvörderst eigene Interessen verfolgen, nähme die Komplexität und Konfliktbeladung der Verfahren öfters zu, was auch eine längere Verfahrensdauer befürchten ließe und damit dem Beschleunigungsgebot des § 155 Abs. 1 FamFG zuwiderliefe. Den Pflegeeltern entstünden auch Kostenrisiken, deren Realisierung nicht immer durch das dem Gericht in § 81 Abs. 1 FamFG eingeräumte billige Ermessen wird vermieden werden können. Ferner ist zu berücksichtigen, dass die Pflegeeltern durch die Beteiligung ein grundsätzlich uneingeschränktes Recht auf Akteneinsicht erhalten,[1639] und zwar auch in sensible Aktenteile – etwa Gutachten, in welche die Herkunftseltern mit einbezogen worden sind. Dies bedeutet einen erheblichen Eingriff in das Recht (auch) der Herkunftseltern, zu entscheiden, welchem Personenkreis sie persönliche, teilweise sehr intime Umstände offenbaren möchten. Die Pflegeeltern bekämen so zudem vermehrt Argumentationsstoff „gegen" die Eltern, was – zumal in Ansehung der häufigen Gegnerstellung beider „Lager" – ebenfalls erhebliche negative Folgen für das Verfahren und seine Dauer haben kann. Solange die Pflegeeltern nicht die förmliche Absicherung des Verbleibs des Kindes bei sich fordern (§ 1632 Abs. 4 BGB) – dann sind sie ohnehin Muss-Beteiligte –, wiegen diese Nachteile durchaus schwerer als die Vorteile ihrer Beteiligung, die im Übrigen in solchen Fällen auch nicht stets ihrem Willen entspricht, insbesondere dann nicht, wenn sie keinen Verbleib des Kindes bei ihnen erstreben.[1640]

Auch in dem Fall, in dem der **Umgang des Kindes mit seinen Herkunftseltern** geregelt werden soll, ist eine zwingende Beteiligung der Pflegeeltern nicht angezeigt. Zwar haben sie die Regelung im Alltag umzusetzen und müssen das Kind zum Ende eines Umgangs auch wieder psychisch „auffangen". Für eine Beteiligung mag auch streiten, dass die Umgangsregelung erst dadurch nicht nur dem (Amts-)Vormund bzw. (Amts-)pfleger,[1641] sondern auch ihnen gegenüber vollstreckbar wird (siehe dazu auch § 6 Rdn 29). Die Einbindung der Pflegeeltern kann zudem den Abschluss eines gerichtlich gebilligten Vergleichs befördern, dem auch diese dann zustimmen müssten. Es entspricht allgemeiner Erkenntnis, dass solchermaßen gemeinsam gefundene, einvernehmliche Regelungen regelmäßig besser tragen als gerichtliche Anordnungen. (siehe § 2 Rdn 240); deren Nichteinbeziehung birgt die Gefahr des Scheiterns der ohne ihre Zustimmung abgeschlossenen Vereinbarung.[1642] In diesen Umgangsverfahren sind zudem erfahrungsgemäß auch weniger sensible Unterlagen bei den Akten; sollte dies im Einzelfall anders sein, könnte die Akteneinsicht unter Verweis auf schwerwiegende Interessen der Herkunftseltern beschränkt gewährt werden (§ 13 Abs. 1 FamFG). Eine Muss-Beteiligung erscheint dennoch nicht erforder-

---

1637 BGH FamRZ 2005, 975; 2000, 219.
1638 OLG Hamburg FamRZ 2015, 2188; OLG Bremen FamRZ 2014, 414.
1639 Siehe dazu OLG Hamburg FamRZ 2015, 2188.
1640 Siehe dazu etwa OLG Saarbrücken FamRB 2016, 227.
1641 Siehe dazu BGH FamRZ 2014, 732.
1642 Vgl. *Heilmann*, ZKJ 2014, 48, 53; *Hammer*, FamRZ 2014, 736.

lich, weil es auch insoweit ausreicht, dass das Gericht sein bereits nach geltendem Recht bestehendes tatrichterliches Hinzuziehungsermessen in diesen Fällen angemessen ausübt.[1643] Die Hinzuziehung ist nach alledem in diesen Fällen vor allem dann angezeigt, wenn die Pflegeeltern im Rahmen ihrer Anhörung (§ 161 Abs. 2 FamFG) zu erkennen geben, dass sie das Umgangsrecht der Herkunftseltern nicht billigen.

448 § 161 Abs. 2 FamFG ordnet die – nicht zwingend persönliche – Anhörung der Pflegeperson an, wenn das Kind längere Zeit bei ihr in **Familienpflege** gelebt hat.[1644] Ein Absehen von dieser Anhörung ist im Unterschied zur früheren Regelung in § 50c FGG nicht mehr möglich.[1645] Bei der Auslegung des Begriffs „längere Zeit" ist auf das **kindliche Zeitempfinden**[1646] – ein jüngeres Kind empfindet im Vergleich zu einem älteren eine bestimmte Zeitspanne als länger – und auf den Umfang der Bindungen abzustellen, die zwischen dem Kind und der Pflegeperson entstanden sind.[1647] In der Regel wird bei einem Aufenthalt des Kindes bei der Pflegeperson ab sechs Monaten von einer längeren Zeit auszugehen sein;[1648] teilweise wird bei einem unter vier Jahre alten Kind eine Zeitspanne von drei Monaten und bei einem über neun Jahre alten Kind eine solche von 12 Monaten veranschlagt.[1649]

Die Vorschrift des § 161 Abs. 2 FamFG ist ausgewogen, auch soweit die Anhörungspflicht ein bereits seit längerer Zeit bestehendes Pflegeverhältnis erfordert. Allein, dass dieses auf längere Zeit angelegt ist (vgl. dazu auch § 33 S. 1 Fall 2 SGB VIII), führt – anders als bei einem bereits seit längerer Zeit andauernden Pflegeverhältnis – nicht stets dazu, dass die Pflegeeltern über besonderes Wissen bezüglich des Kindes, seiner Persönlichkeit und seiner Bindungen verfügen. Bestehen hierfür im Einzelfall Anhaltspunkte, so hat das Gericht im Rahmen der ihm obliegenden Amtsermittlung (§ 26 FamFG) die Pflegeeltern ohnedies zur Sachverhaltsaufklärung anzuhören. Im Übrigen ist es ureigene Aufgabe des (Amts-)Vormunds bzw. (Amts-)Pflegers des Kindes, entsprechende Informationen einzuholen und diese in das Verfahren einzuführen. Auch das Jugendamt – Allgemeiner Sozialer Dienst bzw. Pflegekinderdienst – ist nach § 50 SGB VIII zur Mitwirkung berufen, welche das Gericht – ebenfalls im Lichte der Inquisitionsmaxime – notwendigenfalls nachdrücklich einzufordern hat. Das Jugendamt bringt die Position und Interessen der Pflegeeltern erfahrungsgemäß – teilweise in durchaus streitsamer Weise – in den entsprechenden Verfahren zumeist nachdrücklich zur Geltung.

4. Verstöße gegen die Anhörungspflicht

449 Verstößt das Familiengericht gegen eine Anhörungspflicht, so liegt darin ein erheblicher Verfahrensfehler, der zur **Aufhebung und Zurückverweisung** führen kann.[1650] Falls das Oberlandesgericht selbst eine Anhörungspflicht verletzt, so ist zwar aufgrund des Instanzenzugs regelmäßig der Weg zum BGH versperrt. Indessen hilft hier die Anhörungsrüge nach § 44 FamFG und – erforderlichenfalls – nachfolgend die **Verfassungsbeschwerde**.[1651]

[1643] Siehe dazu auch – eine Prüfung der Hinzuziehung fordernd – OLG Saarbrücken FamRZ 2014, 598.
[1644] OLG Saarbrücken FamRB 2016, 227.
[1645] Keidel/*Engelhardt*, § 161 Rn 6.
[1646] Siehe dazu auch BVerfG FamRZ 2004, 689.
[1647] Vgl. BayObLG FamRZ 1991, 1080; OLG Celle FamRZ 1990, 191; Kemper/Schreiber/*Völker/Clausius*, HK-FamFG, § 161 Rn 3.
[1648] *Heilmann*, ZKJ 2014, 48, 53.
[1649] So *Heilmann/Heilmann*, § 161 FamFG Rn 12 („grobe Daumenregel").
[1650] OLG Brandenburg FamRZ 2003, 624; OLG Köln FamRZ 2001, 430.
[1651] Siehe hierzu Schulz/Hauß/*Völker*, HK-FamR, Schwerpunktbeitrag 10, mit Aufbauschemata und Diktatbausteinen.

VIII. Gerichtlicher Beistand

1. Anwaltszwang

a) Folgesachen

In Scheidungsfolgesachen besteht nach § 114 Abs. 1 und 2 FamFG in allen Instanzen **Anwaltszwang**, und zwar auch in Kindschaftssachen wie der elterlichen Sorge. Wird daher ein Verfahren nach § 1671 Abs. 1 S. 2 Nr. 1 BGB als Folgesache geführt, so bedarf es auch dann beiderseits anwaltlicher Vertretung, wenn sich die Eltern darüber einig sind, dass einem von ihnen allein die elterliche Sorge übertragen werden soll. Zum fehlenden Anwaltszwang im Falle der **Abtrennung** einer Folgesache siehe Rdn 351 f. 450

b) Selbstständige Familiensachen

Selbstständige kindschaftsrechtliche Familiensachen – wie die der elterlichen Sorge – sind im ersten und zweiten Rechtszug anwaltsfrei. Anwaltszwang besteht daher nur für die **Rechtsbeschwerde** (§ 114 Abs. 1 und 2 FamFG). 451

c) Umfang des Anwaltszwangs

Von dem Anwaltszwang wird das gesamte Verfahren einer Instanz mit Ausnahme der Handlungen umfasst, die zu Protokoll der Geschäftsstelle vorgenommen werden können, und Verfahren vor dem beauftragten und ersuchten Richter (§ 114 Abs. 4 Nr. 6 FamFG i.V.m. § 78 Abs. 3 ZPO). 452

Für die Verfahren des **einstweiligen Rechtsschutzes** herrscht kein Anwaltszwang (§ 114 Abs. 4 Nr. 1 FamFG). Gleiches gilt nach § 114 Abs. 4 Nr. 5 im **Verfahrenskostenhilfeprüfungsverfahren** und für den Antrag auf **Abtrennung** (nach § 140 Abs. 2 Nr. 3 oder Nr. 5 FamFG) der kindschaftsrechtlichen Folgesache aus dem Verbund (§ 114 Abs. 4 Nr. 4 FamFG). Dies hat zur Folge, dass ein nicht anwaltlich vertretener Elternteil, wenn sein Abtrennungsantrag Erfolg hat, das Verfahren ohne Rechtsanwalt fortbetreiben kann, weil dann die Kindschaftssache nach § 137 Abs. 3, Abs. 5 S. 2 FamFG als selbstständige Familiensache fortgeführt wird (siehe im Einzelnen Rdn 351). 453

d) Rechtsfolgen bei Verstößen gegen den Anwaltszwang

Die Vorschriften zum Anwaltszwang sind von Amts wegen zu beachten.[1652] Zuwiderlaufende Verfahrenshandlungen sind daher unwirksam, wobei aber die Verfahrenshandlung von einem postulationsfähigen Anwalt genehmigt werden kann. Bei einer fristgebundenen Verfahrenshandlung muss jedoch die Genehmigung vor Fristablauf erfolgen.[1653] Ob für das jeweilige Verfahren Anwaltszwang besteht, ist in der Regel vom Verfahrensbeteiligten selbst zu prüfen. Nur in Ausnahmefällen besteht eine **gerichtliche Hinweispflicht**.[1654] 454

2. Der Verfahrensbeistand

Siehe hierzu die Ausführungen in § 5. 455

IX. Einstweilige Anordnung

Zu den besonderen Anforderungen, die das Kindeswohl an die Gestaltung des Verfahrens auf Erlass einer **einstweiligen Anordnung** stellt, siehe eingehend § 7. 456

[1652] BGH NJW 1992, 2706.
[1653] BGH FamRZ 1993, 695.
[1654] BGH FamRZ 1997, 1141.

J. Die Erörterung der Kindeswohlgefährdung nach § 157 FamFG

457 Nach § 157 FamFG hat das Familiengericht in Verfahren wegen **Kindeswohlgefährdung** nach §§ 1666, 1666a BGB die Eltern nicht nur nach § 160 Abs. 1 FamFG persönlich anzuhören, sondern soll mit ihnen auch die Kindeswohlgefährdung erörtern.[1655]

Bei der **Erörterung** nach § 157 Abs. 1 FamFG handelt es sich um einen eigenen Verfahrensabschnitt. Mit Blick auf das übergeordnete Beschleunigungsgebot hat daher das Gericht die Möglichkeit, die obligatorische Erörterung gemäß § 155 Abs. 2 FamFG im Anhörungstermin mit der Erörterung nach § 157 Abs. 1 FamFG zu verbinden. In diese Erörterung sind vorrangig die **Eltern** einzubeziehen – im Einzelfall auch das **Kind** selbst – und vor allem das **Jugendamt**, das gemäß § 162 Abs. 2 S. 1 FamFG Muss-Beteiligter des Verfahrens nach §§ 1666, 1666a BGB und damit zu dem Termin zu laden ist.

458 **Ziel** des Erörterungsgesprächs ist es, den Eltern zum einen die nach dem SGB VIII bestehenden Möglichkeiten öffentlicher Hilfe aufzuzeigen, durch die der Kindeswohlgefährdung begegnet werden kann. § 157 Abs. 1 FamFG stellt damit eine notwendige Ergänzung zu § 8a Abs. 3 S. 1 SGB VIII dar.[1656] Die Erörterung dient aber auch dazu, den Eltern klar vor Augen zu führen, welche rechtlichen Konsequenzen die Nichtannahme der staatlichen Hilfen für sie haben wird. Durch die Erörterung soll die Möglichkeit geschaffen werden, früher und wesentlich stärker als bisher auf die Eltern – und gegebenenfalls auch auf das Kind – einzuwirken, um sie zu einer Kooperation mit dem Jugendamt und zur Annahme der notwendigen Leistungen der Kinder- und Jugendhilfe anzuhalten. Die Anwesenheit des Kindes und seine Einbeziehung in die Erörterung werden vom Gesetzgeber etwa in den Fällen der Drogenabhängigkeit oder wiederholten Straffälligkeiten des Kindes als sachdienlich angesehen.[1657] Die Notwendigkeit, gerade das Jugendamt in den Erörterungstermin einzubinden, folgt aus seiner Stellung als sozialpädagogischer Fachbehörde und Träger der den Beteiligten ggf. anzubietenden Hilfsmaßnahmen. In der Regel werden dem Gericht die Gefährdungsmitteilungen ohnehin durch die örtlichen Jugendämter zugeleitet. Grundlage hierfür sind seine Ermittlungen vor Ort und seine besondere Kenntnis der familiären und häuslichen Grundbedingungen der Beteiligten. Da das Erörterungsgespräch aber auch veranlasst werden darf, wenn eine Kindeswohlgefährdung (nur) nahe liegt[1658] (in diesen Fällen wird vielfach von einem „**Erziehungsgespräch**" gesprochen) – etwa, wenn die Eltern bei der Abschätzung des Gefährdungsrisikos nicht mitwirken (§ 8a Abs. 3 S. 1 Hs. 2 SGB VIII) –, kommt den Ermittlungen des Jugendamtes besondere Bedeutung zu. Denn vielfach ist festzustellen, dass „Problemfamilien" nur zögerlich Hilfsmaßnahmen der Jugendämter in Anspruch nehmen, da dies von ihnen in der Regel als persönliches Versagen angesehen wird. Der Erörterungstermin kann dann dazu dienen, den Eltern nicht nur die Fehlerhaftigkeit dieser Sichtweise vor Augen zu führen, sondern auch das Jugendamt als Kooperationspartner im Interesse des Kindes darzustellen. Für das Gericht ist entscheidend, dass das Jugendamt aufgrund von Ermittlungen vor Ort nicht nur den Umfang der Erforderlichkeit der Hilfe i.S.d. § 27 Abs. 1 SGB VIII beurteilen, sondern auch die Eignung der jeweils konkret anzubietenden Hilfsmaßnahmen abschätzen kann.

459 Zu dem Erörterungstermin hat das Gericht nach § 157 Abs. 2 S. 1 FamFG das **persönliche Erscheinen der Eltern** anzuordnen. § 157 Abs. 2 S. 2 FamFG ermöglicht es dem Gericht, etwa

---

[1655] Zum Ganzen Kemper/Schreiber/*Völker/Clausius/Wagner*, § 157 Rn 1 ff.; *Berneiser*, Die Erörterung der Kindeswohlgefährdung nach § 157 FamFG – Eine „Neuregelung" ode reine bislang unbeachtete Ressource im zivilrechtlichen Kinderschutzverfahren?, ZKJ 2016, 255 (Teil 1); ZKJ 2016, 291(Teil 2). *Schumann*, Das Erörterungsgespräch bei möglicher Kindeswohlgefährdung, FPR 2011, 203.
[1656] OLG Frankfurt FamRZ 2010, 1094.
[1657] BT-Drucks 16/6308, S. 238.
[1658] Vgl auch OLG Frankfurt FamRZ 2010, 1094.

in Fällen vorangegangener häuslicher Gewalt von der Anordnung des persönlichen Erscheinens beider Elternteile Abstand zu nehmen und die Eltern getrennt voneinander anzuhören, sofern das Gericht es nicht als ausreichend erachtet, Gefahren für einen Elternteil im Gerichtssaal durch geeignete sitzungspolizeiliche Maßnahmen zu begegnen. Letztere Alternative sollte aber dann nicht gewählt werden, wenn das Opfer häuslicher Gewalt massive Angst vor dem anderen Elternteil hat. Denn dann kann kaum eine angemessene Erörterung der Kindeswohlgefährdung erfolgen, da nach den Vorstellungen in der Gesetzesbegründung dieses Erörterungsgespräch dazu dienen soll, die Beteiligten „an einen Tisch" zu bringen, um möglichst das Einvernehmen der Eltern hinsichtlich der erforderlichen Hilfsmaßnahmen zu erreichen. Ein solches Klima kann auch durch die Anwesenheit eines Wachtmeisters im Gerichtssaal – erforderlichenfalls auch nach sitzungspolizeilich angeordneter Durchsuchung eines Elternteils – nicht hergestellt werden. Eine Erörterung unter solchen Vorbedingungen wird wohl nicht fruchtbar, sondern eher furchtbar verlaufen.

In Verfahren wegen Gefährdung des Kindeswohls obliegt es dem Gericht nach § 157 Abs. 3 FamFG, unverzüglich nach Verfahrenseinleitung zu prüfen, inwieweit der Erlass einer **einstweiligen Anordnung** (siehe dazu § 7) geboten ist, um der bestehenden Gefährdung kurzfristig entgegenzuwirken.[1659] Davon ist auszugehen, wenn ein Abwarten bis zur endgültigen Entscheidung nicht möglich ist, da diese dann zu spät käme, um das Kindeswohl zu wahren.[1660] Erstrebt der antragstellende Beteiligte eine solche Eilentscheidung und wartet er mit der Begründung seiner Beschwerde gegen eine ablehnende Entscheidung unverhältnismäßig lange zu, so kann dies allerdings im Einzelfall gegen die Eilbedürftigkeit der verlangten Maßnahme sprechen.[1661] § 157 Abs. 3 FamFG spricht nur von Verfahren nach §§ 1666, 1666a BGB; ausweislich der Gesetzesbegründung sollen aber auch andere Verfahren wegen Gefährdung des Kindeswohls erfasst sein, etwa solche nach § 1632 Abs. 4 BGB.[1662] (Zur **Anwaltsbeiordnung** schon im Termin nach § 157 FamFG siehe § 8 Rdn 30). 460

Gerade, wenn eine den Eltern nachteilige einstweilige Anordnung ergeht, ist der **Vorrang- und Beschleunigungsgrundsatz** (siehe dazu Rdn 392 f.) besonders in den Blick zu nehmen.[1663]

K. Generalklausel: Kindeswohl, § 1697a BGB

Aus § 1697a BGB folgt als Entscheidungsmaßstab für alle Sorgerechtsverfahren die Einhaltung und Verwirklichung des Kindeswohls.[1664] Die Gerichte haben danach die Entscheidung zu treffen, die unter Berücksichtigung der tatsächlichen Gegebenheiten und Möglichkeiten sowie der berechtigten Interessen aller Beteiligten dem Wohl des Kindes am besten entspricht.[1665] Enthält danach eine Vorschrift zum Sorge- oder Umgangsrecht keinen eigenen Entscheidungsmaßstab wie z.B. in §§ 1628, 1684 oder 1632 BGB, so ist auf den allgemeinen Entscheidungsmaßstab des § 1697a BGB zurückzugreifen. 461

1659 *Götsche/Viefhues*, Einstweilige Anordnungen nach dem FamFG, ZFE 2009, 124; *von Bracken*, Die Rolle des Anwalts im Kinderschutzverfahren, FPR 2009, 579; *Coester*, Kinderschutz, FPR 2009, 549; *Götz*, Verfahren bei Kindeswohlgefährdung, FF 2008, 446.
1660 OLG Brandenburg FamRZ 2010, 1743.
1661 OLG Köln FamRZ 2010, 921.
1662 BT-Drucks 16/6308, S. 238.
1663 Beispielgebend hierzu etwa OLG Hamm, Beschl. v. 17.10.2011 – 8 UF 176/11, juris.
1664 BVerfG NJW 1999, 2173.
1665 Dazu auch *Suess/Fegert*, FPR 1999, 157.

L. Beratungsangebot der Jugendämter

462 Ziel der Kindschaftsrechtsreform 1998 war die Stärkung der Privatautonomie der Familien. Notwendige Voraussetzung hierfür war eine enge Verzahnung zwischen dem gerichtlichen Verfahren und den Beratungsangeboten der **Jugendhilfe**. Durch § 17 SGB VIII kann insbesondere auch im Fall der Trennung oder Scheidung der Eltern eine angemessene Beteiligung des Kindes oder Jugendlichen am Beratungsverlauf gewährleistet werden.

463 Darüber hinaus eröffnet § 17 Abs. 2 SGB VIII den Eltern einen Anspruch auf Trennungs- und Scheidungsberatung.[1666] Durch dieses Regelungsgefüge soll sichergestellt werden, dass die gemeinsame Sorge auch nach der Trennung oder Scheidung bestehen bleibt.[1667] Nach § 17 Abs. 3 SGB VIII informiert das Familiengericht das örtlich zuständige Jugendamt über ein rechtshängiges Scheidungsverfahren, wenn minderjährige Kinder involviert sind. Damit soll sichergestellt werden, dass die Eltern über das Beratungsangebot informiert werden, wobei es ihnen freisteht, ob sie hiervon Gebrauch machen.

464 Bei Konflikt- und Krisensituationen erfolgt eine Hilfestellung durch Beratung der Kinder (§ 8 Abs. 3 SGB VIII) sowie der Eltern (§ 17 SGB VIII) seitens der Jugendhilfe. Darüber hinaus haben Personensorgeberechtigte bei der Erziehung einen Anspruch auf die für die Entwicklung des Kindes geeignete und notwendige Hilfe nach § 27 Abs. 1 SGB VIII.[1668] Maßnahmen zur Hilfe bei der Erziehung können dabei etwa sein (siehe dazu § 12 Rdn 17 ff.; zur Kostenbeteiligung der Sorgeberechtigten siehe § 12 Rdn 140 ff.):

- **Erziehungsberatung** nach § 28 SGB VIII,
- **Erziehungsbeistandschaft** gem. § 20 SGB VIII,
- **Vollzeitpflege** nach § 33 SGB VIII,
- **Heimerziehung** nach § 31 SGB VIII.[1669]

1666 *Ballof*, FPR 1999, 164.
1667 *Mühlens*, Kind-Prax 1998, 3.
1668 OVG Münster FamRZ 2002, 708.
1669 *Klinkhardt*, FPR 2001, 264.

§ 2 Das Umgangsrecht

A. Grundlagen

Neben dem Sorgerecht steht das Umgangsrecht als selbstständige Rechtsposition.[1] Die Bedeutung des Umgangsrechts leitet sich daraus ab, dass im Zusammenhang mit der Trennung der Eltern für einen Elternteil die bisherige Lebensgemeinschaft – die Familie – in der Regel zu einer bloßen **Begegnungsgemeinschaft** wird, so dass nur noch gelegentliche Besuche des Kindes stattfinden werden.[2]

Ebenso wie die elterliche Sorge wurzelt das Umgangsrecht im **Elternrecht** und genießt daher gemäß Art. 6 Abs. 2 S. 1 GG Verfassungsrang;[3] ferner ist es **menschenrechtlich** in Art. 8 Abs. 1 EMRK eigenständig verankert.[4] Dementsprechend wird **einfachrechtlich** das **Umgangsbestimmungsrecht** des sorgeberechtigten Elternteils aus § 1632 Abs. 2 BGB (siehe dazu § 4 Rdn 16 ff.) durch das Umgangsrecht des anderen Elternteils aus § 1684 Abs. 1 BGB und eine auf dieser Grundlage nach § 1684 Abs. 3 BGB getroffene gerichtliche Entscheidung eingeschränkt.[5] Dies gilt gleichermaßen für das Umgangsrecht des leiblichen, nicht rechtlichen Vaters aus § 1686a BGB und bezüglich Dritter, die ein Umgangsrecht nach § 1685 BGB haben (siehe dazu eingehend § 4 Rdn 16).

Die in Art. 8 EMRK verbriefte Achtung des Familienlebens gebietet es, dass der Vater auch dann nicht grundsätzlich von der elterlichen Sorge und insbesondere dem Umgangsrecht ausgeschlossen werden darf, wenn das Kind seit dem Säuglingsalter in einer **Pflegefamilie** lebt und die unverheiratete Mutter bereits unmittelbar nach der Geburt des Kindes dessen **Adoption** zugestimmt hat.[6]

In dem Spannungsfeld zwischen Elternrechten und der Position des Kindes haben die Interessen des Kindes Vorrang. Denn sie sind allüberstrahlend und letztentscheidend.[7] Jede Entscheidung zum Umgangsrecht muss daher am Wohl des Kindes ausgerichtet sein.[8] Dabei wird davon ausgegangen, dass das Umgangsrecht für die Kindesentwicklung herausragende Bedeutung hat, seinem Wohl dient und daher im Interesse beider Elternteile liegt.[9]

Das Umgangsrecht ist vom Alter des Kindes unabhängig. Es steht auch dem Elternteil eines Säuglings oder Kleinkindes – und umgekehrt diesem selbst – zu, wobei in dieser Altersphase die Vorbeugung einer **Entfremdung** hohe Priorität hat.[10] Besondere Bedeutung hat in diesem Zusammenhang die **Anhörung eines Kindes**, um seine Bindungen zu beiden Elternteilen feststellen zu können. Nach der verfassungsgerichtlichen Rechtsprechung kann sich das Gericht zu diesem Zweck auch schon von einem unter dreijährigen Kind einen persönlichen Eindruck verschaffen.[11] Ab dem dritten Lebensjahr eines Kindes ist ohnehin von Verfassungs wegen seine persönliche Anhörung durch das Gericht grundsätzlich geboten (siehe auch Rdn 103 ff. und § 1 Rdn 304 f.).[12]

---

1 BVerfG FamRZ 1989, 1159; *Oelkers,* FuR 2002, 492.
2 *Rohmann,* FF 2002, 8.
3 BVerfG FamRZ 2015, 1093; 2007, 105; BGH FamRZ 1994, 158; zur Kammerrechtsprechung des BVerfG in den Jahren 2008–2010 *Zuck,* FamRZ 2010, 1946.
4 EuGHMR FamRZ 2015, 469; 2001, 341; *Lenz,* FF 2001, 190; *Frohn,* Ergänzungspflegschaft zur Regelung des Umgangs?, FF 2016, 240.
5 BGH FamRZ 2008, 592; OLG Zweibrücken FamRZ 2000, 1042.
6 EuGHMR FamRZ 2004, 1456; BVerfG FamRZ 2005, 1233.
7 Vgl. BVerfGE 56, 363; BVerfG FuR 2008, 338.
8 BVerfG FamRZ 1999, 85; BGH FamRZ 1994, 158.
9 OLG Saarbrücken, Beschl. v. 8.11.2010 – 9 UF 70/10 (n.v.); OLG Thüringen FuR 2000, 121; OLG Karlsruhe FamRZ 1999, 184.
10 BVerfG FamRZ 2010, 717; OLG Karlsruhe FamRZ 1992, 58.
11 BVerfG FamRZ 2007, 105; Anm. *Motzer,* FamRB 2007, 73.
12 BVerfG FamRZ 2007, 1078; Anm. *Völker,* FamRB 2007, 234.

I. Zweck des Umgangsrechts

6 Durch das Umgangsrecht soll der nicht betreuende Elternteil die Möglichkeit erhalten, sich fortlaufend durch Begegnungen und gegenseitige Aussprache von dem körperlichen und geistigen Befinden des Kindes und seiner Entwicklung einen persönlichen Eindruck zu verschaffen.[13] Auf diesem Weg werden gleichzeitig die verwandtschaftlichen und emotionalen **Bindungen** aufrechterhalten und vertieft, so dass einer ansonsten drohenden wechselseitigen Entfremdung entgegen gewirkt werden kann. Zudem sollte nicht aus den Augen verloren werden, dass es für den Fall des Ausfalls des betreuenden Elternteils regelmäßig dem Kindeswohl entspricht, dass der andere Elternteil die Betreuung übernimmt. Diese Erwägungen gelten unabhängig davon, ob ein Elternteil von der Personensorge ausgeschlossen ist oder die Elternteile gemeinsam sorgeberechtigt sind, das Kind sich aber grundsätzlich in der Obhut eines Elternteils befindet.[14]

7 Im Gegenzug dient das Umgangsrecht aber auch dazu, dem Kind die Möglichkeit zu geben, sich ein auf persönlichen Erfahrungen beruhendes Bild von dem nicht betreuenden Elternteil und dessen Ansichten zu machen.[15] Für eine gedeihliche seelische **Entwicklung des Kindes** und die psychische Verarbeitung der Familienauflösung ist es von essentieller Bedeutung, dass das Kind nicht nur den betreuenden Elternteil als **Bindungspartner** hat, sondern auch zum anderen Elternteil die Beziehung so gut wie möglich aufrechterhalten kann.[16] Das Umgangsrecht dient der **emotionalen Verbundenheit** und dem Liebesbedürfnis von Elternteil und Kind in besonderem Maße.[17] Selbst wenn das Umgangsrecht nicht spannungsfrei ausgeübt werden kann, gehört zur Entwicklung eines Kindes auch, dass es mit der Realität konfrontiert wird, etwa in der Gestalt eines zum Umgang berechtigten Elternteils, und nicht nur in überbehüteter und allein auf die Interessen eines Elternteils ausgerichteten Weise aufwächst, der den Umgang ablehnt.[18]

Unerheblich sind hierbei die Umstände, die ggf. zum Verlust des Sorgerechts geführt haben, ebenso die Gründe für das Scheitern der Ehe oder Partnerschaft.[19]

II. Das Umgangsrecht als Recht des Kindes

8 Durch die Generalklausel der elterlichen Sorge in § 1626 Abs. 3 BGB wird das Recht des Kindes auf Umgang als regelmäßiger Bestandteil des Kindeswohls gewährleistet und hervorgehoben. Hiernach gehört der Umgang mit beiden Elternteilen in aller Regel zum Wohl des Kindes. Zudem verdeutlicht § 1684 Abs. 1 BGB, dass Regelungsgegenstand nicht nur das Umgangsrecht eines Elternteils ist, sondern das Kind ein selbstständig ausgestaltetes **Recht auf Umgang** mit beiden Elternteilen hat.[20] § 1626 Abs. 3 und § 1684 Abs. 1 BGB konkretisieren den verfassungsunmittelbaren Anspruch des Kindes auf Umgang mit jedem seiner Elternteile.[21] Die Eltern sind daher verpflichtet, zur Verwirklichung dieses Rechts beizutragen. Die Interessen des Kindes sind vorrangig zu berücksichtigen.[22] Im Zentrum der Norm steht das Kind mit seinem subjektiven Recht auf Umgang mit beiden Elternteilen. Inwieweit dieses Recht mehr als bloßen Appellcharakter hat,[23] also

---

13 BVerfG FamRZ 2010, 717; OLG Brandenburg FamRZ 2003, 111.
14 OLG Köln FamRZ 1997, 1284.
15 OLG Köln FamRZ 1998, 1463.
16 OLG Brandenburg FamRZ 2002, 974; OLG Bamberg FamRZ 2000, 46.
17 BVerfG FamRZ 2010, 1622; FamRZ 2002, 809; BGH FamRZ 1984, 778.
18 OLG Saarbrücken, NJW-RR 2013, 452; OLG Karlsruhe FamRZ 1990, 901.
19 OLG Hamm FamRZ 1996, 424.
20 Dazu eingehend *Horndasch*, Das Recht des Kindes auf Umgang, FPR 2012, 208.
21 BVerfG FamRZ 2008, 845; Anm. *Völker*, FamRB 2008, 174; Anm. *Clausius*, jurisPR-FamR 14/2008, Anm. 1; *Zempel*, AnwZert FamR 9/2008 Anm. 3.
22 BVerfG FamRZ 1999, 85.
23 *Rauscher*, FamRZ 1998, 329; *Finke*, FF 2001 115.

nicht *lettre morte*[24] bleibt, ist im Wesentlichen auch von der Einstellung der Eltern abhängig. In jedem Fall aber kann eine **Umgangsanordnung** das Bewusstsein der Eltern erweitern und ihnen verdeutlichen, dass es bei der Umsetzung des Umgangsrechts um die Befriedigung eines elementaren Bedürfnisses ihres Kindes geht.

Im Regierungsentwurf zum KindRG war von der Schaffung eines eigenen Umgangsrechts des Kindes abgesehen worden, weil die Bestellung eines besonderen Pflegers für die Geltendmachung dieses Rechts als zu großer Aufwand angesehen wurde. Vertreten wurde zudem die Auffassung, dass mangels **Vollstreckbarkeit** eine wirkliche Verbesserung für das Kind nicht erreicht werde.[25] Die Geltendmachung des Rechts berge die Gefahr einer nicht wünschenswerten Verlagerung des Elternkonflikts auf das Kind.[26] Dem war der Gesetzgeber zu Recht nicht gefolgt. 9

In den Fallkonstellationen, in denen ein Elternteil an der Ausübung des Umgangs kein Interesse zeigt, hat das Kind die Möglichkeit, beim Jugendamt zunächst nach § 18 Abs. 3 S. 1 SGB VIII **Beratung** und Unterstützung[27] zu bekommen (dazu eingehend § 12 Rdn 27 ff.) und gegebenenfalls seinen Anspruch gerichtlich geltend zu machen.[28] Allerdings kann ein unwilliger Elternteil, der sein Umgangsrecht nicht ausüben will, obwohl er hierzu vom Familiengericht nach § 1684 Abs. 1 BGB verpflichtet worden ist, in aller Regel zur Umgangsausübung nicht mittels **Ordnungsmitteln** nach § 89 FamFG gezwungen werden.[29] 10

Kommt es zu einer solchen – in dieser Fallgestaltung sehr seltenen – gerichtlichen Auseinandersetzung, so ist zu berücksichtigen, dass der eigene Umgangsanspruch des Kindes dessen **höchstpersönliches Recht** ist. In einer Entscheidung vom 14.5.2008 hat der BGH darauf verwiesen, dass der betreffende Elternteil nicht befugt ist, dieses höchstpersönliche Recht des Kindes im eigenen Namen geltend zu machen.[30] Eine Geltendmachung des Umgangsrechts im Wege der **Verfahrensstandschaft** komme nicht in Frage. Bei bestehender Interessenkollision sei dem Kind ein „Verfahrenspfleger" zu bestellen.[31] Da es in diesem Zusammenhang um die ordnungsgemäße gesetzliche Vertretung des Kindes geht, ist allerdings davon auszugehen, dass der BGH nicht den Verfahrenspfleger im Sinne des § 50 FGG – jetzt: **Verfahrensbeistand** nach § 158 FamFG – gemeint hat, sondern einen Pfleger für das Verfahren, mithin einen **Ergänzungspfleger**. Dafür spricht auch, dass ein Verfahrensbeistand erst nach Einleitung des Verfahrens bestellt werden kann, also selbst ein solches nicht anhängig machen kann. Die BGH-Rechtsprechung betraf außerdem das alte Recht und kann nicht auf die neue Rechtslage übertragen werden.[32] 11

Soweit es im Zusammenhang mit der Umsetzung eines bereits gerichtlich geregelten Umgangsrechts zu Problemen kommt, besteht die Möglichkeit der Einleitung eines **Vermittlungsverfahrens** gemäß § 165 FamFG (zum Vermittlungsverfahren siehe im Einzelnen Rdn 248 ff.; Antragsmuster im Formularteil, siehe § 13 Rdn 34). In dem dann zu bestimmenden Termin zur mündlichen Anhörung sollen die Eltern auf die Folgen hingewiesen werden, die sich bei Unterbleiben des Umgangskontaktes zu Lasten des Kindes ergeben, aber auch auf die Rechtsfolgen für den Elternteil, der das Umgangsrecht erschwert oder vereitelt. Dies betrifft sowohl eine Verweigerungshaltung des umgangsberechtigten Elternteils als auch eine solche des Elternteils, der den 12

---

24 Dt.: toter Buchstabe.
25 *Kraeft*, FPR 2002, 611.
26 BT-Drucks 13/4899, S. 68.
27 *Mitrega*, FPR 1999, 212; *Radke/Gewinner*, FPR 1999, 235.
28 *Vogel*, FPR 1999, 227.
29 Vgl. BVerfG FamRZ 2008, 845; Anm. *Völker*, FamRB 2008, 174; Anm. *Clausius*, jurisPR-FamR 14/2008, Anm. 1; *Zempel*, AnwZert FamR 9/2008, Anm. 3; OLG Frankfurt, Beschl. v. 12.9.2013 – 5 WF 171/13, juris; *Zempel*, FF 2010, 238.
30 BGH FamRZ 2008, 1334; OLG Karlsruhe FamRZ 2014, 403; a.A. OLG Frankfurt FamRZ 2014, 576 [Rechtsbeschwerde wurde zugelassen, aber nicht eingelegt].
31 So wörtlich der BGH, vgl. auch Anm. *Völker*, FamRB 2008, 237; *Zempel*, AnwZert FamR 7/2009, Anm. 2.
32 AG Reinbek FamRZ 2015, 1817.

Umgang gewähren muss. Beide Elternteile sind auf die Ordnungsmittel hinzuweisen, die nach § 89 FamFG verhängt werden können. Diese sind wirksamer als die früher in § 33 FGG vorgesehenen Zwangsmittel (siehe dazu § 6 Rdn 1).

III. Das Umgangsrecht als Pflicht und Recht der Eltern

13 Jedem Elternteil steht ein vom Gesetz anerkannter und durch Art. 6 Abs. 2 S. 1 GG geschützter Anspruch auf Umgang mit dem Kind zu.[33] Dies gilt auch und gerade für den Elternteil, in dessen Obhut sich das Kind bei gemeinsamer elterlicher Sorge nicht befindet.

In Ausgestaltung von Art. 6 Abs. 2 S. 1 GG wurden in § 1684 Abs. 1 BGB die Pflicht und das Recht – in dieser Reihenfolge! – jedes Elternteils zur Umgangsausübung mit seinem Kind normiert. Nicht betreuende Elternteile haben also grundsätzlich auch die **Pflicht zum Umgang** mit dem Kind.[34] Hieraus folgt, dass auf das Besuchsrecht durch Elternvereinbarung nicht rechtswirksam verzichtet werden kann.[35] Das Umgangsbestimmungsrecht des sorgeberechtigten Elternteils aus § 1632 Abs. 2 BGB (siehe dazu § 4 Rdn 16 ff.) wird durch das Umgangsrecht des anderen Elternteils aus § 1684 Abs. 1 BGB und eine auf dieser Grundlage nach § 1684 Abs. 3 BGB getroffene gerichtliche Entscheidung eingeschränkt (siehe dazu eingehend § 4 Rdn 16).[36] Dies gilt gleichermaßen für das Umgangsrecht des leiblichen, nicht rechtlichen Vaters aus § 1686a BGB und bezüglich Dritter, die ein Umgangsrecht nach § 1685 BGB haben (siehe dazu eingehend § 4 Rdn 16). In der Umgangsregelung muss – von Amts wegen – Niederschlag finden, dass § 1684 Abs. 1 BGB zur Wahrnehmung des Umgangs nicht nur berechtigt, sondern auch verpflichtet. Nach Maßgabe dessen ist die Folgenankündigung nach § 89 Abs. 2 FamFG auch auf den Umgangsberechtigten zu erstrecken (siehe dazu § 6 Rdn 36).[37]

14 Im Fall der Trennung und Scheidung der Eltern und der Übertragung der elterlichen Sorge auf einen Elternteil hat nur noch dieser Elternteil die sorgerechtlichen Entscheidungen zu treffen, also die entsprechenden elterlichen Funktionen wahrzunehmen.[38] Ihm obliegt hierbei aber die Aufgabe, im Rahmen der gesetzlichen Regelungen die **Bindungen des Kindes** zum anderen Elternteil bei seinen Entscheidungen zu berücksichtigen.[39]

15 Hat ein Elternteil die alleinige Sorge, so hat der andere Elternteil kein eigenes Erziehungsrecht mehr. Er darf auf die Erziehung des Kindes – rechtlich gesehen – keinen Einfluss mehr nehmen.[40] Dies bedeutet, dass er nicht mehr berechtigt ist, mit dem Kindergarten, der Schule oder den behandelnden Ärzten des Kindes Kontakt aufzunehmen und Informationen über das Verhalten, die Leistungen oder den Gesundheitszustand des Kindes einzuholen. Zu diesem Zweck hat der lediglich umgangsberechtigte Elternteil nach § 1686 BGB einen Auskunftsanspruch gegen den alleinsorgeberechtigten Elternteil.[41] Dieser kann parallel zum Umgangsrecht, aber auch unabhängig von diesem geltend gemacht werden (siehe im Einzelnen Rdn 195 ff.).[42] Umgangs-

---

33 BVerfG FamRZ 2002, 809; BGH FamRZ 1994, 158.
34 BVerfG FamRZ 2008, 845; Anm. *Völker*, FamRB 2008, 174; Anm. *Clausius*, jurisPR-FamR 14/2008, Anm. 1; *Zempel*, AnwZert FamR 9/2008, Anm. 3; OLG Köln FamRZ 1998, 237; OLG Hamm FamRZ 1995, 1432; OLG Zweibrücken FamRZ 1998, 1465; AG Detmold FF 1999, 29.
35 BGH FamRZ 2005, 1471.
36 BGH FamRZ 2008, 592; OLG Zweibrücken FamRZ 2000, 1042.
37 BGH FamRZ 2011, 1729; OLG Saarbrücken ZKJ 2012, 118 und FamRZ 2011, 826; vgl. auch BGH FF 2012, 67, dort Rn 28: „die Eltern".
38 BVerfG FamRZ 1995, 86.
39 BVerfG FamRZ 1995, 86.
40 OLG Brandenburg FamRZ 2002, 974.
41 *Clausius*, Die Auskunftsansprüche nach §§ 1686, 1686a Abs. 1 Nr. 2 BGB, FamRB 2015, 65; *Oelkers*, NJW 1995, 1335.
42 OLG Brandenburg NJW-RR 2000, 802.

und Auskunftsanspruch stellen sich dann als Restbestand des Elternrechts des nichtsorgeberechtigten Elternteils dar.

IV. Anforderungen an den sorgeberechtigten Elternteil

In § 1626 Abs. 2 S. 2 BGB wird das Recht des Kindes statuiert, in den seine Entwicklung betreffenden Fragen altersgemäß beteiligt zu werden. Dies gilt auch hinsichtlich des Umgangsrechts. Von einem Elternteil, der sein **Sorgerecht** verantwortungsvoll wahrnimmt, wird erwartet, dass er die Umgangskontakte des Kindes mit dem anderen Elternteil nicht nur zulässt, sondern diese auch aktiv fördert. Diese **Loyalitätsverpflichtung** findet ihren gesetzlichen Niederschlag in § 1684 Abs. 2 BGB. Das Zulassen von Umgangskontakten ist Ausdruck der **Bindungstoleranz**, eines Sorgerechtsbelanges, der erhebliche Bedeutung für die Beurteilung der Erziehungseignung eines Elternteils hat (vgl. § 1 Rdn 298). Danach sind die persönlichen Kontakte eines Kindes zum anderen Elternteil positiv zu fördern.[43] Das Kind soll so vor Loyalitätskonflikten geschützt werden, die im schlimmsten Falle in einem elterlichen **Entfremdungssyndrom (PAS)** enden können.[44] Diese Bindungstoleranz muss von einem Elternteil freilich auch dann erwartet werden, wenn er wieder verheiratet ist und nicht möchte, dass die neue Familie durch Kontakte mit dem anderen Elternteil belastet oder „gestört" wird.[45] Dies gilt umso mehr, als § 1686a dem **nur leiblichen, aber nicht rechtlichen Vater** unter bestimmten Bedingungen ein Umgangsrecht eingeräumt hat (siehe Rdn 125 ff.). Es ist Aufgabe des betreuenden Elternteils, durch seine elterliche Autorität sowie geeignete erzieherische Maßnahmen darauf hinzuwirken, dass Umgangskontakte stattfinden. Allein mit seiner Argumentation, das Kind habe von sich aus die Kontakte verweigert, kann ein Elternteil nicht gehört werden. Ein etwaiger **Widerstand des Kindes** ist mit der zur Verfügung stehenden elterlichen Autorität und pädagogischen Mitteln zu überwinden.[46] Der betreuende Elternteil muss daher – auch zur Meidung einer ansonsten von ihm zu gewärtigenden Vollstreckung (siehe dazu § 6 Rdn 27 f.) – das Kind in der gebotenen Weise eindringlich darauf hinweisen, dass er mit den Umgangskontakten einverstanden ist und deren Durchführung wünscht.[47]

16

Die **Vereitelung** des Umgangsrechts aus § 1684 Abs. 1 BGB allein aufgrund fehlender Mitwirkung eines Elternteils darf nicht hingenommen werden.[48] Das Familiengericht hat in solchen Fällen mehrere Möglichkeiten. Es kann die **Vollstreckung** der Umgangsregelung betreiben (siehe dazu eingehend § 6 Rdn 30 ff.). Nach § 1684 Abs. 3 S. 3 BGB kann es einen **Umgangspfleger** bestellen (siehe dazu im Einzelnen Rdn 39). Schließlich kann die in der Umgangsverweigerung zum Ausdruck kommende fehlende Bindungstoleranz (vgl. dazu § 1 Rdn 298 ff.) Anlass bieten, die **Erziehungseignung** des Sorgerechtsinhabers in Frage zu stellen. In geeigneten Fällen kann dies zu einer **Abänderung der Sorgerechtsregelung** nach § 1671 BGB oder § 1696 Abs. 1 BGB (siehe zu letzterem § 3 Rdn 21) zugunsten des nicht betreuenden Elternteils führen. Stellt sich die Umgangsverweigerung als kindeswohlgefährdend dar, können auch **Maßnahmen nach §§ 1666 ff. BGB** erwogen werden.[49] Soll die Kindeswohlgefährdung aber gerade durch (Teil-)Übertragung des Sorgerechts von einem Elternteil auf den anderen abgewendet werden, so greift vorrangig § 1696 Abs. 1 BGB.[50] Eine Fremdunterbringung des Kindes

17

---

43 OLG Düsseldorf FamRZ 2002, 1582; OLG Stuttgart JAmt 2001, 45.
44 OLG Köln FamRZ 1998, 1463; OLG Bamberg NJW-RR 1995, 201.
45 BVerfG FamRZ 1995, 86; OLG Celle FamRZ 1998, 1458.
46 BVerfG FamRZ 1993, 662; BGH FamRZ 1994, 158.
47 BGH FF 2012, 67; Kemper/Schreiber/*Völker/Clausius/Wagner*, § 89 Rn 25.
48 OLG Nürnberg FamRZ 1999, 1008.
49 OLG Brandenburg JAmt 2002, 133; OLG Dresden JAmt 2002, 310.
50 Zutreffend *Coester*, ZKJ 2012, 182 m.w.N.

zum Zweck der Sicherstellung des Umgangs mit dem Umgangsberechtigten wird hingegen kaum einmal in Betracht kommen, sondern grundsätzlich unverhältnismäßig sein.[51] Die Ausübung und Gewährung des Umgangsrechts ist ein wesentlicher Bestandteil der Erziehung des Kindes zur Selbstständigkeit.[52] Dessen Wünsche, Vorstellungen und Absichten sind daher bei der Ausgestaltung des Umgangs (siehe dazu Rdn 102 ff.) soweit wie möglich – solange sie dem Kindeswohl nicht widersprechen – zu berücksichtigen. Ziel muss immer sein, dass eine für das Kind und den Elternteil bedeutsame Beziehung bestehen bleibt und ein positiver Gesamteindruck entsteht. Nur wenn beide Elternteile dem Umgang positiv gegenüberstehen, kann sich ein Umgangsrecht zum Wohl des Kindes entwickeln. Hierzu gehört selbstverständlich auch, dass Auseinandersetzungen anlässlich der Übergabekontakte zu vermeiden sind[53] und der betreuende Elternteil an der Übergabe des Kindes ebenso wie bei dessen Rückkehr mitzuwirken hat. Eine darüber hinausgehende Kontaktpflege zum anderen Elternteil ist rechtlich zwar nicht erforderlich.[54] Die Eltern sollten jedoch bedenken, dass sie für ihre Kinder **Vorbildfunktion** haben. Sie sollten daher ihr Verhalten gegenüber dem anderen Elternteil in Wortwahl und persönlicher Darstellung zumindest den üblichen Umgangsformen anpassen. Zuweilen entsteht jedoch leider der Eindruck, dass Elternteile in ein pubertäres Stadium zurückfallen und so den Blick nicht auf ihr Kind und dessen Bedürfnisse richten, sondern im nicht bewältigten **Paarkonflikt** gefangen bleiben. Eltern sollten bedenken, dass Situationen eintreten können – etwa eine schwere **Erkrankung** – in denen, sollte das Kind hiervon betroffen sein, solche Kleinlichkeiten rückschauend als lächerlich empfunden werden müssen, oder – soweit ein Elternteil betroffen ist – möglicherweise ein Haushaltswechsel des Kindes unvermeidbar ist, der für das Kind nur verkraftbar ist, wenn es nicht zu einem Elternteil wechseln muss, der zuvor zum „Feind" hochstilisiert wurde.

18 Aus dem Umgangsrecht folgt kein Recht zur Überwachung des anderen Elternteils.[55] Ein diesbezügliches Bestreben rächt sich meistens; denn es führt im Ergebnis nur zu einer Verschlechterung der Einigungsmöglichkeiten und der tatsächlichen Ausgestaltung der Umgangskontakte.[56] Auch wenn verständlicherweise sowohl der betreuende Elternteil als auch das Kind unter dem Aspekt der **Planungssicherheit** einen Anspruch darauf haben, dass vereinbarte Umgangskontakte wahrgenommen werden, steht dem eine gewisse Flexibilität im Falle der Einigkeit der Eltern nicht entgegen, insbesondere wenn dringende berufliche Gründe ausnahmsweise Abweichungen erfordern. Sichergestellt werden muss jedoch, dass diese Änderungen rechtzeitig bekannt gegeben und mit dem anderen Elternteil sowie dem Kind abgestimmt werden.[57]

19 Durch das Umgangsrecht wird das **Recht auf Freizügigkeit** nach Art. 11 GG nicht eingeschränkt. Jeder Ehegatte ist daher berechtigt, seinen künftigen Wohnort selbst zu bestimmen. Ein Verbleib am bisherigen Familienwohnsitz kann nicht mit dem Argument verlangt werden, dass dadurch die Besuchskontakte erleichtert werden. Ist der betreuende Elternteil Inhaber des Aufenthaltsbestimmungsrechts für das Kind, so darf er grundsätzlich seinen Wohnsitz verlegen, gegebenenfalls auch in ein anderes Land, sogar wenn dieses auf einem anderen Kontinent liegt (zur Behandlung der **Auswanderung** eines Elternteils siehe § 1 Rdn 279 ff.).[58]

---

51 Dazu eingehend BVerfG ZKJ 2012, 186 m. Anm. *Coester*, ZKJ 2012, 182; BGH FF 2012, 67 m. Anm. *Völker*.
52 OLG Frankfurt FamRZ 1990, 655; *Knöpfel*, FamRZ 1989, 1017.
53 BayObLG FamRZ 1994, 1411; OLG Stuttgart JAmt 2001, 115.
54 OLG Zweibrücken DAVorm 1986, 355; FamRZ 1982, 531.
55 OLG Brandenburg FamRZ 2002, 974; OLG Hamm FamRZ 2002, 1583.
56 *Arntzen*, NJW 1988, 1508.
57 OLG Hamm NJW-RR 1986, 754.
58 BGH FamRZ 2010, 1060 m. Anm. *Völker*, FamRZ 2010, 1065; Anm. *Coester*, FF 2010, 365; BGH FamRZ 1990, 392.

Lebt das Kind in einer **Pflegefamilie**, so ist auch diese verpflichtet, den Kontakt des Kindes zu seinen Eltern nach besten Kräften zu unterstützen (siehe dazu eingehend § 4 Rdn 23 ff.).[59] Dies gilt auch im Fall der **Dauerpflege**, weil die Rückführungsperspektive von Verfassungs wegen stets offengehalten werden muss und deshalb zugleich auf regelmäßige Umgangskontakte der Eltern zu ihrem Kind zu achten ist.[60] Denn in der Regel entspricht es dem Kindeswohl, die familiären Beziehungen aufrecht zu erhalten und das Kind nicht vollständig von seinen Wurzeln zu trennen.[61] Eine Einschränkung oder der gänzliche Ausschluss des Umgangs kommt im Einzelfall nur in Betracht, um eine ansonsten drohende Gefährdung der seelischen oder körperlichen Entwicklung des Kindes abzuwenden.[62] Die allgemeine Feststellung, dass das Kind in einer Pflegefamilie aufwachse und seine Integration in dieses Umfeld nicht gestört werden dürfe, ist verfassungsrechtlich für sich allein genommen nicht tragfähig, und zwar auch nicht mit der ergänzenden Erwägung, dass der Umgang für das Kind anstrengend sei und es überfordere. Denn in diesen Fällen, in denen zudem meist von den Vormündern nur begleiteter Umgang eingeräumt wird, kann die Anstrengung gerade darauf beruhen, dass der Umgang begleitet wird (zum **Umfang** des Umgangs siehe § 4 Rdn 38 ff.).[63]

20

Werden **Geschwisterkinder** getrennt in Pflegefamilien untergebracht, so sind – was § 1685 Abs. 1 BGB einfachrechtlich absichert – auch deren Bindungen und Bedürfnisse nach Umgang miteinander zu beachten (siehe dazu § 4 Rdn 32).[64] Nichts anderes gilt hinsichtlich des Kontaktes von Geschwistern, die nicht beim selben Elternteil leben. Der Umgang eines Elternteils hat grundsätzlich Vorrang vor dem anderer Bezugspersonen des Kindes, wie etwa Großeltern.[65]

21

V. Rechtsnatur des Umgangsrechts

Das Umgangsrecht ist nicht Restbestandteil der Personensorge, sondern ein eigenes Grundrecht der Eltern, das aus Art. 6 Abs. 2 S. 1 GG folgt.[66] Daher müssen **ausländerrechtliche Vorschriften** zurücktreten, soweit familiäre Bindungen des den Aufenthalt begehrenden Elternteils dies gebieten, um eine formelle Umgangsregelung zu ermöglichen.[67]

22

Personensorge und Umgangsrecht sind zwei selbstständige Rechte, die einander – sich wechselseitig beschränkend – gegenüberstehen. Sowohl materiell- als auch verfahrensrechtlich handelt es sich um gesonderte Gegenstände. Durch das Umgangsrecht eines Elternteils wird das Personensorgerecht des anderen – mitsamt seines Umgangsbestimmungsrechts aus § 1632 Abs. 2 BGB – eingeschränkt (siehe dazu eingehend § 4 Rdn 16 ff.),[68] wobei unerheblich ist, welche Gründe letztlich zum Scheitern der Elternbeziehung geführt haben.[69] Dies gilt gleichermaßen für das Umgangsrecht des leiblichen, nicht rechtlichen Vaters aus § 1686a BGB und bezüglich Dritter, die ein Umgangsrecht nach § 1685 BGB haben (siehe dazu eingehend § 4 Rdn 16).

23

---

59 BVerfG, FamRZ 2010, 1622; FamRZ 2007, 335.
60 Siehe hierzu etwa EuGHMR FamRZ 2005, 585 und – grundlegend – BVerfGE 68, 176; vgl. auch BVerfGE 75, 201 und 79, 51; BVerfG FamRZ 2013, 361; OLG Saarbrücken FamRZ 2012, 463; 2010, 1092.
61 Vgl. BVerfG FamRZ 2010, 1622; vgl. auch EuGHMR FamRZ 2004, 1456.
62 BVerfG FamRZ 2010, 1622.
63 Vgl. BVerfG FamRZ 2010, 1622.
64 EuGHMR FamRZ 2010, 1046 [Mustafa und Armagan Akin/Türkei], *Völker/Eisenbeis/Dupre*, ZKJ 2007, 5; enger im Fall der Adoption eines Kindes OLG Dresden JAmt 2012, 37: ggf. nur Umgangsrecht aus § 1666 BGB.
65 BVerfG FamRZ 2007, 335, auch zur jeweils individuellen Berücksichtigung der Umgangsinteressen jedes von mehreren gemeinsam in einer Pflegefamilie wohnenden Geschwisterkindes; ebenso OLG Brandenburg FamRZ 2015, 1818.
66 BVerfG FamRZ 1993, 662.
67 BVerfG FamRZ 2003, 1082; OLG Koblenz FamRZ 2016, 1093.
68 BGH FamRZ 2008, 592; OLG Zweibrücken FamRZ 2000, 1042.
69 OLG Hamm FamRZ 1996, 424.

24 Ebenso wie das Sorgerecht ist auch das Umgangsrecht ein **absolutes Recht** im Sinne des § 823 Abs. 1 BGB mit der Folge eines Schadensersatzanspruches bei schuldhafter Verletzung.[70] Der strafrechtliche Schutz leitet sich aus § 235 StGB ab.[71] Beide Rechte sind unverzichtbar und höchstpersönlich. Wird gleichwohl durch den Umgangsberechtigten der Verzicht auf die Umgangsbefugnis erklärt, so ist diese Erklärung rechtlich unverbindlich. Auch bei längerer Vernachlässigung der Umgangskontakte führt dies nicht zur **Verwirkung des Umgangsrechts**.[72] Sittenwidrig ist insbesondere eine Vereinbarung, in der der Umgangsberechtigte als Gegenleistung für die **Freistellung von Unterhaltsverpflichtungen** die Nichtausübung des Umgangs zusagt.[73]

25 Als **höchstpersönliches Recht** kann die Umgangsbefugnis auch nicht übertragen werden. Gerichtliche Beschränkungen des Umgangsrechts sind Ausfluss staatlicher Eingriffskompetenz und unterliegen dem Grundsatz der Verhältnismäßigkeit. Nur wenn es der Schutz des Kindes nach dem Einzelfall zwingend erfordert, um eine Gefährdung der Entwicklung abzuwehren, darf das Umgangsrecht eingeschränkt oder ausgeschlossen werden.[74]

B. Umgangsrecht und -pflicht der rechtlichen Eltern (§ 1684 Abs. 1 Hs. 2 BGB)

I. Kreis der Umgangsberechtigten

26 Der **Kreis der Umgangsberechtigten** wird durch die §§ 1684, 1685 und 1686 a BGB definiert.[75] Andere Personen, die Umgang mit dem Kind haben wollen, können diesen nur bekommen, wenn der Umgangsbestimmungsberechtigte (§ 1632 Abs. 2 BGB, siehe dazu § 4 Rdn 16 ff.) dies nicht untersagt. Grundsätzlich ist jeder Elternteil zur Ausübung des Umgangs verpflichtet und berechtigt (§ 1684 Abs. 1 BGB), und zwar unabhängig davon, ob er (mit-)sorgeberechtigt ist oder nicht. Eltern haben ein Umgangsrecht auch dann, wenn ihre Kinder bei Pflegeeltern leben (siehe dazu Rdn 20) oder wenn für das Kind eine Vormundschaft angeordnet wurde.[76] Ziel des Umgangsrechts ist es jeweils, die Kontinuität der Eltern-Kind-Beziehung zu erhalten und so – in Fällen der Fremdunterbringung – die **Rückführungsperspektive** offenzuhalten (siehe auch § 4 Rdn 23).[77]

27 Für die Frage des Umgangsrechts ist nicht daran anzuknüpfen, ob die Eltern miteinander verheiratet waren. Auch dem nichtehelichen Vater steht demnach ein Umgangsrecht zu, das nicht dadurch berührt werden kann, dass die Mutter keine Störungen in ihrer neuen Partnerschaft möchte.[78] Nur soweit es das Kindeswohl erfordert, kommen Einschränkungen oder – als ultima ratio – der **Ausschluss des Umgangs** in Betracht. Diese Vorgabe steht im Einklang mit der Rechtsprechung des EuGHMR der bei rechtswidriger Versagung eines Umgangsrechts einen Anspruch auf Ersatz des immateriellen Schadens vorsieht.[79]

---

70 BGH FamRZ 2002, 1099; OLG Frankfurt FamRZ 2016, 387; ZKJ 2006, 46; OLG Köln FamRZ 2015, 151; OLG Karlsruhe FamRZ 2002, 1056; vgl. auch *Hohloch*, Schadensersatz bei Verletzung des Umgangsrechts?, FF 2004, 202; *Elden*, Schadensersatz bei verhindertem Umgang, NJW-Spezial 2016, 388; im Ausgangspunkt ebenso OLG Brandenburg, Beschl. v. 3.11.2014 – 3 UF 55/14, juris.
71 BGH FamRZ 1999, 652; *Bock*, Zur Strafbarkeit des allein sorgeberechtigten Elternteils nach § 235 Abs. 2 StGB zu Lasten des umgangsberechtigten anderen Elternteils (§ 1684 BGB), JR 2016, 300.
72 OLG Hamm FamRZ 1996, 424.
73 BGH FamRZ 1984, 778.
74 BVerfGE 31,194; OLG Bamberg FamRZ 1998, 969.
75 OLG Bamberg FamRZ 1999, 810; OLG Zweibrücken FamRZ 1999, 1161.
76 BGH FamRZ 2001, 1449; OLG Hamm FamRZ 2000, 1108.
77 Siehe hierzu – grundlegend – BVerfGE 68, 176; vgl. auch BVerfGE 75, 201 und 79, 51; BVerfG FamRZ 2013, 361; OLG Saarbrücken FamRZ 2010, 1092 und ZKJ 2014, 117.
78 OLG Karlsruhe FamRZ 1999, 184.
79 EuGHMR FamRZ 2001, 341.

B. Umgangsrecht und -pflicht der rechtlichen Eltern (§ 1684 Abs. 1 Hs. 2 BGB) § 2

In den Schutzbereich der Umgangsberechtigten ist durch das zum 12.8.2013 in Kraft getretene Gesetz zur Stärkung der Rechte des leiblichen, nicht rechtlichen Vaters[80] auch der nur **leibliche Vater** einzubeziehen (vgl. hierzu auch Rdn 125). Die bis zum Jahr 2003 bestehende gegenteilige Rechtslage wurde für verfassungswidrig erklärt.[81] Auch die Zeugung eines Kindes im Wege der Fremdbefruchtung (**heterologe Insemination**) kann den später geschiedenen Ehemann nicht von seiner Umgangsbefugnis ausschließen.[82] Wurde die Vaterschaft angefochten, so besteht ein Umgangsrecht aus § 1684 Abs. 1 BGB bis zur rechtskräftigen Entscheidung,[83] danach kann es sich aus § 1685 Abs. 2 BGB ergeben (siehe auch Rdn 125).

28

II. Umgangsvereinbarungen der Eltern

Die Notwendigkeit für eine gerichtliche Regelung des Umgangsrechts besteht erst, wenn die Eltern nicht in der Lage sind, eine wirksame Vereinbarung hierüber zu treffen.[84] Verfügt mindestens ein Elternteil über das Sorgerecht, so können die Eltern zur Ausgestaltung des Umgangsrechts eine einvernehmliche Regelung treffen.[85] Auch wenn das Umgangsrecht nicht zur alleinigen Disposition der Eltern steht, sind gleichwohl Vereinbarungen, soweit sie dem Kindeswohl nicht widersprechen, sinnvoll.

29

Eine solche Elternvereinbarung kann auch im Rahmen eines gerichtlich anhängigen Umgangsverfahrens abgeschlossen werden. Sie allein beendet indes das Verfahren nicht. Hierzu bedarf es vielmehr der gerichtlichen Billigung der Vereinbarung.[86] Durch die Billigung bringt das Gericht zum Ausdruck, dass es sich die Elternvereinbarung zu Eigen macht.[87] Vor dem Inkrafttreten des FamFG geschah dies regelmäßig dadurch, dass die Vereinbarung durch das Familiengericht zum Beschluss erhoben und somit von diesem als eigene Entscheidung übernommen wurde. Seit dem 1.9.2009 hat § 156 Abs. 2 FamFG dies in das Institut des **gerichtlich gebilligten Vergleichs** überführt. Hiernach ist die einvernehmliche Regelung des Umgangsrechts als Vergleich zu protokollieren und vom Gericht zu billigen, wenn sie dem Kindeswohl nicht widerspricht, § 156 Abs. 2 S. 2 FamFG (siehe im Einzelnen Rdn 237 f.). Nur durch diese Billigung hat der Vergleich verfahrensbeendende Wirkung.[88]

30

Haben sich die Eltern über die konkrete Ausgestaltung des Umgangs verständigt, so liegt hierin eine rechtsgeschäftliche Vereinbarung mit der Konsequenz, dass Verstöße auch Ersatzansprüche auslösen können, etwa wenn eine Regelung über einen Fahrtkostenersatzanspruch getroffen wurde.[89] Eine elterliche Vereinbarung ist bis zur Überlagerung durch eine vertragliche oder gerichtliche Änderung verbindlich.[90] Eine Änderung unterliegt nicht den Anforderungen des § 1696 Abs. 1 BGB, auch nicht analog,[91] sondern setzt eine Änderung der Geschäftsgrundlage unter besonderer Berücksichtigung des Kindeswohls voraus.[92] Entspricht allerdings eine Abänderung dem gemeinsamen Wunsch der Eltern, so ist sie jederzeit möglich.

31

---

80 BGBl 2013 I, 2176.
81 BVerfG FamRZ 2003, 816.
82 OLG Frankfurt FamRZ 1988, 754.
83 BGH FamRZ 1988, 711.
84 BVerfG FamRZ 1995, 86.
85 *Oelkers*, FPR 2000, 250; *Krabbe*, FPR 1995, 86.
86 BGH FamRZ 1988, 277; OLG Karlsruhe FamRZ 1999, 522.
87 BGH FamRZ 1988, 277.
88 OLG Frankfurt FamRZ 2014, 53; NZFam 2014, 610.
89 OLG Zweibrücken FuR 1999, 21.
90 OLG Frankfurt FamRZ 2003, 250.
91 So aber OLG Brandenburg FamRZ 2008, 2055.
92 In dieser Richtung wohl auch OLG Köln FamRZ 2013, 1591; offen lassend OLG Nürnberg FamRZ 2014, 859.

32 Haben die Eltern das Umgangsrecht durch **notarielle Vereinbarung** geregelt, so ist diese mangels gerichtlicher Verfügung nicht vollstreckbar, wobei auch eine nachträgliche **gerichtliche Billigung** nicht möglich ist. Eine solche Billigung setzt immer voraus, dass ein Umgangsrechtsverfahren vorausgegangen ist, das mit einer Elternvereinbarung endete,[93] die als gerichtlich gebilligter Vergleich übernommen wurde.

Wird eine von der Vereinbarung abweichende gerichtliche Regelung erstrebt, so ist dem Folge zu leisten, wenn gewichtige Kindeswohlgründe dies erfordern.[94]

Diese Erwägungen finden auch Anwendung auf Vereinbarungen, die zwischen den Eltern bzw. einem Elternteil und einem nach § 1685 BGB umgangsberechtigten Dritten[95] oder dem nach § 1686a BGB umgangsberechtigten leiblichen, nicht rechtlichen Vater geschlossen wurden.

III. Wohlverhaltensklausel (§ 1684 Abs. 2 BGB)

33 Im Idealzustand können die Eltern die regelmäßig im Zusammenhang mit der Trennung eintretenden Belastungen für eine gesunde Entwicklung des Kindes mildern. Sie sind verpflichtet, das Kind nicht mit ihren Konflikten zu belasten,[96] also gehalten, eine den Kindesinteressen entsprechende Lösung für dessen weitere Entwicklung zu finden. Hierzu gehört, dass sie alles unterlassen, was das Verhältnis des Kindes zum anderen Elternteil beeinträchtigen oder die Kindeserziehung als solche erschweren könnte.[97] Vor diesem Hintergrund statuiert die **Wohlverhaltensklausel** des § 1684 Abs. 2 BGB die Pflicht der Eltern zu einem wechselseitig loyalen Verhalten bei der Ausübung des Umgangsrechts.[98] Eine Umgangsregelung muss jedoch zugleich so auf die individuellen Bedürfnisse des Kindes zugeschnitten werden, dass eine gleichmäßige und ungestörte Erziehung gewährleistet werden kann. Kommt es anlässlich der Umgangskontakte immer wieder zu Auseinandersetzungen, so ist dieses Ziel gefährdet.[99] Ein Elternteil verstößt gegen seine Loyalitätsverpflichtung, wenn er es einem achtjährigen Kind freistellt, ob es Umgangskontakte wahrnehmen möchte oder nicht[100] oder anderweitig die Erziehung des betreuenden Elternteils massiv unterwandert.[101] Der betreuende Elternteil muss vielmehr – auch zur Meidung einer ansonsten von ihm zu gewärtigenden Vollstreckung (siehe dazu § 6 Rdn 27 ff.) oder Anordnung einer Umgangspflegschaft (siehe dazu Rdn 39 ff.) – das Kind in der gebotenen Weise eindringlich darauf hinweisen, dass er mit den Umgangskontakten einverstanden ist und deren Durchführung wünscht.[102] Umgekehrt muss sich der umgangsberechtigte Elternteil außerhalb der gerichtlich festgelegten Umgangszeiten eines Kontakts zum Kind enthalten, sofern nicht der betreuende Elternteil mit einem solchen Kontakt einverstanden ist.[103]

34 Von einem Elternteil, der durch seinen **Umzug** eine erhebliche **räumliche Distanz** hergestellt hat, kann ein höherer Einsatz erwartet werden, um den dem umgangsberechtigten Elternteil hierdurch entstandenen vermehrten zeitlichen und organisatorischen Aufwand zu verringern.

---

93 OLG Karlsruhe FamRZ 1999, 325.
94 OLG Frankfurt FamRZ 2003, 250; 1988, 1315.
95 OLG Frankfurt FamRZ 2003, 250.
96 BVerfG FamRZ 1982, 1179.
97 OLG Bamberg FamRZ 1995, 428; OLG Hamm FamRZ 1994, 57.
98 OLG Brandenburg FamRZ 2009, 1688; OLG Köln – Beschl. v. 21.10.2009 – 4 UF 119/09, juris; OLG Brandenburg FamRZ 2003, 111.
99 BayObLG FamRZ 1994, 1411.
100 OLG Saarbrücken FamRZ 2007, 927; Anm. *Giers*, FamRB 2007, 166; Anm. *Leis*, jurisPR-FamR 8/2007, Anm. 2.
101 OLG Saarbrücken FamRZ 2015, 62 und 344.
102 BGH FF 2012, 67; Kemper/Schreiber/*Völker/Clausius/Wagner*, § 89 Rn 25.
103 KG FamRZ 2015, 940.

B. Umgangsrecht und -pflicht der rechtlichen Eltern (§ 1684 Abs. 1 Hs. 2 BGB) § 2

Zu denken ist hier etwa daran, dass er sich an den Hin- und Rückfahrten – oder im Einzelfall den Kosten hierfür – beteiligt.[104] Auch im Unterhaltsrecht können **Umgangskosten** in Ausnahmefällen, in denen die Kostenbelastung für den Umgangsberechtigten unzumutbar und dadurch die Ausübung des Umgangs praktisch unmöglich wird, Berücksichtigung finden (siehe dazu Rdn 90 ff.).

1. Allgemeines

Im Rahmen der Wohlverhaltensklausel ist der betreuende Elternteil verpflichtet, auf das Kind, vor allem wenn es noch jünger ist, dahingehend einzuwirken, dass der persönliche Umgang nicht als belastend empfunden wird. Hierzu kann etwa gehören, dass die **Übergabe des Kindes** so ausgestaltet wird, dass das Kind den Eindruck gewinnt, der übergebende Elternteil wünsche selbst die Kontakte.[105] Völlig deplaziert sind an dieser Stelle spannungsgeladene Diskussionen über Angelegenheiten des Kindes oder sogar offene Streitigkeiten. Um dem Kind Loyalitätskonflikte zu ersparen, genügt es nicht nur, die Umgangskontakte zuzulassen. Sie sind vielmehr aktiv zu fördern.[106] Hierzu gehört nicht nur, dass bei Abholung des Kindes die Tür geöffnet wird, sondern – bei weiter Entfernung – auch die Verbringung des Kindes zum Flughafen.[107] Gerade bei jüngeren Kindern dürfte eine solche Unterstützung einfach zu leisten sein. Kann der betreuende Elternteil diese Vorgaben nicht erfüllen, weil er möglicherweise noch zu sehr in der Auseinandersetzung auf der Paarebene verhaftet ist, so kann von ihm die Inanspruchnahme therapeutischer Hilfsmaßnahmen erwartet werden,[108] zu denen er freilich nicht gerichtlich verpflichtet werden kann (siehe § 1 Rdn 206).

35

Die Wohlverhaltenspflicht wird durch **negative Beeinflussungen** des Kindes gegen den Umgangsberechtigten verletzt, sei es in direkter oder auch in mittelbarer Form, etwa unter Hinweis darauf, dass sich das Kind selbst gegen die Kontakte ausgesprochen haben soll. Soweit es um die Herstellung der Umgangskontakte geht, sind diese aktiv zu fördern. Im Gegenzug besteht die Verpflichtung des Umgangsberechtigten, das Kind nicht gegen den anderen Elternteil einzunehmen, dessen Erziehungsmaßnahmen zu unterlaufen oder sogar seine Erziehungsautorität infrage zu stellen.[109]

36

Werden die sich aus der Wohlverhaltensklausel ergebenden Obliegenheiten missachtet, so muss dem durch geeignete gerichtliche Maßnahmen entgegengewirkt werden. Bevor gerichtliche Anordnungen gegen den betreuenden Elternteil ergehen, der Gründe gegen den Umgang vorbringt, sollte der Richter versuchen, dessen Blick im Rahmen der Vergleichsbemühungen zu weiten. Ihm sollte etwa verdeutlicht werden, dass ein nach dem Umgangskontakt aufgetretener Hautausschlag des Kindes nicht zwingend für eine mangelnde Hygiene im Haushalt des anderen Elternteils spricht, sondern möglicherweise eine Reaktion des Kindes auf eine schwere Konfliktsituation sein kann, die es dadurch erlebt, mit welcher Einstellung der betreuende Elternteil seine Rückkehr aus dem Haushalt des anderen Elternteils begleitet.[110] Nichts anderes gilt beim – praktisch häufig eingewandten – Einnässen kleinerer Kinder.

37

---

104 OLG Brandenburg FamRZ 2009, 131; OLG Schleswig FamRZ 2006, 881; zu sozialrechtlichen Fragestellungen in diesem Zusammenhang siehe *Jansen*, FPR 2009, 144.
105 OLG Brandenburg FamRZ 1996, 1092.
106 BGH FF 2012, 67; OLG Karlsruhe FamRZ 1999, 242; OLG Köln FamRZ 1998, 961.
107 BVerfG FamRZ 2002, 809; OLG Dresden FamRZ 2005, 927.
108 OLG Hamm FamRZ 1994, 57.
109 OLG Hamm FamRZ 1993, 1233.
110 KG FamRZ 1989, 656.

2. Vereitelung des Umgangsrechts

38 Werden grundlos und über einen längeren Zeitraum hinweg gerichtlich angeordnete Umgangskontakte vereitelt, so begründet dies in der Regel eine erhebliche Beeinträchtigung des Kindeswohls. Der vereitelnde Elternteil nutzt dann widerrechtlich die ihm eingeräumten Befugnisse auch zum Nachteil des Kindes aus. Er versagt damit in einem Teil seiner Sorgepflichten.[111] Diesem Versagen muss das Gericht durch geeignete Maßnahmen entgegensteuern.[112] Insoweit kommen die **Vollstreckung der Umgangsregelung** (siehe dazu § 6 Rdn 30 ff.), die Bestellung eines **Umgangspflegers** (siehe dazu Rdn 39 ff.), eine **Änderung der Sorgerechtsregelung** (siehe dazu § 3) und – in Ausnahmefällen – **Maßnahmen nach § 1666 ff. BGB** (siehe dazu § 1 Rdn 178 ff.) in Betracht.

a) Umgangspflegschaft

39 Durch Art. 50 Nr. 28 und 29 FGG-RG wurden die §§ 1684 Abs. 3 und 1685 Abs. 3 BGB neugefasst und die bereits zuvor anerkannte, aber allein auf § 1666 BGB gestützte **Umgangspflegschaft** normiert.[113] Der Weg über eine Umgangsbestimmungspflegschaft ist nunmehr zutreffender Auffassung zufolge nicht mehr gangbar (siehe dazu eingehend § 4 Rdn 16).

Verletzt ein Elternteil dauerhaft oder wiederholt in erheblichem Ausmaß seine § 1684 Abs. 2 BGB entspringende Wohlverhaltenspflicht, so kann das Familiengericht nach § 1684 Abs. 3 BGB eine **Umgangspflegschaft** anordnen. Die Anordnung ist nach § 1684 Abs. 3 S. 5 BGB zu befristen.[114] Eine erneute Anordnung bzw. Verlängerung ist aber möglich.[115] Die Anordnung einer Umgangspflegschaft sowie die Verlängerung einer befristeten Umgangspflegschaft sind dem Richter vorbehalten (§ 14 Abs. 1 Nr. 7 RPflG); der Rechtspfleger ist funktionell unzuständig.[116] Ein Beschluss des Rechtspflegers, der nach Fristablauf die Beendigung der Umgangspflegschaft feststellt, hat lediglich deklaratorische Bedeutung und ist daher nicht anfechtbar.[117]

Die Anordnung der Umgangspflegschaft umfasst das Recht, die **Herausgabe des Kindes** zur Durchführung des Umgangs zu verlangen und für die Dauer des Umgangs dessen Aufenthalt zu bestimmen. Die Umgangspflegschaft nach § 1684 Abs. 3 S. 3 BGB soll die Fälle erfassen, in denen der betreuende Elternteil das Umgangsrecht des anderen Elternteils in erheblicher Weise vereitelt.[118] Zu diesem Zweck ist die **Eingriffsschwelle** im Vergleich zum vor dem 1.9.2009 geltenden Recht in den Fällen spürbar abgesenkt worden, in denen es um die Durchsetzung des Umgangsrechts des nicht betreuenden Elternteils geht. Eine Kindeswohlgefährdung nach § 1666 BGB durch das Ausbleiben von Umgangskontakten muss jetzt nur noch dann vorliegen, wenn ein Umgangsrecht nach § 1685 Abs. 1 und 2 BGB oder § 1686a Abs. 1 Nr. 1 BGB durchgesetzt werden soll (siehe § 1685 Abs. 3 S. 2 BGB bzw. § 1686a Abs. 2 S. 2 BGB). Auf diese Differenzierung ist allerdings zu achten; die Voraussetzungen der Anordnung einer Umgangspflegschaft können zwischen Halbgeschwistern verschieden sein.[119] Auch wenn die Umgangspflegschaft an

---

111 BGH FamRZ 1999, 651.
112 OLG Braunschweig FamRZ 1999, 185.
113 Vgl. zur Umgangspflegschaft auch *Bergmann*, FF 2014, 345; *Kohler*, JAmt 2010, 226; *Zivier*, ZKJ 2010, 306.
114 Siehe dazu auch OLG Köln, Beschl. v. 16.11.2012 – 25 UF 143/12, juris; OLG Brandenburg, Beschl. v. 15.2.2016 – 10 UF 213/14, juris.
115 OLG Brandenburg, Beschl. v. 15.2.2016 – 10 UF 213/14, juris; vgl. auch Palandt/*Götz*, § 1684 Rn 21; BT-Drucks 16/6308, S. 346.
116 OLG München FamRZ 2013, 1155.
117 OLG Stuttgart ZKJ 2012, 491.
118 BGH FF 2012, 67; OLG Saarbrücken ZKJ 2014, 75; vgl. BT-Drucks 16/6308, S. 345; vgl. auch *Kindler*, Kinderschutz im BGB, FPR 2012, 422; *ders.*, Trennungen zwischen Kindern und Bindungspersonen, FPR 2013, 194; *Maywald*, Entfremdung durch Kontaktabbruch – Kontakt verweigernde Kinder oder Eltern nach einer Trennung, FPR 2013, 200.
119 OLG Saarbrücken ZKJ 2014, 75.

B. Umgangsrecht und -pflicht der rechtlichen Eltern (§ 1684 Abs. 1 Hs. 2 BGB) § 2

die Wohlverhaltenspflicht in § 1684 Abs. 2 BGB angebunden ist – die jeden Elternteil (be-)trifft – ist die Anordnung einer Umgangspflegschaft nicht möglich, wenn der umgangsberechtigte Elternteil diese Pflicht verletzt,[120] indem er etwa ständig unpünktlich ist. Dem kann nicht durch einen Eingriff in das Sorgerecht des betreuenden Elternteils entgegengewirkt werden. Dies wäre auch unverhältnismäßig, weil als milderes und sicher kaum weniger geeignetes Mittel die Vollstreckung des Umgangstitels gegen den unzuverlässigen Umgangsberechtigten möglich ist (siehe dazu eingehend § 6 Rdn 37). Anstelle der Vollstreckung kann in solchen Fällen auch nicht einfach der Umgang des Umgangsberechtigten ausgeschlossen werden.[121]

Der BGH hat in seiner Entscheidung vom 26.10.2011[122] – inzident – zutreffend zu erkennen gegeben, dass diese Absenkung der Eingriffsschwelle **verfassungsgemäß** ist; folgerichtig spricht der BGH in dieser Entscheidung auch vom Erfordernis einer „Kindeswohlbeeinträchtigung" (nicht: -gefährdung). Die teilweise zuvor in der Literatur hinsichtlich der niedrigeren Eingriffsvoraussetzungen erhobenen verfassungsrechtlichen Bedenken[123] sind nicht berechtigt. Zwar bedeutet die Anordnung der Umgangspflegschaft einen teilweisen Sorgerechtsentzug (siehe hierzu auch nachfolgend), mithin einen recht intensiven Eingriff in das Elternrecht des betreuenden Elternteils. Grundrechtsdogmatisch betrachtet wird aber nicht in den Vorrang der Eltern als Erziehungsträger eingegriffen, sondern erfolgt der Eingriff nur, um in Wahrnehmung des staatlichen Wächteramts aus Art. 6 Abs. 2 S. 2 GG die Grundrechtspositionen der Eltern aus Art. 6 Abs. 2 S. 1 GG zu einem bestmöglichen Ausgleich zu bringen.[124] Der Staat wird hier lediglich vermittelnd zwischen den Eltern, nicht jedoch wie bei der Entziehung des Sorgerechts wegen einer Kindeswohlgefährdung von außen eingreifend tätig.[125] Rein praktisch sollte auch nicht verkannt werden, dass der sorgeberechtigte Elternteil zur Überlassung des Kindes für die Dauer des Umgangs ohnehin bereits aufgrund des Umgangsrechts des anderen Elternteils verpflichtet ist, zumal es für diesen einen – mindestens – ebenso intensiven Eingriff in sein Elternrecht bedeutet, dauerhaft von seinem Kind abgeschnitten zu werden.[126] Zu der von der Gegenauffassung teilweise vorgeschlagenen verfassungskonformen Auslegung des § 1684 Abs. 3 S. 3 BGB dahin, dass sie eine Kindeswohlgefährdung voraussetzt,[127] besteht daher kein Anlass. Sie wäre auch methodisch unzulässig, weil sie dem ausdrücklichen Willen des Gesetzgebers[128] widerspräche. Dessen prinzipielle Zielsetzung aber ist – neben dem Wortlaut – Grenze jeder verfassungskonformen Auslegung.[129]

Das bedeutet aber nicht, dass eine Umgangspflegschaft leichthin angeordnet werden dürfte. Wenn und weil sie einen **erheblichen Sorgerechtseingriff** bedeutet, müssen ihre Voraussetzungen strikt beachtet werden. Gibt es Schwierigkeiten bei der Ausübung des Umgangsrechts, ohne dass von einer dauerhaften oder wiederholten erheblichen Verletzung der Umgangsförderungspflicht des betreuenden Elternteils ausgegangen werden kann, so kommt die Einrichtung einer

---

120 Vgl. OLG Saarbrücken ZKJ 2014, 75; ebenso *Zivier*, ZKJ 2010, 306, 307; a.A. MüKo-BGB/*Hennemann*, § 1684 Rn 76 (sogar gegen nichtsorgeberechtigten Elternteil).
121 OLG Saarbrücken, Beschl. v. 6.3.2012 – 6 UF 39/13 (n.v.).
122 BGH FF 2012, 67 m. Anm. *Völker*; inzident ebenso VerfGH Bayern, Beschl. v. 30.5.2016 – Vf. 58-VI-15, juris; OLG München FamFR 2011, 478; *Frohn*, Ergänzungspflegschaft zur Regelung des Umgangs?, FF 2016, 240.
123 *Fölsch*, Das neue FamFG in Familiensachen, § 9 Rn 4; ähnlich kritisch *Heilmann*, ZKJ 2011, 184; *Salgo*, FPR 2008, 401, 403; *Veit*, FF 2008, 476, 480 f.; Bamberger/Roth/*Veit*, § 1684 Rn 33.3; sowie die entsprechende Empfehlung des Vorstandes des Deutschen Familiengerichtstages (DFGT), Brühler Schriften zum Familienrecht, 18. DFGT, Bielefeld 2010, S. 146.
124 Vgl. BVerfG FamRZ 1994, 223; siehe dazu auch OLG Saarbrücken FamRZ 2010, 385; zum Ganzen *Völker*, FF 2012, 71; dem ausdrücklich zustimmend MüKo-BGB/*Hennemann*, § 1684 Rn 76.
125 Vgl. BVerfG ZKJ 2014, 379.
126 Ähnlich auch die Gegenäußerung der Bundesregierung, BT-Drucks 16/6308, S. 426.
127 So ausdrücklich *Heilmann*, ZKJ 2011, 184 und Empfehlung des Vorstandes des Deutschen Familiengerichtstages (DFGT), Brühler Schriften zum Familienrecht, 18. DFGT, Bielefeld 2010, S. 146.
128 BT-Drucks 16/6308, S. 345, 426.
129 Vgl. BVerfG NJW 2011, 1931 m.z.w.N.

Umgangspflegschaft nicht in Betracht. Sie ist kein Instrument zur Beseitigung sämtlicher Schwierigkeiten bei der Verwirklichung des Umgangs[130] – und daher **kein Allheilmittel**.[131] Selbst der Umstand, dass alle Beteiligten sowie ggf. das Jugendamt und der Sachverständige mit ihrer Einrichtung einverstanden sind, enthebt das Gericht nicht von der gründlichen Prüfung ihrer Voraussetzungen, zumal durch sie erhebliche Kosten entstehen.[132] Sie sind gerichtliche Auslagen des Verfahrens, in dem die Umgangspflegschaft angeordnet worden ist und sind vom Kostenschuldner dieses Verfahrens zu tragen (Nr. 2014 KV-FamGKG).[133] Also zahlen grundsätzlich die Eltern die Kosten, im Falle ratenfrei bewilligter Verfahrenskostenhilfe die Landeskasse (Justizhaushalt). Nicht selten sind die Fälle, in denen eine Umgangspflegschaft angeordnet wird, solche, bei denen rechtlich ein begleiteter Umgang (§ 1684 Abs. 4 S. 3 BGB, dazu Rdn 185 ff.) indiziert wäre,[134] den regelmäßig die Jugendhilfe aus ihrem Etat zu finanzieren haben wird (siehe dazu auch § 12 Rdn 35 ff.). Auch deshalb sind Formen des begleiteten Umgangs (als SGB VIII-Leistung) von den Aufgaben des Umgangspflegers zu trennen.[135] Der Umgangspfleger kommt als Umgangsbegleiter nur in Betracht, wenn sowohl die strengen Voraussetzungen der Umgangspflegschaft als auch die des begleiteten Umgangs vorliegen.[136]

Das Jugendamt darf gegen seinen Willen nur zum Umgangspfleger bestellt werden, wenn eine andere als Umgangspfleger geeignete Person auch nach intensiven Ermittlungen des Familiengerichts nicht zu finden ist.[137]

42 Noch nicht abschließend geklärt ist der genaue **Aufgabenkreis** und damit die Bestimmungsbefugnisse, die § 1684 Abs. 3 S. 4 BGB dem Umgangspfleger zuweist.[138] Dieser Regelung zufolge „umfasst [die Umgangspflegschaft] das Recht, die Herausgabe des Kindes zur Durchführung des Umgangs zu verlangen und für die Dauer des Umgangs dessen Aufenthalt zu bestimmen".[139] In der Begründung des Gesetzentwurfs steht allerdings Folgendes: „Ergeben sich Meinungsverschiedenheiten der Eltern über die Umgangsmodalitäten (Ort des Umgangs, Ort der Übergabe des Kindes, dem Kind mitzugebende Kleidung, Nachholtermine etc.) hat der Umgangspfleger die Möglichkeit, zwischen den Eltern zu vermitteln oder von seinem Bestimmungsrecht Gebrauch zu machen."[140] Für den Fall, dass „es den Eltern nicht gelingt, die für die Gestaltung des Umgangs notwendigen Vereinbarungen zu treffen (*z.B. Vereinbarung über den Zeitpunkt des Umgangs* bei unregelmäßigen Arbeitszeiten der umgangsberechtigten Person) [...] kann der Umgangspfleger durch [...] seine Anwesenheit, seine persönliche Autorität *und seine Regelungsbefugnisse* [...] zur Verwirklichung des Umgangs beitragen."[141] Nimmt man schließlich in den Blick, dass mit der Regelung der Umgangspflegschaft „Unsicherheiten, [...] welchen Auf-

---

130 OLG Saarbrücken NZFam 2015, 475; ZKJ 2014, 75; Beschl. v. 8.5.2012 – 9 UF 23/12 (n.v.).
131 OLG Saarbrücken ZKJ 2014, 75; dem zustimmend *Frohn*, Ergänzungspflegschaft zur Regelung des Umgangs?, FF 2016, 240.
132 OLG Saarbrücken ZKJ 2014, 75.
133 BT-Drucks 16/6308, S. 346.
134 Siehe auch OLG Celle FamRZ 2015, 769.
135 These 12 des Arbeitskreises 11 des 20. Deutschen Familiengerichtstages.
136 OLG Schleswig FamRZ 2015, 1040.
137 OLG Brandenburg FamRZ 2014, 1214.
138 Kritisch zur aktuellen Aufgaben- und Kompetenzbeschreibung auch Arbeitskreis 9 des 19. Deutschen Familiengerichtstages. Folgerichtig und zutreffend hält deshalb der Arbeitskreis 11 des 20. Deutschen Familiengerichtstages in These 9 eine Konkretisierung der Aufgaben und Kompetenzen sowie Gestaltungsspielräume des Umgangspflegers durch den Gesetzgeber für notwendig.
139 Siehe zur Frage eines Schmerzensgeldanspruchs gegen den Umgangspfleger für den Fall der Umgangsverweigerung durch den betreuenden Elternteil OLG Köln FamRZ 2015, 971; Anm. *Ebert*, NZFam 2015, 333 m.w.N.; Anm. *Hohloch*, FF 2015, 419; vgl. auch *Hohloch*, Schadensersatz bei Verletzung des Umgangsrechts?, FF 2004, 202.
140 BT-Drucks 16/6308, S. 346.
141 BT-Drucks 16/6308, S. 426.

B. Umgangsrecht und -pflicht der rechtlichen Eltern (§ 1684 Abs. 1 Hs. 2 BGB) § 2

gabenkreis und welche Rechte [der Umgangspfleger] hat, beseitigt [werden]" sollten,[142] wundert es nicht, dass teilweise angenommen wird, der Umgangspfleger könne auch über die Zeiten des Umgangs und/oder eine etwaige Nachholung ausgefallener Umgangstermine entscheiden.[143]

Dem kann nicht zugestimmt werden.[144] Jede gerichtliche Entscheidung über das Umgangsrecht muss grundsätzlich eine konkrete, einheitliche Regelung treffen,[145] vollzugsfähig sein und ggf. vollstreckt werden können.[146] Ob dieses **Konkretheitsgebots** muss der Umgang vom Gericht genau und erschöpfend nach Art, Ort und Zeit geregelt werden (dazu eingehend – auch mit Formulierungsbeispielen – siehe § 6 Rdn 18 f.).[147] Im Falle begleiteten Umgangs müssen insbesondere der eingebundene mitwirkungsbereite Dritte und seine Aufgaben konkretisiert werden.[148] Das Gericht darf die Regelung des Umgangs nicht – auch nicht teilweise – in die Hände eines Dritten legen, soweit dieser bezüglich der Umgangsausgestaltung nicht durch Gesetz eine eigene Entscheidungskompetenz zugewiesen bekommen hat (siehe dazu Rdn 61).[149] Eine solche Zuweisung hat das Gesetz in § 1684 Abs. 3 S. 4 BGB n.F. für den Umgangspfleger hinsichtlich der Art des Umgangs nicht vorgenommen. Daher kann das Gericht es keinesfalls der Entscheidung des Umgangspflegers überlassen, ob der Umgang begleitet wird oder nicht.[150] Gleiches gilt bezüglich der Umgangszeiten[151] und der Nachholung ausgefallener Termine. Wird dies daher vom Familiengericht nicht konkret geregelt, so handelt es sich um eine unzulässige Teilentscheidung, die entsprechend § 69 Abs. 1 S. 2 FamFG die Aufhebung und Zurückverweisung rechtfertigt.[152]

Denn der Gesetzeswortlaut spricht insoweit gegen eine Regelungsbefugnis des Umgangspflegers: Dieser darf den Aufenthalt des Kindes (nur) „für die Dauer des Umgangs" bestimmen. Hätte er auch diese Dauer festlegen sollen dürfen, hätte dies im Wortlaut umso mehr Niederschlag finden müssen, als das BVerfG zur Umgangspflegschaft nach altem Recht ausdrücklich eine Pflegschaft (auch) zur Anordnung einer Umgangs*regelung* von Verfassungs wegen abgelehnt hat, weil die Zuständigkeit, im Streitfall eine *vollstreckbare* (!) Umgangsregelung zu treffen, den Familiengerichten vorbehalten sei.[153] Dem folgend spricht § 1684 Abs. 3 S. 3 BGB auch nicht von einer Pflegschaft für den Umgang, sondern von einer solchen für die Durchführung des – also schon

---

142 BT-Drucks 16/6308, S. 426.
143 *Fölsch*, Das neue FamFG in Familiensachen, § 9 Rn 5; Gerhardt/von Heintschel-Heinegg/Klein/*Büte*, Hdb FA-FamR, 4. Kap. Rn 477; wohl auch Johannsen/Henrich/*Jaeger*, Familienrecht, § 1684 BGB Rn 16b; hinsichtlich der Anordnung von Nachholterminen [ausdrücklich ablehnend aber bezüglich der Zeiten] auch OLG Hamm NJW-RR 2011, 150; ZKJ 2014, 393.
144 Ebenso OLG München FamRZ 2011, 823; OLG Hamm FuR 2010, 703; wohl auch – mit Blick auf die im Vergleich zu § 1666 BGB herabgesetzte Eingriffsschwelle – *Heilmann*, NJW 2012, 16, 21.
145 BVerfG FamRZ 2009, 1472; 2006, 1005; 2005, 1815; BGH FamRZ 1994, 158.
146 So ausdrücklich – auch hinsichtlich der Vollstreckbarkeit! – BVerfG FamRZ 2009, 1472, juris Rn 38 a.E.; OLG Saarbrücken, Beschl. v. 28.1.2016 – 9 UF 56/15 (n.v.).
147 BGH, Beschl. v. 3.8.2016 – XII ZB 86/15, juris; BGH FF 2012, 67.
148 OLG Schleswig FamRZ 2015, 1040; *Fuß*, FPR 2002, 225; *Bergmann*, FF 2014, 345, 346; a.A. *Müller*, FPR 2002, 237.
149 Vgl. BVerfG FamRZ 2009, 1472; OLG Stuttgart FamRZ 2014, 1794; OLG Hamm FamRZ 2014, 1792; OLG Frankfurt FamFR 2013, 381; OLG Saarbrücken FamRZ 2010, 1922 und 2085; OLG Köln ZKJ 2011, 181, jeweils m.w.N.; *Heilmann*, ZKJ 2012, 106; *Keuter*, JAmt 2011, 373; kritisch *Spangenberg/Spangenberg*, FamRZ 2011, 1704.
150 Dazu eingehend OLG Saarbrücken ZKJ 2014, 75; ebenso KG, Beschl. v. 6.5.2016 – 13 UF 40/16, juris; OLG Frankfurt FamFR 2013, 381; KG FamRZ 2013, 308 und 478; OLG Hamm FamRZ 2013, 310; ZKJ 2014, 393; OLG Karlsruhe FamRZ 2014, 672; *Krüger*, FuR 2014, 241; a.A. – ohne Begründung – OLG Frankfurt, Beschl. v. 2.7.2013 – 4 UF 159/13, juris.
151 A.A. KG, Beschl. v. 6.5.2016 – 13 UF 40/16, juris; KG FamRZ 2013, 308; OLG Hamm FamRZ 2011, 826; *Zivier*, ZKJ 2010, 306; *Menne*, ZKJ 2006, 445.
152 OLG Saarbrücken FamFR 2015, 475; ZKJ 2014, 75; FamRZ 2015, 1928; OLG Hamm FamRZ 2014, 1792; 2013 310.
153 BVerfG FamRZ 2009, 1472; dazu *Weber*, NJW 2010, 3071, 3076: „Die Einrichtung einer Umgangspflegschaft zur Erleichterung familienrichterlicher Arbeit lehnt das BVerfG ab".

festgelegten – Umgangs.¹⁵⁴ Die zitierten Passagen im Gesetzentwurf lassen sprachlich die Alternative offen, dass nur die Vermittlungsmöglichkeit, nicht aber die Bestimmungsbefugnisse des Umgangspflegers auch auf die Dauer oder die Nachholung ausgefallener Umgangstermine bezogen sein sollen. Gegen einen so weitgehenden Aufgabenkreis spricht auch, dass die Beurteilung, welcher Umfang des Umgangsrechts kindeswohlgemäß ist, bei fehlender Elterneinigung dem Familienrichter zugewiesen ist. *Respice finem*: Soll der Rechtspfleger¹⁵⁵ die Kindeswohlverträglichkeit der Umgangsbestimmung des Umgangspflegers prüfen?¹⁵⁶ Ein solchermaßen festgelegter Umgang wäre – im Hinblick auf die dargestellten Vorgaben des BVerfG – im Übrigen nicht vollstreckbar;¹⁵⁷ denn die gerichtliche Umgangsregelung wäre zu unbestimmt; die Bestimmung des Umgangspflegers wiederum wäre kein Vollstreckungstitel i.S.d. § 87 Abs. 1 FamFG.¹⁵⁸

43 Die **Vergütung** des Umgangspflegers – die vom Familiengericht festzusetzen ist¹⁵⁹ – richtet sich nach § 1684 Abs. 3 S. 6 BGB i.V.m. § 277 FamFG i.V.m. §§ 1835, 1836 BGB. Zu beachten ist, dass der **Vergütungsanspruch** erst mit der förmlichen Bestellung des Umgangspflegers in dessen persönlicher Anwesenheit (§ 1915 Abs. 1 S. 1 i.V.m. § 1789 BGB) **entsteht**.¹⁶⁰ Dieser Akt ist von der richterlichen Anordnung der Umgangspflegschaft zu trennen, was in der Praxis nicht selten zu Vergütungslücken führt, weil nicht jedem Umgangspfleger diese rechtlichen Feinheiten geläufig sind.¹⁶¹ Diese können in eilbedürftigen Fällen, in denen der Umgangspfleger zeitnah tätig werden soll, dadurch vermieden werden, dass der Richter ihn zum Anhörungstermin hinzu bittet und die Bestellung selbst vornimmt.¹⁶² Wichtig ist auch, dass schon im Bestellungsbeschluss festgestellt wird, dass der Umgangspfleger die Pflegschaft **berufsmäßig** führt. Die nachträgliche rückwirkende Feststellung dessen ist nämlich auch dann unzulässig, wenn sie bei der Bestellungsentscheidung versehentlich unterblieben ist. Eine entsprechende, mit Rückwirkung versehene Korrektur der Bestellungsentscheidung ist – außer im Verfahren der nach § 58 FamFG statthaften Beschwerde des Umgangspflegers gegen die Ausgangsentscheidung (die eine Endentscheidung im Sinne von § 38 FamFG ist) – nur unter den Voraussetzungen der Beschlussberichtigung nach § 42 FamFG möglich.¹⁶³ Von Bedeutung ist ferner die **Ausschlussfrist von 15 Monaten** in § 1835 Abs. 1 S. 3 BGB, die taggenau für jede Tätigkeit zu berechnen ist.¹⁶⁴ Nicht vergütungsfähig ist die Begleitung der Umgangskontakte, wenn dies vom Familiengericht in der Umgangsregelung nicht angeordnet wurde,¹⁶⁵ da der Umgangspfleger über diese Frage nicht eigenmächtig entscheiden darf (s.o.). Auch Tätigkeiten eines Umgangspflegers, die im Zusammenhang mit dem eigenen Vergütungsantrag stehen – wie auch die Beantwortung von Rückfragen hierzu – sind nicht vergütungsfähig.¹⁶⁶ Eine Beschwerde der Eltern gegen die Festsetzung des aus der Staatskasse an

---

154 Ausdrücklich ebenso MüKo-BGB/*Hennemann*, § 1684 Rn 78.
155 § 1915 Abs. 1 S. 1 i.V.m. § 1837 BGB; § 3 Nr. 2a RPflG (**nach** Anordnung der Umgangspflegschaft greift § 14 Abs. 1 Nr. 7 nicht); vgl. auch Staudinger/*Engler*, BGB, Bearb. 2004, § 1837 Rn 49.
156 Diese Argument unterstützend *Frohn*, Ergänzungspflegschaft zur Regelung des Umgangs?, FF 2016, 240.
157 Im Ergebnis ebenso OLG Hamm FuR 2010, 703; Fam RZ 2013, 310; ZKJ 2014, 393.
158 Siehe zum Ganzen *Völker*, FF 2012, 71, 73; dem folgend OLG Saarbrücken FamFR 2015, 475.
159 OLG Hamm FamRZ 2011, 307.
160 OLG Brandenburg FamRZ 2015, 1735; OLG Hamm FamRZ 2014, 672.
161 Vgl. dazu OLG Saarbrücken FamRZ 2012, 888 m.w.N.; im entschiedenen Einzelfall wurde dem Umgangspfleger über § 242 BGB geholfen; ähnlich OLG Brandenburg FamRZ 2015, 1735; OLG Hamm FamRZ 2014, 94; OLG Koblenz FamRZ 2010, 1173.
162 In OLG Saarbrücken ZKJ 2012, 33 m.w.N. als sachdienliche Verfahrensweise bezeichnet.
163 BGH FamRZ 2014, 1283.
164 BGH FamRZ 2008, 1611; OLG Saarbrücken, Beschl. v. 18.1.2011 – 6 WF 1/11, juris; AG Koblenz, Beschl. v. 23.3.2012 – 195 F 26/10, juris.
165 KG FamRZ 2013, 478; großzügiger – unter dem Gesichtspunkt des Vertrauensschutzes, wenn das Familiengericht dem Umgangspfleger die Ausgestaltung des Umgangs – rechtsfehlerhaft – insgesamt überlassen hat, OLG Karlsruhe FamRZ 2014, 672.
166 AG Koblenz FamRZ 2011, 1894.

B. Umgangsrecht und -pflicht der rechtlichen Eltern (§ 1684 Abs. 1 Hs. 2 BGB) § 2

den Umgangspfleger zu zahlenden Aufwendungs- und Vergütungsersatzes ist mangels Beschwerdeberechtigung (§ 59 Abs. 1 FamFG) nicht zulässig. Denn die Festsetzung im Verfahren nach § 168 Abs. 1 FamFG wirkt nicht gegen die Eltern; diese sind, sofern sie Kostenschuldner sind, darauf verwiesen, die insoweit in Ansatz gebrachten Kosten mit der Erinnerung nach § 57 FamGKG anzugreifen.[167]

Es ist auch nicht zwingend, die Einrichtung einer Umgangspflegschaft (siehe dazu Rdn 39) von vorherigen (erfolglosen) Versuchen einer Vollstreckung der Umgangsrechtsentscheidung (siehe dazu § 6) abhängig zu machen.[168] Aus der Gesetzesbegründung zum FGG-RG geht nicht hervor, dass der Gesetzgeber von einer entsprechenden abgestuften Vorgehensweise ausgegangen ist. Faktisch stellt sich zudem die Einrichtung einer Umgangspflegschaft im Vergleich zur Zwangsvollstreckung eines Umgangstitels – ggf. einschließlich Gewalt gegen den **boykottierenden Elternteil** – oft als milder dar. Freilich ist auch der Umgangspfleger bei Fortdauer der Blockadehaltung gezwungen, seinen Herausgabeanspruch zu vollstrecken.[169] Indessen sollte man die Chancen, die die Einbindung eines fachkundigen Dritten bietet, nicht von vornherein unterbewerten (zur Umgangspflegschaft als milderes Mittel im Vergleich zur **Fremdunterbringung** des Kindes[170] siehe § 1 Rdn 207). Umso bedeutsamer ist es, einen psychologisch-pädagogisch qualifizierten Umgangspfleger einzusetzen.[171] Zwar entstehen durch die angeordnete Umgangspflegschaft erhebliche Kosten, und zwar in der Regel auch für den Umgangsberechtigten. Allerdings kann in Fällen unberechtigten Umgangsboykotts erwogen werden, dem betreuenden Elternteil die durch die Umgangspflegschaft entstandenen und noch entstehenden Kosten aufzuerlegen (§ 81 Abs. 2 Nr. 1 FamFG; siehe dazu § 10 Rdn 11). 44

Streitig ist ferner, ob eine aufgrund mündlicher Verhandlung erlassene **einstweilige Anordnung**, die eine Umgangspflegschaft zum Gegenstand hat, durch Beschwerde nach §§ 58 ff. FamFG **anfechtbar** ist. Die Bedeutung dieser Frage verschärft sich, sobald man dem Umgangspfleger mit der soeben dargestellten Gegenmeinung Bestimmungsbefugnisse einräumen will, die über den Wortlaut des § 1684 Abs. 3 S. 4 BGB hinausgehen. 45

Diese – vom Bundesgerichtshof bislang ausdrücklich offen gelassene[172] – Frage ist mit der h.M. zu bejahen. § 57 S. 1 FamFG steht der Anfechtbarkeit – entgegen der von der Gegenmeinung vertretenen Ansicht[173] – nicht entgegen, weil die Maßnahme § 57 S. 2 Nr. 1 FamFG (Entscheidung über die elterliche Sorge) unterfällt.[174] Zwar wird eine Umgangspflegschaft regelmäßig[175] im Rahmen des Umgangsrechtsverfahrens angeordnet. Diese – selbst bei Anordnung erstmals in

---

167 OLG Nürnberg FamRZ 2015, 601.
168 *Völker*, FF 2012, 71; a.A. [stets Vollstreckung vorrangig] OLG Schleswig SchlHA 2011, 340.
169 Vgl. BGH NJW-RR 1986, 1264; Staudinger/*Coester*, Bearb. 2006, § 1696 Rn 71; Weinreich/Klein/*Ziegler*, FA-Komm-FamR, § 1684 BGB Rn 39.
170 BVerG FamRZ 2014, 1772.
171 These 14 des Arbeitskreises 20 des 20. Deutschen Familiengerichtstages; siehe zur Qualifikation des Umgangspflegers auch OLG Brandenburg, Beschl. v. 15.2.2016 – 10 UF 213/14, juris.
172 BGH FamRZ 2014, 1283; ebenso VerfGH Bayern, Beschl. v. 30.5.2016 – Vf. 58-VI-15, juris.
173 OLG Schleswig, Beschl. v. 12.7.2016 – 8 UF 133/16, juris; OLG Hamm, Beschl. v. 8.5.2012 – 7 UF 23/12, juris; OLG Köln FamFR 2012, 109; OLG Celle (10. ZS) FamRZ 2011, 574; ihm folgend Zöller/*Feskorn*, § 57 FamFG Rn 6 a.E.; Müko-FamFG/*Fischer*, § 58 Rn 23; beckOK/*Gutjahr*, § 58 Rn 6/a; *Heilmann*, NJW 2012, 16, 21; Nach dieser Ansicht bleibt eben nur noch die Verfassungsbeschwerde, dazu – mit „Diktatbausteinen" – Schulz/Hauß/*Völker*, HK-FamR, 2. Aufl. Schwerpunktbeitrag 10.
174 OLG Celle (15. ZS) BeckRS 2012, 04365; OLG Schleswig SchlHA 2011, 340, ebenso *Büte*, Zwei Jahre FamFG, S. 43; *Dose*, Einstweiliger Rechtsschutz in Familiensachen, 3. Aufl., Rn 415; Johannsen/Henrich/*Büte*, Familienrecht, § 57 FamFG Rn 6; Keidel/*Giers*, § 57 Rn 6 a.E.; Palandt/*Götz*, § 1684 Rn 21; Musielak/*Borth*, § 57 Rn 3; Schulte-Bunert/Weinreich/*Schwonberg*, § 57 Rn 12, *Völker*, FF 2012, 71, 73.
175 Wovon auch der Gesetzgeber kostenrechtlich ausgeht, s. BT-Drucks 16/6308, S. 301: „die Umgangspflegschaft [soll] kostenrechtlich Teil des Verfahrens über das Umgangsrecht sein".

der Beschwerdeinstanz – verfassungs-[176] wie einfachrechtlich unbedenkliche Praxis[177] ändert an der Anfechtbarkeit indes nichts. Denn es entspricht – soweit ersichtlich – allgemeiner Auffassung, dass einstweilige Regelungen von Sorgerechtsteilbereichen auch dann § 57 S. 2 Nr. 1 FamFG unterfallen, wenn sie im Rahmen eines Umgangsrechtsverfahrens erfolgen. Dies stellt auch der 10. Zivilsenat des OLG Celle ausdrücklich nicht in Frage.[178] Unbeschadet dessen geht er davon aus, dass die Anordnung einer Umgangspflegschaft nach § 1684 Abs. 3 S. 3 BGB n.F. kein Sorgerechtseingriff sei. Im Ausgangspunkt zutreffend – siehe oben 2. – hält er fest, dass durch diese Anordnung lediglich die Rechtspositionen der Eltern untereinander zum Ausgleich gebracht werden. Diese Sicht verkennt indes,[179] dass die so ins Werk gesetzte praktische Konkordanz gerade durch einen Teilentzug des Aufenthaltsbestimmungsrechts des betreuenden Elternteils – und damit einen Eingriff in das Sorgerecht des betreuenden Elternteils – erreicht wird (siehe auch § 1630 Abs. 1 BGB),[180] wovon im Übrigen auch der Gesetzgeber ausdrücklich ausgegangen ist.[181] Demgegenüber fällt der Wertungswiderspruch, den man darin sehen mag, dass der Gesetzgeber einen sicherlich nicht minder eingriffsintensiven einstweiligen Umgangsausschluss – leider (siehe dazu § 7 Rdn 45) – ausdrücklich[182] als unanfechtbar ausgestaltet hat, ebenso wenig entscheidend ins Gewicht[183] wie der Umstand, dass eine gleichzeitig mit der Anordnung der Umgangspflegschaft getroffene Umgangsregelung nicht anfechtbar ist.[184] Für die Anfechtbarkeit spricht schließlich, dass durch die Anordnung der Umgangspflegschaft erhebliche Kosten entstehen.

b) Zwangsweiser Vollzug gerichtlicher Anordnungen

46 Alternativ vor oder nach Einrichtung einer Umgangspflegschaft ist ein zwangsweiser Vollzug der gerichtlichen Anordnungen zum Umgangsrecht nach Maßgabe der §§ 88 ff. FamFG in Erwägung zu ziehen (zu den Einzelheiten siehe § 6). Zunächst ist der Verpflichtete gemäß § 92 FamFG anzuhören, wobei die besondere Bedeutung dieser Anhörung darin liegt, dass die nach früherer Gesetzeslage zwischengeschaltete Stufe der **Androhung eines Zwangsmittels** (§ 33 FGG a.F.) weggefallen ist, die durch die Folgenankündigung nach § 89 Abs. 2 FamFG ersetzt wurde.

47 Ist der Elternteil nicht bereit, seine Einstellung zu den Umgangskontakten zu verändern, so kann das Gericht zunächst ein **Ordnungsgeld** verhängen und für den Fall, dass dieses nicht beigetrieben werden kann, **Ordnungshaft** anordnen. Die Anordnung der **Ordnungshaft** kann auch ohne die vorhergehende Ordnungsgeldverhängung in Betracht kommen, wenn abzusehen ist, dass die Anordnung des Ordnungsgeldes ohne Erfolg bleiben wird (§ 89 Abs. 1 FamFG), etwa, weil der verpflichtete Elternteil weder pfändbares Einkommen noch Vermögen hat. Es handelt sich dabei um eine in der Praxis kaum je anzutreffende Maßnahme.

c) Abänderung einer Sorgerechtsregelung

48 Lässt sich der sorgeberechtigte Elternteil von Ordnungsmitteln nicht in seinem Handeln beeinflussen, so kann das schwerwiegende Zweifel an seiner **Erziehungseignung** begründen.[185] In diesem Fall liegt es sehr nahe, die bestehende Sorgerechtsentscheidung im Rahmen eines Abände-

---

176 BVerfG NJW-RR 2006, 1.
177 Vgl. nur OLG Karlsruhe NJW-RR 2007, 443 m.w.N.; Gerhardt/von Heintschel-Heinegg/Klein/*Büte*, Hdb FA-FamR, 4. Kap., Rn 435; MüKo-BGB/*Finger*, § 1684 Rn 76; *Schwab/Motzer*, Handbuch des Scheidungsrechts, Kap. III Rn 270.
178 OLG Celle (10. ZS) FamRZ 2011, 574 m.w.N.
179 Vgl. auch OLG München FamRZ 2011, 823; OLG Hamm NJW-RR 2011, 150; *Keuter*, JAmt 2011, 373, 375.
180 Ebenso OLG Saarbrücken, Beschl. v. 2.3.2011 – 6 UF 151/10 (n.v.); Palandt/*Götz*, § 1684 Rn 21; *Heilmann*, ZKJ 2012, 106; vgl. auch BGH, Beschl. v. 6.7.2016 – XII ZB 47/15, juris; BGH FamRZ 2012, 99.
181 Siehe BT-Drucks 16/6308, S. 346 l.Sp.o.
182 BT-Drucks 16/9733, S. 289.
183 *Völker*, FF 2012, 71, 73; a.A. OLG Hamm, Beschl. v. 8.5.2012 – 7 UF 23/12, juris.
184 Siehe zu diesem Aspekt OLG Schleswig, Beschl. v. 12.7.2016 – 8 UF 133/16, juris.
185 OLG Saarbrücken FamRZ 2011, 1409.

B. Umgangsrecht und -pflicht der rechtlichen Eltern (§ 1684 Abs. 1 Hs. 2 BGB) § 2

rungsverfahrens nach § 1696 Abs. 1 BGB zu überprüfen, wobei das Familiengericht von Amts wegen einschreiten muss, sollte der umgangsberechtigte Elternteil nicht bereits von sich aus einen entsprechenden Antrag eingereicht haben.

Die mit einem solchen Abänderungsverfahren verbundenen Maßnahmen stellen jeweils einen Eingriff in das Elternrecht dar, soweit ein partieller oder vollständiger **Entzug der elterlichen Sorge** in Rede steht.[186] Wegen des Verhältnismäßigkeitsgrundsatzes wird regelmäßig zunächst zu prüfen sein, ob die Anordnung einer **Umgangspflegschaft** (vgl. im Einzelnen Rdn 39 ff.) ausreicht, dem das Aufenthaltsbestimmungsrecht für den Zeitraum der – zuvor festgelegten – Umgangskontakte zu übertragen ist.[187] Eine solche Vorgehensweise ist allerdings nur dann angezeigt, wenn erwartet werden kann, dass hierdurch eine Durchsetzung des Umgangs erreicht werden kann. Bei einer nachhaltigen fortdauernden Verweigerungshaltung des Sorgeberechtigten kann vom Erfolg einer solchen Maßnahme nicht ausgegangen werden. Zwar hat der **Umgangspfleger** die Möglichkeit, das Kind herauszuverlangen, um es im Rahmen der festgesetzten Besuchszeiten dem berechtigten Elternteil zuzuführen (§ 1684 Abs. 3 S. 4 BGB), doch ist auch der Pfleger auf die Vollstreckung der Umgangsregelung angewiesen. 49

Gelangt man im Rahmen einer Gesamtabwägung aller Kindeswohlkriterien zu dem Ergebnis, das die Abänderung der Sorgerechtsregelung die für das Kind bessere Lösung darstellt, so kann der festgestellte Mangel der Erziehungseignung die Übertragung der elterlichen Sorge auf den anderen Elternteil rechtfertigen.[188] Das gilt auch dann, wenn dieser Elternteil die Betreuung des Kindes teilweise nur mit Hilfe Dritter sicherstellen kann. In die Abwägung einzubeziehen ist einerseits die Aufrechterhaltung der bisherigen Sorgerechtsregelung mit der Folge, dass das Kind auch weiterhin ohne Kontakt zum anderen Elternteil aufwächst, und andererseits die Übertragung der elterlichen Sorge auf den umgangsberechtigten Elternteil mit Blick auf die Vorgabe, dass für eine gedeihliche Entwicklung des Kindes ein **regelmäßiger Kontakt** zum anderen Elternteil notwendig ist. Hierbei kann sich herausstellen, dass die Gefahr, die von der bisherigen Erziehung ausgeht, für die **Entwicklung des Kindes** insgesamt – mittel- bis langfristig – schwerwiegender ist als mögliche Nachteile im äußeren Umfeld und die meist nicht unerhebliche, aber eher kurzfristige Belastung des Kindes, die mit der Übersiedlung in den Haushalt des anderen Elternteils verbunden sein kann.[189] Bei der zu treffenden Entscheidung hat der Kontinuitätsgrundsatz ebenso zurückzutreten wie eine im Übrigen bestehende Erziehungseignung.[190] Andererseits gibt es auch Fälle, in denen der fortdauernde **Kontaktabbruch** zum anderen Elternteil wegen des all überstrahlenden Kindeswohls hinzunehmen sein wird. Dies wird bei einem konstant ablehnenden und nachvollziehbar geäußerten Willen des älteren Kindes (vgl. § 1 Rdn 304 ff.)[191] und kumulativ oder alternativ dann, wenn sich das Kind ohne den Umgang insgesamt positiv entwickelt – gute soziale Eingliederung und schulische Leistungen – und der Sorgerechtswechsel mit letztlich nicht mehr vertretbaren Risiken für das Kind verbunden wäre, zu bejahen sein. Die Einholung eines familienpsychologischen Sachverständigengutachtens ist in solchen Fällen regelmäßig erforderlich. 50

Schließlich kann die fortgesetzte schuldhafte **Vereitelung des Umgangsrechts** ggf. auch zu – dem betreuenden Elternteil nachteiligen – unterhaltsrechtlichen Konsequenzen nach § 1579 BGB führen.[192]

---

186 OLG Düsseldorf FuR 2005, 563; OLG Frankfurt FamRZ 2005, 1700.
187 BVerfG FamRZ 2014, 1772; OLG Dresden FamRZ 2002, 1588; OLG Frankfurt FamRZ 2000, 1240.
188 Vgl. etwa AG München FamFR 2010, 22 m. Anm. *Rixe*.
189 BGH NJW-RR 1986, 1264; OLG Hamm FamRZ 1993, 1233.
190 OLG München FamRZ 1991, 1343.
191 BVerfG FamRZ 2005, 1057; 2001, 1057 sowie – zum Sorgerecht – FamRZ 2008, 1737.
192 BGH FamRZ 1987, 356; OLG Saarbrücken FamRZ 2012, 884; OLG München FamRZ 2006, 1605; OLG Schleswig Kind-Prax 2003, 28; OLG Brandenburg FamRB 2011, 168.

IV. Kollision zwischen Sorge- und Umgangsrecht

51 In dem bereits bestehenden Spannungsverhältnis zwischen der Personensorge des einen Elternteils und der Umgangsbefugnis des anderen Elternteils, die sich als selbstständige, einander wechselseitig beschränkende Rechte gegenüberstehen,[193] ist als weitere Rechtsposition das **allgemeine Persönlichkeitsrecht des Kindes** und sein eigener Anspruch auf Umgangsausübung mit beiden Elternteilen zu beachten. Kommt es in diesem Gesamtgefüge zu Konflikten, so hat das Familiengericht diese unter Beachtung des Kindeswohls zu lösen, wobei der elterlichen Sorge der Vorrang zukommt und gleichzeitig der Zweck des Umgangsrechts gewährleistet sein muss.[194] Kommt das Gericht bei seiner Prüfung zu dem Ergebnis, dass die Interessen des Kindes in erheblichem Gegensatz zu denen seiner Eltern stehen, so hat es dem Kind nach § 158 Abs. 2 Nr. 1 FamFG einen Verfahrensbeistand zu bestellen (siehe dazu § 5 Rdn 7 ff.).[195]

In der Ausgestaltung der Umgangskontakte ist der Umgangsberechtigte weitgehend frei,[196] wobei er allerdings das Persönlichkeitsrecht des Kindes zu achten hat.

V. Anspruch auf Beratung und Unterstützung der Eltern durch das Jugendamt

52 Der umgangsberechtigte Elternteil hat wegen der Ausgestaltung und Durchsetzung seines Umgangsrechts einen Anspruch auf **Beratung** und Unterstützung durch das Jugendamt. In geeigneten Fällen leistet dieses Hilfestellung bei der Herstellung von Besuchskontakten sowie der Ausführung gerichtlich angeordneter oder vereinbarter Umgangsregelungen (§ 18 Abs. 3 SGB VIII; dazu eingehend vgl. § 12 Rdn 27 ff.).[197] Die Inanspruchnahme der Hilfsmaßnahmen des Jugendamts, etwa in Form von Beratung und Vermittlung, kann auch für die verfahrenskostenhilferechtliche Frage der Mutwilligkeit Bedeutung haben (vgl. im Einzelnen § 8 Rdn 17).[198]

C. Regelungsbefugnis des Familiengerichts

I. Vorbemerkungen

53 Bedarf es einer familiengerichtlichen Regelung zum Umgangsrecht, da sich die Eltern hierüber außergerichtlich nicht verständigen konnten, so hat das Gericht in seine Entscheidung sowohl die beiderseitigen Grundrechtspositionen der Eltern als auch das Kindeswohl und die Individualität des Kindes als Grundrechtsträger einzubeziehen; wobei oberster Maßstab jeder zu treffenden Entscheidung das Kindeswohl ist.[199] In der Umgangsregelung muss – von Amts wegen – Niederschlag finden, dass § 1684 Abs. 1 BGB zur Wahrnehmung des Umgangs nicht nur berechtigt, sondern auch verpflichtet. Nach Maßgabe dessen ist die Folgenankündigung nach § 89 Abs. 2 FamFG auch auf den Umgangsberechtigten zu erstrecken (vgl. dazu § 6 Rdn 37).[200]

54 In welcher Art und Weise das Gericht die Tatsachen im Rahmen der ihm obliegenden **Amtsermittlung** (§ 26 FamFG) feststellt, unterliegt seinem Ermessen. Dazu gehört auch die Ausgestal-

---

193 BGH FamRZ 1987, 356; OLG Frankfurt FamRZ 1999, 1008.
194 OLG München FamRZ 1998, 974.
195 BVerfG FamRZ 1999, 85.
196 Palandt/*Götz*, § 1684 Rn 11 ff. zu Ort und Anwesenheit Dritter.
197 *Ehinger*, FPR 2001, 274.
198 OLG Brandenburg FamRZ 2005, 1914.
199 BVerfGE 56, 363; BVerfG FamRZ 1999, 85; BGH FamRZ 1994,158.
200 BGH FamRZ 2011, 1729; OLG Saarbrücken ZKJ 2012, 118 und FamRZ 2011, 826; vgl. auch BGH FF 2012, 67, dort Rn 28: „die Eltern".

tung des Anhörungstermins.[201] Etwaige Anträge der Eltern sind für das Gericht nicht bindend, sondern bloße Anregungen.[202] Da § 1684 BGB keinen eigenen Maßstab besitzt, ist für die Präzisierung des Begriffs Kindeswohl auf § 1697a BGB zurückzugreifen.[203] Dem Gericht kommt dabei die Aufgabe zu, auf den jeweiligen Einzelfall bezogen die bestmögliche Lösung[204] zu finden, die unter Berücksichtigung der tatsächlichen Gegebenheiten und Möglichkeiten sowie der berechtigten Interessen der Beteiligten dem Wohl des Kindes am besten entspricht (vgl. im Einzelnen Rdn 64 ff.). Allerdings darf die Regelung nicht allein vom Willen des Kindes abhängig gemacht werden.[205] Zu Ermittlungen ins Blaue hinein ist das Gericht nicht verpflichtet.[206]

Um das Streitpotential der Eltern zu minimieren, bedarf es einer dem **Konkretheitsgebot** genügenden, hinreichend bestimmten Umgangsregelung (Antragsmuster im Formularteil, siehe § 13 Rdn 18 ff. sowie Rdn 57 f.).[207] Dies erfordert, dass die Bedingungen, unter denen das Umgangsrecht auszuüben ist, im Einzelnen so vollständig festgelegt werden, wie es die Streitpotentiale der Eltern erforderlich machen. Jede gerichtliche Entscheidung über das Umgangsrecht muss daher grundsätzlich eine konkrete, einheitliche Regelung treffen,[208] vollzugsfähig sein und ggf. vollstreckt werden können.[209] Ob dieses Konkretheitsgebots muss der Umgang vom Gericht genau und erschöpfend nach **Art, Ort und Zeit** geregelt werden (siehe Rdn 60 und im Einzelnen – auch mit Formulierungsbeispielen – siehe § 6 Rdn 16 ff.).[210]   55

Für eine Einzelfallregelung in diesem Sinn ist es nicht ausreichend, dass lediglich auf „vergleichbare Fälle" oder die „Spruchpraxis des Gerichts" Bezug genommen wird.[211]

Da das Umgangsrecht für die Entwicklung des Kindes bedeutsam ist, liegt dessen Umsetzung auch im Interesse der Eltern,[212] selbst wenn sie widerstreitende Anträge im gerichtlichen Verfahren gestellt haben.[213] Eine gerichtliche Bindung an Bestimmungen des personensorgeberechtigten Elternteils besteht ohnehin nicht.   56

II. Regelungsgrundsätze

1. Grundrechtsachtung

Dem Grundrechtsschutz ist auch bei der Ausgestaltung des Verfahrens Rechnung zu tragen. Hierzu gehört, dass das Verfahren geeignet und angemessen sein muss, um der Durchsetzung der materiellen Grundrechtspositionen wirkungsvoll zu dienen.[214] Hieraus folgt für die Gerichte die Obliegenheit, den Besonderheiten des Einzelfalles angemessen Rechnung zu tragen, d.h. auch die Elterninteressen und deren Einstellung und Persönlichkeit ausreichend zu würdigen.[215]   57

Das Gericht kann sich in seiner Entscheidung nicht damit begnügen, lediglich festzustellen, dass ein Umgangsrecht dem Grunde nach gegeben ist, in der sicheren Erwartung, dass ein Verfahrens-   58

---

201 *Weisbrod*, Kind-Prax 2000, 9.
202 Siehe dazu etwa OLG Nürnberg FamRZ 2016, 251.
203 OLG Brandenburg FamRZ 2014, 1859; KG FamRZ 1999, 1518; *Oelkers*, ZfJ 1999, 263.
204 Manchmal wäre es ehrlicher, von der am wenigsten schlechten Lösung zu sprechen.
205 OLG Brandenburg FamRZ 2002, 974.
206 Dazu BGH FamRZ 2011, 1047; OLG Saarbrücken NJW-RR 2013, 452.
207 OLG Brandenburg FamRZ 2002, 974.
208 BVerfG FamRZ 2006, 1005; 2005, 1815; BGH FamRZ 1994, 158.
209 BVerfG FamRZ 2009, 1472.
210 BGH, Beschl. v. 3.8.2016 – XII ZB 86/15, juris; BGH FF 2012, 67.
211 EuGHMR NJW 1991, 2199; BVerfG FamRZ 2009, 189; 2008, 494; 2007, 1078; 1993, 662.
212 OLG Zweibrücken FamRZ 1997, 687.
213 OLG Hamburg FamRZ 1996, 676; OLG Thüringen FamRZ 1996, 359.
214 BVerfG FamRZ 1994, 223.
215 BVerfG FamRZ 1993, 662.

beteiligter gegen diese Entscheidung ohnehin **Beschwerde** einlegen werde, so dass das Oberlandesgericht die **Häufigkeit und Dauer der Kontakte** festlegen werde.[216]

59 Es obliegt dem tatrichterlichen Ermessen, wie die Umgangskontakte im Einzelnen geregelt werden. Zu berücksichtigen ist in diesem Rahmen, dass einerseits dem Kind sowie dem den Umgang anstrebenden Elternteil die Möglichkeit verbleiben muss, ihre persönliche Beziehung zueinander aufrechtzuerhalten, andererseits aber das Kind in seiner primären Zuordnung zum betreuenden Elternteil als Hauptbezugsperson nicht irritiert werden darf. Unnötige Spannungen und Widersprüche, denen das Kind ausgesetzt wird, laufen seiner Entwicklung zuwider.[217]

2. Konkretheitsgebot

60 In der zu erlassenden familiengerichtlichen Entscheidung ist das Umgangsrecht entweder einheitlich und konkret zu regeln oder – soweit es das Kindeswohl erfordert – konkret einzuschränken oder auszuschließen.[218] Aufgrund dieses **Konkretheitsgebotes**[219] (siehe im Einzelnen – auch mit Formulierungsbeispielen – § 6 Rdn 16 ff.) – das auch für den **begleiteten Umgang**,[220] für den Fall der Anordnung einer Umgangspflegschaft (siehe dazu Rdn 39 ff.) und das Umgangsrecht anderer Bezugspersonen des Kindes[221] gilt – darf sich die gerichtliche Entscheidung einerseits nicht darauf beschränken, einen Umgangsrechtsantrag abzulehnen.[222] In engen Ausnahmefällen kann allerdings aus Gründen der Verhältnismäßigkeit die Feststellung in Betracht kommen, dass es einer familiengerichtlichen Regelung des Umgangs derzeit nicht bedarf. Dies gilt etwa, wenn die Beteiligten sich darauf verständigen, dass der Umgangsberechtigte einen Umgang mit den Kindern für die Dauer einer Therapie des Kindes ohnehin nicht ausüben will und einen künftigen Umgang u.a. von den Fortschritten während der Therapie abhängig macht.[223] Mangels Umgangsausschluss darf der Umgangsberechtigte dann allerdings jederzeit die Einleitung eines neuen Umgangsverfahrens anregen, das dann mangels konkreter gerichtlicher Umgangsregelung (§ 1696 Abs. 1 BGB) am Maßstab von § 1684 BGB zu messen ist.

61 Andererseits darf das Gericht auch keine **Teilentscheidung** treffen. Mithin kann es weder eine „Grundentscheidung" erlassen, in der es sich die nähere Ausgestaltung einzelner Fragen des Umgangsrechts vorbehält – so etwa die Person des Umgangsbegleiters oder Zeit und Ort des Umgangs[224] – noch die Regelung des Umgangs ganz oder teilweise in die Hände eines Dritten zu legen, soweit dieser nicht (wie teilweise der Umgangspfleger, vgl. dazu Rdn 39 ff.) durch das Gesetz mit sorgerechtlichen Befugnissen ausgestattet ist.[225] Wird ein zwischen den Kindeseltern im gerichtlichen Verfahren geschlossener Vergleich nicht durch das Familiengericht gebilligt, so muss

---

216 OLG Karlsruhe FamRZ 1996, 1092.
217 OLG Hamm FamRZ 1990, 654.
218 Vgl. BVerfG FamRZ 2006, 1005; 2005, 1815; BGH FamRZ 1994, 158; OLG Saarbrücken FamRZ 2010, 2085; OLG Saarbrücken FamRZ 2010, 1922; OLG Oldenburg FamRZ 2001, 1164; OLG Frankfurt FamRZ 1999, 617.
219 OLG Oldenburg FamRZ 2010, 44; *Spangenberg*, Umgang und Konkretheitsgebot: der Frosch auf der Leitung, FamRZ 2011, 1704–1705.
220 OLG Saarbrücken FamRZ 2010, 2085; FamRZ 2010,1922; OLG Köln FamRZ 2011, 827; OLG Stuttgart FamRZ 2007, 1682; OLG Zweibrücken OLGR 2003, 287 m.w.N.; Palandt/*Götz*, § 1684 Rn 35.
221 OLG Brandenburg FamRZ 2014, 1716.
222 BVerfG FamRZ 2006, 1005; 2005, 1815; BGH FamRZ 1994, 158; OLG Frankfurt FamRZ 2016, 482; NZFam 2014, 283; OLG Naumburg FamRZ 2009, 1417; OLG Celle FamRZ 1990, 1026; a.A. für den Sonderfall, dass nur begleiteter Umgang in Betracht käme, der Umgangsberechtigte dessen Wahrnehmung aber ablehnt, OLG Karlsruhe FamRZ 2006, 1867.
223 OLG Frankfurt FamRZ 2016, 479.
224 OLG Saarbrücken FamRZ 2010, 1922; OLG Frankfurt FamFR 2013, 525; OLG Karlsruhe FamRZ 1996, 1092.
225 BVerfG FamRZ 2009, 1472; OLG Hamm FamRZ 2014, 1792; OLG Frankfurt FamFR 2013, 381; OLG Saarbrücken FamRZ 2010, 1922 und 2085; OLG Köln FamRZ 2011, 827; OLG Stuttgart FamRZ 2007, 1682; OLG Zweibrücken OLGR 2003, 287 m.w.N.

das Gericht über die ursprünglichen widerstreitenden Anträge entscheiden[226] und kann nicht etwa das Verfahren für beendet erklären.

Denn durch all diese Verfahrensweisen wird ein Zustand geschaffen, in dem keine oder keine vollstreckbare Umgangsregelung existiert. Dies ist für die Beteiligten nicht zumutbar. Im Ergebnis hätte das Gericht die erstrebte Hilfe verweigert, verbunden mit der auf Seiten des betroffenen Elternteils entstehenden Unsicherheit darüber, in welcher Form er tatsächlich das Recht wahrnehmen darf bzw. in welchem Zeitabstand er berechtigt sein wird, einen neuen Antrag zu stellen. Diese Situation der Unsicherheit würde in gleichem Maß auch das Kind betreffen. Ein solcher Rechtszustand stünde daher im Widerspruch zu der besonderen Bedeutung, die dem Umgangsrecht als einer verfassungsrechtlich geschützten Rechtsposition zukommt. Dies gilt gerade in hochstreitigen Umgangsverfahren umso mehr. Denn eine Verzögerung der Umsetzung der Umgangsentscheidung wirkt sich regelmäßig nachteilig insbesondere für den Umgangsberechtigten aus,[227] weshalb grundsätzlich wegen des ihm in Art. 2 Abs. 1 i.V.m. Art. 20 Abs. 3 GG verfassungsrechtlich verbrieften Justizgewährungsanspruchs – vorbehaltlich entgegenstehender gewichtiger, dem stets letztentscheidenden Kindeswohl[228] geschuldeter Gründe – auch eine zügige Vollstreckung kindschaftsrechtlicher Entscheidungen (vgl. dazu § 6) angezeigt ist.[229] Vergleichbare Grundsätze können im Verhältnis zwischen Eltern und **Pflegeeltern** herangezogen werden.[230]

(Zur Frage der Billigungsfähigkeit eines ganz oder teilweise nicht vollstreckbaren **Vergleichs** siehe Rdn 242).

III. Regelungsinhalt

Aus dem Gesetzestext selbst ist nicht zu entnehmen, in welcher Zeit, an welchem Ort und mit welcher **Dauer und Häufigkeit Umgangskontakte** durchzuführen sind, wobei das Ziel des Umgangsrechts jeder Schematisierung entgegensteht.[231] Aus Art. 6 Abs. 2 GG folgt vielmehr, dass in jedem Einzelfall alle Umstände, die das **Eltern-Kind-Verhältnis** berühren, in die Erwägungen einzubeziehen sind.[232] In der Umgangsregelung muss – von Amts wegen – Niederschlag finden, dass § 1684 Abs. 1 BGB zur Wahrnehmung des Umgangs nicht nur berechtigt, sondern auch verpflichtet. Nach Maßgabe dessen ist die Folgenankündigung nach § 89 Abs. 2 FamFG auch auf den Umgangsberechtigten zu erstrecken (vgl. dazu § 6 Rdn 37).[233]

Zu treffen ist eine dem jeweiligen Kind gerecht werdende individuelle Regelung, die unter Ausschöpfung aller verfahrensrechtlichen Möglichkeiten zur Ermittlung des **Kindeswillens** und dessen Belangen bei Wertung aller Umstände dem **Kindeswohl** entspricht.[234] Wurde bereits zuvor längere Zeit eine bestimmte Umgangsausgestaltung praktiziert und hat sich diese bewährt, so in-

---

226 OLG Frankfurt FamRZ 2011, 394.
227 Vgl. zum Aspekt der Dauer kindschaftsrechtlicher Verfahren BVerfG FamRZ 2004, 689.
228 Vgl. BVerfGE 56, 363; BVerfG FuR 2008, 338.
229 OLG Saarbrücken FamRZ 2010, 1922; Kemper/Schreiber/*Völker/Clausius/Wagner*, § 89 Rn 11; *Völker*, FamRZ 2010, 157, 161, jeweils m.w.N.
230 OLG Bamberg FamRZ 1993, 726.
231 OLG Schleswig, Beschl. v. 30.5.2016 – 10 UF 11/16, juris; OLG Saarbrücken, Beschl. v. 28.1.2016 – 9 UF 56/15 (n.v.).
232 BVerfG FamRZ 2009, 189; 2008, 494; 2007, 1078; 1993, 662; *Fthenakis*, FPR 1995, 94.
233 BGH FamRZ 2011, 1729; OLG Saarbrücken ZKJ 2012, 118 und FamRZ 2011, 826; vgl. auch BGH FF 2012, 67, dort Rn 28: „die Eltern".
234 BVerfG FamRZ 1993, 662.

diziert dies deren Kindeswohlgemäßheit.²³⁵ Erreichen die Eltern **Teileinigungen**, so sind diese im Wege des **Teilvergleichs** zu protokollieren (siehe dazu Rdn 237 ff.).²³⁶

Zu berücksichtigen sind insbesondere:²³⁷

- die **Belastbarkeit des Kindes**,²³⁸
- die bisherige Intensität der Beziehungen zum Umgangsberechtigten²³⁹ und Vertrautheit mit diesem,
- die **räumliche Entfernung** der Eltern voneinander,²⁴⁰
- die Wohnsituation des Umgangsberechtigten,
- die dortige Anwesenheit von Geschwistern oder neuen Partnern,
- die sonstigen Interessen und **Bindungen** von Kind und Eltern,²⁴¹
- der **Wille des Kindes**,
- das **Kindesalter** und dadurch bedingtes **Zeitempfinden**,
- der **Entwicklungs- und Gesundheitszustand des Kindes**,
- das **Konfliktniveau** zwischen den Eltern,²⁴²
- ggf. die **Bindungsbedürfnisse des Kindes gegenüber seinen Pflegeeltern**.²⁴³

1. Zeit, Dauer und Häufigkeit der Zusammentreffen

66 Auch wenn jegliche Schematisierung zu vermeiden ist,²⁴⁴ hat sich gleichwohl als gefestigte Rechtsprechung herausgebildet, dass bei älteren Kindern der Umgangskontakt in jeweils 14-tägigem Rhythmus stattfindet.²⁴⁵ Damit die Umgangsregelung vollstreckbar ist (siehe dazu § 6 Rdn 14 ff.), muss der erste periodische Umgangstermin kalendermäßig festgelegt werden.²⁴⁶

Ein Kontakt an jedem **Wochenende** ist problematisch, da hierdurch dem betreuenden Elternteil die Möglichkeit genommen wird, eigene Wochenenden mit dem Kind zu verbringen.²⁴⁷

Ein **Wechselmodell** kann richterlich nicht – und schon gar nicht durch eine entsprechende Umgangsregelung – angeordnet werden (siehe dazu eingehend § 1 Rdn 327 ff.).

67 Der Ausübung eines periodischen Umgangsrechts können im Einzelfall allerdings beachtliche Gründe entgegenstehen, aufgrund derer es der umgangsberechtigte Elternteil hinzunehmen hat, dass an einem bestimmten Tag entgegen dem Inhalt der getroffenen Regelung ausnahmsweise kein Kontakt mit dem Kind stattfinden kann. Ein solcher Grund ist insbesondere dann anzunehmen, wenn das Kind wegen einer vom betreuenden Elternteil geplanten **Ferienreise** abwesend ist. Denn zum einen würde es dem Wohl des Kindes widersprechen, wenn allein wegen des periodischen Umgangsrechts Familienurlaube von allgemein üblicher Dauer innerhalb (bei einem schul-

---

235 KG FamRZ 2014, 2013.
236 Für Absprachen zwischen Eltern können sich Internetportale als hilfreich erweisen, siehe etwa www.umgangskalender.de.
237 OLG Saarbrücken FamRZ 2011, 824; OLG Hamm FamRZ 2015, 273; *van Els*, FF 2011, 320.
238 BVerfG FamRZ 2008, 856 (Leitsatz).
239 Vgl. auch KG FamRZ 2014, 2013.
240 OLG Saarbrücken, Beschl. v. 26.11.2015 – 6 UF 132/15 (n.v.); siehe dazu auch *Ulrich*, Umgangskontakte über große Distanzen aus psychologischer Sicht, NZFam 2014, 889; *Kretzschmar*, Fliegende Kinder – Umgangsregelungen bei großer räumlicher Entfernung, NZFam 2014, 893.
241 OLG Hamm FamRZ 1990, 654; AG Kerpen FamRZ 1994, 1486.
242 OLG Saarbrücken FamRZ 2015, 62.
243 OLG Brandenburg FamRZ 2010, 1356.
244 OLG Saarbrücken, Beschl. v. 28.1.2016 – 9 UF 56/15 (n.v.).
245 OLG Brandenburg FamRZ 2002, 974; OLG Celle FamRZ 2002, 121; Zum „08/15-Umgang und Perspektiven eines entwicklungsfördernden Umgangs siehe *Balloff*, FPR 2013, 303.
246 OLG Saarbrücken MDR 2013, 855; OLG Saarbrücken ZKJ 2014, 75; OLG Hamm ZKJ 2014, 393.
247 OLG Zweibrücken FamRZ 1997, 45; *Horndasch*, Besondere Umgangssituationen, NZFam 2014, 884, 885.

pflichtigen Kind) oder auch außerhalb (beim einem kleineren Kind) der Schulferien unterbleiben müssten. Zum anderen ist es dem betreuenden Elternteil zuzugestehen, mit dem Kind eine Urlaubsreise anzutreten. Die Zeit der Urlaubsreise stellt somit eine dem Recht immanente Schranke für das periodische Umgangsrecht dar. Eine andere Beurteilung ist lediglich dann gerechtfertigt, wenn sich die Urlaubsgestaltung des betreuenden Elternteils als schikanös und treuwidrig erweist und sie insbesondere dazu dient, das Umgangsrecht des anderen Elternteils zu vereiteln oder sogar – vor allem bei langfristiger oder häufig wiederkehrender Urlaubsabwesenheit – im Kern auszuhöhlen.[248]

Die häufig praktizierte Übung eines Kontakts alle zwei Wochen ist im Einzelfall anzupassen.[249] Bestehen etwa zwischen dem Kind und seinem Elternteil sehr enge emotionale Bindungen oder ist das Kind sehr jung – dann greift der Aspekt des **kindlichen Zeitempfindens**[250] – so kann es angezeigt sein, dass Umgangsbesuche auch innerhalb der Woche stattfinden.[251] Allerdings sollte die Anordnung einer Vielzahl kurzer Umgangsintervalle im Sinne einer Zersplitterung der Woche vermieden werden.[252] Gleiches kann gelten, wenn zwischen den Wohnungen der Eltern eine nur geringe **räumliche Distanz** besteht[253] und sich Nachmittagsbesuche anbieten.[254] In besonderen Einzelfällen kann auch erwogen werden, dass sich das Kind pro Monat eine Woche lang beim Umgangsberechtigten aufhält.[255]

Ein neues Feld wurde seit dem 1.1.2008 durch die Neufassung von § 1570 BGB durch das Unterhaltsrechtsänderungsgesetz eröffnet: In Zukunft könnte eine Tendenz zu einer Ausweitung der Umgangskontakte dann zu beobachten sein, wenn der unterhaltsberechtigte Elternteil seine Erwerbsobliegenheit unter Hinweis auf kindbezogene Gründe bestreitet. Ist der andere Elternteil während der Zeiten, in denen der betreuende Elternteil arbeitet, zur (ggf. ergänzenden) Betreuung des Kindes bereit und in der Lage, so wird auf ihn als Betreuungsperson des Kindes in diesen Zeiten zurückzugreifen sein.[256] Dies gilt jedenfalls dann, wenn die Eltern nicht dem Grunde nach über das Umgangsrecht streiten. Eine bestehende Umgangsregelung ist zudem grundsätzlich vorgreiflich.[257]

Wichtig ist, dass der Umgang regelmäßig und periodisch stattfindet, so dass sich alle Beteiligten hierauf einstellen können. Die **Wochenendregelung** sollte – jedenfalls bei größeren Kindern – nach Möglichkeit am Freitagabend beginnen und bis Sonntagabend dauern, so dass ein ausreichend langer zusammenhängender Zeitraum gegeben ist.[258] Bei der Festlegung der **Uhrzeiten** sollte neben den **Schulzeiten** des Kindes und dessen **Freizeitaktivitäten** auch den **beruflichen Verpflichtungen** beider Elternteile Rechnung getragen werden. Kollidiert das Umgangsrecht eines Elternteils mit dem eines Dritten – etwa mit Großeltern – so kann es nicht aufgrund deren Umgangsinteressen beschränkt werden; das elterliche Umgangsrecht aus § 1684 Abs. 1 BGB ist dem nach § 1685 BGB vorrangig;[259] gleiches gilt für den Umgang nach § 1686a BGB. Bei Kleinkindern bis etwa drei Jahren sollte deren im Vergleich zu größeren Kindern anderes Zeitempfinden

---

248 OLG Saarbrücken, Beschl. v. 5.7.2013 – 9 WF 60/13 (n.v.); OLG Frankfurt FamRZ 1996, 362.
249 AG Kerpen FamRZ 1994, 1486.
250 AG Saarbrücken FamRZ 2003, 1200.
251 OLG Brandenburg FamRZ 2003, 111; AG Saarbrücken FamRZ 2003, 1200.
252 OLG Saarbrücken FamRZ 2011, 824.
253 Siehe dazu auch *Ulrich*, Umgangskontakte über große Distanzen aus psychologischer Sicht, NZFam 2014, 889; *Kretzschmar*, Fliegende Kinder – Umgangsregelungen bei großer räumlicher Entfernung, NZFam 2014, 893.
254 Zustimmend *Horndasch*, Besondere Umgangssituationen, NZFam 2014, 884, 885.
255 OLG Karlsruhe FamRZ 2014, 1124.
256 BGH FamRZ 2011, 1209; 2010, 1880; OLG Saarbrücken ZFE 2010, 113.
257 BGH FamRZ 2011, 1209; 2010, 1880.
258 OLG Brandenburg FamRZ 2002, 974.
259 BVerfG FamRZ 2007, 335.

berücksichtigt werden.[260] Dies bedeutet, dass häufigere Kontakte stattfinden,[261] die allerdings zeitlich kürzer ausgestaltet sein können, um eine zu lange Trennung vom betreuenden Elternteil zu vermeiden. Ob ein vierstündiger Besuch angemessen und ausreichend ist,[262] muss am jeweiligen Einzelfall orientiert geprüft werden, wobei etwa auch der Tatsache Rechnung getragen werden kann, wann ein Kind seinen **Mittagsschlaf** hält,[263] damit diese Zeit entweder in den Umgangskontakt eingeplant oder davon ausgenommen werden kann. Allgemein sollten sich die Eltern vor Augen halten, dass die Qualität eines Umgangs nicht entscheidend von der nach Stunden und Minuten bemessenen Umgangszeit, sondern von einer gelungenen Ausgestaltung des Umgangs abhängt (sog. „**quality time**").[264]

70 Soll durch den Umgang eine bereits eingetretene Entfremdung abgebaut werden oder kennt das Kind den umgangsberechtigten Elternteil noch nicht, so ist im Interesse des Kindeswohls alles zu tun, um eine möglichst reibungslose (Erst- oder Wieder-)**Anbahnung** des Kontakts zu gewährleisten.[265] Zu denken ist hier etwa an einen allmählichen Übergang von kürzeren zu längeren Besuchen[266] oder eine anfängliche, aber nach einigen Kontakten wegfallende Begleitung des Kindes.[267]

71 Wesentliche Bedeutung hat auch die **Entfernung** zwischen den Wohnorten der Eltern. Insoweit ist gesteigert darauf zu achten, dass durch die Umgangsregelung der Umgang für den umgangsberechtigten Elternteil nicht unzumutbar und damit faktisch vereitelt wird. Dazu kann es insbesondere kommen, wenn der Umgang aufgrund der unterschiedlichen Wohnorte der Eltern nur unter einem erheblichen Zeit- und Kostenaufwand ausgeübt werden kann.[268] In solchen Fällen ist zu prüfen, ob der betreuende Elternteil anteilig zur Teilnahme an dem für das Holen und Bringen des Kindes erforderlichen zeitlichen und organisatorischen Aufwand zu verpflichten ist.[269] Außerdem haben die Gerichte gerade bei solchen Fällen auch für die tatsächliche Umsetzung des Umgangsrechts Sorge zu tragen.[270]

72 Diese für reine Inlandsfälle aufgestellten verfassungsrechtlichen Maßstäbe hat das BVerfG in der Nachfolge freilich umso mehr auf **Auslandsfälle** erstreckt[271] und es als von Verfassungs wegen zu kurz greifend beanstandet, Flugreisen des Kindes zum Umgangsberechtigten abzulehnen, ohne das Alter des Kindes, dessen bisherigen Flugerfahrungen, Flugdauer und die Möglichkeit der Begleitung durch Personal der Fluglinie zu prüfen.[272] In der heutigen Zeit sollten so organisierte Flüge eigentlich ebenso wenig ein Problem sein wie Reisen des Kindes mit einem Zugbegleiter.[273] In den Fällen mit Auslandsbezug kommt einer durchsetzbaren Regelung umso größere Bedeutung zu, als der Geltendmachung und Durchsetzung des Umgangsrechts rechtliche und tatsächliche

---

260 OLG Oldenburg FamRZ 2001, 1164; *Plattner*, DAVorm 1993, 364.
261 Zum sog. Spielplatzumgang siehe AG Saarbrücken FamRZ 2003, 1200; vgl. auch OLG Brandenburg FamRZ 2015, 1818.
262 OLG Brandenburg FamRZ 2002, 414; OLG Zweibrücken FamRZ 1997, 45.
263 OLG Brandenburg FamRZ 2002, 414; OLG Hamm FamRZ 1990, 654.
264 OLG Saarbrücken FamRZ 2011, 824.
265 OLG Brandenburg FamRZ 2014, 1124; OLG Nürnberg FamRZ 2014, 858; OLG München FamRZ 1997, 45.
266 OLG Hamm FamRZ 1994, 58; OLG München FamRZ 1978, 614.
267 OLG Brandenburg FamRZ 2014, 1792; OLG Nürnberg FamRZ 2014, 858.
268 BVerfG FamRZ 2007, 105; 2002, 809; OLG Saarbrücken, Beschl. v. 26.11.2015 – 6 UF 132/15 (n.v.).
269 BVerfG FamRZ 2002, 809; im Ausgangspunkt ebenso – allerdings im Einzelfall mit sorgfältiger Begründung verneinend – OLG Brandenburg FamRZ 2015, 1818.
270 BVerfG FuR 2006, 176; vgl. auch –Umgang alle 14 Tage von Donnerstag bis Dienstag bei einem zweijährigen Kind und einer Entfernung der Wohnorte der Eltern von deutlich über 600 km – OLG Brandenburg FamRZ 2015, 1818.
271 BVerfG FamRZ 2010, 109 m. Anm. *Erdrich*, FamFR 2010, 5; vgl. auch schon BVerfG, Beschl. v. 19.2.2007 – 1 BvR 2797/06 (n.v.).
272 BVerfG FamRZ 2010, 109 m. Anm. *Erdrich*, FamFR 2010, 5.
273 Siehe dazu auch *Ulrich*, Umgangskontakte über große Distanzen aus psychologischer Sicht, NZFam 2014, 889, 891 ff.; *Kretzschmar*, Fliegende Kinder – Umgangsregelungen bei großer räumlicher Entfernung, NZFam 2014, 893, 895.

Grenzen gesetzt sind.[274] Rechtlich sind die internationalen Instrumente (siehe dazu § 11) zahlreich, kompliziert, teilweise lückenhaft und manchmal den damit befassten Richtern nicht sehr vertraut. Ein Umgangsverfahren im Ausland, zumal im ferneren, ist für den Umgangsberechtigten zudem mit hohem, auch finanziellem Aufwand verbunden. All dies stellt zugleich ein tatsächliches Durchsetzungshindernis dar.[275]

Bei großer Entfernung liegt es daher insbesondere nahe, die üblichen Wochenendbesuche anzahlmäßig zu verringern, aber ihre Dauer auszuweiten[276] oder die Kontakte im Rahmen von **Ferienblöcken** zu bündeln.[277] Besondere Gestaltungen können sich bei einem ins Ausland **abgeschobenen** Elternteil anbieten.[278]

Hinsichtlich der **Dauer** der jeweiligen Umgangskontakte sollte beachtet werden, dass ein Kind eine gewisse Zeit benötigt, um sich in eine veränderte Umgebung einzufinden und Scheu abzubauen, bevor sich die echte Vertrautheit bilden kann, die Ziel eines für beide Teile gewinnbringenden Umgangsrechts ist.[279] Auch sollte der **Altersentwicklung des Kindes** und der elterlichen Obliegenheit Rechnung getragen werden, dem Kind bei der Entwicklung hin zur Selbstständigkeit Unterstützung zu leisten. Hierzu kann etwa gehören, dass der Umgangsberechtigten dem Heranwachsenden die Möglichkeit einräumt, die Umgangsdauer flexibler zu gestalten. Im Einzelfall kann es aber auch bei einem älteren Kind geboten sein, feste Regelungen zu schaffen, um den Umgang zu einer Alltagsroutine werden zu lassen und so auch einem Jugendlichen die Möglichkeit zum Aufbau eines Vertrauensverhältnisses zu dem nicht betreuenden Elternteil zu ermöglichen.[280]

2. Übernachtungen

Im Streitfall hat das Gericht auch die **Übernachtungen** zu regeln,[281] da die Eltern gerade in vermeintlich kleinen Streitpunkten einen Anspruch auf gerichtliche Entscheidung haben. Die Übernachtungen eines Kindes beim nicht betreuenden Elternteil haben bei der Erhaltung und Verbesserung der kindlichen Beziehung zu diesem Elternteil erhebliche Bedeutung.[282] Hinsichtlich des Kindesalters, ab dem Übernachtungen in Betracht kommen, gibt es keinerlei feste Grenze.[283] Stets entscheiden die Einzelfallumstände.[284] Gegen eine Übernachtung eines zweijährigen, noch von der Mutter gestillten Kindes beim Vater ist nichts einzuwenden;[285] die Milch kann abgepumpt und mitgegeben werden. Bedeutung kann der Stabilität des Verhältnisses zwischen Kind und Elternteil ebenso zukommen wie der Frage, inwieweit es sich bei der Wohnung des Elternteils um eine für das Kind vertraute Umgebung handelt[286] und ob die Wohnung dem Grunde nach eine an-

---

274 BGH FamRZ 2010, 1060 m. Anm. *Völker*, S. 1065.
275 Siehe dazu schon BGH FamRZ 1990, 392.
276 OLG Saarbrücken, Beschl. v. 16.3.2012 – 6 UF 19/12 (n.v.): alle 4 Wochen für eine Woche bei einem Kindergartenkind bei Entfernung von rund 450 km; OLG Brandenburg, Beschl. v. 26.9.2013 – 3 UF 49/13, juris: einmal monatlich von Donnerstagmittag bis Montagabend bei einem Kindergartenkind und Entfernung von 400 km.
277 OLG Schleswig FamRZ 2003, 950; OLG Naumburg JAmt 2002, 32.
278 OLG Bremen FamRZ 2011, 1514; zweimal im Jahr für die Dauer einer Wochen in einer spezifischen Einrichtung unter Begleitung – eine bemerkenswert kreative Lösung, die man sich häufiger wünschen würde.
279 OLG Hamm FamRZ 1990, 654.
280 OLG Brandenburg FamRZ 2010, 1923.
281 AG Holzminden FamRZ 1997, 47.
282 Ebenso *Horndasch*, Besondere Umgangssituationen, NZFam 2014, 884, 885 m.w.N.
283 BVerfG FamRZ 2007, 105; Anm. *Völker*, FamRB 2007, 73 und jurisPR-FamR 10/2007, Anm. 1; BVerfG FamRZ 2007, 1078; Anm. *Völker*, FamRB 2007, 234; BVerfG FamRZ 2005, 871; OLG Saarbrücken NJW 2013, 1459; OLG Zweibrücken FamRZ 2009, 134; OLG Nürnberg FamFR 2010, 21; OLG Brandenburg FamRZ 2010, 1352; *Horndasch*, Besondere Umgangssituationen, NZFam 2014, 884, 885.
284 OLG Frankfurt FamRZ 2002, 978.
285 OLG Brandenburg FamRZ 2010, 1352; *Horndasch*, Besondere Umgangssituationen, NZFam 2014, 884, 886.
286 OLG Hamm FamRZ 1990, 654.

gemessene Unterbringung – insbesondere eine ausreichende Schlafmöglichkeit – ermöglicht.[287] Allein aus dem Fehlen eines spezifischen Kinderbetts oder der Beengtheit der Wohnverhältnisse insgesamt kann allerdings keine Einschränkung der Umgangskontakte abgeleitet werden.[288] Möchte wiederum das Kind aus nachvollziehbaren Gründen an den Wochenenden jeweils nur einmal beim Umgangsberechtigten übernachten, so ist dieser Wunsch bei der Entscheidung zu berücksichtigen.[289] In besonderen Einzelfällen mögen Übernachtungen auch aus organisatorischen Gründen nicht realisierbar sein;[290] insoweit ist allerdings Zurückhaltung geboten

76 Falls das Gericht eine gestaffelte Umgangsregelung erlässt, nach der Übernachtungen erst ab einem gewissen Alter des Kindes stattfinden sollen, muss die diesbezügliche Regelung sprachlich exakt gefasst werden. So bedeutet etwa die Formulierung „ab dem vierten Lebensjahr" in Abwesenheit gegenteiliger Anhaltspunkte „ab Vollendung des dritten Lebensjahres".[291]

77 Eine Umgangsregelung ohne Übernachtung hält sich jedenfalls bei einem kleinen Kind solange noch im Rahmen des durch § 1684 Abs. 1 dem Richter eröffneten Ausgestaltungsspielraums, wie dadurch nicht aufgrund großer Entfernung zwischen den Wohnorten des Umgangsberechtigten und des Kindes eine faktische Umgangseinschränkung entsteht, die dann an § 1684 Abs. 4 BGB zu messen wäre.[292] Allerdings bedarf der Ausschluss von Übernachtungen auch bei geringer Distanz dieser Wohnorte besonderer Rechtfertigung, weil Übernachtungen des Kindes beim umgangsberechtigten Elternteil in der Regel dem Kindeswohl entsprechen.[293] Denn sie sind grundsätzlich geeignet, die Beziehung des Kindes zum anderen Elternteil zu festigen und dazu beizutragen, dass dieser vom Kind nicht ausschließlich als „Sonntagselternteil" erlebt wird.[294] Für Übernachtungen kann zusätzlich der Umstand streiten, dass der umgangsberechtigte Elternteil mitsorgeberechtigt ist. Eingewöhnungsproblemen kann ggf. durch eine angemessene Staffelung der Regelung Rechnung getragen werden. Letztlich darf auch nicht verkannt werden, dass es dem Entwicklungsprozess von Kindern grundsätzlich nicht dient, sie unter eine „Schutzglocke" zu legen und ihnen damit alle familiären Auseinandersetzungen ersparen zu wollen. Auch Kinder müssen lernen, durch neue Strukturen, durch Veränderungen vielfältiger Art belastet zu werden, aus deren Wirklichkeit sie neue Kräfte beziehen. Kinder werden nicht dadurch lebenstüchtig, dass sie in überbehüteter und einseitig auf die Vorstellungen eines Elternteils ausgerichteter Weise erzogen werden, sondern auch darin, dass ihnen die Realität – in Gestalt eines umgangsberechtigten Elternteils und dessen Lebensweise – angemessen deutlich wird.[295]

78 Gegenteilige frühere Entscheidungen sind hiermit überholt.[296] Ebenso überholt ist die Annahme, dass das Kind in der Woche seinen Tagesablauf von seinem Lebensmittelpunkt aus beginnen soll.[297] Bei entsprechend engen Bindungen eines Kindes an den umgangsberechtigten Elternteil spricht nichts dagegen, dass sich ein Umgangskontakt bis Montagmorgen erstreckt und das Kind unmittelbar zur Schule gebracht wird. Ist der betreuende Elternteil berufstätig, so kann sich für ihn hieraus sogar eine persönliche Entlastung ergeben. Hingegen kann es – bei bestehenden Spannun-

---

287 *Schmid*, Juristische Grundsätze zu Umgangsmodellen, NZFam 2014, 881.
288 So zutr. KG FamRZ 2011, 825; *Horndasch*, Besondere Umgangssituationen, NZFam 2014, 884, 886; abzulehnen dagegen die Auffassung von *Ritter*, FamRZ 2011,1408.
289 OLG Saarbrücken, Beschl. v. 8.11.2010 – 9 UF 70/10 (n.v.).
290 OLG Brandenburg NJW Spezial 2015, 740 (mit sicher seltenen Einzelfallumständen).
291 OLG Saarbrücken ZKJ 2014, 75.
292 BVerfG FamRZ 2007, 105; OLG Saarbrücken NJW-RR 2013, 452.
293 BVerfG FamRZ 2007, 105 und 1078; 2005, 871; OLG Saarbrücken NJW-RR 2013, 452; KG FamRZ 2011, 825; OLG Zweibrücken FamRZ 2009, 134; *Horndasch*, Besondere Umgangssituationen, NZFam 2014, 884, 885.
294 OLG Saarbrücken NJW-RR 2013, 452; OLG Saarbrücken, Beschl. v. 6.9.2012 – 6 UF 33/12 (n.v.) und vom 22.12.2008 – 9 UF 100/08 (n.v.).
295 OLG Saarbrücken NJW-RR 2013, 452; OLG Karlsruhe FamRZ 1990, 901.
296 OLG Hamm FamRZ 1990, 654; OLG Düsseldorf FamRZ 1988, 1196.
297 OLG Brandenburg FamRZ 2003, 111.

gen zwischen den Eltern – ein Kind überfordern, zusätzlich zu den 14-tätigen Wochenendumgängen noch einmal in jeder Woche beim Umgangsberechtigten zu übernachten.[298] Dies gilt insbesondere, wenn der Umgangsberechtigte einen bestehenden Loyalitätskonflikt des Kindes noch angeheizt hat, indem er mit dem Kind außerhalb der Umgangszeiten heimlich SMS ausgetauscht hat, in denen der betreuende Elternteil herabgesetzt wird.[299]

3. Ferienregelungen

Durch einen **Ferienumgang** kann in besonderem Maße das Zusammensein von Kind und umgangsberechtigtem Elternteil normalisiert und vertieft werden,[300] da das Kind seinen Elternteil auch unter den dortigen Bedingungen erleben kann. Ebenso wie Übernachtungen bei diesem können Ferienumgänge auch zur Entspannung der Situation und damit zur Entlastung des Kindes beitragen.[301]

79

Auch hinsichtlich der Ferienregelung gibt es keine feste Altersgrenze; stets entscheiden die Einzelfallumstände.[302] Grundsätzlich ist allerdings im Rahmen des Umgangsrechts nach § 1684 Abs. 1 BGB die Einräumung von Ferienumgang angezeigt. Wenn das Gericht hiervon absieht, stellt dies jedenfalls bei einem Kind im Schulalter keine Umgangsregelung nach § 1684 Abs. 1 BGB, sondern schon eine Umgangseinschränkung i.S.d. § 1684 Abs. 4 S. 1 oder S. 2 BGB dar.[303] Diese unterliegt strengen Voraussetzungen (vgl. dazu Rdn 150 ff.).

80

Grundlegende Voraussetzung für **Ferienaufenthalte** ist allerdings, dass das Kind im Vorfeld bereits ausreichend Gelegenheit hatte, sich mit längerfristigen Aufenthalten im Haushalt seines Elternteils vertraut zu machen bzw. über einen längeren Zeitraum auch von dem betreuenden Elternteil getrennt zu sein.[304] In der Regel benötigen die Kinder zunächst eine gewisse Zeit, um sich an die verlängerten Kontakte bei gleichzeitiger Übernachtung zu gewöhnen.[305]

81

Die Ferienregelungen überlagern – vorbehaltlich einer ausdrücklich anders lautenden Regelung – die periodisch festgelegten Umgangsrechte.[306] Von der Ferienregelung werden nur die gerichtlich festgesetzten Zeitabschnitte erfasst; bewegliche Ferientage gehören nicht dazu.[307]

82

Im Rahmen der Ferienregelung ist grundsätzlich dem umgangsberechtigten Elternteil auch zu gestatten, mit dem Kind **Urlaubsreisen** zu unternehmen. Unproblematisch sind hierbei regelmäßig Reisen in das europäische **Ausland**,[308] falls damit nicht im Einzelfall Risiken und Gesundheitsgefahren verbunden sind.[309] Bei Reisen zu außereuropäischen Zielen hat – in Abwesenheit einer Zustimmung des betreuenden Elternteils – das Gericht zu entscheiden, auch über Reisen in das entfernte **Heimatland eines Elternteils**, um dort das Kind mit der Familie und dem Land selbst bekannt zu machen.[310] (Zur Entführungsgefahr siehe Rdn 164 f.)

83

---

298 OLG Hamm NZFam 2014, 912.
299 OLG Saarbrücken FamRZ 2015, 62.
300 BVerfG FamRZ 2005, 871; OLG Brandenburg Beschl. v. 15.12.2009 – 10 UF 155/08; *Horndasch*, Besondere Umgangssituationen, NZFam 2014, 884, 886.
301 BVerfG FamRZ 2004, 1166.
302 BVerfG FamRZ 2007, 105; Anm. *Völker*, FamRB 2007, 73 und jurisPR-FamR 10/2007, Anm. 1; BVerfG FamRZ 2007, 1078; Anm. *Völker*, FamRB 2007, 234; BVerfG FamRZ 2005, 871; OLG Frankfurt FamRZ 2002, 978.
303 OLG Saarbrücken ZKJ 2014, 75; dem ausdrücklich zustimmend OLG Schleswig, Beschl. v. 30.5.2016 – 10 UF 11/16, juris; *Horndasch*, Besondere Umgangssituationen, NZFam 2014, 884, 886.
304 *Ell*, DAVorm 1996, 745.
305 OLG Hamm NJWE-FER 1998, 56.
306 OLG Saarbrücken FamRZ 2011, 824; zust. *Büte*, FuR 2012, 348, 355; OLG Saarbrücken, Beschl. v. 28.1.2016 – 9 UF 56/15 (n.v.); *Horndasch*, Besondere Umgangssituationen, NZFam 2014, 884, 886.
307 OLG Stuttgart FamRZ 2000, 50.
308 BVerfG FamRZ 2010, 109; OLG Frankfurt FamRZ 1999, 1008.
309 *Horndasch*, Besondere Umgangssituationen, NZFam 2014, 884, 887.
310 AG Detmold FamRZ 2000, 1605.

4. Feier- und Festtage

84 Durch den Umgang an Feier- und Festtagen soll dem umgangsberechtigten Elternteil und dem Kind ermöglicht werden, diese – auch für Zusammentreffen mit weiteren Familienmitgliedern – wichtigen Tage, die sich aus dem normalen Jahresablauf hervorheben, gemeinsam zu verbringen. Erfasst werden hiervon vor allem die hohen **christlichen Feiertage** (Ostern, Pfingsten, Weihnachten),[311] aber auch **Geburtstage** sowie **Silvester/Neujahr**. Nicht zwingend eingeschlossen sind die **Faschingsfeiertage**.[312] U.U. können weitere Festtage anderer Religionen – z.B. Opferfest (Islam), Jom Kippur (jüdischer Glaube) hinzukommen, denen das Kind angehört.[313]

85 Die periodischen Besuchsrechte werden von einer Umgangsregelung für besondere Feier- und Festtage überlagert.[314] Heißt es aber in der Umgangsregelung, dass die Feiertagsregelung den regelmäßigen Umgangswochenenden vorgehe, wobei der Turnus des Wochenendumgangs in jedem Fall unverändert bleibe, so wird damit allein der Zweck verfolgt, dem Obhutselternteil die Feiertage vorzuhalten, während im Übrigen der periodische Umgang auch dann stattfindet, wenn er dem Feiertag unmittelbar vorausgeht oder folgt.[315] Ist nur eine periodische Besuchsregelung und keine Feiertagsregelung getroffen worden, so findet der Umgang auch statt, wenn der periodische Umgang einen oder mehrere Feiertage mit einschließt.[316] Fällt die Feiertagsregelung in den Zeitraum einer Ferienregelung, so überlagert letztere die erstere.[317]

86 Für die christlichen Feiertage wird teilweise die Auffassung vertreten, dass keine Umgangsregelungen zu treffen sein sollen, wenn der umgangsberechtigte Elternteil diese aufgrund seiner religiösen Überzeugung nicht feiert.[318] Dem kann nicht zugestimmt werden. Solche Feiertage können auch unabhängig von ihrer religiösen Begehung die familiäre Verbundenheit in besonderer Weise fördern. Gerade da diese Tage regelmäßig mit dem Austausch von Geschenken oder Aufmerksamkeiten verbunden sind, kann ein Kontakt an diesen Tagen besondere Bedeutung entfalten. Würde man daher dem nicht betreuenden Elternteil in dieser Zeit einen Kontakt nicht einräumen, so würde er unangemessen benachteiligt.[319]

87 Die jeweils ersten Feiertage von **Ostern, Pfingsten und Weihnachten** (dort samt Heiligabend) verbrachte das Kind nach herkömmlicher und wohl auch noch heute vorwiegend anzutreffender Praxis üblicherweise bei dem betreuenden Elternteil, wobei dann dem Umgangsberechtigten ein Kontakt am jeweils zweiten Feiertag einzuräumen ist, beginnend am Morgen dieses Feiertages.[320] Es gibt indes keinen allgemeinen Erfahrungssatz, dass eine solche Regelung dem Kindeswohl am besten dient, zumal Üblichkeiten nicht die Einzelfallbetrachtung entbehrlich machen.[321] Deshalb ordnen die Gerichte zunehmend einen jährlichen Wechsel dieser Feiertage an.[322] Dies ist zu begrüßen.[323] Gleiches gilt hinsichtlich der **Geburtstage**, die nach bislang wohl noch üblicher Handhabung jeweils im Haushalt des betreuenden Elternteils gefeiert werden. Auch hier sollte ver-

---

311 OLG Saarbrücken, Beschl. v. 8.11.2010 – 9 UF 70/10 (n.v.): Alle drei Feiertage sind zu regeln.
312 OLG Stuttgart FamRZ 2000, 56.
313 *Horndasch*, Besondere Umgangssituationen, NZFam 2014, 884, 887.
314 OLG Brandenburg FamRZ 2002, 974; OLG Frankfurt FamRZ 1996, 362.
315 OLG Brandenburg, Beschl. v. 3.6.2015 – 10 WF 54/15, juris.
316 OLG Saarbrücken, Beschl. v. 2.5.2013 – 6 WF 80/13 (n.v.).
317 *Horndasch*, Besondere Umgangssituationen, NZFam 2014, 884, 888.
318 AG Göttingen FamRZ 2003, 112.
319 OLG Bamberg FamRZ 1990, 193.
320 OLG Brandenburg FamRZ 2002, 974.
321 Vgl. dazu auch OLG Brandenburg, Beschl. v. 16.10.2008 – 9 UF 42/08, juris; OLG Schleswig, Beschl. v. 30.5.2016 – 10 UF 11/16, juris.
322 OLG Saarbrücken, Beschl. v. 22.2.2011 – 6 UF 165/10 (n.v.).
323 Ebenso *Horndasch*, Besondere Umgangssituationen, NZFam 2014, 884, 887.

mehrt ein jährlicher Wechsel in Erwägung gezogen werden.[324] Auch **Brückentage** können – fair zwischen den Eltern verteilt – in die Umgangsregelung einbezogen werden.[325]

Einmalige Feste, wie etwa Einschulung, Kommunion, Konfirmation oder Jubiläen werden zwar normalerweise vom Obhutselternteil ausgerichtet und auch bei diesem gefeiert. Erwägenswert ist insoweit aber, dass dem Umgangsberechtigten die Möglichkeit eingeräumt wird, an diesem Tag einige Stunden mit dem Kind zu verbringen, da er hiervon nicht von vornherein ausgeschlossen werden sollte.[326] Solche einmaligen Festtage überlagern eine Ferienregelung.[327] 88

5. Ort und Ausübung des Umgangsrechts

Der umgangsberechtigte Elternteil bestimmt im Zusammenhang mit der Ausübung der Umgangskontakte den **Ort**, an dem dieser stattfindet und damit auch den Aufenthaltsort des Kindes.[328] Ort für die Ausübung des Umgangs ist in der Regel das Umfeld, vor allem die Wohnung des Berechtigten.[329] Dadurch soll sichergestellt werden, dass das Kind den Elternteil in der von ihm geprägten Häuslichkeit erleben kann, so dass die Beziehung mit ihren individuellen Einzelheiten möglichst unbefangen gepflegt werden kann. Grundsätzlich kommt – vorbehaltlich einer hierdurch eintretenden Kindeswohlgefährdung – auch der Arbeitsplatz des Umgangsberechtigten oder – etwa aus Anlass von Unternehmungen oder Ausflügen – ein dritter Ort in Betracht.[330] Auf die Wohnung des Sorgerechtsinhabers kann allenfalls für eine Übergangszeit zurückgegriffen werden,[331] etwa wenn der Kontakt zu einem Säugling in Rede steht.[332] Umgekehrt kann der Umgangsberechtigte nicht verlangen, zum Zweck der Ausübung des Umgangs wieder die frühere eheliche Wohnung betreten zu dürfen. Anders mag es sein, wenn der Umgangsberechtigte das Kind wegen dessen **Erkrankung** und hiermit einhergehender **Transportunfähigkeit** ausnahmsweise nur in der Wohnung des betreuenden Elternteils besuchen kann. Wird dies dann vom Gericht angeordnet, liegt hierin ausnahmsweise keine Verletzung des Grundrechts des betreuenden Elternteils aus Art. 13 GG.[333] Im Rahmen eines Wochenendumgangs begegnen auch Kurzurlaube – wie etwa ein Skiwochenende in den Bergen – keinen grundsätzlichen Bedenken.[334] 89

6. Modalitäten des Abholens/Zurückbringens

Die konkrete Ausgestaltung des Umgangs, vor allem Fragen zum Holen und Bringen des Kindes, ist wesentlicher Teil des Regelungsbedarfs.[335] Ist der Umgang indessen nach Art, Ort und Zeit hinreichend konkretisiert worden, so ist es nicht erforderlich, dass der Umgangstitel detailliert bezeichnete Verpflichtungen des betreuenden Elternteils, insbesondere zum Bereithalten und Abholen des Kindes, enthält (siehe dazu auch § 6 Rdn 18).[336] Grundsätzlich obliegt es dem betreuenden Elternteil nicht, das Kind zum anderen Elternteil zu bringen und dort nach Ausübung des 90

---

324 Ebenso *Horndasch*, Besondere Umgangssituationen, NZFam 2014, 884, 887.
325 *Horndasch*, Besondere Umgangssituationen, NZFam 2014, 884, 888.
326 Zustimmend *Horndasch*, Besondere Umgangssituationen, NZFam 2014, 884, 888.
327 *Horndasch*, Besondere Umgangssituationen, NZFam 2014, 884, 888.
328 KG FamRZ 2016, 389; OLG Frankfurt FamRZ 1999, 1008.
329 KG FamRZ 2016, 389; OLG Celle FamRZ 1996, 364; OLG Düsseldorf FamRZ 1988, 1196.
330 KG FamRZ 2016, 389.
331 OLG Bamberg FamRZ 1984, 507; AG Kerpen FamRZ 1994, 1486.
332 AG Eschwege FamRZ 2001, 1162.
333 BVerfG FamRZ 2005, 429.
334 Vgl. dazu eingehend *Bruns*, FamFR 2013, 553, 554 f.
335 BVerfG FamRZ 2002, 809; OLG Zweibrücken FamRZ 1998, 975.
336 BGH, Beschl. v. 3.8.2016 – XII ZB 86/15, juris; BGH FamRZ 2012, 533.

Umgangskontaktes wieder abzuholen.³³⁷ Diese Aufgabe fällt vielmehr dem umgangsberechtigten Elternteil zu, der auch die Kosten dafür zu tragen hat.³³⁸ Anderes kann sich allerdings daraus ergeben, dass der betreuende Elternteil durch seinen Wegzug eine erhebliche räumliche Distanz geschaffen hat. In diesem Fall kann es angezeigt sein, dass er sich an dem hierdurch begründeten zeitlichen und organisatorischen Mehraufwand beteiligt.³³⁹ Haben die Eltern hinsichtlich der Aufteilung der Umgangskosten eine **Vereinbarung** geschlossen, so können entsprechende Zahlungs- oder Aufwendungsersatzansprüche durch Antrag beim Familiengericht geltend gemacht werden.³⁴⁰

91 Der betreuende Elternteil bestimmt die näheren Modalitäten des Holens und Bringens bzw. ab welchem Alter gegebenenfalls auch vom Kind erwartet werden kann, dass es unter Inanspruchnahme **öffentlicher Verkehrsmittel** den Weg allein zurücklegt. Der umgangsberechtigte Elternteil ist an diese Vorgaben gebunden,³⁴¹ soweit sie nicht schikanös sind³⁴² oder zu einem faktischen Ausschluss des Umgangs führen. Dies ist etwa der Fall, wenn nur eine **Flug- oder Zugreise** – mit **Reisebegleitung** für kleinere Kinder und ohne solche für größere – den Umgang für den Umgangsberechtigten zumutbar organisierbar erscheinen lassen.³⁴³

92 Zu den vereinbarten Zeiten hat der betreuende Elternteil das Kind mit den nötigen Sachen, wie z.B. Kleidung und ggf. Medikamente, zur Abholung bereitzuhalten. Einen besonderen psychologischen Vorteil kann es bedeuten, wenn der betreuende Elternteil – und sei es auch nur manchmal – das Kind freiwillig zum anderen Elternteil verbringt. Hierdurch erlebt das Kind im Falle einer sachlichen und freundlichen Begegnung seiner Eltern besonders anschaulich, dass beide mit den Umgangskontakten einverstanden sind.³⁴⁴ Hat sich ein Elternteil anlässlich der Ehescheidung dazu verpflichtet, das Kind zur Ausübung der Umgangskontakte zum anderen Elternteil zu bringen, so verbleibt es bei dieser Vereinbarung selbst dann, wenn die Umgangsbefugnis zeitlich erweitert wird, solange der Elternteil hierdurch nicht unzumutbar belastet wird.³⁴⁵

Besteht zwischen den Eltern eine auslegungsbedürftige Vereinbarung über die **Modalitäten des „Holens und Bringens"**, so bedarf diese gegebenenfalls der richterlichen Präzisierung und Ausgestaltung.³⁴⁶

7. Gestaltung des Umgangsablaufs

93 Es obliegt der Eigenentscheidung des Umgangsberechtigten, wie er den Zeitraum des Umgangskontaktes konkret gestalten möchte.³⁴⁷ Allerdings hat er jede **Beeinflussung des Kindes** gegen den anderen Elternteil zu unterlassen und auf die Kindesbelange Rücksicht zu nehmen, insbesondere auf etwaige **gesundheitliche Einschränkungen** des Kindes. Ohne ausdrückliche Abstimmung mit dem Sorgeberechtigten darf der Umgangskontakt nicht dazu genutzt werden, tatsäch-

---

337 OLG Nürnberg FamRZ 1999, 1008; OLG Zweibrücken FamRZ 1997, 32.
338 BGH FamRZ 2014, 917; OLG Koblenz FamRZ 1996, 561; OLG Saarbrücken FamRZ 1983, 1054; kritisch dazu *Spangenberg*, Umgangskosten, NZFam 2016, 341.
339 OLG Nürnberg FamRZ 2014, 858 m.w.N.; OLG Brandenburg NJW-RR 2010, 148; OLG Schleswig FamRZ 2006, 881; OLG Dresden FamRZ 2005, 927.
340 OLG Brandenburg, Beschl. v. 3.11.2014 – 3 UF 55/14, juris.
341 A.A. OLG Brandenburg, Beschl. v. 26.9.2013 – 3 UF 49/13, juris.
342 OLG Frankfurt FamRZ 1988, 866; OLG Zweibrücken FamRZ 1982, 531.
343 BVerfG FamRZ 2010, 109; BVerfGK 7, 279; BVerfG FamRZ 2002, 809; KG FamRZ 2006, 878.
344 *Oelkers*, FamRZ 1995, 451; *Luthin*, FamRZ 1984, 114.
345 OLG Frankfurt FamRZ 1988, 866.
346 OLG Zweibrücken FamRZ 1998, 975.
347 *Bruns*, FamFR 2013, 553, 554; PK-KindschR/*Gottschalk*, § 1687 Rn 16 m.w.N.

liche oder vermeintliche Versäumnisse des Sorgeberechtigten zu kompensieren. Allein dieser bestimmt die Erziehungsmaßstäbe.[348] Zu respektieren ist auch die **religiöse Erziehung** durch den Obhutselternteil.

Ein häufiger Streitpunkt ist die Anwesenheit eines **neuen Partners** des Umgangsberechtigten. Solange das Kindeswohl nicht erfordert, dass der Partner vom Umgang ausgeschlossen wird,[349] können gegen dessen Anwesenheit keine Einwände erhoben werden.[350] Gleiches gilt für die Großeltern, umso mehr, wenn sie früher sogar das Kind betreut haben.[351] Anderes gilt nur, soweit die Voraussetzungen des § 1684 Abs. 4 BGB vorliegen. Denn der dauerhafte Ausschluss eines Dritten von den Umgangskontakten ist nicht nur eine Ausgestaltung des Umgangsrechts, sondern eine Umgangseinschränkung.[352]

94

Etwaige **Sicherheitsbedenken** des betreuenden Elternteils sind vom Umgangsberechtigten zu respektieren, soweit sie sich am Kindeswohl orientieren und nicht rechtsmissbräuchlich sind. Vor diesem Hintergrund kann es gerechtfertigt sein, zu verbieten, dass das Kind auf dem Motorrad mitfährt.[353] Verboten werden kann gegebenenfalls auch die Anwesenheit gefährlicher **Haustiere**.[354] Dies gilt insbesondere bei der Haltung eines Kampfhundes, der das Kind nicht kennt. Sonstige typische Ausgestaltungsentscheidungen darf hingegen der Umgangsberechtigte in eigener Verantwortung treffen; dies betrifft etwa die Auswahl des Freizeitprogramms, Dauer des Fernseh- und PC-Konsums sowie des Kino- oder Fernsehprogramms, Ernährung, Spielzeiten und Umgang mit Dritten während der Besuchszeiten.[355]

Bei Ausübung des Umgangsrechts steht dem Berechtigten die Entscheidungsbefugnis bezüglich der Angelegenheiten der tatsächlichen Betreuung zu. Für den Mitinhaber der gemeinsamen Sorge folgt das aus § 1687 Abs. 1 S. 4 BGB, für den nicht sorgeberechtigten Elternteil i.V.m. **§ 1687a BGB**.[356]

95

Im Falle **akuter Erkrankung** oder eines **Unfalls** des Kindes während der Umgangsdauer kann der Umgangsberechtigte die **ärztliche Behandlung** veranlassen, wenn der Sorgeberechtigte nicht erreicht werden kann und Anordnungen des Sorgeberechtigten nicht abgewartet werden können, (§ 1687a i.V.m.) § 1687 Abs. 1 S. 5 i.V.m. § 1629 Abs. 1 S. 4 BGB. Ein Recht des Umgangsberechtigten auf Anwesenheit bei einer vom allein Sorgeberechtigten initiierten ärztlichen Behandlung besteht jedoch nicht.[357]

96

8. Ausgefallene Besuche

Zwingende Gründe in der Person des Kindes, wie etwa eine **Erkrankung**, können Anlass für eine **Nachholung** des Umgangs sein, solange zusätzliche Besuche nicht zu einer **Überforderung des Kindes** führen. In der gerichtlichen Umgangsregelung kann gegen den Ausfall periodischer Umgangstermine durch eine Nachholungsregelung Vorsorge getroffen werden.[358] Dies ist insbesondere dann geboten, wenn es in der Vergangenheit diesbezüglich zwischen den Eltern Streit gege-

97

---

348 OLG Brandenburg FamRZ 2002, 974.
349 OLG Nürnberg FamRZ 1998, 976.
350 BGHZ 51, 219; KG FamRZ 2016, 389; OLG Hamm FamRZ 1982, 93; PK-KindschR/*Gottschalk*, § 1687 Rn 16 m.w.N.
351 OLG Stuttgart NJW 1978, 380.
352 Staudinger/*Coester*, § 1684 Rn 222.
353 OLG München FamRZ 1998, 974.
354 KG FamRZ 2003, 112.
355 *Gottschalk*, ZKJ 1016, 28; PK-KindschR/*Gottschalk*, § 1687 Rn 16 m.w.N.
356 Siehe dazu auch *Koch*, Betreuung des Kindes im Rahmen des Umgangs, FuR 2016, 265.
357 OLG Stuttgart FamRZ 1966, 256.
358 OLG Brandenburg, Beschl. v. 26.9.2013 – 3 UF 49/13, juris; *Schmid*, Juristische Grundsätze zu Umgangsmodellen, NZFam 2014, 881; *Horndasch*, Besondere Umgangssituationen, NZFam 2014, 884, 888.

ben hat.³⁵⁹ Eine gerichtliche Ersatzregelung des Umgangs für die Ferienzeiträume ist grundsätzlich weder erforderlich noch nach Sinn und Zweck des Umgangsrechts geboten.³⁶⁰

9. Telefon- und Briefkontakte

98 Mit dem Umgang im engeren Sinn stehen die mittelbaren Kontakte in Zusammenhang, die gegebenenfalls als Umgangsergänzung gefordert werden können, zumindest aber vom betreuenden Elternteil regelmäßig geduldet werden sollten.³⁶¹ Hierzu gehören im wesentlichen **Telefon- oder Briefkontakte**. In Streitfällen obliegt es dem Familiengericht, die Kontakte nach Frequenz, Zeitpunkt und Dauer der Anrufe näher zu bestimmen.³⁶² Der betreuende Elternteil ist gut beraten, nicht auf die minutengenaue Einhaltung der Sprechzeit zu drängen, zumal dies zwangsläufig dem Kind gegenüber geschehen müsste. Telefonische Kontakte können aber ausgeschlossen werden, wenn der Umgangsberechtigte diese nutzt, um das Kind gegen den betreuenden Elternteil aufzuhetzen.³⁶³

99 Diese sogenannten **Umgangssurrogate** können den eigentlichen Umgang ergänzen, aber auch an dessen Stelle treten.³⁶⁴ Sie haben etwa bei großen räumlichen Entfernungen, im Zusammenhang mit gravierenden Erkrankungen des Umgangsberechtigten³⁶⁵ oder dessen **Haftverbüßung**³⁶⁶ Bedeutung. Gleiches gilt auch bei eingeschränkten oder ausgeschlossenen Kontakten oder bei zunächst unterbrochenen Kontakten, dann, um wieder eine Anbahnung des persönlichen Umgangs vorzubereiten oder zu begleiten.³⁶⁷ Da gegebenenfalls Telefonkontakte ein Kind auch unvorbereitet in einer Krisenstimmung treffen und diese verstärken können, muss dieses Risiko abgeschätzt werden. Die Telefonate dürfen aber nicht allein von der Zustimmung des Sorgeberechtigten abhängig gemacht werden.

100 Im Zusammenhang mit **Briefkontakten** ist es primäre Pflicht des sorgeberechtigten Elternteils, diese Briefe auch tatsächlich an das Kind weiterzuleiten,³⁶⁸ wobei es dem Sorgeberechtigen auch nur ausnahmsweise gestattet ist, eine **Briefkontrolle** vorzunehmen.³⁶⁹ Davon ist etwa auszugehen, wenn hierfür triftige, das Persönlichkeitsrecht des Kindes berührende Gründe vorliegen. Bei etwaigen Anhaltspunkten hierfür ist der beanstandete Brief zurückzuhalten und dem Gericht als Grundlage der zu treffenden Entscheidung vorzulegen. Genügt der Sorgeberechtigte seiner Verpflichtung zur Briefweitergabe nicht, kann bei Vorliegen der Voraussetzungen des § 1666 BGB ausnahmsweise durch gerichtliche Entscheidung das Kontrollrecht auf einen Dritten – etwa das Jugendamt – übertragen werden. Ist ausnahmsweise eine Überwachung und Kontrolle des Briefverkehrs geboten, so ist diese mit zunehmendem Alter des Kindes zu reduzieren.

---

359 OLG Saarbrücken FF 2012, 170.
360 OLG Saarbrücken FamRZ 2011, 824; zust. *Büte*, FuR 2012, 348, 355.
361 KG FamRZ 2006, 878.
362 OLG Köln FamRZ 2000, 1109; OLG München FamRZ 1998, 976.
363 OLG Saarbrücken, Beschl. v. 5.12.2012 – 9 UF 391/12 (n.v.), im entschiedenen Fall wurde das Kind sogar zu dessen Tötung aufgefordert.
364 OLG Frankfurt, Beschl. v. 17.9.2014 – 4 UF 355/13, juris; Palandt/*Götz*, § 1684 Rn 18; KG FamRZ 2006, 878.
365 BT-Drucks 13/4899, S. 105.
366 OLG Hamm FamRZ 2003, 951.
367 OLG Brandenburg FamRZ 2014, 1124; OLG Nürnberg FamRZ 2014, 858.
368 AG Zossen DAVorm 1999, 143.
369 Zum Briefgeheimnis bei Kindern, wenn die Inhalte der Briefe möglicherweise das Wohl des Kindes beeinträchtigen können, siehe DIJuF-Rechtsgutachten JAmt 2014, 261.

10. Geschenke

Geschenke des Umgangsberechtigten in angemessener Form sind zulässig, soweit sie nicht geeignet oder darauf ausgerichtet sind, die Erziehungsziele des Sorgeberechtigten zu unterlaufen.[370] Soweit daher Geschenke in Rede stehen, die Gelegenheitsschenkungen übersteigen, muss eine vorherige Abstimmung mit dem Sorgeberechtigten erfolgen. Bei gemeinsamer Sorge steht diese Bestimmungsbefugnis auch dem Elternteil zu, in dessen Obhut sich das Kind befindet.

IV. Kindeswille

1. Vorbemerkungen

Im Rahmen der familiengerichtlichen Regelung des Umgangs ist der Kindeswille als Ausdruck seines Persönlichkeitsrechts mit den Rechte seiner beiden Elternteile abzuwägen (siehe im Einzelnen § 1 Rdn 304 ff.).[371] Dem Alter und Reifestand des Kindes kommt hierbei wesentliche Bedeutung zu.[372] Bei einem kleineren Kind stehen stärker objektive Kriterien im Blickpunkt, wohingegen der Wille älterer Kinder streitentscheidend sein kann.[373] Freilich ist auch bei diesen im Einzelfall eine Umgangsregelung gegen ihren ausdrücklichen Willen möglich.[374]

Damit der Kindeswille beachtlich ist, muss er auf verständlichen, berechtigten, mithin subjektiv wie objektiv nachvollziehbaren Beweggründen beruhen.[375] Er muss autonom, intensiv, stabil, ernsthaft und zielorientiert sein. Kennzeichnend für einen autonomen zielgerichteten Willen ist, dass er Ausdruck der eigenen Bedürfnisse und nicht nur Reaktion auf die – ggf. auch nur vermeintlichen – Wünsche eines Elternteils ist. Auch muss das Kind eine bestimmte Vorstellung von den Folgen seines Wunsches haben. Ein stabiler Wille setzt voraus, dass eine Willenstendenz über eine gewisse Zeit, auch unter unterschiedlichen Umständen, beibehalten wird. Intensiv ist der Wille, wenn er Ausdruck eines Herzenswunsches, d.h. dem Kind wichtig ist.[376] Ein gegen den ernsthaften Widerstand des Kindes erzwungener Umgang kann durch die Erfahrung der Missachtung der eigenen Persönlichkeit unter Umständen mehr Schaden verursachen als nutzen. Selbst ein auf einer bewussten oder unbewussten Beeinflussung beruhender Wunsch kann beachtlich sein, wenn er Ausdruck echter und damit schützenswerter Bindungen ist. Das Außerachtlassen des beeinflussten Willens ist daher nur dann gerechtfertigt, wenn die manipulierten Äußerungen des Kindes den wirklichen Bindungsverhältnissen nicht entsprechen.[377] Das Gericht muss die ablehnende Haltung des Kindes daraufhin untersuchen, inwieweit sie mit dem wahren Kindeswillen in Einklang steht[378] oder auf **Fremdbeeinflussung** beruht und gegebenenfalls im Zuge wahrgenommener Kontakte überwunden werden kann. Das Gericht muss mit besonderer Intensität versuchen, das Kind von der Bedeutsamkeit der Kontakte zu überzeugen und es zu einer eigenständigen Prüfung seiner ablehnenden Haltung veranlassen.[379] Gegebenenfalls ist auch gegen

---

370 *Rohmann*, FF 2001, 8.
371 BVerfG FamRZ 1999, 641; BGH FamRZ 1980, 130.
372 OLG Köln FF 2004, 297; OLG Brandenburg FamRZ 2010, 741; OLG Frankfurt FamRZ 2010, 740; OLG Saarbrücken FamRZ 2011, 1409.
373 OLG Bamberg FamRZ 1998, 970; KG FamRZ 2011, 122; OLG Saarbrücken FamRZ 2011, 122; OLG Bremen MDR 2013, 1357.
374 OLG Brandenburg JAmt 2003, 261.
375 BGH FamRZ 1980, 131; OLG Saarbrücken OLGR 2005, 616.
376 OLG Koblenz FamRZ 2014, 2010; KG FamRZ 2013, 709.
377 BVerfG FamRZ 2015, 1091.
378 BVerfG FamRZ 2005, 1057.
379 BVerfG FamRZ 2001, 1057; BGH FamRZ 1980, 131.

den Kindeswillen eine behutsame Umgangsregelung zu treffen, etwa in der Form **begleiteten Umgangs**.[380] Die Grenze wäre aber dort überschritten, wo eine **Pflicht zur Ausübung von Umgangskontakten** zu einer Kindeswohlgefährdung führen würde.[381] Dennoch muss der betreuende Elternteil aufgrund seiner § 1684 Abs. 2 BGB entspringenden Umgangsförderungspflicht[382] dazu beitragen, den entgegenstehenden Kindeswillen zu überwinden.[383] Hierbei kommt dem Alter des Kindes wesentliche Bedeutung zu.[384]

104 Da dem Kindeswillen bei der Entscheidung kein absoluter Vorrang zukommt[385] und er nur zu berücksichtigen ist, soweit er mit dem Kindeswohl vereinbar ist,[386] kommt der Anhörung des Kindes im gerichtlichen Verfahren (§ 159 FamFG, siehe dazu § 1 Rdn 430 ff.) erhebliche Bedeutung zu. Da der **geäußerte Wille** nicht zwingend dem **wahren Willen** des Kindes entspricht,[387] haben die Gerichte das Verfahren so auszugestalten, dass sie eine Entscheidung treffen können, die am Kindeswohl orientiert ist.[388] Hierzu kann auch die Bestellung eines **Verfahrensbeistands** (§ 158 FamFG) gehören (siehe dazu § 5 Rdn 1 ff.),[389] um so den Standpunkt des Kindes und die Intensität seiner persönlichen Beziehungen zum umgangsberechtigten Elternteil eingehender zu beleuchten. Im Einzelfall wird auch ein **Sachverständigengutachten** eingeholt werden müssen (zu dessen Nachteilen siehe § 1 Rdn 397). Dies ist insbesondere dann erforderlich, wenn das Gericht Zweifel hat, ob der vom Kind geäußerte Wille mit seinem wahren Willen in Einklang steht. Allerdings ist hier stets zu beachten, dass auch durch stete Beeinflussung ein „wahrer", vom Kind als eigener Wille erlebter „Wille" entstehen kann, dessen Achtung im Einzelfall notwendig ist, will man nicht das Kind gefährden. Hier dringt man in die Grenzbereiche des rechtlich erfass- und regelbaren und damit richterlicher Entscheidungsmacht vor; Patentrezepte gibt es nicht (siehe § 1 Rdn 304 ff.).

2. Ermittlung des Kindeswillens

105 Lehnt das Kind den Kontakt zum umgangsberechtigten Elternteil ab, so ist das Gericht verpflichtet, die Gründe für diese Ablehnung zu ermitteln und sie im Rahmen der Entscheidung angemessen zu werten.[390] Die Interessen des Kindes, des umgangsberechtigten und des betreuenden Elternteils, die Ursachen der Umgangsablehnung sowie die Folgen einer **Missachtung des Kindeswillens** sind gegeneinander abzuwägen.

106 Insbesondere in den Fällen einer unüberwindlichen Abneigung gegen einen Elternteil ist eine verstärkte Aufklärung und Sensibilität geboten.[391] Ziel kann es regelmäßig nicht sein, den Kindeswillen zu „brechen",[392] erst recht nicht, wenn dieser Wille nachvollziehbar begründet werden kann, wobei in diesem Fall das Alter des Kindes nebensächlich ist.[393]

---

380 KG FamRZ JAmt 2003, 263; 2001, 368.
381 OLG Rostock ZfJ 1999, 399, OLG Karlsruhe FamRZ 1990, 901; AG Westerstede FamRZ 2010, 44.
382 Siehe dazu auch *Burschel*, Wie weit geht die Pflicht zur Förderung des Umgangs?, NZFam 2015, 623.
383 OLG Saarbrücken FamRZ 2001, 369; OLG Jena FamRZ 2000, 47.
384 OLG Bremen MDR 2013, 1357; OLG Hamm FamRZ 2008, 1371; OLG Karlsruhe FamRZ 2005, 295.
385 OLG Celle DAVorm 1996, 278.
386 OLG Rostock ZfJ 1999, 399; OLG Bamberg ZfJ 1996, 194.
387 OLG Hamburg FamRZ 1996, 422; OLG Bamberg ZfJ 1996, 194.
388 BVerfG FamRZ 2001, 1057.
389 BVerfG FamRZ 1999, 85.
390 BVerfG FamRZ 1983, 872; OLG Hamm FamRZ 1994, 57.
391 OLG Hamm FamRZ 2000, 45; OLG Köln FamRZ 2000, 1109.
392 OLG Rostock ZfJ 1999, 399; OLG Bamberg FamRZ 1998, 970.
393 OLG Karlsruhe FPR 2002, 103.

Ursächlich für eine solche unüberwindbare Ablehnung können verschiedene Gründe sein, wie etwa

- nicht verarbeitete **Konflikte anlässlich** früherer **Umgangskontakte**,[394] insbesondere im Zusammenhang mit **Gewalttätigkeiten des Umgangsberechtigten**,[395]
- erlittene **Schockerlebnisse** anlässlich wahrgenommener Kontakte,[396]
- Furcht vor **sexuellen Übergriffen**.[397]

Ebenso wenig wie auf einen nachvollziehbar erklärten ablehnenden Willen des Kindes mit einer zwangsweisen Durchsetzung des Umgangs reagiert werden kann,[398] ist im Regelfall – mittelfristig betrachtet – der gänzliche Abbruch der Kontakte und der persönlichen Beziehung zum umgangsberechtigten Elternteil mit dem Kindeswohl vereinbar.[399] Soweit es der Einzelfall rechtfertigt, kann ein **begleiteter Umgang** in Erwägung gezogen werden.[400] Lediglich als ultima ratio ist das Umgangsrecht vorübergehend auszusetzen,[401] wobei dem Sorgeberechtigten nahegelegt werden kann, mit dem Kind eine psychotherapeutische Behandlung aufzunehmen. Kommt der Sorgeberechtigte dem nicht nach, kann ihm dies hinsichtlich seiner selbst allerdings nicht förmlich auferlegt werden, sondern nur ggf. die Sorgerechtsregelung überprüft werden.[402] Im Rahmen dessen kann allerdings unter den Voraussetzungen von § 1666 BGB der Elternteil dazu verpflichtet werden, das Kind in psychotherapeutische Behandlung zu geben (siehe dazu § 1 Rdn 206).

Ist die **Persönlichkeitsentwicklung des Kindes** bereits so weit vorangeschritten, dass eine zwangsweise Umsetzung der Umgangskontakte eine Entwicklungsgefährdung darstellen könnte, so sind die Ursachen für die ablehnende Haltung detailliert zu ermitteln. Sie sind ebenso wie die gegenwärtig bestehende psychische und körperliche Verfassung in die Entscheidung einzubeziehen.[403] Auch bei nachvollziehbarer und aus Kindessicht begründeter Ablehnung[404] muss das Gericht in der Form auf das Kind einwirken, dass es ihm die Bedeutung des Umgangs vor Augen führt und es zu einer eigenständigen Überprüfung seiner ablehnenden Haltung veranlasst.

Die für eine sachgerechte Willensbildung notwendige Reife eines Kindes wird in der Regel ab dessen 12. Lebensjahr angenommen.[405] Gleichwohl ist stets eine Einzelfallprüfung vorzunehmen, wobei mit zunehmendem Alter ein sinnvoller Umgang nicht erzwungen werden kann.[406] Ein in dieser Form **erzwungener Umgangskontakt** wäre mit dem Persönlichkeitsrecht des Kindes unvereinbar.[407] Hinzu kommt, dass nach § 90 Abs. 2 S. 1 FamFG unmittelbarer Zwang gegen ein Kind nicht zugelassen werden darf, wenn es herausgegeben werden soll, um das Umgangsrecht

---

394 OLG Hamm, Beschl. v. 6.9.2004 – 8 UF 271/03.
395 OLG Karlsruhe FamRZ 1996, 1233; siehe dazu auch *Krüger*, Gewaltschutz und Umgang, NZFam 2016, 294; *Funk/Osten/Scharl/Schmid/Stotz*, Familiengerichtliches Kindschaftsverfahren bei häuslicher Gewalt, FamRB 2016, 282.
396 BayObLG FamRZ 1992, 97.
397 OLG Celle FamRZ 1998, 971; OLG Jena FamRZ 1996, 359; zur familiengerichtlichen Kooperation in Fällen von Kindesmisshandlung und sexuellem Missbrauch siehe *Schmid*, FamRB 2014, 267.
398 OLG Hamm FamRZ 2000, 45; OLG Bamberg FamRZ 1998, 970.
399 OLG Bamberg ZfJ 1996, 194.
400 KG FamRZ 2001, 368; OLG Köln FamRZ 2000, 1109.
401 OLG Brandenburg JAmt 2003, 261.
402 OLG Saarbrücken FamRZ 2010, 310.
403 BVerfG FamRZ 2003, 511; OLG Brandenburg NJW RR 2000, 882.
404 BVerfG FamRZ 1983, 872: OLG Dresden FamRZ 2002, 1588.
405 OLG Hamm FamRZ 1994, 57; siehe auch BVerfG FamRZ 2008, 1737 m. Anm. *Völker*, FamRB 2008, 334 zum Willen eines überdurchschnittlich entwickelten elfjährigen Kindes (allerdings Sorgerechtsabänderungsverfahren); OLG Bremen MDR 2013, 1357 (13 bzw. 15 Jahre alt).
406 EuGHMR FamRZ 2006, 997 (Einzelfallprüfung auch bei über 12-jährigem Kind); BVerfG FamRZ 2001, 1057 (Prüfung bei unter 14 Jahre altem Kind); OLG Bamberg FamRZ 1998, 970; siehe auch *Horndasch*, Das Recht des Kindes auf Umgang, FPR 2012, 208.
407 BGH FamRZ 1980, 131; OLG Celle FamRZ 1998, 971.

auszuüben. Hierdurch wird zwar dem Umgangsberechtigten das Umgangsrecht als solches nicht abgesprochen, es besteht lediglich kein Raum für seine Durchsetzung.[408] § 90 Abs. 2 S. 1 FamFG lässt freilich rechtlich die Gewaltanwendung gegen den zur Herausgabe verpflichteten betreuenden Elternteil zu. Dies wird nur in besonderen Ausnahmefällen Betracht kommen, wenn gerade das Ausbleiben des Umgangs kindeswohlgefährdend ist und(!) sich die mit Gewalt gegen den betreuenden Elternteil durchgesetzte Zuführung zum anderen Elternteil zu Umgangszwecken in Abwägung aller Belange nicht als ebenso kindeswohlgefährdend darstellt.[409]

110 Bei jüngeren Kindern kann die ablehnende Haltung auf vielfältigen Gründen beruhen. Eine negative Einstellung des betreuenden Elternteils kann für das Kind Signalwirkung entfalten, so dass es letztlich gezwungen wird, für diesen Elternteil Partei zu ergreifen. Zudem solidarisieren sich Kinder häufig mit dem aus ihrer Sicht hilfloseren und unter der Trennung stärker leidenden Elternteil. Oft stellen sie sich auch gerade gegen den Elternteil, zu dem sie vor der Trennung die engere Bindung hatten, weil sie sich von diesem Elternteil stärker enttäuscht, ja verraten fühlen. Die Abgrenzung unter Geschwistern vollzieht sich häufig in der gegensätzlichen Identifikation mit dem anderen Elternteil.

111 Bei einem Kind unter zehn Jahren kann regelmäßig davon ausgegangen werden, dass dieses bei Einsatz erzieherischer Fähigkeiten zum Umgang bewegt werden kann.[410] Nur dann, wenn die derzeitige familiäre Situation keine Grundlage für eine möglichst konfliktfreie, für das Kind seelisch erträgliche **Anbahnung von Umgangskontakten** bildet, kann die **Einschränkung der Umgangsbefugnis** als ultima ratio erforderlich sein.[411]

112 Der Wunsch eines vierjährigen Kindes, seinen Vater kennen zu lernen, ist beachtlich, auch wenn dem Kindeswillen in diesem Alter noch keine streitentscheidende Bedeutung zukommt. Für die gedeihliche seelische Entwicklung eines Kindes ist es wichtig, dass es nicht nur einen sorgenden und sorgeberechtigten Elternteil als Bindungspartner hat, sondern auch emotionale Bindungen zum anderen Elternteil aufbauen und festigen kann,[412] zumal der betreuende Elternteil ausfallen und der andere Elternteil dann als „Reserveelternteil" die Betreuung zu übernehmen haben kann.

D. Das Umgangsrecht Dritter (§ 1685 BGB)

I. Allgemeines

113 Parallel zu dem Umgangskontakt eines Elternteils regelt § 1685 BGB die Umgangskontakte anderer Personen.[413] Das Recht auf Umgang wird außerhalb des Eltern-Kind-Verhältnisses auf eine eigene Rechtsgrundlage gestellt, wobei diese Norm erst mit dem KindRG zum 1.7.1998 geschaffen wurde. Bis zu diesem Zeitpunkt waren etwa **Umgangskontakte der Großeltern** nur über § 1666 BGB gerichtlich durchzusetzen.[414] Bedingt durch die veranlasste Gleichstellung zwischen ehelichen und nichtehelichen Kindern wurde für Bezugspersonen, die weder die rechtlichen Eltern sind noch der leibliche, nicht rechtliche Vater des Kindes (dazu § 1686a BGB), in § 1685 BGB ein einheitliches Umgangsrecht normiert.[415] Während Elternteile nach § 1684 BGB nicht nur zum

---

408 OLG Hamm FamRZ 1997, 307.
409 Vgl. dazu – mutatis mutandis – BVerfG ZKJ 2012, 186 m. Anm. *Coester*, ZKJ 2012, 182; BGH FF 2012, 67 m. Anm. *Völker*.
410 OLG Saarbrücken FamRZ 2013, 48 zu einem achtjährigen Kind; OLG Karlsruhe FamRZ 2002, 624; OLG Zweibrücken FamRZ 1987, 90.
411 BGH FamRZ 1980, 131; OLG Brandenburg FamRZ 2014, 1124; OLG Nürnberg FamRZ 2014, 858; OLG Hamburg FamRZ 1991, 471.
412 OLG Hamm FamRZ 1994, 58.
413 *Giers*, Das Umgangsrecht nach § 1685 BGB, FamRB 2011, 229.
414 OLG Celle FamRZ 1998, 110.
415 BT-Drucks 13/4899, S. 106.

Umgang berechtigt, sondern auch dazu verpflichtet sind, weil der Umgang mit beiden Elternteilen regelmäßig dem Kindeswohl dient (§ 1626 Abs. 3 S. 1 BGB), haben die in § 1685 BGB genannten Personen **keine Pflicht**, sondern nur ein Recht zum Umgang.[416] Letzteres ist ihnen allerdings nur eingeräumt, wenn dies dem Kindeswohl dient, also die Aufrechterhaltung der Bindungen des Kindes zu diesen Personen seiner Entwicklung förderlich ist (§ 1626 Abs. 3 S. 2 BGB). Den in § 1685 BGB genannten Personen wird zwar ein subjektives Recht eingeräumt, das jedoch ausschließlich um des Kindes Willen besteht.[417] Es muss daher jeweils im Einzelfall festgestellt werden, ob die vorhandenen oder angestrebten Bindungen dem Kindeswohl dienen (Antragsmuster im Formularteil, siehe § 13 Rdn 35 f.).[418] Das Umgangsbestimmungsrecht des oder beider sorgeberechtigten Elternteile aus § 1632 Abs. 2 BGB (vgl. dazu § 4 Rdn 16 ff.) wird durch das Umgangsrecht nach § 1685 BGB und eine auf dieser Grundlage nach § 1685 Abs. 3 i.V.m. § 1684 Abs. 3 BGB getroffene gerichtliche Entscheidung eingeschränkt.[419]

II. Personenkreis

Das Umgangsrecht ist auf Bezugspersonen begrenzt, die in der Regel dem Kind besonders nahe stehen.[420] Hierdurch soll eine übermäßige Ausweitung von Umgangsstreitigkeiten, aber auch eine Überforderung des Kindes mit den Begehrlichkeiten zahlreicher Umgangsberechtigter und ein damit einhergehender „Umgangstourismus" verhindert werden. Zudem wäre die übermäßige Ausweitung des Kreises umgangsberechtigter Personen – die gegebenenfalls auch gegen den Willen des Obhutselternteils Umgangsansprüche hätten – ein unverhältnismäßiger Eingriff in das grundgesetzlich geschützte Elternrecht,[421] das seinerseits auch durch das Umgangsbestimmungsrecht in § 1632 Abs. 2 BGB (siehe dazu § 4 Rdn 16 ff.) einfachrechtlich ausgestaltet ist. Nach Maßgabe dessen hat die – einzelfallbezogen festzulegende – Periodizität und die **Dauer** des Umgangs in aller Regel deutlich hinter derjenigen elterlicher Umgangsrechte zurückzubleiben.[422]

114

Für den von § 1685 BGB erfassten Personenkreis kommt ein Umgangsrecht nur in Betracht, wenn er dem Kindeswohl dient.[423] Durch die **konkurrierenden Umgangsrechte** kann das Kind Belastungen ausgesetzt werden,[424] die dem Normzweck des § 1685 BGB zuwiderlaufen[425] – insbesondere durch den soeben erwähnten „Umgangstourismus". Es gilt daher eine abgestufte Besuchsrechtsfolge, wegen der die Interessen dritter Personen zurücktreten müssen, wenn bereits ein umfangreiches Umgangsrecht zugunsten eines Elternteils nach § 1684 BGB besteht. Dieses geht von Verfassungs wegen stets dem Umgangsrecht nach § 1685 BGB vor.[426] Gegebenenfalls muss das Umgangsrecht insgesamt vom Familiengericht neu geregelt werden.[427] Die Wünsche und der Wille des Kindes sind im Rahmen des § 1685 BGB ebenso wie bei § 1684 BGB zu beachten, wobei auf den Willen eines älteren Kindes allerdings sogar noch größere Rücksicht genommen werden muss.[428]

115

---

416 OLG Saarbrücken, Beschl. v. 23.12.2013 – 6 UF 175/13 (n.v.); ebenso – wenngleich de lege ferenda a.A. – *Keuter*, ZKJ 2013, 484, 485 f.
417 OLG Köln FamRZ 1998, 695; *Rauscher*, FamRZ 1998, 329.
418 OLG Saarbrücken, Beschluss v.18.8.2010 – 6 UF 43/10 (n.v.).
419 Vgl. BGH FamRZ 2008, 592; OLG Zweibrücken FamRZ 2000, 1042.
420 BT-Drucks 13/4899, S. 107; OLG Hamm FamRZ 2000, 1600.
421 *Rauscher*, FamRZ 1998, 329.
422 *Kloster-Harz*, NZFam 2016, 529, 531 m.w.N.
423 OLG Celle FF 2001, 28; OLG Köln FuR 1998, 372.
424 BT-Drucks 13/4899, S. 154.
425 OLG Hamm FamRZ 2011, 1154.
426 BVerfG FamRZ 2007, 335; OLG Saarbrücken, Beschl. v. 28.1.2016 – 9 UF 56/15 (n.v.).
427 OLG Koblenz FamRZ 2000, 1111.
428 Vgl. auch OLG Hamm FamRZ 2010, 909.

1. Großeltern und Geschwister

116 § 1685 Abs. 1 BGB erfasst – nur – **Großeltern**[429] und **Geschwister**. Bei diesen wurde auf die in § 1685 Abs. 2 BGB für ein Umgangsrecht vorausgesetzte **sozial-familiäre Beziehung** verzichtet, weil davon ausgegangen wurde, dass Großeltern und Geschwister dem Kind regelmäßig nahestehen, jedenfalls aber der Aufbau einer zwischenmenschlichen Beziehung zwischen diesen und dem Kind grundsätzlich im Kindesinteresse liegt. Sie haben daher keinen gesonderten Nachweis für ihre Stellung als Bezugsperson zu erbringen.[430] Ihr Umgangsanspruch gründet allein auf dem **engen Verwandtschaftsgrad**.

117 Gerade im Verhältnis zu Geschwisterkindern muss darauf geachtet werden, dass es durch die Umgangsregelung zugunsten eines Elternteiles nicht zu einer Entfremdung der Geschwister kommt, etwa wenn ein Kind im Haushalt der Mutter und das andere Kind im Haushalt des Vaters lebt. In diesen Fällen muss sichergestellt werden, dass sich die Kinder auch regelmäßig bei einem Elternteil treffen. Der EuGHMR hat in einer diesen Voraussetzungen nicht gerecht werdenden Umgangsregelung zutreffend eine Verletzung des Rechts eines Elternteiles und des bei ihm lebenden Kindes auf Schutz des Familienlebens (Art. 8 EMRK) gesehen.[431] Dasselbe Problem stellt sich bei der getrennten Unterbringung von Geschwistern in verschiedenen Pflegefamilien.[432]

118 Bei der Bestimmung von Großeltern und Geschwistern gilt der **Verwandtenbegriff** des § 1589 BGB. Dies bedeutet, dass nur die gesetzlichen Großeltern[433] und bei den Geschwistern die vollbürtigen ebenso wie die halbbürtigen, einschließlich der durch Adoption hinzugewonnenen Geschwisterteile erfasst sind. Lediglich angeheiratete „Großeltern" werden daher nicht von § 1685 Abs. 1 BGB erfasst, sondern allenfalls von § 1685 Abs. 2 BGB.[434] Wird von zwei leiblichen Geschwistern eines adoptiert, so erlischt nach § 1755 Abs. 1 S. 1 BGB das wechselseitige Umgangsrecht aus § 1685 Abs. 1 BGB. Aus § 1685 Abs. 2 BGB kann – außer in sehr eng begrenzten Ausnahmefällen – kein wechselseitiges Umgangsrecht hergeleitet werden, weil es meist am tatsächlichen Tragen von Verantwortung fehlen wird.[435] Ein Umgangsrecht kann dann nur § 1666 BGB entspringen.[436]

119 Die von § 1685 Abs. 1 BGB nicht erfassten **Cousins** und Cousinen, der neue Ehegatte eines Großelternteils oder auch **Onkel** und **Tanten** können ihren Umgangsanspruch ggf. auf § 1685 Abs. 2 BGB gründen.

120 Hinsichtlich der **Feststellungslast** für die Kindeswohldienlichkeit ist zu differenzieren; wobei diese stets nach § 26 FamFG von Amts wegen zu ermitteln ist.[437] Bestehen bereits Bindungen des Kindes zu der Bezugsperson, ist im Falle eines non liquet von der **Kindeswohldienlichkeit** des Umgangs auszugehen, weil § 1626 Abs. 3 S. 2 BGB hiervon als Regelfall ausgeht.[438] Gibt es solche Bindungen noch nicht – was häufiger bei Großeltern möglich ist – so greift diese (widerlegbare) Vermutung nicht mit der Folge, dass die Bezugsperson feststellungsbelastet ist.[439] Wird die Kindeswohldienlichkeit dann festgestellt, so kommt ein Umgangsrecht auch für Groß-

---

429 Siehe dazu eingehend *Kloster-Harz*, Beteiligung der Großeltern in Kindschaftsverfahren, NZFam 2016, 529.
430 KG FamRZ 2000, 1520; OLG Koblenz FamRZ 2000, 1111.
431 EuGHMR FamRZ 2010, 1046 [Mustafa und Armagan Akin/Türkei].
432 Siehe zu dieser Problematik ausführlich *Völker/Eisenbeis/Düpre*, ZKJ 2007, 5.
433 OLG Celle FamRZ 2005, 126.
434 OLG Koblenz FamRZ 2016, 391.
435 OLG Dresden JAmt 2012, 37.
436 OLG Dresden JAmt 2012, 37.
437 *Luthin*, FamRZ 2005, 2011 zu § 12 FGG.
438 OLG Saarbrücken, Beschl. v. 7.1.2013 – 9 UF 397/12 (n.v.); Beschl. v. 28.1.2016 – 9 UF 56/15 (n.v.); insoweit zutreffend Palandt/*Götz*, § 1685 Rn 3.
439 OLG Saarbrücken, Beschl. v. 7.1.2013 – 9 UF 397/12 (n.v.); dies nicht differenzierend Palandt/*Götz*, § 1685 Rn 3; wohl auch OLG Brandenburg FamRZ 2010, 1991; FamRZ 2014, 1717; OLG Naumburg FamRZ 2008, 915.

eltern in Betracht, die ihr Enkelkind noch nicht kennen.[440] Etwaige massive Spannungen zwischen den Eltern und Großeltern können dem Kindeswohl entgegenstehen, zumal das Kind hierdurch in einen Loyalitätskonflikt geraten kann.[441] Das Erziehungsrecht des Sorgeberechtigten hat grundsätzlich Vorrang.[442] Gerade weil das Umgangsrecht von Großeltern ein treuhänderisches und dienendes Recht ist,[443] hängt es stark davon ab, dass diese den **Erziehungsvorrang** der Eltern respektieren.[444] Deshalb ist der Umgang dem Kind nicht dienlich, wenn die Großeltern einen Elternteil des Enkels für erziehungsunfähig halten und diese Überzeugung auch nach außen vertreten,[445] oder sich vor den Kindern über die Eltern missbilligend äußern.[446] Dient der Umgang hingegen dem Kindeswohl, so kann neben periodischen Umgangskontakten auch ein Ferienumgang in Betracht kommen.[447]

2. Enge Bezugspersonen

§ 1685 Abs. 2 BGB räumt engen Bezugspersonen, die für das Kind tatsächlich Verantwortung tragen oder getragen haben, so dass daraus eine **sozial-familiäre Beziehung** entstanden ist,[448] ein Umgangsrecht ein, wenn dies dem Kindeswohl dient (zur Dienlichkeit siehe Rdn 120).

121

Ausschlaggebend ist, ob die Person für das Kind in der Vergangenheit eine enge Bezugsperson war.[449] Ziel ist es allerdings nicht, eine noch nicht bestehende[450] oder bereits beendete Beziehungen neu zu begründen.[451] Es soll vielmehr ein bestehendes **Vertrauensverhältnis** fortgeführt werden. Wesentlicher Anknüpfungspunkt ist dabei, ob das Kind mit der Bezugsperson längere Zeit in **häuslicher Gemeinschaft** gelebt hat,[452] wobei auf das **kindliche Zeitempfinden** abzustellen ist.[453] Dementsprechend kann eine regelmäßige Betreuung des Kindes über das verlängerte Wochenende und in den Ferien grundsätzlich ausreichen;[454] unregelmäßige Umgangskontakt genügen hingegen nicht.[455] Übernachtungen – auch häufigere – des Kindes bei einer Tante, damit die Eltern abends ausgehen können, bedeuten hingegen keine über die übliche Unterstützung im engen Verwandtenkreis hinausgehende Betreuungsleistung, zumal dann für die Annahme einer sozial-familiären Beziehung nicht die Vermutung des längeren Zusammenlebens in häuslicher Gemeinschaft mit dem Kind (§ 1685 Abs. 2 S. 2 BGB) streitet.[456] Ohne ein solches kann allenfalls in besonders gelagerten Ausnahmefällen angenommen werden, dass die Bezugsperson für das Kind tatsächliche Verantwortung getragen hat.[457]

122

---

440 OLG Brandenburg FamRZ 2010, 1991; *Kloster-Harz*, NZFam 2016, 529, 530.
441 OLG Brandenburg FamRZ 2010, 1991; OLG Dresden FamRZ 2010, 310; OLG Karlsruhe FamRZ 2008, 915; AG Kulmbach FamRZ 2007, 850; OLG Saarbrücken, Beschl. v. 28.1.2016 – 9 UF 56/15 (n.v.).
442 KG FamRZ 2000, 1520; OLG Koblenz FamRZ 2000, 1111; OLG Brandenburg FamRZ 2010, 1991; OLG Saarbrücken, Beschl. v. 28.1.2016 – 9 UF 56/15 (n.v.).
443 Vgl. BVerfG FamRZ 1991, 913.
444 OLG Brandenburg FamRZ 2010, 1991 m.w.N; FamRZ 2014, 1717.
445 OLG Brandenburg FamRZ 2010, 1991; OLG Karlsruhe FamRZ 2008, 915; OLG Dresden FamRZ 2010, 310.
446 *Kloster-Harz*, NZFam 2016, 529, 530 m.w.N.
447 OLG Brandenburg FamRZ 2014, 1716 (einmal monatlich und eine Ferienwoche im Jahr).
448 BVerfG FamRZ 2004, 1705.
449 BGH FamRZ 2005, 705; OLG Brandenburg FamRZ 2011, 1154.
450 OLG Bremen FamRZ 2013, 311.
451 BVerfG FamRZ 2000, 413.
452 BVerfG FamRZ 2003, 816; OLG Koblenz FamRZ 2009, 1229; OLG Hamm FamRZ 2011, 1154.
453 BGH FamRZ 2005, 705.
454 OLG Koblenz FamRZ 2009, 738; enger OLG Hamm BeckRS 2011, 00015 (Wochenendkontakte reichen nicht); offen lassend OLG Brandenburg FamRZ 2014, 1717.
455 OLG Hamm NZFam 2016, 525.
456 OLG Bremen FamRZ 2013, 311.
457 Dies in einer Verfahrenskostenhilfeentscheidung nicht ausschließend OLG Celle FamRZ 2016, 916 für eine Großtante; kritisch hierzu *Giers*, FamRB 2016, 100.

123 Nach § 1685 Abs. 2 – und nicht nach § 1684 BGB – richtet sich auch das Umgangsrecht des **eingetragenen Lebenspartners** des sorgeberechtigten Elternteils nach Trennung beider voneinander.[458]

124 Personen, die mit dem Kind nicht mindestens eine Zeit lang tatsächlich im Rahmen einer häuslichen Gemeinschaft, zu der auch regelmäßige Übernachtungen gehören, Verantwortung für das Kind getragen haben – **Haushaltshilfen, Kindermädchen**, Freunde – können sich mangels sozial-*familiärer* Beziehung zum Kind nicht auf § 1685 Abs. 2 BGB berufen.[459] Anders stellt sich die Lage bei „Pflege-Großeltern" dar, die das Kind über zwei Jahre lang während verlängerter Wochenenden und in den Ferien bei sich hatten.[460]

E. Umgangsrecht des leiblichen, nicht rechtlichen Vaters (§ 1686a BGB)

I. Die Entwicklung in Gesetz und Rechtsprechung

125 Das Umgangsrecht des leiblichen, nicht rechtlichen Vaters konnte nach früherer Gesetzeslage allein auf § 1685 Abs. 2 BGB gestützt werden. Durch zwei Entscheidungen des EuGHMR in den Jahren 2010 und 2011 wurde die rechtliche Position leiblicher Väter jedoch gestärkt.[461] Beide Entscheidungen betonten, dass von dem Begriff des „Familienlebens" im Sinn des Art. 8 EMRK nicht nur eheliche Beziehungen geschützt werden, sondern auch „faktische familiäre Beziehungen" (d.h. das Privatleben) umfasst sein können. In den Schutzbereich des Art. 8 EMRK soll gegebenenfalls auch ein nur beabsichtigtes Familienleben einzubeziehen sein. Voraussetzung ist, dass der den Umgang begehrende leibliche Vater die mangelnde Herstellung des Familienlebens nicht zu vertreten hat. Ob seinerseits in tatsächlicher und praktischer Hinsicht enge persönliche Beziehungen bestehen bzw. angestrebt werden, ist nach seinem erkennbaren Interesse an dem Kind und der ihm gegenüber gezeigten Verantwortungsbereitschaft zu beurteilen. Als Kriterien wurden in den konkret entschiedenen Fällen der Wunsch des Vaters nach Kontakten zum Kind genannt, die er sowohl vor als auch nach der Geburt geäußert hatte, und das von ihm eingeleitete Umgangsverfahren, mit welchem er erkennbar Interesse an dem Kind gezeigt habe. In den entschiedenen Sachverhalten hatte der Gerichtshof moniert, dass der leibliche Vater nach geltendem deutschem Recht überhaupt keine Möglichkeit besaß, einen Kontakt zu dem Kind herzustellen. Die verheiratete Kindesmutter und deren Ehemann – der von Gesetzes wegen rechtliche Vater – konnten nach § 1632 Abs. 2 BGB den Umgang verweigern. Der leibliche Vater hatte weder die Möglichkeit der Anerkennung der Vaterschaft (§ 1594 Abs. 2 BGB) noch der Anfechtung der Vaterschaft des Ehemannes der Kindesmutter (§ 1600 Abs. 2 BGB). Diesen Eingriff in das Menschenrecht des leiblichen Vaters aus Art. 8 EMRK hat der Gerichtshof als nicht gerechtfertigt angesehen. Denn die Gerichte lehnten, entsprechend der geltenden deutschen Gesetzeslage, im Falle einer noch nicht bestehender sozial-familiärer Beziehung des leiblichen Vaters zum Kind Umgangskontakte zwischen beiden ab, ohne zu prüfen, ob sie möglicherweise im Einzelfall dem Kindeswohl entsprächen. Diese grundlegenden Erwägungen hat der EuGHMR auch auf die Umgangskontakte

---

458 OLG Karlsruhe FamRZ 2011, 1155.
459 OLG Brandenburg FamRZ 2011, 1154.
460 OLG Koblenz FamRZ 2009, 1229.
461 EuGHMR, FamRZ 2011, 269 (Anayo/Deutschland), Anm. *Rixe*, FamRZ 2011, 1363; Anm. *Clausius*, AnwZert-FamR 22/2011, Anm. 2; Bespr. *Willutzki*, Das Umgangsrecht des biologischen Vaters – Eine neue Baustelle im Kindschaftsrecht?, ZKJ 2011, 90; EuGHMR FamRZ 2011, 1715 (Schneider/Deutschland) m. Anm. *Helms*, überholt daher KG FuR 2012, 193 m. krit. Anm. *Faber*; insgesamt krit. zum Ganzen, *Löhnig/Preisner*, Zur Reichweite des Einflusses der Rechtsprechung des EuGHMR auf das deutsche Kindschaftsrecht, FamRZ 2012, 489.

E. Umgangsrecht des leiblichen, nicht rechtlichen Vaters (§ 1686a BGB) § 2

des nur möglicherweise leiblichen Vaters erstreckt.[462,463] Das Umgangsbestimmungsrecht des oder beider sorgeberechtigten Elternteile aus § 1632 Abs. 2 BGB (vgl. dazu § 4 Rdn 16 ff.) wird daher nunmehr durch das Umgangsrecht nach § 1686a BGB und eine auf dieser Grundlage nach § 1686a Abs. 2 S. 1 i.V.m. § 1684 Abs. 3 BGB getroffene gerichtliche Entscheidung eingeschränkt (siehe dazu eingehend § 4 Rdn 16).[464]

II. Das Gesetz zur Stärkung der Rechte des leiblichen, nicht rechtlichen Vaters

Zum 13.7.2013 ist das Gesetz zur Stärkung der Rechte des leiblichen, nicht rechtlichen Vaters in Kraft getreten.[465] Dem leiblichen Vater wird in der neu eingefügten Vorschrift des § 1686a Abs. 1 BGB ein Anspruch auf Umgangskontakte mit dem von ihm gezeugten Kind eröffnet.[466] Während rechtliche Elternteile nach § 1684 BGB nicht nur zum Umgang berechtigt, sondern auch dazu verpflichtet sind, weil der Umgang mit beiden Elternteilen regelmäßig dem Kindeswohl dient (§ 1626 Abs. 3 S. 1 BGB), hat der leibliche, nicht rechtliche Vater **keine Pflicht**, sondern nur ein Recht zum Umgang.[467]

126

Anspruchsberechtigt ist der **leibliche Vater**.[468] Er ist auch allein antragsberechtigt; die Mutter oder das Kind sind nicht antragsbefugt,[469] da der leibliche Vater nur ein Umgangsrecht, aber keine Umgangspflicht hat. Ein leiblicher Vater, der seine rechtliche Vaterschaft im Wege der Einwilligung in eine **Adoption** verloren hat, kann sich nach Auffassung des Gesetzgebers nicht auf § 1686a BGB stützen und Umgangskontakte einfordern.[470] Ob dieser Umgangsausschluss mit den Grundrechten des bisherigen Vaters vereinbar ist, wenn er die Einwilligung gerade im Kindesinteresse erteilt, aber dennoch weiter Kontakt mit dem Kind haben will, wird zu Recht in Frage gestellt.[471] Bei der Ersetzung der Einwilligung des Vaters in die Annahme des Kindes nach § 1748 BGB besteht kein Umgangsrecht nach § 1686a BGB.[472] Existiert für das Kind zum Zeitpunkt der Antragstellung noch kein rechtlicher Vater, so wird der leibliche Vater vorrangig auf die Erlangung der rechtlichen Vaterschaft verwiesen. Hierdurch will der Gesetzgeber das Interesse des Kindes an einem rechtlichen Vater stärken und diesen vor allem auch mit den aus der rechtlichen Vaterschaft folgenden Pflichten einbinden, um so eine „Elternschaft light" zu vermeiden.[473] Der leibliche Vater muss also seine Vaterschaft in diesem Fall anerkennen oder – wenn die Mutter nicht zustimmt – seine Vaterschaft in einem Abstammungsverfahren feststellen lassen. Rückt er so in die Stellung des rechtlichen Vaters ein, steht ihm das Umgangsrecht nach § 1684 Abs. 1 BGB zu. Gleichwohl erwartet man von dem leiblichen Vater nicht die Anfechtung einer bestehenden rechtlichen Vaterschaft, allein weil zwischen dem Kind und dem rechtlichen Vater

127

---

462 EuGHMR FamRZ 2011, 1715 (Schneider/Deutschland) m. Anm. *Helms*.
463 OLG Saarbrücken, Beschl. v.18.8.2010 – 6 UF 43/10 (n.v.).
464 Vgl. BGH FamRZ 2008, 592; OLG Zweibrücken FamRZ 2000, 1042.
465 BGBl 2013 I, 2176; Kurzüberblick bei *Finger*, FuR 2013, 558, 562 f.
466 Für eine analoge Anwendung von § 1686a BGB auf die leibliche, nicht rechtliche Mutter (also diejenige, die infolge Eispende mit dem Kind genetisch verwandt ist, es aber nicht geboren hat) spricht sich *Löhnig*, FamRZ 2015, 806 aus.
467 Vgl. OLG Saarbrücken, Beschl. v. 23.12.2013 – 6 UF 175/13 (zum Umgangsrecht der Großeltern nach § 1685 Abs. 1 BGB, n.v.); ebenso – wenngleich de lege ferenda a.A. – *Keuter*, ZKJ 2013, 484, 485 f.
468 Zur leiblichen Vaterschaft im Fall der künstlichen Befruchtung – sofern keine Samenspende im Sinn des § 1600 Abs. 5 BGB vorliegt vgl. *Hoffmann*, FamRZ 2013, 1077.
469 *Hammer*, FamRB 2013, 298.
470 BT-Drucks 17/12163, S. 12.
471 Siehe dazu näher *Keuter*, ZKJ 2013, 484, 485; *Hoffmann*, FamRZ 2013, 1077, 1082.
472 *Hoffmann*, FamRZ 2013, 1077, 1078.
473 BT-Drucks 17/12163, S. 12.

keine **sozial-familiäre Beziehung** besteht.[474] Besteht diese, kann er diese ohnehin nicht anfechten (§ 1600 Abs. 2 i.V.m. Abs. 4 BGB), was der EuGHMR nicht beanstandet hat,[475] ebenso wenig in der Nachfolge – wie bereits zuvor – das BVerfG.[476] Der Umgangsantrag nach § 1686a BGB kann auch ergänzend zu einem Umgangsantrag nach § 1685 Abs. 2 BGB gestellt werden, wenn unsicher ist, ob die bisherigen Kontakte des leiblichen Vaters zum Kind für die Annahme einer sozialfamiliären Beziehung ausreichen werden.[477]

128 Der Antragsteller hat bei der Antragstellung an **Eides Statt** zu versichern, dass er der Kindesmutter im maßgeblichen Empfängniszeitraum beigewohnt hat (§ 167a Abs. 1 FamFG),[478] um so Verfahren zu vermeiden, die „ins Blaue" hinein eingeleitet werden und Unfrieden in die **soziale Familie** hineintragen.[479] Außerdem soll verhindert werden, dass der Antrag durch einen Mann gestellt wird, dessen leibliche Vaterschaft auf künstlicher Befruchtung mittels heterologer Insemination beruht; der samenspendende Dritte soll also keinen Antrag stellen dürfen.[480] Damit ist aber – entsprechend der Rechtsprechung des BGH zum Anfechtungsrecht des biologischen Vaters nach § 1600 Abs. 1 Nr. 2 BGB – allerdings nur der anonyme Samenspender von der Antragstellung ausgeschlossen, der gemäß § 1600 Abs. 5 bei der Zeugung im Einverständnis mit der Mutter auf die Übernahme elterlicher Verantwortung verzichtet.[481] Fehlt es an einem solchen Verzicht, ist auch der Samenspender nach § 167a FamFG antragsberechtigt.[482] Dies gilt umso mehr, als § 1686a BGB materiell-rechtlich nur auf die biologische Vaterschaft abstellt.[483] Die eidesstattliche Versicherung ist eine Zulässigkeitsvoraussetzung des Verfahrens;[484] fehlt sie, ist sie auf entsprechenden Hinweis (§ 28 Abs. 2 FamFG) nachzuholen, andernfalls ist der Antrag als unzulässig zu verwerfen.[485]

129 Ob der Antragsteller tatsächlich der leibliche Vater des Kindes ist, kann inzident im Verfahren geklärt werden. Um die dazu notwendigen medizinischen Untersuchungen zu gewährleisten, sieht § 167a Abs. 2 FamFG – in Anlehnung an § 178 Abs. 1 FamFG – eine Duldungspflicht der für die Vaterschaftsfeststellung notwendigen Beteiligten vor. Diese haben – im Rahmen der Zumutbarkeit – die Entnahme von Blutproben zu dulden. Gemäß § 167a Abs. 3 i.V.m. § 178 Abs. 2 FamFG werden gerichtliche Zwangsmöglichkeiten bei **verweigerter Mitwirkung** ermöglicht. Allerdings kann über § 167a Abs. 3 i.V.m. § 178 Abs. 2 FamFG i.V.m. § 386 ZPO die Mitwirkung an der Begutachtung mit der Begründung verweigert werden, dass diese nicht erforderlich oder unzumutbar ist. Insbesondere kann eingewandt werden, dass die Begutachtung nicht erforderlich ist, weil der Antragsteller kein ernsthaftes Interesse an dem Kind bekundet hat, so dass ein Umgangsrecht aus § 1686a BGB bereits deswegen ausscheidet.[486] Die Regelung ist verfassungsgemäß.[487] Hinsichtlich des Einwandes, der Umgang wäre dem Kindeswohl nicht dienlich, liegt die Entschei-

---

[474] Vgl. hierzu den abweichenden Vorschlag der Kinderrechtekommission des Deutschen Familiengerichtstags, ZKJ 2012, 351.
[475] EuGHMR, Urt. v. 22.3.2012 – Individualbeschwerden Nr. 45071/09 [Ahrens/Deutschland] und Nr. 23338/09 [Kautzor/Deutschland], juris; Anm. *Wellenhofer*, FamRZ 2012, 828; vgl. auch EuGHMR, Urt. v. 11.12.2012 – Individualbeschwerde Nr. 11858/10 [Koppikar/Deutschland]; ebenso OLG Nürnberg FamRZ 2013, 227.
[476] BVerfG FamRZ 2014, 191.
[477] *Hammer*, FamRB 2013, 298, 299 m.w.N.
[478] So auch schon die Empfehlungen des Vorstandes des 19. Deutschen Familiengerichtstags e.V.
[479] BT-Drucks 17/12163, S. 13.
[480] BT-Drucks 17/12163, S. 14.
[481] BGH FamRZ 2013, 1209.
[482] *Hoffmann*, FamRZ 2013, 1077, 1078; *Hammer*, FamRB 2013, 298, 299; Büte, FuR 2013, 676, 677.
[483] *Hammer*, FamRB 2013, 298, 299.
[484] *Hoffmann*, FamRZ 2013, 1077, 1078 m.w.N.
[485] OLG Bremen FamRZ 2015, 266, FamRZ 2015,259; teilw. krit. Anm. *Hammer*, FamRB 2015, 14; vgl. *Hammer*, FamRB 2013, 298; Keuter, ZKJ 2014, 16.
[486] Vgl. OLG Naumburg FamRZ 2012, 1148; KG FamRZ 2012, 1739; *Hammer*, FamRB 2013, 298, 301.
[487] BverfG FamRZ 2015, 119 m. zust. Anm. *Hilbig-Lugani*, FamRZ 2015, 212.

E. Umgangsrecht des leiblichen, nicht rechtlichen Vaters (§ 1686a BGB) § 2

dung darüber, ob im Verfahrensablauf zunächst die leibliche Vaterschaft festgestellt oder die Kindeswohlprüfung erfolgt, im pflichtgemäßen tatrichterlichen Ermessen.[488] Dieses unterliegt allerdings dem Gebot verfassungskonformer Anwendung; die Reihenfolge darf nicht allein aus das Gerichtsverfahren betreffenden Praktibilitätserwägungen gewählt werden. Wegen der familiären Auswirkungen der Abstammungsklärung kann es zur Vermeidung unnötiger Eingriffe in das Familiengrundrecht geboten sein, die Abstammungsklärung erst dann herbeizuführen, wenn das Gericht zur Überzeugung gelangt ist, dass die sonstigen Anfechtungsvoraussetzungen vorliegen. Ist hingegen absehbar, dass die Klärung der sonstigen Anfechtungsvoraussetzungen für die Betroffenen – etwa wegen der Breitenwirkung der dafür erforderlichen Ermittlungen – ungleich belastender ist, kann es umgekehrt geboten sein, zuerst die Abstammungsklärung vorzunehmen.[489] Wenn sich die Frage der Kindeswohldienlichkeit/-verträglichkeit ohne großen Aufwand klären lässt, wird das Gericht danach in der Regel vorab keine Abstammungsuntersuchung anordnen dürfen. Die Anordnung einer Abstammungsuntersuchung vor Klärung der sonstigen Voraussetzungen eines Anspruchs nach § 1686a BGB scheidet regelmäßig auch dann aus, wenn nach dem Stand der Ermittlungen unwahrscheinlich ist, dass die sonstigen Voraussetzungen vorliegen. Je wahrscheinlicher hingegen ist, dass die sonstigen Anspruchsvoraussetzungen vorliegen und je geringer die damit verbundenen Beeinträchtigungen des Familienlebens wären, desto eher darf eine Abstammungsuntersuchung vor der abschließenden Klärung der sonstigen Tatbestandsvoraussetzungen angeordnet werden. Bei der Beurteilung der Beeinträchtigungen des Familienlebens kann insbesondere dem Umstand Bedeutung zukommen, ob die Möglichkeit der leiblichen Vaterschaft des Antragstellers zwischen den Beteiligten streitig ist oder nicht. Der Wortlaut von § 1686a BGB und § 167a FamFG lässt die Berücksichtigung dieser verfassungsrechtlichen Verhältnismäßigkeitsanforderungen zu.[490]

Dem Einwand fehlender Kindeswohldienlichkeit wird daher in der Regel vor Einholung des Abstammungsgutachtens nachzugehen sein, sofern jener Einwand nicht seinerseits sachverständiger Klärung durch Einholung eines psychologischen Gutachtens bedarf.[491] Im letzteren Fall sollte grundsätzlich erst die Abstammung geklärt werden.[492]

In die Abstammungsbegutachtung ist der rechtliche Vater des Kindes regelmäßig nicht einzubeziehen. Denn die Abstammung des Kindes vom Antragsteller kann ohne Untersuchung der Merkmale des rechtlichen Vaters geklärt werden. Eine andere Verfahrensweise bärge die Gefahr, dass – ohne rechtliche Veranlassung – festgestellt wird, dass das Kind auch nicht von seinem rechtlichen Vater abstammt.[493]

Entsteht wiederum auf Seiten des Antragstellers der Eindruck, dass die Mutter bzw. die sorgeberechtigten Eltern die Weigerung in Vertretung des Kindes nur aus Gründen der Verfahrensverzögerung erklären, kann der Antragsteller anregen, dass dem Kind statt eines Verfahrensbeistandes nach § 158 FamFG ein Ergänzungspfleger nach § 1629 Abs. 2 S. 3 i.V.m. § 1796 BGB bestellt wird der dann als gesetzlicher Vertreter des Kindes im Verfahren über die Ausübung des Weigerungsrechts entscheidet.[494]

130

Über die Weigerung ist durch **Zwischenbeschluss** gemäß § 387 ZPO zu entscheiden, gegen den die sofortige Beschwerde statthaft ist (§ 387 Abs. 3 ZPO).[495]

---

[488] BT-Drucks 17/12163, S. 13; OLG Koblenz FamRZ 2013, 798; OLG Bremen FamRZ 2015, 266; teilw. krit. Anm. *Hammer*, FamRB 2015, 14.
[489] BVerfG FamRZ 2015, 119 m. zust. Anm. *Hilbig-Lugani*, FamRZ 2015, 212; FamRZ 2014, 449.
[490] Siehe zum Ganzen BVerfG FamRZ 2015, 119 m. zust. Anm. *Hilbig-Lugani*, FamRZ 2015, 212.
[491] BT-Drucks 17/12163, S. 13; vgl. auch BVerfG FamRZ 2014, 449; OLG Bremen FamRZ 2015, 266; teilw. krit. Anm. *Hammer*, FamRB 2015, 14; in diese Richtung wohl auch *Hoffmann*, FamRZ 2013, 1077, 1079.
[492] These 7 des Arbeitskreises 9 des 20. Deutschen Familiengerichtstages.
[493] Zutreffend *Grün*, NZFam 2014, 1138, 1139.
[494] *Hammer*, FamRB 2013, 298, 301 m.w.N.
[495] Dazu auch BVerfG FuR 2014, 708.

Wird die Untersuchung ohne Angabe von Gründen oder nach rechtskräftiger Ablehnung des Weigerungsgrundes verweigert, kann die Mitwirkung an der Untersuchung durch Ordnungsmittel nach § 178 Abs. 2 S. 1 FamFG i.V.m. § 390 ZPO erzwungen werden. Im Falle wiederholter unberechtigter Weigerung kann nach § 178 Abs. 2 S. 2 FamFG die zwangsweise Vorführung zur Untersuchung angeordnet werden.

131 Mit Zustimmung der Beteiligten kann das Gericht gemäß § 167a Abs. 3 i.V.m. § 177 Abs. 2 S. 2 FamFG auch ein außergerichtlich eingeholtes Abstammungsgutachten verwerten. Auch die Verwertung eines in einem anderen Verfahren eingeholten Abstammungsgutachtens ist nach § 30 Abs. 1 FamFG i.V.m. § 411a ZPO möglich. Es besteht aber keine generelle Verpflichtung des Gerichts zur Klärung der biologischen Vaterschaft; denn § 167a Abs. 3 FamFG verweist nicht auf § 177 Abs. 2 S. 1 FamFG.[496] Ein Gutachten ist daher gemäß § 30 Abs. 3 FamFG nur einzuholen, wenn die leibliche Vaterschaft von einem Beteiligten ausdrücklich bestritten wird.[497]

132 Die Feststellung der biologischen Vaterschaft ist im Verfahren nach § 1686a BGB nur als Vorfrage zu prüfen. Das Beweisergebnis erwächst nicht in materieller Rechtskraft; ein eingeholtes Gutachten kann allerdings seinerseits in einem anderen Verfahren verwendet werden (§ 30 Abs. 1 FamFG i.V.m. § 411a ZPO).

133 Der geltend gemachte Umgangskontakt muss dem Kindeswohl **dienen**. Maßstab der Prüfung ist § 1685 BGB. Nach der Intention des Gesetzgebers sollen die jeweiligen besonderen familiären Situationen in den Fokus gerückt werden, so dass nicht nur die Stabilität und Belastbarkeit des jeweiligen Familienverbands,[498] sondern auch die Beziehungskonstellation und das Konfliktniveau der Beteiligten, die Bindungen des Kindes an seine rechtlich-sozialen Eltern sowie das Alter und die Resilienz des Kindes zu bewerten sind.[499] Auch die Feinfühligkeit des Antragstellers und die Dauer der Kenntnis des Kindes von der Existenz des Antragstellers als seinem biologischer Vater[500] und sein Interesse an einer gesunden Persönlichkeitsentwicklung und Identitätsfindung[501] werden zu wägen sein.[502] Die Bindungstheorie spricht jedenfalls nicht gegen einen Umgang des leiblichen Vaters; denn Kinder vertragen eine Mehrzahl von Beziehungen.[503] Ein Umgang wird dem Kindeswohl nicht dienen, wenn der Antragsteller den Erziehungsvorrang des oder der Sorgeberechtigten untergräbt[504] oder wenn zwischen dem Antragsteller und der oder den Sorgeberechtigten ein schweres Zerwürfnis besteht.[505] Denn das Konfliktniveau bestimmt ganz maßgeblich die Kindeswohldienlichkeit des Umgangs.[506] Die bloße Ablehnung des Umgangs durch den oder die Sorgeberechtigten ist hingegen für sich genommen nicht ausreichend.[507] Anders ist die Lage indes, wenn zwar aus psychologischer Sicht ein offener Umgang mit der Situation einer von der rechtlichen und sozialen Vaterschaft abweichenden Abstammung eines Kindes und insbesondere eine frühzeitige Aufklärung des Kindes hierüber wünschenswert ist, jedoch sachverständig festgestellt wird, dass angesichts ernsthafter und erheblicher psychischer Widerstände und Ängste der rechtlichen und sozialen Eltern gegen den biologischen Vater das bestehende Familiensystem, in dem das Kind lebt, durch das „Auftauchen" des biologischen Va-

---

496 BT-Drucks 17/12163, S. 14.
497 *Hammer*, FamRB 2013, 298, 301.
498 OLG Karlsruhe FamRZ 2015, 1624 [die Rechtsbeschwerde ist beim BGH unter XII ZB 280/15 anhängig].
499 OLG Bremen FamRZ 2015, 266; teilw. krit. Anm. *Hammer*, FamRB 2015, 14; BT-Drucks 17/12163, S. 13.
500 OLG Bremen FamRZ 2015, 266; teilw. krit. Anm. *Hammer*, FamRB 2015, 14.
501 BT-Drucks 17/12163, S. 13.
502 *Hammer*, FamRB 2013, 298, 300.
503 These 2 des Arbeitskreises 9 des 20. Deutschen Familiengerichtstages.
504 Vgl. OLG Hamm FamRZ 2010, 909.
505 Vgl. OLG Karlsruhe FamRZ 2008, 915; OLG Naumburg FamRZ 2008, 915; OLG Dresden FamRZ 2010, 310; *Hammer*, FamRB 2013, 298, 300.
506 These 6 des Arbeitskreises 9 des 20. Deutschen Familiengerichtstages.
507 KG FamRZ 2009, 1229.

E. Umgangsrecht des leiblichen, nicht rechtlichen Vaters (§ 1686a BGB) § 2

ters beeinträchtigt würde.[508] Insgesamt wird der Umgang nur dann angeordnet werden können, wenn die für das Kind zu erwartenden Vorteile des Umgangs die zu erwartenden Nachteile eindeutig überwiegen,[509] wobei insoweit freilich keine kurz- sondern eine mittelfristige Prognose zu stellen ist.

Die **Feststellungslast** für die Dienlichkeit trifft – wie beim Umgang nach § 1685 BGB – den Antragsteller; anders als dort wird aber eine auf § 1626 Abs. 3 S. 2 BGB gegründete Vermutung der Dienlichkeit (siehe dazu Rdn 113) beim Umgang nach § 1686a BGB nur ausnahmsweise in Betracht kommen.

Essentielle Voraussetzung für die Geltendmachung von Umgangskontakten ist für den Antragsteller jedoch, dass er ein **ernsthaftes**, d.h. längerfristiges und nachhaltiges **Interesse** an dem Kind gezeigt hat. Auch insoweit bedarf es jeweils einer Einzelfallprüfung. Als entscheidungsrelevante Kriterien wurden in der Gesetzesbegründung

- die gewünschte Begleitung der Mutter zu den Vorsorgeuntersuchungen,
- das Interesse am Ergebnis der ärztlichen Untersuchung,
- die gewünschte Begleitung der Mutter zur Entbindung,
- der zügige Wunsch nach einem und das zeitnahe Bemühen um ein Kennenlernen des Kindes,[510]
- das Bemühen um weiteren Kontakt zum Kind,
- der wiederholt geäußerte Wunsch nach Umgangskontakten (unter Einbeziehung der Prüfung, ob der Antragsteller insoweit auch bereits Pläne hinsichtlich der Organisation mit Blick auf seinen Wohnort und seine Arbeitszeit entwickelt hat),
- das offizielle Bekenntnis zum Kind vor und nach der Geburt,[511]
- die erklärte Bereitschaft zur Verantwortungsübernahme in tatsächlicher und auch finanzieller Hinsicht

134

genannt.[512] An diesen Aspekten wird sich jeweils auch der Inhalt eines Antrags auf Gewährung von Umgangskontakten zu orientieren haben[513] (zum Antragsmuster vgl. § 13 Rdn 20), wobei der Gesetzgeber gleichzeitig betont hat, dass im Einzelfall möglicherweise ein eher zurückhaltend bekundetes Begehren des leiblichen Vaters ausreichen kann, wenn dies aus Rücksicht auf das Kind und die Belange der sozialen Familie erfolgt.[514] Dieses Begehren muss aber dennoch, wenngleich zurückhaltend, zumindest zum Ausdruck gebracht werden.[515]

Wie im Einzelnen ein zuzuerkennender Umgangskontakt **auszugestalten** ist, beurteilt sich gem. § 1686a Abs. 2 BGB nach den Kriterien des § 1684 Abs. 2 bis 4 BGB (vgl. hierzu Rdn 64 ff.). Einschränkungen gelten lediglich bei der Anordnung einer Umgangspflegschaft, d.h. diese kommt – abweichend vom Umgangsrecht der rechtlichen Eltern – nur unter den Voraussetzungen des § 1666 BGB in Betracht.[516]

135

Der leibliche, nicht rechtliche Vater hat nach § 18 Abs. 3 S. 3 SGB VIII einen **Anspruch auf Beratung und Unterstützung** bei der Ausübung seines Umgangsrechts (siehe dazu auch § 12 Rdn 29).

136

---

508 OLG Karlsruhe FamRZ 2015, 1624 [die Rechtsbeschwerde ist beim BGH unter XII ZB 280/15 anhängig].
509 OLG Bremen FamRZ 2015, 266; teilw. krit. Anm. *Hammer*, FamRB 2015, 14; *Hammer*, FamRB 2013, 298, 300; vgl. auch *Lang*, FPR 2013, 233, 235; *Hoffmann*, FamRZ 2013, 1077, 1081.
510 OLG Bremen FamRZ 2015, 266; teilw. krit. Anm. *Hammer*, FamRB 2015, 14; OLG Karlsruhe FamRZ 2015, 1624 [die Rechtsbeschwerde ist beim BGH unter XII ZB 280/15 anhängig].
511 OLG Bremen FamRZ 2015, 266; teilw. krit. Anm. *Hammer*, FamRB 2015, 14.
512 BT-Drucks 17/12163, S. 13.
513 *Clausius*, MDR 2013, 685 mit Antragsmustern.
514 BT-Drucks 17/12163, S. 13.
515 OLG Bremen FamRZ 2015, 266; teilw. krit. Anm. *Hammer*, FamRB 2015, 14.
516 Siehe dazu auch – im Einzelfall die Voraussetzungen zutreffend verneinend – OLG Karlsruhe FamRZ 2015, 1624 [die Rechtsbeschwerde ist beim BGH unter XII ZB 280/15 anhängig].

F. Aufwendungen für die Ausübung des Umgangsrechts

I. Eigene Kosten des Umgangsberechtigten – Kostentragungspflicht

137 Der Umgangsberechtigte hat grundsätzlich die aus Anlass des Umgangs für sich selbst entstehenden Kosten aufzubringen. Das betrifft insbesondere die Kosten für die Fahrten zum Kind, dessen Abholung, eigene Übernachtungskosten, Verpflegungsaufwand sowie die Kosten für Unternehmungen mit dem Kind.[517] Auch für die **Rückverbringung des Kindes** nach Ausübung des Umgangskontaktes hat der Umgangsberechtigte auf eigene Kosten Sorge zu tragen.[518] Dies gilt grundsätzlich auch bei **beengten wirtschaftlichen Verhältnissen**.[519]

138 Die dem Umgangsberechtigten entstehenden Kosten können steuerlich nicht gemäß § 33 Abs. 1 EStG geltend gemacht werden,[520] da sie durch den **Kinderlastenausgleich** abgegolten sind.[521]

139 Zu einer gewissen finanziellen Entlastung des Umgangsberechtigten hatte eine Entscheidung des BGH geführt. Dieser zufolge konnte in den Fällen, in denen dem Unterhaltspflichtigen das anteilige Kindergeld gem. § 1612b BGB a.F. ganz oder teilweise nicht zugute kam und er die angemessenen Umgangskosten auch nicht aus sonstigen Mitteln bestreiten konnte, die ihm über dem **notwendigen Selbstbehalt** hinaus verblieben, der Selbstbehalt maßvoll erhöht oder das **unterhaltsrelevante Einkommen** entsprechend gemindert werden.[522] Seit dem 1.1.2008 ist jedoch infolge der Neufassung des § 1612b BGB im Zuge der Unterhaltsrechtsreform nunmehr das staatliche Kindergeld stets zur Hälfte auf den Barbedarf anzurechnen, wenn – wie regelmäßig – ein Elternteil seine Unterhaltspflicht durch Betreuung des Kindes sicherstellt. Dies bedeutet zugleich, dass in diesen Fällen dem nicht betreuenden und damit barunterhaltspflichtigen Elternteil das **Kindergeld** anteilig zugute kommt. Die noch auf der früheren Fassung des § 1612b BGB beruhende Rechtsprechung des BGH wurde damit zu Lasten des Umgangsberechtigten in ihrer Anwendung deutlich eingeschränkt. Darüber hinausgehend war zu berücksichtigen, dass eine **Kostenentlastung des Umgangsberechtigten** im Rahmen des hälftigen Kindergeldes wohl nur kürzere Hin- und Rückreisewege erfassen konnte. Wohnte demgegenüber das Kind weiter entfernt, so war dieser finanzielle Rahmen schnell überschritten.[523]

Der BGH hat daher in der Nachfolge entschieden, dass Umgangskosten auch teilweise vom unterhaltsrechtlich maßgeblichen Einkommen des Umgangsberechtigten abgesetzt[524] oder sein Ehegattenselbstbehalt erhöht werden können.[525]

Nimmt der barunterhaltspflichtige Elternteil ein weit über das übliche Maß hinausgehendes Umgangsrecht wahr, können die in diesem Zusammenhang getätigten außergewöhnlich hohen Aufwendungen, die als reiner Mehraufwand für die Ausübung des erweiterten Umgangsrechts dem Anspruch des Kindes auf Zahlung von Unterhalt nicht als bedarfsdeckend entgegengehalten werden können (vor allem Fahrt- und Unterbringungskosten), Anlass sein, den Barunterhaltsbedarf des Kindes unter Herabstufung um eine oder mehrere Einkommensgruppen der Düsseldorfer Tabelle zu bestimmen. Der auf diesem Weg nach den Tabellensätzen der Düsseldorfer Tabelle ermittelte Unterhaltsbedarf kann (weitergehend) gemindert sein, wenn der barunterhaltspflichtige

---

517 BGH FamRZ 2014, 917; 1995, 215; OLG Brandenburg FamFR 2010, 19; *Söpper*, FamRZ 2005, 503.
518 BGH FamRZ 2014, 917; 1995, 215; differenzierend hinsichtlich aller für das Kind anfallenden Kosten *Löhnig*, FamRZ 2013, 1866; dagegen *Spangenberg*, FamRZ 2014, 355; *Wohlgemuth*, FamRZ 2014, 356; FuR 2014, 212; Replik von *Löhnig*, FamRZ 2014, 357.
519 OLG Hamm FamRZ 2004, 560; *Weychardt*, FPR 2006, 333.
520 BFH FamRZ 1997, 21.
521 BFH FamRZ 2011, 641; OLG Karlsruhe NJW-RR 97, 323.
522 BGH FamRZ 2005, 706; *Menne*, Kind-Prax 2005, 136.
523 *Luthin*, FamRZ 2005, 708.
524 Ebenso OLG Brandenburg FuR 2010, 109.
525 BGH FamRZ 2009, 1477; 2009, 1391; 2009, 1300; 2008, 594; OLG Thüringen FamFR 2010, 421; OLG Brandenburg NJW RR 2010, 148; FuR 2010, 109.

Elternteil dem Kind im Zuge seines erweiterten Umgangsrechts Leistungen erbringt, mit denen er den Unterhaltsbedarf des Kindes auf andere Weise als durch Zahlung einer Geldrente teilweise deckt.[526]

140 In diesem Zusammenhang kommt der aus § 1684 Abs. 2 BGB folgenden Loyalitätsverpflichtung des betreuenden Elternteils Bedeutung zu. Wohnt der Umgangsberechtigte in einer solchen Entfernung, dass angesichts ohnehin beengter wirtschaftlicher Verhältnisse die alleinige Kostenlast für ihn schlechthin unzumutbar ist, so kann es gerechtfertigt sein, den anderen Elternteil im Rahmen seiner finanziellen Möglichkeiten oder im Zusammenhang mit dem Ehegattenunterhalt an den Kosten zu beteiligen.[527] Die Mitwirkungspflicht des betreuenden Elternteils kann sich auch in einer tatsächlichen Mithilfe bei der Umsetzung der Umgangskontakte konkretisieren, wie etwa die Pflicht, das Kind zum **Flughafen** bzw. zu sonstigen **öffentlichen Verkehrsmittel** zu bringen und es dort auch wieder abzuholen.[528] Die Verweigerung des Obhutsinhabers zu einer entsprechenden Mitwirkung kommt einer faktischen Vereitelung des Umgangs gleich und ist mit Art. 6 Abs. 2 GG nicht zu vereinbaren. Haben die Eltern hinsichtlich der Aufteilung der Umgangskosten eine **Vereinbarung** geschlossen, so können entsprechende Zahlungs- oder Aufwendungsersatzansprüche durch Antrag beim Familiengericht geltend gemacht werden.[529]

141 Der Umgang mit dem Kind liegt grundsätzlich im Interesse beider Elternteile und darf durch eine unzumutbare Kostenbelastung nicht faktisch unmöglich gemacht werden.[530] Dieses aus dem Elternrecht nach Art. 6 Abs. 2 GG i.V.m. § 1684 Abs. 1 Hs. 2 BGB folgende Postulat entspricht der dem betreuenden Elterteil obliegenden Verantwortung gegenüber dem Kind. Diesem muss der Kontakt mit dem anderen Elternteil erhalten bleiben bzw. ermöglicht werden.[531] Die Verpflichtung des betreuenden Elternteils sich gegebenenfalls auch finanziell an den Kosten des Umgangs zu beteiligen, ist zusätzlich im Lichte seines Verhaltens zu betrachten, etwa ob er durch einen Umzug erst die bestehende **räumliche Distanz** geschaffen und so den erhöhten Kostenaufwand verursacht hat.[532] Macht der Umgangsberechtigte geltend, dass er die Kosten für den Umgang nicht aufbringen könne, während der andere Elternteil über ausreichendes Einkommen verfüge, so muss der Umgangsberechtigte dies substantiiert darlegen.[533]

142 Im Einzelfall können auch **Schadensersatzansprüche** entstehen, wenn durch das Verschulden des betreuenden Elternteils dem umgangsberechtigten Elternteil finanzielle Belastungen entstehen.[534] Solche sog. **frustrierten Aufwendungen** sind etwa nutzlos aufgewandte Fahrten[535] – mit Blick auf dann überwiegendes Mitverschulden nicht aber, wenn dem Umgangsberechtigten die Abwesenheit des Obhutselternteil ohnehin bekannt war[536] – oder vergebens erworbene Flugtickets bei grundloser Verweigerung des Umgangs.[537] Zuständig zur Geltendmachung entspre-

---

526 BGH FamRZ 2014, 917; Bespr. *Schramm*, NZFam 2014, 582; kritisch *Sünderhauf*, NZFam 2014, 585; siehe zum Ganzen auch die Ergebnisse des Arbeitskreises 15 des 21. Deutschen Familiengerichtstages.
527 BVerfG FamRZ 2002, 806; BGH FamRZ 1995, 215.
528 BVerfG FamRZ 2002, 809.
529 OLG Brandenburg, Beschl. v. 3.11.2014 – 3 UF 55/14, juris.
530 BVerfG FamRZ 2002, 809; OLG Nürnberg FamRZ 1999, 1008.
531 BGH FamRZ 1995, 215; OLG Karlsruhe FamRZ 1992, 58.
532 OLG Nürnberg FamRZ 2014, 858 m.w.N.; OLG Brandenburg NJW-RR 2010, 148; OLG Schleswig FamRZ 2006, 881; OLG Dresden FamRZ 2005, 927.
533 OLG Brandenburg FuR 2010, 109.
534 BGH FamRZ 2002, 1099; OLG Frankfurt FamRZ 2016, 387; ZKJ 2006, 46; OLG Köln FamRZ 2015, 151; OLG Karlsruhe FamRZ 2002, 1056; vgl. auch *Hohloch*, Schadensersatz bei Verletzung des Umgangsrechts?; *Elden*, Schadensersatz bei verhindertem Umgang, NJW-Spezial 2016, 388; im Ausgangspunkt ebenso OLG Brandenburg, Beschl. v. 3.11.2014 – 3 UF 55/14, juris.
535 EuGHMR FamRZ 2002, 1017; AG Essen FamRZ 2000, 1110.
536 OLG Frankfurt FamRZ 2016, 387.
537 BGH FamRZ 2002, 1099; *Heiderhoff*, FamRZ 2004, 324.

chender Ansprüche ist seit Inkrafttreten des FamFG nicht mehr das Prozessgericht,[538] sondern nach § 266 Abs. 1 Nr. 5 FamFG das Familiengericht.

143 Der umgangsberechtigte, zugleich unterhaltspflichtige Elternteil muss allerdings die Umgangskosten so gering wie möglich halten,[539] wobei im Rahmen der gebotenen Interessenabwägung auf die angemessene Lastenverteilung zwischen den Eltern zu achten ist.[540]

144 Im Rahmen etwaiger **sozialrechtlicher Leistungen**[541] ist zu beachten, dass Fahrtkosten zur Ausübung des Umgangs die Regelleistungen des ALG II nicht erhöhen und als Dauerbedarf auch nicht darlehensweise abgedeckt werden können. Sie sind allenfalls im Rahmen von § 73 SGB XII als Anspruch geltend zu machen.[542] Da das Umgangsrecht aber unter dem besonderen Schutz des Art. 6 Abs. 2 GG steht, stellt es ein persönliches Schutzbedürfnis des berechtigten Elternteils dar und ist sozialhilferechtlich zu beachten.[543] Die Aufwendungen zur Ausübung des Umgangsrechts sind nach § 21 Abs. 6 SGB II anerkennungsfähiger **Mehrbedarf**.[544] Fahrtkosten sind allerdings nur in Höhe des günstigsten Bahntickets zu übernehmen;[545] kurze Strecken müssen zu Fuß oder mit dem Fahrrad zurückgelegt werden.[546] Keinesfalls kommt jedoch ein Anspruch gegen das Jugendamt aus § 18 Abs. 3 S. 3 und S. 4 SGB VIII in Betracht.[547] Soweit es um die mit dem Aufenthalt des Kindes beim Umgangsberechtigten verbundenen Kosten geht, kommt ein Anspruch auf Leistung für **Regelbedarf** in Betracht.[548] Anfallende zusätzliche oder höhere Wohnkosten des Umgangsberechtigten stellen einen zusätzlichen Bedarf für ihn dar.[549]

Es ist wegen der besonderen Bedeutung des Elternrechts verfassungswidrig, sozialhilferechtlich ohne Ansehung des Einzelfalls nur den Aufwand für ein „übliches" Umgangsrecht alle 14 Tage anzuerkennen.[550] Besteht eine familiengerichtliche Umgangsregelung, so ist diese grundsätzlich auch für den Sozialleistungsträger bindend, jedenfalls sofern nicht die Eltern ausnahmsweise im Wege des gerichtlich gebilligten Vergleichs rechtsmissbräuchlich eine Umgangsregelung vereinbaren, die evident zu Lasten des Sozialleistungsträgers geht.

Großeltern haben wegen des Umgangsrechts mit ihren Enkeln weder Anspruch auf Anerkennung eines Mehrbedarfs nach § 21 Abs. 6 SGB II noch einen Anspruch aus § 73 SGB XII.[551]

---

538 So zum alten Recht OLG Frankfurt NJW-RR 2005, 1339; AG Berau FamRZ 2007, 248.
539 BGH FamRZ 1995, 215; OLG Karlsruhe FamRZ 1992, 58.
540 OLG Frankfurt FamRZ 1993, 231; OLG Karlsruhe FamRZ 1992, 58.
541 Dazu eingehend *Schürmann*, Reformierte Sozialgesetze und Unterhaltsrecht, FamRZ 2011, 1188; *ders.*, Die Reformen in SGB II, FPR 2011, 349; *Jansen*, Sozialrechtliche Leistungsansprüche zur Ermöglichung des Umgangs, FPR 2009, 144; *Münder*, Die Kosten des Umgangsrechts im SGB II und SGB XII, NZS 2008, 617; Schmidt, Die Kosten des Umgangs – SGB II-Ansprüche im Interesse des Kindes, NJW 2014, 2465; *Roselt/Wienemann*, Umgangsrecht im SGB II: Erhöhter Wohnraumbedarf?, FamRB 2014, 307; zu Auslandsfällen siehe Sokolowski, Die Übernahme der Kosten des ausländischen Umgangs mit dem Kind, insbesondere in der EU, nach § 21 Abs. 6 SGB II, ZESAR 2013, 266; *Asgari*, info also 2013, 252.
542 BSG FamRZ 2007, 465; *Schellhorn*, FuR 2007, 13.
543 BVerfG FamRZ 2010, 429, dort Rn 207; BVerwG FamRZ 1996, 105.
544 Siehe dazu im Einzelnen m.w.N. BSG FamRZ 2014, 2003; LSG München FEVS 65, 374; SG Karlsruhe FamRZ 2014, 436; LSG Aachen, Urt. v. 1.10.2013 – S 20 SO 2/13; zu Auslandsfällen LSG Nordrhein-Westfalen, Beschl. v. 17.3.2014 – L 7 AS 2392/13 B ER, juris; LSG Thüringen, Beschl. v. 19.3.2014 – L 4 AS 1560/12, juris; SG Berlin, Beschl. v. 21.8.2013 – S 201 AS 19424/13 ER, juris; SG Lübeck, Beschl. v. 21.10.2011 – S 21 AS 942/11 ER, juris; SG Braunschweig ZJJ 2014, 299; eingehend dazu *Sokolowski*, ZESAR 2013, 266.
545 BSG FamRZ 2015, 577.
546 LSG Berlin Brandenburg ZFSH/SGB 2016, 199.
547 OVG Berlin Brandenburg NJW 2015, 1898.
548 Dazu eingehend BSG FamRZ 2014, 124 m. Anm. *Schürmann*.
549 BSG FamRZ 2016, 904.
550 BVerfG FamRZ 1995, 86.
551 LSG Niedersachsen Bremen FamRZ 2014, 1409 [Revision zugelassen].

Den Eltern steht es frei, vertraglich bindende Vereinbarungen[552] zur Kostenverteilung bei der Ausgestaltung der Umgangskontakte zu treffen. Wurde in einem notariellen **Vertrag** eine jeweils hälftige Kostenübernahme durch die Elternteile vorgesehen, so sind beide Elternteile an diese Vereinbarung gebunden, sie gilt also uneingeschränkt auch für den betreuenden Elternteil.[553] Eine Änderung kommt nur unter den Voraussetzungen des **Wegfalls der Geschäftsgrundlage**, also einer wesentlichen Veränderung der vertraglichen Tatsachengrundlage in Betracht.

145

II. Kosten für das Kind

1. Kostentragungspflicht

Die in Ausübung des Umgangsrechts entstehenden Kosten für das Kind, wie etwa die An- und Abreise, die Unterbringung oder **Urlaubskosten**, sind vom umgangsberechtigten Elternteil zu tragen. Gleiches gilt für die Aufwendungen für die Verpflegung.

146

2. Wechselwirkungen Umgangsrecht und Unterhaltspflicht

Die im Zusammenhang mit der Ausübung des Umgangs regelmäßig entstehenden Kosten, wie etwa Übernachtung und Verpflegung, können seitens des Umgangsberechtigten nicht einkommensmindernd geltend gemacht werden, weder hinsichtlich des Ehegattenunterhaltes noch des Kindesunterhaltes. Der Tabellenunterhalt ist auch dann zu leisten, wenn das Kind sich im Rahmen einer **Ferienregelung** länger bei dem umgangsberechtigten Elternteil aufhält. Eine abweichende Handhabung ist erst dann geboten, wenn sich das Kind außerhalb des regulären Besuchsrechts längere Zeit im Haushalt dieses Elternteils aufhält.[554] Wird etwa das Kind tagsüber im Wesentlichen durch den Umgangsberechtigten betreut, so kann dies auf den Ehegattenunterhalt Auswirkungen haben.[555] Praktizieren die Eltern ein Wechselmodell (siehe dazu eingehend § 1 Rdn 326), so ist dies freilich unterhaltsrechtlich von Bedeutung.[556] Allerdings bedeutet eine Aufteilung ca. $1/3 - 2/3$ auch unterhaltsrechtlich kein paritätisches Wechselmodell mehr.[557] Nimmt der barunterhaltspflichtige Elternteil jedoch ein weit über das übliche Maß hinausgehendes Umgangsrecht wahr, können die in diesem Zusammenhang getätigten außergewöhnlich hohen Aufwendungen, die als reiner Mehraufwand für die Ausübung des erweiterten Umgangsrechts dem Anspruch des Kindes auf Zahlung von Unterhalt nicht als bedarfsdeckend entgegengehalten werden können (vor allem Fahrt- und Unterbringungskosten), Anlass sein, den Barunterhaltsbedarf des Kindes unter Herabstufung um eine oder mehrere Einkommensgruppen der Düsseldorfer Tabelle zu bestimmen. Der auf diesem Weg nach den Tabellensätzen der Düsseldorfer Tabelle ermittelte Unterhaltsbedarf kann (weitergehend) gemindert sein, wenn der barunterhaltspflichtige Elternteil dem Kind im Zuge seines erweiterten Umgangsrechts Leistungen erbringt, mit denen er den Unterhaltsbedarf des Kindes auf andere Weise als durch Zahlung einer Geldrente teilweise deckt.[558]

147

---

552 OLG Frankfurt FamRZ 2003, 250.
553 OLG Zweibrücken FamRZ 1998, 1465.
554 OLG Hamm FamRZ 1994, 529.
555 OLG Köln NJWE-FER 2000, 311.
556 Zur unterhaltsrechtlichen Abrechnung des Wechselmodells *Bausch/Gutdeutsch/Seiler*, FamRZ 2012, 528; Thesen des Arbeitskreises 15 des 20. Deutschen Familiengerichtstages; siehe auch *Spangenberg*, FamFR 2010, 125; zur Kindergeldbezugsberechtigung *Kleinwegener*, FuR 2012, 165.
557 BGH FamRZ 2006, 1015.
558 BGH FamRZ 2014, 917; Bespr. *Schramm*, NZFam 2014, 582; kritisch *Sünderhauf*, NZFam 2014, 585.

Siehe zu den Wechselwirkungen auch die Empfehlungen des AK 18 des 19. DFGT, der sich für eine Qualifikation der Umgangskosten als Mehrbedarf des Kindes ausspricht, was einen Gleichlauf der inzwischen als Mehrbedarf angesehenen Betreuungskosten des Kindes bedeuten würde.[559]

148 Zu beachten ist bei einer eventuell vorzunehmenden Kürzung, dass dem betreuenden Elternteil der Unterhalt in Höhe der festen Kosten bleiben muss.[560] In der Regel geht man davon aus, dass die vom Umgangsberechtigten erbrachten Naturalleistungen, wie etwa für Essen und Trinken, in einer Quote von 30 % des Unterhaltsbetrages auf den zu zahlenden Unterhalt anzurechnen sind.

Im Verhältnis zum Obhutselternteil gilt, dass eine unregelmäßige Nichtgewährung des Umgangs noch nicht zur Kürzung des Unterhalts berechtigt,[561] sondern erst eine fortgesetzte massive und schuldhafte **Umgangsvereitelung** zu den Konsequenzen nach § 1579 Nr. 7 BGB führen kann.[562]

III. Entscheidung über die Aufwendungen für das Umgangsrecht

149 Über die Frage von Aufwendungen für die Ausübung des Umgangsrechts kann das Familiengericht nicht im Rahmen des Umgangsrechtsverfahrens selbst entscheiden. Es handelt sich vielmehr um eine Frage von unterhaltsrechtlicher Relevanz, die dort primär auf der Ebene der **Leistungsfähigkeit** zu prüfen ist. Entsprechende Aspekte sind daher im Unterhaltsverfahren und dort gegebenenfalls in einem Abänderungsverfahren nach §§ 238 ff. FamFG zu prüfen.

G. Beschränkungen oder Ausschluss des Umgangsrechts (§ 1684 Abs. 4 BGB)

I. Allgemeine Grundsätze

150 Jede Beschränkung oder sogar der gänzliche **Ausschluss des Umgangsrechts** stellt einen sehr intensiven Eingriff in das gemäß Art. 6 Abs. 2 GG garantierte Elternrecht des umgangsberechtigten Elternteils dar. Zugleich werden verfassungsrechtlich geschützte Positionen des Kindes sowie des betreuenden Elternteils berührt. Die wechselseitigen Interessen der jeweiligen Grundrechtsträger sind daher gegeneinander abzuwägen und angemessen zu berücksichtigen.[563]

151 Der Ausschluss des Umgangsrechts als schwerstmöglicher Eingriff in das Elternrecht ist nur dann als äußerste Maßnahme gerechtfertigt, wenn er am Kindeswohl orientiert erforderlich ist, weil eine **akute Gefährdung der** körperlichen oder geistig-seelischen **Entwicklung des Kindes**[564] abgewendet werden muss und hierzu keine anderen Mittel zur Verfügung stehen (Antragsmuster im Formularteil, siehe § 13 Rdn 24 ff.).[565] Der Umgangsausschluss ändert nichts an der **Loyalitätspflicht** des betreuenden Elternteils aus § 1684 Abs. 2 BGB; diese intensiviert sich vielmehr häufig dahin, verstärkt an einer Wiederermöglichung des Umgangs zu arbeiten.[566] Entsprechend sollte das Gericht im Falle eines Umgangsausschlusses erwägen, flankierende Maßnahmen (z.B.

---

559 Www.dfgt.de.
560 OLG Hamm FamRZ 1994, 529.
561 OLG Köln NJWE-FER 2000, 311.
562 BGH FamRZ 1987, 356; OLG München FamRZ 1998, 750.
563 OLG Düsseldorf FamRZ 1998, 1460; siehe auch die Übersicht von *Splitt*, Einschränkungen und Ausschluss des Umgangsrechts, FF 2016, 146.
564 BVerfGE 31,194; BGH FamRZ 1984, 1084.
565 BVerfG FuR 2008, 338; FamRZ 2005, 1057; BGH FamRZ 1994, 158; OLG Hamm FamRZ 2010, 1926; OLG Saarbrücken FamRZ 2011, 1409.
566 Vgl. – deutlich – OLG Saarbrücken FamRZ 2011, 1409.

G. Beschränkungen oder Ausschluss des Umgangsrechts (§ 1684 Abs. 4 BGB) § 2

Kindertherapie, Informationen an den anderen Elternteil, Maßnahmen zur Stärkung der elterlichen Erziehungskompetenz) anzuordnen.[567]

152 Der völlige Ausschluss des Umgangs ist daher nur in Ausnahmefällen in Betracht zu ziehen.[568] Zu denken ist hierbei etwa an eine **Traumatisierung** des Kindes,[569] einen nur mit Ordnungsmitteln durchzusetzenden Umgangskontakt, der mit einer Gefährdung des Kindes einhergeht,[570] eine **physische Gefährdung** oder eine **seelische Schädigung** des Kindes trotz **begleitetem Umgang** und **Umgangspflegschaft** (zu Letzterer eingehend siehe Rdn 39).[571] Bloße Unsicherheiten oder Bedenken des betreuenden Elternteils können eine solche Maßnahme niemals rechtfertigen,[572] ebenso wenig wie dessen bloße ablehnende Haltung gegenüber den Umgangskontakten.[573] Eine Gefahr für Leib und Leben – des in einem Programm für Aussteiger aus der rechtsradikalen Szene befindlichen – betreuenden Elternteils kann aber einen Umgangsausschluss tragen, wenn und weil der Ungangsberechtigte durch den Umgang dessen Aufenthaltsort in Erfahrung bringen könnte.[574]

153 Kann den Umgangsproblemen mit gleich geeigneten milderen Mitteln begegnet werden, etwa durch eine Einschränkung des Umgangsrechts, so ist diese Maßnahme dem völligen Ausschluss gegenüber vorrangig.[575] Zu denken ist insoweit etwa an eine Umgangspflegschaft (siehe Rdn 39), einen begleiteten Umgang (vgl. dazu Rdn 185 ff.),[576] insbesondere wenn dieser sich in der Vergangenheit bereits bewährt hat,[577] oder an die zeitliche oder sachliche **Aussetzung des Vollzugs** des Umgangs oder sonstige geeignete Maßnahmen. In Betracht kommt auch eine Beschränkung des Umgangs auf das Inland, um einer **Entführungsgefahr** zu begegnen (siehe dazu eingehend Rdn 164 f.),[578] die **Passhinterlegung**,[579] der Ausschluss gefährlicher **Haustiere**[580] oder auch nur die **gerichtliche Zurechtweisung** eines Elternteils.[581]

154 Zur angemessenen Entscheidung einer solchen Sachverhaltskonstellation wird sich das Gericht in der Regel sachverständig beraten lassen müssen.[582] Im Einzelfall, insbesondere bei älteren Kindern, kann von einer Begutachtung abgesehen werden, wenn das Gericht über eine sonstige zuverlässige Entscheidungsgrundlage verfügt.[583] Über die Einschränkung oder den Ausschluss des Umgangsrechts darf nur in einem Verfahren nach § 1684 Abs. 3, 4 BGB entschieden werden. Sie dürfen nicht allein in einem Verfahren betreffend die Entziehung der Personensorge thematisiert werden, da sich Umgangsrecht und Personensorge als selbstständige Rechte gegenüber stehen.[584] Zudem hat der

---

567 These 5 des Arbeitskreises 20 des 20. Deutschen Familiengerichtstages.
568 OLG Bamberg FamRZ 2000, 46; OLG Thüringen FamRZ 2000, 47.
569 OLG Frankfurt FamRZ 2003, 1317.
570 Vgl. OLG Rostock FamRZ 2004, 968.
571 OLG Saarbrücken FamRZ 2007, 495; Anm. *Giers*, FamRB 2007, 10.
572 BVerfG FamRZ 2008, 494 (lediglich mögliche Pädophilie des Umgangsberechtigten); OLG Köln NJW 2003, 1878.
573 BVerfG FamRZ 2005, 1057; 2004, 1166.
574 BVerfG FamRZ 2013, 433; im Verfahren nach Zurückverweisung hat das OLG Dresden NZFam 2014, 651 m. Anm. *Söpper* den Umgang ausgeschlossen; die zugelassene Rechtsbeschwerde ist beim BGH unter XII ZB 32/14 anhängig.
575 BVerfG FuR 2008, 338; OLG Saarbrücken, Beschl. v. 8.6.2016 – 6 UF 30/16, juris; OLG Schleswig FamRB 2016, 54; OLG Köln FamRZ 2000, 1109.
576 OLG Saarbrücken FamRZ 2015, 344; OLG Schleswig FamRB 2016, 54.
577 BVerfG FuR 2008, 338; FamRZ 2005, 1057; OLG Schleswig FamRZ 2000, 48.
578 AG Kerpen FamRZ 2000, 56.
579 OLG Brandenburg NJW 2003, 978.
580 KG FamRZ 2003, 112.
581 *Fabricius-Brand*, FamRZ 2007, 663.
582 OLG Schleswig FamRB 2016, 54; OLG Zweibrücken FamRZ 1999, 1009.
583 OLG Bremen NJW 2013, 2603 (13 und 15 Jahre alte Kinder); OLG Saarbrücken NZFam 2015, 44 (11-jähriges Kind).
584 EuGHMR FamRZ 2015, 469; BVerfG FamRZ 2015, 1093; BayObLG FamRZ 1999, 316; OLG Celle FamRZ 1998, 1458.

EuGHMR unter Berufung auf Art. 8 Abs. 1 EMRK klargestellt, dass jede Beschränkung oder sogar der Ausschluss des Umgangsrechts mindestens einmal jährlich überprüft werden muss. Eine längere Frist ist nur dann menschenrechtskonform, wenn sachverständig festgestellt worden ist, dass durch die gerichtliche Überprüfung selbst eine Kindeswohlgefährdung zu befürchten ist.[585] Das bedeutet im Ergebnis nicht nur eine grundsätzliche Pflicht zur Überprüfung des Umgangsausschlusses nach einem Jahr (Grundlage: § 166 Abs. 2 FamFG, siehe dazu § 3 Rdn 32), sondern wird wohl überhaupt die Anordnung eines Umgangsausschlusses von länger als einem Jahr nur in absoluten Ausnahmefällen ermöglichen.[586] Denn der Umgangsausschluss soll gerade eine Antragstellung des Umgangsberechtigten vor Fristablauf verhindern.[587]

155 Ordnet das Gericht einen Umgangsausschluss – egal, ob mit oder ohne ausdrückliche Verbindung mit einem Näherungsverbot – an, so ist dies mit der **Folgenankündigung** nach § 89 Abs. 2 FamFG zu verbinden, da auch der Umgangsausschluss eine – wenngleich negative – Umgangsregelung darstellt, zumal ansonsten ein Umgangsausschluss, der gerade dem Schutz des Kindes vor einer Gefährdung dienen soll, nicht vollstreckt werden könnte (siehe auch § 6 Rdn 37).[588]

II. Eingriffsschwellen des § 1684 Abs. 4 BGB

156 Einfachrechtlicher **Entscheidungsmaßstab** für eine Umgangseinschränkung oder einen Umgangsausschluss ist stets allein § 1684 Abs. 4 BGB; § 1666 BGB und § 1696 Abs. 1 BGB finden insoweit keine Anwendung.[589]

Um eine Beschränkung des Umgangsrechts vornehmen zu können, enthält § 1684 Abs. 4 BGB zwei Eingriffsschwellen:

- Das Umgangsrecht kann eingeschränkt oder ausgeschlossen werden, wenn es zum **Wohl des Kindes erforderlich** ist (§ 1684 Abs. 4 S. 1 BGB).
- Soll eine Einschränkung oder der Ausschluss auf längere Zeit vorgenommen werden, so setzt dies voraus, dass andernfalls das **Kindeswohl gefährdet** wäre (§ 1684 Abs. 4 S. 2 BGB).

Allerdings relativiert sich der Unterschied zwischen beiden Alternativen, weil das BVerfG in ständiger Rechtsprechung bereits für eine Einschränkung des Umgangsrechts eine Gefährdung der körperlichen oder seelischen Entwicklung des Kindes voraussetzt.[590]

1. Erforderlichkeit von Einschränkung oder Ausschluss des Umgangsrechts

157 Ob eine Einschränkung oder ein Ausschluss des Umgangsrechts dem Grunde nach in Betracht kommt, orientiert sich am Kindeswohl (§ 1697a BGB).[591] Es müssen belastbare Gründe vorlie-

---

585 EuGHMR FamRZ 2011, 1484; in diesem Sinne auch OLG Saarbrücken FamRZ 2013, 48; vgl. zur Überprüfungspflicht auch EuGHMR FamRZ 2016, 1137.
586 In dieselbe Richtung auch OLG Saarbrücken FamRZ 2013, 48; siehe zu einem Ausnahmefall BVerfG NZFam 2015, 234; großzügiger auch BVerfG FamRZ 2015, 1093 (allerdings verkennend, dass sich die Abänderung eines Umgangsausschlusses nicht nach § 1696 Abs. 1 BGB, sondern – weil er eine kindesschützende Maßnahme ist – nach § 1696 Abs. 2 BGB richtet (allg. M., siehe nur OLG Schleswig, Beschl. v. 30.5.2016 – 10 UF 11/16, juris; Palandt/*Götz*, § 1696 Rn 6); die Verweisung des BVerfG auf die (bloße Zulässigkeits-) Entscheidung des EuGHMR in Sachen Hub/Deutschland, Beschwerde Nr. 1182/05, geht ins Leere, weil dieser Entscheidung § 1696 BGB in seiner bis zum 31.8.2009 geltenden Fassung zugrunde gelegen hat.
587 BVerfG FamRZ 2006, 1005; 2005, 1815.
588 OLG Saarbrücken, Beschl. v. 8.6.2016 – 6 UF 30/16, juris; OLG Saarbrücken NJW-RR 2011, 436; OLG Celle ZKJ 2011, 393.
589 OLG Saarbrücken FamRZ 2015, 344 m.w.N.; a.A. OLG Frankfurt, Beschl. v. 17.9.2014 – 4 UF 355/13, juris.
590 Vgl. nur BVerfGE 31, 194 – grundlegend – und BVerfG FuR 2008, 338; BVerfG FamRZ 2013, 433.
591 KG FamRZ 1999, 1518.

G. Beschränkungen oder Ausschluss des Umgangsrechts (§ 1684 Abs. 4 BGB) § 2

gen, die befürchten lassen, dass sich das Kind ohne Einschränkung oder Ausschluss des Umgangsrechts ungünstig entwickeln wird.[592] Hierunter erfasst werden können etwa gravierende **seelische Belastungen** des Kindes, die in ihrer Ursache im Wesentlichen auf das zwischen den Eltern bestehende massive Konfliktpotential zurückzuführen sind.[593] Ebenso kann auch die zunächst nur eingeschränkte Anordnung eines Umgangskontakts angezeigt sein, um dem umgangsberechtigten Elternteil die Möglichkeit zum Nachweis der Ernsthaftigkeit und Nachhaltigkeit der von ihm gewünschten Kontakte zu geben und gleichzeitig das Kind vor weiteren Enttäuschungen bei bislang nur unzuverlässig wahrgenommenen Umgangskontakten zu schützen.[594]

Der Rechtsbegriff der „Erforderlichkeit" enthält zugleich eine verfahrensbestimmende Aufforderung an die Beteiligten und das Gericht, die familiäre Situation gemäß § 26 FamFG umfassend aufzuklären. Alle Möglichkeiten einer für das Kind seelisch erträglichen, d.h. möglichst konfliktfreien **Anbahnung von Kontakten** sind – ggf. auch unter Einholung eines psychologischen Gutachtens – zu prüfen.[595] Je intensiver in das Umgangsrecht eingegriffen wird, umso höher sind die Anforderungen an die **Amtsermittlungspflicht**.[596] Der Ausschluss oder die Beschränkung des Umgangs sind nur dann gerechtfertigt, wenn von einer **konkreten Gefährdung** des Kindes auszugehen ist (Antragsmuster im Formularteil, siehe § 13 Rdn 25 f.).[597]

158

2. Einschränkung oder Ausschluss auf längere Zeit oder auf Dauer

a) Gefährdung des Kindeswohls

Eine dauerhafte Einschränkung oder ein Ausschluss des Umgangsrechts sind nur möglich, wenn andernfalls das Kindeswohl nachhaltig gefährdet wäre.[598] Der Ausschluss des Umgangs ist also nur gerechtfertigt, wenn er nach den Einzelfallumständen unumgänglich ist, um eine akute Gefährdung der körperlichen oder seelischen Entwicklung des Kindes abzuwenden, und wenn der Gefahr nicht auf andere Weise ausreichend entgegengewirkt werden kann.[599]

159

Der Umgangsausschluss ist verfassungsrechtlich zulässig,[600] darf aber nicht einseitig auf die ablehnende Haltung des betreuenden Elternteils gestützt werden. Ebenso wenig kommt er als schematisierte Maßnahme bei **Inpflegenahme** von Kindern in Betracht;[601] vielmehr ist dann – auch bei **Dauerpflege** – eine Umgangsregelung zu treffen, um die **Rückführungsperspektive** offenzuhalten (siehe dazu § 1 Rdn 224 und § 4 Rdn 23).[602] Beschränkt sich das Gericht lediglich auf die Ablehnung der Regelung des Umgangs, so wird dadurch das Elternrecht des nicht betreuenden Elternteils verletzt (siehe im Einzelnen Rdn 58 und 60 ff.).[603]

160

Stets ist zu prüfen, ob sich das Kind aus nachvollziehbaren Gründen gegen den Umgang ausspricht (siehe Rdn 102 ff.).[604]

---

592 OLG Hamburg FamRZ 1991, 471; KG FamRZ 1989, 656.
593 OLG Saarbrücken FamRZ 2007, 495; Anm. *Giers*, FamRB 2007, 10.
594 OLG Brandenburg FamRZ 2010, 1925.
595 OLG Brandenburg FamRZ 2014, 1124; OLG Nürnberg FamRZ 2014, 858.
596 BVerfG FamRZ 201, 433; OLG Brandenburg FamRZ 2002, 621.
597 BVerfG FamRZ 1983, 872; OLG Saarbrücken FamRZ 2001, 369.
598 BVerfGE 31, 194; OLG Hamm FamRZ 1999, 326; OLG Celle FamRZ 1998, 1458.
599 BGH FamRZ 1980, 132; OLG Köln FamRZ 2005, 2011.
600 BVerfG FamRZ 1983, 872.
601 EuGHMR FamRZ 2002, 1393; OLG Hamm FamRZ 2004, 1310.
602 Siehe hierzu EuGHMR FamRZ 2002, 1393; BVerfG 68, 176; vgl. auch BVerfGE 75, 201 und 79, 51; BVerfG FamRZ 2004, 771; OLG Saarbrücken FamRZ 2012, 463; 2010, 1092.
603 BVerfG FamRZ 2006, 1005; 2005, 1815.
604 OLG Düsseldorf FamRZ 1998, 1460.

b) Längere Zeit

161 Diesen Begriff definiert § 1684 Abs. 4 S. 2 BGB nicht näher. Allerdings ist auch dieses Zeitmaß auf das Kindeswohl zu beziehen und vom Alter und **Zeitempfinden des Kindes** abhängig zu machen.[605] So kann etwa bei ablehnender Haltung eines neunjährigen Kindes ein Zeitraum von einem Jahr in Betracht kommen. Ein unbefristeter Zustand, dem vorzubeugen ist, entsteht in der Praxis in der Regel nach einem Ausschluss von eineinhalb bis viereinhalb Jahren.[606] Aus Gründen der Rechtsklarheit muss die Zeitdauer für den Ausschluss festgelegt werden.[607] Aus der Regelung muss erkennbar sein, wann eine Überprüfung des Umgangsrechts geltend gemacht werden kann.[608] Nur unter engsten Ausnahmen, also nur, wenn eine hohe Prognosewahrscheinlichkeit dafür besteht, dass der **dauerhafte Ausschluss** zum Wohl des Kindes erforderlich ist, kommt eine solche Vorgehensweise in Betracht.[609]

162 Allerdings muss aufgrund der Rechtsprechung des EuGHMR bei einem Umgangsausschluss eine **Überprüfung regelmäßig mindestens jährlich** vorgenommen werden, wenn nicht im Ausgangsverfahren gutachterlich festgestellt wurde, dass schon die Überprüfung selbst dem Kindeswohl schaden würde.[610] Das bedeutet im Ergebnis nicht nur eine grundsätzliche Pflicht zur Überprüfung des Umgangsausschlusses nach einem Jahr (Grundlage: § 166 Abs. 2 FamFG, vgl. dazu § 3 Rdn 32), sondern wird wohl überhaupt die Anordnung eines Umgangsausschlusses von länger als einem Jahr nur in absoluten Ausnahmefällen ermöglichen.[611]

III. Einschränkungs- und Ausschlussgründe

163 Kommt eine Einschränkung oder ein Ausschluss des Umgangsrechts in Betracht, so sind in die durchzuführende Gesamtabwägung die Lebensverhältnisse des Kindes sowie beider Elternteile, einschließlich etwaiger neuer Partner einzubeziehen. Bedeutsam sind auch die Bindungen des Kindes zum jeweiligen Elternteil und die bisherigen Erfahrungen im Zusammenhang mit der Ausübung der Umgangskontakte. Im Sinne einer gedeihlichen seelischen Entwicklung des Kindes ist es grundsätzlich von großer Bedeutung, beide Elternteile als **Bindungspartner** zu besitzen. Die unmittelbare Beziehung zum nicht betreuenden Elternteil ist daher so gut es geht aufrecht zu erhalten.[612] Eine lediglich auf negativer Beeinflussung des Sorgerechtsinhabers beruhende Angst des Kindes genügt daher grundsätzlich nicht. Ebenso wenig die Tatsache, dass sich ein Elternteil längere Zeit nicht um Kontakte bemüht hat. Vielmehr ist in diesem Fall eine behutsame Neuanbahnung vorrangig,[613] wobei gegebenenfalls auch mitwirkungsbereite dritte Personen einbezogen werden können (§ 1684 Abs. 4 S. 3 BGB, siehe dazu Rdn 185 ff.). Eine **Verwirkung des Umgangsrechts** ist ausgeschlossen.[614] Die dadurch ohnehin bereits eingetretene **Entfremdung** würde durch einen Ausschluss nur noch verstärkt werden und liefe daher den gesetzgeberischen Absichten zuwider.

---

605 OLG Karlsruhe FamRZ 2009, 130; vgl. auch BVerfG FamRZ 2001, 753.
606 *Karle/Klosinski*, ZfJ 2000, 343.
607 OLG Hamm FamRZ 2000, 1108; OLG Koblenz NJW-RR 2000, 883.
608 BVerfG FamRZ 2006, 1005; 2005, 1815.
609 OLG Köln FamRZ 2009, 1422; OLG Brandenburg FamRZ 2010, 1357.
610 Vgl. EuGHMR FamRZ 2011, 1484 [Heidemann/Deutschland] m. Anm. *Wendenburg*; vgl. auch EuGHMR, Urt. v. 19.6.2003 – Individualbeschwerde Nr. 46165/99 [Nekvedavicius/Deutschland] (n.v).
611 In dieselbe Richtung auch OLG Saarbrücken FamRZ 2013, 48; siehe zu einem Ausnahmefall BVerfG NZFam 2015, 234; siehe auch KG NZFam 2015, 478 (Ausschluss bei 16-jährigem Kind bis zu dessen Volljährigkeit).
612 OLG Celle FamRZ 1990, 1026.
613 OLG Brandenburg FamRZ 2014, 1124; OLG Nürnberg FamRZ 2014, 858; OLG Zweibrücken FamRZ 1997, 687; OLG Hamm FamRZ 1996, 424.
614 OLG Düsseldorf FamRZ 1994, 1277.

G. Beschränkungen oder Ausschluss des Umgangsrechts (§ 1684 Abs. 4 BGB) §2

1. Ausschlussgründe auf Seiten der Eltern

a) Entführungsgefahr/Entführung

Droht nachweisbar eine **Entführung**, so kann das Umgangsrecht ausgeschlossen werden,[615] insbesondere wenn bereits eine Entführung vorangegangen war.[616] Der Umstand allein, dass der Vater die Mutter entführt hat, um so das Umgangsrecht zu erzwingen, ist allerdings für einen Ausschluss nicht automatisch ausreichend,[617] da die Entführung keinen unmittelbaren Einfluss auf die Rechtsposition des Kindes hat. Die Anforderungen an eine **Entführungsgefahr** dürfen zudem nicht zu niedrig angesetzt werden. Allein die Tatsache, dass der Umgangsberechtigte aus dem Ausland stammt und nach dorthin unverändert enge Beziehungen unterhält, genügt nicht.[618] Zumindest ist erforderlich, dass mit einer solchen Entführung gedroht wird,[619] sie zu einem früheren Zeitpunkt bereits erfolgt ist[620] oder eine Streitigkeit um die **Rückführung des Kindes** besteht.[621] Ist ein Elternteil vor mehreren Jahren einer Rückführungsanordnung nach dem HKÜ nachgekommen und sind seither keine Entführungsversuche mehr unternommen worden, so kann nicht ohne weitere Anhaltspunkte im Tatsächlichen die Gefahr einer erneuten Entführung unterstellt werden.[622] Dies gilt verstärkt, wenn bereits regelmäßig unbegleitete Umgangskontakte stattgefunden haben.[623]

164

Zu prüfen ist jeweils, inwieweit einer Entführungsgefahr durch sonstige Maßnahmen angemessen begegnet werden kann.[624] In Betracht kommt hierbei etwa die Beschränkung des Umgangs auf ganz oder einen Teil Deutschlands, verbunden mit der Untersagung, mit dem Kind Deutschland zu verlassen.[625] Gegebenenfalls kann auch die **Passhinterlegung** angeordnet werden. Etwaigen Bedenken wegen der **Passhoheit** eines ausländischen Staates[626] ist entgegenzuhalten, dass durch diese Maßnahme der weitaus einschneidendere Ausschluss des Umgangsrechts vermieden werden kann.[627] Eine behauptete Entführungsgefahr muss immer an konkreten Tatsachen festgemacht werden können. Insoweit darf sich das Gericht nicht ungeprüft auf Äußerungen stützen, die der insoweit beschuldigte Elternteil dem **Verfahrensbeistand** gegenüber gemacht hat und die von diesem dem Gericht mitgeteilt wurden, von jenem Elternteil aber bestritten werden. Denn es ist nicht Aufgabe des Verfahrensbeistandes, den Willen der Eltern zu ermitteln, sondern nur den des Kindes. In solchen Fällen muss daher der beschuldigte Elternteil vom Gericht angehört und ihm die von dem Verfahrensbeistand berichtete Äußerung vorgehalten werden.[628] Bestreitet der Elternteil weiterhin, ist der Verfahrensbeistand förmlich als Beteiligter zu vernehmen (§ 30 Abs. 3, Abs. 1 FamFG i.V.m. § 448 ZPO). Kam es bereits zu einer Entführung, so kann dem Umgangsberechtigten zugemutet werden, bis zur Erstellung eines Sachverständigengutachtens das Umgangsrecht nicht wahrzunehmen, insbesondere wenn das Kind ohnehin durch die elterlichen Spannungen traumatisiert ist.[629] Dann kann ein Umgangsausschluss auch für längere Zeit in Be-

165

---

615 OLG Celle FamRZ 1996, 364; OLG München FamRZ 1993, 94.
616 OLG Hamm FamRZ 1997, 307.
617 OLG Hamm FamRZ 1997, 1095.
618 BVerfG FamRZ 2010, 109; OLG Brandenburg FamRZ 2003, 947; OLG Hamm FamRZ 2002, 1585; OLG Düsseldorf FamRZ 2011, 822.
619 AG Heidenheim FamRZ 2013, 478.
620 OLG Brandenburg NJW-RR 2010, 148; OLG Hamm FamRZ 2010, 1574.
621 OLG München FamRZ 1998, 976; OLG Hamm NJWE-FER 1998, 56.
622 Vgl. OLG Saarbrücken, Beschl. v. 15.3.2012 – 6 UF 22/12 (n.v.).
623 OLG Saarbrücken, Beschl. v. 25.4.2012 – 9 UF 189/11 (n.v.).
624 OLG Köln FamRZ 2005, 1770.
625 OLG Köln FamRZ 2000, 1109; OLG Hamm FamRZ 1997, 307.
626 OLG Brandenburg FamRZ 2003, 947; OLG Karlsruhe FamRZ 1996, 424.
627 OLG München FamRZ 1998, 976; OLG Frankfurt FamRZ 1997, 571.
628 So ausdrücklich BVerfG FamRZ 2010, 109.
629 OLG Hamm NJW-RR 1995, 201; OLG Köln FamRZ 2000, 1109.

tracht kommen. Allerdings ist dann dem Obhutselternteil aufzugeben, das Kind therapieren zu lassen; nicht hingegen sich selbst, denn hierfür ermangelt es einer Rechtsgrundlage (vgl. dazu § 1 Rdn 206).[630] Ist keine Traumatisierung des Kindes festzustellen, so kommt auch ein begleiteter Umgang in Betracht (siehe dazu Rdn 185 ff.), zumal – strikt kindeswohlzentriert – zu beachten ist, dass gerade auch im Fall einer Entführung zuweilen beachtliche Bindungen zwischen dem Kind und seinem entführenden Elternteil entstanden oder vertieft worden sein können.[631]

b) Sexueller Missbrauch und pädophile Neigungen

166 Allein die Gefahr oder der **Verdacht** des **sexuellen Missbrauchs**[632] ist nicht geeignet, einen völligen Ausschluss des Umgangs zu rechtfertigen.[633] Abzuwägen ist der bestehende Tatverdacht gegen etwaige seelische Belastungen des Kindes durch den Abbruch bzw. die Fortsetzung der bisherigen Begegnungen.[634] „Sexualisierte" Verhaltensweisen von Kindern können allerdings je nach den konkreten Umständen auch Ausdruck eines Entwicklungs- und Reifeprozesses sein; sie sind nicht zwangsläufig Anzeichen für einen sexuellen Missbrauch.[635] Hinzu kommt die Tatsache eines relativ hohen prozentualen Anteiles falscher Anschuldigungen, der sich in einem Rahmen zwischen 25 % und 50 % bewegen dürfte,[636] und des Umstandes, dass der Vorwurf in scheidungs- und familienrechtlichen Streitigkeiten auf jeden Fall wesentlich häufiger als sonst erhoben wird.[637]

167 Die Tatsache, dass gegen den Vater ein **strafrechtliches Ermittlungsverfahren** geführt wird, berechtigt allein nicht zum Ausschluss oder zur Einschränkung der Umgangskontakte. Unabhängig davon muss das Gericht im Einzelfall das Gewicht des Tatverdachts einerseits und die möglichen Gefahren für das Kindeswohl andererseits prüfen.[638] Besteht dann jedoch eine entsprechende Intensität des Tatverdachts, ist ein völliger Ausschluss vorzunehmen,[639] um sowohl mögliche – auch nonverbale – Einflussnahmen auf das Kind während begleiteter Umgangskontakte und weitere Belastungen des Kindes bei fortdauerndem Zusammentreffen mit dem mutmaßlichen Täter zu vermeiden. Bei einem Missbrauch durch den Vater kann gegebenenfalls auch ein Umgangsausschluss mit den Großeltern väterlicherseits in Betracht kommen, wenn dort ein weiteres Zusammentreffen des Kindes mit dem Vater nicht ausgeschlossen werden kann.[640] Umgekehrt wird ein völliger Umgangsausschluss auch bezüglich der – nicht missbrauchten – jüngeren Schwester rasch in Betracht kommt, wenn der Vater die ältere Schwester missbraucht hat und die jüngere das nicht weiß, aber den Umgang ablehnt, weil sie davon ausgeht, dass der Vater ihrer älteren Schwester Gewalt angetan hat.[641] Lassen sich gesicherte Anzeichen für einen Missbrauch durch die gebotenen gerichtlichen Ermittlungen nicht feststellen, scheidet eine Einschränkung des Umgangsrechts aufgrund eines verbleibenden bloßen Ver-

---

630 OLG Hamm FamRZ 2013, 48; a.A. allerdings OLG Hamm FamFR 2011, 23 gegen die bei § 1 Rn 163 dargestellte ganz h.M.
631 So zutreffend MüKo-BGB/*Hennemann*, § 1684 Rn 64.
632 Zur familiengerichtlichen Kooperation in Fällen von Kindesmisshandlung und sexuellem Missbrauch siehe *Schmid*, FamRB 2014, 267; siehe auch das Fortbildungspapier des Runden Tisches „Sexueller Kindesmissbrauch" für Verfahren bei Verdacht auf sexuellen Kindesmissbrauch im familienrechtlichen Dezernat; zum zivilrechtlichen Schadensersatzanspruch bei sexuellem Missbrauch siehe *Franke/Strnad*, FamRZ 2012, 1535.
633 OLG Celle FamRZ 1998, 971; OLG Düsseldorf FamRZ 2009, 1685; siehe auch *Splitt*, FF 2016, 146, 149.
634 OLG Stuttgart FamRZ 1994, 718; OLG Frankfurt FamRZ 1997, 444.
635 OLG Dresden FamFR 2013, 501.
636 KG FamRB 2012, 241; *Carl*, FamRZ 1995, 1183; *Rakete-Dombek*, FPR 1997, 218.
637 Dazu – mit vorbildlicher Risikoabwägung – KG FamRB 2012, 241; *Salzgeber*, Rn 1759; *Schwenzer/Schreiner*, FamKomm Scheidung, 2. Aufl. 2011, Anh. Psych. Rn 257.
638 OLG Bamberg FamRZ 1995, 181.
639 OLG Oldenburg FamRZ 2006, 882.
640 AG Köln DAVorm 1999, 311.
641 OLG Saarbrücken, Beschl. v. 25.8.2014 – 6 UF 64/14 (n.v.).

G. Beschränkungen oder Ausschluss des Umgangsrechts (§ 1684 Abs. 4 BGB) § 2

dachts aus. Auch die auf einem derartigen Verdacht begründeten Vorbehalte des betreuenden Elternteils gegenüber dem Umgang rechtfertigen grundsätzlich keine Umgangsbeschränkung.[642]

Im Interesse des Kindes ist darauf zu achten, dass es nicht sowohl im familiengerichtlichen Verfahren als auch im Strafverfahren begutachtet wird.[643] Ein im Ermittlungsverfahren erstelltes (Glaubhaftigkeits)Gutachten kann vom Familiengericht im Wege der Amtshilfe angefordert und nach § 30 Abs. 1 FamFG i.V.m. § 411a ZPO verwertet werden (zur Glaubhaftigkeitsbegutachtung siehe § 1 Rdn 295 f.; zum Lügendetektortest siehe § 1 Rdn 387). Stets ist freilich die geltende Unschuldsvermutung zu achten, so dass nicht durch bewusst falsche Behauptungen in einem hochemotional geführten Verfahren[644] ein Umgang unterlaufen werden kann.[645]

168

Auch wenn das staatsanwaltschaftliche Ermittlungsverfahren eingestellt wird, besagt dies nur etwas zum hinreichenden Tatverdacht. Im familiengerichtlichen Verfahren ist jedoch entscheidend, ob die konkrete Gefahr des Missbrauchs besteht.[646] Das Umgangsrecht muss daher vollständig ausgeschlossen werden, wenn es nach den polizeilichen Ermittlungen aufgrund ausreichender Indizien als möglich erscheint, dass sich der Umgangsbegehrende von sexuellen Handlungen nicht abhalten lässt, gegebenenfalls auch nicht durch die Anwesenheit Dritter,[647] insbesondere, wenn dem betroffenen Elternteil diesbezüglich jegliches Unrechtsbewusstsein fehlt.[648] Das hiernach auftretende Spannungsverhältnis zwischen der **Unschuldsvermutung** einerseits und dem notwendigen Schutz regelmäßig wehrloser Kinder andererseits ist in solchen Fällen zugunsten des Letzteren aufzulösen,[649] wobei freilich alle Möglichkeiten des **begleiteten Umgangsrechts** auszuloten sind, die in solchen Fällen häufig ausreichen können, um eine Gefährdung zu beseitigen. Nicht gefolgt werden kann einer Entscheidung des OLG Stuttgart, das die Gefährdung zweier Kinder im Alter von sieben und neun Jahren auch bei unbegleitetem Umgang als im Bereich des Beherrschbaren ansieht,[650] da mit entsprechender therapeutischer Aufarbeitung ein ausreichendes Problembewusstsein entwickelt werden könne.

169

Ein Umgang wird auch nicht in Betracht kommen, wenn das Kind selbst überzeugt ist, vom Umgangsberechtigten missbraucht worden zu sein, und dies seelisch bislang nicht verarbeitet hat.[651]

Kann demgegenüber durch ein Sachverständigengutachten ein sexueller Übergriff in der Vergangenheit mit an Sicherheit grenzender Wahrscheinlichkeit ausgeschlossen werden und lehnen die Kinder auch einen Umgangskontakt nicht ab, so sind bloße Befürchtungen der Mutter rechtlich irrelevant.[652]

170

Lediglich mögliche **pädophile Neigungen** rechtfertigen eine Umgangseinschränkung oder einen Umgangsausschluss nicht; vielmehr müssen die pädophilen Neigungen ebenso mit sachverständiger Beratung festgestellt werden wie eine daraus resultierende konkrete Gefährdung des Kindes.[653] Besteht allerdings zwischen den Eltern ein letztlich nicht aufzulösender Konflikt, der seinen Ursprung einerseits in der Unaufklärbarkeit einer Gefährdung des Kindes durch pädophile Neigungen des Vaters, andererseits in dem nicht offenen Umgang des Vaters damit und schließ-

---

642 OLG Karlsruhe FamRZ 2013, 1237; KG FF 2012, 505; *Splitt*, FF 2016, 146, 149.
643 *Raack*, Kind-Prax 2002, 39.
644 OLG Hamburg FamRZ 1996, 422; *Salzgeber*, FamRZ 1999, 975.
645 OLG Bamberg FamRZ 1995, 181.
646 OLG Bamberg FamRZ 1994, 719.
647 OLG Bamberg FamRZ 1994, 719.
648 OLG Hamm FamRZ 2011, 1802.
649 Ausdrücklich zustimmend MüKo-BGB/*Hennemann*, § 1684 Rn 67 f. mit lesenswerten Einzelheiten.
650 OLG Stuttgart FamRZ 1994, 718; kritisch dazu zu Recht auch MüKo-BGB/*Hennemann*, § 1684 Rn 66 Fn 215.
651 Vgl. OLG Hamm FamRZ 2011, 1802.
652 OLG Hamm FamRZ 1998, 256.
653 BVerfG FamRZ 2008, 494; Anm. *Völker*, FamRB 2008, 138; BVerfG FamRZ 2005, 1816; OLG Düsseldorf FamRZ 2009, 1685.

lich auch in der beiderseits fehlenden Akzeptanz der Erziehungsfähigkeit des jeweils anderen Elternteils hat, der im Falle der Anordnung unbegleiteten Umgangs dazu führen wird, dass die Mutter jeglichen Umgang des Kindes mit dem Vater verweigert, so ist die Anordnung lediglich begleiteter Umgangskontakte nicht zu beanstanden.[654]

c) HIV-Infektion

171 Eine **HIV-Infizierung** des umgangsberechtigten Elternteils rechtfertigt weder eine Einschränkung noch einen Ausschluss des Umgangsrechts.[655] Vor Aufnahme der Besuche ist auch kein **Negativattest** beizubringen. Nach dem derzeitigen Stand der medizinischen Forschung ist eine Infizierung bei normalen sozialen Kontakten nicht möglich.

d) Verfeindung der Eltern/Großeltern

172 Eine entschiedene Ablehnung der Umgangskontakte durch die Mutter oder grundsätzlich schwerwiegende Spannungen zwischen den Eltern genügen nicht, um das Umgangsrecht auszuschließen.[656] Dies gilt insbesondere, wenn durch ein psychologisches Gutachten festgestellt werden konnte, dass die Kinder den Umgang mit einem Elternteil genießen. Es obliegt dann vielmehr dem betreuenden Elternteil, im Kindesinteresse die Kontakte zu fördern.[657]

Ebenso wenig können fehlende Unterhaltsleistungen Auswirkungen auf die Umgangskontakte haben.[658] Gleiches gilt, wenn der betreuende Elternteil auf die Umgangskontakte mit nervösen Beschwerden reagiert[659] bzw. die Behauptung im Raum steht, das Kind reagiere nach den Besuchen mit **psychosomatischen Beschwerden**,[660] zumal die Ursachen hierfür vielfältig sein können.[661]

173 Aufgrund der Wohlverhaltenspflicht sind die Eltern gehalten, im Interesse des Kindes bestehende Schwierigkeiten zu überwinden.[662] Gleichwohl wird jedoch im Interesse eines Kindes die Grenze dort zu ziehen sein, wo zwischen den Eltern extremer Hass besteht[663] oder im Rahmen des Besuchsrechts das Kind dem betreuenden Elternteil jeweils entfremdet bzw. aus seiner Pflegefamilie herausgelöst werden soll[664] und letztlich das Konfliktpotential zwischen den Eltern zu einer unvertretbar hohen seelischen Belastung für das Kind führt.[665] Gegebenenfalls ist in dieser Situation das Umgangsrecht vorübergehend auszuschließen, wenn die derzeitige familiäre Situation keinen Anhaltspunkt dafür bietet, dass Konflikte in einer für das Kind seelisch erträglichen Weise gelöst werden können.[666]

Nichts anderes gilt, wenn das Kind beim Besuch eines Elternteils durch die dortigen Großeltern, die mit dem anderen Elternteil verfeindet sind, belastet wird. In diesem Fall rechtfertigt es sich, die Kontakte mit den Großeltern auf wenige Tage im Jahr zu beschränken[667] oder diese gänzlich auszuschließen, wenn das Kind ansonsten **schwerwiegenden Loyalitätskonflikten** ausgesetzt wäre.[668]

---

654 BVerfG NZFam 2015, 234 [die Vorinstanz OLG Schleswig FamRZ 2014, 1385, bestätigend]; vgl. auch OLG Hamm FamRZ 2015, 1732.
655 OLG Frankfurt NJW 1991, 1554; OLG Hamm NJW 1989, 2336.
656 OLG Bamberg FamRZ 1998, 969.
657 OLG Brandenburg FamRZ 2003, 111; KG FamRZ 2002, 412.
658 OLG Saarbrücken OLGR 2005, 616.
659 OLG Bamberg FamRZ 1984, 507.
660 OLG Hamm FamRZ 1993, 1233.
661 Vgl. dazu auch BVerfG FamRZ 2007, 1625.
662 OLG Brandenburg FamRZ 2003, 111.
663 AG Magdeburg FamRZ 2005, 1770.
664 OLG Bamberg FamRZ 1993, 726; OLG Stuttgart NJW 1978, 1593.
665 OLG Saarbrücken, Beschl. v. 8.6.2016 – 6 UF 30/16, juris; FamRZ 2007, 495; Anm. *Giers*, FamRB 2007, 10.
666 OLG Frankfurt FamRZ 2002, 1582; OLG Hamburg FamRZ 1991, 471.
667 OLG Stuttgart NJW 1978, 380.
668 OLG Hamm FamRZ 2010, 909.

e) Religiöse Beeinflussung des Kindes

Eine **religiöse Beeinflussung** des Kindes kann eine gegebenenfalls zeitweise Einschränkung des Umgangs rechtfertigen. Dem Gericht obliegt es dabei jedoch, konkret beeinträchtigende Faktoren festzustellen, wie etwa die Erziehung zu einer unreflektierten und intoleranten Haltung gegenüber anderen Glaubensrichtungen. Allein die Zugehörigkeit zu einer bestimmten Glaubensrichtung genügt dafür nicht.[669] Massive Verhaltensweisen, wie etwa die Verbreitung islamistischer Drohvideos im Internet, können hingegen einen Umgangsausschluss tragen, wenn die greifbare Gefahr einer Indoktrinierung des Kindes besteht; die Grenze ist überschritten, wenn Zwang und Intoleranz statt Freiheit und Meinungsvielfalt herrschen.[670]

174

f) Sonstige Gründe

Auch einem in längerer **Strafhaft** befindlichen umgangsberechtigten Elternteil kann der Umgangskontakt nicht versagt werden. Ein begleiteter Umgang in der JVA muss durch den Staat organisatorisch ermöglicht werden.[671] Eine Erweiterung der Besuchszeit darf insbesondere nicht mit Berufung auf die geringen **Interaktionsmöglichkeiten** eines noch sehr kleinen Kindes versagt werden.[672] Wird allerdings das Kindeswohl anlässlich eines Besuches in der **Haftanstalt** durch nachhaltige Eindrücke gefährdet,[673] so kann gegebenenfalls ein Ausschluss in Betracht kommen, soweit der Kontakt nicht in anderen Räumlichkeiten durchgeführt werden kann, wie etwa während eines **Hafturlaubes**.[674] Allerdings wird der Umgang regelmäßig in hierfür geeigneten Räumen der JVA ermöglicht werden können.[675] Anders wird die Sachlage meist sein, wenn der inhaftierte Elternteil Umgang mit seinem Kind begehrt, dessen Mutter er zuvor vorsätzlich getötet hat, wobei dies dennoch im Einzelfall, so etwa bei einem kleinen Kind, das die Tötung selbst nicht miterlebt hat, Anlass zu sachverständiger Klärung geben kann.[676]

175

Die Anwesenheit eines neuen Partners des Umgangsberechtigten, auch wenn diese oder dieser zum Scheitern der Ehe beigetragen hat, rechtfertigt grundsätzlich keine Einschränkung des Umgangsrechts.[677] Gegebenenfalls sollte jedoch – zumindest in der ersten Trennungszeit – eine gewisse Zurückhaltung geübt werden.[678] Ein Ausschluss ist möglicherweise aber in Erwägung zu ziehen, wenn sich der Partner **okkulter Fähigkeiten** berühmt[679] und versucht, das Kind gegen den Willen des betreuenden Elternteils in seine Aktivitäten einzubeziehen. Ebenso ist die Lage, wenn der neue Partner den betreuenden Elternteil aus seiner Elternrolle völlig zu verdrängen und an seine Stelle zu treten versucht, indem er diesen vor dem Kind massiv herabwürdigt.[680]

176

Dient die Unterhaltung des Umgangskontaktes allein eigensinnigen, mit dem Kindeswohl nicht zu vereinbarenden Motiven, so kann ein Ausschluss gerechtfertigt sein. Davon ist etwa auszugehen, wenn der Umgangsberechtigte tatsächlich überhaupt nicht an der Aufrechterhaltung oder Wiederherstellung der familiären Bande zu seinem Kind interessiert ist[681] oder er das Umgangsrecht lediglich nutzt, um das Sorgerecht des anderen Elternteils auszuhöhlen, in der Absicht,

177

---

669 AG Göttingen FamRZ 2003, 112; *Oelkers/Kraeft*, FuR 1997, 161.
670 OLG Köln FamFR 2013, 234.
671 BVerfG FamRZ 2008, 246; Anm. *Völker*, FamRB 2008, 102.
672 BVerfG FamRZ 2006, 1822; Anm. *Völker*, jurisPR-FamR 5/2007, Anm. 1.
673 OLG Hamm FamRZ 2003, 951; FamRZ 1980, 481.
674 BGH FamRZ 1984, 1084.
675 AG Bergen FamRZ 2015, 425.
676 OLG Celle NZFam 2016, 92 [Rechtsbeschwerde zugelassen].
677 *Oelkers*, FamRZ 1995, 451.
678 OLG Nürnberg FamRZ 1998, 976; OLG Köln FamRZ 1982, 1236.
679 OLG Schleswig NJW 1985, 1786.
680 Vgl. OLG Saarbrücken, Beschl. v. 10.10.2013 – 6 UF 122/13 (n.v.).
681 OLG Hamm FamRZ 1997, 693.

selbst die elterliche Sorge zu erhalten.[682] Solche Fälle sind allerdings selten, weil dahingehende Absichten kaum nachweisbar sind.

178 Die **Prostitution** der umgangsberechtigten Mutter steht dem Umgangskontakt nicht entgegen, wenn und weil – freilich bei Ausübung in Abwesenheit des Kindes – nicht von einer Gefährdung des Kindes auszugehen ist.

Will das Gericht eine Umgangseinschränkung auf Vorbringen des Jugendamts stützen, der Umgangsberechtigte sei **alkoholabhängig** und fahre mit dem Kind in alkoholisiertem Zustand Auto, bestreitet aber der Umgangsberechtigte dies, so muss das Gericht die Richtigkeit der Behauptung klären; dies gilt umso mehr, wenn im Haushalt des Umgangsberechtigten – von der Jugendhilfe unbeanstandet – andere Kinder leben.[683] Mit Blick auf § 30 Abs. 3 FamFG ist hier zur Alkoholabhängigkeit Strengbeweis zu erheben.

Steht allerdings die Gefahr der **Gewaltausübung**, vor allem gegenüber dem Kind, aber auch der Mutter in Rede, sollte ein Umgang eingeschränkt oder ausgeschlossen werden.[684] Dies gilt erst recht, wenn es bereits zu Übergriffen gekommen ist und aufgrund der Persönlichkeitsstruktur des Kindes bei unbeschränkter Ausübung pathologische Störungen zu befürchten sind.[685]

179 Ein **begleiteter Umgangskontakt** kommt auch nicht mit dem Ziel in Betracht, zu verhindern, dass der **leibliche Vater** das Kind über seine tatsächliche Abstammung zu einem verfrühten Zeitpunkt informiert, wenn das Kind etwa seine Großeltern für seine tatsächlichen Eltern hält.[686] Hier zeigt sich, dass es für Kinder besser ist, sie möglichst frühzeitig über die Existenz eines vom rechtlichen Vater verschiedenen leiblichen Vaters aufzuklären. Je kleiner das Kind ist, desto selbstverständlicher kann es in der Regel mit dieser Wahrheit aufwachsen.

2. Ausschlussgründe auf Seiten des Kindes

a) Alter des Kindes

180 Allein mit Blick auf das Kindesalter ist eine Umgangsbefugnis nicht auszuschließen.[687] Auch gegenüber einem Säugling oder Kleinkind besteht ein Umgangsrecht,[688] da nur auf diesem Weg einer dauerhaften **Entfremdung** vorgebeugt werden kann.[689]

b) Widerstand des Kindes (PAS)

181 Der Widerstand eines älteren Kindes kann den Ausschluss oder die Einschränkung des Umgangs – auch mit einem in einer Pflegefamilie untergebrachten Kind (siehe dazu § 4 Rdn 38 f.)[690] – rechtfertigen (zum Kindeswillen siehe Rdn 102 sowie § 1 Rdn 304),[691] soweit andernfalls der Kontakt gegen den Willen des Kindes zwangsweise durchgesetzt werden müsste.[692] Allerdings kann im Einzelfall die **Vollstreckung** das Mittel der Wahl sein (siehe § 6 Rdn 42 f., 76). Der Ausschluss des Umgangs ist vorrangig gerechtfertigt, wenn das Kind aus eigenen Motiven und Überzeugun-

---

682 KG FamRZ 1980, 399.
683 OLG Saarbrücken, Beschl. v. 26.1.2015 – 6 UF 139/14 und 141/14 (n.v.).
684 Vgl. auch *Ehinger*, FPR 2001, 280; *Krüger*, Gewaltschutz und Umgang, NZFam 2016, 294; *Funk/Osten/Scharl/Schmid/Stotz*, Familiengerichtliches Kindschaftsverfahren bei häuslicher Gewalt, FamRB 2016, 282; zu den psychischen Folgen häuslicher Gewalt für Kinder siehe *Becker/Büchse*, ZKJ 2011, 292.
685 OLG Hamburg FamRZ 2011, 822.
686 OLG Brandenburg, 28.9.2006 – 9 UF 133/06; Anm. *Hoffmann*, jurisPR-FamR 3/2007, Anm. 4.
687 OLG Karlsruhe FF 1998, 124.
688 OLG Stuttgart JAmt 2001, 45; OLG Hamm FamRZ 1994, 58.
689 OLG Karlsruhe FamRZ 1992, 58.
690 BVerfG FamRZ 2013, 361 m. Anm. *Salgo*, FamRZ 2013, 343.
691 OLG Nürnberg FamRZ 2009, 1687 (12-jähriges Kind); OLG Bremen NJW 2013, 2603 (13 und 15 Jahre alte Kinder).
692 OLG Hamm FamRZ 2002, 1583; OLG Rostock ZfJ 1999, 399.

gen den Umgang ablehnt und diese Ablehnung objektiv nachvollziehbar ist.[693] In dem Spannungsgefüge zwischen dem Kindeswillen und den Interessen des umgangsberechtigten Elternteils ist abzuwägen, wobei auch ein klar geäußerter Kindeswille keinen absoluten Vorrang besitzt und das Gericht jeweils prüfen muss, inwieweit der geäußerte Wille mit dem Kindeswohl tatsächlich in Einklang steht[694] bzw. die Überwindung des Kindeswillens kindeswohlgefährdend ist.[695] Allerdings hat der Wille eines älteren Kindes – etwa ab 13 oder 14 Jahren – erhebliches Gewicht.[696] Ein gegen den ernsthaften Widerstand des älteren Kindes erzwungener Umgang kann durch die Erfahrung der Missachtung der eigenen Persönlichkeit unter Umständen mehr Schaden verursachen als nutzen, zumal der Wille des Kindes gebrochen werden müsste. Selbst ein auf einer bewussten oder unbewussten Beeinflussung beruhender Wunsch kann beachtlich sein, wenn er Ausdruck echter und damit schützenswerter Bindungen ist. Das Außerachtlassen des beeinflussten Willens ist daher nur dann gerechtfertigt, wenn die manipulierten Äußerungen des Kindes den wirklichen Bindungsverhältnissen nicht entsprechen.[697]

182 Zu berücksichtigen ist, dass sich das Kind in einem schweren **Loyalitätskonflikt** befinden kann. Das sog. Eltern-Feindbildsyndrom oder **Parental Alienation Syndrome (PAS)** wird durch die **Manipulation** seitens eines Elternteils erzeugt,[698] so dass sich das Kind mit diesem Elternteil solidarisiert und unter Verdrängung eigener Wünsche den Umgang mit dem anderen Elternteil ablehnt.[699] In schweren PAS-Fällen kann ein Ausschluss des Umgangs gerechtfertigt sein.[700] Bei leichteren Fällen kommt ein begleiteter Umgang in Betracht.[701] Eine extrem starre Haltung des betreuenden Elternteils spricht zugleich gegen eine **Erziehungseignung**, so dass gegebenenfalls eine Abänderung der Sorgerechtsregelung in Erwägung gezogen werden kann (zum **Umgangsboykott** und den möglichen Maßnahmen siehe auch Rdn 44 ff.)[702]

183 Entscheidende Bedeutung hat hierbei auch das **Kindesalter**, so dass es mit zunehmendem Alter schwieriger wird, eine Entscheidung gegen den Willen des Kindes zu treffen.[703] Gegebenenfalls kann dem umgangsberechtigten Elternteil auch zugemutet werden, dass er zunächst auf andere Weise den Kontakt anbahnt, etwa brieflich oder telefonisch.[704]

c) Erkrankungen des Kindes

184 Die Erkrankung des Kindes[705] steht dem Umgangskontakt nicht entgegen, soweit keine Anhaltspunkte dafür ersichtlich sind, dass sich der Elternteil im Krankheitsfall nicht angemessen um das Kind kümmern kann. Bei einer mit **stationärer Behandlung** oder **Transportunfähigkeit** des Kindes verbundenen schweren Erkrankung kann eine **Verlegung des Umgangskontaktes** oder

---

693 OLG Dresden FamRZ 2002, 1588; OLG Saarbrücken, Beschl. v. 25.8.2014 – 6 UF 58/14 (n.v.).
694 BVerfG FamRZ 2005, 1057.
695 OLG Brandenburg ZKJ 2012, 356; OLG Bamberg FamRZ 2010, 741.
696 Vgl. BVerfG FamRZ 2008, 1737; BVerfGK 6, 57; BGH FamRZ 1980, 131; OLG Saarbrücken FamRZ 2011, 1409; NJW RR 2011, 436; Beschl. v. 25.8.2014 – 6 UF 58/14 (n.v.); KG NZFam 2015, 478; OLG Brandenburg FuR 2016, 303j; OLG Stuttgart FamRZ 2015, 1729.
697 BVerfG FamRZ 2015, 1091.
698 AG Fürstenfeldbruck FamRZ 2002, 118; AG Groß-Gerau DAVorm 2000, 433.
699 OLG Dresden FamRZ 2002, 1588; vgl. auch *Kindler*, Kinderschutz im BGB, FPR 2012, 422; *ders*. Trennungen zwischen Kindern und Bindungspersonen, FPR 2013, 194; *Maywald*, Entfremdung durch Kontaktabbruch – Kontakt verweigernde Kinder oder Eltern nach einer Trennung, FPR 2013, 200.
700 OLG Saarbrücken FamRZ 2011, 1409.
701 *Jopt/Behrend*, DAVorm 2000, 223; *Schröder*, FamRZ 2000, 592.
702 EuGHMR FamRZ 2011, 1125; OLG Frankfurt FamRZ 2002, 1585; OLG Dresden FamRZ 2002, 1588.
703 OLG Bamberg FamRZ 1998, 970; OLG Celle FamRZ 1989, 892; OLG Saarbrücken FamRZ 2011, 1409; NJW RR 2011, 436; Beschl. v. 25.8.2014 – 6 UF 58/14 (n.v.); KG NZFam 2015, 478; OLG Stuttgart NZFam 2016, 43; siehe zur Bedeutung des Kindeswillens auch BVerfG FamRZ 2008, 1737; Anm. *Völker*, FamRB 2008, 334.
704 OLG Brandenburg FamRZ 2014, 1124; OLG Nürnberg FamRZ 2014, 858.
705 Siehe auch *Finke*, Sorgerecht und Umgang bei Erkrankung des Kindes, NZFam 2015, 1114.

eine sachgerechte Anpassung des Kontakts angezeigt sein.[706] Eine solche Erkrankung ist durch ein gehaltvolles **ärztliches Attest** nachzuweisen.

IV. Begleiteter/Beschützter Umgang, § 1684 Abs. 4 BGB

1. Zweck des begleiteten Umgangs

185 Durch § 1684 Abs. 4 S. 3, 4 BGB wird der sog. **begleitete oder beschützte Umgang** geregelt.[707] Dies bedeutet, dass zum Schutz des Kindes der Umgang nur in Anwesenheit einer mitwirkungsbereiten dritten Person stattfinden darf (zum Umgangspfleger siehe Rdn 38). Der begleitete Umgang ist eine Ausnahmeregelung,[708] da es sich um eine Einschränkung des Umgangs im Sinn des § 1684 Abs. 4 S. 1 BGB handelt. Mit Blick auf den Verhältnismäßigkeitsgrundsatz kommt ein völliger Ausschluss des Umgangs nur in Betracht, wenn ein begleiteter Umgang nicht ausreicht, um das Kindeswohl zu gewährleisten,[709] also nur so eine Gefährdung der seelischen und körperlichen Entwicklung des Kindes abgewehrt werden kann.[710] Im Interesse des Kindes soll grundsätzlich mit dem nicht betreuenden Elternteil ein natürliches unbefangenes Zusammensein ohne Anwesenheit einer **Aufsichtsperson** durchgeführt werden.[711] Ob der begleitete Umgang als deutlich milderes Mittel zu bewerten ist, muss zudem deshalb kritisch hinterfragt werden, da die Überwachung durch einen beim Umgang anwesenden Dritten eine gravierende Zumutung nicht nur für den umgangsberechtigten Elternteil ist,[712] sondern durchaus auch intensiv in das Recht des Kindes eingreift, mit jenem grundsätzlich ohne Beobachtung durch Dritte Umgang zu pflegen.[713] Gleichwohl bleibt in den Fällen, in denen der umgangsberechtigte Elternteil den erforderlichen geschützten Umgang ausdrücklich ablehnt, nur die Möglichkeit des völligen Umgangsausschlusses.[714] Wird begleiteter Umgang angeordnet und nicht zugleich ein unbegleiteter Anschlussumgang geregelt, so ist der begleitete Umgang **nicht zu befristen**. Eine Anpassung an veränderte Verhältnisse erfolgt vielmehr nach Maßgabe von § 166 FamFG i.V.m. § 1696 BGB.[715] Denn ansonsten wäre das Umgangsrecht nach Auslaufen des begleiteten Umgangs völlig ungeregelt. Das ist zu vermeiden (siehe dazu Rdn 60 ff.).

2. Einsatzmöglichkeiten

186 Grundsätzlich ist der nicht betreuende Elternteil berechtigt, den Umgang mit dem Kind ohne Anwesenheit eines Dritten auszuüben.[716] Die Anwesenheit einer dritten Person bedarf daher einer ausdrücklichen familiengerichtlichen Anordnung. Ein begleiteter Umgang kommt daher in folgenden Fallkonstellationen in Betracht:

---

706 OLG Brandenburg FamRZ 2003, 111.
707 Kurzüberblick bei *Schmid*, Schwierigkeiten des begleiteten Umgangs, NZFam 2016, 604; zur Ausgestaltung des begleiteten Umgangs, den in Frage kommenden Fallgestaltungen und Personen siehe *Luthin*, FamRB 2016, 69; *Di Cato*, FamRB 2014, 389; *Schlund*, ZKJ 2015, 55 und 104; *Salzgeber*, FamRZ 1999, 975 f.; *Fegert*, FPR 2002, 219 ff.; *Fichtner/Fthenakis*, FPR 2002, 231 ff.; *Fuß*, FPR 2002, 225 ff.; *Müller*, FPR 2002, 237 ff.; *Rahn/Borgolte*, FPR 2002, 245 ff.; *Sydow*, FPR 2002, 228 ff.; *Fricke*, ZfJ 2005, 389; *Weber*, JAmt 2002, 161.
708 OLG München FamRZ 2003, 551.
709 BVerfG FuR 2008, 338; BT-Drucks 13/4899, S. 106.
710 OLG Brandenburg FamRZ 2008, 1374.
711 BGHZ 51, 219.
712 OLG Saarbrücken FamRZ 2015, 62; München FamRZ 2003, 551.
713 BVerfG FamRZ 2008, 494 m. Anm. *Völker*, FamRB 2008, 139; vgl. auch BGHZ 51, 219; OLG Saarbrücken FamRZ 2010, 2085.
714 OLG Karlsruhe FamRZ 2006, 1867; OLG Köln FamRZ 2001, 1163; OLG Brandenburg FamRZ 2010, 740.
715 OLG Saarbrücken FamRZ 2011, 826; ebenso (inzident) OLG Celle FamRZ 2015, 769; *Di Cato*, FamRB 2014, 389, 390.
716 OLG Brandenburg FamRZ 2014, 1792; OLG Düsseldorf FamRZ 2002, 1582; OLG Brandenburg FamRZ 2002, 414.

G. Beschränkungen oder Ausschluss des Umgangsrechts (§ 1684 Abs. 4 BGB) § 2

- erstmalige[717] oder **Neuanbahnung des Umgangsrechts** nach längerer Pause,[718] um das Verhältnis zwischen dem Umgangsberechtigen und Kind (wieder) vorsichtig und kontrolliert aufzubauen,[719]
- bei Gefahr einer **Kindesentführung** (siehe dazu Rdn 164 f.),[720]
- **Alkoholismus**[721] oder sonstige **Drogenabhängigkeit**[722] des Umgangsberechtigten,
- bei **Kindesängsten** – bis hin zu solchen mit Krankheitswert[723] –, insbesondere wenn sie vom Umgangsberechtigten mit verursacht wurden,[724]
- bei massivem **Unterwandern der Erziehungsbemühungen** des betreuenden Elternteils,[725] auch durch massiv eigenmächtiges Verhalten ohne sorgerechtliche Befugnis hierzu,[726]
- bei einem naheliegenden Verdacht des **sexuellen Missbrauchs**,[727]
- bei rechtskräftig festgestelltem Besitz von **Kinderpornographie** durch den Umgangsberechtigten,[728]
- bei **Gewalttaten**, die das Kind unmittelbar miterlebt hat oder die sich gegen das Kind selbst gerichtet haben,[729]
- bei **Strafhaft** des Umgangsberechtigten.[730]

Anstelle des begleiteten Umgangs kommt auch eine nur **betreute Übergabe** des Kindes in Betracht. Hierdurch kann unkontrollierten Streitigkeiten zwischen den Eltern im Zusammenhang mit der Abholung und Rückverbringung des Kindes entgegengewirkt werden. In diesen Fällen übergibt der betreuende Elternteil das Kind an eine dritte Person, wo es von dem anderen Elternteil abgeholt und auch wieder hin zurückgebracht wird. 187

Da auch der begleitete Umgang ein gravierender Eingriff in das Elternrecht des Umgangsberechtigten, aber auch in das Recht des Kindes ist, mit diesem ungestört Umgang zu pflegen, darf er keinesfalls – wie leider in der Praxis häufiger zu beobachten – generell als Mittel der Streitschlichtung herangezogen werden,[731] sondern muss auf schwere Fälle beschränkt bleiben. Wenn das Kind allerdings bewusst oder unbewusst anlässlich des Umgangs massiv in den Elternkonflikt einbezogen wird, etwa durch Schuldzuweisungen oder persönliche Herabsetzungen, kann ein begleiteter Umgang angezeigt sein. 188

Ein begleiteter Umgang kommt dagegen nicht in Betracht, wenn die Umgangskontakte an der vollständigen Ablehnung des Kindes scheitern. Die Frage, ob ein Dritter bei den Zusammenkünften anwesend ist, ist dann ohne Bedeutung.[732] Auch bei erheblicher **Gewalttätigkeit** des Um- 189

---

717 OLG Hamm FamRZ 2011, 826.
718 OLG Brandenburg FamRZ 2014, 1124; OLG Nürnberg FamRZ 2014, 858.
719 BVerfG FamRZ 2006, 1005; OLG Oldenburg FamRZ 2013, 49; OLG Rostock FamRZ 2004, 54; OLG Frankfurt FamRZ 2002, 1585; OLG Braunschweig FamRZ 2002, 118.
720 KG FamRZ 2009, 1762; OLG Köln ZKJ 2006, 259; OLG Hamm FamRZ 2002, 1585.
721 OLG Koblenz FamRZ 2007, 926.
722 OLG Koblenz FamRZ 2007, 926; AG Ansbach FamRZ 2011, 1802; siehe auch *Schmid/Scharl*, Sucht und Persönlichkeitsstörung in Kindschaftssachen, FamRB 2013, 224.
723 *Finke*, Sorgerecht und Umgang bei Erkrankung des Kindes, NZFam 2015, 1114.
724 OLG Jena FamRZ 2007, 661.
725 OLG Saarbrücken, Beschl. v. 8.6.2016 – 6 UF 30/16, juris; FamRZ 2015, 62 und 344.
726 OLG Brandenburg FamRZ 2015, 1818 zur Phimosebehandlung durch eine cortisonhaltige Salbe ohne Zustimmung des Sorgeberechtigten und ohne ärztliche Verschreibung.
727 BVerfG FamRZ 2005, 1816; OLG Karlsruhe FamRB 2014, 7; zur familiengerichtlichen Kooperation in Fällen von Kindesmisshandlung und sexuellem Missbrauch siehe *Schmid*, FamRB 2014, 267.
728 BVerfG NZFam 2015, 234; OLG Schleswig FamRZ 2014, 1385.
729 OLG Frankfurt FamRZ 2003, 1317; AG Magdeburg FamRZ 2005, 1770; *Di Cato*, FamRB 2014, 389, 390 m.w.N.; siehe auch *Krüger*, Gewaltschutz und Umgang, NZFam 2016, 294; *Funk/Osten/Scharl/Schmid/Stotz*, Familiengerichtliches Kindschaftsverfahren bei häuslicher Gewalt, FamRB 2016, 282.
730 AG Pankow-Weißensee ZKJ 2006, 265.
731 OLG München FamRZ 2003, 551.
732 OLG Saarbrücken NJW RR 2011, 436; OLG Düsseldorf FamRZ 1998, 1460; *Walter*, FPR 1999, 204.

gangsberechtigten gegenüber dem Kind oder – von diesem miterlebt – gegen den anderen Elternteil,[733] entscheiden die Einzelfallumstände, ob begleiteter Umgang stattfinden kann oder es eines Umgangsausschlusses bedarf. Wenn sich der Umgangsberechtigte auch im Rahmen professionell begleiteter Umgänge nicht davon abhalten lässt, das Kind massiv und in kindeswohlschädlicher Weise in seiner Haltung gegen den anderen Elternteil zu **beeinflussen**, so scheidet ein begleiteter Umgang meist aus.[734]

190 Die Anordnung begleiteten Umgangs setzt voraus, dass der **Umgangsberechtigte** ausdrücklich seine **Bereitschaft** erklärt, den Umgang in dieser Form wahrzunehmen; ist dies nicht der Fall und kommt ein unbegleiteter Umgang nicht in Betracht, muss der Umgang ausgeschlossen werden.[735] Weder kann in solchen Fällen der Umgangsantrag einfach abgelehnt werden;[736] denn dann bliebe die Situation ungeregelt mit der Folge, dass insbesondere dieser Elternteil folgenlos mit dem Kind persönlichen Kontakt aufnehmen könnte, weil gegen ihn – anders als bei einem Umgangsausschluss – keine Folgenankündigung ergehen könnte (siehe dazu Rdn 155 und eingehend § 6 Rdn 37).

Zugleich kann der begleitete Umgang, solange er gegenüber dem Umgangsausschluss ein milderes, zur Kindeswohlgefährdung ausreichend geeignetes Mittel ist, nicht mit Verweis darauf abgebrochen werden, dass der Vater sein Verhältnis zur Mutter nicht verbessert und auch ansonsten nicht an sich arbeitet.[737] Begleiteter Umgang kann vielmehr auch dauerhaft angeordnet werden.[738] Eine solche Sicht setzte nicht nur das Elternrecht des Vaters unverhältnismäßig hintan, sondern beträfe auch das Kind ohne ausreichende verfassungsrechtliche Rechtfertigung in ihrem eigenen grundrechtlich verbrieften Anspruch auf Umgang mit ihrem Vater.[739]

Da eine Umgangsregelung konkrete Anweisungen zur Überwachung beim begleiteten Umgang erfordert, muss sich das Gericht vor seiner Entscheidung davon überzeugen, dass ein **mitwirkungsbereiter Dritter** vorhanden ist.[740] Gegebenenfalls sind gerichtliche Weisungen für die konkrete Durchführung zu geben (zum **Konkretheitsgebot** vgl. auch Rdn 60).

3. Anforderungen an die Begleitperson

191 Bei der Auswahl der möglichen Begleitpersonen sollte Wert darauf gelegt werden, dass sie entweder bereits das Vertrauen des Kindes besitzen oder aufgrund ihrer beruflichen Ausbildung in der Lage sind, die Begleitung kindgerecht umzusetzen.

In Betracht kommen daher vor allem Einrichtungen der **Träger der Jugendhilfe** und hier insbesondere das **Jugendamt**[741] oder Vereine, wie etwa die Ortsgruppen des Deutschen Kinderschutzbundes (dazu aus jugendhilferechtlicher Sicht, siehe § 12 Rdn 32 ff.). Bei Bestehen einer besonderen Vertrauensstellung zu dem Kind können aber auch **Großeltern**, sonstige **Verwandte**, Nachbarn oder Freunde der Familie den Kontakt begleiten.[742] Der andere Elternteil kann nur in

---

733 *Ehinger*, FPR 2001, 280; *Wurdak/Rahn*, FPR 2001, 275; *Becker/Büchse*, ZKJ 2011, 292; Krüger, Gewaltschutz und Umgang, NZFam 2016, 294; *Funk/Osten/Scharl/Schmid/Stotz*, Familiengerichtliches Kindschaftsverfahren bei häuslicher Gewalt, FamRB 2016, 282.
734 OLG Saarbrücken, Beschl. v. 8.6.2016 – 6 UF 30/16, juris; Beschl. v. 14.9.2015 – 6 UF 91/15 (n.v.): Im letzteren Einzelfall sogar anlässlich vom gerichtlichen Sachverständigen (!) begleiteter Umgänge.
735 OLG Saarbrücken FamRZ 2015, 344 m.w.N.; OLG Köln FamRZ 2001, 1163; *Di Cato*, FamRB 2014, 389, 391; a.A. (trotzdem sei begleiteter Umgang anzuordnen) KG, Beschl. v. 6.5.2016 – 13 UF 40/16, juris.
736 So aber OLG Karlsruhe FamRZ 2006, 1867.
737 OLG Saarbrücken FamRZ 2015, 344; Staudinger/*Coester*, § 1684, Rn 312 a.E.
738 OLG Saarbrücken FamRZ 2015, 344; OLG Frankfurt FamRZ 2015, 1730.
739 OLG Saarbrücken FamRZ 2015, 344.
740 OLG Frankfurt FamRZ 1999, 617.
741 BT-Drucks 13/4899, S. 106.
742 *Di Cato*, FamRB 2014, 389, 391.

G. Beschränkungen oder Ausschluss des Umgangsrechts (§ 1684 Abs. 4 BGB) § 2

Betracht gezogen werden, wenn die Elternebene intakt ist und er außerdem ausdrücklich seine Mitwirkungsbereitschaft erklärt hat.[743] Auch wenn der Elternteil nicht „Dritter" im Sinne von § 1684 Abs. 4 S. 3 BGB ist, kann aus der dann verbleibenden Vorschrift des § 1684 Abs. 2 BGB keine entsprechende Verpflichtung des Elternteils gegen seinen Willen hergeleitet werden. Die Einrichtung einer **Umgangspflegschaft** (siehe dazu Rdn 39) kommt nur in Betracht, wenn die diesbezüglichen Voraussetzungen nach § 1684 Abs. 3 S. 3 BGB vorliegen. Das wird in der Praxis leider nicht immer beachtet.[744]

Voraussetzung ist jeweils, dass diese dritten Personen auch **mitwirkungsbereit** sind.[745] Sie sollen nicht dazu veranlasst werden, gegen ihren Willen bei den Umgangskontakten anwesend zu sein.[746] Wird die Mitwirkungsbereitschaft des Dritten in der Entscheidung des Familiengerichts offengelassen, so handelt es sich um eine unzulässige Teilentscheidung, die entsprechend § 69 Abs. 1 S. 2 FamFG die Aufhebung und Zurückverweisung rechtfertigt.[747]

192

Weigert sich das Jugendamt, seine Mitwirkungsbereitschaft zu erklären, so ist der Umgangsberechtigte darauf verwiesen, gegen jenes seinen Unterstützungsanspruch nach § 18 SGB VIII im verwaltungsgerichtlichen (Eil-)Verfahren geltend zu machen (siehe zum Problem der **Steuerungsverantwortung des Jugendamts** eingehend § 12 Rdn 32);[748] um ihm dies zu ermöglichen, ist das Familiengericht zu einer Aussetzung des Verfahrens gemäß § 21 FamFG verpflichtet.[749] Für die Zwischenzeit ist der Erlass einer einstweiligen Anordnung zu prüfen (§ 156 Abs. 3 S. 2 FamFG; ggf. – je nach Ausmaß und Schwere der Kindeswohlgefährdung – auch in Form unbegleiteten Umgangs.[750] Hingegen ist es verfassungsrechtlich nicht statthaft, den Umgang durch eine Endentscheidung auszuschließen, ohne dem Umgangsberechtigten durch die Aussetzung des Verfahrens Gelegenheit zur Anrufung des Verwaltungsgerichts zu geben.[751]

Der Umgangspfleger kommt als Umgangsbegleiter nur in Betracht, wenn zugleich die strengen Voraussetzungen der Umgangspflegschaft vorliegen (siehe dazu eingehend Rdn 39 ff.).[752]

Darüber hinausgehend sollen sie aber auch von ihrer Person her in der Lage sein, den Kontakt zu begleiten. Hierzu gehört, dass sie persönliche Voraussetzungen erfüllen, wie etwa Neutralität, Einfühlungsvermögen und Durchsetzungsfähigkeit. Parallel müssen – bei professionellen Umgangsbegleitern – auch bestimmte fachliche Grundlagen vorhanden sein, wie etwa die Kenntnis datenschutzrechtlicher oder einschlägiger zivilrechtlicher Normen.[753] Dies ist umso bedeutsamer, als der Umgangsbegleiter als **Aufsichtspflichtiger** nach § 832 BGB haften kann.[754] Dabei ist zu beachten, dass persönliche Daten, die der Umgangsbegleiter ermittelt, dem Familiengericht mitgeteilt werden dürfen.[755] Die **Kosten des** professionell **begleiteten Umgangs** (vgl. auch § 12 Rdn 35 ff.) hat das Jugendamt jedenfalls dann zu tragen, wenn es gegen den begleiteten Umgang

---

743 A.A. aber (auch bei nicht mitwirkungsbereitem anderen Elternteil) OLG Nürnberg FamRZ 2014, 858.
744 Dazu OLG Saarbrücken ZKJ 2014, 75.
745 OLG Schleswig FamRZ 2015, 1040; OLG Stuttgart JAmt 2001, 45.
746 OLG Frankfurt FamRZ 2002, 1585; OLG Köln FamRZ 2001, 1163.
747 OLG Schleswig FamRZ 2015, 1040.
748 Siehe insoweit auch *Schmidt*, Anordnung von SGB VIII-Leistungen: Verpflichtung des Jugendamts durch das Familiengericht, FamRZ 2015, 1158.
749 BVerfG FamRZ 2015, 1686 m. krit. Anm. *Dürbeck*, ZKJ 2015, 457; OLG Schleswig FamRZ 2015, 1040 m.z.w.N.; OVG Saarlouis FamRZ 2014, 186.
750 OLG Schleswig FamRZ 2015, 1040.
751 BVerfG FamRZ 2015, 1686 m. krit. Anm. *Dürbeck*, ZKJ 2015, 457; anders – die Möglichkeit der Aussetzung aber nicht diskutierend – OLG Frankfurt FamRZ 2015, 1730.
752 OLG Schleswig FamRZ 2015, 1040.
753 *Walter*, FPR 1999, 204.
754 *Böhm/Mütze*, NDV 2002, 325; dazu neigend auch OLG Karlsruhe FamRZ 2014, 1476.
755 OLG Stuttgart NJW 2006, 2197.

keine Einwände erhoben hat.⁷⁵⁶ Ein Vergütungsanspruch gegen die Staatskasse besteht mangels gesetzlicher Grundlage hierfür nicht.⁷⁵⁷

V. Einstweiliger Rechtsschutz

193 Aus dem grundrechtlich gesicherten Schutz des Elternrechts sowie der Verpflichtung des Staates, über die Ausübung des Elternrechts im Interesse des Kindeswohls zu wachen, ergeben sich Folgerungen für das Verfahrensrecht und seine Handhabung im summarischen Verfahren (siehe dazu und zum Folgenden eingehend § 7 Rdn 6).⁷⁵⁸

194 Das gerichtliche Verfahren muss in seiner Ausgestaltung dem **Gebot effektiven Grundrechtsschutzes** entsprechen. Das gilt insbesondere für einstweilige Maßnahmen, die bereits dadurch, dass sie später nicht oder nur schwer rückgängig zu machende Tatsachen schaffen, mit einem erheblichen Eingriff in ein Grundrecht verbunden sind.⁷⁵⁹ Gerade in kindschaftsrechtlichen Eilverfahren sind Eingriffe in das Elternrecht einzelfallbezogen in besonderem Maße einer Prüfung des Grundsatzes der **Verhältnismäßigkeit** zu unterziehen.⁷⁶⁰ Denn schon die Frage, ob mit der Eingriffsmaßnahme nicht bis zu einer besseren Aufklärung des Sachverhalts abgewartet werden kann, ist am Maßstab der Verhältnismäßigkeit zu messen, weil vorläufige Maßnahmen zum einen leicht vollendete Tatsachen schaffen und Eilmaßnahmen auf der Grundlage eines noch nicht zuverlässig aufgeklärten Sachverhalts ergehen.⁷⁶¹ Ist ein Abwarten der Hauptsacheentscheidung wegen der Eilbedürftigkeit nicht möglich, müssen daher zumindest die im Eilverfahren zur Verfügung stehenden Aufklärungs- und Prüfungsmöglichkeiten ausgeschöpft werden.⁷⁶² Dies gilt nicht nur im Sorgerechtsverfahren, sondern auch bei anderen einschneidenden Maßnahmen, etwa, wenn ein vorläufiger Umgangsausschluss in Betracht gezogen wird.⁷⁶³

H. Auskunftsrecht (§§ 1686, 1686a Abs. 1 Nr. 2 BGB)

I. Voraussetzungen des Auskunftsrechts

1. Auskunftsberechtigter und Auskunftspflichtiger

195 Die **Auskunftsansprüche** nach §§ 1686, 1686a Abs. 1 Nr. 2 BGB bestehen unabhängig davon, ob die Eltern miteinander verheiratet waren und ob eine gemeinsame elterliche Sorge besteht.⁷⁶⁴

196 Erstmals durch das Gesetz zur Stärkung der Rechte des leiblichen, nicht rechtlichen Vaters vom 4.7.2013⁷⁶⁵ wird nunmehr in § 1686a Abs. 1 Nr. 2 BGB auch dem nur leiblichen Vater ein Recht auf Auskunft eröffnet, wenn die Auskunft dem Kindeswohl nicht widerspricht (negative Kindeswohlprüfung). Erforderlich ist – anders als beim Auskunftsanspruch nach § 1686 BGB –, dass der leibliche Vater ernsthaftes Interesse am Kind gezeigt hat. So soll vermieden werden, dass der leib-

---

756 OLG Naumburg FamRZ 2008, 2048; *Willutzki*, Kind-Prax 2003, 51; vgl. auch DIJuF-Rechtsgutachten JAmt 2012, 648.
757 OLG Hamm FamRZ 2008, 1374, *Di Cato*, FamRB 2014, 389, 392.
758 BVerfG FamRZ 2002, 1021.
759 Wendt/Rixecker/*Völker*, Verfassung des Saarlandes, Art. 24 Rn 11 m.w.N.
760 OLG Saarbrücken OLGR 2007, 492; Anm. *Giers*, FamRB 2008, 42; Anm. *Völker*, jurisPR-FamR 12/2007, Anm. 3.
761 BVerfGE 67, 43; 69, 315, 363 f.
762 BVerfGE 67, 43; 69, 316.
763 Vgl. dazu etwa BVerfG FamRZ 2008, 856; Wendt/Rixecker/*Völker*, Verfassung des Saarlandes, Art. 24 Rn 11 m.w.N.
764 Siehe dazu eingehend *Clausius*, Die Auskunftsansprüche nach §§ 1686, 1686a Abs. 1 Nr. 2 BGB, FamRB 2015, 65 mit Formulierungsbeispielen.
765 BGBl I, 2176.

H. Auskunftsrecht (§§ 1686, 1686a Abs. 1 Nr. 2 BGB) § 2

liche Vater den Auskunftsanspruch lediglich zur Klärung seiner biologischen Vaterschaft nutzt.⁷⁶⁶ Zu den verfahrensrechtlichen Voraussetzungen des Anspruchs siehe (vgl. hierzu auch Rdn 126 ff.). Funktionell zuständig ist für den Anspruch – anders als für den Umgangsanspruch nach § 1686a Abs. 1 Nr. 1 BGB – der Rechtspfleger (§ 3 Nr. 2a i.Vm. § 14 Abs. 1 Nr. 7 RPflG). Werden sowohl der Umgangs- als auch der Auskunftsantrag zusammen gestellt, ist der Richter wegen Sachzusammenhangs insgesamt zur Entscheidung berufen.⁷⁶⁷

Zielrichtung des Auskunftsanspruchs ist es sowohl bei § 1686 als auch im Rahmen von § 166a BGB, dem nicht persönlich betreuenden Elternteil einen **Informationsanspruch** gegen den Elternteil zu geben, der das Kind in seiner Obhut hat.⁷⁶⁸ Anspruchsgegner ist daher weder das Kind selbst noch ein Dritter, wie etwa Großeltern, behandelnde Ärzte,⁷⁶⁹ Lehrer⁷⁷⁰ oder auch ein Drogenhilfeverein.⁷⁷¹ Lebt das Kind allerdings nicht bei dem anderen Elternteil, sondern bei Pflegeeltern, einem Vormund oder in einem Heim, so besteht gegen solche Obhutspersonen ein Auskunftsanspruch analog § 1686 BGB.⁷⁷² Der auskunftsberechtigte Elternteil soll die Möglichkeit haben, sich über das Befinden und die **Entwicklung des Kindes** in angemessener Form in Kenntnis zu setzen. Bei berechtigtem Interesse ist daher jeder Elternteil verpflichtet, dem anderen Elternteil Auskunft über die persönlichen Verhältnisse des Kindes zu erteilen. Die Grenze ist jeweils das Kindeswohl (§ 1697a BGB). Ein Auskunftsanspruch besteht zudem selbstredend nur während der Zeit der **Minderjährigkeit** des Kindes; denn der Auskunftsanspruch stellt eine Ergänzung des Umgangsrechts mit einem minderjährigen Kind dar.⁷⁷³ **197**

Voraussetzung für den Auskunftsanspruch ist nicht, dass das **Umgangsrecht** ausgeschlossen oder eingeschränkt ist,⁷⁷⁴ wobei aber gerade in diesen Fällen der Auskunftsanspruch – als Konkretisierung des Elternrechts – besondere Bedeutung erlangt. Auch nach Auslaufen eines Umgangsausschlusses kann eine weitere Auskunftsverpflichtung bestehen.⁷⁷⁵ Der Auskunftsanspruch kann unabhängig vom Umgangsrecht an dessen Stelle, aber auch gleichzeitig geltend gemacht werden, so dass gegebenenfalls auch auf diesem Weg etwaige Nachteile eines eingeschränkten Umgangsrechts kompensiert werden können.⁷⁷⁶ Wegen seines Ersatzcharakters erstreckt sich der Auskunftsanspruch auf alle für das Wohlergehen und die Kindesentwicklung wesentlichen Umstände (Antragsmuster im Formularteil, siehe § 13 Rn 30 ff.). **198**

2. Berechtigtes Interesse

Voraussetzung für die Geltendmachung des Auskunftsanspruchs ist ein **berechtigtes Interesse** des umgangsberechtigten Elternteils.⁷⁷⁷ Dieses ist regelmäßig dann zu bejahen, soweit dem betreffenden Elternteil keine andere Möglichkeit zur Verfügung steht, um sich über die Entwicklung des Kindes – auch bei Dritten im Rahmen eines ihm zustehenden vollständigen oder teilweisen Mitsorgerechts – in zumutbarer Weise zu informieren.⁷⁷⁸ Hiervon ist dann auszugehen, **199**

---

766 BT-Drucks 17/12163, S. 14.
767 *Hammer*, FamRB 2013, 298, 302; *Clausius*, FamRB 2015, 65, 68.
768 Palandt/*Götz*, § 1686 Rn 3.
769 OLG Brandenburg, Beschl. v. 15.7.2015 – 10 UF 191/13, juris.
770 OLG Bremen OLGR 1999, 86; OLG Hamm FamRZ 1995, 1288; vgl. auch *Oelkers*, NJW 1995, 1335.
771 Frankfurt FamRZ 2016, 313.
772 OLG Saarbrücken, Beschl. v. 11.3.2014 – 9 WF 83/13 (n.v.); KG FamRZ 2008, 2306.
773 OLG Saarbrücken FamRZ 2015, 162; OLG Jena, Beschl. v. 13.5.2016 – 1 UF 109/16, juris; KG FamRZ 2011, 827.
774 BayObLG FamRZ 1996, 813.
775 OLG Jena, Beschl. v. 13.5.2016 – 1 UF 109/16, juris.
776 BayObLG FamRZ 1996, 813.
777 OLG Hamm FamRZ 1995, 1288.
778 OLG Koblenz FamRZ 2014, 1473; OLG Brandenburg FamRZ 2014, 1861; OLG Saarbrücken, Beschl. v. 11.3.2014 – 9 WF 83/13 (n.v.); BayObLG FamRZ 1996, 813; *Rauscher*, FamRZ 1998, 329.

- wenn kein Recht zum persönlichen Umgang besteht,[779]
- das Kind sowohl persönliche als auch **briefliche Kontakte** ablehnt,
- wegen des Kindesalters oder großer **räumlicher Entfernung** weder persönlich noch durch Schriftverkehr eine ausreichende eigene Überzeugung vom Wohlergehen und der **Entwicklung des Kindes** sichergestellt werden kann[780] oder
- wegen größerer **Zeitabstände der Umgangskontakte** für den Zwischenzeitraum ein berechtigtes Auskunftsinteresse besteht.

200 Der Auskunftsanspruch besteht auch dann, wenn sich der berechtigte Elternteil längere Zeit nicht um das Kind gekümmert hat.[781] Allerdings kann das bisherige Verhalten gegenüber dem Kind für Inhalt und Umfang der Auskunft Bedeutung haben.[782]

201 Dem Berechtigten steht es frei, ob und wann er seinen Anspruch gelten machen will. Für seine Entscheidung können verschiedene Aspekte Relevanz haben, die auch in der persönlichen Entwicklung des Berechtigten selbst oder des Kindes verwurzelt sein können.

202 Von einem berechtigten Interesse kann nicht ausgegangen werden, wenn mit dem Auskunftsanspruch Zwecke verfolgt werden, die dem Kindeswohl abträglich sind oder wenn der Auskunftsanspruch **missbräuchlich** eingesetzt wird.[783] Hierzu gehört etwa die angestrebte Überwachung des Sorgeberechtigten, um auf diesem Weg Informationen zu erlangen, die in einem Sorgerechtsabänderungsverfahren eingesetzt werden sollen,[784] oder um den Aufenthalt des Kindes zu erlangen, um so den gerichtlich ausgeschlossenen Kontakt mit dem Kind wahrnehmen zu können. Nicht ausreichend ist, dass der auskunftsberechtigte Vater in einem Internet-Chat ankündigt, das Kind irgendwann zu sich nehmen zu wollen und er die Mutter des Kindes im Internet beleidigt und deren Bruder bedroht.[785]

203 Abzugrenzen ist hiervon die gegebenenfalls auf Seiten des Auskunftsberechtigten verfolgte Absicht, Informationen zu erhalten, die im Rahmen seiner Unterhaltsverpflichtung Bedeutung besitzen können. Hier gilt, dass der Unterhaltspflichtige ohnehin gegenüber dem Kind einen Auskunftsanspruch über Einkommen und Vermögen hat, soweit es unterhaltsrechtlich relevant ist. Das Kindeswohl wird daher nicht dadurch beeinträchtigt, dass in Erfüllung des Auskunftsanspruchs Informationen bekannt werden, die in den unterhaltsrechtlichen Beziehungen ohnehin hätten offengelegt werden müssen.[786]

3. Anspruchsinhalt

204 Die nähere Ausgestaltung der Auskunftserteilung ist gesetzlich nicht geregelt. Der Sorgerechtsinhaber bestimmt daher in eigener Verantwortung Umfang und Inhalt des – allerdings jedenfalls geschuldeten – Berichts. Die persönlichen Verhältnisse des Kindes können grundsätzlich alle für das Befinden und die **Entwicklung des Kindes** wesentlichen **Lebensumstände** umfassen, die es selbst nicht darstellen kann oder will. Es können jedenfalls nicht mehr Informationen verlangt werden, als wenn der Auskunftsberechtigte das Umgangsrecht persönlich ausgeübt und dabei das Kind befragt hätte.[787]

---

779 OLG Köln FamRZ 2005, 1276.
780 BayObLG FamRZ 1983, 1169.
781 BayObLG FamRZ 1993, 1487.
782 BayObLG FamRZ 1993, 1487.
783 BayObLG FamRZ 1996, 813; FamRZ 1993, 1487.
784 BayObLG FamRZ 1993, 1487.
785 OLG Hamm FamRB 2016, 186.
786 BayObLG FamRZ 1993, 1487.
787 OLG Saarbrücken, Beschl. v. 25.9.2013 – 9 WF 79/13 (n.v.).

H. Auskunftsrecht (§§ 1686, 1686a Abs. 1 Nr. 2 BGB) § 2

Ist der Gegenstand der Auskunft auf Wiederholung angelegt, so ist diese in **angemessenen Zeitabständen** zu erteilen.[788] Die geschuldete Häufigkeit der Auskunft hängt vom konkreten Anlass ab. Maßgebliche Kriterien sind insoweit das Alter und die jeweilige Lebenssituation des Kindes. Bei Kindern im Vorschul- und Schulalter genügt in der Regel ein viertel- bis halbjähriger Turnus,[789] ansonsten kann auch einmal jährlich ein Bericht über die allgemeine Entwicklung des Kindes genügen.[790] In besonders konfliktreichen Situationen kann eine Ausdehnung des Zeitabstandes zur Konfliktentlastung geboten sein.[791]

205

Zum **Entwicklungsbericht** gehören insbesondere Angaben zum **Gesundheitszustand** des Kindes, über seine **persönliche Lebenssituation** und seine **persönlichen Interessen**. Mit dem Bericht ist eine Übersicht zum **schulischen Werdegang** unter Beifügung von Fotokopien der **Zeugnisse**[792] zu überlassen, einschließlich der derzeitigen schulischen Situation.[793]

206

Da die Auskunftspflicht auch eine regelmäßige Unterrichtung über den Gesundheitszustand des Kindes beinhaltet,[794] kann bei einem Kleinkind die Übersendung von Belegen (z.B. **Kopie des Impfpasses**) angezeigt sein, um gegebenenfalls den Umgangsberechtigten über notwendig werdende medizinische Maßnahmen zu informieren. Eine Kopie des Heftes für **Vorsorgeuntersuchungen** kann hingegen nicht verlangt werden,[795] ebenso wenig die Vorlage ärztlicher Untersuchungsberichte.[796]

207

Hinsichtlich der **höchstpersönlichen Angelegenheiten** eines fast volljährigen Kindes ist der Personensorgeberechtigte zu weitergehenden Auskünften nicht verpflichtet. Je näher das Kind der **Volljährigkeit** kommt, desto weniger wird im Bereich seiner Privat- und Intimsphäre ein Auskunftsanspruch in Betracht kommen.[797] Das Kind kann vielmehr selbst entscheiden, ob es Informationen zu Psychotherapien,[798] Arztbesuchen, **politischem Engagement** oder freundschaftlichen Kontakten weitergeben möchte. Ebenso wenig kann freilich vom betreuenden Elternteil verlangt werden, dass er über das Leben des Kindes laufend **Tagebuch** führt.[799]

208

Bestehen zwischen den Eltern erhebliche Spannungen, so kann sich der Bericht auf ein Mindestmaß beschränken. Geschuldet werden nur die Informationen, die erforderlich sind, um dem anderen Elternteil einen überschlägigen Eindruck zur gegenwärtigen Situation des Kindes und der hierfür wesentlichen Umstände, wie **etwa Gesundheitszustand, Ausbildungsfragen oder allgemeine Entwicklung**, zu vermitteln.[800] Grundsätzlich ist einmal jährlich ein **Foto des Kindes** weiterzuleiten,[801] gegebenenfalls auch gegen dessen Willen,[802] da gerade durch ein Foto ein die Persönlichkeitssphäre des Kindes wahrender Eindruck vermittelt werden kann.[803]

209

---

788 BayObLG FamRZ 1996, 813; OLG Saarbrücken, Beschl. v. 25.9.2013 – 9 WF 79/13 (n.v.).
789 OLG Hamm FamRZ 2010, 909; OLG Saarbrücken, Beschl. v. 25.9.2013 – 9 WF 79/13 (n.v.); OLG Frankfurt NJW 2002, 3785.
790 BayObLG FamRZ 1996, 813; KG FamRZ 2011, 827.
791 OLG Saarbrücken, Beschl. v. 25.9.2013 – 9 WF 79/13 (n.v.).
792 OLG Hamm FamRZ 2003, 1583.
793 BayObLG FamRZ 1993, 1487; OLG Frankfurt FamRZ 2002, 1585.
794 OLG Naumburg FamRZ 2001, 513.
795 OLG Zweibrücken FamRZ 1990, 779.
796 OLG Saarbrücken, Beschl. v. 25.9.2013 – 9 WF 79/13 (n.v.).
797 KG FamRZ 2011, 827.
798 KG FamRZ 2011, 827.
799 OLG Koblenz FamRZ 2002, 980.
800 BayObLG FamRZ 1996, 813.
801 OLG Brandenburg, Beschl. v. 15.7.2015 – 10 UF 191/13, juris.
802 OLG Frankfurt FamRZ 2002, 1585.
803 OLG Naumburg FamRZ 2001, 513.

4. Einschränkung des Auskunftsrechts

210 Die Geltendmachung dieses Anspruches muss nicht dem Kindeswohl dienen, sondern darf ihm lediglich nicht widersprechen.[804] Das **Kindeswohl** ist daher nicht Maßstab des Auskunftsrechts, sondern lediglich seine Grenze.[805] Deshalb ist der Auskunftsanspruch nur in Ausnahmefällen einzuschränken.

Folglich darf die Auskunft nur verweigert werden, wenn konkrete Anhaltspunkte dafür vorliegen, dass durch die Erfüllung das Kindeswohl beeinträchtigt werden kann,[806] also eine akute Gefahr des Missbrauchs durch den Auskunftsberechtigten besteht und mildere Mittel zum Schutz des Kindes nicht verfügbar sind.[807] Die Ziele des die Auskunft begehrenden Elternteils sind aber nur dann von Belang, wenn durch ihre Realisierung konkret in den Lebenskreis des Kindes eingegriffen wird. Ein Auskunftsanspruch kann daher selbst dann verfolgt werden, wenn der Berechtigte lediglich seine eigene Unterrichtung erstrebt.[808] Allein aus der unmittelbar bevorstehenden Volljährigkeit des Kindes – als zeitliche Grenze des Auskunftsanspruchs und der **Kontaktablehnung** seitens des Kindes – kann nicht bereits abgeleitet werden, dass durch die Auskunft das Wohl des Kindes beeinträchtigt würde. Gerade in einer solchen Situation der Kontaktablehnung greift die Bedeutung des Auskunftsanspruchs ein. Auch die Rücksichtnahme auf die Persönlichkeitssphäre eines Jugendlichen kann nicht allein zur Verneinung des Auskunftsanspruches führen.[809] So kann etwa dem Auskunftsberechtigten erforderlichenfalls untersagt werden, zur Verfügung gestellte Fotos an dritte Personen, also vorrangig Personen außerhalb des familiären Umfelds, weiterzugeben.[810] Steht aufgrund konkreter Umstände fest, dass die Auskunft kindeswohlwidrig verwendet wird, etwa wenn der Auskunftsberechtigte ein aktuelles Foto des Kindes fordert, obwohl er frühere Fotos trotz Abmahnung zu kindeswohlwidrigen Zwecken auf seine Homepage eingestellt hat, so kann der Auskunftsanspruch – als ultima ratio – auch ganz versagt werden.

II. Entscheidung von Streitigkeiten über den Auskunftsanspruch

211 Es gilt die **sachliche Zuständigkeit** des Familiengerichts zu allen Meinungsverschiedenheiten bezüglich Berechtigung, Häufigkeit oder Umfang des Auskunftsanspruchs (§ 1686 S. 2 BGB).

Hinsichtlich der **örtlichen Zuständigkeit** gilt § 152 FamFG. Ist danach eine Ehesache anhängig, so ist das hiermit befasste Familiengericht zuständig (§ 152 Abs. 1 FamFG). Wird während einer familiengerichtlichen Auseinandersetzung zum Auskunftsanspruch eine Ehesache rechtshängig, so ist dieses Verfahren von Amts wegen an das Gericht der Ehesache abzugeben (§ 153 FamFG). Ansonsten ist das Gericht zuständig, in dessen Bezirk das Kind seinen **gewöhnlichen Aufenthalt** hat (§ 152 Abs. 2 FamFG). Funktionell zuständig ist für isoliert geltend gemachte Auskunftsansprüche der **Rechtspfleger** (§ 3 Nr. 2a RPflG).

212 Obgleich das Verfahren nach § 1686 BGB keinen Antrag voraussetzt – anders das Verfahren nach § 1686a Abs. 1 Nr. 2 BGB (arg. § 167a Abs. 1 FamFG) –, kommt es de facto nur auf Betreiben eines Elternteils in Gang. Ab Volljährigkeit des Kindes ist der betreuende Elternteil

---

[804] OLG Schleswig FamRZ 1996, 1355; OLG Hamm FamRZ 1995, 1288.
[805] BT-Drucks 13/4899, S. 107; OLG Saarbrücken, Beschl. v. 11.3.2014 – 9 WF 83/13 (n.v.); BayObLG FamRZ 1993, 1487.
[806] OLG Hamm FamRZ 1997, 693; vgl. auch EuGHMR FamRZ 2011, 1715.
[807] OLG Hamm MDR 2010, 88.
[808] BayObLG FamRZ 1993, 1487.
[809] BayObLG FamRZ 1993, 1487.
[810] OLG Hamm FamRZ 2010, 909.

nicht mehr passivlegitimiert.[811] Die notwendigen Anhörungen der Beteiligten ergeben sich aus § 160 FamFG (Eltern), § 159 FamFG (Kind)[812] und § 162 Abs. 1 FamFG (Jugendamt).

Gegen die Entscheidung kann das Rechtsmittel der **Beschwerde** eingelegt werden (§ 58 FamFG; siehe dazu § 9). **213**

Verweigert der Sorge- oder Obhutsinhaber die Befolgung einer gerichtlichen Anordnung zur Auskunftserteilung, so wird diese nach den §§ 86–87, 95 Abs. 1 Nr. 3 FamFG i.V.m. § 888 ZPO **vollstreckt** (siehe auch § 6 Rdn 4).[813] **214**

I. Das Verfahren nach § 1684 BGB

1. Kein Antragserfordernis

Für die Einleitung eines Umgangsrechtsverfahrens bedarf es nach dem klaren Wortlaut von § 1684 Abs. 3, 4 BGB keines Antrags, sodass das Familiengericht von Amts wegen sowohl ein Hauptsache- als auch ein EA-Verfahren einleiten kann,[814] wenngleich dies praktisch eher selten vorkommen mag. Dies gilt nicht nur für das Umgangsrecht nach § 1684 Abs. 1 BGB, sondern auch für die Umgangsrechte nach § 1685 Abs. 1 und Abs. 2 BGB (siehe § 1685 Abs. 3 S. 1 BGB). Nach Maßgabe dessen kann auch ein Umgangsantrag nach § 1685 BGB nicht zurückgewiesen werden, sondern muss ggf. ein Umgangsausschluss tituliert werden.[815] Leitet das Familiengericht trotz eines Antrags eines Umgangsberechtigten in diesen Verfahren kein Verfahren ein, so ist die ablehnende Entscheidung als Endentscheidung nach §§ 58 ff. mit der Beschwerde anfechtbar.[816] Das Umgangsrechtsverfahren nach § 1686a Abs. 1 Nr. 1 BGB wird hingegen gemäß dem eindeutigen Wortlaut von § 167a Abs. 1 FamFG nur auf Antrag eingeleitet, so dass u.a. für ein Tätigwerden des Gerichts gemäß § 14 Abs. 3 i.V.m. § 21 FamGKG zunächst ein Gerichtskostenvorschuss zu zahlen oder ein Verfahrenskostenhilfeantrag zu stellen ist.[817] **215**

Als eine dem FamFG unterliegende Kindschaftssache ist für ein Umgangsrechtsverfahren ein bestimmter Antrag oder ein den Formerfordernissen des § 253 Abs. 2 ZPO entsprechender Antrag nicht erforderlich. Es genügt, wenn sich aus den schriftsätzlichen Ausführungen zuverlässig entnehmen lässt, welche Person eine Erklärung welchen Inhaltes abgibt.[818] § 23 FamFG, der die Anforderungen an die Antragsschrift näher präzisiert – Begründung, Benennung der Beweismittel und in Betracht kommende Beteiligten, Vorlage in Bezug genommener Urkunden und Unterschrift – ist eine bloße Sollvorschrift. In den Verfahren der freiwilligen Gerichtsbarkeit reduziert sich ein Antrag auf eine bloße Anregung.[819] In Abgrenzung zum **ZPO-Verfahren** kann eine bestimmte Art des gerichtlichen Vorgehens nicht erzwungen werden. **216**

Gleiche Erwägungen gelten auch für die **Beschwerde**; auch diese muss nicht mit einem bestimmten Antrag verbunden sein. Es genügt die Darlegung des Rechtsmittelführers, zu welchem Verfahrensgegenstand er eine Regelung erstrebt (arg. § 65 Abs. 1 FamFG, bloße Sollvorschrift). **217**

---

811 KG FamRZ 2011, 827.
812 Siehe etwa OLG Brandenburg, Beschl. v. 29.8.2012 – 3 UF 77/12, juris; OLG Oldenburg FamRZ 2010, 44.
813 OLG Saarbrücken FamRZ 2015, 162; a.A. – § 88 FamFG anwendbar – OLG Brandenburg FamRB 2016, 309.
814 OLG Brandenburg FamRZ 2014, 2019; OLG Celle ZKJ 2011, 433; OLG Frankfurt FamRZ 2015, 1991; 2014, 53; OLG Celle ZKJ 2011, 433; Schulz/Hauß/*Hüßtege*, HK-FamR, § 1684 Rn 26; zum Antrag auf Verpflichtung des umgangsunwilligen Elternteils zur Umgangsausübung aber BGH FamRZ 2008, 1334 (unechtes Amtsverfahren).
815 OLG Frankfurt FamRZ 2013, 1994 m.w.N.
816 Vgl. – mutatis mtandis – OLG Brandenburg FamRZ 2015, 1993 zum Abänderungsverfahren.
817 *Hammer*, FamRB 2013, 298 m.w.N.
818 OLG Frankfurt FamRZ 2003, 321.
819 OLG Düsseldorf FamRZ 1998, 114.

218 Wird in einem Verfahren der **freiwilligen Gerichtsbarkeit** ein bestimmter Antrag formuliert, so hat dieser nicht die Bedeutung eines Sachantrages wie bei § 308 ZPO. An einen solchen Antrag eines Beteiligten ist das Gericht nicht gebunden.[820] Es können seinerseits abweichende Entscheidungen getroffen werden. Maßstab der zu treffenden gerichtlichen Entscheidung ist allein das Kindeswohl. Will das Gericht einem Antrag nicht entsprechen, so darf es daher eine andere Regelung nicht bereits deshalb außer Betracht lassen, weil sie förmlich nicht beantragt wurde.[821] Insbesondere gilt im Beschwerdeverfahren das Verschlechterungsverbot (reformatio in peius) nicht (siehe dazu § 9 Rdn 6).

II. Umgangsrechtsantrag im Scheidungsverbund

219 (Vgl. hierzu § 1 Rdn 345 ff.)

III. Isolierter Umgangsrechtsantrag

220 (Vgl. hierzu § 1 Rdn 348)

IV. Abtrennung des Umgangsrechtsverfahrens vom Scheidungsverbund

221 (Antragsmuster im Formularteil, siehe § 13 Rdn 14 sowie Rdn 29, vgl. auch § 1 Rdn 349 ff.)

J. Das Verfahren nach § 1684 BGB

I. Zuständigkeit

222 (Zur – stets vorrangig zu prüfenden – internationalen Zuständigkeit siehe § 11 Rdn 10 ff.)

1. Sachliche und geschäftsverteilungsmäßige Zuständigkeit

223 Die Regelung des Umgangs[822] mit einem Kind ist gemäß § 151 Nr. 2 FamFG eine Kindschaftssache und daher nach § 111 Nr. 2 FamFG eine Familiensache. Als solche ist sie gemäß § 23a Abs. 1 Nr. 1 GVG den Amtsgerichten sachlich zugewiesen. Die geschäftsverteilungsmäßige Zuständigkeit des Familiengerichts als Abteilung des Amtsgerichts folgt aus § 23b Abs. 1 GVG.

224 Haben die Eltern eines gemeinsamen Kindes anlässlich der Trennung eine **private Vereinbarung** zur **Kostentragung** im Zusammenhang mit der Umgangsausübung getroffen, so handelte es sich bei einem Streit über diese Kostentragung schon bislang um eine Familiensache;[823] nunmehr regelt § 266 Abs. 1 Nr. 5 FamFG dies ausdrücklich.

2. Örtliche und instanzielle Zuständigkeit

225 (Zur örtlichen Zuständigkeit vgl. § 1 Rdn 371ff.)

226 (Zur instanziellen Zuständigkeit vgl. § 1 Rdn 382.)

227 (Zu Begriff, Umfang und den verfahrensrechtlichen Ausprägungen des Amtsermittlungsgrundsatzes zunächst eingehend – mutatis mutandis – siehe § 1 Rdn 383 ff.)

---

820 OLG Brandenburg FamRZ 2003, 111.
821 OLG Thüringen FamRZ 1996, 359; BGH FamRZ 1994, 158.
822 BGH FamRZ 1986, 789; OLG Zweibrücken FamRZ 1997, 32.
823 Zum Verfahren nach § 1684 BGB insgesamt vgl. BGH FamRZ 1986, 789; OLG Zweibrücken FamRZ 1997, 32.

Das Gericht hat die familiäre Situation nach § 26 FamFG von Amts wegen umfassend aufzuklären und gegebenenfalls unter Einbeziehung psychologischer Gutachten alle Möglichkeiten einer für das Kind seelisch verträglichen Anbahnung von Kontakten zu prüfen.[824] Die dem Gericht eingeräumten Aufklärungsmöglichkeiten sind jedoch nicht „therapeutisch" einzusetzen. Die Beteiligten dürfen daher nicht unangemessen zu einer Einigung gedrängt werden.[825] Zielrichtung des § 26 FamFG ist es auch nicht, aufzuklären, ob und gegebenenfalls in welcher Form ein Elternteil zu einem früheren Zeitpunkt seinen Pflichten gegenüber dem Kind unzureichend nachgekommen ist. Unabhängig davon, dass die Aufklärung früherer krisenhafter Familiensituationen zurückhaltende Betrachtung verdient, ist sie auch regelmäßig aus Sicht des Kindeswohls nicht erforderlich. Die erstrebte Umgangsregelung gestaltet gegenwärtige und künftige Familienbeziehungen, so dass zuvörderst der jetzt vorhandene Wille und die in die Zukunft gerichtete Absicht entscheidend sind.[826] Bei einem **Umgangsausschluss** wegen eines entgegenstehenden Kindeswillens kann es nach § 26 FamFG notwendig sein, ein **Sachverständigengutachten** (siehe im Einzelnen § 1 Rdn 394 ff.) dazu einzuholen, ob der erklärte dem wahren Kindeswillen entspricht.[827]

II. Anhörung der Beteiligten

Wie im Sorgerechtsverfahren sind auch im Umgangsrechtsverfahren die Eltern (§ 160 FamFG) und das Kind (§ 159 FamFG)[828] persönlich sowie das Jugendamt (§ 162 Abs. 1 FamFG) und ggf. die Pflegeperson (§ 161 Abs. 2 FamFG) anzuhören. In Umgangsverfahren wird von der Anhörung eines Kindes ab Vollendung des 3. Lebensjahres nur selten abgesehen werden können (dazu im Einzelnen – mutatis mutandis – siehe § 1 Rdn 430 ff.)

228

III. Besorgnis der Befangenheit bei Verfahrensverzögerungen (Vorrang- und Beschleunigungsgebot)

Über § 6 FamFG findet § 42 Abs. 2 ZPO entsprechende Anwendung. Danach kann ein Richter abgelehnt werden, wenn die Besorgnis besteht, dass er nicht unparteilich ist. Bis zum Beweis des Gegenteils ist allerdings die **Unparteilichkeit** zu vermuten.[829]

229

Wesentlicher Bestandteil der richterlichen Pflicht zu unvoreingenommener neutraler Amtsführung ist auch die Verfahrensgestaltung.[830] Verstöße gegen die Verfahrensvorschriften können daher grundsätzlich die **Besorgnis der Befangenheit** rechtfertigen. Auch wenn das Ablehnungsrecht kein Mittel zur Verfahrenskontrolle des Richters ist, so können doch grobe **Verfahrensfehler**, die die Rechte der Beteiligten unberechtigt verkürzen, durchaus eine **Richterablehnung** begründen.[831] Hierzu gehört etwa die massive **Verletzung rechtlichen Gehörs** oder die Ablehnung einer berechtigten **Akteneinsicht**.[832] Die Entscheidung über ein entsprechendes Gesuch muss eine umfassende Abwägung der berechtigten Interessen der Verfahrensbeteiligten erkennen lassen.[833] Da allerdings auch jede Richterablehnung notwendigerweise zu

230

---

824 BGH FamRZ 1997, 173; OLG Brandenburg FamRZ 2014, 1124; 2002, 621; OLG Nürnberg FamRZ 2014, 858.
825 BGH FamRZ 1994, 156.
826 OLG Hamburg FamRZ 1991, 471.
827 Dazu eingehend – auch zu den allgemeinen Maßstäben – OLG Saarbrücken FamRZ 2013, 48.
828 OLG Oldenburg FamRZ 2010, 44; OLG Brandenburg, Beschl. v. 29.8.2012 – 3 UF 77/12, juris.
829 EuGHMR NJWE-FER 2001, 202.
830 Siehe zum Ganzen *Völker*, FPR 2008, 287 mit tabellarischer Übersicht möglicher Befangenheitsgründe.
831 KG FamRZ 2007, 1993.
832 BayObLG NJW-RR 2001, 642; OLG Köln FamRZ 2001, 1003.
833 OLG Celle FamRZ 2011, 108 zur Akteneinsicht der Pflegeeltern und der damit verbundenen Kenntniserlangung zu Informationen aus dem Privatleben eines Elternteils.

einer weiteren **Verfahrensverzögerung** führt,[834] wird die auf den Vorwurf des verzögerten Verfahrens gestützte Richterablehnung auf die Fälle der krassen, nicht mehr hinnehmbaren Verzögerungen beschränkt bleiben müssen. Eine Verzögerung ist dann nicht mehr hinnehmbar, wenn sich das Vorgehen des Richters so sehr von dem normalerweise geübten Verfahren entfernt, dass für den hierdurch betroffenen Beteiligten der Eindruck einer sachwidrigen, auf Voreingenommenheit beruhenden Benachteiligung entsteht.[835]

231 Besondere Bedeutung erfährt diese Problematik im Umgangsrechtsverfahren. Dem umgangsberechtigten Elternteil ist an einer möglichst raschen gerichtlichen Entscheidung gelegen. Insoweit unterscheiden sich die Verfahren der freiwilligen Gerichtsbarkeit deutlich von den allgemeinen zivilgerichtlichen Verfahren.[836] Wird der Umgangskontakt durch den betreuenden Elternteil blockiert, so muss der umgangsberechtigte Elternteil sich zunächst mit der Tatsache auseinandersetzen, dass ihm der persönliche Kontakt zum Kind genommen wird. Zudem muss er eine **Entfremdung** des Kindes von ihm befürchten, die regelmäßig mit einer Verschlechterung seiner Position im gerichtlichen Verfahren einhergehen wird.[837]

232 Dieser besonderen Problematik hat der Gesetzgeber im FamFG dadurch Rechnung getragen, dass er auch für Umgangsrechtsverfahren in § 155 FamFG das **Vorrang- und Beschleunigungsgebot** statuiert hat. Hierzu gehört, dass das Gericht spätestens einen Monat nach Beginn des Verfahrens einen Termin zur mündlichen Anhörung bestimmen muss. Maßgeblich für die Verfahrenseinleitung ist die Einreichung eines Antrags bzw. die Anregung zur gerichtlichen Entscheidung.[838] Ausreichend ist, dass für das beabsichtigte Verfahren um die Bewilligung von Verfahrenskostenhilfe nachgesucht wird.[839] Lediglich in Ausnahmefällen und nach einzelfallbezogener Prüfung darf diese Zeitgrenze überschritten werden.[840] Dieses nunmehr ausdrücklich gesetzlich verankerte Vorgehen korrespondiert mit der hierzu bestehenden ständigen verfassungsgerichtlichen Rechtsprechung, wonach das aus Art. 2 Abs. 1 i.V.m. Art. 20 Abs. 3 GG folgende Recht auf Justizgewährung in seiner Ausprägung als Anspruch auf effektiven Rechtsschutz es gebietet, dass streitige Rechtsverhältnisse in angemessener Zeit geklärt werden. Jeweils einzelfallbezogen ist zu prüfen, ob eine **Verfahrensdauer** in diesem Sinn unangemessen lang ist,[841] wobei in Umgangsrechtsverfahren auch gewichtig auf das **kindliche Zeitempfinden** abzustellen ist.[842] Ein zwischen der beantragten gerichtlichen Regelung eines Umgangskontaktes und dem Beschluss zur Einholung eines Sachverständigengutachtens liegender Zeitraum von über einem Jahr überschreitet definitiv den hinzunehmenden Zeitrahmen (zur **Beschleunigungsrüge und -beschwerde** siehe § 9 Rdn 84).

IV. Beteiligung des Jugendamts

233 (Zur Beteiligung des Jugendamtes siehe – mutatis mutandis – § 1 Rdn 440 ff.)

---

834 BayObLG FamRZ 1998, 1240; OLG Düsseldorf FF 2001, 105.
835 OLG Brandenburg FamRZ 2002, 621; OLG Düsseldorf FF 2001, 105.
836 OLG Karlsruhe FamRZ 1994, 46; vgl. zu diesem Aspekt auch BVerfG FamRZ 2004, 689.
837 OLG Karlsruhe FamRZ 1994, 46; AG Düsseldorf FamRZ 1995, 498.
838 Kemper/Schreiber/*Völker/Clausius/Wagner*, § 155 Rn 7.
839 BT-Drucks 16/6308, S. 236.
840 Kemper/Schreiber/*Völker/Clausius/Wagner*, § 155 Rn 7.
841 EuGHMR NJWE-FER 2001, 202; BVerfG FamRZ 2008, 2258.
842 BVerfG FamRZ 2004, 689.

V. Keine Anordnung von Therapien

Im Rahmen von Sorge- und Umgangsrechtsverfahren kann das Gericht keinen Elternteil gegen dessen erklärten Willen dazu verpflichten, sich einer Therapie zu unterziehen, weil es hierfür keine rechtliche Grundlage gibt (vgl. hierzu auch § 1 Rdn 206).[843] Dies gilt selbst dann, wenn sie – auf freiwilliger Basis – dem Kindesinteresse entspräche und wünschenswert wäre.[844]

234

VI. Rücknahme oder übereinstimmende Beendigungserklärung eines Antrages auf Regelung des Umgangsrechts

Soweit es sich bei dem Umgangsrechtsverfahren um ein von Amts wegen zu führendes Verfahren handelt, führt weder eine **Antragsrücknahme** noch eine übereinstimmende Beendigungserklärung[845] zur **Verfahrensbeendigung** (so ausdrücklich § 22 Abs. 3 und Abs. 4 FamFG). Denn in diesen Fällen steht der Verfahrensgegenstand ab Einleitung des Verfahrens nicht mehr zur Disposition der Eltern. Hier kann allein das Gericht von Amts wegen feststellen, dass das Verfahren erledigt ist.

235

VII. Objektive Beendigung der Hauptsache

Mit objektiver Beendigung der Hauptsache – anders bei Beendigungserklärung, dort gelten die zu Rdn 215 ff. aufgestellten Grundsätze[846] –, sei es durch Erreichen der Volljährigkeit[847] oder Tod, entfällt in Verfahren der freiwilligen Gerichtsbarkeit die unmittelbare Beschwer, so dass das Verfahren beendet ist, da der Zweck nicht mehr erreicht werden kann. Das Gericht entscheidet von Amts wegen nur noch über die Kosten gemäß § 81 FamFG. Eine Fortsetzungsfeststellung ist im Verfahren nach dem FamFG grundsätzlich unzulässig.[848] Anderes gilt allerdings im Beschwerdeverfahren nach § 62 FamFG. Hat die erstinstanzliche Entscheidung den Beschwerdeführer in seinen Rechten verletzt und hat dieser ein berechtigtes Interesse an dieser Feststellung, so spricht das Beschwerdegericht Ersteres auf Antrag aus, wenn sich die angefochtene Entscheidung in der Hauptsache erledigt hat und der Beschwerdeführer die Feststellung beantragt. Regelbeispiele für das Vorliegen eines berechtigten Interesses sind schwerwiegende Grundrechtseingriffe und konkrete Wiederholungsgefahr (§ 62 Abs. 2 FamFG; siehe im Einzelnen § 9 Rdn 54 ff.).

236

VIII. Umgangsrechtsvereinbarungen der Eltern

Unter Geltung des FGG wurde eine zu gerichtlichem Protokoll geschlossene Vereinbarung der Eltern[849] zum Umgang nicht als Verfügung im Sinn des § 33 Abs. 1 FGG angesehen.[850] Sie musste daher familiengerichtlich gesondert gebilligt werden,[851] – sogenannte **Erhebung zum Beschluss** –, um als **Vollstreckungstitel** zu gelten. Nach nunmehr geltender Gesetzeslage sind

237

---

843 OLG Hamm FamRZ 2013, 48; a.A. allerdings OLG Hamm FamFR 2011, 23 gegen die bei § 1 Rn 163 dargestellte ganz h.M.
844 BGH FamRZ 1994, 158; BezG Erfurt FamRZ 1992, 1333.
845 OLG Schleswig FamFR 2012, 164.
846 OLG Schleswig FamFR 2012, 164.
847 Ein familienrechtliches „Umgangsrecht" mit einem volljährigen Kind gibt es nicht, vgl. auch OLG Hamm, Beschl. v. 6.1.2014 – 8 WF 179/13, juris (Besuchsregelung des Betreuers bezüglich eines unter Betreuung stehenden volljährigen Kindes).
848 BayObLG FamRZ 1996, 558.
849 *Oelkers/Oelkers*, FPR 2000, 250; *Fröhlich*, FPR 1999, 200.
850 *Kraeft*, FuR 2000, 357.
851 OLG Brandenburg FamRZ 2001, 1315; OLG Hamm FamRZ 1999, 1095.

Elternvereinbarungen im Rahmen eines Umgangsrechtsverfahrens gemäß § 156 Abs. 2 FamFG der Form des **gerichtlich gebilligten Vergleichs** unterworfen.[852] Im Rahmen der nach § 156 Abs. 1 FamFG bestehenden Verpflichtung des Familiengerichts, auf ein Einvernehmen der Verfahrensbeteiligten hinzuwirken,[853] ist in Abs. 2 vorgesehen, dass bei erzieltem Einvernehmen zwischen den Verfahrensbeteiligten die von diesen getroffene Umgangsregelung als Vergleich aufzunehmen ist, wenn sie vom Gericht gebilligt wird. Die Billigung ist auszusprechen, wenn die Regelung dem Kindeswohl nicht widerspricht. § 156 Abs. 2 lehnt sich an § 52a Abs. 4 S. 3 FGG a.F. an und enthält die **Legaldefinition** des gerichtlich gebilligten Vergleichs. Dieser kann nach seinem eindeutigen Wortlaut nur über das Umgangsrecht und die Herausgabe eines Kindes geschlossen werden, weshalb eine bestehende Sorgerechtslage (vorbehaltlich der Möglichkeiten des § 1626a Abs. 1 BGB, siehe dazu § 1 Rdn 45 ff.) nicht auf diesem Wege, sondern nur nach Maßgabe der einschlägigen materiellrechtlichen Vorschriften durch Richterspruch modifiziert werden kann.[854] Ergeht trotzdem ein Genehmigungsbeschluss, so geht dieser ins Leere, da ihm die formale Grundlage eines wirksam geschlossenen gerichtlich gebilligten Vergleichs fehlt.[855]

Ebenso wie die gerichtliche Entscheidung selbst stellt auch der gerichtlich gebilligte Vergleich gem. § 86 Abs. 1 Nr. 2 FamFG einen **Vollstreckungstitel** dar. Zwar folgt aus § 36 Abs. 1 FamFG, dass die Verfahrensbeteiligten nur einen Vergleich schließen können, soweit sie dem Grunde nach überhaupt über den Gegenstand des Verfahrens verfügen können, wovon in den sogenannten nichtstreitigen Familiensachen der freiwilligen Gerichtsbarkeit – insbesondere über das Umgangsrecht – nicht auszugehen ist. Dies gilt allerdings nicht, wenn das Gericht eine Einigung der Beteiligten billigt und diese so als eigene Entscheidung übernimmt. Zwingende Voraussetzung für eine solche Billigung einer Umgangsregelung ist nach § 156 Abs. 2 S. 2 FamFG jedoch, dass diese dem Kindeswohl nicht widerspricht.[856] Der gerichtlich gebilligte Vergleich kann auch unter der **aufschiebenden Bedingung** geschlossen werden, dass einem Elternteil das Aufenthaltsbestimmungsrecht übertragen wird.[857] Das trägt den Bedürfnissen der Praxis zutreffend Rechnung.

238 Kann im ersten Termin eine **Teileinigung** der Eltern erreicht werden, so spricht nichts gegen den Abschluss eines **Teilvergleichs**.[858] Dieser unterliegt denselben formalen Anforderungen wie ein umfassender gerichtlich gebilligter Vergleich, führt aber nicht zur Beendigung des Verfahrens. Das Gericht kann – und sollte – in diesem Fall vorab über die gerichtliche Billigung des Teilvergleichs nach Maßgabe von § 156 Abs. 2 FamFG entscheiden und die Folgenankündigung nach § 89 Abs. 2 FamFG vornehmen. Dann kann diese Interimsregelung bis zur endgültigen Entscheidung ggf. vollstreckt werden. Dies macht den Erlass einer einstweiligen Anordnung für die Zwischenzeit (§ 156 Abs. 3 FamFG) entbehrlich und trägt der Elternautonomie besser Rechnung. Bei

---

852 *Schael*, Von der vergleichsweisen Einigung der freiwilligen Gerichtsbarkeit alten Rechts zum gerichtlich gebilligten Vergleich, FamRZ 2011, 865 – 867; *Hammer*, Die gerichtliche Billigung von Vergleichen nach § 156 Abs. 2 FamFG, FamRZ 2011, 1268 – 1273; *Haußleiter*, Gerichtliche Billigung einer Umgangsregelung, NJW Spezial 2011, 68; *Ernst*, Der Umgangsvergleich, NZFam 2015, 804.
853 VerfGH Berlin FamRZ 2006, 1465; siehe dazu auch *Bergmann*, ZKJ 2010, 56; *Vogel*, Das Hinwirken auf Einvernehmen in strittigen Kindschaftssachen, FamRZ 2010, 1870; *Salzgeber*, Umgang und Herstellung von Einvernehmen, FPR 2013, 299.
854 BGH FamRZ 2011, 796 m. Anm. *Völker*; OLG Köln FamRZ 2013, 1592; OLG Saarbrücken, Beschl. v. 6.1.2016 – 6 WF 152/15 (n.v.); Beschl. v. 20.6.2013 – 6 UF 81/13 (n.v.); OLG Stuttgart FamRZ 2014, 1653; vgl. auch KG NJW-Spezial 2012, 389; a.A. OLG Nürnberg FamRZ 2014, 854.
855 Inzident OLG Stuttgart FamRZ 2014, 1635; a.A. OLG Nürnberg FamRZ 2014, 854.
856 Hierzu kritisch – und im Lichte der Elternautonomie im Wege verfassungskonformer Auslegung eine Versagung der Billigung nur für den Fall der Kindeswohlgefährdung fordernd – *Rauscher*, FamFR 2010, 28; MüKo-ZPO/*Schumann*, § 156 Rn 13; dem zuneigend *Hammer*, FamRZ 2011, 1268, 1270; siehe auch – insbesondere zum Wechselmodell – *Rohmann*, Billigung nach § 156 FamFG – Kindeswohlprüfung und Grenzen der Billigung, FPR 2013, 307.
857 BGH FamRZ 2010, 1060, 1065 m. Anm. *Völker*.
858 So inzident auch OLG Zweibrücken FamRZ 2014, 1939; zustimmend *Ernst*, NZFam 2015, 804, 805.

Entscheidungsreife des gesamten Verfahrens hat das Gericht dann – unter Einbeziehung und Beachtung des Teilvergleichs – eine umfassende Entscheidung zu treffen. Eine andere Vorgehensweise hätte die – sehr ungünstige – Schaffung zweier Titel zur Folge. Rechtlich bestehen gegen die Schaffung eines einheitlichen Titels keine Bedenken, da der Teilvergleich das Verfahren nicht – auch nicht teilweise – abschließt. Will das Gericht allerdings im Rahmen der Endentscheidung vom gerichtlich gebilligten Teilvergleich abweichen, muss es den Maßstab des § 1696 Abs. 1 BGB beachten.

Zu beachten ist das **Formerfordernis**, das mit einem Vergleich einhergeht. Wurde der gerichtlich gebilligte Vergleich entgegen § 36 Abs. 2 S. 2 FamFG i.V.m. § 162 Abs. 1, 160 Abs. 3 Nr. 1 ZPO nicht vorgelesen und genehmigt, ist er nicht wirksam geworden; eine Heilung tritt auch nicht durch die Billigung des Gerichts ein;[859] denn diese setzt gerade – zumal in Ansehung des wegen § 156 Abs. 2 S. 2 FamFG nur noch eingeschränkten Prüfungsmaßstabes des Gerichts – einen formal wirksamen Vergleich voraus.

239

Der gerichtlich gebilligte Vergleich bedarf sodann der Zustimmung aller am Verfahren formell Beteiligter.[860] Treffen die Eltern einvernehmlich eine Umgangsregelung für ein unter 14 Jahre altes Kind, so ist in ihrer Einigung konkludent die – erforderliche[861] – Zustimmung des ebenfalls verfahrensbeteiligten (vgl. dazu § 1 Rdn 425 **Kindes**[862] enthalten.[863] Ein nach § 9 Abs. 1 Nr. 3 FamFG selbst verfahrensfähiges Kind (vgl. dazu § 1 Rdn 425) muss hingegen selbst zustimmen.[864] Falls das **Jugendamt** Beteiligter ist (§ 162 Abs. 2 FamFG, siehe dazu § 1 Rdn 440), muss nach zutr. h.M. auch dieses zustimmen.[865] Auch der **Verfahrensbeistand** muss, da er stets Verfahrensbeteiligter ist (§ 158 Abs. 3 S. 2 FamFG, siehe dazu § 5 Rdn 30), dem Vergleich zustimmen.[866] Das gilt unabhängig davon, ob er mit großem oder kleinem Aufgabenkreis bestellt wurde, weil sich die ihm im Rahmen des ersteren Kreises zugewiesene Aufgabe, an einer gütlichen Einigung mitzuwirken, nur auf seine Vermittlungsbemühungen außerhalb des Termins bezieht.[867] Gleiches gilt, wenn die **Pflegeperson** des Kindes nach § 161 Abs. 1 FamFG förmlich beteiligt wurde (siehe dazu § 1 Rdn 447).[868]

240

Die Zustimmung ist bis zum Erlass des Billigungsbeschlusses widerruflich,[869] weil der Vergleich erst mit diesem rechtlich existent wird (Wortlaut von § 156 Abs. 2 FamFG: „…ist die einvernehmliche Regelung als Vergleich aufzunehmen, wenn (!) das Gericht diese billigt").

Die **fehlende Zustimmung** eines Beteiligten kann nicht durch den Billigungsbeschluss ersetzt werden; ergeht in einem solchen Fall trotzdem ein Billigungsbeschluss, so geht dieser ins Leere.[870] Die

241

---

859 OLG Hamm ZKJ 2011, 308; *Cirullies*, ZKJ 2011, 448, 452; *Heilmann*, NJW 2012, 887, 889; *Schlünder*, FamRZ 2012, 9, 10; *Völker*, FPR 2012, 485, 486.
860 *Völker*, FPR 2012, 485, 486; *Ernst*, NZFam 2015, 804, 805; These 4 des Arbeitskreises 10 des 20. Deutschen Familiengerichtstages.
861 BT-Drucks 16/6308, S. 237.
862 BT-Drucks 16/6308, S. 237; vgl. *Maywald*, Die Beteiligung des Kindes an der Einigung der Eltern?, FPR 2010, 460; siehe auch *Ivanits*, Elterliches Einvernehmen und Kindesbeteiligung, ZKJ 2012, 98.
863 AG Ludwigslust FamRZ 2010, 488; vgl. auch *Diehl*, Besondere Probleme des FamFG in der 2. Instanz, FuR 2010, 542, 546 i.V.m. 542.
864 *Hammer*, FamRZ 2011, 1268, 1269 m.w.N.
865 BT-Drucks 16/6308, S. 237; DIJuF Rechtsgutachten, JAmt 2011, 402, 403; *Diehl*, FuR 2010, 542, 546; *Heilmann*, FamRZ 2010, 1391 m.w.N. auch zur Gegenmeinung.
866 OLG München FamRZ 2015, 1422; BT-Drucks 16/6308, S. 237, 239; *Salgo*, FPR 2010, 456; *Rauscher*, FamFR 2010, 28.
867 Zutr. *Hammer*, FamRZ 2011, 1268, 1269 m.w.N. zur Gegenmeinung.
868 *Büte*, FuR 2011, 596, 597.
869 OLG Hamm FamRZ 2015, 1988; ebenso *Ernst*, NZFam 2015, 804, 805 m.w.N. zur Gegenmeinung.
870 These 4 des Arbeitskreises 10 des 20. Deutschen Familiengerichtstages; vgl. auch OLG München FamRZ 2015, 1422.

Verweigerung der Zustimmung kann nicht etwa dann unbeachtlich sein, wenn die Vereinbarung dem Kindeswohl nicht widerspricht.[871] Diese Prüfung setzt gerade den wirksamen Abschluss eines Vergleichs mit Zustimmung aller Beteiligten voraus. Zudem ist es das Recht jedes Beteiligten, eine volle richterliche Sachprüfung statt der nur noch eingeschränkten Kontrolle des § 156 Abs. 2 FamFG zu erzwingen.

242 Keine Voraussetzung für den Billigungsbeschluss ist hingegen, dass die Elternvereinbarung vollständig **vollstreckbar** ist.[872] Soweit nicht vollstreckbare Teile gebilligt wurden, ist der gerichtlich gebilligte Vergleich jedoch nicht vollstreckbar (vgl. dazu § 6 Rn 14). Allerdings muss das Gericht – zu Protokoll – auf die fehlende Vollstreckungsfähigkeit des gerichtlich zu billigenden Vergleichs hinweisen.[873] Bleibt es dann bei dem ausdrücklichem Willen aller Beteiligten, eine nicht vollstreckbare Regelung zu schaffen – etwa wegen Wechselschichttätigkeit der Eltern[874] – so bestehen gegen eine gerichtliche Billigung im Regelfall keine durchgreifenden Bedenken. Die Folgenankündigung nach § 89 Abs. 2 FamFG ist allerdings dann auf den vollstreckbaren Teile des gerichtlich gebilligten Vergleichs zu beschränken. Alternativ kommt in Betracht, die Vereinbarung der Eltern, soweit sie nicht vollstreckbar ist, als bloße Vereinbarung zu Protokoll zu nehmen, vom Billigungsbeschluss auszunehmen und insoweit – wegen § 22 Abs. 4 FamFG – von Amts wegen festzustellen, dass das Verfahren erledigt ist (siehe dazu Rdn 235).

243 Streitig und noch nicht höchstrichterlich geklärt ist die Frage, ob schon in der bloßen **Protokollierung** des Vergleichs eine gerichtliche **Billigung** zu sehen ist, was die h.M. zu Recht ablehnt.[875] Zwar mögen Wortlaut und Entstehungsgeschichte der Vorschrift[876] dem Verständnis der Gegenmeinung nicht entgegenstehen. Indessen sieht § 89 Abs. 2 FamFG die für die Vollstreckung erforderliche Folgenankündigung (nur) für einen Beschluss vor, der die Regelung des Umgangs anordnet. Nach zutreffender höchstrichterlicher Rechtsprechung[877] bedarf aber auch die Vollstreckung eines gerichtlich gebilligten Vergleichs der vorherigen Ankündigung nach § 89 Abs. 2 FamFG (siehe dazu § 6 Rdn 36). Das spricht sehr dafür, dass die nach § 156 Abs. 2 FamFG erforderliche gerichtliche Billigung ausdrücklich durch Beschluss, jedenfalls zumindest konkludent durch Erteilung des Warnhinweises nach § 89 Abs. 2 FamFG[878] oder durch eine Eingangsformel wie etwa „…schließen die Beteiligten folgenden gerichtlich gebilligten Vergleich" oder „…schließen die Beteiligten auf Vorschlag/Anregung/mit Billigung/Zustimmung des Gerichts folgenden Vergleich" zu erfolgen hat, um einer gerichtlichen Entscheidung gleichgestellt werden zu können.[879] Schon mangels und bis zu abschließender höchstrichterlicher Klärung dieser Frage

---

871 So aber Müko-ZPO/*Schumann*, § 156 FamFG Rn 15; *Keidel/Engelhardt*, § 156 Rn 12, *Vogel*, FamRZ 2010, 1870; dagegen zu Recht *Hammer*, FamRZ 2011, 1268, 1271.
872 *Hammer*, FamRZ 2011, 1268, 1271; These 4 des Arbeitskreises 10 des 20. Deutschen Familiengerichtstages; a.A. OLG Frankfurt NZFam 2014, 610; *Ernst*, NZFam 2015, 804, 805; wohl auch *Gottschalk*, ZKJ 2014, 479.
873 Vgl. dazu *Hammer*, FamRZ 2011, 1268, 1271 m.w.N.
874 Stehen die Schichten allerdings längerfristig fest, so ist eine konkrete Regelung zu treffen, siehe dazu OLG Brandenburg NZFam 2015, 1173.
875 KG FamRZ 2011, 588; OLG Frankfurt FamRZ 2012, 573; AG Ludwigslust FamRZ 2010, 488; *Prütting/Helms*, Rn 11; MüKo-ZPO/*Schumann*, § 156 FamFG Rn 13; Thomas/Putzo/*Hüßtege*, Rn 10; Hammer, FamRZ 2012, 1268; *Cirullies*, ZKJ 2011, 448, 450 f.; *Schlünder*, FamRZ 2012, 9, 14; *Rauscher*, FPR 2010, 28: förmliche Billigung im Beschlusswege notwendig; großzügiger *Haußleiter*, NJW-Spezial 2011, 68; *Keidel/Engelhardt*, Rn 11; Hdb FA FamR/*Büte*, 8. Aufl., 4. Kap. Rn 640 f. konkludente Billigung möglich; ebenso wohl OLG Naumburg FamFR 2012, 44; aA *Schael*, FamRZ 2011, 865 m.w.N.; *Heilmann*, NJW 2012, 887, 889 dazu neigend wohl auch OLG Nürnberg FamRZ 2011, 1533; *Schmid*, Juristische Grundsätze zu Umgangsmodellen, NZFam 2014, 881 883; offen lassend OLG Brandenburg FamRZ 2014, 2019.
876 Zu dieser BT-Drucks 16/6308, S. 166, 193, 217, 237, 242, 376, 414; zu § 52a FGG a.F. BT-Drucks 13/4899, S. 134; eingehend *Schael*, FamRZ 2011, 865.
877 Vgl BVerfG FamRZ 2011, 957; BGH, Beschl. v. 3.8.2016 – XII ZB 86/15, juris; FamRZ 2014, 732; ebenso BGH FF 2012, 67, dort Rn 28, nachdem es um die Vollstreckung eines gerichtlich gebilligten Vergleichs ging.
878 So OLG Dresden FamRB 2016, 140.
879 Ähnlich – ggf. im Wege der Auslegung – wohl auch OLG Schleswig FamFR 2012, 164.

sollte vorsichtshalber die Billigung des Vergleichs im Beschlusswege vorgenommen werden. In dem Beschluss, mit dem der Vergleich gerichtlich gebilligt wird, sollte das Gericht – wenn auch nur kurz – die Gründe darstellen, aus denen sich die Wahrung des Kindeswohles entnehmen lässt.[880]

Soweit angenommen wird, dass der **Beschluss**, mit dem die Billigung erfolgt, **selbstständig nicht anfechtbar** sei, da er nur deklaratorischen Charakter habe,[881] kann dem in dieser Allgemeinheit nicht gefolgt werden. Nicht nur bei Fehlen eines wirksamen Vergleichsschlusses – insbesondere bei Nichteinbeziehung eines Beteiligten,[882] oder bei Formverstößen (entgegen § 36 Abs. 2 S. 2 FamFG i.V.m. §§ 162 Abs. 1, 160 Abs. 3 Nr. 1 ZPO nicht vorgelesen und genehmigt; siehe dazu § 6 Rdn 10) – muss der Beschluss anfechtbar sein. Vielmehr ist der Billigungsbeschluss stets mit der Beschwerde nach §§ 58 ff. FamFG angreifbar.[883] Denn wenn und weil der geschlossene Vergleich ausdrücklich durch Beschluss gerichtlich gebilligt werden muss (siehe dazu Rdn 243), stellt der Billigungsbeschluss eine Endentscheidung im Sinne der §§ 38, 58 FamFG dar; erst durch ihn wird der Verfahrensgegenstand ganz oder teilweise erledigt.[884] Hinzu kommt, dass in den Billigungsbeschluss die Folgenankündigung nach § 89 Abs. 2 FamFG aufzunehmen ist, deren Unterbleiben nach der Rechtsprechung des BVerfG mittels Beschwerde anfechtbar ist (siehe dazu § 6 Rdn 73). Dann aber muss erst recht der Billigungsbeschluss selbst anfechtbar sein.[885]

244

Da der Billigungsbeschluss anfechtbar ist, muss er eine Rechtsbehelfsbelehrung (§ 39 FamFG) enthalten, wenn nicht alle Beteiligten auf Rechtsmittel verzichten.[886] Das wird allerdings in der Praxis kaum je beachtet, zumal dies nur Wiedereinsetzung in den vorigen Stand zur Folge haben kann (§ 17 Abs. 2 FamFG).

245

Billigt das Gericht den Vergleich nicht, so muss es das Verfahren fortsetzen und das Umgangsrecht selbst durch Beschluss regeln.[887]

(Zur erforderlichen **Folgenankündigung** nach § 89 Abs. 2 FamFG siehe § 6 Rdn 36 ff. Zum – wichtigen – Erfordernis der **Zustellung** sowohl des gerichtlich gebilligten Vergleichs als auch des Billigungsbeschlusses als Vollstreckungsvoraussetzung[888] siehe § 6 Rdn 14.)

Zu bejahen[889] ist die noch nicht höchstrichterlich entschiedene Frage, ob in einem **Beschwerdeverfahren**, dessen Gegenstand allein das Sorgerecht ist, ein gerichtlich gebilligter Vergleich über das Umgangsrecht abgeschlossen werden kann. Zwar kann nach dem Wesen des Rechtsmittelverfahrens Gegenstand des Beschwerdeverfahrens grundsätzlich nur der Verfahrensgegenstand sein, über den im ersten Rechtszug entschieden worden ist.[890] Und ein „gerichtlich gebilligter" Vergleich setzt begrifflich und ausweislich § 156 Abs. 2 S. 2 FamFG – Billigungsbeschluss – gerade eine Sachprüfung und -entscheidung des Beschwerdegerichts voraus. Für diese eröffnet indes § 156 Abs. 2 FamFG mit seinem – insoweit – offenen Wortlaut und seiner systematischen Stellung[891] die entsprechende Grundlage. Denn § 156 Abs. 1 FamFG erfasst auch Sorgerechtsverfahren und § 156 Abs. 3 S. 3 FamFG stellt wiederum den Erlass einer einstweiligen Anordnung –

246

---

880 Kemper/Schreiber/*Völker/Clausius/Wagner*, § 156 Rn 4.
881 OLG Nürnberg FamRZ 2011, 1533.
882 Ebenso DIJuF-Rechtsgutachten, JAmt 2011, 402, 404; vgl. auch OLG München FamRZ 2015, 1422.
883 Ebenso OLG Hamm FamRZ 2015, 1988.
884 Vgl. auch OLG Brandenburg FamRZ 2014, 2019.
885 Zutr. OLG Hamm FamRZ 2015, 273; ebenso *Fischer*, FuR 2014, 700, 701 m.w.N.
886 Zutr. *Hammer*, FamRZ 2011, 1268, 1273; *Ernst*, NZFam 2015, 804, 807.
887 OLG Frankfurt FamRZ 2011, 394.
888 So auch These 4 des Arbeitskreises 10 des 20. Deutschen Familiengerichtstages.
889 Ebenso *Völker*, FamRZ 2011, 801; dem folgend *Schlünder*, FamRZ 2012, 9, 10; a.A. *Heilmann*, NJW 2012, 887, 889; *ders.*, ZKJ 2012, 30.
890 BGH FamRZ 2011, 367 und FamRZ 2011, 1143.
891 Die Gesetzesmaterialien sind unergiebig.

anders als Abs. 2 – unter die Bedingung eines laufenden Umgangsverfahrens. Für diese Lesart könnte auch die – allerdings noch unter Anwendung des alten Rechts ergangene – „Auswanderungsentscheidung" des BGH vom 28.4.2010[892] sprechen, in der dem Beschwerdegericht (!) aufgegeben wurde, im Sorgerechtsverfahren auf eine verbindliche Umgangsregelung zugunsten des zurückbleibenden Elternteils hinzuwirken, obwohl das Umgangsrecht im Beschwerdeverfahren nicht verfahrensgegenständlich war.[893] Die hier vertretene, den gleichgerichteten Interessen aller Beteiligten Rechnung tragende Lösung ist nicht zuletzt auch aus vielfältigen praktischen Erwägungen vorzugswürdig.[894]

IX. Vollstreckungsfragen

247 Umgangsrechtsentscheidungen werden nach den §§ 88 ff. FamFG vollstreckt (siehe dazu § 6 Rdn 4 ff.).

K. Das Vermittlungsverfahren nach § 165 FamFG

I. Vorbemerkungen

248 Bereits im Rahmen der **Kindschaftsrechtsreform** war es ein zentrales Anliegen, Konflikt lösende Methoden auszubauen. Dabei wurde davon ausgegangen, dass die Akzeptanz einer bestimmten Entscheidung seitens der Beteiligten wesentliche Voraussetzung für deren reibungslose Umsetzung ist.[895] Vor diesem Hintergrund wurde § 52a FGG geschaffen, um den Eltern die Durchsetzung des Umgangsrechts durch ein gerichtliches Vermittlungsverfahren zu ermöglichen. So sollte der Vorteil genutzt werden, dass sich die Eltern in einem solchen Vermittlungsverfahren noch nicht, wie in einem etwaigen späteren **Vollstreckungsverfahren**, mit kontroversen Anträgen gegenüberstehen.

249 Diese Grundüberlegung des § 52a FGG wurde nunmehr in § 165 FamFG fortentwickelt. Dessen Anwendungsbereich wurde im Vergleich zu § 52a FGG über gerichtliche Entscheidungen hinaus auf **gerichtlich gebilligte Vergleiche** erweitert. Eine wesentliche Änderung geht hiermit nicht einher, weil bereits bisher **Elternvereinbarungen** durch ihre Erhebung zum Beschluss den Charakter einer – dann vollstreckbaren – gerichtlichen Verfügung verliehen bekamen.

Als Alternative zum Vermittlungsverfahren steht den Beteiligten – allerdings nur im Rahmen eines anhängigen Umgangs(abänderungs)verfahrens das Verfahren vor dem **Güterichter** gemäß § 36 Abs. 5 FamFG offen.

II. Verfahrensvoraussetzungen

250 § 165 FamFG setzt voraus, dass eine gerichtliche Entscheidung oder ein gerichtlich gebilligter Vergleich zur Umgangsregelung vorliegt, über deren Umsetzung es zwischen den Eltern zum Streit gekommen ist.[896] Dem Grunde nach handelt es sich daher um ein dem Abänderungsverfahren nach § 166 Abs. 1 FamFG, § 1696 Abs. 1 BGB oder dem Vollstreckungsverfahren nach §§ 88 ff. FamFG **vorgeschaltetes Streitbeilegungsverfahren**.

---

892 BGH FamRZ 2010, 1060 m. Anm. *Völker*.
893 Siehe dazu auch die aufgehobene Entscheidung der Vorinstanz OLG München FamRZ 2009, 1600.
894 Dazu Kemper/Schreiber/*Völker/Clausius/Wagner*, § 156 Rn 4.
895 *Rauscher*, FamRZ 1998, 329.
896 OLG Saarbrücken, Beschl. v. 25.8.2010 – 9 UF 27/10 (n.v.).

Die Einleitung des Vermittlungsverfahrens erfolgt nur auf ausdrücklichen Antrag, in dem die Tatsachen darzustellen sind, denen sich die **Vereitelung** bzw. die **Erschwerung der Umgangskontakte** entnehmen lassen.[897] Den Antrag (§ 23 FamFG) kann nach § 165 Abs. 1 FamFG jeder der beiden Elternteile stellen. Andere Personen – umgangsberechtigte Dritte, das Kind selbst,[898] dessen Verfahrensbeistand,[899] das Jugendamt oder Pflegepersonen – sind nach dem eindeutigen Wortlaut der Vorschrift nicht antragsberechtigt.[900] Diesem Personenkreis steht nur der Weg zum **Güterichter** offen (siehe dazu Rdn 249).[901] Aus dem Antrag muss sich der ausdrückliche Wunsch nach gerichtlicher Vermittlung ableiten lassen.

251

III. Verfahrensablauf

1. Ablehnung der Verfahrenseröffnung

Nach § 165 Abs. 1 S. 2 FamFG kann das Gericht die erstrebte Vermittlung ablehnen, wenn bereits ein früheres Vermittlungsverfahren oder eine anschließende Beratung erfolglos geblieben ist. Da es sich bei dem Vermittlungsverfahren um ein **eigenständiges Verfahren** handelt, ist die Ablehnungsentscheidung als **Endentscheidung** anzusehen, gegen die nach § 58 Abs. 1 FamFG das Rechtsmittel der **Beschwerde** statthaft ist.[902] Dafür spricht auch, dass bereits nach früherem Recht eine ablehnende Entscheidung mit der **Beschwerde** angegriffen werden konnte.

252

2. Anberaumung eines Gütetermins

Lehnt das Gericht die Verfahrenseröffnung nicht ab, so hat es unverzüglich einen **Vermittlungstermin** zu bestimmen. Zu diesem Termin ist das **persönliche Erscheinen der Eltern** anzuordnen. Bereits in der Ladung sind diese auf die rechtlichen Folgen hinzuweisen, die sich im Fall des Scheitern des Verfahrens ergeben werden, § 165 Abs. 5 FamFG (siehe auch Rdn 12).

253

Das Gericht hat im Termin die Eltern eindringlich auf die nachteiligen Folgen der **Beeinträchtigung von Umgangskontakten** hinzuweisen,[903] da die Unfähigkeit der Förderung und Unterstützung von Umgangskontakten Indiz für fehlende **Bindungstoleranz** und damit auch für eine eingeschränkte **Erziehungsfähigkeit** eines Elternteils ist.

3. Anhörung der Beteiligten

§ 165 Abs. 2 S. 4 FamFG sieht eine Zuladung des Jugendamts in geeigneten Fällen vor. Diese Zuladung ist etwa dann sinnvoll, wenn das Jugendamt bereits in die ursprüngliche Umgangsregelung eingebunden war. Gleiches gilt, wenn zwischen Jugendamt und Eltern ein enger Kontakt besteht. So wird nicht nur eine weitere **Sachverhaltsaufklärung** ermöglicht, sondern kann auch eine vergleichsweise Regelung gefördert werden.[904] Das Kind ist nach § 159 FamFG persönlich anzuhören.[905]

254

---

897 Kemper/Schreiber/*Völker/Clausius*, HK-FamFG, § 165 Rn 3.
898 Dazu OLG Saarbrücken, Beschl. v. 25.8.2010 – 9 UF 27/10 (n.v) vgl. auch KG FamRZ 2003, 1039 zu § 52a FGG a.F.
899 KG FamRZ 2003, 1039.
900 OLG Bremen FamRZ 2015, 2190.
901 *Frank*, FamRB 2015, 378.
902 Kemper/Schreiber/*Völker/Clausius/Wagner*, § 165 Rn 3.
903 Kemper/Schreiber/*Völker/Clausius/Wagner*, § 165 Rn 5.
904 Kemper/Schreiber/*Völker/Clausius/Wagner*, § 165 Rn 5.
905 Dem zustimmend *Heilmann/Gottschalk*, § 165 FamFG Rn 6.

4. Entscheidung des Gerichts

a) Mangelnde Einigung der Eltern

255 Kann zwischen den Eltern eine Einigung nicht erzielt werden, so stellt das Gericht gemäß § 165 Abs. 5 FamFG durch unanfechtbaren Beschluss die **Erfolglosigkeit des Vermittlungsverfahrens** fest.[906] Ein solcher Beschluss ergeht, wenn zwischen den Eltern weder über die Umgangsregelung als solche noch über die Inanspruchnahme einer **außergerichtlichen Beratung** Einvernehmen erzielt werden kann. Gleiches gilt, wenn ein Elternteil durch sein Fernbleiben zum Termin sein Desinteresse am Vermittlungsverfahren zum Ausdruck gebracht hat. Trifft das Gericht jene Feststellung, so hat es zu prüfen, ob **Ordnungsmittel** nach §§ 89 ff. FamFG ergriffen, Änderungen der Umgangsregelung nach § 166 Abs. 1 FamFG, § 1696 Abs. 1 BGB vorgenommen oder nach diesen Vorschriften bzw. nach § 1666 BGB Maßnahmen in Bezug auf das Sorgerecht ergriffen werden, wie etwa ein **Obhutswechsel** des Kindes. Auch die Anordnung von **Umgangspflegschaft** nach § 1684 Abs. 3 S. 3 BGB (vgl. dazu Rdn 39) kommt in diesem Rahmen in Betracht.

b) Einigung der Eltern

256 Kann demgegenüber eine einvernehmliche Regelung gefunden werden, so wird dieses Ergebnis als **gerichtlich gebilligter Vergleich** (vgl. dazu Rdn 237 ff.) – also nach Prüfung, dass er dem Kindeswohl nicht widerspricht – zu gerichtlichem Protokoll genommen.[907] Dieser Vergleich tritt an die Stelle der bisherigen Umgangsregelung.

IV. Wert/Kosten/Gebühren

257 Bezüglich des **Verfahrenswerts** des Vermittlungsverfahrens gibt es keine ausdrückliche Regelung. Es gelten dieselben Bewertungsgrundsätze wie für das Umgangsverfahren, weshalb richtiger Auffassung zufolge § 45 Nr. 2 FamGKG Anwendung findet.[908] Die teilweise zur bisherigen Regelung des § 52a FGG vertretene Meinung, der Wert sei bei einfach gelagerten Vermittlungsverfahren auf 1.000 EUR zu ermäßigen, ist abzulehnen.[909] Von einem „einfach gelagerten" Vermittlungsverfahren kann in der Regel nicht ausgegangen werden. Die Praxis zeigt vielmehr, dass Vermittlungsverfahren teilweise noch emotionaler geführt werden als die vorangegangenen Umgangsrechtsverfahren. Dies erklärt sich zwanglos daraus, dass das Vermittlungsverfahren gerade Probleme bei der Umsetzung der Umgangsregelung voraussetzt. Vermittlungsverfahren fordern zudem von den Verfahrensbevollmächtigten Sensibilität und einfühlsames Vorgehen, um eine Eskalation zu vermeiden und im Interesse des unmittelbar betroffenen Kindes keinen Elternteil als „Verlierer" aussehen zu lassen (zur Frage der Anwaltsbeiordnung siehe aber § 8 Rdn 22 ff.). Die Festsetzung eines niedrigeren als dem Regelverfahrenswert kommt allerdings nach § 45 Abs. 3 FamGKG in Betracht, wenn die Durchführung des Vermittlungsverfahrens aus Rechtsgründen abgelehnt wird[910] oder andere besondere Gründe dies rechtfertigen.[911]

Anders als nach dem bis zum 31.8.2009 geltenden Recht fallen für das Vermittlungsverfahren **Gerichtsgebühren** an.[912]

---

[906] OLG Naumburg JAmt 2005, 423; OLG Bamberg FamRZ 2001, 169.
[907] Zum gerichtlich gebilligten Vergleich im Vermittlungsverfahren auch *Schlünder*, FamRZ 2012, 9, 16 f.
[908] OLG Karlsruhe FamRZ 2013, 722; *Schneider*, Die Kosten in Vermittlungsverfahren nach § 165 FamFG, NZFam 2014, 906, 907.
[909] Nachweise – auch zur Gegenansicht – bei Mayer/Kroiß/*Ebert*, RVG-HK, Anh. I Rn 272.
[910] OLG Saarbrücken, Beschl. v. 25.8.2010 – 9 UF 27/10 (n.v.).
[911] OLG Karlsruhe FamRZ 2013, 722.
[912] OLG Karlsruhe FamRZ 2013, 722 m.z.w.N. auch zur Gegenmeinung; *Schneider*, Die Kosten in Vermittlungsverfahren nach § 165 FamFG, NZFam 2014, 906, 907.

258 Hinsichtlich der **anwaltlichen Vergütung** gilt § 17 Nr. 8 RVG; das Vermittlungsverfahren wird also gegenüber einem sich gegebenenfalls anschließenden gerichtlichen Verfahren als „**verschiedene Angelegenheit**" gewertet.[913] Dies rechtfertigt sich unter anderem daraus, dass durch ein Vermittlungsverfahren möglicherweise die sonst notwendige Vollstreckung einer gerichtlichen Entscheidung entbehrlich werden kann.[914] Für die Tätigkeit im **Vermittlungsverfahren** richten sich die **anwaltlichen Gebühren** nach Teil 3 Abschnitt 1 VV-RVG. In Ansatz zu bringen ist daher in jedem Fall eine **Verfahrensgebühr** nach Nr. 3100 VV-RVG sowie gegebenenfalls eine **Terminsgebühr** nach Nr. 3104 VV-RVG. Schließen die Eltern im Termin einen Vergleich, so fällt außerdem regelmäßig eine **Einigungsgebühr** nach Nr. 1000, 1003 VV-RVG an.[915] Für den Fall, dass sich dem Vermittlungsverfahren ein weiteres gerichtliches Verfahren anschließt, entstehen in diesem Verfahren die gleichen Gebühren erneut. Zu beachten ist allerdings, dass nach Nr. 3100 Abs. 3 VV-RVG die im Vermittlungsverfahren entstandene **Verfahrensgebühr** auf die des sich anschließenden gerichtlichen Verfahrens angerechnet wird, soweit in beiden Verfahren derselbe Anwalt tätig wird. Allerdings entsteht die **Auslagenpauschale** nach Nr. 7002 VV-RVG für beide Verfahren jeweils gesondert.

259 Hat das Gericht die **Erfolglosigkeit der Vermittlung** festgestellt und wird entweder von Amts wegen oder auf Antrag eines Elternteils, der binnen einer Frist von einem Monat ab Zustellung des Beschlusses gestellt werden muss, ein Vollstreckungs-, Sorge- oder Umgangsrechtsverfahren eingeleitet, so werden die Kosten des Vermittlungsverfahrens gemäß § 165 Abs. 5 S. 3 FamFG als Teil der Kosten des anschließenden Verfahrens behandelt.

260 Ein kostenarmer Beteiligter hat die Möglichkeit, unter den Voraussetzungen der §§ 76 ff. FamFG um Bewilligung von **Verfahrenskostenhilfe** nachzusuchen (siehe § 8 Rdn 8 ff.; zur Frage der Anwaltsbeiordnung siehe § 8 Rdn 30).[916] Die im Vollstreckungsverfahren gemäß §§ 86 ff. FamFG bewilligte Verfahrenskostenhilfe erstreckt sich nicht auf das Vermittlungsverfahren, so dass für dieses gesondert Verfahrenskostenhilfe beantragt werden muss.[917] Ebenso wenig erstreckt sich eine im Vermittlungsverfahren bewilligte Verfahrenskostenhilfe auf ein nachfolgendes Umgangsverfahren.[918]

---

913 OLG Saarbrücken, Beschl. v. 27.8.2010 – 9 UF 50/10 – m.w.N (n.v.).
914 Mayer/Kroiß/*Rohn*, RVG-HK § 17 Rn 60.
915 Vgl. – zu § 52a FGG a.F. – OLG Brandenburg FamRZ 2006, 1473; vgl. auch (allgemein) OLG Saarbrücken FamFR 2012, 159.
916 Vgl. OLG Frankfurt FamRZ 2007, 566; *Schneider*, Die Kosten in Vermittlungsverfahren nach § 165 FamFG, NZFam 2014, 906, 907.
917 Vgl. OLG Brandenburg FamRZ 2008, 2218; *Schneider*, Die Kosten in Vermittlungsverfahren nach § 165 FamFG, NZFam 2014, 906, 907 f.
918 *Schneider*, Die Kosten in Vermittlungsverfahren nach § 165 FamFG, NZFam 2014, 906, 908.

§ 3 Abänderungsverfahren nach § 166 FamFG, § 1696 BGB

A. Grundlagen

Einem auftretenden Bedürfnis nach Abänderung einer Sorge- oder Umgangsrechtsregelung kann – auf Antrag oder von Amts wegen[1] – durch § 1696 BGB Rechnung getragen werden. (Antragsmuster im Formularteil, siehe § 13 Rdn 37 ff.) Diese – verfassungsrechtlich unbedenkliche[2] – Vorschrift erfasste nach dem bis zum 31.8.2009 geltenden Recht gerichtliche Verfügungen; also mussten etwa Elternvereinbarungen bezüglich des Umgangsrechts zum Beschluss erhoben worden sein, um einer Änderung nach § 1696 BGB zugänglich zu sein. Seit Inkrafttreten des FamFG sind von § 1696 BGB neben gerichtlichen Beschlüssen auch **gerichtlich gebilligte Vergleiche** nach § 166 Abs. 1 FamFG ausdrücklich erfasst. Für den Einwand der rechtskräftig entschiedenen Sache („res iudicata") verbleibt kein Raum; denn das **Kindeswohl** hat stets Vorrang.[3] Eine unabänderbare Entscheidung ist nicht denkbar,[4] weil Sorge- und Umgangsentscheidungen lediglich **formeller**, nicht aber **materieller Rechtskraft** fähig sind[5] (siehe zur Bedeutung des Abänderungsverfahrens bei einem laufenden **Vollstreckungsverfahren** Rdn 37). Auch mit Blick darauf besteht – selbst für den Fall der Feststellung durch den EuGHMR einer Verletzung der EMRK durch eine kindschaftsrechtliche Entscheidung kein Bedürfnis für eine Restitutionsklage analog § 580 Nr. 7b ZPO[6] bzw. – jedenfalls für vor dem 31.12.2006 rechtskräftig abgeschlossene Umgangsrechtsverfahren – nach § 48 Abs. 2 FamFG i.V.m. § 580 Nr. 8 ZPO.[7]

Verfahren nach § 1696 BGB beginnen in erster Instanz immer beim Familiengericht. Ist das Verfahren in der zweiten Instanz anhängig, kann daneben erstinstanzlich kein Verfahren nach § 1696 BGB eingeleitet werden. Gleichwohl setzt die Abänderungsmöglichkeit nach § 1696 BGB voraus, dass die zugrunde liegende abzuändernde Regelung (formell) rechtskräftig ist bzw. – beim gerichtlich gebilligten Vergleich – wirksam geschlossen worden ist. Solange eine Entscheidung mit einem Rechtsmittel angegriffen werden kann, scheidet die Anwendbarkeit des § 1696 BGB aus.[8] Dies gilt auch, wenn die Sache nur noch teilweise in der Rechtsbeschwerdeinstanz anhängig ist;[9] in dieser Zeit ist mit einstweiligen Anordnungen zu arbeiten, für die dann das erstinstanzliche Gericht zuständig ist (§ 50 Abs. 1 S. 2 Fall 1 FamFG).[10] Allerdings haben die Beteiligten die Möglichkeit, durch außergerichtliche vertragliche Regelung den **Verzicht auf ein** bereits eingelegtes **Rechtsmittel** zu vereinbaren.[11] Hat der bislang an der Sorge nicht beteiligte, mit der Mutter nicht verheiratete Vater ein Verfahren nach § 1626a Abs. 2 BGB eingeleitet (siehe dazu § 1 Rdn 35 ff.) und haben sich die Eltern im Rahmen des erstinstanzlichen Verfahrens auf eine teilweise gemeinsame Ausübung der elterlichen Sorge geeinigt, legt aber ein Elternteil gegen die auf dieser Grundlage ergangene Entscheidung des Familiengerichts Rechtsmittel ein, so kann im Rechtsmittelverfahren § 1696 BGB keine Anwendung finden.[12] Denn entweder ist die Verein-

---

1 OLG Celle ZKJ 2011, 433.
2 BVerfG FamRZ 2015, 210; 2009, 1897; 2008, 1737; 2005, 783.
3 Zustimmend *Heilmann/Gottschalk*, § 166 FamFG Rn 1.
4 OLG Zweibrücken FamRZ 1997, 45; *Schwab*, FamRZ 1998, 457.
5 BVerfG FamRZ 2005, 783; BGH MDR 2016, 725; FamRZ 2007, 1969; NJW-RR 1986, 1130.
6 Dazu eingehend m.w.N. BVerfG NJW 2013, 3714; OLG Frankfurt FamRZ 2014, 682.
7 BVerfG FamRZ 2015, 1263; BGH FamRZ 2014, 927 m. Anm. *Hüßtege* gegen die Vorinstanz OLG Frankfurt FamRZ 2014, 682.
8 BGH NJW-RR 1986, 1130; OLG Zweibrücken FamRZ 1997, 45.
9 A.A. aber OLG Naumburg FuR 2012, 206.
10 So ausdrücklich BT-Drucks 16/6308, S. 200; siehe nur Zöller/*Feskorn*, § 50 FamFG Rn 4.
11 BGH FamRZ 1999, 1585.
12 So aber OLG Celle FamRZ 2011, 1876.

barung (die kein gerichtlich gebilligter Vergleich sein kann, § 156 Abs. 2 BGB, siehe dazu § 2 Rdn 237)[13] in der Form einer wirksamen Sorgeerklärung nach § 1626a Abs. 1 Nr. 1 BGB abgeschlossen worden.[14] Dann bedurfte es keiner Sachentscheidung des Familiengerichts mehr, sondern wäre das Verfahren im Falle ausbleibender Antragsrücknahme nach § 22 Abs. 3 FamFG als für beendet erklärt anzusehen. Für die Anwendung von § 1696 BGB wäre dann jedenfalls kein Raum gewesen,[15] zumal eine nachfolgende Befassung des Beschwerdegerichts mit einem Abänderungsbegehren unzulässig wäre, da der Gegenstand des Beschwerdeverfahrens durch den Verfahrensgegenstand begrenzt wird, über den im ersten Rechtszug entschieden wurde[16] (siehe dazu auch § 9 Rdn 48), das war aber kein Abänderungsantrag. Hier wäre die erstinstanzliche Entscheidung zu kassieren. Oder aber, die Vereinbarung genügte den Formerfordernissen (§§ 1626b ff. BGB, siehe dazu § 1 Rdn 45 ff.) für eine Sorgeerklärung nicht.[17] Dann stellt sich die Situation nicht anders dar als im Falle des Widerrufs der Zustimmung zur Sorgerechtsübertragung nach § 1671 Abs. 1 S. 2 Nr. 1 BGB. Diese ist bis zur letzten mündlichen Verhandlung in der Tatsacheninstanz statthaft[18] (siehe dazu § 1 Rdn 237). Freilich können die Gründe für den Widerruf dann in die – durch den Widerruf veranlasste – Kindeswohlprüfung nach § 1626a Abs. 2 BGB (vgl. dazu § 1 Rdn 40 ff.) einfließen.[19]

3   Auch eine noch vor dem 1.7.1998 vom – durch das FGG-RG seit 1.9.2009 abgeschaffte – Vormundschaftsgericht getroffene Regelung unterliegt nach Maßgabe von § 1696 BGB der Abänderung durch das Familiengericht.

4   Die Änderung der ursprünglichen Regelung erfolgt nicht durch bloße Fortsetzung des früheren Verfahrens. § 1696 BGB enthält vielmehr die Vorgaben für ein **selbstständiges Verfahren**.[20] Deswegen ist die **sachliche und örtliche Zuständigkeit** des angerufenen Gerichts neu zu prüfen.[21] Eine Wiederaufnahme des Verfahrens in entsprechender Anwendung der §§ 578 ff. ZPO findet in Verfahren der elterlichen Sorge und des Umgangs nicht statt.[22] In einem Wiederaufnahmeverfahren bezüglich einer Ehesache ist das Beschwerdegericht jedoch befugt, mit der Aufhebung des angefochtenen Scheidungsbeschlusses die Ehe der beteiligten Eltern erneut zu scheiden und zugleich über die Folgesache elterliche Sorge zu befinden.[23]

5   § 1696 Abs. 1 BGB findet nur Anwendung, wenn eine abänderbare Regelung vorliegt. Der Gesetzestext benennt insoweit ausdrücklich gerichtliche Entscheidungen oder gerichtlich gebilligte Vergleiche. **Nicht** von § 1696 Abs. 1 BGB erfasst werden daher

- Sorgerechtsgestaltungen auf der Grundlage von § 1626a Abs. 1 Nr. 1 BGB (Sorgeerklärungen)[24] – auch nicht, wenn sie erst nach der Trennung der Eltern abgegeben wurden[25] – oder § 1626a Abs. 1 Nr. 2 BGB (Heirat der Eltern),
- die Alleinsorgeberechtigung der unverheirateten Mutter gemäß § 1626a Abs. 3 BGB,

---

13 Siehe auch OLG Köln FamRZ 2013, 1591.
14 Was auch in Form eines gerichtlichen Vergleichs (§ 127a BGB) möglich wäre, BGH FamRZ 2011, 796 m. Anm. *Völker*.
15 Siehe auch BGH FamRZ 2011, 796 m. Anm. *Völker*.
16 BGH FamRZ 2011, 367 und 1143.
17 So wohl in OLG Celle FamRZ 2011, 1876, da dort davon gesprochen wird, dass eine Einigung der Eltern „vergleichbar einer Sorgeerklärung" vorgelegen habe.
18 BGH NJWE-FER 2000, 278; OLG Saarbrücken, Beschl. v. 31.3.2010 – 9 UF 88/09 (n.v.); PWW/*Ziegler*, § 1671 BGB Rn 8.
19 Vgl. OLG Saarbrücken FamRZ 2010, 1680 zu § 1671 Abs. 2 Nr. 1 BGB.
20 BGH FamRZ 1990, 1101; OLG Bamberg FamRZ 1998, 1130.
21 OLG Oldenburg FamRZ 1996, 235.
22 OLG Frankfurt FamRZ 1987, 394.
23 KG FamRZ 1989, 647.
24 *Schwab*, FamRZ 1998, 457.
25 OLG Saarbrücken, Beschl. v. 1.2.2012 – 9 UF 32/11 (n.v.).

- außergerichtliche Vereinbarungen,[26]
- „gerichtlich gebilligte Elternvereinbarungen zum Sorgerecht" (diese unterfallen nicht § 156 Abs. 2 FamFG!),[27]
- einstweilige Anordnungen (diese sind nach § 54 FamFG anzupassen),[28]

da diese Arten der Rechtsgestaltung ohne das jeweils notwendige gerichtliche Erstverfahren samt rechtskräftiger Entscheidung entstehen. Soweit das OLG Jena[29] für den Fall eines auf der Grundlage des bis zum 31.8.2009 geltenden Rechts gerichtlich protokollierten Vergleichs zur Regelung der elterlichen Sorge eine Anwendbarkeit des § 1696 BGB mangels gerichtlicher Entscheidung abgelehnt, seine im Ausgangspunkt auf § 1671 BGB gegründete Prüfung indes gleichwohl entlang des Maßstabs der triftigen, das Kindeswohl nachhaltig berührende Gründe vorgenommen hat, ohne dass jedoch die Eingriffsschwelle des § 1696 Abs. 1 BGB erreicht sein müsse, ist dies als Umgehung der klaren gesetzlichen Vorgaben abzulehnen. Allerdings kommt einer Elterneinigung im Rahmen des mithin anzulegenden Maßstabs nach § 1671 Abs. 1 S. 2 Nr. 2 BGB indizielle Wirkung zu.[30] Soweit bislang die Verfahrensbeteiligten Vereinbarungen, insbesondere zum Umgangsrecht, zu gerichtlichem Protokoll nehmen konnten, ohne dass gleichzeitig die gerichtliche Billigung erfolgen musste,[31] ist diese – schon bislang dogmatisch mangels Dispositionsbefugnis der Beteiligten über die Beendigung des Verfahrens abzulehnende – Handhabung nunmehr durch § 156 Abs. 2 FamFG überholt. In gerichtlichen Verfahren können Vereinbarungen nur noch dann wirksam getroffen werden, wenn sie gerichtlich gebilligt werden. Nur solche Vereinbarungen können – was die § 166 Abs. 1 FamFG, § 1696 Abs. 1 BGB ausdrücklich anordnen – nach § 1696 Abs. 1 BGB abgeändert werden.

Wurde im vorangegangenen Verfahren ein auf § 1671 Abs. 1 BGB gestützter Antrag auf Aufhebung der gemeinsamen elterlichen Sorge zurückgewiesen, so ist nach zutreffender, überwiegender Ansicht ein erneuter Antrag zur Übertragung der Alleinsorge nicht an § 1696 Abs. 1 BGB, sondern – ebenfalls – an § 1671 BGB zu messen.[32] Denn § 1696 Abs. 1 BGB setzt eine vorangegangene richterliche Umgestaltung der Sorgerechtslage voraus, weshalb deren Ablehnung im Erstverfahren nicht erfasst ist.[33] Selbst wenn man aber § 1696 Abs. 1 BGB heranziehen wollte, wäre im Ergebnis auf die zu § 1671 Abs. 1 S. 2 Nr. 2 BGB entwickelten Grundsätze zurückzugreifen.[34] Zwar kann nach dieser Vorschrift jede Sorgerechtsregelung nur geändert werden, wenn triftige, das Wohl des Kindes nachhaltig berührende Gründe vorliegen. Für die Beurteilung des Fortbestandes einer gemeinsamen Sorge ist allerdings jeder Umstand von Gewicht, der die für diese Regelung unverzichtbaren Voraussetzungen in Frage stellt. Daher gehört zu den das Kindeswohl nachhaltig berührenden Umständen auch die Tatsache, dass die Bereitschaft des einen zur Koope-

6

---

26 OLG Zweibrücken FamRZ 1997, 217; OLG Saarbrücken, Beschl. v. 29.10.2014 – 9 UF 31/14 (n.v.).
27 BGH FamRZ 2011, 796 m. Anm. *Völker*; vgl. auch OLG Saarbrücken, Beschl. v. 29.10.2014 – 9 UF 31/14 (n.v.); allerdings entfaltet die Elternvereinbarung im Rahmen der dann an §§ 1671, 1672 bzw. 1680 BGB auszurichtenden Prüfung gewisse Indizwirkung; vgl. auch KG NJW-Spezial 2012, 389.
28 BVerfG FamRZ 2009, 1389; BGH FamRZ 2011, 796; OLG Saarbrücken, Beschl. v. 29.10.2014 – 9 UF 31/14 (n.v.); OLG Brandenburg FamRZ 2015, 1207.
29 OLG Jena FamRZ 2008, 806.
30 Vgl. BGH FamRZ 2011, 796 m. Anm. *Völker*.
31 BGH FamRZ 1988, 277; OLG Karlsruhe FamRZ 1999, 522.
32 KG FamRD 2012, 241, AG Ludwigslust FamRZ 2006, 501; Bamberger/Roth/*Veit*, § 1671 Rn 62 und § 1696 Rn 3.2; Erman/*Michalski/Döll*, § 1696 Rn 4; PWW/*Ziegler*, § 1696 Rn 3; Schulz/Hauß/*Schmid*, § 1696 Rn 1; a.A. KG Berlin FamRZ 2011, 122; Staudinger/*Coester*, § 1696 Rn 35 und 55; Palandt/*Götz*, § 1696 Rn 2; Müko-BGB/*Olzen*, § 1696 Rn 6.
33 Vgl. OLG Saarbrücken, Beschl. v. 29.10.2014 – 9 UF 31/14 (n.v.); dem steht auch BGH FamRZ 1993, 314 nicht entgegen, denn dieser Entscheidung lag § 1671 a.F. zugrunde, nach dem das Familiengericht stets (positiv) über die Sorgerechtsregelung zu entscheiden hatte, auch wenn die gemeinsame Sorge beibehalten werden sollte.
34 OLG Saarbrücken, Beschl. v. 19.5.2014 – 6 UF 208/13 (n.v.); ebenso Staudinger/*Coester*, § 1696, Rn 35 und 55 [dort Beispiel 4] m.w.N.

ration mit dem anderen Elternteil nachhaltig gestört und dadurch die für eine sinnvolle Ausübung der gemeinsamen Sorge unabdingbare Voraussetzung entfallen ist, dass beide Eltern gewillt sind, die gemeinsame Verantwortung für ihr Kind weiter zu tragen. Die gemeinsame elterliche Sorge ist dann gemäß § 1696 Abs. 1 BGB durch eine neue Regelung zu ersetzen, weil anders nicht die Gefahr behoben werden kann, dass das betroffene Kind infolge der ständigen Meinungsverschiedenheiten seiner Eltern in seiner weiteren Persönlichkeitsentwicklung Schaden leidet.[35] Nach Maßgabe dessen kann im Ergebnis auf die zu § 1671 Abs. 1 S. 2 Nr. 2 BGB entwickelten Grundsätze zurückgegriffen werden, weil auch diese Vorschrift den Fortbestand der gemeinsamen elterlichen Sorge unter den Vorbehalt stellt, dass zwischen den Eltern eine tragfähige soziale Beziehung und in den wesentlichen Sorgerechtsbereichen ein Mindestmaß an Übereinstimmung besteht.[36]

Auch im Falle eines Antrags nach § 1626a Abs. 2 BGB n.F., wenn der vorangegangene Antrag auf Herstellung der gemeinsamen elterlichen Sorge nach der Übergangsregelung des BVerfG (siehe dazu § 1 Rdn 36 f.) zurückgewiesen worden war, ist der erneute Antrag an § 1626a Abs. 2 BGB n.F. – und nicht an § 1696 Abs. 1 BGB – zu messen.[37] Denn auch hier war die Sorgerechtslage nicht durch eine „Entscheidung" im Sinne von § 1696 Abs. 1 BGB umgestaltet worden. Aus demselben Grund ist ein Antrag nach § 1626a Abs. 2 BGB n.F., wenn ein vorangegangener Antrag nach derselben Vorschrift zurückgewiesen worden war, nicht nach § 1696 Abs. 1 BGB zu beurteilen, sondern – erneut – nach jener Vorschrift.[38] Anders ist die Lage, wenn die gemeinsame Sorge nach der Übergangsregelung des BVerfG zu § 1626a Abs. 2 BGB a.F. durch gerichtlichen Beschluss hergestellt worden war; hier greift § 1696 BGB ein.[39]

Wurden im Ausgangsverfahren Maßnahmen nach § 1666 BGB abgelehnt, so ist ein im Folgeverfahren gestellter Antrag nach § 1626a Abs. 2 BGB nach dieser Vorschrift – und nicht nach § 1696 Abs. 1 BGB – zu beurteilen.[40]

Wurde die gemeinsame elterliche Sorge in einem Teilbereich aufgehoben, so ist entlang der vorgenannten Maßgabe zu differenzieren: Hinsichtlich dieses Teilbereichs richtet sich eine Abänderung nach § 1696 Abs. 1 BGB, da er gerichtlich geregelt wurde; im Übrigen bleibt es beim Maßstab des § 1671 BGB, weil das Gericht insoweit eine Regelung abgelehnt, also die Sorgerechtslage nicht umgestaltet hatte.[41]

7   Ist im vorausgegangenen Verfahren das Umgangsrecht eines Elternteils geregelt, diesem aber in der Nachfolge das Aufenthaltsbestimmungsrecht für dieses Kind übertragen worden, und macht der andere Elternteil nunmehr ein Umgangsrecht geltend, so kann der ursprüngliche Umgangstitel nicht mehr Gegenstand einer Abänderung nach §§ 1696 Abs. 1 S. 1 BGB, 166 Abs. 1 FamFG sein; er ist vielmehr mit der Sorgerechtsänderung von selbst gegenstandslos geworden.[42] Das Umgangsrechtsbegehren des anderen Elternteils ist dann originär an § 1684 BGB zu messen.

8   Neben den in § 1696 Abs. 1 BGB statuierten **Abänderungsvoraussetzungen** betreffend eine bestehende Regelung folgt aus § 1696 Abs. 2 BGB die Pflicht zur Aufhebung **kindesschutzrechtlicher Maßnahmen**, u.a. nach den §§ 1666–1667 BGB (siehe eingehend Rdn 30 ff.), wenn die Gefahr für das Kindeswohl nicht mehr besteht oder die Erforderlichkeit der Maßnahme entfallen

---

35 BGH FamRZ 1993, 314.
36 OLG Saarbrücken, Beschl. v. 19.5.2014 – 6 UF 208/13 (n.v.).
37 A.A. OLG Frankfurt FamRZ 2014, 1120; OLG Schleswig FamRZ 2014, 1374; offen lassend OLG Brandenburg FamRZ 2015, 1203.
38 A.A. OLG Brandenburg FamRZ 2014, 1861; *Dürbeck*, ZKJ 2013, 330, 335.
39 OLG Frankfurt FamRZ 2014, 317; OLG Saarbrücken, Beschl. v. 21.5.2014 – 6 UF 5/14 (n.v.).
40 OLG Brandenburg FamRZ 2015, 1207.
41 So – jeweils inzident – BGH FamRZ 2005, 1469; 1993, 314; KG ZKJ 2009, 211; OLG Saarbrücken, Beschl. v. 14.5.2012 – 9 UF 25/12 (n.v.).
42 Dazu neigend, aber offen lassend OLG Saarbrücken, Beschl. v. 15.3.2012 – 6 UF 22/12 (n.v.).

ist. Daher ist für die Abänderung kindesschutzrechtlicher Maßnahmen nicht § 1696 Abs. 1 BGB, sondern § 1696 Abs. 2 BGB einschlägig.[43]

Das Abänderungsverfahren hat grundsätzlich Vorrang vor den Maßnahmen nach § 1666 BGB,[44] wobei bereits getroffene Maßnahmen auch verschärft werden können, d.h. es besteht kein **Verschlechterungsverbot** (siehe dazu § 9 Rdn 6).[45] Soll allerdings zum Nachteil eines Elternteils in dessen elterliche Sorge weitergehend als bisher eingegriffen werden, so ist zu unterscheiden: Falls dieser Eingriff zugunsten des anderen Elternteils erfolgen soll, so ist § 1696 Abs. 1 BGB einschlägig.[46] Wenn aber die jenem Elternteil entzogenen Rechte auf eine andere Person, insbesondere auf das **Jugendamt als Pfleger oder Vormund** übertragen werden sollen, so ist dieser Eingriff am Maßstab des § 1666 BGB zu messen,[47] weil diese Vorschrift Elternteile vor staatlichen Eingriffen in das Sorgerecht weitergehend schützt als § 1696 Abs. 1 BGB.

§ 1696 Abs. 1 BGB findet auch keine Anwendung, wenn nach einer Umgangsregelung gemäß § 1684 Abs. 1 BGB im Ausgangsverfahren nunmehr erstmals eine **Umgangseinschränkung** oder ein Umgangsausschluss erfolgen soll; Entscheidungsmaßstab ist dann stets allein (§ 1696 Abs. 2 i.V.m.) § 1684 Abs. 4 BGB.[48]

B. Zuständigkeit

Bei dem Abänderungsverfahren nach § 1696 Abs. 1 BGB sowie dem Überprüfungsverfahren nach § 1696 Abs. 2 BGB handelt es sich um selbstständige Verfahren,[49] so dass die gerichtliche Zuständigkeit jeweils neu zu prüfen ist. Es wird eine eigene Geschäftsnummer vergeben. Änderungen, die nach der abzuändernden Regelung eingetreten sind und auf die Zuständigkeit Einfluss haben können – praktisch vor allem eine Änderung des gewöhnlichen Aufenthalts des Kindes – sind daher zu berücksichtigen.[50] Gleiches gilt hinsichtlich der Zuständigkeit des Jugendamts (siehe dazu auch § 1 Rdn 442).[51]

I. Örtliche Zuständigkeit

Ist zum Zeitpunkt der Befassung des Gerichts mit dem Antrag eine Ehesache im Sinn der §§ 121 ff. FamFG nicht oder nicht mehr anhängig, so ist allein auf den **gewöhnlichen Aufenthalt** des Kindes gemäß § 152 Abs. 2 FamFG abzuheben, d.h. dessen **Daseinsmittelpunkt** (vgl. auch § 1 Rdn 372). Es gilt insoweit eine klare Abgrenzung zur Rechtslage bis zum 31.8.2009, wonach die örtliche Zuständigkeit sich vorbehaltlich der **Anhängigkeit einer Ehesache** am Wohnsitz des Kindes orientierte (§§ 621 Abs. 2 S. 2, 621a Abs. 1 S. 1 ZPO, §§ 36 Abs. 1 S. 1, 43 Abs. 1, 64 Abs. 3 FGG).

Die Anforderungen an die Begründung eines **gewöhnlichen Aufenthalts** dürfen nicht zu niedrig angesetzt werden. Ein Wille, den Aufenthaltsort zum Schwerpunkt der Lebensverhältnisse zu machen, ist nicht erforderlich. Allerdings muss sich der Aufenthalt auf eine gewisse Dauer erstre-

---

43 Siehe nur – statt aller – BVerfG FamRZ 2016, 439; siehe dazu BGH, Beschl. v. 6.7.2016 – XII ZB 47/15, juris; OLG Brandenburg FamRZ 2015, 1207.
44 LG Arnsberg FamRZ 1998, 960.
45 BayObLG DAVorm 1982, 611.
46 OLG Brandenburg NZFam 2015, 477; *Coester*, ZKJ 2012, 182.
47 BVerfG FamRZ 2009, 1472.
48 OLG Saarbrücken FamRZ 2015, 344 m.w.N.; OLG Schleswig, Beschl. v. 30.5.2016 – 10 UF 11/16, juris; a.A. OLG Frankfurt, Beschl. v. 17.9.2014 – 4 UF 355/13, juris.
49 BGH FamRZ 1993, 49; BayObLG NJW-RR 1999, 1020.
50 BGH FamRZ 1990, 1101; BayObLG NJW-RR 1999, 1020.
51 Zutreffend DIJuF-Rechtsgutachten, JAmt 2015, 605 m.w.N.

cken. Das Kind hat daher in der Regel seinen gewöhnlichen Aufenthalt bei dem Elternteil, in dessen Obhut es sich überwiegend befindet.[52] Ist demgegenüber eine Ehesache anhängig, so ist das Gericht, bei dem diese anhängig ist, auch für das Verfahren nach § 1696 Abs. 1 BGB zuständig (§ 152 Abs. 1 FamFG) bzw. ist das Abänderungsverfahren an dieses Gericht abzugeben, wenn die Ehesache während des Verfahrens rechtshängig wird (§ 153 FamFG). Erfolgt die Aufenthaltsänderung des Kindes eigenmächtig,[53] also ohne vorherige Zustimmung des anderen Elternteils, so kann das Verfahren an das Gericht verwiesen werden, in dessen Bezirk das Kind bislang seinen gewöhnlichen Aufenthalt hatte, § 154 FamFG (siehe dazu § 1 Rdn 377).[54]

II. Sachliche Zuständigkeit

13 Sachlich zuständig ist ausschließlich das Familiengericht, unabhängig davon, ob es um die Abänderung einer eigenen früheren Entscheidung geht[55] oder eine vormals **vormundschaftsgerichtliche Regelung** betroffen ist.

C. Änderungsvoraussetzungen

14 § 1696 Abs. 1 S. 1 BGB regelt als Grundsatz die Abänderung gerichtlicher Entscheidungen und gerichtlich gebilligter Vergleiche, wenn dies aus triftigen, das Kindeswohl nachhaltig berührenden Gründen angezeigt ist.[56]

15 Die Generalnorm des Abs. 1 S. 1 kommt aber nicht zur Anwendung, wenn
- eine vorangegangene positive Entscheidung nach § 1626a Abs. 2 BGB zur Abänderung gestellt wird; denn diese ist nach Maßgabe von § 1671 Abs. 1 BGB zu ändern (§ 1696 Abs. 1 S. 2 Hs. 1 BGB)
- eine der in § 1696 Abs. 1 S. 2 Hs. 2 BGB genannten Spezialregelungen – §§ 1678 Abs. 2, 1680 Abs. 2, 1681 Abs. 1, 2 BGB, die eigene Abänderungsmaßstäbe enthalten – einschlägig ist
- die für kindesschutzrechtliche Maßnahmen (siehe dazu eingehend Rdn 30 ff.) vorrangige Aufhebungsvorschrift des § 1696 Abs. 2 BGB eingreift oder
- im Einzelfall § 1666 BGB oder § 1684 Abs. 4 BGB originär vorrangig anzuwenden ist (siehe Rn 9).

I. Zweck des Abänderungsverfahrens

16 § 1696 Abs. 1 BGB will die Anpassung einer Sorge- oder Umgangsrechtsregelung an zwischenzeitlich eingetretene oder bekannt gewordene Änderungen ermöglichen, wenn diese aus Kindeswohlgründen erforderlich ist.[57] Daher genügt für eine Abänderung keinesfalls die bloße Berufung darauf, dass die Ausgangsentscheidung falsch gewesen sei.[58] Indem der Gesetzgeber für die Abänderung getroffener kindschaftsrechtlicher Entscheidungen triftige, das Kindeswohl nachhaltig berührende Gründe[59] vorausgesetzt hat, wollte er zum Ausdruck bringen, dass nicht jede Ände-

---

52 Kemper/Schreiber/*Völker/Clausius/Wagner*, § 152 Rn 3.
53 Das ist nicht der Fall, wenn der umziehende Elternteil das Aufenthaltsbestimmungsrecht für das Kind hat, OLG Hamm FamRZ 2011, 55.
54 *Völker/Clausius*, FF 2009, 54.
55 BGH FamRZ 1990, 1109.
56 OLG Zweibrücken FamRZ 2010, 138; *Büttner*, FamRZ 1998, 585; *Schwab*, FamRZ 1998, 457.
57 OLG Saarbrücken, Beschl. v. 27.2.2012 – 9 UF 144/11 (n.v.) OLG Celle FamRZ 1996, 1559; *Büttner*, FamRZ 1998, 585.
58 OLG Düsseldorf NZFam 2014, 1152.
59 OLG Dresden FamRZ 2010, 1992.

rung ausreichend ist, um ein Abänderungsverfahren einzuleiten.[60] § 1696 hat unter anderem zum – vom EuGHMR ausdrücklich gebilligten – Ziel, Kinder vor fortwährenden Sorgerechtsverfahren zu schützen und für eine stabile und dauerhafte Sorgesituation zu sorgen.[61]

Eine Abänderung kommt nur in Betracht, wenn nach der vorangegangenen Regelung erstmals Tatsachen eingetreten sind oder bekannt werden,[62] die eine veränderte Bewertung rechtfertigen.[63] Bewertungsmaßstab ist allein das Kindeswohl.[64] Der Änderungsgrund muss so gewichtig sein, dass er die mit der erstrebten Änderung verbundenen Nachteile deutlich überwiegt,[65] und zwar auch unter Einschluss des **Kontinuitätsgrundsatzes**.[66] Insbesondere widerspricht dem Kindeswohl regelmäßig, wenn der Lebensmittelpunkt ständig in Frage gestellt wird; ein fortdauernder Elternstreit über den Daseinsschwerpunkt des Kindes ist dem Kind nicht zumutbar.[67] Dem Gesetzgeber lag daran, den vielfach bestehenden falschen Erwartungen entgegenzuwirken, sorge- und umgangsrechtliche Verfahren ließen sich beliebig wieder aufrollen.[68] Deswegen soll das Kind eine weitgehende Erziehungskontinuität erfahren.[69] Dabei bezieht sich die Kontinuität auf die Verhältnisse des Elternteils, bei dem das Kind **zuletzt** gelebt hat.[70] An das Erfordernis neuer Umstände ist daher ein strenger Maßstab anzulegen.[71]

17

Der Vorrang des **Bestandsinteresses** an einer existenten Regelung wird aber regelmäßig hinter das Änderungsinteresse zurücktreten, wenn die Eltern einen übereinstimmenden Vorschlag zur Neuregelung der Sorge unterbreiten.[72] Ein schlüssiger Abänderungsantrag setzt daher die konkrete Darlegung voraus, dass und inwieweit sich die für die Ausgangsregelung maßgebenden Tatsachen geändert haben bzw. inwieweit gewichtige Umstände nachträglich erstmals bekannt wurden oder gänzlich neue Umstände erstmals eingetreten sind.[73]

II. Abänderungsgründe

1. Gesetzesänderung oder Änderung der höchstrichterlichen Rechtsprechung

Auch die Änderung der Rechtslage kann ein Abänderungsverfahren rechtfertigen.[74] Erfasst wird hiervon sowohl eine **Gesetzesänderung** als auch die **Veränderung der höchstrichterlichen Rechtsprechung**.[75] Allerdings rechtfertigt die Gesetzesänderung für sich allein nicht zwingend eine Änderung nach § 1696 Abs. 1 BGB.[76]

18

---

60 BT-Drucks 13/4899, S. 109.
61 EuGHMR, Entsch. v. 9.10.2012 – 545/08, juris; vgl. auch BVerfG FamRZ 2015 210.
62 KG, Beschl. v. 6.5.2016 – 13 UF 40/16, juris; OLG Thüringen FamRZ 2005, 52; OLG Bamberg FamRZ 1990, 1135.
63 OLG Brandenburg, Beschl. v. 21.7.2008 – 10 UF 53/08, juris.
64 BVerfG ZKJ 2012, 186 m. Anm. *Coester*, ZKJ 2012, 182; OLG Hamm DAVorm 1984, 918.
65 BVerfG FamRZ 2008, 1737; VerfG Brandenburg, Beschl. v. 19.10.2012 – 72/11, juris; BGH FamRZ 1993, 314; NJW-RR 1986, 1130; KG, Beschl. v. 6.5.2016 – 13 UF 40/16, juris; OLG Frankfurt FamRZ 2014, 317; 2011, 1875 m.w.N.; OLG Düsseldorf NZFam 2014, 1152; OLG Jena FamRZ 2014, 953 (Möglichkeit des zweisprachigen Aufwachsens reicht allein nicht); OLG Karlsruhe FamRZ 2014, 1124 OLG München NZFam 2014, 809.
66 BVerfG ZKJ 2012, 186 m. Anm. *Coester*, ZKJ 2012, 182; OLG Karlsruhe OLGR 2000, 241; OLG Köln FamRZ 2005, 1276; OLG Zweibrücken FamRZ 1997, 45; OLG Brandenburg FamRZ 2010, 1993.
67 OLG Frankfurt FamRZ 2014, 317.
68 Vgl. BVerfG FamRZ 2015, 210; BT-Drucks 13/4899, S. 109.
69 OLG Jena FamRZ 2014, 953; OLG Brandenburg FamRZ 2014, 1861; *Huber*, FamRZ 1999, 1625.
70 BVerfG FamRZ 2015, 210.
71 BVerfG FamRZ 2008, 1737; Anm. *Völker*, FamRB 2008, 334; OLG Schleswig FamRZ 2014, 1374.
72 AG Landstuhl FamRZ 1997, 103.
73 OLG Jena FamRZ 2014, 953; vgl. auch OLG Saarbrücken, Beschl. v. 13.12.2010 – 9 WF 116/10 (n.v.).
74 *Huber*, FamRZ 1999, 1628.
75 BVerfG FamRZ 2005, 783; KG FamRZ 1983, 1055.
76 OLG Brandenburg FamRZ 2002, 121; OLG Karlsruhe FPR 2002, 662.

§ 3   Abänderungsverfahren nach § 166 FamFG, § 1696 BGB

19   Bis zur Entscheidung des BVerfG vom 3.11.1982[77] war Eltern die gemeinsame Ausübung der Sorge unmöglich gemacht, selbst wenn sie willens und in der Lage waren, gemeinsam die Elternverantwortung zu tragen. § 1671 Abs. 4 S. 1 BGB in seiner früheren Fassung wurde daher für verfassungswidrig erklärt. Sorgerechtsentscheidungen, die einem Elternteil die Sorge allein übertragen hatten, obgleich von den Eltern eine gemeinsame Ausübung gewollt war, mussten daher gemäß § 1696 Abs. 1 BGB geändert werden.

Auch die Rechtsprechung des EuGHMR[78] und die Änderung der Rechtsprechung des BVerfG zum Umgangsrecht des (nur) **leiblichen Vaters**[79] konnte eine Abänderung rechtfertigen, hierzu nunmehr § 1686a BGB (siehe § 2 Rdn 125 ff.)

2. Übereinstimmender Elternwille; Kindeswille

20   Ein übereinstimmender **Elternvorschlag** führt regelmäßig zu einer Abänderungsentscheidung.[80] Das gilt selbst dann, wenn der Vorschlag nur aufgrund harter und langwieriger Verhandlungen erreicht werden konnte.[81] Auch der übereinstimmende Wunsch beider Elternteile, das Alleinsorgerecht vom einen Elternteil auf den anderen zu übertragen, stellt einen Abänderungsgrund dar.[82] Diesem ist – vorbehaltlich der Grenzen der §§ 1666 ff. BGB – gegenüber einer gerichtlichen Entscheidung regelmäßig Vorrang einzuräumen,[83] um dem **Entscheidungsprimat der Eltern** gerecht zu werden.[84]

Auch der auf eine Abänderung gerichtete **Kindeswille** ist im Verfahren nach § 1696 Abs. 1 BGB zu berücksichtigen, soweit dies mit dem Wohl des Kindes vereinbar ist.[85] Umgekehrt ist ein Kindeswille, der einer Abänderung entgegensteht, freilich ebenfalls beachtlich.[86]

3. Umstände im Verhalten des betreuenden Elternteils

a) PAS

21   Das PA-Syndrom (vgl. auch § 1 Rdn 288 und § 2 Rdn 181) kann die Änderung einer Sorge- oder Umgangsregelung begründen. Wird durch einen Elternteil das Umgangsrecht des anderen vereitelt und kann – da auch im Verfahren nach § 1696 Abs. 1 BGB der Grundsatz der Verhältnismäßigkeit zu beachten ist – durch mildere Mittel, wie etwa **Ordnungsmittel** eine **Umgangspflegschaft** (§ 1684 Abs. 3 S. 3–6) oder eine Auflage an den das Umgangsrecht boykottierenden Elternteil, das Kind psychotherapeutischer Behandlung zuzuführen,[87] keine Abhilfe geschaffen werden, so kann ein Sorgerechtswechsel zum anderen Elternteil in Erwägung gezogen werden.[88]

22   Lehnt das betroffene Kind den anderen Elternteil aber massiv ab, wird dies regelmäßig kein gangbarer Weg sein. Eine Fremdunterbringung wird schon deswegen kaum in Betracht kommen, weil in aller Regel die damit verbundenen Folgen für das Kind jedenfalls nicht minder schlimm sein

---

77 BVerfG FamRZ 1982, 1179.
78 EuGHMR FamRZ 2011, 269 und 1715.
79 BVerfG FamRZ 2003, 816.
80 OLG Dresden FamRZ 2002, 632; OLG Brandenburg FamRZ 2002, 1210; OLG Brandenburg FamRZ 2014, 1859.
81 AG Landstuhl FamRZ 1997, 103.
82 OLG Hamm FamRZ 1981, 600.
83 OLG Dresden NJW-RR 2002, 724; *Schwab*, FamRZ 1998, 457.
84 OLG Koblenz NJW-RR 2001, 1377.
85 BVerfG FamRZ 2015, 210.
86 Siehe dazu etwa OLG Naumburg FamRZ 2015, 767.
87 Dazu BVerfG ZKJ 2012, 186 m. Anm. *Coester*, ZKJ 2012, 182; BGH FF 2012, 67 m. Anm. *Völker*.
88 OLG Hamm FamRZ 1992, 466; AG Korbach FamRZ 2003, 950.

werden als die im Falle eines Verbleibs beim Obhutselternteil samt dann ausbleibendem Umgang.[89] Der Weg sollte daher – insbesondere, wenn eine Umgangspflegschaft scheitert – über Ordnungsmittel gehen (siehe dazu § 6 Rdn 30 ff.).

b) Verhalten bei der Sorgerechtsausübung

Für eine Übertragung einer bestehenden Alleinsorge eines Elternteils auf den anderen genügt es nicht schon, dass der sorgeberechtigte Elternteil es an der erforderlichen Aktivität bei der Ausübung der elterlichen Sorge fehlen lässt. Die Grenze wird allerdings dort erreicht, wo durch das passive Verhalten eines Elternteils ein Kind in seiner **Persönlichkeitsentwicklung** Schaden zu nehmen droht.[90] Der Verpflichtung, das Kind zu erziehen und zu pflegen, kommt der sorgeberechtigte Elternteil nicht ausreichend nach, wenn er etwa ärztliche Behandlungsanordnungen zu Lasten des Kindes nicht befolgt[91] oder er ein sprachgestörtes Kind nicht schulen lässt.[92] In diesen Fällen kann eine Abänderung der Sorgerechtsentscheidung geboten sein. Gleiches gilt, wenn ein Elternteil die Kinder derart eng an sich bindet, dass sie keine Möglichkeit der eigenständigen Entwicklung haben[93] oder generell eine **gewaltfreie Erziehung** nicht gewährleistet werden kann.[94] Gründe im Sinne des § 1696 Abs. 1 S. 1 BGB liegen aber nicht vor, wenn der allein sorgeberechtigte Elternteil das Kind gegen den Willen des nicht mehr sorgeberechtigten Elternteils einem vertretbaren Gesundheitsrisiko – wie z.B. dem Besuch einer Schule, an der ein drahtloser Internetzugang (WLAN) betrieben wird – aussetzt.[95]

23

Zu den Fallkonstellationen, in denen der betreuende Elternteil konsequent die Umgangskontakte des Kindes mit dem anderen Elternteil hintertreibt und durch sein Verhalten die eigenständige Entwicklung des Kindes verhindert, siehe Rdn 21 f.).

c) Wiederheirat; neue sexuelle Orientierung

Die Heirat des Sorgeberechtigten mit einem schwer vorbestraften Dritten kann einen Abänderungsgrund nach § 1696 BGB darstellen, wobei insoweit jedoch eine nähere Einzelfallbewertung geboten ist.

24

Die **Wiederheirat** der bislang nicht betreuenden Mutter, in deren Zusammenhang sie ihre bisherige Erwerbstätigkeit aufgibt, konnte nach überkommener Auffassung ein Grund für eine Sorgerechtsänderung sein, wenn die Sorge für ein Kleinkind ursprünglich gerade wegen der Berufstätigkeit der Mutter auf den Vater übertragen worden war.[96] Diese Auffassung ist abzulehnen. Der Gesetzgeber erkennt ausweislich § 1570 BGB in der seit dem 1.1.2008 geltenden Fassung für Kinder ab drei Jahren keinen Vorrang der persönlichen Betreuung mehr an. Hat das Kind engere Bindungen an den berufstätigen Elternteil, so müssen diese berücksichtigt werden.[97]

Einer Änderung der Sorgerechtsentscheidung zugunsten des Vaters steht nicht entgegen, dass dieser sich zwischenzeitlich einer **Geschlechtsumwandlung** unterzogen hat.[98] Gleiches gilt, wenn ein Elternteil seine **sexuelle Orientierung** ändert.

Heiraten die geschiedenen Eltern einander wieder, so werden die Regelungen nach § 1671 BGB ebenso wie ein Verfahren nach § 1696 BGB gegenstandslos.[99] Eine nach § 1666 BGB angeordnete Vormundschaft oder Pflegschaft bleibt dagegen bestehen.

25

---

89 Vgl. BVerfG ZKJ 2012, 186 m. Anm. *Coester*, ZKJ 2012, 182; BGH FF 2012, 67 m. Anm. *Völker*.
90 Vgl. BGH FamRZ 1993, 314.
91 KG NJW-RR 1990, 716.
92 OLG Hamm FamRZ 1979, 855.
93 OLG Frankfurt FamRZ 2005, 1700.
94 OLG Jena FamRZ 2005, 52.
95 OLG Bremen FamRZ 2010, 1995.
96 OLG Stuttgart FamRZ 1978, 827.
97 BVerfGE 55, 171; BVerfG FamRZ 2008, 1737; Anm. *Völker*, FamRB 2008, 334.
98 OLG Schleswig FamRZ 1990, 433.
99 KG FamRZ 1982, 736.

Wurde der nichtehelichen Mutter bereits unmittelbar nach der Geburt des Kindes gemäß § 1666 BGB die elterliche Sorge entzogen, so erlangt der Vater des Kindes weder durch Heirat mit der Mutter noch durch spätere **Sorgeerklärung** das Sorgerecht. Vielmehr muss zunächst gemäß § 1696 Abs. 2 BGB[100] die Entscheidung über den Sorgerechtsentzug aufgehoben werden.[101]

4. Veränderte Lebensumstände eines oder beider Elternteile

26 Dem Sorgerechtsinhaber ist es unbenommen, seinen Wohnsitz in ein anderes Bundesland zu verlegen, auch wenn dadurch das Umgangsrecht eingeschränkt oder gegebenenfalls sogar ausgeschlossen wird. Gleiche Erwägungen gelten auch bei einer **Wohnsitzverlegung ins Ausland**, wobei die Grenze allerdings dort zu ziehen ist, wo die Umgangserschwerung oder -vereitelung alleiniges Motiv für die Wohnsitzverlagerung ist.[102] In den Fällen der bevorstehenden **Auswanderung** des Elternteils, der das alleinige Aufenthaltsbestimmungsrecht für das Kind innehat, kann stets ein Abänderungsverfahren in Betracht kommen (siehe dazu § 1 Rdn 279 ff.).

27 Schwere **Erkrankungen des Sorgeberechtigten**, die die Ausübung der elterlichen Sorge unmöglich machen, bieten Grund zur Abänderung der Sorgerechtsregelung. Dies gilt insbesondere, wenn wegen **Ansteckungsgefahr** ein zusätzliches Risiko für das Kind besteht[103] oder eine teilweise unkontrollierbare **Alkoholabhängigkeit** des betreuenden Elternteils eine Änderung des Aufenthaltsbestimmungsrechts zugunsten des anderen Elternteils geradezu geboten erscheinen lässt.[104]

28 Wurde den Eltern im Zusammenhang mit einem **sexuellen Missbrauch** durch den Vater das Aufenthaltsbestimmungsrecht für das Kind entzogen, so soll die erfolgreiche Familientherapie eine Rückübertragung des Aufenthaltsbestimmungsrechts möglich machen können[105] – eine sicherlich nicht verallgemeinerungsfähige, dem konkreten Einzelfall geschuldete Entscheidung.

5. Beispiele für einen fehlenden Abänderungsgrund

29 Von einem Abänderungsgrund soll regelmäßig nicht ausgegangen werden, wenn
- sich das Kind in einen Wechsel des betreuenden Elternteils regelrecht verrannt hat,[106] insbesondere, wenn der Wunsch von **unrealistischen Erwägungen** bestimmt wird,[107]
- ein Elternteil den **Zeugen Jehovas** beitritt,[108]
- das Kind von dem abänderungsinteressierten Elternteil entführt worden ist,[109]
- die Mutter mit dem dreijährigen Kind in eine alternative, 15-köpfige, **promiskuitive Wohngemeinschaft** gezogen ist[110] (wobei diese Einzelfallentscheidung erneut sicher nicht verallgemeinert werden kann),[111]
- bei einer bestehenden **psychischen Erkrankung** eines Elternteils, wenn dieser über längere Zeit hinweg beschwerdefrei geblieben ist.[112]

---

100 Siehe dazu BGH, Beschl. v. 6.7.2016 – XII ZB 47/15, juris.
101 BGH FamRZ 2005, 1469.
102 BGH FamRZ 2010, 1060 m. Anm. *Völker*, S. 1065; 1990, 392.
103 OLG Hamm FamRZ 2000, 1602.
104 OLG Naumburg FamRZ 2009, 433.
105 AG Tempelhof FamRZ 2004, 134.
106 OLG Hamm FamRZ 1988, 1313.
107 OLG Hamm FPR 2002, 270.
108 OLG Karlsruhe FPR 2002, 662.
109 OLG München NZFam 2014, 809; OLG Bamberg FamRZ 1990, 1135.
110 OLG Celle FamRZ 1998, 1188.
111 OLG Stuttgart FamRZ 1985, 1285.
112 BayObLG FamRZ 1997, 956.

D. Aufhebung kindesschutzrechtlicher Maßnahmen (§ 1696 Abs. 2 BGB)

Im Zuge der Schaffung des FamFG hat der Gesetzgeber auch § 1696 BGB in seiner bisherigen Fassung modifiziert. Eine Maßnahme nach den §§ 1666–1667 BGB oder sonstige kindesschutzrechtliche Maßnahmen sind nach § 1696 Abs. 2 BGB aufzuheben, wenn eine Gefahr für das Wohl des Kindes nicht mehr besteht oder die Erforderlichkeit der Maßnahme entfallen ist (siehe dazu eingehend und zum Verhältnis zum Erlass einer Verbleibensanordnung § 4 Rdn 23 ff.).[113]

30

Kindesschutzrechtliche Maßnahmen in diesem Sinn sind alle Maßnahmen des Familiengerichts, die zur Abwendung einer **Kindeswohlgefährdung** oder aus Gründen der Erforderlichkeit für das Kindeswohl die Einschränkung einer Rechtsposition der Eltern, der Pflegeeltern oder weiterer berechtigter Personen zulassen. Hierunter fallen die §§ 1631b, 1632 Abs. 4, 1666, 1666a, 1667, 1682, 1684 Abs. 4,[114] § 1685 Abs. 3 BGB i.V.m. §§ 1684 Abs. 4, § 1686a Abs. 2 S. 1 i.V.m. § 1684 Abs. 4, § 1687 Abs. 2, § 1687a BGB i.V.m. §§ 1687 Abs. 2, § 1688 Abs. 4 S. 2 BGB, § 1629 Abs. 2 S. 3 i.V.m. § 1796 BGB.[115] Erfasst wird ferner der Sonderfall, in dem das Aufenthaltsbestimmungsrecht, das zuvor einem Elternteil alleine zugestanden hat, in den Fällen der §§ 1678 Abs. 1 Hs. 2, Abs. 2, 1680 Abs. 2 und Abs. 3, 1681 Abs. 2 BGB nicht dem anderen Elternteil, sondern einem Pfleger übertragen wird (siehe dazu eingehend § 4 Rdn 44).

31

Mit der Änderung des Gesetzestextes wollte der Gesetzgeber klarstellen, dass der **Grundsatz der Eigenverantwortlichkeit** und Verhältnismäßigkeit für diese familiengerichtlichen Maßnahmen zugleich Eingriffs- und Bestandsvoraussetzung ist.[116]

32

Parallel hierzu sieht § 166 Abs. 2 FamFG ausdrücklich vor, dass eine länger dauernde kindesschutzrechtliche Maßnahme durch das Gericht in angemessenen Zeitabständen zu überprüfen ist. Insoweit wurde die bisherige Regelung des § 1696 Abs. 3 S. 1 BGB a.F. – ob ihres verfahrensrechtlichen Charakters – in § 166 FamFG übernommen. Aufgrund der Rechtsprechung des EuGHMR wird eine solche **Überprüfung regelmäßig mindestens jährlich** vorgenommen werden müssen, wenn nicht im Ausgangsverfahren gutachterlich festgestellt wurde, dass schon die Überprüfung selbst dem Kindeswohl schaden würde (siehe dazu eingehend § 2 Rdn 154).[117]

In § 166 Abs. 3 FamFG wurde der Inhalt von § 1696 Abs. 3 S. 2 BGB a.F. übernommen: Sieht das Familiengericht von einer Maßnahme nach §§ 1666–1667 BGB ab, so soll es seine Entscheidung in einem angemessenen Zeitabstand, in der Regel nach drei Monaten, überprüfen. Es handelt sich hierbei um eine einmalige Überprüfung, nicht um eine Dauerkontrolle.[118] Bei dieser Vorgabe steht der besondere Schutz minderjähriger Kinder im Vordergrund. Ziel ist es, zu verhindern, dass Eltern – die sich zuweilen aufgrund des Umstandes, dass zunächst keine gerichtlichen Maßnahmen ergriffen wurden, als „Sieger" missverstehen („Das Jugendamt hat gegen uns verloren") – jegliche Kooperation mit dem Jugendamt verweigern und dadurch dem Kind notwendige Hilfen nicht zuteilwerden können. Zwar kann das Jugendamt in diesem Fall auch von sich aus erneut das Familiengericht anrufen, jedoch mag die Bereitschaft hierzu – kommunizierende Röhren? – zuweilen nach einem ersten „Scheitern" sinken. Deshalb ist es zu begrüßen, dass dem Richter nunmehr aufgegeben wird, von Amts wegen noch einmal sein Augenmerk auf die Sache zu richten. Das Gericht genügt seiner Überprüfungspflicht, wenn es den zuständigen Sachbearbeiter des Ju-

33

---

113 BVerfG FamRZ 2016, 439; BGH, Beschl. v. 6.7.2016 – XII ZB 47/15, juris.
114 Siehe dazu beispielgebend OLG Schleswig FamRZ 2015, 1040.
115 Staudinger/*Coester*, § 1696 Rn 115.
116 BT-Drucks 16/6308, S. 346.
117 Vgl. – mutatis mutandis – EuGHMR FamRZ 2011, 1484 [Heidemann/Deutschland] m. Anm. *Wendenburg*; vgl. auch EuGHMR, Urt. v. 19.6.2003 – Individualbeschwerde Nr. 46165/99 [Nekvedavicius/Deutschland] (n.v.) –; OLG Saarbrücken MDR 2012, 1231, jeweils zum Umgangsausschluss; vgl. zur Überprüfungspflicht auch EuGHMR FamRZ 2016, 1137.
118 Vgl. DT-Drucks 16/6308, S. 379, 416 f.; *Heilmann/Gottschalk*, § 166 FamFG Rn 22.

gendamts anruft und in den Akten dessen Bestätigung vermerkt, dass die Eltern ordnungsgemäß mit der Jugendhilfe zusammenarbeiten und die Kindeswohlgefährdung daher ausreichend abgewendet ist.

34 Wegen der Ausgestaltung des § 166 Abs. 3 FamFG als Soll-Vorschrift kann eine weitere Überprüfung in den Fällen unterbleiben, in denen schon im Termin verlässlich voraussehbar war, dass keine weitere Maßnahmen, d.h. auch keine **Hilfsmaßnahmen des Jugendamts** erforderlich werden würden.[119]

E. Regelungsgrundsätze

35 Die Gründe, die für die Erstregelung gemäß § 1671 BGB oder auch nach § 1684 Abs. 1 und 3 BGB Geltung besaßen, haben auch für die Abänderungsentscheidung Bedeutung.[120] Eine Änderung der äußeren Lebensumstände ist allerdings nicht erforderlich. Vielmehr ist jeder Umstand von Gewicht, der die für die Erstregelung unverzichtbaren Voraussetzungen infrage stellt.[121]

36 **Eine ausländische Sorge- oder Umgangsrechtsregelung**, die in Deutschland anzuerkennen ist, steht rechtlich einer entsprechenden, von einem deutschen Gericht erlassenen Entscheidung gleich.[122] Sie kann daher nach § 1696 Abs. 1 BGB abzuändern sein, wenn der betreuende Elternteil mit dem Kind nunmehr dauerhaft in Deutschland seinen Aufenthalt hat und die deutschen Gerichte dadurch international zuständig geworden sind (zu Letzterem siehe im Einzelnen § 11 Rdn 10 ff.).

37 Ist die **Herausgabe des Kindes** an den anderen Elternteil angeordnet worden und stellt sich während der Vollstreckung der Anordnung heraus, dass die Herausgabe dem Kindeswohl widerspricht, so ist von Amts wegen ein Sorgerechtsänderungsverfahren einzuleiten, begleitet von einer einstweiligen Anordnung dahingehend, dass das Kind zunächst nicht herauszugeben ist.[123]

38 Weil Abänderungsverfahren sowohl nach § 1696 Abs. 1 als auch nach § 1696 Abs. 2 BGB keine Antrags-, sondern **Amtsverfahren** sind, bedarf es einer gerichtlicher Sachentscheidung. Ein „Antrag" ist stets nur eine Anregung. Er kann also – wenngleich dies weit überwiegende Praxis der Gerichte ist – nicht „zurückgewiesen" werden. Soll es bei der bisherigen Regelung bewenden, ist vielmehr festzustellen, dass keine Veranlassung besteht, die Ausgangsentscheidung zu ändern.[124] Leitet das Familiengericht trotz eines Antrags eines Umgangsberechtigten in diesen Verfahren kein Verfahren ein, so ist die ablehnende Entscheidung als Endentscheidung nach §§ 58 ff. mit der Beschwerde anfechtbar.[125]

F. Unterbrechung und Erledigung des Verfahrens

39 Wird das Kind während des kindschaftsrechtlichen Verfahrens volljährig, wird dadurch das Verfahren in der Hauptsache beendet. Eine Sachentscheidung kann nicht mehr ergehen.[126]

---

119 Kemper/Schreiber/*Völker/Clausius/Wagner*, § 166 Rn 5.
120 OLG Frankfurt FamRZ 2011, 1875.
121 BGH FamRZ 1993, 314.
122 OLG Saarbrücken, Beschl. v. 7.2.2014 – 6 UF 193/13 (n.v.); OLG Oldenburg FamRZ 2012, 1887.
123 OLG Hamburg FamRZ 1994, 1128.
124 So zutreffend OLG Frankfurt FamRZ 2013, 1238; vgl. für das Umgangsverfahren nach § 1684 BGB, wo dieselben Grundsätze gelten, BGH NJW 1994, 312; OLG Celle NJW-RR 1990, 1290 jeweils m.w.N.
125 OLG Brandenburg FamRZ 2015, 1993.
126 BGH FamRZ 1993, 314.

G. Einstweiliger Rechtsschutz

Nach § 156 Abs. 3 FamFG soll das Gericht in Kindschaftssachen, die den Aufenthalt des Kindes, das Umgangsrecht oder die Herausgabe betreffen – also auch in Abänderungsverfahren nach § 1696 Abs. 1 BGB –, mit den Beteiligten in einem Termin (§ 155 Abs. 2 FamFG) eine einvernehmliche Regelung erörtern. Kann diese nicht erreicht werden, so hat das Gericht nach § 156 Abs. 3 FamFG den Erlass einer einstweiligen Anordnung zu erörtern. Aus den §§ 49, 51 Abs. 1 S. 1 FamFG folgt, dass das Gericht von Amts wegen, d.h. auch ohne Antrag, eine einstweilige Anordnung erlassen darf, wenn das Verfahren entweder von Amts wegen eingeleitet wurde oder es zwar auf Antrag eingeleitet wurde, aber auch von Amts wegen hätte aufgenommen werden können. Mithin bedarf der Erlass einer einstweiligen Anordnung im Rahmen des Abänderungsverfahrens nach § 1696 Abs. 1 BGB keines Antrags. 40

Gleiches gilt in den Abänderungsverfahren nach § 1696 Abs. 2 BGB, die also vorangegangene kinderschutzrechtliche Maßnahmen nach § 1666 BGB zum Gegenstand haben. Nach der Gesetzesbegründung sind davon auch Verfahren nach § 1632 Abs. 4 BGB umfasst;[127] denn der Entscheidungsmaßstab – Kindeswohlgefährdung – ist derselbe wie in § 1666 BGB.

Besondere Bedeutung gewinnt § 1696 Abs. 1 BGB im Zusammenhang mit der **Vollstreckung** eines Umgangs- oder Herausgabetitels (siehe dazu eingehend § 6). Zwar baut die Vollstreckung nach §§ 89 ff. FamFG auf der Prüfung der Anspruchsvoraussetzungen im Erkenntnisverfahren auf. Eine erneute Prüfung der Rechtmäßigkeit der zu vollstreckenden Entscheidung findet daher im Vollstreckungsverfahren nicht statt. Neu hinzutretende Umstände, aufgrund derer eine Vollstreckung aus Kindeswohlgründen nicht mehr verantwortbar ist, können allerdings auf Antrag oder von Amts wegen zur Abänderung des Ausgangstitels und damit zum Wegfall der Vollstreckungsgrundlage führen; außerdem kann im Falle eines solchen Abänderungsantrags – ebenfalls auf Antrag oder amtswegig – die Zwangsvollstreckung nach § 93 Abs. 1 Nr. 4 FamFG einstweilen eingestellt werden.[128] Bei einstweiligen Anordnungen richtet sich die Abänderbarkeit allerdings nach § 54 Abs. 1 FamFG, so dass für die einstweilige Einstellung der Vollstreckung aus einer einstweiligen Anordnung die dann speziellere Norm des § 55 Abs. 1 S. 1 FamFG maßgeblich ist.[129] 41

---

127 Kemper/Schreiber/*Völker/Clausius/Wagner*, § 156 Rn 5.
128 Vgl. zum Ganzen BGH FamRZ 2012, 533; vgl. auch OLG Celle ZKJ 2011, 433.
129 BGH FamRZ 2015, 2147.

§ 4 Herausgabe des Kindes nach § 1632 BGB

A. Der Anspruch auf Herausgabe eines Kindes nach § 1632 Abs. 1 BGB sowie die Umgangsbestimmung nach § 1632 Abs. 2 BGB

I. Allgemeines

Aus § 1632 Abs. 1 BGB folgt das – aus der Personensorge abgeleitete – Recht, von jedem die Herausgabe des Kindes zu verlangen, der es den Eltern oder einem Elternteil widerrechtlich vorenthält (Antragsmuster im Formularteil, siehe § 13 Rdn 41 f. sowie Rdn 59 f.).[1] Dieses Recht folgt unmittelbar aus der Befugnis des Sorgeberechtigten, den Aufenthalt des Kindes gemäß § 1631 Abs. 1 BGB zu bestimmen. Es handelt sich hierbei um ein **absolutes Recht**, dessen Verletzung **Schadensersatzansprüche** nach § 823 Abs. 1 BGB zur Folge haben kann.[2] Zutreffender Auffassung zufolge umfasst § 1632 Abs. 1 auch den (Annex-)Anspruch auf Herausgabe der zum **persönlichen Gebrauch** bestimmten Sachen eines Kindes (vgl. auch § 156 Abs. 6 GVGA).[3]

Neben dem Anspruch auf Herausgabe des Kindes statuiert § 1632 Abs. 2 BGB das Recht, den Umgang des Kindes auch mit Wirkung für und gegen Dritte zu bestimmen.

II. Materiell-rechtliche Voraussetzungen des § 1632 Abs. 1 BGB

1. Anspruchsberechtigung

Anspruchsinhaber sind die **Personensorgeberechtigten**, d.h. in der Regel die Eltern gemeinsam oder ein Elternteil, soweit diesem die Alleinsorge[4] oder das **Aufenthaltsbestimmungsrecht** zusteht.[5] § 1632 Abs. 1 BGB findet aber auch dann Anwendung, wenn die Eltern über den Aufenthalt des Kindes eine verbindliche Vereinbarung geschlossen haben, ein Elternteil hiervon jedoch eigenmächtig abgewichen ist.[6] Da der Herausgabeanspruch der Personensorgeberechtigung folgt, steht er gemäß §§ 1793 Abs. 1 S. 1, 1800 BGB auch dem Vormund des Kindes[7] sowie einem Pfleger im Rahmen dessen Aufenthaltsbestimmungsrechts gemäß §§ 1909 Abs. 1 S. 1, 1915 BGB zu. Der Antragsteller muss nicht selbst vertretungsberechtigt im Sinne des § 1629 Abs. 1 S. 1 und 2 BGB sein; auch die Vermögenssorge ist für den Anspruch nach § 1632 Abs. 1 BGB unbedeutend.[8]

Die Eltern eines **nichtehelich geborenen Kindes** können die Herausgabe des Kindes nur dann gemeinsam verlangen, wenn sie zuvor unter den Voraussetzungen des § 1626a Abs. 1 BGB die gemeinsame Sorge herbeigeführt haben.

Wurde einem Elternteil bereits die Personensorge oder zumindest das Aufenthaltsbestimmungsrecht entzogen, etwa nach § 1666 BGB, ist sein Herausgabeverlangen unberechtigt.

Bei Bestehen gemeinsamer elterlicher Sorge müssen gegenüber einem Dritten grundsätzlich beide Elternteile die Herausgabe des Kindes an beide Elternteile verlangen, es sei denn, es besteht **Gefahr im Verzug**. Ist in diesem Fall ein Elternteil zur Mitwirkung nicht bereit, so kann der antragstellende Elternteil allein die Herausgabe an sich verlangen. Bei Widerspruch des anderen El-

---

1 BayObLG FamRZ 1990, 1379; OLG Saarbrücken, Beschl. v. 25.5.2010 – 9 UF 32/10 (n.v.).
2 BGHZ 111, 168; OLG Nürnberg FamRZ 2000, 369.
3 *Götz*, FamRZ 2016, 519 m.z.w.N.; a.A. OLG Nürnberg FamRZ 2016, 563 (§§ 1601, 1610 Abs. 2 BGB analog).
4 OLG Nürnberg FamRZ 2000, 369.
5 BayObLG FamRZ 1990, 1379; *Vogel*, FPR 1996, 51; siehe zu sog. „vertauschten Kindern" *Frank*, FamRZ 2015, 1149; *Willems*, NZFam 2016, 445.
6 OLG Saarbrücken, Beschl. v. 24.8.2010 – 9 UF 71/10 (n.v.).
7 OLG Brandenburg FamRZ 2000, 1038.
8 BayObLG FamRZ 1990, 1379.

ternteils wird ein gerichtlich gestellter Herausgabeantrag jedoch abgewiesen.[9] In diesem Fall muss das Familiengericht eine Entscheidung nach § 1628 BGB herbeiführen und einem Elternteil das Alleinentscheidungsrecht über die Herausgabe des Kindes übertragen.[10]

7   Ist das Kind nach einer **Inobhutnahme** gemäß § 42 SGB VIII (dazu aus jugendhilferechtlicher Sicht, siehe § 12 Rdn 107 ff.) beim nicht sorgeberechtigten Elternteil untergebracht, so setzt sich diesem gegenüber ein Anspruch des Sorgerechtsinhabers auf Kindesherausgabe nicht durch, da dem Jugendamt aus öffentlichem Recht die Befugnis zusteht, den Aufenthalt des Kindes zu bestimmen,[11] die Inobhutnahme also das Sorgerecht überlagert.

8   Da der Anspruch auf Herausgabe dem Sorgerecht entspringt, kann er freilich auch ohne gerichtliches Verfahren vollzogen werden, sofern der Herausgabepflichtige – sei es der andere Elternteil, sei es ein Dritter – sich dem Herausgabeverlangen **freiwillig** beugt. Dies wird häufig bei Dritten – etwa dem Kindergarten oder der Schule des Kindes – der Fall sein. Will der andere, nicht sorgeberechtigte Elternteil verhindern, dass Dritte das Kind an den die Herausgabe begehrenden Elternteil übergeben, muss er eine entsprechende einstweilige Anordnung zum Aufenthaltsbestimmungsrecht für das Kind erwirken. Beruht das Herausgabeverlangen auf einer soeben erlassenen erstinstanzlichen Entscheidung über das Aufenthaltsbestimmungsrecht, so muss der andere Elternteil, um eine freiwillige Herausgabe durch Dritte zu verhindern, gegen die sorgerechtliche Entscheidung Beschwerde einlegen und diese mit einem Antrag auf Aussetzung der Vollziehung nach § 64 Abs. 3 FamFG verbinden (siehe dazu § 9 Rdn 15). Zwar haben Sorgerechtsentscheidungen, da sie die Rechtslage nur gestalten, keinen vollstreckungsfähigen Inhalt;[12] dies hindert indes nicht die freiwillige Erfüllung des auf der Grundlage des Aufenthaltsbestimmungsrechts rechtmäßig geltend gemachten Herausgabeverlangens durch Dritte.

9   Wird das Kind dem die Herausgabe verlangenden Elternteil nicht freiwillig übergeben, so bleibt diesem nur der Weg, seinen Herausgabeanspruch **gerichtlich** geltend zu machen. Wird der Herausgabeanspruch in diesem Verfahren tituliert, so wird diese Entscheidung mit Bekanntgabe wirksam (§ 40 FamFG). Auch wenn der Herausgabepflichtige daher Beschwerde gegen die Herausgabeanordnung einlegt, kann aus dem – nicht rechtskräftigen – Titel vollstreckt werden. Um die Vollstreckung zu vermeiden, bleibt dem Herausgabepflichtigen erneut nur der Weg, mit der Beschwerdeeinlegung einen Antrag auf Aussetzung der Vollziehung nach § 64 Abs. 3 FamFG (siehe § 9 Rdn 15) zu verbinden. Dies geschieht in der Praxis durchaus nicht selten. Das Beschwerdegericht wird eine entsprechende Außervollzugsetzung anordnen, wenn die Herausnahme des Kindes aus seiner bisherigen Umgebung, insbesondere durch Anwendung von **Zwangsmitteln**, dem Kindeswohl widerspricht. Solange über die Berechtigung des Herausgabetitels noch keine abschließende Klarheit besteht, ist dies nicht selten der Fall. Denn ein **mehrfacher Ortswechsel** binnen kurzer Zeit kann für das Kind negativere Auswirkungen haben als der längere Verbleib bei einem Elternteil, dem letztlich vielleicht nicht die elterliche Sorge übertragen werden wird.[13] Dem Risiko einer auf diesem Weg möglicherweise „**ertrotzten Kontinuität**"[14] muss aber durch kurzfristige Entscheidung entgegengewirkt werden.[15] Außerdem gibt es Fälle, in denen die Vollziehung gerade geboten ist, weil mit dem auch nur vorläufigen weiteren Verbleib des Kindes beim herausgabepflichtigen Elternteil erhebliche Beeinträchtigungen des Kindeswohls einhergehen würden. Zu beachten ist, dass in Verfahren, die die Herausgabe eines Kindes zum Gegen-

---

9 BayObLG FamRZ 1984, 1144.
10 BayObLG FamRZ 1990, 1379.
11 OLG Zweibrücken FamRZ 1996, 1026.
12 BVerfG FamRZ 2007, 1626; Anm. *Völker*, FamRB 2007, 359; BGH FamRZ 2005, 1540; Anm. *Völker*, jurisPR-FamR 22/2006, Anm. 6.
13 Vgl. zu diesem Abwägungsaspekt BVerfG FamRZ 2009, 676.
14 *Völker/Clausius*, FF 2009, 54.
15 BVerfG FamRZ 2009, 189; *Völker/Clausius*, FF 2009, 54.

stand haben, diesem nach § 158 Abs. 2 Nr. 3 FamFG grundsätzlich zuvor ein **Verfahrensbeistand** zu bestellen ist (siehe im Einzelnen § 5 Rdn 15).

2. Herausgabepflichtiger

Die Herausgabepflicht richtet sich gegen jeden, der das Kind **widerrechtlich vorenthält**. Dies kann der andere Elternteil oder ein beliebiger Dritter sein. Widerrechtlich ist die Vorenthaltung in der Regel, wenn für die Zurückhaltung des Kindes kein rechtfertigender Grund besteht und die Wiedererlangung des Kindes durch den Berechtigten seitens des Herausgabepflichtigen verhindert wird.[16] Ein neutrales oder passives Verhalten ist hierfür allerdings nicht ausreichend.[17] Gleiches gilt für das bloße Gewähren von Unterkunft und Verpflegung. Der Herausgabepflichtige muss vielmehr seine **faktische Personensorge** dazu nutzen, das Aufenthaltsbestimmungsrecht des berechtigen Elternteils zu unterlaufen.[18] Einwände des pflichtigen Elternteils, wie z.B. das Kind wolle bei ihm bleiben und er respektiere dessen Entscheidung bzw. er habe keinen Einfluss auf die Herausgabe, da eine dritte Person die Rückgabe verweigere, sind als reine Schutzbehauptungen unbeachtlich.[19] Der andere Elternteil ist allerdings nur herausgabepflichtig, wenn dem die Herausgabe begehrenden Elternteil das alleinige Aufenthaltsbestimmungsrecht zusteht.[20] Denn ein das Kind dem anderen Elternteil vorenthaltender, mit diesem aber gemeinsam aufenthaltsbestimmungsberechtigter Elternteil handelt nicht widerrechtlich. Ein einseitiges Herausgabeverlangen verstieße nämlich gegen den Grundsatz der gemeinsamen Ausübung des Aufenthaltsbestimmungsrechts. Es entstünde eine „widerrechtliche Patt-Situation", die grundsätzlich nur durch eine Entscheidung über das Aufenthaltsbestimmungsrecht gelöst werden kann.[21]

10

Von einer **Widerrechtlichkeit der Vorenthaltung** ist allerdings dann nicht auszugehen, wenn

11

- das Herausgabeverlangen einen Rechtsmissbrauch darstellt, d.h. zu befürchten ist, dass das Kind durch die Trennung und den Umgebungswechsel einen gesundheitlichen oder seelischen Schaden i.S.d. § 1666 BGB erleiden würde.[22]
- die Vorenthaltung durch eine Einwilligung der Eltern überlagert wird, etwa im Fall **freiwilliger Erziehungshilfen** gemäß §§ 27 ff. SGB VIII,
- die Rechtfertigung aus öffentlichem Recht folgt, wie z.B. **Heimerziehung** nach **Inobhutnahme** (vgl. dazu § 12 Rdn 107 ff.) oder Maßnahmen nach dem JGG,
- eine **Verbleibensanordnung** gemäß § 1632 Abs. 4 BGB oder § 1682 BGB ergangen ist.

3. Kindeswohl

Oberste Richtschnur für ein Herausgabeverfahren ist die Wahrung des **Kindeswohls**, wie es in § 1697a BGB angesprochen ist. Es ist daher jeweils eine Einzelfallentscheidung zu treffen, im Rahmen derer alle Umstände gegeneinander abzuwägen sind.[23] Die zwangsläufig mit der Herausnahme verbundenen Beeinträchtigungen des Kindes sind allerdings nicht geeignet, die Herausnahme als solche in Frage zu stellen.[24]

12

---

16 Palandt/*Götz*, § 1632 Rn 3.
17 Palandt/*Götz*, § 1632 Rn 3.
18 OLG Zweibrücken FamRZ 1983, 297.
19 OLG Hamm FamRZ 1993, 1479; OLG Zweibrücken FamRZ 1983, 297.
20 OLG Saarbrücken, Beschl. v. 31.10.2012 – 6 UF 398/12 (n.v.) m.z.w.N.; OLG Nürnberg FamRZ 2000, 369.
21 OLG Saarbrücken, Beschl. v. 31.10.2012 – 6 UF 398/12 (n.v.) m.w.N.
22 BayObLG FamRZ 1991, 1080; OLG Brandenburg FamRZ 2007, 1350; OLG Saarbrücken, Beschl. v. 25.5.2010 – 9 UF 32/10 – m.w.N. (n.v.); *Vogel*, FPR 1996, 51.
23 OLG Hamburg FamRZ 1993, 1337.
24 OLG Hamm FamRZ 2002, 44.

13 Das Herausgabeverfahren ist kein **Vollstreckungsverfahren** zu einer vorausgegangenen Sorgerechtsentscheidung; dies schon deshalb, weil die – lediglich rechtsgestaltenden – Sorgerechtsentscheidungen keinen vollstreckbaren Inhalt haben.[25] Die **Herausgabeanordnung** setzt vielmehr eine erneute, am Kindeswohl orientierte Sachprüfung im Rahmen eines Hauptsacheverfahrens voraus.[26] In jeder Lage des Verfahrens ist zu prüfen, ob sich das Herausgabeverlangen – noch – mit dem Kindeswohl vereinbaren lässt.[27] Erst aus einem Herausgabetitel kann die Vollstreckung betrieben werden.

14 Es soll allerdings vermieden werden, dass eine zuvor getroffene Sorgerechtsregelung neu aufgerollt wird. Zu berücksichtigen sind daher nur die nach der Sorgerechtsentscheidung neu zutage getretenen, das Kindeswohl nachhaltig berührenden Umstände.[28] Das gilt selbst dann, wenn diese Umstände bereits zur Zeit der Sorgerechtsregelung existierten, dem Gericht aber noch nicht bekannt waren.[29]

15 Analogieschlüsse zu den Vorschriften des Besitzrechts über die **verbotene Eigenmacht** sind selbstredend unzulässig, da das Kind wegen seines Persönlichkeitsrechts und des Vorrangs seines geistigen und leiblichen Wohles keinesfalls bloßes Objekt von Elternrechten sein kann. Es gibt in einem Rechtsstaat keine Rechte an Personen, die nicht unmittelbar mit Pflichten dieser gegenüber verbunden sind.[30]

III. Die Umgangsbestimmung gemäß § 1632 Abs. 2 BGB

16 In Erfüllung ihres Erziehungsauftrages haben die Sorgeberechtigten das Recht und die Pflicht zur Bestimmung des Umgangs des Kindes (§ 1632 Abs. 2 BGB). Die Befugnis zur Umgangsbestimmung ist unabhängig vom Aufenthaltsbestimmungsrecht. Die Eltern können also insbesondere auch bestimmen, mit wem das Kind zu Hause oder in einer von ihm besuchten Schule oder sonstigen Einrichtung Kontakt hat, ohne dass sie damit zugleich eine Bestimmung über den Aufenthalt des Kindes treffen.[31]

Sind beide Elternteile (noch) gemeinsam umgangsbestimmungsberechtigt, so müssen sie sich über das Umgangsrecht des Kindes mit Dritten einigen (siehe dazu Rdn 18), aber auch über das Umgangsrecht des anderen, nicht betreuenden Elternteils gemäß § 1687 Abs. 1 S. 1 BGB verständigen;[32] gelingt letzteres nicht, regelt das Familiengericht den Umgang (§ 1684 Abs. 3 S. 1 BGB).

Aber auch, wenn nur (noch) ein Elternteil umgangsbestimmungsberechtigt ist – dem wird fast immer seine bestehende Alleinsorge für das Kind zugrundeliegen –, erfasst § 1632 Abs. 2 BGB das Recht, über den Umgang des Kindes nicht nur mit Dritten (siehe dazu Rdn 18),[33] sondern auch –

---

25 BVerfG FamRZ 2007, 1626; Anm. *Völker*, FamRB 2007, 359; BGH FamRZ 2005, 1540; Anm. *Völker*, jurisPR-FamR 22/2006, Anm. 6.
26 OLG Zweibrücken FamRZ 1999, 106; OLG Düsseldorf FamRZ 1981, 601.
27 BayObLG FamRZ 1991, 1080; OLG Hamburg FamRZ 1989, 420.
28 OLG Koblenz ZKLJ 2016, 225; OLG Düsseldorf FamRZ 1981, 601.
29 *Vogel*, FPR 1996, 51.
30 BVerfG FamRZ 2008, 845; Anm. *Völker*, FamRB 2008, 174; Anm. *Clausius*, jurisPR-FamR 14/2008, Anm. 1; *Zempel*, AnwZert FamRZ 9/2008, Anm. 3.
31 BGH, Beschl. v. 6.7.2016 – XII ZB 47/15, juris.
32 BGH, Beschl. v. 6.7.2016 – XII ZB 47/15, juris; BGH, Beschl. v. 15.6.2016 – XII ZB 419/15, juris Rn 29; *Obermann*, Normative Strukturen des Umgangs, FamRZ 2016, 1031, 1034.
33 BGH FamRZ 2010, 1975; OLG Brandenburg FamRZ 2016, 1092.

jedenfalls im rechtlichen Ausgangspunkt – über den des Kindes mit dem anderen, nicht umgangsbestimmungsberechtigten Elternteils zu bestimmen.[34] Soweit das Umgangsrecht mit dem anderen Elternteil in Rede steht, wird § 1632 Abs. 2 BGB freilich durch dessen eigenes Recht auf Umgang mit dem Kind aus § 1684 Abs. 1 BGB und eine auf dieser Grundlage nach § 1684 Abs. 3 S. 1 BGB getroffene gerichtliche Entscheidung eingeschränkt.[35] Dies gilt gleichermaßen bezüglich des leiblichen, nicht rechtlichen Vaters (§ 1686a BGB) oder Dritter, die ein Umgangsrecht nach § 1685 BGB haben.

Gesichert ist, dass in Bezug auf den Umgang des Kindes mit anderen als den nach § 1684 Abs. 1, § 1685 oder § 1686a BGB umgangsberechtigten Personen über § 1666 BGB der Entzug des Umgangsbestimmungsrechts und die Anordnung einer Umgangsbestimmungspflegschaft in Betracht kommt, wenn der umgangsbestimmungsberechtigte Elternteil von diesem Recht in das Wohl des Kindes gefährdender Weise Gebrauch macht.[36]

Weil § 1632 Abs. 2 BGB aber auch ein Umgangsbestimmungsrecht des allein umgangsbestimmungsberechtigten Elternteils gegenüber dem anderen Elternteil oder anderen Umgangsberechtigten enthält, kann auch in diesen Konstellationen einem allein umgangsbestimmungsberechtigten Elternteil das Umgangsbestimmungsrecht entzogen und dieses auf einen Ergänzungspfleger – mit dem Aufgabenkreis, den Umgang zu regeln –, mithin einen sog. **Umgangsbestimmungspfleger** übertragen werden,[37] falls – auf diesen Teilbereich beschränkt – die Voraussetzungen des § 1666 BGB vorliegen.[38] Danach ist aber in den Fällen, in denen der allein umgangsbestimmungsberechtigte Elternteil in kindeswohlgefährdender Weise den Umgang des Kindes mit dem anderen Elternteil oder einem umgangsberechtigten Dritten verweigert, für eine Umgangsbestimmungspflegschaft schon aus Verhältnismäßigkeitsgründen in der Regel kein Raum mehr.[39] Denn dann ist die Anordnung einer Umgangspflegschaft nach § 1684 Abs. 3 S. 3 bis 6 BGB – auf den auch § 1685 Abs. 3 S. 2 und § 1686a Abs. 2 S. 2 BGB verweisen – in aller Regel das mildere und zugleich nicht minder geeignete Mittel, zumal das Gericht dann zugleich eine konkrete und vollständige Umgangsregelung treffen muss und dies nicht dem Umgangspfleger überlassen darf.[40] In diesen Fällen besteht also für eine Umgangsbestimmungspflegschaft kein – wirkliches – praktisches Bedürfnis,[41] im Gegenteil: Wenn und weil Voraussetzung für eine Umgangsbestimmungspflegschaft eine Kin-

---

[34] BGH, Beschl. v. 6.7.2016 – XII ZB 47/15, juris; BGH, Beschl. v. 15.6.2016 – XII ZB 419/15, juris Rn 29; BGH FamRZ 2008, 592; OLG Zweibrücken FamRZ 2000, 1042; inzident ebenso KG FF 2015, 465; MüKo-BGB/*Huber*, § 1632 Rn 65 [mit Hinweis auf die § 1632 Abs. 2 BGB einschränkende Umgangsbefugnis des anderen Elternteils aus § 1684]; Palandt/*Götz*, § 1632 Rn 10; *Gottschalk*, ZKJ 2014, 257; a.A. OLG Karlsruhe FamRZ 2014, 1378; OLG Stuttgart FamRZ 2014, 1794; *Frohn*, Ergänzungspflegschaft zur Regelung des Umgangs?, FF 2016, 240; bereits das Bestehen eines einseitigen Umgangsbestimmungsrechts des Sorgeberechtigten ablehnend *Obermann*, Normative Strukturen des Umgangs, FamRZ 2016, 1031, 1034.

[35] BGH, Beschl. v. 6.7.2016 – XII ZB 47/15, juris; BGH FamRZ 2008, 592; OLG Zweibrücken FamRZ 2000, 1042; Erman/*Döll*, § 1632 Rn 20; FAKomm-FamR/*Ziegler*, § 1632 Rn 4; NK-BGB/*Rakete-Dombek*, § 1632 Rn 15; Palandt/*Götz*, § 1632 Rn 10; PWW/*Ziegler*, § 1632 Rn 4; a.A. Staudinger/*Rauscher*, § 1684 Rn 63 und 65.

[36] BGH, Beschl. v. 6.7.2016 – XII ZB 47/15, juris; OLG Frankfurt FamRZ 2016, 68.

[37] BGH, Beschl. v. 6.7.2016 – XII ZB 47/15, juris; OLG Frankfurt FamRZ 2014, 396; 2015, 2172; 2016, 246 m. Anm. *Hammer*; Palandt/*Götz*, § 1684 Rn 21 und § 1666 Rn 19; *Heilmann*, NJW 2012, 16, 21; a.A. OLG Stuttgart, Beschl. v. 14.8.2014 – 11 UF 118/14, juris; ebenso OLG München FamRZ 2011, 823; OLG Celle ZKJ 2011, 182; *Jokisch*, FuR 2016, 145, 148.

[38] BGH, Beschl. v. 6.7.2016 – XII ZB 47/15, juris; ebenso OLG Celle FamRZ 2011, 574; OLG Frankfurt FamFR 2013, 525; FamRZ 2016, 68; 2014, 396; Beschl. v. 13.5.2015 – 4 UF 385/14, juris; *Heilmann* FamRZ 2014, 1753; 1754; Staudinger/*Bienwald*, § 1909 Rn 65; *Gottschalk* ZKJ 2014, 257; a.A. OLG Karlsruhe FamRZ 2014, 1378; OLG Stuttgart FamRZ 2014, 1794; *Frohn*, Ergänzungspflegschaft zur Regelung des Umgangs?, FF 2016, 240; *Obermann*, Normative Strukturen des Umgangs, FamRZ 2016, 1031, 1034.

[39] So ausdrücklich auch – für die Fälle des Elternkonflikts – BGH, Beschl. v. 6.7.2016 – XII ZB 47/15, juris.

[40] BVerfG FamRZ 2009, 1472; BGH, Beschl. v. 6.7.2016 – XII ZB 47/15, juris.

[41] A.A. *Heilmann*, FamRZ 2014, 1753, 1755 f.

deswohlgefährdung i.S. des § 1666 BGB ist, wird sich der den Umgang boykottierende Umgangsbestimmungsberechtigte von deren Anordnung regelmäßig nicht beeindrucken lassen. Dann ist auch der Umgangsbestimmungspfleger – nicht anders als der Umgangspfleger – auf die Hilfe des Gerichts bei der Durchsetzung seiner Umgangsbestimmung angewiesen.[42] In diesem Rahmen wird das Gericht – da §§ 1684 Abs. 1, 1685, 1686a BGB das Umgangsbestimmungsrecht einschränken – stets zuvor den Umgang konkret zu regeln haben.[43] Dann aber wird durch die Anordnung einer Umgangsbestimmungspflegschaft – ohne gleichzeitige Umgangsregelung – meist nur wertvolle Zeit verloren.

17 Auch § 1626 Abs. 3 BGB zeigt die Bedeutung, die der Gesetzgeber dem Umgangsrecht beigemessen hat. Dieser Vorschrift zufolge gehört zum Wohl des Kindes in der Regel der Umgang mit beiden Elternteilen; Gleiches gilt für den Umgang mit anderen Personen, zu denen das Kind Bindungen besitzt, wenn die Aufrechterhaltung dieser Bindungen für seine Entwicklung förderlich ist.

18 Wie bei der Geltendmachung eines Herausgabeanspruches nach § 1632 Abs. 1 BGB gilt auch bei der Umgangsbestimmung, dass bei bestehender gemeinsamer elterlicher Sorge die Eltern grundsätzlich nur gemeinsam den Umgang des Kindes mit Dritten bestimmen können,[44] so dass es bei Meinungsverschiedenheiten einer gerichtlichen Entscheidung nach § 1628 BGB bedarf.[45] Denn auch die Umgangsbestimmung knüpft zentral an die Personensorge an. Deswegen hat der Gesetzgeber zugleich für Dritte ein Antragsrecht bewusst nicht vorgesehen.[46] Anders liegt der Fall nur, wenn sich das Umgangsverbot im besonderen Einzelfall als Angelegenheit des täglichen Lebens darstellt, weil die vom Umgangsverbot betroffene Person in keinem besonderen Näheverhältnis zum Kind steht.[47]

19 Das Umgangsbestimmungsrecht gemäß § 1632 Abs. 2 BGB hat seinen wesentlichen Anwendungsbereich in Umgangsge- und -verboten, die Teil der Erziehung des Kindes und zu seinem Schutz erforderlich sind.[48] Begrenzt werden die diesbezüglichen sorgerechtlichen Befugnisse durch

- eine mögliche Kindeswohlgefährdung im Sinn des § 1666 BGB, vor allem mit Blick auf die Gefahr einer **sozialen Isolierung des Kindes**,
- die Pflicht der Eltern aus § 1626 Abs. 2 BGB, die zunehmende Selbstständigkeit des Kindes zu fördern, da eine **soziale Öffnung** essentieller Bestandteil einer vernünftigen Erziehung ist,[49] § 1626 Abs. 2 BGB, § 1 Abs. 1 SGB VIII,
- Umgangsrechte des anderen Elternteils nach § 1684 Abs. 1 BGB, des leiblichen, nicht rechtlichen Vaters aus § 1686a BGB und Dritter gemäß § 1685 BGB.[50] In diesem Fall ist die Umgangsbestimmung des bzw. der Sorgeberechtigten rechtmäßig, solange dem Dritten – als Spiegelbild des Umgangsbestimmungsrechts – kein weitergehendes Umgangsrecht zusteht.[51]

20 Als Gründe, die ein mögliches Umgangsverbot rechtfertigen können, wurden in der Rechtsprechung anerkannt

- Kontakte zur **Drogenszene**,[52]
- **Kontakte mit einem** wegen schwerwiegender Delikte **Vorbestraften**,[53]

---

42 Dem zustimmend auch *Frohn*, Ergänzungspflegschaft zur Regelung des Umgangs?, FF 2016, 240.
43 Vgl. BVerfG FamRZ 2009, 1472; BGH, Beschl. v. 6.7.2016 – XII ZB 47/15, juris; *Frohn*, Ergänzungspflegschaft zur Regelung des Umgangs?, FF 2016, 240; das räumt auch OLG Frankfurt, Beschl. v. 13.5.2015 – 4 UF 385/14, juris, wenngleich mit anderem Ergebnis, ein.
44 BGH, Beschl. v. 6.7.2016 – XII ZB 47/15, juris; OLG Dresden FamRZ 2005, 1275.
45 BGH, Beschl. v. 6.7.2016 – XII ZB 47/15, juris.
46 BT-Drucks 8/2788, S. 52.
47 Siehe zu diesem Sonderfall anschaulich OLG Brandenburg FamRB 2015, 380.
48 Vgl. BT-Drucks 7/2060, S. 2.
49 Schulz/Hauß/*Pauling*, § 1632 Rn 1.
50 Siehe zu Großeltern beispielsweise OLG Brandenburg FamRZ 2016, 1092.
51 Vgl. OLG Brandenburg FamRZ 2016. 1092.
52 Palandt/*Götz*, § 1632 Rn 10.
53 Palandt/*Götz*, § 1632 Rn 10.

- Freundschaft zu einem Dritten, der sich planvoll und zielgerichtet in familienersetzender Weise als „**Ersatzelternteil**" zu etablieren sucht und dem Kind gegenüber auch so auftritt,[54]
- der Umgang mit einem wesentlich älteren Partner,[55] insbesondere wenn eine deutlich ältere Frau mit zwei Kindern einen Minderjährigen zu heiraten beabsichtigt,[56]
- fortdauernde **intime Kontakte mit einer Minderjährigen**, wenn diese anderweitig verlobt ist.[57]

Die letzteren beiden Fälle würden heute sicherlich noch stärker einzelfallbezogener Betrachtung unterzogen; trotzdem gilt es auch heute noch, den **Erziehungsvorrang der Eltern** ernst zu nehmen, solange dies das Kind nicht gefährdet. Hier gilt der strenge Maßstab des § 1666 BGB; erst wenn dessen Schwelle überschritten wird, ist das Umgangsverbot rechtlich zu beanstanden.

Als nicht ausreichend für ein Umgangsverbot wurden angesehen: 21
- **schulische Gründe**, um jeglichen sozialen Kontakt zu unterbinden,[58]
- eine nicht näher belegte **politische Beeinflussung** aus der rechten Szene,[59]
- ein negatives **graphologisches Gutachten**.[60]

Dritte, die Adressat eines nach § 1632 Abs. 2 BGB gerichtlich verhängten Kontaktverbots sind, sind beschwerdeberechtigt (siehe dazu § 9 Rdn 27), wenn die Aufhebung des Verbots abgelehnt wird.[61] Wird ein Umgangsverbot verhängt, so ist zugleich die Folgenankündigung nach § 89 Abs. 2 FamFG auszusprechen.[62] 22

B. Verbleibensanordnung nach § 1632 Abs. 4 BGB oder § 1682 BGB

I. Wegnahme eines Kindes aus der Pflegefamilie (§ 1632 Abs. 4 BGB)

Die Pflegefamilie (zu Begriff und Abgrenzung siehe Rdn 29) unterfällt – bei Vorliegen eines länger andauernden Pflegeverhältnisses – dem Schutz des Art. 6 Abs. 1 GG[63] und dem des Art. 8 EMRK.[64] Steht daher die Herausnahme des Kindes aus der Pflegefamilie in Rede, so muss bereits im Vorfeld sorgfältig geprüft werden, welche Auswirkungen diese Maßnahme auf das Kind haben wird, da in der Regel davon auszugehen ist, dass bei einem länger dauernden Pflegeverhältnis zwischen dem Kind und seinen Pflegeeltern eine gewachsene Bindung im Sinne einer sozialen Familie entstanden ist.[65] Schutzzweck des § 1632 Abs. 4 BGB ist die Vermeidung der Herausnahme 23

---

54 AG Flensburg, Beschl. v. 12.7.2011 – 90 F 194/11, juris.
55 Palandt/*Götz*, § 1632 Rn 10.
56 Palandt/*Götz*, § 1632 Rn 10.
57 Palandt/*Götz*, § 1632 Rn 10.
58 Palandt/*Götz*, § 1632 Rn 10.
59 AG Säckingen FamRZ 2002, 689.
60 Palandt/*Götz*, § 1632 Rn 10.
61 BGH FamRZ 2010, 1975.
62 So zutr. – obiter – AG Flensburg FamRZ 2012, 563; *Faber*, FuR 2015, 360; Staudinger/*Salgo*, § 1632 Rn 20.
63 BVerfG FamRZ 1993, 1420.
64 EuGHMR FamRZ 2012, 429.
65 BayObLG FamRZ 2000, 633; OLG Hamm FamRZ 1998, 447; dazu eingehend *Brisch*, Die vier Bindungsqualitäten und die Bindungsstörungen, FPR 2013, 183; *Walter*, Unterschiede zwischen Beziehungen und Bindungen – was sagen der Gesetzgeber und die psychologische Wissenschaft?, FPR 2013, 177; *Bovenschen/Spangler*, Wer kann Bindungsfigur eines Kindes werden?, FPR 2013, 187; *Lüpschen/Lengning*, Wie lässt sich eine sichere Bindung fördern?, FPR 2013, 191; *Spangler/Bovenschen*, Bindung und Bindungserfahrungen: Konsequenzen für Resilienz und Vulnerabilität im kritischen familiären Kontext, FPR 2013, 203; *Kindler*, Trennungen zwischen Kindern und Bindungspersonen, FPR 2013, 194; *Balloff*, Kindeswohlgefährdung durch Herausnahme des Kindes aus dem Elternhaus und bei Wegnahme aus der Pflegefamilie, FPR 2013, 208; *Lengning/Lüpschen*, Auswirkungen auf Bindungs- und Beziehungsqualitäten bei Misshandlung, Vernachlässigung und sexuellem Missbrauch, FPR 2013, 213; *Balloff*, Kinder in Pflegefamilien, NZFam 2014, 769.

eines Kindes aus einer Pflegefamilie zur Unzeit.[66] Die Herausnahme des Kindes aus diesem gewachsenen Umfeld kann eine Gefahr für das seelische Wohl des Kindes darstellen,[67] so dass gegebenenfalls aus diesem Grund das Elternrecht – zumindest vorübergehend – zurücktreten muss[68] und eine **Verbleibensanordnung**[69] des Familiengerichts als milderes Mittel eine ansonsten gegebenenfalls nach § 1666 BGB notwendige Maßnahme ersetzt,[70] da der Gefahrenbegriff des § 1632 Abs. 4 BGB mit dem des § 1666 BGB identisch ist.[71] Für ein Kind ist mit seiner Herausnahme aus der gewohnten Umwelt ein schwer bestimmbares Zukunftsrisiko verbunden. Die Unsicherheiten bei der Prognose sowie der Umstand, dass die Trennung von seinen unmittelbaren Bezugspersonen für das Kind regelmäßig eine erhebliche psychische Belastung bedeutet, dürfen allerdings nicht dazu führen, dass bei Unterbringung eines Kindes in einer Pflegefamilie die Wiederzusammenführung von Kind und Eltern schon immer dann ausgeschlossen ist, wenn das Kind seine „sozialen" Eltern gefunden hat.[72] Das verstieße gegen das verfassungsrechtliche Gebot, die **Rückführungsperspektive**[73] – und zwar auch im Falle eingeleiteter Dauerpflege – grundsätzlich offenzuhalten.[74] Bei der Abwägung zwischen Elternrecht und Kindeswohl im Rahmen von Rückführungsentscheidungen nach § 1632 Abs. 4 BGB ist deshalb ein größeres Maß an Unsicherheit über mögliche Beeinträchtigungen des Kindes hinnehmbar als bei einem lediglich beabsichtigten Wechsel von einer Pflegefamilie in eine andere. In letzterem Fall ist die Risikogrenze enger zu ziehen. Ein solcher Wechsel ist nur statthaft, wenn mit hinreichender Sicherheit eine Gefährdung des Kindeswohls ausgeschlossen ist.[75] Die Aufrechterhaltung der Trennung des Kindes von seiner Herkunftsfamilie ist dagegen mit Art. 2 Abs. 1 i.V.m. Art. 1 Abs. 1 GG nur vereinbar, wenn mit hinreichender Sicherheit auszuschließen ist, dass die Trennung des Kindes von seinen Pflegeeltern mit psychischen oder physischen Schädigungen verbunden sein kann. Die Risikogrenze hinsichtlich der Prognose möglicher Beeinträchtigungen des Kindes ist allerdings auch bei der Entscheidung über eine Rückführung des Kindes zu seinen Eltern dann überschritten, wenn unter Berücksichtigung der Umstände des Einzelfalls mit überwiegender Wahrscheinlichkeit nicht auszuschließen ist, dass die Trennung des Kindes von seinen Pflegeeltern psychische oder physische Schädigungen nach sich ziehen kann. Ein solches Risiko ist für das Kind nicht hinnehmbar.[76]

---

66 EuGHMR, 5. Sektion, Urt. v. 12.7.2007 – Individualbeschwerde Nr. 39741/02, juris; OLG Brandenburg FamRZ 2007, 851.
67 OLG Hamm FamRZ 2010, 40.
68 Sehr lesenswert BVerfG FamRZ 2010, 865.
69 Vgl. zur Verbleibensanordnung *Windel*, FamRZ 1997, 713, 722 ff.
70 BVerfG FamRZ 1989, 145; BGH FamRZ 2014, 543 m. sehr krit. Anm. *Heilmann/Salgo*, FamRZ 2014, 705 und *Gottschalk*, ZKJ 2014, 234; OLG Saarbrücken, Beschl. v. 18.6.2015 – 6 UF 20/15, juris; OLG Frankfurt DAVorm 2000, 1014; *Ballof*, FPR 2004, 431; OLG Hamm FamRZ 2010, 2083; OLG Saarbrücken FamFR 2011, 549; OLG Frankfurt FamRZ 2011, 382.
71 BayObLG FamRZ 1998, 450; OLG Hamm FamRZ 1998, 447.
72 BVerfG FamRZ 2014, 1266; Bespr. *Hammer*, FF 2014, 428; BGH FamRZ 2014, 543; OLG Saarbrücken, Beschl. v. 18.6.2015 – 6 UF 20/15, juris; OLG Hamm FamRZ 2010, 1747.
73 Aus statistischer Sicht *Fendrich/Wilk*, Zahlen und Fakten zur Fremdunterbringung und Rückführung von Kindern und Jugendlichen in der Jugendhilfe – Eine Analyse auf der Grundlage der Kinder- und Jugendhilfestatistik, FPR 2011, 529; *Rüting*, Allgemeines zu Pflegekindern, ihrer Rückführung in die Herkunftsfamilie und die Fragen des Umgangs, FPR 2012, 381.
74 EuGHMR FamRZ 2002, 1393; BVerfG FamRZ 2014, 1266; Bespr. *Hammer*, FF 2014, 428; BVerfGE 68, 176; 75, 201; BVerfG FamRZ 2004, 771; BGH FamRZ 2014, 543 m. sehr krit. Anm. *Heilmann/Salgo*, FamRZ 2014, 705 und *Gottschalk*, ZKJ 2014, 234; OLG Saarbrücken, Beschl. v. 18.6.2015 – 6 UF 20/15, juris; FamRZ 2012, 463; 2010, 1092.; siehe aber auch *Hoffmann*, Dauerpflege im SGB VIII und Verbleibensanordnung nach § 1632 Abs. 4 BGB – Friktionen zwischen Familienrecht und Kinder- und Jugendhilferecht, FPR 2011, 578.
75 BVerfG FamRZ 2010, 865; FamRZ 2004, 771.
76 BVerfG FamRZ 2014, 1266; Bespr. *Hammer*, FF 2014, 428; BVerfG FamRZ 2010, 865; OLG Saarbrücken FamFR 2011, 549; OLG Karlsruhe FamFR 2012, 213; OLG Stuttgart FamRZ 2014, 320.

Allerdings macht es einen Unterschied, ob das Kind bei Pflegeeltern oder aber in einem **Waisenhaus** untergebracht ist. Lebt ein Kind in einem Waisenhaus, entstehen zum einen an die dortigen Bezugspersonen regelmäßig geringere Bindungen als an Pflegeeltern. Zum anderen wird das Kind nicht langfristig in dem Waisenhaus leben, so dass ein Wechsel der Betreuungspersonen und des Betreuungsumfelds ohnehin bevorsteht. Bei dieser Sachlage kommt dem Bindungsabbruch grundsätzlich geringere Bedeutung zu als bei der Rückführung aus einer Pflegefamilie.[77] Nichts anderes gilt, wenn ein Kind in einer **Bereitschaftspflegefamilie** lebt, aber in nächster Zeit in Dauerpflege überführt werden soll.[78] In beiden Fällen liegt es daher besonders nahe, zur Vorbereitung der Rückführung eine die Bindung des Kindes zu den Eltern intensivierende Umgangsregelung zu treffen.[79]

Aus Art. 6 Abs. 2 S. 1 GG folgt zugleich, dass Pflegeverhältnisse nicht in der Weise verfestigt werden dürfen, dass die leiblichen Eltern mit der Weggabe in nahezu jedem Fall den dauernden Verbleib des Kindes in der Pflegefamilie befürchten müssen. Weil eine Rückkehr zu den Eltern auch nach längerer Fremdunterbringung vorbehaltlich entgegenstehender Kindesbelange grundsätzlich möglich bleiben muss, dürfen die Belastungen des Kindes, die mit einem Wechsel der Hauptbezugspersonen immer verbunden sind, eine Rückführung nicht automatisch dauerhaft ausschließen.[80] An die Verhältnismäßigkeit der Aufrechterhaltung der Trennung sind besonders strenge Anforderungen zu stellen, wenn die Voraussetzungen des § 1666 Abs. 1 S. 1 BGB bei der Wegnahme des Kindes nicht vorlagen. Strengere Anforderungen gelten auch dann, wenn die ursprünglich durch § 1666 BGB begründete Trennung des Kindes von seinen Eltern nicht auf einer missbräuchlichen Ausübung der elterlichen Sorge, sondern auf einem unverschuldeten Elternversagen beruhte. Die Anforderungen des Verhältnismäßigkeitsgrundsatzes verschärfen sich auch dann, wenn die Eltern (mittlerweile) grundsätzlich als erziehungsgeeignet anzusehen sind und den Kindern in deren Haushalt für sich genommen keine nachhaltige Gefahr droht, sondern die Kindeswohlgefährdung gerade aus den spezifischen Belastungen einer Rückführung resultiert.[81]

Diese strengeren Anforderungen des Verhältnismäßigkeitsgrundsatzes schlagen sich insbesondere in einer erhöhten Verpflichtung der beteiligten Behörden und Gerichte nieder, Maßnahmen in Betracht zu ziehen, mit denen ein Zueinanderfinden von Kind und Eltern gelingen kann. Dies gilt auch im Verfahren der einstweiligen Anordnung, da auch in diesem aufgrund der nicht absehbaren Dauer des Hauptsacheverfahrens die Gefahr sich verfestigender Verhältnisse besteht. Stets ist zu fragen, ob sich die Kindeswohlgefahren durch eine behutsame, insbesondere zeitlich gestreckte, Rückkehr reduzieren lassen. Sind die Eltern nicht ohne Weiteres in der Lage, den erzieherischen Herausforderungen gerecht zu werden, vor die sie im Fall der – sei es auch zeitlich gestreckten – Rückkehr eines über längere Zeit fremduntergebrachten Kindes gestellt sind, sind sie hierbei in besonderem Maße durch öffentliche Hilfen zu unterstützen (§ 1666a Abs. 1 S. 1 BGB). Die Verpflichtung des Staates, die Eltern bei der Rückkehr ihrer Kinder durch öffentliche Hilfen zu unterstützen, kann in einer solchen Konstellation nach Art und Maß über das hinausgehen, was der Staat üblicherweise zu leisten verpflichtet ist.[82] Das Gebot, Maßnahmen zur Familienzusammenführung zu prüfen, gewinnt gerade im Falle der Trennung eines Kindes unmittelbar nach der Geburt mit Zeitablauf zunehmend an Gewicht.[83] Insoweit kommt insbesondere der Erlass einer die Bindung des Kindes zu den Eltern intensivierende Umgangsregelung in Betracht.[84] § 1632

---

77 BVerfG NJW 2014, 2936.
78 OLG Saarbrücken FamRB 2016, 227.
79 BVerfG NJW 2014, 2936; OLG Saarbrücken FamRB 2016, 227.
80 BVerfG FamRZ 2014, 1266; Bespr. *Hammer*, FF 2014, 428.
81 BVerfG FamRZ 2014, 1266; Bespr. *Hammer*, FF 2014, 428.
82 BVerfG FamRZ 2014, 1266; Bespr. *Hammer*, FF 2014, 428.
83 BVerfG NJW 2014, 2936.
84 Vgl. BVerfG NJW 2014, 2936; OLG Saarbrücken FamRB 2016, 227.

Abs. 4 BGB lässt außerdem sowohl Lösungen zu, die im Wege eines gleitenden Übergangs auf eine Rückführung des Kindes gerichtet sind, als auch Verbleibensanordungen, deren Endpunkt noch nicht abzusehen ist.[85] Daher steht dem Gericht eine **Befristung** der Verbleibensanordnung offen.

Es ist davon ausgehen, dass das Jugendamt im Fall einer gerichtlich vorgegebenen Rückkehrperspektive die Gewährung öffentlicher Hilfen entsprechend effektuieren wird. Ansonsten können die Eltern – sofern ihnen das Recht zur Beantragung öffentlicher Hilfen nicht entzogen wurde – ihre in der vorliegenden Konstellation gesteigerten Hilfeansprüche nach §§ 27 ff. SGB VIII gegebenenfalls im Verwaltungsrechtsweg durchsetzen.[86]

24 Im Verhältnis zu § 1666 BGB ist die Verbleibensanordnung nach § 1632 Abs. 4 BGB eine **vorrangige Sonderregelung**,[87] soweit ihr Anwendungsbereich eröffnet ist.[88]

Hat daher das Familiengericht wegen Gefährdung des Kindeswohls Teilbereiche der elterlichen Sorge entzogen und dabei im Wege einer Verbleibensanordnung bestimmt, wo das Kind seinen weiteren Lebensmittelpunkt haben soll, ist für die Übertragung des Aufenthaltsbestimmungsrechts auf das Jugendamt als Ergänzungspfleger kein Raum mehr.[89] Die Entziehung des Aufenthaltsbestimmungsrechts ist unverhältnismäßig, wenn die Eltern ihre Einsicht in die Notwendigkeit einer behutsamen Rückführung des Kindes bekundet haben, eine missbräuchliche Ausübung des Aufenthaltsbestimmungsrecht durch die Eltern daher nicht zu erwarten und ein Sorgerechtsentzug entsprechend schon aus diesem Grund nicht erforderlich ist.[90]

Ergibt sich die Gefährdung des Kindeswohls allein daraus, dass das Kind zur Unzeit aus der Pflegefamilie herausgenommen und zu den leiblichen Eltern zurückgeführt werden soll, so liegt in der Regel ebenfalls noch kein hinreichender Grund vor, den Eltern das Sorgerecht ganz oder teilweise zu entziehen. Vielmehr reicht dann in der Regel die Verbleibensanordnung zur Abwehr der Kindeswohlgefährdung aus.[91] Zwar kann es in Einzelfällen denkbar sein, dass eine Verbleibensanordnung zur Abwendung der Kindeswohlgefährdung nicht gleichermaßen geeignet ist wie der Entzug des Aufenthaltsbestimmungsrechts oder der gesamten elterlichen Sorge. Dies wird jedoch nur ausnahmsweise der Fall sein, etwa wenn die Eltern das Pflegeverhältnis dergestalt beeinträchtigen, dass dies wiederum eine Gefährdung des Kindeswohls zur Folge hat, oder wenn eine Rückkehr des Kindes dauerhaft ausgeschlossen ist, weil Misshandlungen durch die leiblichen Eltern drohen. Aus Schwierigkeiten bei den Umgangskontakten kann nicht auf eine Beeinträchtigung des Pflegeverhältnisses durch störende Einflüsse der Eltern geschlossen werden. Auch dass auf absehbare Zeit mangels Erarbeitung eines Rückführungsszenarios eine Rückführung des Kindes nicht in Betracht kommt, stellt keinen Grund für den Entzug des Aufenthaltsbestimmungsrechts dar. Denn die Verbleibensanordnung ist deshalb zur Sicherstellung des weiteren Aufenthalts des Kindes bei den Pflegeeltern nicht weniger geeignet. § 1632 Abs. 4 BGB lässt nicht nur Lösungen zu, die im Wege eines gleitenden Übergangs auf eine Rückführung des Kindes gerichtet sind, sondern auch Verbleibensanordnungen, deren Endpunkt noch nicht abzusehen ist.[92] Das Absehen vom Teilentzug der elterlichen Sorge trägt zudem dem verfassungsrechtlichen Auftrag, auch bei eingeleiteter Dauerpflege eine Rückkehroption für das Kind offenzuhalten, Rechnung. Insbesondere, wenn die ursprüngliche Trennung des Kindes von seinen Eltern auf einem unverschuldeten Versagen der Eltern beruht, muss nach Wegfall der Gründe

---

[85] BGH FamRZ 2014, 543; OLG Saarbrücken NZFam 2015, 1076; OLG Frankfurt FamRZ 2015, 2172.
[86] BVerfG FamRZ 2014, 1266; Bespr. *Hammer*, FF 2014, 428.
[87] BVerfG FamRZ 1989, 145.
[88] OLG Koblenz FamRZ 2005, 1923.
[89] OLG Zweibrücken FamRZ 2014, 670.
[90] BVerfG NJW 2014, 2936.
[91] BGH FamRZ 2014, 543; OLG Saarbrücken NZFam 2015, 1076; OLG Frankfurt FamRZ 2015, 2172.
[92] BGH FamRZ 2014, 543; OLG Saarbrücken, Beschl. v. 18.6.2015 – 6 UF 20/15, juris; Beschl. v. 18.12.2015 – 6 UF 140/15 (n.v.); OLG Frankfurt FamRZ 2015, 2172.

für die Trennung verstärkt nach Möglichkeiten gesucht werden, um die behutsame Rückführung des Kindes zu erreichen. Mit einem Teilentzug der elterlichen Sorge wird dagegen das Pflegeverhältnis weiter verfestigt und eine Rückführung zu den Eltern erschwert. Selbst wenn eine klare Sorgerechtsregelung eine Grundlage dafür sein mag, zukünftig spannungsfreie Umgangskontakte aufzubauen, reicht dieser Gesichtspunkt für einen Sorgerechtsentzug nicht aus. Denn auch mit dem Erlass einer Verbleibensanordnung ist für die Beteiligten verbindlich geklärt, wo das Kind weiterhin seinen Lebensmittelpunkt hat.[93] Bei alledem ist auch zu berücksichtigen, dass die Pflegeperson in Angelegenheiten des täglichen Lebens berechtigt ist, selbst Entscheidungen zu treffen und den Inhaber der elterlichen Sorge in solchen Angelegenheiten zu vertreten. Dies umfasst auch die gewöhnliche medizinische Versorgung. Nach § 1688 Abs. 1 S. 3 BGB i.V.m. § 1629 Abs. 1 S. 4 BGB besteht ferner bei Gefahr im Verzug die Berechtigung der Pflegeperson, alle Rechtshandlungen vorzunehmen, die zum Wohl des Kindes notwendig sind. Der Sorgerechtsinhaber ist anschließend über die vorgenommenen Handlungen zu unterrichten. Eine weitere Absicherung erfahren die Pflegeeltern durch § 1688 Abs. 4 BGB, wonach ihre Entscheidungsbefugnisse nach § 1688 Abs. 1 BGB nicht durch den Inhaber der elterlichen Sorge eingeschränkt werden können, wenn sich das Kind aufgrund einer gerichtlichen Verbleibensanordnung bei der Pflegeperson befindet.[94]

Lebt ein Kind bereits in der Pflegefamilie, so setzt der **Entzug von weiteren Teilbereichen** der elterlichen Sorge zu Lasten seines rechtlichen Elternteils voraus, dass dieser gerade in dem in Rede stehenden Teilbereich das Pflegeverhältnis dergestalt störend beeinträchtigt, dass dies wiederum eine Gefährdung des Kindeswohls zur Folge hat. Liegen solche Gründe nicht vor, so verstößt der Eingriff in weitere Teilbereiche der elterlichen Sorge gegen den verfassungsrechtlichen Auftrag, auch bei eingeleiteter Dauerpflege eine Rückkehroption für das Kind offen zu halten. Denn mit dem Eingriff in weitere Teilbereiche der elterlichen Sorge wird das Pflegeverhältnis weiter verfestigt und eine Rückführung zu den Eltern erschwert. Insoweit genügt eine nicht auf den Boden belastbarer Tatsachen gestellte Verdachtsprognose einer Kindeswohlgefährdung nicht; ein auf reine Zweckmäßigkeitserwägungen gestützter Sorgerechtsteilentzug „auf Vorrat" ist unverhältnismäßig.[95]

Nach der seit 1.9.2009 maßgeblichen Rechtslage kann das Gericht die Pflegeperson im Interesse des Kindes als **Beteiligte** hinzuziehen, §§ 161 Abs. 1, 7 Abs. 3 FamFG (siehe dazu § 1 Rdn 366 und 447). Dabei kommt es allein darauf an, ob die Hinzuziehung dem Kindeswohl dienen kann; eine Betroffenheit der Pflegeperson ist nicht erforderlich.[96] Dementsprechend sind die Pflegeeltern eines sechsjährigen Kindes, das seit seiner Geburt bei diesen lebt, regelmäßig an einem Sorgerechtsverfahren zu beteiligen, an dem das Kind beteiligt ist.[97] Kommt es einer entsprechenden Anregung der Pflegeperson nicht nach, so kann diese hiergegen nach § 7 Abs. 5 FamFG **sofortige Beschwerde** einlegen;[98] bleibt diese erfolglos ist die Rechtsbeschwerde nur bei Zulassung statthaft.[99] Wird die Pflegeperson erstinstanzlich als Beteiligter hinzugezogen, so besteht die Beteiligtenstellung automatisch auch im **Rechtsmittelzug** fort.[100]

25

---

93 BGH FamRZ 2014, 543; OLG Saarbrücken NZFam 2015, 1076.
94 BGH FamRZ 2014, 543 m. sehr krit. Anm. *Heilmann/Salgo*, FamRZ 2014, 705 und *Gottschalk*, ZKJ 2014, 234; OLG Saarbrücken NZFam 2015, 1076.
95 OLG Saarbrücken, Beschl. v. 2.12.2015 – 6 UF 148/15 (n.v.).
96 OLG Bremen FamRZ 2014, 414; OLG Saarbrücken FamRZ 2014, 598; OLG Saarbrücken NZFam 2014, 74.
97 OLG Bremen FamRZ 2014, 414.
98 OLG Bremen FamRZ 2014, 414; OLG Hamburg FamRZ 2015, 2188; insoweit kritisch *Gottschalk*, ZKJ 2013, 461, die aber verkennt, dass § 7 Abs. 5 i.V.m. Abs. 3 FamFG kein gesondertes verfahrensrechtliches Beschwerderecht voraussetzt; vielmehr soll gerade die erstinstanzliche Beteiligung der Pflegeeltern gesichert werden.
99 BGH FamRZ 2011, 368.
100 Vgl. BGH FamRZ 2012, 1049.

26 Die formelle Beteiligtenstellung ändert indes nichts daran, dass Pflegepersonen – anders als das Jugendamt (§ 162 Abs. 3 S. 2 FamFG) – für eine Beschwerde eine **Beschwerdeberechtigung** aus § 59 Abs. 1 FamFG benötigen.[101] Diese fehlt ihnen indes weitgehend:
Wird über die **elterliche Sorge** für ein Pflegekind oder das **Umgangsrecht der (Herkunfts-)Eltern** mit diesem entschieden, so haben die Pflegeeltern keine Beschwerdebefugnis; eine solche kann sich auch nicht aus behaupteten Verfahrensverstößen ergeben.[102] Keine Beschwerdeberechtigung haben Pflegeeltern auch dann, wenn der Amtsvormund des Kindes entlassen und an seiner Stelle ein anderer Vormund ausgewählt wird.[103] Soweit hierüber indes ein Rechtspfleger entscheidet, ist die Beschwerde als Rechtspflegererinnerung nach § 11 Abs. 2 RPflG zu behandeln und das Verfahren zur entsprechenden weiteren Behandlung zurückzuweisen.[104] Mit dieser Maßgabe können Pflegeeltern auch die Einrichtung einer **Umgangspflegschaft** (§ 1684 Abs. 3 S. 3–6 BGB) nicht anfechten, ohne dass es darauf ankommt, ob dieses Institut nach dem seit dem 1.9.2009 geltenden Recht sorge- oder umgangsrechtlich zu qualifizieren ist (vgl. im Einzelnen § 2 Rdn 39 ff.). Gegen die Ablehnung einer **Verbleibensanordnung** sind Pflegeeltern hingegen ebenso beschwerdebefugt[105] wie Großeltern, wenn ihr Enkelkind seit längerem bei ihnen lebt.[106] Soweit angenommen worden ist, dass Pflegepersonen im Interesse des Kindes ausnahmsweise dann in verfassungsgebotener analoger Anwendung von §§ 303 Abs. 2, 335 Abs. 1 Nr. 2 FamFG beschwerdebefugt seien, wenn das Kind nicht in einer Weise am Verfahren beteiligt worden sei, die eine Wahrung der Interessen des Kindes gewährleiste, weil es unter 14 Jahre alt und ihm erstinstanzlich kein Verfahrensbeistand bestellt worden sei,[107] kann dem angesichts der klaren gesetzlichen Regelung nicht zugestimmt werden. Abgesehen davon, dass die Pflegeeltern in der Frage des weiteren Aufenthalts des Kindes bei ihnen durch § 1632 Abs. 4 BGB geschützt sind – der ihnen selbst eine Beschwerdebefugnis verleiht –, würde diese Lösung in dem vergleichbaren Fall scheitern, in dem das Kind nicht in einer Pflegefamilie, sondern in einer Jugendhilfeeinrichtung untergebracht ist.

Wird ein **Vormund** abgesetzt und dafür ein anderer Vormund eingesetzt, so ist die Beschwerde des abgesetzten Vormundes zulässig; dies gilt aber nur, soweit der abgesetzte Vormund seine Wiedereinsetzung als Vormund erstrebt, nicht soweit er die Einsetzung eines Dritten als Vormund begehrt.[108] Auch ein Ergänzungspfleger ist beschwerdebefugt, soweit in die ihm zugewiesenen Rechte eingegriffen wird.[109]

---

101 Siehe dazu ausdrücklich BT-Drucks 16/6308, S. 241.
102 BGH FamRZ 2005, 975; 2004, 102; 2000, 219; OLG Hamm FamRZ 2013, 140; OLG Köln FamRZ 2011, 233, a.A. *Heilmann/Dürbeck*, § 59 FamRG Rn 11; ebenso – wenn den Pflegeeltern eine konkrete Verpflichtung auferlegt wird – OLG Hamburg FamRZ 2009, 1001.
103 OLG Nürnberg NJW 2014, 2883; FamRZ 2014, 1864; OLG Karlsruhe, Beschl. v. 6.5.2013 – 5 WF 170/12, juris; OLG Karlsruhe FamRZ 2013, 1665; a.A. – jeweils ohne nähere Begründung – auch OLG Stuttgart FamRZ 2013, 1318; OLG Celle, Beschl. v. 20.7.2012 – 21 UF 118/12 und 21 UF 119/12 (n.v.); OLG Bamberg, Beschl. v. 17.10.2011 – 7 WF 350/11 (n.v.); kritisch auch *Heilmann*, ZKJ 2014, 48, 54 unter Hinweis auf Art. 6 Abs. 1 GG; *Salgo*, FamRZ 2013, 1668 unter Verweis darauf, dass in EuGHMR FamRZ 2012, 429 aus der materiell-rechtlichen Rechtsposition der Pflegeeltern aus Art. 8 Abs. 1 EMRK auch eine verfahrensrechtliche Position hergeleitet wurde. Allerdings betraf diese Entscheidung das eigene Umgangsrecht der Pflegeeltern mit dem Kind. Insoweit erkennt auch BGH FamRZ 2001, 1449 eine Beschwerdebefugnis an.
104 OLG Nürnberg NJW 2014, 2883; FamRZ 2014, 1864.
105 BGH FamRZ 2005, 975.
106 BGH FamRZ 2011, 552.
107 OLG Karlsruhe FamRZ 2013, 1665; vgl. zur Problematik auch EuGHMR FamRZ 2012, 429 und *Salgo*, FamRZ 2013, 1668; dies offen lassend OLG Nürnberg NJW 2014, 2883.
108 OLG Hamburg FamRZ 2014, 954.
109 OLG Brandenburg FamRZ 2015, 1042.

B. Verbleibensanordnung nach § 1632 Abs. 4 BGB oder § 1682 BGB § 4

Geht es um das eigene **Umgangsrecht der Pflegeeltern** aus § 1685 Abs. 2 BGB, so sind diese beschwerdeberechtigt, wenn sie die Möglichkeit dartun, dass ihnen ein solches Recht zustehen kann.[110]

Es besteht keine Veranlassung, die dargestellte, nach geltendem Recht eingeschränkte Beschwerdeberechtigung von Pflegeeltern über die Fälle der §§ 1630 Abs. 3, 1632 Abs. 4, 1685 Abs. 2, 1688 BGB hinaus zu erweitern. Insbesondere in Bezug auf die Regelung des Umgangs des Kindes mit den Herkunftseltern besteht rechtlich kein Bedarf nach einer Beschwerdeberechtigung.

Werden die Pflegeeltern nicht beteiligt, so sind sie aus dem Umgangstitel unmittelbar weder berechtigt noch verpflichtet.[111] Es droht ihnen also insbesondere keine Vollstreckung, da sich die Folgenankündigung gemäß § 89 Abs. 2 FamFG nicht auf sie bezieht. Auch der mittelbare Druck, den der (Amts-)Vormund bzw. (Amts-)Pfleger mit Blick auf seine eigene Verpflichtung aus dem Umgangstitel[112] auf die Pflegeeltern ggf. ausüben muss und wird, macht kein Beschwerderecht im Familienverfahren erforderlich. Die Pflegeeltern, welche im Erkenntnisverfahren nicht beteiligt worden sind, trifft familienrechtlich lediglich die Pflicht zur Herausgabe des Kindes an den aufenthaltsbestimmungsberechtigten (Amts-)Vormund bzw. (Amts-)Pfleger (§ 1632 Abs. 1 BGB) auf dessen Verlangen hin. Jedwede weitergehende Verpflichtung der Pflegeeltern zur Mitwirkung an der Organisation des Umgangs der Herkunftseltern mit dem Kind kann – mangels eigener Verpflichtung aus dem Umgangstitel – allein ihrem Rechtsverhältnis zum Jugendhilfeträger entspringen. Etwaige Meinungsverschiedenheiten können in diesem Verhältnis geklärt werden.

Werden die Pflegeeltern – was häufig zu befürworten sein wird (siehe dazu § 1 Rdn 447) – in geeigneten Fällen als Beteiligte hinzugezogen, so ist die Vollstreckung gegen sie möglich und sind die Pflegeeltern schon wegen der Folgenankündigung unmittelbar in eigenen Rechten verletzt.[113] Dann sind sie ebenso beschwerdeberechtigt, wie wenn das Familiengericht im Einzelfall die – nicht beteiligten – Pflegeeltern in der Endentscheidung (rechtsfehlerhaft) ausdrücklich als Verpflichtete des Umgangstitels benennen sollte.

Großeltern, die nach dem Tod des alleinsorgeberechtigten Elternteils ihr Enkelkind betreut haben und betreuen, sind gegen eine familiengerichtliche Entscheidung, die das Sorgerecht dem Vater und wichtige Einzelbefugnisse (Aufenthaltsbestimmung, Antragsrecht nach SGB VIII, Gesundheitsfürsorge, Schulbelange, Regelung der Unterhaltsfragen und Umgangsbestimmungsrecht) einem Pfleger übertragen, nicht beschwerdebefugt.[114] Keine Beschwerdeberechtigung haben Großeltern auch, wenn an ihrer Stelle eine andere Person oder Stelle als Pfleger oder Vormund ausgewählt wird[115] – selbst wenn die Eltern die Großeltern vorgeschlagen haben[116] – oder wenn Maßnahmen gegen die Eltern nach § 1666 BGB abgelehnt werden, auch

27

---

110 Vgl. BGH FamRZ 2001, 1449.
111 Vgl. BGH FamRZ 2014, 732.
112 BGH FamRZ 2014, 732.
113 Vgl. BVerfG FamRZ 2008, 845, juris Rn 59.
114 BGH FamRZ 2013, 1380, dort offen lassend, ob bei formal wirksamer Benennung durch den Sorgerechtsinhaber nach §§ 1776, 1777 BGB dasselbe gälte; siehe auch BGH FamRZ 2011, 552 zu § 20 FGG a.F., dort zugleich für den Fall, dass die Großeltern Vormund des Kindes wurden – und damit ausnahmsweise Träger des Elternrechts aus Art. 6 Abs. 2 S. 1 GG (BVerfG FamRZ 2004, 771) – sind, offen lassend, und unter Hinweis auf die nach BVerfG FamRZ 2009, 291 gebotene vorrangige Berücksichtigung der Familienangehörigen bei Auswahl von Pflegern und Vormündern; siehe dazu auch BVerfG FamRZ 2012, 938. Ansonsten können Großeltern allenfalls wie Pflegeeltern Träger des Grundrechts aus Art. 6 Abs. 1 GG sein, siehe Rn 16. Siehe zur fehlenden Beschwerdebefugnis auch OLG Frankfurt FamRZ 2013, 1230; OLG Hamm FamRZ 2013, 140.
115 BVerfG FamRZ 2014, 1435 m. Anm. *Hoffmann* S. 1439; BVerfG FamRZ 2014, 1841; Beschl. BVerfG FamRZ 2014, 1843; BGH FamRZ 2013, 1380 (aber Erinnerungsbefugnis gemäß § 11 Abs. 2 RPflG, falls der Rechtspfleger entschieden hat); OLG Köln, Beschl. v. 19.9.2013 – 10 UF 16/13, juris; OLG Frankfurt FamRZ 2013, 1412; OLG Hamm NJW-RR 2011, 585.
116 OLG Hamm FamRB 2012, 78.

wenn das Verfahren auf ihren Antrag hin eingeleitet wurde.[117] In diesen Fällen sind die Großeltern auch nicht gemäß § 7 FamFG am Verfahren zu beteiligen, sondern allenfalls nach § 1779 Abs. 3 BGB anzuhören.[118] Gleiches gilt hinsichtlich anderer nahestehender Personen des Kindes.[119] Ausnahmsweise sind Großeltern beschwerdebefugt, wenn sie sich in einem gerichtlich gebilligten Umgangsvergleich dazu verpflichtet haben, das Kind zur Mutter zu bringen und dort wieder abzuholen; denn dann sind sie durch den Vergleich unmittelbar in eigenen Rechten betroffen.[120]

Im Verfahren wegen **geschlossener Unterbringung** können Groß- oder Pflegeeltern im Einzelfall als Vertrauensperson des Kindes beschwerdeberechtigt sein (§ 335 Abs. 1 Nr. 1 FamFG).[121]

28 Die Verbleibensanordnung gemäß § 1632 Abs. 4 BGB setzt grundsätzlich voraus, dass bereits seit längerer Zeit für ein Kind eine Familienpflege bestand und für den Fall der Herausnahme des Kindes aus diesem Umfeld eine Kindeswohlgefährdung entstünde. Das Rechtsschutzbedürfnis für eine Verbleibensanordnung ist bereits dann gegeben, wenn mit einiger Wahrscheinlichkeit entweder mit einer gerichtlichen Anordnung auf Kindesherausgabe in einem anderen Verfahren oder einem bestimmten tatsächlichen Verhalten eines derzeitigen oder künftigen Sorgerechtsinhabers ernsthaft gerechnet werden muss.[122] Insoweit kann sich eine Verbleibensanordnung auch rechtfertigen, um die behutsame Rückeingliederung eines bereits seit längerer Zeit in einer Pflegefamilie lebenden Kindes in den elterlichen Haushalt vorzubereiten.[123] Wird eine **Herausgabeanordnung** zugunsten der Herkunftseltern **vollzogen**, entfällt dadurch nicht das Rechtsschutzbedürfnis der Pflegeeltern für ihren im Beschwerdeverfahren weiterverfolgten Antrag nach § 1632 Abs. 4 BGB.[124]

29 **Familienpflege**[125] bedeutet Pflege und Erziehung eines Kindes oder Jugendlichen in einer anderen als seiner Herkunftsfamilie,[126] wobei die „andere" Familie auch eine Einzelperson sein kann. Von dem Begriff werden grundsätzlich **alle Pflegeverhältnisse familienähnlicher Art** erfasst (zu dem Lebensgefährten, der mit dem verstorbenen betreuenden Elternteil in nichtehelicher Lebensgemeinschaft zusammengelebt hat, siehe Rdn 44).[127] Im SGB VIII werden unter dem Oberbegriff Familienpflege sowohl die Vollzeitpflege (§ 33 SGB VIII) als auch die Tagespflege gemäß § 23 SGB VIII erfasst, jedenfalls – wie § 44 SGB VIII zeigt –, soweit sie außerhalb der Herkunftsfamilie geleistet wird. Soweit der Begriff Familienpflege in Vorschriften des BGB Verwendung findet, ist er nicht identisch mit dem Umfang erlaubnispflichtiger Familienpflege i.S.d. § 44 SGB VIII;[128] die Vorschriften des SGB VIII, in denen dieser Begriff verwendet wird, geben lediglich Anhaltspunkte für seine Auslegung. Für die Familienpflege i.S.d. § 1632 Abs. 4 BGB – ebenso bei §§ 1630 (siehe dazu § 1 Rdn 16), 1685 BGB – genügt jedes faktische Pflegeverhältnis familienähnlicher Art, gleichgültig, ob ein Pflegevertrag oder eine etwa erforderliche Pflegeerlaubnis vorliegt.[129] Mit dieser Maßgabe wird der Erlass einer Verbleibensanordnung bei bloßer

---

117 Vgl. OLG Hamm ZKJ 2011, 394; OLG Thüringen, FamRZ 2009, 992; OLG Zweibrücken FamRZ 2007, 302.
118 OLG Bremen FamRZ 2016, 1006.
119 OLG Hamm FamRZ 2015, 522.
120 OLG München ZKJ 2015, 116.
121 Dazu BGH FamRZ 2013, 115; OLG Hamm, Beschl. v. 21.12.2011 – 8 UF 271/11, juris.
122 OLG Naumburg FamRZ 2007, 1351; OLG Brandenburg FamRZ 2006, 1132.
123 OLG Brandenburg FamRZ 2009, 61; KG FamRZ 2008, 810.
124 BayObLG FamRZ 2000, 1235.
125 Siehe zum Reformbedarf im Pflegekinderwesen die Stellungnahme der Kinderrechtekommission des Deutschen Familiengerichtstages, FamRZ 2014, 891.
126 Zur spezifisch steuerrechtlichen Definition des Pflegekindschaftsverhältnisses siehe BFH FamRZ 2012, 1218.
127 BayObLG FamRZ 1998, 1040; OLG Hamburg FamRZ 2015, 2188; DIJuF-Rechtsgutachten JAmt 2014, 388; siehe zu sog. „vertauschten Kindern" *Frank*, FamRZ 2015, 1149; *Willems*, NZFam 2016, 445.
128 Die §§ 43 ff. SGB VIII normieren den Erlaubnisvorbehalt für Pflegestellen und -einrichtungen, die Kinder oder Jugendliche über längere Zeit außerhalb deren Familie betreuen; dazu *Mörsberger*, FPR 2011, 574.
129 OLG Hamm FamRZ 2011, 1666.

B. Verbleibensanordnung nach § 1632 Abs. 4 BGB oder § 1682 BGB § 4

Tagespflege kaum einmal in Betracht kommen, nachdem das Kind in Familienpflege „leben" muss.[130] Von dem Begriff der Familienpflege umfasst werden die **Dauer-**, die **Adoptionspflege**[131] und die **Bereitschaftspflege**,[132] wobei gerade bei Letzterer freilich nicht stets die längere Dauer i.S.d. § 1632 Abs. 4 BGB erreicht sein wird. Keine Anwendung findet § 1632 Abs. 4 BGB auch in den Fällen, in denen sich ein Kind lediglich aus Gründen der medizinischen Behandlung in einer deutschen Gastfamilie aufhält (vgl. auch § 1 Rdn 166).[133] Die Annahme einer Familienpflege kommt in Betracht, wenn das Kind **dauerhaft** in einer Einrichtung lebt, die auf eine kontinuierliche Bezugsperson setzt, zu der familienähnliche Bindungen entstehen, so etwa in Erziehungsstellen, Familiengruppen, Kleinstheimen oder Sozialpädagogischen Lebensgemeinschaften.[134] Da die Wirksamkeit eines Pflegeverhältnisses oder einer Pflegeerlaubnis keine Voraussetzung des § 1632 Abs. 4 BGB ist, kommt auch nach deren Widerruf oder Aufhebung eine Verbleibensanordnung in Betracht.[135]

Aus psychologischer Sicht ist ab Einleitung eines Pflegeverhältnisses eine **rasche Perspektivklärung** für das Kind besonders wichtig. Ein ungeplant langes Verweilen in der Bereitschaftspflege stellt ein gravierendes Entwicklungsrisiko dar. Um zusätzliche Wechsel und Beziehungsabbrüche für kleine Kinder zu vermeiden, sollten unter 3-jährige Kinder auch im Rahmen einer Inobhutnahme von Anfang an vornehmlich bei Pflegepersonen untergebracht werden, die über die Bereitschaftspflege hinaus auch als Dauerpflegepersonen in Betracht kommen. Voraussetzung dafür ist ein fachlich gut ausgearbeitetes, transparentes Konzept, das die Pflegepersonen auf beide Möglichkeiten gut vorbereitet und weiter begleitet. Damit Inobhutnahmen schneller beendet werden können, sollte das Familiengericht gemäß § 157 Abs. 3 FamFG bei Bedarf unverzüglich und spätestens innerhalb von drei Monaten entsprechende Anordnungen treffen. Die sozialen Dienste sind aufgefordert, die Anforderungen aus § 42 SGB VIII hinsichtlich eines Clearings unverzüglich zu erfüllen. Sobald das Einverständnis der insoweit personensorgeberechtigten Personen vorliegt, ist das Hilfeplanverfahren einzuleiten. Ab diesem Zeitpunkt gilt § 37 Abs. 1 SGB VIII, dessen Vorgaben zur Perspektivklärung (Kurzzeitpflege mit Rückführung oder Dauerpflege) im Interesse der Kinder ernst zu nehmen sind. Der Gesetzgeber sollte sowohl für die Perspektivklärung im Jugendamt als auch für das familiengerichtliche Verfahren Regelfristen einführen, um sicherzustellen, dass Bereitschaftspflegeverhältnisse nicht über Gebühr fortgeschrieben werden.[136]

30

Unklarheit über die Berechenbarkeit und Stabilität des Lebensmittelpunktes nach Beginn der Familienpflege führt häufig zu starken Belastungen für die Kinder. In § 37 Abs. 1 SGB VIII ist die Entwicklung einer dauerhaften Lebensperspektive vorgesehen. Im Familienrecht fehlt bislang eine **Sicherung der Dauerpflege** zwischen Adoption und Verbleibensanordnung. Der Gesetzgeber sollte daher im BGB eine neue Vorschrift schaffen, die eine familiengerichtliche Entscheidung vorsieht, mit der ein Familienpflegeverhältnis zur Dauerpflege erklärt wird. Dies sollte nach einer gewissen Zeit, innerhalb der Herkunftselternarbeit erfolglos versucht wurde (falls eine Rückkehroption bestand), geschehen. Die Entscheidung könnte jedenfalls auf Antrag der Pflegeeltern, gegebenenfalls von Amts wegen oder auf Antrag des ab 14-jährigen Pflegekindes ergehen. Rechtsfolge sollte sein, dass das Kind nicht mehr ohne weiteres von den Pflegeeltern herausverlangt werden kann. Maßstab muss in jedem Einzelfall das Kindeswohl sein. Diese Sicherung

31

---

130 Vgl. BGH FamRZ 2001, 1449
131 OLG Brandenburg FamRZ 2000, 1038.
132 OLG Hamm FamRZ 2003, 54.
133 BVerfG FamRZ 2006, 1593; Anm. *Motzer*, FamRBint 2007, 7; a.A. die Vorinstanz OLG Hamm FamRZ 2004, 1396.
134 DIJuF-Rechtsgutachten JAmt 2014, 388.
135 BayObLG NJW 1984, 2168.
136 So die Empfehlung I.1. des Arbeitskreises 23 des 20. Deutschen Familiengerichtstages; vgl. auch die Stellungnahme der Kinderrechtekommission des Deutschen Familiengerichtstages, FamRZ 2014, 891.

des Lebensmittelpunktes schafft Klarheit für alle Beteiligten und kann dadurch auch die Umgangskontakte erleichtern.[137] Allerdings werden auch im Falle der Schaffung einer familienrechtlich besonders abgesicherten Dauerpflege bei einem Rückführungsbegehren der Herkunftseltern die Gewährleistungen des Art. 6 Abs. 2 und Abs. 3 GG (siehe dazu Rdn 22) maßgeblich bleiben, denen sich das einfache Recht nicht entziehen kann. Dies erkennt ersichtlich auch § 37 Abs. 1 S. 4 SGB VIII an, der von einer „auf Dauer *angelegte[n]* Lebensperspektive", nicht aber von einer auf Dauer *gesicherten* spricht.[138] Der Herkunftsfamilie muss daher im Rahmen des Verfahrens auf Dauerpflegeerklärung die Gelegenheit gegeben werden, auf Antrag binnen angemessener Frist einer Rückführung zu ihnen entgegenstehende Hindernisse auszuräumen; erst nach fruchtlosem Verstreichen dieser Frist sollte dann die Dauerpflegeerklärung erfolgen können.

32 Die **getrennte Vermittlung von Geschwisterkindern** in verschiedene Pflegefamilien ist kritisch zu sehen.[139] Die Beziehung von Geschwistern, die in eine oder mehrere Pflegefamilien vermittelt werden müssen, ist nicht durch Art. 6 Abs. 1 GG, aber durch Art. 2 Abs. 1 i.V.m. Art. 1 Abs. 1 GG i.V.m. Art. 8 EMRK geschützt. Die Ausstrahlungswirkung dieses Grundrechts hat für den nach § 1793 Abs. 1 BGB auf das wohlverstandene Mündelinteresse verpflichteten Vormund zur Folge, dass die Alternative einer getrennten Vermittlung von Geschwistern in Pflegefamilien nur zu wählen ist, wenn es hierfür triftige Gründe gibt, welche die gemeinsame Vermittlung als deutlich weniger angezeigt erscheinen lassen, weil sie das Mündelinteresse nachhaltig negativ berühren würde. Hieraus folgt eine besondere Rechtfertigungsnotwendigkeit der getrennten Unterbringung von Geschwistern. Zur Rechtfertigung einer getrennten Vermittlung können administrative Gründe nur sehr eingeschränkt herangezogen werden. Dies betrifft nicht nur das Argument, es sei nicht möglich gewesen, eine Familie zu finden, die zwei oder mehr Kinder aufzunehmen bereit war, sondern auch die Erklärung, selbst professionelle Pflegeeltern könnten den Betreuungsanforderungen von zwei oder gar mehr komplex traumatisierten Kindern nicht gerecht werden. Für eine getrennte Vermittlung von Geschwistern kann es sprechen, wenn diese nicht miteinander gelebt haben bzw. schon lange voneinander getrennt waren, wenn sie sehr jung sind oder einen großen Altersunterschied haben, wenn ein Geschwisterkind durch das ältere Gewalt erlitten hat, wenn in der Familie sexuelle Misshandlung vorgekommen ist, oder bei anderen extrem aggressiven und destruktiven Verhaltensmustern mit geringer Besserungsprognose und schwersten Störungen. In diesem Fall ist aber das ebenfalls von Art. 2 Abs. 1 i.V.m. Art. 1 Abs. 1 GG i.V.m. Art. 8 EMRK geschützte Umgangsrecht der Geschwister miteinander zu beachten. Ist für das eine Kind eine gemeinsame, für das andere Kind eine getrennte Vermittlung vorzugswürdig, ist diese Grundrechtskollision mittels einer Abwägung sämtlicher Umstände des Einzelfalls aufzulösen, mit dem Ziel, einen schonenden Ausgleich der Grundrechte nach dem Grundsatz praktischer Konkordanz und unter Berücksichtigung des bisherigen Näheverhältnisses der Geschwister herzustellen. Eine Geschwistertrennung ist dann zulässig, wenn kein durchgreifender Zweifel daran besteht, dass die Geschwistertrennung die bessere Lösung ist. Auch hier ist das Umgangsrecht der Geschwister miteinander zu beachten.

33 An den Zeitbegriff des § 1632 Abs. 4 BGB – „längere Dauer" – ist ein kinderpsychologischer Maßstab anzulegen. Es ist daher auf das **Zeitempfinden des** betroffenen **Kindes** abzustellen. Ent-

---

137 So die Empfehlung I.2. des Arbeitskreises 23 des 20. Deutschen Familiengerichtstages und die These 6 des Arbeitskreises 11 des 21. Deutschen Familiengerichtstages; vgl. auch die Stellungnahme der Kinderrechtekommission des Deutschen Familiengerichtstages, FamRZ 2014, 891; siehe auch *Hoffmann*, Dauerpflege im SGB VIII und Verbleibensanordnung nach § 1632 Abs. 4 BGB – Friktionen zwischen Familienrecht und Kinder- und Jugendhilferecht, FPR 2011, 578.
138 Dies wird verkannt von *Heilmann/Salgo* in ihrer sehr kritischen Anmerkung FamRZ 2014, 705, 710 zu BGH FamRZ 2014, 543.
139 Siehe hierzu und zum folgenden *Völker/Eisenbeis/Düpre*, Zur getrennten Vermittlung von Geschwisterkindern in Pflegefamilien durch Amtsvormünder aus rechtlicher, psychologischer und sozialpädagogischer Sicht, ZKJ 2007, 5.

scheidend ist danach, ob das Kind in der jeweiligen Pflegefamilie seine Bezugswelt – ggf. schon seine „**sozialen Eltern**" – gefunden hat[140] oder selbst nach mehreren Jahren eines dortigen Lebens die Integration verneint werden muss.[141]

Obwohl der Wortlaut des § 1632 Abs. 4 BGB nur die Wegnahme durch die **Eltern** umfasst, kann sich eine Verbleibensanordnung auch gegen sorgeberechtigte Pflegeeltern oder Großeltern richten.[142] 34

Zur Rechtfertigung einer Verbleibensanordnung muss eine für den Fall der Herausnahme des Kindes aus der Pflegefamilie eintretende Kindeswohlgefährdung[143] bejaht werden können, wobei die Grundrechte von Eltern, Kind und Pflegeeltern gegeneinander abzuwägen sind.[144] Die Verbleibensanordnung hat daher Vorrang, wenn ansonsten das körperliche, geistige oder seelische Wohl des Kindes gefährdet würde,[145] wobei der **Integration des Kindes in der Pflegefamilie** wesentliche Bedeutung zukommt (siehe auch Rdn 29 ff.).[146] In Wahrung des **Verhältnismäßigkeitsgrundsatzes** sind die Kindesinteressen mit dem Elternrecht abzuwägen. Allein der Umstand, dass das Kind durch den Wechsel aus der Pflegefamilie zum Elternteil seine gewohnte Umgebung verliert oder sich ein Jugendlicher für den Verbleib in der Pflegefamilie ausgesprochen hat,[147] kann keinen Verbleib bei den Pflegeeltern rechtfertigen, wenn an der Betreuungs- und Erziehungseignung des Elternteils keine Zweifel bestehen.[148] Auch wenn aufgrund zwischenzeitlich erfolgter Umgangskontakte zwischen dem Kind und seinen Eltern tragfähige Bindungen bestehen und die Eltern erziehungsfähig und bindungstolerant sind, wird die Rückführung einzuleiten sein.[149] Vielmehr muss sich das Gericht allein die Frage vorlegen, inwieweit dem Kind eine Gefährdung droht, wenn es aus der Pflegefamilie genommen wird oder es dort bleibt.[150] Die Entscheidung nach § 1632 Abs. 4 BGB erfordert stets eine auf die Zukunft bezogene Prognose, die nicht dazu führen darf, dass eine Rückkehr des Kindes zu seinen Eltern schon dann unterbleibt, wenn nicht mit hinreichender Sicherheit auszuschließen ist, dass die Herausnahme des Kindes aus seiner Pflegefamilie zu einer psychischen oder physischen Schädigung des Kindes führt.[151] Ein „Restrisiko" ist hinzunehmen.[152] Umgekehrt darf aber die Verbleibensanordnung nicht von einer mit Sicherheit zu erwartenden Kindeswohlschädigung bei Rückkehr in den elterlichen Haushalt abhängig gemacht werden. Diese Vorgabe würde der aus Art. 2 Abs. 1 i.V.m. Art. 1 Abs. 1 GG folgenden Grundrechtsposition des betroffenen Kindes nicht gerecht.[153] 35

Allgemein können als **Kriterien für die Verbleibensanordnung** herangezogen werden: 36

- die Gefahr eines unzumutbaren plötzlichen Kulturwechsels bei Rückkehr ins Ausland,[154]
- Überforderung eines Elternteils durch erhebliche weitere Betreuungsbelastungen bedingt durch Anzahl und persönliche Defizite der zu betreuenden Kinder,[155]

---

140 OLG Frankfurt FamRZ 2014, 1787; Palandt/*Götz*, § 1632 Rn 14.
141 Palandt/*Götz*, § 1632 Rn 14.
142 BVerfG FamRZ 2004, 771; OLG Karlsruhe FamRZ 2005, 1501.
143 Dazu eingehend *Balloff*, Kindeswohlgefährdungen durch Herausnahme des Kindes aus dem Elternhaus und bei Wegnahme aus der Pflegefamilie, FPR 2013, 208; *Lengning/Lüpschen*, zur – selten, aber leider ebenfalls vorkommenden – Kindeswohlgefährdung in Pflegefamilien siehe *Gläss*, JAmt 2013, 174.
144 BVerfG FamRZ 2005, 783.
145 BVerfG FamRZ 1985, 39.
146 AG Frankfurt DAVorm 1982, 365.
147 OLG Zweibrücken FamRZ 2011, 571; nichtsdestotrotz bleibt die Haltung des Kindes zu einer Rückkehr in die Herkunftsfamilien ein wichtiger Abwägungsbelang, vgl. dazu OLG Saarbrücken FamFR 2011, 549.
148 BVerfG JAmt 2011, 107, OLG Brandenburg FamRZ 2014, 399.
149 OLG Hamm NZFam 2014, 811.
150 OLG Brandenburg FamRZ 2007, 851.
151 OLG Hamm FamRZ 2010, 1747.
152 OLG Saarbrücken FamRZ 2011, 549; OLG Stuttgart FamRZ 2014, 320; OLG Frankfurt JAmt 2013, 218.
153 BVerfG FamRZ 2010, 865.
154 BVerfG FamRZ 2006, 1593; Anm. *Motzer*, FamRBint 2007, 7.
155 BayObLG DAVorm 1985, 335; OLG Schleswig DAVorm 1980, 574.

- bisheriges Verhalten gegenüber einem Kind,
- unzureichende Lebensverhältnisse in der elterlichen Familie, insbesondere Gefahr der Misshandlung des Kindes[156] oder eines ziemlich sicheren Drogenrückfalls der Eltern,[157]
- Verantwortlichkeit der Eltern für das Scheitern bisheriger Umgangskontakte durch unangemessenes Verhalten gegenüber dem Jugendamt und den Pflegeeltern;[158] umgekehrt ist aber auch die Bindungstoleranz der Pflegeeltern in den Blick zu nehmen,[159]
- sichere Bindungen des Kindes zur Pflegefamilie in Abgrenzung zu dem völlig fremden Haushalt der Eltern wegen der Trennung bereits unmittelbar nach der Geburt des Kindes,[160]
- mit überwiegender Wahrscheinlichkeit zu erwartende psychische oder physische Schäden des Kindes bei Herausnahme aus der Pflegefamilie,[161] zumal bei einer Rückführung seit Jahren strikt entgegenstehendem Kindeswillen.[162]

37 Erklären die Eltern, dass sie das Kind aus der Pflegefamilie nehmen möchten, so kann das Gericht auch eine Vormundschaft einrichten[163] bzw. zumindest das Aufenthaltsbestimmungsrecht auf die Pflegeeltern oder einen neutralen Dritten als **Ergänzungspfleger** übertragen.[164] Meist wird es in solchen Konstellationen der Einholung eines kinderpsychologischen Gutachtens bedürfen, von dem das Gericht nur nach eingehender Begründung und Nachweis eigener Sachkunde abweichen darf.[165]

38 Von großer Bedeutung ist in Verfahren nach § 1632 Abs. 4 BGB die Frage des **Umgangsrechts** der Personen mit dem Kind, mit denen das Kind nicht zusammenlebt bzw. aus deren Obhut es genommen werden soll.[166] Für die (Herkunfts-)**Eltern** folgt dieses aus § 1684 Abs. 1 BGB mit der Folge, dass es nur über § 1684 Abs. 4 BGB eingeschränkt werden kann.[167] Weil die Entscheidung über den Umgang der Eltern mit ihrem in einer Pflegefamilie untergebrachten Kind mit der Aufrechterhaltung der Trennung des Kindes von seinen beiden Eltern aufs Engste zusammenhängt, ist die Wertung des Art. 6 Abs. 3 GG in dieser Konstellation auch für die Entscheidung über den Umgangsausschluss maßgeblich.[168] Diesen strengen Anforderungen des Art. 6 GG entspricht der Schutz des elterlichen Umgangs mit dem Kind, den der EuGHMR aus Art. 8 EMRK herleitet.[169] Eine Umgangseinschränkung setzt daher voraus, dass sie zum Schutz des Kindes im Einzelfall erforderlich ist, um eine konkrete Gefährdung seiner seelischen oder körperlichen Entwicklung abzuwehren.[170] Gegebenenfalls muss das Gericht dabei auch einen dem Umgang entgegenstehenden Kindeswillen und die Folgen eines gegen diesen Willen angeordneten Umgangs berücksichtigen.[171]

39 Für Pflegekinder ist ein **wohlwollendes Verhältnis zwischen Herkunftsfamilie und Pflegefamilie** bedeutsam. Herkunftselternarbeit ist nicht nur bei bestehender Rückkehroption, sondern auch bei Dauerpflege wichtig. Gibt es Schwierigkeiten, ist eine professionelle Begleitung und Be-

---

156 OLG Frankfurt FamRZ 1981, 308; vgl. auch OLG Koblenz FamRZ 2016, 66; *Doukkani-Bördner*, Kindesmisshandlungen im Haushalt der Eltern und elterliche Sorge, FamRZ 2016, 12.
157 Dazu OLG Saarbrücken FamFR 2011, 549; OLG Hamm FamFR 2011, 578.
158 OLG Frankfurt FamRZ 2011, 382.
159 KG FamRZ 2011, 1667.
160 OLG Hamm FamRZ 2010, 1747.
161 OLG Frankfurt FamRZ 2011, 382.
162 OLG Hamm FamRZ 2012, 1401.
163 KG FamRZ 2006, 278.
164 OLG Koblenz FamRZ 2005, 1923.
165 BVerfG FamRZ 1999, 1417; BGH NJW 1997, 1446; OLG Schleswig OLGR 2009, 766.
166 Dazu eingehend *Heilmann*, Der Umgang des Pflegekindes mit seinen leiblichen Eltern, ZKJ 2014, 48.
167 Siehe auch *Prinz/Gresser*, Macht Kontaktabbruch zu den leiblichen Eltern Kinder krank?, NZFam 2015, 989.
168 BVerfG FamRZ 2013, 361 m. Anm. *Salgo*, FamRZ 2013, 343.
169 EuGHMR FamRZ 2004, 1456.
170 OLG Saarbrücken NZFam 2014, 74.
171 BVerfG FamRZ 2013, 361.

B. Verbleibensanordnung nach § 1632 Abs. 4 BGB oder § 1682 BGB   § 4

ratung aller Beteiligten durch die Kinder- und Jugendhilfe erforderlich. Für jeden Einzelfall ist eine differenzierte Betrachtung notwendig und muss ein passendes Umgangskonzept entwickelt werden.[172]

Wenn und weil die Rückführungsperspektive des Kindes zu seinen Eltern stets offengehalten werden muss,[173] ist es von zentraler Bedeutung, dass grundsätzlich der Umgang der Eltern mit dem Kind aufrechterhalten bleibt (vgl. auch Art. 9 Abs. 3 UNKRK).[174] Auch der Wortlaut von § 1632 Abs. 4 BGB („wenn und solange") fordert flexible Lösungen, die auf ein Zueinanderfinden von Kind und Eltern nach einer Umstellungsphase gerichtet sind.[175] Deshalb muss vor allem eine auf unbestimmte Zeit erlassene **Verbleibensanordnung** mit einer Umgangsregelung verbunden sein. Der Grundsatz der Verhältnismäßigkeit gebietet es, die Auswirkungen einer Verbleibensanordnung durch eine sachgerechte Umgangsregelung zu mildern.[176] Soll die Rückführung vorbereitet werden, so liegt es nahe, eine die Bindung des Kindes zu den Eltern intensivierende Umgangsregelung zu treffen.[177] Dabei ist auch dem besonderen, nunmehr in § 155 FamFG ausdrücklich niedergelegten Beschleunigungsgrundsatz Rechnung zu tragen.[178] Insbesondere wird die in der Praxis nicht selten anzutreffende Auffassung, jedenfalls in der ersten Zeit einer Inpflegenahme müsse der Umgang der Eltern mit dem Kind ausgesetzt werden, damit sich das Kind in die Pflegefamilie eingewöhnen könne, nur bei besonderen Sachlagen, etwa bei hoch traumatisierten Kindern, verfassungsgemäß sein und selbst dann – vorbehaltlich besonderer Umstände – keinen längerfristigen Ausschluss des Umgangsrechts rechtfertigen.[179] Ein den Eltern zustehendes Umgangsrecht muss außerdem von seinem Umfang her die Aufrechterhaltung – oder ggf. den erstmaligen Aufbau – einer persönlichen Beziehung zwischen Eltern und Kind ermöglichen. Umgangskontakte nur alle drei Monate sind hierfür regelmäßig nicht ausreichend,[180] alle zwei Monate[181] dürfte – bei nicht vorhandenen Bindungen – ein absolutes Minimum sein, während monatliche Abstände dann angemessen erscheinen.[182] Bei vorhandenen Bindungen des Kindes zu seinen Eltern wird auch ein Umgang jeden Monat rechtlichen Anforderungen regelmäßig nicht genügen.[183]

Hat das Kind allerdings in seiner Herkunftsfamilie schwerste Misshandlungen erlitten, so kommt eine Ausweitung des Umgangs mit dem Ziel der Rückführung des Kindes zu seinen Eltern auch dann nicht in Betracht, wenn Art und Umfang der Mitverantwortung der Eltern nicht im Einzelnen aufgeklärt werden können.[184]

Zur **Vorbereitung der** in Aussicht genommenen **Rückführung** sind die Umgangskontakte stufenweise auszudehnen.[185] Allerdings kann es im Einzelfall angezeigt sein, die Rückführung rasch

---

172 Empfehlung II. des Arbeitskreises 21 des 20. Deutschen Familiengerichtstages.
173 Siehe hierzu – grundlegend – BVerfGE 68, 176; vgl. auch BVerfGE 75, 201 und 79, 51; BVerfG FamRZ 2013, 361; OLG Saarbrücken FamRZ 2010, 1092 und FamRZ 2011, 549.
174 OLG Saarbrücken NZFam 2014, 74; siehe dazu auch *Prinz/Gresser*, Macht Kontaktabbruch zu den leiblichen Eltern Kinder krank?, NZFam 2015, 989.
175 BVerfG FamRZ 1985, 39; VerfG Brandenburg NZFam 2014, 473; BGH FamRZ 2014, 543; OLG Saarbrücken NZFam 2015, 1076.
176 VerfG Brandenburg NZFam 2014, 473.
177 BVerfG NJW 2014, 2936.
178 Vgl. zum alten Recht BVerfG FamRZ 2000, 413.
179 Vgl. BVerfG FamRZ 2010, 1622.
180 OLG Hamm FamRZ 2011, 1668.
181 So OLG Hamm FamRZ 2011, 826.
182 So OLG Hamm FamRZ 2011, 1668; vgl. auch *Heilmann*, ZKJ 2014, 48, 51.
183 Dazu OLG Saarbrücken NZFam 2014, 74: alle 2 Wochen am Wochenende mit Übernachtung; OLG Saarbrücken, Beschl. v. 3.3.2015 – 6 UF 1/15 (n.v.): einmal wöchentlich, nachdem auch das OVG Saarlouis FamRZ 2014, 186 zur entsprechenden Jugendhilfeleistung einmal wöchentlich verpflichtet hatte.
184 OLG Koblenz FamRZ 2016, 66; siehe auch *Doukkani-Bördner*, Kindesmisshandlungen im Haushalt der Eltern und elterliche Sorge, FamRZ 2016, 12.
185 Anschauliches Beispiel in OLG Karlsruhe FamFR 2012, 213.

durchzusetzen, wenn ein Aufschub des Wechsels wegen der Streitigkeiten zwischen den Eltern und den Pflegeltern den Loyalitätskonflikt des Kindes verschärfen und damit das Kind weiter belasten würde.[186]

42 Den **Pflegeeltern** steht nach Rückführung des Kindes in die Herkunftsfamilie ein Umgangsrecht aus § 1685 Abs. 2 BGB zu, wenn dies dem Kindeswohl dient.[187] (Zur Bedeutung des Umgangsrechts **getrennt vermittelter Geschwister** miteinander siehe Rdn 32.)

43 Eine Umgangsregelung kann, soweit sie in einem gerichtlich gebilligten Vergleich (§ 156 Abs. 2 FamFG) erfolgt, auch erstmals im (rein) **sorgerechtlichen Beschwerdeverfahren** erfolgen (siehe dazu im Einzelnen § 2 Rdn 246),[188] und zwar auch unter der aufschiebenden Bedingung, dass der Aufenthaltswechsel des Kindes im Sorgerechtsverfahren angeordnet wird.[189]

II. Verbleibensanordnung nach § 1682 BGB

44 Hat das Kind längere Zeit in einem Haushalt mit einem Elternteil und dessen Ehegatten – der nicht Elternteil des Kindes ist – zusammengelebt, so stellen sich Probleme, wenn der Elternteil stirbt oder für tot erklärt wird, ihm das Sorgerecht entzogen wird, er tatsächlich verhindert ist oder seine Sorge ruht. In diesen Fällen wächst die tatsächliche Betreuung des Kindes meist unvermittelt dem Ehegatten (also **Stiefelternteil**) zu. Allerdings wird häufiger der andere Elternteil, der mit dem Kind bislang nicht zusammenlebt, nach den §§ 1678, 1680 oder 1681 BGB in die sorgerechtliche Verantwortung kommen. In diesem Fall muss das Kind vor der mithin plötzlich entstehenden Möglichkeit geschützt werden, dass dieser Elternteil es vom Stiefelternteil wegnimmt. Daher ermöglicht § 1682 S. 1 BGB es dem Familiengericht, auf Antrag des Stiefelternteils oder von Amts wegen den Verbleib des Kindes bei diesem anzuordnen, solange das Kindeswohl durch die Wegnahme gefährdet würde. Gleiches gilt nach § 1682 S. 2 BGB, wenn das Kind seit längerer Zeit in einem Haushalt mit einem Elternteil und dessen Lebenspartner (also bei Bestehen einer **eingetragenen Lebenspartnerschaft**) oder einer nach § 1685 Abs. 1 BGB umgangsberechtigten volljährigen Person gelebt hat.

Der Lebensgefährte, der mit dem verstorbenen betreuenden Elternteil in **nichtehelicher Lebensgemeinschaft** zusammengelebt hat – einerlei, ob heterosexuell oder gleichgeschlechtlich –, wird von § 1682 BGB nicht erfasst.[190] Auch eine analoge Anwendung scheidet mangels planwidriger Regelungslücke aus, weil der Gesetzgeber jenen Lebensgefährten und andere Bezugspersonen nach § 1685 Abs. 2 BGB ausdrücklich und unmissverständlich vom Anwendungsbereich der Norm ausgenommen hat.[191] Auch eine Verbleibensanordnung nach § 1632 Abs. 4 BGB kommt – so sehr sie wünschenswert erscheinen mag – nicht in Betracht.[192] Zwar könnte der nichteheliche Lebensgefährte als Familienpflegeperson i.S. dieser Vorschrift angesehen werden. Indessen

---

186 OLG Hamm NZFam 2014, 811.
187 BVerfG FamRZ 2000, 413.
188 *Völker*, FamRZ 2011, 801.
189 Vgl. BGH FamRZ 2010, 1060 m. Anm. *Völker*.
190 Palandt/*Götz*, § 1682 Rn 2; AnwK-BGB/*Kleist/Friederici*, § 1682 Rn 2; Müko-BGB/*Hennemann*, § 1682 Rn 10a; Staudinger/*Salgo*, § 1682 Rn 1; Bamberger/Roth/*Veit*, § 1682 Rn 2; jurisPK/*Poncelet*, § 1682 Rn 3; a.A. Erman/*Döll*, § 1682 Rn 3; bereits im Ausgangspunkt unrichtig PWW/*Ziegler*, § 1682 Rn 3 und HK-FamR/*Schmid*, die unter „Lebenspartner" auch den nichtehelichen Lebensgefährten verstehen, den indes vom Gesetzgeber ausdrücklich außen vor bleiben sollte (siehe dazu nur BT-Drucks 13/4899, S. 66 und 104; Müko-BGB/*Hennemann*, § 1682 Rn 11); de lege lata kritisch, aber im Ergebnis unklar *Heilmann/Keuter*, § 1682 BGB Rn 5 m.w.N.; de lege ferenda für eine Einbeziehung des nichtehelichen Lebensgefährten in der Kreis der von § 1682 erfassten Personen *Muscheler*, FamRZ 2004, 913, 921.
191 BT-Drucks 13/4899, S. 66 und 104; AnwK-BGB/*Kleist/Friederici*, § 1682 Rn 2; Bamberger/Roth/*Veit*, § 1682 Rn 2; im Ergebnis unklar *Heilmann/Keuter*, § 1682 Rn 5.
192 So wohl im Ergebnis auch AnwK-BGB/*Kleist/Friederici*, § 1682 Rn 2 (nur Umgangsregelung möglich); a.A. Müko-BGB/*Hennemann*, § 1682 Rn 10a; *Heilmann/Keuter*, § 1682 Rn 5.

würde so die dargestellte eindeutige gesetzgeberische Entscheidung in § 1682 BGB, zu seinen Gunsten keine Verbleibensanordnung zuzulassen, konterkariert und damit umgangen, weil die sonstigen Voraussetzungen beider Vorschriften inhaltsgleich sind. Nach Maßgabe dessen kommt lediglich die Übertragung des Aufenthaltsbestimmungsrechts auf den Lebensgefährten als Ergänzungspfleger in Betracht. Dies setzt in den Fällen vormals gemeinsamer elterlicher Sorge der Eltern wegen der automatischen Alleinsorgeanwachsung zugunsten des anderen Elternteils (§§ 1678 Abs. 1 Hs. 1, 1680 Abs. 1 und Abs. 3, 1681 Abs. 1 BGB) eine Kindeswohlgefährdung i.S.v. § 1666 BGB voraus. Erfordert die Übertragung des Sorgerechts auf den anderen Elternteil eine kindeswohlorientierte gerichtliche Prüfung und Entscheidung (so in den Fällen der §§ 1678 Abs. 1 Hs. 2, Abs. 2, 1680 Abs. 2 und Abs. 3, 1681 Abs. 2 BGB), so genügt es für die Aufenthaltsbestimmungspflegschaft, dass die Übertragung des Aufenthaltsbestimmungsrechts auf den anderen Elternteil dem Kindeswohl widerspricht. Freilich kann diese Entscheidung zugunsten des anderen Elternteils abgeändert werden. Insoweit ist nicht § 1696 Abs. 1, sondern § 1696 Abs. 2 BGB anzuwenden, weil es sich bei der hier in Rede stehenden Aufenthaltsbestimmungspflegschaft in Ansehung des Kindeswohlmaßstabs – die Übertragung auf den anderen Elternteil widerspricht dem Kindeswohl – um eine kindesschutz-rechtliche Maßnahme i.S. letzterer Vorschrift handelt. Denn wenn die Alternativlösung dem Kindeswohl widerspräche, ist die andere Maßnahme „zum Wohl des Kindes erforderlich".

C. Verfahrensrecht

Die Verfahren zur Kindesherausgabe, zur Umgangsbestimmung sowie der Verbleibensanordnung unterliegen einheitlich dem FamFG. 45

I. Zuständigkeiten

1. Sachliche Zuständigkeit

Sachlich zuständig ist jeweils das Familiengericht (§ 1632 Abs. 3, 4 BGB) als Abteilung des Amtsgerichts. Im Rahmen eines Herausgabeverfahrens ist unerheblich, ob sich das Begehren gegen einen anderen Elternteil oder einen Dritten richtet bzw. ob es sich um ein ehelich oder nichtehelich geborenes Kind handelt. 46

2. Örtliche Zuständigkeit

Die örtliche Zuständigkeit folgt aus §§ 152 ff. FamFG. 47

Vor **Anhängigkeit einer Ehesache** beurteilt sich die örtliche Zuständigkeit des Gerichts nach dem **gewöhnlichen Aufenthalt** des Kindes (§ 152 Abs. 2 FamFG). Zuständig ist danach das Gericht, in dessen Bezirk das Kind den Schwerpunkt seiner Bindungen in familiärer oder beruflicher Hinsicht, d.h. seinen **Daseinsmittelpunkt**[193] hat, der sich auch aus dem Umstand ergibt, dass der Aufenthalt an diesem Ort auf längere Zeit angelegt ist.[194]

Während der Anhängigkeit einer Ehesache ist unter den deutschen Gerichten dasjenige örtlich zuständig, bei dem die Ehesache im ersten Rechtszug anhängig ist oder war (§ 152 Abs. 1 FamFG). Wird eine Ehesache rechtshängig, während ein Verfahren in einer Kindschaftssache nach § 151 FamFG anhängig wird, wozu auch die Verfahren nach § 1632 Abs. 3, 4 BGB gehören, so hat ist die Kindschaftssache von Amts wegen an das Gericht der Ehesache abzugeben (§ 153 FamFG). 48

---

[193] Vgl. EuGH FamRZ 2011, 617.
[194] Kemper/Schreiber/*Völker/Clausius/Wagner*, § 152 Rn 3.

3. Funktionelle Zuständigkeit

49 Funktionell ist immer der Richter, nicht der Rechtspfleger zuständig, § 14 Abs. 1 Nr. 8 RPflG.

II. Antrag

50 Über die Herausgabe des Kindes (Antragsmuster im Formularteil, siehe § 13 Rdn 41 f.) oder die Frage der wirksamen Umgangsbestimmung für dieses entscheidet das Familiengericht nur auf Antrag mindestens eines Elternteils (§ 1632 Abs. 3 BGB). Den Erlass einer Verbleibensanordnung hat das Familiengericht hingegen von Amts wegen zu prüfen, da § 1632 Abs. 4 BGB kein Antragserfordernis aufstellt.

III. Anhörungspflichten

51 In den Verfahren nach § 1632 Abs. 1, 2 und 4 BGB sind das Kind und die Eltern nach § 159 bzw. § 160 FamFG persönlich anzuhören. Sie sind auch stets förmlich zu beteiligen Dies gilt auch, wenn einem Elternteil die elterliche Sorge teilweise, insbesondere im Teilbereich der Aufenthaltsbestimmung, entzogen worden war und der Ergänzungspfleger das Kind den – den Erlass einer Verbleibensanordnung erstrebenden – Pflegeeltern wegnehmen und es in einem Heim unterbringen will.[195]

Das Jugendamt und ggf. – bei längerem dortigen Aufenthalt des Kindes – die Pflegeperson sind nach § 162 Abs. 1 bzw. § 161 Abs. 2 FamFG – nicht zwingend persönlich – anzuhören. Gleiches gilt in den Fällen des § 1682 BGB, also wenn das Kind seit längerer Zeit im Haushalt des in dieser Vorschrift genannten Ehegatten, Lebenspartner oder nach § 1685 Abs. 1 BGB umgangsberechtigten volljährigen Umgangsberechtigten gelebt hat.

52 Nach § 158 Abs. 2 Nr. 4 FamFG ist dem Kind in der Regel ein **Verfahrensbeistand** zu bestellen, wenn das Verfahren die Herausgabe des Kindes betrifft oder eine Verbleibensanordnung zum Gegenstand hat (vgl. § 5 Rdn 15). Der Verfahrensbeistand ist nach § 158 Abs. 4 FamFG ebenfalls im Verfahren anzuhören.

IV. Einstweilige Anordnung und Außervollzugsetzung

53 (Zu diesen im Herausgabeverfahren wichtigen Rechtsschutzmöglichkeiten bei bevorstehendem Obhutswechsel siehe § 7 Rdn 59 und § 9 Rdn 15 f.)

V. Vollstreckung der gerichtlichen Anordnung auf Kindesherausgabe

54 Die Vollstreckung der Herausgabeanordnung nach § 1632 Abs. 1 BGB wird nach §§ 88 ff. FamFG durchgeführt zu den Einzelheiten siehe § 6 Rdn 30 ff.).

---

195 BGH FamRZ 2014, 1357.

§ 5 Der Verfahrensbeistand

A. Allgemeines

Zum 1.7.1998 hatte der Gesetzgeber mit dem KindRG in § 50 FGG für die Sorge- und Umgangsrechtsverfahren die Möglichkeit der Bestellung eines sog. **Verfahrenspflegers** eingeführt.[1] Dieses teilweise auch als **„Anwalt des Kindes"** bezeichnete verfahrensrechtliche Institut entsprach dem **Beteiligungsgebot** des Art. 12 Abs. 3 **UN-Kinderrechtekonvention**.[2] Zielrichtung war und ist es, dem Kind in Verfahren einen eigenen Interessenvertreter zur Seite zu stellen. Dies steht mit der verfassungsgerichtlichen Rechtsprechung in Einklang, der zufolge der **Grundrechtsschutz von Kindern** eine Verfahrensgestaltung fordert, die eine eigenständige Wahrnehmung der Rechte und Belange des Kindes sicherstellt.[3] Zwar obliegt diese Aufgabe grundsätzlich den sorgeberechtigten Eltern des Kindes. Dennoch sind Situationen denkbar, in denen zwischen Eltern- und Kindesinteressen Widersprüche bestehen. Gerade in diesen Fällen muss das Kind die Möglichkeit haben, seine eigenen Interessen unabhängig von seinen Eltern im Verfahren geltend zu machen. Nur dies wird der Subjektstellung des Kindes in seiner Individualität als Grundrechtsträger gerecht.[4] Die Verfahrenspflegschaft trägt auch dem Umstand Rechnung, dass Kinder getrennt voneinander lebender Eltern sich oftmals in einer verunsicherten psychischen Situation befinden und ein Verfahrenspfleger das Kind durch die Vertretung seiner Interessen gegenüber dem Familiengericht entlasten kann.[5]

Seit 1998 ist die Zahl der Verfahrenspflegerbestellungen kontinuierlich angestiegen. Ihre Tätigkeit wurden von allen Verfahrensbeteiligten positiv bewertet[6] und als Mittel zur **Förderung kindeswohlspezifischer Belange** erkannt.[7]

Der bis zum 31.8.2009 geltende § 50 FGG wurde mit Inkrafttreten des FGG-RG zum 1.9.2009 durch § 158 FamFG abgelöst. Der Verfahrenspfleger heißt seitdem Verfahrensbeistand.[8] Diese Umbenennung ist zu begrüßen, weil mit dem Begriff Pflegschaft ansonsten ein besonderer gesetzlicher Vertreter des Kindes bezeichnet wird (§ 1909 BGB) und der Verfahrenspfleger bzw. -beistand gerade kein gesetzlicher Vertreter des Kindes war bzw. ist (siehe jetzt ausdrücklich § 158 Abs. 4 S. 6 FamFG).[9] Die Terminologie hatte zudem bis in die höchstrichterliche Rechtsprechung hinein missverständliche Ausführungen zur Folge (dazu näher siehe § 2 Rdn 11).[10] Allerdings hat der Gesetzgeber die Bezeichnung „Verfahrenspfleger" in **Betreuungs- und Unterbringungssachen** beibehalten (§§ 276, 317 FamFG), auch um die besondere, ausschließlich verfahrensrechtliche Stellung des Verfahrensbeistandes in Kindschaftssachen (§ 151 FamFG) zu verdeutlichen.[11] Dementsprechend hat der Gesetzgeber in Unterbringungssachen, die min-

---

1 *Oelkers*, FF 2002, 58.
2 UNKRK, vollständiger Gesetzestext abgedr. unter § 13 H.
3 BVerfG FamRZ 2008, 845; Anm. *Völker* in FamRB 2008 174; BVerfG FamRZ 2006, 1261; Anm. *Völker*, jurisPR-FamR 1/2007, Anm. 1; vgl. auch VerfG Brandenburg FamRB 2010, 6.
4 OLG Saarbrücken, Beschl. v. 12.7.2010 – 9 UF 35/10, juris; vgl. auch *Hohmann-Dennhardt*, ZfJ 2001, 77.
5 BGH FamRZ 2010, 1060 m. Anm. *Völker* S. 1065; OLG Saarbrücken, Beschl. v. 12.7.2010 – 9 UF 35/10, juris.
6 *Stötzel*, FPR 2006, 17.
7 *Grüttner*, ZKJ 2006, 61; zur Entwicklung der Verfahrensbeistandschaft seit Inkrafttreten des FamFG siehe *Lack/Salgo*, FPR 2012, 353; *Koritz*, Verfahrensbeistandschaft bei hochstrittiger Elternschaft und Umgang der Kinder, FPR 2012, 385; *Salgo/Stötzel*, Aktuelle Tendenzen der Verfahrensbeistandschaft, ZKJ 2013, 349.
8 Siehe auch *Leeb*, Der Verfahrensbeistand – „Anwalt des Kindes", ZKJ 2010, 391; *Wacker/Prenzlow*, Die Verfahrensbeistandschaft – Erfahrungen aus der Praxis, FPR 2011, 15; *Prenzlow*, Gleiches Recht für alle Kinder!?, ZKJ 2012, 93.
9 Zur Abgrenzung von Verfahrensbeistandschaft, Ergänzungspflegschaft und Umgangspflegschaft siehe *Kuleisa-Binge*, FPR 2012, 363.
10 Vgl. BGH FamRZ 2008, 1334, wo der BGH von Verfahrenspfleger spricht, obwohl in der speziellen Verfahrenskonstellation nur ein Ergänzungspfleger im Verfahren gemeint gewesen sein konnte; Anm. *Motzer* in FamRB 2008, 238.
11 Kemper/Schreiber/*Völker*/Clausius/Wagner, § 158 FamFG Rn 3.

derjährige Kinder betreffen, ausdrücklich den Begriff Verfahrensbeistand an die Stelle der Bezeichnung Verfahrenspfleger gesetzt (§ 167 Abs. 1 S. 2 FamFG).[12]

4 § 158 Abs. 1 FamFG hat die bloße Kann-Bestimmung des § 50 Abs. 1 FGG korrigiert und mit Abs. 2 die bereits in § 50 Abs. 2 FGG enthaltenen Regelbeispiele erweitert, bei deren Vorliegen die Bestellung eines Verfahrensbeistands in der Regel erforderlich ist. Hierfür war sicherlich auch die Rechtsprechung des BVerfG Anlass, die in den beiden neu hinzugekommenen Konstellationen (beabsichtigter **Obhutswechsel** und in Betracht kommender **Ausschluss des Umgangs** oder dessen wesentliche Beschränkung) mehrfach im Rahmen von Hinweisen zum weiteren Verfahren angedeutet hat, dass die Verfahrenspflegerbestellung zu erwägen sein werde.[13]

B. Voraussetzungen der Bestellung eines Verfahrensbeistandes

I. Verfahrensart

5 Die Bestellung eines Verfahrensbeistandes nach § 158 FamFG ist nur in **Kindschaftssachen** im Sinne des § 151 FamFG vorgesehen, die die **Person des Kindes** betreffen, sei dies unmittelbar oder mittelbar. Wird dem Kind in einer ausschließlich vermögensrechtlichen Angelegenheit ein Verfahrensbeistand bestellt, so ist § 158 FamFG schon dem Grunde nach nicht anwendbar (zur Anfechtung siehe Rdn 41).[14]

II. Alter des Kindes

6 Für die Frage der Bestellung eines Verfahrensbeistandes ist das Alter des Kindes im Ausgangspunkt unerheblich. Bestimmender Maßstab ist allein das Kindeswohl, d.h. die Frage, inwieweit es der Bestellung zur Wahrung der Kindesinteressen bedarf. Solange das Kind ohne Verfahrensbeistand auf den Vortrag der Eltern und die Ermittlungen des Jugendamts und des Gerichts angewiesen ist und die Gefahr besteht, dass die Eltern das Verfahren zur Wahrung ihrer eigenen Interessen führen, ist unerheblich, ob sich das Kind artikulieren kann. Allerdings kann das Gericht dann von einer Verfahrensbeistandsbestellung absehen, wenn das – meist ältere – Kind ersichtlich sein Interesse so klar formuliert, dass es hierfür keines „Sprachrohrs" mehr bedarf.[15]

Soweit dem – bestellten – Verfahrensbeistand die Feststellung des Interesses des Kindes nicht möglich ist – etwa weil dieses zu klein oder krank ist –, muss er versuchen, dieses Interesse durch Beobachtungen oder aus sonstigen Erkenntnisquellen zu ermitteln.[16]

III. Interessengegensatz

7 Wie schon § 50 FGG stellt auch § 158 FamFG in Bezug auf die Verfahrensbeistandsbestellung darauf ab, inwieweit diese zur **Wahrung der Interessen des Kindes** erforderlich ist.

Das Kindeswohl ist verfahrensrechtlich immer dann durch einen Verfahrensbeistand zu sichern, wenn zu befürchten ist, dass die Elterninteressen zu denen ihres Kindes in Konflikt ge-

---

12 Siehe dazu und zur geschlossenen Unterbringung von Kindern auch OLG Saarbrücken FamRZ 2010, 1920; *Hoffmann*, JAmt 2009, 477.
13 Vgl. BVerfG FamRZ 2008, 246 m. Anm. *Völker*, FamRB 2008, 102; BVerfG FamRZ 2007, 1625 m. Anm. *Völker*, FamRB 2007, 327 (jeweils zum Umgangsausschluss); BVerfG FamRZ 2007, 1797 (zum Obhutswechsel).
14 OLG Hamm FamRZ 2014, 600.
15 Vgl. BVerfGK 6, 57; OLG Saarbrücken FamRZ 2011, 1740 und Beschl. v. 11.5.2011 – 9 UF 144/10 (n.v.); OLG Zweibrücken ZKJ 2011, 136.
16 KG FamRZ 2003, 392.

raten können.[17] Dies wurde bereits früher aus der verfassungsrechtlichen Verankerung des Kindeswohls in Art. 6 Abs. 2 und Art. 2 Abs. 1 GG i.V.m. Art. 103 GG hergeleitet[18] und kann seit der Entscheidung des BVerfG zum **Zwangsumgang**[19] ergänzend aus der verfassungsunmittelbaren Pflichtbindung des Elternrechts gefolgert werden. Wenn der Elternteil infolge der vorgenannten **Interessenkollision** nur noch sein Elternrecht, aber nicht mehr seine damit korrespondierende Elternpflicht im Sinne des Kindes wahrzunehmen droht, kann er dieses auch nicht mehr bei der Wiedergabe seines Willens und Interesses im Verfahren vertreten.

Für die Bestellung des Verfahrensbeistands genügt es, dass ein Interessengegensatz in Betracht kommt. Es ist nicht erforderlich, dass der Gegensatz bereits besteht oder sicher vorhersehbar ist.[20] Während § 50 Abs. 1 FGG bislang als sog. Kann-Vorschrift ausgestaltet war, ist § 158 Abs. 1 FamFG nunmehr als Muss-Vorschrift formuliert. Dies bedeutet, dass sich das **tatrichterliche Ermessen** zwingend auf die Bestellung eines Verfahrensbeistandes reduziert, wenn die Prüfung ergibt, dass die Wahrnehmung der Kindesinteressen die Bestellung eines Verfahrensbeistandes erfordert.[21] Gewährleistet bereits die Bestellung eines Verfahrensbeistandes eine angemessene Sicherung der Verfahrensrechte des Kindes, so erübrigt sich ein Eingriff in das Sorgerecht der Eltern durch die Bestellung eines Ergänzungspflegers; das Kind wird regelmäßig weiterhin von seinen Eltern gesetzlich vertreten (dazu eingehend § 1 Rdn 425 ff.). 8

IV. Regelbestellung

§ 158 Abs. 2 FamFG enumeriert Regelbeispiele auf, bei deren Vorliegen in der Regel die Bestellung eines Verfahrensbeistandes erforderlich ist. 9

1. § 158 Abs. 2 Nr. 1 FamFG

§ 158 Abs. 2 Nr. 1 FamFG entspricht der bisherigen Regelung des § 50 Abs. 2 S. 1 Nr. 1 FGG und erfasst die Fälle erheblicher Gegensätze der Interessen des Kindes zu denen seiner gesetzlichen Vertreter (das müssen nicht zwingend seine Eltern sein). Hier wird das Familiengericht anhand der schriftsätzlichen Stellungnahmen der jeweiligen Verfahrensbeteiligten, ggf. später nach der **mündlichen Anhörung** ermitteln müssen, ob sich der gesetzliche Vertreter eines Kindes in der gebotenen Weise um eine im Interesse des Kindeswohls anzustrebende einvernehmliche Lösung eines zwischen den Eltern bestehenden Konflikts bemüht. Entscheidend ist dabei, ob die gegenüber den Interessen der Eltern eigenständigen Interessen des Kindes ungenügend wahrgenommen werden.[22] Indizien können dabei sein, ob ein Verhandlungstermin ohne ausreichende Entschuldigung versäumt wird und inwieweit Verständnis für einen seitens des Kindes klar geäußerten Willen zu seinem künftigen **Aufenthaltsort** aufgebracht wird.[23] Auch die Ablehnung des väterlichen Umgangs mit dem Kind durch die Mutter[24] und ein von ihr erhobener Vorwurf des **Missbrauchs** des Kindes kann darauf hinweisen, dass primär eigene Interessen verfolgt und die Kindesinteressen durch die Eltern nicht ausreichend vertreten werden.[25] Allerdings begründet allein die Tatsache widersprechender Anträge noch keinen Interessengegensatz;[26] dies gilt umso mehr, wenn 10

---

17 BVerfG FamRZ 2008, 845; Anm. *Völker*, FamRB 2008, 174.
18 BVerfGE 99, 145; LVerfG Brandenburg ZKJ 2010, 29; Anm. *Rixe*, ZKJ 2010, 63.
19 BVerfG FamRZ 2008, 845; Anm. *Völker*, FamRB 2008, 174.
20 OLG Köln FamRZ 2000, 1109; OLG München FamRZ 1999, 667.
21 Kemper/Schreiber/*Völker/Clausius/Wagner*, § 158 Rn 4.
22 OLG Düsseldorf FF 2000, 27.
23 OLG Hamm FamRZ 1999, 41.
24 OLG Naumburg FamRZ 2009, 1417.
25 KG FamRZ 2003, 392.
26 OLG Köln FuR 2000, 298; OLG Saarbrücken, Beschl. v. 20.1.2011 – 6 UF 131/10 (n.v.).

beide Eltern übereinstimmend auf entsprechende Anfrage des Gerichts mitteilen, dass sie kein Bedürfnis für die Bestellung eines Verfahrensbeistandes sehen,[27] wenngleich dem freilich nur indizielle Bedeutung beigemessen werden kann. Erforderlich ist daher, dass sich aus konkreten Umständen die Gefahr ergibt, dass die Eltern wegen eigener Interessen nicht in der Lage sind, die berechtigten Interessen des Kindes hinreichend wahrzunehmen. Dies ist nur der Fall, wenn beide Eltern nicht zuvörderst im Interesse des Kindeswohls handeln, sondern vorrangig eigene, damit nicht zu vereinbarende Ziele verfolgen.[28]

11 Liegt ein Interessengegensatz i.S.d. Nr. 1 vor, so soll von der Bestellung des Verfahrensbeistands nur abgesehen werden, wenn es sich um eine Entscheidung von geringer Tragweite handelt oder die Interessen des Kindes in anderer ausreichender Weise in das Verfahren eingebracht werden.[29]

2. § 158 Abs. 2 Nr. 2 FamFG

12 In den Verfahren nach den §§ 1666, 1666a BGB ist die Bestellung eines Verfahrensbeistands erforderlich, wenn die teilweise oder vollständige **Entziehung der Personensorge** in Betracht kommt.[30] Der Gesetzgeber hat sich hierbei an § 50 Abs. 2 S. 1 Nr. 2 FGG angelehnt, dieses Regelbeispiel aber dadurch eingeschränkt, dass die vorgenannte Entziehung „in Betracht" kommen muss. Dies deutet darauf hin, dass – anders als früher – die Bestellung erst dann zu erfolgen hat, wenn das Gericht die Entziehung erstmals aufgrund seiner Ermittlungen für durchaus möglich hält, wofür auch die abweichende Formulierung in § 158 Abs. 2 Nr. 3 FamFG („erfolgen soll") spricht;[31] es ist davon auszugehen, dass der Gesetzgeber diesbezüglich bewusst differenziert hat.

13 Dieses Regelbeispiel ist leicht nachvollziehbar, hält man sich vor Augen, dass in diesen Fällen schwerwiegende Eingriffe in das Elternrecht in Rede stehen,[32] wodurch die Zuordnung des Kindes zu seiner Familie berührt wird. Diese Verfahren sind daher von erheblicher Bedeutung für das Kind.[33] Hinzu kommt, dass den Verfahren in der Regel ein **elterliches Fehlverhalten** zugrunde liegt und diese daher zu einer objektiven Interessenvertretung des Kindes häufig nicht mehr in der Lage sind,[34] zumal sie sich häufig – die Praxis beweist dies tagtäglich – um ihre eigene „Verteidigung" anstatt um ihr Kind bemühen. Außerdem stehen die Kinder in einem **Loyalitätskonflikt**, weil sie trotz des Unvermögens ihrer Eltern meist um deren Verlust fürchten.

14 Nur ausnahmsweise ist von der Bestellung eines Verfahrensbeistandes abzusehen, wenn etwa zwischen allen Verfahrensbeteiligen Einvernehmen darüber besteht, dass eine andere Maßnahme als die Trennung des Kindes von seiner Familie nicht in Betracht kommt und sich auch im Rahmen der Anhörung des Jugendamts sowie des Kindes keine gegenteiligen Gesichtspunkte ergeben haben.[35] In diesem Fall sind die Interessen des Kindes durch seine Anhörung, ggf. auch durch die nachfolgende Einholung eines Sachverständigengutachtens, in ausreichendem Maß gewahrt.

3. § 158 Abs. 2 Nr. 3 FamFG

15 Über die bereits nach § 158 Abs. 2 Nr. 2 FamFG geregelte Konstellation der in Betracht kommenden Trennung eines Kindes von seiner Familie hinausgehend erfasst das – neue – Regelbeispiel

---

27 KG FamRB 2012, 144.
28 OLG Saarbrücken, Beschl. v. 27.4.2015 – 6 UF 4/15 (n.v.).
29 Vgl. BT-Drucks 13/4899, S. 12.
30 OLG Saarbrücken JAmt 2003, 41; siehe auch *Büchner/Mach-Hour*, Verfahrensbeistandschaft bei Kindeswohlgefährdung, NZFam 2016, 597.
31 Vgl. Kemper/Schreiber/*Völker/Clausius/Wagner*, § 158 Rn 10.
32 OLG Hamm FamRZ 2001, 850; OLG Köln FamRZ 1996, 1027.
33 BT-Drucks 13/4899, S. 131.
34 Kemper/Schreiber/*Völker/Clausius/Wagner*, § 158 Rn 7.
35 BT-Drucks 13/4899, S. 132.

B. Voraussetzungen der Bestellung eines Verfahrensbeistandes § 5

der Nr. 3 die Fälle der **Trennung eines Kindes von seiner Obhutsperson**. Der Begriff der Trennung soll ebenso wie in § 1666a Abs. 1 S. 1 BGB zu verstehen sein, wobei unerheblich ist, ob die Trennung durch die Eltern, das Jugendamt oder das Kind selbst angestrebt wird.[36] Dieses Regelbeispiel findet daher auf alle Fälle Anwendung, in denen das Kind von seiner Obhutsperson getrennt werden soll, auch um gegebenenfalls vom einen Elternteil zum anderen zu wechseln.[37] Dies gilt auch, wenn ein zwischen den Eltern bislang durchgeführtes Wechselmodell durch gerichtliche Entscheidung beendet und das Kind in die Obhut nur noch eines Elternteils gegeben werden soll.[38] Sind sich die Eltern allerdings über den Wechsel des Aufenthaltsorts des Kindes einig, so bedarf es der Verfahrensbeistandsbestellung zumeist nicht (siehe auch Rdn 14).[39]

Dieses Regelbeispiel beruht wohl auch auf der Rechtsprechung des BVerfG. Diese hatte in zwei Verfahren nach dem **Haager Kindesentführungsübereinkommen**[40] die Bestellung eines Verfahrenspflegers für erforderlich gehalten, weil das Kind aus der unmittelbaren Zuwendung des gegenwärtig betreuenden Elternteils herausgelöst zu werden drohte (siehe auch § 11 Rdn 140).[41] Auch in einer weiteren stattgebenden Entscheidung, in der ein Obhutswechsel von einem Elternteil zum anderen in Rede stand, hatte das BVerfG im Rahmen seiner Hinweise für das weitere Verfahren die Prüfung der Erforderlichkeit einer Verfahrenspflegerbestellung angemahnt.[42]

16

In Abgrenzung zum Regelbeispiel der Nr. 2 erfordert dasjenige nach Nr. 3, dass das Gericht den **Obhutswechsel** bereits beabsichtigt, mindestens aber ernsthaft zu ihm neigt und nicht nur von einer in Betracht kommenden Trennung ausgeht.

17

4. § 158 Abs. 2 Nr. 4 FamFG

§ 158 Abs. 2 Nr. 4 FamFG entspricht § 50 Abs. 2 S. 1 Nr. 3 FGG und erfasst die Verfahren der **Kindesherausgabe** gemäß § 1632 Abs. 1 i.V.m. Abs. 3 BGB oder der **Verbleibensanordnung** nach § 1632 Abs. 4 oder § 1682 BGB (im Einzelnen siehe § 4). Auch diese Verfahren betreffen intensiv die Zuordnung des Kindes zu seinem bisherigen Obhutselternteil bzw. seiner **Pflegefamilie** und sind damit für das Kind und sein weiteres Leben von wesentlicher, zuweilen existentieller Bedeutung.[43] Zugleich kann der die Herausgabe Begehrende leicht das eigenständige Interesse des Kindes aus den Augen verlieren. Gerade in den Pflegekinderfällen hat das Kind häufig gute Bindungen zu den Pflegeeltern aufgebaut und sieht sich den emotionalen Ansprüchen seiner Eltern ausgesetzt.

18

5. § 158 Abs. 2 Nr. 5 FamFG

Wie das Regelbeispiel in Nr. 3 ist auch das in § 158 Abs. 2 Nr. 5 FamFG ohne Vorbild im FGG. Dieses Regelbeispiel sieht die Verfahrensbeistandsbestellung dann vor, wenn der Ausschluss oder eine wesentliche **Beschränkung des Umgangsrechts** in Betracht kommt.[44] Hierzu hatte

19

---

36 BT-Drucks 16/6308, S. 238.
37 Kemper/Schreiber/*Völker/Clausius/Wagner*, § 158 Rn 8.
38 OLG Saarbrücken, Beschl. v. 24.6.2013 – 6 UF 98/13 (n.v.).
39 *Leeb*, ZKJ 2011, 391, 393; vgl. auch BT-Drucks 16/6308, S. 238.
40 Abkommenstext abgedr. unter § 13 B.
41 BVerfG NJW 1999, 631; FamRZ 2006, 1261.
42 BVerfG FamRZ 2007, 1797.
43 BVerfG FamRZ 2010, 865; OLG Celle FamRZ 2002, 1356.
44 Siehe etwa OLG Saarbrücken FamRZ 2010, 2085.

die verfassungsgerichtliche Rechtsprechung wiederholt in stattgebenden Kammerentscheidungen in Hinweisen für das weitere Verfahren aufgefordert.[45]

20 Die Notwendigkeit zur Bestellung des Verfahrensbeistandes folgt in diesen Konstellationen aus dem zwischen den Eltern bestehenden massiven Grundkonflikt, der ihnen den Blick für die Bedürfnisse ihres im **Loyalitätskonflikt** gefangenen, häufig zerrissenen Kindes versperrt.[46] Hinzu kommt die hohe Eingriffsintensität, die mit einer wesentlichen Umgangseinschränkung nicht nur für den umgangsberechtigten Elternteil, sondern auch für das Kind einhergeht. Die erst im Laufe des Gesetzgebungsverfahrens aufgenommene[47] Einschränkung, dass die Umgangsbeschränkung „wesentlich" sein muss, darf indessen nicht dazu führen, dass künftig in hochstreitigen Umgangsverfahren das Kind einer eigenständigen Interessenvertretung beraubt wird. Die längerfristige Anordnung begleiteten Umgangs genügt für das Regelbeispiel.[48] Denn solcher Umgang beschränkt nicht nur den umgangsberechtigten Elternteil massiv in seinem Elternrecht und bedeutet im Regelfall für diesen eine erhebliche Zumutung, sondern greift auch intensiv in das Recht des Kindes ein, mit jenem grundsätzlich ohne Beobachtung durch Dritte Umgang zu pflegen.[49] Anders ist die Sachlage bei bloßer Umgangsregelung nach § 1684 Abs. 1, § 1685 BGB[50] oder § 1686a BGB; hier kann allenfalls das Regelbeispiel des § 158 Abs. 2 Nr. 1 FamFG einschlägig sein.

V. Ausnahmen

21 Auch wenn ein Regelbeispiel nach § 158 Abs. 2 FamFG vorliegt, kann von der Bestellung eines Verfahrensbeistands im Einzelfall abgesehen werden (zur Begründungspflicht im Falle des Absehens von der Verfahrensbeistandsbestellung trotz Vorliegens eines Regelbeispiels nach § 158 Abs. 2 FamFG siehe Rdn 40).

22 Ausdrücklich vorgesehen hat der Gesetzgeber in § 158 Abs. 5 FamFG die Möglichkeit – freilich nicht die Pflicht[51] –, die Bestellung eines Verfahrensbeistandes zu unterlassen oder aufzuheben, wenn die Kindesinteressen von einem Rechtsanwalt oder einem anderen geeigneten Verfahrensbevollmächtigten angemessen vertreten werden.[52] Zu denken ist hierbei etwa an eine bereits erfolgte Bestellung eines Ergänzungspflegers.[53] Hingegen reicht die **Vertretung des Kindes durch einen** von den Eltern beauftragten **Anwalt** nicht aus, wenn dieser mit der Weisung mandatiert wurde, die Interessen des Kindes in ihrem Sinne wahrzunehmen.[54]

23 Auch bei in Rede stehenden **Entscheidungen von geringer Tragweite**, die keine erheblichen Auswirkungen auf die Rechtspositionen der Beteiligten und die künftige Lebensgestaltung des Kindes haben, oder wenn alle Beteiligten gleichgerichtete Interessen verfolgen oder die Kindesinteressen in anderer Form ausreichend zur Geltung gebracht werden, kann sich eine Verfahrensbeistandsbestellung erübrigen.[55] Gleiches kann gelten, wenn die Beibehaltung der gemeinsamen

---

45 BVerfG FamRZ 2008, 246; Anm. *Völker*, FamRB 2008, 102; BVerfG FamRZ 2007, 1625; Anm. *Völker*, FamRB 2007, 327.
46 OLG Saarbrücken OLGR 2007, 492; *Völker*, jurisPR-FamR 12/2007, Anm. 3.
47 BT-Drucks 16/9733, S. 294; die Länder befürchteten, finanziell überfordert zu werden.
48 OLG Saarbrücken FamRZ 2010, 2085.
49 BVerfG FamRZ 2008, 494 m. Anm. *Völker*, FamRB 2008, 139; OLG Saarbrücken FamRZ 2010, 2085; OLG Köln JAmt 2011, 166; vgl. auch BGHZ 51, 219.
50 Zu Letzterem OLG Celle NJW-RR 2011, 1512.
51 AG Nienburg FamRZ 2015, 1929.
52 Dazu OLG Dresden FamRZ 2014, 1042; OLG Stuttgart, FamRZ 2014, 1482; vgl. auch OLG Karlsruhe FamRZ 2016, 567 [ggf. Befangenheitsgrund].
53 Kemper/Schreiber/*Völker*/Clausius, HK-FamFG, § 158 Rn 20.
54 BT-Drucks 13/4899, S. 132.
55 Kemper/Schreiber/*Völker*/Clausius, HK-FamFG, § 158 Rn 15.

elterlichen Sorge bereits an **äußeren Umständen** scheitert, ohne dass es für die Sorgerechtsentscheidung – und damit auch für die Frage, welchem Elternteil diese zu übertragen ist – entscheidend auf die besonderen Neigungen und Bindungen des Kindes ankommt.[56] Ebenso ist die Sachlage, wenn das – meist **ältere** – Kind ersichtlich sein Interesse so klar formuliert, dass es hierfür keines „Sprachrohrs" mehr bedarf.[57] Ist das Kind derzeit **unbekannten Aufenthalts**, weil die Eltern es versteckt halten, so ist ein Verfahrensbeistand ebenfalls vor Ausfindigmachen des Kindes nicht notwendig.[58] Tritt in einem **Eilverfahren** ein Zielkonflikt zwischen dem Erfordernis besonderer Beschleunigung des Verfahrens einerseits und einer eigenständigen Interessenvertretung des Kindes andererseits auf, so kann im Eilverfahren von der Bestellung eines Verfahrensbeistandes abgesehen werden, wenn ansonsten eine dem Kind nachteilige Verfahrensverzögerung zu befürchten ist und das Kind seinen Willen klar kundgetan hat.[59] Gleiches gilt, wenn der Erlass einer Eilentscheidung schon am fehlenden Regelungsbedürfnis scheitert, es mithin der Ermittlung des kindlichen Willens nicht bedarf.[60]

Denkbar ist auch, dass das Kind im Rahmen der Begutachtung durch einen Sachverständigen ebenso wie im Rahmen der **richterlichen Anhörung** seine Wünsche unmissverständlich und unbeeinflusst zum Ausdruck bringt. Weitere Voraussetzung ist in diesem Fall aber, dass aufgrund der ermittelten Tatsachen nicht erwartet werden kann, dass ein Verfahrensbeistand zusätzlich entscheidungsrelevante Erkenntnisse beitragen könnte. **24**

In den Fällen der **ertrotzten Kontinuität** (vgl. hierzu § 1 Rdn 267) kann sich im **Eilverfahren** zwischen dem Erfordernis der besonderen Verfahrensbeschleunigung und der Interessenvertretung des Kindes ein Zielkonflikt ergeben. Wäre daher bei Bestellung eines Verfahrensbeistands eine Verfahrensverzögerung zu befürchten, so rechtfertigt es die besondere Eilbedürftigkeit in diesem Fall von der Bestellung eines Verfahrensbeistands abzusehen.[61] Anders ist die Sachlage freilich in Eilverfahren nach § 1666 BGB.[62] **25**

C. Die Auswahl des Verfahrensbeistandes

§ 158 Abs. 1 FamFG gibt dem Richter auf, einen geeigneten Verfahrensbeistand zu bestellen. Es muss sich daher um eine Person handeln, die fachlich und persönlich geeignet ist, die Interessen des Kindes festzustellen und sie sachgerecht in das Verfahren einzubringen.[63] Die Auswahl steht letztlich im **Ermessen des Gerichts** (zur Frage der Anfechtbarkeit und der Rüge der Befangenheit des Verfahrensbeistandes siehe Rdn 41).[64] Den Verfahrensbeteiligten ist es freilich unbenommen, Vorschläge zu machen. Regt ein Beteiligter die Bestellung eines bestimmen Verfahrensbeistandes an, so sollte er dies begründen, zumal sich die Auswahl allein an den Interessen des Kindes auszurichten und Eigeninteressen des Vorschlagenden außer Betracht zu bleiben haben. Daher sollte die Eigenständigkeit und Unabhängigkeit der vorgeschlagenen Person näher dargelegt werden, wenn sie einzelnen Verfahrensbeteiligten nahe steht. Die Bestellung eines Rechtsanwalts wird zu favorisieren sein, wenn es auf **besondere Rechtskenntnisse** oder **forensische Kenntnisse** ankommt. Alternativ kommen aber auch die Berufsgruppen der Sozialarbeiter, Sozialpäda- **26**

---

56 OLG Koblenz MDR 2016, 396; OLG Saarbrücken, Beschl. v. 28.10.2010 – 6 UF 91/10 (n.v.).
57 Vgl. BVerfGK 6, 57; OLG Saarbrücken FamRZ 2011, 1740; Beschl. v. 25.8.2014 – 6 UF 58/14 (n.v.); Beschl. v. 11.5.2011 – 9 UF 144/10 (n.v.); OLG Zweibrücken ZKJ 2011, 136.
58 OLG Köln ZKJ 2013, 175.
59 OLG Saarbrücken FamRZ 2011, 1740 zum Fall des eigenmächtigen Verbringens eines Kindes; vgl. auch KG FamRZ 2014, 1790; vgl. auch OLG Brandenburg FamRZ 2015, 1216.
60 OLG Naumburg FamRZ 2012, 1062.
61 OLG Saarbrücken FamRZ 2011, 1741.
62 VerfG Brandenburg FamRZ 2011, 305.
63 BT-Drucks 16/6308, S. 238.
64 BVerfG FamRZ 2000, 1280; *Ballof*, FPR 1999, 221.

gogen und Psychologen in Betracht. Gerade die Bestellung eines Psychologen erscheint sinnvoll, wenn und weil dadurch gelegentlich die Einholung eines Sachverständigengutachtens entbehrlich werden kann,[65] was den Beteiligten Zeit, Geld und Nerven sparen kann (siehe § 1 Rdn 397).[66] Eine ergänzende Fortbildung in den Bereichen, in denen der Verfahrensbeistand nicht schon durch seine berufliche Ausbildung qualifiziert ist, ist wünschenswert.[67]

Wer als Verfahrensbeistand eines Kindes nach § 158 FamFG bestellt worden ist, darf in seinem Briefkopf die Bezeichnung „Kinder- und Jugendanwalt" verwenden, auch wenn er kein zugelassener Rechtsanwalt ist.[68]

27 Liegt bei mehreren betroffenen Kindern untereinander erkennbar ein erheblicher Interessengegensatz vor, so kann dies dafür sprechen, jedem Kind einen gesonderten Verfahrensbeistand zu bestellen,[69] zumal dadurch richtiger Auffassung zufolge Mehrkosten nicht anfallen, da die Pauschale für jedes Kind gesondert entsteht und auch die Fahrtkosten abdeckt (siehe dazu Rdn 49). Ist hingegen ein solcher Interessengegensatz nicht ersichtlich, wird es regelmäßig bei der Bestellung desselben Verfahrensbeistandes für alle Kinder bewenden.[70]

28 Im Einzelfall kommt aber auch die Heranziehung von Laien in Betracht, etwa Verwandte des Kindes.[71] Für ihre Bestellung spricht, dass sie das Vertrauen des Kindes besitzen. Dagegen ist aber auch nicht ausgeschlossen, dass sie für einen Elternteil Partei ergreifen.

29 Die Bestellung des Jugendamts[72] kommt schon aufgrund des Rollenkonfliktes[73] nicht in Frage. Das Jugendamt hat die gesamte Familie zu beraten und zu unterstützen, kann also nicht die Funktion des Verfahrensbeistands wahrnehmen, einseitig für das Kind Partei zu ergreifen.[74]

D. Aufgaben des Verfahrensbeistandes im Verfahren

30 Der Verfahrensbeistand[75] wird durch seine Bestellung als **Beteiligter** zum Verfahren hinzugezogen, § 158 Abs. 3 S. 2 FamFG. Die Beteiligtenstellung besteht automatisch auch im **Rechtsmittelzug** fort (siehe auch Rdn 39).[76]

In § 158 Abs. 4 FamFG werden erstmals die Aufgaben des Verfahrensbeistandes näher präzisiert. Es obliegt ihm danach,

- die Interessen des Kindes festzustellen,
- sie im gerichtlichen Verfahren zur Geltung zu bringen[77] und
- das Kind über Gegenstand, Ablauf und möglichen Verfahrensausgang in geeigneter Weise zu informieren.[78]

---

65 So inzident auch BVerfG FamRZ 2009, 1897, wenn der Verfahrensbeistand psychologische Sachkunde hat.
66 Kemper/Schreiber/*Völker/Clausius/Wagner*, § 158 Rn 5.
67 Vgl. auch Ergebnis 7 des Arbeitskreises 23 des 21. Deutschen Familiengerichtstages; vgl. *Dahm*, ZKJ 2016, 212 zum Ergebnis der Befragung von Verfahrensbeiständen zu den Qualifikationsbedarfen.
68 OLG Düsseldorf FamRZ 2015, 694.
69 OLG Saarbrücken FamRZ 2011, 1740; AG Holzminden FamRZ 2010, 322.
70 OLG Brandenburg FamRZ 2011, 1872.
71 KG FamRZ 2000, 1300; BT-Drucks 13/4899, S. 130.
72 OLG Köln FamRZ 2001, 845; OLG Naumburg FamRZ 2000, 300.
73 OLG Naumburg FamRZ 2000, 300; *Fricke*, ZfJ 1999, 51.
74 Siehe dazu auch BVerfG FamRZ 2006, 1261; Anm. *Schulz* in FamRBint 2007, 8; Anm. *Menne*, ZKJ 2007, 111; zweifelnd auch OLG Hamm FamRZ 2014, 600.
75 Vgl. dazu BVerfG FamRZ 1999, 85; 2004, 86; 2004, 1267; 2006, 1261; 2007, 1078; 2008, 845; 2010, 109; BGH FamRZ 2010, 1060; 2011, 796, jew. m. Anm. *Völker*.
76 Vgl. BGH FamRZ 2012, 1049.
77 Siehe dazu auch *Prenzlow*, Auswertung von familienpsychologischen Gutachten: Worauf ist aus der Sicht des Verfahrensbeistands zu achten?, NZFam 2015, 602.
78 Dazu anschaulich *Prenzlow*, Die kindgerechte Vermittlung der Aufgaben des Verfahrensbeistandes, ZKJ 2011, 128; siehe auch *Johnson*, Verfahrensbeistandschaft – ein Praxisbericht, FPR 2012, 377.

D. Aufgaben des Verfahrensbeistandes im Verfahren § 5

Seine Tätigkeit orientiert sich dabei am Kindeswohl, das nicht zwingend mit dem subjektiven Interesse des Kindes identisch sein muss. Hält der Verfahrensbeistand die bisherigen Ermittlungen für unvollständig, so kann er auf weitere Ermittlungen hinwirken.[79] Zudem wird dem Verfahrensbeistand in § 158 Abs. 4 S. 3 FamFG nunmehr gesetzlich die Möglichkeit eröffnet, zur Erfüllung seiner Aufgaben mit den Eltern oder sonstigen Bezugspersonen des Kindes Gespräche zu führen sowie an einer einvernehmlichen Regelung über den Verfahrensgegenstand mitzuwirken,[80] wenn das Gericht dies im Einzelfall für erforderlich hält und daher anordnet. Diese gesetzlich verankerten Befugnisse entsprechen den bereits zuvor in der Rechtsprechung entwickelten Vorgaben.[81] Nicht erfasst werden allerdings Streit schlichtende oder **mediative Aufgaben**.[82] Auch ist es nicht verfahrensrechtliche Aufgabe des Verfahrensbeistandes, den Willen der Eltern zu ermitteln und in das Verfahren einzuführen.[83] Wenn also das Gericht aufgrund der Tatsachenfeststellungen in einer Stellungnahme der Verfahrenspflegerin Anlass hat, an bestimmten Absichten eines Elternteils zu zweifeln, muss es den diesbezüglichen Sachverhalt eigenständig aufklären. Hierzu gehört insbesondere, in der Anhörung – beispielsweise im Wege eines Vorhalts – dem betroffenen Elternteil Gelegenheit zu geben, zu seinen vom Verfahrensbeistand wiedergegebenen Aussagen Stellung zu nehmen.[84] Der Verfahrensbeistand hat den Willen dazu, ob einzelne Informationen an das Gericht weitergegeben werden, zu berücksichtigen.[85] Allerdings wird er wesentliche Kenntnisse nicht zurückhalten können. Dies gilt insbesondere bei Umständen, die den Verdacht einer Kindeswohlgefährdung nahelegen.[86] Deswegen ist es wichtig, dass der Verfahrensbeistand dem Kind zu Beginn seiner Tätigkeit auch erklärt, dass er dessen Äußerungen dem Gericht mitteilen wird.

31

Das Gericht hat durch entsprechende Verfahrensgestaltung sicherzustellen, dass der Verfahrensbeistand die Interessen des Kindes sinnvoll wahrnehmen kann; sie muss daher so frühzeitig erfolgen, dass er noch auf das Verfahren Einfluss und zu den die Interessen und den Willen des Kindes betreffenden Tatsachen und den diesbezüglichen Ermittlungen des Familiengerichts umfassend Stellung nehmen kann.[87] Davon kann allerdings nicht ausgegangen werden, wenn ein ursprünglich bestellter und bereits längerfristig tätiger Verfahrensbeistand unmittelbar vor Verfahrensabschluss entpflichtet und durch einen neuen Verfahrensbeistand ersetzt wird, dem nur ein kurzer Zeitrahmen für die Einarbeitung verbleibt.[88] Der Verfahrensbeistand muss sich in die Akten einlesen können und die Gelegenheit haben, vor seiner Stellungnahme mit dem Kind unter gesprächstauglichen Umständen näher zu unterhalten.[89] Daher muss ihm regelmäßig die Möglichkeit eröffnet werden, mit dem Kind in dessen häuslicher Umgebung zu sprechen.[90]

32

---

79 KG FamRZ 2002, 1661.
80 Dazu *Salgo*, Mitwirkung am Zustandekommen einer einvernehmlichen Regelung – Aufgaben und Pflichten des Verfahrensbeistandes, FPR 2010, 456; *Prenzlow*, Mitwirkung des Verfahrensbeistands am Zustandekommen einer einvernehmlichen Regelung – was ist daraus geworden?, FPR 2012, 366.
81 OLG Karlsruhe Kind-Prax 2004, 64; OLG Stuttgart FamRZ 2003, 934.
82 OLG Oldenburg FamRZ 2005, 391; OLG Düsseldorf FamRZ 2003, 190.
83 BVerfG FamRZ 2010, 109; OLG Saarbrücken FamRZ 2011, 1153.
84 BVerfG FamRZ 2010, 109.
85 Siehe dazu auch Ergebnis 2 des Arbeitskreises 23 des 21. Deutschen Familiengerichtstages.
86 Ergebnis 2 des Arbeitskreises 23 des 21. Deutschen Familiengerichtstages.
87 BGH FamRZ 2011, 796 m. Anm. *Völker*; OLG Saarbrücken NJW 2011, 2372; OLG Brandenburg FamRZ 2011, 1872.
88 BGH FamRZ 2011, 796.
89 OLG Brandenburg FamRZ 2011, 1872.
90 Vgl. KG ZKJ 2014, 285.

33 In dem Verfahren, für das der Verfahrensbeistand bestellt ist, ist er vor Abwehr- oder Entschädigungsansprüchen anderer Beteiligter wegen seiner Äußerungen besonders geschützt;[91] Der Verfahrensbeistand ist aus § 158 Abs. 4 FamFG i.V.m. Art. 2 Abs. 1, 1 Abs. 1 GG außerhalb des Verfahrens, in dem er bestellt ist, zur Verschwiegenheit verpflichtet.[92] Ihm steht deswegen auch in anderen Verfahren das Zeugnisverweigerungsrecht aus § 383 Abs. 1 Nr. 6 ZPO zu.[93]

34 Die dem **nicht berufsmäßigen Verfahrensbeistand** zu vergütende Tätigkeit (zum berufsmäßigen Verfahrensbeistand siehe Rdn 49) erstreckt sich daher in der Regel auf[94]

- angemessenes **Aktenstudium**,
- Gespräche mit dem Kind,
- Vorbereitung und **Teilnahme am Gerichtstermin**,
- **Auswertung eines Gutachtens**,
- **Anfertigung eines Berichts**,
- jedenfalls im Falle der zusätzlichen Beauftragung nach § 158 Abs. 4 S. 3 FamFG auch auf Gespräche mit den Eltern, dem Kindergartenpersonal, Lehrern, sonstigen Bezugspersonen, dem Jugendamt oder dem Sachverständigen.[95]

35 Die Übertragung des erweiterten Aufgabenkreises nach § 158 Abs. 4 S. 3 FamFG auf den berufsmäßig tätigen Verfahrensbeistand dient vorrangig der Klärung, dass er Anspruch auf die erhöhte Pauschalvergütung hat. Weder bedarf es einer abschließenden gerichtlichen Festlegung, mit welchen konkreten Bezugspersonen der Verfahrensbeistand Gespräche führen soll, noch ist der Verfahrensbeistand im Rahmen seiner eigenständigen Ermittlung der Kindesinteressen auf Gespräche mit in dem Bestellungsbeschluss etwa bezeichneten Bezugspersonen beschränkt.[96]

36 Demgegenüber sind die Sachverhaltsermittlung und das Treffen kindeswohlorientierter Entscheidungen originär gerichtliche Aufgaben, die dem Verfahrensbeistand nicht obliegen[97] und für die der nicht berufsmäßige Verfahrensbeistand auch keine Vergütung erhalten kann, selbst wenn sich diese Tätigkeiten für das Verfahren als objektiv nützlich erweisen.[98] Denn eine fachliche **Beratungsfunktion** kommt dem Verfahrensbeistand nicht zu.[99] Der Verfahrensbeistand soll an den Anhörungen bei Gericht teilnehmen,[100] was § 159 Abs. 4 S. 3 FamFG nunmehr ausdrücklich auch in Bezug auf die Anhörung des Kindes anordnet. Nur ausnahmsweise kann das Familiengericht von der Hinzuziehung des Verfahrensbeistandes Abstand nehmen, wenn dies im Einzelfall aus Gründen einer besseren Sachaufklärung geboten ist.[101] Es handelt sich hierbei um eine Ermessensentscheidung des Gerichts, die jeweils berücksichtigen muss, dass dem Verfahrensbeistand die Möglichkeit eröffnet werden muss, seine gesetzliche Aufgabe zu erfüllen – dem Willen und den Interessen des Kindes Geltung zu verschaffen. Dies gilt in besonderem Maße, wenn Kindeswille und dessen Interesse zentrale Entscheidungsaspekte sind. Den Verfahrensbeistand trifft

---

91 Siehe dazu OLG Frankfurt FamRZ 2012, 1818; vgl. auch allgemein BGH NJW 2008, 996; 2005, 279; zurückhaltend bei der Annahme einer Haftung auch Wellenhofer, Haftung im Familienrecht, FPR 2012, 529, 531; zur Frage der Haftung des Verfahrensbeistandes nach den Grundsätzen der Haftung des Ergänzungspflegers siehe *Koritz*, FPR 2012, 568.
92 OLG Frankfurt, Beschl. v. 24.8.2010 – 7 UF 54/10, juris; Zum Datenschutz im Rahmen der Verfahrensbeistandschaft siehe *Morat/Kramer*, ZKJ 2014, 139.
93 OLG Braunschweig FamRZ 2012, 1408; Bespr. *Menne*, FamRZ 2012, 1356.
94 OLG Frankfurt FamRZ 2002, 335.
95 OLG Nürnberg FamRZ 2008, 73; OLG Frankfurt FamRZ 2008, 1364.
96 OLG Celle FamRZ 2014, 413.
97 Vgl. BVerfG 2010, 109; OLG Brandenburg FamRZ 2008, 78.
98 Zur Rechtsprechung bzgl. Aufgaben und Vergütung vgl. *Söpper*, FamRZ 2005, 1787; umfassende Darstellung der verfahrensbezogenen Aufgaben des Verfahrensbeistandes in *Röchling*, § 5 Rn 47 ff. sowie *Ballof/Koritz*, S. 60 ff.
99 BVerfG FamRZ 2010, 109; OLG Stuttgart FamRZ 2003, 322; OLG München FamRZ 2002, 563.
100 BGH FamRZ 2010, 1060 m. Anm. *Völker*; OLG Brandenburg FamRZ 2002, 626.
101 BGH FamRZ 2010, 1060.

zugleich aber keine Pflicht zur Anwesenheit. Er muss nur die Möglichkeit dazu eingeräumt bekommen, so dass bei seiner Verhinderung Termine zu verlegen sind; verzichtet er aber selbst auf eine Teilnahme, so begründet allein dies keinen Verfahrensfehler.[102] Im Einzelfall kann das Familiengericht dann allerdings aus § 26 FamFG gehalten sein, den Kindeswillen anderweitig zuverlässig zu ermitteln.

E. Verfahrensrechtliche Vorgaben

I. Bestellung von Amts wegen

Ist eines der Regelbeispiele in § 158 Abs. 2 FamFG erfüllt oder ist es zur Wahrnehmung der Kindesinteressen erforderlich (§ 158 Abs. 1 FamFG), so bestellt das Gericht von Amts wegen einen Verfahrensbeistand. Das BVerfG hat die Bedeutung des Verfahrenspflegers als Institution zum **Schutz der verfahrensrechtlichen Stellung des Kindes** hervorgehoben.[103] Auch der Gesetzgeber hat durch die Schaffung des § 158 FamFG und seinen Erweiterungen und Konkretisierungen im Vergleich zur Vorgängervorschrift des § 50 FGG diesem Postulat Rechnung getragen.

37

Wegen der unterschiedlichen Folgen für die Vergütung ist darauf zu achten, im **Bestellungsbeschluss** anzugeben, ob die Verfahrensbeistandschaft beruflich geführt wird oder nicht (siehe Rdn 47 ff.).

II. Zeitpunkt für die Bestellung

Nach § 158 Abs. 3 FamFG ist der Verfahrensbeistand so früh wie möglich zu bestellen, sobald nach Prüfung der Vorgaben in § 158 Abs. 1, 2 FamFG die Erforderlichkeit der Bestellung offensichtlich wird. Dies kann auch erstmalig im **Beschwerdeverfahren** der Fall sein. Da die Bestellung durch „das Gericht" (Wortlaut des § 158 Abs. 1 FamFG!) erfolgen muss, mag zwar in erster Instanz – statt eines Beschlusses – auch eine entsprechende Verfügung des Familienrichters genügen.[104] Zweitinstanzlich bedarf es hingegen eines Senatsbeschlusses in voller Besetzung; die Bestellung allein durch den Vorsitzenden oder den Berichterstatter ist nicht statthaft.[105] Daher kommt eine konkludente Bestellung durch Übermittlung von Schriftstücken oder Ladung zu einem Termin im Beschwerdeverfahren – anders als in erster Instanz – keinesfalls in Betracht.[106]

38

Die Bestellung hat nicht für jeden Rechtszug gesondert zu erfolgen; vielmehr wirkt eine erstinstanzliche Bestellung für jede weitere Instanz fort. Wird die erstinstanzliche Bestellung des Verfahrensbeistands in der Rechtsmittelinstanz nicht vor einem Tätigwerden des Verfahrensbeistandes abgeändert, so gelten die Bedingungen des erstinstanzlichen Beschlusses – einschließlich ggf. des erweiterten Aufgabenkreises – weiter.[107] Dies steht damit in Einklang, dass jede erstinstanzliche Beteiligtenstellung grundsätzlich automatisch im Rechtsmittelverfahren fortwirkt (siehe auch Rdn 30).[108]

Eine rückwirkende Bestellung ist unzulässig.[109]

---

102 OLG Naumburg, Beschl. v. 18.10.2011 – 8 UF 204/11, juris.
103 Vgl. nur BVerfG FamRZ 1999, 85.
104 OLG Nürnberg ZKJ 2015, 77; vgl. auch OLG Schleswig, Beschl. v. 19.4.2016 – 15 WF 170/15, juris; kritisch OLG München FamRZ 2016, 160.
105 Vgl. BayObLG FamRZ 1999, 874; a.A. inzident OLG Nürnberg ZKJ 2015, 77; hiergegen zu Recht *Menne*, FamRB 2015, 171.
106 A.A. allerdings OLG Nürnberg ZKJ 2015, 77.
107 OLG Stuttgart FamRZ 2011, 1533; OLG München NJW 2012, 691 und RPfl 2012, 205, jeweils unter Aufgabe seines Beschl. v. 8.6.2011 – 11 WF 859/11 (n.v.).
108 Vgl. BGH FamRZ 2012, 1049.
109 OLG München FamRZ 2016, 160.

39 Bezüglich der **Bestellungsbeendigung** knüpft § 158 Abs. 6 FamG an die bisherige Regelung in § 50 Abs. 4 FGG an. Soweit die Bestellung des Verfahrensbeistandes nicht bereits zu einem früheren Zeitpunkt aufgehoben wird,[110] endet sie spätestens mit Rechtskraft der das Verfahren abschließenden Entscheidung (§ 158 Abs. 6 Nr. 1 FamFG) oder einem sonstigen Verfahrensabschluss, etwa durch **Antragsrücknahme** oder anderweitiger **Verfahrenserledigung** (§ 158 Abs. 6 Nr. 2 FamFG).

III. Begründungspflicht

40 Die Bestellung eines Verfahrensbeistandes kann durch bloße Benennung der einschlägigen Vorschrift begründet werden. Sieht indes das Gericht trotz Vorliegens eines der in § 158 Abs. 2 FamFG genannten Regelbeispiele von der Bestellung ab, so muss das Gericht dies nach § 158 Abs. 3 S. 2 FamFG in seiner Endentscheidung begründen.[111] Hier ist eine nähere Auseinandersetzung mit dem einschlägigen Regelbeispiel und den Gründen erforderlich, aus denen die Bestellung verworfen wurde.[112]

IV. Rechtsmittel

41 Die Bestellung eines Verfahrensbeistandes, deren Ablehnung oder Aufhebung sind lediglich das Verfahren fördernde **Zwischenentscheidungen** und als solche nicht selbstständig anfechtbar.[113] Diese zu § 50 FGG streitige Frage hat der Gesetzgeber in § 158 Abs. 3 S. 4 FamFG geklärt. Auch wenn die Bestellung durch einen Rechtspfleger erfolgt ist, findet die Erinnerung gemäß § 11 Abs. 2 RPflG nicht statt.[114] Selbst wenn die Verfahrensbeistandsbestellung unter keinem rechtlichen Gesichtspunkt von § 158 FamFG gedeckt sein kann, greift der Anfechtungsausschluss des § 158 Abs. 3 S. 4 FamFG ein, so etwa, wenn ein Verfahrensbeistand in einer rein vermögensrechtlichen Angelegenheit des Kindes bestellt wird.[115] Hier hilft allerdings der Antrag auf Niederschlagung der für den Verfahrensbeistand angefallenen Kosten nach § 20 FamGKG.[116] Auch eine Ablehnung des Verfahrensbeistandes wegen **Befangenheit** kommt nicht in Betracht, da dies gesetzlich nicht vorgesehen ist.[117]

Unterbleibt allerdings die Bestellung und wird hierfür in der **Endentscheidung** keine Begründung angegeben oder ist diese unzureichend, so kann die **unterbliebene Verfahrenspflegerbestellung** im Rahmen der Beschwerde gegen die Endentscheidung angegriffen werden (siehe § 58 Abs. 2 FamFG). Ergibt die Prüfung des Rechtsmittelgerichts, dass verfahrensfehlerhaft ein Verfahrensbeistand nicht hinzugezogen worden und das Kind demnach nicht ordnungsgemäß am Verfahren beteiligt worden ist, so ist diesem gegenüber auch keine Entscheidung in der Sache getroffen worden. Die erstinstanzliche Entscheidung kann daher auch ohne Antrag aufgehoben und die Sache zurückverwiesen werden kann (§ 69 Abs. 1 S. 2 FamFG).[118] Inwieweit – darüber hinausgehend – die Bestellung eines Verfahrensbeistandes mit der Endentscheidung angegriffen

---

110 Zu den engen Voraussetzungen für eine Entlassung des Verfahrensbeistandes *Heilmann*, ZKJ 2011, 230.
111 OLG Saarbrücken, Beschl. v. 12.7.2010 – 9 UF 35/10, juris; OLG Brandenburg FamFR 2011, 328.
112 OLG Brandenburg FamFR 2011, 328.
113 BGH FamRZ 2011, 1788; OLG Schleswig SchlHA 2014, 329; BT-Drucks 16/6308, S. 239.
114 OLG Stuttgart FamRB 2016, 233 [die Rechtsbeschwerde hiergegen ist unter XII ZA 22/16 beim BGH anhängig].
115 A.A. OLG Hamm FamRZ 2014, 600.
116 OLG Schleswig SchlHA 2014, 329; OLG Frankfurt FamRZ 2013, 1331.
117 OLG Stuttgart FamRB 2016, 233; OLG Saarbrücken, Beschl. v. 6.7.2016 – 6 UF 50/16 (n.v.).
118 OLG Rostock FamRZ 2014, 2020.

werden kann, da es sich um einen nicht unerheblichen Eingriff in die Personensorge handelt, ist in der Rechtsprechung äußerst umstritten.[119] Aufgrund der umfassenden grundrechtlichen Zuweisung der Vertretung des Kindes an seine Eltern (Art. 6 Abs. 2 S. 1 GG) ist die (Inzident-)Anfechtung zuzulassen. Dem steht nicht entgegen, dass der Verfahrensbeistand nach § 158 Abs. 4 S. 6 FamFG nicht gesetzlicher Vertreter des Kindes ist; denn die den Eltern zustehende Personensorge umfasst auch die tatsächliche Sorge, zu der auch die Weitergabe des Willens des Kindes an Dritte gehört. Beschwerdeberechtigt gegen die Entscheidung zur Bestellung eines Verfahrensbeistandes ist der Sorgerechtsinhaber, d.h. entweder der allein Sorgeberechtigte oder gegebenenfalls beide Elternteile bei bestehender gemeinsamer Sorge. Auch die mangelnde persönliche oder fachliche Eignung eines Verfahrensbeistandes – hierzu kann auch seine Befangenheit gehören[120] – kann hierbei zur Prüfung des Beschwerdegerichts gestellt werden.[121] Gegen die Ablehnung der Bestellung können – mit der Angriffsrichtung des Aufklärungsmangels (§ 26 FamFG) – alle Beteiligten vorgehen.

42 Wurde dem Kind ein Verfahrensbeistand bestellt, so hat dieser nach § 158 Abs. 4 S. 5 FamFG ein im Interesse des Kindes auszuübendes Recht zur Einlegung eines Rechtsmittels gegen die gerichtlichen Entscheidungen. Diese Rechtsmittelbefugnis dürfte auch die Einlegung einer Verfassungsbeschwerde umfassen.[122] Bis zur Klärung dieser Frage durch das BVerfG sollte der Verfahrensbeistand aber zeitgleich mit der Einlegung der Verfassungsbeschwerde für das Kind beim Familiengericht beantragen, dem Kind einen Ergänzungspfleger für das Verfassungsbeschwerdeverfahren zu bestellen, und diesen Antrag abschriftlich dem BVerfG mitteilen.

V. Die Vergütung des Verfahrensbeistandes

43 Der Verfahrensbeistand erhält seine Vergütung aus der Staatskasse und nicht von dem Kind, mit dessen Interessenwahrnehmung er beauftragt ist.[123] Im Gesetzgebungsverfahren zum FGG-RG wurde darauf verwiesen, dass die an den Verfahrensbeistand gezahlten Vergütungen als Verfahrensauslagen gelten, die von den Beteiligten nach § 137 Abs. 1 Nr. 17 (Nr. 16), § 93a Abs. 2 KostO erhoben werden können. Es gelte nur dann eine andere Handhabung, wenn die Beitreibung scheitere oder beiden Elternteilen Verfahrenskostenhilfe bewilligt worden sei (§ 76 Abs. 1 FamFG i.V.m. § 122 Abs. 1 Nr. 1a ZPO).

44 Richtet sich das Verfahren wegen Art. 111 FGG-RG noch nach altem Verfahrensrecht, so bleibt es – über alle Instanzen hinweg bis zum rechtskräftigen Abschluss des Verfahrens – bei der dem Verfahrenspfleger nach § 50 FGG geschuldeten Vergütung; eine Überleitung in eine Verfahrensbeistandschaft nach § 158 FamFG findet nicht statt.[124]

45 Der Vergütungsanspruch ist wegen der Verschwiegenheitspflicht des Verfahrensbeistandes (siehe dazu Rdn 33 a.E.) **nicht abtretbar**, §§ 134 i.V.m. 402 BGB.[125]

---

119 Bejahend OLG München RPfl 2012, 205; OLG Frankfurt FamRZ 2013, 1331; KG FamRZ 2003, 392; KG ZKJ 2014, 285; OLG Karlsruhe FamRZ 2000, 1296; a.A. OLG Brandenburg FamRZ 2003, 323; OLG Zweibrücken FamRZ 2001, 170.
120 OLG Saarbrücken, Beschl. v. 6.7.2016 – 6 UF 50/16 (n.v.).
121 Dazu eingehend – im Ergebnis die Eignung bejahend – KG ZKJ 2014, 285.
122 So BVerfG FamRZ 2013, 1279 zum Verfahrenspfleger nach § 276 Abs. 1 FamFG; für den Verfahrensbeistand nach § 158 FamFG indes ausdrücklich offen lassend BVerfG, Beschl. v. 24.3.2016 – 1 BvR 575/16 (n.v.).
123 Siehe zum Ganzen auch *Oevermann*, Vergütung des Verfahrensbeistands – Ist-Zustand und künftige Entwicklung, FPR 2012, 370.
124 OLG Stuttgart FamRZ 2012, 1081.
125 OLG Frankfurt, Beschl. v. 24.8.2010 – 7 UF 54/10, juris; vgl. auch BGH NJW 1996, 775.

46 Vergütet werden dem Verfahrensbeistand nur die in seinen Aufgabenkreis fallenden Tätigkeiten[126] (siehe Rdn 31 ff.). Dies bedeutet, dass Tätigkeiten, die der Bestellung vorangehen oder nach Verfahrensabschluss entfaltet werden, für eine Vergütungsfähigkeit der ausdrücklichen familiengerichtlichen Anordnung bedürfen.[127] Der Vergütungsanspruch des berufsmäßigen Verfahrensbeistands entsteht, sobald er nach der Annahme seiner Bestellung in irgendeiner Weise in seinem Aufgabenkreis tätig geworden ist; so etwa bei – erfolgreichem oder vergeblichem – Versuch der Kontaktaufnahme mit einem Elternteil.[128]

47 Die Höhe der Vergütung ist nach § 158 Abs. 7 FamFG näher bestimmt und danach differenziert, ob ein Verfahrensbeistand berufsmäßig tätig ist oder nicht. Das Gericht hat darauf zu achten, dass es im **Bestellungsbeschluss** ausdrücklich feststellt, dass der Verfahrensbeistand die Verfahrensbeistandschaft **berufsmäßig** führt. Denn die nachträgliche rückwirkende Feststellung der berufsmäßigen Führung ist auch dann unzulässig,[129] wenn bei der Bestellung des Verfahrensbeistandes die Feststellung versehentlich unterblieben ist. Eine entsprechende mit Rückwirkung versehene Korrektur ist – außer im Verfahren der Beschwerde gegen die Ausgangsentscheidung nur unter den Voraussetzungen der Beschlussberichtigung nach § 42 FamFG möglich. Diese setzt allerdings eine offenbare Unrichtigkeit voraus, die sich aus dem Zusammenhang des Beschlusses selbst oder aus den Vorgängen bei seiner Verkündung bzw. Bekanntgabe ergibt und ohne weiteres – auch für Dritte – erkennbar ist.[130]

48 Für den **nicht berufsmäßigen Verfahrensbeistand** gilt wegen § 158 Abs. 7 S. 1 FamFG die Vorschrift des § 277 Abs. 1 FamFG, d.h. seine Aufwendungen orientieren sich an § 1835 Abs. 1 BGB und damit an der **Vergütung für Berufsvormünder**,[131] wobei hinsichtlich des Zeitrahmens der Geltendmachung zu beachten ist, dass die Vergütungsansprüche **15 Monate** nach ihrer Entstehung erlöschen[132] Der Anspruch entsteht nicht erst mit der Beendigung der Pflegschaft, sondern – tageweise – mit jeder einzelnen vergütungspflichtigen Pflegertätigkeit.[133] Der vom nicht berufsmäßigen Verfahrensbeistand geltend gemachte **Zeitaufwand** wird einer **Plausibilitätsprüfung** unterzogen.[134] Erforderlich ist dazu die Vorlage einer **schlüssigen Abrechnung**, in der neben der Art der abzurechnenden Tätigkeit auch die näheren Angaben zu Ort, Datum und Dauer aufgelistet sind. Begehrt der Verfahrensbeistand die gerichtliche Festsetzung, etwa wegen der Kürzung der von ihm geltend gemachten Beträge, so entscheidet das erstinstanzliche Gericht, wobei gemäß § 3 Abs. 1 Nr. 2a RPflG der Rechtspfleger funktionell zuständig ist.[135] Ein anwaltlicher Verfahrensbeistand kann dabei solche Tätigkeiten nach dem RVG abrechnen, für die ein nichtanwaltlicher Verfahrensbeistand ansonsten einen Anwalt hinzugezogen hätte.[136] Die Vergütung eines Verfahrenspflegers, der noch in einem vor dem 1.9.2009 eingeleiteten Verfahren nach § 50 FGG bestellt wurde, richtet sich ebenfalls noch nach altem Recht.[137]

---

126 OLG Frankfurt FamRZ 2002, 335; OLG Hamm FamRZ 2001, 1540; dies ist verfassungsrechtlich unbedenklich, vgl. BVerfG FamRZ 2004, 1267.
127 OLG Stuttgart FamRZ 2003, 395.
128 BGH FamRZ 2011, 558; 2010, 1896; OLG München NJW 2012, 691.
129 Vgl. auch OLG München FamRZ 2016, 160.
130 Siehe zum Ganzen – mutatis mutandis – BGH FamRZ 2014, 635 (zum Betreuer).
131 OLG Köln FamRZ 2000, 683; vollständiger Gesetzestext abgedr. unter § 13 M.
132 Vgl. – zum Parallelproblem bei der Umgangspflegschaft – BGH FamRZ 2008, 1611; OLG Saarbrücken, Beschl. v. 18.1.2011 – 6 WF 1/11, juris; AG Koblenz, Beschl. v. 23.3.2012 – 195 F 26/10, juris.
133 BGH FamRZ 2008, 1611.
134 OLG Stuttgart FamRZ 2003, 934; OLG Zweibrücken FamRZ 2002, 627.
135 OLG Naumburg FamRZ 2001, 769.
136 OLG Brandenburg FamRZ 2008, 78 m. Anm. *Bienwald*; ebenso für die Betreuertätigkeit BVerfG FamRZ 2000, 1280; BGH FamRZ 2011, 203.
137 OLG Düsseldorf FamRB 2011, 334.

Wird demgegenüber eine Verfahrensbeistandschaft **berufsmäßig** geführt,[138] so wird hierfür gemäß § 158 Abs. 7 S. 2 FamFG für jeden Rechtszug eine Vergütung von 350 EUR gezahlt, die sich – dann vorbehaltlich einer zulässigen späteren Einschränkung für alle Instanzen (siehe Rdn 30 ff.) – auf 550 EUR erhöhen kann, wenn dem Verfahrensbeistand die Mitwirkung an einer einvernehmlichen Regelung gerichtlich übertragen worden war. Allerdings ist eine nachträgliche Erweiterung des Aufgabenkreises des Verfahrensbeistandes nach Beendigung des Verfahrens nicht möglich.[139] Wird der Mitarbeiter eines Betreuungsvereins zum berufsmäßigen Verfahrensbeistand in einer Kindschaftssache bestellt, steht der sich nach § 158 Abs. 7 Satz 2 und 3 FamFG ergebende Vergütungsanspruch entsprechend § 277 Abs. 4 S. 1 FamFG dem Betreuungsverein zu.[140] Diese Pauschalvergütung umfasst sämtliche in der Instanz entstandenen Aufwendungen, etwa auch Fahrtkosten.[141] Die Regelung in § 158 Abs. 7 FamFG ist abschließend. Eine Abrechnung nach Stundenaufwand ist auch nicht in Einzelfällen möglich, in denen die Abrechnung nach Fallpauschalen keine angemessene Vergütung für den tatsächlich geleisteten Aufwand darstellt. Dies ist auch mit Blick auf das in Art. 12 Abs. 1 GG verbriefte Grundrecht der Berufsfreiheit verfassungsrechtlich nicht zu beanstanden, da der Gesetzgeber bewusst pauschaliert hat und dem Verfahrensbeistand eine Mischkalkulation möglich ist.[142] Dem Verfahrensbeistand steht daher neben der Pauschale kein weiterer Anspruch auf Erstattung von Fahrtkosten zu; denn diese sind vom Tatbestandsmerkmal der „Aufwendungen" in § 158 Abs. 7 S. 4 FamFG umfasst.[143] Dies gilt auch dann, wenn mit Blick auf erhebliche Fahrtkosten die Abrechnung nach der Fallpauschale im Einzelfall keine angemessene Vergütung für den geleisteten Aufwand darstellt.[144] Auch Abwesenheitsgeld, Portopauschale und Fotokopien sowie sämtliche sonstigen Aufwendungen sind mit der Pauschale abgegolten.[145]

Mit der Vergütungspauschale in Höhe von 550 EUR sind zugleich die Kosten für einen vom Verfahrensbeistand hinzugezogenen **Dolmetscher** abgegolten;[146] dies entspricht der Rechtsprechung des BGH zur Pauschalvergütung im Betreuungsrecht.[147] Deswegen – und zumal angesichts der aktuellen Problematik unbegleitet einreisender Flüchtlinge – bietet es sich an, soweit möglich Verfahrensbeistände zu bestellen, die die Sprache des Kindes sprechen.

Der berufsmäßige Verfahrensbeistand erhält die einmalige Vergütung gemäß § 158 Abs. 7 FamFG aber nur dann, wenn er über die bloße Entgegennahme des Bestellungsbeschlusses hinaus in Wahrnehmung seiner Aufgaben i.S.v. § 158 Abs. 4 FamFG in irgendeiner Weise im Kindesinteresse tätig geworden ist.[148] Dafür reicht die schlichte Entgegennahme der Bestellungsurkunde

---

138 Siehe zur Vergütung von berufsmäßigen Verfahrensbeiständen eingehend *Felix*, Rpfleger 2016, 189, 194.
139 OLG Oldenburg, Beschl. v. 15.4.2015 – 4 WF 30/15, juris; vgl. auch BGH FamRZ 2014, 653.
140 BGH FamRB 2014, 92.
141 BGH FamRZ 2010, 1893; OLG Rostock FamRZ 2010, 1181.
142 BGH FamRZ 2013, 1967.
143 BGH FamRZ 2014, 191; 2010, 1893.
144 BGH FamRZ 2014, 191.
145 BGH FamRZ 2013, 1967.
146 OLG München ZKJ 2016, 28 m. abl. Anm. *Keuter*; abl. Anm. *Menne*, FamRB 2016, 101; OLG Hamm FamRZ 2014, 2024; abl. Anm. *Menne*, FamRB 2014, 294 unter Hinweis auf BGH. v. 15.9.2010 – XII ZB 134/10, juris [dort: Fallpauschale erfasst den Aufwendungsersatz jedenfalls solange, soweit sich dieser „im üblichen Rahmen" hält]; siehe auch *Menne*, FuR 2014, 572; *Keuter*, FamRZ 2014, 1971; a.A. OLG Frankfurt FamRZ 2014, 1135 [jedenfalls, wenn das Gericht dem Verfahrensbeistand die Hinzuziehung eines Dolmetschers im Bestellungsbeschluss oder einem gesonderten Beschluss gestattet hat]; die hiergegen eingelegte, zugelassene Rechtsbeschwerde wurde verworfen, weil die Rechtsbeschwerde nicht statthaft war, siehe BGH, Beschl. v. 15.4.2015 – XII ZB 624/13, juris; eine ausdrückliche gesetzliche Regelung zugunsten einer gesonderten Abgeltung von Dolmetscherkosten fordernd, Ergebnis 9 des Arbeitskreises 23 des 21. Deutschen Familiengerichtstages.
147 BGH FamRZ 2014, 1013.
148 BGH FamRZ 2011, 558; 2010, 1896; vgl. auch OLG Rostock, FamRZ 2010, 1181; OLG München FamRZ 2010, 1757.

nicht aus.¹⁴⁹ Ist der Verfahrensbeistand aber bereits im Kindesinteresse tätig geworden, so erhält er die erhöhte Pauschale nach § 158 Abs. 3 S. 4 FamFG aber auch dann, wenn das Verfahren endet, bevor er auch Aufgaben nach dieser Erhöhungsvorschrift wahrgenommen hat.¹⁵⁰ Gleiches gilt, wenn er später auf Wunsch des Gerichts davon abgesehen hat, Elterngespräche zu führen.¹⁵¹ Auch für die Geltendmachung der **Fallpauschale** für eine **Rechtsmittelinstanz** muss der Verfahrensbeistand dort zur Unterstützung des Kindes tätig geworden sein; dafür genügt die Einlegung eines Rechtsmittels durch den Verfahrensbeistand, wenn es im Kinderinteresse eingereicht wird.¹⁵² Das bloße Entgegennehmen und Lesen der eine Begründung noch nicht enthaltenden Beschwerdeschrift eines anderen Beteiligten reicht hingegen nicht aus.¹⁵³ Erstes Tätigwerden vorausgesetzt, fällt die Pauschale stets unabhängig vom konkreten Arbeitsaufwand an und kann nicht auf eine Entschädigung des tatsächlichen Arbeitsaufwands herabgesetzt werden.¹⁵⁴

50 Nach inzwischen ständiger höchst- und obergerichtlicher Rechtsprechung erhält der berufsmäßige Verfahrensbeistand die pauschale Vergütung gemäß § 158 Abs. 7 S. 2, 3 FamFG für jedes Kind gesondert, wenn er für mehrere Kinder bestellt wurde.¹⁵⁵ Für diese Rechtsprechung streitet insbesondere das Argument, dass ein mehrfaches Entstehen der Fallpauschale für in einem Verfahren betroffene Geschwisterkinder im Rahmen einer Mischkalkulation unzulängliche Einnahmen des Verfahrensbeistandes in anderen Fällen ausgleichen kann,¹⁵⁶ da eine konsequent wahrgenommene Tätigkeit als Verfahrensbeistand in der Regel auch mit einem nicht unerheblichen Zeitaufwand verbunden ist. Die Auffassung hat zudem den Vorzug, dass ohne Mehrkosten Geschwistern, bei denen untereinander ein erheblicher Interessenkonflikt besteht, jeweils ein anderer Verfahrensbeistand bestellt werden kann (siehe dazu auch Rdn 27).

51 Auch wenn der Verfahrensbeistand sowohl im Hauptsache- als auch im parallel geführten einstweiligen Anordnungsverfahren¹⁵⁷ oder einem Sorgerechtverfahren und einem parallelen Verfahren wegen Genehmigung einer freiheitsentziehenden Unterbringung¹⁵⁸ tätig wird, fällt jeweils in beiden Verfahren die Vergütung nach Maßgabe des § 158 Abs. 7 FamFG an, ohne dass eine Anrechnung der einen Vergütung auf die andere in Betracht kommt. Wird der Verfahrensbeistand sowohl in einer Sorgerechts- als auch in der Umgangsrechtsangelegenheit bestellt, so hat er einen Anspruch auf Vergütung für beide Angelegenheiten auch dann, wenn das Amtsgericht diese in einem einzigen Verfahren behandelt hat. Denn es kommt nicht auf die Anzahl der Verfahren, sondern vielmehr auf die der – in § 151 FamFG aufgeführten – Verfahrensgegenstände an.¹⁵⁹ Nichts anderes gilt, wenn – unter Verstoß gegen § 51 Abs. 3 S. 1 FamFG – das Hauptsache- und das einstweilige Anordnungsverfahren unter demselben Aktenzeichen geführt werden.¹⁶⁰ Wird daher in einem Verbundverfahren über die Scheidung und die Folgesachen Sorgerecht und Umgangsrecht

---

149 BGH FamRZ 2014, 373; 2010, 3449; OLG München FamRZ 2010, 435; OLG Hamm FamRZ 2015, 695.
150 BGH FamRB 2014, 92; OLG Frankfurt ZKJ 2010, 456; a.A: OLG Celle FamRZ 2013, 573; OLG Brandenburg, Beschl. v. 14.3.2011 – 9 WF 15/11, juris.
151 OLG Oldenburg FamRZ 2016, 1098; a.A. OLG Brandenburg, Beschl. v. 14.3.2011 – 9 WF 15/11, juris.
152 OLG Naumburg FamRB 2015, 212.
153 OLG Celle FamRZ 2013, 573.
154 OLG Frankfurt ZKJ 2010, 455; OLG München NJW 2012, 691.
155 BGH FamRZ 2010, 1893 und 1896; OLG Saarbrücken, Beschl. v. 13.4.2010 – 9 WF 28/10, juris; OLG München FamRZ 2010, 1757; OLG Rostock FamRZ 2010, 1181; OLG Oldenburg FuR 2010, 479; OLG Celle FamRZ 2010, 1182; OLG Stuttgart FamRZ 2010, 1003; OLG Frankfurt FamRZ 2010, 666 und ZKJ 2010, 455; OLG Dresden FamRZ 2011, 320.
156 So ausdrücklich BVerfG FamRZ 2010, 185.
157 BGH FamRZ 2011, 199; OLG Saarbrücken ZKJ 2010, 378 m. Anm. *Viefhues*, jurisPR-FamR 18/2010, Anm. 4; ebenso – obiter dictum – OLG Bamberg ZKJ 2010, 588.
158 BGH FamRZ 2011, 467.
159 BGH FamRZ 2012, 1630; OLG Schleswig, Beschl. v. 19.4.2016 – 15 WF 170/15, juris.
160 OLG Zweibrücken FamRZ 2015, 1928.

gemeinsam verhandelt und entschieden, und wurde der Verfahrensbeistand für diese beiden Folgesachen bestellt, so fällt die Pauschale doppelt an.[161] Gleiches gilt, wenn im Laufe des Verfahrens der ursprüngliche, eine Sorgerechtsangelegenheit betreffende Bestellungsbeschluss auf die Regelung von Umgangsangelegenheiten erweitert wird; eines getrennten, zweiten Bestellungsbeschlusses bedarf es nicht.[162] Voraussetzung ist allerdings, dass ein Umgangsverfahren auch tatsächlich eingeleitet wird.[163] Hingegen entsteht die Pauschale nur einmal, wenn der Verfahrensbeistand in zwei Hauptsacheverfahren, die nach § 151 FamFG denselben Gegenstand haben, tätig wird und diese im weiteren Verlauf miteinander verbunden werden.[164] Nichts anderes kann geltend, wenn parallel zwei Verfahren geführt werden, in denen jeweils ein Elternteil die Zuweisung des Aufenthaltsbestimmungsrechts für das Kind auf sich begehrt.[165] Wird im Beschwerdeverfahren die erstinstanzliche Entscheidung aufgehoben und die Sache an das Familiengericht zurückverwiesen, so entsteht im – erneut eröffneten – ersten Rechtszug die dem Verfahrensbeistand zustehende Vergütung erneut.[166]

Das Hauptsacheverfahren und das **Verfahren auf Erlass einer einstweiligen Anordnung** sind vom Gesetzgeber bewusst als vollständig voneinander getrennte Verfahren ausgestaltet worden. Soweit mehrere Kinder sowohl im Hauptsache- als auch im einstweiligen Anordnungsverfahren vertreten werden, kann daher die Pauschale auch viermal oder noch häufiger anfallen. Da – abgesehen von den Fällen ratenfreier Verfahrenskostenhilfe – die Eltern die Kosten des Verfahrensbeistandes als Teil der Verfahrenskosten tragen, sollte sich daher der antragstellende Elternteil gut überlegen, ob er sowohl das Hauptsache- als auch das einstweilige Anordnungsverfahren anhängig macht.[167] Auch bei dem Erlass einer einstweiligen Anordnung auf vorläufige Genehmigung der Unterbringung eines Kindes und der nachfolgenden im Wege einer einstweiligen Anordnung erfolgten Verlängerung handelt es sich um zwei selbstständige einstweilige Anordnungsverfahren, so dass die Pauschale neu entsteht.[168]

52

Mit den vorgenannten Maßgaben – jeweils mehrfaches Entstehen der Pauschale – begegnet die Vergütungsregelung keinen verfassungsrechtlichen Bedenken mehr. Verfahrensbeistände können jetzt unzulängliche Einnahmen in einigen Fällen durch gut auskömmliche in anderen kompensieren.[169] Dies ist erforderlich, weil es einem Verfahrensbeistand weder zumutbar ist, im Rahmen der ihm übertragenen Aufgabe seine Tätigkeiten so einzuschränken, dass sie mangels ausreichender Wahrnehmung der Interessen des Kindes dessen Rechte verletzt, noch Tätigkeiten unentgeltlich zu erbringen, um einen den Grundrechten des Kindes gerecht werdenden verfassungsrechtlich gebotenen Standard der Kindesvertretung zu gewährleisten.[170]

53

Da der Verfahrensbeistand allein im Kindesinteresse tätig wird, sind ihm gemäß § 158 Abs. 8 FamFG keine Kosten aufzuerlegen. Diese Kostenprivilegierung erstreckt sich selbstredend nicht auf ein Beschwerdeverfahren, das allein den Vergütungsanspruch des Verfahrensbeistandes zum Gegenstand hat.[171]

54

Für die Festsetzung der Vergütung gilt nach § 158 Abs. 7 S. 6 FamFG § 168 FamFG entsprechend.[172] Eine Entscheidung – zu der funktionell der Rechtspfleger berufen ist (§ 3 Nr. 2a, § 14

55

---

161 OLG München FamRZ 2013, 966, unter Aufgabe seines gegenteiligen Beschlusses in FamRZ 2013, 318.
162 OLG Dresden FamRB 2013, 318.
163 Siehe dazu OLG Dresden, Beschl. v. 27.5.2016 – 18 WF 1406/15, juris.
164 OLG Frankfurt ZKJ 2014, 113; zust. Anm. *Menne* in FamRB 2014, 329.
165 OLG Naumburg FamRZ 2015, 1218.
166 OLG Saarbrücken FamRZ 2013, 1330; a.A. OLG Hamm FamRB 2015, 213 (Rechtsbeschwerde zugelassen).
167 So zutreffend *Viefhues*, jurisPR-FamR 17/2010, Anm. 4.
168 OLG Naumburg FamRZ 2012, 574.
169 So die Forderung in BVerfG FamRZ 2010, 185.
170 BVerfG FamRZ 2004, 1267.
171 OLG Celle FamRZ 2013, 573.
172 Rechtsprechungsübersicht bei *Zimmermann*, FamRZ 2011, 1776.

RPflG) – kann sowohl auf Antrag als auch von Amts wegen erfolgen, wenn Ungewissheit über die festzusetzende Vergütung besteht. Das Gericht ist deswegen auch nicht gehindert, über den Antrag des Verfahrensbeistandes hinauszugehen.[173] Ein Antragsrecht der Staatskasse besteht nicht, sie kann die Festsetzung nur anregen.[174] Die dreimonatige **Ausschlussfrist** des § 2 JVEG findet keine, auch keine analoge Anwendung.[175] Auch die – sowohl für nicht berufsmäßige Verfahrensbeistände (siehe dazu Rdn 48) als auch für Umgangspfleger (siehe dazu § 2 Rdn 43) maßgebliche – Ausschlussfrist von 15 Monaten nach § 1835 Abs. 1 S. 3 BGB ist nicht entsprechend anzuwenden.[176] Denn die Verweisung hierauf in § 158 Abs. 7 S. 1 FamFG i.V.m. § 277 Abs. 1 FamFG erfasst nicht nur den nicht berufsmäßigen Verfahrensbeistand. Gegen eine planwidrige Regelungslücke[177] spricht, dass – anders als bei diesem – beim berufsmäßigen Verfahrensbeistand aufgrund der Vergütungspauschalierung die Feststellung der Höhe der Vergütung auch nach langer Zeit keine Schwierigkeiten bereiten wird. Durch die Verjährungsvorschriften ist die Staatskasse ausreichend geschützt.[178] Gegen die Entscheidung des Rechtspflegers ist die **Beschwerde** nach §§ 11 Abs. 1 RPflG, 58 ff. FamFG eröffnet,[179] wenn die Beschwer 600 EUR übersteigt (§ 61 Abs. 1 FamFG), andernfalls bedarf die Beschwerde der Zulassung (§ 61 Abs. 2 und 3 FamFG). Lehnt der Rechtspfleger die Zulassung ab, so ist hiergegen nach § 11 Abs. 2 RPflG die **Erinnerung** statthaft, die binnen Monatsfrist einzulegen ist (§ 11 Abs. 2 S. 1 Hs. 1 RPflG).[180] Ob die Voraussetzungen für die Bestellung eines Verfahrensbeistandes vorgelegen haben, kann im Vergütungsfestsetzungsverfahren nicht mehr überprüft werden; dies ist dem Erkenntnisverfahren – dort nur inzident im Rahmen der Anfechtung der Endentscheidung (§§ 158 Abs. 3 S. 4, 58 Abs. 2 FamFG, siehe auch Rdn 41 f.) – vorbehalten.[181]

---

173 OLG Celle FamRZ 2010, 1182.
174 OLG Dresden FamRZ 2011, 320.
175 OLG München FamRB 2014, 456; a.A. OLG Köln FamRB 2015, 253.
176 OLG OLG Köln FamRB 2015, 253; vgl. auch OLG Zweibrücken MDR 2015, 772; OLG Frankfurt FG Prax 2016, 78; a.A. OLG Hamm, Beschl. v. 6.11.2015 – 6 WF 106/15, juris; *Schneider*, FamRB 2014, 456; die Frage ist beim BGH derzeit unter dem Aktenzeichen XII ZB 464/15 anhängig.
177 So aber *Schneider*, FamRB 2014, 456.
178 OLG Köln FamRB 2015, 253.
179 BVerfG FamRZ 2010, 185; OLG Frankfurt, Beschl. v. 16.8.2010 – 5 UF 236/10, juris.
180 OLG Stuttgart FamRZ 2010, 1003.
181 OLG München RPfl 2012, 205.

§ 6 Vollstreckungsrecht

A. Vollstreckbare Entscheidungen

I. Einleitung

Maßgebliche Vorschrift zur **zwangsweisen Durchsetzung von Verfügungen** der freiwilligen Gerichtsbarkeit war bis zum 31.8.2009 § 33 FGG.[1] Diese Regelung war allerdings mit zahlreichen Lücken behaftet, so dass der Gesetzgeber mit dem zum 1.9.2009 in Kraft getretenen FamFG die Vollstreckungsvorschriften grundlegend neu geordnet hat. Nunmehr wird umfassend geregelt, aus welchen Titeln eine Vollstreckung stattfinden kann (§ 86 FamFG), sowie – für Umgangs- und Herausgabeverfahren – durch welches Gericht die Vollstreckung betrieben wird (§ 88 Abs. 1 FamFG). Zudem ergibt sich jetzt einheitlich aus dem Gesetzestext, wann die **Vollstreckung von Amts wegen** und wann auf Antrag erfolgt (§ 87 Abs. 1 FamFG) und **welches Rechtsmittel im Vollstreckungsverfahren** statthaft ist (§ 87 Abs. 4 FamFG). Durch die Umstellung weg von **Zwangsmitteln** und hin zu **Ordnungsmitteln** samt der Bezugnahme auf die **Regeln der ZPO** werden die Vollstreckungsmaßnahmen, derer sich das Gericht bedienen kann, verschärft. Ausdrücklicher Wille des Gesetzgebers war es auch, die Voraussetzungen der Anordnung von Ordnungsmitteln großzügiger zu regeln, um die Effektivität der Vollstreckung von Umgangs- und Herausgabeentscheidungen zu erhöhen.[2] Zudem hat der Gesetzgeber die Hinweispflicht auf die Folgen einer Zuwiderhandlung gegen einen Umgangstitel (§ 89 Abs. 2 FamFG) nunmehr in das Ausgangsverfahren verlagert, um so zu einer **Beschleunigung** des Vollstreckungsverfahrens zu gelangen.[3] Durch das demnächst in Kraft tretende Gesetz zur Änderung des Sachverständigenrechts und zur weiteren Änderung des Gesetzes über das Verfahren in Familiensachen und in den Angelegenheiten der freiwilligen Gerichtsbarkeit[4] wurde § 88 FamFG ein neuer Absatz 3 angefügt, in dem – klarstellend[5] – ausdrücklich geregelt wurde, dass Verfahren auf Vollstreckung von Entscheidungen über die Herausgabe von Personen und die Regelung des Umgangs vorrangig und beschleunigt durchzuführen sind; die §§ 155b und 155c FamFG (Beschleunigungsrüge bzw. -beschwerde; siehe dazu eingehend § 9 Rdn 84) gelten entsprechend.

1

Selbstredend hat die Vollstreckung aus Umgangs- und Herausgabetiteln nicht gemäß § 35 FamFG, sondern nach Maßgabe von §§ 86 ff. FamFG zu erfolgen; denn § 35 FamFG erfasst allgemeiner Auffassung zufolge nur verfahrensleitende gerichtliche Anordnungen.[6]

2

Auch wenn der Titel aus der Zeit vor Inkrafttreten des FamFG zum 1.9.2009 stammt, sind wegen Art. 111 FGG-RG die §§ 86 ff. FamFG anwendbar, so dass alte Titel nach neuem Recht zu vollstrecken sind, wenn das Vollstreckungsverfahren nach dem 31.8.2009 eingeleitet wurde.[7] Denn beim Vollstreckungsverfahren handelt es sich um ein **selbstständiges Verfahren**,[8] dessen Zuständigkeit auch selbstständig anknüpft.[9] Dies hat zur Folge, dass es in diesen Fällen stets an der in § 89 Abs. 2 FamFG vorausgesetzten Ankündigung der Folgen der Zuwiderhandlung fehlen

3

---

1 *Kraeft*, FPR 2002, 611 und FuR 2000, 357.
2 BGH, Beschl. v. 3.8.2016 – XII ZB 86/15, juris; BGH FamRZ 2012, 533; 2011, 1729; BGH, FamRZ 2015, 2147; BT-Drucks 16/6308, S. 218.
3 BGH, Beschl. v. 3.8.2016 – XII ZB 86/15 –, juris; DGII FamRZ 2011, 1729; BT-Drucks 16/6308, S. 218.
4 Siehe dazu den Bericht des Rechtsausschusses BT-Drucks. 18/9092 und das Plenarprot. 18/183, S. 18130 der Sitzung des Deutschen Bundestages vom 7.7.2016.
5 Dies entsprach bereits der höchstrichterlichen Rechtsprechung, siehe BGH FamRZ 2015, 2147.
6 OLG Saarbrücken ZKJ 2013, 507; Beschl. v. 2.5.2016 – 6 WF 39/16 (n.v.); OLG Zweibrücken FamRZ 2010, 1369; OLG Jena, Beschl. v. 17.7.2015 – 1 WF 154/15, juris.
7 BGH FamRZ 2011, 1729; OLG Karlsruhe FamRZ 2010, 1366; OLG Hamm, FF 2010, 257; OLG Stuttgart FamRZ 2010, 1594, Anm. *Götsche*, jurisPR-FamR 19/2010, Anm. 4; OLG Koblenz FamRZ 2010, 1930; *Giers*, FPR 2010, 74.
8 BGH FamRZ 2011, 1729; BGH FamRZ 2012, 533.
9 BGH FamRZ 1990, 35; MDR 1986, 1011.

wird. Hierzu hat der BGH klargestellt, dass die Vollstreckung nach neuem Recht eine Belehrung nach § 89 Abs. 2 FamFG voraussetzt. Ein auf der Grundlage des früheren Rechts angedrohtes Zwangsgeld ist nicht ausreichend.[10] Für die Gegenmeinung[11] mag zwar sprechen, dass nur so eine zügige und effiziente Durchsetzung von Umgangsentscheidungen gesichert werden kann. Indessen ist die Zwangsgeldandrohung nicht mit der Ankündigung eines Ordnungsgeldes vergleichbar, weil beide unterschiedliche Zielrichtungen haben,[12] zumal in Ansehung der Formenstrenge im Vollstreckungsverfahren. Die Ankündigung kann allerdings für künftige Verstöße jederzeit – auch im (Rechts-)Beschwerdeverfahren – nachgeholt werden.[13] Dies gilt auch, wenn rechtsirrig – nach neuem Recht – dem Umgangstitel eine auf § 35 FamFG gegründete Zwangsgeldandrohung beigegeben worden ist.[14] Auch das Vollstreckungsverfahren nach §§ 89 ff. FamFG ist Kindschaftssache (siehe aber Rdn 63).[15]

II. Vollstreckungstitel

4   Eine Vollstreckung findet gemäß § 86 Abs. 1 FamFG statt aus
- gerichtlichen Beschlüssen,
- gerichtlich gebilligten Vergleichen (§ 156 Abs. 2 FamFG),[16]
- weiteren Vollstreckungstiteln im Sinn des § 794 ZPO, soweit die Verfahrensbeteiligten über den Verfahrensgegenstand verfügen können.
- Die Vollstreckung eines Titels auf **Auskunftserteilung** nach § 1686 oder § 1686a Abs. 1 Nr. 2 BGB richtet sich allerdings nach § 95 Abs. 1 Nr. 3 FamFG i.V.m. § 888 ZPO.[17]

1. Gerichtliche Beschlüsse

5   Gerichtliche Beschlüsse im Sinne des § 86 Abs. 1 Nr. 1 FamFG sind alle **Endentscheidungen** des Familiengerichts sowie sonstige Beschlüsse mit vollstreckbarem Inhalt, soweit sie **verfahrensabschließende Entscheidungen** enthalten. Dazu gehören etwa Beschlüsse nach den §§ 887, 888, 890 ZPO oder **Kostenfestsetzungsbeschlüsse**.[18] Nicht erfasst werden hiervon **verfahrensleitende Verfügungen**, auch wenn sie in Form eines Beschlusses ergangen sind. Ihre Vollstreckung richtet sich ausschließlich nach § 35 FamFG.

6   Wichtig ist in diesem Zusammenhang, dass bloße Entscheidungen zur elterlichen Sorge keinen **vollstreckungsfähigen Inhalt** haben;[19] denn sie sind lediglich **rechtsgestaltende Entscheidungen**, die allerdings ihrerseits als Grundlage für weitere gerichtliche Maßnahmen von Bedeutung sind.[20]

7   Allein die Sorgerechtsübertragung oder die bloße Zuweisung des Aufenthaltsbestimmungsrechts können daher nicht Grundlage von Vollstreckungsmaßnahmen sein. Um gleichwohl eine zeitnahe

---

10 BGH FamRZ 2011, 1729; OLG Karlsruhe FamRZ 2010, 1103; OLG Stuttgart FamRZ 2010, 1594; OLG Hamm FamRZ 2010, 1838; OLG Koblenz FamRZ 2010, 1930; OLG Köln FamRZ 2010, 574; KG FamRZ 2011, 1318, *Völker*, FPR 2012, 485.
11 So OLG Karlsruhe FamRZ 2010, 1366; OLG Köln FamRZ 2011, 663.
12 OLG Koblenz FamRZ 2010, 1930; OLG Stuttgart FamRZ 2010, 1594.
13 BVerfG FamRZ 2011, 957; BGH FamRZ 2011, 1729; OLG Hamm, FF 2010, 257; OLG Koblenz FamRZ 2010, 1930; OLG Stuttgart FamRZ 2010, 1594; *Völker*, FPR 2012, 485.
14 OLG Saarbrücken ZKJ 2013, 507.
15 BGH FamRZ 2015, 2147.
16 BGH, Beschl. v. 3.8.2016 – XII ZB 86/15, juris; BGH FamRZ 2012, 533; KG FamRZ 2011, 588.
17 OLG Saarbrücken FamRZ 2015,162; a.A. OLG Brandenburg, FamRB 2016, 309.
18 BT-Drucks 16/6308, S. 216.
19 BVerfG FamRZ 2007, 1626; Anm. *Völker*, FamRB 2007, 359; BGH FamRZ 2005, 1540; Anm. *Völker*, jurisPR-FamR 22/2006, Anm. 6.
20 OLG Bamberg FamRZ 2001, 1311.

Durchsetzung einer Sorgerechtsregelung zu gewährleisten, kann es geboten sein, den Antrag auf Sorgerechtsübertragung bereits mit einem **Hilfsantrag auf Herausgabe des Kindes** für den Fall der Übertragung (mindestens) des Aufenthaltsbestimmungsrechts zu verbinden. In diesem Zusammenhang ist zu beachten, dass das FamFG nunmehr in § 49 die Möglichkeit einer **isolierten einstweiligen Anordnung** eröffnet, also kein paralleles Hauptsacheverfahren mehr erforderlich ist.

Wesentliche Voraussetzung für jeden Vollstreckungstitel ist dessen **Vollzugsfähigkeit**.[21] Es bedarf daher einer genauen gerichtlichen Regelung insbesondere des Umgangsrechts (siehe im Einzelnen Rdn 16).

8

2. Gerichtlich gebilligte Vergleiche

Vollstreckungsgrundlage sind ferner gemäß § 86 Abs. 1 Nr. 2 FamFG gerichtlich gebilligte Vergleiche nach § 156 Abs. 2 FamG (siehe dazu § 2 Rdn 237). Bereits nach bisheriger Rechtslage konnten die Eltern im gerichtlichen Verfahren Vereinbarungen protokollieren lassen, die aber als solche nicht vollstreckungsfähig waren,[22] sondern zusätzlich der gerichtlichen Billigung bedurften.[23] Da diese Billigung häufig in einem weiteren Verfahren erfolgte – was dogmatisch wie praktisch allerdings sehr fragwürdig war, weil ein einmal eingeleitetes Umgangsverfahren nur vom Gericht beendet werden kann[24] –, war hiermit zwangsläufig auch ein Zeitverlust verbunden. Der Gesetzgeber hat die frühere Rechtslage im FamFG fortentwickelt. Ausgangspunkt ist dabei die Pflicht des Staates, sicherzustellen, dass die privatrechtliche Vollstreckung der Herausgabe von Personen nur aufgrund eines Titels möglich ist, den ein Gericht erlassen hat.[25] § 156 Abs. 2 FamFG sieht daher vor, dass im Fall der Herstellung eines **Einvernehmens über den Umgang** die Umgangsregelung als Vergleich aufzunehmen ist, wenn das Gericht die Regelung billigt. Zwar folgt aus § 36 Abs. 1 FamFG, dass die Verfahrensbeteiligten einen Vergleich nur über solche Verfahrensgegenstände schließen können, bezüglich derer sie überhaupt eine Verfügungsbefugnis haben. Dies ist in den sog. „nichtstreitigen" Familiensachen der freiwilligen Gerichtsbarkeit nicht der Fall.[26] Indessen hat der Gesetzgeber mit § 156 Abs. 2 FamFG als lex specialis die Rechtsfigur des **gerichtlich gebilligten Vergleichs** geschaffen. Hiernach steht eine Vereinbarung der Beteiligten einer gerichtlichen Entscheidung gleich, wenn das Gericht die Einigung billigt und sie damit als eigene Entscheidung übernimmt. Diese Billigung darf das Gericht aber nur aussprechen, wenn die Vereinbarung dem Kindeswohl nicht widerspricht. Das Gericht ist daher gehalten, in dem Beschluss, durch den der Vergleich gebilligt wird, zumindest kurz die maßgeblichen Gründe darzustellen, aus denen die Wahrung des Kindeswohls folgt. Die gleichen Erwägungen gelten für eine im **Vermittlungsverfahren** (siehe dazu § 2 Rdn 248 ff.) gemäß § 165 Abs. 4 FamFG erzielte Einigung der Eltern. Auch insoweit geht der Gesetzgeber davon aus, dass der Vergleich einer gerichtlichen Billigung bedarf.

9

Zu beachten ist aber das **Formerfordernis**, das mit einem Vergleich einhergeht. Wurde der gerichtlich gebilligte Vergleich entgegen § 36 Abs. 2 S. 2 FamFG i.V.m. § 162 Abs. 1, 160 Abs. 3 Nr. 1 ZPO nicht vorgelesen und genehmigt, ist er nicht wirksam geworden; eine Heilung tritt auch nicht durch die Billigung des Gerichts ein; denn diese setzt gerade – zumal in Ansehung des wegen § 156 Abs. 2 S. 2 FamFG nur noch eingeschränkten Prüfungsmaßstabes des Gerichts – einen formal wirksamen Vergleich voraus. Gleiches gilt, wenn der Vergleich ohne die **Zustimmung aller formell Beteiligten** geschlossen wird (siehe im Einzelnen § 2 Rdn 240 f.).

10

---

21 BVerfG FamRZ 2000, 411; OLG Celle FamRZ 1999, 173.
22 *Oelkers*, FamRZ 1995, 449.
23 OLG Karlsruhe FamRZ 1999, 325; OLG Bamberg FamRZ 1995, 428.
24 Siehe dazu – zum neuen Recht – OLG Schleswig FamFR 2012, 164, m.w.N.
25 BT-Drucks 16/6308, S. 217.
26 Kemper/Schreiber/*Völker/Clausius/Wagner*, § 156 Rn 5.

11 Zur streitigen und noch nicht höchstrichterlich geklärten Frage, ob schon in der bloßen **Protokollierung** des Vergleichs eine gerichtliche **Billigung** zu sehen ist (siehe § 2 Rdn 243. Zum Erfordernis der **Bekanntgabe** des Vergleichs siehe Rdn 9 und Rdn 14).

12 Die Vollstreckung aus einem **Umgangstitel** ist auch dann noch möglich, wenn der Berechtigte zu einem früheren Zeitpunkt erklärt hat, dass er aus dem Titel keine Rechte mehr herleiten möchte. Denn die Änderung eines Beschlusses oder gerichtlich gebilligten Vergleichs über das Umgangsrecht zwischen dem Kind und dem nicht betreuenden Elternteil ist dem Gericht vorbehalten und unterliegt nicht der vertraglichen Disposition der Eltern.[27] Eine Vollstreckung scheidet allerdings aus, wenn etwa eine Umgangsregelung bereits vor dem Verstoß aufgehoben oder in sonstiger Form überholt ist (siehe dazu Rdn 25).[28] Letzteres ist insbesondere der Fall, wenn im vorausgegangenen Verfahren das Umgangsrecht eines Elternteils geregelt, diesem aber in der Nachfolge das Aufenthaltsbestimmungsrecht für dieses Kind übertragen worden ist; mit dieser Sorgerechtsänderung ist die Umgangsregelung von selbst gegenstandslos geworden.[29] Lag hingegen der Verstoß vor Änderung der Umgangsregelung, so bleibt die Festsetzung von Ordnungsmitteln grundsätzlich möglich.[30] Es tritt insbesondere keine Erledigung des Ordnungsgeldverfahrens ein, da die Ordnungsmittel nicht nur Beuge-, sondern auch Sanktionscharakter haben.[31] Allenfalls können mit Blick auf die – eventuell – weggefallenen spezialpräventiven Gesichtspunkte mildere Ordnungsmittel angezeigt sein.[32]

3. Sonstige Vollstreckungstitel

13 Die in § 86 Abs. 1 Nr. 3 FamFG genannten weiteren Vollstreckungstitel im Sinn des § 794 ZPO besitzen für das kindschaftsrechtliche Verfahren keine erhebliche Relevanz, so dass sich an dieser Stelle eine nähere Darstellung erübrigt.

III. Vollstreckbarkeit des Titels

14 Nach allgemeinen Grundsätzen („Titel, Klausel, Zustellung"), die auch bei der Vollstreckung kindschaftsrechtlicher Entscheidungen Geltung beanspruchen, ist für die Vollstreckbarkeit eines Vollstreckungstitels dessen **Zustellung** an den Schuldner erforderlich, § 87 Abs. 2 FamFG. Eine Ausnahme gilt bei der Vollstreckung einer einstweiligen Anordnung, dort kann nach § 53 Abs. 2 FamFG deren Erlass reichen, wenn der Richter dies anordnet.[33]

§ 87 Abs. 2 FamFG gilt auch für den **gerichtlich gebilligten Vergleich**, weil dieser erst durch den Billigungsbeschluss zum Vollstreckungstitel wird, der Billigungsbeschluss wiederum wegen jener Vorschrift der Zustellung bedarf.[34] Zuzustellen sind daher sowohl der Vergleichstext als auch der Billigungsbeschluss.[35] Angesichts des klaren Wortlauts von § 87 Abs. 2 FamFG genügt eine Bekanntgabe durch Verlesen der Beschlussformel in Anwesenheit des Verpflichteten (§ 41 Abs. 2

---

27 BGH FamRZ 2005, 1471.
28 OLG Karlsruhe FamRZ 2007, 2097.
29 Dazu neigend, aber offen lassend OLG Saarbrücken, Beschl. v. 15.3.2012 – 6 UF 22/12 (n.v.).
30 OLG Karlsruhe NZFam 2015, 771 [Rechtsbeschwerde zugelassen]; OLG Saarbrücken, Beschl. v. 9.9.2014 – 6 WF 140/14 (n.v.); a.A. OLG Celle FamRZ 2013, 1758.
31 Vgl. BGH FamRZ 2014, 732; 2011, 1729; BGH FamRZ 2015, 2147.
32 OLG Saarbrücken, Beschl. v. 9.9.2014 – 6 WF 140/14 (n.v.).
33 Siehe auch *Cirullies*, FPR 2012, 473, 477.
34 OLG Frankfurt FamRZ 2012, 573; Kemper/Schreiber/*von Harbou*, HK-FamFG § 87 Rn 5; Zöller/*Feskorn*, § 87 FamFG Rn 4; *Heilmann*, NJW 2012, 887, 889 [allerdings zu Unrecht *Völker*, FamRZ 2011, 801 als a.A. zitierend, dort ist zur Frage der Zustellung nichts ausgeführt]; *Völker*, FPR 2012, 485, 486; *Schmid*, Juristische Grundsätze zu Umgangsmodellen, NZFam 2014, 881 883.
35 OLG Saarbrücken, Beschl. v, 13.11.2015 – 6 WF 141/15 (n.v.); ebenso These 5 des Arbeitskreises 10 des 20. Deutschen Familiengerichtstages.

S. 1 FamFG) nicht, zumal § 41 Abs. 4 S. 4 FamFG auch dann die schriftliche Bekanntgabe fordert. Das wird in der Praxis häufig nicht beachtet, mit der Folge, dass es zu vermeidbaren Verzögerungen im Vollstreckungsverfahren kommt. Gleichzeitige Zustellung ist nur möglich, wenn der Gerichtsvollzieher Vollstreckungsorgan ist; eine unterbliebene Zustellung kann jederzeit nachgeholt werden, so dass ab dann vollstreckt werden kann,[36] und zwar auch wegen der bereits vor Zustellung erfolgten Verstöße,[37] wenn und weil der gerichtlich gebilligte Vergleich dem Verpflichteten bereits durch Verkündung des Billigungsbeschlusses samt Folgenankündigung bekannt gemacht worden ist. Eines weitergehenden Schutzes dahin, dass erst Verstöße ab Zustellung des Billigungsbeschlusses sanktioniert werden können, bedarf es dann nicht.

Die **Zustellung im Parteibetrieb** ist nicht möglich, da die §§ 86 ff. FamFG nicht auf die entsprechende Regelung in § 750 Abs. 1 S. 2 ZPO verweisen.[38]

Einer **Vollstreckungsklausel** bedarf es hingegen nur, wenn der Vollstreckungstitel nicht von dem Gericht erlassen wurde, das für die Vollstreckung zuständig ist, § 86 Abs. 3 FamFG. 15

Vollstreckungsfähig ist eine gerichtliche Entscheidung nur, wenn sie einem Beteiligten eine Pflicht auferlegt oder ihm konkret und in aus vollstreckungsrechtlicher Sicht ausreichend bestimmter Weise aufgibt, eine Handlung zu unterlassen oder die Vornahme einer Handlung zu dulden. Die **ausreichende Bestimmtheit des Titels** ist aus Sicht des zur Vollstreckung berufenen Organs, also in aller Regel des Gerichtsvollziehers, zu prüfen. Die für die Vollzugsfähigkeit einer Entscheidung erforderliche hinreichende Bestimmtheit der gerichtlichen Anordnung[39] darf sich nicht erst aus den Entscheidungsgründen oder Schlussfolgerungen ergeben,[40] sondern muss schon aus dem Entscheidungstenor hervorgehen, schon weil dem Gerichtsvollzieher nur der Tenor zur Verfügung steht. 16

Gerade in Umgangsrechtsverfahren erlangt diese Problematik besondere Bedeutung. Es ist durchaus möglich, etwa von einem Umgangsberechtigten zu verlangen, eine kinderpsychologische Untersuchung, die er ohne Zustimmung des Sorgeberechtigten in Auftrag gegeben hat, zu unterlassen.[41] Auch muss sich der umgangsberechtigte Elternteil außerhalb der gerichtlich festgelegten Umgangszeiten eines Kontakts zum Kind enthalten, sofern nicht der betreuende Elternteil mit einem solchen Kontakt einverstanden ist.[42] Hilfreich ist es jedenfalls stets, bei der Abfassung von Umgangstiteln sehr sorgfältig auf die abschließende Erfassung sämtlicher Ablaufmodalitäten zu achten. Wegen § 156 Abs. 1 S. 5 FamFG nicht vollstreckbar ist eine auf § 156 Abs. 1 S. 3 und S. 4 FamFG fußende Anordnung, an einer gemeinsamen Erziehungsberatung[43] oder einem Elterngespräch[44] teilzunehmen. 17

Die inhaltliche Ausgestaltung der Anordnung muss **hinreichend bestimmt** sein. Während nach altem Recht für die Vollstreckung eines Umgangstitels nach § 33 FGG a.F. streitig war, wie konkret die Verpflichtungen tituliert sein mussten,[45] ist nach neuem Recht dem großzügigeren Wortlaut von § 89 Abs. 1 FamFG – der nicht mehr, wie § 33 FGG, auf konkrete Handlungs- und Duldungspflichten abstellt, sondern allein auf eine Zuwiderhandlung gegen einen Vollstreckungstitel – Rechnung zu tragen. Die insoweit bestehenden Verpflichtungen der Eltern im Zusammenhang mit der Ausübung des Umgangsrechts sind in § 1684 Abs. 2 BGB ausdrücklich niedergelegt. Danach hat jeder Elternteil alles zu unterlassen, was das Verhältnis des Kindes zum anderen Eltern- 18

---

36 OLG Frankfurt FamRZ 2012, 573.
37 OLG Frankfurt FamRZ 2012, 573 [juris Rn 7].
38 Offen lassend [möglicherweise Redaktionsversehen] *Cirullies*, FPR 2012, 473, 477.
39 OLG Brandenburg FamRZ 1997, 1548; OLG Hamburg FamRZ 1993, 350.
40 BVerfG FamRZ 2000, 411; OLG Brandenburg FamRZ 1995, 484.
41 OLG Frankfurt FamRZ 2000, 52.
42 KG FamRZ 2015, 940.
43 OLG Frankfurt FamRZ 2015, 2001.
44 KG, Beschl. v. 17.6.2015 – 18 WF 136/14, juris.
45 Siehe die Nachweise in BGH FamRZ 2012, 533, sowie die Nachweise in der Vorauflage.

teil beeinträchtigt oder die Erziehung erschwert. Auf dieser Grundlage ist es nunmehr ausreichend, dass das Umgangsrecht – allerdings insoweit genau und erschöpfend – nach **Art, Ort und Zeit** konkret festgelegt ist.[46] Denn dies enthält für den betreuenden Elternteil mit hinreichender Deutlichkeit die Verpflichtung, das Kind zur Ausübung des Umgangs bereit zu halten und in geeigneter Weise auf die Durchführung des Umgangs hinzuwirken. Nur wenn es an diesen im Vergleich zum alten Recht niedrigeren Konkretisierungsanforderungen fehlt, ist der Umgangstitel nicht vollstreckbar.[47]

19 Der BGH hat bisher nicht näher beschrieben, was unter einer „genauen und erschöpfenden Bestimmung" der von ihm genannten Umgangsmodalitäten zu verstehen ist. Hierzu gilt Folgendes: Die „Art" des Umgangs betrifft die Frage, ob das Umgangsrecht unbegleitet oder begleitet – dann aber näher konkretisiert auch hinsichtlich des insoweit eingebundenen mitwirkungsbereiten Dritten[48] und seiner Aufgaben[49] – stattzufinden hat. Auch deswegen sollte – wenn möglich – der in Frage kommende **Umgangsbegleiter** bereits in das gerichtliche Erkenntnisverfahren eingebunden werden.[50] Denn das Gericht darf die Regelung des Umgangs nicht – auch nicht teilweise – in die Hände eines Dritten legen, soweit dieser bezüglich der Umgangsausgestaltung nicht durch Gesetz eine eigene Entscheidungskompetenz zugewiesen bekommen hat;[51] dies ist bezüglich des Umgangsbegleiters nicht der Fall. (Zur **Umgangspflegschaft** siehe § 2 Rdn 39.) Der „Ort" legt fest, wo das Kind abzuholen und wohin es zurückzubringen ist; im Einzelfall kann er auch räumliche Beschränkungen des Umgangsrechts erfassen „Zeit" meint die Tage und Uhrzeiten, an denen der Umgang beginnt und endet[52] sowie dessen Periodizität (etwa: „alle 14 Tage"). Insbesondere bei Ferienregelungen muss klar sein, welche Wochen gemeint sind und wann diese beginnen und enden, und zwar auch hinsichtlich der genauen Uhrzeiten.[53] Dem **Bestimmtheitserfordernis** genügen Formulierungen wie „von samstags morgens bis sonntags abends", „abwechselnd an den Feiertagen", „alle 14 Tage" ohne eine kalendermäßige Festlegung des ersten Termins[54] oder „in der Ferienzeit zusammenhängend für 14 Tage" nicht.[55] Sieht der Umgangstitel eine Regelung zur Nachholung ausgefallener Termine vor (siehe dazu § 2 Rdn 97), muss auch diese den dargestellten Konkretheitsanforderungen entsprechen.

20 Freilich steht nichts einer weitergehenden Konkretisierung entgegen, zumal klare Anordnungen spezial- wie generalpräventive Wirkung entfalten. Den Eltern wird so vor Augen geführt, dass ihre Zuverlässigkeit nicht zuletzt für ihr Kind von großer Bedeutung ist, der Richter auch in die Zukunft orientiert denkt und verdeutlicht, dass er erforderlichenfalls die Regelung auch vollstrecken wird.

21 Ein typischer Vergleich über ein **unbegleitetes Umgangsrecht** könnte lauten:
Der Vater hat die Pflicht und das Recht, mit seinem Kind A alle 14 Tage – beginnend mit dem 7.1.2012 – von samstags 10.00 Uhr bis sonntags 18.00 Uhr Umgang zu pflegen. Er holt das Kind am Umgangsbeginn am Wohnsitz der Mutter ab und bringt es am Umgangsende wieder zu ihr zurück.

---

46 BGH, Beschl. v. 3.8.2016 – XII ZB 86/15, juris; BGH FamRZ 2012, 533; BGH FamRZ 2014, 732; Anm. *Clausius*, FF 2014, 314; OLG Schleswig FamRZ 2015, 1222; KG FamRZ 2016, 389.
47 BGH FamRZ 2012, 533.
48 OLG Frankfurt FamFR 2013, 525.
49 *Fuß*, FPR 2002, 225; a.A. *Müller*, FPR 2002, 237.
50 *Kraeft*, FPR 2002, 611.
51 Vgl. OLG Saarbrücken FamRZ 2010, 1922 und 2085; OLG Köln ZKJ 2011, 181, jew. m.w.N.; *Heilmann*, ZKJ 2012, 106; *Keuter*, JAmt 2011, 373; kritisch *Spangenberg/Spangenberg*, FamRZ 2011, 1704.
52 BGH FamRZ 2014, 732; Anm. *Clausius*, FF 2014, 314.
53 OLG Bamberg FamFR 2013, 286.
54 OLG Saarbrücken MDR 2013, 855; OLG Saarbrücken FamFR 2013, 551.
55 OLG Brandenburg FamRZ 2006, 1620; Anm. *Götsche*, FamRB 2006, 207.

Wird ein **begleiteter Umgang** geregelt, könnte wie folgt formuliert werden: Der Vater ist verpflichtet und berechtigt, mit seinem Kind A an jedem ersten Montag eines Monats von 10.00 Uhr bis 11.30 Uhr in durchgängiger Anwesenheit einer Mitarbeiterin oder eines Mitarbeiters des Kinderschutzbundes Saar e.V. in den Räumen des Familienzentrums in Saarbrücken Umgang zu pflegen. Die Mutter bringt das Kind am Umgangsbeginn dorthin.

Weniger strenge Maßstäbe legt die Rechtsprechung an die **Umsetzung der Umgangsregelung ausländischer Gerichte** an. Insoweit wird die Auffassung vertreten, dass es ausreicht, wenn bei verständiger und objektiver Betrachtungsweise hinreichend deutlich ist, was von den Betroffenen verlangt wird.[56] Dem ist jedenfalls im Anwendungsbereich der Brüssel IIa-Verordnung nicht zu folgen; denn die Vollstreckung ausländischer Entscheidungen richtet sich nach Art. 47 Brüssel IIa-Verordnung nach dem nationalen Recht des Mitgliedstaats, in dem vollstreckt werden soll, weshalb Art. 48 Brüssel IIa-Verordnung es dem Familiengericht gerade ermöglicht, im Vollstreckungsverfahren eine nach deutscher Anschauung zu unbestimmte Umgangsregelung so weit zu konkretisieren, dass sie in Deutschland vollstreckbar ist, solange der Kern der ausländischen Umgangsrechtsentscheidung nicht angetastet wird (siehe dazu § 11 Rdn 75).[57]

22

Zu einer psychologisch-pädagogischen Therapie können Eltern nicht verpflichtet werden.[58] Gleiches gilt grundsätzlich auch für eine angeordnete psychiatrische und/oder psychologische Begutachtung eines Elternteils.[59] Eine Vollstreckung nach §§ 89 ff. FamFG kommt daher nicht in Betracht. Allerdings hat das Gericht die Möglichkeit, den Betreffenden zu laden und in Anwesenheit des Sachverständigen anzuhören. Die Anwesenheit des Elternteils als solche kann es über § 33 Abs. 3 FamFG erzwingen.[60]

23

Eine gegen einen Elternteil erwirkte Umgangsregelung ist nach § 87 Abs. 1 S. 1 FamFG grundsätzlich zu vollstrecken.[61] Ein Absehen von der Vollstreckung muss die Ausnahme bleiben.[62] Denn ein Gericht kann grundsätzlich nicht ohne nähere Darlegung die von der Rechtsordnung zur Durchsetzung des Rechts vorgesehenen Instrumente für untauglich erklären.[63] Auch wenn der Umgangstitel wegen der jederzeitigen Abänderbarkeit nicht in materielle Rechtskraft erwächst, bedarf ein nach § 86 Abs. 2 FamFG mit seiner Wirksamkeit vollstreckbarer Umgangstitel einer effektiven Durchsetzungsmöglichkeit.[64] Eine erneute Prüfung der Rechtmäßigkeit der zu vollstreckenden Entscheidung findet grundsätzlich nicht statt. Im Vollstreckungsverfahren ist daher von der Prüfung des – freilich stets zu berücksichtigenden[65] – **Kindeswohls** im Erkenntnisverfahren auszugehen, weil jenes Verfahren der effektiven Durchsetzung der gerichtlichen Entscheidung dient, die im Erkenntnisverfahren unter umfassender Beachtung der Vorgaben des materiellen Rechts – und mithin auch des Kindeswohls – getroffen wurde.[66] Insbesondere die Berufung auf Loyalitätskonflikte des Kindes im Vollstreckungsverfahren ist daher unbehelf-

24

---

56 OLG Karlsruhe FamRZ 2005, 1698.
57 Prütting/Gehrlein/*Völker*, Art. 48 Brüssel IIa-VO Rn 1.
58 BVerfG FamRZ 2011, 179; BGH FamRZ 1994, 158; OLG Saarbrücken JAmt 2010, 196; OLG Bremen FamRZ 2010, 821.
59 Vgl. BVerfGK 1, 122; BGH FamRZ 2010, 720; siehe aber auch BVerfG FamRZ 2006, 537, 538; OLG Frankfurt FamRZ 2001, 638; OLG Koblenz FamRZ 2000, 1233.
60 Siehe zum Ganzen BGH FamRZ 2010, 720; eingehend § 1 Rn 393 ff.
61 EuGHMR FamRZ 2011, 1125; 2008, 1059 m. Anm. *Rixe*; BVerfG FamRZ 2008, 845; Anm. *Völker*, FamRB 2008, 174; Anm. *Clausius*, jurisPR-FamR 14/2008, Anm. 1; *Zempel*, AnwZert FamR 9/2008, Anm. 3.
62 Siehe auch BT-Drucks 16/9733, S. 291 f.
63 BVerfG ZKJ 2012, 186 m. Anm. *Coester*, ZKJ 2012, 182.
64 BGH FamRZ 2014, 732; Anm. *Clausius*, FF 2014, 314; BGH FamRZ 2015, 2147.
65 BGH FamRZ 2010, 1060 m.w.N. m. Anm. *Völker*.
66 BGH FamRZ 2012, 533; BGH FamRZ 2014, 732; Anm. *Clausius*, FF 2014, 314; OLG Schleswig FamRZ 2015, 1222; 2012, 151.

lich, zumal auf die Auflösung solcher Konflikte bis zur Grenze des § 1684 Abs. 4 BGB nicht ohne, sondern durch Umgang des Kindes mit dem Umgangsberechtigten hinzuarbeiten ist.[67]

25 Erscheint durch zwischenzeitlich aufgetretene Konflikte die bisherige Regelung (nun) nicht mehr tragfähig, so kann die Vollstreckung hingegen nicht ohne Weiteres unterbleiben,[68] zumal gerade in einem solchen Fall die Vollstreckung angezeigt sein kann. Ist der zur Umgangsgewährung verpflichtete Elternteil – oder das Gericht – der Auffassung, dass der bestehende Umgangstitel nunmehr dem Kindeswohl widerspricht, so ist ein Abänderungsverfahren nach §§ 1696 Abs. 1 BGB, 166 Abs. 1 FamFG einzuleiten. Dann kann das zur Abänderung berufene[69] Familiengericht die Vollstreckung nach § 93 Abs. 1 Nr. 4 FamFG – bzw. im Falle einer zu vollstreckenden einstweiligen Anordnung nach der dann spezielleren Norm des § 55 Abs. 1 S. 1 FamFG[70] – einstweilen einstellen.[71] Nur in Ausnahmefällen, wenn etwa der Umgangsberechtigte, gegen den ein Strafverfahren wegen sexuellen Missbrauchs läuft, selbst erklärt, sein Umgangsrecht zur Zeit nicht einzufordern, ist der Einstellungsantrag entbehrlich.[72] Erfolgt dies und wird der Titel später abgeändert, so kommt eine Verhängung von Ordnungsmitteln auch wegen vor der Einstellung der Zwangsvollstreckung erfolgter Verstöße nicht mehr in Betracht, da dies nichts anderes als die Fortsetzung der Vollstreckung wäre.[73] Möglich ist aber, die Zwangsvollstreckung ausdrücklich erst ab einem gewissen Zeitpunkt einzustellen; dann bleibt die Festsetzung von Ordnungsmitteln für die Zeit davor möglich.

26 Steht der – äußerst seltene – Fall einer Vollstreckung des vom betreuenden Elternteil gegen den zu einer Umgangsausübung unwilligen Elternteil erwirkten Umgangstitels in Rede, gelten besondere Maßstäbe.[74] Die Verpflichtung (§ 1684 Abs. 1 BGB) des unwilligen Elternteils zur Umgangsausübung ist verfassungsgemäß; eine zwangsweise Durchsetzung hingegen regelmäßig nicht.[75] Hier ist ausnahmsweise im Vollstreckungsverfahren eine volle Kindeswohlprüfung – wie im Erkenntnisverfahren – vorzunehmen.

B. Schuldhafter Verstoß

27 Die Verhängung von Ordnungsmitteln erfordert – wie bereits nach bislang geltendem Recht – einen **schuldhaften Verstoß** gegen die gerichtliche Entscheidung bzw. den gerichtlich gebilligten Vergleich.[76] Die mithin – objektiv – erforderliche **Zuwiderhandlung** muss dem Verpflichteten nachgewiesen werden. Insoweit ist auch dann der **Vollbeweis** zu führen, wenn der Titel im einstweiligen Anordnungsverfahren geschaffen worden ist; Glaubhaftmachung genügt nicht.[77] Es genügt bei einem Umgangstitel, dass der betreuende Elternteil gegen seine dem Umgangstitel immanente Verpflichtung verstößt, die Durchführung der titulierten Umgangstermine zu fördern. Dies ist der Fall, wenn der betreuende Elternteil am Umgangstermin ortsabwesend ist oder – bei von ihm behaupteten entgegenstehenden Kindeswillen – nicht alle erzieherischen Möglichkeiten ausgeschöpft hat, um auf das Kind zwecks Ausübung des Umgangs einzuwirken. Diesen

---

67 OLG Saarbrücken FamRZ 2013, 48.
68 So aber OLG Frankfurt FamRZ 2009, 1418.
69 BGH FamRZ 2012, 533; Zöller/*Feskorn*, § 90 G Rn 10 m.w.N. auch zur Gegenmeinung, die das Vollstreckungsgericht für zuständig hält.
70 BGH FamRZ 2015, 2147.
71 BGH FamRZ 2012, 533; BGH FamRZ 2014, 732; Anm. *Clausius*, FF 2014, 314; OLG Karlsruhe FamRZ 2014, 2012; OLG Schleswig FamRZ 2015, 1222; vgl. auch OLG Celle ZKJ 2011, 433.
72 OLG Karlsruhe FamRZ 2014, 2012.
73 A.A. OLG Frankfurt FamRZ 2013, 812.
74 Siehe auch dazu BGH FamRZ 2012, 533.
75 BVerfG FamRZ 2008, 845; Anm. *Völker*, FamRB 2008, 174; Anm. *Clausius*, jurisPR-FamR 14/2008, Anm. 1; *Zempel*, AnwZert FamR 9/2008 Anm. 3; OLG Frankfurt FamRZ 2014, 403.
76 OLG Bamberg FamRZ 2000, 489; OLG Zweibrücken FamRZ 1996, 877.
77 OLG Saarbrücken FamRZ 2012, 998; OLG Schleswig MDR 2014, 561; OLG Hamm FPR 2011, 232.

Anforderungen genügt der betreuende Elternteil nicht, wenn er das Kind von der Wohnung zu dem vor dem Haus wartenden Umgangsberechtigten schickt, ohne zusätzliche Signale zu geben, dass er mit dem Umgangskontakt einverstanden ist und dessen Durchführung wünscht.[78] Der betreuende Elternteil darf es also dem Kind nicht im Ergebnis freistellen, ob es die Umgangskontakte wahrnehmen will oder nicht.[79] Er muss auch seine familiären und beruflichen Verpflichtungen so einrichten, dass er den Umgang des anderen Elternteils gewähren kann; ist ihm dies nach Titelerrichtung nicht mehr möglich, bleibt ihm nur der Weg des Abänderungsverfahrens.[80] Der Ausübung des periodischen Umgangsrechts können allerdings im Einzelfall beachtliche Gründe entgegenstehen, aufgrund derer es der umgangsberechtigte Elternteil hinzunehmen hat, dass an einem bestimmten Tag entgegen der titulierten Regelung ausnahmsweise kein Umgang mit dem Kind stattfinden kann. Ein solcher Grund ist insbesondere dann anzunehmen, wenn das Kind wegen einer von dem sorgeberechtigten Elternteil geplanten Ferienreise abwesend ist. Eine andere Beurteilung ist lediglich dann gerechtfertigt, wenn sich die Urlaubsgestaltung unter Berücksichtigung der berechtigten Belange des umgangsberechtigten Elternteils als schikanös und treuwidrig erweist und sie insbesondere dazu dient, das Umgangsrecht zu vereiteln oder sogar – vor allem bei langfristiger oder häufig wiederkehrender Urlaubsabwesenheit – im Kern auszuhöhlen.[81]

Vereitelt ein Elternteil einen lediglich **privat vereinbarten Umgangstermin**, der in dem gerichtlichen Umgangstitel nicht vorgesehen war, so kann ein Ordnungsmittel nicht verhängt werden.[82]

Ein **Verschulden** des Verpflichteten setzt nicht voraus, dass er vorsätzlich gehandelt hat; Fahrlässigkeit genügt.[83] Anders als noch § 33 FGG erlegt § 89 Abs. 4 FamFG nunmehr dem Verpflichteten die **Substantiierungs- und Feststellungslast** für das fehlende Vertretenmüssen auf.[84] Dies hat bedeutsame Folgen. Der das Ordnungsmittel beantragende Elternteil kann sich nunmehr darauf beschränken vorzutragen, dass er sein Umgangsrecht nicht ordnungsgemäß gewährt bekommen hat. Es ist dann Sache des verpflichteten Elternteils, die Umstände, die den Grund für das Scheitern der Umgangskontakte darstellen, im Einzelnen darzustellen und ggf. Beweis für diese anzutreten. Diese Umstände liegen regelmäßig in der Sphäre der verpflichteten Person; sie sind im Nachhinein objektiven Feststellungen häufig nur eingeschränkt zugänglich. Gelingt es dem Verpflichteten nicht, detailliert zu erläutern, warum er an der Befolgung der gerichtlichen Anordnung gehindert war, kommt ein Absehen von der Festsetzung des Ordnungsmittels nicht in Betracht. In seltenen Fällen mag ein unvermeidbarer Verbotsirrtum in Betracht kommen.[85] Beruft sich etwa ein Elternteil nach Zuwiderhandlung gegen eine gerichtliche Umgangsentscheidung auf den entgegenstehenden Willen des Kindes,[86] wird ein fehlendes Vertretenmüssen nur dann anzunehmen sein, wenn er im Einzelfall darlegt, wie er auf das Kind eingewirkt hat.[87] Dies setzt verschärft substantiierten Vortrag dazu voraus, dass der Verpflichtete das Kind in der gebotenen Weise eindringlich darauf hingewiesen hat, dass er mit den Umgangskontakten einverstanden ist und deren Durchführung wünscht.[88] Er schuldet im Rahmen seiner Loyalitätspflicht die Herstellung einer

28

---

78 BGH FamRZ 2012, 533; OLG Saarbrücken FamRZ 2013, 48 zu einem achtjährigen Kind.
79 OLG Saarbrücken FamRZ 2015, 863 m.w.N.; 2013, 48N.
80 OLG Köln FF 2012, 504.
81 OLG Saarbrücken, Beschl. v. 5.7.2013 – 9 WF 60/13 (n.v.); OLG Frankfurt FamRZ 1996, 362.
82 OLG Nürnberg FamRZ 2014, 146.
83 Kemper/Schreiber/*Völker/Clausius/Wagner*, § 89 Rn 25.
84 OLG Saarbrücken ZKJ 2011, 104; OLG Karlsruhe FamRZ 2011, 1669; OLG Naumburg, Beschl. v. 8.5.2013 – 3 WF 120/13, juris; *Felix*, NJW 2012, 16; *Schmid*, Juristische Grundsätze zu Umgangsmodellen, NZFam 2014, 881 883.
85 Vgl. dazu KG FamRZ 2011, 588.
86 Siehe dazu auch die Rechtsprechungsübersicht von *Ernst*, Umgang und Unwilligkeit, NZFam 2015, 641.
87 BGH FamRZ 2012, 533; FamRZ 2014, 732; Anm. *Clausius*, FF 2014, 314; BGH FamRZ 2015, 2147; OLG Köln FamRZ 2015, 1734.
88 BGH FamRZ 2012, 533; OLG Saarbrücken FamRZ 2013, 48; FamFR 2013, 302; Kemper/Schreiber/*Völker/Clausius/Wagner*, § 89 Rn 25.

positiven, nicht (mehr) von Feindseligkeit geprägten, den Umgang bezüglichen Atmosphäre in seinem Haushalt.[89] Genügt dies nicht, muss der Verpflichtete strenge erzieherische Maßnahmen – freilich unter Ausnahme der nach § 1631 Abs. 2 BGB verbotenen Erziehungsmethoden – gegenüber dem Kind ergreifen. Diese dürfen nicht weniger intensiv sein als diejenigen, die der Elternteil wählen würde und müsste, falls sich das Kind gegen einen weiteren Schulbesuch sträuben würde.[90] Erst wenn durch solchen Vortrag, über den das Gericht bei Bestreiten des Umgangsberechtigten Beweis zu erheben hat, nachgewiesen ist, dass die Umgangskontakte an der nachhaltig **ablehnenden Haltung des Kindes** scheitern und der verpflichtete Elternteil diesen Widerstand auch mit angemessenen erzieherischen Mitteln nicht überwinden konnte,[91] kann die Verhängung eines Ordnungsmittels unterbleiben.[92] Dies ist der Fall, wenn ein fast zwölfjähriges Kind auch nach Hinweis auf die sich dadurch ergebenden möglichen negativen Konsequenzen den umgangsberechtigten Elternteil nicht sehen will, sich eine massive Ablehnungshaltung gegenüber dem Umgangsberechtigten eingestellt hat und das Kind dies auch jenem gegenüber mit z.T. drastischen Worten zum Ausdruck bringt, es gegenüber einem Psychiater und Psychotherapeuten äußert, der Umgangsberechtigte gehöre nicht zur Familie, und sich nach der ärztlichen Einschätzung der Verdacht auf eine emotionale Störung im Kindesalter gemischt mit Angst und Depression ergibt, weswegen weitere Termine zur emotionalen Stabilisierung und zur Verarbeitung der vorliegenden Ängste geplant und vereinbart werden. Bei dieser Sachlage ergibt es keinen Sinn, durch die Verhängung von weiteren Ordnungsmitteln Druck auf den betreuenden Elternteil auszuüben, weil hierdurch die Umsetzung der Umgangsregelung ersichtlich nicht mehr erreicht werden kann. Darauf, ob dies in erheblichem Maße auf das Kindeswohl massiv außer Acht lassenden Verhaltensweisen des betreuenden Elternteils in der Vergangenheit zurückzuführen ist, kommt es dann nicht mehr an.[93]

Soweit teilweise pauschal angenommen wird, von einer Einwirkungsmöglichkeit zur Durchsetzung des Umgangsrechts könne bei Kindern ab dem Alter von etwa 9 bis 11 Jahren in der Regel nicht mehr ausgegangen werden,[94] überzeugt dies nicht. Solche Altersgrenzen sind nicht hilfreich; vielmehr muss in jedem Einzelfall die dargestellte Prüfung vorgenommen werden.

Ein Verschulden liegt auch vor, wenn der betreuende Elternteil das Kind nicht herausgibt, weil er davon überzeugt ist, dass der andere Elternteil das Kind **sexuell missbraucht** hat, obwohl sich dieser **Verdacht** im Erkenntnisverfahren nicht hat erhärten lassen. Jener Elternteil darf dann nicht auf dem eigenen „Überzeugt-sein-Wollen" beharren, sondern muss sich mit anderen Deutungen auseinander setzen und sich vor allem an wirksame gerichtliche Entscheidungen halten.[95]

Wird das Kind krankheitsbedingt nicht herausgegeben, so kommt die Annahme fehlenden Verschuldens nur in Betracht, wenn die Erkrankung unstreitig oder bewiesen ist und der betreuende Elternteil gut vertretbar annehmen durfte, dass das Kind reiseunfähig ist.[96] Auch der bloße Verweis auf anderweitige „Termine" entlastet den betreuenden Elternteil nicht.[97]

---

89 OLG Saarbrücken FamRZ 2015, 863 m.w.N.
90 OLG Saarbrücken FamRZ 2015, 863 m.w.N.; ebenso *Burschel*, Wie weit geht die Pflicht zur Förderung des Umgangs?, NZFam 2015, 623.
91 Im Einzelfall verneint für ein achtjähriges Kind in OLG Saarbrücken ZKJ 2012, 398, und für ein zehnjähriges Kind in OLG Saarbrücken, Beschl. v. 31.1.2012 – 9 WF 131/11 (n.v.) und bejaht für ein zwölfjähriges Kind in OLG Saarbrücken, Beschl. v. 22.11.2011 – 9 WF 107/11 (n.v.).
92 Vgl. OLG Düsseldorf FamRZ 2009, 1419.
93 OLG Saarbrücken, Beschl. v. 10.4.2015 – 6 WF 39/15 (n.v.).
94 OLG Köln, Beschl. v. 12.3.2014 – 4 WF 167/13, juris; OLG Düsseldorf FamRZ 2009, 1419; OLG Hamm FamRZ 2008, 1371; OLG Karlsruhe FamRZ 2002, 624; dagegen auch OLG Köln FamRZ 2015, 1734.
95 OLG Schleswig FamRZ 2015, 1222.
96 OLG Saarbrücken, Beschl. v. 31.5.2016 – 9 WF 20/16 (n.v.).
97 OLG Koblenz FamRZ 2016, 1104.

Das Verschulden kann im Einzelfall allerdings fehlen, falls der Titel zwar dem Verfahrensbevollmächtigten des Elternteils zugestellt und von ihm an den Elternteil weitergeleitet worden ist, bei diesem aber erst nach dem behaupteten Verstoß eingegangen ist.[98]

C. Adressat der Zwangsmaßnahme

Ordnungsmittel können gegen alle am Umgangsrechts- oder Herausgabeverfahren formell beteiligten, aus einem Titel verpflichteten Personen verhängt werden, wobei die Person eindeutig bezeichnet werden muss. Allerdings ist das Kind nicht Adressat. § 90 Abs. 2 FamFG sieht außerdem vor, dass unmittelbarer Zwang gegen ein Kind unzulässig ist, um die Herausgabe zum Zweck der Umgangsrechtsausübung durchzusetzen. Im Übrigen ist **unmittelbarer Zwang** nur zulässig, wenn er unter Berücksichtigung des Kindeswohls gerechtfertigt und eine Durchsetzung der Verpflichtung mit milderen Mitteln nicht möglich ist.[99]

29

Gegen das Jugendamt kann auch dann kein Ordnungsgeld festgesetzt werden, wenn dieses formell am Verfahren beteiligt gewesen ist.[100] Anderes gilt allerdings, wenn das Jugendamt in Bezug auf die Umgangsregelung auch nach materiellem Familienrecht – etwa als Amtsvormund des Kindes – Pflichtenträger ist.[101] Denn es ist im Kindschaftsverfahren unerlässlich, dass das Familiengericht dem Amtsvormund etwa für dessen Wahrnehmung des Aufenthaltsbestimmungsrechts konkrete Pflichten auferlegen kann. Insbesondere die Umgangsregelung durch das Familiengericht bedarf zur Wahrung des unter dem Schutz von Art. 6 Abs. 2 S. 1 GG stehenden Rechts auf Umgang[102] einer effizienten gerichtlichen Geltendmachung und Vollstreckung. Zur Gewährleistung effektiven Rechtsschutzes ist es demnach notwendig, dass die familiengerichtliche Anordnung, wenn ihr zuwidergehandelt wird, im Wege der Vollstreckung durchgesetzt werden kann. Dass sich die Vollstreckung gegen eine Behörde richtet, ist kein Hindernis. Auch der Amtsvormund muss daher alle Möglichkeiten nutzen, den Umgang des Kindes mit den Eltern durchzusetzen.[103] Hierbei ist allerdings zu differenzieren; soweit behördenintern den Umgang fördernde Maßnahmen nicht in die Zuständigkeit des Amtsvormundes, sondern in die des Pflegekinderdienstes oder des allgemeinen sozialen Dienstes fällt, genügt der Amtsvormund seinen Pflichten, wenn er nachdrücklich auf Maßnahmen dieser Abteilungen des Jugendamts hinwirkt.[104] Gerade mit Blick hierauf sollte das Gericht in Verfahren wegen Umgangs der leiblichen Eltern mit ihrem seit längerer Zeit in einer Pflegefamilie lebenden Kind die Pflegeeltern grundsätzlich nach § 161 Abs. 2 FamFG förmlich beteiligen. Denn dies berücksichtigt, dass die Pflegeeltern die Umgangsregelung im Alltag umzusetzen haben und nimmt diese selbst in die Pflicht, so dass die Regelung auch ihnen gegenüber vollstreckbar wird.[105] Außerdem sind sie nur so selbst beschwerdeberechtigt (siehe dazu § 4 Rdn 26).

---

98 OLG Jena, Beschl. v. 17.7.2015 – 1 WF 154/15, juris.
99 BGH FamRZ 1977, 126.
100 So aber OLG Frankfurt FamRZ 2013, 809; dagegen zutreffend *Finke*, FF 2013, 142; siehe auch DIJuF-Rechtsgutachten JAmt 2013, 208; offen gelassen [„fraglich"] in BGH FamRZ 2014, 732; Anm. *Clausius*, FF 2014, 314.
101 BGH FamRZ 2014, 732; zust. Anm. *Clausius*, FF 2014, 314.
102 BVerfG FamRZ 2013, 433.
103 BGH FamRZ 2014, 732; Anm. *Clausius*, FF 2014, 314.
104 So zutreffend DIJuF-Hinweise in JAmt 2014, 234.
105 Ebenso *Hammer*, FamRZ 2014, 736.

D. Ordnungsmittel

30 Zur Durchsetzung einer Entscheidung über die Herausgabe eines Kindes sowie die Regelung des Umganges sieht das Gesetz als Ordnungsmittel
- die Festsetzung von Ordnungsgeld (§ 89 Abs. 1 S. 1 Fall 1 FamFG),
- die Anordnung von Ordnungshaft (§ 89 Abs. 1 S. 1 Fall 2 FamFG) und
- die Anwendung unmittelbaren Zwangs (§ 90 FamFG)

vor (Antragsmuster im Formularteil, siehe § 13 Rdn 32 f.).

31 Im Zuge des FGG-RG hat sich der Gesetzgeber bewusst gegen die bislang möglichen Zwangsmittel und stattdessen für **Ordnungsmittel** entschieden. Diese können auch noch nach zeitlichem Verstreichen der Verpflichtung (z.B. verweigerte Herausgabe des Kindes an Feiertagen) festgesetzt und vollstreckt werden. Diese Möglichkeit flankiert die insgesamt angestrebte schnellere und effektivere Vollstreckung von Herausgabe- und Umgangsrechtsentscheidungen. Zudem findet keine separate **Androhung von Vollstreckungsmaßnahmen** mehr statt und auch Einigungsversuche der Eltern im Rahmen eines Vermittlungsverfahrens nach § 165 FamFG stehen der Vollstreckung nicht entgegen.

I. Verhältnismäßigkeit

32 Bei der Auswahl der in Betracht kommenden Ordnungsmittel hat das Gericht den **Verhältnismäßigkeitsgrundsatz** zu beachten. Vorrangiges Ordnungsmittel ist daher grundsätzlich das Ordnungsgeld, da es gegenüber Ordnungshaft und unmittelbarem Zwang das mildere Mittel ist.

II. Ordnungsgeld

1. Zielrichtung

33 Wird einem bestehenden Vollstreckungstitel, der auf die Herausgabe eines Kindes oder die Umsetzung einer Umgangsregelung gerichtet ist, zuwider gehandelt, so kann das Familiengericht die Nichtbefolgung durch Festsetzung eines Ordnungsgeldes ahnden. Im Gegensatz zur bislang geltenden Gesetzeslage bedarf es keiner zwischengeschalteten Androhung mehr. Anstelle der Androhung ist die Ankündigung der Folgen der Zuwiderhandlung bereits in dem Herausgabe- oder Umgangstitel eingeführt worden (§ 89 Abs. 2 FamFG).[106]

34 Stellt das Gericht eine schuldhafte Zuwiderhandlung gegen einen Vollstreckungstitel fest, so „kann" es ein Ordnungsmittel verhängen. Mit dem insoweit dem Gericht eingeräumten Ermessen wollte der Gesetzgeber[107] dem Urteil des BVerfG vom 1.4.2008 Rechnung tragen, wonach der unwillige Elternteil nicht zwangsweise zur Ausübung des Umgangs mit seinem Kind verpflichtet werden kann, es sei denn, es liegen im konkreten Einzelfall hinreichende Anhaltspunkte dafür vor, dass der **erzwungene Umgang** dem Kindeswohl dient.[108] Es ist zu bedauern, dass der Gesetzgeber es nicht bei der im Entwurf zum FGG-RG vorgesehenen Soll-Vorschrift belassen hat, was auch verfassungsrechtlich unbedenklich gewesen wäre. Denn der BVerfG-Entscheidung vom 1.4.2008 lag gerade eine atypische Konstellation zugrunde, so dass auch eine Soll-Vorschrift verfassungskonformer Auslegung zugänglich gewesen wäre.[109] Abgesehen davon ist sehr zu begrüßen, dass

---

106 Siehe dazu auch BGH, Beschl. v. 3.8.2016 – XII ZB 86/15, juris.
107 BT-Drucks 16/9733, S. 291 f.
108 BVerfG FamRZ 2008, 845; Anm. *Völker*, FamRB 2008, 174; Anm. *Clausius*, jurisPR-FamR 14/2008, Anm. 1; *Zempel*, AnwZert FamR 9/2008, Anm. 3; OLG Frankfurt FamRZ 2014, 403.
109 Kemper/Schreiber/*Völker*/*Clausius*/Wagner, § 89 Rn 9.

sich der Gesetzgeber in Abkehr von den bisherigen Zwangsmittel, die lediglich Beugemittel waren, nun für Ordnungsmittel entschieden hat, die repressive und generalpräventive Elemente besitzen.[110] Auf erster Stufe kommt dabei die Festsetzung eines Ordnungsgelds in Betracht.

2. Höhe des Ordnungsgeldes

Bei der Höhe des anzuordnenden Ordnungsgeldes hat der Gesetzgeber die bislang geltende Regelung des § 33 Abs. 3 FGG übernommen; das Ordnungsgeld darf einen Betrag von 25.000 EUR für jeden Fall der Zuwiderhandlung nicht übersteigen, wobei die Höhe im **Ermessen des Gerichts** steht.[111] Maßgebend für die Ermessensentscheidung sind die Einzelfallumstände, insbesondere Schwere und Ausmaß der Verletzungshandlung, deren Folgen für den Berechtigten, zeitlicher Umfang des Verstoßes, Grad des Verschuldens des Verpflichteten, spezialpräventive Aspekte (was ist erforderlich, damit der Verpflichtete sich künftig titelkonform verhält?) sowie die wirtschaftlichen Verhältnisse des Verpflichteten.[112] Das Ordnungsgeld darf, insbesondere wegen der mit ihm auch bezweckten Beugewirkung, **nicht zu niedrig** sein;[113] zugleich muss es verhältnismäßig bleiben. Lebt der Verpflichtete etwa von Sozialleistungen, so sollte das einzelne Ordnungsgeld den ihm zustehenden monatlichen Regelsatz (ohne Mietkosten) in der Regel nicht übersteigen.[114] Selbstredend rechtfertigte eine weitgehende Mittellosigkeit des Verpflichteten nicht, von der Ordnungsgeldverhängung abzusehen.[115]

35

3. Verfahrensablauf

Die früher in § 33 Abs. 3 S. 1 FGG vorgesehene Androhung des Zwangsmittels ist weggefallen, um den hiermit in der Regel verbundenen Zeitverlust zu vermeiden (siehe Rdn 1). Stattdessen wird der Pflichtige nunmehr nach § 89 Abs. 2 FamFG bereits in dem im Erkenntnisverfahren geschaffenen Titel auf die möglichen Ordnungsmittel hingewiesen, die gegen ihn verhängt werden können. Durch diese **Folgenankündigung** wird die vormals mit der Androhung erstrebte Warnwirkung erzielt.[116] Dieser Hinweis erfolgt von Amts wegen, bedarf also keines gesonderten Antrags.[117] Die Hinweispflicht besteht auch bei **gerichtlich gebilligten Vergleichen**.[118] Sie erstreckt sich auf alle aus dem Umgangstitel verpflichteten Beteiligten, also ggf. auch auf das Jugendamt als Amtsvormund.[119]

36

Die Pflicht zur Folgenankündigung erfasst auch negative Umgangsregelungen wie einen **Umgangsausschluss**; denn der Begriff der Zuwiderhandlung umfasst auch diese Alternative, zumal ansonsten ein Umgangsausschluss, der gerade dem Schutz des Kindes vor einer Gefährdung dienen soll, nicht vollstreckt werden könnte.[120] Gleiches gilt, wenn dem Umgangsberechtigten im

37

---

110 BGH NJW 2004, 506.
111 BGH NJW 2004, 506; OLG Zweibrücken OLGR 2003, 410.
112 OLG Saarbrücken FamRZ 2011, 589; 2013, 48; OLG Köln FamRZ 2015, 163; OLG Jena, Beschl. v. 24.3.2015 – 1 WF 60/15, juris.
113 EuGHMR FamRZ 2015, 469;
114 KG, Beschl. v. 17.6.2015 – 18 WF 136/14, juris.
115 OLG Koblenz FamRZ 2016, 1104.
116 BGH, Beschl. v. 3.8.2016 – XII ZB 86/15, juris; BGH FamRZ 2011, 1729.
117 Kemper/Schreiber/*Völker/Clausius/Wagner*, § 89 Rn 209.
118 So ausdrücklich BVerfG FamRZ 2011, 957; BGH, Beschl. v. 3.8.2016 – XII ZB 86/15, juris; BGH FamRZ 2014, 732; ebenso BGH FamRZ 2012, 533, dort Rn 28, nachdem es um die Vollstreckung eines gerichtlich gebilligten Vergleichs ging; OLG Köln FamRZ 2015, 163; ebenso *Schlünder*, FamRZ 2012, 9, 15; *Heilmann*, NJW 2012, 887, 889; *Schmid*, Juristische Grundsätze zu Umgangsmodellen, NZFam 2014, 881 883.
119 BGH FamRZ 2014, 732.
120 OLG Saarbrücken, Beschl. v. 8.6.2016 – 6 UF 30/16, juris; OLG Saarbrücken NJW-RR 2011, 436; OLG Celle ZKJ 2011, 393.

Rahmen der Umgangsregelung untersagt wurde, außerhalb der Umgangszeiten Kontakt zum Kind aufzunehmen.[121] Der Warnhinweis muss selbst dann erfolgen, wenn die zu vollstreckende Entscheidung nicht das Umgangsrecht, sondern die Umgangspflicht eines Elternteils betrifft,[122] die nur im Ausnahmefall nach § 89 FamFG vollstreckt werden kann.[123] Der hiergegen erhobene Einwand,[124] die Praxis habe bislang zu Recht von der Erstreckung des Warnhinweises auch auf den zur Umgangsausübung Verpflichteten abgesehen, weil sich dies nicht mit der Rechtsprechung des Bundesverfassungsgerichts in Einklang bringen lasse, verfängt nicht.[125] Denn der Folgenhinweis nach § 89 Abs. 2 FamFG, dessen Wortlaut keine Beschränkung in dem von *Heilmann* befürworteten Sinne enthält und der Vollstreckungsvoraussetzung ist,[126] steht nicht im Ermessen des Gerichts. Umso mehr bedarf es der Folgenankündigung, wenn es nicht um die vom BVerfG entschiedene, sehr seltene Fallgestaltung geht, in der der nicht betreuende Elternteil ein Umgangsrecht überhaupt nicht wahrzunehmen bereit ist, sondern um den Fall, dass sich der grundsätzlich zur Umgangsausübung bereite und damit zugleich seine Elternverantwortung wahrnehmende Elternteil nicht zuverlässig an die konkrete Ausgestaltung seines „Umgangspflichtrechts" durch das Gericht hält, etwa unpünktlich zur Abholung oder Rückgabe erscheint.[127] Entsprechend ist bei tituliertem begleitetem Umgang gegen den Umgangsberechtigten, der unzuverlässig ist, durch Ordnungsmittel vorzugehen und nicht etwa der begleitete Umgang auszuschließen.[128]

38 Die Folgenankündigung muss in den Tenor des Beschlusses, jedenfalls aber **deutlich abgehoben** in den Gründen der Entscheidung aufgenommen werden; in letzterem Falle bedarf es mindestens einer gesonderten Überschrift oder einer anderen Formatierung.[129] Wird das Verfahren durch **gerichtlich gebilligten Vergleich** abgeschlossen, so darf die Folgenankündigung nicht im Vergleich, sondern muss sie im Billigungsbeschluss erfolgen.[130]

Die **einzelnen Ordnungsmittel** müssen **konkret** bezeichnet werden; die Formulierung „Die Beteiligten werden gemäß § 89 FamFG belehrt" genügt daher nicht.[131] Auch die Obergrenzen für Ordnungsgeld und Ordnungshaft müssen angegeben werden.[132] Denn mit dem Hinweis soll dem Verpflichteten deutlich gemacht werden, dass und welche Folgen ein Verstoß gegen den Umgangstitel nach sich ziehen kann, so dass er für den Laien verständlich sein muss.[133] Daher muss die Belehrung eng an den Wortlaut des § 89 Abs. 2 FamFG angelehnt sein. Die mithin erforderliche Klarheit der Belehrung schließt es im Falle einer Änderung einer vorangegangenen Umgangsregelung aus, in der Abänderungsentscheidung lediglich auf die damalige Folgenankündigung zu verweisen.[134]

---

121 OLG Jena, Beschl. v. 17.7.2015 – 1 WF 154/15, juris.
122 BGH FamRZ 2011, 1729; OLG Saarbrücken ZKJ 2012, 118 und FamRZ 2011, 826; vgl. auch BGH FamRZ 2012, 533, dort Rn 28: „die Eltern"; im Ergebnis ebenso, aber für einen einschränkenden Zusatz streitend, dass die Vollstreckung nur zulässig sei, wenn der erzwungene Umgang dem Kindeswohl diene, *van Els*, FF 2012, 172, 173 m.w.N.
123 BVerfG FamRZ 2008, 845.
124 *Heilmann*, ZKJ 2012, 119.
125 Siehe auch OLG Saarbrücken, Beschl. v. 27.5.2013 – 6 WF 98/13 (n.v.).
126 BVerfG FamRZ 2011, 957.
127 OLG Saarbrücken, Beschl. v. 20.11.2015 – 6 WF 143/15 (n.v.); Beschl. v. 13.11.2015 – 6 WF 141/15 (n.v.); Beschl. v. 15.3.2012 – 6 UF 22/12 (n.v.); vgl. auch *Völker*, FamRB 2008, 176.
128 OLG Saarbrücken, Beschl. v. 6.3.2012 – 6 UF 39/13 (n.v.).
129 OLG Oldenburg FamRZ 2016, 845.
130 OLG Saarbrücken, Beschl. v. 11.1.2016 – 6 WF 138/15 (n.v.).
131 OLG Brandenburg FamRZ 2015, 693.
132 OLG Oldenburg FamRZ 2014, 145; OLG Naumburg NZFam 2015, 182; vgl. auch die Formulierung in BGH FamRZ 2011, 1729; *Schmid*, Juristische Grundsätze zu Umgangsmodellen, NZFam 2014, 881 883.
133 OLG Brandenburg FamRZ 2015, 693; OLG Schleswig FamRZ 2016, 845; OLG Hamm FamRZ 2016, 1105.
134 Dies offen lassend BGH, Beschl. v. 3.8.2016 – XII ZB 86/15, juris.

Eines darüber hinausgehenden Hinweises auf die Möglichkeit einer nachträglichen Sanktionierung bedarf es allerdings nicht.[135] Denn auch der Laie weiß, dass er für ein Fehlverhalten erst später bestraft werden kann. Ebenso wenig muss die Folgenankündigung einen Hinweis auf die Entlastungsmöglichkeit des § 89 Abs. 4 FamFG enthalten.[136]

Die Folgenankündigung muss sich auf die Folgen einer Zuwiderhandlung gegen eine bereits bestehende Verpflichtung aus dem Vollstreckungstitel beziehen. Wird diese Verpflichtung später geändert, so wird der bereits erteilte Hinweis gegenstandslos und bedarf es – auch wenn seit der ursprünglichen Regelung nur kurze Zeit vergangen ist – eines erneuten Hinweises.[137] Denn auch das Beschleunigungsgebot darf nicht dazu führen, dass für den Vollstreckungsschuldner nicht mehr hinreichend konkret absehbar ist, ob er bei einer Zuwiderhandlung gegen seine Verpflichtungen aus dem Umgangstitel mit Ordnungsmitteln zu rechnen hat. Allein die Tatsache, dass bereits früher einmal ein Hinweis erteilt worden ist, genügt hierfür nicht.[138]

Enthält ein Beschluss zur Umgangsregelung keinen – oder keinen ausreichenden – Hinweis nach § 89 Abs. 2 FamFG, so stellt dies einen **Verfahrensfehler** dar, der allerdings jederzeit – innerhalb eines Rechtsmittelverfahrens oder auch gesondert und ohne, dass es eines Antrags bedürfte – geheilt werden kann[139] (zur **Anfechtbarkeit** der – vorgenommenen oder unterlassenen – Ankündigung siehe Rdn 73; zur Behandlung von Titeln, die nach dem bis zum 31.8.2009 geltenden Recht errichtet wurden, aber danach vollstreckt werden sollen, siehe Rdn 3). Der nachgeholte Hinweis bleibt auch dann Teil des früheren Erkenntnisverfahrens; insbesondere ist daher für die gesonderte Bewilligung von Verfahrenskostenhilfe für das „Nachholverfahren" kein Raum.[140] Ist nur über die Möglichkeit der Ordnungsgeldverhängung belehrt worden, so kann freilich dieses, aber keine Ordnungshaft verhängt werden.[141]

Die **Beitreibung des festgesetzten Ordnungsgeldes** erfolgt von Amts wegen nach den Bestimmungen der JBeitrO zugunsten der Staatskasse. Der Erteilung eines gesonderten Vollstreckungstitels bedarf es dazu nicht. 39

Für die Vollstreckung des verhängten Ordnungsgelds ist nach § 31 Abs. 2, 3 RPflG der Rechtspfleger zuständig.

III. Ordnungshaft

1. Voraussetzungen

Das Gericht hat die Möglichkeit, gegen den Verpflichteten Ordnungshaft anzuordnen, wenn 40
- ein zunächst verhängtes Ordnungsgeld nicht beigetrieben werden kann oder
- die Verhängung eines Ordnungsgeldes keinen Erfolg verspricht.

Die tatrichterliche Entscheidung dazu, welches Ordnungsmittel zur Anwendung kommt, wird zuvörderst durch den Verhältnismäßigkeitsgrundsatz beeinflusst, demzufolge grundsätzlich das Ordnungsgeld vorrangig ist. Eine **kumulative Anordnung von Ordnungsgeld und Ordnungshaft** ist ausgeschlossen.[142] Allerdings kann schon mit der Festsetzung des Ordnungsgeldes für den Fall der Nichtbeitreibbarkeit Ordnungshaft angeordnet werden; ist dies unterblieben, kann das 41

---

135 A.A. OLG Brandenburg FamRZ 2015, 693.
136 OLG Naumburg FamRn 2016, 1106.
137 BGH, Beschl. v. 3.8.2016 – XII ZB 86/15, juris; *Cirullies*, ZKJ 2011, 448, 450; vgl. auch – zu § 33 FGG a.F. – OLG Köln FamRZ 1998, 961.
138 BGH, Beschl. v. 3.8.2016 – XII ZB 86/15, juris; vgl. auch BGH FamRZ 2011, 1729.
139 BVerfG FamRZ 2011, 957; BGH FamRZ 2011, 1729; OLG Saarbrücken FamRZ 2011, 826; OLG Naumburg NZFam 2015, 182; OLG Schleswig FamRZ 2016, 845.
140 OLG Zweibrücken MDR 2014, 110; OLG Naumburg FamRZ 2014, 145.
141 Vgl. BGH FamRZ 2014, 732; Anm. *Clausius* in FF 2014, 314.
142 BGH NJW 2004, 506.

Ordnungsgeld gemäß § 8 Abs. 1 EGStGB nach erneuter Anhörung des Verpflichteten nachträglich in Ordnungshaft umgewandelt werden.[143]

42 Auch hier wird die künftige Handhabung der Gerichte zeigen, inwieweit die gesetzgeberische Zielrichtung umgesetzt werden kann, vor allem mit Blick auf den Umgang blockierende Elternteile. Nach der alten Rechtslage war die Zwangshaft in Umgangsverfahren zwar denkbar,[144] aber in der Praxis die Ausnahme.[145] Stattdessen wurde die Anordnung einer **Umgangspflegschaft** (siehe dazu § 2 Rdn 39)[146] oder die Änderung einer gerichtlichen Sorgerechtsentscheidung in Erwägung gezogen.[147] Letzterer Weg ist häufig nicht gangbar und bedarf außerdem regelmäßig – bei angedachter Fremdunterbringung des Kindes nahezu ausnahmslos – regelmäßig der Einholung eines Sachverständigengutachtens,[148] da die Beantwortung der Frage, ob das Umgangsrecht im Wege einer Sorgerechtsänderung durchgesetzt werden kann, auf dem Fachgebiet der (Familien-)Psychologie liegt. Ersterer Weg führt bei den „harten" Boykottfällen im Ergebnis oft nur zu einer weiteren zeitlichen Verzögerung; denn auch der Umgangspfleger muss im Falle eines sich der Herausgabe widersetzenden Elternteils die Herausgabe zu Umgangszwecken vollstrecken.[149] Die zwischenzeitliche Verzögerung wirkt sich eher zugunsten des verzögernden Elternteils aus und vermittelt letztlich auch dem Kind den Eindruck, dass man sich, ohne gravierende Reaktionen befürchten zu müssen, jeglicher staatlicher Anordnung widersetzen kann. Ziel der Erziehung eines Kindes ist jedoch, dass es sich zu einer eigenverantwortlichen und gemeinschaftsfähigen Persönlichkeit entwickelt (vgl. § 1 Abs. 1 SGB VIII), die die Regeln eines gesellschaftlichen Miteinanders lernt und erfährt, dass der Staat diese notfalls auch zwangsweise durchsetzt (siehe im Einzelnen Rdn 76 ff.).

43 Die Diskussion hierzu sollte – scheitert eine Umgangspflegschaft und kommt eine Sorgerechtsänderung nicht in Betracht – ohne ideologische Scheuklappen und stets auf den Einzelfall bezogen geführt werden. Daher ist es zu begrüßen, dass sich nunmehr Entscheidungen finden, die die Verhängung von Ordnungshaft befürworten.[150] Vorrangig ist allerdings an die Familiengerichte zu appellieren, dass diese den Verfahrensbeteiligten bereits im Rahmen der Anhörung im **Erkenntnisverfahren** verdeutlichen, dass bei Nichteinhaltung getroffener Regelungen ohne Zögern – und nötigenfalls hart – vollstreckt werden wird.[151] Man sollte den Eindruck, den der Richter damit auf die Eltern machen kann, nicht unterschätzen. Erweist sich die Vollstreckung als notwendig, ist sie zügig durchzuführen.[152] Davon etwa abzusehen, weil das Kind dadurch belastet wird, wird in den wenigsten Fällen eine statthafte Erwägung sein, zumal diese Beurteilung einem Abänderungsverfahren vorbehalten bleiben muss, in dessen Rahmen die Vollstreckung aus dem Umgangstitel nach § 93 Abs. 1 Nr. 4 FamFG – bzw. im Falle einer zu vollstreckenden einstweiligen Anordnung nach der dann spezielleren Norm des § 55 Abs. 1 S. 1 FamFG[153] – einstweilen eingestellt werden kann,[154] der Gesetzgeber eine effektivere Vollstreckung von Umgangsent-

---

143 Zöller/*Feskorn*, § 89 FamFG Rn 2.
144 OLG Frankfurt FamRZ 2002, 1585; OLG Dresden FamRZ 2002, 1588.
145 *Kraeft*, FPR 2002, 611.
146 OLG Frankfurt FamRZ 2002, 1585; OLG Dresden FamRZ 2002, 1588.
147 BGH FamRZ 1999, 651; OLG Hamm FamRZ 2006, 1467.
148 Vgl. BGH FF 2012, 67 m. Anm. *Völker*.
149 Vgl. BGH NJW-RR 1986, 1264; *Völker*, jurisPR-FamR 21/2007, Anm. 4; Staudinger/*Coester*, BGB, Bearb. 2006, § 1696 Rn 71; Weinreich/Klein/*Ziegler*, FAKomm-FamR, § 1684 BGB Rn 39.
150 OLG Schleswig FamRZ 2015, 1222; OLG Jena NZFam 2015, 1174.
151 Vgl. auch Kemper/Schreiber/*Völker*/Clausius/Wagner, § 89 Rn 22.
152 So ausdrücklich EuGHMR FamRZ 2008, 1059; siehe auch EuGHMR FamRZ 2011, 1125.
153 BGH FamRZ 2015, 2147.
154 Dazu BGH FamRZ 2012, 533; OLG Karlsruhe FamRZ 2014, 2012; vgl. auch OLG Celle ZKJ 2012, 433; OLG Saarbrücken FamRZ 2013, 48.

scheidungen durch das FamFG ausdrücklich erstrebt,[155] und Gerichte grundsätzlich Instrumente, die von der Rechtsordnung zur Durchsetzung des Rechts vorgesehen sind, nicht ohne nähere Darlegung für untauglich erklären können.[156]

2. Haftanordnung und Vollzug

Für den Vollzug der Haft verweist § 89 Abs. 3 S. 2 FamFG auf § 802g Abs. 1 S. 2 und Abs. 2 und §§ 802h und 802j Abs. 1 ZPO. Die Ordnungshaft beträgt danach mindestens einen Tag (§ 6 Abs. 2 EGStGB) und höchstens sechs Monate (§ 802j Abs. 1 S. 1 ZPO). Mit der Haftanordnung ist ein Haftbefehl zu erlassen, in dem der Gläubiger, der Schuldner und der Grund der Verhaftung anzugeben ist (§ 802g Abs. 1 S. 2 ZPO). Die Verhaftung erfolgt durch den Gerichtsvollzieher (§ 802g Abs. 2 S. 1 ZPO), der sich der Hilfe der Polizei bedienen kann (§ 758 Abs. 3 ZPO).

44

IV. Anwendung unmittelbaren Zwangs

1. Voraussetzungen

Unmittelbarer Zwang kann gemäß § 90 FamFG durch Beschluss angeordnet werden, wenn
- die Festsetzung von Ordnungsmitteln erfolglos geblieben ist,
- die Festsetzung von Ordnungsmitteln keinen Erfolg verspricht oder
- die Vollstreckung besonders eilbedürftig ist.[157]

45

Die Anwendung unmittelbaren Zwangs kommt immer nur als äußerstes Mittel in Betracht. Bei der Vollziehung ist der **Verhältnismäßigkeitsgrundsatz** zu beachten. Sollte sich danach gleichwohl eine Kindeswegnahme unter Gewaltanwendung gegen den Obhutselternteil als erforderlich erweisen, hat sie unter größtmöglicher Schonung des betroffenen Kindes zu erfolgen.[158] Die Anordnung unmittelbaren Zwangs erfordert einen ausdrücklichen gerichtlichen Beschluss. In diesem Beschluss muss das Gericht auch begründen, warum keine milderen Ordnungsmittel in Betracht gekommen sind. Insbesondere kommt die Anordnung unmittelbaren Zwangs zur Durchsetzung einer periodischen Umgangsregelung dann nicht in Betracht, wenn die Vollstreckung eines in einer vorangegangenen Entscheidung festgesetzten Ordnungsgeldes nicht einmal versucht worden ist.[159] Hierbei kann das Gericht auf Tatsachen zurückgreifen, über die es aus eigener Wahrnehmung in früheren Verfahren Kenntnis erlangt hat. Ist demgegenüber das Gericht erstmals mit der konkreten Angelegenheit befasst, so wird einem hinreichend substantiierten Sachvortrag des Antragstellers erhebliche Bedeutung zukommen.[160]

46

2. Durchführung des unmittelbaren Zwangs

Anders als das Ordnungsgeld und die Ordnungshaft ist die Anwendung unmittelbaren Zwangs nicht zuvor anzukündigen.[161] Die Vollstreckung obliegt dem zuständigen Gerichtsvollzieher,

47

---

155 BGH, Beschl. v. 3.8.2016 – XII ZB 86/15, juris; BGH FamRZ 2012, 533; 2011, 1729; Beschl. v. 30.9.2015 – XII ZB 635/14, juris; BT-Drucks 16/6308, S. 218.
156 So ausdrücklich zur Vollstreckung von Umgangstiteln BVerfG ZKJ 2012, 186 m. Anm. *Coester*, ZKJ 2012, 182.
157 Kemper/Schreiber/*Völker/Clausius/Wagner*, § 90 Rn 5.
158 Vgl. BVerfG FamRZ 2006, 537.
159 OLG Saarbrücken, Beschl. v. 17.5.2013 – 6 WF 92/13 (n.v.).
160 Kemper/Schreiber/*Völker/Clausius/Wagner*, § 90 Rn 4.
161 Siehe die Formulierung der vom BGH selbst nachgeholten Folgenankündigung in FamRZ 2011, 1729, in der nur über die Möglichkeit der Ordnungsgeld- und -haftfestsetzung belehrt wurde; ebenso Zöller/*Feskorn*, § 89 Rn 8; Schulte-Bunert/Weinreich/*Schulte-Bunert*, § 90 Rn 1; Horndasch/Viefhues/*Gottwald*, § 90 Rn 5; wohl auch MüKo-FamFG/*Zimmermann*, § 89 Rn 9; a.A. Prütting/Helms/*Stößer*, § 89 Rn 10.

der sich der Unterstützung der polizeilichen Vollzugsorgane bedienen kann (§ 213 Nr. 2 GVGA). Zugleich hat aber das Gericht die Möglichkeit, gemäß § 88 Abs. 2 FamFG anzuordnen, dass der Gerichtsvollzieher möglichst einen Beamten des Jugendamts zur Vollstreckung hinzuzieht.

48 Wird – sicher sehr selten – unmittelbarer Zwang angewendet, um einen Umgangstitel durchzusetzen, so darf sich diese nach § 90 Abs. 2 S. 1 FamFG nicht gegen das Kind richten. Die Gewaltanwendung hat sich dann allein gegen denjenigen zu richten, in dessen Gewahrsam sich das Kind befindet. Es leuchtet ein, dass das kaum funktionieren kann – was ist, wenn der Verpflichtete das Kind auf dem Arm trägt?

49 Soll die Herausgabe des Kindes nicht zu Zwecken des Umgangsrechts erfolgen, so steht die **Gewaltanwendung gegen das Kind** nach § 90 Abs. 2 S. 2 FamFG unter dem Vorbehalt des Kindeswohls und der Verhältnismäßigkeit.[162] Eine pauschale Ablehnung der Gewaltanwendung gegen das Kind scheint in den Fällen als zu weitgehend, in denen die Gewaltanwendung gerade dazu dienen soll, die **Kindesgefährdung** zu beheben. In diesen Fällen muss eine umfassende Risikoabwägung vorgenommen werden, in die einerseits das Kindeswohl und andererseits der Justizgewährungsanspruch einzustellen sind (siehe auch Rdn 76 ff.).[163]

V. Wohnungsöffnung (§ 91 FamFG)

50 Zur Durchsetzung eines Titels bedarf es gegebenenfalls des Zutritts zur Wohnung des Verpflichteten. Hierbei präzisiert § 91 FamFG die zu beachtenden grundrechtlich geschützten Positionen des Vollstreckungsschuldners.[164] Wegen des Richtervorbehalts des Art. 13 Abs. 2 GG bedarf es einer ausdrücklichen richterlichen Anordnung. Eine Ausnahme ist lediglich bei **Gefahr im Verzug** gerechtfertigt, wobei die Voraussetzungen hierfür eng auszulegen sind. Nach der verfassungsgerichtlichen Rechtsprechung ist das **Betreten einer Wohnung**, um dort dem Inhaber ein widerrechtlich zurückgehaltenes Kind wegzunehmen, eine Durchsuchung im Sinn des Art. 13 Abs. 2 GG.[165] Diesen Vorgaben hatte der Gesetzgeber in § 758a ZPO Rechnung getragen, demzufolge für die Wohnungsdurchsuchung grundsätzlich eine ausdrückliche **richterliche Anordnung** vorausgesetzt wird.[166]

1. Voraussetzungen der Wohnungsdurchsuchung

51 § 91 Abs. 1 FamFG entspricht inhaltlich im Wesentlichen § 758a Abs. 1 ZPO und unterscheidet sich nur insoweit, als keine Regelung der örtlichen gerichtlichen Zuständigkeit enthalten ist, wobei dies jedoch mit Blick auf § 88 Abs. 1 FamFG entbehrlich ist.

Die Notwendigkeit zur Einholung eines richterlichen Durchsuchungsbeschlusses besteht im Falle mangelnder Einwilligung des Wohnungsinhabers, wobei der Begriff der Wohnung in der Rechtsprechung großzügig ausgelegt wird.[167] Außer in den Fällen der Gefahr im Verzug ist zunächst zu prüfen, ob dem Wohnungsinhaber oder einer von ihm legitimierten Person[168] Gelegenheit gegeben wurde, freiwillig den Vollstreckungsbeamten Zutritt zur Wohnung zu geben. Die Notwendigkeit eines **Durchsuchungsbeschlusses** kann sich aber auch daraus ergeben, dass bisherige Zutrittsversuche des Gerichtsvollziehers faktisch scheiterten, etwa wenn Ver-

---

162 OLG Hamburg FamRZ 1994, 1128; OLG Düsseldorf FamRZ 1981, 601.
163 Kemper/Schreiber/*Völker/Clausius/Wagner*, § 90 Rn 8.
164 Lesenswert *Hohmann-Dennhardt*, Freiräume – Zum Schutz der Privatheit, NJW 2006, 545.
165 BVerfG FamRZ 2000, 411.
166 *Hammer*, FPR 2008, 413.
167 Kemper/Schreiber/*Völker/Clausius/Wagner* § 91 Rn 5.
168 Kemper/Schreiber/*Völker/Clausius/Wagner*, § 91 Rn 6.

suche zur Vereinbarung eines Termins ignoriert wurden.[169] Das Grundprinzip des **Richtervorbehalts** hat nur dann zurückzutreten, wenn durch eine zeitliche Verzögerung der Erfolg der Vollstreckungsmaßnahme gefährdet wäre. Davon ist etwa auszugehen, wenn zu befürchten ist, dass der Vollstreckungsschuldner zusammen mit dem Kind das Hoheitsgebiet der Bundesrepublik Deutschland verlässt oder sonstige Gefahren für das Kindeswohl drohen, etwa aufgrund einer **Drohung mit einem „erweiterten Suizid"**. Die Entscheidung darüber, ob Gefahr im Verzug besteht, trifft der vor Ort zuständige Vollstreckungsbeamte.[170]

Behauptet der Vollstreckungsschuldner, das herauszugebende Kind nicht in seinem Gewahrsam zu haben bzw. keine Kenntnis zu seinem Aufenthaltsort zu besitzen und ist er auch nicht bereit, die Richtigkeit dieser Behauptung an Eides statt zu versichern, so sieht § 94 FamFG i.V.m. § 901 ZPO die Möglichkeit des **Erlasses eines Haftbefehls** vor. In diesem Fall ist der Gerichtsvollzieher dann auch uneingeschränkt legitimiert, sich ohne gerichtlichen Beschluss Zutritt zur Wohnung zu verschaffen, um dort den Haftbefehl zu vollstrecken (§ 91 Abs. 2 FamFG). 52

Wie § 758a Abs. 3 ZPO sieht auch § 91 Abs. 3 FamFG eine **Duldungspflicht der Mitbewohner** des Vollstreckungsschuldners vor, wenn sie an der Wohnung Mitgewahrsam haben. Umfasst werden von dieser Regelung im wesentlichen Ehepartner, Kinder und sonstige Mitbewohner des Schuldners. Allerdings sind ihnen gegenüber unbillige Härten zu vermeiden. Dies bedeutet, dass eine Abwägung zwischen den Belangen der vom Schutzbereich der Norm erfassten Personen und den schutzwürdigen Belangen des Vollstreckungsgläubigers vorzunehmen ist. Hieraus folgt, dass zugunsten der Mitgewahrsamsinhaber wohl nur gewichtige Gründe zum Tragen kommen werden, die schon im Vorfeld der Vollstreckungseinleitung vorzutragen und unter Beweis zu stellen sind, so dass eine Berücksichtigung bereits im richterlichen Beschluss erfolgen kann. Gegebenenfalls sind sie jedoch spätestens gegenüber dem vor Ort anwesenden Gerichtsvollzieher darzulegen, um diesem Gelegenheit zur Prüfung zu geben, ob er die Vollstreckung aufschiebt (§ 213a Nr. 1 S. 3 i.V.m. § 113 GVGA). Diese Gesamtproblematik kann dadurch entschärft werden, dass der Richter bei der Durchsuchung selbst zugegen ist (siehe Rdn 86).[171] 53

§ 91 Abs. 4 FamFG sieht eine **Vorlageverpflichtung hinsichtlich des Durchsuchungsbeschlusses** vor. Diese Verpflichtung dient dem Schuldnerschutz, da sich aus dem Beschluss neben den rechtlichen Grundlagen auch Rahmen, Grenzen und Ziel der Vollstreckungsmaßnahme,[172] die räumliche Präzisierung der zu durchsuchenden Wohnung[173] und die Begründung der Vollstreckungsmaßnahme ergeben muss.[174] Dem Vollstreckungsschuldner wird damit Gelegenheit gegeben, sich mit dem Inhalt und der Begründung der Maßnahme vertraut zu machen, um gegebenenfalls hierauf aufbauend eine unbillige Härte im Sinn des § 91 Abs. 3 FamFG einwenden zu können. 54

2. Der Verfahrensablauf

Zur Erteilung eines richterlichen Durchsuchungsbeschlusses bedarf es nur in reinen Antragsverfahren eines diesbezüglichen Gläubigerantrages. In Verfahren, die auch von Amts wegen eingeleitet werden können, vollstreckt das Gericht von Amts wegen, § 87 Abs. 1 S. 1 FamFG. Der Vollstreckungsgläubiger trägt die **Darlegungs- und Feststellungslast** für die Voraussetzungen und die Zulässigkeit der angestrebten Vollstreckungsmaßnahme. Das Gericht prüft neben den allgemeinen Vollstreckungsvoraussetzungen die besonderen Voraussetzungen zur Rechtfertigung des Durchsuchungsbeschlusses. Außer in den Fällen der Gefahr im Verzug ist dem Voll- 55

---

169 OLG Köln MDR 1995, 850; LG Frankfurt DGVZ 1980, 23.
170 Kemper/Schreiber/*Völker/Clausius/Wagner*, § 91, Rn 8.
171 Kemper/Schreiber/*Völker/Clausius/Wagner*, § 90 FamFG Rn 9.
172 BVerfG NJW 2000, 943.
173 OLG Köln OLGZ 1993, 375.
174 LG Köln JurBüro 1988, 536.

streckungsschuldner **rechtliches Gehör** zu gewähren (§ 92 Abs. 1 FamFG),[175] wobei stets darauf zu achten ist, dass der Durchsuchungsbeschluss in angemessener Zeit umgesetzt wird.[176]

E. Verfahrensrechtliche Vorgaben

56 Das Vollstreckungsverfahren nach den §§ 88 ff. FamFG ist in Abgrenzung zum Verfahren, in dem die zu vollziehende Entscheidung ergangen ist, ein **selbstständiges Verfahren**. Die Vollstreckung bestimmt sich daher auch dann nach den §§ 86 ff. FamFG, wenn der zu vollstreckende Titel noch in einem Verfahren erwirkt wurde, das dem bis zum 31.8.2009 geltende Recht unterlag (siehe Rdn 3).

57 Um eine Vollstreckung aus einem bestimmten Titel vornehmen zu können, bedarf es keiner vorherigen Durchführung eines **Vermittlungsverfahrens**. Vielmehr hat der Gesetzgeber in § 92 Abs. 3 FamFG ausdrücklich vorgesehen, dass parallel zu einem Vermittlungsverfahren nach § 165 FamFG Vollstreckungsmaßnahmen durchgeführt werden können.

I. Gerichtliche Zuständigkeit

58 Die Festsetzung eines Ordnungsmittels ist eine Familiensache kraft verfahrensrechtlichen Zusammenhangs,[177] so dass die Entscheidung über die Verhängung von Ordnungsmitteln dem Familiengericht obliegt.

59 Die örtliche Zuständigkeit richtet sich nach § 88 Abs. 1 FamFG. Daher erfolgt die Vollstreckung durch das Gericht, in dessen Bezirk das Kind, das herauszugeben bzw. mit dem der Umgang ausgeübt werden soll, seinen **gewöhnlichen Aufenthalt** hat. Hierunter versteht man den Ort, an dem eine Person den Schwerpunkt ihrer Bindungen in familiärer und beruflicher Hinsicht, also ihren **Daseinsmittelpunkt** hat. Anders als beim **Wohnsitz** ist kein ausdrücklicher Wille erforderlich, den Aufenthaltsort zum Schwerpunkt der Lebensverhältnisse zumachen. Der gewöhnliche Aufenthalt wird vielmehr bereits dann begründet, wenn sich aus den Umständen ergibt, dass der Aufenthalt an diesem Ort auf längere Zeit angelegt ist.[178]

60 Die örtliche Zuständigkeit für das Vollstreckungsverfahren ist daher unabhängig von der Zuständigkeit des Gerichts, das die zu vollstreckende Entscheidung erlassen hat, und muss jeweils neu bestimmt werden; denn das Vollstreckungsverfahren ist ein eigenständiges, vom Erkenntnisverfahren unabhängiges Verfahren (siehe Rdn 3).[179]

II. Einleitung des Verfahrens

61 Der Entscheidungsvollzug ist allein Aufgabe des Gerichts, nicht der Verfahrensbeteiligten. Die Mitwirkung des Antragstellers beschränkt sich auf die Antragstellung und Mitteilung von Verstößen des Verpflichteten gegen den Titel. Die Vollstreckung erfolgt allerdings von Amts wegen, wenn bereits das zugehörige Erkenntnisverfahren von Amts wegen eingeleitet wurde oder hätte eingeleitet werden können (§ 87 Abs. 1 FamFG). Das ist in Umgangsverfahren nach § 1684 BGB und § 1696 BGB der Fall (siehe auch § 2 Rdn 215).[180] Vor diesem Hintergrund muss ein Vollstre-

---

175 Vgl. zum früheren Rechtszustand OLG Hamm OLGReport 2002, 317.
176 BVerfG NJW 1997, 2165.
177 BGH FamRZ 1986, 789.
178 BGH NJW 1993, 2047; *Völker*, jurisPR-FamR 22/2006, Anm. 6.
179 Zur Abgabe bei Wechsel des gewöhnlichen Aufenthalts des Kindes siehe OLG Hamm FamFR 2013, 516.
180 Vgl. OLG Saarbrücken FamRZ 2012, 319 m.w.N.; a.A. *Socha*, FamRZ 2010, 947; indessen wie hier ausdrücklich BT-Drucks 16/6308, S. 237; außerdem gibt der Wortlaut von § 1684 BGB für ein Antragserfordernis nichts her und streitet auch § 156 Abs. 3 S. 2 FamFG dagegen.

ckungsantrag auch nicht den Formerfordernissen einer Antragsschrift nach § 253 Abs. 2 ZPO entsprechen.[181] Ebensowenig ist das Gericht an den Antrag gebunden; es kann z.B. durchaus auch über die im Antrag angegebene Höhe eines Ordnungsgeldes hinausgehen.[182]

Eine **Verfahrensaussetzung** im Zuge der von Amts wegen zu führenden Ermittlungen ist ausgeschlossen.[183] Beschließt das Familiengericht, über den Antrag auf Festsetzung eines weiteren Ordnungsmittels zurzeit nicht zu entscheiden, so liegt eine anfechtbare Entscheidung des Familiengerichts im Vollstreckungsverfahren vor.[184]

III. Anhörungspflicht

Im Vollstreckungsverfahren ist der Verpflichtete vor Festsetzung von Ordnungsmitteln zu hören, § 92 Abs. 1 FamFG. Weitergehende Anhörungspflichten regelt das Gesetz – obwohl es sich auch beim Vollstreckungsverfahren nach §§ 89 ff. FamFG um eine Kindschaftssache handelt[185] – nicht ausdrücklich; insbesondere geben weder der Wortlaut dieser Vorschrift noch die Systematik des Gesetzes etwas dafür her, dass das Familiengericht zur persönlichen Anhörung der Eltern oder des Kindes verpflichtet ist.[186] Denn § 92 Abs. 1 FamFG regelt als lex specialis die Anhörungspflichten im Vollstreckungsverfahren.[187] Zudem war das Kindeswohl bereits Gegenstand des Erkenntnisverfahrens.[188] Eine Anhörung des Kindes kann jedoch im Einzelfall zur Sachaufklärung erforderlich sein;[189] etwa im Rahmen der Prüfung des Verschuldens des Verpflichteten, wenn dessen Sachvortrag zum fehlenden Verschulden ausreichend substantiiert ist, aber vom Berechtigten bestritten worden ist.[190] Regelmäßig wird beiden Eltern und dem Jugendamt **Gelegenheit zur Stellungnahme** zu geben sein. Wen das Familiengericht im Vollstreckungsverfahren sonst anhört, richtet sich nach dem auch im Vollstreckungsverfahren geltenden Amtsermittlungsgrundsatz (§ 26 FamFG)[191] und im Rahmen dessen die Form einer etwaigen Beweisaufnahme nach §§ 29, 30 FamFG.[192]

IV. Anwaltszwang

Nach § 114 FamFG besteht für das Vollstreckungsverfahren kein Anwaltszwang.

V. Kosten

Dem Pflichtigen sind mit der Festsetzung des Ordnungsmittels oder der Anordnung unmittelbaren Zwangs die Kosten des Verfahrens aufzuerlegen (§ 92 Abs. 2 FamFG). Er trägt mithin sowohl die **Gerichtskosten** als auch die **außergerichtlichen Kosten** der Durchsetzung der gerichtlichen Entscheidung. Ansonsten richtet sich die Kostenentscheidung wegen § 87 Abs. 5 FamFG nach den §§ 80–82 und 84 FamFG.

---

181 OLG Frankfurt FamRZ 2003, 321.
182 OLG Koblenz FamRZ 2016, 1104.
183 OLG Braunschweig FamRZ 2002, 1351.
184 OLG Köln ZKJ 2011, 477.
185 BGH FamRZ 2015, 2147 m.w.N.
186 OLG Karlsruhe FamRZ 2011, 1669; 2015, 2000; *Hennemann*, NZFam 2014, 871.
187 Zutreffend *Gottschalk*, ZKJ 2015, 284.
188 BGH FamRZ 2012, 533; 2014, 732.
189 OLG Karlsruhe FamRZ 2015, 2000.
190 Vgl. – allerdings zum alten Recht und daher zum neuen Recht zu streng – OLG Hamm FamRZ 2004, 1797.
191 Vgl. VerfG Brandenburg, Beschl. v. 21.10.2011 – 15/11, juris; ebenso Zöller/*Feskorn*, § 92 FamFG Rn 2 m.w.N. auch zur Gegenmeinung.
192 In diesem Sinne bezüglich des Jugendamts auch OLG Köln, Beschl. v. 18.7.2011 – 4 WF 140/11, juris.

66 Die Neuregelung des Vollstreckungsrechts im Rahmen des FamFG ist mit einer eigenständigen gebührenrechtlichen Regelung verbunden. Diese Eigenständigkeit wird unter anderem hervorgehoben durch die Formulierungen in Nr. 2 der Vorbemerkungen 3.3.3 VV sowie § 18 Abs. 2 Nr. 2 RVG, da dort – in Abgrenzung zu dem Begriff der Zwangsvollstreckung – ausdrücklich die „Vollstreckung" genannt wird. Es handelt sich bei der Vollstreckung um eine besondere Angelegenheit, die damit auch gebührenrechtlich eigenständig zu behandeln ist.

67 Für den mit der Vollstreckung beauftragten Anwalt entsteht gemäß Nr. 3309 VV eine 0,3 **Verfahrensgebühr** mit Beginn seiner Tätigkeit, d.h. der Entgegennahme von Informationen zum Zweck der Vertretung bezüglich der Verhängung von Ordnungsmitteln.[193] Hiervon abzugrenzen sind daher Tätigkeiten, die noch in unmittelbarem Zusammenhang mit der gerichtlichen Entscheidung stehen, die letztlich vollzogen werden soll. Diese sind mit der in diesem Grundverfahren entstandenen Verfahrensgebühr nach Nr. 3100 VV abgegolten.[194]

68 Soll unmittelbarer Zwang im Sinn des § 90 FamFG angewendet werden, so bedarf es hierzu zwar eines gesonderten gerichtlichen Beschlusses, doch ist die richterliche Anordnung gemäß § 19 Abs. 2 Nr. 1 RVG Bestandteil der jeweiligen Vollstreckungsmaßnahme. Eine gesonderte Gebühr wird daher nicht ausgelöst.

69 Die gerichtlichen Gebühren des Vollstreckungsverfahrens richten sich im Umfang der Zuständigkeit des Familiengerichts nach Nr. 1600 bis 1603 KV FamGKG, wobei für die Anordnung von Ordnungsmitteln gemäß KV 1602 Festgebühren in Höhe von 20 EUR erhoben werden.[195] Soweit mehrere Anordnungen dieselbe Verpflichtung betreffen, entsteht die Gebühr nur einmal. Dagegen fällt die Gebühr für jede Anordnung gesondert an, wenn der Vollstreckungsschuldner eine Handlung wiederholt vorzunehmen hat (Anm. zu KV 1602), etwa die Bereithaltung des Kindes zum Zwecke der Ausübung von Umgangskontakten.

70 Für die Bemessung des **Verfahrenswertes** ist unverändert das **Vollstreckungsinteresse** entscheidend.[196] Dieses beläuft sich für den Antrag auf Festsetzung eines Ordnungsgeldes regelmäßig auf ein Drittel des Hauptsachewertes.[197] Wegen § 33 Abs. 1 RVG wird der Wert der anwaltlichen Tätigkeit nur auf Antrag festgesetzt.[198]

71 Für das Vollstreckungsverfahren kann **Verfahrenskostenhilfe** bewilligt werden, allerdings nicht für die von Amts wegen vorzunehmende Vollstreckung des Ordnungsgeldes.[199] Nach § 77 Abs. 2 FamFG umfasst die Bewilligung von Verfahrenskostenhilfe für die Vollstreckung in das bewegliche Vermögen – also nach Festsetzung eines Ordnungsgeldes – alle Vollstreckungshandlungen im Bezirk des Vollstreckungsgerichts einschließlich des Verfahrens auf Abgabe der Versicherung an Eides statt.

VI. Rechtsmittel

72 Der im Vollstreckungsverfahren ergangene Beschluss – auch der nach § 93 Abs. 1 S. 1 FamFG – ist nach § 87 Abs. 4 FamFG mit der **sofortigen Beschwerde** in entsprechender Anwendung der §§ 567 bis 572 ZPO anfechtbar.[200] Wenn die Festsetzung eines Zwangs- oder Ordnungsmittels

---

193 Mayer/Kroiß/*Gierl*, Nr. 3309 VV Rn 27.
194 Mayer/Kroiß/*Gierl*, Nr. 3309 VV Rn 26.
195 Nach – aufgrund des klaren Normwortlauts abzulehnender – Ansicht des AG Büdingen FamRZ 2013, 323 soll die Gebühr nach § 1602 KV FamGKG auch dann fällig werden, wenn ein Antrag auf Verhängung von Ordnungsmitteln zurückgewiesen wird.
196 OLG Düsseldorf JurBüro 1995, 554.
197 OLG München FamRZ 2011, 1686 m.w.N.; OLG Saarbrücken, Beschl. v. 18.5.2012 – 6 WF 130/11 (n.v.).
198 OLG München FamRZ 2011, 1686.
199 OLG München FamRZ 1995, 373.
200 OLG Hamm FF 2010, 257.

bekämpft wird, hat die sofortige Beschwerde nach § 570 Abs. 1 ZPO **aufschiebende Wirkung**.[201] Soweit hiergegen für die Anordnung unmittelbaren Zwangs – § 90 FamFG – eine Ausnahme gemacht wird,[202] kann dem angesichts der klaren höchstrichterlichen Aussage auch mit der Maßgabe lediglich „entsprechender" Anwendung der §§ 567 ff. ZPO (§ 87 Abs. 4 FamFG) nicht zugestimmt werden. In besonders dringenden Fällen wird die Anordnung unmittelbaren Zwangs zur Herausgabevollstreckung allerdings häufig durch einstweilige Anordnung ergehen und mit der Zulassung der Vollstreckung vor Zustellung verbunden sein (§ 53 Abs. 2 FamFG); dann ist die Vollstreckung bei Beschwerdeeinlegung schon durchgeführt.

Die **Rechtsbeschwerde** ist **zulassungsbedürftig** (§ 87 Abs. 4 FamFG i.V.m. § 574 ZPO). Ihrer Statthaftigkeit steht es auch nicht entgegen, wenn die angefochtene Entscheidung der Vollstreckung eines Beschlusses dient, der in einem Verfahren auf Erlass einer **einstweiligen Anordnung** ergangen ist. Denn § 70 Abs. 4 FamFG, der in Erkenntniseilverfahren den Instanzenzug begrenzt, findet keine Anwendung, weil das Vollstreckungsverfahren als selbstständiges Verfahren mit einem eigenen Rechtsmittelzug ausgestaltet ist.[203]

Die Beschwerde gegen die erstinstanzlich unterbliebene **Folgenankündigung** nach § 89 Abs. 2 FamFG ist zulässig; die Beschwer liegt in der Verzögerung des Vollstreckungsverfahrens.[204] Gegen die Erteilung des Folgenhinweises ist hingegen ein Rechtsmittel nicht zulässig, da sie noch nicht zum Vollstreckungsverfahren gehört, sondern seiner Vorbereitung dient[205] (zur Anfechtung des Billigungsbeschlusses nach § 156 Abs. 2 FamFG siehe § 2 Rdn 244).

73

Auch die **Kostenentscheidung** im Vollstreckungsverfahren kann – Erreichen der Beschwerdesumme von 200,01 EUR (§ 567 Abs. 2 ZPO) vorausgesetzt – mit der sofortigen Beschwerde isoliert angefochten werden.[206]

74

VII. Abschließende Vertiefung: Plädoyer für den aktiven Richter

Die Vollstreckung kindschaftsrechtlicher Entscheidungen ist ein Minenfeld, in dem sich viele mit Unbehagen und manche mit Scheuklappen bewegen. Es soll daher – diesen Abschnitt abschließend – versucht werden, ausgehend von einer Betrachtung der Situation der an einer Herausgabevollstreckung Beteiligten und ihrer Interaktionen praktikable Handlungsmöglichkeiten aufzuzeigen,[207] die in ein Plädoyer für den aktiven Richter münden.

75

1. Situation der an der Vollstreckung Beteiligten

a) Das betroffene Kind

Das Kind ist häufig verängstigt, auch durch das Verhalten seiner Obhutsperson. Der Abbruch eines Vollstreckungsversuchs ist *gerade für das Kind* ein Pyrrhussieg und für dieses besonders belastend; denn es hat den nächsten Versuch zu erwarten; daher wird meist ein Ende mit Schrecken dem Schrecken ohne Ende vorzuziehen sein. Ansonsten „lernt" das – größere – Kind zudem, dass der Rechtsstaat, hat man nur genug Beharrungsvermögen, die Waffen streckt – ein fragwürdiger erzieherischer Effekt. Zu fragen ist auch, ob es für ein Kind mittelfristig (!) hilfreich ist, von einem

76

---

201 Vgl. BGH NJW 2011, 3791; Bespr. *Feskorn*, FamRB 2012, 162; BGH GRUR-RR 2012, 496.
202 So *Feskorn*, FamRB 2012, 162; *Schmid*, Juristische Grundsätze zu Umgangsmodellen, NZFam 2014, 881 883.
203 BGH FamRZ 2015, 2147.
204 BVerfG FamRZ 2011, 957; ebenso *Borth*, FamRZ 2010, 918; a.A. die Vorinstanz OLG Frankfurt FamRZ 2010, 917.
205 OLG Köln FamRZ 2011, 574; OLG Frankfurt FamRZ 2010, 917; *Cirullies*, ZKJ 2011, 448, 450.
206 OLG Zweibrücken, Beschl. v. 3.11.2015 – 2 WF 244/15, juris; OLG Hamm FamRZ 2010, 1838.
207 Weiterführende Literatur: *Carl/Heitland/Gallo*, DGVZ 2005, 145; *Harnacke*, DGVZ 2006, 17; Kemper/Schreiber/ Völker/Clausius, HK-FamFG, § 89 Rn 15 ff. und § 90 Rn 8 f.; *Schlünder*, FamRZ 2009, 1636.

Elternteil erzogen zu werden, der sich staatlichen Anordnungen offen widersetzt? Denn *dieser* – und nicht der die Vollstreckung betreibende Elternteil – mutet doch dem Kind gerade die Vollstreckung zu, anstatt sich rechtstreu zu verhalten und es einfach freiwillig herauszugeben. Die oberste Maxime bleibt freilich auch hier das Kindeswohl. Gewisse Belastungen gehören zum Erwachsenwerden dazu; fraglich ist, wie hoch die **Belastung des Kindes durch die Vollstreckung** werden darf. Hier ist in jedem Einzelfall die kurzfristig ggf. erhebliche Belastung des Kindes gegen die Aussicht mittel- und langfristiger Entlastung des Kindes abzuwägen. Bei älteren Kindern ab etwa 12, sicher aber ab 14 Jahren macht die Brechung ihres festgefügten Willens durch Gewalt – außer, ihre Willenshaltung gefährdet ihr Wohl – wenig Sinn, zumal sie altersbedingt ohnehin wieder leicht ausbüxsen können.

b) Die Obhutsperson des Kindes (Elternteil, Pflegeeltern, Freunde, etc.)

77 Die Obhutsperson versucht zuweilen, durch einseitige und möglichst dramatische Darstellung des Falles einen Mitleidseffekt zu erzielen und Solidarität der örtlichen Presse – ggf. auch der Schule und des Jugendamts – für sich zu beanspruchen. Die Öffentlichkeit wirft hier dem Gericht, dem Gerichtsvollzieher und der Polizei schnell **mangelnde Sensibilität** oder sogar Unmenschlichkeit usw. vor, obwohl doch der widerwillige Elternteil selbst für die Vollstreckung verantwortlich ist. Er informiert häufig das Kind völlig einseitig, ängstigt und ermuntert es zur Gegenwehr, um so zu erreichen, dass die Vollstreckungsorgane die Vollstreckung abbrechen, um dem Kind nicht weiteres Leid zuzufügen. Gerade in Umgangsfällen ist dies nicht selten. Festgesetztes Ordnungsgeld nimmt der Familie Geld weg, was sich auf das Kind auswirken kann. Ordnungshaft wird durch die Erzählungen des Obhutselternteils für das Kind als sehr bedrohlich erlebt („Dein Vater/Deine Mutter bringt mich in den Knast.").

c) Der Verfahrensbeistand des Kindes

78 Dieser hat die Interessen des Kindes wahrzunehmen, darf aber nicht die Vollstreckung unterminieren. Er nimmt auch eher selten an der Vollstreckung teil.[208]

d) Der Umgangspfleger

79 Der Umgangspfleger kann der Berechtigte aus einem Herausgabetitel sein, da er für die Zeit des Umgangs das Aufenthaltsbestimmungsrecht für das betroffene Kind innehat. Dann muss er grundsätzlich den Titel auch vollstrecken lassen.[209]

e) Der Gerichtsvollzieher

80 Dieser steht im Spannungsfeld zwischen der gebotenen Rücksichtnahme auf das Kind und der notwendigen Durchsetzung der familiengerichtlichen Entscheidung. Folgendes kann dazu beitragen, dass alle Beteiligten und insbesondere das Kind die Herausnahmevollstreckung hinnehmen und später auch verarbeiten können:

- Umfassende Kenntnis der Rechtslage und der individuellen Problemsituation aller Beteiligten;
- Einfühlsames (z.B.: mit dem Kind Schmusetier und Spielsachen für die Reise packen) und doch sicheres Auftreten im Bewusstsein seiner Rolle;
- Eine sorgfältige Vorbereitung der einzelnen Vollstreckung. In diesem Rahmen hängt der einzubeziehende Personenkreis davon ab, ob es notwendig ist, einen Überraschungseffekt zu erzielen. Die **Erforderlichkeit eines Durchsuchungsbeschlusses** muss geprüft werden, einschließlich der örtlichen Zuständigkeit des Gerichts. Wenn möglich sollte die **Vollstreckung in Abwesenheit des Obhutselternteils** erfolgen (Kindergarten, Schule); so kann dem Widerstand des Verpflichteten und der eventuellen Anwesenheit der Presse oder an-

---

[208] Darstellung aus Sicht einer Verfahrenspflegerin: *Müller*, FPR 2008, 425.
[209] Vgl. auch *Menne*, ZKJ 2006, 445; Darstellung aus Sicht einer Verfahrenspflegerin: *Müller*, FPR 2008, 425.

derer Dritter von vornherein begegnet werden. Schließlich muss die Übernahme des Kindes durch den Berechtigten geplant werden, vor allem, wenn dieser weiter entfernt wohnt.

All dies zeigt, dass eine vorherige Kontaktaufnahme mit dem für die Vollstreckung zuständigen Richter sinnvoll ist.

f) Das Jugendamt

Für das Jugendamt[210] stellt sich zuweilen die Frage, ob es an der Vollstreckung mitwirken soll (§ 88 Abs. 2 FamFG bzw. § 9 Abs. 1 S. 2 Nr. 4 IntFamRVG), wenn es mit der richterlichen Entscheidung nicht einverstanden ist. Eine Verpflichtung allein aufgrund einfachen Rechts besteht nicht (Wortlaut der vorgenannten Vorschriften: „in geeigneten Fällen"). Lehnt das Jugendamt die Mitwirkung ab, so fragt sich – und sollten der Verfahrensbevollmächtigte des berechtigten Elternteils sowie der Verfahrensbeistand das Jugendamt fragen – ob dies die Situation für das Kind nicht schlimmer macht, ob das Jugendamt nicht darauf hingewiesen werden kann, dass die abschließende **Kindeswohlprüfung** auch **im Vollstreckungsverfahren** dem Familiengericht zugewiesen ist und ob deshalb das Jugendamt nicht besser das geeignete Rechtsmittel gegen die Vollstreckungsanordnung des Familiengerichts – meist auch schon gegen die Ursprungsentscheidung – einlegen sollte.

81

g) Die Polizei

In manchen Ländern scheint die Polizei nur zum Schutz des Gerichtsvollziehers mitzukommen, also erst dann einzugreifen, wenn der Gerichtsvollzieher tätlich angegriffen wird. Dabei ist die Zwangsvollstreckung nicht nur Durchsetzung privater Rechte, sondern staatlicher Entscheidungen, die diese zuerkannt haben. Also muss sie den Gerichtsvollzieher schon bei einer etwa erforderlichen Gewaltanwendung unterstützen.[211] Die Polizeibeamten sollten aber bei der Vollstreckung zunächst im Hintergrund bleiben, wenn auch sichtbar sein, damit der Verpflichtete merkt, dass sie notfalls eingreifen wird.

82

h) Die aus dem Titel berechtigte Person (anderer Elternteil, Jugendamt als Pfleger oder Vormund)

Der Berechtigte muss mit seinem – untrennbar mit dem staatlichen Gewaltmonopol verbundenen und verfassungsrechtlich verbrieften – Anspruch auf Justizgewährung, hier auf Durchsetzung der von ihm erstrittenen Entscheidung ernst genommen werden. Sein Herausgabeanspruch, auch wenn er „nur" zur Ausübung des Umgangs vollstreckt werden soll, ist kein Anspruch zweiter Klasse. Der Berechtigte sollte – je nach Fallgestaltung – zur Übernahme und Begleitung des Kindes mitkommen, aber oft zunächst im Hintergrund bleiben, weil er für den Verpflichteten das ohnehin rote Tuch noch röter färbt. Regelmäßig ist es daher besser, dass er im Auto wartet.

83

i) Im Extremfall: Die Presse oder andere, sich mit dem Verpflichteten solidarisierende Dritte

Hier ist es besonders wichtig, dass die Vollstreckungsorgane ruhig, sachlich und bestimmt bleiben. Auf keinen Fall sollte wegen der Anwesenheit der Presse oder sich mit dem Verpflichteten solidarisierender Dritter die Vollstreckung abgebrochen werden (siehe Situation des Kindes)! Gerade hier kann sich die Präsenz des Richters (hierzu sogleich) besonders wichtig und für die anderen entlastend auswirken.

84

---

210 Zur Vollstreckung von Inobhutnahmen – insbesondere zum Verhältnis von Polizei und Jugendamt bei der Anwendung unmittelbaren Zwangs – siehe *Finke*, JAmt 2011, 251.
211 Vgl. dazu eingehend VG Berlin FamRZ 2012, 1665.

j) Der Rechtsanwalt

85 Unabhängig davon, ob der Anwalt den berechtigten oder verpflichteten Elternteil vertritt, sollte er sich in jeder Verfahrenssituation vor Augen führen, dass er zwar die Interessen seines Mandanten oder seiner Mandantin zu vertreten hat, er aber gleichermaßen **Organ der Rechtspflege** ist und ihm damit eine Mitverantwortlichkeit für das Kindeswohl zukommt, das oberster Maßstab aller zu treffenden Entscheidungen ist. Vertritt er den verpflichteten Elternteil, so sollte er daher alles daran setzen, dass dieser es nicht auf eine Vollstreckung ankommen lässt, sondern sich der gerichtlichen Entscheidung beugt, sofern diese nicht durch Anträge etwa auf **Außervollzugsetzung** (siehe dazu für die Entscheidung im Erkenntnisbeschwerdeverfahren § 64 Abs. 3 FamFG und im Vollstreckungsbeschwerdeverfahren § 87 Abs. 4 FamFG i.V.m. § 570 Abs. 2 und 3 ZPO sowie § 93 Abs. 1 FamFG bzw. § 55 Abs. 1 S. 1 FamFG; siehe aber auch zur **aufschiebenden Wirkung** von sofortigen Beschwerden gegen Zwangs- und Ordnungsmittel vgl. Rdn 72) außer Kraft gesetzt werden konnten.

2. Plädoyer für den aktiven Richter

86 In Ansehung der soeben dargestellten Situation ist es zunächst von großer Bedeutung, dass der Richter schon im Anhörungstermin dem Verpflichteten klarmacht, dass er notfalls „durchziehen" wird; schon dies wirkt nach unserer Erfahrung sowohl spezial- als auch generalpräventiv.

Sollte eine Vollstreckung durch unmittelbaren Zwang unumgänglich sein, so sollte der Richter in Erwägung ziehen, bei der zwangsweisen Herausnahme des Kindes selbst anwesend zu sein. Dies mag unkonventionell erscheinen, ist aber zweifelsohne – jedenfalls im hier vorliegenden Verfahren der freiwilligen Gerichtsbarkeit – rechtlich statthaft und hat nicht zu unterschätzende Vorteile. Denn es beeindruckt die Beteiligten regelmäßig, wenn ein Richter in schwierigen Situationen sichtbar – Symbolwirkung! – auch an Ort und Stelle und nicht nur vom Schreibtisch aus die Verantwortung für seine Entscheidung übernimmt. Bereits der damit verbundene Zugewinn an Glaubwürdigkeit und Autorität wird häufig deeskalierend wirken. Die Anwesenheit des Richters gibt zudem dem Gerichtsvollzieher sowie den Polizeibeamten und Jugendamtsmitarbeitern Sicherheit, weil findige Vollstreckungsschuldner zuweilen Einwände gegen die Vollstreckbarkeit der Entscheidung erheben. Der Richter kann hierauf unmittelbar eingehen, so dass (Auslegungs-)Zweifel nicht zum Aufschieben der Vollstreckung führen müssen. Dies ist wiederum dem Wohl des betroffenen Kindes zuträglich, das durch mehrere **abgebrochene Vollstreckungsversuche** erheblich belastet wird. Schließlich ermöglicht die Anwesenheit des Richters es ihm auch in Eilfällen – falls sich das als notwendig erweist – vorbehaltlich seiner örtlichen Zuständigkeit an Ort und Stelle eine Wohnungsöffnung nach § 91 FamFG anordnen.

§ 7 Einstweiliger Rechtsschutz

A. Allgemeines

Das Recht der einstweiligen Anordnung wurde durch das FamFG grundlegend verändert. Die ausdrücklich in § 49 FamFG geregelte **einstweilige Anordnung** ersetzt sowohl die zuvor im FGG nicht existente und lediglich auf Richterrecht beruhende **vorläufige Anordnung**[1] als auch die bis zum 31.8.2009 in den §§ 620 ff., 621g ZPO geregelte einstweilige Anordnung.

Der Eilrechtsschutz trägt allgemein – und gerade in Kindschaftssachen – dem in Art. 2 Abs. 1 i.V.m. Art. 20 Abs. 3 GG grundrechtlich verbrieften Anspruch des Antragstellers auf Justizgewährung in seiner Ausprägung als Recht auf effektiven Rechtsschutz Rechnung. Die einstweilige Anordnung dient der **Verfahrensbeschleunigung**.[2] Sie zielt darauf ab, weitere gerichtliche Maßnahmen entbehrlich zu machen, wenn bereits in dem Eilverfahren eine Regelung gefunden werden kann, die die Zustimmung der Verfahrensbeteiligten findet und eine weitere Entscheidung zur Hauptsache nicht für erforderlich gehalten wird. Der Gesetzgeber knüpft hieran die Erwartung, dass es zu einer Entlastung der Gerichte kommt, d.h. diese möglicherweise in weiterem Umfang als bislang nicht mehr mit aufwändigeren Hauptsacheverfahren belastet werden.[3] Gleichzeitig sollen die Verfahrensbeteiligten kostenmäßig entlastet werden.

Die grundlegenden Regelungen zur einstweiligen Anordnung sind in den §§ 49–57 FamFG enthalten, die jedoch für **Kindschaftssachen** durch §§ 156 Abs. 3, 157 Abs. 3 FamFG ergänzt werden.

Unverändert ist das einstweilige Anordnungsverfahren – auch in Kindschaftssachen – ein **summarisches Verfahren** (siehe dazu eingehend Rdn 21),[4] das der vorläufigen Sicherung eines Rechts oder Zustands dient und nach dem Grundgedanken der einstweiligen Verfügung gemäß der ZPO aufgebaut ist. Ebenso wie diese setzt sie sich aus der Anordnung selbst und dem Vollzug der Sicherung zusammen.[5]

Aus dem grundrechtlich gesicherten Schutz des Elternrechts sowie der Verpflichtung des Staates, über die Ausübung des Elternrechts im Interesse des Kindeswohls zu wachen, ergeben sich allerdings Folgerungen für das Verfahrensrecht und seine Handhabung im summarischen Verfahren (siehe Rdn 6).[6]

Aufgrund des eingeschränkten Prüfungsmaßstabes im summarischen Verfahren und der höheren Bestandskraft einer Hauptsacheentscheidung (§ 1696 Abs. 1 BGB) lässt ein kindschaftsrechtliches einstweiliges Anordnungsverfahren in aller Regel das **Rechtsschutzbedürfnis** für ein deckungsgleiches Hauptsacheverfahren nicht entfallen[7] (zur Frage der verfahrenskostenhilferechtlichen Mutwilligkeit siehe § 8 Rdn 13).

Im Ausgangspunkt gelten hinsichtlich der Tatsachenfeststellung und Rechtsanwendung die bekannten Maßstäbe des Eilrechtsschutzes (siehe dazu Rdn 21).

Das gerichtliche Verfahren muss allerdings in Kindschaftssachen in besonderem Maße in seiner Ausgestaltung dem **Gebot effektiven Grundrechtsschutzes** entsprechen. Das gilt insbesondere für einstweilige Maßnahmen, die bereits dadurch, dass sie später nicht oder nur schwer rückgän-

---

1 OLG Köln FamRZ 1997, 386; OLG Karlsruhe FamRZ 1990, 304.
2 BT-Drucks 16/6308, S. 199.
3 BT-Drucks 16/6308, S. 173.
4 OLG Saarbrücken, Beschl. v. 18.8.2014 – 9 UF 52/14 (n.v.); OLG Jena FamRZ 2010, 1830; OLG Köln FamRZ 2012, 236.
5 Thomas/*Putzo*, Vorbem § 49 FamFG Rn 1.
6 BVerfG FamRZ 2002, 1021.
7 OLG Jena FamRZ 2010, 1830; OLG Nürnberg FamRZ 2010, 1679 m. Bespr. *Viefhues*, AnwZert-FamR 5/2011, Aufs. 1; *Finger*, MDR 2012, 1197, 1198.

gig zu machende Tatsachen schaffen, mit einem erheblichen Eingriff in ein Grundrecht verbunden sind.[8] Gerade in kindschaftsrechtlichen Eilverfahren sind Eingriffe in das elterliche Sorgerecht einzelfallbezogen in besonderem Maße einer Prüfung des Grundsatzes der Verhältnismäßigkeit zu unterziehen.[9] Denn schon die Frage, ob mit der Eingriffsmaßnahme nicht bis zu einer besseren Aufklärung des Sachverhalts abgewartet werden kann, ist am **Maßstab der Verhältnismäßigkeit** zu messen, weil vorläufige Maßnahmen zum einen leicht vollendete Tatsachen schaffen und Eilmaßnahmen auf der Grundlage eines noch nicht zuverlässig aufgeklärten Sachverhalts ergehen.[10] Ist ein Abwarten der Hauptsacheentscheidung wegen der **Eilbedürftigkeit** nicht möglich (die Sache also im Sinne von § 49 Abs. 1 FamFG dringend), müssen daher zumindest die im Eilverfahren zur Verfügung stehenden Aufklärungs- und Prüfungsmöglichkeiten ausgeschöpft werden.[11] Da auch eine nur vorläufige Regelung des Aufenthaltsbestimmungsrechts für ein Kind die Hauptsacheentscheidung häufig präjudiziert, muss eine – wenngleich summarische – Bewertung aller Sorgerechtskriterien vorgenommen werden.[12] Führt diese summarische Abwägung nicht zu einem erkennbaren Übergewicht eines Elternteils, wird sich regelmäßig die derzeit bestehende (ggf. vorläufige) Kontinuität durchsetzen.[13] Auch bei anderen einschneidenden Maßnahmen, etwa, wenn ein vorläufiger Entzug von Teilen des Sorgerechts nach § 1666 BGB oder ein vorläufiger Umgangsausschluss in Betracht gezogen wird, ist eine **höhere Prüfungsdichte** angezeigt.[14] In diesen Fällen muss sich die materiellrechtlich geforderte hohe Prognosesicherheit – „mit ziemlicher Sicherheit" – tatsächlich einstweilen erzielen lassen.[15] Da eine Entscheidung im Verfahren des einstweiligen Rechtsschutzes in Rede steht, bleiben die praktisch verfügbaren Aufklärungsmöglichkeiten angesichts der spezifischen Eilbedürftigkeit dieser Verfahren allerdings regelmäßig hinter den im Hauptsacheverfahren bestehenden Möglichkeiten zurück. Eine Sorgerechtsentziehung aufgrund summarischer Prüfung im Wege der einstweiligen Anordnung ist daher zwar nicht ausgeschlossen; dennoch unterliegt sie besonderen verfassungsrechtlichen Anforderungen.[16] Generell ist die Frage, wie weit die Sachverhaltsermittlung im Eilverfahren reichen muss, in Ansehung der gegen und für eine Eilmaßnahme sprechenden Grundrechte zu beantworten. Je schwerer die dem Einzelnen auferlegte Belastung wiegt und je mehr die Maßnahme Unabänderliches bewirkt, umso gesicherter muss die Tatsachengrundlage des Grundrechtseingriffs sein. Andererseits kann umso eher auf ungesicherter Tatsachengrundlage entschieden werden, je schwerer das zu schützende Rechtsgut wiegt und je eilbedürftiger die Entscheidung ist. Danach bemisst sich auch die gebotene Intensität der Sachverhaltsermittlung im Fall des Sorgerechtsentzugs im Eilverfahren einerseits nach dem Recht der Eltern, von einem unberechtigten Sorgerechtsentzug verschont zu bleiben (Art. 6 Abs. 2 S. 1 GG) und andererseits nach dem Recht des Kindes, durch die staatliche Gemeinschaft vor nachhaltigen Gefahren, insbesondere für sein körperliches Wohl geschützt zu werden, die ihm im elterlichen Haushalt drohen (Art. 2 Abs. 2 i.V.m. Art. 6 Abs. 2 S. 2 GG).[17] Von einer unberechtigten Trennung von den Eltern verschont zu bleiben, liegt auch im durch das Grundrecht auf Gewährleistung elterlicher Pflege und Erziehung (Art. 2 Abs. 1 i.V.m. Art. 6 Abs. 2 S. 1 GG) geschützten Interesse des Kindes. Die – hohen –

---

8 Wendt/Rixecker/*Völker*, Verfassung des Saarlandes, Art. 24 Rn 11 m.w.N.
9 OLG Saarbrücken, OLGR 2007, 492; Anm. *Giers*, FamRB 2008, 42; Anm. *Völker*, jurisPR-FamR 12/2007, Anm. 3.
10 BVerfG ZKJ 2011, 133; BVerfGE 67, 43; 69, 315, 363 f.; vgl. auch OLG Koblenz FamRZ 2015, 1213; OLG Brandenburg FamFR 2013, 301, jeweils zu §§ 1666, 1666a BGB.
11 BVerfGE 67, 43; 69, 315; OLG Saarbrücken JAmt 2011, 49; OLG Jena FamRZ 2010, 1830; OLG Koblenz FamRZ 2015, 1213.
12 Siehe etwa OLG Brandenburg FamRZ 2011, 1739; OLG Hamm FamRZ 2011, 1151.
13 Vgl. OLG Saarbrücken FamRZ 2011, 490.
14 Vgl. dazu etwa BVerfG FamRZ 2008, 856; BVerfG FamRZ 2014, 907; Wendt/Rixecker/*Völker*, Verfassung des Saarlandes, Art. 24 Rn 11 m.w.N.
15 BVerfG FamRZ 2014, 907.
16 BVerfG FamRZ 2014, 907; BVerfG FamRZ 2015, 1466.
17 BVerfG FamRZ 2014, 907; BVerfG FamRZ 2015, 1466.

Anforderungen an die Sachverhaltsermittlung in diesen Eilverfahren sind umso höher, je geringer der möglicherweise eintretende Schaden des Kindes wiegt und in je größerer zeitlicher Ferne der zu erwartende Schadenseintritt liegt.[18] So fehlt es regelmäßig an der gebotenen Dringlichkeit einer Maßnahme, wenn sich die drohenden Beeinträchtigungen erst über längere Zeiträume entwickeln und sich die Gefährdungslage im Zeitpunkt der Entscheidung noch nicht derart verdichtet hat, dass ein sofortiges Einschreiten geboten wäre; etwa wenn es um Erziehungsdefizite und ungünstige Entwicklungsbedingungen geht.[19] Ohne weitergehende Sachverhaltsaufklärung können die Gerichte angesichts besonderer Schwere und zeitlicher Nähe der dem Kind drohenden Gefahr eine Trennung des Kindes von seinen Eltern allerdings dann veranlassen, wenn die Gefahr wegen der Art der zu erwartenden Schädigung des Kindes und der zeitlichen Nähe des zu erwartenden Schadenseintritts ein sofortiges Einschreiten gebietet. Ein sofortiges Einschreiten aufgrund vorläufiger Ermittlungsergebnisse kommt im Eilverfahren etwa bei Hinweisen auf körperliche Misshandlungen, Missbrauch[20] oder gravierende, gesundheitsgefährdende Formen der Vernachlässigung in Betracht.[21]

Der Familienrichter muss dennoch in – im Lichte der in Rede stehenden Gewährung einstweiligen Rechtsschutzes – angemessener Zeit über den Eilantrag entscheiden.[22] Geschieht das aus sachlich vertretbaren Gründen nicht, kann dieser Umstand allein aber kein Ablehnungsgesuch wegen **Befangenheit des Richters** begründen;[23] anders bei Fehlen objektiver Gründe für die Verzögerung.[24] Ferner kommt die Erhebung einer Verzögerungsrüge in Betracht (siehe dazu § 9 Rdn 77 f.).

In Fällen **eigenmächtigen Verbringens** (dazu näher Rdn 53 ff.) eines Kindes durch einen Elternteil aus seinem bisherigen Lebenskreis in eine neue Umgebung ist ein sorgerechtliches Eilverfahren **besonders zu beschleunigen**, um zu verhindern, dass der eigenmächtig handelnde Elternteil aus einer sonst dadurch entstehenden, von ihm ertrotzten Kontinuität ungerechtfertigte Vorteile ziehen und dem anderen Ehegatten allein dadurch effektiver Rechtsschutz versagt bleiben kann.[25] In solchen Fällen ist das Verhalten jenes Elternteils gewichtig im Rahmen der vorläufigen Würdigung seiner Erziehungseignung zu berücksichtigen.[26] Freilich ist eine Sorgerechtsentscheidung nie an einer Sanktion eines Fehlverhaltens eines Elternteils als solches, sondern allein am Kindeswohl zu orientieren.[27]

7

Befinden sich hingegen die Kinder in ihrem bisherigen sozialen Umfeld und liegen im – entsprechend dem **Vorrang- und Beschleunigungsgebot** des § 155 Abs. 1 FamFG, das in Verfahren des einstweiligen Rechtsschutzes besondere Verstärkung erfährt – sehr zeitnah anberaumten Termin[28] weder ein Jugendamts- oder Verfahrensbeistandsbericht noch Anhaltspunkte dafür vor, dass die Kinder derzeit gefährdet sind, so sollte das Kind nicht mit dem Bad ausgeschüttet werden. Einer – aber kurzfristigen! – Vertagung zwecks Sachverhaltsaufklärung steht dann selbstredend nichts entgegen. Der Erlass einer – gar noch mit einem Obhutswechsel der Kinder verbundenen – Entscheidung, ohne die Verhältnisse der Eltern auch nur ansatzweise von einem Außenstehenden

8

---

18 BVerfG FamRZ 2014, 907; BVerfG FamRZ 2015, 1466.
19 Vgl.BVerfG FamRZ 2015, 112.
20 Dazu OLG Brandenburg NZFam 2015, 1170.
21 Siehe zum Ganzen BVerfG FamRZ 2014, 907; OLG Schleswig FamRZ 2014, 1383, juris m.w.N.; OLG Brandenburg NZFam 2015, 1170.
22 BVerfG FamRZ 2009, 189; OLG Saarbrücken JAmt 2011, 49.
23 OLG Bamberg FamRZ 1998, 1443.
24 Vgl. KG FamRZ 2007, 1993; OLG Bamberg FamRZ 2001, 552.
25 OLG Saarbrücken NJW 2011, 3272; FamRZ 2011, 1740; Beschl. v. 26.10.2015 – 6 WF 132/15 (n.v.).
26 BVerfG FamRZ 2009, 189; OLG Saarbrücken FamRZ 2011, 1740; OLG Hamm FamRZ 2013, 47; OLG Nürnberg NJW 2013, 2526.
27 BVerfG FamRZ 2009, 189.
28 Vgl. dazu auch BVerfG FamRZ 2009, 189 m. Bespr. *Völker/Clausius*, FF 2009, 54 und Anm. *Völker*, jurisPR-FamR 27/2008, Anm. 3.

beschrieben bekommen zu haben, wäre dann unverhältnismäßig, weil ein kurzfristiges Abwarten eine weit bessere Aufklärung des Sachverhalts verspricht. In diesem Fall „kurzen Prozess" zu machen, stellte das **Elternrecht** des davon betroffenen Elternteils unverhältnismäßig hintan, zumal dann den Kindern auf völlig unsicherer Tatsachengrundlage ein Wechsel ihrer örtlichen Umgebung zugemutet würde, was Kinder regelmäßig zu belasten geeignet ist (zum ähnlichen Problem in der Beschwerdeinstanz siehe Rdn 53 ff.).[29]

B. Die verfahrensrechtlichen Grundsätze der einstweiligen Anordnung

I. Eigenständigkeit des Eilverfahrens

9   Während bis zum Inkrafttreten des FamFG die einstweilige Anordnung als akzessorische Maßnahme ausgestaltet war, ist sie seit dem 1.9.2009 vom Hauptsacheverfahren unabhängig. Es bedarf weder der zeitgleichen Einreichung eines kongruenten Hauptsacheantrags noch eines hierauf gerichteten Antrages auf Bewilligung von Verfahrenskostenhilfe. § 51 Abs. 3 S. 1 FamFG gestaltet die einstweilige Anordnung vielmehr als ein eigenständiges Verfahrens aus, das losgelöst von einem etwaigen Hauptsacheverfahren betrieben werden kann. Eine Verbindung (§ 20 FamFG) des einstweiligen Anordnungsverfahrens mit dem Hauptsacheverfahren ist nicht zulässig.[30] Es steht im Belieben des Antragstellers, ob er gleichwohl eine Hauptsache anhängig macht, sei es zeitgleich mit dem Eilverfahren oder auch erst zu einem späteren Zeitpunkt. Freilich wird er zu bedenken haben, dass auch jeweils gesondert Kosten entstehen. Letzteres kann ihn, wenn er um **Verfahrenskostenhilfe** nachsucht, dem Einwand der Mutwilligkeit aussetzen (siehe dazu § 8 Rdn 13; zur Frage der Anfechtbarkeit eines Verfahrenskostenhilfebeschlusses im einstweiligen Anordnungsverfahren siehe § 8 Rdn 36).

II. Sachliche und örtliche Zuständigkeit

10 Die örtliche Zuständigkeit für den Erlass der einstweiligen Anordnung liegt bei dem Gericht, das auch in der Hauptsache zur Entscheidung berufen wäre (§ 50 Abs. 1 S. 1 FamFG). Hauptsacheverfahren in diesem Sinn ist das Verfahren, dessen Regelungsgegenstand mit dem des Eilverfahrens deckungsgleich ist.[31] Das ist bei verschiedenen Kindschaftssachen im Sinne von § 151 FamFG nicht der Fall.[32]

11 Ist noch kein **Hauptsacheverfahren** anhängig, so gelten die allgemeinen Zuständigkeitsvorschriften. Diese werden aber durch vorrangige Sondernormen verdrängt, wenn während der Anhängigkeit eines Anordnungsverfahrens eine Ehesache bei einem örtlich anderen Gericht anhängig wird (§ 122 FamFG). In diesem Fall ist die Sache an das **Gericht der Ehesache** abzugeben (§§ 123, 153 FamFG).

12 Die nunmehr fehlende Akzessorietät zwischen dem Eilverfahren und einem etwaigen Hauptsacheverfahren kann dazu führen, dass jeweils unterschiedliche örtliche Zuständigkeiten begründet werden, etwa wenn sich zwischen dem Anhängigwerden beider Verfahren **Wohnsitzveränderungen** ergeben.[33] Gemäß § 2 Abs. 2 FamFG ist dann für die einstweilige Anordnung das

---

29 BVerfG FamRZ 2007, 1797.
30 OLG Stuttgart FamRZ 2010, 1678.
31 OLG Koblenz FamRZ 2016, 1097; OLG Stuttgart FamRZ 2010, 1828; OLG Saarbrücken, Beschl. v. 16.10.2015 – 9 UF 66/15 (n.v.); Kemper/Schreiber/*Stockmann*, HK-FamFG, § 50 Rn 4.
32 OLG Koblenz FamRZ 2016, 1097.
33 Siehe zum Aufenthaltswechsel nach Anhängigkeit eines Eilverfahrens eingehend *Keuter*, Zuständigkeitsprobleme in Kindschaftssachen bei Wechsel des gewöhnlichen Aufenthalts des Kindes, FuR 2015, 262.

zuerst mit der Sache befasste Gericht örtlich zuständig. Gegebenenfalls kann eine Abgabe an das Gericht der Hauptsache aus wichtigem Grund nach § 4 FamFG erwogen werden.[34]

Ist das Hauptsacheverfahren erstinstanzlich anhängig, so ist das Hauptsachegericht auch für die einstweilige Anordnung zuständig, § 50 Abs. 1 S. 2 FamFG. Diese Vorschrift setzt voraus, dass das Hauptsacheverfahren denselben Regelungsgegenstand hat wie das Eilverfahren.[35] Ob seines klaren Wortlauts („Ist ... anhängig") erfasst § 50 Abs. 1 S. 2 FamFG auch nicht die Fälle, in denen das Hauptsacheverfahren bereits abgeschlossen ist oder dieses erst nach dem Anhängigwerden der einstweiligen Anordnung anhängig wird. Es gilt dann § 50 Abs. 1 S. 1 FamFG.[36]

13

Wird das Eilverfahren erst eingeleitet, wenn das Hauptsacheverfahren bereits in zweiter Instanz anhängig ist, so ist das **Beschwerdegericht** auch für das Eilverfahren zuständig, selbst wenn zwischenzeitlich die Ehesache rechtshängig wurde.[37] Die Zuständigkeit des Beschwerdegerichts ist aber nur dann gegeben, soweit dort ein Hauptsacheverfahren anhängig ist, das denselben Verfahrensgegenstand betrifft wie das einstweilige Anordnungsverfahren.[38] Der Gegenstand des Beschwerdeverfahrens richtet sich grundsätzlich nach und wird begrenzt durch den Verfahrensgegenstand, über den im ersten Rechtszug entschieden wurde und gegen den sich die Beschwerde wendet.[39] Also ist das Beschwerdegericht, bei dem das Verfahren wegen elterlicher Sorge anhängig ist, nicht für den Erlass einer einstweiligen Anordnung über die Herausgabe eines Kindes oder das Umgangsrecht für dieses zuständig.[40] Gleiches gilt, wenn ein Elternteil im Beschwerdeverfahren sein erstinstanzlich allein gegenständliches Begehren auf Übertragung der Alleinsorge für ein Kind weiterverfolgt und der andere Elternteil im Wege der einstweiligen Anordnung gegenläufigen Antrag stellt. Hierfür ist das Beschwerdegericht nur zuständig, wenn der andere Elternteil im (Hauptsache-) Beschwerdeverfahren Zweit- oder Anschlussbeschwerde (§ 66 FamFG) einlegt.

14

Ist die Hauptsache in der **Rechtsbeschwerdeinstanz** anhängig, so besteht für das Eilverfahren die Zuständigkeit des Familiengerichts.[41]

15

Gemäß § 50 Abs. 2 FamFG kann sich in besonders dringenden Fällen eine Zuständigkeit des Familiengerichts ergeben, in dessen Bezirk das **Bedürfnis für ein Tätigwerden** bekannt wird oder sich die Person oder Sache befindet, auf die sich die einstweilige Anordnung bezieht. In diesem Fall hat das Gericht jedoch das Verfahren unverzüglich von Amts wegen an das nach § 50 Abs. 1 FamFG zuständige Familiengericht abzugeben.

16

Die **sachliche Zuständigkeit** für das Eilverfahren beurteilt sich unverändert nach § 23a GVG.

17

III. Der Verfahrensablauf

1. Allgemeine Verfahrensgrundsätze

Für den Erlass einer einstweiligen Anordnung bedarf es eines **Antrags**, wenn auch die Hauptsache nur auf Antrag eingeleitet werden könnte (§ 51 Abs. 1 FamFG; Antragsmuster im Formularteil, siehe § 13 Rdn 51 sowie Rdn 56 ff.). Dies trifft etwa für das Verfahren nach § 1671 Abs. 1 BGB zu.[42]

18

---

34 *Schürmann*, FamRB 2008, 375.
35 OLG Stuttgart FamRZ 2010, 1828.
36 Ebenso *Finger*, MDR 2012, 1197, 1199 m.w.N.
37 *Gießler*, FPR 2006, 421.
38 OLG Stuttgart FamRZ 2010, 1828 unter Hinweis auf § 937 ZPO in BT-Drucks 16/6308, S. 200; OLG Oldenburg FamRZ 2012, 390; OLG Saarbrücken, Beschl. v. 14.3.2012 – 9 UF15/12 (n.v.); *Giers*, FGPrax 2011, 1, 2.
39 BGH FamRZ 2011 367 und 1143.
40 OLG Stuttgart FamRZ 2010, 1828; OLG Karlsruhe, Beschl. v. 16.11.2010 – 5 UFH 6/10 (n.v.).
41 *Thomas/Putzo*, § 50 FamFG Rn 3; BT-Drucks 16/6308 S. 200.
42 OLG Brandenburg MDR 2014, 163.

Könnte das Hauptsacheverfahren auch von Amts wegen eingeleitet werden, so kann das Gericht auch von Amts wegen eine einstweilige Anordnung erlassen. Dies betrifft vor allem

- Maßnahmen nach den §§ 1666, 1666a BGB (siehe auch § 157 Abs. 3 FamFG), die Regelung des Umgangsrechts nach § 1684 Abs. 3 und Abs. 4 BGB (siehe auch § 156 Abs. 3 FamFG),
- Maßnahmen gemäß § 1687 Abs. 2 BGB,
- Verbleibensanordnungen gemäß §§ 1632 Abs. 4, 1682 BGB,
- die geschlossene Unterbringung eines Kindes gemäß § 1631b BGB,
- die Entziehung der gesetzlichen Vertretung gemäß § 1629 Abs. 2 S. 3 i.V.m. § 1796 BGB.

19 In der Praxis wird auch in den von Amts wegen zu führenden Verfahren häufig ein Beteiligter einen Antrag auf Erlass einer einstweiligen Anordnung stellen, um eine möglichst zeitnahe Entscheidung zu erreichen. Der Antrag auf Erlass der einstweiligen Anordnung ist zwingend zu begründen, ferner sind die Voraussetzungen der erstrebten Anordnung **glaubhaft** zu machen (§§ 51 Abs. 1 S. 2, 31 FamFG; siehe dazu eingehend Rdn 21).

20 Gemäß § 114 Abs. 4 Nr. 1 FamFG besteht für das Eilverfahren kein Anwaltszwang. Dies gilt auch für die Beschwerdeinstanz.[43]

21 Nach § 51 Abs. 2 FamFG gelten für das Eilverfahren die für das Hauptsacheverfahren maßgeblichen Vorschriften in entsprechender Anwendung, soweit sich nicht aus der Eilbedürftigkeit selbst immanente Beschränkungen ergeben. Letzteres gilt insbesondere für die Aussetzung des Verfahrens – die unstatthaft ist[44] –, und für die Beweisführung streitiger Tatsachen bzw. die Anspruchsvoraussetzungen, die lediglich einer Glaubhaftmachung bedürfen (§§ 31, 51 Abs. 1 S. 2 FamFG; siehe dazu auch Rdn 19). Im Rahmen der summarischen Prüfung hat daher zwar eine volle Überprüfung der maßgeblichen Rechtsfragen zu erfolgen, allerdings auf der Grundlage vorläufiger, dem Maßstab des § 26 FamFG nicht vollständig genügender, sondern lediglich glaubhaft zu machender Tatsachenfeststellungen. Die für die begehrte Anordnung vorgebrachten Tatsachen müssen aufgrund freier Würdigung des gesamten Verfahrensstoffes als überwiegend wahrscheinlich festzustellen sein.[45] **Nicht präsente Beweismittel sind ausgeschlossen (§ 31 Abs. 2 FamFG).**[46]

Aus diesem Grund ist die Einholung eines **schriftlichen Sachverständigengutachtens** im Eilverfahren regelmäßig nicht statthaft, zumal dadurch auch in aller Regel zu viel Zeit ins Land geht.[47] Dies gilt auch bei behauptetem sexuellen Missbrauch des Kindes; dann muss das Gericht – wenn auch unter Ausschöpfung aller im Eilverfahren zulässigerweise zur Verfügung stehenden Erkenntnisquellen eine Klärung nicht möglich ist – eine umfassende Risikoabwägung unter Berücksichtigung des Kindeswohls vornehmen, wobei es vom Grad der Wahrscheinlichkeit für die Richtigkeit der erhobenen Anschuldigungen abhängt, ob eine Entscheidung zugunsten des beschuldigten Elternteils ergehen kann.[48] Soweit das BVerfG im Rahmen einer Eilverfahrens nach § 1666 BGB entschieden hat, dass das Familiengericht vor Trennung des Kindes von seiner Familie ein Sachverständigengutachten einzuholen haben kann, wenn der möglicherweise eintretende Schaden des Kindes eher gering wiegt und in eher größerer zeitlicher Ferne liegt,[49] ist diese Entscheidung wohl missverstanden worden.[50] Das BVerfG hat sicherlich in dieser Entscheidung

---

43 Vgl. die zusammenfassende Übersicht zum Anwaltszwang im FamFG bei *Götsche*, FamRB 2009, 162.
44 KG FamRZ 2011, 920.
45 OLG Saarbrücken JAmt 2011, 49; Beschl. v. 18.8.2014 – 9 UF 52/14 (n.v.).
46 OLG Saarbrücken, Beschl. v. 18.8.2014 – 9 UF 52/14 (n.v.).
47 OLG Saarbrücken JAmt 2011, 49; OLG Jena FamRZ 2010, 1830; OLG Bamberg FamFR 2011, 165; OLG Nürnberg FamRZ 2011, 131; OLG Hamm FamRZ 2011, 1151; AG Tempelhof-Kreuzberg, Beschl. v. 13.2.2014 – 161 F 1620/14, juris.
48 KG NJOZ 2012, 1482; *Giers*, FGPrax 2013, 93, 94.
49 BVerfG FamRZ 2014, 907.
50 So etwa in der krit. Anm. von *Hammer*, FamRZ 2014, 1005.

nicht die Einholung eines schriftlichen Sachverständigengutachtens im Eilverfahren gefordert; denn dies verstieße offensichtlich gegen § 31 Abs. 2 FamFG. Vielmehr hat es ersichtlich (nur) fordern wollen, dass der Erlass einer einstweiligen Anordnung in der genannten Konstellation abgelehnt werden muss und die Trennung des Kindes von seiner Familie erst nach Einholung eines Gutachtens im – ggf. amtswegig einzuleitenden – Hauptsacheverfahren angeordnet werden darf.

Eine **eidesstattliche Versicherung** ist kein zur Glaubhaftmachung geeignetes Mittel, soweit sie Bezug auf in einem anderen Schriftsatz vorgetragene Tatsachen nimmt.[51]

Zeugen sind – auch in Verfahren mit Amtsermittlung – präsent zu stellen; das Gericht ist zur Ladung nur benannter Zeugen nicht verpflichtet.[52]

Tritt in einem Eilverfahren ein Zielkonflikt zwischen dem Erfordernis besonderer Beschleunigung des Verfahrens einerseits und einer eigenständigen Interessenvertretung des Kindes andererseits auf, so kann im Eilverfahren von der Bestellung eines **Verfahrensbeistandes** abgesehen werden, wenn ansonsten eine dem Kind nachteilige Verfahrensverzögerung zu befürchten ist und das Kind seinen Willen klar kundgetan hat.[53] Gleiches gilt, wenn der Erlass einer Eilentscheidung schon am fehlenden Regelungsbedürfnis scheitert, es mithin der Ermittlung des kindlichen Willens nicht bedarf.[54] Demgegenüber sind aber vor allem die **Anhörungen** nach §§ 34, 159–162 FamFG regelmäßig durchzuführen.[55] Eine wegen der Eilbedürftigkeit zunächst unterbliebene Anhörung ist unverzüglich nachzuholen (§§ 159 Abs. 3 S. 2, 160 Abs. 4, 162 Abs. 1 S. 2 FamFG).

Unabhängig davon, dass in Verfahren der freiwilligen Gerichtsbarkeit der Amtsermittlungsgrundsatz (§ 26 FamFG) gilt, trägt der glaubhaftmachungsbelastete Beteiligte die **Feststellungslast**,[56] so dass er im eigenen Interesse die Glaubhaftmachung der von ihm vorgetragenen Tatsachen anbieten wird, zumal er ansonsten Gefahr läuft, dass sein Antrag schon aus Rechtsgründen wegen nicht glaubhaft gemachter Dringlichkeit abgewiesen wird.[57] § 51 Abs. 3 S. 2 FamFG sieht nunmehr ergänzend vor, dass im Rahmen des Eilverfahrens gewonnene Beweisergebnisse im Hauptsacheverfahren verwertet werden können. Hierdurch wollte der Gesetzgeber die Verfahrensökonomie fördern.[58]

Die einstweilige Anordnung kann auch ohne mündliche Verhandlung ergehen (§ 51 Abs. 2 S. 2 FamFG), wobei dies aber in Kindschaftssachen nur bei großer Eilbedürftigkeit in Frage kommen wird. Die Entscheidung über die Durchführung der mündlichen Verhandlung steht im tatrichterlichen Ermessen. Dies gilt auch für die Termine im Sinne des § 155 Abs. 2 FamFG.[59]

Hat das Gericht ohne mündliche Verhandlung entschieden, so kann der durch die Entscheidung beschwerte Verfahrensbeteiligte auf Durchführung einer mündlichen Verhandlung antragen (§ 54 Abs. 2 FamFG). Da § 39 FamFG seinem Wortlaut nach nur Rechtsmittel, den Einspruch, den Widerspruch oder die Erinnerung erfasst, muss in der gerichtlichen Eilentscheidung über das Recht, eine mündliche Verhandlung zu beantragen, nicht belehrt werden. Gegen die Zurückweisung des Antrags auf mündliche Verhandlung – der allenfalls der Verwirkung unterliegen kann – steht dem Antragsteller das Rechtsmittel der Beschwerde zu.[60]

---

51 BGH NJW 2015, 349; siehe zur eidesstattlichen Versicherung auch *Dölling*, NZFam 2014, 112.
52 OLG Bremen NJW-RR 2011, 1511.
53 OLG Saarbrücken FamRZ 2011, 1740 zum Fall des eigenmächtigen Verbringens eines Kindes.
54 OLG Naumburg FamRZ 2012, 1062.
55 OLG Saarbrücken, Beschl. v. 30.8.2011 – 9 UF 87/11 (n.v.); zur Kindesanhörung siehe OLG Schleswig FamRZ 2014, 1383.
56 BGH NJW 2003, 3558; siehe aber auch *van Els*, § 31 FamFG – behutsam auszulegen, FamRZ 2012, 496.
57 So OLG Saarbrücken, Beschl. v. 23.12.2011 – 6 WF 132/11 (zu § 1671 BGB, n.v.), und 20.4.2011 – 6 UF 53/11 (Gewaltschutz, n.v.).
58 *Van Els*, FPR 2008, 409.
59 BT-Drucks 16/6308, S. 200.
60 OLG Karlsruhe FamRZ 2014, 1317.

2. Anordnungsanspruch/Anordnungsgrund

25 Für den Erlass einer einstweiligen Anordnung bedarf es gemäß § 49 Abs. 1 FamFG eines **Anordnungsanspruchs**. Sie muss also nach den für das Rechtsverhältnis maßgebenden Vorschriften gerechtfertigt sein. Außerdem muss ein **Anordnungsgrund** vorliegen. Dies setzt ein dringendes Bedürfnis für ein unverzügliches Tätigwerden voraus, das ein Abwarten bis zur Entscheidungsreife in der Hauptsache nicht gestattet, weil dies zu spät kommen und die Kindesinteressen nicht genügend wahren würde, also mit einem erheblichen Nachteil verbunden wäre.[61] Damit wurde ein – auch aus verfassungsrechtlichen Gründen (siehe dazu Rdn 6) – von der Rechtsprechung entwickeltes Tatbestandsmerkmal[62] ausdrücklich normiert. Ein solch dringendes Bedürfnis liegt insbesondere regelmäßig vor, wenn die Eltern sich hinsichtlich des künftigen Obhutselternteils uneinig sind; denn es widerspricht grundsätzlich dem Kindeswohl, eine Frage von solch erheblicher Bedeutung ungeregelt zu lassen.[63] Ein weiterer typischer Anwendungsfall ist die **eigenmächtige Änderung des Aufenthalts** des Kindes.[64] Auch wenn erwiesen oder zumindest glaubhaft gemacht ist, dass ein Elternteil ein Kind sexuell missbraucht, liegt die Dringlichkeit selbstredend vor.[65] Weitere Fälle sind notwendige Entscheidungen kurz vor einem anstehenden Termin (Einschulung, Taufe, Operation). In **Verfahren nach § 1666 f. BGB** fehlt es regelmäßig an der gebotenen Dringlichkeit einer Maßnahme, wenn sich die drohenden Beeinträchtigungen erst über längere Zeiträume entwickeln und sich die Gefährdungslage im Zeitpunkt der Entscheidung noch nicht derart verdichtet hat, dass ein sofortiges Einschreiten geboten wäre.[66] Im **vereinfachten Verfahren nach § 155a FamFG** kann über die gemeinsame elterliche Sorge nur in Ausnahmefällen im Wege einer einstweiligen Anordnung entschieden werden.[67]

26 Einen spezifischen, an den Richter gerichteten Prüfungsauftrag enthalten die § 156 Abs. 3 FamFG und § 157 Abs. 3 FamFG für Kindschaftssachen. Kann in einer solchen Angelegenheit, die den Aufenthalt des Kindes, das Umgangsrecht oder die Herausgabe des Kindes betrifft, im ersten Termin nach § 155 Abs. 2 FamFG kein Einvernehmen erzielt werden, so hat das Gericht mit den Verfahrensbeteiligten und dem Jugendamt den Erlass einer einstweiligen Anordnung zu erörtern, soweit im Termin – etwa wegen der Einholung eines Sachverständigengutachtens oder der Teilnahme der Eltern an einer Beratung nach § 156 Abs. 2 S. 4 FamFG – keine abschließende Regelung protokolliert wird. In Verfahren nach den §§ 1666, 1666a BGB hat das Gericht nach § 157 Abs. 3 FamFG unverzüglich den Erlass einer einstweiligen Anordnung zu prüfen. Ziel der Prüfungspflicht ist im Fall des § 157 Abs. 3 FamFG der Schutz des Kindeswohls vor einer Gefährdung. In den Fällen des § 156 Abs. 3 FamFG soll einer Entfremdung oder der Verfestigung einer bestehenden Kontinuität durch weiteren Zeitablauf vorgebeugt werden.

27 Die im Eilverfahren dem Gericht zur Verfügung stehenden **Entscheidungsmöglichkeiten** folgen aus § 49 Abs. 2 FamFG. Als grundlegende Maßnahme kommt die Sicherung bzw. vorläufige Regelung eines Zustandes in Betracht. Übernommen wurden damit die aus der ZPO bekannten Instrumente der Sicherungsanordnung (§ 935 ZPO) und der Regelungsanordnung (§ 940 ZPO). Dem Gericht werden aber auch – orientiert an § 938 Abs. 2 ZPO – weitergehende Maßnahmen eröffnet, die für die praktische Umsetzung – gerade in Kindschaftssachen – erhebliche Bedeutung haben und einer Entscheidung in der Hauptsache gleichstehen können, ohne dass der Gesetzgeber

---

61 Vgl. OLG Saarbrücken JAmt 2011, 49; OLG Jena FamRZ 2010, 1830; OLG Brandenburg FamRZ 2010, 1743; OLG Hamm FamRZ 2013, 47; *Löhnig/Heiß*, FamRZ 2009, 1101.
62 OLG Köln FamRZ 2007, 658; OLG Jena OLGR 2006, 434.
63 OLG Saarbrücken JAmt 2011, 49; Beschl. v. 26.10.2015 – 6 WF 132/15 (n.v.); OLG Hamm FamRZ 2013, 47.
64 OLG Saarbrücken FamRZ 2011, 1740.
65 KG NJOZ 2012, 1482.
66 BVerfG FamRZ 2014, 907.
67 OLG München FamRZ 2016, 245; *Dürbeck*, ZKJ 2013, 330; von der grundsätzlichen Möglichkeit einer einstweiligen Anordnung geht auch der Gesetzgeber aus, siehe BT-Drucks 17/11048, S. 28.

B. Die verfahrensrechtlichen Grundsätze der einstweiligen Anordnung § 7

eine abschließende Aufzählung angestrebt hätte.[68] Nur beispielhaft werden etwa Gebote oder Verbote genannt, die gerade im Zusammenhang mit Umgangsrechtsverfahren besondere Bedeutung besitzen.[69] Allerdings dürfen nur solche Maßnahmen ergriffen werden, die auch in einem entsprechenden Hauptsacheverfahren angeordnet werden dürften; denn das einstweilige Anordnungsverfahren ist zwar nicht mehr verfahrensrechtlich, aber weiterhin materiell-rechtlich akzessorisch.[70] Die Hauptsache darf also nicht vorweggenommen werden. Deshalb ist es im Eilverfahren nach § 1671 Abs. 1 BGB – vorbehaltlich einer gemäß § 1671 Abs. 4 i.V.m. § 1666 BGB festgestellten Kindeswohlgefährdung – nicht statthaft, dem Obhutselternteil zur Auflage zu machen, den Aufenthaltsort des Kindes bis zum Abschluss des Verfahrens nicht zu verändern.[71] Auch die Einräumung des Bestimmungsrechts über den Vornamen des Kindes im Verfahren nach § 1628 BGB kann grundsätzlich nicht im Wege einstweiliger Anordnung erfolgen.[72]

Zu beachten ist das **Verbot der Vorwegnahme der Hauptsache**,[73] das unmittelbar aus § 49 Abs. 1 FamFG folgt („vorläufige Maßnahme"). Eine solche Vorwegnahme kann allenfalls dann in Betracht kommen, wenn dem Antragsteller nur so ausreichender Rechtsschutz gewährt werden kann.[74] Das ist angesichts des breiten Maßnahmenspektrums im Kindschaftsrecht äußerst selten vorstellbar. So wird etwa im Falle der beabsichtigen **Auswanderung** eines Elternteils der Erlass einer die Übersiedlung gestattenden einstweiligen Anordnung wegen der faktischen Präjudizwirkung mit erheblichen Auswirkungen auf das Kind nur in seltenen Ausnahmefällen in Betracht kommen.[75] Auch frühere Hauptsacheentscheidungen zum Sorgerecht können im Eilverfahren – bei Vorliegen von Anordnungsgrund und -anspruch – vorläufig abgeändert werden, ohne dass zwingend ein kongruentes Hauptsacheverfahren anhängig sein muss.[76] Die gegenteilige Auffassung des OLG Celle[77] entbehrt einer Grundlage im Gesetz; insbesondere gibt § 166 FamFG nichts für seine Ansicht her.[78]   28

Das Gericht kann auch Regelungen treffen, die im Zusammenhang mit der Vollstreckung oder Durchführung der Anordnung zu sehen sind. Eines ausdrücklichen Antrages hierzu bedarf es nicht.   29

Die Beteiligten können das Eilverfahren auch durch **gerichtlich gebilligten Vergleich** beenden. Ohne ausdrückliche anderweitige Festlegung ist dann davon auszugehen, dass die Beteiligten nur eine vorläufige, das Eilverfahren betreffende Regelung treffen wollen.[79]   30

3. Entscheidung und Kosten

Die durch das Gericht getroffene Eilentscheidung, die durch Beschluss ergeht, stellt eine Endentscheidung im Sinn des § 38 Abs. 1 FamFG dar. Dies bedeutet, dass der Beschluss ausdrücklich zu begründen und mit einer Rechtsbehelfsbelehrung im Sinn des § 39 FamFG zu versehen ist. Die Bekanntgabe richtet sich nach § 41 FamFG.   31

Nach § 54 Abs. 1 FamFG ist die einstweilige Anordnung jederzeit abänderbar, und zwar auch von Amts wegen, außer wenn das entsprechende Hauptsacheverfahren nur auf Antrag eingeleitet wer-   32

---

68 Kemper/Schreiber/*Stockmann*, HK-FamFG, § 49 Rn 9; BT-Drucks 16/6308, S. 199.
69 *Schürmann*, FamRB 2008, 375.
70 OLG Brandenburg FamRZ 2015, 1515.
71 OLG Brandenburg, Beschl. v. 28.8.2015 – 10 UF 113/15, juris.
72 OLG Karlsruhe, Beschl. v. 30.6.2016 – 5 UF 74/16, juris.
73 OLG Köln FamRZ 2012, 236; OLG Hamm FamRZ 2011, 1151; OLG Nürnberg NJW-RR 2011, 219.
74 Vgl. BVerfG NVwZ 2012, 537 m.w.N.
75 OLG Nürnberg FamRZ 2011, 131.
76 OLG Hamm FamRZ 2011, 120.
77 OLG Celle NJOZ 2012, 1.
78 So zutreffend *Giers*, FGPrax 2013, 93, 95.
79 OLG Hamm FuR 2013, 52; OLG Jena NJW-RR 2012, 134; *Giers*, FGPrax 2013, 93, 94.

den kann. Da ihre Wirkung naturgemäß zeitlich begrenzt ist (§ 56 FamFG), ist die einstweilige Anordnung keiner materiellen Rechtskraft fähig. Dies steht der formellen Rechtskraft der Entscheidung nicht entgegen. Die einstweilige Anordnung **tritt außer Kraft**

- wenn eine anderweitige Regelung wirksam wird (§ 56 Abs. 1 Fall 2 FamFG), z.B. die Hauptsacheentscheidung oder eine neue einstweilige Anordnung – insoweit ist zu beachten, dass kindschaftsrechtliche Hauptsacheentscheidungen bereits mit Bekanntmachung wirksam werden (§ 40 Abs. 1 FamFG), so dass die einstweilige Anordnung schon dann und nicht erst mit Rechtkraft der Hauptsacheentscheidung wirkungslos wird,[80]
- mit Ablauf der gerichtlich bestimmten Geltungsdauer (§ 56 Abs. 1 Fall 1 FamFG),
- soweit es sich um ein Antragsverfahren handelt,
- in den in § 56 Abs. 2 FamFG genannten Fällen (Antragsrücknahme in der Hauptsache, rechtskräftige Abweisung des Hauptsacheantrags, übereinstimmende Erledigungserklärung oder anderweitige Erledigung der Hauptsache),
- im Falle der Antragsrücknahme, sofern sie während noch offener Frist zur Einlegung eines statthaften Rechtsmittels erklärt wird; der Zustimmung der anderen Beteiligten bedarf es dann nicht, weil § 22 Abs. 1 S. 2 FamFG auf diese Konstellation keine Anwendung findet.[81]

33 Wegen der fehlenden Akzessorietät des Eilverfahrens zur Hauptsache bedarf die einstweilige Anordnung einer eigenen Kostenentscheidung, die sich nach den allgemeinen Vorschriften richtet (§§ 51 Abs. 4, 80 ff. FamFG, vgl. § 10 Rdn 48).

34 Bedarf es einer sofortigen Vollziehung der Entscheidung, etwa in Fällen der Kindesherausgabe, so kann das Gericht die Zulässigkeit der Vollstreckung vor Zustellung anzuordnen, so dass die einstweilige Anordnung bereits mit ihrem Erlass – und nicht erst, wie sonst,[82] nach § 40 FamFG mit Bekanntgabe – wirksam wird (§ 53 Abs. 2 FamFG).[83]

IV. Aufhebung und Änderung der einstweiligen Anordnung/Aussetzung der Vollstreckung

35 Die Aufhebung und Änderung einer einstweiligen Anordnung kann nach dem FamFG durch

- einen Antrag auf mündliche Verhandlung (§ 54 Abs. 2 FamFG; Antragsmuster im Formularteil, siehe § 13 Rdn 52 ff.),
- einen Antrag auf Einleitung eines Verfahrens zur Hauptsache (§ 52 FamFG) oder
- einen Abänderungsantrag (§ 54 Abs. 1 FamFG; Antragsmuster im Formularteil, siehe § 13 Rdn 55)

erstrebt werden, wobei in allen Fällen für das Abänderungsverfahren das Gericht zuständig ist, das die einstweilige Anordnung erlassen hat (§ 54 Abs. 3 FamFG). Dies gilt auch, wenn sich zwischenzeitlich die die Zuständigkeit begründenden Umstände verändert haben.[84] Lediglich durch Abgabe oder Verweisung oder wenn das Eilverfahren beim Beschwerdegericht anhängig ist, kann eine andere Zuständigkeit begründet werden. Das Familiengericht bleibt für die Abänderung der einstweiligen Anordnung auch dann zuständig, wenn die Hauptsache parallel beim Beschwerdegericht anhängig ist (arg. § 54 Abs. 3 FamFG).[85]

---

80 OLG Saarbrücken, Beschl. v. 23.11.2011 – 9 UF 119/11 (n.v.); deswegen ordnet § 56 Abs. 1 S. 2 FamFG für Familienstreitsachen ausdrücklich anderes an.
81 OLG Hamburg FamRZ 2015, 2185.
82 OLG Hamm FPR 2011, 232.
83 Vgl. etwa BGH NStZ 2013, 108.
84 BT-Drucks 16/6308, S. 202.
85 OLG Brandenburg MDR 2013, 854.

B. Die verfahrensrechtlichen Grundsätze der einstweiligen Anordnung § 7

1. Antrag auf Einleitung des Hauptsacheverfahrens (§ 52 FamFG)

Bedingt durch die fehlende Akzessorietät des Eilverfahrens zum Hauptsacheverfahren ist es nicht zwingend erforderlich, dass in jedem Fall eine erneute Überprüfung der Eilentscheidung in einem Hauptsacheverfahren erfolgt.

36

Ist die einstweilige Anordnung von Amts wegen erlassen worden, hat das Gericht eigenständig zu prüfen, ob es von Amts wegen ein Hauptsacheverfahren einleitet. Hierfür wird meist viel sprechen, weil das Hauptsacheverfahren sich nicht mit einer summarischen Prüfung des Sachverhalts begnügt, so dass umfassend ermittelt werden kann, welche Maßnahmen dem Kindeswohl entsprechen. Denn das Hauptsacheverfahren dient nach allgemeinen Grundsätzen der Überprüfung der einstweiligen Anordnung unter umfassender Prüfung der Sach- und Rechtslage.[86]

37

Stellt ein Beteiligter den Antrag auf Einleitung des Hauptsacheverfahrens, so ist hierfür stets das Gericht **örtlich zuständig**, das die einstweilige Anordnung erlassen hat; dies folgt aus dem Gesamtzusammenhang der Vorschrift und der Verwendung des Begriffs „das Gericht" in § 52 Abs. 1 FamFG; das Gericht kann indes das Verfahren nach § 4 FamFG an ein anderes Gericht abgeben.[87] Dem Antrag ist sowohl in den Amtsverfahren als auch in den reinen Antragsverfahren zu entsprechen, § 52 Abs. 1 S. 1 FamFG; das Gericht hat hier kein tatrichterliches Ermessen.[88] Um gleichwohl einem überstürzten Drängen in das Hauptsacheverfahren entgegenzuwirken, kann das Gericht mit Erlass der einstweiligen Anordnung eine Frist setzen, binnen derer ein solcher Antrag unzulässig ist. Eine solche Fristsetzung ist allerdings nach der Systematik des § 52 FamFG nur in Amtsverfahren zulässig, nicht in Antragsverfahren wie etwa dem nach § 1671 BGB.[89] Die Frist darf außerdem drei Monate nicht überschreiten (§ 52 Abs. 1 S. 2 FamFG). Zutreffend wird zudem in der Gesetzesbegründung darauf hingewiesen, dass diese Frist kürzer zu bemessen ist, wenn es sich um eine unanfechtbare Eilentscheidung handelt und in die Rechte eines Beteiligten schwerwiegend eingegriffen wurde.[90] Hier stehen insbesondere vorläufige Umgangsausschlüsse und Fälle in Rede, in denen das Kind einstweilen von seiner Bezugsperson getrennt wurde.

38

In den reinen Antragsverfahren sieht § 52 Abs. 2 S. 1 FamFG vor, dass dem Verfahrensbeteiligten, der das einstweilige Anordnungsverfahren eingeleitet hat, auf Antrag eines anderen Beteiligten auch die Einleitung des Hauptsacheverfahrens aufgegeben wird. Dies ist an § 926 ZPO (Anordnung der Klagerhebung) angelehnt. Insbesondere der Antragsgegner kann auf diesem Weg binnen einer Frist von längstens drei Monaten (§ 52 Abs. 2 S. 2) ein Hauptsacheverfahren erzwingen. Das Gericht muss dem Antrag in der Regel entsprechen, es hat nur bezüglich der Fristsetzung ein nach unten offenes Ermessen. Ausnahmsweise kann es eine Fristsetzung ablehnen, wenn damit kein sinnvolles Rechtsschutzziel mehr verbunden ist.[91]

39

Lehnt das Gericht den Antrag auf Bestimmung einer Frist ab, so ist hiergegen die **sofortige Beschwerde** analog §§ 567 ff. ZPO gegeben.[92] Dafür spricht insbesondere die Sachnähe zur Verfahrensaussetzung, die nach § 21 Abs. 2 FamFG ebenfalls mit sofortiger Beschwerde angefochten werden kann. Leistet derjenige, der die einstweilige Anordnung erwirkt hatte, der Anordnung der Antragstellung zur Hauptsache nicht fristgerecht Folge, so ist die einstweilige Anordnung

---

86 OLG Saarbrücken NJW-RR 2012, 1092.
87 OLG München FamRZ 2011, 1078.
88 Kemper/Schreiber/*Stockmann*, § 52 Rn 4.
89 OLG Bamberg FamFR 2011, 165 m.w.N.
90 Kemper/Schreiber/*Stockmann*, § 52 Rn 4.
91 OLG Dresden, Beschl. v. 5.7.2016 – 20 UF 409/16, juris; ebenso OLG Karlsruhe FamRZ 2011, 571 mit zahlreichen Beispielen.
92 OLG Karlsruhe FamRZ 2011, 571 (arg. § 926 ZPO) m. krit. Anm. *van Els*; ebenso *Giers*, FGPrax 2011, 1, 2; *Weinreich*, FuR 2011, 301, 306; a.A. – Beschwerde nach § 58 FamFG – OLG Stuttgart FamRZ 2015, 2078; eine Anfechtbarkeit vollständig ablehnend Zöller/*Feskorn*, § 52 Rn 5; Thomas/Putzo/*Reichold*, § 52 Rn 7; dazu neigend, aber im Ergebnis offenlassend OLG Dresden, Beschl. v. 5.7.2016 – 20 UF 409/16, juris.

zwingend aufzuheben, § 52 Abs. 2 S. 3 FamFG. Antragstellung erfordert nach zutr. h.M. Rechtshängigkeit, allerdings einschließlich der Vorwirkung nach § 167 ZPO.[93] Der Aufhebungsbeschluss ist anfechtbar, wenn auch die einstweilige Anordnung nach § 57 FamFG anfechtbar wäre.[94]

2. Abänderungsantrag (§ 54 Abs. 1 FamFG)

40 Im Rahmen des Abänderungsverfahrens kann die einstweilige Anordnung inhaltlich verändert oder insgesamt aufgehoben werden. Für die Abänderung einstweiliger Anordnungen ist § 1696 Abs. 1 BGB nicht einschlägig.[95] Örtlich zuständig bleibt nach § 54 Abs. 3 S. 1 FamFG das Gericht, das die einstweilige Anordnung erlassen hat.[96] Während in den Amtsverfahren das Gericht eigenständig tätig werden kann, bedarf es für die reinen Antragsverfahren eines ausdrücklichen diesbezüglichen Antrags (§ 54 Abs. 1 S. 2 FamFG). Allerdings ist das Gericht verpflichtet, die einstweilige Anordnung ggf. von Amts wegen zu ändern, wenn eine gesetzlich vorgeschriebene Anhörung unterblieben ist (§ 54 Abs. 1 S. 3 FamFG). Das Abänderungsverfahren ist gegenüber einem Antrag auf Durchführung der mündlichen Verhandlung nachrangig (§ 54 Abs. 2 FamFG); vor Neuentscheidung nach mündlicher Verhandlung fehlt daher einem Aufhebungs- oder Abänderungsantrag das Rechtsschutzbedürfnis.[97] Die Aufhebung oder Anpassung einer Eilmaßnahme setzt keine Veränderung der Sach- oder Rechtslage voraus. Das Gericht ist nicht an seine ursprüngliche Entscheidung gebunden; es hat den Sachverhalt umfassend neu zu würdigen und kann ihn auch abweichend beurteilen.[98]

41 Das Abänderungsverfahren selbst unterliegt den gleichen Verfahrensvorschriften wie das Ausgangsverfahren. Während der Anhängigkeit des Eilverfahrens in der Beschwerdeinstanz ist das Ausgangsgericht zu einer Abänderung seiner angefochtenen einstweiligen Anordnung nicht berechtigt (§ 54 Abs. 4 FamFG).

42 Für die Dauer des Abänderungsverfahrens kann das – erst- oder zweitinstanzliche – Gericht ein etwaig laufendes **Vollstreckungsverfahren aussetzen oder beschränken** (§ 55 Abs. 1 FamFG),[99] gegebenenfalls unter Anordnung einer Sicherheitsleistung, die nicht gesondert beantragt werden muss. Soweit jedoch ein diesbezüglicher Antrag vorliegt, ist über ihn unverzüglich und nach § 55 Abs. 2 FamFG vorab zu entscheiden.[100] Diese für die einstweilige Einstellung der Vollstreckung aus einer einstweiligen Anordnung spezielle Norm geht derjenigen für die einstweilige Einstellung der Vollstreckung aus einem Hauptsachetitel (§ 93 Abs. 1 S. 1 Nr. 4 FamFG) vor.[101]

Stellt das Gericht die Zwangsvollstreckung ein, so ist diese Entscheidung unanfechtbar (§ 55 Abs. 1 S. 2 FamFG).

---

93 Siehe dazu eingehend *Holznagel*, NZFam 2015, 494 m.z.w.N. auch zur Gegenmeinung.
94 OLG Hamburg FamRZ 2013, 482; OLG Zweibrücken NJW 2012, 3796.
95 BVerfG FamRZ 2009, 1389; BGH FamRZ 2011, 796 m. Anm. *Völker*; siehe zum gerichtlich gebilligten Vergleich im einstweiligen Anordnungsverfahren OLG Köln FamRZ 2013, 1591.
96 OLG Saarbrücken, Beschl. v. 17.12.2010 – 6 WF 135/10 (n.v.); BT-Drucks 16/6308, S. 202.
97 OLG Celle FamRZ 2013, 569; a.A. OLG Karlsruhe FamRZ 2011, 571.
98 BVerfG FamRZ 2014, 1772.
99 Zu § 55 FamFG eingehend *van Els*, FamRZ 2011, 1706.
100 BT-Drucks 16/6308, S. 202.
101 BGH FamRZ 2015, 2147.

V. Rechtsmittel

1. Statthaftigkeit

Die im Verfahren der einstweiligen Anordnung ergangenen Entscheidungen sind grundsätzlich **unanfechtbar** (§ 57 S. 1 FamFG), auch wenn in der betreffenden Entscheidung in der Rechtsmittelbelehrung irrtümlich auf die Möglichkeit der sofortigen Beschwerde hingewiesen wird.[102] Lediglich in den in § 57 S. 2 FamFG enumerierten **Ausnahmefällen** ist eine Beschwerdemöglichkeit eröffnet. Erfasst werden davon u.a. Verfahren wegen Genehmigung bzw. Anordnung der geschlossenen Unterbringung eines Kindes nach § 151 Nr. 6 bzw. 7 FamFG (dann ist auch keine vorherige mündliche Erörterung notwendig,[103] sie kann aber der Beschwerde vorgeschaltet werden)[104] und – vorherige mündliche Erörterung vorausgesetzt – Verfahren

- über die elterliche Sorge für ein Kind (§ 57 S. 2 Nr. 1 FamFG),
- über die Herausgabe des Kindes an den anderen Elternteil (§ 57 S. 2 Nr. 2 FamFG, siehe dazu auch Rdn 46),
- über einen Antrag auf Verbleiben eines Kindes bei einer Pflege- oder Bezugsperson (§ 57 S. 2 Nr. 3 FamFG, siehe auch dazu Rdn 46).

43

Für die Anfechtbarkeit ist es gleichgültig, ob es sich bei der Entscheidung um eine regelnde handelt oder der Antrag auf Erlass einer einstweiligen Anordnung zurückgewiesen wurde.[105]

44

Einstweilige Anordnungen, die bezüglich des **Umgangsrechts** ergehen, sind nicht mit Rechtsmitteln anfechtbar.[106] Dies ist für Fälle des einstweiligen Umgangsausschlusses sehr kritisch zu sehen, weil dieser nicht nur für den betroffenen Elternteil, sondern durchaus auch für das Kind hohe Eingriffsintensität hat. Hier kann nur die – unmittelbare – Verfassungsbeschwerde helfen.[107] Ordnet das Familiengericht in einem Umgangseilverfahren aber ein striktes **Wechselmodell** (siehe dazu § 1 Rdn 326 ff.) an, so stellt sich dies im Ergebnis als verkappte Regelung des Aufenthaltsbestimmungsrechts dar, so dass die Beschwerde statthaft ist.[108] Werden Maßnahmen nach § 1666 ergriffen, die aber nicht im vollständigen oder teilweisen Entzug der elterlichen Sorge bestehen, ist die Entscheidung unanfechtbar.[109]

45

Wird in der einstweiligen Anordnung die **Herausgabe** eines Kindes nicht an den anderen Elternteil, sondern an das als Ergänzungspfleger bestellte Jugendamt angeordnet, so ist dies unanfechtbar; eine analoge Anwendung von § 57 S. 2 Nr. 2 FamFG kommt nicht in Frage.[110]

46

§ 57 S. 2 Nr. 3 FamFG ist auch auf eine von Amts wegen erlassene einstweilige Verbleibensanordnung anzuwenden.[111]

---

102 OLG Koblenz FamRZ 2010, 908.
103 Ebenso *Giers*, FGPrax 2013, 93, 95.
104 OLG Naumburg JAmt 2013, 48.
105 *Keidel/Giers*, § 57 Rn 4.
106 OLG Köln FamRZ 2011, 574; 2010, 1829; OLG Celle FamRZ 2011, 574.
107 Siehe als anschauliches Beispiel BVerfG FuR 2008, 338 und Schulz/Hauß/*Völker*, HK-FamR, Schwerpunktbeitrag 10 mit Diktatbausteinen.
108 A.A. OLG Hamm FamRZ 2014, 1389 m. zust. Anm. *Holzwarth*, NZFam 2014, 567; m. krit. Anm. *Hammer* in FamRB 2014, 375; KG, Beschl. v. 27.9.2011 – 16 UF 213/11 (n.v.), aber das Argument, mit der Umgangsregelung sei keine Entscheidung über die Alltagssorge verbunden, verkennt § 1687 Abs. 1 S. 4 BGB, der gerade Umgangsaufenthalte erfasst.
109 OLG Frankfurt FamRZ 2012, 1952.
110 OLG Saarbrücken FamRZ 2013, 1153 m.w.N.; OLG Oldenburg (1. Senat für Familiensachen) FamRZ 2014, 1929; *Dose*, Einstweiliger Rechtsschutz, Rn 40; *Fischer*, FuR 2014, 700, 702; a.A. OLG Oldenburg (4. Senat für Familiensachen) FamRZ 2011, 745.
111 Zutreffend OLG Frankfurt, Beschl. v. 13.1.2016 – 4 UF 272/15, juris.

47 **Vollstreckungsanordnungen**, die eine einstweilige Anordnung flankieren (§ 49 Abs. 2 S. 3 FamFG), sind außerhalb der für die Anfechtung der einstweiligen Anordnung selbst maßgeblichen Vorschriften nicht isoliert anfechtbar.[112]
(Zur Anfechtbarkeit einer einstweiligen **Umgangspflegschaft** siehe § 2 Rdn 45.)

48 Enthält eine einstweilige Anordnung **zwei Regelungsbereiche**, von denen einer anfechtbar, der andere unanfechtbar ist, so ist die Beschwerde nur gegen den anfechtbaren Teil statthaft.[113]

49 Auch im Falle der grundsätzlichen Anfechtbarkeit besteht in den Fällen des § 57 S. 2 Nr. 1 bis 3 FamFG (siehe dazu Rdn 43) nur dann eine Beschwerdemöglichkeit, wenn das Gericht aufgrund **mündlicher Erörterung** entschieden hat. Wurde nicht mündlich erörtert, so ist der Antrag auf mündliche Verhandlung nach § 54 Abs. 2 FamFG vorrangig und die Beschwerde unzulässig (§ 57 S. 2 FamFG).[114] Gleiches gilt, wenn das Familiengericht zunächst mündlich erörtert und dann erst auf der Grundlage weiteren Sachvortrags oder weiterer Ermittlungen entscheidet, ohne zuvor erneut mündlich erörtert zu haben – sog. **„gemischt mündlich-schriftliches Verfahren"**.[115] Soweit teilweise angenommen wird, eine Entscheidung aufgrund mündlicher Erörterung liege auch dann vor, wenn der Verfahrensgegenstand nur in einem zwischen den Beteiligten geführten Parallelverfahren mündlich besprochen worden sei,[116] kann dem aus formalen Gründen nicht zugestimmt werden. Für eine mündliche Erörterung genügt es auch nicht, wenn einzelne Beteiligte – etwa nach § 159 oder § 160 FamFG – angehört werden. Denn die mündliche Erörterung setzt einen Termin voraus, zu dem alle Beteiligten geladen worden sind.[117] Ist dies veranlasst worden, erscheint aber ein ordnungsgemäß geladener Beteiligter nicht zum Termin, so liegt im Falle der Entscheidung im einstweiligen Anordnungsverfahren eine solche aufgrund mündlicher Erörterung vor.[118] Anders liegen die Dinge, wenn es an einer ordnungsgemäßen Ladung und Gehörsgewährung fehlt.[119] So auch, wenn ein Beteiligter aus erheblichen, etwa krankheitsbedingten Gründen um eine Verlegung des Erörterungstermins nachgesucht hat, das Gericht den Termin aber gleichwohl durchführt, ohne dass es sich mit dem Verlegungsantrag hinreichend auseinandersetzt.[120] Wird zwar auf Antrag die mündliche Erörterung nachgeholt, ergeht aber daraufhin keine Entscheidung mehr, so ist eine Beschwerde ebenfalls unzulässig.[121] (Zur isolierten Anfechtung der **Kostenentscheidung** im einstweiligen Anordnungsverfahren siehe § 10 Rdn 17; zur Anfechtung eines **Verfahrenskostenhilfe** mangels hinreichender Erfolgsaussicht verweigernden Beschlusses siehe § 8 Rdn 36).

2. Formalien

50 Die Beschwerde gegen die Entscheidung im einstweiligen Anordnungsverfahren – sei sie eine einstweilige Anordnung erlassend, sei sie dies ablehnend – ist binnen einer **Frist** von **2 Wochen** (§ 63 Abs. 2 Nr. 1 FamFG n.F.) bei dem Gericht einzulegen, dessen Entscheidung angefochten wird (§ 64 Abs. 1 FamFG; Antragsmuster im Formularteil, siehe § 13 Rdn 67).

---

112 OLG Koblenz FamRZ 2014, 496.
113 OLG Schleswig FamRZ 2012, 151.
114 Dies gilt nach OLG Zweibrücken NJW 2012, 162 auch für die sog. dringliche einstweilige Unterbringungsanordnung nach § 167 Abs. 1 S. 1 i.V.m. § 332 FamFG.
115 OLG Karlsruhe, Beschl. v. 29.7.2010 – 5 UF 207/10 (n.v.) m.z.w.N.; a.A. *Keidel/Giers*, § 57 Rn 5.
116 OLG Brandenburg MDR 2014, 163; OLG Zweibrücken FamRZ 2011, 1243; OLG Hamm, Beschl. v. 14.11.2011 – 8 UF 172/11, juris; *Giers*, FGPrax 2013, 93, 95.
117 OLG Frankfurt FamRZ 2012, 571.
118 OLG Frankfurt FamRZ 2013, 316; OLG Hamm FamFR 2013, 401; OLG Saarbrücken, Beschl. v. 17.12.2012 – 9 UF 410/12 (n.v.).
119 OLG Saarbrücken, Beschl. v. 22.5.2013 – 6 UF 97/13 (n.v.); OLG Celle FamFR 2012, 566.
120 OLG Frankfurt FamRZ 2013, 1831.
121 OLG Celle BeckRS 2011, 00524.

B. Die verfahrensrechtlichen Grundsätze der einstweiligen Anordnung § 7

Streitig ist, ob das Familiengericht einer gegen eine einstweilige Anordnung gerichteten Beschwerde **abhelfen** darf. Da die einstweilige Anordnung nunmehr verfahrensrechtlich von der Hauptsache unabhängig ist (§ 51 Abs. 3 S. 1 FamFG) und durch sie der Gegenstand des einstweiligen Anordnungsverfahrens ganz erledigt wird, stellt sie eine Endentscheidung nach § 38 Abs. 1 S. 1 FamFG dar.[122] Davon geht auch der Gesetzgeber – übrigens in Kenntnis des Meinungsstreits – aus. Denn im Rahmen der Änderungen des FamFG durch das Gesetz zur Einführung einer Rechtsbehelfsbelehrung im Zivilprozess und zur Änderung anderer Vorschriften vom 5.12.2012[123] ist im Rahmen der Änderung von § 63 Abs. 2 Nr. 1 FamFG durch Art. 6 Nr. 6 jenes Gesetzes ausdrücklich klargestellt worden, dass Entscheidung im einstweiligen Anordnungsverfahren Endentscheidungen sind. Beschwerden gegen diese darf das Ausgangsgericht in Familiensachen aber nicht abhelfen (§ 68 Abs. 1 S. 2 FamFG). Aufgrund des eindeutigen Wortlauts der Vorschrift kann der Gegenmeinung,[124] die von einem gesetzgeberischen Versehen ausgeht – auf das in der Tat vieles hindeutet, da der Gesetzgeber wohl nur den Regelungsgehalt der § 621e Abs. 3 ZPO und § 318 ZPO übernehmen wollte[125] – nicht beigetreten werden.[126] Mithin besteht keine Abhilfemöglichkeit.[127]

51

Das Beschwerdegericht hat zu prüfen, ob im Zeitpunkt seiner Entscheidung die Voraussetzungen für den Erlass einer einstweiligen Maßnahme noch immer vorliegen.[128]

52

3. Sonderproblem: Abänderungsmaßstab des Beschwerdegerichts bei vollzogenen erstinstanzlichen einstweiligen Anordnungen

Nicht wenige Obergerichte gehen – in Anlehnung an entsprechend vom BVerfG formulierte Maßstäbe – in Fällen vollzogener erstinstanzlicher einstweiliger Anordnungen[129] über das Aufenthaltsbestimmungsrecht davon aus, dass die Abwägung, ob eine Abänderung der einstweiligen Anordnung noch vor der Hauptsacheentscheidung angezeigt sei, nicht an einer Sanktion des Fehlverhaltens eines Elternteils, sondern vorrangig am Kindeswohl zu orientieren sei. Bei offenem Ausgang des Hauptsacheverfahrens seien die Folgen, die eintreten würden, wenn die einstweilige Anordnung bestehen bliebe, der Antragsteller mit seinem Antrag im Hauptsacheverfahren aber später Erfolg hätte, gegen die Nachteile abzuwägen, die entstünden, wenn die begehrte einstweilige Anordnung abgeändert würde, dem Antragsteller im Hauptsacheverfahren aber der Erfolg zu versagen wäre.[130] Daher entspreche es regelmäßig dem Wohl des Kindes nicht, eine bereits vollzogene einstweilige Anordnung über das Aufenthaltsbestimmungsrecht ohne schwerwiegende Gründe abzuändern und somit vor der Entscheidung des Familiengerichts in der Hauptsache

53

---

122 OLG Stuttgart NJW 2009, 3733.
123 BGBl 2012 I, S. 2418.
124 OLG Hamm FamRZ 2011, 234.
125 BT-Drucks 16/6308, S. 207.
126 Wie hier ausdrücklich Prütting/Helms/*Stößer*, § 57 Rn 12; *Schurmann*, FamRB 2008, 375; 2009, 24; wohl auch Baumbach/Lauterbach/Albers/*Hartmann*, § 68 FamFG Rn 2 und Keidel/*Giers*, § 57 Rn 11; vgl. auch OLG Stuttgart NJW 2009, 3733.
127 Ebenso – obiter – OLG Saarbrücken, Beschl. v. 24.8.2015 – 9 UF 41/15 (n.v.).
128 BayObLG FamRZ 1997, 387; OLG Hamm FamRZ 1990, 893.
129 Die folgenden Ausführungen gelten entsprechend, wenn eine erstinstanzliche Hauptsacheentscheidung vollzogen wurde und im Beschwerdeverfahren der Erlass einer einstweiligen Anordnung nach § 64 Abs. 3 FamFG in Rede steht.
130 Vgl. – mutatis mutandis – BVerfG FamRZ 2007, 1626.

über einen erneuten Ortswechsel zu befinden.[131] Ein mehrfacher Wechsel würde das Kindeswohl in nicht unerheblichem Maße beeinträchtigen.[132]

54 Gegen die hiermit einhergehende Beschränkung des „Prüfungsprogramms" des Beschwerdeverfahrens hat das Bundesverfassungsgericht Bedenken erhoben und ausgeführt:[133]

„Zwar erscheint sehr zweifelhaft, ob die vom Oberlandesgericht als seine ‚ständige Rechtsprechung' bezeichnete Übung, vollzogene amtsgerichtliche Entscheidungen zur elterlichen Sorge, die nach Anhörung der Verfahrensbeteiligten und Einschaltung der Jugendämter ergangen sind, im Beschwerdeverfahren nur abzuändern, wenn die Beschwerde konkrete Umstände aufzeigt und glaubhaft macht, aus denen sich für den verbleibenden Zeitraum bis zur Hauptsacheentscheidung eine Kindeswohlgefährdung oder die Gefahr sonstiger schwerwiegender Unzulänglichkeiten für dessen Versorgung ableiten lassen, verfassungsrechtlicher Prüfung standhält. Denn eine solche schematische (Selbst-)Begrenzung des Prüfungsmaßstabes des Beschwerdegerichts kann sich zum einen auf keine einfachrechtliche Norm des Familienverfahrensrechts stützen, zum anderen kann eine solche Handhabung zur – kindeswohlwidrigen – Folge haben, dass dem Kind in Fällen wie dem vorliegenden allein aus Gründen der vorläufigen Kontinuität die Betreuung durch den nach vorläufiger Würdigung erziehungsgeeigneteren Elternteil versagt bleibt. Dann aber wären die Umstände des Einzelfalls nicht hinreichend berücksichtigt, deren stete Maßgeblichkeit es verbietet, eine bestimmte Sorgerechtsregelung mit der Spruchpraxis eines Gerichts in vergleichbaren Fällen zu begründen."[134]

55 Dem ist nachdrücklich zuzustimmen. Der inzidente Rückgriff jener Obergerichte auf die Abwägungsmaßstäbe des Bundesverfassungsgerichts ist auch deshalb unstatthaft, weil das Bundesverfassungsgericht im Zuge seiner nach § 32 Abs. 1 BVerfGG gebotenen Folgenabwägung seiner Entscheidung in aller Regel die Tatsachenfeststellungen und Tatsachenwürdigungen in den angegriffenen Entscheidungen zugrunde legt.[135] Genau dies aber ist einem Obergericht als Tatsacheninstanz verschlossen, umso mehr, wenn der Sachverhalt erstinstanzlich nicht vollständig aufgeklärt wurde.

56 Ein Verzicht auf solch selbstgesetzte – und damit auch selbstbegrenzende – Maßstäbe schadet auch nicht:[136] Denn statthaft bleibt selbstredend, den im Falle einer Abänderung der familiengerichtlichen Entscheidung zu gewärtigenden mehrfachen Wechsel des Aufenthaltsortes – und damit der Hauptbezugsperson – des Kindes als gewichtigen Belang in die erforderliche Einzelfallabwägung einzustellen. Solche Berücksichtigung steht mit der verfassungsgerichtlichen Rechtsprechung in Einklang; denn freilich beeinträchtigen in der Regel mehrfache Wechsel des Ortes und der unmittelbaren Bezugsperson das Kindeswohl in nicht unerheblichem Maße.[137]

57 Man muss daher auch bei bereits vollzogener einstweiliger Anordnung von den üblichen Maßstäben und Kriterien etwa des § 1671 Abs. 2 S. 2 BGB ausgehen und im Rahmen der dann angezeigten Gesamtabwägung aller Sorgerechtsbelange einschließlich ggf. des Aspekts eines eigenmächtigen Verbringens des Kindes[138] den Aspekt des erneuten Obhutswechsels –

---

131 OLG Brandenburg FamRZ 2014, 1124; OLG Brandenburg, NJW RR 2013, 1418; FamRZ 2015, 1216; 2011, 1873; 2009, 445; 2004, 210; KG FamRZ 2014, 1790; OLG Hamm FamRZ 2009, 432 m. krit. Anm. *Völker*, jurisPR-FamR 27/2008, Anm. 3; OLG Dresden FamRZ 2003, 1306; OLG Köln FamRZ 1999, 181; teilweise wird vorausgesetzt, dass in erster Instanz alle Beteiligten angehört wurden.
132 Vgl. BVerfG FamRZ 2007, 1626; OLG Saarbrücken FamRZ 2010, 139.
133 BVerfG FamRZ 2009, 189 m. Bespr. *Völker/Clausius*, FF 2009, 54 und Anm. *Völker*, jurisPR-FamR 27/2008, Anm. 3.
134 Vgl. dazu BVerfG FamRZ 1993, 662.
135 Vgl. BVerfGE 34, 211; 36, 37; BVerfG FamRZ 2007, 1626.
136 Siehe dazu *Völker*, jurisPR-FamR 27/2008, Anm. 3.
137 Vgl. BVerfG FamRZ 2007, 1626; vgl. auch BVerfG FamRZ 2015, 1466; KG FamRZ 2014, 1790.
138 Dazu OLG Saarbrücken NJW 2011, 2372 und FamRZ 2011, 1740; OLG Brandenburg FamRZ 2011, 1739.

allerdings gewichtig und **insoweit** auf die Rechtsprechung des Bundesverfassungsgerichts gestützt – berücksichtigen. Dies bedeutet, dass sich eine ggf. erkennbare bessere Sorgerechtseignung des anderen Elternteils schon vor der Hauptsacheentscheidung durchsetzen kann,[139] was zwei Vorteile hat: Der bloße Zeitablauf führt dann nicht zu einer Verstärkung der Kontinuität zugunsten des voraussichtlich weniger geeigneten Elternteils mit der Folge, dass im Falle des Wechsels in der Hauptsacheentscheidung den Kindern der Wechsel schwerer fallen kann. Zum anderen wird so der Nachteil vermieden, dass die Kinder in der Zwischenzeit vom nach vorläufiger Würdigung weniger geeigneten Elternteil erzogen werden. Dabei ist in den Blick genommen, dass eigenmächtiges Verhalten je nach seinem Schweregrad auf eine erhebliche Einschränkung der Erziehungseignung – fehlende Bindungstoleranz – des ohne Absprache mit dem anderen Elternteil handelnden Elternteils hindeutet.[140] Dies gilt verstärkt, wenn mit dem Umzug schädliche Folgen für das Kind verbunden sind.[141]

Ist in der Hauptsache die Einholung eines Sachverständigengutachtens angeordnet, so ist anzuraten, diesen vor dem Senatstermin zu kontaktieren und zu fragen, bis wann er sein Gutachten voraussichtlich erstellt haben wird. Die freibeweisliche Aufklärung dieses Umstandes kann sich auf die Entscheidung des Senats im einstweiligen Anordnungsverfahren auswirken, falls auch nach der Anhörung unter Anlegung der vorgenannten Maßstäbe nicht klar ist, ob die beiden beteiligten Kinder bis zur Hauptsacheentscheidung erneut wechseln sollten. Denn das Bundesverfassungsgericht misst dem Aspekt, dass die Fertigstellung des Gutachtens in Kürze zu erwarten ist, regelmäßig Gewicht bei, so dass in diesem Fall ein weiteres Argument für den Verbleib des Kindes beim derzeitigen Obhutselternteil streitet.[142]

4. Außervollzugsetzung der erstinstanzlichen Entscheidung durch das Beschwerdegericht

Nach § 55 FamFG kann das Beschwerdegericht vor der Entscheidung (auch, wenn eine erstinstanzliche einstweilige Anordnung in Rede steht) auf Antrag oder von Amts wegen eine einstweilige Anordnung erlassen und insbesondere die Vollziehung des angefochtenen Beschlusses aussetzen. Hierzu wird insbesondere dann Anlass bestehen, wenn in der erstinstanzlichen Entscheidung ein Obhutswechsel des Kindes angeordnet wurde, um zu vermeiden, dass das Kind im Falle des Erfolgs des Rechtsmittels einem zweifachen Wechsel seines Umfelds und seiner Bezugsperson ausgesetzt wird. Eine Aussetzung der Vollziehung ist geboten, wenn das Rechtsmittel Aussicht auf Erfolg hat und dem Beschwerdeführer durch die unmittelbar bevorstehende Vollziehung der angefochtenen Entscheidung irreparable Nachteile von erheblichem Gewicht drohen. Ein derartiger Nachteil ist im Falle der Anfechtung einer das Sorgerecht entziehenden Entscheidung jedenfalls dann zu bejahen, wenn die Herausnahme der Kinder aus dem elterlichen Haushalt unmittelbar bevorsteht und damit ein nachhaltiger Eingriff in das Elternrecht des Beschwerdeführers in Frage steht. Darüber hinaus sind bei der Entscheidung, ob die Vollziehung einer kindschaftsrechtlichen Maßnahme bis zur Beschwerdeentscheidung auszusetzen ist oder nicht, stets auch die Folgen für die betroffenen Kinder zu bedenken. Denn das Kindes-

---

139 Vgl. OLG Saarbrücken NJW 2011, 2372.
140 Dazu etwa OLG Brandenburg FamRZ 2011, 1739; AG Tempelhof-Kreuzberg, Beschl. v. 13.2.2014 – 161 F 1620/14, juris.
141 BGH FamRZ 2010, 1060 m. Anm. *Völker*; AG Tempelhof-Kreuzberg, Beschl. v. 13.2.2014 – 161 F 1620/14, juris.
142 Vgl. etwa BVerfG FamRZ 2009, 189.

wohl ist grundsätzlich die oberste Richtschnur der im Bereich des Kindschaftsrechts zu treffenden Entscheidungen der Instanzgerichte.[143] Insbesondere in Fällen, in denen das Kind nach § 1666a BGB von seinem Elternteil getrennt wird, ist eine strikte Verhältnismäßigkeitsprüfung angezeigt.[144]

60 Die Konstellation muss von der Außervollzugsetzung oder dem Erlass einer einstweiligen Anordnung im Rahmen der Beschwerde gegen eine erstinstanzliche Hauptsacheentscheidung abgegrenzt werden. Diese beurteilt sich nach § 64 Abs. 3 FamFG (dazu § 9 Rdn 15) und nicht nach § 55 FamFG.[145] Das ist bedeutsam, weil sich auf § 64 Abs. 3 FamFG gegründete Anordnungen im Rahmen des Beschwerdegegenstands halten müssen (siehe Rdn 14 und § 9 Rdn 16).

---

143 Vgl. BVerfG FamRZ 2010, 528.
144 Vgl. BVerfG FamRZ 2010, 528.
145 OLG Saarbrücken, Beschl. v. 11.3.2011 – 6 UF 24/11 (n.v.).

§ 8 Verfahrenskostenhilfe

A. Allgemeines

I. Verfahrenskostenhilfe – Prozesskostenhilfe

Soweit sich aus den §§ 76 ff. FamFG keine abweichenden Regelungen ergeben, gelten nach § 76 Abs. 1 FamFG für die Verfahrenskostenhilfe die Vorgaben der §§ 114 ff. ZPO für die Prozesskostenhilfe im Zivilprozess.[1] Hiervon abweichende Bestimmungen enthalten lediglich § 77 FamFG (zum Bewilligungsverfahren) und § 78 FamFG (zur Anwaltsbeiordnung). Da beide Vorschriften in ihrem Inhalt jedoch stark an die §§ 118 f., 121 ZPO angelehnt sind, kann teilweise auf die hierzu bereits bestehende Rechtsprechung zurückgegriffen werden. Änderungen ergeben sich allerdings, soweit die ZPO-Vorschriften in Bezug genommen werden, für den Bereich der Verfahrenskostenhilfe durch das Gesetz zur Änderung des Prozesskosten- und Beratungshilferechts,[2] das zum 1.1.2014 in Kraft getreten ist.[3]

1

Mit der Bezeichnung Verfahrenskostenhilfe[4] ist gegenüber der Prozesskostenhilfe keine inhaltliche Änderung verbunden.

2

Wurde noch vor dem 1.9.2009 – nach altem Recht – ein Prozesskostenhilfegesuch für einen (nur) für den Fall der Bewilligung von Prozesskostenhilfe **beabsichtigten Antrag** eingereicht, so richtet sich das Verfahren nach Bewilligung von Prozesskostenhilfe und nachfolgender Antragseinleitung nach neuem Recht.[5]

3

II. Zweck der Verfahrenskostenhilfe

Durch die Verfahrenskostenhilfe soll verhindert werden, dass ein Beteiligter allein aus wirtschaftlichen Gründen davon abgehalten wird, gerichtliche Hilfe bei der Durchsetzung seiner Rechte in Anspruch zu nehmen. Die Verfahrenskostenhilfe ist eine Form der **Sozialhilfe im Bereich der Rechtsfürsorge**.[6] Art. 3 Abs. 1 GG i.V.m. dem Rechtsstaatsprinzip gebieten eine weitgehende Gleichstellung Bemittelter mit Unbemittelten bei der Verwirklichung des Rechtsschutzes.[7] Hierbei ist davon auszugehen, dass der Bemittelte seine **Erfolgsaussichten im Verfahren** vernünftig abwägt und dabei auch das **Kostenrisiko** einkalkuliert.[8] Diese Anforderungen gelten daher auch für den um Verfahrenskostenhilfe nachsuchenden Unbemittelten. Dabei darf aber bei dem Rechtsuchenden nicht der Eindruck entstehen, dass es vordringliche Zielsetzung der Gerichte ist, die Interessen des Justizfiskus zu wahren.[9] Gerade in Sorgerechts- und Umgangsrechtsverfahren steht, anders als in ZPO-Verfahren, nicht allein der Erfolg als solcher zur Diskussion, sondern regelmäßig das Schicksal einer Familie, zumindest das Wohl des betroffenen Kindes.

4

---

1 Für Familienstreitsachen gelten die §§ 114 ff. ZPO ob der Verweisung in § 113 Abs. 1 FamFG unmittelbar.
2 BGBl 2013 I S. 3533 ff.
3 Dazu *Giers*, Die Reform der Prozesskosten-, Verfahrenskosten- und Beratungshilfe, FamRZ 2013, 1341; *Viefhues*, Die Reform der Prozesskostenhilfe und die Auswirkungen in familiengerichtlichen Verfahren, FuR 2013, 488; *Viefhues*, Die geänderten Vorschriften zur Prozesskostenhilfe und die Auswirkungen auf die familienrechtliche Praxis, FF 2014, 385.
4 *Büte*, Verfahrenskostenhilfe und Anwaltsbeiordnung in Kindschaftsverfahren, FPR 2011, 17; *Nickel*, Grundlagen der Gewährung von Beratungs- und Verfahrenskostenhilfe in Kindschaftssachen, NJW 2011, 1117.
5 Vgl. BGH FamRZ 2013, 215; BGH FamRZ 2012, 783.
6 BGH FamRZ 2007, 381.
7 BVerfG NJW 1995, 1415; BVerfG NJW 1991, 413; siehe hierzu auch ausführlich Prütting/Gehrlein/*Völker/Zempel*, § 114 Rn 2.
8 BVerfG NJW 1995, 1415.
9 OLG Düsseldorf FamRZ 1991, 1083.

B. Die Verfahrenskostenhilfe in Sorge- und Umgangsrechtsverfahren

I. Sachliche und persönliche Betroffenheit

5 Verfahrenskostenhilfe kann in Kindschaftssachen nur einem **Beteiligten** bewilligt werden.[10] Aus § 7 FamFG folgt, wer in den Verfahren der freiwilligen Gerichtsbarkeit Beteiligter und damit auch grundsätzlich berechtigt sein kann, zur Interessenvertretung in dem jeweiligen Verfahren um staatliche Kostenübernahme nachzusuchen.[11] Wird in einem **Antragsverfahren** ein **unbedingter Sachantrag** gestellt, so ist ab diesem Zeitpunkt im Falle der Beteiligung weiterer Verfahrensbeteiligter diesen bei Vorliegen der übrigen Voraussetzungen Verfahrenskostenhilfe zu bewilligen. Das Gericht kann die Beteiligung nicht durch eigene Erklärung auf ein beabsichtigtes VKH-Prüfungsverfahren beschränken.[12] Anders ist die Lage in einem Amtsverfahren, weil dort die Entscheidung über eine Verfahrenseinleitung dem Gericht obliegt; das Gericht kann dort durch entsprechenden Hinweis in der Übersendungsverfügung die weiteren Beteiligten zunächst zum VKH-Gesuch dessen anhören, der die Einleitung des Verfahrens anregt.

Eine erstinstanzlich erlangte Beteiligtenstellung setzt sich automatisch im **Rechtsmittelzug** fort.[13]

6 Das Gesetz differenziert hierbei zwischen den **Antragsverfahren** und den **von Amts wegen zu führenden Verfahren**, wobei in den Antragsverfahren selbstverständlich der Antragsteller ebenso wie der Antragsgegner verfahrensbeteiligt sind. Wegen § 8 FamFG können auch juristische Personen (siehe dann § 116 ZPO) beteiligt sein. Zum Verfahrensbeteiligten wird eine Person allerdings nicht bereits dadurch, dass sie im Verfahren anzuhören ist oder eine Auskunft zu erteilen hat (§ 7 Abs. 6 FamFG). Über die **Beteiligteneigenschaft** hinausgehend ist aber auch eine **Betroffenheit in eigenen Rechten** grundsätzliche Voraussetzung für die Geltendmachung von Verfahrenskostenhilfe, d.h. der Beteiligte muss in dem jeweiligen Verfahren aktiv werden, um seine eigene Rechtsposition zu sichern oder zu verbessern.[14] Erfolgt die Verfahrensbeteiligung nicht, um eigene Rechte zu verfolgen oder zu verteidigen, mithin lediglich begleitend und damit fremdnützig, kommt Verfahrenskostenhilfe daher nicht in Betracht.[15]

Deswegen fehlt es Eltern im Verfahren auf Wechsel des Vormunds/Pflegers an der Beteiligtenstellung, weil dadurch nicht gesondert in ihr Sorgerecht eingegriffen wird (zur insoweit fehlenden Beschwerdebefugnis siehe auch § 9 Rdn 22).[16] Gleiches gilt für eine Mutter, der die elterliche Sorge vollständig entzogen worden war, in einem vom Stiefvater des Kindes eingeleiteten Verfahren wegen Regelung seines Umgangsrechts mit dem fremduntergebrachten Kind.[17]

7 Ebenso wie die Prozesskostenhilfe kann sich auch die Verfahrenskostenhilfe nur auf die Interessenwahrnehmung in einem gerichtlichen Verfahren erstrecken, unabhängig davon, ob es sich um ein Antragsverfahren, ein von Amts wegen einzuleitendes Verfahren, ein Beschwerdever-

---

10 OLG Frankfurt FamRB 2012, 7.
11 OLG Hamm NJW-RR 2012, 6.
12 OLG Stuttgart, FamRZ 2016, 1002 [Rechtsbeschwerde zugelassen, aber nicht eingelegt]; a.A. OLG Dresden FamRZ 2011, 1242.
13 Vgl. BGH FamRZ 2012, 1049.
14 BT-Drucks 16/6308, S. 213; vgl. BGH FamRZ 2015, 133 m. Anm. *Fröschle*.
15 BGH FamRZ 2015, 133 m. Anm. *Fröschle*.
16 OLG Hamm FamRZ 2016, 1003; OLG Frankfurt FamRB 2012, 7.
17 OLG Frankfurt, FamRZ 2015, 1312.

fahren, ein einstweiliges Anordnungsverfahren oder ein Vollstreckungsverfahren handelt. Die außergerichtliche Interessenvertretung unterliegt demgegenüber der Beantragung von **Beratungshilfe**.[18]

II. Der Verfahrensgang

1. Antragstellung und Bedürftigkeit

Insoweit gelten für die Verfahren nach dem FamFG keine von der ZPO abweichenden Vorgaben. Ebenso wie im allgemeinen Zivilprozess bedarf es gem. § 76 Abs. 1 FamFG i.V.m. § 114 Abs. 1 S. 1 ZPO eines gesonderten Verfahrenskostenhilfeantrags (Antragsmuster im Formularteil, siehe § 13 Rdn 63 ff.), wobei die Kostenarmut durch eine Erklärung über die persönlichen und wirtschaftlichen Verhältnisse samt Anlagen zu belegen ist (§ 76 Abs. 1 FamFG i.V.m. § 117 ZPO). Das Formular für diese Erklärung ist durch die Prozesskostenhilfeformularverordnung vom 6.1.2014 (PKHFV)[19] neu gestaltet worden. Anhand dieser Erklärung muss dem Gericht eine Prüfung der Bedürftigkeit des Antragstellers (§ 76 Abs. 1 FamFG i.V.m. § 115 ZPO) möglich sein. Das Gericht kann vom Antragsteller Glaubhaftmachung fordern (§ 76 Abs. 1 FamFG i.V.m. § 118 Abs. 2 ZPO).

8

Wurde Verfahrenskostenhilfe bereits formell rechtskräftig verweigert, so steht diese Entscheidung der Zulässigkeit eines neuen Verfahrenskostenhilfegesuchs nicht entgegen; denn ein die Verfahrenskostenhilfe versagender Beschluss erlangt zwar formelle, aber keine materielle Rechtskraft. Nur ausnahmsweise kann es an einem Rechtsschutzbedürfnis für die erneute Antragstellung fehlen, wenn auf der Grundlage desselben Lebenssachverhalts ein vorheriger Antrag gleichen Inhalts bereits zurückgewiesen worden ist und ein Rechtsmittel gegen diese Entscheidung wegen Fristablaufs nicht mehr eingelegt werden kann oder die eingelegten Rechtsbehelfe keinen Erfolg hatten.[20]

2. Erfolgsaussichten der beabsichtigten Rechtsverfolgung

Unabhängig davon, ob ein Antragsverfahren oder ein von Amts wegen eingeleitetes Verfahren in Rede steht, muss das Gericht jeweils die **hinreichende Erfolgsaussicht** der beabsichtigten Rechtsverfolgung prüfen, wobei auch insoweit nach § 76 Abs. 1 FamFG der § 114 Abs. 1 ZPO und die hierzu bislang entwickelte Rechtsprechung und Literatur herangezogen werden können.

9

Die notwendige hinreichende Erfolgsaussicht liegt in den vom Amtsermittlungsgrundsatz (§ 26 FamFG) beherrschten kindschaftsrechtlichen Verfahren in **Antragsverfahren** schon dann vor, wenn der Beteiligte im Verfahren ein nach der Verfahrensordnung vorgesehenes Ziel verfolgt bzw. seine Lage darin verbessern kann und will[21] und das Gericht aufgrund des verfahrenseinleitenden Antrags den Sachverhalt näher zu ermitteln und ggf. zu regeln hat und sich nicht darauf

10

---

18 Zu den Neuerungen durch das am 1.1.2014 in Kraft getretene Gesetz zur Änderung des Prozesskosten- und Beratungshilferechts siehe *Giers*, FamRZ 2013, 1341; *Lissner*, JurBüro 2013, 564; *Büte*, FuR 2013, 696; eingehend mit zahlreichen praktischen Hinweisen *Nickel*, FamRB 2014, 17. Zum Kernproblem der „Angelegenheit" im Rahmen der Beratungshilfe siehe OLG Frankfurt MDR 2014, 1152; OLG Nürnberg FamRZ 2011, 1687; *Lissner*, FamRZ 2013, 1271; zu den Fehlerquellen im Umgang mit Beratungshilfe siehe *Nickel*, NZFam 2015, 294; zu den Aufgaben des Jugendamts als Ausschlusstatbestand für die Beratungshilfe siehe *Lissner*, FamRB 2016, 32; zur Flüchtlingsproblematik im Rahmen der Beratungshilfe siehe *Lissner*, RVGreport 2016, 162.
19 BGBl 2014 I, S. 34 ff.
20 BGH FamRZ 2015, 1874.
21 Vgl. BT-Drucks 16/6308, S. 212.

beschränken kann, den Antrag ohne Weiteres – also ohne jede Ermittlung und ohne jede Anhörung der Beteiligten – zurückzuweisen.[22]

Daher kann Verfahrenskostenhilfe jedenfalls dann verweigert werden, wenn eine reine Rechtsfrage zu entscheiden ist, die höchstrichterlich geklärt oder nicht schwierig ist.[23]

Sind indessen nach der Anhörung der Gegenseite weitere Ermittlungen oder eine mündliche Anhörung nötig, so ist Verfahrenskostenhilfe – bei Vorliegen der übrigen Voraussetzungen – zu bewilligen.[24] Denn von Verfassungs wegen darf das Gericht seine Entscheidung über die Bewilligung von Verfahrenskostenhilfe nicht im Nachhinein treffen, dementsprechend seine Erkenntnisse aus dem Hauptsacheverfahren in die Entscheidung über die Verfahrenskostenhilfe mit einfließen lassen.[25] Die Verweigerung von Verfahrenskostenhilfe kann daher nicht auf den Eindruck und die Ergebnisse gestützt werden, die das Gericht (erst) im Anhörungstermin gewonnen hat,[26] zumal das Verfahrenskostenhilfegesuch nach Ablauf der Stellungnahmefrist der Gegenseite entscheidungsreif ist.[27]

Allerdings darf das Gericht im Rahmen des Verfahrenskostenhilfeprüfungsverfahrens auf dem Boden von § 76 Abs. 1 FamFG i.V.m. § 118 Abs. 2 S. 1 und S. 2 ZPO auch in Bezug auf die Erfolgsaussicht die Glaubhaftmachung des Sachvortrags fordern, insbesondere die Vorlage von Unterlagen anordnen.[28]

11 Für die **von Amts wegen** einzuleitenden Verfahren gilt grundsätzlich der gleiche Maßstab, wobei ergänzend darauf abgestellt wird, welches Verfahrensziel der um Verfahrenskostenhilfe nachsuchende Beteiligte verfolgt[29] und inwieweit er durch den Ausgang des Verfahrens in seinen Rechten beeinträchtigt werden könnte. Hierbei genügt es, dass eine **Rechtsbeeinträchtigung** hinreichend wahrscheinlich ist.[30] Dies gilt umso mehr, als sich der Beteiligte dem gerichtlichen Verfahren nicht entziehen kann.[31] Daher ist die Erfolgsaussicht in Kindschaftssachen auch zu bejahen, wenn durch die Verfahrensbeteiligung des Verfahrenskostenhilfe beantragenden Elternteils zumindest auch das Kindeswohl gefördert wird.[32] Speziell in Verfahren nach § 166 Abs. 2 FamFG i.V.m. § 1696 Abs. 2 BGB, die auf Rückführung eines Kindes zu seinem Elternteil gerichtet sind, genügt es bereits, wenn dieser auch nur einen teilweisen Wegfall seiner vormals durch einen vollständigen oder teilweisen Sorgerechtsentzug eingetretenen Rechtsbeeinträchtigung mit hinreichender Erfolgsaussicht begehren kann.[33] Ein großzügiger Maßstab ist im Verfahren nach § 1666 BGB auch dann anzulegen, wenn sich dieses gegen die nach § 1626a Abs. 3 BGB n.F. alleinsorgeberechtigte Mutter richtet, sich der um Verfahrenskostenhilfe nachsuchende Vater auf § 1680 Abs. 3 i.V.m. Abs. 2 BGB beruft und eine Übertragung auf diesen eher unwahrscheinlich ist.[34]

In Abänderungsverfahren nach § 166 Abs. 2 i.V.m. § 1696 Abs. 2 BGB entstehen zwar wegen § 31 Abs. 2 S. 2 FamGKG keine neuen Gerichtsgebühren. Indessen fehlt eine entsprechende Regelung

---

22 OLG Schleswig NZFam 2016, 132; OLG Naumburg FamRZ 2015, 947; OLG Karlsruhe FamRZ 2011, 1528 m.w.N.; OLG Saarbrücken, Beschl. v. 25.11.2015 – 6 WF 140/15 (n.v.); Beschl. v. 26.10.2015 – 6 WF 132/15 (n.v.) und Beschl. v. 21.7.2014 – 9 WF 56/14 (n.v.); OLG Saarbrücken FamRZ 2012, 1257; OLG Saarbrücken, Beschl. v. 5.2.2013 – 6 WF 1/13 (n.v.).
23 OLG Celle MDR 2014, 1105.
24 OLG Naumburg FamRZ 2015, 947; OLG Düsseldorf, Beschl. v. 17.7.2013 – 8 WF 118/13, juris.
25 Vgl. auch anschaulich VerfG Brandenburg, Beschl. v. 15.3.2013 – 42/12, juris.
26 OLG Saarbrücken NJW 2011, 1460.
27 Siehe dazu allgemein BGH NZFam 2015, 179; siehe zu § 1671 BGB OLG Stuttgart FamRZ 2011, 1160.
28 OLG Hamm FuR 2014, 430.
29 BGH FamRZ 2014, 551.
30 BT-Drucks 16/6308, S. 212.
31 OLG Frankfurt FamRB 2012, 7.
32 OLG Karlsruhe FamRZ 2015, 1903; OLG Schleswig NZFam 2016, 132.
33 OLG Karlsruhe FamRZ 2015, 1903; OLG Saarbrücken, Beschl. v. 25.11.2015 – 6 WF 140/15 (n.v.).
34 Vgl. OLG Karlsruhe FamRZ 2012, 1576; OLG Düsseldorf, Beschl. v. 17.7.2013 – 8 WF 117/13, juris.

im RVG, sodass in diesem Verfahren Anwaltsgebühren anfallen können. Daher muss in diesen Verfahren – wenn das Gericht in eine sachliche Prüfung eintritt – bei angezeigter anwaltlicher Beiordnung (siehe dazu Rdn 22 ff.) schon deswegen Verfahrenskostenhilfe bewilligt werden.[35] Anders ist die Lage im **Überprüfungsverfahren nach § 166 Abs. 3 FamFG**. Bei diesem handelt es sich um ein rein informelles Verfahren, in dem – vorbehaltlich einer Überschreitung der Frist des § 15 Abs. 5 S. 2 RVG – keine gesonderten Rechtsanwaltsgebühren entstehen.[36] Das Verfahren nach § 166 Abs. 3 FamFG (siehe dazu eingehend § 3 Rdn 33) hat lediglich den Zweck, zu prüfen, ob das ohne kindesschützende Maßnahmen beendete Ausgangsverfahren fortgesetzt werden soll. Teilweise wird angenommen, im Falle der Einleitung eines Verfahrens nach § 1684 Abs. 3 oder § 1696 Abs. 1 BGB durch das Gericht komme es überhaupt nicht auf die Erfolgsaussicht an. Ein entsprechender Antrag sei lediglich eine Anregung i.S.v. § 24 Abs. 1 FamFG, ein Verfahren einzuleiten; folge das Gericht der Anregung nicht, so müsse es den Anregenden davon unterrichten, soweit dieser daran ein berechtigtes Interesse habe (§ 24 Abs. 2 FamFG). Werde aber ein Verfahren eingeleitet, so gebe das Gericht zu erkennen, dass es ein Bedürfnis dafür gebe; dann könne die Erfolgsaussicht nicht mehr verneint werden. Eine solche Verfahrenseinleitung sei jedenfalls in der Bestellung eines Verfahrensbeistandes zu sehen.[37] Dem ist mit der Maßgabe zuzustimmen, dass in der bloßen Zuleitung des „Antrags" an die Gegenseite noch keine Einleitung des Verfahrens in dem Sinne zu sehen ist, dass die Erfolgsaussicht nicht mehr zu untersuchen ist. Dem Gericht muss es – auch ohne dass es die Zuleitung des Antrags mit dem Zusatz verbindet, diese diene nur der Beurteilung der Erfolgsaussicht im VKH-Verfahren – möglich bleiben, nach der Stellungnahme des Gegners zum Antrag dem Antragsteller Verfahrenskostenhilfe mangels hinreichender Erfolgsaussicht zu verweigern.

Ist hiernach die Erfolgsaussicht schon vor dem Anhörungstermin zu beurteilen, wird vom Vorliegen hinreichender Erfolgsaussicht regelmäßig in Verfahren etwa nach § 1671 Abs. 1 BGB,[38] § 1696 Abs. 2 BGB,[39] § 1684 Abs. 1 BGB,[40] § 1626a Abs. 2 BGB n.F. und zu § 1671 Abs. 2 BGB n.F. (zu den beiden letzteren Verfahren siehe § 1 Rdn 36 f., 226 ff.)[41] auszugehen sein. In den Verfahren, in denen ein Erfolg des Beteiligten mindestens von einer positiven Dienlichkeitsprüfung abhängt, ist ein engerer Maßstab anzulegen; dies betrifft etwa Verfahren nach § 1685 BGB, nach § 1686a BGB n.F. oder nach § 1696 Abs. 1 BGB.

12

3. Mutwilligkeit

Durch § 114 Abs. 2 ZPO n.F. ist der Begriff der Mutwilligkeit legal definiert. Danach ist eine Rechtsverfolgung oder Rechtsverteidigung **mutwillig**, wenn ein Beteiligter, der keine Verfahrenskostenhilfe beansprucht, bei verständiger Würdigung aller Umstände von der Rechtsverfolgung oder -verteidigung absehen würde, obwohl eine hinreichende Aussicht auf Erfolg besteht. Wie bereits vor Schaffung dieser Legaldefinition ist zu prüfen, ob ein bemittelter Beteiligter in der Lage des Gesuchstellers bei Abwägung zwischen dem erzielbaren Vorteil und dem dafür einzugehenden Kostenrisiko seine Rechte in der Art und Weise wahrnehmen würde, wie es der um Verfahrenskostenhilfe nachsuchende Beteiligte beabsichtigt.[42] In Abgrenzung zum Zivilprozess

13

---

35 So inzident – und insoweit zutreffend – OLG Naumburg FuR 2012, 206; vgl. auch *Schneider*, NZFam 2016, 517.
36 Zutreffend OLG Frankfurt FamRZ 2016, 926; a.A. *Schneider*, NZFam 2016, 517.
37 OLG Frankfurt, Beschl. v. 27.6.2011 – 4 WF 144/11, juris.
38 OLG Stuttgart FamRZ 2011, 1160; OLG Saarbrücken FamRZ 2012, 1257; etwas strenger OLG Brandenburg FamFR 2013, 574.
39 OLG Karlsruhe FamRZ 2015, 1903; OLG Saarbrücken, Beschl. v. 25.11.2015 – 6 WF 140/15 (n.v.); OLG Naumburg FuR 2012, 206.
40 OLG Nürnberg FamRZ 2016, 251; OLG Brandenburg, Beschl. v. 24.5.2016 – 13 WF 118/16, juris.
41 OLG Hamm FamFR 2012, 96; zu eng OLG Rostock MDR 2011, 860; wohl auch OLG Hamm FamRZ 2012, 560.
42 Vgl. BGH FamRZ 2010, 1147 und 1423; JurBüro 1981, 1169.

ist bei dieser Beurteilung das **Kindeswohl** (§ 1697a BGB) besonders zu berücksichtigen. Selbst wenn für eine Rechtswahrnehmung ein **Rechtsschutzbedürfnis** besteht, kann sie allerdings mutwillig sein, wenn ein Bemittelter trotz bestehenden Rechtsschutzinteresses wegen der aus eigenen Mitteln zu bestreitenden Kosten von der Rechtsverfolgung Abstand nehmen würde.

14 Mutwilligkeit fehlt grundsätzlich, wenn ein Elternteil eine **Sorgerechtsregelung** aufgrund Trennung beantragt, auch wenn keine konkreten Streitpunkte vorgetragen werden. Aus dem Antrag als solchem folgt regelmäßig ein Streitpotential und damit ein Rechtsschutzbedürfnis für ein gerichtliches Verfahren.[43] Es widerspräche dem Kindeswohl, eine Frage von diesem Gewicht ungeklärt zu lassen. Mutwillig ist es, einen Antrag auf Übertragung der elterlichen Sorge zu stellen, wenn das Familiengericht bereits das **Ruhen der elterlichen Sorge** des anderen Elternteils festgestellt hat, da dies im Wesentlichen der Übertragung auf den antragstellenden Elternteil entspricht.[44] Denn der Elternteil, dessen Sorgerecht ruht, ist zur Ausübung der Sorge nicht berechtigt, d.h. die elterliche Sorge liegt allein bei dem anderen Elternteil (§ 1678 Abs. 1 BGB) bis das Familiengericht nach § 1674 Abs. 2 BGB feststellt, dass der Grund für das Ruhen nicht mehr besteht. Unter diesen Umständen würde ein bemittelter Beteiligter so lange von einem Sorgerechtsantrag absehen, bis der andere Elternteil das Verfahren auf Feststellung des Wiederauflebens der elterlichen Sorge einleitet. Ein Antrag auf Herstellung der gemeinsamen elterlichen Sorge nach § 1626a Abs. 2 BGB ist mutwillig, wenn der Vater nicht vor Verfahrenseinleitung versucht hat, die Mutter zur Abgabe von Sorgeerklärungen zu bewegen.[45]

Ein **Umgangsantrag** ist selbst dann nicht mutwillig, wenn ein inhaftierter Elternteil Umgang mit seinem Kind begehrt, dessen Mutter er zuvor vorsätzlich getötet hat.[46] Ein Umgangsabänderungsantrag nach § 1696 Abs. 1 BGB kann mutwillig sein, wenn die bisherige Umgangsregelung erst kurz zuvor vereinbart bzw. erlassen und daher noch nicht gelebt worden ist.[47]

15 Ob die Einleitung eines **einstweiligen Anordnungsverfahrens** parallel zu einem deckungsgleichen kindschaftsrechtlichen Hauptsacheverfahren mutwillig ist, hängt vom Einzelfall ab. Einerseits stehen beide Verfahren selbstständig nebeneinander und das Hauptsacheverfahren mit den weitergehenden Ermittlungsmöglichkeiten verfolgt eine andere Zielrichtung als das Eilverfahren (zum Rechtsschutzbedürfnis siehe § 7 Rdn 5).[48] Außerdem gilt zwar bereits im Hauptsacheverfahren das Beschleunigungsgebot des § 155 FamFG, dieses erfährt indes im einstweiligen Anordnungsverfahren nochmals Verstärkung, zumal der Erlass einer vorläufigen Regelung nur in letzterem möglich ist. Andererseits wird bei zeitgleicher Antragstellung und fehlender besonderer Dringlichkeit die Annahme von Mutwilligkeit nicht fern liegen.[49]

16 Im **Beschwerdeverfahren** ist ggf. auch der Rechtsgedanke des § 97 Abs. 2 ZPO besonders zu berücksichtigen: Beruht ein Rechtsmittelerfolg oder -teilerfolg darauf, dass der Beschwerdeführer zweitinstanzlich neue Tatsachen vorgebracht oder erstmals am Verfahren mitgewirkt hat, obwohl er hierzu schon im ersten Rechtszug verpflichtet und imstande gewesen wäre, so wird sich dies nicht nur in der Kostenentscheidung niederschlagen (siehe dazu § 9 Rdn 91), sondern erweist sich die Art der Rechtswahrnehmung des Beschwerdeführers auch als mutwillig; denn ein bemit-

---

43 OLG Saarbrücken FamRZ 2013, 403; 1989, 530; OLG Rostock DAVorm 1995, 867.
44 OLG Frankfurt FamRZ 1992, 583.
45 OLG Hamm NZFam 2016, 513.
46 BGH MDR 2016, 726 gegen die Vorinstanz OLG Celle NZFam 2016, 92.
47 OLG Brandenburg MDR 2016, 216.
48 OLG Nürnberg FamRZ 2010, 1679 m. Bespr. *Viefhues*, AnwZert-FamR 5/2011, Aufs. 1; OLG Frankfurt FamRZ 2011, 661; wohl zu eng *Rüntz/Viefhues*, FamRZ 2010, 1290.
49 OLG Saarbrücken FamRZ 2013, 564; Prütting/Gehrlein/*Völker/Zempel*, § 114 Rn 45 m.w.N.; strenger – regelmäßig mutwillig – OLG Köln FamRZ 2011, 1157; im entschiedenen Einzelfall großzügiger OLG Frankfurt FamRZ 2011, 661.

telter Beteiligter hätte in der Lage des unbemittelten Beschwerdeführers die Kosten der zweiten Instanz durch sorgfältige erstinstanzliche Verfahrensführung vermieden.[50]

Heftig umstritten ist die Frage, ob im Rahmen der Regelung des Umgangsrechts Mutwilligkeit angenommen werden kann, wenn zuvor eine **Beratung durch das Jugendamt** nicht in Anspruch genommen wurde.[51] Dies kann nur von den Einzelfallumständen abhängig beantwortet werden.[52] Zwar streitet im Ausgangspunkt § 18 Abs. 3 SGB VIII, der das Jugendamt zur Beratung, Unterstützung und Hilfestellung bei der Herstellung von Umgangskontakten verpflichtet, für eine Obliegenheit zur vorherigen Beratung, da diese kostenfrei ist. Schon weil nur im gerichtlichen Verfahren eine vollstreckbare Regelung getroffen werden kann, kann ein Vermittlungsversuch beim Jugendamt ein gerichtliches Verfahren nicht in jedem Fall ersetzen.[53] Dem Antragsteller kann nicht ohne weiteres zugemutet werden, auf eine beim Jugendamt vielleicht zu erreichende Einigung zu vertrauen und bei erneuten Schwierigkeiten wiederum Hilfe in Anspruch nehmen zu müssen. Eine solche verallgemeinernde Sicht stellte das Elternrecht des betroffenen Antragstellers aus Art. 6 Abs. 2 S. 1 GG unverhältnismäßig hintan und trüge seinem **Anspruch auf effektiven Rechtsschutz** sowie auf besondere **Beschleunigung** gerade sorge- und umgangsrechtlicher Verfahren[54] nicht genügend Rechnung.[55] Es gibt auch keinen Erfahrungssatz dahingehend, dass ein bemittelter Beteiligter immer zunächst die **Möglichkeiten außergerichtlicher Streitschlichtung** suchen wird.[56] Es muss deshalb grundsätzlich auch dem bedürftigen Beteiligten die Möglichkeit offen bleiben, sich – nachvollziehbare Gründe vorausgesetzt – unmittelbar für ein gerichtliches Verfahren zu entscheiden.[57]

Diese allgemeinen Maßstäbe lassen sich **wie folgt konkretisieren**: Wird gar kein Versuch unternommen, eine außergerichtliche Einigung zu erzielen, und fehlen Anhaltspunkte dafür, dass der betreuende Elternteil nicht mitwirken wird,[58] so liegt Mutwillen vor,[59] wenn davon auszugehen ist, dass Vermittlungsbemühungen des Jugendamtes in angemessener Zeit zum Erfolg geführt hätten.[60] Jedenfalls, wenn das Jugendamt einen Termin nicht binnen eines Monats anbieten kann, ist die Verweisung auf dessen vorgerichtliche Beratung unzumutbar.[61] Mutwilligkeit fehlt auch dann, wenn die Beteiligten bereits zu einem früheren Zeitpunkt die Beratung des Jugendamts in Anspruch genommen haben, der betreuende Elternteil die dortige Beratung jedoch in der Folgezeit ignoriert hat.[62] Ebenso, wenn der betreuende Elternteil bereits erklärt hat, dass er Umgangskontakte nur in seiner Anwesenheit dulden werde;[63] umso mehr, wenn er sogar die Aussetzung des

---

50 Vgl. OLG Saarbrücken, Beschl. v. 6.3.2012- 6 WF 18/12 (n.v.) m.w.N.; OLG Karlsruhe FamRZ 1999, 726.
51 Bejahend z.B. OLG Köln FamRZ 2013, 1241; OLG Stuttgart FamRZ 2009, 35; OLG Schleswig OLGR 2008, 107; OLG Brandenburg FamRZ 2005, 914; JAmt 2003, 374; OLG Hamm NZFam 2015, 510; wohl auch OLG Brandenburg FuR 2014, 181 verneinend etwa OLG Brandenburg, Beschl. v. 24.9.2012 – 3 WF 85/12, juris; OLG Koblenz FamRZ 2009, 1230; OLG München FamRZ 2008, 1089; *Heilmann/Dürbeck*, § 76 FamFG Rn 32; *Keuter*, FamRZ 2009, 1891; siehe hierzu und zum Folgenden eingehend m.z.w.N. *Viefhues*, jurisPR-FamR 14/11 Anm. 7 und juris-AnwZert-FamR 13/2011 Anm. 4.
52 So auch OLG Saarbrücken FamRZ 2010, 310; OLG Celle FamRZ 2013, 141; Anm. *Viefhues,* jurisPR-FamR 17/2012, Anm. 6 m.z.w.N.
53 OLG Hamm NJW-RR 2011, 1577.
54 Dazu etwa BVerfGK 2, 140.
55 *Prütting/Gehrlein/Völker/Zempel*, § 114 Rn 40.
56 OLG Hamm OLGR 2008, 86.
57 OLG Hamm NJW-RR 2011, 1577; vgl. auch OLG Hamm FamFR 2011, 304.
58 Dazu OLG Karlsruhe FamRZ 2016, 250.
59 OLG Schleswig OLGR 2008, 107; OLG Rostock MDR 2011, 790; OLG Brandenburg FamRZ 2015, 1040.
60 OLG Koblenz FamRZ 2009, 1425; OLG Schleswig ZKJ 2014, 77; FamRZ 2011, 1881; OLG Hamm, NZFam 2015, 510; OLG Karlsruhe, NJW 2016, 1522.
61 OLG Schleswig FamRZ 2011, 1881.
62 OLG Stuttgart FamRZ 2009, 354.
63 OLG Stuttgart FamRZ 2011, 1160; OLG Rostock FamFR 2011, 305; OLG Schleswig OLGR 2008, 128.

Umgangsrechts beantragt hat.[64] Gleiches gilt, wenn der betreuende Elternteil sich dem Umgangsbegehren des Umgangsberechtigten, mit dem Kind alle 2 Wochen und einen Teil der Schulferien verbringen zu können, außergerichtlich ausdrücklich widersetzt und zur Rechtsverteidigung einen Rechtsanwalt eingeschaltet hat.[65] Wenn – umgekehrt – kein Anlass zu der Annahme besteht, der Umgangsberechtigte werde auf der Durchsetzung eines Umgangsrechts bestehen, ist ein Antrag auf Aussetzung des Umgangsrechts ohne Versuch der außergerichtlichen Streitschlichtung mutwillig.[66] Mutwillig ist ein Umgangsantrag auch, wenn der Umgangsberechtigte den Umständen nach selbst in der Lage wäre, einen Umgang herbeizuführen, indem er sich etwa um Kontakte zu dem 15-jährigen Kind bemüht und der sorgeberechtigte Elternteil zu der gewünschten Umgangsausgestaltung auch keine Einwände erhebt.[67] Wenn ein Antragsteller, nachdem er auf Übertragung der elterlichen Sorge angetragen hat, Gesprächstermine beim Jugendamt zur Fertigung der notwendigen Stellungnahme des Amtes nicht wahrnimmt und damit den Fortgang des Verfahrens verhindert, ist ebenfalls Mutwilligkeit angenommen worden.[68] Diese liegt grundsätzlich auch vor, wenn sich die Eltern auf die Aufnahme einer Mediation beim Jugendamt verständigt haben, aber ein Elternteil ohne triftigen Grund nicht deren Ausgang abwartet.[69]

19 Der um Verfahrenskostenhilfe nachsuchende Beteiligte ist im Rahmen der Zumutbarkeit zur möglichst kostensparenden Verfahrensführung verpflichtet. Ist ein hinreichender Grund für die getrennte Verfahrensführung nicht ersichtlich, so macht sich der Rechtsanwalt gegenüber seinem Mandanten wegen positiver Forderungsverletzung in Höhe der Mehrkosten schadensersatzpflichtig, so dass er nur die ohne das pflichtwidrige Verhalten entstandenen Gebühren verlangen darf.[70] Diese Einwendung kann die Staatskasse dem Rechtsanwalt entgegenhalten.[71]

Streitig ist in diesem Zusammenhang nach wie vor die Frage, ob ein Beteiligter sein Sorge- oder Umgangsrechtsbegehren, wenn möglich, im laufenden **Scheidungsverbund** verfolgen muss[72] oder seinen Antrag wahlweise auch isoliert stellen kann.[73] Der Rechtsuchende muss, soweit das Gesetz ihm zwei Wege für die Rechtsverfolgung bietet, den kostengünstigeren Weg nur dann wählen, wenn dieser zu einem qualitativ gleichwertigen Ergebnis führt.[74] Auch § 137 Abs. 3 Abs. 3 FamFG hat beide Möglichkeiten gleichwertig nebeneinander bestehen lassen. Im Rahmen eines isolierten Verfahrens riskiert ein Elternteil vor allem nicht, dass die Folgesache durch Rücknahme des Scheidungsantrages durch den anderen Beteiligten hinfällig wird. Dies kann wegen § 141 S. 2 FamFG dann passieren, wenn die Rücknahme mangels bereits durchgeführter mündlicher Verhandlung nicht zustimmungsbedürftig ist und daher eine Fortführungserklärung jenes Elternteils zu spät käme. Hinzu kommt, dass der BGH für die vormaligen ZPO-Familiensachen – jetzt: Familienstreitsachen – das Argument anerkannt hat, dass ein Beteiligter einen schnellen Abschluss des Scheidungsverfahrens wünschen und deshalb in Kauf nehmen kann, dass die Scheidungsfolgen erst im Anschluss an die Ehescheidung geklärt werden.[75] Regelmäßig besteht daher – auch mit Blick auf den Beschleunigungsgrundsatz des § 155 FamFG, der nur das Sorgerechtsverfahren ergreift – keine Pflicht zur Anhängigmachung des Sorgerechtsverfahrens im Verbund;[76] Gleiches gilt für Umgangsrechtsverfahren. Allerdings ist ein Antrag auf

---

64 OLG Düsseldorf FamRZ 2011, 51.
65 OLG Stuttgart FuR 2012, 618.
66 OLG Saarbrücken FamRZ 2010, 310.
67 OLG Düsseldorf FamRZ 1998, 758.
68 OLG Karlsruhe FamRZ 2004, 549.
69 OLG Nürnberg FamRZ 2016, 251.
70 Vgl. BGH NJW 2004, 2817.
71 BVerwG BeckRS 1994, 12929.
72 OLG Hamm FamRZ 2000, 1092.
73 OLG Naumburg FamRZ 2009, 1423; OLG Hamburg FamRZ 2000, 1583.
74 BGH FamRZ 2005, 786 und 788, allerdings zu den früheren ZPO-Folgesachen (jetzt: Familienstreitsachen).
75 Hierzu auch Prütting/Gehrlein/*Völker/Zempel*, § 114 Rn 42.
76 OLG Hamm FamRZ 2014, 1879.

B. Die Verfahrenskostenhilfe in Sorge- und Umgangsrechtsverfahren § 8

Übertragung der elterlichen Sorge außerhalb des Verbundes nach Ehescheidung in der Regel mutwillig, wenn er auf eine bereits zuvor vorliegende Zustimmung des anderen Elternteils – § 1671 Abs. 2 Nr. 1 BGB – gestützt wird.[77]

Getrennte Sorgerechtsverfahren für mehrere Kinder verbieten sich in der Regel.[78]

Allerdings besteht keine Verpflichtung, Sorge- und Umgangsrechtsanträge für ein Kind in einem Antrag verbunden einzureichen.[79] Hier liegen zwei gesonderte Verfahrensgegenstände vor (siehe § 151 Nr. 1 bzw. Nr. 2 FamFG), für die auch jeweils gesondert ein Verfahrenswert festzusetzen ist. Dass eine Verbindung der Verfahren – bei Sachdienlichkeit, also insbesondere auch mit Blick auf den Beschleunigungsgrundsatz des § 155 Abs. 1 FamFG! – möglich ist (§ 20 FamFG),[80] rechtfertigt es nicht ohne weiteres, dem Antragsteller eine gemeinsame Einreichung zuzumuten.[81] Dies gilt umso mehr, als er meistens davon ausgehen darf, dass das eine Verfahren früher als das andere wird abgeschlossen werden können. Insbesondere wenn das eine Verfahren eilbedürftiger ist als das andere, ist die getrennte Antragstellung gerechtfertigt.[82] Ist eine Verfahrenskostenhilfebewilligung für getrennte Verfahren erfolgt, kann auch nicht im Vergütungsfestsetzungsverfahren mit der Folge einer Gebührenkürzung ein Verstoß gegen den Grundsatz kostensparender Verfahrensführung geltend gemacht werden.[83]

Hoch umstritten ist die Frage, ob dem **Antragsgegner** Verfahrenskostenhilfe wegen Mutwilligkeit verweigert werden kann, wenn dieser im Rahmen des VKH-Prüfungsverfahrens des Antragstellers Vorbringen „zurückhält" und aufgrund dieses Vorbringens später in der Hauptsache obsiegt.[84] Dagegen spricht entscheidend, dass § 118 Abs. 1 S. 1 ZPO keine Stellungnahmeobliegenheit des Antragsgegners vorsieht, dieser am VKH-Prüfungsverfahren der Gegenseite nicht beteiligt, sondern nur anzuhören ist und außerdem im VKH-Prüfungsverfahren keine Kostenerstattung stattfindet.[85]

Wird im Zusammenhang mit einem Sorgerechtsverfahren vergleichsweise auch eine Umgangsregelung getroffen, so ist zu beachten, dass es sich bei der Umgangsregelung um einen anderen Verfahrensgegenstand handelt, so dass sich die Bewilligung der Verfahrenskostenhilfe für das Sorgerechtsverfahren nicht auf den Vergleich zur Umgangsregelung erstreckt.[86] Ansonsten erstreckt sich eine Verfahrenskostenhilfebewilligung stets auch auf den Abschluss eines Vergleichs, soweit der Verfahrensgegenstand betroffen ist. Werden nicht anhängige Gegenstände mitverglichen, bedarf es – auf Antrag – einer ausdrücklichen Erstreckung der bewilligten Verfahrenskostenhilfe auch für den Mehrvergleich.[87] Dann ist allerdings nur die Einigungsgebühr erstattungsfähig, nicht die Verfahrens(differenz)- und die Terminsgebühr; denn hierfür kann im Verfahrenskostenhilfeprüfungsverfahren keine Verfahrenskostenhilfe bewilligt werden.[88]

20

---

77 OLG Karlsruhe FamRZ 2006, 494.
78 OLG Hamm BeckRS 2013, 02315.
79 So aber OLG Hamm FamFR 2013, 545; ebenso (im Grundsatz) OLG Koblenz FamRZ 2015, 433; a.A. für den Fall des Vorliegens eines sachlichen Grundes OLG Bremen NZFam 2015, 770.
80 Vgl. OLG Köln BeckRS 2012, 10513.
81 A.A. aber OLG Hamm FamRZ 2014, 1880 [Volltext in juris].
82 Ebenso OLG Bremen FamRZ 2015, 2171; zust. Anm. *Clausius*, FF 2015, 371.
83 OLG Bremen FamRZ 2015, 2171; zust. Anm. *Clausius*, FF 2015, 371; zu dieser Frage ist beim BGH eine Rechtsbeschwerde unter XII ZB 174/15 anhängig.
84 Siehe zum Streitstand m.w.N. etwa *Nickel*, MDR 2015, 684, 686.
85 So zutreffend *Nickel*, MDR 2015, 684, 686 m.w.N.
86 KG FamRZ 2010, 1586.
87 OLG Brandenburg NZFam 2014, 656; OLG Celle AGS 2015, 236; siehe auch – allgemein zur Erstreckung der Verfahrenskostenhilfebewilligung – den Überblick von *Schneider*, NZFam 2014, 257; zur Erstreckung der Beiordnung in Familiensachen siehe *Schneider*, NZFam 2014, 732.
88 OLG Köln FamRZ 2015, 1314; vgl. auch BVerfG NJW 2012, 3293; BGH FamRZ 2004, 1708; a.A. – ohne Begründung – OLG Celle AGS 2015, 236.

4. Anhörung der Beteiligten

21 Ebenso wie im allgemeinen Zivilprozess (§ 118 ZPO) eröffnet auch § 77 Abs. 1 FamFG dem Gericht die Möglichkeit, die anderen Verfahrensbeteiligten zum Begehren des um Verfahrenskostenhilfe nachsuchenden Antragstellers anzuhören, und zwar nach § 77 Abs. 1 S. 2 FamG n.F. auch zu den persönlichen und wirtschaftlichen Verhältnissen des Antragsteller. In diesem Zusammenhang ermöglicht § 117 Abs. 2 ZPO in der Fassung seit Inkrafttretens des FGG-RG es nunmehr, die zu den Gerichtsakten gereichte Erklärung über die persönlichen und wirtschaftlichen Verhältnisse des Antragstellers dem Antragsgegner zur Einsichtnahme zu überlassen, soweit dieser einen bürgerlich-rechtlichen Anspruch auf Auskunftserteilung über die Einkommens- und Vermögensverhältnisse des Antragstellers hat.[89] Es reicht jeder Auskunftsanspruch nach dem BGB aus, er muss nicht Gegenstand des konkreten Verfahrens sein.[90] Allerdings muss er sich inhaltlich auf die Verhältnisse in der abgegebenen Erklärung beziehen.[91] Versagt das Gericht dem Gegner die Einsicht, ist hiergegen die sofortige Beschwerde nicht statthaft, weil das Verfahrenskostenhilfeverfahren auf die Richtigkeitsgewähr der Feststellung der persönlichen und wirtschaftlichen Verhältnisse für das Gericht,[92] nicht jedoch auf einen Informationsgewinn des Gegners zielt.[93] Der Gegner muss dann eben seinen Auskunftsanspruch geltend machen.[94] Wird die Einsichtnahme bewilligt, so ist hiergegen – mit Blick auf das Erfordernis effektiven Rechtsschutzes und den Eingriff in die informationelle Selbstbestimmung – die sofortige Beschwerde eröffnet.[95] Dies könnte dazu führen, dass unwahre Angaben in jener Erklärung künftig häufiger als bisher aufgedeckt werden.

III. Beiordnung eines Rechtsanwalts, § 78 FamFG

22 Unterliegt eine Familiensache dem **Anwaltszwang**, so ist dem Beteiligten auf seinen Antrag ein zur Vertretung bereiter Anwalt beizuordnen (§ 78 Abs. 1 FamFG). Dies ist der Fall, wenn die Kindschaftssache im **Scheidungsverbund** anhängig ist (§ 114 Abs. 1 FamFG).

23 Ist eine anwaltliche Vertretung gesetzlich nicht vorgeschrieben – so in **isoliert geführten Kindschaftssachen** –, ist ein Anwalt beizuordnen, wenn wegen der **Schwierigkeit der Sach- und Rechtslage** die Vertretung durch einen Rechtsanwalt erforderlich erscheint (§ 78 Abs. 2 FamFG).[96] Bis zur Entscheidung über das Beiordnungsgesuch kann der Gesuchsteller jederzeit – auch konkludent – die Benennung des ihm nach seiner Wahl beizuordnenden Rechtsanwalts ändern.[97] Eine **Entpflichtung** eines bereits beigeordneten Rechtsanwalts kann nur unter den

---

89 Siehe dazu eingehend *Härtl*, § 117 Abs. 2 S. 2 ZPO – Unkomplizierte Erkenntnisquelle über die wirtschaftlichen Verhältnisse des Gegners?!, NZFam 2014, 1032.
90 Ebenso OLG Koblenz FamRZ 2011, 389 [Rechtsbeschwerde zugelassen]; *Viefhues*, AnwZert 11/2011, Anm. 5; a.A. OLG Brandenburg FamRZ 2011, 125.
91 OLG Naumburg FuR 2014, 432.
92 BT-Drucks 16/6308, S. 325.
93 BGH FamRZ 2015, 1176; OLG Frankfurt FamRZ 2016, 843; OLG Nürnberg FamRZ 2015, 684; OLG Schleswig FamRZ 2015, 685; OLG Bremen FamRZ 2012, 649; OLG Oldenburg FamRZ 2013, 805; *Frauenknecht*, NZFam 2016, 491; a.A. *Viefhues*, jurisPR-FamR 6/2011, Anm. 6; a.A.
94 Zutr. *Härtl*, NZFam 2014, 1057.
95 OLG Naumburg FuR 2014, 432; OLG Brandenburg FamRZ 2011, 125; OLG Koblenz FamRZ 2011, 389; OLG Karlsruhe FamRZ 2015, 597 m. zust. Anm. *Viefhues*, jurisPR-FamR 01/2015, Anm. 5; kritisch *Härtl*, NZFam 2014, 1032, 1034: Beschränkung auf willkürlichen Grundrechtseingriff; siehe zum Ganzen eingehend *Fischer*, Sofortige Beschwerde gegen Entscheidungen über die Einsicht in die PKH-Erklärung und Belege des Gegners?, MDR 2015, 1112 m.z.w.N.
96 OLG Düsseldorf ZFE 1010, 69; OLG Frankfurt FamRZ 2010, 1094; ablehnend bei einem Vermittlungsverfahren gem. § 165 FamFG OLG Karlsruhe FamRZ 2010, 2010; OLG Köln AGS 2010, 140; zu der Problematik insgesamt vgl. *Götsche*, ZFE 2010, 100; *Waller*, FF 2010, 50; *Runtz/Viefhues*, FamRZ 2010, 1285 mit Rspr.übersicht.
97 OLG Saarbrücken, Beschl. v. 6.12.2012 – 9 WF 437/12 (n.v.).

Voraussetzungen des § 48 Abs. 2 BRAO erfolgen.[98] Sie kann sowohl vom beigeordneten Rechtsanwalt als auch von dem Beteiligten, dem er beigeordnet worden war, beantragt werden.[99] Von der Aufhebung der Beiordnung zu unterscheiden ist die Frage, ob der Beteiligte nach der Entpflichtung seines bisherigen Rechtsanwalts einen Anspruch darauf hat, dass ihm ein neuer Anwalt beigeordnet wird. Da ein Wechsel in der Person des beigeordneten Anwalts regelmäßig mit Mehrkosten für die Staatskasse verbunden ist, bedarf es hierfür eines triftigen Grundes. Erforderlich sind besondere Umstände, die auch einen nicht auf Verfahrenskostenhilfe angewiesenen Beteiligten veranlasst hätten, sich von seinem Verfahrensbevollmächtigten zu trennen. Ein solcher Umstand kann insbesondere dann gegeben sein, wenn das **Vertrauensverhältnis** zwischen Anwalt und Mandant nachhaltig und tiefgreifend **zerrüttet** ist. Auch in einem solchen Fall kann jedoch nicht stets die Beiordnung eines neuen Verfahrensbevollmächtigten verlangt werden. Ist die Zerrüttung des Vertrauensverhältnisses auf ein sachlich nicht gerechtfertigtes und mutwilliges Verhalten des Beteiligten zurückzuführen, besteht kein Anlass, diesem zu Lasten der Staatskasse einen neuen Anwalt beizuordnen.[100] Die Beiordnung eines neuen Anwalts kommt indes auch ohne Vorliegen eines triftigen Grundes in Betracht, wenn durch den Anwaltswechsel für die Staatskasse **keine Mehrkosten entstehen**, weil der neue Verfahrensbevollmächtigte auf diejenigen Gebühren verzichtet, die der zuerst beigeordnete Anwalt bereits verdient hat. In diesem Fall ist – auch mit Blick auf die verfassungsrechtlich gebotene Rechtsschutzgleichheit zwischen dem bemittelten und dem unbemittelten Verfahrensbeteiligten – grundsätzlich kein sachlicher Grund gegeben, der es rechtfertigt, dem Beteiligten die Möglichkeit zu versagen, sich künftig durch einen anderen Anwalt seiner Wahl vertreten zu lassen.[101]

Bei der Schaffung dieser Vorschrift hat der Gesetzgeber bewusst ausschließlich auf die Schwierigkeit der Sach- und Rechtslage abgestellt und wollte die Erforderlichkeit einer Anwaltsbeiordnung nach objektiven Kriterien beurteilt sehen. Die Schwere des Eingriffs in die Rechte eines Beteiligten rechtfertigt nach Auffassung des Gesetzgebers die Beiordnung eines Rechtsanwalts auf der Grundlage bewilligter Verfahrenskostenhilfe regelmäßig nicht. Aufgrund der gesetzgeberischen Absicht, die Beiordnung von Rechtsanwälten zu beschränken, ist die Erforderlichkeit der Beiordnung an einem engen Maßstab zu messen.[102] Verfolgen etwa die Beteiligten im Wesentlichen **gleichgerichtete Interessen**, so wird eine **Beiordnung** eher nicht in Betracht kommen.[103] Auch den Grundsatz der prozessualen Waffengleichheit, der nach dem bis zum 31.8.2009 anzuwendenden Recht die Beiordnung eines Rechtsanwalts dann zwingend vorsah, wenn der Gegner durch einen Rechtsanwalt vertreten war – § 121 Abs. 2 Fall 2 ZPO – hat der Gesetzgeber bewusst für Familiensachen der freiwilligen Gerichtsbarkeit, zu denen nunmehr alle Abstammungssachen gehören, aufgegeben.[104]

Allerdings werden gegen § 78 Abs. 2 FamFG teilweise verfassungsrechtliche Bedenken erhoben, weil nach seinem Wortlaut die subjektiven Fähigkeiten des um Beiordnung eines Rechtsanwalts nachsuchenden Beteiligten nicht mehr berücksichtigt würden und außerdem jedenfalls im kontradiktorischen Verfahren der freiwilligen Gerichtsbarkeit unbeschadet des darin nach § 26 FamFG geltenden Amtsermittlungsprinzips der **Grundsatz der Waffengleichheit** die Beiordnung ver-

---

98 Siehe dazu eingehend *Viefhues*, FF 2014, 385, 396 ff. m.w.N.
99 OLG Saarbrücken FamRZ 2015, 1922.
100 Vgl. BGH NJW-RR 1992, 189; OLG Saarbrücken FamRZ 2015, 1922.
101 OLG Saarbrücken FamRZ 2015, 1922.
102 OLG Saarbrücken FamRZ 2010, 1001; *Götsche*, FamRZ 2009, 383, 386, 387.
103 OLG Saarbrücken FamRZ 2010, 1001; siehe zum Aspekt des Grades der Streitigkeit des Verfahrens auch BGH FamRZ 2009, 857 unter wertender Auseinandersetzung mit OLG Karlsruhe FamRZ 2005, 2004; OLG Frankfurt FamRZ 2005, 2005; OLG Köln FamRZ 2003, 107; siehe auch Anm. *Clausius*, AnwZert FamR 13/2009, Anm. 3.
104 BT-Drucks 16/6308, S. 167 f. und 213 f.

fassungsrechtlich gebiete, wenn die Gegenseite anwaltlich vertreten sei.[105] Die Waffengleichheit ist allerdings verfassungsrechtlich als solche nicht verbrieft,[106] so dass § 78 Abs. 2 FamFG insoweit unbedenklich ist. Demgegenüber mahnt das BVerfG aufgrund der durch Art. 3 Abs. 1 i.V.m. Art. 20 Abs. 3 GG verbrieften Rechtsschutzgleichheit[107] bei der Prüfung der Frage, ob ein Rechtsanwalt beizuordnen ist, auch die Berücksichtigung der Fähigkeit des Beteiligten, sich mündlich und schriftlich auszudrücken, an.[108] Es stellt sich die Frage, ob eine verfassungskonforme Auslegung angesichts des insoweit klaren, entgegengesetzten Willens des Gesetzgebers möglich ist.[109] Denn ein Normverständnis, das in Widerspruch zu dem klar erkennbar geäußerten Willen des Gesetzgebers treten würde, kann auch im Wege verfassungskonformer Auslegung nicht begründet werden; diese darf den normativen Gehalt der auszulegenden Vorschrift daher nicht grundlegend neu bestimmen, das gesetzgeberische Ziel darf nicht in einem wesentlichen Punkt verfehlt oder verfälscht werden.[110]

26 Der BGH hatte solche Bedenken nicht, sondern hat – stillschweigend – § 78 Abs. 2 FamFG verfassungskonform ausgelegt. Er stellt auf den Einzelfall ab: Entscheidend ist, ob ein bemittelter Rechtssuchender in der Lage des Unbemittelten vernünftigerweise einen Rechtsanwalt mit der Wahrnehmung seiner Interessen beauftragt hätte. Das Verfahren kann sich für einen Beteiligten auch allein wegen einer schwierigen Sachlage oder allein wegen einer schwierigen Rechtslage so kompliziert darstellen, dass auch ein bemittelter Beteiligter einen Rechtsanwalt hinzuziehen würde.[111] Die Erforderlichkeit zur Beiordnung eines Rechtsanwalts beurteilt sich auch nach den subjektiven Fähigkeiten des betroffenen Beteiligten.[112] Auch wenn der Grundsatz der Waffengleichheit kein allein entscheidender Gesichtspunkt für die Beiordnung eines Rechtsanwalts im Rahmen der Verfahrenskostenhilfe mehr ist,[113] kann der Umstand der anwaltlichen Vertretung anderer Beteiligter ein Kriterium für die Erforderlichkeit zur Beiordnung eines Rechtsanwalts wegen der Schwierigkeit der Sach- oder Rechtslage sein.[114] Die Anwendung dieser allgemeinen Kriterien erfordert – wovon auch das Familiengericht im Ansatz zutreffend ausgegangen ist – eine konkrete, an den objektiven wie subjektiven Gegebenheiten des Einzelfalles orientierte Notwendigkeitsprüfung. Diese wird nicht dadurch entbehrlich oder erleichtert, dass für die Erforderlichkeit der Beiordnung pauschal auf den einfachen, mittleren oder hohen Schwierigkeitsgrad einer Verfahrensart abgestellt wird. Auch lässt das Erforderlichkeitskriterium für Regel-Ausnahme-Sätze bei Kindschaftssachen schon im Hinblick auf die Vielfalt der Lebenssachverhalte keinen Raum.[115] Wenngleich diese Familienverfahren Grundrechtspositionen der Eltern und des Kindes berühren und im Einzelfall existenzielle Bedeutung für einen der Beteiligten haben können, bildet die Schwere des Eingriffs – für sich genommen – nach der gesetzlichen Neuregelung kein Kriterium für eine Anwaltsbeiordnung. Sie rechtfertigt auch nicht den Schluss, dass sich ein bemittelter Rechtssuchender bei solchen Streitigkeiten vernünftigerweise stets oder doch nahezu ausnahmslos hätte anwaltlich vertreten lassen. Mithin lässt sich weder generell noch als Regel herleiten,

---

105 Vgl. etwa Thomas/Putzo/*Hüßtege*, § 78 FamFG Rn 3 ff.; Kemper/Schreiber/*Harms*, HK-FamFG, § 78 Rn 5 m.w.N.
106 Siehe BVerfGE 9, 124, was auch – in diesem Punkt – nicht durch BVerfG NJW 09, 3417 und BVerfG BVerfGK 15,426 in Frage gestellt wurde, die dortige Abgrenzung zu BVerfGE 9, 124 betraf eine andere Frage; ebenso Prütting/Gehrlein/*Völker/Zempel*, § 121 Rn 19 f.
107 BVerfGE 81, 347; BVerfG FamRZ 2010, 188.
108 BVerfG FamRZ 2002, 531.
109 Zu diesen Bedenken verhält sich OLG Zweibrücken FamRZ 2010, 1002 nicht.
110 Vgl. anschaulich etwa BVerfG BauR 2009, 1424.
111 Dazu KG FamRZ 2011, 1741: Gegenständlich war die Abänderung einer Sorgerechtsentscheidung, bei der in Teilbereiche des Sorgerechts in unterschiedlichem Ausmaß durch gerichtliche Bestimmung und elterlicher Vereinbarung regulierend eingegriffen wurde.
112 KG FamRZ 2011, 1741.
113 OLG Oldenburg FamRZ 2011, 916 (zur – versagten – Anwaltsbeiordnung im Vermittlungsverfahren); OLG Celle MDR 2011, 1178.
114 BGH FamRZ 2010, 1427; OLG Hamburg FamRZ 2010, 1459; a.A. KG FamRZ 2010, 1460.
115 So auch OLG Saarbrücken, Beschl. v. 19.2.2014 – 6 WF 28/14 (n.v.).

dass kindschaftsrechtliche Streitigkeiten besondere Schwierigkeiten tatsächlicher oder rechtlicher Art mit sich bringen und deshalb ausnahmslos oder doch im Regelfall die Beiordnung eines Rechtsanwalts erfordern.[116]

In Ansehung dessen wird der Verfahrensbevollmächtigte des um Beiordnung nachsuchenden Beteiligten künftig detailliert zum Grund für die Beiordnung ausführen müssen. Ist der Verfahrenskostenhilfeantrag vor dem Anhörungstermin entscheidungsreif, bewilligt das Familiengericht im Anhörungstermin die Verfahrenskostenhilfe, lehnt es aber die Beiordnung des erschienenen Rechtsanwalts ab, ohne diesen zuvor auf Bedenken gegen die Beiordnung hingewiesen zu haben, so verstößt dies gegen den Grundsatz des **fairen Verfahrens**; deswegen ist in solchen Fällen regelmäßig die Beiordnung vorzunehmen.[117] Denn ansonsten muss der Unbemittelte die Anwaltskosten selbst tragen, obwohl er bei rechtzeitigem Hinweis ohne Anwalt zum Termin hätte erscheinen können (zum **Rechtsmittel** gegen die Ablehnung der Beiordnung siehe Rdn 32).

Dem **Kind**, dem vor der Beauftragung eines Rechtsanwalts ein Verfahrensbeistand bestellt worden ist, ist grundsätzlich kein Rechtsanwalt beizuordnen.[118]

An diesen Maßstäben entlang hat sich eine umfangreiche **Kasuistik** entwickelt, die nicht mit Anspruch auf Vollständigkeit dargestellt werden kann. Folgende Linien – die aber jeweils einzelfallbezogen und vor allem mit Blick auf die subjektiven Fähigkeiten des Gesuchstellers anzuwenden sind[119] – zeichnen sich ab:

- Verfahren nach **§ 1666 BGB**: Einem Elternteil, der sich gegen auf der Grundlage von § 1666 ff. BGB zu gewärtigende sorgerechtliche Maßnahmen verwahren will, wird häufig auch schon für den Anhörungstermin nach § 157 FamFG ein Anwalt beizuordnen sein.[120] Zeigt ein Elternteil ohne Anwalt auf der Rechtsantragstelle eine Kindeswohlgefährdung an, dann ist keine Beiordnung geboten, bevor nicht belastbare Anhaltspunkte für eine mögliche Gefährdung erkennbar sind.[121] Ebenso bei weitgehend unstreitigem und leicht überschaubarem Sachverhalt[122] oder wenn bei Entscheidungsreife des Verfahrenskostenhilfeantrags aufgrund eindeutiger Hinweise des Gerichts oder abschließender Stellungnahmen des Jugendamts oder des Verfahrensbeistandes nicht mehr ernstlich mit einem Sorgerechtseingriff zu rechnen ist.[123] Ist ein Interessengegensatz der Eltern erkennbar, so darf ihnen nicht derselbe Rechtsanwalt beigeordnet werden.[124]

---

116 BGH FamRZ 2010, 1427; vgl. zum Ganzen auch BGH FamRZ 2012, 1290.
117 OLG Celle FamRZ 2011, 1161; siehe auch zum ansonsten entstehenden Anspruch des Gesuchstellers auf Vertagung OLG Celle, Beschl. v. 24.9.2013 – 17 WF 199/13, juris.
118 OLG Naumburg, Beschl. v. 2.8.2012 – 3 WF 179/12, juris.
119 OLG Saarbrücken, Beschl. v. 19.2.2014 – 6 WF 28/14 (n.v.).
120 OLG Bamberg FamRZ 2014, 1041; OLG Düsseldorf FamRZ 2013, 897; OLG Saarbrücken FamRZ 2012, 230; OLG Schleswig NJW 2012, 1014; OLG Frankfurt FamRZ 2010, 1094; OLG Celle FF 2012, 130; OLG Celle NJW-RR 2011, 942 (im Einzelfall aber dennoch keine Beiordnung); anders in einem besonders gelagerten Ausnahmefall OLG Saarbrücken, Beschl. v. 4.1.2012 – 9 WF 129/11 (n.v.). Dort hatte die Sorgeberechtigte dem Jugendamt bereits vor Verfahrenseinleitung mitgeteilt, dass sie zu einem Hilfeplangespräch nicht mehr kommen werde, weil sie ihre Kinder sowieso nicht mehr bekommen werde, auch wenn es vor Gericht gehe. Die – 14 und 15 Jahre alten – Kinder wollten auch nicht mehr zu ihr, weil sie in ihrem Alter ihren eigenen Weg gingen und sie nicht mehr brauchten und wollten. Die Sorgeberechtigte hatte ferner im Verfahren weder schriftsätzlich noch im Anhörungstermin eine Stellungnahme in der Sache abgeben lassen, zu dem sie auch persönlich nicht erschienen war.
121 Vgl. OLG Schleswig SchlHA 2011, 205.
122 OLG Hamm FamRZ 2011, 915.
123 OLG Celle NJW-RR 2011, 942.
124 OLG Frankfurt, Beschl. v. 18.12.2014 – 5 UF 186/14, juris.

- **Verfahren nach § 1671 BGB**: Keine Beiordnung,[125] wenn der andere Elternteil schon vor Antragstellung der Sorgerechtsübertragung zugestimmt hat[126] bzw. der antragstellende Elternteil dies vorträgt, solange keine Anhaltspunkte dafür ersichtlich sind, dass das Gericht von § 1671 Abs. 4 BGB Gebrauch machen und das Verfahren deswegen fortsetzen muss.[127] Sind sich die Eltern über den Lebensmittelpunkt des Kindes nicht einig, ist regelmäßig die Beiordnung angezeigt,[128] erst recht, wenn der Gesuchsteller sich auf Deutsch nicht ausreichend ausdrücken kann[129] oder das Kind mehrfach zwischen den Haushalten der Eltern gewechselt hat.[130] Ebenso, wenn im Verfahren ein Sachverständigengutachten[131] und ärztliche Zeugnisse zu bewerten sind.[132]
- **Verfahren nach § 1631b BGB**: Grundsätzlich Beiordnung geboten, zumal diese Verfahren nicht nur rechtlich sondern auch tatsächlich – im Hinblick auf die ggf. zu beurteilenden medizinischen Fragen – schwierig ist.[133]
- **Verfahren nach § 1626a Abs. 2 BGB n.F.**: Keine Beiordnung, wenn Einigung über teilweise Herstellung gemeinsamer elterlicher Sorge vor Antragstellung.[134] Allerdings Beiordnung regelmäßig, sobald Gründe, die der gemeinsamen Sorge entgegenstehen, im Rahmen einer persönlichen Anhörung zu klären sind, also nicht im schriftlichen Verfahren nach § 155a Abs. 3 FamFG entschieden werden kann.[135]
- **Verfahren nach § 1684 BGB**: Beiordnung, wenn das Umgangsrecht insgesamt oder wesentliche Elemente seiner Ausgestaltung im Streit stehen.[136] Aber keine Beiordnung, wenn es nur um die weitere Ausgestaltung eines im Ausgangspunkt unstreitigen Umgangsrechts geht,[137] regelmäßig erst recht, wenn der Umgangsberechtigte eine Reduzierung (!) seines Umgangsrechts anstrebt.[138] Ebenso, wenn die Eltern noch vor dem Beiordnungsantrag eine vorläufige Regelung treffen und das Verfahren ohne anwaltlichen Beistand eingeleitet worden war.[139]

---

125 Aber – davon getrennt zu betrachten – freilich VKH-Bewilligung auch für den Antragsgegner, siehe OLG Karlsruhe FamRZ 2013, 895.
126 OLG Saarbrücken, Beschl. v. 1.2.2011 – 9 WF 1/11, juris; OLG Celle MDR 2011, 367; zu streng dagegen OLG Hamm MDR 2012, 1045 (Zustimmung dort erst im Anhörungstermin erfolgt); zutreffend demgegenüber OLG Karlsruhe FamRZ 2013, 895 aus Vertrauensgesichtspunkten; dort hatte das Gericht durch Aufhebung der Anordnung des persönlichen Erscheinens des Antragsgegners zu erkennen gegeben, dass es die Wahrnehmung des Termins durch dessen Verfahrensbevollmächtigten für ausreichend erachtet (was allerdings seinerseits verfahrensfehlerhaft war, dazu OLG Saarbrücken FamRZ 2010, 1680).
127 OLG Saarbrücken, Beschl. v. 1.2.2016 – 9 WF 101/15, juris.
128 OLG Stuttgart FamRZ 2011, 1160; a.A. – aber zu eng – OLG Hamburg MDR 2011, 300.
129 OLG Schleswig FamRZ 2010, 826; nicht aber, wenn nur formelhaft behauptet wird, aufgrund der „persönlichen Fähigkeiten" sei der Gesuchsteller nicht in der Lage, einen Antrag zu stellen, OLG Düsseldorf FuR 2013, 597.
130 OLG Düsseldorf FamRZ 2010, 580.
131 Aber keine VKH für die Erholung eines Privatgutachtens nach Einholung eines Gerichtsgutachtens, siehe OLG Dresden, FuR 2016, 360.
132 OLG Dresden FamRZ 2010, 2006.
133 OLG Schleswig NJW 2016, 656.
134 Vgl. – zur Übergangsregelung zu § 1626a a.F. – OLG Celle MDR 2011, 1006.
135 OLG Stuttgart FamRZ 2014, 1045, OLG Karlsruhe FamRZ 2015, 948; OLG Jena FamRZ 2016, 73; AG Halberstadt, Beschl. v. 4.10.2013 – 8 F 424/13, juris; siehe auch *Hamdan/Hamdan*, Die anwaltliche Beiordnung im vereinfachten Sorgerechtsverfahren, MDR 2015, 249; *Vogel*, Verfahrensrechtliche Umsetzung des Antrags auf Übertragung der gemeinsamen elterlichen Sorge nach § 1626a Abs. 2 BGB, FamRB 2016, 110, 111 m.w.N.
136 Vgl. – zum alten Recht – OLG Karlsruhe, Beschl. v. 17.3.2005 – 18 WF 12/05, juris.
137 OLG Saarbrücken FamRZ 2010, 1690; OLG Celle FamRZ 2011, 1161; MDR 2011, 1178; OLG Hamm MDR 2010, 1468; AGS 2010, 244; OLG Brandenburg FamRZ 2010, 2009; OLG Hamburg FamRZ 2010, 1689; wohl zu eng OLG Hamburg MDR 2010, 701, wo im Anhörungstermin unter Mitwirkung der um Beiordnung bittenden Anwältin (nur) eine Zwischenvereinbarung geschlossen werden konnte; zumal naheliegt, dass hier die vertrauensschützenden Grundsätze wie in OLG Celle FamRZ 2011, 1161 und NJW-RR 2011, 942 zu berücksichtigen waren.
138 OLG Düsseldorf FGPrax 2010, 55.
139 OLG Rostock MDR 2010, 636; ähnlich für die Gegenseite OLG Dresden MDR 2011, 105.

Dies kann im Einzelfall auch gelten, wenn sich die Elternteile im Wesentlichen Verstöße gegen eine bereits geübte Umgangsregelung vorwerfen.[140] Anders, wenn ein erheblicher, hoch emotional geführter Elternstreit zur Umgangsausgestaltung vorliegt.[141] Beantragt ein Strafgefangener mit voraussichtlich noch längerer Haftdauer eine gerichtliche Regelung des Umgangs mit seinem Kleinkind durch Besuche in der JVA, weil die Mutter ihm mit Billigung des Jugendamts den Kontakt seit längerem vorenthält, ist ihm ein Anwalt beizuordnen.[142] Dies gilt umso mehr, wenn der umgangsbegehrende Elternteil den vormals betreuenden Elternteil getötet hat.[143] Ebenso, wenn zwischen dem Umgangsberechtigten und dem Kind längere Zeit kein Kontakt stattgefunden hat und bei Umgangsausübung eine Kindeswohlgefährdung im Raume steht, so dass die Gewährung lediglich begleiteten Umgangs ernsthaft in Betracht kommt.[144] Gleiches gilt, wenn der betreuende Elternteil geltend macht, das Kind weigere sich hartnäckig, den Umgangsberechtigten zu besuchen,[145] umgekehrt genauso, wenn der Umgangsberechtigte eine Verweigerung des Umgangs durch den betreuenden Elternteil anführt und der Umgang nur teilweise gewährt worden ist.[146] Die Beiordnung ist auch erforderlich, wenn der betreuende Elternteil nur begleiteten Umgang zulassen will.[147] Ebenso, wenn das Gericht durch einstweilige Anordnung das Umgangsrecht des Gesuchstellers mit seinem Kind vorläufig aussetzt.[148]

- **Verfahren nach § 1685 BGB**: Beiordnung für Umgangsantrag der Großmutter nach § 1685 BGB jedenfalls dann, wenn das Kind bei Pflegeeltern lebt und der Großmutter vom Jugendamt die Inanspruchnahme anwaltlichen Beistandes angeraten wurde.[149]
- **Vermittlungsverfahren** nach § 165 FamFG (siehe dazu auch § 2 Rdn 248 ff.): Regelmäßig nicht.[150]
- **Abänderungsverfahren nach § 1696 BGB**. Beiordnung, wenn es um Abänderung mehrerer Sorgerechtsteilbereiche in unterschiedlichem Ausmaß geht und der Gesuchsteller an einer psychischen Erkrankung leidet.[151] Keine Beiordnung, wenn Antragsteller geltend macht, dass die vormals aufgehobene gemeinsame elterliche Sorge wiederherzustellen sei, weil zwischenzeitlich die Kommunikationsfähigkeit der Eltern wieder gegeben sei.[152] Ebenso, wenn es um eine Abänderung der Ausgestaltung eines bereits gerichtlich geregelten Umgangs geht.[153] Dies gilt auch dann, wenn im Ausgangstitel nur der periodische Umgang, nicht aber der Ferien- und Feiertagsumgang geregelt worden war, dessen Regelung nunmehr begehrt wird, sofern zwischen den Eltern Einigkeit besteht, dass dem umgangsberechtigten auch ein solches Umgangsrecht dem Grunde nach zusteht; dass die Eltern nicht mehr mit-

---

140 OLG Düsseldorf ZFE 2011, 151.
141 OLG Brandenburg FamFR 2010, 494; NZFam 2015, 329 (dort sogar Anzeige bei Polizei, Beleidigung, Bedrohung, ins Gesicht gespuckt).
142 OLG München FamRZ 2011, 1240.
143 BGH FamRZ 2016, 1058.
144 OLG Schleswig FamRZ 2011, 1241.
145 OLG Celle FamRZ 2010, 582; OLG Frankfurt, Beschl. v. 25.1.2010 – 6 WF 7/10, juris.
146 OLG Hamm MDR 2010, 1468; OLG Hamburg FamRZ 2010, 1459; ähnlich OLG Stuttgart FamR kompakt 2011, 60; demgegenüber zu eng OLG Düsseldorf, Beschl. v. 25.1.2010 – 8 WF 11/10 –, juris.
147 OLG Zweibrücken FamRZ 2010, 1002.
148 OLG Brandenburg NJW-RR 2010, 1158.
149 OLG Saarbrücken, Beschl. v. 22.10.2012 – 6 WF 389/12 (n.v.).
150 OLG Frankfurt NJW-RR 2013, 962; OLG Hamm FamRZ 2013, 565; OLG Hamm, Beschl. v. 28.12.2011 – 8 WF 299/11, juris; OLG Hamm NJW-RR 2011, 1230; OLG Hamm FamFR 2011, 521; OLG Karlsruhe FamRZ 2010, 2010; OLG Oldenburg FamRZ 2011, 916; OLG Saarbrücken, Beschl. v. 19.2.2014 – 6 WF 28/14 (n.v.); eingehend OLG Köln FamRZ 2015, 1921 (im besonderen Einzelfall aber Beiordnung bejahend); *Schneider*, Die Kosten in Vermittlungsverfahren nach § 165 FamFG, NZFam 2014, 906, 908; großzügiger OLG Zweibrücken FamRZ 2015, 1921.
151 KG FF 2011, 508.
152 OLG Celle ZFE 2011, 232.
153 OLG Celle FamRZ 2010, 1363.

einander kommunizieren können und außergerichtlich trotz Mitwirkung des Jugendamts keine Einigung zu erzielen vermocht haben, steht dem dann nicht entgegen.[154]
- Eilverfahren auf Erlass einer **einstweiligen Anordnung**: In der Regel ist eine Beiordnung erforderlich, weil der Antragsteller der erforderlichen Darlegung eines Eilbedürfnisses (§ 49 Abs. 1 FamFG) nur dann wirksam gerecht werden kann, wenn er alle maßgeblichen Tatsachen selbst ermittelt und mit dem Antrag sogleich vorträgt und glaubhaft macht (§ 51 Abs. 1 S. 2 FamFG).[155]
- **Sonstige** Verfahren: Beiordnung im Verfahren wegen Ruhens der elterlichen Sorge, wenn der andere Elternteil „untergetaucht" sein soll, da das Merkmal der „tatsächlichen Verhinderung" in § 1674 BGB mit erheblichen Unsicherheiten behaftet ist.[156] Anders, wenn diese Verhinderung keinen Zweifeln unterliegt.[157] Keine Beiordnung bei Aufhebung einer Umgangspflegschaft.[158] Auch im Umgangsvollstreckungsverfahren ist nicht stets, sondern nur einzelfallabhängig ein Anwalt beizuordnen.[159]

31 Im Zuge der Beiordnung eines Rechtsanwalts ist schließlich § 78 Abs. 3 FamFG zu berücksichtigen. Ein nicht im Bezirk des Verfahrensgerichts niedergelassener Anwalt kann nur dann beigeordnet werden, wenn dadurch keine weiteren Kosten entstehen, wobei davon ausgegangen wird, dass ein vertretungsbereiter Anwalt mit dem Beiordnungsantrag regelmäßig sein stillschweigendes Einverständnis mit einer dem **Mehrkostenverbot** entsprechenden Einschränkung seiner Beiordnung erteilt.[160]

IV. Rechtsmittel

32 Wird Verfahrenskostenhilfe ganz oder teilweise versagt, so ist dieser Beschluss gemäß § 76 Abs. 2 FamFG mit der **sofortigen Beschwerde** angreifbar; es gelten insoweit die §§ 567–572 ZPO und § 127 Abs. 2–4 ZPO entsprechend. Auch gegen die Ablehnung einer **Beiordnung** (siehe auch Rdn 24 ff.) ist die sofortige Beschwerde – ausnahmslos – statthaft.[161] Der Wert der anwaltlichen Tätigkeit in der Beschwerdeinstanz richtet sich – wie der Wert einer Beschwerde gegen die Versagung der beantragten Verfahrenskostenhilfe – nach dem Wert der Hauptsache.[162]

33 Anders als bei der nur gegen **Endentscheidungen** statthaften Beschwerde (§ 58 FamFG), die wirksam nur beim judex a quo eingelegt werden kann (§ 64 Abs. 1 S. 1 FamFG), steht es dem Beschwerdeführer bei der **sofortigen Beschwerde** (Antragsmuster im Formularteil, siehe § 13 Rdn 66) frei, ob diese beim Ausgangsgericht oder beim Beschwerdegericht einreichen möchte (§ 569 Abs. 1 S. 1 ZPO).

34 Die Beschwerde soll grundsätzlich begründet werden (§ 571 Abs. 1 ZPO); unterbleibt dies, können das Familiengericht oder das Beschwerdegericht eine Frist setzen (§ 571 Abs. 3 ZPO).

---

154 OLG Saarbrücken, Beschl. v. 14.12.2012 – 6 WF 407/12 (n.v.).
155 Vgl. OLG Brandenburg MDR 2014, 1468 (zum Gewaltschutzantrag).
156 OLG Hamm FamRZ 2014, 2018; vgl. auch OLG Hamm, Beschl. v. 20.11.2013 – 8 WF 241/13, juris (ungenügende Deutschkenntnisse).
157 OLG Brandenburg NZFam 2016, 512.
158 OLG Koblenz FamRZ 2011, 915.
159 OLG Saarbrücken, Beschl. v. 27.6.2013 – 9 WF 58/13 (n.v.).
160 BGH FamRZ 2007, 37; OLG Saarbrücken FamFR 2011, 430; OLGR 2009, 713; OLG Rostock JurBüro 2009, 97; *Motzer*, FPR 2009, 158.
161 BGH FamRZ 2011, 1138.
162 Vgl. BGH FamRZ 2010, 1892.

Die Frist zur Einlegung der sofortigen Beschwerde beträgt – abweichend von § 569 Abs. 1 S. 1 **35**
ZPO – nach § 127 Abs. 2 S. 3 ZPO einen Monat,[163] beginnend mit **förmlicher Zustellung** des
die Verfahrenskostenhilfe ganz oder teilweise versagenden Beschlusses an den Antragsteller.[164]

Gegen einen Beschluss, durch den VKH zumindest auch wegen fehlender hinreichender **Erfolgs-** **36**
aussicht verweigert wird, ist eine sofortige Beschwerde dann nicht statthaft, wenn gegen die kongruente Hauptsacheentscheidung kein Rechtsmittel statthaft wäre. Dies ist der Fall,

- wenn für eine (Hauptsache-)Beschwerde die Erwachsenheitssumme des § 61 Abs. 1 FamFG nicht erreicht ist (§ 127 Abs. 2 S. 2 ZPO; das kommt in Kindschaftssachen kaum jemals in Betracht);
- sobald die Hauptsacheentscheidung rechtskräftig geworden ist, denn die Erfolgsaussicht kann nicht abweichend von der rechtskräftig entschiedenen Hauptsache beurteilt werden;[165] eine Ausnahme ist nur zu machen, wenn eine zweifelhafte Rechtsfrage verfahrensfehlerhaft in das Verfahrenskostenhilfeverfahren verlagert worden ist oder wenn das erstinstanzliche Gericht die Entscheidung verzögert hat und die Erfolgsaussicht in der Zwischenzeit entfallen ist.[166]
- wenn im EA-Verfahren die erlassene oder versagte einstweilige Anordnung nicht anfechtbar ist bzw. wäre (§ 127 Abs. 2 S. 2 ZPO analog).[167] Dies erfasst den Fall des § 57 S. 1 FamFG. In den Fällen des § 57 S. 2 FamFG ist hingegen nach zutreffender Auffassung eine Entscheidung, mit der Verfahrenskostenhilfe mangels Erfolgsaussicht verweigert wird, auch dann anfechtbar, wenn über die zugrunde liegende einstweilige Anordnung bisher noch nicht[168] oder nur ohne mündliche Erörterung entschieden worden ist.[169] Denn in diesem Fall greift der für die Unanfechtbarkeit herangezogene Rechtsgedanke, dass die VKH-Entscheidung nicht weitergehend überprüft werden kann als die Hauptsache, nicht ein; vielmehr kann diese noch in die zweite Instanz gelangen.[170] Die Unanfechtbarkeit der VKH-Entscheidung greift auch dann nicht ein, wenn VKH bewilligt, aber lediglich die Anwaltsbeiordnung abgelehnt wurde.[171]
- wenn der VKH-Beschwerdeführer gegen die Hauptsacheentscheidung mangels Beschwerdeberechtigung (§ 59 FamFG) keine Beschwerdebefugnis hätte.[172]

Gegen die Beschwerdeentscheidung ist die – zulassungsbedürftige – **Rechtsbeschwerde** nach **37**
§ 574 ZPO eröffnet; § 70 FamFG findet keine Anwendung.[173] Allerdings ist die Rechtsbeschwerde nicht zulässig – und kann es dann auch nicht im Falle ihrer Zulassung werden[174] – wenn das Beschwerdegericht die Beschwerde zumindest auch wegen fehlender Erfolgsaussicht zurückgewiesen hat; blieb die Beschwerde hingegen nur wegen fehlender Kostenarmut oder Mut-

---

163 Vgl. auch BGH FamRZ 2006, 939.
164 OLG Brandenburg Rpfleger 2004, 53.
165 BGH FamRZ 2012, 964; OLG Hamm FamRZ 2011, 1973 und Beschl. v. 26.9.2011 – 8 WF 181/11, juris; OLG Saarbrücken, Beschl. v. 5.9.2011 – 9 WF 72/11 (n.v.); Prütting/Gehrlein/*Völker/Zempel*, § 119 Rn 21 ff.
166 BGH FamRZ 2012, 964.
167 Vgl. BGH FamRZ 2005, 790; OLG Saarbrücken FamRZ 2010, 1829; OLG Hamm, FamRZ 2010, 1467; OLG Hamm FamRZ 2012, 53; KG FamRZ 2011, 577.
168 So OLG Frankfurt FamRZ 2014, 676, OLG Saarbrücken, Beschl. v. 26.10.2015 – 6 WF 132/15 (n.v.).
169 OLG Bremen FamRZ 2013, 1916; a.A. (stets unanfechtbar) OLG Hamm FamRZ 2012, 53; 2011, 234; OLG Celle FamRZ 2011, 918, OLG Köln JurBüro 2011, 41; differenzierend OLG Köln, Beschl. v. 24.8.2011 – 4 WF 156/11, juris (anfechtbar, wenn Antrag auf mündliche Verhandlung gestellt ist); OLG Nürnberg FamRZ 2013, 569 (anfechtbar, wenn Anhörungstermin nach VKH-Versagung noch stattgefunden hat); OLG Hamm FamRZ 2013, 1326 (nur anfechtbar, wenn der VKH-Antrag nur für einen beabsichtigten EA-Antrag gestellt wurde).
170 So – wie auch im Übrigen – überzeugend OLG Bremen FamFR 2013, 281.
171 BGH FamRZ 2011, 1138.
172 OLG Saarbrücken, Beschl. v. 26.4.2012 – 9 WF 155/11 (n.v.); OLG Hamm FamRZ 2015, 950.
173 BGH FamRZ 2011, 1138.
174 BGH FamRZ 2011, 282.

willigkeit erfolglos oder betraf sie die Frage der Anwaltsbeiordnung, ist vom Beschwerdegericht über die Rechtsbeschwerdezulassung zu entscheiden.[175]

C. Verfahrenskostenhilfe für ein beabsichtigtes Rechtsmittel

38 Wird ein Verfahrensbeteiligter durch eine erstinstanzliche Entscheidung beschwert, so kann die Entscheidung darüber, ob gegen diesen Beschluss ein Rechtsmittel eingelegt werden soll, davon abhängig sein, ob und inwieweit der Beschwerdeführer in der Rechtsmittelinstanz die Bewilligung von Verfahrenskostenhilfe erwarten kann. Gerade das Risiko einer Kostenbelastung hält zahlreiche Verfahrensbeteiligte davon ab, eine erstinstanzliche Entscheidung zur Überprüfung zu stellen.

In dieser Situation besteht die Möglichkeit, vorab die Entscheidung des Rechtsmittelgerichts zur Verfahrenskostenhilfe herbeizuführen und die Durchführung des **Beschwerdeverfahrens** hiervon abhängig zu machen (Antragsmuster im Formularteil, siehe § 13 Rdn 69).[176]

39 Hierzu ist innerhalb der Beschwerdefrist ein auf die Bewilligung von Verfahrenskostenhilfe für das Beschwerdeverfahren gerichteter Antrag zu stellen. Durch § 64 Abs. 1 S. 2 FamFG n.F. ist nunmehr klargestellt, dass dieser **beim Familiengericht** einzureichen ist.[177]

40 Dem Antrag ist eine **vollständige Erklärung** zu den persönlichen und wirtschaftlichen Verhältnissen des Antragstellers beizufügen, einschließlich der zur Glaubhaftmachung erforderlichen Belege. Alternativ kann auch auf die in der Vorinstanz eingereichten Unterlagen Bezug genommen werden, dann müssen diese aber freilich vollständig sein und vorgetragen werden, dass sich an den persönlichen und wirtschaftlichen Verhältnissen des Antragstellers zwischenzeitlich nichts geändert hat.[178] Gerade die Vollständigkeit der Erklärung und der beizufügenden Unterlagen ist von essentieller Bedeutung, um einer Fristversäumung zu entgehen.[179] Die beabsichtigte **Begründung des Rechtsmittelantrages** muss wegen § 65 Abs. 1 FamFG („soll") nicht beigefügt werden, allerdings sollte dies unbedingt geschehen; zum einen, um das Augenmerk des Beschwerdegerichts auf die Beanstandungen des Beschwerdeführers zu lenken und so die hinreichende Erfolgsaussicht des in Aussicht genommenen Rechtsmittels darzulegen, zum anderen, weil ansonsten eine Verfassungsbeschwerde gegen den Beschluss des Beschwerdegerichts meist am Grundsatz materieller Subsidiarität der Verfassungsbeschwerde scheitern wird,[180] zumal gerade eine Verletzung des rechtlichen Gehörs dann ebenfalls kaum vorstellbar ist.

41 Ferner sollte sicherheitshalber unbedingt bei der Antragstellung darauf hingewiesen werden, dass der Anwalt – trotz bereits entworfener Begründung des beabsichtigten Rechtsmittels – nicht als Wahlanwalt tätig wird, sondern sich sein Mandat bis zu seiner zweitinstanzlichen Beiordnung auf die Stellung des Verfahrenskostenhilfeantrages beschränkt (Antragsmuster im Formularteil, siehe § 13 Rdn 69). Denn teilweise wurde angenommen, dass ansonsten die Beschwerde zu verwerfen sei, weil die Versäumung der Beschwerdefrist nicht auf dem wirtschaftlichen Unvermögen der Klägerin beruht hat und daher nicht ohne Verschulden (§ 17 Abs. 1 FamFG) eingetreten ist.[181] Allerdings dürfte sich diese Rechtsprechung beim Bundesgerichtshof nicht durchgesetzt haben. Späteren Entscheidungen zufolge kann der mittellose Beteiligte auch im hier in Rede ste-

---

175 Zum Ganzen BGH FamRZ 2011, 1138.
176 Dazu eingehend *Grandel*, FF 2009, 300; *Büte*, FuR 2012, 119.
177 Für die Zeit vor dieser Gesetzesänderung war dies streitig; der BGH hatte hierzu entschieden, dass der Antrag beim Beschwerdegericht gestellt werden musste, siehe BGH FamFR 2013, 398.
178 BGH FamRZ 2004, 1961 m.w.N.; Anm. *Völker*, jurisPR-FamR 2/05, Anm. 4.
179 Vgl. nur BGH FamRZ 2015, 1103; 2013, 1720.
180 Dazu Schulz/Hauß/*Völker*, HK-FamR Schwerpunktbeitrag 10 Rn 28 ff.
181 BGH FamRZ 2008, 1520; in Abgrenzung dazu BGH FamRZ 2011, 289 für den Fall, dass der Entwurf der Beschwerdebegründung erst nach Ablauf der Beschwerdebegründungsfrist eingereicht wird.

henden Fall noch im Wiedereinsetzungsgesuch glaubhaft machen, dass der Anwalt nicht bereit war, die Beschwerde ohne Bewilligung von Verfahrenskostenhilfe ordnungsgemäß und insbesondere fristgerecht zu begründen.[182]

Nach bewilligter Verfahrenskostenhilfe ist innerhalb der zweiwöchigen Frist des § 18 Abs. 1 FamFG beim Ausgangsgericht ein **Antrag auf Wiedereinsetzung** in die Frist zur Einlegung der Beschwerde zu stellen und binnen derselben Zweiwochenfrist die Beschwerde einzulegen (§ 18 Abs. 3 S. 2 FamFG). **42**

Wird die nachgesuchte Verfahrenskostenhilfe für die beabsichtigte Beschwerde versagt, so hat der Antragsteller noch eine kurze Überlegungsfrist von drei bis vier Tagen; danach beginnt die zweiwöchige Frist für das Wiedereinsetzungsgesuch und die damit zu verbindende Einlegung des Rechtsmittels. Das gilt auch dann, wenn das Gericht nicht die Mittellosigkeit des Beteiligten, sondern die Erfolgsaussicht der beabsichtigten Rechtsverfolgung verneint hat.[183] **43**

---

182 BGH FamRZ 2013, 370; NJW 2012, 2041.
183 BGH FamRZ 2009, 685.

§ 9 Rechtsmittel

A. Allgemeines

Im Zuge der Schaffung des FamFG hat sich der Gesetzgeber bewusst für eine Neuordnung der Rechtsmittel entschieden.[1] Rechtsmittel gegen Endentscheidungen – seien es Hauptsacheentscheidungen oder einstweilige Anordnungen (siehe dazu § 7 Rdn 43 ff.) – ist nunmehr allein die **Beschwerde** nach den §§ 58 ff. FamFG. Wurde das Verfahren vor dem 1.9.2009 eingeleitet, richtet es sich – auch in der Beschwerdeinstanz – gemäß Art. 111 Abs. 1 S. 1 FGG-RG nach dem alten, bis dahin geltenden Verfahrensrecht.[2] Wurde aber noch vor dem 1.9.2009 – nach altem Recht – ein **Prozesskostenhilfegesuch** für einen (nur) für den Fall der Bewilligung von Prozesskostenhilfe beabsichtigten Antrag eingereicht, so richtet sich das Verfahren nach Bewilligung von Prozesskostenhilfe und nachfolgender Antragseinleitung nach neuem Recht.[3]

1

Durch §§ 39, 69 Abs. 3 FamFG wurde erstmals die Verpflichtung sowohl der Ausgangsgerichte als auch der Beschwerdegerichte geschaffen, ihre Endentscheidungen mit einer **Rechtsbehelfsbelehrung** zu versehen. Diese ist formeller Bestandteil des Beschlusses[4] und muss das statthafte Rechtsmittel,[5] den Einspruch, den Widerspruch oder die Erinnerung, dessen Form (samt Anwaltszwang) und Frist sowie das Gericht enthalten, bei dem es einzulegen ist. Eine fehlende, falsche oder unvollständige Belehrung begründet im Rahmen eines **Wiedereinsetzungsverfahrens** die gesetzliche Vermutung, dass das Verschulden an einer Versäumung der entsprechenden Frist fehlt (§ 17 Abs. 2 FamFG).[6] Diese Vermutung wird allerdings **bei anwaltlicher Vertretung** regelmäßig widerlegt sein,[7] einerlei, ob der Rechtsanwalt Fachanwalt für Familienrecht ist oder nicht.[8] Insoweit genügt es, dass der Beteiligte erstinstanzlich anwaltlich vertreten war. Denn es gehört zu den Pflichten seines erstinstanzlich tätigen Anwalts, ihn über den Inhalt einer im ersten Rechtszug ergangenen Entscheidung zu informieren und zutreffend über die formellen Voraussetzungen des gegebenen Rechtsmittels zu belehren; erst dann endet sein erstinstanzlicher Auftrag.[9] Von einem Rechtsanwalt kann erwartet werden, dass er die Grundzüge des Verfahrensrechts und das Rechtsmittelsystem in der jeweiligen Verfahrensart kennt. Er kann daher das Vertrauen in die Richtigkeit einer Rechtsbehelfsbelehrung nicht uneingeschränkt, sondern nur in solchen Fällen in Anspruch nehmen, in denen die inhaltlich fehlerhafte Rechtsbehelfsbelehrung zu einem unvermeidbaren, zumindest aber zu einem nachvollziehbaren und daher verständ-

2

---

1 Vgl. zum neuen Rechtsmittelrecht instruktiv *Vorwerk*, FF 2010, 297; *Fischer*, FuR 2014, 645 (Teil 1) und FuR 2014, 700 (Teil 2); *Elzer/Gutowski*, Formalien bei der Beschwerde in Familiensachen, NZFam 2015, 1042; Rechtsmittelübersicht nach dem früheren Recht siehe etwa *Oenning*, FPR 1997, 193.
2 BGH FamRZ 2011, 1575; OLG Saarbrücken ZKJ 2010, 164.
3 Vgl. BGH FamRZ 2012, 783.
4 BGH FamRZ 2014, 643.
5 Über die Sprungrechtsbeschwerde muss allerdings nicht belehrt werden, § 39 S. 2 FamFG.
6 BGH FamRZ 2010, 1425; 2011, 1389; 2012, 367; BT-Drucks 16/6308, S. 183.
7 BGH FamRZ 2010, 1425; 2011, 1389; OLG Stuttgart FamRZ 2010, 1691; OLG Düsseldorf FamRZ 2010, 2012; OLG Karlsruhe FamRZ 2010, 2011; OLG Saarbrücken ZKJ 2010, 164; OLG Schleswig SchlHA 2011, 383; OLG Koblenz NJW 2010, 2594; OLG Brandenburg FamRZ 2012, 474; OLG Frankfurt, Beschl. v. 5.5.2010 – 3 UF 3/10, juris; OLG Zweibrücken FamRZ 2013, 1329; OLG Hamm, Beschl. v. 26.4.2013 – 15 W 16/13, juris; a.A. – für den Fall der nicht fehlenden, sondern inhaltlich unrichtigen Rechtsbehelfsbelehrung OLG Rostock FamRZ 2011, 986; OLG Oldenburg RdL 2012, 101.
8 OLG Brandenburg FamRZ 2012, 474.
9 BGH FamRZ 2012, 1287; OLG Saarbrücken FamRZ 2013, 1155.

lichen Rechtsirrtum des Rechtsanwaltes geführt hat.[10] Gleiches gilt für das **Jugendamt**.[11] Der Lauf der Wiedereinsetzungsfrist beginnt bei fehlerhafter Rechtsbehelfsbelehrung mit Bekanntgabe bzw. Zustellung der mit ordnungsgemäßer Belehrung ergänzten Entscheidung.[12] Hat das Familiengericht seine Entscheidung inhaltlich auf das falsche Verfahrensrecht gestützt – also auf Grundlage des FamFG statt des fortgeltenden FGG oder umgekehrt –, so kann die Beschwerde nach dem Grundsatz der **Meistbegünstigung** sowohl beim Ausgangsgericht als auch beim Beschwerdegericht eingelegt werden.[13]

3   Der Rechtsmittelzug im Verfahren nach dem FamFG ist dreistufig ausgestaltet und damit den anderen Verfahrensordnungen angeglichen. Die erstinstanzliche Zuständigkeit für Familiensachen im Sinn des § 111 FamFG liegt bei den Amtsgerichten. Insoweit wurde § 23a GVG neugefasst. Entsprechend der bisherigen Rechtslage werden auch weiterhin die Beschwerden in Familiensachen im Sinn des § 111 FamFG von den Oberlandesgerichten entschieden. Hier gilt unverändert die formelle Anknüpfung nach § 119 Abs. 1 Nr. 1a GVG. Dies hat unter anderem zur Folge, dass das Oberlandesgericht stets als **Beschwerdegericht** zuständig ist, unabhängig davon, ob das Familiengericht tatsächlich in einer Familiensache im Sinn des § 111 FamFG entschieden hat. Selbst für den Fall, dass sich die erstinstanzliche Entscheidung nicht auf eine Familiensache erstreckte, kann nach § 17a Abs. 5 und 6 GVG (§ 65 Abs. 4 FamFG betrifft die örtliche Zuständigkeit, aber weder die internationale[14] noch die Rechtswegzuständigkeit) die rechtswegbezogene Unzuständigkeit in der Beschwerdeinstanz nicht mehr gerügt werden.[15]

4   Die bislang mögliche **weitere Beschwerde** ist gesetzlich nicht mehr vorgesehen. An ihre Stelle ist die – weitgehend (Ausnahme: § 70 Abs. 3 FamFG) – zulassungsabhängige **Rechtsbeschwerde** nach §§ 70 ff. FamFG zum Bundesgerichtshof getreten (siehe dazu Rdn 59 ff.).

5   Nach wie vor ist die **Erinnerung** gegen Entscheidungen des Rechtspflegers möglich, wenn nach allgemeinen Vorschriften ein Rechtsmittel gegen dessen Entscheidung nicht gegeben ist,[16] wobei in Familiensachen nach dem FamFG insoweit die Monatsfrist gilt (§ 11 Abs. 2 RPflG).

6   Die Beschwerdeverfahren in Kindschaftssachen unterliegen wegen des Vorrangs des Kindeswohls weithin nicht dem **Verschlechterungsverbot**,[17] so dass eine zunächst nur eingeschränkte Gewährung von Umgangskontakten in der Beschwerdeinstanz auch zu einem völligen Ausschluss des Umgangskontaktes[18] oder eine getroffene Sorgerechtsregelung zum Nachteil des Beschwerdeführers abgeändert werden kann,[19] soweit das materielle Recht dem Beschwerdegericht hierfür eine Handhabe gibt (siehe auch Rdn 48 und 53).

---

10 BGH FamRZ 2015, 743; 2012, 1287.
11 Vgl. BGH FamRZ 2012, 367; das Jugendamt ist für den Bereich, der ihm zur Rechtswahrnehmung zugewiesen und in dem es auch dann vom Anwaltszwang befreit ist (§ 114 Abs. 3 FamFG), wenn für andere Beteiligte Anwaltszwang herrscht, als sach- und rechtskundig anzusehen mit der Folge, dass es nicht milder beurteilt werden kann als die in diesem Beschluss in Rede stehende Bezirksregierung.
12 *Runtz/Viefhues*, FamRZ 2010, 1285.
13 BGH FamRZ 2011, 1575; siehe auch *Müther*, Die Beschwerdeeinlegung beim unzuständigen Gericht nach dem FamFG, FamRZ 2010, 1952.
14 OLG Hamm FamRZ 2012, 143; OLG Hamm FamRZ 2015, 346.
15 Vgl. OLG Saarbrücken, Beschl. v. 4.12.2013 – 6 UF 192/13 (n.v.); OLG München FamRZ 2010, 2090; OLG Hamm FamRZ 2010, 2089; OLG Köln FF 2010, 80; vgl. auch OLG Frankfurt FamRZ 2011, 1238 zur Abgrenzung der Gerichtsstandsbestimmung nach § 36 ZPO von der Vorschrift des § 17a GVG.
16 Z.B. Erinnerung gegen die Festsetzung der Vergütung des Umgangspflegers, wenn der Beschwerdewert von 600 EUR nicht erreicht wird, vgl. OLG Hamm FamRZ 2011, 307.
17 BGH FamRZ 2008, 45; OLG Saarbrücken, Beschl. v. 18.11.2014 – 6 UF 107/14 (n.v.); FamRZ 2011, 1409; OLG Hamm FamRZ 2011, 1447; OLG Frankfurt FamRZ 2012, 1882; OLG Brandenburg, Beschl. v. 26.9.2013 – 3 UF 49/13, juris; OLG Brandenburg FamRZ 2015, 1818; OLG Saarbrücken, Beschl. v. 18.11.2014 – 6 UF 107/14 (n.v.); Beschl. v. 2.2.2016 – 9 UF 81/15 (n.v).
18 OLG Hamm FamRZ 2016, 1093; OLG Dresden OLGR 2005, 232.
19 OLG Frankfurt FamRZ 2015, 1633; OLG Celle FamRZ 2004, 1667; OLG Karlsruhe FamRZ 2004, 722.

Die Entscheidung über die Beschwerde obliegt zweitinstanzlich unverändert den Familiensenaten bei den Oberlandesgerichten (§ 122 Abs. 1 GVG), wobei einem Mitglied des Senates die Entscheidung als **Einzelrichter** übertragen werden kann (§ 68 Abs. 4 FamFG). Die Übertragung auf den Einzelrichter ist allerdings in Verfahren nach dem Haager Kindesentführungsübereinkommen nicht statthaft (§ 40 Abs. 2 S. 1 Hs. 2 IntFamRVG). Anders als noch nach § 621e Abs. 3 S. 2 ZPO a.F. i.V.m. § 527 ZPO[20] ist die Übertragung der Angelegenheit auf den vorbereitenden Einzelrichter nach dem seit dem 1.9.2009 geltenden Recht nicht mehr vorgesehen.[21]

Über die Rechtsbeschwerde in Kindschaftssachen entscheidet der Familiensenat beim BGH, § 133 GVG.

B. Die Beschwerde nach § 58 FamFG

I. Statthaftigkeit der Beschwerde

Gegen die im ersten Rechtszug[22] ergangenen **Endentscheidungen** der Amtsgerichte in den Verfahren nach dem FamFG findet einheitlich die Beschwerde gem. § 58 Abs. 1 FamFG statt (Antragsmuster im Formularteil, siehe § 13 Rdn 68). Das FamFG hat damit die vormalige systematische Zuordnung der ZPO übernommen, wonach Hauptsacheentscheidungen in Familiensachen mit der (befristeten) Beschwerde angegriffen werden konnten. Nachdem in Familiensachen die Entscheidungen nunmehr einheitlich durch Beschluss (§ 38 FamFG) ergehen, richten sich hieran auch die Rechtsmittel der Beschwerde (§§ 58 ff. FamFG) bzw. der Rechtsbeschwerde (§§ 70 ff. FamFG) aus.

Von dem Rechtsmittel der Beschwerde werden alle Endentscheidungen umfasst. Dies sind nach der Legaldefinition des § 38 Abs. 1 FamFG die Entscheidungen, durch die der Verfahrensgegenstand in der Instanz ganz oder teilweise erledigt wird,[23] also auch **einstweilige Anordnungen**[24] (zu den Voraussetzungen eines Rechtsmittels gegen diese und der streitigen Frage, ob eine Abhilfeentscheidung des Familiengerichts statthaft ist, siehe § 7 Rdn 43 ff.). Auch die durch einstweilige Anordnung genehmigte **geschlossene Unterbringung** eines Kindes ist nunmehr gemäß § 57 S. 2 FamFG vermittels Beschwerde nach §§ 58 ff. FamFG anfechtbar (siehe dazu § 7 Rdn 43).

Grundsätzlich selbstständig nicht mehr anfechtbar sind **Zwischen- und Nebenentscheidungen**.[25] Teilweise ordnet das FamFG ausdrücklich die **Unanfechtbarkeit** an; für Kindschaftssachen insoweit relevant sind:

- Verweisung bei Unzuständigkeit, § 3 Abs. 3 FamFG;
- Gerichtliche Zuständigkeitsbestimmung, § 5 Abs. 3 FamFG;
- Positive Hinzuziehung als Beteiligter (Umkehrschluss aus § 7 Abs. 5 FamFG);
- Zurückweisung eines Bevollmächtigten, § 10 Abs. 3 FamFG;
- Überlassung der Akten in die Amts- oder Geschäftsräume, § 13 Abs. 4 FamFG;
- Gewährung (!) von Wiedereinsetzung, § 19 Abs. 2 FamFG;
- Wirkungsloserklärung nach Antragsrücknahme, § 22 Abs. 2 FamFG;
- Ablehnung eines Beweisantrags, § 29 Abs. 2 FamFG;
- Zurückweisung eines Berichtigungsantrags, § 42 Abs. 3 FamFG;

---

20 Siehe dazu noch BGH FamRZ 2010, 1060 m.Anm. *Völker*, S. 1065; Anm. *Coester*, FF 2010, 365; BGH FamRZ 1985, 169.
21 Siehe nur Johannsen/Henrich/*Althammer*, § 68 FamFG Rn 9.
22 *Schael*, FPR 2009, 11.
23 BT-Drucks 16/6308, S. 203.
24 OLG Stuttgart NJW 2009, 3733.
25 Vgl. die Übersicht der anfechtbaren Zwischenentscheidungen bei Kemper/Schreiber/*Klußmann*, HK-FamFG, § 58 Rn 11.

- Verwerfung oder Zurückweisung einer Anhörungsrüge, § 44 Abs. 4 FamFG;
- Aussetzung der Vollstreckung aus einer EA, § 55 Abs. 1 FamFG;
- Erlass oder Versagung einer EA, § 57 FamFG;
- Einstellung der Umgangsrechts- oder Herausgabevollstreckung, § 93 Abs. 1 FamFG;
- Grenzüberschreitende Abgabe einer Vormundschaft, § 99 Abs. 3 FamFG;
- Anordnung der Teilnahme an einem Informationsgespräch in Folgesachen, § 135 Abs. 1 FamFG, oder einer Kindschaftssache, § 156 Abs. 1 FamFG;
- Abtrennung einer Folgesache, § 140 Abs. 6 FamFG (aber freilich bleibt die Anfechtung der hiernach erfolgten Scheidung möglich);
- Bestellung eines Verfahrensbeistands, deren Aufhebung oder Ablehnung, § 158 Abs. 3 FamFG;
- Positiver Beschluss über die Kindesannahme, § 197 Abs. 3 FamFG;
- Befreiung vom Eheverbot, § 198 Abs. 3 FamFG;
- Feststellung der Erfolglosigkeit des Vermittlungsverfahrens, § 165 Abs. 5 FamFG;
- Unterbringungsvollzugsentscheidungen, § 327 Abs. 4 FamFG.

11 Ist die **sofortige Beschwerde** eröffnet, gilt für diese grundsätzlich eine **Zweiwochenfrist**. Anfechtbar sind:

- Zurückweisung eines Ablehnungsgesuchs (§ 6 Abs. 2 FamFG),[26]
- Zurückweisung eines Hinzuziehungsantrags (§ 7 Abs. 5 S. 2 FamFG),
- Verfahrensaussetzung (§ 21 Abs. 2 FamFG),
- Verhängung eines Ordnungsmittels wegen unentschuldigten Nichterscheinens (§ 33 Abs. 3 S. 5 FamFG);
- Zwangsmittelfestsetzung (§ 35 Abs. 5 FamFG),
- Zurückweisung eines Berichtigungsantrags (§ 42 Abs. 3 S. 2 FamFG),
- einstweilige Anordnungen (§§ 57, 63 Abs. 2 Nr. 1, 226, 246 bis 248 FamFG), je nachdem, ob man diese als solche oder als Endentscheidung einordnet (siehe dazu § 7 Rdn 43 ff.),
- Verfahrenskostenhilfeversagung (§ 76 Abs. 2 FamFG, dort aber wegen der Verweisung auf § 127 Abs. 2 S. 3 ZPO Frist **ein Monat**!),
- Beschluss im Vollstreckungsverfahren (§ 87 Abs. 4 FamFG),
- Die Anordnung einer Abstammungsbegutachtung im Rahmen des Verfahrens über das Umgangsrecht des leiblichen, nicht rechtlichen Vaters (§§ 167a Abs. 3, 178 Abs. 2 S. 1 FamFG i.V.m. § 387 Abs. 3 ZPO),[27]
- eine Zwischenentscheidung über die öffentliche Zustellung,[28] zumal das Familiengericht das Verfahren ohnehin betreiben muss.

12 Ist eine gesonderte Anfechtung nicht vorgesehen, kann der betroffene Beteiligte nach § 58 Abs. 2 FamFG die unanfechtbare Zwischen- oder Nebenentscheidung zusammen mit dem Rechtsmittel gegen die Endentscheidung rügen; das Beschwerdegericht hat dies dann **inzident** zu prüfen.[29] Dies bedeutet – Umkehrschluss –, dass eine verabsäumte mögliche Anfechtung einer Zwischenentscheidung[30] nicht später mittelbar im Rahmen einer Beschwerde gegen die Hauptsacheent-

---

26 Siehe zur Ablehnung des Sachverständigen im FGG-, ZPO- und FamFG-Verfahren auch *Völker*, FPR 2008, 287 ff.
27 BVerfG FuR 2014, 708.
28 OLG Frankfurt FamRZ 2015, 1996; a.A. für dieselbe Konstellation in Ehe- und Familienstreitsachen aber BGH FamRZ 2015, 743.
29 BGH FamRZ 2011, 232.
30 Als Zwischenentscheidung sieht der BGH auch die Entscheidung des Familiengerichts an, ein ausländisches Gericht nach Art. 15 Abs. 1b der Verordnung (EG) Nr. 2201/2003 (Brüssel IIa-VO) um die Erklärung seiner Zuständigkeit zu ersuchen, siehe BGH FamRZ 2008, 1168; Anm. *Roth*, IPRax 2009, 56.

scheidung nachgeholt werden kann. Ferner heißt das zugleich, dass andere Zwischenentscheidungen, auch solche, die intensive Grundrechtseingriffe enthalten, aufgrund der klaren gesetzlichen Regelung nicht mit normalen Rechtsmitteln anfechtbar sind.[31] Soweit dies für die Anordnung einer ärztlichen Untersuchung auf Alkohol- bzw. Drogenkonsum und die Verpflichtung, an der Untersuchung mitzuwirken, anders gesehen wird,[32] kann dem nicht zugestimmt werden. Solange der Betroffene die Durchführung der Beweisaufnahme noch durch Verweigerung einer Mitwirkung an der Untersuchung und Herbeiführung einer Entscheidung im Zwischenverfahren vermeiden kann, ist die dargestellte Zwischenentscheidung nicht anfechtbar;[33] insbesondere nicht im Wege einer **„außerordentlichen" sofortigen Beschwerde** wegen „greifbarer Gesetzeswidrigkeit".[34] Erst – dies aber jedenfalls! – eine in diesen Fallkonstellationen getroffene Anordnung der zwangsweisen Vorführung ist ausnahmsweise anfechtbar.[35] Außer der – binnen zwei Wochen einzulegenden[36] – Gegenvorstellung bleibt daher nur die – zur Fristwahrung ggf. auch parallel zur Gegenvorstellung zu erhebende – **Verfassungsbeschwerde**, verbunden mit einem Antrag auf Erlass einer einstweiligen Anordnung im Sinne einer Außervollzugsetzung der angegriffenen Anordnung.[37] Auch der Auffassung des OLG Stuttgart, gegen eine Zwischenentscheidung des Familiengerichts über die internationale Zuständigkeit in einer Kindschaftssache sei die Beschwerde statthaft,[38] kann nicht beigetreten werden. Das OLG Stuttgart gesteht – zutreffend – selbst zu, dass eine Vorabentscheidung über die internationale Zuständigkeit gesetzlich (anders als in Familienstreitsachen, wo § 280 ZPO greift) nicht vorgesehen ist. Seine teleologischen Erwägungen können sich nicht dagegen durchsetzen. Vielmehr sind die Beteiligten darauf verwiesen, die Frage der internationalen Zuständigkeit erst zusammen mit ihrem Rechtsmittel gegen die Endentscheidung zur Prüfung des Beschwerdegerichts zu stellen (§ 58 Abs. 2 FamFG); der Anfechtungsausschluss des § 65 Abs. 4 FamFG erfasst die internationale Zuständigkeit nicht (siehe dazu Rdn 39).[39]

In nicht vermögensrechtlichen Kindschaftssachen ist die Beschwerde zulassungsfrei gegeben. **13**

Ist in vermögensrechtliche Angelegenheiten die in § 61 Abs. 1 FamFG vorgesehene **Erwachsenheitssumme** von 600,01 EUR nicht erreicht, so ist die Beschwerde gemäß § 61 Abs. 2 FamFG nur zulässig, wenn das Gericht des ersten Rechtszuges das Rechtsmittel zugelassen hat. Die – für das Beschwerdegericht bindende – **Zulassung** hat zu erfolgen, wenn (§ 61 Abs. 3 FamFG)

- die Rechtssache grundsätzliche Bedeutung hat oder
- die Rechtsfortbildung oder die Sicherung einer einheitlichen Rechtsprechung eine Entscheidung des Beschwerdegerichts erfordert.

---

[31] BGH FamRZ 2007, 1002 hatte zum alten Recht noch eine Ausnahme für den Fall zugelassen, dass die Entscheidung des Richters objektiv willkürlich in existenzieller Weise in höchstpersönliche Rechte des Betroffenen eingreift; ebenso LG Saarbrücken BtPrax 2009, 143, jeweils zur Vorführungsanordnung zur psychiatrischen Untersuchung nach § 68b Abs. 3 S. 2 FGG a.F.
[32] OLG Nürnberg FamRZ 2014, 677 (Alkohol); OLG Frankfurt FamRZ 2015, 1521 (Haaranalyse wegen Verdachts auf Drogenkonsum).
[33] BGH FamRZ 2007, 549; BVerfG FamRZ 2014, 460; offen lassend noch BVerfG FamRZ 2013, 1195; vgl. auch BVerfG FF 2013, 155.
[34] BGH FamRZ 2008, 774; 2007, 1315; 2006, 695; BGH, Beschl. v. 20.9.2011 – IX ZA 42/11 –, juris; vgl. auch BVerfG NJW 2007, 2538; 2003, 1924.
[35] OLG Jena FamRZ 2015, 1994 m.w.N.
[36] BGH MDR 2013, 421; BGHZ 160, 214.
[37] Vgl. dazu Schulz/Hauß/*Völker*, HK-FamR, Sonderbeitrag 10 mit Diktatbausteinen.
[38] OLG Stuttgart FamRZ 2014, 1930 [Rechtsbeschwerde zugelassen]; zust. Anm. *Helms*, IPRax 2015, 217.
[39] OLG Hamm FamRZ 2012, 143; OLG Hamm FamRZ 2015, 346.

Eine Nichtzulassung ist nicht mit ordentlichen Rechtsbehelfen anfechtbar; bei willkürlicher Nichtzulassung kann allerdings eine **Verfassungsbeschwerde** Erfolg haben.[40]

14 (Zur – grundsätzlich statthaften – **isolierten Beschwerde** gegen eine **Kostenentscheidung** siehe § 10 Rdn 16 ff.)

15 Erstinstanzliche Entscheidungen in Sorge- und Umgangsrechtsverfahren sind mit ihrer Bekanntgabe sofort wirksam (§ 40 Abs. 1 FamFG) und mithin ggf. sofort vollziehbar. Wird daher gegen diese Entscheidung Beschwerde eingelegt, so kann gleichwohl die Ausgangsentscheidung umgesetzt werden; die Beschwerde hat keine **aufschiebende Wirkung**.[41] Soll dies erreicht werden, so bedarf es einer **Aussetzung der Vollziehung** der angegriffenen Entscheidung, die das Beschwerdegericht – in voller Besetzung[42] – auf Antrag oder von Amts wegen anordnen kann, § 64 Abs. 3 FamFG. Dies ist gerade dann zu beachten, wenn die erstinstanzliche Entscheidung einen Obhutswechsel des Kindes angeordnet hat, um zu vermeiden, dass das Kind im Falle des Erfolgs des Rechtsmittels einem zweifachen Wechsel seines Umfelds und seiner Bezugsperson ausgesetzt wird (siehe auch § 7 Rdn 59). Eine Aussetzung der Vollziehung ist in diesem Fall geboten, wenn das Rechtsmittel Aussicht auf Erfolg hat und dem Beschwerdeführer durch die unmittelbar bevorstehende Vollziehung der angefochtenen Entscheidung irreparable Nachteile von erheblichem Gewicht drohen. Ein derartiger Nachteil ist im Falle der Anfechtung einer das Sorgerecht entziehenden Entscheidung jedenfalls dann zu bejahen, wenn die Herausnahme der Kinder aus dem elterlichen Haushalt unmittelbar bevorsteht und damit ein nachhaltiger Eingriff in das Elternrecht des Beschwerdeführers in Frage steht. Darüber hinaus sind bei der Entscheidung, ob die Vollziehung einer kindschaftsrechtlichen Maßnahme bis zur Beschwerdeentscheidung auszusetzen ist oder nicht, stets auch die Folgen für die betroffenen Kinder zu bedenken. Denn das Kindeswohl ist grundsätzlich die oberste Richtschnur der im Bereich des Kindschaftsrechts zu treffenden Entscheidungen der Instanzgerichte.[43] Insbesondere in Fällen, in denen das Kind nach § 1666a BGB von seinem Elternteil getrennt wird, ist eine strikte Verhältnismäßigkeitsprüfung angezeigt.[44]

16 Zu beachten ist, dass sich die einstweilige Anordnung im Rahmen des **Verfahrensgegenstandes** halten muss. Denn der Gegenstand des Beschwerdeverfahrens richtet sich grundsätzlich nach und wird begrenzt durch den Verfahrensgegenstand, über den im ersten Rechtszug entschieden wurde und gegen den sich die Beschwerde wendet (dazu eingehend mit Beispielen siehe § 7 Rdn 45 ff.).[45] Hinzu kommt, dass Verfahren nach § 64 Abs. 3 FamFG – wie nach altem Recht die Maßnahmen nach § 24 Abs. 3 FGG a.F., dessen Inhalt der Gesetzgeber übernehmen wollte[46] – vom Hauptsacheverfahren abhängig sind und sachlich zur Hauptsache gehören, weshalb auch keine gesonderte Kostenentscheidung veranlasst ist.[47]

17 Auf die Einlegung einer Beschwerde kann verzichtet werden (§ 67 Abs. 1–3 FamFG). Die Verzichtserklärung bedarf keiner besonderen Form. Zu beachten ist lediglich, dass es bei bestehendem **Anwaltszwang** einer Erklärung durch einen zugelassenen Anwalt bedarf, soll die Verzichtserklärung gegenüber dem Gericht Wirksamkeit entfalten. Die **Verzichtserklärung** ist vor Einlegung der Beschwerde gegenüber dem erstinstanzlichen Gericht zu erklären und nach Rechtsmitteleinlegung gegenüber dem Beschwerdegericht.

---

40 BVerfG FamRZ 2003, 589; siehe zur Verfassungsbeschwerde Schulz/Hauß/*Völker*, HK-FamR, Schwerpunktbeitrag 10, auch mit Diktatbausteinen.
41 OLG Saarbrücken, Beschl. v. 23.11.2011 – 9 UF 119/11 (n.v.).
42 OLG Saarbrücken, Beschl. v. 25.4.2012 – 9 UF 36/12 (n.v.).
43 Vgl. BVerfG FamRZ 2010, 528.
44 Vgl. BVerfG FamRZ 2010, 528.
45 BGH FamRZ 2011, 367 und 1143.
46 BT-Drucks 16/6308, S. 206.
47 BGH FamRZ 2010, 639; OLG Saarbrücken FamRZ 2015, 344; OLG Saarbrücken FuR 2015, 117.

B. Die Beschwerde nach § 58 FamFG   § 9

Der Beschwerdeführer hat zudem bis zum Erlass der Entscheidung des Beschwerdegerichts die Möglichkeit, sein Rechtsmittel durch Erklärung gegenüber dem Gericht zurückzunehmen (§ 67 Abs. 4 FamFG). Erlassen ist eine Entscheidung, wenn sie in vollständiger Form an die Geschäftsstelle übergeben oder durch Verlesen der Beschlussformel bekannt gegeben wurde (§ 38 Abs. 3 S. 3 FamFG).[48] Hinsichtlich der Kostenfolge gilt § 84 FamFG, d.h. die Kosten sollen regelmäßig dem Beschwerdeführer auferlegt werden.[49]

18

II. Beschwerdeberechtigung

§ 59 FamFG knüpft bei der Frage der Beschwerdeberechtigung inhaltlich an § 20 Abs. 1 FGG an. Nach altem wie neuem Recht steht die Beschwerde jedem zu, dessen Recht durch die gerichtliche Maßnahme beeinträchtigt ist.[50] Allein daraus, dass ein Beschwerdeführer ein berechtigtes Interesse an einer Entscheidung hat, folgt noch kein subjektives Recht, aus dem sich eine Beschwerdeberechtigung ergibt.[51] Unerheblich ist hierbei die Beteiligtenstellung in erster Instanz, d.h. ob der Beschwerdeberechtigte tatsächlich Beteiligter war oder mit Blick auf seine Rechtsbetroffenheit hätte hinzugezogen werden müssen. Im umgekehrten Fall bedeutet dies aber auch, dass ein Beteiligter des erstinstanzlichen Verfahrens nicht beschwerdeberechtigt ist, wenn ihn die Entscheidung in seiner materiellen Rechtsstellung nicht betrifft. Abzuheben ist auf die **materielle Beteiligtenstellung** im Sinn des § 7 Abs. 2 FamFG. Dies lässt sich wie folgt konkretisieren:

19

Ein **Elternteil**, in dessen Sorgerecht zumindest teilweise eingegriffen wurde, ist stets beschwerdeberechtigt. Dies gilt auch, wenn für ein in einer Pflegefamilie lebendes Kind, dessen Elternteil sorgeberechtigt ist, eine Verbleibensanordnung erlassen wurde und das Umgangsrecht des Kindes mit einem Dritten geregelt wurde.[52] Gleiches gilt für einen nichtsorgeberechtigten Elternteil, wenn er für den Fall eines zu Lasten des Sorgeberechtigten erfolgenden Sorgerechtseingriff in die sorgerechtliche Verantwortung kommen kann; dies betrifft die Fälle des § 1680 Abs. 3 i.V.m. 2 Abs. BGB.[53] Anders im umgekehrten Fall, in dem lediglich zulasten des Sorgeberechtigten bestehende Einschränkungen aufgehoben werden.[54] Ebenso, wenn die mütterliche, aufgrund von § 1626a Abs. 3 BGB bestehende elterliche Sorge ruht, weil diese der **Adoption** des Kindes zugestimmt hat (§ 1751 Abs. 1 BGB, dazu § 1 Rdn 165).[55]

20

Noch nicht höchstrichterlich geklärt ist die Frage, ob ein **nichtsorgeberechtigter Elternteil** auch gegen eine Entscheidung beschwerdebefugt ist, in der Maßnahmen nach § 1666 BGB gegen den anderen Elternteil abgelehnt werden. Der BGH hat dies früher verneint,[56] aber danach ausdrücklich mit Blick auf zwischenzeitlich vorliegende Rechtsprechung des EuGHMR[57] offen gelassen.[58] Die Beschwerdebefugnis ist zu bejahen.[59] Dabei bedarf es seit der vom BVerfG[60] zu § 1626a und § 1672 BGB a.F. erlassenen Übergangsregelung (siehe dazu § 1 Rdn 36; jetzt § 1671 Abs. 2 BGB)

21

---

48 Siehe dazu BGH FamRZ 2015, 1698; OLG Frankfurt, Beschl. v. 13.1.2016 – 4 UF 272/15, juris.
49 OLG Saarbrücken, Beschl. v. 19.2.2010 – 6 UF 144/09 m.w.N (n.v).
50 Vgl. BGH FamRZ 2010, 1975.
51 Vgl. BGH FamRZ 2011, 552; 2005, 975; OLG Hamm NJW-RR 2011, 585; ZKJ 2012, 74.
52 Vgl. OLG Hamm FamRZ 2011, 1889.
53 BVerfG ZKJ 2011, 133; FF 2010, 488; BGH FamRZ 2010, 1242; OLG Celle FamRZ 2015, 1978; OLG Hamm FamRZ 2013, 1989; OLG Celle FamRZ 2012, 1826; OLG Schleswig NJW-RR 2011, 1229; OLG Frankfurt, FamRZ 2013, 46; OLG Hamm FamFR 2013, 235.
54 OLG Hamburg FamRZ 2015, 599.
55 Vgl. BGH FamRZ 2010, 1242; 2007, 1969.
56 BGH FamRZ 2009, 220.
57 EuGHMR FamRZ 2010, 103.
58 BGH FamRZ 2010, 1242.
59 Ebenso OLG Schleswig NJW-RR 2011, 1229; FamRZ 2012, 725 m.w.N.; OLG Nürnberg FamRZ 2010, 994; a.A. OLG Celle FamRZ 2011, 121; OLG Brandenburg FamRZ 2014, 1649.
60 BVerfG FamRZ 2010, 1403.

keiner unmittelbar verfassungsrechtlichen Herleitung aus dem Elternrecht des in die Sorge strebenden Elternteils aus Art. 6 Abs. 2 S. 1 GG mehr und ist auch nicht mehr von Belang, dass im Verfahren nach § 1666 BGB im Falle eines Sorgerechtentzugs Pflegschaft bzw. Vormundschaft anzuordnen ist und bei der Auswahl des Pflegers oder Vormunds Familienangehörige des Kindes vorrangig zu berücksichtigen sind (zu Letzterem eingehend § 1 Rdn 219 ff.).[61] Vielmehr folgt die Beschwerdeberechtigung nunmehr direkt aus § 1671 Abs. 2 BGB n.F. – insoweit steht eine Beschwerdeberechtigung außer Frage[62] – aus denselben Erwägungen wie den zu § 1680 BGB soeben dargestellten. Gleiches gilt, wenn dem anderen Elternteil, dem die elterliche Sorge entzogen worden war, die Sorge wieder rückübertragen wird; auch dann hat der nicht sorgeberechtigte Elternteil vor dem Hintergrund des in § 1680 Abs. 3 BGB niedergelegten allgemeinen Rechtsgedankens ein Beschwerderecht.[63]

Ein nicht sorgeberechtigter Elternteil hat aber keine Beschwerdeberechtigung, wenn dem anderen Elternteil ein Umgangsrecht mit dem fremduntergebrachten Kind eingeräumt wird,[64] solange dadurch nicht in das gerichtlich bereits geregelte Umgangsrecht jenes Elternteils eingegriffen wird. Gleiches gilt, wenn das Kind aufgrund freiwilliger Entscheidung des sorgeberechtigten Elternteils derzeit beim nicht sorgeberechtigten Elternteil wohnt, auch wenn dies freilich erfordert, dass der nicht sorgeberechtigte Elternteil sich auf das Umgangsrecht einstellt. Denn hierbei handelt es sich[65] lediglich um eine Reflexwirkung der Rechtsstellung des Sorgeberechtigten.[66]

22 Ein **Elternteil**, der infolge einer früheren Maßnahme nach §§ 1666 f. BGB **nicht mehr sorgeberechtigt ist**, ist beschwerdeberechtigt, wenn in der Nachfolge das Sorgerecht vom Amtsvormund auf den anderen Elternteil übertragen wird.[67] Denn Maßnahmen nach § 1666 BGB sind mit erheblichen Eingriffen in das durch Art. 6 Abs. 2 und 3 GG geschützte Elternrecht verbunden. Daher müssen sie zur Abwehr der Gefahr für das Kindeswohl geeignet, erforderliche und verhältnismäßig im engeren Sinne sein.[68] Solche Maßnahmen sind daher grundsätzlich nur als vorübergehend anzusehen und erwachsen nur in formelle, nicht jedoch in materielle Rechtskraft.[69] Letzteres zeigt § 1696 Abs. 2 BGB. Nach dieser Vorschrift müssen die Maßnahmen von Amts wegen aufgehoben werden, wenn eine Gefahr für das Wohl des Kindes nicht mehr besteht oder die Erforderlichkeit der Maßnahme entfallen ist. Die Vorschrift bringt damit den im Rechtsstaatsprinzip des Art. 20 Abs. 3 GG verankerten Grundsatz der Verhältnismäßigkeit nicht nur als Eingriffs-, sondern auch in zeitlicher Hinsicht als Bestandsvoraussetzung einer Maßnahme nach § 1666 BGB zum Ausdruck[70] und schützt insofern neben dem Kindeswohl unter den genannten Voraussetzungen auch das Recht von Eltern auf Rückübertragung des Sorgerechts, wenn diese von Maßnahmen nach § 1666 BGB betroffen waren. Im Rahmen einer Sorgerechtsentscheidung nach vorausgegangenem Entzug der elterlichen Sorge ist deshalb immer auch zu prüfen, ob der von der Maßnahme nach § 1666 BGB betroffene Elternteil die elterliche Sorge wieder erhalten kann. Indem das Gericht eine solche Rückübertragung der elterlichen Sorge nicht durchführt, greift es unmittelbar in die Rechtsstellung dieses Elternteils ein.[71]

Nach Maßgabe dieser aktuellen höchstrichterlichen Rechtsprechung ist die bisherige obergerichtliche Rechtsprechung überholt, der zufolge ein Elternteil, der sich gegen den Wechsel des Vor-

---

61 BVerfG FamRZ 2009, 291; vgl. auch OLG Düsseldorf FamRZ 2010, 1683.
62 Siehe nur OLG Brandenburg FamRZ 2011, 1662.
63 A.A. aber KG FamRZ 2014, 1317.
64 OLG Bremen FamRZ 2013, 234.
65 Anders als in dem Fall, der der Entscheidung BGH FamRZ 2014, 1357, zugrundelag.
66 KG NJW RR 2014, 522 [die zugelassene Rechtsbeschwerde wurde nicht eingelegt].
67 BGH, Beschl. v. 27.4.2016 – XII ZB 67/14, juris; a.A. die Vorinstanz OLG Oldenburg FamRZ 2013, 235.
68 BVerfG FamRZ 2009, 1472; vgl. auch *Britz*, FamRZ 2015, 793; BGH, Beschl. v. 27.4.2016 – XII ZB 67/14, juris.
69 Siehe dazu BVerfG FamRZ 2005, 783; BGH, Beschl. v. 27.4.2016 – XII ZB 67/14, juris.
70 BT-Drucks 16/6308, S. 346.
71 BGH, Beschl. v. 27.4.2016 – XII ZB 67/14, juris.

mundes oder Pflegers des Kindes wendet, der für das ihm bereits ganz oder teilweise entzogene Sorgerecht bestellt worden war, nicht beschwerdebefugt sei.[72] Auch in diesen Fällen ist nunmehr von einer Beschwerdeberechtigung des Elternteils auszugehen.

Anders ist die Lage, wenn der Elternteil, dem die elterliche Sorge entzogen worden war, die Rückübertragung von Sorgerechtsteilbereichen auf sich selbst ausdrücklich nicht erstrebt, gegen die spätere Ablehnung bloßer familiengerichtlicher Aufsichtsmaßnahmen gegen den Amtsvormund seines Kindes wendet.[73] Hier könnte allein aus dem Elternrecht selbst eine Beschwerdebefugnis hergeleitet werden; dieses vermittelt aber ohne ausgestaltende Norm im einfachen Recht keine Beschwerdeberechtigung. Gleiches gilt, wenn jener Elternteil beanstandet, dass das Kind vom Pfleger nach § 1631b BGB geschlossen untergebracht werden soll.[74] Dies gilt allerdings nicht, wenn das Kind trotz des Sorgerechtsteilentzugs noch bei diesem Elternteil lebt oder bei Verfahrenseinleitung gelebt hat; denn dann folgt die Beschwerdeberechtigung des Elternteils aus § 167 Abs. 1 S. 1 i.V.m. § 335 Abs. 1 Nr. 1 FamFG, wenn er im ersten Rechtszug beteiligt worden ist.[75]

Im reinen Antragsverfahren ist bei Antragszurückweisung nur der **Antragsteller** beschwerdeberechtigt. § 59 Abs. 2 FamFG übernimmt somit die bisherige Regelung des § 20 Abs. 2 FGG. Kumulativ ist in Antragsverfahren – etwa denen nach § 1671 Abs. 1 und Abs. 2 oder § 1626a Abs. 2 BGB – aber auch eine **formelle Beschwer** des Beschwerdeführers erforderlich.[76] Demnach muss der erstinstanzliche Antrag des Beschwerdeführers als unzulässig verworfen oder – zumindest teilweise – zurückgewiesen worden sein. Mit dem Rechtsmittel muss der Beschwerdeführer – zumindest auch – die Beseitigung gerade des ihm nachteiligen Inhalts der Entscheidung erstreben.[77]

23

Hinsichtlich der Beschwerdeberechtigung von **Behörden** gelten die besonderen gesetzlichen Vorgaben. Dabei greift für das **Jugendamt** in Kindschaftssachen die Begünstigung nach § 162 Abs. 3 FamFG ein, sofern das Verfahren die Person des Kindes betrifft, denn nur in solchen Verfahren ist das Jugendamt anzuhören (§ 162 Abs. 1 FamFG). Allerdings steht dieses Beschwerderecht nur dem nach § 162 Abs. 1 S. 1 FamFG anzuhörenden Jugendamt zu.[78] In nur die Vermögenssorge für ein Kind betreffenden Verfahren ist das Jugendamt – wenn es nicht schon Pfleger oder Vormund des Kindes ist[79] – gegen Entscheidungen des Familiengerichts nur nach Maßgabe von § 59 Abs. 1 FamFG beschwerdeberechtigt. Daher kann es die Anordnung einer vermögensbezüglichen Ergänzungspflegschaft für ein Kind nicht anfechten,[80] sondern nur und erst seine etwaige Bestellung zum Ergänzungspfleger.[81] Ist das Jugendamt bereits Ergänzungspfleger oder Amtsvormund, so ist es hinsichtlich seiner Entlassung oder deren Ablehnung beschwerdebefugt.[82]

24

Bezüglich der Beschwerdeberechtigung **Minderjähriger** übernimmt § 60 FamFG die frühere Regelung des § 59 FGG. Dem minderjährigen Kind wird ein eigenes Beschwerderecht eingeräumt, soweit es nicht geschäftsunfähig ist oder beschränkt geschäftsfähig, aber das 14. Lebensjahr noch

25

---

72 So noch OLG Düsseldorf FamRZ 2015, 1046; OLG Frankfurt FamRZ 2012, 570; OLG Brandenburg FamFR 2012, 237; OLG Celle FamRZ 2012, 674.
73 So zum Fall der Überführung des bislang in einer Wohngruppe untergebrachten Kindes zu einer Pflegefamilie durch den Amtsvormund OLG Hamm ZKJ 2012, 74 m. abl. Anm. *Heilmann*; vgl. auch OLG Celle NJW-RR 2012, 73.
74 Vgl. OLG Bremen FamRZ 2013, 1244; OLG Hamm, Beschl. v. 21.12.2011 – 8 UF 271/11, juris; siehe auch (jeweils zum alten Recht) OLG Hamm FamRZ 2007, 1577; vgl. – inzident – auch BGH FamRZ 2014, 108; a.A. OLG Karlsruhe FamRZ 2008, 428 und – für den Fall des lediglich vorläufigen Teilsorgeentzugs – OLG Köln, Beschl. v. 8.11.2012 – 26 UF 158/12.
75 Vgl. BGH FamRZ 2013, 115, dort zu den Voraussetzungen der Beschwerdebefugnis einer Vertrauensperson des Kindes nach § 335 Abs. 1 Nr. 2 FamFG.
76 OLG Brandenburg MDR 2013, 1105; vgl. BGH NJW 2011, 1809; FamRZ 2003, 1738.
77 OLG Brandenburg MDR 2013, 1105; vgl. BGH NJW 1990, 2683.
78 BGH FamRB 2014, 93.
79 Dazu OLG Celle FamRZ 2013, 651.
80 BGH FamRZ 2012, 292.
81 KG FamRZ 2015, 2079; 2010, 1171 und 1998.
82 OLG München FamRZ 2012, 1071; vgl. Auch OLG Hamm, Beschl. v. 20.10.2011 – 6 UF 180/11, juris.

nicht vollendet hat. Abzulehnen ist die Auffassung, dass dem über 14 Jahre alten Minderjährigen gegen einen auf § 1666 BGB gegründeten Eingriff in das Sorgerecht eines seiner Elternteile nicht beschwerdebefugt ist.[83] Da das Kind einen eigenen, verfassungsunmittelbaren Anspruch auf Pflege und Erziehung durch seine Eltern hat,[84] der einfachrechtlich ausgestaltet wurde (siehe nur § 1626 Abs. 1 und § 1684 Abs. 1 BGB: jeweils auch „Pflicht" der Elternteile), greift ein Sorgerechteingriff zulasten eines seiner Elternteile unmittelbar in die subjektive Rechtsstellung des Kindes ein. Umgekehrt ist das Kind auch beschwerdebefugt, wenn eine kindesschutzrechtliche Maßnahme abgelehnt wird, weil das Kind einen Anspruch auf Schutz durch den Staat hat.[85]

Zum Zweck der eigenen Beschwerdeeinlegung kann das Kind auch selbstständig einen Bevollmächtigten – unabhängig von seinem gesetzlichen Vertreter – bestellen.[86]

Genehmigt das Familiengericht die röntgenologische Untersuchung eines nach eigenen Angaben minderjährigen Kindes, um dessen wahres Lebensalter festzustellen, so ist das Kind beschwerdebefugt.[87]

26 Ist dem Kind ein **Verfahrensbeistand** bestellt worden, so kann – ggf. auch – dieser im Interesse des Kindes Rechtsmittel einlegen (§ 158 Abs. 4 S. 5 FamFG). Ob dies auch die Erhebung der Verfassungsbeschwerde erfasst, ist noch nicht geklärt.[88] Allerdings umfasst die betreuungsrechtliche Verfahrenspflegschaft nach § 276 Abs. 1 FamFG auch die Befugnis zur Einlegung einer Verfassungsbeschwerde für den Betreuten.[89] Gleiches dürfte für den Verfahrensbeistand gelten. Bis zur Klärung dieser Frage durch das BVerfG sollte der Verfahrensbeistand aber zeitgleich mit der Einlegung der Verfassungsbeschwerde für das Kind beim Familiengericht beantragen, dem Kind einen Ergänzungspfleger für das Verfassungsbeschwerdeverfahren zu bestellen, und diesen Antrag abschriftlich dem BVerfG mitteilen.

27 **Dritte** können im Einzelfall beschwerdeberechtigt sein, so etwa der Adressat eines nach § 1632 Abs. 2 BGB gerichtlich verhängten Kontaktverbots, wenn die Aufhebung des Verbots abgelehnt wird.[90] Machen Dritte ein Umgangsrecht aus § 1685 BGB geltend, so sind sie gegen eine ablehnende Entscheidung – auch dann, wenn das Familiengericht schon die Einleitung eines entsprechenden Umgangsverfahrens ablehnt[91] – beschwerdeberechtigt, sofern sie die Möglichkeit dartun, dass ihnen ein solches Recht zustehen kann.[92] Dieselben Maßstäbe sind auf den **leiblichen, nicht rechtlichen Vater** des Kindes anzuwenden, der sein Umgangsrecht aus § 1686a BGB geltend macht.

28 Zur – sehr eingeschränkten – Beschwerdeberechtigung von **Pflegeeltern**, **Großeltern** und **Vormündern** siehe § 4 Rdn 26 f.

III. Beschwerdefrist

1. Grundsatz § 63 Abs. 1 FamFG

29 Gegen Entscheidungen erster Instanz gilt einheitlich eine Beschwerdefrist von **einem Monat**. Überholt ist damit die bislang mögliche unbefristete (einfache) Beschwerde. Zielrichtung des Gesetzgebers war die Verfahrensbeschleunigung und die Schaffung möglichst frühzeitiger Rechtsklarheit für alle Beteiligten.

---

83 So aber OLG Düsseldorf ZKJ 2011, 185 m. abl. Anm. *Heilmann* m.w.N. zur Gegenmeinung.
84 BVerfG FamRZ 2008, 845.
85 OLG Brandenburg FamRZ 2014, 1649 m.w.N. auch zur Gegenmeinung.
86 OLG Karlsruhe FamRZ 2016, 567.
87 OLG Köln MDR 2013, 286.
88 Ausdrücklich offen lassend BVerfG, Beschl. v. 24.3.2016 – 1 BvR 575/16 (n.v.).
89 BVerfG FamRZ 2013, 1279.
90 BGH FamRZ 2010, 1975.
91 OLG Frankfurt FamRZ 2015, 1991.
92 BGH FamRZ 2001, 1449.

2. Ausnahmen

Abweichend von der grundsätzlichen Beschwerdefrist von einem Monat ist die Beschwerde binnen einer Frist von **zwei Wochen** einzulegen bei einem Rechtsmittel gegen   30
- eine einstweilige Anordnung (§ 63 Abs. 2 Nr. 1 FamFG),
- einen Beschluss, der die Genehmigung eines Rechtsgeschäfts zum Gegenstand hat (§ 63 Abs. 2 Nr. 2 FamFG),
- durch sofortige Beschwerde anfechtbare Neben- und Zwischenentscheidungen (vgl. Rdn 10) oder
- eine Entscheidung im Rückführungsverfahren nach dem HKÜ (§ 40 Abs. 2 S. 2 IntFamRVG; siehe dazu § 11 Rdn 137 und 142).[93]

3. Fristbeginn

Die Rechtsmittelfrist beginnt gemäß § 63 Abs. 3 S. 1 FamFG mit der schriftlichen **Bekanntgabe des Beschlusses**. Ist die Entscheidung einem im Ausland lebenden und anwaltlich nicht vertretenen Beteiligten bekannt zu geben, so beginnt die Rechtsmittelfrist nicht, wenn für das Gericht erkennbar die Voraussetzungen einer öffentlichen Zustellung nicht vorliegen, d.h. etwa die Telefonnummer bekannt ist und auf diesem Weg auch die Anschrift ermittelt werden kann.[94]   31

§ 63 Abs. 3 S. 2 FamFG sieht eine **absolute Beschwerdefrist** von fünf Monaten vor, wenn die schriftliche Bekanntgabe der Entscheidung nicht bewirkt werden kann, es sei denn der beschwerte Beteiligte wurde zum Termin zur mündlichen Verhandlung nicht ordnungsgemäß geladen.[95] Diese Fallkonstellation ist davon zu unterscheiden, dass eine Bekanntgabe zwar möglich gewesen wäre, allerdings aus sonstigen Gründen unterblieben ist. In diesem Fall endet die Beschwerdefrist für den Betroffenen mit Ablauf der Frist für den Beteiligten, dem der Beschluss zuletzt bekannt gemacht wurde.[96]   32

Erlassen ist eine Entscheidung gemäß § 38 Abs. 3 S. 3 FamFG entweder mit der Übergabe des Beschlusses an die Geschäftsstelle oder der Bekanntgabe durch Verlesen der Beschlussformel.[97]

Wird die gesetzliche Frist (§ 17 FamFG), die mit der Notfrist der ZPO identisch ist, versäumt, so beurteilt sich eine etwaige **Wiedereinsetzung** nach § 17 Abs. 1 FamFG, wobei allerdings in **Ehesachen**[98] stattdessen § 117 Abs. 5 FamFG i.V.m. §§ 233, 234 Abs. 1 S. 2 ZPO einschlägig ist. Zur fehlenden, falschen oder unvollständigen **Rechtsbehelfsbelehrung** siehe Rdn 2.   33

IV. Beschwerdeeinlegung und Begründung

1. Beschwerdeeinlegung (§ 64 FamFG)

Zu beachten ist, dass – abweichend von der bisherigen Rechtslage –, die Beschwerde grundsätzlich nur noch bei dem Gericht eingelegt werden kann, dessen Entscheidung angefochten wird (**iudex a quo**, § 64 Abs. 1 S. 1 FamFG). Es entfällt damit die Beschwerdeeinreichung direkt beim Beschwerdegericht (iudex ad quem). Diese wesentliche Neuerung hat der Gesetzgeber mit einer in § 39 FamFG statuierten Rechtsmittelbelehrung gekoppelt, d.h. jeder Beschluss ist mit eine Belehrung zu versehen, in der das statthafte Rechtsmittel, das Gericht bei dem das Rechtsmittel einzulegen ist, dessen Sitz sowie die einzuhaltende Frist und Form – samt Anwalts-   34

---
93 Vgl. dazu auch BGH FamFR 2010, 206.
94 OLG Saarbrücken FamRZ 2010, 2084.
95 BGH, FamRZ 2010, 1646.
96 BT-Drucks 16/9733, S. 289.
97 Siehe dazu BGH FamRZ 2015, 1698; OLG Frankfurt, Beschl. v. 13.1.2016 – 4 UF 272/15, juris.
98 Und im hiesigen Zusammenhang nicht interessierende Familienstreitsachen.

zwang (siehe dazu Rdn 85 ff.) – enthalten sein müssen (siehe dazu auch Rdn 2). Die Einlegung einer Beschwerde gegen einen Beschluss vor dessen Erlass im Sinne des § 38 Abs. 3 S. 3 FamFG (dazu § 1 Rdn 360) ist unzulässig.[99]

35 Eingelegt wird die Beschwerde durch Einreichung der **Beschwerdeschrift** oder – soweit es sich nicht um eine Beschwerde in einer Ehesache (oder Familienstreitsache) handelt – zur **Niederschrift bei der Geschäftsstelle**, § 64 Abs. 2 S. 1 und 2 FamFG.

36 Die Beschwerde muss zudem neben der Bezeichnung des angefochtenen Beschlusses auch die Erklärung enthalten, dass Beschwerde eingelegt wird. Die Person des Beschwerdeführers muss bestimmbar sein.[100] Eine fehlerhafte Bezeichnung des Verkündungstermins ist unschädlich, wenn für das Beschwerdegericht und den Beschwerdegegner zweifelsfrei erkennbar ist, welcher Beschluss angefochten wird.[101]

Zudem bedarf es der **Unterzeichnung** durch den Beschwerdeführer oder dessen Verfahrensbevollmächtigten (§ 64 Abs. 2 S. 3 und 4 FamFG).[102] Wird die Beschwerde als elektronisches Dokument übermittelt, so muss sie mit einer qualifizierten elektronischen Signatur versehen sein. Allerdings genügt die Übersendung eines elektronischen pdf-Dokuments, wenn die Datei durch Einscannen eines vom Beschwerdeführer oder seinem Bevollmächtigten eigenhändig unterzeichneten Schriftsatzes hergestellt wurde und fristgerecht ein Ausdruck des pdf-Dokuments zu den Akten gelangt.[103] Nachdem auch ein Computerfax ausreicht,[104] dürfte auch die Einlegung per E-Post-Brief die Form wahren;[105] letzteres ist allerdings noch nicht höchstrichterlich geklärt und sollte daher aus anwaltlicher Sicht vermieden werden.

37 § 64 Abs. 3 FamFG eröffnet dem Beschwerdegericht – in voller Besetzung[106] – die Möglichkeit, vor der Hauptsachentscheidung auf Antrag oder von Amts wegen eine **einstweilige Anordnung** zu erlassen, mit welcher etwa die Vollziehung des angefochtenen Beschlusses ausgesetzt werden kann (siehe Rdn 15 sowie § 7 Rdn 59).

2. Beschwerdebegründung

38 Nach § 65 FamFG soll die Beschwerde – im Interesse der Verfahrensförderung – begründet werden. Da § 65 Abs. 1 FamFG (anders als der in Ehe- und Familienstreitsachen geltende § 117 Abs. 1 FamFG) jedoch als Soll-Vorschrift ausgestaltet ist, führt eine mangelnde Begründung nicht dazu, dass die Beschwerde als unzulässig verworfen wird.[107] Auch in Fällen, in denen eine im Scheidungsverbund erlassene kindschaftsrechtliche Entscheidung isoliert angefochten wird, besteht kein Begründungszwang. Denn die Scheidungssache und die einzelnen Folgesachen bleiben auch im Fall der gemeinsamen Verhandlung und Entscheidung im Verbund in verfahrensrechtlicher Hinsicht eigenständig.[108] Das Beschwerdegericht oder dessen Vorsitzender hat jedoch nach § 65 Abs. 2 FamFG die Möglichkeit, zur Begründung eine Frist zu bestimmen. In der Praxis dürfte sich in jedem Fall eine **Begründung der Beschwerde** empfehlen; zum einen, um das

---

99 LG Meinigen FamRZ 2014, 1315; LG Essen NJW-RR 2010, 1234.
100 OLG Celle FamRZ 2011, 497.
101 BGH FamRZ 2015, 1276.
102 Vgl. dazu auch KG, Beschl. v. 5.1.2012 – 25 W 105/11 –, juris; eingescannte Unterschrift reicht ebenfalls nicht, OLG Celle FamRZ 2012, 1894; LG Meinigen FamRZ 2014, 1315; vgl. auch OLG Bamberg FamRZ 2013, 480 (zum Versorgungsausgleich).
103 BGH FamRZ 2015, 919; a.A. die Vorinstanz KG FamRZ 2015, 69.
104 BGH NJW 20000, 2340.
105 So OLG Hamm NJW 2016, 1896.
106 OLG Saarbrücken, Beschl. v. 25.4.2012 – 9 UF 36/12 (n.v.).
107 OLG Köln FamRZ 2010, 921; OLG Brandenburg FamRZ 2010, 427; OLG Saarbrücken, Beschl. v. 18.2.2011 – 9 UF 160/10 (n.v.); BT-Drucks 16/6308, S. 206.
108 Vgl. BGH FamRZ 2014, 109.

Augenmerk des Beschwerdegerichts auf die Beanstandungen des Beschwerdeführers zu lenken, zum anderen, weil ansonsten eine Verfassungsbeschwerde gegen den Beschluss des Beschwerdegerichts meist am Grundsatz materieller Subsidiarität der Verfassungsbeschwerde scheitern wird,[109] zumal gerade eine Verletzung des rechtlichen Gehörs dann ebenfalls kaum vorstellbar ist. Hat zudem der Beschwerdeführer ein Interesse an einem beschleunigten Verfahren, so liegt es ebenfalls in seinem Interesse, sein Rechtsmittel zu begründen, um die weitere Aufklärung entscheidungserheblicher Tatsachen durch das Beschwerdegericht – sei es in schriftlicher Form oder durch eine erneute mündliche Erörterung – zu erleichtern.

Der Beschwerdeführer darf sein Rechtsmittel auf **neue Tatsachen und Beweismittel** stützen. Lediglich in Ehe- und Familienstreitsachen ist dies nach § 115 FamFG eingeschränkt. Die Beschwerde kann grundsätzlich[110] nicht auf die fehlende Zuständigkeit des erstinstanzlichen Gerichts gestützt werden (§ 65 Abs. 4 FamFG). Diese Vorschrift erfasst allerdings weder die internationale[111] noch die Rechtswegzuständigkeit, für letztere gilt § 17a Abs. 5 und 6 GVG.[112]

39

V. Verfahrensablauf und Entscheidung

1. Gang des Beschwerdeverfahrens (§ 68 FamFG)

Die **Abhilfebefugnis** des Ausgangsgerichts ist durch § 68 Abs. 1 S. 2 FamFG **ausgeschlossen**, wenn sich die Beschwerde gegen eine **Endentscheidung** im Sinn des § 38 Abs. 1 S. 1 FamFG in einer Familiensache richtet (zur **einstweiligen Anordnung** siehe § 7 Rdn 51). Wird dennoch abgeholfen, ist diese Entscheidung unwirksam und auf ein Rechtsmittel hin aufzuheben.[113] Lediglich bei sofortigen Beschwerden gegen Zwischen- oder Nebenentscheidungen, die sich nach der ZPO richten (siehe Rdn 10), obliegt dem Ausgangsgericht die (Abhilfe-)Prüfung der Zulässigkeit und Begründetheit der sofortigen Beschwerde (§ 572 Abs. 1 ZPO).

40

Das Beschwerdegericht prüft neben der Statthaftigkeit des Rechtsmittels die Wahrung von Form und Frist. Bei etwaigen Mängeln ist die Beschwerde als unzulässig zu verwerfen (§ 68 Abs. 2 FamFG).

41

Ist die Beschwerde zulässig, so richtet sich der Ablauf des Beschwerdeverfahrens nach den Vorschriften des ersten Rechtszuges, § 68 Abs. 3 S. 1 FamFG. Allerdings hat das Beschwerdegericht gemäß § 68 Abs. 3 S. 2 FamFG die Möglichkeit, von der Durchführung eines Termins, einer **mündlichen Verhandlung** oder einzelner Verfahrenshandlungen abzusehen, wenn diese erstinstanzlich bereits umfassend und verfahrensfehlerfrei[114] vorgenommen wurden, wie etwa Anhörungen und Beweisaufnahmen, und von einer erneuten Vornahme keine weiteren entscheidungserheblichen Erkenntnisse zu erwarten sind. Dies entspricht den bisherigen verfassungsgerichtlichen Anforderungen an das Absehen von einer erneuten Anhörung im Beschwerdeverfahren.[115] Ob weitere für die Entscheidung ausschlaggebende Erkenntnisse zu erwarten sind, hängt davon ab, ob sich aus dem Akteninhalt hierfür Anhaltspunkte entnehmen lassen. Es muss hierfür eine realistische Wahrscheinlichkeit bestehen, so dass allein die diesbezügliche Beurteilung eines Verfahrensbeteiligten nicht ausreicht.[116] Ist eine erforderliche persönliche Anhörung in erster Instanz verfahrensfehler-

42

---

109 Dazu Schulz/Hauß/*Völker*, HK-FamR Schwerpunktbeitrag 10 Rn 28 ff.
110 In BGH FamRZ 2011, 282 ist allerdings angedeutet, dass in Fällen willkürlicher Zuständigkeitsentscheidungen eine verfassungskonforme Auslegung erwogen werden könnte.
111 OLG Hamm FamRZ 2012, 143; OLG Hamm FamRZ 2015, 346.
112 Vgl. OLG München FamRZ 2010, 2090; OLG Hamm FamRZ 2010, 2089; vgl. auch OLG Frankfurt FamRZ 2011, 1238 zur Abgrenzung der Gerichtsstandsbestimmung nach § 36 ZPO von der Vorschrift des § 17a GVG.
113 OLG Brandenburg, Beschl. v. 3.9.2013 – 3 UF 39/13, juris.
114 Siehe dazu etwa BGH FamRZ 2010, 1060 m. Anm. *Völker*; BGH FamRZ 2012, 1556.
115 BVerfG FamRZ 2007, 1627; FamRZ 1984, 39; OLG Saarbrücken ZKJ 2010, 452.
116 *Maurer*, FamRZ 2009, 465.

haft unterblieben bzw. erfolgt, so muss sie im Beschwerdeverfahren auch dann durchgeführt werden, wenn der Anzuhörende auf eine (ggf. erneute) Anhörung verzichtet.[117]

43 Auch nach der Rechtsprechung des EuGHMR kann in der Rechtsmittelinstanz von der mündlichen Verhandlung abgesehen werden, wenn eine solche bereits erstinstanzlich stattgefunden hat und es in zweiter Instanz nur um eine rechtliche Überprüfung geht, weil ohne eigene Tatsachenermittlungen aufgrund der Aktenlage entschieden werden kann; anders ist es, wenn der Fall und die tatsächlichen Fragen schwierig sind und erhebliche Bedeutung haben.[118] Die Gerichte werden daher § 68 Abs. 3 S. 2 FamFG konform mit der EMRK auslegen und bei ihrer Ermessensausübung die Rechtsprechung des EuGHMR beachten müssen. Denn nach der verfassungsgerichtlichen Rechtsprechung sind die bundesdeutschen Behörden und Gerichte verpflichtet, die EMRK in der Auslegung durch den EuGHMR bei ihrer Entscheidungsfindung zu berücksichtigen.[119] Im Rahmen des den Gerichten hierbei eingeräumten Ermessens werden die Besonderheiten des Einzelfalles eine besondere Bedeutung besitzen, wie etwa die Tatsache einer bestehenden anwaltlichen Vertretung und die damit einhergehende Erwartung, dass die entscheidungsrelevanten Aspekte vorgetragen wurden. In Kindschaftssachen wird zudem zu berücksichtigen sein, welcher Zeitraum etwa seit der letzten Kindesanhörung vergangen ist.[120]

Über die Frage, ob von einer mündlichen Verhandlung Abstand genommen wird, entscheidet der Senat als „Beschwerdegericht", soweit nicht die Beschwerde dem Einzelrichter zur Entscheidung übertragen wurde (siehe dazu Rdn 7).

44 Ein **Hinweis** des Beschwerdegerichts darauf, dass es der Beurteilung des Familiengerichts nicht folgen wird, ist nicht erforderlich, wenn der Beschwerdeführer den entsprechenden zentralen Punkt des Streitfalles selbst ausdrücklich zur Überprüfung des Beschwerdegerichts gestellt hat.[121]

2. Beschwerdeentscheidung

45 Das Beschwerdegericht entscheidet durch Beschluss. Grundsätzlich hat es in der Sache selbst zu entscheiden (§ 69 Abs. 1 S. 1 FamFG). Eine **Zurückverweisung** an das erstinstanzliche Gericht ist nur statthaft, wenn (§ 69 Abs. 1 S. 2 und 3 FamFG)

- dieses in der Sache noch nicht entschieden hat (S. 2) oder
- das Verfahren an einem wesentlichen Mangel leidet, zur Entscheidung eine umfangreiche oder aufwändige Beweiserhebung notwendig wäre und ein Beteiligter die Zurückweisung **beantragt** (S. 3).

46 In der Sache ist dann nicht entschieden worden, wenn der Antrag als unzulässig verworfen wurde. Der fehlenden Sachentscheidung wurde der Fall gleichgestellt, dass ein Elternteil seine ursprüngliche Zustimmung zum Alleinsorgeantrag des anderen Elternteils widerrufen hat, so dass sich zweitinstanzlich die Sachentscheidung nicht mehr nach § 1671 Abs. 1 S. 2 Nr. 1 BGB, sondern nach § 1671 Abs. 1 S. 2 Nr. 2 BGB richten würde.[122] Entscheidet das Familiengericht in der Sache nach § 1671 Abs. 1 S. 2 Nr. 2 BGB, geht aus der Entscheidung aber nicht hervor, dass das Familiengericht auch nach § 1671 Abs. 4 BGB geprüft hat, ob nach einer anderen Vorschrift eine abweichende Sorgerechtsregelung geboten ist, obwohl für Letzteres Anhaltspunkte in den Akten bestehen, so soll dies in der Sache lediglich eine Teilentscheidung darstellen, die der fehlenden

---

117 Vgl. BGH FG Prax 2014, 39.
118 BT-Drucks 16/6308, S. 207.
119 Siehe nur BVerfGE 111, 307 [Görgülü].
120 VerfG Brandenburg, Beschl. v. 19.10.2012 – 72/12, juris (6 Monate bei Umgangsabänderung betreffend ein vierjähriges Kind annähernd Obergrenze); OLG Köln FamRZ 2014, 64; siehe aber auch VerfGH Berlin, Beschl. v. 25.4.2006 – 127/05, juris (9 Monate, überwiegend höchst konträrer Sachvortrag, ersichtlich veränderte Umstände).
121 BGH FamRZ 2014, 105; OLG Saarbrücken, Beschl. v. 7.5.2015 – 6 UF 144/15 (n.v.).
122 OLG Zweibrücken FamRZ 2011, 992.

Sachentscheidung i.S.d. § 69 Abs. 1 S. 2 FamFG gleichzustellen ist.[123] Beide Entscheidungen überdehnen indes den Anwendungsbereich von § 69 Abs. 1 S. 2 FamFG deutlich. Ergibt allerdings die Prüfung des Rechtsmittelgerichts, dass verfahrensfehlerhaft ein Verfahrensbeistand nicht hinzugezogen und das Kind demnach nicht ordnungsgemäß am Verfahren beteiligt worden ist, so ist diesem gegenüber auch keine Entscheidung in der Sache getroffen worden, so dass die erstinstanzliche Entscheidung auch ohne Antrag aufgehoben und die Sache zurückverwiesen werden kann (§ 69 Abs. 1 S. 2 FamFG).[124]

Das **weitere Verfahren** ist im Sinne des § 69 Abs. 1 Satz 3 FamFG **umfangreich**, wenn sich das Beschwerdegericht im Falle einer eigenen Sachentscheidung voraussichtlich zuvor durch persönliche Anhörungen einen umfassenden Eindruck von den Beteiligten verschaffen müsste. Dies gilt umso mehr, wenn – wie regelmäßig – Anhaltspunkte für ein noch nicht absehbares Ausmaß weiter notwendig werdender Ermittlungen vorliegen, um eine hinreichende Grundlage für eine am Kindeswohl orientierte Entscheidung zu erlangen. Grundsätzlich sind daher in Kindschaftssachen keine zu hohen Anforderungen an eine Zurückverweisung zu stellen.[125] Etwas anderes mag dann gelten, wenn das **Vorrang- und Beschleunigungsgebot** (§ 155 Abs. 1 FamFG, siehe dazu § 1 Rdn 393) nach einer anderen Betrachtung verlangt und einer Zurückverweisung entgegensteht, wobei die bisherige Gesamtverfahrensdauer und der konkrete Verfahrensgegenstand samt seiner Eilbedürftigkeit in den Blick zu nehmen sind.[126]

47

Zu beachten ist, dass sich die Beschwerdeentscheidung – unbeschadet des weithin nicht geltenden Verschlechterungsverbots (siehe dazu Rdn 6) – im Rahmen des **Verfahrensgegenstandes** halten muss. Denn der Gegenstand des Beschwerdeverfahrens richtet sich grundsätzlich nach und wird begrenzt durch den Verfahrensgegenstand, über den im ersten Rechtszug entschieden wurde und gegen den sich die Beschwerde wendet (dazu eingehend mit Beispielen, siehe § 7 Rdn 14).[127] Das steht allerdings dem Abschluss eines gerichtlich gebilligten Vergleichs über das Umgangsrecht oder die Herausgabe eines Kindes (§ 156 Abs. 2 FamFG) in einem sorgerechtlichen Beschwerdeverfahren nicht entgegen (siehe dazu § 2 Rdn 246). Wird – ohne Vorliegen der Voraussetzungen des § 1671 Abs. 4 BGB – einem Elternteil erstinstanzlich die Alleinsorge übertragen, obwohl er nur eine Teilübertragung erstrebt hat, so kann dieser Verstoß gegen § 1671 Abs. 1 BGB im durch den anderen Elternteil eingeleiteten Beschwerdeverfahren dadurch geheilt werden, dass der antragstellende Elternteil auf Zurückweisung der Beschwerde anträgt. Denn damit macht er sich die angefochtene Erkenntnis zu Eigen, was als sachdienliche und zulässige Antragserweiterung anzusehen ist.[128]

48

Der Beschluss des Beschwerdegerichts ist zu **begründen** (§ 69 Abs. 2 FamFG). Dies stellt eine Abkehr vom Regierungsentwurf dar, wonach der Beschluss lediglich begründet werden „sollte" und eine zwingende Begründung nur für den Fall der Zulassung der Rechtsbeschwerde vorgesehen war. Durch die nunmehr geltende Begründungspflicht soll die Akzeptanz der Entscheidung gestärkt werden.[129] Hinzu kommt, dass eine fehlende Begründung Unklarheiten im Abänderungsverfahren nach § 1696 Abs. 1 BGB zur Folge haben kann. Zum Umfang der Begründung ergeben sich aus dem Gesetz keine weiteren Vorgaben, er ist einzelfallabhängig und steht im Ermessen des Beschwerdegerichts.

49

---

123 So OLG Naumburg FuR 2012, 150.
124 OLG Rostock FamRZ 2014, 2020.
125 Vgl. auch BGH FamRZ 2014, 375; OLG Frankfurt, Beschl. v. 20.1.2014 – 1 UF 356/13, juris.
126 Vgl. OLG Frankfurt FamRZ 2014, 852; KG FamRZ 2014, 1790 (erstinstanzlich Verfahrensbeistandsbestellung unterblieben, aber in einem einstweiligen Anordnungsverfahren).
127 BGH FamRZ 2011, 367 und 1143; ebenso – zum Auskunftsanspruch nach § 1686 BGB – KG FamRZ 2011, 827.
128 OLG Saarbrücken, Beschl. v. 17.2.2011 – 6 UF 112/10 (n.v.); vgl. auch – Antragserweiterung erst im Beschwerdeverfahren – OLG Frankfurt, Beschl. v. 26.3.2015 – 4 UF 365/14, juris.
129 BT-Drucks 16/9733, S. 209.

50 Das Beschwerdegericht hat eine **Kostenentscheidung** zu treffen (§§ 81 Abs. 1 S. 3, 82 FamFG), die sich nach den §§ 81, 83 und 84 FamFG richtet.

51 Die Zulässigkeit der **Rechtsbeschwerde** setzt deren ausdrückliche Zulassung durch das Beschwerdegericht voraus, an die das Rechtsbeschwerdegericht gebunden ist. Die Nichtzulassung der Rechtsbeschwerde ist nicht mit ordentlichen Rechtsmitteln anfechtbar; hier hilft ggf. – aber nur bei willkürlicher Nichtzulassung – die Verfassungsbeschwerde.[130] Auch wenn das Beschwerdegericht eine Beschwerde in einer isoliert geführten Kindschaftssache oder einer isoliert geführten kindschaftsrechtlichen Folgesache als unzulässig verwirft, findet gegen den Verwerfungsbeschluss keine zulassungsfreie Rechtsbeschwerde statt.[131] Grundsätzlich unterliegen weder die Zulassung noch die Nichtzulassung einer Begründungspflicht (siehe im Einzelnen Rdn 59 ff.).

52 Die Vollstreckbarkeit der Beschwerdeentscheidung in Kindschaftssachen ist an die **Bekanntgabe** der Entscheidung an den Beteiligten, für den sie ihrem wesentlichen Inhalt nach bestimmt ist, gekoppelt (§ 40 Abs. 1 FamFG). Die Bekanntgabe der Beschwerdeentscheidung vollzieht sich nach § 69 Abs. 3 i.V.m. § 41 FamFG. Dem Beteiligten, dessen erklärten Willen sie nicht entspricht, ist sie förmlich zuzustellen (§ 41 Abs. 1 S. 2 FamFG), ansonsten genügt formlose Übersendung. Ist die Bekanntmachung durch Verlesen der Beschlussformel in Anwesenheit der Beteiligten erfolgt, so ist die schriftliche Begründung in der Form des § 41 Abs. 1 FamFG bekannt zu geben (§ 41 Abs. 2 S. 4 FamFG). Bedarf es der sofortigen Vollziehung einer einstweiligen Anordnung, etwa in Fällen der Kindesherausgabe, so kann das Gericht die Zulässigkeit der Vollstreckung vor Zustellung anzuordnen, so dass die einstweilige Anordnung bereits mit ihrem Erlass (siehe dazu § 1 Rdn 360) wirksam wird (§ 53 Abs. 2 FamFG). Ein Hinausschieben des gesetzlich geregelten Eintritts der Wirksamkeit ist unzulässig.[132]

3. Anschlussbeschwerde

53 § 66 FamFG ermöglicht die **Anschlussbeschwerde**. Sie muss angesichts des fehlenden Begründungszwangs für die Beschwerde ebenfalls nicht begründet werden (arg. § 65 FamFG). Sie unterliegt keiner Anschlussfrist, kann also auch noch nach Ablauf der eigenen (Haupt-)Beschwerdefrist eingelegt werden.[133] Unerheblich ist hierbei, wann die Tatsachen entstanden sind, auf die die Anschlussbeschwerde gestützt wird.[134] Bedingt durch die Abkoppelung von der Beschwerdefrist ist die Anschlussbeschwerde selbst dann noch statthaft, wenn bereits eine mündliche Verhandlung stattgefunden hat. Die Möglichkeit der Anschließung endet erst mit dem Erlass der Entscheidung zur Hauptbeschwerde.[135] Die Anschlussbeschwerde bedarf keiner Beschwer. Sie kann auch zur Erreichung eines weitergehenden als des bisherigen Verfahrensziels eingesetzt werden oder dem Zweck dienen, einen neuen Streitpunkt in das Verfahren einzuführen.[136] Allerdings muss der Anschlussbeschwerdeführer ein **Rechtsschutzbedürfnis** haben. Dieses fehlt, wenn mit der Anschließung lediglich das gleiche Ziel wie mit dem Hauptrechtsmittel verfolgt werden soll[137] oder das Verschlechterungsverbot (siehe dazu Rdn 6) zugunsten des Beschwerdeführers ohnehin nicht gilt.[138] Dies ist etwa im Verfahren nach § 1666 ff. BGB der Fall,[139] so dass hier

---

130 Vgl. BVerfG FamRZ 2003, 589; Schulz/Hauß/*Völker*, HK-FamR, Schwerpunktbeitrag 10 mit Diktatbausteinen.
131 BGH FamRZ 2014, 109.
132 OLG Celle FamFR 2013, 299.
133 BGH NJW 2009, 442.
134 BGH NJW 2009, 1271.
135 Kemper/Schreiber/*Klußmann*, HK-FamFG, § 66 Rn 4.
136 Kemper/Schreiber/*Klußmann*, HK-FamFG, § 66 Rn 4.
137 BGH FamRZ 2014, 827.
138 OLG München FamFR 2011, 478.
139 BGH, Beschl. v. 6.7.2016 – XII ZB 47/15, juris; BGH FamRZ 2008, 45.

eine Anschlussbeschwerde nicht zulässig ist.[140] Gleiches gilt im Verfahren zur Regelung des Umgangsrechts.[141] und – zutreffender Ansicht zufolge – auch im Verfahren gemäß § 1671 BGB. Denn hier ist eine entsprechende Antragstellung zwar materiell-rechtliche Voraussetzung für eine Sorgerechtsübertragung. Indessen fällt das Sorgerecht dem Beschwerdegericht stets insgesamt zur Überprüfung an.[142] Stellt also der andere Elternteil einen Antrag auf weitergehende Sorgerechtsübertragung als im angefochtenen Beschluss, so bedarf es keiner Anschlussbeschwerde.[143] Ohne einen solchen materiell-rechtlichen Antrag darf das Beschwerdegericht freilich den angegriffenen Beschluss nur zu Ungusten des Beschwerdeführers abändern, wenn die Voraussetzungen des § 1671 Abs. 4 i.V.m. § 1666 BGB vorliegen. Anderfalls würde der – nur durch § 1666 BGB begrenzte und durch das Antragserfordernis in § 1671 Abs. 1 S. 1 BGB abgesicherte – Vorrang der einvernehmlichen Sorgerechtsgestaltung durch die Eltern verletzt.

4. Erledigung der Hauptsache in der Beschwerdeinstanz (§ 62 FamFG)

Kommt es zu einer **Erledigung der Hauptsache** in der Beschwerdeinstanz[144] oder nach Erlass der erstinstanzlichen Entscheidung und Beschwerdeeinlegung,[145] so führt dies grundsätzlich zur Unzulässigkeit des Rechtsmittels, weil eine Rechtsmittelbeschwer bzw. ein Rechtsschutzbedürfnis des Beschwerdeführers nach Erledigung des Verfahrensgegenstandes nicht mehr gegeben ist.[146] Im Verfahren der freiwilligen Gerichtsbarkeit tritt eine Erledigung der Hauptsache ein, wenn der Verfahrensgegenstand durch ein Ereignis, das eine Veränderung der Sach- und Rechtslage bewirkt, weggefallen ist, so dass die Weiterführung des Verfahrens keinen Sinn mehr hätte, da eine Sachentscheidung nicht mehr ergehen kann.[147] Allerdings kann der Beschwerdeführer sein Rechtsmittel sodann in zulässiger Weise auf den Kostenpunkt beschränken oder aber einen Antrag nach § 62 FamFG stellen. Nach dieser Norm hat das Beschwerdegericht auf – unverzichtbaren[148] – **Antrag** auszusprechen, dass der Beschwerdeführer durch die erstinstanzliche Entscheidung in seinen Rechten verletzt wurde. Die Frage der Rechtswidrigkeit des Eingriffs kann nur innerhalb des jeweiligen (ggf. einstweiligen Anordnungs-)Verfahrens geklärt werden; ein außerhalb dieses Verfahrens gestellter (isolierter) Feststellungsantrag ist unzulässig.[149] Für die Feststellung nach § 62 Abs. 1 FamFG ist kein Raum, wenn das Vorliegen des Rechtsfehlers noch vor Eintritt der Erledigung jedenfalls inzident festgestellt worden ist. Das ist auch dann zu bejahen, wenn das Beschwerdegericht einen Verfahrensfehler erkannt und geheilt hat.[150] Gleiches gilt, wenn das erstinstanzliche Gericht selbst eine zuvor ohne mündliche Erörterung erlassene einstweilige Anordnung aufhebt.[151] Der Anspruch auf ein faires Verfahren gebietet es, einen **anwaltlich nicht vertretenen** Beteiligten im Fall der Erledigung der Hauptsache auf die Möglichkeit hinzuweisen, seinen Antrag gemäß § 62 FamFG auf Feststellung der Rechtswidrigkeit der Unterbringungsanordnung umzustellen, sofern erstinstanzlich ein schwerwiegender Grundrechtseingriff erfolgt war.[152]

54

---

140 OLG Brandenburg NJW-RR 2010, 4.
141 OLG Hamm FamRZ 2016, 1093; OLG Saarbrücken, Beschl. v. 18.11.2014 – 6 UF 107/14 (n.v.); Beschl. v. 2.2.2016 – 9 UF 81/15 (n.v.).
142 OLG Saarbrücken, Beschl. v. 7.9.2016 – 9 UF 40/15 (n.v.); OLG Frankfurt FamRZ 2015, 1633; a.A. – Anschlussbeschwerde notwendig – OLG Brandenburg FamFR 2012, 547; OLG Celle FamRZ 2004, 1667.
143 OLG Saarbrücken, Beschl. v. 7.9.2016 – 9 UF 40/15 (n.v.).
144 In der Rechtsbeschwerdeinstanz ist die Vorschrift entsprechend anzuwenden, BGH FamRZ 2011, 1390.
145 Dazu OLG Stuttgart FamRZ 2014, 234.
146 OLG Saarbrücken, Beschl. v. 22.7.2014 – 9 WF 55/14 (n.v.).
147 BGH MDR 2015, 476.
148 BGH FamRZ 2011, 1390.
149 BGH FGPrax 2011, 143; LG Landau, Beschl. v. 18.3.2010 – 3 T 22/10, juris.
150 BGH FamRZ 2015, 2050.
151 KG FamRZ 2016, 932.
152 BGH FamRZ 2015, 1959; BGH FamRZ 2010, 1726.

Auch der **Verfahrensbeistand** hat „im Interesse des Kindes" ein Antragsrecht (vgl. § 158 Abs. 4 S. 5 FamFG). Dies hat der BGH zwar für den Verfahrenspfleger im Betreuungsverfahren verneint,[153] aber dort auf § 335 Abs. 2 FamFG abgestellt, der dem Verfahrenspfleger ein eigenes Beschwerderecht einräume, dessen Rechtssphäre aber nicht betroffen sei. § 158 Abs. 4 S. 5 FamFG ist demgegenüber wie § 335 Abs. 2 und § 429 Abs. 2 FamFG formuliert, wo Nahestehenden „im Interesse des Betroffenen" ein Beschwerderecht zugestanden wird. Dementsprechend hat der BGH für die dem Betroffenen im Freiheitsentziehungsverfahren nahestehenden Personen (§ 429 Abs. 2 FamFG) die Antragsbefugnis nach § 62 Abs. 1 FamFG bejaht. Dann kann für den Verfahrensbeistand nichts anderes gelten.

Hingegen sind die Eltern des Kindes nach Ablauf der von einer gerichtlichen Genehmigung gedeckten geschlossenen Unterbringung des Kindes nicht berechtigt, im eigenen Namen einen Antrag auf Feststellung der Rechtswidrigkeit zu stellen. Denn § 62 FamFG setzt nach seinem eindeutigen Wortlaut voraus, dass der „Beschwerdeführer" selbst durch die erledigte Maßnahme in seinen Rechten verletzt worden ist. Es bleibt daher dem jeweiligen gesetzlichen Vertreter des Kindes (den Eltern bzw. ggf. dem Vormund oder Pfleger) vorbehalten, im Namen des Kindes einen Antrag nach § 62 FamFG zu stellen.[154] Ist dem Elternteil daher das Aufenthaltsbestimmungsrecht und die Gesundheitsfürsorge für das vormals untergebrachte Kind entzogen worden, so ist er nicht antragsberechtigt.[155]

55 § 62 Abs. 1 FamFG setzt voraus, dass der Betroffene an der Feststellung der Rechtsverletzung ein berechtigtes Interesse hat (§ 62 Abs. 1 FamFG), wovon nach § 62 Abs. 2 FamFG auszugehen ist, wenn

- ein schwerwiegender **Grundrechtseingriff** vorliegt oder
- eine **Wiederholung** konkret zu erwarten ist.[156]

56 **Grundrechtseingriffe** sind gerade in Kindschaftssachen naheliegend, etwa wenn durch die erstinstanzliche Entscheidung das Umgangsrecht eines Elternteiles ausgeschlossen wurde, aber auch, wenn erstinstanzlich eine unverhältnismäßig lange Verfahrensdauer hingenommen werden musste.[157] Die Feststellung bezieht sich hierbei auf die unmittelbare Beeinträchtigung durch einen Hoheitsakt, der nur vorübergehend wirkt und dem Betroffenen damit die Möglichkeit einer Anfechtung nimmt.[158] Schwerwiegende Grundrechtseingriffe sind im hier interessierenden Zusammenhang die Wohnungsdurchsuchung aufgrund richterlicher Anordnung,[159] **Freiheitsentziehungen**[160] – wie etwa die einstweilige geschlossene Unterbringung[161] oder die Einwilligung in eine Zwangsbehandlung[162] – und unter Umständen auch ein verfassungswidriger Eingriff in das **Umgangsrecht**, insbesondere, wenn sowohl die Gesamtdauer des Verfahrens als auch die Gesamtschau der gerichtlichen Möglichkeiten, das kindschaftsrechtliche Verfahren entsprechend der erforderlichen Sensibilität zu beschleunigen, nicht so genutzt werden, dass die gewählte Verfahrensgestaltung das Bemühen um Konkordanz der betroffenen Grundrechte erkennen lässt.[163] Hingegen bedeutet eine erstinstanzlich möglicherweise zu Un-

---

153 BGH FamRZ 2012, 619; ebenso für die in § 303 Abs. 2 FamFG näher bezeichneten Angehörigen und Vertrauenspersonen des Betroffenen, wenn dieser während des Beschwerdeverfahrens verstorben ist, BGH FamRZ 2013, 29.
154 BGH FamRZ 2014, 108.
155 OLG Bremen FamRZ 2013, 1244.
156 BGH FamRZ 2011, 1390.
157 Vgl. dazu BVerfG FamRZ 2008, 2258.
158 OLG Düsseldorf NJW RR 2010, 1105.
159 BVerfG NJW 1997, 2163.
160 BGH FamRZ 2012, 442; BGH FamRZ 2013, 1726; siehe zur Reichweite gerichtlicher Kontrolle bei erledigter Freiheitsentziehung nach dem FamFG auch *Heidebach*, NJW 2011, 1708.
161 BVerfG FamRZ 2007, 1627.
162 BGH FamRZ 2014, 1358.
163 BVerfG FamRZ 2008, 2258.

recht unterbliebene Verpflichtung eines Elternteils, dem anderen Elternteil den Konfirmationstermin des gemeinsamen Kindes mitzuteilen, keinen ausreichend schwerwiegenden Grundrechtseingriff.[164]

Wird der Antrag auf einen **Verfahrensfehler** gegründet, so ist die Feststellung nach § 62 FamFG jedenfalls dann gerechtfertigt, wenn jener entweder so gravierend ist, dass die Entscheidung den Makel einer rechtswidrigen Freiheitsentziehung hat, der durch Nachholung der Maßnahme rückwirkend nicht mehr zu tilgen ist, oder wenn eine Heilung im Nachhinein nicht mehr möglich ist.[165] Nicht abschließend geklärt ist bislang, ob weniger schwere Verfahrensmängel die Feststellung der Rechtswidrigkeit einer sachlich zutreffenden Entscheidung nur insoweit ermöglichen, als sie bis zu dem erledigenden Ereignis nicht geheilt worden sind und auch nicht durch die Entscheidung über das gegebene Rechtsmittel geheilt worden wären.[166] Eine Rechtswidrigkeitsfeststellung ist in diesen Fällen nur denkbar, wenn die zutreffende Entscheidung nicht ausreicht, gerade durch den Verfahrensfehler erlittene Nachteile wiedergutmachen. Somit scheiden jedenfalls Gehörsverstöße aus. 57

Eine **Wiederholungsgefahr** ist im Hinblick auf den höchstpersönlichen Charakter des Feststellungsinteresses nur dann „konkret", wenn sie sich auf den Feststellungsantragsteller und nicht auf seinen Verfahrensbevollmächtigten oder andere etwa künftig von derselben Rechtspraxis betroffene Antragsteller bezieht. Die Ankündigung des Gerichts, in künftigen gleichgelagerten Fällen anderer Personen dieselbe Rechtsmeinung zu vertreten oder das Verfahren in gleicher Weise zu gestalten, genügt daher für sich genommen nicht.[167] 58

Hebt das Beschwerdegericht auf die Beschwerde eines Beteiligten die diesen belastende Maßnahme auf und unterlässt es dabei versehentlich eine Entscheidung über den aktenkundigen Antrag auf Feststellung der Rechtswidrigkeit der Maßnahme, so ist der Beschluss gemäß § 43 FamFG auf – binnen der dort vorgesehenen Zweiwochenfrist zu stellenden – Antrag nachträglich zu ergänzen; wird ein solcher Ergänzungsantrag nicht gestellt, entfällt die Rechtshängigkeit des Feststellungsantrags mit Fristablauf.[168]

C. Die Rechtsbeschwerde

I. Statthaftigkeit

Gemäß § 70 Abs. 1 FamFG kann gegen eine Entscheidung des Beschwerdegerichts **Rechtsbeschwerde** eingelegt werden, wenn das Beschwerdegericht diese durch Beschluss zugelassen hat. Über die Zulassung ist im Ausgangsbeschluss zu entscheiden. Enthält dieser keinen ausdrücklichen Ausspruch zur Zulassung, ist das Rechtsmittel nicht zugelassen. Die nachträgliche Zulassung der Rechtsbeschwerde ist grundsätzlich unwirksam, sofern sie nicht im Wege der Berichtigung wirksam nachgeholt wird, wenn das Gericht die Beschwerde im Beschluss zulassen wollte 59

---

164 OLG Stuttgart FamRZ 2014, 234; es fehlt auch an der Wiederholungsgefahr.
165 BGH FamRZ 2012, 619; BGH FamRZ 2013, 1725; BGH FamRZ 2014, 1358.
166 So zur Haftverlängerung BGH NJW-RR 2007, 1569; zweifelnd BVerfG NVwZ 2008, 304; offen lassend BGH FamRZ 2012, 619; vgl. auch OLG München FamRZ 2010, 1755 zum Näherungsverbot nach dem Gewaltschutzgesetz; § 62 FamFG bejahend OLG Naumburg FamRZ 2013, 66 zu § 160 FamFG; zurückhaltend OLG Düsseldorf FamRZ 2011, 921 bei Heilung einer Gehörsverletzung im Verfahren auf Anordnung der Ergänzungspflegschaft wegen § 52 Abs. 2 StPO.
167 Vgl. OLG München FGPrax 2010, 269.
168 BGH FG Prax 2014, 188.

und dies nur versehentlich unterblieben ist.[169] Eine **Nichtzulassungsbeschwerde** ist in Familiensachen gemäß § 26 Nr. 9 EGZPO **ausgeschlossen**.[170]

60 Die **Zulassung** setzt voraus, dass

- die Rechtssache **grundsätzliche Bedeutung** hat[171] oder
- dies zum Zwecke der **Rechtsfortbildung** oder **Sicherung einer einheitlichen Rechtsprechung** erforderlich ist.

Die Rechtsbeschwerde tritt damit an die Stelle der bisherigen weiteren Beschwerde.[172]

61 Sie kann nur auf die Verletzung formellen oder materiellen Rechts gestützt werden (§ 72 FamFG). Über die Zulassung der Rechtsbeschwerde entscheidet das Beschwerdegericht von Amts wegen.[173]

62 Abweichend vom alten Recht bedarf die Rechtsbeschwerde in Familiensachen der freiwilligen Gerichtsbarkeit auch dann der Zulassung, wenn die Beschwerde verworfen wurde.[174] Das Rechtsbeschwerdegericht ist nach § 70 Abs. 2 S. 2 FamFG an die Zulassung durch das Beschwerdegericht gebunden. Die Nichtzulassung ist nicht anfechtbar.[175] Enthält die Beschwerdeentscheidung eine unzutreffende Rechtsbehelfsbelehrung, nach der die Rechtsbeschwerde statthaft sei, so ersetzt dies selbst dann eine Entscheidung über die Zulassung nicht, wenn auch die Rechtsmittelbelehrung von den Unterschriften der erkennenden Richter gedeckt ist.[176]

63 Wird eine Freiheitsentziehung angeordnet – dies erfasst insbesondere die Genehmigung der **geschlossenen Unterbringung** eines Kindes nach § 1631b BGB – ist die Rechtsbeschwerde stets **ohne Zulassung** statthaft, § 70 Abs. 3 Nr. 2 FamFG. Dies gilt aber nicht für einen Beschluss, mit dem das Beschwerdegericht die Sache an das erstinstanzliche Gericht **zurückverweist**. Hier bedarf die Zulässigkeit der Rechtsbeschwerde ihrer Zulassung durch das Beschwerdegericht. Denn der Gesetzgeber wollte die zulassungsfreie Rechtsbeschwerde nur gegen Beschlüsse eröffnen, die unmittelbar freiheitsentziehende Wirkung haben.[177]

64 Die Rechtsbeschwerde findet gemäß § 70 Abs. 4 FamFG nicht gegen Beschlüsse im Verfahren über die Anordnung, Abänderung oder Aufhebung einer **einstweiligen Anordnung** oder eines Arrestes statt. Dies gilt auch dann, wenn die Rechtsbeschwerde im Hauptsacheverfahren nach § 70 Abs. 3 FamFG zulassungsfrei statthaft wäre.[178] Wird unter Verstoß hiergegen die Rechtsbeschwerde zugelassen, so bleibt diese freilich dennoch unstatthaft; denn ein gesetzlich nicht vorgesehenes Rechtsmittel kann nicht durch seine Zulassung statthaft werden.[179] (Zur Rechtsbeschwerde im **Verfahrenskostenhilfeverfahren** siehe § 8 Rdn 38.)

II. Frist und Form der Rechtsbeschwerde

65 Die Rechtsbeschwerde ist nach § 71 Abs. 1 FamFG binnen einer Frist eines Monats nach schriftlicher Bekanntgabe des Beschlusses beim **Rechtsbeschwerdegericht**, also beim BGH durch einen dort zugelassenen Anwalt einzureichen (§ 114 Abs. 2 FamFG; siehe aber für Behörden § 114

---

169 So – mutatis mutandis – BGH FamRZ 2012, 961.
170 Kritisch hierzu u.a. die Initiativstellungnahme des Deutschen Anwaltvereins durch den Ausschuss Familienrecht, FamRZ 2015, 1677.
171 BGH NJW 2003, 65.
172 BT-Drucks 16/6308, S. 209.
173 BT-Drucks 16/6308, S. 209.
174 Anders in Ehe- und Familienstreitsachen, dort verweist § 117 Abs. 1 S. 4 FamFG auf § 522 Abs. 1 S. 4 ZPO.
175 Maurer, FamRZ 2009, 465, 483; BT-Drucks 16/6208, S. 225.
176 BGH FamRZ 2011, 1728.
177 BGH FamRZ 2015, 1701.
178 BGH FGPrax 2011, 148.
179 BGH FamRZ 2011, 282.

Abs. 3 FamFG).[180] Das Beschwerdegericht hat keine **Abhilfebefugnis**, auch um eine Beschleunigung des Verfahrens zu gewährleisten.

Aus der Beschwerdeschrift selbst muss ersichtlich sein, 66
- gegen welchen Beschluss sich die Rechtsbeschwerde wendet und
- dass gegen diese Entscheidung Rechtsbeschwerde eingelegt wird.

Die Rechtsbeschwerde ist binnen einer Frist von einem Monat ab schriftlicher Bekanntgabe des 67
angefochtenen Beschlusses zu begründen (§ 71 Abs. 2 FamFG). Die **Begründungsfrist** läuft also – vorbehaltlich ihrer Verlängerung – zum gleichen Zeitpunkt wie die **Einlegungsfrist** ab. Es bedarf eines konkreten Beschlussantrages (§ 71 Abs. 3 FamFG), d.h. es muss konkret bezeichnet werden,
- inwieweit die Beschwerdeentscheidung angefochten und deren Abänderung beantragt wird und
- welche Beschwerdegründe erhoben werden, d.h. die Umstände, aus denen sich eine Rechtsverletzung ergibt bzw. Tatsachen, die einen Verfahrensmangel rechtfertigen.

Gemäß § 72 FamFG kann die Rechtsbeschwerde ausschließlich auf die **Verletzung formellen** 68
oder materiellen Rechts gestützt werden. Hiervon ist auszugehen, wenn die maßgebliche Norm nicht oder nicht richtig angewendet wurde. Ausgeschlossen ist demgegenüber das **Vorbringen neuer Tatsachen und Beweise**. Auf die fehlende Zuständigkeit des Gerichts des ersten Rechtszugs kann die Rechtsbeschwerde nicht gestützt werden.

III. Entscheidung des Rechtsbeschwerdegerichts

Auch das Rechtsbeschwerdegericht nimmt eine Zulässigkeitsprüfung vor. Ebenso wie nach § 561 69
ZPO wird die Rechtsbeschwerde in Verfahren nach dem FamFG zurückgewiesen, wenn zwar eine Rechtsverletzung vorliegt, sich die angegriffene Entscheidung aber aus anderen Gründen als richtig erweist (§ 74 Abs. 2 FamFG). Die Begründetheitsprüfung wird im Übrigen durch die Rechtsbeschwerde- und Anschließungsanträge begrenzt (§ 74 Abs. 3 S. 1 FamFG), wobei das Gericht allerdings nicht an die Rechtsbeschwerdegründe gebunden ist, sondern die Entscheidung gegebenenfalls auch aus anderen als den geltend gemachten Gründen aufheben kann. Verfahrensmängel, die nicht von Amts wegen zu berücksichtigen sind, unterliegen aber nur dann der Überprüfung, wenn sie ausdrücklich vorgetragen wurden (§ 74 Abs. 3 S. 2 FamFG). Unter den Voraussetzungen des § 564 ZPO kann dann auch von einer Begründung abgesehen werden, § 74 Abs. 3 S. 3 FamFG.

Soweit die Rechtsbeschwerde begründet ist, ist der angefochtene Beschluss aufzuheben (§ 74 70
Abs. 5 FamFG). Wenn die Sache entscheidungsreif ist, befindet das Rechtsbeschwerdegericht selbst. Bedarf es demgegenüber weiterer Ermittlungen, so ist die Sache zurückzuverweisen. Neben der Verletzung materiellen Rechts kann die Zurückverweisung auch auf die Verletzung von Verfahrensrecht gestützt werden. Die Zurückverweisung kann auch an das Gericht erster Instanz erfolgen, wenn bereits das Beschwerdegericht bei korrekter Rechtsanwendung eine Zurückverweisung nach dort hätte aussprechen müssen, wobei die Vorinstanzen jeweils an die rechtliche Beurteilung des Rechtsbeschwerdegerichts gebunden sind (§ 74 Abs. 6 FamFG).

Von einer Begründung der Entscheidung kann ganz oder teilweise abgesehen werden, wenn sie 71
nicht geeignet wäre, zur Klärung von Rechtsfragen grundsätzlicher Bedeutung, zur Rechtsfortbildung oder zur Sicherung einer einheitlichen Rechtsprechung beizutragen, § 74 Abs. 7 FamFG. Lagen die Voraussetzungen für die Zulassung der Rechtsbeschwerde nicht vor und hat diese keine Aussicht auf Erfolg, kann das Beschwerdegericht nach § 74a FamFG verfahren.

---

180 Siehe dazu auch BGH FamRZ 2013, 1962: Es genügt, wenn ein Bediensteter der Behörde mit „i.A." zeichnet.

IV. Anschlussrechtsbeschwerde und Sprungrechtsbeschwerde

72 Nach § 73 FamFG kann bis zum Ablauf einer Frist von einem Monat nach Bekanntgabe der Begründungsschrift hinsichtlich der Rechtsbeschwerde **Anschlussrechtsbeschwerde** eingelegt werden.

73 Abweichend von der bisherigen Rechtslage wurde mit § 75 FamFG die **Sprungrechtsbeschwerde** eingeführt. Unter Verzicht auf das Beschwerdeverfahren kann direkt eine Entscheidung der Rechtsbeschwerdeinstanz angestrebt werden. Ziel ist – wie in § 566 ZPO – die möglichst schnelle höchstrichterliche Entscheidung einer Rechtsfrage. Die Sprungrechtsbeschwerde ist gemäß § 75 Abs. 2 S. 1 FamFG binnen der Frist des § 63 FamFG einzulegen.

74 Voraussetzung für die Sprungrechtsbeschwerde ist
- die Einwilligung der Beteiligten in die Übergehung der Beschwerdeinstanz und
- die Zulassung durch das Rechtsbeschwerdegericht.

75 Das große Risiko der Sprungrechtsbeschwerde liegt darin, dass im Fall der Nichtzulassung durch das Rechtsbeschwerdegericht eine Beschwerde nicht mehr statthaft eingelegt werden kann (§ 75 Abs. 1 S. 2 FamFG).

D. Rechtsmittel im einstweiligen Anordnungsverfahren

76 (Siehe im Einzelnen § 7 Rdn 43 ff.)

E. Rechtsmittel wegen Untätigkeit

77 Gesetzlich war lange Zeit ein Rechtsbehelf gegen eine unangemessen lange Verfahrensdauer[181] nicht geregelt. In der Praxis wurde daher auf die sog. **Untätigkeitsbeschwerde**[182] zurückgegriffen. Sie wurde von der herrschenden Meinung als statthafter außerordentlicher Rechtsbehelf angesehen, wenn eine über das normale Maß hinausgehende **unzumutbare Verfahrensverzögerung** vorlag, die auf einen Rechtsverlust für den Betroffenen oder eine Verfahrensverweigerung hinauslief.[183] Denn aus Art. 2 Abs. 1 GG i.V.m. dem Rechtsstaatsprinzip (Art. 20 Abs. 3 GG) folgt der Anspruch, dass im Interesse der Rechtssicherheit ein streitiges Rechtsverhältnis in angemessener Zeit einer Klärung zugeführt wird.[184] Dieser **Justizgewährungsanspruch** erlangt gerade in **Kindschaftssachen** besondere Bedeutung,[185] weil mit einer zunehmenden Verfahrensdauer eine **Entfremdung** oder eine Kontinuität zum Nachteil des anderen Elternteils zunehmen können, so dass nicht mehr der Richter, sondern der Zeitablauf den Streitfall entscheidet. Hinzu kommt die besondere, teilweise existenzielle persönliche Betroffenheit der Beteiligten. Ein fest umrissener Zeitrahmen, ab dessen Überschreitung diese Voraussetzungen erfüllt sind, besteht nicht. Maßgeblich sind vielmehr die jeweiligen Einzelfallumstände.[186] Allerdings wird der Beschleunigungsgrundsatz in den von § 155 FamFG erfassten Kindschaftssachen konkretisiert und verschärft.[187]

---

181 Zu den Ursachen überlanger Zivilprozesse siehe *Keders/Walter*, NJW 2013, 1697.
182 Vgl. zum – am Widerstand aus der Praxis gescheiterten – früheren Referentenentwurf für ein Untätigkeitsbeschwerdegesetz *Roller*, DRiZ 2007, 82.
183 BVerfG FamRZ 2001, 753; OLG Saarbrücken FamRZ 2012, 319; OLG Schleswig FamRZ 2011, 1085; OLG Naumburg FamRZ 2007, 2090.
184 Vgl. etwa BVerfG FamRZ 2008, 2258; 2009, 189 m. Bespr. *Völker/Clausius*, FF 2009, 54.
185 BVerfGK 2, 140.
186 BVerfG FamRZ 2008, 2258.
187 OLG Saarbrücken FamRZ 2012, 319; OLG Schleswig FamRZ 2011, 1085.

Der EuGHMR hat seit seiner Grundsatzentscheidung vom 8.6.2006[188] in mehreren Urteilen[189] das Fehlen eines wirksamen Rechtsbehelfs gegen eine überlange Verfahrensdauer in Deutschland beanstandet. Mit Piloturteil vom 2.9.2010 befand der Gerichtshof einstimmig, dass Deutschland unverzüglich, spätestens aber innerhalb eines Jahres nach Rechtskraft dieses Piloturteils, einen wirksamen Rechtsbehelf gegen überlange Gerichtsverfahren einführen muss.[190] Auch die Ausstrahlungswirkung der Art. 6 Abs. 1, 13 EMRK erlangt hier Bedeutung. Danach hat jede Person ein Recht darauf, dass über Streitigkeiten in Bezug auf ihre zivilrechtlichen Ansprüche und Verpflichtungen durch ein Gericht in einem Verfahren innerhalb angemessener Frist verhandelt wird.[191] Als diesen Vorgaben nicht mehr gerecht werdend angesehen hat der EuGHMR etwa eine Verfahrensdauer von mehr als drei Jahren nach Stellung eines Eilantrages zur Regelung des Umgangsrechts,[192] von vier Jahren und 10 Monaten für die erste Instanz eines Umgangshauptsacheverfahren[193] bzw. eine Verfahrensdauer von rund fünf Jahren zwischen dem ersten Antrag auf Herausgabe eines in einer Pflegefamilie lebenden Kindes und der Entscheidung des BVerfG.[194] Demgegenüber hat der EuGHMR eine Verfahrensdauer von vier Jahren und drei Monaten in einem Sorgerechtsverfahren unter Berücksichtigung von drei zu durchlaufenden Instanzen, der Komplexität des Sachverhaltes sowie des Verhaltens der Beschwerdeführerin selbst als angemessen bewertet.[195]

78

Nach langen, schwierigen politischen Verhandlungen ist am 3.12.2011 das **Gesetz über den Rechtsschutz bei überlangen Gerichtsverfahren** und strafrechtlichen Ermittlungsverfahren vom 24.11.2011 in Kraft getreten.[196] Durch dieses Gesetz wurden u.a. dem GVG die §§ 198 ff. GVG angefügt. Dem betroffenen Beteiligten wird bei unangemessener Dauer des Gerichtsverfahrens eine – anders als beim konkurrierenden Anspruch nach § 839 BGB i.V.m. § 34 GG[197] – verschuldensunabhängige[198] „**angemessene Entschädigung**" gewährt, die im Regelfall für Nichtvermögensnachteile 1.200 EUR im Jahr beträgt (§ 198 Abs. 1 und 2 GVG), wenn er zuvor eine sog. „**Verzögerungsrüge**"[199] erhoben hat (§ 198 Abs. 3 GVG).[200] Die Entschädigungsklage

79

---

188 EuGHMR NJW 2006, 2389 [Sürmeli/Deutschland]; ebenso EuGHMR FamRZ 2009, 1037 [Adam/Deutschland] m.Anm. *Rixe* und z.w.N.
189 EuGHMRFamRZ 2010, 1721 [Afflerbach/Deutschland]; 2011, 533 [Kuhlen-Rafsandjani/Deutschland], 2011, 1125 [Tsikakis/Deutschland] 2011, 1283 [Kuppinger/Deutschland].
190 EuGHMR, FamRZ 2010, 1965 [Rumpf/Deutschland] m. Anm. *Rixe*; vgl. auch EuGHMRFamRZ 2010, 1721 [Afflerbach/Deutschland].
191 EuGHMR FamRZ 2007, 1449; Anm. *Völker*, jurisPR-FamR 19/2007, Anm. 3.
192 EuGHMR, Urt. v. 15.5.2007 – Individualbeschwerde Nr. 23462/03, juris; vgl. auch OLG München FamRZ 2009, 1420.
193 EuGHMR FamRZ 2011, 283; das Kind war bei Verfahrenseinleitung anderthalb Jahre alt.
194 EuGHMR, Urt. v. 12.7.2007 – Individualbeschwerde Nr. 39741/02, juris.
195 EuGHMR, Urt. v. 10.1.2008 – Individualbeschwerde Nr. 25706/03, juris.
196 BGBl I 2011, S. 2302; siehe dazu ausführlich *Althammer/Schäuble*, Effektiver Rechtsschutz bei überlanger Verfahrensdauer – Das neue Gesetz aus zivilrechtlicher Perspektive, NJW 2012, 1; *Zimmermann*, Der neue Rechtsschutz bei überlangen Gerichtsverfahren, FamRZ 2011, 1905; *Guckelberger*, Der neue staatshaftungsrechtliche Entschädigungsanspruch bei überlangen Verfahren, DÖV 2012, 289; *Heine*, Die Entwicklung der Rechtsprechung zu den Rechtsfolgen und zum Verfahren der auf § 198 GVG gestützten Entschädigungsklage, MDR 2013, 1147; *Vogel*, Rechtsfolgen bei übermäßiger Dauer des Verfahrens in Familiensachen, FF 2014, 434; eine Zwischenbilanz ziehen *Steinbeiß-Winkelmann/Sporrer*, Rechtsschutz bei überlangen Gerichtsverfahren, NJW 2014, 177, und *Heine*, Die aktuelle Entwicklung der Rechtsprechung zur Entschädigungsklage gemäß § 198 GVG wegen unangemessener Verfahrensdauer, MDR 2014, 1008.
197 Dazu BVerfG NJW 2013, 3630 m. Bespr. *Steinbeiß-Winkelmann*, NJW 2014, 1276; BGH NJW 2011, 1072.
198 Bei Verschulden bleiben zusätzlich – wie bisher – Amtshaftungsansprüche möglich, BT-Drucks 17/3802, S. 19; vgl. dazu etwa BGH FamRZ 2011, 1072; OLG Dresden DRiZ 2012, 97; *Remus*, Amtshaftung bei verzögerter Amtstätigkeit des Richters, NJW 2012, 1403; *Zimmermann*, Richterhaftung bei Verzögerung des Verfahrens und bei Vergleichsprotokollierung, FPR 2012, 556.
199 Zur wohlwollenden Auslegung als solche siehe BVerfG AnwBl 2016, 362.
200 BR-Drucks 587/10.

kann frühestens **sechs Monate** nach Erhebung der Verzögerungsrüge und muss spätestens sechs Monate nach Verfahrenserledigung erhoben werden, § 198 Abs. 5 GVG. Sachlich und örtlich **zuständig** ist für die Klage bei Verfahren vor den Gerichten der Bundesländer das OLG, in dessen Bezirk die Regierung des beklagten Landes ihren Sitz hat, bei Verfahren vor den Bundesgerichten der BGH (§§ 200 f. GVG); bei Verfahren vor dem BVerfG dessen Beschwerdekammer.[201] Die Senate beim OLG müssen in voller Besetzung entscheiden – keine Übertragung auf den Einzelrichter (siehe dazu Rdn 7) –; gegen ihre Entscheidung findet die Zulassungsrevision, bei Nichtzulassung die Nichtzulassungsbeschwerde zum BGH statt (§ 201 Abs. 2 GVG i.V.m. §§ 543, 544 ZPO). Steht die unangemessene Dauer eines Verfahrens vor dem BVerfG in Rede, so entscheidet dieses nach bei ihm zu erhebender Verzögerungsrüge über die Entschädigung (§§ 97a–97e BVerfGG).[202]

80 Die **Angemessenheit der Verfahrensdauer** richtet sich nach den Einzelfallumständen, insbesondere nach der Schwierigkeit und Bedeutung des Verfahrens, dem Verhalten der Verfahrensbeteiligten und Dritter (§ 198 Abs. 1 S. 2 GVG) und der Notwendigkeit von Ermittlungen.[203] Letzteres zeigt, dass es entscheidend darauf ankommen wird, dass die Verzögerung in die Verantwortungssphäre des Gerichts fällt.[204] Denn auf Umstände, die in seinem Verantwortungsbereich liegen, kann sich der Staat – anders als auf unvorhersehbare Zufälle und schicksalhafte Ereignisse – nicht berufen.[205] Der Rechtsuchende hat keinen Anspruch auf optimale Verfahrensförderung.[206] Unangemessen ist eine Verfahrensdauer daher erst dann, wenn eine insbesondere an den Merkmalen des § 198 Abs. 1 S. 2 GVG ausgerichtete und den Gestaltungsspielraum der Gerichte bei der Verfahrensführung beachtende Gewichtung und Abwägung aller bedeutsamen Umstände des Einzelfalls ergibt, dass die aus Art. 2 Abs. 1 i.V.m. Art. 20 Abs. 3 GG und Art. 19 Abs. 4 GG sowie Art. 6 Abs. 1 EMRK folgende Verpflichtung des Staates, Gerichtsverfahren in angemessener Zeit zum Abschluss zu bringen, verletzt ist. Dabei darf bei der Beurteilung des Verhaltens des Gerichts der verfassungsrechtliche Grundsatz richterlicher Unabhängigkeit (Art. 97 Abs. 1 GG) nicht unberücksichtigt bleiben. Dem Gericht muss in jedem Fall eine angemessene Vorbereitungs- und Bearbeitungszeit zur Verfügung stehen. Es benötigt einen Gestaltungsspielraum, der es ihm ermöglicht, dem Umfang und der Schwierigkeit der einzelnen Rechtssachen ausgewogen Rechnung zu tragen und darüber zu entscheiden, wann es welches Verfahren mit welchem Aufwand sinnvollerweise fördern kann und welche Verfahrenshandlungen dazu erforderlich sind.[207] Verzögerungen infolge unbeeinflussbaren[208] Verhaltens Dritter oder das Gebrauchmachen von prozessrechtlich zur Verfügung gestellten Verfahrensrechten durch Verfahrensbeteiligte sind nicht vorwerfbar.[209] Unter dem Gesichtspunkt der Mitverursachung ist auch wesentlich, wie sich der Entschädigungskläger im Ausgangsverfahren verhalten hat; dabei kommt es auf eine Verfahrensverschleppungsabsicht oder eine sonstige Vorwerfbarkeit des Verfahrensverhaltens nicht an.[210] In den Kindschaftsverfahren,[211] in denen nach § 155 Abs. 1 FamFG das Vorrang- und **Beschleunigungsgebot** gilt – Aufenthalt, Umgangsrecht, Herausgabe, Gefährdung des Kindes –, werden hier recht hohe Anforderungen

---

201 Siehe dazu – bemerkenswert – BVerfG NJW 2015, 3361.
202 Dazu *Zuck*, Rechtsschutz bei überlangen Verfahren vor dem BVerfG, NVwZ 2012, 265.
203 BVerfG NJW 2013, 3432; BGH FamRZ 2014, 194.
204 Siehe dazu auch *Zimmermann*, FamRZ 2011, 1905, 1906 f.; *Althammer/Schäuble*, NJW 2012, 1, 2; eingehend *Heine*, MDR 2012, 327; *Magnus*, ZZP 2012, 75; *Bub*, DRiZ 2014, 94.
205 BVerfG NJW 2013, 3432.
206 BVerfG SozR 4–1100 Art. 19 Nr. 10; BGH NJW 2014, 1183; BGH FamRZ 2014, 933.
207 Siehe zum Ganzen BGH NJW 2014, 220; BGH NJW 2014, 939.
208 Zur Frage der Festsetzung von Ordnungsgeld gegen den Sachverständigen bei Fristversäumung, auch mit Blick auf die Pflicht des Gerichts, auf eine zügige Gutachtenerstellung hinzuwirken, siehe OLG Koblenz MDR 2014, 616.
209 OLG Köln, Beschl. v. 15.3.2013 – 7 SchH 6/12, juris.
210 BGH NJW 2014, 1183.
211 Dazu BVerfG FamRZ 2008, 2258.

zu stellen sein, zumal im Lichte der Ausstrahlungswirkung von Art. 8 EMRK, der auch einen Anspruch auf Verfahrensbeschleunigung gewährt (dazu gleich).[212] Auch das Alter des Kindes kann in diesen Verfahren bei der Festlegung des konkreten Beschleunigungsmaßstabs von Bedeutung sein. Kleinere Kinder empfinden, bezogen auf objektive Zeitspannen, den Verlust einer Bezugsperson – anders als ältere Kinder oder gar Erwachsene – schneller als endgültig. In diesen Fällen ist die Gefahr der Entfremdung zwischen Eltern und Kind, die für das Verfahren Fakten schaffen kann, besonders groß, so dass eine besondere Sensibilität für die Verfahrensdauer erforderlich ist. Ansonsten kann allein durch Zeitablauf die Sachentscheidung faktisch präjudiziert werden.[213] Die durchschnittliche Dauer von Verfahren einer bestimmten Art, wie sie in den jährlichen Rechtspflegestatistiken des Statistischen Bundesamts ausgewiesen wird, kann allenfalls einen Vergleichsrahmen bieten; mehr Bedeutung wird es haben, wenn sachlich nicht begründete Lücken in der Verfahrensförderung durch das Gericht auftreten.[214] So hat es der EuGHMR zwar akzeptiert, dass der fachgerichtliche Instanzenzug im Sorgerechtsverfahren drei bzw. dreieinhalb Jahre gedauert haben, aber nicht, dass die Verfahren anschließend mehr als vier Jahre beim BVerfG anhängig war.[215] Auch die Dauer eines Umgangsverfahrens allein in der ersten Instanz von vier Jahren und 10 Monaten (!) hat der EuGHMR selbstredend beanstandet, zumal rasch klar geworden war, dass die Eltern sich nicht auf einen Kompromiss würden einigen können und dem Kind erst nach zweieinhalb Jahren ein Verfahrensbeistand bestellt worden war, obwohl die Erforderlichkeit dieser Bestellung schon zu einem sehr frühen Zeitpunkt des Verfahrens klar gewesen war.[216] Das Anhörungsrügeverfahren nach § 44 FamFG gehört zum vorangegangenen Hauptsacheverfahren. Es entsteht daher kein isolierter Entschädigungsanspruch; vielmehr muss die Bearbeitungsdauer für die Anhörungsrüge in die abschließende Betrachtung der Gesamtverfahrensdauer einbezogen werden.[217] Mit zunehmender Verfahrensdauer nehmen die Anforderungen an die zu ergreifenden verfahrensfördernden Maßnahmen zu.[218]

Die neue Regelung ist jedenfalls im Hinblick auf die in § 155 Abs. 1 FamFG genannten Kindschaftssachen **verfassungsrechtlich gesteigert bedenklich**.[219] Sie sieht keinen ausreichend wirksamen Rechtsbehelf vor, um verzögerte oder überlange Verfahren zu beschleunigen. Zwar hat der EuGHMR in seinem vorgenannten Pilotvrteil – in einem Zivilprozess – ausgeführt, ein Rechtsbehelf gelte als wirksam, wenn er zur Beschleunigung einer Entscheidung der mit dem Fall befassten Gerichte führe oder angemessene Entschädigung des Beschwerdeführers für bereits aufgetretene Verzögerungen vorsehe. Die vom deutschen Gesetzgeber daraufhin gewählte Entschädigungslösung genügt daher unter Umständen in Zivilprozessen menschenrechtlichen Anforderungen,[220] wohl aber nicht in die Person des Kindes betreffenden Verfahren, nachdem der EuGHMR bereits für den Zivilprozess ausgeführt hat, eine präventive Lösung sei der kompensatorischen „unzweifelhaft" vorzuziehen[221] und außerdem im – eine Kindschaftssache betreffen-

---

212 Ausdrücklich EuGHMR, Urt. v. 27.10.2011 – Individualbeschwerde Nr. 8857/08 [Bergmann/Tschechien]; OLG Köln, Beschl. v. 15.3.2013 – 7 SchH 6/12, juris; vgl. für die Arbeitsgerichtsbarkeit und § 9 Abs. 1 ArbGG BVerfG NJW 2013, 3432.
213 BGH FamRZ 2014, 933.
214 OLG Braunschweig ZKJ 2013, 358 [Rechtsbeschwerde ist beim BGH unter III ZR 91/13 anhängig].
215 EuGHMR FamRZ 2011, 533 [K./Deutschland].
216 EuGHMR FamRZ 2011, 1283 [K./Deutschland].
217 BGH FamRZ 2014, 1632.
218 VerfGH Berlin NZFam 2015, 427.
219 Ebenso *Rixe*, FamRZ 2012, 1124; zweifelnd auch Staudinger/*Rauscher*, § 1684 Rn 416 ff.
220 Zwei erste Beschwerden wurden vom EuGHMR nach Inkrafttreten des Gesetzes mangels innerstaatlicher Rechtswegerschöpfung für unzulässig erklärt, siehe EuGHMR, Beschl. v. 1.6.2012 – Individualbeschwerden Nr. 53126/07 und 19488/09.
221 EuGHMR NJW 2006, 2389; *Huerkamp/Wielpütz*, JZ 2011, 139, 140.

den – Urteil Bergmann[222] dargelegt hat, dass die Mitgliedstaaten in ihren nationalen Rechtsordnungen nicht nur eine Entschädigungs-, sondern auch eine Präventivlösung bereitstellen müssen, jedenfalls in den Fällen, in denen sich die Untätigkeit der Gerichte im Verfahren auf das Privat- oder Familienleben des Betroffenen auswirken. Bereits diese Argumentation des EuGHMR, in der ausdrücklich gerade auch Art. 8 EMRK zur Grundlage für die Forderung nach einem wirksamen Beschleunigungs(primär)rechtsbehelf in Personensorge-, Herausgabe- und Umgangssachen gemacht wird, hat wegen der Ausstrahlungswirkung dieser Vorschrift der EMRK nachdrücklich für einen effektiven Primär-„Tu-was"-Rechtsbehelf[223] gestritten. Hinzu kommt jedoch, dass – für Deutschland – die Anforderungen, die das Grundgesetz an die Verfahrensbeschleunigung stellt, weiter gehen. Nach deutschem Verfassungsrecht haben Betroffene vorrangig Anspruch auf wirksamen Primärrechtsschutz vor einer unangemessenen Verfahrensdauer.[224] Nur wenn dieser Anspruch im Einzelfall nicht erfüllt werden konnte, kann der Betroffene auf Sekundärrechtsschutz – Entschädigung – verwiesen werden. Die Regelung in § 198 ff. GVG, die letztlich dem Grundsatz „Dulde und liquidiere" folgt, wenn die – nicht beim Obergericht, sondern beim Ausgangsgericht – zu erhebende Verzögerungsrüge nicht zur Verfahrensbeschleunigung führt, ist in den vom Vorrang- und Beschleunigungsgebot des § 155 Abs. 1 FamFG beherrschten Kindschaftssachen nicht tragbar. Mit Geld lässt sich keine infolge überlanger Verfahrensdauer zerstörte Eltern-Kind-Beziehung kompensieren. Sie stellt auch entgegen den Vorgaben des EuGHMR schon deshalb keinen wirksamen „Rechtsbehelf" dar, weil das Gericht nicht zu seiner Bescheidung verpflichtet ist.[225] Aus diesen verfassungsunmittelbaren Gründen (effektiver Rechtsschutz, Art. 2 Abs. 1 i.V.m. 20 Abs. 3 GG)[226] war es bereits nach deutschem Verfassungsrecht notwendig, ein – zuvor von Obergerichten häufig anerkannte[227] – echtes **Untätigkeitsrechtsmittel** gesetzlich zu regeln, das Devolutiveffekt hat und sich in der Praxis als wirksam erwiesen hat (zum **Verfahrenswert** der Untätigkeitsbeschwerde siehe § 10 Rdn 44). Dies gilt umso mehr, als die Verzögerungsrüge nach § 198 GVG nicht zu einer schnelleren Erledigung von Zivilverfahren geführt hat.[228]

Es konnte daher kaum verwundern, dass der **EuGHMR** mit **Urt. v. 15.1.2015** entschieden hat, dass das Fehlen eines wirksamen Rechtsbehelfs zur Beschleunigung überlanger Verfahren in Umgangssachen in Deutschland gegen Art. 8 EMRK und gegen Art. 13 i.V.m. Art. 8 EMRK verstößt.[229]

82 Soweit daher – soweit ersichtlich – alle zuvor ergangenen höchst- und obergerichtlichen Entscheidungen hierzu die Untätigkeitsbeschwerde nicht mehr für statthaft gehalten haben,[230] konnte dies jedenfalls seit der Entscheidung des EuGHMR keinen Bestand mehr haben.

---

222 EuGHMR FamRZ 2012, 1123 m. Anm. *Rixe*.
223 Anschaulicher Begriff von *Steinbeiß-Winkelmann*, NJW 2008, 1783, 1785.
224 Ebenso *Rixe*, FamRZ 2009, 1037, 1039; FamRZ 2010, 1965, 1967, jeweils m.w.N. aus der verfassungsgerichtlichen Rechtsprechung.
225 Soweit das BVerfG mit Beschl. v. 21.12.2011 – 1 BvQ 44/11 –, juris, die Verzögerungsrüge als „Rechtsbehelf" bezeichnet hat, ist damit ersichtlich nur der – weiter gefasste – Rechtsbehelfsbegriff des § 90 Abs. 2 S. 2 BVerfGG gemeint, zumal die Grenzen zum verfassungsprozessrechtlichen Grundsatz materieller Subsidiarität (dazu Schulz/Hauß/*Völker*, HK-FamR, Schwerpunktbeitrag 10 Rn 28 ff.) nicht völlig trennscharf sind.
226 In diese Richtung *Rixe*, FamRZ 2009, 1037, 1039.
227 Vgl. etwa OLG Saarbrücken FamRZ 2012, 319 m.w.N.; anders zur Rüge von Verfahrensverzögerungen bei den Oberlandesgerichten BGH, Beschl. v. 25.9.2008 – AnwZ (B) 15/08 – und v. 27.2.2008 – V ZB 16/08, juris.
228 Siehe dazu anschaulich Greger, AnwBl 2015, 536, 538 mit Gegenüberstellung der Zahlen von 2011 und 2013: „ernüchterndes Bild" – „Zweck verfehlt".
229 EuGHMR FamRZ 2015, 469 [Kuppinger/Deutschland].
230 BGH NJW 2013, 385; BGH FamRZ 2014, 1285; OLG Bremen FF 2013, 37; OLG Düsseldorf FamRZ 2012, 1161; OLG Hamburg NJW-Spezial 2012, 345; OLG Brandenburg MDR 2012, 305; OVG Mecklenburg-Vorpommern NordÖR 2012, 260; OLG Jena FamRZ 2012, 728; OLG Schleswig SchlHA 2013, 164; OLG Zweibrücken, Beschl. v. 19.11.2013 – 2 WF 221/13, juris; KG ZAP EN Nr. 95/2014.

Diese Meinung war wie folgt begründet worden: Der Gesetzgeber sei selbst ausdrücklich vom Fehlen einer planwidrigen Regelungslücke ausgegangen und schon die gesetzliche Überschrift zeige, dass hier eine umfassende und abschließende Regelung beabsichtigt sei. Ein Nebeneinander der Untätigkeitsbeschwerde und der jetzt geltenden gesetzlichen Neuregelung würde auch dem gesetzgeberischen und verfassungsrechtlichen Ziel der Rechtsbehelfsklarheit widersprechen.[231] Der Gesetzgeber habe in dem in Rede stehenden Absatz[232] des Gesetzentwurfs ausgeführt, dass mit dem neuen Entschädigungsanspruch die verschiedenen von der Rechtsprechung entwickelten Rechtsbehelfskonstruktionen „grundsätzlich" hinfällig würden, weil die Entschädigungsregelung das Rechtsschutzproblem bei überlanger Verfahrensdauer abschließend lösen solle. Dieser Rechtsschutz werde einheitlich und ausschließlich gewährt durch einen außerhalb des Ausgangsverfahrens zu verfolgenden Anspruch. Eine Regelungslücke als Analogievoraussetzung bestehe nach Inkrafttreten der Entschädigungsregelung „grundsätzlich" nicht mehr.

Die mehrfache Erwähnung des Wortes „grundsätzlich" bot – bis zur nunmehr vorliegenden gesetzlichen Neuregelung (siehe dazu Rdn 84) – den Schlüssel zur Lösung. Die aus Sicht des Gesetzgebers (nur) grundsätzliche (!) Hinfälligkeit der Untätigkeitsbeschwerde ließ – allemal seit der Entscheidung des EuGHMR – im Einzelfall Ausnahmen zu. Bei dieser Lesart standen weder Wortlaut noch gesetzgeberischer Wille – die beide die äußerste Grenze der verfassungskonformen Auslegung darstellen[233] – solchem Verständnis entgegen und war die Annahme der weiteren Statthaftigkeit der Untätigkeitsbeschwerde vertretbar.[234] Wenngleich nicht zu verkennen ist, dass bei der Vorbereitung der Regelung des § 198 GVG die in anderen Verfahrensordnungen[235] vorgesehene Untätigkeitsklage in den Blick genommen worden ist,[236] bot sich jedenfalls in besonders beschleunigungsbedürftigen Verfahren, in denen – wie in den die Person des Kindes betreffenden Verfahren – der Zeitablauf zur Entwertung materieller Grundrechtspositionen führen kann,[237] für Betroffene folgender Weg an: Zunächst sollte die Verzögerungsrüge erhoben werden, nachdem das BVerfG zu erkennen gegeben hat, dass dies aus Subsidiaritätsgründen erforderlich ist.[238] Fruchtete dies nicht, sollte Untätigkeitsbeschwerde erhoben werden. Im Falle deren Verwerfung bot sich die Erhebung der Verfassungsbeschwerde an, mit der mittelbar auch das Fehlen eines effektiven Primärrechtsmittels gegen unzumutbare Verfahrensverzögerungen in dem Beschleunigungsgebot unterliegenden Kindschaftssachen gerügt werden konnte.[239] Das Rechtsschutzbedürfnis für diese **Untätigkeitsverfassungsbeschwerde** war durch die neuen §§ 198 ff. GVG jedenfalls für die Fälle nicht entfallen, in denen die pekuniäre Kompensation den Schaden nicht wiedergutmachen kann. Ob es im Sinne des Erfinders ist, dass das BVerfG so im Ergebnis zum „Untätigkeitsgericht erster Instanz" wurde, mag dahinstehen.[240]

---

231 BT-Drucks 17/3802, S. 16 unter Verweis auf BVerfGE 107, 395, 416; 122, 190, 202.
232 BT-Drucks 17/3802, S. 16.
233 Vgl. BVerfG NJW 2011, 1931 m.z.w.N.
234 Ebenso *Vogel*, FPR 2012, 528.
235 Für das verwaltungsgerichtliche, sozialgerichtliche und finanzgerichtliche Vorverfahren sowie das Verfahren nach § 16 der Wehrbeschwerdeordnung (WBO).
236 Siehe BT-Drucks 17/3802, S. 17.
237 Vgl. auch *Rixe*, FamRZ 2010, 1965, 1969 m.w.N.; kritisch zur Entschädigungslösung auch die Stellungnahme der Kinderrechtekommission des Deutschen Familiengerichtstages vom 7.10.2010, http://www.dfgt.de/resources/Stellungnahme_Verfahrensdauer_G_2010.pdf; ebenso *Heilmann*, NJW 2012, 887, 888.
238 BVerfG BayVBl 2012, 314; zum Sonderfall bereits abgeschlossener Verfahren BVerfG, Beschl. v. 20.6.2012 – 2 BvR 1565/11, juris.
239 Zu den einzuhaltenden Formalien siehe Schulz/Hauß/*Völker*, HK-FamR, Schwerpunktbeitrag 10. In BVerfG FamRZ 2015, 1093 ist die Annahme der Verfassungsbeschwerde abgelehnt worden, allerdings weil die Verfahrensverzögerung in dem dort zu Entscheidung stehenden Fall im Wesentlichen auf dem eigenen Verhalten des Beschwerdeführers beruhte.
240 Zum Ganzen eingehend *Huerkamp/Wielpütz*, JZ 2011, 139; stets bleibt auch die – in ihrer Wirksamkeit ob des dem Dienstvorgesetzten eröffneten schmalen Prüfungsmaßstabs freilich kaum zielführende – Dienstaufsichtsbeschwerde.

Einfachrechtlicher Aufhänger einer solchen Untätigkeitsbeschwerde war eine Analogie zu § 21 Abs. 2 FamFG, weil die schlichte Untätigkeit des Gerichts in der Sache einer Aussetzung gleichkam.[241] Zum selben Ergebnis kam die ebenfalls vorgeschlagene entsprechende Anwendung von § 567 Abs. 1 Nr. 2 ZPO.[242] Ein weiterer Vorschlag war die – für den Verwaltungsprozess höchstrichterlich bejahte – Zulassung einer Klage auf Feststellung der unangemessenen Dauer des Verfahrens.[243] Für den Fall einer Untätigkeitsbeschwerde im Rahmen des Verfahrens auf Fortdauer der Sicherungsverfahrung wurde diese ausdrücklich als statthaft angesehen.[244]

84 Der Rekurs auf die gesetzlich nicht geregelte Untätigkeitsbeschwerde ist nunmehr allerdings hinfällig. Denn nach umfangreichend Vorarbeiten – beginnend mit einem Diskussionsentwurf des BMJV zur Schaffung eines präventiven Rechtsbehelfs bei überlangen Verfahren in bestimmten Kindschaftssachen[245] – wird demnächst das Gesetz zur Änderung des Sachverständigenrechts und zur weiteren Änderung des Gesetzes über das Verfahren in Familiensachen und in den Angelegenheiten der freiwilligen Gerichtsbarkeit[246] in Kraft treten. Durch Art. 2 dieses Gesetzes wird die Beschleunigungsrüge und anschließende **Beschleunigungsbeschwerde** – also ein Primärrechtsbehelf – neu eingeführt (§§ 155b und 155c FamFG n.F.).

Nach § 155b Abs. 1 FamFG kann ein Beteiligter in einer der in § 155 Abs. 1 FamFG genannten Kindschaftssachen – also in Verfahren, die den Aufenthalt, das Umgangsrecht, die Herausgabe des Kindes oder die Gefährdung seines Wohls betreffen – mit der **Beschleunigungsrüge** geltend machen, dass die bisherige Verfahrensdauer nicht dem Vorrang- und Beschleunigungsgebot des § 155 Abs. 1 FamFG entspricht. Die Beschleunigungsrüge muss nicht zwingend als solche bezeichnet sein; allerdings muss ihr mit hinreichender Deutlichkeit zu entnehmen sein, dass der Beteiligte die Verfahrensdauer als dem Vorrang- und Beschleunigungsgebot nicht genügend rügt und über diese Rüge eine Entscheidung des Gerichts anstrebt.[247] Der Beteiligte muss zur Begründung seiner Rüge Umstände darlegen, aus denen sich ergibt, dass das Verfahren nicht vorrangig und beschleunigt durchgeführt worden ist. Für die **Form** der Rüge gilt § 25 Abs. 1 FamFG – schriftlich oder zur Niederschrift der Geschäftsstelle; falls Anwaltszwang besteht, muss sie schriftlich von dem bevollmächtigten Rechtsanwalt erhoben werden.[248] Gemäß § 155b Abs. 2 S. 1 FamFG hat das Gericht über diese Beschleunigungsrüge spätestens (!) **innerhalb eines Monats** nach Eingang durch Beschluss zu entscheiden, der zu begründen ist (§ 38 Abs. 3 S. 1 FamFG). Hält es die Beschleunigungsrüge für begründet, hat es unverzüglich geeignete Maßnahmen zur vorrangigen und beschleunigten Durchführung des Verfahrens zu ergreifen; insbesondere ist der Erlass einer einstweiligen Anordnung zu prüfen (§ 155b Abs. 2 S. 2 FamFG). Beschleunigende Maßnahmen können auch die Anberaumung eines zeitnahen Termins – auch zur Anhörung der Beteiligten –, weitere Ermittlungen zu entscheidungserheblichen Tatsachen – auch in Form eines Beweisbeschlusses – oder bei Entscheidungsreife die Entschei-

---

241 Weber NZFam 2015, 337.
242 *Fischer*, FamRB 2015, 210; wieder anders *Steinbeiß-Winkelmann*, NJW 2015, 1437: „Anreicherung von § 155 FamFG".
243 BVerwG NJW 2014, 96; dazu eingehend *Schenke*, NJW 2015, 433.
244 KG NJW Spezial 2015, 602.
245 Abrufbar z.B. unter http://www.bdr-online.de/bdr/images/stories/recht2015/Anlage_Diskussionsentwurf.pdf; siehe dazu u.a. die Stellungnahme der Kinderrechtekommission des Deutschen Familiengerichtstags e.V. in FamRZ 2016, 432.
246 Siehe dazu den Bericht des Rechtsausschusses BT-Drucks. 18/9092 und das Plenarprot. 18/183, S. 18130 der Sitzung des Deutschen Bundestages vom 7.7.2016; siehe auch BT-Drucks 18/6985 (Gesetzentwurf der Bundesregierung); abrufbar ferner https://www.bmjv.de/SharedDocs/Gesetzgebungsverfahren/Dokumente/Formulierungshilfe_Aenderung_Sachverstaendigenrecht.pdf?__blob=publicationFile&v=1 (Formulierungshilfe der Bundesregierung für einen Änderungsantrag der Fraktionen CDU, CSU und SPD).
247 BT-Drucks 18/9092, S. 17.
248 BT-Drucks 18/9092, S. 17.

dung in der Sache selbst sein.[249] Die Beschleunigungsrüge gilt zugleich als Verzögerungsrüge im Sinne des § 198 Abs. 3 S. 1 GVG (§ 155b Abs. 3 FamFG); dies ebnet mit einer einzigen Verfahrenshandlung den Weg, nachträglich eine Entschädigung einzuklagen.[250] Wird die Beschleunigungsrüge rechtsmissbräuchlich eingelegt, so kann das Gericht im Rahmen seiner Endentscheidung die Anwendung von § 81 Abs. 2 Nr. 2 FamFG in Erwägung ziehen (siehe dazu § 10 Rdn 11).[251]

Nach § 155c Abs. 1 FamFG kann der Beschluss nach § 155b Abs. 2 S. 1 FamFG kann von dem Beteiligten innerhalb einer Notfrist von **zwei Wochen** mit der **Beschleunigungsbeschwerde** angefochten werden, welche wegen der Verweisung auf § 64 Abs. 1 FamFG beim Ausgangsgericht einzulegen ist. Zur Form und zur Frage des Anwaltszwang gilt das zur Beschleunigungsrüge Gesagte. Das Ausgangsgericht ist zur Abhilfe nicht befugt; es hat die Akten vielmehr unverzüglich dem in § 155c Abs. 2 FamFG genannten Beschwerdegericht vorzulegen. Nach letzterem Absatz entscheidet über die Beschleunigungsbeschwerde das Oberlandesgericht, wenn das Amtsgericht den Beschluss nach § 155b Abs. 2 S. 1 FamFG gefasst hat. Hat das Oberlandesgericht oder der Bundesgerichtshof den Beschluss erlassen, so entscheidet ein anderer Spruchkörper desselben Gerichts. Wegen § 155c Abs. 3 FamFG entscheidet das Beschleunigungsbeschwerdegericht unverzüglich nach Aktenlage, also ohne Termin und ohne Anhörung der Beteiligten; freilich bleibt es dem Beschwerdegericht unbenommen, den anderen Beteiligten – dann aber mit knapper Frist! – rechtliches Gehör zu gewähren.[252] Seine **Entscheidung** soll spätestens **innerhalb eines Monats** ergehen. Ist die Beschwerde unzulässig, so ist sie zu verwerfen (§ 155c Abs. 3 S. 2 i.V.m. § 68 Abs. 2 FamFG). Dies erfasst auch den Fall der rechtsmissbräuchlichen Beschleunigungsbeschwerde, weil es dieser bereits an einem Rechtsschutzbedürfnis fehlt.[253] Mangels Verweisung auf die Vorschriften über die sofortige Beschwerde[254] entscheidet das Beschwerdegericht in voller Senatsbesetzung. Gemäß § 155c Abs. 3 S. 3 FamFG hat das Beschwerdegericht festzustellen, ob die bisherige Dauer des Verfahrens dem Vorrang- und Beschleunigungsgebot des § 155 Abs. 1 FamFG entspricht. Hinsichtlich der diesbezüglichen Maßstäbe kann auf die Ausführungen zur Entschädigungsklage (siehe Rdn 80) verwiesen werden. Stellt es fest, dass dies nicht der Fall ist, hat das Gericht, dessen Beschluss angefochten worden ist, das Verfahren **unter Beachtung der rechtlichen Beurteilung des Beschwerdegerichts** unverzüglich vorrangig und beschleunigt durchzuführen (§ 155c Abs. 3 S. 4 FamFG).

In dem Fall, dass das Ausgangsgericht innerhalb der Monatsfrist des § 155b Abs. 2 S. 1 FamFG **keine Entscheidung** über die Beschleunigungsrüge getroffen hat, kann der Beteiligte innerhalb einer Frist von zwei Monaten bei dem Beschwerdegericht die Beschleunigungsbeschwerde einlegen. Die Frist beginnt mit Eingang der Beschleunigungsrüge bei dem Gericht; sodann gilt § 155c Abs. 2 und 3 FamFG entsprechend (§ 155c Abs. 4 FamFG).

Schließlich bleibt – bei im Lichte des Vorrang- und Beschleunigungsgebots (§ 155 FamFG) objektiv nicht mehr nachvollziehbaren Verfahrensverzögerungen – die **Befangenheitsablehnung** als weitere taktische Möglichkeit bestehen.[255]

---

249 BT-Drucks 18/9092, S. 17.
250 BT-Drucks 18/9092, S. 18.
251 BT-Drucks 18/9092, S. 17.
252 BT-Drucks 18/9092, S. 19.
253 BT-Drucks 18/9092, S. 19.
254 So inzident auch BT-Drucks 18/9092, S. 17: „in Ausnahme zu § 58 Abs. 1 S. 1 FamFG anfechtbar".
255 Vgl. OLG Dresden FamRZ 2014, 957; KG FamRZ 2007, 1993; OLG Bamberg FamRZ 2001, 552; *Heilmann*, NJW 2012, 887, 888; *Vogel*, FF 2014, 434, 437.

F. Anwaltszwang

85 Der Anwaltszwang[256] vor den erst- und zweitinstanzlichen Gerichten für Familiensachen im Sinn des § 111 FamFG ist in § 114 Abs. 1 FamFG abschließend geregelt. Demnach besteht in Kindschaftssachen, die als **Scheidungsfolgesachen** geführt werden, durchgängig Anwaltszwang. Dies gilt nach zutreffender Auffassung auch für den Fall, dass erstinstanzlich ein Scheidungsverbundbeschluss ergeht und nur die kindschaftsrechtliche **Folgesache** durch Beschwerde **isoliert angefochten** wird; denn die Sache verliert dadurch ihren Charakter als Folgesache nicht.[257] Der BGH ist zum alten Recht – dessen Grundsätze das FamFG insoweit nicht verändert hat – davon ausgegangen, dass sogar nach § 628 ZPO a.F. abgetrennte Folgesachen weiterhin dem Anwaltszwang unterlagen, weil sie Folgesachen blieben.[258] A fortiori muss dies dann aber gelten, wenn nicht einmal eine Abtrennung erfolgt ist. Denn hier ist zusätzlich die in § 145 FamFG vorgesehene Möglichkeit der erweiterten Anfechtung in den Blick zu nehmen; der Schutzzweck des Anwaltszwangs streitet dafür, den Beteiligten vor einer unbedachten Anfechtung der Folgesache zu schützen. § 145 FamFG wurde durch das demnächst in Kraft tretende Gesetz zur Änderung des Sachverständigenrechts und zur weiteren Änderung des Gesetzes über das Verfahren in Familiensachen und in den Angelegenheiten der freiwilligen Gerichtsbarkeit[259] um einen neuen Absatz 3 ergänzt. Diesem zufolge kann der Scheidungsausspruch durch die Anschließung an die Beschwerde eines Versorgungsträgers nicht angefochten werden. Ziel war die Vermeidung falscher Rechtskraftzeugnisse und u.U. dadurch verursachter Doppelehen.[260]

86 Dem Anwaltszwang unterliegen auch – im hier interessierenden Zusammenhang – die sonstigen Familiensachen, die durch die §§ 112 Nr. 3, 266 Abs. 1 FamFG erfasst werden. Hierunter fallen z.B. Ansprüche, die

- aus dem Eltern-Kind-Verhältnis, wie etwa der Vermögensverwaltung, herrühren oder
- die aus dem Umgangsrecht folgen, wie etwa Schadensersatzansprüche bei Nichteinhaltung von Umgangsregelungen.

87 In **isoliert geführten Kindschaftssachen** im Sinne des § 151 FamFG besteht hingegen weder erst- noch zweitinstanzlich ein Anwaltszwang.[261] Dies gilt auch, wenn eine kindschaftsrechtliche Folgesache nach § 140 FamFG vom Scheidungsverbund **abgetrennt** wird, da sie dann als selbstständige Familiensache der freiwilligen Gerichtsbarkeit fortgeführt wird (§ 137 Abs. 3, Abs. 5 S. 2 FamFG,) und § 114 Abs. 1 nur selbstständige Familienstreitsachen erfasst.

88 Ausdrücklich ausgeschlossen ist der Anwaltszwang zudem

- in **einstweiligen Anordnungsverfahren** (§ 114 Abs. 4 Nr. 1 FamFG),
- für den Beteiligten, der durch das **Jugendamt als Beistand** vertreten wird, und zwar auch im Beschwerdeverfahren (§ 114 Abs. 4 Nr. 2 FamFG),
- im Scheidungsverfahren für den Antrag auf **Abtrennung** einer Folgesache (§ 114 Abs. 4 Nr. 4 FamFG),
- in Verfahren über die **Verfahrenskostenhilfe** (§ 114 Abs. 4 Nr. 5 FamFG)
- in den Fällen des § 78 Abs. 3 ZPO, also für das Verfahren vor dem beauftragten oder ersuchten Richter sowie für Verfahrenshandlungen, die vor dem **Urkundsbeamten der Geschäftsstelle** vorgenommen werden können (§ 114 Abs. 4 Nr. 6).

---

256 Vgl. die zusammenfassende Übersicht bei *Götsche*, FamRB 2009, 162.
257 OLG Saarbrücken NZFam 2014, 710; OLG Köln FamRZ 2013, 1604; OLG Bremen NZFam 2014, 40; OLG Hamm FamFR 2011, 130; a.A. OLG Frankfurt, FamRZ 2014, 681; offen lassend OLG Oldenburg FamRZ 2013, 649.
258 BGH FamRZ 1981, 24.
259 Siehe dazu den Bericht des Rechtsausschusses BT-Drucks 18/9092 und das Plenarprot. 18/183, S. 18130 der Sitzung des Deutschen Bundestages vom 7.7.2016.
260 BT-Drucks 18/6985, S. 16.
261 *Schürmann*, FamRB 2009, 24.

Kindschaftssachen im Sinn des § 151 FamFG werden nicht mehr kraft Gesetzes Bestandteil des **Scheidungsverbundes**, wenn im Zusammenhang mit einem anhängigen Scheidungsverfahren ein Antrag auf Regelung einer Kindschaftssache gestellt wird. Der Verbund wird nur bei ausdrücklicher Antragstellung hergestellt, wobei der Antrag vor Schluss der mündlichen Verhandlung im ersten Rechtszug zu stellen ist. Lediglich soweit das Gericht die Einbeziehung der Kindschaftssache in den Verbund aus Kindeswohlgründen nicht für sachgerecht erachtet (§ 137 Abs. 3 FamFG), ist der Antrag abzulehnen.

89

Ist die Kindschaftssache in den Verbund aufgenommen worden, so kann gemäß § 140 Abs. 2 Nr. 3 FamFG auf **Abtrennung** angetragen werden; dem Antrag kann entsprochen werden, wenn dies entweder aus Kindeswohlgründen sachgerecht ist oder die Kindschaftssache ohnehin bereits ausgesetzt wurde. Nach § 140 Abs. 2 Nr. 5 FamFG ist die Abtrennung auch statthaft, wenn sich der Scheidungsausspruch so außergewöhnlich verzögern würde, dass ein weiterer Aufschub unter Berücksichtigung der Bedeutung der kindschaftsrechtlichen Folgesache eine unzumutbare Härte für einen Elternteil bedeuten würde und dieser Elternteil die Abtrennung beantragt. Für diesen Abtrennungsantrag bedarf es keiner anwaltlichen Vertretung (§ 114 Abs. 4 Nr. 4 bzw. Nr. 5 i.V.m. § 140 Abs. 5 FamFG). Dadurch, dass die Kindschaftssache nach der Abtrennung als selbstständiges Verfahren fortgeführt wird (§ 137 Abs. 5 S. 2 FamFG), entfällt der bisher nach § 114 Abs. 1 bestehende Anwaltszwang. (Zu den Folgen für die Verfahrenskostenhilfe und den Verfahrenswert siehe § 10 Rdn 28.)

90

G. Rechtsmittelkosten

Gemäß § 84 FamFG sind die Kosten eines ohne Erfolg eingelegten Rechtsmittels dem Beteiligten aufzuerlegen, der das Rechtsmittel eingelegt hat. Dies erfasst auch den Fall, dass der Beschwerdeführer sein Rechtsmittel zurücknimmt, das dann im Ergebnis erfolglos bleibt.[262] Andernfalls gelten die §§ 83 und 81 FamFG (zu letzterem siehe im Einzelnen § 10 Rdn 9 ff.). In der Beschwerdeinstanz ist ggf. auch der Rechtsgedanke des **§ 97 Abs. 2 ZPO** besonders zu berücksichtigen. Beruht ein Rechtsmittelerfolg oder -teilerfolg darauf, dass der Beschwerdeführer zweitinstanzlich neue Tatsachen vorgebracht oder erstmals am Verfahren mitgewirkt hat, obwohl er hierzu schon im ersten Rechtszug verpflichtet und imstande gewesen wäre, so wird sich dies in der Kostenentscheidung niederschlagen (zur dann gleichzeitig vorliegenden verfahrenskostenhilferechtlichen **Mutwilligkeit** siehe § 8 Rdn 13).[263]

91

---

262 OLG Saarbrücken, Beschl. v. 19.2.2010 – 6 UF 144/09 m.w.N (n.v).
263 Vgl. OLG Saarbrücken, Beschl. v. 6.3.2012 – 6 WF 18/12 (n.v.) m.w.N.; OLG Karlsruhe FamRZ 1999, 726.

§ 10 Kostenrecht

A. Kostenverteilung

Die Regelungen zu den Gerichtskosten und Verfahrenswerten in Familiensachen und in Sachen der freiwilligen Gerichtsbarkeit sind seit dem 1.9.2009 im FamGKG enthalten.[1] Das FamGKG wurde allerdings durch das zum 1.8.2013 in Kraft getretene 2. KostRMoG modifiziert.[2] 1

Kosten im Sinn des FamFG sind die Gerichtskosten sowie die zur Durchführung des Verfahrens notwendigen Aufwendungen der Beteiligten (§ 80 FamFG). 2

Gerichtskosten sind die Gebühren (Nr. 1310 ff. und Nr. 1410 ff. KV FamGKG) und Auslagen des Gerichts (Nr. 2000 ff. KV FamGKG). **Notwendige Aufwendungen** umfassen etwa die Anwalts- und Reisekosten der Beteiligten und unter Umständen ihre Ausgaben für von ihnen beauftragte Sachverständige. Auch Kosten für die Einschaltung eines **Privatdetektivs** können im Einzelfall darunter fallen.[3] 3

Hinsichtlich der **Kostenfestsetzung** verweist § 85 FamFG auf die §§ 103–107 ZPO. 4

Für die Kostenentscheidung gelten grundsätzlich die §§ 80–85 FamFG, wobei allerdings Ausnahmen u.a. für Ehesachen i.S.d. § 121 FamFG und den Scheidungsverbund i.S.d. § 137 FamFG gelten (siehe §§ 132, 150 FamFG).[4] 5

Soweit **Kindschaftssachen** im Sinne des § 151 FamFG außerhalb des Scheidungsverbundes betroffen sind, richtet sich die Kostenentscheidung nach den §§ 80–85 FamFG, wobei nach § 81 Abs. 1 S. 3 FamFG das Gericht in Familiensachen stets von Amts wegen über die Kosten entscheiden muss. Ergeht eine Endentscheidung, so muss die Kostenentscheidung darin getroffen werden, § 82 FamFG. Unterbleibt dies versehentlich – die Möglichkeit einer stillschweigenden Kostenentscheidung muss also ausgeschlossen sein –, so kommt eine **Ergänzung** nur binnen der Zweiwochenfrist des § 43 Abs. 2 FamFG in Betracht.[5] Die §§ 80–85 FamFG gelten gemäß § 51 Abs. 4 FamFG auch im Verfahren der einstweiligen Anordnung, da dieses ein völlig selbstständiges Verfahren ist (§ 51 Abs. 3 FamFG). Eine auf § 81 FamFG gründende Kostenentscheidung ist im Beschwerdeverfahren nur darauf überprüfbar, ob das erstinstanzliche Gericht von dem ihm eingeräumten Ermessen fehlerfrei Gebrauch gemacht hat. Mit Blick darauf müssen die für die Ermessensausübung maßgeblichen Kriterien dargelegt werden.[6] 6

Wird eine durch gerichtliche Entscheidung angeordnete Kindesherausgabe oder eine Umgangsregelung durch Festsetzung von Ordnungsmitteln vollstreckt, so reduziert sich gleichzeitig das dem Gericht grundsätzlich eingeräumte Ermessen bei der Kostenentscheidung dahin, dass die Kosten zwingend dem Pflichtigen aufzuerlegen sind (§ 92 Abs. 2 FamFG). Ansonsten gelten auch im Vollstreckungsverfahren die allgemeinen Vorschriften (siehe § 87 Abs. 5 FamFG). 7

Hat das Gericht keine ausdrücklich abweichende Kostenentscheidung erlassen, so ist damit zugleich klargestellt, dass keine **Kostenerstattung** stattfindet. Die Gerichtskosten fallen dann 8

---

1 Siehe als Überblick auch *Schneider*, Kosten in Kindschaftssachen nach § 151 Nr. 1–3 FamFG, NZFam 2016, 606; *Finke*, FPR 2010, 331; *Feskom*, FPR 2012, 254 sowie die tabellarische Übersicht zu den Gebühren, Werten und der Kostenentscheidung bei *Keske*, FuR 2010, 502.
2 BGBl 2013 I 2586; dazu *Keske*, Die Änderung der Gerichtskosten durch das 2. KostRMoG, FuR 2013, 546 (Teil 1: FamFG und GKG); *dies.*, Die Änderung der Anwaltsvergütung durch das 2. KostRMoG, FuR 2013, 482.
3 Vgl. BGH FamRZ 2013, 1387; *Enders*, Die wichtigsten Änderungen durch das 2. KostRMoG im Bereich der Anwaltsvergütung, JurBüro 2013, 507; *Meyer*, Die wichtigsten Änderungen durch das 2. KostRMoG im Bereich GKG und FamGKG, JurBüro 2013, 526.
4 Siehe zur Kostenberechnung bei abweichender Kostenentscheidung nach § 150 Abs. 4 FamFG, *Schneider*, FamRB 2015, 439.
5 OLG Köln FGPrax 2013, 234; OLG Frankfurt FamRZ 2016, 1097; OLG Jena FamRZ 2014, 1732.
6 OLG Naumburg, FamRZ 2015, 1225.

dem Verfahrensbeteiligten zur Last, der nach dem FamGKG **Kostenschuldner** ist. Der Verfahrensbeteiligte, der sich anwaltlicher Vertretung bedient hat, behält die hieraus folgenden Verpflichtungen auf sich.[7]

9   Nach § 81 Abs. 1 FamFG kann das Gericht die Kosten vollumfänglich oder quotenmäßig den Verfahrensbeteiligten auferlegen, wobei es hinsichtlich der Gerichtskosten nach § 81 Abs. 1 S. 2 FamFG auch ganz oder teilweise **von** einer **Kostenerhebung absehen** kann, u.a. wenn es nach dem Verfahrensverlauf oder dem Verfahrensausgang unbillig erschiene, die Beteiligten mit den Gerichtskosten zu belasten.[8] In Kindschaftssachen ist hinsichtlich der Auferlegung der Kostenerstattung eine erhöhte Zurückhaltung geboten.[9] Daher sind einem minderjährigen Beschwerdeführer in der Regel nicht die Kosten eines von ihm erfolglos eingelegten Rechtsmittels aufzuerlegen.[10] Pflegeltern sind grundsätzlich nur dann Gerichtskosten aufzuerlegen, wenn sie am Verfahren formell beteiligt und zugleich Regelbeispiele nach § 81 Abs. 2 FamFG verwirklicht sind.[11] Demgegenüber ist es gerechtfertigt, einem Verfahrensbeteiligen die Kosten aufzuerlegen, wenn er schuldhaft seine Mitwirkungspflicht verletzt hat und dadurch das Verfahren erheblich verzögert wird.[12] Gesichtspunkte, die im Einzelfall für eine Kostenbefreiung der beteiligten Eltern sprechen können, sind ein hoher Anteil aus Gründen des Kindesinteresses verursachter Kosten, etwa der Kosten eines Sachverständigengutachtens oder eines Verfahrensbeistandes, oder dass die Einleitung des Verfahrens jedenfalls auch im Interesse des Kindes geboten war.[13] Auch der Anfall von Dolmetscherkosten kann Anlass geben, von der Erhebung von Gerichtskosten abzusehen.[14] Dies kann der Fall sein, wenn der Vater eines im Inland lebenden Kindes die Regelung seines Umgangs mit diesem für die Zeit seines Aufenthalts in einem entfernten Land erstrebt, bevor er dorthin verzieht.[15]

§ 81 FamFG erfasst auch Fälle, in denen die in Rede stehenden Kosten durch eine **unrichtige Sachbehandlung** des Gerichts entstanden sind; denn in diesen Fällen wäre es verfahrensökonomisch nicht sinnvoll, den Kostenschuldner auf eine mögliche Antragstellung im Kostenansatzverfahren (§ 20 FamGKG) zu verweisen.[16] Die Nichterhebung kommt danach etwa in Betracht, wenn aufgrund einer zu langen Verfahrensdauer ein vormals eingeholtes Gutachten in der Endentscheidung nur noch eingeschränkt verwertbar ist.[17]

10 Nach dem Willen des Gesetzgebers soll durch § 81 FamFG dem Gericht die Möglichkeit eingeräumt werden, den Verfahrensausgang auch bei der Verteilung der gerichtlichen Kosten zu berücksichtigen und den Besonderheiten des Einzelfalles gerecht zu werden. Es liegt im pflichtgemäßen Ermessen des Gerichts zu entscheiden, ob und gegebenenfalls in welchem Umfang eine Kostenauferlegung der **Billigkeit** entspricht. Das Gericht kann im besonderen Einzelfall das **Obsiegen und Unterliegen** berücksichtigen, wobei allerdings nicht pauschal darauf abzustellen ist, ob das kindschaftsrechtliche Verfahren als Antrags- oder als Amtsverfahren ausgestaltet ist.[18] Allerdings stellt in kindschaftsrechtlichen Streitigkeiten eine Kostenentscheidung, die zu ei-

---

7 *Zimmermann*, FamRZ 2009, 377.
8 OLG Frankfurt FamRB 2016, 140; BT-Drucks 16/6308, S. 215; zum Ganzen auch *Feskorn*, FPR 2012, 254.
9 OLG Brandenburg, FamRZ 2016, 487.
10 KG Berlin, FamRZ 2016, 81 m.w.N.
11 OLG München, ZKJ 2015, 433.
12 KG Berlin, FamRZ 2016, 485.
13 OLG Frankfurt FamRZ 2012, 1163, NZFam 2015, 517; OLG Saarbrücken, Beschl. v. 19.3.2014 – 6 WF 40/14 (n.v.).
14 BGH FamRZ 2010, 809.
15 OLG Frankfurt FamRZ 2012, 1163.
16 BGH FamRZ 2015, 570; OLG Frankfurt FamRB 2016, 140.
17 OLG Frankfurt FamRB 2016, 140.
18 A.A. OLG Brandenburg FamRZ 2015, 1050 (Antragsverfahren nach §§ 1626a, 1628, 1671, 1696 Abs. 1 S. 2 BGB oder Verfahren, die allein auf Anregung eines Elternteils von Amts wegen begonnen würden, ständen Familienstreitsachen nahe, so dass sich die Kostenverteilung maßgeblich am Verfahrenserfolg des Beteiligten orientieren müsse) mit zu Recht krit. Anm. *Fahl*.

ner Kostenerstattung zwischen den Beteiligten führt, eine **begründungsbedürftige Ausnahme** dar und bedarf mithin besonderer Rechtfertigung im Einzelfall.[19] Denn ansonsten droht dem Streit und ggf. der Entfremdung zwischen den Familienmitgliedern durch anschließende weitere gerichtliche Verfahren anlässlich der Kostenfestsetzung oder gar einer Zwangsvollstreckung aus dem Kostenfestsetzungsbeschluss neue Nahrung geboten zu werden.[20] Deswegen rechtfertigt der Umstand, dass ein Elternteil wirtschaftlich deutlich besser gestellt ist als der andere, für sich genommen es nicht, diesen aus Billigkeitsgründen stärker zu belasten als den anderen.[21] Auch im Verfahren nach § 1632 Abs. 4 BGB werden in der Regel weder Kosten zu erheben noch eine Auslagenerstattung anzuordnen sein.[22] Außergerichtliche Auslagen von Beteiligten können außerdem niemals der Staatskasse auferlegt werden, da diese nicht nach § 7 FamFG verfahrensbeteiligt ist.[23] Richtet ein Jugendamt eine Gefährdungsanzeige an das Familiengericht, so können im Falle der Nichtanordnung von Maßnahmen nach § 1666 BGB dem Jugendamt jedenfalls dann keine Kosten auferlegt werden, wenn die Gefährdungsmitteilung aus damaliger Sicht vertretbar war.[24]

Nach § 81 Abs. 2 FamFG soll das Gericht die Verfahrenskosten einem Beteiligten ganz oder teilweise aufzuerlegen, wenn

11

- **Nr. 1:** er durch **grobes Verschulden** Anlass für das Verfahren gegeben hat, selbst wenn dadurch keine zusätzlichen Kosten verursacht wurden.[25] Ein etwaiges Verschulden seines Vertreters wird dem Beteiligten wie eigenes Verschulden zugerechnet.[26] Nicht erforderlich ist, dass das Verschulden zu zusätzlichen Kosten führt.[27] Ein grobes Verschulden in diesem Sinn fordert Vorsatz oder Außerachtlassung der nach den Umständen erforderlichen Sorgfalt in ungewöhnlich großem Maß unter Nichtbeachtung dessen, was jedem einleuchten muss.[28] Dabei kann das Verschulden nicht lediglich im verfahrensmäßigen Verhalten eines Beteiligten, sondern auch im materiellen Recht begründet sein.[29] So kann etwa in Fällen erheblichen, unberechtigten Umgangsboykotts für den Fall der Anordnung einer Umgangspflegschaft erwogen werden, dem betreuenden Elternteil die durch die Umgangspflegschaft entstandenen und noch entstehenden Kosten aufzuerlegen. Das Verschulden muss nicht auf aktivem Handeln, sondern kann auch auf Unterlassung beruhen.[30] Eine Kostenbelastung des antragstellenden Elternteils kommt allerdings nicht allein deswegen in Betracht, weil dieser vor Einleitung eines Verfahrens auf Abänderung einer Umgangsregelung keinen Kontakt zum betreuenden Elternteil aufgenommen hat, wenn aufgrund der hochkonflikthaften Elternbeziehung eine außergerichtliche Einigung nur wenig Erfolgsaussicht gehabt hätte, zumal wenn der betreuende Elternteil um Zurückweisung des Antrags gebeten hat.[31] Die Antragsrücknahme führt noch nicht zur Annahme groben Verschuldens.[32] Ist die Einholung eines Sachverständigengutach-

---

19 Vgl. OLG Frankfurt FamRZ 2012, 1163; OLG Naumburg FamRZ 2015, 1225; OLG Brandenburg NZFam 2015, 327 und 1165.
20 OLG Nürnberg FamRZ 2010, 998; OLG Saarbrücken, Beschl. v. 17.3.2011 – 6 UF 10/11 (n.v.); vgl. auch KG MDR 2012, 473; OLG Köln MDR 2012, 289.
21 OLG Bremen NJW-RR 2013, 963.
22 OLG Stuttgart FamRZ 2012, 1401; OLG Köln FamRZ 2011, 842; OLG Dresden, Beschl. v. 19.7.2011 – 21 WF 656/11, juris m. Anm. *Hoffmann*, jurisPR-FamR 1/12, Anm. 7 m.z.w.N.
23 OLG Nürnberg MDR 2013, 854.
24 Vgl. OLG Frankfurt FamRZ 2015, 517.
25 BT-Drucks 16/6308, S. 216.
26 *Nickel*, FamFR 2013, 529, 530.
27 *Nickel*, FamFR 2013, 529, 530.
28 OLG Stuttgart BeckRS 2012, 09114; OLG Jena BeckRS 2012, 08402; OLG Naumburg BeckRS 2011, 08487.
29 OLG Saarbrücken FamRZ 2011, 1805.
30 *Nickel*, FamFR 2013, 529, 530.
31 OLG Schleswig, Beschl. v. 5.7.2016 – 10 WF 123/16, juris.
32 OLG Saarbrücken FamRZ 2011, 1805; OLG Brandenburg NZFam 2015, 327; OLG München FF 2015, 79.

tens angeordnet worden, wird das Verschulden – außer bei wahrheitswidrigem Vortrag zu entscheidungserheblichen Tatsachen[33] – regelmäßig widerlegt sein.[34] Allein der Umstand, dass ein Elternteil im Sorgerechtsverfahren Desinteresse an den Belangen des Kindes zeigt, stellt ebenfalls noch kein grobes Verschulden dar.[35] Dies gilt etwa, wenn ein Elternteil vor Antragstellung das grundsätzlich erforderliche Elterngespräch beim Jugendamt verweigert.[36] Anders ist die Lage, wenn der Antrag auf einem rechtswidrigen Verhalten des Antragsgegners beruht.[37] Beteiligte Pflegeeltern haben im Verfahren nach § 1632 Abs. 4 BGB nur dann Gerichtskosten zu tragen, wenn ihnen grobes Verschulden zur Last fällt.[38] Nach dieser Alternative kommt ausnahmsweise auch die Anordnung einer Kostenerstattung durch das Jugendamt in Betracht, wenn dieses am Verfahren formell beteiligt gewesen ist (siehe dazu § 1 Rdn 440). Im Rahmen der Ermessensnorm des § 81 Abs. 1 FamFG kommt eine solche Kostenbelastung des Jugendamts hingegen grundsätzlich nicht in Frage.[39]

- **Nr. 2:** sein **Antrag von vornherein keine Aussicht auf Erfolg** hatte und er das erkennen musste.[40] Aufgrund der gebotenen ex ante-Betrachtung[41] ist dies nur der Fall, wenn die abschlägige gerichtliche Entscheidung sofort und ohne Anhörung eines weiteren Beteiligten möglich ist.[42] Wird daher ein Sachverständigengutachten eingeholt, scheidet eine Kostenbelastung nach dieser Alternative aus.[43] Dies gilt auch für den Fall der Antragsrücknahme.[44] Auch die vorgerichtliche kategorische Ablehnung des Kindes, mit dem antragstellenden Elternteil Umgang zu pflegen, genügt regelmäßig nicht, um diesen allein mit den Kosten zu belasten.[45] Anders, wenn der mir der Mutter nicht verheiratete Vater jahrelang Desinteresse am Kind gezeigt, den Kontakt zu ihm abgebrochen und mit der betreuenden Mutter herabsetzend, herrisch und respektlos kommuniziert hat, sodann Antrag auf Herstellung der gemeinsamen elterlichen Sorge stellt und diesen dann zurücknimmt.[46] Der Verfahrensbeteiligte muss sich das Verhalten seines gesetzlichen Vertreters oder seines Verfahrensbevollmächtigten zurechnen lassen (§ 9 Abs. 4 FamFG bzw. § 11 S. 5 FamFG i.V.m. § 85 Abs. 2 ZPO). Nach dieser Alternative können auch beteiligten Pflegeeltern im Verfahren nach § 1632 Abs. 4 BGB Gerichtskosten auferlegt werden.[47] Dies gilt insbesondere, wenn sie eine Verbleibensanordnung erstreben, obwohl die Eltern eine Wegnahme des in der Pflegefamilie lebenden Kindes gar nicht beabsichtigen.[48] Auch eine rechtsmissbräuchlich erhobene Beschleunigungsrüge (siehe dazu § 9 Rdn 84) kann unter diese Alternative fallen.[49]

---

33 Dazu OLG Hamm BeckRS 2012, 07143.
34 OLG Jena BeckRS 2012, 08402.
35 OLG Zweibrücken FamRZ 2012, 238.
36 OLG Hamm BeckRS 2013, 18095.
37 OLG Saarbrücken, Beschl. v. 6.10.2010 – 9 UF 80/10 (n.v.).
38 OLG Stuttgart FamRZ 2012, 1401; OLG Köln FamRZ 2011, 842; OLG Bremen JAmt 2014, 39; OLG München FamRZ 2015, 1745; DIJuF-Rechtsgutachten JAmt 2013, 201.
39 OLG Celle FamRZ 2012, 321; Anm. *Götsche*, jurisPR-FamR 23/2012, Anm. 4; DIJuF-Rechtsgutachten JAmt 2013, 201.
40 Aber eng auszulegen, OLG Brandenburg, Beschl. v. 17.9.2013 – 3 WF 41/13, juris.
41 Nickel, FamFR 2013, 529, 530.
42 OLG Hamm BeckRS 2013, 18095.
43 OLG Jena BeckRS 2012, 08402.
44 OLG München FF 2015, 79; vgl. auch OLG Brandenburg NZFam 2015, 1165.
45 OLG Naumburg NZFam 2014, 611.
46 OLG Jena FuR 2016, 361.
47 OLG Stuttgart FamRZ 2012, 1401; OLG Bremen JAmt 2014, 39.
48 OLG Hamm FamRZ 2015, 1226.
49 BT-Drucks 18/9092, S. 17.

- **Nr. 3:** er zu wesentlichen Tatsachen **unwahre Angaben** gemacht hat. Diese Alternative ist vor allem dann einschlägig, wenn Falschangaben zu – entscheidungserheblichen – Tatsachen im weiteren Verfahren zur Antragsrücknahme führen.[50]
- **Nr. 4:** er durch **schuldhaftes Verletzen seiner Mitwirkungspflichten** das Verfahren erheblich verzögert hat.[51] In Betracht kommt dies, wenn ein Elternteil die Erstellung des angeordneten Sachverständigengutachtens durch die Verweigerung zeitnaher Explorationstermine wesentlich verzögert hat.[52] Dabei ist die Eilbedürftigkeit des Verfahrens – und insbesondere der Beschleunigungsgrundsatz des § 155 FamFG, der auch in der notwendigen Fristsetzung nach § 163 Abs. 1 FamFG Niederschlag gefunden hat – zu berücksichtigen.[53] Darauf, ob hierdurch zusätzliche Kosten entstanden sind, kommt es dann nicht an.[54] Eine Kostenbelastung nach dieser Alternative kommt aber nicht in Betracht, wenn ein Elternteil unentschuldigt an einem Anhörungstermin nicht teilgenommen hat, aber ohnehin in der Nachfolge die Sachentscheidung nicht ohne ein Sachverständigengutachten getroffen werden konnte.[55]
- **Nr. 5:** er ohne ausreichende Entschuldigung der **richterlich angeordneten Teilnahme** an einer **Beratung** nach § 156 Abs. 1 S. 4 FamFG nicht nachgekommen ist (siehe auch § 150 Abs. 4 S. 2 FamFG in Ehesachen). Mit dieser Vorschrift will der Gesetzgeber allerdings nur zur Sicherung des Kindeswohls beitragen, nicht aber die Missachtung einer gerichtlichen Entscheidung sanktionieren.[56] Nehmen beide Elternteile einen angeordneten Termin nicht wahr, sind ihnen die entstandenen Kosten regelmäßig je zur Hälfte aufzuerlegen.[57]

Zur Anwendung von § 81 FamFG im **Beschwerdeverfahren** und zum dort wichtigen Rechtsgedanken des § 97 Abs. 2 ZPO siehe auch § 9 Rdn 91.

Verfahrensbeteiligte im Sinne des § 81 FamFG sind nur die formell am Verfahren Beteiligten.[58] Der **Verfahrensbeistand** ist nach § 158 Abs. 8 FamFG von der Kostenbelastung ausgenommen. **Minderjährigen Verfahrensbeteiligten** können Kosten, die aus einer ihre Person betreffenden Kindschaftssache (z.B. §§ 1632 Abs. 4, 1666, 1640 Abs. 3 BGB) herrühren, nicht auferlegt werden (§ 81 Abs. 3 FamFG). Diese Norm geht auch der Zuweisung der Rechtsmittelkosten an den erfolglosen Rechtsmittelführer vor.[59] Einem am Verfahren nicht Beteiligten **Dritten** sind nur ausnahmsweise die Kosten aufzuerlegen, wenn die gerichtliche Tätigkeit durch ihn veranlasst wurde und ihn zugleich ein **grobes Verschulden** trifft (§ 81 Abs. 4 FamFG). Denkbar wäre insoweit beispielsweise der Fall einer böswilligen Gefährdungsanzeige wider besseres Wissen durch einen Nachbarn. 12

Zu beachten ist, dass in Verfahren wegen **Pflegschaft für eine Leibesfrucht**, wegen **freiheitsentziehender Unterbringung** eines Minderjährigen[60] und in Verfahren, die Aufgaben nach dem **JGG** betreffen, weder Gebühren noch (Ausnahme: Vergütung des Verfahrensbeistandes,[61] 13

---

50 OLG Hamm BeckRS 2012, 07143.
51 Sich ausdrücklich für eine Beachtung dieser Möglichkeit aussprechend auch Ergebnis II. des Arbeitskreises 19 des 21. Deutschen Familiengerichtstages.
52 OLG Celle NZFam 2014, 916 [erste Terminvereinbarung fünf Monate nach Kenntnis vom Beweisbeschluss, dadurch Gutachtenerstellung erst nach neun Monaten].
53 KG FamRZ 2016, 485 (Voraussetzungen bejaht in einem Umgangsverfahren bei Verzögerung um drei Monate).
54 KG FamRZ 2016, 485.
55 OLG Jena BeckRS 2012, 08402.
56 BR-Drucks 309/07, S. 476 f.
57 *Nickel*, FamFR 2013, 529, 531 m.w.N.
58 *Zimmermann*, FamRZ 2009, 377.
59 KG FamRZ 2016, 81; OLG Brandenburg FamRZ 2014, 1649, jeweils m.w.N. auch zur Gegenmeinung; obiter auch OLG Frankfurt ZKJ 2013, 298.
60 Dazu – Verfahren nach § 1631b BGB – OLG Hamm NJW 2012, 790; Anm. *Heitmann*, jurisPR-FamR 15/2012, Anm. 4, OLG Naumburg FamRZ 2010, 1919; OLG Naumburg, Beschl. v. 13.1.2010 – 3 UF 232/09, juris.
61 Zur Behandlung von Einwänden gegen die Auswahl des bestellten Verfahrensbeistandes im Kostenansatzverfahren siehe OLG Frankfurt FamRZ 2013, 1331.

Nr. 2013 KV-FamGKG) Auslagen erhoben werden (Vorb. 1.3.1 Abs. 1 vor Nr. 1310 KV-FamGKG und Vorb. 2 Abs. 3 vor Nr. 2000 KV-FamGKG).

14 Die in § 81 FamFG statuierten Grundsätze gelten nach § 83 Abs. 2 FamFG auch für die Fälle der **Verfahrenserledigung** in sonstiger Weise oder der **Antragsrücknahme**. Dies gilt auch nach übereinstimmender Beendigungserklärung aufgrund einer außergerichtlichen Einigung.[62] Anders bei der **Rechtsmittelrücknahme**, diese richtet sich, ebenso wie die Kostenentscheidung bei einem erfolglos eingelegten Rechtsmittel, nach § 84 FamFG.[63]

15 Wird das Verfahren durch gerichtlichen **Vergleich** erledigt und haben die Beteiligten keine Bestimmung über die Kosten getroffen, so fallen gemäß § 83 FamFG die Gerichtskosten den Beteiligten zu gleichen Teilen zur Last. Die außergerichtlichen Kosten trägt jeder Beteiligte selbst. Insoweit ist im gerichtlichen Verfahren besondere Vorsicht geboten. Treffen die Beteiligten eine vergleichsweise Regelung und soll das Gericht lediglich zu den Kosten eine Entscheidung treffen, so sollte zur Meidung des Automatismus des § 83 FamFG der Beteiligte, der eine Kostenregelung nach dem voraussichtlichen Obsiegen und Unterliegen erstrebt, klarstellend in den Vergleich aufnehmen lassen, dass das Gericht über die Kosten nicht nach § 83 FamFG, sondern nach § 81 FamFG entscheiden soll.

16 Die Kostenentscheidung ist mit der **Beschwerde** (§§ 58 ff. FamFG) auch **isoliert** binnen Monatsfrist (§ 63 Abs. 1 FamFG) anfechtbar[64] mit der Folge, dass das Familiengericht zu einer Abhilfeprüfung wegen § 68 Abs. 1 S. 2 FamFG nicht befugt ist.[65] Die Beschwerde ist ohne Rücksicht auf den Wert des Beschwerdegegenstandes zulässig.[66]

17 Die Kostenentscheidung in einem **einstweiligen Anordnungsverfahren** ist unanfechtbar,[67] wenn die zugehörige Sachentscheidung nicht anfechtbar wäre; denn der Rechtszug gegen die Kostenentscheidung kann nicht weiter gehen als der gegen die Hauptsacheentscheidung.[68] Auch wenn das Familiengericht im einstweiligen Anordnungsverfahren in den Fällen des § 57 S. 2 Nr. 1 ff. FamFG ohne mündliche Erörterung entschieden hat und anschließend auf entsprechenden Antrag nur über die Kosten mündlich verhandelt wurde, bleibt die Beschwerde gegen die Kostenentscheidung unzulässig.[69] Gleiches gilt, wenn der verfahrenseinleitende Antrag nach mündlicher Erörterung zurückgenommen und nur noch über die Kosten entschieden wird.[70] Ebenso, wenn die Beteiligten im Erörterungstermin einen gerichtlich gebilligten Vergleich schließen und die Kostenregelung dem Gericht überlassen; denn dann fehlt es an einer „Entscheidung" im Sinne von § 57 S. 2 a.E.[71] Aus demselben Grund ist die Lage genauso, wenn die Beteiligten Sor-

---

62 OLG Bremen NJW-RR 2013, 963.
63 OLG Frankfurt FamRZ 2014, 688 m.w.N. auch zur Gegenmeinung, die § 81 FamFG anwenden will; OLG Saarbrücken, Beschl. v. 19.2.2010 – 6 UF 144/09 m.w.N (n.v.).
64 BGH FamRZ 2013, 1876; siehe zum Rechtsmittel gegen die Kostenentscheidung auch *Keske*, FPR 2010, 339.
65 OLG Dresden, Beschl. v. 19.7.2011 – 21 WF 656/11, juris.
66 BGH FamRZ 2013, 1876; OLG Nürnberg FamRZ 2010, 998; OLG Düsseldorf JAmt 2010, 497; a.A. (allesamt vor Erlass der BGH-Entscheidung) KG FamRZ 2011, 990; OLG Koblenz FamRZ 2010, 2013; OLG Oldenburg FamRZ 2010, 1466; OLG Stuttgart FamRZ 2010, 664; OLG Hamburg FamRZ 2010, 665 und MDR 2011, 104; OLG München FamRZ 2010, 1465; OLG Naumburg FamRZ 2011, 577; OLG Schleswig FamRZ 2011, 988; OLG Zweibrücken FamRZ 2012, 238; *Keske*, FPR 2010, 339; dem zuneigend auch OLG Karlsruhe FamRZ 2010, 1695.
67 Siehe zur isolierten Anfechtung von Kostenentscheidungen in einstweiligen Anordnungsverfahren den Überblick von *Schneider*, NZFam 2015, 353.
68 OLG Frankfurt NZFam 2016, 276; OLG Frankfurt FamFR 2013, 563; Brandenburg, Beschl. v. 15.10.2013 – 3 WF 90/13, juris; OLG Celle FamRZ 2012, 1080; OLG Zweibrücken FamRZ 2012, 50; OLG Hamburg MDR 2011, 104; OLG Frankfurt, Beschl. v. 24.1.2012 – 3 UF 495/11, juris; KG FamRZ 2011, 576; OLG Düsseldorf FamRZ 2011, 496.
69 OLG Frankfurt FamRZ 2013, 569; *Schneider*, NZFam 2015, 353.
70 OLG Koblenz FamRZ 2014, 1930; KG FamRZ 2014, 1929; OLG Frankfurt FamRZ 2014, 593m. krit. Anm. *Fischer*, FamFR 2013, 563.
71 So zur vergleichbaren Lage im Gewaltschutzverfahren zutreffend OLG Dresden FamRZ 2016, 318.

gerechtanträge nach deren mündlicher Erörterung für erledigt erklärt haben.[72] Ist die im einstweiligen Anordnungsverfahren ergangene Kostenentscheidung hiernach anfechtbar, ist die **Zweiwochenfrist** des § 63 Abs. 2 Nr. 1 FamFG zu beachten.

Eine Kostenentscheidung kann nach Rechtswegerschöpfung selbstständig mit einer **Verfassungsbeschwerde** angefochten werden.[73] Gegen unanfechtbare Kostenentscheidungen ist außerdem die **Anhörungsrüge** nach § 44 FamFG statthaft.[74] Bei einer **vergessenen Kostenentscheidung** kann binnen der Zweiwochenfrist des § 43 Abs. 2 FamFG die **Ergänzung** beantragt werden. Wird diese Frist versäumt, so bleibt u.U. noch die Rechtsmittelmöglichkeit.[75]

18

Die Kostenentscheidung im Rahmen der **Vollstreckung** einer FG-Familiensache ist isoliert mit der sofortigen Beschwerde nach § 87 Abs. 4 FamFG i.V.m. §§ 567 ff. ZPO binnen zwei Wochen anfechtbar.[76]

19

Eine an § 81 FamFG zu orientierende Kostenentscheidung des Familiengerichts kann vom Beschwerdegericht in der Sache nur **eingeschränkt überprüft** werden.[77] Ist die Bemessung einer Kostenquote in das billige Ermessen des erstinstanzlichen Gerichts gestellt, so beschränkt sich die Überprüfungsmöglichkeit durch das Beschwerdegericht auf die Frage, ob das erstinstanzliche Gericht von dem ihm eingeräumten Ermessen fehlerfrei Gebrauch gemacht hat. Der Sinn des eingeräumten Ermessens würde verfehlt, wäre das Beschwerdegericht berechtigt und verpflichtet, ein vom erstinstanzlichen Gericht fehlerfrei ausgeübtes Ermessen durch eine eigene Ermessensentscheidung zu ersetzen. Stattdessen kann das Beschwerdegericht die Entscheidung nur auf Ermessensfehler in Form des Ermessensfehlgebrauchs oder der Ermessensüberschreitung überprüfen, also darauf, ob das erstinstanzliche Gericht von dem ihm obliegenden Ermessen einen ungesetzlichen Gebrauch gemacht hat. Das kann dann der Fall sein, wenn es für die Ermessensentscheidung maßgebliche Tatsachen verfahrensfehlerhaft nicht ermittelt oder sonst unberücksichtigt gelassen hat.[78] Dies gilt umso mehr, wenn sich weder aus der Entscheidung noch aus dem sonstigen Akteninhalt feststellen lässt, dass das Familiengericht von seinem Ermessen überhaupt Gebrauch gemacht hat; dann hat das Beschwerdegericht das Ermessen an seiner Stelle auszuüben.[79]

20

B. Außergerichtliche Tätigkeit

I. Beratung

Für die **anwaltliche Beratungstätigkeit**[80] sind zum 1.7.2006 die gesetzlichen Gebührenvorschriften entfallen, so dass der Anwalt auf eine Gebührenvereinbarung hinwirken muss. Bei fehlender Vereinbarung gilt nach § 612 BGB die **ortsübliche Vergütung**, wobei die Gebühr für die Beratung eines Verbrauchers oder die **Erstellung eines Rechtsgutachtens** für diesen auf maximal 250 EUR gedeckelt ist, unabhängig vom Gegenstandswert. Handelt es sich lediglich um die **Erstberatung eines Verbrauchers**, so kann maximal ein Betrag von 190 EUR netto berechnet werden.

21

---

72 OLG Nürnberg FF 2016, 42.
73 BVerfG NJW 2010, 1349.
74 Vgl. OLG Frankfurt NJW 2005, 517.
75 Vgl. BGH NJW-RR 2010, 19; OLG Köln FGPrax 2013, 234; OLG Frankfurt FamRZ 2016, 1097; OLG Jena FamRZ 2014, 1732.
76 OLG Zweibrücken, Beschl. v. 3.11.2015 – 2 WF 244/15, juris; OLG Hamm FamRZ 2010, 1838.
77 OLG Celle JAmt 2012, 40; OLG Saarbrücken, Beschl. v. 4.6.2013 – 6 WF 76/13 (n.v.); OLG Brandenburg NZFam 2015, 327.
78 Vgl. OLG Celle FamRZ 2012, 1746; OLG Naumburg FamRZ 2015, 1225; OLG Saarbrücken FamRZ 2012, 472, zu § 243 FamFG, jeweils unter Verweis auf BGH FamRZ 2007, 893.
79 OLG Celle FamRZ 2012, 1324.
80 Zu den Anwaltsgebühren nach der FGG-Reform siehe *Müller-Rabe*, NJW 2010, 2009; zur „außergerichtlichen Terminsgebühr" in Familiensachen siehe *Schneider*, NZFam 2016, 495.

II. Nach außen gerichtete Tätigkeit

22 Für die nach außen gerichtete anwaltliche Tätigkeit gilt die **Geschäftsgebühr**, wobei das RVG in VV RVG Nr. 2300 einen Rahmen von 0,5 bis 2,5 vorsieht. Eine Gebühr von mehr als 1,3 kann nur gefordert werden, wenn die Tätigkeit umfangreich oder schwierig ist. Im Übrigen gelten für die Bestimmung des **Gebührenrahmens** die Kriterien des § 14 RVG, d.h. maßgeblich sind dabei

- Umfang der Tätigkeit,
- Bedeutung der Angelegenheit für den Mandanten,
- Schwierigkeit der Angelegenheit,
- Einkommen und Vermögenswerte des Auftraggebers,
- Besonderes Haftungsrisiko des Anwalts.

23 Die Geschäftsgebühr fällt für das Betreiben des Geschäfts, einschließlich der Information sowie der **Mitwirkung bei einer Vertragsgestaltung** an. Auch wenn der Anwalt bei der Übersendung der Kostennote die Gründe für die Höhe des Gebührenansatzes nicht mitteilen muss, so hat er doch im Streitfall die **Darlegungs- und Beweislast** für das Vorliegen der Voraussetzungen zur Überschreitung der Kappungsgrenze. Der Rechtsanwalt sollte daher während der Mandatsführung nach Möglichkeit den besonderen Umfang der Tätigkeit dokumentieren. Er sollte etwa die Häufigkeit und Dauer der seitens des Mandanten initiierten Telefonate notieren. Außerdem sollte er bei der Erstellung der Kostennote in einem Begleitschreiben an den Mandanten mit einigen erläuternden Sätzen näher darlegen, aufgrund welcher Erwägungen er einen bestimmten Kostenrahmen zugrunde gelegt hat. Auch wenn nach wie vor eine gewisse Hemmschwelle besteht, anlässlich des ersten Besprechungstermins mit einem Mandanten sofort die Kosten anzusprechen, muss eine solche Vorgehensweise dringend empfohlen werden.

24 Die frühere Rechtsprechung des BGH zur **Anrechnung der Geschäftsgebühr** auf die nachfolgende gerichtliche Verfahrensgebühr[81] wurde durch die Neufassung der §§ 15a, 55 Abs. 5 RVG weitgehend obsolet.[82] Nach § 15a Abs. 1 RVG kann der Anwalt, wenn das Gesetz die Anrechnung einer Gebühr auf eine andere Gebühr vorsieht, beide Gebühren fordern, jedoch nicht mehr als den um den Anrechnungsbetrag verminderten Gesamtbetrag der beiden Gebühren. Die Geschäftsgebühr wird dabei auch auf die in zweiter Instanz entstanden Verfahrensgebühr angerechnet, sofern sie nicht bereits auf die erstinstanzliche Verfahrensgebühr Anrechnung gefunden hat.[83] Für die Anrechnung ist nicht entscheidend, ob Geschäfts- und Verfahrensgebühr dieselbe Angelegenheit oder unterschiedliche kostenrechtliche Angelegenheiten betreffen. Maßgeblich ist allein, dass bereits eine Geschäftsgebühr wegen desselben Gegenstands entstanden ist. Hierbei wird keine formale sondern eine wertende Betrachtungsweise herangezogen und auf die wirtschaftliche Identität abgestellt.[84] Liegt allerdings zwischen der vorgerichtlichen und der prozessualen Tätigkeit ein Zeitabstand von mehr als zwei Kalenderjahren, so erfolgt keine Anrechnung.[85]

---

81 BGH NJW 2007, 2049.
82 Vgl. hierzu mit Berechnungsbeispielen *Hansens*, AnwBl 2009, 535.
83 BGH FamRZ 2012, 366.
84 BGH NJW 2012, 781.
85 OLG Düsseldorf NJW Spezial 2009, 220.

C. Gerichtliche Tätigkeit

I. Verbundverfahren

1. Verfahrenswert

Wird über die elterliche Sorge, das Umgangsrecht oder die Herausgabe eines Kindes im Verbund entschieden, so beurteilen sich die Verfahrenswerte nach dem FamGKG.[86] Gemäß § 44 Abs. 1 FamGKG gelten Scheidungs- und Folgeverfahren als ein Verfahren, so dass die Werte der einzelnen Gegenstände zu addieren sind (§ 33 Abs. 1 FamGKG). Die Verfahrenswerte sind selbst dann zu addieren, wenn die Verfahren unter gesonderten Aktenzeichen geführt werden.[87] Scheidungsfolgesachen sind nur solche Angelegenheiten, über die „für den Fall der Scheidung" zu befinden ist (§ 137 Abs. 2 S. 1 FamFG). Aus dem verfahrensrechtlichen Verbund folgt – vorbehaltlich einer Abtrennung – gleichzeitig ein Kostenverbund.[88]

25

Die für die Ehescheidung selbst maßgeblichen Kriterien zur Ermittlung der Verfahrenswerte, wie sie früher in § 48 Abs. 2 und Abs. 3 GKG dargestellt waren, sind unverändert in § 43 FamGKG übernommen worden. Seit dem Inkrafttreten des 2. KostRMoG zum 1.8.2013[89] gilt aber nun ein Mindestwert von 3.000 EUR[90] und ein maximaler Verfahrenswert von 1.000.000 EUR.

26

Wird eine Kindschaftssache im Sinn des § 151 FamFG als Folgesache anhängig gemacht, z.B. die elterliche Sorge oder das Umgangsrecht, so erhöht sich gemäß § 44 Abs. 2 FamGKG der Wert der Ehesache für jede Kindschaftssache um 20 Prozent, maximal um jeweils 3.000 EUR. Eine Kindschaftssache wird auch dann als ein Gegenstand bewertet, wenn sie mehrere Kinder betrifft. Dies gilt wegen des eindeutigen Wortlauts von § 40 Abs. 1 und Abs. 2 FamGKG auch im Beschwerdeverfahren bei isolierter Anfechtung nur der kindschaftsrechtlichen Folgesache;[91] aber freilich nicht, wenn diese bereits erstinstanzlich vom Verbund abgetrennt worden war.[92] Wird im Rahmen einer Scheidungsfolgenvereinbarung auch eine Kindschaftssache geregelt, die nicht als Folgesache anhängig war, so ist der Vergleichsmehrwert nach § 45 Abs. 1 FamGKG und nicht nach § 44 Abs. 2 FamGKG festzusetzen.[93]

27

Das Gericht hat jedoch gemäß § 44 Abs. 3 FamGKG die Möglichkeit, einen höheren oder niedrigeren Betrag anzusetzen, wenn der sich nach § 44 Abs. 2 FamGKG ergebende Betrag nach den besonderen Einzelfallumständen unbillig ist, etwa bei besonderem Umfang und Schwierigkeit des Verfahrens.[94] Hierbei ist zu berücksichtigen, dass nach früherem Recht ein Mindestwert von 900 EUR für ein solches Verbundverfahren galt. Durch die gesetzliche Neufassung und die prozentuale Anpassung, wird erst ab einem Verfahrenswert des Scheidungsverfahrens von 4.500 EUR der bisherige Mindestwert von 900 EUR für das Verbundverfahren erreicht. In allen anderen Scheidungsverfahren, die mit einem Verfahrenswert unter 4.500 EUR abschließen, führt die nunmehrige gesetzliche Regelung zu einer deutlichen Verminderung der Anwaltsgebühren, so dass hierdurch nicht zwingend ein Anreiz geschaffen wurde, Kindschaftssachen im Verbund zu regeln.[95]

---

86 Siehe auch *Vogel*, Verfahrenswert in Kindschafts- und Abstammungssachen, FPR 2010, 313; zum Bewertungszeitpunkt für den Verfahrenswert siehe *Schneider*, NZFam 2015, 955.
87 OLG Koblenz FamRZ 2003, 467.
88 *Thomas/Putzo*, § 138 FamFG Rn 26.
89 BGBl 2013 I 2586.
90 Siehe zur Festsetzung zu niedriger Verfahrenswerte ohne Einzelfallbegründung BVerfG FamRZ 2010, 25 m.w.N.
91 OLG Frankfurt FamRZ 2015, 953 m.w.N. – auch zur Gegenansicht – nach der Rechtslage vor Geltung des FamGKG.
92 *Schneider*, NZFam 2015, 325.
93 Zutreffend OLG Karlsruhe NZFam 2015, 1021 m. zust. Anm. *Schneider*; *Schneider*, NZFam 2015, 252; Zur Beiordnung für einen Mehrwertvergleich siehe *Schneider*, NZFam 2015, 1052 und OLG Hamm NZFam 2015, 1019.
94 OLG Karlsruhe FamRZ 2007, 848; KG FamRZ 2006, 438; OLG Köln FamRZ 2004, 285.
95 Vgl. hierzu umfassend mit Berechnungsbeispielen *Schneider*, NZFam 2014, 984.

28 Gemäß § 137 Abs. 5 FamFG werden abgetrennte Folgesachen im Sinn von Abs. 3 dieser Norm – also die darin genannten Kindschaftssachen – nach der Abtrennung als selbstständige Verfahren fortgeführt.[96] Sie sind dann mit dem Wert in Ansatz zu bringen, der anzusetzen gewesen wäre, wenn die betreffende Kindschaftssache von Anfang an isoliert verfolgt worden wäre. Es gilt dann ein Verfahrenswert von 3.000 EUR, wie er in § 45 FamGKG vorgesehen ist, wobei auch hier gemäß § 45 Abs. 3 FamGKG eine Billigkeitsanpassung vorgenommen werden kann (dazu mit Einzelfallkriterien vgl. Rdn 44). Durch die Abtrennung wird auch der Kostenverbund aufgelöst (§ 6 Abs. 2 FamGKG). Es bedarf – neben einer doppelten Festsetzung des Verfahrenswerts für die Zeit vor bzw. nach Abtrennung – auch eines erneuten Verfahrenskostenhilfeantrags des unbemittelten Beteiligten.[97] Der Rechtsanwalt muss sich aber wegen §§ 15 Abs. 2, 21 Abs. 3 RVG die bereits im Verbund aus der Kindschaftssache verdienten und abgerechneten Gebühren anrechnen lassen.[98]

29 Auch in der Rechtsmittelinstanz gilt grundsätzlich der Verfahrens- und Kostenverbund, wobei sich der Verbund wegen der Beschränkung auf die angegriffenen Verfahrensgegenstände nur an den angegriffenen Folgesachen fortsetzt (§ 40 FamGKG).

2. Gerichtskosten

30 Die Gebühren in Hauptsacheverfahren in Ehe- und Folgesachen ergeben sich aus dem Kostenverzeichnis zum FamGKG (KV).[99] Es wird eine pauschale Verfahrensgebühr erhoben, deren Höhe vom Verfahrensgegenstand abhängt. Für Ehe- und Folgesachen entsteht erstinstanzlich eine 2,0 Verfahrensgebühr (3,0 für die Rechtsmittelinstanz) nach Nr. 1110 ff. KV, bei Kindschaftssachen im Sinne des § 151 FamFG lediglich eine solche von 0,5 (1,0 für die Beschwerdeinstanz), Nr. 1310 ff. KV. Im Fall der Verfahrensbeendigung vor einer gerichtlichen Entscheidung zur Hauptsache, etwa durch Erledigung der Hauptsache oder einen gerichtlichen Vergleich, greifen Ermäßigungstatbestände ein, soweit nicht ohnehin – wie etwa in Kindschaftssachen – bereits eine reduzierte Verfahrensgebühr gilt.

31 Aus § 12 FamGKG folgt zudem, dass die Tätigkeit des Familiengerichts nicht in weiterem Umfang als im FamFG vorgesehen von der Sicherstellung oder Zahlung des Kostenvorschusses[100] abhängig gemacht werden darf. Für Scheidungsfolgesachen besteht also keine Vorauszahlungspflicht.[101] Gleiches gilt für die Verfahren, die – wie nach § 1684 Abs. 3 oder § 1696 Abs. 1 BGB – auch von Amts wegen eingeleitet werden können.[102] Anders indes für diejenigen Sorgerechtsverfahren – insbesondere nach § 1671 BGB –, die reine Antragsverfahren sind; hier ist die Vorschussanforderung als Voraussetzung für die Verfahrenseinleitung (§ 14 FamGKG) wegen § 21 Abs. 1 S. 1 FamGKG statthaft.[103]

32 Für die Verfahren der elterlichen Sorge, des Umgangsrechts sowie der Kindesherausgabe gilt der Amtsermittlungsgrundsatz (§ 26 FamFG), weshalb für Zeugen, Dolmetscher und Sachverständige[104] zwar nach § 16 Abs. 3 FamGKG **Auslagenvorschüsse** erhoben werden können. Der Kos-

---

[96] Siehe dazu *Schneider*, Abtrennung einer Kindschaftssache aus dem Verbund und Aufnahme in den Verbund, NZFam 2014, 984; *ders.*, Abtrennungen im Verbundverfahren, NZFam 2015, 1144.
[97] Vgl. BGH FamRZ 2011, 635 und 1219 zum abgetrennten VA; *Schneider*, NZFam 2014, 984.
[98] OLG Zweibrücken FamRZ 2012, 1413 m.w.N.
[99] Eingehend *Keske*, FPR 2012, 241.
[100] Zur Vorschusspflicht im familiengerichtlichen Verfahren siehe eingehend *Volpert*, FPR 2010, 327; *Schneider*, FamRB 2012, 164.
[101] AG Mühlheim FamRZ 2015, 1128; *Volpert*, FuR 2010, 327.
[102] OLG Saarbrücken FamRZ 2012, 319.
[103] KG FamRZ 2012, 239.
[104] AG Aachen FamRZ 2012, 239.

tenschuldner hierfür ist analog § 81 FamFG nach billigem Ermessen zu bestimmen.[105] Anders als nach § 14 FamGKG kann allerdings die Vornahme der Beweiserhebung nicht von der Zahlung des Auslagenvorschusses abhängig gemacht werden; geschieht dies trotzdem, ist hiergegen die Beschwerde nach § 58 FamGKG eröffnet.[106] Freilich müssen die Beteiligten, die am Ende des Verfahrens für die Gerichtskosten haften, diese Auslagen tragen. Zu diesen gehören auch die an den Verfahrensbeistand oder den Umgangspfleger zu zahlenden Beträge (KV 2013, 2014) und weitere im KV erfasste Auslagen, beispielsweise die Dokumentenpauschale (KV 2000), die Aktenversendungspauschale (KV 2003) und die Gebühren für Zustellungen (KV 2002). Die Staatskasse ist nicht verpflichtet, einem von einem Elternteil beauftragten **Privatgutachter** einen Vorschuss auszuzahlen.[107]

Entscheidet das Gericht abschließend über die Kosten des Verfahrens nach § 81 Abs. 1 FamFG, so hat es auch zu prüfen, ob ggf. von der Erhebung von Gerichtskosten abzusehen ist, die durch eine unrichtige Sachbehandlung entstanden sind, etwa aufgrund Verkennung eines Ermessensspielraums.[108]

3. Rechtsanwaltsgebühren

Im gerichtlichen Verfahren[109] kann der Anwalt eine Verfahrensgebühr, eine Terminsgebühr sowie gegebenenfalls eine Einigungsgebühr und eine **Zusatzgebühr** für besonders umfangreiche Beweisaufnahmen geltend machen. In der Beschwerdeinstanz[110] erhöht sich dabei die Verfahrensgebühr auf 1,6; sie ermäßigt sich bei vorzeitiger Erledigung des Auftrags auf 1,1 (VV RVG Nr. 3200 und 3201). Die anwaltlichen Gebühren für die gerichtliche Tätigkeit haben durch das zum 1.8.2013 in Kraft getretene 2. KostRMoG[111] Modifizierungen erfahren, wobei § 60 RVG Übergangsregelungen enthält. Danach beurteilt sich die Vergütung nach bisherigem Recht, wenn der unbedingte Auftrag zur Erledigung derselben Angelegenheit vor dem 1.8.2013 erteilt wurde oder der Anwalt sich vor diesem Datum bestellt hat bzw. beigeordnet wurde.

33

a) Die Verfahrensgebühr

Für das **Betreiben des Geschäfts**, einschließlich der Information kann eine Verfahrensgebühr in Höhe von 1,3 abgerechnet werden (VV RVG Nr. 3100). Diese erhöht sich nach VV RVG Nr. 1008 auf 1,6, wenn der Rechtsanwalt in derselben Angelegenheit mehrere Auftraggeber – etwa beide Elternteile gemeinsam – hat.[112]

34

Endet der Auftrag, bevor ein das Verfahren einleitender Antrag oder ein Schriftsatz mit Sachanträgen bei Gericht eingereicht bzw. ein Termin für einen Beteiligten wahrgenommen wurde, so ermäßigt sich die Verfahrensgebühr auf 0,8 (VV RVG Nr. 3101).

35

b) Die Terminsgebühr

Parallel kann eine Terminsgebühr nach VV RVG 3104 in Höhe von 1,2 anfallen. Sie entsteht

36

- für die Wahrnehmung sämtlicher **gerichtlicher Termine** mit Ausnahme der Verkündungstermine,
- für die Wahrnehmung eines von einem gerichtlich bestellten **Sachverständigen** anberaumten Termins,

---

105 OLG Celle FamRZ 2013, 241.
106 OLG Celle FamRZ 2013, 241.
107 OLG Dresden FuR 2016, 360.
108 BGH FamRZ 2015, 570.
109 Zu den Anwaltsgebühren im Verbundverfahren *von König*, FPR 2012, 267.
110 Siehe zur Anwaltsvergütung in Beschwerdeverfahren allgemein *Schneider*, NZFam 2015, 752.
111 BGBl 2013 I 2586.
112 Siehe dazu *Schneider*, Vertretung beider Elternteile im Sorgerechtsverfahren, NZFam 2016, 225.

- für die Mitwirkung an **außergerichtlichen Besprechungen**, die auf die Vermeidung oder Erledigung des Verfahrens gerichtet sind. Für das Entstehen der Terminsgebühr bedarf es keiner Beteiligung des Gerichts. Die Terminsgebühr entsteht daher selbst dann, wenn das Verfahren noch nicht anhängig ist, aber der volle Verfahrensauftrag bereits erteilt wurde.[113] Es genügt etwa ein außergerichtlich unterbreiteter Vorschlag zur Verfahrensbeendigung, selbst wenn dieser von der Gegenseite nicht aufgegriffen wird.[114] Ebenso wenig ist nach der seit dem 1.8.2013 geltenden Neuregelung von Vorbem. 3 Abs. 3 Nr. 2 VV RVG erforderlich, dass für das zugrunde liegende gerichtliche Verfahren eine mündliche Verhandlung vorgeschrieben ist.[115] Dies erfasst insbesondere auch einstweilige Anordnungsverfahren.

37 Für die Entstehung der Terminsgebühr ist nicht entscheidend, ob im Termin selbst Anträge gestellt werden oder die Sache erörtert wird.[116] Es ist ausreichend, dass der Anwalt den Termin vertretungsbereit wahrnimmt.[117] Durch die nach dem 2. KostRMoG[118] erfolgte Neufassung von Vorbemerkung 3 Abs. 3 VV RVG ist für das gerichtliche Verfahren die Entstehung der Terminsgebühr erweitert worden. Nunmehr werden alle gerichtlichen Termine umfasst, also auch reine Anhörungstermine,[119] bloße Protokollierungstermine oder Termine, in denen lediglich ein Rechtsmittelverzicht erklärt wird. Wird ohne mündliche Erörterung entschieden, so entsteht keine Terminsgebühr, da Nr. 3104 Abs. 1 Nr. 1 VV RVG voraussetzt, dass eine „mündliche Verhandlung" vorgeschrieben ist.[120] In Beschwerdeverfahren fällt keine Terminsgebühr an, wenn das Beschwerdegericht nach § 68 Abs. 3 S. 2 FamFG von einer mündlichen Anhörung absieht.[121]

c) Die Einigungsgebühr

38 Nach Abs. 1 der Anmerkung zu Nr. 1000 VV RVG entsteht eine Einigungsgebühr für die Mitwirkung

- beim Abschluss eines Vertrages,
- durch den der Streit oder die Ungewissheit der Beteiligten
- über ein Rechtsverhältnis
- beseitigt wird, d.h. der Vertrag sich nicht ausschließlich auf ein Anerkenntnis oder einen Verzicht erstreckt.

39 Die Einigungsgebühr entsteht insbesondere für den Abschluss eines Vergleichs, wenn der Rechtsanwalt beim Abschluss im Sinn der Nr. 1000 VV RVG mitgewirkt hat.[122] Wird der Vergleich widerrufen, so fällt die Einigungsgebühr nicht an.

40 Soweit über den Gegenstand des Vergleichs ein gerichtliches Verfahren anhängig ist,[123] entsteht eine Einigungsgebühr von 1,0, wohingegen sich die Einigungsgebühr auf 1,5 erhöht, wenn ledig-

---

113 BGH AnwBl 2007, 381.
114 OLG Koblenz NJW 2005, 2162.
115 BT-Drucks 17/11471 (neu), S. 274 in Einklang mit der bereits bestehenden Rechtsprechung BGH FamRZ 2012, 110.
116 LG Bremen DAR 2013, 58.
117 OLG Hamm FamRZ 2013, 1511; OLG Sachsen-Anhalt NJW-Spezial 2013, 92.
118 BGBl 2013 I, 2586.
119 Die gegenteilige Entscheidung OLG Karlsruhe FamRZ 2014, 1941 betraf noch die vorherige Rechtslage und ist daher überholt.
120 OLG Schleswig NZFam 2014, 470 (zum Verfahren nach § 1666 BGB); ebenso OLG Celle FamRZ 2012, 245; OLG München FamRZ 2012, 1582; OLG Karlsruhe NZFam 2015, 41 (jeweils zum Umgangsverfahren); OLG Hamm NJW-RR 2013, 318 (zu § 1671 BGB); a.A. OLG Stuttgart FamRZ 2011, 591 (zum Sorgerechtsverfahren nach § 1671 BGB); AG Auerbach FamRZ 2013, 729.
121 Vgl. – sogar zu einer Familienstreitsache, in der die mündliche Verhandlung vorgeschrieben ist – KG AGS 2012, 130. Siehe zur Anwaltsvergütung in Beschwerdeverfahren allgemein *Schneider*, NZFam 2015, 752.
122 Siehe zur Abrechnung des Hauptsachevergleichs im einstweiligen Anordnungsverfahren *Schneider*, NZFam 2015, 109.
123 Ein außergerichtlicher Vergleich genügt nur, wenn durch ihn der Streit in einem anhängigen Verfahren bereinigt wird, siehe OLG Koblenz FamRZ 2016, 659.

lich für die Protokollierung eines Vergleichs Verfahrenskostenhilfe beantragt wird oder sich die Beiordnung gemäß § 48 Abs. 3 RVG nur auf den Abschluss eines Vergleichs im Sinn der Nr. 1000 VV RVG erstreckt. Die Einigungsgebühr kann auch für die Mitwirkung an einer Vereinbarung geltend gemacht werden, über deren Gegenstand vertraglich nicht verfügt werden kann (Nr. 1000 Abs. 5, S. 2 VV RVG). Allerdings bedarf es dennoch eines **verbindlichen Vertragsschlusses**. Ein solcher erfordert in Umgangsverfahren wegen § 36 Abs. 1 S. 1 i.V.m. § 156 Abs. 2 S. 1 FamFG den Abschluss eines gerichtlich gebilligten Vergleichs.[124]

Ansonsten kann keine Einigungsgebühr entstehen; dies betrifft insbesondere Verfahren nach § 1666 BGB.[125] Für das Entstehen der Einigungsgebühr kann auch ein nur einseitiges Nachgeben, d.h. die Akzeptanz des Rechtsanliegens der gegnerischen Beteiligten ausreichen, solange noch ein Vertrag abgeschlossen wird, durch den der Streit oder die Ungewissheit der Beteiligten über ein Rechtsverhältnis beseitigt wird und ggf. erst durch diese Einigung die Grundlage für die auf ihr aufbauende Entscheidung des Gerichts geschaffen wird. Dies ist bei einem Umgangsvergleich nach vorangegangener **Mediation** der Fall,[126] nicht aber bei bloß zu Protokoll erklärter Zustimmung der Beteiligten zur Einrichtung einer Umgangspflegschaft, die das Gericht sodann beschließt.[127] Ebenso wenig entsteht eine Einigungsgebühr, wenn ein Elternteil dem Antrag auf Übertragung des Sorgerechts schlicht zustimmt;[128] Dies gilt umso mehr, wenn die Zustimmung bereits vor Anhängigkeit des Verfahrens vereinbart worden war.[129] Gleiches gilt, wenn die Beteiligten das Verfahren übereinstimmend für erledigt erklären;[130] und zwar auch, wenn ein Antrag bereits zuvor teilweise wegen einer Teilbereiche umfassenden Vollmachtserteilung des anderen Elternteils nicht mehr weiterverfolgt worden war.[131] Eine – allerdings konkrete[132] – **Zwischeneinigung** der Beteiligten in einem Sorge- oder Umgangsrechtsverfahren löst eine Einigungsgebühr aus, wenn der Inhalt der Einigung Gegenstand eines selbstständigen Verfahrens sein könnte (etwa durch einen Antrag auf einstweilige Anordnung) und durch die Einigung der damit verbundene Kostenaufwand vermieden wird.[133] Allerdings muss hierfür die Zwischeneinigung in Form eines gerichtlich gebilligten Vergleichs geschlossen worden sein.[134] Verständigen sich Eltern nach Alleinsorgeantrag eines Elternteils auf das Ruhen des Sorgerechts des anderen Elternteils und wird entsprechend entschieden, so entsteht die Einigungsgebühr.[135] Eine Einigung über nicht anhängige Ansprüche, etwa in einem Scheidungsfolgenvergleich, löst – was leicht übersehen wird – eine 0,25 Gebühr nach Nr. 1500 KV-FamGKG aus.[136] Einigen sich die Eltern hingegen anlässlich eines außergerichtlichen Zusammentreffens ohne Anwälte über die Ausgestal-

---

124 OLG Saarbrücken, Beschl. v. 17.7.2015 – 6 WF 98/15 (n.v.).
125 OLG Saarbrücken FamRZ 2015, 436; OLG Koblenz, Beschl. v. 10.10.2014 – 7 WF 859/14, juris; OLG Schleswig FamRZ 2014, 237; OLG Hamm, Beschl. v. 27.2.2015 – 6 WF 10/15, juris; OLG Hamm MDR 2014, 37; OLG Hamm, Beschl. v. 23.8.2010 – 6 WF 164/10, juris; OLG Stuttgart FamRZ 2011, 1814; KG FamRZ 2011, 245; OLG Celle FamRZ 2011, 246; OLG Koblenz FamRZ 2011, 245; OLG Karlsruhe OLGR 2007, 923.
126 OLG Saarbrücken FamFR 2012, 159; zu den Kosten der Mediation *Bischof*, FPR 2012, 258.
127 OLG Saarbrücken RPfl 2012, 470.
128 OLG Hamm FamRZ 2013, 728.
129 OLG Naumburg, Beschl. v. 10.9.2013 – 4 WF 82/13, juris.
130 OLG Hamm MDR 2014, 839, vgl. auch KG FamRZ 2013, 1247; a.A. OLG Oldenburg FamRB 2016, 194.
131 OLG Celle FamRZ 2014, 1938.
132 Zutreffend OLG Karlsruhe FamRZ 2014, 1941.
133 OLG Dresden MDR 2016, 241; OLG Hamm, Beschl. v. 27.2.2015 – 6 WF 10/15, juris; OLG Zweibrücken FamRZ 2014, 1939 m.w.N. zum Meinungsstand; OLG Oldenburg FamRZ 2014, 1939; KG FamRZ 2014, 1940; a.A. wohl OLG Hamm JurBüro 2013, 242; enger auch OLG Celle FamRZ 2016, 255; siehe dazu auch *Schneider*, Die Einigungsgebühr in Kindschaftssachen, NZFam 2015, 825 m.w.N.
134 OLG Dresden MDR 2016, 241.
135 OLG Oldenburg FamRZ 2014, 1938 m. krit. Anm. *Spangenberg*, FamRZ 2015, 435.
136 Dazu *Schneider*, NZFam 2014, 550; zum Gegenstandswert einer Folgenvereinbarung über Kindschaftssachen *Thiel/Schneider*, FamFR 2010, 529.

tung des Umgangsrechts des Vaters, so kann der, diesem beigeordnete Rechtsanwalt keine Einigungsgebühr beanspruchen.[137]

41 Auch in zweiter und dritter Instanz kann eine 1,3 Einigungsgebühr geltend gemacht werden (Nr. 1004 Abs. 2 VV RVG). Hierdurch will der Gesetzgeber die besondere Bedeutung der vergleichsweisen Regelung zum Ausdruck bringen, durch die eine streitige Entscheidung vermieden werden kann.

Ist über den Gegenstand des Vergleiches ein Verfahrenskostenhilfeprüfungsverfahren anhängig, so entsteht lediglich eine Gebühr von 1,0.

42 Durch die seit dem 1.8.2013 durch das 2. KostRMoG[138] eingeführte Vorschrift des Nr. 1010 VV-RVG ist für Angelegenheiten, deren Gebühren sich nach Teil 3 richten, also auch für FG-Familiensachen, eine 0,3 **Zusatzgebühr** geschaffen worden.[139] Auch wenn nur eine Terminsvertretung wahrgenommen wird, kann für den dort tätigen Anwalt die Zusatzgebühr anfallen.[140] Für das Entstehen der Zusatzgebühr müssen allerdings zwei Voraussetzungen kumulativ erfüllt sein[141] und zwar

- muss es sich um eine **besonders umfangreiche Beweisaufnahme** handeln und
- die anwaltliche Vertretung muss **in mindestens drei Terminen** erfolgen, in denen entweder **Sachverständige oder Zeugen** vernommen werden.

Maßgebend für die Zusatzgebühr ist der Gegenstandswert der Beweisaufnahme. Dieser ist nicht immer mit dem Verfahrenswert identisch.

II. Isolierte Verfahren

1. Verfahrenswert

43 Werden die Kindschaftssachen betreffend die elterliche Sorge – darunter fallen freilich auch Verfahren nach § 1628 BGB[142] –, das Umgangsrecht, das Auskunftsrecht[143] oder die Kindesherausgabe nicht im Verbund, sondern isoliert betrieben, so richtet sich der Verfahrenswert nach § 45 FamGKG.[144] Danach ist für jeden dieser drei Verfahrensgegenstände von einem Verfahrenswert von 3.000 EUR auszugehen,[145] der im Normalfall in Ansatz zu bringen ist.[146] Auch bei unterschiedlichen Anträgen der Beteiligten, Hilfs- oder Wideranträgen handelt es sich – solange sie sich allesamt im Rahmen ein- und derselben Kindschaftssache i.S.d. § 45 Abs. 1 FamGKG halten – nur um eine Angelegenheit, da derselbe Verfahrensgegenstand betroffen ist. Es wird daher auch nur ein Verfahrenswert festgesetzt.[147] Werden allerdings in mehreren Verfahren jeweils Teilgegenstände einer Kindschaftssache geltend gemacht, etwa durch mehrere zeitlich nacheinander

---

137 OLG Hamm RVGreport 2014, 464.
138 BGBl 2013 I 2586.
139 Dazu *Enders*, Das 2. KostRMoG – Die neue Zusatzgebühr für besonders umfangreiche Beweisaufnahmen, JürBüro 2013, 449; *Hansens*, Die neue Zusatzgebühr für Beweisaufnahmen, Nr. 1010 VV RVG, RVGreport 2013, 410; *Hansens*, Zusatzgebühr für besonders umfangreiche Beweisaufnahmen nach Nr. 1010 VV-RVG: Wiedereinführung der BRAGO-Beweisgebühr?, JurBüro 2014, 401; *Schneider*, Die Zusatzgebühr für besonders umfangreiche Beweisaufnahmen in Familiensachen, NZFam 2015, 411.
140 *Enders*, JurBüro 2013, 449.
141 *Enders*, JurBüro 2013, 449.
142 OLG Brandenburg FamRZ 2015, 1750.
143 So zu § 1686 BGB OLG Hamm FamRZ 2014, 1806.
144 Siehe auch *Vogel*, FPR 2010, 313; *Enders*, FPR 2012, 273.
145 OLG Zweibrücken FamRZ 2002, 763; OLG Schleswig FamRZ 2002, 41.
146 OLG Frankfurt FamRZ 1995, 375; OLG Nürnberg FamRZ 1990,1130.
147 OLG Schleswig FamRZ 2014, 237 (zu wechselseitigen Anträgen nach § 1666 BGB); OLG Jena AGS 2014, 573; OLG Celle, Beschl. v. 3.5.2012 – 10 WF 103/12, juris; OLG Düsseldorf FamRZ 2002, 762.

folgende Anträge zu einzelnen Teilbereichen der elterlichen Sorge, so sind bis zur Verbindung dieser Anträge auch für jeden Antrag getrennte Verfahrenswerte festzusetzen.[148] Anders ist die Lage, wenn das Gericht versehentlich aufgrund mehrerer Eingaben zwei Verfahren nach § 1666 BGB betreffend dasselbe Kind anlegt und diese nach Entdeckung des Versehens miteinander verbindet.[149] Wird ein Herausgabeantrag in unmittelbarem Zusammenhang mit einem Sorgerechtsantrag und praktisch nur zur Vollziehung der erhofften Sorgerechtsentscheidung gestellt, so ist eine Herabsetzung nach § 45 Abs. 3 FamGKG angezeigt (siehe dazu auch Rdn 44); zuzüglich zum vollen Wert für den Sorgerechtsantrag ist 1/3 des Wertes des Herausgabeantrags anzusetzen.[150] Wird in einer Antragsschrift sowohl ein Sorge- als auch ein Umgangsantrag gestellt, so sind die Verfahrenswerte grundsätzlich wegen § 33 Abs. 1 S. 1 FamGKG zu addieren.[151]

Nach § 45 Abs. 3 FamGKG kann dieser Wert auch höher oder niedriger festgesetzt werden, wenn der grundsätzlich vorgegebene Wert nach den Umständen des Einzelfalles unbillig wäre. Dies gilt auch im Beschwerdeverfahren, und zwar auch dann, wenn erstinstanzlich der Regelwert von 3.000 festgesetzt worden ist. § 40 Abs. 2 FamGK steht dem nicht entgegen, weil die für § 45 Abs. 3 FamGKG maßgebenden Bewertungsfaktoren nur im Beschwerdeverfahren erheblich geworden sind.[152] Bei der Bewertung kommen folgende Kriterien in Betracht,[153] die in eine Gesamtbetrachtung einzustellen sind: **44**

- Umfang und Schwierigkeit des Sachverhaltes,[154]
- Zahl und Dauer der Anhörungstermine,[155]
- Einholung eines Sachverständigengutachtens bzw. eines Zweitgutachtens,[156]
- Anzahl der betroffenen Väter einer Umgangsregelung,[157]
- Dauer des Verfahrens,[158]
- Zahl und Umfang der gewechselten Schriftsätze und Umfang der Akten,[159]
- Bedeutung und Zweck der Sache,[160]
- das Interesse der Beteiligten an einer gerichtlichen Regelung,
- die Einkommens- und Vermögensverhältnisse der Beteiligten.[161]

Auf die Anzahl der betroffenen Kinder kommt es hingegen wegen § 45 Abs. 2 FamGKG nicht an.[162] Auch führt es nicht zu einer Anhebung des Verfahrenswertes, wenn im Verfahren andere,

---

148 OLG Hamm FamRZ 2014, 690; siehe zum Bewertungszeitpunkt für den Verfahrenswert auch *Schneider*, NZFam 2015, 955.
149 OLG Schleswig NZFam 2014, 470.
150 OLG Jena AGS 2014, 573.
151 OLG Saarbrücken, Beschl. v. 28.4.2015 – 9 WF 27/15 (n.v.).
152 OLG Dresden NZFam 2016, 665.
153 Die hiesige Darstellung in Bezug nehmend KG FamRZ 2013, 723.
154 OLG Koblenz FamRZ 2015, 1751; OLG Saarbrücken, Beschl. v. 29.11.2011 – 9 WF 105/11 (n.v.); OLG Düsseldorf FuR 2015, 175; KG FamRZ 2015, 432; 2006, 438; OLG Köln FamRZ 2004, 285.
155 KG FamRZ 2015, 432; OLG Koblenz FamRZ 2015, 1751; OLG Saarbrücken, Beschl. v. 11.9.2013 – 9 WF 65/13 (n.v.); OLG Celle FamRZ 2012, 1747; NdsRpfl 2011, 126; OLG Hamm FuR 2011, 702.
156 KG FamRZ 2015, 432; OLG Koblenz FuR 2015, 739; OLG Celle FamRZ 2012, 1747; NdsRpfl 2011, 126; OLG Hamm FuR 2011, 702; OLG Frankfurt FuR 1999, 437; nicht aber, wenn das Gutachten in einem anderen gebührenauslösenden Verfahren eingeholt worden ist, OLG Saarbrücken FuR 2013, 342; enger OLG Düsseldorf FuR 2015, 175: allein Gutachten und zweiter Anhörungstermin reicht nicht; siehe allgemein zum Einfluss von Gutachten aus den Verfahrenswert in Kindschaftssachen *Schneider*, NZFam 2015, 624 m.w.N.
157 OLG Karlsruhe NJW-RR 2009, 592.
158 OLG Saarbrücken, Beschl. v. 11.9.2013 – 9 WF 65/13 (n.v.).
159 OLG Koblenz FuR 2015, 739; OLG Saarbrücken, Beschl. v. 29.11.2011 – 9 WF 105/11 (n.v.): besonders umfangreiche Akten mit zahlreichen persönlichen Eingaben beider Eltern; OLG Hamm RVG-Report 2012, 313 (Akte eher geringen Umfang).
160 *Van Els*, FF 2001, 86.
161 KG FamRZ 2015, 432; OLG Koblenz, Beschl. v. 21.1.2015 – 7 WF 57/15, juris; OLG Düsseldorf RVG-Report 2011, 347; BT-Drucks 16/6308, S. 306.
162 OLG Saarbrücken, Beschl. v. 11.9.2013 – 9 WF 65/13 (n.v.).

nicht anhängige Verfahrensgegenstände mitvergleichen werden; in einem solchen Fall ist für diese lediglich ein Vergleichsmehrwert festzusetzen.[163] Soweit angenommen wird, bei Streit um zwei Teilbereiche der elterlichen Sorge sei eine Erhöhung geboten,[164] ist dem nicht zuzustimmen; denn wenn sogar ein vollständiger Alleinsorgeantrag regelmäßig mit 3.000 EUR zu bewerten ist, kann nicht für einen dahinter zurückbleibenden Antrag ein höherer Verfahrenswert festgesetzt werden. Dass eine vergleichsweise Erledigung eines einstweiligen Anordnungsverfahrens über die elterliche Sorge ein entsprechendes Hauptsacheverfahren entbehrlich macht, rechtfertigt keine Erhöhung des Verfahrenswerts des ersteren Verfahrens.[165]

In aller Regel wird eine Erhöhung des Verfahrenswertes auf einen Betrag im Bereich von **4.000 bis 5.000 EUR** in Betracht kommen; dies wahrt eine angemessene Relation zum relativen Festwert von 3.000 EUR und berücksichtigt die Absicht des Gesetzgebers, das Wertniveau aus sozialpolitischen Gründen und mit Rücksicht auf das Kindeswohl zu begrenzen.[166]

Für eine Herabsetzung unter den Wert von 3.000 EUR kann gegebenenfalls ein verminderter Prüfungsumfang des Gerichts sprechen, wenn etwa die elterliche Sorge entsprechend dem gleichgerichteten Willen der Beteiligten auf einen Elternteil übertragen wird[167] oder nur ein untergeordneter Aspekt des Umgangsrechts im Streit steht.[168] Ansonsten ist hinsichtlich einer Verminderung des Verfahrenswertes Zurückhaltung geboten.[169] Eine **Beschleunigungsbeschwerde** (siehe dazu § 9 Rdn 84) – hat denselben Wert wie das Verfahren, in dessen Rahmen sie erhoben wird;[170] denn ohne ein Tätigwerden bleibt dem Betroffenen eine Sachentscheidung versperrt, was den Auswirkungen der zu gewärtigenden Hauptsacheentscheidung um nichts nachsteht. (Zum **Vermittlungsverfahren** siehe § 2 Rdn 258 ff.; zum **Vollstreckungsverfahren** siehe § 6 Rdn 66 ff.)

2. Gerichtskosten

45 Die Gebühren des ersten Rechtszuges folgen aus Nr. 1310 bis 1313 KV FamGKG.[171] Außerhalb vormundschaftsgerichtlicher Verfahren oder Pflegschaften entsteht eine 0,5 Verfahrensgebühr, wobei das Gericht den Kostenschuldner nach § 81 FamFG bestimmt. Ergänzend kann hierzu auf die Ausführungen zum Verbundverfahren verwiesen werden (siehe Rdn 25), auch soweit die Gerichtskosten für das Beschwerdeverfahren in Rede stehen, die sich nach Nr. 1314, 1315 KV FamGKG richten. (Zum **Vermittlungsverfahren** siehe § 2 Rdn 257 ff.).

3. Rechtsanwaltsgebühren

46 Hinsichtlich der Rechtsanwaltsgebühren im isolierten Verfahren[172] gelten dieselben Grundsätze wie bei einer Tätigkeit im Scheidungsverbund (siehe Rdn 33).

---

163 OLG Brandenburg NZFam 2015, 374.
164 So OLG Brandenburg NZFam 2015, 327 (Antrag auf Übertragung des Aufenthaltsbestimmungsrechts und des Alleinentscheidungsrechts betreffend die Schulwahl).
165 OLG Brandenburg FamRZ 2015, 1748.
166 So zutreffend KG FamRZ 2015, 432 m.w.N.; zu weitgehend Ergebnis III. des Arbeitskreises 23 des 21. Deutschen Familiengerichtstages (6.000 EUR bei Einholung eines Sachverständigengutachtens und zwei Anhörungsterminen, sogar 9.000 EUR bei Durchführung von mehr als zwei Anhörungsterminen in einem streitigen Verfahren).
167 OLG Schleswig FamRZ 2012, 241 (1.500 EUR bei Einigkeit der Eltern und Entscheidung ohne mündliche Anhörung); *Keske*, § 45 FamGKG Rn 4.
168 KG FamRZ 2011, 825.
169 Dazu auch OLG Celle FuR 2012, 198.
170 Vgl. BGH, Beschl. v. 29.9.2010 – XII ZB 308/10, juris.
171 Eingehend *Keske*, FPR 2012, 241.
172 Dazu *Groß*, FPR 2012, 263.

Allerdings ist ergänzend zu beachten, dass nach Nr. 1000, dort Anm. Abs. 5 S. 2 VV RVG in Kindschaftssachen eine 1,5 Einigungsgebühr in entsprechender Anwendung der Nr. 1000 Anm. Abs. 1 S. 1 VV RVG auch für die Mitwirkung an einer Vereinbarung, über deren Gegenstand vertraglich nicht verfügt werden kann, in Betracht kommt, soweit dadurch eine gerichtliche Entscheidung entbehrlich wird oder die Entscheidung der getroffenen Vereinbarung folgt. Hiermit soll die besondere Bedeutung der streitvermeidenden Einigung in Kindschaftssachen hervorgehoben werden,[173] wobei diese Regelung insbesondere die in § 156 Abs. 2 FamFG vorgesehenen gerichtlich gebilligten Vergleiche in Umgangsrechtsverfahren im Blick hat.[174] Der Verfahrenswert für die Einigungsgebühr in einem umgangsrechtlichen einstweiligen Anordnungsverfahren erhöht sich nicht, wenn sich dieses Eilverfahren allein dadurch erledigt hat, dass im gleichzeitig betriebenen Hauptsacheverfahren eine Einigung erzielt wurde; die Einigungsgebühr errechnet sich dann nur aus dem Wert des Hauptsacheverfahrens.[175] (Zur **Terminsgebühr** siehe Rdn 36; zum **Vermittlungsverfahren** siehe § 2 Rdn 257 ff.)

47

III. Einstweilige Anordnung

1. Verfahrenswerte

Abweichend von der früheren Gesetzeslage, die von einer Akzessorietät des Eilverfahrens zu einem kongruenten Hauptsacheverfahren bzw. dem Eingang eines Gesuchs auf Bewilligung von Prozesskostenhilfe für ein solches Hauptsacheverfahren ausging, sieht das FamFG nun allein noch die Möglichkeit vor, in Familiensachen im Wege der einstweiligen Anordnung eine Entscheidung unabhängig vom Hauptsacheverfahren herbeizuführen (§ 51 Abs. 3 S. 1 FamFG).

48

Den Verfahrenswert der einstweiligen Anordnung regelt § 41 FamGKG, demzufolge mit Blick auf die – gegenüber der Hauptsache – angenommene geringere Bedeutung des Eilverfahrens in der Regel der Wert zu ermäßigen ist. Dabei ist von der Hälfte des für die Hauptsache bestimmten Wertes auszugehen.

49

Durch die Wortwahl „in der Regel" hat der Gesetzgeber gleichwohl zum Ausdruck gebracht, dass durchaus Einzelfallumstände zu einer anderen Bewertung führen können. Zu denken ist etwa an Fälle, in denen das Interesse an der Eilmaßnahme sich in ihrem Wert dem der hypothetisch deckungsgleichen Hauptsache angleichen kann, so dass ein höherer Wert gerechtfertigt ist.[176] Eine niedrigere Wertfestsetzung kommt etwa in Betracht, wenn ohne Anhörung des Gegners und ohne mündliche Erörterung entschieden worden ist.[177]

50

2. Gerichtskosten

Für einstweilige Anordnungen in Kindschaftssachen entsteht gemäß Nr. 1410 KV FamGKG eine 0,3 Verfahrensgebühr, soweit es sich nicht um ein Verfahren der Vormundschaft oder Pflegschaft handelt. Die Verfahrensgebühr in Höhe von 0,5 für das Beschwerdeverfahren folgt aus Nr. 1411, wobei sich diese Gebühr bei Beendigung des gesamten Verfahrens ohne Endentscheidung auf 0,3 reduziert (Nr. 1412 KV FamGKG). Dies bezieht sich auf die Rücknahme der Beschwerde oder deren Erledigung vor einer Beschwerdeentscheidung (Nr. 1424 KV FamGKG).

51

Für das Abänderungsverfahren nach § 54 FamFG entstehen gemäß Vorb. 1.4 KV FamGKG keine gesonderten Gerichtsgebühren.

52

---

173 BT-Drucks 16/6308, S. 341.
174 Zu den dann entstehenden Gebühren auch *Schlünder*, FamRZ 2012, 9, 15 f.
175 OLG Saarbrücken FamRZ 2011, 1973.
176 OLG Bamberg FamRB 2011, 343.
177 OLG Saarbrücken FamRZ 2010, 1936.

3. Rechtsanwaltsgebühren

53 Gemäß § 18 RVG sind einstweilige Anordnungen gebührenrechtlich eigenständige Angelegenheiten. In diesen Verfahren können also alle Gebühren gesondert entstehen, unabhängig davon, ob eine Hauptsache anhängig ist und dort Gebühren entstanden sind. Nach der durch das zum 1.8.2013 in Kraft getretene 2. KostRMoG[178] modifizierten Vorschrift des § 17 Nr. 4 RVG ist auch dann von zwei eigenständigen Angelegenheiten auszugehen, wenn das einstweilige Anordnungsverfahren von Amts wegen eingeleitet wurde, etwa nach den §§ 156 Abs. 3 S. 2, 157 Abs. 3 FamFG. Die Gebühren der einstweiligen Anordnung beurteilen sich nach Teil 3 VV RVG. Auch im einstweiligen Anordnungsverfahren kann mithin neben der 1,3 Verfahrensgebühr (Nr. 3100 VV RVG) eine 1,2 Terminsgebühr (Nr. 3104 VV RVG) sowie eine 1,0 Einigungsgebühr (Nr. 1003 VV RVG) entstehen. Nimmt der Anwalt jedoch in einem von Amts wegen eingeleiteten einstweiligen Anordnungsverfahren lediglich die Eilentscheidung entgegen, ohne weitere Tätigkeiten zu entfalten, so kann sich die Verfahrensgebühr nach Nrn. 3100, 3101 Nr. 1 VV RVG ggf. auf 0,8 reduzieren. Für die **Beschleunigungsrüge** (siehe dazu § 9 Rdn 84) entstehen keine gesonderten Gebühren (§ 19 Abs. 1 S. 2 Nr. 3 RVG n.F.).[179] Die **Beschleunigungsbeschwerde** ist vergütungsrechtlich eine weitere Angelegenheit (§ 17 Nr. 1 RVG).

54 Das **Änderungs- oder Aufhebungsverfahren** ist auch hinsichtlich der Anwaltsgebühren im Verhältnis zum Ausgangsverfahren dieselbe Angelegenheit (§ 16 Nr. 5 RVG). Zutreffender Auffassung zufolge entsteht allerdings analog § 15 Abs. 5 S. 2 RVG die Vergütung erneut, wenn die Abänderung nach § 54 Abs. 1 FamFG erst nach Ablauf von zwei Jahren beantragt wird.[180]

IV. Verfahrenswertbeschwerde

55 Nach § 59 Abs. 1 FamGKG kann der Beschluss des Familiengerichts, durch den der Verfahrenswert eines Verfahrens abschließend festgesetzt wurde, mit der **Verfahrenswertbeschwerde** angegriffen werden.[181] Wurde ein Streitwert nur vorläufig festgesetzt, ist die Verfahrenswertbeschwerde unstatthaft; Einwendungen gegen den vorläufig festgesetzten Wert können nach § 55 Abs. 1 S. 2 FamGKG nur im Verfahren gegen die Anforderung des Vorschusses geltend gemacht werden.[182]

56 Wertfestsetzungen des **Oberlandesgerichts** sind unanfechtbar (§ 59 Abs. 1 S. 5 i.V.m. § 57 Abs. 7 FamGKG).

57 Die Beschwerde ist statthaft, wenn entweder der Wert des Beschwerdegegenstandes **höher als 200 EUR** ist oder die Beschwerde wegen der grundsätzlichen Bedeutung der zur Entscheidung stehenden Frage durch das Ausgangsgericht ausdrücklich **zugelassen** wurde. Über die Zulassung ist im Ausgangsbeschluss zu entscheiden. Enthält dieser keinen ausdrücklichen Ausspruch zur Zulassung, ist das Rechtsmittel nicht zugelassen. Die nachträgliche Zulassung der Rechtsbeschwerde ist grundsätzlich unwirksam, sofern sie nicht im Wege der Berichtigung wirksam nachgeholt wird, wenn das Gericht die Beschwerde im Beschluss zulassen wollte und dies nur versehentlich unterblieben ist.[183]

---

178 BGBl 2013 I, 2586.
179 Siehe dazu den Bericht des Rechtsausschusses BT-Drucks 18/9092 und das Plenarprot. 18/183, S. 18130 der Sitzung des Deutschen Bundestages vom 7.7.2016; siehe auch BT-Drucks 18/6985 (Gesetzentwurf der Bundesregierung); abrufbar ferner https://www.bmjv.de/SharedDocs/Gesetzgebungsverfahren/Dokumente/Formulierungshilfe_Aenderung_Sachverstaendigenrecht.pdf?__blob=publicationFile&v=1 (Formulierungshilfe der Bundesregierung für einen Änderungsantrag der Fraktionen CDU, CSU und SPD).
180 *Schneider*, NZFam 2015, 301 m.w.N.
181 Dazu *Enders*, FPR 2012, 273.
182 OLG Saarbrücken FamRZ 2012, 472.
183 So – mutatis mutandis – BGH FamRZ 2012, 961; OLG München FamRZ 2011, 672.

Die Nichtzulassung ist unanfechtbar (§ 59 Abs. 1 S. 5 i.V.m. § 57 Abs. 3 S. 2 FamGKG).

Hinsichtlich der **Beschwer** kommt es darauf an, ob und in welcher Höhe der Beschwerdeführer – der ein Verfahrensbeteiligter (§ 7 FamFG) sein muss –, dessen Verfahrensbevollmächtigter (§ 10 FamFG) oder die Staatskasse geltend macht, durch die fehlerhafte Wertfestsetzung Nachteile erlitten zu haben. Dabei ist freilich nicht die Differenz zwischen dem festgesetzten zu dem mit der Beschwerde begehrten Verfahrenswert von Belang. Vielmehr ist die Beschwer danach zu bemessen, ob und in welchem Ausmaß sich die erstrebte Änderung des Verfahrenswertes wirtschaftlich auf den Beschwerdeführer auswirkt.[184] Dies bedarf, wenn es um die Anwaltskosten geht, regelmäßig einer **Differenzberechnung** zwischen dem (Brutto-)Gebührenvolumen, das dem Anwalt nach der tatsächlichen und nach der begehrten Festsetzung zusteht. Gerade in Verbundverfahren bedarf es daher häufig einer nicht unerheblichen Erhöhung des Verfahrenswertes einer Verbundsache, um die Erwachsenheitssumme der Beschwerde von 200,01 EUR zu erreichen. 58

Die Beschwerde muss **innerhalb von 6 Monaten** seit rechtskräftiger Beendigung des Verfahrens beim Ausgangsgericht entweder **schriftlich oder zu Protokoll der Geschäftsstelle** eingelegt werden (§ 59 Abs. 1 i.V.m. § 57 Abs. 4 S. 4 FamGKG). Eine Ausnahme gilt nach § 55 Abs. 1 S. 3 Hs. 2 FamGKG nur dann, wenn die Verfahrenswertfestsetzung später als einen Monat vor Fristablauf erfolgt. In diesem Fall ist die Beschwerdeeinlegung noch innerhalb eines Monats nach Erlass des Festsetzungsbeschusses möglich. Die Frist beginnt mit Bekanntgabe des Festsetzungsbeschlusses. 59

Durch das Beschwerdeverfahren, für das **kein Anwaltszwang** gilt,[185] wird nur ein laufendes Kostenfestsetzungsverfahren[186] ausgesetzt. Eine aufschiebende Wirkung besteht im Übrigen nicht. Ebenso wenig gilt das Verbot der reformatio in peius. Dies folgt schon aus § 55 Abs. 3 FamGKG, demzufolge nicht nur das Ausgangsgericht, sondern auch das Beschwerdegericht von Amts wegen eine fehlerhafte erstinstanzliche Verfahrenswertfestsetzung berichtigen kann. 60

Hilft das Ausgangsgericht der Beschwerde nicht oder nur teilweise ab, so ist die Beschwerde dem Beschwerdegericht vorzulegen. Der Beschwerdesenat entscheidet durch den Einzelrichter, der die Sache bei grundsätzlicher Bedeutung dem Senat in voller Besetzung überträgt (§ 59 Abs. 1 S. 5 i.V.m. § 57 Abs. 5, S. 1 FamGKG). Das Beschwerdeverfahren ist gerichtsgebührenfrei; eine Kostenerstattung findet nicht statt (§ 59 Abs. 3 S. 2 FamGKG). 61

---

184 OLG Karlsruhe OLGR 2005,562; zu Berechnungsbeispielen vgl. HK-FamGKG/*Schneider*, § 59 Rn 58 ff.
185 *Schneider/Volpert/Fölsch*, § 59 Rn 37.
186 Zu diesem *Dörndorfer*, FPR 2012, 261.

§ 11 Grenzüberschreitende Sorge-, Umgangs- und Kindesentführungsfälle

A. Einführung, Rechtsquellen, Prüfungsschema, nützliche Internetlinks

Mit der stetigen Zunahme **binationaler** Ehen und Beziehungen ist eine ständig wachsende Zahl grenzüberschreitender familienrechtlicher Fälle verbunden. Dies betrifft auch häufig kindschaftsrechtliche Streitigkeiten.[1] Von der – in Sorge- und Umgangssachen einschlägigen – **Brüssel IIa-Verordnung**[2] sind rund 16 % der Ehepaare in der EU betroffen. Allein in Deutschland leben rund 30.000 binationale Paare in Scheidung, EU-weit sind es jährlich rund 140.000.[3] In der EU werden jedes Jahr rund 1.800 Fälle registriert, in denen ein Elternteil ein gemeinsames Kind entführt.[4] In Deutschland leben zudem mittlerweile mehrere Millionen Kinder, bei denen zumindest ein Elternteil nicht die deutsche Staatsangehörigkeit besitzt. Hinzu kommt eine – uns zahlenmäßig nicht bekannte, aber große – Gruppe von Familien, die einen Migrationshintergrund haben, nachdem alle oder einige Familienangehörige in der zweiten oder dritten Generation eingebürgert wurden.[5] In den anderen EU-Staaten zeichnet sich eine ähnliche Entwicklung ab.[6]

1

Rechtsanwälte betrachten diese Entwicklung mit gemischten Gefühlen. Sie wissen natürlich, dass eine Spezialisierung auf dem Gebiet des Internationalen Familienrechts – oder zumindest der Erwerb vertiefter Kenntnisse – große Marktchancen eröffnet. Dessen unbeschadet birgt indes die Bearbeitung grenzüberschreitender familienrechtlicher Fälle zugleich **hohe Haftungsrisiken**.[7] Die Rechtsquellen sind zahlreich und oft ungewohnt. Die Fälle sind oft sehr eilbedürftig, so dass unter sehr hohem Zeitdruck gearbeitet werden muss. Oft spielen zudem ausländische Rechtsnormen in den Fall mit hinein. Deshalb wäre es wünschenswert, für Fachanwälte für Familienrecht die Möglichkeit einer Zertifizierung als Spezialist für grenzüberschreitende Familienrechtsfälle zu schaffen.[8]

2

In diesem Zusammenhang sind folgende in Deutschland geltende bi- und multilateralen Übereinkünfte, die teilweise miteinander konkurrierende Rechtsvorschriften enthalten,[9] zu berücksichtigen:

3

- die seit dem 1.3.2005 anwendbare Verordnung (EG) Nr. 2201/2003 des Rates über die Zuständigkeit und die Anerkennung und Vollstreckung von Entscheidungen in Ehesachen

---

1 Siehe dazu instruktiv auch *Menne*, Aktuelle Praxisfragen grenzüberschreitender Kindschaftssachen, FamRB 2015, 359 (Grenzüberschreitende Umgangsregelungen).
2 Verordnung (EG) Nr. 2201/2003 des Rates vom 27.11.2003 über die Zuständigkeit und die Anerkennung und Vollstreckung von Entscheidungen in Ehesachen und in Verfahren betreffend die elterliche Verantwortung und zur Aufhebung der Verordnung (EG) Nr. 1347/2000; abgedr. unter § 14 A; (für Deutschland nicht wesentlich) geändert durch die Verordnung (EG) Nr. 2116/2004 vom 2.12.2004.
3 Fact sheet der EU-Kommission vom 30.6.2016.
4 Fact sheet der EU-Kommission vom 30.6.2016.
5 Weitere statistische Hinweise bei *Stösser/Mutschler/Karle*, FPR 2013, 216.
6 Zu binationalen, interethnischen und interreligiösen Ehen in Deutschland siehe etwa *Haug*, FPR 2011, 417; zu Erziehungszielen und -stilen in Migrantenfamilien am Beispiel türkischer Familien siehe z.B. *Uslucan*, FPR 2011, 456; zur erforderlichen Sensibilität im Umgangsfragen bei Familien mit Migrationshistorie siehe *Tuna*, NZFam 2014, 896; zur interkulturellen Kommunikation in familiengerichtlichen Verfahren siehe *Kaminski*, FPR 2013, 492.
7 Hierzu *Völker*, FF 2009, 443.
8 So die Empfehlung 7 des Arbeitskreises 23 des 20. Deutschen Familiengerichtstages.
9 Sämtliche im Folgenden angesprochenen Rechtsquellen sind unter § 14 abgedruckt. Dort ist jeweils in der Fußnote auch ein Link zu der Internetseite angegeben, auf der der jeweilige Stand der Vertragsstaaten nachgesehen werden kann. Da sich dieser stets ändern kann, wird empfohlen, dies in jedem Einzelfall genau zu prüfen!

und in Verfahren betreffend die elterliche Verantwortung und zur Aufhebung der Verordnung (EG) Nr. 1347/2000 (**Brüssel IIa-VO**),[10]
- das Haager Übereinkommen vom 25.10.1980 über die zivilrechtlichen Aspekte internationaler Kindesentführung (**HKÜ**),[11]
- das Luxemburger Europäische Übereinkommen vom 20.5.1980 über die Anerkennung und Vollstreckung von Entscheidungen über das Sorgerecht für Kinder und die Wiederherstellung des Sorgeverhältnisses (**ESÜ**),[12]
- das Haager Übereinkommen vom 5.10.1961 über die Zuständigkeit der Behörden und das anzuwendende Recht auf dem Gebiet des Schutzes von Minderjährigen (**MSA**),[13]
- das Haager Übereinkommen vom 19.10.1996 über die Zuständigkeit, das anzuwendende Recht, die Anerkennung, Vollstreckung und Zusammenarbeit bezüglich der elterlichen Verantwortung und Maßnahmen zum Schutz von Kindern (**KSÜ**).[14] Dieses Übereinkommen ist für Deutschland am 1.1.2011 in Kraft getreten und hat weitgehend das MSA abgelöst, außer im Verhältnis zur Türkei; diese ist Vertragsstaat des MSA, aber nicht des KSÜ. Das KSÜ ersetzt also im Verhältnis seiner Vertragsstaaten zueinander das MSA.
- das **Deutsch-Iranische Niederlassungsabkommen**[15] vom 17.2.1929, das gerne übersehen wird, obwohl es in seinem Art. 8 Abs. 3 die Anwendung des iranischen Heimatrechts anordnet, wenn alle Beteiligten ausschließlich die iranische Staatsangehörigkeit haben.
- Keine Rolle spielt hingegen die Verordnung (EG) Nr. 606/2013 des Europäischen Parlaments und des Rates vom 12.6.2013 über die gegenseitige Anerkennung von Schutzmaßnahmen in Zivilsachen. Denn diese – für Deutschland insbesondere für Maßnahmen nach dem Gewaltschutzgesetz einschlägige Verordnung gilt nach ihrem Art. 2 Abs. 3 nicht für Maßnahmen, die unter die Brüssel IIa-VO fallen.

4 Die Ausführung der Brüssel IIa-VO, des HKÜ, des KSÜ und des ESÜ wird durch das Internationale Familienrechtsverfahrensgesetz vom 26.1.2005 (**IntFamRVG**)[16] geregelt.

5 Hinzuweisen ist auch auf das Europäische Übereinkommen vom 15.5.2003 über den Umgang von und mit Kindern[17] (SEV Nr. 192, Europäisches Umgangsübereinkommen – **EUÜ**), das allerdings noch nicht in Kraft getreten[18] ist. Dieses ist darauf gerichtet, das grundlegende Recht von Eltern und ihren Kindern auf regelmäßigen Kontakt näher auszugestalten und zu stärken.[19] Es enthält allerdings keine unmittelbar anwendbaren Bestimmungen, sondern beschränkt sich darauf, die Vertragsstaaten völkervertragsrechtlich dazu zu verpflichten, ihr innerstaatliches Recht den Anforderungen des EUÜ anzugleichen. Es ist also in der Praxis nie das EUÜ selbst anzuwenden, sondern es sind die deutschen materiellen und Verfahrensvorschriften heranzuziehen.[20] Allerdings ist zu berücksichtigen, dass der deutsche Richter Bestimmungen in – wie hier – wirksamem Völker-

---

10 Text abgedr. unter § 14 A; siehe dazu auch *Niethammer-Jürgens*, FPR 2011, 440; *Vomberg*, FPR 2011, 444.
11 Text abgedr. unter § 14 B; siehe zum HKÜ auch *Völker*, FamRZ 2010, 157; *Finger*, FamFR 2012, 316; *Oelkers/Kraeft*, FuR 2002, 299 u. 355; Eingehend *Pantani*, Die Frage des Kindeswohls im HKÜ-Verfahren, 2012, im Internet frei abrufbar.
12 Text abgedr. unter § 14 E.
13 Text abgedr. unter § 14 D; siehe zum MSA auch *Finger*, FPR 2002, 621; *Oelkers/Kraeft*, FuR 2001, 344.
14 Text abgedr. unter § 14 C. Zum KSÜ siehe ausführlich *Wagner*, ZKJ 2008, 353; *Schulz*, FamRZ 2011, 156; 2006, 1309 und 2003, 1351; *Rauscher*, NJW 2011, 2332; *Coester*, FF 2011, 285; *Finger*, MDR 2011, 1395; *Benicke*, IPRax 2013, 44; aus Sicht der Jugendhilfe *Schwarz*, JAmt 2011, 438.
15 Text abgedr. unter § 14 G; siehe zum Abkommen auch BVerfG FamRZ 2007, 615; BGH FamRZ 2004, 1952; OLG München FamRZ 2010, 1280; AG Hamburg-St. Georg FamRZ 2016, 670.
16 Text abgedr. unter § 14 J; Überblick bei *Schulz*, FamRZ 2011, 1273; *Gruber*, FamRZ 2005, 1603 und *Finger*, ZfJ 2005, 144.
17 Text abgedr. unter § 14 F.
18 Dazu BT-Drucks 17/5315, S. 4.
19 Eingehend zum EUÜ *Schomburg*, KindPrax Spezial 2004, 7.
20 Vgl. *Andrae*, Kapitel 6 Rn 12.

A. Einführung, Rechtsquellen, Prüfungsschema, nützliche Internetlinks § 11

vertragsrecht bei der Auslegung des anderen Bundesrechts zu berücksichtigen hat, so dass das EUÜ Auslegungs- und Argumentationshilfe ist.[21] Das Ministerkommitee des Europarates hat ferner am 11.2.2015 eine Empfehlung über den Wechsel des gewöhnlichen Aufenthalts eines Kindes angenommen.[22] Eine solche Empfehlung hat keine bindende Wirkung, kann aber gemeinsame europäische Standards enthalten.[23]

Die Arbeit an Fällen mit grenzüberschreitenden Bezügen ist nicht nur intellektuell sehr reizvoll, sondern auch weniger schwierig als zuweilen angenommen wird. Nachfolgendes **Prüfungsschema**[24] bietet die Gewähr dafür, nichts zu übersehen. Voraussetzung ist allerdings, keinen Schritt zu überspringen:[25]

- Hat der Sachverhalt einen **grenzüberschreitenden Bezugspunkt**?
- **Internationale Zuständigkeit?** Suchen nach Bestimmungen in folgender – strikt zu beachtender (siehe dazu auch § 97 FamFG[26] und Art. 3 EGBGB) – absteigender Reihenfolge in
  - EG-Verordnungen (Brüssel IIa-Verordnung),
  - Völkerrechtlichen Übereinkünften (insbesondere KSÜ und MSA),
  - unserem nationalen Recht (§§ 98 Abs. 2, 99 FamFG).
- **Sonderproblem**: Litispendenz (gleichzeitige Rechtshängigkeit in einem anderen Staat), siehe dazu Art. 19 Brüssel IIa-VO
- **Anwendbares Recht?** Gibt es kollisionsrechtliche Bestimmungen in
  - EG-Verordnungen (bislang nein),
  - Völkerrechtlichen Übereinkünften (insbesondere KSÜ, MSA und Deutsch-Iranisches Niederlassungsabkommen),
  - unserem nationalen Recht (Art. 21 EGBGB);
- **Achtung:** Rück- oder Weiterverweisung in bzw. auf das deutsche Recht sind nach Art. 4 Abs. 1 EGBGB zu beachten!
- **Anzuerkennende ausländische Entscheidung?** Gibt es eine ausländische Entscheidung, die in Deutschland anerkannt werden muss aufgrund
  - einer EG-Verordnung (Brüssel IIa-Verordnung),
  - Völkerrechtlichen Übereinkünften (KSÜ, MSA, ESÜ),
  - unseres nationalen Rechts (§ 108 ff. FamFG).[27]
- Erst jetzt: Konkrete Anwendung der Vorschriften des einschlägigen Sachrechts!

Die Brüssel IIa-Verordnung regelt die internationale Zuständigkeit (u.a.) in Sachen der **elterlichen Verantwortung**,[28] hat aber die **internationalen Privatrechte** der Mitgliedstaaten nicht vereinheitlicht, so dass diesbezüglich zunächst auf völkerrechtliche Übereinkünfte (in Bezug auf die elterliche Verantwortung vor allem auf das KSÜ, hilfsweise auf das MSA) abzustellen ist, hilfsweise auf das IPR des Gerichtsstaats. Die zum 21.6.2012 in Kraft getretene Verordnung „Rom III"

---

21 Vgl. dazu – zur EMRK – BVerfGE 111, 307, 317 [Görgülü]; zur UNKRK BVerfG, Beschl. v. 5.7.2013 – 2 BvR 708/12, juris; *Völker/Eisenbeis/Düpre*, ZKJ 2007, 5.
22 Empfehlung CM/Rec(2015)4; siehe dazu *Kohler/Pintens*, FamRZ 2015, 1537, 1544.
23 *Kohler/Pintens*, a.a.O.
24 Siehe dazu Prütting/Gehrlein/*Völker*, Art. 1 Brüssel IIa-VO Rn 2 und *Völker*, FF 2009, 443, 445.
25 Das Schema ist nicht nur für Kindschaftssachen, sondern für alle Verfahrensgegenstände mit Auslandsbezug verwenbar, siehe dazu *Völker*, jurisPR-FamR 9/2006, Anm 4. Das es nur sehr begrenzt Verbundzuständigkeiten gibt, muss es für jeden einzelnen Verfahrensgegenstand gesondert durchlaufen werden, worauf dringend zu achten ist, vgl. *Völker*, FF 2009, 443, 445.
26 Zu den Regelungen des FamFG zur internationalen Zuständigkeit und zur Anerkennung und Vollstreckbarerklärung ausländischer Entscheidungen siehe §§ 97–110 FamFG und *Hau*, FamRZ 2009, 821.
27 Dazu eingehend *Hau*, FamRZ 2009, 821.
28 Lesenswert hierzu *Martiny*, Elterliche Verantwortung und Sorgerecht im ausländischen Recht, insbesondere beim Streit um den Kindesaufenthalt, FamRZ 2012, 1765.

(auch Brüssel IIb-Verordnung genannt), mit der einheitliche IPR-Regeln für die Ehescheidung und die Trennung ohne Auflösung des Ehebandes geschaffen wurden,[29] ist für die Verfahren über die elterliche Verantwortung nicht von Interesse, da das auf die Ehescheidung und das auf die elterliche Verantwortung anwendbare Recht – auch bei Anhängigkeit der elterlichen Verantwortung im Verbund – jeweils gesondert anzuknüpfen ist. Allerdings ist nach der Rechtsprechung des EuGH die Unterhaltspflicht eines Elternteils für sein minderjähriges Kind akzessorisch zum Verfahren in Bezug auf die elterliche Verantwortung; daher ist gemäß Art. 3d) der EU-UnterhaltsVO zur Entscheidung einer solchen Unterhaltsstreitigkeit das für die elterliche Verantwortung international zuständige Gericht berufen.[30]

8 Die Prüfung, ob es eine **anzuerkennende Entscheidung** gibt, ist von erheblicher Bedeutung. Wenn dem so ist, so wird sich dies häufig auf den materiellrechtlichen Maßstab auswirken, an dem die zu treffende Entscheidung auszurichten ist. So unterliegt etwa eine zugunsten eines Elternteils ergangene anzuerkennende **ausländische Sorgerechtsentscheidung** dem (Abänderungs-)Maßstab des § 1696 Abs. 1 BGB und nicht dem Maßstab des § 1671 BGB.[31] Denn ist eine ausländische Entscheidung anzuerkennen, so erstrecken sich die Wirkungen, die der Ursprungsstaat ihr beilegt, auf das Inland. Eine Aufwertung der ausländischen Entscheidung zu den Wirkungen einer vergleichbaren inländischen, sofern die ausländische Entscheidung geringere Wirkungen erzeugt, findet hingegen nicht statt; soll dies erfolgen, so bedarf es einer erneuten Sachentscheidung.[32]

9 Bei der Bearbeitung internationaler Familienrechtsfälle können ferner vor allem folgende **Internetseiten** hilfreich sein:[33]

- die Liste aller vom **EuGH** entschiedenen Fälle seit 1953: http://curia.europa.eu/de/content/juris/index.htm
- die Suchmaschine des **EuGHMR** (Hudoc): http://www.echr.coe.int/Pages/home.aspx?p=caselaw&c=#n1459762038488495024125 9_pointer
- die Homepage der **Haager Konferenz** mit allen völkerrechtlichen Übereinkommen samt Zeichnungsstatus: www.hcch.net
- die **INCADAT**-Datenbank zum HKÜ mit Präzedenzfällen: www.incadat.com
- die Internetseite des Vertragsbüros des **Europarates** mit allen Übereinkommen der Vertragsstaaten des Europarates samt Zeichnungsstatus: http://www.coe.int/de/web/conventions/
- die **Zentrale Behörde** in Deutschland – Bundesamt für Justiz (siehe Rubrik „Int. Sorgerecht" mit Normtexten und Antragsmustern): http://www.bundesjustizamt.de
- das **Europäische Justizielle Netz** für Zivil- und Handelssachen (EJN) mit hilfreichen Informationen über die Familienrechte und Familienrechtssysteme der Mitgliedstaaten:[34] http://ec.europa.eu/civiljustice/index_de.htm
- der **Europäische Justizielle Atlas** (ein sehr praktisches europäisches Gerichtsorteverzeichnis): http://ec.europa.eu/justice/civil/commercial/competent-court/index_en.htm
- das **Auswärtige Amt** mit Informationen über die Möglichkeiten der Botschaften: www.auswaertiges-amt.de (Suchbegriff „Kindesentziehung")
- der **Internationale Sozialdienst**: http://www.zank.de

---

29 Dazu etwa *Althammer*, NZFam 2015, 9; *Helms*, FamRZ 2011, 1765; *Becker*, NJW 2011, 1543; *Finger*, FuR 2011, 61; *Kemper*, FamRBint 2012, 63; *Dimmler/Bißmaier*, FamRBint 2012, 66.
30 EuGH FamRZ 2015, 1582.
31 OLG Saarbrücken, Beschl. v. 7.2.2014 – 6 UF 193/13 (n.v.); OLG Oldenburg FamRZ 2012, 1887.
32 OLG Hamm FamRZ 2014, 1935; OVG Berlin-Brandenburg FamRZ 2012, 1911.
33 Siehe Prütting/Gehrlein/*Völker*, Art. 1 Brüssel IIa-VO Rn 3.
34 In BVerfG FamRZ 2016, 26 wurde die Nutzung dieser Ermittlungsmöglichkeit ausdrücklich in einer grenzüberschreitenden Adoptionssache gefordert; siehe zur Tätigkeit der EJN-Verbindungsrichter und der direkten richterlichen Kommunikation *Carl/Menne*, NJW 2009, 3537; *Menne*, Betrifft Justiz 2011, 121; *Menne*, Aktuelle Praxisfragen grenzüberschreitender Kindschaftssachen – Internationale Richternetzwerke, FamRB 2015, 441; *ders.*, iFamZ 2015, 312; *ders.* IFL 2016, 175; siehe auch die Dokumentation zum Internationalen Haager Richternetzwerk zur Unterstützung in Fällen mit Auslandsbezug, FamRZ 2016, 962 m.w.N.

B. Internationale Zuständigkeit

Die Regelungen zur **internationalen Zuständigkeit** in Sorge- und Umgangsrechtssachen (zu den Sonderregeln im Falle internationaler Kindesentführung siehe Rdn 17) finden sich in folgenden Rechtsquellen, die in dieser absteigenden Reihenfolge (siehe Rdn 6) zu prüfen sind:

- in der Brüssel IIa-VO,
- im KSÜ,
- im MSA,
- im Deutsch-Iranischen Niederlassungsabkommen vom 17.2.1929,
- im nationalen (deutschen) Recht: §§ 98, 99 FamFG.

10

I. Internationale Zuständigkeit nach der Brüssel IIa-VO

Im Bereich der Verordnungsmitgliedstaaten – das sind alle EU-Mitgliedstaaten außer Dänemark[35] – ist für die Regelungen von Angelegenheiten der sog. elterlichen Verantwortung (für Deutschland vor allem: Sorge-, Umgangsrechts- und Kindesherausgabesachen; aber auch die nach öffentlichem Recht erfolgte Inobhutnahme und Inpflegegabe eines Kindes[36] seine grenzüberschreitende geschlossene Unterbringung,[37] elterliche Streitigkeiten über die Zuweisung des Alleinentscheidungsrechts in Angelegenheiten des Kindes[38] sowie familiengerichtliche Genehmigungen[39]) seit 1.3.2005[40] die **Brüssel IIa-VO**[41] vorrangig zu berücksichtigen,[42] die grundsätzlich alle anderen internationalen und nationalen Zuständigkeitsregelungen verdrängt,[43] wenn nicht die Konkurrenzregel des Art. 60 Brüssel IIa-VO dem völkerrechtlichen Übereinkommen (siehe Rdn 6 und Rdn 10) den Vorrang einräumt (zum MSA siehe Rdn 38 ff.). Erfasst wird aber nur die internationale Zuständigkeit. Sachliche, funktionelle und örtliche Zuständigkeiten werden – vorbehaltlich besonderer Regelung in der Verordnung – nach dem jeweiligen innerstaatlichen Recht bestimmt.

11

Die Zuständigkeitsnormen der Verordnung gelten ohne Ansehung der Staatsangehörigkeit der Beteiligten,[44] zugleich muss nicht zwingend ein kompetenzrechtlicher Bezug zu einem anderen Mitgliedstaat vorliegen.[45]

Die EU-Kommission hat am 30.6.2016 nach längeren Vorarbeiten einen Vorschlag für eine teilweise geänderte Brüssel IIa-VO vorgelegt (fortan: **Reformvorschlag KOM**).[46] Von besonderer

---

[35] Siehe Erwägungsgrund 31 und Art. 2 Nr. 3 der Brüssel IIa-VO; zu territorialen Details siehe Art. 299 EGV, in dem das Hoheitsgebiet der Mitgliedstaaten genau definiert wird.
[36] Zu Letzterem EuGH FamRZ 2008, 125; 2009, 843 m. Anm. *Völker* in FamRBint 2009, 53; siehe auch *Pirrung*, IPRax 2011, 50; *Eschelbach/Rölke*, Vollzeitpflege im Ausland – Aufgaben der deutschen Jugendämter, JAmt 2014, 494.
[37] EuGH FamRZ 2012, 1466; Bespr. *Pirrung*, IPRax 2013, 404; *Eschelbach/Rölke*, Vollzeitpflege im Ausland – Aufgaben der deutschen Jugendämter, JAmt 2014, 494.
[38] Vgl. EuGH FamRZ 2015, 2117 zur Ersetzung der Zustimmung des anderen Elternteils zu einer Reise des Kindes außerhalb des Aufenthaltsmitgliedstaats und zur Ausstellung eines Reisepasses auf dessen Namen; Anm. *Koechel*, FamRZ 2016, 438.
[39] Vgl. EuGH FamRZ 2015, 2035 zur vormundschaftsgerichtlichen Genehmigung einer von einer Kollisionskuratorin für das Kind abgeschlossenen Vereinbarung zu Erbauseinandersetzung durch ein tschechisches Vormundschaftsgericht.
[40] Bzw. in den später beigetretenen Mitgliedstaaten seit ihrem Beitritt, dazu – mutatis mutandis – EuGH FamRZ 2010, 2049.
[41] Text abgedr. unter § 14 A; für die nach dem 1.3.2005 zur EU beigetretenen Mitgliedstaaten ist die Verordnung indes erst ab dem Tag ihres Beitritts anwendbar, EuGH FamRZ 2010, 2049.
[42] Siehe dazu ausführlich Prütting/Gehrlein/*Völker*, Kommentierung zur Brüssel IIa-VO.
[43] OLG Hamm FamRZ 2015, 346.
[44] OLG Koblenz FamRZ 2009, 611.
[45] BGH FamRBint 2008, 82.
[46] Abrufbar unter http://data.consilium.europa.eu/doc/document/ST-10767–2016-INIT/de/pdf.

Bedeutung sind insoweit die Vorschläge betreffend die zeitliche Straffung der Rückführungsverfahren im Falle internationaler Kindesentführung und die Beseitigung des Anerkennungshindernisses einer nicht nach den Standards des Anerkennungsstaats durchgeführten Kindesanhörung. Vorschriften des Vorschlags werden nachfolgend als Brüssel IIa-VO-E zitiert.

12 Die Art. 8–15 Brüssel IIa-VO enthalten die Vorschriften über die internationale Zuständigkeit in Verfahren betreffend die **elterliche Verantwortung**. Die Grundregel findet sich in Art. 8 Abs. 1 Brüssel IIa-VO – gewöhnlicher Aufenthalt des Kindes. Dieser Zuständigkeit gehen aber gemäß Art. 8 Abs. 2 Brüssel IIa-VO die in Art. 9 Brüssel IIa-VO (Umgangsrecht bei rechtmäßigem Umzug des Kindes), Art. 10 Brüssel IIa-VO (Kindesentführung) und Art. 12 Brüssel IIa-VO (Prorogation) geregelten Ausnahmen vor. Greifen diese ebenso wenig wie Art. 8 Abs. 1 Brüssel IIa-VO, so finden – nachrangig – die ergänzenden Zuständigkeiten in Art. 13 Brüssel IIa-VO und – nochmals subsidiär – Art. 14 Brüssel IIa-VO Anwendung. Stets möglich bleibt die in Art. 15 Brüssel IIa-VO vorgesehene grenzüberschreitende Verweisung.

1. Prüfungsschema internationale Zuständigkeit; Leitfaden zur Verordnung

13 Folgende **Prüfungsreihenfolge** für die internationale Zuständigkeit – deren Fehlen auch noch in der Rechtsmittelinstanz gerügt werden kann[47] – empfiehlt sich:[48]
- Zuständigkeit nach den Art. 9, 10 oder 12 Brüssel IIa-VO (nach Art. 8 Abs. 2 Brüssel IIa-VO vorrangig zu prüfen!)?
- Wenn ja: Art. 19 Brüssel IIa-VO (doppelte Rechtshängigkeit) prüfen
- Wenn ja: dortige Konsequenzen beachten
- Falls nein: nächster Prüfungspunkt
- Falls nein: nächster Prüfungspunkt
- Zuständigkeit nach Art. 8 Abs. 1 Brüssel IIa-VO?
- Wenn ja: Ende der Prüfung
- Falls nein: nächster Prüfungspunkt
- Zuständigkeit nach Art. 13 Brüssel IIa-VO?
- Wenn ja: Ende der Prüfung
- Falls nein: nächster Prüfungspunkt
- Ist ein Gericht eines anderen Mitgliedstaats nach den Art. 8–13 Brüssel IIa-VO zuständig?
- Wenn ja: Art. 17 Brüssel IIa-VO (Unzuständigkeitserklärung von Amts wegen)
- Wenn nein: Art. 14 Brüssel IIa-VO (Anwendung des eigenen nationalen Rechts)

14 Eine **Arbeitshilfe** bei der Bearbeitung grenzüberschreitender Fälle unter Anwendung der Brüssel IIa-Verordnung ist ferner der Leitfaden, den die EU-Kommission in Zusammenarbeit mit dem Europäischen Justiziellen Netz für Zivil- und Handelssachen (EJN) erarbeitet hat. Der – im Jahr 2014 neugefasste – **Leitfaden** (im Folgenden nur noch als solcher bezeichnet) ist im Internet unter http://ec.europa.eu/justice/civil/files/brussels_ii_practice_guide_de.pdf abrufbar.

2. Grundregel: Gewöhnlicher Aufenthalt des Kindes, Art. 8 Abs. 1 Brüssel IIa-VO

15 Art. 8 Abs. 1 Brüssel IIa-VO stellt die Grundregel auf. Dieser zufolge ist der Mitgliedstaat international zuständig, in dem das Kind seinen gewöhnlichen Aufenthalt hat. Dies gilt auch, wenn das Kind die Staatsangehörigkeit eines Drittstaats besitzt.[49] Den Begriff des **gewöhnlichen Aufenthalts eines Kindes** hat der EuGH für die Praxis geklärt: Dies ist der Ort, der Ausdruck einer ge-

---

47 Vgl. dazu nur OLG Hamm FamRZ 2012, 143.
48 Siehe Prütting/Gehrlein/*Völker*, Art. 8 Brüssel IIa-VO Rn 1 und *Völker*, FF 2009, 443, 445.
49 OLG Hamm FuR 2015, 58.

wissen sozialen und familiären Integration des Kindes ist. Hierfür sind insbesondere die Dauer, die Regelmäßigkeit und die Umstände des Aufenthalts in einem Mitgliedstaat sowie die Gründe für diesen Aufenthalt und den Umzug der Familie in diesen Staat, die Staatsangehörigkeit des Kindes, Ort und Umstände der Einschulung, die Sprachkenntnisse sowie die familiären und sozialen Bindungen des Kindes in dem betreffenden Staat zu berücksichtigen. Es ist Sache des nationalen Gerichts, unter Berücksichtigung aller tatsächlichen Umstände des Einzelfalls den gewöhnlichen Aufenthalt des Kindes festzustellen.[50] Ein Aufenthalt von sechs Monaten (so eine alte „Faustregel") ist demnach keinesfalls Voraussetzung, sondern allenfalls ein Indiz; entsprechend wird ein gewöhnlicher Aufenthalt umso früher anzunehmen sein, je jünger das Kind ist.[51] Grundsätzlich ist es auch möglich, unmittelbar mit dem Umzug in einen anderen Mitgliedstaat dort einen gewöhnlichen Aufenthalt anzunehmen, wenn dieser auf längere Zeit – in der Regel auf mindestens sechs Monate[52] – angelegt und der Umzug mit der Zustimmung der Sorgeberechtigten – also rechtmäßig – erfolgt ist.[53] Ebenso ist der Sonderfall denkbar, dass ein Kind, das seinen Aufenthaltsort zwischen verschiedenen Ländern häufig gewechselt hat, keinen gewöhnlichen Aufenthalt innehat.[54]

3. Zuständigkeitsfortdauer in Umgangsrechtssachen bei Verlegung des gewöhnlichen Aufenthalts, Art. 9 Brüssel IIa-VO

Art. 9 Brüssel IIa-VO geht Art. 8 Abs. 1 Brüssel IIa-VO vor, betrifft nur **Umgangs**rechtssachen und fingiert eine **Zuständigkeitsfortdauer** bei einem Aufenthaltswechsel des Kindes. Grund hierfür ist die Annahme, dass sich das Kind binnen drei Monaten noch kaum im neuen Staat eingelebt haben kann und daher das Gericht im Ursprungsstaat regelmäßig während dieser Übergangszeit noch bessere Kenntnisse über die Lebensumstände des Kindes hat. Außerdem wird dem Umzug zu Zwecken eines kurzfristigen **forum shopping** entgegengewirkt. Bei einem **rechtmäßigen** – sonst findet Art. 10 Brüssel IIa-VO Anwendung (siehe Rdn 17) – Umzug eines Kindes von einem Mitgliedstaat in einen anderen **Mitgliedstaat**, durch den das Kind dort einen neuen gewöhnlichen Aufenthalt erlangt, bleiben die Gerichte des früheren Aufenthaltsstaates für die Dauer von **drei Monaten** für eine **Abänderung** einer bestehenden – nicht aber für eine erstmalige – Umgangsregelung zuständig, wenn sich der umgangs**berechtigte Träger der elterlichen Verantwortung** dort weiterhin gewöhnlich aufhält. Ein **Fallbaum** zur Anwendung von Art. 9 Brüssel IIa-VO findet sich im Leitfaden (siehe Rdn 14) S. 19 f.

16

4. Zuständigkeit bei widerrechtlichem Verbringen, Art. 10 Brüssel IIa-VO

Um Kindesentführung[55] durch einen Elternteil zwischen den Mitgliedstaaten zu verhindern, gewährleistet Art. 10 der Verordnung, dass die Gerichte des Mitgliedstaats, in dem das Kind seinen gewöhnlichen Aufenthalt vor der Entführung hatte, auch nach der Entführung für die Hauptsache des Falls zuständig bleiben. Die internationale Zuständigkeit kann den Gerichten des neuen Mitgliedstaats nur unter sehr strengen Bedingungen übertragen werden. Ein **Fallbaum** zur Prüfung

17

---

50 Vgl. EuGH FamRZ 2009, 843; Anm. *Völker*, FamRBint 2009, 53; EuGH FamRZ 2011, 617, Anm. *Mankowski*, GPR 2011, 209; OLG Saarbrücken, Beschl. v. 30.7.2013 – 6 UF 56/15 (n.v.), OLG Saarbrücken FamRZ 2011, 1235; siehe auch *Pirrung*, IPRax 2011, 50; EuGH FamRZ 2015, 107.
51 Vgl. OLG Stuttgart NJW 2012, 2043.
52 *Heiderhoff*, IPRax 2016, 335, 337.
53 BGH FamRZ 2011, 542; OLG Stuttgart FamRZ 2014, 1930, Anm. *Helms*, IPRax 2015, 217.
54 So zu Art. 3 HKÜ AG Hamm NJW-Spezial 2014, 485; die hiergegen eingelegte Beschwerde (OLG Hamm – 11 UF 74/14, n.v.) wurde zurückgenommen.
55 Zur Strafbarkeit des allein sorgeberechtigten Elternteils nach § 235 Abs. 2 StGB zu Lasten des umgangsberechtigten anderen Elternteils (§ 1684 BGB, siehe *Bock*, JR 2016, 300.

der – mühsam zu lesenden, indes weitgehend selbsterklärenden – Zuständigkeitsvorschrift des Art 10 findet sich im Leitfaden (siehe dazu Rdn 14) S. 41. Der erforderliche Aufenthalt des Kindes von einem Jahr seit der Entführung in Buchst. b meint keinen gewöhnlichen, sondern den **schlichten Aufenthalt**.[56]

5. Gerichtsstandsvereinbarung, Art. 12 Brüssel IIa-VO

18 Diese Vorschrift regelt neben Art. 9 Brüssel IIa-VO und Art. 10 Brüssel IIa-VO die letzte – wegen Art. 8 Abs. 2 Brüssel IIa-VO vorrangige – Ausnahme von Art. 8 Abs. 1 Brüssel IIa-VO. Art. 12 Brüssel IIa-VO ermöglicht bezüglich aller Verfahrensgegenstände aus dem Bereich der elterlichen Verantwortung in engen Grenzen eine internationale **Gerichtsstandsvereinbarung** der Parteien. Art. 12 Brüssel IIa-VO erfasst drei Situationen:

- den Verbund der Sache betreffend die elterliche Verantwortung mit einer Ehesache (Abs. 1 und 2, für Deutschland vor allem: **Scheidungsverbund**),
- die **wesentliche Verbindung** jener Sache zum Staat des angerufenen Gerichts (Abs. 3) und
- die **Unmöglichkeit**, jenes Verfahren in einem eigentlich international zuständigen Drittstaat durchzuführen.

Über Art. 12 Abs. 3 Brüssel IIa-VO kann die Zuständigkeit des von einem Beteiligten angerufenen Gerichts eines Mitgliedstaats, der nicht der Staat des gewöhnlichen Aufenthalts des Kindes ist, begründet werden, und zwar auch dann, wenn bei dem gewählten Gericht kein anderes Verfahren zwischen den Beteiligten anhängig ist.[57] Also gilt diese Vorschrift – positiv ausgedrückt – auch bei isolierten Kindschaftsverfahren.[58] Allerdings kann diese Zuständigkeit nicht als von allen Beteiligten des Verfahrens „ausdrücklich oder auf andere eindeutige Weise anerkannt" i.S. dieser Vorschrift angenommen werden, wenn der Antragsgegner dieses Verfahrens vor demselben Gericht später ein anderes Verfahren anhängig macht und im Rahmen der ersten von ihr im ersten Verfahren vorzunehmenden Handlung die Unzuständigkeit dieses Gerichts geltend macht.[59] Auch eine bloße rügelose Einlassung eines dem Antragsgegner von Amts wegen bestellten Abwesenheitsvertreters genügt nicht.[60]

Die Zuständigkeit endet mit der Rechtskraft der Entscheidung in der Ehesache oder – wenn das Verfahren aus dem Bereich der elterlichen Verantwortung dann noch anhängig ist – mit dessen rechtskräftigem Abschluss.[61] Ein **Fallbaum** zur Prüfung von Art. 12 Brüssel IIa-VO findet sich im Leitfaden (siehe Rdn 14) S. 21 f.

6. Tatsächlicher Aufenthalt, Art. 13 Brüssel IIa-VO

19 Art. 13 Brüssel IIa-VO enthält die erste – Art. 8 Abs. 1 Brüssel IIa-VO nachrangige – Auffangzuständigkeit. In Ermangelung eines feststellbaren gewöhnlichen Aufenthalts des Kindes wird auf den **schlichten Aufenthalt** abgestellt. Praktisch ist an Fälle zu denken, in dem ein Kind ohne Papiere aufgefunden wird und sich nicht zu seiner Herkunft äußern kann oder (bei älteren Kindern) will. Art. 13 Abs. 2 Brüssel IIa-VO stellt Kinder gleich, die **Flüchtlinge** oder **Vertriebene** sind. Zu den Problemen und dem Verfahren bei unbegleiteten minderjährigen Flüchtlingen siehe eingehend § 12 Rdn 119 ff.

---

56 BGH NJW 2005, 3424; Thomas/Putzo/*Hüßtege*, EuEheVO Art 10 Rn 4.
57 EuGH FamRZ 2015, 205; Anm. *Andrae*, IPRax 2015, 212.
58 Siehe auch Anm. *Mankowski*, NZFam 2015, 94.
59 EuGH FamRZ 2015, 205; Anm. *Andrae*, IPRax 2015, 212.
60 EuGH FamRZ 2015, 2117; Anm. *Koechel* in FamRZ 2016, 438.
61 EuGH FamRZ 2015, 24; Anm. *Andrae*, IPRax 2015, 212.

7. Rückgriff auf nationales Recht, Art. 14 Brüssel IIa-VO

Art. 14 Brüssel IIa-VO ist die letzte, nur höchst hilfsweise einschlägige Auffangzuständigkeit und erfasst den – sehr seltenen – Fall, dass nach den Art. 8–13 Brüssel IIa-VO in **keinem Mitgliedstaat** eine Zuständigkeit besteht. Dann – und erst dann – kann die Zuständigkeit unter Heranziehung der Vorschriften bi- oder multilateraler Übereinkünfte (vor allem des KSÜ, im Verhältnis zur Türkei des MSA) und subsidiär des autonomen nationalen Rechts des angerufenen Mitgliedstaats (in Deutschland: §§ 98 Abs. 2, 99 FamFG) bestimmt werden.

20

8. Grenzüberschreitende Verweisung des Falles, Art. 15 Brüssel IIa-VO

Absolutes Novum in einem Gemeinschaftsrechtsakt ist Art. 15 Brüssel IIa-VO.[62] Diese Vorschrift ermöglicht es dem Gericht eines Mitgliedstaates, eine Sache betreffend die elterliche Verantwortung (oder einen bestimmten Teil davon) an ein Gericht eines anderen Mitgliedstaates zu verweisen. Die Regelung entspringt dem Gedanken des forum non conveniens, also der angelsächsischen Lehre, dass bei Vorliegen eines nicht sachdienlichen Gerichtsstandes eine Abgabe zulässig ist.[63] Ein Fallbaum für die Prüfung dieser Vorschrift findet sich im Leitfaden (siehe Rdn 14) S. 27 f. Die Form des Übernahmeersuchens und der Zuständigkeitserklärung richtet sich nach dem jeweiligen nationalen Verfahrensrecht.[64] Die deutsche Ausführungsvorschrift zu Art. 15 Brüssel IIa-VO findet sich in § 13a IntFamRVG, dort ist auch die Anfechtbarkeit von Entscheidungen gesondert geregelt.

21

9. Litispendenz (doppelte Rechtshängigkeit), Art. 16, 19 Brüssel IIa-VO

Bei **Litispendenz**, also der **doppelten Rechtshängigkeit** in zwei Verordnungsmitgliedstaaten, greift das **Prioritätsprinzip**;[65] das zweitbefasste Gericht muss sein Verfahren aussetzen, bis das erstbefasste über seine Zuständigkeit entschieden hat. Solange die Möglichkeit besteht, dass das ausgesetzte inländische Verfahren fortgesetzt wird, kann die Erfolgsaussicht der Rechtsverfolgung grundsätzlich nicht verneint werden, so dass dem Beteiligten Verfahrenskostenhilfe zu bewilligen ist.[66] Aus Raumgründen sei hierzu auf die Kommentarliteratur[67] und auf den Leitfaden (siehe Rdn 14) – dort S. 29 – verwiesen.

22

10. Perpetuatio fori, Art. 8 Abs. 1 Brüssel IIa-VO

Die Verordnung ordnet eine **perpetuatio fori** an (siehe den Wortlaut von Art. 8 Abs. 1 Brüssel IIa-VO). Diese greift aber nur, soweit ein Kind in einen anderen Verordnungsmitgliedstaat oder in einen Staat verzieht, der weder KSÜ- noch MSA-Vertragsstaat ist. Wechselt das Kind

23

---

62 Siehe dazu auch *Klinkhammer*, FamRBint 2006, 88.
63 Siehe zu den Voraussetzungen für ein entsprechendes Übernahmeersuchen an ein Gericht in einem anderen Verordnungsmitgliedstaat OLG Karlsruhe, Beschl. v. 11.8.2014 – 18 UF 26/14, juris.
64 OGH Österreich FamRZ 2016, 543 m Anm. *Mankowski*, auch zum Prozedere in Deutschland.
65 Siehe aber zum Kindschaftsrecht und Art. 19 Abs. 2 der Verordnung EuGH FamRZ 2011, 534, dort auch zur Pflicht des angerufenen Gerichts, sich im anderen Staat hinsichtlich der Existenz entsprechender Verfahren zu erkundigen; vgl. zu Art. 19 Abs. 1 der Verordnung auch EuGH FamRZ 2015, 2036 m. Anm. Althammer; Anm. *Mankowski*, FamRZ 2015, 1865; siehe auch *Nordmeier*, Eintritt und Fortbestand der Rechtshängigkeit nach Art. 16 EuEheVO und Art. 32 EuGVVO – insbesondere bei Verfahrensaussetzung, IPRax 2016, 329; vgl. auch – zu Art. 27 EuGVVO – *Koechel*, IPRax 2014, 394.
66 OLG Karlsruhe FamRBint 2012, 10.
67 Siehe Prütting/Gehrlein/*Völker*, Kommentierung der Art. 16 und 19 der Brüssel IIa-Verordnung.

in einen Staat, der Vertragsstaat des MSA oder des KSÜ ist, so gibt es keine **Zuständigkeitsfortdauer**.[68] Im **Reformvorschlag KOM** (Siehe dazu Rdn 11) ist vorgesehen, auch im Bereich der Brüssel IIa-VO keine Zuständigkeitsfortdauer mehr anzuordnen, wenn ein Kind rechtmäßig von einem Mitgliedstaat in einen anderen Mitgliedstaat umzieht und dort einen neuen gewöhnlichen Aufenthalt erlangt (Art. 7 Abs. 1 S. 2 Brüssel IIa-VO-E).

11. Eilzuständigkeit für dringende Schutzmaßnahmen, Art. 20 Brüssel IIa-VO

24 Diese ausnahmsweise Zuständigkeit des für die Hauptsache international unzuständigen Gerichts (sonst griffe schon Art. 8 Abs. 1 Brüssel IIa-VO) ist eng auszulegen; Maßnahmen treten außer Kraft, sobald das international zuständige Gericht selbst entschieden hat, Art. 20 Abs. 2 Brüssel IIa-VO.

Der EuGH hat diese Grundsätze bestätigt und präzisiert:[69] Eine von einem nationalen Gericht angeordnete Schutzmaßnahme – wie etwa die Inobhutnahme eines Kindes – auf der Grundlage von Art. 20 Brüssel IIa-VO setzt voraus, dass diese Maßnahme dringend und vorübergehender Natur sein und in Bezug auf Personen getroffen werden muss, die sich in diesem Mitgliedstaat befinden. Letzteres hat der EuGH weiter aufgegliedert:[70] Ein einstweiliger Sorgerechtsentzug zu Lasten des zurückgelassenen Elternteils kann auch deshalb Art. 20 Brüssel IIa-VO nicht unterfallen, weil dieser sich nicht im Hoheitsgebiet des Zufluchtsstaats aufhält.[71] Dringlichkeit i.S.v. Art. 20 Abs. 1 Brüssel IIa-VO bezieht sich daher sowohl auf die Lage, in der sich das Kind befindet, als auch auf die praktische Unmöglichkeit, den die elterliche Verantwortung betreffenden Antrag vor dem Gericht zu stellen, das für die Entscheidung in der Hauptsache zuständig ist.[72] Einstweilige Maßnahmen i.S. des Art. 20 Abs. 1 Brüssel IIa-VO können folglich nur in Bezug auf Personen erlassen werden, die sich in dem Mitgliedstaat befinden, in dem das für den Erlass dieser Maßnahmen zuständige Gericht seinen Sitz hat. Das gilt in Verfahren über die elterliche Verantwortung nicht nur für das Kind selbst, sondern auch für den Elternteil, dem durch den Erlass der Maßnahme das Sorgerecht genommen wird.[73]

Die Anerkennung und Vollstreckung von Maßnahmen, die das Sorgerecht betreffen und auf der Grundlage von Art. 20 Brüssel IIa-VO von dem nicht für die Hauptsacheentscheidung international zuständigen Gericht erlassen worden sind, richtet sich nicht nach den Art. 21 ff. Brüssel IIa-VO; hier bleibt nur der Rückgriff auf andere Anerkennungsinstrumente.[74]

Die Durchführung der betreffenden vorläufigen Eilmaßnahme und deren Bindungswirkung bestimmen sich nach nationalem Recht (für Deutschland also nach §§ 15 IntFamRVG, 49 ff. FamFG).

---

68 OGH Österreich IPRax 2014, 183 mit Bespr. *Heindler*, IPRax 2014, 201; OLG Saarbrücken NZFam 2016, 528; OLG Stuttgart IPRax 2013, 441 mit Bespr. *Gruber*, IPRax 2013, 409; KG NZFam 2015, 474; OLG Karlsruhe FamRZ 2011, 1963; 2013, 1238; 2014, 1565; KG FamRZ 2015, 1214; Bespr. *Heiderhoff*, IPRax 2016, 335; OLG Frankfurt OLGR 2005, 621 (zum MSA); *Andrae*, Kapitel 6 Rn 46, *Finger*, FuR 2013, 689, 695.
69 EuGH FamRZ 2009, 843; Anm. *Völker*, FamRBint 2009, 53.
70 EuGH FamRZ 2010, 525; Anm. *Völker*, FamRBint 2010, 27; siehe auch *Martiny*, FPR 2010, 493; *Janzen/Gärtner*, IPRax 2011, 158.
71 Vgl. OLG Karlsruhe FamRZ 2014, 1565.
72 BGH FamRZ 2016, 799 m. Anm. *Schulz*; Anm. *Schweppe*, ZKJ 2016, 220.
73 BGH FamRZ 2016, 799 m. Anm. *Schulz*; Anm. *Schweppe*, ZKJ 2016, 220.
74 EuGH FamRZ 2010, 1521; BGH FamRZ 2011, 542; BGH FamRZ 2015, 1011 m. Anm. *Hau*, FamRZ 2015, 1101; OLG Stuttgart FamRZ 2014, 1567; OLG München FamRZ 2015, 777 m. Anm. *Dutta*; Anm. *Siehr*, IPRax 2016, 344; vgl. auch BGH FamRZ 2016, 799 m. Anm. *Schulz*; Anm. *Schweppe*, ZKJ 2016, 220.

12. Drittstaaten

Die Brüssel IIa-VO ist grundsätzlich auch im Verhältnis zu **Drittstaaten** anzuwenden. Allerdings folgt aus Art. 60 Buchstabe a der VO, dass sie Vorrang nur im Verhältnis der Mitgliedstaaten zueinander beansprucht. Auch soweit mit dem anderen Staat keine völkerrechtlichen Übereinkünfte zur internationalen Zuständigkeit bestehen, greift die Brüssel IIa-VO. Anders, wenn im Verhältnis zum anderen Staat das KSÜ oder das MSA gilt. Ein Kind, das sich zwar in Deutschland gewöhnlich aufhält, aber die türkische Staatsangehörigkeit besitzt, unterfällt daher in Bezug auf die internationale Zuständigkeit dem MSA und nicht der Brüssel IIa-VO.[75]

25

II. Internationale Zuständigkeit nach dem KSÜ

Das KSÜ[76] ist für Deutschland seit dem 1.1.2011 anwendbar, und zwar hinsichtlich der Frage des anwendbaren Rechts auch in Verfahren, die vor diesem Tag eingeleitet wurden.[77] Wie die Zuständigkeitsregelungen der Brüssel IIa-VO und des MSA gehen auch diejenigen des KSÜ den allgemeinen Regeln des nationalen Rechts vor und verdrängen sie. Erfasst wird aber nur die internationale Zuständigkeit. Sachliche, funktionelle und örtliche Zuständigkeiten werden nach dem jeweiligen innerstaatlichen Recht bestimmt.

26

Die Bestimmungen des KSÜ über die internationale Zuständigkeit[78] sind anzuwenden, wenn das betroffene Kind seinen gewöhnlichen Aufenthalt in einem der Vertragsstaaten hat. Es gibt ferner eine Eilzuständigkeit und eine Zuständigkeit für vorläufige Maßnahmen. In Art. 33 KSÜ ist die grenzüberschreitende Unterbringung des Kindes geregelt.[79] Soweit sich das Kind in einem Mitgliedstaat der Brüssel IIa-VO gewöhnlich aufhält, gehen die Bestimmungen der Brüssel IIa-VO dem KSÜ vor, Art. 61 Brüssel IIa-VO und Art. 52 KSÜ.[80] Anders als in der Brüssel IIa-VO (dort Art. 14) ist im KSÜ die Möglichkeit eines Rückgriffs auf die nationalen Zuständigkeitsvorschriften nicht vorgesehen. Stets möglich bleibt die in Art. 8 und 9 KSÜ vorgesehene grenzüberschreitende Verweisung. Im Einzelnen:

27

1. Prüfungsschema internationale Zuständigkeit

Folgende **Prüfungsreihenfolge** empfiehlt sich:

28

- Zuständigkeit nach Art. 7 KSÜ (widerrechtliches Verbringen oder Zurückhalten; nach Art. 5 Abs. 2 KSÜ vorrangig zu prüfen!)?
  - Wenn ja: Art. 13 KSÜ (doppelte Rechtshängigkeit) prüfen
  - Wenn ja: dortige Konsequenzen beachten
  - Falls nein: nächster Prüfungspunkt
  - Falls nein: nächster Prüfungspunkt
- Zuständigkeit nach Art. 5 Abs. 1 KSÜ (gewöhnlicher Aufenthalt)?
  - Wenn ja: Ende der Prüfung
  - Falls nein: nächster Prüfungspunkt
- Zuständigkeit nach Art. 6 Abs. 1 oder 2 KSÜ (Flüchtlinge; schlichter Aufenthalt)?
  - Wenn ja: Ende der Prüfung

---

75 OLG Stuttgart FamRZ 2013, 49; zust. Anm. *Gruber*, IPRax 2013, 409; *Andrae*, Kapitel 6 Rn 19 ff. mit weiteren Einzelheiten.
76 Text abgedr. unter § 14 C; guter Überblick bei *Schulz*, FamRZ 2011, 156; *Benicke*, IPRax 2013, 44; aus Sicht der Jugendhilfe *Schwarz*, JAmt 2011, 438.
77 BGH FamRZ 2011, 796 m. Anm. *Völker*; OLG Saarbrücken FF 2011, 326; OLG Karlsruhe FamRZ 2011, 1963.
78 Siehe dazu *Andrae*, IPRax 2006, 82.
79 Siehe dazu *Eschelbach/Rölke*, Vollzeitpflege im Ausland – Aufgaben der deutschen Jugendämter, JAmt 2014, 494.
80 *Gruber*, IPRax 2013, 409, 411 m.w.N.

- Falls nein: nächster Prüfungspunkt
- Zuständigkeit nach Art. 10 KSÜ (Verbundzuständigkeit)?
- Wenn ja: Ende der Prüfung
- Falls nein: nächster Prüfungspunkt
- Zuständigkeit nach Art. 11 oder 12 KSÜ (dringende Schutzmaßnahmen)?
- Wenn ja: Ende der Prüfung
- Falls nein: keine Zuständigkeit

2. Grundregel: Gewöhnlicher Aufenthalt des Kindes, Art. 5 KSÜ

29 Diese Zuständigkeit ist nur gegenüber der Zuständigkeit bei widerrechtlichem Verbringen oder Zurückhalten eines Kindes (Art. 7 KSÜ) nachrangig, allen anderen gegenüber ist sie vorrangig. Sie erfordert, dass das Kind in dem befassten Vertragsstaat seinen **gewöhnlichen Aufenthalt** hat. Diesbezüglich kann – im Bewusstsein der freilich notwendigen übereinkommensautonomen Auslegung – auf die Ausführungen zur Brüssel IIa-Verordnung (siehe Rdn 15) Bezug genommen werden, die im Wesentlichen übertragbar sind.[81]

3. Zuständigkeit bei widerrechtlichem Verbringen, Art. 7 KSÜ

30 Im Falle widerrechtlichen Verbringens oder Zurückhaltens des Kindes ordnet Art. 7 KSÜ eine Art. 10 Brüssel IIa-VO recht ähnliche (siehe Rdn 17) Zuständigkeitssperre an.[82]

4. Tatsächlicher Aufenthalt, Art. 6 KSÜ

31 Diese Vorschrift enthält – ähnlich Art. 13 Brüssel IIa-VO – die Zuständigkeit für **Flüchtlinge** (Art. 6 Abs. 1 KSÜ) und für Kinder, deren gewöhnlicher Aufenthalt nicht festgestellt werden kann (Art. 6 Abs. 2 KSÜ). Insoweit reicht daher jeweils der **schlichte Aufenthalt** auf dem Gebiet des befassten Vertragsstaats. Zu den Problemen und dem Verfahren bei unbegleiteten minderjährigen Flüchtlingen siehe eingehend § 12 Rdn 119 ff.

5. Gerichtsstandsvereinbarung, Art. 10 KSÜ

32 Art. 10 KSÜ enthält eine **Annexzuständigkeit** des Gerichts der Ehesache. Diese endet allerdings – anders als im Rahmen der Brüssel IIa-VO! – wenn die Entscheidung in der Ehesache rechtskräftig geworden oder das Eheverfahren anderweitig beendet worden ist. Folgendes **Prüfungsschema** bietet sich an (damit die Zuständigkeit greift, müssen alle Fragen mit ja beantwortet werden):[83]

- Ist ein Antrag auf Scheidung, Trennung, Aufhebung oder Nichtigerklärung der Ehe im befassten Staat gestellt?
- Ist der befasste Staat für die Entscheidung in der Ehesache international zuständig?
- Betrifft das Eheverfahren die Ehe der Eltern?
- Lässt die Rechtsordnung im befassten Staat die internationale Annexzuständigkeit im konkreten Fall zu?

---

81 OLG München FamRZ 2015, 777 m. Anm. *Dutta*; Anm. *Siehr*, IPRax 2016, 344; OLG Karlsruhe MDR 2015, 1425; OLG Saarbrücken NZFam 2016, 528.
82 Siehe als Anwendungsbeispiel (im entschiedenen Einzelfall ablehnend) KG FamRZ 2015, 1214; Bespr. *Heiderhoff*, IPRax 2016, 335.
83 Ähnlich *Andrae*, Kapitel 6 Rn 66; siehe als Anwendungsbeispiel (im entschiedenen Einzelfall ablehnend) KG FamRZ 2015, 1214; Bespr. *Heiderhoff*, IPRax 2016, 335.

- Hat einer der Elternteile zu Beginn des Verfahrens seinen gewöhnlichen Aufenthalt im befassten Staat?
- Wird die Annexzuständigkeit des befassten Staats durch die Eltern und jede andere Person, welche die elterliche Verantwortung für das Kind hat, anerkannt?
- Entspricht die Zuständigkeit des angerufenen Gerichts dem Wohl des Kindes?

6. Grenzüberschreitende Abgabe des Falles, Art. 8 und 9 KSÜ

Wie Art. 15 Brüssel IIa-VO ermöglichen auch Art. 8 und 9 KSÜ die **grenzüberschreitende Abgabe** einer Sache, angelehnt an den Gedanken des *forum non conveniens*. Die deutsche Ausführungsvorschrift hierzu findet sich in § 13a IntFamRVG, dort ist auch die Anfechtbarkeit von Entscheidungen gesondert geregelt.

33

7. Litispendenz (doppelte Rechtshängigkeit), Art. 13 KSÜ

Art. 13 KSÜ regelt die **doppelte Rechtshängigkeit**. Das zweitbefasste Gericht darf seine Zuständigkeit nicht ausüben, solange das erstbefasste Gericht entsprechende Maßnahmen prüft, wenn dieses ebenfalls international zuständig ist (**Prioritätsprinzip**).

34

8. Keine perpetuatio fori, Art. 5 Abs. 2 KSÜ

Anders als Art. 8 Abs. 1 Brüssel IIa-VO (siehe dazu Rdn 23) sieht das KSÜ ausweislich seines Art. 5 Abs. 2 keine **perpetuatio fori** vor.[84] Wechselt daher das Kind von einem Verordnungsmitgliedstaat in einen Staat, der Vertragsstaat des KSÜ ist, so gibt es keine **Zuständigkeitsfortdauer**.[85]

35

9. Eilzuständigkeit für dringende und vorläufige Schutzmaßnahmen, Art. 11 und 12 KSÜ

Die Art. 11 und 12 KSÜ ermöglichen es – vergleichbar Art. 20 Brüssel IIa-VO – dem international zuständigen Gericht, in dringenden Fällen **vorläufige Schutzmaßnahmen** zugunsten des Kindes anzuordnen, solange das zuständige Gericht keine eigenen Maßnahmen getroffen hat.[86]

36

10. Drittstaaten

Das KSÜ regelt, soweit die internationale Zuständigkeit in Rede steht, nur das Verhältnis seiner Vertragsstaaten zueinander und ist – anders als die Brüssel IIa-VO – im Verhältnis zu **Drittstaaten** nicht anwendbar.

37

---

84 Dazu eingehend *Gruber*, IPRax 2013, 409; *Finger*, FuR 2013, 689, 695.
85 OGH Österreich IPRax 2014, 183 mit Bespr. *Heindler*, IPRax 2014, 201; OLG Saarbrücken NZFam 2016, 528; OLG Stuttgart IPRax 2013, 441 mit Bespr. *Gruber*, IPRax 2013, 409; KG NZFam 2015, 474; OLG Karlsruhe FamRZ 2011, 1963; 2013, 1238; KG FamRZ 2015, 1214; Bespr. *Heiderhoff*, IPRax 2016, 335; OLG Frankfurt OLGR 2005, 621 (zum MSA); *Andrae*, Kapitel 6 Rn 46, *Finger*, FuR 2013, 689, 695.
86 Siehe – als Anwendungsbeispiel – OLG München FamRZ 2015, 777 m. Anm. *Dutta*; Anm. *Siehr*, IPRax 2016, 344.

III. Internationale Zuständigkeit nach dem MSA

38 Das Haager Minderjährigenschutzabkommen (MSA)[87] bestimmt für Deutschland nur noch im Verhältnis zur Türkei (siehe Rdn 3) die **internationale Zuständigkeit** und das von den hiernach bestimmten Gerichten anzuwendende Recht in Sorge- und Umgangsrechtsangelegenheiten.

Da gerade in Deutschland Fälle mit Bezug zur **Türkei** häufig sind, darf eine Darstellung des MSA auch nach Inkrafttreten des KSÜ nicht fehlen.

39 Wie die der Brüssel IIa-VO und des KSÜ gehen auch die Zuständigkeitsregelungen des MSA den allgemeinen Regeln des nationalen Rechts vor und verdrängen sie (zum Prüfungsschema siehe Rdn 6).[88] Das Abkommen gilt für Maßnahmen zum Schutz der Person und des Vermögens von Minderjährigen.[89] Es betrifft Regelungen der elterlichen Sorge, des Umgangsrechts, Anordnungen zur Herausgabe des Kindes und Maßnahmen bei Gefährdung des Kindeswohls oder des Kindesvermögens.[90] Erfasst wird aber nur die internationale Zuständigkeit. Sachliche, funktionelle und örtliche Zuständigkeiten werden nach dem jeweiligen innerstaatlichen Recht bestimmt.

40 Nach Art. 1 MSA richtet sich die internationale Zuständigkeit vorbehaltlich der Bestimmungen der Art. 3, 4 und 5 MSA grundsätzlich nach dem Ort des **gewöhnlichen Aufenthaltes** des Minderjährigen. Darunter ist der Ort zu verstehen, an dem der Schwerpunkt seiner Bindungen liegt, also der Lebensmittelpunkt (siehe Rdn 45).Der Sinn und Zweck der Anknüpfung der internationalen Zuständigkeit an den gewöhnlichen Aufenthalt liegt darin, die Verhältnisse des Kindes in der sozialen Umwelt, in der es tatsächlich eingebettet ist, zu lokalisieren. Durch die Regelung in Art. 1 MSA soll die Stellung des Minderjährigen verbessert werden. Es sollen deshalb primär die Behörden des Staates zuständig sein, in dem die Bedürfnisse des Minderjährigen am besten beurteilt werden können.[91]

41 Nach Art. 13 Abs. 1 MSA ist das Abkommen auf alle Minderjährigen anzuwenden. Es kommt also weder auf die **Staatsangehörigkeit des Kindes** noch darauf an, ob dessen Heimatstaat zu den Vertragsstaaten gehört.[92]

Minderjährig im Sinne des MSA ist nach Art. 12 MSA ein Kind, das sowohl nach seinem Heimatrecht als auch nach dem Recht an dem gewöhnlichen Aufenthalt noch minderjährig ist.[93] Ein 19-Jähriger, der in seiner tunesischen Heimat noch minderjährig ist, unterliegt daher in Deutschland nicht dem MSA.[94]

42 Die internationale Zuständigkeit eines deutschen Familiengerichts ist gegeben, wenn das minderjährige Kind seinen gewöhnlichen Aufenthalt in Deutschland hat. Abzustellen ist auf den Zeitpunkt der Entscheidung durch das deutsche Gericht.[95] Lebt das Kind im Zeitpunkt der Entscheidung des Gerichts schon in einem anderen Staat, der dem MSA beigetreten ist, aber nicht Mitgliedstaat der Brüssel IIa-VO ist, sind wegen der Konkurrenzregel des Art. 60 Brüssel IIa-VO nur noch dessen Gerichte zuständig.[96] Das gilt selbst dann, wenn das Kind die deutsche Staatsangehörigkeit besitzt und sich seine Eltern in Deutschland scheiden lassen.[97]

---

[87] Text abgedr. unter § 14 D.
[88] BGH FamRZ 1997, 1070; OLG Nürnberg FamRZ 2003, 163; OLG Köln FamRZ 1991, 363.
[89] OLG Karlsruhe FamRZ 1993, 96; OLG Köln FamRZ 1991, 363.
[90] Vgl. BGH FamRZ 1981, 135.
[91] OLG Karlsruhe FamRZ 1994, 642; OLG Celle FamRZ 1993, 95; vgl. auch OLG Düsseldorf FamRZ 1993, 1108.
[92] OLG Stuttgart FamRZ 1997, 51; OLG Karlsruhe FamRZ 1993, 96; OLG Köln FamRZ 1991, 363; vgl. auch OLG Hamm FamRZ 1992, 208.
[93] BayObLG FamRZ 1997, 954, 955.
[94] AG Ingolstadt IPRax 1992, 326 m. Anm. *Lorenz*, IPRax 1992, 305.
[95] OLG Celle FamRZ 1993, 95.
[96] OLG Stuttgart, FamRZ 2013, 49; zust. Anm. *Gruber*, IPRax 2013, 409; OLG Zweibrücken FamRZ 2014, 1555; OLG Frankfurt OLGR 2005, 621; OLG Karlsruhe FamRZ 1994, 642.
[97] OLG Düsseldorf FamRZ 1993, 1108.

Der Begriff „**Schutzmaßnahmen**" umfasst alle Maßnahmen, die im Interesse des Kindes erforderlich sind. Unter Schutzmaßnahmen im Sinne von Art. 1 MSA sind daher neben den vielfältigen verwaltungsbehördlichen Möglichkeiten insbesondere die Entscheidungen des Familiengerichts zur Herausgabe des Kindes nach § 1632 BGB,[98] Anordnungen nach §§ 1666 ff. BGB,[99] Regelungen zur elterlichen Sorge bei Trennung oder Scheidung nach §§ 1671 und 1672 BGB[100] und Regelungen zum Umgangsrecht nach §§ 1684, 1685 BGB[101] sowie nach § 1686a BGB oder auch Abänderungsmaßnahmen nach § 1696 BGB[102] zu verstehen. 43

Nicht zu den Schutzmaßnahmen und daher nicht nach dem MSA zu beurteilen ist die gesetzliche Vertretung in einem **Abstammungs-** oder **Unterhaltsverfahren**.

Im Falle einer **Entführung** des Kindes ins Ausland ist die Herausgabe jedoch nach dem HKÜ zu verlangen.[103]

1. Prüfungsschema internationale Zuständigkeit

Folgende **Prüfungsreihenfolge** empfiehlt sich: 44
- Zuständigkeit nach Art. 3, 4 oder 5 MSA (nach Art. 1 MSA vorrangig zu prüfen!)?
- Zuständigkeit nach Art. 1 MSA?
- Zuständigkeit nach Art. 9 MSA?

2. Grundregel: Gewöhnlicher Aufenthalt des Kindes, Art. 1 MSA

Der **gewöhnliche Aufenthalt** des Minderjährigen ist dort, wo sein tatsächlicher Lebensmittelpunkt ist.[104] Die Begründung des gewöhnlichen Aufenthalts erfordert keinen rechtsgeschäftlichen Willen, sondern verlangt in der Regel eine gewisse Dauer – etwa sechs Monate[105] – und darüber hinaus Bindungen insbesondere in familiärer Hinsicht, also eine Eingliederung in die soziale Umwelt des Aufenthaltsortes.[106] Der Besuch der Schule oder des Kindergartens, Kontakte mit vielen Freunden oder den Großeltern eines Elternteils sind Indizien für eine verfestigte soziale Eingliederung. Wenn die soziale Komponente sich verstärkt auswirkt, kann der Sechsmonatszeitraum 45

---

[98] OLG Hamburg NJW-RR 1990, 1289; OLG Hamm FamRZ 1998, 447; OLG Stuttgart NJW 1985, 566; OLG Düsseldorf FamRZ 1980, 728; OLG Zweibrücken OLGZ 81, 146; OLG Karlsruhe NJW 1976, 485.
[99] BayObLG FamRZ 1997, 954; 1993, 230; 1991, 1219; OLG Frankfurt FamRZ 1997, 571; OLG Stuttgart FamRZ 1980, 1152; *Heilmann/Schweppe*, Art. 3 MSA Rn 2.
[100] BGH FamRZ 1984, 686; OLG Hamm FamRZ 1988, 864; KG FamRZ 1974, 144.
[101] OLG Hamm NJWE-FER 1998, 56; OLG Bamberg FamRZ 1997, 1412; OLG Karlsruhe FamRZ 1996, 424.
[102] BGH IPRax 1987, 317; OLG Hamm FamRZ 1997, 1295; OLG Karlsruhe FamRZ 1995, 563.
[103] *Rausch*, FuR 2001, 151.
[104] BGH FamRZ 2005, 1540; 1981, 135; OLG Bremen NJW 2016, 655; OLG Stuttgart FamRZ 2013, 49; OLG Hamm FamFR 2012, 141, m.z.w.N.; OLG Nürnberg FamRZ 2003, 163; OLG Stuttgart FamRZ 1997, 51; AG Saarbrücken FamRZ 2002, 45; vgl. zum gewöhnlichen Aufenthalt *Winkler von Mohrenfels*, FPR 2001, 189.
[105] OLG Bamberg Kind-Prax 2000, 61, 62; FamRZ 1990, 1135; OLG Celle FF 1999, 87; OLG Karlsruhe FamRZ 1993, 96; OLG Hamm FamRZ 1991, 1466 m. Anm. *Henrich*; FamRZ 1989, 1109; AG Schleswig FamRZ 2001, 933; in Entführungsfällen kann nach unten abgewichen werden: OLG Hamm FamRZ 1991, 1466; 1991, 1346; vgl. auch BGH FamRZ 1997, 1070.
[106] OLG Nürnberg FamRZ 2003, 163; OLG Rostock FamRZ 2001, 642; OLG Schleswig FamRZ 2000, 1426; OLG Hamm NJW-RR 1997, 5; FamRZ 1991, 1346; 1991, 1466; 1989, 1109; OLG Stuttgart FamRZ 1997, 51; OLG Karlsruhe FamRZ 2003, 955; 2003, 956; FamRZ 1993, 96; OLG Köln FamRZ 1991, 363; AG Saarbrücken FamRZ 2002, 45.

auch unterschritten werden[107] (vgl. auch die – unbeschadet abkommensautonomer Auslegung weitgehend übertragbaren – diesbezüglichen Ausführungen zur Brüssel IIa-Verordnung (siehe Rdn 15).[108]

Der Sechsmonatsmaßstab ist nur eine Faustregel, die der Überprüfung in jedem Einzelfall bedarf.[109] Familiäre Bindungen spielen eine umso größere Rolle, je jünger das Kind ist.[110]

Ob sich ein Kind in einem anderen Vertragsstaat gewöhnlich aufhält, bestimmt sich im Wesentlichen aus der Sicht des Kindes, nicht nach dem Willen der Eltern.[111]

Melderechtliche Fragen treten hinter den tatsächlichen Umständen zurück. Sie spielen allenfalls eine formale Rolle.[112]

46 Ein gewöhnlicher Aufenthaltsort wird allerdings grundsätzlich schon dann begründet, wenn sich aus den Umständen ergibt, dass der Aufenthalt an diesem Ort auf längere Dauer angelegt ist, er künftig Daseinsmittelpunkt sein soll.[113] Lässt sich dies feststellen, so kommt es nicht darauf an, ob der Wechsel des Aufenthaltsortes bereits längere Zeit zurückliegt.[114] Hat ein Kind an zwei Orten einen gewöhnlichen Aufenthalt, ist das MSA nicht anwendbar.[115]

Es ist auch nicht entscheidend, ob der gewöhnliche Aufenthalt mit oder ohne Willen des Sorgeberechtigten begründet worden ist. Das gilt selbst im Falle des so genannten **legal kidnapping**, wenn also innerhalb der Jahresfrist des Art. 12 Abs. 2 HKÜ kein Antrag auf Rückführung des Kindes gestellt wird (siehe dazu Rdn 106).[116] Es muss vermieden werden, dass sich ein Elternteil zur Verbesserung seiner Sorgerechtsposition die Zuständigkeit eines ausländischen Gerichts durch das legal kidnapping erschleicht.[117]

47 Auch in den **Entführungsfällen** bzw. in den Fällen, in denen der Umgangsberechtigte das Kind zurückhält, kommt es nach einem gewissen Zeitablauf zu einer sozialen Einbindung in die Lebensverhältnisse am neuen Aufenthaltsort und damit zur Verlegung des tatsächlichen Lebensmittelpunktes.[118]

Ein während eines anhängigen Verfahrens erfolgter **Aufenthaltswechsel** kann also, selbst wenn dem ein so genannter **Entführungsfall** zugrunde liegt, grundsätzlich geeignet sein, eine zunächst vorhandene internationale Zuständigkeit zu beseitigen.[119] Denn das MSA kennt – anders als Art. 8 Abs. 1 Brüssel IIa-VO (siehe dazu Rdn 23) – **keine perpetuatio fori**.[120] Wechselt daher das Kind von einem Verordnungsmitgliedstaat in einen Staat, der Vertragsstaat des MSA ist, so gibt es keine **Zuständigkeitsfortdauer**.[121]

---

107 OLG Hamm FamRZ 1991, 1346; 1991, 1466; 1989, 1109; OLG Stuttgart FamRZ 2003, 959.
108 BGH FamRZ 1981, 135; NJW 1993, 2047; OLG Stuttgart FamRZ 1997, 51; ausführlich Kemper/Schreiber/*Völker/Clausius*, HK-FamFG, § 152 Rn 3.
109 OLG Stuttgart FamRZ 1997, 51.
110 OLG Schleswig FamRZ 2000, 1426.
111 OLG Hamm FamRZ 1999, 948.
112 OLG Schleswig FamRZ 2000, 1426; vgl. OLG Bamberg Kind-Prax 2000, 61.
113 KG IPRax 1998, 274; OLG Celle FamRZ 1993, 95.
114 OLG Celle FamRZ 1993, 95.
115 OLG Frankfurt FPR 2001, 233.
116 OLG Bremen NJW 2016, 655; OLG Nürnberg FamRZ 2003, 163; OLG Karlsruhe FPR 2001, 235; FamRZ 1993, 96; OLG Hamm FamRZ 1991, 1466; 1991, 1346.
117 BGH FamRZ 2002, 1182 m. Anm. *Henrich*.
118 OLG Bremen NJW 2016, 655; OLG Nürnberg FamRZ 2003, 163; OLG Celle FF 1999, 87; OLG Stuttgart FamRZ 1997, 51; OLG Düsseldorf FamRZ 1994, 1108 unter Hinweis auf BGH FamRZ 1981, 135.
119 OLG Celle FamRZ 1993, 95; OLG Hamm FamRZ 1991, 1346; 1989, 1109; vgl. auch OLG Karlsruhe FamRZ 1994, 642; 1993, 96; OLG Stuttgart FamRZ 1989, 1110.
120 OLG Bremen NJW 2016, 655; OLG Stuttgart FamRZ 2013, 49; zust. Anm. *Gruber*, IPRax 2013, 409.
121 OGH Österreich IPRax 2014, 183 mit Bespr. *Heindler*, IPRax 2014, 201; OLG Bremen NJW 2016, 655; OLG Stuttgart IPRax 2013, 441 mit Bespr. *Gruber*, IPRax 2013, 409; OLG Karlsruhe FamRZ 2011, 1963; 2013, 1238; OLG Frankfurt OLGR 2005, 621 (zum MSA); *Andrae*, Kapitel 6 Rn 46, *Finger*, FuR 2013, 689, 695.

Der gewöhnliche Aufenthalt wird allerdings nicht schon durch den Entführungsakt an sich verändert. Denn das Erschleichen einer anderen Aufenthaltszuständigkeit durch willkürliches Verbringen eines Kindes muss verhindert werden. Dem kann hinreichend sicher durch die strenge Prüfung des Begriffs des gewöhnlichen Aufenthalts nach Art. 1 MSA begegnet werden.[122] Ein entgegenstehender Wille des sorgeberechtigten Elternteils spricht eher gegen die Verfestigung zum gewöhnlichen Aufenthalt.[123]

3. Vorbehalte der Art. 3, 4, 5 Abs. 3 und 9 MSA

Ausnahmsweise kann sich im Anwendungsbereich des MSA das Heimatrecht gegenüber dem Aufenthaltsrecht durchsetzen, wenn die Voraussetzungen der Art 3, 4 oder 5 Abs. 3 MSA vorliegen.[124] Ferner enthält Art. 9 MSA eine **Eilzuständigkeit**.

a) Nach Heimatrecht bestehendes Gewaltverhältnis, Art. 3 MSA

Art. 3 MSA betrifft den Fall, dass nach dem Heimatrecht des Kindes ein **gesetzliches Gewaltverhältnis** besteht, in das ausländische Behörden nicht eingreifen dürfen. Betroffen sind jedoch nur Gewaltverhältnisse, die unmittelbar auf Gesetz beruhen. Ein Gewaltverhältnis nach deutschem Recht als Aufenthaltsrecht kann z.B. nach § 1626a Abs. 2 BGB – originäre Alleinsorge der mit dem Vater nicht verheirateten Mutter – bestehen. Hier ist es der ausländischen Behörde wegen Art. 3 MSA untersagt, eine Regelung nach Art. 1 MSA zu treffen.

Eine Schutzmaßnahme stellt nur dann einen Eingriff in das gesetzliche Gewaltverhältnis eines fremden Staates i.S.d. Art. 3 MSA dar, wenn das Recht dieses Staates eine solche Maßnahme nicht zulässt.[125] Aber Art. 3 MSA hindert die Anwendung deutschen Rechts nicht, wenn eine **ernstliche Gefährdung des Kindes** vorliegt. Eine ernstliche Gefährdung des Kindeswohls i.S.d. Art. 8 MSA ist in der Regel anzunehmen, wenn die Voraussetzungen des § 1666 BGB erfüllt sind, also das körperliche, geistige oder seelische Wohl des Kindes u.a. durch missbräuchliche Ausübung der elterlichen Bestimmung gefährdet ist.[126]

Leben die Eltern eines minderjährigen Kindes, das die türkische Staatsbürgerschaft besitzt und sich gewöhnlich in Deutschland aufhält, getrennt, so steht das nach türkischem Recht gegebene gesetzliche Gewaltverhältnis des Vaters (sog. **Stichentscheid** bei Meinungsverschiedenheiten der Eltern) im Sinne des Art. 3 MSA einer Sorgerechtsregelung nicht entgegen, die der Mutter die Ausübung der elterlichen Sorge erlaubt.[127] Die internationale Zuständigkeit, die wegen der Auslandsberührung (türkische Staatsangehörigkeit der Eltern und des Kindes) vorrangig zu prüfen ist, folgt aus Art. 1 MSA, der insoweit Art. 19 EGBGB verdrängt. Sind deutsche Gerichte international zuständig, ist nach Art. 2 MSA auch materiell deutsches Recht anzuwenden.[128]

b) Eingreifen der Heimatbehörden zum Schutz des Kindes, Art. 4 MSA

Nach Art. 4 MSA können Behörden des Staates, dem der Minderjährige angehört, dort aber nicht seinen gewöhnlichen Aufenthalt hat, Maßnahmen zum Schutz der Person und des Vermögens des Minderjährigen treffen, wenn sie der Auffassung sind, dass das Wohl des Kindes solche Maßnahmen erfordert.[129] Bei der Anwendung des Art. 4 Abs. 1 MSA ist Zurückhaltung geboten. Deutsche

---

122 OLG Hamm FamRZ 1991, 1346.
123 OLG Zweibrücken FamRZ 2001, 643.
124 OLG Celle FamRZ 1993, 95; kritisch *Roth/Döring*, FuR 1999, 195.
125 BGH FamRZ 1997, 1070.
126 OLG Köln FamRZ 1991, 363; vgl. LG Hamburg IPRax 1998, 490; AG Korbach JAmt 2002, 525.
127 BGH FamRZ 1992, 794; OLG Koblenz FamRZ 1990, 552; vgl. auch OLG Köln FamRZ 1991, 362; OLG Celle FamRZ 1989, 1324.
128 OLG Saarbrücken, Beschl. v. 29.8.2003 – 6 UF 11/03; OLG Köln FamRZ 1991, 363.
129 BGH FamRZ 1997, 1070; OLG Saarbrücken, Beschl. v. 24.7.2006 – 9 UF 65/06 (n.v.).

Behörden sollen von ihrer konkurrierenden Zuständigkeit nur wegen besonderer Umstände Gebrauch machen.[130] Diese liegen in der Regel vor, wenn der Aufenthaltsstaat zu Schutzmaßnahmen nicht bereit oder in der Lage ist oder wenn die Heimatbehörden rascher und sachnäher handeln können.[131] Grundsätzlich kommt Art. 4 MSA allerdings dennoch der Vorrang vor Art. 1 MSA zu; allein die in Art. 16 MSA enthaltene ordre-public-Klausel kann jene Zuständigkeit dann noch sperren.[132]

54 Im Allgemeinen können die Behörden und Gerichte des Aufenthaltsstaates besser ermitteln und beurteilen, in welchen Verhältnissen das Kind lebt und welche Maßnahmen im Interesse des Kindeswohls erforderlich sind.[133] Außerdem sind sie besser in der Lage, die von ihnen getroffenen Maßnahmen durchzusetzen.[134] Die Heimatbehörden dürfen nur handeln, wenn sie zuvor die Behörden des Aufenthaltsstaates von ihrer Absicht verständigt haben, Art. 4 Abs. 1 MSA.[135]

55 Probleme können sich ergeben, wenn das Kind neben der deutschen eine fremde Staatsangehörigkeit besitzt, also so genannter **Doppelstaater** ist. Im Rahmen des Art. 4 MSA ist davon auszugehen, dass bei Mehrstaatlern mit deutscher Staatsangehörigkeit – wie regelmäßig für die internationale Zuständigkeit – die deutsche Staatsangehörigkeit den Ausschlag gibt.[136] Es wäre mit der sich aus Art. 6 Abs. 2 und 2 Abs. 1 GG ergebenden Schutzpflicht des deutschen Staates für Minderjährige unvereinbar, wenn einem deutschen Minderjährigen nur deshalb nicht der Mindestschutz nach Art. 4 MSA gewährt werden könnte, weil er noch eine andere Staatsangehörigkeit besitzt.[137]

56 Die internationale Zuständigkeit für eine **einstweilige Anordnung** lässt sich auch bei einem nur vorübergehenden Aufenthalt rechtfertigen, und zwar gemäß Art. 4 MSA. Für eine mit der Aufenthaltszuständigkeit des Art. 1 MSA konkurrierende internationale Zuständigkeit der Heimatbehörden und -gerichte gemäß Art. 4 MSA ist grundsätzlich nur dann Raum, wenn im Einzelfall aufgrund besonderer Umstände das Eingreifen der Heimatbehörden und -gerichte die Interessen des Kindes bzw. das Kindeswohl besser gewährleisten kann als das Tätigwerden der Aufenthaltsbehörden.[138]

c) Fortgeltung im bisherigen Heimatstaat getroffener Maßnahmen bei Aufenthaltswechsel, Art. 5 Abs. 3 MSA

57 Nach Art. 5 Abs. 3 MSA bleiben Maßnahmen, die der bisherige Heimat- und Aufenthaltsstaat des Minderjährigen getroffen hat, auch im Staat des neuen gewöhnlichen Aufenthaltes in Kraft, wenn der gewöhnliche Aufenthalt des Minderjährigen unter dem Schutz der Behörden dieses Staates gestanden hat.

d) Eilzuständigkeit, Art. 9 MSA

58 Art. 9 MSA begründet eine Zuständigkeit des Aufenthaltsstaates für notwendige **Eilmaßnahmen**. Die Behörden des Vertragsstaates, in dessen Hoheitsgebiet sich der Minderjährige auch nur vorübergehend aufhält oder ihm gehörendes Vermögen befindet, können also in dringenden Fällen die notwendigen Schutzmaßnahmen treffen. In Deutschland wird es sich in erster Linie um Maßnahmen nach §§ 1666 ff. BGB handeln.[139] Voraussetzung ist eine ernsthafte Gefährdung der

---

130 BGH FamRZ 1997, 1070; OLG Zweibrücken FamRZ 2014. 1555.
131 OLG Stuttgart FamRZ 1997, 52; OLG Karlsruhe FamRZ 1994, 643.
132 OGH Österreich IPRax 2015, 574 m. Bespr. *Odendahl*.
133 BGH FamRZ 2002, 1182 m. Anm. *Henrich*.
134 BGH FamRZ 1997, 1070.
135 BGH FamRZ 1997, 1070; OLG Saarbrücken OLGR 2001, 426; *Schulz*, FamRZ 2003, 336.
136 Vgl. BGH FamRZ 1997, 1070; OLG Zweibrücken FamRZ 2014, 1555; vgl. auch OLG Nürnberg FamRZ 2003, 163; AG Marburg IPRax 1996, 133.
137 BGH FamRZ 1997, 1070.
138 OLG Karlsruhe FamRZ 1994, 642.
139 Zustimmend *Heilmann/Schweppe*, Art. 5 MSA Rn 5.

Person des Minderjährigen oder dessen Vermögens. Art. 9 MSA schließt auch die Anwendung des Art. 3 MSA aus.

Maßnahmen nach Art. 9 MSA dürfen jedoch nicht getroffen werden, wenn die Behörden im gewöhnlichen Aufenthaltsland des Minderjährigen rechtzeitig von ihrer Zuständigkeit nach Art. 1 MSA Gebrauch machen können.

IV. Internationale Zuständigkeit deutscher Gerichte bei gewöhnlichem Aufenthalt in einem Drittstaat

Hat das Kind seinen gewöhnlichen Aufenthalt in einem **Drittstaat** – also einem solchen, der weder einer der Mitgliedstaaten der Brüssel IIa-VO noch ein Vertragsstaat des KSÜ oder des MSA ist – richtet sich die internationale Zuständigkeit deutscher Gerichte nach §§ 98, 99 FamFG.[140] Danach kommt eine Zuständigkeit der deutschen Gericht für eine Kindschaftssache (Legaldefinition: § 151 FamFG) nur in Betracht, wenn 59

- das Kind **deutscher** Staatsangehöriger ist, § 99 Abs. 1 S. 1 Nr. 1 FamFG. Dabei ist es gleichgültig, ob die deutsche Staatsangehörigkeit des Kindes auch die effektive ist. Dagegen kann die deutsche Staatsangehörigkeit eines Elternteils allein die internationale Zuständigkeit für die Sorgerechtssache nicht begründen.
- das Kind der **Fürsorge** durch ein deutsches Gericht bedarf, § 99 Abs. 1 S. 2 FamFG. Zweifelhaft ist allerdings, ob diese internationale Zuständigkeit mehr als nur **Notmaßnahmen** erlaubt.
- ein **Scheidungsverfahren** im Inland anhängig ist, das deutsche Gericht für dieses nach § 98 Abs. 1 FamFG zuständig ist und eine Kindschaftssache als Folgesache anhängig ist. Dann erstreckt sich nach § 98 Abs. 2 FamFG die Zuständigkeit für die Scheidungssache auch auf diese Folgesache. Die internationale Zuständigkeit setzt sich für das **Rechtsmittel** gegen einzelne Folgesachen fort, auch wenn der Scheidungsausspruch bereits erfolgt ist.[141]

Diese Zuständigkeit besteht indes nicht, wenn einem Tätigwerden deutscher Gerichte die Rechtshängigkeit eines ausländischen Verfahrens gemäß § 261 Abs. 3 Nr. 1 ZPO analog entgegensteht. Dieses – von Amts wegen zu prüfende – Verfahrenshindernis anderweitiger Rechtshängigkeit im Ausland setzt voraus, dass nach nationalem Verständnis eine Identität der Verfahrensgegenstände besteht und die ausländische Entscheidung in Deutschland anzuerkennen sein wird.[142]

§ 99 Abs. 1 S. 1 Nr. 2 FamFG (gewöhnlicher Aufenthalt des Kindes im Inland) ist wegen Art. 8 Abs. 1 Brüssel IIa-VO obsolet.

C. Kollisionsrecht – Bestimmung des anwendbaren materiellen Rechts

Wurde die internationale Zuständigkeit des deutschen Gerichts bejaht, so stellt sich als nächstes die Frage, nach welchem **Sachrecht** der kindschaftsrechtliche Fall zu lösen ist. Auch hier ist wieder kaskadenartig zu prüfen (siehe Rdn 6). 60

Nachdem weder die Brüssel IIa-VO noch die Brüssel IIb-VO Regelungen über das anwendbare Recht für die elterliche Verantwortung enthalten, ist auf völkerrechtliche Übereinkünfte zurückzugreifen, hier auf

---

140 Siehe dazu *Hau*, FamRZ 2009, 821; Text des FamFG auszugsweise abgedr. unter § 14 K.
141 OLG Stuttgart FamRZ 1997, 958.
142 OLG Bremen NJW-Spezial 2016, 326.

- im Verhältnis zur Türkei auf das MSA (siehe Rdn 4),[143]
- im Verhältnis zu Iran auf das Deutsch-Iranische Niederlassungsabkommen (siehe Rdn 3),
- im Verhältnis zu KSÜ-Vertragsstaaten und Drittstaaten das **KSÜ**.[144]

I. Kollisionsnormen des KSÜ

61 Das KSÜ[145] ist seit dem 1.1.2011 für Deutschland hinsichtlich der Frage des anwendbaren Rechts auch in Verfahren anwendbar, die bereits vor diesem Tag eingeleitet wurden.[146] Das KSÜ enthält zwei Arten von Kollisionsnormen: Art. 15 KSÜ findet nur Anwendung, wenn ein Gericht auf der Grundlage des KSÜ eine Zuständigkeit ausübt. Beruht die internationale Zuständigkeit des Gerichts auf anderen Grundlagen, so ist der Regelungskorpus der Art. 16–22 KSÜ heranzuziehen.

1. Internationale Zuständigkeit aufgrund des KSÜ, Art. 15 KSÜ

62 Folgt die internationale Zuständigkeit des Gerichts aus dem KSÜ, so wendet das Gericht grundsätzlich die lex fori an (Art. 15 Abs. 1 KSÜ), zu dem dann auch das vorrangige Verordnungs- und Völkerrecht gehört. Art. 15 Abs. 2 KSÜ enthält eine Ausnahme von Art. 15 Abs. 1 KSÜ. Hiernach kann das Gericht, soweit der Schutz der Person oder des Vermögens des Kindes es erfordert, das Recht eines anderen Staates anwenden oder berücksichtigen, zu dem der Sachverhalt eine enge Verbindung hat. Diese Ausweichklausel spielt praktisch in Deutschland keine Rolle, weil das nach Art. 15 Abs. 1 KSÜ anwendbare deutsche Recht regelmäßig ausreichend vielfältige Maßnahmen zulässt, um den Schutz des Kindes zu gewährleisten.

Art. 15 Abs. 3 KSÜ steht in Zusammenhang mit Art. 5 Abs. 2 KSÜ: Wechselt der gewöhnliche Aufenthalt des Kindes, so geht nach dieser Vorschrift nicht nur die internationale Zuständigkeit auf die Gerichte des anderen Staates über, sondern wandelt sich nach jener Norm auch das anwendbare Recht hin zu dem dieses anderen Staates.

2. Internationale Zuständigkeit aufgrund Normen außerhalb des KSÜ, Art. 16–22 KSÜ

63 Beruht die internationale Zuständigkeit des Gerichts nicht auf den Vorschriften des KSÜ, so ist zu unterscheiden. Folgt die Zuständigkeit aus der Brüssel IIa-VO, so richtet sich das anwendbare Recht trotzdem nach Art. 15 Abs. 1 KSÜ (sog. Gleichlauf);[147] denn das KSÜ ist erkennbar weitgehend auf die Brüssel IIa-VO abgestimmt. Anders, wenn die Zuständigkeit etwa auf das MSA oder das rein nationale Recht gegründet werden muss; dann ist Art. 15 KSÜ nicht anwendbar. Aufgrund des klaren Wortlauts von Art. 15 Abs. 1 KSÜ („ihre[r] Zuständigkeit nach Kapitel II") können Ausnahmen hiervon nicht zugelassen werden.[148] In diesem Fall finden sich die Kollisionsnormen in den Art. 16–22.

Nach Art. 16 KSÜ beurteilen sich die Zuweisung und das Erlöschen der elterlichen Verantwortung nach dem Recht des gewöhnlichen Aufenthalts des Kindes. Dabei enthält Art. 16 Abs. 2 KSÜ eine spezielle Regelung, die – unwandelbar – an den gewöhnlichen Aufenthalt des Kindes in dem Moment anknüpft, in dem die Sorgerechtsgestaltung kraft elterlicher Handlung, etwa

---

143 Siehe auch *Finger*, FamRBint 2008, 9.
144 OLG Celle FamRZ 2016, 647; OLG Karlsruhe FamRZ 2015, 2182; 2013, 1238; 2012, 1955; Palandt/*Thorn*, Anh EGBGB 24 Rn 18.
145 Text abgedr. unter § 14 C; siehe *Benicke*, IPRax 2013, 44, 49.
146 BGH FamRZ 2011, 796 m. Anm. *Völker*; OLG Saarbrücken FF 2011, 326; OLG Karlsruhe FamRZ 2011, 1963.
147 So inzident – ohne Vertiefung – BGH FamRZ 2011, 796 m. Anm. *Völker*; Anm. *Coester*, FF 2011, 285 m.w.N.; ebenso OLG Karlsruhe FamRZ 2013, 1238; *Schulz*, FamRZ 2011, 156, 159 m.w.N. (sog. Gleichlaufprinzip).
148 Sehr streitig, wie hier Rauscher/*Rauscher*, Art. 3 Brüssel IIa-VO Rn 3 m.w.N.

durch Sorgeerklärungen, wirksam wird.¹⁴⁹ Dies ist für vorgeburtliche Sorgeerklärungen in Deutschland erst ab Geburt des Kindes der Fall.¹⁵⁰ Art. 16 Abs. 3 KSÜ ordnet die Fortdauer des bisherigen Rechts des gewöhnlichen Aufenthalts des Kindes bei dessen Wechsel in einen anderen Vertragsstaat an.¹⁵¹ Diese greift auch, wenn ein (Mit-)Inhaber der elterlichen Verantwortung nach dem Recht des Vertragsstaates des neuen gewöhnlichen Aufenthalts kein Mitsorgerecht hätte, wie dies in Deutschland etwa bei einem Vater der Fall sein kann, der mit der Mutter des Kindes nicht verheiratet ist.¹⁵² Streitig ist, ob die Art. 16 Abs. 2 und 3 KSÜ auch für einen durch Inkrafttreten des KSÜ zum 1.1.2011 eintretenden Statutenwechsel gelten.¹⁵³ Formal sprechen die besseren Gründe dagegen.¹⁵⁴ Auch Art. 16 Abs. 1 KSÜ ist dahingehend auszulegen, dass sein Inkrafttreten nicht zu einem Wegfall eines von einem Vertragsstaat bislang nach Art. 3 MSA anerkannten Gewaltverhältnisses und damit zu einem Statuswechsel führt.¹⁵⁵

Art. 17 KSÜ erstreckt dies auch auf die Ausübung der elterlichen Verantwortung. Beide Vorschriften sind auch dann anzuwenden, wenn das nach ihnen berufene Recht das eines Nichtvertragsstaates ist, Art. 20 KSÜ.

Die Art. 16 und 17 sind grundsätzlich Sachnormverweisungen (Art. 21 Abs. 1 KSÜ), mit Ausnahme der Sonderkonstellation des Art. 21 Abs. 2 KSÜ: Verweist Art. 16 KSÜ (auf Art. 17 ist Art. 21 Abs. 2 KSÜ nicht anwendbar!) auf das Recht eines Nichtvertragsstaats und verweist das IPR dieses Staates auf das Recht eines anderen Nichtvertragsstaats, der sein eigenes Recht anwenden würde, so ist das Recht dieses anderen Staates anzuwenden, andernfalls das nach Art. 16 KSÜ bestimmte Recht.

Art. 22 KSÜ enthält die für Haager Übereinkommen typische ordre-public-Klausel, die aber in Deutschland kaum einmal eine Rolle spielen dürfte, weil ohnehin meist deutsches Recht anzuwenden ist.¹⁵⁶

II. Kollisionsnormen des MSA

1. Grundsatz: Anwendbarkeit der lex fori, Art. 2 MSA

Das MSA¹⁵⁷ geht vom sog. Gleichlaufgrundsatz aus, demzufolge das nach dem MSA international zuständige Gericht sein eigenes Recht anwendet, Art. 2 MSA. Folgt die Zuständigkeit aus der Brüssel IIa-VO, so richtet sich das anwendbare Recht trotzdem nach dem MSA, nachdem die Verordnung keinerlei Bestimmungen zum anwendbaren Recht enthält.¹⁵⁸

64

2. Ausnahme: Heimatrecht bei gesetzlichem Gewaltverhältnis, Art. 3 MSA

Besteht nach dem Heimatrecht des Kindes ein **Gewaltverhältnis** kraft Gesetzes, ist dieses nach Art. 3 MSA in allen Vertragsstaaten anzuerkennen. Art. 3 MSA enthält also dann eine Sachnormverweisung.¹⁵⁹ Art. 16 Abs. 1 KSÜ ist dahingehend auszulegen, dass sein Inkrafttreten nicht

65

---

149 Dazu *Coester*, FF 2011, 285, 286.
150 KG FamRZ 2011, 1516; inzident ebenso OLG Karlsruhe FamRZ 2011, 1963.
151 Dazu OLG Karlsruhe FamRZ 2011, 1963.
152 *Schulz*, FamRZ 2011, 156, 159; zum Sonderfall der Leihmutterschaft siehe AG Regensburg FamRZ 2014, 1556.
153 Ablehnend Staudinger/*Pirrung*, Vorbem C 199 zu Art. 19 EGBGB; dazu neigend auch OLG Karlsruhe FamRZ 2013, 1238; offen lassend BGH FamRZ 2011, 796 m. Anm. *Völker*; Anm. *Rauscher*, NJW 2011, 2332, 2333; OLG Karlsruhe FamRZ 2011, 1963 mit Bespr. *Looschelders*, IPRax 2014, 152; *Coester*, FF 2011, 285, 287.
154 OLG Karlsruhe FamRZ 2013, 1238 m. Bespr. *Heiderhoff*, IPRax 2015, 326.
155 OLG Frankfurt FamRZ 2015, 1633.
156 *Schulz*, FamRZ 2011, 156, 160.
157 Text abgedr. unter § 14 D.
158 OLG Frankfurt FamRZ 2015, 1633 m.w.N.
159 Vgl. AnwK-BGB/*Benicke*, Art. 3 MSA Rn 8 m.w.N.

zu einem Wegfall eines von einem Vertragsstaat bislang nach Art. 3 MSA anerkannten Gewaltverhältnisses und damit zu einem Statuswechsel führt.[160]

Besitzt das Kind die **Staatsangehörigkeit mehrerer Staaten**, ist zu unterscheiden:

Hat das Kind neben einer anderen Staatsangehörigkeit auch die deutsche, geht diese vor. Das gilt selbst dann, wenn sie nicht die effektivere ist.

Ansonsten entscheidet die effektivere. Kann keine der Staatsangehörigkeiten als die effektivere festgestellt werden, sind die nach beiden Heimatrechten gegebenen Eingriffsmöglichkeiten zu vergleichen. Widersprechen sie sich, so bleiben beide unberücksichtigt. Dann setzt sich das Aufenthaltsrecht gemäß Art. 1 MSA durch.

III. Sonderfall: Das Deutsch-Iranische Niederlassungsabkommen

66 Das **Deutsch-Iranische Niederlassungsabkommen** (siehe Rdn 3)[161] enthält ebenfalls eine Ausnahme vom Gleichlaufgrundsatz: Haben alle Beteiligten die iranische Staatsangehörigkeit, ist – vorbehaltlich des stets zu beachtenden **ordre public**-Vorbehalts,[162] insbesondere mit Blick auf das Kindeswohl[163] – das deutsch-iranische Niederlassungsabkommen anzuwenden.[164] Ist das Niederlassungsabkommen unanwendbar, greift Art. 3 MSA ein, wenn das Kind ein **Mehrstaatler**, aber nicht zugleich Deutscher ist.

67 Nach Art. 8 Abs. 3 dieses Abkommens bleiben iranische Staatsangehörige in Angelegenheiten der Volljährigkeit und der Vormundschaft dem **iranischen Recht** unterworfen.[165] Voraussetzung ist aber, dass beide Elternteile iranische Staatsangehörige sind. Nach iranischem Recht ist der Vater Alleininhaber der gesetzlichen Vormundschaft, während der Mutter die Personensorge nur für Söhne bis zum 2. und für Töchter bis zum 7. Lebensjahr zusteht.[166] Das gilt auch nach der Scheidung.[167] Der ordre public-Vorbehalt wird hier allerdings sehr schnell virulent werden.[168]

IV. Kollisionsrecht bei Drittstaatenbezug

68 Hält sich das Kind nicht in Deutschland oder einem anderen KSÜ- bzw. MSA-Vertragsstaat auf oder ist es nach seinem Aufenthalts-, aber nicht nach seinem Heimatrecht volljährig, wird das anwendbare Recht nicht durch das MSA bestimmt.

In diesen Fällen untersteht das Rechtsverhältnis zwischen den Eltern und dem Kind dem Recht des Staates des gewöhnlichen Aufenthalts des Kindes, Art. 21 EGBGB.[169] Dieses Kindschaftsstatut betrifft die Person des Sorgeberechtigten und – vorbehaltlich von Sonderregelungen wie etwa für Unterhalt, Adoption und Namensführung (Art. 18–20 und 22–23 EGBGB) – die Wirkungen des Eltern-Kind-Verhältnisses. Für die Vormundschaft und die Pflegschaft gilt Art. 24 EGBGB.

---

160 OLG Frankfurt FamRZ 2015, 1633.
161 Text abgedr. unter § 14 G.
162 Lesenswert dazu: *Scholz*, IPrax 2008, 213.
163 OLG Bremen FamRZ 1999, 1520; *Finger*, FuR 2013, 689, 690; *Mansel/Thorn/Wagner*, IPRax 2009, 1, 10 f.
164 BGH FamRZ 2004, 1952; OLG Saarbrücken FamRZ 1992, 848.
165 BGH FamRZ 1993, 316; 1993, 1053; OLG Zweibrücken FamRZ 2001, 920; OLG Bremen NJW-RR 2000, 3.
166 Vgl. OLG Düsseldorf FamRZ 2003, 379; OLG Bremen FamRZ 1992, 343; OLG Frankfurt NJW-RR 1992, 136; *Finger*, FuR 1999, 215.
167 OLG Düsseldorf FamRZ 2003, 379; OLG Bremen NJW-RR 2000, 3.
168 Vgl. auch – zum afghanischen Recht – OVG Berlin-Brandenburg FamRZ 2015, 66.
169 Text des EGBGB auszugsweise abgedr. unter § 14 L.

D. Anerkennung, Vollstreckbarerklärung und Abänderung ausländischer Entscheidungen über die elterliche Verantwortung

Wie schon im Rahmen der internationalen Zuständigkeit und des anwendbaren Sachrechts sind auch hier wieder aufgrund der Normenhierarchie kaskadenartig die möglichen Rechtsquellen daraufhin zu untersuchen, ob sie Bestimmungen über die Anerkennung, Vollstreckung und Abänderung ausländischer Entscheidungen enthalten (siehe Rdn 6). 69

I. Anerkennung und Vollstreckbarerklärung

Regelungen über die Anerkennung und Vollstreckung finden sich – in absteigender Reihenfolge zu prüfen – in: 70
- der Brüssel IIa-VO,[170]
- dem ESÜ,
- dem KSÜ,
- dem MSA,
- den §§ 108–110 FamFG.

1. Brüssel IIa-VO

Die Art. 21 27 der Brüssel IIa-VO[171] regeln die Anerkennung von in einem anderen Mitgliedstaat ergangenen Entscheidungen; die Art. 28–36 Brüssel IIa-VO die Vollstreckbarerklärung.[172] 71

Nach Art. 21 Abs. 1 Brüssel IIa-VO sind **Entscheidungen** (zu öffentlichen Urkunden und Vergleichen s. Art. 46 Brüssel IIa-VO) der Mitgliedsstaaten grundsätzlich anzuerkennen – Grundsatz der **automatischen Anerkennung** aufgrund gegenseitigen Vertrauens und der gewünschten Titelfreizügigkeit. Die Gründe für die Nichtanerkennung sind daher auf ein Mindestmaß beschränkt. Trotz des Anerkennungsautomatismus kann nach Art. 21 Abs. 3 Brüssel IIa-VO jede interessierte Partei im Anerkennungs- und Vollstreckungsstaat die Feststellung beantragen, dass eine Entscheidung anzuerkennen oder nicht anzuerkennen ist. Gegen die in einem Verfahren auf Nichtanerkennung einer in einem Mitgliedstaat ergangenen Entscheidung nach § 21 Abs. 3 Brüssel IIa-VO ist die Rechtsbeschwerde statthaft; allerdings müssen die Zulassungsvoraussetzungen gemäß §§ 32, 28 IntFamRVG i.V.m. § 574 Abs. 2 ZPO vorliegen, die der Rechtsbeschwerdeführer darzulegen hat.[173]

Der EuGH[174] hat auf Art. 20 Brüssel IIa-VO gegründete **Eilmaßnahmen**, die von dem für die Hauptsache international unzuständigen Gericht erlassen werden, ausdrücklich vom Anwendungsbereich der Art. 21 ff. Brüssel IIa-VO ausgenommen und den bis dahin bestehenden diesbezüglichen Streit, der zum Vorlagebeschluss des BGH geführt hatte,[175] für die Praxis geklärt. Eine Anerkennung der Eilmaßnahme kommt dann nur aufgrund anderer Rechtsinstrumente in Betracht.[176]

---

170 Damit ist der Deutsch-Spanische Vertrag vom 14.11.1983 über die Anerkennung und Vollstreckung von gerichtlichen Entscheidungen und Vergleichen sowie vollstreckbaren Urkunden in Zivil- und Handelssachen, soweit Entscheidungen über die elterliche Verantwortung anbetroffen sind, gegenstandslos.
171 Text abgedr. unter § 14 A.
172 Siehe hierzu und zum Weiteren ausführlich und m.w.N. Prütting/Gehrlein/*Völker*, Art. 21–27 Brüssel IIa-VO Rn 1 ff.; lesenswert *Britz*, Grundrechtsschutz in der justiziellen Zusammenarbeit – zur Titelfreizügigkeit in Familiensachen, JZ 2013, 105.
173 BGH FamRZ 2012, 1561; BGH FamRZ 2015, 1011 m. Anm. *Hau*, FamRZ 2015, 1101.
174 EuGH FamRZ 2010, 1521; OLG Stuttgart FamRZ 2014, 1567.
175 BGH FamRZ 2009, 1297; Anm *Völker*, FF 2009, 371; Anm *Schulz*, FamRBint 09, 79.
176 EuGH FamRZ 2010, 1521; BGH FamRZ 2015, 1011 m. Anm. *Hau*, FamRZ 2015, 1101; BGH FamRZ 2016, 799 m. Anm. *Schulz*; Anm. *Schweppe*, ZKJ 2016, 220; BGH FamRZ 2011, 542; OLG Stuttgart FamRZ 2014, 1567.

Dies gilt auch dann, wenn die eine einstweilige Maßnahme anordnende Entscheidung keine eindeutige Begründung für die Zuständigkeit des Ursprungsgerichts in der Hauptsache unter Bezugnahme auf eine der in den Art. 8 bis 14 Brüssel IIa-VO genannten Zuständigkeiten enthält, und sich diese auch nicht offensichtlich aus der erlassenen Entscheidung ergibt.[177] Wird die einstweilige Maßnahme indessen von einem Gericht erlassen, das sich – auf die Verordnung gestützt – für hauptsachezuständig gehalten hat, so ist sie nach Maßgabe der Art. 21 ff. Brüssel IIa-VO anzuerkennen.[178] Denn dann beruht sie gerade nicht auf Art. 20 der Verordnung. Im Falle widerrechtlichen Verbringens eines Kindes steht Art. 16 HKÜ einer Entscheidung nach Art. 21 ff. Brüssel IIa-VO nicht entgegen.[179]

72 Die Gründe für die **Nichtanerkennung** einer Entscheidung sind für Sachen betreffend die elterliche Verantwortung in Art. 23 Brüssel IIa-VO **abschließend katalogisiert**. Aus dem Wortlaut dieser Vorschrift („wird nicht anerkannt") folgt, dass die Anerkennungshindernisse **von Amts wegen** zu prüfen sind. Die Kataloggründe werden aber in Sachen betreffend die elterliche Verantwortung durch die Nachprüfungsverbote der Art. 24 Brüssel IIa-VO und Art. 26 Brüssel IIa-VO (keine Prüfung der internationalen Zuständigkeit des ausländischen Gerichts, keine kollisionsrechtliche Kontrolle und keine *révision au fond*) beschränkt.

Der Katalog der **Anerkennungshindernisse** in Sachen betreffend die **elterliche Verantwortung** findet sich in Art. 23 Brüssel IIa-VO. Diese Vorschrift legt besonderes Augenmerk auf das Kindeswohl und die Gewährung des rechtlichen Gehörs.

Art. 23a Brüssel IIa-VO enthält die **ordre-public**-Klausel, nach der ausdrücklich das Wohl des Kindes zu berücksichtigen ist. Diese Bestimmung gestattet es einem Gericht eines Mitgliedstaats, das seine Zuständigkeit für die Entscheidung über das Sorgerecht für ein Kind bejaht, nicht, der von einem Gericht eines anderen Mitgliedstaats getroffenen Entscheidung über das Sorgerecht für dieses Kind die Anerkennung zu versagen, sofern unter Berücksichtigung des Wohls des Kindes keine offensichtliche Verletzung einer in der Rechtsordnung eines Mitgliedstaats als wesentlich geltenden Rechtsnorm oder eines dort als grundlegend anerkannten Rechts vorliegt.[180] Der ordre public wird grundsätzlich nicht dadurch verletzt, dass dem Kind im Erkenntnisverfahren kein Verfahrensbeistand bestellt worden ist; im nachfolgenden Anerkennungs- und Vollstreckbarerklärungsverfahren ist dem Kind keinesfalls ein Verfahrensbeistand zu bestellen, weil es dort nicht um eine materiell-rechtliche Entscheidung in Kindschaftssachen i.S.v. § 158 FamFG geht.[181]

Art. 23c gewährleistet das **rechtliche Gehör** von Verfahrensbeteiligten, die sich auf das Verfahren nicht eingelassen haben.

Art. 23d Brüssel IIa-VO sichert darüber hinaus das rechtliche Gehör von Personen, in deren elterliche Verantwortung die Entscheidung eingreift.

Art. 23e und f Brüssel IIa-VO regeln den **Vorrang** von späteren Entscheidungen aus dem Anerkennungsstaat und anzuerkennenden späteren Entscheidungen aus anderen Mitgliedstaaten bzw. einem Drittstaat, in dem das Kind seinen gewöhnlichen Aufenthalt hat.

Art. 23g Brüssel IIa-VO erhebt die Einhaltung des für die **grenzüberschreitende Unterbringung** eines Kindes (Art. 56 Brüssel IIa-VO) geltenden Verfahrens zur Anerkennungsvoraussetzung.[182]

---

177 BGH FamRZ 2016, 799 m. Anm. *Schulz*; Anm. *Schweppe*, ZKJ 2016, 220.
178 EuGH FamRZ 2010, 1521; 2011, 534; ebenso BGH FamRZ 2011, 542; BGH FamRZ 2015, 1011 m. Anm. *Hau*, FamRZ 2015, 1101; OLG Stuttgart FamRZ 2014, 1567, jeweils mit Einzelheiten zu den insoweit maßgeblichen Indizien.
179 BGH FamRZ 2011, 959; Anm *Schulz,* FamRZ 2011, 1046 mit der zutreffenden Einschränkung, dass die zur Anerkennung gestellte Sorgerechtsentscheidung aus dem Staat des bisherigen gewöhnlichen Aufenthalts des Kindes stammen muss.
180 EuGH FamRZ 2016, 111.
181 BGH FamRZ 2015, 1011 m. Anm. *Hau*, FamRZ 2015, 1101.
182 Zu Art. 56 Brüssel IIa-VO EuGH FamRZ 2012, 1466.

Art. 23b Brüssel IIa-VO sichert – „abgesehen von dringenden Fällen" – das **rechtliche Gehör** **73**
des Kindes. Hiernach wird eine Entscheidung über die elterliche Verantwortung nicht anerkannt, wenn die Entscheidung – ausgenommen in dringenden Fällen[183] – ergangen ist, ohne dass das Kind – in Verletzung wesentlicher verfahrensrechtlicher Grundsätze des Mitgliedstaates, in dem die Anerkennung beantragt wird – die Möglichkeit hatte gehört zu werden. In Deutschland ist die Frage, ob eine Anhörung des Kindes geboten war, an Hand des § 159 FamFG zu beurteilen.[184] Das BVerfG hat ausdrücklich entschieden, dass es von Verfassungs wegen regelmäßig erforderlich ist, dass Kinder bereits **ab drei Jahren vom Richter persönlich** – Anhörung durch Dritte reicht nicht! – angehört werden.[185] Denn die persönliche Anhörung des Kindes ist zum einen Ausfluss der verfahrensrechtlichen Gewährleistungen des Elternrechts aus Art. 6 Abs. 2 S. 1 GG, zum anderen steht sie im Einklang mit der Subjektstellung des Kindes als Träger eigener Grundrechte, unter anderem seines eigenen Anspruchs auf rechtliches Gehörs (Art. 103 Abs. 1 GG) und seines durch sein allgemeines Persönlichkeitsrecht (Art. 2 Abs. 1 i.V.m. Art. 1 Abs. 1 GG) verbrieften Achtungsanspruchs. Denn das Kind muss im familiengerichtlichen Verfahren seine persönlichen Beziehungen zu den übrigen Familienmitgliedern erkennbar machen können.[186]

Wurde daher das betroffene Kind im ausländischen Sorgerechtsverfahren nicht vom Richter selbst angehört, so kann die Entscheidung in Deutschland – auch wenn es im Ausland etwa von einem Psychologen oder einem Mitarbeiter der Jugendbehörde befragt wurde – nicht anerkannt werden.[187] Denn das in § 159 FamFG niedergelegte Prinzip der persönlichen Anhörung des Kindes durch den erkennenden Richter ist in seiner Gesamtheit wesentlicher Verfahrensgrundsatz; die Anbindung des Anerkennungsversagungsgrundes an **wesentliche** Verfahrensgrundsätze dient auch nicht etwa der Absenkung des erwarteten Schutzniveaus, sondern soll nur vermeiden, dass ein Mitgliedstaat an die anzuerkennende Entscheidung eine höhere Messlatte anlegt als an eigene Verfahren.[188] Auch eine in Deutschland im Rahmen eines HKÜ-Verfahrens durchgeführte Kindesanhörung genügt nicht, um vom Erfordernis einer Anhörung im ausländischen Kindschaftsverfahren abzusehen, weil sich die Verfahrensgegenstände beider Verfahren grundlegend unterscheiden und außerdem inzwischen regelmäßig geraume Zeit verstrichen sein wird.[189]

---

183 Dazu BGH FamRZ 2015, 1011 m. Anm. *Hau*, FamRZ 2015, 1101, sowie die Vorinstanz OLG Stuttgart FamRZ 2014, 1567 (einstweiliges Anordnungsverfahren, Kind gerade erst drei Jahre alt und zudem unbekannten Aufenthalts).
184 So die h.M., siehe OLG München FamRZ 2015, 602 [Rechtsbeschwerde beim BGH unter XII ZB 636/14 anhängig]; OLG Hamm, Beschl. v. 26.8.2014 – 11 UF 85/14 (n.v.); OLG Schleswig FamRZ 2008, 1761; OLG Frankfurt IPRax 2008, 352; Anm. *Völker*, jurisPR-FamR 21/2006, Anm. 5; *Britz*, JZ 2013, 105, 107; *Völker*, FF 2009, 371 m.w.N. und – zumindest in der Tendenz – die dort besprochene Entscheidung des BGH FamRZ 2009, 1297.
185 BVerfG FamRZ 2007, 1078.
186 Siehe dazu schon – grundlegend – BVerfGE 55, 171; vgl. auch OLG Hamm, Beschl. v. 26.8.2014 – 11 UF 85/14 (n.v.).
187 OLG München FamRZ 2015, 602; OLG Hamm, Beschl. v. 26.8.2014 – 11 UF 85/14 (n.v.); siehe hierzu auch ausführlich Prütting/Gehrlein/*Völker*, Art. 21–27 Brüssel IIa-VO Rn 7 und 16; *Völker*, FF 2009, 371 m.w.N. und – zumindest in der Tendenz – die dort besprochene Entscheidung des BGH FamRZ 2009, 1297; *Völker/Steinfatt*, FPR 2005, 415, jeweils m.w.N; *Rauscher*, Europäisches Zivilprozess- und Kollisionsrecht, 4. Aufl., Art. 23 Brüssel IIa-VO Rn 9; a.A. OLG Oldenburg FamRZ 2012, 1887 zu Fällen außerhalb der Brüssel IIa-VO; für einen großzügigeren Maßstab plädierend auch *Menne*, FamRB 2015, 398 m.z.w.N; *ders.*, iFamZ 2015, 312 und IFL 2016, 175, jeweils mit Darstellung der Anhörungspraxis in anderen Europäischen Staaten; *Heilmann/Schweppe*, Art. 23 Brüssel IIa-VO Rn 8.
188 *Rauscher*, Europäisches Zivilprozess- und Kollisionsrecht, 4. Aufl., Art. 23 Brüssel IIa-VO Rn 9.
189 OLG Hamm, Beschl. v. 26.8.2014 – 11 UF 85/14 (n.v.); OLG Schleswig FamRZ 2008, 1761.

Der Anwalt sollte das Anerkennungshindernis der nicht ordnungsgemäßen **Kindesanhörung** stets im Blick haben.[190] Dies gilt nicht nur, wenn er die Anerkennung verhindern möchte, sondern auch, wenn er den anderen Elternteil vertritt. Allerdings muss er dann schon im Verfahren im Ursprungsstaat auf die Notwendigkeit richterlicher Kindesanhörung hinweisen – vorausgesetzt, er ist zu diesem Zeitpunkt bereits mit dem Fall betraut. Erklärt man dem Richter eines Staates, der bezüglich der persönlichen Anhörung von – praktisch vor allem kleineren – Kindern zurückhaltend ist, die Hintergründe des Art 23b Brüssel IIa-VO, wird sich dieser – wie berichtet wird – einer solchen Bitte regelmäßig nicht verschließen. Die richterliche Kindesanhörung kann auch im Wege der Rechtshilfe geschehen; einschlägig ist insoweit vor allem die EU-Beweisverordnung (VO (EG) Nr. 1206/2001); gemäß dem **Reformvorschlag KOM** (siehe dazu Rdn 11) soll letzteres ausdrücklich im Erwägungsgrund 24-E betont werden. Praktisch kommt auch die Anhörung im Wege einer Videokonferenz in Betracht.[191]

Im **Reformvorschlag KOM** (siehe dazu Rdn 11) ist vorgesehen, dieses Anerkennungshindernis zu schwächen. Einerseits soll das Recht des Kindes auf Meinungsäußerung starker betont werden. Gemäß Art. 20 Brüssel IIa-VO-E muss sichergestellt werden, dass einem Kind, das in der Lage ist, sich seine eigene Meinung zu bilden, die echte und konkrete Gelegenheit gegeben wird, diese Meinung während des Verfahrens frei zu äußern; das Gericht bzw. die Behörde hat außerdem der Meinung des Kindes unter Berücksichtigung seines Alters und Reifegrads gebührend Rechnung zu tragen und ihrer Erwägungen in der Entscheidung darzulegen. In Erwägungsgrund 23-E wird allerdings – unbeschadet der dortigen Bezugnahme auf Art. 24 Abs. 1 EU-Grundrechtecharta und auf Art. 12 der UNKRK – betont, dass die Brüssel IIa-VO nicht zum Ziel hat, die Modalitäten für die Anhörung des Kindes festzulegen, beispielsweise ob das Kind von dem Richter persönlich oder von einem speziell geschulten Sachverständigen angehört wird, der dem Gericht anschließend Bericht erstattet, oder ob die Anhörung des Kindes im Gerichtssaal oder an einem anderen Ort erfolgt.

Setzt sich dieser Vorschlag durch, so bedeutet dies mit Blick auf die bisherige, oben dargestellte Anerkennungspraxis in Deutschland, dass eine bundesverfassungsrechtlichen Maßstäben nicht entsprechende Kindesanhörung folgenlos bleiben wird. Dies gilt sogar, wenn eine Kindesanhörung im Ursprungsstaat bei einem nicht mehr jungen Kind ganz unterblieben ist. Der Elternteil, der dies rügen will, muss dies daher im Ursprungsstaat – ggf. im Wege eines Rechtsmittels gegen die Entscheidung – rügen. Wird in der Bescheinigung gemäß Art. 52 Brüssel IIa-VO-E fälschlicherweise attestiert, das seine Kindesanhörung durchgeführt wurde, bleibt nur das in Art. 53 Brüssel IIa-VO-E vorgesehene Verfahren im Ursprungsstaat auf Berichtigung bzw. Rücknahme der Bescheinigung.

74 Die **Feststellungslast** für das Vorliegen eines Anerkennungsversagungsgrundes trägt der die Anerkennungsfähigkeit Bestreitende, mit Ausnahme der formellen Voraussetzungen der Art. 37–39.

Die förmliche Anerkennung erfolgt im Rahmen des für die **Vollstreckbarerklärung** vorgesehenen Verfahrens, also nach Art. 28–36 Brüssel IIa-VO und – für Deutschland – § 32 IntFamRVG i.V.m. §§ 16–31 IntFamRVG.[192] Einer Anerkennungsentscheidung kommt aber freilich nur deklaratorische Bedeutung zu, denn nach der Grundregel in Art. 21 Abs. 1 entfalten die Entscheidungen aus dem Ursprungsstaat ihre Wirkungen im Anerkennungs- und Vollstreckungsstaat schon vorher kraft der Verordnung.

---

190 Siehe dazu *Völker*, jurisPR-FamR 25/08, Anm. 3; der hiesigen Empfehlung ausdrücklich zustimmend *Menne*, FamRB 2015, 251; ebenso *Braeuer/von Lilien*, NJW 2015, 3491.
191 Vgl. EuGH FamRZ 2011, 355.
192 Siehe zu den Einzelheiten des Verfahrens Prütting/Gehrlein/*Völker*, Art. 28–36 Brüssel IIa-VO Rn 1 ff. m.w.N.; zur Aufhebung der Anordnung der vom Beschwerdegericht angeordneten sofortigen Wirksamkeit im Rechtsbeschwerdeverfahren siehe BGH FamRZ 2015, 1011.

Die Verordnung regelt in den Art. 28 ff. grundsätzlich nur die **Vollstreckbarerklärung** bzw. im Vereinigten Königreich nach Art. 28 Abs. 2 die dort an die Stelle der Vollstreckbarerklärung tretende Registrierung.[193] Die Brüssel IIa-VO ist auch für Vollstreckungsmaßnahmen zur Durchsetzung von Entscheidungen über die elterliche Verantwortung maßgeblich.[194] Dies erfasst auch ein **Ordnungs- oder Zwangsmittel**; dieses ist nach Art. 28 VO für vollstreckbar zu erklären bzw. nach Art. 41 VO automatisch vollstreckbar.[195] Voraussetzung ist, dass die Höhe des Zwangs- bzw. Ordnungsmittels durch die Gerichte des Ursprungsmitgliedstaats endgültig festgesetzt ist.[196] Die *eigentliche* Zwangsvollstreckung bleibt – so beschränkt – dem jeweiligen Recht des Vollstreckungsstaats überlassen, Art. 47 Brüssel IIa-VO. Nach diesem richtet sich auch die Frage der diesbezüglichen internationalen Zuständigkeit. Daher regelt § 99 Abs. 1 FamFG die internationale Zuständigkeit auch für die Vollstreckung von Entscheidungen über das Umgangsrecht, wenn sich nicht aus Regelungen in völkerrechtlichen Vereinbarungen, soweit sie unmittelbar anwendbares innerstaatliches Recht geworden sind, oder Rechtsakten der Europäischen Gemeinschaft anderes ergibt. Mithin sind die deutschen Gerichte für die Vollstreckung eines Umgangstitels auch dann international zuständig, wenn das Kind Deutscher ist, aber seinen gewöhnlichen Aufenthalt im Ausland hat und vorgehende Bestimmungen im Sinne des § 97 Abs. 1 FamFG fehlen.[197] Denn auch das eine Umgangssache betreffende Vollstreckungsverfahren ist als Kindschaftssache i.S.v. § 151 Nr. 2 FamFG anzusehen.[198] Eine nach deutscher Anschauung zu unbestimmte Umgangsregelung kann nach Art. 48 Brüssel IIa-VO vom Familiengericht im Vollstreckungsverfahren so weit konkretisiert werden, dass sie in Deutschland vollstreckbar ist, solange der Kern der ausländischen Umgangsrechtsentscheidung nicht angetastet wird.[199] Drohen gerade durch die Vollstreckung der anzuerkennenden Entscheidung gravierende Grundrechtsverstöße, so ist nur das Gericht im Ursprungsstaat befugt, die Vollziehung der anzuerkennenden Entscheidung auszusetzen. Das Gericht im Vollstreckungsstaat ist hierzu nicht berechtigt.[200] Der aus dem Vollstreckungstitel Verpflichtete muss also Rechtsschutz im Ursprungsstaat suchen und diesen erschöpfen.[201]

Allerdings kann es insoweit unmittelbaren Kontakt mit dem Gericht im Ursprungsstaat aufnehmen (siehe dazu eingehend Rdn 156), um dort eine Außervollzugsetzung zu erreichen.

2. ESÜ

Das ESÜ[202] sieht in Art. 7 die grundsätzliche Anerkennung von Sorgerechtsentscheidungen[203] eines anderen Vertragsstaates vor. Über die Entführungsfälle hinaus hat es Bedeutung für die **Anerkennung und Vollstreckung** von Entscheidungen über die Personensorge, das Aufenthaltsbestimmungsrecht[204] und das Umgangsrecht. Derartige Entscheidungen eines Vertragsstaates

---

193 Zum Verfahrens im Einzelnen Prütting/Gehrlein/*Völker*, Art. 28–36 Brüssel IIa-VO Rn 1 ff. m.w.N.
194 EuGH FamRZ 2015, 1866.
195 EuGH FamRZ 2015, 1866; vgl. auch AG Augsburg FamRZ 2014, 417.
196 EuGH FamRZ 2015, 1866.
197 BGH FamRZ 2015, 2147 gegen die Vorinstanz OLG Bremen FamRZ 2015, 776; vgl. auch *Rauscher*, NZFam 2015, 95.
198 BGH FamRZ 2015, 2147.
199 Prütting/Gehrlein/*Völker*, Art. 48 Brüssel IIa-VO Rn 1.
200 So recht deutlich EuGH FamRZ 2010, 1229; ebenso in der Nachfolge EuGHMR FamRZ 2013, 1793 [Povse/Österreich]; a.A. *Britz*, JZ 2013, 105, 110; *dies.*, In FAZ, 25.1.2013, S. 7.
201 EuGHMR FamRZ 2013, 1793 [Povse/Österreich].
202 Text abgedr. unter § 14 E.
203 Vereinbarungen werden nicht erfasst, siehe dazu AG Pankow-Weißensee FamRZ 2015, 1630; 2016, 145 m. Anm. *Dutta*.
204 Siehe dazu *Schulz*, FamRZ 2003, 336.

sind in jedem anderen Vertragsstaat anzuerkennen und für vollstreckbar zu erklären, auch wenn sie noch keine formelle Rechtskraft erlangt haben.

Die Anerkennung kann aus den in Art. 9 und 10 ESÜ genannten Gründen versagt werden. Dazu zählen der verfahrensrechtliche **ordre public** und die internationale Zuständigkeit sowie materiell-rechtlich ein offensichtlicher Verstoß gegen das Kindeswohl.[205] Ausländische Umgangsrechtsentscheidungen können inhaltlich – unter Wahrung ihrer Grundlagen – modifiziert werden (Art. 11 Abs. 2 ESÜ).[206]

3. KSÜ

77   Die Bestimmungen des KSÜ[207] über die Anerkennung und Vollstreckbarerklärung sind nur auf Maßnahmen anzuwenden, die getroffen wurden, nachdem das KSÜ im Verhältnis zu dem Staat, in dem die Maßnahme veranlasst wurde, und Deutschland in Kraft gesetzt wurde. Die Regelungen zur Anerkennung ähneln recht stark denen der Brüssel IIa-VO, allerdings ist stets vorausgesetzt (siehe Art. 23 Abs. 1a KSÜ, aber auch die Einschränkung in Art. 25 KSÜ hinsichtlich der zuständigkeitsbegründenden Tatsachen), dass das ausländische Gericht nach den Bestimmungen des KSÜ international zuständig war (anders Art. 24 Brüssel IIa-VO). Hinsichtlich der Vollstreckbarerklärung verweist das KSÜ auf das Recht des Staates, in dem diese beantragt ist (Art. 26 KSÜ). Jedenfalls aber werden ausländische Entscheidungen bei der Vollstreckung inländischen völlig gleichgestellt, Art. 28 KSÜ.

4. MSA

78   Die Anerkennung von Sorgerechtsentscheidungen, die im Geltungsbereich des MSA[208] ergangen sind, richtet sich nach diesem Abkommen.[209] Das gilt etwa für eine Sorgerechtsregelung, die in der Türkei ergangen ist, als sich der Minderjährige dort gewöhnlich aufhielt. Auch Schutzmaßnahmen, die in dem Heimatstaat nach Benachrichtigung der Behörden im Aufenthaltsstaat angeordnet wurden, werden nach dem MSA anerkannt.[210]

Voraussetzung der Anerkennungspflicht ist die Einhaltung der Zuständigkeitsvorschriften des MSA.[211] Grundsätzlich besteht keine Anerkennungspflicht für Maßnahmen nach Art. 9 MSA. Insoweit entscheiden die allgemeinen Anerkennungsregeln.[212] Die Anerkennungspflicht gilt auch für Verwaltungsbehörden.[213]

5. Autonomes Recht, §§ 108–110 FamFG

79   Das Gesetz geht in §§ 108 f. FamFG[214] – früher: § 16a FGG – von der grundsätzlichen Anerkennungsfähigkeit und – dies vorausgesetzt (§ 110 FamFG) – Vollstreckbarerklärungsfähigkeit ausländischer Entscheidungen auf dem Gebiet der freiwilligen Gerichtsbarkeit aus.

---

205 Vgl. dazu OLG Köln FamRZ 2015, 78 (Türkei); OLG Karlsruhe FamRZ 1999, 946; OLG Koblenz FamRZ 1998, 966.
206 OLG Hamm FamRZ 2006, 805.
207 Text abgedr. unter § 14 C; dazu *Schulz*, FamRZ 2011, 156, 160; *Benicke*, IPRax 2013, 44, 50.
208 Text abgedr. unter § 14 D.
209 OLG Bremen FamRZ 1997, 107.
210 OLG Karlsruhe FamRZ 1994, 642.
211 Vgl. VGH Baden-Württemberg, InfAuslR 2002, 77; Palandt/*Thorn*, Anh. zu Art. 24 EGBGB Rn 33.
212 OLG Frankfurt FamRZ 1992, 463; Palandt/*Thorn*, Anh. zu Art. 24 EGBGB Rn 33.
213 OVG Rheinland-Pfalz IPRspr. 1994, Nr. 106; VGH Mannheim NJW 1997, 270.
214 Text auszugsweise abgedr. unter § 14 K.

Eine ausländische Entscheidung soll im Inland dieselbe Wirkung haben wie im Entscheidungsstaat.[215] Dabei ist unerheblich, ob es sich um endgültige Regelungen oder um Eilentscheidungen handelt.[216]

Die inhaltliche Prüfung der ausländischen Sorgerechtsentscheidung beschränkt sich auf die in § 109 Abs. 1 FamFG genannten **Anerkennungshindernisse**, die den ordre public-Vorbehalt aufnehmen und zugleich konkretisieren: Die internationale Zuständigkeit des ausländischen Gerichts muss – unter Zugrundelegung deutschen Rechts – gegeben sein, das **rechtliche Gehör** muss – einschließlich Kindesanhörung[217] – gewahrt worden sein und die anzuerkennende Entscheidung darf mit einer in Deutschland erlassenen oder anzuerkennenden früheren ausländischen Entscheidung nicht unvereinbar sein, ebenso wenig das ihr zugrundeliegende Verfahren mit einem in Deutschland früher rechtshängig gewordenen. Niemals darf eine Sorgerechtsentscheidung das **Kindeswohl** außer acht lassen.[218]

80

II. Abänderung einer ausländischen Sorgerechtsentscheidung

Ist eine ausländische Entscheidung anerkennungsfähig, kann sie im Inland wegen veränderter Umstände abgeändert werden. Dazu müssen allerdings die Voraussetzungen des § 1696 Abs. 1 BGB vorliegen.[219] Es müssen daher triftige, das Kindeswohl nachhaltig berührende Gründe vorliegen, die erst nach der Entscheidung entstanden sein dürfen.[220]

81

Dies gilt grundsätzlich auch zwischen den Vertragsstaaten des MSA. Deren Entscheidungen dürfen aber erst nach vorheriger Verständigung mit den ausländischen Behörden abgeändert werden, Art. 5 Abs. 2 MSA.[221]

Entscheidungen eines Heimatstaates, der den Vertragsstaaten angehört, müssen hingenommen werden. Ihre Abänderung kommt nur aufgrund Art. 8 oder 9 MSA in Betracht.[222]

Ist das Kind **widerrechtlich** in einen anderen Staat verbracht worden, darf das Familiengericht dieses Staates, der zu den Vertragsstaaten des HKÜ[223] gehört, überhaupt keine Sachentscheidung über das Sorgerecht treffen. Eine Sachentscheidung ist erst zulässig, wenn das Familiengericht die **Kindesrückführung** abgelehnt hat oder ein Antrag, sie anzuordnen, in angemessener Frist nicht gestellt wurde, Art. 16 HKÜ. Solange eine Sachentscheidung nicht ergehen darf, kann auch keine Sorgerechtsregelung erfolgen (siehe Rdn 139).[224] Art. 16 HKÜ steht aber einer Entscheidung nach Art. 21 ff. Brüssel IIa-VO im Falle widerrechtlichen Verbringens eines Kindes nicht entgegen.[225] Entsprechendes gilt für Vertragsstaaten des KSÜ,[226] dort Art. 7 Abs. 3, und des ESÜ,[227] siehe dort Art. 9. In dem Vollstreckbarerklärungsverfahren wird allerdings nach § 19 IntFamRVG[228] ge-

82

---

215 Vgl. VGH Hessen FamRZ 1999, 993.
216 Vgl. OLG München FamRZ 1993, 349.
217 Dazu eingehend OVG Berlin-Brandenburg IPRspr 2012, 636 m.w.N; Beschl. v. 2.12.2015 – OVG 11 N 27.14, juris.
218 Vgl. BGH FamRZ 1993, 316; vgl. auch OLG Düsseldorf FamRZ 1982, 534 und – zum afghanischen Recht – OVG Berlin-Brandenburg FamRZ 2015, 66.
219 OLG Saarbrücken, Beschl. v. 7.2.2014 – 6 UF 193/13 (n.v.); OLG Oldenburg FamRZ 2012, 1887.
220 Vgl. BGH IPRax 1987, 317.
221 OLG München FamRZ 1997, 106; Text des MSA abgedr. unter § 14 D.
222 Vgl. Palandt/*Thorn*, Anhang zu Art. 24 EGBGB Rn 35.
223 Text abgedr. unter § 14 B, dort findet sich auch ein Internetlink zu den aktuellen Vertragsstaaten.
224 BGH FamRZ 2005, 1540, Anm. *Völker*, jurisPR-FamR 22/2006, Anm. 6.
225 BGH FamRZ 2011, 959; Anm *Schulz*, FamRZ 2011, 1046 mit der zutreffenden Einschränkung, dass die zur Anerkennung gestellte Sorgerechtsentscheidung aus dem Staat des bisherigen gewöhnlichen Aufenthalts des Kindes stammen muss.
226 Text abgedr. unter § 14 C, dort findet sich auch ein Internetlink zu den aktuellen Vertragsstaaten.
227 Text abgedr. unter § 14 E; dort findet sich auch ein Internetlink zu den aktuellen Vertragsstaaten.
228 Text abgedr. unter § 14 J.

prüft, ob Anerkennungsversagungsgründe i.S.d. Art. 10 Abs. 1a oder b ESÜ vorliegen, insbesondere wenn die Wirkungen des Titels mit den Grundrechten des Kindes oder eines Sorgeberechtigten unvereinbar wären.

E. Widerrechtliches Verbringen oder Zurückhalten eines Kindes – Kindesrückführungsverfahren nach dem HKÜ und der Brüssel IIa-VO

83 Diesem juristisch schwierigen und menschlich schmerzhaften, teilweise dramatischen Thema soll ein eigener Abschnitt gewidmet werden, weil sich die speziellen Probleme internationaler Kindesentführung[229] besser erschließen, wenn sie im Zusammenhang dargestellt werden.[230] Es werden zunächst das HKÜ[231] und das zugehörige Verfahren vorgestellt. Die Besonderheiten, die sich bei der Anwendung des HKÜ aufgrund der Brüssel IIa-VO im Verhältnis der Verordnungsmitgliedstaaten zueinander ergeben, werden an den Schluss (siehe Rdn 150 ff.) gesetzt.

I. Ziele des HKÜ

84 Im Rahmen des HKÜ ist es nicht Aufgabe des Familiengerichts, die Frage zu prüfen, welchem Elternteil das Sorgerecht zu übertragen ist (siehe Art. 16, 19 HKÜ). Dies wird leider in der Praxis – auch von Jugendämtern – gelegentlich verkannt. Es geht vielmehr nur um die Frage, ob der antragstellende Elternteil berechtigt ist, auf Grundlage des HKÜ die Rückführung des Kindes zu verlangen.[232]

85 Das HKÜ ist verfassungsgemäß.[233] Es dient zum einen dem Ziel, Kinder vor einem widerrechtlichen Verbringen in das Ausland zu bewahren.[234] Entführungen sollen also generalpräventiv verhindert werden. Zum anderen hat es den Zweck, das durch einen Elternteil ohne Zustimmung des anderen Elternteils in einen anderen Vertragsstaat[235] verbrachte gemeinsame Kind möglichst schnell wieder zurückzuführen.[236] Leitgedanke ist das Kindeswohl, verbunden mit einer schnellen Reaktion auf widerrechtliche Selbsthilfe.[237]

86 Gegenüber diesen Zielen können sich nur ungewöhnlich schwerwiegende, im Kindeswohl begründete Gesichtspunkte durchsetzen.[238] Die mit der Rückführung verbundenen gewöhnlichen Schwierigkeiten begründen grundsätzlich kein **Rückführungshindernis**. Es ist hier im Rahmen der Folgenabwägung eine restriktive Auslegung geboten.[239]

---

229 Zum eigenmächtigen Verbringen eines Kindes im Inland an einen anderen Ort siehe *Völker/Clausius*, FF 2009, 54; zur Strafbarkeit des allein sorgeberechtigten Elternteils nach § 235 Abs. 2 StGB zu Lasten des umgangsberechtigten anderen Elternteils (§ 1684 BGB siehe *Bock*, JR 2016, 300.
230 Zur internationalen Kindesentführung in der anwaltlichen Beratung *Pasche*, NJW-Spezial 2013, 580; siehe auch den Praktischen Leitfaden zum HKÜ von *Nehls*, ZKJ 2014, 62, *Finger*, FamRB 2014, 153.
231 Text des HKÜ abgedr. unter § 14 B; Text der Brüssel IIa-VO abgedr. unter § 14 A. Zum HKÜ und seinem Verhältnis zur Brüssel IIa-VO siehe auch *Völker*, FamRZ 2010, 157; *Rieck*, NJW 2008, 182; *Finger*, FamRBint 2011, 80.
232 OLG Frankfurt FamRZ 1997, 110.
233 Vgl. BVerfG FamRZ 1999, 85, 87; 1997, 1269; 1996, 1267; 1996, 405; zum Ganzen ausführlich *Völker*, FamRZ 2010, 157.
234 BVerfG FamRZ 1997, 1269; OLG Karlsruhe FamRZ 2000, 1428; KG FamRZ 1997, 1098; AG Saarbrücken FamRZ 2003, 398, Anm. *Witteborg*, IPRax 2005, 330; zur strafrechtlichen Beurteilung einer Kindesentführung siehe *Caspary*, FPR 2001, 215.
235 Ein Internetlink zu den aktuellen Vertragsstaaten findet sich unter § 14 E.
236 BVerfG FamRZ 1999, 1054; 1996, 405; 1995, 663; OLG Düsseldorf FamRZ 1999, 113; OLG Celle FamRZ 1995, 955.
237 BVerfG FamRZ 1996, 405; OLG München DAVorm 2000, 1157; OLG Karlsruhe FamRZ 2000, 1428.
238 BVerfG FamRZ 1996, 405.
239 EuGHMR NZFam 2015, 626; KG FamRZ 1997, 1098.

E. Widerrechtliches Verbringen oder Zurückhalten eines Kindes § 11

Die besondere Eilbedürftigkeit bei Verfahren nach dem HKÜ ergibt sich sowohl aus der Bestimmung des Art. 11 HKÜ – in der Regel sechs Wochen – als auch aus der Natur des Rückführungsverfahrens. Mit fortschreitender Zeit lässt sich eine Rückführung immer weniger mit dem Kindeswohl vereinbaren. Das HKÜ ist deshalb auf **größtmögliche Beschleunigung** des Rückführungsverfahrens ausgerichtet.[240] Ein Rückführungsverfahren, das zu lange dauert, verletzt Art. 6 Abs. 1 EMRK.[241]

87

Durch das HKÜ soll nicht allein die formale Rechtsposition (das Sorgerecht) eines Elternteils, sondern vielmehr das Recht des Kindes auf Beachtung seines Lebensgleichgewichts geschützt werden. Das Abkommen soll insbesondere dafür sorgen, dass die emotionalen, sozialen und anderen Bedingungen, unter denen sich das Leben des Kindes abspielt, verstetigt und tatsächlich nicht beeinträchtigt werden. Außerdem soll eine sachnahe Sorgerechtsregelung am Aufenthaltsort sichergestellt werden.

88

Durch die Rückführung an den gewöhnlichen Aufenthaltsort werden außerdem die Interessen beider Elternteile berücksichtigt. Die ursprüngliche internationale Zuständigkeit für die Sorgerechtsentscheidung bleibt gewahrt. So wird vermieden, dass ein Elternteil aus der rechtswidrigen Kindesentführung einen Vorteil zieht; *forum shopping* wird entgegengewirkt.

89

Der Schutz des Kindes durch das HKÜ steht im Schnittpunkt von Grundrechtspositionen der Eltern. Soweit es zum Widerstreit der Elterninteressen und Belangen des Kindes kommt, ist den – ebenfalls grundrechtlich verbrieften – Kindesinteressen der Vorrang einzuräumen.[242]

II. Anwendungsbereich

1. Räumlicher Anwendungsbereich

Das Übereinkommen gilt nur zwischen den – derzeit weltweit mehr als 90 – Vertragsstaaten.[243]

90

2. Zeitlicher Anwendungsbereich

In zeitlicher Hinsicht setzt das Übereinkommen nach Art. 35 Abs. 1 HKÜ voraus, dass das widerrechtliche Verbringen oder Zurückhalten nach Inkrafttreten des Abkommens in beiden Staaten stattgefunden hat.[244] Für Deutschland gilt das HKÜ seit 1.12.1990.[245]

91

3. Persönlicher Anwendungsbereich

Nach Art. 4 S. 2 HKÜ kann das Übereinkommen nicht mehr angewendet werden, sobald das Kind das 16. Lebensjahr vollendet hat. Der Altersgrenze liegt die Überlegung zugrunde, dass Kinder ab diesem Alter des Schutzes nicht mehr bedürfen, weil sie in der Regel gegen ihren Willen nicht mehr Opfer einer Entführung sein können.[246]

92

---

240 BVerfG FamRZ 1999, 1053; vgl. *Bach/Gildenast*, Rn 34.
241 EuGHMR FamRZ 2015, 469 (im entschiedenen Fall sieben (!) Jahre).
242 BVerfG FamRZ 1999, 1054; 1997, 1269.
243 Ein Internetlink zu den aktuellen Vertragsstaaten findet sich abgedr. unter § 14 B. Zur fehlenden Geltung des HKÜ in den palästinensischen Autonomie- bzw. annektierten Gebieten, obwohl Israel Vertragsstaat ist, siehe AG Saarbrücken FamRZ 2008, 433 und AG Koblenz FamRZ 2013, 52; ebenso zu Ostjerusalem OLG München MDR 2016, 214. Zum räumlichen Abgrenzungsbereich samt Abgrenzung zur Brüssel IIa-VO, dem MSA und dem KSÜ *Andrae*, IPRax 2006, 82. Zur ausschließlichen Zuständigkeit der EU zur Erklärung des Einverständnisses mit dem Beitritt eines Drittstaats zum HKÜ siehe das Gutachten des EuGH FamRZ 2015, 21.
244 Vgl. OLG Karlsruhe FamRZ 1992, 848.
245 BGBl 1991 II, S. 329.
246 *Bach/Gildenast*, Rn 105.

Nach Art. 4 S. 1 HKÜ muss sich das Kind unmittelbar vor der Verletzung des Sorgerechts oder des Rechts zum persönlichen Umgang in einem Vertragsstaat gewöhnlich aufgehalten haben.

Die **Staatsangehörigkeit** des Kindes ist unerheblich,[247] ebenfalls, ob das Kind im Staat, in dem die Rückgabe verlangt wird, seinen gewöhnlichen Aufenthalt hat.[248]

4. Gewöhnlicher Aufenthalt

93 Der Begriff des „**gewöhnlichen Aufenthalts**" entspricht mangels einer eigenen Bestimmung im HKÜ in etwa dem des MSA (siehe Rdn 45 ff.). Er bestimmt sich nach dem tatsächlichen Lebensmittelpunkt des Kindes und setzt zumindest auch einen Aufenthalt von nicht nur geringer Dauer und den Schwerpunkt der Bindungen des Kindes an dem betreffenden Ort voraus.[249] Allerdings stellt sich bei einem zwischen den Eltern praktizierten **Wechselmodell** die Frage, ob das Kind sowohl im Herkunfts- als auch im Zufluchtsstaat einen gewöhnlichen Aufenthalt haben kann. Dies ist ebenso streitig wie die sich im Falle der Annahme eines doppelten gewöhnlichen Aufenthalts anschließende Frage, ob durch das Verbringen vom einen in den anderen dieser Staaten ein Sorgerecht verletzt werden kann,[250] im Ergebnis aber zu bejahen, weil es auf die Rechtslage im Herkunftsstaat ankommt und dort hat das Kind eben einen gewöhnlichen Aufenthalt.[251] Ist der neue Aufenthalt von vornherein auf eine längere Dauer angelegt, so kann der Aufenthalt auch unmittelbar zum gewöhnlichen Aufenthalt werden.[252] Insoweit ist auch der Bleibewille des Elternteils beim Umzug zu berücksichtigen.[253] Ebenso ist der (freilich sehr seltene) Sonderfall denkbar, dass ein Kind, das seinen Aufenthaltsort zwischen verschiedenen Ländern häufig gewechselt hat, keinen gewöhnlichen Aufenthalt im Sinne von Art. 3 HKÜ innehat.[254]

Zum gewöhnlichen Aufenthalt bei Geltung der **Brüssel IIa-VO** siehe eingehend Rdn 161.

5. Umfang

94 Nach Art. 2 HKÜ sollen die Vertragsstaaten alle geeigneten Maßnahmen treffen, insbesondere die schnellstmöglichen Verfahren anwenden, um in ihrem Hoheitsgebiet die Ziele des Übereinkommens zu verwirklichen.

Es ist zu überprüfen, ob das bestehende Sorgerecht und das Recht zum persönlichen Umgang[255] in den anderen Vertragsstaaten tatsächlich beachtet wird.

---

247 AG Schleswig FamRZ 2001, 933.
248 *Mansell*, NJW 1990, 2176.
249 Sehr lesenswert OLG Frankfurt, FamRZ 2006, 883 mit umfangreicher rechtsvergleichender Auslegung dieses Begriffes, auf die verwiesen werden kann; Anm. *Völker*, jurisPR-FamR 22/2006, Anm. 6; siehe auch OLG Saarbrücken FamRZ 2011, 1235 bezüglich eines Säuglings; OLG Hamm ZKJ 2013, 35; OLG Hamm FamFR 2012, 141 m.w.N.; OLG Stuttgart FamRZ 2013, 51; FamRBint 2011, 74; OLG Düsseldorf FamRZ 1999, 112 (2 ½ Monate reichen nicht).
250 Zum Meinungsstand OLG Nürnberg FamRZ 2007, 1588 m.w.N.
251 Dem zustimmend *Heilmann/Schweppe*, Art. 8 Brüssel IIa-VO Rn 8; zu wechselnden Aufenthalten der Eltern siehe OLG Stuttgart FamRZ 2003, 959.
252 KG FamFR 2013, 552; OLG Saarbrücken FamRZ 2011, 1235; OLG Karlsruhe FamRZ 2010, 1577.
253 EuGH FamRZ 2011, 617; KG FamFR 2013, 552.
254 AG Hamm NJW-Spezial 2014, 485; die hiergegen eingelegte Beschwerde (OLG Hamm – 11 UF 74/14, n.v.) wurde zurückgenommen.
255 Zum Europaratsübereinkommen über den Umgang mit Kindern (EUÜ) siehe *Schulz*, FamRZ 2003, 336, 346; der Text des Übereinkommens ist abgedr. unter § 14 F.

Unter das Sorgerecht[256] fällt jedoch nur die Personensorge, Art. 5 Buchstabe a HKÜ. Es reicht ein **Mitsorgerecht**.[257] Zum Sorgerecht zählen das Aufenthaltsbestimmungsrecht, die Erziehung, die Ausbildung und der Umgang mit Dritten. Der Bereich der **Vermögenssorge** fällt nicht unter das Abkommen.

Das Recht zum **persönlichen Umgang** umfasst das Recht, das Kind für eine begrenzte Zeit an einen anderen Ort als den gewöhnlichen Aufenthaltsort zu bringen, Art. 5 Buchstabe b HKÜ. Das Umgangsrecht geht also über ein Besuchsrecht hinaus, weil der Umgangsberechtigte das Kind grundsätzlich auch grenzüberschreitend entfernen darf.[258] Da weder Art. 5 Buchstabe b noch Art. 21 HKÜ ausdrücklich regeln, ob nur das Umgangsrecht der Eltern umfasst ist, muss davon ausgegangen werden, dass also zumindest in Deutschland auch das Umgangsrecht Dritter durch das HKÜ geschützt ist.[259] Nach Art. 21 HKÜ kann jeder Umgangsberechtigte einen Antrag auf Durchführung oder wirksame Ausübung seines Rechts zum persönlichen Umgang mit dem Kind in derselben Weise an die Zentrale Behörde eines Vertragsstaates richten wie einen Antrag auf Rückgabe des Kindes. Die Zentralen Behörden haben dann die ungestörte Ausübung des Rechts zum persönlichen Umgang zu fördern und Hindernisse, die der Ausübung dieses Rechts entgegenstehen, auszuräumen. Allerdings gibt Art. 21 HKÜ keine Handhabe, gegen eine untätige Zentrale Behörde vorzugehen;[260] diese ergibt sich aber aus § 8 IntFamRVG (Anrufung des Oberlandesgerichts).

95

III. Materiell-rechtliche Rückführungsvoraussetzungen

Art. 12 HKÜ schreibt vor, dass die sofortige Rückgabe eines Kindes anzuordnen ist, wenn es i.S.d. Art. 3 HKÜ widerrechtlich verbracht oder zurückgehalten worden ist.

96

1. Widerrechtlichkeit des Verbringens/Zurückhaltens

Wann das Verbringen oder Zurückhalten widerrechtlich ist, wird durch die Legaldefinition des Art. 3 HKÜ bestimmt. Danach liegt **Widerrechtlichkeit** vor (zu deren Nachweis im Wege der **Widerrechtlichkeitsbescheinigung** siehe eingehend Rdn 136 f.), wenn durch das Verbringen oder Zurückhalten das Sorgerecht verletzt wird, das einer Person, Behörde oder sonstigen Stelle allgemein oder gemeinsam nach dem Recht des Staates zusteht, in dem das Kind unmittelbar vor dem Verbringen oder Zurückhalten seinen gewöhnlichen Aufenthalt hatte.[261] Das in Rede stehende Verhalten des anderen Elternteils muss es dem sorgeberechtigten Elternteil unmöglich machen, alle oder einzelne sorgerechtlichen Befugnisse oder Verpflichtungen wahrzunehmen.[262]

97

Wurde beispielsweise durch ein australisches Gericht der Mutter zwar das alleinige Sorgerecht (*sole custody*) übertragen, während die Vormundschaft (*guardianship*) den Eltern gemeinsam verblieb, war die Mutter nicht berechtigt, ohne Zustimmung des Vaters mit dem gemeinsamen

98

---

256 Dazu eingehend *Martiny*, FamRZ 2012, 1765.
257 BVerfG FamRZ 1997, 1269; OLG Hamm FamRZ 2002, 44; OLG Dresden FamRZ 2002, 1136 (siehe auch die Anm. der Redaktion zu dieser Entscheidung in FamRZ 2003, 468); OLG Zweibrücken FamRZ 2000, 1607; OLG Schleswig FamRZ 2000, 1426; AG Saarbrücken FamRZ 2003, 398, Anm. *Witteborg*, IPRax 2005, 330.
258 Palandt/*Thorn*, Anhang zu Art. 24 EGBGB Rn 69.
259 *Finger*, ZfJ 1999, 15; a.A. *Limbrock*, FamRZ 1999, 1631.
260 *Niethammer-Jürgens*, DAVorm 2000, 1071.
261 OLG Hamm FamRZ 2000, 370; 1999, 948; OLG Celle FF 1999, 87; OLG Frankfurt FamRZ 1997, 1100; 1994, 1339; OLG Zweibrücken FamRZ 1997, 108; OLG Düsseldorf FamRZ 1994, 185; OLG München FamRZ 1994, 1338; vgl. auch KG FamRZ 1997, 1098.
262 OLG Zweibrücken FamRZ 2011, 1235; OLG Stuttgart FamRZ 2013, 51.

minderjährigen Kind Australien zu verlassen. Sie hat das Kind also widerrechtlich i.S.d. Art. 3 HKÜ außer Landes verbracht.[263]

Eine allein sorgeberechtigte Mutter verbringt das Kind auch dann widerrechtlich ins Ausland (hier: nach Deutschland) im Sinne des Art. 3 HKÜ, wenn ihr von einem Gericht im Herkunftsland (hier: Kanada) auferlegt wurde, das Land nicht ohne Zustimmung des Gerichts oder des anderen Elternteils zu verlassen.[264]

Hat aber ein Elternteil das räumlich unbeschränkte Aufenthaltsbestimmungsrecht inne, so ist das Verbringen oder Zurückhalten des Kindes im Ausland nicht widerrechtlich; das bloße Umgangsrecht des anderen Elternteils steht dem nicht entgegen.[265] Dasselbe hat der BGH auch für den umgekehrten Fall entschieden: Die Auswanderung eines allein aufenthaltsbestimmungsberechtigten Elternteils mit dem Kind ist grundsätzlich nicht widerrechtlich.[266]

99 Zum **Begriff des Zurückhaltens** zählen regelmäßig solche Fälle, in denen sich das Kind zunächst rechtmäßig bei einer nicht sorgeberechtigten Person in einem anderen Vertragsstaat befindet und infolge einer Veränderung der Situation, z.B. durch das zeitliche Ende eines im Rahmen eines Umgangsrechts erfolgten Besuchs, herauszugeben oder zurückzubringen ist. Weigert sich die Person, bei der sich das Kind befindet, dieses Kind zum maßgeblichen Zeitpunkt herauszugeben oder zurückzubringen, liegt ein Zurückhalten im Sinne des HKÜ vor.[267] Ebenso, wenn jene Person das Kind in einem Kindergarten im Zufluchtsstaat anmeldet.[268] Anders ist die Lage zu beurteilen, wenn ein Kind gemäß einer rechtsgültigen Vereinbarung der Eltern jedes Jahr vom einen in den anderen Staat wechseln soll. Dann erwirbt es im einen Staat einen gewöhnlichen Aufenthalt, so dass das HKÜ nicht anwendbar ist, wenn es nach einem Jahr nicht wieder in den anderen Staat zurückgebracht wird.[269]

100 Ein widerrechtliches Zurückhalten liegt auch von, wenn die Verbringung des Kindes zwar im Einklang mit einer vorläufig vollstreckbaren gerichtlichen Entscheidung erfolgt ist, diese aber später durch eine gerichtliche Entscheidung aufgehoben wurde, mit der der Aufenthalt des Kindes bei dem im Ursprungsmitgliedstaat wohnenden Elternteil bestimmt wurde, sofern das Kind im Zeitpunkt des Zurückhaltens noch seinen gewöhnlichen Aufenthalt im Ursprungsstaat hat. Letzteres ist im Zuge einer Beurteilung aller besonderen Umstände des Einzelfalls zu prüfen, wobei zu berücksichtigen ist, dass die die Verbringung gestattende Gerichtsentscheidung nur vorläufig vollstreckbar (und ggf. mit einem Rechtsmittel angefochten) war.[270] Ergibt diese Prüfung, dass das Kind seinen gewöhnlichen Aufenthalt im Zeitpunkt des Zurückhaltens schon im anderen Mitgliedstaat hat, so scheitert mithin zwar eine Rückführung auf der Grundlage des HKÜ. Indessen steht dies nicht einer Anerkennung und Vollstreckung der im Ursprungsmitgliedstaat ergangenen Sorgerechtsentscheidung entgegen.[271]

101 Das Tatbestandsmerkmal des widerrechtlichen Zurückhaltens ist nicht als Dauerzustand, sondern als (einmalige) rechtswidrige Beeinträchtigung des Sorgerechts eines Elternteils anzusehen.[272]

Zur Unzumutbarkeit der Rückführung, wenn ein Gericht im Ursprungsstaat eine vorläufige Sorgerechtsentscheidung zugunsten des entführenden Elternteils getroffen hat, siehe Rdn 120.

---

263 AG Weilburg NJW-RR 1995, 8; vgl. zur Widerrechtlichkeit auch AG Bielefeld FamRZ 1992, 467.
264 OLG Karlsruhe FPR 2001, 236.
265 OGH Österreich ZfRV 1999, 231; OLG Celle FamRZ 2007, 1587; OLG Koblenz FamRZ 2007, 854; OLG Stuttgart FamRZ 2001, 645.
266 BGH FamRZ 2010, 1060 m. Anm. *Völker*, S. 1065; a.A. wohl OLG Köln FamRZ 2010, 913.
267 OLG Karlsruhe DAVorm 1998, 253; FamRZ 1992, 1212; OLG Zweibrücken FamRZ 1997, 108; OLG Frankfurt FamRZ 1997, 1100; OLG Düsseldorf FamRZ 1994, 181; *Bach*, FamRZ 1997, 1051.
268 OLG Stuttgart FamRZ 2013, 51.
269 OLG Hamm, Beschl. v. 7.8.2008 – 11 UF 135/08, juris.
270 EuGH FamRZ 2015, 107.
271 EuGH FamRZ 2015, 107; Anm. *Pirrung*, IPRax 2015, 207.
272 OLG Stuttgart FamRZ 2013, 51; OLG Karlsruhe FamRZ 1992, 847.

2. Tatsächliche Ausübung des Sorgerechts

Wer Inhaber des Sorgerechts ist, beurteilt sich nach dem Recht am gewöhnlichen Aufenthalt unmittelbar vor der Verbringung. Hierbei handelt es sich um eine Gesamtverweisung.[273] Es kommt allein auf das Recht des ersuchenden Staates an, nicht auf das des ersuchten Staates.[274] Deshalb steht es der Rückgabe der Kinder nicht entgegen, wenn dem entführenden Elternteil im ersuchten Staat – der dafür nicht international zuständig ist, Art. 16 HKÜ! – das Aufenthaltsbestimmungsrecht übertragen wurde, Art. 17 HKÜ.[275]

Art. 3 HKÜ ist stets einschlägig, sobald ein Elternteil dem anderen die Ausübung eines Mitsorgerechts[276] durch tatsächliche Maßnahmen unmöglich macht.[277] Das Sorge- oder Mitsorgerecht muss im Entführungszeitpunkt bereits bestanden haben.[278]

Eine Verletzung des Sorgerechts ist auch dann anzunehmen, wenn durch den Aufenthaltswechsel des Kindes behördliche, gerichtliche oder private Rechte des anderen Elternteils verletzt werden.[279]

Der die Rückführung verlangende Elternteil muss im Zeitpunkt des Verbringens oder Zurückhaltens das Sorgerecht tatsächlich auch ausgeübt haben bzw. hätte es ausüben müssen.[280] Bei einer Trennung der Eltern erfüllt diese Voraussetzung der Elternteil, der formal mindestens über eine Ausreise des Kindes mitentscheiden darf und zu dem Kind gelegentlich Kontakt hat, also sein Umgangsrecht nicht völlig unzureichend wahrnimmt.[281]

In zahlreichen Staaten[282] besteht nach der Trennung oder Scheidung der Eltern die gemeinsame elterliche Sorge fort, wenn kein Elternteil einen Antrag auf Übertragung der Alleinsorge stellt. Grundsätzlich gilt auch bei gemeinsamer elterlicher Sorge, dass der die Rückführung des Kindes beantragende Elternteil im Zeitpunkt des Verbringens das Sorgerecht tatsächlich ausgeübt haben muss. An diese Ausübung des Mitsorgerechts sind keine allzu hohen Anforderungen zu stellen.[283] Die tatsächliche Ausübung des Sorgerechts muss auch an getrennten Lebensmittelpunkten möglich sein. Dies folgt für Deutschland schon aus § 1687 BGB. Daher übt ein getrennt lebender Elternteil das Sorgerecht in einem dem Art. 3 HKÜ entsprechendem Maße schon dann aus, wenn er

---

273 AG Hamburg IPRax 1992, 390; Staudinger/*Pirrung*, Vorb zu Art. 19 EGBGB Rn D 27; zur Widerrechtlichkeit bei der Anwendung italienischen Sorgerechts OLG Frankfurt ZKJ 2009, 373.
274 OLG Rostock FamRZ 2001, 642; LG Augsburg FamRZ 1996, 1033; AG Bielefeld FamRZ 1992, 467; Staudinger/*Pirrung*, Vorb zu Art. 19 EGBGB Rn D 27; a.A. OLG Düsseldorf FamRZ 1994, 185.
275 OLG Celle FF 1999, 87.
276 BVerfG FamRZ 1997, 1269; OLG Dresden FamRZ 2002, 1136 (siehe auch die Anm. der Redaktion zu dieser Entscheidung in FamRZ 2003, 468); OLG Rostock FamRZ 2002, 46 m. abl. Anm. *Siehr*, IPRax 2002, 199, hierauf wiederum *Winkler von Mohrenfels*, IPRax 2002, 372; OLG Hamm FamRZ 1999, 948, AG Saarbrücken FamRZ 2003, 398, Anm. *Witteborg*, IPRax 2005, 330.
277 *Bach/Gildenast*, Rn 23 und 25; Staudinger/*Pirrung*, Vorb zu Art. 19 EGBGB Rn D 33.
278 OGH Österreich IPRax 1999, 177.
279 OLG Bamberg FamRZ 1999, 951.
280 OLG Düsseldorf FamRZ 1994, 181; AG Weilburg NJW-RR 1995, 8.
281 Hierzu OLG Hamm FamRZ 2004, 1513; zust. Anm. *Völker*, jurisPR-FamR 14/2004, Anm. 6: Sorgerecht dann nur „leere Hülse".
282 So wie in Deutschland.
283 OLG Hamm FamFR 2012, 141; OLG Stuttgart FamRBint 2011, 74; OLG Dresden FamRZ 2002, 1136 (siehe auch die Anm. der Redaktion zu dieser Entscheidung in FamRZ 2003, 468); OLG Rostock FamRZ 2002, 46 m. abl. Anm. *Siehr*, IPRax 2002, 199, hierauf wiederum *Winkler von Mohrenfels*, IPRax 2002, 372; FamRZ 2003, 959; OLG Zweibrücken FamRZ 2000, 1607; *Bach*, FamRZ 1997, 1051; vgl. *Schulz*, IPRax 2001, 91; *Weitzel*, DAVorm 2000, 1059.

sich an den das Sorgerecht betreffenden Entscheidungen beteiligt.[284] Entsprechendes gilt, wenn er das Kind gelegentlich besucht, es anruft, aber einen Aufenthalt im Ausland ablehnt.[285]

105 Das bloße **Innehaben und die Ausübung eines Umgangsrechts** reicht jedenfalls nicht aus,[286] zumindest muss der zurückgelassene Elternteil nach seinem Heimatrecht neben dem Umgangsrecht das Recht haben, dem Verbringen des Kindes ins Ausland zu widersprechen. Nur dann hat er ein Sorgerecht im Sinne des Übereinkommens. Während Art. 3 Abs. 1 Buchstabe b HKÜ die tatsächliche Ausübung des verletzten Sorgerechts als objektive Voraussetzung formuliert, was der zurückgelassene Elternteil im HKÜ-Verfahren darzulegen hat, kann nach Art. 13 Abs. 1 Buchst. a HKÜ unter anderem die Person, die sich der Rückgabe des Kindes widersetzt, nachweisen, dass der andere Elternteil das Sorgerecht tatsächlich gar nicht ausgeübt hat. Dann liegen die Voraussetzungen für eine Rückführungsanordnung nicht vor. Gelingt in dem Verfahren der Nachweis der Ausübung oder Nichtausübung des Sorgerechts nicht, wirkt sich dies also zu Ungunsten des – feststellungsbelasteten – Sorgerechtsverletzers aus.[287]

3. Antragstellung innerhalb der Jahresfrist

106 Der Antrag auf Rückgabe eines widerrechtlich verbrachten Kindes muss innerhalb der **Jahresfrist** bei dem zuständigen Gericht gestellt werden. Eine Antragstellung bei der Zentralen Behörde reicht angesichts des eindeutigen Wortlauts von Art. 12 Abs. 1 HKÜ nicht aus.[288] Es kommt hingegen nicht darauf an, ob das Gericht binnen eines Jahres seit der Entführung entschieden hat.[289]

Ist bei Antragstellung die **Jahresfrist verstrichen**, so ordnet das Gericht die Rückgabe des Kindes an, sofern nicht erwiesen ist, dass das Kind sich in seine neue Umgebung **eingelebt** hat, Art. 12 Abs. 2 HKÜ. Ein Einleben ist anzunehmen, wenn das Kind sich in seinem unmittelbaren familiären und sozialen Umfeld in stabilen, seinen Bedürfnissen und seinem Wohl entsprechenden Verhältnissen befindet. Das Kind muss mit dem neuen Wohnort und den Bezugspersonen verbunden und verwachsen, in seinem neuen Freundes- und Verwandtschaftskreis verwurzelt und ein Bruch mit der bestehenden Umgebung vollkommen unzumutbar sein. Im Rahmen der gebotenen Gesamtabwägung kommt es dabei auf den Zeitpunkt der Entscheidung und nicht auf den Antragseingang an, weil es in diesem Zusammenhang um die veränderte Lage des Kindes und nicht um den Schutz des Antragstellers vor Verfahrensverzögerungen geht. Die objektive Feststellungslast trifft den Entführer.[290] Im Rahmen seiner Prüfung kann das Gericht einen Verfahrensbeistand bestellen oder aus den Berichten des Jugendamtes oder einer Kindesanhörung (siehe dazu auch Rdn 138) Erkenntnisse zum Einleben des Kindes (siehe dazu Rdn 106) gewinnen.

107 **Verbringen und Zurückhalten** müssen dabei gleich behandelt werden, ansonsten würde beim Zurückhalten eine Frist nach Art. 12 HKÜ gar nicht zu laufen beginnen, da sich der rechtswidrige Zustand des Zurückhaltens täglich erneuern würde. Die Jahresfrist beginnt, sobald das Kind entsprechend dem Gesetz, der gerichtlichen Entscheidung oder der Absprache an den anderen Elternteil hätte zurückgegeben werden müssen.[291]

---

284 OLG Rostock FamRZ 2003, 959.
285 BVerfG FamRZ 1997, 1269; vgl. OLG Hamm FamFR 2012, 141; OLG Stuttgart FamRBint 2011, 74; OLG Rostock FamRZ 2002, 46 m. abl. Anm. *Siehr*, IPRax 2002, 199, hierauf wiederum *Winkler von Mohrenfels*, IPRax 2002, 372; OLG Zweibrücken FamRZ 2000, 1607.
286 OLG Düsseldorf FamRZ 1994, 181; vgl. *Bach/Gildenast*, Rn 45; vgl. dazu auch BGH FamRZ 2010, 1060 m. Anm. *Völker*, S. 1065.
287 KG FamRZ 1996, 691.
288 OLG Stuttgart FamRZ 2013, 51; OLG Hamm FamRZ 1998, 385; OLG Bamberg FamRZ 1995, 305; *Finger*, ZfJ 1999, 15.
289 Vgl. KG FamRZ 1997, 1098 m.w.N.
290 Siehe zum Ganzen OLG Stuttgart FamRZ 2013, 51 m.w.N.; OLG Düsseldorf FamRZ 1999, 113.
291 *Bach*, FamRZ 1997, 1051.

Die **Jahresfrist** hat keine Auswirkungen auf die Begründung eines gewöhnlichen Aufenthaltes am Zufluchtsort.[292] Dies folgt aus Art. 16 HKÜ.[293]

108

IV. Ausnahmen von der Verpflichtung zur sofortigen Rückgabe

Grundsätzlich geht das HKÜ davon aus, dass die **Rückführung** des Kindes seinem Wohl am besten entspricht. Die deutsche Fassung des HKÜ spricht von Rückgabe, nach der – vom EGMR gebilligten – Rechtsprechung des BVerfG ist aber eine Auslegung des HKÜ, aufgrund derer ein Gericht dem entführenden Elternteil die persönliche Rückführung des Kindes aufgibt, verfassungsrechtlich nicht zu beanstanden.[294] Daher sind Entscheidungen, die im Verbleiben des entführten Kindes eine seinem Wohl dienende Maßnahme sehen, regelmäßig verfehlt. Neben der bereits dargestellten **Ausnahme** des Art. 12 Abs. 2 HKÜ – Antrag nach Ablauf der Jahresfrist und Einleben des Kindes (siehe dazu Rdn 106) können aber nach Art. 13 HKÜ[295] weitere Ausnahmen von der Verpflichtung zur sofortigen Rückgabe des Kindes bestehen. Danach sind das Gericht oder die Verwaltungsbehörde nicht verpflichtet, eine Rückgabe des Kindes anzuordnen, wenn

109

- das Sorgerecht nicht ausgeübt wurde,
- das Verbringen oder die Zurückhaltung gebilligt wurde,
- eine Rückführung eine Kindeswohlgefährdung[296] darstellt oder
- das hinreichend verstandesreife Kind sich der Rückgabe widersetzt.

Praktisch besonders bedeutsam ist für alle Rückführungshindernisse des Art. 13 HKÜ, dass den entführenden Elternteil nach allgemeiner Auffassung eine echte **subjektive Beweisführungslast** trifft (Wortlaut: „nachweist"), so dass der Amtsermittlungsgrundsatz im Rahmen dieser Norm keine Anwendung findet.[297] Hinzu kommt, dass die nach dem HKÜ zu treffende Sachentscheidung keine Sorgerechtsentscheidung ist (Art. 19 HKÜ) und auf einer summarischen Tatsachenprüfung beruht.[298] Dabei sind die Ermittlungen nur soweit auszudehnen, wie dies mit dem Eilcharakter des Verfahrens (§ 38 IntFamRVG) in Einklang zu bringen ist.[299] An den Nachweis sind strenge Anforderungen zu stellen, die diejenigen Maßnahmen übertreffen, die im klassischen einstweiligen Rechtsschutzverfahren deutscher Prägung gelten. Es sind nur die Beweise zugelassen, die entweder präsent oder unschwer zu erheben sind. Eine eigene eidesstattliche Versicherung genügt der subjektiven Beweisführungslast daher nicht.[300] Sie ist lediglich ein Mittel zur Glaubhaftmachung, aber kein Beweismittel.

---

292 *Winkler von Mohrenfels*, FPR 2001 189; a.A.: *Niethammer-Jürgens*, DAVorm 2000, 1071.
293 Siehe zu dieser Norm auch BGH FamRZ 2005, 1540, Anm. *Völker*, jurisPR-FamR 22/2006, Anm. 6; zur Frage der Pflicht der Zentralen Behörde zum Tätigwerden auch OLG Karlsruhe ZKJ 2006, 421.
294 EGMR, Urt. v. 18.1.2011 – Individualbeschwerde Nr. 26755/10 – [L. und M./Deutschland], juris; BVerfGK 17, 236; vgl. auch EGMR, Urt. v. 6.7.2010 – Individualbeschwerde Nr. 41615/07 – [Neulinger und Shuruk/Schweiz].
295 Zur abschließenden Aufzählung der zur sofortigen Rückgabe des Kindes in Frage kommenden Versagungsgründe in Art. 13 HKÜ vgl. *Bach/Gildenast*, Rn 150.
296 Hierzu aus rechtspsychologischer Sicht *Ballof*, FPR 2004, 309; weitere Beispiele bei *Finger*, FuR 2013, 689, 696.
297 OLG Saarbrücken, Beschl. v. 2.9.2015 – 6 UF 98/15 (n.v.) und vom 30.7.2015 – 6 UF 56/15 (n.v.); OLG Hamburg OLGR 2009, 208; *Völker*, FamRZ 2010, 157.
298 OLG Saarbrücken, Beschl. v. 2.9.2015 – 6 UF 98/15 (n.v.) und vom 30.7.2015 – 6 UF 56/15 (n.v.); FamRZ 2011, 1235.
299 OLG Saarbrücken, Beschl. v. 2.9.2015 – 6 UF 98/15 (n.v.) und vom 30.7.2015 – 6 UF 56/15 (n.v.).
300 OLG Saarbrücken, Beschl. v. 2.9.2015 – 6 UF 98/15 (n.v.); AG Saarbrücken FamRZ 2003, 398, Anm. *Witteborg*, IPRax 2005, 330.

1. Keine Sorgerechtsausübung oder Billigung

110 Die Rückgabepflicht entfällt nach Art. 13 Abs. 1 Buchstabe a HKÜ, wenn das Sorgerecht zur Zeit des Verbringens oder Zurückhaltens tatsächlich nicht ausgeübt wurde und der Sorgeberechtigte dem Verbringen oder Zurückhalten des Kindes ausdrücklich oder konkludent zugestimmt hat.

Diese tatsächliche Frage unterliegt der Beurteilung des Zufluchtstaates im HKÜ-Verfahren. In Deutschland findet aufgrund von § 14 Nr. 2 IntFamRVG der Amtsermittlungsgrundsatz nach § 26 FamFG Anwendung.[301] An die „Nichtausübung des Sorgerechts" sind strenge Anforderungen zu stellen.[302] Voraussetzung ist, dass der Betreffende aus eigenem Willen das Sorgerecht überhaupt nicht wahrnimmt und damit konkludent auf dieses verzichtet.[303] Dies ist nicht anzunehmen, wenn der Elternteil regelmäßigen persönlichen oder telefonischen Kontakt zum Kind gehalten oder sein Umgangsrecht wahrgenommen hat.[304] Eine schematische Übertragung der für innerstaatliche Streitigkeiten geltenden Grundsätze auf die Rückführungsfälle ist nicht erlaubt.[305]

111 Die praktische Bedeutung dieser Regelung liegt in der verfassungsrechtlich unbedenklichen[306] **Beweislastumkehr**.[307] Der entführende Elternteil muss den vollen Nachweis für seine Behauptung erbringen (siehe dazu eingehend Rdn 109).[308] Die vom entführenden Elternteil (z.B. durch Auswertung von Briefen) zu beweisende[309] **Zustimmung** des antragstellenden Elternteils ist formfrei und kann daher auch per SMS oder konkludent erteilt werden.[310] Die längere kommentarlose Hinnahme einer Kindesverbringung ins Ausland kann als konkludente Zustimmung aufzufassen sein.[311] Allerdings sind an die Beweisführung in diesem Fall hohe Anforderungen zu stellen.[312] Eine Zustimmung wird aber nicht schon dadurch erteilt, dass ein Elternteil mit einer auch längeren Auslandsreise des Kindes mit dem anderen Elternteil einverstanden ist, weil dessen Eltern pflegebedürftig sind,[313] oder die Genehmigung unter bestimmten Voraussetzungen nur in Aussicht gestellt, letztlich aber wegen Nichteintretens der Bedingungen nicht erteilt wird.[314] Vielmehr muss der dauerhaften Aufenthaltsänderung zugestimmt werden.[315] Die Zustimmung muss daher klar, eindeutig und unbedingt zum Ausdruck kommen und darf sich nicht nur auf einen für eine bestimmte Zeit beschränkten Aufenthaltswechsel beziehen.[316] Jedes andere Verständnis stünde in unauflösbarem Widerspruch dazu, dass der zurückgelassene Elternteil die Rückführung

---

301 AG Saarbrücken FamRZ 2003, 398, Anm. *Witteborg*, IPRax 2005, 330.
302 Vgl. etwa OLG Nürnberg FamRZ 2010, 1575.
303 KG DAVorm 2000, 1154.
304 OLG Karlsruhe FamRZ 2015, 1627; OLG Dresden FamRZ 2002, 1136; OLG Nürnberg FamRZ 2010, 1575.
305 *Bach/Gildenast*, Rn 115.
306 BVerfG FamRZ 1996, 1267; *Niemeyer*, FuR 1997, 53.
307 OLG Dresden FamRZ 2002, 1136 (siehe auch die Anm. der Redaktion zu dieser Entscheidung in FamRZ 2003, 468); KG FamRZ 1996, 692; OLG Karlsruhe FamRZ 2015, 1627; AG Saarbrücken FamRZ 2003, 398, Anm. *Witteborg*, IPRax 2005, 330.
308 OLG Hamm FamFR 2012, 141; OLG Dresden FamRZ 2002, 1136 (siehe auch die Anm. der Redaktion zu dieser Entscheidung in FamRZ 2003, 468).
309 OLG Stuttgart FamRZ 2009, 2017; OLG Rostock FamRZ 2002, 46; AG Saarbrücken FamRZ 2003, 398, Anm. *Witteborg*, IPRax 2005, 330; *Bach/Gildenast*, Rn 113.
310 OLG Hamm FamRBint 2013, 89.
311 OLG Stuttgart FamRZ 2009, 2017; OLG Nürnberg FamRZ 2009, 240, Anm. *Völker* in jurisPR-FamR 16/2009, Anm. 3; OLG Karlsruhe FamRZ 2006, 1699; AG Saarbrücken FamRZ 2003, 398, Anm. *Witteborg*, IPRax 2005, 330; *Bach/Gildenast*, Rn 117.
312 OLG Stuttgart FamRZ 2009, 2017; FamRZ 2012, 238; OLG Karlsruhe FamRZ 2015, 1627; *Völker* in jurisPR-FamR 4/2007, Anm. 3.
313 OLG Rostock FamRZ 2003, 959.
314 OLG Karlsruhe FamRZ 2002, 1142.
315 OGH Österreich EuLF 2008, II-67.
316 OLG Saarbrücken, Beschl. v. 30.7.2015 – 6 UF 56/15 (n.v.); OLG Saarbrücken FamRZ 2011, 1235; OLG Hamm FamFR 2012, 141; OLG Düsseldorf FamFR 2011, 144; OLG Stuttgart FamRBint 2011, 74.

des Kindes nach dem HKÜ wegen Art. 12 Abs. 1 HKÜ binnen einer Frist von einem Jahr seit dem Verbringen bzw. Zurückhalten des Kindes fordern kann.[317]

Die Zustimmung zur Verbringung kann vor dieser **widerrufen** werden. Darlegungs- und feststellungsbelastet für den Widerruf ist dann derjenige, der widerruft, weil er eine ihm günstige Tatsache geltend macht.[318] Nach erfolgter Verbringung des Kindes geht der Widerruf freilich ins Leere.[319] Fraglich bleibt freilich, wann eine Verbringung in diesem Sinne erfolgt ist. Das HKÜ-Verfahren wird durch die Annahme einer Widerrufsmöglichkeit mit einem weiteren tatsächlichen und Rechtsproblem belastet.[320] Ein Widerruf auch „zur Unzeit" wäre zwar wirksam, würde allerdings Schadensersatzansprüche gegen den widerrufenden Elternteil auf Ersatz der frustrierten Aufwendungen – analog denen im Rahmen des vereitelten Umgangsrechts (dazu § 2 Rdn 142) auslösen.

112

2. Kindeswohlgefährdung

Die Rückführung braucht ferner nicht angeordnet zu werden, wenn sie mit einer **schwerwiegenden Gefahr** eines körperlichen oder seelischen Schadens für das Kind verbunden ist oder (siehe dazu auch Rdn 120) es sonst in eine unzumutbare Lage bringt, Art. 13 Abs. 1 Buchst. b HKÜ.[321] **Beweisbelastet** ist insoweit der das Kind zurückhaltende Elternteil.[322]

113

Diese Vorschrift ist ebenso wenig verfassungswidrig oder menschenrechtswidrig wie ihre restriktive Auslegung durch die Fachgerichte.[323]

Das HKÜ geht von der Regel aus, dass die Rückführung des Kindes seinem Wohl am besten entspricht.[324] Die Zwecke des Abkommens weisen die Rückführungsanordnung grundsätzlich als zumutbar aus. Entscheidungen, die im Verbleiben des entführten Kindes eine seinem Wohl dienende Maßnahme sehen, sind daher regelmäßig verfehlt. Der entführende Elternteil muss es grundsätzlich auf sich nehmen, mit dem Kind zurückzukehren und dadurch selbst Nachteile zu erleiden.[325] Er hat durch sein Verhalten die Situation des Kindes zu verantworten und deshalb obliegt es ihm, alles zu tun, um weitere Schädigungen des Kindes zu vermeiden. Seine Weigerung, für die Zeit der Durchführung des Sorgerechtsverfahrens mit dem Kind in den Ursprungsstaat zurückzukehren ist daher grundsätzlich unbeachtlich. Behauptet er, keine Einreiseerlaubnis mehr in diesen Staat zu haben, so muss er dies nachweisen (dazu Rdn 109) und außerdem einen dahingehenden Antrag gestellt haben.[326]

114

---

317 OLG Saarbrücken, Beschl. v. 2.9.2015 – 6 UF 98/15 (n.v.).
318 OLG Hamm FamRBint 2013, 89.
319 OLG Karlsruhe FamRZ 2009, 239.
320 Zutreffend *Niethammer-Jürgens*, FamRBint 2013, 89, 90.
321 OLG München FamRZ 1998, 386; KG FamRZ 1997, 1098.
322 OLG Hamburg OLGR 2009, 208; KG FamRZ 1997, 1098; OLG Frankfurt FamRZ 1997, 1100; AG Saarbrücken FamRZ 2003, 398, Anm. *Witteborg*, IPRax 2005, 330; *Bach/Gildenast*, Rn 113; *Mansell*, NJW 1990, 2176; *Heilmann/Schweppe*, Art 12 HKÜ Rn 10.
323 EuGHMR NZFam 2015, 626; BVerfG, Beschl. v. 18.7.2016 – 1 BvQ 27//16, juris; BVerfG FamRZ 1999, 85; 1996, 405 und 1267; OLG Saarbrücken, Beschl. v. 2.9.2015 – 6 UF 98/15 (n.v.); OLG Karlsruhe FamRZ 2002, 1142 und 1141; OLG Hamm FamRZ 2000, 370; 1999, 948; OLG Zweibrücken FamRZ 2000, 1607; KG FamRZ 1997, 1099; OLG Frankfurt FamRZ 1996, 691; OLG Düsseldorf FamRZ 1994, 185; OLG München FamRZ 1994, 1339; AG Saarbrücken FamRZ 2003, 398, Anm. *Witteborg*, IPRax 2005, 330.
324 BVerfG FamRZ 1996, 405; OLG Hamm FamRZ 1999, 948.
325 EuGHMR NZFam 2015, 626; OLG Hamm FamRZ 2000, 370; OLG Zweibrücken FamRZ 2000, 1607; AG Saarbrücken FamRZ 2003, 398, Anm. *Witteborg*, IPRax 2005, 330.
326 OLG Saarbrücken, Beschl. v. 2.9.2015 – 6 UF 98715 (n.v.); vgl. auch OLG Stuttgart FamRZ 2002, 1138.

115 Der Verbleib des Kindes ist nur bei ungewöhnlich schwerwiegender Beeinträchtigung des Kindeswohls gerechtfertigt.[327] Bloße Belange, die im Rahmen einer Sorgerechtsregelung zu prüfen sind, reichen niemals aus.[328] Ebenso wenig sind die mit der Rückführung typischerweise verbundenen Beeinträchtigungen geeignet, eine schwere Kindeswohlgefährdung anzunehmen und die Rückführungsanordnung in Frage zu stellen.[329] Mit dem erneuten Wechsel der Umgebung und der Bezugsperson naturgemäß verbundene seelische Belastungen des Kindes, wie eine weite Entfernung des Heimatstaates, ein erneuter Wechsel des Sprachgebietes, Wechsel von Schule und sozialem Umfeld, sind also hinzunehmen. Vielmehr muss sich die Gefährdung als besonders erheblich, konkret und aktuell darstellen.[330]

116 Die drohende **Inhaftierung** des antragstellenden Elternteils reicht für eine derartige Kindeswohlgefährdung ebenfalls allein nicht aus.[331] Die Sicherstellung der tatsächlichen Betreuung des Kindes durch einen Elternteil ist eine Frage, die im Rahmen einer Sorgerechtsregelung zu überprüfen ist, nicht im Verfahren nach dem HKÜ. Das gilt erst recht, wenn lediglich die Gefahr einer Inhaftierung besteht.[332] Schließlich wird jedenfalls in Deutschland bis zum Nachweis der Schuld des Angeklagten von dessen Unschuld ausgegangen. Soweit das Strafverfahren in einem anderen Land läuft, kann das Gericht allerdings geeignete Nachforschungen hinsichtlich der Rechtspraxis anstellen.[333] Ohne derartige Belege kann nicht von einer Gefährdung des Kindeswohls ausgegangen werden.

117 Eine Gefährdung kann vorliegen, wenn die Befürchtung besteht, dass das Kind nach der Rückführung missbraucht[334] oder misshandelt[335] wird, der antragstellende Elternteil schwer **alkohol- oder drogenabhängig** ist, eine fanatisch-religiöse Erziehungseinstellung hat[336] oder das Kind in ein Kriegs- oder **Krisengebiet** zurückgeführt werden soll.[337] Auch die sachverständig nachgewiesene Gefahr schwerer psychischer Dekompensation des Kindes nach vorangegangenen Todesphantasien und suizidalen Tendenzen, einhergehend mit psychosomatischen Symptomen

---

327 BVerfG, Beschl. v. 18.7.2016 – 1 BvQ 27/16, juris; BVerfG FamRZ 1999, 85; OLG Hamm FamFR 2012, 141; OLG Stuttgart FamRBint 2011, 74; OLG Karlsruhe FamRZ 2010, 1577; OLG Düsseldorf FamFR 2011, 144; OLG München FamRZ 1994, 1338; OLG Frankfurt FamRZ 1994, 1339.
328 BVerfG, Beschl. v. 18.7.2016 – 1 BvQ 27/16, juris; BVerfG NJW 1997, 1301; FamRZ 1996, 405; 1996, 1267; OLG Rostock FamRZ 2002, 46 m. abl. Anm. *Siehr*, IPRax 2002, 199, hierauf wiederum *Winkler von Mohrenfels*, IPRax 2002, 372; KG FamRZ 1997, 1099; OLG Hamburg FamRZ 1996, 685; OLG Celle FamRZ 1995, 955; OLG Bamberg FamRZ 1994, 182; AG Saarbrücken FamRZ 2003, 398, Anm. *Witteborg*, IPRax 2005, 330.
329 OLG Hamm ZKJ 2013, 35; OLG Karlsruhe FamRZ 2002, 1141; OLG Hamm FamRZ 2002, 44; 1999, 948; AG Saarbrücken FamRZ 2003, 398, Anm. *Witteborg*, IPRax 2005, 330; OLG Rostock FamRZ 2003, 959; a.A. *Adam-Busch/Adam-Caumeil/Zavelberg*, FF 1999, 181.
330 BVerfG FamRZ 1999, 641; 1999, 85; OLG Hamm FamRZ 2000, 370; 1999, 948; OLG Zweibrücken FamRZ 2000, 1607; OLG Schleswig FamRZ 2000, 1426; OLG Düsseldorf FamRZ 1994, 185.
331 KG FamFR 2013, 552; OLG Celle OLGR 2006, 275; OLG Rostock FamRZ 2002, 46 m. abl. Anm. *Siehr*, IPRax 2002, 199, hierauf wiederum *Winkler von Mohrenfels*, IPRax 2002, 372; OLG Rostock, Beschl. v. 2.12.2002 – FamRZ 2003, 959.
332 Vgl. auch BVerfG, Beschl. v. 18.7.2016 – 1 BvQ 27/16, juris.
333 *Roth*, Kind-Prax 2000, 179.
334 Vgl. OLG Schleswig FamRZ 2000, 1426.
335 Vgl. OLG München DAVorm 2000, 1157.
336 EuGHMR, Entscheidung vom 6.7.2012 – Individualbeschwerde Nr. 41515/07 (Lubawitscher Glaubensgemeinschaft); *Finger*, FuR 2013, 689, 696.
337 Dazu OLG Stuttgart OLGR 2009, 401 (zu Thailand, Aussetzung der Vollstreckung), nachdem derselbe Senat zunächst die Rückführung rechtskräftig angeordnet hatte, siehe OLGR 2009, 402.

E. Widerrechtliches Verbringen oder Zurückhalten eines Kindes § 11

kann ausreichen.[338] Ebenso, wenn das Kind psychisch labil ist und dies auf Drohungen des antragstellenden Elternteils zurückzuführen ist.[339]

Eine erhebliche **Verzögerung**[340] der Rückführungsentscheidung führt zu einer Integration des Kindes am neuen Aufenthaltsort. Mit fortschreitender Zeit lässt sich eine Rückführung daher immer weniger mit dem Kindeswohl vereinbaren.[341] Daher ist der Aspekt der Verfahrensdauer von ganz wesentlicher Bedeutung.[342] Nach Maßgabe dessen hat der EuGHMR festgestellt, dass die Vorschriften über die Rückführung nach dem HKÜ nicht automatisch oder mechanisch vollzogen werden dürfen. Vielmehr ist der Regelungsgehalt von Art. 8 EMRK auch in HKÜ-Rückführungsverfahren zu beachten und die Entscheidung individuell am Kindeswohl auszurichten.[343] Wichtig erscheint dem EuGHMR also, dass in Fällen einer Kindesentführung nicht – allein unter Hinweis auf die nach dem HKÜ gebotene rasche Entscheidung – sofort eine Rückführungsanordnung getroffen werden soll, wenn Umstände geltend gemacht werden, die das Kindeswohl nachhaltig betreffen und die einer Überprüfung bedürfen. Der Gerichtshof verlangt also in den jüngsten Entscheidungen eigentlich nur, dass die nationalen Gerichte – in der durch das Abkommen gebotenen Eile – alle gegen eine Rückführung vorgebrachten Einwände unter dem Blickwinkel des Kindeswohls prüfen.[344] Dies schreibt Art. 13 Abs. 1b HKÜ ohnehin vor.[345] Zu achten ist allerdings darauf, dass die Kindeswohlprüfung zeitlich nicht so ausgedehnt wird, dass sie der Zielsetzung des HKÜ zuwider läuft.[346] 118

Zeitlich unmittelbar aufeinanderfolgendes Hin- und Herreißen des Kindes von einem zum anderen Elternteil ist für alle Beteiligten, insbesondere aber für die Kinder ein sinnloser Aufwand, der sie in eine unzumutbare Lage bringt. Hier würde das Kind als Streitobjekt ohne Rücksicht auf das eigene Bedürfnis dienen. Unter diesem Aspekt ist in der Regel eine Prüfung des Kindeswohls umso mehr geboten, wenn die Eltern **gegenläufige Rückführungsanträge** stellen.[347] Damit ist aber keinesfalls gemeint, dass in einseitigen Entführungsfällen das HKÜ-Gericht eine Prognose des Ausgangs des Sorgerechtsverfahrens im Ursprungsstaat stellen darf; damit würde das HKÜ völlig untergraben.[348]

Eine **Gefährdung des Kindeswohls** kann im Einzelfall vorliegen, wenn mit der Rückführung die Trennung eines Kleinkindes von dem Elternteil verbunden ist, der das Kind bis dahin ganz über- 119

---

338 OLG Hamm, Beschl. v. 7.12.2005 – 11 UF 219/05; OLG Hamm FamRZ 2013, 52.
339 OLG Karlsruhe FamRZ 2015, 1627 („Deine Mutter muss sterben!").
340 Aus Art. 11 Abs. 2 HKÜ lässt sich schließen, dass das Abkommen im Regelfall eine erstinstanzliche Entscheidung innerhalb von sechs Wochen für wünschenswert hält; so auch Prütting/Gehrlein/*Völker*, Art. 11 Brüssel IIa-VO Rn 4 und *Völker*, FamRZ 2010, 157; dies wird aber in anderen Staaten teilweise anders gesehen.
341 EuGHMR, Urt. v. 6.7.2010 – Nr. 41615/07 [Neulinger und Shuruk/Schweiz], BeckRS 2013, 03966; BVerfG FamRZ 1999, 1053; vgl. *Bach/Gildenast*, Rn 94.
342 EuGHMR NZFam 2015, 303 [Lopez Guio/Slowakei].
343 EuGHMR, Urt. v. 6.7.2010 – Nr. 41615/07 [Neulinger und Shuruk/Schweiz], BeckRS 2013, 03966; EuGHMR FamRZ 2011, 1482 [Sneersone und Kampanella/Italien]; EuGHMR FamRZ 2012, 692 [X/Lettland]; EuGHMR, Urt. v. 26.11.2013 [X/Lettland] – Individualbeschwerde Nr. 27853/09; EuGHMR NZFam 2015, 303 [Lopez Guio/Slowakei].
344 Explizit in EuGHMR, Urt. v. 26.11.2013 [X/Lettland] – Individualbeschwerde Nr. 27853/09, lesenswert zum Ganzen *Lowe*, Strasbourg in Harmony with The Hague and Luxembourg over Child Abduction?, FS Coester-Waltjen 2015, S. 543.
345 OLG Hamm FamRZ 2013, 52; OLG Stuttgart FamRZ 2012, 238; *Büte*, FuR 2013, 418.
346 EuGHMR NZFam 2015, 303 [Lopez Guio/Slowakei].
347 BVerfG FamRZ 1999, 641; 1999, 85; 1999, 777, 778; *Bach/Gildenast*, Rn 134; dazu eingehend *Völker*, FamRZ 2010, 157, 162.
348 So aber OLG Rostock FamRZ 2002, 46; dagegen dezidiert AG Saarbrücken, FamRZ 2003, 398, Anm. *Witteborg*, IPRax 2005, 330.

wiegend betreut hat,[349] bzw. der entführende Elternteil die Hauptbezugsperson ist[350] oder wenn die Gefahr besteht, dass der Vater das Kind anschließend unter Verletzung des Sorgerechts der Mutter in ein Land verbringt, das nicht Vertragsstaat des HKÜ ist.[351]

Die in einem **Vertragsstaat** herrschenden generellen Lebensbedingungen gehören zum allgemeinen **Lebensrisiko**, vor dem Kinder nicht durch Entführung bewahrt werden können und dürfen. Es ist nicht Aufgabe der Gerichte des Zufluchtsstaates, über die Angemessenheit dieser Lebensbedingungen im Entführungsstaat zu urteilen. Eine große Luftverschmutzung, die eine asthmatische Erkrankung des Kindes zur Folge haben kann, ist daher im Rahmen des Art. 13 Abs. 1 Buchstabe b HKÜ nicht berücksichtigungsfähig.[352]

120 Das Kind gerät allerdings in eine **unzumutbare Lage**, wenn nach der Entführung das für die Sorgerechtsfrage zuständige Gericht im Herkunftsstaat[353] – und sei es im Wege wirksamer, wenngleich nicht vollstreckbarer einstweiliger Anordnung – den vorläufigen Verbleib des Kindes beim entführenden Elternteil im Zufluchtsstaat anordnet.[354] Dann macht eine Rückführung auch keinen Sinn mehr, weil der nunmehrige Sorgerechtsinhaber mit dem Kind jederzeit wieder legal ausreisen kann.

3. Ablehnung des Kindes

121 Durch Art. 13 Abs. 2 HKÜ wird den Kindern die Möglichkeit zur Wahrnehmung der eigenen Interessen gegeben. Dem **Kindeswillen** kommt aber nicht die Bedeutung zu, die er in einem Sorgerechtsverfahren hat.[355] Bei der Anwendung von Art 13 Abs. 2 HKÜ ist zu prüfen, ob sich das Kind aus freien Stücken, also nicht erkennbar maßgeblich durch den Entführer beeinflusst, und mit Nachdruck der Rückkehr in den Staat des gewöhnlichen Aufenthaltes widersetzt. Dabei sind die Umstände des Einzelfalles zu beurteilen, auch welche Umstände auf das Kind einwirken und wie es den Loyalitätskonflikt im Verhältnis zu den Eltern verarbeiten kann. Hat ein Kind das entsprechende Alter und die Reife, angesichts derer es angebracht erscheint, seine Meinung zu berücksichtigen, muss von der Rückgabe abgesehen werden, wenn sich das Kind dieser Maßnahme widersetzt.[356]

Das Gericht hat im Rahmen der Anwendung des Art. 13 Abs. 2 HKÜ Ermessen („kann"). **Kriterien für die Ermessensausübung** sind etwa

---

349 BVerfG FamRZ 1995, 663; siehe auch die redaktionelle Anm. zu dieser Entscheidung in FamRZ 1996, 277; OLG Karlsruhe FamRZ 2002, 1142; OLG Stuttgart FamRZ 2012, 238.
350 OLG München NJW-RR 1998, 149.
351 BVerfG FamRZ 1996, 479.
352 OLG Saarbrücken, Beschl. v. 2.9.2015 – 6 UF 98/15 (n.v.); OLG Rostock FamRZ 2002, 46 m. abl. Anm. *Siehr*, IPRax 2002, 199, hierauf wiederum *Winkler von Mohrenfels*, IPRax 2002, 372.
353 OLG Stuttgart FamRZ 2015, 1631.
354 OLG Karlsruhe NZFam 2015, 384; OLG Stuttgart FamRZ 2015, 1631; AG Stuttgart IPRspr 2013, 250; siehe auch OGH Österreich, Beschl. v. 24.2.2011 – 6 Ob 27/11f, unalex AT-710.
355 OLG Dresden FamRZ 2002, 1136 (siehe auch die Anm. der Redaktion zu dieser Entscheidung in FamRZ 2003, 468); siehe allgemein zur Bedeutung des Kindeswillens in Fällen internationaler Kindesentführung nach deutscher und kanadischer Rechtsprechung *Tischer/Walker*, NZFam 2014, 241 m.z.w.N zur Rechtsprechung.
356 Exemplarisch und mit unterschiedlichen Ergebnissen: OGH Österreich IPRax 2014, 543 mit Bespr. Heiderhoff IPRax 2014, 525 (zwölf und 15 Jahre alt); OGH Wien ZfRV 2005, 117 (Kind war zehn Jahre alt); OLG Nürnberg FamRZ 2007, 1588; OLG Naumburg FamRZ 2007, 1586 (jeweils acht); OLG Karlsruhe OLGR 2006, 344 (acht Jahre); OLG Schleswig-Holstein OLGR 2005, 234 (sieben Jahre); OLG Nürnberg FamRZ 2004, 726 (neun Jahre); OLG Celle FamRZ 2002, 569 (zwölf Jahre); 1995, 955 (sieben und neun Jahre); OLG Brandenburg FamRZ 1997, 1098 (elf und zwölf Jahre); AG Saarbrücken FamRZ 2003, 398 (neun Jahre), Anm. *Witteborg*, IPRax 2005, 330; AG Hamm FamFR 2011, 94 (knapp zwölf Jahre); OLG Hamm FamRZ 2013, 1238 (neun und zwölf Jahre alt, massiv vom entführenden Elternteil beeinflusst).

- die Ziele und Zwecke des HKÜ, insbesondere des Gedankens der Generalprävention;[357]
- der besondere Schutz von Kindern vor internationalen Kindesentführungen;[358]
- das Alter des Kindes – regelmäßig: je älter, desto eher;[359]
- die Stärke der ablehnenden Haltung;[360] nach der Rechtsprechung des EGMR müssen die Gerichte versuchen, das gegen eine Rückkehr eingestellte Kind umzustimmen;[361]
- die von Kind genannten Gründe für sein Widersetzen;[362] diese müssen sachbezogen sein, sich also auf die Lebensumstände und die Verwurzelung am neuen Aufenthaltsort beziehen; Art. 13 Abs. 2 HKÜ gibt dem Kind insbesondere kein Wahlrecht zwischen beiden Elternteilen;[363] anerkennenswerte Motive sind insbesondere eine gute soziale Einbindung, Sprachkenntnisse, Freunde, die schulische Situation, Engagement in Sportvereinen und Arbeitsgemeinschaften sowie die Möglichkeit sonstiger privater Aktivitäten;[364]
- der gesamte Kontext der ablehnenden Haltung,[365] insbesondere der Grad der Beeinflussung des Kindes durch den entführenden Elternteil;[366]
- das Wohlergehen des Kindes;[367]
- die Vermeidung einer Geschwistertrennung; es kann trotz einer hinreichende reifen Entscheidung eines Kindes wegen des anderen Kindes eine Rückführung beider Geschwister angeordnet werden;[368] umgekehrt können auch sämtliche Geschwister am neuen Aufenthaltsort verbleiben, wenn die Trennung aufgrund einer intensiven emotionalen Bindung zwischen den Geschwistern mit der schwerwiegenden Gefahr eines seelischen Schadens verbunden ist.[369]

Die Voraussetzungen des Art. 13 Abs. 2 HKÜ unterliegen nach § 14 Nr. 2 IntFamRVG, § 26 FamFG dem Amtsermittlungsgrundsatz.[370]

122

Die Vorschrift des Art. 13 Abs. 2 HKÜ enthält **keine** starre **Altersgrenze** im Sinne eines Mindestalters für die Berücksichtigung des Kindeswillens.[371] Auch ein Höchstalter, ab dem der Kindeswille stets zu berücksichtigen wäre, existiert nicht.[372] Ist im Einzelfall das Alter des Kindes zweifelhaft, sollte die Entscheidung darüber den zuständigen nationalen Behörden überlassen werden.[373]

Die bei der Anhörung geäußerte „strikte Ablehnung" der entführten Kinder, zum anderen Elternteil in ihr Herkunftsland zurückzugehen, kann im Einzelfall ausreichen, die Rückführung gemäß Art. 13 Abs. 2 HKÜ abzulehnen. Dies gilt auch dann, wenn die Kinder erst ein Alter haben, bei dem die Gerichte üblicherweise dem Kindeswillen eher indizielle[374] als streitentscheidende Be-

123

---

357 *Tischer/Walker*, NZFam 2014, 241 m.w.N.
358 OLG Celle FamRZ 2002, 569.
359 OLG Naumburg FamRZ 2007, 1586.
360 *Tischer/Walker*, NZFam 2014, 241 m.w.N.
361 EGMR, Urt. v. 7.6.2013 – Individualbeschwerde Nr. 10131/11 [Raw u.a. ./. Frankreich] m. krit. Bespr. *Heiderhoff*, IPRax 2014, 525.
362 OLG Karlsruhe FamRZ 2002, 1141; *Heiderhoff*, IPRax 2014, 525.
363 OLG Karlsruhe FamRZ 2002, 1141.
364 AG Hamm FamFR 2011, 94; Gegenbeispiel (Möglichkeit, Enten zu füttern!) OLG Nürnberg FamRZ 2004, 726.
365 OLG Karlsruhe FamRZ 2002, 1141.
366 OLG Hamburg FamRZ 2015, 64; *Heiderhoff*, IPRax 2014, 525; *Tischer/Walker*, NZFam 2014, 241 m.w.N.
367 *Tischer/Walker*, NZFam 2014, 241 m.w.N.
368 *Tischer/Walker*, NZFam 2014, 241 m.w.N.
369 OLG Frankfurt FamRZ 1996, 689.
370 AG Saarbrücken FamRZ 2003, 398, Anm. *Witteborg*, IPRax 2005, 330.
371 BVerfG FamRZ 1999, 1053; zu dieser Entscheidung auch *Niemeyer*, FuR 1999, 362; vgl. auch OLG Hamm FamRZ 2013, 1238; OLG Düsseldorf FamRZ 1999, 949; OLG Frankfurt FamRZ 1996, 689; OLG Celle FamRZ 1995, 955; *Niethammer-Jürgens*, DAVorm 2000, 1071; *Weitzel*, DAVorm 2000, 1059.
372 So inzident BVerfG, FamRZ 2006, 1261, 1263 zu einem im Entscheidungszeitpunkt 12-jährigen Kind, Anm. *Menne*, ZKJ 2007, 111; Anm. *Schulz*, FamRBint 2007,10; Anm. *Völker*, jurisPR-FamR 12/2007, Anm. 3.
373 OLG München DAVorm 2000, 1157.
374 Vgl. z.B. BGH FamRZ 1990, 392 m. Anm. *Henrich*.

deutung zumessen.³⁷⁵ Hier ist aber aufgrund der besonderen psychischen Situation, in der sich die Kinder befinden, erhebliche Zurückhaltung geboten. Je mehr sich das Kind der abkommensrelevanten Altersgrenze von 16 Jahren nähert, umso beachtlicher wird sein Wille sein.³⁷⁶

Wesentliche Anhaltspunkte für die Beurteilung der Reife eines Kindes sind

- der Umstand, dass das Kind bereits in der Vergangenheit wesentliche Entscheidungen für sich selbst gut getroffen hat,
- die Fähigkeit des Kindes, das Leben und die Verhältnisse in beiden Staaten zu vergleichen,³⁷⁷
- die Fähigkeit, kurz- und langfristige Folgen seiner Entscheidung zu bedenken, insbesondere mögliche besonders schmerzhafte Konsequenzen wie die Trennung vom anderen Elternteil, aber auch von Geschwistern,³⁷⁸
- der Umstand, dass die Möglichkeit eines Lebens mit dem anderen Elternteil im Herkunftsstaat in Betracht gezogen und gewogen wurde,³⁷⁹
- nicht aber eine differenzierte, klare und eloquente Ausdrucksweise eines Kindes³⁸⁰ oder dessen weit überdurchschnittliche Intelligenz oder gar Hochbegabung.³⁸¹

4. Verstoß gegen Menschenrechte und Grundfreiheiten

124 Nach Art. 20 HKÜ kann die Rückgabe des Kindes abgelehnt werden, wenn sie nach den im ersuchten Staat geltenden Grundwerten über den Schutz der Menschenrechte und **Grundfreiheiten** unzulässig ist. Diese Vorschrift erfasst nur Verletzungen der EMRK oder der deutschen Grundrechte.³⁸² Gesichtspunkte des Kindeswohls finden allein in Art. 13 HKÜ Berücksichtigung.³⁸³ In der Praxis spielt diese Vorschrift keine Rolle.

V. Verfahrensrechtliches

1. Antrag

125 Ist das Kind von Deutschland in einen anderen Vertragsstaat entführt worden, kann sich der Antragsteller an die Zentrale Behörde in Deutschland³⁸⁴ wenden. Diese prüft dann die Vollständigkeit und das Vorhandensein der erforderlichen Mindestangaben und leitet den **Antrag** an die Zentrale Behörde des ersuchten Staates weiter. Der Antrag wird der Zentralen Behörde im ersuchten Staat in der Originalsprache zugeleitet. Übersetzungen in die Amtssprache oder eine der Amtssprachen des ersuchten Staates können aber beigefügt werden (§ 5 IntFamRVG; Antragsmuster im Formularteil, siehe § 13 Rdn 45 ff.).³⁸⁵

126 Ist das Kind nach Deutschland verbracht worden bzw. wird es in Deutschland zurückgehalten, wird der im Ausland ansässige Elternteil seinen Antrag in der Regel über die **Zentrale Behörde** in Deutschland stellen. Diese veranlasst zunächst die notwendigen Arbeiten, § 4 IntFamRVG, wenn dem eingehenden Gesuch keine deutsche Übersetzung beigefügt worden ist. Dann prüft

---

375 OLG Düsseldorf FamRZ 1999, 949 für ein achtjähriges Kind; OLG Frankfurt FamRZ 1996, 689 für zwei zehn und sechs Jahre alte Kinder.
376 *Bach*, FamRZ 1997, 1051.
377 OLG Hamm NJW-RR 2013, 69.
378 AG Hamm FamFR 2011, 94.
379 Zum Ganzen *Tischer/Walker*, NZFam 2014, 241 m.z.w.N.
380 OLG Celle FamRZ 1995, 955.
381 *Tischer/Walker*, NZFam 2014, 241 m.w.N.
382 Siehe dazu BVerfG FamRZ 1996, 277; 1995, 663; OLG Frankfurt FamRZ 1996, 691; 1994, 1339.
383 *Klein*, IPRax 1997, 106.
384 Das Bundesamt für Justiz, www.bundesjustizamt.de.
385 *Finger*, ZfJ 1999, 15; der Text des IntFamRVG ist abgedr. unter § 14 J.

E. Widerrechtliches Verbringen oder Zurückhalten eines Kindes § 11

die Zentrale Behörde, ob die Voraussetzungen entsprechend Art. 12, 3 HKÜ erfüllt sind. Ist der Antrag auf Rückführung des Kindes nicht begründet, kann die Zentrale Behörde die Annahme des Antrages ablehnen, Art. 27 HKÜ. Gegen diesen Ablehnungsbescheid kann nach § 8 IntFamRVG eine Entscheidung des OLG Köln als dasjenige OLG, in dessen Bezirk die Zentrale Behörde ihren Sitz hat, herbeigeführt werden.

Liegen die Voraussetzungen nach Art. 12, 3 HKÜ vor, unterrichtet die Zentrale Behörde das Familiengericht am Ort des Aufenthalts des Kindes über den vorliegenden Antrag unter Hinweis auf Art. 16 HKÜ, um zu vermeiden, dass der entführende Elternteil unter Verschweigen des widerrechtlichen Verbringens bei diesem Gericht eine ihm günstige Sorgerechtsregelung erschleicht.[386] Nach Eingang des Verfahrenskostenvorschusses bzw. der vollständigen Verfahrenskostenhilfeunterlagen leitet die deutsche Zentrale Behörde das Gerichtsverfahren bei dem nach § 11 IntFamRVG zuständigen Gericht ein. 127

Die Antragstellung über die Zentrale Behörde ist aber nicht zwingend.[387] Das folgt unmittelbar aus Art. 29 HKÜ. Der antragstellende Elternteil kann auch unmittelbar das nach § 11 IntFamRVG zuständige Familiengericht anrufen. Denn schließlich soll das Verfahren für den Antragsteller größtmöglich beschleunigt und nicht durch eine obligatorische Einschaltung zusätzlicher Dienststellen beeinträchtigt werden.[388] Eine sofortige Antragstellung bei Gericht wird in der Regel jedoch nur dann geeignet sein, das Verfahren ohne unnötige Verzögerungen durchzuführen, wenn dem antragstellenden Elternteil der Aufenthalt des Kindes bekannt ist. Ohne diese Information wird eine Bearbeitung des Antrages durch die Zentrale Behörde dem Erfordernis der beschleunigten Verfahrensabwicklung eher gerecht als eine Bearbeitung durch das angerufene Gericht. Einerseits kann die Zentrale Behörde Informationen zum Zwecke der Ermittlung des Aufenthaltes eines zurückgehaltenen oder entführten Kindes über das Bundeskriminalamt oder die örtlichen Polizeidienststellen einholen,[389] und nach § 7 IntFamRVG eigene Maßnahmen zur Aufenthaltsermittlung veranlassen. Andererseits ist sie durch § 6 IntFamRVG kraft Gesetzes bevollmächtigt, gerichtliche oder außergerichtliche Rückführungsmaßnahmen unmittelbar in die Wege zu leiten. Und zuletzt sollte erwähnt sein, dass die Mitarbeiter der deutschen Zentralen Behörde das HKÜ-Verfahren „in- und auswendig" kennen und es schnellstmöglich betreiben. Zur Frage der Schaffung einer Kann-Beteiligten-Stellung der Zentralen Behörde siehe Rdn 133. 128

Die Antragsschrift des betreffenden Elternteils an das Gericht sollte bereits Maßnahmen der Zwangsvollstreckung enthalten. Dazu gehören auch Ermächtigungen zur Gewaltanwendung. Ein eventuell erforderliches Vollstreckungsverfahren kann dadurch so effizient wie möglich gestaltet werden. Daneben sollten in der Antragsschrift auch Kostenanträge gestellt werden. Schließlich sollte der sofortige Erlass einer einstweiligen Anordnung nach § 15 IntFamRVG beantragt werden, mit der der Aufenthalt des Kindes für die Dauer des Verfahrens – etwa durch Anordnung einer Grenzsperre, der Hinterlegung von Ausweispapieren, einer Meldepflicht, ggf. auch die Anordnung einer Kaution (siehe dazu auch Art. 10 Abs. 2 Buchst. b EUÜ[390] – und ggf. auch ein Umgang des zurückgelassenen Elternteils mit dem Kind gesichert werden können. 129

---

386 Siehe zum Verhältnis von Art. 16 HKÜ und dem Anerkennungsverfahren nach Art. 21 ff. Brüssel IIa-VO Rn 130.
387 A.A. *Mansell*, NJW 1990, 2176.
388 *Bach*, FamRZ 1997, 1050.
389 *Weitzel*, DAVorm 2000, 1059.
390 Siehe auch zum zivilrechtlichen Strafversprechen *Menne*, FamRB 2015, 359, 361 f.

2. Zuständigkeitsregelungen

a) Sachliche Zuständigkeit

130 Wird eine gerichtliche Entscheidung erforderlich, ist die sachliche Zuständigkeit des Familiengerichts gegeben, § 23b Abs. 1 S. 1 GVG.

Für die Entscheidung über die zu treffenden Maßnahmen ist im Rahmen des HKÜ das Familiengericht freilich auch dann zuständig, wenn es sich um ein Kind handelt, dessen Eltern nicht miteinander verheiratet sind.[391]

b) Örtliche Zuständigkeit

131 Im Rahmen des HKÜ ist nach §§ 11, 12 Abs. 1, 2 IntFamRVG grundsätzlich das Familiengericht zuständig, in dessen Bezirk ein Oberlandesgericht seinen Sitz hat.[392] So wurde eine **Zuständigkeitskonzentration** geschaffen, die der Besonderheit der Verfahren nach dem HKÜ Rechnung tragen soll. Einerseits wird es den mit internationalen Kindesentziehungen befassten Richterinnen und Richtern erleichtert, vertiefte Sachkenntnis zu gewinnen und praktische Erfahrungen zu sammeln.[393] Andererseits soll die Zuständigkeitsbündelung eine Spezialisierung der ortsansässigen Rechtsanwälte fördern.[394] Beides dient der Beschleunigung der Verfahren nach dem HKÜ.[395] In Deutschland haben zahlreiche Familien- und Oberlandesgerichte darüber hinaus im Rahmen der innergerichtlichen Geschäftsverteilung die HKÜ-Verfahren auf wenige Richter konzentriert.[396]

132 Nach § 12 Abs. 3 IntFamRVG sind Landesregierungen ermächtigt, die Zuständigkeit durch Rechtsverordnung abweichend von § 12 Abs. 1, 2 IntFamRVG zu regeln:[397] HKÜ-Sachen können einem anderen Familiengericht im OLG-Bezirk oder – wenn in einem Land mehrere Oberlandesgerichte errichtet sind – einem Familiengericht für alle OLG-Bezirke zugewiesen werden. Das Beschwerdegericht kann die Sache bei einer erstinstanzlichen Entscheidung durch ein unzuständiges Gericht unmittelbar an das zuständige Gericht verweisen.

Die örtliche Zuständigkeit richtet sich weiterhin nach dem Aufenthalt des Kindes zum Zeitpunkt des Eingangs des Rückführungsgesuches, § 11 Nr. 1 IntFamRVG, hilfsweise dort, wo das Fürsorgebedürfnis besteht. Spätere Aufenthaltsänderungen lassen die örtliche Zuständigkeit unberührt.[398]

3. Zentrale Behörden

133 Jeder Vertragsstaat hat die Pflicht, eine Zentrale Behörde zu bestimmen, die für die Ausführung des Übereinkommens national wie international einzustehen hat, Art. 6 Abs. 1 HKÜ.

In der Bundesrepublik Deutschland wird diese Aufgabe seit dem 1.1.2007 von dem **Bundesamt für Justiz** in Bonn wahrgenommen, § 3 IntFamRVG, in anderen Ländern ist für diese Aufgabe häufig das Justiz- oder Außenministerium zuständig.[399]

---

391 BayObLG FamRZ 1996, 1353.
392 OLG Oldenburg JAmt 2003, 201.
393 Das Bundesamt für Justiz veranstaltet zweimal jährlich eine jeweils dreitägige, hervorragende Fortbildung für HKÜ-Richter.
394 *Greßmann*, ZfJ 2000, 63; *Weber*, NJW 2000, 267.
395 BT-Drucks 14/33, S. 66; vgl. Dokumentation, KindPrax 1999, 23.
396 So ist beispielsweise beim OLG Saarbrücken nur der Familiensenat I für HKÜ-Verfahren zuständig und alle HKÜ-Verfahren dem Autor *Völker* senatsintern als Berichterstatter zugewiesen.
397 So z.B. in Niedersachsen das AG Celle: OLG Oldenburg JAmt 2003, 201.
398 *Weber*, NJW 2000, 267; *Weitzel*, DAVorm 2000, 1059.
399 Vgl. *Bach*, FamRZ 1997, 1051; eine Liste gibt Staudinger/*Pirrung*, Vorb zu Art. 19 EGBGB Rn D 42.

Art. 7 HKÜ bestimmt die Aufgaben der Zentralen Behörde näher und gibt vor, wann sie eine Maßnahme zu treffen hat.

Die Zentralen Behörden arbeiten zusammen und fördern die Zusammenarbeit der zuständigen Behörden ihrer Staaten, um die Ziele des Übereinkommens sicherzustellen.

Die Zentrale Behörde hat de lege lata in Deutschland **keine Beteiligtenstellung** inne. Sie gilt nur nach § 6 IntFamRVG kraft Gesetzes bevollmächtigt, gerichtliche oder außergerichtliche Rückführungsmaßnahmen unmittelbar in die Wege zu leiten. Stellt daher der Antragsteller seinen Rückführungsantrag nicht über die Zentrale Behörde, so führt dies in der Praxis zuweilen zu nicht unerheblichen Problemen. Die Zentrale Behörde erfährt teilweise gar nicht oder aber spät von einem HKÜ-Rückführungsverfahren. Sie kann dann das Verfahren nicht unterstützen, etwa durch ein Mediationsangebot,[400] durch Informationsgewinnung im Herkunftsstaat oder während der Vollstreckung. Dabei drängt es sich angesichts der besonderen Expertise der Zentralen Behörde in Rückführungsverfahren auf, diese weitestmöglich einzubinden. Dies liegt nicht zuletzt im Interesse des betroffenen Kindes. Diese Probleme sollten dadurch gelöst werden, dass der Zentralen Behörde für HKÜ-Verfahren die Stellung eines Kann-Beteiligten eingeräumt wird. Zu diesem Zweck sollte § 6 Abs. 2 IntFamRVG ergänzt und – in Anlehnung an die in Kindschaftssachen für das Jugendamt geltenden Vorschriften des § 162 Abs. 2 und des § 7 Abs. 3 und 4 FamFG – bestimmt werden, dass die Zentrale Behörde, wenn der Antrag nicht über sie gestellt worden ist, von der Einleitung jedes HKÜ-Verfahrens unter Übersendung der Antragsschrift benachrichtigt und auf ihren Antrag am Verfahren beteiligt wird.[401] Auch Datenschutzfragen sprechen für eine solche gesetzliche Regelung, da ansonsten zweifelhaft ist, ob und inwieweit das angerufene Gericht seinerseits die Zentrale Behörde einbinden darf, wenn diese nicht Antragstellervertreter ist und auch nicht zur Wahrung der Einhaltung des HKÜ nach § 6 Abs. 2 S. 3 HKÜ im eigenen Namen tätig geworden ist.

4. Anwaltszwang

Für die Verfahren nach dem HKÜ besteht **kein Anwaltszwang**. Das ergibt sich aus § 14 Nr. 2 IntFamRVG i.V.m. § 114 FamFG.

134

5. Besondere Eilbedürftigkeit

Verfahren nach dem HKÜ sind besonders eilbedürftig. Sie sind auf größtmögliche **Beschleunigung** ausgerichtet.[402] Das ergibt sich zum einen aus Art. 11 HKÜ, wonach die Gerichte innerhalb von sechs Wochen nach Eingang des Antrages eine Entscheidung treffen sollen, zum anderen aus der Natur des Rückführungsverfahrens. Hinzu kommt, dass die nach dem HKÜ zu treffende Sachentscheidung keine Sorgerechtsentscheidung ist (Art. 19 HKÜ) und auf einer summarischen Tatsachenprüfung beruht.[403] Dabei sind die Ermittlungen nur soweit auszudehnen, wie dies mit dem Eilcharakter des Verfahrens (§ 38 IntFamRVG) in Einklang zu bringen ist.[404] An den Nachweis

135

---

[400] Zur Mediation in grenzüberschreitenden Kindschaftsfällen als eine weitere Möglichkeit der Konfliktlösung siehe *Carl/Erb-Klünemann*, ZKM 2011, 116; *Carl*, ZKM 2003, 264; von *Ballestrem/Schmid/Loebel*, Mediation und grenzüberschreitende Mediation, NZFam 2015, 811; *Sievers/Renisch*, Kind-Prax 2005, 126; *Paul/Walker*, Spektrum der Mediation 25/2007, S. 44; *Dobiejewska/Kiesewetter/Paul*, ZKJ 2008, 118; Leitfaden der Haager Konferenz für Internationales Privatrecht zur Mediation im HKÜ-Verfahren, 2012; BAFM, Modellprojekt „Mediation in internationalen Kindesentführungsverfahren", ZKJ 2014, 450.
[401] So die Empfehlung 4 des Arbeitskreises 23 des 20. Deutschen Familiengerichtstages.
[402] BVerfG FamRZ 1999, 1053; OLG Oldenburg JAmt 2003, 201; *Finger*, ZfJ 1999, 15.
[403] OLG Saarbrücken, Beschl. v. 2.9.2015 – 6 UF 98/15 (n.v.) und vom 30.7.2015 – 6 UF 56/15 (n.v.); FamRZ 2011, 1235.
[404] OLG Saarbrücken, Beschl. v. 2.9.2015 – 6 UF 98/15 (n.v.) und vom 30.7.2015 – 6 UF 56/15 (n.v.).

sind strenge Anforderungen zu stellen, die diejenigen Maßnahmen übertreffen, die im klassischen einstweiligen Rechtsschutzverfahren deutscher Prägung gelten. Es sind nur die Beweise zugelassen, die entweder präsent oder unschwer zu erheben sind. Im Rahmen der Rückführungshindernisse des Art. 13 HKÜ genügt eine eigene eidesstattliche Versicherung der dort geltenden subjektiven Beweisführungslast nicht;[405] sie ist lediglich ein Mittel zur Glaubhaftmachung, aber kein Beweismittel (siehe dazu eingehend Rdn 109).

Die Einholung eines Jugendamtsberichts ist nicht zwingend; auch zeitintensive Sachverständigengutachten sind in der Regel nicht einzuholen, da sie dem Beschleunigungsgrundsatz widersprechen.[406] Ebenso wenig soll grundsätzlich ausländisches Recht ermittelt werden. Bei entsprechender Handhabung des HKÜ ist die Einhaltung der Sechs-Wochen-Frist ohne weiteres möglich.[407]

Das BVerfG beherzigt diesen Beschleunigungsgrundsatz eigenen Angaben zufolge, indem es in HKÜ-Verfahren in der Regel vom Erlass einer einstweiligen Anordnung auf Außervollzugsetzung einer Rückführungsentscheidung absehe, um den Zweck des HKÜ, eine möglichst schnelle Rückführung und Sorgerechtsentscheidung am früheren gewöhnlichen Aufenthalt des Kindes sicherzustellen, nicht zu beeinträchtigen.[408]

Mit fortschreitender Zeit lässt sich eine Rückführung zwar immer weniger mit dem Kindeswohl vereinbaren. Allerdings ist der Zeitablauf, der bis zu einer Entscheidung ergeht, kein eigenständiges Rückführungshindernis. Eine derartige Würdigung würde dazu führen, dass die Vorschriften des HKÜ durch bloße Verfahrensverzögerungen unterlaufen werden könnten.[409] Ganz ausnahmsweise mag aber allein die Dauer des Verfahrens – ggf. mitsamt des Vollstreckungsverfahrens – eine andere Sicht rechtfertigen.[410]

6. Nachweis der Widerrechtlichkeit

136 Zum Nachweis der Widerrechtlichkeit im Sinne des Art. 3 HKÜ kann von dem Antragsteller die Vorlage einer Bescheinigung der Behörden des Herkunftsstaates verlangt werden, Art. 15 HKÜ.[411] Eine Verpflichtung des HKÜ-Gerichts hierzu besteht indes nicht.[412] Stets sollte hierbei die Verfahrensdauer im Blick behalten werden.[413] Daher sollte zunächst einmal geprüft werden, ob es einer **Widerrechtlichkeitsbescheinigung**[414] überhaupt bedarf, ob also die Frage nicht schon unter Heranziehung der allgemein zugänglichen rechtsvergleichenden Literatur und Würdigung etwa im Ursprungsstaat ergangener Sorgerechtsentscheidungen gelöst werden kann, wovon der – verfassungsrechtlich unbedenkliche[415] – Art. 14 HKÜ ausgeht.

---

405 OLG Saarbrücken, Beschl. v. 2.9.2015 – 6 UF 98/15 (n.v.).; AG Saarbrücken FamRZ 2003, 398, Anm. *Witteborg*, IPRax 2005, 330.
406 OLG Saarbrücken, Beschl. v. 2.9.2015 – 6 UF 98/15 (n.v.); OLG Stuttgart FamRZ 2009, 2017; 2008, 1777; OLGR Stuttgart 2009, 402; OLG Karlsruhe FamRZ 2002, 1141; *Völker*, FamRZ 2010, 157, 165; vgl. auch AG Saarbrücken FamRZ 2003, 398, Anm. *Witteborg*, IPRax 2005, 330; *Weitzel*, DAVorm 2000, 1059; weiterführend zu den spezifischen Aspekten und Herausforderungen bei der familienpsychologischen Begutachtung interkultureller Familien siehe *Stösser/Mutschler/Karle*, FPR 2013, 216.
407 *Bach*, FamRZ 1997, 1050; siehe auch *Völker*, FamRZ 2010, 157, 163.
408 BVerfG, Beschl. v. 18.7.2016 – 1 BvQ 27/16, juris.
409 OLG Schleswig FamRZ 2000, 1426.
410 EuGHMR, Urt. v. 6.7.2010 – Nr. 41615/07 [Neulinger und Shuruk/Schweiz], BeckRS 2013, 03966.
411 BVerfG FamRZ 1999, 1053; OLG Zweibrücken FamRZ 1999, 950, Muster bei *Vomberg*, FPR 2001, 217; die deutsche Ausführungsvorschrift findet sich in § 41 IntFamRVG, abgedr. unter § 14 J.
412 Allg. M., siehe nur OLG Karlsruhe FuR 2006, 222.
413 Siehe hierzu und zum Folgenden *Völker*, FamRZ 2010, 157.
414 Siehe dazu eingehend auch *Pietsch*, FamRZ 2009, 1730.
415 Vgl. BVerfG FamRZ 1996, 1267.

E. Widerrechtliches Verbringen oder Zurückhalten eines Kindes § 11

Dies gilt umso mehr, als der Widerrechtlichkeitsbescheinigung **keine Bindungswirkung** zukommt, so dass deutsche Gerichte die Sorgerechtslage abweichend von einer ihnen vorgelegten oder eingeholten Widerrechtlichkeitsbescheinigung ausländischer Behörden beurteilen dürfen.[416] Unterliegt die Bescheinigung allerdings keinen ernsthaften Bedenken des HKÜ-Gerichts, so kann sie ohne weiteres besonderes Verfahren für die Beurteilung der Widerrechtlichkeit herangezogen werden.[417]

Wenn das Gericht hiernach zu der Überzeugung gelangt, dass es eine Widerrechtlichkeitsbescheinigung[418] benötigt, sollte es zunächst bei der deutschen **Zentralen Behörde** nachfragen, ob dort Erkenntnisse hinsichtlich der grundsätzlichen Möglichkeit der Ausstellung einer Widerrechtlichkeitsbescheinigung[419] und bejahendenfalls deren durchschnittlicher Dauer im Ursprungsstaat vorliegen. Denn jene führt diesbezüglich eine Liste.

Erstellen die Gerichte des Ursprungsstaats grundsätzlich Widerrechtlichkeitsbescheinigungen, so kann das HKÜ-Gericht zu Beschleunigungszwecken neben der Zentralen Behörde auch die EJN- und HKÜ-**Verbindungsrichter**) einschalten (siehe dazu die Links unter Rdn 9), um die Erstellung der Widerrechtlichkeitsbescheinigung zu beschleunigen oder die ausländische Rechtslage auf diesem Weg zu erfragen.

Die Rechtsgrundlagen und Formen der Widerrechtlichkeitsbescheinigung sind gemäß Art. 15 HKÜ dem nationalen Recht des Herkunftsstaates unterworfen.[420] In **HKÜ-Rückführungsverfahren**, die **vor einem ausländischen Gericht** geführt werden, sind die deutschen Gerichte nach Art. 15 HKÜ, § 41 IntFamRVG für die Erteilung einer Widerrechtlichkeitsbescheinigung für das HKÜ-Gericht im Ursprungsstaat international zuständig.[421] Örtlich zuständig ist das Gericht, in dessen Bezirk das Kind seinen letzten gewöhnlichen Aufenthalt hatte. Die Bescheinigung kann auch ohne genaue Kenntnis der Rechtsvorschriften des Landes, in das die Entführung erfolgt ist, ausgestellt werden.[422]

137

Allerdings besteht für den Antrag auf Erteilung einer Widerrechtlichkeitsbescheinigung erst ab Anhängigkeit eines HKÜ-Verfahrens ein **Rechtsschutzbedürfnis**.[423] Dieses entfällt freilich, sobald der Rückführungsantrag vom Zufluchtstaat rechtskräftig abgelehnt worden ist.[424]

In Deutschland **werden Bescheinigungen über die Widerrechtlichkeit** von den Familiengerichten durch begründeten Beschluss erteilt, § 41 IntFamRVG. Diese Entscheidung kann nach § 40 IntFamRVG mit der Beschwerde – **Frist** (einschließlich Begründung, siehe dazu Rdn 142!) ausnahmsweise: **zwei Wochen** – angefochten werden.[425]

Problematisch ist, dass bislang insoweit eine **Zuständigkeitskonzentration gesetzlich nicht vorgesehen** ist. Dabei sind HKÜ-Rückführungsverfahren wegen der Sechswochenfrist des Art. 11 Abs. 2 HKÜ bzw. des Art. 11 Abs. 3 S. 2 Brüssel IIa-VO sehr eilbedürftig. Dieser Eilbe-

---

416 EuGHMR, Beschl. v. 13.10.2009 – Individualbeschwerde Nr. 37395/08, juris; OGH (Österreich) IPRax 2016, 280 m.w.N.; OLG Hamm, Beschl. v. 22.2.2008 – 11 UF 238/07, juris; OLG Celle FamRZ 2007, 1587; OLG Stuttgart FamRZ 2001, 645; Palandt/*Thorn*, Anhang zu Art 24 EGBGB Rn 74; Staudinger/*Pirrung*, Vorb zu Art. 19 EGBGB Rn D 79; hierzu neigend auch OLG Karlsruhe FamRZ 2006, 1699; a.A. KG FamRZ 1997, 1098; *Pantani*, Die Frage des Kindeswohls im HKÜ-Verfahren, S. 17 m.w.N.
417 EuGHMR FamRZ 2007, 1527.
418 Entscheidungen über die Erteilung einer Widerrechtlichkeitsbescheinigung nach Art. 15 HKÜ unterliegen – weil bloße Zwischenentscheidungen – keiner weiteren Beschwerde, vgl. BGH FamRZ 2001, 1706 [Ls.] – JAmt 2001, 555 [Ls. und Gründe]; OLG Karlsruhe FamRZ 2005, 1004.
419 Nach dem HKÜ ist die Ausstellung einer Widerrechtlichkeitsbescheinigung durch den Ursprungsstaat fakultativ.
420 EuGH FF 2011, 26; OGH (Österreich) IPRax 2016, 280.
421 Siehe etwa AG Duisburg-Hamborn FamRZ 2015, 592.
422 AmtsG Mannheim FamRZ 1997, 1101.
423 OLG Nürnberg FamRZ 2009, 240; Anm. *Völker*, jurisPR-FamR 16/2009, Anm. 3.
424 OLG Hamburg, Beschl. v. 4.12.2000 – 2 WF 133/00, juris; OLG Zweibrücken FamRZ 1999, 950.
425 Vgl. OLG Hamburg Kind-Prax 2001, 55; KG FamRZ 1997, 1098, beide noch zu § 8 Abs. 2 SorgeRÜbKAG.

dürftigkeit sind sich diejenigen deutschen Gerichte, die wegen der Zuständigkeitskonzentration in §§ 10–12 IntFamRVG selbst keine HKÜ-Rückführungsverfahren haben, oft nicht bewusst. Der EuGHMR hat im Fall Deak ./. Rumänien und das Vereinigte Königreich den rumänischen Staat verurteilt, weil die Ausstellung einer Widerrechtlichkeitsbescheinigung zu lange gedauert hatte. Grund dafür, keine Zuständigkeitskonzentration vorzusehen, war vormals die Annahme des Gesetzgebers, dass es oft eine deutsche Sorgerechtsentscheidung gebe, die ja vom allgemein zuständigen Familiengericht erlassen worden sei. Dieses Gericht sei dann auch am besten in der Lage, die Widerrechtlichkeitsbescheinigung auszustellen. Diese Erwägungen sind – jedenfalls heute – nicht mehr ausreichend, um die Vorteile der Zuständigkeitskonzentration aufzuwiegen. Denn in den meisten praktisch vorkommenden HKÜ-Rückführungsfällen beruht die Sorgerechtslage nicht auf einer gerichtlichen Entscheidung, sondern folgt unmittelbar aus dem Gesetz. Dies gilt gleichermaßen für die alleinige wie für die gemeinsame Sorge. Außerdem ist die Bevölkerung Deutschlands zunehmend mobil, so dass der Wohnortnähe des Familiengerichts für die hier diskutierte Frage weniger Bedeutung hat als früher, zumal hier rechtliche und keine tatsächlichen Tatsachen zu bescheinigen sind. Zwar sind die Konzentrationsgerichte wiederum gehalten, vor Ausstellung der Bescheinigung beim für den gewöhnlichen Aufenthalt des Kindes zuständigen Gericht nachzufragen, ob und mit welchem Ergebnis dort Sorgerechtsverfahren durchgeführt wurden. Das geht aber weit schneller als die oft lange dauernde Ausstellung der Bescheinigung durch die Nichtkonzentrationsgerichte, zumal die Konzentrationsgerichte nicht zögern, solche Informationen durch Aufnahme direkten Kontakts (per Telefon oder E-Mail) zum Kollegen am Nichtkonzentrationsgericht zu beschaffen. Der Gesetzgeber sollte daher in § 41 IntFamRVG regeln, dass die in den §§ 10–12 IntFamRVG genannten Konzentrationsgerichte auch für die Erteilung einer sog. Widerrechtlichkeitsbescheinigung nach Artikel 15 HKÜ ausschließlich zuständig sind.[426]

Auch an HKÜ-Rückführungsverfahren im Ausland besteht ein hohes Interesse Deutschlands, geht es doch um die Rückführung aus Deutschland entführter Kinder. Um diese Verfahren ebenfalls noch mehr zu beschleunigen, sollte der Gesetzgeber in § 41 IntFamRVG bestimmen, dass die Zentrale Behörde in diesen Verfahren schon vor der Anforderung einer Widerrechtlichkeitsbescheinigung durch das ausländisches HKÜ-Gericht diese beim zuständigen deutschen Konzentrationsgericht beantragen kann.[427]

Das Verbringen oder Zurückhalten eines Kindes kann allerdings nur dann als widerrechtlich i.S. des Art. 3 HKÜ festgestellt und in der Widerrechtlichkeitsbescheinigung bestätigt werden, wenn der Rückführungsantragsteller sein Sorgerecht im Zeitpunkt des Verbringens bzw. Zurückhaltens tatsächlich ausgeübt hat bzw. ausgeübt hätte.[428]

7. Kindesanhörung

138 Grundsätzlich ist im Verfahren nach dem HKÜ eine **Kindesanhörung** verfassungsrechtlich noch – de lege lata – einfachrechtlich erforderlich, weil Rückführungsentscheidungen nach Art. 19 HKÜ nicht als Sorgerechtsentscheidungen anzusehen sind[429] und HKÜ-Rückführungsverfahren keine Kindschaftssachen sind. Zwar verweist § 14 Nr. 2 IntFamVG (allgemein) auf das FamFG. § 151 FamFG, der den Katalog von Kindschaftsverfahren abschließend regelt, erfasst jedoch HKÜ-Rückführungsverfahren nicht, jedenfalls nicht ausdrücklich. Diese sind – sicher – keine Sorgerechtsverfahren. Auch können sie bestenfalls im Wege der Analogie als Herausgabeverfah-

---

426 Siehe die Empfehlung 5a des Arbeitskreises 23 des 20. Deutschen Familiengerichtstages.
427 Siehe die Empfehlung 5b des Arbeitskreises 23 des 20. Deutschen Familiengerichtstages.
428 OLG Bremen FamRBint 2013, 65.
429 BVerfG FamRZ 1999, 85; OLG Stuttgart FamRZ 2009, 2017; OLGR 2009, 402; *Völker*, FamRZ 2010, 157, 163 m.w.N.; *Carl*, FPR 2001, 211; *Weitzel*, DAVorm 2000, 1059.

ren angesehen werden. Denn der Rückführungsanspruch aus Art. 12 HKÜ geht einerseits über die reine Herausgabe an den zurückgelassenen Elternteil hinaus, weil der entführende Elternteil dazu verpflichtet ist, das Kind zum zurückgelassenen Elternteil zurückzubringen.[430] Andererseits bleibt er auch hinter dem Herausgabeanspruch zurück, da „nur" die Rückführung in den Ursprungsstaat erstritten werden kann. Die Herausgabe des Kindes an den HKÜ-Antragsteller kann allein als Vollstreckungsmittel erfolgen.[431] § 159 FamFG gilt also nicht. Die Kindesanhörung ist nur in Art. 11 Abs. 2 der Brüssel IIa-VO verpflichtend vorgesehen – und dann nach derzeit geltendem Recht im Rahmen von § 26 FamFG durchzuführen –, nicht aber in Fällen, in denen ein Staat nicht Mitgliedstaat dieser Verordnung ist. Die Kindesanhörung ist regelmäßig aufschlussreich und kann der Klärung der Frage dienen, ob das Rückführungshindernis nach Art. 13 Abs. 1 Buchst. b oder Art. 13 Abs. 2 HKÜ vorliegt. Möglich – und oft sinnvoll – ist sie auf der Grundlage von § 26 FamFG auf jeden Fall.[432] De lege ferenda sollte einfachrechtlich im IntFamRVG klarstellen, dass in HKÜ-Rückführungsverfahren das Kind vom Familiengericht persönlich anzuhören ist.[433] Es entspricht der Subjektstellung des Kindes als Träger eigener Grundrechte, dass es zu der für es oft existentiellen und sein weiteres Leben stark prägenden Frage einer Rückführung in den Herkunftstaat dem entscheidenden Richter persönlich seine Meinung kundtun kann.

Im Falle gegenläufiger Rückführungsanträge ist es ohnehin regelmäßig geboten zu ermitteln, wie die Kinder eine Rückführung und eine mögliche erneute Rückführung verkraften werden. Dies kann durch Kindesanhörung, durch Begutachtung des Kindes[434] oder Auskunft der zuständigen Behörde geschehen.[435]

8. Verbot einer Sorgerechtsentscheidung

Nach Art. 16 HKÜ dürfen die Gerichte des ersuchten Staates eine Sachentscheidung über das Sorgerecht erst dann treffen, wenn ein Rückgabeantrag nicht binnen angemessener Frist gestellt wird oder über das Rückgabeersuchen negativ entschieden worden ist.[436] Ziel der **Zuständigkeitssperre** ist es, dem Zufluchtstaat den Vorrang des HKÜ zu gewährleisten.[437] In der Praxis informiert daher – was zu begrüßen ist – der HKÜ-Richter das für den derzeitigen Aufenthaltsort des Kindes zuständige Familiengericht, um zu vermeiden, dass dieses – in Unkenntnis der Sachlage – sorgerechtliche Regelungen trifft.

139

Die Sperre des Art. 16 HKÜ wirkt aber nicht nur dann, wenn ein Rückgabeverfahren negativ ausgefallen ist. Vielmehr steht auch eine positive Rückführungsanordnung der Sachentscheidung über das Sorgerecht entgegen. Bereits anhängige Sorgerechtsverfahren sind nicht weiter zu betreiben, sondern auszusetzen.[438] Das gilt jedoch nur, soweit die Vollziehung der Rückführungsanordnung in angemessener Frist und nachdrücklich betrieben wird.[439] Hier sind die Gerichtsvollzieher oder Vollstreckungsorgane verpflichtet, die Rückführung ohne Verzögerungen durchzuführen.[440] Das ergibt sich aus Art. 11 HKÜ.

---

430 BVerfG IPRspr. 2010, Nr. 119 b.
431 Vgl. OLG München FamRZ 2005, 1002; Anm. *Schulz*, FamRBint 2005, 6; Anm. *Völker*, jurisPR-FamR 19/2005, Anm. 6.
432 *Völker*, FamRZ 2010, 157, 163 f.
433 So die Empfehlung 1b des Arbeitskreises 23 des 20. Deutschen Familiengerichtstages.
434 Zur Notwendigkeit einer kinderpsychiatrischen Begutachtung siehe *Klosinski*, FuR 2000, 408; *ders.*, FPR 2001, 206.
435 BVerfG FamRZ 1999, 85; *Carl*, FPR 2001, 211; *Schweppe*, FPR 2001, 203.
436 BGH FamRZ 2000, 1502; OLG Hamm FamRZ 2000, 373; *Weitzel*, DAVorm 2000, 1059.
437 Siehe aber zum Verhältnis von Art. 16 HKÜ und dem Anerkennungsverfahren nach Art. 21 ff. Brüssel IIa-VO Rn 130.
438 BGH FamRZ 2000, 1502.
439 BGH FamRZ 2000, 1502; OLG Stuttgart FamRZ 2000, 374.
440 Vgl. BGH FamRZ 2000, 1502; OLG Stuttgart FamRZ 2000, 374.

Die Sperrwirkung des Art. 16 HKÜ erstreckt sich auf sämtliche – auch vorläufige – das Sorgerecht berührende Maßnahmen des Zufluchtsstaates.[441] Eine Entscheidung über das Aufenthaltsbestimmungsrecht darf also dort nicht ergehen.[442] Selbstredend können im – hierfür ja international gerade zuständigen – Ursprungsstaat jederzeit Sorgerechtsregelungen, auch im Wege einstweiliger Anordnung, erlassen werden. Deren – ggf. zum HKÜ-Verfahren parallele – Anerkennung und Vollstreckung richtet sich dann nach den allgemeinen Vorschriften (siehe dazu Rdn 69 ff.).

9. Verfahrensbeistand

140 Die Pflicht, in Verfahren nach dem HKÜ einen **Verfahrensbeistand**[443] einzuschalten, ergibt sich weder aus § 158 FamFG (bisher § 50 FGG) noch aus dem HKÜ selbst.

Geklärt ist, dass sich im Falle einer **gegenläufigen Entführung** aus Art. 6 Abs. 2 GG und Art. 2 Abs. 1 GG die Pflicht ergibt, das Kindeswohl verfahrensrechtlich dadurch zu sichern, dass den Kindern ein Verfahrensbeistand zur Seite gestellt wird. Das gilt insbesondere dann, wenn die Eltern das Verfahren im eigenen Interesse führen und das Interesse der Kinder deshalb nicht in einer den Anforderungen des rechtlichen Gehörs genügenden Weise Berücksichtigung finden kann.[444]

Auch bei einfachen Entführungen kann verfassungsrechtlich eine Verfahrensbeistandsbestellung im Einzelfall erforderlich werden, wenn der zurückgelassene Elternteil das Interesse seiner Kinder aus dem Blick verlieren könnte.[445] Dies liegt insbesondere auf Seiten des entführenden Elternteils nahe; anderenfalls hätte dieser das Kind nicht ohne Zustimmung des zurückgelassenen Elternteils in ein anderes Land verbracht oder es dort zurückgehalten.

De lege ferenda sollte der Gesetzgeber im IntFamRVG klarstellen, dass dem Kind in HKÜ-Rückführungsverfahren ein insoweit erfahrener Verfahrensbeistand zu bestellen ist, wenn es auf seine Wünsche, Bindungen und Neigungen ankommt.[446] Dem Verfahrensbeistand kann – unabhängig vom Alter des Kindes – auch eine wesentliche Rolle bei der gütlichen Einigung zukommen.

Aufgrund der erheblichen Besonderheiten der HKÜ-Rückführungsverfahren, aber auch allgemein grenzüberschreitender Familienrechtsfälle, sollten Verfahrensbeistände, die auf diesen Gebieten tätig werden wollen, hierfür spezifisch geschult sein. Die Möglichkeit einer Zertifizierung zum Verfahrensbeistand für grenzüberschreitende Kindschaftsrechtsfälle sollte daher geschaffen werden.[447]

10. Jugendamt

141 Das Jugendamt ist häufig die erste Anlaufstelle bei grenzüberschreitenden Kindschaftskonflikten. Ihm kommt im Vorfeld von Kindesentführungen eine Präventionsaufgabe zu. So kann es bei Anhaltspunkten für eine bevorstehende Entführung von Amts wegen eingreifen. Aber auch, wenn das Kind bereits entführt worden ist oder zurückgehalten wird, ist es von besonderer Bedeutung, dass das Jugendamt die Besonderheiten des HKÜ-Verfahrens und – allgemeiner – von Kind-

---

441 OLG Stuttgart FamRZ 2000, 374.
442 OLG Hamm FamRZ 2000, 373; OLG Nürnberg FamRZ 2000, 369; a.A. Palandt/*Thorn*, zu Anh. zu Art. 24 EGBGB Rn 75.
443 Dazu im Zusammenhang mit dem HKÜ *Carl*, FPR 2006, 39; *Bergida*, RdJB 2009, 159.
444 BVerfG FamRZ 1999, 777; 1999, 85.
445 BVerfG FamRZ 2006, 1261, Anm. *Menne*, ZKJ 2007, 111; Anm. *Schulz*, FamRBint 2007, 10; Anm. *Völker*, jurisPR-FamR 12/2007, Anm. 3; hierzu (im Einzelfall jeweils abgelehnt) OLG Stuttgart FamRZ 2009, 2017; OLGR 2009, 402; OLG Düsseldorf FamRZ 2008, 1775; OLG Karlsruhe OLGR 2006, 344; zum Ganzen auch *Völker*, FamRZ 2010, 157, 164.
446 So die Empfehlung 1a des Arbeitskreises 23 des 20. Deutschen Familiengerichtstages.
447 So die Empfehlung 9 des Arbeitskreises 23 des 20. Deutschen Familiengerichtstages.

schaftsverfahren mit Auslandsbezug in rechtlicher wie tatsächlicher Hinsicht kennt. Leider kommt es in der Praxis immer wieder vor, dass das Jugendamt den entführenden Elternteil in der Richtigkeit seines Verhaltens bestärkt, oft auch, weil dieser Elternteil das Jugendamt falsch oder unvollständig informiert. Dies beeinträchtigt die Möglichkeiten des HKÜ-Gerichts, den entführenden Elternteil zu einer freiwilligen Rückkehr in den Herkunftsstaat zu bewegen, erheblich. Auch der – rechtlich unhaltbare – Rat des Jugendamtes an den entführenden Elternteil, in Deutschland einen Sorgerechtsantrag zu stellen, wurde zuweilen erteilt.

Der Gesetzgeber sollte daher im SGB VIII – als jugendhilferechtlichen Spiegel von § 9 IntFamRVG – anordnen, dass in jedem Jugendamt die Bearbeitung von HKÜ-Rückführungsverfahren auf mindestens zwei Jugendamtsmitarbeiter konzentriert und diese hinsichtlich der Besonderheiten in HKÜ-Rückführungsverfahren besonders geschult werden.[448]

Eine Zuständigkeitskonzentration für HKÜ-Fälle bei besonders spezialisierten Jugendämtern erscheint hingegen nicht zielführend, da für das HKÜ-Gericht die **Ortsnähe zum entführten Kind** und die spezifische Aufgabe des Jugendamts, zur sozialen Situation des Kindes zu berichten, wichtig sind. Auch für die u.U. notwendige Vollstreckung muss das Jugendamt vor Ort sein. Berücksichtigt man weiter, dass HKÜ-Verfahren in jeder Instanz oft binnen weniger Wochen, teilweise sogar binnen weniger Tage durchgeführt werden, wäre etwa eine Konzentrationsregelung für die Jugendämter wie sie für die Konzentrationsgerichte in den §§ 10–12 IntFamRVG besteht, nicht hilfreich.

Die dann noch für HKÜ-Rückführungsverfahren zuständigen Jugendamtsmitarbeiter könnten durch **spezifische Fortbildungen** für die Eigenart von HKÜ-Rückführungsverfahren sensibilisiert werden. Sie könnten so in die Lage versetzt werden, vermehrt eine wichtige Rolle bei der gütlichen Einigung – und ggf. auch der Hinführung der Eltern auf eine Mediation[449] – in diesen Verfahren einnehmen. Zusätzlich stünden sie den anderen Kollegen als Ansprechpartner in grenzüberschreitenden Kindschaftskonflikten zur Verfügung. Der Erwerb einer diesbezüglichen Expertise, speziell in grenzüberschreitenden Fällen die soziale Situation des Kindes realistisch einzuschätzen und erzieherische Perspektiven für das Kind zu erarbeiten, ist gerade im HKÜ-Rückführungsverfahren von besonders hoher Bedeutung, weil dort nur sehr ausnahmsweise die Einholung eines Sachverständigengutachtens angeordnet wird.

11. Rechtsmittel

Gegen eine im ersten Rechtszug ergangene Entscheidung findet das Rechtsmittel der Beschwerde – **Frist** aber ausnahmsweise **zwei Wochen**! – zum Oberlandesgericht statt, § 40 Abs. 2 IntFamRVG.[450] Innerhalb derselben Frist muss die Beschwerde auch zugleich begründet werden (§ 40 Abs. 2 S. 2 IntFamRVG).[451] Eine Verlängerung der Begründungsfrist ist gesetzlich nicht vorgesehen, sondern – wie § 40 Abs. 2 S. 1 Hs. 2 IntFamRVG zeigt, der § 65 Abs. 2 FamFG für nicht

---

448 So die Empfehlung 8 des Arbeitskreises 23 des 20. Deutschen Familiengerichtstages.
449 Zur Mediation in grenzüberschreitenden Kindschaftsfällen als eine weitere Möglichkeit der Konfliktlösung siehe *Carl/Erb-Klünemann*, ZKM 2011, 116; *Carl*, ZKM 2003, 264; *von Ballestrem/Schmid/Loebel*, Mediation und grenzüberschreitende Mediation, NZFam 2015, 811; *Sievers/Bonisch*, Kind-Prax 2005, 126; *Paul/Walker*, Spektrum der Mediation 25/2007, S. 44; *Dobiejewska/Kiesewetter/Paul*, ZKJ 2008, 118; Leitfaden der Haager Konferenz für Internationales Privatrecht zur Mediation im HKÜ-Verfahren, 2012; BAFM, Modellprojekt „Mediation in internationalen Kindesentführungsverfahren", ZKJ 2014, 450.
450 Siehe auch OLG Karlsruhe FamRZ 2012, 468 zur Frage des Fristbeginns bei Zustellung der Entscheidung an das Bundesamt für Justiz und den auf den dessen Antrag hin dem Antragstellerin beigeordneten Rechtsanwalt.
451 OLG Bamberg FamRZ 2016, 835 m. zust. Anm. *Rentsch*, NZFam 2016, 83; ebenso OLG Saarbrücken, Beschl. v. 20.7.2015 – 6 UF 76/15 (n.v.); *Nehls*, ZKJ 2014, 62, 65; *Heilmann/Schweppe*, § 40 IntFamRVG Rn 9; a.A. OLG Stuttgart FamRB 2015, 459.

anwendbar erklärt – vielmehr ausgeschlossen. Dies entspricht dem eindeutigen Willen des Gesetzgebers,[452] der damit jedweder Verzögerung des Rückführungsverfahrens vorbeugen wollte. Folgt man der Gegenmeinung, so kann das Beschwerdegericht ab Eingang der Beschwerde entscheiden, ohne dass das rechtliche Gehör des Beschwerdeführers verletzt wird.[453]

Wird die Rückführungsverpflichtung nach der erstinstanzlichen Rückführungsanordnung erfüllt – das erfordert allerdings, dass sich das Kind wieder auf Dauer im Herkunftsstaat aufhält (siehe dazu Rdn 143) – so erledigt sich die Beschwerde in der Hauptsache.[454] In HKÜ-Verfahren, die seit dem 1.9.2009 eingeleitet werden, ist nunmehr – anders zuvor[455] – der Antrag auf Feststellung statthaft, dass die Entscheidung des erstinstanzlichen Gerichts den Beschwerdeführer in seinen Rechten verletzt hat (§ 62 FamFG).

Eine **Rechtsbeschwerde** zum Bundesgerichtshof ist **ausgeschlossen**, § 40 Abs. 2 S. 4 IntFamRVG.[456]

12. Vollstreckung

143 Gemäß Art. 12 Abs. 1 HKÜ ist die sofortige **Rückgabe** des Kindes anzuordnen. Die deutsche Fassung des HKÜ spricht von „Rückgabe", nach der – vom EGMR gebilligten – Rechtsprechung des BVerfG ist aber eine Auslegung des HKÜ, aufgrund derer ein Gericht dem entführenden Elternteil die persönliche Rückführung des Kindes aufgibt, verfassungsrechtlich nicht zu beanstanden.[457] Die Rückgabe/-führung ist nach § 44 IntFamRVG zu vollstrecken.[458] Dies ist vom OLG Hamburg unter Bezugnahme auf den Wortlaut von § 44 Abs. 1 IntFamRVG bestritten worden, es seien (über § 14 Nr. 2 IntFamRVG) die §§ 86, 95 FamFG anzuwenden.[459] Dem kann nicht zugestimmt werden; § 44 Abs. 1 IntFamRVG ist problemlos so auszulegen, dass er auch Rückführungsverpflichtungen erfasst. Dafür streitet der systematische Zusammenhang mit § 44 Abs. 3 IntFamRVG, in dem ausdrücklich von „heraus- oder zurückzugeben die Rede ist und der sich auf Abs. 1 der Norm bezieht. Außerdem liegt ein Redaktionsversehen des Gesetzgebers im Rahmen der mehrfachen Änderungen des § 44 IntFamRVG vor. Dennoch sollte der Gesetzgeber in § 44 Abs. 1 IntFamRVG klarstellen, dass diese Vorschrift auch die Zuwiderhandlung gegen die Pflicht erfasst, das Kind in den Ursprungsstaat zurückzuführen.[460]

Die Rückführungsverpflichtung ist erst dann erfüllt, wenn sich das Kind wieder auf Dauer im Herkunftsstaat aufhält.[461] Das OLG Schleswig[462] hat es demgegenüber – in einem besonders gelagerten Einzelfall – genügen lassen, dass sich das Kind so lange im Heimatstaat aufgehalten hat, dass der rückfordernde Elternteil eine den Verbleib sichernde Anordnung erwirken kann. Dem ist im dort entschiedenen Einzelfall, nicht aber im Allgemeinen zu folgen. Will der entführende Elternteil erneut – diesmal rechtmäßig – ausreisen, muss er – wie in dem von OLG Schleswig entschie-

---

452 BT-Drucks 16/6308, S. 332.
453 Zutreffend *Niethammer-Jürgens/Wölfer*, FamRB 2015, 460.
454 OLG München FamRZ 2005, 1002, Anm. *Völker*, jurisPR-FamR 19/2005, Anm. 6; OLG Koblenz FamRZ 2004, 1512.
455 OLG Koblenz FamRZ 2004, 1512.
456 So auch ausdrücklich BGH, Beschl. v. 3.3.2010 – XII ZB 109/09.
457 EGMR, Urt. v. 18.1.2011 – Individualbeschwerde Nr. 26755/10 – [L. und M./Deutschland], juris; BVerfGK 17, 236; vgl. auch EGMR, Urt. v. 6.7.2010 – Individualbeschwerde Nr. 41615/07 – [Neulinger und Shuruk/Schweiz].
458 Siehe hierzu auch – allerdings zur Rechtslage vor Geltung von § 44 IntFamRVG – *Niethammer-Jürgens*, FPR 2004, 306; OLG Stuttgart FamRZ 2002, 1138; siehe zur Vollstreckung nach § 44 IntFamRVG auch OLG Stuttgart FamRZ 2007, 15; Anm. *Völker*, jurisPR-FamR 7/2007, Anm. 2; *Schulte-Bunert*, FamRZ 2007, 1608; Text des IntFamRVG abgedr. unter § 14 J.
459 OLG Hamburg, Beschl. v. 31.1.2013 – 2 WF 4/13 HKÜ (n.v.).
460 So die Empfehlung 6 des Arbeitskreises 23 des 20. Deutschen Familiengerichtstages.
461 OLG Karlsruhe FamRZ 2008, 2223, Anm. *Bißmaier*, jurisPR-FamR 2/2009, Anm. 6.
462 OLG Schleswig FamRZ 2014, 494; zustimmend *Siehr*, IPRax 2015, 144.

denen Fall – selbst durch Anrufung des zuständigen Gerichts im Herkunftsstaat die rechtlichen Voraussetzungen dafür dort schaffen. Solange dies nicht geschehen ist, bleibt die Rückführungsverpflichtung in Kraft und kann für den Fall der Wiedereinreise in den Zufluchtsstaat erneut unmittelbar vollstreckt werden.

Erweist sich die Vollstreckung einer Rückführungsanordnung als erforderlich, weil sämtliche Maßnahmen einer freiwilligen Rückführung[463] fehlgeschlagen sind, ist der Vollstreckungsauftrag vom Gericht von Amts wegen zu erteilen; wenn der herausgabeberechtigte Elternteil widerspricht, kann das Gericht davon absehen (§ 44 Abs. 3 IntFamRVG). Die Anordnungen des Oberlandesgerichts sind sofort vollstreckbar,[464] weil seine Entscheidung – aufgrund des gesetzlichen Ausschlusses der Rechtsbeschwerde durch § 44 Abs. 2 S. 4 IntFamRVG – sofort in Rechtskraft erwächst.[465] Hat das Oberlandesgericht die Rückführungsanordnung für vollstreckbar erklärt, erlassen oder bestätigt, so ist es nach § 44 Abs. 2 IntFamRVG auch für die Vollstreckung dieser Anordnung zuständig.

Das Bundesverfassungsgericht kann zudem auch eine **nachträgliche Vollstreckungsanordnung** auf der Grundlage des § 35 BVerfGG erlassen. Allerdings darf diese die Sachentscheidung, deren Vollstreckung sie dient, nicht ändern, modifizieren, ergänzen oder erweitern.[466]

Die Auswahl der angemessenen Ordnungsmittel steht im pflichtgemäßen Ermessen des Gerichts. Das Gericht hat die Rückführungsanordnung nach Art. 13 Abs. 2 HKÜ sogleich mit der Androhung eines Ordnungsmittels für den Fall der Nichtbefolgung verbinden; denn über § 14 Nr. 2 IntFamRVG gelten die §§ 89 ff. FamFG ergänzend.[467] Nach Maßgabe dessen kann auch für den Fall der nicht freiwilligen Rückgabe binnen einer vom Gericht gesetzten Frist sogleich die Herausgabe an die zurückgelassenen Elternteil oder eine von diesem bestimmte Person sowie die Ermächtigung des Gerichtsvollziehers zur Anwendung unmittelbaren Zwangs und der Durchsuchung der Wohnung des entführenden Elternteils und jedes Dritten, bei dem sich das Kind aufhält, anordnen.[468] Denn Gewaltanwendung gegen das Kind scheidet nicht grundsätzlich aus, § 44 Abs. 3 S. 1, 2 IntFamRVG,[469] und mag sich im Einzelfall als notwendig erweisen.

144

Wegen § 156a Gerichtsvollziehergeschäftsanweisung (GVGA) n.F. muss das Gericht im Falle der erforderlichen Herausgabevollstreckung den Gerichtsvollzieher um Vollstreckung ersuchen.[470] Dieses Ersuchen setzt allerdings voraus, dass die vorbereitenden Maßnahmen zur Gewährleistung der sicheren Rückführung des Kindes vom Antragsteller bzw. der ihn vertretenden zentralen Behörde getroffen worden sind,[471] also entweder der Antragsteller selbst oder eine geeignete, von ihm benannte Person ortsnah übernahmebereit ist oder aber das Jugendamt seine Mitwirkungsbereitschaft bei der Vollstreckung – und damit auch zur ggf. vorübergehenden Unterbringung des Kindes – erklärt hat (§ 9 Abs. 1 S. 2 Nr. 4 IntFamRVG; insoweit hat das Jugendamt einen eigenständigen Beurteilungsspielraum, arg.: „in geeigneten Fällen").

Wie stets sollte, falls freiwillige Maßnahmen scheitern, zügig vollstreckt und vor allem eine eingeleitete Vollstreckungsmaßnahme möglichst nicht abgebrochen werden; denn – und das ist nur

---

463 Zuvor abgesichert z.B. durch die Anordnung der Hinterlegung der Ausweispapiere und ein Verbot, die Staaten des Schengener Abkommens zu verlassen: OLG Dresden FamRZ 2003, 468; vgl. auch OLG Stuttgart FamRZ 2002, 1138.
464 BVerfG FamRZ 1999, 642.
465 Vgl. BGH FamRZ 2008, 2019; 1990, 283.
466 BVerfG FamRZ 1999, 642.
467 OLG Saarbrücken, Beschl. v. 2.9.2015 – 6 UF 98/15 (n.v.).
468 OLG Saarbrücken, Beschl. v. 2.9.2015 – 6 UF 98/15 (n.v.).
469 OLG Stuttgart FamRZ 1996, 688; vgl. auch *Hinz*, FPR 1996, 62.
470 KG DGVZ 1992, 89; siehe auch *Dutta/Scherpe*, Durchsetzung von Rückführungsansprüchen nach HKiEntÜ, FamRZ 2006, 901, 911.
471 OLG Zweibrücken, FamRZ 2001, 643; OLGR 1998, 308; vgl. auch OLG Saarbrücken, Beschl. v. 2.9.2015 – 6 UF 98/15 (n.v.).

einer von mehreren Gründen – das Kind muss dann in der Angst vor weiteren Vollstreckungsversuchen leben. Daher: lieber ein Ende mit Schrecken als ein Schrecken ohne Ende (eingehend siehe § 6 Rdn 76 ff.).[472] Verstreichen bis zur Vollstreckung freilich mehrere Jahre – was aber nicht vorkommen dürfte! –, so kann sich die Vollstreckung im Einzelfall aus Kindeswohlgründen als nicht mehr vertretbar erweisen. Zu den Folgen siehe auch Rdn 146.[473]

13. Abänderung nach § 1696 BGB

145 Die **Abänderung** einer nach dem HKÜ ergangenen Entscheidung ist nicht möglich.[474] § 1696 Abs. 1 BGB ist auch nicht analog anzuwenden.[475] Gegen eine analoge Anwendung Art. 19 HKÜ, wonach eine Rückführungsentscheidung gerade nicht als Sorgerechtsentscheidung anzusehen ist. Vielmehr soll die Entscheidung nach dem HKÜ lediglich den Zustand vor der Entführung wiederherstellen und nicht die Sorgerechtsentscheidung, die nach der Rückführung im Herkunftsstaat zu treffen ist, präjudizieren oder ersetzen.

146 Bleibt freilich die Frage, wie nach Eintreten der Rechtskraft einer Entscheidung des HKÜ die Rückführung gestoppt werden kann, wenn tatsächliche Gründe nach Art. 13 HKÜ auftreten (andernfalls ist die Vollstreckung durchzuführen, da keine milderen Maßstäbe gelten können als im Erkenntnisverfahren).[476] Im Vollstreckungsverfahren nach § 44 IntFamRVG wird grundsätzlich keine Kindeswohlprüfung mehr vorgenommen. Hier überzeugt der Vorschlag von *Roth*,[477] eine Vollstreckungsgegenklage analog § 767 ZPO im Ausnahmefall zuzulassen, um materiell-rechtliche Einwendungen gegen die Vollstreckung geltend zu machen. Einen anderen Weg hat das OLG Stuttgart in einem Fall beschritten, in dem sich erst nach Rechtskraft der Rückführungsanordnung die Situation im Krisengebiet so verschärft hatte, dass es die Rückführung nunmehr für dem Kind unzumutbar hielt;[478] es hat den Wiederaufnahmeantrag des entführenden Elternteils abgelehnt, aber ausgesprochen, dass aus dem Rückführungsbeschluss keine Vollstreckung stattfinde.[479] Dogmatisch scheinen beide Wege gangbar.

14. Kosten des Verfahrens

147 Gemäß § 14 Nr. 2 IntFamRVG gelten für das Rückgabeverfahren die Vorschriften über das Verfahren der freiwilligen Gerichtsbarkeit. Demnach bestimmen sich die **Kosten** des Verfahrens nach § 81 Abs. 1, 2 Nr. 1 FamFG. Der **Verfahrenswert** eines Rückführungsverfahrens beträgt nach § 45 Abs. 1 Nr. 4 FamGKG analog regelmäßig 3.000 EUR.

148 Art. 26 HKÜ enthält eine kostenrechtliche Sonderregelung. Grundsätzlich gilt die **allgemeine Kostenfreiheit**. Die Zentrale Behörde des ersuchten Staates trägt sämtliche ihr entstandenen Kos-

---

472 Kemper/Schreiber/*Völker/Clausius*, FamFG, § 89 Rn 15 ff. und § 90 Rn 8 f.
473 So im Ergebnis EuGHMR, Urt. v. 6.7.2010, Nr. 41615/07 [Neulinger/Shuruk], BeckRS 2013, 03966; vgl. auch EuGHMR FamRZ 2011, 1482 [Sneersone und Kampanella/Italien] m. krit. Anm. *Henrich*; EuGHMR FamRZ 2012, 692 [X/Lettland]; großzügiger demgegenüber EuGHMR, Urt. v. 18.1.2011 – Individualbeschwerde Nr. 26755/10 – [L. und M./Deutschland], juris; siehe auch – aber nach nur knapp einem Jahr und nicht überzeugend – OLG Hamburg FamRZ 2015, 64; dagegen zu Recht auch *Fahl*, NZFam 2014, 845.
474 *Roth*, Kind-Prax 2000, 179; vgl. auch OLG Zweibrücken FamRZ 2003, 961.
475 A.A. OLG Karlsruhe FamRZ 2000, 1428, aber abzulehnen, zumal in diesem Fall in der Vermutung einer Inhaftierung des Vaters kein Grund für eine Kindeswohlgefährdung i.S.d. Art. 13 HKÜ zu sehen war; offen lassend OLG Karlsruhe FamRZ 2012, 468.
476 So zutreffend OLG Stuttgart OLGR 2007, 15, Anm. *Völker*, jurisPR-FamR 7/2007, Anm. 2.
477 *Roth*, KindPrax, 2000, 179.
478 Siehe dazu auch Schweizerisches Bundesgericht SJZ 2004, 420.
479 OLG Stuttgart OLGR 2009, 401; ebenso OLG Hamburg FamRZ 2015, 64 (im entschiedenen Einzelfall aber nicht überzeugend; dagegen zu Recht auch *Fahl*, NZFam 2014, 845).

E. Widerrechtliches Verbringen oder Zurückhalten eines Kindes § 11

ten selbst. Es findet keine Kostenerstattung zwischen den beteiligten Behörden oder den betroffenen Elternteilen statt.[480]

Allerdings gilt der Grundsatz der allgemeinen Kostenfreiheit nur im Rahmen des nationalen Systems der Verfahrenskosten- und Beratungshilfe. Ein antragstellender Elternteil muss demnach in Deutschland die wirtschaftlichen und rechtlichen Voraussetzungen des § 76 Abs. 1 FamFG i.V.m. §§ 114 ff. ZPO erfüllen. Die Entscheidung über das Verfahrenskostenhilfegesuch kann aber, soweit das Verfahren bei der Zentralen Behörde anbetroffen ist, nicht das Familiengericht treffen. Hierbei handelt es sich um ein Verwaltungsverfahren. **Verfahrenskostenhilfe** muss daher von der Verwaltungsbehörde bewilligt werden, bei der das Verfahren anhängig ist.[481]

Auch im **gerichtlichen Rückführungsverfahren** sind nach derzeitigem Recht die Kostenarmut und die hinreichende Erfolgsaussicht des Rückführungsbegehrens des Antragstellers prüfen (sog. **means and merits test**). Denn Deutschland hat von der diesbezüglich in Art. 26 Abs. 3 HKÜ eröffneten Möglichkeit Gebrauch gemacht und einen dahingehenden Vorbehalt nach Art. 42 HKÜ angebracht. Auch § 43 IntFamRVG ruft dies in Erinnerung. Hierdurch können zum einen – insbesondere hinsichtlich der Frage der Kostenarmut – Verfahrensverzögerungen entstehen. In den Rückführungsverfahren nach dem HKÜ ist aber der Zeitdruck stets immens. Das VKH-Formular ist für Verfahren vor deutschen Gerichten grundsätzlich zwingend zu verwenden (§ 76 Abs. 1 FamFG i.V.m. § 117 Abs. 4 ZPO). Ausnahme ist das Formular der PKH-Richtlinie, das ebenfalls akzeptiert werden muss. Das deutsche VKH-Formular ist auf deutsche Einkommens-, Vermögens- und Nachweisverhältnisse zugeschnitten und wird von ausländischen Antragstellern meist nur unvollständig ausgefüllt und mit Belegen versehen. Die Nachforderung kostet häufig wertvolle Zeit, da das Formular oft falsch verstanden wird und die Nachfragen und Erläuterungen sowie die Antworten hin- und her übersetzt werden müssen, so dass die Zentrale Behörde den HKÜ- und VKH-Antrag dann erst kurz vor Ablauf der Jahresfrist nach Art. 12 HKÜ beim zuständigen Gericht einreichen kann, da ohne VKH-Bewilligung bei mittellosen Antragstellern die kostenfreie Vertretung im Verfahren und zunächst insbesondere im anstehenden Termin andernfalls nicht gewährleistet wäre. Auch nach Einreichung des Verfahrenskostenhilfeantrags beim zuständigen Familiengericht, kann es in diesen Fällen noch zu weiteren Verzögerungen kommen, weil das Familiengericht möglicherweise die Unterlagen noch immer für nicht ausreichend hält, um Verfahrenskostenhilfe bewilligen zu können. Diese Probleme würden dadurch gelöst, dass man vom **means and merits test** für den Antragsteller Abstand nimmt. Dies haben auch andere Staaten getan, z.B. Österreich, Ungarn, das Vereinigte Königreich. Deutschland gerät international zunehmend in die Kritik, da gerade dieser Verfahrensabschnitt so viel Zeit kostet, und wurde daher bereits aufgefordert, den Vorbehalt zurückzunehmen oder andere Maßnahmen zu ergreifen. De lege ferenda sollte daher der Gesetzgeber in HKÜ-Rückführungsverfahren, die durch die Zentrale Behörde eingeleitet werden, in der ersten Instanz für im Ausland lebende Antragsteller das Gericht vom Erfordernis der Prüfung der hinreichenden Erfolgsaussicht und der Kostenarmut im Rahmen des VKH-Verfahrens befreien.[482]

Aufwendungen, die dem sorgeberechtigten Elternteil entstehen, weil er nach einem Herausgabebeschluss das vom anderen Elternteil entführte Kind eigenständig aus dem Ausland zurückgeholt hat, sind nicht als notwendige Kosten der Vollstreckung aus dem Herausgabebeschluss prozessual vollstreckungsfähig.[483]

149

---

480 *Bach/Gildenast*, Rn 167.
481 AG Weilburg NJW-RR 2000, 887.
482 So die Empfehlung 3 des Arbeitskreises 23 des 20. Deutschen Familiengerichtstages.
483 OLG Bremen FamRZ 2002, 1720.

VI. Die Änderungen des HKÜ durch die Brüssel IIa-VO

150 Die **Brüssel IIa-VO** modifiziert – menschenrechtskonform[484] – das HKÜ-Verfahren im Verhältnis der Verordnungsmitgliedstaaten[485] zueinander (siehe Wortlaut von Art. 10, 11 Abs. 1 Brüssel IIa-VO) bedeutsam.[486] Zwar bleibt ausweislich Art. 11 Abs. 1 Brüssel IIa-VO die Rechtsgrundlage für die Rückführung des Kindes Art. 12 Abs. 1 HKÜ. Die Verordnung ergänzt und verstärkt allerdings das HKÜ in mehrfacher Hinsicht.[487]

Durch den **Reformvorschlag KOM** (siehe dazu Rdn 11) soll das HKÜ noch weiter gestärkt werden. Insbesondere soll festgeschrieben werden, dass die Zentrale Behörde, das erstinstanzliche Gericht und das Rechtsmittelgericht in aller Regel jeweils nur noch sechs Wochen bis zu einer Antragstellung bzw. Entscheidung haben (Erwägungsgrund 27 Brüssel IIa-VO-E), es nur noch ein Rechtsmittel geben soll (Art. 25 Abs. 4 Brüssel IIa-VO-E), das erstinstanzliche Gericht die sofortige Vollstreckung anordnen darf (Art. 25 Abs. 3 Brüssel IIa-VO-E), ferner soll der Grundsatz der spezialisierten HKÜ-Gerichte festgeschrieben (Art. 22 Brüssel IIa-VO-E) und die Mediation gestärkt werden (Art. 23 Brüssel IIa-VO-E). Der Grundsatz der direkten – oder über die Zentralen Behörden bzw. das Europäische Justizielle Netz für Zivil- und Handelssachen und dessen Verbindungsrichter vermittelten – richterlichen Kommunikation soll normiert werden (Art. 25 Abs. 1 S. 2 Buchstabe a Brüssel IIa-VO-E).

151 Art. 11 Abs. 2 Brüssel IIa-VO ordnet die **Kindesanhörung**[488] an, sofern dies nicht aufgrund des Alters oder der Reife des Kindes unangebracht erscheint. Dies ist wichtig, weil § 159 FamFG de lege lata auf HKÜ-Verfahren keine Anwendung findet (siehe dazu Rdn 138). Man erkennt, dass die Kindesanhörung im Rahmen der Verordnung eine wichtige Rolle spielt.[489]

152 Das **Beschleunigungsgebot** des Art. 11 Abs. 1 HKÜ wird durch Art. 11 Abs. 3 Brüssel IIa-VO verschärft.[490] Das Verfahren darf grundsätzlich in jeder Instanz nicht länger als sechs Wochen dauern.[491] Die Lesart des Leitfadens (siehe Rdn 14), der davon auszugehen scheint, dass das gesamte Verfahren über alle Instanzen – ggf. einschließlich Zwangsvollstreckung! – binnen sechs Wochen abgeschlossen sein müsse,[492] ist abzulehnen. Der Wortlaut von Art. 11 Abs. 3 Brüssel IIa-VO zwingt nicht zu diesem Verständnis; außerdem wäre das praktisch kaum umsetzbar, will man nicht den Instanzenzug abschaffen.

153 Art. 11 Abs. 4 Brüssel IIa-VO schränkt den ohnehin sehr restriktiv angewandten Art. 13 Abs. 1b HKÜ noch weiter ein: Das HKÜ-Gericht kann die Rückführung des Kindes auch dann nicht ablehnen, wenn zwar die Voraussetzungen dieser Ausnahmevorschrift vorliegen, aber der zurück-

---

484 EuGHMR FamRZ 2013, 1793.
485 Also alle EU-Mitgliedstaaten außer Dänemark, siehe Art. 2 Nr. 3 und Erwägungsgrund 31 der Brüssel IIa-Verordnung.
486 Siehe dazu *Völker*, FamRZ 2010, 157; Text der Brüssel IIa-VO abgedr. unter § 14 A.
487 Siehe hierzu Prütting/Gehrlein/*Völker*, ZPO, Art. 11 Brüssel IIa-VO Rn 3 ff.; *Rieck*, NJW 2008, 182 sowie den von der Europäischen Kommission im Einvernehmen mit dem Europäischen Justiziellen Netz für Zivil- und Handelssachen herausgegebenen Leitfaden zur Anwendung der Brüssel IIa-Verordnung: http://ec.europa.eu/civiljustice/parental_resp/parental_resp_ec_vdm_de.pdf. Dort finden sich Fallbäume zur internationalen Zuständigkeit im Falle widerrechtlichen Verbringens eines Kindes (S. 41), zu den Änderungen des HKÜ durch die Brüssel IIa-Verordnung (S. 45) und zum Verfahren nach Art. 11 Abs. 6–8 der Verordnung (S. 51 f.).
488 Zur Gestaltung der Kindesanhörung lesenswert *Carl/Eschweiler*, NJW 2005, 1681.
489 Vgl. Erwägungsgrund 19 und Leitfaden (siehe Fn 10) S. 54; zur wesentlichen Bedeutung der Kindesanhörung im Rahmen der Anerkennung ausländischer Sorgerechtsentscheidungen siehe OVG Berlin-Brandenburg IPRspr 2012, 636; OLG Frankfurt OLGR 2006, 732, Anm. *Völker*, jurisPR-FamR 21/2006, Anm. 5; *Völker/Steinfatt*, FPR 05, 415; siehe aber auch (großzügiger) OLG Oldenburg FamRZ 2012, 1887 zu Fällen außerhalb von Brüssel IIa.
490 Die deutsche Ausführungsvorschrift hierzu findet sich in § 38 IntFamRVG (abgedr. unter § 14 J).
491 Hier sind auch in Deutschland noch Fortschritte möglich; indes ist zu begrüßen, dass in Deutschland seit 2007 die durchschnittliche Verfahrensdauer bis zur rechtskräftigen Entscheidung nur knapp über sechs Wochen beträgt (Quelle: nicht allgemein zugängliche Statistik des Bundesamts für Justiz).
492 Vgl. Leitfaden S. 44.

E. Widerrechtliches Verbringen oder Zurückhalten eines Kindes § 11

gelassene Elternteil nachgewiesen hat, dass im Ursprungsstaat **angemessene Vorkehrungen** getroffen wurden, um den **Schutz des Kindes** zu gewährleisten.[493] Dies eröffnet dem HKÜ-Richter ein breites Feld für *undertakings* und *safe harbour oder mirror orders*.[494] Der Richter kann und sollte sich – nach der in common law-Staaten üblichen Praxis – insoweit aktiv einbringen, um etwaige Rückführungshindernisse auszuräumen anstatt einfach den Rückführungsantrag abzuweisen.[495] Freilich kann – schon nach dem Wortlaut („nachgewiesen") nicht einfach unterstellt werden, der Ursprungsstaat werde das Kind ab Rückkehr dorthin schon schützen.[496] Vielmehr muss das HKÜ-Gericht substantiierten Einwänden wegen der Situation im Ursprungsstaat nachgehen und prüfen, ob und ggf. welche Schutzvorkehrungen getroffen werden können, um die gegen den Willen des Entführers anzuordnende Rückführung des Kindes kindeswohlverträglich zu gestalten.[497] Bei der **Ermittlung der sozialen und familiären Lage**, in die das Kind im Falle seiner Rückführung versetzt würde, kann der **Internationale Sozialdienst** wertvolle Informationen liefern, die er häufig durch Ermittlungen vor Ort im konkreten Einzelfall gewinnt.[498]

Undertakings sind Zusagen, die eine Partei dem Gericht macht, um seinerseits dem Gericht und/oder dem Antragsgegner ein Entgegenkommen zu ermöglichen.[499] In HKÜ-Fällen kommt insoweit vor allem die Verpflichtung des Antragstellers in Betracht, dem Antragsgegner für den Fall seiner Rückkehr mit dem Kind in den Ursprungsstaat für die Dauer des dort durchzuführenden Sorgerechtsverfahrens Unterhalt und Wohnung zu gewähren oder einen Strafantrag zurückzunehmen. **154**

Safe harbour oder mirror orders richten das Augenmerk auf das Gericht im Ursprungsstaat: Zusicherungen, die der zurückgelassene Elternteil im Rahmen des HKÜ-Verfahrens im Zufluchtsstaat gibt, oder Anordnungen des HKÜ-Richters werden im Herkunftsstaat gleichsam vom dort hierfür zuständigen Gericht „gespiegelt" und dadurch auch dort durchsetzbar. Zu denken ist hier insbesondere daran, dass auch das im Herkunftsstaat zuständige Gericht für den Fall der Rückführung des Kindes Schutzmaßnahmen – zum Beispiel eine Kontaktsperre zum gewalttätigen zurückgelassenen Elternteil – anordnet, was es dem HKÜ-Richter (erst) ermöglicht, von Art. 11 Abs. 4 Brüssel IIa-VO Gebrauch zu machen, weil der entführende Elternteil nunmehr (relativ) sicher mit seinem Kind in den Ursprungsstaat zurückkehren kann („sicherer Hafen"). **155**

Der zurückgelassene Elternteil sollte aber auch seinerseits alles unternehmen, um die vom entführenden Elternteil vorgebrachten oder zu erwartenden Einwände gegen die Zumutbarkeit der Rückführung für das Kind zu entkräften und deswegen – hierzu sowie um zugleich den von **156**

---

[493] Siehe dazu OLG Naumburg FamRZ 2007, 1586; OLG Brandenburg, Beschl. v. 22.9.2006 – 15 UF 189/06; Anm. *Völker*, jurisPR-FamR 6/2007, Anm. 6; OLG Hamm, Beschl. v. 7.12.2005 – 11 UF 219/05. Der dieser neuen Vorschrift zugrundeliegende Rechtsgedanke taucht auch auf in EuGHMR, Urt. v. 8.1.2009 [Neulinger und Shuruk/Schweiz] – Individualbeschwerde Nr. 41615/07 – dort Rn 86, und in EuGHMR, Urt. v. 26.11.2013 [X/Lettland] – Individualbeschwerde Nr. 27853/09, dort Rn 108.
[494] Siehe dazu – sehr lesenswert – *Carl*, FPR 2001, 211; siehe auch *Bacher*, FPR 2001, 237; Hk-ZPO/*Dörner*, Art. 11 EheGVVO Rn 9; *Menne*, iFamZ 2015, 312.
[495] Siehe AnwK-BGB/*Gruber*, Art. 11 Brüssel IIa-VO Rn 5; Hk-ZPO/*Dörner*, Art. 11 EheGVVO Rn 9.
[496] Vgl. dazu EuGHMR FamRZ 2011, 1482 [Sneersone und Kampanella/Italien], dort Rn 92: „Der Gerichtshof kommt nicht umhin zu bemerken, dass die Begründungen in den Entscheidungen der italienischen Gerichte sehr dürftig waren…".
[497] EuGHMR FamRZ 2012, 692 [X/Lettland], dort Rn 73.
[498] Siehe die Internetseite des Internationalen Sozialdienstes: http://www.zank.de.
[499] Zur Mediation in grenzüberschreitenden Kindschaftsfällen als eine weitere Möglichkeit der Konfliktlösung siehe *Carl/Erb-Klünemann*, ZKM 2011, 116; *Carl*, ZKM 2003, 264; von *Ballestrem/Schmid/Loebel*, Mediation und grenzüberschreitende Mediation, NZFam 2015, 811; *Sievers/Benisch*, Kind-Prax 2005, 126; *Paul/Walker*, Spektrum der Mediation 25/2007, S. 44; *Dobiejewska/Kiesewetter/Paul*, ZKJ 2008, 118; *Heilmann/Wegener*, S. 1362 ff.; Leitfaden der Haager Konferenz für Internationales Privatrecht zur Mediation im HKÜ-Verfahren, 2012; BAFM, Modellprojekt „Mediation in internationalen Kindesentführungsverfahren", ZKJ 2014, 450.

Art. 11 Abs. 4 Brüssel IIa-VO geforderten Nachweis[500] zu führen – insbesondere die Jugendbehörden in seinem Heimatstaat um Unterstützung (Stellungnahmen etc.) bitten,[501] ggf. mit Unterstützung der Zentralen Behörde. Ein weiterer Anwendungsbereich für *mirror orders* ist die Herbeiführung einer in beiden beteiligten Staaten vollstreckbaren, inhaltsgleichen Umgangsregelung.[502]

Der Richter kann dieselben Instrumente nutzen, aber darüber hinaus auch **direkten Kontakt mit seinem ausländischen Kollegen** aufnehmen – eine in der Praxis sehr wichtige Möglichkeit.[503] Selbst oberste Gerichtshöfe nutzen diese Möglichkeit. So hat das Schweizerische Bundesgericht ein HKÜ-Rückführungsurteil erlassen, nachdem der zuständige Instruktionsrichter mit dem am Court of Commen Pleas of Center County, Pennsylvania, zuständigen Richter Kontakt aufgenommen hatte, um Möglichkeiten eines untertakings bzw. einer safe harbour order auszuloten. Der US-amerikanische Richter hat sich darauf auch eingelassen.[504]

Aus datenschutzrechtlichen Gründen und wegen der positiven Appellwirkung wäre es wünschenswert, gesetzgeberisch ausdrücklich die **Zulässigkeit unmittelbarer Kontaktaufnahmen** zu regeln. Für den Fall der grenzüberschreitenden Übernahme der internationalen Zuständigkeit in einer Sache sieht Art. 15 Abs. 6 der Brüssel IIa-Verordnung diese Möglichkeit sogar ausdrücklich vor. Hinzu kommt, dass das BVerfG die Nutzung der Ermittlungsmöglichkeit über Verbindungsrichter ausdrücklich in einer grenzüberschreitenden Adoptionssache gefordert hat.[505] Im Reformvorschlag KOM (siehe dazu Rdn 11) – dort Art. 14 Abs. 6 Brüssel IIa-VO-E – ist auch das Europäische Justizielle Netz für Zivil- und Handelssachen und damit dessen Verbindungsrichter ausdrücklich als Kommunikationsweg genannt.

Folgender § 26a FamFG könnte geschaffen werden: „Das Gericht kann mit ausländischen Gerichten in Kommunikation eintreten. Diese Kommunikation kann unmittelbar zwischen den zuständigen Richterinnen und Richtern erfolgen. Sie kann auch – teilweise oder ausschließlich – über die Zentralen Behörden, über Verbindungsrichter oder über Kontaktstellen des Europäischen Justiziellen Netzes für Zivil- und Handelssachen erfolgen. Die Beteiligten sind von der Kommunikation unter Mitteilung deren wesentlichen Inhalts in Kenntnis zu setzen. § 97 bleibt unberührt."[506]

Art. 11 Abs. 5 Brüssel IIa-VO verpflichtet das Gericht, das einen Rückführungsantrag zurückweisen will, dem Antragsteller Gelegenheit zur **Anhörung** zu geben.

---

500 Die Feststellungslast trifft ausweislich dieses klaren Wortlauts den Entführer, auch wenn der HKÜ-Richter freilich von Amts wegen zu ermitteln hat und auch eigeninitiativ Möglichkeiten ausloten kann.
501 Vgl. *Völker*, jurisPR-FamR 6/2007, Anm. 6.
502 Denn in einer nicht unbeträchtlichen Anzahl der HKÜ-Fälle geht es dem zurückgelassenen Elternteil nicht darum, nach der Rückkehr des Kindes das Sorgerecht für dieses zu bekommen, sondern nur um die Sicherstellung, dass er auch weiterhin mit seinem Kind regelmäßig Umgang pflegen kann; siehe dazu auch *Menne*, iFamZ 2015, 312; *ders.* IFL 2016, 175.
503 Siehe dazu – grundlegend – *Carl*, Communication judiciaire directe dans des procédures régies par la Convention de la Haye sur les aspect civils de l'enlèvement international d'enfants, in: Fulchiron (Hrsg.), Les enlèvements d'enfants à travers les frontières (2004), 305 ff.; *Carl/Menne*, Verbindungsrichter und direkte richterliche Kommunikation im Familienrecht, NJW 2009, 3537 mit ausführlichen Verfahrensregeln für die direkte richterliche Kommunikation; zum Ganzen auch *Völker*, FamRZ 2010, 157, 158 f.; *Bennett*, Not only encouraged but essential: judicial collaboration in international family disputes, FamLaw 2013, 845.
504 Urt. v. 16.4.2009 – 5A_105/2009, Slg. der Entscheidungen des Schweiz. Bundesgerichts.
505 In BVerfG FamRZ 2016, 26 wurde die Nutzung dieser Ermittlungsmöglichkeit ausdrücklich in einer grenzüberschreitenden Adoptionssache gefordert; siehe dazu auch *Menne*, Aktuelle Praxisfragen grenzüberschreitender Kindschaftssachen – Internationale Richternetzwerke, FamRB 2015, 441; *ders.*, iFamZ 2015, 312; *ders.* IFL 2016, 175; siehe auch die Dokumentation zum Internationalen Haager Richternetzwerk zur Unterstützung in Fällen mit Auslandsbezug, FamRZ 2016, 962 m.w.N.
506 So die Empfehlung 2 des Arbeitskreises 23 des 20. Deutschen Familiengerichtstages.

E. Widerrechtliches Verbringen oder Zurückhalten eines Kindes § 11

157 Einen neuen Mechanismus enthält Art. 11 Abs. 6–8 Brüssel IIa-VO:[507] Lehnt ein Gericht eines Verordnungsmitgliedstaats in einem HKÜ-Verfahren die Rückgabe des Kindes auf der Grundlage von Art. 13 HKÜ ab, so muss es davon das für das Sorgerechtsverfahren zuständige Gericht des Ursprungsmitgliedstaats binnen eines Monats durch **Übersendung der Entscheidung** und weiterer Unterlagen – insbesondere der Anhörungsniederschrift, sinnvoll auch Jugendamtsberichte, soweit vorhanden[508] – in Kenntnis setzen.[509] Ist im Ursprungsstaat nicht ohnehin schon ein Sorgerechtsverfahren bezüglich des betroffenen Kindes anhängig, so hat das Gericht bei Empfang der Benachrichtigung durch das andere Gericht die Parteien einzuladen, Sorgerechtsanträge zu stellen. Stellt binnen der ab Zustellung der Benachrichtigung laufenden Dreimonatsfrist des Art. 11 Abs. 7 Brüssel IIa-VO keiner der Beteiligten einen Sorgerechtsantrag, so schließt das Gericht das Verfahren ab, andernfalls führt es ein Sorgerechtsverfahren durch. Der EuGH hat geklärt, dass Art. 11 Abs. 7 und 8 Brüssel IIa-VO dahin auszulegen ist, dass er es einem Mitgliedstaat grundsätzlich nicht untersagt, im Rahmen des durch diese Bestimmungen vorgesehenen Verfahrens einem spezialisierten Gericht die Zuständigkeit für die Prüfung von Fragen der Rückgabe des Kindes oder des Sorgerechts zu übertragen, selbst wenn im Übrigen bereits ein Gerichtshof oder ein Gericht mit einem Hauptsacheverfahren über die elterliche Verantwortung in Bezug auf das Kind befasst wurde.[510]

158 Bekommt dort der entführende Elternteil das alleinige Aufenthaltsbestimmungsrecht zugesprochen, so verbleibt es bei der Entscheidung des Gerichts im Zufluchtsstaat.

Erhält hingegen der zurückgelassene Elternteil das Aufenthaltsbestimmungsrecht zugesprochen, dann wird das Gericht im Ursprungsstaat zugleich die Herausgabe des Kindes an diesen Elternteil anordnen. Diese – der die Rückführung ablehnenden Entscheidung im anderen Staat gegenläufige – Entscheidung setzt sich letztendlich durch (**overruling**) und ist dann auch – sobald sie mit der Bescheinigung nach Art. 42 und Anhang IV der Verordnung versehen ist (siehe dazu Rdn 160) – automatisch in allen anderen Verordnungsmitgliedstaaten vollstreckbar.[511] Die nach § 44 IntFamRVG durchzuführende Vollstreckung[512] wird dann in der Praxis regelmäßig dem Richter obliegen, der zuvor die Rückführung des Kindes abgelehnt hat. Man mag sich fragen, ob diese Verfahrensgestaltung nicht den in Erwägungsgrund 21 der Verordnung niedergelegten Grundsatz gegenseitigen Vertrauens relativiert.[513] Allerdings rechtfertigt sich dieses mithin bestehende Letztentscheidungsrecht des Ursprungsstaats aus seiner internationalen Zuständigkeit für die Sorgerechtsentscheidung, da die Rückführungsentscheidung oder deren Ablehnung – wie bereits ausgeführt – nach Art. 19 HKÜ gerade keine Regelung des Sorgerechts ist und das Rückführungsverfahren ob seines Beschleunigungserfordernisses und der eingeschränkten Beweisführungsmöglichkeiten nicht immer am langfristigen Kindeswohl orientiert sein kann.

159 Fraglich ist, ob der Mechanismus des Art. 11 Abs. 6–8 Brüssel IIa-VO analog anwendbar ist, wenn das HKÜ-Gericht die Rückführung auf der Grundlage von Art. 12 Abs. 2 HKÜ (Rückführungsantrag erst später als ein Jahr nach dem widerrechtlichen Verbringen eingegangen) oder wegen

---

507 Mit Blick darauf die Erforderlichkeit eines Rückführungsverfahrens grundsätzlich in Frage stellend Hat'apka, Article 11 of the Brussels IIa Regulation: is there a justification for return proceedings in an area of harmonised rules of jurisdiction and mutual recognition of decisions?, IFL 2014, 182.
508 Dieser liegt in HKÜ-Verfahren angesichts der Eilbedürftigkeit nicht immer vor, wenn auch die frühzeitige Einbindung des Jugendamts sehr sinnvoll ist, zumal in Ansehung einer möglichen Vollstreckung (siehe dazu § 9 Abs. 1 Nr. 4 IntFamRVG und *Völker* in jurisPR-FamR 7/2007, Anm. 2).
509 Siehe dazu für Deutschland auch § 39 IntFamRVG: bei unmittelbarer Übermittlung der Entscheidung ins Ausland ist der deutschen Zentralen Behörde eine Abschrift davon zu übersenden.
510 EuGH FamRZ 2015, 562.
511 EuGH FamRZ 2015, 107.
512 Siehe dazu etwa OLG Stuttgart, OLGR 2007, 15; Anm. *Völker*, jurisPR-FamR 7/2007, Anm. 2; siehe zu § 44 IntFamRVG auch *Schulte-Bunert*, FamRZ 2007, 1608; zum konkreten Ablauf der Kindesherausnahmevollstreckung *Carl/Heitland/Gallo*, DGVZ 2005, 145; *Harnacke*, DGVZ 2006, 17.
513 Zweifelnd bereits *Völker*, jurisPR-FamR 6/2007, Anm. 6.

Art. 20 HKÜ (**ordre-public**-Vorbehalt) abgelehnt hat. Dies ist schon und vor allem wegen des klaren Wortlauts des Art. 11 Abs. 6 HKÜ („…gemäß Artikel 13 […] abzulehnen…") zu verneinen.[514]

160 Die Erteilung einer **Bescheinigung** über die Vollstreckbarkeit einer Rückgabeentscheidung des Ursprungsmitgliedstaats nach Art. 11 Abs. 8, 42 Brüssel IIa-VO setzt nicht voraus, dass die zuvor im anderen Mitgliedstaat ergangene, eine Rückführung des Kindes nach dem HKÜ ablehnende Entscheidung rechtskräftig ist.[515] Wird eine Entscheidung über die Rückgabe des Kindes nach Art. 11 Abs. 8 Brüssel IIa-VO, für die die Bescheinigung nach Art. 42 Brüssel IIa-VO ausgestellt wurde, ohne weitere Prüfung vollstreckt, so ist ein darin liegender Eingriff in das durch Art. 8 EMRK geschützte Recht auf Familienleben gerechtfertigt, wenn der Vollstreckungsstaat damit einer Verpflichtung nachkommt, die sich aus seiner Zugehörigkeit zur EU ergibt.[516] Dies ist der Fall, wenn der EuGH in der fraglichen Sache entschieden hat, dass im Vollstreckungsmitgliedstaat die Vollstreckung nicht deshalb verweigert werden darf, weil das Kindeswohl aufgrund einer Änderung der Umstände schwerwiegend gefährdet werden könnte. Eine solche Änderung der Umstände ist vor dem zuständigen Gericht des Ursprungsmitgliedstaats geltend zu machen, das die in der EMRK verbrieften Rechte zu schützen hat; bleiben dahingehende Rechtsbehelfe ohne Erfolg, steht es den Betroffenen frei, den EuGHMR mit einer Beschwerde gegen die im Ursprungsmitgliedstaat ergangene Entscheidung anzurufen.[517]

161 Der EuGH hat den Begriff des **gewöhnlichen Aufenthalts** nach Art. 8 Abs. 1 Brüssel IIa-VO konkretisiert: Dies ist der Ort, der Ausdruck einer gewissen sozialen und familiären Integration des Kindes ist. Hierfür sind insbesondere die Dauer, die Regelmäßigkeit und die Umstände des Aufenthalts in einem Mitgliedstaat sowie die Gründe für diesen Aufenthalt und den Umzug der Familie in diesen Staat, die Staatsangehörigkeit des Kindes, Ort und Umstände der Einschulung, die Sprachkenntnisse sowie die familiären und sozialen Bindungen des Kindes in dem betreffenden Staat zu berücksichtigen. Es ist Sache des nationalen Gerichts, unter Berücksichtigung aller tatsächlichen Umstände des Einzelfalls den gewöhnlichen Aufenthalt des Kindes festzustellen.[518]

Nachdem sich die Art. 10, 11 Brüssel IIa-VO, die das HKÜ-Verfahren betreffen, im selben Abschnitt der – gegenüber dem HKÜ im Verhältnis der Verordnungsmitgliedstaaten zueinander vorrangigen – Verordnung befinden, ist diese Begriffsbestimmung auch für HKÜ-Verfahren im Anwendungsbereich der Verordnung maßgeblich.[519] Für den gewöhnlichen Aufenthalt im Herkunftsstaat ist nach allgemeinen Grundsätzen der zurückgelassene Elternteil feststellungsbelastet (Art. 3 Buchstabe a, Art. 4 HKÜ). Ist allerdings einmal ein gewöhnlicher Aufenthalt des Kindes im Herkunftsstaat begründet worden – wofür den zurückgelassenen Elternteil die Feststellungslast trifft –, so kann sich der Elternteil, der das Kind in einen anderen Vertragsstaat verbringt oder es dort zurückhält, nicht einseitig von diesem gewöhnlichen Aufenthalt lossagen; ansonsten handelt er widerrechtlich i.S. des Art. 3 Buchst. a HKÜ.[520]

---

514 Prütting/Gehrlein/*Völker*, a.a.O. Art. 11 Brüssel IIa-VO Rn 8; Rauscher/*Rauscher*, Art. 11 Rn 17 und 34; a.A. Thomas/Putzo/*Hüßtege*, Art. 11 Rn 7; AnwK-BGB/*Gruber*, a.a.O., Art. 11 Rn 8 a.E.; *Solomon*, FamRZ 2004, 1409.
515 EuGH FamRZ 2008, 1729; Anm. *Schulz*, FamRZ 2008, 1732; Anm. *Rieck*, NJW 2008, 2958 ff.; zu den praktischen Konsequenzen dieser Entscheidung auch *Völker*, FamRBint 2009, 3.
516 Siehe dazu auch EuGHMR FamRZ 2015, 469 [M.A./Österreich].
517 EuGHMR FamRZ 2013, 1793 [Povse/Österreich].
518 Vgl. EuGH FamRZ 2009, 843; Anm. *Völker*, FamRBint 2009, 53; EuGH FamRZ 2011, 617, Anm. *Mankowski*, GPR 2011, 209; OLG Saarbrücken FamRZ 2011, 1235; siehe auch *Pirrung*, IPRax 2011, 50.
519 EuGH FamRZ 2015, 107; OLG Saarbrücken, Beschl. v. 30.7.2015 – 6 UF 56/15 (n.v.).
520 OLG Saarbrücken, Beschl. v. 30.7.2015 – 6 UF 56/15 (n.v.).

VII. Das KSÜ, das MSA und das ESÜ bei Kindesentführungen

Nach Art. 50 KSÜ bleibt das HKÜ im Verhältnis der Vertragsstaaten beider Übereinkommen zueinander unberührt.[521] Die Rückgabe des Kindes kann freilich – wenngleich weniger effektiv – auch über das ESÜ durchgesetzt werden. Art. 7 KSÜ enthält die internationale Zuständigkeit bei widerrechtlichem Verbringen eines Kindes.

162

Dem MSA gegenüber kommt dem HKÜ im Verhältnis der Vertragsstaaten beider Übereinkommen zueinander der Vorrang zu (Art. 34 HKÜ).

Das ESÜ, das im Verhältnis der Mitgliedstaaten der Brüssel IIa-VO zueinander letzterem nachrangig ist (Art. 60 Buchst. d Brüssel IIa-VO), wird in der Praxis auch im Verhältnis zum HKÜ vernachlässigt. Beruft sich der zurückgelassene Elternteil nicht ausdrücklich und ausschließlich auf das ESÜ, so wird das HKÜ herangezogen.

F. Das Recht zum persönlichen grenzüberschreitenden Umgang

Nach Art. 21 HKÜ kann der Antrag auf Durchführung oder wirksame Ausübung des Umgangs in derselben Weise an die **Zentrale Behörde** eines Vertragsstaates gestellt werden wie ein Antrag auf Rückgabe des Kindes. Das HKÜ versucht aber nicht, das Recht zum persönlichen Umgang erschöpfend zu regeln. Vielmehr wird es für die Zwecke des Abkommens als ausreichend angesehen, die Zusammenarbeit zwischen den Zentralen Behörden zu gewährleisten.[522]

163

Der Antrag nach Art. 21 HKÜ bedeutet die Einleitung eines Umgangsrechtsregelungsverfahrens.[523]

Die Zentrale Behörde kann auch zur Verwirklichung eines Umgangsrechts eingeschaltet werden, wenn Kind und Antragsteller ihren gewöhnlichen Aufenthalt in verschiedenen Mitgliedstaaten haben. Die Ausführungen zur Kindesrückgabe gelten entsprechend.

Insbesondere können die speziellen Versagungsgründe der Art. 13, 20 HKÜ analoge Anwendung finden.[524]

In Europa wird zukünftig das **Europaratsübereinkommen (EUÜ)** (siehe Rdn 5)[525] über den Umgang mit Kindern von Bedeutung sein.[526] Ziel dieses Übereinkommens ist es seinem Art. 1 zufolge vor allem, allgemeine Grundsätze festzulegen, die auf Umgangsentscheidungen anzuwenden sind, und angemessene Schutzmaßnahmen und Garantien vorzusehen, um die ordnungsgemäße Ausübung des Umgangs und die sofortige Rückgabe der Kinder am Ende der Umgangszeit sicherzustellen. Nach Art. 4 EUÜ hat auch das Kind ein eigenes Recht auf Umgang mit seinen Eltern; der Umgang darf nur eingeschränkt oder ausgeschlossen werden, wenn dies zum Wohl des Kindes erforderlich ist, vor einem Ausschluss unbegleiteten Umgangs sind aber die Möglichkeit des begleiteten persönlichen Umgangs oder anderer Formen des Umgangs zu prüfen. Dem nach innerstaatlichem Recht hinreichend verständigen Kind wird das Recht gewährleistet, angehört zu werden und seine Meinung zu äußern, die gebührend zu berücksichtigen ist, Art. 6 EUÜ.

164

Das EUÜ lässt ausweislich seines Art. 20 das HKÜ, das ESÜ (dieses vorbehaltlich des technischen Art. 19 EUÜ), das HKÜ und das KSÜ unberührt.

---

521 Texte abgedr. unter § 14 C, D und E.
522 OLG Bamberg FamRZ 1999, 951.
523 Staudinger/*Pirrung*, Vorb zu Art. 19 EGBGB Rn D 87; vgl. auch OLG Bamberg FamRZ 1999, 951.
524 *Bach/Gildenast*, Rn 161; Staudinger/*Pirrung*, Vorb zu Art. 19 EGBGB Rn D 89.
525 Text abgedr. unter § 14 F.
526 Siehe dazu *Schulz*, FamRZ 2003, 336.

165 Für Deutschland bringt das EUÜ nichts wesentlich Neues; interessant und lesenswert ist aber Art. 10 EUÜ, der zahlreiche mögliche Schutzmaßnahmen und Garantien benennt, mit denen die Rückgabe des Kindes am Ende des Umgangs sichergestellt werden kann. Bedenkenswert ist insoweit – gerade bei grenzüberschreitenden Umgangskontakten – die dem Umgangsberechtigten gemachte Auflage einer **Sicherheitsleistung**, die auch in der Belastung von Vermögen liegen kann. Pfandrecht gegen Umgang – für den deutschen Praktiker sicher ungewohnt.[527]

---

[527] Siehe zu den praktisch denkbaren Auflagen bei grenzüberschreitender Umgangsausübung *Menne*, iFamZ 2015, 312; *ders.*, IFL 2016, 175.

§ 12 Jugendhilferechtliche Schnittstellen zwischen Familiengericht und Jugendamt unter besonderer Berücksichtigung der anwaltlichen Perspektive

A. Grundlagen

Das aus dem Jahr 1922 stammende und zuletzt Anfang der 60er Jahre modifizierte Jugendwohlfahrtsgesetz (JWG) wurde mit Wirkung zum 3.10.1990 in den neuen bzw. zum 1.1.1991 in den alten Bundesländern durch das Gesetz zur Neuordnung des Kinder- und Jugendhilferechts (KJHG) ersetzt. Von den insgesamt 14 Artikeln des KJHG enthalten die in Artikel 1 getroffenen Regelungen, d.h. das **Sozialgesetzbuch Achtes Buch (SGB VIII)**, die für die familienrechtliche Praxis zentralen Vorschriften. Modifizierungen hat das SGB VIII durch das zum 1.1.2012 in Kraft getretene **Bundeskinderschutzgesetz** (BKiSchG)[1] erfahren, das vorrangig auf das frühzeitige Erkennen von Risiken und Belastungen ausgerichtet ist. Intention des Gesetzgebers ist die Verbesserung der **Rechtsgrundlagen** in der Kinder- und Jugendhilfe und dadurch die Stärkung des aktiven Schutzes[2] von Kindern und Jugendlichen.[3] Dies soll unter anderem erreicht werden durch[4]

- eine weitere Qualifizierung des Schutzauftrages des Jugendamtes bei Kindeswohlgefährdung,
- eine Verbesserung der Zusammenarbeit der Jugendämter zum Schutz vor sog. Jugendamts-Hopping,[5]
- die Verpflichtung der Träger der öffentlichen Jugendhilfe zur Qualitätsentwicklung sowie zum Abschluss entsprechender Vereinbarungen mit der freien Jugendhilfe als Grundlage für die Finanzierung,[6]
- die Verpflichtung zur Vorlage erweiterter Führungszeugnisse für alle in der Jugendhilfe beschäftigten Personen sowie
- die Verpflichtung der Träger der öffentlichen Jugendhilfe, mit den Trägern der freien Jugendhilfe Vereinbarungen über die Tätigkeiten zu treffen, bei denen die Vorlage erweiterter Führungszeugnisse auch durch ehrenamtlich tätige Personen notwendig ist.

Während das JWG in seiner Zielsetzung allein auf Kontroll- und Eingriffsmöglichkeiten ausgerichtet war, stehen beim SGB VIII **Angebote und Leistungen der Jugendhilfe** für Kinder (unter 14 Jahren), Jugendliche (bis 18 Jahre), Heranwachsende (zwischen 18 und 21 Jahren), junge Volljährige (zwischen 21 bis 27 Jahren) und ihre Personensorgeberechtigten – d.h. sowohl ihren Eltern, als auch ggf. Pfleger oder Vormund – im Vordergrund.[7]

Die originäre Jugendhilfe ist den jeweiligen **Jugendämtern** vor Ort zugewiesen. Für sie gilt unverändert die aus dem JWG übernommene doppelgliedrige Struktur. Neben dem eigentlichen Verwaltungsbereich steht gleichberechtigt der Jugendhilfeausschuss. Dieser setzt sich aus Mitgliedern der Vertretungskörperschaft der öffentlichen Träger (z.B. Kreistag oder Rat) sowie

---

1 BGBl 2011 I, S. 2975; dazu etwa *Schimke*, JAmt 2011, 621; *Münder*, JAmt 2011, 497; *Bringewat*, ZKJ 2011, 278; *Salgo*, ZKJ 2011, 419; *Maywald*, FPR 2012, 199; *Mörsberger*, FPR 2012, 431.
2 Vgl. hierzu eingehend *Czerner*, ZKJ 2012, 246 ff. (Teil 1), 301 ff. (Teil 2).
3 *Ballof*, FPR 2012, 216.
4 BT-Drucks 17/6256, S. 2.
5 *Mörsberger/Wapler*, FPR 2012, 437.
6 Siehe zum Verhältnis freier und öffentlicher Träger auch *Struck*, ZKJ 2015, 381.
7 Zum Umgang mit Qualität und Qualitätsentwicklung im SGB VIII siehe *Merchel*, ZKJ 2015, 375; siehe auch *Bahr*, 25 Jahre KJHG – Ein Gesetz zur Interessenvertretung aller Kinder?, ZKJ 2015, 389; *Wabnitz*, 25 Jahre SGB VIII – Resümee und Ausblick (Stand 25.5.2015), ZKJ 2015, 392.

§ 12 Jugendhilferechtliche Schnittstellen zwischen Familiengericht und Jugendamt

Vertretern der freien Träger zusammen.[8] Die den Jugendämtern im Rahmen der **Jugendhilfe** zugewiesenen **Aufgaben** sind in § 1 Abs. 3 SGB VIII zusammengefasst und gerichtet auf
- die Förderung junger Menschen in ihrer individuellen und sozialen Entwicklung unter Vermeidung und Abbau von Benachteiligungen,
- die Unterstützung und Beratung der Eltern und Erziehungsberechtigten bei der Erziehung,
- den Schutz von Kindern und Jugendlichen vor Gefahren für ihr Wohl sowie
- die Schaffung einer kinder- und familienfreundlichen Umwelt bzw. die Erhaltung positiver Lebensbedingungen für junge Menschen und ihr Familien

4 In Erfüllung dieser Aufgaben sind die Jugendämter auch in **familiengerichtliche Verfahren** einbezogen. § 50 SGB VIII sieht dazu vor, dass das Jugendamt das Familiengericht bei allen Maßnahmen unterstützt, die die Sorge für die Person von Kindern und Jugendlichen betreffen.[9] Das Jugendamt nimmt eine eigenverantwortlich zu erfüllende Aufgabe als sozialpädagogische Fachbehörde wahr.[10] In den in § 50 Abs. 1 Nr. 1 bis 5 SGB VIII enumerierten Verfahren ist ausdrücklich eine Mitwirkung des Jugendamtes vorgesehen, so auch in Kindschaftssachen (§ 50 Abs. 1 Nr. 1 SGB VIII), wobei diese Mitwirkungspflicht mit dem, dem Jugendamt in § 162 FamFG gewährleisteten Mitwirkungsrecht korrespondiert (zu letzterem siehe § 1 Rdn 440 ff.).[11] Grundlage für die Übermittlung der zur Erfüllung des Mitwirkungsauftrags notwendigen Daten ist § 69 Abs. 1 S. 1 Nr. 1 SGB X.[12] Abzugrenzen ist diese sozialpädagogische, fachliche Stellungnahme jedoch von einer dem Jugendamt als Vormund übertragenen Aufgabe im Zusammenhang mit der Personensorge, die entsprechend interner Organisation des Jugendamts einer Fachkraft übertragen wurde, die für die Mitwirkung im familiengerichtlichen Verfahren zuständig ist.[13]

5 Bei der Umsetzung der Zielvorgaben des KJHG treffen Berufszweige aufeinander, zwischen denen bedauerlicherweise nach wie vor nur unzureichende interdisziplinäre Verbindungen bestehen.[14] Verschärft wird die Problematik dadurch, dass sehr häufig aus Kindeswohlgründen gebotene Maßnahmen des Jugendhilfeträgers aus Sicht der Personensorgeberechtigten als persönlicher Angriff gewertet werden. Umso wichtiger ist es daher, dass die Verfahrensabläufe transparent sind und jederzeit die Rechtmäßigkeit der gewählten Vorgehensweise und Entscheidung dargelegt werden kann.

Dies beginnt bereits mit der Sachverhaltsermittlung durch das örtlich zuständige Jugendamt, das gem. § 20 Abs. 1 SGB X von Amts wegen tätig werden muss. Die dabei heranzuziehenden Beweismittel wurden bislang in § 21 SGB X näher präzisiert, wie etwa die praktisch bedeutsame Inaugenscheinnahme oder die persönliche Anhörung. Zum Schutz der Sozialdaten wird die **Da-**

---

8 Siehe zum Verhältnis freier und öffentlicher Träger auch *Struck*, ZKJ 2015, 381.
9 Zur sachlichen Zuständigkeit siehe BGH FamRZ 2014, 375; FamRB 2014, 93; zur örtlichen Zuständigkeit und deren Fortdauer siehe eingehend DIJuF-Rechtsgutachten JAmt 2015, 306.
10 *Röchling*, ZfJ 2004, 257; *Trenczek*, ZKJ 2009, 97.
11 Überblick über die Aufgaben des Jugendamts im Kontext familiengerichtlicher [nicht nur kindschaftsrechtlicher] Verfahren *Hoffmann*, FPR 2011,304; zur formellen Beteiligung des Jugendamts in Kindschaftssachen *Heilmann*, FamRZ 2010, 1391 und *Katzenstein*, FPR 2011, 20.
12 DIJuF-Rechtsgutachten, JAmt 2012, 87; siehe etwa zur Übermittlung von Daten aus einem ärztlichen Entlassungsbericht an das Familiengericht DIJuF-Rechtsgutachten JAmt 2013, 585.
13 DIJuF-Rechtsgutachten, JAmt 2014, 33.
14 Amüsanter geschichtlicher Rückblick auf die Entwicklung der Zusammenarbeit von Vormundschafts-/Familiengericht und Jugendamt – in Märchenform eingeleitet; „Sie spielen [...] verstecken, fangen, „Räuber und Gendarm", „Blinde Kuh", „Hänschen, piep mal" und am allerliebsten „Schwarzer Peter"; und da sie nicht gestorben sind, leben sie noch heute" – bei *Oberloskamp*, FamRZ 1992, 1241; *Bergmann*, Das gesetzliche Netzwerk im Familienverfahren – Der Familienrichter im Verhältnis zum Jugendamt und zum verfahrensbevollmächtigten Anwalt, FPR 2011, 297; *Flemming*, Das erweiterte Netzwerk im Familienverfahren – in verschiedenen Rollen zum gemeinsamen Ziel, FPR 2011, 309; *Schnitzler*, Rechtsanwälte in Familienverfahren, Familiengericht und Jugendamt – Grenzen und Möglichkeiten der Kooperation, FPR 2011, 300. Siehe – aus Sicht der Jugendhilfe – auch Deutscher Verein für öffentliche und private Fürsorge e.V., Empfehlungen zur Umsetzung gesetzlicher Änderungen im familiengerichtlichen Verfahren, JAmt 2010, 417; *Dittmann*, Praxis und Kooperation der an familiengerichtlichen Verfahren beteiligten Professionen, ZKJ 2014, 180.

tenerhebung etwa durch §§ 61 ff. SGB VIII sowie § 67a SGB X eingeschränkt,[15] wobei dem Jugendamt auch keine Zwangsbefugnisse bei seinen Ermittlungen zustehen.[16] Unzulässig erhobene Sozialdaten, etwa bei Dritten eingeholte Informationen außerhalb eines Verfahrens der Kindeswohlgefährdung, können eine Schadensersatzpflicht begründen.[17] Die Rechtswidrigkeit der Datenerhebung setzt sich außerdem auf allen Ebenen der Verarbeitung (insbesondere Speicherung und Übermittlung) fort; es besteht ein Anspruch des Betroffenen auf ihre Löschung.[18] Durch das Bundeskinderschutzgesetz wurde der **Ermittlungsauftrag des Jugendamtes** durch eine Ergänzung in § 8 Abs. 1 S. 2 SGB VIII erweitert. Sofern das Jugendamt dies aufgrund fachlicher Einschätzung für erforderlich hält, hat es sich bei der Abklärung der **Gefährdungseinschätzung**[19] einen unmittelbaren Eindruck von dem Kind – im Rahmen der Altersgrenze des § 7 Abs. 1 Nr. 1 SGB VIII – und seiner persönlichen Umgebung zu verschaffen. Nach § 8a Abs. 4 Nr. 2 SGB VIII sind bei dieser Gefährdungseinschätzung „insoweit erfahrene Fachkräfte" beratend hinzuzuziehen.[20] Bestehen danach gewichtige Anhaltspunkte für eine Kindeswohlgefährdung, so muss sich das Jugendamt mittels eines **Hausbesuches** einen unmittelbaren Eindruck von der persönlichen Umgebung verschaffen.[21] Bei der Entscheidung, ob ein Hausbesuch durchgeführt wird, hat das Jugendamt kein Ermessen, wenn jener nach fachlicher Einschätzung objektiv erforderlich ist. Ob eine solche Erforderlichkeit besteht oder bestand, kann gerichtlich nachgeprüft werden[22] und das Unterlassen gegebenenfalls eine Haftung auslösen.[23] Im Jahr 2013 haben die Jugendämter rund 116.000 Gefährdungseinschätzungen für Kinder durchgeführt.[24]

Ergibt sich auf der Grundlage dieser Ermittlungen eine Handlungsnotwendigkeit des Jugendhilfeträgers, so ergeht die Entscheidung in Form eines **Verwaltungsaktes**, dessen notwendiger Inhalt sich aus § 33 SGB X ergibt.

Während des gesamten laufenden Verwaltungsverfahrens[25] haben die Beteiligten jederzeit das Recht zur **Akteneinsicht**,[26] wenn die Inhaltskenntnis zur Geltendmachung oder Verteidigung rechtlicher Interessen notwendig ist (§ 25 Abs. 1 SGB X), es sei denn, Vorgänge müssen wegen berechtigter Interessen der Beteiligten oder dritter Personen geheim gehalten werden (§ 25 Abs. 3 SGB X). Allein für Amtsvormünder, -pfleger und für Beistände ergeben sich aus § 68 Abs. 1, 3 SGB VIII besondere Befugnisse.[27] Der Schutz des Sozialgeheimnisses erstreckt sich auch auf

---

15 Siehe etwa VGH Hessen ZKJ 2014, 493.
16 BT-Drucks 17/6256, S. 21; *Münder/Wiesner/Meysen/Fischer*, Kinder-und Jugendhilferecht, 6.1, Rn 36; siehe zur Datenerhebung durch und Datenübermittlung des Jugendamts an den Verfahrensbeistand DIJuF-Rechtsgutachen JAmt 2014, 444.
17 OLG Zweibrücken ZKJ 2013, 253.
18 VGH Hessen ZKJ 2014, 493.
19 Im Jahr 2014 haben die Jugendämter rund 124.000 Verfahren zur Einschätzung der Gefährdung des Kindeswohls durchgeführt, siehe NZFam 2015, VIII m.w.N. Zum Ablauf und notwendigen Inhalt der Dokumentation einer Gefährdungseinschätzung vgl. die Übersicht der Bundeskonferenz für Erziehungsberatung e.V., ZKJ 2013, 25 ff.; zu Handlungsstandards der Jugendämter beim Umgang mit Gefährdungsmeldungen *Köckeritz/Dern*, ZKJ 2013, 476.
20 Zur Bewertung der Qualifikation einer „insoweit erfahrenen Fachkraft" haben die nordrhein-westfälischen Landesjugendämter eine Orientierungshilfe erarbeitet (vgl. hierzu http://www.lwl.org/lwl-landesjugendamt-shop/ oder www.lvr.de).
21 BT-Drucks 17/6256, S. 21; vgl. hierzu etwa VG Köln FamRZ 2012, 1177; siehe zur Frage der Duldungspflicht der Eltern DIJuF-Rechtsgutachten JAmt 2015, 83.
22 *Kunkel*, ZKJ 2012, 288.
23 BGH NJW 2005, 68.
24 Quelle: Statistisches Bundesamt, www.destatis.de; siehe auch *Meiner/Teubner/Pothmann*, 25 Jahre Kinder- und Jugendhilfestatistik – Zwischenbilanz für ein Instrument der empirischen Dauerbeobachtung, ZKJ 2015, 385.
25 BVerwG NJW 2004, 1543; VG Regensburg, Urt. v. 27.5.2014 – RO 4 K 14.423, juris.
26 Zur Akteneinsicht in Vormundschafts- und Pflegschaftsakten durch ehemalige Mündel und Pfleglinge siehe DIJuF-Rechtsgutachten JAmt 2014, 203.
27 Zu den besonderen Datenschutzvorschriften der §§ 61 bis 68 SGB VIII vgl. umfassend *Mörsberger*, ZKJ 2015, 368.

die Verwendung von Sozialdaten im Strafverfahren und führt zu einem Verbot der Beschlagnahme von Akten der Sozialbehörden.[28]

Bei der Entscheidung über ein Akteneinsichtsgesuch ist der **besondere Schutz**, unter dem **Sozialdaten** stehen, die von der öffentlichen Jugendhilfe erhoben werden (§ 65 Abs. 1 SGB VIII), zu berücksichtigen.[29] Dieser ausdrücklich normierte Schutz darf im Ergebnis allerdings nicht dazu führen, dass das Recht auf Akteneinsicht ausgehöhlt wird. Es ist nicht ausreichend, dass erst im nachfolgenden gerichtlichen Verfahren Akteninhalte mitgeteilt werden.[30] Möglicherweise kann ein solches Verfahren schon dadurch vermieden werden, dass bereits im Verwaltungsverfahren die Einsicht gewährt wurde.[31] Dann stellt sich gleichermaßen aber auch die Frage der Kostentragungspflicht für ein unnötig eingeleitetes Verfahren.[32] Gerade in den Fällen der Inobhutnahme (siehe dazu Rdn 107 ff.) ist es für die Eltern zwingend notwendig, Kenntnis der Gründe zu haben, auf die die entsprechende Jugendamtsmaßnahme gestützt wird.[33] Es ist stets zu berücksichtigen, dass nach der gesetzgeberischen Intention die Akteneinsicht die Regel und deren Verweigerung lediglich die Ausnahme bildet, da nur so auch der Anspruch auf rechtliches Gehör effektiv gewährleistet werden kann.[34] Von einem „Anvertrauen" der Daten im Sinn des § 65 SGB VIII kann nicht ausgegangen werden, wenn im Zusammenhang mit einem familiengerichtlichen Verfahren dem Mitarbeiter des Jugendamts Informationen mitgeteilt werden und daher damit gerechnet werden muss, dass diese an das Familiengericht weitergegeben werden.[35]

Auch Identitätsdaten eines **Informanten** sind Sozialdaten.[36] Die Herausgabe der in § 72 Abs. 1 S. 2 SGB X genannten Identitätsdaten ist beim **Verdacht einer Straftat** zulässig.[37] Der besondere Vertrauensschutz nach § 65 SGB VIII entfällt bei Informanten, die das Jugendamt bewusst mit falschen Angaben bedienen.[38]

7 Bereits im laufenden Verfahren können formlose **Rechtsbehelfe** geltend gemacht werden. Hierzu zählt zunächst die Gegenvorstellung, mit der bei dem jeweiligen Sachbearbeiter Einwendungen erhoben werden können. Eine Fachaufsichtsbeschwerde zur Geltendmachung inhaltlicher Einwände ist im Rahmen der Jugendhilfe nicht vorgesehen. Da die Jugendämter gem. § 50 SGB VIII aus eigener gesetzlicher Verpflichtung neben den Gerichten selbstständig tätig sind,[39] kommt eine Ablehnung von Mitarbeitern des Jugendamtes nicht in Betracht.[40] Objektiv begründete Einwände können daher nur im Weg der Dienstaufsichtsbeschwerde verfolgt werden.

8 Förmlicher Rechtsbehelf gegen einen im Jugendhilferecht ergangenen Verwaltungsakt ist der Widerspruch gem. § 62 SGB X, der zudem auch Voraussetzung für eine im äußersten Fall erforderlich werdende gerichtliche Auseinandersetzung ist. Diese stellt eine öffentlich-rechtliche Streitigkeit dar, für die grundsätzlich die Zuständigkeit der Verwaltungsgerichte (§ 40 Abs. 1 VwGO) besteht.[41]

---

28 LG Saarbrücken, JAmt 2007, 321.
29 VG Augsburg NJW 2012, 1529; JAmt 2016, 219; VG Hannover JAmt 2015, 516; VG Braunschweig ZfF 2012, 236; siehe zur Datenerhebung durch und Datenübermittlung des Jugendamts an den Verfahrensbeistand DIJuF-Rechtsgutachen JAmt 2014, 444; vgl. auch die umfassende Darstellung von *Kunkel*, in: ZKJ 2016, 9.
30 So etwa VG Braunschweig ZfF 2012, 236.
31 Vgl. hierzu umfassend DIJuf-Gutachten, JAmt 2012, 255.
32 SG Nordhausen, Beschl. v. 12.7.2011 – S 17 AS 4708/10, juris.
33 *Peschel-Gutzeit*, FPR 2012,443.
34 SG Nordhausen, Beschl. v. 19.12.2011 – S 21 AS 4889/10, juris.
35 OVG Rheinland-Pfalz, Beschl. v. 16.5.2013 – 12 F 10369/13, juris; a.A. VG Hannover JAmt 2015, 516.
36 VG Regensburg, Urt. v. 27.5.2014 – RO 4 K 14.423, juris.
37 Siehe zur Frage der Einsichtnahme durch Strafverfolgungsbehörden und Staatsschutzbehörden eingehend DIJuF-Rechtsgutachten JAmt 2016, 255.
38 LG Augsburg JAmt 2014, 533 m.w.N. m. teilw. krit. Anmerkung *Hoffmann* (nicht zur Durchführung eines Strafverfahrens wegen eines Vergehens).
39 OLG Celle FamRZ 2011, 1532.
40 VGH München ZKJ 2016, 38; OLG Celle FamRZ 2011, 1532.
41 Vgl. hierzu die Übersicht in *Münder/Wiesner/Meysen/Fischer*, Kinder-und Jugendhilferecht, 6.3.

B. Verletzung fachlicher Standards und ihre Folgen

Unabhängig davon, ob außergerichtliche oder gerichtliche Maßnahmen der Jugendhilfe zur Überprüfung stehen, ist Anknüpfungspunkt stets die Frage, ob möglicherweise eine **Verletzung fachlicher Standards** vorliegt.[42] Problematisch ist hierbei, dass bislang entsprechende Standardisierungen nicht existieren[43] und diese wohl auch durch die jeweils gebotene Einzelfallprüfung eingegrenzt werden. Dass die dabei bestehende Problematik durch die Regelungen des Kinder- und Jugendhilfeweiterentwicklungsgesetzes (KICK) aus dem Jahr 2005 nicht wesentlich verbessert werden konnte, hat der Gesetzgeber erkannt. Vor diesem Hintergrund sind die durch das BKiSchG in § 8a SGB VIII vorgenommenen Veränderungen zu sehen.[44] Eine Zielsetzung war dabei die Klarstellung der Aufgabenverteilung zwischen den Jugendämtern und den Leistungserbringern im Sinne des § 8a Abs. 2 SGB,[45] soweit es um Gefährdungseinschätzungen geht.[46] Der geltenden gesetzlichen Regelung ist daher zu entnehmen, dass die Aufgabe der Gefährdungseinschätzung[47] sich nicht von einem Träger der öffentlichen Jugendhilfe ableitet, sondern sich originär aus dem Betreuungsverhältnis zum Kind oder Jugendlichen ergibt.[48] Aber auch die Regelung in § 8a Abs. 5 SGB VIII stellt einen deutlichen Schritt zur weiteren Qualifizierung der Arbeit der Jugendämter dar. Bestehen danach gewichtige Anhaltspunkte für eine Kindeswohlgefährdung, so sind diese Informationen an den zuständigen örtlichen Träger weiterzugeben. Es soll insbesondere verhindert werden, dass bedingt durch einen Wohnortwechsel vorhandene Kenntnisse zu einer Kindeswohlgefährdung verloren gehen.[49] Dem Jugendamt obliegt zunächst eigenverantwortlich die Beurteilung, ob zur Abwendung einer möglichen Kindeswohlgefährdung öffentliche Hilfen geeignet sind und angeboten werden können.[50] Zugleich ist das Jugendamt verpflichtet, das Familiengericht anzurufen, wenn es zum Schutz eines Kindes ein gerichtliches Einschreiten für erforderlich hält. Dies ist insbesondere der Fall, wenn eine Kindeswohlgefährdung bereits festgestellt wurde und die Eltern nicht bereit sind, bei der Gefährdungsabwendung mitzuwirken.[51] Die grundsätzlich bestehende Verantwortungsgemeinschaft von Familiengericht und Jugendamt wird aber eingegrenzt durch die Letztverantwortlichkeit und das Letztentscheidungsrecht des Familiengerichts.[52]

---

42 *Münder*, Rechtsfolgen bei Verletzung professioneller Standards, ZfJ 2001, 401; *Schindler*, Die Haftung des Jugendamtes bei Verletzung fachlicher Standards, FPR 2012, 539.
43 *Jordan*, Zwischen Kunst und Fertigkeit – Sozialpädagogisches Können auf dem Prüfstand, ZfJ 2001, 48; *Trenczek*, Garantenstellung und Fachlichkeit – Anmerkungen zur strafrechtlich aufgezwungenen aber inhaltlich notwendigen Qualitätsdiskussion in der Jugendhilfe, ZfJ 2002, 383; DIJuF-Rechtsgutachten vom 10.1.2005, JAmt 2005, 231.
44 *Meysen*, Bundeskinderschutzgesetz: gesetzliche Programmatik im Baukastensystem, FamRZ 2012, 405; *Schimke*, Das neue Bundeskinderschutzgesetz – erste Einschätzungen und Perspektiven, JAmt 2011, 621;
45 Zu den zentralen fachlichen Aufgaben der „erfahrenen Fachkraft" im Sinne des § 8a Abs. 4, S. 1 Nr. 2 SGB VIII vgl. *Heinitz*, JAmt 2012, 558 bzw. zu deren Qualifikation vgl. *Köckeritz/Dern*, JAmt 2012, 562; Institut für soziale Arbeit e.V./Deutscher Kinderschutzbund Landesverband NRW/Bildungsakademie BiS, ZKJ 2013, 115.
46 Zur Zusammenarbeit zwischen dem Jugendamt und der Kinderschutzfachkraft *Moch/Junker-Moch*, FPR 2011, 319.
47 Zu den notwendigen Schritten und der Dokumentation einer Gefährdungseinschätzung vgl. Bundeskonferenz für Erziehungsberatung, ZKJ 2013, 25.
48 BT-Drucks 17/6256, S. 20.
49 BT-Drucks 17/6256, S. 21; zur örtlichen Zuständigkeit bei Kindeswohlgefährdung siehe DIJuF-Rechtsgutachten JAmt 2014, 514; 2012, 377; 2009, 367.
50 OLG Koblenz FamRZ 2012, 1955.
51 *Lewe*, FPR 2012, 440; vgl. *Sommer*, ZKJ 2013, 68 zu der Problematik, ob die Nichtwahrnehmung von Vorsorgeuntersuchungen gem. § 1 Abs. 3 HKiSchG eine mögliche Kindeswohlgefährdung indiziert.
52 VGH Hessen ZKJ 2013, 82 m. Anm. *Sommer* zur verwaltungsgerichtlichen Überprüfung der Gefährdungsmitteilung des Jugendamts an das Familiengericht nach § 8a SGB VIII, ZKJ 2013, 68; OLG Koblenz FamRZ 2012, 1955; zur Gefährdungsmitteilung wegen der Nichtteilnahme an Vorsorge- und Früherkennungsuntersuchungen siehe *Mortsiefer*, NJW 2014, 3543; *Fahl*, Die Verantwortungsgemeinschaft von Familiengerichten und Jugendämtern in Kindschaftsverfahren, NZFam 2015, 247.

10 Ob im konkreten Einzelfall tatsächlich fachliche Standards verletzt wurden,[53] ist am ehesten überprüfbar, wenn ausdrückliche rechtliche Vorgaben nicht berücksichtigt wurden. Hiervon erfasst werden etwa:
- die rechtlich fehlerhafte Beratung,[54]
- die Verletzung normierter Verpflichtungen zur Beteiligung bestimmter Personen vor oder nach Einleitung von Jugendhilfemaßnahmen (z.B. §§ 8 Abs. 1, 36 Abs. 1, 42 Abs. 2, 3 SGB VIII)[55] oder auch
- die mangelnde Inanspruchnahme fachspezifischer Stellungnahmen oder Unterstützungen (z.B. §§ 35a Abs. 1a, 13 Abs. 4 SGB VIII).

I. Zivilrechtliche Folgen

1. Amtshaftung

11 Im Rahmen der zivilrechtlichen Verantwortlichkeit stehen vordringlich **Amtspflichtverletzungen** in Rede, wobei gem. § 839 Abs. 1, S. 2 BGB, Art. 34 S. 1 GG die Haftungsüberleitung zunächst auf den Anstellungsträger[56] erfolgt und von dort gegenüber dem konkret handelnden Mitarbeiter der Jugendhilfe ein Regress nur unter den Voraussetzungen dessen Vorsatz oder einer groben Fahrlässigkeit in Betracht kommt.[57] Im letztgenannten Fall bedeutet dies, dass er die gebotene Sorgfalt nach den Gesamtumständen in ungewöhnlich grobem Maß verletzt haben muss.[58]

12 Die Haftung des Jugendhilfeträgers umfasst grundsätzlich nicht die Fehlleistungen von Pflegepersonen im Zuge einer **Inobhutnahme**. Abweichendes gilt erst, wenn bei der konkreten Auswahl[59] oder Kontrolle[60] der Pflegeperson von einer Sorgfaltspflichtverletzung ausgegangen werden muss. Zugunsten des Geschädigten gilt dabei eine Beweiserleichterung, wenn er darlegen kann, dass eine Schadensvermeidung bei pflichtgemäßem behördlichen Verhalten nahe liegt.[61]

Ein rechtsmedizinischer **Sachverständiger**, der vom Jugendamt im Verfahren nach § 8a Abs. 1 SGB VIII hinzugezogen wird, wird im haftungsrechtlichen Sinne in das Fachkräfteteam des Jugendamts zur Gefährdungsabschätzung integriert und nicht als (selbstständiger) Sachverständiger im Rahmen eines (sozialrechtlichen) Verwaltungsverfahrens i.S.v. § 21 Abs. 1 S. 2 Nr. 2 SGB X berufen. In diesem Falle haftet der Jugendhilfeträger aus Amtshaftung nach § 839 Abs. 1 BGB, wodurch Ansprüche aus §§ 823 ff. BGB einschließlich der – allerdings dem Grunde nach bestehenden[62] – Haftung des Sachverständigen aus § 839a BGB verdrängt werden.[63] Soweit die

---

53 *Schindler*, FPR 2012, 539.
54 DIJuF Rechtsgutachten vom 22.8.2002, JAmt 2002, 406.
55 Vgl. weitere Beispielsfälle bei *Münder/Wiesner/Meysen*, Handbuch KJHR, Kap. 4.5 Rn 6.
56 Zur pflichtwidrigen Ermittlung von Unterhaltsansprüchen vgl. BGH FamRZ 2014, 290; zu den Folgen einer Fristversäumung vgl. BGH, FamRZ 2012, 779; zum zeitweiligen Entzug der elterlichen Sorge aufgrund Gefährdungsmitteilung vgl. VGH Sachsen FamRZ 2012, 1764; zu unterlassenen Ermittlungen zur Feststellung der Unterhaltshöhe vgl. OLG Saarbrücken, FamRZ 2012, 801; zur abgelehnten Amtshaftung bei Verletzungen eines Kindes in der Bereitschaftspflegefamilie vgl. LG Tübingen, Urt. v. 18.2.2005 – 7 O 560/03, juris.
57 *Schindler*, FPR 2012, 539.
58 BGH FamRZ 2005, 93; VerfGHSachsen FamRZ 2012, 1764 zu einem Amtshaftungsanspruch aufgrund willkürlicher Sachverhaltsfeststellungen in einem Verfahren nach § 1666 BGB.
59 BGH FamRZ 2006, 544.
60 BGH FamRZ 2005, 93.
61 BGH FamRZ 2005, 93.
62 Vgl. dazu auch BGH NJW 2014, 1665 zum Sachverständigen, der seine Gutachten in einem Ermittlungsverfahren der Staatsanwaltschaft erstattet.
63 OLG Koblenz JAmt 2016, 262.

Annahme einer solchen Hineinziehung ins Fachkräfteteam angezweifelt wird,[64] greift dies nicht durch, weil diese Hinzuziehung hier lediglich im haftungsrechtlichen Sinne zu verstehen ist.[65]

2. Aufsichtspflichtverletzung

Neben Amthaftungspflichten kommen im Zivilrecht auch Regressansprüche aus einer Verletzung der **Aufsichtspflicht** bezüglich Minderjähriger (§§ 828, 832 BGB) in Betracht.[66] Diese Pflichten können unmittelbar zwischen dem Personensorgeberechtigten und der die Leistung erbringenden Einrichtung vertraglich begründet oder Folge einer öffentlich-rechtlichen Leistungsgewährung sein. Der Leistungsträger ist berechtigt, die grundsätzlich ihm obliegende Aufsichtspflicht auf die bei ihm beschäftigten Mitarbeiter zu übertragen, soweit sie die hierzu erforderliche fachliche Eignung besitzen[67] und unter Berücksichtigung der im Übrigen bestehenden personellen Struktur auch zur ordnungsgemäßen Ausübung der Aufsicht in der Lage sind.[68] Bei einem Schadenseintritt ist besonderes Augenmerk auf die Einzelfallumstände zu richten. Sind etwa bei einem zu beaufsichtigenden Kind oder Jugendlichen bereits im Vorfeld Sozialisationsdefizite bekannt, so führt dies auch zu einer Steigerung der Aufsichtspflicht.[69] Werden aus der Verletzung einer Aufsichtspflicht Amtshaftungsansprüche gegenüber dem Leistungsträger geltend gemacht, so ist zu berücksichtigen, dass nach der Rechtsprechung des BGH dem Geschädigten die Beweislastregel des § 832 BGB zugute kommt.[70] Parallel schuldet der Leistungsträger seinen Mitarbeitern aber auch eine stringente Organisation, d.h. eine klare Definition der jeweils zu leistenden Aufgaben einschließlich der personellen Verantwortlichkeit hierzu.[71]

II. Sozialrechtliche Folgen

Sozialrechtliche Folgen der Verletzung fachlicher Standards sind im Zusammenhang mit unzureichender Beratung und Information durch den Jugendhilfeträger zu sehen. Diese muss für den Verlust sonst zu gewährender Leistungen ursächlich sein. Zudem muss dem Leistungsträger ein rechtswidriges Handeln oder Unterlassen anzulasten sein. Ein Verschulden ist hingegen nicht erforderlich.[72] Dem Geschädigten obliegt die Beweislast dafür, dass er bei ordnungsgemäßer Beratung tatsächlich auch die in Rede stehende Leistung in Anspruch genommen hätte.[73] Kann dieser Beweis geführt werden, so folgt hieraus ein sozialrechtlicher Herstellungsanspruch.

III. Strafrechtliche Folgen

Letztlich kann ein den fachlichen Standards nicht entsprechendes Handeln im Rahmen der Kinder- und Jugendhilfe auch **strafrechtliche Konsequenzen** zu Lasten des jeweiligen Mitarbeiters

---

64 So Anm. *Meysen*, JAmt 2016, 264.
65 OLG Koblenz JAmt 2016, 262; vgl. dazu auch BGH NJW 2014, 1665; VersR 2012, 317; NJW-RR 2009, 1398.
66 Siehe etwa zur Aufsichtspflicht und Haftung im Bereich der Erlebnispädagogik *Lorenz*, ZKJ 2012, 4; zur Verschuldensvermutung bei der Amtshaftung und der Aufsichtspflicht von Kindergartenpersonal siehe *Förster*, NJW 2013, 1201; allgemein zur Aufsichtspflicht *Bernau*, Die Haftung des Aufsichtspflichtigen aus § 832 BGB – Eine Übersicht der aktuellen Rechtsprechung, FamRZ 2013, 1521.
67 LG Heidelberg JAmt 2010, 36.
68 *Münder/Wiesner/Meysen*, Handbuch KJHR, Kap. 4.5 Rn 28.
69 OLG Saarbrücken JAmt 2007, 311.
70 BGH NJW 2013, 1233; *Förster*, NJW 2013, 1201.
71 BGH NJW 1976, 1145.
72 *Münder/Wiesner/Meysen*, Handbuch KJHR, Kap. 4.5 Rn 17 m.w.N.
73 *Gerlach/Hinrichs*, Therapeutische Hilfen für junge Menschen – problematische Schnittstellen zwischen SGB V, SGB VIII und SGB XII, ZFSH/SGB 2007, 451.

des Jugendamtes nach sich ziehen.[74] Dies gilt, wenn in einer konkreten Situation aufgrund einer **Garantenstellung** – etwa aus § 8a Abs. 1 SGB VIII folgend – eine Handlungspflicht bestand, diese allerdings nicht wahrgenommen wurde und sich damit die Untätigkeit als rechtswidrig darstellt. Ob von einer Rechtswidrigkeit in diesem Sinn auszugehen ist, beurteilt sich aus der „ex-ante"-Sicht.[75] Der Prüfungsmaßstab richtet sich darauf, ob das schädigende Ereignis mit an Sicherheit grenzender Wahrscheinlichkeit durch ein fachlich gebotenes Handeln hätte verhindert werden können.[76]

C. Ausgewählte Problembereiche

16 In dem vorab dargestellten Spannungsfeld, das leider gerade auch im Verhältnis zwischen Anwalt und Jugendamt häufig von einem latenten Misstrauen bestimmt wird, gestaltet sich die praktische **interdisziplinäre Zusammenarbeit**.[77] Sie ist auf Seiten aller Beteiligten allein darauf auszurichten, im Interesse der durch das KJHG zu schützenden Kinder und Jugendlichen zu agieren. So sieht der in §§ 1666, 1666 a BGB konkretisierte Verhältnismäßigkeitsgrundsatz vorrangig die Inanspruchnahme öffentlicher Hilfen nach den §§ 11 bis 40 SGB VIII vor, wenn dadurch weitergehende Eingriffe in die Familie und vor allem die Trennung eines Kindes von seiner Familie verhindert werden kann.[78] Dies setzt aber auch ein ausreichendes Problembewusstsein für die von den jeweiligen Berufszweigen in konkreten Situationen zu treffenden Entscheidungen voraus. Stets muss das Bewusstsein dafür geschärft bleiben, dass zwischen dem Recht und der Sozialen Arbeit eine Wechselwirkung besteht. Das Recht gibt der Sozialen Arbeit Rahmenbedingungen vor, die der Sozialen Arbeit teilweise wiederum im Wege unbestimmter Rechtsbegriffe Beurteilungsspielräume eröffnet oder auch Ermessen einräumen. Hier das richtige Gleichgewicht zu finden, bleibt eine Herausforderung, der man sich nur stellen kann, wenn man sich der anderen Disziplin öffnet.

I. Förderung der Erziehung in der Familie (§§ 16–21 SGB VIII)

1. Unterstützung der Erziehungs- und Beziehungskompetenzen

17 Der zweite Abschnitt des SGB VIII normiert **gesetzliche Pflichtaufgaben**. Ohne dass der öffentlichen Jugendhilfe ein Ermessensspielraum eingeräumt wäre, besteht für sie gemäß § 79 SGB VIII die Verpflichtung, die im Einzelnen vorgesehenen Leistungen bereitzuhalten. Soweit dabei auch rechtliche Beratungen angeboten werden, ist dies den Trägern der öffentlichen Jugendhilfe ebenso wie den anerkannten Trägern der freien Jugendhilfe (§ 75 SGB VIII) nach § 2 Abs. 1, § 8 Abs. 1,2, § 5 RDG gestattet.[79]

a) Allgemeine Förderung der Erziehung in der Familie (§ 16 SGB VIII)

18 Die in § 16 SGB VIII vorgesehene allgemeine **Förderung der Erziehung** in der Familie[80] zielt auf die Vermittlung und Stärkung erzieherischer Kompetenzen.[81] Ohne Eingriff in das Erziehungsrecht[82] als solches, sollen Bedingungen geschaffen werden, die eine bestmögliche Wahr-

---

74 *Mörsberger*, Das Strafrecht als Prima Ratio des SGB VIII? Zu den andauernden Irritationen um die Haftungsrisiken im Kinderschutz, ZKJ 2013, 21; *Kunkel*, Das Jugendamt als Amtsvormund, FamRZ 2015, 901.
75 *Meysen*, Kein Einfluss des Strafrechts auf die sozialpädagogische Fachlichkeit, ZfJ 2001, 408.
76 *Münder/Wiesner/Meysen*, Handbuch KJHR, Kap. 4.5 Rn 41.
77 *Dittmann*, Praxis und Kooperation der an familiengerichtlichen Verfahren beteiligten Professionen, ZKJ 2014, 180.
78 OLG Koblenz FamRZ 2012, 1955.
79 Siehe zum Verhältnis freier und öffentlicher Träger auch *Struck*, ZKJ 2015, 381.
80 *Wabnitz*, ZKJ 2013, 108 (Teil 2, S. 157; Teil 3, S. 199; Teil 4, S. 281;Teil 5, S. 336) zum 14. Kinder- und Jugendbericht.
81 *Kunkel/Kepert/Pattar*, SGB VIII, § 16, Rn 4.
82 *Münder/Wiesner/Meysen*, Kinder- und Jugendhilferecht, Kap. 3.2, Rn 5.

nehmung der Erziehungsverantwortung gewährleisten,[83] wobei korrespondierend mit § 1631 Abs. 2 BGB durch den nachträglich eingefügten Satz 3 ein besonderes Augenmerk auf die Befähigung zur gewaltfreien Lösung familiärer Konfliktsituationen gelenkt wird.[84] Die angebotenen Leistungen richten sich an junge Menschen im Sinne des § 7 Abs. 1 Nr. 4 SGB VIII, an Mütter, Väter und andere Erziehungsberechtigte gemäß § 7 Abs. 1 Nr. 6 SGB VIII. Leistungsadressat sind damit auch Stief- und Pflegeeltern sowie Lebenspartner.[85] Im Jahr 2014 wurde für knapp mehr als eine halbe Million Kinder, Jugendliche und junge Erwachsen eine erzieherische Hilfe begonnen. Dies bedeutet gegenüber dem Jahr 2013 eine Steigerung um 2,3 %.[86]

Insbesondere durch Maßnahmen der **Familienbildung**, der Familienberatung und Angebote der **Familienfreizeit** sollen die gesetzgeberischen Ziele umgesetzt werden. Die Familienbildung baut wesentlich auf der Elternarbeit in Betreuungseinrichtungen sowie dem Erfahrungsaustausch (z.B. durch Elternbriefe oder Elterninitiativen) auf. Ob hiervon auch der Einsatz von **Familienhebammen** unter dem Aspekt der Gesundheitsbildung rechtlich verankert werden kann, ist umstritten.[87] Demgegenüber erstreckt sich die – in Abgrenzung zu § 28 SGB VIII – präventiv[88] angelegte Familienberatung auf alle Aspekte familiärer Problembereiche, wobei die Träger hinsichtlich der Auswahl der in Betracht kommenden Hilfsmöglichkeiten in ihrer Entscheidung frei sind.[89] Insbesondere in bereits belasteten Familiensituationen – etwa im Zuge von Trennung oder Scheidung – kommen letztlich Angebote der Familienfreizeit und -erholung in Betracht, die gegebenenfalls auch mit den Möglichkeiten der Familienbildung gekoppelt werden können. Im Zuge des BKiSchG[90] wurde zudem die in § 16 Abs. 3 SGB VIII vorgesehene Beratung werdender Eltern eingeführt Dieser Beratungsanspruch und ebenso die sonstigen Leistungen nach § 16 SGB VIII beinhalten jedoch **keinen** einklagbaren **subjektiven Rechtsanspruch**. Die Leistungen stehen in inhaltlichem Zusammenhang mit staatlichen Programmen, die eine Verbesserung des aktiven Kinderschutzes anstreben.[91] Die nähere Konkretisierung der in § 16 SGB VIII vorgesehenen Leistungsangebote unterliegt dem jeweiligen Landesrecht. Werden Leistungen im Sinne des § 16 SGB VIII in Anspruch genommen, so richtet sich die Kostenbeteiligung nach § 90 Abs. 1 S. 1 Nr. 2 SGB VIII, soweit nicht die Voraussetzungen einer Kostenbefreiung nach Abs. 2 vorliegen. Ohne Kostenbelastung bleibt allein die Inanspruchnahme einer Familienberatung.

b) Beratung in Fragen der Partnerschaft, Trennung und Scheidung (§ 17 SGB VIII)

Ebenfalls präventiv sind die in § 17 SGB VIII vorgesehenen kostenfreien **Beratungsmöglichkeiten** in Fragen der Partnerschaft, Trennung und Scheidung,[92] die allerdings als **individueller Rechtsanspruch** ausgestaltet sind.[93] Den Leistungsadressaten kommt zudem gem. § 5 SGB VIII ein Wahlrecht zu, ob sie die Beratung bei einem öffentlichen oder freien Träger in Anspruch nehmen möchten.[94] Kann in einer Beratung nach § 17 SGB VIII zwischen den Beteiligten eine einvernehmliche Regelung gefunden werden, so ist diese mit Blick auf § 50 Abs. 2 S. 1 SGB VIII im Rahmen eines bereits zwischen ihnen anhängigen gerichtlichen Verfahrens dem Familiengericht mitzuteilen.

---

83 *Wiesner*, ZfJ 2003, 121 ff.
84 BT-Drucks 14/1247, S. 5.
85 *Münder/Wiesner/Meysen*, Kinder- und Jugendhilferecht, Kap. 3.2, Rn 1.
86 Siehe dazu ZKJ 2016, 3 m.w. Aufschlüsselung der jeweiligen Hilfearten.
87 *Wagener*, FamRZ 2008, 457; *Meysen/Schönecker*, FamRZ 2008, 1498.
88 BT-Drucks 11/6748, S. 81.
89 *Münder/Meysen/Trenczek*, Frankfurter Kommentar SGB VIII, § 16, Rn 10.
90 BGBl 2011, 2975.
91 BT-Drucks 17/6256.
92 Zur Erziehungsberatung als Jugendhilfeleistung vgl. *Menne*, ZKJ 2015, 345.
93 BT-Drucks 13/4899, S. 169; siehe zu den Rechtsansprüchen auch *Wapler*, Dreiecksverhältnisse – Über die Rechte der Kinder, Jugendlichen und ihrer Eltern im SGB VIII, ZKJ 2015, 336; *Rauschenbach*, Rechtsansprüche und Realitäten – Die Entwicklung der Kindertagesbetreuung im Zeitalter des SGB VIII, ZKJ 2015, 341.
94 Siehe zum Verhältnis freier und öffentlicher Träger auch *Struck*, ZKJ 2015, 381.

21 Die nach § 17 Abs. 1 SGB VIII vorgesehene Beratung in Fragen der Partnerschaft orientiert sich hinsichtlich der Leistungsadressaten allein daran, ob sie für ein Kind die tatsächliche Sorge ausüben. Es ist daher nicht entscheidend, ob sie die rechtlichen Eltern sind. Unter Beachtung des Normzwecks ist hier der in der Literatur vertretenen Auffassung zuzustimmen, dass zum Adressatenkreis auch Stiefeltern und nicht verheiratete Partner gehören.[95] Zum Schutz des Kindes sollen sie präventiv Unterstützung dabei erhalten, die einzelnen im Gesetz genannten Zielsetzungen zu erreichen, also innerhalb der Familie ein partnerschaftliches Zusammenleben aufzubauen und zu erhalten, Konflikte und Krisen in der Familie zu bewältigen sowie im Fall der Trennung oder Scheidung gemeinsam elterliche Verantwortung zu übernehmen. Im Vordergrund steht die Stärkung der Handlungs- und Konfliktkompetenz der Eltern, die im Fall der Trennung dann aber auch die Unterstützung bei der Erstellung eines einvernehmlichen Konzepts zur Ausgestaltung von Umgangskontakten beinhaltet.[96]

22 Auf den Fall der Trennung oder Scheidung bezogen, sieht § 17 Abs. 2 SGB VIII eine weitergehende Unterstützung vor, die sich darauf richtet, eine einvernehmliche Regelung zur Ausgestaltung der elterlichen Sorge zu finden. Dies kann als Basis einer familiengerichtlichen Entscheidung dienen, wobei im Zuge der Datenweiterleitung an das Gericht die datenschutzrechtlichen Vorgaben in den §§ 64, 65 SGB VIII zu beachten sind.[97] Im Vordergrund der Beratung steht die Information der Eltern zu den in Betracht kommenden Möglichkeiten der Ausgestaltung der Sorge, einhergehend mit den sich hieran anschließenden Fragen, etwa des Unterhalts oder der Umgangsregelungen. In Ausgestaltung der Verpflichtungen nach Art. 12 Abs. 2 UNKRK, wonach dem Kind Gelegenheit zu geben ist, in allen es berührenden gerichtlichen Verfahren entweder unmittelbar oder mittelbar durch einen Vertreter gehört zu werden, sieht das Gesetz in diesem Rahmen ausdrücklich eine Beteiligung der unmittelbar betroffenen Kinder vor. Es versteht sich von selbst, dass sich Ausgestaltung und Umfang der Einbindung eines Kindes in diesen Beratungsprozess an dessen Alter zu orientieren hat, auch in Anlehnung an die gesetzgeberischen Vorgaben, wie etwa in § 1671 Abs. 1 S. 2 Nr. 1, Abs. 2 Nr. 1 BGB, ohne dass jedoch dem Kind der Eindruck seiner Verantwortlichkeit für die Lösung der elterlichen Probleme vermittelt werden darf.[98] Um die Beratungsmöglichkeiten im Fall der Trennung und insbesondere einer Ehescheidung effektiv umsetzen und die betroffenen Kindeseltern kontaktieren zu können, sieht § 17 Abs. 3 SGB VIII eine Verpflichtung der Familiengerichte zur Information der Jugendämter über anhängige Scheidungsverfahren vor. Unabhängig hiervon erfordert ohnehin eine ordnungsgemäße anwaltliche Beratung – auch aufgrund kostenrechtlicher Erwägungen – im Rahmen eines Scheidungsmandats den frühzeitigen Hinweis auf die bestehenden Beratungsmöglichkeiten der Jugendämter und freien Träger (vgl. hierzu auch § 8 Rdn 17).[99] Nicht nur durch die Neuregelung von § 17 Abs. 2 SGB VIII im Zusammenhang mit dem BKiSchG, sondern auch die Regelungen des MediationsG, wie sie u.a. im FamFG Niederschlag gefunden haben (z.B. § 156 Abs. 1, Abs. 3 FamFG) lässt sich die gesetzgeberische Intention erkennen, dass das Hinwirken auf ein Einvernehmen Priorität hat.[100] Die Beratungs- und Unterstützungsangebote sollen dem Rechnung tragen und nach Möglichkeit eine außergerichtliche Konfliktlösung vorbereiten, um eine Gefährdung des Kindeswohls zu vermeiden.[101] Dabei darf aber nicht aus dem Blick verloren werden, dass

---

95 *Wiesner*, SGB VIII, § 17, Rn 10.
96 *Münder/Meysen/Trenczek*, Frankfurter Kommentar SGB VIII, § 17 Rn 2.
97 Zu den Möglichkeiten und Grenzen der professionellen Kommunikation in der Familiengerichtsbarkeit mit Blick auf Verschwiegenheitspflicht und Datenschutz siehe *Kunkel*, FPR 2013, 487; siehe auch *Mörsberger*, Spezielle Datenschutzvorschriften für die Kinder- und Jugendhilfe (§§ 61 bis 68 SGB VIII), ZKJ 2015, 368; *Kunkel*, Kontrollbefugnis und Datenschutz in der Jugendhilfe, ZKJ 2016, 9.
98 *Menne/Weber*, ZfJ 1998, 85.
99 *Keuter*, FamRZ 2009, 1891.
100 Siehe auch *Kulemeier*, Eltern-Jugendlichen-Mediation – Ein effektives Verfahren zur familiären Konfliktlösung?, ZKJ 2015, 411 (Teil 1); 2015, 448 (Teil 2).
101 BVerfG, FamRZ 1982, 1179.

die Entscheidung eines anhängigen Verfahrens allein dem Familiengericht obliegt und dem Jugendamt lediglich eine unterstützende Funktion zukommt.

c) Beratung und Unterstützung bei der Ausübung der Personensorge und des Umgangsrechts (§ 18 SGB VIII)

aa) Beratung und Unterstützung bei der Personensorge sowie Geltendmachung von Unterhaltsansprüchen (§ 18 Abs. 1, Abs. 2, Abs. 4 SGB VIII)

§ 18 Abs. 1 SGB VIII sieht kostenfreie Unterstützungsleistungen für alleinerziehende Elternteile sowohl bei der Ausübung der Personensorge als auch der Geltendmachung von Unterhaltsansprüchen der von ihnen betreuten Kinder vor (Abs. 1 Nr. 1). Ferner ist eine Unterstützung bei der außergerichtlichen Umsetzung von eigenen Unterhaltsansprüchen nach § 1615l BGB vorgesehen (Abs. 1 Nr. 2). Durch den Gesetzestext wird dabei klargestellt, das Leistungsadressaten hier allein Mütter und Väter sein können und damit – abweichend von den §§ 16, 17 SGB VIII – sonstige Personen ausgeschlossen sind.

23

Entscheidend für die Leistungsberechtigung nach Abs. 1 Nr. 1 ist die **rechtliche Alleinsorge** (z.B. gem. § 1671 BGB) oder die **tatsächliche Sorge**, d.h. die faktisch allein ausgeübte Sorge eines Elternteils. Dieser Elternteil hat Anspruch auf Beratung und Unterstützung zu Fragen der tatsächlichen und rechtlichen Ausübung der Personensorge. Darüber hinausgehend kann er eine Beratung und Unterstützung bei der Umsetzung von Unterhalts- oder **Unterhaltsersatzansprüchen** (z.B. § 7 UVG, § 94 SGB XII, §§ 38 ff. BVG, § 48 SGB VI, § 844 BGB) des von ihm betreuten Kindes geltend machen. Im Zuge der Beratung muss das Jugendamt auf die Möglichkeit der Einrichtung einer Beistandschaft nach § 1712 BGB verweisen.[102] Zu beachten ist in diesem Zusammenhang, dass – in Abgrenzung zu den Leistungen nach den §§ 16, 17 SGB VIII – in § 18 SGB VIII ein verbindlicher Rechtsanspruch verankert ist, der gegebenenfalls auch gerichtlich durchgesetzt werden kann. Daneben können im Fall der fehlerhaften Beratung, insbesondere bei der Umsetzung von Unterhaltsansprüchen – Schadensersatzansprüche aus Amtshaftung (Art. 34 GG i.V.m. § 839 BGB) drohen. (Vgl. hierzu auch Rdn 11).[103]

24

Nicht verheiratete Elternteile können nach Abs. 2 eine kostenfreie Beratung und Unterstützung im Zusammenhang mit der Abgabe einer Sorgeerklärung in Anspruch nehmen, wobei im Zuge der Reform der elterlichen Sorge nicht miteinander verheirateter Eltern (vgl. hierzu § 1 Rdn 36 ff.) nunmehr auch über die Möglichkeiten der gerichtlichen Übertragung der gemeinsamen elterlichen Sorge beraten werden soll.

25

Bei der Durchsetzung von Unterhaltsansprüchen sieht § 18 Abs. 4 SGB VIII eine ebenfalls kostenfreie Beratung und Unterstützung junger Volljähriger bis zu deren vollendetem 21. Lebensjahr vor. Mit dieser Unterstützung soll der Tatsache Rechnung getragen werden, dass diese Personengruppe in der Regel nicht über die notwendigen Informationen verfügt, welche Ansprüche ihnen zustehen und wie diese umgesetzt werden können. Daneben stehen aber auch sog. **privilegiert Volljährige** im Sinn des § 1603 Abs. 2 S. 2 BGB Minderjährigen in ihrer Schutzbedürftigkeit gleich, so dass sich die Anpassung der für Minderjährige bestehenden Beratungs- und Unterstützungsmöglichkeiten auch für junge Volljährige rechtfertigt.

26

bb) Beratung und Unterstützung bei der Ausübung des Umgangsrechts (§ 18 Abs. 3 SGB VIII)

(1) Beratungs- und Unterstützungsanspruch von Kindern und Jugendlichen

§ 18 Abs. 3 SGB VIII sieht Beratungs- und konkrete Unterstützungsleistungen der Jugendhilfe im Zusammenhang mit **Umgangskontakten** vor, wobei sich dieses Angebot nach dem Gesetzeswortlaut primär an Kinder und Jugendliche richtet (§ 18 Abs. 3 S. 1 SGB VIII). Dieses Leis-

27

---

102 *Münder/Meysen/Trenczek*, Frankfurter Kommentar SGB VIII, § 18, Rn 15.
103 Vgl. etwa BGH FamRZ 2014, 290; OLG Saarbrücken FamRZ 2012, 801.

tungsangebot ist im Zusammenhang mit dem für Minderjährige gesetzlich verankerten höchstpersönlichen Recht auf Umgang mit dem nicht betreuenden Elternteil gem. § 1684 Abs. 1 BGB zu sehen (vgl. hierzu § 2 Rdn 8 ff.). Da im Zusammenhang mit einer Trennung oder Scheidung der Eltern leider häufig gerade der Umgangskontakt als Spielfeld nicht gelöster Probleme auf der Elternebene genutzt oder sogar missbraucht wird – in eindeutigem Verstoß gegen die Wohlverhaltenspflicht nach § 1684 Abs. 2 BGB (siehe dazu § 2 Rdn 33 ff.) – macht das Angebot der Jugendhilfe nur dann Sinn, wenn das Kind oder der Jugendliche die Möglichkeiten der Beratung und Unterstützung – unabhängig von seinem Alter und seiner Einsichtsfähigkeit[104] – in Anspruch nehmen kann, ohne dass der betreuende Elternteil mitwirken muss und insbesondere hiervon zunächst Kenntnis erlangt. In diesem Sinn ist auch die Regelung des § 18 Abs. 3 SGB VIII ausgestaltet. Diese Struktur korrespondiert mit der seit dem BKiSchG geltenden Fassung von § 8 Abs. 3 SGB VIII. Danach haben Kinder und Jugendliche Anspruch auf eine Beratung ohne Kenntnis des Personensorgeberechtigten, wenn die Beratung aufgrund einer Not- und Konfliktlage erforderlich ist und solange durch die Mitteilung an den Personensorgeberechtigten der Beratungszweck vereitelt würde. Zwar wurde diese Fassung des § 8 Abs. 3 SGB VIII primär vor dem Hintergrund eines stärkeren Schutzes vor sexuellem Kindesmissbrauch veranlasst,[105] doch bringt sie sehr deutlich die Zielsetzung zum Ausdruck, dass das Kind einen ausdrücklichen Anspruch auf den staatlichen Schutzauftrag nach Art. 6 Abs. 2 S. 2 i.V.m. Art. 1, 2 GG hat. Auch wenn aus Art. 6 Abs. 2 GG für die Eltern ein Informationsanspruch zu Vorgängen folgt, deren Verschweigen die individuelle Erziehung des Kindes beeinträchtigen könnte,[106] muss das Elternrecht doch so weit und solange hinter dem Schutzauftrag des Staates zurücktreten, als es zu einem wirksamen Schutz des Kindes geboten ist.[107] § 18 Abs. 3 SGB VIII gewährt allerdings keinen Anspruch auf Übernahme von Fahrtkosten zur Ausübung des Umgangsrechts;[108] auch vom Annexanspruch des § 39 SGB VIII sind diese nicht umfasst.[109] Sie können allerdings nach § 21 Abs. 6 SGB II übernommen werden (siehe dazu auch § 2 Rdn 144 m.z.w.N.).[110]

28 Nimmt das Jugendamt mit dem betreuenden Elternteil Kontakt auf, so ist dieser auf seine gesetzlichen Pflichten bei der Ausübung des Umganges[111] hinzuweisen. Zielrichtung ist dabei die Vermittlung und Schlichtung zur Sicherstellung des Umgangsrechts und damit der Anbahnung, Aufrechterhaltung und Vertiefung emotionaler Bindungen zwischen dem Kind und dem nicht betreuenden Elternteil. Nicht geschuldet werden jedoch Aufklärungs- und Hinweispflichten auf bestehende Umgangsregelungen.[112] Werden trotz Vermittlung und Beratung des Jugendamts Umgangsblockaden fortgesetzt oder wird der Umgang in sonstiger Form massiv beeinträchtigt, hat das Jugendamt das **Familiengericht** zu unterrichten, das dann amtswegig weitere Maßnahmen einleiten kann. Es versteht sich dabei von selbst, dass das Jugendamt auf der Grundlage der vom Kind oder dem Jugendlichen erhaltenen Erstinformation die Gesamtsituation bis zur etwaigen Information des Familiengerichts weiterhin zu beobachten hat. Wurde seitens des Jugendamts eine konkrete Leistung bereits mit Bescheid gewährt, so kann die Absicherung der künftigen Umsetzung gerichtlich nur dann geltend gemacht werden, wenn Anlass für die Annahme besteht,

---

104 *Wiesner*, HK SGB VIII, § 18 Rn 20.
105 BT-Drucks 17/6256, S. 20.
106 BVerfG FamRZ 1982, 463.
107 BT-Drucks 17/6256, S. 20.
108 OVG Berlin-Brandenburg ZKJ 2015, 249.
109 VG Saarlouis JAmt 2011, 415.
110 BSG FuR 2015, 367.
111 BT-Drucks 13/4899, S. 140.
112 OLG Düsseldorf, Urt. v. 27.8.2014 – 18 U 156/13, juris.

dass die Behörde dieser Verpflichtung nicht innerhalb des ihr Möglichen und Zumutbaren nachkommen wird.[113]

(2) Beratungs- und Unterstützungsansprüche sonstiger Personen

Neben Kindern und Jugendlichen sieht § 18 Abs. 3 S. 3 SGB VIII auch für **sonstige Personen** eine Beratung und Unterstützung zur Umsetzung von Umgangskontakten vor. Diese richten sich an den umgangsberechtigten Elternteil, an umgangsberechtigte Personen im Sinne des § 1685 BGB und § 1686a BGB (vgl. hierzu § 2 Rdn 113 ff.) sowie an Personen, die durch das geltend gemachte Umgangsrecht unmittelbar betroffen sind. Hierzu zählt nicht nur der betreuende Elternteil, sondern alle Personen, in deren Obhut das Kind lebt,[114] also insbesondere auch **Pflegeeltern**. Nicht darunter fällt grundsätzlich der Umgangspfleger.[115]

29

Primäre Zielrichtung der jugendhilferechtlichen Leistungen ist die **Unterstützung** der umgangsberechtigten Personen bei der Anbahnung und Durchführung der Umgangskontakte. Dazu gehören vordringlich Gespräche mit dem Kind oder Jugendlichen selbst, um etwaig dort bestehende Vorbehalte, vor allem wenn sie nicht einmal auf eigenen Erfahrungen beruhen, abzubauen und Kontakte, ggf. zunächst in telefonischer oder schriftlicher Form, einzuleiten. Soweit Umgangskontakte mit einem Elternteil in Rede stehen, hat das Jugendamt bei seiner Beratung und Unterstützung die in der verfassungsgerichtlichen Rechtsprechung aufgezeigten Grenzen zu beachten[116] bzw. mit Blick auf das Umgangsrecht sonstiger Personen im Sinn des § 1685 BGB und § 1686a BGB jeweils die Kindeswohldienlichkeit der Kontakte zu beachten. In die Vermittlung einzubeziehen sind allerdings auch die betreuenden Personen selbst, sei es als Eltern oder aufgrund sonstiger Obhutsleistungen. Ziel ist jeweils, dem Minderjährigen, aber auch dem Umgangsbegehrenden eine Basis zu eröffnen, um künftig ohne weitere Unterstützung die Kontakte wahrzunehmen und insbesondere eine gerichtliche Auseinandersetzung zu vermeiden. Die beratende Funktion des Jugendhilfeträgers – auch in der gerichtlichen Auseinandersetzung – wird durch die ausdrücklichen Hinweise in §§ 156 Abs. 1, 165 FamFG hervorgehoben.

30

Unter den Anwendungsvoraussetzungen der §§ 1686, 1686 a Abs. 1 Nr. 2 BGB (vgl. hierzu § 2 Rdn 195 ff.) richtet sich das Leistungsangebot der Jugendhilfe außerdem darauf, dem Umgangsberechtigten Hilfestellung bei der Einleitung und Umsetzung seines **Auskunftsanspruches** zu geben.

31

Letztlich wird das Jugendamt durch § 18 Abs. 3 S. 4 SGB VIII verpflichtet, bei der konkreten Umsetzung von Umgangskontakten in „**geeigneten Fällen**" Hilfestellung zu leisten, unabhängig davon, ob die Umgangsregelung auf einer außergerichtlichen Vereinbarung der Beteiligten[117] oder einer familiengerichtlichen Entscheidung beruht. Verneint das Jugendamt die Eignung einer Regelung oder der im Einzelnen vorgesehenen Umsetzungsform, weil sie aus seiner Sicht im konkreten Einzelfall nicht mit dem Kindeswohl in Einklang steht,[118] so hat das Familiengericht keine diesbezügliche **Anordnungskompetenz**,[119] da die **Steuerungsverantwortung** nach § 36a SGB VIII –

32

---

113 OVG NRW, Beschl. v. 3.11.2014 – 12 B 1192/14, juris.
114 *Rauscher*, Das Umgangsrecht im Kindschaftsrechtsreformgesetz, FamRZ 1998, 329.
115 Dazu eingehend – auch zu Ausnahmen – DIJuF-Rechtsgutachten JAmt 2012, 460.
116 BVerfG FamRZ 2008, 845, Anm. *Völker*, FamRB 2008, 176; *Almuth Zompol*, Mit Zwang zum Umgang?, FF 2010, 238.
117 *Oelkers/Oelkers*, Trennungs- und Scheidungsvereinbarungen zum Umgangsrecht, FPR 2000, 250.
118 *Wiesner*, HK SGB VIII, § 18 Rn 32.
119 *Münder/Wiesner/Meysen*, Kinder- und JugendhilferechtKap. 3.2, Rn 32; a.A. *Fahl*, Die Verantwortungsgemeinschaft von Familiengerichten und Jugendämtern in Kindschaftsverfahren, NZFam 2015, 247; These II. 1. b) des Arbeitskreises 2 des 21. Deutschen Familiengerichtstages, in Fällen nach §§ 1666 f. BGB offenlassend BVerfG FF 2014, 295; hierzu eingehend *Schmidt*, Anordnung von SGB VIII-Leistungen: Verpflichtung des Jugendamts durch das Familiengericht, FamRZ 2015, 1158.

de lege lata – grundsätzlich dem Jugendamt zugewiesen ist.[120] Entsprechend ist gemäß § 1684 Abs. 4 S. 3 BGB eine Mitwirkungsbereitschaft der Dritten – also auch des Jugendhilfeträgers – unabdingbare Voraussetzung für eine gerichtliche Anordnung.[121] Die ablehnende Entscheidung des Jugendamtes kann in einem solchen Fall aber im verwaltungsgerichtlichen Verfahren überprüft[122] und die Übernahme einer bestimmten Aufgabe bei der Umgangsdurchführung im Wege der allgemeinen Leistungsklage geltend gemacht werden (siehe dazu auch Rdn 65).[123] Das Familiengericht sollte daher in solchen Fällen mit Blick auf entsprechende verwaltungsgerichtliche Usancen[124] im Wege einer Zwischenentscheidung festhalten, dass dem Elternteil grundsätzlich ein Umgangsrecht, aber nur in begleiteter Form, zusteht,[125] und dem Umgangsberechtigten im Wege der Aussetzung des familiengerichtlichen Verfahrens (§ 21 FamFG) Gelegenheit geben, den Eilantrag beim Verwaltungsgericht zu stellen (Antragsmuster vgl. § 13 Rdn 70), wodurch der Elternteil zugleich seiner Mitwirkungspflicht gemäß § 27 FamFG nachkommt.[126] Im verwaltungsgerichtlichen Verfahren unterliegt sodann der unbestimmte Rechtsbegriff der „Eignung" der vollen gerichtlichen Nachprüfung.[127] Analog ist zu verfahren, wenn sich das Jugendamt auf lange Wartezeiten des von ihm mit der Wahrnehmung begleiteten Umgangs beauftragten freien Trägers[128] beruft und wenn diese Wartezeiten dem Umgangsberechtigten ob seines Elternrechts nicht zugemutet werden können. Im Falle einer verwaltungsgerichtlichen Prüfung ist die Eignung im Sinne des § 18 Abs. 3 S. 4 SGB VIII darauf zu untersuchen, ob die in Rede stehende Hilfestellung durch das Jugendamt für die beabsichtigte Maßnahme förderlich ist. Denn die aus § 18 Abs. 3 S. 4 SGB VIII folgende Verpflichtung umfasst auch die Aufgabe des begleiteten Umgangs, so dass mit Blick auf die sozialrechtliche Gewährleistungspflicht des § 79 Abs. 2 SGB VIII dies die Pflicht des Jugendhilfeträgers begründen kann, seine Mitwirkungsbereitschaft vor dem Familiengericht zu erklären.[129] Davon kann allerdings nicht ausgegangen werden, wenn etwa der Umgangsberechtigte mit Blick auf einen begleiteten Umgangskontakt die Zusammenarbeit mit der dafür in Betracht kommenden Einrichtung ablehnt, da ein Mindestmaß an Kooperationsbereitschaft essentielle Voraussetzung für die Durchführung der begleiteten Kontakte ist.[130] Auch wenn im familiengericht-

---

120 Vgl. zum Ganzen BVerwGE 112, 98; BVerwG NJW 2002, 232; OVG Hessen JAmt 2008, 327; OLG Nürnberg MDR 2015, 471; OLG Oldenburg JAmt 2008, 330; OLG Naumburg FamRZ 2008, 2048; VG Darmstadt JAmt 2008, 323; VG Gelsenkirchen, Urt. v. 15.11.2006 – 19 K 603/06, juris; aus der Literatur Zum Ganzen eingehend *Meysen*, Steuerungsverantwortung des Jugendamts nach § 36a SGB VIII: Anstoß zur Verhältnisklärung oder anstößig?, FamRZ 2008, 562 m.z.w.N.; DIJuF-Rechtsgutachten JAmt 2015, 143; ders., Familiengericht und Jugendamt: produktives Ringen oder Machtkampf?, NZFam 2016, 580; *Schmidt*, Anordnung von SGB VIII-Leistungen: Verpflichtung des Jugendamts durch das Familiengericht, FamRZ 2015, 1158; siehe aber auch – **lesenswert!** – *Keuter*, Begleiteter Umgang – Familienrichter ohne Entscheidungskompetenz?, JAmt 2011, 373; kritisch und de lege ferenda für einen gerichtliche Überprüfung der individuellen Leistungsansprüche durch das Familiengericht AK 12 des 19. DFGT, www.dfgt.de; ebenso *Vogel*, Verantwortungsgemeinschaft Jugendamt/Familiengericht – oder Spannungsverhältnis, Zuständigkeit und Machtkampf, NZFam 2016, 585; *Lack/Heilmann*, Kinderschutz und Familiengericht, ZKJ 2014, 308, 315; das Problem in Fällen nach §§ 1666 f. BGB andeutend, aber die Frage offenlassend BVerfG FF 2014, 295.
121 OVG Saarlouis FamRZ 2014, 1862; *Rauscher*, Das Umgangsrecht im Kindschaftsrechtsreformgesetz, FamRZ 1998, 329.
122 OVG Saarlouis FamRZ 2014, 1862; vgl. auch OLG Nürnberg FamRZ 2015, 1211; *Kunkel/Kepert/Pattar*, SGB VIII, § 18 Rn 17 m.w.N.
123 Vgl. hierzu OVG Nordrhein-Westfalen, NJW 2014, 3593 wonach sich aus § 18 Abs. 3 S. 4 SGB VIII ein subjektives Recht in Form einer „Sollvorschrift" ableitet.
124 Siehe dazu etwa VG Frankfurt/Oder FamRZ 2014, 703.
125 Vgl. dazu VG Frankfurt/Oder FamRZ 2014, 703.
126 BVerfG FamRZ 2015, 1686; OLG Schleswig FamRZ 2015, 1040; VG Cottbus ZKJ 2016, 276; siehe auch *Splitt*, FF 2016, 146, 150 f.
127 OVG Saarlouis FamRZ 2014, 1862; OVG Berlin-Brandenburg JAmt 2012, 483.
128 Siehe zum Verhältnis freier und öffentlicher Träger auch *Struck*, ZKJ 2015, 381.
129 OVG Saarlouis FamRZ 2014, 186, m.w.N.
130 OVG Berlin-Brandenburg FamRZ 2013, 409.

lichen Verfahren die Anordnung begleiteten Umgangs durch das Familiengericht aus Gründen des Kindeswohls nicht ernsthaft in Betracht kommt, besteht kein Grund dafür, den Träger der Jugendhilfe vorab zur Mitwirkung an einem begleiteten Umgang zu verpflichten.[131] Hat das Jugendamt in einem familiengerichtlichen Verfahren einer Vereinbarung zur konkreten Ausgestaltung des auch vom Jugendamt zu begleitenden Umgangskontakts zugestimmt, so hat es die Umsetzung dieser Kontakte sicherzustellen.[132] Es ist grundsätzlich davon auszugehen, dass die im Termin anwesende Fachkraft auch die Befugnis besitzt, das Jugendamt bezüglich der getroffenen Vereinbarung zu verpflichten. Etwaige Bedenken, etwa zur örtlichen oder sonstigen Zuständigkeiten müssen – insbesondere aus Gründen der Rechtssicherheit – im Vorfeld eines Termins geprüft und geltend gemacht werden.[133] Vollstreckungsmaßnahmen können in einem solchen Fall aber nicht gegen das Jugendamt ergriffen werden (siehe dazu § 6 Rdn 29 m.w.N.).

Die Umsetzung von Umgangskontakten unter Einbindung des Jugendamts, sei es durch beratende Gespräche, persönliche Anwesenheit eines qualifizierten Mitarbeiters oder die Zurverfügungstellung von Räumlichkeiten, kann in verschiedenen **Intensitätsformen** der Begleitung[134] erfolgen und zwar als

- unterstützter Umgang,
- begleiteter Umgang im engeren Sinne[135] oder
- beaufsichtigter Umgang.

33

Ein **unterstützter Umgang** soll bei Kontaktstörungen dazu dienen, die emotionale Beziehung zwischen dem Kind und dem Umgangsbegehrenden zu verbessern. Demgegenüber ist ein **begleiteter** Umgang[136] in Fällen einer sonst drohenden Kindesgefährdung in Erwägung zu ziehen.[137] Erst bei schwerwiegenden Konflikten kommt eine **Umgangsbeaufsichtigung** in Betracht. Keine dieser Formen der Umgangsausgestaltung ist auf eine dauerhafte Einrichtung angelegt. Zielsetzung ist vielmehr grundsätzlich, in einem überschaubaren zeitlichen Rahmen wieder die eigenverantwortliche Umgangsausübung sicherzustellen.

34

(3) Kosten

Bejaht das Jugendamt eine Eignung der konkreten Umgangsausgestaltung in der Form einer Begleitung, so muss gleichwohl die Begleitung oder Beaufsichtigung nicht zwingend durch den Jugendhilfeträger selbst erfolgen, wenn eine geeignete **sonstige Person** oder ein freier Träger zur Verfügung steht. Die Entscheidung, ob das Jugendamt selbst die Umgangsbegleitung übernimmt oder eine sonstige Person bzw. Einrichtung, obliegt allein dem Familiengericht.[138] Es hat die Person eines mitwirkungsbereiten und fachlich geeigneten Dritten von Amts wegen zu ermitteln, wenn es eine Umgangsbegleitung für notwendig erachtet.[139] Die durch die Umgangsbegleitung entstehenden Kosten sind allerdings vom örtlich zuständigen Träger der Jugendhilfe zu übernehmen.[140] Zu beachten ist, dass der Umgangsbegleiter als Aufsichtspflichtiger nach § 832 BGB haften kann.[141]

35

---

131 VG Cottbus ZKJ 2016, 27.
132 OLG Saarbrücken NJW-RR 2015, 69; VG Frankfurt/Oder FamRZ 2014, 703.
133 OLG Frankfurt FamRZ 2013, 809; a.A. vgl. DIJuF-Rechtsgutachten, JAmt 2012, 648.
134 *Horndasch*, Beschränkungen des Umgangs – keine Waffe im Familienrecht, ZFE 2008, 369.
135 Vgl. hierzu auch *Luthin*, FamRB 2016, 69.
136 *Salzgeber*, Gedanken eines psychologischen Sachverständigen zum begleiteten Umgang des Kindes mit einem Elternteil, FamRZ 1999, 975.
137 Siehe hierzu *Meinrad Schlund*, Begleiteter Umgang bei „schwierigen" Fallkonstellationen, ZKJ 2015, 55 (Teil 1), 104 (Teil 2).
138 OLG Frankfurt FamRZ 1999, 617.
139 OLG Schleswig-Holstein FamRZ 2015, 1040.
140 *Wiesner*, HK SGB VIII, § 18 Rn 34.
141 *Böhm/Mütze*, NDV 2002, 325; dazu neigend auch OLG Karlsruhe, Beschl. v. 18.10.2013 – 7 W 56/13, juris.

36 Unabhängig davon, ob das Jugendamt einen begleiteten Umgang für geeignet erachtet oder nicht, dieser dann gleichwohl jedoch familiengerichtlich angeordnet wird,[142] kommt eine Kostenbelastung des Umgangsberechtigten selbst nicht in Betracht.

Geht das Jugendamt von einer Eignung der Begleitung im Sinn des § 18 Abs. 3 S. 4 SGB VIII aus, was ausdrücklich oder konkludent im gerichtlichen Verfahren zum Ausdruck gebracht werden kann, so hat es auch die hieraus entstehenden **Kosten** zu tragen. Verneint das Jugendamt demgegenüber die Eignung und wird im gerichtlichen Verfahren keine diesbezügliche Bereitschaft des Jugendhilfeträgers festgestellt, so sind im Fall der gleichwohl familiengerichtlich angeordneten Begleitung die hieraus entstehenden Kosten von der Justiz zu tragen.[143]

37 Hinsichtlich der **Kosten** ist die **Umgangspflegschaft** – unbeschadet der sonstigen materiellrechtlichen Voraussetzungen (vgl. dazu § 2 Rdn 39 ff.) – von dem begleiteten Umgang abzugrenzen. Ordnet das Familiengericht eine Umgangspflegschaft an, so sind die hierdurch entstehenden Kosten Verfahrenskosten.[144]

2. Unterstützung in besonderen Lebenslagen (§§ 19–21 SGB VIII)

a) Gemeinsame Wohnformen für Eltern und Kinder (§ 19 SGB VIII)

38 § 19 SGB VIII richtet sich an die für ein Kind tatsächlich sorgenden Mütter und Väter, wobei hinsichtlich der Mütter auch der Zeitrahmen vor der Geburt des Kindes als Schutzbereich umfasst wird. Mit dem Verweis auf die tatsächliche Sorge wird klargestellt, dass für den Leistungsanspruch nicht die rechtliche Sorge entscheidend ist. Im Rahmen der „Soll-Regelung" haben die Träger – ohne dass ihnen ein Ermessen eingeräumt wäre – die Leistung anzubieten,[145] für die sich die etwaige Kostenbeteiligung nach den §§ 91 Abs. 1 Nr. 2, 92 Abs. 1, Nr. 1, 3, 4 SGB VIII richtet. Nur in Ausnahmefällen – für die der Träger beweispflichtig ist[146] – darf daher von dem Leistungsangebot abgesehen werden. Gegen eine ablehnende Entscheidung kann der Anspruch mittels Widerspruch außergerichtlich bzw. durch **Verpflichtungsklage** gem. § 42 VwGO gerichtlich weiterverfolgt werden. Soweit in § 19 Abs. 1 S. 1 SGB VIII als maßgebliche Altersgrenze des in der Obhut des jeweiligen Elternteils lebenden Kindes das sechste Lebensjahr genannt wird, folgt aus Abs. 1 S. 2, dass insoweit auf das Alter des jüngsten Kindes – und zwar zu Beginn der Hilfeleistung[147] – abzustellen ist, um auch Geschwisterkinder in den beabsichtigten Schutz einzubeziehen.

39 Zielrichtung des Leistungsangebots ist die Unterstützung der Eltern bei ihrer **Persönlichkeitsentwicklung**, um so eine adäquate Pflege und Entwicklung des Kindes sicherstellen zu können. Leistungsberechtigt ist ein Elternteil im Umkehrschluss daher nur dann, wenn er gerade wegen einer eingeschränkten Persönlichkeitsentwicklung, etwa wegen seines Alters, der Hilfestellung bedarf und ein Erfolg der Hilfeleistung erreichbar erscheint.[148] Wirtschaftliche Einschränkungen sind unbeachtlich. Beruhen die Einschränkungen der Eltern auf geistigen oder körperlichen Behinderungen, so wird § 19 SGB VIII von den Hilfeleistungen nach § 53 ff. SGB XII überlagert. Um die Hilfe anbieten zu können, soll den Eltern eine gemeinsame Wohnform zur Verfügung gestellt werden. Unabhängig davon, ob sich die Wohnform als voll- oder teilstationäre Maßnahme, als **Wohngruppe** oder Einzelwohnung darstellt, ist jeweils entscheidend, dass sie mit einer Hilfeleistung in der Zielrichtung des § 19 SGB VIII verbunden ist und „realitätsnahe Alltagsbedingungen"[149] bestehen. Er-

---

142 Sehr lesenswert *Wolfgang Keuter*, Begleiteter Umgang – Familienrichter ohne Entscheidungskompetenz, JAmt 2011, 373.
143 OLG Sachsen-Anhalt FamRZ 2008, 2048.
144 OLG Saarbrücken ZKJ 2012, 33; OLG Brandenburg FamRZ 2008, 1480.
145 *Münder/Wiesner/Meysen*, Kinder- und Jugendhilferecht, Kap. 3.3 Rn 26.
146 BVerwG, zfs 1982, 148.
147 *Münder/Meysen/Trenczek*, Frankfurter Kommentar SGB VIII, § 19 Rn 8.
148 OVG Münster, Beschl. v. 15.12.2003 – 12 A 2729/01, juris.
149 BT-Drucks 11/5948, S. 59.

forderlich ist daher eine konkrete Unterstützung der Elternteile bei der Pflege und Erziehung des Kindes. Sobald der Elternteil aufgrund der Weiterentwicklung seiner Persönlichkeit zur eigenständigen Erbringung dieser Aufgabe in der Lage oder im Gegenteil klar erkennbar die Zielerreichung nicht realisierbar ist (arg. § 19 Abs. 1, S. 1 SGB VIII: „solange"), endet die Hilfsmaßnahme.

Neben der Unterstützung bei der Persönlichkeitsentwicklung der Eltern sieht § 19 Abs. 2 SGB VIII weitergehend das Hinwirken des Trägers darauf vor, dass die Eltern eine schulische oder berufliche Ausbildung entweder aufnehmen oder fortführen. Verfügen sie bereits über eine **Berufsausbildung**, so soll die Aufnahme einer Erwerbstätigkeit unterstützt werden. Intention ist dabei, die Eltern in eine auch **wirtschaftliche Eigenständigkeit** zu bringen, als Bestandteil ihrer Persönlichkeitsentwicklung und der eigenverantwortlichen Pflege und Erziehung des Kindes.[150] Selbstverständlich ist dabei die Regelung in § 19 Abs. 3 SGB VIII, wonach in der Zeit des gemeinsamen Wohnens sowohl der Lebensunterhalt von Eltern[151] und Kind als auch die Krankenvorsorge im Sinn des § 40 SGB VIII sicherzustellen ist.   40

b) Betreuung und Versorgung des Kindes in Notsituationen (§ 20 SGB VIII)

Zur Vermeidung der **Fremdunterbringung** eines Kindes (vgl. § 7 Abs. 1 Nr. 1 SGB VIII) in Notsituationen sieht § 20 SGB VIII die Unterstützungspflicht des Jugendamts vor, wenn der überwiegend betreuende Elternteil – auch Stief- und Pflegeelternteil[152] – aus gesundheitlichen oder sonstigen zwingenden Gründen die bisherige Betreuung und Versorgung nicht mehr sicherstellen kann. Als sonstige Gründe im Sinne dieser Vorschrift gelten neben Auslandsaufenthalten insbesondere auch Fälle der Strafhaft.[153] Allein berufsbedingte Abwesenheiten genügen nicht. Insoweit sind die §§ 22 ff. SGB VIII vorrangig.   41

Voraussetzung für den Leistungseintritt ist darüber hinausgehend allerdings auch, dass die in § 20 Abs. 1 Nr. 1 – 3 SGB VIII genannten Einschränkungen nicht eingreifen. Dies bedeutet, dass der jeweils andere Elternteil aus beruflichen Gründen zur Übernahme der Versorgung außerstande ist, das Kindeswohl die konkrete Leistung erfordert und durch Inanspruchnahme von **Tageseinrichtungen** bzw. Kindertagespflege der **Versorgungsausfall** nicht ausgeglichen werden kann. In diesem Fall muss durch die Übernahme der Haushaltsführung und Betreuung bzw. Erziehung des Kindes die eingetretene Notsituation kompensiert werden.   42

Präzisiert werden die notwendigen Leistungen nach den Vorgaben von § 20 Abs. 2 SGB VIII, wenn ein allein erziehender Elternteil oder beide Elternteile aus gesundheitlichen oder sonstigen zwingenden Gründen ausfallen. In dieser Situation bedarf es einer Betreuung und Versorgung des Kindes im elterlichen Haushalt, wenn und solange es für das Kindeswohl erforderlich ist. Der nach § 86 SGB VIII örtlich zuständige Träger muss im Rahmen der „Soll-Vorschrift" die notwendigen – in der Regel ambulanten und damit kostenbeitragsfreien Leistungen[154] – sicherstellen, soweit nicht vorrangige Sozialleistungen in Anspruch genommen werden können, etwa aus § 42 SGB VII. Gleichzeitig wird dem Träger die Möglichkeit eröffnet, gegebenenfalls auch in Zusammenarbeit mit weiteren Familienangehörigen die Betreuung und Versorgung sicherzustellen, entsprechend dem **Wahlrecht** gem. § 5 SGB VIII.   43

c) Unterstützung bei der Erfüllung der Schulpflicht (§ 21 SGB VIII)

Von eher untergeordneter praktischer Bedeutung ist die Unterstützung von Kindeseltern durch die Jugendhilfe bei der Sicherstellung der regelmäßigen **Schulpflicht**. Leistungsadressaten sind allein Eltern, die berufsbedingt einen regelmäßigen Schulbesuch der Kinder nicht gewährleisten können. Betroffen sind hiervon primär Schausteller oder Binnenschiffer.   44

---

150 BVerwG, FamRZ 2003, 1099.
151 Leistungspflichten anderer Sozialleistungsträger bleiben davon allerdings unberührt, vgl. BT-Drucks 12/2866, S. 39.
152 *Münder/Meysen/Trenczek*, Frankfurter Kommentar SGB VIII, § 20 Rn 2.
153 *Münder/Wiesner/Meysen*, Kinder- und Jugendhilferecht, Kap. 3.3.3 Rn 15 mit weiteren Beispielen.
154 *Münder/Meysen/Trenczek*, Frankfurter Kommentar SGB VIII, § 91 Rn 13.

Die Jugendhilfe wird daher in pädagogischen und praktischen Fragen beratend und unterstützend tätig. Im Einzelfall kann gemäß Abs. 1 S. 2 eine Kostenübernahme für eine Unterbringung in einer geeigneten Wohnform[155] oder einem Internat in Erwägung gezogen werden. Voraussetzung ist dafür, dass eine Kostenübernahme durch die Eltern durch Einsatz eigenen Einkommens und Vermögens ausscheidet. Um den Abschluss einer **Schulausbildung** sicherzustellen, können sich gewährte Leistungen bis längstens zur Vollendung des 21. Lebensjahres erstrecken.

II. Das Hilfeplanverfahren

45   Für die in den §§ 27 bis 35, 35 a und 41 SGB VIII[156] normierten Hilfen sieht § 36 SGB VIII Regelungen zum Ablauf der diesen Hilfeleistungen zugrunde liegenden und auf den jeweiligen Einzelfall bezogenen Hilfeplanung sowie der an diesem Prozess zu beteiligenden Personen und Institutionen vor.[157]

Abgeschlossen wird das **Hilfeplanverfahren** durch die Entscheidung, ob und wie eine bestimmte Hilfeleistung erbracht wird. Gegen den insoweit ergehenden **Bewilligungsbescheid** ist der Widerspruch und für den Fall der Nichtabhilfe das verwaltungsgerichtliche Verfahren eröffnet. Ebenso unterliegt eine etwaige Weigerung des Jugendamts zur Durchführung einer Hilfeplanung der verwaltungsgerichtlichen Überprüfung. Diese kann im Wege der allgemeinen Leistungsklage (§ 40 Abs. 1 i.V.m. § 43 Abs. 2 S. 2 VwGO) durchgesetzt werden.

1. Beratung und Mitwirkung der Leistungsberechtigten

46   Hilfeleistungen nach den §§ 27 ff. SGB VIII setzen eine grundsätzliche Entscheidung des Berechtigten voraus, ob er diese Hilfen überhaupt in Anspruch nehmen möchte, da das – jederzeit widerrufliche[158] – Einverständnis des Leistungsberechtigten essentielle Voraussetzung jeder Hilfeleistung ist. Eine autonome Entscheidung, als Basis der Beteiligungsfähigkeit,[159] erfordert eine umfassende Information, die im Rahmen der nach § 36 Abs. 1 S. 1 SGB VIII statuierten Beratungs- und Hinweispflicht erlangt werden soll.[160] Danach ist das Jugendamt gehalten, sowohl dem Personensorgeberechtigten als auch dem Minderjährigen umfassend darzulegen, welche Hilfearten grundsätzlich in Betracht kommen und wie diese im Einzelnen erbracht werden. Neben der Darstellung zum Ablauf des Hilfeplanverfahrens selbst, ist den Personensorgeberechtigten zu erläutern, welche Auswirkungen die jeweiligen Hilfen – mit Blick auf die §§ 1688, 1630 Abs. 3 BGB – auf die Personensorge und die Entwicklung des Minderjährigen haben.[161] Ihnen sind zudem die möglichen Folgen einer **Vollzeitpflege**, insbesondere das Risiko des Erlasses einer Verbleibensanordnung nach § 1632 Abs. 4 BGB und die grundlegenden allgemeinen Aspekte des Trennungsrisikos[162] sowie den Möglichkeiten der Vermeidung dieser Probleme zu erläutern. Darzulegen ist auch, ob gegebenenfalls ein freier Träger ebenfalls Hilfeleistungen anbietet. Diese Hinweispflicht besteht aber nur, wenn im Bereich der konkreten Hilfe der freie Träger besser geeignet ist.[163] Gegebenenfalls bedarf es auch des Hinweises auf ausländerrechtliche Bezüge (z.B.

---

155 Zu den in Betracht kommenden Wohnmöglichkeiten vgl. *Münder/Wiesner/Meysen*, Kinder- und Jugendhilferecht, Kap. 3.3 Rn 22.
156 Siehe dazu *Lüders*, 25 Jahre § 41 SGB VIII und die jungen Erwachsenen – eine zwiespältige Bilanz, ZKJ 2015, 364.
157 Zur Beratung und Entscheidung im Hilfeplanverfahren und dem „Zusammenwirken mehrerer Fachkräfte" bei der Entscheidung über die Hilfe siehe *Langenohl*, JAmt 2015, 418.
158 *Kunkel/Kepert/Pattar*, SGB VIII, § 36 Rn 14.
159 *Urban*, ZKJ 2006, 126.
160 Zur detaillierten Darstellung der bei der Beratung zu erörternden Aspekte vgl. die Übersicht bei *Münder/Meysen/Trenczek*, Frankfurter Kommentar, § 36 Rn 11.
161 *Fricke*, ZfJ 1992, 509.
162 BVerfG FamRZ 1990, 487.
163 *Kunkel/Kepert/Pattar*, SGB VIII, § 36, Rn 6.

§ 55 Abs. 2 Nr. 6 AufenthG).[164] Sind die Beteiligten anwaltlich vertreten, so obliegt dem Jugendamt die Entscheidung darüber, ob dem bevollmächtigten Anwalt die Teilnahme an **Hilfeplangesprächen** zu gestatten ist.[165]

Die Einbeziehung nicht (mehr) sorgeberechtigter Eltern(teile), insbesondere nach einem **Sorgerechtsentzug**, in die zu führenden Gespräche, ist in § 36 SGB VIII nicht geregelt. Aus diesseitiger Sicht ist allerdings der in der Literatur[166] vertretenen Auffassung zuzustimmen, dass dies in bestimmten Fällen geboten sein kann, etwa zur Stützung der **Eltern-Kind-Beziehung** oder um bei den Eltern bestehende Ängste – etwa zum Wohlergehen des Kindes – abzubauen.

47

Ob es zur Inanspruchnahme der Hilfeleistung eines ausdrücklichen Antrages bedarf, ist streitig. Die herrschende Meinung bejaht dies.[167] Unabhängig von einer Antragstellung ist das Jugendamt in jedem Fall bei Kenntniserlangung von Umständen, die **Hilfen zur Erziehung** notwendig machen, nach § 18 Abs. 2 Nr. 1 SGB X zur Verfahrenseinleitung verpflichtet, einschließlich der **Sachverhaltsermittlung** gemäß § 20 Abs. 1 SGB X. Dies folgt, spätestens im Grenzbereich der **Kindeswohlgefährdung**, aus dem **staatlichen Wächteramt** des Art. 6 Abs. 2 S. 2 GG. Dies gilt insbesondere in Fällen, in denen zwingend indizierte Hilfeleistungen von den Eltern definitiv abgelehnt werden. In diesem Fall kann das Familiengericht die verweigerte Einwilligung ersetzen oder aber auch, bei in Rede stehenden langfristigen Hilfeleistungen, die Personensorge teilweise entziehen. Ist der Grenzbereich der Kindeswohlgefährdung noch nicht erreicht, so muss durch die zuständige Fachkraft entschieden werden, ob damit der Hilfeprozess beendet werden muss[168] oder aber durch weitere Beratung noch eine Akzeptanz durch die Eltern zu erreichen ist. Kann lediglich zwischen den personensorgeberechtigten Elternteilen kein Einvernehmen darüber erzielt werden, ob Hilfeleistungen in Anspruch zu nehmen sind, so bedarf es einer familiengerichtlichen Entscheidung nach § 1628 BGB (vgl. hierzu § 1 Rdn 116 ff.).

48

Personensorgeberechtigt im Sinn des § 36 SGB VIII können aber auch der **Vormund** oder **Pfleger** eines Minderjährigen sein, wenn der ihnen übertragene Aufgabenkreis das Recht der Beantragung von Hilfe zur Erziehung vorsieht. Wurde eine Amtsvormundschaft oder -pflegschaft eingerichtet, so bedarf es gegebenenfalls eines **Ergänzungspflegers**, wenn zwischen dem sog. Realpfleger oder Realvormund und dessen Dienstvorgesetztem kein Einvernehmen hinsichtlich der jeweiligen Hilfsmaßnahme erzielt werden kann.[169] Aber auch der Minderjährige selbst kann nach vollendetem 15. Lebensjahr die Einleitung der Hilfsmaßnahme initiieren mit Blick auf seine ab diesem Alter geltende **sozialrechtliche Handlungsfähigkeit** gemäß § 11 SGB X. Wird seitens des Minderjährigen der Wunsch auf eine eigene Beratung – in Abwesenheit der Eltern – geltend gemacht, so ist diesem Wunsch zu folgen, wenn dadurch der Beratungszweck nicht vereitelt wird.[170]

49

Steht eine Hilfe in Rede, die außerhalb der Herkunftsfamilie zu erbringen ist, so sind sowohl die Personensorgeberechtigten als auch der Minderjährige an der Entscheidung zur Auswahl der Einrichtung zu beteiligen. Das in § 36 Abs. 1 S. 4 SGB VIII ausdrücklich statuierte **Wunsch- und Wahlrecht** hat in diesem Zusammenhang besondere Bedeutung, weswegen Eltern und Minderjährige auf diesen Rechtsanspruch ausdrücklich hinzuweisen sind. Beteiligung bedeutet hier, dass sie die Möglichkeit haben, Vorschläge sowohl zur Gestaltung der Hilfe als auch zu den Einrichtungen, in denen die Hilfeleistung erfolgen soll, zu machen.[171] Eingeschränkt wird diese Entscheidungsbeteiligung zunächst durch die Vorgaben in § 36 Abs. 1 S. 4 SGB VIII, wonach keine unverhältnis-

50

---

164 *Kunkel*, ZfJ 1993, 334.
165 DIJuF, JAmt 2006, 23.
166 VG Saarland JAmt 2014, 328; *Münder/Meysen/Trenczek*, Frankfurter Kommentar SGB VIII, § 36 Rn 29.
167 BVerwG ZfJ 2001, 310; BVerwG JAmt 2008, 600.
168 Vgl. hierzu BayVGH JAmt 2005, 362, wonach das Einfordern der Leistung ausgeschlossen ist bei vollständiger Verweigerung zur Mitarbeit im Hilfeplanverfahren.
169 *Mrozynski*, ZfJ 1999, 413.
170 VGH Hessen JAmt 2008, 327; *Wiesner*, SGB VIII, § 36 Rn 18.
171 *Münder*, ZfJ 1992, 481; *Kunkel*, JHilfe 1995, 348.

mäßigen Mehrkosten entstehen dürfen. Darunter versteht man Kosten, die im überörtlichen Vergleich über dem Durchschnitt liegen und bei wertender Betrachtung auch nicht mehr in angemessenem Verhältnis zur Bedeutung des Wunsches stehen.[172] Eine weitere Einschränkung folgt aus § 36 Abs. 1 S. 5 SGB VIII. Richtet sich der Wunsch danach auf Durchführung der Hilfe in einer Einrichtung, mit deren Träger keine Vereinbarung zur Übernahme des Leistungsentgelts gem. § 78b SGB VIII besteht, so ist dem Wunsch nur zu folgen, wenn die Leistungserbringung gerade in dieser Einrichtung geboten ist.[173] Wünsche zur Gestaltung der Hilfeleistung werden außerdem eingeschränkt, wenn ihre Realisierung den Zielsetzungen der Hilfeplanung zuwiderliefe.[174]

51 Die Beratungspflicht erstreckt sich nach § 36 Abs. 1 S. 2 SGB VIII auch darauf, dass im Rahmen langfristig zu leistender Hilfen eine **Adoption** des Minderjährigen, etwa durch die **Pflegefamilie**,[175] in Erwägung gezogen werden kann. Hierbei muss im Rahmen der Hilfeplanung bereits ersichtlich sein, dass eine langfristige Hilfe in Rede steht, d.h. von einer Rückkehr in die originäre Familie voraussichtlich nicht ausgegangen werden kann[176] bzw. im Einzelfall die Voraussetzungen für eine familiengerichtliche Entscheidung nach § 1748 BGB bestünden.[177] Ist die Möglichkeit einer Adoption real, so bedarf es zur weitergehenden Prüfung gemäß § 36 Abs. 2 S. 1 SGB VIII nicht nur des Zusammenwirkens mehrerer Fachkräfte, sondern auch der Hinzuziehung einer Fachkraft aus der Adoptionsvermittlung.[178]

2. Der Hilfeplan

52 Kann im jeweils zu bewertenden Einzelfall abgeschätzt werden, dass eine Hilfe für längere Zeit zu leisten ist, so soll gemäß § 36 Abs. 2 S. 1 SGB VIII zur Abgabe eines fachlichen Votums die Entscheidung über die konkret zu wählende Hilfeart im Zusammenwirken mehrerer Fachkräfte erfolgen.[179] Als Maßstab für das Merkmal der „längeren Zeit" wird nach h.M. auf einen Zeitrahmen von mehr als 6 Monaten abgestellt.[180] Aus diesseitiger Sicht erscheint es aber zutreffend, weniger die tatsächliche Zeit als vielmehr das Alter des Kindes und sein Zeitempfinden in den Vordergrund zu stellen.[181] Die hierbei im Zusammenwirken der Fachkräfte zu treffende Entscheidung betrifft allein die Frage, welche Hilfeart in Betracht kommt. Davon unberührt bleibt die Alleinverantwortlichkeit der mit dem Sachverhalt originär befassten Fachkraft über die grundsätzliche Frage, ob Hilfe zur Erziehung einzuleiten ist. Ihr obliegt auch die Verantwortung für die Organisation und Koordination der Hilfeplanung.

53 Im Zentrum des Hilfeplanverfahrens steht der schriftlich zu fixierende **Hilfeplan** selbst, der allerdings kontinuierlich der jeweiligen Entwicklung der Hilfeleistung anzupassen und zu aktualisieren ist.[182] Dabei sind Anpassungen zu Beginn einer Hilfeleistung in kürzeren Zeitabständen vorzunehmen, als bei einer bereits längerfristig laufenden Hilfe. Auf dem Hilfeplan basiert die Entscheidung zu der jeweils indizierten Hilfeleistung. Er enthält u.a. Aussagen darüber, welcher erzieherische Bedarf besteht, welche Hilfeart geeignet und notwendig ist, welche Hilfen bereits erbracht wurden und welcher Fachkraft die Koordination der Hilfe obliegt.[183] Für das familien-

---

172 OVG Sachsen, Beschl. v. 3.4.2009 – 1 B 80/09, juris; *Kunkel/Kepert/Pattar*, SGB VIII, § 36 Rn 27.
173 BayVGH JAmt 2005, 362 zur Internatsunterbringung in Schottland.
174 VGH Hessen JAmt 2008, 327.
175 BVerfG FamRZ 1989, 31.
176 *Salgo*, ZfJ 2004, 410.
177 DIJuF, JAmt 2009, 174.
178 *Röchling*, ZfJ 2004, 257; *Salgo*, ZfJ 2004, 410.
179 *Ollmann*, ZfJ 1995, 45.
180 *Kunkel/Kepert/Pattar*, SGB VIII, § 36 Rn 25 m.w.N.
181 *Wiesner*, § 36 Rn 50.
182 BayVGH, Beschl. v. 26.1.2000 – 12 CE 98.2493, juris.
183 Zur detaillierten Darstellung des Inhaltes eines Hilfeplans vgl. die Übersichten bei *Wiesner*, SGB VIII, § 36 Rn 74 sowie *Münder/Meysen/Trenczek*, Frankfurter Kommentar SGB VIII, § 36 Rn 51.

gerichtliche Verfahren besitzt der Hilfeplan besondere Bedeutung in Verfahren nach § 1666 BGB zur Dokumentation bereits erbrachter Hilfen und der Begründung der Notwendigkeit sorgerechtlicher Regelungen. Ebenso kommt dem Hilfeplan aber auch Bedeutung zu, wenn es um die Überprüfung gerichtlicher Entscheidungen geht.[184] Im Zuge der Unterrichtung des Familiengerichts durch das Jugendamt gem. § 8a SGB VIII oder der Mitwirkung nach § 50 Abs. 2 SGB VIII ist daher auch der Hilfeplan vorzulegen.

In die **Hilfeplanerstellung** muss der Leistungsberechtigte einbezogen werden. Dies sind – je nach Art der Hilfeleistung – die Personensorgeberechtigten und das Kind bzw. der Jugendliche. Gerade bezüglich des Minderjährigen ist eine eigenständige Einbeziehung in die Hilfeplanung von erheblicher Bedeutung, da nur so der persönliche Kontakt zu der Fachkraft und damit eine eigene Hilfebeziehung hergestellt werden kann[185] bzw. auch nur so der erzieherische Bedarf des Minderjährigen festgestellt werden kann.[186] Wurde dem Leistungsberechtigten keine Gelegenheit zur Mitwirkung gegeben, so ist eine Hilfegewährung nur dann formell rechtmäßig, wenn der Berechtigte auf eine Mitwirkung verzichtet hat. Bei Verletzung dieser Beteiligungsrechte kann der korrespondierende Rechtsanspruch klageweise geltend gemacht werden. Wird ein Hilfeplan überhaupt nicht erstellt, so ist dies zwar ein Verstoß gegen das Verfahrensrecht, doch hat dies keine Auswirkung auf die Rechtswirksamkeit der bewilligten Hilfeleistung.[187] In jedem Fall ist allerdings die Hilfeplanung umgehend nachzuholen.

54

§ 36 Abs. 2 S. 3 SGB VIII sieht ferner die Beteiligung weiterer Adressaten vor, wenn sie bei der Durchführung der Hilfe tätig sind. Genannt werden insoweit „andere Personen", d.h. Fachkräfte, die nicht bereits im Zusammenhang mit der Hilfeplanerstellung tätig geworden sind, aber im Zuge der Hilfeleistung künftig tätig werden, Dienste oder Einrichtungen. Stehen Maßnahmen der beruflichen Eingliederung in Rede, so sind als zuständige Stellen etwa die **ARGE** oder die **Agentur für Arbeit** zu beteiligen. Von ihnen sind bei der Erstellung des Hilfeplans konkrete Vorschläge zu unterbreiten hinsichtlich der geeigneten und notwendigen Maßnahmen der **beruflichen Eingliederung**, wobei allerdings das Jugendamt die abschließende Steuerungsverantwortung hat. Zielsetzung dieser umfassenden Beteiligung ist die Qualifizierung und Spezifizierung des Hilfeplans,[188] um die bestmögliche Form der Hilfe zu gewährleisten.

55

In Fällen der **Eingliederungshilfe** nach § 35a SGB VIII soll zusätzlich ein Arzt oder Psychotherapeut, der die nach dieser Vorschrift vorgesehene Stellungnahme abgegeben hat, sowohl an der Hilfeplanerstellung als auch an der Durchführung der Hilfe beteiligt sein. Mit der konkreten Wortwahl („soll") bringt der Gesetzgeber allerdings zum Ausdruck, dass dem Jugendamt bei der Entscheidung, ob eine solche Stellungnahme eingeholt wird, ein Ermessen zukommt.

56

Letztlich sieht § 36 Abs. 4 SGB VIII vor, dass bei Hilfen, die ganz oder teilweise im **Ausland** erbracht werden, durch die wertende Stellungnahme eines Angehörigen der in § 35a Abs. 1a SGB VIII genannten Berufsgruppen ausgeschlossen werden soll, dass der betroffene Minderjährige unter einer seelischen Störung mit Krankheitswert leidet und damit für ihn im Ergebnis eine ungeeignete Hilfe geleistet würde, es sei denn, es kann eine angemessene medizinische Versorgung auch im Ausland gewährleistet werden.[189]

57

---

184 AG Kamen FamRZ 1995, 953.
185 BGH JAmt 2005, 35.
186 OLG Stuttgart JAmt 2003, 592.
187 BVerwG FamRZ 2000, 286.
188 *Wiesner*, § 36 Rn 52.
189 *Wiesner*, § 36 Rn 62.

III. Hilfe zur Erziehung

1. Grundsätze der Hilfe zur Erziehung (§ 27 SGB VIII)

a) Leistungsberechtigte

58 § 27 SGB VIII sieht eine **Hilfe zur Erziehung**[190] vor, wobei die Anzahl der in Anspruch genommenen erzieherischen Hilfen kontinuierlich steigend ist. Im Jahr 2013 wurde für rund 520.000 Kinder, Jugendliche und junge Erwachsene in Deutschland eine erzieherische Hilfe begonnen. Dies bedeutete gegenüber dem Vorjahr eine Steigerung von 0,6 Prozent.[191] Begründet wird durch diese Form der Hilfe ein individueller und zwingender Rechtsanspruch[192] des Personensorgeberechtigten auf erzieherische Hilfen,[193] die sowohl von einem Träger der öffentlichen Jugendhilfe als auch einem Träger der freien Jugendhilfe erbracht werden können.[194] Gegen den erklärten Willen eines Personensorgeberechtigten sind jugendhilferechtliche Maßnahmen nur im Rahmen der Voraussetzungen der §§ 8a, 42 SGB VIII möglich.[195] Personensorgeberechtigt in diesem Sinne ist nach § 7 Abs. 1 Nr. 5 SGB VIII, wem nach den Vorgaben des BGB allein oder gemeinsam mit einer anderen Person die Personensorge zusteht. Soweit danach primär die leiblichen Eltern eines Kindes begünstigt sind, bedarf es auch einer einheitlichen Entscheidung ihrerseits, ob eine Hilfe in Anspruch genommen wird, da die Annahme der Leistung zur Disposition der Berechtigten steht.[196] Eine mangelnde Konsensbildung steht der rechtmäßigen Gewährung einer Hilfe zur Erziehung entgegen. Diese Problematik verschärft sich insbesondere bei getrennt lebenden Eltern und der Beurteilung, ob Leistungen nach §§ 27, 28 SGB VIII als **Alltagsangelegenheit** gem. § 1687 Abs. 1 S. 2 BGB bewertet werden können.[197] Davon dürfte wohl nur bei niedrigschwelligen Hilfsangeboten, die keine intensiven Eingriffe in die Sphäre des Kindes intendieren, auszugehen sein. Für darüber hinausgehende Maßnahmen bedarf es der Zustimmung beider Elternteile. Wird diese Zustimmung von einem Elternteil versagt und folgt hieraus möglicherweise eine Gefahr für das Kindeswohl, so ist das Jugendamt gem. § 8a Abs. 2 S. 1 SGB VIII zur Einholung einer familiengerichtlichen Entscheidung gehalten,[198] soweit nicht durch den der Hilfemaßnahme zustimmenden Elternteil ohnehin eine gerichtliche Entscheidung nach § 1628 BGB herbeigeführt wird.

59 Anders als der **Vormund** eines Kindes, dem die gesamte elterliche Sorge übertragen wurde, kann eine **Pflegeperson** im Fall der außerfamiliären Unterbringung des Kindes keinen Leistungsanspruch geltend machen.[199] Im Fall der Pflegerbestellung muss danach differenziert werden, welche Teilbereiche der elterlichen Sorge übertragen wurden, d.h. ob hiervon auch das Recht zur Geltendmachung von Leistungen der Hilfe zur Erziehung und der Mitwirkung am Hilfeplanprozess umfasst sind.[200] Unabhängig allerdings auch davon, ob Pfleger oder Vormund des Kindes dessen erzieherischen Bedarf decken können, führt dies nicht dazu, dass der Anspruch nach § 27 SGB VIII entfällt, da unverändert entscheidend ist, ob der originär Pflichtige, d.h. die Eltern, die gebotene Erziehung gewährleisten könnte.[201]

---

190 *Wabnitz*, ZKJ 2013, 108 ff. (Teil 1), 157 ff. (Teil 2), 199 ff. (Teil 3), 281 (Teil 4), 336 (Teil 5) zum 14. Kinder- und Jugendbericht; *Binder/Bürger*, Die Inanspruchnahme von Hilfen zur Erziehung durch Kinder psychisch kranker Eltern, ZKJ 2014, 4.
191 Pressemitteilung des Statistischen Bundesamtes vom 18.12.2014, ZKJ 2015, 49.
192 *Wiesner*, § 27 Rn 3.
193 *Wabnitz*, Weiterentwicklung und Steuerung der Hilfen zur Erziehung, ZkJ 2014, 277.
194 Vgl. zu der Wechselwirkung zwischen dem Aufwachsen in spezifischen Lebenslagen und der Inanspruchnahme erzieherischer Hilfen *Binder/Bürger*, ZKJ 2013, 320.
195 VG Saarland ZKJ 2015, 87.
196 OVG Nordrhein-Westfalen NJW 2003, 1409.
197 Bundeskonferenz für Erziehungsberatung, ZKJ 2012, 483.
198 *Münder/Meysen/Trenczek*, Frankfurter Kommentar SGB VIII, § 27 Rn 35.
199 DIJuF, JAmt 2004, 185; OVG Lüneburg FamRZ 2009, 1360.
200 BVerwG ZfJ 2002, 30; OVG Nordrhein-Westfalen NJW 2003, 1409; BayVGH FEVS 57, 526.
201 OVG Niedersachsen DÖV 1993, 212.

Umstritten ist die Frage, ob das minderjährige Kind selbst Leistungen nach § 27 SGB VIII geltend **60**
machen kann, wenn hierzu seitens der Personensorgeberechtigten eine abweichende Haltung vertreten wird und noch nicht die Eingriffsschwelle des § 1666 BGB erreicht ist. In Anlehnung an die Rechtsprechung des BVerfG[202] wird u.a. die Auffassung vertreten, dass in diesem Fall dem Kind ein **Verfahrensbeistand** zu bestellen sein soll, dieser jedoch bei fortdauernder Verweigerung der Eltern ebenfalls nicht die Leistungsgewährung erreichen könne. Es stellt sich dann allerdings die Frage, ob eine solche unbeirrbare Verweigerungshaltung der Eltern – bei einem tatsächlich bereits bestehenden **Erziehungsbedarf** – nicht eine eintretende Schädigung des Kindeswohls mit Sicherheit voraussehen lässt und damit das Jugendamt berechtigt ist, gem. § 8a Abs. 2 SGB VIII eine familiengerichtliche Entscheidung einzuholen.[203] Wird auf Veranlassung des Jugendamts ein gerichtliches Verfahren eingeleitet, so ist dem Kind entsprechend den verfassungsgerichtlichen Vorgaben[204] frühzeitig ein Verfahrensbeistand zu bestellen, der dann bereits auch schon im Rahmen der Hilfeplanung auf den weiteren Verfahrensablauf Einfluss nehmen kann.[205]

Zur Geltendmachung der Hilfe zur Erziehung bedarf es nach h.M. keines förmlichen Antrags.[206] **61**
Es genügt, dass der Berechtigte positiv zum Ausdruck bringt, dass er mit der Inanspruchnahme der Leistung einverstanden ist.[207] Erfolgt die Hilfe zur Erziehung gegen den Willen der Personensorgeberechtigten, so rechtfertigt die dann rechtswidrige Maßnahme keine Kostenbelastung der Eltern.[208] Gleichwohl ist allerdings das Jugendamt – im Rahmen einer strafrechtlichen **Garantenstellung**[209] – verpflichtet, Hilfeleistungen anzubieten und nicht erst eine Antragstellung abzuwarten.[210]

b) Voraussetzungen der Hilfe zur Erziehung

Ein Anspruch auf Hilfe zur Erziehung besteht, wenn eine dem Wohl des Kindes oder Jugendlichen **62**
entsprechende Erziehungsleistung durch die Personensorgeberechtigten nicht gewährleistet wird und gerade[211] die Hilfe für seine Entwicklung geeignet und notwendig ist. Mängel im schulischen oder sozialen Umfeld werden von § 27 SGB VIII nicht erfasst.[212] Obwohl der Begriff des **Kindeswohls** an die familienrechtlichen Definitionen anknüpft, gilt für § 27 SGB VIII nicht die hohe Eingriffsschwelle des § 1666 BGB,[213] da durch die präventive Wirkung dieser Hilfe gerade der Gefährdung im Sinn des § 1666 BGB vorgebeugt werden soll. Dabei folgt aus der dem Kindeswohl nicht entsprechenden Erziehung der für die Hilfe zur Erziehung notwendige erzieherische Bedarf. Bei der näheren Bestimmung, ob eine Erziehung dem Wohl des Kindes gerecht wird, geht die Rechtsprechung von einer sog. **quantitativen Betrachtung** aus.[214] Entscheidend ist danach, ob bei dem unmittelbar betroffenen Kind Bedingungen nicht gegeben sind, wie sie für einen wesentlichen Teil anderer Kinder und Jugendlicher existieren.

---

202 BVerfG FamRZ 1999, 85.
203 Vgl. hierzu *Coester*, FamRZ 1991, 256, der in Ausgestaltung des staatlichen Wächteramts, dem Minderjährigen einen Rechtsanspruch auf Jugendhilfeleistungen zuerkennt.
204 BVerfG FamRZ 1999, 85.
205 *Wiesner*, SGB VIII, § 27 Rn 9; siehe zur Datenerhebung durch und Datenübermittlung des Jugendamts an den Verfahrensbeistand DIJuF-Rechtsgutachen JAmt 2014, 444; *Morat/Kramer*, Verfahrensbeistandschaft und Datenschutz, ZKJ 2014, 139).
206 Zu der abw. Rechtsprechung BVerwG FamRZ 2001, 1452 vgl. die zutr. Ausführungen in *Wiesner*, SGB VIII, § 27 Rn 26.
207 VG Darmstadt NWwZ-RR 2010, 930.
208 VG Arnsberg FamRZ 1997, 1374; VG Schleswig-Holstein DAVorm 1994, 522.
209 OLG Düsseldorf ZfJ 2000, 309.
210 *Kunkel*, Das Jugendamt als Amtsvormund, FamRZ 2015, 901.
211 *Kunkel*, ZfJ 1998, 205; *Lakies*, ZfJ 1996, 451.
212 *Kunkel/Kepert/Pattar*, SGB VIII, § 27 Rn 3 f.
213 BT-Drucks 11/5948, S. 68.
214 BVerwG FamRZ 1993, 955.

63 Allein der danach bestehende erzieherische Bedarf genügt jedoch nicht, um den Leistungsanspruch zu begründen. Erforderlich ist zudem, dass die in Rede stehende Hilfe geeignet und auch notwendig ist, um den Bedarf abzudecken. Geeignet ist eine **sozialpädagogische Hilfe**, wenn sie voraussichtlich das bestehende Erziehungsdefizit vollständig beseitigen oder zumindest positiv beeinflussen kann. Hiervon kann nicht ausgegangen werden, wenn auf Seiten der Personensorgeberechtigten keine Mitwirkungsbereitschaft besteht.[215] Notwendig ist die Hilfe, wenn das bestehende Defizit nicht durch niederschwelligere Maßnahmen beeinflusst werden kann, auch wenn diese gegebenenfalls kostengünstiger wären.

64 § 27 Abs. 2a SGB VIII sieht eine Regelung für den Fall vor, dass sich der Minderjährige im Haushalt einer anderen unterhaltspflichtigen Person aufhält. Hiervon betroffen sind primär Großeltern bzw. Urgroßeltern des Kindes, nicht jedoch jene Fälle, in denen ein nichtsorgeberechtigter Elternteil das Kind bei sich aufnimmt.[216] Kann im Haushalt der (Ur)Großeltern der Erziehungsbedarf des Minderjährigen sichergestellt werden, so bleibt das Recht des Personensorgeberechtigten unberührt, Hilfe zur Erziehung in Vollzeitpflege geltend zu machen. Dass die tatsächlich betreuenden (Ur)Großeltern gegenüber dem Minderjährigen unterhaltspflichtig sind, erlangt in der Form Bedeutung, als das Jugendamt gem. § 39 Abs. 4 S. 4 SGB VIII das Pflegegeld hinsichtlich des die Sachaufwendungen umfassenden Teils kürzen kann. Großeltern können gegenüber dem Träger der Jugendhilfe einen Anspruch auf Übernahme der Aufwendungen für die Vollzeitpflege von Enkelkindern (§ 27 Abs. 1, § 33 Abs. 1 SGB VIII) haben; dies gilt auch dann, wenn sie das Jugendamt nicht ernsthaft vor die Alternative stellen, für ihre Entlohnung zu sorgen oder auf ihre Betreuungsdienste zu verzichten.[217] Steht eine Vollzeitpflege für **unbegleitete minderjährige Flüchtlinge** bei Verwandten in Rede, so stellen sich besondere jugendhilfe- und aufenthaltsrechtliche Fragen.[218]

65 Einer uneingeschränkten verwaltungsgerichtlichen Kontrolle unterliegt lediglich die Frage, ob seitens des Jugendamts die tatbestandlichen Voraussetzungen von § 27 SGB VIII zutreffend bejaht wurden. Ob im Übrigen eine Hilfe geeignet und notwendig ist, wurde bislang als lediglich eingeschränkt im verwaltungsgerichtlichen Verfahren überprüfbar angesehen,[219] ebenso die Entscheidung des Jugendhilfeträgers bezüglich der jeweils gewählten Hilfe.[220] Vor dem Hintergrund der verfassungsgerichtlichen Rechtsprechung[221] hat diese Diskussion eine neue Grundlage erlangt, da gerade in Fällen der Rückführung eines Kindes in den elterlichen Haushalt oder der Vermeidung einer solchen Fremdplatzierung gesteigerte Hilfeansprüche nach §§ 27 ff. SGB VIII bestehen, die im Verwaltungsrechtsweg durchzusetzen sind (Antragsmuster hierzu vgl. § 13 Rdn 70), sollte eine entsprechende Hilfeleistung behördlicherseits verweigert werden (vgl. hierzu auch Rdn 32).[222]

c) Rechtliche Folgen

66 Wird eine Hilfe zur Erziehung gewährt, so muss sich die jeweilige Leistung stringent an dem konkreten Sachverhalt orientieren und soweit wie möglich auch das soziale Umfeld einbeziehen. Neben einem **Hilfeplan** bedarf es einer **sozialpädagogischen Diagnose**, so dass der erzieherische Bedarf individuell ermittelt werden kann. Soweit der Gesetzestext auf die Möglichkeiten der §§ 28 bis 35 SGB VIII verweist, ist dies keine abschließende Darstellung der potentiellen Hilfeleistungen. Neben der parallelen Anwendung verschiedener Hilfen[223] kommt ebenso ein Wechsel der Hilfsmöglichkeiten in Betracht, wenn sichergestellt ist, dass diese Vorgehensweise die für den

---

215 Weitere Beispiele für eine mangelnde Eignung vgl. in *Kunkel/Kepert/Pattar*, SGB VIII, § 27 Rn 8 f.
216 *Wiesner*, SGB VIII, § 27 Rn 26 b.
217 BVerwG FamRZ 2015, 659.
218 Siehe dazu eingehend DIJuf-Rechtsgutachten JAmt 2016, 251 und 253.
219 BVerwG FamRZ 2000, 286; BayVGH JAmt 2004, 545.
220 *Ollmann*, ZfJ 1995, 45; *Hinrichs*, JAmt 2006, 377.
221 BVerfG FamRZ 2014, 1266.
222 Vgl. hierzu auch *Schmidt*, Anordnung von SGB VIII-Leistungen: Verpflichtung des Jugendamts durch das Familiengericht?, FamRZ 2015, 1158.
223 OVG Rheinland-Pfalz FEVS 56, 420.

spezifischen Einzelfall maßgerechte Lösung darstellt.²²⁴ Auch wenn es keine Rangfolge zwischen den jeweils in Betracht kommenden Hilfsmöglichkeiten gibt, versteht sich von selbst, dass eine intensiver eingreifende Hilfe erst in Betracht kommt, wenn eine weniger einschneidende Maßnahme nicht ausreichend ist, um den erzieherischen Bedarf zu decken.²²⁵ Zu beachten ist in diesem Zusammenhang allerdings das dem Anspruchsberechtigten zustehende **Wunsch- und Wahlrecht** gemäß § 5 SGB VIII, das sich in diesem Fall allerdings nur auf die Wahl des Leistungsträgers und die konkrete Ausführung der Hilfeleistung erstreckt.²²⁶

Nach § 27 Abs. 2 S. 3 SGB VIII kann eine Hilfe auch im **Ausland** erbracht werden,²²⁷ wenn dies nach Maßgabe eines Hilfeplans zur Erreichung des Hilfeziels im Einzelfall erforderlich ist. In Ausgestaltung des Hilfeplans bedarf es dann gegebenenfalls der Stellungnahme einer der in § 35a Abs. 1a S. 1 SGB VIII genannten Personen, d.h. etwa eines Arztes für Kinder- und Jugendpsychiatrie, um eine seelische Störung mit Krankheitswert bei dem betroffenen Minderjährigen auszuschließen. In jedem Fall muss sichergestellt werden, dass die Maßnahmen im Ausland allein von ausreichend qualifizierten Fachkräften im Sinne des § 72 Abs. 1 SGB VIII begleitet werden, wobei prinzipiell auch nur anerkannte Träger der Jugendhilfe oder Einrichtungen, die der Aufsicht der zuständigen Landesbehörden unterliegen, diese Maßnahmen durchführen sollen.²²⁸ 67

Nach § 27 Abs. 3 SGB VIII umfasst die Hilfeleistung primär pädagogische und damit verbundene therapeutische Leistungen. Unter der Vorgabe, dass eine **Berufsausbildung** essentieller Bestandteil einer eigenverantwortlichen Persönlichkeit ist, ist im Bedarfsfall auch eine Ausbildungs- oder Beschäftigungsmaßnahme gemäß § 13 Abs. 2 SGB VIII im Rahmen der Hilfeleistung anzubieten, wobei die Leistungen nach dem SGB VIII jenen des SGB II vorgehen, soweit nicht Leistungen nach §§ 3 Abs. 2 und 14 bis 16 SGB II in Rede stehen. 68

Erst nachträglich eingefügt wurde die nach § 27 Abs. 4 SGB VIII vorgesehene Hilfe für minderjährige Mütter, um zu verhindern, dass für sie bedingt durch die Geburt des Kindes nur die Inanspruchnahme von Leistungen nach § 19 SGB VIII in Betracht kommt. 69

Werden im Rahmen der Hilfe zur Erziehung stationäre oder teilstationäre Leistungen außerhalb des Elternhauses wahrgenommen, so kommt eine Heranziehung sowohl des Minderjährigen als auch seiner Eltern zu den Kosten gem. § 91 Abs. 1 Nr. 5, Abs. 2 Nr. 2 SGB VIII in Betracht. Gleichzeitig ist zu beachten, dass der Träger der Jugendhilfe die Kosten der Hilfe nur dann trägt, wenn die jeweilige Hilfsmaßnahme auf seiner Entscheidung entsprechend den Vorgaben des Hilfeplans beruht.²²⁹ 70

2. Die jeweiligen Hilfearten

a) Erziehungsberatung (§ 28 SGB VIII)

Durch ein ambulantes und damit kostenfreies²³⁰ Beratungs- und Therapieangebot²³¹ sollen individuelle sowie familienbezogene Probleme geklärt und bewältigt werden.²³² Die **Erziehungs-** 71

---

224 BVerwG FamRZ 2003, 1099.
225 *Münder/Meysen/Trenczek*, Frankfurter Kommentar SGB VIII, § 27 Rn 20; zu den Besonderheiten bei einer freiheitsentziehenden Unterbringung in Einrichtungen der Kinder- und Jugendhilfe vgl. *Hoffmann*, FamRZ 2013, 1346.
226 *Wiesner*, SGB VIII, § 27 Rn 14 m.w.N.
227 Siehe dazu auch *Eschelbach/Rölke*, Vollzeitpflege im Ausland – Aufgaben der deutschen Jugendämter, JAmt 2014, 494.
228 *Kunkel/Kepert/Pattar*, SGB VIII, § 27 Rn 33.
229 *Münder/Meysen/Trenczek*, Frankfurter Kommentar, § 27 Rn 45.
230 BR-Drucks 712/04.
231 Siehe dazu *Menne*, Beratung oder Behandlung?, ZKJ 2014, 414; *Maas*, Zfj 1995, 387; *Struck*, ZFJ 1994, 74.
232 Siehe auch *Menne*, Erziehungsberatung als Jugendhilfeleistung, ZKJ 2015, 345; *Urbanek*, Flüchtlingsarbeit in der Erziehungsberatung: Anforderungen an Berater/innen und Team, ZKJ 2016, 250.

beratung geht also in Abgrenzung zu § 16 SGB VIII über eine rein präventive Tätigkeit hinaus.[233] Die Leistung richtet sich an Minderjährige, junge Volljährige, Eltern und Erziehungsberechtigte, d.h. abweichend von § 17 SGB VIII erstreckt sich die Beratung nicht nur auf die Eltern. Dass in die Beratung und Therapie die gesamte Lebenssituation der Familie einbezogen werden soll, bringt der Gesetzestext durch den Verweis auf die „zugrunde liegenden Faktoren" zum Ausdruck.[234] Zielsetzung ist die Klärung und Bewältigung von Erziehungsfragen sowie Problemen im Zusammenhang mit Trennung und Scheidung. Im Blickpunkt können dabei schulische oder berufliche Problem ebenso stehen wie **Verhaltensauffälligkeiten** von Kindern und Jugendlichen, Belastungen sowohl der Kinder als auch der Eltern durch die familiäre Situation oder Erziehungsdefizite der Eltern.

72 Sowohl Erziehungsberatungsstellen als auch sonstige Beratungsdienste können die jeweiligen Leistungen anbieten. Entscheidend ist allerdings, dass sie in der Lage sein müssen, ein multidisziplinäres Fachteam bereitzustellen,[235] das aus mindestens 3 Beratungsfachkräften bestehen sollte, die etwa den Fachbereichen der Psychologie oder der Sozialpädagogik zugeordnet sind. Darüber hinaus sollten aber auch Mediziner und Juristen einbezogen sein. Durch diese multidisziplinäre Besetzung soll sichergestellt werden, dass durch das Zusammenwirken der unterschiedlichen methodischen Ansätze die bestmögliche Hilfestellung gewährleistet werden kann.

73 Die Erziehungsberatung richtet sich zunächst auf die Klärung von Problemen, d.h. die jeweilige Lebenssituation wird in ihrem Kontext zu den familiären und sozialen Beziehungen beleuchtet.[236] Sodann soll sich die Beratung auf die Problembewältigung beziehen. Durch das Erkennen von problemursächlichen Faktoren soll die Möglichkeit der Veränderung und Verbesserung geschaffen werden, etwa auch durch die Inanspruchnahme weitergehender therapeutischer Hilfen. Geprägt ist die Erziehungsberatung durch einen sog. „niederschwelligen" Zugang,[237] d.h. das ohne weitere Formalitäten eröffnete Leistungsangebot. Hiermit korrespondiert auch die Tatsache, dass eine **Hilfeplanung** gem. § 36 SGB VIII in der Regel nicht erfolgt, da die Erziehungsberatung auf einen kürzeren Zeitrahmen angelegt ist und damit die üblicherweise zur Notwendigkeit einer Hilfeplanung erforderliche Anzahl von Beratungskontakten nicht erreicht wird.[238]

74 Die in die Beratung einbezogenen Fachkräfte (im Sinne des § 72 SGB VIII) unterliegen bei der Weitergabe ermittelter Sozialdaten den Vorgaben des Datenschutzes nach §§ 64, 65 SGB VIII, da die Vertraulichkeit essentielle Voraussetzung der Beratung ist.[239]

b) Soziale Gruppenarbeit (§ 29 SGB VIII)

75 Zielrichtung dieser nach § 90 SGB VIII kostenfreien Hilfeleistung ist es, orientiert an einem gruppenpädagogischen Konzept älteren Kindern und Jugendlichen bei der Lösung von Entwicklungsstörungen und Verhaltensauffälligkeiten Unterstützung zu geben,[240] um auf diesem Weg ihre sozialen Kompetenzen und Fähigkeiten zur Bewältigung von Konflikten zu verbessern. Während der Begriff des Jugendlichen in § 7 Abs. 1 Nr. 2 SGB VIII definiert wird, ist hinsichtlich des „älteren Kindes" dessen Einsichts- und Urteilsfähigkeit maßgebend.[241]

---

233 Vgl. hierzu auch umfassend *Menne*, ZKJ 2015, 345.
234 BT-Drucks 11/6002, S. 6.
235 BT-Drucks 10/6730, S. 39.
236 *Menne*, ZfJ 1995, 482.
237 BT-Drucks 11/5948, S. 69.
238 *Kunkel/Kepert/Pattar*, SGB VIII, § 28 Rn 18.
239 BVerfG NJW 1997, 2119. Zu den Möglichkeiten und Grenzen der professionellen Kommunikation in der Familiengerichtsbarkeit mit Blick auf Verschwiegenheitspflicht und Datenschutz siehe *Kunkel*, FPR 2013, 487; siehe zur Datenerhebung durch und Datenübermittlung des Jugendamts an den Verfahrensbeistand DIJuF-Rechtsgutachen JAmt 2014, 444; siehe auch *Mörsberger*, Spezielle Datenschutzvorschriften für die Kinder- und Jugendhilfe (§§ 61 bis 68 SGB VIII), ZKJ 2015, 368; *Kunkel*, Kontrollbefugnis und Datenschutz in der Jugendhilfe, ZKJ 2016, 9.
240 *Münder/Wiesner/Meysen*, Kinder- und Jugendhilferecht, Kap. 3.5.2 Rn 28.
241 *Wiesner*, SGB VIII, § 29 Rn 5.

Von ihrer Methodik her kann die **soziale Gruppenarbeit** an handlungs- und erlebnisorientierten Vorgaben (z.B. Freizeitpädagogik) ausgerichtet oder verbal orientiert sein oder aber in einem Zusammenwirken beider Ansätze zur Umsetzung der Hilfeleistung eingesetzt werden.

76

Angeboten wird die soziale Gruppenarbeit in der Form zeitlich fest umrissener Kurse oder fortlaufender Gruppenangebote, wobei im Zuge des Jugendstrafrechts der sozialen Gruppenarbeit vergleichbare **soziale Trainingskurse** als Weisungen gem. § 10 Abs. 1 S. 3 Nr. 6 JGG Bedeutung besitzen.[242] Die Kosten dieser sozialen Trainingskurse werden durch den Träger der Jugendhilfe allerdings nur dann übernommen, wenn sie im Rahmen einer Hilfe zur Erziehung erfolgen.[243]

77

c) Der Erziehungsbeistand (§ 30 SGB VIII)

Die kostenfreie **Erziehungsbeistandschaft**, die mit einer Hilfe nach § 29 SGB VIII verbunden werden kann, richtet sich an Kinder und Jugendliche, die Entwicklungs- und/oder Verhaltensauffälligkeiten zeigen. Indem man dem unmittelbar betroffenen Minderjährigen eine dauerhafte Bezugsperson – die beratend tätig ist – zuordnet, soll eine Förderung seiner Verselbstständigung erfolgen. Zwar steht die Vermeidung einer **Fremdunterbringung** im Vordergrund,[244] gleichwohl ist – vor allem bei Jugendlichen – die räumliche Trennung von der Familie nicht ausgeschlossen. Auch wenn sich die Erziehungsbeistandschaft primär an die Minderjährigen selbst richtet, soll gleichermaßen ihr soziales Umfeld in die Maßnahme einbezogen werden, d.h. nicht nur die Familie, sondern auch Freunde oder Mitschüler.[245] Voraussetzung ist dabei aber in jedem Fall eine Mitwirkungsbereitschaft, vor allem der Familie.

78

Der Erziehungsbeistand wird im Rahmen seiner Tätigkeit sowohl mit sozialpädagogischen, therapeutischen als auch rechtlichen Fragen konfrontiert. Es rechtfertigt sich daher für diese Aufgabe allein der Einsatz einer erfahrenen Fachkraft,[246] wobei zudem sichergestellt sein muss, dass der Umfang der übertragenen Fallzahlen eine adäquate Wahrnehmung der Aufgabe zulässt. Insoweit dürften auch die derzeit noch genannten Fallzahlen[247] mit Blick auf das in den letzten Jahren gestiegene Problembewusstsein aber auch die zunehmende Komplexität der Sachverhalte kritisch zu hinterfragen sein.

79

Ebenso wie der sozialen Gruppenarbeit kommt auch der Erziehungsbeistandschaft Bedeutung im Jugendstrafrecht zu, da sie als **Erziehungsmaßregel** gem. § 12 JGG verhängt werden kann. Hierbei muss allerdings beachtet werden, dass allein durch die gerichtliche Anordnung die verbindliche Umsetzung der Erziehungsmaßregel noch nicht sichergestellt ist. Erforderlich ist vielmehr eine Mitwirkung des Jugendamts wegen dessen Verantwortungshoheit über die hierfür einzubeziehenden Jugendhilfeeinrichtungen. Unter diesem Blickwinkel kommt auch eine Kostenübernahme durch den Träger der Jugendhilfe nur dann in Betracht, wenn sie als Hilfe zur Erziehung erfolgt.

80

d) Sozialpädagogische Familienhilfe (§ 31 SGB VIII)

Während sich die soziale Gruppenarbeit und die Erziehungsbeistandschaft primär an Kinder und Jugendliche richten und nur flankierend die Familie selbst einbezogen wird, steht bei der – gem. § 91 SGB VIII kostenfreien – **sozialpädagogischen Familienhilfe** die Familie selbst im Blickpunkt. Vorrangige Zielgruppe sind sozial benachteiligte Familien, die neben Einschränkungen in ihrem sozialen Gefüge auch von materiellen Belastungen betroffen sind.[248]

81

---

242 *Mrozynski*, ZFJ 1992, 445.
243 *Kunkel/Kepert/Pattar*, SGB VIII, § 29 Rn 18.
244 VGH Baden-Württemberg JAmt 2004, 546.
245 *Kunkel/Kepert/Pattar*, SGB VIII, § 30 Rn 8.
246 DIJuF, JAmt 2005, 15.
247 Nach den Empfehlungen der Kommunalen Gemeinschaftsstell für Verwaltungsvereinfachung sind für jeden Erziehungsbeistand 25 Fälle vorgesehen (vgl. KGSt Bericht Nr. 7, 1975, 15).
248 Vgl. zu der Wechselwirkung zwischen dem Aufwachsen in spezifischen Lebenslagen und der Inanspruchnahme erzieherischer Hilfen *Binder/Bürger*, ZKJ 2013, 320.

82　Die Familienhilfe ist auf einen längeren Zeitraum angelegt[249] und richtet sich auf die Sicherung oder Wiederherstellung von Erziehungsfunktionen in der Familie. Durch die Stärkung der familiären Selbsthilfekompetenzen soll eine Fremdplatzierung von Kindern vermieden werden. In Form von Beratungen und praktischen Hilfen erhält die in einer akuten Krise befindliche Familie die notwendigen Grundlagen, um künftig selbstverantwortlich Problemsituationen lösen zu können. Die jeweiligen Hilfeleistungen erstrecken sich auf die den regulären Familienalltag bestimmenden Themenbereiche, wie etwa familieninterne Konfliktlösungen oder Fragen der Erziehung bzw. alltäglicher Abläufe. In gleichem Maß stehen aber auch die Kontakte nach außen im Blickpunkt, z.B. im Zusammenhang mit finanziellen Aspekten, behördlichen Abläufen, medizinischen Notwendigkeiten sowie schulischen und beruflichen Themen.[250] Grundlage der Hilfeleistung ist ein Hilfeplan, der von der Familie und der Fachkraft der Jugendhilfe erstellt wird. Ausgangspunkt ist die Zieldefinition, verbunden mit einer regelmäßigen Überprüfung der bereits erreichten Ziele und einer etwaigen Zielfortschreibung bei Beendigung der Maßnahme.

83　Zur Akzeptanz der angebotenen Leistungen durch die Familie muss in jedem Fall eine Vertraulichkeit hinsichtlich der erlangten Informationen und Daten im Sinne des § 65 SGB VIII gewährleistet sein.[251] Ebenso bedeutsam ist aber auch die fachliche Qualifikation der jeweiligen Mitarbeiter der Jugendhilfe, die nach herrschender Meinung[252] zwingend über eine sozialpädagogische Ausbildung mit zusätzlichen Qualifikationen verfügen und zudem in einem Team zur fachlichen Beratung und Supervision eingebunden sein müssen.

e)　Erziehung in einer Tagesgruppe (§ 32 SGB VIII)

84　Als teilstationäre Hilfeleistung kann eine Erziehung in einer **Tagesgruppe** für Kinder und Jugendliche mit der Zielsetzung in Betracht kommen, entweder eine Fremdplatzierung, d.h. insbesondere eine **Heimunterbringung** des Minderjährigen zu vermeiden oder aber im Anschluss an eine Fremdplatzierung die familiäre Reintegration des Minderjährigen zu unterstützen. Die vom Gesetzgeber alternativ vorgesehene geeignete Familienhilfe im Sinn des § 32 S. 2 SGB VIII hat in der Praxis kaum Bedeutung. Die Hilfeleistung richtet sich vorrangig an Familien in belasteten Lebenssituationen, soweit durch diese Belastungen eine Gefährdung der kindlichen Entwicklung mit dauerhaften Schäden droht. Parallel zu der Betreuung des Minderjährigen in der Tagesgruppe erfolgt eine intensive Betreuung der Familie durch Beratung und Unterstützung.

85　Als Zielsetzung der Erziehung in der Tagesgruppe sieht das Gesetz zunächst das soziale Lernen in der Gruppe vor. In gemeinsamen Freizeitaktivitäten der Tagesgruppe soll soziales Verhalten erlernt und die Gruppenintegration gefördert werden. Parallel verläuft die Förderung der schulischen Entwicklung. Neben Unterstützungen im rein kognitiven Bereich, etwa durch Hausaufgabenbetreuung, steht die Hilfe zur Bewältigung sonstiger schulischer Probleme, etwa folgend aus mangelnder Integration, Schulängsten oder ähnlichem. Als letztes Element der Hilfeleistung steht die Elternarbeit in Form von Gesprächen, Hausbesuchen oder auch gemeinsamen Freizeitangeboten.

86　Im Rahmen der Unterbringung des Minderjährigen in der Tagesgruppe ist zwar der notwendige Unterhalt – insbesondere in der Form der Betreuung und Verpflegung – sicherzustellen. Nicht umfasst wird allerdings die Krankenhilfe. Die Kosten der Hilfeleistung obliegen dem Träger der öffentlichen Jugendhilfe, der allerdings gem. § 91 Abs. 2 SGB VIII Kostenbeiträge erheben kann. Die Heranziehung der minderjährigen oder ihrer Eltern beurteilt sich nach den §§ 91 ff. SGB VIII.

249　OVG Niedersachen JAmt 2010, 444 (Dauer ca. 2 Jahre).
250　Zur weitergehenden Übersicht von Unterstützungsleistungen vgl. *Wiesner*, SGB VIII, § 31 Rn 11.
251　Siehe etwa zur Datenerhebung durch und Datenübermittlung des Jugendamts an den Verfahrensbeistand DIJuF-Rechtsgutachten JAmt 2014, 444.
252　*Kunkel/Kepert/Pattar*, SGB VIII, § 31, Rn 19 m.w.N.

f) Vollzeitpflege (§ 33 SGB VIII)

Im Rahmen der **Vollzeitpflege** erhält der Minderjährige eine stationäre Hilfe zur Erziehung in einer anderen Familie,[253] wenn ein weiterer Verbleib in der Herkunftsfamilie, d.h. bei den Eltern, nicht möglich ist, da sie die Versorgung und Erziehung nicht mehr gewährleisten können. Die Eltern haben einen Rechtsanspruch auf die Hilfeleistung nach § 33 SGB VIII, wenn dadurch die bestehenden Defizite ausgeglichen werden können und niederschwelligere Hilfeleistungen nicht ausreichen.[254] Abzugrenzen ist die Vollzeitpflege dabei sowohl von der **Adoptionspflege** als auch von der **Bereitschaftspflege**. Allerdings kann die Vollzeitpflege auch in der Form einer **Wochenpflege** durchgeführt werden, so dass das Kind bzw. der Jugendliche sich jeweils an den Wochenenden bei seiner originären Familie aufhält.[255] Die jeweiligen örtlichen Träger der Jugendhilfe stehen in der Obliegenheit, in dem gebotenen Umfang Vollzeitpflegestellen anzubieten, wobei die Kostenbeteiligung der Minderjährigen und ihrer Eltern nach den §§ 91 ff. SGB VIII erfolgt.

87

Sowohl die Eltern als auch das Kind haben bei der Auswahl der Pflegefamilie einen Mitwirkungsanspruch, der sich ggf. auch darauf richten kann, dass sie selbst eine **Pflegeperson** beschaffen können, soweit diese – falls erforderlich – eine Pflegeerlaubnis nach § 44 Abs. 1 S. 1 SGB VIII besitzt. Davon unberührt bleiben aber die Obliegenheiten des Jugendamts, zunächst die Eignung der Pflegeperson im Rahmen des bestehenden Ermessens sicherzustellen,[256] – soweit dies nicht inzident bereits im Rahmen der Eignungsprüfung der Hilfeleistung selbst erfolgte – und zudem auch die Pflegeperson zu überwachen. Als Pflegeperson und damit „andere Familie" können Verwandte des Minderjährigen in Betracht kommen,[257] wie etwa die Großeltern,[258] soweit sie die notwendige Eignung besitzen.[259] Sind sie gleichzeitig gegenüber dem Minderjährigen unterhaltspflichtig, so kann dies gem. § 39 Abs. 4 SGB VIII zu einer Kürzung der an sie zu zahlenden Pflegepauschale führen. Aber auch ein etwaig bestellter **Vormund** oder **Pfleger** kommt für die Vollzeitpflege in Betracht,[260] wobei er die Kosten der Erziehung und des notwendigen Unterhaltes geltend machen kann.[261] Unbeschadet der Unterbringung des Minderjährigen in einer Vollzeitpflege verbleibt das Recht der Personensorge bei den Eltern. Die Pflegeperson ist lediglich im Rahmen des § 1688 BGB zur Ausübung der **Personensorge** berechtigt. Steht eine Vollzeitpflege für **unbegleitete minderjährige Flüchtlinge** bei Verwandten in Rede, so stellen sich besondere jugendhilfe- und aufenthaltsrechtliche Fragen.[262]

88

Das Gesetz sieht vor, dass die Vollzeitpflege in zeitlich unterschiedlichem Umfang erfolgen und geeignet[263] sein kann, d.h. entweder zeitlich befristet oder in einer auf Dauer angelegten Form. Eine kurzzeitige Pflege – auch in der Form einer Bereitschaftspflege – ist bei vorübergehenden Erziehungs- und Versorgungsausfällen bzw. akuten Notsituationen der Herkunftsfamilie angezeigt. Demgegenüber ist die dauerhafte Pflege auf Kontinuität angelegt. Die Entscheidung darüber, ob eine kurzzeitige oder langfristige Pflege begründet wird, ist jeweils einzelfallbezogen zu prüfen. Entscheidungskriterien sind neben dem Entwicklungsstand und dem Alter des Kindes auch die Prognose zu der künftigen Verbesserung der Bedingungen im Elternhaus. Die verbindliche Entscheidung darüber, welche Pflegeform begründet wird, treffen die Eltern. Kann zwi-

89

---

253 Vgl. hierzu umfassend *Salgo*, ZKJ 2015, 357.
254 EuGHMR, FamRZ 2000, 1353.
255 *Kunkel/Kepert/Pattar*, SGB VIII, § 33 Rn 1.
256 OVG Niedersachsen JAmt 2002, 195.
257 Siehe dazu auch die Empfehlungen des Deutschen Vereins zur Verwandtenpflege vom 18.6.2014.
258 BVerwG, FamRZ 1997, 814.
259 OVG Nordrhein-Westfalen DAVorm 1995, 1156; zu dabei maßgeblichen Kriterien vgl. *Wiesner*, SGB VIII, § 33 Rn 30.
260 BVerwG FamRZ 1997, 814.
261 OVG Lüneburg FamRZ 1998, 707.
262 Siehe dazu eingehend DIJuf-Rechtsgutachten JAmt 2016, 251 und 253.
263 BVerwG FamRZ 1996, 936.

schen ihnen ein Einvernehmen nicht erzielt werden, so bedarf es einer familiengerichtlichen Entscheidung. Hierbei ist zu beachten, dass die Eltern als Leistungsberechtigte der Hilfe nach § 33 SGB VIII jederzeit – soweit nicht von einer Gefährdung im Sinn der §§ 1666a BGB ausgegangen werden muss – die Vollzeitpflege des Kindes beenden können. In diesem Fall wird der der Vollzeitpflege zugrundeliegende Hilfeplan aufgehoben und das Kind ist von der Pflegefamilie an die Eltern herauszugeben. Hierbei kann sich die Frage stellen, ob die Herausgabe möglicherweise zu einer Kindeswohlgefährdung führt und gegebenenfalls eine familiengerichtliche Verbleibensanordnung gem. § 1632 Abs. 4 BGB von der Pflegefamilie herbeizuführen ist (vgl. hierzu § 4 Rdn 23 ff.).

90 Für Kinder und Jugendliche mit besonderen Entwicklungsbeeinträchtigungen, etwa schweren **Verhaltensstörungen**, sieht § 33 S. 2 SGB VIII die Verpflichtung der Jugendämter vor, in stärkerem Maß Sonderpflegestellen anzubieten, die z.B. in Form von heilpädagogischen oder sozialpädagogischen Pflegestellen geführt werden können. Sie zeichnen sich durch eine besondere therapeutische Betreuung der Kinder und Jugendlichen aus. Während im Rahmen der sonstigen Vollzeitpflege von den Pflegepersonen keine spezifische Ausbildung eingefordert wird,[264] setzen **Sonderpflegestellen** eine solche fachliche Qualifikation der Pflegeperson voraus.

g) Heimerziehung/Sonstige betreute Wohnformen (§ 34 SGB VIII)

91 Ebenso wie die Vollzeitpflege sieht auch die **Heimerziehung** eine Unterbringung des Minderjährigen außerhalb des Elternhauses vor, allerdings nicht in einer sonstigen Familie, sondern in einer Einrichtung im Sinne des § 45 SGB VIII,[265] ohne dass sich hierdurch jedoch eine Veränderung der Personensorge ergäbe. Die im Vordergrund stehenden pädagogischen und therapeutischen Angebote, durch die die Entwicklung des Minderjährigen gefördert werden soll, erfolgen durch professionelle Fachkräfte. Gleiche Erwägungen gelten für die von § 34 SGB VIII ebenfalls umfassten sonstigen betreuten Wohnformen, wie etwa Wohngemeinschaften, **betreutes Wohnen** oder **Jugendwohnungen**. Soweit die tatbestandlichen Voraussetzungen vorliegen, die nach § 27 SGB VIII eine Hilfe zur Erziehung erfordern und zudem die Heimerziehung oder die betreute Wohnform im konkreten Einzelfall die geeignete und notwendige Hilfsmaßnahme darstellt, haben die Personensorgeberechtigten des Minderjährigen einen Rechtsanspruch auf die Leistung nach § 34 SGB VIII. Die Eignung und Notwendigkeit der Maßnahmen wird bindend in einem zu erstellenden Hilfeplan ermittelt. Dem **Wunsch- und Wahlrecht** der Leistungsberechtigten aus § 5 SGB VIII ist insoweit zu entsprechen, als damit keine unverhältnismäßigen Mehrkosten verbunden sind.[266] Hieraus folgt gleichzeitig, dass eine konsequente und umfassende Beteiligung der Leistungsempfänger an der Erstellung und der kontinuierlich zu veranlassenden Fortschreibung des Hilfeplans geboten ist.

92 Die möglichen Zielrichtungen der Heimerziehung oder der betreuten Wohnform werden im Gesetzestext in drei Alternativen aufgelistet. Welche Zielsetzung jeweils im Vordergrund steht, beurteilt sich am Einzelfall. Hierbei spielt neben dem Alter und dem Entwicklungsstand des Minderjährigen auch die Frage eine Rolle, inwieweit die Erziehungsbedingungen in der Herkunftsfamilie selbst durch parallel gebotene Elternarbeit, die essentieller Bestandteil der Hilfe zur Erziehung ist, verbessert werden können.

Die erste Alternative – Rückkehr in die Herkunftsfamilie – dürfte wohl eher für Kinder im Vordergrund stehen als für Jugendliche, die sich ohnehin der Volljährigkeit nähern. Als zweite Alternative kommt die Heimerziehung bzw. die betreute Wohnform in Betracht, um Minderjährige auf die Erziehung in einer anderen Familie vorzubereiten, etwa wenn die Unterbringung in einer Pflegefamilie vorgesehen ist. Bereits vom zeitlichen Ablauf her dürfte sich wohl auch diese Alterna-

---

264 *Wiesner*, SGB VIII, § 33 Rn 1.
265 Zur Bedeutung des Rechts des Kindes auf gewaltfreie Erziehung für die Zulässigkeit körperlichen Zwangs in Einrichtungen der Kinder- und Jugendhilfe siehe *Häbel*, ZKJ 2016, 168.
266 *Kunkel//Kepert/Pattar*, SGB VIII, § 34 Rn 9.

tive eher an Kinder als an Jugendliche richten. Als letzte Alternative ist die Vorbereitung auf ein selbstständiges Leben vorgesehen. Sie zielt auf Jugendliche, die mit Blick auf ihr Alter voraussichtlich nicht mehr in ihre Herkunftsfamilie zurückkehren oder in eine andere Pflegefamilie vermittelt werden. Ihnen sollen die notwendigen Grundlagen für eine Verselbstständigung vermittelt werden. Gerade für diese Zielgruppe besitzt auch die in § 34 S. 3 SGB VIII vorgesehene Beratung und Unterstützung in Fragen der Ausbildung und Beschäftigung besondere Bedeutung. Mit ihnen sollen schulische und berufliche Möglichkeiten ausgelotet werden, orientiert an ihren persönlichen Fähigkeiten und Neigungen. Ebenso soll die Unterstützung bei der **Berufswahl** und der Aufnahme einer Tätigkeit erfolgen, da die wirtschaftliche Selbstständigkeit maßgebliche Grundlage für eine eigenständige Lebensführung ist.

Die Kostentragung der Heimerziehung oder einer sonstigen betreuten Wohnform obliegt zunächst dem Träger der öffentlichen Jugendhilfe gem. § 91 Abs. 5 SGB VIII. Allerdings können sowohl die Minderjährigen als auch ihre Eltern nach den §§ 91 ff. SGB VIII zu den Kosten, einschließlich Unterhalt und Krankenvorsorge, herangezogen werden. 93

h) Intensive sozialpädagogische Einzelbetreuung (§ 35 SGB VIII)

Die intensive **sozialpädagogische Einzelbetreuung** richtet sich an Jugendliche (§ 7 Abs. 1 SGB VIII), die als besonders gefährdet[267] und, mit Blick auf ihre Vita, als überdurchschnittlich belastet bewertet werden müssen. Angesprochen werden sollen Jugendliche, die in ihrer Entwicklung Gewalt oder Beziehungstraumata erfahren haben und mit den sonstigen Formen der Hilfe zur Erziehung nicht mehr erreicht werden können, etwa auch, weil sie über keinen festen Wohnsitz mehr verfügen. Die intensive Einzelbetreuung soll eine Alternative zu freiheitsentziehenden Maßnahmen oder einer psychiatrischen Unterbringung sein.[268] Da nach § 35 S. 2 SGB VIII die Einzelfallbetreuung auf einen längeren Zeitraum angelegt ist, kann sie für akute Notlagen keine Anwendung finden und wird durch eine etwaige **Inobhutnahme** nach § 42 SGB VIII verdrängt. 94

Auf den Einzelfall bezogen ist eingehend zu prüfen, ob die Einzelfallbetreuung als geeignete und notwendige Maßnahme in Betracht kommt. Kann dies bejaht werden, so folgt hieraus ein Rechtsanspruch des Personensorgeberechtigten[269] auf die Bereitstellung der Leistung, deren detaillierte Ausgestaltung dann jedoch im Verlauf der Maßnahme immer wieder anzupassen ist.[270] 95

Die intensive sozialpädagogische Einzelbetreuung zielt auf die **soziale Integration** des Jugendlichen sowie seiner Befähigung zu einer eigenverantwortlichen Lebensführung. Die soziale Integration richtet sich dabei auf die Eingliederung in ein gesellschaftsadäquates System persönlicher Bindungen, wobei vorrangig an die Familie, Freunde, etwaige Mitschüler oder Arbeitskollegen gedacht ist. Im Zusammenhang mit der eigenverantwortlichen Lebensführung sollen ihm altersentsprechende Fähigkeiten und Kenntnisse vermittelt werden, um die eigene physische und psychische Basis zu sichern.[271] Dem Jugendlichen wird dazu ein Pädagoge zugeordnet, der für ihn jederzeit erreichbar sein und als Ansprechpartner dienen muss. Da die Einzelbetreuung in der Regel außerhalb der Familie erfolgt,[272] richten sich die Entscheidungsbefugnisse der Fachkraft gegenüber dem Jugendlichen nach § 1688 BGB. Dem fallzuständigen Pädagogen obliegt eine intensive Hilfestellung bezüglich aller Lebensfragen des Jugendlichen. Sie richtet sich sowohl auf persönliche Probleme als auch auf die Unterstützung in beruflichen, schulischen oder finanziellen Angelegenheiten.[273] Bestandteil einer intensiven Einzelfallbetreuung können auch Angebote der 96

---

267 BT-Drucks 11/5948, S. 72.
268 BT-Drucks 11/5948, S. 72.
269 *Kunkel/Kepert/Pattar*, SGB VIII, § 35 Rn 5.
270 *Wiesner*, SGB VIII, § 35 Rn 16.
271 *Kunkel/Kepert/Pattar*, SGB VIII, § 35 Rn 11.
272 BT-Drucks 11/5948, S. 72.
273 BT-Drucks 11/5948, S. 72.

Erlebnispädagogik sein. Werden diese im **Ausland** erbracht, so sind allerdings die Vorgaben nach § 27 Abs. 2 S. 3 SGB VIII sowie § 36 Abs. 3 SGB VIII zu beachten.[274]

97 Dem örtlichen Träger der öffentlichen Jugendhilfe obliegt es, eine sozialpädagogische Einzelbetreuung zu gewährleisten, zu deren Kosten allerdings der Jugendliche bzw. dessen Eltern nach den §§ 91 ff. SGB VIII herangezogen werden können.

3. Eingliederungshilfe für seelisch behinderte Kinder und Jugendliche (§ 35a SGB VIII)

98 Während sich die Hilfen zur Erziehung unmittelbar an die Personensorgeberechtigten als Anspruchsberechtigte richten, eröffnet § 35a SGB VIII einen Rechtsanspruch für den Minderjährigen selbst.[275] Bis zu seinem vollendeten 15. Lebensjahr erfolgt die Geltendmachung des Anspruchs durch den gesetzlichen Vertreter bzw. eine Pflegeperson im Rahmen ihrer Befugnis nach § 1688 Abs. 1 S. 2 BGB. Folgend aus der sodann einsetzenden sozialrechtlichen Handlungsfähigkeit des Minderjährigen gemäß § 36 Abs. 1 SGB I ist er zur eigenständigen Beantragung und Entgegennahme der Leistungen berechtigt. Einschränkungen ergeben sich lediglich im Fall einer stationären Maßnahme. Diese bedarf unverändert des Einverständnisses des Personensorgeberechtigten, folgend aus dessen Aufenthaltsbestimmungsrecht.

99 Die sachliche Zuständigkeit für die Leistungsgewährung beurteilt sich nach § 85 Abs. 1 SGB VIII,[276] die örtliche Zuständigkeit nach § 86 SGB VIII.[277] Für Eingliederungshilfen, die nicht ambulant durchgeführt werden, können der Minderjährige bzw. seine Eltern nach §§ 91 ff. SGB VIII zu den Kosten herangezogen werden. Im Fall der Ablehnung beantragter Leistungen zur **Eingliederungshilfe**, kann diese Entscheidung des Jugendamts – nach erfolglosem Widerspruch – im verwaltungsgerichtlichen Verfahren durch Verpflichtungsklage überprüft werden.

a) Die Leistungsvoraussetzungen

100 § 35a SGB VIII sieht in seinen kumulativ[278] zu erfüllenden Tatbestandsvoraussetzungen[279] eine Eingliederungshilfe vor, wenn die **seelische Gesundheit** eines Kindes oder Jugendlichen mit hoher Wahrscheinlichkeit länger als 6 Monate von dem für sein Lebensalter typischen Zustand abweicht und hieraus folgend die Teilhabe am Leben in der Gesellschaft entweder bereits beeinträchtigt oder die Beeinträchtigung zu erwarten ist.[280]

101 Der Begriff der **seelischen Behinderung** knüpft an § 2 Abs. 1 SGB IX an und orientiert sich an der Internationalen Klassifikation psychischer Störungen (Kapitel V der ICD-10),[281] wobei für Kinder und Jugendliche ein **multiaxiales Klassifikationsschema** entwickelt wurde.[282] Ob der für das jeweilige Lebensalter typische Entwicklungsstand besteht, beurteilt sich im Zusammenspiel verschiedener Normkategorien, d.h. sozialen, funktionellen, kulturellen und idealen statistischen Normen,[283] und der Prüfung, ob die festzustellenden Abweichungen von diesem

---

274 Siehe dazu *Eschelbach/Rölke*, Vollzeitpflege im Ausland – Aufgaben der deutschen Jugendämter, JAmt 2014, 494.
275 Münder/Wiesner/*Meysen*, Kinder- und Jugendhilferecht, Kap. 3.6 Rn 9.
276 Siehe dazu auch BGH FF 2014, 119; FamRB 2014, 93.
277 Dazu eingehend BVerwG JAmt 2014, 47.
278 BayVGH, Beschl. v. 24.4.2006 – 12 ZB 05.2429, juris.
279 Zur Auswertung eines in Niedersachsen geführten Projekts zur „Erarbeitung standardisierender Empfehlungen zu § 35a SGB VIII" sowie einer tabellarischen Übersicht zu Zeitpunkt, Beteiligten und Inhalten der Hilfeplanung zu Beginn, Fortschreibung und Beendigung einer Hilfe vgl. *Langenohl/Glaum*, JAmt 2013, 63.
280 BT-Drucks 14/5074, S. 98.
281 BT-Drucks 14/5074, S. 98 ff.; zur näheren Darstellung der Klassifikation vgl. *Münder/Meysen/Trenczek*, Frankfurter Kommentar SGB VIII, § 35a Rn 19 ff.
282 Zu den verschiedenen Achsen der Diagnostik vgl. die Übersicht bei *Wiesner*, SGB VIII, § 35a Rn 92 ff.
283 *Welti*, NJW 2001, 2210.

Normgefüge ein bestimmtes Ausmaß erreichen. Hierbei ist vor allem auf die aktuelle Lebenssituation des Minderjährigen abzustellen, verbunden mit der Prüfung, ob diese möglicherweise zum gegenwärtigen Zeitpunkt durch besondere einschneidende Umstände bestimmt wird.[284] Darüber hinausgehend bedarf es aber auch der prognostischen Wertung, dass die festgestellte Abweichung mit hoher Wahrscheinlichkeit länger als 6 Monate dauern wird. Die Feststellung, ob eine seelische Behinderung in diesem Sinn vorliegt und auch länger als 6 Monate andauern wird, obliegt der Diagnose eines Angehörigen der in § 35a Abs. 1a Nr. 1 bis 3 genannten Berufszweige, d.h. insbesondere eines Arztes für Kinder- und Jugendpsychiatrie oder eines Kinder- und Jugendpsychotherapeuten. Um Interessenkollisionen zu vermeiden, darf jedoch der die Stellungnahme abgebende Arzt oder Psychotherapeut in keiner Form an der Leistungserbringung beteiligt sein.[285] Der Auftrag für eine solche fachliche Stellungnahme muss nicht zwingend durch das Jugendamt erteilt werden, sondern kann auch von dem gesetzlichen Vertreter des Minderjährigen erteilt werden. Etwaige Vorschläge des Jugendamtes sind nicht bindend. Die Kosten der Stellungnahmen werden in diesem Fall von der Krankenversicherung des Minderjährigen getragen.[286] Die Kosten einer vom Jugendamt geforderten ergänzenden Erläuterung der Stellungnahme trägt das Jugendamt jedoch selbst.

Wird eine Abweichung der seelischen Gesundheit festgestellt, so bedarf es der zusätzlichen Prüfung, ob hieraus eine (drohende) Beeinträchtigung der **Teilhabe am Leben** folgt, d.h. mit hoher Wahrscheinlichkeit zu erwarten ist.[287] Teilhabe in diesem Sinn bedeutet die aktive und selbstbestimmte Ausübung sozialer Funktionen und Rollen in den jeweiligen alterstypischen sozialen Gefügen.[288] Diese muss nachhaltig beeinträchtigt sein. Auch Teilleistungsstörungen können ausreichend sein – etwa wenn sie allein den schulischen Bereich betreffen – soweit sie eine entsprechend starke Ausprägung besitzen.[289] Hierbei ist jeweils eine Einzelfallbewertung vorzunehmen.[290] Die diesbezüglichen Prüfungen obliegen dem Träger der öffentlichen Jugendhilfe,[291] entsprechend dem nach § 20 SGB X geltenden **Untersuchungsgrundsatz**.[292] Die Bewertung des Jugendamts, aus der sich ergeben muss, welche Lebensbereiche konkret von der Teilhabeberechtigung erfasst sind, unterliegt jedoch vollumfänglich der verwaltungsgerichtlichen Kontrolle.[293]

102

b) Ziele und Leistungen der Eingliederungshilfe

Gelangt das Jugendamt auf der Grundlage seiner Ermittlungen zu dem Ergebnis, dass die Voraussetzungen für eine Eingliederungshilfe vorliegen, so bedarf es zunächst der weitergehenden Prüfung, welche geeigneten und notwendigen Therapiemaßnahme in Betracht kommen, um einerseits eine bereits bestehende Behinderung zu mindern, zu beseitigen bzw. deren Entstehung zu vermeiden und andererseits eine gesellschaftliche Eingliederung zu gewährleisten. Hierbei ist das **Wunsch- und Wahlrecht** des Leistungsberechtigten im Rahmen des § 5 Abs. 2 S. 2 SGB VIII zu berücksichtigen. Die abschließende Beurteilung des Jugendamts unterliegt aber nur einer eingeschränkten verwaltungsgerichtlichen Kontrolle.[294]

103

Orientiert am Einzelfall können gem. § 35a Abs. 2 SGB VIII Hilfeleistungen in ambulanter Form, in **Tageseinrichtungen**, durch Pflegepersonen, **stationären Einrichtungen** oder sonstigen

104

---

284 *Münder/Meysen/Trenczek*, Frankfurter Kommentar SGB VIII, § 35a Rn 29.
285 BT-Drucks 15/3676, S. 36.
286 *Fegert*, JAmt 2008, 177.
287 BVerwG ZfJ 200, 146.
288 BayVGH, JAmt 2009, 317; VG Hannover JAmt 2009, 385.
289 BVerwG FamRZ 1996, 545.
290 VG Sigmaringen JAmt 2005, 246.
291 BayVGH JAmt 2009, 317; OVG Niedersachsen FEVS 60, 28; *Kunkel*, JAmt 2007, 17.
292 BayVGH JAmt 2009, 317; BayVGH, Urt. v. 30.1.2008 – 12 B 06.2859, juris.
293 OVG Niedersachsen JAmt 2010, 378: OVG Koblenz NJW 2007, 1993.
294 BVerwG JAmt 2013, 98; OVG Koblenz ZfJ 2001, 23.

Wohnformen jeweils als Einzelmaßnahmen oder in kombinierter Form in Betracht kommen. Ambulante Leistungen richten sich vorrangig auf beratende und therapeutische Maßnahmen, die in psychologischen oder ärztlichen Praxen oder durch Leistungen des Jugendamts vor Ort[295] erbracht werden. Von den teilstationären Einrichtungen werden im Wesentlichen **Kindertageseinrichtungen** bzw. **Pflegepersonen** umfasst, die über die notwendige fachliche Qualifizierung verfügen.[296] Als stationäre Maßnahme im Sinn des § 35a Abs. 2 Nr. 4 SGB VIII wird jedoch ein Krankenhausaufenthalt nach Suizidversuch nicht umfasst.[297] Befindet sich eine Jugendliche in einer stationären Maßnahme und bringt sie in dieser Zeit ein Kind zur Welt, so ist gem. § 35a Abs. 1 S. 3 SGB VIII die Hilfe auf das Kind zu erweitern.

105 Hinsichtlich der weiteren Hilfsmaßnahmen verweist das Gesetz auf die §§ 53 ff. SGB X, wobei insbesondere § 54 Abs. 1 SGB X für die Schul- und Berufsausbildung der Kinder und Jugendlichen Bedeutung besitzt. Im Zusammenhang mit der Eingliederungshilfe können danach Leistungen gewährt werden, die die Erfüllung der allgemeinen **Schulpflicht** ermöglichen, etwa durch Internatsunterbringung oder die Zuordnung eines **Integrationshelfers**.[298] Mit Blick auf eine berufliche Tätigkeit kann die Ausbildung in einer hierzu qualifizierten Beschäftigungsstätte in Erwägung gezogen werden.

106 Soweit im Rahmen der Eingliederungshilfe gleichzeitig auch erzieherische Leistungen im Sinn des § 27 Abs. 1 SGB VIII zu erbringen sind, sieht das Gesetz integrative und ganzheitliche Hilfen vor. Es sollen Einrichtungen gewählt werden, die sowohl den behinderungsbedingten und erzieherischen Bedarf abdecken, als auch eine gemeinsame Betreuung mit nichtbehinderten Kindern gewährleisten können,[299] soweit es der Hilfebedarf des behinderten Kindes zulässt. Hinsichtlich der erzieherischen Aspekte sollen zudem die Eltern in die Maßnahmen einbezogen werden, so dass auch von ihnen eine unterstützende Funktion wahrgenommen werden kann.[300] Durch die damit vorgesehene **Inklusion** sollen die Vorgaben der 2009 von Deutschland ratifizierten UN-Behindertenrechtekonvention umgesetzt werden.[301] Dabei hat eine von Bund und Länder eingesetzte Arbeitsgruppe in diesem Zusammenhang auch den Vorschlag erarbeitet, die bisherige Trennung von erzieherischem Bedarf und behinderungsbedingtem Bedarf aufzugeben und statt dessen einen neuen Leistungstatbestand zu schaffen, der beide Hilfetypen zusammenführt.[302]

---

295 OVG Nordrhein-Westfalen JAmt 2003, 89.
296 OVG Thüringen FamRZ 2002, 1725; *Müller/Bange*, JAmt 2010, 351; *Schoyerer*, Fachberatung Kindertagesbetreuung – Ein Professionalisierungsprojekt der Sozialen Arbeit?, ZKJ 2016, 93.
297 VG Aachen, Urt. v. 25.5.2004 – 2 K 2838/00, juris.
298 Zur Kasuistik und der hierzu bestehenden Rechtsprechung vgl. die Übersicht bei *Münder/Meysen/Trenczek*, Frankfurter Kommentar SGB VIII; § 35a Rn 66.
299 *Müller/Bange*, JAmt 2010, 351.
300 BVerwG JAmt 2005, 524.
301 Pressemitteilung des Bundesjugendkuratoriums v. 6.12.2012, vgl. www.bundesjugendkuratorium.de/pdf/2010–2013/Stellungnahme_Inklusion_61212.pdf.
302 BT-Drucks 16/12860; vgl. ergänzend hierzu *Wabnitz*, ZKJ 2013, 52.

IV. Die Inobhutnahme (§ 42 SGB VIII)

1. Grundlagen

Der Gesetzgeber hat bei Schaffung des KJHG die besondere Bedeutung der **Inobhutnahme**[303] im Sinne einer Krisenintervention in kurzfristigen pädagogischen Ausnahmesituationen hervorgehoben.[304] Durch vorläufige Maßnahmen in Eil- und Notfällen soll die Jugendhilfe zum Schutz von Kindern und Jugendlichen handeln können.[305]

107

Die in den letzten 10 Jahren zu verzeichnende Zunahme von Inobhutnahmen, insbesondere in ihrer besonderen Ausprägung zum Schutz unbegleiteter ausländischer Kinder und Jugendlicher, war bei Schaffung des Gesetzes in dieser Form nicht voraussehbar. Die Ursachen für das signifikante Ansteigen der Inobhutnahmen bereits im Inland lebender Kinder und Jugendlicher liegen in einer zunehmenden Sensibilität der Öffentlichkeit bezüglich der Vernachlässigung und Misshandlungen von Kindern, einer feststellbaren ansteigenden elterlichen Überforderung, aber auch in einer oft nicht ausreichenden Fehleranalyse seitens des Jugendamtes im Vorfeld der Inobhutnahme, verbunden dann mit einer gegebenenfalls objektiv vermeidbaren Herausnahme des Kindes aus seinem familiären Umfeld. Unbegründete Inobhutnahmen wiegen vor dem Hintergrund der damit verbundenen Verletzung des verfassungsrechtlich verbrieften **Elternrechts** gem. Art. 6 Abs. 2 GG bzw. den Schutz nach Art. 8 Abs. 1 EMRK schwer. Dies gilt umso mehr, als sich die **Rückführung** eines Kindes in den elterlichen Haushalt im Einzelfall nicht nur schwierig gestalten, sondern möglicherweise aufgrund – durch Zeitablauf – geschaffener vollendeter Tatsachen sogar gänzlich scheitern kann. Dass hiermit für alle Beteiligten nicht wieder gutzumachende Konsequenzen verbunden sind, steht außer Frage (zur Problematik der Rückführung von Kindern, die längere Zeit in einer Pflegefamilie untergebracht waren, siehe § 4 Rdn 23 ff.).[306]

108

Die Jugendämter sind daher regelmäßig mit dem Problem konfrontiert, das Elternrecht und die Erfordernisse des staatlichen Wächteramtes im Interesse der eigenen Rechte der betroffenen Kinder und Jugendlichen in praktische Konkordanz zu bringen.[307] Maßnahmen des Jugendamtes sind daher darauf zu überprüfen, ob im konkreten Einzelfall die Inobhutnahme zwingend notwendig war.[308]

109

Die der Inobhutnahme zugrundeliegende Entscheidung des Jugendamtes ist ein **Verwaltungsakt**,[309] der den Adressaten – also sowohl dem Kind als auch dem Personensorgeberechtigten[310] – bekannt zu geben (§ 37 Abs. 1 SGB X) und zu begründen ist (§ 35 Abs. 1 S. 2 SGB X). Die Inobhutnahme wird mit der Bekanntgabe wirksam.[311] Davon abzugrenzen ist die Herausnahme eines Kindes durch das Jugendamt in Ausübung eines familiengerichtlichen Beschlusses, mit welchem dem Jugendamt (vorläufig) das Aufenthaltsbestimmungsrecht übertragen wurde. Dies stellt keinen Verwaltungsakt dar, sondern ist lediglich die Realisierung der familienrechtlichen Entschei-

110

---

303 Überblick über die Möglichkeiten der Jugendhilfe, Kinder und Jugendliche fremd unterzubringen samt Bewertung der Wirksamkeit bei *Permien*, FPR 2011, 542; siehe auch die Ergebnisse des Arbeitskreises 22 des 20. Deutschen Familiengerichtstages; zur Inobhutnahme oder Herausgabe bei bestehender Vormundschaft/Pflegschaft siehe *Mix/Katzenstein*, JAmt 2016, 119.
304 BT-Drucks 11/5948, S. 79; in Abgrenzung zur Herausnahme eines Kindes aus einem Pflegeverhältnis bei lediglich gestörtem Vertrauensverhältnis zwischen den Beteiligten vgl. VG Göttingen JAmt 2012, 104.
305 Zum chronologischen Ablauf und dem Verfahren der Inobhutnahme vgl. i.Ü. das Schaubild bei *Münder/Wiesner/Meysen*, Handbuch KJHR, Kap. 3.9 Rn 16.
306 Siehe dazu auch *Hoffmann*, Dauerpflege im SGB VIII und Verbleibensanordnung nach § 1632 Abs. 4 BGB – Friktionen zwischen Familienrecht und Kinder- und Jugendhilferecht, FPR 2011, 578.
307 BGH FamRZ 2006, 544.
308 Vgl. *Kunkel/Kepert/Pattar* in LPK-SGB VIII, § 42 Rn 25.
309 OVG Nordrhein-Westfalen, Beschl. v. 24.1.2013 – 12 E 1259/12, juris.
310 *Hoffmann*, JAmt 2012, 244.
311 BVerwG JAmt 2013, 588 m. Bespr. *Kepert*, JAmt 2013, 562.

dung zur Wahrnehmung des übertragenen Rechts.[312] Die Entscheidung darüber, ob die Inobhutnahme erfolgt, liegt allein bei dem Träger der öffentlichen Jugendhilfe und ist nicht übertragbar.[313] Mit Blick auf die Vorgaben des § 76 Abs. 1 SGB VIII dürfen sich die Jugendämter lediglich zur Durchführung ihrer Aufgaben anerkannter Träger der freien Jugendhilfe bedienen (§§ 3 Abs. 3 S. 2, 76 Abs. 1 SGB VIII)[314] und begründen insoweit ein öffentlich-rechtliches Auftragsverhältnis mit entsprechender Verpflichtung zum Aufwendungsersatz.

111 Gegen die Inobhutnahme kann beim Jugendamt **Widerspruch** eingelegt werden. Ein solcher Anfechtungswiderspruch hat gem. § 80 Abs. 1 VwGO grundsätzlich aufschiebende Wirkung, so dass im Fall eines eingelegten Widerspruchs immer auch zu prüfen ist, ob die **sofortige Vollziehung** gem. § 80 Abs. 2, 3 VwGO angeordnet wurde.[315] Die Bewertung der Rechtmäßigkeit der Inobhutnahme und insbesondere deren Aufrechterhaltung nach eingelegtem Widerspruch,[316] einschließlich der Frage der Kostentragung, unterliegt – in Abgrenzung zu Fragen der Personensorge – der verwaltungsgerichtlichen Prüfung.[317] In einem etwaigen verwaltungsgerichtlichen Verfahren kann insbesondere die Prozessfähigkeit bzw. Antragsbefugnis problematisch sein. Unabhängig davon, ob die Eltern als gesetzliche Vertreter für das Kind im Verfahren auftreten oder die Verletzung von Elternrechten durch die Inobhutnahme geltend machen, ist stets zu prüfen, ob möglicherweise bereits durch ein parallel laufendes familiengerichtliches Verfahren Regelungen zur elterlichen Sorge getroffen wurden. Wurde etwa durch familiengerichtlichen Beschluss die elterliche Sorge insgesamt oder in Teilbereichen etwa zum Aufenthaltsbestimmungsrecht entzogen und auf das Jugendamt übertragen, so entfällt hierdurch auch im verwaltungsgerichtlichen Verfahren die Prozessfähigkeit bzw. Aktivlegitimation.[318] Steht daher eine Inobhutnahme unmittelbar bevor oder ist eine solche gerade erst erfolgt, so empfiehlt es sich, unverzüglich mit einer Schutzschrift einem zu erwartenden Antrag des Jugendamtes entgegenzutreten, um zumindest im familiengerichtlichen Verfahren eine mündliche Verhandlung sicherzustellen.[319]

2. Anlass der Inobhutnahme

112 Praktische Bedeutung[320] erlangt die Inobhutnahme vor allem in Fällen
- sog. **Selbstmelder** (§ 42 Abs. 1 Nr. 1 SGB VIII; siehe dazu Rdn 113) sowie
- einer **dringenden Gefahr**[321] für das Wohl des Kindes/des Jugendlichen, wenn entweder der Personensorgeberechtigte nicht widerspricht oder die familiengerichtliche Entscheidung nicht rechtzeitig eingeholt werden kann (§ 42 Abs. 1 Nr. 2 SGB VIII; siehe dazu Rdn 114 ff.) und

---

312 VG Ansbach FamRZ 2013, 1225.
313 OVG Berlin-Brandenburg JAmt 2009, 390.
314 *Kunkel*, Inwieweit kann ein freier Träger die Aufgabe der Inobhutnahme nach § 42 SGB VIII wahrnehmen, ZKJ 2006, 361; siehe zum Verhältnis freier und öffentlicher Träger auch *Struck*, ZKJ 2015, 381.
315 VG Düsseldorf JAmt 2014, 46 m. krit. Bespr. *Lauterbach*, JAmt 2014, 10.
316 *Trenczek/Meysen*, Rechtsweg für Widerspruch gegen andauernde Inobhutnahme, JAmt 2010, 543.
317 OVG Lüneburg FamRZ 2010, 769; OVG Sachsen JAmt 2010, 244; *Möller*, Rechtsbehelfe gegen die Inobhutnahme nach § 42 SGB VIII, JAmt 2011, 126; kritisch und de lege ferenda für einen gerichtlichen Überprüfung der Rechtmäßigkeit der Inobhutnahme durch das Familiengericht AK 12 des 19. DFGT, www.dfgt.de.
318 OVG NRW, Beschl. v. 28.2.2007 – 12 B 2702/06, juris; VG Augsburg, Beschl. v. 12.5.2011 – Au 3 E 11.561 – juris; VG Augsburg, Beschl. v. 17.8.2012 – Au 3 S 12.1008, juris; VG Frankfurt FamRZ 2013, 409; VG München, Beschl. v. 25.9.2013 – M 18 K 12.1271, juris; VG Schwerin FamRZ 2015, 2200.
319 *Peschel-Gutzeit*, FPR 2012, 443.
320 Zur Vollstreckung von Inobhutnahmen – insbesondere zum Verhältnis von Polizei und Jugendamt bei der Anwendung unmittelbaren Zwangs – siehe *Finke*, JAmt 2011, 251.
321 VG Saarland ZKJ 2012, 159; OVG NRW, Beschl. v. 13.3.2015 – 12 B 215/15, juris (erhebliche Gefahr für einen Säugling aufgrund der Fütterungspraxis der Mutter); OVG NRW JAmt 2016, 214 (psychische Erkrankung eines Elternteils).

insbesondere seit 2015 der unbegleiteten Einreise ausländischer Jugendlicher (§ 42 Abs. 1 Nr. 3 SGB VIII; siehe dazu Rdn 119 ff.).[322]

Bittet ein Kind oder Jugendlicher wirksam um Inobhutnahme – hierfür genügt dessen Fähigkeit zur natürlichen Willensbildung –,[323] so führt diese **Selbstmeldung** zwingend zu einer Handlungspflicht des Jugendamtes.[324] Es bedarf weder einer Vorprüfung der tatsächlichen Situation, noch muss seitens des um Inobhutnahme Nachsuchenden eine weitergehende Begründung angegeben werden.[325] Entscheidend ist allein das von ihm formulierte subjektive Schutzbedürfnis,[326] das die korrespondierende Leistungsverpflichtung des Jugendamtes auslöst.[327] Die Aufnahmepflicht des Jugendamtes entfällt nur im Ausnahmefall, wenn die Bitte des Minderjährigen offensichtlich nicht ernst gemeint oder rechtsmissbräuchlich ist.[328] Die Inobhutnahme darf nicht von einer zusätzlichen Gefährdungseinschätzung im Sinn des § 42 Abs. 1 S. 1 Nr. 2 SGB VIII abhängig gemacht werden.[329] Die Bitte des Kindes um Inobhutnahme wird bereits als Indiz für eine Not- und Konfliktlage gesehen.[330] Dies entbindet selbstverständlich das Jugendamt nicht davon, bei der Inobhutnahme den mutmaßlichen Willen des Personensorgeberechtigten zu beachten und entweder dessen Entscheidung oder die des Familiengerichts einzuholen,[331] da nur so eine Verletzung des Elternrechts vermieden werden kann.[332] Von einer Zustimmung zur Inobhutnahme kann daher auch nur ausgegangen werden, wenn der Personensorgeberechtigte eine eigene Willensbildung treffen konnte und nicht nur letztlich widerstandslos unter Aufgabe des Protests eine Übergabe des Kindes an das Jugendamt erfolgt.[333]

113

Differenziert zu bewerten ist dagegen die Situation bei **dringenden Gefahrenlagen**. Hier wird kraft Gesetzes ausdrücklich als zusätzliche Voraussetzung der Inobhutnahme entweder der mangelnde Widerspruch des Personensorgeberechtigten oder die nicht rechtzeitig einzuholende familiengerichtliche Entscheidung vorgegeben.

114

---

322 Siehe dazu BayVGH JAmt 2014, 528; zur Bestellung des Jugendamts zum Vormund eines minderjährigen unbegleiteter Flüchtlings siehe KG FamRZ 2016, 649; OLG Celle FamRZ 2016, 647; OLG Karlsruhe FamRZ 2012, 1955; *Bienwald*, Ergänzungspflegschaft oder Mitvormundschaft – zur rechtlichen Betreuung minderjähriger unbegleitet eingereister Flüchtlinge, RpflStud 2016, 33 *Parusel*, Unbegleitete minderjährige Flüchtlinge – Aufnahme in Deutschland und Perspektiven für die EU, ZAR 2010, 233; *Berthold/Espenhorst*, Gestaltungsmöglichkeiten und Herausforderungen für Jugendhilfe und Vormundschaften im Umgang mit unbegleiteten minderjährigen Flüchtlingen, JAmt 2011, 319; *dies.*, Praxis und Politik in der Pflicht – Vormundschaften für unbegleitete minderjährige Flüchtlinge, JAmt 2012, 365; zum Problem der – abzulehnenden – Bestellung eines Ergänzungspflegers bzw. Mitvormunds, wenn der Vormund selbst kein geeigneter Sachwalter seines Mündels – eines unbegleiteten minderjährigen Flüchtlings – in rechtlichen Fragen ist, siehe BGH FamRZ 2013, 1206; 2014, 472; OLG Nürnberg FamRZ 2016, 481; OLG Bamberg FamRZ 2016, 152; krit. Bespr. *Etzold* FamRZ 2016, 609. Siehe zum am 1.11.2015 in Kraft getretenen Gesetz zur Verbesserung der Unterbringung, Versorgung und Betreuung ausländischer Kinder und Jugendlicher Veit, FamRZ 2016, 93; *Katzenstein/Méndez de Vigo/Meysen*, JAmt 2015, 530; *Kepert*, ZKJ 2016, 12; *Erb-Klünemann/Kößler*, Unbegleitete minderjährige Flüchtlinge – eine verstärkte familiengerichtliche Herausforderung, FamRB 2016, 160; *Vogel*, Kernaussagen des Gesetzes zur Verbesserung der Unterbringung, Versorgung und Betreuung ausländischer Kinder und Jugendlicher, FF 2016, 135; *Kleinz*, Frühe Hilfen für Flüchtlingskinder und ihre Familien, ZKJ 2016, 52.
323 *Hoffmann*, JAmt 2012, 244.
324 VG Ansbach, Beschl. v. 15.11.2012 – AN 14 K 12.00947, juris.
325 *Kunkel/Kepert/Pattar* in LPK-SGB VIII, § 42 Rn 23; *Münder/Wiesner/Meysen*, Handbuch KJHR, Kap. 3.9 Rn 7; *Trenczek*, Inobhutnahme, 2. Aufl., S. 195 ff.
326 OLG Zweibrücken FamRZ 1996, 1026; BayVGH, Beschl. v. 8.8.2011 – 12 ZB 10.974, juris.
327 OVG Hamburg FamRZ 2011, 848.
328 VG Ansbach, Beschl. v. 15.11.2012 – AN 14 K 12.00947, juris.
329 BayGH, Beschl. v. 8.8.2011 – 12 ZB 10.974, juris.
330 VG Ansbach, Beschluss v. 15.11.2012 – AN 14 K 12.00947, juris m.w.N.
331 *Wiesner*, HK SGB VIII, § 42 Rn 8.
332 *Czerner*, Probleme bei der Inobhutnahme gem. § 42 SGB VIII, ZfJ 2000, 372.
333 OLG Frankfurt FamRZ 2012, 1401.

115 Handlungsvoraussetzung für das Jugendamt ist zunächst eine **dringende Gefahr**[334] (vgl. auch § 8a Abs. 3 S. 3 SGB VIII) d.h. eine Situation, die bei weiterer Entwicklung eine erhebliche Schädigung des geistigen und seelischen Wohls des Kindes mit ziemlicher Sicherheit erwarten lässt[335] und sich zudem nach dem objektiv anzunehmenden Verlauf alsbald auswirken wird.[336] Es gilt also der Maßstab des § 1666 BGB.[337] Das Jugendamt ist in diesem Rahmen gehalten, alle Einzelfallumstände zu prüfen, um die Wahrscheinlichkeit des Schadenseintritts angemessen bewerten zu können[338] und sodann eine der **Verhältnismäßigkeit** entsprechende Handlung vorzunehmen,[339] mit der der Gefahrenlage angemessen begegnet werden kann.[340] Es bedarf an dieser Stelle einer sorgfältigen fachgerechten Prüfung durch das Jugendamt,[341] ob die Inobhutnahme nach den Vorgaben des § 42 SGB VIII berechtigt ist. Jede vermeidbare Fehleinschätzung[342] geht zu Lasten des Jugendamtes, und dann auch die Kostenübernahme der rechtswidrigen Inobhutnahme.[343]

116 Die vorzunehmende Prüfung intendiert eine zwingende Kontaktaufnahme mit den Eltern – soweit dies mit dem Schutz des Kindes vereinbar ist – um weitergehend abzuklären, ob sie willens und in der Lage sind, die Gefahr abzuwenden. Je nach der Reaktion der Sorgeberechtigten gestaltet sich auch die weitere Vorgehensweise des Jugendamtes:[344]

- erfolgt ein Widerspruch gegen die Inobhutnahme bei gleichzeitiger Bereitschaft und Fähigkeit zur Abwendung der Gefahrenlage, so scheidet die Inobhutnahme aus,
- bleibt die vorgesehene Inobhutnahme ohne Widerspruch,[345] so wird sie durchgeführt,
- erfolgt ein Widerspruch ohne Fähigkeit der Eltern zur Abwendung der Gefahrenlage, so muss die Rechtzeitigkeit einer einzuholenden familiengerichtlichen Entscheidung abgeschätzt werden (siehe dazu Rdn 118); ist diese nicht sicher zu gewährleisten, so muss im Interesse des betroffenen Kindes die Inobhutnahme erfolgen.

117 Nicht gerechtfertigt ist die Inobhutnahme, wenn das Kind bereits bei einer im Sinne des SGB VIII als **geeignet anzusehenden Person** untergebracht ist und dort auch bleiben möchte.[346] Davon zu unterscheiden ist allerdings die Situation, dass ein Minderjähriger im Rahmen eines bestehenden Gesamtkonzepts der Inobhutnahme mit dem Ziel einer endgültigen Unterbringung – etwa in einem Kinderheim – vorübergehend bei einer Vertrauensperson untergebracht wird.[347] Dann stellt auch diese vorübergehende Unterbringung eine – Kostenerstattung auslösende – Inobhutnahme dar.[348] Kann zwischen getrennt lebenden oder geschiedenen Eltern, die die Personensorge noch gemeinsam ausüben, kein Einvernehmen darüber erzielt werden, ob der Inobhutnahme zuzustimmen ist, so muss das Jugendamt auf eine kurzfristige Einleitung eines familiengerichtlichen Ver-

---

334 *Balikci*, JAmt 2013, 629 zur Frage der Inobhutnahme bei drohender Zwangsverheiratung; siehe dazu auch *Karayel*, JAmt 2016, 297.
335 VG Cottbus JAmt 2014, 397 m.w.N; zur verneinten dringenden Gefahr bei der Annahme eines möglichen erweiterten Suizids vgl. VG Schwerin FamRZ 2015, 2200.
336 OVG Sachsen JAmt 2010, 244; VG Schwerin FamRZ 2015, 2200.
337 OVG Sachsen JAmt 2010, 244.
338 *Czerner*, Probleme bei der Inobhutnahme gem. § 42 SGB VIII, ZfJ 2000, 372.
339 *Wiesner*, HK SGB VIII, § 42 Rn 11.
340 OVG Sachsen JAmt 2011, 478.
341 Zu den fachlichen Standards der Prüfung einer Kindeswohlgefährdung vgl. *Georg Kohaupt*, Hurry slowly! Oder was man nicht kann erfliegen, muss man erhinken; Konflikthafter Kontakt zu Eltern bei Kindeswohlgefährdung, JAmt 2005, 218; DIJuF-Rechtsgutachten v. 9.8.2004, JAmt 2004, 419.
342 OLG Frankfurt NZFam 2015, 517 als Beispiel für eine nicht vermeidbare Fehleinschätzung.
343 VG Cottbus JAmt 2013, 593; *Münder/Wiesner/Meysen*, Handbuch KJHR, Kap. 3.9 Rn 8.
344 Vgl. auch *Kunkel/Kepert/Pattar* in LPK-SGB VIII, § 42, Rn 34.
345 Zu den Rechtsfolgen bei bloßem Schweigen der Personensorgeberechtigten vgl. *Röchling* in LPK-SGB VIII, § 42, Rn 31 m.w.N.
346 *Ollmann*, Zum Geltungsbereich des § 42 SGB VIII, FamRZ 2000, 261.
347 Zu den dabei zu differenzierenden sorgerechtlichen Befugnissen der Bereitschaftspflegeperson und des Jugendamts vgl. DIJuF-Rechtsgutachten JAmt 2014, 29.
348 VG Saarland, Urt. v. 18.4.2011 – 3 K 576/10, juris.

fahrens gem. § 1687 Abs. 1 S. 1 BGB durch einen Elternteil hinwirken oder selbst das Familiengericht informieren.

Ist eine dringende Gefahr für das Wohl des Kindes oder des Jugendlichen zu bejahen, die von einer bestimmten Person ausgeht, die zur Abwendung dieser Gefahr nicht willens oder in der Lage ist, so berechtigt dies das Jugendamt zu einer Wegnahme des Kindes – auch und gerade gegenüber dem Erziehungsberechtigten selbst. Zwar folgt dies nicht ausdrücklich aus dem Gesetzestext, doch ist die Begründung zum Entwurf des Tagesbetreuungsausbaugesetzes (TAG) hierzu sehr deutlich.[349] Im Umkehrschluss zu § 43 SGB VIII[350] wird mit Blick auf das mögliche Gefährdungsrisiko für ein Kind und in Ausgestaltung des Schutzauftrages des Jugendamtes nicht danach differenziert, ob sich das Kind bei seinen Eltern oder einer dritten Person aufhält. Ein effektiver Kindesschutz kann nach der Gesetzesbegründung nur gewährleistet werden, wenn in angezeigten Fällen auch die Wegnahme von den Eltern berechtigt ist. Einschränkend zu sehen ist allerdings die Wegnahme eines Säuglings von seiner Mutter unmittelbar nach der Geburt. Hierzu hat der EuGHMR klargestellt, dass es zu einer solchen Maßnahme außergewöhnlich zwingender Gründe und einer vorherigen Anhörung der Eltern bedarf.[351] Die Inobhutnahme eines Säuglings nach § 42 Abs. 1 Nr. 2 SGB VIII ist daher u.a. dann rechtswidrig, wenn sich das Kind zum Zeitpunkt der Inobhutnahme zu einer mehrtägigen Diagnose mit Einverständnis des Personensorgeberechtigten im Krankenhaus befindet und deshalb rechtzeitig vor der Entlassung aus dem Krankenhaus eine familiengerichtliche Entscheidung nach § 1666 BGB erwirkt werden kann, die sich gegenüber dem direkten behördlichen Eingriff in das Elternrecht als das mildere Mittel darstellt.[352] Die Uneinholbarkeit einer familiengerichtlichen Entscheidung im Sinne von § 42 Abs. 1 S. 1 Nr. 2a SGB VII liegt nicht schon deshalb vor, weil das Familiengericht in Ansehung einer vom Jugendamt angekündigten Inobhutnahme nicht von Amts wegen eine Entscheidung nach § 1666 BGB trifft; die vorrangige Entscheidung des Familiengerichts wird auch nicht durch eine inhaltliche Zustimmung des Familiengerichts zur Inobhutnahme, die in den Gründen einer anderweitigen Entscheidung geäußert wird, entbehrlich.[353] Anders liegt die Sache, wenn der Personensorgeberechtigte einen Herausgabeanspruch nach § 1632 Abs. 1 BGB geltend macht und die Herausgabe an ihn mit einer dringenden Gefahr für das Kind verbunden wäre.[354]

118

Im Rahmen des § 42 SGB VIII besaß die **unbegleitete Einreise ausländischer Jugendlicher** bis etwa 2010 nur untergeordnete Bedeutung. Auch vor dem Hintergrund der Konfliktlage im nahen Osten hat sich die Situation dramatisch verändert,[355] so dass dieser Teilbereich der Inobhutnahme[356] zunehmend in den Blickpunkt der öffentlichen Wahrnehmung gelangte[357] und letztlich auch Anlass für gesetzliche Neuregelungen wurde. Von einer **unbegleiteten Einreise** ist auszugehen, wenn der Minderjährige weder in Begleitung des Personensorgeberechtigten noch eines

119

---

349 BT-Drucks 15/3676, S. 50.
350 Die §§ 43 ff. SGB VIII normieren den Erlaubnisvorbehalt für Pflegestellen und -einrichtungen, die Kinder oder Jugendliche über längere Zeit außerhalb deren Familie betreuen; dazu *Mörsberger*, FPR 2011, 574.
351 EuGHMR FamRZ 2005, 585.
352 VG Gelsenkirchen FF 2012, 132; vgl. auch VG Cottbus JAmt 2013, 593.
353 VG Schwerin FamRZ 2015, 2200.
354 *Hoffmann*, JAmt 2012, 244.
355 Zu der bisherigen Problematik der Umverteilung minderjähriger Flüchtlinge und damit der örtlichen Zuständigkeit der Träger der Jugendhilfe vgl. Bundesfachverband UMF eV, JAmt 2014, 507; *Berthold*, JAmt 2015, 123; DIJuF, JAmt 2015, 130; Zur Frage einer rechtlichen Möglichkeit zur Begrenzung der Einreise von Flüchtlingen siehe *Dörig*, DRiZ 2016, 176.
356 Bis zur verlässlichen Klärung des Alters, d.h. dem sicheren Ausschluss der Minderjährigkeit hat das Jugendamt im Zweifel eine Inobhutnahme anzuordnen, vgl. hierzu VG München, Beschl. v. 29.12.2014 – M 24 S 14.4798 – juris.
357 *Dürbeck*, Aktuelle Rechtsfragen im Zusammenhang mit der Einreise unbegleiteter minderjähriger Flüchtlinge, ZKJ 2014, 266; *Parusel*, ZAR 2010, 233; *Berthold/Espenhorst*, JAmt 2011, 319 sowie JAmt 2012, 365; *Peucker/Seckinger*, JAmt 2015, 127; *Lettl*, Die Vertretung unbegleiteter Minderjähriger nach §§ 1773 ff. BGB, JA 2016, 481.

sonstigen Erziehungsberechtigten aus dem Ausland kommend die Grenze nach Deutschland überschreitet.[358] Der Ehemann einer ausländischen Minderjährigen kann nur dann als deren Personensorgeberechtigter in Betracht kommen, wenn die im Ausland geschlossene Ehe in Deutschland anerkennungsfähig ist, insbesondere nicht gegen den ordre public verstößt,[359] und sich nach dem anwendbaren Recht eine Personensorgeberechtigung des Ehemannes für die Minderjährige ergibt.[360] Unbegleitet ist ein Minderjähriger auch, wenn er in Begleitung eines Verwandten einreist, der keine Sorgevollmacht besitzt.[361] Aber selbst dann, wenn die Begleitperson eine **Sorgevollmacht** vorweisen kann – die ggf. auch dem Ehemann der Minderjährigen erteilt worden sein kann[362] –, ist eine unbegleitete Einreise anzunehmen, sofern nicht festgestellt werden kann, dass ein Kontakt zu den Sorgeberechtigten im Herkunftsstaat besteht; denn die Ausübung von Sorgebefugnissen aufgrund Vollmacht setzt zumindest in allen wesentlichen Angelegenheiten die Möglichkeit voraus, mit dem Sorgeberechtigten Rücksprache zu halten.[363]

120 Nach der bis zum 31.10.2015 geltenden Gesetzeslage war gemäß § 12 Abs. 1 AsylVG die **Verfahrensfähigkeit** eines ausländischen Minderjährigen auf das vollendete 16. Lebensjahr herabgesetzt,[364] so dass er von einem ihm bestellten Vormund (siehe dazu unten Rdn 121) in diesem rechtlichen Rahmen nur mit Einschränkungen vertreten werden konnte.[365] In Umsetzung der Anforderungen der UN- Kinderrechtekonvention wurde durch das zum **1.11.2015** in Kraft getretene **Gesetz zur Verbesserung der Unterbringung, Versorgung und Betreuung ausländischer Kinder und Jugendlicher**[366] die maßgebliche Altersgrenze für die Handlungsfähigkeit auf **18 Jahre** angehoben, so dass vor allem in dieser verlängerten Zeitspanne für sie der besondere Schutz durch das Kinder- und Jugendhilferecht sichergestellt werden kann.[367] Die Verpflichtung des Jugendamts, unbegleitete Minderjährige vorläufig und sodann ggf. endgültig in Obhut zu nehmen, besteht ausnahmslos und damit insbesondere unabhängig davon, ob der Betroffene in Ausübung seiner Handlungsfähigkeit bereits einen **Asylantrag** gestellt hat.[368] Die durch § 42 Abs. 2 Abs. 1 Nr. 3 SGB VIII begründete Primärzuständigkeit für die Erstunterbringung und -versorgung ist lex specialis gegenüber den allgemeinen Erstverteilungsbestimmungen der §§ 22f, 46 ff. AsylG.[369]

Zugleich wurde § 42 SGB VIII um mehrere weitere Vorschriften (§§ 42a–f) ergänzt, welche die Voraussetzungen und Grenzen einer vorläufigen Inobhutnahme samt einer landes- und bundesweiten Verteilung der Kinder und Jugendlichen näher regeln.

---

358 *Kirchhoff*, in jurisPK, § 42, Rn 97.
359 Siehe dazu OLG Bamberg, Beschl. v. 12.5.2016 – 2 UF 58/16, juris; KG FamRZ 2012, 1495; AG Tübingen ZfJ 1992, 48; zur Zwangsverheiratung bei Kindern und Jugendlichen siehe *Balikci*, JAmt 2012, 629; *Karayel*, JAmt 2016, 297.
360 DIJuF-Rechtsgutachten JAmt 2016, 370 m.w.N.
361 KG, FamRZ 2016, 649.
362 DIJuF-Rechtsgutachten JAmt 2016, 370.
363 DIJuF-Rechtsgutachten JAmt 2016, 195.
364 Vgl. hierzu *Fegert/Ludolph/Wiebels*, Stellungnahme zur Perspektive unbegleiteter minderjähriger Flüchtlinge bei Erlangung der Volljährigkeit, JAmt 2015, 133.
365 DIJuF-Rechtsgutachten v. 20.2.2015, JAmt 2015, 92.
366 BGBl 2015 I, 1802; *Veit*, Das Gesetz zur Verbesserung der Unterbringung, Versorgung und Betreuung ausländischer Kinder und Jugendlicher, FamRZ 2016, 93; *Vogel*, Kernaussagen des Gesetzes zur Verbesserung der Unterbringung, Versorgung und Betreuung ausländischer Kinder und Jugendlicher, FF 2016, 135; *Erb-Klünemann*, Unbegleitete minderjährige Flüchtlinge – Eine verstärkte familiengerichtliche Herausforderung, FamRB 2016, 160; zur ersten Praxis mit der Umsetzung des Gesetzes siehe *Lamontain*, JAmt 2016, 110; zur Frage, ob das Gesetz zu einer Verbesserung der Rechtsposition der Betroffenen geführt hat, *Kepert*, ZKJ 2016, 12; eine kurze Auslegungshilfe des BMFSFJ findet sich in JAmt 2016, 300.
367 Davon unberührt bleibt aber die Tatsache, dass sich nach Art. 7 EGBGB die Rechts- und Geschäftsfähigkeit nach dem jeweiligen Heimatrecht beurteilt; vgl. hierzu DIJuF-Rechtsgutachten, JAmt 2015, 94.
368 Siehe zur Frage einer Pflicht des Vormundes, einen Asylantrag für den Betroffenen zu stellen, DIJuF-Rechtsgutachten JAmt 2016, 303; zur Residenzpflicht und den rechtlichen Konsequenzen im Falle des Verstoßes des minderjährigen Ausländers siehe DIJuF-Rechtsgutachten JAmt 2016, 305.
369 VG Schwerin, ZKJ 2016, 235.

Im Zentrum der gesetzlichen Neuregelung des **Verteilungsverfahrens** steht die sog. „**vorläufige Inobhutnahme**" gemäß § 42a SGB VIII, deren Kernaufgabe die **Kindeswohlprüfung** ist.[370] Durch sie wird eine Verteilung unbegleiteter Kinder und Jugendlicher ermöglicht, bevor die entgültige Inobhutnahme eingreift.

Grundsätzlich **örtlich zuständig** ist für die vorläufige Inobhutnahme gem. § 88a Abs. 1, Abs. 4 Nr. 1 SGB VIII das Jugendamt, in dessen Bereich sich das Kind oder der Jugendliche vor der Inobhutnahme aufhält.[371] Ebenso wie bei der sich anschließenden Inobhutnahme kann auch die vorläufige Inobhutnahme allein durch das Jugenamt und nicht durch einen freien Träger vorgenommen werden.[372] Schon während der vorläufigen Inobhutnahme hat der für diese zuständige Jugendhilfeträger gemäß § 42a Abs. 1 S. 2 i.V.m. § 42 Abs. 2 S. 3 SGB VIII den **notwendigen Unterhalt** und die **Krankenhilfe** sicherzustellen; die Leistungspflicht nach dem AsylbLG ist dem nachrangig.[373] Im Rahmen einer Kindeswohlprüfung ist festzustellen, ob der Minderjährige einem anderen Jugendamt zugewiesen wird, so dass dann gem. § 42b Abs. 3 S. 1 SGB VIII die nach Landesrecht zuständige Stelle zuständig wird.

Steht das Kindeswohl einer Verteilung entgegen, so verbleibt die Zuständigkeit bei dem erstaufnehmenden Jugendamt. An die zunächst vorläufige Inobhutnahme schließt sich dann die reguläre Inobhutnahme an, wobei in dieser Zeit der Inobhutnahme aber gem. § 88a Abs. 2 S. 3 SGB VIII ein anderer Träger aus Kindeswohlgründen die Zuständigkeit übernehmen kann.

Im Rahmen der vorläufigen Inobhutnahme sind folgende **Aufgaben des zuständigen Jugendamts** zu erfüllen.[374]

- die **Ermittlung des spezifischen Schutzbedürfnisses sowie der Bedarfe** des Minderjährigen nach § 42b Abs. 3 S. 2 SGB VIII als Grundlage der Zuweisungsentscheidung.[375] Eine Verteilung ist daher nach Abs. 4 und Abs. 5 ausgeschlossen, wenn
- dadurch das Kindeswohl gefährdet würde,
- einer Verteilung – binnen einer Frist von 14 Tagen ab Beginn der vorläufigen Inobhutnahme – der Gesundheitszustand des Minderjährigen entgegen steht,
- eine dem Kindeswohl entsprechende kurzfristige Zusammenführung mit Verwanden im In- oder Ausland erfolgen kann,[376]
- nicht innerhalb eines Monats ab Beginn der vorläufigen Inobhutnahme das Verteilungsverfahren durchgeführt kann,
- Geschwister ohne Kindeswohlerfordernis getrennt werden müssten.[377]
- eine **Notvertretungsbefugnis** (§ 42a Abs. 3 SGB VIII) für den Minderjährigen, insbesondere hinsichtlich der zur Aufenthaltssicherung erforderlichen Maßnahmen.[378]
- eine **Alterseinschätzung gem. § 42f SGB VIII** durch Einsicht in vorhandene Ausweispapiere oder qualifizierte Inaugenscheinnahme.[379] Bei verbleibenden Zweifeln[380] kann eine ärzt-

---

370 BT-Drucks 18/5921, S. 17 ff.
371 Siehe auch OLG Schleswig, Beschl. v. 18.2.2016 – 14 UF 12/16, juris; siehe zu den Zuständigkeitsfragen auch DIJuF-Rechtsgutachten JAmt 2016, 258.
372 OVG Koblenz, ZKJ 2016, 231 m. Anm. *Wiesner*.
373 Siehe dazu DIJuF-Rechtsgutachten JAmt 2016, 197.
374 Zur Kostenerstattung nach § 42d SGB VIII siehe JAmt 2016, 302.
375 Siehe zu Belastungen und Ressourcen unbegleiteter und begleiteter Minderjähriger mit Fluchterfahrung *Sukale/ Rassenhofer/Plener/Fegert*, JAmt 2016, 174; zu Frühen Hilfen für Flüchtlingskinder und ihre Familien siehe *Kleinz*, ZKJ 2016, 52 sowie DIJuF-Rechtsgutachten JAmt 2016, 129.
376 Siehe zur Frage der Kurzfristigkeit der Zusammenführung DIJuF-Rechtsgutachten JAmt 2016, 307.
377 Vgl. dazu auch *Völker/Eisenbeis/Düpre*, Zur getrennten Vermittlung von Geschwisterkindern in Pflegefamilien durch Amtsvormünder aus rechtlicher, psychologischer und sozialpädagogischer Sicht, ZKJ 2007, 5.
378 Siehe dazu DIJuF-Rechtsgutachten JAmt 2016, 77.
379 OVG Bremen, ZKJ 2016, 66; OVG Berlin-Brandenburg, Beschl. v. 1.4.2016 – OVG 6 M 20.16 – juris, zur Bewertung der qualifizierten Inaugenscheinnahme bei widersprüchlichem Sachvortrag.
380 Siehe dazu auch VG Berlin, AuAS 2016, 117.

liche Untersuchung veranlasst werden, wobei über die Untersuchungsmethode, die Untersuchungsfolgen sowie die Folgen der Untersuchungsverweigerung aufzuklären ist. Nur wenn der Minderjährige und dessen Vertreter der Untersuchung zustimmen, darf sie durchgeführt werden, ohne dass aus der Verweigerung jedoch Nachteile bei der Wahrung der Schutzrechte Minderjähriger eintreten dürfen.[381] Lässt sich eine verlässliche Klärung des Alters des Betroffenen nicht sogleich herbeiführen, so ist die Inobhutnahme anzuordnen, wenn die Minderjährigkeit des Betroffenen nicht sicher ausgeschlossen werden kann, bis das tatsächliche Alter des Betroffenen festgestellt ist.[382] Die Entscheidung des Jugendamtes ist sofort vollziehbar und kann nur durch gerichtliche Anordnung gem. § 80 Abs. 2 Nr. 3 VwGO außer Kraft gesetzt werden.[383] Erweist sich die Alterseinschätzung des Jugendamts nachträglich als falsch, ist eine auf diese gegründete Maßnahme – der Verwaltungsakt – nach allgemeinen verwaltungsrechtlichen Grundsätzen zurückzunehmen.[384]

- **Mitteilung der Personalien und Einschätzungsergebnisse an die zuständige Landesstelle** (§ 42a Abs. 4 SGB VIII) binnen einer Frist von 7 Werktagen als Grundlage der Entscheidung zur Verteilungsfähigkeit des betreffenden Minderjährigen und Auswahl eines qualifizierten Aufnahmelandes.
- **Sicherstellung der Begleitung** des Minderjährigen durch eine geeignete Person an den neuen Aufenthaltsort und **Übermittlung der personenbezogenen Daten an das Zuweisungsjugendamt** (§ 42a Abs. 5 SGB VIII).

Die **vorläufige Inobhutnahme endet** gemäß § 42a Abs. 6 SGB VIII mit

- der Übergabe des Minderjährigen entweder an einen Personensorge-/Erziehungsberechtigten oder an die nach der Zuweisungsentscheidung zuständige Landesbehörde/Jugendamt,
- der Anzeige über den Ausschluss des Verteilungsverfahrens.

121 Mündet die vorläufige Inobhutnahme in eine **endgültige Inobhutnahme** durch das **Zuweisungsjugendamt** nach § 42 SGB VIII – das dann jugendhilferechtlich nach § 88a Abs. 2 S. 1, Abs. 4 Nr. 2 SGB VIII örtlich zuständig wird –,[385] so wird dieses die **gerichtliche Bestellung eines Vormunds** beim Familiengericht veranlassen.[386] Die **internationale Zuständigkeit** des Familiengerichts folgt für Kinder aus Herkunftsstaaten, die Vertragsstaaten des KSÜ sind, aus Art. 6 Abs. 1 KSÜ; für Kinder aus Drittstaaten und – sehr selten – aus einem Mitgliedstaat der Brüssel IIa-VO folgt sie aus Art. 13 Abs. 2 Brüssel IIa-VO (siehe dazu im Einzelnen die Erläuterungen in § 11).[387]

Das Familiengericht wird die Anordnung des Ruhens der elterlichen Sorge (§ 1674 BGB) zu prüfen haben. Dies setzt voraus, dass der Aufenthalt des Personensorgeberechtigten unbekannt oder dieser – auch unter Nutzung moderner Kommunikationsmittel[388] – nicht erreichbar ist. Davon ist auch dann auszugehen, wenn der Minderjährige mit einer Begleitperson einreist, die eine **Sorgevoll-**

---

381 BT-Drucks 18/6392, S. 24; zum Umfang der Amtsermittlungspflicht bei Zweifeln an der Minderjährigkeit vgl. OLG Karlsruhe, FamRZ 2015, 2182.
382 BayVGH, Beschl. v. 5.7.2016 – 12 CE 16.1186, juris; BayVGH JAmt 2014, 528; enger in einem Sonderfall OVG Münster, Beschl. v. 13.11.2014 – 12 B 1280/14, juris; zum Verbot der Röntgenuntersuchung zur Altersfeststellung aufgrund von § 25 Abs. 1 RöntgenVO mit Blick auf eine fehlende Rechtsgrundlage im FamFG siehe AG Schöneberg FamRZ 2015, 1071; anders aber bei Einwilligung des Beteiligten, OLG Hamm FamRZ 2015, 1635; zur Zumutbarkeit der Duldung anderer Maßnahmen der Altersfeststellung siehe OVG Münster, Beschl. v. 8.9.2015 – 12 A 433/15, juris; zu den Grenzen der Amtsermittlungspflicht des Gerichts bei verweigerter Mitwirkung des Betroffenen siehe OLG Karlsruhe FamRZ 2015, 2182.
383 VG Berlin, AuAS 2016, 117.
384 Siehe dazu DIJuF-Rechtsgutachten JAmt 2016, 255.
385 Siehe zu den damit zusammenhängenden Problemen DIJuF-Rechtsgutachten JAmt 2016, 258.
386 Zur gesetzlichen Amtsvormundschaft für das Kind einer minderjährigen, begleitet eingereisten Asylbewerberin siehe DIJuF-Rechtsgutachten JAmt 2016, 380.
387 Siehe dazu nur *Erb-Klünemann/Kößler*, FamRB 2016, 160.
388 OLG Koblenz, FamRZ 2011, 1512.

macht vorweisen kann, sofern nicht festgestellt werden kann, dass ein Kontakt zu den Sorgeberechtigten im Herkunftsstaat besteht; denn die Ausübung von Sorgebefugnissen aufgrund Vollmacht setzt zumindest in allen wesentlichen Angelegenheiten die Möglichkeit voraus, mit dem Sorgeberechtigten Rücksprache zu halten,[389] zumal bei ausländischen Vollmachtsurkunden öfters nicht unerhebliche praktische, insbesondere Echtheits- und Nachweisprobleme im Rechtsverkehr hinzutreten.[390] Ähnliche Probleme können sich bei der Prüfung **ausländischer Personenstandsurkunden** stellen.[391] Zu beachten ist ferner, dass sich bei einem **verheirateten Minderjährigen** das Sorgerecht gemäß § 1633 BGB auf die Vertretung in den persönlichen Angelegenheiten und die Vermögenssorge beschränkt, wobei das Erziehungsrecht selbst dann nicht wieder auflebt, wenn es noch vor der Volljährigkeit zu einer Eheauflösung kommt.[392] Allerdings muss die im Ausland geschlossene Ehe für das Gebiet der Bundesrepublik Deutschland **anzuerkennen** sein, dem kann je nach Einzelfall insbesondere der ordre public entgegen steht.[393]

Im Rahmen der für das Verfahren nach § 1674 BGB bestehenden funktionellen Rechtspflegerzuständigkeit (§ 3 Nr. 2a RPflG) – teilweise wird die Sache allerdings wegen des Auslandsbezugs nach § 5 Abs. 2 RPflG sogleich dem Richter vorgelegt[394] – bedarf es zwingend der **persönlichen Anhörung** des Minderjährigen, des Jugendamtes, des in Aussicht genommenen Amtsvormunds sowie etwaiger Verwandter, die sich zur Übernahme der Vormundschaft bereit erklärt haben.[395] Erst sodann erfolgt die Anordnung der Vormundschaft (bzw. Pflegschaft) durch den Familienrichter, der aufgrund von § 6 RPflG[396] regelmäßig auch die Auswahl des jeweiligen Vormunds oder Pflegers trifft, wobei auch in diesem Verfahrensstadium die Anhörung des Minderjährigen zwingend notwendig ist.[397]

In der Regel wird das örtlich zuständige Jugendamt[398] zum Vormund bestellt.[399] Das Familiengericht ist allerdings im Falle eines zwischenzeitlichen Aufenthaltswechsels des Kindes nicht an die Zuständigkeitsvorschriften des SGB VIII gebunden.[400]

Das zum Vormund bestellte Jugendamt überträgt wiederum gem. § 55 Abs. 2 SGB VIII die damit verbundenen Aufgaben einem einzelnen Beamten oder Mitarbeiter. In der Rechtsprechung wird auf dieser Entscheidungsebene die Frage thematisiert, ob es einen Vorrang der Berufsvormundschaft gegenüber der **Amtsvormundschaft** gibt. Dies ist abzulehnen,[401] da – anders als im Betreuungsrecht – der Gesetzgeber bewusst davon Abstand genommen hat, ein solches Rangverhältnis zu schaffen. Da im Rahmen der Ausübung der Vormundschaft typischerweise asylverfahrens- und ausländerrechtliche Fragen von zentraler Bedeutung sind, wird sodann weitergehend in Rechtsprechung und Literatur die Frage diskutiert, ob es zusätzlich der Bestellung eines – aus dem Justizhaushalt zu vergütenden[402] – **Ergänzungspflegers** bedarf, der über diese besonderen

---

389 DIJuF-Rechtsgutachten JAmt 2016, 195; unklar KG ZKJ 2012, 450, dagegen zu Recht *Erb-Klünemann*, FamRB 2016, 160.
390 Zutreffend *Erb-Klünemann/Kößler*, FamRB 2016, 160.
391 Vgl. dazu etwa DIJuF-Rechtsgutachten JAmt 2016, 16.
392 Palandt/*Götz*, § 1633 BGB Rn 1.
393 Siehe dazu OLG Bamberg, Beschl. v. 12.5.2016 – 2 UF 58/16, juris; KG FamRZ 2012, 1495; AG Tübingen ZfJ 1992, 48; zur Zwangsverheiratung bei Kindern und Jugendlichen siehe *Balikci*, JAmt 2012, 629; *Karayel*, JAmt 2016, 297.
394 *Erb-Klünemann/Kößler*, FamRB 2016, 160.
395 KG, FamRZ 2016, 649.
396 DIJuF– Rechtsgutachten v. 12.10.2010, JAmt 2010, 564.
397 *Dürbeck*, Aktuelle Rechtsfragen im Zusammenhang mit der Einreise unbegleiteter minderjähriger Flüchtlinge, ZKJ 2014, 266.
398 OLG Karlsruhe FamRZ 2012, 1955; zur Beteiligtenstellung im familiengerichtlichen Verfahren betreffend die Personensorge vgl. BGH FamRZ 2014, 375.
399 Siehe aber zur ehrenamtlichen Einzelvormundschaft als Alternative zur Amtsvormundschaft für unbegleitete minderjährige Flüchtlinge *Hansbauer*, JAmt 2016, 290.
400 DIJuF-Rechtsgutachten JAmt 2016, 258, 259 f.
401 OLG Celle, ZKJ 2016, 135.
402 DIJuF– Rechtsgutachten v. 23.10.2013, JAmt 2014, 144.

Rechtskenntnisse verfügt, sollten sie bei dem jeweils zuständigen Sachbearbeiter des Jugendamts nicht bestehen.[403] Dieser Rechtsauffassung ist der BGH entgegengetreten. In seiner Entscheidung vom 29.5.2013[404] hat er darauf verwiesen, dass bei bestehender Vormundschaft eine Ergänzungspflegschaft nur unter den gesetzlich vorgesehenen Voraussetzungen der §§ 1795 Abs. 1, Abs. 2, 181 BGB sowie der §§ 1796 Abs. 1, 1801, 1837 Abs. 4, 1666 BGB in Betracht kommt. Hieran hat der BGH in seiner Entscheidung vom 4.12.2013[405] auch unter dem Blickwinkel europarechtlicher Vorgaben festgehalten. Zwar sollen nach Art. 6 Abs. 2 der Dublin-III-VO[406] die Mitgliedstaaten dafür Sorge tragen, dass ein unbegleiteter Minderjährigen in allen Verfahren von einem Vertreter unterstützt wird, der über die entsprechenden Qualifikationen und Fachkenntnisse verfügt, um zu gewährleisten, dass dem Wohl des Minderjährigen während des Verfahrens Rechnung getragen wird. Richtig ist auch, dass in zwei weiteren EU-Richtlinien betont wird, dass der Vertreter des Minderjährigen über die erforderlichen Fachkenntnisse verfügen soll, um die Aufgaben im Interesse des Kindeswohls wahrnehmen zu können.[407] Indessen rechtfertigen es auch die genannten europarechtlichen Vorschriften nicht, abweichend vom deutschen materiellen Recht einen Ergänzungspfleger zu bestellen.[408] Der dem Kind beizuordnende Vertreter soll lediglich über die „erforderlichen Fachkenntnisse" verfügen.[409] Dies erfordert kein abgeschlossenes juristisches Studium, wie es auch nicht von den Mitarbeitern des Jugendamts gefordert wird, die im Rahmen einer Beistandschaft – etwa bei der Geltendmachung von Unterhaltsansprüchen – tätig werden. Ganz bewusst hat sich der Gesetzgeber in diesem Kontext sogar dafür entschieden, dass – abweichend von dem für Unterhaltsverfahren grundsätzlich geltenden Anwaltszwang – das Jugendamt nicht nur erstinstanzlich, sondern auch im Beschwerdeverfahren tätig werden darf. Erst wenn sich ein Sachverhalt als überdurchschnittlich schwierig erweist, wird eine anwaltliche Vertretung veranlasst, d.h. erst und nur dann wird auch für ein minderjähriges Kind in der außergerichtlichen Interessenvertretung Beratungshilfe gewährt.[410] Nichts anderes kann für die Fallkonstellation von asyl- oder ausländerrechtlichen Problembereichen gelten. Auch hier ist zu erwarten, dass vorrangig durch entsprechende Organisation bei den Jugendämtern einzelne Mitarbeiter für eine Tätigkeit als Vormund ausgewählt und einer weiteren Aus-/Fortbildung zugeführt werden, die es ihnen ermöglicht, die grundlegende Beratung und Vertretung des Minderjährigen sicherzustellen. Erst wenn sich über die nach den europarechtlichen Vorgaben vorgesehene allgemeine Beratung hinausgehende, vertiefte rechtliche Probleme ergeben, kann ein Anspruch des Jugendlichen auf Beratungshilfe entstehen.[411] In diese Richtung gehen auch die geplanten weiteren Reformen des Vormundschaftsrechts. Danach wird erwogen, ggf. die Jugendämter zu verpflichten, Kompetenzen in Ausländer- und Asylrechtsfragen vorzuhalten oder zumindest hierauf spezialisierte Vormundschaftsvereine zu unterstützen.[412]

---

403 OLG Frankfurt FamRZ 2014, 673; OLG Frankfurt FamRZ 2014, 1129; a.A. OLG Bamberg, FamRZ 2016, 152; *Rieger*, Aufgaben und Möglichkeiten für Vormünder bei der Vertretung unbegleiteter Minderjähriger im Asylverfahren, JAmt 2015, 118; *Etzold*, Bestellung eines rechtskundigen Mitvormunds für unbegleitete minderjährige Flüchtlinge nach § 1775 S. 2 BGB, FamRZ 2016, 609; *Lettl*, Die Vertretung unbegleiteter Minderjähriger nach §§ 1773 ff. BGB, JA 2016, 481.
404 BGH NJW 2013, 3095.
405 BGH FamRZ 2014, 472.
406 Verordnung EU Nr. 604/2013, Abl EG L 180/31.
407 Richtlinie 2013/32/EU v. 26.6.2013, ABl EG L 180/31; Richtlinie 2013/33 EU v. 26.6.2013, Abl EG L 180/96.
408 OLG Bamberg, NZFam2015, 1128.
409 *Dürbeck*, Aktuelle Rechtsfragen im Zusammenhang mit der Einreise unbegleiteter minderjähriger Flüchtlinge, ZKJ 2014, 266.
410 Siehe zur Beratungshilfe im Kontext der Flüchtlingsproblematik *Lissner*, RVGreport 2016, 162.
411 Siehe auch hierzu *Lissner*, RVGreport 2016, 162; zur Frage der Beauftragung eines Rechtsanwalts durch den Minderjährigen, durch einen Dritten für diesen oder – bei Zusage der Kostenübernahme – durch den Vormund siehe DIJuF-Rechtsgutachten JAmt 2016, 376.
412 www.bmjv.de/SharedDocs/DE/pdfs/Vormundschaftsrecht_Eckpunkte weitere Reform.html.

3. Befugnisse und Pflichten des Jugendamtes während der Inobhutnahme

a) Kindeswohl und Wille des Sorgeberechtigten

Während der Inobhutnahme ist das Jugendamt zunächst berechtigt, alle Rechtshandlungen vorzunehmen, die zum Wohl des Kindes oder Jugendlichen notwendig sind (§ 42 Abs. 2 S. 4 SGB VIII). Welche konkreten Maßnahmen hiervon erfasst sind, ist in Rechtsprechung und Literatur umstritten,[413] wobei nicht außer Betracht bleiben darf, dass sich aus § 42 SGB VIII – zumindest bis zu einer familiengerichtlichen Entscheidung – nur eine **Notkompetenz** ableitet.[414] In diesem Sinn hat auch das BVerfG in einer Entscheidung aus dem Jahr 2007 hervorgehoben, dass es insbesondere in den Fällen des erklärten Widerspruchs gegen eine Inobhutnahme allein Sache des Familiengerichts ist, Sorgerechtsentscheidungen zu treffen. Die Inobhutnahme durch das Jugendamt steht dem nach wie vor existenten Aufenthaltsbestimmungsrecht der Eltern nicht entgegen.[415] Bis zu einer entsprechenden Entscheidung des Familiengerichts ist das Jugendamt damit nur zur Vornahme vorläufiger Maßnahmen berechtigt.[416] Wurde das Jugendamt bereits zu einem früheren Zeitpunkt als Ergänzungspfleger mit der Befugnis zur Aufenthaltsbestimmung bestellt und soll die Herausnahme des Kindes aus der Pflegefamilie erfolgen, so kann der Herausgabeanspruch nicht mit Mitteln der Verwaltungsvollstreckung durchgesetzt werden. Vielmehr muss das Jugendamt als Personensorgeberechtigter einen Herausgabetitel nach § 1632 Abs. 1 und 3 BGB erwirken.[417] Das Jugendamt muss konsequent berücksichtigen, dass es sich bei der Inobhutnahme nur um eine vorläufige Maßnahme handelt, die keine Dauerwirkung entfalten darf.[418] Dies hat auch besondere Auswirkungen auf den konkreten Tagesablauf des in Obhut genommenen Kindes. Kann etwa der Besuch der bisherigen Schule mit der Inobhutnahme und dem Ort der Unterbringung des Kindes in Einklang gebracht werden, so ist eine Herausnahme des Kindes aus seiner bisherigen Schule – insbesondere im laufenden Schuljahr – und die Verbringung an einen anderen Schulort, der zudem mit einer deutlich längeren Anfahrt verbunden ist, nicht zu vertreten. Ebenso muss während der Inobhutnahme ein Umgangskontakt zwischen Eltern und Kind sichergestellt werden, um insbesondere bei jüngeren Kindern einer Entfremdung entgegenzuwirken.[419] Über Einschränkungen oder den gänzlichen Ausschluss des Umgangsrechts entscheidet allein das Familiengericht.

Besondere Bedeutung gewinnt in diesem Kontext auch die ausdrückliche gesetzgeberische Vorgabe des angemessen zu berücksichtigenden **mutmaßlichen Willens** des Sorge- oder Erziehungsberechtigten. Durch diese Wertung wird die privilegierte rechtliche Position der Eltern in konkreter Ausgestaltung von Art. 6 Abs. 2 GG zusätzlich hervorgehoben und lediglich insoweit eingeschränkt, als im Fall einer ausreichenden Urteilsfähigkeit des Minderjährigen dessen Entscheidungen beachtlich sind.[420] Dies setzt zwangsläufig voraus, dass entsprechend der Vorgabe in § 42 Abs. 2 S. 1 SGB VIII dem betroffenen Kind oder Jugendlichen im Rahmen der gebotenen Situationsklärung, einhergehend mit einer intensiven Beratung, auch die zur Verfügung stehenden Hilfs- und Unterstützungsmöglichkeiten aufgezeigt werden oder psychologische bzw. sonstige medizinische Beratungen vermittelt werden. Das Jugendamt hat in diesem Rahmen eine gesteigerte Beratungspflicht, folgend aus der gesetzgeberischen Intention, dass im Zuge der Inobhutnahme vorrangig sozialpädagogische, auf Deeskalation gerichtete Aufgaben

---

413 Vgl. zum Meinungsstand *Kunkel/Kepert/Pattar* in LPK-SGB VIII, § 42 Rn 76.
414 OVG Nordrhein-Westfalen, Beschl. v. 24.1.2013 – 12 E 1259/12, juris, m.w.N.; Münder/Wiesner/Meysen/ *Trenczek*, Handbuch KJHR, Kap. 3.9 Rn 20.
415 BVerfG FamRZ 2007, 1627.
416 *Kunkel/Kepert/Pattar* in LPK-SGB VIII, § 42 Rn 72 f.
417 BayVGH NJW 2014, 715.
418 Zur Rechtswidrigkeit einer viereinhalb Jahre dauernden Inobhutnahme vgl. VG Augsburg, Beschl. v. 13.4.2015 – Au 3 E 15.251, juris.
419 *Peschel-Gutzeit*, FPR 2012, 443.
420 BGH NJW 1964, 1177.

zu erfüllen sind.[421] Zu diesem Zweck muss das Jugendamt ggf. auch von Amts wegen weitere jugendhilferechtliche Maßnahmen einleiten, wie etwa eine Hilfe zur Erziehung.[422]

124 Alle Maßnahmen des Jugendamtes müssen sich an diesen Vorgaben ausrichten, zumal die Inobhutnahme nicht die unverändert fortbestehende elterliche Sorge verdrängt, sondern sie allenfalls überlagert[423] und sich hieraus auch besondere Sorgfaltspflichten des Jugendamtes ableiten, deren schuldhafte Verletzung Amtshaftungsansprüche begründen können.[424] Bedeutsam ist dies auch vor dem Hintergrund, dass die Unterbringung bei einer geeigneten Person,[425] in einer geeigneten Einrichtung (z.B. i.S.d. § 34 SGB VIII) oder in einer sonstigen Wohnform erfolgen soll. Hierbei kann sich die Frage stellen, ob eine Pflegefamilie durch das Jugendamt sorgfältig ausgesucht und in der Folge angemessen kontrolliert wurde.[426] Vorfälle in jüngerer Vergangenheit – etwa der sog. „Pascal-Prozess – geben durchaus Anlass, die Einhaltung dieser Vorgaben durch einzelne Jugendämter zumindest kritisch zu hinterfragen.

125 Bei der konkret zu wählenden Unterbringungsform muss eine einzelfallbezogene Prüfung selbstverständlich sein, die neben dem Alter des Kindes oder Jugendlichen und dessen Herkunft auch den Anlass der Inobhutnahme berücksichtigt.[427] Es ist daher nicht zu vertreten, eine pubertierende Jugendliche, die wegen der von ihr angestrebten – auch sexuellen – Freiheiten in Auseinandersetzung mit ihren traditionell ausgerichteten, aber gleichwohl um Verständnis bemühten Eltern in Konflikt geraten ist, ausgerechnet im Rahmen der Inobhutnahme in einem Heim unterzubringen, in dem sich überwiegend fast volljährige und zudem männliche Bewohner aufhalten.

126 Nach der Inobhutnahme muss dem Kind oder dem Jugendlichen zwingend die Möglichkeit eingeräumt werden, sich unverzüglich mit einer **Vertrauensperson** in Verbindung zu setzen (§ 42 Abs. 2 S. 2 SGB VIII). Auf diese Kontaktmöglichkeit hat das Jugendamt ausdrücklich hinzuweisen. Der Begriff der Unverzüglichkeit orientiert sich an § 121 BGB, d.h es darf kein schuldhaftes Zögern vorliegen. Die Entscheidung darüber, wer Vertrauensperson in diesem Sinn ist, trifft grundsätzlich das Kind bzw. der Jugendliche selbst.[428] Zuzustimmen ist der in der Literatur vertretenen Auffassung, dass das Jugendamt – ob seines staatlichen Wächteramts – aber auch die Pflicht hat, einen solchen Kontakt zu unterbinden, wenn gesicherte Anhaltspunkte dafür bestehen, dass von der betreffenden Person Gefahren im Sinn des § 1666 BGB ausgehen oder sie die Inobhutnahme selbst gefährdet.[429]

b) Einleitung eines Hilfeplanverfahrens

127 Um den mutmaßlichen oder tatsächlichen Willen des Sorge- oder Erziehungsberechtigten ermitteln zu können – so er denn letztlich in Einklang mit dem Kindeswohl zu bringen ist – bedarf es einer entsprechenden **Einbindung** seinerseits in die weiteren Maßnahmen während der Inobhutnahme. Zu diesem Zweck sieht das Gesetz eine unverzügliche Information des Personen- oder Erziehungsberechtigten über die Inobhutnahme vor bzw. muss bei Nichterreichbarkeit eine Mitteilung, z.B. durch die Polizei, gewährleistet sein, um über den gegenwärtigen Aufenthalt des Kindes zu informieren. Ebenso kann es in bestimmten Fällen aber auch ausreichend sein, dass lediglich das örtlich zuständige Jugendamt als Kontaktadresse genannt wird, etwa in Missbrauchs- oder Misshandlungsfällen. In diesem Kontext ist nachfolgend auch das Familiengericht über

---

[421] *Karl Späth*, Konzeption und Praxis der Inobhutnahme nach § 42 KJHG, ZfJ 1998, 303.
[422] VG Frankfurt JAmt 2009, 511.
[423] *Wiesner*, HK SGB VIII, § 42 Rn 30f; a.A. *Kunkel/Kepert/Pattar* in LPK-SGB VIII, § 42, Rn 70 ff.
[424] Vgl. ergänzend OLG Stuttgart NJW 2005, 3579.
[425] OLG Zweibrücken FamRZ 1996, 1026 zum Vorzug eines zwar nicht sorge- aber umgangsberechtigten Elternteils.
[426] *Moch*, ZKJ 2012, 296.
[427] *Kunkel/Kepert/Pattar* in LPK-SGB VIII, § 42 Rn 51; *Späth* in Lohmann/Pletzer, Beteiligung von Kindern und Jugendlichen in der Jugendhilfe, 2001, S. 71 ff.
[428] *Busch*, Begriff, Inhalt und Umfang der Inobhutnahme nach § 42 KJHG, ZfJ 1993, 129.
[429] *Wiesner*, HK SGB VIII, § 42 Rn 29; *Czerner*, Probleme bei der Inobhutnahme gem. § 42 SGB VIII, ZfJ 2000, 372.

die besondere Schutzmaßnahme zu informieren,[430] wobei es zusätzlich auch eine Selbstverständlichkeit darstellen dürfte, dass das Jugendamt die Gründe für eine nur eingeschränkte Information genau dokumentiert. Die Benachrichtigungspflicht ist dabei nicht an den Willen des Kindes gebunden.

Soweit im Einzelfall möglich, soll mit den Eltern das Gefährdungsrisiko abgeschätzt werden, gerichtet auf die Erarbeitung eines Lösungsansatzes.[431] Uneingeschränkt wünschenswert ist eine nachvollziehbare **Dokumentation der Gefährdungseinschätzung**.[432] Sie dient dem berechtigten Schutz des handelnden Jugendamtsmitarbeiters ebenso wie einer etwaig notwendig werdenden Beweisführung seitens der Eltern bei einer möglicherweise unberechtigten Inobhutnahme. Nur durch eine sorgfältige Dokumentation, aufgrund welcher konkreten objektiven Anhaltspunkte die Inobhutnahme veranlasst und letztlich – im Fall des Widerspruchs – auch aufrecht erhalten wurde, kann beiden Seiten angemessen Rechnung getragen und eine Vertrauensbasis geschaffen werden. Hierbei sollten die Jugendämter auch den Wunsch eines Verfahrensbevollmächtigten auf Offenlegung dieser Dokumentation nicht als Unterstellung einer unsachgemäßen Sachverhaltsbearbeitung missverstehen. Sie sollten sich vergegenwärtigen, dass nur auf dieser Basis seitens des Anwalts dem Mandanten in einem vertrauensvollen Gespräch die fachgerechte Vorgehensweise des Jugendamtes vermittelt werden kann. Dieses Gespräch kann dann auch Grundlage für eine Zustimmung zur Inobhutnahme sowie Basis für das unverzüglich einzuleitende **Hilfeplanverfahren** (§ 42 Abs. 3 S. 5 SGB VIII) sein (vgl. auch § 1 Rdn 222).[433] Der Hilfeplan selbst hat keinen Verwaltungsaktcharakter.[434]

128

c) Einholung einer familiengerichtlichen Entscheidung – Rechtswegfragen

Unabhängig davon, ob in einem Gespräch zwischen dem Jugendamt und dem Personen- bzw. Erziehungsberechtigten – sofern mit diesem überhaupt eine Kontaktaufnahme möglich ist[435] – eine adäquate Lösung gefunden werden kann oder es letztlich bei dem Widerspruch gegen die Inobhutnahme bleibt und das Jugendamt aufgrund sorgfältiger Risikoeinschätzung zu dem Ergebnis gelangt, dass die Herausgabe zu einer Kindeswohlgefährdung führen würde, muss im Sinn einer ermessensunabhängigen Handlungsverpflichtung unverzüglich eine **familiengerichtliche Entscheidung** durch das Jugendamt herbeigeführt werden.[436] Diese richtet sich nicht auf die Prüfung der Rechtmäßigkeit der Entscheidung des Jugendamtes zu Vornahme oder Aufrechterhaltung der Inobhutnahme.[437] Dieser Aspekt ist ggf. in einem verwaltungsrechtlichen Verfahren zu prüfen.[438] Sie richtet sich allein auf die im Zusammenhang mit der Kindeswohlgefährdung zu treffenden sorgerechtlichen Maßnahmen nach §§ 1666, 1666 a BGB[439] (vgl. hierzu ergänzend § 1 Rdn 184 ff.), wobei inzident auch die im Zusammenhang mit der Krisensituation notwendigen Eingriffe zu prüfen sind.[440] Der Einholung einer familiengerichtlichen Entscheidung bedarf es auch, wenn der Personensorgeberechtigte im Rahmen des Hilfeplanverfahrens keinen Antrag auf eine notwendige An-

129

---

430 *Wiesner*, HK SGB VIII, § 42 Rn 3.8.
431 *Kohaupt*, Hurry slowly! Oder was man nicht kann erfliegen, muss man erhinken; Konflikthafter Kontakt zu Eltern bei Kindeswohlgefährdung, JAmt 2005, 218; vgl. hierzu auch die zutreffenden Ausführungen von *Trenczek* in Münder/Wiesner/Meysen, Handbuch KJHR, Kap.3.9 Rn 24 zu gebotenen Verhaltensstrukturen im Gespräch zwischen Eltern und Jugendamt.
432 *Wiesner*, HK SGB VIII, § 42 Rn 39; *Trenczek* in Münder/Wiesner/Meysen, Handbuch KJHR, Kap. 3.9 Rn 25.
433 Vgl. hierzu *Rötzer/Schmid/Sgolik/Waitzhofer*, ZKJ 2012, 212.
434 OVG Hessen JAmt 2008, 327.
435 VG Münster ZfJ 1997, 428 zur Einreise eines unbegleiteten ausländischen Jugendlichen.
436 OVG Münster, ZKJ 2013, 133; *Czerner*, Probleme bei der Inobhutnahme gem. § 42 SGB VIII, ZfJ 2000, 372.
437 BVerfG FamRZ 2007, 1627; OLG Bamberg FamRZ 1999, 663.
438 Zum Rechtsweg für Widerspruch gegen andauernde Inobhutnahme siehe *Trenczek/Meysen*, JAmt 2010, 543; vgl. auch VG Saarlouis ZKJ 2012, 159; kritisch zur Klärung der Rechtmäßigkeit der Inobhutnahme im verwaltungs- statt familiengerichtlichen Verfahren Sommer, Strukturdefizite im Kindschaftsrecht, ZKJ 2012, 135.
439 OVG Lüneburg FamRZ 2010, 769.
440 BVerfG 2007, 1627.

schlusshilfe – etwa Hilfe zur Erziehung – stellt. Die Fortdauer der Inobhutnahme ist daher nur rechtmäßig, wenn das Jugendamt unverzüglich dafür Sorge trägt, dass ein fehlendes Einverständnis des Personensorgeberechtigten mit einer Anschlussmaßnahme familiengerichtlich ersetzt wird.[441] Es versteht sich dabei von selbst, dass die familiengerichtliche Entscheidung unverzüglich zu treffen ist.[442] Mit der Entscheidung des Familiengerichts über die zur Abwendung einer Gefahr für das Kindeswohl erforderlichen Maßnahmen ist das Verfahren nach § 1666 BGB abgeschlossen. Für das Jugendamt besteht dann ohne das Hinzutreten neuer Umstände, die eine erneute Inobhutnahme rechtfertigen oder einen neuen Antrag nach § 1666 BGB stützen würden, kein weiterer Entscheidungsspielraum mehr für die Einleitung stationärer Maßnahmen gegen den Willen der Personensorgeberechtigten.[443]

Die **örtliche Zuständigkeit** des Familiengerichts orientiert sich primär an § 152 Abs. 2 FamFG, so dass für den Fall, dass ein gewöhnlicher Aufenthalt des Kindes nicht ermittelt werden kann, der Ort maßgeblich ist, an dem das Bedürfnis der Fürsorge bekannt wurde (§ 152 Abs. 3 FamFG; siehe dazu eingehend § 1 Rdn 372 ff.).

d) Freiheitsentziehende Maßnahmen

130 Im Rahmen der Inobhutnahme muss das Jugendamt grundsätzlich versuchen, auf das Kind oder den Jugendlichen mit sozialpädagogischen Mitteln einzuwirken.[444] Allein unter den in § 42 Abs. 5 SGB VIII genannten engen Voraussetzungen kommen ausnahmsweise freiheitsentziehende Maßnahmen in Betracht,[445] da jeweils nicht der Aspekt der Gefahrenabwehr im Vordergrund steht, sondern allein das Kindeswohl.[446] Notwendige Voraussetzung für eine **freiheitsentziehende Maßnahme**[447] ist daher, dass diese zur Abwehr von Gefahr für Leib[448] oder Leben des Kindes/Jugendlichen selbst bzw. eines Dritten geeignet und erforderlich ist. Die Gefahren müssen sich bereits konkretisiert haben und in allernächster Zeit zu befürchten sein.[449] Dabei ist der Grundsatz der **Verhältnismäßigkeit** strikt zu wahren, d.h. es muss stets geprüft werden, ob statt einer Freiheitsentziehung möglicherweise Freiheitsbeschränkungen ausreichen,[450] wobei das Jugendamt zudem in der Verpflichtung steht, die Alternativlosigkeit seiner freiheitsentziehenden Maßnahmen zu begründen. Während das Einverständnis des Personensorgeberechtigten – folgend aus § 1631b BGB – unbeachtlich ist, kann eine Maßnahme sehr wohl mit dem **Einverständnis** eines ausreichend einsichtsfähigen Kindes oder Jugendlichen ihren Zwangscharakter verlieren.[451] Dessen unbeschadet bedürfen freiheitsentziehende Maßnahmen zwingend der familiengerichtlichen Genehmigung nach § 1631b BGB, unabhängig davon, ob ein Einverständnis des Kindes oder Jugendlichen vorliegt.[452] Ob von einer freiheitsentziehenden Maßnahme in diesem Sinn auch auszugehen ist, wenn es sich um eine **halboffene Unterbringung** handelt, ist in der Rechtsprechung umstritten, aber wohl zu bejahen, da letztlich dem Betroffenen die eigene Entscheidungskompetenz genommen wird, einen bestimmten

---

441 VG Freiburg JAmt 2012, 667; vgl. auch VG Augsburg, Beschl. v. 13.4.2015 – Au 3 E 15.251, juris.
442 *Rainer Ollmann*, Zum Geltungsbereich des § 42 SGB VIII (Inobhutnahme), FamRZ 2000, 261.
443 VG Saarlouis FamRZ 2015, 1144.
444 BT-Drucks 11/5948, S. 80.
445 *Hoffmann/Trenczek*, Freiheitsentziehende Unterbringung „minderjähriger" Menschen in Einrichtungen der Kinder- und Jugendhilfe, JAmt 2011, 177; *Beermann*, Zivilrechtliche und öffentlich-rechtliche freiheitsentziehende Unterbringung Minderjähriger, FPR 2011, 535.
446 *Trenczek*, in Münder/Wiesner/Meysen, Handbuch KJHR, Kap. 3.9 Rn 32.
447 Siehe hierzu umfassend die Monographie von *Vogel*, Die familiengerichtliche Genehmigung der Unterbringung mit Freiheitsentzug bei Kindern und Jugendlichen nach § 1631b BGB.
448 *Czerner*, Probleme bei der Inhobhutnahme gem. § 42 SGB VIII, ZfJ 2000, 372.
449 BVerfG NJW 2001, 1122.
450 *Kunkel*, Das Zusammenspiel von Jugendamt und Familiengericht nach § 42 SGB VIII, Kind-Prax 2002, 159.
451 *Wiesner*, HK SGB VIII, § 42 Rn 56.
452 Zutreffend *Hoffmann*, FamRZ 2013, 1346, 1347 m.w.N. zur Gegenmeinung; *Salgo*, FPR 2011, 546, 548 f.; kritisch aus kinder- und jugendpsychiatrischer Sicht auch *Schepker*, FPR 2011, 570.

Ort dauerhaft aufzusuchen oder zu verlassen.[453] Von der Genehmigungspflicht werden lediglich **unterbringungsähnliche Maßnahmen**, wie etwa die **Körperfixierung**, nicht erfasst.[454]

Kann die gerichtliche Entscheidung wegen Gefahr im Verzug nicht im Vorfeld eingeholt werden, so ist dies unverzüglich **nachzuholen**, und zwar spätestens mit Ablauf des Tages, der dem Tag der Freiheitsentziehung folgt (§ 42 Abs. 5, S. 2 SGB VIII),[455] ansonsten ist die Freiheitsentziehung aufzuheben.[456] In dem einzuleitenden gerichtlichen Verfahren ist das Jugendamt gem. § 162 FamFG anzuhören und auf seinen Antrag am Verfahren zu beteiligen. Im Rahmen der in § 50 SGB VIII vorgesehenen Mitwirkung des Jugendamtes sind von diesem neben den Gründen für die Inobhutnahme selbst auch die Erforderlichkeit der vorgenommenen Freiheitsentziehung darzulegen. Es zeigt sich an dieser Stelle erneut die Wichtigkeit konsequenter Dokumentation der Krisenhilfe des Jugendamtes.

131

Teilweise wird in der Literatur die Auffassung vertreten, dass im Fall einer **nicht fristgerechten Entscheidung** des Familiengerichts gleichwohl die Freiheitsentziehung fortgesetzt werden könne, da im Rahmen einer Güterabwägung das Leben des Kindes oder Jugendlichen schwerer wiege als eine Freiheitsentziehung.[457] Dem kann nicht zugestimmt werden. Hier darf nicht außer Betracht bleiben, dass sich der Gesetzgeber bei der vorgegebenen Frist des § 42 Abs. 5 S. 2 SGB VIII ganz bewusst an dem hohen Maßstab des Art. 104 GG orientiert hat, mit Blick auf den Ausnahmecharakter der Vorschrift sowie unter Berücksichtigung, dass das Jugendamt in der Regel auch nicht im Einverständnis mit den Eltern handelt.[458] Jede abweichende und Ausnahmen zulassende Handhabung birgt daher das Risiko, dass die gerade im Interesse des Kindes oder Jugendlichen vorgegebene Frist ausgehebelt wird.

132

Ist der Sorgeberechtigte mit der freiheitsentziehenden Maßnahme nicht einverstanden, so ist neben der Genehmigung nach § 1631b BGB auch über die Zustimmungsersetzung nach § 1666 Abs. 3 Nr. 5 BGB zu entscheiden bzw. über Einschränkungen der elterlichen Sorge für den Fall, dass auch der Inobhutnahme als solcher unverändert widersprochen wird.[459] Für das gerichtliche Verfahren gelten dabei die §§ 167 i.V.m. 312 ff. FamFG (siehe dazu § 1 Rdn 92 ff.).

Bedarf es im Zusammenhang mit der Inobhutnahme und insbesondere der Vornahme freiheitsentziehender Maßnahmen der Anwendung **unmittelbaren Zwangs**, so sind hierfür allein die Polizeibehörden legitimiert.[460] Allerdings greift hier der Grundsatz der Subsidiarität: Die Polizei ist zur Vollzugshilfe nur verpflichtet, wenn das Jugendamt nicht selbst über die hierzu erforderlichen Dienstkräfte verfügt.[461]

133

4. Ende der Inobhutnahme

Aus der gesetzgeberischen Zielsetzung der Inobhutnahme – des unmittelbaren Handelns in Eil- und Notfällen – folgt, dass die Inobhutnahme unverzüglich zu **beenden** ist, wenn die Voraussetzungen für den Eingriff nach § 42 SGB VIII nicht mehr vorliegen. Jeweils am Einzelfall orientiert muss fortlaufend bis zur familiengerichtlichen Entscheidung geprüft werden, ob die Inobhut-

134

---

453 AG Kamen FamRZ 1983, 299; ebenso *Salgo*, FPR 2011, 546, 547.
454 BGH NJW 2013, 2969; OLG Frankfurt FamRZ 2013, 1225; OLG Oldenburg FamRZ 2012, 39, jeweils m.w.N. auch zur Gegenmeinung; ebenso DIJuF-Rechtsgutachten, JAmt 2010, 236.
455 *Kunkel*, Das Zusammenspiel von Jugendamt und Familiengericht nach § 42 SGB VIII, Kind-Prax 2002, 159; *Czerner*, Probleme bei der Inobhutnahme gem. § 42 SGB VIII, ZfJ 2000, 372.
456 *Wiesner*, HK SGB VIII, § 42 Rn 63.
457 *Wiesner*, HK SGB VIII, § 42 Rn 64 m.w.N.
458 BT-Drucks 11/5948, S. 80.
459 BVerfG FamRZ 2007, 1627.
460 BT-Drucks 11/5948, S. 81; *Finke*, Zur Vollstreckung von Inobhutnahmen – insbesondere zum Verhältnis von Polizei und Jugendamt bei der Anwendung unmittelbaren Zwangs, JAmt 2011, 251.
461 VG Gelsenkirchen, Urt. v. 19.2.2016 – 17 K 6092/12, juris.

nahme noch geeignet, erforderlich und angemessen ist.[462] Unerheblich für diese Prüfung ist ein etwaig geäußerter Wunsch des Jugendlichen zum Verlassen einer Schutzeinrichtung. Dem Jugendamt obliegt die Prüfung, ob beim Verlassen der Schutzstelle noch eine Gefahr droht. Soweit dies nicht der Fall ist, muss die Inobhutnahme beendet werden.[463]

135 Nach dem ausdrücklichen Wortlaut von § 42 Abs. 4 SGB VIII endet die Inobhutnahme entweder
- mit der **Übergabe** des Kindes oder Jugendlichen an den Personen- bzw. Erziehungsberechtigten[464] oder
- mit der **Entscheidung** über die Gewährung von Hilfen nach dem SGB, wobei eine tatsächliche Überleitung in eine andere Hilfe nach dem SGB VIII erfolgen muss.[465]

136 Die erste Beendigungsmöglichkeit kommt danach zur Anwendung, wenn aufgrund fachgerechter Prüfung des Jugendamtes bei Rückkehr des Jugendlichen entweder in den Haushalt des Personensorgeberechtigten selbst oder einer von ihm gewählten sonstigen Unterbringung eine Gefährdung ausgeschlossen ist. Die zweite Beendigungsmöglichkeit knüpft demgegenüber an eine Hilfegewährung nach den Sozialgesetzbüchern an, also nicht nur an eine solche nach dem SGB VIII. Maßgeblicher Zeitpunkt für das Ende der Inobhutnahme ist dabei allerdings die Entscheidung über die Hilfegewährung, d.h. ggf. auch über die familiengerichtliche Entscheidung zeitlich hinausgehend, um so Unterbrechungen in der sozialpädagogischen Hilfestellung zu vermeiden.

137 Neben diesen gesetzlich geregelten Fällen endet eine Inobhutnahme faktisch, wenn sich das Kind oder der Jugendliche – trotz ausreichender Sicherungsmaßnahmen des Jugendamtes – aus einer Schutzeinrichtung entfernt.[466] Gleiches gilt, wenn das Kind von jemandem rechtswidrig dauerhaft ins Ausland verbracht wird, weil es sich dann rein tatsächlich und nicht nur vorübergehend nicht mehr in der Obhut des Jugendamts befindet.[467]

138 Die Beendigung der Inobhutnahme setzt keine ausdrückliche Entscheidung des Jugendamts voraus.[468] Das Jugendamt ist bei Beendigung der Inobhutnahme auch nicht verpflichtet, den Minderjährigen an den Wohnort des Sorgeberechtigten zu begleiten. Lediglich soweit dieser im Einzelfall aus vertretbaren Gründen an einer Abholung gehindert ist, besteht die Verpflichtung zum Angebot einer Begleitung.

5. Kosten

139 Die **Kosten der Inobhutnahme** werden zunächst von dem zuständigen öffentlichen Jugendhilfeträger gem. § 87 SGB VIII übernommen. Dieser hat jedoch gem. §§ 89b, 89f SGB VIII eine Rückgriffsmöglichkeit gegenüber dem für Leistungen örtlich zuständigen Jugendhilfeträger,[469] wobei sich die örtliche Zuständigkeit am gewöhnlichen Aufenthaltsort des Sorgeberechtigten orientiert.[470]

Im Fall der begründeten Inobhutnahme sehen die §§ 91 Abs. 1 Nr. 7, 92 Abs. 1 Nr. 1 und 5 SGB VIII eine Heranziehung des In Obhut Genommenen bzw. seiner Eltern vor,[471] soweit nicht unter den Voraussetzungen des § 92 Abs. 5 S. 1 SGB VIII ausnahmsweise von einer Heranziehung

---

462 *Trenczek*, in Münder/Wiesner/Meysen, Handbuch KJHR, Kap. 3.9 Rn 27.
463 VG Würzburg JAmt 2004, 597.
464 VG Schwerin FamRZ 2015, 2200.
465 VG Freiburg JAmt 2012, 667; VG Augsburg, Beschl. v. 13.4.2015 – Au 3 E 15.251, juris.
466 *Wiesner*, HK SGB VIII, § 42 Rn 54.
467 VG Augsburg, Beschl. v. 13.4.2015 – Au 3 E 15.251, juris.
468 BayVGH, Beschl. v. 19.8.2010 – 12 ZB 10.1521, juris.
469 BVerwG FamRZ 2000, 286; JAmt 2004, 438.
470 VG Freiburg JAmt 2012, 667 zu der Frage der unberechtigten Kostenheranziehung bei einer rechtswidrig gewordenen Inobhutnahme.
471 OVG Lüneburg FamRZ 2010, 769; OVG NRW FamRZ 2008, 2314; zum Fall der rechtswidrigen, allein auf der Anzeige eines Nachbarn beruhenden Inobhutnahme siehe VG Cottbus JAmt 2014, 397.

wegen einer besonderen Härte oder Gefährdung des mit der Inobhutnahme verfolgten Ziels Abstand zu nehmen ist, etwa bei einer nur kurzfristigen Inobhutnahme. In seiner aktuellen Rechtsprechung billigt das BVerwG eine Heranziehung der Eltern für die Kosten der Inobhutnahme ihres Kindes im Rahmen eines Mindestkostenbeitrages in Höhe des Kindergeldes.[472]

Zu den zu erstattenden Kosten gehören neben denen der Unterbringung selbst auch jene für Taschengeld, Begleitung und Rückführung des Kindes oder Jugendlichen durch das nach § 86 SGB VIII zuständige Jugendamt in die Obhut des Sorgeberechtigten oder einen sonstigen von diesem bestimmten Ort.[473]

VI. Kostenbeteiligung im Rahmen der Kinder- und Jugendhilfe

Eine **Kostenbeteiligung**[474] nach Inanspruchnahme von Leistungen nach dem KJHG[475] kann nur auf der Grundlage einer ausdrücklichen gesetzlichen Regelung erfolgen.[476] Die Leistung muss den gesetzlichen Vorschriften entsprechen.[477] Das zum 1.10.2005 in Kraft getretene Gesetz zur Weiterentwicklung der Kinder- und Jugendhilfe (KICK)[478] führte insoweit zu grundlegenden Reformen, wobei im Rahmen der Kostenbeteiligung differenziert wird zwischen einer pauschalierten Beteiligung gem. § 90 SGB VIII (z.B. die Förderung in Tageseinrichtungen und der Kindertagespflege gem. §§ 22 ff. SGB VIII) und konkreten Kostenbeteiligungen bei teil- oder vollstationären Leistungen gem. §§ 91 ff. SGB VIII (z.B. die teilstationäre Hilfe zur Erziehung in Tagesgruppen gem. § 32 SGB VIII oder die Inobhutnahme gem. § 42 SGB VIII).[479] Wird ein nicht sorgeberechtigter Elternteil auf eine solche Kostenbeteiligung in Anspruch genommen, so hat er prinzipiell einen Anspruch darauf, über den Grund, den Inhalt und die voraussichtliche Dauer der jugendhilferechtlichen Maßnahmen informiert zu werden. Dieser Informationsanspruch ist allein im Zusammenhang mit der Erhebung des Kostenbeitrages zu sehen. Er richtet sich nicht darauf, den in Anspruch genommenen vor der Zahlung nicht mehr geschuldeten Betreuungsunterhalts gegenüber dem jeweils anderen Elternteil zu schützen.[480] Einschränkungen der Informationspflicht können sich allerdings aus § 65 SGB VIII ergeben. In diesem Fall ist der betroffene Elternteil gehalten, weitergehende Informationen über einen Auskunftsanspruch gem. § 1686 BGB geltend zu machen (vgl. § 2 Rdn 195 ff.).[481] Grundlegende Voraussetzung der Heranziehung zu einem Kostenbeitrag ist die Rechtmäßigkeit der jeweiligen Maßnahme.[482] Die Regelung des § 1611 Abs. 1 BGB findet jedoch im Rahmen des öffentlich-rechtlichen Kostenbeitragsrechts keine Anwendung.[483] Stehen zur Überprüfung der Rechtmäßigkeit keine anderen Erkenntnisquellen zur Verfügung, so bedarf es einer Einsichtnahme in den Hilfeplan einschließlich seiner Fortschreibungen. Verweigert die Behörde die Einsichtnahme, so ist nach Maßgabe der materiellen Beweislast der Kostenbescheid aufzuheben.[484]

140

---

472 BVerwG, ZKJ 2015, 447.
473 BVerwG FamRZ 1993, 544.
474 Auf die Frage der Kostenerstattungen der Jugendhilfeträger untereinander wird angesichts der Ausrichtung dieses Buchs auf die gerichtliche und anwaltliche Praxis nicht eingegangen.
475 Dazu *Söfker*, Änderungen im Kostenbeitragsrecht der Kinder- und Jugenhilfe, JAmt 2013, 434.
476 *Wiesner*, HK SGB VIII, § 90 Rn 4.
477 VG Saarland, Gerichtsbescheid v. 30.10.2012 – 3 K 936/10, juris.
478 BT-Drucks 15/3676.
479 Vgl. hierzu die tabellarische Übersicht bei *Schindler* in Münder/Wiesner/Meysen, Handbuch KJHR, Kap. 5.5 Rn 3.
480 BGH FamRZ 2014, 1454.
481 VG Freiburg FamRZ 2013, 161.
482 Vgl. VG Saarland, Urt. v. 31.1.2014 – 3 K 686/12 – juris, m.w.N.
483 VG Düsseldorf, ZKJ 2015, 475.
484 VG Frankfurt LKRZ 2014, 428.

1. Die pauschalierte Kostenbeteiligung nach § 90 SGB VIII

141 Eine **pauschalierte Kostenbeteiligung** ist nach § 90 SGB VIII vorgesehen für Angebote
- der Jugendarbeit gem. § 11 SGB VIII,
- der allgemeinen Förderung der Erziehung in der Familie gem. § 16 SGB VIII sowie
- der Förderung von Kindern in Tageseinrichtungen und Kindertagespflege gem. §§ 22 ff. SGB VIII.

142 § 90 SGB VIII richtet sich dabei ausschließlich an die Träger der öffentlichen Jugendhilfe. Während für die Träger der freien Jugendhilfe keine besondere gesetzliche Bindung besteht, d.h. sie allein im Rahmen privater vertraglicher Vereinbarungen die Entscheidung treffen, ob und in welcher Höhe Beiträge zu Leistungen geltend gemacht werden,[485] orientieren sich die Träger der öffentlichen Jugendhilfe bei der Beitragshöhe an den Belangen des Jugendhilferechts.[486] Die **Beitragshöhe** muss sich an der finanziellen Leistungsfähigkeit des die Leistung in Anspruch Nehmenden richten.[487] Allein bei der Förderung von Kindern in der Tagesbetreuung besteht die Pflicht zur sozialen Staffelung der Beitragshöhe,[488] wobei die nähere Ausgestaltung landesrechtlich erfolgt. Zugleich muss sichergestellt werden, dass der Träger der Jugendhilfe nur in finanziellen Notsituationen die Kosten erlassen oder selbst übernehmen soll.[489] Soweit nach § 90 Abs. 3 i.V.m. Abs. 1 Nr. 3 SGB VIII ein Beitrag ganz oder teilweise erlassen oder vom Träger der Hilfe übernommen werden kann, bedarf es für einen solchen Erlass zwar eines Antrages. Dieser Antrag kann aber auch noch nach Inanspruchnahme der Leistung gestellt werden, da die Antragstellung lediglich ein formelles Erfordernis darstellt und nicht materiell-rechtliche Voraussetzung für die Leistungserbringung ist.[490] Nicht zumutbar im Sinn des § 90 SGB VIII ist dabei ein Beitrag, der die nach den sozialhilferechtlichen Vorschriften der §§ 82 ff. SGB XII vertretbare Belastung überschreitet.[491] Die Beweislast dafür, dass die Heranziehung zu einem pauschalierten Kostenbeitrag unzumutbar ist, obliegt dem Kostenbelasteten.[492]

143 Bei Leistungen der Jugendarbeit steht der **Beitragserlass** oder deren **Übernahme** im behördlichen Ermessen. Der Beitrag muss in diesem Fall unzumutbar, die Leistung jedoch für die Entwicklung des Jugendlichen erforderlich sein (§ 90 Abs. 2 SGB VIII).

144 Im Fall der Förderung von Kindern in Tagesbetreuung ist kein behördliches Entscheidungsermessen eröffnet. Der Erlass bzw. die Übernahme soll vielmehr bereits dann stattfinden, wenn die finanzielle Belastung nicht zumutbar ist (§ 90 Abs. 3 SGB VIII). Die diesbezügliche behördliche Entscheidung unterliegt allerdings der gerichtlichen Überprüfung.[493]

2. Konkrete Kostenbeteiligungen nach §§ 91 ff. SGB VIII

145 Die **konkrete Kostenbeteiligung** ist vorgesehen für
- voll- und teilstationäre Leistungen sowie
- vorläufige Maßnahmen.

---

485 BVerwG ZfJ 1998, 434; *Wiesner*, HK SGB VIII, § 90 Rn 9.
486 OVG Lüneburg NJW 2003, 1473.
487 BVerfG NJW 1979, 1345; NJW 2000, 1129.
488 BVerfG FamRZ 1998, 887; zu den Kriterien der sozialen Staffelung vgl. *Wiesner*, HK SGB VIII, § 90 Rn 12 ff.
489 *Schindler*, in Münder/Wiesner/Meysen, Kinder- und Jugendhilferecht, 2. Aufl. Kap. 5.5, Rn 13.
490 OVG Sachsen-Anhalt, Urt. v. 20.2.2013 – 3 L 339/11, juris.
491 VG Augsburg, Beschl. v. 22.9.2010 – Au 3 E 10.1301, juris.
492 BayVGH, Urt. v. 15.3.2006 – 12 B 05.1219, juris.
493 OVG Hamburg FamRZ 1990, 1166.

Von der Beteiligung umfasst werden neben den sozialpädagogischen Leistungen auch die Kosten für Unterhalt und Krankenhilfe,[494] wobei gem. § 91 Abs. 4 SGB VIII jedoch die reinen Verwaltungskosten ausgeklammert sind.

146 Die **Beteiligungshöhe** orientiert sich am tatsächlichen Einkommen der Beitragspflichtigen,[495] wobei jeder Pflichtige gesondert entsprechend seinem Einkommen zu einem Kostenbeitrag herangezogen wird.[496] Das für die Beitragserhebung maßgebliche Einkommen wird durch eine Auslegung der §§ 93, 94 SGB VIII bestimmt, d.h. es erfolgt eine Anlehnung an die Einkommensdefinition des Sozialhilferechts.[497]

147 Beitragspflichtig sind primär die von der Leistung unmittelbar betroffenen Personen (§ 92 Abs. 1 Nr. 1 und Nr. 2 SGB VIII) und sodann die ihnen gegenüber unterhaltspflichtigen Personen, wobei nach § 92 Abs. 1 Nr. 4 und Nr. 5 SGB VIII jedoch eine Eingrenzung auf die Eltern, den Ehegatten oder Lebenspartner erfolgt. Eine tatsächlich bestehende Unterhaltspflicht ist aber nicht Voraussetzung für die Heranziehung zur Kostenbeteiligung.[498] Die Beitragspflicht besteht dem Grunde nach ab dem Zeitpunkt der Gewährung einer Leistung und kann gegenüber dem Pflichtigen ab dem Zeitpunkt erhoben werden, ab welchem ihm die Gewährung der Leistung mitgeteilt und er über die Folgen für seine Unterhaltspflicht aufgeklärt wurde.[499] Eine Ausnahme gilt lediglich dann, wenn der Hilfeträger an der Mitteilung und Aufklärung in tatsächlicher oder rechtlicher Hinsicht gehindert war und das Hindernis in den Verantwortungsbereich des Pflichtigen fällt. Dies kann etwa dann der Fall sein, wenn aufgrund des Handelns des Pflichtigen seine Vaterschaft rechtlich verbindlich erst nachträglich festgestellt werden kann.[500] Die in § 92 Abs. 3 S. 1 SGB VIII statuierte Aufklärungspflicht richtet sich sowohl an die bar- als auch an die naturalunterhaltspflichtigen Personen. In welchem Umfang diese zu informieren sind, orientiert sich an ihren jeweiligen wirtschaftlichen Dispositionsmöglichkeiten. Bei einem Barunterhaltspflichtigen steht die Belehrung über die Folgen einer Jugendhilfemaßnahme im Vordergrund. Demgegenüber hat bei einem Naturalunterhaltspflichtigen primär die Information über das zeitliche Einsetzen der Kostenbeitragspflicht Bedeutung bzw. bedarf es bei Empfängern von Sozialleistungen eines besonderen Hinweises über die Beanspruchung von Kindergeld, so dass ihrerseits durch eine geänderte Antragstellung reagiert werden kann.[501] Die Informationspflicht des § 92 Abs. 3 S. 1 SGB VIII dient vor allem dazu, Beitragspflichtige vor Fehldispositionen zu schützen, die konkret bei Beginn einer Maßnahme drohen können.

148 Bei der Bestimmung des für die Beteiligung maßgeblichen Einkommens gilt § 93 Abs. 1 SGB VIII[502] Dort wird ein eigenständiger jugendhilferechtlicher Einkommensbegriff statuiert,[503] der an die Einkommensdefinition des Sozialhilferechts angelehnt ist, sich allerdings von diesem darin unterscheidet, dass durch den pauschalen Abzug von Aufwendungen nach § 93 Abs. 3 S. 3 SGB VIII eine einfachere Berechnung des bereinigten Einkommens ermöglicht werden soll.[504] Junge Menschen haben das hieraus folgende Nettoeinkommen in einem Umfang von 75 % für die Kostenbeteiligung einzusetzen, soweit sie sich in einer vollstationären Maßnahme befinden.

---

494 *Schindler* in Münder/Wiesner/Meysen, Kinder- und Jugendhilferecht, 2. Aufl. Kap. 5.5, Rn 26.
495 VG Saarland, Gerichtsbescheid v. 30.10.2012 – 3 K 936/10, juris.
496 BVerwG NJW 2013, 629; BVerwG FamRZ 2013, 1039 (insb. zur Einkommensermittlung eines Selbstständigen).
497 BVerwG FamRZ 2013, 1039; zur Ermittlung des berücksichtigungsfähigen Einkommens vgl. VG Saarland, Urt. v. 26.11.2016 – 3 K 901/14, juris.
498 VG Düsseldorf NZFam 2014, 271.
499 BVerwG NJW 2013, 629; VG Augsburg, Urt. v. 18.3.2011 – Au 3 K 10.1711, juris; zum Beginn der Ausschlussfrist vgl. BVerwG, FamRZ 2016, 719.
500 VG Saarland, Urt. v. 25.6.2015 – 3 K 1213/13 – juris.
501 BVerwG NJW 2013, 629.
502 VG Augsburg, Urt. v. 18.3.2011 – Au 3 K 10.1711, juris.
503 BT-Drucks 16/9299, S. 19.
504 BT-Drucks 15/3676, S. 41 f.

Für teilstationäre Maßnahmen gilt für sie keine Kostenbeteiligung.[505] Allein junge Volljährige und volljährige Leistungsberechtigte im Sinn des § 19 SGB VIII sind bei vollstationären Leistungen auch mit ihrem Vermögen einstandspflichtig (§ 92 Abs. 1a SGB VIII). Werden demgegenüber die Eltern, der Ehegatte oder der Lebenspartner zur Kostenbeteiligung herangezogen, so gilt für den Umfang des von ihnen einzusetzenden Einkommens die Tabelle zum Anhang der KostenbeitragsV. Ihre Pflicht zum Einsatz des Einkommens geht allerdings nur soweit, als dadurch weder etwaige Unterhaltsansprüche vor- oder gleichrangiger Berechtigter beeinträchtigt werden (§ 92 Abs. 4 S. 1 SGB VIII) noch ihr eigenes Existenzminimum gefährdet ist. In diesem Fall ist der Ersatzanspruch der öffentlichen Hand nachrangig.[506] Ansonsten ist von einer Heranziehung zu Kostenbeiträgen ganz oder teilweise Abstand zu nehmen, wenn dadurch Zweck und Ziel der Leistung gefährdet wäre[507] – bereits die berechtigte Befürchtung diesbezüglich genügt[508] – oder sich aus der Heranziehung eine besondere Härte ergäbe (§ 92 Abs. 5 S. 1 SGB VIII), d.h. die Heranziehung den Leitvorstellungen der §§ 91 – 93 SGB VIII zuwiderliefe.[509] Ebenso ist von einer Heranziehung dann abzusehen, wenn zwischen dem hiermit verbundenen Verwaltungsaufwand und dem geltend zu machenden Kostenbeitrag kein angemessenes Verhältnis besteht (§ 92 Abs. 5 S. 2 SGB VIII). Da die §§ 91 ff. SGB VIII keine Anordnungen dazu enthalten, entwickelte sich zu dieser Frage eine zunächst uneinheitliche Rechtsprechung.[510] In Ansehung dessen hat der Gesetzgeber diese Frage durch Art. 1 Nr. 9 des KJVVG vom 29.8.2013[511] dahin geklärt, dass bei der Ermittlung des durchschnittlichen Einkommens auf das jeweilige Kalenderjahr abzustellen ist, das dem Jahr der Leistung bzw. der Maßnahme vorangeht.

149 Zur Erhebung des Kostenbeitrags ist – unbeschadet der Erstattungsregelungen in § 89c SGB VIII – der Jugendhilfeträger berechtigt, der die kostenauslösende Leistung erbringt.[512] Der Jugendhilfeträger ist berechtigt, etwaige Ansprüche des Beitragspflichtigen gegenüber Dritten auf sich **überzuleiten** (§ 95 SGB VIII) bzw. dessen Anspruch auf Sozialleistungen im Weg der gesetzlichen **Prozessstandschaft** gelten zu machen (§ 97 SGB VIII).[513] Insoweit kann der Jugendhilfeträger auch das staatliche Kindergeld für sich in Anspruch nehmen (§ 94 Abs. 3 SGB VIII), um dadurch das Existenzminimum des Kindes zu sichern.

VII. Die rechtliche Vertretung Minderjähriger durch das Jugendamt

1. Die Beistandschaft

150 Zum 1.7.1998 ist das sog. Beistandschaftsgesetz[514] in Kraft getreten. Die bis dahin bestehende gesetzliche Amtspflegschaft wurde durch die **Beistandschaft** ersetzt, die unverändert jedoch durch das Jugendamt wahrgenommen wird. Während sich die ursprüngliche Amtspflegschaft allein auf Kinder erstreckte, die außerhalb einer formgültigen Ehe geboren waren, kann die Beistandschaft nun für alle Kinder eingerichtet werden, für die nach Trennung oder Scheidung der Eltern ein konkreter Handlungsbedarf besteht.[515] Die nach §§ 1712 ff. BGB für die Beistandschaft geltenden Vorschriften werden durch die Regelungen in §§ 52a ff. SGB VIII ergänzt.

---

505 BT-Drucks 16/9299, S. 41.
506 BGH FamRZ 1993, 1186.
507 OVG Lüneburg FEVS 64, 283.
508 *Wiesner*, HK SGB VIII, § 92 Rn 19.
509 *Wiesner*, HK SGB VIII, § 92 Rn 20.
510 OVG Nordrhein-Westfalen JAmt 2011, 665; BayVGH Kommunalpraxis BY 2009, 230.
511 BGBl I 2013, 3464.
512 OVG Berlin-Brandenburg, Beschl. v. 16.5.2012 – OVG 6 M 82.12, juris.
513 LSG Niedersachen, Urt. v. 14.7.2000 – L 9 V 70/96, juris.
514 BGBl 1997, Teil 1, S. 2846.
515 *Rütin*, Beistandschaft – ein wichtiger Sensor für soziale Bedarfslagen im niederschwelligen Beratungssektor, JAmt 2004, 223.

151 Zur Einleitung der Beistandschaft bedarf es des schriftlichen **Antrags** (§ 1712 Abs. 1 BGB)[516] durch eine der in § 1713 BGB genannten Personen, wobei das Antragsrecht höchstpersönlich ist[517] – es sei denn die Kindesmutter ist geschäftsunfähig (§ 1713 Abs. 2 S. 3 BGB – und bereits vorgeburtlich möglich ist. Die Entscheidung des Jugendamtes über einen Antrag auf Einrichtung einer Beistandschaft stellt einen **Verwaltungsakt** dar, der ggf. durch Widerspruch angegriffen werden kann.[518] Örtlich zuständig für die Beistandschaft ist gem. § 87c Abs. 5 SGB VIII das Jugendamt, in dessen Bezirk der antragstellende Elternteil seinen gewöhnlichen Aufenthalt hat. Kann ein solcher nicht festgestellt werden, so ist ersatzweise auf den tatsächlichen Aufenthalt abzustellen (§ 87c Abs. 1 S. 3 SGB VIII).

152 Je nachdem, welcher Antrag gestellt wird, richtet sich die Beistandschaft auf die Feststellung bzw. Anerkennung der **Vaterschaft**[519] und/oder die Realisierung von **Unterhaltsansprüchen des Kindes**. Davon umfasst werden auch etwaige weitere Vereinbarungen mit dem Unterhaltsschuldner (z.B. die Stundung bestehender Rückstände) sowie der Abwehr geltend gemachter Unterhaltsreduzierungen.[520] Das Jugendamt ist im Rahmen der Beistandschaft beratend und unterstützend[521] als rechtlicher Vertreter des Kindes tätig, ohne dass dadurch die elterliche Sorge als solche berührt würde (§ 1716 BGB), d.h. das Jugendamt handelt grundsätzlich gleichberechtigt neben dem Elternteil, der den Antrag auf Einrichtung einer Beistandschaft gestellt hat. Lediglich im gerichtlichen Verfahren verdrängt die Beistandschaft die Vertretung durch den Elternteil (§§ 173, 234 FamFG).[522]

153 Nach § 52a SGB VIII ist das Jugendamt verpflichtet, unmittelbar nach der Geburt eines Kindes, dessen Eltern nicht miteinander verheiratet sind, der Mutter die Möglichkeiten der Beratung und Unterstützung anzubieten bzw. auf die etwaige Beantragung einer Beistandschaft hinzuweisen. Diese Verpflichtung umfasst auch die Mutter eines neugeborenen Flüchtlingskindes.[523] Auf welche Einzelaspekte im Einzelnen hinzuweisen ist (z.B. die Bedeutung der Vaterschaftsfeststellung oder die Möglichkeit der gemeinsamen elterlichen Sorge – auch unter dem Blickwinkel der jeweiligen höchstrichterlichen Rechtsprechung)[524] ist in § 52a Abs. 2 Nr. 1 bis 5 SGB VIII enumeriert. Korrespondierend haben die **Standesämter** (§ 52a Abs. 4 SGB) und **Familiengerichte** (§ 52a Abs. 3 SGB) dem Jugendamt Mitteilung zu machen, soweit sie Kenntnis von einer familiären Situation erlangen, die die Einrichtung einer Beistandschaft rechtfertigt.

154 Während der Dauer der Beistandschaft ist dem antragstellenden Elternteil in angemessenen Abständen **Bericht** über die jeweilige Tätigkeit zu geben, ohne dass allerdings eine Rechnungslegung erfolgen müsste oder für die Tätigkeit des Beistandes eine Aufwandsentschädigung oder Vergütung verlangt werden könnte. Auf Wunsch ist dem Elternteil Akteneinsicht zu gewähren. Ein **Weisungsrecht** gegenüber dem Beistand hat der antragstellende Elternteil aber nicht.[525] Bei Meinungsverschiedenheiten zwischen dem Beistand und dem Elternteil ist der Beistand berechtigt, sich allein an seiner Sachkunde zu orientieren.[526] Nach Eintritt der Volljährigkeit des Kindes kann dieses selbst gem. § 68 Abs. 3 SGB VIII ein **Informationsrecht** bezüglich der für seine Person gespeicherten Sozialdaten geltend machen. Besitzt das Kind die erforderliche Einsichts- und Urteilsfähigkeit und stehen keine berechtigten Interessen Dritter entgegen, so kann das Informationsrecht gegebenenfalls auch bereits vor Eintritt der Volljährigkeit geltend gemacht werden.

---

516 *Meysen*, Beginn und Ende von Beistandschaft, JAmt 2008, 120.
517 BT Drucks 13/892, S. 38.
518 *Hoffmann* in Münder/Wiesner/Meysen, Kinder- und Jugendhilferecht, 2. Aufl. Kap. 3.10, Rn 4.
519 Nicht jedoch auf deren Anfechtung OLG Nürnberg FamRZ 2001, 705.
520 OLG Hamm JAmt 2004, 144.
521 *Roos*, Das Sachgebiet „Beistandschaft" im Jugendamt, DAVorm 2000, 529.
522 OLG Sachsen-Anhalt FamRZ 2006, 1223.
523 DIJuF-Rechtsgutachten JAmt 2016, 246.
524 BVerfG FamRZ 1989, 255; 2010, 1403; BGH FamRZ 1982, 159.
525 *Hoffmann* in Münder/Wiesner/Meysen, Kinder- und Jugendhilferecht, 2. Aufl. Kap. 3.10, Rn 11.
526 *Wiesner*, HK SGB VIII, § 55 Rn 26.

155 Die Beistandschaft wird entweder durch ein hierauf gerichtetes schriftliches Verlangen des ursprünglichen Antragstellers (§ 1715 Abs. 1 BGB) **beendet** oder wenn dieser nicht mehr die in § 1713 BGB für die ursprüngliche Antragstellung erforderlichen Voraussetzungen erfüllt (§ 1715 Abs. 2 BGB). Außerdem endet die Beistandschaft, wenn das Kind seinen gewöhnlichen Aufenthalt im Ausland begründet (§ 1717 BGB). Ist das Kind unbekannten Aufenthaltes, so ist die Beistandschaft solange fortzuführen, bis der Aufenthalt im Ausland feststeht.[527] Dem Jugendamt selbst steht keine Möglichkeit zur Beendigung der Beistandschaft zur Verfügung.

2. Vormundschaft und Pflegschaft

156 Während die Beistandschaft ausschließlich durch das Jugendamt wahrgenommen wird, sieht § 53 Abs. 1 SGB VIII für die **Vormundschaft** und **Pflegschaft** eine Obliegenheit des Jugendamtes vor,[528] dem Familiengericht geeignete Personen oder Vereine vorzuschlagen, die sich im Einzelfall als Pfleger oder Vormund eignen,[529] ohne dass allerdings das Familiengericht verpflichtet wäre, diesem Vorschlag zu folgen.[530] Verwandte des Minderjährigen sind – ebenso wie etwa Pflegeeltern[531] – grundsätzlich vorrangig zu berücksichtigen und dürfen nur dann umgangen werden, wenn sie erkennbar ungeeignet sind (siehe dazu § 1 Rdn 219 ff.).[532] Damit ein rechtsfähiger Verein Pflegschaften oder Vormundschaften übernehmen kann, bedarf er nach § 54 Abs. 1 SGB VIII der Erlaubnis durch das nach § 87d Abs. 2 SGB VIII zuständige Landesjugendamt, wobei die Erlaubniserteilung an die Erfüllung der in § 54 Abs. 2 SGB VIII genannten Voraussetzungen geknüpft ist, wie etwa die ausreichende Beaufsichtigung und Weiterbildung der mit der Aufgabe zu betrauenden Mitglieder. Abweichend von diesem erklärten gesetzgeberischen Ziel zum Vorrang der Einzelvormundschaft oder -pflegschaft[533] wird in der Praxis tatsächlich jedoch im Regelfall das Jugendamt als Amtsvertreter tätig. § 56 Abs. 4 SGB VIII sieht hierzu vor, dass das Jugendamt eine jährliche Prüfung vornehmen muss, ob die Ersetzung der Amtsvertretung durch eine Einzelperson oder einen Verein im Interesse des Kindes angezeigt ist. Jedoch besteht keine Subsidiarität der **Amtsvormundschaft** gegenüber der **Vereinsvormundschaft**[534] und auch kein Vorrang der **Berufsvormundschaft** gegenüber der Amtsvormundschaft, so dass insbesondere die Jugendämter nicht mit dem Einwand gehört werden können, sie verfügten nicht über das – etwa im Zusammenhang mit dem Zustrom unbegleiteter ausländischer Minderjähriger[535] – zur Aufgabenerfüllung notwendige Personal.[536] Zielsetzung der Vormundschaft ist es, dem Mündel eine signifikante, positive und kontinuierliche Bezugsperson zu geben, die als kundiger und zuverlässig erreichbarer Interessenvertreter agiert.[537]

---

527 *Wiesner*, HK SGB VIII, § 55 Rn 43.
528 Dazu *Veit*, Was muss die große Reform der Vormundschaft noch bewegen?, FamRZ 2012, 1841.
529 *Hansbauer*, Aktuelle Probleme in der Amtsvormundschaft/-pflegschaft und Perspektiven zu ihrer Überwindung, ZfJ 1998, 496.
530 Siehe zum Auswahlverfahren und seinen materiell-rechtlichen Vorgaben umfassend *Hoffmann*, FamRZ 2014, 1084 und 1167.
531 OLG Nürnberg FamRZ 2012, 1959; Stellungnahme der Kinderrechtekommission des Deutschen Familiengerichtstages zum Reformnbedarf im Pflegekinderwesen, FamRZ 2014, 891, 898.
532 BVerfG FamRZ 2014, 1435; 2012, 938; OLG Saarbrücken FamRZ 2014, 1866; *Scherpe*, FamRZ 2014, 1821.
533 OLG Brandenburg FamRZ 2014, 1863.
534 OLG Celle ZKJ 2011, 435; zu den Besonderheiten bei Auswahl, Bestellung, Amtsführung und Entlassung eines Vereinsvormundes siehe *Hoffmann*, JAmt 2013, 554; Bestandsaufnahme und Ausblick bei *Elmauer/Kauermann-Walter*, JAmt 2016, 116..
535 Siehe zur ehrenamtlichen Einzelvormundschaft als Alternative zur Amtsvormundschaft für unbegleitete minderjährige Flüchtlinge *Hansbauer*, JAmt 2016, 290.
536 OLG Celle ZKJ 2016, 135.
537 14. Kinder- und Jugendbericht des Bundesministeriums für Familie, Senioren, Frauen und Jugend, 2013, 356.

Durch das VormBtÄndG aus dem Jahr 2012 (vgl. Rdn 160) hat der Gesetzgeber einen ersten Schritt zur Reform des Vormundschaftsrechts unternommen.[538] Für die vorgesehene weitere Aktualisierung sind als wesentliche Eckpunkte genannt:[539]
- die Stärkung der Personensorge des Vormunds,[540]
- eine Stärkung der personellen Ressourcen in der Vormundschaft,
- die Qualitätsverbesserung der Amtsvormundschaft,
- die Modernisierung der Vermögenssorge des Vormunds und
- die Vereinfachung der gesetzlichen Vorgaben des Vormundschafts-, Betreuungs- und Pflegschaftsrechts.

Allein in den im BGB geregelten Schutztatbeständen wird das Jugendamt zwingend als Amtsvormund oder -pfleger tätig (§ 55 Abs. 1 SGB VIII), etwa, wenn für das Kind im Moment seiner Geburt oder zu einem späteren Zeitpunkt ein **Vertretungsbedürfnis** besteht (z.B. §§ 1673, 1791, 1791c BGB) bzw. nachdem die Eltern in die Adoption ihres Kindes eingewilligt haben (§ 1751 BGB). Insoweit hat das Jugendamt das Familiengericht unverzüglich zu informieren (§ 57 SGB VIII). Örtlich zuständig ist dabei im Anwendungsbereich des § 1791c BGB[541] das Jugendamt, in dessen Bezirk die Kindesmutter ihren gewöhnlichen Aufenthalt hat (§ 87c Abs. 1 SGB VIII) bzw. ist im Fall des § 1751 BGB der gewöhnliche Aufenthalt des Annehmenden entscheidend (§ 87c Abs. 4 SGB VIII).[542]

157

Demgegenüber tritt die Amtsvormundschaft oder -pflegschaft durch gerichtliche Bestellung ein, wenn der gesetzliche Vertreter ausfällt und eine als ehrenamtlicher Einzelvormund geeignete Person nicht existiert (§§ 1773, 1791b BGB). Dies bedeutet, dass das Familiengericht vor Bestellung des Jugendamtes die etwaige Heranziehung eines Einzelvormunds oder -pflegers zu prüfen hat.[543] Dies gilt auch für den Fall des notwendig werdenden Wechsels des Amtsvormunds/-pflegers.[544] Für die örtliche Zuständigkeit des Jugendamtes wird hierbei gem. § 87c Abs. 3 SGB VIII an den gewöhnlichen Aufenthalt des Minderjährigen angeknüpft.[545]

158

Der bestellte Amtsvormund bzw. -pfleger handelt grundsätzlich weisungsfrei und in eigener Verantwortung.[546] Als Realvormund unterliegt er der Dienstaufsicht nur mit Blick auf Gesetzes- oder Pflichtverstöße. Gleichzeitig unterliegt er der **Aufsicht** des Familiengerichts (§§ 1837, 1840 BGB), d.h. sowohl der Fach- als auch der Rechtsaufsicht.[547] Diese gegenüber Eltern eines Minderjährigen weiter reichenden Beschränkungen folgen daraus, dass sich der Vormund nicht auf den Schutz nach Art. 6 Abs. 2 S. 1 GG berufen kann.[548] In Wahrnehmung seiner Aufsicht hat das Familiengericht nach § 1837 Abs. 2 BGB verschiedene Eingriffsmöglichkeiten, wenn entweder bereits Pflichtverstöße festgestellt wurden oder die auf Tatsachen gründende Befürchtung besteht, dass sich der Vormund künftig pflichtwidrig verhalten wird.[549] Als mögliche Maßnahmen kommen dabei in Betracht:

159

---

538 *Katzenstein*, Von der Sorge zur Verantwortung-die Vormundschaft ist in Bewegung, JAmt 2014, 606.
539 Vgl. hierzu www.bmjv.de und dort „Themen, Gesellschaft, Vormundschaftsrecht".
540 Vgl. hierzu *Schimke*, Gemeinsame Verantwortung für Kinder – Einfluss und Möglichkeiten des Vormunds/der Vormundin, JAmt 2015, 74.
541 Zur Amtsvormundschaft für Kinder minderjähriger Mütter nach § 1791c BGB siehe DIJuf-Rechtsgutachten, JAmt 2013, 521.
542 Zur örtlichen Zuständigkeit für eine Ergänzungspflegschaft bei einer Auslandsmaßnahme siehe DIJuf-Rechtsgutachten JAmt 2014, 522.
543 OLG Schleswig-Holstein JAmt 2003, 47; LG Hildesheim JAmt 2003, 47.
544 OLG Brandenburg FamRZ 2014, 1863; OLG Hamm, Beschl. v. 20.10.2011 – 6 UF 180/11, juris.
545 Siehe dazu und zu den Folgen eines Verstoßes hiergegen OLG Brandenburg FamRZ 2014, 1719.
546 Siehe dazu auch *Kunkel*, Das Jugendamt als Amtsvormund, FamRZ 2015, 901.
547 BGH FamRZ 1987, 904; OVG Münster, Beschl. v. 24.5.2012 – 12 E 440/12, juris; *Kunkel*, ZKJ 2011, 204; DIJuf-Rechtsgutachten JAmt 2014, 204.
548 *Pammler-Klein*, JurisPK, § 1837 Rn 4.
549 OLG Saarbrücken MDR 2004, 1121; OLG Karlsruhe FamRZ 2006, 507.

- die Erteilung von Ge- und Verboten,[550] deren Umsetzung grundsätzlich auch mit der Festsetzung von Zwangsgeld sichergestellt werden kann, soweit nicht das Jugendamt als Legalvormund agiert
- die Erhebung von Gegenvorstellungen und Dienstaufsichtsbeschwerden,[551]
- der Hinweis auf eine etwaige Schadensersatzpflicht nach § 1833 BGB wegen einer Pflichtwidrigkeit[552] und
- als ultima ratio die Entlassung des Jugendamts als Vormund gemäß § 1887 BGB.[553] Dies ist allerdings nur dann möglich, wenn die Entlassung dem Wohl des Mündels dient und eine andere als Vormund geeignete Person existiert.[554] In absoluten – sehr eng auszulegenden – Notfällen kann das Familiengericht auf der Grundlage von § 1846 BGB selbst die im Interesse des Kindes erforderlichen Maßnahmen treffen.
- Wird das Familiengericht im Rahmen seiner Aufsicht tätig, so richtet sich dies an das Jugendamt als sog. Legalvormund.[555] Das Jugendamt wiederum hat Aufsichtspflichten gegenüber dem jeweiligen Realvormund, d.h. dem konkret mit der Wahrnehmung der Vormundschaft betrauten Mitarbeiter.

160 Die ordnungsgemäße Ausübung der Vormundschaft oder Pflegschaft erfordert einen regelmäßigen Kontakt mit dem unter Vormundschaft oder Pflegschaft stehenden Minderjährigen.[556] Mit dem Gesetz zur Änderung des Vormundschafts- und Betreuungsrechts[557] wurde in § 55 SGB VIII ein mindestens einmal monatlich im gewohnten Umfeld des Mündels wahrzunehmender **persönlicher Kontakt**[558] festgeschrieben.[559] Zum 5.7.2012 ist das VormBtÄndG in allen Teilbereichen in Kraft getreten.[560] Dabei wurde nicht nur dieses Kontaktgebot in § 1793 Abs. 1a BGB mit der Pflicht des Vormunds zur persönlichen Kontakthaltung hinsichtlich Frequenz, Ort und Art sowie der familiengerichtlichen Aufsicht hinsichtlich der Einhaltung des Kontaktgebots (§ 1837 Abs. 2 S. 2 BGB) präzisiert. Der Vormund wurde nach § 1800 S. 2 BGB zudem verpflichtet, die Pflege und Erziehung des Minderjährigen in eigener Person zu fördern und zu gewährleisten.[561] Hiermit korrespondiert die in § 1840 Abs. 1 S. 2 BGB nun vorgesehene jährliche Berichtsverpflichtung des Vormunds zur Einhaltung der persönlichen Kontakte einschließlich der Darlegung jener Gründe, die eine Abweichung von den gesetzlichen Vorgaben hinsichtlich Häufigkeit, Art und Ort der Kontakte rechtfertigen.[562]

161 Um der Belastung der in der Regel als Amtsvormund oder -pfleger tätigen Jugendamtsmitarbeiter Rechnung zu tragen, hatte der Gesetzgeber bereits 2011 die für jeden Sachbearbeiter, der ausschließlich mit der Wahrnehmung von Vormundschaften oder Pflegschaften betraut ist, maximal zu betreuenden Amtsvormundschaften auf 50 begrenzt.[563] Eine Reduzierung dieser Fallzahl ist

---

550 OLG Hamm FamRZ 2012, 1312.
551 BT-Drucks 17/3617, S. 8.
552 Dazu etwa OLG Hamm FamRZ 2012, 1312.
553 BT-Drucks 17/3617, S. 8; umfassende Darstellung der bei Wahrnehmung der Aufsichtspflicht dem Familiengericht zur Verfügung stehenden Möglichkeiten vgl. *Gojowczyk*, Rpfl 2013, 1 ff.
554 *Gojowczyk*, Rpfleger 2013, 1 ff.
555 Vgl. hierzu umfassend *Kunkel*, Das Jugendamt als Amtsvormund, FamRZ 2015, 901.
556 Siehe dazu DIJuF-Rechtsgutachten JAmt 2014, 204; zur Bedeutung der Kontinuität in der Vormundschaft und Mitteln zu deren Umsetzung siehe *Mix*, JAmt 2014, 242; *Salgo*, Die „geplante, zeit- und zielgerichtete Intervention" – Pflegekindschaft im Kinder- und Jugendhilferecht (SGB VIII), ZKJ 2015, 357.
557 BGBl 2011 I, S. 1306 ff.
558 *Justin*, JAmt 2011, 305.
559 Umfassend zu den neuen Pflichten des Vormunds vgl. *Gojowczyk*, Rpfl. 2013, 1 ff.; zu den Kontakt- und Kontrollpflichten des Vormunds vgl. *Bohnert*, ZKJ 2012, 471 ff.; zum Kontakt zum Kind zwischen Einzelfallorientierung und „Regelfall" *Katzenstein*, JAmt 2013, 234.
560 BGBl 2011 I S. 1306.
561 Zu den dabei sich ergebenden Problemfeldern aber auch pädagogische Gewinne, wenn das Kind in einer Pflegefamilie lebt vgl. *Simon*, Vormundschaft für Kinder, die in Pflegefamilien leben, JAmt 2014, 610.
562 DIJuF-Rechtsgutachten, JAmt 2011, 524.
563 Kritisch hierzu *Harm*, RpflStud 2013, 57; *Veit*, FamRZ 2012, 1841; *Sünderhauf*, JAmt 2011, 293.

möglich, wenn dem Sachbearbeiter gleichzeitig auch die Wahrnehmung anderer Aufgaben obliegt. Die an dieser Fallzahl in der Literatur erhobenen Einwände[564] sind berechtigt.[565] Es erscheint kaum möglich, dass ein Amtsvormund, dem 50 Minderjährige als Mündel anvertraut sind, tatsächlich in der Lage ist, mit ihnen in jedem Monat nicht nur Kontakt aufzunehmen, sondern auch die mit der Vormundschaft oder Pflegschaft weitergehend verbundenen Aufgaben – wie etwa die Teilnahme an zeitintensiven Hilfeplangesprächen – in der gebotenen Form wahrzunehmen.[566] Unter haftungsrechtlichen Aspekten ist in diesem Kontext hervorzuheben, dass primär das Jugendamt in der Verantwortung steht, die organisatorischen Rahmenbedingungen dafür zu schaffen, dass die Kontakte im gesetzlich vorgesehenen Rahmen stattfinden können.[567]

162 Ebenso wie im Fall der Beistandschaft erhält das als Amtsvormund oder Amtspfleger tätige Jugendamt weder eine **Vergütung** noch eine Aufwandsentschädigung (§§ 1836 Abs. 3, 1835a Abs. 5 BGB).

163 Wird das Jugendamt als **Amtsvertreter** tätig, so ist es gem. § 56 Abs. 2 SGB VIII gegenüber einem Einzelvormund oder -pfleger in bestimmten Aufgabenbereichen privilegiert. Es bedarf weder einer familiengerichtlichen Genehmigung, um Lehr- oder Arbeitsverhältnisse zu begründen (§ 56 Abs. 2 S. 2 SGB VIII). Das Mündelgeld kann mit familiengerichtlicher Genehmigung auf Sammelkonten angelegt werden (§ 56 Abs. 3 S. 1 SGB VIII) bzw. unterliegt das Jugendamt nur in eingeschränktem Umfang den bei der Vermögenssorge grundsätzlich bestehenden Beschränkungen (§ 56 Abs. 2 S. 2 SGB VIII).

164 Während der kraft Gesetzes oder aufgrund gerichtlicher Bestellung tätige Vormund an die Stelle der sorgeberechtigten Eltern tritt, d.h. die ihm eingeräumten Befugnisse die elterliche Sorge verdrängen, tritt der Pfleger im Rahmen seiner gerichtlichen Bestellung neben den zur Sorge berechtigten Elternteil eines minderjährigen Kindes. Im Einzelnen kann eine **Pflegschaft** angeordnet werden als

- Sorgerechtspflegschaft (§ 1666 BGB),
- Pflegschaft für eine Leibesfrucht (§ 1912 BGB),
- Abwesenheitspflegschaft (§ 1911 BGB),
- Pflegschaft für unbekannte Beteiligte (§ 1913 BGB) oder
- Sachpflegschaft (§ 1914 BGB).

165 Wird eine Einzelperson oder ein Verein als Pfleger oder Vormund eingesetzt, so haben diese gegenüber dem Jugendamt einen Anspruch auf **Beratung** und Unterstützung (§ 53 Abs. 2 SGB VIII). Örtlich zuständig ist dabei gemäß § 87d Abs. 1 SGB VIII das Jugendamt, in dessen Bereich der Pfleger oder Vormund seinen gewöhnlichen Aufenthalt hat. Hiermit korrespondiert im Gegenzug die aus § 53 Abs. 3 SGB VIII folgende Überwachungspflicht des Jugendamtes, die sich darauf richtet, dass Vormund oder Pfleger den ihnen im Rahmen der Personensorge übertragenen Aufgaben gerecht werden. Werden hierbei Defizite festgestellt, so hat das Jugendamt keine unmittelbaren Eingriffsbefugnisse. Es kann lediglich beratend und unterstützend tätig werden. Bleiben diese Hilfsangebote ohne Erfolg, so ist das Familiengericht zu informieren. Die Notwendigkeit einer gerichtlichen Entscheidung kann sich etwa im Fall einer Unterbringung des Minderjährigen ergeben, wenn zwischen dem Vormund/Pfleger, dem das Aufenthaltsbestimmungsrecht obliegt, und dem Jugendamt als Leistungsbehörde kein Einvernehmen hergestellt werden kann.[568] Bei möglichen Verletzungen der Vermögenssorge ist das Jugendamt nicht zur Beratung befugt. In diesem Fall folgt aus § 53 Abs. 3 S. 5 SGB VIII eine direkte Anzeigepflicht gegenüber dem Familiengericht.

---

564 *Veit/Salgo*, Der Regierungsentwurf zur Änderung des Vormundschaftsrechts – Eine Stellungnahme, ZKJ 2011, 82; *Sünderhauf*, JAmt 2011, 293; *Salgo*, ZKJ 2013, 150.
565 Vgl hierzu auch den Erfahrungsbericht des Landratsamts Lörrach, JAmt 2014, 6.
566 Vgl. hierzu eingehend *Willutzki*, ZKJ 2012, 168 ff. (Teil 1), 206 ff. (Teil 2).
567 *Harm*, RpflStud 2013, 57; *Schindler*, FPR 2012, 539 m.w.N.
568 DIJuF-Rechtsgutachten, JAmt 2013, 97.

166 Ebenso wie die Beistandschaft wird auch die Pflegschaft oder die Vormundschaft jeweils von einer konkreten Fachkraft des jeweiligen Jugendamtes als dem sog. **Realvertreter** (§ 55 Abs. 2 SBG VIII) wahrgenommen.[569] Dies bedeutet, dass Zustellungen unmittelbar an diese Fachkraft als Realvertreter und außerdem zusätzlich an das Jugendamt – allgemeiner sozialer Dienst – als **Legalvertreter** vorzunehmen sind.[570] Amtsvormund im juristischen Sinn ist das Jugendamt als Behörde.[571] Dies wird in der Praxis häufig nicht beachtet; unterbleibt die Doppelanhörung, so liegt ein Gehörsverstoß vor. Die Vertretung des Jugendamts erfolgt damit in einem Termin zur mündlichen Verhandlung zweifach; sowohl durch den bestellten Amtsvormund als auch durch die sozialpädagogische Fachbehörde.[572] Gegenüber dem Realvertreter kann nur im Rahmen der Dienstaufsicht und der Richtlinienkompetenz der Jugendamtsleitung Einfluss genommen werden. Weisungsbefugnisse zur Sachverhaltsbewertung oder der methodischen Vorgehensweise bestehen hingegen nicht.[573] Bedeutung kommt dieser Differenzierung zwischen Real- und Legalvertreter u.a. bei der Frage zu, ob das Jugendamt zur Gewährung öffentlicher Hilfen verpflichtet werden kann.[574] Unabhängig davon, dass eine solche Verpflichtung im verwaltungsgerichtlichen Verfahren angeordnet werden kann, kann der Realvertreter diese sodann auch gegen das Jugendamt als Legalvormund durchsetzen.[575]

3. Rechtsfolgen einer Pflichtverletzung

167 Verletzt der jeweilige Realvertreter im Rahmen der Ausübung einer Amtsvertretung gegenüber dem Minderjährigen zu beachtende Pflichten, so haftet er diesem gegenüber grundsätzlich nicht persönlich. Die **Haftung** obliegt vielmehr dem Jugendamt als Legalvertreter nach den im Zivilrecht verankerten allgemeinen Haftungsgrundsätzen (§§ 1716, 1833, 1915 BGB) bzw. den Kriterien der Amtshaftung gem. § 839 BGB i.V.m. Art. 34 GG.[576]

Allerdings trifft den Realvertreter eine **Garantenstellung**,[577] die gegebenenfalls eine persönliche strafrechtliche Verantwortlichkeit begründen kann.

---

569 Zu dessen Vertretung im längerfristigen Krankheitsfall DIJuF-Rechtsgutachten JAmt 2013, 95.
570 *Wiesner*, HK SGB VIII, § 55 Rn 82; *Hoffmann* in Münder/Wiesner/Meysen, Kinder- und Jugendhilferecht, 2. Aufl. Kap. 3.10, Rn 31.
571 BGH FamRZ 1966, 505.
572 *Harm/Mix/Opitz/Putz/Rotax/Rüting*, Amtsvormundschaft und Familiengericht im Spannungsfeld der unterschiedlichen Aufgabenwahrnehmung vor dem Hintergrund der Vormundschaftsrechtsreform, FamRZ 2012, 1849.
573 BGH FamRZ 1999, 1342; siehe zur Abgrenzung der Aufgaben, Befugnisse und Pflichten des Allgemeinen Sozialen Dienstes zu denen der Fachkraft, der das Amt als Vormund oder Pfleger übertragen worden ist, eingehend DIJuF-Rechtsgutachten JAmt 2012, 94.
574 Vgl. hierzu BVerfG FamRZ 2014, 1005.
575 *Kunkel*, Das Jugendamt als Vormund, FamRZ 2015, 901.
576 OLG Saarbrücken FamRZ 2012, 801; LG Magdeburg JAmt 2006, 94.
577 *Hoffmann*, Strafrechtliche Verantwortung von Amtsvormündern bzw. -pflegern wegen Unterlassens, ZKJ 2007, 389.

§ 13 Formularteil

A. Sorgerecht

I. Sorgeerklärungen nicht miteinander verheirateter Eltern

1. Erklärungen vor dem Jugendamt

▼
Muster 13.1: Erklärung zur gemeinsamen elterlichen Sorge gem. § 1626a Abs. 1 Nr. 1 BGB   1

Jugendamt

Urkunden-Register-Nr.:

Urkunde über die Erklärung zur gemeinsamen elterlichen Sorge gemäß § 1626a BGB

Urkundsperson:

Vor der nach § 59 SGB VIII (KJHG) ermächtigten Urkundsperson erscheint:

I. Frau

geb. am

geb. in

Familienstand

Staatsangehörigkeit

Beruf

wohnhaft in

ausgewiesen durch Bundespersonalausweis Nr. , ausgestellt am in

und erklärt:

Ich bin die Mutter des Kindes und Inhaberin der alleinigen elterlichen Sorge. Gerichtliche Entscheidungen über das Sorgerecht liegen nicht vor. Ein darauf gerichtetes Verfahren ist auch nicht anhängig.

Ferner erscheint:

II. Herr

geb. am

geb. in

Familienstand

Staatsangehörigkeit

Beruf

wohnhaft in

ausgewiesen durch Bundespersonalausweis Nr. ,

§ 13 Formularteil

ausgestellt am ▨ in ▨

und erklärt:

Ich bin der Vater des Kindes ▨. Ich habe die Vaterschaft zu dem unter III. genannten Kind durch Urkunde des Jugendamts ▨, Urk.-Reg.-Nr.: ▨, am ▨ anerkannt.

III. Die Eltern sind nach Überzeugung der Urkundsperson geschäftsfähig. Sie erklären übereinstimmend:

1. Wir sind nicht miteinander verheiratet.

2. Für unser Kind

▨

geb. am ▨

geb. in ▨

Geb.-Reg.-Nr.: ▨

wollen wir die elterliche Sorge gemeinsam übernehmen.

Wir sind über die rechtlichen Auswirkungen dieser Erklärung belehrt worden.

Vorgelesen, genehmigt und unterschrieben:

▨

(Datum)

▨   ▨

(Frau)   (Herr)

▨

(Urkundsperson)

▲

2. Erklärungen vor dem Notar

▼

2 Muster 13.2: Erklärung zur gemeinsamen elterlichen Sorge gem. § 1626a Abs. 1 Nr. 1 BGB

Notar

▨

Urkunden-Register-Nr.: ▨

Urkunde über die Erklärung zur gemeinsamen elterlichen Sorge gemäß § 1626a BGB

Vor dem Notar ▨ erscheint:

I. Frau ▨

geb. am ▨

A. Sorgerecht §13

geb. in

Familienstand

Staatsangehörigkeit

Beruf

wohnhaft in

ausgewiesen durch Bundespersonalausweis Nr.   ; ausgestellt am   in

und erklärt:

Ich bin die Mutter des Kindes   und Inhaberin der alleinigen elterlichen Sorge. Gerichtliche Entscheidungen über das Sorgerecht liegen nicht vor. Ein darauf gerichtetes Verfahren ist auch nicht anhängig.

Ferner erscheint:

II. Herr

geb. am

geb. in

Familienstand

Staatsangehörigkeit

Beruf

wohnhaft in

ausgewiesen durch Bundespersonalausweis Nr.   ; ausgestellt am   in

und erklärt:

Ich bin der Vater des Kindes. Ich habe die Vaterschaft zu dem unter III. genannten Kind durch Urkunde des Jugendamts   , Urk.-Reg.-Nr.:   , am   anerkannt.

III. Die Eltern sind nach Überzeugung des Notars geschäftsfähig. Sie erklären übereinstimmend:

1. Wir sind nicht miteinander verheiratet.

2. Für unser Kind

geb. am

geb. in

Geb.-Reg.-Nr.:

wollen wir die elterliche Sorge gemeinsam übernehmen.

Wir sind über die rechtlichen Auswirkungen dieser Erklärung belehrt worden.

Vorgelesen, genehmigt und unterschrieben:

§ 13 Formularteil

_____
(Datum)

_____   _____
(Frau)   (Herr)

_____
(Notar)
▲

3. Vorgeburtliche Sorgeerklärungen

▼

3 **Muster 13.3: Vorgeburtliche Urkunde über die Erklärung zur gemeinsamen elterlichen Sorge gem. § 1626a Abs. 1 Nr. 1 BGB**

Jugendamt/Notar

_____

Urkunden-Register-Nr.: _____

Vorgeburtliche Urkunde über die Erklärung zur gemeinsamen elterlichen Sorge gemäß § 1626a BGB

Vor dem Notar _____/der Urkundsperson _____ erscheint

I. Frau _____

geb. am _____

geb. in _____

Familienstand _____

Staatsangehörigkeit _____

Beruf _____

wohnhaft in _____

ausgewiesen durch Bundespersonalausweis Nr. _____, ausgestellt am _____ in _____

und erklärt:

Ich bin schwanger. Voraussichtlicher Entbindungstermin ist laut vorliegender ärztlicher Bescheinigung der _____.

Ferner erscheint

II. Herr _____

geb. am _____

geb. in _____

Familienstand _____

Staatsangehörigkeit

Beruf:

wohnhaft in

ausgewiesen durch Bundespersonalausweis Nr. , ausgestellt am in

und erklärt:

Ich bin der Vater des zu erwartenden Kindes. Ich habe die Vaterschaft durch Urkunde des Jugendamts ,

Urk.-Reg.-Nr.: am anerkannt.

III. Die Erschienenen sind nach Überzeugung des Notars/der Urkundsperson geschäftsfähig. Sie erklären übereinstimmend:

1. Wir sind nicht miteinander verheiratet.

2. Für unser erwartetes Kind wollen wir die elterliche Sorge gemeinsam übernehmen.

3. Diese Erklärung gilt auch für den Fall einer Mehrlingsgeburt.

Wir sind über die rechtlichen Auswirkungen dieser Erklärung belehrt worden.

Vorgelesen, genehmigt und unterschrieben:

(Datum)

(Frau)   (Herr)

(Notar)/(Urkundsperson)

▲

II. Anträge im gerichtlichen Verfahren

Anträge in Kindschaftssachen werden abweichend von der bis zum 30.8.2009 geltenden Rechtslage nicht mehr kraft Gesetzes mit ihrer Einreichung Verbundverfahren. Zu Verbundverfahren werden sie nur, wenn ein entsprechender Antrag auf Einbeziehung vor Schluss der mündlichen Verhandlung gestellt wird, es sei denn, das Gericht hält die Einbeziehung aus Kindeswohlgründen nicht für sachgerecht (§ 137 Abs. 2, Abs. 4 FamFG). Ist ein Verbund entstanden, so kann gemäß § 140 Abs. 2 Nr. 3 FamFG eine Abtrennung beantragt werden, wenn sie entweder aus Kindeswohlgründen sachgerecht ist oder die Kindschaftssache ausgesetzt ist. Für einen Abtrennungsantrag besteht kein Anwaltszwang (§ 114 Abs. 4 Nr. 4 FamFG) (ausführlich dazu siehe § 1 Rdn 351 ff.).

4

§ 13 Formularteil

1. Einverständliche Sorgerechtsregelung

a) Antrag auf Übertragung des Alleinsorgerechts gemäß § 1671 Abs. 1 Nr. 1 BGB, § 1671 Abs. 2 Nr. 1 BGB

Muster 13.4: Antrag auf Übertragung des Alleinsorgerechts gem. § 1671 Abs. 1 Nr. 1 BGB, § 1671 Abs. 2 Nr. 1 BGB

An das

Amtsgericht

Familiengericht

In der Familiensache

der

– Antragstellerin/Mutter –

Verfahrensbevollmächtigter:

gegen

– Antragsgegner/Vater –

Verfahrensbevollmächtigter:

betreffend das minderjährige Kind

bestellen wir uns für die Antragstellerin und beantragen

1. Die elterliche Sorge für das minderjährige Kind   , geboren am   , der Antragstellerin zur alleinigen Ausübung zu übertragen.

Alt.:

2. Das Verfahren zur Regelung der elterlichen Sorge gemäß § 137 Abs. 3 FamFG in den Scheidungsverbund einzubeziehen.

Gründe:

Die Eltern, beide deutsche Staatsangehörige, haben am   die Ehe miteinander geschlossen, die auf die am   vollzogene Trennung durch Urteil des Amtsgerichts – Familiengericht –   vom   rechtskräftig geschieden wurde.

Alt.:

Die Eltern, beide deutsche Staatsangehörige, haben am   die Ehe miteinander geschlossen. Die Trennung erfolgte am   . Ein Ehescheidungsverfahren ist bislang nicht anhängig.

Alt.:

Die Eltern, beide deutsche Staatsangehörige, haben am   die Ehe miteinander geschlossen. Auf die am   vollzogene Trennung hat die Antragstellerin mit Antragsschrift

A. Sorgerecht § 13

vom ▊ beim erkennenden Gericht den Antrag auf Ehescheidung eingereicht. Das Verfahren wird unter dem Az ▊ geführt.

Alt.:

Die Kindeseltern haben in nichtehelicher Lebensgemeinschaft in der Zeit von ▊ bis ▊ zusammengelebt.

Aus der Ehe der Eltern ist der minderjährige Sohn ▊ geb. am ▊ hervorgegangen, der seit der Trennung seiner Eltern im Haushalt der Antragstellerin lebt.

Alt.:

Aus der Beziehung der Beteiligten ist der minderjährige Sohn ▊ geb. am ▊ hervorgegangen. Durch Sorgeerklärung zu der Urk.Reg. Nr. ▊ vom ▊ vor dem Jugendamt ▊ haben die Beteiligten die gemeinsame Ausübung der elterlichen Sorge vereinbart.

Die Eltern haben Einvernehmen darüber erzielt, dass sie die gemeinsame elterliche Sorge nicht beibehalten möchten. Maßgebend hierfür ist vor allem die Tatsache, dass der Antragsgegner in den nächsten Monaten eine neue berufliche Position übernimmt, verbunden mit einem dauerhaften Aufenthalt in den USA. Er wird daher nicht in der Lage sein, bei den bevorstehenden notwendigen medizinischen Behandlungen des gemeinsamen Sohnes jeweils zeitnah erforderliche Zustimmungen zu erklären und insgesamt am Kindeswohl orientiert die elterliche Sorge gemeinsam mit der Antragstellerin auszuüben. Der Antragsgegner ist daher mit der Übertragung der elterlichen Sorge auf die Antragstellerin einverstanden und stimmt ihrem Antrag zu. Eine bereits außergerichtlich gefertigte hierauf gerichtete schriftliche Erklärung des Antragsgegners ist in der **Anlage** beigefügt.

Im Rahmen der Anhörung des Antragsgegners gemäß § 160 FamFG wird er die zwischen den Eltern getroffene Regelung bestätigen.

Alt.:

Der gemeinsame Sohn der Eltern, der am ▊ geboren ist und damit bereits das 14. Lebensjahr vollendet hat, widerspricht der Übertragung der elterlichen Sorge auf die Antragstellerin nicht. Er ist mit der zwischen seinen Eltern und mit ihm abgestimmten Entscheidung einverstanden.

Beweis: Anhörung des Kindes gemäß § 159 Abs. 1 FamFG

Rechtsanwalt

▲

b) **Zustimmung zur Alleinsorge eines Elternteils**

▼

Muster 13.5: Zustimmung zur Alleinsorge eines Elternteils 6

An das

Amtsgericht ▊

Familiengericht

▊

§ 13 Formularteil

Az.: ▢

In der Familiensache

▢ ./. ▢

Rechtsanwalt: ▢   Rechtsanwalt: ▢

stimmt der von mir vertretene Antragsgegner dem Sorgerechtsantrag der Antragstellerin vom ▢ zu.

Gründe:

Der Antrag zur Übertragung der elterlichen Sorge auf die Antragstellerin beruht auf einer gemeinsamen Entscheidung der Eltern.

Alt.:

Der bereits 14-jährige gemeinsame Sohn der Eltern hat sich mit der beabsichtigten Regelung ausdrücklich einverstanden erklärt.

Der Antragsgegner wird wegen seiner Berufstätigkeit nicht in der Lage sein, die elterliche Sorge angemessen wahrzunehmen. Die Eltern sind sich darüber einig, dass dem Antragsgegner ein umfassendes Umgangsrecht zustehen soll. Hierzu beabsichtigen die Eltern, im Termin zur mündlichen Verhandlung eine entsprechende Regelung zu gerichtlichem Protokoll zu nehmen, deren Billigung sodann erbeten werden wird.

Alt.:

Eine entsprechende Regelung, deren Billigung sodann erbeten werden wird, soll im Rahmen einer Scheidungsfolgenvereinbarung getroffen werden.

Rechtsanwalt

▲

2. Streitige Sorgerechtsregelung

a) Antrag auf Übertragung des Alleinsorgerechts gemäß § 1671 Abs. 1 Nr. 2 BGB

▼

Muster 13.6: Antrag auf Übertragung des Alleinsorgerechts gem. § 1671 Abs. 2 Nr. 2 BGB

An das

Amtsgericht ▢

Familiengericht

▢

Az.: ▢

In der Familiensache

der ▢

– Antragstellerin/Mutter –

A. Sorgerecht §13

Verfahrensbevollmächtigter:

gegen

– Antragsgegner/Vater –

Verfahrensbevollmächtigter:

betreffend die minderjährigen Kinder

bestellen wir uns für die Antragstellerin und stellen den Antrag:

1. Der Antragstellerin die elterliche Sorge für die Kinder   geb. am   zur alleinigen Ausübung zu übertragen.
2. **(Alt.)** Das Verfahren zur Regelung der elterlichen Sorge gemäß § 137 Abs. 3 FamFG in den Scheidungsverbund einzubeziehen.

Gründe:

I. Die Eltern, die am   die Ehe miteinander geschlossen haben, leben seit dem   dauerhaft voneinander getrennt.

Alt.:

Zwischen den Eltern ist beim erkennenden Gericht unter dem Az   das Ehescheidungsverfahren anhängig.

Aus der Ehe der Eltern sind die minderjährigen Kinder   geboren am   , hervorgegangen, die seit der Trennung ihrer Eltern im Haushalt der Antragstellerin leben.

Alt.:

Die Eltern haben von   bis   in nichtehelicher Lebensgemeinschaft zusammengelebt. Aus ihrer Beziehung sind die minderjährigen Kinder   geboren am   , hervorgegangen, die seit der Trennung ihrer Eltern im Haushalt der Antragstellerin leben.

Durch Sorgeerklärungen zu den Urk.Reg. Nr.   vom   vor dem Jugendamt   haben die Beteiligten die gemeinsame Ausübung der elterlichen Sorge für die Kinder vereinbart.

Die Antragstellerin hat den Beruf der   erlernt, war jedoch seit der Geburt des ersten Kindes nicht mehr berufstätig, d.h. die Betreuung erfolgte ausschließlich durch sie, so dass sie für die Kinder auch die wesentliche Bezugsperson ist.

Der Antragsgegner ist als   bei   beschäftigt und hat unregelmäßige Arbeitszeiten.

II. Mit ihrem Antrag erstrebt die Antragstellerin die Alleinsorge für die beiden Kinder, wobei sie von der Überlegung ausgeht, dass

die Aufhebung der gemeinsamen Sorge dem Wohl der Kinder am besten entspricht

und

die Übertragung der Alleinsorge auf die Antragstellerin die beste Lösung für die Kinder darstellt.

Alt.:

Der Sohn ▬▬▬▬ der bereits das 14. Lebensjahr vollendet hat, ist mit der Übertragung der Alleinsorge auf die Antragstellerin ausdrücklich einverstanden.

1. Für die Aufhebung der bisherigen gemeinsamen Sorge sprechen nach Einschätzung der Antragstellerin folgende Aspekte: (**alternativ**)

a) Zwischen den Eltern besteht keine ausreichende Kooperationsfähigkeit und Kooperationswilligkeit. Indizien hierfür sind aus Sicht der Antragstellerin

– Häufige Streitigkeiten in Kindesangelegenheiten,
– Schwierigkeiten bei der Gestaltung des Umgangs,
– mangelndes Verständnis des Antragsgegners für stabile Lebensbedingungen der Kinder,
– fehlende Einigung auf den gewöhnlichen Aufenthalt,
– Feindseligkeit im Kontakt der Eltern

b) Aus Sicht der Antragstellerin ist der Antragsgegner an der Erziehung und dem Wohl der Kinder desinteressiert. Dies zeigt sich vor allem an

– seinem Desinteresse zum Umgangskontakt,
– seinem Desinteresse an der Mitwirkung in Erziehungsfragen,
– seiner Unterhaltspflichtverletzung gegenüber den Kindern.

c) Der weiteren gemeinsamen Ausübung der elterlichen Sorge stehen auch die äußeren Lebensverhältnisse entgegen. Der Antragsgegner wird in den nächsten Monaten eine Montagetätigkeit in Fernost aufnehmen und daher über längere Zeit nur schwer erreichbar sein. Derzeit stehen allerdings für beide Kinder wesentliche schulische Entscheidungen an bzw. wird bei dem jüngeren Kind eine längerfristige medizinische Behandlung notwendig sein, so dass der Antragsgegner durch seine Abwesenheit in die Entscheidungsabläufe nicht mehr eingebunden werden kann.

d) Der Antragsgegner hat sich als ungeeignet zur Pflege und Erziehung der Kinder erwiesen. Hierfür spricht insbesondere der aktenkundig gewordene gewalttätige Übergriff des Antragsgegners zu Lasten des älteren Sohnes. Auch das Verhältnis der Eltern zueinander wurde bereits durch körperliche Übergriffe des Antragsgegners zu Lasten der Antragstellerin bestimmt.

e) Auch der eindeutige Wille der beiden Kinder ist zu berücksichtigen, wie er sich im Rahmen der durchzuführenden richterlichen Anhörung gemäß § 159 FamFG auch bestätigen wird. Beide Kinder haben sich wiederholt und klar im Rahmen der beim örtlichen Jugendamt bereits geführten Gespräche dafür ausgesprochen, dass die elterliche Sorge künftig von der Antragstellerin allein ausgeübt werden soll.

2. Für die alleinige elterliche Sorge gerade der Antragstellerin sprechen aus ihrer Sicht folgende Gründe.

a) Im Rahmen des Förderungsprinzips wird die Antragstellerin voraussichtlich den Kindern die besseren Entwicklungsmöglichkeiten vermitteln und ihnen die meiste Unterstützung für den Aufbau ihrer Persönlichkeit geben.

b) Durch die Alleinsorge werden auch die gewachsenen emotionalen und sozialen Bindungen der Kinder zu ihren Großeltern, Geschwistern und sonstigen Bezugspersonen soweit wie möglich erhalten.

c) Durch die beantragte Sorgerechtsgestaltung bleibt den Kindern im Einklang mit dem Kontinuitätsprinzip ihre bisherige Lebenswelt weitestgehend erhalten, eine Stetigkeit der Erziehung und Betreuung wird sichergestellt.

d) Mit Blick auf die Bindungstoleranz garantiert die Antragstellerin die Fähigkeit, Kontakte der Kinder zum Antragsgegner auch weiterhin zuzulassen und zu fördern. Auch bislang hat sich die Antragstellerin in Abstimmung mit dem Jugendamt um möglichst kontinuierliche Einhaltung der Umgangskontakte bemüht.

e) Letztlich sprechen zugunsten der Antragstellerin Neigungen und Wille der Kinder, die sich für eine alleinige elterliche Sorge der Antragstellerin und einen weiteren Verbleib in ihrem Haushalt ausgesprochen haben.

Rechtsanwalt

b) Abweisungsantrag des anderen Elternteils

Muster 13.7: Abweisungsantrag des anderen Elternteils (auf Antrag auf Alleinsorgerecht)

An das

Amtsgericht

Familiengericht

Az.:

In der Familiensache

▓▓▓▓ ./. ▓▓▓▓

Rechtsanwalt: ▓▓▓▓   Rechtsanwalt: ▓▓▓▓

wird namens des Antragsgegners beantragt,

den Antrag der Antragstellerin auf Übertragung des Alleinsorgerechts vom ▓▓▓▓ abzuweisen.

Gründe:

Der Antrag der Antragstellerin auf Übertragung des Alleinsorgerechts ist abzuweisen, weil die Beibehaltung der gemeinsamen elterlichen Sorge dem Wohl der Kinder am besten entspricht.

Die Eltern sind sich einig, dass die Kinder wie bisher bei der Mutter wohnen sollen. Eine Übertragung des Sorgerechts auf die Mutter ist deshalb aber nicht notwendig. Der Antragsgegner und die beiden Kinder ▓▓▓▓ haben eine sehr enge Beziehung zueinander. Sie halten sich auch regelmäßig zu Besuchen bei ihm auf.

Der Antragsgegner ist sehr an dem Wohlergehen der gemeinsamen Kinder interessiert. Von ihm wurden in der Vergangenheit regelmäßig die Elternabende wahrgenommen bzw. hat er sich auch aktiv in die medizinische Behandlung der Kinder eingebracht, d.h.

§ 13 Formularteil

auch mit ihnen Arzttermine wahrgenommen. Es muss daher auch weiterhin bei dem gemeinsamen Sorgerecht verbleiben.

Es bestehen zwar Spannungen zwischen den Eltern. Diese sind aber nicht so erheblich, dass eine gemeinsame Verständigung bezüglich des Kindes ausgeschlossen wäre. Im Einzelnen: ▆▆▆.

Beweis: ▆▆▆

Das Vorbringen der Antragstellerin in dem Antrag auf Übertragung des Sorgerechts greift nicht durch. Die zwischen den Eltern bestehenden Streitigkeiten betreffen die Partnerschaftsebene. Sie erstrecken sich nicht auf die gemeinsamen Kinder und werden auch nicht vor ihnen ausgetragen. Die Kinder werden durch die Unstimmigkeiten nicht belastet.

Beweis: ▆▆▆

Es liegen keine Gründe vor, die dafür sprechen, das Sorgerecht im Interesse der Kinder auf einen Elternteil zu übertragen. Eine Kooperation bezüglich der Erziehung und Betreuung der Kinder ist bisher erfolgt und wird auch künftig im Interesse der Kinder erfolgen. Die Eltern sind durchaus in der Lage, in allen Angelegenheiten, deren Regelungen für das Kind von entscheidender Bedeutung sind, Einvernehmen zu erzielen.

Im Einzelnen: ▆▆▆.

Beweis: ▆▆▆

Rechtsanwalt

▲

c) Eigener Sorgerechtsantrag des anderen Elternteils

▼

Muster 13.8: Eigener Sorgerechtsantrag des anderen Elternteils

An das

Amtsgericht ▆▆▆

Familiengericht

▆▆▆

Az.: ▆▆▆

In der Familiensache

▆▆▆ ./. ▆▆▆

Rechtsanwalt: ▆▆▆   Rechtsanwalt: ▆▆▆

bestellen wir uns für den Antragsgegner und beantragen,

(1) den Antrag der Antragstellerin auf Übertragung der elterlichen Sorge abzuweisen und

(2) dem Antragsgegner die elterliche Sorge für die minderjährigen Kinder ▆▆▆, geb. am ▆▆▆, zu übertragen.

A. Sorgerecht § 13

Gründe:

Die Antragstellerin geht zutreffend davon aus, dass sich die Eltern nicht darüber einigen konnten, welchem Elternteil für die Zeit nach der Scheidung die elterliche Sorge zustehen soll. Der Antragsgegner ist aber nicht der Meinung, dass die Antragstellerin für die Ausübung der elterlichen Sorge geeignet ist. Sie bietet keine Gewähr für eine verantwortungsbewusste, dem Kindeswohl entsprechende Betreuung, Versorgung und Erziehung. Schon in der Vergangenheit hat sie sich im Gegensatz zum Antragsgegner nur unzureichend um die Kinder gekümmert. Insbesondere sprechen daher die folgenden Erwägungen gegen die von der Antragstellerin begehrte Sorgerechtsregelung: .

(Argumentation spiegelbildlich entsprechend der Kriterien zu dem Antrag gem. Ziff. 2, a)

Beweis:

Demgegenüber entspricht die Übertragung der elterlichen Sorge auf den Antragsgegner dem Kindeswohl. Ihm oblag auch schon bisher ganz überwiegend die Versorgung, Erziehung und Betreuung des gemeinsamen Kindes.

Beweis:

Der Antragsgegner wird auch zukünftig eher in der Lage sein, das Kind zu fördern und ihm für den weiteren Lebensweg die notwendige Orientierung und Sicherheit zu geben. Im Einzelnen: .

Beweis:

(Der Antragsgegner ist trotz seiner Berufstätigkeit auch zukünftig eher in der Lage, zu versorgen. Im Einzelnen: .

Beweis:

(Das Kind selbst hat sich wiederholt dafür ausgesprochen, bei seinem Vater zu bleiben.

Beweis: Anhörung des Kindes

Dem Willen des Kindes ist im Hinblick auf seine Reife und sein Alter Rechnung zu tragen.)

Die Ermittlungen des Jugendamts werden die diesseitige Einschätzung ebenso bestätigen wie die richterliche Anhörung des Kindes selbst.

(Vorsorglich wird die Einholung eines kinderpsychologischen Gutachtens angeregt.)

Einer großzügigen Umgangsregelung zugunsten der Antragstellerin stehen keine Einwände entgegen. Im Rahmen einer entsprechenden Vereinbarung könnten nicht nur die regelmäßigen Kontakte festgelegt, sondern auch Ferien- und Feiertagsregelungen getroffen werden.

Rechtsanwalt

§ 13 Formularteil

d) Antrag auf Übertragung der Alleinsorge gemäß § 1672 BGB (bis zur gesetzl. Neuregelung des § 1672 BGB)

10 **Muster 13.9: Antrag auf Übertragung der Alleinsorge gem. § 1671 Abs. 2 Nr. 2 BGB**

An das

Amtsgericht

Familiengericht

Az.:

In der Familiensache

des

– Antragsteller/Vater –

Verfahrensbevollmächtigter:

gegen

– Antragsgegnerin/Mutter –

Verfahrensbevollmächtigter:

betreffend das minderjährige Kind

bestellen wir uns für den Antragsteller und stellen den Antrag:

1. Dem Antragsteller die elterliche Sorge für das Kind   geb. am   zur alleinigen Ausübung zu übertragen.
2. **(Alt.)** Dem Antragsteller das Recht der Aufenthaltsbestimmung für das Kind   geb. am   zur alleinigen Ausübung zu übertragen.

Gründe:

I. Die Beteiligten haben in der Zeit von   bis   nichtehelich zusammengelebt.

Aus ihrer Beziehung ist das minderjährige Kind   , geb. am   , hervorgegangen. Das Kind lebt seit der Trennung seiner Eltern am   im Haushalt der Antragsgegnerin.

Der Antragsteller ist als   bei der Fa.   beschäftigt. Seine Arbeitszeiten sind von   bis   .

Die Antragsgegnerin ist als   bei   beschäftigt. Sie ist dort im Schichtdienst tätig.

II. Mit seinem Antrag erstrebt der Antragsteller die Alleinsorge für das gemeinsame Kind, wobei er von der Überlegung ausgeht, dass

eine gemeinsame elterliche Sorge der Eltern nicht in Betracht kommt

und

die Übertragung der Alleinsorge auf den Antragsteller dem Kindeswohl am besten entspricht.

Alt.:

eine gemeinsame elterlicher Sorge der Eltern nicht in Betracht kommt

und

die Übertragung des Aufenthaltsbestimmungsrechts auf den Antragsteller dem Kindeswohl am besten entspricht

1. Eine gemeinsame Ausübung der elterlichen Sorge kommt vorliegend nach Einschätzung des Antragstellers aus folgenden Gründen nicht in Betracht: (**alternativ**)

a) Zwischen den Eltern besteht keine ausreichende Kooperationsfähigkeit und Kooperationswilligkeit. Indizien hierfür sind aus Sicht des Antragstellers

– häufige Streitigkeiten in Kindesangelegenheiten,
– Schwierigkeiten bei der Gestaltung des Umgangs,
– mangelndes Verständnis der Antragsgegnerin für stabile Lebensbedingungen des Kindes,
– fehlende Einigung über den gewöhnlichen Aufenthalt,
– Feindseligkeit im Kontakt der Eltern zueinander

b) Aus Sicht des Antragstellers ist die Antragsgegnerin an der Erziehung und dem Wohl des Kindes nicht interessiert. Dies zeigt sich vor allem an

– ihrer mangelnden Förderung der Umgangskontakte,
– ihrem Desinteresse an wesentlichen Erziehungsfragen,
– ihrem Desinteresse an wesentlichen schulischen, gesundheitlichen und ähnlichen Belangen des Kindes.

c) Einer gemeinsamen Ausübung der elterlichen Sorge stehen auch die äußeren Lebensverhältnisse entgegen. Die Antragsgegnerin beabsichtigt, ein Angebot ihres Arbeitgebers zur Aufnahme einer Tätigkeit in einer Firmenniederlassung in den USA aufzunehmen. Hierdurch bedingt wäre nicht nur eine erschwerte Kontaktaufnahme die Folge. Zudem würde das Kind aus seinem bisherigen sozialen Umfeld gerissen. Die Antragsgegnerin war nicht bereit, ihre berufliche Entscheidung zu überdenken, obwohl bereits jetzt schulische Schwierigkeiten des Kindes bestehen, die sich nach der Stellungnahme der betreuenden Lehrer im Fall eines Schulwechsels gravierend verstärken werden.

d) Auch der eindeutige Wille des Kindes ist zu berücksichtigen; dieser wird sich im Rahmen der durchzuführenden richterlichen Anhörung gemäß § 159 FamFG auch bestätigen. Das Kind hat sich wiederholt und klar im Rahmen bisheriger Gespräche dafür ausgesprochen, dass die elterliche Sorge künftig vom Antragsteller allein ausgeübt werden soll.

2. Für die alleinige elterliche Sorge gerade des Antragstellers sprechen folgende Gründe.

a) Im Rahmen des Förderungsprinzips wird er voraussichtlich dem Kind die besseren Entwicklungsmöglichkeiten vermitteln und ihm die meiste Unterstützung für den Aufbau seiner Persönlichkeit geben.

b) Durch die Alleinsorge werden auch die gewachsenen emotionalen und sozialen Bindungen des Kindes zu seinen Großeltern und sonstigen Bezugspersonen soweit wie möglich erhalten.

c) Durch die beantragte Sorgerechtsgestaltung bleibt dem Kind im Einklang mit dem Kontinuitätsprinzip seine bisherige Lebenswelt weitestgehend erhalten, eine Stetigkeit der Erziehung und Betreuung wird sichergestellt.

d) Mit Blick auf die Bindungstoleranz garantiert der Antragsteller die Fähigkeit, Kontakte des Kindes zur Antragsgegnerin auch weiterhin zuzulassen und zu fördern. Auch bislang hat sich der Antragsteller in Abstimmung mit dem Jugendamt um möglichst kontinuierliche Einhaltung der Umgangskontakte bemüht.

e) Letztlich sprechen zugunsten des Antragstellers die Neigungen und der Wille des Kindes, das sich für eine alleinige elterliche Sorge des Antragstellers und einen weiteren Verbleib in dessen Haushalt ausgesprochen hat.

3. (Alt.) Für die Übertragung des Aufenthaltsbestimmungsrechts auf den Antragsteller spricht die Tatsache, dass die Antragsgegnerin trotz eindeutiger Warnungen wegen sich dramatisch verschlechternder schulischer Leistungen des Kindes im Fall eines Schulwechsels gleichwohl an ihrem Vorhaben festhält, gemeinsam mit dem Kind in die USA überzusiedeln, um dort eine neue Tätigkeit aufzunehmen. Das Kind ist der englischen Sprache nicht mächtig. Es wird daher zweifelsohne den schulischen Anforderungen nicht gerecht werden. Es sind daher bereits zum jetzigen Zeitpunkt erhebliche schulische Säumnisse vorauszusehen, die mit Blick auf die zudem bestehenden gesundheitlichen Einschränkungen des Kindes als kindeswohlwidrig zu bewerten sind.

Rechtsanwalt

e) Abweisungsantrag des anderen Elternteils

11 **Muster 13.10: Abweisungsantrag des anderen Elternteils**

An das

Amtsgericht

Familiengericht

Az.:

In der Familiensache

./.

Rechtsanwalt: Rechtsanwalt:

wird namens der Antragsgegnerin beantragt,

den Antrag des Antragstellers auf Übertragung des Alleinsorgerechts vom   abzuweisen.

Gründe:

Der Antrag des Antragstellers auf Übertragung des Alleinsorgerechts ist abzuweisen, da die Beibehaltung der alleinigen elterlichen Sorge der Antragsgegnerin dem Kindeswohl am besten entspricht bzw. alternativ auch eine gemeinsame elterliche Sorge in Betracht kommt.

Die Antragsgegnerin und das Kind   haben eine sehr enge Beziehung zueinander, schon deswegen, weil   seit der Trennung seiner Eltern allein im Haushalt der Antragsgegnerin lebte und diese für das Kind die wesentliche Bezugsperson geworden ist.

Die Antragsgegnerin ist sehr am Wohlergehen des Kindes interessiert. Sie hat die medizinische Behandlung des Kindes im Wesentlichen begleitet. Sie war und ist die zentrale Ansprechpartnerin der behandelnden Ärzte. Von ihr wurden in der Vergangenheit regelmäßig die Elternabende wahrgenommen. In schulischen Angelegenheiten des Kindes hat die Antragsgegnerin die notwendigen Besprechungen mit den jeweiligen Lehrkräften wahrgenommen, die zudem auch nach erneuten Tests der Antragsgegnerin bestätigt haben, dass eine deutliche Verbesserung der schulischen Leistungen des Kindes eingetreten ist, die durchaus auch einen Schulwechsel zulässt.

Es bestehen zwar Spannungen zwischen den Eltern. Diese sind aber nicht so erheblich, dass eine gemeinsame Verständigung bezüglich des Kindes ausgeschlossen wäre. Im Einzelnen: .

Beweis:

Das Vorbringen des Antragstellers in dem Antrag auf Übertragung des Sorgerechts greift nicht durch. Die zwischen den Eltern bestehenden Streitigkeiten betreffen die Partnerschaftsebene. Das Kind wird durch die Unstimmigkeiten nicht belastet.

Beweis:

Es liegen keine Gründe vor, die dafür sprechen, das Sorgerecht im Interesse des Kindes auf den Antragsteller zu übertragen. Eine Kooperation bezüglich der Erziehung und Betreuung der Kinder ist bisher erfolgt und wird auch künftig im Interesse des Kindes erfolgen. Die Eltern sind durchaus in der Lage, in allen Angelegenheiten, deren Regelungen für das Kind von erheblicher Bedeutung sind, Einvernehmen zu erzielen.

Im Einzelnen: .

Beweis:

Es muss daher zumindest die künftige gemeinsame Ausübung der elterlichen Sorge angeordnet werden.

Rechtsanwalt

▲

f) **Antrag auf Anordnung der gemeinsamen elterlichen Sorge gemäß § 1626a Abs. 1 Nr. 3 BGB**

▼

Muster 13.11: Antrag auf Anordnung der gemeinsamen elterlichen Sorge gem. § 1626a Abs. 1 Nr. 3 BGB

An das

Amtsgericht

Familiengericht

Az.:

§ 13 Formularteil

In der Familiensache

des ▓

– Antragsteller/Vater –

Verfahrensbevollmächtigter: ▓

gegen

▓

– Antragsgegnerin/Mutter –

Verfahrensbevollmächtigter: ▓

betreffend das minderjährige Kind ▓ geboren am ▓, in ▓

bestellen wir uns für den Antragsteller und stellen den Antrag:

1. Für das Kind ▓ geb. am ▓ in ▓

   die von dem Antragsteller und der Antragsgegnerin gemeinsam auszuübende elterliche Sorge anzuordnen.

2. **(Alt.)**. Für das Kind ▓ geb. am ▓ in ▓

   betreffend den Teilbereich der Gesundheitsfürsorge die von dem Antragsteller und der Antragsgegnerin gemeinsam auszuübende elterliche Sorge anzuordnen.

Gründe:

I. Die Eltern haben in der Zeit von ▓ bis ▓ nichtehelich zusammengelebt.

Aus ihrer Beziehung ist das minderjährige Kind ▓, geb. am ▓, hervorgegangen. Das Kind lebt seit der Trennung seiner Eltern am ▓ im Haushalt der Antragsgegnerin. Die Antragsgegnerin hat sich bislang geweigert, eine Sorgeerklärung abzugeben.

Der Antragsteller ist als ▓ bei der Fa. ▓ beschäftigt. Seine Arbeitszeiten sind von ▓ bis ▓.

Die Antragsgegnerin ist als ▓ bei ▓ beschäftigt. Bedingt durch die Betreuung von ▓ übt sie derzeit keine Erwerbstätigkeit aus.

II. Mit seinem Antrag erstrebt der Antragsteller die gemeinsame elterliche Sorge für das Kind der Beteiligten, da die gemeinsame Ausübung der elterlichen Sorge dem Kindeswohl nicht widerspricht.

1. Eine gemeinsame Ausübung der elterlichen Sorge kommt vorliegend nach Einschätzung des Antragstellers aus folgenden Gründen in Betracht: (**alternativ**)

a) Zwischen den Eltern besteht eine ausreichende Kooperationsfähigkeit und Kooperationswilligkeit. Indizien hierfür sind aus Sicht des Antragstellers

– mangelnde Differenzen in Kindesangelegenheiten,
– reibungslose Gestaltung des Umgangs,
– bestehende Einigung auf den gewöhnlichen Aufenthalt des Kindes,
– angemessene persönliche Kontakte der Eltern.

Die Eltern konnten bislang alle für das Kind wesentlichen Angelegenheiten einvernehmlich regeln. Der Antragsteller ist für das Kind zudem eine wesentliche Bezugsperson. Dies folgt einerseits aus der Tatsache, dass die Familie bis zum ▆▆▆▆ Lebensjahr des Kindes einen gemeinsamen Haushalt unterhielt und auch nach der Trennung zwischen dem Antragsteller und dem Kind regelmäßige Kontakte stattgefunden haben, die es dem Antragsteller ermöglichen, sich über die Entwicklung des Kindes bestmöglich zu informieren. Der Antragsteller hat im Einverständnis der Mutter bislang Kontakt zu den behandelnden Ärzten des Kindes unterhalten und sich auch fortlaufend über schulische Angelegenheiten in Kenntnis gesetzt. Das Kind ▆▆▆▆ hat in wiederholten Gesprächen gegenüber dem Antragsteller zum Ausdruck gebracht, dass es künftig eine Einbindung seines Vaters in die Ausübung der elterlichen Sorge möchte.

2. (Alt.) Für die Anordnung der gemeinsamen elterlichen Sorge gerade betreffend die Gesundheitsfürsorge sprechen folgende Gründe.

Das Kind ▆▆▆▆ leidet seit seiner Geburt an einer ▆▆▆▆, die bislang eine konsequente medizinische Behandlung erforderte. Der Antragsteller verfügt mit Blick auf seine Berufsausbildung nicht nur über besondere Kenntnisse betreffend dieses Krankheitsbild. Er besitzt auch besondere Kontakte zu spezialisierten Therapeuten, so dass er im Rahmen einer gemeinsamen elterlichen Sorge, soweit es den Bereich der Gesundheitsfürsorge betrifft, im Interesse des Kindes besondere Hilfestellung leisten kann.

Rechtsanwalt

▲

g) Abweisungsantrag des anderen Elternteils

▼

Muster 13.12: Abweisungsantrag des anderen Elternteils

An das

Amtsgericht ▆▆▆▆

Familiengericht

▆▆▆▆

Az.: ▆▆▆▆

In der Familiensache

▆▆▆▆ ./. ▆▆▆▆

Rechtsanwalt: ▆▆▆▆   Rechtsanwalt: ▆▆▆▆

wird namens der Antragsgegnerin beantragt,

den Antrag des Antragstellers auf Anordnung der gemeinsamen elterlichen Sorge vom ▆▆▆▆ abzuweisen.

Gründe:

Der Antrag des Antragstellers auf Anordnung der gemeinsamen elterlichen Sorge ist abzuweisen, da eine Anordnung der gemeinsamen elterlichen Sorge dem Kindeswohl widerspricht.

Die Antragsgegnerin und das Kind ▓▓▓ haben eine sehr enge Beziehung zueinander, schon deswegen, weil ▓▓▓ seit der Trennung seiner Eltern allein im Haushalt der Antragsgegnerin lebte und diese für das Kind die wesentliche Bezugsperson geworden ist.

Die Antragsgegnerin ist sehr an dem Wohlergehen des Kindes interessiert. Von ihr wurden in der Vergangenheit regelmäßig die Elternabende und die medizinische Behandlung des Kindes im Wesentlichen wahrgenommen. Sie war und ist die zentrale Ansprechpartnerin der behandelnden Ärzte.

Der Antragsteller hat durch sein Verhalten und durch seine Einschätzung, er könne dem Kind mit Blick auf seine Berufsausbildung eine besondere Hilfe bei seiner medizinischen Behandlung zuteilwerden lassen, bislang dem Kind nur geschadet. Im Einzelnen: ▓▓▓ Die Antragsgegnerin hat wiederholt versucht, durch Inanspruchnahme von Beratungsgesprächen beim örtlich zuständigen Jugendamt eine ausreichende Basis für eine im Interesse des Kindes notwendige Kommunikation und Kooperation herzustellen. An solchen Gesprächen war der Antragsgegner nie interessiert.

Beweis: ▓▓▓

Von der Antragsgegnerin veranlasste medizinisch indizierte Maßnahmen hat der Antragsteller versucht zu unterlaufen.

Beweis: ▓▓▓

Das Verhalten des Antragstellers hat sich nachteilig auf das Kindeswohl ausgewirkt. Bei dem Kind ist eine feststellbare Verunsicherung eingetreten. Die Antragsgegnerin wird auch künftig im Interesse des Kindes den Antragsteller über die laufende medizinische Behandlung des Kindes unterrichtet halten. Gleichwohl muss aber auch aus Kindeswohlgründen sichergestellt sein, dass ohne langwierige Abstimmung mit dem Antragsteller medizinisch gebotene Behandlungen – gerade auch mit Blick auf die bei dem Kind diagnostizierte Erkrankung ▓▓▓ – durchgeführt werden können.

Rechtsanwalt

▲

3. Antrag auf Abtrennung einer Folgesache nach §§ 140 Abs. 2 Nr. 3, 137 Abs. 3, 151 FamFG

▼

14 **Muster 13.13: Antrag auf Abtrennung einer Folgesache nach §§ 140 Abs. 2 Nr. 3, 137 Abs. 3, 151 FamFG**

An das

Amtsgericht ▓▓▓

Familiengericht

▓▓▓

Az.: ▓▓▓

A. Sorgerecht § 13

In der Familiensache

▒▒▒ ./. ▒▒▒

Rechtsanwalt: ▒▒▒   Rechtsanwalt: ▒▒▒

wird namens der Antragstellerin beantragt,

über den Antrag zur Regelung der elterlichen Sorge/der Regelung der Umgangskontakte/zur Herausgabe des Kindes vorab unter Abtrennung von der Scheidungssache zu entscheiden.

Gründe:

Die Antragstellerin erstrebt die Abtrennung der Folgesache ▒▒▒ aus dem Verbund. Maßgeblich für das Begehren ist hierbei die Tatsache, dass sich das Scheidungsverfahren durch die zusätzlichen Ermittlungen im Verbundverfahren ▒▒▒ unvorhersehbar und zeitlich außergewöhnlich verzögert.

Die Abtrennung der Folgesache ▒▒▒ ist aus Gründen des Kindeswohls sachgerecht.

Es stehen dringende medizinische Behandlungen des Kindes ▒▒▒ bevor, zu denen der Antragsgegner bislang seine Zustimmung nicht erteilt hat bzw. dieser bedingt durch seinen Auslandsaufenthalt auch nicht kurzfristig erreichbar ist.

Der Antragsgegner hat trotz wiederholter Aufforderungen bislang keine Umgangskontakte zwischen den Kindern und der Antragstellerin zugelassen. Insbesondere hinsichtlich des jüngeren Kindes droht daher eine Entfremdung, wenn kurzfristig keine Kontakte wahrgenommen werden können.

Alt.:

Die Antragstellerin erstrebt die Abtrennung der Folgesache ▒▒▒ aus dem Verbund, nachdem diese **Folgesache** bereits durch Beschluss des erkennenden Gerichts vom ▒▒▒ **ausgesetzt** wurde.

Mit einer schnellen Regelung der Kindschaftssache kann daher nicht gerechnet werden. Zudem besitzt die Kindschaftssache zu der Scheidung keine inhaltlich so enge Beziehung, als dass die gemeinsame Entscheidung angezeigt wäre. Durch den bisherigen Verfahrensablauf hat sich gezeigt, dass beide Verfahren noch wesentlich lockerer miteinander verbunden sind, als bislang von den Verfahrensbeteiligten angenommen. Die Umgangskontakte für die bevorstehenden Ferien wurden ohnehin bereits durch einstweilige Anordnung geregelt.

Rechtsanwalt

▲

III. Anträge nach § 1628 BGB

1. Antrag auf Übertragung des Entscheidungsrechts auf einen Elternteil nach § 1628 BGB

▼

Muster 13.14: Antrag auf Übertragung des Entscheidungsrechts auf einen Elternteil nach § 1628 BGB

An das

Amtsgericht

Familiengericht

Geschäfts-Nr.:

Antrag auf Übertragung des Entscheidungsrechts auf einen Elternteil nach § 1628 BGB

der

– Antragstellerin/Mutter –

Verfahrensbevollmächtigter:

gegen

den

– Antragsgegner/Vater –

Verfahrensbevollmächtigter:

Namens und in Vollmacht der Antragstellerin wird beantragt, ihr

- das Recht der Personensorge,
- das Recht der medizinischen Versorgung,
- das Recht der Beantragung von Sozial- und Jugendhilfeleistungen,
- das Recht der Regelung der schulischen Angelegenheiten,
- das Recht der Vermögenssorge

zur alleinigen Ausübung zu übertragen.

Gründe:

Die Eltern waren bislang bereit und fähig, die elterliche Sorge gemeinsam auszuüben. Das gemeinsame Kind betreffende Fragen konnten von ihnen bisher einvernehmlich geregelt werden.

Lediglich bezüglich **(alternativ z.B.)**

- der Impfung gegen die Virusgrippe H1N1 (sog. Schweinegrippe),
- der Anmeldung zur Schule in
- der längerfristigen Anlage eines Kapitalguthabens

bestehen nach wie vor Meinungsverschiedenheiten zwischen den Eltern. Eine Einigung konnte bislang nicht erzielt werden, so dass die Antragstellerin das Recht zur alleinigen Entscheidung in dieser Angelegenheit erstrebt.

Dies entspricht dem Kindeswohl am besten. Das Kind lebt bei der Antragstellerin, die es betreut und fördert. Im Einzelnen: ▒.

Beweis: ▒

(Bsp.: Die Antragstellerin möchte das Kind in die dem Wohnsitz des Kindes nächstliegende Schule einschulen. Die Antragstellerin hat sich durch Gespräche mit dem Schulleiter und einigen Lehrern davon überzeugt, dass diese Schule geeignet ist, dem Kind die notwendige Grundschulausbildung zu geben. Der Antragsgegner ist nicht damit einverstanden. Er hält eine andere, weit abgelegene Schule für geeigneter, hat aber überhaupt noch keine Erkundigungen eingeholt. Er kann also gar nicht einschätzen, welche Schule die bessere für ▒ ist.

Beweis: ▒

Die Auseinandersetzung hat ein Ausmaß erreicht, das nicht erwarten lässt, dass die Eltern sich in dieser Angelegenheit noch einigen können. Daher ist eine gerichtliche Entscheidung bzw. ein Hinwirken auf eine Einigung ohne förmliche Entscheidung durch das Gericht unentbehrlich. Bliebe die Angelegenheit ungeregelt, würde dies das Kindeswohl erheblich beeinträchtigen.

Streitigkeiten in anderen Angelegenheiten von erheblicher Bedeutung sind dagegen nicht zu erwarten. Die Eltern sind insoweit auch weiterhin in der Lage und gewillt, die gemeinsame elterliche Sorge auszuüben.

Beweis: ▒

Rechtsanwalt
▲

2. Abweisungsantrag des anderen Elternteils

▼

Muster 13.15: Abweisungsantrag des anderen Elternteils

An das

Amtsgericht ▒

Familiengericht

▒

Geschäfts-Nr.: ▒

In der Familiensache

▒ ./. ▒

Rechtsanwalt: ▒   Rechtsanwalt: ▒

wird namens und in Vollmacht des Antragsgegners beantragt,

den Antrag der Antragstellerin vom ▒ auf Übertragung der Entscheidungsbefugnis betreffend ▒ zurückzuweisen.

§ 13 Formularteil

Gründe:

Der Antrag der Antragstellerin auf Übertragung der Alleinentscheidungsbefugnis betreffend ▇▇▇ ist nicht begründet.

Es ist richtig, dass die Eltern bisher immer gewillt und in der Lage waren, die Angelegenheiten, deren Regelungen für das Kind von erheblicher Bedeutung sind, im gegenseitigen Einvernehmen zu entscheiden. Bezüglich ▇▇▇ bestehen zwar Unstimmigkeiten. Diese sind jedoch nicht so erheblich, dass eine gerichtliche Entscheidung getroffen werden muss. Im Einzelnen: ▇▇▇.

Beweis: ▇▇▇

(Bsp.: Der Antragsgegner lehnt die Einschulung von ▇▇▇ in der von der Antragstellerin für richtig gehaltenen Schule nicht grundsätzlich ab. Er versucht lediglich, die Antragstellerin davon zu überzeugen, dass diese Schule weniger geeignet für die Grundschulausbildung von ▇▇▇ ist als die ▇▇▇-Schule.

Beweis: ▇▇▇

Der Antragsgegner stimmt mit der Antragstellerin darin überein, dass ein kurzer Schulweg von erheblichem Vorteil für das Kind und die Antragstellerin ist. Er bittet die Antragstellerin jedoch, ihren Wunsch noch einmal zu überdenken, und wird versuchen, sich mit ihr zu einigen.

Eine gerichtliche Entscheidung ist nicht erforderlich. Der Antrag ist daher abzuweisen.

Rechtsanwalt

▲

3. Eigener Antrag auf Übertragung des Entscheidungsrechts nach § 1628 BGB

▼

Muster 13.16: Eigener Antrag auf Übertragung des Entscheidungsrechts nach § 1628 BGB

An das

Amtsgericht ▇▇▇

Familiengericht

▇▇▇

Geschäfts-Nr.: ▇▇▇

In der Familiensache

▇▇▇ ./. ▇▇▇

Rechtsanwalt: ▇▇▇   Rechtsanwalt: ▇▇▇

wird namens und in Vollmacht des Antragsgegners beantragt:

Unter Abweisung des Antrags der Antragstellerin vom ▇▇▇ auf Übertragung der Entscheidungsbefugnis betreffend ▇▇▇ wird die Entscheidungsbefugnis hierzu dem Antragsgegner übertragen.

Gründe:

Der Antrag der Antragstellerin auf Übertragung der Alleinentscheidungsbefugnis betreffend ▨ ist nicht begründet.

Es ist zwar richtig, dass die Eltern bisher immer gewillt und in der Lage waren, die Angelegenheiten, deren Regelungen für das Kind von erheblicher Bedeutung sind, im Einvernehmen zu entscheiden. Bezüglich ▨ bestehen dennoch Unstimmigkeiten. Die Antragstellerin verkennt bezüglich des ▨, welche Entscheidung dem Wohl des Kindes am besten entspricht. Im Einzelnen: ▨.

Beweis: ▨

(Bsp.: Der Antragsgegner lehnt die Einschulung von ▨ in der von der Antragstellerin begehrten Schule grundsätzlich ab. Er hat bereits versucht, die Antragstellerin davon zu überzeugen, dass diese Schule für die Grundschulausbildung von ▨ wenig geeignet ist. Dies beruht auf der Tatsache, dass ▨.

Der Antragsgegner stimmt zwar mit der Antragstellerin darin überein, dass ein kurzer Schulweg von erheblichem Vorteil für das Kind und die Antragstellerin ist. Die Erfahrungen, die der Antragsgegner mit der betreffenden Schule gemacht hat, sind jedoch so nachteilig für das Kind, dass für ihn eine Einschulung von ▨ in diese Schule unter keinen Umständen in Betracht kommt. Denn ▨.

Aus diesem Grund hat sich der Antragsgegner entgegen der Behauptung der Antragstellerin über andere Schulen informiert und ist zu der Überzeugung gelangt, dass die vorgeschlagene Schule trotz des langen Schulweges am besten geeignet ist.)

Rechtsanwalt

▲

B. Umgangsrecht

I. Anträge auf Regelung des Umgangsrechts

1. Antrag auf Regelung des Umgangsrechts gemäß § 1684 BGB

▼

Muster 13.17: Antrag auf Regelung des Umgangsrechts

An das

Amtsgericht ▨

Familiengericht

▨

Az.: ▨

In der Familiensache

Der ▨

– Antragstellerin/Mutter –

§ 13 Formularteil

Verfahrensbevollmächtigter: ▮

gegen

▮

– Antragsgegner/Vater –

Verfahrensbevollmächtigter: ▮

betreffend das minderjährige Kind ▮

bestellen wir uns für die Antragstellerin und beantragen, das Umgangsrecht der Antragstellerin mit der minderjährigen Tochter ▮ geb. am ▮, familiengerichtlich so zu regeln, wie es dem Wohl des Kindes am ehesten entspricht.

Die Antragstellerin schlägt folgende Regelung vor:

Die Antragstellerin ist berechtigt und verpflichtet, das gemeinsame Kind ▮

1. alle 14 Tage in der Zeit von ▮ (Wochentag/Uhrzeit der Abholung) bis ▮ (Wochentag/Uhrzeit des Zurückbringens) zu sich zu nehmen. Das erste Besuchswochenende ist ▮.

2. in der ▮ Hälfte der Sommerferien ▮ Wochen, in den Oster-/Herbstferien, jeweils im Wechsel mit dem Antragsgegner, zu sich zu nehmen und mit ihm zu verreisen; in den Osterferien ▮ besucht ▮ die Antragstellerin.

3. Ostern, Pfingsten und Weihnachten jeweils am zweiten Feiertag in der Zeit von ▮ bis ▮ zu sich zu nehmen.

4. Die Antragstellerin holt das Kind zu Beginn jedes Umgangs pünktlich beim Antragsgegner ab und bringt es zum Ende eines jeden Umgangs dorthin pünktlich zurück.

(**5.** Das Verfahren zur Regelung der Umgangskontakte gemäß § 137 Abs. 3 FamFG in den Scheidungsverbund einzubeziehen.)

Gründe:

Die Eltern haben am ▮ die Ehe miteinander geschlossen. Sie leben seit dem ▮ voneinander getrennt. Ein Ehescheidungsverfahren ist bislang nicht anhängig.

Alt.:

Die Eltern haben am ▮ die Ehe miteinander geschlossen. Sie leben seit dem ▮ voneinander getrennt. Derzeit ist zwischen ihnen beim erkennenden Gericht unter dem Az ▮ das Scheidungsverfahren anhängig.

Alt.:

Die Eltern sind rechtskräftig geschiedene Ehegatten.

Aus der Ehe der Eltern ist die am ▮ geborene gemeinsame minderjährige Tochter ▮ hervorgegangen. Anlässlich der Trennung haben sie Einvernehmen darüber erzielt, dass die gemeinsame Tochter im Haushalt des Antragsgegners verbleiben soll.

Hinsichtlich der Ausgestaltung des Umgangsrechts konnte demgegenüber keine Einigung erzielt werden. Die Vorstellungen des Antragsgegners sind insoweit völlig unzureichend. Sie werden dem Kindeswohl und den berechtigten Interessen der Antragstellerin nicht gerecht.

B. Umgangsrecht § 13

Für die beantragte Regelung sprechen folgende Gesichtspunkte: ▮.

Beweis: ▮

Die Ermittlungen des Jugendamts und die richterliche Anhörung des Kindes werden ergeben, dass die vorgeschlagene Regelung dem Kindeswohl am besten entspricht. Sie ist erforderlich, um die gewachsenen Bindungen des Kindes an die Antragstellerin aufrechtzuerhalten.

Eine außergerichtliche Einigung der Eltern ist gescheitert, so dass eine gerichtliche Entscheidung erforderlich ist.

Beweis: Vorlage der Korrespondenz

Rechtsanwältin

▲

2. Antrag auf Regelung des Umgangsrechts gemäß § 1685 BGB

▼

Muster 13.18: Antrag auf Regelung des Umgangsrechts

An das

Amtsgericht ▮

Familiengericht

▮

Az.: ▮

In der Familiensache

Der ▮

– Antragsteller–

Verfahrensbevollmächtigter: ▮

gegen

▮

– Antragsgegnerin –

Verfahrensbevollmächtigter: ▮

betreffend das minderjährige Kind ▮

bestellen wir uns für den Antragsteller und beantragen, das Umgangsrecht des Antragstellers mit dem minderjährigen Kind ▮ geb. am ▮ familiengerichtlich so zu regeln, wie es dem Wohl des Kindes am ehesten entspricht.

Der Antragsteller schlägt folgende Regelung vor:

Der Antragsteller ist berechtigt und verpflichtet, das Kind ▮

§ 13 Formularteil

1. an jedem zweiten Wochenende eines Monats in der Zeit von ▩ (Wochentag/Uhrzeit der Abholung) bis ▩ (Wochentag/Uhrzeit des Zurückbringens) zu sich zu nehmen. Das erste Besuchswochenende ist ▩.

2. in den Sommerferien für die Dauer von 2 Wochen zu sich zu nehmen und mit ihm zu verreisen;

3. Der Antragsteller holt das Kind zu Beginn jedes Umgangs pünktlich bei der Antragsgegnerin ab und bringt es zum Ende eines jeden Umgangs dorthin pünktlich zurück.

Gründe:

Der Antragsteller ist der Großvater des am ▩ geborenen Kindes. Die Antragsgegnerin ist seine Tochter.

Gemeinsam mit seiner zwischenzeitlich verstorbenen Ehefrau hat der Antragsteller das Kind in dessen ersten 5 Lebensjahren im Wesentlichen versorgt und betreut. Die nicht verheiratete Antragsgegnerin befand sich zum damaligen Zeitpunkt noch im Studium, so dass sie nicht über die zeitlichen Möglichkeiten der persönlichen Betreuung des Kindes verfügte und auch finanziell nicht in der Lage war, eine Tagesmutter zu finanzieren. Sie unterhielt in dieser Zeit eine Wohnung im Haus des Antragstellers, so dass dieser gemeinsam mit seiner Ehefrau die Betreuung des Kindes übernahm. Insbesondere der Antragsteller hat Arzttermine mit dem Kind wahrgenommen, dieses regelmäßig in den Kindergarten gebracht und sich auch im dortigen Förderverein engagiert.

Nach Beendigung ihres Studiums hat die Antragsgegnerin zu ihren Eltern jeglichen Kontakt abgebrochen. Eine Begründung hierfür hat sie nicht gegeben.

Über die Gewährung und Ausgestaltung des Umgangsrechts konnte keine Einigung erzielt werden. Für die beantragte Regelung sprechen folgende Gesichtspunkte: ▩

Beweis: ▩

Die Ermittlungen des Jugendamts und die richterliche Anhörung des Kindes werden ergeben, dass die vorgeschlagene Regelung dem Kindeswohl dient. Sie ist erforderlich, um die gewachsenen Bindungen des Kindes an den Antragsteller aufrechtzuerhalten.

Eine außergerichtliche Einigung ist gescheitert, so dass eine gerichtliche Entscheidung erforderlich ist.

Beweis: Vorlage der Korrespondenz

Rechtsanwältin

▲

3. Antrag auf Regelung des Umgangsrechts gemäß § 1686a BGB

▼

20 **Muster 13.19: Antrag auf Regelung des Umgangsrechts**

An das

Amtsgericht ▩

B. Umgangsrecht § 13

Familiengericht
▬

Az.: ▬

In der Familiensache

Der ▬

– Antragsteller/Vater –

Verfahrensbevollmächtigter: ▬

gegen

▬

– Antragsgegnerin/Mutter –

Verfahrensbevollmächtigter: ▬

betreffend das minderjährige Kind ▬

bestellen wir uns für den Antragsteller und beantragen, das Umgangsrecht des Antragstellers mit dem minderjährigen Kind ▬ geb. am ▬ familiengerichtlich so zu regeln, wie es dem Wohl des Kindes am ehesten entspricht.

Der Antragsteller schlägt folgende Regelung vor:

Der Antragsteller ist berechtigt und verpflichtet, das Kind ▬

1. an jedem zweiten Wochenende eines Monats in der Zeit von ▬ (Wochentag/Uhrzeit der Abholung) bis ▬ (Wochentag/Uhrzeit des Zurückbringens) zu sich zu nehmen. Das erste Besuchswochenende ist ▬.

2. in den Sommerferien für die Dauer von 2 Wochen zu sich zu nehmen und mit ihm zu verreisen;

3. Der Antragsteller holt das Kind zu Beginn jedes Umgangs pünktlich bei der Antragsgegnerin ab und bringt es zum Ende eines jeden Umgangs dorthin pünktlich zurück.

Gründe:

Der Antragsteller ist der leibliche Vater des am ▬ geborenen Kindes. In der maßgeblichen Empfängniszeit hat er der Antragsgegnerin beigewohnt.

Beweis: eidesstattliche Versicherung des Antragstellers in der Anlage

Zu diesem Zeitpunkt war die Antragsgegnerin noch verheiratet, wobei sie ihre Ehe auch nach Beendigung der Beziehung mit dem Antragsteller – ein Jahr nach der Geburt des Kindes – fortgeführt hat, so dass der Ehemann der Antragsgegnerin rechtlicher Vater des Kindes ist.

Der Antragsteller hat die Antragsgegnerin während der bestehenden Beziehung selbstverständlich zu sämtlichen Arztbesuchen begleitet und sich intensiv um eine für sie positive Schwangerschaft bemüht. Wiederholt hat er der Antragsgegnerin angeboten, die Vaterschaft – nach Durchführung der Vaterschaftsanfechtung durch sie oder ihren Ehemann – anzuerkennen. Auch nach Ende der Beziehung hat er sich für diesen Fall zur Zahlung eines festen monatlichen Unterhaltsbetrages bereit erklärt. Diese Angebote wurden allerdings von der Antragsgegnerin ebenso kategorisch abgelehnt wie die wiederholten Wünsche des Antragstellers, das Kind sehen zu können.

§ 13 Formularteil

Die Antragsgegnerin hat sich vielmehr gegenüber dem Antragsteller jegliche weitere Kontaktaufnahme verbeten und darauf verwiesen, dass sie keine Einmischung seinerseits in ihre Familie wünsche.

Der Antragsteller seinerseits geht davon aus, dass der Umgang zwischen ihm und dem Kind dem Kindeswohl dient und er als leiblicher Vater das Kind bei seiner künftigen Entwicklung positiv fördern kann und will.

Beweis: ▆▆▆▆ Bei der Ausgestaltung der Umgangskontakte ist der Antragsteller selbstverständlich bereit, auf die Belange der Antragsgegnerin und deren Familie, insbesondere jedoch auf jene des Kindes Rücksicht zu nehmen.

Rechtsanwältin

4. Zustimmung zum Antrag auf Regelung des Umgangsrechts

▼

21   **Muster 13.20: Zustimmung zum Antrag auf Regelung des Umgangsrechts**

An das

Amtsgericht ▆▆▆▆

Familiengericht

▆▆▆▆

Az.: ▆▆▆▆

In der Familiensache

▆▆▆▆ ./. ▆▆▆▆

Rechtsanwalt: ▆▆▆▆   Rechtsanwalt: ▆▆▆▆

stimmen wir namens und in Vollmacht des Antragsgegners dem Antrag der Antragstellerin zur Regelung ihrer Umgangskontakte mit der minderjährigen Tochter ▆▆▆▆ geb. am ▆▆▆▆ vom ▆▆▆▆ zu.

Gründe:

Der Antragsgegner hält seine bisherigen Einwendungen zu der von der Antragstellerin gewünschten Umgangsregelung nicht mehr aufrecht.

Er ist damit einverstanden, dass die Antragstellerin das gemeinsame Kind ▆▆▆▆ regelmäßig alle ▆▆▆▆ Wochen in der Zeit von ▆▆▆▆ (Wochentag/Uhrzeit der Abholung) bis ▆▆▆▆ (Wochentag/Uhrzeit des Zurückbringens) zu sich nimmt. Zugleich stimmt er der beantragten Ferien- und Feiertagsregelung zu. Die Regelung dürfte dem Kindeswohl am besten entsprechen.

(Das Kind selbst hat sich ebenfalls für die vorgeschlagene Umgangsregelung ausgesprochen.)

(Der Antragsgegner regt an, im Termin einen dem Antrag der Antragstellerin entsprechenden Vergleich zu schließen und diesen sodann gerichtlich zu billigen.)

Rechtsanwalt

Dieses Schriftsatzmuster kann für die Anträge nach § 1685 BGB bzw. § 1686a BGB entsprechend angepasst werden.

5. Abweisungsantrag zum Antrag gemäß § 1684 BGB

▼

Muster 13.21: Abweisungsantrag

An das

Amtsgericht

Familiengericht

Az.:

In der Familiensache

./.

Rechtsanwalt: Rechtsanwalt:

beantragen wir namens und in Vollmacht des Antragsgegners,

den Antrag der Antragstellerin vom auf Regelung des Umgangsrechts zurückzuweisen und stattdessen das Umgangsrecht wie folgt zu regeln: .

Begründung:

Die von der Antragstellerin beantragte Regelung des Umgangsrechts ist zu weitgehend. Sie widerspricht dem Kindeswohl, da sie das Kind zu sehr belastet.

Beweis: Einholung eines Sachverständigengutachtens

Die Eltern haben die von der Antragstellerin vorgeschlagene Regelung in den letzten Monaten versuchsweise durchgeführt. Dabei hat sich gezeigt, dass das Kind extrem überfordert war. Im Einzelnen: .

Beweis:

Dies werden auch die richterliche Anhörung des Kindes und der Bericht des Jugendamts ergeben.

Der Umgang kann nur in dem vom Antragsgegner eingangs vorgeschlagenen Umfang ausgeübt werden. Jede andere Regelung widerspricht dem Willen des Kindes und würde es in unangemessener Weise belasten.

Die Antragstellerin verschließt sich dieser Einsicht. Sie vertritt vielmehr die Auffassung, .

§ 13 Formularteil

Beweis:

Eine gerichtliche Entscheidung ist nach allem erforderlich.

Rechtsanwalt

6. Abweisungsantrag zum Antrag gemäß § 1685 BGB

Muster 13.22: Abweisungsantrag zum Antrag gemäß § 1685 BGB

An das

Amtsgericht

Familiengericht

Az.:

In der Familiensache

./.

Rechtsanwalt: Rechtsanwalt:

beantragen wir namens und in Vollmacht der Antragsgegnerin,

den Antrag des Antragstellers vom .... auf Regelung des Umgangsrechts zurückzuweisen.

Begründung:

Die vom Antragsteller beantragte Regelung des Umgangsrechts dient nicht dem Kindeswohl, da sie das Kind zu sehr belastet.

Beweis: Einholung eines Sachverständigengutachtens

Die Antragsgegnerin hat mit dem Kind wiederholt Gespräche geführt, in der die streitgegenständlichen Umgangskontakte Thema waren. Hierbei hat das Kind auf solche Umgangskontakte mit starker Verunsicherung reagiert und sich eindeutig gegen diese Kontakte ausgesprochen. Zeitgleich wurden bei dem Kind auch Verhaltensveränderungen festgestellt, die letztlich sogar die Einleitung einer therapeutischen Behandlung erforderten.

Dies werden auch die richterliche Anhörung des Kindes und der Bericht des Jugendamts ergeben.

Eine gerichtliche Entscheidung ist nach allem erforderlich.

Rechtsanwalt

7. Abweisungsantrag zum Antrag gemäß § 1686a BGB

▼

Muster 13.23: Abweisungsantrag zum Antrag gemäß § 1686a BGB

An das

Amtsgericht

Familiengericht

Az.:

In der Familiensache

./.

Rechtsanwalt: Rechtsanwalt:

beantragen wir namens und in Vollmacht der Antragsgegnerin,

den Antrag des Antragstellers vom auf Regelung des Umgangsrechts zurückzuweisen.

Begründung:

Die Antragsgegnerin stellt nicht in Abrede, dass sie in der maßgeblichen Empfängniszeit eine intime Beziehung zum Antragsteller unterhalten hat. Dieser ist gleichwohl nicht der leibliche Vater des Kindes, sondern vielmehr ist dies der Ehemann der Antragsgegnerin. Dies hat auch ein zwischenzeitlich von der Antragsgegnerin eingeholtes privates Abstammungsgutachten ergeben.

Beweis:

Unzutreffend ist auch die Behauptung des Antragstellers, er verfolge mit seinem Antrag kindeswohldienliche Zwecke. Bereits unmittelbar mit Ende der zwischen dem Antragsteller und der Antragsgegnerin unterhaltenen Beziehung hat der Antragsteller in einem Telefonat gegenüber der Antragsgegnerin angekündigt, dass er dafür sorgen werde, dass sie und ihr Ehemann künftig vor ihm keine Ruhe finden werden.

Der Antrag des Antragstellers ist daher zurückzuweisen.

Rechtsanwalt

▲

II. Anträge auf Ausschluss des Umgangsrechts

1. Antrag auf Ausschluss des Umgangsrechts

▼

Muster 13.24: Antrag auf Ausschluss des Umgangsrechts gemäß § 1684 Abs. 4 BGB

An das

Amtsgericht

§ 13 Formularteil

Familiengericht
▓▓▓▓

Az.: ▓▓▓▓

In der Familiensache

des ▓▓▓▓

– Antragsteller/Vater –

Verfahrensbevollmächtigter: ▓▓▓▓

gegen

die ▓▓▓▓

– Antragsgegnerin/Mutter –

Verfahrensbevollmächtigter: ▓▓▓▓

beantragen wir namens und in Vollmacht des Antragstellers

das Umgangsrecht der Antragsgegnerin mit dem gemeinsamen minderjährigen Kind ▓▓▓▓ geb. am ▓▓▓▓ für die Zeit von ▓▓▓▓ bis ▓▓▓▓ auszuschließen.

Gründe:

I. Die Eltern haben am ▓▓▓▓ die Ehe miteinander geschlossen. Sie leben seit dem ▓▓▓▓ voneinander getrennt. Ein Ehescheidungsverfahren ist bislang nicht anhängig.

Alt.:

Die Eltern haben am ▓▓▓▓ die Ehe miteinander geschlossen. Sie leben seit dem ▓▓▓▓ voneinander getrennt. Derzeit ist zwischen ihnen beim erkennenden Gericht unter dem Az ▓▓▓▓ das Scheidungsverfahren anhängig.

Alt.:

Die Eltern sind rechtskräftig geschiedene Ehegatten.

Aus der Ehe der Eltern ist die am ▓▓▓▓ geborene gemeinsame minderjährige Tochter ▓▓▓▓ hervorgegangen. Anlässlich der Trennung haben sie Einvernehmen darüber erzielt, dass die gemeinsame Tochter im Haushalt des Antragstellers verbleiben soll.

II. Es gibt aber schwerwiegende Differenzen bezüglich des Umgangsrechts der Antragsgegnerin. Der Antragsteller ist nicht bereit, der Antragsgegnerin gegenwärtig ein Umgangsrecht einzuräumen, weil der Umgang der Antragsgegnerin das Kindeswohl gegenwärtig in schwerwiegender Weise gefährden würde.

Die Trennung der Mutter von ihrem Vater hat ▓▓▓▓ so schwer getroffen, dass sie den Umgang mit der Antragsgegnerin zurzeit strikt ablehnt. Die Abneigung des Kindes gegen seine Mutter ist so groß, dass sie Krankheitswert hat.

Beweis: Sachverständigengutachten

Das Umgangsrecht könnte daher nur zwangsweise durchgesetzt werden. Das Kind würde dann in eine von ihm nicht zu bewältigende Konfliktsituation versetzt werden. Ein Suizid wäre ernsthaft zu befürchten. Im Einzelnen: ▓▓▓▓.

Beweis: – Anhörung des Kindes,

– Sachverständigengutachten

▓▓▓▓ hat das 13. Lebensjahr bereits vollendet. Aus diesem Grund muss ihr Wille besonders beachtet werden. Aus dem Persönlichkeitsrecht des Kindes folgt, dass es nicht gezwungen werden darf, den Umgang mit seiner Mutter wahrzunehmen.

Ein milderes Mittel als der vorübergehende Ausschluss des Umgangsrechts kommt nicht in Betracht. Die Möglichkeit eines beschützten Umgangs scheidet aus. Die Verweigerungshaltung des Kindes würde sich auch durch die Anwesenheit einer dritten Person bei den Umgangsterminen nicht ändern.

Rechtsanwalt

▲

▼

Muster 13.25: Antrag auf Ausschluss des Umgangsrechts gem. § 1685 Abs. 3 S. 1 i.V.m. § 1684 Abs. 4 BGB

26

An das

Amtsgericht ▓▓▓▓

Familiengericht

▓▓▓▓

Az.: ▓▓▓▓

In der Familiensache

des ▓▓▓▓

– Antragstellerin–

Verfahrensbevollmächtigter: ▓▓▓▓

gegen

die ▓▓▓▓

– Antragsgegner –

Verfahrensbevollmächtigter: ▓▓▓▓

beantragen wir namens und in Vollmacht der Antragstellerin

das Umgangsrecht des Antragsgegners mit dem minderjährigen Kind ▓▓▓▓ geb. am ▓▓▓▓ auszuschließen.

Gründe:

I. Die Antragstellerin hat den Antragsgegnern – den Großeltern väterlicherseits des Kindes – kurz nach Vollendung dessen ersten Lebensjahres ein Umgangsrecht alle sechs Wochen von Samstagabends bis Sonntagsabends eingeräumt.

II. Nachdem die Umgangskontakte zunächst gut verlaufen sind, ist die Antragstellerin zwischenzeitlich nicht mehr bereit, den Antragsgegnern ein Umgangsrecht einzuräumen, da sie ihr Umgangsrecht nicht mehr zum Wohl des Kindes ausüben. Es kommt seitens der Antragsgegner zu permanenten Grenzüberschreitungen. Sie maßen sich sowohl bei dem behandelnden Kinderarzt als auch in der Schule die Befugnisse eines Elternteils an, wobei sie während der Umgangskontakte permanent mit dem Kind diese Problematik besprechen. Das Kind zeigt zwischenzeitlich massive Verunsicherungen und hat aktuell den Wunsch geäußert, keine weiteren Umgangskontakte mehr wahrnehmen zu müssen. Dies wurde der Antragstellerin auch seitens des behandelnden Kinderarztes so angeraten.

Rechtsanwalt

27 **Muster 13.26: Antrag auf Ausschluss des Umgangsrechts gem. § 1686a Abs. 2 S. 1 i.V.m. § 1684 Abs. 4 BGB**

An das

Amtsgericht

Familiengericht

Az.:

In der Familiensache

des

– Antragstellerin–

Verfahrensbevollmächtigter:

gegen

die

– Antragsgegner –

Verfahrensbevollmächtigter:

beantragen wir namens und in Vollmacht der Antragstellerin

das Umgangsrecht des Antragsgegners mit dem minderjährigen Kind   geb. am   für die Zeit von   bis   auszuschließen.

Gründe:

I. Die Antragstellerin und der Antragsgegner haben in der Zeit von   bis   eine intime außereheliche Beziehung unterhalten, aus der das Kind   hervorgegangen ist.

Anlässlich der Trennung haben sie Einvernehmen darüber erzielt, dass der Antragsgegner künftig mit dem Kind Kontakt haben solle.

II. Nachdem die Umgangskontakte zunächst gut verlaufen sind, ist die Antragstellerin zwischenzeitlich nicht mehr bereit, dem Antragsgegner ein Umgangsrecht einzuräumen, da das Umgangsrecht nicht dem Wohl des Kindes dient.

Der Antragsgegner belastet das Kind nicht nur mit Interna aus der längst beendeten Beziehung zwischen der Antragstellerin und dem Antragsgegner. Er suggeriert dem Kind vielmehr auch, dass sein rechtlicher Vater ihm gegenüber keinerlei Entscheidungskompetenzen habe, sondern er allein als leiblicher Vater die Entscheidungen zu treffen haben.

Das Kind hat hierauf mit erheblicher Verunsicherung reagiert und durch die bei ihm entstandenen Ängste auch zu einer familiären Krise beigetragen. Zwischenzeitlich hat das Kind aber auch erkannt, dass der Antragsgegner die ihm gegenüber aufgestellten Behauptungen allein dazu benutzte, um diese Krise zu verursachen, da er hoffte, letztlich die Antragstellerin zurückzugewinnen. Das Kind ist daher nicht mehr zu Umgangskontakten zu bewegen.

Die Umsetzung der Umgangskontakte könnte daher nur noch zwangsweise erfolgen. Dadurch würde das Kind aber in eine nicht zu bewältigende Konfliktlage gebracht werden. Ein milderes Mittel als der zeitweise Umgangsausschluss kommt nicht in Betracht. Ein beschützter Umgang scheidet aus, da sich die ablehnende Haltung des Kindes auch durch die Anwesenheit einer dritten Person nicht ändern würde.

Rechtsanwalt

2. Abweisungsantrag zum Antrag auf Ausschluss des Umgangsrechts

Muster 13.27: Abweisungsantrag zum Antrag auf Ausschluss des Umgangsrechts   28

An das

Amtsgericht

Familiengericht

Az.:

In der Familiensache

./.

Rechtsanwalt: Rechtsanwalt:

Beantragen wir namens und in Vollmacht der Antragsgegnerin, den Antrag des Antragstellers auf Ausschluss des Umgangsrechts vom   zurückzuweisen.

Zugleich wird beantragt,

das Umgangsrecht der Antragsgegnerin wie folgt zu regeln: .

Gründe:

Der vom Antragsteller begehrte Ausschluss des Umgangsrechts ist sachlich nicht gerechtfertigt. Zu Recht weist der Antragsteller darauf hin, dass ein Ausschluss des Umgangsrechts nur dann in Betracht kommt, wenn schwerwiegende – im Kindeswohl liegende – Gründe gegen den Umgang sprechen. Solche Gründe sind vorliegend jedoch nicht gegeben.

Die Gründe, die der Antragsteller vorgibt, entbehren jeder Grundlage. Das werden die Ermittlungen des Gerichts bestätigen.

Das Kind hat zu der Antragsgegnerin trotz der Trennung ein herzliches und problemloses Verhältnis. Das Kind lehnt die Besuche bei der Mutter überhaupt nicht ab, sondern hat sich ausdrücklich dafür ausgesprochen, die Mutter weiterhin möglichst häufig zu sehen und zu besuchen.

Die Behauptungen des Antragsstellers zu dem angeblich ablehnenden Willen des Kindes spiegeln lediglich seine eigene Haltung wider. Er wünscht nicht, dass das Kind zu der Antragsgegnerin Kontakte hält und schiebt dafür andere Gründe vor. Dadurch möchte er sich seiner Verpflichtung, die Spannungen zur Antragsgegnerin und seine Abneigung gegen die Antragsgegnerin aus dem Umgang mit dem Kind herauszuhalten und einen sorgfältigen Umgang zu gewährleisten, entziehen.

Nach allem ist die von der Antragsgegnerin vorgeschlagene Umgangsregelung aus Gründen des Kindeswohls dringend erforderlich.

Zu diesem Ergebnis werden auch die richterliche Anhörung des Kindes und der Bericht des Jugendamts kommen.

Rechtsanwalt

Dieses Antragsmuster kann entsprechend auch für die Ausschlussanträge nach § 1685 BGB bzw. § 1686a BGB herangezogen werden.

▲

III. Antrag auf Abtrennung einer Folgesache nach den §§ 140 Abs. 2 Nr. 3, 137 Abs. 3, 151 FamFG

29 Vgl. hierzu spiegelbildlich die Ausführungen zur elterlichen Sorge unter Rdn 14.

IV. Anträge auf Erteilung einer Auskunft nach § 1686 BGB

1. Antrag auf Auskunftserteilung

▼

30 Muster 13.28: Antrag auf Auskunftserteilung § 1686 BGB, § 1686a Abs. 1 Nr. 2 BGB

An das

Amtsgericht

Familiengericht

Geschäfts-Nr.:

Antrag auf Auskunftserteilung gemäß § 1686 BGB bzw. § 1686a Abs. 1 Nr. 2 BGB

des

– Antragsteller/Vater –

Verfahrensbevollmächtigte:

gegen

B. Umgangsrecht § 13

die ▒

– Antragsgegnerin/Mutter –

Verfahrensbevollmächtigter: ▒

Vorläufiger Geschäftswert: ▒ EUR

Namens und in Vollmacht des Antragstellers wird beantragt, wie folgt zu erkennen:

Die Antragsgegnerin wird verpflichtet, dem Antragsteller Auskunft über die bereits erfolgten Impfungen des gemeinsamen Kindes ▒, geb. am ▒, durch Übersendung einer Kopie des Impfausweises zu erteilen.

Gründe:

I. Die Eltern sind rechtskräftig geschiedene Ehegatten. Aus ihrer Ehe ist das Kind ▒, geboren am ▒, hervorgegangen. Das Recht der elterlichen Sorge für das Kind wurde der Antragsgegnerin durch Scheidungsverbundurteil vom ▒ übertragen.

(Die Eltern haben in einer nichtehelichen Lebensgemeinschaft gelebt. Aus dieser Gemeinschaft ist das Kind ▒, geboren am ▒, hervorgegangen. Das Recht der elterlichen Sorge stand wegen der übereinstimmenden Sorgeerklärungen nach § 1626a Abs. 1 Nr. 1 BGB beiden Elternteilen gemeinsam zu. Die Eltern haben sich getrennt. Das Recht der elterlichen Sorge ist auf die Antragsgegnerin übertragen worden.)

Alt.

Der Antragsteller ist der leibliche Vater des Kindes. In der maßgeblichen Empfängniszeit hat die verheiratete Antragstellerin zu ihm eine außereheliche intime Beziehung unterhalten.

Beweis: eidesstattliche Versicherung des Antragstellers in der Anlage

Nach Beendigung der Beziehung hat die Antragsgegnerin ihre Ehe fortgeführt, so dass ihr Ehemann rechtlicher Vater des Kindes ist.

II. Das Familiengericht ▒ hat am ▒, Geschäfts-Nr.: ▒, das Recht des Antragstellers zum persönlichen Umgang mit dem Kind durch Beschluss wie folgt geregelt: ▒

Alt.

Die Zuerkennung dieser Umgangskontakte erfolgte durch das Familiengericht in Anerkennung des nachgewiesenen ernsthaften Interesses des Antragstellers gegenüber dem Kind und der uneingeschränkt seitens des Antragstellers erklärten Bereitschaft zur Verantwortungsübernahme.

III. Der Antragsteller ist gemäß § 1686 (Alt. § 1686a Abs. 1, Nr. 1) BGB berechtigt, die Auskunft über die bereits erfolgten Impfungen des Kindes zu fordern. Bei einem Unfall des Kindes bzw. dem vom Familiengericht vorgesehenen Urlaub mit dem Kind ist es wichtig, den behandelnden Ärzten sofort eine Übersicht hinsichtlich der Impfungen zu geben. Denn man kann nicht davon ausgehen, dass die Antragsgegnerin immer erreichbar sein wird.

Die Antragsgegnerin weigert sich trotz Aufforderung, dem Antragsteller eine Kopie des Impfausweises zur Verfügung zu stellen. Eine Begründung für ihre Haltung hat sie nicht gegeben.

Beweis: Vorlage der außergerichtlichen Korrespondenz

Eine gerichtliche Entscheidung ist daher unumgänglich.

Rechtsanwältin

▲

2. Abweisungsantrag zum Antrag auf Auskunftserteilung

13.29

▼

31 **Muster 13.29: Abweisungsantrag zum Antrag auf Auskunftserteilung**

An das

Amtsgericht ▬

Familiengericht

▬

Geschäfts-Nr.: ▬

In der Familiensache

▬ ./. ▬

Rechtsanwalt: ▬   Rechtsanwalt: ▬

Beantragen wir namens und in Vollmacht der Antragsgegnerin, den Antrag des Antragstellers auf Auskunftserteilung nach § 1686 BGB vom ▬ abzuweisen.

Gründe:

Der Antragsteller hat keinen Anspruch auf Erteilung der begehrten Auskunft. Es liegt kein berechtigtes Interesse vor, denn der Antragsteller hat andere Möglichkeiten, um sich die betreffende Auskunft einzuholen.

Das Umgangsrecht wurde durch Beschl. v. ▬ wie folgt geregelt: ▬.

Demnach steht dem Antragsteller ein Umgangsrecht zu, durch das er die Möglichkeit hat, sich ausreichend über die Belange des Kindes zu informieren.

Der Antragsteller verfolgt mit seinem Anspruch nur missbräuchliche Zwecke. Er will die Antragsgegnerin überwachen.

Im Einzelnen: ▬.

Beweis: ▬

Aus diesem Grund ist die Weigerung der Antragsgegnerin gerechtfertigt und der Auskunftsanspruch des Antragstellers abzuweisen.

Rechtsanwalt

▲

B. Umgangsrecht § 13

V. Anträge nach § 89 FamFG

1. Antrag auf Ordnungsmittel nach § 89 FamFG

▼

Muster 13.30: Antrag auf Ordnungsmittel nach § 89 FamFG

An das

Amtsgericht

Familiengericht

Geschäfts-Nr.:

Antrag auf Festsetzung von Ordnungsmitteln gem. § 89 FamFG

der

– Antragstellerin/Mutter –

Verfahrensbevollmächtigte:

gegen

– Antragsgegner/Vater –

Verfahrensbevollmächtigte:

Namens und in Vollmacht der Antragstellerin beantragen wir,

gegen den Antragsgegner wegen Verstoßes gegen Ziff. des Beschlusses/des gerichtlich gebilligten Vergleichs des Familiengerichts vom Az. ein Ordnungsgeld von bis zu 25.000 EUR und für den Fall, dass dieses nicht beigetrieben werden kann, Ordnungshaft festzusetzen.

Gründe:

Durch Beschluss des Amtsgerichts vom , Az. , wurde das Recht der elterlichen Sorge für die gemeinsamen Kinder der Eltern

, geboren am , und

, geboren am ,

auf den Antragsgegner übertragen.

Beweis: Beschluss des Familiengerichts vom , Az. ; Beiziehung der Akten .

Im gleichen Verfahren haben die Eltern die Umgangskontakte der Antragstellerin mit dem Kind durch gerichtlich gebilligten Vergleich geregelt. Nach Ziffer dieses Vergleichs ist die Antragstellerin berechtigt, die Kinder in der Hälfte der Sommerferien zu sich zu nehmen und mit ihnen zu verreisen. Der Antragsgegner wurde vom Gericht zugleich nach § 89 Abs. 2 FamFG auf die Folgen der Zuwiderhandlung gegen diesen Vergleich hingewiesen.

§ 13 Formularteil

Beweis: Vergleich vom ▨ ; Beiziehung der Akten ▨

Die Antragstellerin wollte die Kinder dem Vergleich entsprechend am ▨ um ▨ Uhr bei dem Antragsgegner abholen. Das hat der Antragsgegner schuldhaft verhindert. Im Einzelnen: ▨.

Beweis: ▨

Der Antragsgegner kann sich zu seiner Entschuldigung nicht darauf berufen, dass ▨. Vielmehr wäre er verpflichtet gewesen, ▨.

Nach allem hat der Antragsgegner gegen den gerichtlich gebilligten Vergleich schuldhaft verstoßen. Gegen ihn ist daher ein Ordnungsmittel festzusetzen, zumal zu erwarten ist, dass sich der Antragsgegner auch künftig nicht an die geschlossene Vereinbarung halten wird. Im Einzelnen: ▨.

Beweis: ▨

Die Ermittlungen des Gerichts, insbesondere die Anhörung der Kinder sowie der Bericht des Jugendamts, werden ebenfalls zu dem Ergebnis führen, dass gegen den Antragsgegner ein Ordnungsmittel festzusetzen ist.

Rechtsanwältin

▲

2. Erwiderung zum Antrag auf Festsetzung von Ordnungsmittel gemäß § 89 FamFG

▼

33   Muster 13.31: Erwiderung zum Antrag auf Festsetzung von Ordnungsmittel gemäß § 89 FamFG

An das

Amtsgericht ▨

Familiengericht

▨

Geschäfts-Nr.: ▨

In der Familiensache

▨ ./. ▨

Rechtsanwalt: ▨   Rechtsanwalt: ▨

beantragen wir namens und in Vollmacht des Antragsgegners,

den Antrag der Antragstellerin auf Festsetzung eines Ordnungsmittels zurückzuweisen.

Zu dem Antrag der Antragstellerin ist wie folgt zu erwidern.

Es ist richtig, dass dem Antragsgegner das Sorgerecht für die gemeinsamen Kinder der Eltern ▨ und ▨ übertragen worden ist. Die Eltern haben auch den von der Antragstellerin bezeichneten gerichtlich gebilligten Vergleich geschlossen Die tatsächlichen Darstellungen der Antragstellerin sind aber unrichtig. Der Antragsgegner hat nicht ▨.

Beweis: ▨

Die richterliche Anhörung der Kinder und der Jugendamtsbericht werden bestätigen, dass die Vorwürfe der Antragstellerin nicht zutreffen. Insbesondere ist es nicht richtig, dass ▨.

Der Antrag auf Festsetzung des Ordnungsmittels ist daher unbegründet.

Rechtsanwältin

▲

VI. Antrag auf Einleitung eines Vermittlungsverfahrens gemäß § 165 FamFG

▼

Muster 13.32: Antrag auf Einleitung eines Vermittlungsverfahrens gemäß § 165 FamFG   34

An das

Amtsgericht ▨

Familiengericht

▨

Antrag auf Einleitung eines Vermittlungsverfahrens nach § 165 FamFG

des ▨

– Antragsteller/Vater –

Verfahrensbevollmächtigte:

gegen

die ▨

– Antragsgegnerin/Mutter –

Verfahrensbevollmächtigte:

Auf uns lautende Vollmacht versichernd bestellen wir uns zu Verfahrensbevollmächtigten des Antragstellers und stellen den Antrag:

ein familiengerichtliches Vermittlungsverfahren nach § 165 FamFG durchzuführen.

Gründe:

Die Eltern sind rechtskräftig geschiedene Ehegatten. Aus ihrer Ehe sind die beiden minderjährigen Kinder ▨ geb. am ▨ hervorgegangen.

Anlässlich der Trennung hatten die Eltern Einvernehmen darüber erzielt, dass es bei der gemeinsamen elterlichen Sorge verbleiben sollte und die Kinder ihren gewöhnlichen Aufenthalt im Haushalt der Antragsgegnerin haben.

Zur Ausgestaltung der Umgangskontakte haben die Eltern in dem beim erkennenden Gericht unter dem Az. ▮ geführten Verfahren im Termin zur mündlichen Verhandlung vom ▮ eine vergleichsweise Regelung getroffen, die familiengerichtlich gebilligt wurde.

Beweis: Beiziehung der Akten des Amtsgerichts ▮ Az. ▮

In den letzten vier Monaten hat die Antragsgegnerin allerdings mindestens einen Umgangskontakt pro Monat dadurch vereitelt, dass sie wegen einer angeblichen Erkrankung der Kinder deren Überlassung zu den vergleichsweise vereinbarten Terminen an den Antragsteller verweigerte. Sie hat sich auch geweigert, die tatsächliche Erkrankung der Kinder ärztlich attestieren zu lassen oder zumindest nähere Informationen zur Erkrankung und deren Ausmaß zu erteilen. Dem Antragsgegner wurde jedoch durch Freunde der Familie mitgeteilt, dass die Kinder jeweils am gleichen Tag noch bei Sportveranstaltungen gesehen wurden.

Der Antragsteller bittet daher um rasche Durchführung eines Vermittlungsverfahrens.

Rechtsanwältin

VII. Anträge auf Regelung des Umgangsrechts Dritter

1. Antrag auf Regelung des Umgangsrechts Dritter

Muster 13.33: Antrag auf Regelung des Umgangsrechts Dritter

An das

Amtsgericht ▮

Familiengericht

▮

Geschäfts-Nr.: ▮

Antrag auf Regelung des Umgangsrechts

der ▮

– Antragstellerin/Großmutter –

Verfahrensbevollmächtigter: ▮

gegen

die ▮

– Antragsgegnerin/Mutter –

Verfahrensbevollmächtigte: ▮

Namens und in Vollmacht der Antragstellerin wird beantragt, ihr Umgangsrecht mit dem Kind ▮, geb. am ▮, wie folgt zu regeln: ▮.

Gründe:

Die Antragstellerin ist die Großmutter des Kindes ▮, geb. am ▮.

Beweis:

Sie hat das Kind im Kleinkind- und Vorschulalter häufig betreut. Dadurch sind die Bindungen des Kindes an die Großmutter sehr eng. Es dient dem Kindeswohl, diese Bindungen gerade jetzt nach der Trennung der Eltern aufrechtzuerhalten und zu pflegen.

Beweis: Sachverständigengutachten

Seit sich die Mutter des Kindes von dem Sohn der Antragstellerin getrennt hat und nach gezogen ist, besteht für die Großmutter kaum noch eine Möglichkeit, den Umgang mit dem Kind zu pflegen. Er beschränkt sich lediglich auf einige Briefe und Telefonate, in denen das Kind ständig darum bittet, die Antragstellerin besuchen zu dürfen.

Die Mutter ist nicht damit einverstanden, dass das Kind in den Schulferien eine Woche mit/bei der Großmutter verbringt. Im Einzelnen: .

Beweis:

Aus diesem Grund hält die Großmutter eine gerichtliche Regelung ihres Umgangsrechts wie oben beschrieben für notwendig.

Für die beantragte Regelung sprechen insbesondere noch folgende Gesichtspunkte: .

Beweis:

Die von der Antragsgegnerin vertretene Auffassung wird dem Kindeswohl nicht gerecht. Im Einzelnen: .

Beweis:

Insbesondere behauptet sie zu Unrecht: .

Beweis:

Die Ermittlungen des Jugendamts und die richterliche Anhörung werden ergeben, dass die vorgeschlagene Regelung dem Kindeswohl dient und auch dem Willen des Kindes selbst entspricht.

Rechtsanwalt

2. Abweisungsantrag des berechtigten Elternteils

Muster 13.34: Abweisungsantrag des berechtigten Elternteils

36

An das

Amtsgericht

Familiengericht

Geschäfts-Nr.:

§ 13 Formularteil

In der Familiensache

▬▬▬ ./. ▬▬▬

Rechtsanwalt: ▬▬▬ Rechtsanwalt: ▬▬▬

beantrage ich namens und in Vollmacht der Antragsgegnerin, den Antrag der Antragstellerin vom ▬▬▬ auf Regelung des Umgangsrechts abzuweisen.

Gründe:

Richtig ist, dass die Antragstellerin die Großmutter des Kindes ist und das Kind im Kleinkind- und Vorschulalter häufig betreut hat.

Seit dem achten Lebensjahr hält die Großmutter jedoch keinen so engen Kontakt mehr zu dem Kind. Im Einzelnen: ▬▬▬.

Beweis: ▬▬▬

Der Sachvortrag der Großmutter bezüglich der Bindungen des Kindes an sie ist falsch. Dies wird auch die Anhörung des Kindes ergeben.

Zudem hält die Großmutter ständigen Kontakt zu dem Vater des Kindes. Sein Umgangsrecht ist jedoch gerichtlich ausgeschlossen.

Beweis: ▬▬▬ Beschluss des Amtsgericht ▬▬▬ vom ▬▬▬, Az. ▬▬▬; Beiziehung der Akten ▬▬▬

Ein zufälliges Zusammentreffen mit ihm hätte für das Kind schädliche Auswirkungen. Aus diesem Grund weigert sich die Antragsgegnerin zu Recht, das Kind in den Ferien zur Großmutter reisen zu lassen.

Die Großmutter kann nicht gewährleisten, dass das Kind nicht mit dem Vater zusammentrifft. Vielmehr will sie ihr beantragtes Umgangsrecht dazu nutzen, den Kontakt von ▬▬▬ zum Vater zu fördern.

Beweis: ▬▬▬

Der Antrag der Antragstellerin ist daher abzuweisen.

Rechtsanwältin

▲

C. Abänderungsanträge

I. Anträge betreffend die Abänderung einer Sorgerechtsentscheidung

1. Antrag auf Abänderung einer bestehenden Sorgerechtsentscheidung

▼

37 **Muster 13.35: Antrag auf Abänderung einer bestehenden Sorgerechtsentscheidung**

An das

Amtsgericht ▬▬▬

C. Abänderungsanträge § 13

Familiengericht

Geschäfts-Nr.:

Antrag auf Abänderung der bestehenden Sorgerechtsentscheidung

des

– Antragsteller/Vater –

Verfahrensbevollmächtigte:

gegen

die

– Antragsgegnerin/Mutter –

Verfahrensbevollmächtigter:

Namens und in Vollmacht des Antragstellers wird beantragt,

das Sorgerecht für das gemeinsame Kind   , geboren am   , in Abänderung des Urteils des Amtsgerichts   vom   , Az.   , auf den Antragsteller zu übertragen.

Gründe:

I. Die Eltern sind rechtskräftig geschiedene Ehegatten. Aus ihrer Ehe ist das am   geborene Kind   hervorgegangen. Durch das Scheidungsverbundentscheidung des Amtsgerichts   vom   , Aktenzeichen: wurde die elterliche Sorge für   auf die Antragsgegnerin übertragen.

Beweis: Vorlage des   ; Beiziehung der Akten

Zwischenzeitlich haben sich die Verhältnisse, die der damaligen Entscheidung zugrunde lagen, wesentlich geändert. Zwischen dem gemeinsamen Kind und der Antragsgegnerin bestehen ganz erhebliche Konflikte. Diese haben jetzt dazu geführt, dass   anlässlich eines Besuchswochenendes beim Antragsteller erklärt hat, er/sie werde keinesfalls mehr zu seiner/ihrer Mutter zurückkehren.

Beweis: Anhörung von

(Der Antragsteller und seine jetzige Lebenspartnerin haben gemeinsam versucht, dem Kind die Tragweite eines etwaigen Wechsels des Sorgerechts, der mit einem Schulwechsel und einer Veränderung der für das Kind gewohnten Umgebung verbunden wäre, vor Augen zu halten.   ist jedoch fest entschlossen, nicht mehr zur Mutter zurückzukehren.

Beweis: Anhörung von   sowie von Frau

Im Einzelnen bestehen zwischen   und der Antragsgegnerin folgende Meinungsverschiedenheiten und Konflikte: .

Darüber hinaus hat es in der letzten Zeit folgende Vorfälle gegeben: .

Beweis:

§ 13 Formularteil

Zwischen dem Antragsteller und ▓ besteht ein problemloses und herzliches Verhältnis. Das Gleiche gilt auch für das Verhältnis von ▓ zu der jetzigen Lebenspartnerin des Antragstellers. Eine am Kindeswohl ausgerichtete Betreuung von ▓ ist gewährleistet. Im Einzelnen: ▓.

Beweis: ▓

II. Die richterliche Anhörung des Kindes und die Ermittlungen des Jugendamts werden ergeben, dass sich die der damaligen Sorgerechtsentscheidung zugrunde liegenden tatsächlichen Verhältnisse so geändert haben, dass eine Übertragung des Sorgerechts auf den Antragsteller aus triftigen, das Wohl des Kindes nachhaltig berührenden Gründen angezeigt ist.

Rechtsanwältin

▲

2. Erwiderung auf Sorgerechtsabänderungsantrag

13.36

▼

Muster 13.36: Erwiderung auf Sorgerechtsabänderungsantrag

An das

Amtsgericht ▓

Familiengericht

▓

Geschäfts-Nr.: ▓

In der Familiensache

▓ ./. ▓

Rechtsanwalt: ▓   Rechtsanwalt: ▓

wird namens der von mir vertretenen Antragsgegnerin beantragt,

den Sorgerechtsabänderungsantrag des Antragstellers vom ▓ zurückzuweisen.

Begründung:

Zur Antragsschrift vom ▓ wird wie folgt Stellung genommen:

Gründe für eine Sorgerechtsänderung liegen unter keinem denkbaren Gesichtspunkt vor.

Die gegenwärtige Sorgerechtslage entspricht dem Wohl des gemeinsamen Kindes ▓. Die Behauptung des Antragstellers, dass sich die Antragsgegnerin nicht genügend um ▓ kümmere, ist genauso falsch wie der Hinweis darauf, ▓ habe sich selbst für einen Wechsel zum Vater ausgesprochen. Im Einzelnen: ▓.

Beweis: ▓

Die Antragsgegnerin betreut das gemeinsame Kind nunmehr seit der Geburt im Wesentlichen allein. Nach der Scheidung der Eltern beschränkte sich der Kontakt zwischen dem Antragsteller und dem Kind bedauerlicherweise nur auf den regelmäßigen Umgang. Der Antragsteller schöpfte dabei nicht einmal die im Rahmen der Scheidungsfolgenvereinbarung festgelegten Termine aus.

Beweis:

Das gemeinsame Kind der Eltern wird von der Antragsgegnerin verantwortungsbewusst und liebevoll betreut.

(Das zuständige Jugendamt konnte sich hiervon bereits überzeugen.)

(Die Antragsgegnerin kann sich des Eindruckes nicht erwehren, dass der Sorgerechtsänderungsantrag lediglich finanzielle Motive hat. Bezeichnenderweise steht er in direktem zeitlichen Zusammenhang mit der Aufforderung der Antragsgegnerin an den Antragsteller, einen erhöhten Kindesunterhalt sowie mehr nachehelichen Unterhalt wegen Kindesbetreuung zu leisten.)

Im Übrigen wäre der Antragsteller aufgrund seiner vollschichtigen Berufstätigkeit auch gar nicht in der Lage, in gebotener Weise für   zu sorgen. Auch sein bisheriges desinteressiertes Verhalten dem Kinde gegenüber dokumentiert seine mangelnde Erziehungseignung.

Die Einholung des vom Antragsteller angeregten kinderpsychologischen Sachverständigengutachtens erscheint schon aufgrund des vorstehenden Sachvortrages entbehrlich. Das Gericht wird sich schon durch die Anhörung der Eltern und des Kindes sowie die Stellungnahme des Jugendamts von der Unbegründetheit des Abänderungsantrages überzeugen können.

(Der Antragsteller verkennt ganz offenkundig die Voraussetzungen für eine Sorgerechtsänderung nach § 1696 BGB. Allein entscheidend ist hier die Frage, ob triftige, das Kindeswohl nachhaltig berührende Gründe vorliegen, von einer bestehenden Sorgerechtsregelung abzuweichen. Der bloße Hinweis des Antragstellers, dass er arbeitslos geworden sei und nunmehr genügend Zeit für die Betreuung des Kindes aufbringen könne, erfüllt diese Voraussetzungen in keiner Weise. Es kommt nicht etwa auf die Belange der Elternteile und deren Wünsche, sondern ausschließlich auf das Wohl des Kindes an. Gegenüber der Erstentscheidung hat sich insoweit nichts an den Beurteilungskriterien geändert.)

Der Antrag ist daher zurückzuweisen.

Rechtsanwalt

II. Anträge auf Abänderung einer Umgangsrechtsregelung

1. Antrag auf Abänderung einer Umgangsrechtsregelung

▼

Muster 13.37: Antrag auf Abänderung einer Umgangsrechtsregelung

An das

Amtsgericht

Familiengericht

Geschäfts-Nr.:

Antrag auf Abänderung einer Umgangsrechtsregelung

des

– Antragsteller/Vater –

§ 13 Formularteil

Verfahrensbevollmächtigte: ▧

gegen

die ▧

– Antragsgegnerin/Mutter –

Verfahrensbevollmächtigter: ▧

Namens und in Vollmacht des Antragstellers wird beantragt,

das Umgangsrecht in Abänderung des Beschlusses (**alternativ:** des Urteils; der Vereinbarung) vom ▧, Geschäfts-Nr.: (Az.:) ▧, wie folgt zu regeln:

Der Antragsteller ist berechtigt, das gemeinsame Kind ▧, geb. am ▧,

1. alle ▧ Wochen in der Zeit vom ▧ (Wochentag, Uhrzeit des Abholens) bis ▧ (Wochentag, Uhrzeit des Zurückbringens),

2. in den Sommerferien ▧ Woche(n) besuchsweise zu sich zu nehmen und mit dem Kind zu verreisen.

Begründung:

Die Eltern sind rechtskräftig geschiedene Ehegatten. Das Umgangsrecht für das aus der Ehe hervorgegangene gemeinsame Kind ▧ geb. am ▧ wurde durch Beschl. v. ▧ wie folgt geregelt: ▧.

(Die Eltern haben sich am ▧ getrennt. Das Umgangsrecht wurde durch einen gerichtlich gebilligten Vergleich in dem beim erkennenden Gericht unter dem Az. ▧ geführten Verfahren zwischen den Eltern wie folgt geregelt: ▧)

Inzwischen ist ▧ Jahre alt geworden. Daher kann er/sie jetzt auch beim Antragsteller übernachten. Das entspricht auch dem Willen des Kindes, wie seine Anhörung und der Bericht des Jugendamts ergeben werden. Deshalb ist mit Ziffer 1 des Antrages die Erweiterung des regelmäßigen Umgangs auf ein Wochenende alle ▧ beantragt worden.

Bis zu den Sommerferien sind es noch ▧ Monate, also ausreichend Zeit, um ▧ daran zu gewöhnen, auch nachts nicht bei seiner/ihrer Hauptbezugsperson zu sein.

Die vorgeschlagene Ferienregelung entspricht ebenso wie die Erweiterung des regelmäßigen Umgangs dem Wohl des Kindes am besten.

▧ braucht eine stabile Beziehung auch zum Antragsteller. Diese ist nur dann gewährleistet, wenn die Kontakte zum Kind jetzt ausgeweitet werden. Im Übrigen spricht für den jetzt gestellten Antrag Folgendes: ▧.

Beweis: Einholung eines kinderpsychologischen Gutachtens

Die Antragsgegnerin sträubt sich gegen jede Ausweitung des Umgangs. Sie ist der Auffassung, dass ▧.

Beweis: Vorlage der außergerichtlichen Korrespondenz

Eine gerichtliche Entscheidung ist daher geboten.

Rechtsanwältin

▲

2. Erwiderung zum Abänderungsantrag (§ 1696 BGB) auf Regelung des Umgangsrechts

▼

Muster 13.38: Erwiderung zum Abänderungsantrag (§ 1696 BGB) auf Regelung des Umgangsrechts

An das

Amtsgericht

Familiengericht

Geschäfts-Nr.:

In der Familiensache

./.

Rechtsanwalt: Rechtsanwalt:

bestelle ich mich kraft der anliegenden Vollmacht zum Verfahrensbevollmächtigten der Antragsgegnerin und beantrage in ihrem Namen, den Antrag des Antragstellers vom auf Abänderung der bestehenden Regelung des Umgangsrechts zurückzuweisen.

Begründung:

Es ist richtig, dass die Eltern rechtskräftig geschiedene Eheleute sind und aus ihrer Ehe das gemeinsame Kind , geboren am , hervorgegangen ist. Der Antragsgegnerin ist im Scheidungsurteil des Familiengerichts vom , Az. , das Sorgerecht für dieses Kind übertragen worden.

Das Umgangsrecht ist durch Beschl. v. , Az. , geregelt worden.

(Es ist richtig, dass sich die Eltern am getrennt haben und das Umgangsrecht durch gerichtlich gebilligten Vergleich zwischen den Eltern geregelt worden ist.)

Die vom Antragsteller für eine Abänderung ins Feld geführten Gründe treffen nicht zu. Im Einzelnen: .

Beweis:

Es entspricht dem ausdrücklichen Wunsch des Kindes, den Vater weiterhin so häufig zu sehen und zu besuchen wie bisher. Dagegen wünscht nicht, beim Antragsteller zu übernachten, erst Recht nicht, Urlaube mit ihm zu verbringen. Im Einzelnen: .

Beweis:

Zu diesem Ergebnis werden auch die richterliche Anhörung des Kindes und der Bericht des Jugendamts kommen.

Nach alledem fehlt es an erforderlichen triftigen, das Kindeswohl nachhaltig berührenden Gründen, um die bestehende Regelung abzuändern.

Rechtsanwalt

▲

D. Anträge zur Herausgabe des Kindes

I. Antrag auf Herausgabe des Kindes

41 Muster 13.39: Antrag auf Herausgabe des Kindes

An das

Amtsgericht

Familiengericht

Az.: (Geschäfts-Nr.:)

Hauptsacheantrag auf Herausgabe des Kindes

der

– Antragstellerin/Mutter –

Verfahrensbevollmächtigter:

gegen

den

– Antragsgegner/Vater –

Verfahrensbevollmächtigter:

Unter Bezugnahme auf die anliegende Vollmacht beantrage ich namens der von mir vertretenen Antragstellerin:

1. Dem Antragsgegner wird aufgegeben, das am   geborene gemeinsame Kind der Eltern   an die Antragstellerin herauszugeben.

2. Dem Antragsgegner (und ggf. jeder dritten Person, bei der sich das Kind aufhält) wird untersagt, das Kind außerhalb der Grenzen der Bundesrepublik Deutschland zu verbringen.

Die Grenzbehörden der Bundesrepublik Deutschland und der Schengener Vertragsstaaten werden im Wege der Amtshilfe ersucht, die Ausreise des Kindes zu verhindern.

3. Der zuständige Gerichtsvollzieher wird durch das Gericht beauftragt, das Kind   dem Antragsgegner wegzunehmen und der Antragstellerin zuzuführen.

Er hat um die Mitwirkung eines Mitarbeiters des zuständigen Jugendamts bei der Vollstreckung nachzusuchen, § 88 Abs. 2 FamFG.

4. Der Gerichtsvollzieher wird ermächtigt, zur Durchsetzung der Kindesherausgabe Gewalt anzuwenden, ggf. die Wohnung zu durchsuchen und Polizeikräfte zu seiner Unterstützung hinzuzuziehen.

Begründung:

Die Eltern leben seit dem   voneinander getrennt. Sie waren nicht in der Lage, die gemeinsame elterliche Sorge auch weiterhin auszuüben. Aus diesem Grund wurde das Alleinsorgerecht durch Beschl. v.   , Geschäfts-Nr.:   , auf die Antragstellerin übertragen.

D. Anträge zur Herausgabe des Kindes § 13

Das Umgangsrecht des Antragsgegners wurde durch Beschl. v. ▓▓▓, Geschäfts-Nr.: ▓▓▓, geregelt.

(Die Eltern sind rechtskräftig geschiedene Ehegatten. Ihre Ehe wurdet durch rechtskräftiges Urteil des Familiengerichts ▓▓▓ vom ▓▓▓, Az.: ▓▓▓, geschieden. Die elterliche Sorge für das am ▓▓▓ geborene gemeinsame Kind der Eltern ▓▓▓ ist durch das vorgenannte Urteil auf die Antragstellerin übertragen worden. Für den Antragsgegner hatten die Eltern durch Scheidungsfolgenvergleich ein Umgangsrecht vereinbart. Die Umgangsregelung wurde gerichtlich gebilligt.

Beweis: ▓▓▓

Der Antragsgegner weigert sich, das Kind, das sich aufgrund eines Besuchswochenendes seit dem ▓▓▓ bei ihm aufhält, wieder an die Antragstellerin herauszugeben. Angeblich will das Kind nicht zur Antragstellerin zurückkehren. Tatsächlich wird es jedoch massiv vom Antragsgegner gegen die Antragstellerin eingenommen. Es ist schon aufgrund seines Alters nicht in der Lage, sich gegen den Antragsgegner zu wehren oder gar durchzusetzen.

Wie die Ermittlungen des Gerichts und des zuständigen Jugendamts ergeben werden, wird das Kind damit praktisch gegen seinen Willen an der Rückkehr zur Antragstellerin gehindert. Im Einzelnen: ▓▓▓.

Beweis: ▓▓▓

Auf die Gründe, die zur Übertragung der elterlichen Sorge im Scheidungsurteil geführt haben, wird ergänzend Bezug genommen. Eine Änderung der tatsächlichen Umstände ist zwischenzeitlich nicht eingetreten, wie die Ermittlungen des Gerichts und des Jugendamts ergeben werden.

Zur Glaubhaftmachung des vorstehenden Sachvortrages wird auf die beigefügte eidesstattliche Versicherung der Antragstellerin Bezug genommen.

Um eine Verstärkung der vom Antragsgegner ertrotzten Kontinuität zu verhindern, wird um besondere Verfahrensbeschleunigung gebeten.

Rechtsanwalt
▲

II. Erwiderung zum Antrag auf Kindesherausgabe

▼

Muster 13.40: Erwiderung zum Antrag auf Kindesherausgabe

An das

Amtsgericht ▓▓▓

Familiengericht

▓▓▓

Az.: (Geschäfts-Nr.:) ▓▓▓

In der Familiensache

▓▓▓ . ▓▓▓

Rechtsanwalt: ▓▓▓   Rechtsanwalt: ▓▓▓

beantrage ich namens des von mir vertretenen Antragsgegners, den Antrag auf Herausgabe des Kindes zurückzuweisen.

Begründung:

Der Antrag der Antragstellerin auf Herausgabe des Kindes ist nicht begründet. Ihr Vortrag entbehrt jeder Grundlage.

Es ist zwar richtig, dass das Sorgerecht für ▨ durch den Beschluss (das Scheidungsurteil) vom ▨, Geschäfts-Nr.: (Az.:) ▨, auf die Antragstellerin übertragen und das Umgangsrecht des Antragsgegners durch Beschl. v. ▨, Geschäfts-Nr.: ▨, geregelt wurde (zugunsten des Antragsgegners ein Umgangsrecht vereinbart wurde).

Dennoch kommt eine Herausgabe des Kindes nicht in Betracht. Das Kind weigert sich trotz guten Zuredens des Antragsgegners nachhaltig, wieder zur Antragstellerin zurückzukehren. Im Einzelnen: ▨.

Beweis: ▨

Aus diesem Grund entspricht es dem Kindeswohl, wenn das Kind bei dem Antragsgegner bleibt.

Dies wird auch die Anhörung des Kindes ergeben.

Dieser Antrag wird mit einem heute ebenfalls eingereichten Antrag auf Abänderung der bestehenden Sorgerechtsentscheidung nach § 1696 BGB verbunden. Ferner wird parallel ein Antrag auf Übertragung des Aufenthaltsbestimmungsrechts auf den Antragsgegner im Wege einstweiliger Anordnung gestellt.

Rechtsanwalt

▲

E. Internationales Recht

I. Anerkennung ausländischer Sorgerechtsentscheidungen

1. Feststellungsbeschluss außerhalb des ESÜ und der Brüssel IIa-Verordnung

43 Zu dem Formular Anerkennung nach dem ESÜ siehe Rdn 49.[1]

▼

Muster 13.41: Feststellungsbeschluss außerhalb des ESÜ und der Brüssel IIa-Verordnung

An das

Amtsgericht ▨

Familiengericht

▨

Geschäfts-Nr.: ▨

---

[1] Siehe auch MüProzFormBuch-FamR/Erb-*Klünemann*, Abschnitt D.IV.

E. Internationales Recht § 13

In der Sorgerechtssache der Beteiligten

1. Kind

geb. am , in

deutscher und Staatsangehöriger

wohnhaft bei der Mutter

2. Mutter

geb. am , in

deutsche Staatsangehörige

wohnhaft in

3. Vater

geb. am , in

Staatsangehöriger

wohnhaft in

wird unter Überreichung der Vollmacht der Antragstellerin beantragt zu beschließen:

Es wird festgestellt, dass der Mutter aufgrund der Entscheidung des gerichts in vom , Geschäfts-Nr.: , das Sorgerecht für das Kind zusteht.

Begründung:

Die Ehe der Eltern ist geschieden. Die rechtskräftige Ehescheidung durch das gericht in ist durch den in der Anlage beigefügten Bescheid der Landesjustizverwaltung vom anerkannt worden. In dem Scheidungsurteil ist zugleich der Mutter das Recht der elterlichen Sorge übertragen worden. Die Entscheidung entspricht nach wie vor dem Kindeswohl. Mutter und Kind leben seit Erlass der Sorgerechtsentscheidung wieder im Bezirk des angerufenen Gerichts.

Die Mutter hat ein berechtigtes Interesse an der Feststellung ihres Sorgerechts, da es von verschiedenen Behörden immer wieder angezweifelt wird. So hat die Schulbehörde die Anmeldung des Kindes zum Gymnasium durch die Mutter allein nicht als ausreichend anerkennen wollen.

Rechtsanwältin

2. Feststellungsbeschluss nach der Brüssel IIa-Verordnung

44 Zu dem wichtigen Spezialproblem des Art. 23 Brüssel IIa-Verordnung, der häufig einer Anerkennung entgegensteht, siehe § 11 Rdn 72 ff.

Muster 13.42: Feststellungsbeschluss nach der Brüssel IIa-Verordnung

An das

Amtsgericht

Familiengericht

Geschäfts-Nr.:

In der Sorgerechtssache der Beteiligten

1. Kind

geb. am   , in

deutscher und   Staatsangehöriger

wohnhaft bei der Mutter

2. Mutter

geb. am   , in

deutsche Staatsangehörige

wohnhaft in

3. Vater

geb. am   , in

          Staatsangehöriger

wohnhaft in

wird unter Überreichung der Vollmacht der Antragstellerin beantragt zu beschließen:

Es wird festgestellt, dass der Mutter aufgrund der Entscheidung des   gerichts in   vom   , Geschäfts-Nr.:   , das Sorgerecht für das Kind   zusteht.

Begründung:

Mit vorgenannter Entscheidung ist der Mutter das Sorgerecht für   übertragen worden. Da die Entscheidung von einem Gericht eines Mitgliedstaats der Brüssel IIa-Verordnung erlassen wurde, ist sie nach Art. 21 Abs. 1 dieser Verordnung auch für das Gebiet der Bundesrepublik automatisch anzuerkennen.

Die Mutter hat ein berechtigtes Interesse an der – nach Art. 21 Abs. 3 Brüssel IIa-Verordnung unbeschadet der automatischen Anerkennung möglichen – förmlichen Feststellung der Anerkennung der Sorgerechtsentscheidung, da es von verschiedenen Behörden immer wieder angezweifelt wird. So hat die Schulbehörde die Anmeldung des Kindes zum Gymnasium durch die Mutter allein nicht als ausreichend anerkennen wollen.

Die Entscheidung entspricht nach wie vor dem Kindeswohl. Anerkennungshindernisse nach Art. 23 Brüssel IIa-Verordnung bestehen nicht; insbesondere wurde der Vater am Ursprungsverfahren ordnungsgemäß beteiligt und das Kind persönlich vom erkennenden Richter angehört. Nach dem Erlass der hier anzuerkennenden Entscheidung sind auch keine weiteren Entscheidungen zum Sorgerecht mehr ergangen.

Mutter und Kind leben seit Erlass der Sorgerechtsentscheidung wieder im Bezirk des angerufenen Gerichts.

Rechtsanwältin

II. Anträge auf Kindesrückführung nach dem HKÜ

Siehe dazu eingehend § 11 Rdn 83 ff. und *Völker*, FamRZ 2010, 157. **45**

1. Antrag auf Kindesrückführung nach Art. 8, 12 HKÜ (Kind wurde widerrechtlich nach Deutschland verbracht)

▼
Muster 13.43: Antrag auf Kindesrückführung nach Art. 8, 12 HKÜ (Kind wurde **46**
widerrechtlich nach Deutschland verbracht)

An das

Amtsgericht

Familiengericht

Geschäfts-Nr.:

Antrag auf Kindesrückgabe

Frau

– Antragstellerin/Mutter –

Verfahrensbevollmächtigter:

gegen

Herrn

– Antragsgegner/Vater –

Verfahrensbevollmächtigter:

Unter Überreichung der Vollmacht der Antragstellerin beantrage ich:

1. Der Antragsgegner ist verpflichtet, das Kind   , geboren am   , derzeit aufenthaltsam   , innerhalb einer Woche ab Rechtskraft dieses Beschlusses nach   (Land) in den Bezirk des Gerichts   zurückzuführen.

2. Kommt der Antragsgegner dieser Verpflichtung nicht nach, so ist er und jede andere Person, bei der sich das Kind   aufhält, verpflichtet, es mitsamt den ihm persönlich gehörenden

§ 13 Formularteil

Gegenständen und seinem Reisepass an die Antragstellerin oder eine von ihr bestimmte Person zum Zwecke der sofortigen Rückführung nach ▬▬ (Herkunftsland) herauszugeben.

3. Dem Antragsgegner wird für den Fall der Zuwiderhandlung gegen eine Verpflichtung aus diesem Beschluss gemäß § 44 Abs. 1 IntFamRVG die Auferlegung eines Ordnungsgeldes von bis zu 25.000 EUR sowie die Festsetzung von Ordnungshaft von bis zu sechs Monaten angekündigt.

4. Zum Vollzug von Ziff. 2 wird angeordnet:

a) Der Gerichtsvollzieher wird beauftragt und ermächtigt, das Kind dem Antragsgegner wegzunehmen und es der Antragstellerin zu übergeben. Er wird ermächtigt, zur Durchsetzung der Herausgabe unmittelbaren Zwang gegen jede zur Herausgabe verpflichtete Person, erforderlichenfalls auch gegen das Kind, anzuwenden.

b) Der Gerichtsvollzieher wird zum Betreten und zur Durchsuchung der Wohnung des Antragsgegners in ▬▬ (Anschrift) und der Wohnung jeder anderen Person, bei der sich das Kind aufhält, ermächtigt.

c) Der Gerichtsvollzieher ist befugt, die vorgenannten Vollstreckungsmaßnahmen auch zur Nachtzeit und an Sonn- und Feiertagen vorzunehmen.

d) Der Gerichtsvollzieher wird zur Hinzuziehung der polizeilichen Vollzugsorgane ermächtigt.

e) Das Jugendamt in ▬▬ ist gemäß § 9 Abs. 1 IntFamRVG verpflichtet,

aa) Vorkehrungen zur Gewährleistung der sicheren Herausgabe des Kindes an die Antragstellerin zu treffen;

bb) das Kind nach der Vollstreckung der Herausgabe vorläufig bis zur Rückführung in die Obhut einer für geeignet befundenen Einrichtung oder Person zu geben.

5. Eine Vollstreckungsklausel ist für die Vollziehung nicht erforderlich.

6. Der Antragsgegner trägt die Kosten des Verfahrens einschließlich der Kosten der Rückführung.

Begründung:

I. Das angerufene Gericht ist nach § 11 IntFamRVG örtlich zuständig. Die Beteiligten sind die Eltern des in dem Antrag genannten Kindes. Bis zum ▬▬ lebte die Familie in ▬▬ zusammen.

Nach dem Familienrecht des Staates ▬▬ steht den Eltern das Sorgerecht gemeinsam zu. Sie haben es auch bis zu ihrer Trennung gemeinsam ausgeübt.

(Das Sorgerecht wurde nach dem Familienrecht des Staates ▬▬ durch ▬▬ (Urteil, Beschluss o. Ä.) auf die Antragstellerin übertragen. Sie hat es auch bis zu dem Tag, an dem der Antragsgegner das Kind während der Ausübung seines Ferienumgangsrechts nach Deutschland verbrachte, ausgeübt.)

Am ▬▬ brachte der Antragsgegner das Kind gegen den Willen der Antragstellerin nach Deutschland, um hier auf Dauer zu bleiben. Eine außergerichtliche Aufforderung, das Kind freiwillig zurückzugeben, blieb erfolglos.

II. Der Antragsgegner hat dadurch, dass er das Kind aus dessen Heimat gegen den Willen der Antragstellerin nach Deutschland verbracht hat, deren Mitsorgerecht (Sorgerecht) verletzt (Art. 3 Abs. 1a HKÜ). Die Antragstellerin hat das ihr nach dem bisherigen Aufenthaltsrecht des Kindes zustehende Mitsorgerecht (Sorgerecht) auch tatsächlich ausgeübt (Art. 3 Abs. 1b HKÜ). Das Kind ist daher an seinen bisherigen gewöhnlichen Aufenthalt zurückzuführen (Art. 12 I HKÜ).

Die Anträge zu 2. und 3. folgen aus §§ 44, 14 Nr. 2 IntFamRVG i.V.m. §§ 89 ff. FamFG.

Dem Antragsgegner sind die Kosten des Verfahrens, zu denen auch die Kosten der Rückführung zählen, nach § 14 Nr. 2 IntFamRVG i.V.m. § 81 Abs. 1, Abs. 2 Nr. 1 FamFG i.V.m. Art. 26 Abs. 4 HKÜ aufzuerlegen.

Rechtsanwalt

2. Antrag auf Erlass einer einstweiligen Anordnung eingangs des Rückführungsverfahrens

Muster 13.44: Antrag auf Erlass einer einstweiligen Anordnung eingangs des Rückführungsverfahrens

An das

Amtsgericht

Familiengericht

Geschäfts-Nr.:

Antrag auf Erlass einer einstweiligen Anordnung (§ 15 IntFamRVG)

Frau

– Antragstellerin/Mutter –

Verfahrensbevollmächtigter:

gegen

Herrn

– Antragsgegner/Vater –

Verfahrensbevollmächtigter:

Unter Überreichung der Vollmacht der Antragstellerin beantrage ich:

Dem Antragsgegner wird verboten, den jetzigen Aufenthaltsort des Kindes , geboren am , zu verändern, insbesondere das Kind ohne vorherige gerichtliche Genehmigung an einen Ort außerhalb der Grenzen der Bundesrepublik Deutschland zu verbringen. Eine freiwillige Rückführung des Kindes nach (Herkunftsland) ist nur nach vorheriger Gestattung des Familiengerichts zulässig.

Das Bundespolizeipräsidium, Heinrich-Mann-Allee 103, Haus 44, 14473 Potsdam wird ersucht, jede Ausreise des Kindes aus der Bundesrepublik Deutschland und den Vertragsstaaten des Schengener Übereinkommens zu verhindern, sofern die Begleitperson nicht die Ausfertigung eines nach diesem Beschluss ergangenen Gerichtsbeschlusses vorweisen kann, wo-

§ 13 Formularteil

nach sie das alleinige Sorge- oder Aufenthaltsbestimmungsrecht für das Kind ▓▓ hat oder sonst zur Mitnahme des Kindes ▓▓ berechtigt ist.

Dem Antragsgegner wird aufgegeben, den Kinderausweis/Reisepass des Kindes sowie seinen eigenen Reisepass bei der Polizeistation in ▓▓ oder beim Familiengericht ▓▓ zu hinterlegen. Der Antragsgegner hat dem Familiengericht die Hinterlegung der Ausweise bei der Polizeistation durch Vorlage einer schriftlichen Bestätigung der Polizeidienststelle ▓▓ bis zum ▓▓ nachzuweisen.

Dem Antragsgegner wird aufgegeben, sich gemeinsam mit dem Kind ▓▓ jeden Montag und jeden Freitag persönlich bei der Polizeistation in ▓▓ zu melden.

Die Polizeistation in ▓▓ wird ersucht, dem Gericht sofortige Mitteilung zu machen, falls der Antragsgegner dort Ausweisdokumente abgibt oder sich nicht an den in Ziff. 4 genannten Tagen gemeinsam mit dem Kind meldet.

Den Beteiligten wird für jeden Fall der Zuwiderhandlung gegen eine Verpflichtung aus diesem Beschluss die Verhängung eines Ordnungsgeldes von bis zu 25.000 EUR und die Festsetzung von Ordnungshaft von bis zu sechs Monaten angekündigt.

Begründung:

I. Hinsichtlich des zugrunde liegenden Sachverhalts verweise ich auf meinen parallel angebrachten Rückführungsantrag.

II. Hiernach bedarf es zur Abwendung von Gefahren vom Kind und Vermeidung einer Beeinträchtigung der Interessen der Beteiligten – insbesondere zur Vorbeugung eines weiteren widerrechtlichen Verbringens des Kindes durch den Antragsgegner – der Sicherung des Aufenthalts des Kindes nach § 15 IntFamRVG.

Rechtsanwalt

▲

3. Erwiderung zum Antrag auf Kindesrückführung

13.45

▼

48 **Muster 13.45: Erwiderung zum Antrag auf Kindesrückführung**

An das

Amtsgericht ▓▓

Familiengericht

▓▓

Geschäfts-Nr.: ▓▓

In der Familiensache

▓▓ ./. ▓▓

Rechtsanwalt: ▓▓   Rechtsanwalt: ▓▓

beantrage ich namens und in Vollmacht des von mir vertretenen Antragsgegners, den Antrag der Antragstellerin auf Rückgabe des Kindes vom ▓▓▓ zurückzuweisen.

Begründung:

Es ist richtig, dass der Antragsgegner das Kind gegen den Willen der Antragstellerin nach Deutschland verbracht hat, um hier auf Dauer zu bleiben, und der außergerichtlichen Aufforderung der Antragstellerin, das Kind freiwillig zurückzubringen, nicht gefolgt ist.

Die Antragstellerin hat auch das Mitsorgerecht (Sorgerecht) bis zum Zeitpunkt des Verbringens ausgeübt.

Dennoch kommt eine Rückführung des Kindes nicht in Betracht. Die Rückführung des Kindes nach ▓▓▓ darf nicht angeordnet werden, weil sie mit der schwerwiegenden Gefahr eines seelischen Schadens für das Kind verbunden ist (Art. 13 Abs. 1b HKÜ). Im Einzelnen: ▓▓▓.

Beweis: ▓▓▓

Zudem widersetzt sich das Kind einer Rückführung zur Mutter. Dieser Wille muss auch beachtet werden, da das Kind das 13. Lebensjahr bereits vollendet hat und die Rückführung aufgrund seiner Reife selbstständig beurteilen kann. Der Wille hat sich unabhängig von dem Einfluss des Antragsgegners entwickelt.

Das Kind fühlt sich sehr wohl in Deutschland. Im Einzelnen: ▓▓▓.

Beweis: ▓▓▓

Eine Rückführung des Kindes nach ▓▓▓ zur Mutter kommt demnach nicht in Betracht.

Rechtsanwalt
▲

III. Anträge an das Bundesamt für Justiz

Diese Anträge können nach jeweils aktuellem Stand auf der Internetseite der deutschen Zentralen Behörde (Bundesamt für Justiz) heruntergeladen werden, dort unter: http://www.bundesjustizamt.de/cln_101/nn_258946/DE/Themen/Zivilrecht/HKUE/HKUEInhalte/Antragstellung.html.

1. Rückführung eines Kindes nach dem HKÜ
2. Umgang mit einem Kind nach dem HKÜ
3. Rückführung eines Kindes nach dem ESÜ
4. Umgang mit einem Kind nach dem ESÜ
5. Anerkennung einer Sorgerechtsentscheidung nach dem ESÜ

F. Einstweiliger Rechtsschutz – Anträge auf Erlass einer einstweiligen Anordnung nach §§ 49 ff. FamFG

50 Zu weiteren Formulierungshilfen im einstweiligen Rechtsschutz in Kindschaftssachen vgl. *Börger/Bosch/Heuschmid*, AnwaltFormulare Familienrecht.

I. Regelung des Sorgerechts/Aufenthaltsbestimmungsrechts

1. Antrag auf Erlass einer einstweiligen Anordnung nach § 49 FamFG

▼

51 Muster 13.46: Antrag auf Erlass einer einstweiligen Anordnung nach § 49 FamFG

An das

Amtsgericht

Familiengericht

In der Familiensache

der

– Antragstellerin/Mutter –

Verfahrensbevollmächtigte:

gegen

den

– Antragsgegner/Vater –

Verfahrensbevollmächtigte:

bestellen wir uns auf uns lautende Vollmacht versichernd zu Verfahrensbevollmächtigten der Antragstellerin und stellen den Antrag:

Im Wege der einstweiligen Anordnung, wegen Gefahr im Verzug ohne vorherige mündliche Anhörung, der Antragstellerin die elterliche Sorge für das minderjährige Kind , geboren am , zur alleinigen Ausübung zu übertragen, hilfsweise der Antragstellerin das Aufenthaltsbestimmungsrecht für das minderjährige Kind geb. am zu übertragen.

Gründe:

Die Eltern leben seit dem dauerhaft voneinander getrennt. Zwischen den Eltern ist beim erkennenden Gericht das Ehescheidungsverfahren anhängig.

Alt.:

Die Eltern sind rechtskräftig geschiedene Ehegatten.

Aus ihrer Ehe ist das am geborene Kind hervorgegangen.

Das Kind lebt bei der Antragstellerin.

Die elterliche Sorge für das gemeinsame Kind wurde bislang nicht gerichtlich geregelt.

F. Einstweiliger Rechtsschutz – Anträge auf Erlass einer einstweiligen Anordnung §13

Durch die aktuelle Entwicklung ergibt sich die zwingende Notwendigkeit einer kurzfristigen gerichtlichen Entscheidung, wobei Gefahr im Verzug besteht, so dass sich eine gerichtliche Entscheidung ohne vorherige Anhörung rechtfertigt.

Mit Blick auf die Alkoholabhängigkeit des Antragsgegners war die Ehe der Eltern bereits längerfristig belastet, wobei es insbesondere im Zustand der Alkoholisierung des Antragsgegners häufiger zu gewalttätigen Übergriffen zu Lasten der Antragstellerin und des gemeinsamen Kindes kam. Dem Antragsgegner erteilte polizeiliche Platzverweise waren ohne dauerhaften Erfolg. Vielmehr äußerte der Antragsgegner massive Drohungen gegenüber der Antragstellerin und dem Kind. Die Antragstellerin hatte sich daher zu einem Wohnungswechsel entschlossen, um künftige Kontakte mit dem Antragsgegner zu verhindern, wobei sie in Abstimmung mit dem Jugendamt und der örtlichen Polizeibehörde ihre Anschrift geheim halten ließ. Nachdem der Antragsgegner durch einen Zufall von der nunmehrigen Anschrift der Antragstellerin Kenntnis erlangte, ist er am _____ an ihrer Wohnung vorstellig geworden und hat sich unter einem Vorwand Zutritt zu ihrer Wohnung verschafft und dort massive Schäden angerichtet. Beim Verlassen der Wohnung hat er das dort befindliche Kind in seine Gewalt gebracht und gegen den Widerstand der Antragstellerin mitgenommen. Auf das sich wehrende Kind schlug der Antragsgegner hierbei ein. Während sich der Antragsgegner von der Wohnung der Antragstellerin entfernte, alarmierte diese die Polizei, so dass der Antragsgegner etwa eine halbe Stunde später gestellt und das Kind zur Antragstellerin zurückgebracht werden konnte. Geschildert hat das Kind, dass der Antragsgegner während dieser Zeit permanent übelste Beschimpfungen und Drohungen gegenüber der Antragstellerin ausgesprochen habe.

Der dargestellte Sachverhalt belegt, dass die Frage der elterlichen Sorge dringlich zu klären ist und zumindest hilfsweise der Antragstellerin das Aufenthaltsbestimmungsrecht zu übertragen ist, da durch die bislang ungeregelte Situation auch nicht unerhebliche Gefahren für das Kind drohen.

Wegen des erheblichen Gefahrenpotentiales für das Kind bedarf es einer unverzüglichen Entscheidung des Gerichts ohne vorherige Anhörung. Diese mag unverzüglich nach §§ 159 Abs. 3, 160 Abs. 4, 162 Abs. 1 FamFG nachgeholt werden.

Zur Glaubhaftmachung wird neben der in der Anlage beigefügten eidesstattlichen Versicherung der Antragstellerin auch ein Bericht des örtlichen Jugendamts in Bezug genommen, aus dem sich ergibt, dass der Antragsteller dort nicht nur jegliche Mitarbeit verweigert hat, sondern vielmehr auch in diesem Rahmen massive Beleidigungen gegenüber der Antragstellerin und dem Kind ausgesprochen hat.

Rechtsanwältin

▲

§ 13 Formularteil

2. Antrag auf mündliche Verhandlung und Zurückweisung des Antrages auf Erlass einer einstweiligen Anordnung

13.47

52 **Muster 13.47: Antrag auf mündliche Verhandlung und Zurückweisung des Antrages auf Erlass einer einstweiligen Anordnung**

An das

Amtsgericht

Familiengericht

Az.:

In der Familiensache

./.

Rechtsanwalt: Rechtsanwalt:

wird namens des Antragsgegners

Antrag auf mündliche Verhandlung gestellt und beantragt,

den Antrag auf Erlass einer einstweiligen Anordnung vom zurückzuweisen.

Gründe:

Der Antrag vom ist unbegründet. Es besteht kein Regelungsbedürfnis. Zum Sachvortrag der Antragstellerin wird wie folgt Stellung genommen: .

Hieraus wird deutlich, dass keine Umstände vorliegen, die einen Eingriff in die bestehende Sorgerechtslage gebieten. Dies werden auch die richterliche Anhörung des Kindes sowie die Stellungnahme des Jugendamts ergeben.

Zur Glaubhaftmachung des diesseitigen Sachvortrages wird auf die beigefügte eidesstattliche Versicherung des Antragsgegners verwiesen.

Rechtsanwalt

3. Antrag auf mündliche Verhandlung und Zurückweisung sowie eigener Antrag auf Erlass einer einstweiligen Anordnung

13.48

53 **Muster 13.48: Antrag auf mündliche Verhandlung und Zurückweisung sowie eigener Antrag auf Erlass einer einstweiligen Anordnung**

An das

Amtsgericht

Familiengericht

F. Einstweiliger Rechtsschutz – Anträge auf Erlass einer einstweiligen Anordnung § 13

Az.:

In der Familiensache

 ./.

Rechtsanwalt: Rechtsanwalt:

wird namens des Antragsgegners

Antrag auf mündliche Verhandlung gestellt und beantragt,

den Anordnungsantrag der Antragstellerin vom   zurückzuweisen.

Gleichzeitig wird beantragt, dem Antragsgegner im Wege der einstweiligen Anordnung die elterliche Sorge – hilfsweise des Aufenthaltsbestimmungsrecht – für das gemeinsame Kind   , geb. am   , zu übertragen.

Gründe:

Der Antrag vom   ist zurückzuweisen. Es besteht zwar ein Bedürfnis, die elterliche Sorge für das gemeinsame Kind zu regeln, allerdings nicht im Sinne der Vorstellungen der Antragstellerin. Vielmehr erfordert das Kindeswohl dringend eine Sorgerechtsregelung zugunsten des Antragsgegners. Im Einzelnen: .

Die Kindesanhörung sowie die einzuholende Stellungnahme des Jugendamts werden diese Einschätzung in vollem Umfang bestätigen.

Zur Glaubhaftmachung des diesseitigen Sachvortrages wird auf die beigefügte eidesstattliche Versicherung des Antragsgegners verwiesen.

Rechtsanwalt
▲

4. Antrag auf mündliche Verhandlung und Aufhebungsantrag

▼

Muster 13.49: Antrag auf mündliche Verhandlung und Aufhebungsantrag

An das

Amtsgericht

Familiengericht

Az.:

In der Familiensache

 ./.

Rechtsanwalt: Rechtsanwalt:

§ 13 Formularteil

wird namens des Antragsgegners

Antrag auf mündliche Verhandlung gestellt und beantragt,

die einstweilige Anordnung vom ▓▓▓ aufzuheben.

Gründe:

Die ohne mündliche Verhandlung erlassene Sorgerechtsanordnung vom ▓▓▓ ist aufzuheben. Entgegen dem Vorbringen der Antragstellerin vom ▓▓▓ besteht kein Regelungsbedürfnis. Im Einzelnen: ▓▓▓.

Die Kindesanhörung sowie die Stellungnahme des Jugendamts werden diese Einschätzung bestätigen.

Zur Glaubhaftmachung des diesseitigen Sachvortrages wird auf die beigefügte eidesstattliche Versicherung des Antragsgegners verwiesen.

Rechtsanwalt

▲

5. Antrag auf mündliche Verhandlung und Abänderungsantrag

▼

Muster 13.50: Antrag auf mündliche Verhandlung und Abänderungsantrag

An das

Amtsgericht ▓▓▓

Familiengericht

▓▓▓

Az.: ▓▓▓

In der Familiensache

▓▓▓ ./. ▓▓▓

Rechtsanwalt: ▓▓▓   Rechtsanwalt: ▓▓▓

wird namens des Antragsgegners beantragt,

die Sorgerechtsanordnung vom ▓▓▓ dahin gehend abzuändern, dass dem Antragsgegner nunmehr im Wege der einstweiligen Anordnung die elterliche Sorge für das gemeinsame Kind ▓▓▓, geb. am ▓▓▓, übertragen wird.

Gründe:

Der Antragstellerin ist aufgrund mündlicher Verhandlung vom ▓▓▓ im Wege der einstweiligen Anordnung die elterliche Sorge für das gemeinsame Kind, geb. am ▓▓▓, übertragen worden.

Dieser Beschluss bedarf einer Abänderung zugunsten des Antragsgegners, nachdem zwischenzeitlich folgende Änderungen der Verhältnisse eingetreten sind: ▓▓▓.

F. Einstweiliger Rechtsschutz – Anträge auf Erlass einer einstweiligen Anordnung § 13

Diese Umstände gebieten es, zum Wohle des Kindes die bisherige Anordnung abzuändern und dem Antragsgegner die elterliche Sorge zu übertragen.

Die Kindesanhörung wird die Notwendigkeit der Sorgerechtsänderung ebenso bestätigen wie der einzuholende Bericht des Jugendamts.

Zur Glaubhaftmachung des vorstehenden Sachvortrages wird auf die beigefügte eidesstattliche Versicherung des Antragsgegners verwiesen.

Rechtsanwalt

▲

II. Regelung einzelner Teilbereiche der elterlichen Sorge

▼

Muster 13.51: Antrag auf Erlass einer einstweiligen Anordnung nach § 49 FamFG 56

An das

Amtsgericht

Familiengericht

Antrag auf Erlass einer einstweiligen Anordnung nach § 49 FamFG

In der Familiensache

der

– Antragstellerin/Mutter –

Verfahrensbevollmächtigte:

gegen

den

– Antragsgegner/Vater –

Verfahrensbevollmächtigte:

Bestellen wir uns, auf uns lautende Vollmacht versichernd, zu Verfahrensbevollmächtigten der Antragstellerin und stellen den Antrag:

Im Wege der einstweiligen Anordnung **(alternativ)**

es dem Antragsgegner zu untersagen, das minderjährige Kind   geb. am   in der   Schule einzuschulen,

es dem Antragsgegner zu untersagen, das minderjährige Kind   geb. am   während der Ferienkontakte zu einem Survivaltraining nach Sumatra mitzunehmen

die Antragstellerin zu ermächtigen, die zur Erstellung eines Kinderausweises gegenüber dem Einwohnermeldeamt notwendigen Erklärungen allein vorzunehmen,

dem Antragsgegner aufzugeben, ein für das Kind bei der   Bank angelegtes Sparbuch an die Antragstellerin herauszugeben.

Gründe:

Die Eltern sind getrennt lebende Ehegatten. Ein Ehescheidungsverfahren ist bislang nicht anhängig. Nach der zum ▭ vollzogenen Trennung ist der Antragsgegner nach Süddeutschland verzogen.

Das aus der Ehe der Eltern hervorgegangene gemeinsame Kind ▭ geb. am ▭ lebt seit der Trennung seiner Eltern im Haushalt der Antragstellerin und hat dort seinen gewöhnlichen Aufenthalt.

Die Eltern hatten für das Kind anlässlich seiner Geburt ein Sparbuch angelegt, welches zum Zeitpunkt der Trennung ein Guthaben von 10.000 EUR aufwies. Dieses Sparbuch hat der Antragsgegner in seinen Besitz genommen, wobei er bereits früher gegenüber der Antragsgegnerin geäußert hatte, dass er das dort angesammelte Kapital als ihm gehörig ansehe, da er ja für dieses Geld gearbeitet habe. Das gelte für ihn insbesondere für den Fall, dass er in einen finanziellen Engpass kommen sollte.

Die Antragstellerin hat nunmehr durch den Arbeitgeber des Antragsgegners davon Kenntnis erlangt, dass dieser seinen Arbeitsplatz gekündigt und sich mit den Worten verabschiedet habe, dass er über ein Sparguthaben verfüge, das er in den nächsten Monaten für seinen Lebensunterhalt einsetzen werde.

Es besteht daher die konkrete Gefahr, dass der Antragsgegner das Kindesvermögen einsetzen wird, um kurzfristig seinen Lebensunterhalt sicherzustellen. Dies gilt umso mehr, als der Antragsgegner trotz einer telefonischen und schriftlichen Aufforderung der Antragstellerin zur Herausgabe des Sparbuches nicht bereit war.

Zur Glaubhaftmachung wird ergänzend auf die in der Anlage beigefügte eidesstattliche Versicherung der Antragstellerin sowie des Arbeitgebers des Antragsgegners Bezug genommen.

Rechtsanwältin

▲

III. Regelung des Umgangsrechts

▼

57 Muster 13.52: Antrag auf Erlass einer einstweiligen Anordnung zur Regelung des Umgangsrechts

An das

Amtsgericht ▭

Familiengericht

▭

Antrag auf Erlass einer einstweiligen Anordnung zur Regelung des Umgangsrechts

In der Familiensache

des ▭

– Antragsteller/Vater –

F. Einstweiliger Rechtsschutz – Anträge auf Erlass einer einstweiligen Anordnung § 13

Verfahrensbevollmächtigte:

gegen

die

– Antragsgegnerin/Mutter –

Verfahrensbevollmächtigte:

bestellen wir uns zu Verfahrensbevollmächtigten des Antragstellers und stellen den Antrag:

Das Umgangsrecht des Antragstellers mit dem minderjährigen Kind   geb. am   an den Weihnachtsfeiertagen 2010 im Wege der einstweiligen Anordnung, wegen der besonderen Eilbedürftigkeit ohne vorherige mündliche Verhandlung, hilfsweise nach mündlicher Verhandlung wie folgt zu regeln:

Dem Antragsteller steht das Recht zu, in der Zeit vom 25.12.2010 (18 Uhr) bis 26.12.2010 (18 Uhr) Umgang mit dem Kind   geb. am   zu pflegen.

Er holt das Kind am Umgangsbeginn am Wohnsitz der Antragsgegnerin ab und bringt es am Umgangsende wieder zu ihr zurück.

Gründe:

Die Eltern sind rechtskräftig geschiedene Ehegatten. Aus ihrer Ehe ist das gemeinsame minderjährige Kind   geb. am   hervorgegangen, das seit der Trennung seiner Eltern im Haushalt der Antragsgegnerin lebt.

Die Umgangskontakte zwischen dem Antragsteller und dem Kind konnten bislang immer einvernehmlich zwischen den Eltern abgestimmt werden. Seit etwa drei Monaten unterhält die Antragsgegnerin nunmehr eine gefestigte neue Beziehung und hat in diesem Zusammenhang gegenüber dem Antragsteller geäußert, dass es nun eine neue intakte Familie für das Kind gebe und daher selbstverständlich das Kind die gesamten Weihnachtsfeiertage im Haushalt der Mutter verbringen werde. Ein seitens des Antragstellers initiiertes Gespräch beim Jugendamt ist ohne Ergebnis verblieben. Die Antragsgegnerin hat auch dort auf ihrer Meinung beharrt.

Mit Blick auf die unmittelbar bevorstehenden Feiertage muss der Antragsteller daher befürchten, dass ihm ohne gerichtliche Entscheidung kein Umgang mit dem Kind an den Weihnachtsfeiertagen ermöglicht werden wird.

Zur Glaubhaftmachung des Sachvortrages des Antragstellers wird auf die in der Anlage beigefügte eidesstattliche Versicherung Bezug genommen.

Rechtsanwältin

§ 13 Formularteil

IV. Erwiderung zum Antrag auf Erlass einer einstweiligen Anordnung zur Regelung des Umgangsrechts

58 Muster 13.53: Erwiderung zum Antrag auf Erlass einer einstweiligen Anordnung zur Regelung des Umgangsrechts

An das

Amtsgericht

Familiengericht

Az.:

In der Familiensache

./.

Rechtsanwalt: Rechtsanwalt:

beantrage ich namens und unter Bezugnahme auf die in der Ehesache zur Akte gereichte Vollmacht der Antragsgegnerin,

den Antrag auf Erlass einer einstweiligen Anordnung vom abzuweisen und das Umgangsrecht im Wege der einstweiligen Anordnung wie folgt zu regeln: .

Begründung:

Der Antrag des Antragstellers zur Regelung des Umgangsrechts im Wege der einstweiligen Anordnung vom ist nicht begründet. Es besteht kein Regelungsbedürfnis.

Die vom Antragsteller gemachten Ausführungen sind nicht zutreffend. Im Einzelnen: .

Beweis:

Die Antragsgegnerin ist bereit, dem Antragsteller ein seinen Interessen gerecht werdendes Umgangsrecht zu gewähren. Allerdings muss das Kindeswohl im Vordergrund der Regelung stehen.

Aus diesem Grund kann das Umgangsrecht bis zur Endentscheidung nur wie folgt geregelt werden: .

Zur Glaubhaftmachung des vorstehenden Sachvortrages wird auf die beigefügte eidesstattliche Erklärung der Antragsgegnerin verwiesen.

Rechtsanwalt

F. Einstweiliger Rechtsschutz – Anträge auf Erlass einer einstweiligen Anordnung § 13

V. Herausgabe des Kindes

▼

Muster 13.54: Antrag auf Erlass einer einstweiligen Anordnung zur Herausgabe des Kindes

An das

Amtsgericht

Familiengericht

Az.:

Antrag auf Erlass einer einstweiligen Anordnung zur Herausgabe des Kindes

In der Familiensache

der

– Antragstellerin/Mutter –

Verfahrensbevollmächtigter:

gegen

den

– Antragsgegner/Vater –

Verfahrensbevollmächtigter:

bestellen wir uns zu Verfahrensbevollmächtigten der Antragstellerin und beantragen, im Wege der einstweiligen Anordnung, wegen der besonderen Eilbedürftigkeit ohne vorherige mündliche Verhandlung und Anhörung zu beschließen:

1. Dem Antragsgegner wird aufgegeben, das am geborene gemeinsame Kind der Eltern an die Antragstellerin herauszugeben.

2. Dem Antragsgegner (und ggf. jeder dritten Person, bei der sich das Kind aufhält) wird untersagt, das Kind außerhalb der Grenzen der Bundesrepublik Deutschland zu verbringen.

Die Grenzbehörden der Bundesrepublik Deutschland und der Schengener Vertragsstaaten werden im Wege der Amtshilfe ersucht, die Ausreise des Kindes zu verhindern.

3. Der zuständige Gerichtsvollzieher wird durch das Gericht beauftragt, das Kind dem Antragsgegner wegzunehmen und der Antragstellerin zuzuführen.

Er hat um die Mitwirkung eines Mitarbeiters des zuständigen Jugendamts bei der Vollstreckung nachzusuchen, § 88 Abs. 2 FamFG.

4. Der Gerichtsvollzieher wird ermächtigt, zur Durchsetzung der Kindesherausgabe Gewalt anzuwenden, ggf. die Wohnung zu durchsuchen und Polizeikräfte zu seiner Unterstützung heranzuziehen.

Gründe:

Die Eltern sind rechtskräftig geschiedene Ehegatten. Ihre am ▓▓▓ geschlossene Ehe wurde durch Urteil des Amtsgerichts ▓▓▓ Az. ▓▓▓ geschieden.

Aus der Ehe der Eltern ist das minderjährige Kind ▓▓▓ geb. am ▓▓▓ hervorgegangen. Nach der Trennung praktizierten die Eltern für ca. ein halbes Jahr das Wechselmodell, wobei sie allerdings darüber einig waren, dass das Kind künftig in Luxemburg die Schule besuchen sollte. Unmittelbar vor der Einschulung hat der Antragsgegner das Kind abredewidrig bereits nicht mehr zum bisherigen Kindergarten gebracht, sondern in den Kindergarten an seinem Wohnort. Die Antragstellerin hat daher beim erkennenden Gericht auf Regelung der elterlichen Sorge, hilfsweise des Aufenthaltsbestimmungsrechts angetragen, wobei ihr durch Beschl. v. ▓▓▓ Az. ▓▓▓ das Aufenthaltsbestimmungsrecht übertragen wurde. Seine Entscheidung hat das Gericht auf ein eingeholtes Sachverständigengutachten gestützt, welches zu dem Ergebnis gekommen war, dass zugunsten der Antragstellerin die Grundsätze der Kontinuität, der Stabilität und der höheren Förderungskompetenz sprächen. Nach dem letzten Umgangskontakt unmittelbar vor der Einschulung hat der Antragsgegner nunmehr das Kind nicht mehr an die Antragstellerin herausgegeben. Versuche ihrerseits, den Antragsgegner persönlich zu erreichen, schlugen fehl. Auch eine Mitwirkung des Jugendamts blieb erfolglos. Gegenüber dem Sachbearbeiter des Jugendamts erklärte der Antragsgegner, dass er das Kind an seinem Wohnort einschulen werde, da das Kind dort eine bessere Förderung erhalten könne.

Beweis: ▓▓▓

Das Wohl des Kindes macht den Erlass einer einstweiligen Anordnung erforderlich. Es bedarf einer kurzfristigen gerichtlichen Entscheidung zur Herausgabe des Kindes. Nur so kann sichergestellt werden, dass das Kind unverzüglich an dem vorgesehenen Ort eingeschult und ein dem Kind nachteiliger Schulwechsel im laufenden Schuljahr vermieden wird.

Zur Glaubhaftmachung des vorstehenden Sachvortrages wird auf die beiliegende eidesstattliche Versicherung der Antragstellerin Bezug genommen.

Wegen der besonderen Eilbedürftigkeit des Anordnungsantrages wird angeregt, die erforderlichen Anhörungen erst nach Erlass der einstweiligen Anordnung vorzunehmen, §§ 159 Abs. 3, 160 Abs. 4, 162 Abs. 1 FamFG.

Rechtsanwalt

▲

VI. Erwiderung zum Antrag auf Erlass einer einstweiligen Anordnung zur Herausgabe des Kindes

▼

Muster 13.55: Erwiderung zum Antrag auf Erlass einer einstweiligen Anordnung zur Herausgabe des Kindes

An das

Amtsgericht ▓▓▓

Familiengericht

▓▓▓

Az.: ▓▓▓

F. Einstweiliger Rechtsschutz – Anträge auf Erlass einer einstweiligen Anordnung § 13

In der Familiensache

▯ ./. ▯

Rechtsanwalt: ▯   Rechtsanwalt: ▯

beantrage ich namens und unter Bezugnahme auf die in der Ehesache zur Akte gereichte Vollmacht des Antragsgegners,

den Antrag auf Erlass einer einstweiligen Anordnung vom ▯ abzuweisen.

Begründung:

Die Angaben der Antragstellerin zur Übertragung der elterlichen Sorge sind zutreffend. Ihr wurde durch Beschl. v. ▯ das Recht der elterlichen Sorge vorläufig übertragen.

Das Kind hält sich seit dem ▯ bei dem Antragsgegner auf. Es weigert sich, zur Antragstellerin zurückzukehren. Im Einzelnen: ▯ .

Beweis: ▯

Demnach ist es aus Gründen des Kindeswohls erforderlich, den Antrag der Antragstellerin zurückzuweisen. Der Antragsgegner hat seinerseits am ▯ beantragt, ihm das Aufenthaltsbestimmungsrecht im Wege der einstweiligen Anordnung zu übertragen.

Zur Glaubhaftmachung des vorstehenden Sachvortrages wird auf die beigefügte eidesstattliche Versicherung des Antragsgegners Bezug genommen.

Rechtsanwalt

▲

VII. Herausgabe und Benutzung der zum persönlichen Gebrauch bestimmten Gegenstände

▼

Muster 13.56: Antrag auf Erlass einer einstweiligen Anordnung zur Herausgabe und Benutzung der zum persönlichen Gebrauch bestimmten Gegenstände

An das

Amtsgericht ▯

Familiengericht

▯

Az: ▯

Antrag auf Erlass einer einstweiligen Anordnung

der ▯

– Antragstellerin/Mutter –

§ 13 Formularteil

Verfahrensbevollmächtigter: ▓

gegen

▓

– Antragsgegner/Vater –

Verfahrensbevollmächtigter: ▓

bestellen wir uns zu Verfahrensbevollmächtigten der Antragstellerin und stellen den Antrag:

dem Antragsgegner im Wege der einstweiligen Anordnung (– wegen der Dringlichkeit der Sache ohne vorherige mündliche Verhandlung –) aufzugeben, folgende zum persönlichen Gebrauch des Kindes bestimmte Sachen herauszugeben: ▓.

Gründe:

Die Eltern ▓ leben voneinander getrennt. Der Antragstellerin ist durch Beschluss des erkennenden Gerichts vom ▓ Az ▓ das Recht der elterlichen Sorge für ▓, geb. am ▓, im Wege der einstweiligen Anordnung übertragen worden.

Das Kind lebt bei der Antragstellerin.

Es besteht Streit über die zum persönlichen Gebrauch bestimmten Gegenstände des Kindes.

Der Antragsgegner verweigert völlig grundlos die Herausgabe der im Antrag bestimmten Sachen. Diese werden jedoch von der Antragstellerin zur Versorgung des Kindes dringend benötigt. Im Einzelnen: ▓.

Beweis: ▓

Der Erlass einer einstweiligen Anordnung ist daher dringend geboten.

Zur Glaubhaftmachung des vorstehenden Sachverhaltes wird auf die beigefügte eidesstattliche Versicherung der Antragstellerin verwiesen.

Rechtsanwalt

▲

VIII. Erwiderung zum Antrag auf Erlass einer einstweiligen Anordnung betreffend der zum persönlichen Gebrauch bestimmten Gegenstände

13.57

▼

62 Muster 13.57: Erwiderung zum Antrag auf Erlass einer einstweiligen Anordnung betreffend der zum persönlichen Gebrauch bestimmten Gegenstände

An das

Amtsgericht ▓

Familiengericht

▓

Az.: ▓

In der Familiensache

▓▓▓ ./. ▓▓▓

Rechtsanwalt: ▓▓▓ Rechtsanwalt: ▓▓▓

erklärt sich der Antragsgegner mit der Herausgabe folgender Sachen einverstanden: ▓▓▓.

im Übrigen beantragen wir namens und in Vollmacht des Antragsgegners

den Antrag der Antragstellerin auf Erlass einer einstweiligen Anordnung zur Herausgabe der zum persönlichen Gebrauch des Kindes bestimmten Sachen vom ▓▓▓ zurückzuweisen.

Gründe:

Zum Antrag der Antragstellerin vom ▓▓▓ wird wie folgt Stellung genommen:

1. Einwände, der Antragstellerin die oben angegebenen persönlichen Sachen des Kindes herauszugeben, bestehen nicht. Die Übergabe wird umgehend erfolgen.

2. Ein Anspruch auf Herausgabe der übrigen Sachen besteht indes nicht. Diese sind nicht zum Gebrauch des Kindes bestimmt, sondern ▓▓▓.

Zur Glaubhaftmachung des vorstehenden Sachvortrages wird auf die beigefügte eidesstattliche Versicherung des Antragsgegners verwiesen.

Rechtsanwalt

▲

G. Verfahrenskostenhilfe

I. Verfahrenskostenhilfeanträge

1. Vorgeschalteter Antrag

▼

Muster 13.58: Vorgeschalteter Antrag auf Verfahrenskostenhilfe

An das

Amtsgericht ▓▓▓

Familiengericht

▓▓▓

Antrag auf Verfahrenskostenhilfe

der ▓▓▓

– Antragstellerin/Mutter –

Verfahrensbevollmächtigter: ▓▓▓

gegen

den ▓▓▓

– Antragsgegner/Vater –

§ 13 Formularteil

Verfahrensbevollmächtigter: ▓▓▓

Unter Überreichung beigefügter Verfahrensvollmacht zeige ich an, dass die Antragstellerin von mir vertreten wird.

Es wird **beantragt**,

der Antragstellerin für das von ihr beabsichtigte Verfahren Verfahrenskostenhilfe unter meiner Beiordnung zu bewilligen.

Begründung:

Die Antragstellerin ist nach ihren persönlichen und wirtschaftlichen Verhältnissen nicht in der Lage, die Kosten der Verfahrensführung zu erbringen. Eine Erklärung über ihre persönlichen und wirtschaftlichen Verhältnisse ist auf dem dafür vorgesehenen Formular nebst den erforderlichen Belegen beigefügt.

Anliegend überreiche ich den Entwurf eines Antrages zur ▓▓▓ (Regelung der elterlichen Sorge, Regelung des Umgangsrechts o.Ä.). Dieser Antrag hat hinreichende Aussicht auf Erfolg und ist auch nicht mutwillig.

Die beantragte Beiordnung gemäß § 78 Abs. 2 FamFG rechtfertigt sich vorliegend aus der Schwierigkeit der Sach- und Rechtslage ▓▓▓.

Rechtsanwalt

▲

2. Gleichzeitiger Antrag

▼

Muster 13.59: Antrag auf Regelung des Sorgerechts und Antrag auf Bewilligung von Verfahrenskostenhilfe

An das

Amtsgericht ▓▓▓

Familiengericht

▓▓▓

Geschäfts-Nr.: ▓▓▓

Antrag auf Regelung des Sorgerechts und Antrag auf Bewilligung von Verfahrenskostenhilfe

der ▓▓▓

– Antragstellerin/Mutter –

Verfahrensbevollmächtigter: ▓▓▓

gegen

den ▓▓▓

– Antragsgegner/Vater –

Verfahrensbevollmächtigter: ▓▓▓

G. Verfahrenskostenhilfe   § 13

Unter Überreichung beigefügter Verfahrensvollmacht zeige ich an, dass die Antragstellerin von mir vertreten wird.

Es wird **beantragt**,

der Antragstellerin ▒▒▒ (das Sorgerecht) für ▒▒▒, geb. am ▒▒▒, zu übertragen.

Ferner wird **beantragt**,

der Antragstellerin Verfahrenskostenhilfe unter meiner Beiordnung zu bewilligen.

Begründung:

I. Die Eltern sind Eheleute. Sie haben am ▒▒▒ geheiratet. Seit dem ▒▒▒ leben sie durch Auszug der Ehefrau aus der früheren ehelichen Wohnung getrennt.

Der Antrag auf ▒▒▒ (Übertragung der elterlichen Sorge) ist begründet, weil ▒▒▒.

Beweis: ▒▒▒

II. Der Antragstellerin ist antragsgemäß Verfahrenskostenhilfe zu bewilligen. Der Antrag hat hinreichende Erfolgsaussicht und ist auch nicht mutwillig.

Die beantragte Beiordnung gemäß § 78 Abs. 2 FamFG rechtfertigt sich vorliegend aus der Schwierigkeit der Sach- und Rechtslage ▒▒▒.

Die wirtschaftliche Bedürftigkeit der Antragstellerin ist aus dem beigefügten Formular über ihre persönlichen und wirtschaftlichen Verhältnisse nebst den erforderlichen Belegen ersichtlich.

Rechtsanwältin

▲

II. Erwiderung des Antragsgegners mit eigenem Verfahrenskostenhilfeantrag

▼

Muster 13.60: Erwiderung des Antragsgegners mit eigenem Verfahrenskostenhilfeantrag

65

An das

Amtsgericht ▒▒▒

Familiengericht

▒▒▒

Geschäfts-Nr.: ▒▒▒

In der Familiensache

▒▒▒ ./. ▒▒▒

Rechtsanwalt: ▒▒▒   Rechtsanwalt: ▒▒▒

zeige ich unter Überreichung beigefügter Vollmacht an, dass der Antragsgegner von mir vertreten wird.

Es wird beantragt,

den Verfahrenskostenhilfeantrag der Antragstellerin vom ▓▓▓▓ zurückzuweisen.

Für den Fall der Verfahrenskostenhilfebewilligung wird beantragt, den Antrag vom ▓▓▓▓ auf ▓▓▓▓ abzuweisen.

Gleichzeitig wird **beantragt**, auch dem Antragsgegner Verfahrenskostenhilfe unter meiner Beiordnung zu bewilligen.

Begründung:

I. Zum Verfahrenskostenhilfeantrag der Antragstellerin vom ▓▓▓▓ wird wie folgt Stellung genommen:

Das beabsichtigte Verfahren hat keine hinreichende Erfolgsaussicht. Im Einzelnen: ▓▓▓▓.

Beweis: ▓▓▓▓

II. Die Antragstellerin ist nicht bedürftig im Sinne § 76 Abs. 1 FamFG, § 114 ZPO. Im Einzelnen: ▓▓▓▓.

Beweis: ▓▓▓▓

III. Sollte dem Verfahrenskostenhilfeantrag der Antragstellerin entsprochen werden, so wird auch diesseits um Bewilligung von Verfahrenskostenhilfe gebeten. Die Rechtsverteidigung verspricht hinreichende Aussicht auf Erfolg, wie sich schon aus Ziffer I ergibt.

Die beantragte Beiordnung im Sinn des § 78 Abs. 2 FamFG rechtfertigt sich aus folgenden Erwägungen ▓▓▓▓.

Eine Erklärung des Antragsgegners über seine persönlichen und wirtschaftlichen Verhältnisse nebst Belegen ist beigefügt. Aus ihr ergibt sich, dass der Antragsgegner nicht in der Lage ist, die Kosten der Rechtsverteidigung selbst aufzubringen.

Rechtsanwalt

H. Rechtsmittel

I. Sofortige Beschwerde bei Zurückweisung des Verfahrenskostenhilfeantrages

Muster 13.61: Sofortige Beschwerde bei Zurückweisung des Verfahrenskostenhilfeantrages

An das

Amtsgericht ▓▓▓▓

Familiengericht

▓▓▓▓

Geschäfts-Nr.: ▓▓▓▓

H. Rechtsmittel § 13

In der Familiensache

▮ ./. ▮

Rechtsanwalt: ▮   Rechtsanwalt: ▮

lege ich namens und in Vollmacht der Antragstellerin gegen den Beschluss des Familiengerichts vom ▮

sofortige Beschwerde

ein und beantrage,

den angefochtenen Beschluss abzuändern und der Antragstellerin Verfahrenskostenhilfe unter meiner Beiordnung (ohne Ratenzahlungsverpflichtung) zu bewilligen.

Begründung:

I. Zu Unrecht geht das Familiengericht davon aus, dass die beabsichtigte Rechtsverfolgung (Rechtsverteidigung) keine hinreichende Aussicht auf Erfolg hat. Im Einzelnen: ▮.

Beweis: ▮

Alt.:

Zu Unrecht geht das Familiengericht davon aus, dass mangels Schwierigkeit der Sach- und Rechtslage die Vertretung durch einen Rechtsanwalt nicht erforderlich erscheint. Im Einzelnen gilt hierzu vielmehr ▮.

Zur weiteren Begründung wird vollinhaltlich auf die Antragsschrift vom ▮ Bezug genommen.

II. Die Antragstellerin ist auch bedürftig, wie sich aus dem bereits zur Akte gereichten, vollständig ausgefüllten und mit den entsprechenden Belegen versehenen Fragebogen zu den persönlichen und wirtschaftlichen Verhältnissen ergibt, an denen sich nichts geändert hat.

III. Die Rechtsverfolgung (Rechtsverteidigung) ist auch nicht mutwillig. Im Einzelnen: ▮.

Beweis: ▮

Sollte keine Abhilfe erfolgen, so wird gebeten, die Akte kurzfristig dem Familiensenat des Oberlandesgerichts vorzulegen.

Rechtsanwalt

▲

II. Beschwerde gegen die Ablehnung eines Antrags auf Erlass einer einstweiligen Anordnung

▼

Muster 13.62: Beschwerde gegen die Ablehnung eines Antrags auf Erlass einer einstweiligen Anordnung

An das

Amtsgericht ▮

§ 13 Formularteil

Familiengericht

In der Familiensache

der

– Antragstellerin/Mutter –

Verfahrensbevollmächtigter: Rechtsanwalt:

gegen

den

– Antragsgegner/Vater –

Verfahrensbevollmächtigter: Rechtsanwalt:

lege ich namens und in Vollmacht des Antragstellers/der Antragstellerin gegen die einstweilige Anordnung durch diesem/dieser am   zugestellten Beschluss des Familiengerichts   vom   – Geschäfts-Nr.   –

Beschwerde

ein.

Es wird beantragt,

den Beschluss des Amtsgerichts   – Familiengericht – vom   – Geschäfts-Nr.   – abzuändern.

Zur Begründung wird Folgendes vorgetragen: .

Eine Ausfertigung des angefochtenen Beschlusses füge ich bei.

Rechtsanwalt

▲

III. Beschwerdeschrift Hauptsache

▼

68 **Muster 13.63: Beschwerdeschrift Hauptsache**

An das

Amtsgericht

Familiengericht

Az

In der Familiensache

der

– Antragstellerin/Mutter –

H. Rechtsmittel § 13

Verfahrensbevollmächtigter: Rechtsanwalt:

gegen

den

– Antragsgegner/Vater –

Verfahrensbevollmächtigter: Rechtsanwalt:

lege ich namens der Antragstellerin gegen den dieser am   zugestellten/verkündeten Beschluss des Familiengerichts   vom   – Geschäfts-Nr.   –

Beschwerde

ein.

Die angefochtene Entscheidung entspricht nicht dem Kindeswohl. Im Einzelnen: .

Beweis:

Eine Ausfertigung des angefochtenen Beschlusses füge ich bei.

Rechtsanwalt
▲

IV. Antrag auf Verfahrenskostenhilfe für ein beabsichtigtes Beschwerdeverfahren

▼

Muster 13.64: Antrag auf Verfahrenskostenhilfe für ein beabsichtigtes Beschwerdeverfahren

13.64

69

An das

Amtsgericht

Familiengericht

Az

In der Familiensache

der

– Antragstellerin/Mutter –

Verfahrensbevollmächtigter: Rechtsanwalt

gegen

den

– Antragsgegner/Vater –

Verfahrensbevollmächtigter: Rechtsanwalt

ist durch – der Antragstellerin am   zugestellten/verkündeten – Beschluss des Familiengerichts vom   – Geschäfts-Nr.   , unter Aufhebung der bisherigen gemeinsamen elterlichen Sorge für das minderjährige Kind ▒▒▒ geb. am ▒▒▒, dem Antragsgegner die alleinige elterliche Sorge übertragen worden, wie sich aus der in der **Anlage** beigefügten beglaubigten Abschrift des Beschlusses ergibt.

Die Antragstellerin **beabsichtigt**, nach Bewilligung von Verfahrenskostenhilfe gegen diesen Beschluss **Beschwerde einzulegen**, sieht sich jedoch nicht in der Lage, in eigener Person die Kosten des Rechtsmittelverfahrens zu tragen.

Wir **beantragen** daher,

der Antragstellerin Verfahrenskostenhilfe für das beabsichtigte Beschwerdeverfahren zu bewilligen und ihr den Unterzeichneten als Verfahrensbevollmächtigten beizuordnen.

In der Anlage überreichen wir eine Erklärung über die persönlichen und wirtschaftlichen Verhältnisse der Antragstellerin nebst den zur Glaubhaftmachung erforderlichen Belegen.

Alt.:

Bereits erstinstanzlich wurde eine diesbezügliche Erklärung vorgelegt; Veränderungen in den persönlichen und wirtschaftlichen Verhältnissen der Antragstellerin sind zwischenzeitlich nicht eingetreten.

Sowohl die hinreichende Erfolgsaussicht des beabsichtigten Rechtsmittels als auch die Schwierigkeit der Sach- und Rechtslage als Voraussetzungen für die beantragte Beiordnung im Sinn des § 78 Abs. 2 FamFG ergeben sich aus dem anliegenden Entwurf der Beschwerdebegründung.

Die Antragstellerin beabsichtigt, nach positiver Entscheidung des Senats über ihren Verfahrenskostenhilfeantrag ein Wiedereinsetzungsgesuch anzubringen.

Höchst vorsorglich wird darauf hingewiesen, dass die Tatsache, dass die Antragstellerin im Verfahren auf Bewilligung von Verfahrenskostenhilfe einen durch den Unterzeichneten verfassten Entwurf der Begründung der beabsichtigten Beschwerde vorlegt, nicht dahingehend auszulegen ist, dass der Unterzeichnete bereit ist, als Wahlanwalt für die Antragstellerin tätig zu werden. Der Unterzeichnete versichert vielmehr, dass er das Mandat bis seine zweitinstanzliche Beiordnung erfolgen wird, ausschließlich zur Stellung des Verfahrenskostenhilfeantrages übernommen hat; hierauf sollte mit Blick auf BGH FamRZ 2008, 1520 ausdrücklich hingewiesen werden (siehe dazu näher § 8 Rdn 41 m.w.N.).

▲

Zu weiteren Schriftsatzmustern siehe *Börger/Bosch/Heuschmid*, AnwaltFormulare Familienrecht.

I. Kinder- und Jugendhilfe

1. Mitwirkung des Jugendamts als Umgangsbegleiter

▼

70 **Muster 13.65: Antrag auf einstweilige Anordnung der Umgangsbegleitung durch das Jugendamt**

An das

Verwaltungsgericht ▒▒▒

▒▒▒

Az ▓

In der Angelegenheit

der ▓

– Antragstellerin/Mutter –

Verfahrensbevollmächtigter: Rechtsanwalt ▓

gegen

den ▓

– Antragsgegner/Landkreis –

beantragen wir,

dem Antragsgegner in seiner Funktion als Kreisjugendamt im Wege der einstweiligen Anordnung aufzugeben, vorläufig bis zu einer Entscheidung in der Hauptsache, seine Bereitschaft zur Mitwirkung als Umgangsbegleiter an begleiteten wöchentlichen Umgangskontakten der Antragstellerin mit ihrem Kind A nach näherer Maßgabe einer vom Amtsgericht – Familiengericht – X zu treffenden Umgangsregelung zu erklären.

I.

Die Antragstellerin ist die Mutter des Kindes A, geb. ▓.

Aufgrund sachverständig festgestellter eingeschränkter Erziehungsfähigkeit der Antragstellerin befindet sich das Kind nach entsprechender familiengerichtlicher Entscheidung bei Pflegeeltern.

Mit dem Kind finden derzeit in vierwöchentlichem Abstand begleitete Umgangskontakte mit einer Dauer von jeweils 2 Stunden statt.

Mit Antrag vom ▓ hat die Antragstellerin beim Amtsgericht – Familiengericht – X einen Umgang in wöchentlichem Rhythmus, jeweils mittwochs von 10 Uhr bis 12 Uhr, geltend gemacht.

Dem ist der Antragsgegner mit der Begründung entgegengetreten, dass ▓.

Mit Verfügung vom ▓ wies das Familiengericht die Beteiligten darauf hin, dass die Rückführungsperspektive hier nicht fernliege und der Umgang zwischen Mutter und Kind daher intensiviert werden müsse. Deshalb entspreche es dem Kindeswohl, der Antragstellerin wöchentliche Umgangskontakte von 1,5 bis 2 Stunden einzuräumen, wobei nur begleitete Umgangskontakte in Betracht kommen. Weder der angesprochene freie Träger noch die Pflegeeltern waren zu einer Umgangsbegleitung bereit. Auch andere mitwirkungsbereite Personen waren nicht zu finden.

Da das Familiengericht den Antragsgegner zur Organisation begleiteter Umgangskontakte nicht verpflichten kann, bedarf es der verwaltungsgerichtlichen Klärung.

II.

Die Antragstellerin stützt ihren Antrag auf § 18 Abs. 3 S. 3 und S. 4 SGB VIII.

Aufgrund der festgestellten eingeschränkten Erziehungsfähigkeit der Antragstellerin kommt ein Umgang mit dem Kind nur in der Form eines begleiteten Umgangs i.S.d. § 1684 Abs. 4

S. 3 BGB in Betracht, welcher der näheren Regelung und Ausgestaltung durch das Familiengericht bedarf und einen mitwirkungsbereiten Dritten als Umgangsbegleiter voraussetzt.

Die Verpflichtung gem. § 18 Abs. 3 S. 3 und S. 4 SGB VIII umfasst auch die Aufgabe der Umgangsbegleitung. Bei Vorliegen der Voraussetzungen dieser Vorschrift besteht unter Berücksichtigung der sozialrechtlichen Gewährleistungspflicht des § 79 Abs. 2 SGB VIII die Pflicht des Jugendhilfeträgers, seine Mitwirkungsbereitschaft vor dem Familiengericht zu erklären.

Nach § 18 Abs. 3 S. 4 SGB VIII besteht die Pflicht zur Hilfestellung zwar nur in „geeigneten Fällen". Dieses Tatbestandsmerkmal liegt indes hier vor, da gerade mit Blick auf die verfassungsrechtlich gewährleistete Rückführungsperspektive der Aufrechterhaltung des elterlichen Umgangs mit dem Kind ein besonderes Gewicht zukommt, um eine Entfremdung zu vermeiden. Hinzu kommt, dass – wie vom Familiengericht festgestellt – eine Rückführung des Kindes ernsthaft in Betracht kommt, so dass es einer Intensivierung des Umgangs von Mutter und Kind bedarf. Hierfür reicht der bislang vom Jugendamt freiwillig begleitete Umgang von nur 2 Stunden alle 4 Wochen nicht aus.

Sonstige Gründe, die der Eignung im Sinn des § 18 Abs. 3 S. 4 SGB VIII entgegenstünden, sind nicht ersichtlich .

Die besondere Dringlichkeit einer vorläufigen Regelung folgt daraus, dass durch den Zeitablauf eine weitere Beeinträchtigung der ohnehin schon nur eingeschränkt vorhandenen Beziehung zwischen der Antragstellerin und ihrem Kind droht. Hierdurch wird die Rückführungsperspektive zumindest beeinträchtigt, wenn nicht gar gefährdet.

▲

§ 14 Gesetzestexte

A. Verordnung (EG) Nr. 2201/2003 des Rates vom 27.11.2003 über die Zuständigkeit und die Anerkennung und Vollstreckung von Entscheidungen in Ehesachen und in Verfahren betreffend die elterliche Verantwortung und zur Aufhebung der Verordnung (EG) Nr. 1347/2000 (Brüssel IIa-VO)

(Amtsblatt Nr. L 338 vom 23.12.2003, S. 1)

DER RAT DER EUROPÄISCHEN UNION –

gestützt auf den Vertrag zur Gründung der Europäischen Gemeinschaft, insbesondere auf Artikel 61 Buchstabe c) und Artikel 67 Absatz 1,

auf Vorschlag der Kommission (1),

nach Stellungnahme des Europäischen Parlaments (2),

nach Stellungnahme des Europäischen Wirtschafts- und Sozialausschusses (3),

in Erwägung nachstehender Gründe:

(1) Die Europäische Gemeinschaft hat sich die Schaffung eines Raums der Freiheit, der Sicherheit und des Rechts zum Ziel gesetzt, in dem der freie Personenverkehr gewährleistet ist. Hierzu erlässt die Gemeinschaft unter anderem die Maßnahmen, die im Bereich der justiziellen Zusammenarbeit in Zivilsachen für das reibungslose Funktionieren des Binnenmarkts erforderlich sind.

(2) Auf seiner Tagung in Tampere hat der Europäische Rat den Grundsatz der gegenseitigen Anerkennung gerichtlicher Entscheidungen, der für die Schaffung eines echten europäischen Rechtsraums unabdingbar ist, anerkannt und die Besuchsrechte als Priorität eingestuft.

(3) Die Verordnung (EG) Nr. 1347/2000 des Rates vom 29. Mai 2000 (4) enthält Vorschriften für die Zuständigkeit und die Anerkennung und Vollstreckung von Entscheidungen in Ehesachen sowie von aus Anlass von Ehesachen ergangenen Entscheidungen über die elterliche Verantwortung für die gemeinsamen Kinder der Ehegatten. Der Inhalt dieser Verordnung wurde weitgehend aus dem diesbezüglichen Übereinkommen vom 28. Mai 1998 übernommen (5).

(4) Am 3. Juli 2000 hat Frankreich eine Initiative im Hinblick auf den Erlass einer Verordnung des Rates über die gegenseitige Vollstreckung von Entscheidungen über das Umgangsrecht vorgelegt (6).

(5) Um die Gleichbehandlung aller Kinder sicherzustellen, gilt diese Verordnung für alle Entscheidungen über die elterliche Verantwortung, einschließlich der Maßnahmen zum Schutz des Kindes, ohne Rücksicht darauf, ob eine Verbindung zu einem Verfahren in Ehesachen besteht.

(6) Da die Vorschriften über die elterliche Verantwortung häufig in Ehesachen herangezogen werden, empfiehlt es sich, Ehesachen und die elterliche Verantwortung in einem einzigen Rechtsakt zu regeln.

(7) Diese Verordnung gilt für Zivilsachen, unabhängig von der Art der Gerichtsbarkeit.

(8) Bezüglich Entscheidungen über die Ehescheidung, die Trennung ohne Auflösung des Ehebandes oder die Ungültigerklärung einer Ehe sollte diese Verordnung nur für die Auflösung einer Ehe und nicht für Fragen wie die Scheidungsgründe, das Ehegüterrecht oder sonstige mögliche Nebenaspekte gelten.

(9) Bezüglich des Vermögens des Kindes sollte diese Verordnung nur für Maßnahmen zum Schutz des Kindes gelten, das heißt i) für die Bestimmung und den Aufgabenbereich einer Person oder Stelle, die damit betraut ist, das Vermögen des Kindes zu verwalten, das Kind zu vertreten und ihm beizustehen, und ii) für Maßnahmen bezüglich der Verwaltung und Erhaltung des Ver-

mögens des Kindes oder der Verfügung darüber. In diesem Zusammenhang sollte diese Verordnung beispielsweise für die Fälle gelten, in denen die Eltern über die Verwaltung des Vermögens des Kindes im Streit liegen. Das Vermögen des Kindes betreffende Maßnahmen, die nicht den Schutz des Kindes betreffen, sollten weiterhin unter die Verordnung (EG) Nr. 44/2001 des Rates vom 22. Dezember 2000 über die gerichtliche Zuständigkeit und die Anerkennung und Vollstreckung von Entscheidungen in Zivil- und Handelssachen (7) fallen.

(10) Diese Verordnung soll weder für Bereiche wie die soziale Sicherheit oder Maßnahmen allgemeiner Art des öffentlichen Rechts in Angelegenheiten der Erziehung und Gesundheit noch für Entscheidungen über Asylrecht und Einwanderung gelten. Außerdem gilt sie weder für die Feststellung des Eltern-Kind-Verhältnisses, bei der es sich um eine von der Übertragung der elterlichen Verantwortung gesonderte Frage handelt, noch für sonstige Fragen im Zusammenhang mit dem Personenstand. Sie gilt ferner nicht für Maßnahmen, die im Anschluss an von Kindern begangenen Straftaten ergriffen werden.

(11) Unterhaltspflichten sind vom Anwendungsbereich dieser Verordnung ausgenommen, da sie bereits durch die Verordnung (EG) Nr. 44/2001 geregelt werden. Die nach dieser Verordnung zuständigen Gerichte werden in Anwendung des Artikels 5 Absatz 2 der Verordnung (EG) Nr. 44/2001 in der Regel für Entscheidungen in Unterhaltssachen zuständig sein.

(12) Die in dieser Verordnung für die elterliche Verantwortung festgelegten Zuständigkeitsvorschriften wurden dem Wohle des Kindes entsprechend und insbesondere nach dem Kriterium der räumlichen Nähe ausgestaltet. Die Zuständigkeit sollte vorzugsweise dem Mitgliedstaat des gewöhnlichen Aufenthalts des Kindes vorbehalten sein außer in bestimmten Fällen, in denen sich der Aufenthaltsort des Kindes geändert hat oder in denen die Träger der elterlichen Verantwortung etwas anderes vereinbart haben.

(13) Nach dieser Verordnung kann das zuständige Gericht den Fall im Interesse des Kindes ausnahmsweise und unter bestimmten Umständen an das Gericht eines anderen Mitgliedstaats verweisen, wenn dieses den Fall besser beurteilen kann. Allerdings sollte das später angerufene Gericht nicht befugt sein, die Sache an ein drittes Gericht weiterzuverweisen.

(14) Die Anwendung des Völkerrechts im Bereich diplomatischer Immunitäten sollte durch die Wirkungen dieser Verordnung nicht berührt werden. Kann das nach dieser Verordnung zuständige Gericht seine Zuständigkeit aufgrund einer diplomatischen Immunität nach dem Völkerrecht nicht wahrnehmen, so sollte die Zuständigkeit in dem Mitgliedstaat, in dem die betreffende Person keine Immunität genießt, nach den Rechtsvorschriften dieses Staates bestimmt werden.

(15) Für die Zustellung von Schriftstücken in Verfahren, die auf der Grundlage der vorliegenden Verordnung eingeleitet wurden, gilt die Verordnung (EG) Nr. 1348/2000 des Rates vom 29. Mai 2000 über die Zustellung gerichtlicher und außergerichtlicher Schriftstücke in Zivil- oder Handelssachen in den Mitgliedstaaten (8).

(16) Die vorliegende Verordnung hindert die Gerichte eines Mitgliedstaats nicht daran, in dringenden Fällen einstweilige Maßnahmen einschließlich Schutzmaßnahmen in Bezug auf Personen oder Vermögensgegenstände, die sich in diesem Staat befinden, anzuordnen.

(17) Bei widerrechtlichem Verbringen oder Zurückhalten eines Kindes sollte dessen Rückgabe unverzüglich erwirkt werden; zu diesem Zweck sollte das Haager Übereinkommen vom 24. Oktober 1980, das durch die Bestimmungen dieser Verordnung und insbesondere des Artikels 11 ergänzt wird, weiterhin Anwendung finden. Die Gerichte des Mitgliedstaats, in den das Kind widerrechtlich verbracht wurde oder in dem es widerrechtlich zurückgehalten wird, sollten dessen Rückgabe in besonderen, ordnungsgemäß begründeten Fällen ablehnen können. Jedoch sollte eine solche Entscheidung durch eine spätere Entscheidung des Gerichts des Mitgliedstaats ersetzt werden können, in dem das Kind vor dem widerrechtlichen Verbringen oder Zurückhalten seinen gewöhnlichen Aufenthalt hatte. Sollte in dieser Entscheidung die Rückgabe des Kindes angeordnet werden, so sollte die Rückgabe erfolgen, ohne dass es in dem

Mitgliedstaat, in den das Kind widerrechtlich verbracht wurde, eines besonderen Verfahrens zur Anerkennung und Vollstreckung dieser Entscheidung bedarf.

(18) Entscheidet das Gericht gemäß Artikel 13 des Haager Übereinkommens von 1980, die Rückgabe abzulehnen, so sollte es das zuständige Gericht oder die Zentrale Behörde des Mitgliedstaats, in dem das Kind vor dem widerrechtlichen Verbringen oder Zurückhalten seinen gewöhnlichen Aufenthalt hatte, hiervon unterrichten. Wurde dieses Gericht noch nicht angerufen, so sollte dieses oder die Zentrale Behörde die Parteien entsprechend unterrichten. Diese Verpflichtung sollte die Zentrale Behörde nicht daran hindern, auch die betroffenen Behörden nach nationalem Recht zu unterrichten.

(19) Die Anhörung des Kindes spielt bei der Anwendung dieser Verordnung eine wichtige Rolle, wobei diese jedoch nicht zum Ziel hat, die diesbezüglich geltenden nationalen Verfahren zu ändern.

(20) Die Anhörung eines Kindes in einem anderen Mitgliedstaat kann nach den Modalitäten der Verordnung (EG) Nr. 1206/2001 des Rates vom 28. Mai 2001 über die Zusammenarbeit zwischen den Gerichten der Mitgliedstaaten auf dem Gebiet der Beweisaufnahme in Zivil- oder Handelssachen (9) erfolgen.

(21) Die Anerkennung und Vollstreckung der in einem Mitgliedstaat ergangenen Entscheidungen sollten auf dem Grundsatz des gegenseitigen Vertrauens beruhen und die Gründe für die Nichtanerkennung auf das notwendige Minimum beschränkt sein.

(22) Zum Zwecke der Anwendung der Anerkennungs- und Vollstreckungsregeln sollten die in einem Mitgliedstaat vollstreckbaren öffentlichen Urkunden und Vereinbarungen zwischen den Parteien „Entscheidungen" gleichgestellt werden.

(23) Der Europäische Rat von Tampere hat in seinen Schlussfolgerungen (Nummer 34) die Ansicht vertreten, dass Entscheidungen in familienrechtlichen Verfahren „automatisch unionsweit anerkannt" werden sollten, „ohne dass es irgendwelche Zwischenverfahren oder Gründe für die Verweigerung der Vollstreckung geben" sollte. Deshalb sollten Entscheidungen über das Umgangsrecht und über die Rückgabe des Kindes, für die im Ursprungsmitgliedstaat nach Maßgabe dieser Verordnung eine Bescheinigung ausgestellt wurde, in allen anderen Mitgliedstaaten anerkannt und vollstreckt werden, ohne dass es eines weiteren Verfahrens bedarf. Die Modalitäten der Vollstreckung dieser Entscheidungen unterliegen weiterhin dem nationalen Recht.

(24) Gegen die Bescheinigung, die ausgestellt wird, um die Vollstreckung der Entscheidung zu erleichtern, sollte kein Rechtsbehelf möglich sein. Sie sollte nur Gegenstand einer Klage auf Berichtigung sein, wenn ein materieller Fehler vorliegt, d.h., wenn in der Bescheinigung der Inhalt der Entscheidung nicht korrekt wiedergegeben ist.

(25) Die Zentralen Behörden sollten sowohl allgemein als auch in besonderen Fällen, einschließlich zur Förderung der gütlichen Beilegung von die elterliche Verantwortung betreffenden Familienstreitigkeiten, zusammenarbeiten. Zu diesem Zweck beteiligen sich die Zentralen Behörden an dem Europäischen Justiziellen Netz für Zivil- und Handelssachen, das mit der Entscheidung des Rates vom 28. Mai 2001 zur Einrichtung eines Europäischen Justiziellen Netzes für Zivil- und Handelssachen (10) eingerichtet wurde.

(26) Die Kommission sollte die von den Mitgliedstaaten übermittelten Listen mit den zuständigen Gerichten und den Rechtsbehelfen veröffentlichen und aktualisieren.

(27) Die zur Durchführung dieser Verordnung erforderlichen Maßnahmen sollten gemäß dem Beschluss 1999/468/EG des Rates vom 28. Juni 1999 zur Festlegung der Modalitäten für die Ausübung der der Kommission übertragenen Durchführungsbefugnisse (11) erlassen werden.

(28) Diese Verordnung tritt an die Stelle der Verordnung (EG) Nr. 1347/2000, die somit aufgehoben wird.

(29) Um eine ordnungsgemäße Anwendung dieser Verordnung sicherzustellen, sollte die Kommission deren Durchführung prüfen und gegebenenfalls die notwendigen Änderungen vorschlagen.

(30) Gemäß Artikel 3 des dem Vertrag über die Europäische Union und dem Vertrag zur Gründung der Europäischen Gemeinschaft beigefügten Protokolls über die Position des Vereinigten Königreichs und Irlands haben diese Mitgliedstaaten mitgeteilt, dass sie sich an der Annahme und Anwendung dieser Verordnung beteiligen möchten.

(31) Gemäß den Artikeln 1 und 2 des dem Vertrag über die Europäische Union und dem Vertrag zur Gründung der Europäischen Gemeinschaft beigefügten Protokolls über die Position Dänemarks beteiligt sich Dänemark nicht an der Annahme dieser Verordnung, die für Dänemark nicht bindend oder anwendbar ist.

(32) Da die Ziele dieser Verordnung auf Ebene der Mitgliedstaaten nicht ausreichend erreicht werden können und daher besser auf Gemeinschaftsebene zu erreichen sind, kann die Gemeinschaft im Einklang mit dem in Artikel 5 des Vertrags niedergelegten Subsidiaritätsprinzip tätig werden. Entsprechend dem in demselben Artikel genannten Verhältnismäßigkeitsprinzip geht diese Verordnung nicht über das für die Erreichung dieser Ziele erforderliche Maß hinaus.

(33) Diese Verordnung steht im Einklang mit den Grundrechten und Grundsätzen, die mit der Charta der Grundrechte der Europäischen Union anerkannt wurden. Sie zielt insbesondere darauf ab, die Wahrung der Grundrechte des Kindes im Sinne des Artikels 24 der Grundrechtscharta der Europäischen Union zu gewährleisten –

HAT FOLGENDE VERORDNUNG ERLASSEN:

KAPITEL I ANWENDUNGSBEREICH UND BEGRIFFSBESTIMMUNGEN

Artikel 1 Anwendungsbereich

(1) Diese Verordnung gilt, ungeachtet der Art der Gerichtsbarkeit, für Zivilsachen mit folgendem Gegenstand:

a) die Ehescheidung, die Trennung ohne Auflösung des Ehebandes und die Ungültigerklärung einer Ehe,

b) die Zuweisung, die Ausübung, die Übertragung sowie die vollständige oder teilweise Entziehung der elterlichen Verantwortung.

(2) Die in Absatz 1 Buchstabe b) genannten Zivilsachen betreffen insbesondere:

a) das Sorgerecht und das Umgangsrecht,

b) die Vormundschaft, die Pflegschaft und entsprechende Rechtsinstitute,

c) die Bestimmung und den Aufgabenbereich jeder Person oder Stelle, die für die Person oder das Vermögen des Kindes verantwortlich ist, es vertritt oder ihm beisteht,

d) die Unterbringung des Kindes in einer Pflegefamilie oder einem Heim,

e) die Maßnahmen zum Schutz des Kindes im Zusammenhang mit der Verwaltung und Erhaltung seines Vermögens oder der Verfügung darüber.

(3) Diese Verordnung gilt nicht für

a) die Feststellung und die Anfechtung des Eltern-Kind-Verhältnisses,

b) Adoptionsentscheidungen und Maßnahmen zur Vorbereitung einer Adoption sowie die Ungültigerklärung und den Widerruf der Adoption,

c) Namen und Vornamen des Kindes,

d) die Volljährigkeitserklärung,

e) Unterhaltspflichten,

f) Trusts und Erbschaften,

g) Maßnahmen infolge von Straftaten, die von Kindern begangen wurden.

Artikel 2 Begriffsbestimmungen

Für die Zwecke dieser Verordnung bezeichnet der Ausdruck

1. „Gericht" alle Behörden der Mitgliedstaaten, die für Rechtssachen zuständig sind, die gemäß Artikel 1 in den Anwendungsbereich dieser Verordnung fallen;

2. „Richter" einen Richter oder Amtsträger, dessen Zuständigkeiten denen eines Richters in Rechtssachen entsprechen, die in den Anwendungsbereich dieser Verordnung fallen;

3. „Mitgliedstaat" jeden Mitgliedstaat mit Ausnahme Dänemarks;

4. „Entscheidung" jede von einem Gericht eines Mitgliedstaats erlassene Entscheidung über die Ehescheidung, die Trennung ohne Auflösung des Ehebandes oder die Ungültigerklärung einer Ehe sowie jede Entscheidung über die elterliche Verantwortung, ohne Rücksicht auf die Bezeichnung der jeweiligen Entscheidung, wie Urteil oder Beschluss;

5. „Ursprungsmitgliedstaat" den Mitgliedstaat, in dem die zu vollstreckende Entscheidung ergangen ist;

6. „Vollstreckungsmitgliedstaat" den Mitgliedstaat, in dem die Entscheidung vollstreckt werden soll;

7. „elterliche Verantwortung" die gesamten Rechte und Pflichten, die einer natürlichen oder juristischen Person durch Entscheidung oder kraft Gesetzes oder durch eine rechtlich verbindliche Vereinbarung betreffend die Person oder das Vermögen eines Kindes übertragen wurden. Elterliche Verantwortung umfasst insbesondere das Sorge- und das Umgangsrecht;

8. „Träger der elterlichen Verantwortung" jede Person, die die elterliche Verantwortung für ein Kind ausübt;

9. „Sorgerecht" die Rechte und Pflichten, die mit der Sorge für die Person eines Kindes verbunden sind, insbesondere das Recht auf die Bestimmung des Aufenthaltsortes des Kindes;

10. „Umgangsrecht" insbesondere auch das Recht, das Kind für eine begrenzte Zeit an einen anderen Ort als seinen gewöhnlichen Aufenthaltsort zu bringen;

11. „widerrechtliches Verbringen oder Zurückhalten eines Kindes" das Verbringen oder Zurückhalten eines Kindes, wenn

a) dadurch das Sorgerecht verletzt wird, das aufgrund einer Entscheidung oder kraft Gesetzes oder aufgrund einer rechtlich verbindlichen Vereinbarung nach dem Recht des Mitgliedstaats besteht, in dem das Kind unmittelbar vor dem Verbringen oder Zurückhalten seinen gewöhnlichen Aufenthalt hatte,

und

b) das Sorgerecht zum Zeitpunkt des Verbringens oder Zurückhaltens allein oder gemeinsam tatsächlich ausgeübt wurde oder ausgeübt worden wäre, wenn das Verbringen oder Zurückhalten nicht stattgefunden hätte. Von einer gemeinsamen Ausübung des Sorgerechts ist auszugehen, wenn einer der Träger der elterlichen Verantwortung aufgrund einer Entscheidung oder kraft Gesetzes nicht ohne die Zustimmung des anderen Trägers der elterlichen Verantwortung über den Aufenthaltsort des Kindes bestimmen kann.

KAPITEL II ZUSTÄNDIGKEIT

ABSCHNITT 1 Ehescheidung, Trennung ohne Auflösung des Ehebandes und Ungültigerklärung einer Ehe

Artikel 3 Allgemeine Zuständigkeit

(1) Für Entscheidungen über die Ehescheidung, die Trennung ohne Auflösung des Ehebandes oder die Ungültigerklärung einer Ehe, sind die Gerichte des Mitgliedstaats zuständig,

a) in dessen Hoheitsgebiet
- beide Ehegatten ihren gewöhnlichen Aufenthalt haben oder
- die Ehegatten zuletzt beide ihren gewöhnlichen Aufenthalt hatten, sofern einer von ihnen dort noch seinen gewöhnlichen Aufenthalt hat, oder
- der Antragsgegner seinen gewöhnlichen Aufenthalt hat oder
- im Fall eines gemeinsamen Antrags einer der Ehegatten seinen gewöhnlichen Aufenthalt hat oder
- der Antragsteller seinen gewöhnlichen Aufenthalt hat, wenn er sich dort seit mindestens einem Jahr unmittelbar vor der Antragstellung aufgehalten hat, oder
- der Antragsteller seinen gewöhnlichen Aufenthalt hat, wenn er sich dort seit mindestens sechs Monaten unmittelbar vor der Antragstellung aufgehalten hat und entweder Staatsangehöriger des betreffenden Mitgliedstaats ist oder, im Fall des Vereinigten Königreichs und Irlands, dort sein „domicile" hat;

b) dessen Staatsangehörigkeit beide Ehegatten besitzen, oder, im Fall des Vereinigten Königreichs und Irlands, in dem sie ihr gemeinsames „domicile" haben.

(2) Der Begriff „domicile" im Sinne dieser Verordnung bestimmt sich nach dem Recht des Vereinigten Königreichs und Irlands.

Artikel 4 Gegenantrag

Das Gericht, bei dem ein Antrag gemäß Artikel 3 anhängig ist, ist auch für einen Gegenantrag zuständig, sofern dieser in den Anwendungsbereich dieser Verordnung fällt.

Artikel 5 Umwandlung einer Trennung ohne Auflösung des Ehebandes in eine Ehescheidung

Unbeschadet des Artikels 3 ist das Gericht eines Mitgliedstaats, das eine Entscheidung über eine Trennung ohne Auflösung des Ehebandes erlassen hat, auch für die Umwandlung dieser Entscheidung in eine Ehescheidung zuständig, sofern dies im Recht dieses Mitgliedstaats vorgesehen ist.

Artikel 6 Ausschließliche Zuständigkeit nach den Artikeln 3, 4 und 5

Gegen einen Ehegatten, der

a) seinen gewöhnlichen Aufenthalt im Hoheitsgebiet eines Mitgliedstaats hat oder

b) Staatsangehöriger eines Mitgliedstaats ist oder im Fall des Vereinigten Königreichs und Irlands sein „domicile" im Hoheitsgebiet eines dieser Mitgliedstaaten hat,

darf ein Verfahren vor den Gerichten eines anderen Mitgliedstaats nur nach Maßgabe der Artikel 3, 4 und 5 geführt werden.

Artikel 7 Restzuständigkeit

(1) Soweit sich aus den Artikeln 3, 4 und 5 keine Zuständigkeit eines Gerichts eines Mitgliedstaats ergibt, bestimmt sich die Zuständigkeit in jedem Mitgliedstaat nach dem Recht dieses Staates.

(2) Jeder Staatsangehörige eines Mitgliedstaats, der seinen gewöhnlichen Aufenthalt im Hoheitsgebiet eines anderen Mitgliedstaats hat, kann die in diesem Staat geltenden Zuständigkeitsvorschriften wie ein Inländer gegenüber einem Antragsgegner geltend machen, der seinen gewöhnlichen Aufenthalt nicht im Hoheitsgebiet eines Mitgliedstaats hat oder die Staatsangehörigkeit eines Mitgliedstaats besitzt oder im Fall des Vereinigten Königreichs und Irlands sein „domicile" nicht im Hoheitsgebiet eines dieser Mitgliedstaaten hat.

ABSCHNITT 2 Elterliche Verantwortung

Artikel 8 Allgemeine Zuständigkeit

(1) Für Entscheidungen, die die elterliche Verantwortung betreffen, sind die Gerichte des Mitgliedstaats zuständig, in dem das Kind zum Zeitpunkt der Antragstellung seinen gewöhnlichen Aufenthalt hat.

(2) Absatz 1 findet vorbehaltlich der Artikel 9, 10 und 12 Anwendung.

Artikel 9 Aufrechterhaltung der Zuständigkeit des früheren gewöhnlichen Aufenthaltsortes des Kindes

(1) Beim rechtmäßigen Umzug eines Kindes von einem Mitgliedstaat in einen anderen, durch den es dort einen neuen gewöhnlichen Aufenthalt erlangt, verbleibt abweichend von Artikel 8 die Zuständigkeit für eine Änderung einer vor dem Umzug des Kindes in diesem Mitgliedstaat ergangenen Entscheidung über das Umgangsrecht während einer Dauer von drei Monaten nach dem Umzug bei den Gerichten des früheren gewöhnlichen Aufenthalts des Kindes, wenn sich der laut der Entscheidung über das Umgangsrecht umgangsberechtigte Elternteil weiterhin gewöhnlich in dem Mitgliedstaat des früheren gewöhnlichen Aufenthalts des Kindes aufhält.

(2) Absatz 1 findet keine Anwendung, wenn der umgangsberechtigte Elternteil im Sinne des Absatzes 1 die Zuständigkeit der Gerichte des Mitgliedstaats des neuen gewöhnlichen Aufenthalts des Kindes dadurch anerkannt hat, dass er sich an Verfahren vor diesen Gerichten beteiligt, ohne ihre Zuständigkeit anzufechten.

Artikel 10 Zuständigkeit in Fällen von Kindesentführung

Bei widerrechtlichem Verbringen oder Zurückhalten eines Kindes bleiben die Gerichte des Mitgliedstaats, in dem das Kind unmittelbar vor dem widerrechtlichen Verbringen oder Zurückhalten seinen gewöhnlichen Aufenthalt hatte, so lange zuständig, bis das Kind einen gewöhnlichen Aufenthalt in einem anderen Mitgliedstaat erlangt hat und

a) jede sorgeberechtigte Person, Behörde oder sonstige Stelle dem Verbringen oder Zurückhalten zugestimmt hat

oder

b) das Kind sich in diesem anderen Mitgliedstaat mindestens ein Jahr aufgehalten hat, nachdem die sorgeberechtigte Person, Behörde oder sonstige Stelle seinen Aufenthaltsort kannte oder hätte kennen müssen und sich das Kind in seiner neuen Umgebung eingelebt hat, sofern eine der folgenden Bedingungen erfuellt ist:

i) Innerhalb eines Jahres, nachdem der Sorgeberechtigte den Aufenthaltsort des Kindes kannte oder hätte kennen müssen, wurde kein Antrag auf Rückgabe des Kindes bei den zuständigen Behörden des Mitgliedstaats gestellt, in den das Kind verbracht wurde oder in dem es zurückgehalten wird;

ii) ein von dem Sorgeberechtigten gestellter Antrag auf Rückgabe wurde zurückgezogen, und innerhalb der in Ziffer i) genannten Frist wurde kein neuer Antrag gestellt;

iii) ein Verfahren vor dem Gericht des Mitgliedstaats, in dem das Kind unmittelbar vor dem widerrechtlichen Verbringen oder Zurückhalten seinen gewöhnlichen Aufenthalt hatte, wurde gemäß Artikel 11 Absatz 7 abgeschlossen;

iv) von den Gerichten des Mitgliedstaats, in dem das Kind unmittelbar vor dem widerrechtlichen Verbringen oder Zurückhalten seinen gewöhnlichen Aufenthalt hatte, wurde eine Sorgerechtsentscheidung erlassen, in der die Rückgabe des Kindes nicht angeordnet wird.

Artikel 11 Rückgabe des Kindes

(1) Beantragt eine sorgeberechtigte Person, Behörde oder sonstige Stelle bei den zuständigen Behörden eines Mitgliedstaats eine Entscheidung auf der Grundlage des Haager Übereinkommens vom 25. Oktober 1980 über die zivilrechtlichen Aspekte internationaler Kindesentführung (nachstehend „Haager Übereinkommen von 1980" genannt), um die Rückgabe eines Kindes zu erwirken, das widerrechtlich in einen anderen als den Mitgliedstaat verbracht wurde oder dort zurückgehalten wird, in dem das Kind unmittelbar vor dem widerrechtlichen Verbringen oder Zurückhalten seinen gewöhnlichen Aufenthalt hatte, so gelten die Absätze 2 bis 8.

(2) Bei Anwendung der Artikel 12 und 13 des Haager Übereinkommens von 1980 ist sicherzustellen, dass das Kind die Möglichkeit hat, während des Verfahrens gehört zu werden, sofern dies nicht aufgrund seines Alters oder seines Reifegrads unangebracht erscheint.

(3) Das Gericht, bei dem die Rückgabe eines Kindes nach Absatz 1 beantragt wird, befasst sich mit gebotener Eile mit dem Antrag und bedient sich dabei der zügigsten Verfahren des nationalen Rechts.

Unbeschadet des Unterabsatzes 1 erlässt das Gericht seine Anordnung spätestens sechs Wochen nach seiner Befassung mit dem Antrag, es sei denn, dass dies aufgrund außergewöhnlicher Umstände nicht möglich ist.

(4) Ein Gericht kann die Rückgabe eines Kindes aufgrund des Artikels 13 Buchstabe b) des Haager Übereinkommens von 1980 nicht verweigern, wenn nachgewiesen ist, dass angemessene Vorkehrungen getroffen wurden, um den Schutz des Kindes nach seiner Rückkehr zu gewährleisten.

(5) Ein Gericht kann die Rückgabe eines Kindes nicht verweigern, wenn der Person, die die Rückgabe des Kindes beantragt hat, nicht die Gelegenheit gegeben wurde, gehört zu werden.

(6) Hat ein Gericht entschieden, die Rückgabe des Kindes gemäß Artikel 13 des Haager Übereinkommens von 1980 abzulehnen, so muss es nach dem nationalen Recht dem zuständigen Gericht oder der Zentralen Behörde des Mitgliedstaats, in dem das Kind unmittelbar vor dem widerrechtlichen Verbringen oder Zurückhalten seinen gewöhnlichen Aufenthalt hatte, unverzüglich entweder direkt oder über seine Zentrale Behörde eine Abschrift der gerichtlichen Entscheidung, die Rückgabe abzulehnen, und die entsprechenden Unterlagen, insbesondere eine Niederschrift der Anhörung, übermitteln. Alle genannten Unterlagen müssen dem Gericht binnen einem Monat ab dem Datum der Entscheidung, die Rückgabe abzulehnen, vorgelegt werden.

(7) Sofern die Gerichte des Mitgliedstaats, in dem das Kind unmittelbar vor dem widerrechtlichen Verbringen oder Zurückhalten seinen gewöhnlichen Aufenthalt hatte, nicht bereits von einer der Parteien befasst wurden, muss das Gericht oder die Zentrale Behörde, das/die die Mitteilung gemäß Absatz 6 erhält, die Parteien hiervon unterrichten und sie einladen, binnen drei Monaten ab Zustellung der Mitteilung Anträge gemäß dem nationalen Recht beim Gericht einzureichen, damit das Gericht die Frage des Sorgerechts prüfen kann.

Unbeschadet der in dieser Verordnung festgelegten Zuständigkeitsregeln schließt das Gericht den Fall ab, wenn innerhalb dieser Frist keine Anträge bei dem Gericht eingegangen sind.

(8) Ungeachtet einer nach Artikel 13 des Haager Übereinkommens von 1980 ergangenen Entscheidung, mit der die Rückgabe des Kindes verweigert wird, ist eine spätere Entscheidung, mit der die Rückgabe des Kindes angeordnet wird und die von einem nach dieser Verordnung zuständigen Gericht erlassen wird, im Einklang mit Kapitel III Abschnitt 4 vollstreckbar, um die Rückgabe des Kindes sicherzustellen.

Artikel 12 Vereinbarung über die Zuständigkeit

(1) Die Gerichte des Mitgliedstaats, in dem nach Artikel 3 über einen Antrag auf Ehescheidung, Trennung ohne Auflösung des Ehebandes oder Ungültigerklärung einer Ehe zu entscheiden ist, sind für alle Entscheidungen zuständig, die die mit diesem Antrag verbundene elterliche Verantwortung betreffen, wenn

a) zumindest einer der Ehegatten die elterliche Verantwortung für das Kind hat

und

b) die Zuständigkeit der betreffenden Gerichte von den Ehegatten oder von den Trägern der elterlichen Verantwortung zum Zeitpunkt der Anrufung des Gerichts ausdrücklich oder auf andere eindeutige Weise anerkannt wurde und im Einklang mit dem Wohl des Kindes steht.

(2) Die Zuständigkeit gemäß Absatz 1 endet,

a) sobald die stattgebende oder abweisende Entscheidung über den Antrag auf Ehescheidung, Trennung ohne Auflösung des Ehebandes oder Ungültigerklärung einer Ehe rechtskräftig geworden ist,

b) oder in den Fällen, in denen zu dem unter Buchstabe a) genannten Zeitpunkt noch ein Verfahren betreffend die elterliche Verantwortung anhängig ist, sobald die Entscheidung in diesem Verfahren rechtskräftig geworden ist,

c) oder sobald die unter den Buchstaben a) und b) genannten Verfahren aus einem anderen Grund beendet worden sind.

(3) Die Gerichte eines Mitgliedstaats sind ebenfalls zuständig in Bezug auf die elterliche Verantwortung in anderen als den in Absatz 1 genannten Verfahren, wenn

a) eine wesentliche Bindung des Kindes zu diesem Mitgliedstaat besteht, insbesondere weil einer der Träger der elterlichen Verantwortung in diesem Mitgliedstaat seinen gewöhnlichen Aufenthalt hat oder das Kind die Staatsangehörigkeit dieses Mitgliedstaats besitzt,
und

b) alle Parteien des Verfahrens zum Zeitpunkt der Anrufung des Gerichts die Zuständigkeit ausdrücklich oder auf andere eindeutige Weise anerkannt haben und die Zuständigkeit in Einklang mit dem Wohl des Kindes steht.

(4) Hat das Kind seinen gewöhnlichen Aufenthalt in einem Drittstaat, der nicht Vertragspartei des Haager Übereinkommens vom 19. Oktober 1996 über die Zuständigkeit, das anzuwendende Recht, die Anerkennung, Vollstreckung und Zusammenarbeit auf dem Gebiet der elterlichen Verantwortung und der Maßnahmen zum Schutz von Kindern ist, so ist davon auszugehen, dass die auf diesen Artikel gestützte Zuständigkeit insbesondere dann in Einklang mit dem Wohl des Kindes steht, wenn sich ein Verfahren in dem betreffenden Drittstaat als unmöglich erweist.

Artikel 13 Zuständigkeit aufgrund der Anwesenheit des Kindes

(1) Kann der gewöhnliche Aufenthalt des Kindes nicht festgestellt werden und kann die Zuständigkeit nicht gemäß Artikel 12 bestimmt werden, so sind die Gerichte des Mitgliedstaats zuständig, in dem sich das Kind befindet.

(2) Absatz 1 gilt auch für Kinder, die Flüchtlinge oder, aufgrund von Unruhen in ihrem Land, ihres Landes Vertriebene sind.

Artikel 14 Restzuständigkeit

Soweit sich aus den Artikeln 8 bis 13 keine Zuständigkeit eines Gerichts eines Mitgliedstaats ergibt, bestimmt sich die Zuständigkeit in jedem Mitgliedstaat nach dem Recht dieses Staates.

Artikel 15 Verweisung an ein Gericht, das den Fall besser beurteilen kann

(1) In Ausnahmefällen und sofern dies dem Wohl des Kindes entspricht, kann das Gericht eines Mitgliedstaats, das für die Entscheidung in der Hauptsache zuständig ist, in dem Fall, dass seines Erachtens ein Gericht eines anderen Mitgliedstaats, zu dem das Kind eine besondere Bindung hat, den Fall oder einen bestimmten Teil des Falls besser beurteilen kann,

a) die Prüfung des Falls oder des betreffenden Teils des Falls aussetzen und die Parteien einladen, beim Gericht dieses anderen Mitgliedstaats einen Antrag gemäß Absatz 4 zu stellen, oder

b) ein Gericht eines anderen Mitgliedstaats ersuchen, sich gemäß Absatz 5 für zuständig zu erklären.

(2) Absatz 1 findet Anwendung

a) auf Antrag einer der Parteien oder

b) von Amts wegen oder

c) auf Antrag des Gerichts eines anderen Mitgliedstaats, zu dem das Kind eine besondere Bindung gemäß Absatz 3 hat.

Die Verweisung von Amts wegen oder auf Antrag des Gerichts eines anderen Mitgliedstaats erfolgt jedoch nur, wenn mindestens eine der Parteien ihr zustimmt.

(3) Es wird davon ausgegangen, dass das Kind eine besondere Bindung im Sinne des Absatzes 1 zu dem Mitgliedstaat hat, wenn

a) nach Anrufung des Gerichts im Sinne des Absatzes 1 das Kind seinen gewöhnlichen Aufenthalt in diesem Mitgliedstaat erworben hat oder

b) das Kind seinen gewöhnlichen Aufenthalt in diesem Mitgliedstaat hatte oder

c) das Kind die Staatsangehörigkeit dieses Mitgliedstaats besitzt oder

d) ein Träger der elterlichen Verantwortung seinen gewöhnlichen Aufenthalt in diesem Mitgliedstaat hat oder

e) die Streitsache Maßnahmen zum Schutz des Kindes im Zusammenhang mit der Verwaltung oder der Erhaltung des Vermögens des Kindes oder der Verfügung über dieses Vermögen betrifft und sich dieses Vermögen im Hoheitsgebiet dieses Mitgliedstaats befindet.

(4) Das Gericht des Mitgliedstaats, das für die Entscheidung in der Hauptsache zuständig ist, setzt eine Frist, innerhalb deren die Gerichte des anderen Mitgliedstaats gemäß Absatz 1 angerufen werden müssen.

Werden die Gerichte innerhalb dieser Frist nicht angerufen, so ist das befasste Gericht weiterhin nach den Artikeln 8 bis 14 zuständig.

(5) Diese Gerichte dieses anderen Mitgliedstaats können sich, wenn dies aufgrund der besonderen Umstände des Falls dem Wohl des Kindes entspricht, innerhalb von sechs Wochen nach ihrer Anrufung gemäß Absatz 1 Buchstabe a) oder b) für zuständig erklären. In diesem Fall erklärt sich das zuerst angerufene Gericht für unzuständig. Anderenfalls ist das zuerst angerufene Gericht weiterhin nach den Artikeln 8 bis 14 zuständig.

(6) Die Gerichte arbeiten für die Zwecke dieses Artikels entweder direkt oder über die nach Artikel 53 bestimmten Zentralen Behörden zusammen.

ABSCHNITT 3 Gemeinsame Bestimmungen

Artikel 16 Anrufung eines Gerichts

(1) Ein Gericht gilt als angerufen

a) zu dem Zeitpunkt, zu dem das verfahrenseinleitende Schriftstück oder ein gleichwertiges Schriftstück bei Gericht eingereicht wurde, vorausgesetzt, dass der Antragsteller es in der Folge nicht versäumt hat, die ihm obliegenden Maßnahmen zu treffen, um die Zustellung des Schriftstücks an den Antragsgegner zu bewirken,

oder

b) falls die Zustellung an den Antragsgegner vor Einreichung des Schriftstücks bei Gericht zu bewirken ist, zu dem Zeitpunkt, zu dem die für die Zustellung verantwortliche Stelle das Schriftstück erhalten hat, vorausgesetzt, dass der Antragsteller es in der Folge nicht versäumt hat, die ihm obliegenden Maßnahmen zu treffen, um das Schriftstück bei Gericht einzureichen.

Artikel 17 Prüfung der Zuständigkeit

Das Gericht eines Mitgliedstaats hat sich von Amts wegen für unzuständig zu erklären, wenn es in einer Sache angerufen wird, für die es nach dieser Verordnung keine Zuständigkeit hat und für die das Gericht eines anderen Mitgliedstaats aufgrund dieser Verordnung zuständig ist.

Artikel 18 Prüfung der Zulässigkeit

(1) Lässt sich ein Antragsgegner, der seinen gewöhnlichen Aufenthalt nicht in dem Mitgliedstaat hat, in dem das Verfahren eingeleitet wurde, auf das Verfahren nicht ein, so hat das zuständige Gericht das Verfahren so lange auszusetzen, bis festgestellt ist, dass es dem Antragsgegner möglich war, das verfahrenseinleitende Schriftstück oder ein gleichwertiges Schriftstück so rechtzeitig zu empfangen, dass er sich verteidigen konnte, oder dass alle hierzu erforderlichen Maßnahmen getroffen wurden.

(2) Artikel 19 der Verordnung (EG) Nr. 1348/2000 findet statt Absatz 1 Anwendung, wenn das verfahrenseinleitende Schriftstück oder ein gleichwertiges Schriftstück nach Maßgabe jener Verordnung von einem Mitgliedstaat in einen anderen zu übermitteln war.

(3) Sind die Bestimmungen der Verordnung (EG) Nr. 1348/2000 nicht anwendbar, so gilt Artikel 15 des Haager Übereinkommens vom 15. November 1965 über die Zustellung gerichtlicher und außergerichtlicher Schriftstücke im Ausland in Zivil- und Handelssachen, wenn das verfahrenseinleitende Schriftstück oder ein gleichwertiges Schriftstück nach Maßgabe des genannten Übereinkommens ins Ausland zu übermitteln war.

Artikel 19 Rechtshängigkeit und abhängige Verfahren

(1) Werden bei Gerichten verschiedener Mitgliedstaaten Anträge auf Ehescheidung, Trennung ohne Auflösung des Ehebandes oder Ungültigerklärung einer Ehe zwischen denselben Parteien gestellt, so setzt das später angerufene Gericht das Verfahren von Amts wegen aus, bis die Zuständigkeit des zuerst angerufenen Gerichts geklärt ist.

(2) Werden bei Gerichten verschiedener Mitgliedstaaten Verfahren bezüglich der elterlichen Verantwortung für ein Kind wegen desselben Anspruchs anhängig gemacht, so setzt das später angerufene Gericht das Verfahren von Amts wegen aus, bis die Zuständigkeit des zuerst angerufenen Gerichts geklärt ist.

(3) Sobald die Zuständigkeit des zuerst angerufenen Gerichts feststeht, erklärt sich das später angerufene Gericht zugunsten dieses Gerichts für unzuständig.

In diesem Fall kann der Antragsteller, der den Antrag bei dem später angerufenen Gericht gestellt hat, diesen Antrag dem zuerst angerufenen Gericht vorlegen.

Artikel 20 Einstweilige Maßnahmen einschließlich Schutzmaßnahmen

(1) Die Gerichte eines Mitgliedstaats können in dringenden Fällen ungeachtet der Bestimmungen dieser Verordnung die nach dem Recht dieses Mitgliedstaats vorgesehenen einstweiligen Maßnahmen einschließlich Schutzmaßnahmen in Bezug auf in diesem Staat befindliche Personen oder Vermögensgegenstände auch dann anordnen, wenn für die Entscheidung in der Hauptsache gemäß dieser Verordnung ein Gericht eines anderen Mitgliedstaats zuständig ist.

(2) Die zur Durchführung des Absatzes 1 ergriffenen Maßnahmen treten außer Kraft, wenn das Gericht des Mitgliedstaats, das gemäß dieser Verordnung für die Entscheidung in der Hauptsache zuständig ist, die Maßnahmen getroffen hat, die es für angemessen hält.

KAPITEL III ANERKENNUNG UND VOLLSTRECKUNG

ABSCHNITT 1 Anerkennung

Artikel 21 Anerkennung einer Entscheidung

(1) Die in einem Mitgliedstaat ergangenen Entscheidungen werden in den anderen Mitgliedstaaten anerkannt, ohne dass es hierfür eines besonderen Verfahrens bedarf.

(2) Unbeschadet des Absatzes 3 bedarf es insbesondere keines besonderen Verfahrens für die Beschreibung in den Personenstandsbüchern eines Mitgliedstaats auf der Grundlage einer in einem anderen Mitgliedstaat ergangenen Entscheidung über Ehescheidung, Trennung ohne Auflösung des Ehebandes oder Ungültigerklärung einer Ehe, gegen die nach dem Recht dieses Mitgliedstaats keine weiteren Rechtsbehelfe eingelegt werden können.

(3) Unbeschadet des Abschnitts 4 kann jede Partei, die ein Interesse hat, gemäß den Verfahren des Abschnitts 2 eine Entscheidung über die Anerkennung oder Nichtanerkennung der Entscheidung beantragen.

Das örtlich zuständige Gericht, das in der Liste aufgeführt ist, die jeder Mitgliedstaat der Kommission gemäß Artikel 68 mitteilt, wird durch das nationale Recht des Mitgliedstaats bestimmt, in dem der Antrag auf Anerkennung oder Nichtanerkennung gestellt wird.

(4) Ist in einem Rechtsstreit vor einem Gericht eines Mitgliedstaats die Frage der Anerkennung einer Entscheidung als Vorfrage zu klären, so kann dieses Gericht hierüber befinden.

Artikel 22 Gründe für die Nichtanerkennung einer Entscheidung über eine Ehescheidung, Trennung ohne Auflösung des Ehebandes oder Ungültigerklärung einer Ehe

Eine Entscheidung, die die Ehescheidung, die Trennung ohne Auflösung des Ehebandes oder die Ungültigerklärung einer Ehe betrifft, wird nicht anerkannt,

a) wenn die Anerkennung der öffentlichen Ordnung des Mitgliedstaats, in dem sie beantragt wird, offensichtlich widerspricht;

b) wenn dem Antragsgegner, der sich auf das Verfahren nicht eingelassen hat, das verfahrenseinleitende Schriftstück oder ein gleichwertiges Schriftstück nicht so rechtzeitig und in einer Weise zugestellt wurde, dass er sich verteidigen konnte, es sei denn, es wird festgestellt, dass er mit der Entscheidung eindeutig einverstanden ist;

c) wenn die Entscheidung mit einer Entscheidung unvereinbar ist, die in einem Verfahren zwischen denselben Parteien in dem Mitgliedstaat, in dem die Anerkennung beantragt wird, ergangen ist; oder

d) wenn die Entscheidung mit einer früheren Entscheidung unvereinbar ist, die in einem anderen Mitgliedstaat oder in einem Drittstaat zwischen denselben Parteien ergangen ist, sofern die frühere Entscheidung die notwendigen Voraussetzungen für ihre Anerkennung in dem Mitgliedstaat erfuellt, in dem die Anerkennung beantragt wird.

Artikel 23 Gründe für die Nichtanerkennung einer Entscheidung über die elterliche Verantwortung

Eine Entscheidung über die elterliche Verantwortung wird nicht anerkannt,

a) wenn die Anerkennung der öffentlichen Ordnung des Mitgliedstaats, in dem sie beantragt wird, offensichtlich widerspricht, wobei das Wohl des Kindes zu berücksichtigen ist;

b) wenn die Entscheidung – ausgenommen in dringenden Fällen – ergangen ist, ohne dass das Kind die Möglichkeit hatte, gehört zu werden, und damit wesentliche verfahrensrechtliche Grundsätze des Mitgliedstaats, in dem die Anerkennung beantragt wird, verletzt werden;

c) wenn der betreffenden Person, die sich auf das Verfahren nicht eingelassen hat, das verfahrenseinleitende Schriftstück oder ein gleichwertiges Schriftstück nicht so rechtzeitig und in einer Weise zugestellt wurde, dass sie sich verteidigen konnte, es sei denn, es wird festgestellt, dass sie mit der Entscheidung eindeutig einverstanden ist;

d) wenn eine Person dies mit der Begründung beantragt, dass die Entscheidung in ihre elterliche Verantwortung eingreift, falls die Entscheidung ergangen ist, ohne dass diese Person die Möglichkeit hatte, gehört zu werden;

e) wenn die Entscheidung mit einer späteren Entscheidung über die elterliche Verantwortung unvereinbar ist, die in dem Mitgliedstaat, in dem die Anerkennung beantragt wird, ergangen ist;

f) wenn die Entscheidung mit einer späteren Entscheidung über die elterliche Verantwortung unvereinbar ist, die in einem anderen Mitgliedstaat oder in dem Drittstaat, in dem das Kind seinen gewöhnlichen Aufenthalt hat, ergangen ist, sofern die spätere Entscheidung die notwendigen Voraussetzungen für ihre Anerkennung in dem Mitgliedstaat erfuellt, in dem die Anerkennung beantragt wird; oder

g) wenn das Verfahren des Artikels 56 nicht eingehalten wurde.

Artikel 24 Verbot der Nachprüfung der Zuständigkeit des Gerichts des Ursprungsmitgliedstaats

Die Zuständigkeit des Gerichts des Ursprungsmitgliedstaats darf nicht überprüft werden. Die Überprüfung der Vereinbarkeit mit der öffentlichen Ordnung gemäß Artikel 22 Buchstabe a) und Artikel 23 Buchstabe a) darf sich nicht auf die Zuständigkeitsvorschriften der Artikel 3 bis 14 erstrecken.

Artikel 25 Unterschiede beim anzuwendenden Recht

Die Anerkennung einer Entscheidung darf nicht deshalb abgelehnt werden, weil eine Ehescheidung, Trennung ohne Auflösung des Ehebandes oder Ungültigerklärung einer Ehe nach dem Recht des Mitgliedstaats, in dem die Anerkennung beantragt wird, unter Zugrundelegung desselben Sachverhalts nicht zulässig wäre.

Artikel 26 Ausschluss einer Nachprüfung in der Sache

Die Entscheidung darf keinesfalls in der Sache selbst nachgeprüft werden.

Artikel 27 Aussetzung des Verfahrens

(1) Das Gericht eines Mitgliedstaats, vor dem die Anerkennung einer in einem anderen Mitgliedstaat ergangenen Entscheidung beantragt wird, kann das Verfahren aussetzen, wenn gegen die Entscheidung ein ordentlicher Rechtsbehelf eingelegt wurde.

(2) Das Gericht eines Mitgliedstaats, bei dem die Anerkennung einer in Irland oder im Vereinigten Königreich ergangenen Entscheidung beantragt wird, kann das Verfahren aussetzen, wenn die Vollstreckung der Entscheidung im Ursprungsmitgliedstaat wegen der Einlegung eines Rechtsbehelfs einstweilen eingestellt ist.

ABSCHNITT 2 Antrag auf Vollstreckbarerklärung

Artikel 28 Vollstreckbare Entscheidungen

(1) Die in einem Mitgliedstaat ergangenen Entscheidungen über die elterliche Verantwortung für ein Kind, die in diesem Mitgliedstaat vollstreckbar sind und die zugestellt worden sind, werden in einem anderen Mitgliedstaat vollstreckt, wenn sie dort auf Antrag einer berechtigten Partei für vollstreckbar erklärt wurden.

(2) Im Vereinigten Königreich wird eine derartige Entscheidung jedoch in England und Wales, in Schottland oder in Nordirland erst vollstreckt, wenn sie auf Antrag einer berechtigten Partei zur Vollstreckung in dem betreffenden Teil des Vereinigten Königreichs registriert worden ist.

Artikel 29 Örtlich zuständiges Gericht

(1) Ein Antrag auf Vollstreckbarerklärung ist bei dem Gericht zu stellen, das in der Liste aufgeführt ist, die jeder Mitgliedstaat der Kommission gemäß Artikel 68 mitteilt.

(2) Das örtlich zuständige Gericht wird durch den gewöhnlichen Aufenthalt der Person, gegen die die Vollstreckung erwirkt werden soll, oder durch den gewöhnlichen Aufenthalt eines Kindes, auf das sich der Antrag bezieht, bestimmt.

Befindet sich keiner der in Unterabsatz 1 angegebenen Orte im Vollstreckungsmitgliedstaat, so wird das örtlich zuständige Gericht durch den Ort der Vollstreckung bestimmt.

Artikel 30 Verfahren

(1) Für die Stellung des Antrags ist das Recht des Vollstreckungsmitgliedstaats maßgebend.

(2) Der Antragsteller hat für die Zustellung im Bezirk des angerufenen Gerichts ein Wahldomizil zu begründen. Ist das Wahldomizil im Recht des Vollstreckungsmitgliedstaats nicht vorgesehen, so hat der Antragsteller einen Zustellungsbevollmächtigten zu benennen.

(3) Dem Antrag sind die in den Artikeln 37 und 39 aufgeführten Urkunden beizufügen.

Artikel 31 Entscheidung des Gerichts

(1) Das mit dem Antrag befasste Gericht erlässt seine Entscheidung ohne Verzug und ohne dass die Person, gegen die die Vollstreckung erwirkt werden soll, noch das Kind in diesem Abschnitt des Verfahrens Gelegenheit erhalten, eine Erklärung abzugeben.

(2) Der Antrag darf nur aus einem der in den Artikeln 22, 23 und 24 aufgeführten Gründen abgelehnt werden.

(3) Die Entscheidung darf keinesfalls in der Sache selbst nachgeprüft werden.

Artikel 32 Mitteilung der Entscheidung

Die über den Antrag ergangene Entscheidung wird dem Antragsteller vom Urkundsbeamten der Geschäftsstelle unverzüglich in der Form mitgeteilt, die das Recht des Vollstreckungsmitgliedstaats vorsieht.

Artikel 33 Rechtsbehelf

(1) Gegen die Entscheidung über den Antrag auf Vollstreckbarerklärung kann jede Partei einen Rechtsbehelf einlegen.

(2) Der Rechtsbehelf wird bei dem Gericht eingelegt, das in der Liste aufgeführt ist, die jeder Mitgliedstaat der Kommission gemäß Artikel 68 mitteilt.

(3) Über den Rechtsbehelf wird nach den Vorschriften entschieden, die für Verfahren mit beiderseitigem rechtlichen Gehör maßgebend sind.

(4) Wird der Rechtsbehelf von der Person eingelegt, die den Antrag auf Vollstreckbarerklärung gestellt hat, so wird die Partei, gegen die die Vollstreckung erwirkt werden soll, aufgefordert, sich auf das Verfahren einzulassen, das bei dem mit dem Rechtsbehelf befassten Gericht anhängig ist. Lässt sich die betreffende Person auf das Verfahren nicht ein, so gelten die Bestimmungen des Artikels 18.

(5) Der Rechtsbehelf gegen die Vollstreckbarerklärung ist innerhalb eines Monats nach ihrer Zustellung einzulegen. Hat die Partei, gegen die die Vollstreckung erwirkt werden soll, ihren gewöhnlichen Aufenthalt in einem anderen Mitgliedstaat als dem, in dem die Vollstreckbarerklärung erteilt worden ist, so beträgt die Frist für den Rechtsbehelf zwei Monate und beginnt mit dem Tag, an dem die Vollstreckbarerklärung ihr entweder persönlich oder in ihrer Wohnung zugestellt worden ist. Eine Verlängerung dieser Frist wegen weiter Entfernung ist ausgeschlossen.

Artikel 34 Für den Rechtsbehelf zuständiges Gericht und Anfechtung der Entscheidung über den Rechtsbehelf

Die Entscheidung, die über den Rechtsbehelf ergangen ist, kann nur im Wege der Verfahren angefochten werden, die in der Liste genannt sind, die jeder Mitgliedstaat der Kommission gemäß Artikel 68 mitteilt.

Artikel 35 Aussetzung des Verfahrens

(1) Das nach Artikel 33 oder Artikel 34 mit dem Rechtsbehelf befasste Gericht kann auf Antrag der Partei, gegen die die Vollstreckung erwirkt werden soll, das Verfahren aussetzen, wenn im Ursprungsmitgliedstaat ein ordentlicher Rechtsbehelf gegen die Entscheidung eingelegt wurde oder die Frist für einen solchen Rechtsbehelf noch nicht verstrichen ist. In letzterem Fall kann das Gericht eine Frist bestimmen, innerhalb deren der Rechtsbehelf einzulegen ist.

(2) Ist die Entscheidung in Irland oder im Vereinigten Königreich ergangen, so gilt jeder im Ursprungsmitgliedstaat statthafte Rechtsbehelf als ordentlicher Rechtsbehelf im Sinne des Absatzes 1.

Artikel 36 Teilvollstreckung

(1) Ist mit der Entscheidung über mehrere geltend gemachte Ansprüche entschieden worden und kann die Entscheidung nicht in vollem Umfang zur Vollstreckung zugelassen werden, so lässt das Gericht sie für einen oder mehrere Ansprüche zu.

(2) Der Antragsteller kann eine teilweise Vollstreckung beantragen.

ABSCHNITT 3 Gemeinsame Bestimmungen für die Abschnitte 1 und 2

Artikel 37 Urkunden

(1) Die Partei, die die Anerkennung oder Nichtanerkennung einer Entscheidung oder deren Vollstreckbarerklärung erwirken will, hat Folgendes vorzulegen:

a) eine Ausfertigung der Entscheidung, die die für ihre Beweiskraft erforderlichen Voraussetzungen erfuellt,
und

b) die Bescheinigung nach Artikel 39.

(2) Bei einer im Versäumnisverfahren ergangenen Entscheidung hat die Partei, die die Anerkennung einer Entscheidung oder deren Vollstreckbarerklärung erwirken will, ferner Folgendes vorzulegen:

a) die Urschrift oder eine beglaubigte Abschrift der Urkunde, aus der sich ergibt, dass das verfahrenseinleitende Schriftstück oder ein gleichwertiges Schriftstück der Partei, die sich nicht auf das Verfahren eingelassen hat, zugestellt wurde,

oder

b) eine Urkunde, aus der hervorgeht, dass der Antragsgegner mit der Entscheidung eindeutig einverstanden ist.

Artikel 38 Fehlen von Urkunden

(1) Werden die in Artikel 37 Absatz 1 Buchstabe b) oder Absatz 2 aufgeführten Urkunden nicht vorgelegt, so kann das Gericht eine Frist setzen, innerhalb deren die Urkunden vorzulegen sind, oder sich mit gleichwertigen Urkunden begnügen oder von der Vorlage der Urkunden befreien, wenn es eine weitere Klärung nicht für erforderlich hält.

(2) Auf Verlangen des Gerichts ist eine Übersetzung der Urkunden vorzulegen. Die Übersetzung ist von einer hierzu in einem der Mitgliedstaaten befugten Person zu beglaubigen.

Artikel 39 Bescheinigung bei Entscheidungen in Ehesachen und bei Entscheidungen über die elterliche Verantwortung

Das zuständige Gericht oder die zuständige Behörde des Ursprungsmitgliedstaats stellt auf Antrag einer berechtigten Partei eine Bescheinigung unter Verwendung des Formblatts in Anhang I (Entscheidungen in Ehesachen) oder Anhang II (Entscheidungen über die elterliche Verantwortung) aus.

ABSCHNITT 4 Vollstreckbarkeit bestimmter Entscheidungen über das Umgangsrecht und bestimmter Entscheidungen, mit denen die Rückgabe des Kindes angeordnet wird

Artikel 40 Anwendungsbereich

(1) Dieser Abschnitt gilt für

a) das Umgangsrecht

und

b) die Rückgabe eines Kindes infolge einer die Rückgabe des Kindes anordnenden Entscheidung gemäß Artikel 11 Absatz 8.

(2) Der Träger der elterlichen Verantwortung kann ungeachtet der Bestimmungen dieses Abschnitts die Anerkennung und Vollstreckung nach Maßgabe der Abschnitte 1 und 2 dieses Kapitels beantragen.

Artikel 41 Umgangsrecht

(1) Eine in einem Mitgliedstaat ergangene vollstreckbare Entscheidung über das Umgangsrecht im Sinne des Artikels 40 Absatz 1 Buchstabe a), für die eine Bescheinigung nach Absatz 2 im Ursprungsmitgliedstaat ausgestellt wurde, wird in einem anderen Mitgliedstaat anerkannt und kann dort vollstreckt werden, ohne dass es einer Vollstreckbarerklärung bedarf und ohne dass die Anerkennung angefochten werden kann.

Auch wenn das nationale Recht nicht vorsieht, dass eine Entscheidung über das Umgangsrecht ungeachtet der Einlegung eines Rechtsbehelfs von Rechts wegen vollstreckbar ist, kann das Gericht des Ursprungsmitgliedstaats die Entscheidung für vollstreckbar erklären.

(2) Der Richter des Ursprungsmitgliedstaats stellt die Bescheinigung nach Absatz 1 unter Verwendung des Formblatts in Anhang III (Bescheinigung über das Umgangsrecht) nur aus, wenn
a) im Fall eines Versäumnisverfahrens das verfahrenseinleitende Schriftstück oder ein gleichwertiges Schriftstück der Partei, die sich nicht auf das Verfahren eingelassen hat, so rechtzeitig und in einer Weise zugestellt wurde, dass sie sich verteidigen konnte, oder wenn in Fällen, in denen bei der Zustellung des betreffenden Schriftstücks diese Bedingungen nicht eingehalten wurden, dennoch festgestellt wird, dass sie mit der Entscheidung eindeutig einverstanden ist;
b) alle betroffenen Parteien Gelegenheit hatten, gehört zu werden,
und
c) das Kind die Möglichkeit hatte, gehört zu werden, sofern eine Anhörung nicht aufgrund seines Alters oder seines Reifegrads unangebracht erschien.
Das Formblatt wird in der Sprache ausgefuellt, in der die Entscheidung abgefasst ist.
(3) Betrifft das Umgangsrecht einen Fall, der bei der Verkündung der Entscheidung einen grenzüberschreitenden Bezug aufweist, so wird die Bescheinigung von Amts wegen ausgestellt, sobald die Entscheidung vollstreckbar oder vorläufig vollstreckbar wird. Wird der Fall erst später zu einem Fall mit grenzüberschreitendem Bezug, so wird die Bescheinigung auf Antrag einer der Parteien ausgestellt.

Artikel 42 Rückgabe des Kindes

(1) Eine in einem Mitgliedstaat ergangene vollstreckbare Entscheidung über die Rückgabe des Kindes im Sinne des Artikels 40 Absatz 1 Buchstabe b), für die eine Bescheinigung nach Absatz 2 im Ursprungsmitgliedstaat ausgestellt wurde, wird in einem anderen Mitgliedstaat anerkannt und kann dort vollstreckt werden, ohne dass es einer Vollstreckbarerklärung bedarf und ohne dass die Anerkennung angefochten werden kann.
Auch wenn das nationale Recht nicht vorsieht, dass eine in Artikel 11 Absatz 8 genannte Entscheidung über die Rückgabe des Kindes ungeachtet der Einlegung eines Rechtsbehelfs von Rechts wegen vollstreckbar ist, kann das Gericht des Ursprungsmitgliedstaats die Entscheidung für vollstreckbar erklären.
(2) Der Richter des Ursprungsmitgliedstaats, der die Entscheidung nach Artikel 40 Absatz 1 Buchstabe b) erlassen hat, stellt die Bescheinigung nach Absatz 1 nur aus, wenn
a) das Kind die Möglichkeit hatte, gehört zu werden, sofern eine Anhörung nicht aufgrund seines Alters oder seines Reifegrads unangebracht erschien,
b) die Parteien die Gelegenheit hatten, gehört zu werden, und
c) das Gericht beim Erlass seiner Entscheidung die Gründe und Beweismittel berücksichtigt hat, die der nach Artikel 13 des Haager Übereinkommens von 1980 ergangenen Entscheidung zugrunde liegen.
Ergreift das Gericht oder eine andere Behörde Maßnahmen, um den Schutz des Kindes nach seiner Rückkehr in den Staat des gewöhnlichen Aufenthalts sicherzustellen, so sind diese Maßnahmen in der Bescheinigung anzugeben.
Der Richter des Ursprungsmitgliedstaats stellt die Bescheinigung von Amts wegen unter Verwendung des Formblatts in Anhang IV (Bescheinigung über die Rückgabe des Kindes) aus.
Das Formblatt wird in der Sprache ausgefuellt, in der die Entscheidung abgefasst ist.

Artikel 43 Klage auf Berichtigung

(1) Für Berichtigungen der Bescheinigung ist das Recht des Ursprungsmitgliedstaats maßgebend.
(2) Gegen die Ausstellung einer Bescheinigung gemäß Artikel 41 Absatz 1 oder Artikel 42 Absatz 1 sind keine Rechtsbehelfe möglich.

Artikel 44 Wirksamkeit der Bescheinigung

Die Bescheinigung ist nur im Rahmen der Vollstreckbarkeit des Urteils wirksam.

Artikel 45 Urkunden

(1) Die Partei, die die Vollstreckung einer Entscheidung erwirken will, hat Folgendes vorzulegen:

a) eine Ausfertigung der Entscheidung, die die für ihre Beweiskraft erforderlichen Voraussetzungen erfuellt,

und

b) die Bescheinigung nach Artikel 41 Absatz 1 oder Artikel 42 Absatz 1.

(2) Für die Zwecke dieses Artikels

– wird der Bescheinigung gemäß Artikel 41 Absatz 1 eine Übersetzung der Nummer 12 betreffend die Modalitäten der Ausübung des Umgangsrechts beigefügt;
– wird der Bescheinigung gemäß Artikel 42 Absatz 1 eine Übersetzung der Nummer 14 betreffend die Einzelheiten der Maßnahmen, die ergriffen wurden, um die Rückgabe des Kindes sicherzustellen, beigefügt.

Die Übersetzung erfolgt in die oder in eine der Amtssprachen des Vollstreckungsmitgliedstaats oder in eine andere von ihm ausdrücklich zugelassene Sprache. Die Übersetzung ist von einer hierzu in einem der Mitgliedstaaten befugten Person zu beglaubigen.

ABSCHNITT 5 Öffentliche Urkunden und Vereinbarungen

Artikel 46

Öffentliche Urkunden, die in einem Mitgliedstaat aufgenommen und vollstreckbar sind, sowie Vereinbarungen zwischen den Parteien, die in dem Ursprungsmitgliedstaat vollstreckbar sind, werden unter denselben Bedingungen wie Entscheidungen anerkannt und für vollstreckbar erklärt.

ABSCHNITT 6 Sonstige Bestimmungen

Artikel 47 Vollstreckungsverfahren

(1) Für das Vollstreckungsverfahren ist das Recht des Vollstreckungsmitgliedstaats maßgebend.

(2) Die Vollstreckung einer von einem Gericht eines anderen Mitgliedstaats erlassenen Entscheidung, die gemäß Abschnitt 2 für vollstreckbar erklärt wurde oder für die eine Bescheinigung nach Artikel 41 Absatz 1 oder Artikel 42 Absatz 1 ausgestellt wurde, erfolgt im Vollstreckungsmitgliedstaat unter denselben Bedingungen, die für in diesem Mitgliedstaat ergangene Entscheidungen gelten.

Insbesondere darf eine Entscheidung, für die eine Bescheinigung nach Artikel 41 Absatz 1 oder Artikel 42 Absatz 1 ausgestellt wurde, nicht vollstreckt werden, wenn sie mit einer später ergangenen vollstreckbaren Entscheidung unvereinbar ist.

Artikel 48 Praktische Modalitäten der Ausübung des Umgangsrechts

(1) Die Gerichte des Vollstreckungsmitgliedstaats können die praktischen Modalitäten der Ausübung des Umgangsrechts regeln, wenn die notwendigen Vorkehrungen nicht oder nicht in ausreichendem Maße bereits in der Entscheidung der für die Entscheidung der in der Hauptsache zuständigen Gerichte des Mitgliedstaats getroffen wurden und sofern der Wesensgehalt der Entscheidung unberührt bleibt.

(2) Die nach Absatz 1 festgelegten praktischen Modalitäten treten außer Kraft, nachdem die für die Entscheidung in der Hauptsache zuständigen Gerichte des Mitgliedstaats eine Entscheidung erlassen haben.

Artikel 49 Kosten

Die Bestimmungen dieses Kapitels mit Ausnahme der Bestimmungen des Abschnitts 4 gelten auch für die Festsetzung der Kosten für die nach dieser Verordnung eingeleiteten Verfahren und die Vollstreckung eines Kostenfestsetzungsbeschlusses.

Artikel 50 Prozesskostenhilfe

Wurde dem Antragsteller im Ursprungsmitgliedstaat ganz oder teilweise Prozesskostenhilfe oder Kostenbefreiung gewährt, so genießt er in dem Verfahren nach den Artikeln 21, 28, 41, 42 und 48 hinsichtlich der Prozesskostenhilfe oder der Kostenbefreiung die günstigste Behandlung, die das Recht des Vollstreckungsmitgliedstaats vorsieht.

Artikel 51 Sicherheitsleistung, Hinterlegung

Der Partei, die in einem Mitgliedstaat die Vollstreckung einer in einem anderen Mitgliedstaat ergangenen Entscheidung beantragt, darf eine Sicherheitsleistung oder Hinterlegung, unter welcher Bezeichnung es auch sei, nicht aus einem der folgenden Gründe auferlegt werden:

a) weil sie in dem Mitgliedstaat, in dem die Vollstreckung erwirkt werden soll, nicht ihren gewöhnlichen Aufenthalt hat, oder

b) weil sie nicht die Staatsangehörigkeit dieses Staates besitzt oder, wenn die Vollstreckung im Vereinigten Königreich oder in Irland erwirkt werden soll, ihr „domicile" nicht in einem dieser Mitgliedstaaten hat.

Artikel 52 Legalisation oder ähnliche Förmlichkeit

Die in den Artikeln 37, 38 und 45 aufgeführten Urkunden sowie die Urkunde über die Prozessvollmacht, falls eine solche erteilt wird, bedürfen weder der Legalisation noch einer ähnlichen Förmlichkeit.

KAPITEL IV ZUSAMMENARBEIT ZWISCHEN DEN ZENTRALEN BEHÖRDEN BEI VERFAHREN BETREFFEND DIE ELTERLICHE VERANTWORTUNG

Artikel 53 Bestimmung der Zentralen Behörden

Jeder Mitgliedstaat bestimmt eine oder mehrere Zentrale Behörden, die ihn bei der Anwendung dieser Verordnung unterstützen, und legt ihre räumliche oder sachliche Zuständigkeit fest. Hat ein Mitgliedstaat mehrere Zentrale Behörden bestimmt, so sind die Mitteilungen grundsätzlich direkt an die zuständige Zentrale Behörde zu richten. Wurde eine Mitteilung an eine nicht zuständige Zentrale Behörde gerichtet, so hat diese die Mitteilung an die zuständige Zentrale Behörde weiterzuleiten und den Absender davon in Kenntnis zu setzen.

Artikel 54 Allgemeine Aufgaben

Die Zentralen Behörden stellen Informationen über nationale Rechtsvorschriften und Verfahren zur Verfügung und ergreifen Maßnahmen, um die Durchführung dieser Verordnung zu verbessern und die Zusammenarbeit untereinander zu stärken. Hierzu wird das mit der Entscheidung 2001/470/EG eingerichtete Europäische Justizielle Netz für Zivil- und Handelssachen genutzt.

Artikel 55 Zusammenarbeit in Fällen, die speziell die elterliche Verantwortung betreffen

Die Zentralen Behörden arbeiten in bestimmten Fällen auf Antrag der Zentralen Behörde eines anderen Mitgliedstaats oder des Trägers der elterlichen Verantwortung zusammen, um die Ziele dieser Verordnung zu verwirklichen. Hierzu treffen sie folgende Maßnahmen im Einklang mit den Rechtsvorschriften dieses Mitgliedstaats, die den Schutz personenbezogener Daten regeln, direkt oder durch Einschaltung anderer Behörden oder Einrichtungen:

a) Sie holen Informationen ein und tauschen sie aus über

i) die Situation des Kindes,

ii) laufende Verfahren oder

iii) das Kind betreffende Entscheidungen.

b) Sie informieren und unterstützen die Träger der elterlichen Verantwortung, die die Anerkennung und Vollstreckung einer Entscheidung, insbesondere über das Umgangsrecht und die Rückgabe des Kindes, in ihrem Gebiet erwirken wollen.

c) Sie erleichtern die Verständigung zwischen den Gerichten, insbesondere zur Anwendung des Artikels 11 Absätze 6 und 7 und des Artikels 15.

d) Sie stellen alle Informationen und Hilfen zur Verfügung, die für die Gerichte für die Anwendung des Artikels 56 von Nutzen sind.

e) Sie erleichtern eine gütliche Einigung zwischen den Trägern der elterlichen Verantwortung durch Mediation oder auf ähnlichem Wege und fördern hierzu die grenzüberschreitende Zusammenarbeit.

Artikel 56 Unterbringung des Kindes in einem anderen Mitgliedstaat

(1) Erwägt das nach den Artikeln 8 bis 15 zuständige Gericht die Unterbringung des Kindes in einem Heim oder in einer Pflegefamilie und soll das Kind in einem anderen Mitgliedstaat untergebracht werden, so zieht das Gericht vorher die Zentrale Behörde oder eine andere zuständige Behörde dieses Mitgliedstaats zurate, sofern in diesem Mitgliedstaat für die innerstaatlichen Fälle der Unterbringung von Kindern die Einschaltung einer Behörde vorgesehen ist.

(2) Die Entscheidung über die Unterbringung nach Absatz 1 kann im ersuchenden Mitgliedstaat nur getroffen werden, wenn die zuständige Behörde des ersuchten Staates dieser Unterbringung zugestimmt hat.

(3) Für die Einzelheiten der Konsultation bzw. der Zustimmung nach den Absätzen 1 und 2 gelten das nationale Recht des ersuchten Staates.

(4) Beschließt das nach den Artikeln 8 bis 15 zuständige Gericht die Unterbringung des Kindes in einer Pflegefamilie und soll das Kind in einem anderen Mitgliedstaat untergebracht werden und ist in diesem Mitgliedstaat für die innerstaatlichen Fälle der Unterbringung von Kindern die Einschaltung einer Behörde nicht vorgesehen, so setzt das Gericht die Zentrale Behörde oder eine zuständige Behörde dieses Mitgliedstaats davon in Kenntnis.

Artikel 57 Arbeitsweise

(1) Jeder Träger der elterlichen Verantwortung kann bei der Zentralen Behörde des Mitgliedstaats, in dem er seinen gewöhnlichen Aufenthalt hat, oder bei der Zentralen Behörde des Mitgliedstaats, in dem das Kind seinen gewöhnlichen Aufenthalt hat oder in dem es sich befindet, einen Antrag auf Unterstützung gemäß Artikel 55 stellen. Dem Antrag werden grundsätzlich alle verfügbaren Informationen beigefügt, die die Ausführung des Antrags erleichtern können. Betrifft dieser Antrag die Anerkennung oder Vollstreckung einer Entscheidung über die elterliche Verantwortung, die in den Anwendungsbereich dieser Verordnung fällt, so muss der Träger der elterlichen Verantwortung dem Antrag die betreffenden Bescheinigungen nach Artikel 39, Artikel 41 Absatz 1 oder Artikel 42 Absatz 1 beifügen.

(2) Jeder Mitgliedstaat teilt der Kommission die Amtssprache(n) der Organe der Gemeinschaft mit, die er außer seiner/seinen eigenen Sprache(n) für Mitteilungen an die Zentralen Behörden zulässt.

(3) Die Unterstützung der Zentralen Behörden gemäß Artikel 55 erfolgt unentgeltlich.

(4) Jede Zentrale Behörde trägt ihre eigenen Kosten.

Artikel 58 Zusammenkünfte

(1) Zur leichteren Anwendung dieser Verordnung werden regelmäßig Zusammenkünfte der Zentralen Behörden einberufen.

(2) Die Einberufung dieser Zusammenkünfte erfolgt im Einklang mit der Entscheidung 2001/470/EG über die Einrichtung eines Europäischen Justiziellen Netzes für Zivil- und Handelssachen.

KAPITEL V VERHÄLTNIS ZU ANDEREN RECHTSINSTRUMENTEN
Artikel 59 Verhältnis zu anderen Rechtsinstrumenten

(1) Unbeschadet der Artikel 60, 61, 62 und des Absatzes 2 des vorliegenden Artikels ersetzt diese Verordnung die zum Zeitpunkt des Inkrafttretens dieser Verordnung bestehenden, zwischen zwei oder mehr Mitgliedstaaten geschlossenen Übereinkünfte, die in dieser Verordnung geregelte Bereiche betreffen.

(2) a) Finnland und Schweden können erklären, dass das Übereinkommen vom 6. Februar 1931 zwischen Dänemark, Finnland, Island, Norwegen und Schweden mit Bestimmungen des internationalen Verfahrensrechts über Ehe, Adoption und Vormundschaft einschließlich des Schlussprotokolls anstelle dieser Verordnung ganz oder teilweise auf ihre gegenseitigen Beziehungen anwendbar ist. Diese Erklärungen werden dieser Verordnung als Anhang beigefügt und im Amtsblatt der Europäischen Union veröffentlicht. Die betreffenden Mitgliedstaaten können ihre Erklärung jederzeit ganz oder teilweise widerrufen.

b) Der Grundsatz der Nichtdiskriminierung von Bürgern der Union aus Gründen der Staatsangehörigkeit wird eingehalten.

c) Die Zuständigkeitskriterien in künftigen Übereinkünften zwischen den in Buchstabe a) genannten Mitgliedstaaten, die in dieser Verordnung geregelte Bereiche betreffen, müssen mit den Kriterien dieser Verordnung im Einklang stehen.

d) Entscheidungen, die in einem der nordischen Staaten, der eine Erklärung nach Buchstabe a) abgegeben hat, aufgrund eines Zuständigkeitskriteriums erlassen werden, das einem der in Kapitel II vorgesehenen Zuständigkeitskriterien entspricht, werden in den anderen Mitgliedstaaten gemäß den Bestimmungen des Kapitels III anerkannt und vollstreckt.

(3) Die Mitgliedstaaten übermitteln der Kommission

a) eine Abschrift der Übereinkünfte sowie der einheitlichen Gesetze zur Durchführung dieser Übereinkünfte gemäß Absatz 2 Buchstaben a) und c),

b) jede Kündigung oder Änderung dieser Übereinkünfte oder dieser einheitlichen Gesetze.

Artikel 60 Verhältnis zu bestimmten multilateralen Übereinkommen

Im Verhältnis zwischen den Mitgliedstaaten hat diese Verordnung vor den nachstehenden Übereinkommen insoweit Vorrang, als diese Bereiche betreffen, die in dieser Verordnung geregelt sind:

a) Haager Übereinkommen vom 5. Oktober 1961 über die Zuständigkeit der Behörden und das anzuwendende Recht auf dem Gebiet des Schutzes von Minderjährigen,

b) Luxemburger Übereinkommen vom 8. September 1967 über die Anerkennung von Entscheidungen in Ehesachen,

c) Haager Übereinkommen vom 1. Juni 1970 über die Anerkennung von Ehescheidungen und der Trennung von Tisch und Bett,

d) Europäisches Übereinkommen vom 20. Mai 1980 über die Anerkennung und Vollstreckung von Entscheidungen über das Sorgerecht für Kinder und die Wiederherstellung des Sorgeverhältnisses

und

e) Haager Übereinkommen vom 25. Oktober 1980 über die zivilrechtlichen Aspekte internationaler Kindesentführung.

Artikel 61 Verhältnis zum Haager Übereinkommen vom 19. Oktober 1996 über die Zuständigkeit, das anzuwendende Recht, die Anerkennung, Vollstreckung und Zusammenarbeit auf dem Gebiet der elterlichen Verantwortung und der Maßnahmen zum Schutz von Kindern

Im Verhältnis zum Haager Übereinkommen vom 19. Oktober 1996 über die Zuständigkeit, das anzuwendende Recht, die Anerkennung, Vollstreckung und Zusammenarbeit auf dem Gebiet der elterlichen Verantwortung und der Maßnahmen zum Schutz von Kindern ist diese Verordnung anwendbar,

a) wenn das betreffende Kind seinen gewöhnlichen Aufenthalt im Hoheitsgebiet eines Mitgliedstaats hat;

b) in Fragen der Anerkennung und der Vollstreckung einer von dem zuständigen Gericht eines Mitgliedstaats ergangenen Entscheidung im Hoheitsgebiet eines anderen Mitgliedstaats, auch wenn das betreffende Kind seinen gewöhnlichen Aufenthalt im Hoheitsgebiet eines Drittstaats hat, der Vertragspartei des genannten Übereinkommens ist.

Artikel 62 Fortbestand der Wirksamkeit

(1) Die in Artikel 59 Absatz 1 und den Artikeln 60 und 61 genannten Übereinkünfte behalten ihre Wirksamkeit für die Rechtsgebiete, die durch diese Verordnung nicht geregelt werden.

(2) Die in Artikel 60 genannten Übereinkommen, insbesondere das Haager Übereinkommen von 1980, behalten vorbehaltlich des Artikels 60 ihre Wirksamkeit zwischen den ihnen angehörenden Mitgliedstaaten.

Artikel 63[1] Verträge mit dem Heiligen Stuhl

(1) Diese Verordnung gilt unbeschadet des am 7. Mai 1940 in der Vatikanstadt zwischen dem Heiligen Stuhl und Portugal unterzeichneten Internationalen Vertrags (Konkordat).

(2) Eine Entscheidung über die Ungültigkeit der Ehe gemäß dem in Absatz 1 genannten Vertrag wird in den Mitgliedstaaten unter den in Kapitel III Abschnitt 1 vorgesehenen Bedingungen anerkannt.

(3) Die Absätze 1 und 2 gelten auch für folgende internationalen Verträge (Konkordate) mit dem Heiligen Stuhl:

a) Lateranvertrag vom 11. Februar 1929 zwischen Italien und dem Heiligen Stuhl, geändert durch die am 18. Februar 1984 in Rom unterzeichnete Vereinbarung mit Zusatzprotokoll,

b) Vereinbarung vom 3. Januar 1979 über Rechtsangelegenheiten zwischen dem Heiligen Stuhl und Spanien.

(4) Für die Anerkennung der Entscheidungen im Sinne des Absatzes 2 können in Italien oder Spanien dieselben Verfahren und Nachprüfungen vorgegeben werden, die auch für Entscheidungen der Kirchengerichte gemäß den in Absatz 3 genannten internationalen Verträgen mit dem Heiligen Stuhl gelten.

(5) Die Mitgliedstaaten übermitteln der Kommission

a) eine Abschrift der in den Absätzen 1 und 3 genannten Verträge,

b) jede Kündigung oder Änderung dieser Verträge.

KAPITEL VI ÜBERGANGSVORSCHRIFTEN

Artikel 64

(1) Diese Verordnung gilt nur für gerichtliche Verfahren, öffentliche Urkunden und Vereinbarungen zwischen den Parteien, die nach Beginn der Anwendung dieser Verordnung gemäß Artikel 72 eingeleitet, aufgenommen oder getroffen wurden.

---

1 Art. 63 Abs. 3 und Abs. 4 geändert durch Verordnung (EG) Nr. 2116/2004 des Rates vom 2. Dezember 2004 zur Änderung der Verordnung (EG) Nr. 2201/2003 des Rates über die Zuständigkeit und die Anerkennung und Vollstreckung von Entscheidungen in Ehesachen und in Verfahren betreffend die elterliche Verantwortung und zur Aufhebung der Verordnung (EG) Nr. 1347/2000 in Bezug auf Verträge mit dem Heiligen Stuhl; Amtsblatt Nr. L 367 vom 14.12.2004, S. 1.

(2) Entscheidungen, die nach Beginn der Anwendung dieser Verordnung in Verfahren ergangen sind, die vor Beginn der Anwendung dieser Verordnung, aber nach Inkrafttreten der Verordnung (EG) Nr. 1347/2000 eingeleitet wurden, werden nach Maßgabe des Kapitels III der vorliegenden Verordnung anerkannt und vollstreckt, sofern das Gericht aufgrund von Vorschriften zuständig war, die mit den Zuständigkeitsvorschriften des Kapitels II der vorliegenden Verordnung oder der Verordnung (EG) Nr. 1347/2000 oder eines Abkommens übereinstimmen, das zum Zeitpunkt der Einleitung des Verfahrens zwischen dem Ursprungsmitgliedstaat und dem ersuchten Mitgliedstaat in Kraft war.

(3) Entscheidungen, die vor Beginn der Anwendung dieser Verordnung in Verfahren ergangen sind, die nach Inkrafttreten der Verordnung (EG) Nr. 1347/2000 eingeleitet wurden, werden nach Maßgabe des Kapitels III der vorliegenden Verordnung anerkannt und vollstreckt, sofern sie eine Ehescheidung, Trennung ohne Auflösung des Ehebandes oder Ungültigerklärung einer Ehe oder eine aus Anlass eines solchen Verfahrens in Ehesachen ergangene Entscheidung über die elterliche Verantwortung für die gemeinsamen Kinder zum Gegenstand haben.

(4) Entscheidungen, die vor Beginn der Anwendung dieser Verordnung, aber nach Inkrafttreten der Verordnung (EG) Nr. 1347/2000 in Verfahren ergangen sind, die vor Inkrafttreten der Verordnung (EG) Nr. 1347/2000 eingeleitet wurden, werden nach Maßgabe des Kapitels III der vorliegenden Verordnung anerkannt und vollstreckt, sofern sie eine Ehescheidung, Trennung ohne Auflösung des Ehebandes oder Ungültigerklärung einer Ehe oder eine aus Anlass eines solchen Verfahrens in Ehesachen ergangene Entscheidung über die elterliche Verantwortung für die gemeinsamen Kinder zum Gegenstand haben und Zuständigkeitsvorschriften angewandt wurden, die mit denen des Kapitels II der vorliegenden Verordnung oder der Verordnung (EG) Nr. 1347/2000 oder eines Abkommens übereinstimmen, das zum Zeitpunkt der Einleitung des Verfahrens zwischen dem Ursprungsmitgliedstaat und dem ersuchten Mitgliedstaat in Kraft war.

KAPITEL VII SCHLUSSBESTIMMUNGEN

Artikel 65 Überprüfung

Die Kommission unterbreitet dem Europäischen Parlament, dem Rat und dem Europäischen Wirtschafts- und Sozialausschuss spätestens am 1. Januar 2012 und anschließend alle fünf Jahre auf der Grundlage der von den Mitgliedstaaten vorgelegten Informationen einen Bericht über die Anwendung dieser Verordnung, dem sie gegebenenfalls Vorschläge zu deren Anpassung beifügt.

Artikel 66 Mitgliedstaaten mit zwei oder mehr Rechtssystemen

Für einen Mitgliedstaat, in dem die in dieser Verordnung behandelten Fragen in verschiedenen Gebietseinheiten durch zwei oder mehr Rechtssysteme oder Regelwerke geregelt werden, gilt Folgendes:

a) Jede Bezugnahme auf den gewöhnlichen Aufenthalt in diesem Mitgliedstaat betrifft den gewöhnlichen Aufenthalt in einer Gebietseinheit.

b) Jede Bezugnahme auf die Staatsangehörigkeit oder, im Fall des Vereinigten Königreichs, auf das „domicile" betrifft die durch die Rechtsvorschriften dieses Staates bezeichnete Gebietseinheit.

c) Jede Bezugnahme auf die Behörde eines Mitgliedstaats betrifft die zuständige Behörde der Gebietseinheit innerhalb dieses Staates.

d) Jede Bezugnahme auf die Vorschriften des ersuchten Mitgliedstaats betrifft die Vorschriften der Gebietseinheit, in der die Zuständigkeit geltend gemacht oder die Anerkennung oder Vollstreckung beantragt wird.

Artikel 67 Angaben zu den Zentralen Behörden und zugelassenen Sprachen

Die Mitgliedstaaten teilen der Kommission binnen drei Monaten nach Inkrafttreten dieser Verordnung Folgendes mit:

a) die Namen und Anschriften der Zentralen Behörden gemäß Artikel 53 sowie die technischen Kommunikationsmittel,

b) die Sprachen, die gemäß Artikel 57 Absatz 2 für Mitteilungen an die Zentralen Behörden zugelassen sind,

und

c) die Sprachen, die gemäß Artikel 45 Absatz 2 für die Bescheinigung über das Umgangsrecht zugelassen sind.

Die Mitgliedstaaten teilen der Kommission jede Änderung dieser Angaben mit.

Die Angaben werden von der Kommission veröffentlicht.

Artikel 68 Angaben zu den Gerichten und den Rechtsbehelfen

Die Mitgliedstaaten teilen der Kommission die in den Artikeln 21, 29, 33 und 34 genannten Listen mit den zuständigen Gerichten und den Rechtsbehelfen sowie die Änderungen dieser Listen mit.

Die Kommission aktualisiert diese Angaben und gibt sie durch Veröffentlichung im Amtsblatt der Europäischen Union und auf andere geeignete Weise bekannt.

Artikel 69 Änderungen der Anhänge

Änderungen der in den Anhängen I bis IV wiedergegebenen Formblätter werden nach dem in Artikel 70 Absatz 2 genannten Verfahren beschlossen.

Artikel 70 Ausschuss

(1) Die Kommission wird von einem Ausschuss (nachstehend „Ausschuss" genannt) unterstützt.

(2) Wird auf diesen Absatz Bezug genommen, so gelten die Artikel 3 und 7 des Beschlusses 1999/468/EG.

(3) Der Ausschuss gibt sich eine Geschäftsordnung.

Artikel 71 Aufhebung der Verordnung (EG) Nr. 1347/2000

(1) Die Verordnung (EG) Nr. 1347/2000 wird mit Beginn der Geltung dieser Verordnung aufgehoben.

(2) Jede Bezugnahme auf die Verordnung (EG) Nr. 1347/2000 gilt als Bezugnahme auf diese Verordnung nach Maßgabe der Entsprechungstabelle in Anhang VI.

Artikel 72 Inkrafttreten

Diese Verordnung tritt am 1. August 2004 in Kraft.

Sie gilt ab 1. März 2005 mit Ausnahme der Artikel 67, 68, 69 und 70, die ab dem 1. August 2004 gelten.

Diese Verordnung ist in allen ihren Teilen verbindlich und gilt gemäß dem Vertrag zur Gründung der Europäischen Gemeinschaft unmittelbar in den Mitgliedstaaten.

Geschehen zu Brüssel am 27. November 2003.

Im Namen des Rates

Der Präsident R. Castelli

(1) ABl C 203 E vom 27.8.2002, S. 155.

(2) Stellungnahme vom 20. September 2002 (noch nicht im Amtsblatt veröffentlicht).

(3) ABl C 61 vom 14.3.2003, S. 76.

(4) ABl L 160 vom 30.6.2000, S. 19.

(5) Bei der Annahme der Verordnung (EG) Nr. 1347/2000 hatte der Rat den von Frau Professorin Alegria Borras erstellten erläuternden Bericht zu dem Übereinkommen zur Kenntnis genommen (ABl C 221 vom 16.7.1998, S. 27).

(6) ABl C 234 vom 15.8.2000, S. 7.

(7) ABl L 12 vom 16.1.2001, S. 1. Zuletzt geändert durch die Verordnung (EG) Nr. 1496/2002 der Kommission (ABl L 225 vom 22.8.2002, S. 13).
(8) ABl L 160 vom 30.6.2000, S. 37.
(9) ABl L 174 vom 27.6.2001, S. 1.
(10) ABl L 174 vom 27.6.2001, S. 25.
(11) ABl L 184 vom 17.7.1999, S. 23.

ANHANG I
BESCHEINIGUNG GEMÄSS ARTIKEL 39 ÜBER ENTSCHEIDUNGEN IN EHESACHEN(1)
(vom Abdruck wird abgesehen)

ANHANG II
BESCHEINIGUNG GEMÄSS ARTIKEL 39 ÜBER ENTSCHEIDUNGEN ÜBER DIE ELTERLICHE VERANTWORTUNG(1)

1. Ursprungsmitgliedstaat
2. Ausstellendes Gericht oder ausstellende Behörde
2.1. Bezeichnung
2.2. Anschrift
2.3. Telefon/Fax/E-Mail
3. Träger eines Umgangsrechts
3.1. Name, Vornamen
3.2. Anschrift
3.3. Geburtsdatum und -ort (soweit bekannt)
4. Träger der elterlichen Verantwortung, die nicht in Nummer 3 genannt sind(2)
4.1.
4.1.1. Name, Vornamen
4.1.2. Anschrift
4.1.3 Geburtsdatum und -ort (soweit bekannt)
4.2.
4.2.1. Name, Vornamen
4.2.2. Anschrift
4.2.3. Geburtsdatum und -ort (soweit bekannt)
4.3.
4.3.1. Name, Vornamen
4.3.2. Anschrift
4.3.3. Geburtsdatum und -ort (soweit bekannt)
5. Gericht, das die Entscheidung erlassen hat
5.1. Bezeichnung des Gerichts
5.2. Gerichtsort
6. Entscheidung
6.1. Datum
6.2. Aktenzeichen
6.3. Erging die Entscheidung im Versäumnisverfahren?

6.3.1. Nein
6.3.2. Ja(3)
7. Kinder, für die die Entscheidung gilt(4)
7.1. Name, Vornamen und Geburtsdatum
7.2. Name, Vornamen und Geburtsdatum
7.3. Name, Vornamen und Geburtsdatum
7.4. Name, Vornamen und Geburtsdatum
8. Namen der Parteien, denen Prozesskostenhilfe gewährt wurde
9. Bescheinigung über die Vollstreckbarkeit und Zustellung
9.1. Ist die Entscheidung nach dem Recht des Ursprungsmitgliedstaats vollstreckbar?
9.1.1. Ja
9.1.2. Nein
9.2. Ist die Entscheidung der Partei, gegen die vollstreckt werden soll, zugestellt worden?
9.2.1. Ja
9.2.1.1. Name, Vornamen der Partei
9.2.1.2. Anschrift
9.2.1.3. Datum der Zustellung
9.2.2. Nein
10. Besondere Angaben zu Entscheidungen über das Umgangsrecht, wenn die Vollstreckbarkeitserklärung gemäß Artikel 28 beantragt wird. Diese Möglichkeit ist in Artikel 40 Absatz 2 vorgesehen:
10.1. Modalitäten der Ausübung des Umgangsrechts (soweit in der Entscheidung angegeben)
10.1.1. Datum, Uhrzeit
10.1.1.1. Beginn
10.1.1.2. Ende
10.1.2. Ort
10.1.3. Besondere Pflichten des Trägers der elterlichen Verantwortung
10.1.4. Besondere Pflichten des Umgangsberechtigten
10.1.5. Etwaige Beschränkungen des Umgangsrechts
11. Besondere Angaben zu Entscheidungen über die Rückgabe von Kindern, wenn die Vollstreckbarkeitserklärung gemäß Artikel 28 beantragt wird. Diese Möglichkeit ist in Artikel 40 Absatz 2 vorgesehen:
11.1. In der Entscheidung wird die Rückgabe der Kinder angeordnet.
11.2. Rückgabeberechtigter (soweit in der Entscheidung angegeben)
11.2.1. Name, Vornamen
11.2.2 Anschrift
Geschehen zu ... am ...
Unterschrift und/oder Dienstsiegel

(1) Verordnung (EG) Nr. 2201/2003 des Rates vom 27. November 2003 über die Zuständigkeit und Anerkennung und Vollstreckung von Entscheidungen in Ehesachen und in Verfahren betreffend die elterliche Verantwortung und zur Aufhebung der Verordnung (EG) Nr. 1347/2000.
(2) Im Fall des gemeinsamen Sorgerechts kann die in Nummer 3 genannte Person auch in Nummer 4 genannt werden.
(3) Die in Artikel 37 Absatz 2 genannten Urkunden sind vorzulegen.
(4) Gilt die Entscheidung für mehr als vier Kinder, ist ein weiteres Formblatt zu verwenden.

ANHANG III
BESCHEINIGUNG GEMÄSS ARTIKEL 41 ABSATZ 1 ÜBER ENTSCHEIDUNGEN ÜBER DAS UMGANGSRECHT(1)

1. Ursprungsmitgliedstaat
2. Ausstellendes Gericht bzw. ausstellende Behörde
2.1. Bezeichnung
2.2. Anschrift
2.3. Telefon/Fax/E-Mail
3. Träger eines Umgangsrechts
3.1. Name, Vornamen
3.2. Anschrift
3.3. Geburtsdatum und -ort (soweit vorhanden)
4. Träger der elterlichen Verantwortung, die nicht in Nummer 3 genannt sind(2)(3)
4.1.
4.1.1. Name, Vornamen
4.1.2. Anschrift
4.1.3 Geburtsdatum und -ort (soweit bekannt)
4.2.
4.2.1. Name, Vornamen
4.2.2. Anschrift
4.2.3. Geburtsdatum und -ort (soweit bekannt)
4.3. Andere
4.3.1. Name, Vornamen
4.3.2. Anschrift
4.3.3. Geburtsdatum und -ort (soweit bekannt)
5. Gericht, das die Entscheidung erlassen hat
5.1. Bezeichnung des Gerichts
5.2. Gerichtsort
6. Entscheidung
6.1. Datum
6.2. Aktenzeichen
7. Kinder, für die die Entscheidung gilt(4)
7.1. Name, Vornamen und Geburtsdatum
7.2. Name, Vornamen und Geburtsdatum
7.3. Name, Vornamen und Geburtsdatum
7.4. Name, Vornamen und Geburtsdatum
8. Ist die Entscheidung im Ursprungsmitgliedstaat vollstreckbar?
8.1. Ja
8.2. Nein
9. Im Fall des Versäumnisverfahrens wurde das verfahrenseinleitende Schriftstück oder ein gleichwertiges Schriftstück der säumigen Person so rechtzeitig und in einer Weise zugestellt, dass sie sich verteidigen konnte, oder, falls es nicht unter Einhaltung dieser Bedingungen zugestellt wurde, wurde festgestellt, dass sie mit der Entscheidung eindeutig einverstanden ist.

10. Alle betroffenen Parteien hatten Gelegenheit, gehört zu werden.

11. Die Kinder hatten die Möglichkeit, gehört zu werden, sofern eine Anhörung nicht aufgrund ihres Alters oder ihres Reifegrads unangebracht erschien.

12. Modalitäten der Ausübung des Umgangsrechts (soweit in der Entscheidung angegeben)

12.1. Datum, Uhrzeit

12.1.1. Beginn

12.1.2. Ende

12.2. Ort

12.3. Besondere Pflichten des Trägers der elterlichen Verantwortung

12.4. Besondere Pflichten des Umgangsberechtigten

12.5. Etwaige Beschränkungen des Umgangsrechts

13. Namen der Parteien, denen Prozesskostenhilfe gewährt wurde

Geschehen zu ... am ...

Unterschrift und/oder Dienstsiegel

(1) Verordnung (EG) Nr. 2201/2003 des Rates vom 27. November 2003 über die Zuständigkeit und Anerkennung und Vollstreckung von Entscheidungen in Ehesachen und in Verfahren betreffend die elterliche Verantwortung und zur Aufhebung der Verordnung (EG) Nr. 1347/2000.

(2) Im Fall des gemeinsamen Sorgerechts kann die in Nummer 3 genannte Person auch in Nummer 4 genannt werden.

(3) Das Feld ankreuzen, das der Person entspricht, gegenüber der die Entscheidung zu vollstrecken ist.

(4) Gilt die Entscheidung für mehr als vier Kinder, ist ein weiteres Formblatt zu verwenden.

ANHANG IV
BESCHEINIGUNG GEMÄSS ARTIKEL 42 ABSATZ 1 ÜBER ENTSCHEIDUNGEN ÜBER DIE RÜCKGABE DES KINDES(1)

1. Ursprungsmitgliedstaat

2. Ausstellendes Gericht oder ausstellende Behörde

2.1. Bezeichnung

2.2. Anschrift

2.3. Telefon/Fax/E-Mail

3. Rückgabeberechtigter (soweit in der Entscheidung angegeben)

3.1. Name, Vornamen

3.2. Anschrift

3.3. Geburtsdatum und -ort (soweit bekannt)

4. Träger der elterlichen Verantwortung(2)

4.1. Mutter

4.1.1. Name, Vornamen

4.1.2. Anschrift

4.1.3 Geburtsdatum und -ort (soweit bekannt)

4.2. Vater

4.2.1. Name, Vornamen

4.2.2. Anschrift

4.2.3. Geburtsdatum und -ort (soweit bekannt)

4.3. Andere
4.3.1. Name, Vornamen
4.3.2. Anschrift (soweit bekannt)
4.3.3. Geburtsdatum und -ort (soweit bekannt)
5. Beklagte Partei (soweit bekannt)
5.1. Name, Vornamen
5.2. Anschrift (soweit bekannt)
6. Gericht, das die Entscheidung erlassen hat
6.1. Bezeichnung des Gerichts
6.2. Gerichtsort
7. Entscheidung
7.1. Datum
7.2. Aktenzeichen
8. Kinder, für die die Entscheidung gilt(3)
8.1. Name, Vornamen und Geburtsdatum
8.2. Name, Vornamen und Geburtsdatum
8.3. Name, Vornamen und Geburtsdatum
8.4. Name, Vornamen und Geburtsdatum
9. In der Entscheidung wird die Rückgabe des Kindes angeordnet.
10. Ist die Entscheidung im Ursprungsmitgliedstaat vollstreckbar?
10.1. Ja
10.2. Nein
11. Die Kinder hatten die Möglichkeit, gehört zu werden, sofern eine Anhörung nicht aufgrund ihres Alters oder ihres Reifegrads unangebracht erschien.
12. Die Parteien hatten die Möglichkeit, gehört zu werden.
13. In der Entscheidung wird die Rückgabe der Kinder angeordnet, und das Gericht hat in seinem Urteil die Gründe und Beweismittel berücksichtigt, auf die sich die nach Artikel 13 des Haager Übereinkommens vom 25. Oktober 1980 über die zivilrechtlichen Aspekte internationaler Kindesentführung ergangene Entscheidung stützt.
14. Gegebenenfalls die Einzelheiten der Maßnahmen, die von Gerichten oder Behörden ergriffen wurden, um den Schutz des Kindes nach seiner Rückkehr in den Mitgliedstaat seines gewöhnlichen Aufenthalts sicherzustellen
15. Namen der Parteien, denen Prozesskostenhilfe gewährt wurde

Geschehen zu ... am ...

Unterschrift und/oder Dienstsiegel

(1) Verordnung (EG) Nr. 2201/2003 des Rates vom 27. November 2003 über die Zuständigkeit und Anerkennung und Vollstreckung von Entscheidungen in Ehesachen und in Verfahren betreffend die elterliche Verantwortung und zur Aufhebung der Verordnung (EG) Nr. 1347/2000.
(2) Dieser Punkt ist fakultativ.
(3) Gilt die Entscheidung für mehr als vier Kinder, ist ein weiteres Formblatt zu verwenden.

ANHANG V
ENTSPRECHUNGSTABELLE ZUR VERORDNUNG (EG) Nr. 1347/2000
(vom Abdruck wird abgesehen)

ANHANG VI
Erklärungen Schwedens und Finnlands nach Artikel 59 Absatz 2 Buchstabe a) der Verordnung des Rates über die Zuständigkeit und Anerkennung und Vollstreckung von Entscheidungen in Ehesachen und in Verfahren betreffend die elterliche Verantwortung und zur Aufhebung der Verordnung (EG) Nr. 1347/2000.

(vom Abdruck wird abgesehen; betrifft nur die Beziehungen zwischen Schweden und Finnland)

B. Haager Übereinkommen vom 25.10.1980 über die zivilrechtlichen Aspekte internationaler Kindesentführung (Haager Kindesentführungsübereinkommen – HKÜ)

(BGBl 1990 II, S. 206)[2]

Die Unterzeichnerstaaten dieses Übereinkommens –

in der festen Überzeugung, dass das Wohl des Kindes in allen Angelegenheiten des Sorgerechts von vorrangiger Bedeutung ist;

in dem Wunsch, das Kind vor den Nachteilen eines widerrechtlichen Verbringens oder Zurückhaltens international zu schützen und Verfahren einzuführen, um seine sofortige Rückgabe in den Staat seines gewöhnlichen Aufenthalts sicherzustellen und den Schutz des Rechts zum persönlichen Umgang mit dem Kind zu gewährleisten –

haben beschlossen, zu diesem Zweck ein Übereinkommen zu schließen, und haben die folgenden Bestimmungen vereinbart:

Kapitel I Anwendungsbereich des Übereinkommens

Artikel 1

Ziel dieses Übereinkommens ist es,

a) die sofortige Rückgabe widerrechtlich in einen Vertragsstaat verbrachter oder dort zurückgehaltener Kinder sicherzustellen und
b) zu gewährleisten, dass das in einem Vertragsstaat bestehende Sorgerecht und Recht zum persönlichen Umgang in den anderen Vertragsstaaten tatsächlich beachtet wird.

Artikel 2

Die Vertragsstaaten treffen alle geeigneten Maßnahmen, um in ihrem Hoheitsgebiet die Ziele des Übereinkommens zu verwirklichen. Zu diesem Zweck wenden sie ihre schnellstmöglichen Verfahren an.

Artikel 3

Das Verbringen oder Zurückhalten eines Kindes gilt als widerrechtlich, wenn

a) dadurch das Sorgerecht verletzt wird, das einer Person, Behörde oder sonstigen Stelle allein oder gemeinsam nach dem Recht des Staates zusteht, in dem das Kind unmittelbar vor dem Verbringen oder Zurückhalten seinen gewöhnlichen Aufenthalt hatte, und

---

[2] Die Vertragsstaaten des HKÜ im Verhältnis zu Deutschland finden sich nach jeweils aktuellem Stand auf der Internetseite des Bundesamts für Justiz unter: http://www.bundesjustizamt.de/cln_115/nn_2048032/DE/Themen/Buergerdienste/HKUE/Staatenliste/Vertragsstaaten,templateId=raw,property=publicationFile.pdf/Vertragsstaaten.pdf.

b) dieses Recht im Zeitpunkt des Verbringens oder Zurückhaltens allein oder gemeinsam tatsächlich ausgeübt wurde oder ausgeübt worden wäre, falls das Verbringen oder Zurückhalten nicht stattgefunden hätte.

Das unter Buchstabe a genannte Sorgerecht kann insbesondere kraft Gesetzes, aufgrund einer gerichtlichen oder behördlichen Entscheidung oder aufgrund einer nach dem Recht des betreffenden Staates wirksamen Vereinbarung bestehen.

Artikel 4

Das Übereinkommen wird auf jedes Kind angewendet, das unmittelbar vor einer Verletzung des Sorgerechts oder des Rechts zum persönlichen Umgang seinen gewöhnlichen Aufenthalt in einem Vertragsstaat hatte. Das Übereinkommen wird nicht mehr angewendet, sobald das Kind das 16. Lebensjahr vollendet hat.

Artikel 5

Im Sinn dieses Übereinkommens umfasst

a) das „Sorgerecht" die Sorge für die Person des Kindes und insbesondere das Recht, den Aufenthalt des Kindes zu bestimmen;
b) das „Recht zum persönlichen Umgang" das Recht, das Kind für eine begrenzte Zeit an einen anderen Ort als seinen gewöhnlichen Aufenthaltsort zu bringen.

Kapitel II Zentrale Behörden

Artikel 6

Jeder Vertragsstaat bestimmt eine zentrale Behörde, welche die ihr durch dieses Übereinkommen übertragenen Aufgaben wahrnimmt.

Einem Bundesstaat, einem Staat mit mehreren Rechtssystemen oder einem Staat, der aus autonomen Gebietskörperschaften besteht, steht es frei, mehrere zentrale Behörden zu bestimmen und deren räumliche Zuständigkeit festzulegen. Macht ein Staat von dieser Möglichkeit Gebrauch, so bestimmt er die zentrale Behörde, an welche die Anträge zur Übermittlung an die zuständige zentrale Behörde in diesem Staat gerichtet werden können.

Artikel 7

Die zentralen Behörden arbeiten zusammen und fördern die Zusammenarbeit der zuständigen Behörden ihrer Staaten, um die sofortige Rückgabe von Kindern sicherzustellen und auch die anderen Ziele dieses Übereinkommens zu verwirklichen.

Insbesondere treffen sie unmittelbar oder mit Hilfe anderer alle geeigneten Maßnahmen, um

a) den Aufenthaltsort eines widerrechtlich verbrachten oder zurückgehaltenen Kindes ausfindig zu machen;
b) weitere Gefahren von dem Kind oder Nachteile von den betroffenen Parteien abzuwenden, indem sie vorläufige Maßnahmen treffen oder veranlassen;
c) die freiwillige Rückgabe des Kindes sicherzustellen oder eine gütliche Regelung der Angelegenheit herbeizuführen;
d) soweit zweckdienlich, Auskünfte über die soziale Lage des Kindes auszutauschen;
e) im Zusammenhang mit der Anwendung des Übereinkommens allgemeine Auskünfte über das Recht ihrer Staaten zu erteilen;
f) ein gerichtliches oder behördliches Verfahren einzuleiten oder die Einleitung eines solchen Verfahrens zu erleichtern, um die Rückgabe des Kindes zu erwirken sowie gegebenenfalls die Durchführung oder die wirksame Ausübung des Rechts zum persönlichen Umgang zu gewährleisten;
g) soweit erforderlich, die Bewilligung von Prozesskosten- und Beratungshilfe, einschließlich der Beiordnung eines Rechtsanwalts, zu veranlassen oder zu erleichtern;

h) durch etwa notwendige und geeignete behördliche Vorkehrungen die sichere Rückgabe des Kindes zu gewährleisten;
i) einander über die Wirkungsweise des Übereinkommens zu unterrichten und Hindernisse, die seiner Anwendung entgegenstehen, soweit wie möglich auszuräumen.

Kapitel III Rückgabe von Kindern

Artikel 8

Macht eine Person, Behörde oder sonstige Stelle geltend, ein Kind sei unter Verletzung des Sorgerechts verbracht oder zurückgehalten worden, so kann sie sich entweder an die für den gewöhnlichen Aufenthalt des Kindes zuständige zentrale Behörde oder an die zentrale Behörde eines anderen Vertragsstaats wenden, um mit deren Unterstützung die Rückgabe des Kindes sicherzustellen.

Der Antrag muss enthalten

a) Angaben über die Identität des Antragstellers, des Kindes und der Person, die das Kind angeblich verbracht oder zurückgehalten hat;
b) das Geburtsdatum des Kindes, soweit es festgestellt werden kann;
c) die Gründe, die der Antragsteller für seinen Anspruch auf Rückgabe des Kindes geltend macht;
d) alle verfügbaren Angaben über den Aufenthaltsort des Kindes und die Identität der Person, bei der sich das Kind vermutlich befindet.

Der Antrag kann wie folgt ergänzt oder es können ihm folgende Anlagen beigefügt werden:

e) eine beglaubigte Ausfertigung einer für die Sache erheblichen Entscheidung oder Vereinbarung;
f) eine Bescheinigung oder eidesstattliche Erklärung (Affidavit) über die einschlägigen Rechtsvorschriften des betreffenden Staates; sie muss von der zentralen Behörde oder einer sonstigen zuständigen Behörde des Staates, in dem sich das Kind gewöhnlich aufhält, oder von einer dazu befugten Person ausgehen;
g) jedes sonstige für die Sache erhebliche Schriftstück.

Artikel 9

Hat die zentrale Behörde, bei der ein Antrag nach Artikel 8 eingeht, Grund zu der Annahme, dass sich das Kind in einem anderen Vertragsstaat befindet, so übermittelt sie den Antrag unmittelbar und unverzüglich der zentralen Behörde dieses Staates; sie unterrichtet davon die ersuchende zentrale Behörde oder gegebenenfalls den Antragsteller.

Artikel 10

Die zentrale Behörde des Staates, in dem sich das Kind befindet, trifft oder veranlasst alle geeigneten Maßnahmen, um die freiwillige Rückgabe des Kindes zu bewirken.

Artikel 11

In Verfahren auf Rückgabe von Kindern haben die Gerichte oder Verwaltungsbehörden eines jeden Vertragsstaats mit der gebotenen Eile zu handeln.

Hat das Gericht oder die Verwaltungsbehörde, die mit der Sache befasst sind, nicht innerhalb von sechs Wochen nach Eingang des Antrags eine Entscheidung getroffen, so kann der Antragsteller oder die zentrale Behörde des ersuchten Staates von sich aus oder auf Begehren der zentralen Behörde des ersuchenden Staates eine Darstellung der Gründe für die Verzögerung verlangen. Hat die zentrale Behörde des ersuchten Staates die Antwort erhalten, so übermittelt sie diese der zentralen Behörde des ersuchenden Staates oder gegebenenfalls dem Antragsteller.

Artikel 12

Ist ein Kind im Sinn des Artikels 3 widerrechtlich verbracht oder zurückgehalten worden und ist bei Eingang des Antrags bei dem Gericht oder der Verwaltungsbehörde des Vertragsstaats, in dem sich das Kind befindet, eine Frist von weniger als einem Jahr seit dem Verbringen oder Zurückhalten verstrichen, so ordnet das zuständige Gericht oder die zuständige Verwaltungsbehörde die sofortige Rückgabe des Kindes an.

Ist der Antrag erst nach Ablauf der in Absatz 1 bezeichneten Jahresfrist eingegangen, so ordnet das Gericht oder die Verwaltungsbehörde die Rückgabe des Kindes ebenfalls an, sofern nicht erwiesen ist, dass das Kind sich in seine neue Umgebung eingelebt hat.

Hat das Gericht oder die Verwaltungsbehörde des ersuchten Staates Grund zu der Annahme, dass das Kind in einen anderen Staat verbracht worden ist, so kann das Verfahren ausgesetzt oder der Antrag auf Rückgabe des Kindes abgelehnt werden.

Artikel 13

Ungeachtet des Artikels 12 ist das Gericht oder die Verwaltungsbehörde des ersuchten Staates nicht verpflichtet, die Rückgabe des Kindes anzuordnen, wenn die Person, Behörde oder sonstige Stelle, die sich der Rückgabe des Kindes widersetzt, nachweist,

a) dass die Person, Behörde oder sonstige Stelle, der die Sorge für die Person des Kindes zustand, das Sorgerecht zur Zeit des Verbringens oder Zurückhaltens tatsächlich nicht ausgeübt, dem Verbringen oder Zurückhalten zugestimmt oder dieses nachträglich genehmigt hat oder

b) dass die Rückgabe mit der schwerwiegenden Gefahr eines körperlichen oder seelischen Schadens für das Kind verbunden ist oder das Kind auf andere Weise in eine unzumutbare Lage bringt.

Das Gericht oder die Verwaltungsbehörde kann es ferner ablehnen, die Rückgabe des Kindes anzuordnen, wenn festgestellt wird, dass sich das Kind der Rückgabe widersetzt und dass es ein Alter und eine Reife erreicht hat, angesichts deren es angebracht erscheint, seine Meinung zu berücksichtigen.

Bei Würdigung der in diesem Artikel genannten Umstände hat das Gericht oder die Verwaltungsbehörde die Auskünfte über die soziale Lage des Kindes zu berücksichtigen, die von der zentralen Behörde oder einer anderen zuständigen Behörde des Staates des gewöhnlichen Aufenthalts des Kindes erteilt worden sind.

Artikel 14

Haben die Gerichte oder Verwaltungsbehörden des ersuchten Staates festzustellen, ob ein widerrechtliches Verbringen oder Zurückhalten im Sinn des Artikels 3 vorliegt, so können sie das im Staat des gewöhnlichen Aufenthalts des Kindes geltende Recht und die gerichtlichen oder behördlichen Entscheidungen, gleichviel ob sie dort förmlich anerkannt sind oder nicht, unmittelbar berücksichtigen; dabei brauchen sie die besonderen Verfahren zum Nachweis dieses Rechts oder zur Anerkennung ausländischer Entscheidungen, die sonst einzuhalten wären, nicht zu beachten.

Artikel 15

Bevor die Gerichte oder Verwaltungsbehörden eines Vertragsstaats die Rückgabe des Kindes anordnen, können sie vom Antragsteller die Vorlage einer Entscheidung oder sonstigen Bescheinigung der Behörden des Staates des gewöhnlichen Aufenthalts des Kindes verlangen, aus der hervorgeht, dass das Verbringen oder Zurückhalten widerrechtlich im Sinn des Artikels 3 war, sofern in dem betreffenden Staat eine derartige Entscheidung oder Bescheinigung erwirkt werden kann. Die zentralen Behörden der Vertragsstaaten haben den Antragsteller beim Erwirken einer derartigen Entscheidung oder Bescheinigung soweit wie möglich zu unterstützen.

Artikel 16

Ist den Gerichten oder Verwaltungsbehörden des Vertragsstaats, in den das Kind verbracht oder in dem es zurückgehalten wurde, das widerrechtliche Verbringen oder Zurückhalten des Kindes im Sinn des Artikels 3 mitgeteilt worden, so dürfen sie eine Sachentscheidung über das Sorgerecht erst treffen, wenn entschieden ist, dass das Kind aufgrund dieses Übereinkommens nicht zurückzugeben ist, oder wenn innerhalb angemessener Frist nach der Mitteilung kein Antrag nach dem Übereinkommen gestellt wird.

Artikel 17

Der Umstand, dass eine Entscheidung über das Sorgerecht im ersuchten Staat ergangen oder dort anerkennbar ist, stellt für sich genommen keinen Grund dar, die Rückgabe eines Kindes nach Maßgabe dieses Übereinkommens abzulehnen; die Gerichte oder Verwaltungsbehörden des ersuchten Staates können jedoch bei der Anwendung des Übereinkommens die Entscheidungsgründe berücksichtigen.

Artikel 18

Die Gerichte oder Verwaltungsbehörden werden durch die Bestimmungen dieses Kapitels nicht daran gehindert, jederzeit die Rückgabe des Kindes anzuordnen.

Artikel 19

Eine aufgrund dieses Übereinkommens getroffene Entscheidung über die Rückgabe des Kindes ist nicht als Entscheidung über das Sorgerecht anzusehen.

Artikel 20

Die Rückgabe des Kindes nach Artikel 12 kann abgelehnt werden, wenn sie nach den im ersuchten Staat geltenden Grundwerten über den Schutz der Menschenrechte und Grundfreiheiten unzulässig ist.

Kapitel IV Recht zum persönlichen Umgang

Artikel 21

Der Antrag auf Durchführung oder wirksame Ausübung des Rechts zum persönlichen Umgang kann in derselben Weise an die zentrale Behörde eines Vertragsstaats gerichtet werden wie ein Antrag auf Rückgabe des Kindes.

Die zentralen Behörden haben aufgrund der in Artikel 7 genannten Verpflichtung zur Zusammenarbeit die ungestörte Ausübung des Rechts zum persönlichen Umgang sowie die Erfüllung aller Bedingungen zu fördern, denen die Ausübung dieses Rechts unterliegt. Die zentralen Behörden unternehmen Schritte, um soweit wie möglich alle Hindernisse auszuräumen, die der Ausübung dieses Rechts entgegenstehen.

Die zentralen Behörden können unmittelbar oder mit Hilfe anderer die Einleitung eines Verfahrens vorbereiten oder unterstützen mit dem Ziel, das Recht zum persönlichen Umgang durchzuführen oder zu schützen und zu gewährleisten, dass die Bedingungen, von denen die Ausübung dieses Rechts abhängen kann, beachtet werden.

Kapitel V Allgemeine Bestimmungen

Artikel 22

In gerichtlichen oder behördlichen Verfahren, die unter dieses Übereinkommen fallen, darf für die Zahlung von Kosten und Auslagen eine Sicherheitsleistung oder Hinterlegung gleich welcher Bezeichnung nicht auferlegt werden.

Artikel 23

Im Rahmen dieses Übereinkommens darf keine Legalisation oder ähnliche Förmlichkeit verlangt werden.

Artikel 24

Anträge, Mitteilungen oder sonstige Schriftstücke werden der zentralen Behörde des ersuchten Staates in der Originalsprache zugesandt; sie müssen von einer Übersetzung in die Amtssprache oder eine der Amtssprachen des ersuchten Staates oder, wenn eine solche Übersetzung nur schwer erhältlich ist, von einer Übersetzung ins Französische oder Englische begleitet sein.

Ein Vertragsstaat kann jedoch einen Vorbehalt nach Artikel 42 anbringen und darin gegen die Verwendung des Französischen oder Englischen, jedoch nicht beider Sprachen, in den seiner zentralen Behörde übersandten Anträgen, Mitteilungen oder sonstigen Schriftstücken Einspruch erheben.

Artikel 25

Angehörigen eines Vertragsstaats und Personen, die ihren gewöhnlichen Aufenthalt in einem solchen Staat haben, wird in allen mit der Anwendung dieses Übereinkommens zusammenhängenden Angelegenheiten Prozesskosten- und Beratungshilfe in jedem anderen Vertragsstaat zu denselben Bedingungen bewilligt wie Angehörigen des betreffenden Staates, die dort ihren gewöhnlichen Aufenthalt haben.

Artikel 26

Jede zentrale Behörde trägt ihre eigenen Kosten, die bei der Anwendung dieses Übereinkommens entstehen.

Für die nach diesem Übereinkommen gestellten Anträge erheben die zentralen Behörden und andere Behörden der Vertragsstaaten keine Gebühren. Insbesondere dürfen sie vom Antragsteller weder die Bezahlung von Verfahrenskosten noch die Kosten verlangen, die gegebenenfalls durch die Beiordnung eines Rechtsanwaltes entstehen. Sie können jedoch die Erstattung der Auslagen verlangen, die durch die Rückgabe des Kindes entstanden sind oder entstehen.

Ein Vertragsstaat kann jedoch einen Vorbehalt nach Artikel 42 anbringen und darin erklären, dass er nur insoweit gebunden ist, die sich aus der Beiordnung eines Rechtsanwalts oder aus einem Gerichtsverfahren ergebenden Kosten im Sinn des Absatzes 2 zu übernehmen, als diese Kosten durch sein System der Prozesskosten- und Beratungshilfe gedeckt sind.

Wenn die Gerichte oder Verwaltungsbehörden aufgrund dieses Übereinkommens die Rückgabe des Kindes anordnen oder Anordnungen über das Recht zum persönlichen Umgang treffen, können sie, soweit angezeigt, der Person, die das Kind verbracht oder zurückgehalten oder die die Ausübung des Rechts zum persönlichen Umgang vereitelt hat, die Erstattung der dem Antragsteller selbst oder für seine Rechnung entstandenen notwendigen Kosten auferlegen; dazu gehören insbesondere die Reisekosten, alle Kosten oder Auslagen für das Auffinden des Kindes, Kosten der Rechtsvertretung des Antragstellers und Kosten für die Rückgabe des Kindes.

Artikel 27

Ist offenkundig, dass die Voraussetzungen dieses Übereinkommens nicht erfüllt sind oder dass der Antrag sonst wie unbegründet ist, so ist eine zentrale Behörde nicht verpflichtet, den Antrag anzunehmen. In diesem Fall teilt die zentrale Behörde dem Antragsteller oder gegebenenfalls der zentralen Behörde, die ihr den Antrag übermittelt hat, umgehend ihre Gründe mit.

Artikel 28

Eine zentrale Behörde kann verlangen, dass dem Antrag eine schriftliche Vollmacht beigefügt wird, durch die sie ermächtigt wird, für den Antragsteller tätig zu werden oder einen Vertreter zu bestellen, der für ihn tätig wird.

Artikel 29

Dieses Übereinkommen hindert Personen, Behörden oder sonstige Stellen, die eine Verletzung des Sorgerechts oder des Rechts zum persönlichen Umgang im Sinn des Artikels 3 oder 21 geltend machen, nicht daran, sich unmittelbar an die Gerichte oder Verwaltungsbehörden eines Vertragsstaats zu wenden, gleichviel ob dies in Anwendung des Übereinkommens oder unabhängig davon erfolgt.

Artikel 30

Jeder Antrag, der nach diesem Übereinkommen an die zentralen Behörden oder unmittelbar an die Gerichte oder Verwaltungsbehörden eines Vertragsstaats gerichtet wird, sowie alle dem Antrag beigefügten oder von einer zentralen Behörde beschafften Schriftstücke und sonstigen Mitteilungen sind von den Gerichten oder Verwaltungsbehörden der Vertragsstaaten ohne weiteres entgegenzunehmen.

Artikel 31

Bestehen in einem Staat auf dem Gebiet des Sorgerechts für Kinder zwei oder mehr Rechtssysteme, die in verschiedenen Gebietseinheiten gelten, so ist

a) eine Verweisung auf den gewöhnlichen Aufenthalt in diesem Staat als Verweisung auf den gewöhnlichen Aufenthalt in einer Gebietseinheit dieses Staates zu verstehen;
b) eine Verweisung auf das Recht des Staates des gewöhnlichen Aufenthalts als Verweisung auf das Recht der Gebietseinheit dieses Staates zu verstehen, in der das Kind seinen gewöhnlichen Aufenthalt hat.

Artikel 32

Bestehen in einem Staat auf dem Gebiet des Sorgerechts für Kinder zwei oder mehr Rechtssysteme, die für verschiedene Personenkreise gelten, so ist eine Verweisung auf das Recht dieses Staates als Verweisung auf das Rechtssystem zu verstehen, das sich aus der Rechtsordnung dieses Staates ergibt.

Artikel 33

Ein Staat, in dem verschiedene Gebietseinheiten ihre eigenen Rechtsvorschriften auf dem Gebiet des Sorgerechts für Kinder haben, ist nicht verpflichtet, dieses Übereinkommen anzuwenden, wenn ein Staat mit einheitlichem Rechtssystem dazu nicht verpflichtet wäre.

Artikel 34

Dieses Übereinkommen geht im Rahmen eines sachlichen Anwendungsbereichs dem Übereinkommen vom 5. Oktober 1961 über die Zuständigkeit der Behörden und das anzuwendende Recht auf dem Gebiet des Schutzes von Minderjährigen vor, soweit die Staaten Vertragsparteien beider Übereinkommen sind. Im übrigen beschränkt dieses Übereinkommen weder die Anwendung anderer internationaler Übereinkünfte, die zwischen dem Ursprungsstaat und dem ersuchten Staat in Kraft sind, noch die Anwendung des nichtvertraglichen Rechts des ersuchten Staates, wenn dadurch die Rückgabe eines widerrechtlich verbrachten oder zurückgehaltenen Kindes erwirkt oder die Durchführung des Rechts zum persönlichen Umgang bezweckt werden soll.

Artikel 35

Dieses Übereinkommen findet zwischen den Vertragsstaaten nur auf ein widerrechtliches Verbringen oder Zurückhalten Anwendung, das sich nach seinem Inkrafttreten in diesen Staaten ereignet hat.

Ist eine Erklärung nach Artikel 39 oder 40 abgegeben worden, so ist die in Absatz 1 des vorliegenden Artikels enthaltene Verweisung auf einen Vertragsstaat als Verweisung auf die Gebietseinheit oder die Gebietseinheiten zu verstehen, auf die das Übereinkommen angewendet wird.

Artikel 36

Dieses Übereinkommen hindert zwei oder mehr Vertragsstaaten nicht daran, Einschränkungen, denen die Rückgabe eines Kindes unterliegen kann, dadurch zu begrenzen, dass sie untereinander vereinbaren, von solchen Bestimmungen des Übereinkommens abzuweichen, die eine derartige Einschränkung darstellen könnten.

Kapitel VI Schlussbestimmungen

Artikel 37

Dieses Übereinkommen liegt für die Staaten zur Unterzeichnung auf, die zum Zeitpunkt der Vierzehnten Tagung der Haager Konferenz für Internationales Privatrecht Mitglied der Konferenz waren.

Es bedarf der Ratifikation, Annahme oder Genehmigung; die Ratifikations-, Annahme- oder Genehmigungsurkunden werden beim Ministerium für Auswärtige Angelegenheiten des Königreichs der Niederlande hinterlegt.

Artikel 38

Jeder andere Staat kann dem Übereinkommen beitreten.

Die Beitrittsurkunde wird beim Ministerium für Auswärtige Angelegenheiten des Königreichs der Niederlande hinterlegt.

Das Übereinkommen tritt für den beitretenden Staat am ersten Tag des dritten Kalendermonats nach Hinterlegung seiner Beitrittsurkunde in Kraft.

Der Beitritt wirkt nur in den Beziehungen zwischen dem beitretenden Staat und den Vertragsstaaten, die erklären, den Beitritt anzunehmen. Eine solche Erklärung ist auch von jedem Mitgliedstaat abzugeben, der nach dem Beitritt das Übereinkommen ratifiziert, annimmt oder genehmigt. Diese Erklärung wird beim Ministerium für Auswärtige Angelegenheiten des Königreichs der Niederlande hinterlegt; dieses Ministerium übermittelt jedem Vertragsstaat auf diplomatischem Weg eine beglaubigte Abschrift.

Das Übereinkommen tritt zwischen dem beitretenden Staat und dem Staat, der erklärt hat, den Beitritt anzunehmen, am ersten Tag des dritten Kalendermonats nach Hinterlegung der Annahmeerklärung in Kraft.

Artikel 39

Jeder Staat kann bei der Unterzeichnung der Ratifikation, der Annahme, der Genehmigung oder dem Beitritt erklären, dass sich das Übereinkommen auf alle oder auf einzelne der Hoheitsgebiete erstreckt, deren internationale Beziehungen er wahrnimmt. Eine solche Erklärung wird wirksam, sobald das Übereinkommen für den betreffenden Staat in Kraft tritt.

Eine solche Erklärung sowie jede spätere Erstreckung wird dem Ministerium für Auswärtige Angelegenheiten des Königreichs der Niederlande notifiziert.

Artikel 40

Ein Vertragsstaat, der aus zwei oder mehr Gebietseinheiten besteht, in denen für die in diesem Übereinkommen behandelten Angelegenheiten unterschiedliche Rechtssysteme gelten, kann bei der Unterzeichnung, der Ratifikation, der Annahme, der Genehmigung oder dem Beitritt erklären, dass das Übereinkommen auf alle seine Gebietseinheiten oder nur auf eine oder mehrere davon erstreckt wird; er kann diese Erklärung durch Abgabe einer neuen Erklärung jederzeit ändern.

Jede derartige Erklärung wird dem Ministerium für Auswärtige Angelegenheiten des Königreichs der Niederlande unter ausdrücklicher Bezeichnung der Gebietseinheiten notifiziert, auf die das Übereinkommen angewendet wird.

Artikel 41

Hat ein Vertragsstaat eine Staatsform, aufgrund deren die vollziehende, die rechtsprechende und die gesetzgebende Gewalt zwischen zentralen und anderen Organen innerhalb des betreffenden Staates aufgeteilt sind, so hat die Unterzeichnung oder Ratifikation, Annahme oder Genehmigung dieses Übereinkommens oder der Beitritt zu dem Übereinkommen oder die Abgabe einer Erklärung nach Artikel 40 keinen Einfluss auf die Aufteilung der Gewalt innerhalb dieses Staates.

Artikel 42

Jeder Staat kann spätestens bei der Ratifikation, der Annahme, der Genehmigung oder dem Beitritt oder bei Abgabe einer Erklärung nach Artikel 39 oder 40 einen der in Artikel 24 und Artikel 26 Absatz 3 vorgesehenen Vorbehalte oder beide anbringen. Weitere Vorbehalte sind nicht zulässig.

Jeder Staat kann einen von ihm angebrachten Vorbehalt jederzeit zurücknehmen. Die Rücknahme wird dem Ministerium für Auswärtige Angelegenheiten des Königreichs der Niederlande notifiziert.

Die Wirkung des Vorbehalts endet am ersten Tag des dritten Kalendermonats nach der in Absatz 2 genannten Notifikation.

Artikel 43

Das Übereinkommen tritt am ersten Tag des dritten Kalendermonats nach der in den Artikeln 37 und 38 vorgesehenen Hinterlegung der dritten Ratifikations-, Annahme-, Genehmigungs- oder Beitrittsurkunde in Kraft.

Danach tritt das Übereinkommen in Kraft:

1. für jeden Staat, der es später ratifiziert annimmt, genehmigt oder ihm später beitritt, am ersten Tag des dritten Kalendermonats nach Hinterlegung seiner Ratifikations-, Annahme-, Genehmigungs- oder Beitrittsurkunde;
2. für jedes Hoheitsgebiet oder jede Gebietseinheit, auf die es nach Artikel 39 oder 40 erstreckt worden ist, am ersten Tag des dritten Kalendermonats nach der in dem betreffenden Artikel vorgesehenen Notifikation.

Artikel 44

Das Übereinkommen bleibt für die Dauer von fünf Jahren in Kraft, vom Tag seines Inkrafttretens nach Artikel 43 Absatz 1 an gerechnet, und zwar auch für die Staaten, die es später ratifiziert, angenommen oder genehmigt haben oder ihm später beigetreten sind.

Die Geltungsdauer des Übereinkommens verlängert sich, außer im Fall der Kündigung, stillschweigend um jeweils fünf Jahre.

Die Kündigung wird spätestens sechs Monate vor Ablauf der fünf Jahre dem Ministerium für Auswärtige Angelegenheiten des Königreichs der Niederlande notifiziert. Sie kann sich auf bestimmte Hoheitsgebiete oder Gebietseinheiten beschränken, auf die das Übereinkommen angewendet wird.

Die Kündigung wirkt nur für den Staat, der sie notifiziert hat. Für die anderen Vertragsstaaten bleibt das Übereinkommen in Kraft.

Artikel 45

Das Ministerium für Auswärtige Angelegenheiten des Königreichs der Niederlande notifiziert den Mitgliedstaaten der Konferenz sowie den Staaten, die nach Artikel 38 beigetreten sind,

1. jede Unterzeichnung, Ratifikation, Annahme und Genehmigung nach Artikel 37;
2. jeden Beitritt nach Artikel 38;
3. den Tag, an dem das Übereinkommen nach Artikel 43 in Kraft tritt;
4. jede Erstreckung nach Artikel 39;
5. jede Erklärung nach den Artikeln 38 und 40;
6. jeden Vorbehalt nach Artikel 24 und Artikel 26 Absatz 3 und jede Rücknahme von Vorbehalten nach Artikel 42;
7. jede Kündigung nach Artikel 44.

Zu Urkund dessen haben die hierzu gehörig befugten Unterzeichneten dieses Übereinkommens unterschrieben.

Geschehen in Den Haag am 25. Oktober 1980 in französischer und englischer Sprache, wobei jeder Wortlaut gleichermaßen verbindlich ist, in einer Urschrift, die im Archiv der Regierung des Königreichs der Niederlande hinterlegt und von der jedem Staat, der während der Vierzehnten Tagung der Haager Konferenz für Internationales Privatrecht Mitglied der Konferenz war, auf diplomatischem Weg eine beglaubigte Abschrift übermittelt wird.

C. Haager Übereinkommen vom 19.10.1996 über die Zuständigkeit, das anzuwendende Recht, die Anerkennung, Vollstreckung und Zusammenarbeit bezüglich der elterlichen Verantwortung und Maßnahmen zum Schutz von Kindern (Haager Kinderschutzübereinkommen – KSÜ)

Die Unterzeichnerstaaten[3] dieses Übereinkommens –

in der Erwägung, dass der Schutz von Kindern im internationalen Bereich verbessert werden muss;

in dem Wunsch, Konflikte zwischen ihren Rechtssystemen in bezug auf die Zuständigkeit, das anzuwendende Recht, die Anerkennung und Vollstreckung von Maßnahmen zum Schutz von Kindern zu vermeiden;

eingedenk der Bedeutung der internationalen Zusammenarbeit für den Schutz von Kindern;

bekräftigend, dass das Wohl des Kindes vorrangig zu berücksichtigen ist;

angesichts der Notwendigkeit, das Übereinkommen vom 5.10.1961 über die Zuständigkeit der Behörden und das anzuwendende Recht auf dem Gebiet des Schutzes von Minderjährigen zu überarbeiten;

in dem Wunsch, zu diesem Zweck unter Berücksichtigung des Übereinkommens der Vereinten Nationen vom 20.11.1989 über die Rechte des Kindes gemeinsame Bestimmungen festzulegen –

haben die folgenden Bestimmungen vereinbart:

Kapitel I Anwendungsbereich des Übereinkommens

Artikel 1

(1) Ziel dieses Übereinkommens ist es,
 a) den Staat zu bestimmen, dessen Behörden zuständig sind, Maßnahmen zum Schutz der Person oder des Vermögens des Kindes zu treffen;
 b) das von diesen Behörden bei der Ausübung ihrer Zuständigkeit anzuwendende Recht zu bestimmen;
 c) das auf die elterliche Verantwortung anzuwendende Recht zu bestimmen;
 d) die Anerkennung und Vollstreckung der Schutzmaßnahmen in allen Vertragsstaaten sicherzustellen;
 e) die zur Verwirklichung der Ziele dieses Übereinkommens notwendige Zusammenarbeit zwischen den Behörden der Vertragsstaaten einzurichten.

(2) Im Sinn dieses Übereinkommens umfasst der Begriff „elterliche Verantwortung" die elterliche Sorge[4] und jedes andere entsprechende Sorgeverhältnis, das die Rechte, Befugnisse und Pflichten der Eltern, des Vormunds oder eines anderen gesetzlichen Vertreters in bezug auf die Person oder das Vermögen des Kindes bestimmt.

Artikel 2

Dieses Übereinkommen ist auf Kinder von ihrer Geburt bis zur Vollendung des 18. Lebensjahrs anzuwenden.

Artikel 3

Die Maßnahmen, auf die in Artikel 1 Bezug genommen wird, können insbesondere folgendes umfassen:

---

3 Die Vertragsstaaten des KSÜ sind mit jeweils aktuellem Stand verzeichnet auf der Internetseite der Haager Konferenz und dort unter: http://www.bundesjustizamt.de/cln_115/nn_2048032/DE/Themen/Buergerdienste/HKUE/Staatenliste/Vertragsstaaten,templateId=raw,property=publicationFile.pdf/Vertragsstaaten.pdf.
4 Für Österreich: die Obsorge.

a) die Zuweisung, die Ausübung und die vollständige oder teilweise Entziehung der elterlichen Verantwortung sowie deren Übertragung;
b) das Sorgerecht einschliesslich der Sorge für die Person des Kindes und insbesondere des Rechts, den Aufenthalt des Kindes zu bestimmen, sowie das Recht auf persönlichen Verkehr[5] einschliesslich des Rechts, das Kind für eine begrenzte Zeit an einen anderen Ort als den seines gewöhnlichen Aufenthalts zu bringen;
c) die Vormundschaft, die Beistandschaft[6] und entsprechende Einrichtungen;
d) die Bestimmung und den Aufgabenbereich jeder Person oder Stelle, die für die Person oder das Vermögen des Kindes verantwortlich ist, das Kind vertritt oder ihm beisteht;
e) die Unterbringung des Kindes in einer Pflegefamilie oder einem Heim oder seine Betreuung durch Kafala oder eine entsprechende Einrichtung;
f) die behördliche Aufsicht über die Betreuung eines Kindes durch jede Person, die für das Kind verantwortlich ist;
g) die Verwaltung und Erhaltung des Vermögens des Kindes oder die Verfügung darüber.

Artikel 4

Dieses Übereinkommen ist nicht anzuwenden

a) auf die Feststellung und Anfechtung des Eltern-Kind-Verhältnisses;
b) auf Adoptionsentscheidungen und Maßnahmen zur Vorbereitung einer Adoption sowie auf die Ungültigerklärung und den Widerruf der Adoption;
c) auf Namen und Vornamen des Kindes;
d) auf die Volljährigerklärung;
e) auf Unterhaltspflichten;
f) auf trusts und Erbschaften;
g) auf die soziale Sicherheit;
h) auf öffentliche Maßnahmen allgemeiner Art in Angelegenheiten der Erziehung und Gesundheit;
i) auf Maßnahmen infolge von Straftaten, die von Kindern begangen wurden;
j) auf Entscheidungen über Asylrecht und Einwanderung.

Kapitel II Zuständigkeit

Artikel 5

(1) Die Behörden, seien es Gerichte oder Verwaltungsbehörden, des Vertragsstaats, in dem das Kind seinen gewöhnlichen Aufenthalt hat, sind zuständig, Maßnahmen zum Schutz der Person oder des Vermögens des Kindes zu treffen.

(2) Vorbehaltlich des Artikels 7 sind bei einem Wechsel des gewöhnlichen Aufenthalts des Kindes in einen anderen Vertragsstaat die Behörden des Staates des neuen gewöhnlichen Aufenthalts zuständig.

Artikel 6

(1) Über Flüchtlingskinder und Kinder, die infolge von Unruhen in ihrem Land in ein anderes Land gelangt sind, üben die Behörden des Vertragsstaats, in dessen Hoheitsgebiet sich die Kinder demzufolge befinden, die in Artikel 5 Absatz 1 vorgesehene Zuständigkeit aus.

(2) Absatz 1 ist auch auf Kinder anzuwenden, deren gewöhnlicher Aufenthalt nicht festgestellt werden kann.

Artikel 7

(1) Bei widerrechtlichem Verbringen oder Zurückhalten des Kindes bleiben die Behörden des Vertragsstaats, in dem das Kind unmittelbar vor dem Verbringen oder Zurückhalten seinen gewöhnlichen Aufenthalt hatte, so lange zuständig, bis das Kind einen gewöhnlichen Aufenthalt in einem anderen Staat erlangt hat und

---

5 Für Deutschland: das Recht zum persönlichen Umgang.
6 Für Deutschland: die Pflegschaft, für Österreich: die besondere Sachwalterschaft.

a) jede sorgeberechtigte Person, Behörde oder sonstige Stelle das Verbringen oder Zurückhalten genehmigt hat, oder
b) das Kind sich in diesem anderen Staat mindestens ein Jahr aufgehalten hat, nachdem die sorgeberechtigte Person, Behörde oder sonstige Stelle seinen Aufenthaltsort kannte oder hätte kennen müssen, kein während dieses Zeitraums gestellter Antrag auf Rückgabe mehr anhängig ist und das Kind sich in seinem neuen Umfeld eingelebt hat.

(2) Das Verbringen oder Zurückhalten eines Kindes gilt als widerrechtlich, wenn
a) dadurch das Sorgerecht verletzt wird, das einer Person, Behörde oder sonstigen Stelle allein oder gemeinsam nach dem Recht des Staates zusteht, in dem das Kind unmittelbar vor dem Verbringen oder Zurückhalten seinen gewöhnlichen Aufenthalt hatte, und
b) dieses Recht im Zeitpunkt des Verbringens oder Zurückhaltens allein oder gemeinsam tatsächlich ausgeübt wurde oder ausgeübt worden wäre, falls das Verbringen oder Zurückhalten nicht stattgefunden hätte.

Das unter Buchstabe a genannte Sorgerecht kann insbesondere kraft Gesetzes, aufgrund einer gerichtlichen oder behördlichen Entscheidung oder aufgrund einer nach dem Recht des betreffenden Staates wirksamen Vereinbarung bestehen.

(3) Solange die in Absatz 1 genannten Behörden zuständig bleiben, können die Behörden des Vertragsstaats, in den das Kind verbracht oder in dem es zurückgehalten wurde, nur die nach Artikel 11 zum Schutz der Person oder des Vermögens des Kindes erforderlichen dringenden Maßnahmen treffen.

Artikel 8

(1) Ausnahmsweise kann die nach Artikel 5 oder 6 zuständige Behörde eines Vertragsstaats, wenn sie der Auffassung ist, dass die Behörde eines anderen Vertragsstaats besser in der Lage wäre, das Wohl des Kindes im Einzelfall zu beurteilen,
– entweder diese Behörde unmittelbar oder mit Unterstützung der Zentralen Behörde dieses Staates ersuchen, die Zuständigkeit zu übernehmen, um die Schutzmaßnahmen zu treffen, die sie für erforderlich hält,
– oder das Verfahren aussetzen und die Parteien einladen, bei der Behörde dieses anderen Staates einen solchen Antrag zu stellen.

(2) Die Vertragsstaaten, deren Behörden nach Absatz 1 ersucht werden können, sind
a) ein Staat, dem das Kind angehört,
b) ein Staat, in dem sich Vermögen des Kindes befindet,
c) ein Staat, bei dessen Behörden ein Antrag der Eltern des Kindes auf Scheidung, Trennung, Aufhebung oder Nichtigerklärung der Ehe anhängig ist,
d) ein Staat, zu dem das Kind eine enge Verbindung hat.

(3) Die betreffenden Behörden können einen Meinungsaustausch aufnehmen.

(4) Die nach Absatz 1 ersuchte Behörde kann die Zuständigkeit anstelle der nach Artikel 5 oder 6 zuständigen Behörde übernehmen, wenn sie der Auffassung ist, dass dies dem Wohl des Kindes dient.

Artikel 9

(1) Sind die in Artikel 8 Absatz 2 genannten Behörden eines Vertragsstaats der Auffassung, dass sie besser in der Lage sind, das Wohl des Kindes im Einzelfall zu beurteilen, so können sie
– entweder die zuständige Behörde des Vertragsstaats des gewöhnlichen Aufenthalts des Kindes unmittelbar oder mit Unterstützung der Zentralen Behörde dieses Staates ersuchen, ihnen zu gestatten, die Zuständigkeit auszuüben, um die von ihnen für erforderlich gehaltenen Schutzmaßnahmen zu treffen,
– oder die Parteien einladen, bei der Behörde des Vertragsstaats des gewöhnlichen Aufenthalts des Kindes einen solchen Antrag zu stellen.

(2) Die betreffenden Behörden können einen Meinungsaustausch aufnehmen.

(3) Die Behörde, von welcher der Antrag ausgeht, darf die Zuständigkeit anstelle der Behörde des Vertragsstaats des gewöhnlichen Aufenthalts des Kindes nur ausüben, wenn diese den Antrag angenommen hat.

Artikel 10

(1) Unbeschadet der Artikel 5 bis 9 können die Behörden eines Vertragsstaats in Ausübung ihrer Zuständigkeit für die Entscheidung über einen Antrag auf Scheidung, Trennung, Aufhebung oder Nichtigerklärung der Ehe der Eltern eines Kindes, das seinen gewöhnlichen Aufenthalt in einem anderen Vertragsstaat hat, sofern das Recht ihres Staates dies zulässt, Maßnahmen zum Schutz der Person oder des Vermögens des Kindes treffen, wenn

a) einer der Eltern zu Beginn des Verfahrens seinen gewöhnlichen Aufenthalt in diesem Staat und ein Elternteil die elterliche Verantwortung für das Kind hat und

b) die Eltern und jede andere Person, welche die elterliche Verantwortung für das Kind hat, die Zuständigkeit dieser Behörden für das Ergreifen solcher Maßnahmen anerkannt haben und diese Zuständigkeit dem Wohl des Kindes entspricht.

(2) Die in Absatz 1 vorgesehene Zuständigkeit für das Ergreifen von Maßnahmen zum Schutz des Kindes endet, sobald die stattgebende oder abweisende Entscheidung über den Antrag auf Scheidung, Trennung, Aufhebung oder Nichtigerklärung der Ehe endgültig geworden ist oder das Verfahren aus einem anderen Grund beendet wurde.

Artikel 11

(1) In allen dringenden Fällen sind die Behörden jedes Vertragsstaats, in dessen Hoheitsgebiet sich das Kind oder ihm gehörendes Vermögen befindet, zuständig, die erforderlichen Schutzmaßnahmen zu treffen.

(2) Maßnahmen nach Absatz 1, die in bezug auf ein Kind mit gewöhnlichem Aufenthalt in einem Vertragsstaat getroffen wurden, treten außer Kraft, sobald die nach den Artikeln 5 bis 10 zuständigen Behörden die durch die Umstände gebotenen Maßnahmen getroffen haben.

(3) Maßnahmen nach Absatz 1, die in bezug auf ein Kind mit gewöhnlichem Aufenthalt in einem Nichtvertragsstaat getroffen wurden, treten in jedem Vertragsstaat außer Kraft, sobald dort die durch die Umstände gebotenen und von den Behörden eines anderen Staates getroffenen Maßnahmen anerkannt werden.

Artikel 12

(1) Vorbehaltlich des Artikels 7 sind die Behörden eines Vertragsstaats, in dessen Hoheitsgebiet sich das Kind oder ihm gehörendes Vermögen befindet, zuständig, vorläufige und auf das Hoheitsgebiet dieses Staates beschränkte Maßnahmen zum Schutz der Person oder des Vermögens des Kindes zu treffen, soweit solche Maßnahmen nicht mit den Maßnahmen unvereinbar sind, welche die nach den Artikeln 5 bis 10 zuständigen Behörden bereits getroffen haben.

(2) Maßnahmen nach Absatz 1, die in bezug auf ein Kind mit gewöhnlichem Aufenthalt in einem Vertragsstaat getroffen wurden, treten außer Kraft, sobald die nach den Artikeln 5 bis 10 zuständigen Behörden eine Entscheidung über die Schutzmaßnahmen getroffen haben, die durch die Umstände geboten sein könnten.

(3) Maßnahmen nach Absatz 1, die in bezug auf ein Kind mit gewöhnlichem Aufenthalt in einem Nichtvertragsstaat getroffen wurden, treten in dem Vertragsstaat außer Kraft, in dem sie getroffen worden sind, sobald dort die durch die Umstände gebotenen und von den Behörden eines anderen Staates getroffenen Maßnahmen anerkannt werden.

Artikel 13

(1) Die Behörden eines Vertragsstaats, die nach den Artikeln 5 bis 10 zuständig sind, Maßnahmen zum Schutz der Person oder des Vermögens des Kindes zu treffen, dürfen diese Zuständigkeit nicht ausüben, wenn bei Einleitung des Verfahrens entsprechende Maßnahmen bei den Behörden

eines anderen Vertragsstaats beantragt worden sind, die in jenem Zeitpunkt nach den Artikeln 5 bis 10 zuständig waren, und diese Maßnahmen noch geprüft werden.

(2) Absatz 1 ist nicht anzuwenden, wenn die Behörden, bei denen Maßnahmen zuerst beantragt wurden, auf ihre Zuständigkeit verzichtet haben.

Artikel 14

Selbst wenn durch eine Änderung der Umstände die Grundlage der Zuständigkeit wegfällt, bleiben die nach den Artikeln 5 bis 10 getroffenen Maßnahmen innerhalb ihrer Reichweite so lange in Kraft, bis die nach diesem Übereinkommen zuständigen Behörden sie ändern, ersetzen oder aufheben.

Kapitel III Anzuwendendes Recht

Artikel 15

(1) Bei der Ausübung ihrer Zuständigkeit nach Kapitel II wenden die Behörden der Vertragsstaaten ihr eigenes Recht an.

(2) Soweit es der Schutz der Person oder des Vermögens des Kindes erfordert, können sie jedoch ausnahmsweise das Recht eines anderen Staates anwenden oder berücksichtigen, zu dem der Sachverhalt eine enge Verbindung hat.

(3) Wechselt der gewöhnliche Aufenthalt des Kindes in einen anderen Vertragsstaat, so bestimmt das Recht dieses anderen Staates vom Zeitpunkt des Wechsels an die Bedingungen, unter denen die im Staat des früheren gewöhnlichen Aufenthalts getroffenen Maßnahmen angewendet werden.

Artikel 16

(1) Die Zuweisung oder das Erlöschen der elterlichen Verantwortung kraft Gesetzes ohne Einschreiten eines Gerichts oder einer Verwaltungsbehörde bestimmt sich nach dem Recht des Staates des gewöhnlichen Aufenthalts des Kindes.

(2) Die Zuweisung oder das Erlöschen der elterlichen Verantwortung durch eine Vereinbarung oder ein einseitiges Rechtsgeschäft ohne Einschreiten eines Gerichts oder einer Verwaltungsbehörde bestimmt sich nach dem Recht des Staates des gewöhnlichen Aufenthalts des Kindes in dem Zeitpunkt, in dem die Vereinbarung oder das einseitige Rechtsgeschäft wirksam wird.

(3) Die elterliche Verantwortung nach dem Recht des Staates des gewöhnlichen Aufenthalts des Kindes besteht nach dem Wechsel dieses gewöhnlichen Aufenthalts in einen anderen Staat fort.

(4) Wechselt der gewöhnliche Aufenthalt des Kindes, so bestimmt sich die Zuweisung der elterlichen Verantwortung kraft Gesetzes an eine Person, die diese Verantwortung nicht bereits hat, nach dem Recht des Staates des neuen gewöhnlichen Aufenthalts.

Artikel 17

Die Ausübung der elterlichen Verantwortung bestimmt sich nach dem Recht des Staates des gewöhnlichen Aufenthalts des Kindes. Wechselt der gewöhnliche Aufenthalt des Kindes, so bestimmt sie sich nach dem Recht des Staates des neuen gewöhnlichen Aufenthalts.

Artikel 18

Durch Maßnahmen nach diesem Übereinkommen kann die in Artikel 16 genannte elterliche Verantwortung entzogen oder können die Bedingungen ihrer Ausübung geändert werden.

Artikel 19

(1) Die Gültigkeit eines Rechtsgeschäfts zwischen einem Dritten und einer anderen Person, die nach dem Recht des Staates, in dem das Rechtsgeschäft abgeschlossen wurde, als gesetzlicher Vertreter zu handeln befugt wäre, kann nicht allein deswegen bestritten und der Dritte nicht nur deswegen verantwortlich gemacht werden, weil die andere Person nach dem in diesem Kapitel

bestimmten Recht nicht als gesetzlicher Vertreter zu handeln befugt war, es sei denn, der Dritte wusste oder hätte wissen müssen, dass sich die elterliche Verantwortung nach diesem Recht bestimmte.

(2) Absatz 1 ist nur anzuwenden, wenn das Rechtsgeschäft unter Anwesenden im Hoheitsgebiet desselben Staates geschlossen wurde.

Artikel 20

Dieses Kapitel ist anzuwenden, selbst wenn das darin bestimmte Recht das eines Nichtvertragsstaats ist.

Artikel 21

(1) Der Begriff „Recht" im Sinn dieses Kapitels bedeutet das in einem Staat geltende Recht mit Ausnahme des Kollisionsrechts.

(2) Ist jedoch das nach Artikel 16 anzuwendende Recht das eines Nichtvertragsstaats und verweist das Kollisionsrecht dieses Staates auf das Recht eines anderen Nichtvertragsstaats, der sein eigenes Recht anwenden würde, so ist das Recht dieses anderen Staates anzuwenden. Betrachtet sich das Recht dieses anderen Nichtvertragsstaats als nicht anwendbar, so ist das nach Artikel 16 bestimmte Recht anzuwenden.

Artikel 22

Die Anwendung des in diesem Kapitel bestimmten Rechts darf nur versagt werden, wenn sie der öffentlichen Ordnung (ordre public) offensichtlich widerspricht, wobei das Wohl des Kindes zu berücksichtigen ist.

Kapitel IV Anerkennung und Vollstreckung

Artikel 23

(1) Die von den Behörden eines Vertragsstaats getroffenen Maßnahmen werden kraft Gesetzes in den anderen Vertragsstaaten anerkannt.

(2) Die Anerkennung kann jedoch versagt werden,

a) wenn die Maßnahme von einer Behörde getroffen wurde, die nicht nach Kapitel II zuständig war;
b) wenn die Maßnahme, außer in dringenden Fällen, im Rahmen eines Gerichts- oder Verwaltungsverfahrens getroffen wurde, ohne dass dem Kind die Möglichkeit eingeräumt worden war, gehört zu werden, und dadurch gegen wesentliche Verfahrensgrundsätze des ersuchten Staates verstossen wurde;
c) auf Antrag jeder Person, die geltend macht, dass die Maßnahme ihre elterliche Verantwortung beeinträchtigt, wenn diese Maßnahme, außer in dringenden Fällen, getroffen wurde, ohne dass dieser Person die Möglichkeit eingeräumt worden war, gehört zu werden;
d) wenn die Anerkennung der öffentlichen Ordnung (ordre public) des ersuchten Staates offensichtlich widerspricht, wobei das Wohl des Kindes zu berücksichtigen ist;
e) wenn die Maßnahme mit einer später im Nichtvertragsstaat des gewöhnlichen Aufenthalts des Kindes getroffenen Maßnahme unvereinbar ist, sofern die spätere Maßnahme die für ihre Anerkennung im ersuchten Staat erforderlichen Voraussetzungen erfüllt;
f) wenn das Verfahren nach Artikel 33 nicht eingehalten wurde.

Artikel 24

Unbeschadet des Artikels 23 Absatz 1 kann jede betroffene Person bei den zuständigen Behörden eines Vertragsstaats beantragen, dass über die Anerkennung oder Nichtanerkennung einer in einem anderen Vertragsstaat getroffenen Maßnahme entschieden wird. Das Verfahren bestimmt sich nach dem Recht des ersuchten Staates.

Artikel 25

Die Behörde des ersuchten Staates ist an die Tatsachenfeststellungen gebunden, auf welche die Behörde des Staates, in dem die Maßnahme getroffen wurde, ihre Zuständigkeit gestützt hat.

Artikel 26

(1) Erfordern die in einem Vertragsstaat getroffenen und dort vollstreckbaren Maßnahmen in einem anderen Vertragsstaat Vollstreckungshandlungen, so werden sie in diesem anderen Staat auf Antrag jeder betroffenen Partei nach dem im Recht dieses Staates vorgesehenen Verfahren für vollstreckbar erklärt oder zur Vollstreckung registriert.

(2) Jeder Vertragsstaat wendet auf die Vollstreckbarerklärung oder die Registrierung ein einfaches und schnelles Verfahren an.

(3) Die Vollstreckbarerklärung oder die Registrierung darf nur aus einem der in Artikel 23 Absatz 2 vorgesehenen Gründe versagt werden.

Artikel 27

Vorbehaltlich der für die Anwendung der vorstehenden Artikel erforderlichen Überprüfung darf die getroffene Maßnahme in der Sache selbst nicht nachgeprüft werden.

Artikel 28

Die in einem Vertragsstaat getroffenen und in einem anderen Vertragsstaat für vollstreckbar erklärten oder zur Vollstreckung registrierten Maßnahmen werden dort vollstreckt, als seien sie von den Behörden dieses anderen Staates getroffen worden. Die Vollstreckung richtet sich nach dem Recht des ersuchten Staates; unter Beachtung der darin vorgesehenen Grenzen, wobei das Wohl des Kindes zu berücksichtigen ist.

Kapitel V Zusammenarbeit

Artikel 29

(1) Jeder Vertragsstaat bestimmt eine Zentrale Behörde, welche die ihr durch dieses Übereinkommen übertragenen Aufgaben wahrnimmt.

(2) Einem Bundesstaat, einem Staat mit mehreren Rechtssystemen oder einem Staat, der aus autonomen Gebietseinheiten besteht, steht es frei, mehrere Zentrale Behörden zu bestimmen und deren räumliche und persönliche Zuständigkeit festzulegen. Macht ein Staat von dieser Möglichkeit Gebrauch, so bestimmt er die Zentrale Behörde, an welche Mitteilungen zur Übermittlung an die zuständige Zentrale Behörde in diesem Staat gerichtet werden können.

Artikel 30

(1) Die Zentralen Behörden arbeiten zusammen und fördern die Zusammenarbeit der zuständigen Behörden ihrer Staaten, um die Ziele dieses Übereinkommens zu verwirklichen.

(2) Im Zusammenhang mit der Anwendung dieses Übereinkommens treffen sie die geeigneten Maßnahmen, um Auskünfte über das Recht ihrer Staaten sowie die in ihren Staaten für den Schutz von Kindern verfügbaren Dienste zu erteilen.

Artikel 31

Die Zentrale Behörde eines Vertragsstaats trifft unmittelbar oder mit Hilfe staatlicher Behörden oder sonstiger Stellen alle geeigneten Vorkehrungen, um

a) die Mitteilungen zu erleichtern und die Unterstützung anzubieten, die in den Artikeln 8 und 9 und in diesem Kapitel vorgesehen sind;
b) durch Vermittlung, Schlichtung oder ähnliche Mittel gütliche Einigungen zum Schutz der Person oder des Vermögens des Kindes bei Sachverhalten zu erleichtern, auf dieses Übereinkommen anzuwenden ist;
c) auf Ersuchen der zuständigen Behörde eines anderen Vertragsstaats bei der Ermittlung des Aufenthaltsorts des Kindes Unterstützung zu leisten, wenn der Anschein besteht, dass das Kind sich im Hoheitsgebiet des ersuchten Staates befindet und Schutz benötigt.

Artikel 32

Auf begründetes Ersuchen der Zentralen Behörde oder einer anderen zuständigen Behörde eines Vertragsstaats, zu dem das Kind eine enge Verbindung hat, kann die Zentrale Behörde des Vertragsstaats, in dem das Kind seinen gewöhnlichen Aufenthalt hat und in dem es sich befindet, unmittelbar oder mit Hilfe staatlicher Behörden oder sonstiger Stellen

a) einen Bericht über die Lage des Kindes erstatten;
b) die zuständige Behörde ihres Staates ersuchen zu prüfen, ob Maßnahmen zum Schutz der Person oder des Vermögens des Kindes erforderlich sind.

Artikel 33

(1) Erwägt die nach den Artikeln 5 bis 10 zuständige Behörde die Unterbringung des Kindes in einer Pflegefamilie oder einem Heim oder seine Betreuung durch Kafala oder eine entsprechende Einrichtung und soll es in einem anderen Vertragsstaat untergebracht oder betreut werden, so zieht sie vorher die Zentrale Behörde oder eine andere zuständige Behörde dieses Staates zu Rate. Zu diesem Zweck übermittelt sie ihr einen Bericht über das Kind und die Gründe ihres Vorschlags zur Unterbringung oder Betreuung.

(2) Die Entscheidung über die Unterbringung oder Betreuung kann im ersuchenden Staat nur getroffen werden, wenn die Zentrale Behörde oder eine andere zuständige Behörde des ersuchten Staates dieser Unterbringung oder Betreuung zugestimmt hat, wobei das Wohl des Kindes zu berücksichtigen ist.

Artikel 34

(1) Wird eine Schutzmaßnahme erwogen, so können die nach diesem Übereinkommen zuständigen Behörden, sofern die Lage des Kindes dies erfordert, jede Behörde eines anderen Vertragsstaats, die über sachdienliche Informationen für den Schutz des Kindes verfügt, ersuchen, sie ihnen mitzuteilen.

(2) Jeder Vertragsstaat kann erklären, dass Ersuchen nach Absatz 1 seinen Behörden nur über seine Zentrale Behörde zu übermitteln sind.

Artikel 35

(1) Die zuständigen Behörden eines Vertragsstaats können die Behörden eines anderen Vertragsstaats ersuchen, ihnen bei der Durchführung der nach diesem Übereinkommen getroffenen Schutzmaßnahmen Hilfe zu leisten, insbesondere um die wirksame Ausübung des Rechts auf persönlichen Verkehr[7] sowie des Rechts sicherzustellen, regelmäßige unmittelbare Kontakte aufrechtzuerhalten.

(2) Die Behörden eines Vertragsstaats, in dem das Kind keinen gewöhnlichen Aufenthalt hat, können auf Antrag eines Elternteils, der sich in diesem Staat aufhält und der ein Recht auf persönlichen Verkehr[8] zu erhalten oder beizubehalten wünscht, Auskünfte oder Beweise einholen und Feststellungen über die Eignung dieses Elternteils zur Ausübung des Rechts auf persönlichen Verkehr[9] und die Bedingungen seiner Ausübung treffen. Eine Behörde, die nach den Artikeln 5 bis 10 für die Entscheidung über das Recht auf persönlichen Verkehr[10] zuständig ist, hat vor ihrer Entscheidung diese Auskünfte, Beweise und Feststellungen zuzulassen und zu berücksichtigen.

(3) Eine Behörde, die nach den Artikeln 5 bis 10 für die Entscheidung über das Recht auf persönlichen Verkehr[11] zuständig ist, kann das Verfahren bis zum Vorliegen des Ergebnisses des in Absatz 2 vorgesehenen Verfahrens aussetzen, insbesondere wenn bei ihr ein Antrag auf Änderung

---

7 Für Deutschland: des Rechts zum persönlichen Umgang.
8 Für Deutschland: ein Recht zum persönlichen Umgang.
9 Für Deutschland: des Rechts zum persönlichen Umgang.
10 Für Deutschland: das Recht zum persönlichen Umgang.
11 Für Deutschland: das Recht zum persönlichen Umgang.

oder Aufhebung des Rechts auf persönlichen Verkehr[12] anhängig ist, das die Behörden des Staates des früheren gewöhnlichen Aufenthalts des Kindes eingeräumt haben.

(4) Dieser Artikel hindert eine nach den Artikeln 5 bis 10 zuständige Behörde nicht, bis zum Vorliegen des Ergebnisses des in Absatz 2 vorgesehenen Verfahrens vorläufige Maßnahmen zu treffen.

Artikel 36

Ist das Kind einer schweren Gefahr ausgesetzt, so benachrichtigen die zuständigen Behörden des Vertragsstaats, in dem Maßnahmen zum Schutz dieses Kindes getroffen wurden oder in Betracht gezogen werden, sofern sie über den Wechsel des Aufenthaltsorts in einen anderen Staat oder die dortige Anwesenheit des Kindes unterrichtet sind, die Behörden dieses Staates von der Gefahr und den getroffenen oder in Betracht gezogenen Maßnahmen.

Artikel 37

Eine Behörde darf nach diesem Kapitel weder um Informationen ersuchen noch solche erteilen, wenn dadurch nach ihrer Auffassung die Person oder das Vermögen des Kindes in Gefahr geraten könnte oder die Freiheit oder das Leben eines Familienangehörigen des Kindes ernsthaft bedroht würde.

Artikel 38

(1) Unbeschadet der Möglichkeit, für die erbrachten Dienstleistungen angemessene Kosten zu verlangen, tragen die Zentralen Behörden und die anderen staatlichen Behörden der Vertragsstaaten die Kosten, die ihnen durch die Anwendung dieses Kapitels entstehen.

(2) Jeder Vertragsstaat kann mit einem oder mehreren anderen Vertragsstaaten Vereinbarungen über die Kostenaufteilung treffen.

Artikel 39

Jeder Vertragsstaat kann mit einem oder mehreren anderen Vertragsstaaten Vereinbarungen treffen, um die Anwendung dieses Kapitels in ihren gegenseitigen Beziehungen zu erleichtern. Die Staaten, die solche Vereinbarungen getroffen haben, übermitteln dem Depositar[13] dieses Übereinkommens eine Abschrift.

Kapitel VI Allgemeine Bestimmungen

Artikel 40

(1) Die Behörden des Vertragsstaats, in dem das Kind seinen gewöhnlichen Aufenthalt hat oder in dem eine Schutzmaßnahme getroffen wurde, können dem Träger der elterlichen Verantwortung oder jedem, dem der Schutz der Person oder des Vermögens des Kindes anvertraut wurde, auf dessen Antrag eine Bescheinigung über seine Berechtigung zum Handeln und die ihm übertragenen Befugnisse ausstellen.

(2) Die Richtigkeit der Berechtigung zum Handeln und der Befugnisse, die bescheinigt sind, wird bis zum Beweis des Gegenteils vermutet.

(3) Jeder Vertragsstaat bestimmt die für die Ausstellung der Bescheinigung zuständigen Behörden.

Artikel 41

Die nach diesem Übereinkommen gesammelten oder übermittelten personenbezogenen Daten dürfen nur für die Zwecke verwendet werden, zu denen sie gesammelt oder übermittelt wurden.

Artikel 42

Behörden, denen Informationen übermittelt werden, stellen nach dem Recht ihres Staates deren vertrauliche Behandlung sicher.

---

12 Für Deutschland: des Rechts zum persönlichen Umgang.
13 Für Deutschland: Verwahrer.

Artikel 43

Die nach diesem Übereinkommen übermittelten oder ausgestellten Schriftstücke sind von jeder Beglaubigung[14] oder entsprechenden Förmlichkeit befreit.

Artikel 44

Jeder Vertragsstaat kann die Behörden bestimmen, an die Ersuchen nach den Artikeln 8, 9 und 33 zu richten sind.

Artikel 45

(1) Die nach den Artikeln 29 und 44 bestimmten Behörden werden dem Ständigen Büro der Haager Konferenz für Internationales Privatrecht mitgeteilt.

(2) Die Erklärung nach Artikel 34 Absatz 2 wird gegenüber dem Depositar[15] dieses Übereinkommens abgegeben.

Artikel 46

Ein Vertragsstaat, in dem verschiedene Rechtssysteme oder Gesamtheiten von Regeln für den Schutz der Person und des Vermögens des Kindes gelten, muss die Regeln dieses Übereinkommens nicht auf Kollisionen anwenden, die allein zwischen diesen verschiedenen Rechtssystemen oder Gesamtheiten von Regeln bestehen.

Artikel 47

Gelten in einem Staat in bezug auf die in diesem Übereinkommen geregelten Angelegenheiten zwei oder mehr Rechtssysteme oder Gesamtheiten von Regeln in verschiedenen Gebietseinheiten, so ist jede Verweisung

1. auf den gewöhnlichen Aufenthalt in diesem Staat als Verweisung auf den gewöhnlichen Aufenthalt in einer Gebietseinheit zu verstehen;
2. auf die Anwesenheit des Kindes in diesem Staat als Verweisung auf die Anwesenheit des Kindes in einer Gebietseinheit zu verstehen;
3. auf die Belegenheit des Vermögens des Kindes in diesem Staat als Verweisung auf die Belegenheit des Vermögens des Kindes in einer Gebietseinheit zu verstehen;
4. auf den Staat, dem das Kind angehört, als Verweisung auf die von dem Recht dieses Staates bestimmte Gebietseinheit oder, wenn solche Regeln fehlen, als Verweisung auf die Gebietseinheit zu verstehen, mit der das Kind die engste Verbindung hat;
5. auf den Staat, bei dessen Behörden ein Antrag auf Scheidung, Trennung, Aufhebung oder Nichtigerklärung der Ehe der Eltern des Kindes anhängig ist, als Verweisung auf die Gebietseinheit zu verstehen, bei deren Behörden ein solcher Antrag anhängig ist;
6. auf den Staat, mit dem das Kind eine enge Verbindung hat, als Verweisung auf die Gebietseinheit zu verstehen, mit der das Kind eine solche Verbindung hat;
7. auf den Staat, in den das Kind verbracht oder in dem es zurückgehalten wurde, als Verweisung auf die Gebietseinheit zu verstehen, in die das Kind verbracht oder in der es zurückgehalten wurde;
8. auf Stellen oder Behörden dieses Staates, die nicht Zentrale Behörden sind, als Verweisung auf die Stellen oder Behörden zu verstehen, die in der betreffenden Gebietseinheit handlungsbefugt sind;
9. auf das Recht, das Verfahren oder die Behörde des Staates, in dem eine Maßnahme getroffen wurde, als Verweisung auf das Recht, das Verfahren oder die Behörde der Gebietseinheit zu verstehen, in der diese Maßnahme getroffen wurde;
10. auf das Recht, das Verfahren oder die Behörde des ersuchten Staates als Verweisung auf das Recht, das Verfahren oder die Behörde der Gebietseinheit zu verstehen, in der die Anerkennung oder Vollstreckung geltend gemacht wird.

---

14 Für Deutschland: Legalisation.
15 Für Deutschland: Verwahrer.

Artikel 48

Hat ein Staat zwei oder mehr Gebietseinheiten mit eigenen Rechtssystemen oder Gesamtheiten von Regeln für die in diesem Übereinkommen geregelten Angelegenheiten, so gilt zur Bestimmung des nach Kapitel III anzuwendenden Rechts folgendes:

a) Sind in diesem Staat Regeln in Kraft, die das Recht einer bestimmten Gebietseinheit für anwendbar erklären, so ist das Recht dieser Einheit anzuwenden;

b) fehlen solche Regeln, so ist das Recht der in Artikel 47 bestimmten Gebietseinheit anzuwenden.

Artikel 49

Hat ein Staat zwei oder mehr Rechtssysteme oder Gesamtheiten von Regeln, die auf verschiedene Personengruppen hinsichtlich der in diesem Übereinkommen geregelten Angelegenheiten anzuwenden sind, so gilt zur Bestimmung des nach Kapitel III anzuwendenden Rechts folgendes:

a) Sind in diesem Staat Regeln in Kraft, die bestimmen, welches dieser Rechte anzuwenden ist, so ist dieses anzuwenden;

b) fehlen solche Regeln, so ist: das Rechtssystem oder die Gesamtheit von Regeln anzuwenden, mit denen das Kind die engste Verbindung hat.

Artikel 50

Dieses Übereinkommen lässt das Übereinkommen vom 25. Oktober 1980 über die zivilrechtlichen Aspekte internationaler Kindesentführung im Verhältnis zwischen den Vertragsparteien beider Übereinkommen unberührt. Einer Berufung auf Bestimmungen dieses Übereinkommens zu dem Zweck, die Rückkehr eines widerrechtlich verbrachten oder zurückgehaltenen Kindes zu erwirken oder das Recht auf persönlichen Verkehr[16] durchzuführen, steht jedoch nichts entgegen.

Artikel 51

Im Verhältnis zwischen den Vertragsstaaten ersetzt dieses Übereinkommen das Übereinkommen vom 5. Oktober 1961 über die Zuständigkeit der Behörden und das anzuwendende Recht auf dem Gebiet des Schutzes von Minderjährigen und das am 12.6.1902 in Den Haag unterzeichnete Abkommen zur Regelung der Vormundschaft über Minderjährige, unbeschadet der Anerkennung von Maßnahmen, die nach dem genannten Übereinkommen vom 5. Oktober 1961 getroffen wurden.

Artikel 52

(1) Dieses Übereinkommen lässt internationale Übereinkünfte unberührt, denen Vertragsstaaten als Vertragsparteien angehören und die Bestimmungen über die im vorliegenden Übereinkommen geregelten Angelegenheiten enthalten, sofern die durch eine solche Übereinkunft gebundenen Staaten keine gegenteilige Erklärung abgeben.

(2) Dieses Übereinkommen lässt die Möglichkeit unberührt, dass ein oder mehrere Vertragsstaaten Vereinbarungen treffen, die in bezug auf Kinder mit gewöhnlichem Aufenthalt in einem der Staaten, die Vertragsparteien solcher Vereinbarungen sind, Bestimmungen über die in diesem Übereinkommen geregelten Angelegenheiten enthalten.

(3) Künftige Vereinbarungen eines oder mehrerer Vertragsstaaten über Angelegenheiten im Anwendungsbereich dieses Übereinkommens lassen im Verhältnis zwischen solchen Staaten und anderen Vertragsstaaten die Anwendung der Bestimmungen des Übereinkommens unberührt.

(4) Die Absätze 1 bis 3 gelten auch für Einheitsrecht, das auf besonderen Verbindungen insbesondere regionaler Art zwischen den betroffenen Staaten beruht.

---

16 Für Deutschland: das Recht zum persönlichen Umgang.

Artikel 53

(1) Dieses Übereinkommen ist nur auf Maßnahmen anzuwenden, die in einem Staat getroffen werden, nachdem das Übereinkommen für diesen Staat in Kraft getreten ist.

(2) Dieses Übereinkommen ist auf die Anerkennung und Vollstreckung von Maßnahmen anzuwenden, die getroffen wurden, nachdem es im Verhältnis zwischen dem Staat, in dem die Maßnahmen getroffen wurden, und dem ersuchten Staat in Kraft getreten ist.

Artikel 54

(1) Mitteilungen an die Zentrale Behörde oder eine andere Behörde eines Vertragsstaats werden in der Originalsprache zugesandt; sie müssen von einer Übersetzung in die Amtssprache oder eine der Amtssprachen des anderen Staates oder, wenn eine solche Übersetzung nur schwer erhältlich ist, von einer Übersetzung ins Französische oder Englische begleitet sein.

(2) Ein Vertragsstaat kann jedoch einen Vorbehalt nach Artikel 60 anbringen und darin gegen die Verwendung des Französischen oder Englischen, jedoch nicht beider Sprachen, Einspruch erheben.

Artikel 55

(1) Ein Vertragsstaat kann sich nach Artikel 60

a) die Zuständigkeit seiner Behörden vorbehalten, Maßnahmen zum Schutz des in seinem Hoheitsgebiet befindlichen Vermögens eines Kindes zu treffen;

b) vorbehalten, die elterliche Verantwortung oder eine Maßnahme nicht anzuerkennen, soweit sie mit einer von seinen Behörden in bezug auf dieses Vermögen getroffenen Maßnahme unvereinbar ist.

(2) Der Vorbehalt kann auf bestimmte Vermögensarten beschränkt werden.

Artikel 56

Der Generalsekretär der Haager Konferenz für Internationales Privatrecht beruft in regelmäßigen Abständen einer Spezialkommission zur Prüfung der praktischen Durchführung dieses Übereinkommens ein.

Kapitel VII Schlussbestimmungen

Artikel 57

(1) Dieses Übereinkommen liegt für die Staaten, die zur Zeit der Achtzehnten Tagung der Haager Konferenz für Internationales Privatrecht Mitglied der Konferenz waren, zur Unterzeichnung auf.

(2) Es bedarf der Ratifikation, Annahme oder Genehmigung; die Ratifikations-, Annahme- oder Genehmigungsurkunden werden beim Ministerium für Auswärtige Angelegenheiten des Königreichs der Niederlande, dem Depositar[17] dieses Übereinkommens, hinterlegt.

Artikel 58

(1) Jeder andere Staat kann diesem Übereinkommen beitreten, sobald es nach Artikel 61 Absatz 1 in Kraft getreten ist.

(2) Die Beitrittsurkunde wird beim Depositar[18] hinterlegt.

(3) Der Beitritt wirkt nur im Verhältnis zwischen dem beitretenden Staat und den Vertragsstaaten, die innerhalb von sechs Monaten nach Eingang der in Artikel 63 Buchstabe b vorgesehenen Notifikation keinen Einspruch gegen den Beitritt erhoben haben. Nach dem Beitritt kann ein solcher Einspruch auch von jedem Staat in dem Zeitpunkt erhoben werden, in dem er dieses Übereinkommen ratifiziert, annimmt oder genehmigt. Die Einsprüche werden dem Depositar[19] notifiziert.

---

17 Für Deutschland: Verwahrer.
18 Für Deutschland: Verwahrer.
19 Für Deutschland: Verwahrer.

Artikel 59

(1) Ein Staat, der aus zwei oder mehr Gebietseinheiten besteht, in denen für die in diesem Übereinkommen behandelten Angelegenheiten unterschiedliche Rechtssysteme gelten, kann bei der Unterzeichnung, der Ratifikation, der Annahme, der Genehmigung oder dem Beitritt erklären, dass das Übereinkommen auf alle seine Gebietseinheiten oder nur auf eine oder mehrere davon erstreckt wird; er kann diese Erklärung durch Abgabe einer neuen Erklärung jederzeit ändern.

(2) Jede derartige Erklärung wird dem Depositar[20] unter ausdrücklicher Bezeichnung der Gebietseinheiten notifiziert, auf die dieses Übereinkommen angewendet wird.

(3) Gibt ein Staat keine Erklärung nach diesem Artikel ab, so ist dieses Übereinkommen auf sein gesamtes Hoheitsgebiet anzuwenden.

Artikel 60

(1) Jeder Staat kann spätestens bei der Ratifikation, der Annahme, der Genehmigung oder dem Beitritt oder bei Abgabe einer Erklärung nach Artikel 59 einen der in Artikel 54 Absatz 2 und Artikel 55 vorgesehenen Vorbehalte oder beide anbringen. Weitere Vorbehalte sind nicht zulässig.

(2) Jeder Staat kann einen vor ihm angebrachten Vorbehalt jederzeit zurücknehmen. Die Rücknahme wird dem Depositar[21] notifiziert.

(3) Die Wirkung des Vorbehalts endet am ersten Tag des dritten Kalendermonats nach der in Absatz 2 genannten Notifikation.

Artikel 61

(1) Dieses Übereinkommen tritt am ersten Tag des Monats in Kraft, der auf einen Zeitabschnitt von drei Monaten nach der in Artikel 57 vorgesehenen Hinterlegung der dritten Ratifikations-, Annahme- oder Genehmigungsurkunde folgt.

(2) Danach tritt dieses Übereinkommen in Kraft

a) für jeden Staat, der es später ratifiziert, annimmt oder genehmigt, am ersten Tag des Monats, der auf einen Zeitabschnitt von drei Monaten nach Hinterlegung seiner Ratifikations-, Annahme-, Genehmigungs- oder Beitrittsurkunde folgt;

b) für jeden Staat, der ihm beitritt, am ersten Tag des Monats, der auf einen Zeitabschnitt von drei Monaten nach Ablauf der in Artikel 58 Absatz 3 vorgesehenen Frist von sechs Monaten folgt;

c) für die Gebietseinheiten, auf die es nach Artikel 59 erstreckt worden ist, am ersten Tag des Monats, der auf einen Zeitabschnitt von drei Monaten nach der in jenem Artikel vorgesehenen Notifikation folgt.

Artikel 62

(1) Jeder Vertragsstaat kann dieses Übereinkommen durch eine an den Depositar[22] gerichtete schriftliche Notifikation kündigen. Die Kündigung kann sich auf bestimmte Gebietseinheiten beschränken, auf die das Übereinkommen angewendet wird.

(2) Die Kündigung wird am ersten Tag des Monats wirksam, der auf einen Zeitabschnitt von zwölf Monaten nach Eingang der Notifikation beim Depositar[23] folgt. Ist in der Notifikation für das Wirksamwerden der Kündigung ein längerer Zeitabschnitt angegeben, so wird die Kündigung nach Ablauf des entsprechenden Zeitabschnitts wirksam.

---

20 Für Deutschland: Verwahrer.
21 Für Deutschland: Verwahrer.
22 Für Deutschland: Verwahrer.
23 Für Deutschland: Verwahrer.

Artikel 63

Der Depositar[24] notifiziert den Mitgliedstaaten der Haager Konferenz für Internationales Privatrecht sowie den Staaten, die nach Artikel 58 beigetreten sind,

a) jede Unterzeichnung, Ratifikation, Annahme und Genehmigung nach Artikel 57;
b) jeden Beitritt und jeden Einspruch gegen einen Beitritt nach Artikel 58;
c) den Tag, an dem dieses Übereinkommen nach Artikel 61 in Kraft tritt;
d) jede Erklärung nach Artikel 34 Absatz 2 und Artikel 59;
e) jede Vereinbarung nach Artikel 39;
f) jeden Vorbehalt nach Artikel 54 Absatz 2 und Artikel 55 sowie jede Rücknahme eines Vorbehalts nach Artikel 60 Absatz 2;
g) jede Kündigung nach Artikel 62.

Zu Urkund dessen haben die hierzu gehörig befugten Unterzeichneten dieses Übereinkommen unterschrieben.

Geschehen in Den Haag am 19. Oktober 1996

in französischer und englischer Sprache, wobei jeder Wortlaut gleichermaßen verbindlich ist, in einer Urschrift, die im Archiv der Regierung des Königreichs der Niederlande hinterlegt und von der jedem Staat, der zur Zeit der Achtzehnten Tagung der Haager Konferenz für Internationales Privatrecht Mitglied der Konferenz war, auf diplomatischem Weg eine beglaubigte Abschrift übermittelt wird.

D. Haager Übereinkommen vom 5.10.1961 über die Zuständigkeit der Behörden und das anzuwendende Recht auf dem Gebiet des Schutzes von Minderjährigen
(Haager Minderjährigenschutzabkommen – MSA)

(BGBl 1971 II S. 217)   4

Die Unterzeichnerstaaten[25] dieses Übereinkommens,

in dem Wunsch, gemeinsame Bestimmungen über die Zuständigkeit der Behörden und über das anzuwendende Recht auf dem Gebiet des Schutzes von Minderjährigen festzulegen,

haben beschlossen, zu diesem Zweck ein Übereinkommen zu schließen, und haben die folgenden Bestimmungen vereinbart:

Artikel 1

Die Behörden, seien es Gerichte oder Verwaltungsbehörden, des Staates, in dem ein Minderjähriger seinen gewöhnlichen Aufenthalt hat, sind, vorbehaltlich der Bestimmungen der Artikel 3, 4 und 5 Absatz 3, dafür zuständig, Maßnahmen zum Schutz der Person und des Vermögens des Minderjährigen zu treffen.

Artikel 2

Die nach Artikel 1 zuständigen Behörden haben die nach ihrem innerstaatlichen Recht vorgesehenen Maßnahmen zu treffen.

Dieses Recht bestimmt die Voraussetzungen für die Anordnung, die Änderung und die Beendigung dieser Maßnahmen. Es regelt auch deren Wirkungen sowohl im Verhältnis zwischen dem Minderjährigen und den Personen oder den Einrichtungen, denen er anvertraut ist, als auch im Verhältnis zu Dritten.

---

24 Für Deutschland: Verwahrer.
25 Die Vertragsstaaten des MSA im Verhältnis zu Deutschland finden sich nach jeweils aktuellem Stand auf der Internetseite der Haager Konferenz und dort unter http://www.hcch.net/index_en.php?act=conventions.status&cid=39.

Artikel 3

Ein Gewaltverhältnis, das nach dem innerstaatlichen Recht des Staates, dem der Minderjährige angehört, kraft Gesetzes besteht, ist in allen Vertragsstaaten anzuerkennen.

Artikel 4

Sind die Behörden des Staates, dem der Minderjährige angehört, der Auffassung, dass das Wohl des Minderjährigen es erfordert, so können sie nach ihrem innerstaatlichen Recht zum Schutz der Person oder des Vermögens des Minderjährigen Maßnahmen treffen, nachdem sie die Behörden des Staates verständigt haben, in dem der Minderjährige seinen gewöhnlichen Aufenthalt hat.

Dieses Recht bestimmt die Voraussetzungen für die Anordnung, die Änderung und die Beendigung dieser Maßnahmen. Es regelt auch deren Wirkungen sowohl im Verhältnis zwischen dem Minderjährigen und den Personen oder den Einrichtungen, denen er anvertraut ist, als auch im Verhältnis zu Dritten.

Für die Durchführung der getroffenen Maßnahmen haben die Behörden des Staates zu sorgen, dem der Minderjährige angehört.

Die nach den Absätzen 1 bis 3 getroffenen Maßnahmen treten an die Stelle von Maßnahmen, welche die Behörden des Staates getroffen haben, in dem der Minderjährige seinen gewöhnlichen Aufenthalt hat.

Artikel 5

Wird der gewöhnliche Aufenthalt eines Minderjährigen aus einem Vertragsstaat in einen anderen verlegt, so bleiben die von den Behörden des Staates des früheren gewöhnlichen Aufenthalts getroffenen Maßnahmen so lange in Kraft, bis die Behörden des neuen gewöhnlichen Aufenthalts sie aufheben oder ersetzen.

Die von den Behörden des Staates des früheren gewöhnlichen Aufenthalts getroffenen Maßnahmen dürfen erst nach vorheriger Verständigung dieser Behörden aufgehoben oder ersetzt werden.

Wird der gewöhnliche Aufenthalt eines Minderjährigen, der unter dem Schutz der Behörden des Staates gestanden hat, dem er angehört, verlegt, so bleiben die von diesen nach ihrem innerstaatlichen Recht getroffenen Maßnahmen im Staate des neuen gewöhnlichen Aufenthaltes in Kraft.

Artikel 6

Die Behörden des Staates, dem der Minderjährige angehört, können im Einvernehmen mit den Behörden des Staates, in dem er seinen gewöhnlichen Aufenthalt hat oder Vermögen besitzt, diesen die Durchführung der getroffenen Maßnahmen übertragen.

Die gleiche Befugnis haben die Behörden des Staates, in dem der Minderjährige seinen gewöhnlichen Aufenthalt hat, gegenüber den Behörden des Staates, in dem der Minderjährige Vermögen besitzt.

Artikel 7

Die Maßnahmen, welche die nach den vorstehenden Artikeln zuständigen Behörden getroffen haben, sind in allen Vertragsstaaten anzuerkennen. Erfordern diese Maßnahmen jedoch Vollstreckungshandlungen in einem anderen Staat als in dem, in welchem sie getroffen worden sind, so bestimmen sich ihre Anerkennung und ihre Vollstreckung entweder nach dem innerstaatlichen Recht des Staates, in dem die Vollstreckung beantragt wird, oder nach zwischenstaatlichen Übereinkünften.

Artikel 8

Die Artikel 3, 4 und 5 Absatz 3 schließen nicht aus, dass die Behörden des Staates, in dem der Minderjährige seinen gewöhnlichen Aufenthalt hat, Maßnahmen zum Schutz des Minderjährigen treffen, soweit er in seiner Person oder in seinem Vermögen ernstlich gefährdet ist.

Die Behörden der anderen Vertragsstaaten sind nicht verpflichtet, diese Maßnahmen anzuerkennen.

Artikel 9

In allen dringenden Fällen haben die Behörden jedes Vertragsstaates, in dessen Hoheitsgebiet sich der Minderjährige oder ihm gehörendes Vermögen befindet, die notwendigen Schutzmaßnahmen zu treffen.

Die nach Absatz 1 getroffenen Maßnahmen treten, soweit sie keine endgültigen Wirkungen hervorgebracht haben, außer Kraft, sobald die nach diesem Übereinkommen zuständigen Behörden die durch die Umstände gebotenen Maßnahmen getroffen haben.

Artikel 10

Um die Fortdauer der dem Minderjährigen zuteil gewordenen Betreuung zu sichern, haben die Behörden eines Vertragsstaates nach Möglichkeit Maßnahmen erst dann zu treffen, nachdem sie einen Meinungsaustausch mit den Behörden der anderen Vertragsstaaten gepflogen haben, deren Entscheidungen noch wirksam sind.

Artikel 11

Die Behörden, die aufgrund dieses Übereinkommens Maßnahmen getroffen haben, haben dies unverzüglich den Behörden des Staates, dem der Minderjährige angehört, und gegebenenfalls den Behörden des Staates seines gewöhnlichen Aufenthalts mitzuteilen.

Jeder Vertragsstaat bezeichnet die Behörden, welche die in Absatz 1 erwähnten Mitteilungen unmittelbar geben und empfangen können. Er notifiziert diese Bezeichnung dem Ministerium für Auswärtige Angelegenheiten der Niederlande.

Artikel 12

Als „Minderjähriger" im Sinne dieses Übereinkommens ist anzusehen, wer sowohl nach dem innerstaatlichen Recht des Staates, dem er angehört, als auch nach dem innerstaatlichen Recht des Staates seines gewöhnlichen Aufenthalts minderjährig ist.

Artikel 13

Dieses Übereinkommen ist auf alle Minderjährigen anzuwenden, die ihren gewöhnlichen Aufenthalt in einem der Vertragsstaaten haben.

Die Zuständigkeiten, die nach diesem Übereinkommen den Behörden des Staates zukommen, dem der Minderjährige angehört, bleiben jedoch den Vertragsstaaten vorbehalten.

Jeder Vertragsstaat kann sich vorbehalten, die Anwendung dieses Übereinkommens auf Minderjährige zu beschränken, die einem der Vertragsstaaten angehören.

Artikel 14

Stellt das innerstaatliche Recht des Staates, dem der Minderjährige angehört, keine einheitliche Rechtsordnung dar, so sind im Sinne dieses Übereinkommens als „innerstaatliches Recht des Staates, dem der Minderjährige angehört" und als „Behörden des Staates, dem der Minderjährige angehört" das Recht und die Behörden zu verstehen, die durch die im betreffenden Staat geltenden Vorschriften und, mangels solcher Vorschriften, durch die engste Bindung bestimmt werden, die der Minderjährige mit einer der Rechtsordnungen dieses Staates hat.

Artikel 15

Jeder Vertragsstaat, dessen Behörden dazu berufen sind, über ein Begehren auf Nichtigerklärung, Auflösung oder Lockerung des zwischen den Eltern eines Minderjährigen bestehenden Ehebandes zu entscheiden, kann sich die Zuständigkeit dieser Behörden für Maßnahmen zum Schutz der Person oder des Vermögens des Minderjährigen vorbehalten.

Die Behörden der anderen Vertragsstaaten sind nicht verpflichtet, diese Maßnahmen anzuerkennen.

Artikel 16

Die Bestimmungen dieses Übereinkommens dürfen in den Vertragsstaaten nur dann unbeachtet bleiben, wenn ihre Anwendung mit der öffentlichen Ordnung offensichtlich unvereinbar ist.

Artikel 17

Dieses Übereinkommen ist nur auf Maßnahmen anzuwenden, die nach seinem Inkrafttreten getroffen worden sind.

Gewaltverhältnisse, die nach dem innerstaatlichen Recht des Staates, dem der Minderjährige angehört, kraft Gesetzes bestehen, sind vom Inkrafttreten des Übereinkommens an anzuerkennen.

Artikel 18

Dieses Übereinkommen tritt im Verhältnis der Vertragsstaaten zueinander an die Stelle des am 12. Juni 1902 in Haag unterzeichneten Abkommen zur Regelung der Vormundschaft über Minderjährige.

Es lässt die Bestimmungen anderer zwischenstaatlicher Übereinkünfte unberührt, die im Zeitpunkt seines Inkrafttretens zwischen den Vertragsstaaten gelten.

Artikel 19

Dieses Übereinkommen liegt für die bei der Neunten Tagung der Haager Konferenz für Internationales Privatrecht vertretenen Staaten zur Unterzeichnung auf.

Es bedarf der Ratifizierung; die Ratifikationsurkunden sind beim Ministerium für Auswärtige Angelegenheiten der Niederlande zu hinterlegen.

Artikel 20

Dieses Übereinkommen tritt am sechzigsten Tag nach der in Artikel 19 Absatz 2 vorgesehenen Hinterlegung der dritten Ratifikationsurkunde in Kraft.

Das Übereinkommen tritt für jeden Unterzeichnerstaat, der es später ratifiziert, am sechzigsten Tag nach Hinterlegung seiner Ratifikationsurkunde in Kraft.

Artikel 21

Jeder bei der Neunten Tagung der Haager Konferenz für Internationales Privatrecht nicht vertretene Staat kann diesem Übereinkommen beitreten, nachdem es gemäß Artikel 20 Absatz 1 in Kraft getreten ist. Die Beitrittsurkunde ist beim Ministerium für Auswärtige Angelegenheiten der Niederlande zu hinterlegen.

Der Beitritt wirkt nur im Verhältnis zwischen dem beitretenden Staat und den Vertragsstaaten, die erklärt haben, diesen Beitritt anzunehmen. Die Annahmeerklärung ist dem Ministerium für Auswärtige Angelegenheiten der Niederlande zu notifizieren.

Das Übereinkommen tritt zwischen dem beitretenden Staat und dem Staat, der diesen Beitritt anzunehmen erklärt hat, am sechzigsten Tag nach der in Absatz 2 vorgesehenen Notifikation in Kraft.

Artikel 22

Jeder Staat kann bei der Unterzeichnung, bei der Ratifizierung oder beim Beitritt erklären, dass dieses Übereinkommen auf alle oder auf einzelne der Hoheitsgebiete ausgedehnt werde, deren internationale Beziehungen er wahrnimmt. Eine solche Erklärung wird wirksam, sobald das Übereinkommen für den Staat, der sie abgegeben hat, in Kraft tritt.

Später kann dieses Übereinkommen auf solche Hoheitsgebiete durch eine an das Ministerium für Auswärtige Angelegenheiten der Niederlande gerichteten Notifikation ausgedehnt werden.

Wird die Erklärung über die Ausdehnung durch einen Staat abgegeben, der das Übereinkommen unterzeichnet und ratifiziert hat, so tritt das Übereinkommen für die in Betracht kommenden Hoheitsgebiete gemäß Artikel 20 in Kraft. Wird die Erklärung über die Ausdehnung durch einen Staat abgegeben, der dem Übereinkommen beigetreten ist, so tritt das Übereinkommen für die in Betracht kommenden Hoheitsgebiete gemäß Artikel 21 in Kraft.

Artikel 23

Jeder Staat kann spätestens bei der Ratifizierung oder beim Beitritt die in den Artikeln 13 Absatz 3 und Artikel 15 Absatz 1 vorgesehenen Vorbehalte erklären. Andere Vorbehalte sind nicht zulässig.

Ebenso kann jeder Vertragsstaat bei der Notifikation einer Ausdehnung des Übereinkommens gemäß Artikel 22 diese Vorbehalte für alle oder einzelne der Hoheitsgebiete, auf die sich die Ausdehnung erstreckt, erklären.

Jeder Vertragsstaat kann einen Vorbehalt, den er erklärt hat, jederzeit zurückziehen. Diese Zurückziehung ist dem Ministerium für Auswärtige Angelegenheiten der Niederlande zu notifizieren.

Die Wirkung des Vorbehaltes erlischt am sechzigsten Tag nach der in Absatz 3 vorgesehenen Notifikation.

Artikel 24

Dieses Übereinkommen gilt für die Dauer von fünf Jahren, gerechnet von seinem Inkrafttreten gemäß Artikel 20 Absatz 1, und zwar auch für Staaten, die es später ratifiziert haben oder ihm später beigetreten sind.

Die Geltungsdauer des Übereinkommens verlängert sich, außer im Fall der Kündigung, stillschweigend um jeweils fünf Jahre.

Die Kündigung ist spätestens sechs Monate, bevor der Zeitraum von fünf Jahren jeweils abläuft, dem Ministerium für Auswärtige Angelegenheiten der Niederlande zu notifizieren.

Sie kann sich auf bestimmte Hoheitsgebiete, auf die das Übereinkommen anzuwenden ist, beschränken.

Die Kündigung wirkt nur für den Staat, der sie notifiziert hat. Für die anderen Vertragsstaaten bleibt das Übereinkommen in Kraft.

Artikel 25

Das Ministerium für Auswärtige Angelegenheiten der Niederlande notifiziert den in Artikel 19 bezeichneten Staaten sowie den Staaten, die gemäß Artikel 21 beigetreten sind:

a) die Notifikationen gemäß Artikel 11 Absatz 2;
b) die Unterzeichnungen und die Ratifikationen gemäß Artikel 19;
c) den Tag, an dem dieses Übereinkommen gemäß Artikel 20 Absatz 1 in Kraft tritt;
d) die Beitritts- und die Annahmeerklärungen gemäß Artikel 21 sowie den Tag, an dem sie wirksam werden;
e) die Erklärungen über die Ausdehnung gemäß Artikel 22 sowie den Tag, an dem sie wirksam werden;
f) die Vorbehalte und die Zurückziehungen von Vorbehalten gemäß Artikel 23;
g) die Kündigungen gemäß Artikel 24 Absatz 3.

zu Urkund dessen haben die gehörig bevollmächtigten Unterzeichneten dieses Übereinkommen unterschrieben.

Geschehen im Haag am 5. Oktober 1961 in einer Urschrift, die im Archiv der Regierung der Niederlande hinterlegt und von der jedem bei der Neunten Tagung der Haager Konferenz für Internationales Privatrecht vertretenen Staat eine beglaubigte Abschrift auf diplomatischem Weg übermittelt wird.

E. Europäisches Übereinkommen vom 20.5.1980 über die Anerkennung und Vollstreckung von Entscheidungen über das Sorgerecht für Kinder und die Wiederherstellung des Sorgeverhältnisses (SEV Nr. 105) (Europäisches Sorgerechtsübereinkommen – ESÜ)

(BGBl 1990 II S. 220)

Die Mitgliedstaaten[26] des Europarats, die dieses Übereinkommen unterzeichnen –

in der Erkenntnis, dass in den Mitgliedstaaten des Europarats das Wohl des Kindes bei Entscheidungen über das Sorgerecht von ausschlaggebender Bedeutung ist;

in der Erwägung, dass die Einführung von Regelungen, welche die Anerkennung und Vollstreckung von Entscheidungen über das Sorgerecht für ein Kind erleichtern sollen, einen größeren Schutz für das Wohl der Kinder gewährleisten wird;

in der Erwägung, dass es in Anbetracht dessen wünschenswert ist hervorzuheben, dass das Recht der Eltern zum persönlichen Umgang mit dem Kind eine normale Folgeerscheinung des Sorgerechts ist;

im Hinblick auf die wachsende Zahl von Fällen, in denen Kinder in unzulässiger Weise über eine internationale Grenze verbracht worden sind, und die Schwierigkeiten, die dabei entstanden Probleme in angemessener Weise zu lösen;

in dem Wunsch, geeignete Vorkehrungen zu treffen, die es ermöglichen, das willkürlich unterbrochene Sorgeverhältnis zu Kindern wiederherzustellen;

überzeugt, dass es wünschenswert ist, zu diesem Zweck Regelungen zu treffen, die den verschiedenen Bedürfnissen und den unterschiedlichen Umständen entsprechen;

in dem Wunsch, zwischen ihren Behörden eine Zusammenarbeit auf rechtlichem Gebiet herbeizuführen –

sind wie folgt übereingekommen:

Artikel 1

Im Sinn dieses Übereinkommens bedeutet:

a) Kind eine Person gleich welcher Staatsangehörigkeit, die das 16. Lebensjahr noch nicht vollendet hat und noch nicht berechtigt ist, nach dem Recht ihres gewöhnlichen Aufenthalts, dem Recht des Staates, dem sie angehört, oder dem innerstaatlichen Recht des ersuchten Staates ihren eigenen Aufenthalt zu bestimmen;

b) Behörde ein Gericht oder eine Verwaltungsbehörde;

c) Sorgerechtsentscheidung die Entscheidung einer Behörde, soweit sie die Sorge für die Person des Kindes, einschließlich des Rechts auf Bestimmung seines Aufenthalts oder des Rechts zum persönlichen Umgang mit ihm, betrifft;

d) unzulässiges Verbringen das Verbringen eines Kindes über eine internationale Grenze, wenn dadurch eine Sorgerechtsentscheidung verletzt wird, die in einem Vertragsstaat ergangen und in einem solchen Staat vollstreckbar ist; als unzulässiges Verbringen gilt auch der Fall, in dem

   i) das Kind am Ende einer Besuchszeit oder eines sonstigen vorübergehenden Aufenthalts in einem anderen Hoheitsgebiet als dem, in dem das Sorgerecht ausgeübt wird, nicht über eine internationale Grenze zurückgebracht wird;

   ii) das Verbringen nachträglich nach Artikel 12 für widerrechtlich erklärt wird.

---

26 Die Vertragsstaaten des ESÜ im Verhältnis zu Deutschland finden sich nach jeweils aktuellem Stand auf der Internetseite des Bundesamts für Justiz unter: http://www.bundesjustizamt.de/cln_115/nn_2048032/DE/Themen/Buergerdienste/HKUE/Staatenliste/Vertragsstaaten,templateId=raw,property=publicationFile.pdf/Vertragsstaaten.pdf.

Teil I Zentrale Behörden

Artikel 2

(1) Jeder Vertragsstaat bestimmt eine zentrale Behörde, welche die in diesem Übereinkommen vorgesehenen Aufgaben wahrnimmt.

(2) Bundesstaaten und Staaten mit mehreren Rechtssystemen steht es frei, mehrere zentrale Behörden zu bestimmen; sie legen deren Zuständigkeit fest.

(3) Jede Bezeichnung nach diesem Artikel wird dem Generalsekretär des Europarats notifiziert.

Artikel 3

(1) Die zentralen Behörden der Vertragsstaaten arbeiten zusammen und fördern die Zusammenarbeit der zuständigen Behörden ihrer Staaten. Sie haben mit aller gebotenen Eile zu handeln.

(2) Um die Durchführung dieses Übereinkommens zu erleichtern, werden die zentralen Behörden der Vertragsstaaten

a) die Übermittlung von Auskunftsersuchen sicherstellen, die von zuständigen Behörden ausgehen und sich auf Rechts- oder Tatsachenfragen in anhängigen Verfahren beziehen;
b) einander auf Ersuchen Auskünfte über ihr Recht auf dem Gebiet des Sorgerechts für Kinder und über dessen Änderungen erteilen;
c) einander über alle Schwierigkeiten unterrichten, die bei der Anwendung des Übereinkommens auftreten können, und Hindernisse, die seiner Anwendung entgegenstehen, soweit wie möglich ausräumen.

Artikel 4

(1) Wer in einem Vertragsstaat eine Sorgerechtsentscheidung erwirkt hat und sie in einem anderen Vertragsstaat anerkennen oder vollstrecken lassen will, kann zu diesem Zweck einen Antrag an die zentrale Behörde jedes beliebigen Vertragsstaats richten.

(2) Dem Antrag sind die in Artikel 13 genannten Schriftstücke beizufügen.

(3) Ist die zentrale Behörde, bei der der Antrag eingeht, nicht die zentrale Behörde des ersuchten Staates, so übermittelt sie die Schriftstücke unmittelbar und unverzüglich der letztgenannten Behörde.

(4) Die zentrale Behörde, bei der der Antrag eingeht, kann es ablehnen, tätig zu werden, wenn die Voraussetzungen nach diesem Übereinkommen offensichtlich nicht erfüllt sind.

(5) Die zentrale Behörde, bei der der Antrag eingeht, unterrichtet den Antragsteller unverzüglich über den Fortgang seines Antrags.

Artikel 5

(1) Die zentrale Behörde des ersuchten Staates trifft oder veranlasst unverzüglich alle Vorkehrungen, die sie für geeignet hält, und leitet erforderlichenfalls ein Verfahren vor dessen zuständigen Behörden ein, um

a) den Aufenthaltsort des Kindes ausfindig zu machen;
b) zu vermeiden, insbesondere durch alle erforderlichen vorläufigen Maßnahmen, dass die Interessen des Kindes oder des Antragstellers beeinträchtigt werden;
c) die Anerkennung oder Vollstreckung der Entscheidung sicherzustellen;
d) die Rückgabe des Kindes an den Antragsteller sicherzustellen, wenn die Vollstreckung der Entscheidung bewilligt wird;
e) die ersuchende Behörde über die getroffenen Maßnahmen und deren Ergebnisse zu unterrichten.

(2) Hat die zentrale Behörde des ersuchten Staates Grund zu der Annahme, dass sich das Kind im Hoheitsgebiet eines anderen Vertragsstaats befindet, so übermittelt sie die Schriftstücke unmittelbar und unverzüglich der zentralen Behörde dieses Staates.

(3) Jeder Vertragsstaat verpflichtet sich, vom Antragsteller keine Zahlungen für Maßnahmen zu verlangen, die für den Antragsteller aufgrund des Absatzes 1 von der zentralen Behörde des be-

treffenden Staates getroffen werden; darunter fallen auch die Verfahrenskosten und gegebenenfalls die Kosten für einen Rechtsanwalt, nicht aber die Kosten für die Rückführung des Kindes.

(4) Wird die Anerkennung oder Vollstreckung versagt und ist die zentrale Behörde des ersuchten Staates der Auffassung, dass sie dem Ersuchen des Antragstellers stattgeben sollte, in diesem Staat eine Entscheidung in der Sache selbst herbeizuführen, so bemüht sich diese Behörde nach besten Kräften, die Vertretung des Antragstellers in dem Verfahren unter Bedingungen sicherzustellen, die nicht weniger günstig sind als für eine Person, die in diesem Staat ansässig ist und dessen Staatsangehörigkeit besitzt; zu diesem Zweck kann sie insbesondere ein Verfahren vor dessen zuständigen Behörden einleiten.

Artikel 6

(1) Vorbehaltlich besonderer Vereinbarungen zwischen den beteiligten zentralen Behörden und der Bestimmungen des Absatzes 3

a) müssen Mitteilungen an die zentrale Behörde des ersuchten Staates in der Amtssprache oder einer der Amtssprachen dieses Staates abgefasst oder von einer Übersetzung in diese Sprache begleitet sein;

b) muss die zentrale Behörde des ersuchten Staates aber auch Mitteilungen annehmen, die in englischer oder französischer Sprache abgefasst oder von einer Übersetzung in eine dieser Sprachen begleitet sind.

(2) Mitteilungen, die von der zentralen Behörde des ersuchten Staates ausgehen, einschließlich der Ergebnisse von Ermittlungen, können in der Amtssprache oder einer der Amtssprachen dieses Staates oder in englischer oder französischer Sprache abgefasst sein.

(3) Ein Vertragsstaat kann die Anwendung des Absatzes 1 Buchstabe b ganz oder teilweise ausschließen. Hat ein Vertragsstaat diesen Vorbehalt angebracht, so kann jeder andere Vertragsstaat ihm gegenüber den Vorbehalt auch anwenden.

Teil II Anerkennung und Vollstreckung von Entscheidungen und Wiederherstellung des Sorgeverhältnisses

Artikel 7

Sorgerechtsentscheidungen, die in einem Vertragsstaat ergangen sind, werden in jedem anderen Vertragsstaat anerkannt und, wenn sie im Ursprungsstaat vollstreckbar sind, für vollstreckbar erklärt.

Artikel 8

(1) Im Fall eines unzulässigen Verbringens hat die zentrale Behörde des ersuchten Staates umgehend die Wiederherstellung des Sorgeverhältnisses zu veranlassen, wenn

a) zur Zeit der Einleitung des Verfahrens in dem Staat, in dem die Entscheidung ergangen ist, oder zur Zeit des unzulässigen Verbringens, falls dieses früher erfolgte, das Kind und seine Eltern nur Angehörige dieses Staates waren und das Kind seinen gewöhnlichen Aufenthalt im Hoheitsgebiet dieses Staates hatte, und

b) der Antrag auf Wiederherstellung innerhalb von sechs Monaten nach dem unzulässigen Verbringen bei einer zentralen Behörde gestellt worden ist.

(2) Können nach dem Recht des ersuchten Staates die Voraussetzungen des Absatzes 1 nicht ohne ein gerichtliches Verfahren erfüllt werden, so finden in diesem Verfahren die in dem Übereinkommen genannten Versagungsgründe keine Anwendung.

(3) Ist in einer von einer zuständigen Behörde genehmigten Vereinbarung zwischen dem Sorgeberechtigten und einem Dritten diesem das Recht zum persönlichen Umgang eingeräumt worden und ist das ins Ausland gebrachte Kind am Ende der vereinbarten Zeit dem Sorgeberechtigten nicht zurückgegeben worden, so wird das Sorgeverhältnis nach Absatz 1 Buchstabe b und Absatz 2 wiederhergestellt. Dasselbe gilt, wenn durch Entscheidung der zuständigen Behörde ein solches Recht einer Person zuerkannt wird, die nicht sorgeberechtigt ist.

Artikel 9

(1) Ist in anderen als den in Artikel 8 genannten Fällen eines unzulässigen Verbringens ein Antrag innerhalb von sechs Monaten nach dem Verbringen bei einer zentralen Behörde gestellt worden, so können die Anerkennung und Vollstreckung nur in folgenden Fällen versagt werden:

a) wenn bei einer Entscheidung, die in Abwesenheit des Beklagten oder seines gesetzlichen Vertreters ergangen ist, dem Beklagten das das Verfahren einleitende Schriftstück oder ein gleichwertiges Schriftstück weder ordnungsgemäß noch so rechtzeitig zugestellt worden ist, dass er sich verteidigen konnte; die Nichtzustellung kann jedoch dann kein Grund für die Versagung der Anerkennung oder Vollstreckung sein, wenn die Zustellung deswegen nicht bewirkt worden ist, weil der Beklagte seinen Aufenthaltsort der Person verheimlicht hat, die das Verfahren im Ursprungsstaat eingeleitet hatte;

b) wenn bei einer Entscheidung, die in Abwesenheit des Beklagten oder seines gesetzlichen Vertreters ergangen ist, die Zuständigkeit der die Entscheidung treffenden Behörde nicht gegründet war auf
   i) den gewöhnlichen Aufenthalt des Beklagten,
   ii) den letzten gemeinsamen gewöhnlichen Aufenthalt der Eltern des Kindes, sofern wenigstens ein Elternteil seinen gewöhnlichen Aufenthalt noch dort hat, oder
   iii) den gewöhnlichen Aufenthalt des Kindes;

c) wenn die Entscheidung mit einer Sorgerechtsentscheidung unvereinbar ist, die im ersuchten Staat vor dem Verbringen des Kindes vollstreckbar wurde, es sei denn, das Kind habe während des Jahres vor seinem Verbringen den gewöhnlichen Aufenthalt im Hoheitsgebiet des ersuchenden Staates gehabt.

(2) Ist kein Antrag bei einer zentralen Behörde gestellt worden, so findet Absatz 1 auch dann Anwendung, wenn innerhalb von sechs Monaten nach dem unzulässigen Verbringen die Anerkennung und Vollstreckung beantragt wird.

(3) Auf keinen Fall darf die ausländische Entscheidung inhaltlich nachgeprüft werden.

Artikel 10

(1) In anderen als den in den Artikeln 8 und 9 genannten Fällen können die Anerkennung und Vollstreckung nicht nur aus den in Artikel 9 vorgesehenen, sondern auch aus einem der folgenden Gründe versagt werden:

a) wenn die Wirkungen der Entscheidung mit den Grundwerten des Familien- und Kindschaftsrechts im ersuchten Staat offensichtlich unvereinbar sind;

b) wenn aufgrund einer Änderung der Verhältnisse – dazu zählt auch der Zeitablauf, nicht aber der bloße Wechsel des Aufenthaltsorts des Kindes infolge eines unzulässigen Verbringens – die Wirkungen der ursprünglichen Entscheidung offensichtlich nicht mehr dem Wohl des Kindes entsprechen;

c) wenn zur Zeit der Einleitung des Verfahrens im Ursprungsstaat
   i) das Kind Angehöriger des ersuchten Staates war oder dort seinen gewöhnlichen Aufenthalt hatte und keine solche Beziehung zum Ursprungsstaat bestand;
   ii) das Kind sowohl Angehöriger des Ursprungsstaats als auch des ersuchten Staates war und seinen gewöhnlichen Aufenthalt im ersuchten Staat hatte;

d) wenn die Entscheidung mit einer im ersuchten Staat ergangenen oder mit einer dort vollstreckbaren Entscheidung eines Drittstaats unvereinbar ist; die Entscheidung muss in einem Verfahren ergangen sein, das eingeleitet wurde, bevor der Antrag auf Anerkennung oder Vollstreckung gestellt wurde, und die Versagung muss dem Wohl des Kindes entsprechen.

(2) In diesen Fällen können Verfahren auf Anerkennung oder Vollstreckung aus einem der folgenden Gründe ausgesetzt werden:

a) wenn gegen die ursprüngliche Entscheidung ein ordentliches Rechtsmittel eingelegt worden ist;

b) wenn im ersuchten Staat ein Verfahren über das Sorgerecht für das Kind anhängig ist und dieses Verfahren vor Einleitung des Verfahrens im Ursprungsstaat eingeleitet wurde;
c) wenn eine andere Entscheidung über das Sorgerecht für das Kind Gegenstand eines Verfahrens auf Vollstreckung oder eines anderen Verfahrens auf Anerkennung der Entscheidung ist.

Artikel 11

(1) Die Entscheidungen über das Recht zum persönlichen Umgang mit dem Kind und die in Sorgerechtsentscheidungen enthaltenen Regelungen über das Recht zum persönlichen Umgang werden unter den gleichen Bedingungen wie andere Sorgerechtsentscheidungen anerkannt und vollstreckt.

(2) Die zuständige Behörde des ersuchten Staates kann jedoch die Bedingungen für die Durchführung und Ausübung des Rechts zum persönlichen Umgang festlegen; dabei werden insbesondere die von den Parteien eingegangenen diesbezüglichen Verpflichtungen berücksichtigt.

(3) Ist keine Entscheidung über das Recht zum persönlichen Umgang ergangen oder ist die Anerkennung oder Vollstreckung der Sorgerechtsentscheidung versagt worden, so kann sich die zentrale Behörde des ersuchten Staates auf Antrag der Person, die das Recht zum persönlichen Umgang beansprucht, an die zuständige Behörde ihres Staates wenden, um eine solche Entscheidung zu erwirken.

Artikel 12

Liegt zu dem Zeitpunkt, in dem das Kind über eine internationale Grenze verbracht wird, keine in einem Vertragsstaat ergangene vollstreckbare Sorgerechtsentscheidung vor, so ist dieses Übereinkommen auf jede spätere in einem Vertragsstaat ergangene Entscheidung anzuwenden, mit der das Verbringen auf Antrag eines Beteiligten für widerrechtlich erklärt wird.

Teil III Verfahren

Artikel 13

(1) Dem Antrag auf Anerkennung oder Vollstreckung einer Sorgerechtsentscheidung in einem anderen Vertragsstaat sind beizufügen
a) ein Schriftstück, in dem die zentrale Behörde des ersuchten Staates ermächtigt wird, für den Antragsteller tätig zu werden oder einen anderen Vertreter für diesen Zweck zu bestimmen;
b) eine Ausfertigung der Entscheidung, welche die für ihre Beweiskraft erforderlichen Voraussetzungen erfüllt;
c) im Fall einer in Abwesenheit des Beklagten oder seines gesetzlichen Vertreters ergangenen Entscheidung ein Schriftstück, aus dem sich ergibt, dass das Schriftstück, mit dem das Verfahren eingeleitet wurde, oder ein gleichwertiges Schriftstück dem Beklagten ordnungsgemäß zugestellt worden ist;
d) gegebenenfalls ein Schriftstück, aus dem sich ergibt, dass die Entscheidung nach dem Recht des Ursprungsstaats vollstreckbar ist;
e) wenn möglich eine Angabe über den Aufenthaltsort oder den wahrscheinlichen Aufenthaltsort des Kindes im ersuchten Staat;
f) Vorschläge dafür, wie das Sorgeverhältnis zu dem Kind wiederhergestellt werden soll.

(2) Den obengenannten Schriftstücken ist erforderlichenfalls eine Übersetzung nach Maßgabe des Artikels 6 beizufügen.

Artikel 14

Jeder Vertragsstaat wendet für die Anerkennung und Vollstreckung von Sorgerechtsentscheidungen ein einfaches und beschleunigtes Verfahren an. Zu diesem Zweck stellt er sicher, dass die Vollstreckbarerklärung in Form eines einfachen Antrags begehrt werden kann.

Artikel 15

(1) Bevor die Behörde des ersuchten Staates eine Entscheidung nach Artikel 10 Absatz 1 Buchstabe b trifft,

a) muss sie die Meinung des Kindes feststellen, sofern dies nicht insbesondere wegen seines Alters und Auffassungsvermögens undurchführbar ist;

b) kann sie verlangen, dass geeignete Ermittlungen durchgeführt werden.

(2) Die Kosten für die in einem Vertragsstaat durchgeführten Ermittlungen werden von den Behörden des Staates getragen, in dem sie durchgeführt wurden.

(3) Ermittlungsersuchen und die Ergebnisse der Ermittlungen können der ersuchenden Behörde über die zentralen Behörden mitgeteilt werden.

Artikel 16

Für die Zwecke dieses Übereinkommens darf keine Legalisation oder ähnliche Förmlichkeit verlangt werden.

Teil IV Vorbehalte

Artikel 17

(1) Jeder Vertragsstaat kann sich vorbehalten, dass in den von den Artikeln 8 und 9 oder von einem dieser Artikel erfassten Fällen die Anerkennung und Vollstreckung von Sorgerechtsentscheidungen aus denjenigen der in Artikel 10 vorgesehenen Gründen versagt werden kann, die in dem Vorbehalt bezeichnet sind.

(2) Die Anerkennung und Vollstreckung von Entscheidungen, die in einem Vertragsstaat ergangen sind, der den in Absatz 1 vorgesehenen Vorbehalt angebracht hat, können in jedem anderen Vertragsstaat aus einem der in diesem Vorbehalt bezeichneten zusätzlichen Gründe versagt werden.

Artikel 18

Jeder Vertragsstaat kann sich vorbehalten, durch Artikel 12 nicht gebunden zu sein. Auf die in Artikel 12 genannten Entscheidungen, die in einem Vertragsstaat ergangen sind, der einen solchen Vorbehalt angebracht hat, ist dieses Übereinkommen nicht anwendbar.

Teil V Andere Übereinkünfte

Artikel 19

Dieses Übereinkommen schließt nicht aus, dass eine andere internationale Übereinkunft zwischen dem Ursprungsstaat und dem ersuchten Staat oder das nichtvertragliche Recht des ersuchten Staates angewendet wird, um die Anerkennung oder Vollstreckung einer Entscheidung zu erwirken.

Artikel 20

(1) Dieses Übereinkommen lässt Verpflichtungen unberührt, die ein Vertragsstaat gegenüber einem Nichtvertragsstaat aufgrund einer internationalen Übereinkunft hat, die sich auf in diesem Übereinkommen geregelte Angelegenheiten erstreckt.

(2) Haben zwei oder mehr Vertragsstaaten auf dem Gebiet des Sorgerechts für Kinder einheitliche Rechtsvorschriften erlassen oder ein besonderes System zur Anerkennung oder Vollstreckung von Entscheidungen auf diesem Gebiet geschaffen oder werden sie dies in Zukunft tun, so steht es ihnen frei, anstelle des Übereinkommens oder eines Teiles davon diese Rechtsvorschriften oder dieses System untereinander anzuwenden. Um von dieser Bestimmung Gebrauch machen zu können, müssen diese Staaten ihre Entscheidung dem Generalsekretär des Europarats notifizieren. Jede Änderung oder Aufhebung dieser Entscheidung ist ebenfalls zu notifizieren.

Teil VI Schlussbestimmungen
Artikel 21
Dieses Übereinkommen liegt für die Mitgliedstaaten des Europarats zur Unterzeichnung auf. Es bedarf der Ratifikation, Annahme oder Genehmigung. Die Ratifikations-, Annahme- oder Genehmigungsurkunden werden beim Generalsekretär des Europarats hinterlegt.

Artikel 22
(1) Dieses Übereinkommen tritt am ersten Tag des Monats in Kraft, der auf einen Zeitabschnitt von drei Monaten nach dem Tag folgt, an dem drei Mitgliedstaaten des Europarats nach Artikel 21 ihre Zustimmung ausgedrückt haben, durch das Übereinkommen gebunden zu sein.

(2) Für jeden Mitgliedstaat, der später seine Zustimmung ausdrückt, durch das Übereinkommen gebunden zu sein, tritt es am ersten Tag des Monats in Kraft, der auf einen Zeitabschnitt von drei Monaten nach Hinterlegung der Ratifikations-, Annahme- oder Genehmigungsurkunde folgt.

Artikel 23
(1) Nach Inkrafttreten dieses Übereinkommens kann das Ministerkomitee des Europarats durch einen mit der in Artikel 20 Buchstabe d der Satzung vorgesehenen Mehrheit und mit einhelliger Zustimmung der Vertreter der Vertragsstaaten, die Anspruch auf einen Sitz im Komitee haben, gefassten Beschluss jeden Nichtmitgliedstaat des Rates einladen, dem Übereinkommen beizutreten.

(2) Für jeden beitretenden Staat tritt das Übereinkommen am ersten Tag des Monats in Kraft, der auf einen Zeitabschnitt von drei Monaten nach Hinterlegung der Beitrittsurkunde beim Generalsekretär des Europarats folgt.

Artikel 24
(1) Jeder Staat kann bei der Unterzeichnung oder bei der Hinterlegung seiner Ratifikations-, Annahme-, Genehmigungs- oder Beitrittsurkunde einzelne oder mehrere Hoheitsgebiete bezeichnen, auf die dieses Übereinkommen Anwendung findet.

(2) Jeder Staat kann jederzeit danach durch eine an den Generalsekretär des Europarats gerichtete Erklärung die Anwendung dieses Übereinkommens auf jedes weitere in der Erklärung bezeichnete Hoheitsgebiet erstrecken. Das Übereinkommen tritt für dieses Hoheitsgebiet am ersten Tag des Monats in Kraft, der auf einen Zeitabschnitt von drei Monaten nach Eingang der Erklärung beim Generalsekretär folgt.

(3) Jede nach den Absätzen 1 und 2 abgegebene Erklärung kann in bezug auf jedes darin bezeichnete Hoheitsgebiet durch eine an den Generalsekretär gerichtete Notifikation zurückgenommen werden. Die Rücknahme wird am ersten Tag des Monats wirksam, der auf einen Zeitabschnitt von sechs Monaten nach Eingang der Notifikation beim Generalsekretär folgt.

Artikel 25
(1) Ein Staat, der aus zwei oder mehr Gebietseinheiten besteht, in denen für Angelegenheiten des Sorgerechts für Kinder und für die Anerkennung und Vollstreckung von Sorgerechtsentscheidungen unterschiedliche Rechtssysteme gelten, kann bei der Unterzeichnung oder bei der Hinterlegung seiner Ratifikations-, Annahme-, Genehmigungs- oder Beitrittsurkunde erklären, dass dieses Übereinkommen auf alle seine Gebietseinheiten oder auf eine oder mehrere davon Anwendung findet.

(2) Ein solcher Staat kann jederzeit danach durch eine an den Generalsekretär des Europarats gerichtete Erklärung die Anwendung dieses Übereinkommens auf jede weitere in der Erklärung bezeichnete Gebietseinheit erstrecken. Das Übereinkommen tritt für diese Gebietseinheit am ersten Tag des Monats in Kraft, der auf einen Zeitabschnitt von drei Monaten nach Eingang der Erklärung beim Generalsekretär folgt.

(3) Jede nach den Absätzen 1 und 2 abgegebene Erklärung kann in bezug auf jede darin bezeichnete Gebietseinheit durch eine an den Generalsekretär gerichtete Notifikation zurückgenommen

werden. Die Rücknahme wird am ersten Tag des Monats wirksam, der auf einen Zeitabschnitt von sechs Monaten nach Eingang der Notifikation beim Generalsekretär folgt.

Artikel 26

(1) Bestehen in einem Staat auf dem Gebiet des Sorgerechts für Kinder zwei oder mehr Rechtssysteme, die einen räumlich verschiedenen Anwendungsbereich haben, so ist

a) eine Verweisung auf das Recht des gewöhnlichen Aufenthalts oder der Staatsangehörigkeit einer Person als Verweisung auf das Rechtssystem zu verstehen, das von den in diesem Staat geltenden Rechtsvorschriften bestimmt wird, oder, wenn es solche Vorschriften nicht gibt, auf das Rechtssystem, zu dem die betreffende Person die engste Beziehung hat;

b) eine Verweisung auf den Ursprungsstaat oder auf den ersuchten Staat als Verweisung auf die Gebietseinheit zu verstehen, in der die Entscheidung ergangen ist oder in der die Anerkennung oder Vollstreckung der Entscheidung oder die Wiederherstellung des Sorgerechtsverhältnisses beantragt wird.

(2) Absatz 1 Buchstabe a wird entsprechend auf Staaten angewendet, die auf dem Gebiet des Sorgerechts zwei oder mehr Rechtssysteme mit persönlich verschiedenem Anwendungsbereich haben.

Artikel 27

(1) Jeder Staat kann bei der Unterzeichnung oder bei der Hinterlegung seiner Ratifikations-, Annahme-, Genehmigungs- oder Beitrittsurkunde erklären, dass er von einem oder mehreren der in Artikel 6 Absatz 3 und in den Artikeln 17 und 18 vorgesehenen Vorbehalte Gebrauch macht. Weitere Vorbehalte sind nicht zulässig.

(2) Jeder Vertragsstaat, der einen Vorbehalt nach Absatz 1 angebracht hat, kann ihn durch eine an den Generalsekretär des Europarats gerichtete Notifikation ganz oder teilweise zurücknehmen. Die Rücknahme wird mit dem Eingang der Notifikation beim Generalsekretär wirksam.

Artikel 28

Der Generalsekretär des Europarats lädt am Ende des dritten Jahres, das auf den Tag des Inkrafttretens dieses Übereinkommens folgt, und von sich aus jederzeit danach die Vertreter der von den Vertragsstaaten bestimmten zentralen Behörden zu einer Tagung ein, um die Wirkungsweise des Übereinkommens zu erörtern und zu erleichtern. Jeder Mitgliedstaat des Europarats, der nicht Vertragspartei des Übereinkommens ist, kann sich durch einen Beobachter vertreten lassen. Über die Arbeiten jeder Tagung wird ein Bericht angefertigt und dem Ministerkomitee des Europarats zur Kenntnisnahme vorgelegt.

Artikel 29

(1) Jede Vertragspartei kann dieses Übereinkommen jederzeit durch eine an den Generalsekretär des Europarats gerichtete Notifikation kündigen.

(2) Die Kündigung wird am ersten Tag des Monats wirksam, der auf einen Zeitabschnitt von sechs Monaten nach Eingang der Notifikation beim Generalsekretär folgt.

Artikel 30

Der Generalsekretär des Europarats notifiziert den Mitgliedstaaten des Rates und jedem Staat, der diesem Übereinkommen beigetreten ist,

a) jede Unterzeichnung;
b) jede Hinterlegung einer Ratifikations-, Annahme-, Genehmigungs- oder Beitrittsurkunde;
c) jeden Zeitpunkt des Inkrafttretens dieses Übereinkommens nach den Artikeln 22, 23, 24 und 25;
d) jede andere Handlung, Notifikation oder Mitteilung im Zusammenhang mit diesem Übereinkommen.

Zu Urkund dessen haben die hierzu gehörig befugten Unterzeichneten dieses Übereinkommen unterschrieben.

Geschehen zu Luxemburg am 20. Mai 1980 in englischer und französischer Sprache, wobei jeder Wortlaut gleichermaßen verbindlich ist, in einer Urschrift, die im Archiv des Europarats hinterlegt wird. Der Generalsekretär des Europarats übermittelt allen Mitgliedsstaaten des Europarats und allen zum Beitritt zu diesem Übereinkommen eingeladenen Staaten beglaubigte Abschriften.

F. Europäisches Übereinkommen über den Umgang von und mit Kindern vom 15.5.2003 (SEV Nr. 192) (Europäisches Umgangsübereinkommen – EUÜ)

6 **Präambel**

Die Mitgliedstaaten[27] des Europarats und die anderen Unterzeichner dieses Übereinkommens –

unter Berücksichtigung des Europäischen Übereinkommens vom 20. Mai 1980 über die Anerkennung und Vollstreckung von Entscheidungen über das Sorgerecht für Kinder und die Wiederherstellung des Sorgeverhältnisses (SEV Nr. 105)

unter Berücksichtigung des Haager Übereinkommens vom 25. Oktober 1980 über die zivilrechtlichen Aspekte internationaler Kindesentführung sowie des Haager Übereinkommens vom 19. Oktober 1996 über die Zuständigkeit, das anzuwendende Recht, die Anerkennung, Vollstreckung und Zusammenarbeit auf dem Gebiet der elterlichen Verantwortung und der Maßnahmen zum Schutz von Kindern;

unter Berücksichtigung der Verordnung (EG) Nr. 1347/2000 des Rates vom 29. Mai 2000 über die Zuständigkeit und die Anerkennung und Vollstreckung von Entscheidungen in Ehesachen und in Verfahren betreffend die elterliche Verantwortung für die gemeinsamen Kinder der Ehegatten;

in der Erkenntnis, dass das Wohl des Kindes, wie in den verschiedenen internationalen Übereinkünften des Europarats sowie in Artikel 3 des Übereinkommens der Vereinten Nationen vom 20. November 1989 über die Rechte des Kindes vorgesehen, vorrangig zu berücksichtigen ist;

in dem Bewusstsein, dass es weiterer Bestimmungen bedarf, um den durch Artikel 8 der Konvention vom 4. November 1950 zum Schutz der Menschenrechte und Grundfreiheiten (SEV Nr. 5) geschützten Umgang zwischen Kindern und ihren Eltern sowie anderen Personen, die familiäre Bindungen zu den Kindern haben, zu sichern;

unter Berücksichtigung des Artikels 9 des Übereinkommens der Vereinten Nationen über die Rechte des Kindes, der das Recht des Kindes, das von einem oder beiden Elternteilen getrennt ist, vorsieht, regelmäßige persönliche Beziehungen und unmittelbare Kontakte zu beiden Elternteilen zu pflegen, soweit dies nicht dem Wohl des Kindes widerspricht;

unter Berücksichtigung des Artikels 10 Absatz 2 des Übereinkommens der Vereinten Nationen über die Rechte des Kindes, der das Recht des Kindes, dessen Eltern ihren Aufenthalt in verschiedenen Staaten haben, vorsieht, regelmäßige persönliche Beziehungen und unmittelbare Kontakte zu beiden Elternteilen zu pflegen, soweit nicht außergewöhnliche Umstände vorliegen;

in dem Bewusstsein, dass es wünschenswert ist, nicht nur Eltern, sondern auch Kinder als Träger von Rechten anzuerkennen;

einig darüber, folglich den Ausdruck „Umgang[28] mit Kindern" durch den Ausdruck „Umgang von und mit Kindern" zu ersetzen;

---

27 Zwischen Deutschland, Österreich und der Schweiz abgestimmte Endfassung.
28 AT, CH: persönlicher Verkehr. Die Vertragsstaaten des EUÜ finden sich nach jeweils aktuellem Stand auf der Internetseite des Europarats und dort unter http://conventions.coe.int/Treaty/Commun/ChercheSig.asp?NT=192&CM=1&DF=21/05/2012&CL=GER.

unter Berücksichtigung des Europäischen Übereinkommens über die Ausübung von Kinderrechten (SEV Nr. 160) und des Wunsches, Maßnahmen zu fördern, die Kindern in Angelegenheiten des Umgangs mit Eltern und anderen Personen, die familiäre Bindungen zu den Kindern haben, helfen;

einig darüber, dass es notwendig ist, dass Kinder nicht nur den Umgang mit beiden Elternteilen, sondern auch mit bestimmten anderen Personen pflegen, die familiäre Bindungen zu den Kindern haben, und dass es wichtig ist, dass Eltern und diese anderen Personen, soweit dies dem Wohl des Kindes dient, in Kontakt mit den Kindern bleiben;

eingedenk der Notwendigkeit, die Annahme gemeinsamer Grundsätze über den Umgang von und mit Kindern durch die Staaten zu fördern, insbesondere um die Anwendung internationaler Übereinkünfte auf diesem Gebiet zu erleichtern;

in der Erkenntnis, dass Mechanismen zur Umsetzung ausländischer Entscheidungen über den Umgang von und mit Kindern eher geeignet sind, zufriedenstellende Ergebnisse hervorzubringen, wenn die Grundsätze, auf denen diese ausländischen Entscheidungen beruhen, den Grundsätzen in dem Staat gleichen, der sie umsetzt;

in der Erkenntnis, dass es notwendig ist, die Justizbehörden zu ermutigen, den grenzüberschreitenden Umgang häufiger zu gestatten und das Vertrauen aller Beteiligten darauf, dass die Kinder nach Beendigung eines solchen Umgangs zurückgegeben werden, zu stärken, wenn Kinder und Eltern sowie andere Personen mit familiären Bindungen zu den Kindern in verschiedenen Staaten leben;

eingedenk dessen, dass die Bereitstellung wirksamer Schutzmaßnahmen und zusätzlicher Garantien geeignet ist, die Rückgabe der Kinder insbesondere am Ende des grenzüberschreitenden Umgangs sicherzustellen;

in der Erkenntnis, dass es einer zusätzlichen internationalen Übereinkunft bedarf, um Lösungen insbesondere für den grenzüberschreitenden Umgang von und mit Kindern zu bieten;

in dem Wunsch, eine Zusammenarbeit zwischen allen zentralen Behörden und anderen Stellen herbeizuführen, um den Umgang zwischen Kindern und ihren Eltern sowie anderen Personen, die familiäre Bindungen zu diesen Kindern haben, zu fördern und zu verbessern, und insbesondere die Zusammenarbeit zwischen Justizbehörden in den Fällen zu fördern, die den grenzüberschreitenden Umgang betreffen –

sind wie folgt übereingekommen:

Kapitel I Ziele des Übereinkommens und Begriffsbestimmungen
Artikel 1 Ziele des Übereinkommens
Ziel dieses Übereinkommens ist es,
a) allgemeine Grundsätze festzulegen, die auf Umgangsentscheidungen anzuwenden sind;
b) angemessene Schutzmaßnahmen und Garantien vorzusehen, um die ordnungsgemäße Ausübung des Umgangs und die sofortige Rückgabe der Kinder am Ende der Umgangszeit sicherzustellen;
c) die Zusammenarbeit zwischen den zentralen Behörden, den Justizbehörden und anderen Stellen herbeizuführen, um den Umgang zwischen Kindern und ihren Eltern sowie anderen Personen, die familiäre Bindungen zu den Kindern haben, zu fördern und zu verbessern.

Artikel 2 Begriffsbestimmungen
Im Sinne dieses Übereinkommens bedeutet
a) *„Umgang"*
  i den Aufenthalt des Kindes für eine begrenzte Zeit bei einer in Artikel 4 oder 5 bezeichneten Person, bei der es nicht gewöhnlich lebt, oder das Zusammentreffen des Kindes mit einer solchen Person;
  ii jede Form der Kommunikation zwischen dem Kind und einer solchen Person;
  iii die Erteilung von Auskünften über das Kind an eine solche Person oder über eine solche Person an das Kind;

b) „*Umgangsentscheidung*" eine den Umgang betreffende Entscheidung einer Justizbehörde, einschließlich einer von einer zuständigen Justizbehörde genehmigten oder einer als öffentliche Urkunde erstellten oder registrierten Umgangsvereinbarung, die vollstreckbar ist;

c) „*Kind*" eine Person, die das 18. Lebensjahr noch nicht vollendet hat, in Bezug auf die in einem Vertragsstaat eine Umgangsentscheidung ergehen oder vollstreckt werden kann;

d) „*familiäre Bindungen*" eine enge Beziehung wie die zwischen einem Kind und seinen Großeltern oder Geschwistern, die auf dem Gesetz oder einer faktischen familiären Beziehung beruht;

e) „*Justizbehörde*" ein Gericht oder eine Verwaltungsbehörde mit entsprechenden Befugnissen.

Kapital II Auf Umgangsentscheidungen anzuwendende allgemeine Grundsätze

Artikel 3 Anwendung der Grundsätze

Die Vertragsstaaten treffen die erforderlichen gesetzgeberischen und sonstigen Maßnahmen, um sicherzustellen, dass die in diesem Kapitel enthaltenen Grundsätze von Justizbehörden angewendet werden, wenn sie Umgangsentscheidungen erlassen, ändern, aussetzen oder aufheben.

Artikel 4 Umgang zwischen einem Kind und seinen Eltern

(1) Ein Kind und seine Eltern haben das Recht auf Gewährung und Pflege des regelmäßigen Umgangs miteinander.

(2) Dieser Umgang darf nur eingeschränkt oder ausgeschlossen werden, wenn dies zum Wohl des Kindes erforderlich ist.

(3) Dient die Pflege des unbegleiteten Umgangs mit einem seiner Elternteile nicht dem Wohl eines Kindes, so ist die Möglichkeit des begleiteten persönlichen Umgangs oder anderer Formen des Umgangs mit diesem Elternteil zu prüfen.

Artikel 5 Umgang zwischen einem Kind und Personen, die nicht seine Eltern sind

(1) Zwischen einem Kind und Personen, die nicht seine Eltern sind, aber gleichwohl familiäre Bindungen zu ihm haben, kann Umgang aufgenommen werden, soweit dies dem Wohl des Kindes dient.

(2) Es steht den Vertragsstaaten frei, diese Bestimmung auf andere als die in Absatz 1 genannten Personen zu erstrecken; im Fall einer solchen Erstreckung können die Staaten frei entscheiden, welche Formen des Umgangs im Sinne des Artikels 2 Buchstabe a Anwendung finden.

Artikel 6 Das Recht eines Kindes, Auskunft zu erhalten, angehört zu werden und seine Meinung zu äußern

(1) Ein Kind, das nach innerstaatlichem Recht als hinreichend verständig angesehen wird, hat das Recht, sofern dies nicht seinem Wohl offensichtlich widerspricht,

– alle wesentlichen Auskünfte zu erhalten;
– angehört zu werden;
– seine Meinung zu äußern.

(2) Die Meinung und die erkennbaren Wünsche und Gefühle des Kindes sind gebührend zu berücksichtigen.

Artikel 7 Beilegung von Umgangsstreitigkeiten

Bei der Beilegung von Umgangsstreitigkeiten treffen die Justizbehörden alle geeigneten Maßnahmen, um

a) sicherzustellen, dass beide Elternteile darüber unterrichtet werden, dass es für ihr Kind und für sie beide wichtig ist, regelmäßigen Umgang mit ihrem Kind aufzunehmen und zu pflegen;

b) Eltern und andere Personen, die familiäre Bindungen zu dem Kind haben, zu ermutigen, eine gütliche Einigung über den Umgang zu erzielen, insbesondere indem sie von Familienmediation und anderen Verfahren zur Beilegung von Streitigkeiten Gebrauch machen;

c) vor ihrer Entscheidung sicherzustellen, dass sie über ausreichende Informationen insbesondere seitens der Träger elterlicher Verantwortung verfügen, um eine Entscheidung zum Wohl des Kindes zu treffen, und, falls erforderlich, bei anderen zuständigen Stellen oder Personen weitere Auskünfte einzuholen.

Artikel 8 Umgangsvereinbarungen

(1) Die Vertragsstaaten ermutigen mit den ihnen geeignet erscheinenden Mitteln Eltern und andere Personen, die familiäre Bindungen zu dem Kind haben, die in den Artikeln 4 bis 7 niedergelegten Grundsätze zu achten, wenn sie eine Vereinbarung über den Umgang von und mit einem Kind schließen oder ändern. Diese Vereinbarungen sollen möglichst schriftlich niedergelegt werden.

(2) Auf Antrag genehmigen Justizbehörden eine Vereinbarung über den Umgang von und mit einem Kind, sofern das innerstaatliche Recht nichts anderes vorsieht und die Vereinbarung dem Wohl des Kindes nicht widerspricht.

Artikel 9 Umsetzung von Umgangsentscheidungen

Die Vertragsstaaten treffen alle geeigneten Maßnahmen, um sicherzustellen, dass Umgangsentscheidungen umgesetzt werden.

Artikel 10 In Bezug auf den Umgang zu treffende Schutzmaßnahmen und Garantien

(1) Jeder Vertragsstaat sieht Schutzmaßnahmen und Garantien vor und fördert deren Anwendung. Er teilt dem Generalsekretär des Europarats innerhalb von drei Monaten nach Inkrafttreten dieses Übereinkommens für diesen Vertragsstaat über seine zentralen Behörden mindestens drei Arten von Schutzmaßnahmen und Garantien mit, die in seinem innerstaatlichen Recht zusätzlich zu den in Artikel 4 Absatz 3 und Artikel 14 Absatz 1 Buchstabe b bezeichneten Schutzmaßnahmen und Garantien zur Verfügung stehen. Änderungen in Bezug auf die zur Verfügung stehenden Schutzmaßnahmen und Garantien werden so bald wie möglich mitgeteilt.

(2) Sofern die Umstände eines Falles es erfordern, können Justizbehörden eine Umgangsentscheidung jederzeit von Schutzmaßnahmen und Garantien abhängig machen, um gleichzeitig sicherzustellen, dass die Entscheidung umgesetzt wird und das Kind entweder am Ende der Umgangszeit an den Ort zurückgebracht wird, an dem es gewöhnlich lebt, oder nicht unerlaubt verbracht wird.

a) Schutzmaßnahmen und Garantien zur Sicherstellung der Umsetzung der Entscheidung können insbesondere Folgendes umfassen:
   – die Begleitung des Umgangs;
   – die Verpflichtung einer Person, die Reise- und Unterkunftskosten für das Kind und gegebenenfalls für weitere Personen, die das Kind begleiten, zu übernehmen;
   – eine Sicherheit, die von der Person zu hinterlegen ist, bei der das Kind gewöhnlich lebt, um sicherzustellen, dass die Person, die Umgang mit dem Kind begehrt, nicht an diesem Umgang gehindert wird;
   – eine Geldbuße, die gegen die Person, bei der das Kind gewöhnlich lebt, festzusetzen ist, wenn sie sich weigert, die Umgangsentscheidung zu befolgen.

b) Schutzmaßnahmen und Garantien zur Sicherstellung der Rückgabe des Kindes oder zur Verhinderung eines unerlaubten Verbringens können insbesondere Folgendes umfassen:
   – die Hinterlegung von Reisepässen oder Ausweispapieren und gegebenenfalls die Vorlage eines Schriftstücks, aus dem hervorgeht, dass die Person, die Umgang begehrt, die zuständige Konsularbehörde von dieser für die Umgangszeit vorgenommenen Hinterlegung unterrichtet hat;
   – finanzielle Garantien;
   – die Belastung von Vermögen;
   – Verpflichtungserklärungen gegenüber dem Gericht;
   – die Verpflichtung der Person, die Umgang mit dem Kind hat, sich mit dem Kind regelmäßig bei einer zuständigen Stelle zu melden, wie zum Beispiel einer Stelle der öffentlichen Jugendhilfe oder einer Polizeidienststelle an dem Ort, an welchem der Umgang ausgeübt werden soll;

- die Verpflichtung der den Umgang begehrenden Person, vor der Umgangsentscheidung oder der Ausübung des Umgangs ein Schriftstück vorzulegen, das von dem Staat ausgefertigt ist, in dem der Umgang stattfinden soll, und in dem die Anerkennung und Vollstreckbarerklärung einer Sorgerechts- oder einer Umgangsentscheidung oder beider bescheinigt werden;
- Auflagen in Bezug auf den Ort, an dem der Umgang auszuüben ist, und gegebenenfalls die Registrierung einer Entscheidung, durch die untersagt wird, dass das Kind den Staat, in dem der Umgang stattfinden soll, verlässt, in einem innerstaatlichen oder grenzübergreifenden Informationssystem.

(3) Solche Schutzmaßnahmen und Garantien bedürfen der Schriftform oder eines schriftlichen Nachweises und sind Bestandteil der Umgangsentscheidung oder der genehmigten Vereinbarung.

(4) Sollen Schutzmaßnahmen oder Garantien in einem anderen Vertragsstaat durchgeführt werden, so ordnet die Justizbehörde vorzugsweise solche Schutzmaßnahmen oder Garantien an, die in diesem Vertragsstaat durchgeführt werden können.

Kapitel III Maßnahmen zur Förderung und Verbesserung des grenzüberschreitenden Umgangs

Artikel 11 Zentrale Behörden

(1) Jeder Vertragsstaat bestimmt eine zentrale Behörde, die in Fällen des grenzüberschreitenden Umgangs die in diesem Übereinkommen vorgesehenen Aufgaben wahrnimmt.

(2) Einem Bundesstaat, einem Staat mit mehreren Rechtssystemen oder einem Staat, der aus autonomen Gebietskörperschaften besteht, steht es frei, mehrere zentrale Behörden zu bestimmen und deren räumliche oder persönliche Zuständigkeit festzulegen. Macht ein Staat von dieser Möglichkeit Gebrauch, so bestimmt er die zentrale Behörde, an welche alle Mitteilungen zur Übermittlung an die zuständige zentrale Behörde in diesem Staat gerichtet werden können.

(3) Jede Bestimmung nach diesem Artikel ist dem Generalsekretär des Europarats zu notifizieren.

Artikel 12 Pflichten der zentralen Behörden

Die zentralen Behörden der Vertragsstaaten

a) arbeiten zusammen und fördern die Zusammenarbeit der zuständigen Behörden einschließlich der Justizbehörden ihrer jeweiligen Länder, um die Ziele dieses Übereinkommens zu verwirklichen. Sie haben mit aller gebotenen Eile zu handeln;
b) erteilen einander im Hinblick auf die Erleichterung der Durchführung dieses Übereinkommens auf Ersuchen Auskunft über ihre Rechtsvorschriften auf dem Gebiet der elterlichen Verantwortung, einschließlich des Umgangs, und stellen einander genauere Informationen als die nach Artikel 10 Absatz 1 bereits vorgesehenen Informationen über Schutzmaßnahmen und Garantien und die bei ihnen verfügbaren Dienste (einschließlich öffentlich oder anderweitig finanzierter Rechtsdienste) sowie Informationen über Änderungen, die diese Rechtsvorschriften und Dienste betreffen, zur Verfügung;
c) treffen alle geeigneten Maßnahmen, um den Aufenthaltsort des Kindes ausfindig zu machen;
d) stellen die Übermittlung von Auskunftsersuchen sicher, die von den zuständigen Behörden ausgehen und sich auf Rechts- oder Tatsachenfragen in anhängigen Verfahren beziehen;
e) unterrichten einander über alle Schwierigkeiten, die bei der Anwendung des Übereinkommens auftreten können, und räumen Hindernisse, die seiner Anwendung entgegenstehen, soweit wie möglich aus.

Artikel 13 Internationale Zusammenarbeit

(1) Die Justizbehörden, die zentralen Behörden und die sozialen Dienste und sonstigen Stellen der betroffenen Vertragsstaaten arbeiten im Rahmen ihrer jeweiligen Zuständigkeit hinsichtlich Verfahren, die den grenzüberschreitenden Umgang betreffen, zusammen.

(2) Insbesondere unterstützen die zentralen Behörden die Justizbehörden der Vertragsstaaten bei ihrer Kommunikation untereinander sowie bei der Erlangung der Auskünfte und Unterstützung, die sie zur Verwirklichung der Ziele dieses Übereinkommens benötigen.

(3) In grenzüberschreitenden Fällen werden Kinder, Eltern und andere Personen, die familiäre Bindungen zu dem Kind haben, von den zentralen Behörden unterstützt, insbesondere bei der Einleitung von Verfahren betreffend den grenzüberschreitenden Umgang.

Artikel 14 Anerkennung und Vollstreckung von Entscheidungen

(1) Die Vertragsstaaten sehen, gegebenenfalls in Übereinstimmung mit den einschlägigen internationalen Übereinkünften, Folgendes vor:

a) ein System für die Anerkennung und Vollstreckung von in anderen Vertragsstaaten ergangenen Umgangs- und Sorgerechtsentscheidungen;

b) ein Verfahren, in dem in anderen Vertragsstaaten ergangene Umgangs- und Sorgerechtsentscheidungen anerkannt und für vollstreckbar erklärt werden können, bevor der Umgang in dem ersuchten Staat ausgeübt wird.

(2) Macht ein Vertragsstaat die Anerkennung oder die Vollstreckung einer ausländischen Entscheidung oder beides vom Bestehen eines Vertrags oder von Gegenseitigkeit abhängig, so kann er dieses Übereinkommen für die Anerkennung oder die Vollstreckung einer ausländischen Umgangsentscheidung oder für beides als eine solche Rechtsgrundlage ansehen.

Artikel 15 Bedingungen für die Umsetzung von Entscheidungen über den grenzüberschreitenden Umgang

Die Justizbehörde des Vertragsstaats, in welchem eine in einem anderen Vertragsstaat ergangene Entscheidung über den grenzüberschreitenden Umgang umgesetzt werden soll, kann bei der Anerkennung oder Vollstreckbarerklärung dieser Umgangsentscheidung oder jederzeit danach die Bedingungen für ihre Umsetzung sowie mit ihr verbundene Schutzmaßnahmen oder Garantien festlegen oder anpassen, sofern dies zur Erleichterung der Ausübung dieses Umgangs erforderlich ist; dabei sind jedoch die wesentlichen Bestandteile der Entscheidung zu beachten und insbesondere eine Veränderung der Umstände und die von den betroffenen Personen getroffenen Vereinbarungen zu berücksichtigen. Die ausländische Entscheidung darf keinesfalls in der Sache selbst nachgeprüft werden.

Artikel 16 Rückgabe eines Kindes

(1) Wird ein Kind am Ende eines auf einer Umgangsentscheidung beruhenden grenzüberschreitenden Umgangs nicht zurückgegeben, so sorgen die zuständigen Behörden auf Antrag für die sofortige Rückgabe des Kindes, indem sie, soweit anwendbar, die einschlägigen Bestimmungen internationaler Übereinkünfte sowie des innerstaatlichen Rechts anwenden und gegebenenfalls die in der Umgangsentscheidung vorgesehenen Sicherungsmaßnahmen und Garantien durchführen.

(2) Über die Rückgabe des Kindes wird, soweit möglich, innerhalb von sechs Wochen nach Stellung des Rückgabeantrags entschieden.

Artikel 17 Kosten

Jeder Vertragsstaat verpflichtet sich, vom Antragsteller abgesehen von den Kosten für die Rückführung keine Zahlungen für Maßnahmen zu verlangen, die für den Antragsteller nach diesem Übereinkommen von der zentralen Behörde des betreffenden Staates selbst getroffen werden.

Artikel 18 Sprachenregelung

(1) Vorbehaltlich besonderer Vereinbarungen zwischen den beteiligten zentralen Behörden

a) müssen Mitteilungen an die zentrale Behörde des ersuchten Staates in der Amtssprache oder in einer der Amtssprachen dieses Staates abgefasst oder von einer Übersetzung in diese Sprache begleitet sein;

b) muss die zentrale Behörde des ersuchten Staates aber auch Mitteilungen annehmen, die in englischer oder französischer Sprache abgefasst oder von einer Übersetzung in eine dieser Sprachen begleitet sind.

(2) Mitteilungen, die von der zentralen Behörde des ersuchten Staates ausgehen, einschließlich der Ergebnisse von Ermittlungen, können in der Amtssprache oder einer der Amtssprachen dieses Staates oder in englischer oder französischer Sprache abgefasst sein.

(3) Ein Vertragsstaat kann jedoch durch eine an den Generalsekretär des Europarats gerichtete Erklärung Einspruch gegen die Verwendung der französischen oder der englischen Sprache nach den Absätzen 1 und 2 in den seinen zentralen Behörden übersandten Anträgen, Mitteilungen oder sonstigen Schriftstücken erheben.

Kapitel IV Verhältnis zu anderen Übereinkünften

Artikel 19 Verhältnis zum Europäischen Übereinkommen über die Anerkennung und Vollstreckung von Entscheidungen über das Sorgerecht für Kinder und die Wiederherstellung des Sorgeverhältnisses

Artikel 11 Absätze 2 und 3 des Europäischen Übereinkommens vom 20. Mai 1980 (SEV Nr. 105) über die Anerkennung und Vollstreckung von Entscheidungen über das Sorgerecht für Kinder und die Wiederherstellung des Sorgeverhältnisses findet im Verhältnis zwischen den Vertragsstaaten, die auch Vertragsstaaten des vorliegenden Übereinkommens sind, keine Anwendung.

Artikel 20 Verhältnis zu anderen Übereinkünften

(1) Dieses Übereinkommen lässt internationale Übereinkünfte unberührt, denen Vertragsstaaten dieses Übereinkommens als Vertragsparteien angehören oder angehören werden und die Bestimmungen über die im vorliegenden Übereinkommen geregelten Angelegenheiten enthalten. Insbesondere berührt dieses Übereinkommen nicht die Anwendung der folgenden Übereinkünfte:

a) Haager Übereinkommen vom 5. Oktober 1961 über die Zuständigkeit der Behörden und das anzuwendende Recht auf dem Gebiet des Schutzes von Minderjährigen;
b) Europäisches Übereinkommen vom 20. Mai 1980 über die Anerkennung und Vollstreckung von Entscheidungen über das Sorgerecht für Kinder und die Wiederherstellung des Sorgeverhältnisses, vorbehaltlich des Artikels 19 des vorliegenden Übereinkommens;
c) Haager Übereinkommen vom 25. Oktober 1980 über die zivilrechtlichen Aspekte internationaler Kindesentführung;
d) Haager Übereinkommen vom 19. Oktober 1996 über die Zuständigkeit, das anzuwendende Recht, die Anerkennung, Vollstreckung und Zusammenarbeit auf dem Gebiet der elterlichen Verantwortung und der Maßnahmen zum Schutz von Kindern.

(2) Dieses Übereinkommen hindert die Vertragsparteien nicht daran, internationale Vereinbarungen zu schließen, um die Bestimmungen dieses Übereinkommens zu ergänzen oder weiterzuentwickeln oder ihren Anwendungsbereich zu erweitern.

(3) Vertragsstaaten, die Mitglied der Europäischen Gemeinschaft sind, wenden in ihren Beziehungen untereinander die Vorschriften der Gemeinschaft an; sie wenden die Vorschriften, die sich aus diesem Übereinkommen ergeben, daher nur an, soweit es für die betreffende Frage keine Vorschriften der Gemeinschaft gibt.

Kapitel V Änderungen des Übereinkommens

Artikel 21 Änderungen

(1) Jede von einer Vertragspartei vorgeschlagene Änderung dieses Übereinkommens wird dem Generalsekretär des Europarats übermittelt; dieser übersendet sie den Mitgliedstaaten des Europarats, jedem Unterzeichner, jedem Vertragsstaat, der Europäischen Gemeinschaft, jedem nach Artikel 22 zur Unterzeichnung des Übereinkommens eingeladenen Staat und jedem Staat, der nach Artikel 23 zum Beitritt zu diesem Übereinkommen eingeladen worden ist.

(2) Jede von einer Vertragspartei vorgeschlagene Änderung wird dem Europäischen Ausschuss für rechtliche Zusammenarbeit (CDCJ) übermittelt; dieser legt dem Ministerkomitee seine Stellungnahme zu dem Änderungsvorschlag vor.

(3) Das Ministerkomitee prüft den Änderungsvorschlag und die vom CDCJ vorgelegte Stellungnahme und kann nach Konsultierung der Vertragsparteien des Übereinkommens, die nicht Mitglieder des Europarats sind, die Änderung annehmen.

(4) Der Wortlaut jeder vom Ministerkomitee nach Absatz 3 angenommenen Änderung wird den Vertragsparteien zur Annahme übermittelt.

(5) Jede nach Absatz 3 angenommene Änderung tritt am ersten Tag des Monats in Kraft, der auf einen Zeitabschnitt von einem Monat nach dem Tag folgt, an dem alle Vertragsparteien dem Generalsekretär mitgeteilt haben, dass sie die Änderung angenommen haben.

Kapitel VI Schlussbestimmungen

Artikel 22 Unterzeichnung und Inkrafttreten

(1) Dieses Übereinkommen liegt für die Mitgliedstaaten des Europarats, die Nichtmitgliedstaaten, die an seiner Ausarbeitung beteiligt waren, und die Europäische Gemeinschaft zur Unterzeichnung auf.

(2) Dieses Übereinkommen bedarf der Ratifikation, Annahme oder Genehmigung. Die Ratifikations-, Annahme- oder Genehmigungsurkunden werden beim Generalsekretär des Europarats hinterlegt.

(3) Dieses Übereinkommen tritt am ersten Tag des Monats in Kraft, der auf einen Zeitabschnitt von drei Monaten nach dem Tag folgt, an dem drei Staaten, darunter mindestens zwei Mitgliedstaaten des Europarats, nach Absatz 2 ihre Zustimmung ausgedrückt haben, durch das Übereinkommen gebunden zu sein.

(4) Für die in Absatz 1 genannten Staaten oder die Europäische Gemeinschaft, die später ihre Zustimmung ausdrücken, durch dieses Übereinkommen gebunden zu sein, tritt es am ersten Tag des Monats in Kraft, der auf einen Zeitabschnitt von drei Monaten nach Hinterlegung der Ratifikations-, Annahme- oder Genehmigungsurkunde folgt.

Artikel 23 Beitritt zum Übereinkommen

(1) Nach Inkrafttreten dieses Übereinkommens kann das Ministerkomitee des Europarats nach Konsultierung der Vertragsparteien durch einen mit der in Artikel 20 Buchstabe d der Satzung des Europarats vorgesehenen Mehrheit und mit einhelliger Zustimmung der Vertreter der Vertragsstaaten, die Anspruch auf einen Sitz im Ministerkomitee haben, gefassten Beschluss jeden Nichtmitgliedstaat des Europarats, der an der Ausarbeitung des Übereinkommens nicht beteiligt war, einladen, dem Übereinkommen beizutreten.

(2) Für jeden beitretenden Staat tritt das Übereinkommen am ersten Tag des Monats in Kraft, der auf einen Zeitabschnitt von drei Monaten nach Hinterlegung der Beitrittsurkunde beim Generalsekretär des Europarats folgt.

Artikel 24 Räumlicher Geltungsbereich

(1) Jeder Staat oder die Europäische Gemeinschaft kann bei der Unterzeichnung oder bei der Hinterlegung der Ratifikations-, Annahme-, Genehmigungs- oder Beitrittsurkunde einzelne oder mehrere Hoheitsgebiete bezeichnen, auf die dieses Übereinkommen Anwendung findet.

(2) Jede Vertragspartei kann jederzeit danach durch eine an den Generalsekretär des Europarats gerichtete Erklärung die Anwendung dieses Übereinkommens auf jedes andere in der Erklärung bezeichnete Hoheitsgebiet erstrecken, für dessen internationale Beziehungen sie verantwortlich ist oder für das sie Verpflichtungen eingehen kann. Das Übereinkommen tritt für dieses Hoheitsgebiet am ersten Tag des Monats in Kraft, der auf einen Zeitabschnitt von drei Monaten nach Eingang der Erklärung beim Generalsekretär folgt.

(3) Jede nach den Absätzen 1 und 2 abgegebene Erklärung kann in Bezug auf jedes darin bezeichnete Hoheitsgebiet durch eine an den Generalsekretär des Europarats gerichtete Notifikation zurückgenommen werden. Die Rücknahme wird am ersten Tag des Monats wirksam, der auf einen Zeitabschnitt von drei Monaten nach Eingang der Notifikation beim Generalsekretär folgt.

Artikel 25 Vorbehalte

Vorbehalte zu diesem Übereinkommen sind nicht zulässig.

Artikel 26 Kündigung

(1) Jede Vertragspartei kann dieses Übereinkommen jederzeit durch eine an den Generalsekretär des Europarats gerichtete Notifikation kündigen.

(2) Die Kündigung wird am ersten Tag des Monats wirksam, der auf einen Zeitabschnitt von drei Monaten nach Eingang der Notifikation beim Generalsekretär folgt.

Artikel 27 Notifikationen

Der Generalsekretär des Europarats notifiziert den Mitgliedstaaten des Europarats, jedem Unterzeichnerstaat, jedem Vertragsstaat, der Europäischen Gemeinschaft, jedem Staat, der nach Artikel 22 zur Unterzeichnung dieses Übereinkommens eingeladen worden ist, und jedem Staat, der nach Artikel 23 zum Beitritt zu diesem Übereinkommen eingeladen worden ist,

a) jede Unterzeichnung;
b) jede Hinterlegung einer Ratifikations-, Annahme-, Genehmigungs- oder Beitrittsurkunde;
c) jeden Zeitpunkt des Inkrafttretens dieses Übereinkommens nach den Artikeln 22 und 23;
d) jede nach Artikel 21 angenommene Änderung und den Tag, an dem sie in Kraft tritt;
e) jede nach Artikel 18 abgegebene Erklärung;
f) jede Kündigung nach Artikel 26;
g) jede andere Handlung, Notifikation oder Mitteilung insbesondere im Zusammenhang mit den Artikeln 10 und 11.

Zu Urkund dessen haben die hierzu gehörig befugten Unterzeichneten dieses Übereinkommen unterschrieben.

Geschehen zu Straßburg am 15. Mai 2003 in englischer und französischer Sprache, wobei jeder Wortlaut gleichermaßen verbindlich ist, in einer Urschrift, die im Archiv des Europarats hinterlegt wird. Der Generalsekretär des Europarats übermittelt allen Mitgliedstaaten des Europarats, den Nichtmitgliedstaaten, die an der Ausarbeitung dieses Übereinkommens beteiligt waren, der Europäischen Gemeinschaft und allen zum Beitritt zu diesem Übereinkommen eingeladenen Staaten beglaubigte Abschriften.

G. Niederlassungsabkommen vom 17.2.1929 zwischen dem Deutschen Reich und dem Kaiserreich Persien (Deutsch-iranisches Niederlassungsabkommen)

7 (RGBl 1930 II S. 1006), zuletzt geändert durch Gesetz vom 4.11.1954 (BGBl. 1955 II S. 829)[29]

Der Deutsche Reichspräsident und *Seine Kaiserliche Majestät der Schah von Persien,* von dem Wunsche beseelt, entsprechend dem Freundschaftsvertrag vom heutigen Tage das Niederlassungsrecht der deutschen Staatsangehörigen in Persien und der persischen Staatsangehörigen in Deutschland zu regeln, haben beschlossen, ein Niederlassungsabkommen abzuschließen, und haben zu diesem Zwecke zu ihren Bevollmächtigten ernannt,

---

[29] Niederlassungsabkommen zwischen dem Deutschen Reich und dem Kaiserreich Persien vom 17. Februar 1929 (RGBl 1930 II S. 1006); die Weitergeltung dieses Abkommens zwischen der Bundesrepublik Deutschland und dem Iran ist durch das deutsch-iranische Protokoll vom 4.11.1954 (BGBl 1955 II S. 829) ausdrücklich bestätigt worden (vgl. die Bekanntmachung über deutsch/iranische Vorkriegsverträge vom 15. August 1955 BGBl 1955 II S. 829).

Der Deutsche Reichspräsident: Herrn Friedrich Werner Graf von der Schulenburg, Deutschen Außerordentlichen Gesandten und Bevollmächtigten Minister in Teheran,
Seine Kaiserliche Majestät der Schah von Persien: Seine Exzellenz Herrn Mirza Mohamed Ali Khan Farzine, Gerenten Seines Ministeriums der Auswärtigen Angelegenheiten, die nach gegenseitiger Mitteilung ihrer in guter und gehöriger Form befundenen Vollmachten die nachstehenden Bestimmungen vereinbart haben:

Artikel 1

Die Angehörigen des einen vertragschließenden Staates werden in dem Gebiete des anderen Staates hinsichtlich ihrer Person und ihrer Güter nach den Grundsätzen und der Übung des allgemeinen Völkerrechts aufgenommen und behandelt. Sie genießen dort den ständigen Schutz der Landesgesetze und -behörden für ihre Person und für ihre Güter, Rechte und Interessen. Sie können unter der Bedingung, dass, und solange als sie die auf diesem Gebiet geltenden Gesetze und Verordnungen beobachten, das Gebiet des anderen vertragschließenden Staates betreten und verlassen, dort reisen, sich dort aufhalten und niederlassen.

In allen diesen Angelegenheiten genießen sie eine Behandlung, die nicht weniger günstig ist als die den Angehörigen des meistbegünstigten Staates gewährte Behandlung.

Die vorstehenden Vorschriften hindern jedoch keinen der vertragschließenden Staaten, jederzeit Bestimmungen zu treffen, um die Einwanderung in sein Gebiet zu regeln oder zu verbieten, sofern diese Bestimmungen nicht eine Maßnahme unterschiedlicher Behandlung darstellen, die besonders gegen alle Angehörigen des anderen vertragschließenden Staates gerichtet ist.

Artikel 2

Die Bestimmungen dieses Vertrages beeinträchtigen nicht das Recht jedes der vertragschließenden Staaten, Angehörigen des anderen Staates im einzelnen Falle infolge gerichtlicher Verfügung oder aus Gründen der inneren oder äußeren Sicherheit des Staates oder auch aus Gründen der Armen-, Gesundheits- und Sittenpolizei den Aufenthalt zu versagen.

Die Ausweisung wird unter Bedingungen, die den Anforderungen der Hygiene und Menschlichkeit entsprechen, durchgeführt werden.

Artikel 3

Die Angehörigen jedes vertragschließenden Staates haben im Gebiet des anderen Staates, sofern sie die Landesgesetze und -verordnungen beobachten, das Recht, in gleicher Weise wie die Inländer jede Art von Gewerbe und Handel zu betreiben und jedes Handwerk und jeden Beruf auszuüben, soweit es sich nicht um ein Staatsmonopol oder um die Ausbeutung eines vom Staate verliehenen Monopols handelt.

Diese Vorschrift findet auch insoweit keine Anwendung, als die Eigenschaft als Inländer nach den genannten Gesetzen und Verordnungen eine unerlässliche Bedingung für die Ausübung eines Berufs bildet.

Artikel 4

Aktiengesellschaften und Handelsgesellschaften jeder Art einschließlich der Industrie-, Finanz-, Versicherungs-, Verkehrs- und Transportgesellschaften, die im Gebiet des einen vertragschließenden Staates ihren Sitz haben und gemäß den Gesetzen des Landes ihres Sitzes errichtet und anerkannt sind, werden auch in dem Gebiet des anderen Staates in ihrer Rechts-, Geschäfts- und Prozessfähigkeit anerkannt.

Ihre Zulassung zur Ausübung einer geschäftlichen Tätigkeit im Gebiet des anderen Staates bestimmt sich nach den dort geltenden Gesetzen und Vorschriften.

Hinsichtlich der Voraussetzungen ihrer Zulassung, der Ausübung ihrer Tätigkeit und in jeder anderen Beziehung können die genannten Gesellschaften unter der Bedingung, dass sie die Gesetze und Vorschriften des Niederlassungsstaates beobachten, sich dort jeder Handels- und Gewerbetätigkeit widmen, der sich gemäß Artikel 3 die Angehörigen des Landes, wo sie errichtet worden sind, widmen können. Die genannten Gesellschaften müssen in jeder Beziehung wie die gleichartigen Unternehmungen der meistbegünstigten Nation behandelt werden.

Artikel 5

Die Angehörigen und die in Artikel 4 aufgeführten Gesellschaften des einen vertragschließenden Staates genießen im Gebiet des anderen Staates sowohl für ihre Person wie für ihre Güter, Rechte und Interessen in bezug auf Steuern, Gebühren und Abgaben jeder Art sowie alle anderen Lasten fiskalischen Charakters in jeder Beziehung bei den Finanzbehörden und Finanzgerichten die gleiche Behandlung und den gleichen Schutz wie die Inländer.

Artikel 6

Die Angehörigen jedes der vertragschließenden Staaten haben im Gebiet des anderen Staates, wenn sie die dort geltenden Gesetze und Verordnungen beobachten, das Recht, dort jede Art von Rechten und von beweglichem Vermögen zu erwerben, zu besitzen und zu veräußern. Sie werden in dieser Hinsicht wie die Angehörigen der meistbegünstigten Nation behandelt.

Hinsichtlich der Grundstücke und der Rechte an Grundstücken werden die Angehörigen jedes der vertragschließenden Staaten im Gebiet des anderen Staates in jedem Falle wie die Angehörigen der meistbegünstigten Nation behandelt. Bis zum Abschluss eines besonderen Abkommens besteht Einverständnis, dass die deutschen Staatsangehörigen in Persien nur berechtigt sind, Grundstücke, die sie als Wohnung und zur Ausübung ihres Berufes oder Gewerbes benötigen, zu erwerben, innezuhaben oder zu besitzen.

Artikel 7

Die Wohnungen und alle Grundstücke, die von Angehörigen eines vertragschließenden Staates im Gebiet des anderen Staates in Übereinstimmung mit den Vorschriften dieses Abkommens erworben, besessen und gemietet werden, können Haussuchungen oder Durchsuchungen nur unter den gleichen Bedingungen und Förmlichkeiten unterworfen werden, die durch die für Inländer geltenden Gesetze vorgeschrieben sind.

Ebenso dürfen Geschäftsbücher, Abrechnungen oder Urkunden irgendwelcher Art, die sich in den Wohnungen oder Geschäftsräumen der Angehörigen des einen vertragschließenden Staates im Gebiet des anderen Staates befinden, nur unter den Bedingungen und Förmlichkeiten einer Prüfung oder Beschlagnahme unterzogen werden, die durch die geltenden Gesetze für die Inländer vorgeschrieben sind.

Artikel 8

Die Angehörigen jedes vertragschließenden Staates genießen im Gebiet des anderen Staates in allem, was den gerichtlichen und behördlichen Schutz ihrer Person und ihrer Güter angeht, die gleiche Behandlung wie die Inländer.

Sie haben insbesondere freien und völlig unbehinderten Zutritt zu den Gerichten und können vor Gericht unter den gleichen Bedingungen wie die Inländer auftreten. Jedoch werden bis zum Abschluss eines besonderen Abkommens die Voraussetzungen für das Armenrecht und die Sicherheitsleistung für Prozesskosten durch die örtliche Gesetzgebung geregelt.

In bezug auf das Personen-, Familien- und Erbrecht bleiben die Angehörigen jedes der vertragschließenden Staaten im Gebiet des anderen Staates jedoch den Vorschriften ihrer heimischen Gesetze unterworfen. Die Anwendung dieser Gesetze kann von dem anderen vertragschließenden Staat nur ausnahmsweise und nur insoweit ausgeschlossen werden, als ein solcher Ausschluss allgemein gegenüber jedem anderen fremden Staat erfolgt.

Artikel 9

Die Angehörigen jedes vertragschließenden Staates sind in Friedens- und Kriegszeit im Gebiet des anderen Staates außer im Falle der Abwehr einer Naturkatastrophe von jeder staatlichen Arbeitspflicht befreit. Sie sind von jedem militärischen Zwangsdienst, sei es in der Armee, Marine und Luftwehr, sei es in der Nationalgarde oder Miliz, und ebenso von jeder an Stelle des persönlichen Dienstes auferlegten Abgabe befreit. Die Angehörigen jedes vertragschließenden Staates sind auf dem Gebiet des anderen Staates von allen Zwangsanleihen befreit. Sie können militärischen Kontributionen oder militärischen und nichtmilitärischen Requisitionen gleichviel welcher Art oder Enteignungen zum öffentlichen Nutzen nur unter den gleichen Bedingungen und im gleichen Maße wie die Angehörigen der meistbegünstigten Nation unterworfen werden.

Bei den in Abs. 1 dieses Artikels behandelten Requisitionen sowie bei Enteignungen zum öffentlichen Nutzen erhalten die Angehörigen des einen vertragschließenden Staates im Gebiet des anderen Staates für die angeforderten oder enteigneten Vermögenswerte eine angemessene Entschädigung, wobei die gesetzlichen Vorschriften des letzteren über die Modalitäten solcher Entschädigungen Beachtung finden.

Die Bestimmungen dieses Artikels finden auch auf die in Artikel 4 erwähnten Gesellschaften Anwendung.

Artikel 10

Dieses Abkommen ist in doppelter Urschrift in deutscher, persischer und französischer Sprache abgefasst. Bei Meinungsverschiedenheiten über die Auslegung des Abkommens ist der französische Wortlaut maßgebend.

Das Abkommen soll ratifiziert und die Ratifikationsurkunden sollen sobald als möglich ausgetauscht werden.

Das Abkommen tritt einen Monat nach Austausch der Ratifikationsurkunden in Kraft und bleibt fünf Jahre in Geltung. Wird es nicht sechs Monate vor Ablauf dieser Frist gekündigt, so gilt es als stillschweigend für unbestimmte Zeit verlängert. Es kann dann jederzeit unter Einhaltung einer Frist von sechs Monaten gekündigt werden.

Zu Urkund dessen haben die beiderseitigen gehörig beglaubigten Bevollmächtigten dieses Abkommen unterzeichnet und ihm ihre Siegel beigesetzt.

Teheran, den 17. Februar 1929.

(gez.) Friedrich Werner Graf von der Schulenburg.

(gez.) M. Farzine.

H. Übereinkommen über die Rechte des Kindes vom 20.11.1989 (UN-Kinderrechtskonvention)

(BGBl 1992 II S. 990)

Präambel

Die Vertragsstaaten[30] dieses Übereinkommens –

in der Erwägung, dass nach den in der Charta der Vereinten Nationen verkündeten Grundsätzen die Anerkennung der allen Mitgliedern der menschlichen Gesellschaft innewohnenden Würde und der Gleichheit und Unveräußerlichkeit ihrer Rechte die Grundlage von Freiheit, Gerechtigkeit und Frieden in der Welt bildet,

eingedenk dessen, dass die Völker der Vereinten Nationen in der Charta ihren Glauben an die Grundrechte und an Würde und Wert des Menschen bekräftigt und beschlossen haben, den sozialen Fortschritt und bessere Lebensbedingungen in größerer Freiheit zu fördern,

in der Erkenntnis, dass die Vereinten Nationen in der Allgemeinen Erklärung der Menschenrechte und in den Internationalen Menschenrechtspakten verkündet haben und übereingekommen sind, dass jeder Mensch Anspruch hat auf alle darin verkündeten Rechte und Freiheiten ohne Unter-

---

30 Die UN-Kinderrechtskonvention wurde von allen Staaten der Welt – außer Somalia und den USA – ratifiziert; Quelle: http://treaties.un.org/Pages/ViewDetails.aspx?src=TREATY&mtdsg_no=IV-11&chapter=4&lang=en.

scheidung, etwa nach der Rasse, der Hautfarbe, dem Geschlecht, der Sprache, der Religion, der politischen oder sonstigen Anschauung, der nationalen oder sozialen Herkunft, dem Vermögen, der Geburt oder dem sonstigen Status,

unter Hinweis darauf, dass die Vereinten Nationen in der Allgemeinen Erklärung der Menschenrechte verkündet haben, dass Kinder Anspruch auf besondere Fürsorge und Unterstützung haben,

überzeugt, dass der Familie als Grundeinheit der Gesellschaft und natürlicher Umgebung für das Wachsen und Gedeihen aller ihrer Mitglieder, insbesondere der Kinder, der erforderliche Schutz und Beistand gewährt werden sollte, damit sie ihre Aufgaben innerhalb der Gemeinschaft voll erfüllen kann,

in der Erkenntnis, dass das Kind zur vollen und harmonischen Entfaltung seiner Persönlichkeit in einer Familie und umgeben von Glück, Liebe und Verständnis aufwachsen sollte,

in der Erwägung, dass das Kind umfassend auf ein individuelles Leben in der Gesellschaft vorbereitet und im Geist der in der Charta der Vereinten Nationen verkündeten Ideale und insbesondere im Geist des Friedens, der Würde, der Toleranz, der Freiheit, der Gleichheit und der Solidarität erzogen werden sollte,

eingedenk dessen, dass die Notwendigkeit, dem Kind besonderen Schutz zu gewähren, in der Genfer Erklärung von 1924 über die Rechte des Kindes und in der von der Generalversammlung am 20. November 1959 angenommenen Erklärung der Rechte des Kindes ausgesprochen und in der Allgemeinen Erklärung der Menschenrechte, im Internationalen Pakt über bürgerliche und politische Rechte (insbesondere in den Artikeln 23 und 24), im Internationalen Pakt über wirtschaftliche, soziale und kulturelle Rechte (insbesondere in Artikel 10) sowie in den Satzungen und den in Betracht kommenden Dokumenten der Sonderorganisationen und anderen internationalen Organisationen, die sich mit dem Wohl des Kindes befassen, anerkannt worden ist,

eingedenk dessen, dass, wie in der Erklärung der Rechte des Kindes ausgeführt ist, „das Kind wegen seiner mangelnden körperlichen und geistigen Reife besonderen Schutzes und besonderer Fürsorge, insbesondere eines angemessenen rechtlichen Schutzes vor und nach der Geburt, bedarf",

unter Hinweis auf die Bestimmungen der Erklärung über die sozialen und rechtlichen Grundsätze für den Schutz und das Wohl von Kindern unter besonderer Berücksichtigung der Aufnahme in eine Pflegefamilie und der Adoption auf nationaler und internationaler Ebene, der Regeln der Vereinten Nationen über die Mindestnormen für die Jugendgerichtsbarkeit (Beijing-Regeln) und der Erklärung über den Schutz von Frauen und Kindern im Ausnahmezustand und bei bewaffneten Konflikten,

in der Erkenntnis, dass es in allen Ländern der Welt Kinder gibt, die in außerordentlich schwierigen Verhältnissen leben, und dass diese Kinder der besonderen Berücksichtigung bedürfen,

unter gebührender Beachtung der Bedeutung der Traditionen und kulturellen Werte jedes Volkes für den Schutz und die harmonische Entwicklung des Kindes,

in Anerkennung der Bedeutung der internationalen Zusammenarbeit für die Verbesserung der Lebensbedingungen der Kinder in allen Ländern, insbesondere den Entwicklungsländern –

haben folgendes vereinbart:

Teil I
Artikel 1
Im Sinne dieses Übereinkommens ist ein Kind jeder Mensch, der das achtzehnte Lebensjahr noch nicht vollendet hat, soweit die Volljährigkeit nach dem auf das Kind anzuwendenden Recht nicht früher eintritt.

Artikel 2
(1) Die Vertragsstaaten achten die in diesem Übereinkommen festgelegten Rechte und gewährleisten sie jedem ihrer Hoheitsgewalt unterstehenden Kind ohne jede Diskriminierung unabhän-

gig von der Rasse, der Hautfarbe, dem Geschlecht, der Sprache, der Religion, der politischen oder sonstigen Anschauung, der nationalen, ethnischen oder sozialen Herkunft, des Vermögens, einer Behinderung, der Geburt oder des sonstigen Status des Kindes, seiner Eltern oder seines Vormunds.

(2) Die Vertragsstaaten treffen alle geeigneten Maßnahmen, um sicherzustellen, dass das Kind vor allen Formen der Diskriminierung oder Bestrafung wegen des Status, der Tätigkeiten, der Meinungsäußerungen oder der Weltanschauung seiner Eltern, seines Vormunds oder seiner Familienangehörigen geschützt wird.

Artikel 3

(1) Bei allen Maßnahmen, die Kinder betreffen, gleichviel ob sie von öffentlichen oder privaten Einrichtungen der sozialen Fürsorge, Gerichten, Verwaltungsbehörden oder Gesetzgebungsorganen getroffen werden, ist das Wohl des Kindes ein Gesichtspunkt, der vorrangig zu berücksichtigen ist.

(2) Die Vertragsstaaten verpflichten sich, dem Kind unter Berücksichtigung der Rechte und Pflichten seiner Eltern, seines Vormunds oder anderer für das Kind gesetzlich verantwortlicher Personen den Schutz und die Fürsorge zu gewährleisten, die zu seinem Wohlergehen notwendig sind; zu diesem Zweck treffen sie alle geeigneten Gesetzgebungs- und Verwaltungsmaßnahmen.

(3) Die Vertragsstaaten stellen sicher, dass die für die Fürsorge für das Kind oder dessen Schutz verantwortlichen Institutionen, Dienste und Einrichtungen den von den zuständigen Behörden festgelegten Normen entsprechen, insbesondere im Bereich der Sicherheit und der Gesundheit sowie hinsichtlich der Zahl und der fachlichen Eignung des Personals und des Bestehens einer ausreichenden Aufsicht.

Artikel 4

Die Vertragsstaaten treffen alle geeigneten Gesetzgebungs-, Verwaltungs- und sonstigen Maßnahmen zur Verwirklichung der in diesem Übereinkommen anerkannten Rechte. Hinsichtlich der wirtschaftlichen, sozialen und kulturellen Rechte treffen die Vertragsstaaten derartige Maßnahmen unter Ausschöpfung ihrer verfügbaren Mittel und erforderlichenfalls im Rahmen der internationalen Zusammenarbeit.

Artikel 5

Die Vertragsstaaten achten die Aufgaben, Rechte und Pflichten der Eltern oder gegebenenfalls, soweit nach Ortsbrauch vorgesehen, der Mitglieder der weiteren Familie oder der Gemeinschaft, des Vormunds oder anderer für das Kind gesetzlich verantwortlicher Personen, das Kind bei der Ausübung der in diesem Übereinkommen anerkannten Rechte in einer seiner Entwicklung entsprechenden Weise angemessen zu leiten und zu führen.

Artikel 6

(1) Die Vertragsstaaten erkennen an, dass jedes Kind ein angeborenes Recht auf Leben hat.

(2) Die Vertragsstaaten gewährleisten in größtmöglichem Umfang das Überleben und die Entwicklung des Kindes.

Artikel 7

(1) Das Kind ist unverzüglich nach seiner Geburt in ein Register einzutragen und hat das Recht auf einen Namen von Geburt an, das Recht, eine Staatsangehörigkeit zu erwerben, und soweit möglich das Recht, seine Eltern zu kennen und von ihnen betreut zu werden.

(2) Die Vertragsstaaten stellen die Verwirklichung dieser Rechte im Einklang mit ihrem innerstaatlichen Recht und mit ihren Verpflichtungen aufgrund der einschlägigen internationalen Übereinkünfte in diesem Bereich sicher, insbesondere für den Fall, dass das Kind sonst staatenlos wäre.

Artikel 8

(1) Die Vertragsstaaten verpflichten sich, das Recht des Kindes zu achten, seine Identität, einschließlich seiner Staatsangehörigkeit, seines Namens und seiner gesetzlich anerkannten Familienbeziehungen, ohne rechtswidrige Eingriffe zu behalten.

(2) Werden einem Kind widerrechtlich einige oder alle Bestandteile seiner Identität genommen, so gewähren die Vertragsstaaten ihm angemessenen Beistand und Schutz mit dem Ziel, seine Identität so schnell wie möglich wiederherzustellen.

Artikel 9

(1) Die Vertragsstaaten stellen sicher, dass ein Kind nicht gegen den Willen seiner Eltern von diesen getrennt wird, es sei denn, dass die zuständigen Behörden in einer gerichtlich nachprüfbaren Entscheidung nach den anzuwendenden Rechtsvorschriften und Verfahren bestimmen, dass diese Trennung zum Wohl des Kindes notwendig ist. Eine solche Entscheidung kann im Einzelfall notwendig werden, wie etwa wenn das Kind durch die Eltern misshandelt oder vernachlässigt wird oder wenn bei getrennt lebenden Eltern eine Entscheidung über den Aufenthaltsort des Kindes zu treffen ist.

(2) In Verfahren nach Absatz 1 ist allen Beteiligten Gelegenheit zu geben, am Verfahren teilzunehmen und ihre Meinung zu äußern.

(3) Die Vertragsstaaten achten das Recht des Kindes, das von einem oder beiden Elternteilen getrennt ist, regelmäßige persönliche Beziehungen und unmittelbare Kontakte zu beiden Elternteilen zu pflegen, soweit dies nicht dem Wohl des Kindes widerspricht.

(4) Ist die Trennung Folge einer von einem Vertragsstaat eingeleiteten Maßnahme, wie etwa einer Freiheitsentziehung, Freiheitsstrafe, Landesverweisung oder Abschiebung oder des Todes eines oder beider Elternteile oder des Kindes (auch eines Todes, der aus irgendeinem Grund eintritt, während der Betreffende sich in staatlichem Gewahrsam befindet), so erteilt der Vertragsstaat auf Antrag den Eltern, dem Kind oder gegebenenfalls einem anderen Familienangehörigen die wesentlichen Auskünfte über den Verbleib des oder der abwesenden Familienangehörigen, sofern dies nicht dem Wohl des Kindes abträglich wäre. Die Vertragsstaaten stellen ferner sicher, dass allein die Stellung eines solchen Antrags keine nachteiligen Folgen für den oder die Betroffenen hat.

Artikel 10

(1) Entsprechend der Verpflichtung der Vertragsstaaten nach Artikel 9 Absatz 1 werden von einem Kind oder seinen Eltern zwecks Familienzusammenführung gestellte Anträge auf Einreise in einen Vertragsstaat oder Ausreise aus einem Vertragsstaat von den Vertragsstaaten wohlwollend, human und beschleunigt bearbeitet. Die Vertragsstaaten stellen ferner sicher, dass die Stellung eines solchen Antrags keine nachteiligen Folgen für die Antragsteller und deren Familienangehörige hat.

(2) Ein Kind, dessen Eltern ihren Aufenthalt in verschiedenen Staaten haben, hat das Recht, regelmäßige persönliche Beziehungen und unmittelbare Kontakte zu beiden Elternteilen zu pflegen, soweit nicht außergewöhnliche Umstände vorliegen. Zu diesem Zweck achten die Vertragsstaaten entsprechend ihrer Verpflichtung nach Artikel 9 Absatz 1 das Recht des Kindes und seiner Eltern, aus jedem Land einschließlich ihres eigenen auszureisen und in ihr eigenes Land einzureisen. Das Recht auf Ausreise aus einem Land unterliegt nur den gesetzlich vorgesehenen Beschränkungen, die zum Schutz der nationalen Sicherheit, der öffentlichen Ordnung (ordre public), der Volksgesundheit, der öffentlichen Sittlichkeit oder der Rechte und Freiheiten anderer notwendig und mit den anderen in diesem Übereinkommen anerkannten Rechten vereinbar sind.

Artikel 11

(1) Die Vertragsstaaten treffen Maßnahmen, um das rechtswidrige Verbringen von Kindern ins Ausland und ihre rechtswidrige Nichtrückgabe zu bekämpfen.

(2) Zu diesem Zweck fördern die Vertragsstaaten den Abschluss zwei- oder mehrseitiger Übereinkünfte oder den Beitritt zu bestehenden Übereinkünften.

Artikel 12

(1) Die Vertragsstaaten sichern dem Kind, das fähig ist, sich eine eigene Meinung zu bilden, das Recht zu, diese Meinung in allen das Kind berührenden Angelegenheiten frei zu äußern, und berücksichtigen die Meinung des Kindes angemessen und entsprechend seinem Alter und seiner Reife.

(2) Zu diesem Zweck wird dem Kind insbesondere Gelegenheit gegeben, in allen das Kind berührenden Gerichts- oder Verwaltungsverfahren entweder unmittelbar oder durch einen Vertreter oder eine geeignete Stelle im Einklang mit den innerstaatlichen Verfahrensvorschriften gehört zu werden.

Artikel 13

(1) Das Kind hat das Recht auf freie Meinungsäußerung; dieses Recht schließt die Freiheit ein, ungeachtet der Staatsgrenzen Informationen und Gedankengut jeder Art in Wort, Schrift oder Druck, durch Kunstwerke oder andere vom Kind gewählte Mittel sich zu beschaffen, zu empfangen und weiterzugeben.

(2) Die Ausübung dieses Rechts kann bestimmten, gesetzlich vorgesehenen Einschränkungen unterworfen werden, die erforderlich sind

a) für die Achtung der Rechte oder des Rufes anderer oder
b) für den Schutz der nationalen Sicherheit, der öffentlichen Ordnung (ordre public), der Volksgesundheit oder der öffentlichen Sittlichkeit.

Artikel 14

(1) Die Vertragsstaaten achten das Recht des Kindes auf Gedanken-, Gewissens- und Religionsfreiheit.

(2) Die Vertragsstaaten achten die Rechte und Pflichten der Eltern und gegebenenfalls des Vormunds, das Kind bei der Ausübung dieses Rechts in einer seiner Entwicklung entsprechenden Weise zu leiten.

(3) Die Freiheit, seine Religion oder Weltanschauung zu bekunden, darf nur den gesetzlich vorgesehenen Einschränkungen unterworfen werden, die zum Schutz der öffentlichen Sicherheit, Ordnung, Gesundheit oder Sittlichkeit oder der Grundrechte und -freiheiten anderer erforderlich sind.

Artikel 15

(1) Die Vertragsstaaten erkennen das Recht des Kindes an, sich frei mit anderen zusammenzuschließen und sich friedlich zu versammeln.

(2) Die Ausübung dieses Rechts darf keinen anderen als den gesetzlich vorgesehenen Einschränkungen unterworfen werden, die in einer demokratischen Gesellschaft im Interesse der nationalen oder der öffentlichen Sicherheit, der öffentlichen Ordnung (ordre public), zum Schutz der Volksgesundheit oder der öffentlichen Sittlichkeit oder zum Schutz der Rechte und Freiheiten anderer notwendig sind.

Artikel 16

(1) Kein Kind darf willkürlichen oder rechtswidrigen Eingriffen in sein Privatleben, seine Familie, seine Wohnung oder seinen Schriftverkehr oder rechtswidrigen Beeinträchtigungen seiner Ehre und seines Rufes ausgesetzt werden.

(2) Das Kind hat Anspruch auf rechtlichen Schutz gegen solche Eingriffe oder Beeinträchtigungen.

Artikel 17

Die Vertragsstaaten erkennen die wichtige Rolle der Massenmedien an und stellen sicher, dass das Kind Zugang hat zu Informationen und Material aus einer Vielfalt nationaler und internationaler Quellen, insbesondere derjenigen, welche die Förderung seines sozialen, seelischen und sittlichen Wohlergehens sowie seiner körperlichen und geistigen Gesundheit zum Ziel haben. Zu diesem Zweck werden die Vertragsstaaten

a) die Massenmedien ermutigen, Informationen und Material zu verbreiten, die für das Kind von sozialem und kulturellem Nutzen sind und dem Geist des Artikels 29 entsprechen;
b) die internationale Zusammenarbeit bei der Herstellung, beim Austausch und bei der Verbreitung dieser Informationen und dieses Materials aus einer Vielfalt nationaler und internationaler kultureller Quellen fördern;
c) die Herstellung und Verbreitung von Kinderbüchern fördern;
d) die Massenmedien ermutigen, den sprachlichen Bedürfnissen eines Kindes, das einer Minderheit angehört oder Ureinwohner ist, besonders Rechnung zu tragen;
e) die Erarbeitung geeigneter Richtlinien zum Schutz des Kindes vor Informationen und Material, die sein Wohlergehen beeinträchtigen, fördern, wobei die Artikel 13 und 18 zu berücksichtigen sind.

Artikel 18

(1) Die Vertragsstaaten bemühen sich nach besten Kräften, die Anerkennung des Grundsatzes sicherzustellen, dass beide Elternteile gemeinsam für die Erziehung und Entwicklung des Kindes verantwortlich sind. Für die Erziehung und Entwicklung des Kindes sind in erster Linie die Eltern oder gegebenenfalls der Vormund verantwortlich. Dabei ist das Wohl des Kindes ihr Grundanliegen.

(2) Zur Gewährleistung und Förderung der in diesem Übereinkommen festgelegten Rechte unterstützen die Vertragsstaaten die Eltern und den Vormund in angemessener Weise bei der Erfüllung ihrer Aufgabe, das Kind zu erziehen, und sorgen für den Ausbau von Institutionen, Einrichtungen und Diensten für die Betreuung von Kindern.

(3) Die Vertragsstaaten treffen alle geeigneten Maßnahmen, um sicherzustellen, dass Kinder berufstätiger Eltern das Recht haben, die für sie in Betracht kommenden Kinderbetreuungsdienste und -einrichtungen zu nutzen.

Artikel 19

(1) Die Vertragsstaaten treffen alle geeigneten Gesetzgebungs-, Verwaltungs-, Sozial- und Bildungsmaßnahmen, um das Kind vor jeder Form körperlicher oder geistiger Gewaltanwendung, Schadenszufügung oder Misshandlung, vor Verwahrlosung oder Vernachlässigung, vor schlechter Behandlung oder Ausbeutung einschließlich des sexuellen Missbrauchs zu schützen, solange es sich in der Obhut der Eltern oder eines Elternteils, eines Vormunds oder anderen gesetzlichen Vertreters oder einer anderen Person befindet, die das Kind betreut.

(2) Diese Schutzmaßnahmen sollen je nach den Gegebenheiten wirksame Verfahren zur Aufstellung von Sozialprogrammen enthalten, die dem Kind und denen, die es betreuen, die erforderliche Unterstützung gewähren und andere Formen der Vorbeugung vorsehen sowie Maßnahmen zur Aufdeckung, Meldung, Weiterverweisung, Untersuchung, Behandlung und Nachbetreuung in den in Absatz 1 beschriebenen Fällen schlechter Behandlung von Kindern und gegebenenfalls für das Einschreiten der Gerichte.

Artikel 20

(1) Ein Kind, das vorübergehend oder dauernd aus seiner familiären Umgebung herausgelöst wird oder dem der Verbleib in dieser Umgebung im eigenen Interesse nicht gestattet werden kann, hat Anspruch auf den besonderen Schutz und Beistand des Staates.

(2) Die Vertragsstaaten stellen nach Maßgabe ihres innerstaatlichen Rechts andere Formen der Betreuung eines solchen Kindes sicher.

(3) Als andere Form der Betreuung kommt unter anderem die Aufnahme in eine Pflegefamilie, die Kafala nach islamischem Recht, die Adoption oder, falls erforderlich, die Unterbringung in einer geeigneten Kinderbetreuungseinrichtung in Betracht. Bei der Wahl zwischen diesen Lösungen sind die erwünschte Kontinuität in der Erziehung des Kindes sowie die ethnische, religiöse, kulturelle und sprachliche Herkunft des Kindes gebührend zu berücksichtigen.

Artikel 21

Die Vertragsstaaten, die das System der Adoption anerkennen oder zulassen, gewährleisten, dass dem Wohl des Kindes bei der Adoption die höchste Bedeutung zugemessen wird; die Vertragsstaaten

a) stellen sicher, dass die Adoption eines Kindes nur durch die zuständigen Behörden bewilligt wird, die nach den anzuwendenden Rechtsvorschriften und Verfahren und auf der Grundlage aller verlässlichen einschlägigen Informationen entscheiden, dass die Adoption angesichts des Status des Kindes in bezug auf Eltern, Verwandte und einen Vormund zulässig ist und dass, soweit dies erforderlich ist, die betroffenen Personen in Kenntnis der Sachlage und auf der Grundlage einer gegebenenfalls erforderlichen Beratung der Adoption zugestimmt haben;
b) erkennen an, dass die internationale Adoption als andere Form der Betreuung angesehen werden kann, wenn das Kind nicht in seinem Heimatland in einer Pflege- oder Adoptionsfamilie untergebracht oder wenn es dort nicht in geeigneter Weise betreut werden kann;
c) stellen sicher, dass das Kind im Fall einer internationalen Adoption in den Genuss der für nationale Adoptionen geltenden Schutzvorschriften und Normen kommt;
d) treffen alle geeigneten Maßnahmen, um sicherzustellen, dass bei internationaler Adoption für die Beteiligten keine unstatthaften Vermögensvorteile entstehen;
e) fördern die Ziele dieses Artikels gegebenenfalls durch den Abschluss zwei- oder mehrseitiger Übereinkünfte und bemühen sich in diesem Rahmen sicherzustellen, dass die Unterbringung des Kindes in einem anderen Land durch die zuständigen Behörden oder Stellen durchgeführt wird.

Artikel 22

(1) Die Vertragsstaaten treffen geeignete Maßnahmen, um sicherzustellen, dass ein Kind, das die Rechtsstellung eines Flüchtlings begehrt oder nach Maßgabe der anzuwendenden Regeln und Verfahren des Völkerrechts oder des innerstaatlichen Rechts als Flüchtling angesehen wird, angemessenen Schutz und humanitäre Hilfe bei der Wahrnehmung der Rechte erhält, die in diesem Übereinkommen oder in anderen internationalen Übereinkünften über Menschenrechte oder über humanitäre Fragen, denen die genannten Staaten als Vertragsparteien angehören, festgelegt sind, und zwar unabhängig davon, ob es sich in Begleitung seiner Eltern oder einer anderen Person befindet oder nicht.

(2) Zu diesem Zweck wirken die Vertragsstaaten in der ihnen angemessen erscheinenden Weise bei allen Bemühungen mit, welche die Vereinten Nationen und andere zuständige zwischenstaatliche oder nichtstaatliche Organisationen, die mit den Vereinten Nationen zusammenarbeiten, unternehmen, um ein solches Kind zu schützen, um ihm zu helfen und um die Eltern oder andere Familienangehörige eines Flüchtlingskinds ausfindig zu machen mit dem Ziel, die für eine Familienzusammenführung notwendigen Informationen zu erlangen. Können die Eltern oder andere Familienangehörige nicht ausfindig gemacht werden, so ist dem Kind im Einklang mit den in diesem Übereinkommen enthaltenen Grundsätzen derselbe Schutz zu gewähren wie jedem anderen Kind, das aus irgendeinem Grund dauernd oder vorübergehend aus seiner familiären Umgebung herausgelöst ist.

Artikel 23

(1) Die Vertragsstaaten erkennen an, dass ein geistig oder körperlich behindertes Kind ein erfülltes und menschenwürdiges Leben unter Bedingungen führen soll, welche die Würde des Kindes wahren, seine Selbstständigkeit fördern und seine aktive Teilnahme am Leben der Gemeinschaft erleichtern.

(2) Die Vertragsstaaten erkennen das Recht des behinderten Kindes auf besondere Betreuung an und treten dafür ein und stellen sicher, dass dem behinderten Kind und den für seine Betreuung Verantwortlichen im Rahmen der verfügbaren Mittel auf Antrag die Unterstützung zuteil wird, die dem Zustand des Kindes sowie den Lebensumständen der Eltern oder anderer Personen, die das Kind betreuen, angemessen ist.

(3) In Anerkennung der besonderen Bedürfnisse eines behinderten Kindes ist die nach Absatz 2 gewährte Unterstützung soweit irgend möglich und unter Berücksichtigung der finanziellen Mittel der Eltern oder anderer Personen, die das Kind betreuen, unentgeltlich zu leisten und so zu gestalten, dass sichergestellt ist, dass Erziehung, Ausbildung, Gesundheitsdienste, Rehabilitationsdienste, Vorbereitung auf das Berufsleben und Erholungsmöglichkeiten dem behinderten Kind tatsächlich in einer Weise zugänglich sind, die der möglichst vollständigen sozialen Integration und individuellen Entfaltung des Kindes einschließlich seiner kulturellen und geistigen Entwicklung förderlich ist.

(4) Die Vertragsstaaten fördern im Geist der internationalen Zusammenarbeit den Austausch sachdienlicher Informationen im Bereich der Gesundheitsvorsorge und der medizinischen, psychologischen und funktionellen Behandlung behinderter Kinder einschließlich der Verbreitung von Informationen über Methoden der Rehabilitation, der Erziehung und der Berufsausbildung und des Zugangs zu solchen Informationen, um es den Vertragsstaaten zu ermöglichen, in diesen Bereichen ihre Fähigkeiten und ihr Fachwissen zu verbessern und weitere Erfahrungen zu sammeln. Dabei sind die Bedürfnisse der Entwicklungsländer besonders zu berücksichtigen.

Artikel 24

(1) Die Vertragsstaaten erkennen das Recht des Kindes auf das erreichbare Höchstmaß an Gesundheit an sowie auf Inanspruchnahme von Einrichtungen zur Behandlung von Krankheiten und zur Wiederherstellung der Gesundheit. Die Vertragsstaaten bemühen sich sicherzustellen, dass keinem Kind das Recht auf Zugang zu derartigen Gesundheitsdiensten vorenthalten wird.

(2) Die Vertragsstaaten bemühen sich, die volle Verwirklichung dieses Rechts sicherzustellen, und treffen insbesondere geeignete Maßnahmen, um

a) die Säuglings- und Kindersterblichkeit zu verringern;
b) sicherzustellen, dass alle Kinder die notwendige ärztliche Hilfe und Gesundheitsfürsorge erhalten, wobei besonderer Nachdruck auf den Ausbau der gesundheitlichen Grundversorgung gelegt wird;
c) Krankheiten sowie Unter- und Fehlernährung auch im Rahmen der gesundheitlichen Grundversorgung zu bekämpfen, unter anderem durch den Einsatz leicht zugänglicher Technik und durch die Bereitstellung ausreichender vollwertiger Nahrungsmittel und sauberen Trinkwassers, wobei die Gefahren und Risiken der Umweltverschmutzung zu berücksichtigen sind;
d) eine angemessene Gesundheitsfürsorge für Mütter vor und nach der Entbindung sicherzustellen;
e) sicherzustellen, dass allen Teilen der Gesellschaft, insbesondere Eltern und Kindern, Grundkenntnisse über die Gesundheit und Ernährung des Kindes, die Vorteile des Stillens, die Hygiene und die Sauberhaltung der Umwelt sowie die Unfallverhütung vermittelt werden, dass sie Zugang zu der entsprechenden Schulung haben und dass sie bei der Anwendung dieser Grundkenntnisse Unterstützung erhalten;
f) die Gesundheitsvorsorge, die Elternberatung sowie die Aufklärung und die Dienste auf dem Gebiet der Familienplanung auszubauen.

(3) Die Vertragsstaaten treffen alle wirksamen und geeigneten Maßnahmen, um überlieferte Bräuche, die für die Gesundheit der Kinder schädlich sind, abzuschaffen.

(4) Die Vertragsstaaten verpflichten sich, die internationale Zusammenarbeit zu unterstützen und zu fördern, um fortschreitend die volle Verwirklichung des in diesem Artikel anerkannten Rechts zu erreichen. Dabei sind die Bedürfnisse der Entwicklungsländer besonders zu berücksichtigen.

Artikel 25

Die Vertragsstaaten erkennen an, dass ein Kind, das von den zuständigen Behörden wegen einer körperlichen oder geistigen Erkrankung zur Betreuung, zum Schutz der Gesundheit oder zur Behandlung untergebracht worden ist, das Recht hat auf eine regelmäßige Überprüfung der dem Kind gewährten Behandlung sowie aller anderen Umstände, die für seine Unterbringung von Belang sind.

Artikel 26

(1) Die Vertragsstaaten erkennen das Recht jedes Kindes auf Leistungen der sozialen Sicherheit einschließlich der Sozialversicherung an und treffen die erforderlichen Maßnahmen, um die volle Verwirklichung dieses Rechts in Übereinstimmung mit dem innerstaatlichen Recht sicherzustellen.

(2) Die Leistungen sollen gegebenenfalls unter Berücksichtigung der wirtschaftlichen Verhältnisse und der sonstigen Umstände des Kindes und der Unterhaltspflichtigen sowie anderer für die Beantragung von Leistungen durch das Kind oder im Namen des Kindes maßgeblicher Gesichtspunkte gewährt werden.

Artikel 27

(1) Die Vertragsstaaten erkennen das Recht jedes Kindes auf einen seiner körperlichen, geistigen, seelischen, sittlichen und sozialen Entwicklung angemessenen Lebensstandard an.

(2) Es ist in erster Linie Aufgabe der Eltern oder anderer für das Kind verantwortlicher Personen, im Rahmen ihrer Fähigkeiten und finanziellen Möglichkeiten die für die Entwicklung des Kindes notwendigen Lebensbedingungen sicherzustellen.

(3) Die Vertragsstaaten treffen gemäß ihren innerstaatlichen Verhältnissen und im Rahmen ihrer Mittel geeignete Maßnahmen, um den Eltern und anderen für das Kind verantwortlichen Personen bei der Verwirklichung dieses Rechts zu helfen, und sehen bei Bedürftigkeit materielle Hilfs- und Unterstützungsprogramme insbesondere im Hinblick auf Ernährung, Bekleidung und Wohnung vor.

(4) Die Vertragsstaaten treffen alle geeigneten Maßnahmen, um die Geltendmachung von Unterhaltsansprüchen des Kindes gegenüber den Eltern oder anderen finanziell für das Kind verantwortlichen Personen sowohl innerhalb des Vertragsstaats als auch im Ausland sicherzustellen. Insbesondere fördern die Vertragsstaaten, wenn die für das Kind finanziell verantwortliche Person in einem anderen Staat lebt als das Kind, den Beitritt zu internationalen Übereinkünften oder den Abschluss solcher Übereinkünfte sowie andere geeignete Regelungen.

Artikel 28

(1) Die Vertragsstaaten erkennen das Recht des Kindes auf Bildung an; um die Verwirklichung dieses Rechts auf der Grundlage der Chancengleichheit fortschreitend zu erreichen, werden sie insbesondere

a) den Besuch der Grundschule für alle zur Pflicht und unentgeltlich machen;
b) die Entwicklung verschiedener Formen der weiterführenden Schulen allgemeinbildender und berufsbildender Artfördern, sie allen Kindern verfügbar und zugänglich machen und geeignete Maßnahmen wie die Einführung der Unentgeltlichkeit und die Bereitstellung finanzieller Unterstützung bei Bedürftigkeit treffen;
c) allen entsprechend ihren Fähigkeiten den Zugang zu den Hochschulen mit allen geeigneten Mitteln ermöglichen;
d) Bildungs- und Berufsberatung allen Kindern verfügbar und zugänglich machen;
e) Maßnahmen treffen, die den regelmäßigen Schulbesuch fördern und den Anteil derjenigen, welche die Schule vorzeitig verlassen, verringern.

(2) Die Vertragsstaaten treffen alle geeigneten Maßnahmen, um sicherzustellen, dass die Disziplin in der Schule in einer Weise gewahrt wird, die der Menschenwürde des Kindes entspricht und im Einklang mit diesem Übereinkommen steht.

(3) Die Vertragsstaaten fördern die internationale Zusammenarbeit im Bildungswesen, insbesondere um zur Beseitigung von Unwissenheit und Analphabetentum in der Welt beizutragen und den Zugang zu wissenschaftlichen und technischen Kenntnissen und modernen Unterrichtsmethoden zu erleichtern. Dabei sind die Bedürfnisse der Entwicklungsländer besonders zu berücksichtigen.

Artikel 29

(1) Die Vertragsstaaten stimmen darin überein, dass die Bildung des Kindes darauf gerichtet sein muss,

a) die Persönlichkeit, die Begabung und die geistigen und körperlichen Fähigkeiten des Kindes voll zur Entfaltung zu bringen;
b) dem Kind Achtung vor den Menschenrechten und Grundfreiheiten und den in der Charta der Vereinten Nationen verankerten Grundsätzen zu vermitteln;
c) dem Kind Achtung vor seinen Eltern, seiner kulturellen Identität, seiner Sprache und seinen kulturellen Werten, den nationalen Werten des Landes, in dem es lebt, und gegebenenfalls des Landes, aus dem es stammt, sowie vor anderen Kulturen als der eigenen zu vermitteln;
d) das Kind auf ein verantwortungsbewusstes Leben in einer freien Gesellschaft im Geist der Verständigung, des Friedens, der Toleranz, der Gleichberechtigung der Geschlechter und der Freundschaft zwischen allen Völkern und ethnischen, nationalen und religiösen Gruppen sowie zu Ureinwohnern vorzubereiten;
e) dem Kind Achtung vor der natürlichen Umwelt zu vermitteln.

(2) Dieser Artikel und Artikel 28 dürfen nicht so ausgelegt werden, dass sie die Freiheit natürlicher oder juristischer Personen beeinträchtigen, Bildungseinrichtungen zu gründen und zu führen, sofern die in Absatz 1 festgelegten Grundsätze beachtet werden und die in solchen Einrichtungen vermittelte Bildung den von dem Staat gegebenenfalls festgelegten Mindestnormen entspricht.

Artikel 30

In Staaten, in denen es ethnische, religiöse oder sprachliche Minderheiten oder Ureinwohner gibt, darf einem Kind, das einer solchen Minderheit angehört oder Ureinwohner ist, nicht das Recht vorenthalten werden, in Gemeinschaft mit anderen Angehörigen seiner Gruppe seine eigene Kultur zu pflegen, sich zu seiner eigenen Religion zu bekennen und sie auszuüben oder seine eigene Sprache zu verwenden.

Artikel 31

(1) Die Vertragsstaaten erkennen das Recht des Kindes auf Ruhe und Freizeit an, auf Spiel und altersgemäße aktive Erholung sowie auf freie Teilnahme am kulturellen und künstlerischen Leben.

(2) Die Vertragsstaaten achten und fördern das Recht des Kindes auf volle Beteiligung am kulturellen und künstlerischen Leben und fördern die Bereitstellung geeigneter und gleicher Möglichkeiten für die kulturelle und künstlerische Betätigung sowie für aktive Erholung und Freizeitbeschäftigung.

Artikel 32

(1) Die Vertragsstaaten erkennen das Recht des Kindes an, vor wirtschaftlicher Ausbeutung geschützt und nicht zu einer Arbeit herangezogen zu werden, die Gefahren mit sich bringen, die Erziehung des Kindes behindern oder die Gesundheit des Kindes oder seine körperliche, geistige, seelische, sittliche oder soziale Entwicklung schädigen könnte.

(2) Die Vertragsstaaten treffen Gesetzgebungs-, Verwaltungs-, Sozial- und Bildungsmaßnahmen, um die Durchführung dieses Artikels sicherzustellen. Zu diesem Zweck und unter Berücksichtigung der einschlägigen Bestimmungen anderer internationaler Übereinkünfte werden die Vertragsstaaten insbesondere

a) ein oder mehrere Mindestalter für die Zulassung zur Arbeit festlegen;
b) eine angemessene Regelung der Arbeitszeit und der Arbeitsbedingungen vorsehen;
c) angemessene Strafen oder andere Sanktionen zur wirksamen Durchsetzung dieses Artikels vorsehen.

Artikel 33

Die Vertragsstaaten treffen alle geeigneten Maßnahmen einschließlich Gesetzgebungs-, Verwaltungs-, Sozial- und Bildungsmaßnahmen, um Kinder vor dem unerlaubten Gebrauch von Suchtstoffen und psychotropen Stoffen im Sinne der diesbezüglichen internationalen Übereinkünfte zu schützen und den Einsatz von Kindern bei der unerlaubten Herstellung dieser Stoffe und beim unerlaubten Verkehr mit diesen Stoffen zu verhindern.

Artikel 34

Die Vertragsstaaten verpflichten sich, das Kind vor allen Formen sexueller Ausbeutung und sexuellen Missbrauchs zu schützen. Zu diesem Zweck treffen die Vertragsstaaten insbesondere alle geeigneten innerstaatlichen, zweiseitigen und mehrseitigen Maßnahmen, um zu verhindern, dass Kinder

a) zur Beteiligung an rechtswidrigen sexuellen Handlungen verleitet oder gezwungen werden;
b) für die Prostitution oder andere rechtswidrige sexuelle Praktiken ausgebeutet werden;
c) für pornographische Darbietungen und Darstellungen ausgebeutet werden.

Artikel 35

Die Vertragsstaaten treffen alle geeigneten innerstaatlichen, zweiseitigen und mehrseitigen Maßnahmen, um die Entführung und den Verkauf von Kindern sowie den Handel mit Kindern zu irgendeinem Zweck und in irgendeiner Form zu verhindern.

Artikel 36

Die Vertragsstaaten schützen das Kind vor allen sonstigen Formen der Ausbeutung, die das Wohl des Kindes in irgendeiner Weise beeinträchtigen.

Artikel 37

Die Vertragsstaaten stellen sicher,

a) dass kein Kind der Folter oder einer anderen grausamen, unmenschlichen oder erniedrigenden Behandlung oder Strafe unterworfen wird. Für Straftaten, die von Personen vor Vollendung des achtzehnten Lebensjahrs begangen worden sind, darf weder die Todesstrafe noch lebenslange Freiheitsstrafe ohne die Möglichkeit vorzeitiger Entlassung verhängt werden;
b) dass keinem Kind die Freiheit rechtswidrig oder willkürlich entzogen wird. Festnahme, Freiheitsentziehung oder Freiheitsstrafe darf bei einem Kind im Einklang mit dem Gesetz nur als letztes Mittel und für die kürzeste angemessene Zeit angewendet werden;
c) dass jedes Kind, dem die Freiheit entzogen ist, menschlich und mit Achtung vor der dem Menschen innewohnenden Würde und unter Berücksichtigung der Bedürfnisse von Personen seines Alters behandelt wird. Insbesondere ist jedes Kind, dem die Freiheit entzogen ist, von Erwachsenen zu trennen, sofern nicht ein anderes Vorgehen als dem Wohl des Kindes dienlich erachtet wird; jedes Kind hat das Recht, mit seiner Familie durch Briefwechsel und Besuche in Verbindung zu bleiben, sofern nicht außergewöhnliche Umstände vorliegen;
d) dass jedes Kind, dem die Freiheit entzogen ist, das Recht auf umgehenden Zugang zu einem rechtskundigen oder anderen geeigneten Beistand und das Recht hat, die Rechtmäßigkeit der Freiheitsentziehung bei einem Gericht oder einer anderen zuständigen, unabhängigen und unparteiischen Behörde anzufechten, sowie das Recht auf alsbaldige Entscheidung in einem solchen Verfahren.

Artikel 38

(1) Die Vertragsstaaten verpflichten sich, die für sie verbindlichen Regeln des in bewaffneten Konflikten anwendbaren humanitären Völkerrechts, die für das Kind Bedeutung haben, zu beachten und für deren Beachtung zu sorgen.

(2) Die Vertragsstaaten treffen alle durchführbaren Maßnahmen, um sicherzustellen, dass Personen, die das fünfzehnte Lebensjahr noch nicht vollendet haben, nicht unmittelbar an Feindseligkeiten teilnehmen.

(3) Die Vertragsstaaten nehmen davon Abstand, Personen, die das fünfzehnte Lebensjahr noch nicht vollendet haben, zu ihren Streitkräften einzuziehen. Werden Personen zu den Streitkräften eingezogen, die zwar das fünfzehnte, nicht aber das achtzehnte Lebensjahr vollendet haben, so bemühen sich die Vertragsstaaten, vorrangig die jeweils ältesten einzuziehen.

(4) Im Einklang mit ihren Verpflichtungen nach dem humanitären Völkerrecht, die Zivilbevölkerung in bewaffneten Konflikten zu schützen, treffen die Vertragsstaaten alle durchführbaren Maßnahmen, um sicherzustellen, dass von einem bewaffneten Konflikt betroffene Kinder geschützt und betreut werden.

Artikel 39

Die Vertragsstaaten treffen alle geeigneten Maßnahmen, um die physische und psychische Genesung und die soziale Wiedereingliederung eines Kindes zu fördern, das Opfer irgendeiner Form von Vernachlässigung, Ausbeutung oder Misshandlung, der Folter oder einer anderen Form grausamer, unmenschlicher oder erniedrigender Behandlung oder Strafe oder aber bewaffneter Konflikte geworden ist. Die Genesung und Wiedereingliederung müssen in einer Umgebung stattfinden, die der Gesundheit, der Selbstachtung und der Würde des Kindes förderlich ist.

Artikel 40

(1) Die Vertragsstaaten erkennen das Recht jedes Kindes an, das der Verletzung der Strafgesetze verdächtigt, beschuldigt oder überführt wird, in einer Weise behandelt zu werden, die das Gefühl des Kindes für die eigene Würde und den eigenen Wert fördert, seine Achtung vor den Menschenrechten und Grundfreiheiten anderer stärkt und das Alter des Kindes sowie die Notwendigkeit berücksichtigt, seine soziale Wiedereingliederung sowie die Übernahme einer konstruktiven Rolle in der Gesellschaft durch das Kind zu fördern.

(2) Zu diesem Zweck stellen die Vertragsstaaten unter Berücksichtigung der einschlägigen Bestimmungen internationaler Übereinkünfte insbesondere sicher,

a) dass kein Kind wegen Handlungen oder Unterlassungen, die zur Zeit ihrer Begehung nach innerstaatlichem Recht oder Völkerrecht nicht verboten waren, der Verletzung der Strafgesetze verdächtigt, beschuldigt oder überführt wird;

b) dass jedes Kind, das einer Verletzung der Strafgesetze verdächtigt oder beschuldigt wird, Anspruch auf folgende Mindestgarantien hat:

   i) bis zum gesetzlichen Nachweis der Schuld als unschuldig zu gelten,

   ii) unverzüglich und unmittelbar über die gegen das Kind erhobenen Beschuldigungen unterrichtet zu werden, gegebenenfalls durch seine Eltern oder seinen Vormund, und einen rechtskundigen oder anderen geeigneten Beistand zur Vorbereitung und Wahrnehmung seiner Verteidigung zu erhalten,

   iii) seine Sache unverzüglich durch eine zuständige Behörde oder ein zuständiges Gericht, die unabhängig und unparteiisch sind, in einem fairen Verfahren entsprechend dem Gesetz entscheiden zu lassen, und zwar in Anwesenheit eines rechtskundigen oder anderen geeigneten Beistands sowie – sofern dies nicht insbesondere in Anbetracht des Alters oder der Lage des Kindes als seinem Wohl widersprechend angesehen wird – in Anwesenheit seiner Eltern oder seines Vormunds,

   iv) nicht gezwungen zu werden, als Zeuge auszusagen oder sich schuldig zu bekennen, sowie die Belastungszeugen zu befragen oder befragen zu lassen und das Erscheinen und die Vernehmung der Entlastungszeugen unter gleichen Bedingungen zu erwirken,

   v) wenn es einer Verletzung der Strafgesetze überführt ist, diese Entscheidung und alle als Folge davon verhängten Maßnahmen durch eine zuständige übergeordnete Behörde oder ein zuständiges höheres Gericht, die unabhängig und unparteiisch sind, entsprechend dem Gesetz nachprüfen zu lassen,

   vi) die unentgeltliche Hinzuziehung eines Dolmetschers zu verlangen, wenn das Kind die Verhandlungssprache nicht versteht oder spricht,

   vii) sein Privatleben in allen Verfahrensabschnitten voll geachtet zu sehen.

(3) Die Vertragsstaaten bemühen sich, den Erlass von Gesetzen sowie die Schaffung von Verfahren, Behörden und Einrichtungen zu fördern, die besonders für Kinder, die einer Verletzung der Strafgesetze verdächtigt, beschuldigt oder überführt werden, gelten oder zuständig sind; insbesondere

a) legen sie ein Mindestalter fest, das ein Kind erreicht haben muss, um als strafmündig angesehen zu werden,
b) treffen sie, soweit dies angemessen und wünschenswert ist, Maßnahmen, um den Fall ohne ein gerichtliches Verfahren zu regeln, wobei jedoch die Menschenrechte und die Rechtsgarantien uneingeschränkt beachtet werden müssen.

(4) Um sicherzustellen, dass Kinder in einer Weise behandelt werden, die ihrem Wohl dienlich ist und ihren Umständen sowie der Straftat entspricht, muss eine Vielzahl von Vorkehrungen zur Verfügung stehen, wie Anordnungen über Betreuung, Anleitung und Aufsicht, wie Beratung, Entlassung auf Bewährung, Aufnahme in eine Pflegefamilie, Bildungs- und Berufsbildungsprogramme und andere Alternativen zur Heimerziehung.

Artikel 41

Dieses Übereinkommen lässt zur Verwirklichung der Rechte des Kindes besser geeignete Bestimmungen unberührt, die enthalten sind
a) im Recht eines Vertragsstaats oder
b) in dem für diesen Staat geltenden Völkerrecht.

Teil II

Artikel 42

Die Vertragsstaaten verpflichten sich, die Grundsätze und Bestimmungen dieses Übereinkommens durch geeignete und wirksame Maßnahmen bei Erwachsenen und auch bei Kindern allgemein bekannt zu machen.

Artikel 43

(1) Zur Prüfung der Fortschritte, welche die Vertragsstaaten bei der Erfüllung der in diesem Übereinkommen eingegangenen Verpflichtungen gemacht haben, wird ein Ausschuss für die Rechte des Kindes eingesetzt, der die nachstehend festgelegten Aufgaben wahrnimmt.

(2) Der Ausschuss besteht aus zehn Sachverständigen von hohem sittlichen Ansehen und anerkannter Sachkenntnis auf dem von diesem Übereinkommen erfassten Gebiet. Die Mitglieder des Ausschusses werden von den Vertragsstaaten unter ihren Staatsangehörigen ausgewählt und sind in persönlicher Eigenschaft tätig, wobei auf eine gerechte geographische Verteilung zu achten ist sowie die hauptsächlichen Rechtssysteme zu berücksichtigen sind.

(3) Die Mitglieder des Ausschusses werden in geheimer Wahl aus einer Liste von Personen gewählt, die von den Vertragsstaaten vorgeschlagen worden sind. Jeder Vertragsstaat kann einen seiner eigenen Staatsangehörigen vorschlagen.

(4) Die Wahl des Ausschusses findet zum erstenmal spätestens sechs Monate nach Inkrafttreten dieses Übereinkommens und danach alle zwei Jahre statt. Spätestens vier Monate vor jeder Wahl fordert der Generalsekretär der Vereinten Nationen die Vertragsstaaten schriftlich auf, ihre Vorschläge innerhalb von zwei Monaten einzureichen. Der Generalsekretär fertigt sodann eine alphabetische Liste aller auf diese Weise vorgeschlagenen Personen an unter Angabe der Vertragsstaaten, die sie vorgeschlagen haben, und übermittelt sie den Vertragsstaaten.

(5) Die Wahlen finden auf vom Generalsekretär am Sitz der Vereinten Nationen einberufenen Tagungen der Vertragsstaaten statt. Auf diesen Tagungen, die beschlussfähig sind, wenn zwei Drittel der Vertragsstaaten vertreten sind, gelten die Kandidaten als in den Ausschuss gewählt, welche die höchste Stimmenzahl und die absolute Stimmenmehrheit der anwesenden und abstimmenden Vertreter der Vertragsstaaten auf sich vereinigen.

(6) Die Ausschussmitglieder werden für vier Jahre gewählt. Auf erneuten Vorschlag können sie wiedergewählt werden. Die Amtszeit von fünf der bei der ersten Wahl gewählten Mitglieder läuft nach zwei Jahren ab; unmittelbar nach der ersten Wahl werden die Namen dieser fünf Mitglieder vom Vorsitzenden der Tagung durch das Los bestimmt.

(7) Wenn ein Ausschussmitglied stirbt oder zurücktritt oder erklärt, dass es aus anderen Gründen die Aufgaben des Ausschusses nicht mehr wahrnehmen kann, ernennt der Vertragsstaat, der das Mitglied vorgeschlagen hat, für die verbleibende Amtszeit mit Zustimmung des Ausschusses einen anderen unter seinen Staatsangehörigen ausgewählten Sachverständigen.

(8) Der Ausschuss gibt sich eine Geschäftsordnung.

(9) Der Ausschuss wählt seinen Vorstand für zwei Jahre.

(10) Die Tagungen des Ausschusses finden in der Regel am Sitz der Vereinten Nationen oder an einem anderen vom Ausschuss bestimmten geeigneten Ort statt. Der Ausschuss tritt in der Regel einmal jährlich zusammen. Die Dauer der Ausschusstagungen wird auf einer Tagung der Vertragsstaaten mit Zustimmung der Generalversammlung festgelegt und wenn nötig geändert.

(11) Der Generalsekretär der Vereinten Nationen stellt dem Ausschuss das Personal und die Einrichtungen zur Verfügung, die dieser zur wirksamen Wahrnehmung seiner Aufgaben nach diesem Übereinkommen benötigt.

(12) Die Mitglieder des nach diesem Übereinkommen eingesetzten Ausschusses erhalten mit Zustimmung der Generalversammlung Bezüge aus Mitteln der Vereinten Nationen zu den von der Generalversammlung zu beschließenden Bedingungen.

Artikel 44

(1) Die Vertragsstaaten verpflichten sich, dem Ausschuss über den Generalsekretär der Vereinten Nationen Berichte über die Maßnahmen, die sie zur Verwirklichung der in diesem Übereinkommen anerkannten Rechte getroffen haben, und über die dabei erzielten Fortschritte vorzulegen, und zwar

a) innerhalb von zwei Jahren nach Inkrafttreten des Übereinkommens für den betreffenden Vertragsstaat,

b) danach alle fünf Jahre.

(2) In den nach diesem Artikel erstatteten Berichten ist auf etwa bestehende Umstände und Schwierigkeiten hinzuweisen, welche die Vertragsstaaten daran hindern, die in diesem Übereinkommen vorgesehenen Verpflichtungen voll zu erfüllen. Die Berichte müssen auch ausreichende Angaben enthalten, die dem Ausschuss ein umfassendes Bild von der Durchführung des Übereinkommens in dem betreffenden Land vermitteln.

(3) Ein Vertragsstaat, der dem Ausschuss einen ersten umfassenden Bericht vorgelegt hat, braucht in seinen nach Absatz 1 Buchstabe b vorgelegten späteren Berichten die früher mitgeteilten grundlegenden Angaben nicht zu wiederholen.

(4) Der Ausschuss kann die Vertragsstaaten um weitere Angaben über die Durchführung des Übereinkommens ersuchen.

(5) Der Ausschuss legt der Generalversammlung über den Wirtschafts- und Sozialrat alle zwei Jahre einen Tätigkeitsbericht vor.

(6) Die Vertragsstaaten sorgen für eine weite Verbreitung ihrer Berichte im eigenen Land.

Artikel 45

Um die wirksame Durchführung dieses Übereinkommens und die internationale Zusammenarbeit auf dem von dem Übereinkommen erfassten Gebiet zu fördern,

a) haben die Sonderorganisationen, das Kinderhilfswerk der Vereinten Nationen und andere Organe der Vereinten Nationen das Recht, bei der Erörterung der Durchführung derjenigen Bestimmungen des Übereinkommens vertreten zu sein, die in ihren Aufgabenbereich fallen. Der Ausschuss kann, wenn er dies für angebracht hält, die Sonderorganisationen, das Kinderhilfswerk der Vereinten Nationen und andere zuständige Stellen einladen, sachkundige Stellungnahmen zur Durchführung des Übereinkommens auf Gebieten abzugeben, die in ihren jeweiligen Aufgabenbereich fallen. Der Ausschuss kann die Sonderorganisationen, das Kinderhilfswerk der Vereinten Nationen und andere Organe der Vereinten Nationen einladen, ihm Berichte über die Durchführung des Übereinkommens auf Gebieten vorzulegen, die in ihren Tätigkeitsbereich fallen;

b) übermittelt der Ausschuss, wenn er dies für angebracht hält, den Sonderorganisationen, dem Kinderhilfswerk der Vereinten Nationen und anderen zuständigen Stellen Berichte der Vertragsstaaten, die ein Ersuchen um fachliche Beratung oder Unterstützung oder einen Hinweis enthalten, dass ein diesbezügliches Bedürfnis besteht; etwaige Bemerkungen und Vorschläge des Ausschusses zu diesen Ersuchen oder Hinweisen werden beigefügt;

c) kann der Ausschuss der Generalversammlung empfehlen, den Generalsekretär zu ersuchen, für den Ausschuss Untersuchungen über Fragen im Zusammenhang mit den Rechten des Kindes durchzuführen;

d) kann der Ausschuss aufgrund der Angaben, die er nach den Artikeln 44 und 45 erhalten hat, Vorschläge und allgemeine Empfehlungen unterbreiten. Diese Vorschläge und allgemeinen Empfehlungen werden den betroffenen Vertragsstaaten übermittelt und der Generalversammlung zusammen mit etwaigen Bemerkungen der Vertragsstaaten vorgelegt.

Teil III

Artikel 46

Dieses Übereinkommen liegt für alle Staaten zur Unterzeichnung auf.

Artikel 47

Dieses Übereinkommen bedarf der Ratifikation. Die Ratifikationsurkunden werden beim Generalsekretär der Vereinten Nationen hinterlegt.

Artikel 48

Dieses Übereinkommen steht allen Staaten zum Beitritt offen. Die Beitrittsurkunden werden beim Generalsekretär der Vereinten Nationen hinterlegt.

Artikel 49

(1) Dieses Übereinkommen tritt am dreißigsten Tag nach Hinterlegung der zwanzigsten Ratifikations- oder Beitrittsurkunde beim Generalsekretär der Vereinten Nationen in Kraft.

(2) Für jeden Staat, der nach Hinterlegung der zwanzigsten Ratifikations- oder Beitrittsurkunde dieses Übereinkommen ratifiziert oder ihm beitritt, tritt es am dreißigsten Tag nach Hinterlegung seiner eigenen Ratifikations- oder Beitrittsurkunde in Kraft.

Artikel 50

(1) Jeder Vertragsstaat kann eine Änderung vorschlagen und sie beim Generalsekretär der Vereinten Nationen einreichen. Der Generalsekretär übermittelt sodann den Änderungsvorschlag den Vertragsstaaten mit der Aufforderung, ihm mitzuteilen, ob sie eine Konferenz der Vertragsstaaten zur Beratung und Abstimmung über den Vorschlag befürworten. Befürwortet innerhalb von vier Monaten nach dem Datum der Übermittlung wenigstens ein Drittel der Vertragsstaaten eine solche Konferenz, so beruft der Generalsekretär die Konferenz unter der Schirmherrschaft der Vereinten Nationen ein. Jede Änderung, die von der Mehrheit der auf der Konferenz anwesenden und abstimmenden Vertragsstaaten angenommen wird, wird der Generalversammlung zur Billigung vorgelegt.

(2) Eine nach Absatz 1 angenommene Änderung tritt in Kraft, wenn sie von der Generalversammlung der Vereinten Nationen gebilligt und von einer Zweidrittelmehrheit der Vertragsstaaten angenommen worden ist.

(3) Tritt eine Änderung in Kraft, so ist sie für die Vertragsstaaten, die sie angenommen haben, verbindlich, während für die anderen Vertragsstaaten weiterhin die Bestimmungen dieses Übereinkommens und alle früher von ihnen angenommenen Änderungen gelten.

Artikel 51

(1) Der Generalsekretär der Vereinten Nationen nimmt den Wortlaut von Vorbehalten, die ein Staat bei der Ratifikation oder beim Beitritt anbringt, entgegen und leitet ihn allen Staaten zu.

(2) Vorbehalte, die mit Ziel und Zweck dieses Übereinkommens unvereinbar sind, sind nicht zulässig.

(3) Vorbehalte können jederzeit durch eine an den Generalsekretär der Vereinten Nationen gerichtete diesbezügliche Notifikation zurückgenommen werden; dieser setzt alle Staaten davon in Kenntnis. Die Notifikation wird mit dem Tag ihres Eingangs beim Generalsekretär wirksam.

Artikel 52

Ein Vertragsstaat kann dieses Übereinkommen durch eine an den Generalsekretär der Vereinten Nationen gerichtete schriftliche Notifikation kündigen. Die Kündigung wird ein Jahr nach Eingang der Notifikation beim Generalsekretär wirksam.

Artikel 53

Der Generalsekretär der Vereinten Nationen wird zum Verwahrer dieses Übereinkommens bestimmt.

Artikel 54

Die Urschrift dieses Übereinkommens, dessen arabischer, chinesischer, englischer, französischer, russischer und spanischer Wortlaut gleichermaßen verbindlich ist, wird beim Generalsekretär der Vereinten Nationen hinterlegt.

Zu Urkund dessen haben die unterzeichneten, von ihren Regierungen hierzu gehörig befugten Bevollmächtigten dieses Übereinkommen unterschrieben.

I. Konvention zum Schutze der Menschenrechte und Grundfreiheiten vom 4.11.1950 (SEV Nr. 5) (Europäische Menschenrechtskonvention – EMRK)

(BGBl 1952 II S. 685)[31]

In Erwägung der Allgemeinen Erklärung der Menschenrechte, die von der Generalversammlung der Vereinten Nationen am 10. Dezember 1948 verkündet wurde;

in der Erwägung, dass diese Erklärung bezweckt, die universelle und wirksame Anerkennung und Einhaltung der darin erklärten Rechte zu gewährleisten;

in der Erwägung, dass das Ziel des Europarats die Herbeiführung einer größeren Einigkeit unter seinen Mitgliedern ist und dass eines der Mittel zur Erreichung dieses Zieles in der Wahrung und in der Entwicklung der Menschenrechte und Grundfreiheiten besteht;

unter erneuter Bekräftigung ihres tiefen Glaubens an diese Grundfreiheiten, welche die Grundlage der Gerechtigkeit und des Friedens in der Welt bilden, und deren Aufrechterhaltung wesentlich auf einem wahrhaft demokratischen politischen Regime einerseits und auf einer gemeinsamen Auffassung und Achtung der Menschenrechte andererseits beruht, von denen sie sich herleiten;

entschlossen, als Regierungen europäischer Staaten, die vom gleichen Geiste beseelt sind und ein gemeinsames Erbe an geistigen Gütern, politischen Überlieferungen, Achtung der Freiheit und Vorherrschaft des Gesetzes besitzen, die ersten Schritte auf dem Wege zu einer kollektiven Garantie gewisser in der Universellen Erklärung verkündeter Rechte zu unternehmen;

vereinbaren die unterzeichneten Regierungen und Mitglieder des Europarats folgendes:

---

31 Die Vertragsstaaten der EMRK finden sich nach jeweils aktuellem Stand auf der Internetseite des Europarats und dort unter: http://conventions.coe.int/Treaty/Commun/ChercheSig.asp?NT=005&CM=7&DF=13/08/2009&CL=GER.

Artikel 1

Die Hohen Vertragschließenden Teile sichern allen ihrer Herrschaftsgewalt unterstehenden Personen die in Abschnitt I dieser Konvention niedergelegten Rechte und Freiheiten zu.

Abschnitt I

Artikel 2 Recht auf Leben

(1) Das Recht jedes Menschen auf das Leben wird gesetzlich geschützt. Abgesehen von der Vollstreckung eines Todesurteils, das von einem Gericht im Falle eines mit der Todesstrafe bedrohten Verbrechens ausgesprochen worden ist, darf eine absichtliche Tötung nicht vorgenommen werden.

(2) Die Tötung wird nicht als Verletzung dieses Artikels betrachtet, wenn sie sich aus einer unbedingt erforderlichen Gewaltanwendung ergibt:
a) um die Verteidigung eines Menschen gegenüber rechtswidriger Gewaltanwendung sicherzustellen;
b) um eine ordnungsgemäße Festnahme durchzuführen oder das Entkommen einer ordnungsgemäß festgehaltenen Person zu verhindern;
c) um im Rahmen der Gesetze einen Aufruhr oder einen Aufstand zu unterdrücken.

Artikel 3 Verbot der Folter

Niemand darf der Folter oder unmenschlicher oder erniedrigender Strafe oder Behandlung unterworfen werden.

Artikel 4 Verbot der Sklaverei und der Zwangsarbeit

(1) Niemand darf in Sklaverei oder Leibeigenschaft gehalten werden.

(2) Niemand darf gezwungen werden, Zwangs- oder Pflichtarbeit zu verrichten.

(3) Als „Zwangs- oder Pflichtarbeit" im Sinne dieses Artikels gilt nicht:
a) jede Arbeit, die normalerweise von einer Person verlangt wird, die unter den von Artikel 5 der vorliegenden Konvention vorgesehenen Bedingungen in Haft gehalten oder bedingt freigelassen worden ist;
b) jede Dienstleistung militärischen Charakters, oder im Falle der Verweigerung aus Gewissensgründen in Ländern, wo diese als berechtigt anerkannt ist, eine sonstige anstelle der militärischen Dienstpflicht tretende Dienstleistung;
c) jede Dienstleistung im Falle von Notständen und Katastrophen, die das Leben oder das Wohl der Gemeinschaft bedrohen;
d) jede Arbeit oder Dienstleistung, die zu den normalen Bürgerpflichten gehört.

Artikel 5 Recht auf Freiheit und Sicherheit

(1) Jeder Mensch hat ein Recht auf Freiheit und Sicherheit. Die Freiheit darf einem Menschen nur in den folgenden Fällen und nur auf dem gesetzlich vorgeschriebenen Wege entzogen werden:
a) wenn er rechtmäßig nach Verurteilung durch ein zuständiges Gericht in Haft gehalten wird;
b) wenn er rechtmäßig festgenommen worden ist oder in Haft gehalten wird wegen Nichtbefolgung eines rechtmäßigen Gerichtsbeschlusses oder zur Erzwingung der Erfüllung einer durch das Gesetz vorgeschriebenen Verpflichtung;
c) wenn er rechtmäßig festgenommen worden ist oder in Haft gehalten wird zum Zwecke seiner Vorführung vor die zuständige Gerichtsbehörde, sofern hinreichender Verdacht dafür besteht, dass der Betreffende eine strafbare Handlung begangen hat, oder begründeter Anlass zu der Annahme besteht, dass es notwendig ist, den Betreffenden an der Begehung einer strafbaren Handlung oder an der Flucht nach Begehung einer solchen zu hindern;
d) wenn es sich um die rechtmäßige Haft eines Minderjährigen handelt, die zum Zwecke überwachter Erziehung angeordnet ist, oder um die rechtmäßige Haft eines solchen, die zwecks Vorführung vor die zuständige Behörde verhängt ist;

e) wenn er sich in rechtmäßiger Haft befindet, weil er eine Gefahrenquelle für die Ausbreitung ansteckender Krankheiten bildet, oder weil er geisteskrank, Alkoholiker, rauschgiftsüchtig oder Landstreicher ist;

f) wenn er rechtmäßig festgenommen worden ist oder in Haft gehalten wird, weil er daran gehindert werden soll, unberechtigt in das Staatsgebiet einzudringen oder weil er von einem gegen ihn schwebenden Ausweisungs- oder Auslieferungsverfahren betroffen ist.

(2) Jeder Festgenommene muss unverzüglich und in einer ihm verständlichen Sprache über die Gründe seiner Festnahme und über die gegen ihn erhobenen Beschuldigungen unterrichtet werden.

(3) Jede nach der Vorschrift des Absatzes 1 (c) dieses Artikels festgenommene oder in Haft gehaltene Person muss unverzüglich einem Richter oder einem anderen, gesetzlich zur Ausübung richterlicher Funktionen ermächtigten Beamten vorgeführt werden. Er hat Anspruch auf Aburteilung innerhalb einer angemessenen Frist oder auf Haftentlassung während des Verfahrens. Die Freilassung kann von der Leistung einer Sicherheit für das Erscheinen vor Gericht abhängig gemacht werden.

(4) Jeder, der seiner Freiheit durch Festnahme oder Haft beraubt ist, hat das Recht, ein Verfahren zu beantragen, in dem von einem Gericht unverzüglich über die Rechtmäßigkeit der Haft entschieden wird und im Falle der Widerrechtlichkeit seine Entlassung angeordnet wird.

(5) Jeder, der entgegen den Bestimmungen dieses Artikels von Festnahme oder Haft betroffen worden ist, hat Anspruch auf Schadenersatz.

Artikel 6 Recht auf ein faires Verfahren

(1) Jedermann hat Anspruch darauf, dass seine Sache in billiger Weise öffentlich und innerhalb einer angemessenen Frist gehört wird, und zwar von einem unabhängigen und unparteiischen, auf Gesetz beruhenden Gericht, das über zivilrechtliche Ansprüche und Verpflichtungen oder über die Stichhaltigkeit der gegen ihn erhobenen strafrechtlichen Anklage zu entscheiden hat. Das Urteil muss öffentlich verkündet werden, jedoch kann die Presse und die Öffentlichkeit während der gesamten Verhandlung oder eines Teiles derselben im Interesse der Sittlichkeit, der öffentlichen Ordnung oder der nationalen Sicherheit in einem demokratischen Staat ausgeschlossen werden, oder wenn die Interessen von Jugendlichen oder der Schutz des Privatlebens der Prozessparteien es verlangen oder, und zwar unter besonderen Umständen, wenn die öffentliche Verhandlung die Interessen der Gerechtigkeit beeinträchtigen würde, in diesem Falle jedoch nur in dem nach Auffassung des Gerichts erforderlichen Umfang.

(2) Bis zum gesetzlichen Nachweis seiner Schuld wird vermutet, dass der wegen einer strafbaren Handlung Angeklagte unschuldig ist.

(3) Jeder Angeklagte hat mindestens (englischer Text)/insbesondere (französischer Text) die folgenden Rechte:

a) unverzüglich in einer für ihn verständlichen Sprache in allen Einzelheiten über die Art und den Grund der gegen ihn erhobenen Beschuldigung in Kenntnis gesetzt zu werden;

b) über ausreichende Zeit und Gelegenheit zur Vorbereitung seiner Verteidigung zu verfügen;

c) sich selbst zu verteidigen oder den Beistand eines Verteidigers seiner Wahl zu erhalten und, falls er nicht über die Mittel zur Bezahlung eines Verteidigers verfügt, unentgeltlich den Beistand eines Pflichtverteidigers zu erhalten, wenn dies im Interesse der Rechtspflege erforderlich ist;

d) Fragen an die Belastungszeugen zu stellen oder stellen zu lassen und die Ladung und Vernehmung der Entlastungszeugen unter denselben Bedingungen wie die der Belastungszeugen zu erwirken;

e) die unentgeltliche Beiziehung eines Dolmetschers zu verlangen, wenn er (der Angeklagte) die Verhandlungssprache des Gerichts nicht versteht oder sich nicht darin ausdrücken kann.

Artikel 7 Keine Strafe ohne Gesetz

(1) Niemand kann wegen einer Handlung oder Unterlassung verurteilt werden, die zur Zeit ihrer Begehung nach inländischem oder internationalem Recht nicht strafbar war. Ebenso darf keine höhere Strafe als die im Zeitpunkt der Begehung der strafbaren Handlung angedrohte Strafe verhängt werden.

(2) Durch diesen Artikel darf die Verurteilung oder Bestrafung einer Person nicht ausgeschlossen werden, die sich einer Handlung oder Unterlassung schuldig gemacht hat, welche im Zeitpunkt ihrer Begehung nach den allgemeinen von den zivilisierten Völkern anerkannten Rechtsgrundsätzen strafbar war.

Artikel 8 Recht auf Achtung des Privat- und Familienlebens

(1) Jedermann hat Anspruch auf Achtung seines Privat- und Familienlebens, seiner Wohnung und seines Briefverkehrs.

(2) Der Eingriff einer öffentlichen Behörde in die Ausübung dieses Rechts ist nur statthaft, insoweit dieser Eingriff gesetzlich vorgesehen ist und eine Maßnahme darstellt, die in einer demokratischen Gesellschaft für die nationale Sicherheit die öffentliche Ruhe und Ordnung, das wirtschaftliche Wohl des Landes, die Verteidigung der Ordnung und zur Verhinderung von strafbaren Handlungen, zum Schutz der Gesundheit und der Moral oder zum Schutz der Rechte und Freiheiten anderer notwendig ist.

Artikel 9 Gedanken-, Gewissens- und Religionsfreiheit

(1) Jedermann hat Anspruch auf Gedanken-, Gewissens- und Religionsfreiheit; dieses Recht umfasst die Freiheit des Einzelnen zum Wechsel der Religion oder der Weltanschauung sowie die Freiheit, seine Religion oder Weltanschauung einzeln oder in Gemeinschaft mit anderen öffentlich oder privat, durch Gottesdienst, Unterricht, durch die Ausübung und Beachtung religiöser Gebräuche auszuüben.

(2) Die Religions- und Bekenntnisfreiheit darf nicht Gegenstand anderer als vom Gesetz vorgesehener Beschränkungen sein, die in einer demokratischen Gesellschaft notwendige Maßnahmen im Interesse der öffentlichen Sicherheit, der öffentlichen Ordnung, Gesundheit und Moral oder für den Schutz der Rechte und Freiheiten anderer sind.

Artikel 10 Freiheit der Meinungsäußerung

(1) Jeder hat Anspruch auf freie Meinungsäußerung. Dieses Recht schließt die Freiheit der Meinung und die Freiheit zum Empfang und zur Mitteilung von Nachrichten oder Ideen ohne Eingriffe öffentlicher Behörden und ohne Rücksicht auf Landesgrenzen ein. Dieser Artikel schließt nicht aus, dass die Staaten Rundfunk-, Lichtspiel- oder Fernsehunternehmen einem Genehmigungsverfahren unterwerfen.

(2) Da die Ausübung dieser Freiheiten Pflichten und Verantwortung mit sich bringt, kann sie bestimmten, vom Gesetz vorgesehenen Formvorschriften, Bedingungen, Einschränkungen oder Strafdrohungen unterworfen werden, wie sie vom Gesetz vorgeschrieben und in einer demokratischen Gesellschaft im Interesse der nationalen Sicherheit, der territorialen Unversehrtheit oder der öffentlichen Sicherheit, der Aufrechterhaltung der Ordnung und der Verbrechensverhütung, des Schutzes der Gesundheit und der Moral, des Schutzes des guten Rufes oder der Rechte anderer, um die Verbreitung von vertraulichen Nachrichten zu verhindern oder das Ansehen und die Unparteilichkeit der Rechtsprechung zu gewährleisten, unentbehrlich sind.

Artikel 11 Versammlung- und Vereinigungsfreiheit

(1) Alle Menschen haben das Recht, sich friedlich zu versammeln und sich frei mit anderen zusammenzuschließen, einschließlich des Rechts, zum Schutze ihrer Interessen Gewerkschaften zu bilden und diesen beizutreten.

(2) Die Ausübung dieser Rechte darf keinen anderen Einschränkungen unterworfen werden als den vom Gesetz vorgesehenen, die in einer demokratischen Gesellschaft im Interesse der äußeren und

inneren Sicherheit, zur Aufrechterhaltung der Ordnung und zur Verbrechensverhütung, zum Schutze der Gesundheit und der Moral oder zum Schutze der Rechte und Freiheiten anderer notwendig sind. Dieser Artikel verbietet nicht, dass die Ausübung dieser Rechte für Mitglieder der Streitkräfte, der Polizei oder der Staatsverwaltung gesetzlichen Einschränkungen unterworfen wird.

Artikel 12 Recht auf Eheschließung

Mit Erreichung des Heiratsalters haben Männer und Frauen das Recht, eine Ehe einzugehen und eine Familie nach den nationalen Gesetzen, die die Ausübung dieses Rechts regeln, zu gründen.

Artikel 13 Recht auf wirksame Beschwerde

Sind die in der vorliegenden Konvention festgelegten Rechte und Freiheiten verletzt worden, so hat der Verletzte das Recht, eine wirksame Beschwerde bei einer nationalen Instanz einzulegen, selbst wenn die Verletzung von Personen begangen worden ist, die in amtlicher Eigenschaft gehandelt haben.

Artikel 14 Verbot der Benachteiligung

Der Genuss der in der vorliegenden Konvention festgelegten Rechte und Freiheiten muss ohne Unterschied des Geschlechts, der Rasse, Hautfarbe, Sprache, Religion, politischen oder sonstigen Anschauungen, nationaler oder sozialer Herkunft, Zugehörigkeit zu einer nationalen Minderheit, des Vermögens, der Geburt oder des sonstigen Status gewährleistet werden.

Artikel 15 Außerkraftsetzen im Notstandsfall

(1) Im Falle eines Krieges oder eines anderen öffentlichen Notstandes, der das Leben der Nation bedroht, kann jeder der Hohen Vertragschließenden Teile Maßnahmen ergreifen, welche die in dieser Konvention vorgesehenen Verpflichtungen in dem Umfang, den die Lage unbedingt erfordert, und unter der Bedingung außer Kraft setzen, dass diese Maßnahmen nicht in Widerspruch zu den sonstigen völkerrechtlichen Verpflichtungen stehen.

(2) Die vorstehende Bestimmung gestattet kein Außerkraftsetzen des Artikels 2 außer bei Todesfällen, die auf rechtmäßige Kriegshandlungen zurückzuführen sind, oder der Artikel 3, 4 (Absatz 1) und 7.

(3) Jeder Hohe Vertragschließende Teil, der dieses Recht der Außerkraftsetzung ausübt, hat den Generalsekretär des Europarats eingehend über die getroffenen Maßnahmen und deren Gründe zu unterrichten. Er muss den Generalsekretär des Europarats auch über den Zeitpunkt in Kenntnis setzen, in dem diese Maßnahmen außer Kraft getreten sind und die Vorschriften der Konvention wieder volle Anwendung finden.

Artikel 16 Beschränkungen der politischen Tätigkeit von Ausländern

Keine der Bestimmungen der Artikel 10, 11 und 14 darf so ausgelegt werden, dass sie den Hohen Vertragschließenden Parteien verbietet, die politische Tätigkeit von Ausländern Beschränkungen zu unterwerfen.

Artikel 17 Verbot des Missbrauchs der Rechte

Keine Bestimmung dieser Konvention darf dahin ausgelegt werden, dass sie für einen Staat, eine Gruppe oder eine Person das Recht begründet, eine Tätigkeit auszuüben oder eine Handlung zu begehen, die auf die Abschaffung der in der vorliegenden Konvention festgelegten Rechte und Freiheiten oder auf weitergehende Beschränkungen dieser Rechte und Freiheiten, als in der Konvention vorgesehen, hinzielt.

Artikel 18 Begrenzung der Rechtseinschränkungen

Die nach der vorliegenden Konvention gestatteten Einschränkungen dieser Rechte und Freiheiten dürfen nicht für andere Zwecke als die vorgesehenen angewandt werden.

Abschnitt II Europäischer Gerichtshof für Menschenrechte
Artikel 19 Errichtung des Gerichtshofs
Um die Einhaltung der Verpflichtungen, welche die Hohen Vertragschließenden Teile in dieser Konvention übernommen haben, sicherzustellen, werden errichtet:
a) eine Europäische Kommission für Menschenrechte, im folgenden „Kommission" genannt;
b) ein Europäischer Gerichtshof für Menschenrechte, im folgenden „Gerichtshof" genannt.

Artikel 20 Zahl der Richter
Die Zahl der Mitglieder der Kommission entspricht derjenigen der Hohen Vertragschließenden Teile.

Artikel 21 Voraussetzungen für das Amt
(1) Die Richter müssen hohes sittliches Ansehen genießen und entweder die für die Ausübung hoher richterlicher Ämter erforderlichen Voraussetzungen erfüllen oder Rechtsgelehrte von anerkanntem Ruf sein.
(2) Die Richter gehören dem Gerichtshof in ihrer persönlichen Eigenschaft an.
(3) Während ihrer Amtszeit dürfen die Richter keine Tätigkeit ausüben, die mit ihrer Unabhängigkeit, ihrer Unparteilichkeit oder mit den Erfordernissen der Vollzeitbeschäftigung in diesem Amt unvereinbar ist; alle Fragen, die sich aus der Anwendung dieses Absatzes ergeben, werden vom Gerichtshof entschieden.

Artikel 22 Wahl der Richter
(1) Die Richter werden von der Parlamentarischen Versammlung für jeden Hohen Vertragschließenden Teil mit Stimmenmehrheit aus einer Liste von drei Kandidaten gewählt, die von dem Hohen Vertragschließenden Teil vorgeschlagen werden.
(2) Dasselbe Verfahren wird angewendet, um den Gerichtshof im Fall des Beitritts neuer Hoher Vertragschließender Teile zu ergänzen und um freigewordene See zu besetzen.

Artikel 23 Amtszeit
(1) Die Richter werden für sechs Jahre gewählt. Ihre Wiederwahl ist zulässig. Jedoch endet die Amtszeit der Hälfte der bei der ersten Wahl gewählten Richter nach drei Jahren.
(2) Die Richter, deren Amtszeit nach drei Jahren endet, werden unmittelbar nach ihrer Wahl vom Generalsekretär des Europarats durch das Los bestimmt.
(3) Um soweit wie möglich sicherzustellen, dass die Hälfte der Richter alle drei Jahre neu gewählt wird, kann die Parlamentarische Versammlung vor jeder späteren Wahl beschließen, dass die Amtszeit eines oder mehrerer der zu wählenden Richter nicht sechs Jahre betragen soll, wobei diese Amtszeit weder länger als neun noch kürzer als drei Jahre sein darf.
(4) Sind mehrere Ämter zu besetzen und wendet die Parlamentarische Versammlung Absatz 3 an, so wird die Zuteilung der Amtszeiten vom Generalsekretär des Europarats unmittelbar nach der Wahl durch das Los bestimmt.
(5) Ein Richter, der anstelle eines Richters gewählt wird, dessen Amtszeit noch nicht abgelaufen ist, übt sein Amt für die restliche Amtszeit seines Vorgängers aus.
(6) Die Amtszeit der Richter endet mit Vollendung des 70. Lebensjahrs.
(7) Die Richter bleiben bis zum Amtsantritt ihrer Nachfolger im Amt. Sie bleiben jedoch in den Rechtssachen tätig, mit denen sie bereits befasst sind.

Artikel 24 Entlassung
Ein Richter kann nur entlassen werden, wenn die anderen Richter mit Zweidrittelmehrheit entscheiden, dass er die erforderlichen Voraussetzungen nicht mehr erfüllt.

Artikel 25 Kanzlei und wissenschaftliche Mitarbeiter

Der Gerichtshof hat eine Kanzlei, deren Aufgaben und Organisation in der Verfahrensordnung des Gerichtshofs festgelegt werden. Der Gerichtshof wird durch wissenschaftliche Mitarbeiter unterstützt.

Artikel 26 Plenum des Gerichtshofs

Das Plenum des Gerichtshofs

a) wählt seinen Präsidenten und einen oder zwei Vizepräsidenten für drei Jahre; ihre Wiederwahl ist zulässig;
b) bildet Kammern für einen bestimmten Zeitraum;
c) wählt die Präsidenten der Kammern des Gerichtshofs; ihre Wiederwahl ist zulässig;
d) beschließt die Verfahrensordnung des Gerichtshof; und
e) wählt den Kanzler und einen oder mehrere stellvertretende Kanzler.

Artikel 27 Ausschüsse, Kammern und Große Kammer

(1) Zur Prüfung der Rechtssachen, die bei ihm anhängig gemacht werden, tagt der Gerichtshof in Ausschüssen mit drei Richtern, in Kammern mit sieben Richtern und in einer Großen Kammer mit siebzehn Richtern. Die Kammern des Gerichtshofs bilden die Ausschüsse für einen bestimmten Zeitraum.

(2) Der Kammer und der Großen Kammer gehört von Amts wegen der für den als Partei beteiligten Staat gewählte Richter oder, wenn ein solcher nicht vorhanden ist oder er an den Sitzungen nicht teilnehmen kann, eine von diesem Staat benannte Person an, die in der Eigenschaft eines Richters an den Sitzungen teilnimmt.

(3) Der Großen Kammer gehören ferner der Präsident des Gerichtshofs, die Vizepräsidenten, die Präsidenten der Kammern und andere nach der Verfahrensordnung des Gerichtshofs ausgewählte Richter an. Wird eine Rechtssache nach Artikel 43 an die Große Kammer verwiesen, so dürfen Richter der Kammer, die das Urteil gefällt hat, der Großen Kammer nicht angehören; das gilt nicht für den Präsidenten der Kammer und den Richter, welcher in der Kammer für den als Partei beteiligten Staat mitgewirkt hat.

Artikel 28 Unzulässigkeitserklärungen der Ausschüsse

Ein Ausschuss kann durch einstimmigen Beschluss eine nach Artikel 34 erhobene Individualbeschwerde für unzulässig erklären oder im Register streichen, wenn eine solche Entscheidung ohne weitere Prüfung getroffen werden kann. Die Entscheidung ist endgültig.

Artikel 29 Entscheidungen der Kammern über die Zulässigkeit und Begründetheit

(1) Ergeht keine Entscheidung nach Artikel 28, so entscheidet eine Kammer über die Zulässigkeit und Begründetheit der nach Artikel 34 erhobenen Individualbeschwerden.

(2) Eine Kammer entscheidet über die Zulässigkeit und Begründetheit der nach Artikel 33 erhobenen Staatenbeschwerden.

(3) Die Entscheidung über die Zulässigkeit ergeht gesondert, sofern nicht der Gerichtshof Ausnahmefällen anders entscheidet.

Artikel 30 Abgabe der Rechtssache an die Große Kammer

Wirft eine bei einer Kammer anhängige Rechtssache eine schwerwiegende Frage der Auslegung dieser Konvention oder der Protokolle dazu auf oder kann die Entscheidung einer ihr vorliegenden Frage zu einer Abweichung von einem früheren Urteil des Gerichtshofs führen, so kann die Kammer diese Sache jederzeit, bevor sie ihr Urteil gefällt hat, an die Große Kammer abgeben, sofern nicht eine Partei widerspricht.

Artikel 31 Befugnisse der Großen Kammer

Die Große Kammer

a) entscheidet über nach Artikel 33 oder Artikel 34 erhobene Beschwerden, wenn eine Kammer die Rechtssache nach Artikel 30 an sie abgegeben hat oder wenn die Sache nach Artikel 43 an sie verwiesen worden ist; und
b) behandelt Anträge nach Artikel 47 auf Erstattung von Gutachten.

Artikel 32 Zuständigkeit des Gerichtshofs

(1) Die Zuständigkeit des Gerichtshofs umfasst alle die Auslegung und Anwendung dieser Konvention und der Protokolle dazu betreffenden Angelegenheiten, mit denen er nach den Artikeln 33, 34 und 47 befasst wird.

(2) Besteht Streit über die Zuständigkeit des Gerichtshofs, so entscheidet der Gerichtshof.

Artikel 33 Staatenbeschwerden

Jeder Hohe Vertragschließende Teil kann den Gerichtshof wegen jeder behaupteten Verletzung dieser Konvention und der Protokolle dazu durch einen anderen Hohen Vertragschließenden Teil anrufen.

Artikel 34 Individualbeschwerden

Der Gerichtshof kann von jeder natürlichen Person, nichtstaatlichen Organisation oder Personengruppe, die behauptet, durch einen der Hohen Vertragschließenden Teile in einem der in dieser Konvention oder den Protokollen dazu anerkannten Rechte verletzt zu sein, mit einer Beschwerde befasst werden. Die Hohen Vertragschließenden Teile verpflichten sich, die wirksame Ausübung dieses Rechts nicht zu behindern.

Artikel 35 Zulässigkeitsvoraussetzungen

(1) Der Gerichtshof kann sich mit einer Angelegenheit erst nach Erschöpfung aller innerstaatlichen Rechtsbehelfe in Übereinstimmung mit den allgemein anerkannten Grundsätzen des Völkerrechts und nur innerhalb einer Frist von sechs Monaten nach der endgültigen innerstaatlichen Entscheidung befassen.

(2) Der Gerichtshof befasst sich nicht mit einer nach Artikel 34 erhobenen Individualbeschwerde, die

a) anonym ist; oder
b) im wesentlichen mit einer schon vorher vom Gerichtshof geprüften Beschwerde übereinstimmt oder schon einer anderen internationalen Untersuchungs- oder Vergleichsinstanz unterbreitet worden ist und keine neuen Tatsachen enthält.

(3) Der Gerichtshof erklärt eine nach Artikel 34 erhobene Individualbeschwerde für unzulässig, wenn er sie für unvereinbar mit dieser Konvention oder den Protokollen dazu, für offensichtlich unbegründet oder für einen Missbrauch des Beschwerderechts hält.

(4) Der Gerichtshof weist eine Beschwerde zurück, die er nach diesem Artikel für unzulässig hält. Er kann dies in jedem Stadium des Verfahrens tun.

Artikel 36 Beteiligung Dritter

(1) In allen bei einer Kammer oder der Großen Kammer anhängigen Rechtssachen ist der Hohe Vertragschließende Teil, dessen Staatsangehörigkeit der Beschwerdeführer besitzt, berechtigt, schriftliche Stellungnahmen abzugeben und an den mündlichen Verhandlungen teilzunehmen.

(2) Im Interesse der Rechtspflege kann der Präsident des Gerichtshofs jedem Hohen Vertragschließenden Teil, der in dem Verfahren nicht Partei ist, oder jeder betroffenen Person, die nicht Beschwerdeführer ist, Gelegenheit geben, schriftlich Stellung zu nehmen oder an den mündlichen Verhandlungen teilzunehmen.

Artikel 37 Streichung von Beschwerden

(1) Der Gerichtshof kann jederzeit während des Verfahrens entscheiden, eine Beschwerde in seinem Register zu streichen, wenn die Umstände Grund zur Annahme geben, dass

a) der Beschwerdeführer seine Beschwerde nicht weiter zu folgen beabsichtigt;
b) die Streitigkeit einer Lösung zugeführt worden ist; oder
c) eine weitere Prüfung der Beschwerde aus anderen vom Gerichtshof festgestellten Gründen nicht gerechtfertigt ist.

Der Gerichtshof setzt jedoch die Prüfung der Beschwerde fort, wenn die Achtung der Menschenrechte, wie sie in dieser Konvention und den Protokollen dazu anerkannt sind, dies erfordert.

(2) Der Gerichtshof kann die Wiedereintragung einer Beschwerde in sein Register anordnen, wenn er dies den Umständen nach für gerechtfertigt hält.

Artikel 38 Prüfung der Rechtssache und gütliche Einigung

(1) Erklärt der Gerichtshof die Beschwerde für zulässig, so
a) setzt er mit den Vertretern der Parteien die Prüfung der Rechtssache fort und nimmt, falls erforderlich, Ermittlungen vor; die betreffenden Staaten haben alle zur wirksamen Durchführung der Ermittlungen erforderlichen Erleichterungen zu gewähren;
b) hält er sich zur Verfügung der Parteien mit dem Ziel, eine gütliche Einigung auf der Grundlage der Achtung der Menschenrechte, wie sie in dieser Konvention und den Protokollen dazu anerkannt sind, zu erreichen.

(2) Das Verfahren nach Absatz 1 Buchstabe b ist vertraulich.

Artikel 39 Gütliche Einigung

Im Fall einer gütlichen Einigung streicht der Gerichtshof durch eine Entscheidung, die sich auf eine kurze Angabe des Sachverhalts und der erzielten Lösung beschränkt, die Rechtssache in seinem Register.

Artikel 40 Öffentliche Verhandlung und Akteneinsicht

(1) Die Verhandlung ist öffentlich, soweit nicht der Gerichtshof aufgrund besonderer Umstände anders entscheidet.

(2) Die beim Kanzler verwahrten Schriftstücke sind der Öffentlichkeit zugänglich, soweit nicht der Präsident des Gerichtshofs anders entscheidet.

Artikel 41 Gerechte Entschädigung

Stellt der Gerichtshof fest, dass diese Konvention oder die Protokolle dazu verletzt worden sind, und gestattet das innerstaatliche Recht des beteiligten Hohen Vertragschließenden Teiles nur eine unvollkommene Wiedergutmachung für die Folgen dieser Verletzung, so spricht der Gerichtshof der verletzten Partei eine gerechte Entschädigung zu, wenn dies notwendig ist.

Artikel 42 Urteile der Kammern

Urteile der Kammern werden nach Maßgabe des Artikels 44 Absatz 2 endgültig.

Artikel 43 Verweisung an die Große Kammer

(1) Innerhalb von drei Monaten nach dem Datum des Urteils der Kammer kann jede Partei in Ausnahmefällen die Verweisung der Rechtssache an die Große Kammer beantragen.

(2) Ein Ausschuss von fünf Richtern der Großen Kammer nimmt den Antrag an, wenn die Rechtssache eine schwerwiegende Frage der Auslegung oder Anwendung dieser Konvention oder der Protokolle dazu oder eine schwerwiegende Frage von allgemeiner Bedeutung aufwirft.

(3) Nimmt der Ausschuss den Antrag an, so entscheidet die Große Kammer die Sache durch Urteil.

Artikel 44 Endgültige Urteile

(1) Das Urteil der Großen Kammer ist endgültig.

(2) Das Urteil einer Kammer wird endgültig,
a) wenn die Parteien erklären, dass sie die Verweisung der Rechtssache an die Große Kammer nicht beantragen werden;

b) drei Monate nach dem Datum des Urteils, wenn nicht die Verweisung der Rechtssache an die Große Kammer beantragt worden ist; oder

c) wenn der Ausschuss der Großen Kammer der Antrag auf Verweisung nach Artikel 43 abgelehnt hat

(3) Das endgültige Urteil wird veröffentlicht.

Artikel 45 Begründung der Urteile und Entscheidungen

(1) Urteile sowie Entscheidungen, mit denen Beschwerden für zulässig oder für unzulässig erklärt werden, werden begründet.

(2) Bringt ein Urteil ganz oder teilweise nicht die übereinstimmende Meinung der Richter zum Ausdruck, so ist jeder Richter berechtigt, seine abweichende Meinung darzulegen.

Artikel 46 Verbindlichkeit und Vollzug der Urteile

(1) Die Hohen Vertragschließenden Teile verpflichten sich, in allen Rechtssachen, in denen sie Partei sind, das endgültige Urteil des Gerichtshofs zu befolgen.

(2) Das endgültige Urteil des Gerichtshofs ist dem Ministerkomitee zuzuleiten; dieses überwacht seine Durchführung.

Artikel 47 Gutachten

(1) Der Gerichtshof kann auf Antrag des Ministerkomitees Gutachten über Rechtsfragen erstatten, welche die Auslegung dieser Konvention und der Protokolle dazu betreffen.

(2) Diese Gutachten dürfen keine Fragen zum Gegenstand haben, die sich auf den Inhalt oder das Ausmaß der in Abschnitt 1 dieser Konvention und in den Protokollen dazu anerkannten Rechte und Freiheiten beziehen, noch andere Fragen, über die der Gerichtshof oder das Ministerkomitee aufgrund eines nach dieser Konvention eingeleiteten Verfahrens zu entscheiden haben könnte.

(3) Der Beschluss des Ministerkomitees, ein Gutachten beim Gerichtshof zu beantragen, bedarf der Stimmenmehrheit der zur Teilnahme an den Sitzungen des Komitees berechtigten Mitglieder.

Artikel 48 Gutachterliche Zuständigkeit des Gerichtshofs

Der Gerichtshof entscheidet, ob ein vom Ministerkomitee gestellter Antrag auf Erstattung eines Gutachtens in seine Zuständigkeit nach Artikel 47 fällt.

Artikel 49 Begründung der Gutachten

(1) Die Gutachten des Gerichtshofs werden begründet.

(2) Bringt das Gutachten ganz oder teilweise nicht die übereinstimmende Meinung der Richter zum Ausdruck, so ist jeder Richter berechtigt, seine abweichende Meinung darzulegen.

(3) Die Gutachten des Gerichtshofs werden dem Ministerkomitee übermittelt.

Artikel 50 Kosten des Gerichtshofs

Die Kosten des Gerichtshofs werden vom Europarat getragen.

Artikel 51 Privilegien und Immunitäten der Richter

Die Richter genießen bei der Ausübung ihres Amtes die Vorrechte und Immunitäten, die in Artikel 40 der Satzung des Europarats und den aufgrund jenes Artikels geschlossenen Übereinkünften vorgesehen sind."

Abschnitt III Verschiedene Bestimmungen

Artikel 52 Anfragen des Generalsekretärs

Nach Empfang einer entsprechenden Aufforderung durch den Generalsekretär des Europarats hat jeder Hohe Vertragschließende Teil die erforderlichen Erklärungen abzugeben, in welcher Weise sein internes Recht die wirksame Anwendung aller Bestimmungen dieser Konvention gewährleistet.

Artikel 53 Wahrung anerkannter Menschenrechte

Keine Bestimmung dieser Konvention darf als Beschränkung oder Minderung eines der Menschenrechte und grundsätzlichen Freiheiten ausgelegt werden, die in den Gesetzen eines Hohen Vertragschließenden Teils oder einer anderen Vereinbarung, an der er beteiligt ist, festgelegt sind.

Artikel 54 Befugnisse des Ministerkomitees

Keine Bestimmung dieser Konvention beschränkt die durch die Satzung des Europarats dem Ministerkomitee übertragenen Vollmachten.

Artikel 55 Ausschluss anderer Verfahren zur Streitbeilegung

Die Hohen Vertragschließenden Teile kommen überein, dass sie, es sei denn aufgrund besonderer Vereinbarungen, keinen Gebrauch von zwischen ihnen geltenden Verträgen, Übereinkommen oder Erklärungen machen werden, um von sich aus einen Streit um die Auslegung oder Anwendung dieser Konvention einem anderen Verfahren zu unterwerfen, als in der Konvention vorgesehen ist.

Artikel 56 Räumlicher Geltungsbereich

(1) Jeder Staat kann im Zeitpunkt der Ratifizierung oder in der Folge zu jedem anderen Zeitpunkt durch eine an den Generalsekretär des Europarats gerichtete Mitteilung erklären, dass diese Konvention auf alle oder einzelne Gebiete Anwendung findet, für deren internationale Beziehungen er verantwortlich ist.

(2) Die Konvention findet auf das oder die in der Erklärung bezeichneten Gebiete vom dreißigsten Tage an Anwendung, gerechnet vom Eingang der Erklärung beim Generalsekretär des Europarats.

(3) In den genannten Gebieten werden die Bestimmungen dieser Konvention unter Berücksichtigung der örtlichen Notwendigkeiten angewendet.

(4) Jeder Staat, der eine Erklärung gemäß Absatz 1 dieses Artikels abgegeben hat, kann zu jedem späteren Zeitpunkt für ein oder mehrere der in einer solchen Erklärung bezeichneten Gebiete erklären, dass er die Zuständigkeit des Gerichtshofs für die Entgegennahme von Beschwerden von natürlichen Personen, nichtstaatlichen Organisationen oder Personengruppen gemäß Artikel 34 annimmt.

Artikel 57

(1) Jeder Staat kann bei Unterzeichnung dieser Konvention oder bei Hinterlegung seiner Ratifikationsurkunde bezüglich bestimmter Vorschriften der Konvention einen Vorbehalt machen, soweit ein zu dieser Zeit in seinem Gebiet geltendes Gesetz nicht mit der betreffenden Vorschrift übereinstimmt. Vorbehalte allgemeiner Art sind nach diesem Artikel nicht zulässig.

(2) Jeder nach diesem Artikel gemachte Vorbehalt muss mit einer kurzen Inhaltsangabe des betreffenden Gesetzes verbunden sein.

Artikel 58

(1) Ein Hoher Vertragschließender Teil kann diese Konvention nicht vor Ablauf von fünf Jahren nach dem Tage, an dem die Konvention für ihn wirksam wird, und nur nach einer sechs Monate vorher an den Generalsekretär des Europarats gerichteten Mitteilung kündigen; der Generalsekretär hat den anderen Hohen Vertragschließenden Teilen von der Kündigung Kenntnis zu geben.

(2) Eine derartige Kündigung bewirkt nicht, dass der betreffende Hohe Vertragschließende Teile in bezug auf irgendeine Handlung, welche eine Verletzung dieser Verpflichtungen darstellen könnte, und von dem Hohen Vertragschließenden Teil vor dem Datum seines rechtswirksamen Ausscheidens vorgenommen wurde, von seinen Verpflichtungen nach dieser Konvention befreit wird.

(3) Unter dem gleichen Vorbehalt scheidet ein Vertragsschließender Teil aus dieser Konvention aus, der aus dem Europarat ausscheidet.

(4) Entsprechend den Bestimmungen der vorstehenden Absätze kann die Konvention auch für ein Gebiet gekündigt werden, auf das sie nach Artikel 56 ausgedehnt worden ist.

Artikel 59

(1) Diese Konvention steht den Mitgliedern des Europarats zur Unterzeichnung offen; sie bedarf der Ratifikation. Die Ratifikationsurkunden sind beim Generalsekretär des Europarats zu hinterlegen.

(2) Diese Konvention tritt nach der Hinterlegung von zehn Ratifikationsurkunden in Kraft.

(3) Für einen Unterzeichnerstaat, dessen Ratifikation später erfolgt, tritt die Konvention am Tage der Hinterlegung seiner Ratifikationsurkunde in Kraft.

(4) Der Generalsekretär des Europarats hat allen Mitgliedern des Europarats das Inkrafttreten der Konvention, die Namen der Hohen Vertragschließenden Teile, die sie ratifiziert haben, sowie die Hinterlegung jeder später eingehenden Ratifikationsurkunde mitzuteilen.

J. Gesetz zur Aus- und Durchführung bestimmter Rechtsinstrumente auf dem Gebiet des internationalen Familienrechts (Internationales Familienrechtsverfahrensgesetz – IntFamRVG)

Gesetz zum internationalen Familienrecht
vom 26.1.2005 (BGBl I 2005 S. 162),
zuletzt geändert mit Wirkung zum 16.7.2014 durch Artikel 6 des Gesetzes vom 8.7.2014
(BGBl I 2014 S. 890)

Abschnitt 1 Anwendungsbereich; Begriffsbestimmungen

§ 1 Anwendungsbereich

Dieses Gesetz dient

1. der Durchführung der Verordnung (EG) Nr. 2201/2003 des Rates vom 27. November 2003 über die Zuständigkeit und die Anerkennung und Vollstreckung von Entscheidungen in Ehesachen und in Verfahren betreffend die elterliche Verantwortung und zur Aufhebung der Verordnung (EG) Nr. 1347/2000 (ABl. EU Nr. L 338 S. 1);
2. der Ausführung des Haager Übereinkommens vom 19. Oktober 1996 über die Zuständigkeit, das anzuwendende Recht, die Anerkennung, Vollstreckung und Zusammenarbeit auf dem Gebiet der elterlichen Verantwortung und der Maßnahmen zum Schutz von Kindern (BGBl. 2009 II S. 602, 603) – im Folgenden: Haager Kinderschutzübereinkommen;
3. der Ausführung des Haager Übereinkommens vom 25. Oktober 1980 über die zivilrechtlichen Aspekte internationaler Kindesentführung (BGBl. 1990 II S. 207) – im Folgenden: Haager Kindesentführungsübereinkommen;
4. der Ausführung des Luxemburger Europäischen Übereinkommens vom 20. Mai 1980 über die Anerkennung und Vollstreckung von Entscheidungen über das Sorgerecht für Kinder und die Wiederherstellung des Sorgeverhältnisses (BGBl. 1990 II S. 220) – im Folgenden: Europäisches Sorgerechtsübereinkommen.

§ 2 Begriffsbestimmungen

Im Sinne dieses Gesetzes sind „Titel" Entscheidungen, Vereinbarungen und öffentliche Urkunden, auf welche die durchzuführende EG-Verordnung oder das jeweils auszuführende Übereinkommen Anwendung findet.

Abschnitt 2 Zentrale Behörde; Jugendamt

§ 3 Bestimmung der Zentralen Behörde

(1) Zentrale Behörde nach

1. Artikel 53 der Verordnung (EG) Nr. 2201/2003,
2. Artikel 29 des Haager Kinderschutzübereinkommens,

3. Artikel 6 des Haager Kindesentführungsübereinkommens,
4. Artikel 2 des Europäischen Sorgerechtsübereinkommens

ist das Bundesamt für Justiz.

(2) Das Verfahren der Zentralen Behörde gilt als Justizverwaltungsverfahren.

§ 4 Übersetzungen bei eingehenden Ersuchen

(1) Die Zentrale Behörde, bei der ein Antrag aus einem anderen Staat nach der Verordnung (EG) Nr. 2201/2003 oder nach dem Europäischen Sorgerechtsübereinkommen eingeht, kann es ablehnen, tätig zu werden, solange Mitteilungen oder beizufügende Schriftstücke nicht in deutscher Sprache abgefasst oder von einer Übersetzung in diese Sprache begleitet sind.

(2) Ist ein Schriftstück nach Artikel 54 des Haager Kinderschutzübereinkommens oder nach Artikel 24 Abs. 1 des Haager Kindesentführungsübereinkommens ausnahmsweise nicht von einer deutschen Übersetzung begleitet, so veranlasst die Zentrale Behörde die Übersetzung.

§ 5 Übersetzungen bei ausgehenden Ersuchen

(1) Beschafft die antragstellende Person erforderliche Übersetzungen für Anträge, die in einem anderen Staat zu erledigen sind, nicht selbst, veranlasst die Zentrale Behörde die Übersetzungen auf Kosten der antragstellenden Person.

(2) Das Amtsgericht befreit eine antragstellende natürliche Person, die ihren gewöhnlichen Aufenthalt oder bei Fehlen eines gewöhnlichen Aufenthalts im Inland ihren tatsächlichen Aufenthalt im Gerichtsbezirk hat, auf Antrag von der Erstattungspflicht nach Absatz 1, wenn sie die persönlichen und wirtschaftlichen Voraussetzungen für die Gewährung von Verfahrenskostenhilfe ohne einen eigenen Beitrag zu den Kosten nach den Vorschriften des Gesetzes über das Verfahren in Familiensachen und in Angelegenheiten der freiwilligen Gerichtsbarkeit erfüllt.

§ 6 Aufgabenerfüllung durch die Zentrale Behörde

(1) ^{1}Zur Erfüllung der ihr obliegenden Aufgaben veranlasst die Zentrale Behörde mit Hilfe der zuständigen Stellen alle erforderlichen Maßnahmen. ^{2}Sie verkehrt unmittelbar mit allen zuständigen Stellen im In- und Ausland. ^{3}Mitteilungen leitet sie unverzüglich an die zuständigen Stellen weiter.

(2) ^{1}Zum Zweck der Ausführung des Haager Kindesentführungsübereinkommens und des Europäischen Sorgerechtsübereinkommens leitet die Zentrale Behörde erforderlichenfalls gerichtliche Verfahren ein. ^{2}Im Rahmen dieser Übereinkommen gilt sie zum Zweck der Rückgabe des Kindes als bevollmächtigt, im Namen der antragstellenden Person selbst oder im Weg der Untervollmacht durch Vertreter gerichtlich oder außergerichtlich tätig zu werden. ^{3}Ihre Befugnis, zur Sicherung der Einhaltung der Übereinkommen im eigenen Namen entsprechend zu handeln, bleibt unberührt.

§ 7 Aufenthaltsermittlung

(1) Die Zentrale Behörde trifft alle erforderlichen Maßnahmen einschließlich der Einschaltung von Polizeivollzugsbehörden, um den Aufenthaltsort des Kindes zu ermitteln, wenn dieser unbekannt ist und Anhaltspunkte dafür vorliegen, dass sich das Kind im Inland befindet.

(2) Soweit zur Ermittlung des Aufenthalts des Kindes erforderlich, darf die Zentrale Behörde bei dem Kraftfahrt-Bundesamt erforderliche Halterdaten nach § 33 Abs. 1 Satz 1 Nr. 2 des Straßenverkehrsgesetzes erheben und die Leistungsträger im Sinne der §§ 18 bis 29 des Ersten Buches Sozialgesetzbuch um Mitteilung des derzeitigen Aufenthalts einer Person ersuchen.

(3) ^{1}Unter den Voraussetzungen des Absatzes 1 kann die Zentrale Behörde die Ausschreibung zur Aufenthaltsermittlung durch das Bundeskriminalamt veranlassen. ^{2}Sie kann auch die Speicherung eines Suchvermerks im Zentralregister veranlassen.

(4) Soweit andere Stellen eingeschaltet werden, übermittelt sie ihnen die zur Durchführung der Maßnahmen erforderlichen personenbezogenen Daten; diese dürfen nur für den Zweck verwendet werden, für den sie übermittelt worden sind.

§ 8 Anrufung des Oberlandesgerichts

(1) Nimmt die Zentrale Behörde einen Antrag nicht an oder lehnt sie es ab, tätig zu werden, so kann die Entscheidung des Oberlandesgerichts beantragt werden.

(2) Zuständig ist das Oberlandesgericht, in dessen Bezirk die Zentrale Behörde ihren Sitz hat.

(3) ¹Das Oberlandesgericht entscheidet im Verfahren der freiwilligen Gerichtsbarkeit. ²§ 14 Abs. 1 und 2 sowie die Abschnitte 4 und 5 des Buches 1 des Gesetzes über das Verfahren in Familiensachen und in den Angelegenheiten der freiwilligen Gerichtsbarkeit gelten entsprechend.

§ 9 Mitwirkung des Jugendamts an Verfahren

(1) ¹Unbeschadet der Aufgaben des Jugendamts bei der grenzüberschreitenden Zusammenarbeit unterstützt das Jugendamt die Gerichte und die Zentrale Behörde bei allen Maßnahmen nach diesem Gesetz. ²Insbesondere

1. gibt es auf Anfrage Auskunft über die soziale Lage des Kindes und seines Umfelds,
2. unterstützt es in jeder Lage eine gütliche Einigung,
3. leistet es in geeigneten Fällen Unterstützung bei der Durchführung des Verfahrens, auch bei der Sicherung des Aufenthalts des Kindes,
4. leistet es in geeigneten Fällen Unterstützung bei der Ausübung des Rechts zum persönlichen Umgang, der Heraus- oder Rückgabe des Kindes sowie der Vollstreckung gerichtlicher Entscheidungen.

(2) ¹Zuständig ist das Jugendamt, in dessen Bereich sich das Kind gewöhnlich aufhält. ²Solange die Zentrale Behörde oder ein Gericht mit einem Herausgabe- oder Rückgabeantrag oder dessen Vollstreckung befasst ist, oder wenn das Kind keinen gewöhnlichen Aufenthalt im Inland hat, oder das zuständige Jugendamt nicht tätig wird, ist das Jugendamt zuständig, in dessen Bereich sich das Kind tatsächlich aufhält. ³In den Fällen des Artikels 35 Absatz 2 Satz 1 des Haager Kinderschutzübereinkommens ist das Jugendamt örtlich zuständig, in dessen Bezirk der antragstellende Elternteil seinen gewöhnlichen Aufenthalt hat.

(3) Das Gericht unterrichtet das zuständige Jugendamt über Entscheidungen nach diesem Gesetz auch dann, wenn das Jugendamt am Verfahren nicht beteiligt war.

Abschnitt 3 Gerichtliche Zuständigkeit und Zuständigkeitskonzentration

§ 10 Örtliche Zuständigkeit für die Anerkennung und Vollstreckung

Örtlich ausschließlich zuständig für Verfahren nach

– Artikel 21 Abs. 3 und Artikel 48 Abs. 1 der Verordnung (EG) Nr. 2201/2003 sowie für die Zwangsvollstreckung nach den Artikeln 41 und 42 der Verordnung (EG) Nr. 2201/2003,
– den Artikeln 24 und 26 des Haager Kinderschutzübereinkommens,
– dem Europäischen Sorgerechtsübereinkommen

ist das Familiengericht, in dessen Zuständigkeitsbereich zum Zeitpunkt der Antragstellung

1. die Person, gegen die sich der Antrag richtet, oder das Kind, auf das sich die Entscheidung bezieht, sich gewöhnlich aufhält oder
2. bei Fehlen einer Zuständigkeit nach Nummer 1 das Interesse an der Feststellung hervortritt oder das Bedürfnis der Fürsorge besteht,
3. sonst das im Bezirk des Kammergerichts zur Entscheidung berufene Gericht.

§ 11 Örtliche Zuständigkeit nach dem Haager Kindesentführungsübereinkommen

Örtlich zuständig für Verfahren nach dem Haager Kindesentführungsübereinkommen ist das Familiengericht, in dessen Zuständigkeitsbereich

1. sich das Kind beim Eingang des Antrags bei der Zentralen Behörde aufgehalten hat oder
2. bei Fehlen einer Zuständigkeit nach Nummer 1 das Bedürfnis der Fürsorge besteht.

§ 12 Zuständigkeitskonzentration

(1) In Verfahren über eine in den §§ 10 und 11 bezeichnete Sache sowie in Verfahren über die Vollstreckbarerklärung nach Artikel 28 der Verordnung (EG) Nr. 2201/2003 entscheidet das Familiengericht,

in dessen Bezirk ein Oberlandesgericht seinen Sitz hat, für den Bezirk dieses Oberlandesgerichts.

(2) Im Bezirk des Kammergerichts entscheidet das Familiengericht Pankow/Weißensee.

(3) [1]Die Landesregierungen werden ermächtigt, diese Zuständigkeit durch Rechtsverordnung einem anderen Familiengericht des Oberlandesgerichtsbezirks oder, wenn in einem Land mehrere Oberlandesgerichte errichtet sind, einem Familiengericht für die Bezirke aller oder mehrerer Oberlandesgerichte zuzuweisen. [2]Sie können die Ermächtigung auf die Landesjustizverwaltungen übertragen.

§ 13 Zuständigkeitskonzentration für andere Familiensachen

(1) [1]Das Familiengericht, bei dem eine in den §§ 10 bis 12 bezeichnete Sache anhängig wird, ist von diesem Zeitpunkt an ungeachtet des § 137 Abs. 1 und 3 des Gesetzes über das Verfahren in Familiensachen und in den Angelegenheiten der freiwilligen Gerichtsbarkeit für alle dasselbe Kind betreffenden Familiensachen nach § 151 Nr. 1 bis 3 des Gesetzes über das Verfahren in Familiensachen und in den Angelegenheiten der freiwilligen Gerichtsbarkeit einschließlich der Verfügungen nach § 44 und den §§ 35 und 89 bis 94 des Gesetzes über das Verfahren in Familiensachen und in den Angelegenheiten der freiwilligen Gerichtsbarkeit zuständig. [2]Die Zuständigkeit nach Satz 1 tritt nicht ein, wenn der Antrag offensichtlich unzulässig ist. [3]Sie entfällt, sobald das angegangene Gericht auf Grund unanfechtbarer Entscheidung unzuständig ist; Verfahren, für die dieses Gericht hiernach seine Zuständigkeit verliert, sind nach näherer Maßgabe des § 281 Abs. 2 und 3 Satz 1 der Zivilprozessordnung von Amts wegen an das zuständige Gericht abzugeben.

(2) Bei dem Familiengericht, das in dem Oberlandesgerichtsbezirk, in dem sich das Kind gewöhnlich aufhält, für Anträge der in Absatz 1 Satz 1 genannten Art zuständig ist, kann auch eine andere Familiensache nach § 151 Nr. 1 bis 3 des Gesetzes über das Verfahren in Familiensachen und in den Angelegenheiten der freiwilligen Gerichtsbarkeit anhängig gemacht werden, wenn ein Elternteil seinen gewöhnlichen Aufenthalt in einem anderen Mitgliedstaat der Europäischen Union oder in einem anderen Vertragsstaat des Haager Kinderschutzübereinkommens, des Haager Kindesentführungsübereinkommens oder des Europäischen Sorgerechtsübereinkommens hat.

(3) [1]Im Falle des Absatzes 1 Satz 1 hat ein anderes Familiengericht, bei dem eine dasselbe Kind betreffende Familiensache nach § 151 Nr. 1 bis 3 des Gesetzes über das Verfahren in Familiensachen und in den Angelegenheiten der freiwilligen Gerichtsbarkeit im ersten Rechtszug anhängig ist oder anhängig wird, dieses Verfahren von Amts wegen an das nach Absatz 1 Satz 1 zuständige Gericht abzugeben. [2]Auf übereinstimmenden Antrag beider Elternteile sind andere Familiensachen, an denen diese beteiligt sind, an das nach Absatz 1 oder Absatz 2 zuständige Gericht abzugeben. [3]§ 281 Abs. 2 Satz 1 bis 3 und Abs. 3 Satz 1 der Zivilprozessordnung gilt entsprechend.

(4) [1]Das Familiengericht, das gemäß Absatz 1 oder Absatz 2 zuständig oder an das die Sache gemäß Absatz 3 abgegeben worden ist, kann diese aus wichtigen Gründen an das nach den allgemeinen Vorschriften zuständige Familiengericht abgeben oder zurückgeben, soweit dies nicht zu einer erheblichen Verzögerung des Verfahrens führt. [2]Als wichtiger Grund ist es in der Regel anzusehen, wenn die besondere Sachkunde des erstgenannten Gerichts für das Verfahren nicht oder nicht mehr benötigt wird. [3]§ 281 Abs. 2 und 3 Satz 1 der Zivilprozessordnung gilt entsprechend. [4]Die Ablehnung einer Abgabe nach Satz 1 ist unanfechtbar.

(5) §§ 4 und 5 Abs. 1 Nr. 5, Abs. 2 und 3 des Gesetzes über das Verfahren in Familiensachen und in den Angelegenheiten der freiwilligen Gerichtsbarkeit bleibt unberührt.

§ 13a Verfahren bei grenzüberschreitender Abgabe

(1) ¹Ersucht das Familiengericht das Gericht eines anderen Vertragsstaats nach Artikel 8 des Haager Kinderschutzübereinkommens um Übernahme der Zuständigkeit, so setzt es eine Frist, innerhalb derer das ausländische Gericht die Übernahme der Zuständigkeit mitteilen kann. ²Setzt das Familiengericht das Verfahren nach Artikel 8 des Haager Kinderschutzübereinkommens aus, setzt es den Parteien eine Frist, innerhalb derer das ausländische Gericht anzurufen ist. ³Ist die Frist nach Satz 1 abgelaufen, ohne dass das ausländische Gericht die Übernahme der Zuständigkeit mitgeteilt hat, so ist in der Regel davon auszugehen, dass das ersuchte Gericht die Übernahme der Zuständigkeit ablehnt. ⁴Ist die Frist nach Satz 2 abgelaufen, ohne dass eine Partei das ausländische Gericht angerufen hat, bleibt es bei der Zuständigkeit des Familiengerichts. ⁵Das Gericht des ersuchten Staates und die Parteien sind auf diese Rechtsfolgen hinzuweisen.

(2) Ersucht ein Gericht eines anderen Vertragsstaats das Familiengericht nach Artikel 8 des Haager Kinderschutzübereinkommens um Übernahme der Zuständigkeit oder ruft eine Partei das Familiengericht nach dieser Vorschrift an, so kann das Familiengericht die Zuständigkeit innerhalb von sechs Wochen übernehmen.

(3) Die Absätze 1 und 2 sind auf Anträge, Ersuchen und Entscheidungen nach Artikel 9 des Haager Kinderschutzübereinkommens entsprechend anzuwenden.

(4) ¹Der Beschluss des Familiengerichts,

1. das ausländische Gericht nach Absatz 1 Satz 1 oder nach Artikel 15 Absatz 1 Buchstabe b der Verordnung (EG) Nr. 2201/2003 um Übernahme der Zuständigkeit zu ersuchen,
2. das Verfahren nach Absatz 1 Satz 2 oder nach Artikel 15 Absatz 1 Buchstabe a der Verordnung (EG) Nr. 2201/2003 auszusetzen,
3. das zuständige ausländische Gericht nach Artikel 9 des Kinderschutzübereinkommens oder nach Artikel 15 Absatz 2 Buchstabe c der Verordnung (EG) Nr. 2201/2003 um Abgabe der Zuständigkeit zu ersuchen,
4. die Parteien einzuladen, bei dem zuständigen ausländischen Gericht nach Artikel 9 des Haager Kinderschutzübereinkommens die Abgabe der Zuständigkeit an das Familiengericht zu beantragen, oder
5. die Zuständigkeit auf Ersuchen eines ausländischen Gerichts oder auf Antrag der Parteien nach Artikel 9 des Haager Kinderschutzübereinkommens an das ausländische Gericht abzugeben,

ist mit der sofortigen Beschwerde in entsprechender Anwendung der §§ 567 bis 572 der Zivilprozessordnung anfechtbar. ²Die Rechtsbeschwerde ist ausgeschlossen. ³Die in Satz 1 genannten Beschlüsse werden erst mit ihrer Rechtskraft wirksam. ⁴Hierauf ist in dem Beschluss hinzuweisen.

(5) Im Übrigen sind Beschlüsse nach den Artikeln 8 und 9 des Haager Kinderschutzübereinkommens und nach Artikel 15 der Verordnung (EG) Nr. 2201/2003 unanfechtbar.

(6) ¹Parteien im Sinne dieser Vorschrift sowie der Artikel 8 und 9 des Haager Kinderschutzübereinkommens und des Artikels 15 der Verordnung (EG) Nr. 2201/2003 sind die in § 7 Absatz 1 und 2 Nummer 1 des Gesetzes über das Verfahren in Familiensachen und in den Angelegenheiten der freiwilligen Gerichtsbarkeit genannten Beteiligten. ²Die Vorschriften über die Hinzuziehung weiterer Beteiligter bleiben unberührt.

Abschnitt 4 Allgemeine gerichtliche Verfahrensvorschriften

§ 14 Familiengerichtliches Verfahren

Soweit nicht anders bestimmt, entscheidet das Familiengericht

1. über eine in den §§ 10 und 12 bezeichnete Ehesache nach den hierfür geltenden Vorschriften des Gesetzes über das Verfahren in Familiensachen und in den Angelegenheiten der freiwilligen Gerichtsbarkeit,
2. über die übrigen in den §§ 10, 11, 12 und 47 bezeichneten Angelegenheiten als Familiensachen im Verfahren der freiwilligen Gerichtsbarkeit.

§ 15 Einstweilige Anordnungen

Das Gericht kann auf Antrag oder von Amts wegen einstweilige Anordnungen treffen, um Gefahren von dem Kind abzuwenden oder eine Beeinträchtigung der Interessen der Beteiligten zu vermeiden, insbesondere um den Aufenthaltsort des Kindes während des Verfahrens zu sichern oder eine Vereitelung oder Erschwerung der Rückgabe zu verhindern; Abschnitt 4 des Buches 1 des Gesetzes über das Verfahren in Familiensachen und in den Angelegenheiten der freiwilligen Gerichtsbarkeit gilt entsprechend.

Abschnitt 5 Zulassung der Zwangsvollstreckung, Anerkennungsfeststellung und Wiederherstellung des Sorgeverhältnisses

Unterabschnitt 1 Zulassung der Zwangsvollstreckung im ersten Rechtszug

§ 16 Antragstellung

(1) Mit Ausnahme der in den Artikeln 41 und 42 der Verordnung (EG) Nr. 2201/2003 aufgeführten Titel wird der in einem anderen Staat vollstreckbare Titel dadurch zur Zwangsvollstreckung zugelassen, dass er auf Antrag mit der Vollstreckungsklausel versehen wird.

(2) Der Antrag auf Erteilung der Vollstreckungsklausel kann bei dem zuständigen Familiengericht schriftlich eingereicht oder mündlich zu Protokoll der Geschäftsstelle erklärt werden.

(3) Ist der Antrag entgegen § 184 des Gerichtsverfassungsgesetzes nicht in deutscher Sprache abgefasst, so kann das Gericht der antragstellenden Person aufgeben, eine Übersetzung des Antrags beizubringen, deren Richtigkeit von einer

1. in einem Mitgliedstaat der Europäischen Union oder
2. in einem anderen Vertragsstaat eines auszuführenden Übereinkommens

hierzu befugten Person bestätigt worden ist.

§ 17 Zustellungsbevollmächtigter

(1) Hat die antragstellende Person in dem Antrag keinen Zustellungsbevollmächtigten im Sinne des § 184 Abs. 1 Satz 1 der Zivilprozessordnung benannt, so können bis zur nachträglichen Benennung alle Zustellungen an sie durch Aufgabe zur Post (§ 184 Abs. 1 Satz 2, Abs. 2 der Zivilprozessordnung) bewirkt werden.

(2) Absatz 1 gilt nicht, wenn die antragstellende Person einen Verfahrensbevollmächtigten für das Verfahren bestellt hat, an den im Inland zugestellt werden kann.

§ 18 Einseitiges Verfahren

(1) [1]Im Anwendungsbereich der Verordnung (EG) Nr. 2201/2003 und des Haager Kinderschutzübereinkommens erhält im erstinstanzlichen Verfahren auf Zulassung der Zwangsvollstreckung nur die antragstellende Person Gelegenheit, sich zu äußern. [2]Die Entscheidung ergeht ohne mündliche Verhandlung. [3]Jedoch kann eine mündliche Erörterung mit der antragstellenden oder einer von ihr bevollmächtigten Person stattfinden, wenn diese hiermit einverstanden ist und die Erörterung der Beschleunigung dient.

(2) Abweichend von § 114 Absatz 1 des Gesetzes über das Verfahren in Familiensachen und in den Angelegenheiten der freiwilligen Gerichtsbarkeit ist in Ehesachen im ersten Rechtszug eine anwaltliche Vertretung nicht erforderlich.

§ 19 Besondere Regelungen zum Europäischen Sorgerechtsübereinkommen

Die Vollstreckbarerklärung eines Titels aus einem anderen Vertragsstaat des Europäischen Sorgerechtsübereinkommens ist auch in den Fällen der Artikel 8 und 9 des Übereinkommens ausgeschlossen, wenn die Voraussetzungen des Artikels 10 Abs. 1 Buchstabe a oder b des Übereinkommens vorliegen, insbesondere wenn die Wirkungen des Titels mit den Grundrechten des Kindes oder eines Sorgeberechtigten unvereinbar wären.

§ 20 Entscheidung

(1) ¹Ist die Zwangsvollstreckung aus dem Titel zuzulassen, so beschließt das Gericht, dass der Titel mit der Vollstreckungsklausel zu versehen ist. ²In dem Beschluss ist die zu vollstreckende Verpflichtung in deutscher Sprache wiederzugeben. ³Zur Begründung des Beschlusses genügt in der Regel die Bezugnahme auf die Verordnung (EG) Nr. 2201/2003 oder den auszuführenden Anerkennungs- und Vollstreckungsvertrag sowie auf die von der antragstellenden Person vorgelegten Urkunden.

(2) Auf die Kosten des Verfahrens ist § 81 des Gesetzes über das Verfahren in Familiensachen und in den Angelegenheiten der freiwilligen Gerichtsbarkeit entsprechend anzuwenden; in Ehesachen gilt § 788 der Zivilprozessordnung entsprechend.

(3) ¹Ist der Antrag nicht zulässig oder nicht begründet, so lehnt ihn das Gericht durch mit Gründen versehenen Beschluss ab. ²Für die Kosten gilt Absatz 2; in Ehesachen sind die Kosten dem Antragsteller aufzuerlegen.

§ 21 Bekanntmachung der Entscheidung

(1) ¹Im Falle des § 20 Abs. 1 sind der verpflichteten Person eine beglaubigte Abschrift des Beschlusses, eine beglaubigte Abschrift des noch nicht mit der Vollstreckungsklausel versehenen Titels und gegebenenfalls seiner Übersetzung sowie der gemäß § 20 Abs. 1 Satz 3 in Bezug genommenen Urkunden von Amts wegen zuzustellen. ²Ein Beschluss nach § 20 Abs. 3 ist der verpflichteten Person formlos mitzuteilen.

(2) ¹Der antragstellenden Person sind eine beglaubigte Abschrift des Beschlusses nach § 20, im Falle des § 20 Abs. 1 ferner eine Bescheinigung über die bewirkte Zustellung zu übersenden. ²Die mit der Vollstreckungsklausel versehene Ausfertigung des Titels ist der antragstellenden Person erst dann zu übersenden, wenn der Beschluss nach § 20 Abs. 1 wirksam geworden und die Vollstreckungsklausel erteilt ist.

(3) In einem Verfahren, das die Vollstreckbarerklärung einer die elterliche Verantwortung betreffenden Entscheidung zum Gegenstand hat, sind Zustellungen auch an den gesetzlichen Vertreter des Kindes, an den Vertreter des Kindes im Verfahren, an das Kind selbst, soweit es das 14. Lebensjahr vollendet hat, an einen Elternteil, der nicht am Verfahren beteiligt war, sowie an das Jugendamt zu bewirken.

(4) Handelt es sich bei der für vollstreckbar erklärten Maßnahme um eine Unterbringung, so ist der Beschluss auch dem Leiter der Einrichtung oder der Pflegefamilie bekannt zu machen, in der das Kind untergebracht werden soll.

§ 22 Wirksamwerden der Entscheidung

(1) ¹Der Beschluss nach § 20 wird erst mit Rechtskraft wirksam. ²Hierauf ist in dem Beschluss hinzuweisen.

(2) ¹Absatz 1 gilt nicht für den Beschluss, mit dem eine Entscheidung über die freiheitsentziehende Unterbringung eines Kindes nach Artikel 56 der Verordnung (EG) Nr. 2201/2003 für vollstreckbar erklärt wird. ²In diesem Fall hat das Gericht die sofortige Wirksamkeit des Beschlusses anzuordnen. ³§ 324 Absatz 2 Satz 2 Nummer 3 und Satz 3 des Gesetzes über das Verfahren in Familiensachen und in Angelegenheiten der freiwilligen Gerichtsbarkeit gilt entsprechend.

§ 23 Vollstreckungsklausel

(1) ¹Auf Grund eines wirksamen Beschlusses nach § 20 Abs. 1 erteilt der Urkundsbeamte der Geschäftsstelle die Vollstreckungsklausel in folgender Form:

„Vollstreckungsklausel nach § 23 des Internationalen Familienrechtsverfahrensgesetzes vom 26. Januar 2005 (BGBl. I S. 162). ²Gemäß dem Beschluss des ... (Bezeichnung des Gerichts und des Beschlusses) ist die Zwangsvollstreckung aus ... (Bezeichnung des Titels) zugunsten ... (Bezeichnung der berechtigten Person) gegen ... (Bezeichnung der verpflichteten Person) zulässig. ³Die zu vollstreckende Verpflichtung lautet: ... (Angabe der aus dem ausländischen Titel der verpflichteten Person obliegenden Verpflichtung in deutscher Sprache; aus dem Beschluss nach § 20 Abs. 1 zu übernehmen)."

(2) Wird die Zwangsvollstreckung nur für einen oder mehrere der durch den ausländischen Titel zuerkannten oder in einem anderen ausländischen Titel niedergelegten Ansprüche oder nur für einen Teil des Gegenstands der Verpflichtung zugelassen, so ist die Vollstreckungsklausel als „Teil-Vollstreckungsklausel nach § 23 des Internationalen Familienrechtsverfahrensgesetzes vom 26. Januar 2005 (BGBl. I S. 162)" zu bezeichnen.

(3) ¹Die Vollstreckungsklausel ist von dem Urkundsbeamten der Geschäftsstelle zu unterschreiben und mit dem Gerichtssiegel zu versehen. ²Sie ist entweder auf die Ausfertigung des Titels oder auf ein damit zu verbindendes Blatt zu setzen. ³Falls eine Übersetzung des Titels vorliegt, ist sie mit der Ausfertigung zu verbinden.

Unterabschnitt 2 Beschwerde

§ 24 Einlegung der Beschwerde; Beschwerdefrist

(1) ¹Gegen die im ersten Rechtszug ergangene Entscheidung findet die Beschwerde zum Oberlandesgericht statt. ²Die Beschwerde wird bei dem Oberlandesgericht durch Einreichen einer Beschwerdeschrift oder durch Erklärung zu Protokoll der Geschäftsstelle eingelegt.

(2) Die Zulässigkeit der Beschwerde wird nicht dadurch berührt, dass sie statt bei dem Oberlandesgericht bei dem Gericht des ersten Rechtszugs eingelegt wird; die Beschwerde ist unverzüglich von Amts wegen an das Oberlandesgericht abzugeben.

(3) Die Beschwerde gegen die Zulassung der Zwangsvollstreckung ist einzulegen

1. innerhalb eines Monats nach Zustellung, wenn die beschwerdeberechtigte Person ihren gewöhnlichen Aufenthalt im Inland hat;
2. innerhalb von zwei Monaten nach Zustellung, wenn die beschwerdeberechtigte Person ihren gewöhnlichen Aufenthalt im Ausland hat.

²Die Frist beginnt mit dem Tag, an dem die Vollstreckbarerklärung der beschwerdeberechtigten Person entweder persönlich oder in ihrer Wohnung zugestellt worden ist. ³Eine Verlängerung dieser Frist wegen weiter Entfernung ist ausgeschlossen.

(4) Die Beschwerdefrist ist eine Notfrist.

(5) Die Beschwerde ist dem Beschwerdegegner von Amts wegen zuzustellen.

(6) Im Fall des § 22 Absatz 2 kann das Beschwerdegericht durch Beschluss die Vollstreckung des angefochtenen Beschlusses einstweilen einstellen.

§ 25 Einwendungen gegen den zu vollstreckenden Anspruch

Die verpflichtete Person kann mit der Beschwerde gegen die Zulassung der Zwangsvollstreckung aus einem Titel über die Erstattung von Verfahrenskosten auch Einwendungen gegen den Anspruch selbst insoweit geltend machen, als die Gründe, auf denen sie beruhen, erst nach Erlass des Titels entstanden sind.

§ 26 Verfahren und Entscheidung über die Beschwerde

(1) Der Senat des Oberlandesgerichts entscheidet durch Beschluss, der mit Gründen zu versehen ist und ohne mündliche Verhandlung ergehen kann.

(2) ¹Solange eine mündliche Verhandlung nicht angeordnet ist, können zu Protokoll der Geschäftsstelle Anträge gestellt und Erklärungen abgegeben werden. ²Wird in einer Ehesache die mündliche Verhandlung angeordnet, so gilt für die Ladung § 215 der Zivilprozessordnung.

(3) Eine vollständige Ausfertigung des Beschlusses ist den Beteiligten auch dann von Amts wegen zuzustellen, wenn der Beschluss verkündet worden ist.

(4) § 20 Abs. 1 Satz 2, Abs. 2 und 3, § 21 Abs. 1, 2 und 4 sowie § 23 gelten entsprechend.

§ 27 Anordnung der sofortigen Wirksamkeit

(1) ¹Der Beschluss des Oberlandesgerichts nach § 26 wird erst mit seiner Rechtskraft wirksam. ²Hierauf ist in dem Beschluss hinzuweisen.

(2) Das Oberlandesgericht kann in Verbindung mit der Entscheidung über die Beschwerde die sofortige Wirksamkeit eines Beschlusses anordnen.

Unterabschnitt 3 Rechtsbeschwerde

§ 28 Statthaftigkeit der Rechtsbeschwerde

Gegen den Beschluss des Oberlandesgerichts findet die Rechtsbeschwerde zum Bundesgerichtshof nach Maßgabe des § 574 Abs. 1 Nr. 1, Abs. 2 der Zivilprozessordnung statt.

§ 29 Einlegung und Begründung der Rechtsbeschwerde

¹§ 575 Abs. 1 bis 4 der Zivilprozessordnung ist entsprechend anzuwenden. ²Soweit die Rechtsbeschwerde darauf gestützt wird, dass das Oberlandesgericht von einer Entscheidung des Gerichtshofs der Europäischen Gemeinschaften abgewichen sei, muss die Entscheidung, von der der angefochtene Beschluss abweicht, bezeichnet werden.

§ 30 Verfahren und Entscheidung über die Rechtsbeschwerde

(1) ¹Der Bundesgerichtshof kann nur überprüfen, ob der Beschluss auf einer Verletzung des Rechts der Europäischen Gemeinschaft, eines Anerkennungs- und Vollstreckungsvertrags, sonstigen Bundesrechts oder einer anderen Vorschrift beruht, deren Geltungsbereich sich über den Bezirk eines Oberlandesgerichts hinaus erstreckt. ²Er darf nicht prüfen, ob das Gericht seine örtliche Zuständigkeit zu Unrecht angenommen hat.

(2) ¹Der Bundesgerichtshof kann über die Rechtsbeschwerde ohne mündliche Verhandlung entscheiden. ²§ 574 Abs. 4, § 576 Abs. 3 und § 577 der Zivilprozessordnung sind entsprechend anzuwenden; in Angelegenheiten der freiwilligen Gerichtsbarkeit bleiben § 574 Abs. 4 und § 577 Abs. 2 Satz 1 bis 3 der Zivilprozessordnung sowie die Verweisung auf § 556 in § 576 Abs. 3 der Zivilprozessordnung außer Betracht.

(3) § 20 Abs. 1 Satz 2, Abs. 2 und 3, § 21 Abs. 1, 2 und 4 sowie § 23 gelten entsprechend.

§ 31 Anordnung der sofortigen Wirksamkeit

Der Bundesgerichtshof kann auf Antrag der verpflichteten Person eine Anordnung nach § 27 Abs. 2 aufheben oder auf Antrag der berechtigten Person erstmals eine Anordnung nach § 27 Abs. 2 treffen.

Unterabschnitt 4 Feststellung der Anerkennung

§ 32 Anerkennungsfeststellung

¹Auf das Verfahren über einen gesonderten Feststellungsantrag nach Artikel 21 Absatz 3 der Verordnung (EG) Nr. 2201/2003, nach Artikel 24 des Haager Kinderschutzübereinkommens oder nach dem Europäischen Sorgerechtsübereinkommen, einen Titel aus einem anderen Staat anzuerkennen oder nicht anzuerkennen, sind die Unterabschnitte 1 bis 3 entsprechend anzuwenden. ²§ 18 Absatz 1 Satz 1 ist nicht anzuwenden, wenn die antragstellende Person die Feststellung begehrt, dass ein Titel aus einem anderen Staat nicht anzuerkennen ist. ³§ 18 Absatz 1 Satz 3 ist in diesem Falle mit der Maßgabe anzuwenden, dass die mündliche Erörterung auch mit weiteren Beteiligten stattfinden kann.

Unterabschnitt 5 Wiederherstellung des Sorgeverhältnisses

§ 33 Anordnung auf Herausgabe des Kindes

(1) Umfasst ein vollstreckungsfähiger Titel im Anwendungsbereich der Verordnung (EG) Nr. 2201/2003, des Haager Kinderschutzübereinkommens oder des Europäischen Sorgerechtsübereinkommens nach dem Recht des Staates, in dem er geschaffen wurde, das Recht auf Herausgabe

des Kindes, so kann das Familiengericht die Herausgabeanordnung in der Vollstreckungsklausel oder in einer nach § 44 getroffenen Anordnung klarstellend aufnehmen.

(2) Liegt im Anwendungsbereich des Europäischen Sorgerechtsübereinkommens ein vollstreckungsfähiger Titel auf Herausgabe des Kindes nicht vor, so stellt das Gericht nach § 32 fest, dass die Sorgerechtsentscheidung oder die von der zuständigen Behörde genehmigte Sorgerechtsvereinbarung aus dem anderen Vertragsstaat anzuerkennen ist, und ordnet zur Wiederherstellung des Sorgeverhältnisses auf Antrag an, dass die verpflichtete Person das Kind herauszugeben hat.

Unterabschnitt 6 Aufhebung oder Änderung von Beschlüssen

§ 34 Verfahren auf Aufhebung oder Änderung

(1) ^{1}Wird der Titel in dem Staat, in dem er errichtet worden ist, aufgehoben oder abgeändert und kann die verpflichtete Person diese Tatsache in dem Verfahren der Zulassung der Zwangsvollstreckung nicht mehr geltend machen, so kann sie die Aufhebung oder Änderung der Zulassung in einem besonderen Verfahren beantragen. ^{2}Das Gleiche gilt für den Fall der Aufhebung oder Änderung von Entscheidungen, Vereinbarungen oder öffentlichen Urkunden, deren Anerkennung festgestellt ist.

(2) Für die Entscheidung über den Antrag ist das Familiengericht ausschließlich zuständig, das im ersten Rechtszug über den Antrag auf Erteilung der Vollstreckungsklausel oder auf Feststellung der Anerkennung entschieden hat.

(3) ^{1}Der Antrag kann bei dem Gericht schriftlich oder durch Erklärung zu Protokoll der Geschäftsstelle gestellt werden. ^{2}Die Entscheidung ergeht durch Beschluss.

(4) Auf die Beschwerde finden die Unterabschnitte 2 und 3 entsprechend Anwendung.

(5) ^{1}Im Falle eines Titels über die Erstattung von Verfahrenskosten sind für die Einstellung der Zwangsvollstreckung und die Aufhebung bereits getroffener Vollstreckungsmaßregeln die §§ 769 und 770 der Zivilprozessordnung entsprechend anzuwenden. ^{2}Die Aufhebung einer Vollstreckungsmaßregel ist auch ohne Sicherheitsleistung zulässig.

§ 35 Schadensersatz wegen ungerechtfertigter Vollstreckung

(1) ^{1}Wird die Zulassung der Zwangsvollstreckung aus einem Titel über die Erstattung von Verfahrenskosten auf die Rechtsbeschwerde aufgehoben oder abgeändert, so ist die berechtigte Person zum Ersatz des Schadens verpflichtet, welcher der verpflichteten Person durch die Vollstreckung des Titels oder durch eine Leistung zur Abwendung der Vollstreckung entstanden ist. ^{2}Das Gleiche gilt, wenn die Zulassung der Zwangsvollstreckung nach § 34 aufgehoben oder abgeändert wird, sofern der zur Zwangsvollstreckung zugelassene Titel zum Zeitpunkt der Zulassung nach dem Recht des Staates, in dem er ergangen ist, noch mit einem ordentlichen Rechtsbehelf angefochten werden konnte.

(2) Für die Geltendmachung des Anspruchs ist das Gericht ausschließlich zuständig, das im ersten Rechtszug über den Antrag, den Titel mit der Vollstreckungsklausel zu versehen, entschieden hat.

Unterabschnitt 7 Vollstreckungsabwehrklage

§ 36 Vollstreckungsabwehrklage bei Titeln über Verfahrenskosten

(1) Ist die Zwangsvollstreckung aus einem Titel über die Erstattung von Verfahrenskosten zugelassen, so kann die verpflichtete Person Einwendungen gegen den Anspruch selbst in einem Verfahren nach § 767 der Zivilprozessordnung nur geltend machen, wenn die Gründe, auf denen ihre Einwendungen beruhen, erst

1. nach Ablauf der Frist, innerhalb deren sie die Beschwerde hätte einlegen können, oder
2. falls die Beschwerde eingelegt worden ist, nach Beendigung dieses Verfahrens

entstanden sind.

(2) Die Klage nach § 767 der Zivilprozessordnung ist bei dem Gericht zu erheben, das über den Antrag auf Erteilung der Vollstreckungsklausel entschieden hat.

Abschnitt 6 Verfahren nach dem Haager Kindesentführungsübereinkommen

§ 37 Anwendbarkeit

Kommt im Einzelfall die Rückgabe des Kindes nach dem Haager Kindesentführungsübereinkommen und dem Europäischen Sorgerechtsübereinkommen in Betracht, so sind zunächst die Bestimmungen des Haager Kindesentführungsübereinkommens anzuwenden, sofern die antragstellende Person nicht ausdrücklich die Anwendung des Europäischen Sorgerechtsübereinkommens begehrt.

§ 38 Beschleunigtes Verfahren

(1) ¹Das Gericht hat das Verfahren auf Rückgabe eines Kindes in allen Rechtszügen vorrangig zu behandeln. ²Mit Ausnahme von Artikel 12 Abs. 3 des Haager Kindesentführungsübereinkommens findet eine Aussetzung des Verfahrens nicht statt. ³Das Gericht hat alle erforderlichen Maßnahmen zur Beschleunigung des Verfahrens zu treffen, insbesondere auch damit die Entscheidung in der Hauptsache binnen der in Artikel 11 Abs. 3 der Verordnung (EG) Nr. 2201/2003 genannten Frist ergehen kann.

(2) Das Gericht prüft in jeder Lage des Verfahrens, ob das Recht zum persönlichen Umgang mit dem Kind gewährleistet werden kann.

(3) Die Beteiligten haben an der Aufklärung des Sachverhalts mitzuwirken, wie es einem auf Förderung und Beschleunigung des Verfahrens bedachten Vorgehen entspricht.

§ 39 Übermittlung von Entscheidungen

Wird eine inländische Entscheidung nach Artikel 11 Abs. 6 der Verordnung (EG) Nr. 2201/2003 unmittelbar dem zuständigen Gericht oder der Zentralen Behörde im Ausland übermittelt, ist der Zentralen Behörde zur Erfüllung ihrer Aufgaben nach Artikel 7 des Haager Kindesentführungsübereinkommens eine Abschrift zu übersenden.

§ 40 Wirksamkeit der Entscheidung; Rechtsmittel

(1) Eine Entscheidung, die zur Rückgabe des Kindes in einen anderen Vertragsstaat verpflichtet, wird erst mit deren Rechtskraft wirksam.

(2) ¹Gegen eine im ersten Rechtszug ergangene Entscheidung findet die Beschwerde zum Oberlandesgericht nach Unterabschnitt 1 des Abschnitts 5 des Buches 1 des Gesetzes über das Verfahren in Familiensachen und in den Angelegenheiten der freiwilligen Gerichtsbarkeit statt; § 65 Abs. 2, § 68 Abs. 4 sowie § 69 Abs. 1 Satz 2 bis 4 jenes Gesetzes sind nicht anzuwenden. ²Die Beschwerde ist innerhalb von zwei Wochen einzulegen und zu begründen. ³Die Beschwerde gegen eine Entscheidung, die zur Rückgabe des Kindes verpflichtet, steht nur dem Antragsgegner, dem Kind, soweit es das 14. Lebensjahr vollendet hat, und dem beteiligten Jugendamt zu. ⁴Eine Rechtsbeschwerde findet nicht statt.

(3) ¹Das Beschwerdegericht hat nach Eingang der Beschwerdeschrift unverzüglich zu prüfen, ob die sofortige Wirksamkeit der angefochtenen Entscheidung über die Rückgabe des Kindes anzuordnen ist. ²Die sofortige Wirksamkeit soll angeordnet werden, wenn die Beschwerde offensichtlich unbegründet ist oder die Rückgabe des Kindes vor der Entscheidung über die Beschwerde unter Berücksichtigung der berechtigten Interessen der Beteiligten mit dem Wohl des Kindes zu vereinbaren ist. ³Die Entscheidung über die sofortige Wirksamkeit kann während des Beschwerdeverfahrens abgeändert werden.

§ 41 Bescheinigung über Widerrechtlichkeit

¹Über einen Antrag, die Widerrechtlichkeit des Verbringens oder des Zurückhaltens eines Kindes nach Artikel 15 Satz 1 des Haager Kindesentführungsübereinkommens festzustellen, entscheidet das Familiengericht,

1. bei dem die Sorgerechtsangelegenheit oder Ehesache im ersten Rechtszug anhängig ist oder war, sonst

2. in dessen Bezirk das Kind seinen letzten gewöhnlichen Aufenthalt im Geltungsbereich dieses Gesetzes hatte, hilfsweise
3. in dessen Bezirk das Bedürfnis der Fürsorge auftritt.

²Die Entscheidung ist zu begründen.

§ 42 Einreichung von Anträgen bei dem Amtsgericht

(1) ¹Ein Antrag, der in einem anderen Vertragsstaat zu erledigen ist, kann auch bei dem Amtsgericht als Justizverwaltungsbehörde eingereicht werden, in dessen Bezirk die antragstellende Person ihren gewöhnlichen Aufenthalt oder, mangels eines solchen im Geltungsbereich dieses Gesetzes, ihren tatsächlichen Aufenthalt hat. ²Das Gericht übermittelt den Antrag nach Prüfung der förmlichen Voraussetzungen unverzüglich der Zentralen Behörde, die ihn an den anderen Vertragsstaat weiterleitet.

(2) Für die Tätigkeit des Amtsgerichts und der Zentralen Behörde bei der Entgegennahme und Weiterleitung von Anträgen werden mit Ausnahme der Fälle nach § 5 Abs. 1 Kosten nicht erhoben.

§ 43 Verfahrenskosten- und Beratungshilfe

Abweichend von Artikel 26 Abs. 2 des Haager Kindesentführungsübereinkommens findet eine Befreiung von gerichtlichen und außergerichtlichen Kosten bei Verfahren nach diesem Übereinkommen nur nach Maßgabe der Vorschriften über die Beratungshilfe und Verfahrenskostenhilfe statt.

Abschnitt 7 Vollstreckung

§ 44 Ordnungsmittel; Vollstreckung von Amts wegen

(1) ¹Bei Zuwiderhandlung gegen einen im Inland zu vollstreckenden Titel nach Kapitel III der Verordnung (EG) Nr. 2201/2003, nach dem Haager Kinderschutzübereinkommen, dem Haager Kindesentführungsübereinkommen oder dem Europäischen Sorgerechtsübereinkommen, der auf Herausgabe von Personen oder die Regelung des Umgangs gerichtet ist, soll das Gericht Ordnungsgeld und für den Fall, dass dieses nicht beigetrieben werden kann, Ordnungshaft anordnen. ²Verspricht die Anordnung eines Ordnungsgeldes keinen Erfolg, soll das Gericht Ordnungshaft anordnen.

(2) Für die Vollstreckung eines in Absatz 1 genannten Titels ist das Oberlandesgericht zuständig, sofern es die Anordnung für vollstreckbar erklärt, erlassen oder bestätigt hat.

(3) ¹Ist ein Kind heraus- oder zurückzugeben, so hat das Gericht die Vollstreckung von Amts wegen durchzuführen, es sei denn, die Anordnung ist auf Herausgabe des Kindes zum Zweck des Umgangs gerichtet. ²Auf Antrag der berechtigten Person soll das Gericht hiervon absehen.

Abschnitt 8 Grenzüberschreitende Unterbringung

§ 45 Zuständigkeit für die Zustimmung zu einer Unterbringung

¹Zuständig für die Erteilung der Zustimmung zu einer Unterbringung eines Kindes nach Artikel 56 der Verordnung (EG) Nr. 2201/2003 oder nach Artikel 33 des Haager Kinderschutzübereinkommens im Inland ist der überörtliche Träger der öffentlichen Jugendhilfe, in dessen Bereich das Kind nach dem Vorschlag der ersuchenden Stelle untergebracht werden soll, andernfalls der überörtliche Träger, zu dessen Bereich die Zentrale Behörde den engsten Bezug festgestellt hat. ²Hilfsweise ist das Land Berlin zuständig.

§ 46 Konsultationsverfahren

(1) Dem Ersuchen soll in der Regel zugestimmt werden, wenn
1. die Durchführung der beabsichtigten Unterbringung im Inland dem Wohl des Kindes entspricht, insbesondere weil es eine besondere Bindung zum Inland hat,
2. die ausländische Stelle einen Bericht und, soweit erforderlich, ärztliche Zeugnisse oder Gutachten vorgelegt hat, aus denen sich die Gründe der beabsichtigten Unterbringung ergeben,
3. das Kind im ausländischen Verfahren angehört wurde, sofern eine Anhörung nicht auf Grund des Alters oder des Reifegrades des Kindes unangebracht erschien,

4. die Zustimmung der geeigneten Einrichtung oder Pflegefamilie vorliegt und der Vermittlung des Kindes dorthin keine Gründe entgegenstehen,
5. eine erforderliche ausländerrechtliche Genehmigung erteilt oder zugesagt wurde,
6. die Übernahme der Kosten geregelt ist.

(2) Im Falle einer Unterbringung, die mit Freiheitsentziehung verbunden ist, ist das Ersuchen ungeachtet der Voraussetzungen des Absatzes 1 abzulehnen, wenn
1. im ersuchenden Staat über die Unterbringung kein Gericht entscheidet oder
2. bei Zugrundelegung des mitgeteilten Sachverhalts nach innerstaatlichem Recht eine Unterbringung, die mit Freiheitsentziehung verbunden ist, nicht zulässig wäre.

(3) Die ausländische Stelle kann um ergänzende Informationen ersucht werden.

(4) Wird um die Unterbringung eines ausländischen Kindes ersucht, ist die Stellungnahme der Ausländerbehörde einzuholen.

(5) ^{1}Die zu begründende Entscheidung ist auch der Zentralen Behörde und der Einrichtung oder der Pflegefamilie, in der das Kind untergebracht werden soll, mitzuteilen. ^{2}Sie ist unanfechtbar.

§ 47 Genehmigung des Familiengerichts

(1) ^{1}Die Zustimmung des überörtlichen Trägers der öffentlichen Jugendhilfe nach den §§ 45 und 46 ist nur mit Genehmigung des Familiengerichts zulässig. ^{2}Das Gericht soll die Genehmigung in der Regel erteilen, wenn
1. die in § 46 Abs. 1 Nr. 1 bis 3 bezeichneten Voraussetzungen vorliegen und
2. kein Hindernis für die Anerkennung der beabsichtigten Unterbringung erkennbar ist.
3. § 46 Abs. 2 und 3 gilt entsprechend.

(2) ^{1}Örtlich zuständig ist das Familiengericht am Sitz des Oberlandesgerichts, in dessen Zuständigkeitsbereich das Kind untergebracht werden soll, für den Bezirk dieses Oberlandesgerichts. ^{2}§ 12 Abs. 2 und 3 gilt entsprechend.

(3) Der zu begründende Beschluss ist unanfechtbar.

Abschnitt 9 Bescheinigungen zu inländischen Entscheidungen nach der Verordnung (EG) Nr. 2201/2003

§ 48 Ausstellung von Bescheinigungen

(1) Die Bescheinigung nach Artikel 39 der Verordnung (EG) Nr. 2201/2003 wird von dem Urkundsbeamten der Geschäftsstelle des Gerichts des ersten Rechtszugs und, wenn das Verfahren bei einem höheren Gericht anhängig ist, von dem Urkundsbeamten der Geschäftsstelle dieses Gerichts ausgestellt.

(2) Die Bescheinigung nach den Artikeln 41 und 42 der Verordnung (EG) Nr. 2201/2003 wird beim Gericht des ersten Rechtszugs von dem Familienrichter, in Verfahren vor dem Oberlandesgericht oder dem Bundesgerichtshof von dem Vorsitzenden des Senats für Familiensachen ausgestellt.

§ 49 Berichtigung von Bescheinigungen

Für die Berichtigung der Bescheinigung nach Artikel 43 Abs. 1 der Verordnung (EG) Nr. 2201/2003 gilt § 319 der Zivilprozessordnung entsprechend.

Abschnitt 10 Kosten

§§ 50 – 53 (weggefallen)

§ 54 Übersetzungen

Die Höhe der Vergütung für die von der Zentralen Behörde veranlassten Übersetzungen richtet sich nach dem Justizvergütungs- und -entschädigungsgesetz.

Abschnitt 11 Übergangsvorschriften

§ 55 Übergangsvorschriften zu der Verordnung (EG) Nr. 2201/2003

Dieses Gesetz findet sinngemäß auch auf Verfahren nach der Verordnung (EG) Nr. 1347/2000 des Rates vom 29. Mai 2000 über die Zuständigkeit und die Anerkennung und Vollstreckung von Entscheidungen in Ehesachen und in Verfahren betreffend die elterliche Verantwortung für die gemeinsamen Kinder der Ehegatten (ABl. EG Nr. L 160 S. 19) mit folgender Maßgabe Anwendung:

Ist ein Beschluss nach § 21 an die verpflichtete Person in einem weder der Europäischen Union noch dem Übereinkommen vom 16. September 1988 über die gerichtliche Zuständigkeit und die Vollstreckung gerichtlicher Entscheidungen in Zivil- und Handelssachen (BGBl. 1994 II S. 2658) angehörenden Staat zuzustellen und hat das Familiengericht eine Beschwerdefrist nach § 10 Abs. 2 und § 50 Abs. 2 Satz 4 und 5 des Anerkennungs- und Vollstreckungsausführungsgesetzes bestimmt, so ist die Beschwerde der verpflichteten Person gegen die Zulassung der Zwangsvollstreckung innerhalb der vom Gericht bestimmten Frist einzulegen.

§ 56 Übergangsvorschriften zum Sorgerechtsübereinkommens-Ausführungsgesetz

[1]Für Verfahren nach dem Haager Kindesentführungsübereinkommen und dem Europäischen Sorgerechtsübereinkommen, die vor Inkrafttreten dieses Gesetzes eingeleitet wurden, finden die Vorschriften des Sorgerechtsübereinkommens-Ausführungsgesetzes vom 5. April 1990 (BGBl. I S. 701), zuletzt geändert durch Artikel 2 Abs. 6 des Gesetzes vom 19. Februar 2001 (BGBl. I S. 288, 436), weiter Anwendung. [2]Für die Zwangsvollstreckung sind jedoch die Vorschriften dieses Gesetzes anzuwenden. [3]Hat ein Gericht die Zwangsvollstreckung bereits eingeleitet, so bleibt seine funktionelle Zuständigkeit unberührt.

K. Gesetz über das Verfahren in Familiensachen und in den Angelegenheiten der freiwilligen Gerichtsbarkeit (Familienrechtsverfahrensgesetz – FamFG)

vom 17.12.2008 (BGBl 2008 I S. 2586), zuletzt geändert durch Art. 2 des Gesetzes vom 20.11.2015 (BGBl 2015 I S. 2018)

– AUSZUG –

Buch 1 Allgemeiner Teil

Abschnitt 9 Verfahren mit Auslandsbezug

Unterabschnitt 1 Verhältnis zu völkerrechtlichen Vereinbarungen und Rechtsakten der Europäischen Gemeinschaft

§ 97 Vorrang und Unberührtheit

(1) [1]Regelungen in völkerrechtlichen Vereinbarungen gehen, soweit sie unmittelbar anwendbares innerstaatliches Recht geworden sind, den Vorschriften dieses Gesetzes vor. [2]Regelungen in Rechtsakten der Europäischen Gemeinschaft bleiben unberührt.

(2) Die zur Umsetzung und Ausführung von Vereinbarungen und Rechtsakten im Sinne des Absatzes 1 erlassenen Bestimmungen bleiben unberührt.

Unterabschnitt 2 Internationale Zuständigkeit

§ 98 Ehesachen; Verbund von Scheidungs- und Folgesachen

(1) Die deutschen Gerichte sind für Ehesachen zuständig, wenn

1. ein Ehegatte Deutscher ist oder bei der Eheschließung war;
2. beide Ehegatten ihren gewöhnlichen Aufenthalt im Inland haben;

3. ein Ehegatte Staatenloser mit gewöhnlichem Aufenthalt im Inland ist;
4. ein Ehegatte seinen gewöhnlichen Aufenthalt im Inland hat, es sei denn, dass die zu fällende Entscheidung

offensichtlich nach dem Recht keines der Staaten anerkannt würde, denen einer der Ehegatten angehört.

(2) Die Zuständigkeit der deutschen Gerichte nach Absatz 1 erstreckt sich im Fall des Verbunds von Scheidungs- und Folgesachen auf die Folgesachen.

§ 99 Kindschaftssachen

(1) [1]Die deutschen Gerichte sind außer in Verfahren nach § 151 Nr. 7 zuständig, wenn das Kind
1. Deutscher ist oder
2. seinen gewöhnlichen Aufenthalt im Inland hat.
[2]Die deutschen Gerichte sind ferner zuständig, soweit das Kind der Fürsorge durch ein deutsches Gericht bedarf.

(2) Sind für die Anordnung einer Vormundschaft sowohl die deutschen Gerichte als auch die Gerichte eines anderen Staates zuständig und ist die Vormundschaft in dem anderen Staat anhängig, kann die Anordnung der Vormundschaft im Inland unterbleiben, wenn dies im Interesse des Mündels liegt.

(3) [1]Sind für die Anordnung einer Vormundschaft sowohl die deutschen Gerichte als auch die Gerichte eines anderen Staates zuständig und besteht die Vormundschaft im Inland, kann das Gericht, bei dem die Vormundschaft anhängig ist, sie an den Staat, dessen Gerichte für die Anordnung der Vormundschaft zuständig sind, abgeben, wenn dies im Interesse des Mündels liegt, der Vormund seine Zustimmung erteilt und dieser Staat sich zur Übernahme bereit erklärt. [2]Verweigert der Vormund oder, wenn mehrere Vormünder die Vormundschaft gemeinschaftlich führen, einer von ihnen seine Zustimmung, so entscheidet anstelle des Gerichts, bei dem die Vormundschaft anhängig ist, das im Rechtszug übergeordnete Gericht. [3]Der Beschluss ist nicht anfechtbar.

(4) Die Absätze 2 und 3 gelten entsprechend für Verfahren nach § 151 Nr. 5 und 6.

Fußnoten

[…]

Die Zuständigkeiten in diesem Unterabschnitt sind nicht ausschließlich.

Unterabschnitt 3 Anerkennung und Vollstreckbarkeit ausländischer Entscheidungen

§ 107 Anerkennung ausländischer Entscheidungen in Ehesachen

(1) [1]Entscheidungen, durch die im Ausland eine Ehe für nichtig erklärt, aufgehoben, dem Ehebande nach oder unter Aufrechterhaltung des Ehebandes geschieden oder durch die das Bestehen oder Nichtbestehen einer Ehe zwischen den Beteiligten festgestellt worden ist, werden nur anerkannt, wenn die Landesjustizverwaltung festgestellt hat, dass die Voraussetzungen für die Anerkennung vorliegen. [2]Hat ein Gericht oder eine Behörde des Staates entschieden, dem beide Ehegatten zur Zeit der Entscheidung angehört haben, hängt die Anerkennung nicht von einer Feststellung der Landesjustizverwaltung ab.

(2) [1]Zuständig ist die Justizverwaltung des Landes, in dem ein Ehegatte seinen gewöhnlichen Aufenthalt hat. [2]Hat keiner der Ehegatten seinen gewöhnlichen Aufenthalt im Inland, ist die Justizverwaltung des Landes zuständig, in dem eine neue Ehe geschlossen oder eine Lebenspartnerschaft begründet werden soll; die Landesjustizverwaltung kann den Nachweis verlangen, dass die Eheschließung oder die Begründung der Lebenspartnerschaft angemeldet ist. [3]Wenn eine andere Zuständigkeit nicht gegeben ist, ist die Justizverwaltung des Landes Berlin zuständig.

(3) ¹Die Landesregierungen können die den Landesjustizverwaltungen nach dieser Vorschrift zustehenden Befugnisse durch Rechtsverordnung auf einen oder mehrere Präsidenten der Oberlandesgerichte übertragen. ²Die Landesregierungen können die Ermächtigung nach Satz 1 durch Rechtsverordnung auf die Landesjustizverwaltungen übertragen.

(4) ¹Die Entscheidung ergeht auf Antrag. ²Den Antrag kann stellen, wer ein rechtliches Interesse an der Anerkennung glaubhaft macht.

(5) Lehnt die Landesjustizverwaltung den Antrag ab, kann der Antragsteller beim Oberlandesgericht die Entscheidung beantragen.

(6) ¹Stellt die Landesjustizverwaltung fest, dass die Voraussetzungen für die Anerkennung vorliegen, kann ein Ehegatte, der den Antrag nicht gestellt hat, beim Oberlandesgericht die Entscheidung beantragen. ²Die Entscheidung der Landesjustizverwaltung wird mit der Bekanntgabe an den Antragsteller wirksam. ³Die Landesjustizverwaltung kann jedoch in ihrer Entscheidung bestimmen, dass die Entscheidung erst nach Ablauf einer von ihr bestimmten Frist wirksam wird.

(7) ¹Zuständig ist ein Zivilsenat des Oberlandesgerichts, in dessen Bezirk die Landesjustizverwaltung ihren Sitz hat. ²Der Antrag auf gerichtliche Entscheidung hat keine aufschiebende Wirkung. ³Für das Verfahren gelten die Abschnitte 4 und 5 sowie § 14 Abs. 1 und 2 und § 48 Abs. 2 entsprechend.

(8) Die vorstehenden Vorschriften sind entsprechend anzuwenden, wenn die Feststellung begehrt wird, dass die Voraussetzungen für die Anerkennung einer Entscheidung nicht vorliegen.

(9) Die Feststellung, dass die Voraussetzungen für die Anerkennung vorliegen oder nicht vorliegen, ist für Gerichte und Verwaltungsbehörden bindend.

(10) War am 1. November 1941 in einem deutschen Familienbuch (Heiratsregister) auf Grund einer ausländischen Entscheidung die Nichtigerklärung, Aufhebung, Scheidung oder Trennung oder das Bestehen oder Nichtbestehen einer Ehe vermerkt, steht der Vermerk einer Anerkennung nach dieser Vorschrift gleich.

§ 108 Anerkennung anderer ausländischer Entscheidungen

(1) Abgesehen von Entscheidungen in Ehesachen werden ausländische Entscheidungen anerkannt, ohne dass es hierfür eines besonderen Verfahrens bedarf.

(2) ¹Beteiligte, die ein rechtliches Interesse haben, können eine Entscheidung über die Anerkennung oder Nichtanerkennung einer ausländischen Entscheidung nicht vermögensrechtlichen Inhalts beantragen. ²§ 107 Abs. 9 gilt entsprechend. ³Für die Anerkennung oder Nichtanerkennung einer Annahme als Kind gelten jedoch die §§ 2, 4 und 5 des Adoptionswirkungsgesetzes, wenn der Angenommene zur Zeit der Annahme das 18. Lebensjahr nicht vollendet hatte.

(3) ¹Für die Entscheidung über den Antrag nach Absatz 2 Satz 1 ist das Gericht örtlich zuständig, in dessen Bezirk zum Zeitpunkt der Antragstellung

1. der Antragsgegner oder die Person, auf die sich die Entscheidung bezieht, sich gewöhnlich aufhält oder
2. bei Fehlen einer Zuständigkeit nach Nummer 1 das Interesse an der Feststellung bekannt wird oder das Bedürfnis der Fürsorge besteht.

²Diese Zuständigkeiten sind ausschließlich.

§ 109 Anerkennungshindernisse

(1) Die Anerkennung einer ausländischen Entscheidung ist ausgeschlossen,

1. wenn die Gerichte des anderen Staates nach deutschem Recht nicht zuständig sind;
2. wenn einem Beteiligten, der sich zur Hauptsache nicht geäußert hat und sich hierauf beruft, das verfahrenseinleitende Dokument nicht ordnungsgemäß oder nicht so rechtzeitig mitgeteilt worden ist, dass er seine Rechte wahrnehmen konnte;

3. wenn die Entscheidung mit einer hier erlassenen oder anzuerkennenden früheren ausländischen Entscheidung oder wenn das ihr zugrunde liegende Verfahren mit einem früher hier rechtshängig gewordenen Verfahren unvereinbar ist;
4. wenn die Anerkennung der Entscheidung zu einem Ergebnis führt, das mit wesentlichen Grundsätzen des deutschen Rechts offensichtlich unvereinbar ist, insbesondere wenn die Anerkennung mit den Grundrechten unvereinbar ist.

(2) ¹Der Anerkennung einer ausländischen Entscheidung in einer Ehesache steht § 98 Abs. 1 Nr. 4 nicht entgegen, wenn ein Ehegatte seinen gewöhnlichen Aufenthalt in dem Staat hatte, dessen Gerichte entschieden haben. ²Wird eine ausländische Entscheidung in einer Ehesache von den Staaten anerkannt, denen die Ehegatten angehören, steht § 98 der Anerkennung der Entscheidung nicht entgegen.

(3) § 103 steht der Anerkennung einer ausländischen Entscheidung in einer Lebenspartnerschaftssache nicht entgegen, wenn der Register führende Staat die Entscheidung anerkennt.

(4) Die Anerkennung einer ausländischen Entscheidung, die
1. Familienstreitsachen,
2. die Verpflichtung zur Fürsorge und Unterstützung in der partnerschaftlichen Lebensgemeinschaft,
3. die Regelung der Rechtsverhältnisse an der gemeinsamen Wohnung und an den Haushaltsgegenständen der Lebenspartner,
4. Entscheidungen nach § 6 Satz 2 des Lebenspartnerschaftsgesetzes in Verbindung mit den §§ 1382 und 1383 des Bürgerlichen Gesetzbuchs oder
5. Entscheidungen nach § 7 Satz 2 des Lebenspartnerschaftsgesetzes in Verbindung mit den §§ 1426, 1430 und 1452 des Bürgerlichen Gesetzbuchs

betrifft, ist auch dann ausgeschlossen, wenn die Gegenseitigkeit nicht verbürgt ist.

(5) Eine Überprüfung der Gesetzmäßigkeit der ausländischen Entscheidung findet nicht statt.

§ 110 Vollstreckbarkeit ausländischer Entscheidungen

(1) Eine ausländische Entscheidung ist nicht vollstreckbar, wenn sie nicht anzuerkennen ist.

(2) ¹Soweit die ausländische Entscheidung eine in § 95 Abs. 1 genannte Verpflichtung zum Inhalt hat, ist die Vollstreckbarkeit durch Beschluss auszusprechen. ²Der Beschluss ist zu begründen.

(3) ¹Zuständig für den Beschluss nach Absatz 2 ist das Amtsgericht, bei dem der Schuldner seinen allgemeinen Gerichtsstand hat, und sonst das Amtsgericht, bei dem nach § 23 der Zivilprozessordnung gegen den Schuldner Klage erhoben werden kann. ²Der Beschluss ist erst zu erlassen, wenn die Entscheidung des ausländischen Gerichts nach dem für dieses Gericht geltenden Recht die Rechtskraft erlangt hat.

[...]

Buch 2 Verfahren in Familiensachen

Abschnitt 3 Verfahren in Kindschaftssachen

§ 151 Kindschaftssachen

Kindschaftssachen sind die dem Familiengericht zugewiesenen Verfahren, die
1. die elterliche Sorge,
2. das Umgangsrecht und das Recht auf Auskunft über die persönlichen Verhältnisse des Kindes,
3. die Kindesherausgabe,
4. die Vormundschaft,
5. die Pflegschaft oder die gerichtliche Bestellung eines sonstigen Vertreters für einen Minderjährigen oder für eine Leibesfrucht,

6. die Genehmigung der freiheitsentziehenden Unterbringung eines Minderjährigen (§§ 1631b, 1800 und 1915 des Bürgerlichen Gesetzbuchs),
7. die Anordnung der freiheitsentziehenden Unterbringung eines Minderjährigen nach den Landesgesetzen über die Unterbringung psychisch Kranker oder
8. die Aufgaben nach dem Jugendgerichtsgesetz

betreffen.

L. Einführungsgesetz zum Bürgerlichen Gesetzbuche (EGBGB)

In der Fassung der Bekanntmachung vom 21.9.1994 (BGBl 1994 I S. 2494, ber. BGBl 1997 I S. 1061); zuletzt geändert durch Art. 2 des Gesetzes vom 11.3.2016 (BGBl 2016 I S. 396)
– AUSZUG –

[...]

Zweites Kapitel Internationales Privatrecht

Erster Abschnitt Allgemeine Vorschriften

Art 3 Anwendungsbereich; Verhältnis zu Regelungen der Europäischen Union und zu völkerrechtlichen Vereinbarungen

Soweit nicht
1. unmittelbar anwendbare Regelungen der Europäischen Union in ihrer jeweils geltenden Fassung, insbesondere
    a) die Verordnung (EG) Nr. 864/2007 des Europäischen Parlaments und des Rates vom 11. Juli 2007 über das auf außervertragliche Schuldverhältnisse anzuwendende Recht (Rom II),
    b) die Verordnung (EG) Nr. 593/2008 des Europäischen Parlaments und des Rates vom 17. Juni 2008 über das auf vertragliche Schuldverhältnisse anzuwendende Recht (Rom I),
    c) Artikel 15 der Verordnung (EG) Nr. 4/2009 des Rates vom 18. Dezember 2008 über die Zuständigkeit, das anwendbare Recht, die Anerkennung und Vollstreckung von Entscheidungen und die Zusammenarbeit in Unterhaltssachen in Verbindung mit dem Haager Protokoll vom 23. November 2007 über das auf Unterhaltspflichten anzuwendende Recht,
    d) die Verordnung (EU) Nr. 1259/2010 des Rates vom 20. Dezember 2010 zur Durchführung einer Verstärkten Zusammenarbeit im Bereich des auf die Ehescheidung und Trennung ohne Auflösung des Ehebandes anzuwendenden Rechts sowie
    e) die Verordnung (EU) Nr. 650/2012 des Europäischen Parlaments und des Rates vom 4. Juli 2012 über die Zuständigkeit, das anwendende Recht, die Anerkennung und Vollstreckung von Entscheidungen und die Annahme und Vollstreckung öffentlicher Urkunden in Erbsachen sowie zur Einführung eines Europäischen Nachlasszeugnisses oder
2. Regelungen in völkerrechtlichen Vereinbarungen, soweit sie unmittelbar anwendbares innerstaatliches Recht geworden sind, maßgeblich sind, bestimmt sich das anzuwendende Recht bei Sachverhalten mit einer Verbindung zu einem ausländischen Staat nach den Vorschriften dieses Kapitels (Internationales Privatrecht).

Art 3a Sachnormverweisung; Einzelstatut

(1) Verweisungen auf Sachvorschriften beziehen sich auf die Rechtsnormen der maßgebenden Rechtsordnung unter Ausschluss derjenigen des Internationalen Privatrechts.

(2) Soweit Verweisungen im Dritten Abschnitt das Vermögen einer Person dem Recht eines Staates unterstellen, beziehen sie sich nicht auf Gegenstände, die sich nicht in diesem Staat befinden und nach dem Recht des Staates, in dem sie sich befinden, besonderen Vorschriften unterliegen.

Art 4 Rück- und Weiterverweisung; Rechtsspaltung

(1) ¹Wird auf das Recht eines anderen Staates verwiesen, so ist auch dessen Internationales Privatrecht anzuwenden, sofern dies nicht dem Sinn der Verweisung widerspricht. ²Verweist das Recht des anderen Staates auf deutsches Recht zurück, so sind die deutschen Sachvorschriften anzuwenden.

(2) Soweit die Parteien das Recht eines Staates wählen können, können sie nur auf die Sachvorschriften verweisen.

(3) ¹Wird auf das Recht eines Staates mit mehreren Teilrechtsordnungen verwiesen, ohne die maßgebende zu bezeichnen, so bestimmt das Recht dieses Staates, welche Teilrechtsordnung anzuwenden ist. ²Fehlt eine solche Regelung, so ist die Teilrechtsordnung anzuwenden, mit welcher der Sachverhalt am engsten verbunden ist.

Art 5 Personalstatut

(1) ¹Wird auf das Recht des Staates verwiesen, dem eine Person angehört, und gehört sie mehreren Staaten an, so ist das Recht desjenigen dieser Staaten anzuwenden, mit dem die Person am engsten verbunden ist, insbesondere durch ihren gewöhnlichen Aufenthalt oder durch den Verlauf ihres Lebens. ²Ist die Person auch Deutscher, so geht diese Rechtsstellung vor.

(2) Ist eine Person staatenlos oder kann ihre Staatsangehörigkeit nicht festgestellt werden, so ist das Recht des Staates anzuwenden, in dem sie ihren gewöhnlichen Aufenthalt oder, mangels eines solchen, ihren Aufenthalt hat.

(3) Wird auf das Recht des Staates verwiesen, in dem eine Person ihren Aufenthalt oder ihren gewöhnlichen Aufenthalt hat, und ändert eine nicht voll geschäftsfähige Person den Aufenthalt ohne den Willen des gesetzlichen Vertreters, so führt diese Änderung allein nicht zur Anwendung eines anderen Rechts.

Art 6 Öffentliche Ordnung (ordre public)

¹Eine Rechtsnorm eines anderen Staates ist nicht anzuwenden, wenn ihre Anwendung zu einem Ergebnis führt, das mit wesentlichen Grundsätzen des deutschen Rechts offensichtlich unvereinbar ist. ²Sie ist insbesondere nicht anzuwenden, wenn die Anwendung mit den Grundrechten unvereinbar ist.

[…]

Art 19 Abstammung

(1) ¹Die Abstammung eines Kindes unterliegt dem Recht des Staates, in dem das Kind seinen gewöhnlichen Aufenthalt hat. ²Sie kann im Verhältnis zu jedem Elternteil auch nach dem Recht des Staates bestimmt werden, dem dieser Elternteil angehört. ³Ist die Mutter verheiratet, so kann die Abstammung ferner nach dem Recht bestimmt werden, dem die allgemeinen Wirkungen ihrer Ehe bei der Geburt nach Artikel 14 Abs. 1 unterliegen; ist die Ehe vorher durch Tod aufgelöst worden, so ist der Zeitpunkt der Auflösung maßgebend.

(2) Sind die Eltern nicht miteinander verheiratet, so unterliegen Verpflichtungen des Vaters gegenüber der Mutter auf Grund der Schwangerschaft dem Recht des Staates, in dem die Mutter ihren gewöhnlichen Aufenthalt hat.

Art 20 Anfechtung der Abstammung

¹Die Abstammung kann nach jedem Recht angefochten werden, aus dem sich ihre Voraussetzungen ergeben. ²Das Kind kann die Abstammung in jedem Fall nach dem Recht des Staates anfechten, in dem es seinen gewöhnlichen Aufenthalt hat.

Art 21 Wirkungen des Eltern-Kind-Verhältnisses

Das Rechtsverhältnis zwischen einem Kind und seinen Eltern unterliegt dem Recht des Staates, in dem das Kind seinen gewöhnlichen Aufenthalt hat.

Art 22 Annahme als Kind

(1) ¹Die Annahme als Kind unterliegt dem Recht des Staates, dem der Annehmende bei der Annahme angehört. ²Die Annahme durch einen oder beide Ehegatten unterliegt dem Recht, das nach Artikel 14 Abs. 1 für die allgemeinen Wirkungen der Ehe maßgebend ist. ³Die Annahme durch einen Lebenspartner unterliegt dem Recht, das nach Artikel 17b Absatz 1 Satz 1 für die allgemeinen Wirkungen der Lebenspartnerschaft maßgebend ist.

(2) Die Folgen der Annahme in Bezug auf das Verwandtschaftsverhältnis zwischen dem Kind und dem Annehmenden sowie den Personen, zu denen das Kind in einem familienrechtlichen Verhältnis steht, unterliegen dem nach Absatz 1 anzuwendenden Recht.

(3) ¹In Ansehung der Rechtsnachfolge von Todes wegen nach dem Annehmenden, dessen Ehegatten, Lebenspartner oder Verwandten steht der Angenommene ungeachtet des nach den Absätzen 1 und 2 anzuwendenden Rechts einem nach den deutschen Sachvorschriften angenommenen Kind gleich, wenn der Erblasser dies in der Form einer Verfügung von Todes wegen angeordnet hat und die Rechtsnachfolge deutschem Recht unterliegt. ²Satz 1 gilt entsprechend, wenn die Annahme auf einer ausländischen Entscheidung beruht. ³Die Sätze 1 und 2 finden keine Anwendung, wenn der Angenommene im Zeitpunkt der Annahme das achtzehnte Lebensjahr vollendet hatte.

Art 23 Zustimmung

¹Die Erforderlichkeit und die Erteilung der Zustimmung des Kindes und einer Person, zu der das Kind in einem familienrechtlichen Verhältnis steht, zu einer Abstammungserklärung, Namenserteilung oder Annahme als Kind unterliegen zusätzlich dem Recht des Staates, dem das Kind angehört. ²Soweit es zum Wohl des Kindes erforderlich ist, ist statt dessen das deutsche Recht anzuwenden.

Art 24 Vormundschaft, Betreuung und Pflegschaft

(1) ¹Die Entstehung, die Änderung und das Ende der Vormundschaft, Betreuung und Pflegschaft sowie der Inhalt der gesetzlichen Vormundschaft und Pflegschaft unterliegen dem Recht des Staates, dem der Mündel, Betreute oder Pflegling angehört. ²Für einen Angehörigen eines fremden Staates, der seinen gewöhnlichen Aufenthalt oder, mangels eines solchen, seinen Aufenthalt im Inland hat, kann ein Betreuer nach deutschem Recht bestellt werden.

(2) Ist eine Pflegschaft erforderlich, weil nicht feststeht, wer an einer Angelegenheit beteiligt ist, oder weil ein Beteiligter sich in einem anderen Staat befindet, so ist das Recht anzuwenden, das für die Angelegenheit maßgebend ist.

(3) Vorläufige Maßregeln sowie der Inhalt der Betreuung und der angeordneten Vormundschaft und Pflegschaft unterliegen dem Recht des anordnenden Staates.

M. Gesetz über die Vergütung von Vormündern und Betreuern (Vormünder- und Betreuervergütungsgesetz – VBVG)

13   vom 21.4.2005 (BGBl 2005 I S. 1073), geändert durch Gesetz vom 17.12.2008 (BGBl 2008 I S. 2586)

Abschnitt 1 Allgemeines

§ 1 Feststellung der Berufsmäßigkeit und Vergütungsbewilligung

(1) Das Vormundschaftsgericht hat die Feststellung der Berufsmäßigkeit gemäß § 1836 Abs. 1 Satz 2 des Bürgerlichen Gesetzbuchs zu treffen, wenn dem Vormund in einem solchen Umfang Vormundschaften übertragen sind, dass er sie nur im Rahmen seiner Berufsausübung führen kann, oder wenn zu erwarten ist, dass dem Vormund in absehbarer Zeit Vormundschaften in diesem Umfang übertragen sein werden. Berufsmäßigkeit liegt im Regelfall vor, wenn

1. der Vormund mehr als zehn Vormundschaften führt oder
2. die für die Führung der Vormundschaft erforderliche Zeit voraussichtlich 20 Wochenstunden nicht unterschreitet.

(2) Trifft das Vormundschaftsgericht die Feststellung nach Absatz 1 Satz 1, so hat es dem Vormund oder dem Gegenvormund eine Vergütung zu bewilligen. Ist der Mündel mittellos im Sinne des § 1836d des Bürgerlichen Gesetzbuchs, so kann der Vormund die nach Satz 1 zu bewilligende Vergütung aus der Staatskasse verlangen.

§ 2 Erlöschen der Ansprüche

Der Vergütungsanspruch erlischt, wenn er nicht binnen 15 Monaten nach seiner Entstehung beim Vormundschaftsgericht geltend gemacht wird; die Geltendmachung des Anspruchs beim Vormundschaftsgericht gilt dabei auch als Geltendmachung gegenüber dem Mündel. § 1835 Abs. 1a des Bürgerlichen Gesetzbuchs gilt entsprechend.

Abschnitt 2 Vergütung des Vormunds

§ 3 Stundensatz des Vormunds

(1) Die dem Vormund nach § 1 Abs. 2 zu bewilligende Vergütung beträgt für jede Stunde der für die Führung der Vormundschaft aufgewandten und erforderlichen Zeit 19,50 EUR. Verfügt der Vormund über besondere Kenntnisse, die für die Führung der Vormundschaft nutzbar sind, so erhöht sich der Stundensatz

1. auf 25 EUR, wenn diese Kenntnisse durch eine abgeschlossene Lehre oder eine vergleichbare abgeschlossene Ausbildung erworben sind;
2. auf 33,50 EUR, wenn diese Kenntnisse durch eine abgeschlossene Ausbildung an einer Hochschule oder durch eine vergleichbare abgeschlossene Ausbildung erworben sind.

Eine auf die Vergütung anfallende Umsatzsteuer wird, soweit sie nicht nach § 19 Abs. 1 des Umsatzsteuergesetzes unerhoben bleibt, zusätzlich ersetzt.

(2) Bestellt das Vormundschaftsgericht einen Vormund, der über besondere Kenntnisse verfügt, die für die Führung der Vormundschaft allgemein nutzbar und durch eine Ausbildung im Sinne des Absatzes 1 Satz 2 erworben sind, so wird vermutet, dass diese Kenntnisse auch für die Führung der dem Vormund übertragenen Vormundschaft nutzbar sind. Dies gilt nicht, wenn das Vormundschaftsgericht aus besonderen Gründen bei der Bestellung des Vormunds etwas anderes bestimmt.

(3) Soweit die besondere Schwierigkeit der vormundschaftlichen Geschäfte dies ausnahmsweise rechtfertigt, kann das Vormundschaftsgericht einen höheren als den in Absatz 1 vorgesehenen Stundensatz der Vergütung bewilligen. Dies gilt nicht, wenn der Mündel mittellos ist.

(4) Der Vormund kann Abschlagszahlungen verlangen.

Abschnitt 3 Sondervorschriften für Betreuer

§ 4 Stundensatz und Aufwendungsersatz des Betreuers

(1) Die dem Betreuer nach § 1 Abs. 2 zu bewilligende Vergütung beträgt für jede nach § 5 anzusetzende Stunde 27 EUR. Verfügt der Betreuer über besondere Kenntnisse, die für die Führung der Betreuung nutzbar sind, so erhöht sich der Stundensatz

1. auf 33,50 EUR, wenn diese Kenntnisse durch eine abgeschlossene Lehre oder eine vergleichbare abgeschlossene Ausbildung erworben sind;
2. auf 44 EUR, wenn diese Kenntnisse durch eine abgeschlossene Ausbildung an einer Hochschule oder durch eine vergleichbare abgeschlossene Ausbildung erworben sind.

(2) Die Stundensätze nach Absatz 1 gelten auch Ansprüche auf Ersatz anlässlich der Betreuung entstandener Aufwendungen sowie anfallende Umsatzsteuer ab. Die gesonderte Geltendmachung von Aufwendungen im Sinne des § 1835 Abs. 3 des Bürgerlichen Gesetzbuchs bleibt unberührt.

(3) § 3 Abs. 2 gilt entsprechend. § 1 Abs. 1 Satz 2 Nr. 2 findet keine Anwendung.

§ 5 Stundenansatz des Betreuers

(1) Der dem Betreuer zu vergütende Zeitaufwand ist
1. in den ersten drei Monaten der Betreuung mit fünfeinhalb,
2. im vierten bis sechsten Monat mit viereinhalb,
3. im siebten bis zwölften Monat mit vier,
4. danach mit zweieinhalb

Stunden im Monat anzusetzen. Hat der Betreute seinen gewöhnlichen Aufenthalt nicht in einem Heim, beträgt der Stundenansatz
1. in den ersten drei Monaten der Betreuung achteinhalb,
2. im vierten bis sechsten Monat sieben,
3. im siebten bis zwölften Monat sechs,
4. danach viereinhalb

Stunden im Monat.

(2) Ist der Betreute mittellos, beträgt der Stundenansatz
1. in den ersten drei Monaten der Betreuung viereinhalb,
2. im vierten bis sechsten Monat dreieinhalb,
3. im siebten bis zwölften Monat drei,
4. danach zwei

Stunden im Monat. Hat der mittellose Betreute seinen gewöhnlichen Aufenthalt nicht in einem Heim, beträgt der Stundenansatz
1. in den ersten drei Monaten der Betreuung sieben,
2. im vierten bis sechsten Monat fünfeinhalb,
3. im siebten bis zwölften Monat fünf,
4. danach dreieinhalb

Stunden im Monat.

(3) Heime im Sinne dieser Vorschrift sind Einrichtungen, die dem Zweck dienen, Volljährige aufzunehmen, ihnen Wohnraum zu überlassen sowie tatsächliche Betreuung und Verpflegung zur Verfügung zu stellen oder vorzuhalten, und die in ihrem Bestand von Wechsel und Zahl der Bewohner unabhängig sind und entgeltlich betrieben werden. § 1 Abs. 2 des Heimgesetzes gilt entsprechend.

(4) Für die Berechnung der Monate nach den Absätzen 1 und 2 gelten § 187 Abs. 1 und § 188 Abs. 2 erste Alternative des Bürgerlichen Gesetzbuchs entsprechend. Ändern sich Umstände, die sich auf die Vergütung auswirken, vor Ablauf eines vollen Monats, so ist der Stundenansatz zeitanteilig nach Tagen zu berechnen; § 187 Abs. 1 und § 188 Abs. 1 des Bürgerlichen Gesetzbuchs gelten entsprechend. Die sich dabei ergebenden Stundenansätze sind auf volle Zehntel aufzurunden.

(5) Findet ein Wechsel von einem beruflichen zu einem ehrenamtlichen Betreuer statt, sind dem beruflichen Betreuer der Monat, in den der Wechsel fällt, und der Folgemonat mit dem vollen Zeitaufwand nach den Absätzen 1 und 2 zu vergüten. Dies gilt auch dann, wenn zunächst neben dem beruflichen Betreuer ein ehrenamtlicher Betreuer bestellt war und dieser die Betreuung allein fortführt. Absatz 4 Satz 2 und 3 ist nicht anwendbar.

§ 6 Sonderfälle der Betreuung

In den Fällen des § 1899 Abs. 2 und 4 des Bürgerlichen Gesetzbuchs erhält der Betreuer eine Vergütung nach § 1 Abs. 2 in Verbindung mit § 3; für seine Aufwendungen kann er Vorschuss und Ersatz nach § 1835 des Bürgerlichen Gesetzbuchs mit Ausnahme der Aufwendungen im Sinne von § 1835 Abs. 2 des Bürgerlichen Gesetzbuchs beanspruchen. Ist im Fall des § 1899 Abs. 4 des Bürgerlichen Gesetzbuchs die Verhinderung tatsächlicher Art, sind die Vergütung und der Aufwendungsersatz nach § 4 in Verbindung mit § 5 zu bewilligen und nach Tagen zu teilen; § 5 Abs. 4 Satz 3 sowie § 187 Abs. 1 und § 188 Abs. 1 des Bürgerlichen Gesetzbuchs gelten entsprechend.

§ 7 Vergütung und Aufwendungsersatz für Betreuungsvereine

(1) Ist ein Vereinsbetreuer bestellt, so ist dem Verein eine Vergütung und Aufwendungsersatz nach § 1 Abs. 2 in Verbindung mit den §§ 4 und 5 zu bewilligen. § 1 Abs. 1 sowie § 1835 Abs. 3 des Bürgerlichen Gesetzbuchs finden keine Anwendung.

(2) § 6 gilt entsprechend; der Verein kann im Fall von § 6 Satz 1 Vorschuss und Ersatz der Aufwendungen nach § 1835 Abs. 1, 1a und 4 des Bürgerlichen Gesetzbuchs verlangen. § 1835 Abs. 5 Satz 2 des Bürgerlichen Gesetzbuchs gilt entsprechend.

(3) Der Vereinsbetreuer selbst kann keine Vergütung und keinen Aufwendungsersatz nach diesem Gesetz oder nach den §§ 1835 bis 1836 des Bürgerlichen Gesetzbuchs geltend machen.

§ 8 Vergütung und Aufwendungsersatz für Behördenbetreuer

(1) Ist ein Behördenbetreuer bestellt, so kann der zuständigen Behörde eine Vergütung nach § 1836 Abs. 2 des Bürgerlichen Gesetzbuchs bewilligt werden, soweit der Umfang oder die Schwierigkeit der Betreuungsgeschäfte dies rechtfertigen. Dies gilt nur, soweit eine Inanspruchnahme des Betreuten nach § 1836c des Bürgerlichen Gesetzbuchs zulässig ist.

(2) Unabhängig von den Voraussetzungen nach Absatz 1 Satz 1 kann die Betreuungsbehörde Aufwendungsersatz nach § 1835 Abs. 1 Satz 1 und 2 in Verbindung mit Abs. 5 Satz 2 des Bürgerlichen Gesetzbuchs verlangen, soweit eine Inanspruchnahme des Betreuten nach § 1836c des Bürgerlichen Gesetzbuchs zulässig ist.

(3) Für den Behördenbetreuer selbst gilt § 7 Abs. 3 entsprechend.

(4) § 2 ist nicht anwendbar.

§ 9 Abrechnungszeitraum für die Betreuungsvergütung

Die Vergütung kann nach Ablauf von jeweils drei Monaten für diesen Zeitraum geltend gemacht werden. Dies gilt nicht für die Geltendmachung von Vergütung und Aufwendungsersatz in den Fällen des § 6.

§ 10 Mitteilung an die Betreuungsbehörde

(1) Wer Betreuungen entgeltlich führt, hat der Betreuungsbehörde, in deren Bezirk er seinen Sitz oder Wohnsitz hat, kalenderjährlich mitzuteilen

1. die Zahl der von ihm im Kalenderjahr geführten Betreuungen aufgeschlüsselt nach Betreuten in einem Heim oder außerhalb eines Heims und
2. den von ihm für die Führung von Betreuungen im Kalenderjahr erhaltenen Geldbetrag.

(2) Die Mitteilung erfolgt jeweils bis spätestens 31. März für den Schluss des vorangegangenen Kalenderjahrs. Die Betreuungsbehörde kann verlangen, dass der Betreuer die Richtigkeit der Mitteilung an Eides statt versichert.

(3) Die Betreuungsbehörde ist berechtigt und auf Verlangen des Vormundschaftsgerichts verpflichtet, dem Vormundschaftsgericht diese Mitteilung zu übermitteln.

Abschnitt 4 Schlussvorschriften

§ 11 Umschulung und Fortbildung von Berufsvormündern

(1) Durch Landesrecht kann bestimmt werden, dass es einer abgeschlossenen Lehre im Sinne des § 3 Abs. 1 Satz 2 Nr. 1 und § 4 Abs. 1 Satz 2 Nr. 1 gleichsteht, wenn der Vormund oder Betreuer besondere Kenntnisse im Sinne dieser Vorschrift durch eine dem Abschluss einer Lehre vergleichbare Prüfung vor einer staatlichen oder staatlich anerkannten Stelle nachgewiesen hat. Zu einer solchen Prüfung darf nur zugelassen werden, wer

1. mindestens drei Jahre lang Vormundschaften oder Betreuungen berufsmäßig geführt und
2. an einer Umschulung oder Fortbildung teilgenommen hat, die besondere Kenntnisse im Sinne des § 3 Abs. 1 Satz 2 und § 4 Abs. 1 Satz 2 vermittelt, welche nach Art und Umfang den durch eine abgeschlossene Lehre vermittelten vergleichbar sind.

§ 14 Gesetzestexte

(2) Durch Landesrecht kann bestimmt werden, dass es einer abgeschlossenen Ausbildung an einer Hochschule im Sinne des § 3 Abs. 1 Satz 2 Nr. 2 und § 4 Abs. 1 Satz 2 Nr. 2 gleichsteht, wenn der Vormund oder Betreuer Kenntnisse im Sinne dieser Vorschrift durch eine Prüfung vor einer staatlichen oder staatlich anerkannten Stelle nachgewiesen hat. Zu einer solchen Prüfung darf nur zugelassen werden, wer

1. mindestens fünf Jahre lang Vormundschaften oder Betreuungen berufsmäßig geführt und
2. an einer Umschulung oder Fortbildung teilgenommen hat, die besondere Kenntnisse im Sinne des § 3 Abs. 1 Satz 2 und § 4 Abs. 1 Satz 2 vermittelt, welche nach Art und Umfang den durch eine abgeschlossene Ausbildung an einer Hochschule vermittelten vergleichbar sind.

(3) Das Landesrecht kann weitergehende Zulassungsvoraussetzungen aufstellen. Es regelt das Nähere über die an eine Umschulung oder Fortbildung im Sinne des Absatzes 1 Satz 2 Nr. 2, Absatzes 2 Satz 2 Nr. 2 zu stellenden Anforderungen, über Art und Umfang der zu erbringenden Prüfungsleistungen, über das Prüfungsverfahren und über die Zuständigkeiten. Das Landesrecht kann auch bestimmen, dass eine in einem anderen Land abgelegte Prüfung im Sinne dieser Vorschrift anerkannt wird.

Stichwortverzeichnis

Abänderung
- nachträgliche Billigung **2** 32

Abänderungsverfahren 3 1 ff.
- Abänderungsgründe **3** 18 ff.
- amtswegige Einleitung **3** 37
- Änderung Rechtsprechung, höchstrichterliche **3** 18 f.
- Änderungsvoraussetzungen **3** 8, 14 ff.
- Anträge **13** 37 ff.
- Aufhebung Maßnahmen Kindesschutz **3** 30 ff.
- ausländische Sorgerechtsregelung **3** 36
- Auswanderung **3** 26
- Bestandsinteresse **3** 17
- Einstweilige Anordnung **7** 35 ff.
- Elternfeindbild-Syndrom (PAS) **3** 21 f.
- Elternwille, übereinstimmender **3** 20
- Entscheidung, ausländische **11** 81 ff.
- Erledigung **3** 39
- Gesetzesänderung **3** 18 f.
- Grund, fehlender **3** 29
- Grundlagen **3** 1 ff.
- Kindesrückführungsverfahren **11** 145 f.
- Kindeswille **3** 20
- Kindeswohl **3** 1
- Kontinuitätsgrundsatz **3** 17
- Lebensumstände, veränderte **3** 26 ff.
- leiblicher Vater **3** 19
- Missbrauch, sexueller **3** 28
- Persönlichkeitsentwicklung des Kindes **3** 23
- psychische Erkrankung **3** 29
- Rechtsschutz, einstweiliger **3** 40 f.
- Regelungsgrundsätze **3** 35 ff.
- Sorgeerklärung **3** 25
- Sorgerechtsentscheidung **13** 37 f.
- Umgangsrecht **13** 40
- Umgangsregelung **13** 39
- Umstände Verhalten Elternteil **3** 21 f.
- Unterbrechung **3** 39
- Vergleich, gerichtlich gebilligter **3** 1
- Verhalten bei Ausübung **3** 23
- Verschlechterungsverbot **3** 9
- Wiederheirat **3** 24 f.
- Zuständigkeit **3** 4, 10 ff.
- Zweck Verfahren **3** 16 f.

Absolutes Recht 2 22
Abstammung 1 43
Abstandsgebot 1 61
Abtrennung
- Sorgerechtsverfahren **1** 349 ff.
- Umgangsrechtsverfahren **2** 221 ff.

Abwehrrecht der Eltern 1 80
Adoption 12 51
Adoptionspflege 1 165, **4** 29
Akteneinsicht 12 6
Alleinsorge 1 55 ff.
- Alleinvertretung **1** 113 ff.
- Antrag **13** 8
- Eltern, miteinander verheiratete **1** 55 f.
- Eltern, nicht miteinander verheiratete **1** 57 f.
- Fallgestaltungen, sonstige **1** 58 f.
- Förderungsprinzip **1** 268
- nach Tod Elternteil **1** 173 ff.

- nicht Sorgeberechtigter **1** 340
- Zustimmung **13** 6

Alltagsangelegenheiten 1 334 f.
Amtsermittlungsgrundsatz 1 383 ff.
- Auslagenvorschuss **1** 398
- Befangenheit **1** 401
- Begriff **1** 384 ff.
- Beschwerdegericht **1** 409 f.
- Beweiswürdigung, freie **1** 399
- Einigung gem. § 156 FamFG **1** 391
- Sachverständigengutachten **1** 394 ff.
- Umfang **1** 384 ff.
- Umgangsrecht **2** 53 ff.
- Verfassungsbeschwerde **1** 410
- Vorrang-/Beschleunigungsverbot **1** 392 f.
- Zwischenentscheidung **1** 410

Amtshaftung 12 11
Amtshilfe 1 418
Amtspflegschaft 12 156 ff.
Amtsvormund 1 217
Amtsvormundschaft 12 156 ff.
Anerkennung
- Europäisches Sorgerechtsübereinkommen (ESÜ) **11** 76
- Titel nach Brüssel IIa-Verordnung **11** 70 ff.
- Titel, ausländische **11** 70 ff.

Anhörung 7 21
- Anhörungsvermerk **1** 417
- Bestellung Verfahrensbeistand **5** 10, 24
- Beteiligte **1** 421 ff., **2** 228, 254
- Eltern **1** 421 ff.
- Herausgabe Kind **4** 51
- im Sorgerecht **1** 413 ff.
- im Umfeld, häuslichen **1** 435
- im Umgangsrecht **2** 228, 254
- in jeder Tatsacheninstanz **1** 419
- Jugendamt **1** 440 ff.
- Kind **1** 424 ff., **11** 138, 151
- Pflegeperson **1** 447
- Protokollierung **1** 417
- Sorgerechtsverfahren **1** 365
- Verfahrensbeistand **1** 434, **4** 51
- Verfahrenskostenhilfe **8** 21
- Verstoß gegen Pflicht zur ~ **1** 449
- Verzicht **1** 439
- Vollstreckungsrecht **6** 63
- Zeugnisverweigerungsrecht **1** 437
- Zweck **1** 414 ff.

Anhörungsvermerk 1 416
Anordnung
- einstweilige **1** 1
- Umgangsanordnung **2** 8
- Verbleibensanordnung **4** 23
- Vollstreckung Wohlverhaltensklausel **2** 46 f.

Anordnung, einstweilige 7 1 ff., **9** 10, 38 f., 76
- Abänderungsmaßstab bei Vollzug **7** 53 ff.
- amtswegige Einleitung **7** 18, 37
- Änderung **7** 35 ff., 40 f.
- Anhörung **7** 21
- Anordnungsanspruch/-grund **7** 25 f.
- Antrag **7** 36 ff.
- Aufenthaltsbestimmung **13** 51 ff.

801

Stichwortverzeichnis

- Aufhebung **7** 35 ff.
- Außerkrafttreten **7** 32
- Außervollzugsetzung **7** 35 ff., 59
- Bedürfnis für Tätigwerden **7** 16
- Beschleunigungsgebot **7** 2
- Beschwerde **13** 67
- Beschwerdefrist **7** 50
  Beschwerdegericht **7** 14
- Eigenständigkeit Eilverfahren **7** 9
- Entscheidung **7** 31 ff.
- Feststellungslast **7** 22
- Glaubhaftmachung **7** 21
- Grundsätze, verfahrensrechtliche **7** 9 ff.
- Haager Minderjährigenschutzabkommen (MSA) **11** 56
- Hauptsachegericht **7** 13
- Hauptsacheverfahren **7** 36
- Herausgabe Kind **4** 53, **13** 59 f.
- Herausgabe Sache **13** 61 f.
- Kindesrückführungsverfahren **13** 47 f.
- Kindschaftssache **7** 2
- Kosten **7** 31
- mündliche Verhandlung **7** 23
- nach § 49 ff. FamFG **13** 50 ff.
- präsente Beweismittel **7** 21
- Prüfungsdichte **7** 6
- Rechtsmittel **7** 43 ff., **9** 76
- Rechtsschutzbedürfnis **7** 5
- Sachverständigengutachten **7** 21
- sofortige Vollziehung **7** 33
- Sorgerecht Teilbereiche **1** 320 f., **13** 56
- Sorgerechtsverfahren **1** 456 ff., **13** 51 ff.
- summarisches Verfahren **7** 4
- Umgangsrecht **13** 57 f.
- Verbot der Vorwegnahme der Hauptsache **7** 28
- Verfahren **7** 18 ff.
- Verfahren, summarisches **7** 4
- Verfahrensbeistand **5** 50, **7** 21
- Verhältnismäßigkeit **7** 6
- Vorwegnahme der Hauptsache **7** 27
- Wohnsitzveränderung **7** 12
- Zuständigkeit **7** 10 ff.

Anordnung, vorläufige 7 9
Anrechnung der Geschäftsgebühr 10 23
Anschlussbeschwerde 9 53
Anschlussrechtsbeschwerde 9 54
Antrag
- Abänderung Entscheidung **13** 37 ff.
- Abtrennung Folgesache **13** 14, 29
- Alleinsorge **13** 5 ff.
- Anordnung Sorge nach § 1626a Abs. 1 Nr. 3 BGB **13** 12
- Anordnung, einstweilige **13** 50 ff.
- Antragserfordernis **2** 215
- Auskunftserteilung **13** 30 ff.
- Auslandsberührung **13** 43 ff., 49
- Erledigungserklärung **2** 235
- Frist Kindesrückführungsverfahren **11** 106 ff.
- Herausgabe Kind **4** 50, **13** 41 f.
- isolierter **2** 220
- Kindesrückführungsverfahren **11** 125 ff., **13** 45 ff.
- Ordnungsmittel **6** 30
- Rechtsmittel **13** 66 ff.
- Regelung Umgangsrecht **13** 14 ff.
- Rücknahme **2** 235, **10** 14

- Sorgerechtsverfahren **1** 344
- Übertragung Entscheidungsrecht **13** 15 ff.
- Umgangsrecht **13** 18 ff.
- Umgangsrecht Ausschluss/Beschränkung **13** 25 ff.
- Umgangsrecht Dritter **13** 35 f.
- Umgangsrecht im Scheidungsverbund **2** 219 ff.
- Verfahren, gerichtliches **13** 4 ff.
- Verfahrenskostenhilfe **13** 63 ff.
- Vermittlungsverfahren **13** 34
- Wiedereinsetzungsantrag **8** 42

Anwalt
- Beratungsgebühren **10** 21 ff.
- Gebühren **7** 31, **10** 33, 46, 53
- Situation im Vollstreckungsrecht **6** 85

Anwaltszwang 9 85 ff.
- Beschwerde **9** 17, 85 ff.
- Familiensachen, selbstständige **1** 451 ff.
- Folgesachen **1** 450 ff.
- Kindesrückführungsverfahren **11** 134
- Sorgerechtsverfahren **1** 351
- Verfahrenskostenhilfe **8** 22 ff.
- Vollstreckungsrecht **6** 64

Aufenthalt
- Bedeutung für Zuständigkeit nach Brüssel IIa-Verordnung **11** 15 ff.
- Fortgeltung Maßnahmen **11** 57
- gewöhnlicher **3** 11, **11** 15 ff., 29 f., 45 ff., 59, 93, 161
- tatsächlicher **11** 19, 31
- Verbringen, widerrechtliches **11** 83
- Wechsel **11** 47
- Zurückhalten **11** 83

Aufhebung
- Maßnahmen Kindesschutz **3** 30 ff.

Aufklärungspflicht 2 227
Auflagen, familiengerichtliche 1 179
Aufsichtspflicht 12 13
Aufwendungen 10 1
Ausbildungsvertrag 1 30
Auskunftsanspruch 12 31
Auskunftsrecht 2 195 ff.
- Auskunft nach § 1686 BGB **13** 30 ff.
- Berechtigter **2** 195 f.
- Beschwerde **2** 211
- Einschränkung **2** 210
- Entscheidung von Streitigkeiten **2** 211
- Inhalt **2** 204 ff.
- Interesse, berechtigtes **2** 199 ff.
- Pflichtiger **2** 195 f.
- Voraussetzungen **2** 195 ff.

Auslagenerstattung 10 10
Auslagenvorschuss 10 32
Ausland 6 22
- Erziehungseignung bei Umzug ins ~ **1** 279 f.
- Internationaler Sozialdienst **11** 153

Auslandsaufenthalt 1 18
Auslandsberührung 11 1 ff., **13** 43 ff., 49
- Abänderungsverfahren Sorgerechtsregelung **3** 35 ff.
- Brüssel IIa-Verordnung **11** 1
- Deutsch-Iranisches Niederlassungsabkommen **11** 3
- Europaratsübereinkommen (EuÜ) **11** 5
- Haager Kinderschutzübereinkommen (KSÜ) **11** 3
- Haager Minderjährigenschutzabkommen (MSA) **11** 3
- Internationales Familienrechtsverfahrensgesetz (IntFamRVG) **11** 4
- Kindesrückführungsverfahren **11** 3, 83

- Privatrecht, internationales **11** 7
- Prüfschema **11** 6
- Rechtsquellen **11** 1 ff.
- Sorgerechtsentscheidung **11** 8
- Titel, ausländische **11** 69
- Umgangsrecht **11** 163

Außervollzugsetzung 4 53, **6** 85, **9** 15
- Anordnung, einstweilige **7** 35 ff., 59
- Beschwerde **9** 17

Auswanderung 1 280, **2** 19, **3** 26, **7** 27

Befangenheit
- Amtsermittlungsgrundsatz **1** 401
- Befangenheitsgründe **1** 368
- Umgangsrecht **2** 229 ff.

Befruchtung, künstliche 2 28

Begründung
- Beschwerde **9** 38 f.
- Sorgerechtsverfahren **1** 362
- Verfahrensbeistand, Bestellung **5** 40

Behinderung
- seelische **12** 100

Behörde, zentrale
- Kindesrückführungsverfahren **11** 133
- Umgangsrecht, grenzüberschreitendes **11** 163

Beiordnung
- Entpflichtung **8** 23
- Grundsatz Waffengleichheit **8** 25 f.
- Kindschaftssache **8** 23 f.
- Mehrkostenverbot **8** 31
- Verfahrenskostenhilfe **8** 22 ff.

Beistand 5 1
Beistandschaft 12 150 ff.
Beobachtungsauftrag 1 35
Beratungshilfe 8 7
Bereitschaftspflege 4 29
Beschleunigungsbeschwerde 9 84
Beschleunigungsgebot 7 2
Beschleunigungsrüge 9 84
Beschneidung 1 101
Beschwerde 9 1 ff.
- Ablehnung Anordnung, einstweilige **13** 67
- Ablehnung Verfahrenskostenhilfe **13** 66
- Amtsermittlungsgrundsatz **1** 409 f.
- Anordnung, einstweilige **7** 14, 43 ff.
- Anschlussbeschwerde **9** 53
- Anschlussrechtsbeschwerde **9** 54, 72
- Antragsteller **9** 23
- Anwaltszwang **9** 17, 85 ff.
- aufschiebende Wirkung **9** 15
- Auskunftsrecht **2** 211
- Außervollzugsetzung **9** 15
- beabsichtigte **8** 38 ff., **13** 69
- Begründung **9** 38 f.
- Berechtigung **9** 19 ff.
- Beschwer **9** 13
- Beschwerdeschrift Hauptsache **13** 68
- Dritte **9** 23
- Einlegung **9** 34 ff.
- Einzelrichter **9** 7
- Eltern **9** 19
- Endentscheidungen **9** 8
- Entscheidung **9** 45 ff.
- Erledigung Hauptsache in ~ **9** 54 ff.
- Erwachsenensumme **9** 13
- Formalien **7** 50
- Freiheitsentziehung **9** 56
- Frist **9** 10, 29 ff.
- Gericht **9** 3
- Großeltern **4** 25, **9** 28
- Grundrechtseingriffe **9** 56
- isolierte **9** 14
- Jugendamt **9** 23
- Kosten **9** 91, **10** 16
- leiblicher Vater **9** 23
- Meistbegünstigung **9** 2
- Minderjährige **9** 23
- nach § 58 FamFG **9** 8 ff.
- Pflegeeltern **4** 25, **9** 28
- Rechtsbehelfsbelehrung **9** 2, 33
- Rechtsbeschwerde **9** 4
- Reformatio in peius **9** 6
- Rücknahme **9** 18
- Schrift **9** 35
- sofortige **9** 10
- Sorgerechtverfahren **1** 409 f.
- Sprungsrechtsbeschwerde **9** 72
- Statthaftigkeit **9** 8 ff.
- Umgangsrecht **2** 57, **9** 56
- unanfechtbare Entscheidungen **9** 10
- Untätigkeitsbeschwerde **9** 77 f.
- Verbleibensanordnung **4** 25
- Verfahrensablauf **9** 40 ff.
- Verfahrensbeistand **9** 23
- Verfahrensfehler **9** 56
- Verfahrenskostenhilfe **8** 32
- Verfahrenskostenhilfe für beabsichtigte ~ **8** 38 ff.
- Verfassungsbeschwerde **9** 13
- Verschlechterungsverbot **9** 6
- Verzichtserklärung **9** 17 f.
- Verzögerungsrüge **9** 77 f.
- Vollstreckungsrecht **6** 72
- Vormund **4** 25, **9** 28
- weitere **9** 4
- Wert **10** 16
- Wiedereinsetzung **9** 3
- Wiederholungsgefahr **9** 56
- Zwischenentscheidungen **9** 10

Besprechungen
- außergerichtlich **10** 36

Bestandsinteresse 3 17
Bestimmtheitserfordernis 6 16
Bestrafungsverbot 1 86
Beteiligter
- Verfahrensbeistand **5** 30

Beteiligung
- am Verfahren **10** 12
- Anhörung **2** 228
- Jugendamt am Umgangsrechtsverfahren **2** 233 ff.
- Kind im Sorgerechtsverfahren **1** 413 ff., 424 ff.
- Kosten **10** 1
- Pflegeeltern **1** 11
- Sorgerechtsverfahren **1** 384 ff.
- Verfahrenskostenhilfe **8** 5 ff., 21
- Vollstreckungsrecht **6** 76 ff.

Betreuungsmodelle 1 323 ff.
Betreuungsstabilität 1 268
Beweisaufnahme 10 42
Billigung 11 110 ff.

Stichwortverzeichnis

Bindung
- an Eltern **1** 301 ff.
- an Geschwister **1** 301 ff.
- Bindungstoleranz **1** 268, 298 ff., **2** 16
- Trennung **1** 244
- Umgangsrecht **2** 6 f., 14

Brüssel IIa-Verordnung 11 1 f.
- Änderung HKÜ durch Brüssel IIa-VO **11** 150 ff.
- Anerkennung/Vollstreckung Titel **11** 71 f.
- Arbeitshilfe/Leitfaden **11** 14
- Drittstaat **11** 25
- Eilzuständigkeit **11** 24
- Feststellungsbeschluss **13** 43 f.
- Gerichtsstandsvereinbarung **11** 18
- Kinderrückführungsverfahren **11** 83
- Litispendenz **11** 22
- perpetuatio fori **11** 23
- Prüfschema **11** 11 ff.
- Reformvorschlag KOM **11** 11
- Rückgriff auf Recht, nationales **11** 20
- Schutzmaßnahmen, dringende **11** 24
- Titel **11** 70 ff.
- Verbringen, widerrechtliches **11** 17
- Verweisung, grenzüberschreitende **11** 21
- Zuständigkeit nach ~ **11** 11 ff.
- Zuständigkeitsfortdauer **11** 16

Bundeskinderschutzgesetz ff 12 1

Datenerhebung 12 4
Dauerpflege 1 224, **4** 29
Deutsch-Iranisches Niederlassungsabkommen 11 3, 66 ff.
Dialoggebot 1 82 f.
Dienstaufsichtsbeschwerde 12 6
Domizilmodell 1 324
Dritte
- Umgangsrecht **2** 113

Dritter
- Schutzmaßnahmen für Kind ggü. ~ **1** 208

Drittstaat 11 68
- Brüssel IIa-Verordnung **11** 25
- Haager Kinderschutzübereinkommen (KSÜ) **11** 37
- Haager Minderjährigenschutzabkommen (MSA) **11** 59

Durchsuchungsbeschluss 6 51, 54

Eigenmacht, verbotene 4 15
Eilbedürftigkeit 11 135
Eilverfahren
- Eigenständigkeit **7** 9

Eilzuständigkeit
- Brüssel IIa-Verordnung **11** 24
- Haager Kinderschutzübereinkommen (KSÜ) **11** 36
- Haager Minderjährigenschutzabkommen (MSA) **11** 58 f.

Eingliederung
- berufliche **12** 55

Eingliederungshilfe 12 56
Eingliederungsmodell 1 323
Einrichtungen
- stationäre **12** 104
- Tageseinrichtung **12** 104

Einzelbetreuung
- sozialpädagogische **12** 94

Eltern
- Abänderungsverfahren **3** 21 f.
- Elternfeindbild-Syndrom (PAS) **1** 288
- Parental Alienation Syndrome (PAS) **1** 288
- Sorgeerklärung **13** 1 ff.
- Stiefeltern **1** 15
- Tod **1** 172 ff.

Eltern-Feindbildsyndrom (PAS) 1 288, **2** 16, 181 f.
Eltern-Kind-Einrichtung 1 179
Elternvereinbarung
- Abänderung Sorgerechtsregelung **2** 48 ff.
- Elternwille, übereinstimmender **3** 20
- Sorgerecht **1** 331 ff., 343 ff.
- Umgangsrecht **2** 237 f.
- Umgangsvereinbarung **2** 29 ff.

Ende
- Sorgerecht, elterliches **1** 171 ff.
- Vermögenssorge **1** 162

Entpflichtung 8 23
Entscheidung
- Abänderung **3** 1
- Endentscheidung **9** 8
- Nebenentscheidung **9** 10
- unanfechtbare Entscheidung **9** 10
- Verbot **11** 139 f.
- Zwischenentscheidung **9** 10

Erbschaft 1 116
Ergänzungspfleger 1 99, **12** 49
Ergänzungspflegschaft bei bestehender Vormundschaft 12 121
Erinnerung 9 4
Erledigung
- Abänderungsverfahren **3** 39
- Hauptsache in Beschwerdeinstanz **9** 54 ff.
- Kosten **10** 14
- Umgangsrecht **2** 236

Ermächtigung 1 20 f., 131, **11** 129
Erstberatung 10 21
Ertrotzte Kontinuität 4 8
Erwachsenheitssumme 9 13
Erziehung 1 79 ff.
- Abbruch Maßnahmen, lebenserhaltende **1** 108 ff.
- Ausbildung-/Berufsangelegenheit **1** 91
- Begriff **1** 81
- Beratung **12** 71
- Eignung **1** 276
- Einschränkung/Grenzen **1** 85 ff.
- Förderung **12** 18
- Förderungsprinzip **1** 268
- Grundsätze **1** 82 ff.
- Lebendorganspende **1** 99
- Maßnahmen, entwürdigende **1** 85 ff.
- Maßnahmen, freiheitsentziehende **1** 92 f.
- Pille **1** 98
- Schwangerschaftsabbruch **1** 96
- Sterilisation **1** 99
- Umgangsrecht **1** 90
- Vorrang der Eltern **2** 137

Erziehungsbeistandschaft 1 464, **12** 78
Erziehungseignung 1 273 ff.
- Behinderung **1** 296
- Bindungstoleranz **1** 298
- Einfluss, dominanter Großeltern **1** 297
- Eltern-Feindbildsyndrom (PAS) **1** 288

Stichwortverzeichnis

- Erkrankung, schwere **1** 296
- Erziehungseinflüsse, schädliche **1** 290
- Geschlechtsumwandlung **1** 292
- Homosexualität **1** 292
- Kindererziehung, religiöse **1** 276 f.
- Kulturkreis **1** 293
- Missbrauch, sexueller **1** 294
- Parental Alienation Syndrome (PAS) **1** 288
- Partnerschaft, neue **1** 291
- Staatsangehörigkeit **1** 293
- Straffälligkeit **1** 289
- Umzug ins Ausland **1** 279 f.

Erziehungsmaßregel 12 80
Europäisches Sorgerechtsübereinkommen (ESÜ)
- Anerkennung/Vollstreckung Titel **11** 76
- Feststellungsbeschluss **13** 43
- Kindesentführung **11** 162
- Kindesrückführungsverfahren **11** 162

Europaratsübereinkommen (EUÜ) 11 5, 164

Fachaufsichtsbeschwerde 12 6
Familienbildung 12 19
Familienfreizeit 12 19
Familienhebamme 12 19
Familienhilfe, sozial-pädagogische 1 179
Familienleben 2 125
Familienpflege 1 16, **4** 29
- Geschwisterkinder **4** 32

Familiensachen, selbstständige 1 451 ff.
Famille naturelle 1 3
Feiertage 2 84 ff.
Ferien 2 79 ff.
Folgesachen 10 28
- Abtrennung Antrag **13** 14, 29
- Anwaltszwang **1** 450 ff.
- Beistand, gerichtlicher **1** 450 ff.

Förderungsprinzip 1 268 ff.
- Begriff **1** 268
- Betreuung durch einen Elternteil **1** 269 ff.
- Erziehungseignung **1** 273

Freie Jugendhilfe 12 1
Freiheitsentziehende Maßnahmen 1 76, **12** 130
Fremdbetreuung 1 269
Fremdunterbringung 12 41, 78
Frist
- Anordnung, einstweilige **9** 30
- Antrag Kindesrückführungsverfahren **11** 106 ff.
- Beginn **9** 31 f.
- Beschwerde **9** 8, 29 ff.
- Rechtsbeschwerde **9** 65 f.
- Wiedereinsetzungsverfahren **9** 31 f.

Garantenstellung 12 15, 61, 167
Gebührenrahmen 10 22
Gefahr im Verzug
- Herausgabe Kind **4** 6

Gefährdung Kindeswohl 1 183
Gefährdungseinschätzung 12 4 ff.
Gegenstandswert 2 257 ff.
Gegenvorstellung 9 10, **12** 6
Gehör, rechtliches 11 73
- Sorgerechtsverfahren **1** 365, 384 ff.
- Umgangsrecht **2** 254
- Vollstreckung **6** 55

Genitalverstümmelung 1 107

Gerichtskosten 10 1
Gerichtsstandsvereinbarung
- Brüssel IIa-Verordnung **11** 18
- Haager Kinderschutzübereinkommen (KSÜ) **11** 32

Gerichtsvollzieher 6 80
Gesamtvertretungsprinzip 1 111
Geschwister 1 301 ff.
- Bindung **1** 301 ff.
- Umgangsrecht **2** 116 ff.

Gesundheitsvorsorge 1 18
Gewalt 2 44, 106, 109, 178, 189, **6** 49, 76, 82, **11** 129, 144, 155
- Antrag Herausgabe Kind **13** 41, 59
- Entzug Sorgerecht **1** 253
- Erziehung, – freie **1** 85, **3** 23
- Gewaltverhältnis **11** 50 ff.

Gewöhnlicher Aufenthalt 1 372
Glaubhaftmachung 7 21
Großeltern
- als Begleitpersonen im Umgang **2** 192
- Einfluss auf Erziehungseignung **1** 297
- Umgangsrecht **2** 116 ff., 192
- Umgangsrecht Beschränkung/Ausschluss bei Verfeindung **2** 172 f.
- Verbleibensanordnung **4** 33

Grundfreiheiten 11 124
Gruppenarbeit
- soziale **12** 75

Haager Kinderschutzübereinkommen (KSÜ) 11 3, 26 ff.
- Abgabe, grenzüberschreitende **11** 33
- Anerkennung/Vollstreckung Titel **11** 77
- Annexzuständigkeit **11** 32
- Aufenthalt **11** 29 ff.
- Drittstaat **11** 37
- Eilzuständigkeit **11** 36
- Gerichtsstandsvereinbarung **11** 32
- Kindesrückführungsverfahren **11** 162
- Kollisionsrecht **11** 61 ff.
- Litispendenz **11** 34
- perpetuatio fori **11** 35
- Prüfschema **11** 28
- Schutzmaßnahmen, dringende **11** 36
- Verbringen, widerrechtliches **11** 30

Haager Kindesentführungsübereinkommen (HKÜ) 11 3
- Verfahrensbeistand **5** 15

Haager Minderjährigenschutzabkommen (MSA) 11 3, 38 ff.
- Anerkennung/Vollstreckung Titel **11** 78
- Anordnung, einstweilige **11** 56
- Aufenthalt **11** 45 ff.
- Aufenthaltswechsel **11** 47
- Doppelstaater **11** 55
- Drittstaat **11** 59
- Eilzuständigkeit **11** 58 f.
- Einführungsfälle **11** 47
- Eingreifen Heimatbehörden **11** 53 ff.
- Fortgeltung Maßnahmen **11** 57
- Gewaltverhältnis nach Heimatrecht **11** 50 ff.
- Kindesentführung **11** 162
- Kindesrückführungsverfahren **11** 162
- Kollisionsrecht **11** 64 ff.
- perpetuatio fori **11** 47

Stichwortverzeichnis

- Prüfschema **11** 44
- Vorbehalte **11** 49 ff.

Haft
- Haftanordnung/Vollzug **6** 44
- Haftbefehl **6** 52
- Kindeswohlgefährdung **11** 116

Hausbesuch 12 4
Heimunterbringung 12 84
Herausgabe Kind 4 1 ff., **13** 41 f., 59 ff.
- absolutes Recht **4** 1
- Anhörung **4** 51
- Anordnung, einstweilige **4** 53
- Anspruchsberechtigung **4** 3
- Antrag **4** 50
- Außervollzugsetzung **4** 53
- Eigenmacht, verbotene **4** 15
- elterlicher Erziehungsvorgang **4** 20
- Ergänzungspfleger **4** 3
- Erziehungshilfen **4** 11
- Familienpflege **4** 29
- Gefahr im Verzug **4** 6
- Herausgabeanordnung **4** 13
- Herausgabepflichtiger **4** 10 f.
- Inobhutnahme **4** 7
- Kindeswohl **4** 12 ff.
- Kindliches Zeitempfinden **4** 33
- Kontinuität, ertrotzte **4** 8
- Pflegefamilie **4** 23
- Rückführungsperspektive **4** 23
- Umgangsbestimmung **4** 16 ff.
- Verbleibensanordnung **4** 23
- Verfahren **4** 45 ff.
- Verfahrensbeistand **4** 8, **5** 15
- Verfahrenspfleger **4** 51
- Vollstreckung **4** 54
- Voraussetzungen, materiell-rechtliche **4** 3 ff.
- Vorenthaltung, widerrechtliche **4** 11
- Zuständigkeit **4** 46 ff.
- Zwangsmittel **4** 8

Hilfe
- sozialpädagogische **12** 63
- zur Erziehung **12** 58, 123

Hilfeplan 12 53
- Erstellung **12** 54

Hilfeplanverfahren 1 217, **12** 45, 127
Homosexualität 1 292

Inklusion 12 106
Inobhutnahme 1 22, 85, **4** 7, **12** 94, 107 ff.
- Anlass **12** 112
- Beendigung **12** 134
- dringende Gefahr **12** 112
- Elternrecht **12** 112
- familiengerichtliche Entscheidung **12** 129
- Kostenübernahme **12** 139
- mutmaßlicher Wille **12** 114 ff.
- Notkompetenz **12** 122
- Rückführung **12** 107
- unmittelbarer Zwang **12** 132
- Verwaltungsakt **12** 107
- Widerspruch **12** 111, 117

Insemination, heterologe 2 28
Integration
- Helfer **12** 105
- soziale **12** 96

Interaktionsbeobachtung 1 384
Internationales Familienrechtsverfahrensgesetz (IntFamRVG) 11 4

Jugendamt
- Amtsvormund **1** 217
- Anhörung **1** 440 ff.
- Anspruch auf Beratung/Unterstützung **2** 52
- Beratung **1** 462 ff., **8** 17
- Bericht **2** 233, **7** 8, **11** 135, 157
- Beschwerdeberechtigung **9** 23
- Beschwerderecht **1** 40
- Beteiligung Umgangsrechtsverfahren **2** 233 ff.
- Ermittlungsauftrag **12** 4
- fachliche Standards **12** 9
- gesteigerte Beratungspflicht **12** 123
- Handlungspflicht **12** 113
- Kostenübernahme **12** 114
- Mitarbeiterablehnung **12** 6
- Mitwirkungspflicht **12** 4
- Sachverhaltsermittlung **12** 4
- Schutzauftrag **12** 117
- Situation im Vollstreckungsrecht **6** 81
- Sorgeerklärung Eltern, unverheiratete vor ~ **13** 1

Jugendamtshopping 12 1
Jugendhilfe
- freie ~ **12** 3
- öffentliche ~ **12** 1

Kind
- Ablehnung Rückführung **11** 121 ff.
- Anhörung **11** 138, 151
- Bindung **1** 301
- Entführung **11** 162
- Herausgabe **4** 1
- Kindesrückführungsverfahren **11** 83
- Kindesschutz **3** 30 ff.
- Kindeswohl **4** 8
- nichteheliches **13** 1 ff.
- Rückführungsverfahren **1** 239
- Situation bei Vollstreckung **6** 76
- Verfahrensfähigkeit **1** 424
- Wille **1** 304

Kinder- und Jugendhilfe
- Kostenbeteiligung **12** 140 ff.

Kinder- und Jugendhilfeweiterentwicklungsgesetz (Kick) 12 9
Kindesentführung
- Auslandsberührung **11** 1
- Europäisches Sorgerechtsübereinkommen (ESÜ) **11** 162
- Haager Kinderschutzübereinkommen (KSÜ) **11** 162
- Haager Kindesentführungsübereinkommen (HKÜ) **11** 162
- Haager Minderjährigenschutzabkommen (MSA) **11** 162
- Kindesrückführungsverfahren **1** 239
- Umgangsrecht Beschränkung/Ausschluss **2** 164 f.
- Zuständigkeit **11** 46 f.

Kindesrückführungsverfahren 11 83 ff.
- Abänderung Entscheidung **11** 145 f.
- Altersgrenze **11** 122
- Änderung HKÜ durch Brüssel IIa-VO **11** 150 ff.
- Anhörung Kind **11** 138, 151
- Anordnung, einstweilige **13** 47 f.

- Anträge **11** 125 ff., **13** 45 ff.
- Antragsfrist **11** 106 ff.
- Anwaltszwang **11** 134
- Anwendungsbereich **11** 90 ff.
- Aufenthalt, gewöhnlicher **11** 93, 161
- Ausnahmen Rückgabeverpflichtung **11** 109 ff.
- Behörde, zentrale **11** 133
- Bescheinigung Vollstreckbarkeit **11** 160
- Beschleunigungsgebot **11** 152
- Beweislast **11** 109
- Billigung **11** 110 ff.
- Darlegungs-/Beweislast **11** 113
- Eilbedürftigkeit **11** 135
- Einleben des Kindes **11** 106
- Entscheidungsverbot **11** 139 f.
- Europäisches Sorgerechtsübereinkommen (ESÜ) **11** 162
- Haager Kinderschutzübereinkommen (KSÜ) **11** 162
- Haager Minderjährigenschutzabkommen (MSA) **11** 162
- Kindeswille/Ablehnung Kind **11** 121 ff.
- Kindeswohl **11** 113 ff.
- Kosten Verfahren **11** 147 ff.
- mirror orders **11** 155
- overruling **11** 158
- Rechtsmittel **11** 142
- Rückführungsvoraussetzungen **11** 96 ff.
- safe harbour **11** 155
- Sorgerechtsausübung **11** 110 ff.
- Sorgerechtsausübung, tatsächliche **11** 102 ff.
- Übersendung Entscheidung **11** 157
- Umfang **11** 94 f.
- Umgangsrecht **11** 105
- Undertakings **11** 154
- Verbindungsrichter **11** 136
- Verbringen, widerrechtliches **11** 83, **13** 46
- Verfahren **11** 125 ff.
- Verfahrensbeistand **11** 140
- Verstoß gegen Menschenrechte/Grundfreiheiten **11** 124
- Vollstreckung **11** 143 f.
- Widerrechtlichkeit Verbringen/Zurückhalten **11** 97 ff.
- Widerrechtlichkeitsbescheinigung **11** 136
- Ziele **11** 84 ff.
- Zuständigkeit **11** 130 ff.

Kindeswille 2 65
- Ablehnung Kind **11** 121 ff.
- bei Trennung **1** 304 ff.
- Umgangsrecht **2** 65, 102 ff.

Kindeswohl 1 25, 321, **6** 24, **12** 4
- Abänderungsverfahren **3** 1
- als Generalklausel **1** 461
- Gefährdung **1** 183, 193, **2** 163 f., **12** 1, 48
- Herausgabe Kind **4** 12 ff.
- Kindesrückführungsverfahren **11** 113 ff.
- Kontinuitätsgrundsatz **1** 263
- negative Kindeswohlprüfung **1** 40
- Trennung **1** 239 ff.
- Umgangsrecht **2** 65
- Umgangsrecht Beschränkung/Ausschluss **2** 156, 163 f.

Kindeswohlprüfung 1 318
Kindschaftssache 7 2, **8** 23 f., **10** 5

Knabenbeschneidung 1 101
Kollisionsrecht 11 1, 60 ff.
- Haager Kinderschutzübereinkommen (KSÜ) **11** 61 ff.
- Haager Minderjährigenschutzabkommen (MSA) **11** 64 ff.

Konkretheitsgebot 2 60
Kontinuität
- ertrotzte **7** 7

Kontinuitätsgrundsatz 1 263 ff., **3** 17
- Ausprägungen **1** 267
- Bedeutung für Kindeswohlprüfung **1** 264 ff.
- Begriff **1** 263
- Kontinuität, ertrotzte **4** 8

Kooperationsfähigkeit 1 317
Körperfixierung 12 130
Kosten 10 1 ff.
- Abgetrennte Folgesache **10** 28
- Absehen von Erhebung **10** 8
- Anordnung, einstweilige **7** 31 ff., **10** 48 ff.
- Anrechnung **10** 23
- Antragsrücknahme **10** 14
- Beratung durch Anwalt **10** 21
- Beschwerde **10** 16
- Beteiligte **10** 1, 12
- Billigkeit **10** 10
- Einigungsgebühr **10** 38 ff.
- Erledigung **10** 14
- Erstattung **10** 8
- Gerichtskosten **10** 1, 30 f., 45, 51
- Geschäftsgebühr **10** 22
- Geschäftsgebühr, Anrechnung **10** 23
- Kindesrückführungsverfahren **11** 147 ff.
- Kindschaftssachen **10** 5
- Kostenerhebung **10** 8
- Mehrkostenverbot **8** 31
- Mitwirkung bei Vertragsgestaltung **10** 23
- Obsiegen **10** 10
- ortsübliche Vergütung **10** 21
- Rechtsanwaltsgebühren **10** 33, 46, 53
- Rechtsmittel **9** 91
- Rechtsmittelrücknahme **10** 14
- Scheidungsverbund **10** 5
- Schuldner **10** 8
- Tätigkeit, außergerichtliche **10** 21 ff.
- Tätigkeit, gerichtliche **10** 25 ff.
- Tätigkeit, nach außen gerichtete **10** 22
- Terminsgebühr **10** 36 f.
- Umgangsrecht **2** 90, 257 ff.
- Unterliegen **10** 10
- Verbundverfahren **10** 25 ff.
- Verfahren, isolierte **10** 43 ff.
- Verfahrensbeistand **5** 43 ff., **10** 12
- Verfahrensgebühr **10** 34
- Verfahrenskostenhilfe **8** 1
- Verfahrenswert **2** 257 ff., **10** 25 ff., 43 f., 48
- Verfahrenswertanpassung **10** 44
- Verfahrenswertbeschwerde **10** 53
- Vergleich **10** 15
- Verschulden **10** 10
- Verteilung **10** 1 ff.
- Vertragsgestaltung **10** 23
- Vollstreckungsrecht **6** 65 ff.

KostRMoG 10 1, 26, 53

Stichwortverzeichnis

Lebensgemeinschaft, nichteheliche 1 57 f.
Lebenspartnerschaft, eingetragene 1 61 ff.
– Bestehen **1** 65
– Einschränkungen/Ausschluss Befugnisse **1** 73
– Ende **1** 74
– Getrenntleben **1** 74
– Homosexualität **1** 292
– Rechtsfolgen **1** 65 ff.
– Sorgerechtsregelungen **1** 66 ff.
– Sorgerechtsregelungen, Wirkungen **1** 75
– Umgangsrecht **1** 74
– Vertretung, gesetzliche **1** 70 ff.
– Voraussetzungen **1** 65 ff.
Lex fori 11 64
Litispendenz 11 22, 34
Loyalitätskonflikt 5 13
Lügendetektor 1 387

Maßnahmen, lebenserhaltende 1 108 ff.
Mediation 1 260, 10 40
Meistbegünstigung 9 2
Menschenrecht 11 124
Minderjährige 1 304
– Haager Minderjährigenschutzabkommen (MSA) **11** 38
– Kosten **10** 12
– Teilmündigkeit, vorgezogene **1** 120
Mirror orders 11 155
Missbrauch, sexueller 1 253, 294, 2 106, 166 ff., 186, 3 28, 5 10
Multiaxiales Klassifikationsschema 12 101
Münchhausen-Stellvertreter-Syndrom 1 197
Mutwilligkeit 8 13 ff.

Namensgebung 1 18, 116
Nasciturus 1 96
Nebenentscheidung 9 10
Negativattest 1 57
Negative Kindeswohlprüfung 1 312
Nestmodell 1 325
Notkompetenz 12 122
Notvertretungsrecht 1 338

Obhut 1 141 ff., 5 15 f.
– Obhutsperson **6** 77
– Wechsel **5** 4, 17
Öffentliche Jugendhilfe 12 1
Öffentlich-rechtliche Streitigkeit 12 6
Ordnungsgeld 6 33 ff.
– Androhung **6** 36
– Beitreibung **6** 39
– Höhe **6** 35
– Verfahren **6** 36 f.
– Zielrichtung **6** 33 f.
Ordnungshaft 6 40 ff.
– Haftanordnung **6** 44
– Vollzug **6** 44
– Voraussetzungen **6** 40 ff.
Ordnungsmittel 6 30 ff.
– Anträge **13** 32 ff.
– Ordnungsgeld **6** 33
– Ordnungshaft **6** 40
– Verhältnismäßigkeit **6** 32
– Wohnungsöffnung **6** 50
– Zwang, unmittelbarer **6** 45 ff.

Overruling 11 158

Parental Alienation Syndrome (PAS) 1 288, 2 181 f.
Patientenverfügung 1 108
Perpetuatio fori 1 376, 11 23, 35
Personensorge 1 28, 76 ff.
– Ausübung, missbräuchliche **1** 196 ff.
– Begriff **1** 76
– Eingriffsvoraussetzungen **1** 191 ff.
– Entzug **1** 189 ff., **5** 12 ff.
– Erziehung **1** 85
– Grenze **1** 76 ff.
– Inhalt **1** 76 ff.
– Vernachlässigung Kind **1** 200 f.
– Versagen, unverschuldetes Eltern **1** 202 ff.
– Vertretung, gesetzliche **1** 17
Persönlichkeitsentwicklung des Kindes 3 23
Pflege
– Adoption **12** 87
– Bereitschaft **12** 87
– Person **12** 88
– Wochen **12** 87
Pflegeeltern 1 11, 16, 199, 2 26, 60, 65, 3 31, 5 18, 6 77, 12 29
Pflegeeltern, Wegnahme Kind 4 23 ff.
– Beschwerdeberechtigung **9** 23
Pflegefamilie 4 23
Pflegeperson 1 447
Pfleger 1 17, 12 49
Pflichtaufgaben
– gesetzliche **12** 17
Polizei 6 82
Presse/Medien 6 84
Privatinsolvenz 1 209
Prostitution 1 197
Prozessstandschaft 12 149
Psychische Erkrankung 3 29
Psychotherapie 1 248

Realvertreter 12 166
Rechtsanspruch
– subjektiver **12** 19
Rechtsbehelfsbelehrung 9 2, 33
Rechtsbeschwerde 1 451, 9 4, 51, 59 ff.
– Abhilfebefugnis **9** 65
– Anschlussrechtsbeschwerde **9** 54, 72
– Entscheidung **9** 69 ff.
– Frist/Form/Begründung **9** 65 f.
– Sprungsrechtsbeschwerde **9** 72
– Statthaftigkeit **9** 59 f.
– Verfahrenskostenhilfe **8** 32
Rechtsmittel 9 1 ff.
– Anordnung, einstweilige **7** 43
– Antrag **13** 66 ff.
– Anwaltszwang **9** 85 ff.
– Beschwerde **9** 1
– Bestellung Verfahrensbeistand **5** 41
– Erinnerung **9** 4
– Gegenvorstellung **9** 10
– Kindesrückführungsverfahren **11** 142
– Kosten **9** 91
– Rechtsbehelfsbelehrung **9** 2
– Verfahrenskostenhilfe **8** 38 ff., 42
– Verfahrenskostenhilfe, Versagung **8** 32
– Verfassungsbeschwerde **9** 13

Stichwortverzeichnis

- Verzicht **3** 2
- Vollstreckungsrecht **6** 72
- wegen Untätigkeit **9** 77 ff.
- Wiedereinsetzungsverfahren **9** 2

Rechtsschutz, einstweiliger
- Abänderungsverfahren **3** 40 f.
- Anordnung, einstweilige **7** 1
- Umgangsrecht **2** 193 f.

Rechtsschutzbedürfnis 4 28
Reformatio in peius 9 6
Richter
- aktiver **6** 75 ff., 86
- Befangenheit **1** 368
- Verbindungsrichter (HKÜ) **11** 136

Richtervorbehalt 6 50
Ruhen 1 162 ff.

Sachverständigengutachten 1 108, 294, 301, 394 ff., **2** 50, 104, 165, 170, 232, **5** 14, 26, **6** 23, **7** 21, 25, **10** 44, **11** 135
Sachverständiger
- Beweisfrage **1** 401

Safe harbour 11 155
Schadensersatz 1 159
Scheidungsverbund
- Abtrennung **2** 221
- Folgesachen **1** 450
- Kosten **10** 5
- Sorgerecht, elterliches **1** 165
- Sorgerechtsantrag im ~ **1** 345 ff.
- Umgangsrecht **2** 219 ff.
- Verfahrenskostenhilfe **8** 19

Schulangelegenheiten 1 18
Schulpflicht 1 77, **12** 44
Schulwahl 1 116 f.
Schutzmaßnahmen für Kind 1 178 ff.
- Eingriff in Personensorge **1** 28
- Eingriff in Vermögenssorge **1** 209
- Entzug Sorgerecht, elterliches **1** 189 ff.
- Gefährdung Kindeswohl **1** 183, 193
- gegenüber Dritten **1** 208
- gegenüber Elternteil, sorgeberechtigtem **1** 205 f.
- gerichtliche **1** 216
- nach § 1666 BGB **1** 184 ff.
- Psychotherapie **1** 205
- Überprüfung/Änderung **1** 223 ff.

Scientology 1 276
Selbstmelder 12 112
Sexuelle Orientierung 3 24
Sorgeerklärung 1 35, 45 ff., **3** 25
- Antrag auf Ersetzung **1** 37
- Eltern, unverheiratete **13** 1 ff.
- Inhalt **1** 50
- Kind, nichteheliches **13** 1 ff.
- Modalitäten **1** 52 f.
- Rechtsnatur **1** 48 f.
- Übergangsrecht **1** 54
- Vaterschaftsanerkennung **1** 46, 51
- vor Jugendamt **13** 1
- vor Notar **13** 2
- vorgeburtliche **13** 3
- Zeitpunkt **1** 51

Sorgeermächtigung 1 23

Sorgerecht 1 40
- Abänderung Entscheidung, ausländische **11** 81 ff.
- Anhörung **1** 419
- Auslandsberührung **11** 1
- Beteiligung **1** 413
- Entzug **1** 22, **12** 47
- Erziehungsumstände **1** 263
- gemeinsames **1** 32
- Herausgabe Kind **4** 1
- Kindesrückführungsverfahren **11** 102 ff., 110 ff.
- kleines **1** 61
- Mitsorgerecht **11** 94
- nicht miteinander verheirateter Eltern **1** 310
- Pflegeeltern **2** 26
- Rechtsnatur **1** 352
- Regelung, einverständliche **13** 5 ff.
- Regelung, streitige **13** 7 ff.
- Sorgeerklärung **1** 45
- Sorgevollmacht **1** 20 ff.
- Teilbereiche/-entscheidung **1** 319 ff., **13** 56
- Übertragung **1** 352 ff.
- Übertragung Entscheidungsrecht **13** 15 ff.
- Vereinbarung/Ausübungsregelungen **1** 331 ff., 343 ff.
- Verfahrenskostenhilfe **8** 1

Sorgerecht, alleiniges
- Ausnahmen **1** 36

Sorgerecht, elterliches 1 1 ff.
- Abänderung Sorgerechtsregelung **2** 48 ff.
- Alleinsorge **1** 55
- Ausübung **1** 18 ff.
- Ausübung bei Trennung **1** 323 ff.
- Ausübung, missbräuchliche **1** 196 ff.
- Ausübungsregelungen **1** 343 ff.
- Beginn **1** 9
- durch Sorgeerklärung **1** 51
- Eingriff, staatlicher **1** 175
- Eltern, leibliche **1** 12 ff.
- Ende **1** 9, 171 ff.
- Entzug **1** 189 ff., 217
- Familienpflege **1** 16
- famille naturelle **1** 3
- Formen **1** 31 ff.
- Fürsorgehandlungen **1** 29
- gemeinsame **1** 32
- im Wandel, gesellschaftlichen **1** 1 ff.
- Inhalt **1** 26 ff.
- Kindeswille **1** 304 ff.
- Kollision Sorge-/Umgangsrecht **2** 51
- Kooperationsbereitschaft, fehlende **1** 243 ff.
- Lebenspartnerschaft, eingetragene **1** 61
- Personen, sonstige **1** 15 ff.
- Personensorge **1** 76
- Pfleger **1** 17
- Rechtsnatur **1** 9 ff.
- Rückwirkung **1** 9
- Ruhen **1** 25, 165 ff.
- Schutzmaßnahmen für Kind **1** 178
- Sorgeermächtigung **1** 20 f.
- Sorgevollmacht **1** 20 f.
- Stiefelternteil **1** 15
- Teilübertragung **1** 319 ff.
- Tod Elternteil **1** 172 ff.
- Träger **1** 12 ff.
- Trennung **1** 226 ff.

809

Stichwortverzeichnis

- Umgangsrecht **2** 1
- Vermögenssorge **1** 148
- Versagen, unverschuldetes Eltern **1** 202 ff.
- Vertretung, gesetzliche **1** 17
- Vormund **1** 17
- Wohlverhaltensklausel **2** 33

Sorgerecht, gemeinsames 1 32 ff.
- Aufhebung **1** 243 ff.
- Aufhebung, Verhältnismäßigkeit **1** 257
- durch Heirat **1** 43 f.
- durch Sorgeerklärung **1** 51
- Förderungsprinzip **1** 268
- Grundsatz **1** 33 ff.
- Kooperationsbereitschaft, fehlende elterliche **1** 243 ff.
- nicht miteinander verheiratete Eltern **1** 35 f., 41
- Regelfall **1** 33 f.
- Vorrang **1** 33

Sorgerechtsregelungen
- Lebenspartnerschaft, eingetragene **1** 65

Sorgerechtsverfahren 1 344 ff.
- Abänderung Entscheidung **3** 1
- Abtrennung vom Scheidungsverbund **1** 349 ff.
- Amtsermittlungsgrundsatz **1** 383
- Antragsberechtigung **1** 352
- Antragserfordernis **1** 344
- Antragsinhalt **1** 355 ff.
- Anwaltszwang **1** 351, 451
- Befangenheitsgründe **1** 368
- Begründungspflicht Entscheidung **1** 362
- Beratungsangebot Jugendamt **1** 462 ff.
- Beschwerdeinstanz **1** 367
- Beteiligter **1** 365
- Entscheidung Bekanntgabe **1** 360
- Entscheidung, wirksame **1** 360 ff.
- Familiensachen, selbstständige **1** 451 ff.
- Folgesache **1** 450
- Grundlagen **1** 365 ff.
- im Scheidungsverbund **1** 345 ff.
- isolierter **1** 348
- Kindeswohl **1** 461
- Teilentscheidung **13** 56
- Verfahrensdauer **1** 368
- Verfahrensleitung **1** 368
- Vorrang-/Beschleunigungsgebot **1** 394
- Zuständigkeit **1** 369 ff.

Sorgevollmacht 12 119
Sozialgesetzbuch – Achtes Buch 12 1
Sozialisationsdefizite 12 13
Sozialrechtlicher Herstellungsanspruch 12 14
Sprungsrechtsbeschwerde 9 72
Staatsangehörigkeit 1 293, **11** 1, 3, 15, 25, 41 f., 52, 55, 59, 65 ff., 92, 161
Steuerungsverantwortung 12 32
Stiefeltern 1 15
Stiefkindadoption 1 62
Sukzessivadoption 1 63

Tagesbetreuungsausbaugesetz 12 117
Tageseinrichtung 12 42
Tagesgruppe 12 84
Titel, ausländische 11 1, 69 ff.
- Anerkennung **11** 70 ff.
- Brüssel IIa-Verordnung **11** 71 ff.
- ESÜ **11** 76
- Haager Kinderschutzübereinkommen (KSÜ) **11** 77
- Haager Minderjährigenschutzabkommen (MSA) **11** 78
- Recht, autonomes **11** 79 f.
- Sorgerechtsentscheidung Abänderung **11** 81 ff.
- Vollstreckbarerklärung **11** 70 ff.

Tod 1 172 ff.

Trennung
- Angelegenheit Leben, tägliches **1** 334 f.
- Angelegenheit von Bedeutung, erheblicher **1** 332
- Angelegenheit, Betreuung, tatsächliche **1** 337
- Antragsbefugnis **1** 228
- Aufhebung Sorgerecht, gemeinsames **1** 243 ff.
- Aufwendungen bei Ausübung **1** 341 f.
- Ausnahmen zu § 1671 Abs. 1 und 2 BGB **1** 232
- Ausübung nicht Sorgeberechtigter **1** 340
- Ausübungsregelungen **1** 331 ff.
- Bindung **1** 244
- dauerhafte **1** 230 f.
- Eingliederungsmodell **1** 324
- Entscheidung Familiengericht **1** 339
- Gefahr im Verzug **1** 338
- Kinderbetreuungsmodelle **1** 323 ff.
- Kindeswohl **1** 239 ff.
- Kontinuitätsgrundsatz **1** 263 ff.
- Nestmodell **1** 325
- Regelungen nach § 1671 Abs. 1 und Abs. 2 BGB **1** 233 ff.
- Sorgerecht **1** 229
- Übertragung auf Elternteil, antragstellenden **1** 259 ff.
- Wechselmodell **1** 326
- Widerspruch Kind **1** 238
- Zustimmung **1** 236 f.

Übergangsrecht 1 54
Übernachtung 2 75 f.
Übertragung
- Sorgerecht **1** 127

Umgang
- beaufsichtigt **12** 34
- begleiteter **1** 384, **2** 20, 167, 175, 179, 185 f., **12** 34
- beschützter **2** 185
- Bindungstheorie **2** 133
- Kindeswohldienlichkeit **2** 133
- Pflegefamilie **2** 20
- Träger der Jugendhilfe **2** 186
- unterstützt **12** 34
- Unterstützung **12** 27

Umgangsbestimmung 4 1, 16 ff.
- Verfahren **4** 45 ff.

Umgangsboykott 1 288
Umgangskosten 2 90, 137 ff.
Umgangspflegschaft 2 39 ff.
- Beschwerde **2** 44
- Kosten **12** 37
- Vollstreckung **2** 44

Umgangsrecht 1 90, **2** 1 ff., 26 ff.
- Abänderung Entscheidung **3** 1
- Abstammungsgutachten **2** 131
- Abstammungsverfahren **2** 127
- Abtrennung Verfahren vom Scheidungsverbund **2** 221 ff.
- Abweisungsantrag **13** 22 ff.
- als Pflicht/Recht Eltern **2** 13 ff.
- als Recht Kind **2** 8 ff.
- Amtsermittlungsgrundsatz **2** 53 ff.

810

Stichwortverzeichnis

- Anbahnung **2** 70
- Anforderung an Elternteil, sorgeberechtigten **2** 16 ff.
- Anordnung Therapie **2** 234
- Anspruch auf Beratung/Unterstützung Jugendamt **2** 52
- Antrag **2** 219
- Aufklärungspflicht Gericht **2** 227
- Aufwendungen für Ausübung **2** 137 ff.
- Auskunftserteilung **13** 30 f.
- Auskunftsrecht **2** 195
- Ausländer **2** 22
- Auslandsberührung **11** 1
- Ausübung **2** 89
- Befangenheit **2** 229 ff.
- Beschränkung/Ausschluss **2** 150, **5** 4
- Beschwerde **2** 57
- Bestimmtheitserfordernis **6** 16
- Bestimmung **4** 1
- Beteiligung Jugendamt **2** 233 ff.
- Bindung **2** 6
- Bindungstoleranz **2** 16
- biologischer Vater **2** 128
- Briefkontrolle **2** 100
- Dauer **2** 74
- Dritter **2** 113
- Eltern-Feindbildsyndrom (PAS) **2** 16, 182
- Elternvereinbarung **2** 237
- Entfernung der Wohnorte **2** 68, 71
- Entscheidung Gericht **2** 255 f.
- Entscheidung über Kosten **2** 149
- Erledigung Hauptsache **2** 236
- Europaratsübereinkommen (EUÜ) **11** 164
- Feier-/Festtage **2** 84 ff.
- Ferien **2** 67
- Ferienregelung **2** 79 ff.
- Gebühren **2** 257 ff.
- Geschenke **2** 101
- Geschwister **2** 116 ff.
- Gestaltung Ablauf **2** 93 ff.
- Gewalt **2** 44
- grenzüberschreitendes **11** 163 ff.
- Großeltern **2** 116
- Grundlagen **2** 1 ff.
- Grundrechtsachtung **2** 57 f.
- Gütetermin **2** 253
- heterologe Insemination **2** 128
- Interesse am Kind **2** 125, 129, 134
- Kindesrückführungsverfahren **11** 105
- Kindeswille **2** 65
- Kindeswohl **2** 65
- Kindeswohldienlichkeit **2** 129
- Kollision Sorge-/Umgangsrecht **2** 51
- Konkretheitsgebot **2** 60
- Kosten **2** 137 ff., 146
- Kreis Berechtigter **2** 26 f.
- leiblicher Vater **2** 125, 127
- Loyalitätskonflikt **2** 182
- Missbrauch, sexueller **2** 106
- Modalitäten Abholen/Zurückbringen **2** 90 ff.
- Nachholung **2** 97
- Nachholung ausgefallener Kontakte **2** 97
- Ort **2** 89
- Parental Alienation Syndrome (PAS) **2** 182
- Pflegeeltern **2** 26
- Pflegschaft **2** 39 ff.
- Quality Time **2** 69
- rechtlicher Vater **2** 127
- Rechtsnatur **2** 22 ff.
- Rechtsschutz, einstweiliger **2** 193 f.
- Regelung **6** 12, 14 ff.
- Regelungsbefugnis Familiengericht **2** 53 ff.
- Regelungsgrundsätze **2** 57 ff.
- Regelungsinhalt **2** 64 ff.
- Reisebegleitung **2** 91
- Samenspender **2** 128
- Sicherheitsleistung **11** 165
- sozial-familiäre Beziehung **2** 121, 125, 127
- Telefon-/Briefkontakte **2** 98 ff.
- Transport **2** 184
- Übernachtung **2** 75 f.
- Umgang, begleiteter **2** 185 ff.
- Umgang, beschützter **2** 185 ff.
- Umgangsanordnung **2** 8
- Umgangsboykott **2** 182
- Umgangskosten **2** 137 ff.
- Umgangspfleger **6** 79
- Umgangspflegschaft **2** 39 ff., 44
- Umgangsregelung **13** 39 f.
- Umgangssurrogate **2** 99
- Umgangsvereinbarung **2** 29 ff.
- Umgangszwang **2** 44
- Urlaubskosten **2** 146
- Urlaubsreisen **2** 79 ff.
- Vater, leiblicher **2** 2
- Vaterschaftsfeststellung **2** 129
- Verbleibensanordnung **4** 38
- Verfahren nach § 1684 BGB **2** 215 ff.
- Verfahrensbeistand **5** 19 f.
- Verfahrenskostenhilfe **8** 1
- Verfahrensstandschaft **2** 11
- Vergleich, gerichtlich gebilligter **2** 237
- Vermittlungsverfahren **2** 12, 248 ff.
- Versicherung an Eides Statt **2** 128
- Vollstreckbarkeit **2** 9
- Vollstreckung **2** 247
- Vollstreckungsrecht **6** 12, 14 ff.
- Vorrang-/Beschleunigungsgebot **2** 229 ff.
- Wechselmodell **2** 147
- Wechselwirkung Umgangsrecht/-pflicht **2** 147 f.
- Wert/Kosten/Gebühren **2** 257 ff.
- Wochenende **2** 66 ff.
- Wohlverhaltensklausel **2** 33
- Zeit/Dauer/Häufigkeit Zusammentreffen **2** 66 ff.
- Zuständigkeit **2** 222 ff.
- Zustimmung Antrag auf Regelung **13** 21
- Zweck **2** 6 ff.

Umgangsrecht Beschränkung/Ausschluss 2 150 ff., **5** 19 f.
- Alkoholsucht **2** 178
- Alter Kind **2** 180
- Antrag auf Ausschluss **13** 25 f.
- auf längere Zeit **2** 159 ff.
- Beeinflussung, religiöse **2** 174
- begleiteter/beschützter Umgang **2** 185 ff.
- Dauer **2** 159 ff.
- Dauerpflege **2** 159
- Eingriffsschwelle § 1684 Abs. 4 BGB **2** 156 ff.
- Entfremdung **2** 163
- Entführung/-sgefahr **2** 164 f.
- Erforderlichkeit **2** 157 f.

Stichwortverzeichnis

- Erkrankung Kind **2** 184
- Ermittlungsverfahren **2** 167
- Gefährdung Kindeswohl **2** 163 f.
- Gewalt **2** 178
- Gründe **2** 163 ff.
- Gründe bei Eltern **2** 164 ff.
- Gründe bei Kind **2** 180 ff.
- Gründe, sonstige **2** 175 ff.
- HIV-Infektion **2** 171
- Inhaftierung **2** 175
- Missbrauch, sexueller **2** 166 ff.
- Neigungen, pädophile **2** 166 ff.
- Passhinterlegung **2** 153
- Überprüfung **2** 154
- Vater, leiblicher **2** 167
- Verfeindung Eltern/Großeltern **2** 172 f.
- völliger **2** 152 ff.
- Widerstand Kind (PAS) **2** 181 f.

Umgangsrecht Dritter 2 113 ff.
- Antrag **13** 35 f.
- Bezugsperson, enge **2** 121
- Dauer **2** 114
- Geschwister **2** 116 ff.
- Großeltern **2** 116 ff.
- Personenkreis **2** 114 ff.

Umzug 1 280
Unbegleiteter minderjähriger Flüchtling 12 119 ff.
Undertakings 11 154
Untätigkeitsbeschwerde 9 83
Unterbrechung 3 39
Unterbringung
- geschlossene **1** 92
- halboffene ~ **12** 130
- Verfahren **1** 95
- Verfahrensbeistand **5** 1

Unterhaltsersatzansprüche 12 24

Vater, biologischer 2 28, 112, 121
Vater, leiblicher 2 2, 16, **3** 19
- Umgangsrecht Beschränkung/Ausschluss **2** 167 f.

Vater, nichtehelicher 2 27 f.
Verbleibensanordnung 4 23 ff.
- Beschwerde **4** 25
- Dauer, längere **4** 33
- nach § 1632 Abs. 4 BGB **4** 23 f.
- nach § 1682 BGB **4** 44
- Rechtfertigung **4** 35
- Umgangsrecht **4** 38
- Verfahren **4** 45 ff.
- Wegnahme Kind aus Pflegefamilie **4** 23 ff.

Vereinfachtes schriftliches Verfahren 1 40
Verfahren
- Anordnung, einstweilige **7** 18 ff.
- Beschwerde **9** 40 ff.
- Ordnungsgeld **6** 36 f.
- summarisches **7** 4
- Verfahrensdauer **9** 72
- Wohnungsöffnung **6** 55

Verfahrensbeistand 5 1 ff., **12** 60
- Alter Kind **5** 6
- Anhörung Herausgabe/Verbleib/Umgang **4** 51
- Aufgaben im Verfahren **5** 30 ff.
- Ausnahme **5** 21 ff.
- Auswahl **5** 26 f.
- Begründungspflicht für Bestellung **5** 40

- Beschwerde **5** 38
- Beschwerdeberechtigung **9** 23
- Bestellung **5** 10
- Beteiligter **5** 30
- einstweilige Anordnung **5** 50, **7** 21
- Fallpauschale **5** 49
- Herausgabe Kind **4** 8, **5** 18
- Interessengegensatz **5** 7 f.
- Kindesrückführungsverfahren **5** 15, **11** 140
- Kindschaftssachen **5** 5 ff.
- Kosten **5** 43 ff., **10** 12
- nach § 158 Abs. 2 Nr. 1 FamFG **5** 10
- nach § 158 Abs. 2 Nr. 2 FamFG **5** 12 ff.
- nach § 158 Abs. 2 Nr. 3 FamFG **5** 15 f.
- nach § 158 Abs. 2 Nr. 4 FamFG **5** 18
- nach § 158 Abs. 2 Nr. 5 FamFG **5** 19 f.
- Rechtsmittel **5** 41
- Regelbestellung **5** 9 ff.
- Schutzmaßnahme für Kind **1** 180
- Situation im Vollstreckungsrecht **6** 78
- tatrichterliches Ermessen **5** 8
- Verfahrensart **5** 5
- Vergütung **5** 43 ff.
- Verschwiegenheitspflicht **5** 45
- von Amts wegen **5** 37
- Vorgaben, verfahrensrechtliche **5** 37 ff.
- Zeitpunkt **5** 38
- Zwangsumgang **5** 7
- Zwischenentscheidung **5** 41

Verfahrensdauer, überlange
- Gesetz über den Rechtsschutz bei überlangen Gerichtsverfahren und strafrechtlichen Ermittlungsverfahren **9** 77

Verfahrensfähigkeit
- Kind **1** 424

Verfahrenskostenhilfe 8 1 ff.
- amtswegige Verfahren **8** 5
- Anhörung Beteiligte **8** 21
- Antrag **13** 63 ff.
- Antragstellung **8** 8
- Anwaltszwang **8** 22 ff.
- Bedürftigkeit **8** 8
- Beiordnung Rechtsanwalt **8** 22 ff.
- Beratung durch Jugendamt **8** 17
- Beschwerde **13** 66
- Beschwerde, beabsichtigte **13** 69
- Beteiligtenstellung **8** 5 ff.
- Betroffenheit, sachliche/persönliche **8** 5 ff.
- Erfolgsaussichten Rechtsverfolgung **8** 9 ff.
- für Rechtsmittel **8** 38 ff.
- Grundsatz Waffengleichheit **8** 25 f.
- in Sorge-/Umgangsrechtsverfahren **8** 5 ff.
- Kasuistik Beiordnung **8** 29
- Kindschaftssache **8** 23 f.
- Mehrkostenverbot **8** 31
- Mutwilligkeit **8** 13 ff.
- Rechtsbeeinträchtigung **8** 11
- Rechtsmittel gegen Versagung **8** 32
- Rechtsschutzbedürfnis **8** 13
- Scheidungsverbund **8** 19
- Schwierigkeit Sach-/Rechtslage **8** 23 f.
- sofortige Beschwerde **8** 32
- Streitschlichtung, außergerichtliche **8** 17
- Verfahrensgang **8** 8 ff.
- Vergleich zur Prozesskostenhilfe **8** 1

Stichwortverzeichnis

- Vermittlungsverfahren **8** 29
- Wiedereinsetzungsantrag **8** 42
- Zweck **8** 4

Verfahrenspfleger 5 1
Verfahrensstandschaft 1 141 ff., 146 f.
Verfahrenswert 2 257
Verfahrenswertbeschwerde 10 55
Verfassungsbeschwerde 1 410, **9** 13
Vergleich 10 15
- gerichtlich gebilligt **7** 30

Vergleich, gerichtlich gebilligter
- Abänderung **3** 1
- Umgangsrecht **2** 237, 249
- Vollstreckungsrecht **6** 9 f., 14 ff.

Vergütung 5 43
Verhaltensauffälligkeiten 12 71
Verhaltensstörungen 12 90
Verhältnismäßigkeit 7 6
Verhältnismäßigkeitsgrundsatz 6 46
Vermittlungsverfahren 2 12, **13** 34
- Umgangsrecht **2** 248 ff.
- Vollstreckungsrecht **6** 9

Vermögenssorge 1 28, 148 ff.
- Eingriffsvoraussetzungen **1** 209 ff.
- Einschränkungen **1** 154 f.
- Ende **1** 162
- Entzug **1** 189 ff.
- Kindesrückführungsverfahren **11** 94
- Nichterfüllung Unterhaltsverpflichtung **1** 213
- Regelungen Verwendung Kindesvermögen **1** 158
- Ruhen **1** 162
- Schadensersatz **1** 159 f.
- Schutzmaßnahmen für Kind **1** 209 ff.
- Verstoß gegen Anordnungen Familiengericht **1** 215
- Verstoß gegen Pflichten aus ~ **1** 214
- Verstoß gegen Schutzpflichten **1** 212 ff.

Vernachlässigung Kind 1 200 f.
Verschlechterungsverbot 3 9, **9** 6
Vertrauensperson 12 126
Vertretung, gesetzliche 1 17, 111 ff.
- Alleinvertretung **1** 113 ff.
- Beschränkungen **1** 119 ff.
- Dauer **1** 144
- Dienstverhältnis **1** 122
- Einschränkung Pflegerbestellung **1** 121
- Entscheidungsbefugnis, übertragene **1** 116 ff.
- Erwerbsgeschäft **1** 122
- gemeinschaftliche **1** 112
- Geschäfte, genehmigungsbedürftige **1** 123 ff.
- Lebenspartnerschaft, eingetragene **1** 70 ff.
- Notvertretungsrecht **1** 115
- Obhut nach § 1629 BGB **1** 141 ff.
- Sorgerecht, elterliches **1** 17, 30
- Stellvertretung, passive **1** 114
- Teilmündigkeit, vorgezogene **1** 120
- Verfahrensstandschaft **1** 141 ff., 146 f.
- Vertretungsmacht Aufhebung **1** 133 ff.
- Vertretungsmacht nach § 1629 BGB **1** 138 ff.

Verwaltungsakt 12 6
Verwaltungsgericht 12 6
Verzögerungsrüge 1 392, **9** 77 f.
Volljährige
- privilegiert **12** 26

Vollmacht 1 112
- Anscheinsvollmacht **1** 112
- Sorgevollmacht **1** 20 f.

Vollstreckungsrecht 6 1 ff.
- Adressat Zwangsmaßnahme **6** 29
- Androhung von Vollstreckungsmaßnahmen **6** 31
- Anerkennung Titel, ausländischer **11** 70 ff.
- Anhörung **6** 63
- Anwaltszwang **6** 64
- Außervollzugsetzung **6** 85
- Bescheinigung Vollstreckbarkeit **11** 160
- Beschluss, gerichtlicher **6** 5 f.
- Bestimmtheitserfordernis **6** 16
- Billigung **6** 9
- Durchsuchungsbeschluss **6** 51
- Einleitung Verfahren **6** 61
- Entscheidungen, vollstreckbare **6** 1 ff.
- Erkenntnisverfahren **6** 43
- Gefahr im Verzug **6** 50
- Haftbefehl **6** 52
- Herausgabe Kind **4** 54
- Kindesrückführungsverfahren **11** 143 f.
- Kosten **6** 65 ff.
- Mitwirkung im Verfahren **6** 23
- Ordnungsmittel **6** 30
- Rechtsmittel **6** 72
- Richter, aktiver **6** 75 ff., 86
- Richtervorbehalt **6** 50
- selbstständiges Verfahren **6** 1
- Situation Berechtigter **6** 83
- Situation Beteiligter **6** 76 ff.
- Situation Gerichtsvollzieher **6** 80
- Situation Jugendamt **6** 81
- Situation Kind **6** 76
- Situation Obhutsperson **6** 77
- Situation Polizei **6** 82
- Situation Presse **6** 84
- Situation Rechtsanwalt **6** 85
- Situation Umgangspfleger **6** 79
- Situation Verfahrensbeistand **6** 78
- Titel, sonstige **6** 13
- Umgangsrecht Entscheidung **2** 247
- Umgangsregelung **6** 12, 14 ff.
- Vergleich, gerichtlich gebilligter **6** 9 f., 14 ff.
- Vermittlungsverfahren **6** 9
- Verstoß, schuldhafter **6** 27
- Vollstreckbarerklärung Titel, ausländischer **11** 70 ff.
- Vollstreckbarkeit Titel **2** 9, **6** 14 ff.
- Vollstreckungsklausel **6** 14
- Vollstreckungstitel **6** 4 ff.
- Vorgaben, verfahrensrechtliche **6** 56 ff.
- Zuständigkeit **6** 58
- Zustellung Titel **6** 14

Vollzeitpflege 12 46
Vorenthaltung, widerrechtliche 1 239, **4** 11
Vorläufige Inobhutnahme 12 120
Vormund 1 17, **12** 49
Vormundschaft 1 22
Vorrang-/Beschleunigungsgebot 1 392 f., **11** 152
- Anordnung, einstweilige **7** 2
- Sorgerechtsverfahren **1** 368
- Umgangsrecht **2** 229 ff.

813

Stichwortverzeichnis

Wechselmodell 1 326
Wegfall Geschäftsgrundlage 1 343
Widerantrag 1 355
Widerspruch 12 6
Wiedereinsetzungsverfahren 9 2
– Frist **9** 31 f.
– Verfahrenskostenhilfe **8** 42
Wochenende 2 66 ff.
Wohlverhaltensklausel 2 33 ff.
– Abänderung Sorgerechtsregelung **2** 48 ff.
– Umgangskosten **2** 33
– Umgangspflegschaft **2** 39 ff.
– Umgangszwang **2** 44
– Vereitelung **2** 38 ff.
– Vollstreckung Anordnungen **2** 46 f.
Wohnen
– betreutes **12** 91
– Jugendwohnung **12** 91
Wohngruppe 12 39
Wohnsitz 1 231, 325, **2** 19, **3** 11, 26, **6** 58, **7** 12 ff.
Wohnungsöffnung 6 50 ff.
– Duldung Mitbewohner **6** 53
– Haftbefehl **6** 52
– Verfahren **6** 55
– Voraussetzungen **6** 51 ff.
Wunsch- und Wahlrecht 12 50, 66, 91

Zeugen Jehovas 1 276
Zurückverweisung 9 45
Zusatzgebühr 10 33, 42

Zuständigkeit
– Abänderungsverfahren **3** 1
– Anordnung, einstweilige **7** 10 ff.
– Aufenthalt, gewöhnlicher **3** 11
– Eilzuständigkeit **11** 24
– Herausgabe Kind **4** 46 ff.
– internationale **11** 10
– Kindesentführung **11** 46 f.
– Kindesrückführungsverfahren **11** 83
– Sorgerechtsverfahren **1** 369 ff.
– Umgangsrecht **2** 222 ff.
– Vollstreckungsrecht **6** 58
Zuständigkeit, internationale 11 10 ff.
– Abänderung Sorgerechtsentscheidung **11** 81 ff.
– Anerkennung Titel, ausländische **11** 70 ff.
– Annexzuständigkeit **11** 32
– Bestimmung Recht, materielles **11** 60
– Deutsch-Iranisches Niederlassungsabkommen **11** 66
– Drittstaat **11** 25
– Eilzuständigkeit **11** 24
– Gewaltverhältnis nach Heimatrecht **11** 65
– Haager Minderjährigenschutzabkommen (MSA) **11** 38
– Kindesrückführungsverfahren **11** 83
– Kollisionsrecht **11** 60
– lex fori **11** 64
– nach Brüssel IIa-Verordnung **11** 11
– Prüfschema **11** 11
Zustimmungsersetzung 12 132
Zwang, unmittelbarer 6 45 ff., **12** 132
Zwangsmittel 4 8
Zwangsumgang 5 7
Zwischenentscheidung 5 41, **9** 10

Benutzerhinweise zur CD-ROM

Auf der dem Werk beiliegenden CD-ROM sind sämtliche abgedruckten Formulare als Datei enthalten. Im Druckwerk sind zu jedem Formular Referenznummern vergeben, die Sie aus dem jeweils neben dem Formular angeordneten CD-ROM-Symbol entnehmen können.

Für den Start der Anwendung sind folgende **Systemvoraussetzungen** zu beachten:
- Windows XP, Vista, 7, 8 oder 10
- Microsoft Word ab Version 2000 oder ein anderes Textverarbeitungsprogramm, das Microsoft Word Dateien öffnen kann.

Nachdem Sie die CD eingelegt haben, sollte die Anwendung automatisch starten.

Sollte die Anwendung nicht automatisch starten, müssen Sie die Anwendung mit der Dateiendung „.exe" manuell von der CD starten.

Sie haben auch die Möglichkeit, die Anwendung auf Ihrer Festplatte zu installieren. Dafür benötigen Sie neben den oben genannten Voraussetzungen etwa 50 MB freien Speicherplatz auf einer Festplatte.

Führen Sie das Programm „setup.exe" von der CD-ROM aus, um die Installation zu starten. Folgen Sie danach bitte den weiteren Anweisungen am Bildschirm. Für die Installation müssen Sie über **Administrator-Rechte** verfügen.

Während der Installation wird, falls nicht bereits vorhanden, ein eigener Startmenü-Eintrag mit dem Namen des Verlags und der Buchreihe für die Anwendung eingerichtet. **Zum Öffnen der Anwendung genügt ein Klick auf das Icon „FamR Mandat – Sorge- und UmgangsR" unterhalb der Programmgruppe.**

Bei Nutzern von **Word** kann der Hinweis auf dem Bildschirm erscheinen, dass die Makros aktiviert werden müssen. Dies wird in den verschiedenen Wordversionen unterschiedlich gehandhabt:

Makroeinstellungen bei Office 2000, XP und 2003

Sie finden die Einstellungen im Menü unter „Extras, Makro, Sicherheit". Wählen Sie die Sicherheitsstufe „Niedrig" aus und starten Sie Word erneut.

Makroeinstellungen bei Office 2007

Klicken Sie zunächst auf das Startsymbol ganz links oben in Word und klicken dann links unten auf „Word Optionen" und als Nächstes in der linken Spalte auf das „Vertrauenscenter". Rechts unten finden Sie die Einstellungen zum Vertrauenscenter, in denen Sie die Makros aktivieren müssen. Wählen Sie die vierte Option „Alle Makros aktivieren" aus und klicken anschließend auf OK. Nun starten Sie die Formulare neu.

Makroeinstellungen bei Office 2010

In Office 2010 klicken Sie in Word auf „Datei" links oben und gehen anschließend zu „Optionen", wählen das „Sicherheitscenter" und Einstellungen für das Sicherheitscenter. Unter der Rubrik „Einstellungen für Makros" wählen Sie die vierte Option „Alle Makros aktivieren" aus und klicken anschließend auf OK. Word muss neu gestartet werden, damit die Änderung wirkt.

Makroeinstellungen bei Office 2013 und 2016

In Office 2013 klicken Sie in Word auf „Datei" links oben und gehen anschließend zu „Optionen", wählen das „Trust Center" und Einstellungen für das Trust Center. Unter der Rubrik „Makros" wählen Sie die vierte Option „Alle Makros aktivieren" aus und klicken anschließend auf OK. Word muss neu gestartet werden, damit die Änderung wirkt.

Beachten Sie, dass die Einstellungen für alle Word-Dokumente gelten. Im Einzelfall kann es demnach sinnvoll sein, vor dem Öffnen eines „unsicheren" Word-Dokumentes die Sicherheitsstufe wieder auf „Hoch" zu setzen.

Zur **Auswahl des gewünschten Formulars** nutzen Sie entweder das Formularverzeichnis oder die Navigationsleiste links. Im Formularverzeichnis gelangen Sie mit einem Mausklick auf die entsprechende Titelzeile zum gewünschten Formular. In der Navigationsleiste klappen Sie das entsprechende Kapitel auf und klicken anschließend auf das gewünschte Formular. Des Weiteren können Sie mit dem Button „Vorheriges Formular" und „Nächstes Formular" oberhalb des Formulares das nächste Muster aufrufen.

Mit Klick auf „Formular als Worddokument" wird das Formular in Word geladen. Zur Bearbeitung müssen Sie zuerst in der **Symbolleiste** auf „Dokumentschutz aufheben" klicken.

Mit dem Button „Nächstes Feld" gelangen Sie an die Platzhalter-Stellen des Dokuments und können Ihre Ergänzungen vornehmen. Bei Word 2007 müssen Sie dafür in der Menüleiste auf den Reiter „Add-Ins" gehen. Anschließend können Sie das Formular auf Ihrem Filesystem speichern.

Sollten Sie den **Originalzustand eines Dokumentes wiederherstellen** wollen, benutzen Sie das Icon „Vorlage wiederherstellen".

Wenn Sie kein Word auf Ihrem Rechner installiert haben, können Sie die Dateien trotzdem aufrufen und bearbeiten. Gehen Sie dazu auf der CD in den Ordner „content\doc". Gehen Sie mit Rechtsklick auf die Datei und suchen im Menü Öffnen mit/Programm auswählen Ihr Textverarbeitungsprogramm aus.

Den Hilfetext können Sie auch auf der CD unter dem entsprechenden Feld aufrufen.